# LE ROBERT
# & COLLINS
## POCHE

D0558174

# espagnol

# LE ROBERT
# & COLLINS
## POCHE

# espagnol

dictionnaire
**français**-espagnol
**espagnol**-français

DICTIONNAIRES
# LE R**O**BERT

Collins
*An Imprint of HarperCollinsPublishers*

segunda edición 2002/deuxième édition 2002

© HarperCollins Publishers 1996, 2002

**réimpression 2003**

HarperCollins Publishers
Westerhill Road, Bishopbriggs, Glasgow G64 2QT
Great Britain

**www.collins.co.uk**

Dictionnaires Le Robert
27 rue de la Glacière, 75013 Paris

ISBN 2-85-036844-X

Dépôt légal janvier 2003
Achevé d'imprimer en janvier 2003

Fotocomposición/Photocomposition
Morton Word Processing Ltd., Scarborough

Impreso por/Imprimé par
Clays Ltd, St Ives plc

# TABLE DES MATIÈRES

**Les marques déposées**

Les termes qui constituent à notre connaissance une marque déposée ont été designés comme tels. La présence ou l'absence de cette désignation ne peut toutefois être considérée comme ayant valeur juridique.

# CÓMO USAR EL DICCIONARIO

Más abajo tienes las explicaciones necesarias para entender cómo está presentada la información en tu diccionario. Nuestro objetivo es darte la mayor información posible sin sacrificar por ello la claridad.

## Los artículos

Éstos son los elementos que pueden componer un artículo cualquiera del diccionario:

## Transcripción fonética

Ésta aparece inmediatamente después de la entrada o lema (así denominamos a la palabra cabeza del artículo) y entre corchetes. Al igual que la mayor parte de los diccionarios actuales, hemos optado por el sistema denominado "alfabeto fonético internacional". En las páginas xvi y xvii encontrarás una lista completa de los caracteres utilizados en este sistema.

## Información gramatical

Todas las voces incluidas en el diccionario pertenecen a una determinada categoría gramatical: sustantivo, verbo, adjetivo, pronombre, artículo, conjunción, abreviatura. Los sustantivos pueden ser masculinos o femeninos, ir en singular o en plural. Los verbos pueden ser transitivos, intransitivos, pronominales (o reflexivos) y también impersonales. La categoría gramatical de cada voz aparece en *cursiva*, inmediatamente después de la transcripción fonética.

A menudo una misma palabra puede funcionar con distintas categorías gramaticales. Por ejemplo **deber** puede ser verbo o sustantivo, el término francés **expert** puede ser sustantivo o adjetivo. Incluso un mismo verbo como **importar** o como el francés **importer** a veces será transitivo y a veces intransitivo, dependiendo de su significado. Para que te resulte más fácil encontrar la categoría gramatical que buscas (en el caso de que haya varias dentro de un mismo artículo) y para que la presentación sea más clara, aquéllas aparecen separadas por rombos negros ◆.

## Acepciones

La mayor parte de las palabras tienen más de un sentido. Así por ejemplo **crucero** puede ser, entre otros, un tipo de barco o un tipo d' viaje turístico, y según la acepción que busquemos la traducción var "croiseur" en el primer caso y "croisière" en el segundo. Otras pala' se traducen de forma distinta según el contexto: **crecer** pued' "grandir", pero también "pousser" si estamos hablando del "s'agrandir" si de una ciudad, "grossir" si de un río etc. P puedas escoger la traducción más indicada para cada ac contexto hemos incorporado indicaciones de uso o signifi' aparecen entre paréntesis y en *cursiva*. Así figuran los anteriores ejemplos en el diccionario:

> **crucero** *nm* (*barco*) croiseur *m*; (*viaje*) croisière *f*
> **crecer** *vi* grandir; (*pelo*) pousser; (*ciudad*) s'agrandir; (*río*) grossir

De la misma forma, muchas voces tienen un sentido distinto según el ámbito en el que se usen. Así por ejemplo, **giro** puede ser un movimiento, pero tiene un significado monetario específico. Con la incorporación de indicaciones de campo semántico (tales como COMERCIO en este caso), saber cuál es la acepción que necesitamos resulta más fácil. La mayoría de dichas acepciones aparecen abreviadas para ganar espacio:

> **giro** *nm* tour *m*; (COM) virement *m*

Puede verse la lista completa de las abreviaturas que hemos utilizado en las páginas xiii, xiv y xv.

## Traducciones

La mayor parte de las palabras españolas tienen su traducción al francés y viceversa, como en los ejemplos que acabamos de ver. Sin embargo hay ocasiones en las que no hay un equivalente exacto en la lengua término, fundamentalmente por razones socio-culturales. En este caso hemos dado una traducción aproximada (que suele ser en realidad un equivalente cultural) y lo indicamos con el signo ≈. Este es el caso de **académie**, cuyo equivalente en español peninsular es "distrito universitario", o de **sobresaliente**, que equivale a "mention très bien": no se trata de traducciones propiamente dichas, puesto que ambos sistemas educativos son diferentes.

> **académie** *nf* (UNIV) ≈ distrito universitario
> **sobresaliente** *nm* (ESCOL) ≈ mention *f* "très bien"

A veces es imposible encontrar incluso un equivalente aproximado, como en el caso de los platos o tradiciones regionales, por lo que se hace necesario dar una explicación en lugar de la traducción. Así ocurre, por ejemplo, con

> **novillada** *nf course de jeunes taureaux*

Como puede verse, la explicación o glosa aparece en *cursiva*, para mayor claridad.

Así mismo, a menudo no se puede traducir una palabra aislada, o una acepción determinada de una voz. La traducción al francés de **comer** es "manger", pero en la expresión **comerse el coco** la traducción será "se ~e du mouron". De la misma forma, aunque **machine** se traduce ~almente por "máquina", **machine à laver** es en realidad "lavadora". ~ este tipo de situaciones en las que tu diccionario te será más util, ~ muy completo en compuestos nominales, frases y expresiones ~as.

## Niveles lingüísticos

En español, sabemos instintivamente cuándo usar **estoy muy cansado** y cuándo **estoy hecho polvo**. Sin embargo, a la hora de intentar comprender a alguien que está hablando en francés o bien de expresarnos nosotros mismos en esa lengua, adquiere una importancia especial saber si una palabra es coloquial o no. Así pues, hemos marcado las palabras o expresiones que no suelen utilizarse más que en una situación familiar con la indicación (*fam*) y aquéllas con las que hay que tener especial cuidado (pues pueden sonar excesivamente vulgares a los oídos de mucha gente) con el signo de admiración (*fam!*). En la mayor parte de los casos, la traducción tendrá el mismo nivel lingüístico, por lo que la marca (*fam*) no aparece en ella, pero sí en cambio (*fam!*), cuando la traducción así lo requiere.

## Palabras clave

Algunas voces particularmente importantes o complejas en ambas lenguas requieren un tratamiento especial dentro del diccionario: verbos como **hacer** o **estar** en español, o **avoir** o **faire** en francés. Por ello, aparecen en un cuadro y bajo la denominación de "palabra clave", y como comprobarás, se ha hecho un análisis más profundo de ellas, pues son elementos básicos de la lengua.

## Nota

Tras la decisión tomada por la Real Academia Española en conjunción con las Academias hispanoamericanas, CH y LL ya no aparecen como letras independientes en este diccionario. Así por ejemplo **chapa** o **lluvia** se encuentran bajo la C y la L respectivamente. Conviene recordar que palabras como **cacha** y **callado** también han variado su posición y aparecen ahora tras **cacerola** y **calizo**.

# MODE D'EMPLOI

Vous trouverez ci-dessous quelques explications sur la manière dont les informations sont présentées dans votre dictionnaire. Notre objectif: vous donner un maximum d'informations dans une présentation aussi claire que possible.

## Les articles

Voici les différents éléments dont est composé un article type dans votre dictionnaire:

## Transcription phonétique

La prononciation de tous les mots figure entre crochets, immédiatement après l'entrée. Comme la plupart des dictionnaires modernes, nous avons opté pour le système dit "alphabet phonétique international". Vous trouverez ci-dessous, aux pages xvi et xvii, une liste complète des caractères utilisés dans ce système.

## Données grammaticales

Les mots appartiennent tous à une catégorie grammaticale donnée: substantif, verbe, adjectif, adverbe, pronom, article, conjonction, abréviation. Les substantifs peuvent être masculins ou féminins, singuliers ou pluriels. Les verbes peuvent être transitifs, intransitifs, pronominaux (ou réfléchis) ou encore impersonnels. La catégorie grammaticale des mots est indiquée en *italique*, immédiatement après le mot.

Souvent un mot se subdivise en plusieurs catégories grammaticales. Ainsi le français **creux** peut-il être un adjectif ou un nom masculin et l'espagnol **conocido** un adjectif ("connu") ou un substantif ("connaissance"). De même le verbe **fumer** est parfois transitif ("fumer un cigare"), parfois intransitif ("défense de fumer"). Pour vous permettre de trouver plus rapidement le sens que vous cherchez et pour aérer la présentation, nous avons séparé les différentes catégories grammaticales par un losange noir ♦.

## Subdivisions sémantiques

La plupart des mots ont plus d'un sens; ainsi **bouchon** peut-il être un objet servant à boucher une bouteille, ou un embouteillage. D'autres mots se traduisent différemment selon le contexte dans lequel ils sont employés. Par exemple le verbe **ronfler** se traduit en espagnol par "roncar" s'il s'agit d'une personne, mais par "zumbar" s'il s'agit d'un ᵖêle ou d'un moteur. Pour vous permettre de choisir la bonne ᵈuction dans tous les contextes, nous avons subdivisé les articles en ᵍories de sens: chaque catégorie est introduite par une "indication ᵉ᷂loi" entre parenthèses et en *italique*. Pour les exemples ci-dessus, ᵗcles se présenteront donc comme suit:

**᷂ouchon** *nm* (*en liège*) corcho; (*autre matière*) tapón *m*; ᵐbouteillage) atasco

**ronfler** vi (*personne*) roncar; (*poêle, moteur*) zumbar

De même, certains mots changent de sens lorsqu'ils sont employés dans un domaine spécifique, comme par exemple **charme** que nous employons tous les jours dans son acception d'"attrait", mais qui est aussi un arbre. Pour montrer à l'utilisateur quelle traduction choisir, nous avons donc ajouté, en MAJUSCULES ITALIQUES entre parenthèses, une indication de domaine, à savoir dans ce cas particulier (*BOTANIQUE*), que nous avons abrégé pour gagner de la place en (*BOT*):

**charme** nm encanto; (*BOT*) carpe m

Une liste complète des abréviations dont nous nous sommes servis dans ce dictionnaire figure aux pages xiii, xiv et xv.

## Traductions

La plupart des mots français se traduisent par un seul mot espagnol, et vice-versa, comme dans les exemples ci-dessus. Cependant, il arrive qu'il n'y ait pas d'équivalent exact dans la langue d'arrivée; dans ce cas, nous avons donné un équivalent approximatif, indiqué par le signe ≈. C'est le cas par exemple pour le mot composé **brevet (des collèges)** dont l'équivalent espagnol est "Graduado Escolar": il ne s'agit pas d'une traduction à proprement parler puisque nos deux systèmes scolaires sont différents:

**brevet (des collèges)** ≈ Graduado Escolar

Parfois, il est même impossible de trouver un équivalent approximatif. C'est le cas par exemple pour les noms de mets régionaux, comme ce plat des Asturies:

**fabada** nf *potage mijoté avec des haricots et du chorizo*

L'explication remplace ici une traduction (qui n'existe pas); pour plus de clarté, cette explication, ou glose, est donnée en *italique*.

Souvent aussi, on ne peut traduire isolément un mot, ou une acception particulière d'un mot. La traduction espagnole de **malin**, par exemple, est "astuto", "pícaro"; cependant **faire le malin** se traduit "dárselas de listo". Même une expression toute simple comme **machine à laver** nécessite une traduction séparée, en l'occurrence "lavadora" (et non "máquina de lavar"). C'est là que votre dictionnaire se révélera particulièrement utile et complet, car il contient un maximum de mots composés, de phrases et d'expressions idiomatiques.

## Registre

En français, vous saurez instinctivement quand dire **j'en ai assez** et quand dire **j'en ai marre** ou **j'en ai ras le bol**. Mais lorsque vous essayez de comprendre quelqu'un qui s'exprime en espagnol, ou de vous exprimer vous-même en espagnol, il est particulièrement important de savoir ce qui est poli et ce qui l'est moins. Nous avons donc ajouté l'indication (*fam*) aux expressions de langue familière; les expressions particulièrement grossières se voient dotées d'un point d'exclamation supplémentaire (*fam!*) (dans la langue de départ comme dans la langue d'arrivée), vous incitant à une prudence accrue. Notez que l'indication (*fam*) n'est pas répétée dans la langue d'arrivée lorsque le registre de la traduction est le même que celui du mot ou de l'expression traduits.

## Mots-clés

Vous constaterez que certains mots apparaissent dans des encadrés. Il s'agit de mots particulièrement complexes ou importants, comme **avoir** et **faire** ou leurs équivalents espagnols **tener** et **hacer**, que nous avons traités d'une manière plus approfondie parce que ce sont des éléments de base de la langue.

## Nota

En accord avec la décision prise par l'Académie Royale d'Espagne conjointement avec les académies hispano-américaines, CH et LL ne figurent plus comme des lettres à part entière dans ce dictionnaire. Ainsi, par exemple, les mots **chapa** et **lluvia** sont respectivement incorporés aux lettres C et L. Il convient de rappeler que des termes comme **cacha** et **callado** ont également changé de place et se trouvent maintenant respectivement placés après **cacerola** et **calizo**.

# ABREVIATURAS    ABRÉVIATIONS

| | | |
|---|---|---|
| abreviatura | **abr** | abréviation |
| adjetivo | **adj** | adjectif |
| administración | **ADMIN** | administration |
| adverbio | **adv** | adverbe |
| agricultura | **AGR** | agriculture |
| alguien | **algn** | quelqu'un |
| América Latina | **AM** | Amérique Latine |
| anatomía | **ANAT** | anatomie |
| Andes | **AND** | Andes |
| Antillas | **ANT** | Antilles |
| arquitectura | **ARQ, ARCHIT** | architecture |
| Argentina | **ARG** | Argentine |
| artículo | **art** | article |
| astrología | **ASTROL** | astrologie |
| astronomía | **ASTRON** | astronomie |
| auxiliar | **aux** | auxiliaire |
| automóvil | **AUTO** | automobile |
| aviación | **AVIAT** | aviation |
| biología | **BIO(L)** | biologie |
| botánica | **BOT** | botanique |
| Chile | **CHI** | Chili |
| química | **CHIM** | chimie |
| cine | **CINE, CINÉ** | cinéma |
| Colombia | **COL** | Colombie |
| comercio | **COM(M)** | commerce |
| conjunción | **conj** | conjonction |
| construcción | **CONSTR** | construction |
| Cono Sur | **CSUR** | Argentine, Chili et Uruguay |
| Cuba | **CU** | Cuba |
| cocina | **CULIN** | cuisine |
| definido | **def, déf** | défini |
| determinado | **det, dét** | déterminant |
| economía | **ECON, ÉCON** | économie |
| electricidad, electrónica | **ELEC, ÉLEC** | électricité, électronique |
| El Salvador | **ELS** | le Salvador |
| escolar | **ESCOL** | enseignement |
| España | **ESP** | Espagne |
| especialmente | **esp** | surtout |
| etcétera | **etc** | et cetera |
| eufemismo | **euph** | euphémisme |
| exclamación | **excl** | exclamation |
| femenino | **f** | féminin |
| familiar | **fam** | familier |
| vulgar | **fam!** | vulgaire |
| ferrocarril | **FERRO** | chemins de fer |
| figurado | **fig** | figuré |
| finanzas | **FIN** | finance |
| física | **FÍS** | physique |
| fisiología | **FISIOL** | physiologie |
| fotografía | **FOTO** | photographie |

# ABREVIATURAS · ABRÉVIATIONS

| generalmente | gen, gén | en général, généralement |
|---|---|---|
| geografía | GEO, GÉO | géographie |
| geometría | GEOM, GÉOM | géométrie |
| Guatemala | GUAT | Guatemala |
| historia | HIST | histoire |
| Honduras | HON | Honduras |
| humorístico | hum | humoristique |
| industria | IND | industrie |
| indirecto | ind | indirect |
| indefinido | indef, indéf | indéfini |
| informática | INFORM | informatiques |
| interrogativo | interrog | interrogatif |
| invariable | inv | invariable |
| irónico | iron | ironique |
| jurídico | JUR | juridique |
| lingüística | LING | linguistique |
| literatura | LIT(T) | littérature |
| literario | litt | littéraire |
| masculino | m | masculin |
| matemáticas | MAT, MATH | mathématiques |
| medicina | MED, MÉD | médicine |
| meteorología | MÉTÉO | météorologie |
| México | MÉX, MEX | Mexique |
| militar | MIL | domaine militaire |
| música | MÚS, MUS | musique |
| nombre | n | nom |
| náutica | NÁUT, NAUT | nautisme |
| Nicaragua | NIC | Nicaragua |
| Panamá | PAN | Panama |
| Perú | PE | Pérou |
| peyorativo | pey, péj | péjoratif |
| fotografía | PHOTO | photographie |
| física | PHYS | physique |
| fisiología | PHYSIOL | physiologie |
| plural | pl | pluriel |
| política | POL | politique |
| participio de pasado | pp | participe passé |
| prefijo | pref, préf | préfixe |
| preposición | prep, prép | préposition |
| pronombre | pron | pronom |
| psicología | PSICO, PSYCH | psychologie |
| algo | qch | quelque chose |
| alguien | qn | quelqu'un |
| química | QUÍM | chimie |
| ferrocarril | RAIL | chemins de fer |
| religión | REL | religion |
| relativo | rel | relatif |
| escolar | SCOL | enseignement |
| singular | sg | singulier |
| subjuntivo | subjun | subjonctif |

# ABREVIATURAS

# ABRÉVIATIONS

| | | |
|---|---|---|
| sujeto | **suj** | sujet |
| también | **tb** | aussi |
| técnica, tecnología | **TEC(H)** | technique |
| telecomunicaciones | **TELEC, TÉL** | télécommunications |
| tipografía | **TIP** | typographie |
| televisión | **TV** | télévision |
| tipografía | **TYPO** | typographie |
| universitario | **UNIV** | université |
| ver | **V, v** | voir |
| verbo | **vb** | verbe |
| Venezuela | **VEN** | Venezuela |
| verbo intransitivo | **vi** | verbe intransitif |
| verbo pronominal | **vpr** | verbe pronominal |
| verbo transitivo | **vt** | verbe transitif |
| zoología | **ZOOL** | zoologie |
| marca registrada | **®** | marque déposée |
| indica un equivalente cultural | **≈** | indique une équivalence culturelle |

# TRANSCRIPCIÓN FONÉTICA

## Consonantes      Consonnes

| Español | | Français |
|---|---|---|
| *pa*pel | p | *pou*pée |
| *bo*da | b | *bom*be |
| la*bor* u*v*a | β | |
| *t*into | t | *ten*te *th*ermal |
| *d*ama | d | *d*inde |
| *c*asa *que* *k*ilo | k | *coq* *qui* *k*épi |
| *g*oma | g | *gag* ba*gue* |
| pa*g*ar | ɣ | |
| qui*z*ás | s | *s*ale *ce* na*t*ion |
| | z | *z*éro ro*s*e |
| | ʃ | ta*che* *ch*at |
| | ʒ | *gi*let *ju*ge |
| *ch*iste | tʃ | *tch*ao |
| *f*in | f | *f*er *ph*are |
| | v | *v*al*v*e |
| tena*z* *c*ena[1] | θ | |
| ciu*d*ad | ð | |
| *l*ejos | l | *l*ent sa*ll*e |
| ta*ll*e[2] | ʎ | mi*lli*on |
| | ʀ | *r*are *r*ent*r*er |
| *c*a*r*o quita*r* | r | |
| ga*rr*a | rr | |
| *m*adre | m | *m*a*m*an fe*mm*e |
| *n*aranja | n | *n*on *n*on*n*e |
| ni*ñ*o | ɲ | a*gn*eau vi*gn*e |
| | ŋ | parki*ng* |
| *h*aber | h | *h*op! |
| b*i*en *y*unta | j | *y*eux pa*ill*e p*i*ed |
| *hu*evo | w | n*ou*er *ou*i |
| | ɥ | *hu*ile l*u*i |
| *j*ugar | x | |

[1] se prononce parfois [s]
[2] se prononce parfois [ʒ]

## Semiconsonantes      Semi-consonnes

| | |
|---|---|
| v*ia*je | ja |
| v*ie*ne | je |
| rad*io* | jo |
| v*iu*da | ju |
| c*ua*nto | wa |
| s*ue*ño | we |
| r*ui*do | wi |
| c*uo*ta | wo |

# TRANSCRIPTION PHONÉTIQUE

| Vocales | | Voyelles |
|---|---|---|
| p*i*no | i | *ici* v*ie* l*y*re |
| m*e* | e | jou*er* ét*é* |
| | ɛ | la*i*t jou*e*t m*e*rci |
| p*a*t*a* | a | pl*a*t *a*mour |
| | ɑ | b*a*s p*â*te |
| | ə | l*e* pr*e*mier |
| | œ | b*eu*rre p*eu*r |
| | ø | p*eu* d*eu*x |
| | ɔ | *o*r h*o*mme |
| l*o*c*o* | ɔ | m*o*t *eau* g*au*che |
| l*u*nes | u | g*e*n*ou* r*ou*e |
| | y | r*ue* *u*n*e* |

| Diptongos | | Diphtongues |
|---|---|---|
| ba*i*le | ai | |
| *au*to | au | |
| v*ei*nte | ei | |
| d*eu*da | eu | |
| h*oy* | oi | |

| Nasales | | Nasales |
|---|---|---|
| | ɛ̃ | mat*in* pl*ein* |
| | œ̃ | br*un* |
| | ɑ̃ | g*en*s j*am*be d*an*s |
| | ɔ̃ | n*on* p*on*t p*om*pe |

| Diversos | | Divers |
|---|---|---|
| para el francés: indica que la h impide el enlace entre dos palabras sucesivas | ' | pour l'espagnol: précède la syllabe accentuée |

# VERBES ESPAGNOLS

*1* Gerundio *2* Imperativo *3* Presente *4* Pretérito perfecto *5* Futuro *6* Presente de subjuntivo *7* Imperfecto de subjuntivo *8* Participio pasado *9* Imperfecto

**acertar** *2* acierta *3* acierto, aciertas, acierta, aciertan *6* acierte, aciertes, acierte, acierten

**acordar** *2* acuerda *3* acuerdo, acuerdas, acuerda, acuerdan *6* acuerde, acuerdes, acuerde, acuerden

**advertir** *1* advirtiendo *2* advierte *3* advierto, adviertes, advierte, advierten *4* advirtió, advirtieron *6* advierta, adviertas, advierta, advirtamos, advirtáis, adviertan *7* advirtiera *etc*

**agradecer** *3* agradezco *6* agradezca *etc*

**aparecer** *3* aparezco *6* aparezca *etc*

**aprobar** *2* aprueba *3* apruebo, apruebas, aprueba, aprueban *6* apruebe, apruebes, apruebe, aprueben

**atravesar** *2* atraviesa *3* atravieso, atraviesas, atraviesa, atraviesan *6* atraviese, atravieses, atraviese, atraviesen

**caber** *3* quepo *4* cupe, cupiste, cupo, cupimos, cupisteis, cupieron *5* cabré *etc* *6* quepa *etc* *7* cupiera *etc*

**caer** *1* cayendo *3* caigo *4* cayó, cayeron *6* caiga *etc* *7* cayera *etc*

**calentar** *2* calienta *3* caliento, calientas, calienta, calientan *6* caliente, calientes, caliente, calienten

**cerrar** *2* cierra *3* cierro, cierras, cierra, cierran *6* cierre, cierres, cierre, cierren

**COMER** *1* comiendo *2* come, comed *3* como, comes, come, comemos, coméis, comen *4* comí, comiste, comió, comimos, comisteis, comieron *5* comeré, comerás, comerá, comeremos, comeréis, comerán *6* coma, comas, coma, comamos, comáis, coman *7* comiera, comieras, comiera, comiéramos, comierais, comieran *8* comido *9* comía, comías, comía, comíamos, comíais, comían

**conocer** *3* conozco *6* conozca *etc*

**contar** *2* cuenta *3* cuento, cuentas, cuenta, cuentan *6* cuente, cuentes, cuente, cuenten

**costar** *2* cuesta *3* cuesto, cuestas, cuesta, cuestan *6* cueste, cuestes, cueste, cuesten

**dar** *3* doy *4* di, diste, dio, dimos, disteis, dieron *7* diera *etc*

**decir** *2* di *3* digo *4* dije, dijiste, dijo, dijimos, dijisteis, dijeron *5* diré *etc* *6* diga *etc* *7* dijera *etc* *8* dicho

**despertar** *2* despierta *3* despierto, despiertas, despierta, despiertan *6* despierte, despiertes, despierte, despierten

**divertir** *1* divirtiendo *2* divierte *3* divierto, diviertes, divierte, divierten *4* divirtió, divirtieron *6* divierta, diviertas, divierta, divirtamos, divirtáis, diviertan *7* divirtiera *etc*

**dormir** *1* durmiendo *2* duerme *3* duermo, duermes, duerme, duermen *4* durmió, durmieron *6* duerma, duermas, duerma, durmamos, durmáis, duerman *7* durmiera *etc*

**empezar** *2* empieza *3* empiezo, empiezas, empieza, empiezan *4* empecé *6* empiece, empieces, empiece, empecemos, empecéis, empiecen

**entender** *2* entiende *3* entiendo, entiendes, entiende, entienden *6* entienda, entiendas, entienda, entiendan

**ESTAR** *2* está *3* estoy, estás, está, están *4* estuve, estuviste, estuvo, estuvimos, estuvisteis, estuvieron *6* esté, estés, esté, estén *7* estuviera *etc*

**HABER** *3* he, has, ha, hemos, han *4* hube, hubiste, hubo, hubimos, hubisteis, hubieron *5* habré *etc* *6* haya *etc* *7* hubiera *etc*

**HABLAR** *1* hablando *2* habla, hablad *3* hablo, hablas, habla, hablamos, habláis, hablan *4* hablé, hablaste, habló, hablamos, hablasteis, hablaron *5* hablaré, hablarás, hablará, hablaremos, hablaréis, hablarán *6*

hable, hables, hable, hablemos, habléis, hablen 7 hablara, hablaras, hablara, habláramos, hablarais, hablaran 8 hablado 9 hablaba, hablabas, hablaba, hablábamos, hablabais, hablaban

**hacer** 2 haz 3 hago 4 hice, hiciste, hizo, hicimos, hicisteis, hicieron 5 haré *etc* 6 haga *etc* 7 hiciera *etc* 8 hecho

**Instruir** 1 instruyendo 2 instruye 3 instruyo, instruyes, instruye, instruyen 4 instruyó, instruyeron 6 instruya *etc* 7 instruyera *etc*

**ir** 1 yendo 2 ve 3 voy, vas, va, vamos, vais, van 4 fui, fuiste, fue, fuimos, fuisteis, fueron 6 vaya, vayas, vaya, vayamos, vayáis, vayan 7 fuera *etc* 9 iba, ibas, iba, íbamos, ibais, iban

**jugar** 2 juega 3 juego, juegas, juega, juegan 4 jugué 6 juegue *etc*

**leer** 1 leyendo 4 leyó, leyeron 7 leyera *etc*

**morir** 1 muriendo 2 muere 3 muero, mueres, muere, mueren 4 murió, murieron 6 muera, mueras, muera, muramos, muráis, mueran 7 muriera *etc* 8 muerto

**mostrar** 2 muestra 3 muestro, muestras, muestra, muestran 6 muestre, muestres, muestre, muestren

**mover** 2 mueve 3 muevo, mueves, mueve, mueven 6 mueva, muevas, mueva, muevan

**negar** 2 niega 3 niego, niegas, niega, niegan 4 negué 6 niegue, niegues, niegue, neguemos, neguéis, nieguen

**ofrecer** 3 ofrezco 6 ofrezca *etc*

**oír** 1 oyendo 2 oye 3 oigo, oyes, oye, oyen 4 oyó, oyeron 6 oiga *etc* 7 oyera *etc*

**oler** 2 huele 3 huelo, hueles, huele, huelen 6 huela, huelas, huela, huelan

**parecer** 3 parezco 6 parezca *etc*

**pedir** 1 pidiendo 2 pide 3 pido, pides, pide, piden 4 pidió, pidieron 6 pida *etc* 7 pidiera *etc*

**pensar** 2 piensa 3 pienso, piensas, piensa, piensan 6 piense, pienses, piense, piensen

**perder** 2 pierde 3 pierdo, pierdes, pierde, pierden 6 pierda, pierdas, pierda, pierdan

**poder** 1 pudiendo 2 puede 3 puedo, puedes, puede, pueden 4 pude, pudiste, pudo, pudimos, pudisteis, pudieron 5 podré *etc* 6 pueda, puedas, pueda, puedan 7 pudiera *etc*

**poner** 2 pon 3 pongo 4 puse, pusiste, puso, pusimos, pusisteis, pusieron 5 pondré *etc* 6 ponga *etc* 7 pusiera *etc* 8 puesto

**preferir** 1 prefiriendo 2 prefiere 3 prefiero, prefieres, prefiere, prefieren 4 prefirió, prefirieron 6 prefiera, prefieras, prefiera, prefiramos, prefiráis, prefieran 7 prefiriera *etc*

**querer** 2 quiere 3 quiero, quieres, quiere, quieren 4 quise, quisiste, quiso, quisimos, quisisteis, quisieron 5 querré *etc* 6 quiera, quieras, quiera, quieran 7 quisiera *etc*

**reír** 2 ríe 3 río, ríes, ríe, ríen 4 rio, rieron 6 ría, rías, ría, riamos, riáis, rían 7 riera *etc*

**repetir** 1 repitiendo 2 repite 3 repito, repites, repite, repiten 4 repitió, repitieron 6 repita *etc* 7 repitiera *etc*

**rogar** 2 ruega 3 ruego, ruegas, ruega, ruegan 4 rogué 6 ruegue, ruegues, ruegue, roguemos, roguéis, rueguen

**saber** 3 sé 4 supe, supiste, supo, supimos,g supisteis, supieron 5 sabré *etc* 6 sepa *etc* 7 supiera *etc*

**salir** 2 sal 3 salgo 5 saldré *etc* 6 salga *etc*

**seguir** 1 siguiendo 2 sigue 3 sigo, sigues, sigue, siguen 4 siguió, siguieron 6 siga *etc* 7 siguiera *etc*

**sentar** 2 sienta 3 siento, sientas, sienta, sientan 6 siente, sientes, siente, sienten

**sentir** 1 sintiendo 2 siente 3 siento, sientes, siente, sienten 4 sintió, sintieron 6 sienta, sientas, sienta, sintamos, sintáis, sientan 7 sintiera *etc*

**SER** 2 sé 3 soy, eres, es, somos, sois, son 4 fui, fuiste, fue, fuimo

fuisteis, fueron 6 sea *etc* 7 fuera *etc*
9 era, eras, era, éramos, erais, eran
**servir** *1* sirviendo *2* sirve *3* sirvo,
sirves, sirve, sirven *4* sirvió, sirvieron
*6* sirva *etc* 7 sirviera *etc*

~ **soñar** *2* sueña *3* sueño, sueñas,
sueña, sueñan *6* sueñe, sueñes,
sueñe, sueñen

**tener** *2* ten *3* tengo, tienes, tiene,
tienen *4* tuve, tuviste, tuvo,
tuvimos, tuvisteis, tuvieron *5* tendré
*etc* 6 tenga *etc* 7 tuviera *etc*

**traer** *1* trayendo *3* traigo *4* traje,
trajiste, trajo, trajimos, trajisteis,
trajeron *6* traiga *etc* 7 trajera *etc*

**valer** *2* val *3* valgo *5* valdré *etc* 6
valga *etc*

**venir** *2* ven *3* vengo, vienes, viene,
vienen *4* vine, viniste, vino, vinimos,
vinisteis, vinieron *5* vendré *etc* 6
venga *etc* 7 viniera *etc*

**ver** *3* veo *6* vea *etc* 8 visto *9* veía *etc*

**vestir** *1* vistiendo *2* viste *3* visto,
vistes, viste, visten *4* vistió, vistieron
*6* vista *etc* 7 vistiera *etc*

**VIVIR** *1* viviendo *2* vive, vivid *3* vivo,
vives, vive, vivimos, vivís, viven *4*
viví, viviste, vivió, vivimos, vivisteis,
vivieron *5* viviré, vivirás, vivirá,
viviremos, viviréis, vivirán *6* viva,
vivas, viva, vivamos, viváis, vivan *7*
viviera, vivieras, viviera, viviéramos,
vivierais, vivieran *8* vivido *9* vivía,
vivías, vivía, vivíamos, vivíais, vivían

**volver** *2* vuelve *3* vuelvo, vuelves,
vuelve, vuelven *6* vuelva, vuelvas,
vuelva, vuelvan *8* vuelto

# LOS VERBOS FRANCESES

*1* Participe présent *2* Participe passé *3* Présent *4* Imparfait *5* Futur *6* Conditionnel *7* Subjonctif présent

**acquérir** *1* acquérant *2* acquis *3* acquiers, acquérons, acquièrent *4* acquérais *5* acquerrai *7* acquière

**ALLER** *1* allant *2* allé *3* vais, vas, va, allons, allez, vont *4* allais *5* irai *6* irais *7* aille

**asseoir** *1* asseyant *2* assis *3* assieds, asseyons, asseyez, asseyent *4* asseyais *5* assiérai *7* asseye

**atteindre** *1* atteignant *2* atteint *3* atteins, atteignons *4* atteignais *5* atteindrai *7* atteigne

**AVOIR** *1* ayant *2* eu *3* ai, as, a, avons, avez, ont *4* avais *5* aurai *6* aurais *7* aie, aies, ait, ayons, ayez, aient

**battre** *1* battant *2* battu *3* bats, bat, battons *4* battais *7* batte

**boire** *1* buvant *2* bu *3* bois, buvons, boivent *4* buvais *5* boirai *7* boive

**bouillir** *1* bouillant *2* bouilli *3* bous, bouillons *4* bouillais *7* bouille

**conclure** *1* concluant *2* conclu *3* conclus, concluons *4* concluais *7* conclue

**conduire** *1* conduisant *2* conduit *3* conduis, conduisons *4* conduisais *7* conduise

**connaître** *1* connaissant *2* connu *3* connais, connaît, connaissons *4* connaissais *5* connaîtrai *7* connaisse

**coudre** *1* cousant *2* cousu *3* couds, cousons, cousez, cousent *4* cousais *7* couse

**courir** *1* courant *2* couru *3* cours, courons *4* courais *5* courrai *7* coure

**couvrir** *1* couvrant *2* couvert *3* couvre, couvrons *4* couvrais *7* couvre

**craindre** *1* craignant *2* craint *3* crains, craignons *4* craignais *7* craigne

**croire** *1* croyant *2* cru *3* crois, croyons, croient *4* croyais *7* croie

**croître** *1* croissant *2* crû, crue, crus, crues *3* croîs, croissons *4* croissais *7* croisse

**cueillir** *1* cueillant *2* cueilli *3* cueille, cueillons *4* cueillais *5* cueillerai *7* cueille

**devoir** *1* devant *2* dû, due, dus, dues *3* dois, devons, doivent *4* devais *5* devrai *7* doive

**dire** *1* disant *2* dit *3* dis, disons, dites, disent *4* disais *5* dirai *7* dise

**dormir** *1* dormant *2* dormi *3* dors, dormons *4* dormais *7* dorme

**écrire** *1* écrivant *2* écrit *3* écris, écrivons *4* écrivais *7* écrive

**ÊTRE** *1* étant *2* été *3* suis, es, est, sommes, êtes, sont *4* étais *5* serai *6* serais *7* sois, sois, soit, soyons, soyez, soient

**FAIRE** *1* faisant *2* fait *3* fais, fais, fait, faisons, faites, font *4* faisais *5* ferai *6* ferais *7* fasse

**falloir** *2* fallu *3* faut *4* fallait *5* faudra *7* faille

**FINIR** *1* finissant *2* fini *3* finis, finis, finit, finissons, finissez, finissent *4* finissais *5* finirai *6* finirais *7* finisse

**fuir** *1* fuyant *2* fui *3* fuis, fuyons, fuient *4* fuyais *7* fuie

**joindre** *1* joignant *2* joint *3* joins, joignons *4* joignais *7* joigne

**lire** *1* lisant *2* lu *3* lis, lisons *4* lisais *5* lirai *7* lise

**luire** *1* luisant *2* lui *3* luis, luisons *4* luisais *7* luise

**maudire** *1* maudissant *2* maudit *3* maudis, maudissons *4* maudissait *7* maudisse

**mentir** *1* mentant *2* menti *3* mens, mentons *4* mentais *7* mente

**mettre** *1* mettant *2* mis *3* mets, mettons *4* mettais *5* mettrai *7* mette

**mourir** *1* mourant *2* mort *3* meurs, mourons, meurent *4* mourais *5* mourrai *7* meure

**naître** *1* naissant *2* né *3* nais, naît, naissons *4* naissais *7* naisse

**offrir** *1* offrant *2* offert *3* offre, offrons *4* offrais *7* offre

**PARLER** *1* parlant *2* parlé *3* parle, parles, parle, parlons, parlez, parlent

**4** parlais, parlais, parlait, parlions, parliez, parlaient **5** parlerai, parleras, parlera, parlerons, parlerez, parleront **6** parlerais, parlerais, parlerait, parlerions, parleriez, parleraient **7** parle, parles, parle, parlions, parliez, parlent *imperativo* parle, parlez

**partir** *1* partant *2* parti *3* pars, partons *4* partais *7* parte

**plaire** *1* plaisant *2* plu *3* plais, plaît, plaisons *4* plaisais *7* plaise

**pleuvoir** *1* pleuvant *2* plu *3* pleut, pleuvent *4* pleuvait *5* pleuvra *7* pleuve

**pourvoir** *1* pourvoyant *2* pourvu *3* pourvois, pourvoyons, pourvoient *4* pourvoyais *7* pourvoie

**pouvoir** *1* pouvant *2* pu *3* peux, peut, pouvons, peuvent *4* pouvais *5* pourrai *7* puisse

**prendre** *1* prenant *2* pris *3* prends, prenons, prennent *4* prenais *5* prendrai *7* prenne

**prévoir** *como* voir *5* prévoirai

**RECEVOIR** *1* recevant *2* reçu *3* reçois, reçois, reçoit, recevons, recevez, reçoivent *4* recevais *5* recevrai *6* recevrais *7* reçoive

**RENDRE** *1* rendant *2* rendu *3* rends, rends, rend, rendons, rendez, rendent *4* rendais *5* rendrai *6* rendrais *7* rende

**résoudre** *1* résolvant *2* résolu *3* résous, résout, résolvons *4* résolvais *7* résolve

**rire** *1* riant *2* ri *3* ris, rions *4* riais *7* rie

**savoir** *1* sachant *2* su *3* sais, savons, savent *4* savais *5* saurai *7* sache *imperativo* sache, sachons, sachez

**servir** *1* servant *2* servi *3* sers, servons *4* servais *7* serve

**sortir** *1* sortant *2* sorti *3* sors, sortons *4* sortais *7* sorte

**souffrir** *1* souffrant *2* souffert *3* souffre, souffrons *4* souffrais *7* souffre

**suffire** *1* suffisant *2* suffi *3* suffis, suffisons *4* suffisais *7* suffise

**suivre** *1* suivant *2* suivi *3* suis, suivons *4* suivais *7* suive

**taire** *1* taisant *2* tu *3* tais, taisons *4* taisais *5* tairai *7* taise

**tenir** *1* tenant *2* tenu *3* tiens, tenons, tiennent *4* tenais *5* tiendrai *7* tienne

**vaincre** *1* vainquant *2* vaincu *3* vaincs, vainc, vainquons *4* vainquais *7* vainque

**valoir** *1* valant *2* valu *3* vaux, vaut, valons *4* valais *5* vaudrai *7* vaille

**venir** *1* venant *2* venu *3* viens, venons, viennent *4* venais *5* viendrai *7* vienne

**vivre** *1* vivant *2* vécu *3* vis, vivons *4* vivais *7* vive

**voir** *1* voyant *2* vu *3* vois, voyons, voient *4* voyais *5* verrai *7* voie

**vouloir** *1* voulant *2* voulu *3* veux, veut, voulons, veulent *4* voulais *5* voudrai *7* veuille *imperativo* veuillez

# LOS NÚMEROS

| | | |
|---|---|---|
| un(o)(-a) | 1 | un(e) |
| dos | 2 | deux |
| tres | 3 | trois |
| cuatro | 4 | quatre |
| cinco | 5 | cinq |
| seis | 6 | six |
| siete | 7 | sept |
| ocho | 8 | huit |
| nueve | 9 | neuf |
| diez | 10 | dix |
| once | 11 | onze |
| doce | 12 | douze |
| trece | 13 | treize |
| catorce | 14 | quatorze |
| quince | 15 | quinze |
| dieciséis | 16 | seize |
| diecisiete | 17 | dix-sept |
| dieciocho | 18 | dix-huit |
| diecinueve | 19 | dix-neuf |
| veinte | 20 | vingt |
| veintiun(o)(-a) | 21 | vingt et un(e) |
| veintidós | 22 | vingt-deux |
| treinta | 30 | trente |
| treinta y uno(-a) | 31 | trente et un(e) |
| treinta y dos | 32 | trente-deux |
| cuarenta | 40 | quarante |
| cincuenta | 50 | cinquante |
| sesenta | 60 | soixante |
| setenta | 70 | soixante-dix |
| setenta y uno(-a) | 71 | soixante et onze |
| setenta y dos | 72 | soixante-douze |
| ochenta | 80 | quatre-vingts |
| ochenta y uno(-a) | 81 | quatre-vingt-un(e) |
| noventa | 90 | quatre-vingt-dix |
| noventa y uno(-a) | 91 | quatre-vingt-onze |
| cien(to) | 100 | cent |
| ciento un(o)(-a) | 101 | cent un(e) |
| ciento cincuenta y seis | 156 | cent cinquante-six |
| doscientos(-as) | 200 | deux cents |
| trescientos(-as) uno(-a) | 301 | trois cent un(e) |
| quinientos(-as) | 500 | cinq cents |
| mil | 1 000 | mille |
| cinco mil | 5 000 | cinq mille |
| un millón | 1 000 000 | un million |

# LES NOMBRES

# LOS NÚMEROS

primer(o)(-a), 1º(1ª)
segundo(-a), 2º(2ª)
tercer(o)(-a), 3º(3ª)
cuarto(-a)
quinto(-a)
sexto(a)
séptimo(-a)
octavo(-a)
noveno(-a)
décimo(-a)
undécimo(-a)
duodécimo(-a)
decimotercero(-a)
decimocuarto(-a)
decimoquinto(-a)
decimosexto(-a)
decimoséptimo(-a)
decimoctavo(-a)
decimonoveno(-a)
vigésimo(-a)
vigésimo primero(-a)
vigésimo segundo(-a)
trigésimo(-a)
centésimo(-a)
centésimo primero(-a)
milésimo(-a)

# LES NOMBRES

premier (première), 1er (1ère)
deuxième, 2e, 2ème
troisième, 3e, 3ème
quatrième
cinquième
sixième
septième
huitième
neuvième
dixième
onzième
douzième
treizième
quatorzième
quinzième
seizième
dix-septième
dix-huitième
dix-neuvième
vingtième
vingt et unième
vingt-deuxième
trentième
centième
cent-unième
millième

# LA HORA

# L'HEURE

*¿qué hora es?*

*quelle heure est-il?*

| | |
|---|---|
| es la una | il est une heure |
| son las cuatro | il est quatre heures |
| medianoche, las doce de la noche | minuit |
| la una (de la madrugada) | une heure (du matin) |
| la una y cinco | une heure cinq |
| la una y diez | une heure dix |
| la una y cuarto | une heure et quart |
| la una y veinticinco | une heure vingt-cinq |
| la una y media | une heure et demie, une heure trente |
| las dos menos veinticinco | deux heures moins vingt-cinq, une heure trente-cinq |
| las dos menos veinte | deux heures moins vingt, une heure quarante |
| las dos menos cuarto | deux heures moins le quart, une heure quarante-cinq |
| las dos menos diez | deux heures moins dix, une heure cinquante |
| mediodía, las doce (de la mañana) | midi |
| las dos (de la tarde) | deux heures (de l'après-midi) |
| las siete (de la tarde) | sept heures (du soir) |

*¿a qué hora?*

*à quelle heure?*

| | |
|---|---|
| a medianoche | à minuit |
| a las siete | à sept heures |
| a la una | à une heure |
| en veinte minutos | dans vingt minutes |
| hace diez minutos | il y a dix minutes |

# LA FECHA

# LA DATE

| | |
|---|---|
| hoy | aujourd'hui |
| mañana | demain |
| pasado mañana | après-demain |
| ayer | hier |
| antes de ayer, anteayer | avant-hier |
| la víspera | la veille |
| el día siguiente | le lendemain |
| por la mañana | le matin |
| por la tarde | le soir |
| esta mañana | ce matin |
| esta tarde | cet après-midi; ce soir |
| ayer por la mañana | hier matin |
| ayer por la tarde | hier soir |
| mañana por la mañana | demain matin |
| mañana por la tarde | demain soir |
| en la noche del sábado al domingo | dans la nuit de samedi à dimanche |

| | |
|---|---|
| vendrá el sábado | il viendra samedi |
| los sábados | le samedi |
| todos los sábados | tous les samedis |
| el sábado pasado | samedi dernier |
| el sábado que viene, el próximo sábado | samedi prochain |
| del sábado en ocho días | samedi en huit |
| del sábado en quince días | samedi en quinze |
| de lunes a sábado | du lundi au samedi |
| | |
| todos los días | tous les jours |
| una vez a la semana | une fois par semaine |
| una vez al mes | une fois par mois |
| dos veces a la semana | deux fois par semaine |
| | |
| hace una semano *o* ocho días | il y a une semaine *ou* huit jours |
| hace quince días | il y a quinze jours |
| el año pasado | l'année passée *ou* dernière |
| dentro de dos días | dans deux jours |
| dentro de ocho días *o* una semana | dans huit jours *ou* une semaine |
| dentro de quince días | dans quinze jours |
| el mes que viene, el próximo mes | le mois prochain |
| el año que viene, el próximo año | l'année prochaine |
| | |
| ¿a qué *o* cuántos estamos? | quel jour sommes-nous? |
| el 1/24 de octubre de 2001 | le l[er]/24 octobre 2001 |
| París, 24 de octubre de 2001 | Paris, le 24 octobre 2001 (*lettre*) |
| en 2001 | en 2001 |
| mil novecientos noventa y cinco | mille neuf cent quatre-vingt-quinze |
| 44 a. de J.C. | 44 av. J.-C. |
| 24 d. de J.C. | 14 apr. J.-C. |
| en el (siglo) XIX | au XIXe (siècle) |
| en los años treinta | dans les années trente |
| érase una vez ... | il était une fois ... |

# Français–Espagnol
# Francés–Español

## ——— A a ———

**a** [a] *vb voir* **avoir**.

MOT-CLÉ

**à** [a] (*à* + *le* = **au**, *à* + *les* = **aux**) *prép* **1** (*endroit, situation*) en; **être à Paris/au Portugal** estar en París/en Portugal; **être à la maison/à l'école/au bureau** estar en casa/en el colegio/en la oficina; **être à la campagne** estar en el campo; **c'est à 10 km/à 20 minutes (d'ici)** está a 10 km/a 20 minutos (de aquí); **à la radio/télévision** en la radio/televisión

**2** (*direction*) a; **aller à Paris/au Portugal** ir a París/a Portugal; **aller à la maison/à l'école/au bureau** ir a casa/al colegio/a la oficina; **aller à la campagne** ir al campo

**3** (*temps*) a; **à 3 heures/à minuit** a las tres/a medianoche; **à demain/lundi/la semaine prochaine!** ¡hasta mañana/el lunes/la semana que viene!; **au printemps/au mois de juin** en primavera/el mes de junio; **à cette époque là** en aquella época; **nous nous verrons à Noël** nos veremos por Navidad; **visites de 5 h à 6 h** visitas de 5 a 6

**4** (*attribution, appartenance*) de; **le livre est à lui/à nous/à Paul** el libro es suyo/nuestro/de Pablo; **un ami à moi** un amigo mío; **donner qch à qn** dar algo a algn

**5** (*moyen*): **se chauffer au gaz/à l'électricité** calentarse con gas/con electricidad; **à bicyclette** en bicicleta; **à pied** a pie; **à la main/machine** a mano/máquina; **pêcher à la ligne** pescar con caña

**6** (*provenance*) de; **boire à la bouteille** beber de la botella; **prendre de l'eau à la fontaine** coger *ou* (*AM*) tomar agua de la fuente

**7** (*caractérisation, manière*): **l'homme aux yeux bleus/à la veste rouge** el hombre de ojos azules/de la chaqueta roja; **café au lait** café con leche; **à sa grande surprise** para su gran sorpresa; **à ce qu'il prétend** según pretende (él); **à l'européenne/la russe** a la europea/la rusa; **à nous trois nous n'avons pas su le faire** no hemos sabido hacerlo entre los tres

**8** (*but, destination: de choses ou personnes*): **tasse à café** taza de café; **"à vendre"** "se vende"; **à bien réfléchir** pensándolo bien; **problèmes à régler** problemas *mpl* por solucionar

**9** (*rapport, évaluation, distribution*): **100 km/unités à l'heure** 100 km/unidades por hora; **payé au mois/à l'heure** pagado por mes/por hora; **cinq à six** cinco a seis; **ils sont arrivés à quatre** llegaron cuatro.

**abaisser** [abese] *vt* bajar; (*fig*) rebajar; **s'abaisser** *vpr* (*aussi fig*) rebajarse; **s'~ à faire/à qch** rebajarse a hacer/a algo.

**abandon** [abɑ̃dɔ̃] *nm* abandono; **être à l'~** estar abandonado(-a); **laisser à l'~** abandonar; **dans un moment d'~** en un momento de abandono.

**abandonner** [abɑ̃dɔne] *vt* abandonar ♦ *vi* (*SPORT*) abandonar; (*INFORM*) salir; **s'abandonner** *vpr* abandonarse; **~ qch à qn** entregar algo a algn; **s'~ à** abandonarse a.

**abat-jour** [abaʒuʀ] *nm inv* pantalla.

**abats** [aba] *vb voir* **abattre** ♦ *nmpl* (*CULIN*) menudos *mpl*.

**abattement** [abatmɑ̃] *nm* (*physique, moral*) abatimiento; (*déduction*) deducción *f*; **abattement fiscal** deducción fiscal.

**abattoir** [abatwaʀ] *nm* matadero.

**abattre** [abatʀ] *vt* (*arbre*) talar; (*mur, maison, avion*) derribar; (*tuer*) matar; (*épuiser*) postrar; (*déprimer*) desanimar; **s'abattre** *vpr* (*mât, malheur*) caerse; **s'~ sur** (*aussi fig*) caer sobre; **~ ses cartes** (*aussi fig*) enseñar las cartas; **~ du travail** (*ou de la besogne*) trabajar duro.

**abbaye** [abei] *nf* abadía.

**abbé** [abe] *nm* (*d'une abbaye*) abad *m*; (*de paroisse*) cura *m*; **M. l'~** señor cura.

**abcès** [apsɛ] *nm* absceso.

**abdiquer** [abdike] *vi* abdicar ♦ *vt* (*pouvoir, dignité*) renunciar a.

**abdominal, e, -aux** [abdɔminal, o] *adj* abdominal; **abdominaux** *nmpl* abdominales *mpl*; **faire des abdominaux** hacer abdominales.

**abeille** [abɛj] *nf* abeja.

**aberrant, e** [abeʀɑ̃, ɑ̃t] *adj* aberrante.

**aberration** [abeʀasjɔ̃] *nf* aberración *f*.

**abîme** [abim] *nm* (*aussi fig*) abismo.

**abîmer** [abime] *vt* estropear; **s'abîmer** *vpr* estropearse; (*fig*) abismarse; **~ les yeux** dañarse la vista.

**aboiement** [abwamɑ̃] *nm* ladrido.

**abolir** [abɔliʀ] *vt* abolir.

**abominable** [abɔminabl] *adj* abominable.

**abondance** [abɔ̃dɑ̃s] *nf* abundancia; **société d'~** sociedad *f* de consumo.

**abondant, e** [abɔ̃dɑ̃, ɑ̃t] *adj* abundante.

**abonder** [abɔ̃de] *vi* abundar; **~ en** abundar en; **~ dans le sens de qn** concordar con algn.

**abonné, e** [abɔne] *adj* (*à un journal*) suscrito(-a); (*au téléphone*) abonado(-a) ♦ *nm/f* suscriptor(a); abonado(-a).

**abonnement** [abɔnmɑ̃] *nm* (*à un journal*) suscripción *f*; (*transports en commun, théâtre*) abono.

**abonner** [abɔne] *vt*: **~ qn à** (*revue*) suscribir a algn a; **s'abonner** *vpr*: **s'~ à** (*revue*) suscribirse a; (*téléphone*) abonarse a.

**abord** [abɔʀ] *nm*: **être d'un ~ facile/difficile** ser de fácil/difícil acceso; **~s** *nmpl* (*d'un lieu*) alrededores *mpl*; **d'~** primero, en primer lugar; **tout d'~** antes de nada; **de prime ~, au premier ~** a primera vista.

**abordable** [abɔʀdabl] *adj* (*personne*) accesible; (*prix, marchandise*) asequible.

**aborder** [abɔʀde] *vi* abordar ♦ *vt* (*aussi fig*) abordar; (*virage, vie*) tomar.

**aboutir** [abutiʀ] *vi* tener éxito; **~ à/dans/ sur** (*lieu*) dar a; (*fig*) conducir a.

**aboyer** [abwaje] *vi* ladrar.

**abréger** [abʀeʒe] *vt* acortar.

**abreuver** [abʀœve] *vt* abrevar; (*fig*): **~ qn de** (*injures*) colmar a algn de; **s'abreuver** *vpr* (*fam*) beber hasta reventar.

**abreuvoir** [abʀœvwaʀ] *nm* abrevadero.

**abréviation** [abʀevjasjɔ̃] *nf* abreviatura.

**abri** [abʀi] *nm* refugio; **à l'~** (*des intempé-* ries, *financièrement*) a cubierto; (*de l'ennemi*) a salvo; **à l'~ de** (*fig*: *erreur*) protegido(-a) contra.

**abribus** [abʀibys] *nm* marquesina.

**abricot** [abʀiko] *nm* albaricoque *m*, damasco (*AM*).

**abriter** [abʀite] *vt* (*lieu*) resguardar; (*personne*) albergar; (*recevoir, loger*) alojar; **s'abriter** *vpr* resguardarse; (*fig*) ampararse.

**abrupt, e** [abʀypt] *adj* abrupto(-a); (*personne, ton*) rudo(-a).

**abruti, e** [abʀyti] (*fam*) *nm/f* tonto(-a).

**absence** [apsɑ̃s] *nf* ausencia; **en l'~ de** en ausencia de.

**absent, e** [apsɑ̃, ɑ̃t] *adj, nm/f* ausente *m/f*.

**absenter** [apsɑ̃te]: **s'~** *vpr* ausentarse.

**absolu, e** [apsɔly] *adj* absoluto(-a); (*personne*) intransigente ♦ *nm* (*PHILOS*): **l'~** el absoluto; **dans l'~** en abstracto.

**absolument** [apsɔlymɑ̃] *adv* (*oui*) sí, por supuesto; (*sans faute, à tout prix*) absolutamente; **~ pas** en absoluto.

**absorbant, e** [apsɔʀbɑ̃, ɑ̃t] *adj* absorbente.

**absorber** [apsɔʀbe] *vt* absorber; (*manger, boire*) tomar; (*temps, argent*) consumir.

**abstenir** [apstəniʀ]: **s'~** *vpr* abstenerse; **s'~ de qch/de faire** privarse de algo/de hacer.

**abstrait, e** [apstʀɛ, ɛt] *adj* abstracto(-a) ♦ *nm*: **dans l'~** en abstracto; **art ~** arte *m* abstracto.

**absurde** [apsyʀd] *adj* absurdo(-a) ♦ *nm* (*PHILOS*): **l'~** el absurdo; **raisonnement par l'~** razonamiento por reducción al absurdo.

**abus** [aby] *nm* abuso; **il y a de l'~** (*fam*) es un abuso; **abus de confiance** abuso de confianza; (*détournement de fonds*) desfalco; **abus de pouvoir** abuso de poder.

**abuser** [abyze] *vi* abusar ♦ *vt* abusar de; **s'abuser** *vpr* equivocarse; **si je ne m'abuse!** si no me equivoco; **~ de** abusar de.

**abusif, -ive** [abyzif, iv] *adj* abusivo(-a).

**acacia** [akasja] *nm* acacia.

**académie** [akademi] *nf* academia; (*ART*) desnudo; (*UNIV*) ≈ distrito universitario; **l'A~** (*française*) ≈ la Real Academia (Española).

---

### Académie française

*La **Académie française** fue fundada por el cardenal Richelieu en 1635 durante el* *reinado de Luis XIII. La forman cuarenta eruditos y escritores electos a los que se conoce como "les Quarante" o "les Immortels". Una de las funciones de la Academia es regular la evolución de la lengua francesa y sus recomendaciones son con frecuencia objeto de encendido debate. Ha publicado varias ediciones de su conocido diccionario y concede diversos premios literarios.*

**acajou** [akaʒu] *nm* caoba.

**acariâtre** [akaʀjɑtʀ] *adj* desabrido(-a).

**accablant, e** [akablɑ̃, ɑ̃t] *adj* (*témoignage, preuve*) abrumador(a); (*chaleur, poids*) agobiante.

**accabler** [akable] *vt* (*physiquement*) agobiar; (*moralement*) abatir; (*suj: preuves, témoignage*) inculpar; ~ **qn d'injures/de travail** colmar a algn de injurias/de trabajo; **accablé de dettes/soucis** cargado de deudas/preocupaciones.

**accalmie** [akalmi] *nf* (*aussi fig*) calma, tregua.

**accaparer** [akapaʀe] *vt* acaparar.

**accéder** [aksede] *vt*: ~ **à** (*lieu*) tener acceso a; (*fig*) acceder a; (*indépendance*) lograr.

**accélérateur** [akseleʀatœʀ] *nm* acelerador *m*.

**accélérer** [akseleʀe] *vt, vi* acelerar.

**accent** [aksɑ̃] *nm* acento; **aux ~s de** (*musique*) a los acordes de; **mettre l'~ sur** (*fig*) hacer hincapié en; **accent aigu/circonflexe/grave** acento agudo/circunflejo/grave.

**accentuer** [aksɑ̃tɥe] *vt* (*aussi fig*) acentuar; **s'accentuer** *vpr* acentuarse.

**acceptation** [akseptasjɔ̃] *nf* aceptación *f*, admisión *f*.

**accepter** [aksepte] *vt* aceptar; (*admettre*) aceptar, admitir; ~ **de faire** aceptar hacer; ~ **que qn fasse** aceptar que algn haga; ~ **que** admitir que; **accepteriez-vous que je m'en aille?** ¿le importaría que me fuese?; **j'accepte!** ¡vale!; **je n'accepterai pas cela** eso no lo admitiré.

**accès** [aksɛ] *nm* acceso ♦ *nmpl* (*routes, entrées*) accesos *mpl*; **d'~ facile/malaisé** de fácil/difícil acceso; **l'~ aux quais est interdit** el acceso a los andenes está prohibido; **donner ~ à** dar acceso a; **avoir ~ auprès de qn** tener entrada con algn; **accès de colère** arrebato; **accès de toux** arranque

*m* de tos.

**accessible** [aksesibl] *adj* accesible; (*prix, objet*) asequible; (*livre, sujet*): ~ **(à qn)** accesible (a algn); **être ~ à la pitié/à l'amour** ser capaz de compasión/de amor.

**accessoire** [akseswaʀ] *adj* secundario(-a) ♦ *nm* accesorio.

**accident** [aksidɑ̃] *nm* accidente *m*; (*événement fortuit*) incidente *m*; **par ~** por accidente; **accident de la route/du travail** accidente de carretera/de trabajo; **accident de parcours** desliz *msg*; **accidents de terrain** accidentes *mpl* del terreno.

**accidenté, e** [aksidɑ̃te] *adj* accidentado (-a); (*voiture*) estropeado(-a), dañado(-a) ♦ *nm/f* herido(-a); **un ~ de la route** un herido de la carretera.

**accidentel, le** [aksidɑ̃tɛl] *adj* accidental; (*fortuit*) casual.

**acclamer** [aklame] *vt* aclamar.

**acclimater** [aklimate] *vt* aclimatar; (*personne*) acostumbrar; **s'acclimater** *vpr* aclimatarse.

**accolade** [akɔlad] *nf* abrazo; (*signe typographique*) llave *f*; **donner l'~ à qn** (*entre amis*) dar un abrazo a algn; (*dans une cérémonie*) dar el espaldarazo a algn.

**accommoder** [akɔmɔde] *vt* (*CULIN*) aliñar ♦ *vi* adaptar; **s'accommoder** *vpr*: **s'~ de** contentarse con; ~ **qch à** adaptar algo a; **s'~ à** adaptarse a.

**accompagnateur, -trice** [akɔ̃paɲatœʀ, tʀis] *nm/f* acompañante *m/f*.

**accompagner** [akɔ̃paɲe] *vt* acompañar; **s'accompagner** *vpr* acompañarse; **s'~ de** conllevar; (*avoir pour conséquence*) acarrear; **vous permettez que je vous accompagne?** ¿me permite que le acompañe?

**accompli, e** [akɔ̃pli] *adj* consumado(-a).

**accomplir** [akɔ̃pliʀ] *vt* cumplir; **s'accomplir** *vpr* cumplirse.

**accord** [akɔʀ] *nm* (*entente*) acuerdo; (*LING, harmonie*) concordancia; (*consentement, autorisation*) consentimiento; (*MUS*) acorde *m*; **mettre 2 personnes d'~** poner a 2 personas de acuerdo; **se mettre d'~** ponerse de acuerdo; **être d'~ (avec qn)** estar de acuerdo (con algn); **être d'~ (pour faire/que)** estar de acuerdo (en hacer/en que); **d'~!** ¡de acuerdo!; **d'un commun ~**

**accordéon** [akɔʀdeɔ̃] *nm* acordeón *m*; **en ~ en** acordeón.

**accorder** [akɔʀde] *vt* (*faveur, délai*) conceder; (*harmoniser*) conciliar; (*MUS*) afinar; (*LING*) concordar; **s'accorder** *vpr* estar de acuerdo; (*être d'accord, se mettre d'accord*) estar de acuerdo, ponerse de acuerdo; (*couleurs, caractères*) casar; (*LING*) concordar; (*un moment de répit*) darse; **~ de l'importance/de la valeur à qch** dar importancia/valor a algo; **je vous accorde que ...** le concedo que ...

**accoster** [akɔste] *vt* (*NAUT*) acostar; (*personne*) abordar ♦ *vi* acostar.

**accouchement** [akuʃmɑ̃] *nm* parto; **~ à terme/sans douleur** parto a término/sin dolor.

**accoucher** [akuʃe] *vi, vt* dar a luz; **~ d'une fille** dar a luz una niña.

**accouder** [akude]: **s'~** *vpr*: **s'~ à/contre/sur** acodarse en/sobre; **accoudé à la fenêtre** acodado en la ventana.

**accoudoir** [akudwaʀ] *nm* brazo.

**accoupler** [akuple] *vt* (*moteurs*) conectar; (*bœufs*) uncir; (*animaux*) aparear; **s'~** aparearse.

**accourir** [akuʀiʀ] *vi* precipitarse.

**accoutumance** [akutymɑ̃s] *nf* (*au climat*) adaptación *f*; (*drogue*) adicción *f*.

**accoutumé, e** [akutyme] *adj* acostumbrado(-a); **être ~ à qch/à faire** estar acostumbrado(-a) a algo/a hacer; **comme à l'~e** como de costumbre.

**accoutumer** [akutyme] *vt*: **~ qn à qch/à faire** acostumbrar a algn a algo/a hacer; **s'accoutumer** *vpr*: **s'~ à qch/à faire** acostumbrarse a algo/a hacer.

**accroc** [akʀo] *nm* (*déchirure*) desgarrón *m*; **sans ~s** (*fig*) sin contratiempos; **faire un ~ à** (*vêtement*) hacer un desgarrón en; (*fig*) cometer una infracción contra.

**accrochage** [akʀɔʃaʒ] *nm* (*d'un tableau*) colgamiento; (*d'une remorque*) enganche *m*; (*accident*) choque *m*; (*escarmouche*) escaramuza; (*dispute*) pelea.

**accrocher** [akʀɔʃe] *vt*: **~ à** (*vêtement, tableau*) colgar en; (*wagon, remorque*) enganchar; (*véhicule*) chocar con; (*piéton*)

atropellar; (*déchirer: robe, pull*) rasgar; (*MIL*) entablar combate con; (*fig: regard, client*) atraer ♦ *vi* (*fermeture éclair*) engancharse; (*pourparlers*) atascarse; (*plaire: disque*) pegar (*fam*); **s'accrocher** *vpr* (*MIL, se disputer*) pelearse; (*ne pas céder*) resistir; **s'~ à** (*rester pris à*) engancharse en; (*agripper*) agarrarse a; (*personne*) pegarse a; (*espoir, idée*) aferrarse a; **il faut s'~** (*fam*) hay que seguir.

**accroissement** [akʀwasmɑ̃] *nm* aumento.

**accroître** [akʀwatʀ] *vt* acrecentar; **s'accroître** *vpr* acrecentarse.

**accroupir** [akʀupiʀ]: **s'~** *vpr* ponerse en cuclillas.

**accru, e** [akʀy] *pp de* **accroître**.

**accueil** [akœj] *nm* acogida; (*endroit*) recepción *f*; **centre/comité d'~** centro/comité *m* de recepción.

**accueillir** [akœjiʀ] *vt* (*recevoir, saluer*) acoger; (*loger*) alojar; (*fig*) recibir.

**accumuler** [akymyle] *vt* acumular; **s'accumuler** *vpr* acumularse.

**accusation** [akyzasjɔ̃] *nf* acusación *f*; **l'~** (*JUR*) la acusación; **mettre qn en ~** iniciar causa en contra de algn; **acte d'~** acta de acusación.

**accusé, e** [akyze] *adj, nm/f* acusado(-a); **accusé de réception** *nm* acuse *m* de recibo.

**accuser** [akyze] *vt* (*aussi fig*) acusar; (*fig: souligner*) acentuar; **s'accuser** *vpr* (*s'accentuer*) acentuarse; **~ qn de qch** acusar a algn de algo; **~ qch de qch** culpar a algo de algo; **~ réception de** acusar recibo de; **~ le coup** (*fig, fam*) acusar el golpe; **s'~ de qch/d'avoir fait qch** culparse de algo/de haber hecho algo.

**acéré, e** [aseʀe] *adj* acerado(-a); (*fig*) mordaz.

**acharné, e** [aʃaʀne] *adj* encarnizado(-a).

**acharner** [aʃaʀne]: **s'~** *vpr*: **s'~ contre/sur** ensañarse con; **s'~ à faire** empeñarse en hacer.

**achat** [aʃa] *nm* compra; **faire l'~ de** comprar; **faire des ~s** ir de compras.

**acheter** [aʃ(ə)te] *vt* comprar; **~ à crédit** comprar a crédito; **~ qch à qn** comprar algo a algn.

**acheteur, -euse** [aʃ(ə)tœʀ, øz] *nm/f* comprador(a); **l'~ et le vendeur** el comprador y el vendedor.

**achever** [aʃ(ə)ve] *vt* acabar, finalizar; (*bles-*

*sê*) rematar; **s'achever** *vpr* acabarse; **~ de faire qch** (*aussi fig*) acabar de hacer algo.

**acide** [asid] *adj* ácido(-a); (*ton*) áspero(-a) ♦ *nm* ácido.

**acidulé** [asidyle] *adj* ácido(-a); **bonbons ~s** caramelos *mpl* ácidos.

**acier** [asje] *nm* acero; **acier inoxydable** acero inoxidable.

**aciérie** [asjeʀi] *nf* acería.

**acné** [akne] *nf* acné *f*; **acné juvénile** acné juvenil.

**acompte** [akɔ̃t] *nm* (*arrhes*) señal *f*; (*sur somme due*) adelanto; (*sur salaire*) anticipo.

**à-côté** [akote] *nm* (*point accessoire*) cuestión *f* secundaria; (*argent: aussi pl*) dinero extra *inv*.

**à-coup** [aku] *nm* (*du moteur*) sacudidas *fpl*; (*du commerce, de l'économie*) altibajos *mpl*; **sans ~-~s** sin interrupción; **par ~-~s** a tirones.

**acoustique** [akustik] *nf* acústica ♦ *adj* acústico(-a).

**acquéreur** [akeʀœʀ] *nm* comprador(a); **se porter ~ de qch** ofrecerse como comprador de algo; **se rendre ~ de qch** adquirir algo.

**acquérir** [akeʀiʀ] *vt* comprar; (*résultats*) obtener.

**acquiescer** [akjese] *vi* asentir; **~ (à qch)** consentir (en algo).

**acquis, e** [aki, iz] *pp de* **acquérir** ♦ *nm* (*savoir, expérience*) conocimientos *mpl*; **~ nmpl: les ~ sociaux** los logros sociales ♦ *adj* adquirido(-a); (*résultats*) obtenido(-a); **tenir qch pour ~** (*comme allant de soi*) dar algo por sabido; (*comme décidé*) dar algo por hecho; **être ~ à** ser adicto(-a) a; **caractère ~** carácter *m* adquirido; **vitesse ~e** velocidad *f* adquirida.

**acquitter** [akite] *vt* (*accusé*) absolver; (*payer*) abonar, pagar; **s'acquitter de** *vpr* (*promesse, tâche*) cumplir con; (*dette*) satisfacer.

**âcre** [ɑkʀ] *adj* acre.

**acrobate** [akʀɔbat] *nm/f* acróbata *m/f*.

**acrobatie** [akʀɔbasi] *nf* (*aussi fig*) acrobacia; **acrobatie aérienne** acrobacia aérea.

**acte** [akt] *nm* (*THÉÂTRE, action*) acto; (*document*) acta; **~s nmpl** (*compte-rendu*) actas *fpl*; **prendre ~ de** levantar acta de; **prendre ~ de** tomar nota de; **faire ~ de présence** hacer acto de presencia; **faire ~ de**

**candidature** presentar una candidatura; **acte d'accusation** acta de acusación; **acte de baptême** fe *f* de bautismo; **acte de mariage/de naissance** partida de matrimonio/de nacimiento; **acte de vente** escritura.

**acteur, -trice** [aktœʀ, tʀis] *nm/f* actor(actriz).

**actif, -ive** [aktif, iv] *adj* activo(-a); (*remède*) eficaz ♦ *nm* activo; **prendre une part active à qch** tomar parte activa en algo; **l'~ et le passif** el activo y el pasivo.

**action** [aksjɔ̃] *nf* acción *f*; (*déploiement d'énergie*) actividad *f*; **une bonne/mauvaise ~** una buena/mala acción; **mettre en ~** poner en práctica; **passer à l'~** pasar a la acción; **un homme d'~** un hombre de acción; **sous l'~ de** bajo el efecto de; **un film d'~** una película de acción; **action de grâce(s)** acción de gracias; **action en diffamation** demanda por difamación.

**actionnaire** [aksjɔnɛʀ] *nm/f* accionista *m/f*.

**actionner** [aksjɔne] *vt* accionar.

**activer** [aktive] *vt* activar; **s'activer** *vpr* (*se presser*) apresurarse; (*s'affairer*) trajinar.

**activité** [aktivite] *nf* actividad *f*; **cesser toute ~** abandonar toda actividad; **en ~** (*fonctionnaire, militaire*) en activo; (*volcan, industrie*) en actividad; **activités subversives** actividades subversivas.

**actrice** [aktʀis] *nf voir* **acteur**.

**actualité** [aktɥalite] *nf* actualidad *f*; **~s nfpl: les ~s** las noticias; **l'~ politique/sportive** la actualidad política/deportiva; **d'~** de actualidad.

**actuel, le** [aktɥɛl] *adj* actual; **à l'heure ~le** hoy en día, en el momento actual.

**actuellement** [aktɥɛlmɑ̃] *adv* actualmente.

**acupuncture** [akypɔ̃ktyʀ] *nf* acupuntura.

**adaptateur, -trice** [adaptatœʀ, tʀis] *nm/f* (*THÉÂTRE*) adaptador(a) ♦ *nm* (*ÉLEC*) adaptador *m*.

**adapter** [adapte] *vt*: **~ à** adaptar a; **s'adapter** *vpr* (*personne*): **s'~ (à)** adaptarse (a); (*objet, prise etc*) ajustarse (a); **~ qch sur/dans/à** ajustar algo sobre/en/a.

**addition** [adisjɔ̃] *nf* (*d'une clause*) inclusión *f*; (*MATH*) adición *f*; (*au restaurant*) cuenta.

**additionner** [adisjɔne] *vt* sumar; **s'additionner** *vpr* sumarse; **~ un vin d'eau** añadir agua al vino.

**adepte** [adɛpt] *nm/f* (*d'une religion*) adepto(-a); (*d'un sport*) partidario(-a).

**adéquat, e** [adekwa(t), at] *adj* adecuado (-a).

**adhérent, e** [adeʀɑ̃, ɑ̃t] *adj* adherente ♦ *nm/f* miembro *m/f*.

**adhérer** [adeʀe] *vi* adherirse ♦ *vt*: ~ **à** (*coller*) adherir a; (*se rallier à*) adherirse a; (*devenir membre de*) afiliarse a; (*être membre de*) estar afiliado(-a) a.

**adhésif, -ive** [adezif, iv] *adj* adhesivo(-a) ♦ *nm* adhesivo.

**adieu** [adjø] *excl* ¡adiós! ♦ *nm* adiós *msg*; ~x *nmpl*: **faire ses ~x à qn** despedirse de algn; **dire ~ à qn** decir adiós a algn; **dire ~ à qch** decir adiós a algo.

**adjectif, -ive** [adʒɛktif, iv] *adj* adjetivo(-a) ♦ *nm* adjetivo; **adjectif attribut/démonstratif/épithète** adjetivo atributo/demostrativo/epíteto; **adjectif numéral/possessif/qualificatif** adjetivo numeral/posesivo/calificativo.

**adjoint, e** [adʒwɛ̃, wɛ̃t] *nm/f* adjunto(-a); **directeur ~** director *m* adjunto; **adjoint au maire** teniente *m* alcalde.

**admettre** [admɛtʀ] *vt* admitir; (*candidat*) admitir, aprobar; ~ **que** admitir que; **j'admets que** admito que; **je n'admets pas ce genre de conduite** no admito este tipo de comportamiento; **je n'admets pas que tu fasses cela** no admito que hagas esto; **admettons** admitamos; **admettons que ...** admitamos que ...

**administrateur, -trice** [administʀatœʀ, tʀis] *nm/f* administrador(a); **administrateur délégué** consejero(-a) delegado(-a); **administrateur judiciaire** interventor *m*.

**administration** [administʀasjɔ̃] *nf* administración *f*; **l'A~** la Administración.

**administrer** [administʀe] *vt* administrar.

**admirable** [admiʀabl] *adj* admirable.

**admirateur, -trice** [admiʀatœʀ, tʀis] *nm/f* admirador(a).

**admiration** [admiʀasjɔ̃] *nf* admiración *f*; **être en ~ devant** admirar mucho a.

**admirer** [admiʀe] *vt* admirar.

**admis, e** [admi, iz] *pp* de **admettre**.

**admissible** [admisibl] *adj* (*candidat*) admitido(-a); (*comportement: gén nég*) admisible.

**ADN** [adeɛn] *sigle m* (= *acide désoxyribonucléique*) ADN *m*.

**adolescence** [adɔlesɑ̃s] *nf* adolescencia.

**adolescent, e** [adɔlesɑ̃, ɑ̃t] *nm/f* adolescente *m/f*.

**adopter** [adɔpte] *vt* (*projet de loi*) aprobar; (*politique, enfant*) adoptar.

**adoptif, -ive** [adɔptif, iv] *adj* adoptivo(-a).

**adorable** [adɔʀabl] *adj* adorable.

**adorer** [adɔʀe] *vt* adorar.

**adosser** [adose] *vt*: ~ **qch à/contre** adosar algo a/contra; **s'adosser** *vpr*: **s'~ à/contre** respaldarse en/contra; **être adossé à/contre** estar adosado a/contra.

**adoucir** [adusiʀ] *vt* (*aussi fig*) suavizar; (*avec du sucre*) endulzar; (*peine, douleur*) aliviar; (*eau*) descalcificar; **s'adoucir** *vpr* suavizarse.

**adresse** [adʀɛs] *nf* (*habileté*) habilidad *f*; (*domicile*) dirección *f*; (*INFORM*) directorio; **à l'~ de** a la atención de; **partir sans laisser d'~** marchar sin dejar la dirección.

**adresser** [adʀese] *vt* (*expédier*) enviar; (*écrire l'adresse sur*) poner la dirección en; (*injure, compliments*) dirigir; **s'adresser** *vpr*: **s'~ à** dirigirse a; (*suj: livre, conseil*) estar dirigido(-a) a; ~ **qn à un docteur/un bureau** enviar a algn a un médico/una oficina; ~ **la parole à qn** dirigir la palabra a algn.

**adroit, e** [adʀwa, wat] *adj* hábil; (*rusé*) astuto(-a).

**adulte** [adylt] *nm/f* adulto(-a) ♦ *adj* adulto(-a); (*attitude*) maduro(-a); **l'âge ~** la edad adulta; **film pour ~s** película para adultos; **formation des/pour ~s** formación *f* de/para adultos.

**adverbe** [advɛʀb] *nm* adverbio; **adverbe de manière** adverbio de modo.

**adversaire** [advɛʀsɛʀ] *nm/f* adversario(-a); ~ **de qch** adversario(-a) de algo.

**aération** [aeʀasjɔ̃] *nf* (*action d'aérer*) aeración *f*; (*circulation de l'air*) ventilación *f*; **bouche/conduit d'~** boca/conducto de ventilación.

**aérer** [aeʀe] *vt* (*pièce, literie*) ventilar; (*style*) aligerar; **s'aérer** *vpr* airearse, tomar el aire.

**aérien, ne** [aeʀjɛ̃, jɛn] *adj* (*aussi fig*) aéreo(-a); **compagnie ~ne** compañía aérea; **ligne ~ne** línea aérea.

**aérodynamique** [aeʀodinamik] *adj* aerodinámico(-a) ♦ *nf* aerodinámica.

**aérogare** [aeʀogaʀ] *nf* terminal *f*; (*en ville*) estación *f* terminal.

**aéroglisseur** [aeʀogliscœʀ] *nm* aerodeslizador *m*.

**aéronaval, e, -aux** [aeʀɔnaval, o] *adj* aéronaval ◆ *nf*: **l'A~e** las Fuerzas aeronavales.

**aérophagie** [aeʀɔfaʒi] *nf* aerofagia.

**aéroport** [aeʀɔpɔʀ] *nm* aeropuerto; **aéroport d'embarquement** aeropuerto de embarque.

**aérosol** [aeʀɔsɔl] *nm* aerosol *m*.

**affaiblir** [afebliʀ] *vt* debilitar; (*poutre, câble*) hacer ceder; **s'affaiblir** *vpr* debilitarse.

**affaire** [afeʀ] *nf* (*problème, question*) asunto; (*scandale*) escándalo; (*criminelle, judiciaire*) caso; (*entreprise, magasin*) negocio, empresa; (*marché, transaction*) negocio; (*occasion intéressante*) ganga; **~s** *nfpl* negocios *mpl*; (*objets, effets personnels*) cosas *fpl*; **ce sont mes/tes ~s** (*cela me/te concerne*) es asunto mío/tuyo; **tirer qn/se tirer d'~** sacar a algn/salir de un apuro; **en faire son ~** encargarse de ello; **n'en fais pas une ~!** ¡no hagas una montaña de eso!; **tu auras ~ à moi!** ¡te las verás conmigo!; **ceci fera l'~** esto bastará; **avoir ~ à qn/qch** (*comme adversaire*) tener que vérselas con algn/algo; (*comme contact*) estar en relación con algn/algo; **c'est une ~ de goût/d'argent** es una cuestión de gusto/dinero; **c'est l'~ d'une minute/heure** es cosa de un minuto/una hora; **les A~s étrangères** Asuntos Exteriores; **toutes ~s cessantes** dejándolo todo.

**affairer** [afeʀe] *vpr*: **s'~** afanarse.

**affamé, e** [afame] *adj* hambriento(-a).

**affecter** [afɛkte] *vt* (*toucher, émouvoir*) conmover, afectar; (*feindre*) fingir; (*telle ou telle forme*) presentar; **~ qch/qn à** destinar algo/a algn a; **~ qch d'un coefficient/indice** asignar a algo un coeficiente/índice.

**affectif, -ive** [afɛktif, iv] *adj* afectivo(-a).

**affection** [afɛksjɔ̃] *nf* afecto, cariño; (*MÉD*) afectación *f*; **avoir de l'~ pour** tener cariño a; **prendre en ~** tomar cariño a.

**affectionner** [afɛksjɔne] *vt* querer.

**affectueux, -euse** [afɛktɥø, øz] *adj* afectuoso(-a).

**affichage** [afiʃaʒ] *nm* anuncio; (*électronique*) marcador *m*; **"~ interdit"** "se prohibe fijar carteles"; **panneau/tableau d'~** panel *m*/tablón *m* de anuncios; **affichage à cristaux liquides** marcador de cristales líquidos; **affichage digital/numérique** marcador digital/numérico.

**affiche** [afiʃ] *nf* cartel *m*, afiche *m* (*AM*);

(*officielle*) anuncio; **être à l'~** estar en cartelera; **tenir l'~** mantenerse en cartelera.

**afficher** [afiʃe] *vt* anunciar; (*électroniquement*) marcar; (*fig, péj*) ostentar; **s'afficher** *vpr* (*péj*) exhibirse; (*électroniquement*) mostrarse; **"défense d'~"** "prohibido fijar carteles".

**affilée** [afile]: **d'~** *adv* de un tirón.

**affirmatif, -ive** [afiʀmatif, iv] *adj* (*réponse*) afirmativo(-a); (*personne*) seguro(-a) de sí mismo(-a).

**affirmer** [afiʀme] *vt* afirmar; **s'affirmer** *vpr* afirmarse.

**affligé, e** [afliʒe] *adj* afligido(-a); **~ d'une maladie/tare** aquejado(-a) por una enfermedad/tara.

**affliger** [afliʒe] *vt* afligir.

**affluence** [aflyɑ̃s] *nf* afluencia; **heure/jour d'~** hora/día *m* de afluencia.

**affluent** [aflyɑ̃] *nm* afluente *m*.

**affolant, e** [afɔlɑ̃, ɑ̃t] *adj* enloquecedor(a).

**affolement** [afɔlmɑ̃] *nm* pánico.

**affoler** [afɔle] *vt* asustar; **s'affoler** *vpr* asustarse.

**affranchir** [afʀɑ̃ʃiʀ] *vt* (*lettre, paquet*) franquear; (*esclave*) libertar; (*d'une contrainte, menace*) liberar; **s'affranchir** *vpr*: **s'~ de** liberarse de.

**affranchissement** [afʀɑ̃ʃismɑ̃] *nm* (*POSTES*) franqueo; (*d'un esclave*) liberación *f*; **tarifs d'~** tarifas *fpl* de franqueo; **affranchissement insuffisant** franqueo insuficiente.

**affreux, -euse** [afʀø, øz] *adj* horrible.

**affront** [afʀɔ̃] *nm* afrenta.

**affrontement** [afʀɔ̃tmɑ̃] *nm* enfrentamiento.

**affronter** [afʀɔ̃te] *vt* (*adversaire*) afrontar, hacer frente a; (*tempête, critiques*) afrontar; **s'affronter** *vpr* confrontarse.

**affût** [afy] *nm* (*de canon*) cureña; **à l'~ (de)** (*aussi fig*) al acecho (de).

**afin** [afɛ̃]: **~ que** *conj* a fin de que; **~ de faire** a fin de hacer, con el fin de hacer.

**africain, e** [afʀikɛ̃, ɛn] *adj* africano(-a) ◆ *nm/f*: **A~, e** africano(-a).

**Afrique** [afʀik] *nf* África; **Afrique australe/du Nord/du Sud** África austral/del Norte/del Sur.

**agaçant, e** [agasɑ̃, ɑ̃t] *adj* molesto(-a), irritante.

**agacer** [agase] *vt* molestar; (*aguicher*) provocar.

**âge** [ɑʒ] *nm* edad *f*; **quel ~ as-tu?** ¿qué

**âge** edad tienes?; **une femme d'un certain ~** una mujer de cierta edad; **bien porter son ~** llevar bien los años; **prendre de l'~** envejecer; **limite/dispense d'~** límite *m*/ dispensa de edad; **troisième ~** tercera edad; **avoir l'~ de raison** tener uso de razón; **l'âge ingrat** la edad del pavo; **âge légal/mental** edad legal/mental; **l'âge mûr** la edad madura.

**âgé, e** [ɑʒe] *adj* de edad; **~ de 10 ans** de 10 años de edad; **les personnes âgées** los ancianos.

**agence** [aʒɑ̃s] *nf* agencia; (*succursale*) sucursal *f*; **agence immobilière/matrimoniale** agencia inmobiliaria/matrimonial; **agence de placement/de publicité/ de voyages** oficina de empleo/de publicidad/de viajes.

**agenda** [aʒɛ̃da] *nm* agenda.

**agenouiller** [aʒ(ə)nuje]: **s'~** *vpr* arrodillarse.

**agent** [aʒɑ̃] *nm* (ADMIN) funcionario(-a); (*élément, facteur*) agente *m*, factor *m*; **agent commercial/d'assurances/de change** agente comercial/de seguros/de cambio; **agent (de police)** policía *m*, agente (AM); **agent immobilier** agente inmobiliario; **agent secret** agente secreto.

**agglomération** [aglɔmeʁasjɔ̃] *nf* aglomeración *f*; (*de huttes*) poblado; **l'~ parisienne** el área metropolitana de París.

**aggraver** [agʁave] *vt* agravar, empeorar; (JUR) agravar; **s'aggraver** *vpr* agravarse; **~ son cas** agravar su caso.

**agile** [aʒil] *adj* ágil.

**agir** [aʒiʁ] *vi* actuar; (*avoir de l'effet*) hacer efecto; **s'agir** *vpr*: **il s'agit de faire** se trata de hacer; **il s'agit de** se trata de; **de quoi s'agit-il?** ¿de qué se trata?; **s'agissant de** tratándose de.

**agitation** [aʒitasjɔ̃] *nf* agitación *f*.

**agité, e** [aʒite] *adj* (*gén enfant*) revoltoso (-a); (*vie, personne*) agitado(-a); **une mer ~e** un mar agitado *ou* revuelto; **un sommeil ~** un sueño intranquilo.

**agiter** [aʒite] *vt* agitar; (*question, problème*) discutir; (*personne*) inquietar; **s'agiter** *vpr* (POL, *aussi fig*) agitarse; "**~ avant l'emploi**" "agitar antes de usar".

**agneau** [aɲo] *nm* cordero.

**agonie** [agɔni] *nf* (*aussi fig*) agonía.

**agrafe** [agʁaf] *nf* (*de vêtement*) corchete *m*; (MÉD, *de bureau*) grapa.

**agrafer** [agʁafe] *vt* (*un vêtement*) abrochar; (*des feuilles de papier*) grapar.

**agrafeuse** [agʁaføz] *nf* grapadora.

**agrandir** [agʁɑ̃diʁ] *vt* agrandar, ampliar; **s'agrandir** *vpr* agrandarse; **(faire) ~ sa maison** (hacer) ampliar su casa.

**agrandissement** [agʁɑ̃dismɑ̃] *nm* ampliación *f*, ensanche *m*; (PHOTO) ampliación .

**agréable** [agʁeabl] *adj* agradable.

**agréé, e** [agʁee] *adj*: **magasin/concessionnaire ~** establecimiento/concesionario autorizado.

**agréer** [agʁee] *vt* acceder; **~ à** acceder a; **se faire ~** hacerse admitir; **veuillez ~ ... le** saluda ...

**agrégation** [agʁegasjɔ̃] *nf* oposición *f*.

---

### agrégation

La **agrégation**, que se conoce familiarmente como **agrég**, es un examen de oposición para profesores de enseñanza secundaria. El número de opositores siempre excede en mucho al número de plazas. La mayor parte del profesorado de las "classes préparatoires" y del profesorado universitario ha aprobado la **agrégation**.

---

**agrégé, e** [agʁeʒe] *nm/f* catedrático(-a).

**agrément** [agʁemɑ̃] *nm* (*accord*) consentimiento; (*attraits*) atractivo; (*plaisir*) agrado; **jardin d'~** jardín *m* de recreo; **voyage d'~** viaje *m* de placer.

**agresser** [agʁese] *vt* agredir.

**agresseur** [agʁesœʁ] *nm* agresor(a).

**agressif, -ive** [agʁesif, iv] *adj* agresivo(-a); (*couleur, toilette*) provocador(a).

**agricole** [agʁikɔl] *adj* agrícola.

**agriculteur, -trice** [agʁikyltœʁ, tʁis] *nm/f* agricultor(a).

**agriculture** [agʁikyltyʁ] *nf* agricultura.

**agripper** [agʁipe] *vt* agarrar; **s'agripper** *vpr*: **s'~ à** agarrarse a, aferrarse a.

**agro-alimentaire** [agʁoalimɑ̃tɛʁ] (*pl* ~-~s) *adj* agroalimenticio(-a).

**agrumes** [agʁym] *nmpl* agrios *mpl*.

**aguets** [age] *adv*: **être aux ~** estar al acecho.

**ai** [ɛ] *vb voir* avoir.

**aide** [ɛd] *nf* ayuda ♦ *nm/f* ayudante *m/f*; **à l'~ de** con (la) ayuda de; **à l'~!** ¡socorro!; **appeler (qn) à l'~** pedir ayuda (a algn);

venir en ~ à qn ayudar a algn; **il est venu à mon ~** vino en mi ayuda; **aide de camp** nm ayudante de campo; **aide de laboratoire** nm/f auxiliar m/f de laboratorio; **aide familiale** nf ayuda familiar; **aide judiciaire** nf ayuda judicial; **aide ménagère** nf ayuda doméstica; **aide sociale** nf (assistance) asistencia social; **aide technique** nm/f asistente m/f técnico(-a).

**aide-mémoire** [εdmemwaʀ] nm inv memorándum m.

**aider** [ede] vt ayudar; **s'aider de** vpr ayudarse de, servirse de; ~ **qn à faire qch** ayudar a algn a hacer algo; ~ **à** (faciliter, favoriser) ayudar a.

**aide-soignant, e** [εdswaɲɑ̃] (pl ~s-~s, es) nm/f auxiliar m/f de enfermería.

**aie** etc [ε] vb voir **avoir**.

**aïe** [aj] excl ¡ay!

**aigle** [εgl] nm águila.

**aigre** [εgʀ] adj (aussi fig) agrio(-a); **tourner à l'~** agriarse.

**aigre-doux, -douce** [εgʀədu, dus] (pl ~s-~, -douces) adj agridulce.

**aigreur** [εgʀœʀ] nf acidez f; (d'un propos) acritud f; **aigreurs d'estomac** acidez de estómago.

**aigu, ë** [εgy] adj (objet, arête) afilado(-a); (voix, note, douleur) agudo(-a).

**aiguille** [egɥij] nf aguja; (montagne) picacho; **aiguille à tricoter** aguja de tejer.

**aiguiser** [egize] vt afilar; (fig) aguzar.

**ail** [aj] nm ajo.

**aile** [εl] nf ala; (de voiture) aleta; **battre de l'~** estar alicaído(-a); **voler de ses propres ~s** volar solo(-a); **aile libre** vuelo libre.

**ailier** [elje] nm extremo; **ailier droit/gauche** extremo derecho/izquierdo.

**aille** etc [aj] vb voir **aller**.

**ailleurs** [ajœʀ] adv en otra parte; **partout/nulle part ~** en cualquier/en ninguna otra parte; **d'~** además; **par ~** por otra parte.

**aimable** [εmabl] adj amable; **vous êtes bien ~** es usted muy amable.

**aimant, e** [εmɑ̃] adj afectuoso(-a) ♦ nm imán m.

**aimer** [eme] vt (d'amour) querer, amar; (d'amitié, affection) querer; (chose, activité) gustar; **s'aimer** vpr amarse; **bien ~ qn/qch** querer mucho a algn/algo; **j'aime bien le cinéma/faire du sport** me gusta el cine/hacer deporte; **j'aime bien Pierre** me cae

bien Pedro; **aimeriez-vous que je vous accompagne?** ¿le gustaría que le acompañase?; **j'aimerais (bien) m'en aller** me gustaría (mucho) irme; **j'aimerais te demander de ...** quisiera preguntarte si ...; **j'aimerais que la porte soit fermée** me gustaría que la puerta estuviese cerrada; **tu aimerais que je fasse qch pour toi?** ¿te gustaría que hiciese algo por ti?; **j'aime mieux** ou **autant vous dire que** prefiero decirle que; **j'aimerais autant** ou **mieux y aller maintenant** preferiría ir ahora; **j'aimerais avoir ton avis/opinion** me gustaría conocer tu opinión; **j'aime mieux Paul que Pierre** prefiero a Pablo antes que a Pedro.

**aine** [εn] nf ingle f.

**aîné, e** [ene] adj mayor ♦ nm/f primogénito(-a); ~**s** nmpl (fig: anciens) antepasados mpl; **il est mon ~ (de 2 ans)** es (2 años) mayor que yo.

**ainsi** [ēsi] adv (de cette façon) de este modo; (ce faisant) así ♦ conj entonces; ~ **que** (comme) así como; (et aussi) y también; **pour ~ dire** por decirlo así; ~ **donc** así pues; ~ **soit-il** así sea; **et ~ de suite** y así sucesivamente.

**air** [εʀ] nm aire m; (expression, attitude) aspecto; **dans l'~** (atmosphère, ambiance) en el aire; **tout mettre en l'~ dans une pièce** poner una habitación patas arriba; **regarder en l'~** mirar hacia arriba; **tirer en l'~** disparar al aire; **parole/menace en l'~** palabra/amenaza al aire; **prendre l'~** tomar el aire; **avoir l'~** parecer, verse (AM); **il a l'~ de manger/dormir/faire** parece que está comiendo/durmiendo/haciendo; **avoir l'~ d'un homme/clown** parecer un hombre/payaso; **prendre de grands ~s (avec qn)** darse aires de grandeza (con algn); **avoir l'~ triste** parecer triste; **ils ont un ~ de famille** se dan un aire de familia; **courant d'~** corriente f de aire; **le grand ~** el aire libre; **mal de l'~** mareo; **tête en l'~** despistado(-a); **air comprimé/conditionné/liquide** aire comprimido/acondicionado/líquido.

**aisance** [εzɑ̃s] nf (facilité) facilidad f; (grâce, adresse) desenvoltura; (richesse) bienestar m; (COUTURE) holgura; **être dans l'~** estar desahogado(-a).

**aise** [εz] nf (confort) comodidad f; (financière) desahogo ♦ adj: **être bien ~ de/**

**que** estar encantado(-a) de/de que; **~s** *nfpl*: **prendre ses ~s** instalarse a sus anchas; **soupirer/frémir d'~** suspirar/temblar de gozo; **être à l'~** *ou* **à son ~** estar a gusto; (*pas embarrassé*) estar a sus anchas; (*financièrement*) estar desahogado(-a); **se mettre à l'~** ponerse a gusto; **être mal à l'~** *ou* **à son ~** estar a disgusto; (*gêné*) estar molesto(-a); **mettre qn à l'~/mal à l'~** hacer que algn se sienta cómodo(-a)/incómodo(-a); **à votre ~** como usted guste; **en faire à son ~** hacer lo que a uno le plazca; **en prendre à son ~ avec qch** tomarse algo con calma; **il aime ses ~s** le gusta la comodidad.

**aisé, e** [eze] *adj* (*facile*) fácil; (*naturel*) desenvuelto(-a); (*assez riche*) acomodado(-a).

**aisselle** [ɛsɛl] *nf* axila.

**ait** [ɛ] *vb voir* **avoir**.

**ajonc** [aʒɔ̃] *nm* aulaga.

**ajourner** [aʒuʀne] *vt* (*débat, décision*) aplazar, postergar (*AM*); (*candidat*) suspender; (*conscrit*) reemplazar.

**ajout** [aʒu] *nm* añadido.

**ajouter** [aʒute] *vt* añadir, agregar (*esp AM*); (*INFORM*) juntar, añadir; **~ que** añadir que; **~ foi à** dar crédito a; **~ à** añadir a; **s'~ à** añadirse a.

**alarme** [alaʀm] *nf* (*signal*) alarma; (*inquiétude*) inquietud *f*; **donner l'~** dar la alarma; **jeter l'~** sembrar la alarma; **à la première ~** al primer toque de alarma.

**alarmer** [alaʀme] *vt* alarmar; **s'alarmer** *vpr* alarmarse.

**alarmiste** [alaʀmist] *adj* alarmista.

**album** [albɔm] *nm* álbum *m*; **album à colorier/de timbres** álbum para colorear/de sellos.

**albumine** [albymin] *nf* albúmina; **avoir** *ou* **faire de l'~** tener albúmina.

**alcool** [alkɔl] *nm*: **l'~** el alcohol; **un ~** un licor; **alcool à 90°** alcohol de 90°; **alcool à brûler** alcohol de quemar; **alcool camphré** alcohol alcanforado; **alcool de poire/de prune** licor de pera/de ciruela.

**alcoolique** [alkɔlik] *adj*, *nm/f* alcohólico (-a).

**alcoolisé, e** [alkɔlize] *adj* alcoholizado(-a); **fortement/peu ~** muy/poco alcoholizado(-a).

**alcoolisme** [alkɔlism] *nm* alcoholismo.

**alco(o)test** ® [alkɔtɛst] *nm* (*objet*) alcohómetro; (*épreuve*) prueba del alcohol; **faire subir l'alcootest à qn** hacer la prueba del alcohol a algn.

**aléatoire** [aleatwaʀ] *adj* aleatorio(-a).

**alentour** [alɑ̃tuʀ] *adv* alrededor; **~s** *nmpl* alrededores *mpl*; **aux ~s de** en los alrededores de.

**alerte** [alɛʀt] *adj* vivo(-a) ♦ *nf* (*menace*) alerta; (*signal, inquiétude*) alarma; **donner l'~** dar la alerta; **à la première ~** al primer toque de alarma.

**alerter** [alɛʀte] *vt* alertar.

**algèbre** [alʒɛbʀ] *nf* álgebra.

**Alger** [alʒe] *n* Argel *m*.

**Algérie** [alʒeʀi] *nf* Argelia.

**algérien, ne** [alʒeʀjɛ̃, jɛn] *adj* argelino(-a) ♦ *nm/f*: **A~, ne** argelino(-a).

**algue** [alg] *nf* alga.

**alibi** [alibi] *nm* coartada.

**aligner** [aliɲe] *vt* alinear; (*idées*) ordenar; **s'aligner** *vpr* alinearse; **~ qch sur** poner algo en línea con; **s'~ (sur)** (*POL*) estar alineado(-a) (con).

**aliment** [alimɑ̃] *nm* (*aussi fig*) alimento; **aliment complet** alimento completo.

**alimentaire** [alimɑ̃tɛʀ] *adj* alimenticio(-a); (*péj: besogne*) para poder comer; **produits** *ou* **denrées ~s** productos *mpl* alimenticios.

**alimentation** [alimɑ̃tasjɔ̃] *nf* alimentación *f*; (*en eau, en électricité*) provisión *f*; **alimentation à feuille** alimentación de hojas; **alimentation de base** alimentación básica; **alimentation en continu** alimentación continua; **alimentation en papier** alimentación de papel; **alimentation générale** alimentación.

**alimenter** [alimɑ̃te] *vt* alimentar; (*conversation*) sostener; (*en eau, électricité*): **~ (en)** alimentar (con), abastecer (con); **s'alimenter** *vpr* alimentarse.

**allaiter** [alete] *vt* (*femme*) dar el pecho a; (*animal*) amamantar.

**alléchant, e** [aleʃɑ̃, ɑ̃t] *adj* (*odeur*) atrayente; (*proposition etc*) tentador(a).

**allécher** [aleʃe] *vt* (*odeur*) atraer; (*proposition etc*) tentar; **~ qn** engatusar a algn.

**allée** [ale] *nf* (*de jardin, parc*) paseo, sendero; (*en ville*) avenida; **~s** *nfpl*: **~s et venues** idas *fpl* y venidas *fpl*.

**allégé, e** [aleʒe] *adj* (*yaourt etc*) bajo(-a) en contenido graso.

**Allemagne** [alman] *nf* Alemania; **l'Allema-**

gne de l'Est/de l'Ouest/fédérale (HIST) Alemania del este/del oeste/federal.

**allemand, e** [almɑ̃, ɑ̃d] *adj* alemán(-ana) ♦ *nm* (LING) alemán *m* ♦ *nm/f*: **A~, e** alemán(-ana); **allemand de l'Est/de l'Ouest** (HIST) alemán del este/del oeste.

---
MOT-CLÉ
---

**aller** [ale] *nm* ida; **aller (simple)** ida ♦ *vi* **1** ir; **aller à la chasse/pêche** ir a cazar/pescar, ir de caza/pesca; **aller au théâtre/au concert** ir al teatro/a conciertos; **aller à l'école** ir al colegio

**2** (*situation, moteur, personne etc*) andar, estar; **comment allez-vous?** ¿qué tal esta usted?; **comment ça va?** ¿qué tal?; **ça va? - oui, ça va/non, ça ne va pas** ¿qué tal? - bien/mal; **comment ça va les affaires?** ¿qué tal van las cosas?; **ça ne va pas très bien (au bureau)** las cosas no van muy bien (en la oficina); **ça va bien/mal** anda bien/mal; **ça va** (*approbation*) bien; **tout va bien** todo va bien; **il va bien/mal** está bien/mal; **il y a de leur vie** les va en ello la vida; **il n'y est pas allé par quatre chemins** (*fig*) no se anduvo con rodeos; **tu y vas un peu (trop) fort** exageras un poco; **aller à** (*suj: forme, pointure etc*) adaptarse a; **cette robe te va très bien** este vestido te sienta muy bien; **cela me va** (*couleur, vêtement*) esto me sienta *ou* va bien; **aller avec** (*couleurs, style etc*) pegar con; **ça ne va pas sans difficultés** esto conlleva dificultades; **aller sur** (*âge*) acercarse a; **ça ira** (*comme ça*) está bien así; **se laisser aller** (*se négliger*) abandonarse; **aller jusqu'à Paris/100 F** (*limite*) llegar hasta París/100 francos; **ça va de soi** se cae por su propio peso; **ça va sans dire** ni qué decir tiene; **il va sans dire que ...** ni qué decir tiene que ...

**3** (*fonction d'auxiliaire*): **je vais me fâcher/le faire** voy a enfadarme/hacerlo; **aller chercher/voir qn** ir a buscar/a ver a algn; **je vais m'en occuper demain** voy a ocuparme de ello mañana

**4: allons-y!** ¡vamos!; **allez!** ¡venga!; **allons donc!** ¡anda ya!; **aller mieux** ir mejor; **aller en empirant** ir empeorando; **allez, fais un effort** vamos, haz un esfuerzo; **allez, je m'en vais** bueno, me voy; **s'en aller** irse.

**allergique** [alɛʀʒik] *adj* (*aussi fig*) alérgico(-a); **~ à** alérgico(-a) a.

**alliance** [aljɑ̃s] *nf* alianza; (*mariage*) matrimonio; **neveu par ~** sobrino político.

**allier** [alje] *vt* aliar; (*métaux*) alear; (*fig*) unir; **s'allier** *vpr* aliarse; **s'~ à** aliarse con.

**allô** [alo] *excl* dígame, aló (AM).

**allocation** [alɔkasjɔ̃] *nf* asignación *f*; **allocation (de) chômage** subsidio de desempleo; **allocation (de) logement/de maternité** prestación *f* para alojamiento/por maternidad; **allocations familiales** ayuda *fsg* familiar.

**allonger** [alɔ̃ʒe] *vt* (*objet, durée*) alargar; (*bras*) estirar; (*fam: sauce*) extender; (: *coup, argent*) largar; **s'allonger** *vpr* (*journée, séance*) alargarse; (*personne*) tumbarse; **~ le pas** aligerar el paso.

**allumage** [alymaʒ] *nm* encendido.

**allume-cigare** [alymsigaʀ] *nm inv* encendedor *m*.

**allumer** [alyme] *vt* encender, prender (AM); (*pièce*) alumbrar; **s'allumer** *vpr* encenderse; **~ (la lumière** *ou* **l'électricité)** encender (la luz *ou* la electricidad); **~ le/un feu** encender el/un fuego.

**allumette** [alymɛt] *nf* cerilla; **allumette au fromage** empanadilla de queso.

**allure** [alyʀ] *nf* (*d'un véhicule*) velocidad *f*; (*d'un piéton*) paso; (*démarche, maintien*) presencia; (*aspect, air*) aspecto; **avoir de l'~** tener buena presencia; **à toute ~** a toda velocidad.

**allusion** [a(l)lyzjɔ̃] *nf* (*référence*) referencia; (*sous-entendu*) alusión *f*; **faire ~ à** hacer referencia a; (*avec sous-entendu*) hacer alusión a.

---
MOT-CLÉ
---

**alors** [alɔʀ] *adv* (*à ce moment-là*) entonces; **il habitait alors à Paris** vivía entonces en París

♦ *conj* (*par conséquent*) entonces; **tu as fini? alors je m'en vais** ¿has acabado? entonces, me voy; **et alors?** (*pour en savoir plus*) ¿entonces?; (*indifférence*) ¿y qué?

**alors que** *conj* **1** (*au moment où*) cuando; **il est arrivé alors que je partais** llegó cuando me iba

**2** (*pendant que*) cuando, mientras; **alors qu'il était à Paris, il a visité ...** mientras estaba en París, visitó ...

**3** (*tandis que, opposition*) mientras que; **alors que son frère travaillait dur, lui se reposait** mientras que su hermano trabajaba duro, él descansaba

**alourdir** [aluʀdiʀ] *vt* hacer pesado(-a) (*fig*) entorpecer; **s'alourdir** *vpr* ponerse pesado(-a).

**Alpes** [alp] *nfpl*: **les ~** los Alpes.

**alphabet** [alfabɛ] *nm* alfabeto.

**alphabétique** [alfabetik] *adj* alfabético(-a); **par ordre ~** por orden alfabético.

**alpinisme** [alpinism] *nm* alpinismo, andinismo (*AM*).

**alpiniste** [alpinist] *nm/f* alpinista *m/f*, andinista *m/f* (*AM*).

**Alsace** [alzas] *nf* Alsacia.

**alsacien, ne** [alzasjɛ̃, jɛn] *adj* alsaciano(-a) ♦ *nm/f*: **A~, ne** alsaciano(-a).

**alternateur** [altɛʀnatœʀ] *nm* alternador *m*.

**alternatif, -ive** [altɛʀnatif, iv] *adj* alternativo(-a).

**alternative** [altɛʀnativ] *nf* alternativa.

**alterner** [altɛʀne] *vt* (*choses*) alternar; (*cultures*) rotar ♦ *vi* alternar; **~ avec qch** alternar con algo; **(faire) ~ qch avec qch** alternar algo con algo.

**altitude** [altityd] *nf* (*par rapport à la mer*) altitud *f*; (*par rapport au sol*) altura; **à 500 m d'~** a 500m de altitud; **en ~** en las alturas; **perdre/prendre de l'~** perder/coger altura; **voler à haute/basse ~** volar alto/bajo.

**alto** [alto] *nm* (*instrument*) viola ♦ *nf* (*chanteuse*) contralto *f*.

**aluminium** [alyminjɔm] *nm* aluminio.

**amabilité** [amabilite] *nf* amabilidad *f*; **il a eu l'~ de ...** ha tenido la amabilidad de ...

**amaigrissant, e** [amegʀisɑ̃, ɑ̃t] *adj*: **régime ~** régimen *m* de adelgazamiento.

**amande** [amɑ̃d] *nf* almendra; (*de noyau de fruit*) pepita; **en ~** (*yeux*) con forma de almendra, almendrado(-a).

**amandier** [amɑ̃dje] *nm* almendro.

**amant, e** [amɑ̃] *nm/f* amante *m/f*.

**amas** [amɑ] *nm* montón *m*.

**amasser** [amɑse] *vt* amontonar.

**amateur** [amatœʀ] *nm* aficionado(-a); **musicien/sportif ~** músico(-a)/deportista aficionado(-a); **en ~** (*péj*) como aficionado(-a); **amateur de musique/de sport** aficionado(-a) a la música/al deporte.

**ambassade** [ɑ̃basad] *nf* embajada; **en ~** (*mission*) como embajada; **secrétaire/ attaché(e) d'~** secretario(-a)/agregado(-a) de embajada.

**ambassadeur, -drice** [ɑ̃basadœʀ, dʀis] *nm/f* (*POL, fig*) embajador(a).

**ambiance** [ɑ̃bjɑ̃s] *nf* ambiente *m*; **il y a de l'~** hay animación.

**ambigu, -uë** [ɑ̃bigy] *adj* ambiguo(-a).

**ambitieux, -euse** [ɑ̃bisjø, jøz] *adj, nm/f* ambicioso(-a).

**ambition** [ɑ̃bisjɔ̃] *nf* ambición *f*; **une ~** (*but, visée*) una aspiración.

**ambulance** [ɑ̃bylɑ̃s] *nf* ambulancia.

**ambulancier, -ière** [ɑ̃bylɑ̃sje, jɛʀ] *nm/f* conductor(a) de una ambulancia.

**âme** [ɑm] *nf* (*spirituelle*) alma; (*conscience morale*) conciencia; **village de 200 ~s** pueblo de 200 almas; **rendre l'~** entregar el alma; **joueur/tricheur dans l'~** jugador/tramposo empedernido; **bonne ~** (*aussi ironique*) alma caritativa; **en mot ~ et conscience** en conciencia; **âme sœur** alma gemela.

**amélioration** [ameljɔʀasjɔ̃] *nf* mejoría.

**améliorer** [ameljɔʀe] *vt* mejorar; **s'améliorer** *vpr* mejorarse.

**aménager** [amenaʒe] *vt* acondicionar; (*installer*) habilitar.

**amende** [amɑ̃d] *nf* multa; **mettre à l'~** reprender; **faire ~ honorable** retractarse.

**amener** [am(ə)ne] *vt* llevar; (*occasionner*) provocar; (*baisser*) arriar; **s'amener** (*fam*) *vpr* venirse; **~ qn à qch/à faire** incitar a algn a algo/a hacer.

**amer, amère** [amɛʀ] *adj* amargo(-a); (*personne*) amargado(-a).

**américain, e** [ameʀikɛ̃, ɛn] *adj* americano(-a) ♦ *nm* (*LING*) americano ♦ *nm/f*: **A~, e** americano(-a); **en vedette ~e** en segundo plano.

**Amérique** [ameʀik] *nf* América; **Amérique centrale/du Nord/du Sud/latine** América central/del Norte/del Sur/latina.

**amertume** [amɛʀtym] *nf* amargura.

**ameublement** [amœbləmɑ̃] *nm* mobiliario; **articles d'~** muebles *mpl*; **tissu d'~** género de tapicería.

**ami, e** [ami] *nm/f* amigo(-a); (*amant/ maîtresse*) amante *m/f* ♦ *adj*: **famille ~e** familia amiga; **pays/groupe ~** país *m*/ grupo aliado; **être (très) ~ avec qn** ser (muy) amigo de algn; **être ~ de l'ordre/ de la précision** ser amigo del orden/de la precisión; **un ~ des arts/des chiens** un amigo de las artes/de los perros; **petit ~/ petite ~e** (fam) novio/novia, pololo/polola (fam) (CHI).

**amiable** [amjabl] adj (gén) amistoso(-a); **à l'~** amistosamente.

**amiante** [amjɑ̃t] nm amianto.

**amical, e, -aux** [amikal, o] adj amistoso (-a).

**amicalement** [amikalmɑ̃] adv amistosa-mente; (formule épistolaire) cordialmente.

**amincir** [amɛ̃siʀ] vt (suj: vêtement) hacer más delgado(-a); (objet) rebajar; **s'amincir** vpr (objet) disminuir; (personne) adel-gazar.

**amincissant, e** [amɛ̃sisɑ̃, ɑ̃t] adj adelga-zante.

**amiral, -aux** [amiʀal, o] nm almirante m.

**amitié** [amitje] nf amistad f; **prendre en ~** tomar afecto a; **avoir de l'~ pour qn** sen-tir afecto por algn; **faire** ou **présenter ses ~s à qn** dar ou enviar recuerdos a algn; **~s** (formule épistolaire) cordialmente.

**amnésique** [amnezik] adj amnésico(-a).

**amonceler** [amɔ̃s(ə)le] vt (objets) amonto-nar; (travail, fortune) acumular; **s'amon-celer** vpr amontonarse; (fig) acumularse.

**amont** [amɔ̃] adv: **en ~** (d'un cours d'eau) río arriba; (d'une pente) arriba; (d'un pro-cessus) precedente; **en ~ de** más arriba de.

**amorce** [amɔʀs] nf (sur un hameçon) cebo; (explosif) fulminante m; (tube) pistón m; (de pistolet d'enfant) mixto; (fig) principio.

**amorcer** [amɔʀse] vt (hameçon, munition) cebar; (fig: négociations) emprender; (ges-te) esbozar; (virage) coger.

**amortir** [amɔʀtiʀ] vt (choc, bruit) amorti-guar; (douleur) atenuar; (COMM) amortizar; **~ un abonnement** amortizar un abono.

**amortisseur** [amɔʀtisœʀ] nm amortigua-dor m.

**amour** [amuʀ] nm (sentiment, goût) amor m; (statuette) amorcillo; **faire l'~** hacer el amor; **filer le parfait ~** estar muy enamo-rados; **un ~ de** un encanto de; **l'~ libre** el amor libre; **amour platonique** amor pla-tónico.

**amoureux, -euse** [amuʀø, øz] adj amoroso(-a) ♦ nm/f enamorado(-a) ♦ nmpl (amants) amantes mpl; **être ~ de qch/qn** estar enamorado(-a) de algo/algn; **tom-ber ~ (de qn)** enamorarse (de algn); **un ~**

**des bêtes/de la nature** un enamorado de los animales/de la naturaleza.

**amour-propre** [amuʀpʀɔpʀ] (pl ~s-~s) nm amor m propio.

**ampère** [ɑ̃pɛʀ] nm amperio.

**amphithéâtre** [ɑ̃fiteatʀ] nm (aussi fig) anfiteatro.

**ample** [ɑ̃pl] adj amplio(-a); (ressources) ab-undante.

**amplement** [ɑ̃pləmɑ̃] adv ampliamente; **~ suffisant** más que suficiente.

**ampleur** [ɑ̃plœʀ] nf amplitud f; (de vêtement) anchura.

**amplificateur** [ɑ̃plifikatœʀ] nm amplifica-dor m.

**amplifier** [ɑ̃plifje] vt (son, oscillation) am-plificar; (importance, quantité) acrecentar.

**ampoule** [ɑ̃pul] nf (ÉLEC) bombilla, foco (AM), bombillo (AM); (de médicament, aux mains) ampolla.

**amusant, e** [amyzɑ̃, ɑ̃t] adj divertido(-a).

**amuse-gueule** [amyzgœl] nm inv tapas fpl.

**amusement** [amyzmɑ̃] nm diversión f.

**amuser** [amyze] vt divertir; (détourner l'attention de) distraer; **s'amuser** vpr di-vertirse; (péj: manquer de sérieux) estar de juerga; (: perdre son temps) remolonear; **s'~ de qch** divertirse con algo; **s'~ de qn** burlarse de algn.

**amygdale** [amidal] nf amígdala; **opérer qn des ~s** operar a algn de las amígdalas.

**AN** sigle f (= Assemblée nationale) voir as-semblée.

**an** [ɑ̃] nm año; **être âgé de** ou **avoir 3 ~s** tener 3 años de edad; **en l'~ 1980** en el año 1980; **le jour de l'~, le premier de l'~, le nouvel ~** el día de año nuevo, el año nuevo.

**anachronique** [anakʀɔnik] (péj) adj anacrónico(-a).

**anagramme** [anagʀam] nf anagrama m.

**analogie** [analɔʒi] nf analogía.

**analphabète** [analfabɛt] adj, nm/f analfabeto(-a).

**analyse** [analiz] nf análisis m inv; **faire l'~ de** hacer el análisis de; **une ~ approfon-die** un análisis minucioso; **en dernière ~** en última instancia; **avoir l'esprit d'~** te-ner una mente analítica; **analyse grammaticale/logique** análisis gramati-cal/lógico.

**analyser** [analize] vt analizar.

**ananas** [anana(s)] *nm* piña, ananá(s) *m* (AM).

**anatomie** [anatɔmi] *nf* anatomía.

**ancêtre** [ɑ̃sɛtʀ] *nm/f* (*parent*) antepasado (-a); ~**s** *nmpl* (*aïeux*) antepasados *mpl*; **l'~ de** (*fig*) el precursor de.

**anchois** [ɑ̃ʃwa] *nm* anchoa.

**ancien, ne** [ɑ̃sjɛ̃, jɛn] *adj* antiguo(-a), viejo(-a); (*de jadis, de l'antiquité*) antiguo (-a); (*précédent, ex-*) antiguo(-a), ex- ♦ *nm* (*mobilier ancien*): **l'~** antigüedades *fpl* ♦ *nm/f* anciano(-a); **un ~ ministre** un ex-ministro; **mon ~ne voiture** mi antiguo coche; **être plus ~ que qn** (*dans la hiérarchie*) tener más antigüedad que algn; (*par l'expérience*) tener más experiencia que algn; **ancien combattant** ex-combatiente; **ancien (élève)** antiguo(-a) alumno(-a).

**ancienneté** [ɑ̃sjɛnte] *nf* antigüedad *f*.

**ancre** [ɑ̃kʀ] *nf* ancla; **jeter/lever l'~** echar/levar anclas; **à l'~** anclado(-a).

**ancrer** [ɑ̃kʀe] *vt* (*câble*) fijar; (*idée*) afianzar, anclar; **s'ancrer** *vpr* (NAUT, *fig*) anclarse.

**Andorre** [ɑ̃dɔʀ] *nf* Andorra.

**andouille** [ɑ̃duj] *nf especie de embutido*; (*fam*) imbécil *m/f*.

**âne** [ɑn] *nm* (*aussi péj*) burro.

**anéantir** [aneɑ̃tiʀ] *vt* (*pays, récolte, espoirs*) aniquilar; (*déprimer, abattre*) anonadar.

**anecdote** [anɛkdɔt] *nf* anécdota.

**anémie** [anemi] *nf* anemia.

**anémique** [anemik] *adj* anémico(-a).

**anesthésie** [anɛstezi] *nf* anestesia; **sous ~** bajo anestesia; **anesthésie générale/locale** anestesia general/local.

**ange** [ɑ̃ʒ] *nm* (*aussi fig*) ángel *m*; **être aux ~s** estar en la gloria; **ange gardien** (*aussi fig*) ángel de la guarda.

**angine** [ɑ̃ʒin] *nf* angina; **angine de poitrine** angina de pecho.

**anglais, e** [ɑ̃glɛ, ɛz] *adj* inglés(-esa) ♦ *nm* (LING) inglés *m* ♦ *nm/f*: **A~, e** inglés(-esa); **~es** *nfpl* (*cheveux*) tirabuzones *mpl*; **les A~** los ingleses; **filer à l'~e** tomar las de Villadiego, despedirse a la francesa; **à l'~e** (CULIN) al vapor.

**angle** [ɑ̃gl] *nm* (*coin*) esquina; (GÉOM, *fig*) ángulo; **angle aigu** ángulo agudo; **angle droit** ángulo recto; **angle mort/obtus** ángulo muerto/obtuso.

**Angleterre** [ɑ̃glətɛʀ] *nf* Inglaterra.

**anglophone** [ɑ̃glɔfɔn] *adj, nm/f* angló-fono(-a).

**angoisse** [ɑ̃gwas] *nf* angustia; **avoir des ~s** estar angustiado(-a).

**angoissé, e** [ɑ̃gwase] *adj* angustiado(-a).

**anguille** [ɑ̃gij] *nf* anguila; **il y a ~ sous roche** hay gato encerrado; **anguille de mer** congrio.

**animal, e, -aux** [animal, o] *adj* animal ♦ *nm* (*aussi fig*) animal *m*; **animal domestique/sauvage** animal doméstico/salvaje.

**animateur, -trice** [animatœʀ, tʀis] *nm/f* animador(a); (*de spectacle*) presentador(a).

**animation** [animasjɔ̃] *nf* animación *f*; **~s** *nfpl* (*activités*) animación *fsg*.

**animé, e** [anime] *adj* (*rue, lieu*) animado (-a).

**animer** [anime] *vt* animar; **s'animer** *vpr* animarse.

**anis** [ani(s)] *nm* anís *m*.

**ankyloser** [ɑ̃kiloze]: **s'~** *vpr* anquilosarse.

**anneau, x** [ano] *nm* (*de rideau*) argolla; (*de chaîne*) anilla; (*bague*) anillo; **~x** *nmpl* (SPORT) anillas *fpl*; **exercices aux ~x** ejercicios *mpl* de anillas.

**année** [ane] *nf* año; **souhaiter la bonne ~ à qn** felicitar el año a algn; **tout au long de l'~** a lo largo del año; **d'une ~ à l'autre** de un año a otro; **d'~ en ~** de año en año; **l'~ scolaire** el curso escolar; **l'~ fiscale** el año fiscal.

**annexe** [anɛks] *adj* (*problème*) anexo(-a); (*document*) adjunto(-a); (*salle*) contiguo (-a) ♦ *nf* anexo.

**anniversaire** [anivɛʀsɛʀ] *adj*: **jour ~** aniversario ♦ *nm* (*d'une personne*) cumpleaños *m inv*; (*d'un événement, bâtiment*) aniversario.

**annonce** [anɔ̃s] *nf* anuncio; (CARTES, *avis*) aviso; **les petites ~s** anuncios *mpl* por palabras.

**annoncer** [anɔ̃se] *vt* anunciar; (CARTES) cantar; **s'annoncer** *vpr*: **s'~ bien/difficile** presentarse bien/difícil; **~ la couleur** (*fig*) poner las cartas boca arriba; **je vous annonce que** le anuncio que.

**annuaire** [anɥɛʀ] *nm* anuario; **annuaire électronique** anuario electrónico; **annuaire téléphonique** guía telefónica.

**annuel, le** [anɥɛl] *adj* anual.

**annulation** [anylasjɔ̃] *nf* anulación *f*.

**annuler** [anyle] *vt* anular; **s'annuler** *vpr* anularse.

**anonymat** [anɔnima] *nm* anonimato; **garder l'~** mantener el anonimato.

**anonyme** [anɔnim] *adj* (*aussi* *fig*) anónimo(-a).

**anorak** [anɔʀak] *nm* anorak *m*.

**anormal, e, -aux** [anɔʀmal, o] *adj* (*exceptionnel, inhabituel*) anormal; (*injuste*) injusto(-a); (*personne*) subnormal ♦ *nm/f* subnormal *m/f*.

**ANPE** [aɛnpe] *sigle f* (= *Agence nationale pour l'emploi*) ≈ INEM *m* (= *Instituto Nacional de Empleo*).

**antarctique** [ɑ̃taʀktik] *adj* antártico(-a) ♦ *nm*: **l'A~** la Antártida; **le cercle/l'océan ~** el círculo polar antártico/el océano Antártico.

**antenne** [ɑ̃tɛn] *nf* antena; (*poste avancé, succursale, agence*) unidad *f*; **sur l'~** en antena; **passer à l'~** salir en la televisión; **avoir l'~** estar en conexión; **prendre l'~** conectar, sintonizar; **2 heures d'~** un espacio de 2 horas; **hors ~** fuera de antena; **antenne chirurgicale** (*MIL*) unidad *f* quirúrgica; **antenne parabolique** antena parabólica.

**antérieur, e** [ɑ̃teʀjœʀ] *adj* anterior; **~ à** anterior a; **passé/futur ~** pasado/futuro anterior.

**anti-** [ɑ̃ti] *préf* anti-.

**antialcoolique** [ɑ̃tialkɔlik] *adj* antialcohólico(-a); **ligue ~** liga antialcohólica.

**antibiotique** [ɑ̃tibjɔtik] *nm* antibiótico ♦ *adj* antibiótico(-a).

**antibrouillard** [ɑ̃tibʀujaʀ] *adj*: **phare ~** faro antiniebla.

**anticipation** [ɑ̃tisipasjɔ̃] *nf* anticipación *f*, previsión *f*; **par ~** (*COMM*) por adelantado; **livre/film d'~** libro/película de ciencia ficción.

**anticipé, e** [ɑ̃tisipe] *adj* (*règlement, paiement*) por adelantado; (*joie*) anticipado(-a); **avec mes remerciements ~s** agradeciéndole de antemano.

**anticiper** [ɑ̃tisipe] *vt* (*événement, coup*) anticipar; (*en imaginant*) prever; (*paiement*) adelantar ♦ *vi*: **n'anticipons pas** no nos adelantemos; **~ sur** anticiparse a.

**anticorps** [ɑ̃tikɔʀ] *nm* anticuerpo.

**antidote** [ɑ̃tidɔt] *nm* antídoto.

**antigel** [ɑ̃tiʒɛl] *nm* anticongelante *m*.

**antihistaminique** [ɑ̃tiistaminik] *nm* antihistamínico.

**antillais, e** [ɑ̃tije, ɛz] *adj* antillano(-a)

♦ *nm/f*: **A~, e** antillano(-a); **les ~** los Antillanos; **les grandes/petites ~** las grandes/pequeñas Antillas.

**antilope** [ɑ̃tilɔp] *nf* antílope *m*.

**antimite(s)** [ɑ̃timit] *adj*, *nm*: (*produit*) **~** antipolilla *m*.

**antipathique** [ɑ̃tipatik] *adj* antipático(-a).

**antipelliculaire** [ɑ̃tipelikylɛʀ] *adj* anticaspa.

**antiquaire** [ɑ̃tikɛʀ] *nm/f* anticuario(-a).

**antique** [ɑ̃tik] *adj* (*gréco-romain, très vieux*) antiguo(-a); (*démodé*) anticuado(-a).

**antiquité** [ɑ̃tikite] *nf* (*objet ancien*) antigüedad *f*; (*péj*) antigualla, **l'A~** la Antigüedad; **magasin d'~s** tienda de antigüedades.

**antirrabique** [ɑ̃tiʀabik] *adj* antirrábico(-a).

**antirouille** [ɑ̃tiʀuj] *adj inv*: **peinture/produit ~** pintura/producto antioxidante; **traitement ~** tratamiento antioxidante.

**antisémite** [ɑ̃tisemit] *adj*, *nm/f* antisemita.

**antiseptique** [ɑ̃tisɛptik] *adj* antiséptico(-a) ♦ *nm* antiséptico.

**antivol** [ɑ̃tivɔl] *adj*: (*dispositif*) **~** (dispositivo) antirrobo ♦ *nm* antirrobo.

**anxiété** [ɑ̃ksjete] *nf* ansiedad *f*.

**anxieux, -euse** [ɑ̃ksjø, jøz] *adj* ansioso (-a); **être ~ de faire** estar ansioso(-a) por hacer.

**AOC** *sigle f* = *appellation d'origine contrôlée*.

---

**AOC**

*AOC es la categoría de los vinos franceses de mayor calidad. Indica que el vino cumple los requisitos más estrictos en lo referente a cepa de origen, tipo de uva cultivada, método de producción y graduación.*

---

**août** [u(t)] *nm* agosto; *voir aussi* **juillet**.

**apaiser** [apeze] *vt* tranquilizar; **s'apaiser** *vpr* tranquilizarse.

**apartheid** [apaʀtɛd] *nm* apartheid *m*.

**apercevoir** [apɛʀsəvwaʀ] *vt* (*voir*) distinguir; (*constater, percevoir*) percibir; **s'~ de/que** darse cuenta de/de que; **sans s'en ~** sin darse cuenta.

**aperçu** [apɛʀsy] *pp* de **apercevoir** ♦ *nm* visión *f* de conjunto; (*gén pl*: *intuition*) idea.

**apéritif, -ive** [apeʀitif, iv] *adj* aperitivo(-a)

♦ *nm* aperitivo; **prendre l'~** tomar el aperitivo.

**à-peu-près** [apøpʀɛ] (*péj*) *nm inv* aproximación *f*.

**apeuré, e** [apœʀe] *adj* atemorizado(-a).

**aphte** [aft] *nm* afta.

**apitoyer** [apitwaje] *vt* apiadar; **s'apitoyer** *vpr* apiadarse; **s'~ (sur qn/qch)** apiadarse (de algn/algo); **~ qn sur qn/qch** enternecer a algn con algn/algo.

**aplatir** [aplatiʀ] *vt* aplastar; **s'aplatir** *vpr* aplastarse; (*fig*) tumbarse; (*fam: tomber*) caerse; (*péj: s'humilier*) rebajarse; **s'~ contre** (*fam*) aplastarse contra.

**aplomb** [aplɔ̃] *nm* (*équilibre*) equilibrio; (*sang-froid*) aplomo; (*péj*) desfachatez *f*; **d'~** (*en équilibre*) verticalmente; (*CONSTR*) aplomo.

**apostrophe** [apɔstʀɔf] *nf* (*signe*) apóstrofe *m*; (*interpellation*) improperio.

**apparaître** [apaʀɛtʀ] *vi* aparecer; (*avec attribut*) parecer; **il apparaît que** es evidente que; **il m'apparaît que** me parece que.

**appareil** [apaʀɛj] *nm* aparato; **~ digestif/reproducteur** aparato digestivo/reproductor; **qui est à l'~?** ¿quién está al aparato?; **dans le plus simple ~** desnudo(-a); **appareil 24x36** *ou* **petit format** cámara de 24 por 36; **appareil photographique, appareil photo** cámara de fotos; **appareil productif** aparato productivo.

**appareiller** [apaʀeje] *vi* zarpar ♦ *vt* emparejar.

**apparemment** [apaʀamɑ̃] *adv* aparentemente, dizque (*AM*).

**apparence** [apaʀɑ̃s] *nf* apariencia; **malgré les ~s** a pesar de las apariencias; **en ~** en apariencia.

**apparent, e** [apaʀɑ̃, ɑ̃t] *adj* (*visible*) aparente; (*évident*) evidente; (*illusoire, superficiel*) ilusorio(-a); **coutures ~es** costuras *fpl* visibles; **poutres ~es** vigas *fpl* al descubierto.

**apparenté, e** [apaʀɑ̃te] *adj*: **~ à** (*aussi fig*) emparentado(-a) con.

**apparition** [apaʀisjɔ̃] *nf* aparición *f*; **faire une ~** aparecer brevemente; **faire son ~** hacer su aparición.

**appartement** [apaʀtəmɑ̃] *nm* piso, departamento (*AM*).

**appartenir** [apaʀtəniʀ]: **~ à** *vt* pertenecer a; **il lui appartient de** (*c'est son rôle*) le

corresponde; **il ne m'appartient pas de (faire)** no me corresponde (hacer).

**apparu, e** [apaʀy] *pp de* **apparaître**.

**appât** [apɑ] *nm* (*aussi fig*) cebo.

**appel** [apɛl] *nm* llamada, llamado (*AM*); (*attirance*) reclamo; (*nominal*) lista; (*MIL*) alistamiento a filas; (*JUR*) apelación *f*, llamado (*AM*); **faire ~ à** (*invoquer*) apelar a; (*avoir recours à*) recurrir a; (*nécessiter*) necesitar; **faire ou interjeter ~** (*JUR*) apelar; **faire l'~** pasar lista; **sans ~** (*fig*) sin apelación; **faire un ~ de phares** hacer señales con los faros; **indicatif d'~** señal *f* distintiva; **numéro d'~** número telefónico; **appel d'air** aspiración *f* de aire; **appel d'offres** llamada a licitación; **appel (téléphonique)** llamada (telefónica).

**appelé** [ap(ə)le] *nm* (*MIL*) recluta *m*.

**appeler** [ap(ə)le] *vt* llamar; (*en faisant l'appel*) pasar lista; (*nommer: avec attribut ou complément*) nombrar; (*nécessiter*) requerir; **s'appeler** *vpr* llamarse; **~ au secours** *ou* **à l'aide** pedir ayuda; (*en cas de danger*) pedir socorro *ou* auxilio; **~ qn à un poste/à des fonctions** destinar a algn a un puesto/a unas funciones; **être appelé à** (*fig*) ser llamado a; **~ qn à comparaître** (*JUR*) citar a algn; **en ~ à qn/qch** apelar a algn/algo; **il s'appelle** se llama; **comment ça s'appelle?** ¿cómo se llama esto?; **je m'appelle** me llamo; **~ police-secours** llamar al 091; **ça s'appelle un(e) ...** se llama un(a) ...

**appendicite** [apɛ̃disit] *nf* apendicitis *f*.

**appesantir** [apəzɑ̃tiʀ]: **s'~** *vpr* hacerse más pesado; **s'~ sur** (*fig*) insistir en.

**appétissant, e** [apetisɑ̃, ɑ̃t] *adj* apetitoso(-a).

**appétit** [apeti] *nm* apetito; **avoir un gros/petit ~** tener mucho/poco apetito; **couper l'~ de qn** quitar las ganas a algn; **bon ~!** ¡buen provecho!

**applaudir** [aplodiʀ] *vt, vi* aplaudir; **~ à** (*décision, projet*) aprobar; **~ à tout rompre** aplaudir a rabiar.

**applaudissements** [aplodismɑ̃] *nmpl* aplausos *mpl*.

**application** [aplikasjɔ̃] *nf* aplicación *f*; **~s** *nfpl* (*d'une théorie, méthode*) aplicación *fsg*; **mettre en ~** poner en aplicación; **avec ~** aplicadamente.

**appliquer** [aplike] *vt* aplicar; **s'appliquer** *vpr* aplicarse; **s'~ à** aplicarse a; **s'~ à faire**

qch esmerarse en hacer algo; **s'~ sur** (*coincider avec*) encajar con; **il s'est (beaucoup) appliqué** se ha esmerado (mucho).

**appoint** [apwɛ̃] *nm* (*fig*) ayuda; **avoir/faire l'~** (*en payant*) tener/dar suelto; **chauffage/lampe d'~** calefacción *f*/lámpara suplementaria.

**apporter** [apɔʀte] *vt* (*amener*) traer; (*soutien, preuve*) aportar; (*soulagement*) procurar; (*remarque*) añadir.

**appréciable** [apʀesjabl] *adj* apreciable.

**apprécier** [apʀesje] *vt* apreciar.

**appréhender** [apʀeɑ̃de] *vt* (*craindre*) temer; (*JUR, aborder*) aprehender; **~ que/de faire** temer que/hacer.

**appréhension** [apʀeɑ̃sjɔ̃] *nf* aprehensión *f*.

**apprendre** [apʀɑ̃dʀ] *vt* (*aussi fig*) aprender; (*nouvelle, résultat*) conocer; **~ qch à qn** (*informer*) informar de algo a algn; (*enseigner*) enseñar algo a algn; **~ à faire qch** aprender a hacer algo; **~ à qn à faire qch** enseñar a algn a hacer algo; **tu me l'apprends!** ¡qué noticia!

**apprenti, e** [apʀɑ̃ti] *nm/f* (*aussi fig*) aprendiz(a).

**apprentissage** [apʀɑ̃tisaʒ] *nm* aprendizaje *m*; **faire l'~ de qch** iniciarse en algo; **école** ou **centre d'~** escuela ou centro de aprendizaje.

**apprêter** [apʀete] *vt* (*cuir*) adobar; (*étoffe, papier*) aprestar; **s'apprêter** *vpr*: **s'~ à qch/à faire qch** disponerse a algo/a hacer algo.

**appris, e** [apʀi, iz] *pp de* **apprendre**.

**apprivoiser** [apʀivwaze] *vt* domesticar.

**approbation** [apʀɔbasjɔ̃] *nf* (*autorisation*) aprobación *f*, conformidad *f*; (*jugement favorable*) aprobación, asentimiento; **digne d'~** digno de aprobación.

**approcher** [apʀɔʃe] *vi* acercarse, aproximarse ♦ *vt* (*vedette, artiste*) relacionarse con; (*rapprocher*): **~ qch (de qch)** acercar algo (a algo); **s'approcher de** *vpr* acercarse a; **~ de** (*but, moment*) acercarse a, estar más cerca de; (*nombre, quantité*) rozar; **approchez-vous** acérquese.

**approfondir** [apʀɔfɔ̃diʀ] *vt* (*trou, fossé*) ahondar; (*sujet, question*) profundizar (en); **sans ~** sin profundizar.

**approprié, e** [apʀɔpʀije] *adj* apropiado (-a), adecuado(-a); **~ à** adecuado(-a) a, conforme a.

**approprier** [apʀɔpʀije] *vt* adaptar; **s'approprier** *vpr* apropiarse de, adueñarse de.

**approuver** [apʀuve] *vt* (*autoriser*) aprobar; (*être d'accord avec*) estar de acuerdo con; **je vous approuve entièrement** estoy completamente de acuerdo con usted; **je ne vous approuve pas** no estoy de acuerdo con usted; **lu et approuvé** leído y conforme.

**approvisionner** [apʀɔvizjɔne] *vt* (*magasin, personne*) abastecer, proveer; (*compte bancaire*) cubrir, **~ qn en** abastecer ou proveer a algn de; **s'~ dans un magasin/au marché** comprar en una tienda/en el mercado; **s'~ en** proveerse de.

**approximatif, -ive** [apʀɔksimatif, iv] *adj* aproximativo(-a); (*idée*) aproximado(-a).

**appt** *abr* = **appartement**.

**appui** [apɥi] *nm* apoyo; (*de fenêtre*) antepecho; (*d'escalier etc*) soporte *m*; (*soutien, aide*) apoyo, sostén *m*; **prendre ~ sur** apoyarse en; **point d'~** punto de apoyo; **à l'~ de** (*pour prouver*) en prueba de; **à l'~** como prueba.

**appuyer** [apɥije] *vt* (*personne, demande*) apoyar, respaldar; **~ qch sur/contre/à** apoyar algo en/contra/en; **~ contre** (*mur, porte*) apoyar contra; **~ sur** (*bouton*) apretar; (*frein*) pisar; (*insister sur*) recalcar, insistir en; (*peser sur*) descansar sobre; **~ à droite** ou **sur sa droite** dirigirse a la derecha; **~ sur le champignon** apretar el acelerador; **s'~ sur** (*s'accouder à*) apoyarse contra; (*se baser sur*) basarse en; (*compter sur*) contar con; **s'~ sur qn** (*fig*) apoyarse en algn.

**après** [apʀɛ] *prép* después de ♦ *adv* después; (*ordre d'importance, poursuite, espace*) después, detrás; **2 heures ~** 2 horas después; **~ qu'il est** ou **soit parti/avoir fait** después de que marchó/de haber hecho; **courir ~ qn** correr detrás de algn; **crier ~ qn** reñir a algn; **être toujours ~ qn** (*critiquer*) meterse con algn; **~ quoi** después, a continuación; **d'~** según; **d'~ lui/moi** según él/yo; **~ coup** posteriormente; **~ tout** después de todo; **et (puis) ~!** ¿y qué?

**après-demain** [apʀɛdmɛ̃] *adv* pasado mañana.

**après-midi** [apʀɛmidi] *nm* ou *nf inv* tarde *f*.

**après-rasage** [apʀɛʀazaʒ] (*pl* **~-~s**) *nm*:

**lotion ~-~** loción f para después del afeitado.

**après-shampooing** nm inv acondicionador m.

**après-ski** [aprɛski] (pl ~-~s) nm botas fpl "après-ski".

**apte** [apt] adj: ~ à qch/à faire qch apto (-a) para algo/para hacer algo; ~ (au service) (MIL) apto (para el servicio).

**aquarelle** [akwarɛl] nf acuarela.

**aquarium** [akwarjɔm] nm acuario.

**aqueduc** [ak(ə)dyk] nm acueducto.

**arabe** [arab] adj árabe ♦ nm (LING) árabe m ♦ nm/f: A~ árabe m/f.

**Arabie** [arabi] nf Arabia; l'~ saoudite ou séoudite Arabia Saudita.

**arachide** [araʃid] nf (plante) cacahuete m; (graine) cacahuete, maní m.

**araignée** [arɛɲe] nf araña; **araignée de mer** araña de mar.

**arbitraire** [arbitrɛr] adj arbitrario(-a).

**arbitre** [arbitr] nm (SPORT, aussi fig) árbitro; (JUR, TENNIS, CRICKET) juez m.

**arbitrer** [arbitre] vt (SPORT) arbitrar; (fig) moderar.

**arbre** [arbr] nm árbol m; **arbre à cames** árbol de levas; **arbre de Noël** árbol de navidad; **arbre de transmission** árbol de transmisión; **arbre fruitier** árbol frutal; **arbre généalogique** árbol genealógico.

**arbuste** [arbyst] nm arbusto.

**arc** [ark] nm arco; **en ~ de cercle** en arco de círculo; **arc de triomphe** arco de triunfo.

**arcade** [arkad] nf (ARCHIT) arcada; ~s nfpl (d'un pont) arcadas fpl; (d'une rue) soportales mpl; **arcade sourcilière** arco superciliar.

**arc-en-ciel** [arkɑ̃sjɛl] (pl ~s-~-~) nm arco iris m.

**archaïque** [arkaik] adj arcaico(-a).

**arche** [arʃ] nf arco; **arche de Noé** arca de Noé.

**archéologie** [arkeɔlɔʒi] nf arqueología.

**archéologue** [arkeɔlɔg] nm/f arqueólogo(-a).

**archet** [arʃɛ] nm arco.

**archi-** [arʃi] préf archi-.

**archipel** [arʃipɛl] nm archipiélago.

**architecte** [arʃitɛkt] nm arquitecto(-a); (fig: de la réussite) artífice m/f.

**architecture** [arʃitɛktyr] nf arquitectura; (structure, agencement) arquitectura, estructura.

**archives** [arʃiv] nfpl (documents) archivos mpl; (local) archivo msg.

**arctique** [arktik] adj ártico(-a) ♦ nm: l'A~ el Ártico; **le cercle ~** el círculo polar ártico; **l'océan A~** el océano Ártico.

**ardent, e** [ardɑ̃, ɑ̃t] adj ardiente; (feu, soleil) ardiente, abrasador(a); (prière) fervoroso(-a).

**ardoise** [ardwaz] nf pizarra; **avoir une ~** (fig) tener cuenta.

**ardu, e** [ardy] adj arduo(-a); (pente) empinado(-a).

**arène** [arɛn] nf arena; **~s** nfpl (de corrida) ruedo; (bâtiment) plaza fsg de toros; **l'~ politique/littéraire** la palestra política/literaria.

**arête** [arɛt] nf (de poisson) espina; (d'une montagne) cresta; (d'un solide) arista; (d'une poutre, d'un toit) cumbrera.

**argent** [arʒɑ̃] nm (métal, couleur) plata; (monnaie) dinero; **en avoir pour son ~** lo comido por lo servido; **gagner beaucoup d'~** ganar mucho dinero; **changer de l'~** cambiar dinero; **argent comptant** dinero en efectivo; **argent de poche** dinero para gastos menudos; **argent liquide** dinero líquido.

**argenterie** [arʒɑ̃tri] nf plata.

**argentin, e** [arʒɑ̃tɛ̃, in] adj argentino(-a) ♦ nm/f: A~, e argentino(-a).

**Argentine** [arʒɑ̃tin] nf Argentina.

**argile** [arʒil] nf arcilla.

**argot** [argo] nm argot m, jerga.

**argotique** [argɔtik] adj argótico(-a); (très familier) popular, vulgar.

**argument** [argymɑ̃] nm argumento.

**argumenter** [argymɑ̃te] vi argumentar.

**aride** [arid] adj (sol, pays) árido(-a); (cœur) duro(-a); (texte, sujet) árido(-a), aburrido (-a).

**aristocratie** [aristɔkrasi] nf aristocracia.

**aristocratique** [aristɔkratik] adj aristocrático(-a).

**arithmétique** [aritmetik] adj aritmético (-a) ♦ nf aritmética.

**arme** [arm] nf (aussi fig) arma; **~s** nfpl (blason) armas fpl; (profession): **les ~s** las armas; **à ~s égales** en igualdad de condiciones; **ville/peuple en ~s** ciudad f/pueblo en armas; **passer par les ~s** pasar por las armas; **prendre les ~s** tomar las armas; **présenter les ~s** presentar armas; **arme à**

**feu/blanche** arma de fuego/blanca.

**armée** [aʀme] *nf* ejército; (*fig*) nube *f*, ejército; **armée de l'air/de terre** ejército del aire/de tierra; **armée du Salut** ejército de Salvación.

**armer** [aʀme] *vt* armar; (*d'une pointe, d'un blindage*) proveer, equipar; (*de pouvoirs etc*) dotar; (*arme à feu, appareil photo*) montar; **~ qch de** armar algo con; **~ qn de** armar a algn con; **s'~ de** (*courage, patience*) armarse de; (*bâton, fusil*) armarse con.

**armistice** [aʀmistis] *nm* armisticio; **l'A~** el armisticio.

**armoire** [aʀmwaʀ] *nf* armario, closet ou clóset (*AM*); (*penderie*) ropero; **armoire à glace** (*fig*) mole *f*; **armoire à pharmacie** botiquín *m*.

**armure** [aʀmyʀ] *nf* armadura.

**armurier** [aʀmyʀje] *nm* armero.

**arnaquer** [aʀnake] *vt* (*fam*) timar; **tu t'es fait ~** te han timado.

**aromates** [aʀɔmat] *nmpl* hierbas *fpl* aromáticas.

**aromatisé, e** [aʀɔmatize] *adj* aromatizado(-a).

**arôme** [aʀom] *nm* aroma *m*.

**arracher** [aʀaʃe] *vt* arrancar; (*légume*) cosechar, recoger; (*clou, dent*) sacar, extraer; (*par explosion, accident*) desgarrar; (*fig*) sacar, arrancar; **s'arracher** *vpr* (*personne, article très recherché*) disputarse; **~ qch à qn** arrebatar algo a algn; (*fig*) sonsacar algo a algn; **~ qn à** (*solitude, rêverie*) sacar a algn de, arrancar a algn de; (*famille*) arrancar a algn de; **s'~ de** (*lieu*) alejarse de, separarse de; (*habitude*) apartarse de.

**arrangement** [aʀɑ̃ʒmɑ̃] *nm* (*agencement*) arreglo, disposición *f*; (*compromis*) acuerdo; (*MUS*) arreglo.

**arranger** [aʀɑ̃ʒe] *vt* (*appartement*) arreglar, disponer; (*voyage*) organizar; (*rendez-vous*) concertar; (*montre, voiture*) arreglar; (*problème, difficulté*) arreglar, solucionar; (*MUS*) adaptar; **s'arranger** *vpr* (*se mettre d'accord*) ponerse de acuerdo; (*querelle, situation*) arreglarse; (*se débrouiller*): **s'~ pour que** arreglárselas para que; **je vais m'~** voy a arreglarme; **cela m'arrange** eso me conviene; **ça va s'~** eso va a solucionarse; **s'~ pour faire** componérselas para hacer; **si cela peut vous ~** si esto le puede servir.

**arrestation** [aʀɛstasjɔ̃] *nf* detención *f*.

**arrêt** [aʀɛ] *nm* detención *f*, interrupción *f*; (*JUR*) fallo; **~s** *nmpl* (*MIL*) arresto *msg*; **être à l'~** estar parado(-a); **rester** ou **tomber en ~ devant** ... quedarse atónito(-a) ante ...; **sans ~** (*sans interruption*) sin parar; (*très fréquemment*) continuamente; **arrêt d'autobus** parada de autobús, paradero (*AM*); **arrêt de mort** sentencia de muerte; **arrêt de travail** permiso de trabajo; **arrêt facultatif** paro facultativo.

**arrêter** [aʀete] *vt* (*projet, maladie*) parar, interrumpir; (*voiture, personne*) detener, parar; (*chauffage, appareil*) parar; (*compte*) liquidar; (*point, sacar*) (*date, choix*) fijar, decidir; (*suspect, criminel*) detener; **s'arrêter** *vpr* pararse; (*pluie, bruit*) cesar; **~ de faire (qch)** dejar de hacer (algo); **arrête de te plaindre** para de quejarte; **ne pas ~ de faire** no parar de hacer; **s'~ sur** (*yeux*) fijarse en; **mon choix s'arrêta sur** ... me decidí por ...; **s'~ court** ou **net** parar en seco.

**arrhes** [aʀ] *nfpl* arras *fpl*, señal *f*.

**arrière** [aʀjɛʀ] *adj inv* (*AUTO*) trasero(-a) ♦ *nm* (*d'une voiture, maison*) parte *f* trasera; (*SPORT*) defensa; **~s** *nmpl* (*fig*): **protéger ses ~s** proteger sus espaldas; **siège ~** asiento trasero; **à l'~** detrás de; **en ~** hacia atrás; **en ~ de** detrás de.

**arrière-goût** [aʀjɛʀgu] (*pl* **~-~s**) *nm* regusto.

**arrière-grand-mère** [aʀjɛʀgʀɑ̃mɛʀ] (*pl* **~-~s-~s**) *nf* bisabuela.

**arrière-grand-père** [aʀjɛʀgʀɑ̃pɛʀ] (*pl* **~-~s-~s**) *nm* bisabuelo.

**arrière-grands-parents** [aʀjɛʀgʀɑ̃paʀɑ̃] *nmpl* bisabuelos *mpl*.

**arrière-pays** [aʀjɛʀpei] *nm inv* interior *m*, tierra adentro.

**arrière-pensée** [aʀjɛʀpɑ̃se] (*pl* **~-~s**) *nf* (*raison intéressée*) segunda intención *f*; (*réserves, doute*) reserva.

**arrière-petite-fille** [aʀjɛʀpətitfij] (*pl* **~-~s-~s**) *nf* bisnieta.

**arrière-petit-fils** [aʀjɛʀpətifis] (*pl* **~-~s-~**) *nm* bisnieto.

**arrière-petits-enfants** [aʀjɛʀpətizɑ̃fɑ̃] *nmpl* bisnietos *mpl*.

**arrière-plan** [aʀjɛʀplɑ̃] (*pl* **~-~s**) *nm* segundo plano; **à l'~-~** en segundo plano.

**arrière-saison** [aʀjɛʀsɛzɔ̃] (*pl* **~-~s**) *nf* final *m* del otoño.

**arrimer** [aʀime] *vt* estibar.

**arrivage** [aʀivaʒ] *nm* arribada.

**arrivée** [aʀive] *nf* (*de bateau*) arribada; (*concurrent, visites*) llegada, arribo (*esp AM*); (*ligne d'arrivée*) línea de llegada; **à mon ~** a mi llegada; **courrier à l'~** correo en mano; **arrivée d'air/de gaz** entrada de aire/de gas.

**arriver** [aʀive] *vi* (*événement, fait*) ocurrir, suceder; **~ à qch/faire qch** lograr algo/ hacer algo; **j'arrive!** ¡ya voy!; **il arrive à Paris à 8 h** llega a París a las 8; **~ à destination** llegar a destino; **j'arrive de Strasbourg** llego de Estrasburgo; **il arrive que** ocurre que; **il lui arrive de faire** suele hacer; **je n'y arrive pas** no lo consigo; **~ à échéance** vencer; **en ~ à faire** llegar a hacer.

**arrobase** [aʀobaz] *nf*, **arrobas** [aʀoba] *nm* (*INTERNET*) arroba.

**arrogance** [aʀɔgɑ̃s] *nf* arrogancia, prepotencia (*esp AM*).

**arrogant, e** [aʀɔgɑ̃, ɑ̃t] *adj* arrogante, prepotente (*esp AM*).

**arrondissement** [aʀɔ̃dismɑ̃] *nm* distrito.

**arroser** [aʀoze] *vt* regar; (*fig*) mojar; (*CULIN*) rociar; (*suj: fleuve, rivière*) bañar.

**arrosoir** [aʀozwaʀ] *nm* regadera.

**arsenal, -aux** [aʀsənal, o] *nm* (*aussi fig*) arsenal *m*; (*NAUT*) arsenal, astillero.

**art** [aʀ] *nm* arte *m*; (*expression artistique*): **l'~** el arte; **avoir l'~ de faire** tener la habilidad de hacer; **les ~s** las artes; **livre/ critique d'~** libro/crítica de arte; **les ~s et métiers** artes y oficios; **art dramatique** arte dramático; **arts ménagers** artes domésticas; **arts plastiques** artes plásticas.

**art.** *abr* = **article**.

**artère** [aʀtɛʀ] *nf* arteria.

**arthrite** [aʀtʀit] *nf* artritis *f*.

**artichaut** [aʀtiʃo] *nm* alcachofa.

**article** [aʀtikl] *nm* artículo; (*INFORM*) registro; **faire l'~** (*COMM, aussi fig*) hacer el artículo; **à l'~ de la mort** in articulo mortis, en el artículo de la muerte; **article défini** artículo determinado; **article de fond** (*PRESSE*) artículo de fondo; **article indéfini** artículo indeterminado; **articles de bureau** artículos *mpl* de despacho; **articles de voyage** artículos de viaje.

**articulation** [aʀtikylasjɔ̃] *nf* (*aussi fig*) articulación *f*.

**articuler** [aʀtikyle] *vt* articular; **s'articuler**

*vpr*: **s'~ (sur)** articularse (con); **s'~ autour de** (*fig*) articularse en torno a.

**artificiel, le** [aʀtifisjɛl] *adj* artificial; (*jambe*) ortopédico(-a); (*péj*) artificial, fingido (-a).

**artisan, e** [aʀtizɑ̃] *nm* artesano(-a); **l'~ de la victoire/du malheur** el artífice de la victoria/de la desgracia.

**artisanal, e, -aux** [aʀtizanal, o] *adj* artesanal.

**artisanat** [aʀtizana] *nm* artesanía.

**artiste** [aʀtist] *adj* artista ♦ *nm/f* artista *m/f*; (*bohème*) artista, bohemio(-a).

**artistique** [aʀtistik] *adj* artístico(-a).

**ARTT** [aɛʀtete] *nm* (= *accord sur la réduction du temps de travail*) acuerdo para la reducción de las horas de trabajo.

**AS** [aɛs] *sigle fpl* = *assurances sociales* ♦ *sigle f* = *Association sportive*.

**as¹** [a] *vb voir* **avoir**.

**as²** [ɑs] *nm* as *m*.

**ascenseur** [asɑ̃sœʀ] *nm* ascensor *m*, elevador (*AM*).

**ascension** [asɑ̃sjɔ̃] *nf* ascensión *f*; **l'Ascension** (*REL*) la Ascensión.

**asiatique** [azjatik] *adj* asiático(-a) ♦ *nm/f*: **A~** asiático(-a).

**Asie** [azi] *nf* Asia.

**asile** [azil] *nm* asilo; (*refuge, abri*) refugio; **droit d'~** derecho de asilo; **accorder l'~ politique à qn** conceder asilo político a algn; **chercher/trouver ~ quelque part** buscar/encontrar asilo en alguna parte.

**asocial, e, -aux** [asɔsjal, jo] *adj* asocial.

**aspect** [aspɛ] *nm* aspecto, apariencia; (*fig*) aspecto; **à l'~ de ...** a la vista de ...

**asperge** [aspɛʀʒ] *nf* espárrago.

**asperger** [aspɛʀʒe] *vt* rociar.

**asphalte** [asfalt] *nm* asfalto.

**asphyxier** [asfiksje] *vt* asfixiar; **mourir asphyxié** morir asfixiado.

**aspirateur** [aspiʀatœʀ] *nm* aspiradora.

**aspirer** [aspiʀe] *vt* aspirar; (*liquide*) absorber; **~ à qch** aspirar a algo; **~ à faire** aspirar a hacer.

**aspirine** [aspiʀin] *nf* aspirina.

**assagir** [asaʒiʀ] *vt* sosegar; **s'assagir** *vpr* sosegarse, aplacarse.

**assaisonnement** [asɛzɔnmɑ̃] *nm* aliño; (*ingrédient*) condimento.

**assaisonner** [asɛzɔne] *vt* aliñar, condimentar; **bien assaisonné** bien aliñado, bien condimentado.

**assassin** [asasɛ̃] *nm* asesino(-a).
**assassinat** [asasina] *nm* asesinato.
**assassiner** [asasine] *vt* asesinar.
**assaut** [aso] *nm* asalto; (*fig*) embestida; **prendre d'~** tomar por asalto; **donner l'~ (à)** asaltar; **faire ~ de** rivalizar en.
**assécher** [aseʃe] *vt* desecar.
**assemblage** [asɑ̃blaʒ] *nm* (*action d'assembler*) ensamblaje *m*, montaje *m*; (*MENUISERIE*) ensamblaje; **un ~ de** (*fig*) una mezcla de; **langage d'~** (*INFORM*) lenguaje *m* de compilación.
**assemblée** [asɑ̃ble] *nf* asamblea; **~ des fidèles** asamblea de los fieles; **l'A~ nationale** la Asamblea nacional.

---

**Assemblée nationale**

*La Assemblée nationale es la cámara baja del parlamento francés, la cámara alta recibe el nombre de "Sénat". La Assemblée nationale se reúne en el Palais Bourbon de París. Sus miembros, o "députés", son elegidos cada cinco años.*

---

**assembler** [asɑ̃ble] *vt* (*TECH, gén*) ensamblar, juntar; (*mots, idées*) ensamblar, unir; (*amasser*) reunir; **s'assembler** *vpr* reunirse.
**asseoir** [aswaR] *vt* sentar; (*autorité, réputation*) asentar; **s'asseoir** *vpr* sentarse; **faire ~ qn** hacer sentarse a algn; **~ qch sur** asentar algo sobre; (*appuyer*) fundar algo en, basar algo en.
**assez** [ase] *adv* (*suffisamment*) bastante; (*passablement*) suficientemente, bastante; **~!** ¡basta!; **~/pas ~ cuit** bastante/poco hecho; **est-il ~ fort/rapide?** ¿es bastante fuerte/rápido?; **il est passé ~ vite** pasó bastante rápido; **~ de pain** bastante pan; **~ de livres** bastantes libros; **vous en avez ~** tiene bastante; **en avoir ~ de qch** estar harto(-a) de algo; **~ ... pour ...** bastante ... para ...
**assidu, e** [asidy] *adj* asiduo(-a); (*zélé*) aplicado(-a); **~ auprès de qn** solícito(-a) con algn.
**assied** *etc* [asje] *vb voir* **asseoir**.
**assiérai** *etc* [asjeRe] *vb voir* **asseoir**.
**assiette** [asjɛt] *nf* plato; (*stabilité, équilibre*) equilibrio; **assiette à dessert** plato de postre; **assiette anglaise** plato de fiambres variados; **assiette creuse** plato hon-

do; **assiette de l'impôt** estimación *f* de la base imponible; **assiette plate** plato llano.
**assimiler** [asimile] *vt* (*aliment*) digerir; (*connaissances, idée*) asimilar; (*immigrants*) integrar; (*identifier*): **~ qch/qn à** equiparar algo/a algn con; **s'assimiler** *vpr* integrarse; **ils sont assimilés aux infirmiers** están equiparados con los enfermeros.
**assis, e** [asi, iz] *pp de* **asseoir** ◆ *adj* sentado(-a); **~ en tailleur** sentado(-a) a la turca.
**assistance** [asistɑ̃s] *nf* (*public*) asistencia, público; (*aide*) asistencia; **porter/prêter ~ à qn** llevar/prestar ayuda a algn; **enfant de l'A~ (publique)** niño(-a) del hospicio; **Assistance (publique)** hospicio; **assistance technique** asistencia técnica.
**assistant, e** [asistɑ̃, ɑ̃t] *nm/f* (*SCOL*) lector(a); (*d'un professeur, cinéaste*) ayudante *m/f*; **~s** *nmpl* (*auditeurs*) asistentes *m/fpl*; **assistante sociale** asistenta social.
**assisté, e** [asiste] *adj* (*AUTO*) asistido(-a) ◆ *nm/f* (*aussi péj*) beneficiario(-a) (de la ayuda del estado).
**assister** [asiste] *vt* ayudar ◆ *vi*: **~ à** asistir a.
**association** [asɔsjasjɔ̃] *nf* asociación *f*; (*musicale, sportive*) grupo, asociación; **association d'idées** asociación de ideas.
**associé, e** [asɔsje] *adj* asociado(-a) ◆ *nm/f* socio(-a); (*COMM*) asociado(-a).
**associer** [asɔsje] *vt* asociar; **s'associer** *vpr* asociarse; (*un collaborateur*) asociarse con; **~ qn à** asociar a algn a; (*joie, triomphe*) hacer partícipe a algn de; **~ qch à** unir algo a; **s'~ à** (*couleurs*) combinar con; (*opinions, joie de qn*) hacerse partícipe de.
**assoiffé, e** [aswafe] *adj* sediento(-a); **~ de** (*fig*) sediento de.
**assommer** [asɔme] *vt* (*tuer*) matar, acogotar; (*étourdir: personne*) dejar inconsciente de un golpe; (*étourdir, abrutir: médicament*) aturdir, atontar; (*fam: importuner*) fastidiar.
**Assomption** [asɔ̃psjɔ̃] *nf*: **l'~** la Asunción.
**assorti, e** [asɔRti] *adj* (*en harmonie*) combinado(-a); **fromages ~s** quesos *mpl* surtidos; **~ à** a juego con; **~ de** (*conditions, conseils*) acompañado(-a) de; **bien/mal ~** bien/mal surtido(-a).
**assortiment** [asɔRtimɑ̃] *nm* (*aussi COMM*) surtido; (*harmonie de couleurs, formes*) combinación *f*.

**assortir** [asɔʀtiʀ] vt combinar; **s'assortir** vpr hacer juego; ~ **qch à** combinar algo con; ~ **qch de** acompañar algo con; **s'~ de** estar acompañado(-a) de ou por.

**assouplir** [asupliʀ] vt ablandar; (membres, corps, aussi fig) flexibilizar; (caractère) suavizar; **s'assouplir** vpr (v vt) ablandarse; hacerse más flexible; suavizarse.

**assumer** [asyme] vt asumir; (poste, rôle) desempeñar; **s'assumer** vpr asumirse.

**assurance** [asyʀɑ̃s] nf (certitude) certeza; (confiance en soi) seguridad f; (contrat, secteur commercial) seguro; **prendre une ~ contre** hacer un seguro contra; ~ **contre l'incendie/le vol** seguro contra incendios/robos; **société d'~** sociedad f de seguros; **compagnie d'~s** compañía de seguros; **assurance au tiers** seguro contra terceros; **assurance maladie** seguro de enfermedad; **assurance tous risques** seguro a todo riesgo; **assurances sociales** seguros mpl sociales.

**assurance-vie** [asyʀɑ̃svi] (pl ~s-~) nf seguro de vida.

**assuré, e** [asyʀe] adj: ~ **de** seguro(-a) de ♦ nm/f asegurado(-a); **être** ~ (assurance) estar asegurado; **assuré social** asegurado(-a) social.

**assurément** [asyʀemɑ̃] adv seguramente.

**assurer** [asyʀe] vt asegurar; (succès, victoire) asegurar, garantizar; ~ **(à qn) que** asegurar (a algn) que; **s'assurer** vpr: **s'~ (contre)** asegurarse (contra); ~ **qn de son amitié** garantizar a algn su amistad; ~ **qch à qn** (emploi, revenu) garantizar algo a algn; (fait etc) asegurar algo a algn; **je vous assure que non/sí** le aseguro que no/sí; ~ **ses arrières** guardarse las espaldas; **s'~ de/que** asegurarse de/de que; **s'~ sur la vie** hacer un seguro de vida; **s'~ le concours/la collaboration de qn** asegurarse la ayuda/la colaboración de algn.

**assureur** [asyʀœʀ] nm asegurador(a).

**astérisque** [asteʀisk] nm asterisco.

**asthme** [asm] nm asma.

**asticot** [astiko] nm cresa.

**astre** [astʀ] nm astro.

**astrologie** [astʀɔlɔʒi] nf astrología.

**astronaute** [astʀonot] nm/f astronauta m/f.

**astronomie** [astʀɔnɔmi] nf astronomía.

**astuce** [astys] nf astucia; (plaisanterie) picardía, broma.

**astucieux, -euse** [astysjø, jøz] adj astucioso(-a).

**atelier** [atəlje] nm taller m; (de peintre) estudio; ~ **de musique/poterie** taller de música/cerámica.

**athée** [ate] adj, nm/f ateo(-a).

**Athènes** [atɛn] n Atenas.

**athlète** [atlɛt] nm/f atleta m/f.

**athlétisme** [atletism] nm atletismo; **tournoi d'~** torneo de atletismo; **faire de l'~** hacer atletismo.

**atlantique** [atlɑ̃tik] adj atlántico(-a) ♦ nm: **l'(océan) A~** el (océano) Atlántico.

**Atlas** [atlɑs] nm: **l'~** el Atlas.

**atlas** [atlɑs] nm atlas m.

**atmosphère** [atmɔsfɛʀ] nf atmósfera; (fig) ambiente m.

**atome** [atom] nm átomo.

**atomique** [atɔmik] adj atómico(-a).

**atomiseur** [atɔmizœʀ] nm atomizador m.

**atout** [atu] nm triunfo; (fig) triunfo, ventaja; **atout pique/trèfle** triunfo de picas/de trébol.

**atroce** [atʀɔs] adj atroz; (très désagréable, pénible) atroz, terrible.

**attachant, e** [ataʃɑ̃, ɑ̃t] adj (persona) atrayente; (animal) encantador(a).

**attache** [ataʃ] nf grapa; (fig) lazo; ~**s** nfpl (relations) relaciones fpl; **à l'~** (chien) atado(-a).

**attacher** [ataʃe] vt atar; (bateau) amarrar; (étiquette à qch) pegar, fijar ♦ vi (poêle) pegar; (riz, sucre) pegarse; **s'attacher** vpr abrocharse; **s'~ à** encariñarse con; **s'~ à faire qch** consagrarse a hacer algo; ~ **qch à qn** atar algo a; ~ **qn à** (fig) vincular a algn a; ~ **du prix/de l'importance à** atribuir valor/importancia a; ~ **son regard/ses yeux sur** fijar la mirada/los ojos en.

**attaque** [atak] nf ataque m; (SPORT) ofensiva; **être/se sentir d'~** sentirse con fuerzas; **attaque à main armée** ataque a mano armada.

**attaquer** [atake] vt (aussi fig) atacar; (entreprendre) acometer ♦ vi atacar; ~ **qn en justice** entablar una acción judicial contra algn; **s'~ à** enfrentarse con; (épidémie, misère) luchar contra.

**attarder** [ataʀde]: **s'~** vpr (sur qch, en chemin) demorarse; (chez qn) entretenerse.

**atteindre** [atɛ̃dʀ] vt alcanzar; (cible, fig) conseguir; (blesser) alcanzar, herir; (contacter) localizar; (émouvoir) afectar.

**atteint, e** [atɛ̃, ɛ̃t] *pp de* **atteindre** ♦ *adj*: **être ~ de** estar aquejado(-a) de.

**atteinte** [atɛ̃t] *nf* (*à l'honneur, au prestige*) ofensa; (*gén pl: d'un mal*) ataque *m*; **hors d'~** (*aussi fig*) fuera de mi *etc* alcance; **porter ~ à** atentar contra.

**attendant** [atɑ̃dɑ̃] *adv*: **en ~** (*dans l'intervalle*) entretanto, mientras tanto; (*quoi qu'il en soit*) de todos modos.

**attendre** [atɑ̃dʀ] *vt* esperar; (*suj: une grande joie*) aguardar ♦ *vi* esperar; **s'attendre** *vpr*: **s'~ à** (**ce que**) esperarse (que); **je n'attends plus rien (de la vie)** no espero nada más (de la vida); **attendez que je réfléchisse** espere a que reflexione, je ne m'y attendais pas no me lo esperaba; **ce n'est pas ce à quoi je m'attendais** no es lo que yo me esperaba; **~ un enfant** esperar un niño; **~ de pied ferme** esperar con pie firme; **~ de faire/d'être** esperar hacer/ser; **~ qch de qn** *ou* **qch** esperar algo de algn *ou* algo; **~ que** esperar que; **faire ~ qn** hacer esperar a algn; **se faire ~** hacerse esperar; **j'attends vos excuses** espero sus disculpas; **en attendant** *voir* **attendant**.

**attendrir** [atɑ̃dʀiʀ] *vt* (*personne*) enternecer; (*viande*) ablandar; **s'attendrir** *vpr*: **s'~ (sur)** enternecerse (con).

**attendrissant, e** [atɑ̃dʀisɑ̃, ɑ̃t] *adj* enternecedor(a).

**attendu, e** [atɑ̃dy] *pp de* **attendre** ♦ *adj* esperado(-a); **~s** *nmpl* (JUR) considerandos *mpl*; **~ que** puesto que.

**attentat** [atɑ̃ta] *nm* atentado; **attentat à la bombe/à la pudeur** atentado con bomba/contra el pudor.

**attente** [atɑ̃t] *nf* espera; (*espérance*) espera, expectativa; **contre toute ~** contra toda previsión.

**attenter** [atɑ̃te]: **~ à** *vt* atentar contra; **~ à la vie de qn** atentar contra la vida de algn; **~ à ses jours** atentar contra su propia vida.

**attentif, -ive** [atɑ̃tif, iv] *adj* (*auditeur, élève*) atento(-a); (*soins*) cuidadoso(-a); (*travail*) cuidadoso(-a), concienzudo(-a); **~ à** (*scrupuleux*) escrupuloso(-a) con; (*ses devoirs*) cuidadoso(-a) con.

**attention** [atɑ̃sjɔ̃] *nf* atención *f*; (*prévenance: gén pl*) atenciones *fpl*; **à l'~ de** (*pour*) a la atención de; **porter qch à l'~ de qn** presentar algo a la consideración de algn;

**attirer l'~ de qn sur qch** llamar la atención de algn sobre algo; **faire ~ à** (*remarquer, noter*) prestar atención a; (*prendre garde à*) tener cuidado con; **faire ~ que/à ce que** tener cuidado que; **~!** ¡cuidado!; **~, si vous ouvrez cette lettre** (*sanction*) ojo, si abre esta carta; **~, respectez les consignes de sécurité** atención, respeten las consignas de seguridad; **mériter ~** merecer atención.

**attentionné, e** [atɑ̃sjɔne] *adj* atento(-a), solícito(-a).

**atténuer** [atenɥe] *vt* atenuar; (*douleur*) aliviar; **s'atténuer** *vpr* atenuarse.

**atterrir** [ateʀiʀ] *vi* aterrizar.

**atterrissage** [ateʀisaʒ] *nm* aterrizaje *m*; **atterrissage forcé/sans visibilité/sur le ventre** aterrizaje forzoso/sin visibilidad/de panza.

**attestation** [atɛstasjɔ̃] *nf* certificado; **attestation de paiement** comprobante *m* de pago.

**attirant, e** [atiʀɑ̃, ɑ̃t] *adj* atractivo(-a).

**attirer** [atiʀe] *vt* atraer; **~ qn dans un coin/vers soi** llevar a algn a un rincón/hacia sí; **~ l'attention de qn sur qch** llamar la atención de algn sobre algo; **~ des louanges à qn** granjear elogios a algn; **~ des ennuis à qn** acarrear problemas a algn; **s'~ des ennuis** acarrearse problemas.

**attitude** [atityd] *nf* (*comportement*) actitud *f*, conducta; (*position du corps*) postura; (*état d'esprit*) actitud, disposición *f*.

**attraction** [atʀaksjɔ̃] *nf* atracción *f*; (*de cabaret, cirque*) atracción, número.

**attrait** [atʀɛ] *nm* (*de l'argent, de la gloire*) atractivo, incentivo; (*d'un lieu, d'une personne*) atractivo; **~s** *nmpl* (*d'une femme*) encantos *mpl*; **éprouver de l'~ pour** sentirse atraído(-a) por.

**attraper** [atʀape] *vt* (*saisir*) atrapar, coger, agarrar; (*voleur, animal*) atrapar, agarrar; (*train, maladie, amende*) pillar; (*fam: réprimander*) reñir; (: *duper*) engañar.

**attrayant, e** [atʀɛjɑ̃, ɑ̃t] *adj* atrayente.

**attribuer** [atʀibɥe] *vt* (*prix*) otorgar; (*rôle, tâche*) asignar; (*conséquence, fait, qualité*) atribuir; (*échec*) achacar; (*importance*) conceder, dar; **s'attribuer** *vpr* atribuirse.

**attrister** [atʀiste] *vt* entristecer; **s'attrister** *vpr*: **s'~ de qch** entristecerse por algo.

**attroupement** [atʀupmɑ̃] *nm* aglomeración f.

**attrouper** [atʀupe]: **s'~** vpr aglomerarse, agolparse.

**au** [o] prép + dét voir **à**.

**aubaine** [obɛn] nf (avantage inattendu) suerte f; (COMM) ganga, chollo (fam).

**aube** [ob] nf alba, madrugada, amanecer m; (de communiant) alba; **l'~ de** (fig) los albores de, el amanecer de; **à l'~** al alba, de madrugada, al amanecer.

**aubépine** [obepin] nf espino.

**auberge** [obɛʀʒ] nf posada, mesón m; **auberge de jeunesse** albergue m de juventud.

**aubergine** [obɛʀʒin] nf berenjena.

**aucun, e** [okœ̃, yn] dét ningún(-una) ♦ pron ninguno(-a), nadie; **il n'a ~ sens** no tiene ningún sentido, no tiene sentido alguno.

**audace** [odas] nf audacia; (péj) descaro; **payer d'~** manifestar audacia; **il a eu l'~ de** tuvo el atrevimiento de; **vous ne manquez pas d'~!** ¡no le falta atrevimiento!

**audacieux, -euse** [odasjø, jøz] adj audaz.

**au-delà** [od(ə)la] adv más allá ♦ nm inv: **l'~-~** el más allá; **~-~ de** más allá de.

**au-dessous** [odsu] prép abajo, debajo; **~-~ de** (dans l'espace) debajo de; (dignité, condition, somme) por debajo de.

**au-dessus** [odsy] adv arriba, encima; **~-~ de** (dans l'espace) arriba de, encima de; (límite, somme, loi) por encima de.

**au-devant** [od(ə)vɑ̃]: **~-~ de** prép al encuentro de; **aller ~-~ de** (personne) ir al encuentro de; (danger) hacer frente a; (désirs de qn) adelantarse a.

**audience** [odjɑ̃s] nf (attention) atención f, interés m; (auditeurs, lecteurs) auditorio, público; (entrevue, séance) audiencia; **trouver ~ auprès de** encontrar buena acogida en.

**audiovisuel, le** [odjovizɥɛl] adj audiovisual ♦ nm (techniques) técnicas fpl audiovisuales; (méthodes) métodos mpl audiovisuales; **l'~** los medios audiovisuales.

**audition** [odisjɔ̃] nf audición f; (JUR) audiencia; (MUS, THÉÂTRE) prueba, audición.

**auditoire** [oditwaʀ] nm auditorio.

**augmentation** [ɔgmɑ̃tasjɔ̃] nf (action, résultat) aumento; (prix) subida; **augmentation (de salaire)** aumento (del salario).

**augmenter** [ɔgmɑ̃te] vt aumentar; (prix) subir; (employé, salarié) subir el sueldo a

♦ vi aumentar; **~ de poids/volume** aumentar de peso/volumen.

**augure** [ogyʀ] nm agorero; (HIST) augur m; **de bon/mauvais ~** de buen/mal augurio.

**aujourd'hui** [oʒuʀdɥi] adv hoy; (de nos jours) hoy en día; **~ en huit/en quinze** de hoy en ocho días/en quince días; **à dater ou partir d'~** a partir de hoy.

**aumônier** [omonje] nm capellán m.

**auparavant** [oparavɑ̃] adv antes.

**auprès** [opʀɛ]: **~ de** prép al lado de, cerca de; (du tribunal) ante; (en comparaison de) comparado(-a) con; (dans l'opinion de) según.

**auquel** [okɛl] prép + pron voir **lequel**.

**aurai** etc [ɔʀe] vb voir **avoir**.

**aurons** etc [ɔʀɔ̃] vb voir **avoir**.

**aurore** [ɔʀɔʀ] nf aurora; **aurore boréale** aurora boreal.

**ausculter** [ɔskylte] vt auscultar.

**aussi** [osi] adv también; (de comparaison: avec adj, adv) tan; (si, tellement) tan ♦ conj (par conséquent) por lo tanto; **~ fort/rapidement que** tan fuerte/rápidamente como; **lui ~** él también; **~ bien que** (de même que) lo mismo que; **il l'a fait/va y aller - moi ~** lo hizo/va a ir - yo también; **je le pense ~** yo también lo pienso ou creo.

**aussitôt** [osito] adv enseguida, inmediatamente; **~ que** tan pronto como; **~ fait** ni bien hecho; **~ envoyé** ni bien enviado.

**austère** [ostɛʀ] adj austero(-a).

**austral, e** [ɔstʀal] adj austral; **l'océan ~** el océano austral; **les terres ~es** las tierras australes.

**Australie** [ɔstʀali] nf Australia.

**australien, ne** [ɔstʀaljɛ̃, jɛn] adj australiano(-a) ♦ nm/f: **A~, ne** australiano(-a).

**autant** [otɑ̃] adv (tant, tellement) tanto; (comparatif): **~ (que)** tanto (como), tan (como); **~ (de)** tanto(-a), tantos(-as); **n'importe qui aurait pu en faire ~** cualquiera hubiera hecho lo mismo; **~ partir/ne rien dire** mejor marchar/no decir nada; **~ dire que ...** eso es tanto como decir que ...; **fort ~ que courageux** tan fuerte como valeroso; **il n'est pas découragé pour ~** no se ha desanimado por eso; **pour ~ que** en la medida en que; **d'~** (à proportion) otro tanto; **d'~ plus/moins/mieux (que)** tanto más/menos/

mejor (cuanto que); ~ ... ~ ... tanto ... tanto ...; **tout** ~ tanto; **ce sont** ~ **d'erreurs/ d'échecs** son otros tantos errores/fracasos; **y en a-t-il** ~ **(qu'avant)?** ¿queda tanto (como antes)?; **il y a** ~ **de garçons que de filles** hay tantos niños como niñas.

**autel** [ɔtɛl] *nm* altar *m*.

**auteur** [otœʀ] *nm* autor(a); **droit d'**~ derecho de autor.

**authenticité** [otɑ̃tisite] *nf* autenticidad *f*.

**authentique** [otɑ̃tik] *adj* auténtico(-a); (*récit, histoire*) auténtico(-a), cierto(-a); (*réel, sincère*) auténtico(-a), verdadero(-a).

**auto** [oto] *nf* coche *m*, carro (AM), auto (*esp* AM); **autos tamponneuses** coches *mpl* de choque.

**auto...** [oto] *préf* auto-.

**autobiographie** [otobjɔgʀafi] *nf* autobiografía.

**autobus** [ɔtɔbys] *nm* autobús *m*, camión *m* (MEX); **ligne d'**~ línea de autobús.

**autocar** [ɔtɔkaʀ] *nm* autocar *m*.

**autochtone** [ɔtɔktɔn] *adj, nm/f* autóctono(-a).

**autocollant, e** [otokɔlɑ̃, ɑ̃t] *adj* autoadhesivo(-a) ♦ *nm* autoadhesivo.

**autocuiseur** [otokɥizœʀ] *nm* olla a presión.

**autodéfense** [otodefɑ̃s] *nf* autodefensa; **groupe d'**~ grupo de autodefensa.

**autodidacte** [otodidakt] *nm/f* autodidacta *m/f*.

**auto-école** [otoekɔl] (*pl* ~-~s) *nf* autoescuela.

**autographe** [ɔtɔgʀaf] *nm* autógrafo.

**automate** [ɔtɔmat] *nm* (*aussi fig*) autómata *m*.

**automatique** [ɔtɔmatik] *adj* automático (-a); (*réflexe, geste*) automático(-a), mecánico(-a) ♦ *nm* (*pistolet*) automática; (*téléphone*): **l'**~ el servicio automático.

**automatiquement** [ɔtɔmatikmɑ̃] *adv* automáticamente.

**automne** [ɔtɔn] *nm* otoño.

**automobile** [ɔtɔmɔbil] *nf* coche *m*, automóvil *m* ♦ *adj* automóvil; **l'**~ la industria automovilística.

**automobiliste** [ɔtɔmɔbilist] *nm/f* automovilista *m/f*.

**autonome** [ɔtɔnɔm] *adj* autónomo(-a); **en mode** ~ (INFORM) de modo autónomo.

**autonomie** [ɔtɔnɔmi] *nf* autonomía; ~ **de vol** autonomía de vuelo.

**autoportrait** [otopɔʀtʀɛ] *nm* autorretrato.

**autopsie** [ɔtɔpsi] *nf* autopsia.

**autoradio** [otoʀadjo] *nm* autorradio.

**autorisation** [ɔtɔʀizasjɔ̃] *nf* (*permission*) autorización *f*, permiso; (*papiers*) licencia, permiso; **donner à qn l'**~ **de** dar a algn la autorización para; **avoir l'**~ **de faire** tener permiso para hacer.

**autorisé, e** [ɔtɔʀize] *adj* autorizado(-a); ~ **(à faire)** autorizado(-a) (para hacer); **dans les milieux** ~**s** en medios oficiales.

**autoriser** [ɔtɔʀize] *vt* autorizar, permitir; (*justifier, permettre*) autorizar; ~ **qn à faire** autorizar a algn para hacer.

**autoritaire** [ɔtɔʀitɛʀ] *adj* autoritario(-a).

**autorité** [ɔtɔʀite] *nf* autoridad *f*, (*prestige, réputation*) autoridad, fama; **les** ~**s** las autoridades; **faire** ~ ser una autoridad; **d'**~ (*de façon impérative*) autoritariamente; (*sans réflexion*) directamente; **autorités administratives** autoridades administrativas.

**autoroute** [otoʀut] *nf* autopista.

**auto-stop** [otostɔp] *nm inv*: **l'**~-~ el autostop; **faire de l'**~-~ hacer autostop; **prendre qn en** ~-~ coger a algn en autostop.

**auto-stoppeur, -euse** [otostɔpœʀ, øz] (*pl* ~-~s, -euses) *nm/f* autostopista *m/f*.

**autour** [otuʀ] *adv* alrededor, en torno; ~ **de** (*en cercle*) alrededor de, en torno de *ou* al; (*près de*) cerca de, (*environ, à peu près*) aproximadamente, alrededor de; **tout** ~ por todas partes.

---

MOT-CLÉ

**autre** [otʀ] *adj* **1** (*différent*) otro(-a); **je préférerais un autre verre** preferiría otro vaso

**2** (*supplémentaire*): **je voudrais un autre verre d'eau** querría otro vaso de agua

**3** (*d'une paire, dans une dualité*) otro(-a); **autre chose** otra cosa; **penser à autre chose** pensar en otra cosa; **autre part** (*aller*) a otra parte; (*se trouver*) en otra parte; **d'autre part** (*en outre*) además; **d'une part ..., d'autre part ...** por una parte ..., por otra parte ...

♦ *pron*: **un autre** otro; **nous autres** nosotros(-as); **vous autres** vosotros(-as); (*politesse*) ustedes; **d'autres** otros(-as); **les autres** los(las) otros(-as); (*autrui*) los demás; **l'un et l'autre** uno y otro; **se détester l'un l'autre/les uns les autres** detestarse uno a otro/unos a otros; **la difficulté** est autre la dificultad es otra; **d'une minute à l'autre** de un momento a otro; **entre autres** entre otros(-as); **j'en ai vu d'autres** (indifférence) estoy curado de espanto; **à d'autres!** ¡cuéntaselo a otro!; **ni l'un ni l'autre** ni uno ni otro; **donnez-m'en un autre** deme otro; **de temps à autre** de vez en cuando; **se sentir autre** sentirse otro; *voir aussi* **part**; **temps**; **un**.

**autrefois** [otrəfwa] *adv* antaño, en otro tiempo.

**autrement** [otrəmɑ̃] *adv* (*d'une manière différente*) de otro modo; (*sinon*) si no, de lo contrario; **je n'ai pas pu faire ~** no he podido hacer otra cosa; **~ dit** en otras palabras; (*c'est-à-dire*) es decir.

**Autriche** [otriʃ] *nf* Austria.

**autrichien, ne** [otriʃjɛ̃, jɛn] *adj* austríaco(-a) ♦ *nm/f*: **A~, ne** austríaco(-a).

**autruche** [otryʃ] *nf* avestruz *m*; **faire l'~** meter la cabeza debajo del ala.

**aux** [o] *prép* +*dét voir* **à**.

**auxiliaire** [ɔksiljɛr] *adj* auxiliar ♦ *nm/f* auxiliar *m/f*; (*aide, adjoint*) ayudante *m/f*; (*LING*) auxiliar *m*.

**auxquelles** [okɛl] *prép* + *pron voir* **lequel**.

**auxquels** [okɛl] *prép* + *pron voir* **lequel**.

**avalanche** [avalɑ̃ʃ] *nf* (*aussi fig*) avalancha.

**avaler** [avale] *vt* tragar; (*fig*) devorar; (*croire*) tragarse.

**avance** [avɑ̃s] *nf* avance *m*; (*d'argent*) adelanto, anticipo; (*opposé à retard*) adelanto; (*INFORM*): **~ (du) papier** avance del papel; **~s** *nfpl* (*ouvertures, aussi amoureuses*) proposiciones *fpl*; **une ~ de 300 m/4 h** una ventaja de 300 m/4 h; (**être**) **en ~** (*sur l'heure fixée*) (estar) adelantado(-a); (*sur un programme*) (ir) adelantado(-a); **on n'est pas en ~!** ¡no adelantamos nada!; **être en ~ sur qn** (*pendant une action*) ir delante de algn; (*résultat*) llegar antes que algn; **il est très en ~ pour son âge** está muy adelantado para su edad; **à l'~, par ~** de antemano; **d'~** por anticipado; **payer d'~** pagar por anticipado.

**avancé, e** [avɑ̃se] *adj* avanzado(-a); (*travail*) adelantado(-a); (*fruit, fromage*) maduro(-a).

**avancement** [avɑ̃smɑ̃] *nm* (*professionnel*) ascenso; (*de travaux*) progreso.

**avancer** [avɑ̃se] *vi* avanzar; (*travail, montre, réveil*) adelantar; (*être en saillie, surplomb*) avanzar, sobresalir ♦ *vt* adelantar; (*troupes*) hacer avanzar; (*hypothèse, idée*) proponer, sugerir; **s'avancer** *vpr* (*s'approcher*) adelantarse, acercarse; (*se hasarder*) aventurarse; (*être en saillie, surplomb*) sobresalir; **j'avance** (**d'une heure**) estoy adelantado(-a) (una hora).

**avant** [avɑ̃] *prép* antes de ♦ *adv*: **trop/plus ~** demasiado/más lejos ♦ *adj inv*: **siège ~** asiento delantero ♦ *nm* (*d'un véhicule, bâtiment*) delantera, frente *m*; (*SPORT*) delantero; **~ qu'il (ne) parte/de faire** antes de que marche/de hacer; **~ tout** ante todo; **à l'~** (*dans un véhicule*) en la delantera; **en ~** (*marcher, regarder*) hacia adelante; **en ~ de** (*en tête de, devant*) delante de; **aller de l'~** marchar bien.

**avantage** [avɑ̃taʒ] *nm* (*supériorité*) ventaja; (*intérêt, bénéfice*) ventaja, beneficio; **à l'~ de qn** en beneficio de algn; **être à son ~** estar favorecido(-a); **tirer ~ de** sacar provecho de; **vous auriez ~ à faire** sería mejor que hicieses; **avantages en nature** retribución *f* en especies; **avantages sociaux** beneficios *mpl* sociales.

**avantager** [avɑ̃taʒe] *vt* favorecer.

**avantageux, -euse** [avɑ̃taʒø, øz] *adj* ventajoso(-a); (*portrait, coiffure*) favorecedor(a); **conditions avantageuses** condiciones *fpl* ventajosas.

**avant-bras** [avɑ̃bra] *nm inv* antebrazo.

**avant-coureur** [avɑ̃kurœr] (*pl* **~-~s**) *adj* premonitorio(-a), anunciador(a); **signe ~-~** signo anunciador.

**avant-dernier, -ière** [avɑ̃dɛrnje, jɛr] (*pl* **~-~s, -ières**) *adj*, *nm/f* penúltimo(-a).

**avant-garde** [avɑ̃gard] (*pl* **~-~s**) *nf* (*aussi fig*) vanguardia; **d'~-~** de vanguardia.

**avant-goût** [avɑ̃gu] (*pl* **~-~s**) *nm* anticipo.

**avant-hier** [avɑ̃tjɛr] *adv* anteayer.

**avant-première** [avɑ̃prəmjɛr] (*pl* **~-~s**) *nf* preestreno; **en ~-~** antes de la presentación oficial.

**avant-veille** [avɑ̃vɛj] (*pl* **~-~s**) *nf*: **l'~-~** la antevíspera.

**avare** [avar] *adj*, *nm/f* avaro(-a); **~ de compliments/caresses** parco(-a) en cumplidos/caricias.

**avec** [avɛk] *prép* con; (*contre: se battre*) con, contra; (*en plus de, en sus de*) además de; **~ habileté/lenteur** con habilidad/lentitud; **~ eux/ces maladies** (*en ce qui concerne*) con ellos/estas enfermedades; **~**

ça (*malgré ça*) a pesar de eso; **et ~ ça?** ¿algo más?; **~ l'été les noyades se multiplient** en verano se ahoga mucha más gente; **~ cela que ...** además de que ...

**avenir** [avniʀ] *nm*: **l'~** el porvenir, el futuro; **l'~ du monde/de l'automobile** el porvenir del mundo/del automóvil; **à l'~** en el futuro; **sans ~** sin futuro; **c'est une idée sans ~** es una idea sin futuro; **métier/politicien d'~** trabajo/político con futuro.

**aventure** [avɑ̃tyʀ] *nf* aventura; **partir à l'~** marchar a la aventura; **roman/film d'~** novela/película de aventuras.

**aventurer** [avɑ̃tyʀe] *vt* aventurar, arriesgar; (*remarque, opinion*) aventurar; **s'aventurer** *vpr* aventurarse; **s'~ à faire qch** arriesgarse a hacer algo.

**aventureux, -euse** [avɑ̃tyʀø, øz] *adj* (*personne*) aventurado(-a), arriesgado(-a); (*projet*) arriesgado(-a); (*vie*) azaroso(-a).

**aventurier, -ière** [avɑ̃tyʀje, jɛʀ] *nm/f* aventurero(-a).

**avenue** [avny] *nf* avenida.

**avérer** [aveʀe]: **s'~** *vpr* (*avec attribut*). **s'~ faux/coûteux** revelarse falso/costoso.

**averse** [avɛʀs] *nf* aguacero, chaparrón *m*; (*de pierres, flèches*) chaparrón, lluvia.

**averti, e** [avɛʀti] *adj* entendido(-a).

**avertir** [avɛʀtiʀ] *vt*: **~ qn de qch/que** prevenir a algn de algo/de que; (*renseigner*) advertir.

**avertissement** [avɛʀtismɑ̃] *nm* advertencia; (*blâme*) amonestación *f*; (*d'un livre*) introducción *f*.

**avertisseur** [avɛʀtisœʀ] *nm* bocina; (*d'incendie*) alarma de incendio.

**aveu** [avø] *nm* confesión *f*, declaración *f*; **passer aux ~x** confesar; **de l'~ de** según la opinión de.

**aveugle** [avœgl] *adj, nm/f* (*aussi fig*) ciego(-a); **les ~s** los ciegos; **mur ~** pared *f* ciega; **test en double ~** experimento en el que ni el analizador ni el sujeto conocen las características del producto.

**aviation** [avjasjɔ̃] *nf* (*aussi* MIL) aviación *f*; **terrain d'~** campo de aviación; **aviation de chasse** aviones *mpl* de caza.

**avide** [avid] *adj* ávido(-a); (*péj*) codicioso (-a); **~ d'honneurs/d'argent/de sang** ávido(-a) de honores/de dinero/de sangre; **~ de connaître/d'apprendre** ávido(-a) de conocer/de aprender.

**avion** [avjɔ̃] *nm* avión *m*; **par ~** por avión;

**aller (quelque part) en ~** ir (a algún sitio) en avión; **avion à réaction** avión de ou a reacción; **avion de chasse/de ligne/supersonique** avión de caza/de línea/supersónico.

**aviron** [aviʀɔ̃] *nm* remo; (*sport*): **l'~** el remo.

**avis** [avi] *nm* (*point de vue*) opinión *f*; (*conseil*) opinión, consejo; (*notification*) aviso; **~ de crédit/débit** nota de crédito/débito; **à mon ~** en mi opinión; **j'aimerais avoir l'~ de Paul** me gustaría conocer la opinión de Paul; **je suis de votre ~** estoy de acuerdo con usted; **vous ne me ferez pas changer d'~** no me hará cambiar de opinión; **être d'~ que** ser del parecer que; **changer d'~** cambiar de opinión; **sauf ~ contraire** salvo aviso contrario; **sans ~ préalable** sin previo aviso; **jusqu'à nouvel ~** hasta nuevo aviso; **avis de décès** esquela (mortuoria).

**aviser** [avize] *vt* (*voir*) divisar, advertir; (*informer*): **~ qn de qch/que** avisar a algn de algo/de que ♦ *vi* (*réfléchir*) reflexionar; **s'~ de qch/que** darse cuenta de algo/de que; **s'~ de faire qch** (*s'aventurer à*) ocurrírsele hacer algo.

**avocat, e** [avɔka, at] *nm/f* (*aussi fig*) abogado(-a) ♦ *nm* (BOT, CULIN) aguacate *m*, palta (AM); **se faire l'~ du diable** ser el abogado del diablo; **l'~ de la défense/de la partie civile** el abogado defensor/de la acusación particular; **avocat d'affaires** abogado de empresa; **avocat général** fiscal *m*.

**avoine** [avwan] *nf* avena.

———— MOT-CLÉ ————

**avoir** [avwaʀ] *vt* **1** (*posséder*) tener; **elle a 2 enfants/une belle maison** tiene dos niños/una casa bonita; **il a les yeux gris** tiene los ojos grises; **vous avez du sel?** ¿tiene sal?; **avoir du courage/de la patience** tener valor/paciencia; **avoir du goût** tener gusto; **avoir horreur de** tener horror a; **avoir rendez-vous** tener una cita

**2** (*âge, dimensions*) tener; **il a 3 ans** tiene 3 años; **le mur a 3 mètres de haut** la pared tiene 3 metros de alto; *voir aussi* **faim; peur** *etc*

**3** (*fam: duper*) pegársela a algn; **on vous a eu!** ¡le han engañado!

**4**: **en avoir après** ou **contre qn** estar enojado(-a) con algn; **en avoir assez** estar harto; **j'en ai pour une demi-heure** tengo para media hora
**5** (obtenir: train, tickets) coger, agarrar (AM)

♦ vb aux **1** haber; **avoir mangé/dormi** haber comido/dormido; **hier, je n'ai pas mangé** (verbe au passé simple quand la période dans laquelle se situe l'action est révolue) ayer no comí

**2** (avoir + à + infinitif): **avoir à faire qch** tener que hacer algo; **vous n'avez qu'à lui demander** no tiene más que preguntarle; (en colère) pregúntele a él; **tu n'as pas à me poser de questions** no tienes porqué hacerme preguntas; **tu n'as pas à le savoir** no tienes porqué saberlo

♦ vb impers **1**: **il y a** (+ sing, pl) hay; **qu'y-a-t-il?** ¿qué ocurre?; **qu'est-ce qu'il y a?** ¿qué pasa?; **il n'y a rien** no pasa nada; **qu'as-tu?** ¿qué tienes?; **qu'est-ce que tu as?** ¿qué te pasa?; **il doit y avoir une explication** tiene que haber una explicación; **il n'y a qu'à recommencer ...** no hay más que volver a empezar ...; **il ne peut y en avoir qu'un** no puede haber más que uno; **il n'y a pas de quoi** no hay de qué

**2** (temporel): **il y a 10 ans** hace 10 años; **il y a 10 ans/longtemps que je le sais** hace 10 años/mucho tiempo que lo sé; **il y a 10 ans qu'il est arrivé** hace 10 años que llegó

♦ nm haber m; (FIN): **avoir fiscal** crédito fiscal.

**avortement** [avɔʀtəmɑ̃] nm aborto.
**avouer** [avwe] vt confesar, declarar ♦ vi (se confesser) confesar; (admettre) confesar, reconocer; ~ **avoir fait/être/que** confesar haber hecho/ser/que; **s'~ vaincu/ incompétent** declararse vencido(-a)/ incompetente; ~ **que oui/non** confesar que sí/no.
**avril** [avʀil] nm abril m; voir aussi **juillet**.

┌─────────────────────────┐
**poisson d'avril**

*En Francia, el 1 de abril es el equivalente al día de los Santos Inocentes en España. La broma o inocentada típica de ese día es pegar en la espalda de alguien un pez*
└─────────────────────────┘

*de papel, el poisson d'avril, sin ser visto.*

**axe** [aks] nm eje m; (fig) orientación f; **dans l'~ de** en la línea de; **axe de symétrie** eje de simetría; **axe routier** carretera general.
**ayons** etc [ɛjɔ̃] vb voir **avoir**.
**azote** [azɔt] nm nitrógeno.
**aztèque** [astɛk] adj azteca.

# B b

**bâbord** [babɔʀ] nm: **à** ou **par ~** a babor.
**baby-foot** [babifut] nm inv futbolín m.
**bac¹** [bak] abr, nm (bateau) transbordador m; (récipient) cubeta; **bac à glace** bandeja para el hielo; **bac à légumes** compartimento para las verduras.
**bac²** [bak] nm = **baccalauréat**.
**baccalauréat** [bakalɔʀea] nm título que se obtiene al finalizar BUP y COU.

┌─────────────────────────┐
**baccalauréat**

*En Francia el baccalauréat o bac es un título que se obtiene al terminar los estudios de enseñanza secundaria superior a la edad de diecisiete o dieciocho años y que permite el ingreso en la universidad. Se pueden escoger distintas combinaciones de asignaturas dentro de un amplio plan de estudios.*
└─────────────────────────┘

**bâcler** [bakle] vt hacer de prisa y corriendo.
**badge** [badʒ] nm chapa.
**badminton** [badmintɔn] nm bádminton m.
**baffe** [baf] (fam) nf bofetada, torta.
**bafouiller** [bafuje] vi, vt farfullar.
**bagage** [bagaʒ] nm (gén: bagages) equipaje m; **bagage littéraire** bagaje m literario; **bagages à main** equipaje de mano.
**bagarre** [bagaʀ] nf pelea; **il aime la ~** le gusta la pelea.
**bagarrer** [bagaʀe]: **se ~** vpr pelearse.
**bagnole** [baɲɔl] (fam) nf coche m; (vieille) cacharro.
**bague** [bag] nf anillo, sortija; (d'identification) anilla; **bague de fiançailles** sortija de pedida; **bague de ser-**

**rage** casquillo.
**baguette** [bagɛt] nf (*bâton*) varilla; (*chinoise*) palillo; (*de chef d'orchestre*) batuta; (*pain*) barra; (CONSTR) junquillo; **mener qn à la ~** tratar a algn a la baqueta; **baguette de sourcier** varilla de zahorí; **baguette de tambour** palillo; **baguette magique** varlta mágica.
**baie** [bɛ] nf bahía; (*fruit*) baya; **baie (vitrée)** ventanal m.
**baignade** [bɛɲad] nf baño.
**baigner** [beɲe] vt bañar ♦ vi: **il baignait dans son sang** estaba bañado ou anegado en sangre; **se baigner** vpr bañarse; **~ dans la brume** estar rodeado(-a) de bruma; **"ça baigne!"** (*fam*) "¡todo marcha bien!"
**baignoire** [beɲwaR] nf bañera, tina (AM); (THÉÂTRE) palco de platea.
**bail** [baj] (*pl* **baux**) nm (contrato de) arrendamiento; **donner** ou **prendre qch à ~** arrendar algo, alquilar algo; **bail commercial** traspaso.
**bâillement** [bɑjmɑ̃] nm bostezo.
**bâiller** [bɑje] vi bostezar; (*être ouvert*) estar entreabierto(-a), estar entornado(-a).
**bain** [bɛ̃] nm baño; **se mettre dans le ~** (*fig*) meterse en el asunto; **prendre un ~** tomar un baño; **prendre un ~ de foule** meterse entre la multitud; **prendre un ~ de pieds** darse un baño de pies; (*au bord de la mer*) mojarse los pies; **bain de bouche** elixir m (para enjuagarse la boca); **bain de siège** baño de asiento; **bain de soleil** baño de sol; **bain moussant** baño de espuma; **bains de mer** baños mpl de mar; **bains(-douches) municipaux** baños públicos.
**bain-marie** [bɛ̃maRi] (*pl* **~s-~**) nm baño (de) María; **faire chauffer au ~-~** calentar al baño (de) María.
**baiser** [beze] nm beso ♦ vt besar; (*fam!*) tirarse a (*fam!*), coger (*fam!*) (AM).
**baisse** [bes] nf (*de température, des prix*) descenso, baja; **"~ sur la viande"** "abaratamiento de la carne"; **en ~** en baja; **à la ~** a la baja.
**baisser** [bese] vt bajar ♦ vi (*niveau, température*) bajar, descender; (*jour, lumière*) disminuir; **se baisser** vpr inclinarse, agacharse; **sa vue baisse** está perdiendo vista; **ses facultés baissent** está perdiendo facultades.

**bal** [bal] nm baile m; **bal costumé** baile de disfraces; **bal masqué** baile de máscaras; **bal musette** baile popular.
**balade** [balad] nf (*à pied*) paseo, vuelta; (*en voiture*) vuelta; **faire une ~** dar una vuelta.
**balader** [balade] vt pasear; **se balader** vpr pasearse.
**baladeur** [baladœR] nm walkman ® m.
**balai** [balɛ] nm escoba; (AUTO, MUS) escobilla; **donner un coup de ~** dar un barrido.
**balance** [balɑ̃s] nf balanza; (ASTROL): **la B~** Libra; **être (de la) B~** ser Libra; **balance commerciale** balanza comercial; **balance des paiements** balanza de pagos; **balance romaine** romana
**balancer** [balɑ̃se] vt balancear; (*lancer*) arrojar; (*renvoyer, jeter*) despedir ♦ vi (*hésiter*) oscilar; **se balancer** vpr balancearse, mecerse; (*branche*) mecerse; (*sur une balançoire*) columpiarse; **je m'en balance** (*fam*) me importa un pito.
**balançoire** [balɑ̃swaR] nf (*suspendue*) columpio; (*sur pivot*) balancín m, subibaja m.
**balayer** [baleje] vt barrer; (*suj: radar, phares*) explorar.
**balayeur, -euse** [balɛjœR, øz] nm/f barrendero(-a).
**balbutier** [balbysje] vi, vt balbucear.
**balcon** [balkɔ̃] nm balcón m; (THÉÂTRE) principal m.
**baleine** [balɛn] nf (ZOOL, parapluie) ballena.
**balise** [baliz] nf baliza.
**baliser** [balize] vt balizar; (*fam*) tener miedo.
**balle** [bal] nf (*de fusil*) bala; (*de tennis, golf*) pelota; (*du blé*) cascarilla, cascabillo; (*paquet*) fardo; **~s** nfpl (*fam: franc*) francos mpl; **balle perdue** bala perdida.
**ballerine** [bal(ə)Rin] nf bailarina; (*chaussure*) zapatilla.
**ballet** [balɛ] nm ballet m; **ballet diplomatique** actividad f diplomática.
**ballon** [balɔ̃] nm (*de sport*) balón m; (AVIAT, jouet) globo; (*de vin*) copa; **ballon d'essai** (*aussi fig*) globo m sonda inv; **ballon de football** balón de fútbol; **ballon d'oxygène** globo de oxígeno.
**balnéaire** [balneɛR] adj termal; (AM) balneario(-a).
**balustrade** [balystrad] nf balaustrada.
**bambin** [bɑ̃bɛ̃] nm niño(-a), chiquillo(-a).
**bambou** [bɑ̃bu] nm bambú m.
**banal, e** [banal] adj (*aussi péj*) trivial; **four**

~ (*HIST*) molino comunal.

**banalité** [banalite] *nf* trivialidad *f*.

**banane** [banan] *nf* plátano, banana (*esp AM*).

**banc** [bɑ̃] *nm* banco; **banc d'essai** (*fig*) banco de prueba; **banc de sable** banco de arena; **banc des accusés/témoins** banquillo de los acusados/testigos.

**bancaire** [bɑ̃kɛʀ] *adj* bancario(-a).

**bancal, e** [bɑ̃kal] *adj* cojo(-a); (*fig*) defectuoso(-a).

**bandage** [bɑ̃daʒ] *nm* vendaje *m*.

**bande** [bɑ̃d] *nf* banda; (*de tissu*) faja; (*pour panser*) venda; (*INFORM*) cinta; (*motif, dessin*) banda, franja; **une ~ de ...** (*copains, voyous*) una pandilla de ...; **donner de la ~** (*NAUT*) dar a la banda, escorar; **par la ~** (*fig*) indirectamente; **faire ~ à part** hacer rancho aparte; **bande de roulement** banda de rodadura; **bande de terre** faja de tierra; **bande dessinée** (*dans un journal*) tira cómica, historieta; (*livre*) cómic *m*; **bande magnétique** cinta magnética; **bande perforée** banda perforada; **bande sonore** banda sonora; **bande Velpeau** ® venda; **bande vidéo** cinta de vídeo.

---

**bande dessinée**

*La **bande dessinée** o BD goza de gran popularidad en Francia tanto entre los niños como entre los adultos. Todos los años en enero se celebra en Angulema el Salón Internacional del Cómic. Astérix, Tintín, Lucky Luke y Gaston Lagaffe son algunos de los personajes de tebeo más famosos que acuden al certamen.*

---

**bandeau** [bɑ̃do] *nm* venda; (*autour du front*) cinta, venda, vincha (*AND, CSUR*).

**bander** [bɑ̃de] *vt* (*blessure*) vendar; (*muscle, arc*) tensar ♦ *vi* (*fam!*) empalmarse (*fam!*); **~ les yeux à qn** vendar los ojos a algn.

**bandit** [bɑ̃di] *nm* bandido; (*fig*) estafador *m*.

**bandoulière** [bɑ̃duljɛʀ] *nf*: **en ~** en bandolera.

**banlieue** [bɑ̃ljø] *nf* suburbio; **quartier de ~** barrio suburbano; **lignes/trains de ~** líneas *fpl*/trenes *mpl* de cercanías.

**banlieusard, e** [bɑ̃ljøzaʀ, aʀd] *nm/f* habitante *m/f* de los suburbios.

**bannir** [baniʀ] *vt* desterrar.

**banque** [bɑ̃k] *nf* banco; (*activités*) banca; **banque d'affaires** banco de negocios; **banque de dépôt** banco de depósito; **banque de données** (*INFORM*) banco de datos; **banque d'émission** banca central; **banque des yeux/du sang** banco de ojos/de sangre.

**banquet** [bɑ̃kɛ] *nm* banquete *m*.

**banquette** [bɑ̃kɛt] *nf* banqueta; (*d'auto*) asiento corrido.

**banquier** [bɑ̃kje] *nm* banquero.

**banquise** [bɑ̃kiz] *nf* banco de hielo, banquisa.

**baptême** [batɛm] *nm* (*sacrement*) bautismo; (*cérémonie*) bautizo; **baptême de l'air** bautismo del aire.

**baptiser** [batize] *vt* bautizar.

**bar** [baʀ] *nm* bar *m*, cantina (*esp AM*); (*comptoir*) barra, mostrador *m*; (*poisson*) lubina.

**baraque** [baʀak] *nf* barraca; (*cabane, hutte*) caseta; (*fam*) casucha; **baraque foraine** barraca de feria.

**baraqué, e** [baʀake] (*fam*) *adj* plantado(-a).

**barbare** [baʀbaʀ] *adj, nm/f* bárbaro(-a).

**barbe** [baʀb] *nf* barba; **au nez et à la ~ de qn** en las barbas de algn; **quelle ~!** (*fam*) ¡qué lata!; **barbe à papa** algodón *m* de azúcar.

**barbecue** [baʀbəkju] *nm* barbacoa, asado (*AM*).

**barbelé** [baʀbəle] *nm* alambrada.

**barbiturique** [baʀbityʀik] *nm* barbitúrico.

**barbouiller** [baʀbuje] *vt* (*couvrir, salir*) embadurnar; (*péj: mur, toile*) pintarrajear; (: *écrire, dessiner*) emborronar; **avoir l'estomac barbouillé** tener el estómago revuelto.

**barbu, e** [baʀby] *adj* barbudo(-a).

**barder** [baʀde] *vi* (*fam*): **ça va ~** se va a armar la gorda ♦ *vt* enalbardar.

**barème** [baʀɛm] *nm* (*des prix, des tarifs*) baremo, tabla; (*cotisations, notes*) baremo; **barème des salaires** tabla de salarios.

**baril** [baʀi(l)] *nm* barril *m*.

**bariolé, e** [baʀjɔle] *adj* abigarrado(-a).

**barman** [baʀman] *nm* barman *m inv*.

**baromètre** [baʀɔmɛtʀ] *nm* (*aussi fig*) barómetro; **baromètre anéroïde** barómetro aneroide.

**baron** [baʀɔ̃] *nm* barón *m*; (*fig*) magnate *m*.

**baroque** [baʀɔk] *adj* (*ART*) barroco(-a); (*fig*)

estrambótico(-a).

**barque** [baʀk] *nf* barca.

**barquette** [baʀkɛt] *nf* (*tartelette*) (tipo de) pasta de té; (*en aluminium*) envase *m*; (*en bois*) caja.

**barrage** [baʀaʒ] *nm* pantano, embalse *m*; (*sur route*) barrera; **barrage de police** cordón *m* policial, retén *m* (*AM*).

**barre** [baʀ] *nf* barra; (*NAUT*) timón *m*; (*écrite*) raya; **comparaître à la ~** comparecer ante el juez; **être à** *ou* **tenir la ~** llevar el timón; **barre à mine** barrena; **barre de mesure** (*MUS*) barra de compás; **barre d'outils** barra de herramientas; **barre fixe** (*GYMNASTIQUE*) barra fija; **barres parallèles** barras paralelas.

**barreau, x** [baʀo] *nm* barrote *m*; (*JUR*): **le ~** el foro, la abogacía.

**barrer** [baʀe] *vt* (*route*) obstruir; (*mot*) tachar; (*chèque*) cruzar; (*NAUT*) timonear; **se barrer** (*fam*) *vpr* largarse, pirarse; **~ le passage** *ou* **la route à qn** cortar el paso a algn.

**barrette** [baʀɛt] *nf* (*pour les cheveux*) prendedor *m*; (*REL*) birrete *m*; (*broche*) broche *m*.

**barricader** [baʀikade] *vt* (*rue*) levantar barricadas en; (*porte, fenêtre*) atrancar; **se ~ chez soi** (*fig*) encerrarse en su casa.

**barrière** [baʀjɛʀ] *nf* (*aussi fig*) barrera; **barrière de dégel** (*ADMIN, AUTO*) circulación de vehículos pesados prohibida a causa del deshielo; **barrières douanières** barreras *fpl* aduaneras.

**barrique** [baʀik] *nf* barrica, tonel *m*.

**bas, basse** [bɑ, bɑs] *adj* bajo(-a); (*vue*) corto(-a); (*action*) bajo(-a), vil ♦ *nm* (*chaussette*) calcetín *m*; (*de femme*) media; (*partie inférieure*): **le ~ de ...** la parte de abajo de ... ♦ *adv* bajo; **plus ~** más bajo, más abajo; **parler plus ~** hablar más bajo; **la tête ~se** cabizbajo; **avoir la vue ~se** ser corto(-a) de vista; **au ~ mot** por lo menos, por lo bajo; **enfant en ~ âge** niño de corta edad; **en ~** abajo; **en ~ de** debajo de, en la parte baja de; **de ~ en haut de** abajo arriba; **des hauts et des ~** altibajos *mpl*; **un ~ de laine** (*fam*) ahorrillos *mpl*; **mettre ~** parir; "**à ~ la dictature/ l'école!**" "¡abajo la dictadura/la escuela!"; **bas morceaux** despojos *mpl*.

**bas-côté** [bakote] (*pl* ~-~s) *nm* (*de route*) arcén *m*; (*d'église*) nave *f* lateral.

**basculer** [baskyle] *vi* (*tomber*) volcar; (*benne*) bascular ♦ *vt* (*gén: faire basculer*) volcar.

**base** [bɑz] *nf* base *f*; (*POL*): **la ~ la(s) base(s)**; **jeter les ~s de** sentar las bases de; **à la ~ de** (*fig*) en el origen de; **sur la ~ de** (*fig*) tomando como base; **principe/produit de ~** principio/producto de base; **à ~ de café** a base de café; **base de données** (*INFORM*) base de datos; **base de lancement** base de lanzamiento.

**baser** [bɑze] *vt*: **~ qch sur** basar algo en; **se ~ sur** basarse en; **basé à/dans** (*MIL*) con base en.

**bas-fond** [bafɔ̃] (*pl* ~-~s) *nm* (*NAUT*) bajío; **~-~s** *nmpl* (*fig*) bajos fondos *mpl*, hampa *fsg*.

**basilic** [bazilik] *nm* albahaca.

**basket** [baskɛt] *nm* = **basket-ball**.

**basket-ball** [baskɛtbol] (*pl* ~-~s) *nm* baloncesto.

**basque** [bask] *adj, nm/f* vasco(-a) ♦ *nm* (*LING*) vasco, vascuence *m*; **le Pays ~** el País vasco.

**basse** [bɑs] *adj f voir* **bas** ♦ *nf* bajo.

**basse-cour** [baskuʀ] (*pl* ~s-~s) *nf* (*cour*) corral *m*; (*animaux*) aves *fpl* de corral.

**bassin** [basɛ̃] *nm* (*cuvette*) palangana, cubeta; (*pièce d'eau*) estanque *m*; (*de fontaine*) pila; (*GÉO*) cuenca; (*ANAT*) pelvis *f*; (*portuaire*) dársena; **bassin houiller** cuenca hullera.

**bassine** [basin] *nf* balde *m*.

**basson** [basɔ̃] *nm* (*instrument*) fagot *m*; (*musicien*) fagotista *m/f*, fagot *m*.

**bat** [ba] *vb voir* **battre**.

**bataille** [bataj] *nf* (*aussi fig*) batalla; **en ~** (*en désordre*) desordenado(-a), desgreñado(-a); **bataille rangée** batalla campal.

**bateau, x** [bato] *nm* barco; (*grand*) navío, buque *m*; (*abaissement du trottoir*) vado ♦ *adj* (*banal, rebattu*) típico(-a); **bateau à moteur/de pêche** barco de motor/de pesca.

**bateau-mouche** [batomuʃ] (*pl* ~x-~s) *nm* golondrina.

**bâti, e** [bɑti] *adj* (*terrain*) edificado(-a) ♦ *nm* (*armature*) armazón *m*; (*COUTURE*) hilván *m*; **bien ~** (*personne*) bien hecho(-a), fornido(-a).

**bâtiment** [bɑtimɑ̃] *nm* edificio; (*NAUT*) navío; **le ~** (*industrie*) la construcción.

**bâtir** [bɑtiʀ] *vt* edificar, construir; (*fig*) edificar; (*COUTURE*) hilvanar; **fil à ~** (*COUTURE*) hilo de hilvanar.

**bâtisse** [bɑtis] *nf* construcción *f*.

**bâton** [bɑtɔ̃] *nm* palo, vara; (*d'agent de police*) porra; **mettre des ~s dans les roues à qn** poner trabas a algn; **à ~s rompus** sin orden ni concierto; **bâton de rouge (à lèvres)** barra (de labios); **bâton de ski** bastón *m* de esquiar.

**bats** [ba] *vb voir* **battre**.

**battement** [batmɑ̃] *nm* (*de cœur*) latido, palpitación *f*; (*intervalle*) intervalo; **10 minutes de ~** 10 minutos de intervalo; **battement de paupières** parpadeo.

**batterie** [batʀi] *nf* (*aussi MUS*) batería; **~ de tests** batería de tests; **batterie de cuisine** batería de cocina.

**batteur** [batœʀ] *nm* (*MUS*) batería *m/f*; (*appareil*) batidora.

**battre** [batʀ] *vt* golpear; (*suj: pluie, vagues*) golpear, azotar; (*vaincre*) vencer, derrotar; (*œufs etc*) batir; (*blé*) trillar; (*tapis*) sacudir; (*cartes*) barajar; (*passer au peigne fin*) rastrear ♦ *vi* (*cœur*) latir; (*volets etc*) golpear; **se battre** *vpr* pelearse, luchar; (*fig*) esforzarse; **~ de: ~ des mains** aplaudir; **~ de l'aile** (*fig*) estar alicaído(-a); **~ des ailes** aletear; **~ froid à qn** tratar a algn con frialdad; **~ la mesure** llevar el compás; **~ en brèche** (*aussi fig*) batir en brecha; **~ son plein** estar en su apogeo; **~ pavillon espagnol** enarbolar bandera española; **~ la semelle** zapatear (para calentarse); **~ en retraite** batirse en retirada.

**baume** [bom] *nm* bálsamo; (*fig*) bálsamo, consuelo.

**bavard, e** [bavaʀ, aʀd] *adj* parlanchín (-ina).

**bavarder** [bavaʀde] *vi* charlar, platicar (*MEX*); (*indiscrètement*) charlatanear, irse de la lengua.

**baver** [bave] *vi* babear; (*encre, couleur*) correrse; **en ~** (*fam*) pasar las de Caín, pasarlas negras.

**bavoir** [bavwaʀ] *nm* babero.

**bavure** [bavyʀ] *nf* rebaba, mancha; (*fig*) error *m*.

**bazar** [bazaʀ] *nm* bazar *m*; (*fam*) leonera.

**bazarder** [bazaʀde] (*fam*) *vt* liquidar.

**BCBG** [besebeʒe] *sigle adj* = **bon chic bon genre**; **une fille ~** ≈ una chica bien vestida.

**BD** *sigle f* (= *bande dessinée*) *voir* **bande**; (= *base de données*) base *f* de datos.

**bd** *abr* (= *boulevard*) Blvr. (= *bulevar*).

**béant, e** [beɑ̃, ɑ̃t] *adj* abierto(-a).

**beau (bel), belle, beaux** [bo, bɛl] *adj* (*gén*) bonito(-a); (*plus formel*) hermoso(-a), bello(-a), lindo(-a) (*fam: esp AM*); (*personne*) guapo(-a) ♦ *nm*: **avoir le sens du beau** tener sentido estético ♦ *adv*: **il fait beau** hace buen tiempo; **le temps est au beau** el tiempo se anuncia bueno; **un beau geste** un gesto noble; **un beau salaire** un buen salario; **un beau gâchis/rhume** (*iro*) un buen despilfarro/resfriado; **en faire/dire de belles** hacerlas/decirlas buenas; **le beau monde** la buena sociedad; **un beau jour ...** un buen día ...; **de plus belle** más y mejor; **bel et bien** de verdad; **le plus beau c'est que ...** lo mejor es que ...; **"c'est du beau!"** "¡qué bonito!"; **on a beau essayer ...** por más que se intente ...; **il a beau jeu de protester** *etc* le es fácil protestar *etc*; **faire le beau** (*chien*) ponerse en dos patas; **beau parleur** hombre *m* de labia.

**beaucoup** [boku] *adv* mucho; **il boit ~** bebe mucho; **il ne rit pas ~** no ríe mucho; **il est ~ plus grand** es mucho más grande; **il en a ~** tiene mucho(s)(-a(s)); **~ trop de** demasiado(s)(-a(s)); **(pas) ~ de** (no) mucho(s)(-a(s)); **~ d'étudiants/de touristes** muchos estudiantes/turistas; **~ de courage** mucho valor; **il n'a pas ~ d'argent** no tiene mucho dinero; **de ~** *adv* con mucho; **~ le savent** (*emploi nominal*) muchos lo saben.

**beau-fils** [bofis] (*pl* **~x-~**) *nm* yerno; (*remariage*) hijastro.

**beau-frère** [bofʀɛʀ] (*pl* **~x-~s**) *nm* cuñado.

**beau-père** [bopɛʀ] (*pl* **~x-~s**) *nm* suegro; (*remariage*) padrastro.

**beauté** [bote] *nf* belleza; **de toute ~** de gran belleza; **en ~: finir en ~** terminar brillantemente.

**beaux-arts** [bozaʀ] *nmpl* bellas artes *fpl*.

**beaux-parents** [bopaʀɑ̃] *nmpl* suegros *mpl*.

**bébé** [bebe] *nm* bebé *m*.

**bec** [bɛk] *nm* pico; (*de plume*) punta; (*d'une clarinette etc*) boquilla; **clouer le ~ à qn** (*fam*) cerrar el pico a algn; (*fam*) abrir el pico; **bec de gaz** farola; **bec verseur** pico.

**bêche** [bɛʃ] *nf* pala.

**bêcher** [beʃe] vt (terre) cavar; (snober) despreciar.

**bedaine** [bədɛn] nf barriga.

**bedonnant, e** [bədɔnɑ̃, ɑ̃t] adj barrigudo(-a).

**bée** [be] adj: **bouche ~** boquiabierto(-a).

**bégayer** [begeje] vi, vt tartamudear.

**beige** [bɛʒ] adj beige.

**beignet** [bɛɲe] nm buñuelo.

**bel** [bɛl] adj m voir **beau.**

**bêler** [bele] vi balar; (fig) gemir.

**belette** [bəlɛt] nf comadreja.

**belge** [bɛlʒ] adj belga ♦ nm/f: **B~** belga m/f.

---

---

**Belgique** [bɛlʒik] nf Bélgica.

**bélier** [belje] nm (ZOOL) carnero; (engin) ariete m; (ASTROL): **le B~** Aries m; **être (du) B~** ser Aries.

**belle** [bɛl] adj f voir **beau** ♦ nf (SPORT): **la ~** el desempate.

**belle-fille** [bɛlfij] (pl **~s-~s**) nf nuera; (remariage) hijastra.

**belle-mère** [bɛlmɛʀ] (pl **~s-~s**) nf suegra; (remariage) madrastra.

**belle-sœur** [bɛlsœʀ] (pl **~s-~s**) nf cuñada.

**belote** [bəlɔt] nf ≈ tute m.

**belvédère** [bɛlvedɛʀ] nm mirador m.

**bémol** [bemɔl] nm bemol m.

**bénédiction** [benediksjɔ̃] nf bendición f.

**bénéfice** [benefis] nm (COMM) beneficio; (avantage) beneficio, provecho; **au ~ de** a favor de.

**bénéficier** [benefisje] vi: **~ de** (jouir de, avoir, obtenir) disfrutar de; (tirer profit de) beneficiarse de, aprovecharse de.

**bénéfique** [benefik] adj benéfico(-a).

**Bénélux** [benelyks] nm Benelux m.

**bénévole** [benevɔl] adj (personne) benévolo(-a); (aide etc) voluntario(-a).

**Bénin** [benɛ̃] nm Benin m.

**bénin, -igne** [benɛ̃, iɲ] adj benigno(-a).

**bénir** [beniʀ] vt bendecir.

**bénit, e** [beni, it] adj bendito(-a); **eau ~e** agua bendita.

**benne** [bɛn] nf (de camion) volquete m; (de

téléphérique) cabina; **benne basculante** volquete.

**BEP** [beøpe] sigle m = brevet d'études professionnelles.

**béquille** [bekij] nf muleta; (de bicyclette) soporte m.

**berceau, x** [bɛʀso] nm (aussi fig) cuna.

**bercer** [bɛʀse] vt acunar, mecer; (suj: musique) mecer; **~ qn de** ilusionar a algn con.

**berceuse** [bɛʀsøz] nf (chanson) canción f de cuna, nana.

**béret (basque)** [beʀɛ (bask(ə))] nm boina.

**berge** [bɛʀʒ] nf (d'un cours d'eau) ribera; (d'un chemin, fossé) orilla; (fam: an) taco (fam).

**berger, -ère** [bɛʀʒe, ʒɛʀ] nm/f pastor(a); **berger allemand** pastor m alemán.

**berner** [bɛʀne] vt estafar.

**besogne** [bəzɔɲ] nf tarea, faena.

**besoin** [bəzwɛ̃] nm necesidad f; (pauvreté): **le ~** la necesidad, la estrechez ♦ adv: **au ~** si es menester; **il n'y a pas ~ de (faire)** no hay necesidad de (hacer); **le ~ d'argent/de gloire** la necesidad de dinero/de gloria; **les ~s (naturels)** las necesidades; **faire ses ~s** hacer sus necesidades; **avoir ~ de qch/de faire qch** tener necesidad de algo/de hacer algo; **pour les ~s de la cause** por exigencias del objetivo.

**bestiole** [bestjɔl] nf bicho.

**bétail** [betaj] nm ganado.

**bête** [bɛt] nf (gén) animal m; (insecte, bestiole) bicho ♦ adj (stupide) tonto(-a), bobo(-a); **chercher la petite ~** ser un chinche; **les ~s** (bétail) el ganado; **bête de somme** bestia de carga; **bête noire** pesadilla, bestia negra; **bêtes sauvages** fieras fpl, animales mpl salvajes.

**bêtement** [bɛtmɑ̃] adv tontamente; **tout ~** simplemente, sin rodeos.

**bêtise** [betiz] nf (défaut d'intelligence) estupidez f, tontería; (action, remarque) tontería; (bonbon) caramelo de menta; **faire/dire une ~** hacer/decir una tontería.

**béton** [betɔ̃] nm hormigón m; **en ~** (alibi, argument) sólido(-a); **béton armé/précontraint** hormigón armado/pretensado.

**betterave** [betʀav] nf remolacha, betarraga (CHI); **betterave fourragère/sucrière** remolacha forrajera/azucarera.

**Beur** [bœʀ] *nm/f* joven árabe nacido en Francia de padres emigrantes.

---

**Beur**

*En Francia, **Beur** es el término que se utiliza para referirse a una persona nacida en este país pero de padres emigrantes norteafricanos. No es un término racista: los medios de comunicación, los grupos antirracistas y la segunda generación misma de norteafricanos lo usan con frecuencia. La palabra proviene de un tipo de argot llamado "verlan".*

---

**beurre** [bœʀ] *nm* mantequilla, manteca (*AM*); **mettre du ~ dans les épinards** (*fig*) hacer el agosto; **beurre de cacao** manteca de cacao; **beurre noir** mantequilla requemada.

**beurrer** [bœʀe] *vt* untar con mantequilla.

**beurrier** [bœʀje] *nm* mantequera.

**bi-** [bi] *préf* bi-.

**biais** [bjɛ] *nm* (*d'un tissu*) sesgo; (*bande de tissu*) bies *m*; (*moyen*) rodeo, vuelta; **en ~, de ~** (*obliquement*) al sesgo; (*fig*) con rodeos.

**bibelot** [biblo] *nm* chuchería.

**biberon** [bibʀɔ̃] *nm* biberón *m*; **nourrir au ~** alimentar con biberón.

**bible** [bibl] *nf* biblia.

**bibliobus** [biblijɔbys] *nm* biblioteca ambulante, bibliobús *m*.

**bibliographie** [biblijɔgʀafi] *nf* bibliografía.

**bibliothécaire** [biblijɔtekɛʀ] *nm/f* bibliotecario(-a).

**bibliothèque** [biblijɔtɛk] *nf* biblioteca; **bibliothèque municipale** biblioteca municipal.

**bicarbonate** [bikaʀbɔnat] *nm*: **~ (de soude)** bicarbonato (sódico).

**biceps** [bisɛps] *nm* bíceps *m inv*.

**biche** [biʃ] *nf* cierva.

**bicolore** [bikɔlɔʀ] *adj* bicolor.

**bicoque** [bikɔk] (*péj*) *nf* casucha.

**bicyclette** [bisiklɛt] *nf* bicicleta.

**bidet** [bidɛ] *nm* bidé *m*.

**bidon** [bidɔ̃] *nm* (*récipient*) bidón *m* ♦ *adj inv* (*fam*) amañado(-a).

**bidonville** [bidɔ̃vil] *nm* chabolas *fpl*.

**bidule** [bidyl] *nm* trasto, chisme *m*.

---

MOT-CLÉ

**bien** [bjɛ̃] *nm* **1** (*avantage, profit, moral*) bien *m*; **faire du bien à qn** hacer bien a algn; **faire le bien** hacer el bien; **dire du bien de qn/qch** hablar bien de algn/algo; **c'est pour son bien** es por su bien; **changer en bien** cambiar para bien; **mener à bien** llevar a buen término; **je te veux du bien** te quiero bien; **le bien public** el bien público

**2** (*possession, patrimoine*) bien; **son bien le plus précieux** su bien más preciado; **avoir du bien** tener fortuna; **biens de consommation** bienes *mpl* de consumo

♦ *adv* **1** (*de façon satisfaisante*) bien; **elle travaille/mange bien** trabaja/come bien; **vite fait, bien fait** pronto y bien; **croyant bien faire, je ...** creyendo hacer bien, yo ...

**2** (*valeur intensive*) muy, mucho; **bien jeune** muy joven; **j'en ai bien assez** tengo más que suficiente; **bien mieux** mucho mejor; **bien souvent** muy a menudo; **c'est bien fait!** (*tu le mérites*) ¡te está bien empleado!; **j'espère bien y aller** sí espero poder ir; **je veux bien le faire** (*concession*) me parece bien hacerlo; **il faut bien le faire** hay que hacerlo; **il faut bien l'admettre** hay que admitirlo; **il y a bien 2 ans** hace 2 años largos; **Paul est bien venu, n'est-ce pas?** Paul sí ha venido, ¿verdad?; **tus as eu bien raison de dire cela** hiciste muy bien en decir eso; **j'ai bien téléphoné** sí llamé por teléfono; **se donner bien du mal** molestarse mucho; **où peut-il bien être passé?** ¿dónde se habrá metido?; **on verra bien** ya veremos

**3** (*beaucoup*): **bien du temps/des gens** mucho tiempo/mucha gente

♦ *excl*: **eh bien?** bueno, ¿qué?

♦ *adj inv* **1** (*en bonne forme, à l'aise*): **être/se sentir bien** estar/sentirse bien; **je ne me sens pas bien** no me siento bien; **on est bien dans ce fauteuil** se está bien en este sillón

**2** (*joli, beau*) bien; **tu es bien dans cette robe** estás bien con este vestido; **elle est bien, cette femme** está bien esa mujer

**3** (*satisfaisant, adéquat*) bien; **elle est bien, cette maison** está bien esta casa; **elle est bien, cette secrétaire** es buena esta secretaria; **c'est bien?** ¿está bien?;

**mais non, c'est très bien** que no, está muy bien; **c'est très bien (comme ça)** está muy bien (así)

**4** (*juste, moral, respectable*) bien *inv*; **ce n'est pas bien de ...** no está bien ...; **des gens biens** gente bien

**5** (*en bons termes*): **être bien avec qn** estar a bien con algn; **si bien que** (*résultat*) de tal manera que; **tant bien que mal** así, así

**6 bien que** *conj* aunque

**7 bien sûr** *adv* desde luego.

---

**bien-aimé, e** [bjɛ̃neme] *adj, nm/f* bienamado(-a).

**bien-être** [bjɛ̃nɛtʀ] *nm* bienestar *m*.

**bienfaisance** [bjɛ̃fəzɑ̃s] *nf* beneficencia.

**bienfait** [bjɛ̃fɛ] *nm* favor *m*; (*de la science*) beneficio.

**bienfaiteur, -trice** [bjɛ̃fɛtœʀ, tʀis] *nm/f* bienhechor(a).

**bien-fondé** [bjɛ̃fɔ̃de] *nm* legitimidad *f*.

**bientôt** [bjɛ̃to] *adv* pronto, luego; **à ~** hasta luego.

**bienveillant, e** [bjɛ̃vɛjɑ̃, ɑ̃t] *adj* benévolo(-a).

**bienvenu, e** [bɛ̃vny] *adj* bienvenido(-a) ♦ *nm/f*: **être le ~/la ~e** ser bienvenido/ bienvenida.

**bienvenue** [bjɛ̃vny] *nf*: **souhaiter la ~ à** desear la bienvenida a; **~ à** bienvenida a.

**bière** [bjɛʀ] *nf* cerveza; (*cercueil*) ataúd *m*; **bière blonde/brune** cerveza dorada/ negra; **bière (à la) pression** cerveza de barril.

**bifteck** [biftɛk] *nm* bistec *m*, bisté *m*, bife *m* (*ARG*).

**bigorneau, x** [bigɔʀno] *nm* bígaro.

**bigoudi** [bigudi] *nm* bigudí *m*.

**bijou, x** [biʒu] *nm* (*aussi fig*) joya, alhaja.

**bijouterie** [biʒutʀi] *nf* (*bijoux*) joyas *fpl*; (*magasin*) joyería.

**bijoutier, -ière** [biʒutje, jɛʀ] *nm/f* joyero(-a).

**bikini** [bikini] *nm* biquini *m*.

**bilan** [bilɑ̃] *nm* balance *m*; **faire le ~ de** hacer el balance de; **déposer son ~** declararse en quiebra; **bilan de santé** chequeo.

**bile** [bil] *nf* bilis *f*; **se faire de la ~** (*fam*) hacerse mala sangre.

**bilieux, -euse** [biljø, jøz] *adj* bilioso(-a); (*fig*) bilioso(-a), colérico(-a).

**bilingue** [bilɛ̃g] *adj* bilingüe.

**billard** [bijaʀ] *nm* billar *m*; **c'est du ~** (*fam*) está tirado, es pan comido; **passer sur le ~** pasar por el quirófano; **billard électrique** billar automático.

**bille** [bij] *nf* bola; (*du jeu de billes*) canica; **jouer aux ~s** jugar a las canicas.

**billet** [bijɛ] *nm* billete *m*; (*de cinéma*) entrada; (*courte lettre*) billete, esquela; **billet à ordre** pagaré *m*; **billet aller retour** billete de ida y vuelta; **billet d'avion** billete de avión; **billet de commerce** letra de cambio; **billet de faveur** pase *m* de favor; **billet de loterie** billete de lotería; **billet de train** billete de tren; **billet doux** carta de amor.

**billetterie** [bijɛtʀi] *nf* emisión *f* y venta de billetes; (*distributeur*) taquilla; (*BANQUE*) cajero (automático).

**billion** [biljɔ̃] *nm* billón *m*.

**bimensuel, le** [bimɑ̃sɥɛl] *adj* bimensual, quincenal.

**bio...** [bjɔ] *préf* bio...

**biochimie** [bjɔʃimi] *nf* bioquímica.

**biodiversité** *nf* biodiversidad *f*.

**biographie** [bjɔgʀafi] *nf* biografía.

**biologie** [bjɔlɔʒi] *nf* biología.

**biologique** [bjɔlɔʒik] *adj* biológico(-a).

**biologiste** [bjɔlɔʒist] *nm/f* biólogo(-a).

**Birmanie** [biʀmani] *nf* Birmania.

**bis¹, e** [bi, biz] *adj* pardo(-a).

**bis²** [bis] *adv*: **12 ~** 12 bis ♦ *excl* ¡otra! ♦ *nm* bis *m*.

**biscotte** [biskɔt] *nf* biscote *m*.

**biscuit** [biskɥi] *nm* (*gâteau sec*) galleta; (*gâteau, porcelaine*) bizcocho; **biscuit à la cuiller** bizcocho.

**bise** [biz] *adj f voir* **bis** ♦ *nf* (*baiser*) beso; (*vent*) cierzo.

**bisou** [bizu] (*fam*) *nm* besito.

**bissextile** [bisɛkstil] *adj*: **année ~** año bisiesto.

**bistro(t)** [bistʀo] *nm* bar *m*, café *m*, cantina (*esp AM*).

**bitume** [bitym] *nm* asfalto.

**bizarre** [bizaʀ] *adj* raro(-a).

**blague** [blag] *nf* (*propos*) chiste *m*; (*farce*) broma; **"sans ~!"** (*fam*) "¡no me digas!"; **blague à tabac** petaca.

**blaguer** [blage] *vi* bromear ♦ *vt* embromar.

**blaireau, x** [blɛʀo] *nm* (*ZOOL*) tejón *m*; (*brosse*) brocha de afeitar.

**blâme** [blam] *nm* (*jugement*) reprobación *f*;

(*sanction*) sanción *f*.
**blâmer** [blame] *vt* (*réprouver*) reprobar; (*réprimander*) sancionar.
**blanc, blanche** [blɑ̃, blɑ̃ʃ] *adj* blanco(-a); (*innocent*) puro(-a) ♦ *nm/f* blanco(-a) ♦ *nm* blanco; (*linge*): **le ~** la ropa blanca; (*aussi*: **~ d'œuf**) clara; (*aussi*: **~ de poulet**) pechuga ♦ *adv* **à ~** (*chauffer*) al rojo vivo; (*tirer, charger*) con munición de fogueo; **d'une voix blanche** con una voz opaca; **aux cheveux ~s** de pelo blanco; **le ~ de l'œil** el blanco del ojo; **laisser en ~** dejar en blanco; **chèque en ~** cheque *m* en blanco; **saigner à ~** desangrar; **~ cassé** color *m* hueso.
**blanche** [blɑ̃ʃ] *adj f voir* **blanc** ♦ *nf* (*MUS*) blanca.
**blancheur** [blɑ̃ʃœr] *nf* blancura.
**blanchir** [blɑ̃ʃir] *vt* (*gén, argent*) blanquear; (*linge*) lavar; (*CULIN*) escaldar; (*disculper*) rehabilitar ♦ *vi* blanquear; (*cheveux*) blanquear, encanecer; **blanchi à la chaux** encalado.
**blanchisserie** [blɑ̃ʃisri] *nf* lavandería.
**blason** [blazɔ̃] *nm* blasón *m*.
**blasphème** [blasfɛm] *nm* blasfemia.
**blazer** [blazɛr] *nm* blázer *m*.
**blé** [ble] *nm* trigo; **blé en herbe** trigo en ciernes; **blé noir** trigo sarraceno.
**bled** [blɛd] *nm* (*péj*) poblacho; (*en Afrique du nord*): **le ~** el interior.
**blême** [blɛm] *adj* pálido(-a).
**blessant, e** [blesɑ̃, ɑ̃t] *adj* hiriente.
**blessé, e** [blese] *adj* herido(-a); (*offensé*) ofendido(-a) ♦ *nm/f* herido(-a); **un ~ grave, un grand ~** un herido grave.
**blesser** [blese] *vt* herir; (*suj: souliers*) hacer daño a; (*offenser*) ofender; **se blesser** *vpr* herirse; **se ~ au pied** *etc* lastimarse el pie *etc*.
**blessure** [blesyr] *nf* herida; (*fig*) herida, ofensa.
**bleu, e** [blø] *adj* azul; (*bifteck*) poco hecho ♦ *nm* azul *m*; (*novice*) bisoño; (*contusion*) cardenal *m*; (*vêtement: aussi*: **~s**) mono, overol *m* (*AM*); (*CULIN*): **au ~** forma de cocer el pescado; **une peur ~e** un miedo cerval; **zone ~e** zona azul; **fromage ~** queso estilo Roquefort; **bleu (de lessive)** azulete *m*; **bleu de méthylène** azul de metileno; **bleu marine** azul marino; **bleu nuit** azul oscuro; **bleu roi** azulón.
**bleuet** [bløɛ] *nm* aciano.

**bloc** [blɔk] *nm* bloque *m*; (*de papier à lettres*) bloc *m*; (*ensemble*) montón *m*; **serré à ~** apretado a fondo; **en ~** en bloque; **faire ~** aliarse; **bloc opératoire** quirófano.
**blocage** [blɔkaʒ] *nm* (*aussi PSYCH*) bloqueo.
**bloc-notes** [blɔknɔt] (*pl* **~s-~**) *nm* bloc *m* de notas.
**blond, e** [blɔ̃, blɔ̃d] *adj* rubio(-a); (*sable, blés*) dorado(-a) ♦ *nm/f* rubio(-a); **~ cendré** rubio ceniciento.
**bloquer** [blɔke] *vt* bloquear; (*jours de congé*) agrupar; **~ les freins** frenar bruscamente.
**blottir** [blɔtir] *vt* resguardar; **se blottir** *vpr* acurrucarse.
**blouse** [bluz] *nf* bata.
**blouson** [bluzɔ̃] *nm* cazadora; **blouson noir** (*fig*) gamberro.
**bluff** [blœf] *nm* exageración *f*, farol *m*.
**bluffer** [blœfe] *vi* exagerar, farolear ♦ *vt* engañar.
**bobine** [bɔbin] *nf* (*de fil*) carrete *m*; (*de film*) carrete, rollo; (*de machine à coudre*) canilla; (*ÉLEC*) bobina; **bobine (d'allumage)** bobina (de encendido); **bobine de pellicule** carrete de película.
**bocal, -aux** [bɔkal, o] *nm* tarro (de vidrio).
**bock** [bɔk] *nm* jarra (de cerveza).
**body** [bɔdi] *nm* body *m*; (*SPORT*) malla.
**bœuf** [bœf] *nm* buey *m*; (*CULIN*) carne *f* de vaca.
**bof!** [bɔf] (*fam*) *excl* ¡bah!
**bohémien, ne** [bɔemjɛ̃, jɛn] *nm/f* bohemio(-a).
**boire** [bwar] *vt* beber, tomar (*AM*); (*s'imprégner de*) chupar ♦ *vi* beber; **~ un coup** echar un trago.
**bois¹** [bwa] *vb voir* **boire**.
**bois²** [bwa] *nm* (*substance*) madera; (*forêt*) bosque *m*; **les ~** (*MUS*) la madera; (*ZOOL*) la cornamenta; **de ~, en ~** de madera; **bois de lit** armazón *m* de la cama; **bois mort/vert** leña seca/verde.
**boisé, e** [bwaze] *adj* arbolado(-a).
**boisson** [bwasɔ̃] *nf* bebida; **pris de ~** (*ivre*) bebido; **boissons alcoolisées/gazeuses** bebidas *fpl* alcohólicas/gaseosas.
**boîte** [bwat] *nf* caja; (*de fer*) lata; **il a quitté sa ~** (*fam: entreprise*) ha dejado el curro (*fam*); **aliments en ~** alimentos *mpl* en lata; **mettre qn en ~** (*fam*) tomar el pelo a algn; **boîte à gants** guantera; **boîte à**

musique caja de música; **boîte à ordu-res** cubo de basura; **boîte aux lettres** buzón *m;* **boîte crânienne** caja cranea-na; **boîte d'allumettes** caja de cerillas; **boîte de conserves** lata de conservas; **boîte de dialogue** ventana de diálogo; **boîte (de nuit)** discoteca; **boîte de pe-tits pois/de sardines** lata de guisantes/ de sardinas; **boîte de vitesses** caja de cambios; **boîte noire** caja negra; **boîte postale** apartado de correos; **boîte vo-cale** *(dispositif)* buzón *m* de voz.

**boiter** [bwate] *vi* cojear, renguear (*AM*).

**boiteux, -euse** [bwatø, øz] *adj* cojo(-a), rengo(-a) (*AM*).

**boitier** [bwatje] *nm (d'appareil-photo)* cuer-po; **boîtier de montre** caja de reloj.

**boive** *etc* [bwav] *vb voir* **boire**.

**bol** [bɔl] *nm* tazón *m;* (*contenu*): **un ~ de café** un tazón de café; **un ~ d'air** una bo-canada de aire; **en avoir ras le ~** (*fam*) es-tar hasta la coronilla.

**bombarder** [bɔ̃baʀde] *vt* (*MIL*) bombardear; **~ qn de** bombardear a algn con, acosar a algn con; **~ qn directeur** *etc* nombrar a algn director *etc* de sopetón.

**bombe** [bɔ̃b] *nf* bomba; (*atomiseur*) atomi-zador *m;* (*ÉQUITATION*) visera; **faire la ~** (*fam*) ir de juerga; **bombe à retarde-ment** bomba de efecto retardado; **bom-be atomique** bomba atómica.

---
MOT-CLÉ
---

**bon, bonne** [bɔ̃, bɔn] *adj* **1** (*agréable, sa-tisfaisant*) bueno(-a); (*avant un nom mas-culin*) buen; **un bon repas/restaurant** una buena comida/un buen restaurante; **vous êtes trop bon** es usted demasiado bueno; **avoir bon goût** tener buen gusto; **elle est bonne en maths** se le dan bien las matemáticas

**2** (*bienveillant, charitable*): **être bon (en-vers)** ser bueno (con)

**3** (*correct*) correcto(-a); **le bon numéro** el número correcto; **le bon moment** el mo-mento oportuno

**4** (*souhaits*): **bon anniversaire!** ¡feliz cum-pleaños!; **bon voyage!** ¡buen viaje!; **bon-ne chance!** ¡(buena) suerte!; **bonne an-née!** ¡feliz año nuevo!; **bonne nuit!** ¡bue-nas noches!

**5** (*approprié, apte*): **bon à/pour** bueno(-a) para; **ces chaussures sont bonnes à je-** ter estos zapatos están para tirarlos; **c'est bon à savoir** está bien saberlo; **bon à ti-rer** listo para imprimir

**6**: **bon enfant** bonachón(-ona); **de bon-ne heure** temprano; **bon marché** barato(-a)

**7** (*valeur intensive*) largo(-a); **ça m'a pris deux bonnes heures** me llevó dos horas largas

♦ *nm* **1** (*billet*) bono, vale *m;* (*aussi:* **bon cadeau**) vale regalo; **c'est un bon vivant** le gusta la buena vida; **bon à rien** inútil *m/f;* **bon d'essence** vale de gasolina; **bon de caisse/de Trésor** bono de caja/ del tesoro; **bon mot** ocurrencia; **bon sens** sentido común

**2**: **avoir du bon** tener ventajas; **pour de bon** de verdad, en serio; **il y a du bon dans ce qu'il dit** lo que dice tiene sentido

♦ *adv:* **il fait bon** hace bueno; **sentir bon** oler bien; **tenir bon** resistir; **à quoi bon?** ¿para qué?; **juger bon de faire ...** juzgar oportuno hacer ...; **pour faire bon poids** para compensar; **le bus/ton frère a bon dos** (*fig*) siempre es el autobús/tu herma-no

♦ *excl:* **bon!** ¡bueno!; **ah bon?** ¿ah, sí?; **bon, je reste** bueno, me quedo; *voir aussi* **bonne**.

**bonbon** [bɔ̃bɔ̃] *nm* caramelo.

**bond** [bɔ̃] *nm* (*saut*) salto; (*d'une balle*) bote *m;* (*fig*) salto, avance *m;* **faire un ~** dar un salto; **d'un seul ~** de un salto; **~ en avant** (*fig*) salto hacia delante.

**bondé, e** [bɔ̃de] *adj* abarrotado(-a).

**bondir** [bɔ̃diʀ] *vi* saltar, brincar; **~ de joie** (*fig*) saltar de alegría; **~ de colère** (*fig*) montar en cólera.

**bonheur** [bɔnœʀ] *nm* felicidad *f;* **avoir le ~ de** tener el placer de; **porter ~ (à qn)** dar buena suerte (a algn); **au petit ~** a la bue-na de Dios; **par ~** por fortuna.

**bonhomme** [bɔnɔm] (*pl* **bonshommes**) *nm* hombre *m* ♦ *adj* bonachón(-ona); **un vieux ~** un viejo; **aller son ~ de chemin** ir a paso a paso; **bonhomme de neige** muñeco de nieve.

**bonjour** [bɔ̃ʒuʀ] *excl, nm* buenos días *mpl;* **donner** *ou* **souhaiter le ~ à qn** dar los buenos días a algn; **~ Monsieur** buenos días, señor; **dire ~ à qn** saludar a algn.

**bonne** [bɔn] *adj f voir* **bon** ♦ *nf* criada, mucama (CSUR), recamarera (MEX).

**bonnet** [bɔnɛ] nm gorro; (de soutien-gorge) copa; **bonnet d'âne** ≈ orejas fpl de burro; **bonnet de bain** gorro de baño.

**bonshommes** [bɔ̃zɔm] nmpl de **bonhomme**.

**bonsoir** [bɔ̃swaʀ] excl, nm buenas tardes; (plus tard) buenas noches; voir aussi **bonjour**.

**bonté** [bɔ̃te] nf bondad f; (gén pl: attention, gentillesse) bondad, amabilidad f; **avoir la ~ de ...** tener la bondad de ...

**bonus** [bɔnys] nm inv (ASSURANCE) descuento en la prima por poca siniestralidad.

**bord** [bɔʀ] nm (de table, verre, falaise) borde m; (de lac, route) orilla, borde; (de vêtement) ribete m; (de chapeau) ala; (NAUT): **à ~** a bordo; **monter à ~** subir a bordo; **jeter par-dessus ~** arrojar por la borda; **le commandant/les hommes du ~** el comandante/los hombres de a bordo; **du même ~** (fig) de la misma opinión; **au ~ de la mer/de la route** a orillas del mar/de la carretera; **être au ~ des larmes** (fig) estar a punto de llorar; **sur les ~s** (fam, fig) un poco, ligeramente; **de tous ~s** de todas clases; **le ~ du trottoir** el bordillo.

**bordeaux** [bɔʀdo] nm inv (vin) burdeos m inv ♦ adj inv (couleur) burdeos inv, rojo violáceo inv.

**bordel** [bɔʀdɛl] (fam) nm burdel m; (fig) follón m ♦ excl ¡joder! (fam!); **mettre le ~** (dans une chambre) crear un desbarajuste; (dans un lieu public) montar un follón.

**bordelais, e** [bɔʀdəlɛ, ɛz] adj bordelés (-esa) ♦ nm/f: **B~, e** bordelés(-esa).

**border** [bɔʀde] vt (être le long de) orillar, bordear; (personne, lit) arropar; **~ qch de** (garnir) ribetear algo de.

**bordure** [bɔʀdyʀ] nf borde m; (sur un vêtement) ribete m; **en ~ de** a orillas de; **~ de trottoir** bordillo.

**borne** [bɔʀn] nf (pour délimiter) mojón m; (gén: borne kilométrique) mojón; **~s** nfpl (fig) límites mpl; **dépasser les ~s** pasarse de la raya; **sans ~(s)** sin límites.

**borné, e** [bɔʀne] adj limitado(-a).

**borner** [bɔʀne] vt (horizon, aussi fig) limitar; (terrain) acotar; **se ~ à faire** limitarse a hacer.

**bosquet** [bɔskɛ] nm bosquecillo.

**bosse** [bɔs] nf (de terrain) montículo; (sur un objet) protuberancia; (enflure) bulto; (du bossu, du chameau) joroba; **avoir la ~ des maths** ser ducho(-a) en matemáticas; **rouler sa ~** ver mundo.

**bosser** [bɔse] (fam) vt empollar.

**bossu, e** [bɔsy] adj, nm/f jorobado(-a).

**botanique** [bɔtanik] nf: **la ~** la botánica ♦ adj botánico(-a).

**botte** [bɔt] nf bota; (ESCRIME) estocada; **~ de paille** haz m de paja; **botte d'asperges** manojo de espárragos; **botte de radis** manojo de rábanos; **bottes de caoutchouc** botas fpl de goma.

**bottin** [bɔtɛ̃] nm anuario del comercio.

**bottine** [bɔtin] nf botina.

**bouc** [buk] nm (animal) macho cabrío; (barbe) perilla; **bouc émissaire** cabeza de turco, chivo expiatorio.

**boucan** [bukɑ̃] nm jaleo.

**bouche** [buʃ] nf boca; **les ~s inutiles** los holgazanes; **une ~ à nourrir** una boca que mantener; **de ~ à oreille** confidencialmente; **pour la bonne ~** para el final; **faire du ~-à-~ à qn** hacer el boca a boca a algn; **faire venir l'eau à la ~** hacérsele a algn la boca agua; **"~ cousue!"** ¡punto en boca!"; **bouche d'aération** respiradero; **bouche de chaleur** entrada de aire caliente; **bouche d'égout** sumidero, alcantarilla; **bouche de métro/d'incendie** boca de metro/de incendios.

**bouché, e** [buʃe] adj (flacon) tapado(-a); (vin, cidre) embotellado(-a); (temps, ciel) encapotado(-a); (personne, carrière) cerrado(-a); (trompette) con sordina; **avoir le nez ~** tener la nariz tapada.

**bouchée** [buʃe] nf bocado; **ne faire qu'une ~ de qn** hacer picadillo a algn; **pour une ~ de pain** por una bicoca; **bouchée à la reine** pastel de hojaldre de pollo.

**boucher** [buʃe] nm carnicero ♦ vt (mettre un bouchon) taponar; (colmater) rellenar; (passage) cerrar; (porte) obstruir; **se boucher** vpr (tuyau) taponarse; **se ~ le nez** taparse la nariz.

**boucherie** [buʃʀi] nf (aussi fig) carnicería.

**bouchon** [buʃɔ̃] nm (en liège) corcho; (autre matière) tapón m; (embouteillage) atasco; (PÊCHE) flotador m; **bouchon doseur** tapón dosificador.

**boucle** [bukl] nf curva; (d'un fleuve) meandro; (INFORM) bucle m; (objet) argolla; (de *ceinture*) hebilla; **boucle (de cheveux)** bucle; **boucles d'oreilles** pendientes *mpl*, aretes *mpl* (*esp* AM).

**bouclé, e** [bukle] *adj* (*cheveux, personne*) ensortijado(-a); (*tapis*) rizado(-a).

**boucler** [bukle] *vt* (*ceinture etc*) cerrar, ajustar; (*magasin, circuit*) cerrar; (*affaire*) concluir; (*budget*) equilibrar; (*enfermer*) encerrar; (*condamné*) meter en chirona; (*quartier*) acordonar ♦ *vi*: **faire ~ rizar; ~ la boucle** (AVIAT) rizar el rizo; **arriver à ~ ses fins de mois** llegar a fin de mes.

**bouder** [bude] *vi* enojarse ♦ *vt* (*suj: personne: cadeaux, chose*) poner mala cara a.

**boudin** [budɛ̃] *nm* (CULIN) morcilla; (TECH) pestaña; **boudin blanc** morcilla blanca.

**boudoir** [budwaʀ] *nm* (*salon*) tocador *m*; (*biscuit*) soletilla.

**boue** [bu] *nf* barro, fango; **boues industrielles** vertidos *mpl* industriales.

**bouée** [bwe] *nf* (*balise*) boya; (*de baigneur*) flotador *m*; **bouée (de sauvetage)** (*aussi fig*) salvavidas *m inv*.

**boueux, -euse** [bwø, øz] *adj* fangoso(-a) ♦ *nm* basurero.

**bouffe** [buf] (*fam*) *nf* comilona.

**bouffée** [bufe] *nf* bocanada; **bouffée de chaleur** sofoco; **bouffée de fièvre** calenturón *m* breve; **bouffée de honte** sofoco; **bouffée d'orgueil** arranque *m* de orgullo.

**bouffer** [bufe] *vi* (*fam*) jalar; (COUTURE) abullonar ♦ *vt* (*fam*) jalar.

**bouffi, e** [bufi] *adj* hinchado(-a).

**bouger** [buʒe] *vi* moverse; (*changer*) alterarse; (*agir*) agitarse ♦ *vt* mover; **se bouger** *vpr* (*fam*) moverse, menearse.

**bougie** [buʒi] *nf* vela; (AUTO) bujía.

**bouillabaisse** [bujabɛs] *nf* sopa de pescado.

**bouillant, e** [bujã, ãt] *adj* hirviendo; (*fig*) ardiente; **~ de colère** *etc* lleno(-a) de cólera *etc*.

**bouillie** [buji] *nf* gachas *fpl*; (*de bébé*) papilla; **en ~** (*fig*) en papilla.

**bouillir** [bujiʀ] *vi* hervir; (*fig*) hervir, arder ♦ *vt* (*gén: faire bouillir*) hervir; **~ de colère** *etc* arder de cólera *etc*.

**bouilloire** [bujwaʀ] *nf* hervidor *m*.

**bouillon** [bujɔ̃] *nm* (CULIN) caldo; (*bulles, écume*) borbotón *m*, burbuja; **bouillon de culture** caldo de cultivo.

**bouillonner** [bujɔne] *vi* borbotear; (*fig*) ar-

der.

**bouillotte** [bujɔt] *nf* calentador *m*, bolsa de agua caliente.

**boulanger, -ère** [bulãʒe, ʒɛʀ] *nm/f* panadero(-a).

**boulangerie** [bulãʒʀi] *nf* panadería.

**boule** [bul] *nf* bola; (*pour jouer*) bolo; **roulé en ~** hecho un ovillo; **se mettre en ~** cabrearse; **perdre la ~** (*fam*) perder la chaveta; **faire ~ de neige** (*nouvelle, information*) aumentar como una bola de nieve; **boule de gomme** gominola; **boule de neige** bola de nieve.

**bouledogue** [buldɔg] *nm* buldog *m*.

**boulette** [bulɛt] *nf* (*petite boule*) bolita; (*fam: gaffe*) torpeza.

**boulevard** [bulvaʀ] *nm* bulevar *m*.

**bouleversant, e** [bulvɛʀsã, ãt] *adj* (*affligeant*) afectado(-a); (*émouvant*) conmovedor(a).

**bouleversement** [bulvɛʀsəmã] *nm* trastorno.

**bouleverser** [bulvɛʀse] *vt* (*changer*) trastornar; (*émouvoir*) conmover; (*causer du chagrin à*) afectar; (*papiers, objets*) revolver.

**boulon** [bulɔ̃] *nm* perno.

**boulot, te** [bulo, ɔt] (*fam*) *adj* rechoncho (-a) ♦ *nm* trabajo, curro.

**boum** [bum] *nm* bum *m* ♦ *nf* fiesta.

**bouquet** [bukɛ] *nm* (*de fleurs*) ramo, ramillete *m*; (*de persil*) manojo; (*parfum*) aroma *m*; **"c'est le ~!"** (*fig*) "¡es el colmo!"; **bouquet garni** hierbas *fpl* finas.

**bouquin** [bukɛ̃] (*fam*) *nm* libro.

**bouquiner** [bukine] (*fam*) *vi* leer.

**bouquiniste** [bukinist] *nm/f* librero de viejo.

**bourdon** [buʀdɔ̃] *nm* abejorro; **avoir le ~** (*fam*) tener morriña.

**bourg** [buʀ] *nm* burgo.

**bourgeois, e** [buʀʒwa, waz] *adj* (*souvent péj*) burgués(-esa); (*maison etc*) acomodado(-a) ♦ *nm/f* burgués(-esa).

**bourgeoisie** [buʀʒwazi] *nf* burguesía; **petite ~** pequeña burguesía.

**bourgeon** [buʀʒɔ̃] *nm* brote *m*, yema.

**Bourgogne** [buʀgɔɲ] *nf* Borgoña ♦ *nm*: **b~** (*vin*) vino de borgoña.

**bourguignon, ne** [buʀgiɲɔ̃, ɔn] *adj, nm/f* borgoñón(-ona); (**bœuf**) **~** encebollado de vaca.

**bourrasque** [buʀask] *nf* borrasca.

**bourratif, -ive** [buʀatif, iv] *adj* pesado(-a).

**bourré, e** [buʀe] *adj* (*fam*) trompa *inv*; ~ **de** (*rempli*) cargado(-a) de.

**bourrer** [buʀe] *vt* (*pipe*) cargar; (*valise, poêle*) rellenar; ~ **de** (*de nourriture*) atiborrar de; ~ **qn de coups** moler a golpes a algn; ~ **le crâne à qn** calentar la cabeza a algn; (*endoctriner*) lavar el cerebro a algn.

**bourru, e** [buʀy] *adj* rudo(-a).

**bourse** [buʀs] *nf* (*subvention*) beca; (*porte-monnaie*) bolsa; **la B~** la Bolsa; **sans ~ délier** sin soltar un céntimo; **Bourse du travail** bolsa del trabajo.

**boursier, -ière** [buʀsje, jɛʀ] *adj* (*élève*) becario(-a); (*COMM*) bursátil ♦ *nm/f* becario(-a).

**bous** [bu] *vb voir* **bouillir.**

**bousculade** [buskylad] *nf* (*précipitation*) atropello; (*mouvements de foule*) aglomeración *f*.

**bousculer** [buskyle] *vt* empujar; (*presser*) meter prisa a.

**boussole** [busɔl] *nf* brújula.

**bout¹** [bu] *vb voir* **bouillir.**

**bout²** [bu] *nm* (*morceau*) trozo; (*extrémité*) punta; (*de table*) extremo; (*fin, rue*) final *m*; **au ~ de** (*après*) al cabo de, al final de; **au ~ du compte** a fin de cuentas; **être à ~** no poder más; **pousser qn à ~** poner a algn al límite; **venir à ~ de qch** terminar algo; **venir à ~ de qn** poder con algn; ~ **à ~** uno tras otro; **à tout ~ de champ** a cada paso; **d'un ~ à l'autre, de ~ en ~** de cabo a rabo; **à ~ portant** a quemarropa; **un ~ de chou** (*enfant*) un angelito; **bout filtre** emboquillado.

**bouteille** [butɛj] *nf* botella; (*de gaz*) bombona; **prendre de la ~** entrar en años.

**boutique** [butik] *nf* tienda; (*de mode, de grand couturier*) tienda, boutique *f*.

**bouton** [but3] *nm* botón *m*; (*sur la peau*) grano; (*de porte*) pomo; **bouton de manchette** gemelo; **bouton d'or** (*BOT*) botón de oro.

**boutonner** [butɔne] *vt* abotonar; **se boutonner** *vpr* abotonarse.

**boutonnière** [butɔnjɛʀ] *nf* ojal *m*.

**bovin, e** [bɔvɛ̃, in] *adj* (*aussi fig*) bovino (-a); **~s** *nmpl* ganado *msg* bovino.

**bowling** [buliŋ] *nm* juego de bolos; (*salle*) bolera.

**boxe** [bɔks] *nf* boxeo, box *m* (*AM*).

**boxeur, -euse** [bɔksœʀ, øz] *nm/f* boxea-

dor(a).

**BP** [bepe] *sigle f* (= *boîte postale*) Apdo. (= *Apartado de correos*), C.P. *f* (*AM*) (= *Casilla Postal*).

**bracelet** [bʀaslɛ] *nm* pulsera.

**braconnier** [bʀakɔnje] *nm* cazador *m*/ pescador *m* furtivo.

**brader** [bʀade] *vt* vender a precio de saldo.

**braderie** [bʀadʀi] *nf* (*marché*) mercadillo.

**braguette** [bʀagɛt] *nf* bragueta.

**braise** [bʀɛz] *nf* brasas *fpl*.

**brancard** [bʀãkaʀ] *nm* (*civière*) camilla; (*bras, perche*) varal.

**brancardier** [bʀãkaʀdje] *nm* camillero.

**branche** [bʀãʃ] *nf* rama; (*de lunettes*) patilla.

**branché, e** [bʀãʃe] (*fam*) *adj* (*personne*) a la última; (*boîte de nuit*) de moda; **un mec ~** un chico que va a la última.

**brancher** [bʀãʃe] *vt* enchufar; (*téléphone etc*) conectar; ~ **qn/qch sur** (*fig*) orientar algo/a algn hacia.

**brandir** [bʀãdiʀ] *vt* (*arme*) blandir; (*document*) esgrimir.

**braquer** [bʀake] *vi* (*AUTO*) girar ♦ *vt* (*regard*) clavar; ~ **qch sur qn** (*revolver*) apuntar a algn con algo; **se braquer** *vpr* cerrarse en banda; ~ **qn** enfurecer a algn; **se ~ (contre)** rebelarse (contra).

**bras** [bʀa] *nm* brazo ♦ *nmpl* (*travailleurs*) brazos *mpl*; ~ **dessus ~ dessous** cogidos(-as) del brazo; **avoir le ~ long** tener mucha influencia; **à ~ raccourcis** a brazo partido; **à tour de ~** con toda la fuerza; **baisser les ~** tirar la toalla; **une partie de ~ de fer** una prueba de fuerza; **bras de fer** brazo de hierro; **bras de levier/de mer** brazo de palanca/de mar; **bras droit** (*fig*) brazo derecho.

**brassard** [bʀasaʀ] *nm* brazalete *m*.

**brasse** [bʀas] *nf* braza; **brasse papillon** braza mariposa.

**brassée** [bʀase] *nf* brazada.

**brasser** [bʀase] *vt* (*bière*) fabricar; (*remuer*) mezclar; ~ **de l'argent/des affaires** manejar dinero/negocios.

**brasserie** [bʀasʀi] *nf* (*restaurant*) cervecería; (*usine*) fábrica de cerveza.

**brave** [bʀav] *adj* (*courageux, aussi péj*) valiente; (*bon, gentil*) bueno(-a).

**braver** [bʀave] *vt* (*ordre*) desafiar; (*danger*) afrontar.

**bravo** [bʀavo] *excl, nm* bravo.

**bravoure** [bʀavuʀ] nf bravura.
**break** [bʀɛk] nm (AUTO) ranchera.
**brebis** [bʀəbi] nf oveja; **brebis galeuse** oveja negra.
**bredouiller** [bʀəduje] vi, vt farfullar.
**bref, brève** [bʀɛf, ɛv] adj breve ♦ adv total; **d'un ton ~** con un tono tajante; **en ~** en resumen; **à ~ délai** en breve plazo.
**Brésil** [bʀezil] nm Brasil m.
**brésilien, ne** [bʀeziljɛ̃, jɛn] adj brasileño (-a) ♦ nm/f: **B~, ne** brasileño(-a).
**Bretagne** [bʀətaɲ] nf Bretaña.
**bretelle** [bʀətɛl] nf (de fusil) correa; (de vêtement) tirante m; (d'autoroute) enlace m; **~s** nfpl (pour pantalons) tirantes mpl, suspensores mpl (AM); **bretelle de contournement** carretera de circunvalación; **bretelle de raccordement** carretera ou vía de acceso.
**breton, ne** [bʀətɔ̃, ɔn] adj bretón(-ona) ♦ nm (LING) bretón m ♦ nm/f: **B~, ne** bretón(-ona).
**brève** [bʀɛv] adj f voir **bref** ♦ nf (nouvelle) breve f; (voyelle) **~** vocal f breve.
**brevet** [bʀəvɛ] nm certificado; **brevet (d'invention)** patente f; **brevet d'apprentissage** certificado de idoneidad; **brevet (des collèges)** ≈ Graduado Escolar; **brevet d'études du premier cycle** bachillerato elemental.
**breveté, e** [bʀəv(ə)te] adj (invention) patentado(-a); (diplômé) cualificado(-a).
**bricolage** [bʀikɔlaʒ] nm bricolaje m; (péj) chapuza.
**bricoler** [bʀikɔle] vi hacer chapuzas; (passe-temps) hacer bricolaje ♦ vt (réparer) arreglar; (mal réparer) hacer una chapuza con; (trafiquer) amañar.
**bricoleur, -euse** [bʀikɔlœʀ, øz] nm/f mañoso(-a), manitas m/f inv ♦ adj mañoso(-a).
**bridge** [bʀidʒ] nm (jeu) bridge m; (dentaire) puente m.
**brièvement** [bʀijɛvmɑ̃] adv brevemente.
**brigade** [bʀigad] nf (gén) cuadrilla; (POLICE, MIL) brigada.
**brigadier** [bʀigadje] nm (MIL) cabo; (POLICE) jefe m.
**brillamment** [bʀijamɑ̃] adv estupendamente.
**brillant, e** [bʀijɑ̃, ɑ̃t] adj brillante; (luisant) reluciente ♦ nm brillante m.
**briller** [bʀije] vi (aussi fig) brillar.

**brin** [bʀɛ̃] nm hebra; **un ~ de** (fig) una pizca de; **un ~ mystérieux** etc (fam) un poquito misterioso etc; **brin d'herbe** brizna de hierba; **brin de muguet** ramita de muguete; **brin de paille** brizna de paja.
**brindille** [bʀɛ̃dij] nf ramita.
**brioche** [bʀijɔʃ] nf bollo, queque m (AM); (fam: ventre) buche m.
**brique** [bʀik] nf ladrillo ♦ adj inv (couleur) de color teja.
**briquet** [bʀikɛ] nm mechero, encendedor m.
**brise** [bʀiz] nf brisa.
**briser** [bʀize] vt (casser) romper; (fig) arruinar, destrozar; (volonté) quebrantar; (grève) romper; (résistance) vencer; (personne) destrozar; (fatiguer) moler; **se briser** vpr romperse; (fig) venirse abajo.
**britannique** [bʀitanik] adj británico(-a) ♦ nm/f: **B~** británico(-a); **les B~s** los británicos.
**brocante** [bʀɔkɑ̃t] nf (objets) baratillo; (commerce) chamarileo.
**brocanteur, -euse** [bʀɔkɑ̃tœʀ, øz] nm/f chamarilero(-a).
**broche** [bʀɔʃ] nf (bijou) broche m; (CULIN) espetón m; (fiche) clavija; (MÉD) alambre m; **à la ~** (CULIN) al asador.
**broché, e** [bʀɔʃe] adj (livre) en rústica; (tissu) brochado(-a), briscado(-a)
**brochet** [bʀɔʃɛ] nm lucio.
**brochette** [bʀɔʃɛt] nf pincho, brocheta; **brochette de décorations** sarta de condecoraciones.
**brochure** [bʀɔʃyʀ] nf folleto.
**broder** [bʀɔde] vt bordar ♦ vi: **~ (sur des faits/une histoire)** adornar (hechos/una historia).
**broderie** [bʀɔdʀi] nf bordado.
**bronches** [bʀɔ̃ʃ] nfpl bronquios mpl.
**bronchite** [bʀɔ̃ʃit] nf bronquitis f inv.
**bronze** [bʀɔ̃z] nm bronce m.
**bronzer** [bʀɔ̃ze] vt (peau) broncear; (métal) pavonar ♦ vi broncearse; **se bronzer** vpr broncearse.
**brosse** [bʀɔs] nf cepillo, escobilla (AM); **donner un coup de ~ à qch** cepillar algo; **coiffé en ~** peinado al cepillo; **brosse à cheveux** cepillo para el pelo; **brosse à dents/à habits** cepillo de dientes/de (la) ropa.
**brosser** [bʀɔse] vt (nettoyer) cepillar; (fig) bosquejar; **se brosser** vpr cepillarse; **se ~**

les dents cepillarse los dientes; "**tu peux te ~!**" (*fam*) ¡espérate sentado!"

**brouette** [bʁuɛt] *nf* carretilla.

**brouillard** [bʁujaʁ] *nm* niebla; **être dans le ~** (*fig*) no enterarse.

**brouiller** [bʁuje] *vt* mezclar; (*embrouiller*) embarullar, enredar; (*RADIO*) interferir; (*rendre trouble, confus*) enturbiar; (*amis*) enemistar; **se brouiller** *vpr* (*ciel, temps*) cubrirse, nublarse; (*vue*) nublarse; (*détails*) confundirse; **se ~ (avec)** enfadarse (con); **~ les pistes** (*fig*) borrar el rastro.

**brouillon, ne** [bʁujɔ̃, ɔn] *adj* desordenado(-a) ♦ *nm* (*écrit*) borrador *m*, copia en sucio; **cahier de ~** cuaderno para trabajos en sucio.

**broussailles** [bʁusaj] *nfpl* maleza *fsg*.

**broussailleux, -euse** [bʁusajø, øz] *adj* cubierto(-a) de maleza.

**brousse** [bʁus] *nf* monte *m* bajo.

**brouter** [bʁute] *vt* pacer ♦ *vi* vibrar.

**brugnon** [bʁyɲɔ̃] *nm* nectarina.

**bruiner** [bʁɥine] *vi*: **il bruine** llovizna.

**bruit** [bʁɥi] *nm* ruido; (*rumeur*) rumor *m*; **pas/trop de ~** nada/demasiado ruido; **sans ~** sin ruido; **faire du ~** hacer ruido; **faire grand ~ de** hablar mucho de; **bruit de fond** ruido de fondo.

**brûlant, e** [bʁylɑ̃, ɑ̃t] *adj* ardiente; (*liquide*) hirviendo; (*fiévreux*) caliente; (*sujet*) candente.

**brûlé, e** [bʁyle] *adj* (*démasqué*) descubierto(-a); (*homme politique etc*) acabado(-a) ♦ *nm*: **odeur de ~** olor *m* a quemado; **les grands ~s** los grandes quemados.

**brûler** [bʁyle] *vt* quemar; (*consumer, consommer*) consumir; (*suj: eau bouillante*) escaldar; (*enfiévrer*) arder; (*feu rouge, signal*) saltarse ♦ *vi* (*se consumer*) consumirse; (*feu*) arder; (*lampe, bougie*) lucir; (*être brûlant, ardent*) estar caliente; (*jeu*): **tu brûles** caliente-caliente; **se brûler** *vpr* (*accidentellement*) quemarse; **se ~ la cervelle** pegarse un tiro; **~ les étapes** quemar etapas; **~ (d'impatience) de faire qch** consumirse (de impaciencia) por hacer algo.

**brûlure** [bʁylyʁ] *nf* (*lésion*) quemadura; (*sensation*) ardor *m*; **brûlures d'estomac** ardores *mpl* de estómago.

**brume** [bʁym] *nf* bruma.

**brun, e** [bʁœ̃, bʁyn] *adj* moreno(-a) ♦ *nm* pardo.

**brushing** [bʁœʃiŋ] *nm* marcado; **faire un ~** lavar y marcar.

**brusque** [bʁysk] *adj* (*soudain*) repentino (-a); (*rude*) brusco(-a).

**brut, e** [bʁyt] *adj* bruto(-a); (*diamant*) en bruto ♦ *nm*: (**champagne**) **~** champán *m* ou cava *m* seco; (**pétrole**) **~** crudo.

**brutal, e, -aux** [bʁytal, o] *adj* brutal; (*franchise*) rudo(-a).

**Bruxelles** [bʁysɛl] *n* Bruselas.

**bruyamment** [bʁɥijamɑ̃] *adv* ruidosamente.

**bruyant, e** [bʁɥijɑ̃, ɑ̃t] *adj* ruidoso(-a).

**bruyère** [bʁyjɛʁ] *nf* brezo.

**BTS** [beteɛs] *sigle m* (= *brevet de technicien supérieur*) diploma de enseñanza técnica.

**BU** [bey] *sigle f* = *bibliothèque universitaire*.

**bu, e** [by] *pp de* **boire**.

**buccal, e, -aux** [bykal, o] *adj*: **par voie ~e** por vía oral.

**bûche** [byʃ] *nf* leño; **prendre une ~** (*fig*) caerse; **bûche de Noël** bizcocho de navidad.

**bûcher** [byʃe] *nm* hoguera ♦ *vi*, *vt* (*fam*) empollar.

**budget** [bydʒɛ] *nm* presupuesto.

**buée** [bɥe] *nf* vaho.

**buffet** [byfɛ] *nm* (*meuble*) aparador *m*; (*de réception*) buffet *m*; **buffet (de gare)** cantina (de estación).

**buis** [bɥi] *nm* boj *m*.

**buisson** [bɥisɔ̃] *nm* matorral *m*.

**bulbe** [bylb] *nm* bulbo.

**Bulgarie** [bylgaʁi] *nf* Bulgaria.

**bulle** [byl] *adj, nm*: (**papier**) **~** papel *m* en estraza ♦ *nf* burbuja; (*de bande dessinée*) bocadillo; (*papale*) bula; **bulle de savon** pompa de jabón.

**bulletin** [byltɛ̃] *nm* boletín *m*; (*papier*) folleto; (*de bagages*) recibo; **bulletin d'informations** boletín informativo; **bulletin de naissance** partida de nacimiento; **bulletin de salaire** nómina; **bulletin de santé** parte médico; **bulletin (de vote)** papeleta; **bulletin météorologique** boletín *ou* parte *m* meteorológico; **bulletin réponse** bono de respuesta.

**bureau, x** [byʁo] *nm* (*meuble*) escritorio; (*pièce*) despacho; (*gén pl: d'une entreprise*) oficinas *fpl*; **bureau de change/de poste** oficina de cambio/de correos; **bureau d'embauche/de placement** oficina de empleo/de colocación; **bureau de loca-**

**tion** agencia de alquiler; **bureau de tabac** estanco; **bureau de vote** colegio electoral.

**bureaucratie** [byʀokʀasi] *nf* burocracia.

**bus¹** [by] *vb voir* **boire**.

**bus²** [bys] *nm* autobús *m*, bus *m* (*esp AM*), camión *m* (*MEX*); (*INFORM*) bus *m*.

**buste** [byst] *nm* busto; (*de femme*) pecho.

**but¹** [by] *vb voir* **boire**.

**but²** [byt] *nm* (*cible*) meta; (*d'un voyage*) destino; (*d'une entreprise, d'une action*) objetivo; (*FOOTBALL: limites*) portería, arco (*AM*); (: *point*) gol *m*, tanto; **de ~ en blanc** de buenas a primeras; **avoir pour ~ de faire** tener como objetivo hacer; **dans le ~ de** con el propósito de; **gagner par 3 ~s à 2** ganar por 3 tantos a 2.

**butane** [bytan] *nm* butano; (*domestique*) gas *m* butano.

**butiner** [bytine] *vt, vi* libar.

**buvais** *etc* [byvɛ] *vb voir* **boire**.

**buvard** [byvaʀ] *nm* secante *m*.

**buvette** [byvɛt] *nf* puesto de bebidas.

———— **C c** ————

**C** [se] *abr* – **centime**; (– *Celsius*) C.

**c** [se] *abr* = **centime**.

**c'** [s] *dét voir* **ce**.

**CA** *sigle* (= *chiffre d'affaires*) *voir* **chiffre**; (= *conseil d'administration*) *voir* **conseil**.

**ça** [sa] *pron* (*proche*) esto; (*pour désigner*) eso; (*plus loin*) aquello; **~ m'étonne que** me sorprende que; **~ va?** ¿qué tal?; (*d'accord?*) ¿vale?; **~ alors!** (*désapprobation*) ¡pero bueno!; (*étonnement*) ¡y entonces!; **c'est ~** eso es; **~ fait une heure que j'attends** hace una hora que espero.

**çà** [sa] *adv*: **~ et là** aquí y allá.

**cabane** [kaban] *nf* cabaña; (*de skieurs, de montagne*) cabaña, refugio.

**cabaret** [kabaʀɛ] *nm* cabaret *m*.

**cabillaud** [kabijo] *nm* bacalao fresco.

**cabine** [kabin] *nf* cabina; (*de bateau*) camarote *m*; (*de plage*) caseta; (*de piscine etc*) cabina, vestuario; **cabine (d'ascenseur)** caja (de ascensor); **cabine d'essayage** probador *m*; **cabine de projection** cabina de proyección; **cabine spatiale** cabina de nave espacial; **cabine (téléphoni-**

**que)** cabina (telefónica), locutorio.

**cabinet** [kabinɛ] *nm* (*aussi POL*) gabinete *m*; (*de médecin*) gabinete, consulta; (*d'avocat, de notaire*) gabinete, despacho; (*clientèle*) clientela; **~s** *nmpl* servicios *mpl*; **cabinet d'affaires** gestoría; **cabinet de toilette** cuarto de aseo; **cabinet de travail** gabinete de trabajo, despacho.

**câble** [kɑbl] *nm* cable *m*; (*télégramme*) cable, cablegrama *m*.

**cacahuète** [kakaɥɛt] *nf* cacahuete *m*, maní *m* (*AM*), cacahuate *m* (*AM*).

**cacao** [kakao] *nm* cacao.

**cache** [kaʃ] *nm* (*pour texte, photo, diapositive*) ocultador *m*; (*pour protéger l'objectif*) tapa ♦ *nf* (*cachette*) escondite *m*.

**cache-cache** [kaʃkaʃ] *nm inv*: **jouer à ~ ~** jugar al escondite.

**cachemire** [kaʃmir] *nm* cachemira, cachemir *m* ♦ *adj* de cachemira; **C~** Cachemira.

**cacher** [kaʃe] *vt* ocultar, esconder; **se cacher** *vpr* esconderse, ocultarse; **~ qch à qn** ocultar algo a algn; **je ne vous cache pas que** no le oculto que; **~ son jeu** *ou* **ses cartes** ocultar sus intenciones; **il se cache d'elle pour fumer** fuma a escondidas de ella; **il ne s'en cache pas** no lo oculta.

**cachet** [kaʃɛ] *nm* (*MÉD*) pastilla; (*sceau*) sello; (*rétribution*) caché *m*; (*caractère*) carácter *m*.

**cachette** [kaʃɛt] *nf* escondite *m*; **en ~** a escondidas.

**cactus** [kaktys] *nm inv* cactus *m inv*.

**cadavre** [kadavʀ] *nm* cadáver *m*.

**caddie** [kadi] *nm* (*au supermarché*) carrito.

**cadeau, x** [kado] *nm* regalo; **faire un ~ à qn** hacer un regalo a algn; **ne pas faire de ~ à qn** (*fig*) no ponérselo fácil a algn; **faire ~ de qch à qn** regalar algo a algn.

**cadenas** [kadnɑ] *nm* candado.

**cadet, te** [kadɛ, ɛt] *adj* (*plus jeune*) menor; (*le plus jeune*) menor, más pequeño(-a) ♦ *nm/f* (*de la famille*) benjamín(-ina); **le ~/la cadette** el/la menor; **il est mon ~ (de deux ans)** (*rapports non familiaux*) él es (dos años) menor que yo; **les ~s** (*SPORT*) los juveniles; **le ~ de mes soucis** lo que menos me preocupa.

**cadran** [kadʀɑ̃] *nm* (*de pendule, montre*) esfera; (*du téléphone*) disco; **cadran solaire** reloj *m* de sol.

**cadre** [kadʀ] *nm* marco; (*de vélo*) cuadro;

(*sur formulaire*) recuadro; (*limites*) límite *m*
♦ *nm/f* (*ADMIN*) ejecutivo(-a), cuadro ♦ *adj*:
**loi ~** ley *f* marco; **rayer qn des ~s** (*MIL, ADMIN*) dar de baja a algn; **dans le ~ de** (*fig*)
en el marco de; **cadre moyen/supérieur**
(*ADMIN*) cuadro medio/superior.

**cafard** [kafaʀ] *nm* cucaracha; **avoir le ~** estar melancólico(-a).

**café** [kafe] *nm* café *m* ♦ *adj* café; **café au lait** café con leche; **café crème** café cortado; **café en grains/en poudre** café en grano/molido; **café liégeois** helado de café con nata; **café noir** café solo; **café tabac** café-estanco.

**cafetière** [kaftjɛʀ] *nf* cafetera.

**cage** [kaʒ] *nf* jaula; **en ~** enjaulado(-a); **cage d'ascenseur** caja del ascensor; **cage (des buts)** portería; **cage (d'escalier)** caja de la escalera; **cage thoracique** caja torácica.

**cageot** [kaʒo] *nm* caja.

**cagoule** [kagul] *nf* (*de moine*) capucha; (*de bandit*) pasamontañas *m inv*; (*ski etc*) gorro; (*d'enfant*) verdugo.

**cahier** [kaje] *nm* (*de classe*) cuaderno, libreta; (*TYPO*) cuadernillo, pliego; **~s** (*revue*) cuadernos *mpl*; **cahier d'exercices** cuaderno de ejercicios; **cahier de brouillon** cuaderno de sucio; **cahier de doléances** libro de quejas; **cahier de revendications** pliego de reivindicaciones; **cahier des charges** pliego de condiciones.

**caille** [kaj] *nf* codorniz *f*.

**caillou, x** [kaju] *nm* guijarro, piedra.

**caillouteux, -euse** [kajutø, øz] *adj* pedregoso(-a).

**caisse** [kɛs] *nf* caja; (*recettes*) caja, recaudación *f*; **faire sa ~** (*COMM*) hacer caja; **caisse claire** tambor *m* pequeño; **caisse d'épargne/de retraite** caja de ahorros/ de jubilaciones; **caisse enregistreuse** caja registradora; **caisse noire** caja negra.

**caissier, -ière** [kesje, jɛʀ] *nm/f* cajero(-a).

**cake** [kɛk] *nm* plum-cake *m*.

**calandre** [kalɑ̃dʀ] *nf* (*AUTO*) rejilla del radiador, calandra; (*machine*) calandria.

**calcaire** [kalkɛʀ] *nm* caliza ♦ *adj* calcáreo (-a); (*GÉO*) calcáreo(-a), calizo(-a).

**calcul** [kalkyl] *nm* (*aussi fig*) cálculo; **le ~** el cálculo; **d'après mes ~s** según mis cálculos; **calcul (biliaire)** cálculo (biliar); **calcul différentiel/intégral/mental** cálculo diferencial/integral/mental; **calcul ré-**

nal (*MÉD*) cálculo renal.

**calculatrice** [kalkylatʀis] *nf* calculadora.

**calculer** [kalkyle] *vt* calcular ♦ *vi* calcular; (*péj: combiner*) maquinar; **~ qch de tête** calcular algo de memoria.

**calculette** [kalkylɛt] *nf* calculadora de bolsillo.

**cale** [kal] *nf* (*de bateau*) bodega; (*en bois*) cuña; **cale de construction** grada; **cale de radoub** dique *m* de carena; **cale sèche** dique seco.

**calé, e** [kale] *adj* (*fixé*) fijo(-a); (*voiture*) calado(-a); (*fam: personne*) empollado(-a); (*: problème*) difícil.

**caleçon** [kalsɔ̃] *nm* calzoncillos *mpl*.

**calendrier** [kalɑ̃dʀije] *nm* calendario; (*programme*) calendario, programa *m*.

**calepin** [kalpɛ̃] *nm* agenda.

**caler** [kale] *vt* (*fixer*) calzar, fijar; (*malade*) acomodar; (*avec une pile de livres etc*) arrellanar ♦ *vi* (*fig: ne plus pouvoir continuer*) rendirse; **se caler** *vpr*: **se ~ dans un fauteuil** arrellanarse en un sillón; **~ (son moteur/véhicule)** calar (el motor/ vehículo).

**calibre** [kalibʀ] *nm* (*d'un fruit*) diámetro; (*d'une arme*) calibre *m*; (*fig*) calibre, envergadura.

**câlin, e** [kɑlɛ̃, in] *adj* mimoso(-a).

**calmant, e** [kalmɑ̃, ɑ̃t] *adj, nm* calmante *m*.

**calme** [kalm] *adj* tranquilo(-a); (*ville, mer, endroit*) tranquilo(-a), apacible ♦ *nm* (*d'un lieu*) tranquilidad *f*; (*d'une personne*) tranquilidad, calma; **sans perdre son ~** sin perder la calma; **calme plat** (*NAUT*) calma chicha.

**calmer** [kalme] *vt* tranquilizar, calmar; (*douleur, colère*) calmar, sosegar; **se calmer** *vpr* calmarse; (*personne*) calmarse, tranquilizarse.

**calorie** [kalɔʀi] *nf* caloría.

**camarade** [kamaʀad] *nm/f* compañero(-a), amigo(-a); (*POL, SYNDICATS*) camarada *m/f*; **camarade d'école/de jeu** compañero (-a) de escuela/de juegos.

**cambriolage** [kɑ̃bʀijɔlaʒ] *nm* robo (con efracción).

**cambrioler** [kɑ̃bʀijɔle] *vt* robar (con efracción).

**cambrioleur, -euse** [kɑ̃bʀijɔlœʀ, øz] *nm/f* atracador(a), ladrón(-ona).

**caméléon** [kameleɔ̃] *nm* camaleón *m*.

**camelote** [kamlɔt] *nf* baratija.

**caméra** [kameʀa] *nf* cámara.

**caméscope** [kameskɔp] *nm* cámara de vídeo.

**camion** [kamjɔ̃] *nm* camión *m*; **~ de sable/cailloux** (*charge*) camión de arena/de grava.

**camionnette** [kamjɔnɛt] *nf* camioneta.

**camionneur** [kamjɔnœʀ] *nm* (*entrepreneur*) transportista *m/f*; (*chauffeur*) camionero (-a).

**camomille** [kamɔmij] *nf* manzanilla.

**camp** [kɑ̃] *nm* (*militaire, d'expédition*) campo, campamento; (*réfugiés, prisonniers*) campamento; (*fig*) campo; **camp de concentration** campo de concentración; **camp de nudistes/de vacances** colonia nudista/de vacaciones.

**campagnard, e** [kɑ̃paɲaʀ, aʀd] *adj, nm/f* campesino(-a).

**campagne** [kɑ̃paɲ] *nf* campo; (*MIL, POL, COMM*) campaña; **en ~** (*MIL*) de campaña; **a la ~** en el campo; **faire ~ pour** hacer campaña por; **campagne de publicité** campaña de publicidad; **campagne électorale** campaña electoral.

**camper** [kɑ̃pe] *vi* acampar ♦ *vt* (*chapeau, casquette*) plantarse; (*dessin, tableau, personnage*) representar; **se camper** *vpr*: **se ~ devant qn/qch** plantarse delante de algn/algo.

**campeur, -euse** [kɑ̃pœʀ, øz] *nm/f* campista *m/f*.

**camping** [kɑ̃piŋ] *nm* camping *m*; **(terrain de) ~** (terreno de) camping; **faire du ~** hacer camping; **faire du ~ sauvage** hacer camping salvaje.

**camping-car** [kɑ̃piŋkaʀ] (*pl* ~-~s) *nm* coche caravana *m*.

**Canada** [kanada] *nm* Canadá *m*.

**canadien, ne** [kanadjɛ̃, jɛn] *adj* canadiense ♦ *nm/f*: **C~, ne** canadiense *m/f*.

**canadienne** [kanadjɛn] *nf* (*veste*) cazadora.

**canal, -aux** [kanal, o] *nm* (*rivière*) canal *m*; (*ANAT*) conducto; **par le ~ de** (*ADMIN*) por medio de; **canal de distribution** canal de distribución; **canal de Panama/de Suez** canal de Panamá/de Suez; **canal de télévision** canal de televisión.

**canalisation** [kanalizasjɔ̃] *nf* (*d'un cours d'eau*) canalización *f*; (*tuyau*) canalización, cañería.

**canapé** [kanape] *nm* (*fauteuil*) canapé *m*,
sofá *m*; (*CULIN*) canapé.

**canard** [kanaʀ] *nm* pato; (*fam: journal*) periódico.

**cancer** [kɑ̃sɛʀ] *nm* (*aussi fig*) cáncer *m*; (*ASTROL*): **le C~** Cáncer *m*; **il a un ~** tiene un cáncer; **être (du) C~** ser Cáncer.

**candidat, e** [kɑ̃dida, at] *nm/f* (*examen, POL*) candidato(-a); (*à un poste*) candidato(-a), aspirante *m/f*; **être ~ à** ser candidato(-a) a.

**candidature** [kɑ̃didatyʀ] *nf* candidatura; **poser sa ~** presentar su candidatura.

**cane** [kan] *nf* pata.

**canette** [kanɛt] *nf* (*de bière*) botellín *m*; (*de machine à coudre*) canilla.

**canevas** [kanva] *nm* (*COUTURE*) cañamazo; (*d'un texte, récit*) bosquejo.

**caniche** [kaniʃ] *nm* caniche *m*.

**canicule** [kanikyl] *nf* canícula.

**canif** [kanif] *nm* navaja.

**canne** [kan] *nf* bastón *m*; **canne à pêche** caña de pescar; **canne à sucre** caña de azúcar.

**cannelle** [kanɛl] *nf* canela.

**canoë** [kanɔe] *nm* canoa; **canoë (kayak)** (*SPORT*) piragüismo.

**canot** [kano] *nm* (*bateau*) bote *m*, lancha; **canot de sauvetage** bote salvavidas; **canot pneumatique** bote neumático.

**Canson** ® [kɑ̃sɔ̃] *nm*: **papier ~** papel *m* Canson.

**cantatrice** [kɑ̃tatʀis] *nf* cantante *f*.

**cantine** [kɑ̃tin] *nf* (*malle*) baúl *m*; (*réfectoire*) cantina; **manger à la ~** comer en la cantina.

**canton** [kɑ̃tɔ̃] *nm* (*en France*) distrito; (*en Suisse*) cantón *m*.

---

**canton**

*En Francia un **canton** es una división administrativa que está representada por un concejal en el "Conseil général". Lo componen una serie de subdivisiones administrativas o "communes", y es a su vez una subdivisión de un "arrondissement", otra división administrativa dentro de un "département". En Suiza los **cantons** son las 23 divisiones territoriales y administrativas, dotadas de gran autonomía política, que componen la confederación suiza.*

**caoutchouc** [kautʃu] *nm* caucho; (*bande élastique*) goma; **en ~** de goma, de caucho; **caoutchouc mousse** ® gomaespuma.

**CAP** [seape] *sigle m* (= *certificat d'aptitude professionnelle*) ≈ título de FP1.

**cap** [kap] *nm* (*GÉO*) cabo; **changer de ~** (*NAUT*) cambiar de rumbo; **doubler** *ou* **passer le ~** (*fig*) superar *ou* pasar el obstáculo; (: *limite*) superar *ou* pasar el límite; **mettre le ~ sur** poner rumbo a; **le C~** el Cabo; **le C~ de Bonne Espérance** el Cabo de Buena Esperanza; **le C~ Horn** el cabo de Hornos.

**capable** [kapabl] *adj* (*compétent*) competente; **~ de faire** capaz de hacer; **~ de dévouement/d'un effort** capaz de dedicación/de un esfuerzo; **il est ~ d'oublier** es capaz de olvidar; **spectacle/livre ~ d'intéresser** espectáculo/libro susceptible de interesar.

**capacité** [kapasite] *nf* capacidad *f*; **capacité (en droit)** capacitación *f* (en derecho).

**cape** [kap] *nf* capa; **rire sous ~** reír para sus adentros.

**CAPES** [kapes] *sigle m* (= *certificat d'aptitude au professorat de l'enseignement du second degré*) título de profesor de enseñanza secundaria.

---

**CAPES**

*En Francia, el CAPES, siglas del "certificat d'aptitude au professorat de l'enseignement du second degré", es el examen al que se presentan los que tras haber obtenido la "licence" deciden convertirse en profesores de enseñanza secundaria. Los que aprueben pasan a ser profesores titulados, o "professeurs certifiés".*

---

**capitaine** [kapiten] *nm* capitán *m*; **capitaine au long cours** capitán de altura.

**capital, e, -aux** [kapital, o] *adj, nm* (*aussi fig*) capital *m*; **capitaux** *nmpl* (*fonds*) capitales *mpl*; **les sept péchés capitaux** los siete pecados capitales; **exécution/peine ~e** ejecución *f*/pena capital; **capital d'exploitation** capital de explotación; **capital (social)** capital social.

**capitale** [kapital] *nf* (*ville*) capital *f*; (*lettre*) mayúscula.

**capitalisme** [kapitalism] *nm* capitalismo.

**capitaliste** [kapitalist] *adj, nm/f* capitalista *m/f*.

**caporal, -aux** [kapɔral, o] *nm* cabo.

**capot** [kapo] *nm* capó ♦ *adj inv* (*CARTES*): **être ~** quedarse zapatero(-a).

**câpre** [kapʀ] *nf* alcaparra.

**caprice** [kapʀis] *nm* capricho, antojo; (*toquade amoureuse*) capricho; **~s** *nmpl* (*de la mode etc*) caprichos *mpl*; **faire un ~** coger una rabieta; **faire des ~s** tener caprichos.

**capricieux, -euse** [kapʀisjø, jøz] *adj* (*aussi fig*) caprichoso(-a).

**Capricorne** [kapʀikɔrn] *nm* (*ASTROL*) Capricornio; **être (du) ~** ser Capricornio.

**capsule** [kapsyl] *nf* cápsula; (*de bouteille*) cápsula, chapa.

**capter** [kapte] *vt* (*aussi fig*) captar.

**captivant, e** [kaptivɑ̃, ɑ̃t] *adj* cautivador (-a).

**capturer** [kaptyre] *vt* capturar, apresar.

**capuche** [kapyʃ] *nf* capucha.

**capuchon** [kapyʃɔ̃] *nm* (*de vêtement*) capucha, capuchón *m*; (*de stylo*) capuchón.

**car** [kaʀ] *nm* autocar *m* ♦ *conj* pues, porque; **car de police/de reportage** furgoneta de policía/de reportaje.

**carabine** [kaʀabin] *nf* carabina; **carabine à air comprimé** carabina de aire comprimido.

**caractère** [kaʀaktɛʀ] *nm* (*humeur, tempérament*) carácter *m*; (*de choses*) naturaleza; (*cachet*) carácter, personalidad *f*; **avoir bon/mauvais ~** tener buen/mal carácter; **~s/seconde** pulsaciones *fpl*/segundo; **en ~s gras** en negrita; **en petits ~s** en minúsculas; **en ~s d'imprimerie** en letras mayúsculas; **avoir du ~** tener carácter.

**caractériser** [kaʀakterize] *vt* caracterizar; **se caractériser par** *vpr* caracterizarse por.

**caractéristique** [kaʀakteristik] *adj* característico(-a) ♦ *nf* característica.

**carafe** [kaʀaf] *nf* (*pot*) jarra, garrafa; (*d'eau, de vin*) jarra.

**caraïbe** [kaʀaib] *adj* caribeño(-a); **les C~s** *nfpl* el Caribe; **la mer des C~s** el mar (del) Caribe.

**caramel** [kaʀamɛl] *nm* caramelo; (*bonbon*) caramelo blando ♦ *adj inv* caramelo *inv*.

**caravane** [kaʀavan] *nf* caravana.

**caravaning** [kaʀavaniŋ] *nm* (*camping*) camping *m* en caravana; (*terrain*) camping para caravanas.

**carbone** [kaʀbɔn] *nm* carbono; (*aussi:* **papier ~**) papel *m* carbón; (*document*) copia.

**carbonique** [kaʀbɔnik] *adj* carbónico(-a); **gaz ~** gas *m* carbónico; **neige ~** nieve *f* carbónica.

**carbonisé, e** [kaʀbɔnize] *adj* carbonizado(-a); **mourir ~** morir carbonizado(-a).

**carburant** [kaʀbyʀɑ̃] *nm* carburante *m*.

**carburateur** [kaʀbyʀatœʀ] *nm* carburador *m*.

**cardiaque** [kaʀdjak] *adj, nm/f* cardíaco(-a); **être ~** estar cardíaco(-a).

**cardigan** [kaʀdigɑ̃] *nm* rebeca.

**cardiologue** [kaʀdjɔlɔg] *nm/f* cardiólogo(-a).

**carême** [kaʀɛm] *nm:* **le C~** Cuaresma.

**carence** [kaʀɑ̃s] *nf* ineptitud *f*; (*manque*) carencia; (*fig*) insuficiencia; **carence vitaminique** carencia vitamínica.

**caresse** [kaʀɛs] *nf* caricia.

**caresser** [kaʀese] *vt* (*aussi fig*) acariciar; (*espoir*) abrigar.

**cargaison** [kaʀgɛzɔ̃] *nf* carga, cargamento.

**cargo** [kaʀgo] *nm* carguero, buque *m* de carga; **cargo mixte** carguero mixto.

**caricature** [kaʀikatyʀ] *nf* caricatura.

**carie** [kaʀi] *nf* caries *f inv*; **la ~ (dentaire)** la caries (dental).

**carnaval** [kaʀnaval] *nm* carnaval *m*.

**carnet** [kaʀnɛ] *nm* libreta; (*de loterie etc*) taco; (*de timbres*) cuadernillo; (*journal intime*) diario; **carnet à souches** taco de matrices; **carnet d'adresses** agenda de direcciones; **carnet de chèques** talonario de cheques; **carnet de commandes** talonario *ou* libreta de pedidos; **carnet de notes** boletín *m* de notas.

**carotte** [kaʀɔt] *nf* (*aussi fig*) zanahoria.

**carré, e** [kaʀe] *adj* cuadrado(-a); (*franc*) directo(-a) ♦ *nm* (*GÉOM*) cuadrado; (*de jardin*) cuadro; (*NAUT*) cámara de oficiales; **~ de soie** pañuelo de seda; **~ d'agneau** brazuelo de cordero; **le ~ (d'un nombre)** el cuadrado (de un número); **élever un nombre au ~** elevar un número al cuadrado; **mètre/kilomètre ~** metro/kilómetro cuadrado; **carré d'as/de rois** (*CARTES*) póker *m* de ases/de reyes.

**carreau, x** [kaʀo] *nm* (*par terre*) baldosa; (*au mur*) azulejo; (*de fenêtre*) cristal *m*; (*dessin*) cuadro; (*CARTES: couleur*) diamante *mpl*; (: *carte*) diamante *m*; **papier/tissu à ~x** papel *m*/tela de cuadros.

**carrefour** [kaʀfuʀ] *nm* (*aussi fig*) encrucijada.

**carrelage** [kaʀlaʒ] *nm* (*sol*) embaldosado; (*mur*) alicatado.

**carrelet** [kaʀlɛ] *nm* (*filet*) red *f* cuadrada; (*poisson*) platija, acedía.

**carrément** [kaʀemɑ̃] *adv* (*franchement*) francamente; (*sans détours, sans hésiter*) directamente; (*nettement*) verdaderamente; **il l'a ~ mis à la porte** lo puso directamente de patitas en la calle.

**carrière** [kaʀjɛʀ] *nf* (*de craie, sable*) cantera; (*métier*) carrera; **militaire de ~** militar *m* de carrera; **faire ~ dans** hacer carrera en.

**carrosserie** [kaʀɔsʀi] *nf* carrocería; **atelier de ~** taller *m* de carrocería.

**carrure** [kaʀyʀ] *nf* (*d'une personne*) anchura de espalda; (*d'un vêtement*) espalda; (*fig*) clase *f*; **de ~ athlétique** de complexión atlética.

**cartable** [kaʀtabl] *nm* cartera.

**carte** [kaʀt] *nf* mapa *m*; (*GÉO, au restaurant*) carta; (*de fichier*) ficha; (*CARTES*) carta, naipe *m*; (*de parti*) carnet *m*; (*d'électeur*) tarjeta; (*d'abonnement etc*) abono; (*aussi:* **~ postale**) postal *f*; (*aussi:* **~ de visite**) tarjeta; **avoir/donner ~ blanche** tener/dar carta blanca; **jouer aux ~s** jugar a las cartas; **jouer ~s sur table** (*fig*) poner las cartas boca arriba; **tirer les ~s à qn** echar las cartas a algn; **à la ~** a la carta; **carte à puce** tarjeta magnética; **carte bancaire/de crédit** tarjeta bancaria/de crédito; **carte de séjour** permiso de residencia; **carte de fidélité** tarjeta de cliente; **carte des vins** carta de vinos; **carte d'état-major** mapa de Estado Mayor; **carte d'identité** carnet de identidad, documento nacional de identidad, cédula (de identidad) (*AM*); **carte grise** documentación *f* de un automóvil; **carte orange** abono de transporte de París; **carte perforée** ficha perforada; **carte routière** mapa de carreteras; **carte vermeil** abono de transporte para jubilados; **carte verte** (*AUTO*) carta verde.

**carter** [kaʀtɛʀ] *nm* cárter *m*.

**carton** [kaʀtɔ̃] *nm* (*matériau, ART*) cartón *m*; (*boîte*) caja (de cartón); (*d'invitation*) tarjeta; **en ~** de cartón; **faire un ~** (*au tir*) tirar al blanco; **carton (à dessin)** cartapacio.

**cartouche** [kaʀtuʃ] nf (de fusil) cartucho; (de stylo) cartucho, recambio; (de cigarettes) cartón m; (de film, de ruban encreur) carrete m.

**cas** [kɑ] nm caso; **faire peu de ~/grand ~ de** hacer poco/mucho caso a; **le ~ échéant** llegado el caso; **en aucun ~** en ningún caso, bajo ningún concepto; **au ~ où** en caso de que, por si acaso; **dans** ou **en ce ~** en ese caso; **en ~ de** en caso de; **en ~ de besoin** en caso de necesidad; **en ~ d'urgence** en caso de urgencia; **en tout ~** de todas maneras; **cas de conscience** caso de conciencia; **cas de force majeure** caso de fuerza mayor; **cas limite** caso extremo; **cas social** caso social.

**case** [kɑz] nf casilla; (hutte) choza; (pour le courrier) casillero; **cochez la ~ réservée à cet effet** marque la casilla que corresponda.

**caser** [kɑze] vt (aussi péj) colocar; **se caser** vpr (personne) colocarse; (péj) conseguir casarse.

**caserne** [kazɛʀn] nf cuartel m.

**casier** [kɑzje] nm casillero; (à journaux) revistero; (de bureau) fichero; (: à clef) taquilla; (PÊCHE) nasa; **casier à bouteilles** botellero; **casier judiciaire** antecedentes mpl penales.

**casino** [kazino] nm casino.

**casque** [kask] nm casco; (chez le coiffeur) secador m; (pour audition) casco, auricular m; **les C~s bleus** los cascos azules.

**casquette** [kaskɛt] nf gorra.

**casse-cou** [kɑsku] adj inv (dangereux) superpeligroso(-a); (imprudent) alocado(-a) ♦ nm inv (personne) cabeza loca; **crier ~ à qn** avisar a voces de un peligro.

**casse-croûte** [kɑskʀut] nm inv tentempié m.

**casse-noix** [kasnwa] nm inv cascanueces m inv.

**casse-pieds** [kɑspje] (fam) adj, nm/f inv pesado(-a).

**casser** [kɑse] vt (verre etc) romper; (montre, moteur) estropear; (gradé) cesar; (JUR) anular ♦ vi (corde etc) romperse; **se casser** vpr romperse; (fam) largarse; (être fragile) romperse, quebrarse; **se ~ la jambe** romperse la pierna; **~ les prix** romper los precios; **à tout ~** (extraordinaire) fenomenal, formidable; (tout au plus) a lo más; **se ~ net**

romperse de un golpe.

**casserole** [kasʀɔl] nf cacerola, cazuela; **à la ~** a la cazuela.

**casse-tête** [kɑstɛt] nm inv (fig) quebradero de cabeza; (jeu) rompecabezas m inv.

**cassette** [kasɛt] nf (bande magnétique) cassette f, casete f; (coffret) joyero.

**cassis** [kasis] nm grosellero negro, casis m; (liqueur) licor m de grosella negra; (de la route) badén m.

**cassoulet** [kasulɛ] nm guiso de alubias.

**catalogue** [katalɔg] nm (aussi fig) catálogo.

**catalytique** [katalitik] adj: **pot ~** catalizador m.

**catastrophe** [katastʀɔf] nf catástrofe f; **atterrir en ~** aterrizar por emergencia; **partir en ~** salir a escape.

**catéchisme** [kateʃism] nm catecismo.

**catégorie** [kategɔʀi] nf categoría; (BOUCHERIE): **morceaux de première/deuxième ~** trozos de primera/segunda categoría.

**catégorique** [kategɔʀik] adj categórico (-a), tajante.

**cathédrale** [katedʀal] nf catedral f.

**catholique** [katɔlik] adj, nm/f católico(-a); **pas très ~** (fig) no muy católico(-a).

**cauchemar** [koʃmaʀ] nm pesadilla.

**cause** [koz] nf causa; (accident) causa, motivo; (JUR) caso; (intérêts) causa; **faire ~ commune avec qn** hacer causa común con algn; **être ~ de** ser causa de; **à ~ de** (gén) debido a; (par la faute de) por culpa de; **pour ~ de** por causa de, por; **(et) pour ~** claro está; **être en ~** (personne) tener parte de culpa; (qualité, intérêts etc) estar en juego; **mettre en ~** culpar; **remettre en ~** poner en tela de juicio; **être hors de ~** quedar fuera de sospecha; **en tout état de ~** de todas formas.

**causer** [koze] vt causar ♦ vi charlar; (jaser) chismorrear.

**caution** [kosjɔ̃] nf (argent, JUR) fianza; (fig) garantía, aval m; **payer la ~ de qn** pagar la fianza de algn; **se porter ~ pour qn** ser aval de algn; **libéré sous ~** libre bajo fianza; **sujet à ~** en tela de juicio.

**cavalier, -ière** [kavalje, jɛʀ] adj brusco(-a) ♦ nm/f (à cheval) jinete m/f; (au bal) pareja ♦ nm (ÉCHECS) caballo; **faire ~ seul** hacer rancho aparte; **allée** ou **piste cavalière** camino de herradura.

**cave** [kav] nf sótano; (réserve de vins) bodega; (cabaret) cabaret m ♦ adj: **yeux ~s**

ojos *mpl* hundidos; **joues ~s** mejillas *fpl* chupadas.

**CD** [sede] *sigle m* (= *compact disc*) CD *m* (= *compact disc*); (= *corps diplomatique*) CD *m* (= *Cuerpo Diplomático*).

**CD-Rom** [sederɔm] *sigle m* CD-Rom.

**CE** [sea] *sigle f* (= *Communauté européenne*) CE *f* ♦ *sigle m* (= *comité d'entreprise*) voir **comité**; (= *cours élémentaire*) voir **cours**.

---

MOT-CLÉ

**ce, c', cette** [sǝ, sɛt] (*devant nm commençant par voyelle ou h aspiré* cet) (*pl* ces) *dét* (*proche*) este(esta); (*intermédiaire*) ese(esa); (*éloigné: plus loin*) aquel(la); **cette maison(-ci/là)** esta casa/esa *ou* aquella casa; **cette nuit** esta noche

♦ *pron* **1**: **c'est** es; **c'est un peintre/ce sont des peintres** (*métier*) es un pintor/ son pintores; (*en désignant*) es un pintor/ son unos pintores; **c'est le facteur** (*à la porte*) es el cartero; **qui est-ce?** ¿quién es?; **qu'est-ce?** ¿sí?; **c'est toi qui le dis** lo dices tú; **c'est toi qui lui as parlé** eres tú quien le hablaste; **sur ce** tras esto; **c'est qu'il est lent/a faim** es que es lento/tiene hambre; **c'est petit/grand** es pequeño/ grande

**2**: **ce qui, ce que** lo que; (*chose qui*): **il est bête, ce qui me chagrine** es tonto, lo cual me apena; **tout ce qui bouge** todo lo que se mueve; **tout ce que je sais** todo lo que sé; **ce dont j'ai parlé** eso de lo que hablé; **ce que c'est grand!** ¡qué grande es!; **veiller à ce que ...** procurar que ...; *voir aussi* **-ci**; **est-ce que**; **n'est-ce pas**; **c'est-à-dire**.

---

**ceci** [sǝsi] *pron* esto.

**céder** [sede] *vt* (*maison, droit*) ceder, traspasar ♦ *vi* ceder; **~ à** (*tentation etc*) ceder a; **~ à qn** (*se soumettre*) someterse a algn.

**CEDEX** [sedɛks] *sigle m, sigle f* (= *Communauté des États indépendants*) CEI *f* (= *Comunidad de los Estados Independientes*).

**ceinture** [sɛtyʁ] *nf* cinturón *m*; (*taille*) cintura; (*d'un pantalon, d'une jupe*) cintura, cinturilla; **ceinture de sauvetage** cinturón salvavidas; **ceinture de sécurité** cinturón de seguridad; **ceinture (de sécurité) à enrouleur** cinturón (de seguridad) de enrollar; **ceinture noire** (*JUDO*) cintu-

rón negro; **ceinture verte** cinturón verde.

**cela** [s(ǝ)la] *pron* eso; (*plus loin*) aquello; **~ m'étonne que** me extraña que; **quand ~?** ¿cuándo?

**célèbre** [selɛbʁ] *adj* famoso(-a), célebre.

**célébrer** [selebʁe] *vt* celebrar; (*louer*) celebrar, encomiar.

**céleri** [sɛlʁi] *nm*: **~(-rave)** apio (nabo); **céleri en branche** apio.

**célibataire** [selibatɛʁ] *adj* soltero(-a) ♦ *nm/f* soltero(-a); **mère ~** madre *f* soltera.

**celle, celles** [sɛl] *pron voir* **celui**.

**cellulite** [selylit] *nf* celulitis *f inv*.

**celui, celle** [sǝlɥi, sɛl] (*mpl* ceux, *fpl* celles) *pron*: **~-ci** éste/ése; **celle-ci** ésta/ésa; **~-là/celle-là** aquél/aquélla; **ceux-ci/ celles-ci** éstos/éstas; **ceux-là/celles-là** ésos *ou* aquéllos/ésas *ou* aquéllas; **~ de mon frère** el de mi hermano; **~ du salon/du dessous** el del salón/de abajo; **~ qui bouge** (*pour désigner*) el que se mueve; **~ que je vois** el que veo; **~ dont je parle** (*personne*) ése del que hablo; (*chose*) eso de lo que hablo; **~ qui veut** (*valeur indéfinie*) el que quiera.

**cendre** [sãdʁ] *nf* ceniza; **~s** *nfpl* cenizas *fpl*; **sous la ~** (*CULIN*) en las cenizas.

**cendrier** [sãdʁije] *nm* cenicero.

**censé, e** [sãse] *adj*: **je suis ~ faire 7 h par jour** se supone que hago 7 horas diarias.

**censeur** [sãsœʁ] *nm* (*du lycée*) subdirector *m*; (*POL, PRESSE, CINÉ*) censor *m*.

**censure** [sãsyʁ] *nf* censura.

**censurer** [sãsyʁe] *vt* censurar.

**cent** [sã] *adj* (*avant un nombre*) ciento; (*avant un substantif*) cien ♦ *nm* (*MATH*) cien *m inv*; **~ cinquante** ciento cincuenta; **~ francs** cien francos; **pour ~** por ciento; **un ~ de** un centenar de; **faire les ~ pas** ir y venir, ir de un lado para otro.

**centaine** [sãtɛn] *nf* centena; **une ~ (de)** un centenar (de); **plusieurs ~s (de)** varios centenares (de); **des ~s (de)** centenares (de).

**centenaire** [sãt(ǝ)nɛʁ] *adj, nm/f* centenario(-a) ♦ *nm* (*anniversaire*) centenario.

**centième** [sãtjɛm] *adj, nm/f* centésimo(-a); **un ~ de seconde** una centésima de segundo; *voir aussi* **cinquantième**.

**centigrade** [sãtigʁad] *nm* centígrado.

**centilitre** [sãtilitʁ] *nm* centilitro.

**centime** [sãtim] *nm* céntimo.

**centimètre** [sãtimɛtʀ] nm centímetro; (ruban) cinta métrica.

**central, e, -aux** [sãtʀal, o] adj (aussi fig) central ♦ nm: ~ (**téléphonique**) central f (telefónica).

**centrale** [sãtʀal] nf (prison) central f; **centrale d'achat** centro de compras; **centrale électrique/nucléaire** central eléctrica/nuclear; **centrale syndicale** central sindical.

**centre** [sãtʀ] nm centro; (FOOTBALL: joueur) centro(campista); **le ~** (POL) el centro; **centre aéré** campamento de verano para niños; **centre commercial/culturel** centro comercial/cultural; **centre d'appels** centro de llamadas; **centre d'apprentissage** centro de formación profesional; **centre d'attractions** parque m de atracciones; **centre d'éducation surveillée** centro de enseñanza vigilada; **centre de détention** centro penitenciario; **centre de gravité** centro de gravedad; **centre de loisirs** centro de recreo; **centre de semi-liberté** centro de reclusión en régimen abierto; **centre de tri** centro de correos; **centre hospitalier/sportif** centro hospitalario/deportivo; **centres nerveux** (ANAT) centros mpl nerviosos.

**centre-ville** [sãtʀəvil] (pl ~s-~s) nm centro de la ciudad.

**cèpe** [sɛp] nm seta.

**cependant** [s(ə)pãdã] conj sin embargo, no obstante.

**céramique** [seʀamik] nf cerámica.

**cercle** [sɛʀkl] nm (GÉOM) círculo; (objet circulaire) círculo, aro; (de jeu, bridge) club m; **décrire un ~** describir un círculo; **cercle d'amis** círculo de amigos; **cercle de famille** entorno familiar; **cercle vicieux** círculo vicioso.

**cercueil** [sɛʀkœj] nm ataúd m, féretro.

**céréale** [seʀeal] nf cereal m.

**cérémonie** [seʀemɔni] nf ceremonia; ~s nfpl (péj: façons, chichis) formalidades fpl.

**cerf** [sɛʀ] nm ciervo.

**cerf-volant** [sɛʀvɔlã] (pl ~s-~s) nm cometa; **jouer au ~-~** jugar a la cometa.

**cerise** [s(ə)ʀiz] nf, adj inv cereza.

**cerisier** [s(ə)ʀizje] nm cerezo.

**cerner** [sɛʀne] vt (armée, ville) cercar; (problème) delimitar; (être autour) rodear.

**certain, e** [sɛʀtɛ̃, ɛn] adj (indéniable) cierto(-a), seguro(-a); (personne): ~ (de/

que) seguro(-a) (de/de que), convencido(-a) (de/de que) ♦ dét: **un ~ Georges** un tal Georges; **un ~ courage** (non négligeable) mucho valor; **~s cas** algunos casos; **d'un ~ âge** de cierta edad; **un ~ temps** cierto tiempo; **sûr et ~** completamente seguro.

**certainement** [sɛʀtɛnmã] adv (probablement) probablemente; (bien sûr) sin duda, por supuesto.

**certes** [sɛʀt] adv (bien sûr) por supuesto; (sans doute) sin duda alguna; (en réponse) ciertamente.

**certificat** [sɛʀtifika] nm certificado; **certificat de fin d'études secondaires** certificado de fin de estudios secundarios; **certificat médical/de vaccination** certificado médico/de vacunación.

**certifier** [sɛʀtifje] vt asegurar; (document, signature) certificar; ~ **à qn que** asegurar a algn que.

**certitude** [sɛʀtityd] nf certeza.

**cerveau, x** [sɛʀvo] nm (aussi fig) cerebro.

**cervelas** [sɛʀvəla] nm salchicha corta y gruesa de carne y sesos.

**cervelle** [sɛʀvɛl] nf (ANAT) cerebro; (CULIN) sesos mpl; **se creuser la ~** romperse la cabeza, devanarse los sesos.

**CES** [seəs] sigle m (= collège d'enseignement secondaire) ≈ Instituto de Enseñanza Media.

**ces** [se] dét voir **ce**.

**cesse** [sɛs] : **sans ~** adv sin parar; **n'avoir de ~ que** no descansar hasta que.

**cesser** [sese] vt detener ♦ vi parar, cesar; ~ **de faire** dejar de hacer; **faire ~** (bruit, scandale) acabar con.

**cessez-le-feu** [sesel(ə)fø] nm inv alto el fuego.

**c'est-à-dire** [sɛtadiʀ] adv es decir; **~-~-~?** (demander de préciser) ¿es decir?, ¿y?; **~-~-~ que** (en conséquence) es decir que, o sea que; (manière d'excuse) es decir, ...

**CET** [seəte] sigle m (= collège d'enseignement technique) ≈ centro de FP.

**cet** [sɛt] dét voir **ce**.

**ceux** [sø] pron voir **celui**.

**chacun, e** [ʃakœ̃, yn] pron cada uno(-a); (indéfini) todos(-as).

**chagrin, e** [ʃagʀɛ̃, in] adj triste, taciturno (-a) ♦ nm pena; **avoir du ~** sentir pena.

**chahut** [ʃay] nm jaleo; (SCOL) alboroto.

**chahuter** [ʃayte] vt incordiar ♦ vi alborotar.

**chaîne** [ʃɛn] *nf* cadena; *(TV)* cadena, canal *m*; **~s** *nfpl (liens, asservissement)* lazos *mpl*; *(pour pneus)* cadenas *fpl*; **travail à la ~** trabajo en cadena; **réactions en ~** reacciones *fpl* en cadena; **faire la ~** hacer una cadena; **chaîne audio** equipo *ou* cadena audio; **chaîne (de fabrication/de montage)** cadena (de fabricación/de montaje); **chaîne (de montagnes)** cadena (de montañas), cordillera; **chaîne de solidarité** cadena de solidaridad; **chaîne (hi-fi)** cadena (hi-fi) *ou* equipo de música; **chaîne stéréo** cadena *ou* equipo estéreo.

**chair** [ʃɛʀ] *nf* carne *f* ♦ *adj inv*: **(couleur) ~** (color) carne *inv*; **la ~** *(REL)* la carne; **avoir la ~ de poule** tener la carne *ou* piel de gallina; **être bien en ~** estar entrado(-a) en carnes; **en ~ et en os** de carne y hueso; **chair à saucisses** carne picada.

**chaise** [ʃɛz] *nf* silla; **chaise de bébé** silla de bebé; **chaise électrique** silla eléctrica; **chaise longue** tumbona, hamaca.

**châle** [ʃɑl] *nm* chal *m*.

**chaleur** [ʃalœʀ] *nf (aussi fig)* calor *m*; *(ardeur, emportement)* ardor *m*; **en ~** en celo.

**chaleureux, -euse** [ʃalœʀø, øz] *adj (accueil, gens)* caluroso(-a).

**chamailler** [ʃamaje]: **se ~** *(fam)* *vpr* reñir.

**chambre** [ʃɑ̃bʀ] *nf (d'un logement)* habitación *f*, cuarto; *(TECH, POL, COMM)* cámara; *(JUR)* sala; **faire ~ à part** dormir en habitaciones separadas; **stratège/alpiniste en ~** estratega *m/f*/alpinista *m/f* de tres al cuarto; **chambre à air** cámara de aire; **chambre à coucher** dormitorio; **chambre à gaz** cámara de gas; **chambre à un lit/deux lits** *(à l'hôtel)* habitación individual/doble; **chambre d'accusation** sala de acusación; **chambre d'agriculture** cámara agrícola; **chambre d'amis** cuarto de invitados; **chambre de combustion** cámara de combustión; **Chambre de commerce et d'industrie** cámara de comercio y de industria; **Chambre des députés** Cámara de los diputados; **chambre des machines** sala de máquinas; **Chambre des métiers** Cámara de oficios; **chambre d'hôte** habitación de huéspedes; **chambre forte** cámara acorazada; **chambre frigorifique** *ou* **froide** cámara frigorífica; **chambre meublée** habitación amueblada; **chambre noire** *(PHOTO)* cámara oscura; **chambre pour une/deux personne(s)** habitación para una/dos persona(s).

**chameau, x** [ʃamo] *nm* camello.

**chamois** [ʃamwa] *nm* gamuza ♦ *adj inv*: **(couleur) ~** (color) gamuza.

**champ** [ʃɑ̃] *nm (aussi fig)* campo; **les ~s** *nmpl (la campagne)* el campo; **dans le ~** *(PHOTO)* en el campo visual; **prendre du ~** alejarse, tomar distancia; **laisser le ~ libre à qn** dejar el campo libre a algn; **champ d'action** campo de acción; **champ de bataille** campo de batalla; **champ de courses** hipódromo; **champ de manœuvre/de mines/de tir** campo de maniobras/de minas/de tiro; **champ d'honneur** campo de honor; **champ visuel** campo visual.

**Champagne** [ʃɑ̃paɲ] *nf* Champaña.

**champagne** [ʃɑ̃paɲ] *nm* champán *m*; **fine ~** coñac *m*.

**champignon** [ʃɑ̃piɲɔ̃] *nm* seta; *(BOT)* hongo; *(fam: accélérateur)* acelerador *m*; **champignon de couche** *ou* **de Paris** champiñón; **champignon vénéneux** seta venenosa.

**champion, ne** [ʃɑ̃pjɔ̃, jɔn] *adj* campeón (-ona) ♦ *nm/f (SPORT)* campeón(-ona); *(d'une cause)* adalid *m/f*; **champion du monde** campeón del mundo.

**championnat** [ʃɑ̃pjɔna] *nm* campeonato.

**chance** [ʃɑ̃s] *nf* suerte *f*; *(occasion)* oportunidad *f*; **~s** *nfpl (probabilités)* posibilidades *fpl*; **il y a de fortes ~s pour que Paul soit malade** es muy posible que Paul esté enfermo; **bonne ~!** ¡buena suerte!; **avoir de la ~** tener suerte; **il a des ~s de gagner** tiene posibilidades de ganar; **je n'ai pas de ~** no tengo suerte; **encore une ~ que tu viennes!** ¡qué suerte *ou* bien que vengas!; **donner sa ~ à qn** dar una oportunidad a algn.

**Chandeleur** [ʃɑ̃dlœʀ] *nf*: **la ~** la Candelaria.

**change** [ʃɑ̃ʒ] *nm* cambio; **opérations de ~** operaciones *fpl* de cambio; **le contrôle des ~s** el control de cambio; **gagner/perdre au ~** ganar/perder en *ou* con el cambio; **donner le ~ à qn** *(fig)* dar gato por liebre a algn.

**changement** [ʃɑ̃ʒmɑ̃] *nm* cambio; **changement de vitesse** cambio de velocidades *ou* marchas.

**changer** [ʃɑ̃ʒe] *vt* cambiar ♦ *vi* cambiar; **se**

**changer** *vpr* cambiarse; ~ **de** cambiar de; ~ **d'air** cambiar de aires; ~ **de vêtements** cambiarse de ropa; ~ **de place avec qn** cambiar de sitio con algn; ~ **de vitesse** (*AUTO*) cambiar de velocidad *ou* de marcha; ~ **qn/qch de place** cambiar a algo/algn de lugar; ~ **qch en** convertir algo en; **il faut** ~ **à Lyon** hay que cambiar en Lyon; **cela me change** esto es un cambio para mí.

**chanson** [ʃɑ̃sɔ̃] *nf* canción *f*.

**chant** [ʃɑ̃] *nm* canto; **posé de** *ou* **sur** ~ (*TECH*) colocado de canto; **chant de Noël** villancico.

**chantage** [ʃɑ̃taʒ] *nm* chantaje *m*; **faire du** ~ chantajear *ou* hacer chantaje.

**chanter** [ʃɑ̃te] *vt* cantar; (*louer*) alabar ♦ *vi* cantar; ~ **juste** cantar sin desafinar; ~ **faux** desafinar; **si cela lui chante** (*fam*) si le apetece.

**chanteur, -euse** [ʃɑ̃tœʀ, øz] *nm/f* cantante *m/f*; **chanteur de charme** cantante de melodías sentimentales.

**chantier** [ʃɑ̃tje] *nm* obra; **être/mettre en** ~ estar/poner en obras; **chantier naval** astillero.

**chantilly** [ʃɑ̃tiji] *nf voir* **crème**.

**chantonner** [ʃɑ̃tɔne] *vi*, *vt* canturrear.

**chapeau, x** [ʃapo] *nm* sombrero; (*PRESSE*) entradilla; ~**!** *excl* ¡bravo!; **partir sur les** ~**x de roues** arrancar a toda velocidad; **chapeau melon** bombín *m*; **chapeau mou** sombrero flexible.

**chapelle** [ʃapɛl] *nf* capilla; **chapelle ardente** capilla ardiente.

**chapitre** [ʃapitʀ] *nm* capítulo; (*sujet*) tema; (*REL*) cabildo; **avoir voix au** ~ tener voz y voto.

**chaque** [ʃak] *dét* cada; **c'est cinq francs** ~ son cinco francos cada uno(-a).

**char** [ʃaʀ] *nm* carro; (*MIL: aussi:* ~ **d'assaut**) carro de combate; (*de carnaval*) carroza.

**charbon** [ʃaʀbɔ̃] *nm* carbón *m*; **charbon de bois** carbón de leña.

**charcuterie** [ʃaʀkytʀi] *nf* (*magasin*) charcutería; (*produits*) embutidos *mpl*.

**charcutier, -ière** [ʃaʀkytje, jɛʀ] *nm/f* chacinero(-a).

**chardon** [ʃaʀdɔ̃] *nm* cardo.

**charge** [ʃaʀʒ] *nf* carga; (*rôle, mission*) misión *f*; (*MIL*) ataque *m*; (*JUR*) cargo; ~**s** *nfpl* (*du loyer*) facturas *fpl*; (*d'un commerçant*) gastos *mpl*; **à la** ~ **de** a cargo de; **prise en** ~ (**par la Sécurité Sociale**) gastos cubiertos por la Seguridad Social; **à** ~ **de revanche** en desquite; **prendre en** ~ hacerse cargo de; **revenir à la** ~ volver a la carga; **charges sociales** cargas sociales; **charge utile** carga máxima; (*COMM*) carga rentable.

**chargement** [ʃaʀʒəmɑ̃] *nm* (*action*) carga; (*marchandises*) cargamento.

**charger** [ʃaʀʒe] *vt* cargar; (*JUR*) declarar en contra de; (*un portrait, une description*) recargar ♦ *vi* cargar; ~ **qn de qch/faire qch** (*fig*) encargar a algn de algo/que haga algo; **se** ~ **de** encargarse de; **se** ~ **de faire qch** encargarse de hacer algo.

**chariot** [ʃaʀjo] *nm* carretilla; (*à bagages, provisions*) carro; (*charrette*) carreta; (*de machine à écrire*) rodillo; **chariot élévateur** carretilla elevadora.

**charitable** [ʃaʀitabl] *adj* caritativo(-a); (*gentil*) amable.

**charité** [ʃaʀite] *nf* caridad *f*; (*aumône*) limosna; **faire la** ~ **à** dar limosna a; **fête/vente de** ~ fiesta/venta benéfica.

**charmant, e** [ʃaʀmɑ̃, ɑ̃t] *adj* encantador(a).

**charme** [ʃaʀm] *nm* encanto; (*BOT*) carpe *m*; (*envoûtement*) encanto, hechizo; ~**s** *nmpl* (*appas*) encanto *msg*; **c'est ce qui en fait le** ~ es lo que le da el encanto; **faire du** ~ coquetear; **aller** *ou* **se porter comme un** ~ estar más sano que una manzana.

**charmer** [ʃaʀme] *vt* (*plaire*) fascinar; (*envoûter*) encantar, hechizar; **je suis charmé de** (*enchanté*) estoy encantado de.

**charpente** [ʃaʀpɑ̃t] *nf* (*d'un bâtiment*) esqueleto; (*fig*) estructura; (*carrure*) estructura, constitución *f*.

**charpentier** [ʃaʀpɑ̃tje] *nm* albañil *m*.

**charrette** [ʃaʀɛt] *nf* carreta.

**charter** [ʃaʀtɛʀ] *nm* chárter *m*.

**chasse** [ʃas] *nf* caza; (*aussi:* ~ **d'eau**) cisterna; **la** ~ **est ouverte/fermée** la veda está levantada/cerrada; **aller à la** ~ ir de caza; **prendre en** ~ perseguir, dar caza a; **donner la** ~ **à** (*fugitif*) dar caza a; **tirer la** ~ (**d'eau**) tirar de la cadena; **chasse à courre** caza a caballo; **chasse à l'homme** cacería humana; **chasse aérienne** caza aérea; **chasse gardée** (*aussi fig*) coto vedado; **chasse sous-marine** caza submarina.

**chasse-neige** [ʃasnɛʒ] *nm inv* quitanieves

*m inv.*

**chasser** [ʃase] *vt* cazar; (*expulser*) echar; (*idée*) desechar; (*dissiper*) disipar ♦ *vi* cazar; (AUTO) patinar, derrapar.

**chasseur, -euse** [ʃasœʀ, øz] *nm/f* (*de gibier*) cazador(a) ♦ *nm* (*avion*) (avión de) caza *m*; (*domestique*) botones *m inv*; **chasseur de son** aficionado en busca de sonidos extraordinarios; **chasseur de têtes** (*fig*) cazatalentos *m inv*; **chasseur d'images** fotógrafo en busca de imágenes insólitas; **chasseurs alpins** (MIL) cazadores de montaña del ejército francés.

**chat** [ʃa] *nm* gato; **avoir un ~ dans la gorge** tener carraspera; **avoir d'autres ~s à fouetter** tener cosas más importantes; **chat sauvage** gato montés.

**châtaigne** [ʃatɛɲ] *nf* castaña.

**châtaignier** [ʃatɛɲe] *nm* castaño.

**châtain** [ʃatɛ̃] *adj inv* castaño(-a).

**château, x** [ʃato] *nm* castillo; **château d'eau** arca de agua; **château de sable** castillo de arena; **château fort** fortaleza, alcázar *m*.

**châtiment** [ʃatimɑ̃] *nm* castigo; **châtiment corporel** castigo corporal.

**chaton** [ʃatɔ̃] *nm* (ZOOL) gatito; (BOT) candelilla; (*de bague*) engaste *m*.

**chatouiller** [ʃatuje] *vt* hacer cosquillas; ~ **l'odorat** abrir el olfato; ~ **le palais** estimular el paladar; **ça chatouille!** ¡qué cosquillas!

**chatte** [ʃat] *nf* gata.

**chaud, e** [ʃo, ʃod] *adj* caliente; (*très chaud*) ardiente; (*vêtement*) abrigado(-a); (*couleur*) cálido(-a); (*félicitations*) ardiente, cálido (-a); (*discussion*) acalorado(-a) ♦ *nm* calor *m*; **il fait ~** hace calor; **manger/boire ~** comer/beber caliente; **avoir ~** tener calor; **tenir ~** abrigar; **tenir au ~** mantener caliente; **ça me tient ~** eso me abriga; (*trop chaud*) eso me da calor; **rester au ~** permanecer abrigado(-a); **chaud et froid** *nm* (MÉD) enfriamiento.

**chaudière** [ʃodjɛʀ] *nf* caldera.

**chauffage** [ʃofaʒ] *nm* calentamiento, calefacción *f*; (*appareils*) calefacción; **arrêter le ~** apagar la calefacción; **chauffage à l'électricité** calefacción eléctrica; **chauffage au charbon/au gaz** calefacción de carbón/de gas; **chauffage central** calefacción central; **chauffage par le sol** calefacción por suelo.

**chauffe-eau** [ʃofo] *nm inv* calentador *m* de agua.

**chauffer** [ʃofe] *vt* calentar ♦ *vi* calentar; (*trop chauffer*) recalentar; **se chauffer** *vpr* (*aussi fig*) calentarse.

**chauffeur, -euse** [ʃofœʀ, øz] *nm/f* chófer *m*, chofer *m* (AM); **voiture avec/sans ~** coche *m* con/sin conductor.

**chaumière** [ʃomjɛʀ] *nf* choza.

**chaussée** [ʃose] *nf* calzada; (*digue*) terraplén *m*.

**chausser** [ʃose] *vt* calzar; **se chausser** *vpr* calzarse; ~ **du 38/42** calzar el 38/42; ~ **grand/bien** (*suj: soulier*) quedar grande/bien.

**chaussette** [ʃosɛt] *nf* calcetín *m*, media (AM).

**chausson** [ʃosɔ̃] *nm* zapatilla; (*de bébé*) patuco; **chausson (aux pommes)** pastel *m* de manzana.

**chaussure** [ʃosyʀ] *nf* zapato; **la ~** (COMM) el calzado; **chaussures basses** zapatos *mpl* bajos; **chaussures de ski** botas *fpl* de esquí; **chaussures montantes** botas.

**chauve** [ʃov] *adj* calvo(-a).

**chauve-souris** [ʃovsuʀi] (*pl* ~s-~) *nf* murciélago.

**chauvin, e** [ʃovɛ̃, in] *adj, nm/f* patriotero (-a).

**chaux** [ʃo] *nf* cal *f*; **blanchi à la ~** encalado.

**chef** [ʃɛf] *nm* jefe *m*; **au premier ~** ante todo; **coupable au premier ~** culpable en el más alto grado; **de son propre ~** por su propia iniciativa; **général/commandant en ~** general *m*/comandante *m* en jefe; **chef d'accusation** base *f* de acusación; **chef d'atelier** jefe de taller; **chef d'entreprise** empresario; **chef d'équipe** jefe de equipo; **chef d'État** jefe de estado; **chef d'orchestre** director *m* de orquesta; **chef de bureau** jefe de oficina; **chef de clinique** director de clínica; **chef de famille** cabeza de familia; **chef de file** (*de parti etc*) cabeza de fila; **chef de gare** jefe de estación; **chef de rayon/de service** jefe de sección/de servicio.

**chef-d'œuvre** [ʃɛdœvʀ] (*pl* ~s-~) *nm* obra maestra.

**chef-lieu** [ʃɛfljø] (*pl* ~s-~x) *nm* cabeza de distrito.

**chemin** [ʃ(ə)mɛ̃] *nm* (*aussi fig*) camino, sendero; (*itinéraire*) camino; (*trajet*) trayecto, camino; **en ~** por el camino; **~ faisant** de camino; **les ~s de fer** (*organisation*) los ferrocarriles *mpl*; **chemin de terre** camino de tierra.

**cheminée** [ʃ(ə)mine] *nf* chimenea.

**chemise** [ʃ(ə)miz] *nf* (*vêtement*) camisa; (*dossier*) carpeta; **chemise de nuit** camisón *m*.

**chemisier** [ʃ(ə)mizje] *nm* blusa.

**chêne** [ʃɛn] *nm* castaño.

**chenil** [ʃ(ə)nil] *nm* perrera; (*élevage*) criadero de perros.

**chenille** [ʃ(ə)nij] *nf* oruga; **véhicule à ~s** coche *m* oruga.

**chèque** [ʃɛk] *nm* cheque *m*, talón *m*; **faire/toucher un ~** extender/cobrar un cheque; **par ~** con cheque; **chèque au porteur** cheque al portador; **chèque barré** cheque cruzado; **chèque de voyage** cheque de viaje; **chèque en blanc** cheque en blanco; **chèque postal** cheque postal; **chèque sans provision** cheque sin fondos.

**chéquier** [ʃekje] *nm* talonario de cheques.

**cher, chère** [ʃɛʀ] *adj* (*aimé*) querido(-a); (*coûteux*) caro(-a) ♦ *adv*: **coûter ~** costar caro; **payer ~** pagar mucho dinero; **mon ~, ma chère** querido(-a); **cela coûte ~** esto cuesta caro.

**chercher** [ʃɛʀʃe] *vt* buscar; **~ des ennuis** buscarse problemas; **~ la bagarre** buscar pelea; **aller ~** ir a buscar; **~ à faire** tratar de hacer.

**chercheur, -euse** [ʃɛʀʃœʀ, øz] *nm/f* investigador(a); **chercheur d'or** buscador(a) de oro.

**chéri, e** [ʃeʀi] *adj* querido(-a); **(mon) ~** querido (mío).

**cheval, -aux** [ʃ(ə)val, o] *nm* caballo; **~ vapeur** caballo de vapor; **10 chevaux** 10 caballos; **faire du ~** practicar equitación; **à cheval** a caballo; **à ~ sur** (*mur etc*) a horcajadas en *ou* sobre; (*périodes*) a caballo entre; **être à ~ sur** (*domaines*) emanar de; **monter sur ses grands chevaux** subirse a la parra; **cheval à bascule** caballito de balancín; **cheval d'arçons** potro; **cheval de bataille** (*fig*) caballo de batalla; **cheval de course** caballo de carreras; **chevaux de bois** (*des manèges*) caballitos *mpl*; (*manège*) tiovivo; **chevaux de frise** alambradas *fpl*.

**chevalier** [ʃ(ə)valje] *nm* caballero; **chevalier servant** galán *m*.

**chevalière** [ʃ(ə)valjɛʀ] *nf* (sortija de) sello.

**chevaux** [ʃavo] *nmpl voir* **cheval**.

**chevet** [ʃ(ə)vɛ] *nm* presbiterio; **au ~ de qn** al lecho de algn; **lampe de ~** lámpara de noche; **livre de ~** libro que se lee antes de dormir; **table de ~** mesilla de noche.

**cheveu, x** [ʃ(ə)vø] *nm* cabello, pelo; **~x** *nmpl* pelo *msg*; **se faire couper les ~x** cortarse el pelo; **avoir les ~x courts/en brosse** tener el pelo corto/de punta; **tiré par les ~x** (*histoire*) inverosímil; **cheveux d'ange** (*vermicelle*) cabello *msg* de ángel; (*décoration*) pelusa plateada para árboles de Navidad.

**cheville** [ʃ(ə)vij] *nf* (ANAT) tobillo; (*de bois*) clavija, tarugo; (*pour enfoncer une vis*) clavija; **être en ~ avec qn** tener relación con algn; **cheville ouvrière** (AUTO) clavija maestra; (*fig*) alma.

**chèvre** [ʃɛvʀ] *nf* cabra ♦ *nm* queso de cabra; **ménager la ~ et le chou** saber nadar y guardar la ropa.

**chèvrefeuille** [ʃɛvʀəfœj] *nm* madreselva.

**chevreuil** [ʃəvʀœj] *nm* corzo.

**chez** [ʃe] *prép* (*à la demeure de*) en casa de; (: *direction*) a casa de; (*auprès de, parmi*) entre ♦ *nm inv*: **~-moi/chez-soi/chez-toi** casa; **~ qn** en casa de algn; **~ moi** (*à la maison*) en mi casa; (*direction*) a mi casa; **~ Racine** en Racine; **~ ce poète** en este poeta; **~ les Français/les renards** entre los franceses/los zorros; **~ lui c'est un devoir** es un deber en él; **aller ~ le boulanger/le dentiste** ir a la panadería/al dentista; **il travaille ~ Renault** trabaja en la Renault.

**chic** [ʃik] *adj inv* (*élégant*) elegante; (*de la bonne société*) distinguido(-a); (*généreux*) amable ♦ *nm* (*élégance*) elegancia; **avoir le ~ pour** tener el don de; **faire qch de ~** ser generoso(-a) al hacer algo; **c'était ~ de sa part** ha sido muy amable de su parte; **~!** ¡estupendo!

**chicorée** [ʃikɔʀe] *nf* achicoria; **chicorée frisée** escarola.

**chien** [ʃjɛ̃] *nm* perro; (*de pistolet*) gatillo; **temps de ~** tiempo de perros; **vie de ~** vida perra; **en ~ de fusil** hecho(-a) un ovillo; **entre ~ et loup** entre dos luces; **chien d'aveugle** perro lazarillo; **chien de chasse/de garde** perro de caza/

guardián; **chien de traîneau/de race**
perro esquimal/de raza; **chien policier**
perro policía.

**chienne** [ʃjɛn] *nf* perra.

**chier** [ʃje] (*fam!*) *vi* cagar (*fam!*); **faire ~ qn**
(*importuner*) dar el coñazo a algn (*fam!*);
(*causer des ennuis à*) joder a algn (*fam!*);
**se faire ~** (*s'ennuyer*) amuermarse.

**chiffon** [ʃifɔ̃] *nm* trapo.

**chiffonner** [ʃifɔne] *vt* arrugar; (*tracasser*)
inquietar.

**chiffre** [ʃifʀ] *nm* cifra, número; (*montant,
total*) importe *m*; (*d'un code*) clave *f*; **en ~s
ronds** en números redondos; **écrire un
nombre en ~s** escribir un número en cifras; **chiffres arabes/romains** números
*mpl* arábigos/romanos; **chiffre d'affaires**
volumen *m* de negocios; **chiffre de ventes** volumen de ventas.

**chiffrer** [ʃifʀe] *vt* (*dépense*) calcular; (*message*) cifrar ♦ *vi*: ~ **à** ascender a; **se chiffrer à** *vpr* ascender a.

**chignon** [ʃiɲɔ̃] *nm* moño.

**Chili** [ʃili] *nm* Chile *m*.

**chilien, ne** [ʃiljɛ̃, jɛn] *adj* chileno(-a) ♦
*nm/f*: **C~, ne** chileno(-a).

**chimie** [ʃimi] *nf* química.

**chimique** [ʃimik] *adj* químico(-a); **produits
~s** productos *mpl* químicos.

**chimpanzé** [ʃɛ̃pɑ̃ze] *nm* chimpancé *m*.

**Chine** [ʃin] *nf* China; **la ~ libre** China libre;
**la république de ~** la república de China.

**chine** [ʃin] *nm* papel *m* de China; (*porcelaine*) porcelana china ♦ *nf* (*brocante*) chamarileo.

**chinois, e** [ʃinwa, waz] *adj* chino(-a) ♦ *nm*
(*LING*) chino ♦ *nm/f*: **C~, e** chino(-a).

**chiot** [ʃjo] *nm* cachorro (de perro).

**chips** [ʃips] *nfpl* (*aussi*: **pommes ~**) patatas
*fpl* fritas.

**chirurgie** [ʃiʀyʀʒi] *nf* cirugía; **chirurgie
esthétique** cirugía estética.

**chirurgien, ne** [ʃiʀyʀʒjɛ̃, jɛn] *nm/f*
cirujano(-a); **chirurgien dentiste** dentista *m/f*, odontólogo(-a).

**chlore** [klɔʀ] *nm* cloro.

**choc** [ʃɔk] *nm* choque *m*; (*moral*) impacto *m*;
(*affrontement*) enfrentamiento ♦ *adj*: **prix
~** precio de ganga; **de ~** de choque; **choc
en retour** (*fig*) choque de rechazo; **choc
nerveux** ataque *m* de nervios; **choc opératoire** choque operatorio.

**chocolat** [ʃɔkɔla] *nm* chocolate *m*; (*bon-*

*bon*) bombón *m*; **chocolat à croquer**
chocolate para crudo; **chocolat à cuire**
chocolate a la taza; **chocolat au lait** chocolate con leche; **chocolat en poudre**
chocolate en polvo.

**chœur** [kœʀ] *nm* coro; **en ~** a coro.

**choisir** [ʃwaziʀ] *vt* escoger, elegir; (*candidat*) elegir; ~ **de faire qch** elegir hacer
algo.

**choix** [ʃwa] *nm* elección *f*; (*assortiment*) selección *f*, surtido; **avoir le ~ de/entre** tener la opción de/entre; **de premier ~**
(*COMM*) de primera calidad; **je n'avais pas
le ~** no tenía opción; **de ~** escogido(-a),
de calidad; **au ~** a escoger; **de mon/son
~** por mi/su gusto; **tu peux partir ou rester, tu as le ~** te vas o te quedas, tú eli-
ges.

**chômage** [ʃomaʒ] *nm* paro, cesantía (*AM*);
**mettre au ~** dejar en el paro; **être au ~**
estar en paro; **chômage partiel/
structurel/technique** paro parcial/es-
tructural/técnico.

**chômeur, -euse** [ʃomœʀ, øz] *nm/f*
parado(-a).

**choquer** [ʃɔke] *vt* chocar; (*commotionner*)
conmocionar.

**chorale** [kɔʀal] *nf* coral *f*.

**chose** [ʃoz] *nf* cosa ♦ *nm* (*fam: machin*)
cosa; **~s** *nfpl* (*situation*) cosas *fpl* ♦ *adj inv*:
**être/se sentir tout ~** (*bizarre*) estar/
sentirse raro(-a); (*malade*) estar/sentirse
mal; **dire bien des ~s à qn** dar muchos
recuerdos a algn; **faire bien les ~s** hacer
las cosas bien; **parler de ~s et d'autres**
hablar un poco de todo; **c'est peu de ~**
es poca cosa.

**chou, x** [ʃu] *nm* col *f*, berza ♦ *adj inv*
mono(-a), encantador(a); **mon petit ~** tesoro mío, amor mío, mi negro (*AM*); **faire
~ blanc** fracasar; **bout de ~** niñito(-a);
**feuille de ~** (*fig*) periodicucho; **chou (à
la crème)** pastelillo (de crema); **chou de
Bruxelles** col de Bruselas.

**choucroute** [ʃukʀut] *nf* chucrut *m*.

**chou-fleur** [ʃuflœʀ] (*pl* **~x-~s**) *nm* coliflor
*f*.

**chrétien, ne** [kʀetjɛ̃, jɛn] *adj, nm/f*
cristiano(-a).

**Christ** [kʀist] *nm*: **le ~** el Cristo; **un c~** (*crucifix, peinture*) un cristo; **Jésus ~** Jesucristo.

**christianisme** [kʀistjanism] *nm* cristianismo.

**chronique** [kʀɔnik] adj crónico(-a) ♦ nf crónica; **la ~ sportive/théâtrale** la crónica deportiva/teatral; **la ~ locale** la crónica local.

**chronologique** [kʀɔnɔlɔʒik] adj cronológico(-a); **tableau ~** cuadro cronológico.

**chrono(mètre)** [kʀɔnɔ(mɛtʀ)] nm cronómetro.

**chronométrer** [kʀɔnɔmetʀe] vt cronometrar.

**chrysanthème** [kʀizɑ̃tɛm] nm crisantemo.

**chtarbé, e** [ʃtaʀbe] (fam) adj chalado(-a) (fam).

**chuchotement** [ʃyʃɔtmɑ̃] nm cuchicheo.

**chuchoter** [ʃyʃɔte] vt, vi cuchichear.

**chut** [ʃyt] excl ¡chitón!

**chute** [ʃyt] nf (aussi fig) caída; (de température, pression) descenso; (déchet) recorte m; **la ~ des cheveux** la caída del cabello; **faire une ~ (de 10 m)** caerse (10 metros); **chute (d'eau)** salto de agua; **chute des reins** rabadilla; **chute libre** caída libre; **chutes de neige** nevadas fpl; **chutes de pluie** chaparrones mpl.

**Chypre** [ʃipʀ] n Chipre f.

**ci-, -ci** [si] adv voir **par; comme; ci-contre** etc ♦ dét: **ce garçon/cet homme-ci** este chico/este hombre; **ces hommes/femmes-ci** estos hombres/estas mujeres.

**cible** [sibl] nf blanco; (fig) blanco, objetivo.

**ciboulette** [sibulɛt] nf cebolleta.

**cicatrice** [sikatʀis] nf cicatriz f.

**cicatriser** [sikatʀize] vt cicatrizar; **se cicatriser** vpr cicatrizarse.

**ci-contre** [sikɔ̃tʀ] adv al lado.

**ci-dessous** [sidəsu] adv más abajo.

**ci-dessus** [sidəsy] adv arriba.

**cidre** [sidʀ] nm sidra.

**Cie** abr (= compagnie) Cía (= compañía).

**ciel** [sjɛl] (pl **~s** ou (litt) **cieux**) nm cielo; **cieux** nmpl cielos mpl; **à ~ ouvert** a cielo abierto; **tomber du ~** (arriver à l'improviste) venir como caído del cielo; (être stupéfait) caer de las nubes; **~!** ¡cielos!; **ciel de lit** dosel m.

**cieux** [sjø] nmpl voir **ciel**.

**cigale** [sigal] nf cigarra.

**cigare** [sigaʀ] nm cigarro, puro.

**cigarette** [sigaʀɛt] nf cigarrillo, pitillo; **cigarette (à) bout filtre** cigarrillo con filtro.

**ci-inclus, e** [siɛ̃kly, yz] adj incluso(-a) ♦ adv incluso.

**ci-joint, e** [siʒwɛ̃, ɛ̃t] adj adjunto(-a) ♦ adv adjunto; **veuillez trouver ~-~ ...** encontrará adjunto.

**cil** [sil] nm pestaña.

**cime** [sim] nf cima.

**ciment** [simɑ̃] nm cemento; **ciment armé** cemento armado.

**cimetière** [simtjɛʀ] nm cementerio, camposanto; **cimetière de voitures** cementerio de coches.

**cinéaste** [sineast] nm/f cineasta m/f.

**cinéma** [sinema] nm cine m; **aller au ~** ir al cine; **cinéma d'animation** cine de dibujos animados.

**cinq** [sɛ̃k] adj inv, nm inv cinco inv; **avoir ~ ans** tener cinco años; **le ~ décembre** el cinco de diciembre; **à ~ heures** a las cinco; **nous sommes ~** somos cinco; **Henri V (cinq)** Enrique V (quinto).

**cinquantaine** [sɛ̃kɑ̃tɛn] nf: **une ~ (de)** una cincuentena (de); **avoir la ~** estar en la cincuentena.

**cinquante** [sɛ̃kɑ̃t] adj inv, nm inv cincuenta inv; voir aussi **cinq**.

**cinquantenaire** [sɛ̃kɑ̃tnɛʀ] adj (institution) cincuentenario(-a); (personne) cincuentón(-ona) ♦ nm/f cincuentón(-ona).

**cinquantième** [sɛ̃kɑ̃tjɛm] adj, nm/f quincuagésimo(-a) ♦ nm (partitif) cincuentavo; **son ~ anniversaire** su cincuenta cumpleaños; **vous êtes le ~** Ud es el (número) cincuenta.

**cinquième** [sɛ̃kjɛm] adj, nm/f quinto(-a) ♦ nm (partitif) quinto ♦ nf (AUTO) quinta; (SCOL) segundo año de educación secundaria en el sistema francés; **un ~ de la population** un quinto de la población; **trois ~s** tres quintos.

**cintre** [sɛ̃tʀ] nm percha; **plein ~** (ARCHIT) medio punto.

**cintré, e** [sɛ̃tʀe] adj (chemise) entallado(-a); (porte, fenêtre) con cimbra.

**cirage** [siʀaʒ] nm betún m.

**circonstance** [siʀkɔ̃stɑ̃s] nf circunstancia; **œuvre/air/tête de ~** obra/aspecto/cara de circunstancias; **circonstances atténuantes** circunstancias fpl atenuantes.

**circuit** [siʀkyi] nm circuito; **circuit automobile** circuito automovilístico; **circuit de distribution** circuito de distribución; **circuit fermé/intégré** circuito cerrado/

integrado.

**circulaire** [sirkylɛr] *adj, nf* circular *f*.

**circulation** [sirkylasjɔ̃] *nf* circulación *f*; **bonne/mauvaise ~** (*du sang*) buena/mala circulación; **la ~** (*AUTO*) la circulación, el tráfico; **il y a beaucoup de ~** hay mucho tráfico; **mettre en ~** poner en circulación.

**circuler** [sirkyle] *vi* (*aussi fig*) circular; **faire ~** hacer circular.

**cire** [sir] *nf* cera; **cire à cacheter** lacre *m*.

**ciré, e** [sire] *adj* encerado(-a) ♦ *nm* impermeable *m*.

**cirer** [sire] *vt* encerar.

**cirque** [sirk] *nm* circo; (*désordre*) desbarajuste *m*.

**ciseaux** [sizo] *nmpl* tijeras *fpl*.

**citadin, e** [sitadɛ̃, in] *nm/f, adj* ciudadano(-a).

**citation** [sitasjɔ̃] *nf* (*d'auteur*) cita; (*JUR*) citación *f*; (*MIL*) mención *f*.

**cité** [site] *nf* ciudad *f*; **cité ouvrière** ciudad obrera; **cité universitaire** ciudad universitaria.

**citer** [site] *vt* citar; (*nommer*) citar, mencionar; **~ (en exemple)** (*personne*) poner como ejemplo; **je ne veux ~ personne** no quiero nombrar a nadie.

**citoyen, ne** [sitwajɛ̃, jɛn] *nm/f* ciudadano(-a).

**citron** [sitrɔ̃] *nm* limón *m*; **citron pressé** (*boisson*) zumo natural de limón; **citron vert** limón verde.

**citronnade** [sitrɔnad] *nf* limonada *f*.

**citrouille** [sitruj] *nf* calabaza *f*.

**civet** [sive] *nm* encebollado; **~ de lièvre** encebollado de liebre.

**civière** [sivjɛr] *nf* camilla *f*.

**civil, e** [sivil] *adj* civil; (*poli*) cortés ♦ *nm* civil *m*; **habillé en ~** vestido de paisano *ou* de civil; **dans le ~** en la vida civil; **mariage/enterrement ~** matrimonio/ entierro civil.

**civilisation** [sivilizasjɔ̃] *nf* civilización *f*.

**civilisé, e** [sivilize] *adj* civilizado(-a).

**clair, e** [klɛr] *adj* (*aussi fig*) claro(-a); (*sauce, soupe*) flojo(-a) ♦ *adv*: **voir ~** ver claro ♦ *nm*: **~ de lune** claro de luna; **pour être ~** para ser claro(-a); **y voir ~** (*comprendre*) verlo claro; **bleu/rouge ~** azul/rojo claro; **par temps ~** en un día claro; **tirer qch au ~** sacar algo en claro; **il ne voit plus très ~** ya no ve con mucha claridad; **mettre au ~** (*notes etc*) poner en limpio, pasar a

limpio; **le plus ~ de son temps/argent** la mayor parte de su tiempo/dinero; **en ~** (*non codé*) no cifrado(-a); (*c'est-à-dire*) claramente, es decir.

**clairement** [klɛrmɑ̃] *adv* claramente.

**clairière** [klɛrjɛr] *nf* claro, calvero.

**clandestin, e** [klɑ̃dɛstɛ̃, in] *adj* clandestino(-a); **passager ~** polizón *m*; **immigration ~e** inmigración *f* clandestina.

**claque** [klak] *nf* bofetada ♦ *nm* (*chapeau*) clac *m*; **la ~** (*THÉÂTRE*) la claque.

**claquer** [klake] *vi* (*coup de feu*) sonar; (*porte*) golpear ♦ *vt* (*doigts*) castañetear; (*gifler*) abofetear; **~ la porte** dar un portazo; **elle claquait des dents** le castañeteaban los dientes; **se ~ un muscle** distenderse un músculo.

**claquettes** [klakɛt] *nfpl* claquetas *fpl*.

**clarinette** [klarinɛt] *nf* clarinete *m*.

**classe** [klɑs] *nf* (*aussi fig*) clase *f*; (*local*) clase, aula; **un (soldat de) deuxième ~** un soldado raso; **1ère/2ème ~** 1ª/2ª clase; **de ~** (*de qualité*) de clase, de calidad; **faire la ~** dar clase; **aller en ~** ir a clase; **faire ses ~s** (*MIL*) hacer la instrucción; **aller en ~ verte/de neige/de mer** ir al campo/a la nieve/a la playa con el colegio; **classe dirigeante** clase dirigente; **classe grammaticale** clase *ou* categoría gramatical; **classe ouvrière/sociale/touriste** clase obrera/social/turista.

---

**classes préparatoires**

*Las **classes préparatoires** consisten en dos años de estudios intensivos en que los estudiantes se preparan para los exámenes de acceso a las "grandes écoles". Estos cursos, que presentan gran dificultad, son una continuación del "Baccalauréat" y se hacen normalmente en un "lycée". Se considera que los colegios que imparten estas clases son más prestigiosos que el resto.*

---

**classement** [klɑsmɑ̃] *nm* clasificación *f*; **premier au ~ général** primero en la clasificación general.

**classer** [klɑse] *vt* clasificar; (*personne: péj*) encasillar; (*JUR*) archivar, cerrar; **se ~ premier/dernier** clasificarse el primero/el último.

**classeur** [klɑsœʀ] *nm* (*cahier*) clasificador *m*; (*meuble*) archivador *m*; **classeur (à feuillets mobiles)** carpeta (de anillas).

**classique** [klasik] *adj* clásico(-a); (*habituel*) típico(-a) ♦ *nm* (*œuvre, auteur*) clásico; **études ~s** estudios *mpl* clásicos.

**clavecin** [klav(ə)sɛ̃] *nm* clavicordio, clavecín *m*.

**clavicule** [klavikyl] *nf* clavícula.

**clé** [kle] *nf* = **clef**.

**clef** [kle] *nf* llave *f*; (*de boîte de conserves*) abrelatas *m inv*, abridor *m*; (*fig*) clave *f* ♦ *adj*: **problème/position ~** problema *m*/posición *f* clave; **mettre sous ~** poner bajo llave; **prendre la ~ des champs** tomar las de Villadiego; **prix ~s en main** precio llave en mano; **roman à ~** novela en la que personas reales aparecen como personajes de ficción; **à la ~** (*à la fin*) al final; **clef à molette** *ou* **clef anglaise** llave inglesa; **clef d'ut/de fa/de sol** clave de do/de fa/de sol; **clef de contact** llave de contacto; **clef de voûte** piedra angular.

**clergé** [klɛʀʒe] *nm* clero.

**cliché** [klife] *nm* cliché *m*; (*LING*) tópico, cliché.

**client, e** [klijɑ̃, klijɑ̃t] *nm/f* cliente(-a).

**clientèle** [klijɑ̃tɛl] *nf* clientela; **accorder/retirer sa ~ à** hacerse/dejar de ser cliente(-a) de.

**cligner** [kliɲe] *vi*: **~ des yeux** (*rapidement*) parpadear; (*fermer à demi*) entornar los ojos; **~ de l'œil** guiñar (el ojo).

**clignotant, e** [kliɲɔtɑ̃, ɑ̃t] *adj* intermitente ♦ *nm* (*AUTO*) intermitente *m*, direccional *m* (*AM*); (*indice de danger*) señal *f* de peligro.

**clignoter** [kliɲɔte] *vi* parpadear; (*yeux*) parpadear, pestañear.

**climat** [klima] *nm* clima *m*; (*fig*) clima, ambiente *m*.

**climatisation** [klimatizasjɔ̃] *nf* climatización *f*.

**climatisé, e** [klimatize] *adj* climatizado(-a).

**clin d'œil** [klɛ̃dœj] *nm* guiño; **en un ~ ~** en un abrir y cerrar de ojos.

**clinique** [klinik] *adj* clínico(-a) ♦ *nf* clínica.

**clip** [klip] *nm* clip *m*.

**clochard, e** [klɔʃaʀ, aʀd] *nm/f* mendigo (-a).

**cloche** [klɔʃ] *nf* (*d'église*) campana; (*fam: niais*) tonto(-a); (: *les clochards*) los mendigos; (*chapeau*) sombrero de campana; **se faire sonner les ~s** (*fam*) recibir un rapapolvo; **cloche à fromage** quesera.

**clocher** [klɔʃe] *nm* campanario ♦ *vi* (*fam*) fallar, no andar bien; **de ~** (*péj*) de pueblo.

**clochette** [klɔʃɛt] *nf* campanilla; (*de vache*) esquila.

**cloison** [klwazɔ̃] *nf* tabique *m*; (*fig*) separación *f*, barrera; **cloison étanche** (*fig*) compartimiento estanco.

**cloque** [klɔk] *nf* ampolla.

**clôture** [klotyʀ] *nf* (*des débats, d'un festival*) clausura; (*des portes*) cierre *m*; (*des inscriptions*) cierre del plazo; (*d'une manifestation*) cierre, final *m*; (*barrière*) cercado, valla.

**clou** [klu] *nm* clavo; (*MÉD*) divieso; **~s** *nmpl* (= *passage clouté*) *voir* **passage**; **pneus à ~s** neumáticos *mpl* para nieve *ou* montaña; **le ~ du spectacle** (*fig*) la principal atracción del espectáculo; **clou de girofle** clavo de especia.

**clown** [klun] *nm* payaso, clown *m*; **faire le ~** hacer el payaso *ou* el tonto.

**club** [klœb] *nm* club *m*.

**CM** *sigle f* (*SCOL* = *cours moyen*) *voir* **cours**.

**CMU** [ceemy] *nf* (= *couverture maladie universelle*) seguro de enfermedad para personas sin recursos económicos.

**CNRS** [seɛnɛʀɛs] *sigle m* (= *Centre national de la recherche scientifique*) ≈ CSIC *m*; (= *Consejo Superior de Investigaciones Científicas*).

**c/o** *abr* (= *care of*) a/c (= *al cuidado de*).

**coaguler** [kɔagyle] *vi* (*aussi*: **se ~**) coagularse.

**cobaye** [kɔbaj] *nm* cobaya *m ou f*, conejillo de Indias; (*fig*) cobaya.

**coca** [kɔka] *nm* coca.

**cocaïne** [kɔkain] *nf* cocaína.

**coccinelle** [kɔksinɛl] *nf* mariquita.

**cocher** [kɔʃe] *nm* cochero ♦ *vt* marcar (*con una cruz*).

**cochon** [kɔʃɔ̃] *nm* cerdo, cancho (*AM*) ♦ *nm/f* (*péj*) cerdo(-a) ♦ *adj* (*fam: livre, histoire, propos*) verde; **cochon d'Inde** conejillo de Indias, cobaya *m ou f*; **cochon de lait** cochinillo, lechón *m*.

**cochonnerie** [kɔʃɔnʀi] (*fam*) *nf* porquería; (*grivoiserie*) cochinada.

**cocktail** [kɔktɛl] *nm* cóctel *m*, highball *ou* jaibol *m* (*AM*), daiquiri *ou* daiquirí *m* (*AM*).

**cocorico** [kɔkɔʀiko] *excl* ¡quiquiriquí! ♦ *nm* quiquiriquí *m*.

**cocotte** [kɔkɔt] *nf* olla, cacerola; **ma ~** (*fam*) guapa; **cocotte en papier** pajarita de papel; **cocotte (minute)** ® olla a presión.

**code** [kɔd] *nm* código; (*conventions*) reglas *fpl*; **se mettre en ~(s)** (*AUTO*) poner las luces de cruce; **éclairage** *ou* **phares ~(s)** luz *f* de cruce; **code à barres** código de barras; **code civil** código civil; **code de caractère** código de carácter; **code de la route** código de la circulación; **code machine** código máquina; **code pénal** código penal; **code postal** código postal; **code secret** código secreto.

**cœur** [kœʀ] *nm* corazón *m*; (*CARTES: couleur*) corazones *mpl*, (: *carte*) corazón; **affaire de ~** asunto del corazón, asunto sentimental; **avoir bon/du ~** tener buen corazón; **avoir mal au ~** tener náuseas; **contre son ~** contra su pecho; **opérer qn à ~ ouvert** operar a algn a corazón abierto; **recevoir qn à ~ ouvert** recibir a algn con las manos llenas; **parler à ~ ouvert** hablar con el corazón en la mano; **de tout son ~** de todo corazón; **avoir le ~ gros** *ou* **serré** estar acongojado; **en avoir le ~ net** saber a qué atenerse; **avoir le ~ sur la main** ser muy generoso; **par ~** de memoria; **de bon/grand ~** con toda el alma; **avoir à ~ de faire** empeñarse en hacer; **cela lui tient à ~** esto le apasiona; **prendre les choses à ~** tomar las cosas a pecho; **s'en donner à ~ joie** gozar; **être de (tout) ~ avec qn** apoyar a algn, estar (moralmente) con algn; **cœur d'artichaut** corazón de alcachofa; **cœur de la forêt** corazón del bosque; **cœur de laitue** cogollo de lechuga; **cœur de l'été** pleno verano; **cœur du débat** (*fig*) centro del debate, meollo del debate.

**coffre** [kɔfʀ] *nm* (*meuble*) arca; (*coffre-fort*) cofre *m*; (*d'auto*) maletero, baúl *m* (*AM*), maletera (*AND, CSUR*); **avoir du ~** (*fam*) tener mucho fuelle.

**coffret** [kɔfʀɛ] *nm* cofrecito; **coffret à bijoux** joyero.

**cognac** [kɔɲak] *nm* coñac *m*.

**cogner** [kɔɲe] *vt, vi* golpear; **se cogner** *vpr* darse un golpe; **~ sur/contre** golpear en/contra; **~ à la porte/fenêtre** golpear a la puerta/ventana.

**cohabiter** [kɔabite] *vi* cohabitar.

**cohérent, e** [kɔeʀɑ̃, ɑ̃t] *adj* coherente.

**coiffé, e** [kwafe] *adj*: **bien/mal ~** bien/mal peinado(-a); **~ d'un béret** cubierto(-a) con una boina; **~ d'un chapeau** cubierto(-a) con un sombrero; **~ en arrière** peinado(-a) hacia atrás; **~ en brosse** peinado(-a) con el cepillo.

**coiffer** [kwafe] *vt* peinar; (*colline, sommet*) coronar; (*ADMIN*) estar al frente de; (*dépasser*) ganar, sobrepasar; **se coiffer** *vpr* peinarse; (*se couvrir*) tocarse; **~ qn d'un béret** cubrir la cabeza de algn con una boina.

**coiffeur, -euse** [kwafœʀ, øz] *nm/f* peluquero(-a).

**coiffeuse** [kwaføz] *nf* (*table*) tocador *m*, coqueta.

**coiffure** [kwafyʀ] *nf* (*cheveux*) peinado; (*chapeau*) tocado; **la ~** la peluquería.

**coin** [kwɛ̃] *nm* (*gén*) esquina; (*pour caler*) calzo; (*pour fendre le bois*) cuña; (*d'une table etc*) rincón *m*; (*poinçon*) troquel *m*, **l'épicerie du ~** el ultramarinos de la esquina; **dans le ~** por aquí; **au ~ du feu** al amor de la lumbre; **du ~ de l'œil** de reojo; **regard/sourire en ~** mirada/sonrisa de soslayo.

**coincé, e** [kwɛ̃se] *adj* (*tiroir, pièce mobile*) atascado(-a); (*fig*) corto(-a).

**coincer** [kwɛ̃se] *vt* calzar; (*fam: par une question, une manœuvre*) pillar; **se coincer** *vpr* atascarse.

**coïncidence** [kɔɛ̃sidɑ̃s] *nf* coincidencia.

**coïncider** [kɔɛ̃side] *vi*: **~ avec** coincidir con.

**coing** [kwɛ̃] *nm* membrillo.

**col**[1] [kɔl] *nm* cuello; (*de montagne*) puerto; **col de l'utérus** cuello del útero; **col du fémur** cuello del fémur; **col roulé** cuello vuelto.

**col**[2] [kɔl] *abr* (= *colonne*) col., col.ᵃ (= *columna*).

**colère** [kɔlɛʀ] *nf* ira, cólera, enojo (*esp AM*); **être en ~ (contre qn)** estar enfadado(-a) *ou* enojado(-a) (*esp AM*) (con algn); **mettre qn en ~** hacer enfadar a algn, enojar a algn (*esp AM*); **se mettre en ~** enfadarse, enojarse (*esp AM*); **piquer une ~** (*fam*) ponerse hecho una furia.

**coléreux, -euse** [kɔleʀø, øz] *adj* colérico (-a).

**colin** [kɔlɛ̃] *nm* merluza.

**colique** [kɔlik] *nf* cólico; (*fig*) tostón *m*; **colique néphrétique** cólico nefrítico.

**colis** [kɔli] *nm* paquete *m*; **par ~ postal** por paquete postal.

**collaboration** [kɔ(l)labɔRasjɔ̃] *nf* colaboración *f*; (*POL*) colaboracionismo; **en ~ avec** en colaboración con.

**collaborer** [kɔ(l)labɔRe] *vi* (*aussi POL*) colaborar; **~ à** colaborar en.

**collant, e** [kɔlɑ̃, ɑ̃t] *adj* adherente; (*robe*) ajustado(-a); (*péj: personne*) pegajoso(-a) ♦ *nm* (*bas*) pantis *mpl*; (*de danseur*) malla.

**colle** [kɔl] *nf* (*à papier*) pegamento; (*à papiers peints*) cola; (*devinette*) pega; **avoir une ~** (*SCOL*) quedarse castigado; **colle de bureau** goma de pegar; **colle forte** cola fuerte.

**collecte** [kɔlɛkt] *nf* colecta; **faire une ~** hacer una colecta.

**collectif, -ive** [kɔlɛktif, iv] *adj* colectivo(-a) ♦ *nm* colectivo; **immeuble ~** edificio social; **collectif budgétaire** ley *f* de presupuestos adicional.

**collection** [kɔlɛksjɔ̃] *nf* colección *f*; (*COMM*) muestrario; **pièce de ~** pieza de colección; **faire (la) ~ de** coleccionar, hacer (una) colección de; **(toute) une ~ de** (*fig*) (toda) una colección de; **collection (de mode)** colección (de moda).

**collectionner** [kɔlɛksjɔne] *vt* coleccionar.

**collectionneur, -euse** [kɔlɛksjɔnœR, øz] *nm/f* coleccionista *m/f*.

**collectivité** [kɔlɛktivite] *nf* colectivo; **la ~** la colectividad; **collectivités locales** administraciones *fpl* locales.

**collège** [kɔlɛʒ] *nm* colegio; **collège d'enseignement secondaire** colegio de enseñanza media; **collège électoral** colegio electoral.

> **collège**
>
> El *collège* es un colegio público de educación secundaria para estudiantes de entre once y quince años. Los alumnos siguen un plan de estudios que consta de una serie de asignaturas comunes y varias optativas. Los colegios tienen libertad para elaborar sus propios horarios y escoger su propia metodología. Antes de que dejen el *collège*, se evalúa el trabajo de los alumnos durante la etapa y se les examina para la obtención del **brevet des collèges**.

**collégien, ne** [kɔleʒjɛ̃, jɛn] *nm/f* colegial *m/f*.

**collègue** [kɔ(l)lɛg] *nm/f* colega *m/f*.

**coller** [kɔle] *vt* pegar; (*papier peint*) encolar; (*fam: mettre*) meter; (*par une devinette*) pillar; (*SCOL: fam*) catear ♦ *vi* (*être collant*) pegarse; (*adhérer*) pegar; **~ son front à la vitre** pegar la frente contra el cristal; **~ qch sur** pegar algo en; **~ à adherir a**; (*fig*) cuadrar con.

**collier** [kɔlje] *nm* collar *m*; (*TECH*) collar *m*, abrazadera; **~ (de barbe), barbe en ~** sotabarba; **collier de serrage** brida de apriete.

**colline** [kɔlin] *nf* colina.

**collision** [kɔlizjɔ̃] *nf* colisión *f*; (*fig*) choque *m*; **entrer en ~ (avec)** chocar (con).

**colloque** [kɔ(l)lɔk] *nm* coloquio.

**collyre** [kɔliR] *nm* colirio.

**colombe** [kɔlɔ̃b] *nf* paloma.

**Colombie** [kɔlɔ̃bi] *nf* Colombia.

**colonie** [kɔlɔni] *nf* colonia; **colonie (de vacances)** colonia (de vacaciones).

**colonne** [kɔlɔn] *nf* columna; **se mettre en ~ par deux/quatre** formar columna de a dos/cuatro; **en ~ par deux** en columna de a dos; **colonne de secours** columna de socorro; **colonne (vertébrale)** columna vertebral.

**colorant, e** [kɔlɔRɑ̃, ɑ̃t] *adj* colorante ♦ *nm* colorante *m*.

**colorer** [kɔlɔRe] *vt* colorear; **se colorer** *vpr* (*ciel*) colorearse; (*joues*) sonrojarse; (*tomates, raisins*) coger color.

**colorier** [kɔlɔRje] *vt* colorear, pintar; **album à ~** álbum *m* de colorear.

**coloris** [kɔlɔRi] *nm* colorido.

**colza** [kɔlza] *nm* colza.

**coma** [kɔma] *nm* coma *m*; **être dans le ~** estar en coma.

**combat** [kɔ̃ba] *vb voir* **combattre** ♦ *nm* (*MIL*) combate *m*; (*fig*) lucha; **combat de boxe** combate de boxeo; **combat de rues** pelea callejera.

**combattant, e** [kɔ̃batɑ̃, ɑ̃t] *vb voir* **combattre** ♦ *adj* combatiente ♦ *nm* combatiente *m*; (*d'une rixe*) contendiente *m*; **ancien ~** antiguo combatiente.

**combattre** [kɔ̃batR] *vt, vi* combatir.

**combien** [kɔ̃bjɛ̃] *adv* (*interrogatif*) cuánto (-a); (*nombre*) cuántos(-as); (*exclamatif: comme, que*) cómo, qué; **~ de** cuántos (-as); **~ de temps** cuánto tiempo; **~**

**coûte/pèse ceci?** ¿cuánto cuesta/pesa esto?; **vous mesurez ~?** ¿cuánto mide usted?; **ça fait ~?** ¿cuánto es?; **ça fait ~ en largeur?** ¿cuánto mide de ancho?

**combinaison** [kɔ̃binɛzɔ̃] *nf* combinación *f*; (*astuce*) plan *m*; (*vestido, SPORT*) traje *m*; (*bleu de travail*) mono, overol *m* (*AM*).

**combiné** [kɔ̃bine] *nm* (*aussi:* ~ **téléphonique**) auricular *m*; (*SKI*) prueba mixta; (*vêtement*) conjunto (de lencería).

**comble** [kɔ̃bl] *adj* abarrotado(-a) ♦ *nm* (*du bonheur, plaisir*) colmo; ~**s** *nmpl* (*CONSTR*) armazón *msg* del tejado; **de fond en ~** de arriba abajo; **pour ~ de malchance** para colmo de desgracia; **c'est le ~!** ¡es el colmo!; **sous les ~s** en el desván.

**combler** [kɔ̃ble] *vt* (*trou*) llenar; (*fig*) llenar, cubrir; (*satisfaire*) colmar; ~ **qn de joie/ d'honneurs** colmar a algn de alegría/de honores.

**comédie** [kɔmedi] *nf* comedia; **jouer la ~** (*fig*) hacer la comedia; **comédie musicale** comedia musical.

---

### Comédie française

*La **Comédie française**, fundada en 1680 por Luis XIV, es el teatro nacional de Francia. Financiada con fondos públicos, la compañía actúa principalmente en el Palais Royal de París y pone en escena fundamentalmente obras del teatro clásico francés.*

---

**comédien, ne** [kɔmedjɛ̃, jɛn] *nm/f* (*THÉÂTRE, fig*) comediante(-a); (*comique*) cómico(-a).

**comestible** [kɔmɛstibl] *adj* comestible; ~**s** *nmpl* comestibles *mpl*.

**comique** [kɔmik] *adj* cómico(-a) ♦ *nm* cómico(-a); **le ~ de qch** lo gracioso de algo.

**commandant** [kɔmɑ̃dɑ̃] *nm* comandante *m*; **commandant (de bord)** comandante (de a bordo).

**commande** [kɔmɑ̃d] *nf* (*COMM*) pedido; (*INFORM*) mando; ~**s** *nfpl* mandos *mpl*; **passer une ~ (de)** cursar un pedido (de); **sur ~** de encargo; **véhicule à double ~** vehículo de doble mando; **commande à distance** mando a distancia.

**commander** [kɔmɑ̃de] *vt* (*COMM*) encargar, pedir; (*diriger, ordonner*) mandar; (*con-*

**trôler**) regular, controlar; (*imposer*) exigir; ~ **à** (*MIL*) mandar a; (*fig*) dominar a; ~ **à qn de faire qch** ordenar a algn que haga algo.

---

**comme** [kɔm] *prép* **1** (*comparaison*) como; **tout comme son père** igual que su padre; **fort comme un bœuf** fuerte como un toro; **il est petit comme tout** es muy pequeño; **il est rond comme une bille** (*fam*) está como una cuba; **comme c'est pas permis** (*fam*) como él(ella) solo(-a)

**2** (*manière*) **comme ça** así; **comment ça va?** - **comme ça** ¿qué tal? - así, así; **comme ci, comme ça** así, así; **faites comme cela** hágalo así; **on ne parle pas comme ça à ...** no se habla así a ...

**3** (*en tant que*) **donner comme prix/ heure** dar como precio/hora; **travailler comme secrétaire** trabajar de secretaria ♦ *conj* **1** (*ainsi que*) como; **elle écrit comme elle parle** escribe como habla; **comme on dit** como se dice; **comme si** como si; **comme quoi ...** (*disant que*) en el/la/los/las que dice *etc* que ...; (*d'où il s'ensuit que*) lo que demuestra que; **comme de juste** como es natural; **comme il faut** como es debido

**2** (*au moment où, alors que*) cuando; **il est parti comme j'arrivais** se marchó cuando yo llegaba

**3** (*parce que, puisque*) como; **comme il était en retard, ...** como se retrasaba, ... ♦ *adv* (*exclamation*): **comme c'est bon/il est fort!** ¡qué bueno está!/¡qué fuerte es!

---

**commencement** [kɔmɑ̃smɑ̃] *nm* comienzo; ~**s** comienzos *mpl*.

**commencer** [kɔmɑ̃se] *vt, vi* comenzar, empezar; (*être placé au début de*) iniciar; ~ **à** *ou* **de faire** comenzar *ou* empezar a hacer; ~ **par qch** comenzar *ou* empezar por algo; ~ **par faire qch** comenzar *ou* empezar por hacer algo.

**comment** [kɔmɑ̃] *adv* (*interrogatif*) cómo; ~**?** ¿cómo?, ¿mande (usted)?; ~**!** (*affirmatif: de quelle façon*) ¡claro!; **et ~!** ¡pero cómo!; ~ **donc!** (*bien sûr*) ¡por supuesto!, ¡pues claro!; ~ **aurais-tu fait?** ¿cómo habrías hecho?; ~ **tu t'y serais pris?** ¿qué habrías hecho tú?; ~ **faire?** ¿cómo hacemos?; ~ **se fait-il que?** ¿cómo es que ... ?;

~ **est-ce que ça s'appelle?** ¿cómo se llama eso?; ~ **est-ce qu'on ...?** ¿cómo se ...?; **le ~ et le pourquoi** el cómo y el por qué.

**commentaire** [kɔmɑ̃tɛʀ] *nm* (*gén pl*) comentario; **commentaire (de texte)** comentario (de textos); **commentaire sur image** comentario con soporte gráfico.

**commerçant, e** [kɔmɛʀsɑ̃, ɑ̃t] *adj* (*rue, ville*) comercial; (*personne*) comerciante ♦ *nm/f* comerciante *m/f*.

**commerce** [kɔmɛʀs] *nm* (*activité*) comercio, negocio; (*boutique*) comercio, tienda; (*fig: rapports*) trato; **le petit ~** el pequeño comercio; **faire ~ de** comerciar *ou* negociar en; (*fig: péj*) comerciar en; **chambre de ~** cámara de comercio; **livres de ~** libros de comercio; **vendu dans le ~** de venta en comercios; **vendu hors-~** de venta fuera de comercio; **commerce en** *ou* **de gros** comercio al por mayor; **commerce extérieur** comercio exterior; **commerce intérieur** comercio interior.

**commercial, e, -aux** [kɔmɛʀsjal, jo] *adj* (*aussi péj*) comercial ♦ *nm*: **les commerciaux** los representantes.

**commercialiser** [kɔmɛʀsjalize] *vt* comercializar.

**commissaire** [kɔmisɛʀ] *nm* comisario; **commissaire aux comptes** interventor *m ou* censor *m* de cuentas; **commissaire du bord** sobrecargo.

**commissariat** [kɔmisaʀja] *nm* comisaría; (*ADMIN*) administración *f*.

**commission** [kɔmisjɔ̃] *nf* comisión *f*; (*message*) recado; (*course*) encargo, recado; **~s** *nfpl* compras *fpl*; **commission d'examen** comisión de examen, tribunal *m*.

**commode** [kɔmɔd] *adj* cómodo(-a); (*air, personne*) amable; (*personne*): **pas ~** difícil ♦ *nf* cómoda.

**commun, e** [kɔmœ̃, yn] *adj* común, colectivo(-a) ♦ *nm*: **cela sort du ~** eso sale de lo común; **~s** *nmpl* dependencias *fpl*; **le ~ des mortels** el común de las gentes; **sans ~e mesure** sin comparación; **bien ~** bien *m* común; **être ~ à** ser propio de; **en ~** en común; **peu ~** poco común; **d'un ~ accord** de común acuerdo.

**communauté** [kɔmynote] *nf* comunidad *f*; (*JUR*): **régime de la ~** régimen *m* de la comunidad.

**commune** [kɔmyn] *adj f voir* **commun** ♦

*nf* municipio.

**communication** [kɔmynikasjɔ̃] *nf* comunicación *f*; **~s** *nfpl* comunicaciones *fpl*; **vous avez la ~** ya tiene la llamada; **donnez-moi la ~ avec** páseme la llamada con; **avoir la ~ (avec)** recibir la llamada (de); **mettre qn en ~ avec qn** (*en contact*) poner a algn en contacto con algn; (*au téléphone*) poner a algn en comunicación con; **communication avec préavis** aviso de conferencia; **communication interurbaine** llamada interurbana.

**communier** [kɔmynje] *vi* comulgar.

**communion** [kɔmynjɔ̃] *nf* comunión *f*; **première ~** primera comunión; **communion solennelle** comunión solemne.

**communiquer** [kɔmynike] *vt* comunicar; (*demande, dossier*) presentar; (*maladie, chaleur*) transmitir ♦ *vi* comunicarse; **se communiquer à** *vpr* tra(n)smitirse a; **~ avec** comunicar con.

**communisme** [kɔmynism] *nm* comunismo.

**communiste** [kɔmynist] *adj*, *nm/f* comunista *m/f*.

**commutateur** [kɔmytatœʀ] *nm* conmutador *m*.

**compact, e** [kɔ̃pakt] *adj* compacto(-a); (*foule*) denso(-a).

**compagne** [kɔ̃paɲ] *nf* compañera.

**compagnie** [kɔ̃paɲi] *nf* compañía; **la ~ de qn** la compañía de algn; **homme/femme de ~** hombre *m*/mujer *f* de compañía; **tenir ~ à qn** hacer compañía a algn; **fausser ~ à qn** plantar a algn; **en ~ de** en compañía de; **Dupont et ~, Dupont et Cie** Dupont y compañía, Dupont y Cía; **compagnie aérienne** compañía aérea.

**compagnon** [kɔ̃paɲɔ̃] *nm* compañero; (*autrefois: ouvrier*) obrero.

**comparable** [kɔ̃paʀabl] *adj*: **~ (à)** comparable (a).

**comparaison** [kɔ̃paʀɛzɔ̃] *nf* comparación *f*; **en ~ (de)** en comparación (con); **par ~ (à)** comparado(-a) (a); **sans ~** (*indubitablement*) sin comparación.

**comparer** [kɔ̃paʀe] *vt* comparar; **~ qch/qn à** *ou* **et** comparar algo/algn a *ou* con.

**compartiment** [kɔ̃paʀtimɑ̃] *nm* (*de train*) compartim(i)ento; (*case*) casilla.

**compas** [kɔ̃pɑ] *nm* compás *m*.

**compatible** [kɔ̃patibl] *adj*: **~ (avec)** compatible (con).

**compatriote** [kɔ̃patʀijɔt] nm/f compatriota m/f.

**compensation** [kɔ̃pɑ̃sasjɔ̃] nf (dédommagement) compensación f; **en ~** en compensación.

**compenser** [kɔ̃pɑ̃se] vt compensar.

**compétence** [kɔ̃petɑ̃s] nf (aussi JUR) competencia.

**compétent, e** [kɔ̃petɑ̃, ɑ̃t] adj competente.

**compétition** [kɔ̃petisjɔ̃] nf competencia; (SPORT) competición f; **la ~** la competición; **être en ~ avec** estar en competencia con; **compétition automobile** competición automovilística.

**complément** [kɔ̃plemɑ̃] nm (gén, aussi LING) complemento; (reste) resto; **complément (circonstanciel) de lieu** complemento (circunstancial) de lugar; **complément d'agent** complemento agente; **complément d'information** (ADMIN) suplemento (informativo); **complément (d'objet) direct/indirect** complemento directo/indirecto; **complément de nom** complemento del nombre.

**complémentaire** [kɔ̃plemɑ̃tɛʀ] adj complementario(-a).

**complet, -ète** [kɔ̃plɛ, ɛt] adj completo(-a) ♦ nm (aussi: ~-veston) traje m; **au (grand) ~** en pleno.

**complètement** [kɔ̃plɛtmɑ̃] adv completamente; (étudier) a fondo; **~ nu** completamente desnudo.

**compléter** [kɔ̃plete] vt completar; **se compléter** vpr complementarse.

**complexe** [kɔ̃plɛks] adj complejo(-a) ♦ nm complejo; **~ industriel/portuaire/hospitalier** complejo industrial/portuario/hospitalario.

**complexé, e** [kɔ̃plɛkse] adj acomplejado(-a).

**complication** [kɔ̃plikasjɔ̃] nf complicación f; **~s** nfpl (MÉD) complicaciones fpl.

**complice** [kɔ̃plis] nm/f cómplice m/f.

**compliment** [kɔ̃plimɑ̃] nm cumplido; **~s** nmpl (félicitations) enhorabuena fsg.

**compliqué, e** [kɔ̃plike] adj complicado(-a).

**comportement** [kɔ̃pɔʀtəmɑ̃] nm comportamiento.

**comporter** [kɔ̃pɔʀte] vt constar de; (impliquer) conllevar; **se comporter** vpr comportarse.

**composer** [kɔ̃poze] vt componer ♦ vi (SCOL) redactar; (transiger) transigir; **se ~ de** componerse de; **~ un numéro** marcar ou discar (AM) un número.

**compositeur, -trice** [kɔ̃pozitœʀ, tʀis] nm/f (MUS) compositor(a); (TYPO) cajista m/f.

**composition** [kɔ̃pozisjɔ̃] nf composición f; (SCOL: d'histoire, de math) prueba; **de bonne ~** acomodadizo(-a); **composition française** redacción f de francés.

**composter** [kɔ̃pɔste] vt (dater) fechar; (poinçonner) picar, perforar.

**compote** [kɔ̃pɔt] nf compota; **~ de pommes** compota de manzana.

**compréhensible** [kɔ̃pʀeɑ̃sibl] adj (aussi fig) comprensible.

**compréhensif, -ive** [kɔ̃pʀeɑ̃sif, iv] adj comprensivo(-a).

**comprendre** [kɔ̃pʀɑ̃dʀ] vt (se composer de, être muni de) comprender, constar de; (sens, problème) comprender, entender; (sympathiser avec) comprender; (point de vue) entender; **se faire ~** hacerse entender; **je me fais ~?** ¿me explico?

**compresse** [kɔ̃pʀɛs] nf compresa.

**comprimé, e** [kɔ̃pʀime] adj: **air ~** aire m comprimido ♦ nm comprimido, pastilla.

**compris, e** [kɔ̃pʀi, iz] pp de **comprendre** ♦ adj (inclus) incluido(-a); **~ entre ...** (situé) situado(-a) entre ...; **~?** ¿entendido?; **la maison ~e/non ~e** incluida la casa/sin incluir la casa; **y/non ~ la maison** inclusive la casa/sin incluir la casa; **service ~** servicio incluido; **100 F tout ~** 100 francos con todo incluido.

**comptabilité** [kɔ̃tabilite] nf contabilidad f; **comptabilité en partie double** contabilidad por partida doble.

**comptable** [kɔ̃tabl] nm/f, adj contable m/f, contador m (AM); **~ de** responsable de.

**comptant** [kɔ̃tɑ̃] adv: **payer/acheter ~** pagar/comprar al contado.

**compte** [kɔ̃t] nm cuenta; **~s** nmpl (comptabilité) cuentas fpl; **ouvrir un ~** abrir una cuenta; **rendre des ~s à qn** (fig) dar cuentas a algn; **faire le ~ de** hacer la cuenta de; **tout ~ fait, au bout du ~** después de todo; **à ce ~-là** (dans ce cas) en este caso; (à ce train-là) a este paso; **en fin de ~** (fig) a fin de cuentas; **à bon ~** a buen precio; **avoir son ~** (fig: fam) tener su merecido; **pour le ~ de qn** por cuenta de algn; **pour son propre ~** por su propia cuenta; **sur le ~ de qn** (*à son sujet*) acerca de algn; **travailler à son ~** trabajar por su cuenta; **mettre qch sur le ~ de qn** echar la culpa de algo a algn; **prendre qch à son ~** hacerse cargo de algo; **trouver son ~ à** sacar provecho a, tener interés en; **régler un ~** ajustar cuentas; **rendre ~ (à qn) de qch** dar cuenta de algo (a algn); **tenir ~ de qch/que** tener en cuenta algo/que; **~ tenu de** teniendo en cuenta, habida cuenta de; **il a fait cela sans avoir tenu ~ de ...** hizo eso sin haber tenido en cuenta ...; **compte à rebours** cuenta atrás; **compte chèque postal, compte chèques postaux** cuenta de cheques postales; **compte chèques** cuenta corriente con cheques; **compte client** cuentas por cobrar; **compte courant** cuenta corriente; **compte de dépôt/d'exploitation** cuenta de depósito/de explotación; **compte fournisseur** cuentas por pagar; **compte rendu** informe *m*; (*de film, livre*) reseña.

**compte-gouttes** [kɔ̃tgut] *nm inv* cuentagotas *m inv*.

**compter** [kɔ̃te] *vt* contar; (*facturer*) cobrar; (*comporter*) constar de ♦ *vi* contar; (*être économe*) hacer números; **~ pour** (*valoir*) servir para, contar para; **~ parmi** figurar entre; **~ réussir/revenir** esperar aprobar/volver; **~ sur** (*se fier à*) contar con; **~ avec/sans qch/qn** contar con/sin algo/algn; **sans ~ que** sin contar con que; **à ~ du 10 janvier** a partir del 10 de enero; **ça compte beaucoup pour moi** esto tiene mucha importancia para mí; **je compte bien que** espero que.

**compteur** [kɔ̃tœr] *nm* (*d'auto*) cuentakilómetros *m inv*; (*à gaz, électrique*) contador *m*; **compteur de vitesse** velocímetro.

**comptoir** [kɔ̃twar] *nm* (*de magasin*) mostrador *m*; (*de café*) barra; (*ville coloniale*) factoría.

**con, ne** [kɔ̃, kɔn] (*fam!*) *adj, nm/f* gilipollas *m/f inv* (*fam!*).

**concentré, e** [kɔ̃sɑ̃tre] *adj* concentrado (-a) ♦ *nm* concentrado.

**concentrer** [kɔ̃sɑ̃tre] *vt* concentrar; **se concentrer** *vpr* concentrarse.

**concerner** [kɔ̃sɛrne] *vt* concernir a; **en ce qui me concerne** en lo que a mí respecta; **en ce qui concerne ceci** en lo que

concierne a esto, en lo referente a esto.

**concert** [kɔ̃sɛr] *nm* (*MUS*) concierto; (*fig*) coro; **de ~** de concierto.

**concessionnaire** [kɔ̃sesjɔnɛr] *nm/f* concesionario(-a).

**concevoir** [kɔ̃s(ə)vwar] *vt* concebir; (*décoration etc*) imaginar; (*machine*) diseñar; (*éprouver*) sentir; (*comprendre, saisir*) comprender; **appartement bien/mal conçu** piso bien/mal diseñado.

**concierge** [kɔ̃sjɛrʒ] *nm/f* portero(-a); (*d'hôtel*) conserje *m*.

**concis, e** [kɔ̃si, iz] *adj* conciso(-a).

**conclure** [kɔ̃klyr] *vt* (*accord, pacte*) firmar; (*terminer*) concluir, terminar; **~ qch de qch** deducir algo de algo; **~ à** (*JUR, gén*): **~ au suicide** decidirse *ou* pronunciarse por un suicidio; **~ à l'acquittement** pronunciarse por la absolución, dictar la libre absolución; **~ un marché** cerrar un trato; **j'en conclus que** deduzco que.

**conclusion** [kɔ̃klyzjɔ̃] *nf* conclusión *f*; **~s** *nfpl* (*JUR*) conclusiones *fpl*; **en ~** en conclusión.

**conçois** *etc* [kɔ̃swa] *vb voir* **concevoir**.

**concombre** [kɔ̃kɔ̃br] *nm* pepino.

**concours** [kɔ̃kur] *nm* concurso; (*SCOL*) examen *m* eliminatorio; **recrutement par voie de ~** (*ADMIN*) incorporación *f* mediante oposición; (*SCOL*) incorporación mediante examen eliminatorio; **apporter son ~ à** ayudar a; **concours de circonstances** cúmulo de circunstancias; **concours hippique** concurso hípico.

**concret, -ète** [kɔ̃krɛ, ɛt] *adj* concreto(-a). **musique concrète** música concreta.

**conçu, e** [kɔ̃sy] *pp de* **concevoir**.

**concubinage** [kɔ̃kybinaʒ] *nm* concubinato.

**concurrence** [kɔ̃kyrɑ̃s] *nf* competencia; **en ~ avec** en competencia con; **jusqu'à ~ de** hasta un total de; **concurrence déloyale** competencia desleal.

**concurrent, e** [kɔ̃kyrɑ̃, ɑ̃t] *adj* (*société*) competidor(a); (*parti*) opositor(a) ♦ *nm/f* (*SPORT, ÉCON*) competidor(a); (*SCOL*) candidato(-a).

**condamner** [kɔ̃dane] *vt* condenar; (*malade*) desahuciar; (*fig*) invalidar; **~ qn à qch/à faire** (*obliger*) condenar a algn a algo/a hacer; **~ qn à 2 ans de prison** condenar a algn a 2 años de prisión; **~ qn à une amende** imponer una multa a algn.

**condensation** [kɔ̃dāsasjɔ̃] *nf* condensación *f*.

**condition** [kɔ̃disjɔ̃] *nf* condición *f*; *(rang social)* condición, clase *f*; *(ouvrière etc)* clase; **~s** *nfpl (tarif, prix, circonstances)* condiciones *fpl*; **sans ~** *adj* sin condición ♦ *adv* incondicionalmente; **à/sous ~ de/que** a/ con la condición de/de que; **en bonne ~** *(aliments, envoi)* en buen estado; **mettre en ~** *(SPORT)* entrenar; *(PSYCH)* condicionar; **conditions atmosphériques** condiciones atmosféricas; **conditions de vie** condiciones de vida.

**conditionnement** [kɔ̃disjɔnmɑ̃] *nm* acondicionamiento; *(emballage)* embalaje *m*, envasado; *(fig)* condicionamiento.

**condoléances** [kɔ̃dɔleɑ̃s] *nfpl* pésame *m*.

**conducteur, -trice** [kɔ̃dyktœʀ, tʀis] *adj* conductor(a) ♦ *nm (ÉLEC)* conductor *m* ♦ *nm/f* conductor(a).

**conduire** [kɔ̃dɥiʀ] *vt* conducir; *(passager)* llevar; *(diriger)* dirigir; **se conduire** *vpr* comportarse, portarse; **~ vers/à** *(suj: route)* conducir a, llevar hacia/a; **~ à** *(suj: attitude, erreur)* llevar a; **~ qn quelque part** llevar a algn a algún sitio; **se ~ bien/mal** portarse bien/mal.

**conduite** [kɔ̃dɥit] *nf (en auto)* conducción *f*, manejo *(AM)*; *(comportement)* conducta; *(d'eau, gaz)* conducto; **sous la ~ de** bajo la dirección de; **conduite à gauche** volante *m* a la izquierda; **conduite forcée** tubería *ou* conducción *f* forzada; **conduite intérieure** coche *m* cerrado, limusina.

**confection** [kɔ̃fɛksjɔ̃] *nf* confección *f*; **la ~** *(COUTURE)* la confección; **vêtement de ~** ropa de confección.

**conférence** [kɔ̃feʀɑ̃s] *nf* conferencia; **conférence au sommet** conferencia cumbre; **conférence de presse** conferencia de prensa.

**confesser** [kɔ̃fese] *vt* confesar; **se confesser** *vpr* confesarse.

**confession** [kɔ̃fesjɔ̃] *nf* confesión *f*.

**confiance** [kɔ̃fjɑ̃s] *nf* confianza; **avoir ~ en** tener confianza en; **faire ~ à** confiar en; **en toute ~** con toda confianza; **mettre qn en ~** dar confianza a algn; **de ~** de confianza; **question/vote de ~** moción *f*/ voto de confianza; **inspirer ~ à** inspirar confianza a; **digne de ~** digno de confianza; **confiance en soi** confianza en sí mismo.

**confiant, e** [kɔ̃fjɑ̃, jɑ̃t] *adj* confiado(-a).

**confidence** [kɔ̃fidɑ̃s] *nf* confidencia.

**confidentiel, le** [kɔ̃fidɑ̃sjɛl] *adj* confidencial.

**confier** [kɔ̃fje] *vt* confiar; **~ à qn** *(en dépôt, garde)* confiar a algn; **se ~ à qn** confiarse a algn.

**confirmation** [kɔ̃fiʀmasjɔ̃] *nf* confirmación *f*.

**confirmer** [kɔ̃fiʀme] *vt* confirmar; **~ qn dans une croyance** reafirmar a algn en sus creencias; **~ qn dans ses fonctions** ratificar a algn en sus funciones; **~ qch à qn** confirmar algo a algn.

**confiserie** [kɔ̃fizʀi] *nf* confitería; **~s** *nfpl* golosinas *fpl*.

**confisquer** [kɔ̃fiske] *vt* *(JUR)* confiscar; *(à un enfant)* quitar.

**confit, e** [kɔ̃fi, it] *adj*: **fruits ~s** frutas *fpl* confitadas; **conflt d'oie** *nm* conserva de oca en su grasa.

**confiture** [kɔ̃fityʀ] *nf* confitura, mermelada; **confiture d'oranges** confitura de naranja.

**conflit** [kɔ̃fli] *nm* conflicto; *(fig)* choque *m*, conflicto; **conflit armé** conflicto armado.

**confondre** [kɔ̃fɔ̃dʀ] *vt* confundir; **se confondre** *vpr* confundirse; **se ~ en excuses/remerciements** deshacerse en disculpas/agradecimientos; **~ qch/qn avec qch/qn d'autre** confundir algo/a algn con algo/con algn.

**conforme** [kɔ̃fɔʀm] *adj*: **~ à** conforme a; **copie certifiée ~ (à l'original)** copia compulsada; **~ à la commande** según el pedido, conforme con el pedido.

**conformément** [kɔ̃fɔʀmemɑ̃] *adv*: **~ à** conforme a, según.

**conformer** [kɔ̃fɔʀme] *vt*: **~ qch à** adecuar algo a; **se conformer à** *vpr* adecuarse a, adaptarse a.

**confort** [kɔ̃fɔʀ] *nm* confort *m*; **tout ~** con todas las comodidades.

**confortable** [kɔ̃fɔʀtabl] *adj* confortable, cómodo(-a); *(avance)* considerable.

**confronter** [kɔ̃fʀɔ̃te] *vt* confrontar; *(textes)* cotejar, confrontar; *(JUR)* confrontar, hacer un careo entre.

**confus, e** [kɔ̃fy, yz] *adj* confuso(-a).

**confusion** [kɔ̃fyzjɔ̃] *nf* confusión *f*; **confusion des peines** confusión de las penas.

**congé** [kɔ̃ʒe] *nm (vacances)* vacaciones *fpl*;

*(arrêt de travail)* descanso; *(MIL)* permiso; *(avis de départ)* baja; **en ~ de vacaciones;** *(en arrêt de travail)* de descanso; *(soldat)* de licencia; **semaine/jour de ~** semana/día *m* de vacaciones; **prendre ~ de qn** despedirse de algn; **donner son ~ à** despedir a; **congé de maladie** baja por enfermedad; **congé de maternité** baja maternal; **congés payés** vacaciones pagadas.

**congédier** [kɔ̃zedje] *vt* despedir.

**congélateur** [kɔ̃zelatœʀ] *nm* congelador *m*.

**congeler** [kɔ̃z(ə)le] *vt* congelar.

**congestion** [kɔ̃zɛstjɔ̃] *nf (routière, postale)* congestión *f*; **congestion cérébrale** derrame *m* cerebral; **congestion pulmonaire** congestión pulmonar.

**congrès** [kɔ̃gʀɛ] *nm* congreso.

**conifère** [kɔnifɛʀ] *nm* conífera.

**conjoint, e** [kɔ̃zwɛ̃, wɛt] *adj* conjunto(-a) ♦ *nm/f (époux)* cónyuge *m/f*.

**conjonctivite** [kɔ̃zɔ̃ktivit] *nf* conjuntivitis *f inv*.

**conjoncture** [kɔ̃zɔ̃ktyʀ] *nf* coyuntura; **la conjoncture économique** la coyuntura económica.

**conjugaison** [kɔ̃zygɛzɔ̃] *nf* conjugación *f*.

**conjuguer** [kɔ̃zyge] *vt (LING)* conjugar; *(efforts)* conjugar, aunar.

**connaissance** [kɔnɛsɑ̃s] *nf (savoir)* conocimiento; *(personne connue)* conocido(-a); *(conscience, perception)* conocimiento, sentido; **~s** *nfpl (savoir)* conocimientos *mpl*; **être sans ~** *(MÉD)* estar sin conocimiento; **perdre/reprendre ~** perder/recobrar el conocimiento; **à ma/sa ~** por lo que sé/sabe; **faire ~ avec qn** *ou* **la ~ de qn** *(rencontrer)* conocer a algn; *(apprendre à connaître)* llegar a conocer a algn; **avoir ~ de** *(document, fait)* tener conocimiento de; **j'ai pris ~ de ...** ha llegado a mi conocimiento ...; **en ~ de cause** con conocimiento de causa; **de ~** conocido(-a).

**connaisseur, -euse** [kɔnɛsœʀ, øz] *nm/f* conocedor(a), entendido(-a) ♦ *adj* de entendido(-a).

**connaître** [kɔnɛtʀ] *vt* conocer; *(adresse)* conocer, saber; **se connaître** *vpr* conocerse; *(se rencontrer)* conocerse, encontrarse; **~ qn de nom/vue** conocer a algn de nombre/vista; **ils se sont connus à Genève** se conocieron en Ginebra; **s'y ~ en**

**qch** entender mucho de algo.

**connecter** [kɔnɛkte] *vt* conectar.

**connerie** [kɔnʀi] *(fam!)* *nf* gilipollez *f*.

**connexion** [kɔnɛksjɔ̃] *nf* conexión *f*.

**connu, e** [kɔny] *pp* de **connaître** ♦ *adj* conocido(-a).

**conquête** [kɔ̃kɛt] *nf* conquista.

**consacrer** [kɔ̃sakʀe] *vt (REL)*: **~ qch (à)** consagrar algo (a); *(fig)* consagrar; **~ qch à** *(employer)* dedicar algo a; **se consacrer** *vpr* dedicarse; **~ son temps/argent à faire** dedicar su tiempo/dinero a hacer.

**conscience** [kɔ̃sjɑ̃s] *nf* conciencia; **avoir ~ de** ser consciente de, tomar conciencia de; **prendre ~ de** *(présence, situation)* darse cuenta de; *(responsabilité)* tomar conciencia de; **avoir qch sur la ~** tener el peso de algo en la conciencia; **perdre/reprendre ~** perder/recuperar el conocimiento; **avoir bonne/mauvaise ~** tener buena/mala conciencia; **en (toute) ~** en conciencia; **conscience professionnelle** conciencia profesional.

**consciencieux, -euse** [kɔ̃sjɑ̃sjø, jøz] *adj* concienzudo(-a).

**conscient, e** [kɔ̃sjɑ̃, jɑ̃t] *adj* consciente; **~ de** consciente de.

**consécutif, -ive** [kɔ̃sekytif, iv] *adj* consecutivo(-a); **~ à** debido(-a) a.

**conseil** [kɔ̃sɛj] *nm* consejo ♦ *adj*: **ingénieur-~** ingeniero consultor; **~ en recrutement** *(expert)* asesor *m* de contratación; **tenir ~** celebrar consejo; **je n'ai pas de ~ à recevoir de vous** no necesito recibir consejo de usted; **donner un ~/des ~s à qn** dar un consejo/consejos a algn; **demander ~ à qn** pedir consejo a algn; **prendre ~ (auprès de qn)** consultar (a algn); **conseil d'administration** consejo de administración; **conseil de classe/de discipline** *(SCOL)* consejo escolar/disciplinario; **conseil de guerre** consejo de guerra; **conseil de révision** junta de clasificación *ou* de revisión; **conseil des ministres** consejo de ministros; **conseil général** consejo general; **conseil municipal** concejo, pleno municipal; **conseil régional** consejo regional.

---

**Conseil général**

*En Francia, a cargo de cada uno de los "départements" hay un **Conseil général**,* *entre cuyas competencias se encuentran lo referente a personal, infraestructura de transportes, vivienda, becas escolares y desarrollo económico. Forman el consejo los "conseillers généraux", cada uno de los cuales representa a un "canton" y es elegido por un periodo de seis años. La mitad de los miembros del consejo son elegidos cada tres años.*

**conseiller**[1] [kɔ̃seje] *vt* aconsejar a; ~ **qch à qn** aconsejar algo a algn; ~ **à qn de faire qch** aconsejar a algn hacer algo.

**conseiller**[2], **-ère** [kɔ̃seje, ɛʀ] *nm/f* consejero(-a); **conseiller matrimonial** asesor *m* matrimonial; **conseiller municipal** concejal *m*.

**consentement** [kɔ̃sɑ̃tmɑ̃] *nm* consentimiento.

**consentir** [kɔ̃sɑ̃tiʀ] *vt*: ~ **(à qch/à faire)** consentir (en algo/en hacer); ~ **qch à qn** consentir algo a algn.

**conséquence** [kɔ̃sekɑ̃s] *nf* consecuencia; ~**s** *nfpl* (*effet, répercussion*) consecuencias *fpl*; **en** ~ (*donc*) en consecuencia, por consiguiente; (*de façon appropriée*) en consecuencia; **ne pas tirer à** ~ no traer consecuencias; **sans** ~ sin consecuencia; **lourd de** ~ lleno de consecuencias.

**conséquent, e** [kɔ̃sekɑ̃, ɑ̃t] *adj* (*personne, attitude*) consecuente; (*fam: important*) importante; **par** ~ por consiguiente.

**conservateur, -trice** [kɔ̃sɛʀvatœʀ, tʀis] *adj* conservador(a) ♦ *nm/f* conservador(a) ♦ *nm* (BIOL, CHIM: *produit*) conservante *m*.

**conservatoire** [kɔ̃sɛʀvatwaʀ] *nm* (*de musique*) conservatorio; (*de comédiens*) escuela de arte dramático.

**conserve** [kɔ̃sɛʀv] *nf* (*gén pl: aliments*) conserva; **en** ~ en conserva; **de** ~ (*ensemble*) juntos(-as); (*naviguer*) en conserva; **conserves de poisson** conservas de pescado.

**conserver** [kɔ̃sɛʀve] *vt* conservar; (*habitude*) mantener, conservar; **se conserver** *vpr* conservarse; "~ **au frais**" "conservar en frío".

**considérable** [kɔ̃sideʀabl] *adj* considerable.

**considération** [kɔ̃sideʀasjɔ̃] *nf* consideración *f*; (*raison*) razonamiento, consideración; ~**s** *nfpl* (*remarques, réflexions*) consideraciones *fpl*; **prendre en** ~ tomar en

consideración; **ceci mérite** ~ esto merece ser considerado; **en** ~ **de** en consideración a.

**considérer** [kɔ̃sideʀe] *vt* considerar; (*regarder*) examinar; ~ **que** considerar que; ~ **qch comme** considerar algo como.

**consigne** [kɔ̃siɲ] *nf* (*de bouteilles*) importe *m* (del envase); (*retenue*) castigo; (MIL) arresto; (*ordre, instruction, de gare*) consigna; **consigne automatique** consigna automática; **consignes de sécurité** consignas de seguridad.

**consister** [kɔ̃siste] *vi*: ~ **en** *ou* **dans** consistir en; ~ **à faire** consistir en hacer.

**console** [kɔ̃sɔl] *nf*; **console de jeu** consola (de videojuegos).

**consoler** [kɔ̃sɔle] *vt* consolar; **se** ~ **(de qch)** consolarse (de algo).

**consommateur, -trice** [kɔ̃sɔmatœʀ, tʀis] *nm/f* (ÉCON) consumidor(a); (*dans un café*) cliente *m/f*.

**consommation** [kɔ̃sɔmasjɔ̃] *nf* consumición *f*; **la** ~ (ÉCON) el consumo; **de** ~ (*biens*) de consumo; ~ **aux 100 km** (AUTO) consumo cada 100 km.

**consommer** [kɔ̃sɔme] *vt* consumir; (*mariage*) consumar ♦ *vi* (*dans un café*) consumir, tomar.

**consonne** [kɔ̃sɔn] *nf* consonante *f*.

**constamment** [kɔ̃stamɑ̃] *adv* constantemente.

**constant, e** [kɔ̃stɑ̃, ɑ̃t] *adj* constante.

**constat** [kɔ̃sta] *nm* (*d'huissier*) acta; (*après un accident*) atestado; **faire un** ~ **démoralisant** llegar a una conclusión desmoralizante; **faire un** ~ **d'échec** reconocer su *etc* fracaso; **constat (à l'amiable)** (AUTO) parte *m* amistoso.

**constatation** [kɔ̃statasjɔ̃] *nf* (*d'un fait*) constatación *f*; (*remarque*) constatación, observación *f*.

**constater** [kɔ̃state] *vt* (*remarquer*) advertir, observar; (ADMIN, JUR) testificar; (*dégâts*) constatar; ~ **que** (*remarquer*) notar que; (*faire observer, dire*) advertir que.

**consterner** [kɔ̃stɛʀne] *vt* consternar.

**constipé, e** [kɔ̃stipe] *adj* estreñido(-a); (*fig*) crispado(-a).

**constitué, e** [kɔ̃stitɥe] *adj*: ~ **de** constituido(-a) por, integrado(-a) por; **bien/mal** ~ bien/mal constituido(-a) *ou* formado(-a).

**constituer** [kɔ̃stitɥe] *vt* constituir; (*équipe*)

crear; (*dossier*) elaborar; (*collection*) reunir; **se ~ partie civile** constituirse en parte civil; **se ~ prisonnier** entregarse a la justicia.

**constructeur** [kɔ̃stʀyktœʀ] *nm* constructor *m*; **constructeur automobile** fabricante *m* de coches.

**constructif, -ive** [kɔ̃stʀyktif, iv] *adj* constructivo(-a).

**construction** [kɔ̃stʀyksjɔ̃] *nf* construcción *f*.

**construire** [kɔ̃stʀɥiʀ] *vt* construir; **se construire** *vpr*: **ça s'est beaucoup construit dans la région** se edificó mucho en la región.

**consul** [kɔ̃syl] *nm* cónsul *m*.

**consulat** [kɔ̃syla] *nm* consulado.

**consultant, e** [kɔ̃syltɑ̃, ɑ̃t] *adj* consultor(a).

**consultation** [kɔ̃syltasjɔ̃] *nf* consulta; **~s** *nfpl* (*pourparlers*) deliberaciones *fpl*; **être en ~** (*délibération*) estar en deliberación; (*MÉD*) estar pasando consulta; **aller à la ~** (*MÉD*) ir a la consulta; **heures de ~** (*MÉD*) horas *fpl* de consulta.

**consulter** [kɔ̃sylte] *vt* consultar ♦ *vi* (*médecin*) examinar; **se consulter** *vt* consultarse.

**contact** [kɔ̃takt] *nm* contacto; **au ~ de** al contacto con; **mettre/couper le ~** (*AUTO*) encender *ou* poner/apagar *ou* quitar el contacto; **entrer en ~** (*fils, objets*) hacer contacto; **prendre ~ avec** ponerse en contacto con.

**contacter** [kɔ̃takte] *vt* contactar con.

**contagieux, -euse** [kɔ̃taʒjø, jøz] *adj* contagioso(-a).

**contaminer** [kɔ̃tamine] *vt* contaminar.

**conte** [kɔ̃t] *nm* cuento; **conte de fées** cuento de hadas.

**contempler** [kɔ̃tɑ̃ple] *vt* contemplar.

**contemporain, e** [kɔ̃tɑ̃pɔʀɛ̃, ɛn] *adj, nm/f* contemporáneo(-a).

**contenir** [kɔ̃t(ə)niʀ] *vt* (*aussi fig*) contener; (*local*) tener una capacidad de *ou* para; **se contenir** *vpr* contenerse.

**content, e** [kɔ̃tɑ̃, ɑ̃t] *adj* contento(-a); **~ de qn/qch** contento(-a) con algn/algo; **~ de soi** contento(-a) de sí mismo(-a), satisfecho(-a) de sí mismo(-a); **je serais ~ que tu ...** me alegraría que tú ...

**contenter** [kɔ̃tɑ̃te] *vt* (*personne*) contentar; (*envie, caprice*) satisfacer; **se contenter de** *vpr* contentarse con.

**contenu, e** [kɔ̃t(ə)ny] *pp de* **contenir** ♦ *adj* (*colère, sentiments*) contenido(-a) ♦ *nm* contenido.

**conter** [kɔ̃te] *vt* contar, relatar; **il m'en a conté de belles!** ¡lo que me ha contado!

**contestable** [kɔ̃testabl] *adj* discutible.

**conteste** [kɔ̃tɛst]: **sans ~** *adv* sin discusión.

**contester** [kɔ̃tɛste] *vt* discutir, cuestionar ♦ *vi* discutir.

**contexte** [kɔ̃tɛkst] *nm* (*aussi fig*) contexto.

**continent** [kɔ̃tinɑ̃] *nm* continente *m*.

**continu, e** [kɔ̃tiny] *adj* continuo(-a); (*courant*) **~** (*corriente f*) continua.

**continuel, e** [kɔ̃tinɥɛl] *adj* (*qui se répète*) constante; (*continu: pluie etc*) continuo(-a).

**continuer** [kɔ̃tinɥe] *vt* continuar; (*voyage, études etc*) continuar, proseguir; (*suj: allée, rue*) seguir a continuación de ♦ *vi* continuar; (*voyageur*) continuar, seguir; **se continuer** *vpr* continuar; **vous continuez tout droit** siga todo derecho; **~ à** *ou* **de faire** seguir haciendo.

**contourner** [kɔ̃tuʀne] *vt* rodear, evitar.

**contraceptif, -ive** [kɔ̃tʀaseptif, iv] *adj* anticonceptivo(-a) ♦ *nm* anticonceptivo.

**contraception** [kɔ̃tʀasepsjɔ̃] *nf* contracepción *f*.

**contracté, e** [kɔ̃tʀakte] *adj* (*muscle*) contraído(-a); (*personne*) tenso(-a); **article ~** (*LING*) artículo contracto.

**contracter** [kɔ̃tʀakte] *vt* (*aussi fig*) contraer; (*assurance*) contratar; **se contracter** *vpr* (*métal, muscles*) contraerse; (*fig: personne*) crisparse.

**contractuel, le** [kɔ̃tʀaktɥɛl] *adj* contractual ♦ *nm/f* (*agent*) controlador(a) del estacionamiento; (*employé*) empleado(-a) eventual del estado.

**contradiction** [kɔ̃tʀadiksjɔ̃] *nf* contradicción *f*; **en ~ avec** en contradicción con.

**contradictoire** [kɔ̃tʀadiktwaʀ] *adj* contradictorio(-a); **débat ~** debate *m* contradictorio.

**contraignant, e** [kɔ̃tʀɛɲɑ̃, ɑ̃t] *vb voir* **contraindre** ♦ *adj* apremiante.

**contraindre** [kɔ̃tʀɛ̃dʀ] *vt*: **~ qn à qch/à faire qch** forzar a algn a algo/a hacer algo.

**contrainte** [kɔ̃tʀɛ̃t] *nf* coacción *f*; **sans ~** sin coacción.

**contraire** [kɔ̃tʀɛʀ] *adj* contrario(-a), opuesto(-a) ♦ *nm* contrario; **~ à**

contrario(-a) a, opuesto(-a) a; **au ~** al contrario; **je ne peux pas dire le ~** no puedo decir lo contrario; **le ~ de** lo contrario de.

**contrarier** [kɔ̃tʀaʀje] vt (irriter) contrariar; (mouvement, action) dificultar.

**contrariété** [kɔ̃tʀaʀjete] nf contrariedad f.

**contraste** [kɔ̃tʀast] nm contraste m.

**contrat** [kɔ̃tʀa] nm contrato; (accord) acuerdo; **contrat de mariage/travail** contrato de matrimonio/trabajo.

**contravention** [kɔ̃tʀavɑ̃sjɔ̃] nf (infraction) contravención f; (amende) multa; **dresser ~ à** poner una multa a.

**contre** [kɔ̃tʀ] prép contra; (en échange) por; **par ~** en cambio.

**contrebande** [kɔ̃tʀəbɑ̃d] nf contrabando; **faire la ~ de** hacer contrabando de.

**contrebas** [kɔ̃tʀəba]: **en ~** adv más abajo.

**contrebasse** [kɔ̃tʀəbas] nf contrabajo.

**contrecœur** [kɔ̃tʀəkœʀ]: **à ~** adv de mala gana, a regañadientes.

**contrecoup** [kɔ̃tʀəku] nm rebote m; **par ~** de rebote.

**contredire** [kɔ̃tʀədiʀ] vt contradecir; **se contredire** vpr contradecirse.

**contrefaçon** [kɔ̃tʀəfasɔ̃] nf falsificación f; **contrefaçon de brevet** falsificación de la patente.

**contre-indication** [kɔ̃tʀɛ̃dikasjɔ̃] (pl ~-~s) nf contraindicación f.

**contre-indiqué, e** [kɔ̃tʀɛ̃dike] (pl ~-~s, es) adj contraindicado(-a).

**contremaître** [kɔ̃tʀəmɛtʀ] nm contramaestre m, capataz m.

**contre-plaqué** [kɔ̃tʀəplake] (pl ~-~s) nm contrachapado.

**contresens** [kɔ̃tʀəsɑ̃s] nm contrasentido; **à ~** en sentido contrario.

**contretemps** [kɔ̃tʀətɑ̃] nm contratiempo; **à ~** (MUS) a contratiempo; (fig) a destiempo.

**contribuer** [kɔ̃tʀibɥe]: **~ à** vt contribuir a.

**contribution** [kɔ̃tʀibysjɔ̃] nf contribución f; **les ~s** (ADMIN) la oficina de recaudación; **mettre à ~** utilizar los servicios de; **contributions directes/indirectes** impuestos mpl directos/indirectos.

**contrôle** [kɔ̃tʀol] nm (SCOL, d'un véhicule, gén) control m; (vérification) control, comprobación f; (maîtrise: de soi) control, dominio; **contrôle continu** (SCOL) evaluación f continua; **contrôle d'identité** control de identidad; **contrôle des**

changes/des prix control de cambios/de precios; **contrôle des naissances** control de natalidad; **contrôle judiciaire** control judicial.

**contrôler** [kɔ̃tʀole] vt controlar; (vérifier) comprobar; (maîtriser) dominar, controlar; **se contrôler** vpr (personne) controlarse, dominarse.

**contrôleur, -euse** [kɔ̃tʀolœʀ, øz] nm/f revisor(a), inspector(a) de boletos (AM); **contrôleur aérien** controlador m aéreo; **contrôleur de la navigation aérienne** controlador del tráfico aéreo; **contrôleur des postes** inspector m de correos; **contrôleur financier** interventor m.

**controversé, e** [kɔ̃tʀovɛʀse] adj controvertido(-a).

**contusion** [kɔ̃tyzjɔ̃] nf contusión f.

**convaincre** [kɔ̃vɛ̃kʀ] vt: **~ qn (de qch/de faire)** convencer a algn (de algo/para que haga); **~ qn de** (JUR) inculpar a algn de.

**convalescence** [kɔ̃valesɑ̃s] nf convalecencia; **maison de ~** casa de reposo.

**convenable** [kɔ̃vnabl] adj (personne, manières) decoroso(-a), correcto(-a); (moment, endroit) adecuado(-a); (salaire, travail) aceptable.

**convenir** [kɔ̃vniʀ] vi convenir; **~ à** (être approprié à) ser apropiado(-a) para; (être utile à) venir bien a; (arranger, plaire à) convenir a; **il convient de** (bienséant) es conveniente; **~ de** (admettre) admitir, reconocer; (fixer) convenir, acordar; **~ que** (admettre) admitir que; **~ de faire qch** acordar hacer algo; **il a été convenu que/de faire ...** se ha acordado que/hacer ...; **comme convenu** como estaba acordado.

**convention** [kɔ̃vɑ̃sjɔ̃] nf (accord) convenio; (ART, THÉÂTRE) reglas fpl; (POL) convención f; **~s** nfpl (règles, convenances) convenciones fpl; **de ~** convencional; (péj) de cumplido; **convention collective** convenio colectivo.

**conventionné, e** [kɔ̃vɑ̃sjɔne] adj (clinique) concertado(-a); (médecin, pharmacie) que tiene un acuerdo con la Seguridad Social.

**convenu, e** [kɔ̃vny] pp, adj (heure) acordado(-a).

**conversation** [kɔ̃vɛʀsasjɔ̃] nf conversación f; **avoir de la ~** tener conversación.

**convertir** [kɔ̃vɛʀtiʀ] vt: **~ qn (à)** convertir a algn (a); **se convertir** vpr convertirse; **~**

qch en transformar algo en, convertir algo en.

**conviction** [kɔ̃viksjɔ̃] *nf* convicción *f*; **sans ~** sin convicción.

**convienne** *etc* [kɔ̃vjɛn] *vb voir* **convenir.**

**convivial, e** [kɔ̃vivjal, jo] *adj* sociable; *(INFORM)* fácil de usar.

**convocation** [kɔ̃vɔkasjɔ̃] *nf* convocatoria.

**convoquer** [kɔ̃vɔke] *vt (assemblée, candidat)* convocar; *(subordonné, témoin)* convocar, citar; *(patient)* citar; **~ qn (à)** convocar a algn (a).

**coopération** [kɔɔpeʀasjɔ̃] *nf* cooperación *f*; **la C~ militaire/technique** la cooperación militar/técnica.

**coopérer** [kɔɔpeʀe] *vi*: **~ (à)** cooperar (en).

**coordonné, e** [kɔɔʀdɔne] *adj* coordinado(-a); **~s** *nmpl (vêtements)* coordinados *mpl*.

**coordonner** [kɔɔʀdɔne] *vt* coordinar.

**copain, copine** [kɔpɛ̃, kɔpin] *nm/f (ami)* amigo(-a); *(de classe, de régiment)* compañero(-a) ♦ *adj*: **être ~ avec** ser amigo(-a) de.

**copie** [kɔpi] *nf* copia; *(feuille d'examen)* hoja de examen; *(devoir)* examen *m*; *(JOURNALISME)* ejemplar *m*; **copie certifiée conforme** copia compulsada; **copie papier** copia impresa.

**copier** [kɔpje] *vt* copiar ♦ *vi (tricher)* copiar; **~ sur** copiar a.

**copieur** [kɔpjœʀ] *nm* copiadora.

**copieux, -euse** [kɔpjø, jøz] *adj (repas)* copioso(-a), abundante; *(portion, notes, exemples)* abundante.

**copine** [kɔpin] *nf voir* **copain.**

**coq** [kɔk] *nm* gallo ♦ *adj inv*: **poids ~** *(BOXE)* peso gallo; **coq au vin** pollo al vino; **coq de bruyère** urogallo; **le coq du village** *(fig, péj)* el Don Juan del pueblo.

**coque** [kɔk] *nf (de noix)* cáscara; *(de bateau, d'avion)* casco; *(mollusque)* berberecho; **à la ~** *(CULIN)* pasado por agua.

**coquelicot** [kɔkliko] *nm* amapola.

**coqueluche** [kɔklyʃ] *nf (MÉD)* tos *f* ferina; **être la ~ de** *(fig)* ser el(la) preferido(-a) de.

**coquet, te** [kɔkɛ, ɛt] *adj (qui veut plaire)* coqueto(-a); *(bien habillé)* elegante; *(robe, appartement)* coquetón(-ona); *(salaire)* considerable; *(somme)* bonito(-a).

**coquetier** [kɔk(ə)tje] *nm* huevera.

**coquillage** [kɔkijaʒ] *nm (mollusque)* maris-

co; *(coquille)* concha.

**coquille** [kɔkij] *nf (de mollusque)* concha; *(de noix, d'œuf)* cáscara; *(TYPO)* errata; **coquille de noix** *(NAUT)* barquita; **coquille d'œuf** *adj inv (couleur)* blanquecino(-a); **coquille St Jacques** vieira.

**coquin, e** [kɔkɛ̃, in] *adj (enfant, sourire, regard)* pícaro(-a); *(histoire)* picarón(-ona) ♦ *nm/f* pícaro(-a).

**cor** [kɔʀ] *nm (MUS)* trompa; *(au pied)* callo; **réclamer à ~ et à cri** reclamar a grito pelado; **cor anglais** corno inglés; **cor de chasse** cuerno de caza.

**corail, -aux** [kɔʀaj, o] *nm* coral *m*.

**Coran** [kɔʀɑ̃] *nm*: **le ~ el** Corán.

**corbeau, x** [kɔʀbo] *nm* cuervo.

**corbeille** [kɔʀbɛj] *nf* cesta; *(THÉÂTRE)* piso principal; **la ~** *(à la Bourse)* el corro; **corbeille à ouvrage** costurero; **corbeille à pain** cesta del pan; **corbeille à papiers** cesto de los papeles; **corbeille de mariage** regalos *mpl* de boda.

**corde** [kɔʀd] *nf (gén)* cuerda; *(de violon, raquette)* cuerda; **la ~** *(trame de tissu)* la trama; *(ATHLÉTISME, AUTO)* la cuerda; **les ~s** *(BOXE)* las cuerdas; **la ~ sensible** la vena sensible; **les (instruments à) ~s** los instrumentos de cuerda; **tapis/semelles de ~** alfombra/suelas *fpl* de esparto; **tenir la ~** *(ATHLÉTISME, AUTO)* llevar la cuerda; **tomber des ~s** llover a cántaros; **tirer sur la ~** tirar de la cuerda; **usé jusqu'à la ~** raído; **corde à linge** tendedero; **corde à nœuds** cuerda de nudos; **corde à sauter** comba; **corde lisse/raide** cuerda lisa/floja; **cordes vocales** cuerdas *fpl* vocales.

**cordée** [kɔʀde] *nf* cordada.

**cordialement** [kɔʀdjalmɑ̃] *adv* cordialmente.

**cordon** [kɔʀdɔ̃] *nm* cordón *m*; **cordon littoral** cordón litoral; **cordon ombilical** cordón umbilical; **cordon sanitaire/de police** cordón sanitario/policial.

**cordonnerie** [kɔʀdɔnʀi] *nf* zapatería.

**cordonnier** [kɔʀdɔnje] *nm* zapatero.

**Corée** [kɔʀe] *nf* Corea; **la ~ du Sud/du Nord** Corea del Sur/del Norte; **la République (démocratique populaire de) ~** la República (democrática popular de) Corea.

**coriace** [kɔʀjas] *adj* correoso(-a).

**corne** [kɔʀn] *nf* cuerno; **corne d'abondance** cuerno de la abundancia; **corne**

**de brume** sirena de bruma.
**cornée** [kɔʀne] *nf* córnea.
**corneille** [kɔʀnɛj] *nf* corneja.
**cornemuse** [kɔʀnəmyz] *nf* cornamusa, gaita; **joueur de ~** gaitero.
**cornet** [kɔʀnɛ] *nm* cucurucho; **cornet à piston** cornetín *m*.
**corniche** [kɔʀniʃ] *nf* (*d'armoire*) cornisa; (*route*) carretera de cornisa.
**cornichon** [kɔʀniʃɔ̃] *nm* pepinillo.
**corporel, le** [kɔʀpɔʀel] *adj* corporal; **soins ~s** cuidados *mpl* corporales.
**corps** [kɔʀ] *nm* (*aussi fig*) cuerpo; **à son ~ défendant** a pesar suyo; **à ~ perdu** en cuerpo y alma; **le ~ diplomatique** el cuerpo diplomático; **perdu ~ et biens** (*NAUT*) perdido con toda su carga; **prendre ~** tomar cuerpo; **faire ~ avec** formar cuerpo con, confundirse con; **~ et âme** cuerpo y alma; **corps à corps** *nm*, *adv* cuerpo a cuerpo; **corps constitués** (*POL*) instituciones *fpl*; **corps consulaire/législatif** cuerpo consular/legal; **corps de ballet/de garde** cuerpo de ballet/de guardia; **corps du délit** (*JUR*) cuerpo del delito; **corps électoral** censo electoral; **corps enseignant** cuerpo docente; **corps étranger** (*MÉD, BIOL*) cuerpo extraño; **corps expéditionnaire/d'armée** cuerpo *m* dicionario/de ejército; **corps médical** clase *f* médica.
**correct, e** [kɔʀɛkt] *adj* (*exact, bienséant*) correcto(-a); (*honnête*) justo(-a); (*passable*) correcto(-a), pasable.
**correcteur, -trice** [kɔʀɛktœʀ, tʀis] *nm/f* (*d'examen*) examinador(a); (*TYPO*) corrector(a).
**correction** [kɔʀɛksjɔ̃] *nf* corrección *f*; (*idée, trajectoire*) modificación *f*; (*coups*) paliza, golpiza (*AM*); **correction (des épreuves)** corrección (de pruebas); **correction sur écran** corrección en pantalla.
**correspondance** [kɔʀɛspɔ̃dɑ̃s] *nf* correspondencia; (*de train, d'avion*) empalme *m*; **ce train assure la ~ avec l'avion de 10 heures** este tren enlaza con el vuelo de las 10; **cours par ~** curso por correspondencia; **vente par ~** venta por correo.
**correspondant, e** [kɔʀɛspɔ̃dɑ̃, ɑ̃t] *adj* correspondiente ♦ *nm/f* corresponsal *m/f*; (*au téléphone*) interlocutor(a).
**correspondre** [kɔʀɛspɔ̃dʀ] *vi* corresponder; (*chambres*) corresponderse; **~ à** co-

rresponder a; (*se rapporter à*) corresponderse con; **~ avec qn** cartearse con algn.
**corrida** [kɔʀida] *nf* corrida.
**corridor** [kɔʀidɔʀ] *nm* pasillo.
**corrigé** [kɔʀiʒe] *nm* (*SCOL*) solución *f*.
**corriger** [kɔʀiʒe] *vt* (*aussi MÉD*) corregir; (*idée, trajectoire*) rectificar; (*punir*) castigar; **~ qn de qch** (*défaut*) corregir (algo) a algn; **il l'a corrigé** le dio una paliza; **se ~ de** corregirse de.
**corrompre** [kɔʀɔ̃pʀ] *vt* corromper.
**corruption** [kɔʀypsjɔ̃] *nf* corrupción *f*.
**corse** [kɔʀs] *adj* corso(-a) ♦ *nf*: **C~** Córcega ♦ *nm/f*: **C~** corso(-a).
**corsé, e** [kɔʀse] *adj* (*café etc*) fuerte; (*problème*) arduo(-a); (*histoire*) escabroso(-a).
**cortège** [kɔʀtɛʒ] *nm* (*funèbre*) comitiva; (*de manifestants*) desfile *m*.
**cortisone** [kɔʀtizɔn] *nf* cortisona.
**corvée** [kɔʀve] *nf* (*aussi MIL*) faena.
**cosmétique** [kɔsmetik] *nm* (*pour les cheveux*) fijador *m*; (*produit de beauté*) cosmético.
**cosmopolite** [kɔsmɔpɔlit] *adj* cosmopolita.
**costaud, e** [kɔsto, od] *adj* robusto(-a).
**costume** [kɔstym] *nm* traje *m*; (*de théâtre*) vestuario.
**costumé, e** [kɔstyme] *adj* disfrazado(-a).
**cote** [kɔt] *nf* (*à une valeur boursière*) cotización *f*; (*d'une voiture, d'un timbre*) valoración *f*; (*d'un cheval*): **la ~ de** la clasificación de; (*d'un candidat etc*) popularidad *f*; (*mesure*) cota; (*de classement, d'un document*) signatura; **avoir la ~** estar muy cotizado(-a); **inscrit à la ~** registrado; **cote d'alerte** nivel *m* de alarma; **cote de popularité** cota de popularidad; **cote mal taillée** (*fig*) cuenta aproximada.
**côte** [kot] *nf* (*rivage*) costa; (*pente*) cuesta; (*ANAT, BOUCHERIE*) costilla; (*d'un tricot, tissu*) canalé *m*; **point de ~s** (*TRICOT*) punto de canalé; **~ à ~** uno al lado de otro; **la côte (d'Azur)** la costa Azul; **la Côte d'Ivoire** la costa de Marfil.
**côté** [kote] *nm* (*gén, GÉOM*) lado *m*; (*du corps*) costado; (*feuille*) cara; (*de la rivière*) orilla; **de 10 m de ~** de 10 m. de lado; **des deux ~s de la route/frontière** en ambos lados de la carretera/frontera; **de tous les ~s** por todos lados, por todas partes; **de quel ~ est-il parti?** ¿en qué dirección salió?; **de ce/de l'autre ~** de este/del otro lado; **d'un ~ ... de l'autre ~** por una parte

... por otra; **du ~ de** (*provenance*) por el lado de; (*direction*) en dirección a; **du ~ de Lyon** (*proximité*) por Lyon; **de ~** (*marcher, regarder*) de lado; (*être, se tenir*) a un lado; **laisser de ~** dejar de lado; **mettre de ~** poner a un lado; **sur le ~ de** por el lado de; **de chaque ~ (de)** a cada lado (de), a ambos lados (de); **du ~ gauche** por la izquierda; **de mon ~** por mi parte; **regarder de ~** mirar de soslayo; **à ~** al lado; **à ~ de** (*aussi fig*) al lado de; **à ~ (de la cible)** cerca (de la diana); **être aux ~s de** estar al/del lado de.

**côtelette** [kotlɛt] *nf* chuleta.

**côtier, -ière** [kotje, jɛʀ] *adj* costero(-a).

**cotisation** [kɔtizasjɔ̃] *nf* (*à un club, syndicat*) cuota; (*pour une pension, sécurité sociale*) cotización *f*.

**cotiser** [kɔtize] *vi* (*à une assurance etc*): **~ (à)** cotizar; (*à une association*) pagar la cuota (de); **se cotiser** *vpr* pagar a escote.

**coton** [kɔtɔ̃] *nm* algodón *m*; **drap/robe de ~** sábana/vestido de algodón; **coton hydrophile** algodón hidrófilo.

**Coton-Tige** ® [kɔtɔ̃tiʒ] (*pl* **~s-~s**) *nm* bastoncillo.

**cou** [ku] *nm* cuello.

**couchant** [kuʃɑ̃] *adj*: **soleil ~** sol *m* poniente.

**couche** [kuʃ] *nf* (*de bébé*) pañal *m*; (*gén, GÉOLOGIE*) capa; **~s** *nfpl* (*MÉD*) parto *m*; **couches sociales** capas *fpl* sociales.

**couché, e** [kuʃe] *adj* tumbado(-a), tendido(-a); (*au lit*) acostado(-a).

**coucher** [kuʃe] *nm* (*du soleil*) puesta (de sol) ♦ *vt* (*mettre au lit*) acostar; (*étendre*) tumbar, tender; (*loger*) alojar; (*idées*) anotar ♦ *vi* dormir; (*fam*): **~ avec qn** acostarse con algn; **se coucher** *vpr* (*pour dormir*) acostarse; (*pour se reposer*) tumbarse, acostarse; (*se pencher*) inclinarse; (*soleil*) ponerse; **à prendre avant le ~** (*MÉD*) tomar antes de acostarse; **coucher de soleil** puesta de sol.

**couchette** [kuʃɛt] *nf* litera.

**coucou** [kuku] *nm* cuclillo ♦ *excl* ¡hola!

**coude** [kud] *nm* codo; (*de la route*) recodo; **~ à ~** codo a codo.

**coudre** [kudʀ] *vt*, *vi* coser.

**couette** [kwɛt] *nf* (*édredon*) edredón *m*; **~s** *nfpl* (*cheveux*) coletas *fpl*.

**couffin** [kufɛ̃] *nm* (*de bébé*) moisés *m*.

**couler** [kule] *vi* (*fleuve*) fluir; (*liquide, sang*) correr; (*stylo*) perder tinta; (*récipient*) gotear; (*nez*) moquear; (*bateau*) hundirse ♦ *vt* colar; (*bateau*) hundir; (*entreprise*) hundir, arruinar; **se couler dans** *vpr* colarse en; **~ une vie heureuse** llevar una vida feliz; **faire** *ou* **laisser ~** dejar correr; **faire ~ un bain** preparar un baño; **~ une bielle** (*AUTO*) fundir una biela; **~ de source** caer por su peso; **~ à pic** irse a pique.

**couleur** [kulœʀ] *nf* (*aussi fig*) color *m*; (*CARTES*) palo; **~s** *nfpl* (*du teint, dans un tableau*) colores *mpl*, colorido; (*MIL*) bandera; **film/télévision en ~s** película/televisión *f* en color; **de ~** de color; **sous ~ de faire** con el pretexto de hacer.

**couleuvre** [kulœvʀ] *nf* culebra.

**coulisse** [kulis] *nf* (*TECH*) ranura; **~s** *nfpl* (*THÉÂTRE*) bastidores *mpl*; (*fig*): **dans les ~s** entre bastidores; **porte à ~** puerta de corredera.

**coup** [ku] *nm* golpe *m*; (*avec arme à feu*) disparo; (*frappé par une horloge*) campanada; (*fam: fois*) vez *f*; (*SPORT: geste*) jugada; (*ÉCHECS*) movimiento; **à ~s de hache** a hachazos; **à ~s de marteau** a martillazos; **être sur un ~** tener un asuntillo entre manos; **en ~ de vent** como un rayo; **donner un ~ de corne à qn** dar una cornada a algn; **donner** *ou* **passer un ~ de balai (dans)** dar un barrido (a), pasar la escoba (por); **boire un ~** echar un trago; **à tous les ~s** todas las veces; **à tous les ~s il a oublié** seguro que se le ha olvidado; **être dans le/hors du ~** estar/no estar en el ajo; **il a raté son ~** le falló la jugada; **du ~** así que; **pour le ~** por una vez; **d'un seul ~** (*subitement*) de repente; (*à la fois*) de un solo golpe; **du premier ~** al primer intento; **faire un ~ bas à qn** dar un golpe bajo a algn; **du même ~** al mismo tiempo; **à ~ sûr ...** seguro que ...; **après ~** después; **~ sur ~** uno(-a) tras otro(-a); **sur le ~** en el acto; **sous le ~ de** (*surprise etc*) afectado(-a) por; **tomber sous la ~ de la loi** (*JUR*) caer bajo el peso de la ley; **coup d'éclat** proeza; **coup d'envoi** saque *m* de centro; **coup d'essai** ensayo; **coup d'État** golpe de estado; **coup d'œil** vistazo, ojeada; **coup de chance** golpe de suerte; **coup de chapeau** sombrerazo; **coup de coude** codazo; **coup de couteau** cuchillada; **coup de crayon** trazo; **coup de feu** disparo; **coup de fil** (*fam*) llamada; **coup de**

**filet** redada; **coup de foudre** flechazo; **coup de fouet** latigazo; **coup de frein** (*AUTO*) frenazo; **coup de fusil** clavada; **coup de genou** rodillazo; **coup de grâce** golpe de suerte; **coup de main: donner un ~ de main à qn** echar una mano a algn; **coup de maître** acción *f* magistral; **coup de pied** patada; **coup de pinceau** pincelada; **coup de poing** puñetazo; **coup de soleil** insolación *f*; **coup de sonnette** timbrazo; **coup de téléphone** telefonazo, llamado (*AM*); **coup de tête** (*fig*) cabezonada; **coup de théâtre** (*fig*) hecho imprevisto; **coup de tonnerre** trueno; **coup de vent** ráfaga de viento; **coup du lapin** (*AUTO*) golpe en la nuca; **coup dur** golpe duro; **coup fourré** mala jugada; **coup franc** golpe franco; **coup sec** golpe seco.

**coupable** [kupabl] *adj, nm/f* culpable *m/f*.

**coupe** [kup] *nf* corte *f*; (*verre, SPORT*) copa; (*à fruits*) frutero; **vue en ~** corte transversal; **être sous la ~ de** estar bajo la férula de; **faire des ~s sombres dans** hacer un recorte drástico en.

**couper** [kupe] *vt* cortar; (*retrancher*) suprimir; (*eau, courant*) cortar, quitar; (*appétit, fièvre*) quitar; (*vin, liquide*) aguar; (*TENNIS etc*) volear ♦ *vi* cortar; (*prendre un raccourci*) atajar; (*CARTES*) cortar; (: *avec l'atout*) cortar triunfo; **se couper** *vpr* cortarse; (*en témoignant etc*) contradecirse; **se faire ~ les cheveux** cortarse el pelo; **~ l'appétit à qn** quitar el apetito a algn; **~ la parole à qn** quitar la palabra a algn, interrumpir a algn; **~ les vivres à qn** suprimir los subsidios a algn; **~ le contact** *ou* **l'allumage** (*AUTO*) quitar el contacto *ou* el encendido; **~ les ponts (avec qn)** cortar el contacto (con algn).

**couple** [kupl] *nm* pareja; **~ de torsion** par *m* de torsión.

**couplet** [kuplɛ] *nm* (*MUS*) copla, estrofa; (*péj*) cantilena.

**coupole** [kupɔl] *nf* cúpula.

**coupon** [kupɔ̃] *nm* (*ticket*) cupón *m*, bono; (*tissu: rouleau*) pieza; (: *reste*) retal *m*.

**coupure** [kupyʀ] *nf* corte *m*; (*billet de banque*) billete *m* de banco; (*de presse*) recorte *m*; **coupure de courant/d'eau** corte de corriente/de agua.

**cour** [kuʀ] *nf* (*de ferme*) corral *m*; (*jardin, immeuble*) patio; (*JUR*) tribunal *m*; (*royale*) corte *f*; **faire la ~ à qn** hacer la corte a algn; **cour d'appel** ≈ tribunal de apelación; **cour d'assises** ≈ Audiencia; **cour de cassation** ≈ tribunal supremo; **cour de récréation** patio; **cour des comptes** (*ADMIN*) tribunal de cuentas; **cour martiale** tribunal militar.

**courage** [kuʀaʒ] *nm* valor *m*; (*ardeur, énergie*) coraje *m*; **un peu de ~** ánimo; **bon ~!** ¡ánimo!

**courageux, -euse** [kuʀaʒø, øz] *adj* valiente, valeroso(-a).

**couramment** [kuʀamɑ̃] *adv* (*souvent*) frecuentemente; (*parler*) con soltura.

**courant, e** [kuʀɑ̃, ɑ̃t] *adj* (*fréquent*) corriente, común; (*gén, COMM*) corriente; (*en cours*) en curso ♦ *nm* (*aussi fig*) corriente *f*; **être au ~ (de)** estar al corriente (de); **mettre qn au ~ (de)** poner a algn al corriente (de); **se tenir au ~ (de)** mantenerse al corriente (de); **dans le ~ de** durante; **~ octobre** a lo largo de octubre; **le 10 ~** el 10 del corriente; **courant d'air** corriente de aire; **courant électrique** corriente eléctrica.

**courbature** [kuʀbatyʀ] *nf* agotamiento; (*SPORT*) agujetas *fpl*.

**courbe** [kuʀb] *adj* curvo(-a) ♦ *nf* curva; **courbe de niveau** curva de nivel.

**coureur, -euse** [kuʀœʀ, øz] *nm/f* corredor(a) ♦ *adj m, nm* (*péj*) mujeriego ♦ *adj f, nf* (*péj*) pendón *m*; **coureur automobile** corredor automovilístico; **coureur cycliste** ciclista *m*.

**courge** [kuʀʒ] *nf* calabaza.

**courgette** [kuʀʒɛt] *nf* calabacín *m*.

**courir** [kuʀiʀ] *vi* (*aussi fig*) correr ♦ *vt* (*SPORT*) disputar; (*danger, risque*) correr; **~ les cafés/bals** frecuentar los cafés/bailes; **~ les magasins** ir de compras, ir de tiendas; **le bruit court que ...** corre la voz de que ...; **par les temps qui courent** en los tiempos que corren, en estos tiempos; **~ après qn** correr detrás de algn; (*péj*) andar detrás de algn; **laisser ~ qch/qn** dejar en paz algo/a algn; **faire ~ qn** llevar a algn al retortero; **tu peux (toujours) ~!** ¡espera sentado!

**couronne** [kuʀɔn] *nf* (*aussi fig*) corona; **~ (funéraire** *ou* **mortuaire)** corona (mortuoria).

**courons** *etc* [kuʀɔ̃] *vb voir* **courir**.

**courrier** [kuʀje] *nm* correo; (*rubrique*)

prensa; **qualité** ~ calidad *f* de correspondencia; **long/moyen** ~ *(AVIAT)* avión *m* de distancias largas/medias; **courrier du cœur** prensa del corazón; **courrier électronique** correo electrónico.

**courroie** [kuʀwa] *nf* correa; **courroie de transmission/de ventilateur** correa de transmisión/del ventilador.

**courrons** *etc* [kuʀ5] *vb voir* **courir**.

**cours** [kuʀ] *vb voir* **courir** ♦ *nm* clase *f*; *(série de leçons)* clases *fpl*, curso; *(établissement)* academia; *(des événements, d'une rivière)* curso; *(avenue)* avenida, paseo; *(COMM)* valor *m*, precio; *(BOURSE)* cotización *f*; *(des matières premières)* valor; *(déroulement)* transcurso; **donner libre** ~ **à** dar rienda suelta a; **avoir** ~ *(monnaie)* estar en circulación; *(fig)* estilarse; *(SCOL)* tener clase; **en** ~ *(année)* en curso; *(travaux)* en curso, pendiente; **en** ~ **de route** en el camino; **au** ~ **de** durante, en el transcurso de; **le** ~ **du change** el cambio; **cours d'eau** río; **cours du soir** *(SCOL)* clase nocturna; **cours élémentaire** *(SCOL)* ciclo inicial de educación primaria en el sistema francés; **cours moyen** *(SCOL)* ciclo medio de educación primaria en el sistema francés; **cours préparatoire** *(SCOL)* año preparatorio de educación primaria en el sistema francés.

**course** [kuʀs] *nf* *(gén, d'un taxi, du soleil)* carrera; *(d'un projectile)* trayectoria; *(d'une pièce mécanique)* recorrido; *(excursion en montagne)* marcha, excursión *f*; *(autocar)* recorrido; *(petite mission)* recado; ~**s** *nfpl* compras *fpl*; *(HIPPISME)* carreras *fpl* hípicas; **faire les** *ou* **ses** ~**s** ir de compras; **jouer aux** ~**s** apostar en las carreras; **à bout de** ~ reventado(-a); **course à pied/automobile** carrera a pie/automovilística; **course de côte** *(AUTO)* carrera de ascensión; **courses de chevaux** carreras de caballos; **course d'obstacles/de vitesse/par étapes** carrera de obstáculos/de velocidad/por etapas.

**court, e** [kuʀ, kuʀt] *adj* *(temps)* corto(-a), breve; *(en longueur, distance)* corto(-a); *(en hauteur)* bajo(-a) ♦ *adv* corto ♦ *nm* *(de tennis)* pista, cancha; **tourner** ~ cambiar completamente; **couper** ~ **à** ... acabar con ...; **à** ~ **de** escaso de; **prendre qn de** ~ pillar a algn de imprevisto; **ça fait** ~ **es** un poco escaso; **pour faire** ~ para abreviar; **avoir le souffle** ~ quedarse en seguida sin aliento; **tirer à la** ~**e paille** echar pajas; **faire la** ~**e échelle à qn** aupar a algn; **court métrage** *(CINÉ)* cortometraje *m*.

**court-circuit** [kuʀsiʀkɥi] *(pl* ~**s**-~**s**) *nm* cortocircuito.

**courtoisie** [kuʀtwazi] *nf* cortesía.

**couru** [kuʀy] *pp de* **courir** ♦ *adj* *(spectacle)* concurrido(-a); **c'est** ~ **(d'avance)!** *(fam)* ¡está claro!

**cousais** *etc* [kuzɛ] *vb voir* **coudre**.

**couscous** [kuskus] *nm* cuscús *m*, alcuzcuz *m*.

**cousin, e** [kuzɛ̃, in] *nm/f* primo(-a); *(ZOOL)* mosquito; **cousin germain** primo carnal; **cousin issu de germain** primo segundo.

**coussin** [kusɛ̃] *nm* cojín *m*; *(TECH)* almohadilla; **coussin d'air** *(TECH)* almohadilla neumática.

**cousu, e** [kuzy] *pp de* **coudre** ♦ *adj*: ~ **d'or** forrado(-a) de dinero.

**coût** [ku] *nm* *(d'un travail, objet)* coste *m*, precio; **le** ~ **de la vie** el coste de la vida.

**coûter** [kute] *vt* *(aussi fig)* costar ♦ *vi*: ~ **à qn** costarle a algn; ~ **cher** costar caro; **ça va lui** ~ **cher** *(fig)* va a pagarlo caro; **combien ça coûte?** ¿cuánto cuesta?, ¿cuánto vale?; **coûte que coûte** a toda costa.

**coûteux, -euse** [kutø, øz] *adj* costoso(-a); *(fig)* sacrificado(-a).

**coutume** [kutym] *nf* costumbre *f*; *(JUR)*: **la** ~ el derecho consuetudinario; **de** ~ de costumbre, de ordinario.

**couture** [kutyʀ] *nf* costura.

**couturier** [kutyʀje] *nm* modisto.

**couturière** [kutyʀjɛʀ] *nf* modista.

**couvent** [kuvɑ̃] *nm* convento.

**couver** [kuve] *vt* *(œufs, maladie)* incubar; *(personne)* mimar ♦ *vi* *(feu)* mantenerse; *(révolte)* incubarse, prepararse; ~ **qch/qn des yeux** no quitar los ojos de algo/de algn; *(convoiter)* comerse con los ojos algo/a algn.

**couvercle** [kuvɛʀkl] *nm* tapa.

**couvert, e** [kuvɛʀ, ɛʀt] *pp de* **couvrir** ♦ *adj* *(ciel, coiffé d'un chapeau)* cubierto(-a);

(*protégé*) protegido(-a), resguardado(-a) ♦ *nm* cubierto; ~s *nmpl* cubiertos *mpl*; ~ **de** cubierto(-a) por; **bien** ~ bien abrigado(-a); **mettre le** ~ poner la mesa; **service de 12** ~**s en argent** juego de 12 cubiertos de plata; **à** ~ a cubierto, a resguardo; **sous le** ~ **de** bajo la apariencia de.

**couverture** [kuvɛrtyr] *nf* (*de lit*) manta, frazada (*AM*), cobija (*AM*); (*de bâtiment*) cubierta; (*de livre, cahier*) forro; (*d'un espion*) máscara; (*ASSURANCE, PRESSE*) cobertura; **de** ~ (*lettre etc*) de garantía; **couverture chauffante** manta térmica.

**couvre-lit** [kuvrəli] (*pl* ~-~**s**) *nm* colcha.

**couvrir** [kuvrir] *vt* cubrir; (*d'ornements, d'éloges*): ~ **qch/qn** cubrir a algo/algn de; (*supérieur hiérarchique*) proteger; (*voix, pas*) cubrir, tapar; (*erreur*) ocultar; (*distance*) recorrer; (*ZOOL*) cubrir; **se couvrir** *vpr* cubrirse; **se** ~ **de** (*fleurs, boutons*) llenarse de.

**cow-boy** [kɔbɔj] (*pl* ~-~**s**) *nm* vaquero.

**crabe** [krab] *nm* cangrejo (de mar).

**cracher** [kraʃe] *vi, vt* escupir; (*lave, injures*) escupir, arrojar; ~ **du sang** escupir sangre.

**crachin** [kraʃɛ̃] *nm* llovizna, garúa (*AM*).

**craie** [krɛ] *nf* (*substance*) greda; (*morceau*) tiza, gis *m* (*MEX*).

**craindre** [krɛ̃dr] *vt* temer; (*être sensible à*) no tolerar; **je crains que vous (ne) fassiez erreur** (me) temo que se equivoca; ~ **de/que** temer/temer que; **crains-tu de ...?** ¿temes ...?

**crainte** [krɛ̃t] *nf* temor *m*; **soyez sans** ~ no tema nada; (**de**) ~ **de/que** por temor a/a que.

**craintif, -ive** [krɛ̃tif, iv] *adj* temeroso(-a).

**crampe** [krɑ̃p] *nf* calambre *m*; **crampe d'estomac** cólico de estómago.

**crampon** [krɑ̃pɔ̃] *nm* (*de semelle*) taco; (*ALPINISME*) crampón *m*.

**cramponner** [krɑ̃pɔne]: **se** ~ *vpr*: **se** ~ (**à**) agarrarse (a).

**cran** [krɑ̃] *nm* (*entaille, trou*) muesca; (*de courroie*) ojete *m*; (*courage*) agallas *fpl*; **être à** ~ estar que se lo llevan los demonios; **cran d'arrêt** muelle *m*; **cran de sûreté** seguro.

**crapaud** [krapo] *nm* sapo.

**craquement** [krakmɑ̃] *nm* crujido.

**craquer** [krake] *vi* (*bois, plancher*) crujir; (*fil, branche*) romperse; (*couture*) estallar; (*s'effondrer*) derrumbarse ♦ *vt*: ~ **une allu-**

**mette** frotar una cerilla; **je craque** (*enthousiasme*) me vuelvo loco(-a).

**crasse** [kras] *nf* mugre *f* ♦ *adj* (*ignorance*) craso(-a).

**crasseux, -euse** [krasø, øz] *adj* mugriento(-a), mugroso(-a) (*AM*).

**cravache** [kravaʃ] *nf* fusta.

**cravate** [kravat] *nf* corbata.

**crawl** [krol] *nm* crol *m*.

**crayon** [krɛjɔ̃] *nm* lápiz *m*; (*de rouge à lèvres etc*) perfilador *m*, lápiz; **écrire au** ~ escribir con lápiz; **crayon à bille** bolígrafo; **crayon de couleur** lápiz de color; **crayon optique** lápiz óptico.

**crayon-feutre** [krɛjɔ̃føtr] (*pl* ~**s**-~**s**) *nm* rotulador *m*.

**création** [kreasjɔ̃] *nf* creación *f*; (*nouvelle robe, voiture etc*) creación, diseño.

**crèche** [krɛʃ] *nf* (*de Noël*) nacimiento, belén *m*; (*garderie*) guardería.

**crédit** [kredi] *nm* (*confiance, autorité, ÉCON*) crédito; (*d'un compte bancaire*) crédito, haber *m*; ~**s** *nmpl* fondos *mpl*; **payer/acheter à** ~ pagar/comprar a plazos; **faire** ~ **à qn** tener confianza en algn.

**créditer** [kredite] *vt*: ~ **un compte (de)** abonar en cuenta.

**créer** [kree] *vt* crear; (*spectacle*) montar; (*rôle*) crear.

**crémaillère** [kremajɛr] *nf* cremallera; **direction à** ~ (*AUTO*) dirección *f* de cremallera; **pendre la** ~ festejar el estreno de una casa.

**crème** [krɛm] *nf* crema; (*du lait*) nata, crema; (*PHARMACIE*) crema, pomada ♦ *adj inv* crema; **un (café)** ~ un café con leche; **crème à raser** crema de afeitar; **crème Chantilly** nata Chantilly; **crème fouettée** nata batida; **crème glacée** helado.

**crémeux, -euse** [kremø, øz] *adj* cremoso(-a).

**créneau, x** [kreno] *nm* (*de fortification*) almena; (*fig*) hueco; (*COMM*) segmento de mercado; **faire un** ~ (*AUTO*) aparcar hacia atrás.

**crêpe** [krɛp] *nf* crep *f*, panqueque *m* (*AM*) ♦ *nm* (*tissu*) crespón *m*; (*de deuil*) crespón, gasa negra; **semelle (de)** ~ suela de crepé; **crêpe de Chine** crespón de China.

**crêperie** [krepri] *nf* crepería.

**crépuscule** [krepyskyl] *nm* crepúsculo.

**cresson** [kresɔ̃] *nm* berro.

**creuser** [krøze] *vt* cavar; (*bois*) vaciar; (*pro-*

*blème, idée*) cavilar; **ça creuse** (*l'estomac*) eso abre el apetito; **se ~ la cervelle** *ou* **la tête** romperse la cabeza.

**creux, -euse** [kʀø, kʀøz] *adj* hueco(-a) ♦ *nm* hueco; (*fig*) vacío; **heures creuses** (*transports*) horas *fpl* de menos tráfico; (*travail*) horas muertas; (*pour électricité, téléphone*) horas de tarifa baja; **mois/jours ~** meses *mpl*/días *mpl* muertos; **le ~ de l'estomac** la boca del estómago.

**crevaison** [kʀəvɛzɔ̃] *nf* pinchazo.

**crevé, e** [kʀəve] *adj* (*pneu*) pinchado(-a); (*fam*): **je suis ~** estoy reventado(-a).

**crever** [kʀəve] *vt* estallar, explotar ♦ *vi* (*pneu, automobiliste*) pinchar; (*abcès, outre*) reventar; (*nuage*) descargar; (*fam: mourir*) palmarla; **~ d'envie/de peur** morirse de ganas/de miedo; **~ de faim/de soif/de froid** morirse de hambre/de sed/de frío; **~ l'écran** barrer; **cela lui a crevé un œil** esto le dejó tuerto.

**crevette** [kʀəvɛt] *nf*: **~ rose** gamba; **crevette grise** quisquilla, camarón *m*.

**cri** [kʀi] *nm* grito; **à grands ~s** a grito pelado; **~s d'enthousiasme** gritos *mpl* de entusiasmo; **c'est le dernier ~** es el último grito; **~s de protestation** gritos de protesta.

**criard, e** [kʀijaʀ, kʀijaʀd] *adj* (*couleur*) chillón(-ona).

**cric** [kʀik] *nm* (*AUTO*) gato.

**crier** [kʀije] *vi* gritar; (*grincer*) chirriar ♦ *vt* (*ordre*) dar a gritos; (*injure*) lanzar; **sans ~ gare** sin avisar; **~ au secours** pedir socorro; **~ famine** quejarse de hambre; **~ grâce** pedir merced; **~ au scandale** poner el grito en el cielo; **~ au meurtre** clamar contra el asesinato.

**crime** [kʀim] *nm* crimen *m*.

**criminel, le** [kʀiminɛl] *adj* (*acte*) criminal; (*poursuites, droit*) penal; (*fig*) abominable ♦ *nm/f* criminal *m/f*; **criminel de guerre** criminal de guerra.

**crin** [kʀɛ̃] *nm* crin *f*; (*comme fibre*) crin, cerda; **à tous ~s, à tout ~** de tomo y lomo.

**crinière** [kʀinjɛʀ] *nf* (*de cheval*) crines *fpl*; (*lion*) melena.

**crique** [kʀik] *nf* cala.

**criquet** [kʀikɛ] *nm* langosta.

**crise** [kʀiz] *nf* crisis *f inv*; **crise cardiaque** ataque *m* cardíaco; **crise de foie** cólico biliar; **crise de la foi** crisis de (la) fe; **crise de nerfs** ataque de nervios, crisis nerviosa.

**cristal, -aux** [kʀistal, o] *nm* cristal *m*; (*neige*) cristal, copo; **cristaux** *nmpl* (*objets de verre*) cristalería *fsg*; **cristal de plomb** vidrio de plomo, cristal de plomo; **cristal de roche** cristal de roca; **cristaux de soude** sosa *fsg* en polvo.

**critère** [kʀitɛʀ] *nm* criterio.

**critiquable** [kʀitikabl] *adj* discutible.

**critique** [kʀitik] *adj* crítico(-a) ♦ *nf* (*aussi article*) crítica ♦ *nm* crítico; **la ~** (*activité, personnes*) la crítica.

**critiquer** [kʀitike] *vt* criticar.

**Croatie** [kʀɔasi] *nf* Croacia.

**crochet** [kʀɔʃɛ] *nm* gancho; (*tige, clef*) ganzúa; (*détour*) desvío, rodeo; (*TRICOT*) ganchillo; (*BOXE*): **~ du gauche** gancho de izquierda; **~s** *nmpl* (*TYPO*) corchetes *mpl*; **vivre aux ~s de qn** vivir a expensas de algn.

**crocodile** [kʀɔkɔdil] *nm* cocodrilo.

**croire** [kʀwaʀ] *vt* creer; **~ qn honnête** creer en la honestidad de algn; **se ~ fort** considerarse fuerte; **~ que** creer que; **j'aurais cru que si** hubiera creído que sí; **je n'aurais pas cru cela (de lui)** nunca lo hubiera pensado (de él); **vous croyez?** ¿lo cree usted?, ¿lo piensa usted?; **vous ne croyez pas?** ¿no lo cree así?; **~ à** *ou* **en** creer en; **~ (en Dieu)** creer (en Dios).

**croîs** [kʀwa] *vb voir* **croître**.

**croisade** [kʀwazad] *nf* cruzada.

**croisement** [kʀwazmɑ̃] *nm* (*carrefour, BIOL*) cruce *m*.

**croiser** [kʀwaze] *vt* cruzar; (*personne, voiture*) cruzarse con, encontrar ♦ *vi* navegar; **se croiser** *vpr* cruzarse; **~ les jambes/les bras** cruzar las piernas/los brazos; **se ~ les bras** (*fig*) cruzarse de brazos.

**croisière** [kʀwazjɛʀ] *nf* crucero; **vitesse de ~** velocidad *f* de crucero.

**croissance** [kʀwasɑ̃s] *nf* desarrollo, crecimiento; **troubles de la/maladie de ~** trastornos *mpl*/enfermedad *f* del crecimiento; **croissance économique** desarrollo económico.

**croissant, e** [kʀwasɑ̃, ɑ̃t] *vb voir* **croître** ♦ *adj* creciente ♦ *nm* (*gâteau*) croissant *m*; (*motif*) media luna; **croissant de lune** media luna.

**croître** [kʀwatʀ] *vi* crecer.

**croix** [kʀwa] *nf* cruz *f*; **en ~** *adj* en cruz ♦ *adv* en forma de cruz, en cruz; **la Croix**

**Rouge** la Cruz Roja.

**croque-monsieur** [krɔkməsjø] *nm inv* sandwich de jamón y queso (tostado).

**croquer** [krɔke] *vt* (*manger, fruit*) comer; (*dessiner*) bosquejar ♦ *vi* crujir; **chocolat à ~** chocolate *m* para comer.

**croquis** [krɔki] *nm* croquis *m inv*, boceto; (*description*) bosquejo.

**crotte** [krɔt] *nf* caca; **~!** (*fam*) ¡córcholis!, ¡concho!

**crottin** [krɔtɛ̃] *nm:* **~ (de cheval)** excremento (de caballo); (*petit fromage de chèvre*) quesito redondo de cabra.

**croustillant, e** [krustijɑ̃, ɑ̃t] *adj* crujiente; (*histoire*) picante.

**croûte** [krut] *nf* (*du fromage, pain*) corteza; (*de vol-au-vent*) hojaldre *m*; (*de glace*) capa; (*MÉD*) costra, postilla; (*de tartre, peinture*) costra; (*péj: peinture*) mamarracho; **en ~** (*CULIN*) en pastel; **croûte au fromage/aux champignons** rebanada de pan tostado con queso/con champiñones; **croûte de pain** (*morceau*) mendrugo; **croûte terrestre** corteza terrestre.

**croûton** [krutɔ̃] *nm* (*CULIN*) picatoste *m*; (*extrémité: du pain*) cuscurro.

**croyant, e** [krwajɑ̃, ɑ̃t] *vb voir* **croire** ♦ *adj* (*REL*): **être/ne pas être ~** ser/no ser creyente ♦ *nm/f* (*REL*) creyente *m/f*.

**CRS** [seɛres] *sigle fpl = Compagnies républicaines de sécurité.*

**cru, e** [kry] *pp de* **croire** ♦ *adj* (*non cuit*) crudo(-a); (*lumière, couleur*) fuerte, vivo (-a); (*description, langage*) crudo(-a); (*grossier*) grosero(-a) ♦ *nm* (*vignoble*) viñedo; (*vin*) caldo; **monter à ~** (*cheval*) montar a pelo; **de son (propre) ~** (*fig*) de su (propia) cosecha; **du ~** de la región.

**crû** [kry] *pp de* **croître**.

**cruauté** [kryote] *nf* crueldad *f*.

**cruche** [kryʃ] *nf* cántaro.

**crucifix** [krysifi] *nm* crucifijo.

**crudité** [krydite] *nf* (*d'un éclairage, d'une couleur*) viveza; **~s** *nfpl* (*CULIN*) verduras *fpl* y hortalizas crudas.

**crue** [kry] *adj f voir* **cru** ♦ *nf* crecida; **en ~** con crecida.

**cruel, le** [kryɛl] *adj* (*personne, sort*) cruel; (*froid*) despiadado(-a).

**crus** *etc* [kry] *vb voir* **croire**.

**crûs** *etc* [kry] *vb voir* **croître**.

**crustacés** [krystase] *nmpl* crustáceos *mpl*.

**Cuba** [kyba] *nm* Cuba.

**cubain, e** [kybɛ̃, ɛn] *adj* cubano(-a) ♦ *nm/f*: **C~, e** cubano(-a).

**cube** [kyb] *nm* cubo; (*MATH*): **2 au ~ = 8** 2 al cubo = 8; **gros ~** cubo grande; **mètre ~** metro cúbico; **élever au ~** (*MATH*) elevar al cubo.

**cueillette** [kœjɛt] *nf* recolección *f*, cosecha.

**cueillir** [kœjir] *vt* recoger; (*attraper*) pillar.

**cuiller** [kɥijɛr] *nf* cuchara; **cuiller à café** cucharilla; **cuiller à soupe** cuchara sopera.

**cuillère** [kɥijɛr] *nf* = **cuiller**.

**cuillerée** [kɥijre] *nf* cucharada; **~ à soupe/café** cucharada sopera/de café.

**cuir** [kɥir] *nm* cuero.

**cuire** [kɥir] *vt* (*aliments, poterie*) cocer; (*au four*) asar ♦ *vi* cocerse; (*picoter*) escocer; **bien cuit** (*viande*) bien hecho *ou* pasado; **trop cuit** demasiado hecho *ou* pasado; **pas assez cuit** no muy hecho *ou* pasado; **cuit à point** hecho en su punto.

**cuisine** [kɥizin] *nf* cocina; (*nourriture*) comida; **faire la ~** preparar la comida.

**cuisiné, e** [kɥizine] *adj*: **plat ~** plato cocinado.

**cuisiner** [kɥizine] *vt* cocinar; (*fam*) acribillar a preguntas a ♦ *vi* cocinar.

**cuisinier, -ière** [kɥizinje, jɛr] *nm/f* cocinero(-a).

**cuisinière** [kɥizinjɛr] *nf* (*poêle*) cocina.

**cuisse** [kɥis] *nf* (*ANAT*) muslo; (*de poulet*) muslo; (*de mouton*) pierna.

**cuisson** [kɥisɔ̃] *nf* cocción *f*.

**cuit, e** [kɥi, kɥit] *pp de* **cuire** ♦ *adj* cocido(-a); (*viande*): **bien/très ~** bien/muy hecho(-a).

**cuivre** [kɥivr] *nm* cobre *m*; **les ~s** (*MUS*) los cobres; **cuivre jaune** latón *m*; **cuivre (rouge)** cobre (rojizo).

**cul** [ky] (*fam!*) *nm* culo (*fam!*); **cul de bouteille** culo de botella.

**culbute** [kylbyt] *nf* (*en jouant*) voltereta; (*accidentelle*) batacazo.

**culinaire** [kylinɛr] *adj* culinario(-a).

**culminant** [kylminɑ̃] *adj*: **point ~** punto culminante.

**culot** [kylo] *nm* (*d'ampoule*) casquillo; (*effronterie*) desfachatez *f*, descaro; **il a du ~** tiene cara.

**culotte** [kylɔt] *nf* (*pantalon*) pantalón *m* corto; (*d'homme*) calzoncillos *mpl*, calzones *mpl* (*AM*); (*de femme*): **(petite) ~** bragas *fpl*, calzones *mpl* (*AM*); **culotte de**

**cheval** pantalón de montar; (*chez les femmes*) celulitis *f inv*.

**culte** [kylt] *nm* culto.

**cultivateur, -trice** [kyltivatœʀ, tʀis] *nm/f* cultivador(a).

**cultivé, e** [kyltive] *adj* (*terre*) cultivado(-a); (*personne*) culto(-a).

**cultiver** [kyltive] *vt* cultivar.

**culture** [kyltyʀ] *nf* cultivo; (*connaissances*) cultura; ~s cultivos *mpl*; **champs de ~s** campos *mpl* de cultivo; **culture physique** culturismo.

**culturel, le** [kyltyʀɛl] *adj* cultural.

**cumin** [kymɛ̃] *nm* comino.

**cure** [kyʀ] *nf* (*MÉD*) cura; (*REL: fonction*) curato; (*: maison*) casa del cura; **faire une ~ de fruits** hacer una cura de frutas; **n'avoir ~ de** traerle a uno sin cuidado; **faire une ~ thermale** hacer una cura de aguas termales; **cure d'amaigrissement** régimen *m* de adelgazamiento; **cure de repos** cura de reposo; **cure de sommeil** cura de sueño.

**curé** [kyʀe] *nm* cura *m*, párroco; **M. le ~** el Señor cura.

**cure-dent** [kyʀdɑ̃] (*pl* ~-~s) *nm* palillo, mondadientes *m inv*.

**curieusement** [kyʀjøzmɑ̃] *adv* curiosamente.

**curieux, -euse** [kyʀjø, jøz] *adj* curioso(-a) ♦ *nmpl* curiosos *mpl*, mirones *mpl*.

**curiosité** [kyʀjozite] *nf* curiosidad *f*; (*objet, site*) singularidad *f*.

**curriculum vitae** [kyʀikylɔmvite] *nm inv* curriculum vitae *m*.

**cutané, e** [kytane] *adj* cutáneo(-a).

**cuve** [kyv] *nf* cuba; (*à mazout etc*) depósito, tanque *m*.

**cuvette** [kyvɛt] *nf* (*récipient*) palangana; (*du lavabo*) pila; (*des w-c*) taza; (*GÉO*) hondonada.

**CV** [seve] *sigle m* (= *cheval vapeur*) C.V. (= *caballos de vapor*); = *curriculum vitae*.

**cybercafé** [sibɛʀkafe] *nm* cibercafé *m*.

**cyclable** [siklabl] *adj*: **piste ~** pista para ciclistas.

**cycle** [sikl] *nm* (*vélo*) velocípedo; (*naturel, biologique*) ciclo; **1er ~** (*SCOL*) ≈ segunda etapa de educación primaria; **2ème ~** ≈ educación secundaria.

**cyclisme** [siklism] *nm* ciclismo.

**cycliste** [siklist] *nm/f* ciclista *m/f* ♦ *adj*: **coureur ~** corredor *m* ciclista.

**cyclomoteur** [siklomɔtœʀ] *nm* ciclomotor *m*.

**cyclone** [siklon] *nm* ciclón *m*.

**cygne** [siɲ] *nm* cisne *m*.

**cylindre** [silɛ̃dʀ] *nm* cilindro; **moteur à 4 ~s en ligne** motor *m* de 4 cilindros en línea.

**cylindrée** [silɛ̃dʀe] *nf* cilindrada; **une (voiture de) grosse ~** un coche de gran cilindrada.

**cymbale** [sɛ̃bal] *nf* platillo.

**cynique** [sinik] *adj* cínico(-a).

**cystite** [sistit] *nf* cistitis *f*.

# ── D d ──

**d'** [d] *prép voir* **de**.

**dactylo** [daktilo] *nf* (*aussi*: **dactylographe**) mecanógrafa; (*aussi*: **dactylographie**) mecanografía.

**dada** [dada] *nm* tema *m* de siempre.

**daim** [dɛ̃] *nm* (*ZOOL*) gamo; (*peau*) ante *m*; (*imitation*) piel *f* vuelta.

**dame** [dam] *nf* señora; (*femme du monde*) dama; (*CARTES, ÉCHECS*) reina; ~s *nfpl* (*jeu*) damas *nfpl*; **les (toilettes des) ~s** los servicios de señoras; **dame de charité** dama de la caridad; **dame de compagnie** señora de compañía.

**Danemark** [danmaʀk] *nm* Dinamarca.

**danger** [dɑ̃ʒe] *nm*: **le ~** el peligro; **un ~** un peligro; **être/mettre en ~** estar/poner en peligro; **être en ~ de mort** estar en peligro de muerte; **être hors de ~** estar fuera de peligro.

**dangereux, -euse** [dɑ̃ʒʀø, øz] *adj* peligroso(-a).

**danois, e** [danwa, waz] *adj* danés(-esa) ♦ *nm* (*LING, chien*) danés *msg* ♦ *nm/f*: **D~, e** danés(-esa).

**dans** [dɑ̃] *prép* **1** (*position*) en; **dans le tiroir/le salon** en el cajón/el salón; **marcher dans la ville** andar por la ciudad; **je l'ai lu dans un journal** lo leí en un periódico; **monter dans une voiture/le bus** subir en un coche/el autobús; **dans la rue** en la calle; **être dans les premiers** ser de los primeros

**2** (*direction*) a; **elle a couru dans le salon** corrió al salón
**3** (*provenance*) de; **je l'ai pris dans le tiroir/salon** lo saqué del cajón/salón; **boire dans un verre** beber en un vaso
**4** (*temps*) dentro de; **dans 2 mois** dentro de dos meses; **dans quelques instants** dentro de unos momentos; **dans quelques jours** dentro de unos días; **il part dans quinze jours** se marcha dentro de quince días; **je serai là dans la matinée** estaré allí por la mañana
**5** (*approximation*) alrededor de; **dans les 20 F/4 mois** alrededor de 20 francos/4 meses
**6** (*intention*) con; **dans le but de faire qch** con objeto de hacer algo.

**danse** [dɑ̃s] *nf* danza; **une ~** un baile; **danse du ventre** danza del vientre; **danse moderne** danza moderna.
**danser** [dɑ̃se] *vt, vi* bailar, danzar.
**danseur, -euse** [dɑ̃sœʀ, øz] *nm/f* (*de ballet*) bailarín(-ina); (*cavalier*) pareja; **en danseuse** (*cyclisme*) de pie sobre los pedales; **danseur de claquettes** bailarín(-ina) de claqué.
**date** [dat] *nf* (*jour*) fecha; **de longue** ou **vieille ~** (*amitié*) viejo(-a); **de fraîche ~** reciente; **premier/dernier en ~** más antiguo/reciente; **prendre ~ (avec qn)** fijar fecha (con algn); **faire ~** hacer época; **date limite** fecha límite; (*d'un aliment: aussi*): **~ limite de vente**) fecha de caducidad; **date de naissance** fecha de nacimiento.
**dater** [date] *vt* fechar ♦ *vi* estar anticuado (-a); **~ de** (*remonter à*) datar de; **à ~ de** a partir de.
**datte** [dat] *nf* dátil *m*.
**dauber** [dobe] (*fam*) *vi* (*puer*) apestar; **ça daube ici!** ¡huele que apesta!
**dauphin** [dofɛ̃] *nm* (*aussi HIST, fig*) delfín *m*.
**davantage** [davɑ̃taʒ] *adv* más; (*plus longtemps*) más tiempo; **~ de** más; **~ que** más que.

MOT-CLÉ

**de, d'** [də, d] (*de + le* = **du**, *de + les* = **des**) *prép* **1** (*appartenance*) de; **le toit de la maison** el tejado de la casa; **la voiture d'Élisabeth/de mes parents** el coche de Elisabeth/de mis padres

**2** (*moyen*) con; **suivre des yeux** seguir con la mirada; **nier de la tête** negar con la cabeza; **estimé de ses collègues** estimado por sus colegas
**3** (*provenance*) de; **il vient de Londres** viene de Londres; **elle est sortie du cinéma** salió del cine
**4** (*caractérisation, mesure*): **un mur de brique** un muro de ladrillo; **un verre d'eau** un vaso de agua; **un billet de 50 F** un billete de 50 francos; **une pièce de 2 m de large** ou **large de 2 m** una habitación de 2m de ancho; **un bébé de 10 mois** un bebé de 10 meses; **12 mois de crédit/travail** 12 meses de crédito/trabajo; **augmenter** *etc* **de 10 F** aumentar *etc* 10 francos; **3 jours de libres** 3 días libres; **de nos jours** en nuestros días; **être payé 20 F de l'heure** cobrar 20 francos por hora
**5** (*rapport*): **de 14 à 18** de 14 a 18; **de Madrid à Paris** de Madrid a París; **voyager de pays en pays** viajar de país en país
**6** de; (*cause*): **mourir de faim** morir(se) de hambre; **rouge de colère** rojo(-a) de ira
**7** (*vb + de + infinitif*): **je vous prie de venir** le ruego que venga; **il m'a dit de rester** me dijo que me quedara
**8**: **cet imbécile de Pierre** el tonto de Pierre
♦ *dét* (*partitif*): **du vin/de l'eau/des pommes** vino/agua/manzanas; **des enfants sont venus** vinieron unos niños; **pendant des mois** durante meses; **il mange de tout** come de todo; **y a-t-il du vin?** ¿hay vino?; **il n'a pas de chance/d'enfants** no tiene suerte/niños.

**dé** [de] *nm* (*aussi*: **~ à coudre**) dedal *m*; (*à jouer*) dado; (*CULIN*): **couper en ~s** cortar en dados; **~s** *nmpl* (*jeu*) dados *mpl*; **un coup de ~s** un golpe de suerte.
**déballer** [debale] *vt* desembalar; (*fam: savoir, connaissance*) desembuchar.
**débarcadère** [debaʀkadɛʀ] *nm* desembarcadero.
**débardeur** [debaʀdœʀ] *nm* estibador *m*; (*maillot*) camiseta corta sin mangas.
**débarquer** [debaʀke] *vt* desembarcar ♦ *vi* desembarcar; (*fam*) plantarse.
**débarras** [debaʀa] *nm* trastero; (*placard*)

armario trastero; **"bon ~!"** "¡anda y que te zurzan!"

**débarrasser** [debaʀɑse] vt desalojar ♦ vi quitar la mesa; **se débarrasser** vpr: **se ~ de** desembarazarse de; (vêtement) quitarse; (habitude) librarse de; **~ la table** quitar la mesa; **~ qn de qch** (vêtements) recogerle algo a algn; (paquets) ayudar a algn con algo; **~ qch de** desembarazar algo de.

**débat** [deba] nm debate m; **~s** nmpl (POL) debate msg.

**débattre** [debatʀ] vt (question, prix) debatir, discutir; **se débattre** vpr debatirse.

**débauché, e** [deboʃe] adj, nm/f vicioso(-a).

**débit** [debi] nm (d'un liquide) flujo; (fleuve) caudal m; (élocution) cadencia; (d'un magasin) ventas fpl; (du trafic) fluidez f; (bancaire) débito; **avoir un ~ de 10 F** tener un débito de 10 francos; **gros/faible ~** mucho/poco débito; **débit de boissons** establecimiento de bebidas; **débit de données** (INFORM) velocidad f de datos; **débit de tabac** estanco.

**déblayer** [debleje] vt despejar.

**débloquer** [deblɔke] vt desbloquear ♦ vi (fam) disparatar; **~ le crédit** desbloquear los créditos.

**déboîter** [debwate] vi (AUTO) salirse de la fila ♦ vt: **se ~** dislocarse.

**débordé, e** [debɔʀde] adj: **être ~** estar desbordado(-a).

**déborder** [debɔʀde] vi (rivière) desbordarse; (eau, lait) derramarse ♦ vt (MIL, SPORT) adelantar; (dépasser): **~ (de) qch** rebosar de algo; **~ de joie/zèle** (fig) rebosar de alegría/fervor.

**débouché** [debuʃe] nm (gén pl: pour vendre un produit) mercado; (perspectives d'emploi) posibilidades fpl; **au ~ de la vallée** a la salida del valle.

**déboucher** [debuʃe] vt (évier, tuyau etc) destapar; (bouteille) descorchar ♦ vi desembocar; **~ sur** desembocar en; (fig) conducir a; **~ de** salir de.

**debout** [d(ə)bu] adv (personne, chose) de pie; (levé, éveillé) levantado(-a); **être encore ~** (fig) estar todavía en pie; **mettre qch/qn ~** poner algo/a algn de pie; **se mettre ~** ponerse de pie; **se tenir ~** mantenerse en pie; **"~!"** "¡pie!"; (du lit) "¡arriba!"; **cette histoire/ça ne tient pas ~** esta historia/eso no se tiene en pie.

**déboutonner** [debutɔne] vt desabrochar, desabotonar; **se déboutonner** vpr desabrocharse, desabotonarse; (fig) desahogarse.

**débraillé, e** [debʀɑje] adj (tenue) desaliñado(-a); (manières) descuidado(-a).

**débrancher** [debʀɑ̃ʃe] vt (appareil électrique) desenchufar; (téléphone) desconectar.

**débrayage** [debʀejaʒ] nm (AUTO: aussi action) desembrague m; (grève) paro.

**débrayer** [debʀeje] vi (AUTO) desembragar; (cesser le travail) hacer paro.

**débris** [debʀi] nm trozo ♦ nmpl restos mpl.

**débrouillard, e** [debʀujaʀ, aʀd] adj avispado(-a).

**débrouiller** [debʀuje] vt (affaire, cas) desembrollar; (écheveau) desenredar; **se débrouiller** vpr arreglárselas.

**début** [deby] nm comienzo, principio; **~s** nmpl (CINÉ, SPORT etc) debut msg; (carrière) comienzos mpl; **un bon/mauvais ~** un buen/mal comienzo; **faire ses ~s** debutar; **au ~** al principio; **dès le ~** desde el principio.

**débutant, e** [debytɑ̃, ɑ̃t] nm/f, adj principiante m/f.

**débuter** [debyte] vi comenzar; (personne) debutar.

**décadent, e** [dekadɑ̃, ɑ̃t] adj decadente.

**décaféiné, e** [dekafeine] adj descafeinado(-a).

**décalage** [dekalaʒ] nm desfase m; (écart) separación f; (désaccord) desacuerdo; **un ~** (de position) un desplazamiento; (temporel) una diferencia; (fig) un desfase; **décalage horaire** diferencia de horario.

**décalcomanie** [dekalkɔmani] nf calcomanía.

**décaler** [dekale] vt (changer de position) desplazar; (dans le temps: avancer) adelantar; (: retarder) aplazar; **~ de 10 cm** desplazar 10 cm; **~ de 2 h** variar en 2h.

**décapotable** [dekapɔtabl] adj descapotable.

**décapsuleur** [dekapsylœʀ] nm abrebotellas m inv.

**décédé, e** [desede] adj fallecido(-a); **~ le 10 janvier** fallecido(-a) el 10 de enero.

**décéder** [desede] vi fallecer.

**décembre** [desɑ̃bʀ] nm diciembre m; voir aussi **juillet**.

**décennie** [deseni] nf decenio.

**décent, e** [desɑ̃, ɑ̃t] adj decente.

**déception** [desɛpsjɔ̃] nf decepción f.

**décès** [desɛ] *nm* fallecimiento; **acte de ~** partida de defunción.

**décevant, e** [des(ə)vɑ̃, ɑ̃t] *adj* decepcionante.

**décevoir** [des(ə)vwaʀ] *vt* decepcionar; (*espérances, confiance*) defraudar.

**décharge** [deʃaʀʒ] *nf* (*dépôt d'ordures*) vertedero; (*JUR*) descargo; (*salve, électrique*) descarga; **à la ~ de** en descargo de.

**décharger** [deʃaʀʒe] *vt* descargar; **~ qn de** dispensar a algn de; **~ sa colère (sur)** (*fig*) descargar su cólera (en); **~ sa conscience** (*fig*) descargar la conciencia; **se ~ dans** (*se déverser*) derramarse en; **se ~ d'une affaire sur qn** delegar un asunto en algn.

**déchausser** [deʃose] *vt* descalzar; (*skis*) quitar; **se déchausser** *vpr* (*personne*) descalzarse; (*dent*) descarnarse.

**déchets** [deʃɛ] *nmpl* (*ordures*) restos *mpl*, residuos *mpl*.

**déchiffrer** [deʃifʀe] *vt* (*nouvelle, dépêche*) leer; (*musique, partition*) ejecutar por primera vez; (*texte illisible*) descifrar.

**déchirant, e** [deʃiʀɑ̃, ɑ̃t] *adj* desgarrador(a).

**déchirement** [deʃiʀmɑ̃] *nm* desgarrón *m*; (*chagrin*) desgarramiento; (*gén pl: conflit*) conflictividad *f*.

**déchirer** [deʃiʀe] *vt* (*vêtement, livre*) desgarrar; (*mettre en morceaux*) rasgar; (*pour ouvrir*) rasgar; (*arracher*) arrancar; (*fig*) destrozar; **se déchirer** *vpr* desgarrarse; (*fig*) destrozarse; **se ~ un muscle/tendon** desgarrarse un músculo/tendón.

**déchirure** [deʃiʀyʀ] *nf* desgarrón *m*; **déchirure musculaire** desgarrón muscular.

**décidé, e** [deside] *adj* decidido(-a); **c'est ~** está decidido; **être ~ à faire** estar resuelto(-a) a hacer.

**décidément** [desidemɑ̃] *adv* decididamente.

**décider** [deside] *vt*: **~ qch** decidir algo; **se décider** *vpr* (*personne*) decidirse; (*problème, affaire*) resolverse; **~ que** decidir que; **~ qn (à faire qch)** animar a algn (a hacer algo); **~ de faire** decidir hacer; **~ de qch** decidir algo; **se ~ à faire qch** decidirse a hacer algo; **se ~ pour qch** decidirse por algo; **"décide-toi!"** "¡decídete!"

**décimal, e, -aux** [desimal, o] *adj* decimal.

**décimètre** [desimɛtʀ] *nm* decímetro; **double ~** doble decímetro.

**décisif, -ive** [desizif, iv] *adj* decisivo(-a).

**décision** [desizjɔ̃] *nf* decisión *f*; (*ADMIN, JUR*) resolución *f*; **prendre la ~ de faire** tomar la decisión de hacer; **emporter** *ou* **faire la ~** zanjar la cuestión.

**déclaration** [deklaʀasjɔ̃] *nf* declaración *f*; **déclaration (d'amour)** declaración (de amor); **déclaration (de changement de domicile)** certificado (de cambio de domicilio); **déclaration de décès** certificación *f* de fallecimiento; **déclaration de guerre** declaración de guerra; **déclaration de naissance** partida de nacimiento; **déclaration (de perte)** denuncia (de pérdida); **déclaration de revenus** declaración de la renta; **déclaration (de sinistre)** declaración (de siniestro); **déclaration (de vol)** denuncia (de robo); **déclaration d'impôts** declaración de impuestos.

**déclarer** [deklaʀe] *vt* declarar; (*vol etc: à la police*) denunciar; (*décès, naissance*) certificar; **se déclarer** *vpr* declararse; **~ que** declarar que; **~ qch/qn inutile** *etc* declarar algo/a algn inútil *etc*; **se ~ favorable/prêt à** declararse favorable/dispuesto a; **~ la guerre** declarar la guerra.

**déclencher** [deklɑ̃ʃe] *vt* activar; (*attaque*) lanzar; (*grève*) poner en marcha; (*fig*) provocar; **se déclencher** *vpr* desencadenarse.

**décliner** [dekline] *vi* (*empire, acteur*) decaer; (*jour, soleil, santé*) declinar ♦ *vt* (*aussi LING*) declinar; (*identité*) dar a conocer; **se décliner** *vpr* (*LING*) declinarse.

**décoder** [dekɔde] *vt* descodificar.

**décoiffer** [dekwafe] *vt* (*déranger la coiffure*) despeinar; **se décoiffer** *vpr* despeinarse.

**déçois** *etc* [deswa] *vb voir* **décevoir**.

**décollage** [dekɔlaʒ] *nm* despegue *m*, decolaje *m* (*AM*).

**décoller** [dekɔle] *vt, vi* despegar, decolar (*AM*); **se décoller** *vpr* despegarse.

**décolleté, e** [dekɔlte] *adj* escotado(-a) ♦ *nm* escote *m*.

**décolorer** [dekɔlɔʀe] *vt* decolorar; (*suj: âge, lumière*) descolorir; **se décolorer** *vpr* descolorirse.

**décommander** [dekɔmɑ̃de] *vt* (*marchandise*) anular; (*réception*) cancelar; **se décommander** *vpr* (*invité etc*) excusarse; **il faut ~ les invités** tenemos que avisar a los invitados que no vengan.

**déconcerter** [dekɔ̃sɛʀte] *vt* desconcertar.

**décongeler** [dekɔ̃ʒ(ə)le] vt descongelar.

**déconner** [dekɔne] (fam) vi (en parlant) decir pijadas; (faire des bêtises) hacer pijadas; **sans ~** en serio.

**déconseiller** [dekɔ̃seje] vt: **~ qch (à qn)** desaconsejar algo (a algn); **~ à qn de faire** desaconsejar a algn hacer; **c'est déconseillé** no es aconsejable.

**décontracté, e** [dekɔ̃tʀakte] adj (personne) relajado(-a); (ambiance) distendido(-a).

**décontracter** [dekɔ̃tʀakte] vt descontraer; (muscle) relajar; **se décontracter** vpr (personne) relajarse.

**décor** [dekɔʀ] nm (d'un palais etc) decoración f; (paysage) panorama m; (gén pl: THÉÂTRE, CINÉ) decorado; **changement de ~** (fig) cambio de situación; **entrer dans le ~** (fig) salirse de la carretera; **en ~ naturel** (CINÉ) en exteriores.

**décorateur, -trice** [dekɔʀatœʀ, tʀis] nm/f (ouvrier) decorador(a); (CINÉ) escenógrafo(-a).

**décoration** [dekɔʀasjɔ̃] nf decoración f; (médaille) condecoración f.

**décorer** [dekɔʀe] vt decorar; (médailler) condecorar.

**décortiquer** [dekɔʀtike] vt (riz) descascarillar; (amandes, crevettes) pelar; (fig) desmenuzar.

**découdre** [dekudʀ] vt descoser; **se découdre** vpr descoserse; **en ~** (fig) pelearse.

**découper** [dekupe] vt recortar; (volaille, viande) trinchar; (fig) fragmentar; **se ~ sur** (le ciel, fond) perfilarse en.

**décourager** [dekuʀaʒe] vt desanimar, desalentar; **se décourager** vpr desanimarse; **~ qn de faire/de qch** desalentar a algn de hacer/de algo.

**décousu, e** [dekuzy] pp de **découdre** ♦ adj descosido(-a); (fig) deshilvanado(-a).

**découvert, e** [dekuvɛʀ, ɛʀt] pp de **découvrir** ♦ adj descubierto(-a); (lieu) pelado(-a) ♦ nm (bancaire) descubierto; **à ~** (MIL) al descubierto; (ouvertement) abiertamente; (COMM) en descubierto; **à visage ~** a cara descubierta.

**découverte** [dekuvɛʀt(ə)] nf descubrimiento; **aller à la ~ (de)** ir en busca de (de).

**découvrir** [dekuvʀiʀ] vt descubrir; (casserole) destapar; (apercevoir) divisar; (voiture) descapotar ♦ vi (mer) descubrirse; **se découvrir** vpr (ôter le chapeau) descubrirse; (se déshabiller) desvestirse; (au lit) desta-

parse; (ciel) despejarse; **~ que** descubrir que; **se ~ des talents de** descubrir que se tiene talento para.

**décrire** [dekʀiʀ] vt describir.

**décrocher** [dekʀɔʃe] vt descolgar; (contrat etc) conseguir ♦ vi (pour répondre au téléphone) descolgar; (abandonner) retirarse; (perdre sa concentration) desconectar; **se décrocher** vpr (tableau, rideau) descolgarse.

**déçu, e** [desy] pp de **décevoir** ♦ adj (personne) decepcionado(-a); (espoir) frustrado(-a).

**dédaigner** [dedeɲe] vt desdeñar; **~ de faire** desdeñar hacer.

**dédaigneux, -euse** [dedɛɲø, øz] adj desdeñoso(-a).

**dédain** [dedɛ̃] nm desdén.

**dedans** [dədɑ̃] adv dentro, adentro (esp AM) ♦ nm interior m; **là-~** ahí dentro; **au ~** (por) dentro; **en ~** por dentro.

**dédicacer** [dedikase] vt dedicar.

**dédier** [dedje] vt: **~ à** (livre) dedicar a; (efforts) consagrar a.

**dédommagement** [dedɔmaʒmɑ̃] nm (indemnité) indemnización f.

**dédommager** [dedɔmaʒe] vt: **~ qn (de)** indemnizar a algn (por); (remercier) recompensar a algn (por).

**dédouaner** [dedwane] vt aduanar.

**déduire** [deduiʀ] vt: **~ qch (de)** deducir algo (de).

**défaillance** [defajɑ̃s] nf desfallecimiento; (technique) fallo; (morale) debilidad f; **défaillance cardiaque** fallo cardíaco.

**défaire** [defɛʀ] vt (installation, échafaudage) desmontar; (paquet etc) abrir; (nœud) desatar; (vêtement) descoser; (déranger) deshacer; (cheveux) despeinar; **se défaire** vpr (cheveux, nœud) deshacerse; **se ~ de** deshacerse de; **~ ses bagages** deshacer las maletas; **~ le lit** (pour changer les draps) deshacer la cama; (pour se coucher) abrir la cama.

**défait, e** [defɛ, ɛt] pp de **défaire** ♦ adj deshecho(-a); (nœud) desatado(-a); (visage) descompuesto(-a).

**défaite** [defɛt] nf (MIL) derrota; (gén: échec) fracaso.

**défaut** [defo] nm (moral) defecto; (d'étoffe, métal) falla; (INFORM) fallo; **~ de** (manque, carence) falto de; **~ de la cuirasse** (fig) punto débil; **en ~** en falta; **faire ~** faltar; **à**

~ al menos; **à** ~ **de** a falta de; **par** ~ (*JUR*) en rebeldía; (*INFORM*) por defecto.

**défavorable** [defavɔrabl] *adj* desfavorable.

**défavoriser** [defavɔrize] *vt* desfavorecer.

**défectueux, -euse** [defɛktɥø, øz] *adj* defectuoso(-a).

**défendre** [defɑ̃dʀ] *vt* defender; (*interdire*) prohibir; **se défendre** *vpr* defenderse; (*se justifier*) justificarse; ~ **à qn qch/de faire** prohibir a algn algo/hacer; **il est défendu de cracher** está prohibido escupir; **c'est défendu** está prohibido; **il se défend** (*fig*) va defendiéndose; **ça se défend** (*fig*) esto se sostiene; **se** ~ **de/contre** (*se protéger*) protegerse de/contra; **se** ~ **de** (*se garder de*) evitar; (*nier*) negar; **se** ~ **de vouloir** no tener la intención de.

**défense** [defɑ̃s] *nf* defensa; **ministre de la** ~ ministro de defensa; **la** ~ **nationale** la defensa nacional; **la** ~ **contre avions** la defensa aérea; "~ **de fumer/cracher**" "prohibido fumar/escupir"; **prendre la** ~ **de qn** defender a algn; **défense des consommateurs** defensa de los consumidores.

**défi** [defi] *nm* desafío, reto; **mettre qn au** ~ **de faire qch** desafiar *ou* retar a algn a hacer algo; **relever un** ~ aceptar un desafío.

**déficit** [defisit] *nm* (*COMM*) déficit *m*; (*PSYCH etc*) deficiencia; **être en** ~ tener déficit; **déficit budgétaire** déficit presupuestario.

**défier** [defje] *vt* desafiar; **se défier de** *vpr* desconfiar de; ~ **qn de faire qch** desafiar a algn a hacer algo; ~ **qn à** desafiar a algn a; ~ **toute comparaison/concurrence** excluir toda comparación/competencia.

**défigurer** [defigyʀe] *vt* desfigurar.

**défilé** [defile] *nm* (*GÉO*) desfiladero; (*soldats, manifestants*) desfile *m*; **un** ~ **de** (*voitures, visiteurs*) un desfile de.

**défiler** [defile] *vi* desfilar; **se défiler** *vpr* escaquearse; **faire** ~ (*bande, film*) proyectar; (*INFORM*) hacer un scroll.

**définir** [definiʀ] *vt* definir.

**définitif, -ive** [definitif, iv] *adj* definitivo (-a); (*décision, refus*) irrevocable.

**définitive** [definitiv] *nf:* **en** ~ en definitiva.

**définitivement** [definitivmɑ̃] *adv* definitivamente.

**déformer** [defɔʀme] *vt* deformar; **se dé-**

**former** *vpr* deformarse.

**défouler** [defule]: **se** ~ *vpr* (*gén*) desahogarse; (*PSYCH*) liberarse.

**défunt, e** [defœ̃, œ̃t] *adj:* **son** ~ **père** su difunto padre ♦ *nm/f* difunto(-a).

**dégagé, e** [degaʒe] *adj* (*ciel, vue*) despejado(-a); (*ton, air*) desenvuelto(-a).

**dégager** [degaʒe] *vt* liberar; (*exhaler*) desprender; (*désencombrer*) despejar; (*idée, aspect etc*) extraer; (*crédits*) desbloquear; **se dégager** *vpr* (*odeur*) desprenderse; (*passage bloqué, ciel*) despejarse; **se** ~ **de** liberarse de; ~ **qn de** liberar a algn de; **dégagé des obligations militaires** exento de las obligaciones militares.

**dégâts** [dega] *nmpl:* **faire des** ~ causar daños.

**dégel** [deʒɛl] *nm* deshielo; (*des prix etc*) descongelación *f*.

**dégeler** [deʒ(ə)le] *vt* (*fig*) descongelar ♦ *vi* deshelarse; **se dégeler** *vpr* (*atmosphère, relations*) animarse; ~ **l'atmosphère** romper el hielo.

**dégivrer** [deʒivʀe] *vt* (*frigo*) descongelar; (*vitres*) deshelar.

**dégonflé, e** [degɔ̃fle] *adj* (*pneu*) desinflado(-a), deshinchado(-a) ♦ *nm/f* (*fam*) rajado(-a).

**dégonfler** [degɔ̃fle] *vt* desinflar, deshinchar ♦ *vi* deshincharse; **se dégonfler** *vpr* (*fam*) rajarse.

**dégouliner** [deguline] *vi* chorrear; ~ **de** chorrear.

**dégourdi, e** [deguʀdi] *adj* espabilado(-a).

**dégourdir** [deguʀdiʀ] *vt* (*sortir de l'engourdissement*) desentumecer; (*faire tiédir*) templar; (*personne*) despabilar, espabilar; **se dégourdir** *vpr:* **se** ~ **(les jambes)** desentumecerse (las piernas).

**dégoût** [degu] *nm* asco; (*aversion*) repugnancia.

**dégoûtant, e** [degutɑ̃, ɑ̃t] *adj* asqueroso (-a); **c'est** ~! (*injuste*) ¡no hay derecho!

**dégoûté, e** [degute] *adj* asqueado(-a); (*fig*) melindroso(-a); ~ **de** asqueado(-a) de.

**dégoûter** [degute] *vt* asquear; ~ **qn de faire qch** (*aussi fig*) quitarle a algn las ganas de hacer algo; **se** ~ **de** (*se lasser de*) hartarse de.

**dégrader** [degʀade] *vt* (*MIL, fig*) degradar; (*abîmer*) deteriorar; **se dégrader** *vpr* deteriorarse; (*roche*) erosionarse; (*PHYS*) degradarse.

**degré** [dəgʀe] *nm* grado; (*escalier*) peldaño; (*niveau, taux*) punto; **brûlure/équation au 1er/2ème ~** quemadura/ecuación *f* de 1º/2º grado; **le premier ~** (*SCOL*) el primer grado; **alcool à 90 ~s** alcohol *m* de 90 grados; **vin de 10 ~s** vino de 10 grados; **par degré(s)** gradualmente.

**dégressif, -ive** [degʀesif, iv] *adj* decreciente; **tarif ~** tarifa decreciente.

**dégringoler** [degʀɛ̃ɡɔle] *vi* caer rodando; (*prix, Bourse etc*) hundirse ♦ *vt* (*escalier*) bajar corriendo.

**dégueulasse** [degœlas] (*fam*) *adj* asqueroso(-a).

**déguisement** [degizmɑ̃] *nm* disfraz *m*.

**déguiser** [degize] *vt* disfrazar; **se déguiser** *vpr* disfrazarse; **se ~ en** disfrazarse de.

**dégustation** [degystasjɔ̃] *nf* degustación *f*; (*vin*) cata.

**déguster** [degyste] *vt* degustar; (*vin*) catar; (*fig*) saborear; (*fam*) pasarlas moradas.

**dehors** [dəɔʀ] *adv* fuera, afuera (*esp AM*) ♦ *nm* exterior *m* ♦ *nmpl* (*apparences*) apariencias *fpl*; **mettre** *ou* **jeter ~** echar fuera; **au ~** (por) fuera; (*en apparence*) por fuera; **au ~ de** fuera de; **de ~** desde afuera; **en ~** (*vers l'extérieur*) hacia afuera; **en ~ de** (*hormis*) fuera de.

**déjà** [deʒa] *adv* ya; **quel nom, ~?** (*interrogatif*) entonces, ¿qué nombre?; **c'est ~ pas mal** (*intensif*) no está nada mal; **as-tu ~ été en France?** ¿ya has estado en Francia?; **c'est ~ quelque chose** ya es algo.

**déjeuner** [deʒœne] *vi* (*matin*) desayunar; (*à midi*) almorzar, comer ♦ *nm* (*petit déjeuner*) desayuno; (*à midi*) almuerzo, comida; **déjeuner d'affaires** comida de negocios.

**delà** [dəla] *prép, adv*: **par-~** (*plus loin que*) más allá de; (*de l'autre côté de*) al otro lado de; **en ~ (de)/au-~ (de)** más allá (de).

**délacer** [delase] *vt* desatar.

**délai** [dele] *nm* plazo; (*sursis*) prórroga; **sans ~** sin demora; **à bref ~** en breve plazo; **dans les ~s** dentro de los plazos; **un ~ de 30 jours** un plazo de 30 días; **délai de livraison** plazo de entrega; **compter un ~ de livraison de 10 jours** contar un plazo de entrega de 10 días.

**délaisser** [delese] *vt* abandonar.

**délasser** [delase] *vt* (*membres*) descansar; (*personne, esprit*) recrear; **se délasser** *vpr* recrearse.

**délavé, e** [delave] *adj* descolorido(-a).

**délayer** [deleje] *vt* diluir; (*discours, devoir*) alargar.

**delco** ® [dɛlko] *nm* (*AUT*) delco.

**délégué, e** [delege] *adj* delegado(-a) ♦ *nm/f* delegado(-a); (*syndical*) enlace *m/f*; **ministre ~ à** ministro delegado de; **délégué médical** delegado médico.

**déléguer** [delege] *vt* delegar.

**délibéré, e** [delibeʀe] *adj* deliberado(-a); (*déterminé*) resuelto(-a); **de propos ~** adrede.

**délicat, e** [delika, at] *adj* delicado(-a); (*attentionné*) atento(-a); **procédés peu ~s** procedimientos *mpl* poco limpios.

**délicatement** [delikatmɑ̃] *adv* delicadamente; (*subtilement*) con delicadeza.

**délice** [delis] *nm* delicia; **~s** *nfpl* (*plaisirs*) placeres *mpl*.

**délicieux, -euse** [delisjø, jøz] *adj* (*goût, femme*) delicioso(-a); (*sensation*) placentero(-a); (*robe*) precioso(-a).

**délimiter** [delimite] *vt* delimitar.

**délinquant, e** [delɛ̃kɑ̃, ɑ̃t] *adj, nm/f* delincuente *m/f*.

**délirer** [deliʀe] *vi* delirar.

**délit** [deli] *nm* (*JUR, gén*) delito; **délit de droit commun** delito común; **délit de fuite** delito de fuga; **délit de presse** delito de prensa; **délit politique** delito político.

**délivrer** [delivʀe] *vt* (*prisonnier*) liberar; (*passeport, certificat*) expedir; **~ qn de** (*ennemis, responsabilité*) liberar a algn de; (*maladie*) curar a algn de.

**deltaplane** ® [dɛltaplan] *nm* ala delta.

**déluge** [delyʒ] *nm* diluvio; **~ de** (*grand nombre*) avalancha de.

**demain** [d(ə)mɛ̃] *adv* mañana; **~ matin/soir** mañana por la mañana/tarde; **~ midi** mañana a mediodía; **à ~** hasta mañana.

**demande** [d(ə)mɑ̃d] *nf* petición *f*; (*ADMIN, formulaire*) instancia, solicitud *f*; **la ~** (*ÉCON*) la demanda; **à la ~ générale** a petición general; **faire sa ~ (en mariage)** pedir la mano; **demande d'emploi** solicitud de empleo; **"~s d'emploi"** "demandas *fpl* de empleo"; **demande de naturalisation/poste** solicitud de nacionalidad/empleo.

**demandé, e** [d(ə)mɑ̃de] *adj*: **très ~** muy solicitado(-a).

**demander** [d(ə)mɑ̃de] *vt* pedir; (*autorisation*) solicitar; (*JUR*) requerir; (*médecin,* *plombier, infirmier*) necesitar; (*personnel*) precisar; (*de l'habileté, du courage*) requerir; (*à qn*) exigir; ~ **de la ponctualité** *etc* **de qn** (*suj: personne*) exigir puntualidad *etc* a algn; ~ **la main de qn** (*fig*) pedir la mano de algn; ~ **qch à qn** preguntar algo a algn; ~ **des nouvelles de qn** pedir noticias de algn; ~ **l'heure/son chemin** preguntar la hora/el camino; ~ **pardon à qn** pedir perdón a algn; ~ **à** *ou* **de voir/faire** solicitar ver/hacer; ~ **à qn de faire** pedir a algn que haga; ~ **que** pedir *ou* solicitar que; **se ~ si/pourquoi** *etc* preguntarse si/por qué *etc*; **il a demandé 2000 F par mois** pidió 2000 francos al mes; **ils demandent 2 secrétaires et un ingénieur** solicitan 2 secretarias y un ingeniero; ~ **la parole** pedir la palabra; ~ **la permission de** pedir permiso para; **je n'en demandais pas davantage** no necesitaba más; **je me demande comment tu as pu ...** me pregunto cómo has podido ...; **je me le demande** me lo pregunto; **je me demande vraiment pourquoi** es que no entiendo por qué; **on vous demande au téléphone** le llaman por teléfono; **il ne demande que ça/qu'à faire ...** (*iro*) justo lo que quería/lo que quería hacer ...; **je ne demande pas mieux que ...** no desco otra cosa más que ...

**demandeur, -euse** [dəmãdœʀ, øz] *nm/f*: ~ **d'emploi** demandante *m/f* de empleo.

**démangeaison** [demãʒɛzɔ̃] *nf* picor *m*.

**démanger** [demãʒe] *vi* picar; **la main me démange** pegaría a algn; **l'envie** *ou* **ça le démange de faire ...** (*fig*) tiene muchas ganas de hacer ...

**démaquillant, e** [demakijã, ãt] *adj* desmaquillador(a) ♦ *nm* desmaquillador *m*.

**démaquiller** [demakije] *vt* desmaquillar; **se démaquiller** *vpr* desmaquillarse.

**démarchage** [demaʀʃaʒ] *nm*: ~ **téléphonique** venta por teléfono.

**démarche** [demaʀʃ] *nf* (*allure*) paso; (*intervention*) trámite *m*; (*intellectuelle etc*) proceso; (*requête, tractation*) gestión *f*; **faire** *ou* **entreprendre des ~s** (*auprès de qn*) hacer *ou* iniciar gestiones (ante algn).

**démarrage** [demaʀaʒ] *nm* (*d'une voiture, sport*) salida; (*aut*) arranque *m*; ~ **en côte** salida en pendiente.

**démarrer** [demaʀe] *vi* arrancar; (*coureur*) acelerar; (*travaux, affaire*) ponerse en mar-

cha ♦ *vt* (*voiture*) arrancar; (*travail*) poner en marcha.

**démarreur** [demaʀœʀ] *nm* (*auto*) botón *m* de arranque.

**démêlant, e** [demɛlã, ãt] *adj*: **crème ~e** *ou* **baume ~** crema suavizante.

**démêler** [demele] *vt* (*fil, cheveux*) desenredar; (*problèmes*) desembrollar.

**démêlés** [demele] *nmpl* diferencias *fpl*.

**déménagement** [demenaʒmã] *nm* mudanza; **entreprise/camion de ~** empresa/camión *m* de mudanzas.

**déménager** [demenaʒe] *vt* mudar ♦ *vi* mudarse.

**déménageur** [demenaʒœʀ] *nm* encargado de mudanzas; (*entrepreneur*) empresario de mudanzas.

**démerder** [demɛʀde] (*fam!*) *vi*: **se ~** arreglárselas; **démerde-toi tout seul!** ¡búscate la vida!

**démettre** [demɛtʀ] *vt*: ~ **qn de** destituir a algn de; **se démettre** *vpr* (*épaule etc*) dislocarse; **se ~** (**de ses fonctions**) dimitir (de sus funciones).

**demeurer** [d(ə)mœʀe] *vi* (*habiter*) residir, vivir; (*séjourner*) permanecer; (*rester*) quedar, permanecer; **en ~ là** quedarse así.

**demi, e** [dəmi] *adj*: **~-rempli** medio lleno (-a) ♦ *nm* (*bière*) caña; (*football*) medio; **trois bouteilles et ~e** tres botellas y media; **il est deux heures/midi et ~e** son las dos/doce y media; **à ~** a medias; (*presque: sourd, idiot*) medio(-a); (*fini, corrigé*) a medio; **à la ~e** (*heure*) a la media; **demi de mêlée/d'ouverture** (*rugby*) medio de melé/de apertura.

**demi-douzaine** [dəmiduzɛn] (*pl* ~-~s) *nf* media docena.

**demi-finale** [dəmifinal] (*pl* ~-~s) *nf* semifinal *f*.

**demi-frère** [dəmifʀɛʀ] (*pl* ~-~s) *nm* medio hermano, hermanastro.

**demi-heure** [dəmijœʀ] (*pl* ~-~s) *nf* media hora.

**demi-journée** [dəmiʒuʀne] (*pl* ~-~s) *nf* media jornada.

**demi-litre** [dəmilitʀ] (*pl* ~-~s) *nm* medio litro.

**demi-livre** [dəmilivʀ] (*pl* ~-~s) *nf* media libra.

**demi-pension** [dəmipãsjɔ̃] (*pl* ~-~s) *nf* media pensión *f*; **être en ~-~** estar de media pensión.

**démis, e** [demi, iz] *pp de* **démettre** ♦ *adj* (*épaule etc*) dislocado(-a).

**demi-sœur** [dəmisœʀ] (*pl* ~-~s) *nf* media hermana, hermanastra.

**démission** [demisjɔ̃] *nf* dimisión *f*; **donner sa** ~ presentar la dimisión.

**démissionner** [demisjɔne] *vi* dimitir.

**demi-tarif** [dəmitaʀif] (*pl* ~-~s) *nm* media tarifa; **voyager à** ~-~ viajar con media tarifa.

**demi-tour** [dəmituʀ] (*pl* ~-~s) *nm* media vuelta; **faire un** ~-~ dar media vuelta; **faire** ~-~ dar la vuelta.

**démocratie** [demɔkʀasi] *nf* democracia; **démocratie libérale/populaire** democracia liberal/popular.

**démocratique** [demɔkʀatik] *adj* democrático(-a); (*sport, moyen de transport etc*) popular.

**démodé, e** [demɔde] *adj* pasado(-a) de moda.

**demoiselle** [d(ə)mwazɛl] *nf* señorita; **demoiselle d'honneur** dama de honor.

**démolir** [demɔliʀ] *vt* (*bâtiment*) demoler; (*théorie, système*) echar abajo; (*personne*) arruinar.

**démon** [demɔ̃] *nm* demonio; **le** ~ **du jeu** el demonio del juego; **le D~** el demonio.

**démonstration** [demɔ̃stʀasjɔ̃] *nf* demostración *f*; (*aérienne, navale*) exhibición *f*.

**démonter** [demɔ̃te] *vt* desmontar; (*discours, théorie*) desmoronar; (*personne*) desconcertar; **se démonter** *vpr* desconcertarse.

**démontrer** [demɔ̃tʀe] *vt* demostrar; (*des talents, du courage*) mostrar.

**démouler** [demule] *vt* (*gâteau*) extraer del molde.

**démuni, e** [demyni] *adj* pelado(-a); ~ **de** desprovisto(-a) de.

**dénicher** [deniʃe] *vt* dar con.

**dénier** [denje] *vt* negar; ~ **qch à qn** denegar algo a algn.

**dénivellation** [denivelasjɔ̃] *nf* desnivel *m*.

**dénombrer** [denɔ̃bʀe] *vt* (*compter*) contar; (*énumérer*) enumerar.

**dénomination** [denɔminasjɔ̃] *nf* (*nom*) denominación *f*.

**dénoncer** [denɔ̃se] *vt* denunciar; **se dénoncer** *vpr* denunciarse.

**dénouement** [denumã] *nm* desenlace *m*.

**dénouer** [denwe] *vt* desatar; (*intrigue, affaire*) aclarar.

**denrée** [dɑ̃ʀe] *nf* producto; **denrées alimentaires** productos *mpl* alimenticios.

**dense** [dɑ̃s] *adj* denso(-a).

**densité** [dɑ̃site] *nf* densidad *f*.

**dent** [dɑ̃] *nf* diente *m*; **avoir une** ~ **contre qn** tener manía a algn; **avoir les** ~s **longues** tener hambre; **se mettre quelque chose sous la** ~ tener algo que llevarse a la boca; **être sur les** ~s andar de cabeza; **faire ses** ~s salirle los dientes; **à belles** ~s con ganas; **en** ~s **de scie** dentado(-a); **ne pas desserrer les** ~s no despegar los labios; **dent de lait** diente de leche; **dent de sagesse** muela del juicio.

**dentaire** [dɑ̃tɛʀ] *adj* dental; **cabinet** ~ clínica dental; **école** ~ escuela de odontología.

**dentelle** [dɑ̃tɛl] *nf* encaje *m*.

**dentier** [dɑ̃tje] *nm* dentadura.

**dentifrice** [dɑ̃tifʀis] *adj*: **pâte/eau** ~ pasta/agua dentífrica ♦ *nm* dentífrico.

**dentiste** [dɑ̃tist] *nm/f* dentista *m/f*.

**dentition** [dɑ̃tisjɔ̃] *nf* (*dents*) dentadura; (*formation*) dentición *f*.

**dénué, e** [denɥe] *adj*: ~ **de** desprovisto(-a) de; (*intérêt*) falto(-a) de.

**déodorant** [deɔdɔʀɑ̃] *nm* desodorante *m*.

**déontologie** [deɔ̃tɔlɔʒi] *nf* deontología.

**dépannage** [depanaʒ] *nm* reparación *f*; **service de** ~ (AUTO) servicio de reparaciones; **camion de** ~ (AUTO) camión *m* grúa *inv*.

**dépanner** [depane] *vt* reparar; (*fig*) sacar de apuros.

**dépanneuse** [depanøz] *nf* grúa.

**dépareillé, e** [depaʀeje] *adj* (*collection, service*) descabalado(-a); (*gant, volume, objet*) desparejado(-a).

**départ** [depaʀ] *nm* partida, marcha; (*d'un employé*) despido; (*SPORT, sur un horaire*) salida; **à son** ~ a su marcha; **au** ~ al principio; **courrier au** ~ correo saliente.

**département** [depaʀtəmɑ̃] *nm* ≈ provincia; (*de ministère*) ministerio; (*d'université*) departamento; (*de magasin*) sección *f*; **département d'outre-mer** provincia de ultramar.

---

département

*Francia se halla dividida en 96 unidades administrativas denominadas **départements**. Al frente de estas divisiones de la* *administración local se encuentra el pré-fet, nombrado por el gobierno, y su administración corre a cargo de un Conseil général electo. Los départements por lo general deben su nombre a algún accidente geográfico importante, como un río o una cordillera; véase también DOM-TOM.*

**dépassé, e** [depɑse] *adj* pasado(-a) de moda; *(fig)* desbordado(-a).

**dépasser** [depɑse] *vt (véhicule, concurrent)* adelantar; *(endroit)* dejar atrás; *(somme, limite fixée, prévisions)* rebasar; *(fig)* superar; *(être en saillie sur)* sobresalir ♦ *vi (AUTO)* adelantarse; *(ourlet, jupon)* sobresalir; **se dépasser** *vpr (se surpasser)* superarse; **cela me dépasse** esto no me cabe en la cabeza; **être dépassé** estar desbordado.

**dépaysé, e** [depeize] *adj* extrañado(-a).

**dépaysement** [depeizmɑ̃] *nm* extrañamiento.

**dépêcher** [depeʃe] *vt* despachar; **se dépêcher** *vpr* darse prisa, apresurarse, apurarse *(AM)*; **se ~ de faire qch** darse prisa *ou* apurarse *(AM)* en hacer algo.

**dépendance** [depɑ̃dɑ̃s] *nf* dependencia; *(MÉD)* adicción *f*.

**dépendre** [depɑ̃dʀ] *vt* descolgar; **~ de** depender de; **ça dépend** depende.

**dépens** [depɑ̃] *nmpl*: **aux ~ de** a expensas de.

**dépense** [depɑ̃s] *nf* gasto; *(comptabilité)* desembolso; *(fig)* consumo; **une ~ de 100 F** un gasto de 100 francos; **pousser qn à la ~** incitar a algn al consumo; **dépenses de fonctionnement** gastos *mpl* de funcionamiento; **dépense de temps** consumo *ou* gasto de tiempo; **dépenses d'investissement** gastos de inversión; **dépense physique** consumo *ou* gasto físico; **dépenses publiques** gastos públicos.

**dépenser** [depɑ̃se] *vt* gastar; *(fig)* consumir; **se dépenser** *vpr* fatigarse.

**dépeupler** [depœple] *vt* despoblar; **se dépeupler** *vpr* despoblarse.

**dépilatoire** [depilatwaʀ] *adj* depilatorio (-a).

**dépister** [depiste] *vt (MÉD)* identificar; *(voleur)* descubrir el rastro de; *(semer, déjouer)* despistar.

**dépit** [depi] *nm* despecho; **en ~ de** a pesar de; **en ~ du bon sens** sin sentido común.

**dépité, e** [depite] *adj* contrariado(-a).

**déplacé, e** [deplase] *adj* fuera de lugar *inv*; **personne ~e** persona desplazada.

**déplacement** [deplasmɑ̃] *nm* traslado; *(voyage)* viaje *m*; **en ~** de viaje; **déplacement d'air** corriente *f* de aire; **déplacement de vertèbre** vértebra dislocada.

**déplacer** [deplase] *vt* mover; *(employé)* trasladar; *(conversation, sujet)* cambiar; **se déplacer** *vpr (objet, personne)* moverse; *(voyager)* desplazarse, viajar; *(vertèbre etc)* desplazarse; **se ~ en voiture/avion** desplazarse en coche/avión.

**déplaire** [deplɛʀ] *vi* desagradar; **se déplaire** *vpr* hallarse a disgusto; **ceci me déplaît** esto me desagrada; **~ à qn** desagradar a algn; **il cherche à nous ~** intenta molestarnos.

**déplaisant, e** [deplɛzɑ̃, ɑ̃t] *vb voir* **déplaire** ♦ *adj* desagradable.

**dépliant** [deplijɑ̃] *nm* folleto.

**déplier** [deplije] *vt* desplegar; **se déplier** *vpr* desplegarse.

**déposer** [depoze] *vt* poner, dejar; *(à la banque)* ingresar; *(caution)* prestar; *(serrure, moteur)* desmontar; *(rideau)* descolgar; *(roi)* deponer; *(ADMIN, JUR)* presentar ♦ *vi (vin etc)* sedimentar; *(JUR)*: **~ (contre)** declarar (contra); **se déposer** *vpr* depositarse; **~ son bilan** *(COMM)* declararse en quiebra; **~ de l'argent** ingresar dinero.

**dépositaire** [depozitɛʀ] *nm/f (d'un secret)* confidente *m/f*; *(COMM)* concesionario(-a); **dépositaire agréé** concesionario autorizado.

**déposition** [depozisjɔ̃] *nf (JUR)* deposición *f*.

**dépôt** [depo] *nm (d'argent)* ingreso; *(de sable)* sedimento; *(de poussière)* acumulación *f*; *(de candidature)* presentación *f*; *(entrepôt)* depósito; *(gare)* cochera; *(prison)* cárcel *f* transitoria; **dépôt bancaire** depósito bancario; **dépôt de bilan** declaración *f* de suspensión de pagos; **dépôt d'ordures** basurero, vertedero; **dépôt légal** depósito legal.

**dépourvu, e** [depuʀvy] *adj*: **~ de** desprovisto(-a) de; **au ~: prendre qn au ~** coger a algn desprevenido(-a).

**dépressif, -ive** [depʀesif, iv] *adj* depresivo(-a).

**dépression** [depʀesjɔ̃] *nf* depresión *f*; **dépression (nerveuse)** depresión (nerviosa).

**déprimant, e** [depʀimã, ãt] *adj* deprimente.

**déprime** [depʀim] *nf* depresión *f*.

**déprimer** [depʀime] *vt* deprimir.

**depuis** [dəpɥi] *prép* desde ♦ *adv* (*temps*) desde entonces; ~ **que** desde que; ~ **qu'il m'a dit ça** desde que me dijo eso; ~ **combien de temps?** ¿cuánto tiempo hace?; **il habite Paris** ~ **5 ans** vive en París desde hace 5 años, lleva 5 años viviendo en París; ~ **quand le connaissez-vous?** ¿desde cuándo lo conoce usted?; **je le connais** ~ **9 ans** lo conozco desde hace 9 años; ~ **quand?** (*excl*) ¿desde cuándo?; **il a plu** ~ **Metz** ha estado lloviendo desde Metz; **elle a téléphoné** ~ **Valence** llamó por teléfono desde Valencia; ~ **les plus petits jusqu'aux plus grands** desde los más pequeños hasta los más grandes; **je ne lui ai pas parlé** ~ no he vuelto a hablar con él *ou* ella; ~ **lors** desde entonces.

**député** [depyte] *nm* (*POL*) diputado(-a).

**dérangement** [deʀãʒmã] *nm* molestia; **en** ~ averiado(-a).

**déranger** [deʀãʒe] *vt* desordenar; (*personne*) molestar; (*projet*) desarreglar; **se déranger** *vpr* molestarse; (*changer de place*) cambiar de sitio; **est-ce que cela vous dérange si ...?** ¿le molesta si ...?; **ça te dérangerait de faire ...?** ¿te importaría hacer ... ?; **ne vous dérangez pas** no se moleste.

**déraper** [deʀape] *vi* (*voiture*) derrapar, patinar; (*personne, couteau*) resbalar; (*économie etc*) dispararse.

**dérégler** [deʀegle] *vt* (*mécanisme*) estropear; (*estomac*) indisponer; (*mœurs, vie*) desordenar; **se dérégler** *vpr* (*mécanisme*) estropearse; (*estomac*) indisponerse; (*mœurs, vie*) descarriarse.

**dérisoire** [deʀizwaʀ] *adj* irrisorio(-a).

**dérive** [deʀiv] *nf* (*NAUT*) orza de quilla; **aller à la** ~ (*NAUT, fig*) ir a la deriva; **dérive des continents** (*GÉOLOGIE*) deriva de los continentes.

**dérivé, e** [deʀive] *adj* derivado(-a) ♦ *nm* derivado.

**dermatologue** [dɛʀmatɔlɔg] *nm/f* dermatólogo(-a).

**dernier, -ière** [dɛʀnje, jɛʀ] *adj* último(-a) ♦ *nm/f* último(-a) ♦ *nm* (*étage*) último piso; **lundi/le mois** ~ lunes/el mes pasado; **du** ~ **chic** de última moda; **le** ~ **cri** (*MODE*) el último grito; **les ~s honneurs** los últimos honores; **rendre le** ~ **soupir** exhalar el último suspiro; **en** ~ al final, por último; **en** ~ **ressort** en última instancia; **avoir le** ~ **mot** tener la última palabra; **ce** ~/**cette dernière** este último/esta última.

**dernièrement** [dɛʀnjɛʀmã] *adv* últimamente.

**dérogation** [deʀɔgasjɔ̃] *nf* contravención *f*.

**dérouiller** [deʀuje] *vt*: **se** ~ **les jambes** estirar las piernas.

**déroulement** [deʀulmã] *nm* desenrollamiento; (*d'une opération etc*) desarrollo.

**dérouler** [deʀule] *vt* (*ficelle, papier*) desenrollar; **se dérouler** *vpr* (*avoir lieu*) desarrollarse.

**dérouter** [deʀute] *vt* (*avion, train*) desviar; (*fig*) despistar.

**derrière** [dɛʀjɛʀ] *prép* detrás de; (*fig*) tras, más allá de ♦ *adv* detrás, atrás ♦ *nm* (*d'une maison*) trasero; (*postérieur*) trasero; **les pattes/roues de** ~ las patas/ruedas traseras; **par** ~ por detrás.

**DES** [deɛs] *sigle m* (= *diplôme d'études supérieures*) diploma de pos(t)grado.

**des** [de] *dét voir de* ♦ *prép* + *dét* = **de**.

**dès** [dɛ] *prép* desde; ~ **que** tan pronto como; ~ **à présent** desde ahora; ~ **réception** en cuanto se reciba; ~ **son retour** en cuanto vuelva; ~ **lors** desde entonces; (*en conséquence*) por lo tanto; ~ **lors que** (en cuanto; (*puisque, étant donné que*) ya que.

**désaccord** [dezakɔʀ] *nm* desacuerdo; (*contraste*) discordancia.

**désagréable** [dezagʀeabl] *adj* desagradable.

**désagrément** [dezagʀemã] *nm* desagrado.

**désaltérer** [dezalteʀe] *vt* quitar la sed a ♦ *vi* refrescar; **se désaltérer** *vpr* beber; **ça désaltère** esto refresca.

**désapprobateur, -trice** [dezapʀɔbatœʀ, tʀis] *adj* desaprobatorio(-a).

**désapprouver** [dezapʀuve] *vt* desaprobar.

**désarmant, e** [dezaʀmã, ãt] *adj* conmovedor(-a).

**désastre** [dezastʀ] *nm* desastre *m*.

**désastreux, -euse** [dezastʀø, øz] *adj* desastroso(-a).

**désavantage** [dezavãtaʒ] *nm* (*handicap*) inferioridad *f*; (*inconvénient*) desventaja.

**désavantager** [dezavãtaʒe] *vt* desfavorecer.

**descendant, e** [desãdã, ãt] *vb voir* **descendre ♦** *adj voir* **marée ♦** *nm/f* descendiente *m/f*.

**descendre** [desãdʀ] *vt* bajar; (*abattre*) cargarse; (*boire*) pimplar, soplar ♦ *vi* bajar, descender; (*passager*) bajar(se); (*avion, chemin, marée*) bajar; (*nuit*) caer; ~ **à pied/en voiture** bajar a pie/en coche; ~ **de** (*famille*) descender de; ~ **du train/ d'un arbre/de cheval** bajar(se) del tren/ de un árbol/del caballo; ~ **à l'hôtel** quedarse en un hotel; ~ **dans l'estime de qn** bajar en la estima de algn; ~ **dans la rue** (*manifester*) salir a la calle; ~ **dans le Midi** bajar al Sur de Francia; ~ **la rue/rivière** ir calle/río abajo; ~ **en ville** ir al centro.

**descente** [desãt] *nf* bajada, descenso; (*route*) pendiente *f*; (*SKI*) descenso; **au milieu de la** ~ en medio de la bajada; **descente de lit** alfombra de cama; **descente (de police)** redada (de la policía), allanamiento (*AM*).

**description** [dɛskʀipsjɔ̃] *nf* descripción *f*.

**déséquilibre** [dezekilibʀ] *nm* desequilibrio; **en** ~ desequilibrado(-a).

**désert, e** [dezɛʀ, ɛʀt] *adj* desierto(-a) ♦ *nm* desierto.

**désertique** [dezɛʀtik] *adj* desértico(-a).

**désespéré, e** [dezɛspeʀe] *adj*, *nm/f* desesperado(-a); **état** ~ (*MÉD*) estado desesperado.

**désespérer** [dezɛspeʀe] *vi* desesperar; **se désespérer** *vpr* desesperarse; ~ **de qn/ qch** perder la esperanza en algn/algo; ~ **de (pouvoir) faire qch** desesperar de (poder) hacer algo.

**désespoir** [dezɛspwaʀ] *nm* desesperación *f*, desesperanza; **être** *ou* **faire le** ~ **de qn** ser la desesperación de algn; **en** ~ **de cause** como último recurso.

**déshabiller** [dezabije] *vt* desvestir; **se déshabiller** *vpr* desnudarse, desvestirse (*esp AM*).

**déshydraté, e** [dezidʀate] *adj* deshidratado(-a).

**desiderata** [deziderata] *nmpl* desiderata *fsg*.

**désigner** [deziɲe] *vt* (*montrer*) enseñar; (*dénommer*) designar; (*représentant*) nombrar.

**désillusion** [dezi(l)lyzjɔ̃] *nf* desilusión *f*.

**désinfectant, e** [dezɛ̃fɛktã, ãt] *adj* desin-

fectante ♦ *nm* desinfectante *m*.

**désinfecter** [dezɛ̃fɛkte] *vt* desinfectar.

**désintéressé, e** [dezɛ̃teʀese] *adj* desinteresado(-a).

**désintéresser** [dezɛ̃teʀese] *vt*: **se** ~ **(de qn/qch)** desinteresarse (por algn/algo), perder el interés (por algn/algo).

**désintoxication** [dezɛ̃tɔksikasjɔ̃] *nf* (*MÉD*) desintoxicación *f*; **faire une cure de** ~ hacer una cura de desintoxicación.

**désinvolte** [dezɛ̃vɔlt] *adj* impertinente.

**désir** [deziʀ] *nm* deseo; **exprimer le** ~ **de** (*politesse*) expresar el deseo de.

**désirer** [deziʀe] *vt* desear; **je désire ...** (*formule de politesse*) desearía ...; ~ **que** desear que; **il désire que tu l'aides** desea que le ayudes; ~ **faire qch** desear hacer algo; **ça laisse à** ~ deja mucho que desear.

**désister** [deziste]: **se** ~ *vpr* desistir.

**désobéir** [dezɔbeiʀ] *vi*: ~ **(à qn/qch)** desobedecer (a algn/algo).

**désobéissant, e** [dezɔbeisã, ãt] *adj* desobediente.

**désodorisant, e** [dezɔdɔʀizã, ãt] *adj* desodorante ♦ *nm* desodorante *m*; (*d'appartement*) ambientador *m*.

**désolé, e** [dezɔle] *adj* desolado(-a); **je suis** ~, **il n'y en a plus** lo siento, ya no hay más.

**désordonné, e** [dezɔʀdɔne] *adj* desordenado(-a).

**désordre** [dezɔʀdʀ] *nm* desorden *m*; **~s** *nmpl* (*POL*) disturbios *mpl*; **en** ~ en desorden; **dans le** ~ (*tiercé*) sin dar el orden.

**désormais** [dezɔʀmɛ] *adv* (de ahora) en adelante.

**desquelles** [dekɛl] *prép* + *pron voir* **lequel**.

**desquels** [dekɛl] *prép* + *pron voir* **lequel**.

**DESS** [deɛsɛs] *sigle m* (= *diplôme d'études supérieures spécialisées*) diploma de pos(t)grado.

**dessécher** [deseʃe] *vt* desecar; (*cœur*) endurecer; **se dessécher** *vpr* secarse; (*peau, lèvres*) secarse, resecarse.

**desserrer** [deseʀe] *vt* aflojar; (*poings, dents*) abrir; (*objets alignés*) espaciar; (*crédit*) reabrir; **ne pas** ~ **les dents** no despegar los labios.

**dessert** [desɛʀ] *vb voir* **desservir** ♦ *nm* (*moment du repas*) postres *mpl*; (*mets*) postre *m*.

**desservir** [desɛʀviʀ] *vt* (*suj: moyen de trans-*

*port*) cubrir el servicio de; (: *voie de communication*) comunicar; (: *vicaire: paroisse*) atender; (*personne*) perjudicar a; ~ **la table** quitar la mesa.

**dessin** [desɛ̃] *nm* dibujo; **le ~ industriel** el diseño industrial; **dessin animé** dibujos *mpl* animados; **dessin humoristique** dibujo humorístico, viñeta.

**dessinateur, -trice** [desinatœʀ, tʀis] *nm/f* dibujante *m/f*; **dessinatrice de mode** diseñadora de moda; **dessinateur industriel** delineante *m/f*.

**dessiner** [desine] *vt* dibujar; (*concevoir*) diseñar; (*suj: robe: taille*) resaltar; **se dessiner** *vpr* perfilarse.

**dessous** [d(ə)su] *adv* debajo, abajo ♦ *nm* parte *f* inferior; (*de voiture*) bajos *mpl*; (*étage inférieur*): **les voisins/l'appartement du ~** los vecinos/el piso de abajo; **~** *nmpl* (*fig*) secretos *mpl*; (*sous-vêtements*) ropa interior *fsg*; **en ~** (*sous*) debajo; (*plus bas*) por debajo; (*fig: en catimini*) a hurtadillas; **par-~** *adv* por debajo; **par ~** *prép* por debajo de; **de ~** de abajo; **de ~ le lit** debajo de la cama; **au-~** abajo, debajo; **au-~ de** por debajo de; (*zéro*) bajo; **au-~ de tout** incalificable; **avoir le ~** tener *ou* llevar la peor parte.

**dessous-de-plat** [dəsudpla] *nm inv* salvamanteles *m inv*.

**dessus** [d(ə)sy] *adv* encima, arriba ♦ *nm* parte *f* superior; (*étage supérieur*): **les voisins/l'appartement du ~** los vecinos/el piso de arriba; **en ~** encima, arriba; **c'est écrit ~** está ahí; **par-~** *adv* por encima, por arriba ♦ *prép* por encima de, por arriba de; **au-~** encima, arriba; **au-~ de** por encima de; (*zéro*) sobre; **de ~** de arriba, de encima; **avoir/prendre le ~** ir ganando; **reprendre le ~** recobrarse; **bras ~ bras dessous** cogidos(-as) del brazo; **sens ~ dessous** patas arriba.

**dessus-de-lit** [dəsydli] *nm inv* colcha.

**destin** [dɛstɛ̃] *nm* destino.

**destinataire** [dɛstinatɛʀ] *nm/f* destinatario(-a); **aux risques et périls du ~** a cuenta y riesgo del destinatario.

**destination** [dɛstinasjɔ̃] *nf* destino; (*usage*) función *f*; **à ~ de** con destino a.

**destiner** [dɛstine] *vt*: **~ qn à** destinar a algn a/para; **~ qch à** destinar algo a; **~ qch à qn** destinar a algn para algo; **se ~ à l'enseignement** pensar dedicarse a la en-

señanza; **être destiné à** estar destinado (-a) a; (*usage*) ser para.

**destruction** [dɛstʀyksjɔ̃] *nf* destrucción *f*.

**détachant** [detaʃɑ̃] *nm* quitamanchas *m inv*.

**détacher** [detaʃe] *vt* (*ôter*) desprender; (*délier*) desatar, soltar; (*MIL*) destacar; (*vêtement*) limpiar; **se détacher** *vpr* (*SPORT*) descolgarse; (*prisonnier etc*) desatarse; (*tomber, se défaire*) desprenderse; **~ qn (auprès de** *ou* **à)** (*ADMIN*) enviar a algn (a); **se ~ (de qn** *ou* **qch)** (*se désintéresser*) perder interés (por algn *ou* algo); **se ~ sur** (*se dessiner*) destacarse en.

**détail** [detaj] *nm* detalle *m*; **le ~** (*COMM*) la venta al por menor; **prix de ~** precio al por menor; **au ~** (*COMM*) al por menor; (*individuellement*) por unidades; **faire/donner le ~ de** detallar; (*compte, facture*) desglosar; **en ~** en detalle.

**détaillant, e** [detajɑ̃, ɑ̃t] *nm/f* minorista *m/f*.

**détaillé, e** [detaje] *adj* detallado(-a).

**détailler** [detaje] *vt* detallar; (*personne*) examinar.

**détecter** [detɛkte] *vt* detectar.

**détective** [detɛktiv] *nm* (*en Grande Bretagne: policier*) inspector(a); **détective (privé)** detective *m/f*.

**déteindre** [detɛ̃dʀ] *vi* desteñir; (*suj: soleil*) decolorar; **~ sur** teñir; (*influencer*) influir sobre.

**détendre** [detɑ̃dʀ] *vt* aflojar; (*lessive, linge*) recoger; (*gaz*) descomprimir; (*atmosphère etc*) relajar; **se détendre** *vpr* (*ressort*) aflojarse; (*se reposer*) descansar; (*se décontracter*) relajarse.

**détenir** [det(ə)niʀ] *vt* poseer; (*otage*) retener; (*prisonnier*) tener preso a; (*record*) ostentar; **~ le pouvoir** (*POL*) ostentar el poder.

**détente** [detɑ̃t] *nf* distensión *f*, relajación *f*; (*politique, sociale*) distensión; (*loisirs*) esparcimiento, descanso; (*d'une arme*) disparador *m*, gatillo; (*d'un athlète qui saute*) resorte *m*.

**détention** [detɑ̃sjɔ̃] *nf* posesión *f*; (*d'un otage*) retención *f*; (*d'un prisonnier*) encarcelamiento; **la ~ du pouvoir par ...** el hecho de que el poder fuera ostentado por ...; **détention préventive** *ou* **provisoire** prisión *f* preventiva.

**détenu, e** [det(ə)ny] *pp de* **détenir** ♦ *nm/f*

(*prisonnier*) preso(-a).

**détergent** [deterʒɑ̃] *nm* detergente *m*.

**détériorer** [deterjɔre] *vt* deteriorar; **se détériorer** *vpr* deteriorarse.

**déterminé, e** [detɛrmine] *adj* (*personne, air*) decidido(-a); (*but, intentions*) claro(-a); (*fixé: quantité etc*) determinado(-a).

**déterminer** [detɛrmine] *vt* (*date etc*) determinar; **~ qn à faire qch** decidir a algn a hacer algo; **se ~ à faire qch** determinarse a hacer algo.

**détester** [detɛste] *vt* (*haïr*) detestar, odiar; (*sens affaibli*) detestar.

**détour** [detur] *nm* rodeo; (*tournant, courbe*) curva, recodo; (*subterfuge*) subterfugio; **au ~ du chemin** a la vuelta del camino; **sans ~** (*fig*) sin rodeos.

**détourné, e** [deturne] *adj* (*sentier, chemin*) indirecto(-a); (*moyen*) dudoso(-a).

**détourner** [deturne] *vt* desviar; (*avion: par la force*) secuestrar; (*yeux*) apartar; (*tête*) volver; (*de l'argent*) malversar; **se détourner** *vpr* (*tourner la tête*) apartar la cara; **~ la conversation/l'attention (de qn)** desviar la conversación/la atención (de algn); **~ qn de son devoir/travail** apartar a algn de su deber/trabajo.

**détraquer** [detrake] *vt* fastidiar, cargarse; (*santé, estomac*) estropear; **se détraquer** *vpr*: **ma montre s'est détraquée** se me ha fastidiado el reloj.

**détriment** [detrimɑ̃] *nm*: **au ~ de** en detrimento de; **à mon/son ~** en mi/su perjuicio.

**détroit** [detrwa] *nm* estrecho; **le détroit de Be(h)ring/de Gibraltar/de Magellan/du Bosphore** el estrecho de Bering/de Gibraltar/de Magallanes/del Bósforo.

**détruire** [detrɥir] *vt* destruir; (*population*) acabar con; (*hypothèse*) echar abajo; (*espoir*) romper; (*santé*) perjudicar.

**dette** [dɛt] *nf* deuda; **dette de l'État** *ou* **publique** deuda pública.

**DEUG** [dœg] *sigle m* (= *diplôme d'études universitaires générales*) diplomatura.

---

**DEUG**

*En Francia, tras finalizar el segundo curso de estudios universitarios, los estudiantes se presentan a un examen para la obtención del **DEUG**, siglas del "diplôme d'études universitaires générales". Una*

vez obtenido el diploma pueden optar entre dejar definitivamente la universidad o seguir estudiando para la "licence". En dicho diploma se especifican las asignaturas más importantes que se han estudiado y puede obtenerse con matrícula de honor.

---

**deuil** [dœj] *nm* luto; **porter le ~** llevar luto; **être en/prendre le ~** estar/ponerse de luto.

**deux** [dø] *adj inv, nm inv* dos *m inv*; **les ~** los(las) dos, ambos(-as); **ses ~ mains** las dos manos; **tous les ~ jours/mois** cada dos días/meses; **à ~ pas** a dos pasos; **deux points** (*ponctuation*) dos puntos *mpl*; *voir aussi* **cinq**.

**deuxième** [døzjɛm] *adj, nm/f* segundo(-a); **~ classe** segunda clase *f*; *voir aussi* **cinquième**.

**deuxièmement** [døzjɛmmɑ̃] *adv* en segundo lugar.

**deux-pièces** [døpjɛs] *nm inv* dos piezas *m inv*; (*appartement*) apartamento de dos habitaciones.

**deux-roues** [døru] *nm inv* vehículo de dos ruedas.

**devais** [dəvɛ] *vb voir* **devoir**.

**dévaluation** [devaluɑsjɔ̃] *nf* devaluación *f*.

**devancer** [d(ə)vɑ̃se] *vt* adelantar; (*arriver avant, aussi fig*) adelantarse a; **~ l'appel** (*MIL*) alistarse como voluntario.

**devant¹** [d(ə)vɑ̃] *vb voir* **devoir**.

**devant²** [d(ə)vɑ̃] *adv* delante, adelante ♦ *prép* (*en face de*) delante de, frente a; (*passer, être*) delante de; (*en présence de*) ante; (*face à*) ante, delante de; (*étant donné*) ante ♦ *nm* (*de maison*) fachada; (*vêtement, voiture*) delantera; **prendre les ~s** adelantarse; **de ~** delantero(-a); **par ~** por delante; **aller au-~ de qn** ir al encuentro de algn; **aller au-~ de** (*désirs de qn*) anticiparse a; (*ennuis, difficultés*) encontrarse con; **par-~ notaire** ante notario.

**devanture** [d(ə)vɑ̃tyr] *nf* (*façade*) fachada; (*étalage, vitrine*) escaparate *m*, vidriera (*AM*).

**développement** [dev(ə)lɔpmɑ̃] *nm* desarrollo; (*photo*) revelado; (*exposé*) exposición *f*; (*GÉOM*) proyección *f*; (*gén pl*) evolución *f*.

**développer** [dev(ə)lɔpe] *vt* desarrollar;

(PHOTO) revelar; (GÉOM) proyectar; **se déve-lopper** vpr desarrollarse; (affaire) evolucionar.

**devenir** [dəv(ə)niʀ] vt volverse; **que sont-ils devenus?** ¿qué ha sido de ellos?; ~ **médecin** hacerse médico; ~ **vieux/grand** hacerse viejo/mayor.

**devez** [dəve] vb voir **devoir**.

**déviation** [devjasjɔ̃] nf desviación f; (AUTO) desvío; **déviation de la colonne (verté-brale)** desviación de la columna vertebral.

**devienne** etc [dəvjɛn] vb voir **devenir**.

**deviner** [d(ə)vine] vt adivinar; (apercevoir) atisbar.

**devinette** [d(ə)vinɛt] nf adivinanza.

**devins** etc [dəvɛ̃] vb voir **devenir**.

**devis** [d(ə)vi] nm presupuesto; **devis descriptif/estimatif** presupuesto detallado/aproximado.

**dévisager** [devizaʒe] vt mirar de arriba abajo.

**devise** [dəviz] nf (formule) lema m, divisa; (ÉCON) divisa; **~s** nfpl dinero msg extranjero.

**dévisser** [devise] vt desatornillar; **se dévis-ser** vpr desatornillarse.

**devoir** [d(ə)vwaʀ] nm deber m ♦ vt deber; **il doit le faire** (obligation) debe hacerlo, tiene que hacerlo; **cela devait arriver** (fatalité) tenía que ocurrir (un día); **il doit partir demain** (intention) se va mañana; **il doit être tard** (probabilité) debe (de) ser tarde; **se faire un ~ de faire** creerse en la obligación de hacer; **se ~ de faire qch** sentirse obligado(-a) a hacer algo; **je de-vrais faire** tendría que hacer; **tu n'aurais pas dû** no deberías haberlo hecho; (politesse) no tendrías que haberlo hecho; **comme il se doit** (comme il faut) como debe ser; **se mettre en ~ de faire qch** empezar a hacer algo; **derniers ~s** honras fpl fúnebres; **je lui dois beaucoup** le debo mucho; **devoirs de vacances** deberes mpl de vacaciones.

**dévorer** [devɔʀe] vt devorar; ~ **qch/qn des yeux** ou **du regard** devorar algo/a algn con la mirada.

**dévoué, e** [devwe] adj dedicado(-a).

**dévouer** [devwe]: **se dévouer** vpr: **se ~ (pour)** sacrificarse (por); **se ~ à** dedicarse a.

**devrai** [dəvʀe] vb voir **devoir**.

**diabète** [djabɛt] nm (MÉD) diabetes f inv.

**diabétique** [djabetik] adj, nm/f diabético(-a).

**diable** [djɑbl] nm diablo; (chariot à deux roues) carretilla; **(petit) ~** (enfant) diablillo; **pauvre ~** pobre diablo; **une musique du ~** una música infernal; **il fait une chaleur du ~** hace un calor infernal; **avoir le ~ au corps** tener el diablo en el cuerpo; **habiter/être situé au ~** vivir/estar en el quinto infierno.

**diabolo** [djabɔlo] nm (jeu) diábolo; (boisson) mezcla de gaseosa y almíbar; **diabolo menthe** menta con gas.

**diagnostic** [djagnɔstik] nm diagnóstico.

**diagnostiquer** [djagnɔstike] vt diagnosticar.

**diagonal, e, -aux** [djagɔnal, o] adj diagonal.

**diagonale** [djagɔnal] nf diagonal f; **en ~** en diagonal; (fig): **lire en ~** leer por encima.

**diagramme** [djagʀam] nm diagrama m.

**dialecte** [djalɛkt] nm dialecto.

**dialogue** [djalɔg] nm diálogo; **cesser/reprendre le ~** interrumpir/reanudar el diálogo; **dialogue de sourds** diálogo de besugos.

**diamant** [djamɑ̃] nm diamante m.

**diamètre** [djamɛtʀ] nm diámetro.

**diapositive** [djapozitiv] nf diapositiva.

**diarrhée** [djaʀe] nf diarrea.

**dictateur** [diktatœʀ] nm dictador m.

**dictature** [diktatyʀ] nf dictadura.

**dictée** [dikte] nf dictado; **prendre sous ~** tomar al dictado.

**dicter** [dikte] vt (aussi fig) dictar.

**dictionnaire** [diksjɔnɛʀ] nm diccionario; **dictionnaire bilingue** diccionario bilingüe; **dictionnaire encyclopédique/de langue** diccionario enciclopédico/de la lengua.

**dièse** [djɛz] nm sostenido.

**diesel** [djezɛl] nm diesel m; **un (véhicule/moteur) ~** un (vehículo/motor) diesel.

**diète** [djɛt] nf dieta; **être à la ~** estar a dieta.

**diététique** [djetetik] adj dietético(-a) ♦ nf dietética; **magasin ~** tienda de dietética.

**dieu, x** [djø] nm (aussi fig) dios msg; **D~** Dios; **le bon D~** Dios; **mon D~!** ¡Dios mío!

**différemment** [difeʀamɑ̃] adv de forma diferente.

**différence** [difeʀɑ̃s] nf diferencia; **à la ~ de** a diferencia de.

**différencier** [difeʀɑ̃sje] vt diferenciar; **se différencier** vpr diferenciarse; **se ~ (de)** diferenciarse (de).

**différent, e** [difeʀɑ̃, ɑ̃t] adj: **~ (de)** distinto(-a) (de), diferente (de); **~s objets/personnages** varios objetos/ personajes; **à ~es reprises** en varias ocasiones; **pour ~es raisons** por distintas razones.

**différer** [difeʀe] vt diferir, postergar (AM) ♦ vi: **~ (de)** diferir (de).

**difficile** [difisil] adj difícil; **faire le** ou **la ~** hacer remilgos.

**difficilement** [difisilmɑ̃] adv difícilmente; **~ compréhensible/lisible** difícil de comprender/leer.

**difficulté** [difikylte] nf dificultad f; **faire des ~s (pour)** poner dificultades (para); **en ~** en apuros; **avoir de la ~ à faire qch** tener dificultad en hacer algo.

**diffuser** [difyze] vt emitir; (nouvelle, idée) difundir; (COMM) distribuir.

**digérer** [diʒeʀe] vt (aussi fig) digerir.

**digeste** [diʒɛst] adj digestible.

**digestif, -ive** [diʒɛstif, iv] adj digestivo(-a) ♦ nm licor m.

**digestion** [diʒɛstjɔ̃] nf digestión f; **bonne/mauvaise ~** buena/mala digestión.

**digne** [diɲ] adj (respectable) digno(-a); **~ d'intérêt/d'admiration** digno de interés/de admiración; **~ de foi** digno de fe; **~ de qn/qch** digno de algn/algo.

**dignité** [diɲite] nf dignidad f.

**digue** [dig] nf dique m; (pour protéger la côte) rompeolas m inv.

**dilemme** [dilɛm] nm dilema m.

**diligence** [diliʒɑ̃s] nf diligencia; **faire ~** apresurarse.

**diluer** [dilɥe] vt diluir; (péj: discours etc) meter paja en.

**dimanche** [dimɑ̃ʃ] nm domingo; **le ~ des Rameaux/de Pâques** el domingo de Ramos/de Pascua; **voir aussi lundi**.

**dimension** [dimɑ̃sjɔ̃] nf dimensión f; (gén pl: cotes, coordonnées) dimensiones fpl.

**diminuer** [diminɥe] vt disminuir; (dénigrer) desacreditar; (tricot) menguar ♦ vi disminuir.

**diminutif** [diminytif] nm (LING) diminutivo m; (surnom) diminutivo cariñoso.

**dinde** [dɛ̃d] nf pava.

**dindon** [dɛ̃dɔ̃] nm pavo.

**dîner** [dine] nm cena, comida (AM) ♦ vi cenar; **dîner de famille/d'affaires** cena familiar/de negocios.

**dingue** [dɛ̃g] (fam) adj chalado(-a).

**dinosaure** [dinozɔʀ] nm dinosaurio.

**diplomate** [diplɔmat] adj diplomático(-a) ♦ nm/f diplomático(-a) ♦ nm (CULIN) especie de bizcocho.

**diplomatie** [diplɔmasi] nf diplomacia.

**diplôme** [diplom] nm diploma m, título; (examen) examen m de diplomatura; **avoir des ~s** tener títulos.

**diplômé, e** [diplome] adj, nm/f titulado (-a), diplomado(-a).

**dire** [diʀ] nm: **au ~ de** al decir de, en la opinión de ♦ vt decir; (suj: horloge etc) decir, marcar; (ordre, invitation): **~ à qn qu'il fasse** ou **de faire qch** decir a algn que haga algo; (objecter): **n'avoir rien à ~ (à)** no tener nada que decir (a); (signifier): **vouloir ~** que querer decir que; (plaire): **cela me/lui dit de faire** me/le apetece hacer; (penser): **que dites-vous de ...?** ¿qué opina usted de ...?; **~s** nmpl opiniones fpl; **se dire** vpr decirse; (se prétendre): **se ~ malade** etc pretenderse enfermo(-a) etc; **ça se dit ... en anglais** se dice ... en inglés; **~ quelque chose/ce qu'on pense** decir algo/lo que uno piensa; **~ la vérité/ l'heure** decir la verdad/la hora; **dis pardon** pide perdón; **dis merci** da las gracias; **on dit que** dicen que; **comme on dit** como se dice; **on dirait que** parece que; **on dirait du vin** etc parece vino etc; **ça ne me dit rien** no me apetece; (rappeler qch) no me suena; **à vrai ~** a decir verdad; **pour ainsi ~** por decirlo así; **cela va sans ~** ni qué decir tiene; **dis donc!/dites donc!** (pour attirer attention) ¡oye!/¡oiga!; (au fait) ¡a propósito!; (agressif) ¡oye!/¡oiga Ud!; **et ~ que ...** y pensar que ...; **ceci** ou **cela dit** a pesar de todo; (à ces mots) dicho esto; **c'est dit, voilà qui est dit** está dicho; **il n'y a pas à ~** realmente; **c'est ~ si** muestra hasta qué punto; **c'est beaucoup/peu ~** es mucho/poco decir; **cela ne se dit pas comme ça** no se dice así; **se ~ au revoir** decirse adiós; **c'est toi qui le dis** lo dices tú; **je ne vous le fais pas ~** estoy muy de acuerdo; **je te l'avais dit** te lo había dicho; **je ne peux pas ~ le**

**contraire** no puedo decir lo contrario; **tu peux le ~**, **à qui le dis-tu** y que lo digas.

**direct, e** [diʀɛkt] *adj* directo(-a); *(personne)* franco(-a) ♦ *nm (train, boxe)* directo; *(boxe)*: **~ du gauche/du droit** directo con la izquierda/derecha; **train/bus ~** tren *m*/ autobús *msg* directo; **en ~** en directo.

**directement** [diʀɛktəmã] *adv* directamente.

**directeur, -trice** [diʀɛktœʀ, tʀis] *adj (principe, fil)* rector(a) ♦ *nm/f* director(a); **comité ~** comité *m* directivo; **directeur général/commercial/du personnel** director(a) general/comercial/de personal; **directeur de thèse** director(a) de tesis.

**direction** [diʀɛksjɔ̃] *nf* dirección *f*; **sous la ~ de** *(MUS)* bajo la dirección de; **en ~ de** en dirección a; **"toutes ~s"** *(AUTO)* "todas las direcciones".

**dirent** [diʀ] *vb voir* **dire**.

**dirigeant, e** [diʀiʒã, ãt] *adj, nm/f* dirigente *m/f*.

**diriger** [diʀiʒe] *vt* dirigir; **se diriger** *vpr* orientarse; **~ sur** *(regard)* dirigir hacia; **~ son arme sur qn** apuntar a algn con un arma; **~ contre** *(critiques, plaisanteries)* dirigir contra; **se ~ vers** *ou* **sur** dirigirse hacia.

**dis** [di] *vb voir* **dire**.

**discerner** [disɛʀne] *vt (apercevoir)* divisar; *(motif, cause)* discernir.

**discipline** [disiplin] *nf* disciplina.

**discipliner** [discipline] *vt* disciplinar; *(cheveux)* mantener.

**discontinu, e** [diskɔ̃tiny] *adj* discontinuo(-a).

**discontinuer** [diskɔ̃tinɥe] *vi*: **sans ~** sin interrupción.

**discothèque** [diskɔtek] *nf* discoteca.

**discours** [diskuʀ] *nm* discurso ♦ *nmpl (bavardages)* palabrería *fsg*; **le ~** *(LING)* el enunciado; **~ direct/indirect** discurso directo/indirecto.

**discret, -ète** [diskʀɛ, ɛt] *adj* discreto(-a); **un endroit ~** un lugar tranquilo.

**discrétion** [diskʀesjɔ̃] *nf* discreción *f*; **à ~** *(boisson etc)* a discreción; **à la ~ de qn** según la voluntad de algn.

**discrimination** [diskʀiminasjɔ̃] *nf* discriminación *f*; **sans ~** sin discriminación.

**discussion** [diskysjɔ̃] *nf* discusión *f*; **~s** *nfpl* negociaciones *fpl*.

**discutable** [diskytabl] *adj* discutible.

**discuter** [diskyte] *vt, vi* discutir; **~ de qch** discutir algo.

**dise** [diz] *vb voir* **dire**.

**disjoncteur** [disʒɔ̃ktœʀ] *nm (ÉLEC)* interruptor *m*.

**disloquer** [dislɔke] *vt (membre)* dislocar; *(chaise)* desencajar; *(troupe, manifestants)* disolver; **se disloquer** *vpr (parti)* desmembrarse, disgregarse; *(empire)* desmembrarse; **se ~ l'épaule** dislocarse el hombro.

**disons** [dizɔ̃] *vb voir* **dire**.

**disparaître** [dispaʀetʀ] *vi* desaparecer; **faire ~ qch/qn** hacer desaparecer algo/a algn.

**disparition** [dispaʀisjɔ̃] *nf* desaparición *f*.

**disparu, e** [dispaʀy] *pp de* **disparaître** ♦ *nm/f (dont on a perdu la trace)* desaparecido(-a); *(défunt)* fallecido(-a); **être porté ~** ser dado por desaparecido.

**dispensaire** [dispãseʀ] *nm* dispensario.

**dispenser** [dispãse] *vt (soins etc)* prestar; *(exempter)*: **~ qn de qch/faire qch** dispensar a algn de algo/hacer algo; **se ~ de qch/faire qch** librarse de algo/hacer algo; **se faire ~ de qch** lograr eximirse de algo.

**disperser** [dispɛʀse] *vt* dispersar; *(efforts)* dividir; **se disperser** *vpr (foule)* dispersarse; *(fig)* dividirse.

**disponible** [dispɔnibl] *adj* disponible.

**disposé, e** [dispoze] *adj* dispuesto(-a); **bien/mal ~ de** buen/mal humor; **être bien/mal ~ pour** *ou* **envers qn** estar bien/mal dispuesto(-a) hacia algn; **~ à** dispuesto(-a) a; **pièces bien/mal ~es** habitaciones *fpl* bien/mal distribuidas.

**disposer** [dispoze] *vt* disponer; *(préparer, inciter)*: **~ qn à qch/faire qch** predisponer a algn para algo/hacer algo ♦ *vi*: **vous pouvez ~** puede retirarse; **~ de** disponer de; **se ~ à faire qch** disponerse a hacer algo.

**dispositif** [dispozitif] *nm* dispositivo; *(d'un texte de loi)* parte *f* resolutiva; **dispositif de sûreté** dispositivo de seguridad.

**disposition** [dispozisjɔ̃] *nf* disposición *f*; *(arrangement)* distribución *f*; *(gén pl: mesures)* medidas *fpl*; *(: préparatifs)* preparativos *mpl*; **~s** *nfpl* disposición *fsg*; **à la ~ de qn** a disposición de algn.

**disproportionné, e** [dispʀɔpɔʀsjɔne] *adj* desproporcionado(-a).

**dispute** [dispyt] *nf* riña, disputa.

**disputer** [dispyte] *vt* disputar; **se disputer** *vpr* reñir; (*match, etc*) disputarse; ~ **qch à qn** disputar algo a algn.

**disqualifier** [diskalifje] *vt* descalificar; **se disqualifier** *vpr* descalificarse.

**disque** [disk] *nm* disco; **le lancement du ~** el lanzamiento de disco; **disque compact** disco compacto; **disque d'embrayage** (*AUTO*) disco de embrague; **disque de stationnement** disco de estacionamiento; **disque dur** (*INFORM*) disco duro; **disque laser** disco láser; **disque système** sistema *m* de disco.

**disquette** [disket] *nf* (*INFORM*) diskette *m*; **disquette à double/simple densité** diskette de densidad doble/sencilla; **disquette double/une face** diskette de doble/una cara.

**dissertation** [disɛʀtasjɔ̃] *nf* (*SCOL*) redacción *f*.

**dissimuler** [disimyle] *vt* disimular, ocultar; **se dissimuler** *vpr* cubrirse; (*être masqué, caché*) ocultarse.

**dissipé, e** [disipe] *adj* (*indiscipliné*) distraído(-a).

**dissolvant, e** [disɔlvɑ̃, ɑ̃t] *nm* (*CHIM*) disolvente *m*.

**dissuader** [disɥade] *vt*: ~ **qn de faire qch/de qch** disuadir a algn de hacer algo/de algo.

**distance** [distɑ̃s] *nf* distancia; (*de temps*) diferencia; **à ~ a** distancia; **avec la ~** con el tiempo; **(situé) à ~** (*INFORM*) (situado) a distancia; **tenir qn à ~** tener a algn a raya; **se tenir à ~** mantenerse a distancia; **une ~ de 10 km** una distancia de 10km; **à 10 km de ~** a 10km de distancia; **à 2 ans de ~** con 2 años de diferencia; **prendre ses ~s** tomar las distancias; **garder ses ~s** guardar las distancias; **tenir la ~** resistir el recorrido; **distance focale** (*PHOTO*) distancia focal.

**distancer** [distɑ̃se] *vt* (*concurrent*) distanciarse de; **se laisser ~** quedarse atrás.

**distant, e** [distɑ̃, ɑ̃t] *adj* (*aussi fig*) distante; **~ de 5 km** distante 5km.

**distillerie** [distilʀi] *nf* destilería.

**distinct, e** [distɛ̃(kt), ɛ̃kt] *adj* distinto(-a); (*net*) claro(-a).

**distinctement** [distɛ̃ktəmɑ̃] *adv* (*voir*) con nitidez; (*parler*) con claridad.

**distinctif, -ive** [distɛ̃ktif, iv] *adj* distintivo(-a).

**distingué, e** [distɛ̃ge] *adj* distinguido(-a).

**distinguer** [distɛ̃ge] *vt* distinguir; (*suj: caractéristique, trait*) caracterizar; **se distinguer** *vpr*: **se ~ (de)** distinguirse (de).

**distraction** [distʀaksjɔ̃] *nf* distracción *f*.

**distraire** [distʀɛʀ] *vt* distraer; (*amuser*) distraer, entretener; (*somme d'argent*) distraer ♦ *vi* distraer; **se distraire** *vpr* distraerse; ~ **qn de qch** distraer a algn de algo; ~ **l'attention** distraer la atención.

**distrait, e** [distʀɛ, ɛt] *pp de* **distraire** ♦ *adj* distraído(-a).

**distrayant, e** [distʀɛjɑ̃, ɑ̃t] *vb voir* **distraire** ♦ *adj* distraído(-a), entretenido(-a).

**distribuer** [distʀibɥe] *vt* repartir; (*hum: gifles, coups*) propinar; (*rôles*) repartir; (*CARTES*) dar; (*COMM*) distribuir.

**distributeur, -trice** [distʀibytœʀ, tʀis] *nm/f* (*COMM*) distribuidor(a) ♦ *nm* (*AUTO*) delco; **distributeur (automatique)** máquina (expendedora); (*BANQUE*) cajero.

**dit** [di] *pp de* **dire** ♦ *adj*: **le jour ~** el día fijado; **X, ~ Pierrot** X, llamado Pierrot.

**dites** [dit] *vb voir* **dire**.

**divan** [divɑ̃] *nm* sofá *m*.

**divers, e** [divɛʀ, ɛʀs] *adj* (*varié*) diverso(-a), vario(-a); (*différent*) variado(-a) ♦ *dét* (*plusieurs*) varios(-as), diversos(-as); "~" "varios"; (*frais*) ~ gastos *mpl* varios.

**diversifier** [divɛʀsifje] *vt* diversificar; **se diversifier** *vpr* diversificarse.

**diversité** [divɛʀsite] *nf* diversidad *f*.

**divertir** [divɛʀtiʀ] *vt* divertir; **se divertir** *vpr* divertirse.

**divertissement** [divɛʀtismɑ̃] *nm* diversión *f*; (*MUS*) divertimento.

**diviser** [divize] *vt* dividir; **se diviser** *vpr*: **se ~ en** dividirse en; ~ **par** dividir por; ~ **un nombre par un autre** dividir un número entre otro.

**division** [divizjɔ̃] *nf* división *f*; **1ère/2ème ~** (*SPORT*) 1a/2a división; **division du travail** (*ÉCON*) división del trabajo.

**divorce** [divɔʀs] *nm* (*aussi fig*) divorcio.

**divorcé, e** [divɔʀse] *adj, nm/f* divorciado(-a).

**divorcer** [divɔʀse] *vi* divorciarse; ~ **de** *ou* **d'avec qn** divorciarse de algn.

**divulguer** [divylge] *vt* divulgar.

**dix** [dis] *adj inv, nm inv* diez *m inv*; *voir aussi* **cinq**.

**dix-huit** [dizɥit] *adj inv, nm inv* dieciocho *m inv*; *voir aussi* **cinq**.

**dix-huitième** [dizɥitjɛm] *adj, nm/f* decimoctavo(-a) ♦ *nm (partitif)* dieciochoavo; *voir aussi* **cinquantième**.

**dixième** [dizjɛm] *adj, nm/f* décimo(-a) ♦ *nm* décimo; *voir aussi* **cinquième**.

**dix-neuf** [diznœf] *adj inv, nm inv* diecinueve *m inv; voir aussi* **cinq**.

**dix-neuvième** [diznœvjɛm] *adj, nm/f* decimonoveno(-a) ♦ *nm (partitif)* diecinueveavo; *voir aussi* **cinquantième**.

**dix-sept** [disɛt] *adj inv, nm inv* diecisiete *m inv; voir aussi* **cinq**.

**dix-septième** [disɛtjɛm] *adj, nm/f* decimoséptimo(-a) ♦ *nm (partitif)* diecisieteavo; *voir aussi* **cinquantième**.

**dizaine** [dizɛn] *nf (unité)* decena; **une ~ de ...** unos(-as) diez ...; **dire une ~ de chapelet** rezar una decena del rosario.

**do** [do] *nm inv (MUS)* do.

**docile** [dɔsil] *adj* dócil.

**dock** [dɔk] *nm* dique *m; (hangar, bâtiment)* depósito, almacén *m;* **dock flottant** dique flotante.

**docker** [dɔkœʀ] *nm* estibador *m*.

**docteur** [dɔktœʀ] *nm (médecin)* médico, doctor(a); *(d'Université)* doctor(a); **docteur en médecine** doctor(a) en medicina.

**doctorat** [dɔktɔʀa] *nm (aussi:* **~ d'État**) doctorado.

**doctrine** [dɔktʀin] *nf* doctrina.

**document** [dɔkymã] *nm* documento.

**documentaire** [dɔkymãtɛʀ] *adj* documental ♦ *nm: (film)* **~** documental *m*.

**documentaliste** [dɔkymãtalist] *nm/f* documentalista *m/f*.

**documentation** [dɔkymãtasjɔ̃] *nf* documentación *f*.

**documenter** [dɔkymãte] *vt* documentar; **se ~ (sur)** documentarse (sobre).

**dodo** [dodo] *nm:* **aller faire ~** ir a la cama.

**dogue** [dɔg] *nm (perro)* dogo.

**doigt** [dwa] *nm* dedo; **être à deux ~s de** estar a dos dedos de; **un ~ de** *(fig: lait)* una gota de; *(: whisky)* un dedo de; **le petit ~** el (dedo) meñique; **au ~ et à l'œil** *(obéir)* puntualmente; **désigner** *ou* **montrer du ~** señalar con el dedo; **connaître qch sur le bout du ~** saber algo al dedillo; **mettre le ~ sur la plaie** poner el dedo en la llaga; **doigt de pied** dedo del pie.

**doit** *etc* [dwa] *vb voir* **devoir**.

**dollar** [dɔlaʀ] *nm* dólar *m*.

**domaine** [dɔmɛn] *nm (aussi fig)* dominio; *(JUR):* **tomber dans le ~ public** pasar al dominio público; **dans tous les ~s** en todos los órdenes.

**domestique** [dɔmɛstik] *adj* doméstico(-a) ♦ *nm/f* doméstico(-a), sirviente(-a), criado(-a).

**domicile** [dɔmisil] *nm* domicilio; **à ~** a domicilio; **élire ~ à** fijar el domicilio en; **sans ~ fixe** sin domicilio fijo; **domicile conjugal/légal** domicilio conyugal/legal.

**domicilié, e** [dɔmisilje] *adj:* **être ~ à** estar domiciliado(-a) en.

**dominant, e** [dɔminã, ãt] *adj* dominante.

**dominer** [dɔmine] *vt* dominar; *(passions etc)* dominar, controlar; *(surpasser)* sobrepasar a ♦ *vi* dominar; *(être le plus nombreux)* predominar; **se dominer** *vpr* dominarse, controlarse.

**domino** [dɔmino] *nm* dominó *m;* **~s** *nmpl (jeu)* dominó *msg*.

**dommage** [dɔmaʒ] *nm* daño, perjuicio; *(gén pl: dégâts, pertes)* daños *mpl*, pérdidas *fpl;* **c'est ~ de faire/que ...** es una lástima hacer/que ...; **dommages corporels** daños físicos; **dommages matériels** daños materiales.

**dompter** [dɔ̃(p)te] *vt* domar; *(passions)* dominar.

**dompteur, -euse** [dɔ̃(p)tœʀ, øz] *nm/f* domador(a).

**DOM-TOM** [dɔmtɔm] *sigle m ou mpl (= département(s) d'outre-mer/territoire(s) d'outre-mer)* provincias y territorios franceses de ultramar.

---

**DOM-TOM**

*Francia posee cuatro departamentos ultramar, son los "départements d'outre-mer" o DOMs: Guyana francesa, Guadalupe, Martinica y Reunión. En 1982 estos departamentos adquirieron el estatus de región, que todavía conservan. También en ultramar están los cinco "territoires d'outre-mer" o TOMs: tierras australes y antárticas francesas, la Polinesia francesa, Mayotte, Nueva Caledonia y Wallis y Futuna. Tanto los ciudadanos de los DOMs como de los TOMs, tienen nacionalidad francesa.*

**don** [dɔ̃] *nm* (*cadeau*) regalo; (*charité*) donativo; (*aptitude*) don *m*; **avoir des ~s pour** tener don *ou* tener gracia para; **faire ~ de** regalar; **don en argent** regalo en metálico.

**donc** [dɔ̃k] *conj* (*en conséquence*) por tanto; (*après une digression*) así pues; **voilà ~ la solution** (*intensif*) aquí está la solución; **je disais ~ que** como decía; **c'est ~ que** así que; **c'est ~ que j'avais raison** entonces yo tenía razón; **venez ~ dîner à la maison** venid por favor a cenar a casa; **faites ~** ¡adelante!; **"allons ~!"** "¡no me digas!, "¡anda, vamos!"

**donné, e** [dɔne] *adj* (*convenu*): **prix/jour ~** precio/día *m* determinado; **c'est ~** es tirado, está regalado; **étant ~ que ...** puesto *ou* dado que ...

**donnée** [dɔne] *nf* dato.

**donner** [dɔne] *vt* dar; (*offrir*) regalar; (*maladie*) pegar; (*film, spectacle*) echar, poner ♦ *vi* (*fenêtre, chambre*): **~ sur** dar a; **se donner** *vpr*: **se ~ à fond (à son travail)** entregarse a fondo (a su trabajo); **~ dans** (*piège etc*) caer en; **faire ~ l'infanterie** hacer cargar a la infantería; **~ qch à qn** dar algo a algn; **~ l'heure à qn** decir la hora a algn; **~ le ton** (*fig*) marcar la tónica; **se ~ du mal** *ou* **de la peine (pour faire qch)** afanarse (por hacer algo); **s'en ~ (à cœur joie)** (*fam*) pasarlo bomba; **~ à penser/ entendre que ...** parecer indicar que ...

---
MOT-CLÉ
---

**dont** [dɔ̃] *pron relatif* **1** (*complément d'un nom sujet*) cuyo(-a), cuyos(-as); **une méthode dont je ne connais pas les résultats** un método cuyos resultados desconozco; **c'est le chien dont le maître habite en face** es el perro cuyo dueño vive enfrente

**2** (*complément de verbe ou adjectif*): **le voyage dont je t'ai parlé** el viaje del que te hablé; **le pays dont il est originaire** el país del que es originario; **la façon dont il l'a fait** la forma en que lo hizo

**3** (*parmi lesquel(le)s*): **2 livres, dont l'un est gros** 2 libros, uno de los cuales es gordo; **il y avait plusieurs personnes, dont Gabrielle** había varias personas, entre ellas Gabriela; **10 blessés, dont 2 grièvement** 10 heridos, 2 de ellos de gravedad.

**doré, e** [dɔʀe] *adj* dorado(-a).

**dorénavant** [dɔʀenavɑ̃] *adv* en adelante, en lo sucesivo.

**dorer** [dɔʀe] *vt* dorar ♦ *vi* (*CULIN: poulet*): **(faire) ~** dorar; (: *gâteau*) bañar en yema; **se ~ au soleil** tostarse al sol; **~ la pilule à qn** dorar la píldora a algn.

**dorloter** [dɔʀlɔte] *vt* mimar; **se faire ~** dejarse mimar.

**dormir** [dɔʀmiʀ] *vi* (*aussi fig*) dormir; (*être endormi*) dormir, estar dormido(-a); **il dort bien/mal** duerme bien/mal; **ne fais pas de bruit, il dort** no hagas ruido, está durmiendo; **~ à poings fermés** dormir a pierna suelta.

**dortoir** [dɔʀtwaʀ] *nm* dormitorio; **cité ~** ciudad *f* dormitorio.

**dos** [do] *nm* espalda; (*d'un animal, de livre*) lomo; (*d'un chèque etc*) dorso; (*de la main*) dorso; **voir au ~** véase al dorso; **robe décolletée dans le ~** vestido escotado de espalda; **de ~** de espaldas; **~ à ~** de espaldas uno a otro; **sur le ~** (*s'allonger*) boca arriba; **à ~ de** (*chameau*) a lomo de; **elle a bon ~, ta mère!** ¡qué fácil es echarle la culpa a tu madre!; **se mettre qn à ~** enemistarse con algn.

**dosage** [dozaʒ] *nm* dosificación *f*.

**dose** [doz] *nf* dosis *f inv*; **forcer la ~** (*fig*) exagerar.

**doser** [doze] *vt* (*aussi fig*) dosificar.

**dossier** [dosje] *nm* expediente *m*; (*chemise, enveloppe*) carpeta; (*de chaise*) respaldo; (*PRESSE*) dossier *m*; **le ~ social/monétaire** (*fig*) la cuestión social/monetaria; **dossier suspendu** expediente archivado.

**douane** [dwan] *nf* aduana; (*taxes*) arancel *m*; **passer la ~** pasar la aduana; **en ~** en la aduana.

**douanier, -ière** [dwanje, jɛʀ] *adj, nm/f* aduanero(-a).

**double** [dubl] *adj* doble ♦ *adv*: **voir ~** ver doble ♦ *nm* (*autre exemplaire*) copia; (*sosie*) doble; **le ~ (de)** el doble (de); **~ messieurs/mixte** (*TENNIS*) dobles *mpl* masculinos/mixtos; **à ~ sens** con doble sentido; **à ~ tranchant** de doble filo; **faire ~ emploi** sobrar; **à ~s commandes** de doble mando; **en ~** por duplicado; **double carburateur** doble carburador *m*; **double toit** (*tente*) doble techo; **double vue** doble vista.

**double-cliquer** [dubləklike] *vi* hacer doble

clic; **~-~ sur un dossier** hacer doble clic en un archivo.

**doubler** [duble] *vt* duplicar; (*vêtement, chaussures*) forrar; (*voiture etc*) adelantar; (*film*) doblar; (*acteur*) doblar a ♦ *vi* duplicarse; (*SCOL*): **~ (la classe)** repetir (curso); **se doubler** *vpr*: **se ~ de** (*fig*) complicarse con; **~ un cap** (*NAUT*) doblar un cabo; (*fig*) pasar una etapa.

**doublure** [dublyʀ] *nf* (*de vêtement*) forro; (*acteur*) doble *m*.

**douce** [dus] *adj voir* **doux**.

**douceâtre** [dusɑtʀ] *adj* dulzón(-ona).

**doucement** [dusmɑ̃] *adv* (*délicatement*) con cuidado; (*à voix basse*) bajo; (*lentement*) despacio; (*graduellement*) poco a poco.

**douceur** [dusœʀ] *nf* suavidad *f*; (*d'une personne, saveur etc*) dulzura; (*de gestes*) delicadeza; **~s** *nfpl* golosinas *fpl*; **en ~** con suavidad.

**douche** [duʃ] *nf* ducha; **~s** *nfpl* (*salle*) duchas *fpl*; **prendre une ~** ducharse; **douche écossaise** *ou* **froide** (*fig*) jarro de agua fría.

**doucher** [duʃe] *vt*: **~ qn** duchar a algn; (*fig*) echar un jarro de agua fría a algn; **se doucher** *vpr* ducharse.

**doué, e** [dwe] *adj* dotado(-a); **~ de** (*possédant*) dotado(-a) de; **être ~ pour** tener facilidad para.

**douille** [duj] *nf* (*ÉLEC*) casquillo; (*de projectile*) casquete *m*.

**douillet, te** [dujɛ, ɛt] *adj* (*péj*) delicado(-a); (*lit*) mullido(-a); (*maison*) confortable.

**douleur** [dulœʀ] *nf* dolor *m*; **ressentir des ~s** sentir dolores; **il a eu la ~ de perdre son père** tuvo la desgracia de perder a su padre.

**douloureux, -euse** [duluʀø, øz] *adj* doloroso(-a); (*membre*) dolido(-a).

**doute** [dut] *nm* duda; **sans ~** seguramente; **sans nul** *ou* **aucun ~** sin ninguna duda; **hors de ~** fuera de duda; **nul ~ que** no hay ninguna duda de que; **mettre en ~** poner en duda; **mettre en ~ que** dudar que.

**douter** [dute] *vt* dudar; **~ de** dudar de; **~ que** dudar que; **j'en doute** lo dudo; **se ~ de qch/que** sospechar algo/que; **je m'en doutais** me lo figuraba; **ne ~ de rien** estar muy seguro(-a).

**douteux, -euse** [dutø, øz] *adj* dudoso(-a);

(*discutable*) discutible; (*péj*) de aspecto dudoso.

**doux, douce** [du, dus] *adj* suave; (*personne, saveur*) dulce; (*gestes*) delicado(-a); (*climat, région*) templado(-a); (*eau*) blando (-a); **en douce** (*partir etc*) a la chita callando; **tout ~** despacio.

**douzaine** [duzɛn] *nf* docena; **une ~ (de)** unos(-as) doce.

**douze** [duz] *adj inv, nm inv* doce *m inv*; **les D~** los Doce; *voir aussi* **cinq.**

**douzième** [duzjɛm] *adj, nm/f* duodécimo(-a) ♦ *nm* duodécimo; *voir aussi* **cinquième.**

**dragée** [dʀaʒe] *nf* peladilla; (*MÉD*) gragea.

**draguer** [dʀage] *vt* (*rivière*) dragar; (*fam: filles*) ligar con ♦ *vi* ligar.

**dramatique** [dʀamatik] *adj* dramático(-a) ♦ *nf* (*TV*) teledrama *m*.

**drame** [dʀam] *nm* drama *m*; **drame de l'alcoolisme** drama del alcoholismo; **drame familial** drama familiar.

**drap** [dʀa] *nm* sábana; (*tissu*) paño; **drap de dessous/de dessus** (sábana) bajera/ encimera; **drap de plage** toalla de playa.

**drapeau, x** [dʀapo] *nm* bandera; **sous les ~x** en filas; **le ~ blanc** la bandera blanca.

**drap-housse** [dʀaus] (*pl* **~s-~s**) *nm* sábana ajustable.

**dresser** [dʀese] *vt* levantar; (*liste*) redactar; (*animal domestique*) entrenar; (*animal de cirque*) amaestrar; **se dresser** *vpr* (*église, falaise*) erguirse; (*obstacle*) presentarse; (*sur la pointe des pieds*) ponerse de puntillas; (*avec grandeur, menace*) erguirse; **~ l'oreille** aguzar el oído; **~ la table** poner la mesa; **~ qn contre qn d'autre** indisponer a algn con algn; **~ un procès-verbal** *ou* **une contravention à qn** levantar acta a algn.

**dribbler** [dʀible] *vt, vi* driblar.

**drogue** [dʀɔg] *nf* droga; **drogue douce/ dure** droga blanda/dura.

**drogué, e** [dʀɔge] *nm/f* drogadicto(-a).

**droguer** [dʀɔge] *vt* drogar; **se droguer** *vpr* drogarse.

**droguerie** [dʀɔgʀi] *nf* droguería.

**droguiste** [dʀɔgist] *nm/f* droguero(-a).

**droit, e** [dʀwa, dʀwat] *adj* derecho(-a), recto(-a); (*opposé à gauche*) derecho(-a); (*fig*) recto(-a) ♦ *adv* derecho ♦ *nm* derecho; (*BOXE*): **direct/crochet du ~** directo/

gancho de derecha; (*lois, matière*): **le ~** el derecho; **~s** *nmpl* (*taxes*) derechos *mpl*; **~ au but** *ou* **au fait** al grano; **~ au cœur** al corazón; **avoir le ~ de** tener el derecho de; **avoir ~ à** tener derecho a; **être en ~ de** tener el derecho de; **faire ~ à** hacer justicia a; **être dans son ~** estar en su derecho; **à bon ~** con razón; **de quel ~?** ¿con qué derecho?; **à qui de ~** a quien corresponda; **avoir ~ de cité (dans)** (*fig*) tener derecho de entrada (en); **droit coutumier** derecho consuetudinario; **droit de regard** derecho de control; **droit de réponse/de visite/de vote** derecho de réplica de visita/al voto; **droits d'auteur** derechos de autor; **droits de douane** aranceles *mpl*, derechos arancelarios *ou* de aduana; **droits d'inscription** matrícula.

**droite** [dʀwat] *nf* (*direction*) derecha; (*MATH*) recta; (*POL*): **la ~** la derecha; **à ~ (de)** a la derecha (de); **de ~** (*POL*) de derechas.

**droitier, -ière** [dʀwatje, jɛʀ] *adj, nm/f* diestro(-a).

**drôle** [dʀol] *adj* gracioso(-a); (*bizarre*) raro(-a); **un ~ de ...** un ... muy raro.

**dromadaire** [dʀɔmadɛʀ] *nm* dromedario.

**du** [dy] *prép* + *dét voir* **de**.

**dû, e** [dy] *pp de* **devoir** ♦ *adj* (*somme*) debido(-a); **~ à** debido a; *nm*: **le ~** lo debido.

**duel** [dɥɛl] *nm* duelo; (*oratoire*) enfrentamiento, (*économique*) guerra.

**dune** [dyn] *nf* duna.

**duplex** [dyplɛks] *nm* (*appartement*) dúplex *m*; **émission en ~** doble emisión *f*.

**duquel** [dykɛl] *prép* + *pron voir* **lequel**.

**dur, e** [dyʀ] *adj* duro(-a); (*problème*) difícil; (*lumière*) fuerte; (*fam*) almidonado(-a) ♦ *nm* (*construction*): **en ~** de fábrica ♦ *adv* (*travailler, taper etc*) duramente, mucho ♦ *nf*: **à la ~e** en condiciones penosas; **mener la vie ~e à qn** dar mala vida a algn; **~ d'oreille** duro(-a) de oído.

**durant** [dyʀɑ̃] *prép* durante; **~ des mois, des mois ~** durante meses enteros.

**durcir** [dyʀsiʀ] *vt, vi* endurecer; **se durcir** *vpr* endurecerse.

**durée** [dyʀe] *nf* duración *f*; **de courte/longue ~** breve/prolongado(-a); **pile de longue ~** pila de larga duración; **pour une ~ illimitée** por un periodo ilimitado.

**durement** [dyʀmɑ̃] *adv* (*très*) fuertemente; (*traiter*) severamente, duramente.

**durer** [dyʀe] *vi* durar.

**dureté** [dyʀte] *nf* dureza; (*de la lumière*) fuerza.

**durit** ® [dyʀit] *nm* durita.

**dus** *etc* [dy] *vb voir* **devoir**.

**duvet** [dyvɛ] *nm* plumón *m*; (*sac de couchage*) saco de dormir (de plumón).

**DVD** [devede] *nm* (= *digital versatile disc*) DVD *m* (= *disco de vídeo digital*); **lecteur ~** lector *m* de DVD.

**DVD-Rom** [devedeʀɔm] *nm* DVD-Rom *m*.

**dynamique** [dinamik] *adj* dinámico(-a).

**dynamisme** [dinamism] *nm* dinamismo.

**dynamo** [dinamo] *nf* dinamo *f* (*m en AM*).

**dysenterie** [disɑ̃tʀi] *nf* disentería.

**dyslexie** [dislɛksi] *nf* dislexia.

---

# E e

---

**EAU** *abr* (= *Émirats arabes unis*) EAU *mpl* (= *Emiratos Árabes Unidos*).

**eau, x** [o] *nf* agua; **~x** *nfpl* (*thermales*) aguas *fpl*; **sans ~** (*whisky etc*) sin agua; **prendre l'~** (*chaussure etc*) dejar pasar el agua; **prendre les ~x** tomar las aguas; **tomber à l'~** (*fig*) fracasar; **à l'~ de rose** rosa; **eau bénite** agua bendita; **eau courante/douce/salée** agua corriente/dulce/salada; **eau de Cologne/de toilette** agua de Colonia/de olor; **eau de javel** lejía; **eau de pluie** agua de lluvia; **eau distillée/lourde** agua destilada/pesada; **eau minérale/oxygénée** agua mineral/oxigenada; **eau plate/gazeuse** agua natural (del grifo)/con gas; **les Eaux et Forêts** administración de montes; **eaux ménagères** *ou* **usées** aguas *fpl* residuales; **eaux territoriales** aguas jurisdiccionales.

**eau-de-vie** [odvi] (*pl* **~x-~-~**) *nf* aguardiente *m*.

**ébène** [ebɛn] *nf* ébano.

**ébéniste** [ebenist] *nm* ebanista *m/f*.

**éblouir** [ebluiʀ] *vt* (*aussi fig*) deslumbrar; (*aveugler*) cegar.

**éboueur** [ebwœʀ] *nm* basurero.

**ébouillanter** [ebujɑ̃te] *vt* escaldar; **s'ébouillanter** *vpr* escaldarse.

**éboulement** [ebulmɑ̃] *nm* derrumbamiento; (*amas*) escombros *mpl*.

**ébranler** [ebʀɑ̃le] vt (vitres, immeuble) estremecer; (poteau, mur) mover; (résolution, personne) hacer vacilar; (régime) desestabilizar; (santé) debilitar; **s'ébranler** vpr (partir) ponerse en movimiento.

**ébullition** [ebylisjɔ̃] nf ebullición f; **en ~** en ebullición; (fig) en efervescencia.

**écaille** [ekɑj] nf (de poisson) escama; (de coquillage) concha; (matière) concha, carey m; (de peinture) desconchón m.

**écailler** [ekɑje] vt (poisson) escamar; (huître) abrir; (aussi: **faire s'~**) desconchar; **s'écailler** vpr (peinture) desconcharse.

**écart** [ekaʀ] nm (de temps) lapso; (dans l'espace) separación f; (de prix etc) diferencia; (embardée, mouvement) desvío brusco; **à l'~** (éloigné) alejado(-a), apartado(-a); (fig) aislado(-a); **faire le grand ~** hacer el spaccato; **écart de conduite** desviación f de conducta; **écart de langage** grosería.

**écarté, e** [ekaʀte] adj (isolé) apartado(-a); (ouvert) abierto(-a); **les jambes ~es** las piernas abiertas; **les bras ~s** los brazos abiertos.

**écarter** [ekaʀte] vt (éloigner) alejar; (personnes) separar; (ouvrir) abrir; (CARTES, candidat, possibilité) descartar; **s'écarter** vpr (parois, jambes) abrirse; (personne) alejarse; **s'~ de** alejarse de; (fig) desviarse de.

**échafaudage** [eʃafodaʒ] nm (CONSTR) andamiaje m; (amas) montón m.

**échalote** [eʃalɔt] nf chalote m, chalota f.

**échange** [eʃɑ̃ʒ] nm intercambio; **en ~ (de)** a cambio (de); **échanges commerciaux/culturels** intercambios mpl comerciales/culturales; **échanges de lettres/de politesses** intercambio msg de cartas/de cumplidos; **échange de vues** cambio de impresiones.

**échanger** [eʃɑ̃ʒe] vt intercambiar; **~ qch (contre)** (troquer) canjear algo (por); **~ qch avec qn** intercambiar algo con algn.

**échantillon** [eʃɑ̃tijɔ̃] nm (aussi fig) muestra.

**échapper** [eʃape]: **~ à** vt escapar de; (punition, péril) librarse de; **s'échapper** vpr escaparse; **~ à qn** escapársele a algn; **~ des mains de qn** escapárse de las manos de algn; **laisser ~** dejar escapar; **l'~ belle** escapar por los pelos.

**écharpe** [eʃaʀp] nf (cache-nez) bufanda; (de maire) banda; **avoir un bras en ~** tener un brazo en cabestrillo; **prendre en ~**

(dans une collision) coger de refilón.

**échauffer** [eʃofe] vt (métal, moteur) recalentar; (corps, personne) calentar; (exciter) irritar; **s'échauffer** vpr (SPORT) calentarse; (dans la discussion) acalorarse.

**échéance** [eʃeɑ̃s] nf (date) vencimiento; (somme due) deuda; (d'engagements, promesses) plazo; **à brève/longue ~** adj, adv a corto/largo plazo.

**échéant** [eʃeɑ̃]: **le cas ~** adv llegado el caso.

**échec** [eʃɛk] nm fracaso; (ÉCHECS) jaque m; **~s** nmpl (jeu) ajedrez msg; **~ et mat/au roi** jaque mate/al rey; **mettre en ~** hacer fracasar; **tenir en ~** tener en jaque; **faire ~ à** fracasar.

**échelle** [eʃɛl] nf (de bois) escalera de mano; (fig) escala; **à l'~ de** a escala de; **sur une grande/petite ~** en gran/pequeña escala; **faire la courte ~ à qn** aupar a algn; **échelle de corde** escala de cuerda.

**échelon** [eʃ(ə)lɔ̃] nm (d'échelle) escalón m; (ADMIN) escalafón m; (SPORT) categoría.

**échelonner** [eʃ(ə)lɔne] vt escalonar; (versement) **échelonné** pago a plazos.

**échiquier** [eʃikje] nm tablero.

**écho** [eko] nm (aussi fig) eco; (potins) cotilleo; **~s** nmpl (PRESSE) gacetilla fsg; **rester sans ~** (suggestion) no tener eco; **se faire l'~ de** hacerse eco de.

**échographie** [ekɔgʀafi] nf ecografía.

**échouer** [eʃwe] vi (tentative) fracasar; (candidat) suspender; (bateau) encallar; (débris) ser arrastrado(-a) a; (aboutir: personne dans un café etc) ir a parar ♦ vt (bateau) embarrancar; **s'échouer** vpr embarrancarse.

**éclabousser** [eklabuse] vt salpicar; (fig) mancillar.

**éclair** [eklɛʀ] nm (d'orage) relámpago; (de flash) disparo; (de génie, d'intelligence) chispa ♦ adj inv (voyage etc) relámpago inv.

**éclairage** [eklɛʀaʒ] nm iluminación f; (CINÉ, lumière) luz f; (fig) punto de vista; **éclairage indirect** iluminación indirecta.

**éclaircie** [eklɛʀsi] nf escampada.

**éclaircir** [eklɛʀsiʀ] vt (aussi fig) aclarar; (sauce) aguar; **s'éclaircir** vpr (ciel) despejarse; (cheveux) caerse; (situation) aclararse; **s'~ la voix** aclararse la voz.

**éclaircissement** [eklɛʀsismɑ̃] nm (d'une couleur) aclarado; (gén pl: explication) aclaración f.

**éclairer** [eklene] vt (suj: lampe, lumière) iluminar; (avec une lampe de poche) alumbrar; (instruire) instruir; (rendre compréhensible) aclarar ♦ vi: ~ **bien/mal** iluminar bien/mal;
s'**éclairer** vpr (phare, rue) iluminarse; (situation) aclararse; s'~ **à la bougie/l'électricité**
alumbrarse con velas/con electricidad.

**éclat** [ekla] nm (de bombe, verre) fragmento; (du soleil, d'une couleur) brillo; (d'une
cérémonie) brillantez f; **faire un ~** (scandale) montar un número; **action d'~** hazaña;
**voler en ~s** volar en pedazos; **des ~s de
verre** cristales mpl; **éclat de rire** carcajada; **éclats de voix** subidas fpl de tono.

**éclatant, e** [eklatã, ãt] adj (couleur) brillante; (lumière) resplandeciente; (voix, son) vi-
brante; (évident) incuestionable; (succès)
clamoroso(-a); (revanche) sensacional.

**éclater** [eklate] vi (aussi fig) estallar; (groupe, parti) fragmentarse; s'**éclater** vpr
(fam) pasarlo bomba; ~ **de rire/en sanglots** reventar de risa/en llanto.

**éclipse** [eklips] nf eclipse m.

**écluse** [eklyz] nf esclusa.

**écœurant** [ekœrã] adj asqueroso(-a).

**écœurer** [ekœre] vt (suj: gâteau, goût) dar
asco; (personne, attitude) desagradar; (démoraliser) destrozar.

**école** [ekɔl] nf escuela; **aller à l'~** ir a la escuela; **faire ~** formar escuela; **les Grandes
Écoles** las Grandes Escuelas; **école de
danse/de dessin/de musique/de secrétariat** escuela de baile/de dibujo/de
música/de secretariado; **école hôtelière**
escuela de hostelería; **école maternelle**
escuela de párvulos; **école normale
(d'instituteurs)/supérieure** escuela normal (de maestros)/superior; **école élémentaire, école primaire** escuela primaria;
**école privée/publique/secondaire** escuela privada/pública/secundaria.

---

**école maternelle**

*En Francia la escuela infantil, la **école
maternelle**, está subvencionada por el
estado y, pese a no ser obligatoria, la mayoría de los niños de entre dos y seis años
acuden a ella. La educación obligatoria
comienza con la educación primaria, la
**école primaire**, que va desde los seis
hasta los diez u once años.*

---

**écolier, -ière** [ekɔlje, jɛʀ] nm/f escolar m/
f.

**écologie** [ekɔlɔʒi] nf ecología.

**écologique** [ekɔlɔʒik] adj ecológico(-a).

**écologiste** [ekɔlɔʒist] nm/f ecologista m/f.

**économe** [ekɔnɔm] adj ahorrador(a) ♦
nm/f (de lycée etc) ecónomo(-a).

**économie** [ekɔnɔmi] nf economía; (vertu)
ahorro; (plan, arrangement d'ensemble) organización f; **~s** nfpl ahorros mpl; **une ~
de temps/d'argent** un ahorro de tiem-
po/de dinero; **économie dirigée** economía planificada.

**économique** [ekɔnɔmik] adj económico
(-a).

**économiser** [ekɔnɔmize] vt ahorrar, eco-
nomizar ♦ vi ahorrar dinero.

**économiseur** [ekɔnɔmizœʀ] nm (INFORM): ~
**d'écran** protector m de pantalla.

**écorce** [ekɔʀs] nf corteza; (de fruit) piel f.

**écorcher** [ekɔʀʃe] vt (animal) desollar;
(égratigner) arañar; (une langue) lastimar;
s'~ **le genou** etc arañarse la rodilla etc.

**écorchure** [ekɔʀʃyʀ] nf arañazo.

**écossais, e** [ekɔsɛ, ɛz] adj escocés(-esa)
♦ nm (LING) escocés m; (tissu) tela escocesa
♦ nm/f: **É~, e** escocés(-esa).

**Écosse** [ekɔs] nf Escocia.

**écouter** [ekute] vt escuchar; (fig) hacer
caso de ou a, escuchar a ♦ vi escuchar;
s'**écouter** vpr (s'apitoyer) hacerse caso; **si
je m'écoutais** (suivre son impulsion) si por
mí fuera; s'~ **parler** escucharse hablar.

**écouteur** [ekutœʀ] nm (téléphone) auricular
m; **~s** nmpl (RADIO) auriculares mpl.

**écran** [ekrã] nm pantalla; **porter à l'~** llevar a la pantalla; **faire ~** hacer pantalla; **le
petit ~** la pequeña pantalla; **écran de fumée** pantalla de humo.

**écrasant, e** [ekrazã, ãt] adj (responsabilité,
travail) agobiante; (supériorité, avance)
abrumador(a), aplastante.

**écraser** [ekraze] vt (broyer) aplastar; (suj:
voiture, train etc) atropellar; (ennemi, équipe adverse) aplastar; (INFORM) sobreescribir;
(suj: travail, impôts) abrumar; (: responsabilités) agobiar; (dominer, humilier) humillar;
**écrase(-toi)!** ¡cierra el pico!; **se faire ~** ser
atropellado(-a); s'~ **(au sol)** (avion) estrellarse (contra el suelo); s'~ **contre/sur**
(suj: voiture, objet) estrellarse contra/en.

**écrémer** [ekreme] vt descremar.

**écrevisse** [ekrəvis] nf cangrejo de río.

écrire [ekʀiʀ] *vt, vi* escribir; **s'écrire** *vpr* (*réciproque*) escribirse; (*mot*): **ca s'écrit comment?** ¿cómo se escribe eso?; **~ à qn (que)** escribir a algn (que).

écrit, e [ekʀi, it] *pp de* écrire ♦ *adj*: **bien/mal ~** bien/mal escrito(-a) ♦ *nm* escrito; **par ~** por escrito.

écriteau, x [ekʀito] *nm* letrero.

écriture [ekʀityʀ] *nf* escritura; (*style*) estilo; **~s** *nfpl* (*COMM*) escrituras *fpl*; **les Écritures** las Escrituras; **Écriture (sainte): l'Écriture (sainte)** la (sagrada) Escritura.

écrivain [ekʀivɛ̃] *nm* escritor(a).

écrou [ekʀu] *nm* tuerca.

écrouler [ekʀule]: **s'~** *vpr* (*mur*) derrumbarse; (*personne, animal*) desplomarse; (*projet etc*) venirse abajo.

écru [ekʀy] *adj* crudo(-a).

écu [eky] *nm* (*monnaie de la CE*) ecu *m*.

écume [ekym] *nf* espuma; **écume de mer** espuma de mar.

écureuil [ekyʀœj] *nm* ardilla.

écurie [ekyʀi] *nf* cuadra; (*de course automobile*) escudería; (*de course hippique*) caballeriza.

eczéma [ɛgzema] *nm* eczema *m*.

**EDF** [ədeɛf] *sigle* = Électricité de France.

éditer [edite] *vt* editar.

éditeur, -trice [editœʀ, tʀis] *nm/f* editor(a).

édition [edisjɔ̃] *nf* edición *f*; (*PRESSE: exemplaires d'un journal*) tirada; **~ sur écran** (*INFORM*) edición en pantalla; **l'~** (*industrie du livre*) la edición.

édredon [edʀədɔ̃] *nm* edredón *m*.

éducateur, -trice [edykatœʀ, tʀis] *adj* educativo(-a) ♦ *nm/f* educador(a); **éducateur spécialisé** educador especializado.

éducatif, -ive [edykatif, iv] *adj* educativo(-a).

éducation [edykasjɔ̃] *nf* educación *f*; **bonne/mauvaise ~** buena/mala educación; **sans ~** (*mal élevé*) sin educación; **éducation permanente** educación permanente; **éducation physique** educación física; **l'Éducation (Nationale)** (*ADMIN*) ≈ Educación.

éduquer [edyke] *vt* educar; **bien/mal éduqué** bien/mal educado.

effacer [efase] *vt* (*aussi fig*) borrar; **s'effacer** *vpr* borrarse; (*pour laisser passer*) apartarse.

effarant, e [efaʀɑ̃, ɑ̃t] *adj* espantoso(-a).

effectif, -ive [efɛktif, iv] *adj* efectivo(-a) ♦ *nm* (*MIL, COMM: gén pl*) efectivos *mpl*; (*d'une classe*) alumnado.

effectivement [efɛktivmɑ̃] *adv* efectivamente; (*réellement*) realmente.

effectuer [efɛktɥe] *vt* efectuar; (*mouvement*) realizar; **s'effectuer** *vpr* efectuarse; (*mouvement*) producirse.

effervescent, e [efɛʀvesɑ̃, ɑ̃t] *adj* (*aussi fig*) efervescente.

effet [efɛ] *nm* efecto; **~s** *nmpl* (*vêtements etc*) prendas *fpl*; **avec ~ rétroactif** con efecto retroactivo; **faire de l'~** (*médicament, menace*) hacer efecto; (*nouvelle, décor*) causar efecto; **sous l'~ de** bajo el efecto de; **donner de l'~ à une balle** dar efecto a una pelota; **à cet ~** con este fin; **en ~** en efecto; **effet (de commerce)** efecto (comercial); **effet de couleur/de lumière/de style** efecto de color/de luz/de estilo; **effets de voix** efectos *mpl* de voz; **effets spéciaux** efectos especiales.

efficace [efikas] *adj* eficaz.

efficacité [efikasite] *nf* eficacia.

effondrer [efɔ̃dʀe]: **s'~** *vpr* (*mur, bâtiment*) desmoronarse; (*prix, marché*) hundirse; (*blessé, coureur etc*) desplomarse; (*craquer moralement*) hundirse.

efforcer [efɔʀse]: **s'~ de** *vpr* esforzarse por; **s'~ de faire** esforzarse por hacer.

effort [efɔʀ] *nm* esfuerzo; **faire un ~** hacer un esfuerzo; **faire tous ses ~s** hacer todos los esfuerzos posibles; **faire l'~ de ...** hacer el esfuerzo de ...; **sans ~** *adj, adv* sin esfuerzo; **effort de mémoire/de volonté** esfuerzo de memoria/de voluntad.

effrayant, e [efʀɛjɑ̃, ɑ̃t] *adj* horroroso(-a), espantoso(-a).

effrayer [efʀeje] *vt* asustar; **s'effrayer (de)** *vpr* asustarse (de).

effréné, e [efʀene] *adj* desenfrenado(-a).

effronté, e [efʀɔ̃te] *adj* descarado(-a).

effroyable [efʀwajabl] *adj* espantoso(-a).

égal, e, -aux [egal, o] *adj* (*gén*) igual; (*terrain, surface*) liso(-a); (*vitesse, rythme*) regular ♦ *nm/f* igual *m/f*; **être ~ à** ser igual a; **ça lui/nous est ~** le/nos da igual; **c'est ~** es igual; **sans ~** sin igual; **à l'~ de** (*comme*) al igual que; **d'~ à ~** de igual a igual.

également [egalmɑ̃] *adv* (*partager etc*) en partes iguales; (*en outre, aussi*) igualmente.

égaler [egale] *vt* igualar; **3 plus 3 égalent 6** 3 más 3 igual a 6.

**égaliser** [egalize] vt igualar ♦ vi (SPORT) empatar.

**égalité** [egalite] nf igualdad f; **être à ~ (de points)** estar empatados(-as) (en tantos); **égalité d'humeur** serenidad f; **égalité de droits** igualdad de derechos.

**égard** [egaʀ] nm consideración f; **~s** nmpl (marques de respect) atenciones fpl; **à cet ~/certains ~s/tous ~s** a este respecto/en ciertos aspectos/por todos los conceptos; **en ~ à** en consideración a; **par/sans ~ pour** por/sin consideración para; **à l'~ de** con respecto a.

**égarer** [egaʀe] vt (perdre) perder; (personne) echar a perder; **s'égarer** vpr (aussi fig) perderse; (objet) extraviarse.

**églefin** [eglɔfɛ] nm abadejo.

**église** [egliz] nf iglesia; **aller à l'~** (être pratiquant) ir a la iglesia; **Église catholique:** l'**Église catholique** la Iglesia católica; **Église presbytérienne:** l'**Église presbytérienne** la Iglesia presbiteriana.

**égoïsme** [egɔism] nm egoísmo.

**égoïste** [egɔist] adj, nm/f egoísta m/f.

**égout** [egu] nm alcantarilla; **eaux d'~** aguas fpl residuales.

**égoutter** [egute] vt escurrir ♦ vi gotear; **s'égoutter** vpr escurrirse; (eau) gotear.

**égouttoir** [egutwaʀ] nm escurridero.

**égratignure** [egʀatiɲyʀ] nf rasguño.

**Égypte** [eʒipt] nf Egipto.

**égyptien, ne** [eʒipsjɛ̃, jɛn] adj egipcio(-a) ♦ nm/f: **É~, ne** egipcio(-a).

**eh** [e] excl eh; **~ bien!** (surprise) ¡pero bueno!; **~ bien?** (attente, doute) ¿y bien?; **~ bien** (donc) entonces.

**élaborer** [elabɔʀe] vt elaborar.

**élan** [elɑ̃] nm (ZOOL) alce m; (mouvement, lancée) impulso; (fig) arrebato; **perdre son ~** perder impulso; **prendre de l'~** tomar carrerilla; **prendre son ~** tomar impulso.

**élancer** [elɑ̃se]: **s'~** vpr lanzarse; (arbre, clocher) alzarse.

**élargir** [elaʀʒiʀ] vt (porte, route) ensanchar; (vêtement) sacar a; (fig: groupe, débat) ampliar; (JUR) liberar; **s'élargir** vpr ensancharse.

**élastique** [elastik] adj elástico(-a); (PHYS) flexible; (fig: parfois péj) contemporizador(a) ♦ nm (de bureau) elástico, goma; (pour la couture) goma.

**élection** [elɛksjɔ̃] nf elección f; **~s** nfpl (POL) elecciones fpl; **sa terre/patrie d'~** su

tierra/patria de elección; **élection partielle** elección parcial; **élections législatives** elecciones legislativas.

---

### Élections legislatives

En Francia se celebran **élections législatives** cada cinco años con el fin de elegir a los "députés" de la "Assemblée nationale". Hay además una "election présidentielle" en la que se elige al presidente y que tiene lugar cada siete años. La votación, que siempre tiene lugar en domingo, es por sufragio universal y en dos vueltas.

---

**électoral, e, -aux** [elɛktɔʀal, o] adj electoral.

**électricien, ne** [elɛktʀisjɛ̃, jɛn] nm/f electricista m/f.

**électricité** [elɛktʀisite] nf electricidad f; (fig) tensión f; **avoir l'~** tener corriente eléctrica; **fonctionner à l'~** funcionar con electricidad; **allumer/éteindre l'~** encender/apagar la luz; **électricité statique** electricidad estática.

**électrique** [elɛktʀik] adj eléctrico(-a); (fig) tenso(-a).

**électrocuter** [elɛktʀɔkyte] vt electrocutar.

**électroménager** [elɛktʀomenaʒe] adj: **appareils ~s** aparatos mpl electrodomésticos; **l'~** (secteur commercial) el sector de electrodomésticos.

**électron** [elɛktʀɔ̃] nm electrón m.

**électronique** [elɛktʀɔnik] adj electrónico(-a) ♦ nf electrónica.

**élégance** [elegɑ̃s] nf elegancia.

**élégant, e** [elegɑ̃, ɑ̃t] adj (aussi fig) elegante.

**élément** [elemɑ̃] nm elemento; **~s** nmpl (eau, air etc) elementos mpl; (rudiments) rudimentos mpl.

**élémentaire** [elemɑ̃tɛʀ] adj elemental.

**éléphant** [elefɑ̃] nm elefante m; **éléphant de mer** elefante marino.

**élevage** [el(ə)vaʒ] nm (de bétail, de volaille etc) cría; (activité, secteur économique) ganadería; (vin) crianza.

**élevé, e** [el(ə)ve] adj (aussi fig) elevado(-a); **bien/mal ~** bien/mal educado(-a).

**élève** [elɛv] nm/f alumno(-a); **élève infirmière** aspirante f a enfermera.

**élever** [el(ə)ve] vt (enfant, animaux, vin)

educar, criar; (*hausser*) subir; (*monument, âme, esprit*) elevar; **s'élever** *vpr* (*avion, alpiniste*) ascender; (*clocher, montagne*) alzarse; (*protestations*) levantar; (*cri*) oírse; (*niveau*) subir; (*température*) ascender; (*survenir: difficultés*) surgir; ~ **une protestation/critique** elevar una protesta/crítica; ~ **la voix/le ton** levantar la voz/el tono; ~ **qn au rang/grade de** ascender *ou* elevar a algn al rango/grado de; ~ **un nombre au carré/cube** elevar un número al cuadrado/al cubo; **s'~ contre qch** rebelarse contra algo; **s'~ à** (*frais, dégâts*) elevarse a.

**éleveur, -euse** [el(ə)vœʀ, øz] *nm/f* (*de bétail*) ganadero(-a).

**éliminatoire** [eliminatwaʀ] *adj* eliminatorio(-a) ♦ *nf* eliminatoria.

**éliminer** [elimine] *vt* eliminar.

**élire** [eliʀ] *vt* (*POL etc*) elegir; ~ **domicile à ...** domiciliarse en ...

**elle** [ɛl] *pron* ella; **Marie est-~ grande?** ¿María es grande?; **c'est à ~ es** suyo(-a), es de ella; **ce livre est à ~** ese libro es suyo; **~-même** ella misma; (*après préposition*) sí misma; **avec ~** (*réfléchi*) consigo.

**éloigné, e** [elwaɲe] *adj* (*gén*) alejado(-a); (*date, échéance, parent*) lejano(-a).

**éloigner** [elwaɲe] *vt* (*échéance, but*) retrasar; (*soupçons, danger*) ahuyentar; **s'éloigner** *vpr* alejarse; (*fig*) distanciarse; ~ **qch (de)** alejar algo (de); ~ **qn (de)** distanciar a algn (de); **s'~ de** alejarse de; (*fig: sujet, but*) salirse de.

**élu, e** [ely] *pp de* **élire** ♦ *nm/f* (*POL*) elegido(-a), electo(-a); (*REL*) elegido(-a).

**Élysée** [elize] *nm*: **l'~, le palais de l'~** el Elíseo, el palacio del Elíseo; **les Champs ~s** los Campos Elíseos.

---

**palais de l'Élysée**

*El* **palais de l'Élysée**, *que está situado en el centro mismo de París, a muy poca distancia de los Campos Elíseos, es la residencia oficial del presidente francés. Fue construido en el siglo XVIII, y ha sido la residencia presidencial desde 1876. Se usa con frecuencia una versión reducida de su nombre, "l'Élysée", para referirse a la presidencia misma.*

---

**émail, -aux** [emaj, o] *nm* esmalte *m*.

**émanciper** [emɑ̃sipe] *vt* (*JUR*) emancipar; (*gén: aussi moralement*) liberar; **s'émanciper** *vpr* (*fig*) liberarse.

**emballage** [ɑ̃balaʒ] *nm* embalaje *m*; (*d'un cadeau*) envoltura; **emballage perdu** embalaje no retornable.

**emballer** [ɑ̃bale] *vt* (*gén, moteur*) embalar; (*cadeau*) envolver; (*fig: fam*) apetecer; **s'emballer** *vpr* (*moteur, personne*) embalarse; (*cheval*) desbocarse; (*fig*) propasarse.

**embarcadère** [ɑ̃baʀkadɛʀ] *nm* embarcadero.

**embarquement** [ɑ̃baʀkəmɑ̃] *nm* embarque *m*.

**embarquer** [ɑ̃baʀke] *vt* embarcar; (*fam: voler*) mangar; (: *arrêter*) detener ♦ *vi* embarcar; **s'embarquer** *vpr* embarcarse; **s'~ dans** (*affaire, aventure*) embarcarse en.

**embarras** [ɑ̃baʀa] *nm* (*gén pl: obstacle*) inconveniente *m*; (*confusion*) turbación *f*; (*ennui*) problema *m*; **être dans l'~** (*gêne financière*) estar en apuros; **embarras gastrique** molestia intestinal.

**embarrassant, e** [ɑ̃baʀasɑ̃, ɑ̃t] *adj* molesto(-a).

**embarrasser** [ɑ̃baʀase] *vt* (*encombrer*) estorbar; (*gêner*) molestar; (*troubler*) turbar; **s'~ de** (*paquets*) cargarse de; (*scrupules, problèmes*) preocuparse por.

**embaucher** [ɑ̃boʃe] *vt* contratar; **s'embaucher comme** *vpr* inscribirse como.

**embêtant, e** [ɑ̃bɛtɑ̃, ɑ̃t] *adj* molesto(-a), embromado(-a) (*AM*).

**embêtement** [ɑ̃bɛtmɑ̃] *nm* (*gén pl*) contratiempo.

**embêter** [ɑ̃bete] *vt* (*importuner*) molestar, embromar (*AM*); (*ennuyer*) aburrir; (*contrarier*) fastidiar; **s'embêter** *vpr* aburrirse; (*iro*): **il ne s'embête pas!** ¡no se aburre!

**emblée** [ɑ̃ble]: **d'~** *adv* de golpe.

**embouchure** [ɑ̃buʃyʀ] *nf* (*GÉO*) desembocadura; (*MUS*) embocadura.

**embourber** [ɑ̃buʀbe]: **s'~** *vpr* atascarse; **s'~ dans** (*fig*) atrancarse en.

**embouteillage** [ɑ̃butɛjaʒ] *nm* embotellamiento.

**embranchement** [ɑ̃bʀɑ̃ʃmɑ̃] *nm* (*routier*) bifurcación *f*; (*SCIENCE*) tipo.

**embrasser** [ɑ̃bʀase] *vt* (*étreindre*) abrazar; (*donner un baiser*) besar; (*sujet, période*) abarcar; **s'embrasser** *vpr* besarse; ~ **une carrière/un métier** abrazar una carrera/un oficio; ~ **du regard** abarcar con la mi-

rada.
**embrayage** [ɑ̃bʀɛjaʒ] *nm* embrague *m*.
**embrouiller** [ɑ̃bʀuje] *vt* (*aussi fig*) enredar; (*personne*) liar; **s'embrouiller** *vpr* enredarse.
**embruns** [ɑ̃bʀœ̃] *nmpl* salpicaduras *fpl*.
**embué, e** [ɑ̃bɥe] *adj* empañado(-a); **yeux ~s de larmes** ojos *mpl* empañados por las lágrimas.
**émeraude** [em(ə)ʀod] *nf, adj inv* esmeralda.
**émerger** [emɛʀʒe] *vi* emerger; (*fig*) surgir.
**émeri** [em(ə)ʀi] *nm*: **papier ~** papel *m* de esmeril.
**émerveiller** [emɛʀveje] *vt* maravillar; **s'émerveiller** *vpr*: **s'~ (de qch)** maravillarse (de algo).
**émettre** [emɛtʀ] *vt, vi* emitir; **~ sur ondes courtes** emitir en onda corta.
**émeus** *etc* [emø] *vb voir* **émouvoir**.
**émeute** [emøt] *nf* motín *m*.
**émigrer** [emigʀe] *vi* emigrar.
**émincer** [emɛ̃se] *vt* (*viande*) trinchar; (*oignons etc*) cortar en rodajas finas.
**émission** [emisjɔ̃] *nf* emisión *f*.
**emmêler** [ɑ̃mele] *vt* (*aussi fig*) enmarañar; **s'emmêler** *vpr* enmarañarse.
**emménager** [ɑ̃menaʒe] *vi* mudarse; **~ dans** instalarse en.
**emmener** [ɑ̃m(ə)ne] *vt* llevar; (*comme otage, capture, avec soi*) llevarse; **~ qn au cinéma/restaurant** llevar a algn al cine/restaurante.
**emmerder** [ɑ̃mɛʀde] (*fam!*) *vt* dar el coñazo (*fam!*), fregar (*fam!*) (*AM*); **s'emmerder** *vpr* aburrirse la hostia (*fam!*); **je t'emmerde!** ¡que te den por culo! (*fam!*).
**émotif, -ive** [emɔtif, iv] *adj* (*troubles etc*) emocional; (*personne*) emotivo(-a).
**émotion** [emosjɔ̃] *nf* emoción *f*; **avoir des ~s** (*fig*) tener sobresaltos; **donner des ~s à** dar sobresaltos a; **sans ~** sin emoción.
**émouvoir** [emuvwaʀ] *vt* (*troubler*) turbar; (*attendrir*) conmover; (*indigner*) indignar; (*effrayer*) atemorizar; **s'émouvoir** *vpr* (*se troubler*) turbarse; (*s'attendrir*) conmoverse; (*s'indigner*) indignarse; (*s'effrayer*) atemorizarse.
**empaqueter** [ɑ̃pakte] *vt* empaquetar.
**emparer** [ɑ̃paʀe]: **s'~ de** *vpr* apoderarse de; (*MIL*) adueñarse de.
**empêchement** [ɑ̃pɛʃmɑ̃] *nm* impedimento.

**empêcher** [ɑ̃peʃe] *vt* impedir; **~ qn de faire qch** impedir a algn que haga algo; **~ que qch (n')arrive/que qn (ne) fasse** impedir que algo pase/que algn haga; **il n'empêche que** lo que no quiere decir que; **je ne peux pas m'~ de penser** no puedo dejar de pensar; **il n'a pas pu s'~ de rire** no pudo evitar reírse.
**empereur** [ɑ̃pʀœʀ] *nm* emperador *m*.
**empiffrer** [ɑ̃pifʀe]: **s'~** *vpr* (*péj*) atracarse.
**empiler** [ɑ̃pile] *vt* apilar; **s'empiler** *vpr* amontonarse.
**empire** [ɑ̃piʀ] *nm* imperio; (*fig*) dominio; **style E~** estilo imperio; **sous l'~ de** bajo el efecto de.
**empirer** [ɑ̃piʀe] *vi* empeorar.
**emplacement** [ɑ̃plasmɑ̃] *nm* emplazamiento; **sur l'~ de** en el emplazamiento de.
**emplettes** [ɑ̃plɛt] *nfpl*: **faire des ~** ir de tiendas.
**emploi** [ɑ̃plwa] *nm* empleo; **l'~** (*COMM, ÉCON*) el empleo; **d'~ facile/délicat** de uso fácil/delicado; **offre/demande d'~** oferta/demanda de empleo; **le plein ~** pleno empleo; **emploi du temps** horario.
**employé, e** [ɑ̃plwaje] *nm/f* empleado(-a); **employé de banque** empleado(-a) de banco; **employé de bureau** oficinista *m/f*; **employé de maison** criado(-a).
**employer** [ɑ̃plwaje] *vt* emplear; **~ la force/les grands moyens** emplear fuerza/fuerzas mayores; **s'~ à qch/à faire** esforzarse por algo/por hacer.
**employeur, -euse** [ɑ̃plwajœʀ, øz] *nm/f* patrón(-ona), empresario(-a).
**empoigner** [ɑ̃pwaɲe] *vt* empuñar; **s'empoigner** *vpr* (*fig*) ir a las manos.
**empoisonner** [ɑ̃pwazɔne] *vt* (*volontairement*) envenenar; (*accidentellement, empester*) intoxicar; (*fam: embêter*): **~ qn** fastidiar a algn; **s'empoisonner** *vpr* (*suicide*) envenenarse; (*accidentellement*) intoxicarse; **~ l'atmosphère** (*fig*) cargar la atmósfera; **il nous empoisonne l'existence** nos amarga la existencia.
**emporter** [ɑ̃pɔʀte] *vt* llevar; (*en dérobant, enlevant*) arrebatar; (*suj: courant, vent, avalanche, choc*) arrastrar; (: *enthousiasme, colère*) arrebatar; (*gagner, MIL*) lograr; **s'emporter** *vpr* enfurecerse; **la maladie qui l'a emporté** la enfermedad que se lo ha lle-

vado; **l'~** ganar; **l'~ sur** desbancar a; **boissons/plats chauds à ~** bebidas fpl/ comidas fpl calientes para llevar.

**empreinte** [ɑ̃pʀɛ̃t] nf (aussi fig) huella; **empreintes (digitales)** huellas fpl (dactilares).

**empressé, e** [ɑ̃pʀese] adj solícito(-a); (péj: prétendant, subordonné) servil.

**empresser** [ɑ̃pʀese]: **s'~** vi apresurarse; **s'~ auprès de qn** mostrarse solícito con algn; **s'~ de faire** apresurarse a hacer.

**emprisonner** [ɑ̃pʀizɔne] vt encarcelar; (fig) encerrar.

**emprunt** [ɑ̃pʀœ̃] nm (gén, FIN) préstamo; (littéraire) imitación f; **nom d'~** (p)seudónimo; **~ d'État** empréstito de Estado; **~ public à 5%** empréstito público al 5%.

**emprunter** [ɑ̃pʀœ̃te] vt (gén, FIN) pedir ou tomar prestado; (route, itinéraire) seguir; (style, manière) imitar.

**ému, e** [emy] pp de **émouvoir** ♦ adj (de joie, gratitude) emocionado(-a); (d'attendrissement) conmovido(-a).

---
┌─ MOT-CLÉ ─┐

**en** [ɑ̃] prép **1** (endroit, pays) en; (direction) a; **habiter en France/en ville** vivir en Francia/en la ciudad; **aller en France/en ville** ir a Francia/a la ciudad

**2** (temps) en; **en 3 jours/20 ans** en 3 días/20 años; **en été/juin** en verano/junio

**3** (moyen); **en avion/taxi** en avión/taxi

**4** (composition) de; **c'est en verre/bois** es de cristal/madera; **un collier en argent** un collar de plata

**5** (description, état): **une femme en rouge** una mujer de rojo; **peindre qch en rouge** pintar algo de rojo; **en T/étoile** en forma de T/en estrella; **en chemise/chaussettes** en camisa/calcetines; **en soldat** de soldado; **en civil** de civil ou paisano; **en deuil** de luto; **cassé en plusieurs morceaux** roto en varios pedazos; **en réparation** en reparación; **partir en vacances** marcharse de vacaciones; **le même en plus grand** el mismo en tamaño más grande; **en bon diplomate, il n'a rien dit** como buen diplomático, no dijo nada; **expert/licencié en ...** experto/licenciado en ...; **fort en maths** fuerte en matemáticas; **être en bonne santé** estar bien de salud; **en deux volumes/une pièce** en dos volúmenes/una pieza; (pour locutions avec "en") voir **tant croire** etc

**6** (en tant que): **en bon chrétien** como buen cristiano; **je te parle en ami** te hablo como amigo

**7** (avec gérondif): **en travaillant/dormant** al trabajar/dormir, trabajando/durmiendo; **en apprenant la nouvelle/sortant, ...** al saber la noticia/al salir, ...; **sortir en courant** salir corriendo

♦ pron **1** (indéfini): **j'en ai ...** tengo ...; **en as-tu?** ¿tienes?; **en veux-tu?** ¿quieres?; **je n'en veux pas** no quiero; **j'en ai 2** tengo dos; **j'en ai assez** (fig) tengo bastante; (j'en ai marre) estoy harto de eso; **combien y en a-t-il?** ¿cuántos hay?; **où en étais-je?** ¿dónde estaba?; **j'en viens à penser que ...** eso me lleva a pensar que ...; **il en est ainsi** ou **de même pour toi!** ¡y tú igual!

**2** (provenance) de allí; **j'en viens/sors** vengo/salgo (de allí)

**3** (cause): **il en est malade/perd le sommeil** está enfermo/pierde el sueño (por ello); (instrument, agent): **il en est aimé** es estimado (por ello)

**4** (complément de nom, d'adjectif, de verbe): **j'en connais les dangers/défauts** conozco los peligros/defectos de eso; **j'en suis fier** estoy orgulloso de ello; **j'en ai besoin** lo necesito.

---

**encadrer** [ɑ̃kɑdʀe] vt (tableau, image) enmarcar; (fig: entourer) rodear; (personnel) formar; (soldats etc) tener a su mando; (crédit) controlar.

**encaisser** [ɑ̃kese] vt (chèque, argent) cobrar; (coup, défaite) encajar.

**en-cas** [ɑ̃kɑ] nm inv tentempié m.

**enceinte** [ɑ̃sɛ̃t] adj f: **~ (de 6 mois)** encinta ou embarazada (de 6 meses) ♦ nf (mur) muralla; (espace) recinto; **enceinte (acoustique)** bafle m.

**encens** [ɑ̃sɑ̃] nm incienso.

**enchaîner** [ɑ̃ʃene] vt encadenar ♦ vi proseguir.

**enchanté, e** [ɑ̃ʃɑ̃te] adj encantado(-a); **~ de faire votre connaissance** encantado(-a) de conocerle.

**enchère** [ɑ̃ʃɛʀ] nf oferta; **faire une ~** hacer una oferta; **mettre/vendre aux ~s** sacar/ vender en subasta; **les ~s montent** las ofertas suben; **faire monter les ~s** (fi hacer subir las ofertas.

**enclencher** [ãklãʃe] *vt* (*mécanisme*) enganchar; (*affaire*) iniciar; **s'enclencher** *vpr* ponerse en marcha.

**encombrant, e** [ãkɔ̃brã, ãt] *adj* voluminoso(-a).

**encombrement** [ãkɔ̃brəmã] *nm* (*d'un lieu*) obstrucción *f*; (*de circulation*) embotellamiento; (*des lignes téléphoniques*) saturación *f*; (*d'un objet*) volumen *m*.

**encombrer** [ãkɔ̃bre] *vt* (*couloir, rue*) obstruir; (*mémoire, marché*) abarrotar; (*personne*) estorbar; **s'encombrer de** *vpr* (*bagages etc*) cargarse de ou con; ~ **le passage** obstruir el paso.

---
| MOT-CLÉ |
---

**encore** [ãkɔr] *adv* **1** (*continuation*) todavía; **il travaille encore** trabaja todavía; **pas encore** todavía no

**2** (*de nouveau*) **elle m'a encore demandé de l'argent** me ha vuelto a pedir dinero; **encore!** (*insatisfaction*) ¡otra vez!; **encore un effort** un esfuerzo más; **j'irai encore demain** Iré también mañana; **encore une fois** una vez más; **encore deux jours** dos días más

**3** (*intensif*) **encore plus fort/mieux** aún más fuerte/mejor; **hier encore** todavía ayer; **non seulement ... , mais encore** no sólo ... sino también

**4** (*restriction*) al menos; **encore pourrais-je le faire, si j'avais de l'argent** si al menos tuviera dinero, podría hacerlo; **si encore** si por lo menos; **(et puis) quoi encore?** ¿y qué más?; **encore que** *conj* aunque.

---

**encourager** [ãkuraʒe] *vt* (*personne*) animar; (*activité, tendance*) fomentar; ~ **qn à faire qch** animar a algn para que haga algo.

**encourir** [ãkurir] *vt* exponerse a.

**encre** [ãkr] *nf* tinta; **encre de Chine** tinta china; **encre indélébile** tinta indeleble; **encre sympathique** tinta simpática ou invisible.

**encyclopédie** [ãsiklɔpedi] *nf* enciclopedia.

**endetter** [ãdete] *vt* endeudar; **s'endetter** *vpr* endeudarse.

**endive** [ãdiv] *nf* endibia.

**endormi, e** [ãdɔrmi] *pp de* **endormir** ♦ *adj* dormido(-a); (*indolent, lent*) lento(-a).

**endormir** [ãdɔrmir] *vt* adormecer, dormir; (*soupçons*) engañar; (*ennemi*) burlar; (*ennuyer*) adormecer; (MÉD) anestesiar; **s'endormir** *vpr* (*aussi fig*) dormirse.

**endroit** [ãdrwa] *nm* lugar *m*, sitio; (*opposé à l'envers*) derecho; **à l'~** (*vêtement*) al derecho; **à l'~ de** (*à l'égard de*) con respecto a; **les gens de l'~** la gente del lugar; **par ~s** en algunos sitios; **à cet ~** en ese sitio.

**endurance** [ãdyrãs] *nf* resistencia.

**endurant, e** [ãdyrã, ãt] *adj* resistente.

**endurcir** [ãdyrsir] *vt* endurecer; **s'endurcir** *vpr* endurecerse.

**endurer** [ãdyre] *vt* aguantar.

**énergétique** [enɛrʒetik] *adj* energético (-a).

**énergie** [enɛrʒi] *nf* (*aussi fig*) energía.

**énergique** [enɛrʒik] *adj* enérgico(-a).

**énervant, e** [enɛrvã, ãt] *adj* irritante.

**énerver** [enɛrve] *vt* poner nervioso, enervar; **s'énerver** *vpr* ponerse nervioso, enervarse.

**enfance** [ãfãs] *nf* (*âge*) niñez *f*; (*fig*) principio; (*enfants*) infancia; **c'est l'~ de l'art** está tirado; **petite ~** primera infancia; **souvenir/ami d'~** recuerdo/amigo de infancia; **retomber en ~** volver a la niñez.

**enfant** [ãfã] *nm/f* (*garçon, fillette: aussi fig*) niño(-a); (*fils, fille: aussi fig*) hijo(-a); **petit ~** nene(-a); **bon ~** bonachón(-ona); **enfant adoptif** hijo adoptivo; **enfant de chœur** (REL, *fig*) monaguillo; **enfant naturel/unique** hijo natural/único; **enfant prodige** niño prodigio.

**enfantin, e** [ãfãtɛ̃, in] *adj* (*aussi péj*) infantil.

**enfer** [ãfɛr] *nm* infierno; **allure/bruit d'~** ritmo/ruido infernal.

**enfermer** [ãfɛrme] *vt* (*à clef etc*) encerrar; **s'enfermer** *vpr* encerrarse; **s'~ à clef** cerrarse con llave; **s'~ dans la solitude/le mutisme** encerrarse en la soledad/el mutismo.

**enfiler** [ãfile] *vt* (*perles*) ensartar; (*aiguille*) enhebrar; (*rue, couloir*) enfilar; **s'enfiler dans** *vpr* (*entrer dans*) enfilar; ~ **qch** (*vêtement*) ponerse algo; ~ **qch dans** (*insérer*) meter algo en.

**enfin** [ãfɛ̃] *adv* (*pour finir*) finalmente; (*en dernier lieu, pour conclure*) por último; (*de restriction, résignation*) en fin; (*eh bien!*) ¡por fin!

**enflammer** [ãflame] *vt* (*aussi fig*) inflamar;

**s'enflammer** *vpr* inflamarse.

**enflé, e** [ɑ̃fle] *adj* (*aussi péj*) hinchado(-a).

**enfler** [ɑ̃fle] *vi* (MÉD) inflamar, hincharse.

**enfoncer** [ɑ̃fɔ̃se] *vt* (*clou*) clavar; (*forcer, défoncer, faire pénétrer*) hundir; (*lignes ennemies*) derrotar; (*fam: surpasser*) derribar ♦ *vi* (*dans la vase etc*) hundirse; **s'enfoncer** *vpr* hundirse; **s'~ dans** hundirse en; (*forêt, ville*) adentrarse en; (*mensonge*) sumirse en; (*erreur*) andar en; **~ un chapeau sur la tête** calarse un sombrero en la cabeza; **~ qn dans la dette** hundir a algn en deudas.

**enfouir** [ɑ̃fwiʀ] *vt* (*dans le sol*) enterrar; (*dans un tiroir, une poche*) meter en el fondo; **s'enfouir dans/sous** *vpr* refugiarse en/ocultarse bajo.

**enfuir** [ɑ̃fɥiʀ]: **s'~** *vpr* huir.

**engagement** [ɑ̃gaʒmɑ̃] *nm* compromiso; (*contrat professionnel*) contrato; (*combat*) intervención *f*; (*recrutement*) alistamiento voluntario; (SPORT) saque *m* de centro; **prendre l'~ de faire** comprometerse a hacer; **sans ~** (COMM) sin compromiso.

**engager** [ɑ̃gaʒe] *vt* (*embaucher*) contratar; (*débat*) iniciar; (: *négociations*) entablar; (*lier*) comprometer; (*impliquer, entraîner*) implicar; (*argent*) colocar; (*faire intervenir*) hacer intervenir; **s'engager** *vpr* (*s'embaucher*) incorporarse; (MIL) alistarse; (*politiquement, promettre*) comprometerse; (*négociations*) entablarse; **10 chevaux sont engagés dans cette course** 10 caballos toman parte en esta carrera; **~ qn à faire/à qch** incitar a algn a hacer/a algo; **~ qch dans** (*faire pénétrer*) meter algo en; **s'~ à faire qch** comprometerse a hacer algo; **s'~ dans** (*rue, passage*) enfilar; (*s'emboîter*) encajarse en; (*voie, carrière, discussion*) meterse en.

**engelures** [ɑ̃ʒlyʀ] *nfpl* sabañones *mpl*.

**engin** [ɑ̃ʒɛ̃] *nm* máquina; (*péj*) artefacto; (*missile*) proyectil *m*; **engin blindé** vehículo blindado; **engin de terrassement** excavadora; **engin (explosif)** artefacto explosivo; **engins (spéciaux)** misiles *mpl*.

**engloutir** [ɑ̃glutiʀ] *vt* (*aussi fig*) tragar; **s'engloutir** *vpr* hundirse.

**engouement** [ɑ̃gumɑ̃] *nm* apasionamiento.

**engouffrer** [ɑ̃gufʀe] *vt* engullir; **s'engouffrer dans** *vpr* (*suj: vent, eau*) penetrar en;

(: *personnes*) precipitarse en.

**engourdir** [ɑ̃guʀdiʀ] *vt* (*membres*) entumecer; (*esprit*) entorpecer; **s'engourdir** *vpr* entumecerse; entorpecerse.

**engrais** [ɑ̃gʀɛ] *nm* abono; **engrais chimique/minéral/naturel** abono químico/mineral/natural; **engrais organique/vert** abono orgánico/verde.

**engraisser** [ɑ̃gʀese] *vt* (*animal*) cebar; (*terre*) abonar ♦ *vi* (*péj: personne*) forrarse.

**engrenage** [ɑ̃gʀənaʒ] *nm* (*aussi fig*) engranaje *m*.

**engueuler** [ɑ̃gœle] (*fam*) *vt*: **~ qn** cabrearse con algn.

**enhardir** [ɑ̃aʀdiʀ] *vt* animar; **s'enhardir** *vpr* envalentonarse.

**énigmatique** [enigmatik] *adj* enigmático(-a).

**énigme** [enigm] *nf* enigma *m*.

**enivrer** [ɑ̃nivʀe] *vt* (*aussi fig*) embriagar, emborrachar; **s'enivrer** *vpr* (*en buvant*) emborracharse, embriagarse; **s'~ de** (*fig*) embriagarse de, emborracharse de.

**enjamber** [ɑ̃ʒɑ̃be] *vt* franquear.

**enjeu, x** [ɑ̃ʒø] *nm* apuesta; (*d'une élection, d'un match*) lo que está en juego.

**enjoué, e** [ɑ̃ʒwe] *adj* alegre.

**enlaidir** [ɑ̃lediʀ] *vt* afear ♦ *vi* afearse.

**enlèvement** [ɑ̃lɛvmɑ̃] *nm* (*rapt*) rapto; **l'~ des ordures ménagères** la recogida de basuras.

**enlever** [ɑ̃l(ə)ve] *vt* quitar; (*ordures, meubles à déménager*) recoger; (*kidnapper*) raptar; (*prix, victoire*) conseguir; (MIL) tomar; (MUS) ejecutar brillantemente; **s'enlever** *vpr* (*tache*) quitarse; **~ qch à qn** (*possessions, espoir*) quitar algo a algn; **la maladie qui nous l'a enlevé** (*euphémisme*) la enfermedad que nos lo ha llevado.

**enliser** [ɑ̃lize]: **s'~** *vpr* hundirse; (*dialogue*) llegar a un punto muerto.

**enneigé, e** [ɑ̃neʒe] *adj* (*pente, col*) nevado(-a); (*maison*) cubierto(-a) de nieve.

**ennemi, e** [ɛnmi] *adj, nm/f* enemigo(-a) ♦ *nm* (MIL, *gén*) enemigo; **être ~ de** (*tendance, activité*) ser enemigo(-a) de.

**ennui** [ɑ̃nɥi] *nm* (*lassitude*) aburrimiento; (*difficulté*) problema *m*; **avoir/s'attirer des ~s** tener/buscarse problemas.

**ennuyer** [ɑ̃nɥije] *vt* (*importuner, gêner*) molestar; (*contrarier*) fastidiar; (*lasser*) aburrir; **s'ennuyer** *vpr* (*se lasser*) aburrirse; **si cela ne vous ennuie pas** si no le molesta; **s'~**

de qch/qn (*regretter*) echar de menos algo/a algn.

**ennuyeux, -euse** [ɑ̃nɥijø, øz] *adj* (*lassant*) aburrido(-a); (*contrariant*) molesto(-a).

**énorme** [enɔʀm] *adj* enorme.

**énormément** [enɔʀmemɑ̃] *adv* (*avec vb*) muchísimo; ~ **de neige/gens** muchísima nieve/gente.

**enquête** [ɑ̃kɛt] *nf* (*judiciaire, administrative, de police*) investigación *f*; (*de journaliste, sondage*) encuesta.

**enquêter** [ɑ̃kete] *vi* (*gén, police*) investigar; (*journaliste, sondage*) hacer una encuesta; ~ **sur** investigar sobre.

**enragé, e** [ɑ̃ʀaʒe] *adj* (*MÉD*) rabioso(-a); (*furieux*) furioso(-a); (*passionné*) apasionado (-a); ~ **de** fanático(-a) de.

**enrageant, e** [ɑ̃ʀaʒɑ̃] *adj* irritante.

**enrager** [ɑ̃ʀaʒe] *vi* dar rabia; **faire qn** hacer rabiar a algn.

**enregistrement** [ɑ̃ʀ(ə)ʒistʀəmɑ̃] *nm* (*d'un disque*) grabación *f*; (*d'un fichier, d'une plainte*) registro; ~ **des bagages** facturación *f*; **enregistrement magnétique** grabación magnética.

**enregistrer** [ɑ̃ʀ(ə)ʒistʀe] *vt* (*MUS, INFORM*) grabar; (*ADMIN, COMM, fig*) registrar; (*aussi*: **faire ~**: *bagages*) facturar.

**enrhumer** [ɑ̃ʀyme]: **s'~** *vpr* acatarrarse, constiparse, resfriarse.

**enrichir** [ɑ̃ʀiʃiʀ] *vt* enriquecer; **s'enrichir** *vpr* enriquecerse.

**enrouer** [ɑ̃ʀwe]: **s'~** *vpr* enronquecer.

**enrouler** [ɑ̃ʀule] *vt* enrollar; **s'enrouler** *vpr* enrollarse; ~ **qch autour de** enrollar algo alrededor de.

**enseignant, e** [ɑ̃sɛɲɑ̃, ɑ̃t] *adj, nm/f* docente *m/f*.

**enseignement** [ɑ̃sɛɲ(ə)mɑ̃] *nm* enseñanza; **enseignement ménager/technique** enseñanza doméstica/técnica; **enseignement primaire/secondaire** enseñanza primaria/secundaria; **enseignement privé/public** enseñanza privada/pública.

**enseigner** [ɑ̃seɲe] *vt* (*suj: professeur*) enseñar; dar clase de; (: *choses*) enseñar ♦ *vi* (*être professeur*) dar clases; ~ **qch à qn** enseñar algo a algn; ~ **à qn que** enseñar a algn que.

**ensemble** [ɑ̃sɑ̃bl] *adv* (*l'un avec l'autre*) juntos(-as); (*en même temps*) juntos(-as) ♦ *nm* conjunto; **l'~ du/de la** la totalidad del/de la; **aller ~** (*être assorti*) combinarse; **impression/idée d'~** impresión *f*/idea de conjunto; **dans l'~** (*en gros*) en conjunto; **dans son ~** (*en gros, au total*) en su conjunto; **ensemble instrumental/vocal** conjunto *ou* grupo instrumental/vocal.

**ensoleillé, e** [ɑ̃sɔleje] *adj* soleado(-a).

**ensuite** [ɑ̃sɥit] *adv* (*dans une succession*: *après*) a continuación; (*plus tard*) después; ~ **de quoi** después de lo cual.

**entamer** [ɑ̃tame] *vt* (*pain, bouteille*) empezar; (*hostilités, pourparlers*) iniciar; (*réputation, confiance*) mermar; (*bonne humeur*) hacer perder.

**entasser** [ɑ̃tase] *vt* (*empiler*) amontonar; (*prisonniers etc*) hacinar; **s'entasser** *vpr* (*vi*) amontonarse; hacinarse; **s'~ dans** hacinarse en, amontonarse en.

**entendre** [ɑ̃tɑ̃dʀ] *vt* oír; (*comprendre*) entender; (*vouloir dire*) querer decir; **s'entendre** *vpr* (*sympathiser*) entenderse; (: *se mettre d'accord*) ponerse de acuerdo; **j'ai entendu dire que** he oído que; **s'~ à qch/à faire qch** ser competente para algo/para hacer algo; ~ **être obéi/que** (*vouloir*) pretender ser obedecido/que; ~ **parler de** oír hablar de; ~ **raison** entrar en razón; **je m'entends** sé lo que (me) digo; **entendons-nous** expliquémonos; (**cela**) **s'entend** por supuesto, naturalmente; **laisser ~ que, donner à ~ que** dar a entender que; **qu'est-ce qu'il ne faut pas ~!** ¡lo que hay que oír!; **j'ai mal entendu** no he comprendido; **je suis heureux de vous l'~ dire** es un placer oírselo decir; **ça s'entend!** (*c'est audible*) ¡se oye!; **je vous entends très mal** le oigo muy mal.

**entendu, e** [ɑ̃tɑ̃dy] *pp de* **entendre** ♦ *adj* (*affaire*) concluido(-a); (*air*) entendido(-a); **étant ~ que** dando por supuesto que; (**c'est**) ~! ¡de acuerdo!, ¡entendido!; **c'est ~** (*concession*) entendido; **bien ~!** ¡por supuesto!

**entente** [ɑ̃tɑ̃t] *nf* (*entre amis, pays*) entendimiento; (*accord, traité*) acuerdo; **à double ~** de doble sentido.

**enterrement** [ɑ̃tɛʀmɑ̃] *nm* entierro.

**enterrer** [ɑ̃teʀe] *vt* enterrar; (*suj: avalanche etc*) sepultar; (*dispute, projet*) echar tierra sobre.

**entêtant, e** [ɑ̃tetɑ̃, ɑ̃t] *adj* (*odeur, atmosphère*) mareante.

**en-tête** [ɑ̃tɛt] (pl ~-~s) nm membrete m; **enveloppe/papier à ~-~** sobre m/papel m con membrete.

**entêté, e** [ɑ̃tete] adj obstinado(-a), cabezota.

**entêter** [ɑ̃tete]: **s'~** vpr obstinarse, empeñarse; **s'~ (à faire)** empeñarse (en hacer).

**enthousiasme** [ɑ̃tuzjasm] nm entusiasmo; **avec ~** con entusiasmo.

**enthousiasmer** [ɑ̃tuzjasme] vt entusiasmar; **s'enthousiasmer** vpr: **s'~ (pour qch)** entusiasmarse (con algo).

**enthousiaste** [ɑ̃tuzjast] adj, nm/f entusiasta m/f.

**entier, -ère** [ɑ̃tje, jɛʀ] adj entero(-a); (en totalité) entero(-a), completo(-a); (personne, caractère) íntegro(-a) ♦ nm (MATH) entero; **en ~** por completo; **se donner tout ~ à qch** entregarse enteramente a algo; **lait ~** leche f entera

**entièrement** [ɑ̃tjɛʀmɑ̃] adv enteramente.

**entonnoir** [ɑ̃tɔnwaʀ] nm (ustensile) embudo; (trou) hoyo.

**entorse** [ɑ̃tɔʀs] nf esguince m; **~ à la loi/au règlement** infracción f de la ley/del reglamento; **se faire une ~ à la cheville/au poignet** hacerse un esguince en el tobillo/en la muñeca.

**entourage** [ɑ̃tuʀaʒ] nm (personnes proches) allegados mpl; (ce qui enclôt) cerco.

**entourer** [ɑ̃tuʀe] vt (par une clôture etc) cercar; (MIL, gén) sitiar; (faire cercle autour de) rodear; (apporter son soutien à) atender; **s'entourer de** vpr (collaborateurs) rodearse de; **~ qch de** rodear algo con; **~ qn de soins/prévenances** prodigar a algn cuidados/atenciones; **s'~ de mystère/de luxe/de précautions** rodearse de misterio/de lujo/de precauciones.

**entracte** [ɑ̃tʀakt] nm entreacto.

**entraide** [ɑ̃tʀɛd] nf ayuda mutua.

**entrain** [ɑ̃tʀɛ̃] nm ánimo; **avec ~** con entusiasmo; **faire qch sans ~** hacer algo sin entusiasmo ou sin ganas.

**entraînement** [ɑ̃tʀɛnmɑ̃] nm entrenamiento; **~ à chaîne/galet** tracción f a cadena/rodillo; **manquer d'~** estar desentrenado(-a); **~ par ergots/friction** (INFORM) arrastre m por tracción/fricción.

**entraîner** [ɑ̃tʀene] vt (tirer) arrastrar; (charrier) acarrear; (moteur, poulie) accionar; (emmener) llevarse; (joueurs, soldats) guiar; (SPORT) entrenar; (influencer) influen-

ciar; (impliquer, causer) ocasionar; **s'entraîner** vpr (SPORT) entrenarse; **~ qn à/à faire qch** (inciter) arrastrar a algn a/a hacer algo; **s'~ à qch/à faire qch** (s'exercer) ejercitarse en algo/en hacer algo.

**entraîneur, -euse** [ɑ̃tʀenœr, øz] nm/f (SPORT) entrenador(a); (HIPPISME) picador(a).

**entre** [ɑ̃tʀ] prép entre; **l'un d'~ eux/nous** uno de ellos/nosotros; **le meilleur d'~ eux/nous** el mejor de ellos/nosotros; **ils préfèrent rester ~ eux** prefieren permanecer entre ellos; **~ autres (choses)** entre otras (cosas); **~ nous, ...** entre nosotros, ...; **ils se battent ~ eux** se pelean entre sí; **~ ces deux solutions, il n'y a guère de différence** entre estas dos soluciones no hay mucha diferencia.

**entrecôte** [ɑ̃tʀəkot] nf entrecot(e) m.

**entrée** [ɑ̃tʀe] nf entrada; **~s** nfpl: **avoir ses ~s chez/auprès de** tener libre acceso a/fácil contacto con; **erreur d'~** error m de principio; **faire son ~ dans** (aussi fig) hacer su entrada en; **d'~** de entrada; **entrée de service/des artistes** entrada de servicio/de artistas; **entrée en matière** comienzo; **entrée en scène** salida a escena; **entrée en vigueur** entrada en vigor; **"entrée interdite"** "prohibida la entrada"; **"entrée libre"** "entrada libre".

**entrefilet** [ɑ̃tʀəfile] nm noticia breve.

**entremets** [ɑ̃tʀəmɛ] nm postre m.

**entrepôt** [ɑ̃tʀəpo] nm almacén m, galpón m (CSUR); **entrepôt frigorifique** almacén frigorífico.

**entreprendre** [ɑ̃tʀəpʀɑ̃dʀ] vt emprender; **~ qn sur un sujet** abordar a algn con un tema; **~ de faire qch** decidir hacer algo.

**entrepreneur** [ɑ̃tʀəpʀənœʀ] nm empresario; **entrepreneur de pompes funèbres** empresario de pompas fúnebres; **entrepreneur (en bâtiment)** contratista m/f (de obras).

**entreprise** [ɑ̃tʀəpʀiz] nf empresa; **entreprise agricole/de travaux publics** empresa agraria/de obras públicas.

**entrer** [ɑ̃tʀe] vi entrar ♦ vt (marchandises: aussi faire entrer) introducir; (INFORM) meter; **(faire) ~ qch dans** (objet) meter algo en; **~ dans** entrar en; (entrer en collision avec) chocar con; (vues, craintes de qn) compartir; **~ au couvent/à l'hôpital** ingresar en el convento/en el hospital; **~ e fureur** enfurecerse; **~ en ébullition** en en ebullición; **~ en scène** salir a escena; **~ dans le système** (*INFORM*) entrar en el sistema; **laisser ~ qch/qn** (*lumière, air*) dejar pasar algo/a algn; **faire ~** hacer pasar.

**entre-temps** [ɑ̃tʀətɑ̃] *adv* entretanto.

**entretenir** [ɑ̃tʀət(ə)niʀ] *vt* mantener; **s'entretenir** *vpr:* **s'~ (de qch)** conversar (sobre algo); **~ qn (de qch)** conversar con algn (sobre algo); **~ qn dans l'erreur** mantener a algn en el error.

**entretien** [ɑ̃tʀətjɛ̃] *nm* (*d'une maison, service*) mantenimiento; (*discussion*) conversación *f*; (*audience*) entrevista; **~s** *nmpl* (*pourparlers*) conversaciones *fpl*; **frais d'~** gastos *mpl* de mantenimiento.

**entrevoir** [ɑ̃tʀəvwaʀ] *vt* entrever; (*solution, problème*) vislumbrar.

**entrevue** [ɑ̃tʀəvy] *nf* entrevista.

**entrouvert, e** [ɑ̃tʀuvɛʀ, ɛʀt] *adj* entreabierto(-a).

**énumérer** [enymeʀe] *vt* enumerar.

**envahir** [ɑ̃vaiʀ] *vt* invadir.

**envahissant, e** [ɑ̃vaisɑ̃, ɑ̃t] *adj* (*péj: personne*) avasallador(a).

**enveloppe** [ɑ̃v(ə)lɔp] *nf* sobre *m*; (*revêtement, gaine*) revestimiento; **mettre sous ~** poner en un sobre; **enveloppe à fenêtre** sobre de ventana; **enveloppe autocollante** sobre autoadhesivo; **enveloppe budgétaire** límite *m* presupuestario.

**envelopper** [ɑ̃v(ə)lɔpe] *vt* (*aussi fig*) envolver; **s'~ dans un châle/une couverture** envolverse en un chal/una manta.

**enverrai** *etc* [ɑ̃veʀe] *vb voir* **envoyer**.

**envers** [ɑ̃vɛʀ] *prép* hacia ♦ *nm:* **l'~** (*d'une feuille*) el dorso; (*d'un vêtement*) el revés; (*d'un problème*) la otra cara; **à l'~** al revés; **~ et contre tous** *ou* **tout** contra viento y marea.

**envie** [ɑ̃vi] *nf* envidia; (*sur la peau*) antojo; (*autour des ongles*) padrastro; **avoir ~ de qch/de faire qch** tener ganas de algo/de hacer algo; **avoir ~ que** tener ganas de que; **donner à qn l'~ de qch/de faire qch** dar a algn ganas de algo/de hacer algo; **ça lui fait ~** le da la envidia.

**envier** [ɑ̃vje] *vt* envidiar; **~ qch à qn** envidiar algo a algn; **n'avoir rien à ~ à** no tener nada que envidiarle a.

**envieux, -euse** [ɑ̃vjø, jøz] *adj, nm/f* envidioso(-a).

**environ** [ɑ̃viʀɔ̃] *adv* aproximadamente; **3**

h/2 km ~ 3 h/2 km aproximadamente; **~ 3 h/2 km** alrededor de 3 h/2 km.

**environnant, e** [ɑ̃viʀɔnɑ̃, ɑ̃t] *adj* cercano(-a); (*fig*): **milieu ~** entorno.

**environnement** [ɑ̃viʀɔnmɑ̃] *nm* medioambiente.

**environs** [ɑ̃viʀɔ̃] *nmpl* alrededores *mpl*; **aux ~ de** en los alrededores de; (*fig: temps, somme*) alrededor de.

**envisager** [ɑ̃vizaʒe] *vt* considerar; (*avoir en vue*) prever; **~ de faire** tener planeado hacer.

**envoler** [ɑ̃vɔle]: **s'~** *vpr* (*oiseau*) echarse a volar; (*avion*) despegar; (*papier, feuille*) volarse; (*espoir, illusion*) esfumarse.

**envoyé, e** [ɑ̃vwaje] *nm/f* (*POL*) enviado(-a) ♦ *adj:* **bien ~** (*remarque*) atinado(-a); **envoyé spécial** enviado especial; **envoyé permanent** corresponsal *m* permanente.

**envoyer** [ɑ̃vwaje] *vt* enviar; (*projectile, ballon*) lanzar; **s'envoyer** *vpr* (*fam: repas etc*) zamparse; **~ une gifle à qn** propinar una bofetada a algn; **~ une critique à qn** lanzar una crítica a algn; **~ les couleurs** izar la bandera nacional; **~ chercher qch/qn** mandar a buscar algo/a algn; **~ par le fond** (*bateau*) hundir.

**épagneul, e** [epaɲœl] *nm/f* podenco(-a).

**épais, se** [epɛ, ɛs] *adj* espeso(-a); (*foule*) denso(-a); (*tissu, mur*) grueso(-a), gordo(-a); (*forêt*) tupido(-a); (*péj: esprit*) corto(-a).

**épaisseur** [epɛsœʀ] *nf* (*v adj*) espesor *m*; grosor *m*.

**épaissir** [epesiʀ] *vt* espesar ♦ *vi* (*suj: sauce*) espesar; (*: partie du corps etc*) engordar; **s'épaissir** *vpr* (*sauce*) espesarse; (*brouillard*) ponerse espeso(-a).

**épanouir** [epanwiʀ]: **s'~** *vpr* (*fleur*) abrirse; (*visage*) iluminarse; (*fig*) florecer.

**épargne** [epaʀɲ] *nf* ahorro; **l'~-logement** el ahorro-vivienda.

**épargner** [epaʀɲe] *vt* ahorrar; (*ennemi, récolte, région*) perdonar ♦ *vi* ahorrar; **~ qch à qn** evitarle algo a algn.

**éparpiller** [epaʀpije] *vt* esparcir; (*pour répartir*) diseminar; (*fig: efforts*) dispersar; **s'éparpiller** *vpr* esparcirse; (*fig: étudiant, chercheur etc*) dispersarse los esfuerzos.

**épatant, e** [epatɑ̃, ɑ̃t] (*fam*) *adj* estupendo(-a).

**épater** [epate] *vt* (*fam*) impresionar.

**épaule** [epol] *nf* (*ANAT*) hombro; (*CULIN*) espaldilla.

**épave** [epav] *nf* restos *mpl*; (*fig: personne*) desecho.

**épée** [epe] *nf* espada.

**épeler** [ep(ə)le] *vt* deletrear; **comment s'épelle ce mot?** ¿cómo se deletrea esa palabra?

**éperon** [eprɔ̃] *nm* (*de botte*) espuela; (*GÉO, de navire*) espolón *m*.

**épervier** [epɛrvje] *nm* (*ZOOL*) gavilán *m*; (*PÊCHE*) esparavel *m*.

**épi** [epi] *nm* (*de blé*) espiga; **~ de cheveux** remolino; **stationnement/se garer en ~** estacionamiento/aparcar en batería.

**épice** [epis] *nf* especia.

**épicé, e** [epise] *adj* (*aussi fig*) picante.

**épicer** [epise] *vt* condimentar; (*fig*) salpimentar.

**épicerie** [episri] *nf* (*magasin*) tienda de ultramarinos, boliche *m* (*AM*); (*produits*) comestibles *mpl*; **épicerie fine** ultramarinos *mpl* finos.

**épicier, -ière** [episje, jɛr] *nm/f* tendero (-a).

**épidémie** [epidemi] *nf* epidemia.

**épiderme** [epidɛrm] *nm* epidermis *f inv*.

**épier** [epje] *vt* (*personne*) espiar; (*arrivée, occasion*) estar pendiente de.

**épilepsie** [epilɛpsi] *nf* epilepsia.

**épiler** [epile] *vt* depilar; **s'~ les jambes/les sourcils** depilarse las piernas/las cejas; **se faire ~** (ir a) depilarse; **crème à ~** crema depilatoria; **pince à ~** pinzas *fpl* de depilar.

**épinards** [epinar] *nmpl* espinacas *fpl*.

**épine** [epin] *nf* espina; **épine dorsale** espina dorsal.

**épingle** [epɛ̃gl] *nf* alfiler *m*; **tirer son ~ du jeu** salir del apuro; **tiré à quatre ~s** de punta en blanco; **monter qch en ~** poner algo de manifiesto; **virage en ~ à cheveux** curva muy cerrada; **épingle à chapeau** alfiler de sombrero; **épingle à cheveux** horquilla; **épingle de cravate** alfiler de corbata; **épingle de nourrice** *ou* **de sûreté** *ou* **double** imperdible *m*.

**épisode** [epizɔd] *nm* episodio; **film en trois ~s** película en tres episodios.

**épisodique** [epizɔdik] *adj* episódico(-a).

**épluche-légumes** [eplyʃlegym] *nm inv* pelador *m*, mondador *m*.

**éplucher** [eplyʃe] *vt* (*fruit, légumes*) pelar; (*fig: texte*) examinar minuciosamente.

**épluchures** [eplyʃyr] *nfpl* mondas *fpl*.

**éponge** [epɔ̃ʒ] *nf* esponja ♦ *adj*: **tissu ~** tela de felpa; **passer l'~** (*fig*) hacer borrón y cuenta nueva; **passer l'~ sur** correr un tupido velo sobre; **jeter l'~** (*fig*) tirar la toalla; **éponge métallique** estropajo metálico.

**éponger** [epɔ̃ʒe] *vt* (*liquide, fig*) enjugar; (*surface*) pasar una esponja por; **s'~ le front** enjugarse la frente.

**époque** [epɔk] *nf* época; **d'~** (*meuble etc*) de época; **à cette ~** (*dans l'histoire*) en aquella/esa época; (*les mois/années qui précèdent*) entonces; **à l'~ de/où** en la época de/en que; **faire ~** hacer época.

**épouse** [epuz] *nf* esposa.

**épouser** [epuze] *vt* casarse con; (*vues, idées*) adherirse a; (*forme, mouvement*) adaptarse a.

**épousseter** [epuste] *vt* limpiar el polvo de.

**épouvantable** [epuvɑ̃tabl] *adj* horroroso (-a); (*bruit, vent etc*) espantoso(-a).

**épouvantail** [epuvɑ̃taj] *nm* (*aussi fig*) espantapájaros *m inv*.

**épouvante** [epuvɑ̃t] *nf* espanto; **film/livre d'~** película/novela de terror.

**épouvanter** [epuvɑ̃te] *vt* (*terrifier*) horrorizar; (*sens affaibli*) espantar.

**époux, épouse** [epu, uz] *nm/f* esposo(-a) ♦ *nmpl*: **les ~** los esposos.

**épreuve** [eprœv] *nf* prueba; (*SCOL*) examen *m*; **à l'~ des balles/du feu** a prueba de balas/de fuego; **à toute ~** a toda prueba; **mettre à l'~** poner a prueba; **épreuve de force/de résistance** prueba de fuerza/de resistencia; **épreuve de sélection** (prueba) eliminatoria.

**éprouvant, e** [epruvɑ̃, ɑ̃t] *adj* duro(-a).

**éprouver** [epruve] *vt* (*machine*) probar; (*mettre à l'épreuve*) poner a prueba; (*faire souffrir*) marcar; (*fatigue, douleur*) sufrir, padecer; (*sentiment*) sentir; (*difficultés etc*) encontrar.

**épuisant, e** [epɥizɑ̃, ɑ̃t] *adj* agotador(a).

**épuisé, e** [epɥize] *adj* agotado(-a).

**épuisement** [epɥizmɑ̃] *nm* agotamiento; **jusqu'à ~ des stocks** hasta que se agoten los stocks.

**épuiser** [epɥize] *vt* agotar; **s'épuiser** *vpr* agotarse.

**épuisette** [epɥizɛt] *nf* (*PÊCHE*) salabre *m*.

**équateur** [ekwatœr] *nm* ecuador *m*; **É~** Ecuador *m*; **la république de l'É~** la república de Ecuador.

**équation** [ekwasjɔ̃] *nf* ecuación *f*; **mettre en ~** convertir en ecuación; **équation du premier/second degré** ecuación de primer/segundo grado.

**équerre** [ekɛʀ] *nf* (*pour dessiner, mesurer*) escuadra; (*pour fixer*) angular *m*; **à l'~, en ~, d'~** a ou en escuadra; **les jambes en ~** las piernas en ángulo recto; **double ~** doble escuadra.

**équilibre** [ekilibʀ] *nm* equilibrio; **être/ mettre en ~** estar/poner en equilibrio; **avoir le sens de l'~** tener sentido del equilibrio; **garder/perdre l'~** guardar/ perder el equilibrio; **en ~ instable** en equilibrio inestable; **équilibre budgétaire** equilibrio presupuestario.

**équilibré, e** [ekilibʀe] *adj* equilibrado(-a).

**équilibrer** [ekilibʀe] *vt* equilibrar; **s'équilibrer** *vpr* equilibrarse.

**équipage** [ekipaʒ] *nm* (*de bateau, d'avion*) tripulación *f*; (*SPORT, AUTOMOBILE*) equipo; (*d'un roi*) séquito; **en grand ~** con gran cortejo.

**équipe** [ekip] *nf* (*de joueurs*) equipo; (*de travailleurs*) cuadrilla; (*bande: parfois péj*) panda; **travailler par ~s** trabajar por equipos; **travailler en ~** trabajar en equipo; **faire ~ avec** formar equipo con; **équipe de chercheurs/de sauveteurs/de secours** equipo de investigadores/de salvamento/de socorro.

**équipé, e** [ekipe] *adj* equipado(-a).

**équipement** [ekipmɑ̃] *nm* equipo; (*d'une cuisine*) instalación *f*; **biens/dépenses d'~** bienes *mpl*/gastos *mpl* de equipo; **~s sportifs/collectifs** instalaciones *fpl* deportivas/colectivas; **(le ministère de) l'Équipement** (*ADMIN*) ≈ MOPT *m* (*Ministerio de Obras Públicas y Transportes*).

**équiper** [ekipe] *vt* equipar; (*région*) dotar; **s'équiper** *vpr* equiparse; **~ qch/qn de** equipar algo/a algn con.

**équipier, -ière** [ekipje, jɛʀ] *nm/f* compañero(-a) de equipo.

**équitation** [ekitasjɔ̃] *nf* equitación *f*; **faire de l'~** practicar la equitación.

**équivalent, e** [ekivalɑ̃, ɑ̃t] *adj* equivalente ♦ *nm*: **l'~ de qch** el equivalente de algo.

**équivaloir** [ekivalwaʀ]: **~ à** *vt* equivaler a.

**érable** [eʀabl] *nm* arce *m*.

**érafler** [eʀafle] *vt* arañar; **s'~ (la main/les jambes)** arañarse (la mano/las piernas).

**éraflure** [eʀaflyʀ] *nf* rasguño, arañazo.

**ère** [ɛʀ] *nf* era; **en l'an 1050 de notre ~** en el año 1050 de nuestra era; **ère chrétienne: l'~ chrétienne** la era cristiana.

**érection** [eʀɛksjɔ̃] *nf* erección *f*.

**éroder** [eʀɔde] *vt* erosionar; (*suj: acide*) corroer.

**érotique** [eʀɔtik] *adj* erótico(-a).

**errer** [eʀe] *vi* vagar.

**erreur** [eʀœʀ] *nf* error *m*; (*de jeunesse*) desliz *m*; **tomber/être dans l'~** (*état*) incurrir/estar en el error; **induire qn en ~** inducir a algn a error; **par ~** por error; **faire ~** equivocarse; **erreur d'écriture/ d'impression** error de escritura/de imprenta; **erreur de date** equivocación *f* de fecha; **erreur de fait/de jugement** error de hecho/de juicio; **erreur judiciaire/matérielle/tactique** error judicial/ material/táctico.

**éruption** [eʀypsjɔ̃] *nf* erupción *f*; (*de joie, colère*) arrebato.

**es** [ɛ] *vb voir* **être**.

**ès** [ɛs] *prép*: **licencié ~ lettres/sciences** licenciado en letras/ciencias; **docteur ~ lettres** doctor(a) en letras.

**escabeau, x** [ɛskabo] *nm* (*tabouret*) escabel *m*; (*échelle*) escalera de tijera.

**escalade** [ɛskalad] *nf* escalada; **l'~ de la guerre/violence** la escalada de la guerra/ violencia; **escalade artificielle/libre** escalada artificial/libre.

**escalader** [ɛskalade] *vt* escalar.

**escale** [ɛskal] *nf* escala; **faire ~ (à)** hacer escala (en); **vol sans ~** vuelo sin escala; **escale technique** escala técnica.

**escalier** [ɛskalje] *nm* escalera; **dans l'~** ou **les ~s** en la escalera ou las escaleras; **descendre l'~** ou **les ~s** bajar la escalera ou las escaleras; **escalier à vis** ou **en colimaçon** escalera de caracol; **escalier de secours/de service** escalera de socorro/ de servicio; **escalier roulant** ou **mécanique** escalera mecánica.

**escapade** [ɛskapad] *nf* escapada.

**escargot** [ɛskaʀgo] *nm* caracol *m*.

**escarpé, e** [ɛskaʀpe] *adj* escarpado(-a).

**esclavage** [ɛsklavaʒ] *nm* esclavitud *f*.

**esclave** [ɛsklav] *nm/f* esclavo(-a); **être ~ de qn/de qch** ser esclavo(-a) de algn/de algo.

**escompte** [ɛskɔ̃t] *nm* descuento.

**escrime** [ɛskʀim] *nf* esgrima; **faire de l'~** practicar la esgrima.

**escroc** [ɛskʀo] nm estafador(a).

**escroquer** [ɛskʀɔke] vt: ~ qn (de qch) timar a algn (con algo); ~ qch (à qn) estafar algo (a algn).

**escroquerie** [ɛskʀɔkʀi] nf estafa.

**espace** [ɛspas] nm espacio; **manquer d'~** faltarle a algn espacio; **espace publicitaire/vital** espacio publicitario/vital.

**espacer** [ɛspase] vt espaciar; **s'espacer** vpr espaciarse.

**espadon** [ɛspadɔ̃] nm pez m espada inv, emperador m.

**espadrille** [ɛspadʀij] nf alpargata.

**Espagne** [ɛspaɲ] nf España.

**espagnol, e** [ɛspaɲɔl] adj español(a) ♦ nm (LING) español m, castellano (esp AM) ♦ nm/f: **E~, e** español(a).

**espèce** [ɛspɛs] nf especie f; **~s** nfpl (COMM) metálico; (REL) especies fpl; (sorte, genre) clases fpl; **une ~ de** una especie de; **~ de maladroit/de brute!** ¡pedazo de ou so inútil/bruto!; **de toute ~** de toda clase; **payer en ~s** pagar en metálico; **l'~ humaine** la especie humana; **cas d'~** caso especial.

**espérance** [ɛspeʀɑ̃s] nf esperanza; **contre toute ~** contra toda esperanza; **espérance de vie** esperanza de vida.

**espérer** [ɛspeʀe] vt esperar ♦ vi confiar; **j'espère (bien)** eso espero; **~ que/faire** esperar que/hacer; **~ en qn/qch** confiar en algn/algo; **je n'en espérais pas tant** no esperaba tanto.

**espiègle** [ɛspjɛgl] adj travieso(-a).

**espion, ne** [ɛspjɔ̃, jɔn] nm/f espía m/f ♦ adj: **bateau/avion ~** barco/avión m espía.

**espionnage** [ɛspjɔnaʒ] nm espionaje m; **film/roman d'~** película/novela de espionaje; **espionnage industriel** espionaje industrial.

**espionner** [ɛspjɔne] vt espiar.

**espoir** [ɛspwaʀ] nm esperanza; **l'~ de qch/de faire qch** la esperanza de algo/de hacer algo; **avoir bon ~ que** tener muchas esperanzas de que; **garder l'~ que** conservar la esperanza de que; **dans l'~ de/que** con la esperanza de/de que; **reprendre ~** recuperar la esperanza; **un ~ de la boxe/du ski** una promesa del boxeo/del esquí; **c'est sans ~** no tiene esperanza.

**esprit** [ɛspʀi] nm espíritu m; **l'~ de parti/de clan** espíritu de partido/de clan; **paresse/vivacité d'~** pereza/vivacidad mental; **l'~ d'une loi/réforme** el espíritu de una ley/reforma; **l'~ d'équipe/de compétition/d'entreprise** espíritu de equipo/de competencia/de empresa; **dans mon ~** en mi opinión; **faire de l'~** hacerse el gracioso; **reprendre ses ~s** recuperar el sentido; **perdre l'~** perder la razón; **avoir bon/mauvais ~** tener buenas/malas intenciones; **avoir l'~ à faire qch** estar con ánimos para hacer algo; **avoir l'~ critique** tener sentido crítico; voir aussi **lettre**; **esprits chagrins** espíritus mpl sombríos; **esprit de contradiction** espíritu de contradicción; **esprit de corps** sentido de solidaridad; **esprit de famille** espíritu de familia; **l'esprit malin** el espíritu del mal.

**esquimau, de, x** [ɛskimo, od] adj esquimal ♦ nm (LING) esquimal m; (glace) pingüino ♦ nm/f: **E~, de** esquimal m/f; **chien ~** perro esquimal.

**essai** [ɛsɛ] nm (d'une voiture, d'un vêtement) prueba; (tentative, aussi SPORT) intento; (RUGBY, LITT) ensayo; **~s** nmpl (SPORT) pruebas fpl; **à l'~** a prueba; **~ gratuit** prueba gratuita.

**essaim** [ɛsɛ̃] nm enjambre m; **~ d'enfants** (fig) enjambre de niños.

**essayer** [eseje] vt probar ♦ vi intentar, tratar de; **~ de faire qch** intentar hacer algo, tratar de hacer algo; **essayez un peu!** ¡inténtalo!; **s'~ à faire qch/à qch** ejercitarse en hacer algo/en algo.

**essence** [ɛsɑ̃s] nf (carburant) gasolina, nafta (ARG), bencina (CHI); (d'une plante, fig) esencia; (espèce: d'arbre) especie f; **par ~** (par définition) por esencia; **prendre ou faire de l'~** echar gasolina, repostar; **sence de café** extracto de café; **essence de citron/lavande/térébenthine** esencia de limón/lavanda/trementina.

**essentiel, le** [ɛsɑ̃sjɛl] adj esencial; **être ~ à** ser esencial para; **l'~ d'un discours/d'une œuvre** lo fundamental de un discurso/de una obra; **emporter/acheter l'~** llevar/comprar lo esencial; **c'est l'~** es lo esencial; **l'~ de** la mayor parte de.

**essieu, x** [esjø] nm eje m.

**essor** [ɛsɔʀ] nm (de l'économie etc) auge m; **prendre son ~** (oiseau) tomar el vuelo.

**essorer** [ɛsɔʀe] vt escurrir; (à la machine) centrifugar.

**essoreuse** [esɔʀøz] *nf (à rouleaux)* escurridor *m; (à tambour)* secadora.

**essouffler** [esufle] *vt* sofocar; **s'essouffler** *vpr* sofocarse; *(fig: écrivain, cinéaste)* perder la inspiración; *(économie)* tambalearse.

**essuie-glace** [esɥiglas] *nm inv* limpiaparabrisas *m inv.*

**essuyer** [esɥije] *vt* secar; *(épousseter)* limpiar; *(fig: défaite, tempête)* soportar; **s'essuyer** *vpr* secarse; ~ **la vaisselle** secar los platos.

**est¹** [ɛ] *vb voir* **être**.

**est²** [ɛst] *nm* este *m* ♦ *adj inv* este *inv*; **à l'~** *(situation)* al este; *(direction)* hacia el este; **à l'~ de** al este de; **les pays de l'E~** los países del Este.

**est-ce que** [ɛskə] *adv*: ~-~ ~ **c'est cher/c'était bon?** ¿es caro?/¿estaba bueno?; **quand est-ce qu'il part?** ¿cuándo se marcha?; **où est-ce qu'il va?** ¿dónde va?; **qui est-ce qui le connaît/a fait ça?** ¿quién le conoce/ha hecho esto?

**esthéticienne** [ɛstetisjɛn] *nf (d'institut de beauté)* esteticista.

**esthétique** [ɛstetik] *adj* estético(-a) ♦ *nf* estética; **esthétique industrielle** diseño industrial.

**estimation** [ɛstimasjɔ̃] *nf* valoración *f*; **d'après mes ~s** según mis cálculos.

**estime** [ɛstim] *nf* estima; **avoir de l'~ pour qn** tener estima a algn.

**estimer** [ɛstime] *vt (personne, qualité)* estimar, apreciar; *(expertiser: bijou etc)* valorar; *(évaluer: prix, distance)* calcular; ~ **que/être ...** *(penser)* estimar que/ser ..., considerar que/ser ...; **s'~ satisfait/heureux** sentirse satisfecho/feliz; **j'estime le temps nécessaire à 3 jours** calculo que necesitaremos unos 3 días.

**estival, e, -aux** [ɛstival, o] *adj* estival; **station ~e** estación *f* estival.

**estivant, e** [ɛstivɑ̃, ɑ̃t] *nm/f* veraneante *m/f.*

**estomac** [ɛstɔma] *nm* estómago; **avoir l'~ creux/mal à l'~** tener el estómago vacío/tener dolor de estómago.

**estragon** [ɛstʀagɔ̃] *nm* estragón *m.*

**estuaire** [ɛstɥɛʀ] *nm* estuario.

**et** [e] *conj* y; ~ **aussi/lui** y también/él; ~ **puis?** ¿y qué?; ~ **alors** *ou* **(puis) après?** *(qu'importe!)* ¿y qué?; *(ensuite)* ¿y entonces?

**étable** [etabl] *nf* establo.

**établi, e** [etabli] *adj (en place, solide)* establecido(-a); *(vérité)* confirmado(-a) ♦ *nm* banco.

**établir** [etabliʀ] *vt* establecer; *(papiers d'identité)* hacer; *(facture)* hacer, realizar; *(liste, programme)* establecer, fijar; *(installer: entreprise, camp)* establecer, instalar; *(personne: aider à s'établir)* colocar; *(relations, liens d'amitié)* entablar, establecer; **s'établir** *vpr* establecerse; *(colonie)* asentarse; ~ **un record** establecer un récord; **s'~ (à son compte)** establecerse (por su cuenta).

**établissement** [etablismɑ̃] *nm* establecimiento; *(papiers d'identité)* realización *f*; **établissement commercial/industriel** establecimiento comercial/industrial; **établissement de crédit** entidad *f* de crédito; **établissement hospitalier/public** establecimiento hospitalario/público; **établissement scolaire** establecimiento escolar.

**étage** [etaʒ] *nm (d'immeuble)* piso, planta; *(de fusée)* cuerpo; *(de culture, végétation)* capa, estrato; **habiter à l'~/au deuxième ~** vivir en el primer piso/en el segundo piso; **maison à deux ~s** casa de dos pisos *ou* plantas; **de bas ~** de clase baja; *(médiocre)* de baja estofa.

**étagère** [etaʒɛʀ] *nf* estante *m.*

**étai** [etɛ] *nm* puntal *m.*

**étain** [etɛ̃] *nm* estaño; **pot en ~** vasija de estaño.

**étais** *etc* [etɛ] *vb voir* **être**.

**étaler** [etale] *vt (carte, nappe)* extender, desplegar; *(beurre, liquide)* extender; *(paiements, dates)* escalonar; *(marchandises)* exponer; *(richesses, connaissances)* ostentar; **s'étaler** *vpr (liquide)* desparramarse; *(luxe etc)* ser ostensible; *(fam: tomber)* caer a lo largo; **s'~ sur** *(suj: travaux, paiements)* repartirse en.

**étalon** [etalɔ̃] *nm (mesure)* patrón *m; (cheval)* semental *m;* **l'~-or** el patrón oro.

**étanche** [etɑ̃ʃ] *adj* impermeable; *(fig: cloison)* entero(-a); ~ **à l'air** hermético(-a).

**étang** [etɑ̃] *nm* estanque *m.*

**étant** [etɑ̃] *vb voir* **être**; **donné**.

**étape** [etap] *nf* etapa; **faire ~ à** hacer una etapa en; **brûler les ~s** quemar etapas.

**état** [eta] *nm* estado; *(liste, inventaire)* registro; **être boucher de son ~** *(condition professionnelle)* ser carnicero de oficio; **en**

**bon/mauvais ~** en buen/mal estado; **être en ~ (de marche)** funcionar; **remettre en ~** volver a poner en condiciones, arreglar; **hors d'~** fuera de uso, inservible; **être en ~/hors d'~ de faire qch** estar/no estar en condiciones de hacer algo; **en tout ~ de cause** en todo caso, de todos modos; **être dans tous ses ~s** estar fuera de sí; **faire ~ de** hacer valer; **être en ~ d'arrestation** (JUR) quedar arrestado(-a), estar detenido(-a); **en ~ de grâce** (REL, fig) en estado de gracia; **en ~ d'ivresse** en estado de embriaguez; **état civil** (ADMIN) estado civil; **état d'urgence/de guerre/de siège** estado de excepción/de guerra/de sitio; **état d'alerte** estado de alerta; **état d'esprit** mentalidad f; **état de choses** estado de cosas; **état de santé** estado de salud; **état de veille** estado de vigilia; **état des lieux** estado del inmueble; **états de service** (MIL, ADMIN) hoja fsg de servicios; **les États du Golfe** los Estados del Golfo.

**États-Unis** [etazyni] nmpl: **les ~-~** los Estados Unidos.

**etc.** [ɛtsetera] abr (= et c(a)etera) etc.

**et c(a)etera** [ɛtsetera] adv etcétera.

**été** [ete] pp de **être** ♦ nm verano; **en ~** en verano.

**éteindre** [etɛ̃dʀ] vt apagar; (incendie) extinguir, apagar; (JUR: dette) extinguir; **s'éteindre** vpr (aussi fig) apagarse.

**éteint, e** [etɛ̃, ɛ̃t] pp de **éteindre** ♦ adj apagado(-a); **tous feux ~s** (rouler) con las luces apagadas.

**étendre** [etɑ̃dʀ] vt extender; (carte, tapis) extender, desplegar; (lessive, linge) tender, colgar; (blessé, malade) tender; (vin, sauce) diluir, rebajar; (fig: agrandir) extender, ampliar; (fam) tumbar; (SCOL) catear; **s'étendre** vpr extenderse; **s'~ (sur)** (personne) tenderse (sobre ou en); (fig: sujet, problème) extenderse (en); **s'~ jusqu'à/d'un endroit à un autre** extenderse hasta/de un sitio a otro.

**étendu, e** [etɑ̃dy] adj (terrain) extenso(-a); (connaissances, pouvoirs etc) amplio(-a).

**éternel, le** [etɛʀnɛl] adj eterno(-a); (habituel) inseparable; **les neiges ~les** las nieves eternas ou perpetuas.

**éternité** [etɛʀnite] nf eternidad f; **il y a** ou **ça fait une ~ que** hace una eternidad que; **de toute ~** de tiempo inmemorial.

**éternuement** [etɛʀnymɑ̃] nm estornudo.

**éternuer** [etɛʀnɥe] vi estornudar.

**êtes** [ɛt(z)] vb voir **être**.

**étiez** [etje] vb voir **être**.

**étinceler** [etɛ̃s(ə)le] vi resplandecer.

**étincelle** [etɛ̃sɛl] nf chispa, fulgor m; (fig) destello, chispa.

**étiquette** [etikɛt] nf (aussi fig) etiqueta; **l'~** (protocole) la etiqueta; **sans ~** (POL) sin etiqueta.

**étirer** [etiʀe] vt estirar; **s'étirer** vpr estirarse; (convoi, route): **s'~ sur plusieurs kilomètres** extenderse por varios kilómetros; **~ ses bras/jambes** estirar los brazos/las piernas.

**étoile** [etwal] nf estrella; (signe) asterisco ♦ adj: **danseur/danseuse ~** primer bailarín/primera bailarina; **la bonne/mauvaise ~ de qn** la buena/mala estrella de algn; **à la belle ~** al sereno, al aire libre; **étoile de mer** estrella de mar; **étoile filante** estrella fugaz; **étoile polaire** estrella polar.

**étoilé, e** [etwale] adj estrellado(-a).

**étonnant, e** [etɔnɑ̃, ɑ̃t] adj (surprenant) asombroso(-a), sorprendente; (valeur intensive) sorprendente.

**étonnement** [etɔnmɑ̃] nm asombro, estupefacción f; **à mon grand ~** ... con gran asombro mío ...

**étonner** [etɔne] vt asombrar, sorprender; **s'~ que/de** asombrarse de que/de; **cela m'étonnerait (que)** me sorprendería (que).

**étouffer** [etufe] vt (personne) ahogar; (bruit) acallar; (nouvelle, scandale) ocultar, tapar ♦ vi (aussi fig) ahogarse; (avoir trop chaud) sofocarse, ahogarse; **s'étouffer** vpr (en mangeant) atragantarse.

**étourderie** [etuʀdəʀi] nf descuido; **faute d'~** despiste m.

**étourdi, e** [etuʀdi] adj aturdido(-a), distraído(-a).

**étourdir** [etuʀdiʀ] vt (assommer) aturdir, atontar; (griser) aturdir.

**étourdissement** [etuʀdismɑ̃] nm aturdimiento.

**étrange** [etʀɑ̃ʒ] adj extraño(-a), raro(-a).

**étranger, -ère** [etʀɑ̃ʒe, ɛʀ] adj (d'un autre pays) extranjero(-a), gringo(-a) (AM); (pas de la famille) extraño(-a); (non familier) extraño(-a), desconocido(-a) ♦ nm/f (d'un autre pays) extranjero(-a); (inconnu) extra ño(-a) ♦ *nm*: **l'~** el extranjero; **~ à** ajeno (-a) a; **de l'~** del extranjero.

**étrangler** [etʀɑ̃gle] *vt* (*intentionnellement*) estrangular; (*accidentellement*) ahogar; (*fig*: *presse, libertés*) ahogar, asfixiar; **s'étrangler** *vpr* (*en mangeant etc*) atragantarse; (*se resserrer: tuyau, rue*) estrecharse.

---

| MOT-CLÉ |

**être** [ɛtʀ] *vb +attribut*, *vi* **1** (*qualité essentielle, permanente, profession*) ser; **il est fort/intelligent** es fuerte/inteligente; **être journaliste** ser periodista
**2** (*état temporaire, position, + adj/pp*) estar; **comme tu es belle!** ¡qué guapa estás!; **être marié** estar casado; **il est à Paris/au salon** está en París/en el salón; **je ne serai pas ici demain** no estaré aquí mañana; **ça y est!** ¡ya está!
**3**: **être à** (*appartenir*) ser de; **le livre est à Paul** el libro es de Pablo; **c'est à moi/eux** es mío(-a)/suyo(-a) *ou* de ellos
**4** (*+de: provenance, origine*): **il est de Paris** es de París; (: *appartenance*): **il est des nôtres** es de los nuestros; **être de Genève/de la même famille** ser de Ginebra/de la misma familia
**5** (*date*): **nous sommes le 5 juin** estamos a 5 de junio
♦ *vb aux* **1** haber; **être arrivé/allé** haber llegado/ido; **il est parti** (él) se ha marchado; **il est parti hier** (*verbe au passé simple quand la période dans laquelle se situe l'action est révolue*) se marchó ayer
**2** (*forme passive*) ser; **être fait par** ser hecho por; **il a été promu** ha sido ascendido
**3** (*+à: obligation*): **c'est à faire/réparer** está por hacer/reparar; **c'est à essayer** está por ensayar; **il est à espérer/souhaiter que** es de esperar/desear que
♦ *vb impers* **1**: **il est** *+adjectif* es; **il est impossible de le faire** es imposible hacerlo; **il serait facile de/souhaitable que** sería fácil/deseable que
**2** (*heure, date*): **il est** *ou* **c'est 10 heures** son las 10
**3** (*emphatique*): **c'est moi** soy yo; **c'est à lui de le faire/de décider** tiene que hacerlo/decidirlo él
♦ *nm* ser *m*; **être humain** ser humano.

---

**étreinte** [etʀɛ̃t] *nf* (*amicale, amoureuse*) ab-

razo; (*pour s'accrocher, retenir: aussi de lutteurs*) apretón *m*; **resserrer son ~ autour de** (*fig*) cerrar el cerco en torno a.

**étrennes** [etʀɛn] *nfpl* (*cadeaux*) regalos *mpl*; (*gratifications*) aguinaldo *msg*.

**étrier** [etʀije] *nm* estribo.

**étroit, e** [etʀwa, wat] *adj* (*gén, fig*) estrecho(-a); **à l'~** con estrechez; **étroit d'esprit** de miras estrechas.

**étude** [etyd] *nf* estudio; (*de notaire*) bufete *m*; (*scol: salle de travail*) sala de estudio; **~s** *nfpl* (*scol*) estudios *mpl*; **être à l'~** (*projet etc*) estar en estudio; **faire une ~ de cas** ver un caso práctico; **faire des ~s de droit/médecine** cursar estudios de *ou* estudiar derecho/medicina; **~s secondaires/supérieures** estudios secundarios/superiores; **étude de faisabilité/de marché** estudio de factibilidad/de mercado.

**étudiant, e** [etydjɑ̃, jɑ̃t] *nm/f* (*univ*) estudiante *m/f*, universitario(-a) ♦ *adj* estudiante.

**étudier** [etydje] *vt, vi* estudiar.

**étui** [etɥi] *nm* (*à lunettes*) funda, estuche *m*; (*cigarettes*) estuche.

**eu, eue** [y] *pp de* **avoir**.

**EU(A)** *sigle mpl* (= *États-Unis (d'Amérique)*) EE. UU. (= *Estados Unidos*).

**euh** [ø] *excl* ee.

**euro** [øʀo] *nm* (*monnaie*) euro.

**Euroland** [øʀolɑ̃d] *nm* zona (del) euro.

**Europe** [øʀɔp] *nf* Europa; **l'Europe centrale** la Europa central; **l'Europe verte** la Europa verde.

**européen, ne** [øʀɔpeɛ̃, ɛn] *adj* europeo(-a) ♦ *nm/f*: **E~, ne** europeo(-a).

**europhile** [øʀofil] *adj, nm/f* europeísta *m/f*.

**eus** *etc* [y] *vb voir* **avoir**.

**eux** [ø] *pron* ellos; **~, ils ont fait ...** ellos han hecho ...

**évacuer** [evakɥe] *vt* evacuar.

**évader** [evade]: **s'~** *vpr* (*aussi fig*) evadirse.

**évaluer** [evalɥe] *vt* evaluar, calcular.

**évangile** [evɑ̃ʒil] *nm* evangelio; (*texte de la Bible*): **É~** Evangelio; **ce n'est pas l'É~** (*fig*) esto no es la Biblia.

**évanouir** [evanwiʀ]: **s'~** *vpr* desmayarse, desvanecerse; (*fig*) desvanecerse, desaparecer.

**évanouissement** [evanwismɑ̃] *nm* (*méd*) desmayo, desvanecimiento.

**évaporer** [evapɔʀe]: **s'~** *vpr* evaporarse.

**évasion** [evazjɔ̃] *nf (aussi fig)* evasión *f*; **littérature d'~** literatura de evasión; **évasion des capitaux** evasión de capitales; **évasion fiscale** evasión fiscal.

**éveillé, e** [eveje] *adj* despierto(-a).

**éveiller** [eveje] *vt* despertar; **s'éveiller** *vpr (aussi fig)* despertarse.

**événement** [evɛnmɑ̃] *nm* acontecimiento; **~s** *nmpl (POL etc: situation générale)* acontecimientos *mpl*.

**éventail** [evɑ̃taj] *nm* abanico; **en ~** en abanico.

**éventualité** [evɑ̃tɥalite] *nf* eventualidad *f*; **dans l'~ de** en la eventualidad de; **parer à toute ~** prevenir contra toda eventualidad.

**éventuel, le** [evɑ̃tɥɛl] *adj* eventual.

**éventuellement** [evɑ̃tɥɛlmɑ̃] *adv* eventualmente.

**évêque** [evɛk] *nm* obispo.

**évidemment** [evidamɑ̃] *adv* evidentemente; **~!** ¡claro!

**évidence** [evidɑ̃s] *nf* evidencia; **se rendre à/nier l'~** rendirse ante/negar la evidencia; **à l'~** sin duda alguna; **de toute ~** a todas luces; **en ~** en evidencia; **mettre en ~** *(problème, détail)* poner de manifiesto.

**évident, e** [evidɑ̃, ɑ̃t] *adj* evidente; **ce n'est pas ~** *(cela pose des problèmes)* no es nada fácil; *(pas sûr)* no está claro.

**évier** [evje] *nm* fregadero.

**éviter** [evite] *vt* evitar; *(fig: problème, question)* evitar, eludir; *(importun, raseur: fuir)* rehuir, evitar; *(coup, projectile, obstacle)* esquivar; **~ de faire/que qch ne se passe** evitar hacer/que algo suceda; **~ qch à qn** evitar algo a algn.

**évoluer** [evɔlɥe] *vi* evolucionar.

**évolution** [evɔlysjɔ̃] *nf* evolución *f*; **~s** *nfpl* evoluciones *fpl*.

**évoquer** [evɔke] *vt* evocar.

**ex-** [ɛks] *préfixe*: **ex-ministre/président** ex-ministro/-presidente; **son ex-mari/femme** su ex-marido/-mujer.

**ex.** *abr* (= *exemple*) ej (= *ejemplo*).

**exact, e** [ɛgza(kt), ɛgzakt] *adj (précis)* exacto(-a); *(personne: ponctuel)* puntual; **l'heure ~e** la hora exacta.

**exactement** [ɛgzaktəmɑ̃] *adv* exactamente.

**ex aequo** [ɛgzeko] *adv* iguales ♦ *adj inv*: **ils sont ~ ~** han quedado iguales.

**exagéré, e** [ɛgzaʒeRe] *adj* exagerado(-a).

**exagérer** [ɛgzaʒeRe] *vt* exagerar ♦ *vi (abuser)* abusar; *(déformer les faits, la vérité)* exagerar; **encore en retard, tu exagères!** *(dépasser les bornes)* ¡otra vez tarde, te estás pasando!; **sans ~** sin exagerar; **s'~ qch** sobreestimar algo; **il ne faut pas/rien ~** no hay que exagerar.

**examen** [ɛgzamɛ̃] *nm* examen *m*; **~ médical** examen *ou* reconocimiento médico; **à l'~** en examen; **examen blanc** prueba preliminar; **examen de conscience** examen de conciencia; **examen de la vue** examen de la vista; **examen final/d'entrée** examen final/de ingreso.

**examinateur, -trice** [ɛgzaminatœR, tRis] *nm/f* examinador(a).

**examiner** [ɛgzamine] *vt* examinar.

**exaspérant, e** [ɛgzaspeRɑ̃, ɑ̃t] *adj* exasperante.

**exaspérer** [ɛgzaspeRe] *vt* exasperar.

**exaucer** [ɛgzose] *vt (vœu)* otorgar; **~ qn** satisfacer a algn.

**excéder** [ɛksede] *vt (dépasser)* exceder, sobrepasar; *(agacer)* crispar; **excédé de fatigue/travail** agotado de cansancio/de trabajo.

**excellent, e** [ɛkselɑ̃, ɑ̃t] *adj* excelente.

**excentrique** [ɛksɑ̃tRik] *adj* excéntrico(-a).

**excepté, e** [ɛksɛpte] *adj*: **les élèves ~s/dictionnaires ~s** excepto los alumnos/los diccionarios ♦ *prép*: **~ les élèves** salvo los alumnos; **~ si/quand ...** salvo si/cuando ...; **~ que** salvo que.

**exception** [ɛksɛpsjɔ̃] *nf* excepción *f*; **faire ~** ser una excepción; **faire une ~** *(dérogation)* hacer una excepción; **sans ~** sin excepción; **à l'~ de** con excepción de; **mesure/loi d'~** medida/ley *f* de excepción.

**exceptionnel, le** [ɛksɛpsjɔnɛl] *adj* excepcional.

**exceptionnellement** [ɛksɛpsjɔnɛlmɑ̃] *adv* excepcionalmente.

**excès** [ɛksɛ] *nm* exceso ♦ *nmpl (abus)* excesos *mpl*; **à l'~** *(méticuleux, généreux)* en exceso; **tomber dans l'~ inverse** pasar de un extremo al otro; **avec/sans ~** con/sin exceso; **excès de langage** lenguaje *m* abusivo; **excès de pouvoir/de zèle** exceso de poder/de celo; **excès de vitesse** exceso de velocidad.

**excessif, -ive** [ɛksesif, iv] *adj* excesivo(-a).

**excitant** [ɛksitɑ̃] *adj, nm* excitante *m*.

**exciter** [ɛksite] vt excitar; **s'exciter** vpr excitarse; **~ qn à** (la révolte, au combat) incitar a algn à.

**exclamer** [ɛksklame]: **s'~** vpr exclamar; "zut", **s'exclama-t-il** "caramba", exclamó.

**exclure** [ɛksklyʀ] vt excluir; (d'une salle, d'un parti) expulsar, excluir.

**exclusif, -ive** [ɛksklyzif, iv] adj exclusivo (-a); **avec la mission exclusive/dans le but ~ de** con la misión exclusiva/con la finalidad exclusiva de.

**exclusion** [ɛksklyzjɔ̃] nf exclusión f, exclusión f; **à l'~ de** con exclusión de.

**exclusivité** [ɛksklyzivite] nf exclusividad f; **en ~** en exclusiva; **film passant en ~** película en exclusiva.

**excursion** [ɛkskyʀsjɔ̃] nf excursión f; **faire une ~** hacer una ou ir de excursión.

**excuse** [ɛkskyz] nf excusa; **~s** nfpl (expression de regret) disculpas fpl; **faire des ~s** disculparse, excusarse; **mot d'~** (SCOL) justificante m; **faire/présenter ses ~s** pedir disculpas; **lettre d'~s** carta de disculpa.

**excuser** [ɛkskyze] vt excusar, disculpar; **s'excuser** vpr (par politesse) disculparse, excusarse; **~ qn de qch** (dispenser) dispensar a algn de algo; **s'~ (de)** disculparse (de), excusarse (por); **"excusez-moi"** (en passant devant qn) "discúlpeme"; (pour attirer l'attention) "perdón"; **se faire ~** excusarse.

**exécuter** [ɛgzekyte] vt (INFORM, MUS, prisonnier) ejecutar; (opération, mouvement) efectuar, realizar; **s'exécuter** vpr cumplir.

**exemplaire** [ɛgzɑ̃plɛʀ] adj ejemplar ♦ nm ejemplar m; **en deux/trois ~s** por duplicado/triplicado.

**exemple** [ɛgzɑ̃pl] nm ejemplo, **par ~** por ejemplo; (valeur intensive) ¡no es posible!; **sans ~** (bêtise, gourmandise) sin igual; **donner l'~** dar ejemplo; **prendre ~ sur qn** tomar ejemplo de algn; **suivre l'~ de qn** seguir el ejemplo de algn; **à l'~ de** a ejemplo de; **servir d'~ (à qn)** servir de ejemplo (a algn); **pour l'~** (punir) para que sirva etc de escarmiento ou de ejemplo.

**exercer** [ɛgzɛʀse] vt ejercer; (former: personne) acostumbrar; (animal) adiestrar; (faculté, partie du corps) ejercitar ♦ vi (médecin) ejercer; **s'exercer** vpr (sportif) entrenarse; (musicien) practicar; **s'~ (sur/contre)** (pression, poussée) ejercerse (sobre/contra); **s'~ à faire qch** ejercitarse en hacer algo.

**exercice** [ɛgzɛʀsis] nm ejercicio; **à l'~** (MIL) de maniobras; **en ~** (ADMIN) en ejercicio, en activo; **dans l'~ de ses fonctions** en ejercicio de sus funciones; **~s d'assouplissement** ejercicios mpl de flexibilidad.

**exhiber** [ɛgzibe] vt exhibir.

**exhibitionniste** [ɛgzibisjɔnist] nm/f exhibicionista m/f.

**exigeant, e** [ɛgziʒɑ̃, ɑ̃t] adj exigente.

**exiger** [ɛgziʒe] vt exigir.

**exil** [ɛgzil] nm exilio; **en ~** en el exilio.

**exiler** [ɛgzile] vt exiliar.

**existence** [ɛgzistɑ̃s] nf existencia; **moyens d'~** medios mpl de existencia, medios de vida.

**exister** [ɛgziste] vi existir; **il existe une solution/des solutions** existe una solución/existen soluciones.

**exorbitant, e** [ɛgzɔʀbitɑ̃, ɑ̃t] adj exorbitante.

**exotique** [ɛgzɔtik] adj exótico(-a).

**expédier** [ɛkspedje] vt (lettre) expedir; (troupes, renfort) enviar; (péj: faire rapidement) despachar; **~ par la poste** expedir por correo; **~ par bateau** enviar por barco.

**expéditeur, -trice** [ɛkspeditœʀ, tʀis] nm/f remitente m/f.

**expédition** [ɛkspedisjɔ̃] nf (d'une lettre) envío; (MIL, scientifique) expedición f; **expédition punitive** expedición de castigo.

**expérience** [ɛkspeʀjɑ̃s] nf experiencia; **une ~** (scientifique) un experimento; **avoir de l'~** tener experiencia; **avoir l'~ de** tener experiencia en; **faire l'~ de qch** experimentar algo; **expérience d'électricité** prueba de electricidad; **expérience de chimie** experimento de química.

**expérimenté, e** [ɛkspeʀimɑ̃te] adj experimentado(-a).

**expérimenter** [ɛkspeʀimɑ̃te] vt experimentar.

**expert, e** [ɛkspɛʀ, ɛʀt] adj: **~ en** experto (-a) en ♦ nm experto(-a), perito(-a); **expert en assurances** perito de seguros.

**expert-comptable** [ɛkspɛʀkɔ̃tabl] (pl ~s-~) nm perito contable.

**expirer** [ɛkspire] vi (passeport, bail) vencer, expirar; (respirer) espirar; (litt: mourir) expirar.

**explication** [ɛksplikasjɔ̃] nf explicación f; (discussion) discusión f; **explication de texte** (SCOL) comentario de texto.

**explicite** [ɛksplisit] adj explícito(-a).

**expliquer** [ɛksplike] vt explicar; **s'expli-quer** vpr explicarse; (discuter) discutir; (se disputer) pelearse; **je m'explique son retard/absence** (comprendre) me explico su retraso/ausencia; **~ (à qn) comment/que** explicar (a algn) cómo/que; **son erreur s'explique** su error tiene una explicación.

**exploit** [ɛksplwa] nm hazaña.

**exploitant** [ɛksplwatɑ̃] nm (AGR) agricultor(a), labrador(a); **les petits ~s** (AGR) los pequeños agricultores.

**exploitation** [ɛksplwatasjɔ̃] nf explotación f; **~ agricole** explotación agrícola.

**exploiter** [ɛksplwate] vt explotar; (tirer parti de: faiblesse de qn) aprovecharse de.

**explorer** [ɛksplɔre] vt (pays, grotte) explorar; (fig: domaine, problème) examinar.

**exploser** [ɛksploze] vi (bombe) explotar, estallar; (joie, colère) estallar; **faire ~** hacer estallar.

**explosif, -ive** [ɛksplozif, iv] adj explosivo(-a) ♦ nm explosivo.

**explosion** [ɛksplozjɔ̃] nf explosión f; **explosion démographique** explosión demográfica.

**exportateur, -trice** [ɛkspɔrtatœr, tris] adj, nm/f exportador(a).

**exportation** [ɛkspɔrtasjɔ̃] nf exportación f.

**exporter** [ɛkspɔrte] vt (aussi fig) exportar.

**exposant** [ɛkspozɑ̃] nm (personne) expositor m; (MATH) exponente m.

**exposé, e** [ɛkspoze] adj (orienté) orientado(-a) ♦ nm (écrit) informe m; (oral) charla; (SCOL) exposición f; **~ à l'est/au sud** orientado(-a) al este/al sur; **bien ~** bien orientado(-a); **très ~** (fig: personne) muy expuesto.

**exposer** [ɛkspoze] vt exponer; (orienter: maison) orientar; **s'exposer à** vpr exponerse a; **~ sa vie** (mettre en danger) exponer su vida; **~ qn/qch à** exponer a algn/algo a.

**exposition** [ɛkspozisjɔ̃] nf exposición f; **temps d'~** (PHOTO) tiempo de exposición.

**exprès¹, expresse** [ɛksprɛs] adj expreso(-a) ♦ adj inv: **lettre/colis ~** carta/paquete m urgente; **envoyer qch en ~** enviar algo urgente.

**exprès²** [ɛksprɛ] adv (délibérément) a propósito, adrede; (spécialement) expresamente; **faire ~ de faire qch** hacer algo deliberadamente; **il l'a fait/ne l'a pas fait ~** lo hizo/no lo hizo adrede ou a propósito.

**express** [ɛksprɛs] adj, nm: **(café) ~** (café) exprés m; **(train) ~** (tren) expreso.

**expressif, -ive** [ɛkspresif, iv] adj expresivo(-a).

**expression** [ɛkspresjɔ̃] nf expresión f; **réduit à sa plus simple ~** reducido a su mínima expresión; **liberté/moyens d'~** libertad f/medios mpl de expresión; **expression toute faite** frase f hecha.

**exprimer** [ɛksprime] vt (sentiment, idée) expresar; (litt, jus, liquide) exprimir; **s'exprimer** vpr expresarse; **bien s'~** expresarse bien; **s'~ en français** expresarse en francés.

**expulser** [ɛkspylse] vt expulsar; (locataire) echar.

**exquis, e** [ɛkski, iz] adj (personne, élégance, parfum) exquisito(-a); (temps) delicioso(-a).

**extasier** [ɛkstɑzje]: **s'~** vpr: **s'~ sur** extasiarse ante.

**exténuer** [ɛkstenɥe] vt extenuar.

**extérieur, e** [ɛksterjœr] adj exterior; (pressions, calme) externo(-a) ♦ nm exterior m; **contacts avec l'~** contactos mpl con el exterior; **à l'~** (dehors) fuera, afuera (AM); (à l'étranger) en el exterior; (SPORT) por el exterior.

**externat** [ɛksterna] nm externado.

**externe** [ɛkstern] adj externo(-a) ♦ nm/f externo(-a); (étudiant en médecine) alumno(-a) en prácticas.

**extincteur** [ɛkstɛ̃ktœr] nm extintor m.

**extinction** [ɛkstɛ̃ksjɔ̃] nf extinción f; **extinction de voix** afonía.

**extra** [ɛkstra] adj inv, préf extra ♦ nm extra m; (employé) eventual m/f.

**extraire** [ɛkstrɛr] vt extraer; **~ qch de** extraer algo de.

**extrait, e** [ɛkstrɛ, ɛt] pp de extraire ♦ nm extracto; (de film, livre) pasaje m; **extrait de naissance** partida de nacimiento.

**extraordinaire** [ɛkstraɔrdinɛr] adj extraordinario(-a); **si par ~ ...** en el caso poco probable de que ...; **mission/envoyé ~** misión f/enviado especial; **ambassadeur ~** embajador m especial ou extraordinario; **assemblée ~** asamblea extraordinaria.

**extra-terrestre** [ɛkstraterɛstr(ə)] (pl ~-~s) nm/f extraterrestre m/f.

**extravagant, e** [ɛkstravagɑ̃, ɑ̃t] adj extravagante.

**extraverti, e** [ɛkstʀavɛʀti] *adj* extraverti-do(-a), extrovertido(-a).

**extrême** [ɛkstʀɛm] *adj* extremo(-a) ♦ *nm*: **les ~s** los extremos *mpl*; **d'une ~ simplicité/brutalité** (*intensif*) de una extrema simplicidad/brutalidad; **d'un ~ à l'autre** de un extremo a(l) otro; **à l'~** al extremo, en sumo grado; **à l'~ rigueur** en extremo rigor.

**extrêmement** [ɛkstʀɛmmā] *adv* extremadamente.

**Extrême-Orient** [ɛkstʀɛmɔʀjā] *nm* Extremo Oriente *m*.

**extrémité** [ɛkstʀemite] *nf* extremo; (*d'un doigt, couteau*) punta; (*geste désespéré*) extremos *mpl*; **~s** *nfpl* (*pieds et mains*) extremidades *fpl*; **à la dernière ~** en las últimas.

**exubérant, e** [ɛgzybeʀā, āt] *adj* exuberante.

—————— **F f** ——————

**F** [ɛf] *abr* = **franc**; (*appartement*): **un F2/F3** un piso de 2/3 habitaciones.

**fa** [fa] *nm inv* fa *m*.

**fabricant** [fabʀikā] *nm* fabricante *m/f*.

**fabrication** [fabʀikasjɔ̃] *nf* fabricación *f*.

**fabrique** [fabʀik] *nf* fábrica.

**fabriquer** [fabʀike] *vt* (*produire*) producir; (*construire*) fabricar; (*inventer*) inventar; (*forger*) acuñar; **~ en série** fabricar en serie; **qu'est-ce qu'il fabrique?** (*fam*) ¿qué está tramando?

**fac** [fak] (*pl* **fam**) *abr f* = **faculté**.

**façade** [fasad] *nf* fachada; (*fig*) apariencia.

**face** [fas] *nf* (*visage*) cara, rostro; (*côté*) cara; (*d'un problème, sujet*) aspecto ♦ *adj*: **le côté ~** cara; **perdre la ~** perder prestigio; **sauver la ~** salvar las apariencias; **regarder qn en ~** mirar a algn a la cara; **la maison/le trottoir d'en ~** la casa/la acera de enfrente; **en ~ de** enfrente de; *prép* (*fig*) frente a; **de ~** de frente; **~ à** (*aussi fig*) frente a, ante; **faire ~ à qn/qch** hacer frente ou cara a algn/algo; **faire ~ à la demande** (*comm*) hacer frente a la demanda; **~ à ~** *adv* frente a frente ♦ *nm inv* debate *m*.

**facette** [fasɛt] *nf* faceta; **à ~s** con muchas facetas.

**fâché, e** [fɑʃe] *adj* enfadado(-a); (*désolé, contrarié*) contrariado(-a); **être ~ avec qn** (*brouillé*) estar enfadado(-a) con algn.

**fâcher** [fɑʃe] *vt* enfadar; **se fâcher** *vpr*: **se ~ (contre** ou **avec qn)** enfadarse (con algn).

**facile** [fasil] *adj* (*aussi péj*) fácil; (*accommodant*) sencillo(-a); **~ à faire** fácil de hacer; **personne ~ à tromper** persona fácil de engañar.

**facilement** [fasilmā] *adv* con facilidad, fácilmente; (*au moins*) por lo menos; **se fâcher/se tromper ~** enfadarse/equivocarse con facilidad.

**facilité** [fasilite] *nf* facilidad *f*; (*occasion*) oportunidad *f*; **~s** *nfpl* (*possibilités*) facilidades *fpl*; **il a la ~ de rencontrer des gens** tiene facilidad para encontrar gente; **facilités de crédit/paiement** facilidades de crédito/pago.

**faciliter** [fasilite] *vt* facilitar.

**façon** [fasɔ̃] *nf* modo, manera; (*d'une robe, veste*) hechura; **~s** *nfpl* (*péj*) modales *mpl*; **faire des ~s** (*péj: être affecté*) ser remilgado(-a); (: *faire des histoires*) venir con historias; **de quelle ~ l'a-t-il fait/construit?** ¿cómo lo ha hecho/construido?; **sans ~** *adv* simplemente ♦ *adj* (*personne, déjeuner*) sencillo(-a); **d'une autre ~** de otra manera; **en aucune ~** de ningún modo; **de ~ agréable/agressive etc** de manera agradable/agresiva etc; **de à faire/à ce que** de modo que haga/de modo que; **de (telle) ~ que** de tal forma que; **de toute ~** de todos modos; **~ de parler** manera de hablar; **travail à ~** trabajo a destajo; **châle ~ cachemire** chal *m* imitación cachemir.

**facteur, -trice** [faktœʀ] *nm/f* cartero(-a) ♦ *nm* (MATH etc) factor *m*; **facteur d'orgues** fabricante *m/f* de órganos; **facteur de pianos** fabricante de pianos; **facteur rhésus** factor Rh.

**facture** [faktyʀ] *nf* factura; (*façon de faire: d'un artisan*) ejecución *f*.

**facultatif, -ive** [fakyltatif, iv] *adj* facultativo(-a); (*arrêt de bus*) discrecional.

**faculté** [fakylte] *nf* facultad *f*; **~s** *nfpl* (*moyens intellectuels*) facultades *fpl*.

**fade** [fad] *adj* soso(-a), insípido(-a); (*couleur*) apagado(-a); (*fig*) insulso(-a).

**faible** [fɛbl] *adj* débil; (*sans volonté*) apático(-a); (*intellectuellement*) flojo(-a); (*protestations, résistance*) escaso(-a); (*rendement, revenu*) bajo(-a) ♦ *nm*: **le ~ de qn/qch** el punto flaco de algn/algo; **avoir un ~ pour qn/qch** tener debilidad por algn/algo; **faible d'esprit** retrasado(-a) mental.

**faiblesse** [fɛblɛs] *nf* debilidad *f*; (*défaillance*) desmayo; (*lacune*) punto flaco; (*défaut*) defecto, debilidad.

**faiblir** [febliʀ] *vi* debilitarse; (*vent*) amainar; (*résistance, intérêt*) decaer.

**faïence** [fajɑ̃s] *nf* loza.

**faignant, e** [fɛɲɑ̃, ɑ̃t] *nm/f, adj* = **fainéant**.

**faillir** [fajiʀ] *vi*: **j'ai failli tomber/lui dire** estuve apunto de caer/decirle; **~ à une promesse/un engagement** faltar a una promesa/un compromiso.

**faillite** [fajit] *nf* (*échec*) fracaso; **être en/ faire ~** (*COMM*) estar en/hacer quiebra.

**faim** [fɛ̃] *nf* hambre *f*; **la ~ dans le monde** el hambre en el mundo; **~ d'amour/de richesses** (*fig*) hambre de amor/de riquezas; **avoir ~** tener hambre; **je suis resté sur ma ~** me he quedado con hambre; (*fig*) me ha sabido a poco.

**fainéant, e** [fɛneɑ̃, ɑ̃t] *adj, nm/f* holgazán(-ana), flojo(-a) (*AM*).

---

**MOT-CLÉ**

---

**faire** [fɛʀ] *vt* **1** (*fabriquer, être l'auteur de*) hacer; (*blé, soie*) producir; **faire du vin/ une offre/un film** hacer vino/una oferta/ una película; **faire du bruit/des taches/ des dégâts** hacer ruido/manchas/destrozos; **fait à la main/la machine** hecho mano/máquina

**2** (*effectuer: travail, opération*) hacer; **que faites-vous?** ¿qué hace?; (*quel métier etc*) ¿a qué se dedica (usted)?; **faire la lessive** hacer la colada; **faire la cuisine/le ménage/les courses** hacer la cocina/la limpieza/las compras; **faire les magasins/l'Europe** ir de tiendas/por Europa

**3** (*étudier, pratiquer*): **faire du droit/du français** hacer derecho/francés; **faire du sport/rugby** hacer deporte/rugby; **faire du cheval** montar a caballo; **faire du ski/du vélo** ir a esquiar/en bicicleta; **faire du violon/piano** tocar el violín/piano

**4** (*simuler*): **faire le malade/l'ignorant** hacerse el enfermo/el ignorante

**5** (*transformer, avoir un effet sur*): **faire de qn un frustré/avocat** hacer de algn un frustrado/abogado; **ça ne me fait rien** *ou* **ni chaud ni froid** no me importa nada; **ça ne fait rien** no importa; **je n'ai que faire de tes conseils** no me hacen falta tus consejos

**6** (*calculs, prix, mesures*): **2 et 2 font 4** 2 y 2 son 4; **9 divisé par 3 fait 3** 9 entre 3 es 3; **ça fait 10 m/15 F** son 10 m/15 francos; **je vous le fais 10 F** (*j'en demande 10 F*) se lo dejo en 10 francos; *voir* **mal; entrer; sortir**

**7**: **qu'a-t-il fait de sa valise/de sa sœur?** ¿qué ha hecho con su maleta/con su hermana?; **que faire?** ¿qué voy *etc* a hacer?; **tu fais bien de me le dire** haces bien en decírmelo

**8**: **ne faire que: il ne fait que critiquer** no hace más que criticar

**9** (*dire*) decir; **"vraiment?" fit-il** "¿de verdad?" dijo

**10** (*maladie*) tener; **faire du diabète/de la tension/de la fièvre** tener diabetes/ tensión/fiebre

♦ *vi* **1** (*agir, s'y prendre*) hacer; (*faire ses besoins*) hacer sus necesidades; **il faut faire vite** hay que darse prisa; **comment a-t-il fait?** ¿cómo ha hecho?; **faites comme chez vous** está en su casa

**2** (*paraître*): **tu fais jeune dans ce costume** este traje te hace joven; **ça fait bien** queda bien

♦ *vb substitut* hacer; **je viens de le faire** acabo de hacerlo; **ne le casse pas comme je l'ai fait** no lo rompas como he hecho yo; **je peux le voir? - faites!** ¿puedo verlo? - desde luego

♦ *vb impers* **1**: **il fait beau** hace bueno; *voir aussi* **jour; froid** *etc*

**2** (*temps écoulé, durée*): **ça fait 5 ans/ heures qu'il est parti** hace 5 años/horas que se fue; **ça fait 2 ans/heures qu'il est** hace 2 años/horas que está allí

♦ *vb semi-aux*: **faire** + *infinitif* hacer + *infinitivo*; **faire tomber/bouger qch** hacer caer/mover algo; **cela fait dormir** esto hace dormir; **faire réparer qch** llevar algo a arreglar; **que veux-tu me faire croire/ comprendre?** ¿qué quieres hacerme creer/comprender?; **il m'a fait ouvrir la porte** me hizo abrir la puerta; **il m'a fai** traverser la rue me ayudó a cruzar la calle

**se faire** *vi* **1** (*vin, fromage*) hacerse

**2**: cela se fait beaucoup eso se hace mucho; cela ne se fait pas eso no se hace

**3**: **se faire** + *nom ou pron*: **se faire une jupe** hacerse una falda; **se faire des amis** hacer amigos; **se faire du souci** inquietarse; **il ne s'en fait pas** no se preocupa; **se faire des illusions** hacerse ilusiones; **se faire beaucoup d'argent** hacer mucho dinero

**4**: **se faire** + *adj* (*devenir*): **se faire vieux** hacerse viejo; (*délibérément*): **se faire beau** ponerse guapo

**5**: **se faire à** (*s'habituer*) acostumbrarse a; **je n'arrive pas à me faire à la nourriture/au climat** no acabo de acostumbrarme a la comida/al clima

**6**: **se faire** +*infinitif*: **se faire opérer/examiner la vue** operarse/examinarse la vista; **se faire couper les cheveux** cortarse el pelo; **il va se faire tuer/punir** le van a matar/castigar; **il s'est fait aider par qn** le ha ayudado algn; **se faire faire un vêtement** hacerse un vestido; **se faire ouvrir** (la porte) hacerse abrir (la puerta); **je me suis fait expliquer le texte par Anne** Anne me explicó el texto

**7** (*impersonnel*): **comment se fait-il que ...?** ¿cómo es que ...?; **il peut se faire que ...** puede ocurrir que ...

---

**faire-part** [fɛʀpaʀ] *nm inv*: **~-~ de mariage** participación *f* de boda; **~-~ de décès** esquela de defunción.

**faisan, e** [fəzã] *nm/f* faisán(-ana).

**faisons** [fəzɔ̃] *vb voir* **faire.**

**fait¹** [fɛ] *vb voir* **faire** ♦ *nm* hecho; **le ~ que ...** el hecho de que ...; **le ~ de manger/travailler** el hecho de comer/trabajar; **être le ~ de** ser la característica de; (*causé par*) ser cosa de, ser obra de; **être au ~ de** estar al corriente de; **au ~ a** propósito; **aller droit au ~** ir al grano; **en venir au ~** pasar a los hechos; **mettre qn au ~** poner a algn al corriente; **de ~** (*opposé à: de droit*) de hecho ♦ *ad* (*en fait*) en realidad; **du ~ que** por el hecho de que; **du ~ de** a causa de, **de ce ~** por esto; **en ~ de** hecho; **en ~ de repas/vacances** a guisa de comida/vacaciones; **c'est un ~** un hecho, es verdad; **le ~**

---

**est que ...** el caso es que ...; **prendre ~ cause pour qn** tomar partido por algn; **prendre qn sur le ~** coger a algn con las manos en la masa; **hauts ~s** hazañas *fpl*; **dire à qn son ~** decir a algn cuatro cosas; **les ~s et gestes de qn** todos los movimientos de algn; **fait accompli** hecho consumado; **fait d'armes** hecho de armas; **fait divers** suceso.

**fait², e** [fɛt] *pp de* **faire** ♦ *adj* (*fromage*) curado(-a); (*melon*) maduro(-a); (*yeux*) maquillado(-a); (*ongles*) pintado(-a); **un homme ~** un hombre hecho; **être ~ pour** (*conçu pour*) estar pensado(-a) para; (*naturellement doué pour*) estar dotado(-a) para; **c'en est ~ de lui** es su fin; **c'en est ~ de notre tranquillité** se acabó la tranquilidad; **tout(e) fait(e)** (*préparé à l'avance*) ya listo(-a), ya preparado(-a); **idée toute ~e** idea común; **c'est bien ~ pour lui!** ¡le está bien empleado!

**faites** [fɛt] *vb voir* **faire.**

**falaise** [falɛz] *nf* acantilado.

**falloir** [falwaʀ] *vb impers* (*besoin*): **il va ~ 100 F** se necesitarán 100 francos; **il doit ~ du temps pour ...** se necesitará tiempo para ...; **il faut faire les lits** (*obligation*) hay que hacer las camas; **il faut qu'il ait oublié/qu'il soit malade** (*hypothèse*) debe haberse olvidado/estar enfermo; **il faut que tu arrives à ce moment!** (*fatalité*) ¡sólo nos faltaba que llegaras ahora!; **il me faut/faudrait 100 F/de l'aide** necesito/necesitaría 100 francos/ayuda; **il vous faut tourner à gauche après l'église** tiene que girar a la izquierda después de la iglesia; **nous avons ce qu'il (nous) faut** tenemos lo necesario; **il faut que je fasse les lits** tengo que hacer las camas; **il a fallu que je parte** tuve que irme; **il faudrait qu'elle rentre** convendría que volviese; **il faut toujours qu'il s'en mêle** está siempre entrometiéndose; **comme il faut** *adj adv* (*bien, convenable*) como Dios manda; **s'en ~**: **il s'en faut/s'en est fallu de 5 minutes/100 F (pour que ...)** faltan/faltaron 5 minutos/100 francos (para que ...); **il t'en faut peu!** ¡con poco te conformas!; **il ne fallait pas** (*pour remercier*) no era necesario; **faut le faire!** (*surprise*) ¡hay que ver!; **il faudrait que ...** convendría que ...; **il s'en faut de beaucoup que ...** mucho falta para que ...; **il**

s'en est fallu de peu que ... faltó poco para que ...; **tant s'en faut!** ¡ni mucho menos!; ... **ou peu s'en faut** ... o poco falta.

**famé, e** [fame] *adj*: **mal ~** de mala fama.

**fameux, -euse** [famø, øz] *adj* (*illustre*) famoso(-a), ilustre; (*bon*) excelente; (*parfois péj*: *de référence*) famoso(-a); **~ problème** (*intensif*) menudo problema; **ce n'est pas ~** no es maravilloso.

**familial, e, -aux** [familjal, jo] *adj* familiar.

**familiarité** [familjaʀite] *nf* familiaridad *f*; **~s** *nfpl* familiaridades *fpl*, confianzas *fpl*; **~ avec** (*connaissance*) conocimiento de.

**familier, -ière** [familje, jɛʀ] *adj* (*connu*) familiar; (*rapports*) de confianza; (*LING*) familiar, coloquial ♦ *nm* asiduo(-a); **tu es un peu trop ~ avec lui** (*cavalier, impertinent*) te tomas demasiadas confianzas con él.

**famille** [famij] *nf* familia; **il a de la ~ à Paris** tiene familia en París; **de ~** (*secrets*) de familia; (*dîner, fête*) en familia.

**famine** [famin] *nf* hambruna.

**fan** [fan] *nm/f* admirador(a).

**fanatique** [fanatik] *adj, nm/f* fanático(-a); **~ de rugby/de voile** (*sens affaibli*) entusiasta *m/f* del rugby/de la vela.

**faner** [fane]: **se ~** *vpr* (*fleur*) marchitarse; (*couleur, tissu*) deslucirse.

**fanfare** [fɑ̃faʀ] *nf* fanfarria, charanga; (*musique*) fanfarria; **en ~** (*avec bruit*) con gran estruendo.

**fantaisie** [fɑ̃tezi] *nf* fantasía; (*caprice*) capricho ♦ *adj*: **bijou/pain ~** joya/pan *m* de fantasía; **œuvre de ~** obra de imaginación; **agir selon sa ~** hacer lo que le place.

**fantasme** [fɑ̃tasm] *nm* fantasma *m*.

**fantastique** [fɑ̃tastik] *adj* fantástico(-a); **littérature/cinéma ~** literatura fantástica/cine *m* fantástico.

**fantôme** [fɑ̃tom] *nm* fantasma *m*; **gouvernement ~** gobierno en la sombra.

**faon** [fɑ̃] *nm* cervatillo.

**farce** [faʀs] *nf* (*viande*) relleno; (*THÉÂTRE*) farsa; **faire une ~ à qn** gastar una broma a algn; **magasin de ~s et attrapes** tienda de objetos de broma; **farces et attrapes** bromas *fpl* y engaños.

**farcir** [faʀsiʀ] *vt* (*viande*) rellenar; **se farcir** *vpr* (*fam*): **je me suis farci la vaisselle** me tragué todo el fregado; **~ qch de** (*fig*) atiborrar algo con.

**farder** [faʀde] *vt* maquillar; (*vérité*) disfrazar; **se farder** *vpr* maquillarse.

**farine** [faʀin] *nf* harina; **farine de blé/de maïs** harina de trigo/de maíz; **farine lactée** harina lacteada.

**farouche** [faʀuʃ] *adj* (*animal*) arisco(-a); (*personne*) esquivo(-a); (*déterminé*) tenaz; **peu ~** (*péj*) fácil.

**fart** [faʀt] *nm* (*SKI*) cera.

**fascination** [fasinasjɔ̃] *nf* (*fig*) fascinación *f*.

**fasciner** [fasine] *vt* (*aussi fig*) fascinar.

**fascisme** [faʃism] *nm* fascismo.

**fasse** *etc* [fas] *vb voir* **faire**.

**fastidieux, -euse** [fastidjø, jøz] *adj* fastidioso(-a).

**fatal, e** [fatal] *adj* mortal; (*inévitable*) fatal.

**fatalité** [fatalite] *nf* fatalidad *f*.

**fatidique** [fatidik] *adj* fatídico(-a).

**fatigant, e** [fatigɑ̃, ɑ̃t] *adj* fatigante; (*agaçant*) pesado(-a).

**fatigue** [fatig] *nf* fatiga, cansancio; (*d'un matériau*) deterioro; **les ~s du voyage** el cansancio del viaje.

**fatigué, e** [fatige] *adj* fatigado(-a); (*estomac, foie*) malo(-a).

**fatiguer** [fatige] *vt* (*personne, membres*) fatigar, cansar; (*moteur etc*) forzar; (*importuner*) cansar ♦ *vi* (*moteur*) forzarse; **se fatiguer** *vpr* fatigarse, cansarse; **se ~ de** (*fig*) cansarse de; **se ~ à faire qch** molestarse en hacer algo.

**fauché, e** [foʃe] (*fam*) *adj* pelado(-a).

**faucher** [foʃe] *vt* (*aussi fig*) segar; (*herbe*) segar, cortar; (*fam: voler*) birlar.

**faucon** [fokɔ̃] *nm* halcón *m*.

**faudra** [fodʀa] *vb voir* **falloir**.

**faufiler** [fofile] *vt* hilvanar; **se faufiler** *vpr*: **se ~ dans/parmi/entre** deslizarse en/entre.

**faune** [fon] *nf* (*fig, péj*) fauna ♦ *nm* fauno; **faune marine** fauna marina.

**fausse** [fos] *adj voir* **faux²**.

**faussement** [fosmɑ̃] *adv* (*accuser*) en falso; (*croire*) engañosamente.

**fausser** [fose] *vt* (*serrure, objet*) torcer; (*résultat, données*) falsear; **~ compagnie à qn** dejar plantado(-a) a algn.

**faut** [fo] *vb voir* **falloir**.

**faute** [fot] *nf* (*de calcul*) error *m*; (*SPORT, d'orthographe*) falta; (*REL*) pecado, culpa; **par la ~ de** por culpa de; **c'est de sa/ma ~** es culpa suya/mía; **être en ~** hacer mal;

(*être responsable*) tener la culpa; **prendre qn en ~** pillar a algn; **~ de** por falta de; **~ de mieux ...** a falta de algo mejor ...; **sans ~** (*à coup sûr*) sin falta; **faute d'inattention/d'orthographe** falta de atención/de ortografía; **faute de frappe** error de máquina; **faute de goût** falta de educación; **faute professionnelle** error profesional.

**fauteuil** [fotœj] *nm* sillón *m;* **fauteuil à bascule** mecedora; **fauteuil club** sillón amplio de cuero; **fauteuil d'orchestre** (*THÉÂTRE*) butaca de patio; **fauteuil roulant** sillón de ruedas.

**fautif, -ive** [fotif, iv] *adj* (*incorrect*) erróneo(-a); (*responsable*) culpable ♦ *nm/f* culpable *m/f.*

**fauve** [fov] *nm* fiera; (*peintre*) fauvista *m/f* ♦ *adj* (*couleur*) rojizo(-a).

**faux**[1] [fo] *nf* (*AGR*) guadaña.

**faux**[2], **fausse** [fo, fos] *adj* (*artificiel*); (*inexact*) erróneo(-a); (*rire, personne*) falso(-a), hipócrita; (*barbe, dent*) postizo(-a); (*MUS*) desafinado(-a), *opposé à bon, correct:* numéro, confundido(-a) ♦ *adv:* **jouer/chanter ~** tocar/cantar desafinadamente ♦ *nm* (*peinture, billet*) falsificación *f;* **le ~** (*opposé au vrai*) lo falso; **faire fausse route** ir por mal camino; **faire ~ bond à qn** fallarle a algn; **fausse alerte** falsa alarma; **fausse clé** llave f maestra; **fausse couche** aborto; **fausse joie** alegría fingida; **fausse note** (*MUS, fig*) nota discordante; **faux ami** (*LING*) falso amigo; **faux col** cuello postizo; **faux départ** (*SPORT, fig*) salida falsa; **faux frais** *nmpl* gastos *mpl* menudos; **faux frère** (*fig: péj*) cabrón *m;* **faux mouvement** movimiento en falso; **faux nez** nariz f postiza; **faux nom** seudónimo; **faux pas** (*aussi fig*) paso en falso; **faux témoignage** (*délit*) falso testimonio.

**faux-filet** [fofilɛ] (*pl* ~-~s) *nm* solomillo bajo.

**faveur** [favœʀ] *nf* favor *m;* (*ruban*) cinta; **~s** *nfpl* favores *mpl;* **avoir la ~ de qn** gozar del favor de algn; **régime/traitement de ~** régimen *m*/tratamiento preferencial; **à la ~ de** (*la nuit, une erreur*) provechando; (*grâce à*) gracias a; **en ~ de qn/qch** en favor de algn/algo.

**favorable** [favɔʀabl] *adj* favorable; **~ à qn/qch** favorable a algn/algo.

**favori, te** [favɔʀi, it] *adj* favorito(-a) ♦ *nm/f*

(*SPORT*) favorito(-a); **~s** *nmpl* (*barbe*) patillas *fpl.*

**favoriser** [favɔʀize] *vt* favorecer.

**fécond, e** [fekɔ̃, ɔ̃d] *adj* (*aussi fig*) fértil, fecundo(-a).

**féconder** [fekɔ̃de] *vt* fecundar.

**féculents** [fekylɑ̃] *nmpl* féculas *fpl.*

**fédéral, e, -aux** [federal, o] *adj* federal.

**fédération** [federasjɔ̃] *nf* federación *f.*

**fée** [fe] *nf* hada.

**feignant, e** [fɛɲɑ̃, ɑ̃t] *nm/f, adj* = **fainéant.**

**feindre** [fɛ̃dʀ] *vt, vi* fingir; **~ de faire** fingir hacer.

**fêler** [fele] *vt* (*tasse, assiette*) resquebrajar; (*os*) astillar; **se fêler** *vpr* (*v vt*) resquebrajarse, astillarse.

**félicitations** [felisitasjɔ̃] *nfpl* felicidades *fpl.*

**féliciter** [felisite] *vt* felicitar; **~ qn (de qch/d'avoir fait qch)** felicitar à algn (por algo/por haber hecho algo); **se ~ de qch/d'avoir fait qch** alegrarse de algo/de haber hecho algo.

**félin, e** [felɛ̃, in] *adj* felino(-a) ♦ *nm* felino.

**femelle** [fəmɛl] *nf* hembra ♦ *adj:* **souris/perroquet ~** ratón *m*/loro hembra; **prise/tuyau ~** (*ÉLEC, TECH*) enchufe *m*/tubo hembra.

**féminin, e** [feminɛ̃, in] *adj* femenino(-a); (*vêtements etc*) de mujer; (*parfois péj*) afeminado(-a) ♦ *nm* (*LING*) femenino.

**féministe** [feminist] *adj, nm/f* feminista *m/f.*

**femme** [fam] *nf* mujer *f;* **être très ~** ser muy femenina; **devenir ~** hacerse mujer; **jeune ~** mujer joven; **femme au foyer** ama de casa; **femme célibataire/mariée** mujer soltera/casada; **femme d'affaires/d'intérieur** mujer de negocios/de su casa; **femme de chambre** doncella; **femme de ménage** asistenta; **femme de tête/du monde** mujer de carácter/de mundo; **femme fatale** mujer fatal.

**fémur** [femyʀ] *nm* fémur *m.*

**fendre** [fɑ̃dʀ] *vt* hender; (*suj: gel, séisme etc*) resquebrajar; (*foule, flots*) abrirse paso entre; **se fendre** *vpr* henderse; **~ l'air** surcar el aire.

**fenêtre** [f(ə)nɛtʀ] *nf* ventana; **regarder par la ~** mirar por la ventana; **fenêtre à guillotine** ventana de guillotina; **fenêtre**

de lancement (*ESPACE*) ventana de lanzamiento.

**fenouil** [fənuj] *nm* hinojo.

**fente** [fɑ̃t] *nf* (*fissure*) grieta, hendidura; (*de boîte à lettres*) ranura; (*dans un vêtement*) abertura.

**fer** [fɛʀ] *nm* hierro; (*de cheval*) herradura; **~s** *nmpl* (*MÉD: forceps*) fórceps *m inv*; **objet de** *ou* **en ~** objeto de hierro; **santé/main de ~** salud *f*/mano de hierro; **mettre aux ~s** encadenar; **au ~ rouge** con el hierro al rojo; **fer à cheval** herradura; **en ~ à cheval** (*fig*) en herradura; **fer à friser** plancha de rizar; **fer (à repasser)** plancha; **fer à souder** soldador *m*; **fer à vapeur** plancha de vapor; **fer de lance** (*MIL, fig*) punta de lanza; **fer forgé** hierro forjado.

**ferai** *etc* [fəʀe] *vb voir* **faire**.

**fer-blanc** [fɛʀblɑ̃] (*pl* **~s-~s**) *nm* hojalata.

**férié, e** [feʀje] *adj*: **jour ~** día *m* festivo.

**ferions** *etc* [fəʀjɔ̃] *vb voir* **faire**.

**ferme** [fɛʀm] *adj* firme; (*chair*) prieto(-a) ♦ *adv*: **travailler ~** trabajar mucho ♦ *nf* granja; **discuter ~** discutir enérgicamente; **tenir ~** mantenerse firme; **~ désir/ intention de faire** firme deseo/intención *f* de hacer.

**fermé, e** [fɛʀme] *adj* (*aussi fig*) cerrado(-a); (*gaz, eau*) cortado(-a); (*personne, visage*) huraño(-a).

**fermenter** [fɛʀmɑ̃te] *vi* (*aussi fig*) fermentar.

**fermer** [fɛʀme] *vt* cerrar; (*rideaux*) correr; (*eau, électricité, route*) cortar ♦ *vi* cerrar; **se fermer** *vpr* cerrarse; **~ à clef** cerrar con llave; **~ au verrou** cerrar con cerrojo; **~ la lumière/la radio/la télévision** apagar la luz/la radio/la televisión; **~ les yeux (sur qch)** (*fig*) hacer la vista gorda (sobre algo); **elle se ferme à l'amour** rehúye el amor.

**fermeté** [fɛʀməte] *nf* firmeza; (*des muscles*) dureza; **avec ~** con firmeza.

**fermeture** [fɛʀmətyʀ] *nf* cierre *m*, cerradura; (*dispositif*) cerradura; **jour/heure de ~** día *m*/hora de cierre; **fermeture à glissière** cierre de cremallera; **fermeture éclair** ® cierre relámpago.

**fermier, -ière** [fɛʀmje, jɛʀ] *adj*: **beurre/ cidre ~** mantequilla/sidra de granja ♦ *nm/f* (*locataire*) granjero(-a), colono; (*propriétaire*) granjero(-a), arrendatario(-a).

**fermière** [fɛʀmjɛʀ] *nf* (*femme de fermier*)

granjera.

**féroce** [feʀɔs] *adj* (*aussi fig*) feroz.

**ferons** [fəʀɔ̃] *vb voir* **faire**.

**ferrer** [feʀe] *vt* (*cheval*) herrar; (*chaussure, canne*) guarnecer con hierro, ferrar; (*poisson*) enganchar con el anzuelo.

**ferroviaire** [feʀɔvjɛʀ] *adj* ferroviario(-a).

**ferry(-boat)** [fɛʀe(bɔt)] (*pl* **ferry-boats** *ou* **ferries**) *nm* ferry *m*, transbordador *m*.

**fertile** [fɛʀtil] *adj* (*aussi fig*) fértil; **~ en événements/incidents** fértil en acontecimientos/incidentes.

**fervent, e** [fɛʀvɑ̃, ɑ̃t] *adj* ferviente.

**fesse** [fɛs] *nf* nalga; **les ~s** las nalgas.

**fessée** [fese] *nf* nalgada; **donner une ~ à** dar una nalgada a.

**festin** [fɛstɛ̃] *nm* festín *m*.

**festival** [fɛstival] *nm* festival *m*.

**festivités** [fɛstivite] *nfpl* fiestas *fpl*.

**fêtard, e** [fɛtaʀ] (*péj*) *nm/f* juerguista *m/f*.

**fête** [fɛt] *nf* fiesta; (*kermesse*) romería; (*d'une personne*) santo; **faire la ~** irse de juerga *ou* de farra (*AM*); **faire ~ à qn** festejar a algn; **se faire une ~ de** estar deseando; **jour de ~** día *m* de fiesta; **les ~s (de fin d'année)** las fiestas (de fin de año); **salle/comité des ~s** sala/comité *m* de fiestas; **la ~ des Mères/des Pères** el día de la madre/del padre; **la F~ Nationale** *aniversario de la revolución francesa*; **fête de charité** fiesta de caridad; **fête foraine** feria; **fête mobile** fiesta móvil.

---

### Fête de la Musique

*La* **fête de la Musique** *es un festival de música que se ha venido celebrando anualmente en Francia desde 1981. Tiene lugar el 21 de junio, y ese día en toda Francia se puede asistir gratuitamente a las actuaciones de músicos locales en parques, calles y plazas.*

---

**fêter** [fete] *vt* (*personne*) festejar; (*événement, anniversaire*) festejar, celebrar.

**fétide** [fetid] *adj* fétido(-a).

**feu¹** [fø] *adj inv*: **~ le roi/M Dupont** el difunto rey/Sr Dupont; **~ son père** su difunto dre.

**feu², x** [fø] *nm* fuego; (*signal lumineux*) luz *f*; (*fig*) fuego, ardor *m*; (: *sensation de brûlure*) escocedura; **~x** *nmpl* (*éclat, lumière*) destello *msg*; (*AUTO: de circulation*) semáforo *msg*; **tous ~x éteints** con las luces apagadas; **au ~!** ¡fuego!; **à ~ doux/vif** a poco fuego/fuego vivo; **à petit ~** a fuego lento; *(fig)* lentamente; **faire ~** abrir fuego; **ne pas faire long ~** *(fig)* no durar mucho; **commander le ~** *(MIL)* dirigir el combate; **tué au ~** *(MIL)* muerto en combate; **mettre à ~** *(fusée)* encender; **~ nourri/roulant** *(MIL)* fuego intenso/graneado; **être pris entre deux ~x** *(fig)* estar entre la espada y la pared; **en ~** ardiendo, quemando; **être tout ~ tout flamme (pour)** estar entusiasmadísimo (-a) (con); **avoir le ~ sacré** tener el fuego sagrado; **prendre ~** *(maison)* incendiarse; *(vêtements, rideaux)* prender fuego; **mettre le ~ à** meterle fuego a; **faire du ~** hacer fuego; **avez-vous du ~?** ¿tiene fuego?; **donner le ~ vert à qch/qn** *(fig)* dar luz verde a algo/a algn; **s'arrêter aux ~x** ou **au ~ rouge** pararse en el semáforo ou con el disco rojo; **leur amour fut un ~ de paille** su amor fue efímero; **feu arrière** *(AUTO)* luz *f* trasera, piloto trasero; **feu d'artifice** fuegos *mpl* de artificio; *(spectacle)* fuegos artificiales; **feu de camp/de cheminée** fuego de campamento/de chimenea; **feu de joie** fogata; **feu orange/rouge/vert** *(AUTO)* disco ámbar/rojo/verde; **feux de brouillard/de croisement/de position/de stationnement** *(AUTO)* luces *fpl* de niebla/de cruce/de posición/intermitentes; **feux de route** *(AUTO)* luces largas ou de carretera.

**feuillage** [fœjaʒ] *nm* follaje *m*.

**feuille** [fœj] *nf* hoja; *(plaque: de carton)* lámina; **rendre ~/blanche** *(SCOL)* entregar el examen en blanco; **feuille de chou** *(fam: péj)* periodicucho; **feuille de déplacement** *(MIL)* parte *m* de desplazamiento; **feuille de maladie** informe *m* médico; **feuille de métal** lámina de metal; **feuille (de papier)** hoja (de papel); **feuille de paye** aviso de pago; **feuille de présence** parte de asistencia; **feuille de route** *(COMM)* hoja de ruta; **feuille de température** gráfico de temperatura; **feuille de vigne** hoja de parra; **feuille d'impôts** declaración *f* de impuestos; **feuille d'or** lámina de oro; **feuille morte** hoja seca; **feuille volante** hoja suelta.

**feuillet** [fœjɛ] *nm* pliego, página.

**feuilleté, e** [fœjte] *adj* *(CULIN)* hojaldrado

**(-a)**; *(verre)* laminado(-a) ♦ *nm* *(gâteau)* hojaldre *m*.

**feuilleter** [fœjte] *vt* *(livre)* hojear.

**feuilleton** [fœjtɔ̃] *nm* *(aussi TV, RADIO)* serial *m*; *(partie)* capítulo.

**feutre** [føtʀ] *nm* fieltro; *(chapeau)* sombrero de fieltro; *(stylo)* rotulador *m*.

**feutré, e** [føtʀe] *adj* *(tissu)* afelpado(-a); *(pas, voix, atmosphère)* amortiguado(-a).

**fève** [fɛv] *nf* haba; *(dans la galette des Rois)* sorpresa.

**février** [fevʀije] *nm* febrero; *voir aussi* **juillet**.

**fiable** [fjabl] *adj* fiable.

**fiançailles** [fjɑ̃saj] *nfpl* noviazgo.

**fiancé, e** [fjɑ̃se] *nm/f* novio(-a) ♦ *adj*: **être ~ (à)** estar prometido(-a) (con).

**fiancer** [fjɑ̃se]: **se ~** *vpr*: **se ~ (avec)** prometerse (con).

**fibre** [fibʀ] *nf* fibra; *(de bois)* veta; *(fig)* vena; **avoir la ~ paternelle/militaire/patriotique** tener la vena paternal/militar/patriótica; **fibre de verre/optique** fibra de vidrio/óptica.

**ficeler** [fis(ə)le] *vt* atar.

**ficelle** [fisɛl] *nf* cordón; *(pain)* violín *m*; **~s** *nfpl* *(procédés cachés)* artificios *mpl*; **tirer sur la ~** *(fig)* pasarse.

**fiche** [fiʃ] *nf* ficha; *(formulaire)* ficha, impreso; *(ÉLEC)* enchufe *m*; **fiche de paye** nómina; **fiche signalétique** *(POLICE)* ficha; **fiche technique** ficha técnica.

**ficher** [fiʃe] *vt* *(pour un fichier)* anotar en fichas; *(suj: police, personne)* fichar; **~ qch dans** clavar algo en; **il ne fiche rien** *(fam)* no da golpe; **cela me fiche la trouille** *(fam)* eso me da miedo; **fiche-le dans un coin** *(fam)* ponlo en un rincón; **~ qn à la porte** *(fam)* poner a algn de patitas en la calle; **fiche(-moi) le camp** *(fam)* lárgate; **fiche-moi la paix** *(fam)* déjame en paz; **se ~ dans** *vpr* *(s'enfoncer)* clavarse en, hundirse en; **se ~ de** *(fam)* tomar el pelo a.

**fichier** [fiʃje] *nm* fichero; *(à cartes)* archivador *m*, fichero; **~ actif** ou **en cours d'utilisation** *(INFORM)* fichero activo ou en uso; **fichier d'adresses** fichero de direcciones.

**fichu, e** [fiʃy] *pp de* **ficher** ♦ *adj* *(fam: fini, inutilisable)* estropeado(-a) ♦ *nm* *(foulard)* pañoleta; **être/n'être pas ~ de** *(fam)* ser/no ser capaz de; **être mal ~** *(fam: santé)* estar fastidiado(-a); **bien/mal ~** *(fam: habillé)* bien/mal arreglado(-a); **~ temps/**

**caractère** tiempo/carácter *m* pajolero.

**fictif, -ive** [fiktif, iv] *adj* ficticio(-a); *(promesse, nom)* falso(-a).

**fiction** [fiksjɔ̃] *nf* ficción *f*.

**fidèle** [fidɛl] *adj* fiel; *(loyal)* fiel, leal ♦ *nm/f* *(REL, fig)* devoto(-a); **les ~s** *(REL)* los fieles; **~ à** fiel a.

**fidélité** [fidelite] *nf* fidelidad *f*; **~ conjugale** fidelidad conyugal.

**fier¹** [fje]: **se ~ à** *vpr* fiarse de.

**fier², fière** [fje] *adj* orgulloso(-a); *(hautain, méprisant)* arrogante, altivo(-a); **~ de qch/qn** orgulloso(-a) de algo/algn; **avoir fière allure** tener muy buen aspecto.

**fierté** [fjɛʀte] *nf (v adj)* orgullo; arrogancia.

**fièvre** [fjɛvʀ] *nf (aussi fig)* fiebre *f*; **avoir de la ~/39 de ~** tener fiebre/39 de fiebre; **fièvre jaune/typhoïde** fiebre amarilla/tifoidea.

**fiévreux, -euse** [fjevʀø, øz] *adj* febril.

**figer** [fiʒe] *vt (sang)* coagular; *(sauce)* cuajar; *(mode de vie, institutions etc)* entorpecer; *(personne)* petrificar; **se figer** *vpr (sang)* coagularse; *(huile)* cuajarse; *(personne, sourire)* petrificarse; *(institutions etc)* anquilosarse.

**fignoler** [fiɲɔle] *vt* dar el último toque a.

**figue** [fig] *nf* higo.

**figuier** [figje] *nm* higuera.

**figurant, e** [figyʀɑ̃, ɑ̃t] *nm/f (aussi péj)* figurante *m/f*; *(THÉÂTRE)* figurante, comparsa *m/f*; *(CINÉ)* extra *m*.

**figure** [figyʀ] *nf* figura; *(visage)* cara; *(illustration, dessin)* figura, ilustración *f*; *(aspect)* aspecto; **se casser la ~** *(fam)* partirse la cara; **faire ~ de** *(avoir l'air de)* aparentar ser; *(passer pour)* quedar como; **faire bonne ~** poner buena cara; **faire triste ~** estar cabizbajo(-a); **prendre ~** tomar cuerpo; **figure de rhétorique/de style** figura retórica/estilística.

**figuré, e** [figyʀe] *adj* figurado(-a).

**figurer** [figyʀe] *vi* figurar ♦ *vt* representar, figurar; **se ~ qch/que** imaginarse algo/que; **figurez-vous que ...** figúrese que ...

**figurine** [figyʀin] *nf* figurita.

**fil** [fil] *nm* hilo; *(du téléphone)* cable *m*; *(tranchant)* filo; **au ~ des heures/des années** a lo largo *ou* con el correr de las horas/de los años; **le ~ d'une histoire/de ses pensées** el hilo de una historia/de sus pensamientos; **au ~ de l'eau** a favor de la corriente; **de ~ en aiguille** de una cosa a

otra; **ne tenir qu'à un ~** estar pendiente de un hilo; **donner du ~ à retordre à qn** dar mucha guerra a algn; **donner/recevoir un coup de ~** dar/recibir un telefonazo; **fil à coudre** hilo de coser; **fil à pêche** sedal *m*; **fil à plomb** plomada *f*; **fil à souder** hilo de estaño; **fil de fer** alambre *m*; **fil de fer barbelé** alambre de espino; **fil électrique** cable eléctrico.

**file** [fil] *nf (de voitures)* fila; *(de clients)* cola; **prendre la ~** ponerse a la cola; **prendre la ~ de droite** *(AUTO)* coger el carril de la derecha; **se mettre en ~** *(AUTO)* ponerse en fila; **stationner en double ~** *(AUTO)* aparcar en doble fila; **à la ~** *(d'affilée)* seguidos(-as); *(l'un derrière l'autre)* en fila; **à la *ou* en ~ indienne** en fila india; **file (d'attente)** cola.

**filer** [file] *vt* hilar; *(verre)* soplar; *(dérouler)* soltar; *(note)* modular; *(prendre en filature)* seguir los pasos a ♦ *vi (bas, maille)* correrse, hacerse una carrera; *(liquide, pâte)* fluir; *(aller vite)* pasar volando; *(fam: partir)* largarse; **~ qch à qn** *(fam: donner)* dar algo a algn; **~ à l'anglaise** despedirse a la francesa; **~ doux** ser dócil; **~ un mauvais coton** estar de capa caída.

**filet** [filɛ] *nm* red *f*; *(à cheveux)* redecilla; *(de poisson)* filete *m*; *(viande)* solomillo; *(d'eau, sang)* hilo; **tendre un ~** *(suj: police)* tender una trampa; **filet (à bagages)** red (del equipaje); **filet (à provisions)** bolsa (de la compra).

**filiale** [filjal] *nf* filial *f*, sucursal *f*.

**filière** [filjɛʀ] *nf* escalafón *m*; **suivre la ~** seguir el escalafón.

**fille** [fij] *nf* chica; *(opposé à fils)* hija; *(vieilli: opposé à femme mariée)* soltera; *(péj)* mujerzuela; **petite ~** niña; **vieille ~** solterona; **fille de joie** prostituta; **fille de salle** *(d'un restaurant)* camarera; *(d'un hôpital)* auxiliar *f*.

**fillette** [fijɛt] *nf* chiquilla.

**filleul, e** [fijœl] *nm/f* ahijado(-a).

**film** [film] *nm* película; *(couche)* capa; **film d'animation** película de animación; **film muet/parlant** película muda/sonora; **film policier** película policíaca.

**fils** [fis] *nm* hijo; **le F~ (de Dieu)** *(REL)* el Hijo (de Dios); **fils à papa** *(péj)* niño de papá; **fils de famille** niño bien.

**filtre** [filtʀ] *nm* filtro; **"~ ou sans ~?"** "¿con filtro o sin filtro?"; **filtre à air** filtro de aire.

**filtrer** [filtʀe] *vt* filtrar; (*candidats, nouvelles*) hacer una criba de ♦ *vi* filtrarse; (*nouvelle, rumeurs*) filtrarse.

**fin¹** [fɛ̃] *nf* final *m*; (*d'un projet, d'un rêve: aussi mort*) final, fin *m* ♦ *nm* voir **fin²**; ~**s** *nfpl* (*desseins*) fines *mpl*; **à** (**la**) ~ **mai/juin** a finales de mayo/junio; **en** ~ **de journée** al final del día; **prendre** ~ terminar, acabar; **mener à bonne** ~ llevar a buen término; **toucher à sa** ~ llegar a su fin; **mettre** ~ **à qch** poner fin a algo; **mettre** ~ **à ses jours** poner fin a sus días; **à la** ~ finalmente; **sans** ~ sin fin, interminable; (*sans cesse*) sin cesar; **à cette** ~ para ou con este fin; **à toutes** ~**s utiles** por si es *etc* de utilidad; **fin de non recevoir** (*JUR, ADMIN*) desestimación *f* de demanda; **fin de section** (*de ligne d'autobus*) final de zona.

**fin², e** [fɛ̃] *adj* fino(-a); (*taille*) delgado(-a); (*effilé*) afilado(-a); (*subtil*) agudo(-a) ♦ *adv* fino ♦ *nm*: **vouloir jouer au plus** ~ (**avec qn**) querer dárselas de listo (con algn); **c'est** ~! (*iro*) ¡qué gracioso!; **avoir la vue** ~**e/l'ouïe** ~**e** tener vista aguda/buen oído; **le** ~ **fond de ...** lo más recóndito de ...; **le** ~ **mot de ...** el quid de ...; **la** ~**e fleur de ...** la flor y nata de ...; **or** ~ oro puro; **linge** ~ lencería fina ou selecta; **vin** ~ vino selecto; **être** ~ **gourmet** tener un paladar muy fino; **être** ~ **tireur** ser un muy buen tirador; **fines herbes** hierbas *fpl* aromáticas; **fine mouche** (*fig*) persona perspicaz; **fin prêt/soûl** completamente listo/borracho.

**final, e** [final, o] *adj* último(-a); (*PHILOS*) final ♦ *nm* (*MUS*) final *m*; **quart/8èmes/16èmes de** ~**e** cuarto/octavos/dieciseisavos de final; **cause** ~**e** causa final.

**finale** [final] *nf* (*SPORT*) final *f*.

**finalement** [finalmɑ̃] *adv* finalmente; (*après tout*) al final, después de todo.

**finaliste** [finalist] *nm/f* finalista *m/f*.

**finance** [finɑ̃s] *nf*: **la** ~ las finanzas; ~**s** *nfpl* (*d'un club, pays*) fondos *mpl*; (*activités et problèmes financiers*) finanzas; **moyennant** ~ con dinero.

**financer** [finɑ̃se] *vt* financiar.

**financier, -ière** [finɑ̃sje, jeʀ] *adj* financiero(-a) ♦ *nm* financiero.

**finesse** [fines] *nf* finura; delgadez *f*; afilamiento; agudeza; ~**s** *nfpl* (*subtilités*) sutilezas *fpl*; **finesse de goût** delicadeza de gusto; **finesse d'esprit** agudeza de espí-

ritu.

**fini, e** [fini] *adj* terminado(-a), acabado(-a); (*mode*) pasado(-a); (*persona*) acabado(-a); (*machine etc*) obsoleto(-a); (*MATH, PHILOSOPHIE*) finito(-a) ♦ *nm* (*d'un objet manufacturé*) perfección *f*; **bien/mal** ~ (*travail, vêtement*) bien/mal terminado(-a), bien/mal rematado(-a); **un égoïste/artiste** ~ (*valeur intensive*) un egoísta/artista consumado.

**finir** [finiʀ] *vt* acabar, terminar; (*être placé en fin de: période, livre*) finalizar ♦ *vi* terminarse, acabarse; ~ **quelque part** terminar en algún sitio; ~ **de faire qch** (*terminer*) acabar de hacer algo; (*cesser*) dejar de hacer algo, ~ **par qch/par faire qch** (*gén*) acabar con algo/haciendo ou por hacer algo; **il finit par m'agacer** acaba molestándome; ~ **en pointe/tragédie** acabar en punta/tragedia; **en** ~ (**avec qn/qch**) acabar (con algn/algo); **à n'en plus** ~ interminable; **il a fini son travail** acabó su trabajo; **il n'a pas encore fini de parler** no ha acabado todavía de hablar; **il finit de manger** está acabando de comer; **cela/il va mal** ~ eso/él acabará mal; **c'est bientôt fini?** ¿terminas o no?

**finition** [finisjɔ̃] *nf* acabado, último toque *m*.

**finlandais, e** [fɛ̃lɑ̃dɛ, ɛz] *adj* finlandés (-esa) ♦ *nm/f*: **F~, e** finlandés(-esa).

**Finlande** [fɛ̃lɑ̃d] *nf* Finlandia.

**firme** [fiʀm] *nf* firma.

**fis** [fi] *vb* voir **faire**.

**fisc** [fisk] *nm*: **le** ~ el fisco.

**fiscal, e, -aux** [fiskal, o] *adj* fiscal; **l'année** ~**e** el año fiscal.

**fiscalité** [fiskalite] *nf* (*système*) régimen *m* tributario; (*charges*) cargas *fpl* fiscales.

**fissure** [fisyʀ] *nf* (*aussi fig*) fisura.

**fissurer** [fisyʀe]: **se** ~ *vpr* agrietarse.

**fit** [fi] *vb* voir **faire**.

**fixation** [fiksasjɔ̃] *nf* fijación *f*; ~ (**de sécurité**) (*de ski*) fijación (de seguridad).

**fixe** [fiks] *adj* fijo(-a) ♦ *nm* (*salaire de base*) sueldo base; **à date/heure** ~ en fecha/hora fijada; **menu à prix** ~ menú *m* de precio fijo.

**fixé, e** [fikse] *adj*: **être** ~ (**sur**) saber a qué atenerse (respecto a); **à l'heure** ~**e** en la hora fijada; **au jour** ~ en el día fijado.

**fixer** [fikse] *vt* fijar; (*personne*) estabilizar; (*poser son regard sur*) fijar la mirada en; ~

qch **à/sur** sujetar algo a/en, fijar algo a/
en; ~ **son regard/son attention sur** fijar
su mirada/su atención en; ~ **son choix
sur** qch elegir algo; **se ~ quelque part**
establecerse en algún sitio; **se ~ sur** (suj:
regard, attention) fijarse en.

**flacon** [flakɔ̃] nm frasco.

**flageolet** [flaʒɔlɛ] nm (MUS) chirimía; (CULIN:
gén pl) frijoles mpl.

**flagrant, e** [flagʀɑ̃, ɑ̃t] adj flagrante; **prendre qn en ~ délit** coger a algn en flagrante delito.

**flair** [flɛʀ] nm (aussi fig) olfato.

**flairer** [fleʀe] vt olfatear; (fig) oler.

**flamand, e** [flamɑ̃, ɑ̃d] adj flamenco(-a)
♦ nm (LING) flamenco ♦ nm/f: **F~, e**
flamenco(-a); **les F~s** los flamencos.

**flamant** [flamɑ̃] nm (ZOOL) flamenco.

**flambant** [flɑ̃bɑ̃] adv: ~ **neuf** nuevo flamante.

**flambé, e** [flɑ̃be] adj: **banane/crêpe ~e**
plátano/crep m flameado.

**flambée** [flɑ̃be] nf llamarada; ~ **de violence** (fig) ola de violencia; ~ **des prix** disparo de los precios.

**flamber** [flɑ̃be] vi llamear ♦ vt (poulet) chamuscar; (aiguille) flamear.

**flamboyer** [flɑ̃bwaje] vi (aussi fig) resplandecer.

**flamme** [flɑm] nf llama; (fig) pasión f; **en
~s** en llamas.

**flan** [flɑ̃] nm flan m; **en rester comme
deux ronds de ~** quedarse patidifuso(-a).

**flanc** [flɑ̃] nm (ANAT) costado; (d'une armée)
flanco; (montagne) ladera; **à ~ de
montagne/colline** en la ladera de la
montaña/colina; **tirer au ~** (fam) escurrir
el bulto; **prêter le ~ à** (fig) dar pie a.

**flancher** [flɑ̃ʃe] vi flaquear.

**flanelle** [flanɛl] nf franela.

**flâner** [flɑne] vi callejear, deambular.

**flanquer** [flɑ̃ke] vt flanquear; ~ qch **sur/
dans** (fam: mettre) tirar algo a/en; ~ **par
terre** (fam) arrojar al suelo; ~ **à la porte**
(fam) echar a la calle; ~ **la frousse à qn**
(fam) meter miedo a algn; **être flanqué
de** (suj: personne) estar escoltado por.

**flaque** [flak] nf charco.

**flash** [flaʃ] (pl ~**es**) nm (PHOTO: dispositif)
flash m; (: lumière) flash, destello; **au ~** con
el flash; **flash d'information** flash informativo; **flash publicitaire** flash publicitario.

**flatter** [flate] vt (personne) halagar, adular;
(suj: honneurs, amitié) halagar; (animal)
acariciar; **se ~ de** qch/**de pouvoir faire**
qch vanagloriarse de algo/de poder hacer
algo.

**flatteur, -euse** [flatœʀ, øz] adj (photo,
profil) halagüeño(-a); (éloges) halagador(a)
♦ nm/f personne) adulador(a).

**flèche** [flɛʃ] nf flecha; (de clocher) aguja;
(de grue) aguilón m; (critique) dardo; **monter en ~** (fig) subir como una flecha; **partir en ~** (fig) marcharse como una flecha.

**fléchettes** [fleʃɛt] nfpl (jeu) dardos mpl.

**flétrir** [fletʀiʀ] vt (fleur) marchitar; (fruit) secar; (peau, visage) ajar; **se flétrir** vpr marchitarse; pasarse; ajarse; ~ **la mémoire de**
qn (fig) mancillar la memoria de algn.

**fleur** [flœʀ] nf flor f; **être en ~** estar en flor;
**tissu/papier/assiette à ~s** tejido/papel
m/plato de flores; **la (fine) ~ de** (fig) la
flor y nata de; **être à ~ bleue** ser sentimental; **à ~ de terre/peau** a flor de tierra/piel;
**faire une ~ à** qn hacer un favor a algn;
**fleur de lis** flor de lis.

**fleuri, e** [flœʀi] adj (aussi fig) florido(-a);
(papier, tissu) floreado(-a); (péj: teint, nez)
colorado(-a).

**fleurir** [flœʀiʀ] vi (aussi fig) florecer ♦ vt poner flores en.

**fleuriste** [flœʀist] nm/f florista m/f.

**fleuve** [flœv] nm río; ~ **de sang/boue** (fig)
río de sangre/barro; **discours-~** discurso
interminable; **roman-~** novelón m.

**flexible** [flɛksibl] adj (aussi fig) flexible.

**flic** [flik] (fam: péj) nm poli m.

**flipper¹** [flipœʀ] nm flíper m.

**flipper²** [flipe] vi (fam) amargarse.

**flirter** [flœʀte] vi flirtear.

**flocon** [flɔkɔ̃] nm copo; (de laine etc: boulette) pelotilla; **flocons d'avoine** copos
mpl de avena.

**flore** [flɔʀ] nf flora; **flore bactérienne/
microbienne** flora bacteriana/microbia-
na.

**florissant, e** [flɔʀisɑ̃, ɑ̃t] vb voir **fleurir**
♦ adj (entreprise, commerce) floreciente,
próspero(-a); (santé, mine) rebosante.

**flot** [flo] nm (fig) oleada; (de paroles, etc)
río; (marée) marea; ~**s** nmpl (de la mer)
olas fpl, mar fsg; **mettre/être à ~** (aussi
fig) sacar/estar a flote; **à ~s** a raudales.

**flottant, e** [flɔtã, ãt] *adj* (*vêtement*) de vuelo, ancho(-a); (*non fixe*) fluctuante.

**flotte** [flɔt] *nf* flota; (*fam: eau*) agua; (: *pluie*) lluvia.

**flotter** [flɔte] *vi* flotar; (*drapeau, cheveux*) ondear; (*vêtements*) volar; (*ÉCON*) fluctuar ♦ *vb impers* (*fam*): **il flotte** llueve ♦ *vt* (*aussi:* **faire ~:** *bois*) transportar mediante corriente fluvial.

**flotteur** [flɔtœʀ] *nm* (*d'hydravion etc*) flotador *m*; (*de canne à pêche*) boya.

**flou, e** [flu] *adj* borroso(-a); (*idée*) vago(-a); (*robe*) amplio(-a).

**fluide** [flɥid] *adj* fluido(-a) ♦ *nm* fluido; (*force invisible*) efluvio.

**fluor** [flyɔʀ] *nm* flúor *m*.

**fluorescent, e** [flyɔʀesã, ãt] *adj* fluorescente

**flûte** [flyt] *nf* flauta; (*verre*) copa; (*pain*) barra pequeña de pan; **petite ~** flautín *m*; **~!** ¡caramba!; **flûte à bec/traversière** flauta dulce/travesera; **flûte de Pan** zampoña.

**flux** [fly] *nm* (*aussi fig*) flujo; **le ~ et le reflux** el flujo y el reflujo.

**FM** [ɛfɛm] *sigle f* (= *fréquence modulée*) FM *f* (= *frecuencia modulada*).

**foc** [fɔk] *nm* foque *m*.

**foi** [fwa] *nf* fe *f*; **sous la ~ du serment** bajo juramento; **avoir ~ en** tener fe en; **ajouter ~ à** dar crédito a; **faire ~** acreditar, testificar; **digne de ~** fidedigno(-a); **sur la ~ de** en base a; **bonne/mauvaise ~** buena/mala fe; **être de bonne/mauvaise ~** actuar con buena/mala fe; **ma ~!** ¡lo juro!

**foie** [fwa] *nm* hígado; **foie gras** foie-gras *m inv*.

**foin** [fwɛ̃] *nm* heno; **faire les ~s** segar el heno; **faire du ~** (*fig: fam*) armar jaleo.

**foire** [fwaʀ] *nf* mercado; (*fête foraine*) feria, romería; (*fam*) bulla; **faire la ~** (*fig: fam*) irse de juerga *ou* de farra (*AM*); **foire (exposition)** feria de muestras.

**fois** [fwa] *nf*: **une/deux ~** una vez/dos veces; **2 ~ 2** 2 por 2; **deux/quatre ~ plus grand (que)** dos/cuatro veces mayor (que); **encore une ~** una vez más; **cette ~** esta vez; **la ~ suivante/précédente** la próxima vez/vez anterior; **une (bonne) ~ pour toutes** de una vez por todas; **une ~ que c'est fait** una vez que esté hecho; **une ~ qu'il prend une décision, il ne ...** (*quand*) una vez que toma una decisión,

no **une ~ couché, il s'endort tout de suite** (*dès que*) en cuanto se acuesta, se duerme; **à la ~** (*ensemble*) a la vez; **à la ~ grand et beau** grande y a la vez bonito; **des ~** a veces; **chaque ~ que** cada vez que; **si des ~ ...** (*fam*) si por casualidad ...; **"non mais, des ~!"** (*fam*) "¡ya vale!", "¡ya está bien!"; **il était une ~ ...** había una vez ...

**fol** [fɔl] *adj voir* **fou**.

**folie** [fɔli] *nf* locura; **la ~ des grandeurs** el delirio de grandeza; **faire des ~s** hacer locuras, gastar a lo loco.

**folklorique** [fɔlklɔʀik] *adj* folklórico(-a); (*péj*) estrambótico(-a).

**folle** [fɔl] *adj f, nf voir* **fou**.

**follement** [fɔlmã] *adv* (*amoureux*) locamente; (*drôle, intéressant*) tremendamente; **avoir ~ envie de** tener unos celos tremendos de.

**foncé, e** [fɔ̃se] *adj* oscuro(-a); **bleu/rouge ~** azul/rojo oscuro.

**foncer** [fɔ̃se] *vt* oscurecer ♦ *vi* oscurecerse; (*fam: aller vite*) ir volando; **~ sur** (*fam*) arremeter contra.

**fonction** [fɔ̃ksjɔ̃] *nf* función *f*; (*profession*) profesión *f*; (*poste*) cargo; **~s** *nfpl* (*activité, pouvoirs*) competencias *fpl*; (*corporelles, biologiques*) funciones *fpl*; **entrer en/reprendre ses ~s** tomar posesión de/reincorporarse a su cargo; **voiture/maison de ~** coche *m*/casa oficial; **être ~ de** depender de; **en ~ de** dependiendo de; **faire ~ de** (*suj: personne*) hacer las veces de; (*chose*) servir para; **la ~ publique** la función pública.

**fonctionnaire** [fɔ̃ksjɔnɛʀ] *nm/f* funcionario(-a).

**fonctionnement** [fɔ̃ksjɔnmã] *nm* funcionamiento.

**fonctionner** [fɔ̃ksjɔne] *vi* funcionar; **faire ~** poner en funcionamiento.

**fond** [fɔ̃] *nm* fondo; **un ~ de verre/bouteille** el resto del vaso/de la botella; **donnez m'en seulement un ~** (*d'alcool etc*) póngame sólo un dedo; **le ~** (*SPORT*) el fondo; **course/épreuve de ~** carrera/prueba de fondo; **au ~ de** (*récipient*) en el fondo de; (*salle*) al fondo de; **aller au ~ des choses/du problème** ir al fondo de las cosas/del problema; **le ~ de sa pensée** el fondo de su pensamiento; **sans ~** (*très profond*) sin fondo; **toucher le ~** (*aussi fig*) tocar fondo; **envoyer par le ~** echar a pique; **à ~ a fondo**; (*soutenir*) a capa y espada; **à ~ (de train)** (*fam*) a todo correr, a toda marcha; **dans le ~, au ~** en resumidas cuentas; **de ~ en comble** de arriba a abajo; **fond de teint** maquillaje *m* de fondo; **fond sonore** fondo sonoro.

**fondamental, e, -aux** [fɔ̃damãtal, o] *adj* fundamental.

**fondant, e** [fɔ̃dɑ̃, ɑ̃t] *adj*: **la neige/glace ~e** la nieve/el hielo que se derrite ♦ *nm* (*bonbon*) bombón *m* (extra fino); **gâteau ~** (*au goût*) pastel que se deshace en la boca.

**fondation** [fɔ̃dasjɔ̃] *nf* fundación *f*; **~s** *nfpl* (*d'une maison*) cimientos *mpl*; **travaux de ~** (*CONSTR*) trabajos *mpl* de cimentación.

**fondé, e** [fɔ̃de] *adj* fundado(-a); **bien/mal ~** bien/mal fundado(-a); **être ~ à croire** *etc a*.

**fondement** [fɔ̃dmɑ̃] *nm* (*le postérieur*) trasero; **~s** *nmpl* (*d'un édifice*) cimientos *mpl*; (*de la société, d'une théorie*) cimientos, base *fsg*; **sans ~** sin fundamento.

**fonder** [fɔ̃de] *vt* fundar; **~ qch sur** (*fig*) basar algo en; **se ~ sur qch** (*personne*) basarse en algo; **~ un foyer** fundar un hogar.

**fonderie** [fɔ̃dʀi] *nf* fundición *f*.

**fondre** [fɔ̃dʀ] *vt* (*neige, glace*) fundir, derretir; (*métal*) fundir; (*dans l'eau: sucre*) disolver; (*mélanger*) mezclar ♦ *vi* fundirse, derretirse; (*métal*) fundirse; (*dans l'eau*) disolverse; (*argent, courage*) esfumarse; **~ sur** (*se précipiter*) abatirse sobre; **se fondre** *vpr* confundirse; **faire ~** derretir; (*sucre*) disolver; **~ en larmes** deshacerse en lágrimas.

**fonds** [fɔ̃] *nm* (*aussi fig*) fondo ♦ *nmpl* (*argent*) fondos *mpl*; **~ (de commerce)** fondo de comercio; **être en ~** tener fondos *ou* dinero; **à ~ perdus** a fondo perdido; **mise de ~** inversión *f* de capital; **le F~ monétaire international** el Fondo Monetario Internacional; **fonds de roulement** fondo de operaciones; **fonds publics** fondos *mpl* públicos.

**fondu, e** [fɔ̃dy] *adj* (*beurre*) derretido(-a); (*neige*) fundido(-a), derretido(-a); (*métal*) fundido(-a); (*fig*) desvanecido(-a) ♦ *nm* (*CINÉ*) fundido; **fondu enchaîné** fundido encadenado.

**fondue** [fɔ̃dy] *nf*: **~ (savoyarde)/bourguignonne** fondue *f* (saboyana)/burgui-

ñona.

**font** [fɔ̃] *vb voir* **faire**.

**fontaine** [fɔ̃tɛn] *nf* fuente *f*.

**fonte** [fɔ̃t] *nf* (*de la neige*) deshielo; (*d'un métal*) fundición *f*; (*métal*) hierro fundido *ou* colado; **en ~ émaillée** de hierro esmaltado; **la ~ des neiges** el deshielo.

**foot(ball)** [fut(bol)] *nm* fútbol *m*; **jouer au ~** jugar al fútbol.

**footballeur, -euse** [futbolœʀ, øz] *nm/f* futbolista *m/f*.

**footing** [futiŋ] *nm*: **faire du ~** hacer footing.

**forain, e** [fɔʀɛ̃, ɛn] *adj* ferial ♦ *nm/f* (*marchand*) feriante *m/f*; (*bateleur*) saltimbanqui *m*, titiritero(-a).

**forçat** [fɔʀsa] *nm* forzado.

**force** [fɔʀs] *nf* fuerza; (*d'une armée*) potencia; (*intellectuelle, morale*) fortaleza; **~s** *nfpl* (*MIL, physiques*) fuerzas *fpl*; **d'importantes ~s de police** importantes efectivos de la policía; **avoir de la ~** tener fuerza; **ménager ses/reprendre des ~s** ahorrar/ recuperar fuerzas; **être à bout de ~** estar agotado(-a); **c'est au-dessus de mes/ses ~s** supera mis/sus fuerzas; **de toutes mes/ses ~s** con todas mis/sus fuerzas; **à la ~ du poignet** (*fig*) a pulso; **à ~ de critiques/de le critiquer/de faire** a fuerza de críticas/de criticarlo/de hacer; **arriver en ~** llegar en gran número; **de ~** (*prendre, enlever*) a la fuerza; **par la ~** por fuerza; **à toute ~** (*absolument*) a toda costa; **cas de ~ majeure** caso de fuerza mayor; **faire ~ de rames** remar con todas las fuerzas; **être de ~ à faire qch** ser capaz de hacer algo; **dans la ~ de l'âge** en la madurez; **de première ~** de primera; **par la ~ des choses** debido a las circunstancias; **par la ~ de l'habitude** por la fuerza de la costumbre; **la ~** (*ÉLEC*) la energía; **la ~ armée** las fuerzas armadas; **la ~ publique** la fuerza pública; **les ~s de l'ordre** las fuerzas del orden; **c'est une ~ de la nature** (*personne*) es un sansón; **force centrifuge/d'inertie** fuerza centrífuga/ de la inercia; **force d'âme** ánimo, valor *m*; **force de caractère** fuerza de carácter; **force de dissuasion** *ou* **de frappe** fuerza de disuasión; **forces d'intervention** fuerzas de intervención.

**forcé, e** [fɔʀse] *adj* (*rire, attitude*) forzado(-a); (*bain, atterrissage*) forzoso(-a); (*com-

*paraison*) rebuscado(-a); **c'est ~!** ¡es lógico!, ¡es inevitable!

**forcément** [fɔʀsemɑ̃] *adv* (*obligatoirement*) forzosamente; (*bien sûr*) como es lógico; **pas ~** no necesariamente; **il n'est pas ~ bête** no es que sea tonto.

**forcer** [fɔʀse] *vt* forzar; (*AGR*) impulsar el crecimiento de ♦ *vi* esforzarse; **~ qn à qch/à faire qch** obligar a algn a algo/a hacer algo; **se ~ à qch/faire qch** obligarse a algo/a hacer algo; **~ la main à qn** apretarle los tornillos a algn; **~ la dose** cargar la mano; **~ l'allure** aligerar; **~ la décision** determinar la decisión; **~ le destin** ir contra el destino; **~ l'attention** llamar la atención; **~ le respect** imponer el respeto; **~ la consigne** desacatar las órdenes.

**forestier, -ière** [fɔʀɛstje, jɛʀ] *adj* forestal.

**forêt** [fɔʀɛ] *nf* bosque *m*; **Office national des f~s** ≈ ICONA (*Instituto para la conservación de la naturaleza*); **forêt vierge** selva virgen.

**forfait** [fɔʀfɛ] *nm* (*COMM*) ajuste *m*; (*crime*) crimen *m*; **déclarer ~** (*SPORT*) retirarse; **gagner par ~** ganar por incomparecencia; **travailler à ~** trabajar a destajo; **vendre/acheter à ~** vender/comprar a tanto alzado.

**forfaitaire** [fɔʀfɛtɛʀ] *adj* concertado(-a).

**forge** [fɔʀʒ] *nf* forja; (*usine*) herrería.

**forgeron** [fɔʀʒəʀɔ̃] *nm* herrero.

**formaliser** [fɔʀmalize]: **se ~** *vpr* molestarse; **se ~ de qch** molestarse por algo.

**formalité** [fɔʀmalite] *nf* requisito, trámite *m*; **simple ~** mera formalidad *f*.

**format** [fɔʀma] *nm* formato; **petit ~** de tamaño pequeño.

**formater** [fɔʀmate] *vt* formatear; **non formaté** sin formatear.

**formation** [fɔʀmasjɔ̃] *nf* formación *f*; (*apprentissage*) educación *f*; **en ~** (*MIL, AVIAT*) en formación; **la ~ permanente/continue** la formación permanente/continua; **la ~ professionnelle/des adultes** la formación profesional/de adultos.

**forme** [fɔʀm] *nf* forma; (*type*) tipo *m*; **~s** *nfpl* (*manières*) formas *fpl*; **en ~ de poire** con forma de pera; **sous ~ de** en forma de; **être en (bonne/pleine) ~** estar en (buena/plena) forma; **avoir la ~** estar en forma; **en bonne et due ~** con todos los requisitos; **y mettre les ~s** hacer las cosas

como Dios manda; **sans autre ~ de procès** (*fig*) sin más ni más; **pour la ~** para guardar las apariencias; **prendre ~** tomar cuerpo.

**formel, le** [fɔʀmɛl] *adj* (*preuve, décision*) categórico(-a); (*logique*) formal; (*extérieur*) formalista.

**formellement** [fɔʀmɛlmɑ̃] *adv* absolutamente.

**former** [fɔʀme] *vt* formar; (*projet, idée*) concebir; (*caractère, intelligence, goût*) formar, desarrollar; (*lettre etc*) componer; **se former** *vpr* formarse.

**formidable** [fɔʀmidabl] *adj* estupendo(-a).

**formulaire** [fɔʀmylɛʀ] *nm* impreso.

**formule** [fɔʀmyl] *nf* fórmula; (*de vacances, crédit*) sistema *m*; **selon la ~ consacrée** según la expresión consagrada; **formule de politesse** fórmula de cortesía; (*en fin de lettre*) fórmula epistolar.

**fort, e** [fɔʀ, fɔʀt] *adj* (*aussi fig*) fuerte; (*élevé*) alto(-a); (*gros*) grueso(-a); (*quantité*) importante; (*soleil*) intenso(-a) ♦ *adv* (*frapper, serrer, sonner*) con fuerza; (*parler*) alto; (*beaucoup*) mucho; (*très*) muy ♦ *nm* (*édifice, fig*) fuerte *m*; **le(s) fort(s)** (*gén pl: personne, pays*) los fuertes; **être ~ (en)** (*doué*) ser bueno(-a) (en); **c'est un peu ~!** ¡ya es demasiado!, ¡se pasa!; **à plus ~e raison** con mayor motivo; **se faire ~ de faire** comprometerse a hacer; **~ bien/peu** muy bien/poco; **au plus ~ de** en lo más álgido de; **vous aurez ~ à faire pour le convaincre** le costará trabajo convencerle; **~ comme un Turc** fuerte como un toro; **forte tête** rebelde *m/f*.

**forteresse** [fɔʀtəʀɛs] *nf* fortaleza.

**fortifiant, e** [fɔʀtifjɑ̃, jɑ̃t] *adj* fortificante ♦ *nm* reconstituyente *m*.

**fortune** [fɔʀtyn] *nf* fortuna; **des ~s diverses** (*sort*) diversas suertes; **faire ~** hacer fortuna; **de ~** improvisado(-a); **bonne/mauvaise ~** buena/mala fortuna.

**fortuné, e** [fɔʀtyne] *adj* afortunado(-a).

**forum** [fɔʀɔm] *nm*; **forum de discussion** (*INTERNET*) foro de discusión; **participer à un forum de discussion** participar en un foro de discusión.

**fosse** [fos] *nf* fosa; **fosse à purin** depósito de aguas de estiércol; **fosse aux lions/aux ours** foso de los leones/de los osos; **fosse commune** fosa común; **fosse (d'orchestre)** foso (de la orquesta); **fos-**

se **septique** fosa séptica; **fosses nasales** fosas *fpl* nasales.

**fossé** [fose] *nm* zanja; *(fig)* abismo.

**fossette** [fosɛt] *nf* hoyuelo.

**fossile** [fosil] *nm* fósil *m* ♦ *adj*: animal/coquillage ~ animal *m*/concha fósil.

**fou (fol), folle** [fu, fɔl] *adj* loco(-a); *(regard)* extraviado(-a); *(fam: extrême)* inmenso(-a) ♦ *nm/f* loco(-a) ♦ *nm (d'un roi)* bufón *m*; *(ÉCHECS)* alfil *m*; **fou de Bassan** alcatraz *m*; **fou à lier** loco(-a) de atar; **fou furieux/folle furieuse** loco(-a) agresivo(-a); **être fou de** estar loco(-a) por; **fou de chagrin** trastornado(-a) por el dolor; **fou de colère/joie** loco(-a) de ira/alegría; **faire le fou** hacer el tonto *ou* el indio; **avoir le fou rire** tener un ataque de risa; **ça prend un temps fou** *(fam)* esto lleva mucho tiempo; **il a eu un succès fou** *(fam)* tuvo un éxito loco; **herbe folle** hierbajo.

**foudre** [fudʀ] *nf* rayo; **~s** *nfpl (colère)* iras *fpl*; **s'attirer les ~s de qn** ganarse las iras de algn.

**foudroyant, e** [fudʀwajɑ̃, ɑ̃t] *adj* fulminante.

**fouet** [fwɛ] *nm* látigo, fuete *(AM)*, rebenque *(AM)*; *(CULIN)* batidor *m*; **de plein ~** *(heurter)* de frente.

**fouetter** [fwete] *vt* dar latigazos a; *(CULIN, pluie, vagues etc)* batir.

**fougère** [fuʒɛʀ] *nf* helecho.

**fougue** [fug] *nf* fogosidad *f*.

**fougueux, -euse** [fugø, øz] *adj* fogoso(-a).

**fouille** [fuj] *nf (v vt)* cacheo; registro; **~s** *nfpl (archéologiques)* excavaciones *fpl*.

**fouiller** [fuje] *vt (suspect)* cachear; *(local, quartier)* registrar; *(creuser)* excavar; *(approfondir)* ahondar en ♦ *vi (archéologue)* hacer excavaciones; **~ dans/parmi** hurgar en/entre.

**fouillis** [fuji] *nm* revoltijo.

**foulard** [fulaʀ] *nm* pañuelo; *(étoffe)* fular *m*.

**foule** [ful] *nf*: **la ~** la muchedumbre, el gentío; **une ~ énorme/émue** una muchedumbre inmensa/emocionada; **une ~ de** una multitud de; **les ~s** las masas; **venir en ~** *(aussi fig)* llegar en masa.

**foulée** [fule] *nf (SPORT)* zancada; **dans la ~ de** inmediatamente después de.

**fouler** [fule] *vt (écraser)* prensar; *(raisin)* pisar; **se fouler** *vpr (fam)* matarse trabajando; **se ~ la cheville/le bras** torcerse el

tobillo/el brazo; **~ aux pieds** *(fig)* pasar por encima de; **~ le sol de son pays** pisar el suelo de su país.

**foulure** [fulyʀ] *nf* esguince *m*.

**four** [fuʀ] *nm* horno; *(échec)* fracaso; **allant au ~** resistente al horno.

**fourche** [fuʀʃ] *nf* horca; *(de bicyclette)* horquilla; *(d'une route)* bifurcación *f*.

**fourchette** [fuʀʃɛt] *nf* tenedor *m*; *(STATISTIQUE)* gama; **fourchette à dessert** tenedor de postre.

**fourchu, e** [fuʀʃy] *adj (cheveu)* abierto(-a) en las puntas; *(arbre)* bifurcado(-a).

**fourgon** [fuʀgɔ̃] *nm* furgón *m*; **fourgon mortuaire** funeraria.

**fourgonnette** [fuʀgɔnɛt] *nf* furgoneta.

**fourmi** [fuʀmi] *nf* hormiga; **avoir des ~s dans les jambes/mains** *(fig)* tener un hormigueo en las piernas/manos.

**fourmilière** [fuʀmiljɛʀ] *nf (aussi fig)* hormiguero.

**fourmiller** [fuʀmije] *vi (gens)* hormiguear; **~ de** *(lieu)* estar plagado(-a) de.

**fourneau, x** [fuʀno] *nm* horno.

**fourni, e** [fuʀni] *adj (barbe, cheveux)* tupido(-a), poblado(-a); **bien/mal ~ (en)** bien/mal equipado(-a) (en).

**fournir** [fuʀniʀ] *vt* proporcionar; *(effort)* realizar; *(chose)* dar, proporcionar; **se fournir** *vpr*: **se ~ chez** abastecerse en; **~ qch à qn** proporcionar algo a algn; **~ qn en** abastecer a algn de.

**fournisseur, -euse** [fuʀnisœʀ] *nm/f* proveedor(a).

**fournitures** *nfpl* material *msg*.

**fourrage** [fuʀaʒ] *nm* forraje *m*.

**fourré, e** [fuʀe] *adj (bonbon)* relleno(-a); *(manteau, botte)* forrado(-a) ♦ *nm* maleza.

**fourrer** [fuʀe] *(fam)* *vt*: **~ qch dans** meter algo en; **se fourrer** *vpr*: **se ~ dans/sous** meterse en/bajo.

**fourrière** [fuʀjɛʀ] *nf (pour chiens)* perrera; *(voitures)* depósito de coches.

**fourrure** [fuʀyʀ] *nf* piel *f*; **manteau/col de ~** abrigo/cuello de piel.

**foutre** [futʀ] *(fam!)* *vt* = **ficher**.

**foutu, e** [futy] *(fam!)* *adj* = **fichu**.

**foyer** [fwaje] *nm* hogar *m*; *(fig)* foco; *(THÉÂTRE)* vestíbulo; *(d'étudiants etc)* residencia; *(salon)* salón *m*; **lunettes à double ~** gafas *fpl ou* anteojos *mpl (AM)* bifocales.

**fracassant, e** [fʀakasɑ̃, ɑ̃t] *adj (fig)* estrepitoso(-a).

**fraction** [fʀaksjɔ̃] nf fracción f; (MATH) fracción, quebrado; **une ~ de seconde** una fracción de segundo.

**fracture** [fʀaktyʀ] nf (MÉD) fractura; **fracture de la jambe/du crâne** fractura de pierna/de cráneo; **fracture ouverte** fractura abierta.

**fracturer** [fʀaktyʀe] vt (coffre, serrure) forzar; (os, membre) fracturar; **se ~ la jambe/le crâne** fracturarse la pierna/el cráneo.

**fragile** [fʀaʒil] adj (aussi fig) frágil; (santé, personne) delicado(-a).

**fragilité** [fʀaʒilite] nf fragilidad f.

**fragment** [fʀagmɑ̃] nm (d'un objet) fragmento, trozo; (d'un discours) fragmento.

**fraîche** [fʀɛʃ] adj voir frais.

**fraîcheur** [fʀɛʃœʀ] nf (voir frais) frescor m, frescura; lozanía; frialdad f.

**fraîchir** [fʀeʃiʀ] vi refrescar; (vent) levantarse.

**frais, fraîche** [fʀɛ, fʀɛʃ] adj fresco(-a); (teint) lozano(-a); (accueil) frío(-a) ♦ adv: **il fait ~** hace ou está fresco ♦ nm: **mettre au ~** poner en el frigorífico ♦ nmpl (COMM, dépenses) gastos mpl; **le voilà ~!** (iron) ¡va listo!, ¡está arreglado!; **des troupes fraîches** tropas fpl de refresco; **~ et dispos** preparado y listo; **à boire/servir ~** beber/servir frío; **légumes/fruits ~** verduras fpl/frutas fpl frescas; **~ débarqué de sa province** recién llegado de su provincia; **prendre le ~** tomar el fresco; **faire des ~** hacer gasto; **à grands/peu de ~** con mucho/poco gasto; **faire les ~ de** (fig) pagar la factura de; **faire les ~ de la conversation** ser el centro de la conversación; **rentrer dans ses ~** recuperar su dinero; **tous ~ payés** con todos los gastos pagados; **en être pour ses ~** (aussi fig) haber perdido el tiempo; **frais d'entretien** nmpl gastos de mantenimiento; **frais de déplacement/logement** gastos de desplazamiento/alojamiento; **frais de scolarité** gastos de matrícula; **frais fixes/variables** gastos fijos/variables; **frais généraux** gastos generales.

**fraise** [fʀɛz] nf (BOT, TECH) fresa, frutilla (AM); (de dentiste) torno, fresa; **fraise des bois** fresa silvestre.

**framboise** [fʀɑ̃bwaz] nf frambuesa.

**franc, franche** [fʀɑ̃, fʀɑ̃ʃ] adj franco(-a);

(refus, couleur) claro(-a); (coupure) limpio (-a); (intensif) auténtico(-a) ♦ adv: **à parler ~** francamente ♦ nm (monnaie) franco; **~ de port** porte pagado; **ancien ~, ~ léger** franco viejo; **nouveau ~, ~ lourd** franco nuevo; **franc belge/français/suisse** franco belga/francés/suizo.

**français, e** [fʀɑ̃sɛ, ɛz] adj francés(-esa) ♦ nm (LING) francés m ♦ nm/f: **F~, e** francés(-esa); **les F~** los franceses.

**France** [fʀɑ̃s] nf Francia.

**franche** [fʀɑ̃ʃ] adj f voir **franc**.

**franchement** [fʀɑ̃ʃmɑ̃] adv francamente; (tout à fait) realmente; (excl) ¡pero bueno!

**franchir** [fʀɑ̃ʃiʀ] vt (aussi fig) salvar; (seuil) franquear.

**franchise** [fʀɑ̃ʃiz] nf franqueza; (douanière, ASSURANCE) franquicia; (COMM) licencia; **en toute ~** con toda franqueza; **franchise de bagages** franquicia de equipaje.

**franc-maçon** [fʀɑ̃masɔ̃] (pl ~-~s) nm francmasón(-ona).

**franco** [fʀɑ̃ko] adv (COMM): **~ (de port)** porte pagado.

**franco-** [fʀɑ̃ko] préf franco-.

**francophone** [fʀɑ̃kɔfɔn] adj, nm/f francófono(-a).

**franc-parler** [fʀɑ̃paʀle] nm inv franqueza.

**frange** [fʀɑ̃ʒ] nf fleco, franja; (de cheveux) flequillo; (fig) franja.

**frangipane** [fʀɑ̃ʒipan] nf crema almendrada.

**frappant, e** [fʀapɑ̃, ɑ̃t] adj sorprendente.

**frappé, e** [fʀape] adj (vin, café) helado(-a); **~ de** ou **par qch** impresionado(-a) por algo; **~ de panique** presa del pánico; **~ de stupeur** estupefacto(-a).

**frapper** [fʀape] vt golpear; (fig) impresionar; (malheur, impôt) afectar; (monnaie) acuñar; **se frapper** vpr (s'inquiéter, s'étonner) impresionarse; **~ à la porte** llamar a la puerta; **~ dans ses mains** golpear con las manos; **~ du poing sur** dar un puñetazo en; **~ un grand coup** (fig) asestar un duro golpe.

**fraternel, le** [fʀatɛʀnɛl] adj fraterno(-a); (amical) fraterno(-a), amistoso(-a).

**fraternité** [fʀatɛʀnite] nf fraternidad f.

**fraude** [fʀod] nf fraude m; **passer qch en ~** pasar algo fraudulentamente; **fraude électorale/fiscale** fraude electoral/fiscal.

**frayeur** [fʀɛjœʀ] nf pavor m.

**fredonner** [fʀədɔne] vt tararear.

**freezer** [fʀizœʀ] *nm* congelador *m*.

**frein** [fʀɛ̃] *nm* freno; **mettre un ~ à** (*fig*) poner freno a; **sans ~** sin freno; **freins à disques** frenos *mpl* de disco; **frein à main** freno de mano; **freins à tambours** frenos de tambor; **frein moteur** freno motor.

**freiner** [fʀene] *vi* frenar ♦ *vt* frenar, parar.

**frêle** [fʀɛl] *adj* frágil.

**frelon** [fʀəlɔ̃] *nm* abejón *m*.

**frémir** [fʀemiʀ] *vi* estremecerse; (*eau*) empezar a hervir; (*feuille etc*) temblar; **~ d'impatience/de colère** temblar de impaciencia/de ira.

**frêne** [fʀɛn] *nm* fresno.

**fréquemment** [fʀekamɑ̃] *adv* frecuentemente, seguido (*AM*).

**fréquent, e** [fʀekɑ̃, ɑ̃t] *adj* frecuente; (*opposé à rare*) corriente.

**fréquentation** [fʀekɑ̃tasjɔ̃] *nf* frecuentación *f*, trato; **~s** *nfpl* (*relations*): **de bonnes ~s** buenas relaciones; **une mauvaise ~** una mala compañía.

**fréquenté, e** [fʀekɑ̃te] *adj*: **très ~** muy concurrido(-a); **mal ~** frecuentado(-a) por gente indeseable.

**fréquenter** [fʀekɑ̃te] *vt* frecuentar; (*personne*) tratar, frecuentar; (*courtiser*) salir con; **se fréquenter** *vpr* tratarse, frecuentarse.

**frère** [fʀɛʀ] *nm* hermano; (*REL*) hermano, fraile *m*; **partis/pays ~s** partidos *mpl*/ países *mpl* hermanos.

**fresque** [fʀɛsk] *nf* fresco; (*LITT*) retrato.

**fret** [fʀɛ(t)] *nm* flete *m*.

**friand, e** [fʀijɑ̃, fʀijɑ̃d] *adj*: **~ de** entusiasta de ♦ *nm* (*CULIN*) empanadilla; (: *sucré*) empanadilla dulce.

**friandise** [fʀijɑ̃diz] *nf* golosina.

**fric** [fʀik] (*fam*) *nm* pasta.

**friche** [fʀiʃ] : **en ~** *adj*, *adv* (*aussi fig*) inculto(-a).

**friction** [fʀiksjɔ̃] *nf* fricción *f*; (*chez le coiffeur*) masaje *m*; (*TECH*) rozamiento; (*fig*) fricciones *fpl*.

**frigidaire** ® [fʀiʒidɛʀ] *nm* nevera, frigorífico.

**frigo** [fʀigo] *nm* = **frigidaire**.

**frigorifique** [fʀigɔʀifik] *adj* frigorífico(-a).

**frileux, -euse** [fʀilø, øz] *adj* friolero(-a); (*fig*) encogido(-a).

**frimer** [fʀime] (*fam*) *vi* chulear.

**fringale** [fʀɛ̃gal] *nf*: **avoir la ~** tener un hambre canina.

**fringues** [fʀɛ̃g] (*fam*) *nfpl* trapos *mpl*.

**fripé, e** [fʀipe] *adj* arrugado(-a).

**frire** [fʀiʀ] *vt* (*aussi*: **faire ~**) freir ♦ *vi* freirse.

**frisé, e** [fʀize] *adj* rizado(-a); (**chicorée**) **~e** (achicoria) rizada.

**frisson** [fʀisɔ̃] *nm* escalofrío, estremecimiento.

**frissonner** [fʀisɔne] *vi* tiritar, estremecerse; (*fig*) temblar.

**frit, e** [fʀi, fʀit] *pp de* **frire** ♦ *adj* frito(-a); (**pommes**) **~es** patatas *fpl ou* papas *fpl* (*AM*) fritas.

**frite** [fʀit] *nf* patata frita.

**friteuse** [fʀitøz] *nf* freidora; **~ électrique** freidora eléctrica.

**friture** [fʀityʀ] *nf* (*huile*) aceite *m*; (*RADIO*) ruido de fondo; **~s** *nfpl*: **les ~s** los fritos; **~ (de poissons)** fritura (de pescado).

**froid, e** [fʀwa, fʀwad] *adj* (*aussi fig*) frío(-a) ♦ *nm*: **le ~** el frío; (*industrie*) la industria del frío; **il y a un ~ entre eux** hay tirantez entre ellos; **il fait ~** hace frío; **manger/ boire ~** comer/beber frío; **avoir/prendre ~** tener/coger frío; **à ~** en frío; **les grands ~s** los grandes fríos; **jeter un ~** (*fig*) provocar el asombro; **être en ~ avec qn** estar enfadado(-a) con algn; **battre ~ à qn** tratar con frialdad a algn.

**froidement** [fʀwadmɑ̃] *adv* con frialdad.

**froisser** [fʀwase] *vt* arrugar; (*fig*) ofender; **se froisser** *vpr* arrugarse; (*fig*) mosquearse; **se ~ un muscle** distendérsele a algn un músculo.

**frôler** [fʀole] *vt* (*aussi fig*) rozar.

**fromage** [fʀɔmaʒ] *nm* queso; **fromage blanc** queso fresco, requesón *m*; **fromage de tête** queso de cerdo.

**froment** [fʀɔmɑ̃] *nm* trigo.

**froncer** [fʀɔ̃se] *vt* fruncir; **~ les sourcils** fruncir el ceño.

**fronde** [fʀɔ̃d] *nf* honda; (*lance-pierre*) tirachinas *m inv*; **esprit de ~** (*fig*) espíritu *m* crítico.

**front** [fʀɔ̃] *nm* (*ANAT*) frente *f*; (*MIL, MÉTÉO, fig*) frente *m*; **le F~ de libération/lutte pour** el frente de liberación/lucha por; **aller au/être sur le ~** (*MIL*) ir al/estar en el frente; **avoir le ~ de faire qch** tener la cara de hacer algo; **de ~** de frente; (*rouler*) al lado; (*simultanément*) al mismo tiempo; **faire ~ à** hacer frente a; **front de mer**

paseo marítimo.

**frontalier, -ière** [fʀɔ̃talje, jɛʀ] *adj* fronterizo(-a) ♦ *nm/f*: **(travailleurs) ~s** (trabajadores *mpl*) fronterizos *mpl*.

**frontière** [fʀɔ̃tjɛʀ] *nf* (*aussi fig*) frontera; **poste ~** puesto fronterizo; **ville ~** ciudad *f* fronteriza; **à la ~** en la frontera.

**frotter** [fʀɔte] *vi* frotar ♦ *vt* frotar; (*pour nettoyer*) frotar, estregar; (*avec une brosse*) cepillar; **se ~ à qn/qch** (*fig: souvent nég*) acercarse a algn/algo; **~ une allumette** encender una cerilla; **se ~ les mains** (*fig*) frotarse las manos.

**fruit** [fʀɥi] *nm* fruta; **~s** *nmpl* (*fig*) frutos *mpl*; **fruits de mer** mariscos *mpl*; **fruits secs** frutos secos.

**fruité, e** [fʀɥite] *adj* afrutado(-a).

**fruitier, -ière** [fʀɥitje, jɛʀ] *adj*: **arbre ~** árbol *m* frutal ♦ *nm/f* frutero(-a).

**frustrer** [fʀystʀe] *vt* frustrar; **~ qn de qch** privar a algn de algo.

**fuchsia** [fyʃja] *nm* fucsia.

**fuel(-oil)** [fjul(ɔjl)] (*pl* **fuels(-oils)**) *nm* fuel(-oil) *m*.

**fugace** [fygas] *adj* fugaz.

**fugitif, -ive** [fyʒitif, iv] *adj* (*lueur, amour*) efímero(-a); (*prisonnier etc*) fugitivo(-a) ♦ *nm/f* fugitivo(-a).

**fugue** [fyg] *nf* (*aussi MUS*) fuga; **faire une ~** fugarse.

**fuir** [fɥiʀ] *vt* huir ♦ *vi* huir; (*gaz, eau*) escapar; (*robinet*) perder agua; **~ devant l'ennemi** huir ante el enemigo.

**fuite** [fɥit] *nf* huida; (*des capitaux etc*) fuga; (*d'eau*) escape *m*; (*divulgation*) filtración *f*; **être en ~** ser un(a) prófugo(-a); **mettre en ~** ahuyentar; **prendre la ~** escapar, huir.

**fulgurant, e** [fylgyʀɑ̃, ɑ̃t] *adj* fulgurante.

**fumé, e** [fyme] *adj* ahumado(-a).

**fumée** [fyme] *nf* humo; **partir en ~** (*fig*) volverse agua de borrajas.

**fumer** [fyme] *vi* echar humo; (*personne*) fumar ♦ *vt* (*cigarette, pipe*) fumar; (*jambon, poisson*) ahumar; (*terre, champ*) abonar.

**fûmes** [fym] *vb voir* **être**.

**fumeur, -euse** [fymœʀ, øz] *nm/f* fumador(a); **compartiment (pour) ~s/non-~s** compartimento de fumadores/no fumadores.

**fumier** [fymje] *nm* estiércol *m*.

**funérailles** [fyneʀaj] *nfpl* funeral *msg*.

**funiculaire** [fynikylɛʀ] *nm* funicular *m*.

**fur** [fyʀ]: **au ~ et à mesure** *adv* poco a poco; **au ~ et à mesure que** a medida que, conforme; **au ~ et à mesure de leur progression** a medida que avanzan, conforme avanzan.

**furet** [fyʀɛ] *nm* (*ZOOL*) hurón *m*.

**fureter** [fyʀ(ə)te] (*péj*) *vi* husmear, fisgonear.

**fureur** [fyʀœʀ] *nf* furia, cólera; **la ~ du jeu** *etc* la pasión por el juego *etc*; **faire ~** estar en boga, hacer furor.

**furie** [fyʀi] *nf* furia; **en ~** (*aussi fig*) desencadenado(-a).

**furieux, -euse** [fyʀjø, jøz] *adj* furioso(-a); (*combat, tempête*) violento(-a); **être ~ contre qn** estar furioso(-a) con algn.

**furoncle** [fyʀɔ̃kl] *nm* forúnculo.

**furtif, -ive** [fyʀtif, iv] *adj* furtivo(-a).

**fus** [fy] *vb voir* **être**.

**fusain** [fyzɛ̃] *nm* (*BOT*) bonetero; (*ART*) carboncillo.

**fuseau, x** [fyzo] *nm* (*pantalon*) fuso; (*pour filer*) huso; **en ~** (*jambes*) estilizado(-a); (*colonne*) ensanchado(-a) en el centro; **fuseau horaire** huso horario.

**fusée** [fyze] *nf* cohete *m*; (*de feu d'artifice*) volador *m*; **fusée éclairante** bengala.

**fusible** [fyzibl] *nm* fusible *m*.

**fusil** [fyzi] *nm* (*de guerre, à canon rayé*) fusil *m*; (*de chasse, à canon lisse*) escopeta; **fusil à deux coups** escopeta de dos cañones; **fusil sous-marin** fusil submarino.

**fusillade** [fyzijad] *nf* (*bruit*) tiroteo; (*combat*) descarga de fusilería.

**fusiller** [fyzije] *vt* fusilar; **~ qn du regard** fulminar a algn con la mirada.

**fusionner** [fyzjɔne] *vi* fusionarse.

**fût¹** [fy] *vb voir* **être**.

**fût²** [fy] *nm* (*tonneau*) tonel *m*, barril *m*; (*de canon*) caña; (*d'arbre*) tronco; (*de colonne*) fuste *m*.

**futé, e** [fyte] *adj* ladino(-a).

**futile** [fytil] *adj* fútil.

**futur, e** [fytyʀ] *adj* futuro(-a) ♦ *nm*: **le ~** (*LING*) el futuro; (*avenir*) el futuro, el porvenir; **son ~ époux** su futuro marido; **un ~ artiste** un futuro artista; **le ~ de qch/qn** el futuro de algo/algn; **au ~** (*LING*) en futuro; **futur antérieur** futuro perfecto.

**fuyard, e** [fɥijaʀ, aʀd] *nm/f* fugitivo(-a).

## ── G g ──

**gâcher** [gɑʃe] *vt* arruinar, estropear; (*vie*) arruinar; (*argent*) malgastar; (*plâtre, mortier*) amasar.

**gâchis** [gɑʃi] *nm* (*désordre*) lío; (*gaspillage*) despilfarro.

**gaffe** [gaf] *nf* (*instrument*) bichero; (*fam: erreur*) metedura de pata; **faire ~** (*fam*) tener cuidado.

**gag** [gag] *nm* gag *m*.

**gage** [gaʒ] *nm* (*dans un jeu, comme garantie*) prenda; (*fig: de fidélité*) prueba; **~s** *nmpl* (*salaire*) sueldo; **mettre en ~** empeñar; **laisser en ~** dejar en prenda.

**gagnant, e** [gaɲɑ̃, ɑ̃t] *adj*: **billet/numéro ~** billete *m*/número premiado ♦ *adv*: **jouer ~** (*aux courses*) jugar a ganador ♦ *nm/f* (*aux courses*) acertante *m/f*; (*à la loterie*) ganador(a); (*dans un concours*) vencedor(a).

**gagne-pain** [gaɲpɛ̃] *nm inv* medio de vida.

**gagner** [gaɲe] *vt* ganar; (*suj: maladie, feu*) extenderse a; (: *sommeil, faim, fatigue*) apoderarse de; (*envahir*) invadir ♦ *vi* (*être vainqueur*) ganar; **~ qn/l'amitié de qn** (*se concilier*) granjearse a algn/la amistad de algn; **~ du temps/de la place** ganar tiempo/espacio; **~ sa vie** ganarse la vida; **~ du terrain** (*aussi fig*) ganar terreno; **~ qn de vitesse** (*aussi fig*) adelantarse a algn; **~ à faire qch** convenirle a algn hacer algo; **~ en élégance/rapidité** ganar en elegancia/rapidez; **il y gagne** sale ganando.

**gai, e** [ge] *adj* alegre.

**gaiement** [gemɑ̃] *adv* alegremente; (*de bon cœur*) con entusiasmo.

**gaieté** [gete] *nf* alegría; **de ~ de cœur** de buena gana.

**gain** [gɛ̃] *nm* (*revenu*) ingreso; (*bénéfice: gén pl*) ganancias *fpl*; (*avantage*) ventaja; (*lucre*) beneficio; **~ de temps/place** ahorro de tiempo/espacio; **avoir ~ de cause** (*fig*) ganar, tener razón; **obtenir ~ de cause** (*fig*) salirse con la suya; **quel ~ en as-tu tiré?** (*avantage*) ¿qué has ganado con eso?

**gala** [gala] *nm* gala; **soirée de ~** fiesta de gala.

**galant, e** [galɑ̃, ɑ̃t] *adj* galante; (*entreprenant*) galanteador(a); **en ~e compagnie** (*homme*) en gentil compañía; (*femme*) en galante compañía.

**galerie** [galʀi] *nf* galería; (*THÉÂTRE*) palco; (*de voiture*) baca; (*fig: spectateurs*) público, galería; **galerie de peinture** galería de arte; **galerie marchande** centro comercial, galería comercial.

**galet** [gale] *nm* guijarro; (*TECH*) arandela; **~s** *nmpl* guijarros *mpl*.

**galette** [galɛt] *nf* (*gâteau*) roscón *m*; (*crêpe*) crepe *f*, panqueque *m* (*AM*); **galette des Rois** roscón de Reyes.

**galipette** [galipɛt] *nf*: **faire des ~s** hacer piruetas.

**Galles** [gal] *nfpl*: **le pays de ~** el país de Gales.

**gallois, e** [galwa, waz] *adj* galés(-esa) ♦ *nm* (*LING*) galés *m* ♦ *nm/f*: **G~, e** galés(-esa).

**galon** [galɔ̃] *nm* galón *m*; **prendre du ~** (*MIL, fig*) subir en el escalafón.

**galop** [galo] *nm* galope *m*; **au ~** al galope; **galop d'essai** (*fig*) temporada de prueba.

**galoper** [galɔpe] *vi* galopar; (*fig*) ir a galope.

**gambader** [gɑ̃bade] *vi* brincar.

**gamin, e** [gamɛ̃, in] *nm/f* chiquillo(-a), chamaco(-a) (*CAM, MEX*), pibe(-a) (*ARG*), cabro(-a) (*AND, CHI*) ♦ *adj* de chiquillo *ou* chamaco *ou* pibe *ou* cabro.

**gamme** [gam] *nf* (*MUS*) escala; (*fig*) gama.

**gang** [gɑ̃g] *nm* banda.

**gant** [gɑ̃] *nm* guante *m*; **prendre des ~s** (*fig*) actuar con miramiento; **relever le ~** (*fig*) recoger el guante; **gant de toilette** manopla de baño; **gants de boxe/de caoutchouc/de crin** guantes *mpl* de boxeo/de goma/de crin.

**garage** [gaʀaʒ] *nm* garaje *m*; **garage à vélos** garaje de bicicletas.

**garagiste** [gaʀaʒist] *nm/f* (*propriétaire*) dueño(-a) de un garaje; (*mécanicien*) mecánico(-a).

**garantie** [gaʀɑ̃ti] *nf* garantía; (**bon de) ~** (bono de) garantía; **garantie de bonne exécution** garantía de funcionamiento.

**garantir** [gaʀɑ̃tiʀ] *vt* garantizar; (*attester*) asegurar; **~ qch** proteger contra *ou* de algo; **je vous garantis que ...** le garantizo que ...; **garanti pure laine/2 ans** garantizado pura lana/por 2 años.

**garçon** [gaʀsɔ̃] nm niño; **mon/son ~** (fils) mi/su hijo; (célibataire) soltero; (jeune homme) chico; **petit ~** niño; **jeune ~** muchacho; **garçon boucher/coiffeur** aprendiz m de carnicero/de peluquero; **garçon d'écurie** mozo de cuadra; **garçon de bureau** ordenanza m; **garçon de café** camarero; **garçon de courses** recadero; **garçon manqué** medio chico.

**garde** [gaʀd(ə)] nm guardia m; (de domaine etc) guarda m ♦ nf guardia f; (d'une ~ée) guarnición f; (TYPO) guarda: **de ~** adj, adv de guardia; **mettre ~ ~** poner en guardia; **mise en ~** advertencia; **prendre ~ (à)** tener ~uidado (con); **être sur ses ~s** estar en guardia; **monter la ~** montar guardia; **avoir la ~ des enfants** tener la custodia de los hijos; **garde à vue** nf (JUR) ~ción f provisional; **garde ch~** nm guarda rural; **garde ~enfants** nf niñera; **garde d'hon~** escolta; **garde des Sceaux** ~ ministro de Justicia; **garde ~endante** nf guardia saliente; **garde du corps** nm guardaespaldas m inv, guarura m (MEX: fam); **garde forestier** nm guarda forestal; **garde mobile** nm/f policía m/f antidisturbios; **garde montante** nf guardia entrante.

**garde-boue** [gaʀdəbu] nm inv guardabarros m inv.

**garde-chasse** [gaʀdəʃas] (pl **gardes-chasse(s)**) nm guarda m de caza.

**garder** [gaʀde] vt (conserver, personne) mantener; (: sur soi: vêtement, chapeau) quedarse con; (: attitude) conservar; (surveiller: ~unts) cuidar; (: prisonnier, lieu) vigilar; **se garder** vpr (aliment) conservarse; **~ le lit** guardar cama; **~ la chambre** permanecer en la habitación; **~ la ligne** cuidar la línea; **~ le silence** guardar silencio; **~ à vue** (JUR) detener provisionalmente; **se ~ de faire qch** abstenerse de hacer algo; **pêche/chasse gardée** coto de ~ca/caza.

**garderie** [gaʀdəʀi] nf guardería.

**garde-robe** [gaʀdəʀɔb] (pl **~-~s**) nf (meuble) ~eto; (vêtements) guardarropa m.

**gardien, ne** [gaʀdjɛ̃, jɛn] nm/f (garde) vigilante m/f; (de prison) oficial m/f; (de domaine, réserve, cimetière) guarda m/f; (de musée etc) guarda, vigilante; (de phare) farero; (fig: garant) garante m/f; (d'immeuble) portero(-a); **gardien de but** portero,

arquero (esp AM); **gardien de la paix** guardia m del orden público; **gardien de nuit** vigilante de noche.

**gare** [gaʀ] nf estación f ♦ excl: **~ à ... cuida**do con ...; **~ à ne pas ...** ten cuidado de no ...; **~ à toi** cuidado con lo que haces; **sans crier ~** sin avisar; **gare de triage** apartadero; **gare maritime** estación marítima; **gare routière** estación de autobuses; (camions) estacionamiento de camiones.

**garer** [gaʀe] vt aparcar; **se garer** vpr (véhicule, personne) aparcar; (pour laisser passer) apartarse.

**garni, e** [gaʀni] adj (plat) con guarnición ♦ nm (logement) piso amueblado.

**garniture** [gaʀnityʀ] nf (CULIN: légumes) guarnición f, (: persil etc) aderezo; (: farce) relleno; (décoration) adorno; (protection) revestimiento; **garniture de cheminée** juego de chimenea; **garniture de frein** (AUTO) forro de freno; **garniture périodique** compresa.

**gars** [ga] nm (fam: garçon) chico; (homme) tío.

**Gascogne** [gaskɔɲ] nf Gasconia.

**gas-oil** [gazwal] nm gas-oil m

**gaspiller** [gaspije] vt derrochar, malgastar.

**gastronome** [gastʀɔnɔm] nm/f gastrónomo(-a).

**gastronomie** [gastʀɔnɔmi] nf gastronomía.

**gastronomique** [gastʀɔnɔmik] adj: **menu ~** menú m gastronómico.

**gâteau, x** [gato] nm pastel m ♦ adj inv (fam): **papa-/maman-~** padrazo/madraza; **gâteau d'anniversaire** pastel de cumpleaños; **gâteau de riz** pastel de arroz; **gâteau sec** galleta

**gâter** [gate] vt (personne) mimar; (plaisir, vacances) estropear; **se gâter** vpr (dent, fruit) picarse; (temps, situation) empeorar.

**gauche** [goʃ] adj izquierda; (personne, style) torpe ♦ nm (BOXE): **direct du ~** directo de izquierda ♦ nf izquierda; **à ~** a la izquierda; **à (la) ~ de** a la izquierda de; **de ~** (POL) de izquierdas.

**gaucher, -ère** [goʃe, ɛʀ] adj, nm/f zurdo (-a).

**gauchiste** [goʃist] adj, nm/f izquierdista m/f.

**gaufre** [gofʀ] nf (pâtisserie) gofre m; (de cire) panal m.

**gaufrette** [gofʀɛt] *nf* barquillo.

**gaulois, e** [golwa, waz] *adj* galo(-a); *(grivois)* picante ♦ *nm/f:* **G~, e** galo(-a).

**gaz** [gaz] *nm inv* gas *m;* **avoir des ~** tener gases; **mettre les ~** *(AUTO)* pisar el acelerador; **chambre/masque à ~** cámara/máscara de gas; **gaz butane** gas butano; **gaz carbonique** gas carbónico; **gaz de ville** gas ciudad; **gaz en bouteilles** gas en bombonas; **gaz hilarant/lacrymogène** gas hilarante/lacrimógeno; **gaz naturel/propane** gas natural/propano.

**gaze** [gaz] *nf* gasa.

**gazette** [gazɛt] *nf* gaceta.

**gazeux, -euse** [gazø, øz] *adj* gaseoso(-a); **eau/boisson gazeuse** agua/bebida con gas.

**gazoduc** [gazodyk] *nm* gaseoducto.

**gazon** [gazɔ̃] *nm* césped *m;* **motte de ~** cepellón *m.*

**geai** [ʒɛ] *nm* arrendajo.

**géant, e** [ʒeɑ̃, ɑ̃t] *adj* gigante ♦ *nm/f* gigante(-a).

**geindre** [ʒɛ̃dʀ] *vi* gemir.

**gel** [ʒɛl] *nm (temps)* helada; *(de l'eau)* hielo; *(fig)* congelación *f;* *(produit de beauté)* gel *m.*

**gélatine** [ʒelatin] *nf* gelatina.

**gelée** [ʒ(ə)le] *nf (CULIN)* gelatina; *(MÉTÉO)* helada; **viande en ~** carne *f* en gelatina; **gelée blanche** escarcha; **gelée royale** jalea real.

**geler** [ʒ(ə)le] *vt (sol, liquide)* helar; *(ÉCON, aliment)* congelar ♦ *vi (sol, personne)* helarse; **il gèle** hiela.

**gélule** [ʒelyl] *nf* gragea.

**Gémeaux** [ʒemo] *nmpl (ASTROL):* **les ~** Géminis *mpl;* **être (des) ~** ser Géminis.

**gémir** [ʒemiʀ] *vi* gemir.

**gémissement** [ʒemismɑ̃] *nm* gemido.

**gênant, e** [ʒɛnɑ̃, ɑ̃t] *adj (aussi fig)* molesto(-a).

**gencive** [ʒɑ̃siv] *nf* encía.

**gendarme** [ʒɑ̃daʀm] *nm* gendarme *m,* ≈ guardia *m* civil.

**gendarmerie** [ʒɑ̃daʀməʀi] *nf* ≈ Guardia Civil; *(caserne, bureaux)* ≈ cuartel *m* de la Guardia Civil.

**gendre** [ʒɑ̃dʀ] *nm* yerno.

**gêné, e** [ʒene] *adj* embarazoso(-a); *(dépourvu d'argent)* apurado(-a); **tu n'es pas ~!** ¡qué fresco eres!

**gêner** [ʒene] *vt (incommoder)* molestar; *(encombrer)* estorbar; *(déranger)* trastornar; **~ qn** *(embarrasser)* violentar a algn; **se gêner** *vpr* molestarse; **je vais me ~!** *(fam, iron)* ¡no pienso cortarme!; **ne vous gênez pas!** *(fam, iron)* ¡no se corte!

**général, e, -aux** [ʒeneʀal, o] *adj, nm* general ♦ *nf:* *(répétition)* **~e** ensayo general; **en ~** en general; **à la satisfaction ~e** con la satisfacción unánime; **à la demande ~e** a petición general; **assemblée/grève ~e** asamblea/huelga general; **culture/médecine ~e** cultura/medicina general.

**généralement** [ʒeneʀalmɑ̃] *adv (communément)* al nivel general; *(habituellement)* generalmente; **~ parlant** en términos generales.

**généraliser** [ʒeneʀalize] *vt, vi* generalizar; **se généraliser** *vpr* generalizarse.

**généraliste** [ʒeneʀalist] *nm* médico general.

**génération** [ʒeneʀasjɔ̃] *nf* generación *f.*

**généreux, -euse** [ʒeneʀø, øz] *adj* generoso(-a).

**générique** [ʒeneʀik] *adj* genérico(-a) ♦ *nm (CINÉ, TV)* ficha técnica.

**générosité** [ʒeneʀozite] *nf* generosidad *f.*

**genêt** [ʒ(ə)nɛ] *nm* retama.

**génétique** [ʒenetik] *adj* genético(-a) ♦ *nf* genética.

**Genève** [ʒ(ə)nɛv] *n* Ginebra.

**génial, e, -aux** [ʒenjal, jo] *adj (aussi fam)* genial.

**génie** [ʒeni] *nm* genio; **le ~** *(MIL)* el cuerpo de ingenieros; **de ~** genial; **bon/mauvais ~** espíritu *m* favorable/maligno; **avoir du ~** ser un genio; **génie civil** cuerpo de ingeniería civil.

**genièvre** [ʒənjɛvʀ] *nm (BOT, CULIN)* enebro; *(boisson)* ginebra; **grain de ~** enebrina.

**génisse** [ʒenis] *nf* ternera; **foie de ~** hígado de ternera.

**génital, e, -aux** [ʒenital, o] *adj* genital.

**génoise** [ʒenwaz] *nf* bizcocho.

**genou, x** [ʒ(ə)nu] *nm* rodilla; **à ~x** de rodillas; **se mettre à ~x** ponerse de rodillas; **prendre qn sur ses ~x** poner a algn encima de sus rodillas.

**genre** [ʒɑ̃ʀ] *nm* género; *(allure)* estilo; **se donner un ~** darse tono; **avoir bon/mauvais ~** *(allure)* tener buena/mala presencia; *(éducation)* tener buenos/malos modales.

**gens** [ʒã] nmpl, parfois nfpl gente f; **de braves ~** buena gente; **de vieilles ~** ancianos; **les ~ d'Église** el clero; **les ~ du monde** la gente mundana; **jeunes ~** jóvenes mpl; **gens de maison** servidumbre f.

**gentil, le** [ʒãti, ij] adj (aimable) amable; (enfant) bueno(-a); (endroit etc) agradable; (intensif) encantador(a); **c'est très ~ à vous** es muy amable de su parte.

**gentillesse** [ʒãtijɛs] nf (v adj) amabilidad f; bondad f; lo agradable; encanto.

**gentiment** [ʒãtimã] adv con amabilidad.

**géographie** [ʒeografi] nf geografía.

**géologie** [ʒeɔlɔʒi] nf geología.

**géomètre** [ʒeɔmɛtʀ] nm/f: (arpenteur-)~ agrimensor(a).

**géométrie** [ʒeɔmetʀi] nf geometría; **à ~ variable** (AVIAT) de geometría variable.

**géométrique** [ʒeɔmetʀik] adj geométrico(-a).

**géranium** [ʒeʀanjɔm] nm geranio.

**gérant, e** [ʒeʀã, ãt] nm/f gerente m/f; **gérant d'immeuble** administrador(a) de fincas.

**gerbe** [ʒɛʀb] nf (de fleurs) ramo; (de blé) gavilla; (d'eau) chorro; (de particules) haz m; (d'étincelles) lluvia.

**gercé, e** [ʒɛʀse] adj agrietado(-a).

**gerçure** [ʒɛʀsyʀ] nf grieta.

**gérer** [ʒeʀe] vt administrar.

**germain, e** [ʒɛʀmɛ̃, ɛn] adj voir **cousin**.

**germe** [ʒɛʀm] nm germen m; (pousse) brote m.

**germer** [ʒɛʀme] vi germinar.

**gérondif** [ʒeʀɔ̃dif] nm gerundio.

**geste** [ʒɛst] nm gesto; **s'exprimer par ~s** expresarse mediante gestos; **faire un ~ de refus** hacer un ademán de desaprobación; **il fit un ~ de la main pour m'appeler** me llamó con la mano; **ne faites pas un ~** no haga ni el menor gesto.

**gestion** [ʒɛstjɔ̃] nf gestión f; **gestion de fichier(s)** (INFORM) gestión de fichero(s).

**gibier** [ʒibje] nm caza; (fig) presa.

**gicler** [ʒikle] vi brotar.

**gifle** [ʒifl] nf bofetada.

**gifler** [ʒifle] vt abofetear.

**gigantesque** [ʒigãtɛsk] adj gigantesco(-a).

**gigot** [ʒigo] nm pierna.

**gigoter** [ʒigɔte] vi patalear.

**gilet** [ʒile] nm (de costume) chaleco; (tricot) chaqueta (de punto); (sous-vêtement) camiseta; **gilet de sauvetage** chaleco salvavidas; **gilet pare-balles** chaleco antibalas.

**gin** [dʒin] nm ginebra.

**gingembre** [ʒẽʒãbʀ] nm jenjibre m.

**girafe** [ʒiʀaf] nf jirafa.

**giratoire** [ʒiʀatwaʀ] adj: **sens ~** sentido giratorio.

**girofle** [ʒiʀɔfl] nf: **clou de ~** clavo.

**girouette** [ʒiʀwɛt] nf veleta.

**gitan, e** [ʒitã, an] nm/f gitano(-a).

**gîte** [ʒit] nm (maison) morada; (du lièvre) cama; **~ rural** casa de turismo rural.

**givre** [ʒivʀ] nm escarcha.

**givré, e** [ʒivʀe] adj: **citron/orange ~(e)** limón m escarchado/naranja escarchada; (fam) tronado(-a).

**glace** [glas] nf hielo; (crème glacée) helado; (verre) cristal m; (miroir) espejo; (de voiture) ventanilla; **~s** nfpl (GÉO) hielos mpl; **de ~** (fig) frío(-a); **il est resté de ~** ni se inmutó; **rompre la ~** (fig) romper el hielo.

**glacé, e** [glase] adj helado(-a); (fig) frío(-a).

**glacer** [glase] vt (lac, eau) helar; (refroidir) enfriar; (CULIN, papier, tissu) glasear; **~ qn** (fig) dejar helado(-a) a algn.

**glacial, e** [glasjal] adj glacial.

**glacier** [glasje] nm (GÉO) glaciar m; (marchand) heladero; **glacier suspendu** glaciar suspendido.

**glacière** [glasjɛʀ] nf nevera.

**glaçon** [glasɔ̃] nm témpano; (pour boisson) cubito de hielo.

**glaïeul** [glajœl] nm gladiolo.

**glaise** [glɛz] nf greda.

**gland** [glã] nm (de chêne) bellota; (décoration) borla; (ANAT) glande m.

**glande** [glãd] nf glándula.

**glissade** [glisad] nf (par jeu) deslizamiento; (chute) resbalón m; **faire des ~s** deslizarse.

**glissant, e** [glisã, ãt] adj resbaladizo(-a).

**glissement** [glismã] nm (aussi fig) deslizamiento; **glissement de terrain** corrimiento de tierra.

**glisser** [glise] vi resbalar; (patineur, fig) deslizarse ♦ vt (introduire: erreur, citation) deslizar; (mot, conseil) decir discretamente; **se glisser** vpr (erreur etc) deslizarse; **~ qch sous/dans** meter algo bajo/en; **~ sur** (détail, fait) pasar por alto; **se ~ dans/entre** (personne) deslizarse ou escurrirse en/entre.

**global, e, -aux** [glɔbal, o] adj global.

**globe** [glɔb] nm globo; (d'une pendule) fanal *m*; (*d'un objet*) campana de cristal; **sous ~** (*fig*) en una urna; **globe oculaire/terrestre** globo ocular/terrestre.

**globule** [glɔbyl] *nm* glóbulo.

**gloire** [glwaʀ] *nf* gloria; (*mérite*) mérito; (*personne*) celebridad *f*.

**glossaire** [glɔsɛʀ] *nm* glosario.

**glousser** [gluse] *vi* cloquear; (*rire*) reír ahogadamente.

**glouton, ne** [glutɔ̃, ɔn] *adj* glotón(-ona).

**gluant, e** [glyɑ̃, ɑ̃t] *adj* pegajoso(-a).

**glucose** [glykoz] *nm* glucosa.

**glycine** [glisin] *nf* glicina.

**GO** [ʒeo] *sigle fpl* (= *grandes ondes*) OL ♦ *sigle m* (= *gentil organisateur*) animador turístico del Club Mediterráneo.

**go** [go]: **tout de ~** *adv* de sopetón.

**goal** [gol] *nm* portero, guardameta *m*.

**gobelet** [gɔblɛ] *nm* cubilete *m*.

**goéland** [gɔelɑ̃] *nm* gaviota.

**goélette** [gɔelɛt] *nf* goleta.

**goinfre** [gwɛ̃fʀ] *adj, nm/f* tragón(-ona).

**golf** [gɔlf] *nm* golf *m*; **golf miniature** minigolf *m*.

**golfe** [gɔlf] *nm* golfo; **golfe d'Aden/de Gascogne/du Lion** golfo de Adén/de Vizcaya/de León; **golfe Persique** golfo Pérsico.

**gomme** [gɔm] *nf* (*à effacer*) goma (de borrar); (*résine*) resina; **boule** *ou* **pastille de ~** gominola.

**gommer** [gɔme] *vt* (*aussi fig*) borrar; (*enduire de gomme*) engomar; (*détails etc*) atenuar.

**gonflé, e** [gɔ̃fle] *adj* hinchado(-a); **être ~** (*fam*) tener jeta.

**gonfler** [gɔ̃fle] *vt* hinchar ♦ *vi* hincharse; (*CULIN, pâte*) inflarse.

**gonzesse** [gɔ̃zɛs] (*fam*) *nf* tía (!).

**gorge** [gɔʀʒ] *nf* garganta; (*poitrine*) pecho; (*GÉO*) garganta, desfiladero; (*rainure*) ranura; **avoir mal à la ~** tener dolor de garganta; **avoir la ~ serrée** tener un nudo en la garganta.

**gorgée** [gɔʀʒe] *nf* trago; **boire à petites/ grandes ~s** beber a pequeños/grandes tragos.

**gorille** [gɔʀij] *nm* (*aussi fam*) gorila.

**gosse** [gɔs] *nm/f* chiquillo(-a), chamaco(-a) (*CAM, MEX*), pibe(-a) (*ARG*), cabro(-a) (*AND, CHI*).

**gothique** [gɔtik] *adj* gótico(-a); **gothique flamboyant** gótico flamígero.

**goudron** [gudʀɔ̃] *nm* alquitrán *m*.

**goudronner** [gudʀɔne] *vt* alquitranar.

**gouffre** [gufʀ] *nm* sima, precipicio; (*fig*) abismo.

**goulot** [gulo] *nm* cuello; **boire au ~** beber a morro.

**goulu, e** [guly] *adj* glotón(-ona).

**gourde** [guʀd] *nf* (*récipient*) cantimplora; (*fam*) zoquete *m/f*.

**gourdin** [guʀdɛ̃] *nm* porra.

**gourmand, e** [guʀmɑ̃, ɑ̃d] *adj* goloso(-a).

**gourmandise** [guʀmɑ̃diz] *nf* gula; (*bonbon*) golosina.

**gourmet** [guʀmɛ] *nm* gastrónomo(-a).

**gousse** [gus] *nf* vaina; **gousse d'ail** diente *m* de ajo.

**goût** [gu] *nm* gusto, sabor *m*; (*fig*) gusto; **~s** *nmpl*: **chacun ses ~s** cado uno tiene sus gustos; **le (bon) ~** el (buen) gusto; **de bon/mauvais ~** de buen/mal gusto; **avoir du/manquer de ~** tener/no tener gusto; **avoir bon/mauvais ~** (*aliment*) saber bien/mal; (*personne*) tener mucho/poco gusto; **avoir du ~ pour** tener inclinación por; **prendre ~ à** aficionarse a.

**goûter** [gute] *vt* (*aussi:* **~ à**: *essayer*) probar; (*apprécier*) apreciar ♦ *vi* merendar ♦ *nm* merienda; **~ de qch** probar algo; **goûter d'anniversaire/d'enfants** merienda de cumpleaños/de niños.

**goutte** [gut] *nf* gota; (*alcool*) aguardiente *m*; **~s** *nfpl* (*MÉD*) gotas *fpl*; **tomber ~ à ~** caer gota a gota.

**goutte-à-goutte** [gutagut] *nm inv* bomba de perfusión; **alimenter au ~-~-~** alimentar gota a gota.

**gouttelette** [gut(ə)lɛt] *nf* gotita.

**gouttière** [gutjɛʀ] *nf* canalón *m*.

**gouvernail** [guvɛʀnaj] *nm* timón *m*.

**gouvernement** [guvɛʀnəmɑ̃] *nm* gobierno; **membre du ~** miembro del gobierno.

**gouverner** [guvɛʀne] *vt* gobernar; (*fig: acte, émotion*) dominar.

**grâce** [gʀɑs] *nf* gracia; (*faveur*) favor *m*; (*JUR*) indulto; **~s** *nfpl* (*REL*) gracias *fpl*; **de bonne/mauvaise ~** de buena/mala gana; **dans les bonnes ~s de qn** con el beneplácito de algn; **faire ~ à qn de qch** perdonar algo a algn; **rendre ~(s) à** dar las gracias a; **demander ~** pedir perdón; **droit de/recours en ~** (*JUR*) derecho de/ recurso de indulto; **~ à** gracias a.

**gracieux, -euse** [gʀasjø, jøz] *adj* elegante; (*charmant, élégant*) encantador(a); (*aimable*) amable; **à titre ~** con carácter gratuito; **concours ~** colaboración *f* desinteresada.

**grade** [gʀad] *nm* grado; **monter en ~** ascender de grado.

**gradin** [gʀadɛ̃] *nm* grada; **~s** *nmpl* (*de stade*) gradas *fpl*; **en ~s** en gradas.

**gradué, e** [gʀadɥe] *adj* graduado(-a); (*exercices*) progresivo(-a).

**graduel, le** [gʀadɥɛl] *adj* gradual.

**graduer** [gʀadɥe] *vt* graduar; (*effort*) dosificar.

**graffiti** [gʀafiti] *nmpl* grafiti *mpl*.

**grain** [gʀɛ̃] *nm* grano; (*de chapelet*) cuenta; (*averse*) aguacero; **un ~ de** (*fig*) una pizca de; **mettre son ~ de sel** (*fam*) meter la nariz; **grain de beauté** lunar *m*; **grain de café/de poivre** grano de café/de pimienta; **grain de poussière** mota de polvo; **grain de raisin** uva; **grain de sable** (*fig*) minucia.

**graine** [gʀɛn] *nf* semilla; **mauvaise ~** (*fig*) mala hierba; **une ~ de voyou** un macarra en ciernes.

**graissage** [gʀesaʒ] *nm* engrase *m*.

**graisse** [gʀes] *nf* grasa.

**graisser** [gʀese] *vt* engrasar; (*tacher*) manchar de grasa.

**graisseux, -euse** [gʀesø, øz] *adj* grasiento(-a); (*ANAT*) adiposo(-a).

**grammaire** [gʀa(m)mɛʀ] *nf* gramática.

**gramme** [gʀam] *nm* gramo.

**grand, e** [gʀɑ̃, gʀɑ̃d] *adj* grande; (*avant le nom*) gran; (*haut*) alto(-a); (*fil, voyage, période*) largo(-a) ♦ *adv*: **~ ouvert** abierto de par en par; **voir ~** pensar a otro nivel; **de ~ matin** de madrugada; **en ~** en grande; **un ~ homme/artiste** un gran hombre/artista; **avoir ~ besoin de** tener mucha necesidad de; **il est ~ temps de** ya es hora de; **son ~ frère** su hermano mayor; **il est assez ~ pour** ya es bastante mayor para, ya tiene años para; **au ~ air** al aire libre; **au ~ jour** (*fig*) en pleno día, en plena luz; **grand blessé/brûlé** herido/quemado grave; **grand écart** spagat *m*; **grand ensemble** gran barriada; **grande personne** persona mayor; **grandes écoles** *universidades de élite francesas;* **grandes lignes** líneas *fpl* principales; **grande surface** hipermercado; **grandes vacan-**ces vacaciones *fpl* de verano; **grand livre** (*COMM*) libro mayor; **grand magasin** grandes almacenes *mpl*; **grand malade/mutilé** enfermo/mutilado grave; **grand public** gran público.

**grandes écoles**

*Las **grandes écoles** son centros de estudios superiores muy prestigiosos que preparan a los estudiantes para el ejercicio de profesiones específicas. Sólo los estudiantes que han finalizado dos años de "classes préparatoires" que siguen al "baccalauréat" pueden presentarse al examen selectivo de acceso a las mismas. Las **grandes écoles** tienen una fuerte identidad corporativa y de ellas se alimenta en gran medida la élite intelectual, administrativa y política francesa.*

**grand-chose** [gʀɑ̃ʃoz] *nm/f inv*: **pas ~-~** poca cosa.

**Grande-Bretagne** [gʀɑ̃dbʀətaɲ] *nf* Gran Bretaña.

**grandeur** [gʀɑ̃dœʀ] *nf* tamaño; (*mesure, quantité, aussi fig*) magnitud *f*; (*gloire, puissance*) grandeza; **~ nature** *adj* tamaño natural.

**grandiose** [gʀɑ̃djoz] *adj* grandioso(-a).

**grandir** [gʀɑ̃diʀ] *vi* (*enfant, arbre*) crecer; (*bruit, hostilité*) aumentar ♦ *vt*: **~ qn** (*suj: vêtement, chaussure*) hacer más alto(-a) a algn; (*fig*) ennoblecer a algn.

**grand-mère** [gʀɑ̃mɛʀ] (*pl* ~(s)-~s) *nf* abuela.

**grand-oncle** [gʀɑ̃tɔ̃kl(ə)] (*pl* ~s-~s) *nm* tío abuelo.

**grand-peine** [gʀɑ̃pɛn]: **à ~-~** *adv* a duras penas.

**grand-père** [gʀɑ̃pɛʀ] (*pl* ~s-~s) *nm* abuelo.

**grand-rue** [gʀɑ̃ʀy] (*pl* ~-~s) *nf* calle *f* mayor.

**grands-parents** [gʀɑ̃paʀɑ̃] *nmpl* abuelos *mpl*.

**grand-tante** [gʀɑ̃tɑ̃t] (*pl* ~(s)-~s) *nf* tía abuela.

**grange** [gʀɑ̃ʒ] *nf* granero.

**granit** [gʀanit] *nm* granito.

**graphique** [gʀafik] *adj* gráfico(-a) ♦ *nm* gráfico.

**grappe** [gʀap] *nf* (*BOT*) racimo; (*fig*) piña;

**grappe de raisin** racimo de uvas.

**gras, se** [gʀɑ, gʀɑs] *adj* (*viande, soupe*) graso(-a); (*personne*) gordo(-a); (*surface, cheveux*) grasiento(-a); (*terre*) viscoso(-a); (*toux*) flemático(-a); (*rire*) ordinario(-a); (*plaisanterie*) grosero(-a); (*crayon*) grueso(-a); (*TYPO*) en negrita ♦ *nm* (*CULIN*) gordo; **faire la ~se matinée** levantarse tarde.

**grassement** [gʀɑsmɑ̃] *adv*: **~ payé** largamente pagado; (*rire*) de manera ordinaria.

**gratifiant, e** [gʀatifjɑ̃, jɑ̃t] *adj* gratificante.

**gratin** [gʀatɛ̃] *nm* gratín *m*; **au ~** gratinado(-a); **tout le ~ parisien** (*fig*) la flor y nata parisina.

**gratiné, e** [gʀatine] *adj* gratinado(-a); (*fam*) espantoso(-a).

**gratis** [gʀatis] *adv*, *adj* gratis.

**gratitude** [gʀatityd] *nf* gratitud *f*.

**gratte-ciel** [gʀatsjɛl] *nm inv* rascacielos *m inv*.

**gratter** [gʀate] *vt* (*frotter*) raspar; (*enlever*) quitar, borrar; (*bras, bouton*) rascar; **se gratter** *vpr* rascarse.

**gratuit, e** [gʀatɥi, ɥit] *adj* (*aussi fig*) gratuito(-a).

**gratuitement** [gʀatɥitmɑ̃] *adv* gratuitamente.

**grave** [gʀav] *adj* grave; (*sujet, problème*) grave, serio(-a) ♦ *nm* (*MUS*) grave *m*; **ce n'est pas ~!** ¡no importa!; **blessé ~** herido grave.

**gravement** [gʀavmɑ̃] *adv* gravemente.

**graver** [gʀave] *vt* grabar; **~ qch dans son esprit/sa mémoire** (*fig*) grabar algo en su alma/su memoria.

**gravier** [gʀavje] *nm* grava.

**gravillons** [gʀavijɔ̃] *nmpl* gravilla.

**gravir** [gʀaviʀ] *vt* subir.

**gravité** [gʀavite] *nf* (*aussi PHYS*) gravedad *f*.

**graviter** [gʀavite] *vi* (*aussi fig*): **~ autour de** gravitar alrededor de.

**gravure** [gʀavyʀ] *nf* grabado *m*.

**gré** [gʀe] *nm*: **à son ~** a su gusto; **au ~ de** a merced de; **contre le ~ de qn** contra la voluntad de algn; **de son (plein) ~** por su propia voluntad; **de ~ ou de force** por las buenas o por las malas; **de bon ~** con mucho gusto; **il faut le faire bon ~ mal ~** hay que hacerlo, queramos o no; **de ~ à ~** (*COMM*) de común acuerdo; **savoir ~ à qn de qch** estar agradecido(-a) a algn por algo.

**grec, grecque** [gʀɛk] *adj* griego(-a) ♦ *nm* (*LING*) griego ♦ *nm/f*: **G~, Grecque** griego(-a).

**Grèce** [gʀɛs] *nf* Grecia.

**greffe** [gʀɛf] *nf* (*AGR*) injerto; (*MÉD*) tra(n)splante *m* ♦ *nm* (*JUR*) archivo; **greffe du rein** transplante de riñón.

**greffer** [gʀefe] *vt* (*tissu*) injertar; (*organe*) transplantar; **se greffer** *vpr*: **se ~ sur qch** incorporarse a algo.

**grêle** [gʀɛl] *adj* flaco(-a) ♦ *nf* granizo.

**grêler** [gʀele] *vb impers*: **il grêle** graniza.

**grêlon** [gʀelɔ̃] *nm* granizo.

**grelot** [gʀəlo] *nm* cascabel *m*.

**grelotter** [gʀələte] *vi* tiritar.

**Grenade** [gʀənad] *nf* (*ville, île*) Granada.

**grenade** [gʀənad] *nf* granada; **grenade lacrymogène** bomba lacrimógena.

**grenadine** [gʀənadin] *nf* granadina.

**grenier** [gʀənje] *nm* (*de maison*) desván *m*, altillo (*AM*), entretecho (*AM*); (*de ferme*) granero.

**grenouille** [gʀənuj] *nf* rana.

**grès** [gʀɛ] *nm* (*roche*) arenisca; (*poterie*) gres *msg*.

**grève** [gʀɛv] *nf* huelga; (*plage*) playa; **se mettre en/faire ~** declararse en/hacer huelga; **grève bouchon** huelga parcial; **grève de la faim** huelga de hambre; **grève de solidarité** huelga de solidaridad; **grève du zèle** huelga de celo; **grève perlée/sauvage** huelga intermitente/salvaje; **grève sur le tas** huelga de brazos caídos; **grève surprise/tournante** huelga sorpresa/escalonada.

**gréviste** [gʀevist] *nm/f* huelguista *m/f*.

**grièvement** [gʀijɛvmɑ̃] *adv* gravemente; **~ blessé/atteint** herido/alcanzado de gravedad.

**griffe** [gʀif] *nf* garra; (*fig: d'un couturier, parfumeur*) marca.

**griffer** [gʀife] *vt* arañar.

**grignoter** [gʀiɲɔte] *vt* roer; (*argent, temps*) consumir ♦ *vi* (*manger peu*) picar; **il lui a grignoté quelques secondes** (*SPORT*) consiguió arrancarle unos segundos.

**gril** [gʀil] *nm* parrilla.

**grillade** [gʀijad] *nf* carne *f* a la parrilla, asado (*AM*).

**grillage** [gʀijaʒ] *nm* (*treillis*) reja; (*clôture*) alambrada.

**grille** [gʀij] *nf* reja; (*fig*) red *f*; **grille (des**

programmes) (*RADIO, TV*) parrilla (de programación); **grille des salaires** cuadro de salarios.

**grille-pain** [gʀijpɛ̃] *nm inv* tostador *m* de pan.

**griller** [gʀije] *vt* (*aussi:* **faire ~:** *pain, café*) tostar; (: *viande*) asar; (*ampoule, résistance*) fundir; (*feu rouge*) saltar ♦ *vi* (*brûler*) asarse.

**grillon** [gʀijɔ̃] *nm* grillo.

**grimace** [gʀimas] *nf* mueca; **faire des ~s** hacer muecas.

**grimper** [gʀɛ̃pe] *vt* trepar a *ou* por ♦ *vi* empinarse; (*prix, nombre*) subir; (*SPORT*) escalar ♦ *nm*: **le ~** (*SPORT*) la cuerda; **~ à/sur** trepar a/por.

**grincer** [gʀɛ̃se] *vi* (*porte, roue*) chirriar; (*plancher*) crujir; · **des dents** rechinar los dientes.

**grincheux, -euse** [gʀɛ̃ʃø, øz] *adj* cascarrabias.

**grippe** [gʀip] *nf* gripe *f*; **avoir la ~** tener gripe; **prendre qn/qch en ~** (*fig*) coger manía a algn/algo.

**grippé, e** [gʀipe] *adj*: **être ~** estar griposo(-a); (*moteur*) estar gripado(-a).

**gris, e** [gʀi, gʀiz] *adj* gris inv; (*ivre*) alegre ♦ *nm* gris *msg*; **il fait ~** está nublado; **faire ~e mine (à qn)** poner mala cara (a algn); **~ perle** gris perla.

**grisaille** [gʀizaj] *nf* gris *msg*.

**griser** [gʀize] *vt* (*fig*) embriagar; **se ~ de** (*fig*) embriagarse de.

**grive** [gʀiv] *nf* tordo.

**grivois, e** [gʀivwa, waz] *adj* atrevido(-a).

**Groenland** [gʀɔɛnlɑ̃d] *nm* Groenlandia.

**grogner** [gʀɔɲe] *vi* gruñir; (*personne*) gruñir, refunfuñar.

**grognon, ne** [gʀɔɲɔ̃, ɔn] *adj* gruñón (-ona).

**grommeler** [gʀɔm(ə)le] *vi* mascullar.

**gronder** [gʀɔ̃de] *vi* (*canon, tonnerre*) retumbar; (*animal*) gruñir; (*fig*) amenazar con estallar ♦ *vt* regañar.

**gros, se** [gʀo, gʀos] *adj* (*personne*) gordo (-a); (*paquet, problème, fortune*) gran, grande; (*travaux, dégâts*) importante; (*commerçant*) acaudalado(-a); (*orage, bruit*) fuerte; (*trait, fil*) grueso(-a) ♦ *adv*: **risquer/gagner ~** arriesgar/ganar mucho ♦ *nm* (*COMM*): **le ~** el por mayor; **écrire ~** escribir grueso; **en ~** en líneas generales; **prix de/vente en ~** precio/venta al por mayor; **par ~ temps** con temporal; **par ~se mer** con mar gruesa; **le ~ de** (*troupe, fortune*) el grueso de; **en avoir ~ sur le cœur** estar con el corazón muy triste; **gros intestin** intestino grueso; **gros lot** premio gordo; **gros mot** palabrota; **gros œuvre** (*CONSTR*) obra bruta; **gros plan** (*PHOTO*) primer plano; **en ~ plan** en primer plano; **gros porteur** (*AVIAT*) avión *m* de gran capacidad; **grosse caisse** (*MUS*) bombo; **gros sel** sal *f* gorda; **gros titre** (*PRESSE*) titular *m*.

**groseille** [gʀozɛj] *nf* grosella; **groseille à maquereau** grosella espinosa; **groseille (blanche/rouge)** grosella (blanca/roja).

**grosse** [gʀos] *adj voir* **gros** ♦ *nf* (*COMM*) gruesa.

**grossesse** [gʀosɛs] *nf* embarazo; **grossesse nerveuse** falso embarazo.

**grosseur** [gʀosœʀ] *nf* (*d'une personne*) gordura; (*d'un paquet*) tamaño; (*d'un trait*) grosor *m*; (*tumeur*) bulto.

**grossier, -ière** [gʀosje, jɛʀ] *adj* (*vulgaire*) grosero(-a); (*laine*) basto(-a); (*travail, finition*) tosco(-a); (*erreur*) burdo(-a), craso (-a).

**grossièrement** [gʀosjɛʀmɑ̃] *adv* groseramente; toscamente; (*en gros, à peu près*) aproximadamente; **il s'est ~ trompé** ha cometido un craso error.

**grossièreté** [gʀosjɛʀte] *nf* grosería.

**grossir** [gʀosiʀ] *vi* engordar; (*fig*) aumentar; (*rivière, eaux*) crecer ♦ *vt* (*suj: vêtement*): **~ qn** hacer gordo a algn; (*nombre, importance*) aumentar; (*histoire, erreur*) exagerar.

**grossiste** [gʀosist] *nm/f* (*COMM*) mayorista *m/f*.

**grotesque** [gʀɔtɛsk] *adj* grotesco(-a).

**grotte** [gʀɔt] *nf* gruta.

**groupe** [gʀup] *nm* grupo; **médecine/ thérapie de ~** medicina/terapia de grupo; **groupe de pression** grupo de presión; **groupe électrogène** grupo electrógeno; **groupe sanguin/scolaire** grupo sanguíneo/escolar.

**grouper** [gʀupe] *vt* agrupar; **se grouper** *vpr* agruparse.

**grue** [gʀy] *nf* grúa; (*ZOOL*) grulla; **faire le pied de ~** (*fam*) estar de plantón.

**guépard** [gepaʀ] *nm* guepardo.

**guêpe** [gɛp] *nf* avispa.

**guère** [gɛʀ] *adv* (*avec adjectif, adverbe*): **ne**

... ~ poco; (*avec verbe*) poco, apenas; **tu n'es ~ raisonnable** eres poco razonable; **il ne la connaît ~** apenas la conoce; **il n'y a ~ de** apenas hay; **il n'y a ~ que toi qui puisse le faire** apenas hay otro que puede hacerlo más que tú.

**guérilla** [geʀija] *nf* guerrilla.

**guérillero** [geʀijeʀo] *nm* guerrillero.

**guérir** [geʀiʀ] *vt* curar ♦ *vi* (*personne, chagrin*) curarse; (*plaie*) curarse, sanar; **~ de** (*MÉD, fig*) curar de; **~ qn de** curar a algn de.

**guérison** [geʀizɔ̃] *nf* curación *f*.

**guérisseur, -euse** [geʀisœʀ, øz] *nm/f* curandero(-a).

**guerre** [geʀ] *nf* guerra; **~ atomique/de tranchées/d'usure** guerra atómica/de trincheras/de desgaste; **en ~** en guerra; **faire la ~ à** hacer la guerra a; **de ~ lasse** (*fig*) cansado(-a) de luchar; **de bonne ~** legítimo(-a); **guerre civile** guerra civil; **guerre de religion** guerra de religión; **guerre froide/mondiale** guerra fría/mundial; **guerre sainte** guerra santa; **guerre totale** guerra total.

**guerrier, -ière** [geʀje, jɛʀ] *adj, nm/f* guerrero(-a).

**guet** [gɛ] *nm*: **faire le ~** estar al acecho.

**guet-apens** [gɛtapɑ̃] *nm inv* emboscada.

**guetter** [gete] *vt* (*pour épier, surprendre*) acechar; (*attendre*) aguardar.

**gueule** [gœl] *nf* (*d'animal*) hocico; (*du canon, tunnel*) boca; (*fam: visage*) jeta; (: *bouche*) pico; **ta ~!** (*fam*) ¡cierra el pico!; **gueule de bois** (*fam*) resaca.

**gueuler** [gœle] (*fam*) *vi* chillar.

**gui** [gi] *nm* muérdago.

**guichet** [giʃɛ] *nm* (*d'un bureau, d'une banque*) ventanilla; (*d'une porte*) portillo; **les ~s** (*à la gare, au théâtre*) la taquilla, la boletería (*AM*); **jouer à ~s fermés** actuar con todas las entradas vendidas.

**guide** [gid] *nm* guía *m*; (*livre*) guía *f* ♦ *nf* guía; **~s** *nfpl* (*d'un cheval*) riendas *fpl*.

**guider** [gide] *vt* guiar.

**guidon** [gidɔ̃] *nm* manillar *m*.

**guillemets** [gijmɛ] *nmpl*: **entre ~** entre comillas.

**guindé, e** [gɛ̃de] *adj* estirado(-a).

**guirlande** [giʀlɑ̃d] *nf* guirnalda; **guirlande de Noël/lumineuse** guirnalda de Navidad/de luces.

**guise** [giz] *nf*: **à votre ~** como guste; **en ~**

**de** (*en manière de, comme*) a guisa de; (*à la place de*) en lugar de.

**guitare** [gitaʀ] *nf* guitarra; **guitare sèche** guitarra española.

**guitariste** [gitaʀist] *nm/f* guitarrista *m/f*.

**gymnase** [ʒimnɑz] *nm* gimnasio.

**gymnaste** [ʒimnast] *nm/f* gimnasta *m/f*.

**gymnastique** [ʒimnastik] *nf* gimnasia; **gymnastique corrective/rythmique** gimnasia correctiva/rítmica.

**gynécologie** [ʒinekɔlɔʒi] *nf* ginecología.

**gynécologique** [ʒinekɔlɔʒik] *adj* ginecológico(-a).

**gynécologue** [ʒinekɔlɔg] *nm/f* ginecólogo(-a).

# H h

**habile** [abil] *adj* hábil.

**habileté** [abilte] *nf* habilidad *f*.

**habillé, e** [abije] *adj* vestido(-a); (*robe, costume*) elegante; **~ de** (*TECH*) revestido(-a) de, forrado(-a) con.

**habiller** [abije] *vt* vestir; (*objet*) revestir, forrar; **s'habiller** *vpr* vestirse; (*mettre des vêtements chic*) vestir bien, ir bien vestido(-a); **s'~ de/en** vestirse de; **s'~ chez/à** vestirse en.

**habit** [abi] *nm* traje *m*; **~s** *nmpl* (*vêtements*) ropa; **prendre l'~** (*REL*) tomar hábito; **habit (de soirée)** traje de etiqueta.

**habitant, e** [abitɑ̃, ɑ̃t] *nm/f* habitante *m/f*; (*d'une maison*) ocupante *m/f*; (*d'un immeuble*) vecino(-a); **loger chez l'~** alojarse con gente local.

**habitation** [abitasjɔ̃] *nf* (*fait de résider*) habitación *f*; (*domicile*) domicilio; (*bâtiment*) vivienda; **habitations à loyer modéré** viviendas oficiales de bajo alquiler.

**habiter** [abite] *vt* vivir en; (*suj: sentiment, envie*) anidar ♦ *vi*: **~ à** ou **dans** vivir en; **~ chez** ou **avec qn** vivir en casa de ou con algn; **~ rue Montmartre** vivir en la calle Montmartre.

**habitude** [abityd] *nf* costumbre *f*; **avoir l'~ de faire/qch** tener la costumbre de hacer/algo; (*expérience*) estar acostumbrado(-a) a hacer/algo; **avoir l'~ des enfants** estar acostumbrado(-a) a los niños; **prendre l'~ de faire qch** acostumbrarse a hacer algo; **perdre une ~** perder una costumbre; **d'~** normalmente; **comme d'~** como de costumbre; **par ~** por hábito ou costumbre.

**habitué, e** [abitɥe] adj: **être ~ à** estar acostumbrado(-a) a ♦ nm/f (d'une maison) amigo(-a); (client: d'un café etc) parroquiano(-a).

**habituel, le** [abitɥɛl] adj habitual.

**habituer** [abitɥe] vt: **~ qn à qch/faire** acostumbrar a algn a algo/hacer; **s'~ à** acostumbrarse a; **s'~ à faire** acostumbrarse a hacer.

**hache** [ˈaʃ] nf hacha.

**hacher** [ˈaʃe] vt (viande, persil) picar; (entrecouper) cortar; **~ menu** hacer picadillo.

**hachis** [ˈaʃi] nm picadillo; **hachis de viande** picadillo de carne.

**haie** [ˈɛ] nf seto; (SPORT) valla; (fig: rang) hilera; **200 m/400 m ~s** 200m/400m vallas; **haie d'honneur** hilera de honor.

**haillons** [ˈajɔ̃] nmpl harapos mpl, andrajos mpl.

**haine** [ˈɛn] nf odio.

**haïr** [ˈaiʀ] vt odiar; **se haïr** vpr odiarse.

**hâlé, e** [ˈɑle] adj bronceado(-a).

**haleine** [alɛn] nf aliento; **perdre ~** perder el aliento ou la respiración; **à perdre ~** hasta perder el aliento; **avoir mauvaise ~** tener mal aliento; **reprendre ~** recobrar el aliento; **hors d'~** sin aliento; **tenir en ~** tener en vilo; **de longue ~** de mucho esfuerzo.

**haleter** [ˈalte] vi jadear.

**hall** [ˈol] nm vestíbulo.

**halle** [ˈal] nf mercado; **~s** nfpl (marché principal) mercado central.

**hallucination** [alysinasjɔ̃] nf alucinación f; **hallucination collective** alucinación colectiva.

**halte** [ˈalt] nf alto; (escale) parada; (RAIL) apeadero; (excl) ¡alto!; **faire ~** hacer un alto, pararse.

**haltère** [altɛʀ] nm pesa; **~s** nmpl (activité): **faire des ~s** hacer pesas.

**haltérophilie** [alteʀɔfili] nf halterofilia.

**hamac** [ˈamak] nm hamaca.

**hameau, x** [ˈamo] nm aldea.

**hameçon** [amsɔ̃] nm anzuelo.

**hamster** [ˈamstɛʀ] nm hámster m.

**hanche** [ˈɑ̃ʃ] nf cadera.

**handball** [ˈɑ̃dbal] (pl ~s) nm balonmano.

**handicapé, e** [ˈɑ̃dikape] adj, nm/f disminuido(-a); **handicapé mental** disminuido psíquico; **handicapé moteur** paralítico; **handicapé physique** minusválido ou disminuido físico.

**hangar** [ˈɑ̃gaʀ] nm cobertizo, galpón m (CSUR); (AVIAT) hangar m.

**hanneton** [ˈantɔ̃] nm abejorro.

**hanter** [ˈɑ̃te] vt (suj: fantôme) aparecer en; (: idée, souvenir) obsesionar, atormentar.

**hantise** [ˈɑ̃tiz] nf obsesión f.

**haras** [ˈaʀa] nm acaballadero.

**harceler** [ˈaʀsəle] vt (MIL) hostigar; (CHASSE, fig) acosar; **~ de questions** acosar con preguntas.

**hardi, e** [ˈaʀdi] adj audaz; (décolleté, passage) atrevido(-a).

**hareng** [ˈaʀɑ̃] nm arenque m; **hareng saur** arenque ahumado.

**hargne** [ˈaʀɲ] nf saña.

**hargneux, -euse** [ˈaʀɲø, øz] adj arisco(-a), hosco(-a); (critiques) acerbo(-a).

**haricot** [ˈaʀiko] nm (BOT) judía; **haricot blanc/rouge** alubia blanca/pinta; **haricot vert** judía verde.

**harmonica** [aʀmɔnika] nm armónica.

**harmonie** [aʀmɔni] nf armonía.

**harmonieux, -euse** [aʀmɔnjø, øz] adj armonioso(-a).

**harpe** [ˈaʀp] nf arpa.

**hasard** [ˈazaʀ] nm azar m; **un ~** una casualidad; (chance) una suerte; **au ~** al azar; (à l'aveuglette) a ciegas; **par ~** por casualidad; **comme par ~** como de casualidad; **à tout ~** por si acaso.

**hâte** [ˈɑt] nf prisa; **à la ~** de prisa; **en ~** rápidamente; **avoir ~ de** tener prisa por.

**hâter** [ˈɑte] vt apresurar; **se hâter** vpr apresurarse; **se ~ de** apresurarse a.

**hâtif, -ive** [ˈɑtif, iv] adj precipitado(-a); (fruit, légume) temprano(-a).

**hausse** [ˈos] nf alza; (de la température) subida, aumento; **à la ~** al alza; **en ~** (prix) en alza; (température) en aumento.

**hausser** [ˈose] vt subir; **~ les épaules** encogerse de hombros; **se ~ sur la pointe des pieds** ponerse de puntillas.

**haut, e** [ˈo, ˈot] adj alto(-a); (température, pression) elevado(-a), alto(-a); (idée, intelligence) brillante ♦ adv: **être/monter/lever ~** estar/subir/levantar en alto ♦ nm alto;

(*d'un arbre*) copa; (*d'une montagne*) cumbre *f*; **de 3 m de ~** de 3 m de alto *ou* altura; **~ de 2 m/5 étages** de 2m/5 pisos de altura; **en ~e montagne** en alta montaña; **des ~s et des bas** altibajos *mpl*; **en ~ lieu** en las altas esferas; **à ~e voix, tout ~ en** voz alta; **du ~ de** desde lo alto de; **tomber de ~** caer desde lo alto; (*fig*) quedarse de una pieza; **dire qch bien ~** decir algo bien fuerte; **prendre qch de (très) ~** tomar algo con desdén; **traiter qn de ~** tratar con altanería a algn; **de ~ en bas** (*regarder*) de arriba abajo; (*frapper*) por todas partes; **~ en couleur** muy coloreado(-a); **un personnage ~ en couleur** un personaje excéntrico; **plus ~** más alto; (*dans un texte*) más arriba; **en ~** arriba; **en ~ de** (*être situé*) por encima de; (*aller, monter*) a lo alto de; **"~ les mains!"** "¡arriba las manos!"; **haute coiffure/couture** alta peluquería/costura; **haute fidélité** (*ÉLEC*) alta fidelidad *f*; **haute finance** altas finanzas *fpl*; **haute trahison** alta traición *f*.

**hautain, e** ['otɛ̃, ɛn] *adj* altanero(-a).

**hautbois** ['obwɑ] *nm* oboe *m*.

**hauteur** ['otœʀ] *nf* altura; (*noblesse*) grandeza; (*arrogance*) altanería, altivez *f*; **à ~ de** a la altura de; **à ~ des yeux** a la altura de los ojos; **à la ~ de** al nivel de; **à la ~** (*fig*) a la altura.

**haut-parleur** ['opaʀlœʀ] (*pl* **~-~s**) *nm* altavoz *m*.

**hebdomadaire** [ɛbdɔmadɛʀ] *adj* semanal.
♦ *nm* semanario.

**hébergement** [ebɛʀʒəmɑ̃] *nm* alojamiento, hospedaje *m*.

**héberger** [ebɛʀʒe] *vt* alojar, hospedar; (*réfugiés*) alojar.

**hébreu, x** [ebʀø] *adj* hebreo(-a) ♦ *nm* hebreo.

**hectare** [ɛktaʀ] *nm* hectárea.

**hein** ['ɛ̃] *excl* (*comment?*) ¿eh?; **tu m'approuves, ~?** ¿estás de acuerdo, eh?; **Paul est venu, ~?** Pablo vino, ¿no?; **j'ai mal fait/eu tort, ~?** hice mal/me equivoqué, ¿no?; **que fais-tu, ~?** ¿qué haces, eh?

**hélas** ['elɑs] *excl* ¡ay! ♦ *adv* desgraciadamente.

**héler** ['ele] *vt* llamar.

**hélice** [elis] *nf* hélice *f*; **escalier en ~** escalera de caracol.

**hélicoptère** [elikɔptɛʀ] *nm* helicóptero.

**helvétique** [ɛlvetik] *adj* helvético(-a).

**hématome** [ematom] *nm* hematoma *m*.

**hémisphère** [emisfɛʀ] *nm*: **~ nord/sud** hemisferio norte/sur.

**hémorragie** [emɔʀaʒi] *nf* hemorragia; **hémorragie cérébrale/interne/nasale** hemorragia cerebral/interna/nasal.

**hémorroïdes** [emɔʀɔid] *nfpl* almorranas *fpl*, hemorroides *fpl*.

**hennir** ['eniʀ] *vi* relinchar.

**hépatite** [epatit] *nf* hepatitis *f*.

**herbe** [ɛʀb] *nf* hierba; **en ~** en cierne; **de l'~** hierba; **touffe/brin d'~** mata/brizna de hierba.

**herbicide** [ɛʀbisid] *nm* herbicida *m*.

**herbier** [ɛʀbje] *nm* herbario.

**herboriste** [ɛʀbɔʀist] *nm/f* herbolario(-a).

**héréditaire** [eʀeditɛʀ] *adj* hereditario(-a).

**hérisson** ['eʀisɔ̃] *nm* erizo.

**héritage** [eʀitaʒ] *nm* herencia; (*legs*) testamento; **faire un (petit) ~** recibir una (pequeña) herencia.

**hériter** [eʀite] *vi*: **~ qch (de qn)** heredar algo (de algn) ♦ *vt*: **il a hérité 2 millions de son oncle** heredó 2 millones de su tío; **~ de qn** heredar de algn.

**héritier, -ière** [eʀitje, jɛʀ] *nm/f* heredero(-a).

**hermétique** [ɛʀmetik] *adj* hermético(-a); (*étanche*) impermeable.

**hermine** [ɛʀmin] *nf* armiño.

**hernie** ['ɛʀni] *nf* hernia.

**héroïne** [eʀɔin] *nf* heroína.

**héroïque** [eʀɔik] *adj* heroico(-a).

**héron** ['eʀɔ̃] *nm* garza.

**héros** ['eʀo] *nm* héroe *m*.

**hésitant, e** [ezitɑ̃, ɑ̃t] *adj* vacilante, indeciso(-a).

**hésitation** [ezitasjɔ̃] *nf* indecisión *f*, vacilación *f*.

**hésiter** [ezite] *vi*: **~ (à faire)** vacilar *ou* dudar (en hacer); **je le dis sans ~** lo digo sin vacilar *ou* dudar; **~ sur qch** vacilar *ou* dudar sobre algo; **~ entre** dudar entre.

**hétérosexuel, le** [eteʀɔsɛksɥɛl] *adj* heterosexual.

**hêtre** ['ɛtʀ] *nm* haya.

**heure** [œʀ] *nf* hora; (*SCOL*) clase *f*; **c'est l'~** es la hora; **quelle ~ est-il?** ¿qué hora es?; **pourriez-vous me donner l'~, s'il vous plaît?** ¿me puede decir la hora, por favor?; **2 ~s (du matin)** las 2 (de la mañana); **à la bonne ~** (*parfois ironique*) ¡me alegro!; **être à l'~** ser puntual; (*montre*) estar en hora; **mettre à l'~** poner en hora; **100 km à l'~** 100 km por hora; **à toute ~** a todas horas; **24 ~s sur 24** 24 horas al día; **à l'~ qu'il est** a esta hora; (*fig*) a estas horas *ou* alturas; **une ~ d'arrêt** una hora de parada; **sur l'~** inmediatamente; **pour l'~** por ahora; **d'~ en ~** cada hora; (*d'une heure à l'autre*) de hora en hora; **d'une ~ à l'autre** dentro de nada; **de bonne ~** de madrugada; **le bus passe à l'~** el autobús pasa a la hora en punto; **2 ~s de marche/travail** 2 horas de marcha/trabajo; **à l'~ actuelle** a estas horas, actualmente; **heure de pointe** hora punta; **heure locale/d'été** hora local/de verano; **heures supplémentaires/de bureau** horas *fpl* extraordinarias/de oficina.

**heureusement** [œʀøzmɑ̃] *adv* afortunadamente; **~ que ...** menos mal que ...

**heureux, -euse** [œʀø, øz] *adj* feliz; (*caractère*) optimista; (*chanceux*) afortunado(-a); **être ~ de qch/faire** alegrarse de algo/hacer; **être ~ que** alegrarle a algn que; **s'estimer ~ que/de qch** darse por contento(-a) de que/de algo; **encore ~ que ...** y menos mal que ...

**heurt** [œʀ] *nm* choque *m*; **~s** *nmpl* (fig: *bagarre*) choques *mpl*; (: *désaccord*) desavenencias *fpl*.

**heurter** [ˈœʀte] *vt* (*mur, porte*) chocar con *ou* contra; (*personne*) tropezar con; (fig: *personne, sentiment*) chocar (con); **se heurter** *vpr* chocar (con); (*voitures, personnes*) chocar; (*couleurs, tons*) contrastar; **se ~ à** (fig) enfrentarse a; **~ qn de front** enfrentarse a algn.

**hexagone** [ɛgzagɔn] *nm* hexágono; (*la France*) Francia.

**hiberner** [ibɛʀne] *vi* hibernar.

**hibou, x** [ˈibu] *nm* búho.

**hideux, -euse** [ˈidø, øz] *adj* horrendo(-a).

**hier** [jɛʀ] *adv* ayer; **~ matin/soir/midi** ayer por la mañana/por la tarde/al mediodía; **toute la journée/la matinée d'~** todo el día/toda la mañana de ayer.

**hiérarchie** [ˈjeʀaʀʃi] *nf* jerarquía.

**hindou, e** [ɛ̃du] *adj* hindú ♦ *nm/f*: **H~, e** hindú *m/f*.

**hippie** [ˈipi] *adj, nm/f* hippy *m/f*.

**hippique** [ipik] *adj* hípico(-a).

**hippisme** [ipism] *nm* hipismo.

**hippodrome** [ipɔdʀom] *nm* hipódromo.

**hippopotame** [ipɔpɔtam] *nm* hipopótamo.

**hirondelle** [iʀɔ̃dɛl] *nf* golondrina.

**hisser** [ˈise] *vt* izar; **se ~ sur** levantarse sobre.

**histoire** [istwaʀ] *nf* historia; (*chichis*: *gén pl*) lío; **~s** *nfpl* (*ennuis*) problemas *mpl*; **l'~ de France** la historia de Francia; **l'~ sainte** la historia sagrada; **une ~ de** (*fig*) una cuestión de.

**historique** [istɔʀik] *adj* histórico(-a) ♦ *nm*: **faire l'~ de** hacer la crónica de.

**hiver** [ivɛʀ] *nm* invierno; **en ~** en invierno.

**hivernal, e, -aux** [ivɛʀnal, o] *adj* invernal.

**hiverner** [ivɛʀne] *vi* invernar.

**HLM** [ˈaʃɛlɛm] *sigle m ou f* (= *habitations à loyer modéré*) viviendas oficiales de bajo alquiler.

**hobby** [ˈɔbi] *nm* hobby *m*.

**hocher** [ˈɔʃe] *vt*: **~ la tête** cabecear; (*signe négatif ou dubitatif*) menear la cabeza.

**hockey** [ˈɔkɛ] *nm*: **~ (sur glace/gazon)** hockey *m* (sobre hielo/hierba).

**hold-up** [ˈɔldœp] *nm inv* atraco a mano armada.

**hollandais, e** [ˈɔlɑ̃dɛ, ɛz] *adj* holandés (-esa) ♦ *nm* (LING) holandés *msg* ♦ *nm/f*: **H~, e** holandés(-esa); **les H~** los holandeses.

**Hollande** [ˈɔlɑ̃d] *nf* Holanda ♦ *nm*: **h~** (*fromage*) queso de Holanda.

**homard** [ˈɔmaʀ] *nm* bogavante *m*.

**homéopathique** [ɔmeɔpatik] *adj* homeopático(-a).

**homicide** [ɔmisid] *nm* homicidio; **homicide involontaire** homicidio involuntario.

**hommage** [ɔmaʒ] *nm* homenaje *m*; **~s** *nmpl* (*civilités*): **présenter ses ~s** presentar sus respetos; **rendre ~ à** rendir homenaje a; **en ~ de** en prueba de; **faire ~ de qch à qn** obsequiar algo a algn.

**homme** [ɔm] *nm* hombre *m*; (*individu de sexe masculin*) hombre, varón *m*; **l'~ de la rue** el hombre de la calle; **homme à tout faire** hombre para todo; **homme d'affaires** hombre de negocios; **homme d'Église** eclesiástico; **homme d'État** estadista *m*; **homme de loi** abogado; **homme de main** matón *m*; **homme de paille** hombre de paja; **homme des ca-**

**vernes** hombre de las cavernas.

**homogène** [ɔmɔʒɛn] *adj* homogéneo(-a).

**homologue** [ɔmɔlɔg] *nm/f* homólogo(-a).

**homologue, e** [ɔmɔlɔge] *adj* homologado(-a).

**homonyme** [ɔmɔnim] *nm* (LING) homónimo; (*d'une personne*) tocayo(-a).

**homosexuel, le** [ɔmɔsɛksɥel] *adj* homosexual.

**Hongrie** ['ɔ̃gri] *nf* Hungría.

**hongrois, e** ['ɔ̃grwa, waz] *adj* húngaro(-a) ♦ *nm* (LING) húngaro ♦ *nm/f*: **H~, e** húngaro(-a).

**honnête** [ɔnɛt] *adj* (*intègre*) honrado(-a), honesto(-a); (*juste, satisfaisant*) justo(-a), razonable.

**honnêtement** [ɔnɛtmɑ̃] *adv* honestamente; (*équitablement*) justamente.

**honnêteté** [ɔnɛtte] *nf* honestidad *f*.

**honneur** [ɔnœr] *nm* honor *m*; (*faveur*) honra; (*mérite*): **l'~ lui revient** es mérito suyo; **à qui ai-je l'~?** ¿con quién tengo el honor de hablar?; **cela me/te fait ~** esto me/te honra; **"j'ai l'~ de ..."** "tengo el honor de ..."; **en l'~ de** (*personne*) en honor de; (*événement*) en celebración de; **faire ~ à** (*engagements*) cumplir con; (*famille, professeur*) hacer honor a; (*repas*) hacer los honores a; **être à l'~** (*personne*) ser admirado(-a); (*vêtement*) estar de moda; **être en ~** gozar de consideración; **membre d'~** miembro de honor; **table d'~** mesa de honor.

**honorable** [ɔnɔrabl] *adj* honorable; (*suffisant*) satisfactorio(-a).

**honoraire** [ɔnɔrɛr] *adj* honorario(-a); **~s** *nmpl* honorarios *mpl*; **professeur ~** profesor(a) honorario(-a).

**honorer** [ɔnɔre] *vt* honrar; (*estimer*) respetar; (COMM: *chèque, dette*) pagar; **~ qn de** honrar a algn con; **s'~ de** honrarse con.

**honte** ['ɔ̃t] *nf* vergüenza; **avoir ~ de** tener vergüenza de; **faire ~ à qn** avergonzar a algn.

**honteux, -euse** ['ɔ̃tø, øz] *adj* avergonzado(-a); (*conduite, acte*) vergonzoso(-a).

**hôpital, -aux** [ɔpital, o] *nm* hospital *m*.

**hoquet** ['ɔkɛ] *nm* hipo; **avoir le ~** tener hipo.

**horaire** [ɔrɛr] *adj* por hora ♦ *nm* horario; **~s** *nmpl* (*conditions, heures de travail*) horario *msg*; **horaire mobile/à la carte** horario móvil/libre; **horaire souple** *ou* **flexible** horario flexible.

**horizon** [ɔrizɔ̃] *nm* horizonte *m*; (*paysage*) panorama *m*; **~s** *nmpl* (*fig*) horizontes *mpl*; **sur l'~** en el horizonte.

**horizontal, e, -aux** [ɔrizɔ̃tal, o] *adj* horizontal ♦ *nf*: **à l'~e** en horizontal.

**horloge** [ɔrlɔʒ] *nf* reloj *m*; **horloge normande** modalidad de reloj de pie; **horloge parlante** reloj parlante *ou* telefónico.

**horloger, -ère** [ɔrlɔʒe, ɛr] *nm/f* relojero (-a).

**hormis** ['ɔrmi] *prép* excepto.

**horoscope** [ɔrɔskɔp] *nm* horóscopo.

**horreur** [ɔrœr] *nf* horror *m*; **l'~ d'une action/d'une scène** lo horroroso de una acción/de una escena; **quelle ~!** ¡qué horror!; **avoir ~ de qch** sentir horror por algo; **cela me fait ~** eso me horroriza.

**horrible** [ɔribl] *adj* horrible, horrendo(-a); (*laid*) horroroso(-a).

**horrifier** [ɔrifje] *vt* horrorizar.

**hors** ['ɔr] *prép* salvo; **~ de** fuera de; **~ de propos** fuera de lugar; **être ~ de soi** estar fuera de sí; **hors ligne/série** fuera de línea/de serie; **hors pair** fuera de serie; **hors service/d'usage** fuera de servicio/de uso.

**hors-bord** ['ɔrbɔr] *nm inv* fuera borda *m inv*.

**hors-d'œuvre** ['ɔrdœvr] *nm inv* entremés *m*.

**hors-la-loi** ['ɔrlalwa] *nm inv* forajido.

**hors-taxe** [ɔrtaks] *adj* libre de impuestos.

**hortensia** [ɔrtɑ̃sja] *nm* hortensia.

**hospice** [ɔspis] *nm* (*de vieillards*) asilo; (*asile*) hospicio.

**hospitalier, -ière** [ɔspitalje, jɛr] *adj* hospitalario(-a).

**hospitaliser** [ɔspitalize] *vt* hospitalizar.

**hospitalité** [ɔspitalite] *nf* hospitalidad *f*; **offrir l'~ à qn** dar hospitalidad a algn.

**hostie** [ɔsti] *nf* (REL) hostia.

**hostile** [ɔstil] *adj* hostil; **~ à** contrario(-a) a.

**hostilité** [ɔstilite] *nf* hostilidad *f*; **~s** *nfpl* (MIL) hostilidades *fpl*.

**hôte** [ot] *nm* (*maître de maison*) anfitrión *m* ♦ *nm/f* (*invité*) huésped *m/f*; (*client*) cliente *m/f*; (*fig: occupant*) ocupante *m/f*; **hôte payant** huésped de pago.

**hôtel** [otɛl] *nm* hotel *m*; **aller à l'~** ir a un hotel; **hôtel de ville** ayuntamiento; **hôtel (particulier)** palacete *m*.

**hôtellerie** [otɛlʀi] *nf* (*profession*) hostelería; (*auberge*) hostal *m*.

**hôtesse** [otɛs] *nf* (*maîtresse de maison*) anfitriona; (*dans une agence, une foire*) azafata, recepcionista; **hôtesse (de l'air)** azafata (de aviación), aeromoza (*AM*); **hôtesse (d'accueil)** azafata (de recepción).

**houblon** ['ublɔ̃] *nm* lúpulo.

**houille** ['uj] *nf* hulla; **houille blanche** hulla blanca.

**houle** ['ul] *nf* marejada.

**houleux, -euse** ['ulø, øz] *adj* (*mer*) encrespado(-a); (*discussion*) agitado(-a).

**hourra** ['uʀa] *nm* hurra *m* ♦ *excl* ¡hurra!

**housse** ['us] *nf* funda.

**houx** ['u] *nm* acebo.

**hublot** ['yblo] *nm* portilla.

**huche** ['yʃ] *nf*: **~ à pain** artesa.

**huer** ['ɥe] *vt* abuchear ♦ *vi* graznar.

**huile** [ɥil] *nf* aceite *m*; (*ART*) óleo; (*fam*) pez *m* gordo; **mer d'~** balsa de aceite; **faire tache d'~** (*fig*) extenderse como cosa buena; **huile d'arachide/de table** aceite de cacahuete/de mesa; **huile de ricin/de foie de morue** aceite de ricino/de hígado de bacalao; **huile détergente** (*AUTO*) aceite detergente; **huile essentielle** aceite volátil; **huile solaire** aceite bronceador.

**huissier** [ɥisje] *nm* ordenanza *m*; (*JUR*) ujier *m*.

**huit** ['ɥi(t)] *adj inv, nm inv* ocho *m inv*; **samedi en ~** el sábado en ocho días; **dans ~ jours** dentro de ocho días; *voir aussi* **cinq**.

**huitaine** ['ɥitɛn] *nf*: **une ~ de** unos ocho; **une ~ de jours** unos ocho días.

**huitième** ['ɥitjɛm] *adj, nm/f* octavo(-a) ♦ *nm* (*partitif*) octavo; *voir aussi* **cinquième**.

**huître** [ɥitʀ] *nf* ostra.

**humain, e** [ymɛ̃, ɛn] *adj* humano(-a) ♦ *nm* humano.

**humanitaire** [ymanitɛʀ] *adj* humanitario (-a).

**humanité** [ymanite] *nf* humanidad *f*.

**humble** [œ̃bl] *adj* humilde.

**humer** ['yme] *vt* aspirar, oler.

**humeur** [ymœʀ] *nf* (*momentanée*) humor *m*; (*tempérament*) carácter *m*; (*irritation*) mal humor; **de bonne/mauvaise ~** de buen/mal humor; **cela m'a mis de mauvaise/bonne ~** eso me puso de mal/ buen humor; **je suis de mauvaise/bonne ~** estoy de mal/buen humor; **être d'~ à faire qch** estar de humor para hacer algo.

**humide** [ymid] *adj* húmedo(-a); (*route*) mojado(-a).

**humilier** [ymilje] *vt* humillar; **s'~ devant qn** humillarse delante de algn.

**humilité** [ymilite] *nf* humildad *f*.

**humoriste** [ymɔʀist] *nm/f* humorista *m/f*.

**humoristique** [ymɔʀistik] *adj* humorístico(-a).

**humour** [ymuʀ] *nm* humor *m*; **il a un ~ particulier** tiene un humor muy particular; **avoir de l'~** tener sentido del humor; **humour noir** humor negro.

**huppé, e** ['ype] (*fam*) *adj* encopetado (-a).

**hurlement** ['yʀləmã] *nm* aullido, alarido.

**hurler** ['yʀle] *vi* (*animal*) aullar; (*personne*) dar alaridos; (*de peur*) chillar; (*fig: vent etc*) ulular; (: *couleurs etc*) chocar; **~ à la mort** aullar a la muerte.

**hutte** ['yt] *nf* choza.

**hydratant, e** [idʀatɑ̃, ɑ̃t] *adj* hidratante.

**hydraulique** [idʀolik] *adj* hidráulico(-a).

**hydravion** [idʀavjɔ̃] *nm* hidroavión *m*.

**hydrogène** [idʀɔʒɛn] *nm* hidrógeno.

**hydroglisseur** [idʀɔɡlisœʀ] *nm* hidroplano.

**hyène** [jɛn] *nf* hiena.

**hygiénique** [iʒenik] *adj* higiénico(-a).

**hymne** [imn] *nm* himno; **hymne national** himno nacional.

**hypermarché** [ipɛʀmaʀʃe] *nm* hipermercado.

**hypermétrope** [ipɛʀmetʀɔp] *adj* hipermétrope.

**hypertension** [ipɛʀtɑ̃sjɔ̃] *nf* hipertensión *f*.

**hypertexte** [ipɛʀtɛkst] *nm* hipertexto.

**hypnose** [ipnoz] *nf* hipnosis *fsg*.

**hypnotiser** [ipnotize] *vt* hipnotizar.

**hypocrisie** [ipɔkʀizi] *nf* hipocresía.

**hypocrite** [ipɔkʀit] *adj, nm/f* hipócrita *m/f*.

**hypothèque** [ipɔtɛk] *nf* hipoteca.

**hypothèse** [ipɔtɛz] *nf* hipótesis *f inv*; **dans l'~ où ...** en la hipótesis de que ...

**hystérique** [isteʀik] *adj* histérico(-a).

—— **I i** ——

**iceberg** [ajsbɛʀg] nm iceberg m.
**ici** [isi] adv aquí; **jusqu'~** hasta aquí; (temporel) hasta ahora; **d'~ là** para entonces; (en attendant) mientras tanto; **d'~ peu** dentro de poco.
**idéal, e, -aux** [ideal, o] adj ideal ♦ nm (modèle, type parfait) ideal m; (système de valeurs) ideales mpl; **l'~ serait de/que** lo ideal sería/sería que.
**idéaliste** [idealist] adj, nm/f idealista m/f.
**idée** [ide] nf idea; **~s** nfpl (opinions, conceptions) ideas fpl; **se faire des ~s** hacerse ilusiones; **mon ~, c'est que** ... mi opinión es que ...; **je n'en ai pas la moindre ~** no tengo la menor idea; **à l'~ de/que** con la idea de/de que; **avoir ~ que, avoir dans l'~ que** tener la impresión de que; **il a dans l'~ que** ... (il est convaincu que) se le ha metido en la cabeza que ...; **en voilà des ~s!** ¡menuda idea!, ¡vaya ocurrencia!; **avoir des ~s larges/étroites** tener una mentalidad abierta/estrecha; **agir/vivre à son ~** actuar/vivir de acuerdo con sus propias ideas; **venir à l'~ de qn** ocurrírsele a algn; **idée fixe** idea fija; **idées noires** pensamientos mpl negros; **idées reçues** ideas preconcebidas.
**identifier** [idɑtifje] vt identificar; (échantillons de pierre) reconocer; **~ qch/qn à** identificar algo/a algn con; **s'~ avec** ou **à qch/qn** identificarse con algo/algn.
**identique** [idɑtik] adj idéntico(-a); **~ à** idéntico a.
**identité** [idɑtite] nf (de vues, goûts) semejanza; (d'une personne) identidad f; **identité judiciaire** identidad judicial.
**idiot, e** [idjo, idjɔt] adj (MÉD) retrasado(-a); (péj: personne) idiota, estúpido(-a); (film, réflexion) estúpido(-a) ♦ nm/f idiota m/f; **l'~ du village** el tonto del pueblo.
**idiotie** [idjɔsi] nf retraso mental; idiotez f; (propos, remarque inepte) estupidez f, idiotez.
**idole** [idɔl] nf (aussi fig) ídolo.
**if** [if] nm (BOT) tejo.
**ignoble** [iɲɔbl] adj (individu, procédé) ruin, innoble; (taudis, nourriture) asqueroso(-a).

**ignorant, e** [iɲɔrɑ̃, ɑ̃t] adj, nm/f ignorante m/f; **~ en** (une matière quelconque) ignorante en; **faire l'~** hacerse el tonto.
**ignorer** [iɲɔʀe] vt (loi, faits) ignorar; (personne, demande) no hacer caso a, ignorar a; (être sans expérience de: plaisir, guerre) desconocer; **j'ignore comment/si** no sé cómo/si; **~ que** ignorar que, desconocer que; **je n'ignore pas que** ... soy consciente de que ...; **je l'ignore** lo ignoro.
**il** [il] pron él; **~s** ellos; **~ fait froid** hace frío; **~ est midi** es mediodía; **Pierre est-~ arrivé?** ¿ha llegado Pedro?; voir aussi **avoir**.
**île** [il] nf isla; **les ~s** (les Antilles) las Antillas; **l'~ de Beauté** Córcega; **l'~ Maurice** la isla Mauricio; **les ~s anglo-normandes/ Britanniques** las islas del Canal/Británicas; **les (îles) Baléares/Canaries** las (islas) Baleares/Canarias; **les (îles) Marquises** las (islas) Marquesas.
**illégal, e, -aux** [i(l)legal, o] adj ilegal.
**illimité, e** [i(l)limite] adj ilimitado(-a); (confiance) infinito(-a); (congé, durée) indefinido(-a).
**illisible** [i(l)lizibl] adj (indéchiffrable) ilegible; (roman) intragable, insoportable.
**illogique** [i(l)lɔʒik] adj ilógico(-a).
**illuminer** [i(l)lymine] vt iluminar; **s'illuminer** vpr iluminarse.
**illusion** [i(l)lyzjɔ̃] nf ilusión f; **se faire des ~s** hacerse ilusiones; **faire ~** dar el pego; **illusion d'optique** ilusión óptica.
**illustration** [i(l)lystʀasjɔ̃] nf ilustración f.
**illustré, e** [i(l)lystʀe] adj ilustrado(-a) ♦ nm (périodique) revista ilustrada; (pour enfants) tebeo.
**illustrer** [i(l)lystʀe] vt ilustrar; (de notes, commentaires) glosar; **s'illustrer** vpr (personne) distinguirse.
**ils** [il] pron voir **il**.
**image** [imaʒ] nf imagen f; (tableau, représentation) imagen, representación f; **~ de** imagen de; **image de marque** (d'un produit) imagen de marca; (d'une personne, d'une entreprise) reputación f; **image d'Épinal** cromo; (présentation simpliste) imagen estereotipada; **image pieuse** imagen piadosa.
**imagé, e** [imaʒe] adj rico(-a) en imágenes.
**imaginaire** [imaʒinɛʀ] adj imaginario(-a); **nombre ~** número imaginario.
**imagination** [imaʒinasjɔ̃] nf imaginación f; (chimère, invention) imaginaciones fpl.

**imaginer** [imaʒine] vt imaginar; (inventer) idear; **s'imaginer** vpr (scène) imaginarse; ~ **que** suponer que; **j'imagine qu'il a voulu plaisanter** me figuro que habrá querido bromear; **que vas-tu ~ là?** ¡qué ocurrencias tienes!; **s'~ que** imaginarse que; **s'~ à 60 ans/en vacances** imaginarse a los 60 años/en vacaciones; **il s'imagine pouvoir faire** ... se imagina que va a poder hacer ...; **ne t'imagine pas que** no te imagines que.

**imbécile** [ɛ̃besil] adj, nm/f imbécil m/f.

**imbu, e** [ɛ̃by] adj: ~ **de** imbuido(-a) de; ~ **de soi-même/sa supériorité** engreído (-a).

**imitateur, -trice** [imitatœʀ, tʀis] nm/f imitador(a).

**imitation** [imitasjɔ̃] nf imitación f; **un sac** ~ **cuir** un bolso imitación cuero ou de cuero imitación; **c'est en ~ cuir** es de cuero de imitación; **à l'~ de** a imitación de.

**imiter** [imite] vt imitar; (ressembler à) imitar a; **il se leva et je l'imitai** se levantó y yo le imité.

**immangeable** [ɛ̃mãʒabl] adj incomible.

**immatriculation** [imatʀikylasjɔ̃] nf matrícula; inscripción f.

**immatriculer** [imatʀikyle] vt matricular; (à la Sécurité sociale) inscribir; **se faire ~** matricularse, inscribirse; **voiture immatriculée dans la Seine** coche m con matrícula del departamento del Sena.

**immédiat, e** [imedja, jat] adj inmediato (-a) ♦ nm: **dans l'~** por ahora; **dans le voisinage ~ de** en el entorno próximo de.

**immédiatement** [imedjatmã] adv inmediatamente.

**immense** [i(m)mãs] adj inmenso(-a); (succès, influence, avantage) enorme.

**immerger** [imɛʀʒe] vt sumergir; **s'immerger** vpr (sous-marin) sumergirse.

**immeuble** [imœbl] nm (bâtiment) edificio ♦ adj (JUR: bien) inmueble; **immeuble de rapport** edificio de renta; **immeuble locatif** edificio de alquiler.

**immigration** [imigʀasjɔ̃] nf inmigración f.

**immigré, e** [imigʀe] nm/f inmigrado(-a).

**imminent, e** [iminã, ãt] adj inminente.

**immobile** [i(m)mɔbil] adj inmóvil; (pièce de machine) fijo(-a); (dogmes, institutions) inamovible; **rester/se tenir ~** quedar/quedarse inmóvil.

**immobilier, -ière** [imɔbilje, jɛʀ] adj inmo-

biliario(-a) ♦ nm: **l'~** (COMM) el sector inmobiliario; (JUR) los bienes inmuebles; voir aussi **promoteur; société**.

**immobiliser** [imɔbilize] vt inmovilizar; (file, circulation) detener; (véhicule: stopper) detener, parar; **s'immobiliser** vpr (personne) inmovilizarse; (machine, véhicule) pararse.

**immoral, e, -aux** [i(m)mɔʀal, o] adj inmoral.

**immortel, -elle** [imɔʀtɛl] adj inmortal.

**immunisé, e** [im(m)ynize] adj: ~ **contre** inmunizado(-a) contra.

**immunité** [imynite] nf inmunidad f; **immunité diplomatique/parlementaire** inmunidad diplomática/parlamentaria.

**impact** [ɛ̃pakt] nm impacto; (d'une personne) influencia.

**impair, e** [ɛ̃pɛʀ] adj impar ♦ nm (gaffe) torpeza; **numéros ~s** números mpl impares.

**impardonnable** [ɛ̃paʀdɔnabl] adj imperdonable; **vous êtes ~ d'avoir fait cela** no tiene perdón por haber hecho esto.

**imparfait, e** [ɛ̃paʀfɛ, ɛt] adj (guérison, connaissance) incompleto(-a); (imitation, œuvre) deficiente ♦ nm (LING) (pretérito) imperfecto.

**impartial, e, -aux** [ɛ̃paʀsjal, jo] adj imparcial.

**impasse** [ɛ̃pas] nf (aussi fig) callejón m sin salida; **faire une ~** (SCOL) preparar sólo una parte del temario; **être dans l'~** (négociations) estar en un punto muerto; **impasse budgétaire** descubierto presupuestario.

**impassible** [ɛ̃pasibl] adj impasible.

**impatience** [ɛ̃pasjãs] nf impaciencia; **avec ~** con impaciencia; **mouvement/signe d'~** movimiento/signo de impaciencia.

**impatient, e** [ɛ̃pasjã, jãt] adj impaciente; ~ **de faire qch** impaciente por hacer algo.

**impatienter** [ɛ̃pasjãte] vt impacientar; **s'impatienter** vpr impacientarse; **s'~ de/contre** impacientarse por/contra.

**impeccable** [ɛ̃pekabl] adj impecable; (employé) impecable, intachable; (fam: formidable) fenomenal.

**impensable** [ɛ̃pãsabl] adj (inconcevable) impensable; (incroyable) increíble.

**imper** [ɛ̃pɛʀ] nm = **imperméable**.

**impératif, -ive** [ɛ̃peʀatif, iv] adj imperioso(-a); (JUR) preceptivo(-a) ♦ nm (LING): **l'~** el imperativo; **~s** nmpl (d'une charge, fonction, de la mode) imperativos mpl.

**impératrice** [ɛpeʀatʀis] nf emperatriz f.

**imperceptible** [ɛpɛʀsɛptibl] adj imperceptible.

**impérial, e, -aux** [ɛpeʀjal, jo] adj imperial.

**impérieux, -euse** [ɛpeʀjø, jøz] adj (air, ton) imperioso(-a); (pressant) imperioso (-a), urgente.

**impérissable** [ɛpeʀisabl] adj imperecedero(-a).

**imperméable** [ɛpɛʀmeabl] adj impermeable ♦ nm impermeable m; ~ à l'air impermeable al aire; ~ à (fig: personne) inaccesible a.

**impertinent, e** [ɛpɛʀtinã, ãt] adj impertinente.

**impitoyable** [ɛpitwajabl] adj despiadado (-a).

**implanter** [ɛplɑ̃te] vt (usine) instalar; (MÉD, usage, mode) implantar; (race, immigrants, industrie) establecer; (idée) inculcar; **s'implanter dans** vpr (v vt) implantarse en; instalarse en, establecerse en; **un préjugé solidement implanté** un prejuicio muy arraigado.

**impliquer** [ɛplike] vt: ~ **qn (dans)** implicar a algn (en); (supposer, entraîner) implicar, suponer; (MATH) implicar; ~ **qch/que** significar algo/que.

**impoli, e** [ɛpɔli] adj descortés.

**impopulaire** [ɛpɔpylɛʀ] adj impopular.

**importance** [ɛpɔʀtɑ̃s] nf importancia; **avoir de l'~** tener importancia; **sans ~** sin importancia; **quelle ~?** ¿qué más da?; **d'~** de importancia.

**important, e** [ɛpɔʀtɑ̃, ɑ̃t] adj importante; (gamme de produits) extenso(-a); (péj: airs, ton) de importancia ♦ nm: l'~ (est de/ que) lo importante (es/es que); **c'est ~ à savoir** es importante saberlo.

**importateur, -trice** [ɛpɔʀtatœʀ, tʀis] adj, nm/f importador(a); **pays ~ de blé** país m importador de trigo.

**importation** [ɛpɔʀtasjɔ̃] nf (de marchandises, fig) importación f; (d'animaux, plantes, maladies) introducción f.

**importer** [ɛpɔʀte] vt (COMM) importar; (maladies, plantes) importar, introducir ♦ vi (être important) importar; ~ **à qn** importar a algn; **il importe de le faire/que nous le fassions** es importante hacerlo/que lo hagamos; **peu m'importe** (je n'ai pas de préférence) ¡me da igual!; (je m'en moque)

¡a mí qué me importa!; **peu importe!** ¡qué importa!; **peu importe que** poco importa que; **peu importe le prix, nous paierons** no importa el precio, pagaremos; voir aussi **n'importe.**

**importun, e** [ɛpɔʀtœ̃, yn] adj (curiosité, présence) importuno(-a); (visite, personne) inoportuno(-a) ♦ nm/f inoportuno(-a).

**importuner** [ɛpɔʀtyne] vt importunar; (suj: insecte, bruit) molestar.

**imposant, e** [ɛpozã, ãt] adj (aussi iron) imponente.

**imposer** [ɛpoze] vt (taxer) gravar; (faire accepter par force) imponer; **s'imposer** vpr imponerse; (montrer sa prééminence) destacar; (être importun) molestar; ~ **qch à qn** imponer algo a algn; ~ **les mains** (REL) imponer las manos; **en ~ à qn** impresionar a algn; **en ~** (personne, présence) imponer; **ça s'impose!** ¡es de rigor!

**impossible** [ɛpɔsibl] adj (irréalisable, improbable) imposible; (enfant) insoportable, inaguantable; (absurde, extravagant) increíble ♦ nm: l'~ lo imposible; ~ **à faire** imposible de hacer; **il est ~ que** es imposible que; **il m'est ~ de le faire** me resulta imposible hacerlo; **faire l'~** hacer lo imposible; **si, par ~, je ne venais pas** ... si no viniera, lo cual es imposible ...

**imposteur** [ɛpɔstœʀ] nm impostor(a).

**impôt** [ɛpo] nm (taxe) impuesto; ~**s** nmpl (contributions) impuestos mpl; **impôt direct/foncier/indirect** impuesto directo/sobre la propiedad/indirecto; **impôts locaux** impuestos municipales; **impôt sur la fortune** impuesto sobre el patrimonio; **impôt sur le chiffre d'affaires/le revenu** impuesto sobre el capital/ la renta; **impôt sur le revenu des personnes physiques** impuesto sobre la renta de las personas físicas; **impôt sur les plus-values** impuesto sobre las plusvalías; **impôt sur les sociétés** impuesto de sociedades.

**impotent, e** [ɛpotã, ãt] adj (personne) impedido(-a), inválido(-a); (jambe, bras) paralítico(-a).

**impraticable** [ɛpʀatikabl] adj (projet, idée) impracticable; (piste, chemin, sentier) intransitable, impracticable.

**imprécis, e** [ɛpʀesi, iz] adj (contours, renseignements) impreciso(-a); (souvenir) impreciso(-a), borroso(-a); (tir) sin precisión.

**imprégner** [ɛ̃pʀeɲe] vt: ~ **(de)** impregnar (con ou de); (de lumière) bañar (de); (suj: amertume, ironie etc) cargar (de); **s'imprégner de** vpr impregnarse de; (de lumière) bañarse de; (idée, culture) imbuirse de, empaparse de.

**imprenable** [ɛ̃pʀənabl] adj (forteresse, citadelle) inexpugnable; **vue ~** vista panorámica asegurada.

**impression** [ɛ̃pʀesjɔ̃] nf (sentiment, sensation: d'étouffement etc) sensación f; (PHOTO, d'un ouvrage) impresión f; (d'un tissu, papier peint) imprimación f; (dessin, motif) imprimación, estampación f; **faire bonne/mauvaise ~** causar buena/mala impresión; **faire/produire une vive ~** (émotion) causar/producir una viva impresión; **donner l'~ d'être ...** dar la impresión de ser ...; **donner une ~ de/l'~ que** dar una impresión de/la impresión de que; **avoir l'~ de/que** tener la impresión de/de que; **faire ~** (orateur, déclaration) impresionar; **~s de voyage** impresiones fpl de viaje.

**impressionnant, e** [ɛ̃pʀesjɔnɑ̃, ɑ̃t] adj impresionante.

**impressionner** [ɛ̃pʀesjɔne] vt impresionar.

**impressionniste** [ɛ̃pʀesjɔnist] nm/f impresionista m/f.

**imprévisible** [ɛ̃pʀevizibl] adj imprevisible.

**imprévu, e** [ɛ̃pʀevy] adj (événement, succès) imprevisto(-a); (dépense, réaction, geste) inesperado(-a) ♦ nm: **l'~** lo imprevisto; **en cas d'~** en caso de imprevisto; **sauf ~** salvo imprevisto.

**imprimante** [ɛ̃pʀimɑ̃t] nf (INFORM) impresora; **imprimante à jet d'encre/à marguerite/(à) laser** impresora de chorro de tinta/de margarita/láser; **imprimante (ligne par) ligne** impresora de líneas; **imprimante matricielle** impresora matricial; **imprimante thermique** impresora térmica.

**imprimé, e** [ɛ̃pʀime] adj (motif, tissu) estampado(-a); (livre, ouvrage) impreso(-a) ♦ nm impreso; (tissu) estampado; (dans une bibliothèque) libro (impreso); **un ~ à fleurs/pois** un estampado de flores/lunares.

**imprimer** [ɛ̃pʀime] vt imprimir; (tissu) estampar; (visa, cachet) sellar; (mouvement, vitesse) comunicar, transmitir; (direction) imprimir, comunicar.

**imprimerie** [ɛ̃pʀimʀi] nf imprenta; (technique) tipografía.

**imprimeur** [ɛ̃pʀimœʀ] nm impresor m; (ouvrier) tipógrafo.

**impropre** [ɛ̃pʀɔpʀ] adj (incorrect) incorrecto(-a), impropio(-a); **~ à** (suj: personne) inepto(-a) para; (: chose) inadecuado(-a) para.

**improviser** [ɛ̃pʀɔvize] vt, vi improvisar; **s'improviser** vpr improvisarse; **s'~ cuisinier** improvisarse como ou de cocinero; **~ qn cuisinier** improvisar a algn como ou de cocinero.

**improviste** [ɛ̃pʀɔvist]: **à l'~** adv de improviso.

**imprudence** [ɛ̃pʀydɑ̃s] nf imprudencia.

**imprudent, e** [ɛ̃pʀydɑ̃, ɑ̃t] adj, nm/f imprudente m/f.

**impuissant, e** [ɛ̃pɥisɑ̃, ɑ̃t] adj impotente; (effort) inútil, vano(-a) ♦ nm impotente m; **~ à faire qch** incapaz de hacer algo.

**impulsif, -ive** [ɛ̃pylsif, iv] adj impulsivo (-a).

**impulsion** [ɛ̃pylsjɔ̃] nf impulso; **~ donnée aux affaires/au commerce** (fig) impulso dado a los negocios/al comercio; **sous l'~ de leurs chefs ...** (fig) bajo la influencia de sus jefes ...

**inabordable** [inabɔʀdabl] adj (lieu) inaccesible; (cher, exorbitant) exorbitante.

**inacceptable** [inaksɛptabl] adj inaceptable.

**inaccessible** [inaksesibl] adj (endroit) inaccesible; (obscur) incomprensible; (personne) inaccesible, inabordable; (objectif) inalcanzable; **~ à** (insensible à: suj: personne) insensible a.

**inachevé, e** [inaʃ(ə)ve] adj inacabado(-a).

**inactif, -ive** [inaktif, iv] adj inactivo(-a); (machine, population) inactivo(-a), parado(-a); (inefficace) ineficaz.

**inadapté, e** [inadapte] adj, nm/f inadaptado(-a).

**inadéquat, e** [inadekwa(t), kwat] adj inadecuado(-a).

**inadmissible** [inadmisibl] adj inadmisible.

**inadvertance** [inadvɛʀtɑ̃s]: **par ~** adv por inadvertencia, por descuido.

**inanimé, e** [inanime] adj inanimado(-a); **tomber ~** caer exánime.

**inanition** [inanisjɔ̃] nf: **tomber/mourir d'~** caer/morir de inanición.

**inaperçu, e** [inapɛʀsy] *adj*: **passer ~** pasar desapercibido(-a).

**inapte** [inapt] *adj*: **~ à qch/faire qch** incapaz para *ou* de algo/hacer algo; (*MIL*) no apto(-a), incapacitado(-a).

**inattendu, e** [inatɑ̃dy] *adj* inesperado(-a); (*insoupçonné*) insospechado(-a) ♦ *nm*: **l'~** lo inesperado.

**inattentif, -ive** [inatɑ̃tif, iv] *adj* (*lecteur, élève*) desatento(-a); **~ à** (*dangers, détails matériels*) despreocupado(-a) de.

**inattention** [inatɑ̃sjɔ̃] *nf* desatención *f*, despreocupación *f*; **par ~** por descuido; **faute** *ou* **erreur d'~** despiste *m*; **une minute d'~** un momento de despiste.

**inauguration** [inogyʀasjɔ̃] *nf* inauguración *f*, descubrimiento; **discours/cérémonie d'~** discurso/ceremonia de inauguración.

**inaugurer** [inogyʀe] *vt* inaugurar; (*statue*) descubrir; (*politique*) inaugurar, estrenar.

**inavouable** [inavwabl] *adj* inconfesable.

**inca** [ɛ̃ka] *adj* inca ♦ *nm/f*: **l~** inca *m/f*.

**incalculable** [ɛ̃kalkylabl] *adj* incalculable; **un nombre ~ de** un número incalculable de.

**incapable** [ɛ̃kapabl] *adj* incapaz; **~ de faire qch** incapaz de hacer algo; (*pour des raisons physiques*) incapacitado(-a) para hacer algo; **je suis ~ d'y aller** (*dans l'impossibilité*) no puedo ir.

**incapacité** [ɛ̃kapasite] *nf* (*incompétence*) incapacidad *f*; (*JUR*) inhabilitación *f*; **je suis dans l'~ de vous aider** (*impossibilité*) me resulta imposible ayudarle; **incapacité de travail** incapacidad laboral; **incapacité électorale** inhabilitación electoral; **incapacité partielle/permanente/totale** incapacidad parcial/definitiva/total.

**incarcérer** [ɛ̃kaʀseʀe] *vt* encarcelar.

**incassable** [ɛ̃kasabl] *adj* irrompible.

**incendie** [ɛ̃sɑ̃di] *nm* incendio; **incendie criminel/de forêt** incendio doloso/forestal.

**incendier** [ɛ̃sɑ̃dje] *vt* incendiar; (*accabler de reproches*) vapulear; (*visage, pommette*) enrojecer.

**incertain, e** [ɛ̃sɛʀtɛ̃, ɛn] *adj* incierto(-a); (*éventuel, douteux*) inseguro(-a), incierto (-a); (*temps*) inestable; (*indécis, imprécis*) indefinido(-a); (*personne*) indeciso(-a); (*pas, démarche*) inseguro(-a).

**incertitude** [ɛ̃sɛʀtityd] *nf* (*d'un résultat, d'un fait*) incertidumbre *f*; (*d'une personne*)

indecisión *f*; **~s** *nfpl* (*hésitations*) vacilaciones *fpl*; (*impondérables*) eventualidades *fpl*.

**incessamment** [ɛ̃sesamɑ̃] *adv* inmediatamente.

**incessant, e** [ɛ̃sesɑ̃, ɑ̃t] *adj* incesante.

**incident, e** [ɛ̃sidɑ̃, ɑ̃t] *adj* (*JUR*: *accessoire*) incidental ♦ *nm* incidente *m*; **proposition ~e** (*LING*) inciso; **incident de frontière** incidente fronterizo; **incident de parcours** (*fig*) pequeño contratiempo; **incident diplomatique** incidente diplomático; **incident technique** dificultad *f* técnica.

**incinérer** [ɛ̃sineʀe] *vt* incinerar.

**inciser** [ɛ̃size] *vt* hacer una incisión en.

**incisive** [ɛ̃siziv] *nf* incisivo.

**inciter** [ɛ̃site] *vt*: **~ qn à (faire) qch** incitar a algn a (hacer) algo; (*à la révolte etc*) incitar a.

**inclinable** [ɛ̃klinabl] *adj* reclinable; **siège à dossier ~** asiento reclinable.

**inclination** [ɛ̃klinasjɔ̃] *nf* inclinación *f*; **montrer de l'~ pour les sciences** mostrar inclinación hacia *ou* por las ciencias; **~ de (la) tête** inclinación de (la) cabeza; **~ (du buste)** inclinación.

**incliner** [ɛ̃kline] *vt* inclinar ♦ *vi*: **~ à qch/à faire** tender a algo/a hacer; **s'incliner** *vpr* (*personne, toit*) inclinarse; (*chemin, pente*) bajar, descender; **~ la tête** *ou* **le front** (*pour saluer*) inclinar la cabeza; **s'~ devant (qn/qch)** (*rendre hommage à*) inclinarse ante algn/algo; **s'~ (devant qch)** (*céder*) ceder (ante algo); **s'~ devant qn/qch** (*s'avouer battu*) doblegarse ante algn/algo.

**inclure** [ɛ̃klyʀ] *vt* incluir; (*joindre à un envoi*) adjuntar.

**incognito** [ɛ̃kɔnito] *adv* de incógnito ♦ *nm*: **garder l'~** mantener el incógnito.

**incohérent, e** [ɛ̃kɔeʀɑ̃, ɑ̃t] *adj* incoherente.

**incollable** [ɛ̃kɔlabl] *adj* (*riz*) que no se pega; **il est ~** (*fam*) no hay quien lo pille.

**incolore** [ɛ̃kɔlɔʀ] *adj* incoloro(-a); (*style*) insulso(-a).

**incommoder** [ɛ̃kɔmɔde] *vt*: **~ qn** incomodar a algn.

**incomparable** [ɛ̃kɔ̃paʀabl] *adj* (*dissemblable*) no comparable; (*inégalable*) incomparable.

**incompatible** [ɛ̃kɔ̃patibl] *adj* incompatible; **~ avec** incompatible con.

**incompétent, e** [ɛ̃kɔ̃petɑ̃, ɑ̃t] *adj* (*igno-*

*rant*): ~ **(en)** incompetente (en); (*incapable*) incapaz; (*JUR*) incompetente.

**incomplet, -ète** [ɛ̃kɔ̃plɛ, ɛt] *adj* incompleto(-a).

**incompréhensible** [ɛ̃kɔ̃pʀeɑ̃sibl] *adj* incomprensible.

**incompris, e** [ɛ̃kɔ̃pʀi, iz] *adj* incomprendido(-a).

**inconcevable** [ɛ̃kɔ̃s(ə)vabl] *adj* inconcebible; (*extravagant*) increíble.

**inconfortable** [ɛ̃kɔ̃fɔʀtabl] *adj* (*aussi fig*) incómodo(-a).

**incongru, e** [ɛ̃kɔ̃gʀy] *adj* (*attitude, remarque*) improcedente; (*visite*) intempestivo(-a), inoportuno(-a).

**inconnu, e** [ɛ̃kɔny] *adj* desconocido(-a), (*joie, sensation*) desconocido(-a), extraño(-a) ♦ *nm/f* desconocido(-a); (*étranger, tiers*) extraño(-a) ♦ *nm*: **l'~** lo desconocido.

**inconnue** [ɛ̃kɔny] *nf* (*MATH, fig*) incógnita.

**inconsciemment** [ɛ̃kɔ̃sjamɑ̃] *adv* inconscientemente.

**inconscient, e** [ɛ̃kɔ̃sjɑ̃, jɑ̃t] *adj* inconsciente ♦ *nm* (*PSYCH*): **l'~** el inconsciente ♦ *nm/f* inconsciente *m/f*; **~ de** (*événement extérieur*) ajeno(-a) a; **il est ~ de ...** (*conséquences*) no es consciente de ...

**inconsidéré, e** [ɛ̃kɔ̃sideʀe] *adj* desconsiderado(-a).

**inconsistant, e** [ɛ̃kɔ̃sistɑ̃, ɑ̃t] *adj* inconsistente; (*caractère, personne*) débil; (*intrigue d'un roman*) flojo(-a).

**inconsolable** [ɛ̃kɔ̃sɔlabl] *adj* inconsolable.

**incontestable** [ɛ̃kɔ̃tɛstabl] *adj* indiscutible.

**incontinent, e** [ɛ̃kɔ̃tinɑ̃, ɑ̃t] *adj* (*MÉD*) incontinente ♦ *adv* (*tout de suite*) al instante, en el acto.

**incontournable** [ɛ̃kɔ̃tuʀnabl] *adj* inevitable.

**incontrôlable** [ɛ̃kɔ̃tʀolabl] *adj* (*invérifiable*) no comprobable.

**inconvénient** [ɛ̃kɔ̃venjɑ̃] *nm* inconveniente *m*, desventaja; (*d'un remède, changement*) inconveniente; **~s** inconvenientes *mpl*; **y a-t-il un ~ à ...?** (*risque*) ¿hay algún problema en ...?; (*objection*) ¿hay algún inconveniente en ...?; **si vous n'y voyez pas d'~** (*obstacle, objection*) si no tiene inconveniente.

**incorporer** [ɛ̃kɔʀpɔʀe] *vt* incorporar; **~ (à)** (*mélanger*) incorporar (a); **~ (dans)** (*insérer*) insertar (en); **~ qn dans** (*MIL*: *affecter*)

destinar a algn a.

**incorrect, e** [ɛ̃kɔʀɛkt] *adj* incorrecto(-a).

**incorrigible** [ɛ̃kɔʀiʒibl] *adj* incorregible.

**incrédule** [ɛ̃kʀedyl] *adj* (*REL*) descreído(-a); (*personne, moue*) incrédulo(-a), escéptico(-a).

**incroyable** [ɛ̃kʀwajabl] *adj* increíble.

**incruster** [ɛ̃kʀyste] *vt*: **~ qch dans** (*ART*) incrustar algo en; (*récipient, radiateur*) formar sarro en; **s'incruster** *vpr*: **s'~ dans** incrustarse en; (*invité*) instalarse, aposentarse; (*radiateur, conduite*) cubrirse de sarro; **~ un bijou de diamants** (*décorer*) incrustar diamantes en una joya.

**inculpé, e** [ɛ̃kylpe] *nm/f* inculpado(-a), acusado(-a).

**inculper** [ɛ̃kylpe] *vt*: **~ (de)** inculpar (de), acusar (de).

**inculquer** [ɛ̃kylke] *vt*: **~ qch à qn** inculcar algo a ou en algn.

**Inde** [ɛ̃d] *nf* India.

**indécent, e** [ɛ̃desɑ̃, ɑ̃t] *adj* indecente, indecoroso(-a); (*inconvenant, déplacé*) desconsiderado(-a).

**indéchiffrable** [ɛ̃deʃifʀabl] *adj* (*aussi fig*) indescifrable; (*pensée, personnage*) inescrutable.

**indécis, e** [ɛ̃desi, iz] *adj* (*paix, victoire*) dudoso(-a); (*temps*) dudoso(-a), inestable; (*contours, formes*) impreciso(-a), vago(-a); (*personne*) indeciso(-a).

**indéfendable** [ɛ̃defɑ̃dabl] *adj* (*aussi fig*) indefendible.

**indéfini, e** [ɛ̃defini] *adj* indefinido(-a); (*nombre*) ilimitado(-a); (*LING*: *article*) indeterminado(-a); **passé ~** perfecto.

**indéfiniment** [ɛ̃definimɑ̃] *adv* indefinidamente.

**indéfinissable** [ɛ̃definisabl] *adj* indefinible.

**indélébile** [ɛ̃delebil] *adj* indeleble; (*fig*) imborrable.

**indélicat, e** [ɛ̃delika, at] *adj* (*grossier*) falto(-a) de delicadeza; (*malhonnête*) deshonesto(-a).

**indemne** [ɛ̃dɛmn] *adj* indemne.

**indemniser** [ɛ̃dɛmnize] *vt* indemnizar; **~ qn de qch** indemnizar a algn por algo; **se faire ~** cobrar una indemnización.

**indemnité** [ɛ̃dɛmnite] *nf* (*dédommagement*) indemnización *f*; (*allocation*) subsidio; **indemnité de licenciement** indemnización por despido; **indemnité de logement** subsidio de vivienda; **indemnité**

**journalière de chômage** subsidio de paro; **indemnité parlementaire** dietas *fpl* parlamentarias.

**indépendamment** [ɛ̃depɑ̃damɑ̃] *adv* independientemente; **~ de** (*en faisant abstraction de*) independientemente de; (*par surcroît, en plus*) además de.

**indépendance** [ɛ̃depɑ̃dɑ̃s] *nf* independencia; **indépendance matérielle** independencia económica.

**indépendant, e** [ɛ̃depɑ̃dɑ̃, ɑ̃t] *adj* independiente; **~ de** independiente de; **travailleur ~** trabajador autónomo; **chambre ~e** habitación *f* independiente.

**indescriptible** [ɛ̃dɛskʀiptibl] *adj* indescriptible.

**indésirable** [ɛ̃deziʀabl] *adj* indeseable.

**indestructible** [ɛ̃dɛstʀyktibl] *adj* indestructible; (*marque, impression*) imborrable.

**indéterminé, e** [ɛ̃detɛʀmine] *adj* indeterminado(-a); (*texte, sens*) impreciso(-a).

**index** [ɛ̃dɛks] *nm* índice *m*; **mettre qn/qch à l'~** poner a algn/algo en la lista negra.

**indicateur, -trice** [ɛ̃dikatœʀ, tʀis] *nm/f* (*de la police*) confidente *m/f* ♦ *nm* (*livre, brochure*): **~ immobilier** guía inmobiliaria; (*ÉCON*) indicador *m*, índice *m* ♦ *adj*: **poteau ~** indicador, señal *f* de orientación; **panneau ~** panel *m* informativo; **indicateur de changement de direction** (*AUTO*) indicador de cambio de dirección; **indicateur de niveau** indicador de nivel; **indicateur de pression** manómetro; **indicateur des chemins de fer** horario de trenes; **indicateur de vitesse** velocímetro.

**indicatif** [ɛ̃dikatif] *nm* (*LING*) indicativo; (*RADIO*) sintonía; (*téléphonique*) prefijo ♦ *adj*: **à titre ~** a título informativo; **indicatif d'appel** (*RADIO*) signo convencional.

**indication** [ɛ̃dikasjɔ̃] *nf* indicación *f*; **~s** *nfpl* (*directives*) indicaciones *fpl*, instrucciones *fpl*; **indication d'origine** (*COMM*) indicación de origen *ou* de procedencia.

**indice** [ɛ̃dis] *nm* indicio; (*POLICE*) indicio, pista; (*ÉCON, SCIENCE, TECH, ADMIN*) índice *m*; **indice de la production industrielle** índice de producción industrial; **indice de réfraction/des prix** índice de refracción/de precios; **indice de traitement** (*ADMIN*) escala de sueldos; **indice d'octane** (*d'un carburant*) índice de octano; **indice du coût de la vie** índice de coste de la vida; **indice inférieur** (*INFORM*) índi-

ce inferior.

**indicible** [ɛ̃disibl] *adj* (*joie, charme*) inefable; (*peine*) indecible.

**indien, ne** [ɛ̃djɛ̃, jɛn] *adj* indio(-a), hindú ♦ *nm/f*: **I~, ne** (*d'Amérique*) indio(-a); (*d'Inde*) indio(-a), hindú *m/f*; **l'océan I~** el Océano Indico.

**indifféremment** [ɛ̃difeʀamɑ̃] *adv* indiferentemente, indistintamente.

**indifférence** [ɛ̃difeʀɑ̃s] *nf* indiferencia.

**indifférent, e** [ɛ̃difeʀɑ̃, ɑ̃t] *adj* indiferente; **~ à qn/qch** indiferente a algn/algo; **parler de choses ~es** hablar de cosas sin importancia; **ça m'est ~ (que ...)** me es indiferente (que ...).

**indigène** [ɛ̃diʒɛn] *adj, nm/f* indígena, criollo(-a) (*AM*).

**indigeste** [ɛ̃diʒɛst] *adj* indigesto(-a); (*fig*) pesado(-a).

**indigestion** [ɛ̃diʒɛstjɔ̃] *nf* indigestión *f*; **avoir une ~** tener una indigestión.

**indigne** [ɛ̃diɲ] *adj* indigno(-a); **~ de** indigno(-a) de.

**indigner** [ɛ̃diɲe] *vt* indignar; **s'indigner** *vpr*: **s'~ (de qch/contre qn)** (*se fâcher*) indignarse (por *ou* con algo/contra *ou* con algn).

**indiqué, e** [ɛ̃dike] *adj* (*date, lieu*) indicado(-a), acordado(-a); (*adéquat*) indicado(-a), adecuado(-a); **ce n'est pas très ~** no es muy adecuado; **remède/traitement ~** (*prescrit*) remedio/tratamiento adecuado.

**indiquer** [ɛ̃dike] *vt* indicar; (*heure, solution*) indicar, informar; (*déterminer*) señalar, fijar; **~ qch/qn du doigt/du regard** (*désigner*) indicar *ou* señalar algo/a algn con el dedo/con la mirada; **à l'heure indiquée** a la hora acordada; **pourriez-vous m'~ les toilettes/l'heure?** ¿puede indicarme dónde están los servicios/decirme la hora?

**indiscipliné, e** [ɛ̃disipline] *adj* (*écolier, troupes*) indisciplinado(-a); (*cheveux etc*) rebelde.

**indiscret, -ète** [ɛ̃diskʀɛ, ɛt] *adj* indiscreto(-a).

**indiscutable** [ɛ̃diskytabl] *adj* indiscutible.

**indispensable** [ɛ̃dispɑ̃sabl] *adj* (*garanties, précautions, condition*) indispensable; (*objet, personne*) imprescindible; **~ à qn/pour faire qch** imprescindible *ou* indispensable a algn/para hacer algo.

**indisposé, e** [ɛ̃dispoze] *adj* indispuesto(-a).

**indistinct, e** [ɛ̃distɛ̃(kt), ɛ̃kt] *adj* (*objet*) indistinto(-a); (*voix, bruits, souvenirs*) confuso(-a).

**indistinctement** [ɛ̃distɛktəmɑ̃] *adv* indistintamente; **tous les Français ~** todos los franceses sin distinción.

**individu** [ɛ̃dividy] *nm* individuo.

**individualiste** [ɛ̃dividɥalist] *adj, nm/f* individualista *m/f*.

**individuel, le** [ɛ̃dividɥɛl] *adj* individual; (*opinion*) personal; (*cas*) particular ♦ *nm/f* (*athlète*) independiente *m/f*; **chambre/maison ~le** habitación *f*/casa individual; **propriété ~le** propiedad *f* particular.

**indolore** [ɛ̃dɔlɔʀ] *adj* indoloro(-a).

**Indonésie** [ɛ̃dɔnezi] *nf* Indonesia.

**indu, e** [ɛ̃dy] *adj*: **à des heures ~es** (*travailler*) tarde; (*rentrer*) a horas imprudentes.

**indulgent, e** [ɛ̃dylʒɑ̃, ɑ̃t] *adj* indulgente.

**industrialiser** [ɛ̃dystʀijalize] *vt* industrializar; **s'industrialiser** *vpr* industrializarse.

**industrie** [ɛ̃dystʀi] *nf* industria; **petite/moyenne/grande ~** pequeña/mediana/gran industria; **industrie automobile** industria automovilística; **industrie du livre/du spectacle** industria del libro/del espectáculo; **industrie légère/lourde/textile** industria ligera/pesada/textil.

**industriel, le** [ɛ̃dystʀijɛl] *adj, nm/f* industrial *m/f*.

**inébranlable** [inebʀɑ̃labl] *adj* inquebrantable; (*personne, certitude*) firme.

**inédit, e** [inedi, it] *adj* inédito(-a).

**inefficace** [inefikas] *adj* ineficaz; (*machine, employé*) ineficiente.

**inégal, e, -aux** [inegal, o] *adj* desigual; (*partage, part*) desproporcionado(-a); (*rythme, pouls, écrivain*) irregular; (*humeur*) variable.

**inégalable** [inegalabl] *adj* inigualable.

**inégalé, e** [inegale] *adj* inigualado(-a).

**inégalité** [inegalite] *nf* desigualdad *f*; (*d'un partage etc*) desproporción *f*; **~s** *nfpl* (*dans une œuvre*) desigualdades *fpl*; **inégalités d'humeur** variaciones *fpl* de humor; **inégalités de terrain** desigualdades del terreno.

**inépuisable** [inepɥizabl] *adj* inagotable; **il est ~ sur** es inagotable en.

**inerte** [inɛʀt] *adj* inerte; (*apathique*) pasivo(-a).

**inespéré, e** [inɛspeʀe] *adj* inesperado(-a).

**inestimable** [inɛstimabl] *adj* inestimable.

**inévitable** [inevitabl] *adj* inevitable; (*effet*) consabido(-a), inevitable; (*hum: rituel*) consabido(-a).

**inexact, e** [inɛgza(kt), akt] *adj* inexacto(-a); (*traduction etc*) incorrecto(-a); (*non ponctuel*) impuntual.

**inexcusable** [inɛkskyzabl] *adj* inexcusable.

**inexplicable** [inɛksplikabl] *adj* inexplicable.

**in extremis** [inɛkstʀemis] *adv* de milagro ♦ *adj* (*préparatifs, sauvetage*) en el último momento; (*mariage, testament*) in extremis.

**infaillible** [ɛ̃fajibl] *adj* infalible.

**infaisable** [ɛ̃fəzabl] *adj* imposible de hacer.

**infarctus** [ɛ̃faʀktys] *nm*: **~ (du myocarde)** infarto (de miocardio).

**infatigable** [ɛ̃fatigabl] *adj* infatigable, incansable.

**infect, e** [ɛ̃fɛkt] *adj* pestilente; (*goût*) asqueroso(-a); (*temps*) horroroso(-a); (*personne*) odioso(-a).

**infecter** [ɛ̃fɛkte] *vt* (*atmosphère, eau*) contaminar; (*personne*) contagiar; (*plaie*) infectar; **s'infecter** *vpr* infectarse.

**infection** [ɛ̃fɛksjɔ̃] *nf* (*puanteur*) pestilencia; (*MÉD*) infección *f*.

**inférieur, e** [ɛ̃feʀjœʀ] *adj* inferior; (*classes sociales, intelligence*) bajo(-a) ♦ *nm/f* inferior *m/f*; **~ à** inferior a.

**infernal, e, -aux** [ɛ̃fɛʀnal, o] *adj* infernal; (*satanique*) diabólico(-a); **tu es ~!** (*fam: enfant*) ¡eres un diablo!

**infidèle** [ɛ̃fidɛl] *adj* infiel; (*narrateur, récit*) inexacto(-a).

**infiltrer** [ɛ̃filtʀe]: **s'~** *vpr*: **s'~ dans** infiltrarse en; (*vent, lumière*) colarse en.

**infime** [ɛ̃fim] *adj* ínfimo(-a).

**infini, e** [ɛ̃fini] *adj* infinito(-a); (*discussions*) interminable; (*précautions*) extremo(-a) ♦ *nm*: **l'~** (*MATH, PHOTO*) el infinito; **à l'~** (*MATH*) al infinito; (*discourir*) interminablemente; (*agrandir, varier*) ampliamente.

**infiniment** [ɛ̃finimɑ̃] *adv* infinitamente.

**infinité** [ɛ̃finite] *nf*: **une ~ de** una infinidad de.

**infinitif, -ive** [ɛ̃finitif, iv] *nm* (*LING*) infinitivo ♦ *adj* (*mode, proposition*) infinitivo(-a).

**infirme** [ɛ̃fiʀm] *adj, nm/f* inválido(-a); **infirme moteur** deficiente *m/f* físico(-a).

**infirmerie** [ɛ̃fiʀməʀi] *nf* enfermería.

**infirmier, -ière** [ɛ̃fiʀmje, jɛʀ] *nm/f* enfermero(-a), A.T.S. *m/f* ♦ *adj*: **élève ~** alumno(-a) de enfermería; **infirmière**

chef enfermera jefe; **infirmière diplômée** diplomada en enfermería; **infirmière visiteuse** enfermera domiciliaria.

**infirmité** [ɛ̃fiʀmite] *nf* invalidez *f*.

**inflammable** [ɛ̃flamabl] *adj* inflamable.

**inflation** [ɛ̃flasjɔ̃] *nf* inflación *f*; **inflation galopante/rampante** inflación galopante/lenta.

**infliger** [ɛ̃fliʒe] *vt* poner; **il m'infligea un affront** me agravió.

**influençable** [ɛ̃flyɑ̃sabl] *adj* influenciable.

**influence** [ɛ̃flyɑ̃s] *nf* influencia; (*d'une drogue*) efecto; (*POL*) predominio.

**influencer** [ɛ̃flyɑ̃se] *vt* influir.

**influent, e** [ɛ̃flyɑ̃, ɑ̃t] *adj* influyente.

**informaticien, ne** [ɛ̃fɔʀmatisjɛ̃, jɛn] *nm/f* informático(-a).

**information** [ɛ̃fɔʀmasjɔ̃] *nf* información *f*; **~s** *nfpl* (*RADIO*) noticias *fpl*; **voyage d'~** viaje *m* de investigación; **~ politique/sportive** (*TV etc*) información política/deportiva; **journal d'~** diario informativo.

**informatique** [ɛ̃fɔʀmatik] *nf* informática.

**informatiser** [ɛ̃fɔʀmatize] *vt* informatizar.

**informer** [ɛ̃fɔʀme] *vt*: **~ qn (de)** informar a algn (de) ♦ *vi* (*JUR*): **~ contre qn/sur qch** informar contra algn/sobre algo; **s'informer** *vpr*: **s'~ (sur)** informarse (sobre).

**infos** [ɛ̃fo] *nfpl* = **informations**.

**infraction** [ɛ̃fʀaksjɔ̃] *nf* infracción *f*; **être en ~** haber cometido una infracción.

**infranchissable** [ɛ̃fʀɑ̃ʃisabl] *adj* infranqueable; (*fig*) insalvable.

**infrarouge** [ɛ̃fʀaʀuʒ] *adj* infrarrojo(-a) ♦ *nm* infrarrojo.

**infrastructure** [ɛ̃fʀastʀyktyʀ] *nf* infraestructura; **~s** *nfpl* (*d'un pays etc*) infraestructuras *fpl*; **~ touristique/hôtelière/routière** infraestructura turística/hotelera/viaria.

**infuser** [ɛ̃fyze] *vt* (*aussi*: **faire ~**) dejar reposar.

**infusion** [ɛ̃fyzjɔ̃] *nf* infusión *f*.

**ingénier** [ɛ̃ʒenje]: **s'~** *vpr*: **s'~ à faire qch** ingeniárselas para hacer algo.

**ingénierie** [ɛ̃ʒeniʀi] *nf* ingeniería; **ingénierie génétique** ingeniería genética.

**ingénieur** [ɛ̃ʒenjœʀ] *nm* ingeniero; **ingénieur agronome/du son** ingeniero agrónomo/de sonido; **ingénieur chimiste/des mines** ingeniero químico/de minas.

**ingénieux, -euse** [ɛ̃ʒenjø, jøz] *adj* ingenioso(-a).

**ingrat, e** [ɛ̃gʀa, at] *adj* (*personne, travail*) ingrato(-a); (*sol*) estéril; (*visage*) poco agraciado(-a) ♦ *nm/f* ingrato(-a); **~ envers** ingrato con.

**ingrédient** [ɛ̃gʀedjɑ̃] *nm* ingrediente *m*.

**inhabité, e** [inabite] *adj* (*régions*) despoblado(-a); (*maison*) deshabitado(-a).

**inhabituel, le** [inabitɥɛl] *adj* inhabitual.

**inhibition** [inibisjɔ̃] *nf* inhibición *f*.

**inhumain, e** [inymɛ̃, ɛn] *adj* (*barbare*) inhumano(-a); (*cri etc*) atroz.

**inimaginable** [inimaʒinabl] *adj* inimaginable.

**ininterrompu, e** [inɛ̃teʀɔ̃py] *adj* ininterrumpido(-a); (*flot, vacarme*) continuo (-a).

**initial, e, -aux** [inisjal, jo] *adj, nf* inicial; **~es** *nfpl* iniciales *fpl*.

**initiation** [inisjasjɔ̃] *nf* iniciación *f*.

**initiative** [inisjativ] *nf* (*aussi POL*) iniciativa; **avoir de l'~** tener iniciativa; **esprit d'~** (espíritu de) iniciativa; **à** *ou* **sur l'~ de qn** a iniciativa de algn; **de sa propre ~** por propia iniciativa.

**initier** [inisje] *vt* iniciar; **s'initier** *vpr*: **s'~ à** iniciarse en; **~ qn à** iniciar a algn en.

**injecter** [ɛ̃ʒekte] *vt* inyectar.

**injection** [ɛ̃ʒeksjɔ̃] *nf* inyección *f*; **~ intraveineuse/sous-cutanée** inyección intravenosa/subcutánea; **à ~** (*moteur, système*) de inyección.

**injure** [ɛ̃ʒyʀ] *nf* insulto.

**injurier** [ɛ̃ʒyʀje] *vt* insultar.

**injurieux, -euse** [ɛ̃ʒyʀjø, jøz] *adj* injurioso(-a).

**injuste** [ɛ̃ʒyst] *adj* injusto(-a); **~ (avec** *ou* **envers qn)** injusto(-a) (con algn).

**injustice** [ɛ̃ʒystis] *nf* injusticia; **haïr/abhorrer l'~** odiar/aborrecer la injusticia.

**inlassable** [ɛ̃lɑsabl] *adj* incansable, infatigable.

**inné, e** [i(n)ne] *adj* innato(-a).

**innocent, e** [inɔsɑ̃, ɑ̃t] *adj* inocente; (*crédule, naïf*) inocente, ingenuo(-a); (*jeu, plaisir*) inofensivo(-a) ♦ *nm/f* inocente *m/f*; **faire l'~** hacerse el inocente.

**innocenter** [inɔsɑ̃te] *vt* disculpar.

**innombrable** [i(n)nɔ̃bʀabl] *adj* incontable.

**innover** [inɔve] *vt* innovar ♦ *vi*: **~ en art/en matière d'art** innovar en arte/en temas de arte.

**inoccupé, e** [inɔkype] *adj* desocupado(-a).

**inodore** [inɔdɔʀ] *adj* inodoro(-a).

**inoffensif, -ive** [inɔfɑ̃sif, iv] *adj* inofensivo(-a); (*plaisanterie*) inocente.

**inondation** [inɔ̃dasjɔ̃] *nf* inundación f; (*afflux massif*) invasión f.

**inonder** [inɔ̃de] *vt* (*aussi fig*) inundar; (*pluie*) empapar; (*envahir*) invadir; ~ **de** inundar de.

**inopportun, e** [inɔpɔʀtœ̃, yn] *adj* inoportuno(-a).

**inoubliable** [inublijabl] *adj* inolvidable.

**inouï, e** [inwi] *adj* inaudito(-a).

**inox** [inɔks] *adj, nm abr* acero inoxidable.

**inquiet, -ète** [ɛ̃kjɛ, ɛ̃kjɛt] *adj* inquieto(-a) ♦ *nm/f* inquieto(-a); ~ **de qch/au sujet de qn** inquieto(-a) *ou* preocupado(-a) por algo/algn.

**inquiétant, e** [ɛ̃kjetɑ̃, ɑ̃t] *adj* inquietante, preocupante.

**inquiéter** [ɛ̃kjete] *vt* inquietar, preocupar; (*harceler*) hostigar; (*police*) molestar; **s'inquiéter** *vpr* inquietarse, preocuparse; **s'~ de** preocuparse por.

**inquiétude** [ɛ̃kjetyd] *nf* inquietud f, preocupación f; **donner de l'~** *ou* **des ~s à** preocupar a; **avoir de l'~** *ou* **des ~s au sujet de** estar preocupado(-a) por.

**insaisissable** [ɛ̃sezisabl] *adj* (*ennemi*) incapturable; (*nuance*) imperceptible; (*bien*) inembargable.

**insalubre** [ɛ̃salybʀ] *adj* insalubre.

**insatisfait, e** [ɛ̃satisfɛ, ɛt] *adj* insatisfecho(-a).

**inscription** [ɛ̃skʀipsjɔ̃] *nf* inscripción f; (*indication*) inscripción, letrero; (*à une institution*) inscripción, matrícula.

**inscrire** [ɛ̃skʀiʀ] *vt* escribir, inscribir; (*renseignement*) anotar; (*à un budget*) hacer asiento de; (*nom: sur une liste etc*) anotar, apuntar; **s'inscrire** *vpr* (*pour une excursion etc*) apuntarse, inscribirse; **s'~ (à)** (*un club, parti*) apuntarse (a), matricularse (en); (*l'université, un examen*) matricularse (en); **s'~ dans** (*suj: projet*) insertarse en; **s'~ en faux contre qch** desmentir algo.

**insecte** [ɛ̃sɛkt] *nm* insecto.

**insecticide** [ɛ̃sɛktisid] *adj* insecticida ♦ *nm* insecticida *m*.

**insensé, e** [ɛ̃sɑ̃se] *adj* insensato(-a).

**insensible** [ɛ̃sɑ̃sibl] *adj* insensible; (*pouls, mouvement*) imperceptible; ~ **aux compli-**

ments/à la chaleur insensible a los halagos/al calor.

**inséparable** [ɛ̃sepaʀabl] *adj* inseparable; **~s** *nmpl* (*oiseaux*) periquitos *mpl*.

**insigne** [ɛ̃siɲ] *nm* emblema *m* ♦ *adj* insigne; (*service*) notable.

**insignifiant, e** [ɛ̃siɲifjɑ̃, jɑ̃t] *adj* insignificante; (*paroles, visage, livre*) insustancial.

**insinuer** [ɛ̃sinɥe] *vt* insinuar; **s'insinuer** *vpr*: **s'~ dans** (*odeur, humidité*) filtrarse en; (*personne*) colarse en.

**insipide** [ɛ̃sipid] *adj* insípido(-a), insulso (-a); (*film etc*) insulso(-a); (*personne*) soso (-a).

**insister** [ɛ̃siste] *vi* insistir; ~ **sur** insistir en; ~ **pour (faire) qch** insistir en (hacer) algo.

**insolation** [ɛ̃sɔlasjɔ̃] *nf* insolación f.

**insolent, e** [ɛ̃sɔlɑ̃, ɑ̃t] *adj* insolente, descarado(-a); (*indécent*) injurioso(-a) ♦ *nm/f* insolente *m/f*, descarado(-a).

**insolite** [ɛ̃sɔlit] *adj* extraño(-a).

**insoluble** [ɛ̃sɔlybl] *adj* (*problème*) sin solución; ~ **(dans)** insoluble (en).

**insomnie** [ɛ̃sɔmni] *nf* insomnio; **avoir des ~s** tener insomnio.

**insouciant, e** [ɛ̃susjɑ̃, jɑ̃t] *adj* despreocupado(-a); (*imprévoyant*) dejado(-a).

**insoupçonnable** [ɛ̃supsɔnabl] *adj* insospechable.

**insoupçonné, e** [ɛ̃supsɔne] *adj* insospechado(-a).

**insoutenable** [ɛ̃sut(ə)nabl] *adj* (*argument, opinion*) insostenible; (*lumière, chaleur, spectacle*) insoportable; (*effort*) insufrible.

**inspecter** [ɛ̃spɛkte] *vt* inspeccionar; (*personne*) dar un repaso a; (*maison*) revisar.

**inspecteur, -trice** [ɛ̃spɛktœʀ, tʀis] *nm/f* inspector(a); **inspecteur d'Académie** inspector de enseñanza; **inspecteur (de police)** inspector (de policía); **inspecteur des Finances** *ou* **des impôts** inspector de hacienda; **inspecteur (de l'enseignement) primaire** ≈ inspector de educación primaria.

**inspection** [ɛ̃spɛksjɔ̃] *nf* inspección f; **inspection des Finances/du Travail** inspección de Hacienda/de trabajo.

**inspirer** [ɛ̃spiʀe] *vt* inspirar; (*intentions*) sugerir ♦ *vi* inspirar; **s'inspirer** *vpr*: **s'~ de qch** inspirarse en algo; ~ **qch à qn** sugerir algo a algn; (*crainte, horreur*) inspirar algo a algn; **ça ne m'inspire pas beaucoup/vraiment pas** eso no me dice mucho/nada.

**instable** [ɛ̃stabl] *adj* inestable; (*personne, population*) nómada.

**installation** [ɛ̃stalasjɔ̃] *nf* instalación *f*; (*dans un lieu précis*) colocación *f*; (*chez qn*) alojamiento; (*sur un siège*) acomodo *f*; **~s** *nfpl* (*équipement*): **~s portuaires** instalaciones *fpl* portuarias; **une ~ provisoire** *ou* **de fortune** un alojamiento provisional; **l'~ électrique** la instalación eléctrica.

**installer** [ɛ̃stale] *vt* instalar; (*asseoir, coucher*) acomodar; (*dans un lieu déterminé*) colocar; (*appartement*) acondicionar; (*fonctionnaire, magistrat*) dar posesión a; **s'installer** *vpr* instalarse; (*à un emplacement*) acomodarse; (*maladie, grève*) arraigarse; **~ une chambre dans le grenier** construir una habitación en el ático; **s'~ à l'hôtel/chez qn** alojarse en el hotel/en casa de algn.

**instance** [ɛ̃stɑ̃s] *nf* (*JUR*) instancia; **~s** *nfpl* (*prières*) insistencia *fsg*; **les ~s internationales** los organismos internacionales; **affaire en ~** asunto pendiente; **courrier en ~** correo pendiente; **être en ~ de divorce** estar en trámites de divorcio; **train en ~ de départ** tren *m* a punto de salir; **en première ~** en primera instancia.

**instant, e** [ɛ̃stɑ̃, ɑ̃t] *adj* (*prière etc*) apremiante ♦ *nm* instante *m*; **sans perdre un ~** sin perder un instante; **en** *ou* **dans un ~** en un instante; **à l'~: je l'ai vu à l'~** lo he visto hace nada; **à l'~ (même) où** en el (mismo) momento en que; **à chaque** *ou* **tout ~** a cada instante; **pour l'~** por el momento; **par ~s** por momentos; **de tous les ~s** constante; **dès l'~ où** *ou* **que ...** desde el momento en que *ou* en cuanto ...; **d'un ~ à l'autre** de un momento a otro, en cualquier momento.

**instantané, e** [ɛ̃stɑ̃tane] *adj* instantáneo (-a) ♦ *nm* (*PHOTO*) instantánea.

**instar** [ɛ̃staʀ]: **à l'~ de** *prép* a semejanza de.

**instaurer** [ɛ̃stɔʀe] *vt* implantar; **s'instaurer** *vpr* establecerse.

**instinct** [ɛ̃stɛ̃] *nm* instinto; **avoir l'~ des affaires/du commerce** tener instinto para los negocios/el comercio; **d'~** por instinto; **~ grégaire/de conservation** instinto gregario/de conservación.

**instinctivement** [ɛ̃stɛ̃ktivmã] *adv* instintivamente.

**instituer** [ɛ̃stitɥe] *vt* establecer; (*un organisme*) fundar; (*évêque*) designar; (*héritier*)

nombrar; **s'instituer** *vpr* (*relations*) establecerse; **s'~ défenseur d'une cause** erigirse en defensor(a) de una causa.

**institut** [ɛ̃stity] *nm* instituto; **l'I~ de France** institución que agrupa las cinco academias en Francia, ≈ Real Academia Española; **institut médico-légal** instituto médico legal; **Institut universitaire de technologie (IUT)** ≈ Escuela Politécnica.

**instituteur, -trice** [ɛ̃stitytœʀ, tʀis] *nm/f* maestro(-a).

**institution** [ɛ̃stitysjɔ̃] *nf* institución *f*; (*régime*) régimen *m*; (*collège*) colegio privado; **~s** *nfpl* (*structures politiques et sociales*) instituciones *fpl*.

**instructif, -ive** [ɛ̃stʀyktif, iv] *adj* instructivo(-a).

**instruction** [ɛ̃stʀyksjɔ̃] *nf* (*enseignement*) enseñanza; (*savoir*) cultura; (*JUR, INFORM*) instrucción *f*; **~s** *nfpl* (*directives, mode d'emploi*) instrucciones *fpl*; **~ publique/primaire** enseñanza pública/de educación primaria; **~ ministérielle/préfectorale** circular *f* ministerial/de la Prefectura; **instruction civique** formación *f* cívica; **instruction religieuse** formación religiosa.

**instruire** [ɛ̃stʀɥiʀ] *vt* (*élèves*) enseñar; (*MIL, JUR*) instruir; **s'instruire** *vpr* instruirse; **s'~ de qch auprès de qn** informarse sobre algo por algn; **~ qn de qch** informar a algn de algo.

**instruit, e** [ɛ̃stʀɥi, it] *pp de* **instruire** ♦ *adj* instruido(-a), culto(-a).

**instrument** [ɛ̃stʀymã] *nm* herramienta; (*MUS*) instrumento; **instrument à cordes/à percussion/à vent/de musique** instrumento de cuerda/de percusión/de viento/ musical; **instrument de mesure/de travail** instrumento de medición/de trabajo.

**insu** [ɛ̃sy] *nm*: **à l'~ de qn** a espaldas de algn; **à son ~** a sus espaldas.

**insuffisant, e** [ɛ̃syfizɑ̃, ɑ̃t] *adj* insuficiente; (*dimensions*) reducido(-a); **~ en maths** insuficiente en matemáticas.

**insulaire** [ɛ̃sylɛʀ] *adj* insular; (*attitude*) cerrado(-a).

**insuline** [ɛ̃sylin] *nf* insulina.

**insulte** [ɛ̃sylt] *nf* insulto.

**insulter** [ɛ̃sylte] *vt* insultar.

**insupportable** [ɛ̃sypɔʀtabl] *adj* insoportable.

**insurmontable** [ɛ̃syʀmɔ̃tabl] *adj* insupe~ble; (*angoisse, aversion*) invencible.

**intact, e** [ɛ̃takt] *adj* intacto(-a); (*réputation*) íntegro(-a).

**intarissable** [ɛ̃taʀisabl] *adj* inagotable; **il est ~ sur ...** es incansable cuando habla de ...

**intégral, e, -aux** [ɛ̃tegʀal, o] *adj* total; (*édition*) completo(-a); **nu ~** desnudo integral.

**intégralement** [ɛ̃tegʀalmɑ̃] *adv* totalmente, completamente.

**intégralité** [ɛ̃tegʀalite] *nf* totalidad *f*; **dans son ~** en su totalidad.

**intégrant, e** [ɛ̃tegʀɑ̃, ɑ̃t] *adj*: **faire partie ~e de qch** formar parte integrante de algo.

**intègre** [ɛ̃tegʀ] *adj* íntegro(-a).

**intégrer** [ɛ̃tegʀe] *vt* (*personnes*) Integrar; (*théories, paragraphe*) incorporar ♦ *vi* (*argot universitaire*) ingresar; **s'intégrer** *vpr*: **s'~ à** *ou* **dans qch** integrarse en algo.

**intégrisme** [ɛ̃tegʀism] *nm* integrismo.

**intellectuel, le** [ɛ̃telektɥel] *adj, nm/f* intelectual *m/f*.

**intelligence** [ɛ̃teliʒɑ̃s] *nf* inteligencia; (*compréhension*) comprensión *f*; **~s** *nfpl* (*fig*) cómplices *mpl*; **regard/sourire d'~** mirada/sonrisa de complicidad; **vivre en bonne/mauvaise ~ avec qn** llevarse bien/mal con algn; **avoir des ~s dans la place** (*MIL*) tener contactos en el sitio; **être d'~** estar de común acuerdo; **intelligence artificielle** inteligencia artificial.

**intelligent, e** [ɛ̃teliʒɑ̃, ɑ̃t] *adj* inteligente, listo(-a); (*personne, animal*) inteligente.

**intelligible** [ɛ̃teliʒibl] *adj* (*proposition etc*) inteligible; **parler de façon peu ~** hablar de forma poco clara.

**intempéries** [ɛ̃tɑ̃peʀi] *nfpl* tiempo inclemente.

**intempestif, -ive** [ɛ̃tɑ̃pɛstif, iv] *adj* intempestivo(-a).

**intenable** [ɛ̃t(ə)nabl] *adj* inaguantable, insoportable; (*position*) indefendible; (*enfant*) inaguantable.

**intendant, e** [ɛ̃tɑ̃dɑ̃, ɑ̃t] *nm/f* (*MIL*) intendente *m*; (*SCOL, régisseur*) administrador(a).

**intense** [ɛ̃tɑ̃s] *adj* intenso(-a).

**intensif, -ive** [ɛ̃tɑ̃sif, iv] *adj* intensivo(-a); **cours ~** curso intensivo; **culture intensive** cultivo intensivo.

**intenter** [ɛ̃tɑ̃te] *vt*: **~ un procès/une action contre** *ou* **à qn** entablar proceso/una acción contra algn.

**intention** [ɛ̃tɑ̃sjɔ̃] *nf* intención *f*; (*but, objectif*) intención *f*, propósito; **contrecarrer les ~s de qn** oponerse a las intenciones de algn; **avec** *ou* **dans l'~ de nuire** con la premeditación de dañar; **avoir l'~ de faire qch** tener la intención de hacer algo; **à l'~ de qn** para algn; (*prière, messe*) por algn; (*fête*) en honor de algn; (*film, ouvrage*) dedicado(-a) a algn; **à cette ~** con este propósito; **sans ~ de** sin intención de; **faire qch sans mauvaise ~** hacer algo sin mala intención; **agir dans une bonne ~** actuar con buena intención.

**intentionné, e** [ɛ̃tɑ̃sjɔne] *adj*: **être bien/mal ~** tener buena/mala intención.

**interactif, -ive** [ɛ̃teʀaktif, iv] *adj* (*aussi IN-FORM*) interactivo(-a).

**intercepter** [ɛ̃teʀsepte] *vt* interceptar; (*lumière etc*) impedir el paso de.

**interchangeable** [ɛ̃teʀʃɑ̃ʒabl] *adj* intercambiable.

**interdiction** [ɛ̃teʀdiksjɔ̃] *nf* interdicción *f*, prohibición *f*; **~ de fumer** prohibido *ou* se prohíbe fumar; **~ de séjour** interdicción de residencia.

**interdire** [ɛ̃teʀdiʀ] *vt* prohibir; (*ADMIN, REL: personne*) inhabilitar; **~ qch à qn** prohibir algo a algn; **~ à qn de faire qch** prohibir a algn hacer algo; (*suj: chose*) impedir que algn haga algo; **s'~ qch** (*éviter*) privarse de algo; **il s'interdit d'y penser** se niega a pensar en ello.

**interdit, e** [ɛ̃teʀdi, it] *pp de* **interdire** ♦ *adj* (*stupéfait*) estupefacto(-a); (*prêtre*) inhabilitado(-a), incapacitado(-a); (*écrivain*) vedado(-a); (*livre*) censurado(-a) ♦ *nm* pauta; **prononcer l'~ contre qn** vetar a algn; **film ~ aux moins de 18/13 ans** película prohibida a los menores de 18/13 años; **sens/stationnement ~** dirección *f*/ estacionamiento prohibido(-a); **interdit de chéquier** persona a la que se le deniega un talonario de cheques; **interdit de séjour** expulsado(-a).

**intéressant, e** [ɛ̃teʀesɑ̃, ɑ̃t] *adj* interesante; **faire l'~** hacerse el interesante.

**intéressé, e** [ɛ̃teʀese] *adj* interesado(-a).

**intéresser** [ɛ̃teʀese] *vt* (*élèves etc*) interesar; (*ADMIN: mesure, loi*) concernir; (*COMM: aux bénéfices*) dar participación en; **ce film m'a beaucoup intéressé** he encontrado muy interesante esta película; **ça n'intéresse personne** eso no interesa a nadie; **~**

qn dans une affaire hacer partícipe a algn en un negocio; ~ qn à qch interesar a algn en algo; s'~ à qn/à ce que fait qn/qch interesarse por algn/por lo que hace algn/algo; s'~ à un sport interesarse por un deporte.

**intérêt** [ɛ̃teʀɛ] nm interés msg; (avantage, originalité): l'~ de ... lo interesante de ...; ~s nmpl (avantage) intereses mpl; porter de l'~ à qn interesarse por algn; agir par ~ actuar por interés; avoir des ~s dans une société tener intereses en una compañía; il a ~ à acheter cette voiture le interesa comprar ese coche; tu aurais ~ à te taire! ¡más te vale callarte!; il y a ~ à ... interesa ...; intérêt composé interés compuesto.

**intérieur, e** [ɛ̃teʀjœʀ] adj interior ♦ nm interior m; ministère de l'l~ ministerio del Interior; un ~ bourgeois/confortable una decoración burguesa/confortable; à l'~ (de) en el interior ou dentro ou adentro (esp AM) (de); (fig) dentro (de); en ~ (CINÉ) en interiores; vêtement/veste/chaussures d'~ prenda/chaqueta/zapatos mpl de estar en casa.

**intérieurement** [ɛ̃teʀjœʀmɑ̃] adv por dentro.

**intérim** [ɛ̃teʀim] nm interinidad f; assurer l'~ (de qn) hacer la interinidad (de algn); faire de l'~ hacer sustituciones; par ~ adj interino(-a) ♦ adv de interino.

**intérimaire** [ɛ̃teʀimɛʀ] adj, nm/f interino (-a); personnel ~ personal m interino.

**interligne** [ɛ̃teʀliɲ] nm línea; (MUS) espacio; simple/double ~ un/doble espacio.

**interlocuteur, -trice** [ɛ̃teʀlɔkytœʀ, tʀis] nm/f interlocutor(a); ~ valable (POL) interlocutor válido.

**intermédiaire** [ɛ̃teʀmedjɛʀ] adj intermedio(-a) ♦ nm/f intermediario(-a); ~s nmpl (COMM) intermediarios mpl; par l'~ de por mediación de.

**interminable** [ɛ̃teʀminabl] adj interminable.

**intermittence** [ɛ̃teʀmitɑ̃s] nf: par ~ (travailler) con intermitencias; (entendre qch) a intervalos.

**internat** [ɛ̃teʀna] nm internado; (MÉD: fonction) interno; (: concours) ≈ MIR.

**international, e, -aux** [ɛ̃teʀnasjɔnal, o] adj internacional ♦ nm/f (SPORT) jugador(a) internacional.

**internaute** [ɛ̃teʀnot] nmf internauta mf.

**interne** [ɛ̃teʀn] adj interno(-a) ♦ nm/f (élève) interno(-a); (MÉD) médico(-a) interno(-a).

**Internet** [ɛ̃teʀnɛt] nm Internet m.

**interpeller** [ɛ̃teʀpəle] vt interpelar; (police) detener.

**interphone** [ɛ̃teʀfɔn] nm interfono; (d'un appartement) portero automático.

**interposer** [ɛ̃teʀpoze] vt interponer; s'interposer vpr interponerse; par personnes interposées por un intermediario.

**interprète** [ɛ̃teʀpʀɛt] nm/f intérprete m/f; être l'~ de qn/de qch ser el portavoz de algn/de algo.

**interpréter** [ɛ̃teʀpʀete] vt interpretar.

**interrogatif, -ive** [ɛ̃teʀɔgatif, iv] adj interrogativo(-a).

**interrogation** [ɛ̃teʀɔgasjɔ̃] nf interrogación f; ~ écrite/orale (SCOL) control m escrito/oral; ~ directe/indirecte (LING) interrogación directa/indirecta.

**interrogatoire** [ɛ̃teʀɔgatwaʀ] nm interrogatorio.

**interroger** [ɛ̃teʀɔʒe] vt interrogar; (données) consultar; (candidat) examinar; s'interroger vpr preguntarse; ~ qn (sur qch) preguntar a algn (por algo); ~ qn du regard preguntar a algn con la mirada.

**interrompre** [ɛ̃teʀɔ̃pʀ] vt interrumpir; (circuit électrique, communications) cortar; s'interrompre vpr interrumpirse.

**interrupteur** [ɛ̃teʀyptœʀ] nm interruptor m; interrupteur à bascule interruptor basculante.

**interruption** [ɛ̃teʀypsjɔ̃] nf interrupción f; sans ~ sin interrupción; interruption (volontaire) de grossesse interrupción (voluntaria) del embarazo.

**intersection** [ɛ̃teʀseksjɔ̃] nf intersección f.

**intervalle** [ɛ̃teʀval] nm intervalo; à deux mois d'~ con dos meses de intervalo; à ~s rapprochés con mucha frecuencia; par ~s a ratos; dans l'~ mientras tanto.

**intervenir** [ɛ̃teʀvəniʀ] vi (survenir) ocurrir, tener lugar; (circonstances, volonté etc) influir; ~ dans intervenir en; ~ (pour faire qch) intervenir (para hacer algo); ~ auprès de qn/en faveur de qn interceder ante algn/en favor de algn; la police a dû ~ la policía tuvo que intervenir; les médecins ont dû ~ los médicos tuvieron que intervenir.

**intervention** [ɛ̃tɛʀvɑ̃sjɔ̃] *nf* intervención *f*; ~ **(chirurgicale)** intervención (quirúrgica); **prix d'~** precio de intervención; **intervention armée** intervención armada.

**interview** [ɛ̃tɛʀvju] *nf* interviú *f*, entrevista.

**interviewer** [*vb* ɛ̃tɛʀvjuve, *n* ɛ̃tɛʀvjuvœʀ] *vt* entrevistar a ♦ *nm* entrevistador(a).

**intestin, e** [ɛ̃tɛstɛ̃, in] *adj*: **querelles/luttes ~es** querellas *fpl*/luchas *fpl* internas ♦ *nm* intestino; **intestin grêle** intestino delgado.

**intime** [ɛ̃tim] *adj* íntimo(-a); *(convictions)* profundo(-a) ♦ *nm/f* íntimo(-a).

**intimider** [ɛ̃timide] *vt* intimidar.

**intimité** [ɛ̃timite] *nf* intimidad *f*; **dans l'~** en la intimidad; *(sans formalités)* informalmente.

**intolérable** [ɛ̃tɔleʀabl] *adj* *(chaleur)* insoportable; *(inadmissible)* intolerable.

**intolérant, e** [ɛ̃tɔleʀɑ̃, ɑ̃t] *adj* intolerante.

**intoxication** [ɛ̃tɔksikasjɔ̃] *nf* intoxicación *f*; *(fig)* contaminación *f*; **intoxication alimentaire** intoxicación alimenticia.

**intoxiquer** [ɛ̃tɔksike] *vt* *(aussi fig)* intoxicar; *(fig)* contaminar; **s'intoxiquer** *vpr* intoxicarse.

**intraitable** [ɛ̃tʀɛtabl] *adj* despiadado(-a); ~ **(sur)** intransigente (en); **demeurer ~** permanecer inflexible.

**intranet** [ɛ̃tʀanɛt] *nm* Intranet *f*.

**intransigeant, e** [ɛ̃tʀɑ̃ziʒɑ̃, ɑ̃t] *adj* intransigente; *(morale, passion)* firme.

**intransitif, -ive** [ɛ̃tʀɑ̃zitif, iv] *adj* intransitivo(-a).

**intrépide** [ɛ̃tʀepid] *adj* intrépido(-a); *(inébranlable)* tenaz.

**intrigue** [ɛ̃tʀig] *nf* intriga; *(liaison amoureuse)* aventura.

**intriguer** [ɛ̃tʀige] *vi, vt* intrigar.

**introduction** [ɛ̃tʀɔdyksjɔ̃] *nf* introducción *f*, incorporación *f*; **paroles/chapitre d'~** palabras *fpl*/capítulo de introducción; **lettre/mot d'~** carta/nota de presentación.

**introduire** [ɛ̃tʀɔdɥiʀ] *vt* introducir; *(visiteur)* hacer pasar a; *(mots)* incorporar; **s'introduire** *vpr* introducirse; ~ **qn auprès de qn** conducir a algn ante algn; ~ **qn dans un club** introducir a algn en un club; **s'~ dans** introducirse en; ~ **une correction au clavier** teclear una corrección.

**introuvable** [ɛ̃tʀuvabl] *adj* *(personne)* ilocalizable; *(COMM: rare: édition, livre)* imposi-

ble de encontrar; **ma montre est ~** no encuentro mi reloj por ningún sitio.

**intrus, e** [ɛ̃tʀy, yz] *nm/f* intruso(-a).

**intuition** [ɛ̃tɥisjɔ̃] *nf* intuición *f*; **avoir une ~** tener un presentimiento; **avoir l'~ de qch** tener la intuición de algo; **avoir de l'~** tener intuición.

**inusable** [inyzabl] *adj* duradero(-a).

**inutile** [inytil] *adj* inútil; *(superflu)* innecesario(-a).

**inutilement** [inytilmɑ̃] *adv* inútilmente.

**inutilisable** [inytilizabl] *adj* inutilizable.

**invalide** [ɛ̃valid] *adj, nm/f* inválido(-a); **invalide de guerre** inválido de guerra; **invalide du travail** inválido(-a) laboral.

**invariable** [ɛ̃vaʀjabl] *adj* invariable.

**invasion** [ɛ̃vazjɔ̃] *nf* *(aussi fig)* invasión *f*; *(de sauterelles, rats)* plaga, invasión.

**inventaire** [ɛ̃vɑ̃tɛʀ] *nm* *(aussi fig)* inventario; **faire un ~** *(COMM, JUR, gén)* hacer un inventario; **faire** *ou* **procéder à l'~** hacer inventario.

**inventer** [ɛ̃vɑ̃te] *vt* inventar; *(moyen)* idear; ~ **de faire qch** discurrir hacer algo.

**inventeur, -trice** [ɛ̃vɑ̃tœʀ, tʀis] *nm/f* inventor(a).

**inventif, -ive** [ɛ̃vɑ̃tif, iv] *adj* inventivo(-a).

**invention** [ɛ̃vɑ̃sjɔ̃] *nf* invención *f*; *(objet inventé, expédient)* invento; *(fable, mensonge)* ficción *f*, invención; **manquer d'~** no tener imaginación.

**inverse** [ɛ̃vɛʀs] *adj* *(ordre)* inverso(-a); *(sens)* inverso(-a), contrario(-a) ♦ *nm*: **l'~** lo contrario; **en proportion ~** en proporción inversa; **dans l'ordre ~** en orden inverso; **dans le sens ~ des aiguilles d'une montre** en sentido contrario a las agujas del reloj; **en** *ou* **dans le sens ~** en sentido contrario; **à l'~** al contrario.

**inversement** [ɛ̃vɛʀsəmɑ̃] *adv* inversamente.

**inverser** [ɛ̃vɛʀse] *vt* invertir.

**investir** [ɛ̃vɛstiʀ] *vt* *(personne)* investir; *(MIL)* cercar, sitiar; *(argent, capital)* invertir ♦ *vi* invertir; ~ **qn de** *(d'une fonction, d'un pouvoir)* investir a algn con.

**investissement** [ɛ̃vɛstismɑ̃] *nm* inversión *f*.

**invisible** [ɛ̃vizibl] *adj* invisible; **il est ~ aujourd'hui** *(fig)* hoy no está para nadie.

**invitation** [ɛ̃vitasjɔ̃] *nf* invitación *f*; **à/sur l'~ de qn** por/a invitación de algn; **carte/lettre d'~** tarjeta/carta de invitación.

**invité, e** [ɛ̃vite] *nm/f* invitado(-a).

**inviter** [ɛ̃vite] *vt* invitar; ~ **qn à faire qch** (*engager, exhorter*) invitar a algn a hacer algo; ~ **à qch** (*à la méfiance*) incitar a algo; (*à la promenade, méditation*) invitar a algo.

**invivable** [ɛ̃vivabl] *adj* insoportable.

**involontaire** [ɛ̃vɔlɔ̃tɛʀ] *adj* involuntario (-a).

**invoquer** [ɛ̃vɔke] *vt* invocar; (*excuse, argument*) invocar, alegar; (*loi, texte*) apelar; (*jeunesse, ignorance*) alegar; ~ **la clémence/le secours de qn** implorar la clemencia/la ayuda de algn.

**invraisemblable** [ɛ̃vʀɛsɑ̃blabl] *adj* (*histoire*) inverosímil; (*aplomb, toupet*) increíble.

**iode** [jɔd] *nm* yodo.

**ion** [jɔ̃] *nm* ión *m*.

**irai** *etc* [iʀe] *vb voir* **aller.**

**Irak** [iʀak] *nm* Irak *m*.

**irakien, ne** [iʀakjɛ̃, jɛn] *adj* iraquí ♦ *nm/f*: **I~, ne** iraquí *m/f.*

**Iran** [iʀɑ̃] *nm* Irán *m.*

**iranien, ne** [iʀanjɛ̃, jɛn] *adj* iraní ♦ *nm* (*LING*) iraní *m* ♦ *nm/f*: **I~, ne** iraní *m/f.*

**irions** *etc* [iʀjɔ̃] *vb voir* **aller.**

**iris** [iʀis] *nm* (*BOT*) lirio; (*ANAT*) iris *m inv.*

**irlandais, e** [iʀlɑ̃dɛ, ɛz] *adj* irlandés(-esa) ♦ *nm* (*LING*) irlandés *m* ♦ *nm/f*: **I~, e** irlandés(-esa); **les I~** los irlandeses.

**Irlande** [iʀlɑ̃d] *nf* Irlanda; **la mer d'~** el mar de Irlanda; **Irlande du Nord/Sud** Irlanda del Norte/Sur.

**ironie** [iʀɔni] *nf* ironía; **ironie du sort** ironía del destino.

**ironique** [iʀɔnik] *adj* irónico(-a).

**ironiser** [iʀɔnize] *vi* ironizar.

**irons** *etc* [iʀɔ̃] *vb voir* **aller.**

**irradier** [iʀadje] *vi* irradiar ♦ *vt* irradiar, difundir.

**irraisonné, e** [iʀezɔne] *adj* irrazonable.

**irrationnel, le** [iʀasjɔnɛl] *adj* irracional.

**irréalisable** [iʀealizabl] *adj* irrealizable.

**irrécupérable** [iʀekypeʀabl] *adj* irrecuperable.

**irréel, le** [iʀeɛl] *adj* irreal; (*LING*): (**mode**) ~ (modo) condicional *m ou* hipotético.

**irréfléchi, e** [iʀefleʃi] *adj* irreflexivo(-a); (*geste, mouvement, acte*) inconsciente.

**irrégularité** [iʀegylaʀite] *nf* irregularidad *f*; ~**s** *nfpl* irregularidades *fpl*; (*inégalité*) desigualdades *fpl.*

**irrégulier, -ière** [iʀegylje, jɛʀ] *adj* irregu-

lar; (*développement, accélération*) irregular, desigual; (*peu honnête*) deshonesto(-a).

**irrémédiable** [iʀemedjabl] *adj* irremediable.

**irremplaçable** [iʀɑ̃plasabl] *adj* irremplazable; (*personne*) irreemplazable, insustituible.

**irréparable** [iʀepaʀabl] *adj* (*aussi fig*) irreparable.

**irréprochable** [iʀepʀɔʃabl] *adj* (*personne, vie*) irreprochable, intachable; (*tenue, toilette*) intachable.

**irrésistible** [iʀezistibl] *adj* irresistible; (*concluant: logique*) contundente; (*qui fait rire*) graciosísimo(-a).

**irrésolu, e** [iʀezɔly] *adj* irresoluto(-a).

**irrespectueux, -euse** [iʀɛspɛktɥø, øz] *adj* irrespetuoso(-a).

**irresponsable** [iʀɛspɔ̃sabl] *adj, nm/f* irresponsable *m/f.*

**irriguer** [iʀige] *vt* irrigar.

**irritable** [iʀitabl] *adj* irritable.

**irriter** [iʀite] *vt* irritar; **s'~ contre qn/de qch** irritarse con algn/por algo.

**irruption** [iʀypsjɔ̃] *nf* irrupción *f*; **faire ~ dans un endroit/chez qn** irrumpir en un lugar/en casa de algn.

**Islam** [islam] *nm*: **I'~** el Islam.

**islamique** [islamik] *adj* islámico(-a).

**Islande** [islɑ̃d] *nf* Islandia.

**isolant, e** [izɔlɑ̃, ɑ̃t] *adj, nm* aislante *m.*

**isolation** [izɔlasjɔ̃] *nf*: ~ **acoustique/ thermique** aislamiento acústico/térmico.

**isolé, e** [izɔle] *adj* (*aussi fig*) aislado(-a); (*éloigné*) apartado(-a).

**isoler** [izɔle] *vt* (*aussi fig*) aislar; **s'isoler** *vpr* (*pour travailler*) aislarse.

**Israël** [isʀaɛl] *nm* Israel *m.*

**israélien, ne** [isʀaeljɛ̃, jɛn] *adj* israelí ♦ *nm/f*: **I~, ne** israelí *m/f.*

**israélite** [isʀaelit] *adj* (*REL*) israelita ♦ *nm/f*: **I~** israelita *m/f.*

**issu, e** [isy] *adj*: ~ **de** descendiente de; (*fig*) resultante de.

**issue** [isy] *nf* salida; (*solution*) salida, solución *f*; **à l'~ de** al concluir; **chemin/rue sans ~** camino/calle *f* sin salida; **issue de secours** salida de socorro.

**Italie** [itali] *nf* Italia.

**italien, ne** [italjɛ̃, jɛn] *adj* italiano(-a) ♦ *nm* (*LING*) italiano ♦ *nm/f*: **I~, ne** italiano(-a).

**italique** [italik] *nm*: (**mettre un mot**) **en italique(s)** (poner una palabra) en cursiva.

**itinéraire** [itineʀɛʀ] *nm* itinerario.

**IUT** sigle m (= Institut universitaire de technologie) voir **institut**.

**IVG** [iveʒe] sigle f (= interruption volontaire de grossesse) interrupción f voluntaria del embarazo.

**ivoire** [ivwaʀ] nm marfil m.

**ivre** [ivʀ] adj (saoul) ebrio(-a), beodo(-a); ~ **de colère/de bonheur** ebrio(-a) de ira/de felicidad; ~ **mort** borracho perdido.

**ivrogne** [ivʀɔɲ] nm/f borracho(-a).

 ——— J j ———

**j'** [ʒ] pron voir **je**.

**jacinthe** [ʒasɛ̃t] nf jacinto; **jacinthe des bois** jacinto silvestre.

**jadis** [ʒadis] adv antaño.

**jaillir** [ʒajiʀ] vi (liquide) brotar; (fig) surgir.

**jais** [ʒɛ] nm azabache m; (**d'un noir) de ~** (negro) azabache.

**jalousie** [ʒaluzi] nf celos mpl; (store) celosía.

**jaloux, -se** [ʒalu, uz] adj (envieux) envidioso(-a); (possessif) celoso(-a); **être ~ de qn/qch** estar celoso(-a) de algn/algo, tener envidia de algn/algo.

**jamais** [ʒamɛ] adv nunca, jamás; (sans négation) alguna vez; ~ **de la vie!** ¡nunca jamás!; **ne ... ~** no ... nunca; **si ~ ...** si alguna vez ...; **à (tout) ~, pour ~** para siempre.

**jambe** [ʒɑ̃b] nf (ANAT) pierna; (d'un cheval) pata; (d'un pantalon) pernil m; **à toutes ~s** a toda velocidad.

**jambon** [ʒɑ̃bɔ̃] nm jamón m; **jambon cru/fumé** jamón crudo/ahumado.

**jante** [ʒɑ̃t] nf llanta.

**janvier** [ʒɑ̃vje] nm enero; voir aussi **juillet**.

**Japon** [ʒapɔ̃] nm Japón m.

**japonais, e** [ʒapɔnɛ, ɛz] adj japonés(-esa) ♦ nm (LING) japonés m ♦ nm/f: **J~, e** japonés(-esa).

**jardin** [ʒaʀdɛ̃] nm jardín m; **jardin botanique** jardín botánico; **jardin d'acclimatation** zoo de especies exóticas; **jardin d'enfants** jardín de infancia; **jardin potager** huerto; **jardin public** parque m público; **jardins suspendus** jardines mpl colgantes.

**jardinage** [ʒaʀdinaʒ] nm jardinería.

**jardiner** [ʒaʀdine] vi cuidar el jardín.

**jardinier, -ière** [ʒaʀdinje, jɛʀ] nm/f jardinero(-a); **jardinier paysagiste** jardinero(-a) artístico(-a).

**jardinière** [ʒaʀdinjɛʀ] nf (de fenêtre) jardinera; **jardinière d'enfants** educadora infantil; **jardinière (de légumes)** (CULIN) menestra.

**jargon** [ʒaʀgɔ̃] nm jerga.

**jarret** [ʒaʀɛ] nm (ANAT) corva; (CULIN) morcillo.

**jauge** [ʒoʒ] nf (capacité) capacidad f; (d'un navire) arqueo; (instrument) aspilla, varilla graduada; **jauge (de niveau) d'huile** indicador m (del nivel) de aceite.

**jaune** [ʒon] adj amarillo(-a) ♦ nm amarillo; (aussi: ~ **d'œuf**) yema ♦ nm/f (péj): **J~** (de race jaune) amarillo(-a); (briseur de grève) esquirol(a) ♦ adv: **rire ~** (fam) reír falsamente.

**jaunir** [ʒoniʀ] vt amarillear ♦ vi amarillear(se).

**jaunisse** [ʒonis] nf ictericia.

**Javel** [ʒavɛl] nf voir **eau**.

**javelot** [ʒavlo] nm jabalina; **faire du ~** hacer jabalina.

**je** [ʒ] pron yo.

**jean** [dʒin] nm (TEXTILE) tela vaquera; (pantalon) vaqueros mpl, blue-jean(s) m(pl) (esp AM).

**jeep** [(d)ʒip] nf jeep m.

**Jésus-Christ** [ʒezykʀi(st)] n Jesucristo; **600 avant/après ~-~** ou **J.-C.** en el año 600 antes/después de Jesucristo ou J.C.

**jet¹** [dʒɛt] nm (avion) jet m, avión m a reacción.

**jet²** [ʒɛ] nm (lancer) lanzamiento; (distance) tiro; (jaillissement, tuyau) chorro; **premier ~** (fig) bosquejo, esbozo; **arroser au ~** regar a chorro; **d'un (seul) ~** de un tirón, de una sola vez; **du premier ~** a la primera; **jet d'eau** chorro de agua; (fontaine) surtidor m.

**jetable** [ʒ(ə)tabl] adj desechable.

**jetée** [ʒəte] nf (digue) escollera; (AVIAT) muelle m de embarque.

**jeter** [ʒ(ə)te] vt (lancer) lanzar, botar (AM); (se défaire de) tirar; (passerelle, pont) construir, tender; (bases, fondations) establecer, sentar; (regard) echar; (cri, insultes) lanzar; (lumière, son) dar; ~ **l'ancre** echar el ancla; ~ **un coup d'œil (à)** echar un vistazo (a); ~ **qch à qn** lanzar algo a algn; ~ **les bras en avant/la**

**tête en arrière** echar los brazos hacia adelante/la cabeza hacia atrás; **~ le trouble/l'effroi parmi ...** sembrar la confusión/el miedo entre; **~ un sort à qn** echar una maldición a algn; **~ qn dans la misère** hundir a algn en la miseria; **~ qn dans l'embarras** meter a algn en un apuro; **~ qn dehors** echar a algn fuera; **~ qn en prison** meter a algn en la cárcel; **~ l'éponge** (fig) tirar la toalla; **~ des fleurs à qn** (fig) echar flores a algn; **~ la pierre à qn** acusar a algn; **se ~ contre/dans/sur** arrojarse contra/en/sobre; **se ~ dans** (suj: fleuve) desembocar en; **se ~ par la fenêtre** tirarse por la ventana; **se ~ à l'eau** (fig) lanzarse a hacer algo.

**jeton** [ʒ(ə)tɔ̃] nm ficha; **~s** nmpl (de présence) dieta fsg ou prima fsg de asistencia.

**jette** etc [ʒɛt] vb voir **jeter**.

**jeu, x** [ʒø] nm juego; (interprétation) actuación f, interpretación f; (MUS) interpretación; (TECH) juego, holgura; (défaut de serrage) holgura; **par ~** por juego; **d'entrée de ~** desde el principio; **cacher son ~** ocultar las intenciones; **c'est le ~** ou **la règle du ~** es el juego, son las reglas del juego; **c'est un ~** (d'enfant) es un juego (de niños); **il a beau ~ de dire ça** le resulta fácil decir eso; **être/remettre en ~** (FOOTBALL) estar/poner en juego; **être en ~** (fig) estar en juego; **entrer/mettre en ~** (fig) entrar/poner en juego; **entrer dans le ~/le ~ de qn** (fig) entrar en el juego/en el juego de algn; **se piquer** ou **se prendre au ~** cegarse por el juego; **jouer gros ~** jugar fuerte, arriesgar mucho; **jeu d'orgue(s)** registros mpl; **jeu de boules** (activité) juego de bolos; (endroit) bolera; **jeu de cartes** juego de naipes; (paquet) baraja; **jeu de clés/d'aiguilles** juego de llaves/de agujas; **jeu de construction** juego de construcción, mecano; **jeu d'échecs** ajedrez m; **jeu d'écritures** traspaso de cuenta a cuenta; **jeu de hasard/de mots** juego de azar/de palabras; **jeu de l'oie** juego de la oca; **jeu de massacre** (à la foire, fig) pim pam pum m; **jeu de patience/de société** juego de paciencia/de salón; **jeu de physionomie** expresión f; **jeux de lumière** juego de luces; **Jeux olympiques** Juegos mpl Olímpicos.

**jeudi** [ʒødi] nm jueves m inv; **jeudi saint** jueves santo; voir aussi **lundi**.

**jeun** [ʒœ̃]: **à ~** adv en ayunas.

**jeune** [ʒœn] adj joven; (récent) joven, reciente ♦ adv: **faire ~** hacer joven; **s'habiller ~** vestirse juvenil; **les ~s** los jóvenes; **jeune fille** muchacha, chica; **jeune homme** muchacho, chico; **jeune loup** (ÉCON, POL) joven cachorro; **jeune premier** galán m; **jeunes gens** jóvenes mpl; **jeunes mariés** recién casados mpl.

**jeûne** [ʒøn] nm ayuno.

**jeunesse** [ʒœnɛs] nf juventud f.

**joaillier, -ière** [ʒɔaje, jɛʀ] nm/f joyero(-a).

**joie** [ʒwa] nf (bonheur intense) alegría, gozo; (vif plaisir) alegría; **~s** nfpl (agrément) alegrías fpl; (iron: ennuis) encantos mpl.

**joindre** [ʒwɛ̃dʀ] vt juntar, unir; (qch à qch) juntar ♦ vi (se toucher) encajar; **se joindre** vpr (mains etc) unirse; **~ qch à** (ajouter) adjuntar algo a; **~ qn** (réussir à contacter) dar con algn, localizar a algn; **~ les mains/talons** juntar las manos/los talones; **~ les deux bouts** (fig) llegar a final de mes; **se ~ à** (s'unir) unirse a; (se mêler) sumarse a; **se ~ à qch** (participer à) sumarse a algo.

**joint, e** [ʒwɛ̃, ɛ̃t] pp de **joindre** ♦ adj junto(-a) ♦ nm (articulation, assemblage) junta, empalme m; (ligne, en ciment) junta; **sauter à pieds ~s** saltar con los pies juntos; **~ à** (un paquet, une lettre) adjunto(-a) a; **pièce ~e** pieza adjunta; **chercher/trouver le ~** (fig) buscar/encontrar la solución; **joint de cardan/de culasse** junta de cardán/de culata; **joint de robinet** junta de grifo.

**joli, e** [ʒɔli] adj bonito(-a), lindo(-a) (AM: fam); **une ~e somme/situation** una buena suma/un buen puesto; **c'est du ~!** (iron) ¡muy bonito!; **un ~ gâchis/travail** (iron) menudo lío/trabajo; **c'est bien ~ mais ...** está muy bien pero ...

**jonc** [ʒɔ̃] nm (BOT) junco; (bague, bracelet) anillo.

**jonction** [ʒɔ̃ksjɔ̃] nf (action) unión f; **(point de) ~** (de routes) empalme m, enlace m; (de fleuves) confluencia; **opérer une ~** (MIL etc) reunirse.

**jongleur, -euse** [ʒɔ̃glœʀ, øz] nm/f malabarista m/f.

**jonquille** [ʒɔ̃kij] nf junquillo.

**Jordanie** [ʒɔʀdani] nf Jordania.

**joue** [ʒu] nf mejilla; **mettre en ~** apuntar.

**jouer** [ʒwe] vt jugar; (pièce de théâtre) representar; (film, rôle) interpretar; (simuler)

fingir; (morceau de musique) ejecutar, tocar
♦ vi jugar; (MUS) ejecutar, tocar; (CINÉ, THÉÂTRE) actuar; (aux cartes, à la roulette) jugar a; (bois, porte) combarse; (clé, pièce) tener juego ou holgura; ~ au héros dárselas de héroe; ~ sur (miser) jugar con; ~ de (instrument) tocar; (fig): ~ du couteau manejar el cuchillo; ~ des coudes abrirse paso con los codos; ~ à (jeu, sport) jugar a; ~ avec (sa santé etc) jugar con; se ~ de (difficultés) pasar por alto; se ~ de qn (tromper) engañar a algn; ~ un tour à qn jugar una mala pasada a algn; ~ la comédie (fig) hacer teatro; ~ à la baisse/à la hausse (BOURSE) jugar a la baja/al alza; ~ serré actuar con tiento; ~ de malchance ou malheur tener mala suerte; ~ sur les mots tergiversar las palabras; à toi/nous de ~ (fig) te toca a ti/nos toca a nosotros; ~ aux courses jugar a las carreras.

**jouet** [ʒwɛ] nm juguete m; être le ~ de (fig) ser el juguete de.

**joueur, -euse** [ʒwœʀ, øz] nm/f jugador(a); (musique) músico ♦ adj juguetón(-ona); être beau/mauvais ~ (fig) ser un buen/ mal perdedor.

**jouir** [ʒwiʀ]: ~ de vt (avoir) gozar de; (savourer) disfrutar de.

**jour** [ʒuʀ] nm día m; (clarté) luz f; (ouverture) hueco, vano; (COUTURE) calado; ~s nmpl (vie) días mpl; de nos ~s hoy en día; sous un ~ favorable/nouveau (fig) bajo el aspecto más favorable/nuevo; tous les ~s todos los días, a diario; de ~ de día; d'un ~ à l'autre de un día a otro; du ~ au lendemain de la noche a la mañana; au ~ le ~, de ~ en ~ día a día; il fait ~ es de día; en plein ~ en pleno día; au ~ a la luz del día; au petit ~ de madrugada, al amanecer; au grand ~ (fig) a todas luces, de forma evidente; mettre au ~ (découvrir) sacar a la luz; être/mettre à ~ estar/poner al día; mise à ~ puesta al día; donner le ~ à dar a luz a; voir le ~ salir a la luz; se faire ~ (fig) abrirse camino, triunfar; jour férié día festivo; le jour J ≈ el día D.

**journal, -aux** [ʒuʀnal, o] nm periódico, (personnel) diario; le J~ officiel (de la République française) el Boletín oficial (de la República Francesa), ≈ el Boletín oficial del Estado; journal de bord diario de a bordo; journal de mode revista de moda; journal parlé diario hablado; journal

**télévisé** diario televisado, telediario.

**journalier, -ière** [ʒuʀnalje, jɛʀ] adj diario(-a) ♦ nm/f jornalero(-a).

**journalisme** [ʒuʀnalism] nm periodismo.

**journaliste** [ʒuʀnalist] nm/f periodista m/f.

**journée** [ʒuʀne] nf día m; (travail d'une journée) jornada; la ~ continue la jornada continua.

**joyau, x** [ʒwajo] nm (aussi fig) joya.

**joyeux, -euse** [ʒwajø, øz] adj feliz, alegre; ~ Noël! ¡feliz Navidad!; ~ anniversaire! ¡feliz cumpleaños!

**jubiler** [ʒybile] vi regocijarse.

**jucher** [ʒyʃe] vt: ~ qch/qn sur poner algo/a algn sobre ♦ vi (oiseau): ~ sur morar en; se ~ sur posarse en ou sobre.

**judas** [ʒyda] nm mirilla.

**judiciaire** [ʒydisjɛʀ] adj judicial.

**judicieux, -euse** [ʒydisjø, jøz] adj juicioso(-a), sensato(-a).

**judo** [ʒydo] nm judo.

**juge** [ʒyʒ] nm juez m/f; être bon/mauvais ~ (fig) ser un buen/mal árbitro; juge d'instruction/de paix juez de instrucción/de paz; juge de touche (FOOTBALL) juez de línea; juge des enfants juez de menores.

**jugé** [ʒyʒe] nm: au ~ adv a bulto; (fig) a bulto, a ojo.

**jugement** [ʒyʒmã] nm (JUR) sentencia; (gén) juicio; jugement de valeur juicio de valor.

**juger** [ʒyʒe] vt juzgar; (JUR) juzgar, sentenciar ♦ nm: au ~ a bulto; ~ qn/qch satisfaisant considerar a algn/algo satisfactorio; ~ bon de faire ... juzgar oportuno hacer ...; ~ que estimar que; ~ de qch juzgar algo; jugez de ma surprise imagine mi sorpresa.

**juif, -ive** [ʒɥif, ʒɥiv] adj judío(-a) ♦ nm/f: J~, -ive judío(-a).

**juillet** [ʒɥijɛ] nm julio; le premier ~ el uno de julio; le deux/onze ~ el dos/once de julio; début/fin ~ a primeros/finales de julio; le 14 ~ el 14 de julio (la fiesta nacional francesa).

---

### 14 juillet

*En Francia, le 14 juillet es una fiesta nacional en conmemoración del asalto a la Bastilla durante la Revolución Francesa, celebrada con desfiles, música, baile y fuegos artificiales. En París tiene lugar un desfile militar por los Champs-Élysées que presencia el Presidente de la República.*

**juin** [ʒɥɛ̃] *nm* junio; *voir aussi* **juillet**.

**jumeau, -elle, x** [ʒymo, ɛl] *adj, nm/f* gemelo(-a); **maisons jumelles** casas *fpl* gemelas.

**jumeler** [ʒym(ə)le] *vt* (*TECH*) acoplar; (*villes*) hermanar; **roues jumelées** ruedas *fpl* gemelas; **billets de loterie jumelés** décimos *mpl* de lotería dobles; **pari jumelé** apuesta doble.

**jumelle** [ʒymɛl] *vb voir* **jumeler** ♦ *adj, nf voir* **jumeau**; **~s** *nfpl* (*instrument*) gemelos *mpl*.

**jument** [ʒymã] *nf* yegua.

**jungle** [ʒœ̃gl] *nf* jungla, selva; (*fig*) jungla.

**jupe** [ʒyp] *nf* falda, pollera (*AM*).

**jupon** [ʒypɔ̃] *nm* enaguas *fpl*.

**juré** [ʒyʀe] *nm* jurado ♦ *adj*: **ennemi ~** enemigo jurado.

**jurer** [ʒyʀe] *vt* jurar ♦ *vi* jurar; **~ (avec)** (*couleurs etc*) chocar (con), desentonar (con); **~ de faire/que** jurar hacer/que; **~ de qch** jurar algo, responder de algo; **ils ne jurent que par lui** creen a ciegas en él; **je vous jure!** ¡se lo juro!

**juridique** [ʒyʀidik] *adj* jurídico(-a).

**juron** [ʒyʀɔ̃] *nm* juramento.

**jury** [ʒyʀi] *nm* (*JUR*) jurado; (*SCOL*) tribunal *m*.

**jus** [ʒy] *nm* jugo, zumo (*ESP*); (*de viande*) jugo; (*fam: courant*) corriente *f* (eléctrica); (: *café*) café *m*; **jus de fruits** jugo *ou* zumo (*ESP*) de frutas; **jus d'orange/de pommes/de raisin/de tomates** zumo de naranja/de manzana/de uvas/de tomate.

**jusque** [ʒysk]: **jusqu'à** *prép* hasta; **jusqu'au matin/soir** hasta la mañana/la tarde; **jusqu'à ce que** hasta que; **jusqu'à présent** *ou* **maintenant** hasta ahora; **~ sur/dans** hasta arriba de/en; (*y compris*) hasta, incluso; **~ vers** hasta cerca de; **~-là** hasta ahí; **jusqu'ici** (*temps*) hasta ahora; (*espace*) hasta aquí.

**justaucorps** [ʒystokɔʀ] *nm* malla.

**juste** [ʒyst] *adj* justo(-a); (*légitime*) justo(-a), legítimo(-a); (*étroit*) ajustado(-a); (*insuffisant*) escaso(-a) ♦ *adv* (*avec exactitude, précision*) con precisión; (*étroitement*) apretado; (*chanter*) afinado; (*seulement*) solamente, nomás (*AM*); **~ assez/au-dessus**

bastante/hasta por encima de; **pouvoir tout ~ faire qch** poder sólo hacer algo; **au ~** exactamente; **comme de ~** como es lógico; **le ~ milieu** el término medio; **à ~ titre** con razón.

**justement** [ʒystəmã] *adv* justamente; **c'est ~ ce qu'il fallait faire** es precisamente lo que había que hacer.

**justesse** [ʒystɛs] *nf* (*exactitude, précision*) precisión *f*, exactitud *f*; (*d'une remarque*) propiedad *f*; (*d'une opinion*) rectitud *f*; **de ~** por poco.

**justice** [ʒystis] *nf* justicia; **rendre la ~** administrar justicia; **traduire en ~** citar ante la justicia, hacer comparecer ante la justicia; **obtenir ~** lograr justicia; **rendre ~ à qn** hacer justicia a algn; **se faire ~** (*se venger*) tomarse la justicia por su mano; (*se suicider*) suicidarse.

**justificatif, -ive** [ʒystifikatif, iv] *adj* justificativo(-a) ♦ *nm* justificante *m*.

**justifier** [ʒystifje] *vt* justificar; **se justifier** *vpr* justificarse; **~ de** probar; **non justifié** injustificado(-a); **justifié à droite/gauche** justificado a la derecha/izquierda.

**juteux, -euse** [ʒytø, øz] *adj* jugoso(-a); (*fam*) jugoso(-a), sustancioso(-a).

**juvénile** [ʒyvenil] *adj* juvenil.

## —— K k ——

**K** [kɑ] *abr* (= *kilooctet*) K.

**kaki** [kaki] *adj inv* caqui.

**kangourou** [kɑ̃guʀu] *nm* canguro.

**karaté** [kaʀate] *nm* kárate *m*.

**kascher** [kaʃɛʀ] *adj inv* de acuerdo con las normas dietéticas de la ley hebraica.

**kayak** [kajak] *nm* kayak *m*.

**képi** [kepi] *nm* quepis *m*.

**kermesse** [kɛʀmɛs] *nf* romería.

**kidnapper** [kidnape] *vt* secuestrar.

**kilo** [kilo] *nm* kilo.

**kilogramme** [kilɔgʀam] *nm* kilogramo.

**kilométrage** [kilɔmetʀaʒ] *nm* kilometraje *m*; **faible ~** poco kilometraje, pocos kilómetros.

**kilomètre** [kilɔmetʀ] *nm* kilómetro; **~s (à l')heure** kilómetros por hora.

**kilométrique** [kilɔmetʀik] *adj* kilométrico(-a); **compteur ~** cuentakilómetros *m inv.*

**kilowatt** [kilowat] *nm* kilovatio.

**kinésithérapeute** [kineziterapøt] *nm/f* kinesiólogo(-a).

**kiosque** [kjɔsk] *nm* (*de jardin, à journaux*) kiosco *ou* quiosco; (*fleurs*) puesto; (*TÉL etc*) torreta.

**kir** [kiʀ] *nm* kir *m* (*vino blanco con licor de grosella negra*).

**kiwi** [kiwi] *nm* kiwi *m*.

**klaxon** [klaksɔn] *nm* bocina, claxon *m*.

**klaxonner** [klaksɔne] *vi* tocar la bocina *ou* el claxon.

**km** *abr* (= *kilomètre(s)*) km. (= *kilómetro(s)*).

**km/h** *abr* (= *kilomètres/heure*) km/h.

**Ko** *abr* (*INFORM* = *kilooctet*) K.

**K.-O.** [kao] *adj inv* K.O.

**koala** [kɔala] *nm* koala *m*.

**kosovar** [kɔsɔvaʀ] *adj* Kosovar ♦ *nm/f*: **K~** Kosovar *m/f*.

**Kosovo** [kɔsɔvo] *nm* Kosovo.

**kyste** [kist] *nm* quiste *m*.

──── **L l** ────

**l'** [l] *dét voir* **le**.

**la** [la] *nm* (*MUS*) la *m inv* ♦ *dét, pron voir* **le**.

**là** [la] *adv* (*plus loin*) ahí, allí; (*ici*) aquí; (*dans le temps*) entonces; **est-ce que Catherine est ~?** ¿está Catherine?; **elle n'est pas ~** no está; **c'est ~ que** ahí *ou* allí es donde; (*ici*) aquí es donde; **~ où** allí donde; **de ~** (*fig*) de ahí; **par ~** (*fig*) con eso; **tout est ~** todo está ahí; (*fig*) ahí está el fondo de la cuestión.

**là-bas** [labɑ] *adv* allí.

**laboratoire** [labɔʀatwaʀ] *nm* laboratorio; **laboratoire d'analyses/de langues** laboratorio de análisis/de idiomas.

**laborieux, -euse** [labɔʀjø, jøz] *adj* laborioso(-a); (*vie*) sacrificado(-a); **classes laborieuses** clases *fpl* trabajadoras.

**labourer** [labuʀe] *vt* (*aussi fig*) labrar.

**labyrinthe** [labiʀɛ̃t] *nm* laberinto.

**lac** [lak] *nm* lago; **les Grands L~s** los Grandes Lagos; **lac Léman** lago Lemán.

**lacet** [lasɛ] *nm* (*de chaussure*) cordón *m*; (*de route*) curva cerrada; (*piège*) lazo; **chaussures à ~s** zapatos de cordones.

**lâche** [lɑʃ] *adj* (*poltron*) cobarde; (*procédé etc*) ruin, vil; (*desserré, pas tendu*) flojo(-a); (*morale, mœurs*) relajado(-a) ♦ *nm/f* cobarde *m/f*.

**lâcher** [lɑʃe] *nm* (*de ballons, d'oiseaux*) lanzamiento ♦ *vt* (*aussi fig*) soltar; (*SPORT: distancer*) despegarse de; (*fam: abandonner*) dejar colgado(-a) ♦ *vi* soltar; **~ les amarres** (*NAUT*) soltar amarras; **~ les chiens** (*contre*) soltar los perros; **~ prise** (*fig*) soltarse.

**lacrymogène** [lakʀimɔʒɛn] *adj* lacrimógeno(-a).

**lacune** [lakyn] *nf* laguna.

**là-dedans** [ladədɑ̃] *adv* ahí dentro; (*fig*) en eso.

**là-dessous** [ladsu] *adv* ahí debajo; (*fig*) detrás de eso.

**là-dessus** [ladsy] *adv* ahí encima; (*fig*) luego; (*à ce sujet*) al respecto.

**lagune** [lagyn] *nf* laguna.

**là-haut** [lao] *adv* allí arriba.

**laid, e** [lɛ, lɛd] (*aussi fig*) *adj* feo(-a).

**laideur** [lɛdœʀ] *nf* fealdad *f*; (*fig*) vileza.

**lainage** [lɛnaʒ] *nm* (*vêtement*) jersey *m ou* chaqueta de lana; (*étoffe*) tejido de lana.

**laine** [lɛn] *nf* lana; **pure ~** pura lana; **laine à tricoter** lana para tejer; **laine de verre** lana de vidrio; **laine peignée/vierge** lana peinada/virgen; **laine cardée/virgen**.

**laïque** [laik] *adj, nm/f* laico(-a).

**laisse** [lɛs] *nf* (*de chien*) correa; **tenir en ~** tener atado(-a); (*fig*) manejar a su antojo.

**laisser** [lese] *vt* dejar; **~ qch quelque part** dejar algo en algún sitio; **se ~ exploiter** dejarse explotar; **se ~ aller** abandonarse; **laisse-toi faire** déjate hacer; **rien ne laisse penser que ...** nada permite pensar que ...; **cela ne laisse pas de surprendre** esto no deja de sorprender; **~ qn tranquille** dejar a algn en paz.

**laisser-aller** [leseale] *nm inv* abandono; (*péj: absence de soin*) desaliño.

**laissez-passer** [lesepase] *nm inv* salvoconducto.

**lait** [lɛ] *nm* leche *f*; **frère/sœur de ~** hermano/hermana de leche; **lait concentré/condensé** leche concentrada/condensada; **lait de beauté** leche de belleza; **lait de chèvre/de vache** leche de cabra/de vaca; **lait démaquillant** leche desmaquillante; **lait écrémé/entier/en poudre** leche descremada/entera/en polvo; **lait maternel** leche materna.

**laitage** [lɛtaʒ] nm producto lácteo.

**laiterie** [lɛtʀi] nf lechería.

**laitier, -ière** [letje, jɛʀ] adj (produit, industrie) lácteo(-a); **vache laitière** vaca lechera.

**laiton** [lɛtɔ̃] nm latón m.

**laitue** [lety] nf lechuga.

**lambeau, x** [lãbo] nm jirón m; (de conversation) retazo; **en ~x** hecho(-a) jirones.

**lame** [lam] nf (de couteau etc) hoja; (de paquet etc) lámina; (vague) ola; **lame de fond** mar m de fondo; **lame de rasoir** cuchilla de afeitar.

**lamelle** [lamɛl] nf laminilla; **couper en ~s** cortar en lascas.

**lamentable** [lamãtabl] adj lamentable.

**lamenter** [lamãte]: **se ~** vpr: **se ~ (sur)** quejarse (de).

**lampadaire** [lãpadɛʀ] nm lámpara de pie; (dans la rue) farola.

**lampe** [lãp] nf lámpara; (de radio) válvula; **lampe à alcool** lámpara de alcohol; **lampe à arc** arco voltaico; **lampe à bronzer** lámpara (de rayos) UVA; **lampe de chevet/halogène** lámpara de mesa/halógena; **lampe à pétrole** lámpara de petróleo, quinqué m; **lampe à souder** soplete m; **lampe de poche** linterna; **lampe témoin** piloto.

**lance** [lãs] nf lanza; **lance à eau** manguera; **lance d'incendie/d'arrosage** manguera de incendios/de riego.

**lancée** [lãse] nf: **être/continuer sur sa ~** aprovechar el impulso inicial.

**lancement** [lãsmã] nm lanzamiento; (d'un bateau) botadura; **offre de ~** oferta de lanzamiento.

**lance-pierres** [lãspjɛʀ] nm inv tirachinas m inv.

**lancer** [lãse] nm lanzamiento ♦ vt lanzar; (bateau) botar; (mandat d'arrêt) dictar; (emprunt) emitir; (moteur) poner en marcha; **se lancer** vpr lanzarse; **se ~ sur** ou **contre** lanzarse sobre ou contra; **~ qch à qn** lanzar algo a algn; (de façon agressive) arrojar algo a algn; **~ un appel** lanzar un llamamiento; **~ qn sur un sujet** mencionar un tema a algn; **se ~ dans** lanzarse en; **lancer du poids** lanzamiento de peso.

**landau** [lãdo] nm coche m ou carro de niño.

**lande** [lãd] nf landa.

**langage** [lãgaʒ] nm lenguaje m; **langage d'assemblage/de programmation** (INFORM) lenguaje ensamblador/de programación; **langage évolué** (INFORM) lenguaje evolucionado ou de última generación; **langage machine** (INFORM) lenguaje máquina.

**langouste** [lãgust] nf langosta.

**langoustine** [lãgustin] nf cigala.

**langue** [lãg] nf lengua; **~ de terre** franja de tierra; **tirer la ~ (à)** sacar la lengua (a); **donner sa ~ au chat** rendirse; **de ~ française** de lengua francesa; **langue de bois** lenguaje engañoso de los políticos; **langue maternelle** lengua materna; **langue verte** germanía, argot m; **langue vivante** lengua viva; **langues étrangères** lenguas fpl extranjeras.

**languette** [lãgɛt] nf lengüeta.

**langueur** [lãgœʀ] nf languidez f.

**languir** [lãgiʀ] vi languidecer; **se languir** vpr languidecer; **faire ~ qn** hacer esperar a algn.

**lanière** [lanjɛʀ] nf (de fouet) tralla; (de valise, bretelle) correa.

**lanterne** [lãtɛʀn] nf linterna; (de voiture) luz f de población; **lanterne rouge** (fig) farolillo rojo; **lanterne vénitienne** farolillo veneciano.

**laper** [lape] vt beber a lengüetadas.

**lapidaire** [lapidɛʀ] adj (aussi fig) lapidario(-a); **musée ~** museo de lápidas.

**lapin** [lapɛ̃] nm conejo; **coup du ~** golpe m en la nuca; **poser un ~ à qn** dar un plantón a algn; **lapin de garenne** conejo de monte.

**Laponie** [lapɔni] nf Laponia.

**laps** [laps] nm: **~ de temps** lapso.

**laque** [lak] nm ou f laca.

**laquelle** [lakɛl] pron voir **lequel**.

**larcin** [larsɛ̃] nm ratería.

**lard** [laʀ] nm (graisse) tocino; (bacon) bacon m.

**lardon** [laʀdɔ̃] nm (CULIN) torrezno; (fam: enfant) chiquillo(-a).

**large** [laʀʒ] adj ancho(-a); (généreux) espléndido(-a) ♦ adv: **calculer ~** calcular por lo alto; **voir ~** ver con amplitud; nm: **5 m de ~** 5m de ancho; **le ~** alta mar; **au ~ de** a la altura de; **ne pas en mener ~** temblarle las rodillas a algn; **~ d'esprit** de mentalidad abierta.

**largement** [laʀʒəmã] adv ampliamente;

(*au minimum*) al menos; (*de loin*) indudablemente; (*sans compter*) generosamente; **il a ~ le temps** tiene tiempo de sobra; **il a ~ de quoi vivre** tiene ampliamente de qué vivir.

**largesse** [laʀʒɛs] *nf* esplendidez *f*, largueza; **~s** *nfpl* (*dons*) regalos *mpl* espléndidos.

**largeur** [laʀʒœʀ] *nf* anchura; (*impression visuelle, fig*) amplitud *f*.

**larguer** [laʀge] *vt* (*fam*) pasar de; **~ les amarres** soltar amarras.

**larme** [laʀm] *nf* lágrima; **une ~ de** (*fig*) una gota de; **en ~s** llorando; **pleurer à chaudes ~s** llorar a lágrima viva.

**larmoyer** [laʀmwaje] *vi* (*yeux*) lagrimear; (*se plaindre*) lloriquear.

**larvé, e** [laʀve] *adj* larvado(-a).

**laryngite** [laʀɛ̃ʒit] *nf* laringitis *f inv*.

**las, lasse** [lɑ, lɑs] *adj* fatigado(-a); **~ de qch/qn/de faire qch** cansado(-a) *ou* harto(-a) de algo/algn/de hacer algo.

**laser** [lazɛʀ] *nm*: **(rayon) ~** (rayo) láser *m*; **chaîne** *ou* **platine ~** cadena *ou* pletina láser; **disque ~** disco láser.

**lasse** [lɑs] *adj f voir* **las**.

**lasser** [lɑse] *vt* (*ennuyer*) cansar; (*décourager*) agotar; **se lasser de** *vpr* cansarse de.

**latéral, e, -aux** [lateʀal, o] *adj* lateral.

**latin, e** [latɛ̃, in] *adj* latino(-a) ♦ *nm* (LING) latín *m* ♦ *nm/f*: **L~, e** latino(-a); **j'y perds mon ~** no me aclaro.

**latitude** [latityd] *nf* latitud *f*; **avoir la ~ de faire** (*fig*) tener la libertad de hacer; **à 48 degrés de ~ Nord** a 48 grados latitud norte; **sous toutes les ~s** (*fig*) en todas las latitudes.

**lauréat, e** [lɔʀea, at] *nm/f* galardonado (-a).

**laurier** [lɔʀje] *nm* laurel *m*; **~s** *nmpl* (*fig*) laureles *mpl*.

**lavable** [lavabl] *adj* lavable.

**lavabo** [lavabo] *nm* lavabo; **~s** *nmpl* (*toilettes*) servicios *mpl*.

**lavage** [lavaʒ] *nm* lavado; **lavage d'estomac/d'intestin** lavado de estómago/de intestino; **lavage de cerveau** lavado de cerebro.

**lavande** [lavɑ̃d] *nf* lavanda.

**lave** [lav] *nf* lava.

**lave-linge** [lavlɛ̃ʒ] *nm inv* lavadora.

**laver** [lave] *vt* (*aussi fig*) lavar; (*baigner*) bañar; (*accusation, affront*) limpiar; **se laver** *vpr* lavarse; **se ~ les dents/les mains** lavarse los dientes/las manos; **se ~ les mains de qch** (*fig*) lavarse las manos con respecto a algo; **~ la vaisselle** fregar los platos; **~ le linge** lavar la ropa; **~ qn d'une accusation** alejar una acusación que recae sobre algn; **~ qn de tous soupçons** limpiar a algn de toda sospecha.

**laverie** [lavʀi] *nf*: **~ (automatique)** lavandería.

**lavette** [lavɛt] *nf* estropajo; (*brosse*) cepillo; (*fig: péj*) calzonazos *m inv*.

**laveur, -euse** [lavœʀ, øz] *nm/f* (*de carreaux*) lavacristales *m inv*; (*de voitures*) lavacoches *m/f inv*.

**lave-vaisselle** [lavvɛsɛl] *nm inv* lavaplatos *m inv*.

**lavoir** [lavwaʀ] *nm* lavadero; (*bac*) tina.

**laxatif, -ive** [laksatif, iv] *adj, nm* laxante *m*.

**layette** [lɛjɛt] *nf* canastilla.

---

| MOT-CLÉ |

**le, l', la** [lə, l, la] (*pl* **les**) *art déf* **1** (*masculin*) el; (*féminin*) la; (*pluriel*) los(las); **la pomme/l'arbre** la manzana/el árbol; **les étudiants/femmes** los estudiantes/las mujeres

**2** (*indiquant la possession*): **avoir les yeux gris/le nez rouge** tener los ojos grises/la nariz roja

**3** (*temps*): **travailler le matin/le soir** trabajar por la mañana/la tarde; **le jeudi** (*d'habitude*) los jueves; (*ce jeudi-là*) el jueves; **le lundi je vais toujours au cinéma** los lunes voy siempre al cine

**4** (*distribution, évaluation*) el(la); **10 F le mètre/la douzaine** 10 francos el metro/la docena; **le tiers/quart de** el tercio/cuarto de

♦ *pron* **1** (*masculin*) lo; (*féminin*) la; (*pluriel*) los(las); **je le/la/les vois** lo/la/los(las) veo

**2** (*remplaçant une phrase*): **je ne le savais pas** no lo sabía; **il était riche et ne l'est plus** era rico y ya no lo es.

---

**lécher** [leʃe] *vt* lamer; (*finir, polir*) pulir; **se lécher** *vpr*: **se ~ qch** chuparse algo; **~ les vitrines** mirar los escaparates.

**lèche-vitrines** [lɛʃvitʀin] *nm inv*: **faire du ~-~** mirar escaparates.

**leçon** [l(ə)sɔ̃] *nf* clase *f*; (*fig*) lección *f*; **faire la ~** dar la lección; **faire la ~ à** (*fig*) dar una lección a; **leçon de choses** clase práctica; **leçons de conduite** clases de conducir; **leçons particulières** clases particulares.

**lecteur, -trice** [lɛktœʀ, tʀis] *nm/f* lector(a) ♦ *nm* (*TECH*): ~ **de cassettes** cassette *m*; (*INFORM*): ~ **de disquette(s) ou de disque** lector *m* de disquete(s) *ou* de disco; **lecteur CD/de disques compacts** lector *m* *ou* reproductor *m* CD/de discos compactos.

**lecture** [lɛktyʀ] *nf* lectura; **en première/ seconde** ~ (*d'une loi*) en primera/segunda lectura.

**légal, e, -aux** [legal, o] *adj* legal.

**légaliser** [legalize] *vt* legalizar.

**légalité** [legalite] *nf* legalidad *f*; **être dans/sortir de la** ~ estar dentro/salirse de la ley.

**légendaire** [leʒɑ̃dɛʀ] *adj* legendario(-a); (*fig*) ilustre.

**légende** [leʒɑ̃d] *nf* leyenda; (*d'une photo*) pie *m*.

**léger, -ère** [leʒe, ɛʀ] *adj* ligero(-a); (*erreur, retard*) leve; (*peu sérieux, personne*) superficial; (*volage*) frívolo(-a); **blessé** ~ herido leve; **à la légère** a la ligera.

**légèrement** [leʒɛʀmɑ̃] *adv* ligeramente, suavemente; (*parler, agir*) superficialmente; ~ **plus grand** ligeramente mayor; ~ **en retard** con un ligero *ou* pequeño retraso.

**légèreté** [leʒɛʀte] *nf* ligereza; (*d'une personne*) superficialidad *f*; (*d'une femme*) frivolidad *f*.

---

**Légion d'honneur**

*Creada por Napoleón en 1802 para premiar los servicios prestados a la nación,* **la Légion d'honneur** *es una prestigiosa orden encabezada por el Presidente de la República, el "Grand Maître". Sus miembros reciben una paga anual libre de impuestos.*

---

**législatif, -ive** [leʒislatif, iv] *adj* legislativo(-a).

**législatives** [leʒislativ] *nfpl* elecciones *fpl* legislativas.

**légitime** [leʒitim] *adj* (*aussi fig*) legítimo (-a); **en (état de)** ~ **défense** (*JUR*) en (estado de) legítima defensa.

**legs** [leg] *nm* (*JUR, fig*) legado.

**léguer** [lege] *vt*: ~ **qch à qn** (*aussi fig*) legar

algo a algn.

**légume** [legym] *nm* verdura; **légumes secs** legumbres *fpl*; **légumes verts** verduras.

**lendemain** [lɑ̃dmɛ̃] *nm*: **le** ~ el día siguiente; **le** ~ **matin/soir** el día siguiente por la mañana/por la noche; **le** ~ **de** el día después de; **au** ~ **de** inmediatamente después de; **penser au** ~ pensar en el mañana; **sans** ~ sin futuro, sin porvenir; **de beaux** ~**s** días *mpl* felices; **des** ~**s qui chantent** un futuro feliz.

**lent, e** [lɑ̃, lɑ̃t] *adj* lento(-a).

**lentement** [lɑ̃tmɑ̃] *adv* lentamente.

**lenteur** [lɑ̃tœʀ] *nf* lentitud *f*; ~**s** *nfpl* (*actions, décisions lentes*) lentitud *fsg*.

**lentille** [lɑ̃tij] *nf* (*OPTIQUE*) lente *f*; (*BOT, CULIN*) lenteja; **lentille d'eau** (*BOT*) lenteja de agua; **lentilles de contact** lentillas *fpl*.

**léopard** [leɔpaʀ] *nm* leopardo; **tenue** ~ (*MIL*) ropa de camuflaje.

**lèpre** [lɛpʀ] *nf* lepra.

**lequel, laquelle** [ləkɛl, lakɛl] (*pl* **lesquels,** *f* **lesquelles**) (*à + lequel =* **auquel,** *de + lequel =* **duquel** *etc* ) *pron* (*interrogatif*) cuál; (*relatif: personne*) el/la cual, que; (: *après préposition*) el/la cual; **laquelle des chambres est la sienne?** ¿cuál de las habitaciones es la suya?; **un homme sur la compétence duquel on ne peut compter** un hombre con cuya competencia no se puede contar; *adj*: **auquel cas** en cuyo caso; **il prit un livre,** ~ **livre ...** cogió un libro, el cual ...

**les** [le] *dét voir* **le**.

**lesbienne** [lɛsbjɛn] *nf* lesbiana.

**léser** [leze] *vt* perjudicar; (*MÉD*) lesionar.

**lésiner** [lezine] *vi*: ~ (**sur**) escatimar (en).

**lésion** [lezjɔ̃] *nf* lesión *f*; **lésions cérébrales** lesiones *fpl* cerebrales.

**lesquels, lesquelles** [lekɛl] *pron voir* **lequel**.

**lessive** [lesiv] *nf* detergente *m*; (*linge*) colada; (*opération*) lavado; **faire la** ~ hacer la colada.

**lessiver** [lesive] *vt* lavar.

**lest** [lɛst] *nm* lastre *m*; **jeter** *ou* **lâcher du** ~ (*fig*) soltar lastre.

**leste** [lɛst] *adj* ágil, ligero(-a); (*désinvolte*) confianzudo(-a); (*osé*) atrevido(-a).

**lettre** [lɛtʀ] *nf* carta; (*TYPO*) letra; ~**s** *nfpl* (*ART, SCOL*) letras *fpl*; **à la** ~ (*fig*) al pie de la letra; **par** ~ por carta; **en** ~**s majuscules**

*ou* **capitales** en letras mayúsculas; **en tou-tes ~s** por extenso, sin abreviar; **lettre anonyme/piégeé** carta anónima/bom-ba; **lettre de change/de crédit** letra de cambio/de crédito; **lettre de voiture aérienne** carta de porte; **lettre morte: rester ~ morte** quedarse en papel mojado; **lettre ouverte** (POL, *de journal*) carta abierta; **lettres de noblesse** cartas *fpl* de nobleza.

**leucémie** [løsemi] *nf* leucemia.

**leur** [lœr] *adj possessif* su ♦ *pron (objet indirect)* les; (: *après un autre prénom à la troisième personne*) se; **~ maison** su casa; **~s amis** sus amigos; **à ~ avis** en su opinión; **à ~ approche** al acercarse ellos; **à ~ vue** al verles; **je ~ ai dit la vérité** les dije la verdad; **je le ~ ai donné** se lo di; **le(la) ~, les ~s** (*possessif*) el(la) suyo(-a), los(las) suyos(-as).

**leurs** [lœr] *adj voir* **leur**.

**levain** [ləvɛ̃] *nm* levadura; **sans ~** sin levadura.

**levé, e** [ləve] *adj*: **être ~** estar levantado(-a) ♦ *nm*: **~ de terrain** levantamiento de terreno; **à mains ~es** (*vote*) a mano alzada; **au pied ~** de forma improvisada.

**levée** [ləve] *nf* (POSTES) recogida; (*CARTES*) baza; **levée d'écrou** liberación *f*; **levée de boucliers** (*fig*) levantamiento de protestas; **levée de terre** terraplén *m*; **levée de troupes** reclutamiento; **levée du corps** levantamiento del cadáver; **levée en masse** (*MIL*) reclutamiento en masa.

**lever** [l(ə)ve] *vt* levantar; (*vitre*) subir; (*difficulté*) superar; (*impôts*) recaudar; (*armée*) reclutar; (*CHASSE*) ahuyentar; (*fam: fille*) enrollarse con ♦ *vi* (*CULIN*) levantarse; (*semis, graine*) brotar ♦ *nm*: **au ~** al amanecer; **se lever** *vpr* levantarse; (*soleil*) salir; **ça va se ~** va a despejar; **lever de rideau** (*pièce*) pieza preliminar; **lever de soleil/du jour** amanecer *m*; **lever du rideau** subida del telón.

**levier** [ləvje] *nm* palanca; (*fig*) incentivo; **faire ~ sur** hacer palanca en; **levier de changement de vitesse/de commande** palanca de cambios/de mando.

**lèvre** [lɛvr] *nf* labio; (*d'une plaie*) labio, borde *m*; **du bout des ~s** (*manger*) con desgana; (*rire, parler*) de dientes afuera; (*répondre*) con altivez; **petites/grandes ~s** (*ANAT*) labios pequeños/grandes.

**lévrier** [levrije] *nm* galgo.

**levure** [l(ə)vyr] *nf*: **~ de boulanger/chimique** levadura de pan/química; **levure de bière** levadura de cerveza.

**lexique** [lɛksik] *nm* glosario.

**lézard** [lezar] *nm* lagarto.

**lézarde** [lezard] *nf* grieta.

**liaison** [ljɛzɔ̃] *nf* (*rapport*) relación *f*; (RAIL, AVIAT, PHONÉTIQUE) enlace *m*; (*relation amoureuse*) relaciones *fpl*; (*hum*) lío; (*CULIN*) trabazón *f*; **entrer/être en ~ avec** entrar/estar en comunicación con; **liaison (de transmission de données)** (*INFORM*) enlace (de transmisión de datos); **liaison radio/téléphonique** (*contact*) contacto radiofónico/telefónico.

**liane** [ljan] *nf* liana.

**liasse** [ljas] *nf* fajo.

**Liban** [libɑ̃] *nm* Líbano.

**libanais, e** [libanɛ, ɛz] *adj* libanés(-esa) ♦ *nm/f*: **L~, e** libanés(-esa).

**libeller** [libele] *vt*: **~ (au nom de)** extender (a la orden de); (*lettre, rapport*) redactar.

**libellule** [libelyl] *nf* libélula.

**libéral, e, -aux** [liberal, o] *adj, nm/f* liberal *m/f*; **les professions ~es** las profesiones liberales.

**libéralisme** [liberalism] *nm* liberalismo.

**libérer** [libere] *vt* liberar; (*de prison*) poner en libertad; (*soldat*) licenciar; (*cran d'arrêt, levier*) soltar; (ÉCON) liberalizar; **se libérer** *vpr* (*de rendez-vous*) escaparse; **~ qn de** liberar a algn de.

**liberté** [libɛrte] *nf* libertad *f*; (*loisir*) tiempo libre; **~s** *nfpl* (*privautés*) libertades *fpl*; **mettre/être en ~** poner/estar en libertad; **en ~ provisoire/surveillée/conditionnelle** en libertad provisional/vigilada/condicional; **jours/heures de ~** días *mpl*/horas *fpl* libres; **liberté d'action** libertad de acción; **liberté d'association/de la presse/syndicale** libertad de asociación/de prensa/sindical; **liberté d'esprit/de conscience** libertad de juicio/de conciencia; **liberté d'opinion/de culte/de réunion** libertad de opinión/de culto/de reunión; **libertés individuelles** libertades individuales; **libertés publiques** libertades públicas.

**libraire** [librɛr] *nm/f* librero(-a).

**librairie** [libreri] *nf* librería.

**libre** [libr] *adj* (*aussi fig*) libre; (*propos, manières*) atrevido(-a); (*ligne téléphonique*) de-

socupado(-a); (scol) privado(-a); **de ~** (place) libre; **~ de** libre de; **~ de qch/de faire**
libre de algo/de hacer; **avoir le champ ~**
tener el campo libre; **en vente ~** de venta
libre; **libre arbitre** libre albedrío; **libre
concurrence/entreprise** libre compe-
tencia/empresa.

**libre-échange** [librɛʃãʒ] nm librecambio.
**libre-service** [librəsɛrvis] (pl **~s-~s**) nm
autoservicio.

**Libye** [libi] nf Libia.
**licence** [lisãs] nf licencia; (diplôme) ≈ licenciatura; (des mœurs) libertinaje m.

---

licence

*Una vez obtenido el "DEUG", los estu-
diantes universitarios franceses tienen
que realizar un tercer año de estudios
universitarios para obtener la licence,
que viene a ser el equivalente de la licenciatura española.*

---

**licencié, e** [lisãsje] nm/f: **~ ès lettres/en
droit** ≈ licenciado(-a) en letras/derecho;
(sport) poseedor(a) de licencia.
**licenciement** [lisãsimã] nm despido.
**licencier** [lisãsje] vt despedir.
**licite** [lisit] adj lícito(-a).
**lie** [li] nf heces fpl.
**lié, e** [lje] adj: **être très ~ avec qn** (fig) tener mucha confianza con algn; **être ~ par**
(serment, promesse) estar comprometido
(-a) por; **avoir partie ~e (avec qn)** actuar
de común acuerdo (con algn).
**liège** [ljɛʒ] nm corcho.
**lien** [ljɛ̃] nm ligadura; (analogie) vinculación
f; (rapport affectif, culturel) vínculo; **liens
de famille** lazos mpl familiares; **lien de
parenté** lazo de parentesco.
**lier** [lje] vt (attacher) atar; (joindre, ligar; (fig) unir; (moralement) vincular; (sauce) espesar; **se ~ (avec qn)** relacionarse
(con algn); **~ qch à** (attacher) atar algo a;
(associer) relacionar algo con; **~ amitié
(avec)** trabar amistad (con); **~ conversation (avec)** entablar conversación (con); **~
connaissance (avec)** entablar relación
(con), trabar conocimiento (con).
**lierre** [ljɛr] nm hiedra.
**lieu, x** [ljø] nm (position) lugar m, sitio; (endroit) lugar; **~x** nmpl (habitation, salle): **vider** ou **quitter les ~x** desalojar el lugar;

(d'un accident, manifestation) **arriver/être
sur les ~x** llegar al/estar en el lugar; **en ~
sûr** en lugar seguro; **en haut ~** en altas
esferas; **en premier/dernier ~** en
primer/último lugar; **avoir ~** tener lugar,
suceder; **avoir ~ de faire** (se demander,
s'inquiéter) tener razones ou motivos para
hacer; **tenir ~ de** hacer las veces de, fun-
gir de (AM); **donner ~ à** dar lugar a; **au ~
de** en lugar de, en vez de; **au ~ qu'il y
aille** en vez de ir él; **lieu commun** lugar
común; **lieu de départ** punto de partida;
**lieu de naissance/rendez-vous/travail**
lugar de nacimiento/encuentro/trabajo;
**lieu géométrique** punto geométrico;
**lieu public** lugar público.
**lieu-dit** [ljødi] (pl **~x-~s**) nm aldea.
**lieutenant** [ljøt(ə)nã] nm teniente m; **lieutenant de vaisseau** teniente de navío.
**lièvre** [ljɛvr] nm liebre f; **lever un ~** (fig)
levantar la liebre.
**ligament** [ligamã] nm ligamento.
**ligne** [liɲ] nf línea; **en ~** (INFORM) en línea;
**en ~ droite** en línea recta; **"à la ~"**
"aparte"; **entrer en ~ de compte** entrar
en cuenta; **garder la ~** guardar la línea; **ligne de départ/d'arrivée** línea de
salida/de llegada; **ligne d'horizon** línea
del horizonte; **ligne de but/de touche**
línea de meta/de banda; **ligne de
conduite** línea de conducta; **ligne de
flottaison/de mire** línea de flotación/de
mira; **ligne directrice** línea directriz; **ligne médiane** línea media; **ligne ouverte**: **émission à ~ ouverte** emisión f en línea abierta.
**lignée** [liɲe] nf (race, famille) linaje m; (postérité) descendencia.
**ligoter** [ligɔte] vt (bras, personne) amarrar;
(fig) atar.
**ligue** [lig] nf (association) liga, asociación f;
(sport) liga; **~ arabe** (POL) liga árabe.
**lilas** [lila] nm lila.
**limace** [limas] nf babosa.
**limande** [limãd] nf gallo.
**lime** [lim] nf lima; (arbre) lima, limero; **lime
à ongles** lima de uñas.
**limer** [lime] vt limar.
**limitation** [limitasjɔ̃] nf limitación f; **sans ~
de temps** sin límite de tiempo; **limitation de vitesse** limitación de velocidad;
**limitation des armements/des nais-
sances** reducción f de armamento/de na-

cimientos.

**limite** [limit] nf (aussi fig) límite m; (de terrain) límite, linde m ou f; **dans la ~ de** dentro de; **à la ~** (au pire) como mucho; **sans ~s** sin límites; **vitesse/charge ~** velocidad f/carga límite; **cas ~** caso límite; **date ~ de vente/consommation** fecha límite de venta/consumo; **prix ~** precio límite; **limite d'âge** límite de edad.

**limiter** [limite] vt (délimiter) delimitar; **se limiter** vpr: **se ~ (à qch/à faire)** limitarse (a algo/a hacer); (chose) reducirse a; **~ qch (à)** (restreindre) limitar algo (a).

**limitrophe** [limitɔf] adj limítrofe; **~ de** limítrofe con.

**limoger** [limɔʒe] vt destituir.

**limon** [limɔ̃] nm limo.

**limonade** [limɔnad] nf gaseosa.

**lin** [lɛ̃] nm lino.

**linceul** [lɛ̃sœl] nm mortaja.

**linge** [lɛ̃ʒ] nm (serviettes etc) ropa blanca; (pièce de tissu) lienzo; (aussi: **~ de corps**) ropa interior; (lessive) colada; **linge sale** ropa sucia.

**lingerie** [lɛ̃ʒʀi] nf lencería.

**lingot** [lɛ̃go] nm lingote m.

**linguistique** [lɛ̃gɥistik] adj lingüístico(-a) ♦ nf lingüística.

**lion, ne** [ljɔ̃, ɔn] nm/f león(leona); (ASTROL): **le L~** Leo; **être (du) L~** ser de Leo; **lion de mer** león marino.

**lionceau, x** [ljɔ̃so] nm cachorro de león.

**liqueur** [likœʀ] nf licor m.

**liquidation** [likidasjɔ̃] nf liquidación f; (règlement) liquidación, pago; (meurtre) asesinato; **liquidation judiciaire** liquidación judicial.

**liquide** [likid] adj líquido(-a) ♦ nm líquido; **en ~** (COMM) en líquido; **air ~** aire m líquido.

**liquider** [likide] vt liquidar.

**lire** [liʀ] nf (monnaie italienne) lira ♦ vt, vi (aussi fig) leer; **~ qch à qn** leer algo a algn.

**lis** [lis] vb voir **lire** ♦ nm = **lys**.

**lisible** [lizibl] adj legible; **ce livre n'est pas ~** no merece la pena leer este libro.

**lisière** [lizjɛʀ] nf (de forêt, bois) lindero, linde m ou f; (de tissu) orillo.

**lisons** [lizɔ̃] vb voir **lire**.

**lisse** [lis] adj liso(-a).

**liste** [list] nf lista; **faire la ~ de** hacer la lista de; **liste civile** presupuesto de la casa real

o del jefe del Estado; **liste d'attente** lista de espera; **liste de mariage** lista de boda; **liste électorale/noire** lista electoral/negra.

**listing** [listiŋ] nm (INFORM) listado; **qualité ~** calidad f de listado.

**lit** [li] nm cama; (de rivière) lecho; **faire son ~** hacerse la cama; **aller/se mettre au ~** ir a/meterse en la cama; **prendre le ~** (malade etc) guardar cama; **d'un premier ~** (JUR) del primer matrimonio; **lit d'enfant** cuna; **lit de camp** cama de campaña; **lit simple/double** cama sencilla/de matrimonio.

**literie** [litʀi] nf ropa de cama.

**litige** [litiʒ] nm litigio; **en ~** en litigio.

**litre** [litʀ] nm litro; **~ de vin/bière** litro de vino/cerveza.

**littéraire** [liteʀɛʀ] adj literario(-a).

**littéral, e, -aux** [liteʀal, o] adj literal.

**littérature** [liteʀatyʀ] nf literatura.

**littoral, e, -aux** [litɔʀal, o] adj, nm litoral m.

**livide** [livid] adj lívido(-a).

**livraison** [livʀɛzɔ̃] nf entrega; (de plusieurs marchandises) reparto; **livraison à domicile** reparto a domicilio.

**livre** [livʀ] nm libro ♦ nf (poids, monnaie) libra; **traduire qch à ~ ouvert** traducir algo de corrido; **livre blanc** libro blanco; **livre d'or** libro de oro; **livre de bord** diario de navegación; **livre de chevet/de comptes** libro de cabecera/de cuentas; **livre de cuisine** libro de cocina; **livre de messe** libro de misa, misal m; **livre de poche** libro de bolsillo; **livre électronique** libro electrónico.

**livré, e** [livʀe] adj: **~ à** (soumis à) sometido(-a) a; **~ à soi-même** abandonado a sí mismo.

**livrer** [livʀe] vt (marchandises, otage, complice) entregar; (plusieurs colis etc) repartir; (compte) hacer una entrega a; (secret, information) revelar; **se livrer à** vpr entregarse a; (se confier à) confiarse a; (s'abandonner à) darse a, entregarse a; (enquête) llevar a cabo; **~ bataille** librar una batalla.

**livret** [livʀɛ] nm (petit livre) librito; (d'opéra) libreto; **livret de caisse d'épargne** libreta de ahorros; **livret de famille** libro de familia; **livret scolaire** libro escolar.

**livreur, -euse** [livʀœʀ, øz] nm/f repartidor(a).

**local, e, -aux** [lɔkal, o] *adj* local ♦ *nm* local *m*; **locaux** *nmpl* (*d'une compagnie*) locales *mpl*.

**localité** [lɔkalite] *nf* localidad *f*.

**locataire** [lɔkatɛʀ] *nm/f* inquilino(-a).

**location** [lɔkasjɔ̃] *nf* alquiler *m*; (*par le propriétaire*) arriendo, alquiler; "~ **de voitures**" "alquiler de coches".

**locomotive** [lɔkɔmɔtiv] *nf* (*aussi fig*) locomotora.

**locution** [lɔkysjɔ̃] *nf* (LING) locución *f*.

**loge** [lɔʒ] *nf* (*d'artiste*) camerino; (*de spectateurs*) palco; (*de concierge*) portería, conserjería; (*de franc-maçon*) logia.

**logement** [lɔʒmɑ̃] *nm* alojamiento; (*maison, appartement*) vivienda; **le ~** (POL, ADMIN) la vivienda; **chercher un ~** buscar una vivienda; **construire des ~s bon marché** construir viviendas baratas; **crise du ~** crisis *fsg* de la vivienda; **logement de fonction** alojamiento de servicio.

**loger** [lɔʒe] *vt* alojar; (*suj: hôtel, école*) alojar, albergar ♦ *vi* vivir; **se loger** *vpr*: **trouver à se ~** encontrar dónde alojarse *ou* vivir; **se ~ dans** (*suj: balle, flèche*) alojarse en.

**logeur, -euse** [lɔʒœʀ, øz] *nm/f* casero(-a).

**logiciel** [lɔʒisjɛl] *nm* (INFORM) software *m*, soporte *m* lógico.

**logique** [lɔʒik] *adj* lógico(-a) ♦ *nf* lógica; **la ~ de qch** la lógica de algo; **c'est ~** (*fam*) es lógico.

**logo** [lɔgo] *nm* (COMM) logotipo.

**loi** [lwa] *nf* ley *f*; **livre/tables de la ~** (REL) libro/tablas *fpl* de la ley; **les ~s de la mode** (*fig*) las leyes de la moda; **avoir force de ~** tener fuerza de ley; **faire la ~** dictar la ley; **la ~ de la jungle/du plus fort** la ley de la jungla/del más fuerte; **proposition/projet de ~** propuesta/proyecto de ley; **loi d'orientation** ≈ Ley de Autonomía Universitaria.

**loin** [lwɛ̃] *adv* lejos; **~ de** lejos de; **pas ~ de 1 000 F** no mucho menos de 1000 francos; **au ~** a lo lejos; **de ~** de lejos; (*de beaucoup*) con mucho; **il revient de ~** (*fig*) ha vuelto a nacer; **de ~ en ~** de vez en cuando; **aussi ~ que je puisse me rappeler ...** que yo recuerde ...; **~ de là** ni mucho menos.

**lointain, e** [lwɛ̃tɛ̃, ɛn] *adj* (*aussi fig*) lejano(-a) ♦ *nm*: **dans le ~** en la lejanía.

**loir** [lwaʀ] *nm* lirón *m*.

**loisir** [lwaziʀ] *nm*: **heures de ~** horas *fpl* de ocio; **~s** *nmpl* tiempo libre *msg*; (*activités*) diversiones *fpl*; **prendre/avoir le ~ de faire qch** tomarse/tener tiempo para hacer algo; **(tout) à ~** con (toda) tranquilidad; (*autant qu'on le désire*) todo lo que se quiera, tanto como se quiera.

**londonien, ne** [lɔ̃dɔnjɛ̃, jɛn] *adj* londinense ♦ *nm/f*: **L~, ne** londinense *m/f*.

**Londres** [lɔ̃dʀ] *n* Londres.

**long, longue** [lɔ̃, lɔ̃g] *adj* (*aussi fig*) largo(-a) ♦ *adv*: **en dire/savoir ~** decir/ saber mucho ♦ *nm*: **de 5 mètres de ~** de 5 metros de largo; **faire/ne pas faire ~ feu** durar mucho/poco; **au ~ cours** (NAUT) de altura; **de longue date** de antiguo; **longue durée** larga duración; **de longue haleine** arduo(-a); **être ~ à faire** ser lento(-a) para hacer; **en ~** a lo largo; **(tout) le ~ de** (*rue, bord*) a lo largo de; **tout au ~ de** (*année, vie*) a lo largo de; **de ~ en large** de un lado a otro; **en ~ et en large** (*fig*) a fondo.

**longer** [lɔ̃ʒe] *vt* bordear, costear; (*suj: mur, route*) bordear.

**longiligne** [lɔ̃ʒiliɲ] *adj* longilíneo(-a).

**longitude** [lɔ̃ʒityd] *nf* longitud *f*; **à 45 degrés de ~ Nord** a 45 grados longitud norte.

**longtemps** [lɔ̃tɑ̃] *adv* mucho tiempo; **avant ~** dentro de poco; **pour/pendant ~** para/durante mucho tiempo; **je n'en ai pas pour ~** no voy a tardar mucho tiempo; **mettre ~ à faire qch** costarle mucho tiempo a algn *ou* algo hacer algo; **ça ne va pas durer ~** eso no va a durar mucho; **elle/il en a pour ~** (à la faire) le va a llevar un buen rato (hacerlo); **il y a/n'y a pas ~ que je travaille** hace/no hace mucho que trabajo; **il y a ~ que je n'ai pas travaillé** llevo mucho tiempo sin trabajar.

**longue** [lɔ̃g] *adj f voir* **long** ♦ *nf*: **à la ~** a la larga.

**longuement** [lɔ̃gmɑ̃] *adv* mucho tiempo, largamente; (*en détail*) detenidamente.

**longueur** [lɔ̃gœʀ] *nf* longitud *f*; **~s** *nfpl* (*fig*): **il y a des ~s dans ce film** hay momentos lentos en esta película; **une ~ (de piscine)** un largo (de piscina); **sur une ~ de 10 km** en una distancia de 10 Km; **en ~** a lo largo; **tirer en ~** alargarse demasiado; **à ~ de journée** durante todo el día; **d'une ~** (SPORT) por un largo, por un cuer-

po; **longueur d'onde** longitud de onda.
**loquet** [lɔkɛ] *nm* picaporte *m*.
**lorgner** [lɔʀɲe] *vt* (*regarder*) mirar de reojo; (*convoiter*) echar la vista *ou* el ojo a.
**lors** [lɔʀ]: ~ **de** *prép* durante; ~ **même que** aun cuando.
**lorsque** [lɔʀsk] *conj* cuando.
**losange** [lɔzɑ̃ʒ] *nm* rombo; **en** ~ en forma de rombo, romboidal.
**lot** [lo] *nm* lote *m*; (*de loterie*) premio; (*destin*) suerte *f*; **lot de consolation** premio de consolación.
**loterie** [lɔtʀi] *nf* (*tombola*) lotería, rifa; (*fig*) lotería; **Loterie nationale** Lotería nacional.
**lotion** [losjɔ̃] *nf* loción *f*; **lotion après rasage** loción para después del afeitado; **lotion capillaire** loción capilar.
**lotissement** [lɔtismɑ̃] *nm* (*de maisons, d'immeubles*) urbanización *f*; (*parcelle*) parcelación *f*.
**loto** [lɔto] *nm* lotería; **le** ~ (*jeu de hasard*) la loto.
**lotte** [lɔt] *nf* (*de mer*) rape *m*.
**louanges** [lwɑ̃ʒ] *nfpl* (*compliments*) elogios *mpl*, alabanzas *fpl*.
**loubard** [lubaʀ] *nm* macarra *m*.
**louche** [luʃ] *adj* sospechoso(-a) ♦ *nf* cucharón *m*.
**loucher** [luʃe] *vi* bizquear; ~ **sur qch** (*fig*) írsele los ojos tras de algo.
**louer** [lwe] *vt* alquilar; (*réserver*) reservar; (*faire l'éloge de*) elogiar; (*REL: Dieu*) alabar a; "**à** ~" "se alquila"; **se** ~ **de qch/d'avoir fait qch** felicitarse por algo/por haber hecho algo.
**loufoque** [lufɔk] (*fam*) *adj* estrafalario(-a).
**loup** [lu] *nm* lobo; (*poisson*) róbalo, lubina; (*masque*) antifaz *m*; **jeune** ~ (joven) cachorro; **loup de mer** (*marin*) lobo de mar.
**loupe** [lup] *nf* (*OPTIQUE*) lupa; ~ **de noyer** (*MENUISERIE*) nudo de nogal; **à la** ~ (*fig*) con lupa.
**louper** [lupe] (*fam*) *vt* (*train etc*) perder; (*examen*) catear.
**lourd, e** [luʀ, luʀd] *adj* (*aussi fig*) pesado (-a); (*chaleur, temps*) bochornoso(-a); (*responsabilité, impôts*) importante; (*parfum, vin*) fuerte ♦ *adv*: **peser** ~ pesar mucho; ~ **de** (*conséquences, menaces*) lleno(-a) de; **artillerie/industrie** ~**e** artillería/industria pesada.

**lourdaud, e** [luʀdo, od] (*péj*) *adj* torpe, tosco(-a); (*au moral*) zafio(-a).
**lourdement** [luʀdəmɑ̃] *adv*: **marcher/ tomber** ~ andar con paso pesado/caer como un plomo; (*insister, appuyer*) excesivamente; **se tromper** ~ equivocarse burdamente.
**loutre** [lutʀ] *nf* nutria.
**louveteau, x** [luv(ə)to] *nm* (*ZOOL*) lobezno; (*scout*) joven scout *m*.
**louvoyer** [luvwaje] *vi* (*NAUT*) bordear; (*fig*) andar con rodeos.
**loyal, e, -aux** [lwajal, o] *adj* leal; (*fair-play*) legal.
**loyauté** [lwajote] *nf* lealtad *f*.
**loyer** [lwaje] *nm* alquiler *m*; **loyer de l'argent** interés *msg*.
**lu** [ly] *pp de* lire.
**lubie** [lybi] *nf* capricho, antojo.
**lubrifiant** [lybʀifjɑ̃] *nm* lubrificante *m*.
**lubrifier** [lybʀifje] *vt* lubrificar.
**lubrique** [lybʀik] *adj* lúbrico(-a).
**lucarne** [lykaʀn] *nf* tragaluz *m*.
**lucide** [lysid] *adj* lúcido(-a).
**lucratif, -ive** [lykʀatif, iv] *adj* lucrativo(-a); **à but non** ~ sin ánimo de lucro.
**lueur** [lɥœʀ] *nf* resplandor *m*; (*pâle: d'étoile, de lune, lampe*) resplandor, fulgor *m*; (*fig: de désir, colère*) señal *f*; (*de raison, d'intelligence*) chispa; (*d'espoir*) rayo, chispa.
**luge** [lyʒ] *nf* trineo (*pequeño*); **faire de la** ~ deslizarse en trineo.
**lugubre** [lygybʀ] *adj* lúgubre; (*lumière, temps*) lóbrego(-a).
**lui¹** [lɥi] *pron* (*objet indirect*) le; (: *après un autre pronom à la troisième personne*) se; (*sujet, objet direct: aussi forme emphatique*) él; **je** ~ **ai donné de l'argent** le di dinero; **je le** ~ **donne** se lo doy; **elle est riche,** ~ **est pauvre** ella es rica, él es pobre; ~, **il est à Paris** él está en París; **c'est** ~ **qui l'a fait** lo hizo él; **à** ~ (*possessif*) suyo(-a), suyos(-as), de él; **cette voiture est à** ~ ese coche es suyo; **je la connais mieux que** ~ la conozco mejor que él; ~-**même** él mismo; **il a agi de** ~-**même** obró por sí mismo.
**lui²** [lɥi] *pp de* luire.
**luire** [lɥiʀ] *vi* brillar, relucir.
**luisant, e** [lɥizɑ̃, ɑ̃t] *vb voir* luire ♦ *adj* reluciente, brillante.
**lumière** [lymjɛʀ] *nf* luz *f*; (*éclaircissement*) iluminación *f*, luz; (*personne*) lumbrera; ~**s**

*nfpl* (*d'une personne*) luces *fpl*; **à la ~ de** (*aussi fig*) a la luz de; **à la ~ électrique** con luz eléctrica; **faire de la ~** encender la luz; **faire (toute) la ~ sur** (*fig*) esclarecer, aclarar; **mettre qch en ~** (*fig*) poner algo en claro, sacar algo a la luz; **lumière du jour/du soleil** luz del día/del sol.

**luminaire** [lymineʀ] *nm* luminaria.

**lumineux, -euse** [lyminø, øz] *adj* (*aussi fig*) luminoso(-a); (*éclairé*) iluminado(-a).

**lunatique** [lynatik] *adj* lunático(-a).

**lundi** [lœ̃di] *nm* lunes *m inv*; **on est ~** estamos a lunes; **le ~ 20 août** el lunes 20 de agosto; **il est venu ~** llegó el lunes; **le(s) lundi(s)** (*chaque lundi*) el (los) lunes; **"à ~"** "hasta el lunes"; **lundi de Pâques** lunes de Pascua; **lundi de Pentecôte** lunes de Pentecostés.

**lune** [lyn] *nf* luna; **pleine/nouvelle ~** luna llena/nueva; **être dans la ~** estar en la luna; **lune de miel** luna de miel.

**lunette** [lynɛt] *nf*: **~s ♦** *nfpl* gafas *fpl*, anteojos *mpl* (*AM*); **lunette arrière** (*AUTO*) ventanilla trasera; **lunette d'approche** catalejo; **lunettes de plongée** gafas de bucear; **lunettes noires/de soleil** gafas negras/de sol.

**lustre** [lystʀ] *nm* araña; (*éclat*) brillo.

**lustrer** [lystʀe] *vt* lustrar; (*vêtement*) gastar.

**luth** [lyt] *nm* laúd *m*.

**lutin** [lytɛ̃] *nm* duende *m*.

**lutte** [lyt] *nf* lucha; **de haute ~** en reñida lucha; **lutte des classes** lucha de clases; **lutte libre** (*SPORT*) lucha libre.

**lutter** [lyte] *vi* luchar; (*SPORT*) luchar, combatir; **~ pour/contre qn/qch** luchar por/contra algn/algo.

**luxe** [lyks] *nm* lujo; **de ~** de lujo; **un ~ de** (*fig*) un lujo de.

**Luxembourg** [lyksãbuʀ] *nm* Luxemburgo.

**luxer** [lykse] *vt*: **se ~ l'épaule/le genou** luxarse el hombro/la rodilla.

**luxueux, -euse** [lyksɥø, øz] *adj* lujoso(-a).

**lycée** [lise] *nm* instituto, liceo (*AM*); **lycée technique** instituto técnico.

---

### lycée

*Los estudiantes franceses pasan los tres últimos años de educación secundaria en un* **lycée**, *que es donde se examinan del "baccalauréat" antes de comenzar los estudios universitarios. Hay varios tipos de* **lycée**, *entre ellos los "lycées d'enseignement technologique", que ofrecen cursos técnicos, y los "lycées d'enseignement professionnel", que ofrecen cursos que preparan directamente para una profesión. Algunos* **lycées**, *especialmente aquellos que cubren una zona territorial muy extensa o los que imparten cursos especializados, ofrecen a los alumnos la posibilidad de quedarse internos.*

---

**lycéen, ne** [liseɛ̃, ɛn] *nm/f* alumno(-a) de instituto.

**lyophilisé, e** [ljɔfilize] *adj* liofilizado(-a).

**lyrique** [liʀik] *adj* lírico(-a); **artiste ~** artista lírico(-a); **théâtre ~** teatro lírico; **comédie ~** comedia lírica.

**lys** [lis] *nm* (*BOT*) lirio; (*emblème*) lis *m*.

# M m

**M** *abr* (= *Monsieur*) Sr. (= *Señor*).

**m'** [m] *pron voir* **me**.

**ma** [ma] *dét voir* **mon**.

**macaron** [makaʀɔ̃] *nm* (*gâteau*) mostachón *m*; (*insigne*) insignia; (*natte*) rodete *m*.

**macaroni** [makaʀɔni] *nm* macarrones *mpl*; **~ au fromage** *ou* **au gratin** macarrones al queso *ou* gratinados.

**macédoine** [masedwan] *nf*: **~ de fruits** macedonia de frutas; **macédoine de légumes** menestra (*sin carne*).

**macérer** [maseʀe] *vi*, *vt* macerar.

**mâcher** [maʃe] *vt* masticar; **ne pas ~ ses mots** no tener pelos en la lengua; **~ le travail à qn** (*fig*) darle a algn el trabajo mascado.

**machin** [maʃɛ̃] (*fam*) *nm* chisme *m*; (*personne*): **M~** fulano.

**machinal, e, -aux** [maʃinal, o] *adj* maquinal.

**machinalement** *adv* mecánicamente.

**machination** [maʃinasjɔ̃] *nf* maquinación *f*.

**machine** [maʃin] *nf* máquina; (*d'un navire, aussi fig*) maquinaria; (*fam: personne*): **M~** fulana; **faire ~ arrière** dar marcha atrás; **machine à coudre/à écrire/à tricoter**

máquina de coser/de escribir/de tricotar; **machine à laver** lavadora; **machine à sous** máquina tragaperras *inv;* **machine à vapeur** máquina a *ou* de vapor.

**mâchoire** [mɑʃwaʀ] *nf* mandíbula; (*TECH*) mordaza; **mâchoire de frein** zapata.

**mâchonner** [mɑʃɔne] *vt* mordisquear.

**maçon** [masɔ̃] *nm* albañil *m.*

**maçonnerie** [masɔnʀi] *nf* albañilería; (*murs*) muros *mpl.*

**Madame** [madam] (*pl* **Mesdames**) *nf:* ~ **X** la señora X; **occupez-vous de** ~/**de Monsieur/de Mademoiselle** atienda a la señora/al señor/a la señorita; **bonjour** ~/ **Monsieur/Mademoiselle** (*ton déférent*) buenos días señora/señor/señorita; **m**~/ **monsieur** (*pour appeler*) ¡(oiga) señora/ señor!; ~/**Monsieur/Mademoiselle** (*sur lettre*) Señora/Señor/Señorita; **chère** ~/ **cher Monsieur/chère Mademoiselle** estimado(-a) Señora/Señor/Señorita; ~ **la Directrice** (la) señora directora; **Mesdames** Señoras.

**madeleine** [madlɛn] *nf* (*gâteau*) magdalena.

**Mademoiselle** [madmwazɛl] (*pl* **Mesdemoiselles**) *nf* Señorita; *voir aussi* **Madame.**

**madère** [madɛʀ] *nm* madeira *m.*

**magasin** [magazɛ̃] *nm* tienda; (*entrepôt*) almacén *m;* (*d'une arme*) recámara; (*PHOTO*) carga; **en** ~ (*COMM*) en almacén; **faire les** ~**s** ir de tiendas; **magasin d'alimentation** tienda de ultramarinos.

**magazine** [magazin] *nm* revista; (*radiodiffusé, télévisé*) magazine *m.*

**Maghreb** [magʀɛb] *nm* Magreb *m.*

**magicien, ne** [maʒisjɛ̃, jɛn] *nm/f* mago (-a).

**magie** [maʒi] *nf* magia; **magie noire** magia negra.

**magique** [maʒik] *adj* mágico(-a).

**magistral, -aux** [maʒistʀal, o] *adj* magistral; **cours** ~ (*ex cathedra*) clase *f* teórica.

**magistrat** [maʒistʀa] *nm* magistrado.

**magnétique** [maɲetik] *adj* magnético(-a).

**magnétophone** [maɲetɔfɔn] *nm* magnetófono; **magnétophone (à cassettes)** cassette *m.*

**magnétoscope** [maɲetɔskɔp] *nm* magnetoscopio.

**magnifique** [maɲifik] *adj* magnífico(-a).

**magret** [magʀɛ] *nm:* ~ **de canard** filete *m* de pechuga de pato.

**mai** [mɛ] *nm* mayo; *voir aussi* **juillet.**

**mai**

*Le premier mai es la fiesta del primero de mayo francés. Es costumbre intercambiar y llevar puestas ramitas de lirio de los valles.*
*Le 8 mai es una fiesta oficial en Francia en la que se conmemora la rendición del ejército alemán ante Eisenhower el 7 de mayo de 1945. En la mayoría de las poblaciones hay desfiles de veteranos de guerra. La agitación social que tuvo lugar en mayo y junio de 1968, con manifestaciones estudiantiles, huelgas y disturbios, se conoce genéricamente como "les événements de mai 68". El gobierno de De Gaulle resistió la presión, aunque se vio abocado a realizar reformas educativas y a avanzar hacia la descentralización.*

**maigre** [mɛgʀ] *adj* (*après nom: personne, animal*) delgado(-a), flaco(-a); (: *viande, fromage*) magro(-a); (*fig: avant nom: repas, salaire, profit*) escaso(-a); (: *résultat*) mediocre ♦ *adv:* **faire** ~ comer de vigilia; **jours** ~**s** días *mpl* de vigilia.

**maigreur** [mɛgʀœʀ] *nf* delgadez *f,* flaqueza; (*de la végétation*) escasez *f.*

**maigrir** [mɛgʀiʀ] *vi* adelgazar ♦ *vt* (*suj: vêtement*): ~ **qn** hacer parecer más delgado(-a) a algn.

**maille** [mɑj] *nf* (*boucle*) eslabón *m;* (*ouverture: dans un filet etc*) punto; **avoir** ~ **à partir avec qn** andar en dimes y diretes con algn; **maille à l'endroit/à l'envers** punto del derecho/del revés.

**maillet** [mɑjɛ] *nm* (*outil*) mazo; (*de croquet*) palo.

**maillon** [mɑjɔ̃] *nm* (*d'une chaîne*) eslabón *m.*

**maillot** [mɑjo] *nm* malla; (*de sportif*) camiseta; (*lange de bébé*) pañal *m;* **maillot (de corps)** camiseta; **maillot de bain** traje *m* de baño, bañador *m;* **maillot deux pièces** biquini *m;* **maillot jaune** (*CYCLISME*) maillot *m* amarillo.

**main** [mɛ̃] *nf* mano *f;* **la** ~ **dans la** ~ cogidos(-as) de la mano; **à une** ~ con una mano; **à deux** ~**s** con las dos manos; **à la** ~ a mano; **se donner la** ~ darse la mano;

**donner** ou **tendre la ~ à** qn dar ou tender la mano a algn; **se serrer la ~** estrecharse la mano; **serrer la ~ à** qn estrechar la mano a algn; **demander la ~ d'une femme** pedir la mano de una mujer; **sous la ~** a mano; **haut les ~s** arriba las manos; **à ~ levée** (ART) a pulso; **à ~s levées** (voter) a mano alzada; **attaque à ~ armée** ataque m a mano armada; **à ~ droite/gauche** a mano derecha/izquierda; **de première ~** de primera mano; **de ~ de maître** con mano maestra; **à remettre en ~s propres** a entregar en mano; **faire ~ basse sur** qch apoderarse de algo; **mettre la dernière ~ à** qch dar el último toque a algo; **mettre la ~ à la pâte** poner manos a la obra; **avoir** qch/qn **bien en ~** conocer algo/a algn bien; **prendre qch en ~** (fig) hacerse cargo de algo; **avoir la ~** (CARTES) ser mano; **céder/passer la ~** (CARTES) ceder/pasar la mano; **forcer la ~ à** qn obligar a algn; **s'en laver les ~s** (fig) lavarse las manos; **se faire la ~** entrenarse; **perdre la ~** estar desentrenado(-a); **en un tour de ~** (fig) en un periquete; **main courante** pasamanos m inv.

**main-d'œuvre** [mɛ̃dœvʀ] (pl ~s-~) nf mano f de obra.

**mainmise** [mɛ̃miz] nf confiscación f; (fig): **avoir la ~ sur** tener control sobre.

**maint, e** [mɛ̃, mɛ̃t] adj varios(-as); **à ~es reprises** en repetidas ocasiones.

**maintenant** [mɛ̃t(ə)nɑ̃] adv ahora; (ceci dit) ahora bien; **~ que** ahora que.

**maintenir** [mɛ̃t(ə)niʀ] vt mantener; (personne, foule, animal) contener; **se maintenir** vpr mantenerse; (préjugé) conservarse.

**maintien** [mɛ̃tjɛ̃] nm mantenimiento m; (attitude, allure, contenance) compostura; **~ de l'ordre** mantenimiento del orden.

**maire** [mɛʀ] nm alcalde m, intendente m (CSUR), regente m (MEX).

**mairie** [meʀi] nf ayuntamiento.

**mais** [mɛ] conj pero; **~ non!** ¡que no!; **~ enfin!** ¡pero bueno!; **~ encore** sino que.

**maïs** [mais] nm maíz m.

**maison** [mɛzɔ̃] nf casa; (famille): **fils/ami de la ~** niño/amigo de la casa ♦ adj inv (CULIN) casero(-a); (dans un restaurant, fig) de la casa; (syndicat) propio(-a); (fam: bagarre etc) bárbaro(-a); **à la ~** en casa; (direction) a casa; **maison centrale/mère** casa central/matriz; **maison close** ou de

passe casa de citas; **maison d'arrêt** prisión f; **maison de campagne** casa de campo; **maison de la culture** casa de la cultura; **maison de repos** casa de reposo; **maison de correction** correccional m; **maison de retraite** asilo de ancianos; **maison de santé** centro de salud; **maison des jeunes** casa de la juventud.

---

### maisons des jeunes et de la culture

*Las maisons des jeunes et de la cultu-re son centros juveniles que organizan una amplia gama de actividades deportivas y culturales y además llevan a cabo una labor social. Están parcialmente subvencionados por el estado.*

---

**maître, maîtresse** [mɛtʀ, mɛtʀɛs] nm/f (chef) jefe(-a); (possesseur, propriétaire) dueño(-a); (SCOL) maestro(-a) ♦ nm (peintre etc) maestro; (JUR): **M~** título que se da en Francia a abogados, procuradores y notarios ♦ adj maestro(-a); (CARTES) principal; **voiture de ~** coche m con chófer; **maison de ~** casa señorial; **être ~ de** dominar; **se rendre ~ de** (pays, ville) adueñarse de; (situation, incendie) dominar; **passer ~ dans l'art de** llegar a dominar el arte de; **rester ~ de soi** dominarse a sí mismo; **une ~sse femme** toda una mujer; **maître à penser** maestro; **maître auxiliaire** (SCOL) profesor m adjunto; **maître chanteur** chantajista m; **maître d'armes** maestro de armas; **maître d'école** maestro de escuela; **maître d'hôtel** (domestique) mayordomo; (d'hôtel) jefe de comedor, maître m; **maître d'œuvre** (CONSTR) contratista m/f; **maître d'ouvrage** (CONSTR) maestro de obras; **maître de chapelle** maestro de capilla; **maître de conférences** (UNIV) profesor(a); **maître de maison** amo ou dueño de casa; **maître nageur** monitor(a) de natación; **maître queux** jefe de cocina.

**maîtresse** [mɛtʀɛs] nf (amante) amante f; **maîtresse d'école** maestra de escuela; **maîtresse de maison** (hôtesse) señora ou dueña de la casa; (ménagère) ama de casa.

**maîtrise** [metʀiz] nf (aussi: **~ de soi**) dominio de sí mismo; (calme) serenidad f; (habileté, virtuosité) maestría; (suprématie) dominio; (diplôme) ≈ licenciatura; (contre-

*maîtres et chefs d'équipe) capataces mpl.*

---

**maîtrise**

*La maîtrise es una licenciatura francesa que obtienen aquellos estudiantes universitarios que completan dos años más de estudios tras obtener el "DEUG". Es requisito indispensable para aquellos estudiantes que quieren continuar en la universidad haciendo investigación o presentarse a la "agrégation".*

---

**maîtriser** [metrize] *vt* dominar; **se maîtriser** *vpr* dominarse.

**majestueux, -euse** [maʒɛstɥø, øz] *adj* majestuoso(-a); *(fleuve, édifice)* imponente.

**majeur, e** [maʒœʀ] *adj* mayor; *(JUR: personne)* mayor de edad; *(préoccupation)* principal ♦ *nm/f (JUR)* mayor m/f de edad ♦ *nm (doigt)* corazón m; **en ~e partie** en su mayor parte; **la ~e partie de** la mayor parte de.

**majorer** [maʒɔʀe] *vt* recargar.

**majoritaire** [maʒɔʀitɛʀ] *adj* mayoritario (-a); **système/scrutin ~** sistema m/ escrutinio mayoritario.

**majorité** [maʒɔʀite] *nf* mayoría *f*; *(JUR)* mayoría de edad; **en ~** en su mayoría; **avoir la ~** tener la mayoría; **la ~ silencieuse** la mayoría silenciosa; **majorité absolue/ relative** mayoría absoluta/relativa; **majorité civile** mayoría de edad *(para el ejercicio de los derechos civiles)*; **majorité électorale** mayoría de edad para votar; **majorité pénale** mayoría de edad.

**majuscule** [maʒyskyl] *adj, nf*: **(lettre) ~** (letra) mayúscula.

**mal, maux** [mal, mo] *nm (tort, épreuve, malheur)* desgracia; *(douleur physique)* dolor *m*; *(maladie)* mal *m*; *(difficulté)* dificultad *f*; *(souffrance morale)* sufrimiento; *(péché)*: **le ~** el mal ♦ *adv* mal ♦ *adj m*: **c'est ~ (de faire)** está mal (hacer); **être ~ (mal) installé** estar incómodo(-a); **se sentir/se trouver ~** sentirse/encontrarse mal; **être ~ avec qn** andar de malas con algn; **il comprend ~** lo entiende bien; **il a ~ compris** ha entendido mal; **~ tourner** ir mal; **dire du ~ de qn** hablar mal de algn; **ne vouloir de ~ à personne** no querer hacer daño a nadie; **il n'a rien fait de ~** no ha hecho nada malo; **penser du ~ de**

qn pensar mal de algn; **ne voir aucun ~ à** no ver ningún mal en; **sans penser** *ou* **songer à ~** sin mala intención; **craignant ~ faire** temiendo hacer mal; **faire du ~ à qn** hacer daño a algn; **il n'y a pas de ~** no pasa nada; **se donner du ~ pour faire qch** tomarse trabajo para hacer algo; **se faire ~** hacerse daño; **se faire ~ au pied** hacerse daño en el pie; **ça fait ~** duele; **j'ai ~ (ici)** me duele (aquí); **j'ai ~ au dos** me duele la espalda; **avoir ~ à la tête/ aux dents** tener dolor de cabeza/de muelas; **avoir ~ au cœur** tener náuseas; **j'ai du ~ à faire** me cuesta hacerlo; **avoir le ~ de l'air** marearse (en los aviones); **avoir le ~ du pays** tener morriña; **prendre ~** ponerse enfermo(-a); **mal de la route/de mer** mareo; **mal en point** *adj inv* bastante mal; **mal de ventre** dolor de barriga.

**malade** [malad] *adj* enfermo(-a); *(poitrine, jambe)* malo(-a) ♦ *nm/f* enfermo(-a); **tomber ~** caer enfermo(-a); **être ~ du cœur** estar enfermo(-a) del corazón; **~ mental** enfermo mental; **grand ~** enfermo grave.

**maladie** [maladi] *nf* enfermedad *f*; **être rongé par la ~** estar consumido por la enfermedad; **maladie bleue** cianosis *f inv*; **maladie de peau** enfermedad de la piel.

**maladif, -ive** [maladif, iv] *adj* enfermizo (-a).

**maladresse** [maladʀɛs] *nf* torpeza.

**maladroit, e** [maladʀwa, wat] *adj* torpe.

**malaise** [malɛz] *nm* malestar *m*; **avoir un ~** marearse.

**malaria** [malaʀja] *nf* malaria.

**malaxer** [malakse] *vt* amasar; *(mêler)* mezclar.

**malchance** [malʃɑ̃s] *nf* mala suerte; *(mésaventure)* desgracia; **par ~** por desgracia; **quelle ~!** ¡qué mala suerte!

**malchanceux, -euse** [malʃɑ̃sø, øz] *adj* desafortunado(-a).

**mâle** [mal] *nm* macho ♦ *adj* macho; *(enfant)* varón; *(viril)* varonil, viril; **prise ~** *(ÉLEC)* clavija; **souris ~** ratón *m* macho.

**malédiction** [malediksjɔ̃] *nf* maldición *f*; *(fatalité, malchance)* desgracia.

**malentendant, e** [malɑ̃tɑ̃dɑ̃, ɑ̃t] *nm/f*: **les ~s** las personas con defectos de audición.

**malentendu** [malɑ̃tɑ̃dy] *nm* malentendido.

**malfaçon** [malfasɔ̃] *nf* defecto.

**malfaisant, e** [malfəzã, ãt] *adj* (*bête*) dañino(-a); (*être*) malo(-a); (*idées, influence*) nocivo(-a).

**malfaiteur** [malfɛtœʀ] *nm* malhechor *m*; (*voleur*) ladrón *m*.

**malfamé, e** [malfame] *adj* de mala fama.

**malformation** [malfɔʀmasjɔ̃] *nf* malformación *f*.

**malgache** [malgaʃ] *adj* malgache ♦ *nm* (*LING*) malgache *m* ♦ *nm/f*: **M~** malgache *m/f*.

**malgré** [malgʀe] *prép* (*contre le gré de*) contra la voluntad de; (*en dépit de*) a pesar de; **~ moi/lui** a pesar mío/suyo; **~ tout** a pesar de todo.

**malheur** [malœʀ] *nm* desgracia; (*ennui, inconvénient*) inconveniente *m*; **par ~** por desgracia; **quel ~!** ¡qué desgracia!; **faire un ~** (*fam: un éclat*) explotar; (: *avoir du succès*) arrasar.

**malheureusement** [malœʀøzmã] *adv* desgraciadamente.

**malheureux, -euse** [malœʀø, øz] *adj* (*triste: personne*) infeliz, desdichado(-a); (*existence, accident*) desgraciado(-a), desdichado(-a); (*malchanceux: candidat*) derrotado(-a); (: *tentative*) fracasado(-a); (*insignifiant*) miserable ♦ *nm/f* desgraciado (-a); **la malheureuse femme/victime** la desdichada mujer/víctima; **avoir la main malheureuse** (*au jeu*) tener poca fortuna; (*tout casser*) ser un manazas; **les ~** los desamparados.

**malhonnête** [malɔnɛt] *adj* deshonesto(-a).

**malhonnêteté** [malɔnɛtte] *nf* falta de honradez.

**malice** [malis] *nf* malicia; (*méchanceté*): **par ~** por maldad; **sans ~** sin malicia.

**malicieux, -ieuse** [malisjø, jøz] *adj* malicioso(-a).

**malin, -igne** [malɛ̃, malin] *adj* (*f gén maligne*) astuto(-a); (*malicieux: sourire*) pícaro (-a); (*MÉD*) maligno(-a); **faire le ~** dárselas de listo; **éprouver un ~ plaisir à** regodearse con; **c'est ~!** (*ironique*) ¡qué listo!

**malingre** [malɛ̃gʀ] *adj* enteco(-a).

**malle** [mal] *nf* baúl *m*; **~ arrière** (*AUTO*) maletero.

**mallette** [malɛt] *nf* maletín *m*; (*coffret*) cofre *m*; **mallette de voyage** maletín de viaje.

**malmener** [malməne] *vt* maltratar; (*fig: adversaire*) dejar maltrecho(-a).

**malodorant, e** [malɔdɔʀã, ãt] *adj* maloliente.

**malpoli, e** [malpɔli] *nm/f* maleducado(-a).

**malsain, e** [malsɛ̃, ɛn] *adj* malsano(-a); (*esprit, curiosité*) morboso(-a).

**malt** [malt] *nm* malta; **whisky pur ~** whisky *m* de malta.

**Malte** [malt] *nf* Malta.

**maltraiter** [maltʀete] *vt* maltratar; (*critiquer, éreinter*) vapulear.

**malveillance** [malvɛjãs] *nf* mala voluntad *f*; (*intention de nuire*) mala intención *f*; (*JUR*) malevolencia.

**malversation** [malvɛʀsasjɔ̃] *nf* malversación *f*.

**maman** [mamã] *nf* mamá.

**mamelle** [mamɛl] *nf* teta.

**mamelon** [mam(ə)lɔ̃] *nm* (*ANAT*) pezón *m*; (*petite colline*) montecillo.

**mamie** [mami] (*fam*) *nf* abuelita, nana.

**mammifère** [mamifɛʀ] *nm* mamífero.

**mammouth** [mamut] *nm* mamut *m*.

**manche** [mãʃ] *nf* manga; (*d'un jeu, tournoi*) partida; (*GÉO*): **la M~** Canal *m* de la Mancha ♦ *nm* mango; (*de violon, guitare*) mástil *m*; **se débrouiller comme un ~** (*fam: maladroit*) hacer las cosas con los pies; **faire la ~** tocar en la calle; **manche à air** *nf* (*AVIAT*) manga de aire; **manche à balai** *nm* palo de escoba; (*AVIAT*) palanca de mando; (*INFORM*) palanca.

**manchette** [mãʃɛt] *nf* (*de chemise*) puño; (*coup*) golpe dado con el antebrazo; (*PRESSE*) cabecera, titular *m*; **faire la ~ des journaux** saltar a los titulares.

**manchot, e** [mãʃo, ɔt] *adj* manco(-a) ♦ *nm* (*ZOOL*) pingüino.

**mandarine** [mãdaʀin] *nf* mandarina.

**mandat** [mãda] *nm* (*postal*) giro; (*d'un député, président*) mandato; (*procuration*) poder *m*; (*POLICE*) orden *f*; **toucher un ~** cobrar un giro; **mandat d'amener** orden de comparecencia; **mandat d'arrêt** orden de arresto; **mandat de dépôt** orden de prisión; **mandat de police** orden de registro.

**mandataire** [mãdatɛʀ] *nm/f* mandatario (-a).

**manège** [manɛʒ] *nm* (*école d'équitation*) picadero; (*à la foire*) tiovivo; (*fig: manœuvre*) maniobra; **faire un tour de ~** dar una vuelta en tiovivo; **manège de chevaux de bois** caballitos *mpl*.

**manette** [manɛt] *nf* palanca; **manette de jeu** (*INFORM*) palanca de juego.

**mangeable** [mɑ̃ʒabl] *adj* (*comestible*) comestible; (*juste bon à manger*) comible.

**mangeoire** [mɑ̃ʒwaʀ] *nf* pesebre *m*.

**manger** [mɑ̃ʒe] *vt* comer; (*ronger: suj: rouille etc*) carcomer; (*consommer*) gastar; (*capital*) despilfarrar ♦ *vi* comer.

**mangue** [mɑ̃g] *nf* mango.

**maniable** [manjabl] *adj* manejable; (*fig: personne*) manipulable.

**maniaque** [manjak] *adj* maniático(-a) ♦ *nm/f* (*obsédé, fou*) maníaco(-a); (*pointilleux*) maniático(-a).

**manie** [mani] *nf* manía.

**manier** [manje] *vt* manejar; **se manier** *vpr* (*fam*) darse prisa.

**manière** [manjɛʀ] *nf* manera; (*genre, style*) estilo; **~s** *nfpl* (*attitude*) modales *mpl*; (*chichis*) melindres *mpl*; **de ~ à** con objeto de; **de telle ~ que** de tal manera que; **de cette ~** de esta manera; **d'une ~ générale** en general; **de toute ~** de todas maneras; **d'une certaine ~** en cierto sentido; **manquer de ~s** carecer de educación; **faire des ~s** andar con remilgos; **sans ~s** sin ceremonias; **employer la ~ forte** emplear la fuerza; **complément/adverbe de ~** complemento/adverbio de modo.

**maniéré, e** [manjere] *adj* amanerado(-a).

**manifestant, e** [manifɛstɑ̃, ɑ̃t] *nm/f* manifestante *m/f*.

**manifestation** [manifɛstasjɔ̃] *nf* manifestación *f*; (*fête, réunion etc*) acto.

**manifeste** [manifɛst] *adj* manifiesto(-a) ♦ *nm* manifiesto.

**manifester** [manifɛste] *vt* manifestar ♦ *vi* (*POL*) manifestarse; **se manifester** *vpr* manifestarse; (*témoin*) presentarse.

**manigancer** [manigɑ̃se] *vt* tramar.

**manipulation** [manipylasjɔ̃] *nf* manipulación *f*; **manipulation génétique** manipulación genética.

**manipuler** [manipyle] *vt* manipular.

**manivelle** [manivɛl] *nf* manivela.

**mannequin** [mankɛ̃] *nm* (*COUTURE*) maniquí *m*; (*MODE*) modelo; **taille ~** talla maniquí.

**manœuvre** [manœvʀ] *nf* maniobra ♦ *nm* obrero; **fausse ~** maniobra falsa.

**manœuvrer** [manœvʀe] *vt* maniobrar; (*levier, personne*) manejar ♦ *vi* maniobrar.

**manoir** [manwaʀ] *nm* casa solariega.

**manque** [mɑ̃k] *nm* falta; **~s** *nmpl* (*lacunes*) lagunas *fpl*; **par ~ de** por falta de; **manque à gagner** lucro cesante.

**manqué, e** [mɑ̃ke] *adj* fracasado(-a), fallido(-a); **garçon ~: cette petite est un vrai garçon ~** esta niña tenía que haber nacido chico.

**manquer** [mɑ̃ke] *vi* faltar; (*échouer*) fallar, fracasar ♦ *vt* (*coup, objectif*) fallar; (*cours, réunion*) faltar a; (*occasion*) perder ♦ *vb impers*: **il (nous) manque encore 100 F** nos faltan todavía 100 francos; **il manque des pages** faltan páginas; **l'argent qui leur manque** el dinero que les falta; **la voix lui a manqué** le falló la voz; **~ à qn** (*absent etc*): **il/cela me manque** le/lo echo de menos; **~ à** faltar a; **~ de** carecer de; **nous manquons de feutres** se nos han agotado los rotuladores, no nos quedan rotuladores; **j'ai manqué la photo** no me ha salido bien la foto; **ne pas ~ qn** vérselas con algn; **ne pas ~ de faire: il n'a pas manqué de le dire** no dejó de decirlo; **~ (de) faire: il a manqué (de) se tuer** por poco se mata; **il ne manquerait plus que ... faltaría sólo que ...; je n'y manquerai pas** no dejaré de hacerlo.

**mansarde** [mɑ̃saʀd] *nf* buhardilla.

**mansardé, e** [mɑ̃saʀde] *adj* abuhardillado(-a).

**manteau, x** [mɑ̃to] *nm* abrigo; (*de cheminée*) campana; **sous le ~** bajo cuerda.

**manucure** [manykyʀ] *nf* manicura.

**manuel, le** [manɥɛl] *adj* manual ♦ *nm/f*: **je suis un ~** lo mío es trabajar con las manos ♦ *nm* (*livre*) manual *m*; **travailleur ~** trabajador *m* manual.

**manufacture** [manyfaktyʀ] *nf* manufactura.

**manufacturé, e** [manyfaktyre] *adj* manufacturado(-a).

**manuscrit, e** [manyskʀi, it] *adj* manuscrito(-a) ♦ *nm* manuscrito.

**manutention** [manytɑ̃sjɔ̃] *nf* manipulación *f*.

**mappemonde** [mapmɔ̃d] *nf* mapamundi *m*.

**maquereau, x** [makʀo] *nm* (*ZOOL*) caballa; (*fam: proxénète*) chulo.

**maquette** [makɛt] *nf* maqueta; (*d'une page illustrée, affiche*) boceto.

**maquillage** [makijaʒ] *nm* maquillaje *m*.

**maquiller** [makije] *vt* (*aussi fig*) maquillar; (*passeport*) falsificar; **se maquiller** *vpr* maquillarse.

**maquis** [maki] *nm* (*GÉO*) monte *m* bajo; (*fig*) embrollo; (*MIL*) maquis *m inv*.

**maraîcher, -ère** [maʀeʃe, ɛʀ] *adj*: **cultures maraîchères** cultivos *mpl* de huerta ♦ *nm/f* hortelano(-a).

**marais** [maʀɛ] *nm* pantano; **marais salant** salina.

**marasme** [maʀasm] *nm* marasmo.

**marathon** [maʀatɔ̃] *nm* maratón *m*.

**marbre** [maʀbʀ] *nm* mármol *m*; (*TYPO*) platina; **rester de ~** quedarse de piedra.

**marc** [maʀ] *nm* (*de raisin, pommes*) orujo; **marc de café** poso de café.

**marchand, e** [maʀʃɑ̃, ɑ̃d] *nm/f* comerciante *m/f*; (*au marché*) vendedor(a) ♦ *adj*: **prix ~** precio de coste; **valeur ~e** valor *m* comercial; **qualité ~e** calidad *f* corriente; **marchand au détail/en gros** vendedor minorista/mayorista; **marchand de biens** corredor *m* de fincas; **marchand de canons** (*péj*) traficante *m* de armas; **marchand de charbon/de cycles** vendedor de carbón/de bicicletas; **marchand de couleurs** droguero(-a); **marchand de fruits** frutero(-a); **marchand de journaux** vendedor de periódicos; **marchand de légumes** verdulero(-a); **marchand de poisson** pescadero(-a); **marchand de sable** (*fig*) genio fabuloso que duerme a los niños; **marchand de tableaux** marchante *m/f*; **marchand de tapis** vendedor de alfombras; **marchand de vins** vinatero(-a); **marchand des quatre saisons** vendedor ambulante de frutas y verduras.

**marchander** [maʀʃɑ̃de] *vt, vi* regatear.

**marchandise** [maʀʃɑ̃diz] *nf* mercancía.

**marche** [maʀʃ] *nf* marcha; (*d'escalier*) escalón *m*; (*allure, démarche*) paso; (*du temps, progrès*) curso; **ouvrir/fermer la ~** abrir/cerrar la marcha; **à une heure de ~** a una hora de camino; **dans le sens de la ~** (*RAIL*) en el sentido de la marcha; **monter/prendre en ~** subir/coger en marcha; **mettre en ~** poner en marcha; **remettre qch en ~** arreglar algo; **se mettre en ~** ponerse en marcha; **marche à suivre** pasos *mpl* a seguir; (*sur notice*) método; **marche arrière** (*AUTO*) marcha atrás; **faire ~ arrière** (*AUTO*) dar marcha atrás.

**marché** [maʀʃe] *nm* mercado; (*accord, affaire*) trato; **par dessus le ~** por añadidura; **faire son ~** ir a la compra; **mettre le ~ en main à qn** obligar a algn a tomar una decisión; **marché à terme/au comptant** (*BOURSE*) operación *f* a plazo/al contado; **marché aux fleurs** mercado de flores; **marché aux puces** rastro, mercadillo; **Marché commun** Mercado Común; **marché du travail** mercado de trabajo; **marché noir** mercado negro.

**marcher** [maʀʃe] *vi* andar; (*se promener*) caminar; (*MIL, affaires*) marchar; (*fonctionner*) funcionar; (*fam: croire naïvement*) tragar; **d'accord, je marche** (*fam*) bueno, me parece bien; **~ sur** caminar por; (*mettre le pied sur*) pisar; (*MIL*) avanzar hacia; **~ dans** (*herbe etc*) caminar por; (*flaque*) meterse en; **faire ~ qn** (*pour rire*) tomar el pelo a algn; (*pour tromper*) engañar a algn.

**marcheur, -euse** [maʀʃœʀ, øz] *nm/f* andarín(-ina).

**mardi** [maʀdi] *nm* martes *m inv*; **Mardi gras** martes de Carnaval; *voir aussi* **lundi**.

**mare** [maʀ] *nf* charco; **mare de sang** charco de sangre.

**marécage** [maʀekaʒ] *nm* ciénaga.

**marécageux, -euse** [maʀekaʒø, øz] *adj* cenagoso(-a).

**maréchal, -aux** [maʀeʃal, o] *nm* mariscal *m*; **maréchal des logis** sargento.

**marée** [maʀe] *nf* marea; (*poissons*) pescado fresco; **contre vents et ~s** (*fig*) contra viento y marea; **marée basse/haute** marea baja/alta; **marée d'équinoxe** marea de equinoccio; **marée humaine** marea humana; **marée montante/descendante** flujo/reflujo; **marée noire** marea negra.

**marelle** [maʀɛl] *nf* rayuela.

**margarine** [maʀgaʀin] *nf* margarina.

**marge** [maʀʒ] *nf* margen *m*; **en ~ (de)** al margen (de); **marge bénéficiaire** (*COMM*) margen de beneficios; **marge de fluctuation** banda de fluctuación; **marge d'erreur/de sécurité** margen de error/de seguridad.

**marginal, e, -aux** [maʀʒinal, o] *adj* marginal ♦ *nm/f* persona marginal.

**marguerite** [maʀgəʀit] *nf* margarita.

**mari** [maʀi] *nm* marido.

**mariage** [maʀjaʒ] *nm* matrimonio; (*noce*) boda; (*fig: de mots, couleurs*) combinación *f*; **mariage blanc** matrimonio no consumado; **mariage civil/religieux** matrimonio civil/religioso; **mariage d'amour/ d'intérêt/de raison** matrimonio por amor/por interés/de conveniencia.

**marié, e** [maʀje] *adj* casado(-a) ♦ *nm/f* novio(-a); **les ~s** los novios; **les (jeunes) ~s** los (recién) casados.

**marier** [maʀje] *vt* casar; (*fig: couleur*) combinar; **se marier** *vpr* casarse; **se ~ (avec)** casarse (con); (*fig*) casar (con).

**marin, e** [maʀɛ̃, in] *adj* marino(-a); (*carte, lunette*) náutico(-a) ♦ *nm* marino; (*matelot*) marinero; **avoir le pied ~** no marearse en los barcos.

**marine** [maʀin] *adj f voir* **marin** ♦ *nf (aussi ART)* marina; (*couleur*) azul marino ♦ *adj inv* azul marino ♦ *nm* marine *m*, soldado de infantería de marina; **marine à voiles** marina de vela; **marine marchande/de guerre** marina mercante/de guerra.

**mariner** [maʀine] *vt, vi* escabechar; **faire ~ qn** (*fam*) tener a algn plantado.

**marionnette** [maʀjɔnɛt] *nf (aussi péj)* marioneta; **~s** *nfpl (spectacle)* marionetas *fpl*.

**maritalement** [maʀitalmã] *adv* maritalmente.

**maritime** [maʀitim] *adj* marítimo(-a).

**mark** [maʀk] *nm* marco.

**marmelade** [maʀməlad] *nf* mermelada; **en ~** (*fig*) hecho(-a) migas; **marmelade d'oranges** mermelada de naranja.

**marmite** [maʀmit] *nf (récipient)* marmita; (*contenu*) cocido.

**marmonner** [maʀmɔne] *vt* mascullar.

**marmotte** [maʀmɔt] *nf* marmota.

**marmotter** [maʀmɔte] *vt* mascullar.

**Maroc** [maʀɔk] *nm* Marruecos *msg*.

**marocain, e** [maʀɔkɛ̃, ɛn] *adj* marroquí ♦ *nm/f*: **M~, e** marroquí *m/f*.

**maroquinerie** [maʀɔkinʀi] *nf* marroquinería.

**marquant, e** [maʀkɑ̃, ɑ̃t] *adj* destacado (-a); (*personnalité*) especial.

**marque** [maʀk] *nf* marca; (*d'une fonction, d'un grade*) distintivo; **~ du pluriel** (*LING*) terminación *f* de plural; **à vos ~s!** (*SPORT*) ¡preparados!; **quelle est la ~?** ¿cómo van?; **~ d'affection/de joie** demostración *f* de afecto/de alegría; **de ~** *adj* (*COMM: produit*) de marca; (*fig*) destacado(-a); **marque de fabrique** marca de fábrica; **marque déposée** marca registrada.

**marquer** [maʀke] *vt* marcar; (*inscrire*) ano-

tar; (*frontières*) señalar; (*suj: chose: laisser une trace sur*) dejar una marca en; (*endommager*) afectar; (*fig: impressionner*) impresionar; (*assentiment, refus*) manifestar ♦ *vi* dejar marca; (*SPORT*) marcar; **~ qch de/par** señalar algo con; **~ qn de son influence** influir en algn; **~ qn de son empreinte** dejar su impronta en algn; **~ un temps d'arrêt** hacer una pausa; **~ le pas** (*fig*) marcar el paso; **~ d'une pierre blanche** señalar con una piedra blanca; **~ les points** apuntar los tantos.

**marqueterie** [maʀkɛtʀi] *nf* marquetería.

**marquis, e** [maʀki, iz] *nm/f* marqués(-esa).

**marraine** [maʀɛn] *nf* madrina.

**marrant, e** [maʀɑ̃, ɑ̃t] (*fam*) *adj* divertido(-a); **ce n'est pas ~** no tiene gracia.

**marre** [maʀ] (*fam*) *adv*: **en avoir ~ de** estar harto(-a) de.

**marrer** [maʀe]: **se ~** (*fam*) *vpr* desternillarse de risa.

**marron, ne** [maʀɔ̃, ɔn] *nm (aussi fam)* castaña ♦ *adj inv* (*couleur*) marrón *inv* ♦ *adj* (*péj*) clandestino(-a); (: *faux*) falso(-a); **marrons glacés** castañas *fpl* confitadas.

**marronnier** [maʀɔnje] *nm* castaño.

**Mars** [maʀs] *nm ou f* Marte *m*.

**mars** [maʀs] *nm* marzo; *voir aussi* **juillet**.

**Marseille** [maʀsɛj] *n* Marsella.

**marsouin** [maʀswɛ̃] *nm* marsopa.

**marteau** [maʀto] *nm* martillo; (*de porte*) aldaba; **marteau pneumatique** martillo neumático.

**marteau-piqueur** [maʀtopikœʀ] (*pl* **~x-~s**) *nm* martillo neumático.

**marteler** [maʀtəle] *vt* martillear; (*mots, phrases*) recalcar.

**martien, ne** [maʀsjɛ̃, jɛn] *adj* marciano (-a).

**martyr, e** [maʀtiʀ] *nm/f* mártir *m/f* ♦ *adj* mártir; **enfants ~s** niños *mpl* mártires.

**martyre** [maʀtiʀ] *nm* (*aussi fig*) martirio; **souffrir le ~** pasar un martirio.

**martyriser** [maʀtiʀize] *vt* martirizar.

**marxiste** [maʀksist] *adj, nm/f* marxista *m/f*.

**mascara** [maskaʀa] *nm* rímel *m*.

**masculin, e** [maskylɛ̃, in] *adj* masculino(-a) ♦ *nm* masculino.

**masochiste** [mazɔʃist] *adj, nm/f* masoquista *m/f*.

**masque** [mask] *nm* (*aussi fig*) máscara; (*d'escrime, de soudeur*) careta; (*MÉD: pour endormir*) mascarilla; **masque à gaz** máscara de gas, careta antigás *inv*; **masque à oxygène** máscara de oxígeno; **masque de beauté** mascarilla de belleza; **masque de plongée** gafas *fpl* de bucear.

**masquer** [maske] *vt* ocultar; (*goût, odeur*) disimular.

**massacre** [masakʀ] *nm* matanza; **jeu de ~** (*à la foire*) pim pam pum *m*; (*fig*) destrozo.

**massacrer** [masakʀe] *vt* matar, exterminar; (*fig*) destrozar.

**massage** [masaʒ] *nm* masaje *m*.

**masse** [mas] *nf* masa; (*de cailloux, documents, mots*) montón *m*; (*d'un édifice, navire*) mole *f*; (*maillet*) maza; **la ~** (*péj: peuple*) la masa; **les ~s laborieuses/ paysannes** las masas trabajadoras/ campesinas; **la grande ~ des ...** la gran masa de ...; **une ~ de, des ~s de** (*fam*) un montón de, montones de; **en ~** juntos (-as); (*plus nombreux*) en masa; **masse monétaire/salariale** (*FIN*) masa monetaria/salarial.

**masser** [mase] *vt* concentrar; (*personne, jambe*) dar masaje a; **se masser** *vpr* concentrarse.

**masseur, -euse** [masœʀ, øz] *nm/f* masajista *m/f* ♦ *nm* (*appareil*) vibrador *m*.

**massif, -ive** [masif, iv] *adj* (*porte, silhouette, or*) macizo(-a); (*dose, déportations*) masivo(-a) ♦ *nm* macizo.

**massue** [masy] *nf* maza; **argument ~** argumento contundente.

**mastic** [mastik] *nm* masilla.

**mastiquer** [mastike] *vt* masticar; (*fente, vitre*) enmasillar.

**mat, e** [mat] *adj* mate *inv*; (*son*) sordo(-a); **être ~** (*ÉCHECS*) ser mate.

**mât** [mɑ] *nm* (*NAUT*) mástil *m*; (*poteau*) poste *m*.

**match** [matʃ] *nm* partido; **match aller/ retour** partido de ida/de vuelta; **match nul** empate *m*; **faire ~ nul** empatar.

**matelas** [mat(ə)la] *nm* colchón *m*; **matelas à ressorts** colchón de muelles; **matelas pneumatique** colchón de aire.

**matelasser** [mat(ə)lase] *vt* (*fauteuil*) rellenar; (*manteau*) acolchar.

**matelot** [mat(ə)lo] *nm* marinero.

**mater** [mate] *vt* (*personne*) someter; (*révolte*) dominar; (*fam*) controlar.

**matérialiser** [mateʀjalize] *vt* materializar; **se matérialiser** *vpr* materializarse.

**matérialiste** [mateʀjalist] *adj, nm/f* materialista *m/f*.

**matériau** [mateʀjo] *nm* material *m*; **~x** *nmpl* (*documents*) material *msg*; **matériaux de construction** materiales *mpl* de construcción.

**matériel, le** [mateʀjɛl] *adj* material ♦ *nm* material *m*; (*de camping*) equipo; (*de pêche*) aparejos *mpl*; (*INFORM*) soporte *m* físico; **il n'a pas le temps ~ de le faire** no tiene tiempo material para hacerlo; **matériel d'exploitation** (*COMM*) material de explotación; **matériel roulant** (*RAIL*) material móvil.

**maternel, le** [mateʀnɛl] *adj* (*amour*) maternal; (*par filiation: grand-père*) materno (-a).

**maternelle** [mateʀnɛl] *nf* (*aussi:* **école ~**) escuela de párvulos.

**maternité** [mateʀnite] *nf* maternidad *f*.

**mathématique** [matematik] *adj* matemático(-a); **~s** *nfpl* matemáticas *fpl*; **mathématiques modernes** matemáticas modernas.

**maths** [mat] *nfpl* matemáticas *fpl*, mates *fpl* (*fam*).

**matière** [matjɛʀ] *nf* (*PHYS*) materia; (*COMM, TECH*) material *m*; (*d'un livre etc*) tema *m*; (*SCOL*) asignatura; **en ~ de** en materia de; (*en ce qui concerne*) en cuanto a; **donner ~ à** dar motivo de; **matière grise** materia gris; **matière plastique** plástico; **matières fécales** heces *fpl*; **matières grasses** grasas *fpl*; **matières premières** materias primas.

---

**Hôtel Matignon**

*L'hôtel Matignon es el despacho y residencia del primer ministro francés en Pa-*

*rís. Por extensión, el término "Matignon"
se emplea frecuentemente para designar
al Primer Ministro o a su equipo.*

**matin** [matɛ̃] *nm* mañana; **le ~** por la mañana; **dimanche ~** el domingo por la mañana; **jusqu'au ~** hasta la mañana; **le lendemain ~** a la mañana siguiente; **hier/demain ~** ayer/mañana por la mañana; **du ~ au soir** de la mañana a la noche; **une heure du ~** la una de la mañana; **à demain ~!** ¡hasta mañana por la mañana!; **un beau ~** un día de éstos; **de grand** *ou* **bon ~** de madrugada; **tous les dimanches ~s** todos los domingos por la mañana.

**matinal, e, -aux** [matinal, o] *adj* (*toilette, gymnastique*) matutino(-a), matinal; (*de bonne heure*) tempranero(-a); **être ~** (*personne*) ser madrugador(a).

**matinée** [matine] *nf* mañana; (*réunion*) sesión *f* de la tarde; (*spectacle*) función *f* de tarde, vermú *m* (*AM*); **en ~** por la tarde.

**matou** [matu] *nm* gato.

**matraque** [matrak] *nf* (*de malfaiteur*) cachiporra; (*de policier*) porra.

**matricule** [matrikyl] *nf* matrícula ♦ *nm* (*MIL*) número de registro; (*ADMIN*) registro.

**matrimonial, e, -aux** [matrimɔnjal, jo] *adj* matrimonial.

**maudit, e** [modi, it] *adj* maldito(-a).

**maugréer** [mogree] *vi* refunfuñar.

**maussade** [mosad] *adj* (*personne*) malhumorado(-a); (*ciel, temps*) desapacible.

**mauvais, e** [movɛ, ɛz] *adj* malo(-a); (*placé avant le nom*) mal; (*rire*) perverso(-a) ♦ *nm*: **le ~** lo malo ♦ *adv*: **il fait ~** hace malo; **sentir ~** oler mal; **la mer est ~e** el mar está agitado; **mauvais coucheur** persona con malas pulgas; **mauvais coup** (*fig*) golpe *m*; **mauvais garçon** delincuente *m*; **mauvais joueur** mal jugador *m*; **mauvais pas** mal paso; **mauvais payeur** moroso; **mauvais plaisant** gracioso; **mauvais traitements** malos tratos *mpl*; **mauvaise herbe** mala hierba; **mauvaise langue** lengua viperina; **mauvaise passe** aprieto; (*période*) mala racha; **mauvaise tête** terco(-a).

**mauve** [mov] *nm* malva ♦ *adj* malva *inv*.

**maux** [mo] *nmpl voir* **mal**.

**maxime** [maksim] *nf* máxima.

**maximum** [maksimɔm] *adj* máximo(-a) ♦ *nm* máximo; **le ~ de chances** el máximo de posibilidades; **atteindre un/son ~** alcanzar un/su máximo; **au ~** *adv* (*le plus possible*) al máximo; (*tout au plus*) como máximo.

**mayonnaise** [majɔnɛz] *nf* mayonesa.

**mazout** [mazut] *nm* fuel-oil *m*; **chaudière/poêle à ~** caldera/estufa de fuel-oil.

**M(e)** *abr* = **maître**.

**me** [mə] *pron* me; **il m'a donné un livre** me ha dado un libro.

**mec** [mɛk] (*fam*) *nm* tío.

**mécanicien, ne** [mekanisjɛ̃, jɛn] *nm/f* mecánico(-a); (*RAIL*) maquinista *m/f*; **mécanicien de bord** *ou* **navigant** (*AVIAT*) mecánico(-a) de vuelo.

**mécanique** [mekanik] *adj* mecánico(-a) ♦ *nf* mecánica; (*mécanisme*) mecanismo; **s'y connaître en ~** saber de mecánica; **ennui ~** problema *m* mecánico; **mécanique hydraulique/ondulatoire** mecánica hidráulica/ondulatoria.

**mécanisme** [mekanism] *nm* mecanismo.

**méchamment** [meʃamã] *adv* cruelmente.

**méchanceté** [meʃɑ̃ste] *nf* maldad *f*, malicia.

**méchant, e** [meʃɑ̃, ɑ̃t] *adj* (*personne*) malvado(-a); (*sourire*) malicioso(-a); (*enfant*) travieso(-a), revoltoso(-a); (*animal*) malo(-a); (*avant le nom: affaire, humeur*) mal; (: *intensif*) malísimo(-a).

**mèche** [mɛʃ] *nf* mecha; (*de fouet*) tralla; (*de cheveux: coupés*) mechón *m*; (: *d'une autre couleur*) mecha; **se faire faire des ~s** (*chez le coiffeur*) hacerse mechas; **vendre la ~** irse de la lengua; **être de ~ avec qn** estar conchabado(-a) con algn.

**méchoui** [meʃwi] *nm* cordero asado.

**méconnaissable** [mekɔnɛsabl] *adj* irreconocible.

**méconnaître** [mekɔnɛtr] *vt* (*ignorer*) desconocer; (*méjuger*) infravalorar.

**mécontent, e** [mekɔ̃tɑ̃, ɑ̃t] *adj*: **~ (de)** descontento(-a) (con); (*contrarié*) disgustado(-a) ♦ *nm* descontento.

**mécontentement** [mekɔ̃tɑ̃tmɑ̃] *nm* descontento.

**médaille** [medaj] *nf* medalla.

**médaillon** [medajɔ̃] *nm* medallón *m*; **en ~** *adj* (*carte etc*) en forma de medallón.

**médecin** [med(ə)sɛ̃] *nm* médico(-a); **mé-**

decin de famille/du bord médico de familia/de a bordo; **médecin généraliste/légiste/traitant** médico general/forense/de cabecera.

**médecine** [med(ə)sin] *nf* medicina; **médecine du travail/générale/infantile** medicina laboral/general/infantil; **médecine légale/préventive** medicina legal/preventiva.

**médiatique** [medjatik] *adj* de ou en los medios de comunicación.

**médical, e, -aux** [medikal, o] *adj* médico(-a).

**médicament** [medikamɑ̃] *nm* medicamento.

**médiéval, e, -aux** [medjeval, o] *adj* medieval.

**médiocre** [medjɔkʀ] *adj* mediocre.

**méditer** [medite] *vt* meditar; (*préparer*) planear ♦ *vi* (*réfléchir*) meditar; ~ **de faire qch** planear hacer algo; ~ **sur qch** meditar sobre algo.

**Méditerranée** [mediteʀane] *nf*: **la (mer)** ~ el (mar) Mediterráneo.

**méditerranéen, ne** [mediteʀaneɛ̃, ɛn] *adj* mediterráneo(-a) ♦ *nm/f*: **M~, ne** mediterráneo(-a).

**méduse** [medyz] *nf* medusa.

**méfait** [mefɛ] *nm* (*faute*) fechoría; ~**s** *nmpl* (*ravages*) daños *mpl*.

**méfiance** [mefjɑ̃s] *nf* desconfianza, recelo.

**méfiant, e** [mefjɑ̃, jɑ̃t] *adj* desconfiado (-a), receloso(-a).

**méfier** [mefje]: **se** ~ *vpr* desconfiar; **se** ~ **de** desconfiar de; (*faire attention*) tener cuidado con.

**mégarde** [megaʀd] *nf*: **par** ~ por descuido; (*par erreur*) por equivocación.

**mégère** [meʒɛʀ] (*péj*) *nf* arpía, bruja.

**mégot** [mego] *nm* colilla.

**meilleur, e** [mɛjœʀ] *adj* mejor; (*superlatif*): **le** ~ **(de)** (*personne*) el mejor (de); (*chose*) lo mejor (de) ♦ *adv* mejor ♦ *nm*: **le** ~ (*personne*) el mejor; (*chose*) lo mejor ♦ *nf*: **la** ~**e** la mejor; **le** ~ **des deux** el mejor de los dos; **c'est la** ~**e!** ¡es el colmo!; **de** ~**e heure** más temprano; **meilleur marché** más barato.

**mélancolie** [melɑ̃kɔli] *nf* melancolía.

**mélancolique** [melɑ̃kɔlik] *adj* melancólico(-a).

**mélange** [melɑ̃ʒ] *nm* mezcla; **sans** ~ (*pur*) sin mezcla; (*parfait*) perfecto(-a).

**mélanger** [melɑ̃ʒe] *vt* mezclar; (*mettre en désordre*) mezclar, desordenar; (*confondre*): **vous mélangez tout!** ¡usted lo mezcla ou confunde todo!; **se mélanger** *vpr* mezclarse.

**mêlée** [mele] *nf* (*bataille*) pelea, contienda; (*fig*) conflicto, lucha; (*RUGBY*) melé *f*.

**mêler** [mele] *vt* mezclar; (*thèmes*) reunir, juntar; (*brouiller*) enredar, revolver; **se mêler** *vpr* mezclarse; **se** ~ **à** mezclarse con; **se** ~ **de** entrometerse en; ~ **qn à une affaire** implicar a algn en un asunto; **mêle-toi de tes affaires!** ¡métete en tus asuntos!

**mélodie** [melɔdi] *nf* melodía.

**mélodieux, -euse** [melɔdjø, jøz] *adj* melodioso(-a).

**mélodrame** [melɔdʀam] *nm* melodrama *m*.

**mélomane** [melɔman] *nm/f* melómano(-a).

**melon** [m(ə)lɔ̃] *nm* melón *m*; (*aussi*: **chapeau** ~) sombrero hongo; **melon d'eau** sandía.

**membre** [mɑ̃bʀ] *nm* (*aussi* ANAT) miembro; (LING): ~ **de phrase** constituyente *m* de la frase ♦ *adj* miembro *inv*; **être** ~ **de** ser miembro de; **membre (viril)** miembro (viril).

**mémé** [meme] (*fam*) *nf* abuelita; (*vieille femme*) viejecita.

MOT-CLÉ

**même** [mɛm] *adj* **1** (*avant le nom*) mismo (-a); **en même temps** al mismo tiempo; **ils ont les mêmes goûts** tienen los mismos gustos; **la même chose** lo mismo

**2** (*après le nom*: *renforcement*): **il est la loyauté même** es la lealtad misma; **ce sont ses paroles mêmes** son sus mismas palabras

♦ *pron*: **le(la) même** el(la) mismo(-a)

♦ *adv* **1** (*renforcement*): **il n'a même pas pleuré** ni siquiera lloró; **même lui l'a dit** incluso él lo dijo; **ici même** aquí mismo

**2**: **à même**: **à même la bouteille** de la botella misma; **à même la peau** junto a la piel; **être à même de faire** estar en condiciones de hacer

**3**: **de même**: **faire de même** hacer lo mismo; **lui de même** también él; **de même que** lo mismo que; **de lui-même** por sí mismo; **il en va de même pour** lo mismo va para

**4: même si**
♦ *conj* aunque (+*subjonctif*).

**mémoire** [memwaʀ] *nf* memoria; (*souvenir*) recuerdo ♦ *nm* (*ADMIN, JUR, SCOL*) memoria; **~s** *nnpl* (*souvenirs*) memorias *fpl*; **avoir la ~ des visages/chiffres** tener memoria para las caras/los números; **n'avoir aucune ~** no tener nada de memoria; **avoir de la ~** tener memoria; **à la ~ de** en memoria de, en recuerdo de; **pour ~** *adv* a título de información; **de ~ d'homme** desde tiempo inmemorial; **de ~** *adv* de memoria; **mettre en ~** (*INFORM*) guardar en memoria; **mémoire morte/vive** memoria ROM/RAM; **mémoire non volatile** *ou* **rémanente** memoria no volátil.

**mémorable** [memoʀabl] *adj* memorable.

**menace** [mənas] *nf* amenaza; **menace en l'air** amenaza vana.

**menacer** [mənase] *vt* amenazar; **~ qn de qch/de faire qch** amenazar a algn con algo/con hacer algo.

**ménage** [menaʒ] *nm* quehaceres *mpl* domésticos, limpieza; (*couple*) matrimonio; (*ADMIN, famille*) familia; **faire le ~** hacer la limpieza; **faire des ~s** trabajar de asistenta; **monter son ~** poner la casa; **se mettre en ~** (*avec*) casarse (con); **heureux en ~** bien casado; **faire bon/mauvais ~ avec qn** hacer buenas/malas migas con algn; **ménage à trois** triángulo amoroso; **ménage de poupée** juego de batería de cocina de muñeca.

**ménagement** [menaʒmã] *nm* deferencia; **~s** *nmpl* (*égards*) miramientos *mpl*; **avec/sans ~** con/sin miramientos.

**ménager¹** [menaʒe] *vt* (*personne*) tratar con deferencia; (*animal, adversaire*) tratar bien; (*monture*) no fatigar; (*vêtements*) tener cuidado con; (*entretien*) organizar; (*ouverture*) instalar; **se ménager** *vpr* cuidarse; **se ~ qch** procurarse algo; **~ qch à qn** tener algo guardado para algn.

**ménager²**, **-ère** [menaʒe, ɛʀ] *adj* doméstico(-a); (*enseignement*) del hogar; (*eaux*) residual.

**ménagère** [menaʒɛʀ] *nf* ama de casa; (*service de couverts*) estuche *m* de cubertería.

**ménagerie** [menaʒʀi] *nf* (*lieu*) jaulas *fpl* de fieras; (*animaux*) fieras *fpl*.

**mendiant, e** [mãdjã, jãt] *nm/f* mendigo (-a), pordiosero(-a) ♦ *nm* postre de almendras, higos, avellanas y uvas.

**mendier** [mãdje] *vt, vi* mendigar.

**mener** [m(ə)ne] *vt* dirigir; (*enquête, vie, affaire*) llevar ♦ *vi*: **~ (à la marque)** (*SPORT*) estar a la *ou* ir en cabeza; **~ à/dans/chez** (*emmener*) llevar a/en/a casa de; **~ qch à bonne fin/à terme/à bien** llevar algo a buen fin/a término/a buen término; **~ à rien/à tout** llevar *ou* conducir a nada/a todas partes.

**meneur, -euse** [mənœʀ, øz] *nm/f* dirigente *m/f*; (*péj: agitateur*) cabecilla *m/f*; **meneur d'hommes** líder *m* innato; **meneur de jeu** (*RADIO, TV*) animador(a).

**méningite** [menɛʒit] *nf* meningitis *f*.

**ménopause** [menopoz] *nf* menopausia.

**menottes** [mənɔt] *nfpl* esposas *fpl*.

**mensonge** [mãsɔʒ] *nm* mentira.

**mensonger, -ère** [mãsɔʒe, ɛʀ] *adj* falso (-a).

**mensualité** [mãsɥalite] *nf* mensualidad *f*.

**mensuel, le** [mãsɥɛl] *adj* mensual ♦ *nm/f* asalariado(-a) pagado(-a) mensualmente ♦ *nm* (*PRESSE*) publicación *f* mensual.

**mensurations** [mãsyʀasjɔ] *nfpl* medidas *fpl*.

**mental, e, -aux** [mãtal, o] *adj* mental.

**mentalité** [mãtalite] *nf* mentalidad *f*; **quelle ~!** ¡qué mentalidad!

**menteur, -euse** [mãtœʀ, øz] *nm/f* mentiroso(-a), embustero(-a).

**menthe** [mãt] *nf* menta; **menthe (à l'eau)** menta (con agua).

**mention** [mãsjɔ] *nf* mención *f*; (*SCOL, UNIV*): **~ passable/assez bien/bien/très bien** aprobado/bien/notable/sobresaliente; **faire ~ de** hacer mención de; **"rayer la ~ inutile"** (*ADMIN*) "tache lo que no proceda".

**mentionner** [mãsjɔne] *vt* mencionar.

**mentir** [mãtiʀ] *vi* mentir; **~ à qn** mentir a algn.

**menton** [mãtɔ] *nm* (*ANAT*) mentón *m*, barbilla; **double/triple ~** papada.

**menu, e** [məny] *adj* menudo(-a); (*voix*) débil; (*frais*) módico(-a) ♦ *adv*: **couper/hacher ~** cortar/picar en trocitos ♦ *nm* menú *m* (*tb INFORM*); **par le ~** (*raconter*) con todo detalle; **menu déroulant** menú desplegable; **menue monnaie** dinero suelto.

**menuiserie** [mənɥizʀi] *nf* carpintería; **plafond en ~** artesonado.

**menuisier** [mənɥizje] *nm* carpintero.

**méprendre** [mepʀɑ̃dʀ]: **se ~** *vpr* equivocarse, confundirse; **se ~ sur** confundirse en, equivocarse en; **à s'y ~** hasta el punto de confundirse.

**mépris** [mepʀi] *pp de* **méprendre** ♦ *nm* desprecio, menosprecio; **au ~ de** a despecho de.

**méprisable** [mepʀizabl] *adj* despreciable.

**méprisant, e** [mepʀizɑ̃, ɑ̃t] *adj* despreciativo(-a).

**méprise** [mepʀiz] *nf* equivocación *f*.

**mépriser** [mepʀize] *vt* despreciar, menospreciar.

**mer** [mɛʀ] *nf* mar *m*; (*fig: vaste étendue*): **~ de sable/de feu** mar de arena/de fuego; **en ~** en el mar; **prendre la ~** hacerse a la mar; **en haute/pleine ~** en alta mar; **la ~ Adriatique** el mar Adriático; **la ~ des Antilles** *ou* **des Caraïbes** el mar de las Antillas *ou* del Caribe; **la ~ Baltique** el mar Báltico; **la ~ Caspienne** el mar Caspio; **la ~ de Corail** el mar del Coral; **la ~ Égée** el mar Egeo; **~ fermée** mar interior; **la ~ Ionienne** el mar Jónico; **la ~ Morte** el mar Muerto; **la ~ Noire** el mar Negro; **la ~ du Nord** el mar del Norte; **la ~ Rouge** el mar Rojo; **la ~ des Sargasses** el mar de los Sargazos; **la ~ Tyrrhénienne** el mar Tirreno; **les ~s du Sud** los mares del Sur.

**mercenaire** [mɛʀsənɛʀ] *nm* mercenario.

**mercerie** [mɛʀsəʀi] *nf* mercería.

**merci** [mɛʀsi] *excl* gracias ♦ *nm*: **dire ~ à qn** dar las gracias a algn ♦ *nf* merced *f*; **à la ~ de qn/qch** a merced de algn/algo; **~ beaucoup** muchas gracias; **~ de/pour** gracias por; **non, ~** no, gracias; **sans ~** despiadado(-a).

**mercredi** [mɛʀkʀədi] *nm* miércoles *m inv*; **~ des cendres** miércoles de Ceniza; *voir aussi* **lundi**.

**mercure** [mɛʀkyʀ] *nm* mercurio.

**merde** [mɛʀd] (*fam!*) *nf* mierda (*fam!*) ♦ *excl* ¡mierda! (*fam!*); (*surprise, impatience*) ¡joder! (*fam!*), ¡coño! (*fam!*).

**mère** [mɛʀ] *nf* madre *f*; (*fam*) tía ♦ *adj* (*idée*) central; (*langue*) madre; **mère adoptive/porteuse** madre adoptiva/de alquiler; **mère célibataire/de famille** madre soltera/de familia.

**merguez** [mɛʀgɛz] *nf* salchicha muy condimentada.

**méridional, e, -aux** [meʀidjɔnal, o] *adj* meridional; (*du midi de la France*) del Sur de Francia ♦ *nm/f* nativo(-a) *ou* habitante *m/f* del Sur de Francia.

**meringue** [məʀɛ̃g] *nf* merengue *m*.

**mérite** [meʀit] *nm* mérito; (*valeur*) mérito, valor *m*; **le ~ lui revient** el mérito es suyo; **je n'ai pas de ~ à le faire** no tengo mérito al hacer eso.

**mériter** [meʀite] *vt* merecer, ameritar (*AM*); **~ de réussir** merecer aprobar; **il mérite qu'on fasse ...** merece que se haga ...

**merle** [mɛʀl] *nm* mirlo.

**merveille** [mɛʀvɛj] *nf* maravilla; **faire ~/des ~s** hacer maravillas; **à ~** a las mil maravillas; **les sept ~s du monde** las siete maravillas del mundo.

**merveilleux, -euse** [mɛʀvɛjø, øz] *adj* maravilloso(-a).

**mes** [me] *dét voir* **mon**.

**mésange** [mezɑ̃ʒ] *nf* herrerillo; **mésange bleue** alionín *m*.

**mésaventure** [mezavɑ̃tyʀ] *nf* infortunio.

**Mesdames** [medam] *nfpl voir* **Madame**.

**Mesdemoiselles** [medmwazɛl] *nfpl voir* **Mademoiselle**.

**mesquin, e** [mɛskɛ̃, in] *adj*: **esprit ~/personne ~e** espíritu ruin/persona mezquina.

**mesquinerie** [mɛskinʀi] *nf* mezquindad *f*.

**message** [mesaʒ] *nm* mensaje *m*; **message d'erreur/de guidage** (*INFORM*) mensaje de error/de ayuda; **message publicitaire** anuncio publicitario; **message téléphoné** aviso telefónico.

**messager, -ère** [mesaʒe, ɛʀ] *nm/f* mensajero(-a).

**messagerie** [mesaʒʀi] *nf*: **messagerie électronique** (*INTERNET*) correo electrónico; **messagerie vocale** (*service*) buzón *m* de voz.

**messe** [mɛs] *nf* misa; **aller à la ~** ir a misa; **messe basse/chantée/noire** misa rezada/cantada/negra; **faire des ~s basses** (*fig, péj*) andar con secretos; **messe de minuit** misa del gallo.

**Messieurs** [mesjø] *nmpl voir* **Monsieur**.

**mesure** [m(ə)zyʀ] *nf* (*dimension, étalon*) medida; (*évaluation*) medición *f*; (*MUS*) compás *msg*; (*modération, retenue*) mesura, comedimiento; **prendre des ~s** tomar medidas; **sur ~** a la medida; **à la ~ de** a la medida de; **dans la ~ de/où** en la medida de/en que; **dans une certaine ~** en cierta medida; **à ~ que** a medida que; **en ~** (MUS) al compás; **être en ~ de** estar en condiciones de; **dépasser la ~** (fig) pasarse de la raya; **unité/système de ~** unidad f/sistema m de medida.

**mesurer** [məzyʀe] vt (aussi fig) medir; (limiter: argent, temps) escatimar; **~ qch à** evaluar algo según; **se ~ avec/à qn** medirse con algn; **il mesure 1 m 80** mide 1m 80.

**métal, -aux** [metal, o] nm metal m.

**métallique** [metalik] adj metálico(-a).

**météo** [meteo] nf (bulletin) tiempo; (service) servicio meteorológico.

**météore** [meteɔʀ] nm meteoro.

**météorologie** [meteɔʀɔlɔʒi] nf meteorología; (service) instituto nacional de meteorología.

**méthode** [metɔd] nf método.

**méticuleux, -euse** [metikylø, øz] adj meticuloso(-a).

**métier** [metje] nm oficio; (technique, expérience) práctica; (aussi: **~ à tisser**) telar m; **le ~ de roi** (fonction, rôle) la función de rey; **être du ~** ser del oficio.

**métis, se** [metis] adj, nm/f mestizo(-a), cholo(-a) (ANDES).

**métrage** [metʀaʒ] nm medición f en metros; (longueur de tissu) medida en metros; (CINÉ) metraje m; **long/moyen/court ~** (CINÉ) largometraje/mediometraje/cortometraje m.

**mètre** [mɛtʀ] nm metro; **un 100/800 ~s** (SPORT) los 100/800 metros; **mètre carré/cube** metro cuadrado/cúbico.

**métrique** [metʀik] adj: **système ~** sistema métrico ♦ nf métrica.

**métro** [metʀo] nm metro, subterráneo (AM).

**métropole** [metʀɔpɔl] nf metrópoli f, metrópolis f inv.

**mets** [mɛ] vb voir **mettre** ♦ nm plato.

**metteur** [metœʀ] nm: **~ en scène** (THÉÂTRE) director m escénico; (CINÉ) director.

---

| MOT-CLÉ |
| --- |

**mettre** [mɛtʀ] vt **1** poner; **mettre en bouteille** embotellar; **mettre en sac** poner en sacos; **mettre en pages** compaginar; **mettre qch en terre** enterrar algo; **mettre à la poste** echar al correo; **mettre qn debout/assis** levantar/sentar a algn

**2** (vêtements: revêtir) poner; (: soi-même) ponerse; (installer) poner; **mets ton gilet** ponte el chaleco

**3** (faire fonctionner: chauffage, réveil) poner; (: lumière) dar; (installer: gaz, eau) poner; **faire mettre le gaz/l'électricité** poner gas/electricidad; **mettre en marche** poner en marcha

**4** (consacrer): **mettre du temps/2 heures à faire qch** tardar tiempo/dos horas en hacer algo

**5** (noter, écrire) poner; **qu'est-ce que tu as mis sur la carte?** ¿qué has puesto en la postal?; **mettre au pluriel** poner en plural

**6** (supposer): **mettons que ...** pongamos que ...

**7**: **y mettre du sien** (dépenser, dans une affaire) poner de su parte

**se mettre** vpr: **vous pouvez vous mettre là** puede ponerse allí; **où ça se met?** ¿dónde se pone eso?; **se mettre au lit** meterse en la cama; **se mettre qn à dos** ganarse la enemistad de algn; **se mettre de l'encre sur les doigts** mancharse los dedos de tinta; **se mettre bien/mal avec qn** ponerse a bien/mal con algn; **se mettre en maillot de bain** ponerse en bañador; **n'avoir rien à se mettre** no tener nada que ponerse; **se mettre à faire qch** ponerse a hacer algo; **se mettre au piano** (s'asseoir) sentarse al piano; (apprendre) estudiar piano; **se mettre au travail/à l'étude** ponerse a trabajar/a estudiar; **se mettre au régime** ponerse a régimen; **allons, il faut s'y mettre!** ¡venga, vamos a ponernos a trabajar!

---

**meuble** [mœbl] nm mueble m; (ameublement, mobilier) mobiliario ♦ adj mueble; **biens ~s** (JUR) bienes mpl muebles.

**meublé, e** [mœble] adj: **chambre ~e** habitación f amueblada ♦ nm (pièce) habitación amueblada; (appartement) piso amueblado.

**meubler** [mœble] vt amueblar; (fig) llenar ♦ vi decorar; **se meubler** vpr amueblar la casa.

**meugler** [møgle] vi mugir.

**meule** [møl] nf muela; (AGR) almiar m; (de fromage) rueda grande de queso.

**meunier, -ière** [mønje, jɛʀ] nm/f molinero(-a) ♦ adj inv: **sole meunière** (CULIN) lenguado a la molinera.

**meurs** *etc* [mœr] *vb voir* **mourir**.

**meurtre** [mœrtr] *nm* asesinato.

**meurtrier, -ière** [mœrtrije, ijɛr] *nm/f* asesino(-a) ♦ *adj* mortal; *(arme, instinct)* asesino(-a).

**meurtrir** [mœrtrir] *vt* magullar; *(fig)* herir.

**meus** *etc* [mœ] *vb voir* **mouvoir**.

**meute** [møt] *nf* jauría.

**mexicain, e** [mɛksikɛ̃, ɛn] *adj* mexicano (-a), mejicano(-a) ♦ *nm/f*: **M~, e** mexicano(-a), mejicano(-a).

**Mexico** [mɛksiko] *n* México, Méjico.

**Mexique** [mɛksik] *nm* México, Méjico.

**Mgr** *abr* (= *Monseigneur*) Mons. (= *Monseñor*).

**mi** [mi] *nm inv* (*MUS*) mi *m* ♦ *préf* medio; **à la ~janvier** a mediados de enero; **~bureau/chambre** mitad oficina/mitad dormitorio; **à ~jambes/-corps** a media pierna/cuerpo; **à ~-hauteur/-pente** a media altura/pendiente.

**miauler** [mjole] *vi* maullar.

**miche** [miʃ] *nf* hogaza.

**mi-chemin** [miʃmɛ̃]: **à ~-~** *adv* (*aussi fig*) a medio camino.

**mi-clos, e** [miklo, kloz] (*pl* **~-~, es**) *adj* entornado(-a).

**micro** [mikro] *nm* micrófono; (*INFORM*) micro.

**microbe** [mikrɔb] *nm* microbio.

**micro-onde** [mikroɔ̃d] (*pl* **~-~s**) *nf*: **four à ~-~s** horno microondas.

**micro-ordinateur** [mikroɔrdinatœr] (*pl* **~-~s**) *nm* microordenador *m*.

**microphone** [mikrɔfɔn] *nm* micrófono.

**microprocesseur** [mikroprosesœr] *nm* microprocesador *m*.

**microscope** [mikrɔskɔp] *nm* microscopio; **examiner au ~** examinar en el microscopio; **microscope électronique** microscopio electrónico.

**microscopique** [mikrɔskɔpik] *adj* microscópico(-a); (*opération*) con microscopio.

**midi** [midi] *nm* mediodía *m*; (*sud*) sur *m*, mediodía; **le M~ (de la France)** el sur de Francia; **à ~** a mediodía; **tous les ~s** todos los días a las doce; **le repas de ~** la comida de mediodía, el almuerzo; **en plein ~** en pleno día.

**mie** [mi] *nf* miga.

**miel** [mjɛl] *nm* miel *f*; **être tout ~** (*fig*) ser muy meloso(-a).

**mielleux, -euse** [mjelø, øz] (*péj*) *adj* meloso(-a).

**mien, ne** [mjɛ̃, mjɛn] *adj* mío(-a) ♦ *pron*: **le ~, la ~ne, les ~s** el mío, la mía, los míos; **les ~s** (*ma famille*) los míos.

**miette** [mjɛt] *nf* migaja; (*fig: de la conversation etc*) retazo; **en ~s** hecho añicos; **une ~ de** una pizca de.

---
MOT-CLÉ
---

**mieux** [mjø] *adv* **1** (*d'une meilleure façon*): **mieux (que)** mejor (que); **elle travaille/ mange mieux** trabaja/come mejor; **elle va mieux** va mejor; **j'aime mieux le cinéma** me gusta más el cine; **j'attendais mieux de vous** esperaba algo más de usted; **qui mieux est** y lo que es mejor; **crier à qui mieux mieux** gritar a cual más; **de mieux en mieux** cada vez mejor **2** (*de la meilleure façon*) mejor; **ce que je sais le mieux** lo que mejor sé; **les livres les mieux faits** los libros mejor hechos
♦ *adj* **1** (*plus à l'aise, en meilleure forme*) mejor; **se sentir mieux** encontrarse mejor **2** (*plus satisfaisant, plus joli*) mejor; **c'est mieux ainsi** es mejor así; **c'est le mieux des deux** es el mejor de los dos; **le(la) mieux, les mieux** el(la) mejor, los(las) mejores; **demandez-lui, c'est le mieux** pregúntele, es lo mejor; **il est mieux sans moustache** está mejor sin bigote; **il est mieux que son frère** es mejor que su hermano
**3**: **au mieux** en el mejor de los casos; **être au mieux avec** llevarse muy bien con; **tout est pour le mieux** todo va de maravilla
♦ *nm* **1** (*amélioration, progrès*) mejoría; **faute de mieux** a falta de algo mejor **2**: **faire de son mieux** hacer cuanto se pueda; **du mieux qu'il peut** lo mejor que puede.

**mignon, ne** [miɲɔ̃, ɔn] *adj* mono(-a); (*aimable*) majo(-a).

**migraine** [migrɛn] *nf* jaqueca.

**mijoter** [miʒɔte] *vt* (*plat*) cocer a fuego lento; (: *préparer avec soin*) hacer (con mimo); (*affaire*) tramar ♦ *vi* cocer a fuego lento; (*personne: attendre*) esperar largo tiempo.

**milieu, x** [miljø] *nm* medio; (*social, familial*) medio, entorno; **il y a un ~ entre ...** (*fig*) hay un término medio entre ...; **au ~ de** en medio de; (*fig*) entre; **au beau** *ou* **en plein ~ (de)** justo en medio *ou* mitad de; **le juste ~** el término medio; **le ~** (*pègre*) el hampa; **milieu de terrain** (*FOOTBALL*: *joueur*) medio campo; (: *joueurs*) medio.

**militaire** [militɛʀ] *adj, nm* militar *m*; **marine/aviation ~** marina/aviación *f* militar; **service ~** servicio militar.

**militant, e** [militɑ̃, ɑ̃t] *adj, nm/f* militante *m/f*.

**militer** [milite] *vi* militar; **~ pour/contre** militar a favor de/en contra de.

**mille** [mil] *adj inv, nm inv* mil ♦ *nm*: **~ marin** milla marina; **page ~** página mil; **mettre dans le ~** dar en el blanco; (*fig*) dar en el clavo.

**millefeuille** [milfœj] *nm* milhojas *m inv*.

**millénaire** [milenɛʀ] *nm* milenio ♦ *adj* milenario(-a).

**mille-pattes** [milpat] *nm inv* ciempiés *m inv*.

**millet** [mijɛ] *nm* mijo.

**milliard** [miljaʀ] *nm* mil millones *mpl*.

**milliardaire** [miljaʀdɛʀ] *adj, nm/f* multimillonario(-a).

**millier** [milje] *nm* millar *m*; **un ~ (de)** un millar (de); **par ~s** por miles, a millares.

**milligramme** [miligʀam] *nm* miligramo.

**millimètre** [milimɛtʀ] *nm* milímetro.

**million** [miljɔ̃] *nm* millón *m*; **deux ~s de** dos millones de; **toucher cinq ~s** ganar cinco millones.

**millionnaire** [miljɔnɛʀ] *adj, nm/f* millonario(-a).

**mime** [mim] *nm/f* mimo; (*imitateur*) imitador(a) ♦ *nm* (*art*) mimo.

**mimer** [mime] *vt* mimar; (*singer*) imitar.

**minable** [minabl] *adj* penoso(-a).

**mince** [mɛ̃s] *adj* delgado(-a); (*étoffe, filet d'eau*) fino(-a); (*fig*) escaso(-a) ♦ *excl*: **~ alors!** ¡caramba!

**minceur** [mɛ̃sœʀ] *nf* delgadez *f*.

**mincir** [mɛ̃siʀ] *vi* adelgazar.

**mine** [min] *nf* (*aussi fig*) mina; (*physionomie*) cara, aspecto; **~s** *nfpl* (*péj*) melindres *mpl*, remilgos *mpl*; **les M~s** (*ADMIN*) Dirección *f* de Minas; **avoir bonne/mauvaise ~** tener buena/mala cara; **tu as bonne ~!** (*iron: aspect*) ¡vaya pinta que tienes!; (: *action*) ¡has hecho el ridículo!; **faire grise ~** poner mala cara; **faire ~ de faire** simular hacer algo; **ne pas payer de ~** tener mala

pinta; **~ de rien** como quien no quiere la cosa, como si nada; **mine à ciel ouvert/de charbon** mina a cielo abierto/de carbón.

**miner** [mine] *vt* minar.

**minerai** [minʀɛ] *nm* mineral *m*.

**minéral, e, -aux** [mineʀal, o] *adj, nm* mineral *m*.

**minéralogique** [mineʀalɔʒik] *adj* mineralógico(-a); **plaque ~** matrícula; **numéro ~** número de matrícula.

**minet, te** [minɛ, ɛt] *nm/f* gatito(-a), minino(-a); (*péj*) chuleta *m/f*.

**mineur, e** [minœʀ] *adj* (*souci*) secundario (-a); (*poète, personne*) menor ♦ *nm/f* (*JUR*) menor *m/f* ♦ *nm* (*travailleur*) minero; (*MIL*) minador *m*; **mineur de fond** minero de interior.

**miniature** [minjatyʀ] *adj, nf* miniatura; **en ~** en miniatura.

**minibus** [minibys] *nm* microbús *msg*.

**minier, -ière** [minje, jɛʀ] *adj* minero(-a).

**mini-jupe** [miniʒyp] (*pl ~-~s*) *nf* minifalda.

**minime** [minim] *adj* mínimo(-a) ♦ *nm/f* (*SPORT*) alevín *m/f*.

**minimiser** [minimize] *vt* minimizar.

**minimum** [minimɔm] *adj* mínimo(-a) ♦ *nm* mínimo; **un ~ de** un mínimo de; **au ~** como mínimo; **minimum vital** (*salaire*) salario mínimo; (*niveau de vie*) mínimos *mpl* vitales.

**ministère** [ministɛʀ] *nm* ministerio; **ministère public** (*JUR*) ministerio público.

**ministre** [ministʀ] *nm* ministro; **ministre d'Etat** ministro de Estado.

**Minitel** ® [minitɛl] *nm* Minitel *m* ®.

---

### Minitel

*Minitel* es un terminal informático personal facilitado de forma gratuita por la compañía France-Télécom a sus abonados. Hace las veces de guía telefónica informatizada y de vía de acceso a distintos servicios, tales como horarios de trenes, información bursátil y ofertas de empleo. A los servicios se accede marcando un número de teléfono y su uso se factura a cada abonado.

---

**minoritaire** [minɔʀitɛʀ] *adj* minoritario(-a).

**minorité** [minɔʀite] *nf* minoría; (*d'une personne*) minoría de edad; **la/une ~ de** la/

una minoría de; **être en ~** estar en minoría; **mettre en ~** (*POL*) poner en minoría.

**minuit** [minɥi] *nm* medianoche *f*.

**minuscule** [minyskyl] *adj* minúsculo(-a) ♦ *nf*: (**lettre**) **~** (letra) minúscula.

**minute** [minyt] *nf* minuto; (*JUR*) minuta ♦ *excl* ¡un momento!; **d'une ~ à l'autre** de un momento a otro; **à la ~** en seguida; **entrecôte/steak ~** entrecot(e) *m*/bisté *m* al minuto.

**minuter** [minyte] *vt* cronometrar.

**minuterie** [minytri] *nf* programador *m*; (*d'escalier d'immeuble*) interruptor *m* (de la luz).

**minutieux, -euse** [minysjø, jøz] *adj* minucioso(-a).

**mirabelle** [mirabεl] *nf* ciruela mirabel; (*eau de vie*) licor *m* de ciruela.

**miracle** [mirakl] *nm* milagro; **par ~** de milagro; **faire/accomplir des ~s** hacer milagros.

**mirage** [miraʒ] *nm* espejismo.

**mire** [mir] *nf* (*d'un fusil*) mira; (*TV*) carta de ajuste; **point/ligne de ~** punto/línea de mira.

**miroir** [mirwar] *nm* espejo; (*fig*) espejo, reflejo.

**miroiter** [mirwate] *vi* espejear, relucir; **faire ~ qch à qn** seducir a algn con algo.

**mis, e** [mi, miz] *pp de* **mettre** ♦ *adj* puesto(-a); **bien/mal ~** bien/mal vestido(-a).

**mise** [miz] *nf* (*argent*) apuesta; (*tenue*) porte *m*; **être de ~** estar de moda; **mise à feu** encendido; **mise à jour** puesta al día; **mise à mort** matanza; **mise à pied** despido; **mise à prix** tasación *f*; **mise au point** (*PHOTO*) enfoque *m*; (*fig*) aclaración *f*; **mise de fonds** inversión *f* de capital; **mise en bouteilles** embotellado; **mise en plis** marcado; **mise en scène** (*THÉÂTRE, CINÉ*) dirección *f*; (*THÉÂTRE: matérielle*) puesta en escena; **mise en service** puesta en servicio; **mise sur pied** organización *f*.

**miser** [mize] *vt* apostar; **~ sur** *vt* apostar a; (*fig*) contar con.

**misérable** [mizerabl] *adj* miserable; (*insignifiant*) insignificante; (*honteux*) vergonzoso(-a) ♦ *nm/f* miserable *m/f*.

**misère** [mizεr] *nf* miseria; **~s** *nfpl* (*malheurs, peines*) desgracias *fpl*; (*ennuis*) dificultades *fpl*; **être dans la ~** estar en la miseria; **salaire de ~** salario de miseria; **faire**

**des ~s à qn** hacer rabiar a algn; **misère noire** triste miseria.

**missile** [misil] *nm* misil *m*; **missile autoguidé/balistique/stratégique** misil teledirigido/balístico/estratégico; **missile de croisière** misil de crucero.

**mission** [misjɔ̃] *nf* misión *f*; (*fonction, vocation*) función *f*; **partir en ~** (*ADMIN, POL*) ir a realizar una misión; **mission de reconnaissance** (*MIL*) misión de reconocimiento.

**missionnaire** [misjɔnεr] *nm/f* misionero (-a).

**mité, e** [mite] *adj* apolillado(-a).

**mi-temps** [mitɑ̃] *nf inv* (*SPORT: période*) tiempo; (: *pause*) descanso; **à ~-** *adv* media jornada ♦ *adj* de media jornada.

**miteux, -euse** [mitø, øz] *adj* mísero(-a).

**mitigé, e** [mitiʒe] *adj* moderado(-a).

**mitoyen, ne** [mitwajɛ̃, jɛn] *adj* medianero(-a); **maisons ~nes** casas *fpl* adosadas.

**mitrailler** [mitraje] *vt* ametrallar; (*photographier*) fotografiar; **~ qn de** (*fig*) bombardear a algn con *ou* a.

**mitraillette** [mitrajεt] *nf* metralleta.

**mitrailleuse** [mitrajøz] *nf* ametralladora.

**mi-voix** [mivwa]: **à ~-** *adv* a media voz.

**mixage** [miksaʒ] *nm* (*CINÉ*) mezcla *f* de sonido.

**mixer, mixeur** [miksœr] *nm* (*CULIN*) batidora.

**mixte** [mikst] *adj* mixto(-a); **à usage ~** para uso mixto; **cuisinière ~** cocina mixta.

**mixture** [mikstyr] *nf* mixtura; (*péj*) mejunje *m*.

**Mlle** (*pl* **~s**) *abr* (= *Mademoiselle*) Srta. (= *Señorita*).

**MM** *abr* (= *Messieurs*) ≈ Srs.; (= *Señores*); *voir aussi* **Monsieur**.

**mm.** *abr* (= *millimètre(s)*) mm. (= *milímetros*).

**Mme** (*pl* **~s**) *abr* (= *Madame*) ≈ Sra.; (= *Señora*).

**mobile** [mɔbil] *adj* móvil, movible; (*pièce, feuillet*) suelto(-a); (*population, main d'œuvre*) móvil; (*reflets*) cambiante; (*regard*) vivo(-a), vivaz ♦ *nm* móvil *m*.

**mobilier, -ière** [mɔbilje, jεr] *adj* mobiliario(-a) ♦ *nm* mobiliario; **effets/valeurs ~s** (*JUR*) efectos *mpl*/valores *mpl* mobiliarios; **vente/saisie mobilière** (*JUR*) venta/embargo de mobiliario.

**mobiliser** [mɔbilize] *vt* movilizar.

**mocassin** [mɔkasɛ̃] *nm* mocasín *m*.

**moche** [mɔʃ] *(fam) adj* feo(-a).

**modalité** [mɔdalite] *nf* modalidad *f*; **~s** *nfpl* (*JUR*) modalidades *fpl*; **modalités de paiement** modalidades de pago.

**mode** [mɔd] *nf* moda ♦ *nm* modo; (*INFORM*) modo, modalidad *f*; **à la ~** de moda; **travailler dans la ~** trabajar en la confección; **~ de production/d'exploitation** modo de producción/de explotación; **mode d'emploi** instrucciones *fpl* de uso; **mode de paiement** forma de pago; **mode de vie** modo de vida; **mode dialogué** (*INFORM*) modalidad conversacional.

**modèle** [mɔdɛl] *nm* modelo; (*qualités*): **un ~ de fidélité/générosité** un modelo de fidelidad/generosidad ♦ *adj* modelo; (*cuisine, ferme*) piloto; **~ en carton/métal** modelo en cartón/metal; **modèle courant/de série** (*COMM*) modelo corriente/de serie; **modèle déposé** (*COMM*) modelo patentado *ou* registrado; **modèle réduit** modelo reducido.

**modeler** [mɔd(ə)le] *vt* modelar; (*suj: vêtement, érosion*) moldear; **~ qch sur** *ou* **d'après** moldear algo según.

**modem** [mɔdɛm] *nm* (*INFORM*) modem *m*, módem *m*.

**modéré, e** [mɔdeʀe] *adj*, *nm/f* moderado(-a).

**modérer** [mɔdeʀe] *vt* moderar; **se modérer** *vpr* moderarse.

**moderne** [mɔdɛʀn] *adj* moderno(-a) ♦ *nm* (*ART*) arte *m* moderno; **le ~** (*ameublement*) lo moderno; **enseignement ~** enseñanza moderna.

**moderniser** [mɔdɛʀnize] *vt* modernizar; **se moderniser** *vpr* modernizarse.

**modernité** [mɔdɛʀnite] *nf* modernidad *f*.

**modeste** [mɔdɛst] *adj* modesto(-a).

**modestie** [mɔdɛsti] *nf* modestia; **fausse ~** falsa modestia.

**modifier** [mɔdifje] *vt* modificar; **se modifier** *vpr* modificarse.

**modique** [mɔdik] *adj* módico(-a).

**module** [mɔdyl] *nm* módulo; **module lunaire** módulo lunar.

**moduler** [mɔdyle] *vt* (*air*) entonar; (*son*) emitir; (*adapter*) adaptar.

**moelle** [mwal] *nf* médula; **jusqu'à la ~** (*fig*) hasta la médula; **moelle épinière** médula espinal.

**moelleux, -euse** [mwalø, øz] *adj* (*étoffe*) esponjoso(-a); (*siège*) mullido(-a); (*vin, chocolat*) suave; (*voix, son*) aterciopelado (-a).

**mœurs** [mœʀ(s)] *nfpl* costumbres *fpl*; **~ simples/bohèmes** costumbres sencillas/bohemias; **femme de mauvaises ~** mujer *f* de la vida; **passer dans les ~** entrar en las costumbres; **contraire aux bonnes ~** contrario a las buenas costumbres.

**moi** [mwa] *pron* (*sujet*) yo; (*objet direct/indirect*) me ♦ *nm* (*PSYCH*) yo *m*; **c'est ~** soy yo; **c'est ~ qui l'ai fait** lo hice yo; **c'est ~ que vous avez appelé?** ¿me ha llamado a mí?; **apporte-le-~** tráemelo; **donnez m'en un peu** deme un poco; **à ~** (*possessif*) mío(mía), míos(mías); **le livre est à ~** ese libro es mío; **avec ~** conmigo; **des poèmes de ~** (*appartenance*) poemas míos; **sans ~** sin mí; **~, je ...** (*emphatique*) yo, ...; **plus grand que ~** más grande que yo.

**moi-même** [mwamɛm] *pron* yo mismo.

**moindre** [mwɛ̃dʀ] *adj* menor; **le/la ~, les ~s** el/la menor, los/las menores; **c'est la ~ des politesses** es lo menos que se puede decir *ou* hacer; **c'est la ~ des choses** es lo mínimo.

**moine** [mwan] *nm* monje *m*, fraile *m*.

**moineau, x** [mwano] *nm* gorrión *m*.

---

MOT-CLÉ

**moins** [mwɛ̃] *adv* **1** (*comparatif*): **moins (que)** menos (que); **il a 3 ans de moins que moi** tiene 3 años menos que yo; **moins intelligent que** menos inteligente que; **moins je travaille, mieux je me porte** cuanto menos trabajo, mejor me encuentro

**2** (*superlatif*): **le moins** el(lo) menos; **c'est ce que j'aime le moins** es lo que menos me gusta; **le moins doué** el menos dotado; **pas le moins du monde** en lo más mínimo; **au moins, du moins** por lo menos, al menos

**3**: **moins de** (*quantité, nombre*) menos; **moins de sable/d'eau** menos arena/agua; **moins de livres/de gens** menos libros/gente; **moins de 2 ans/100 F** menos de 2 años/100 francos; **moins de midi** antes de mediodía

**4**: **de/en moins**: **100 F/3 jours de moins** 100 francos/3 días menos; **3 livres**

en moins 3 libros menos; **de l'argent en moins** menos dinero; **le soleil en moins** sin el sol; **de moins en moins** cada vez menos; **en moins de deux** en un santiamén

**5**: **à moins de/que** *conj* a menos que, a no ser que; **à moins de faire** a no ser que se haga *etc*; **à moins que tu ne fasses** a menos que hagas; **à moins d'un accident** a no ser por un accidente

♦ *prép*: **4 moins 2** 4 menos 2; **il est moins 5** son menos 5; **il fait moins 5** hay cinco grados bajo cero.

---

**mois** [mwa] *nm* mes *msg*; (*salaire, somme due*) mensualidad *f*; **treizième** *ou* **double ~** (*COMM*) paga extra.

**moisi, e** [mwazi] *adj* enmohecido(-a) ♦ *nm* moho; **odeur/goût de ~** olor *m*/gusto a moho.

**moisir** [mwaziʀ] *vi* enmohecerse; (*fig*) criar moho ♦ *vt* enmohecer.

**moisissure** [mwazisyʀ] *nf* moho.

**moisson** [mwasɔ̃] *nf* siega, cosecha; (*céréales*) cosecha; (*époque*) siega; **faire ~ de souvenirs/renseignements** (*fig*) hacer acopio de recuerdos/informaciones.

**moissonner** [mwasɔne] *vt* segar, cosechar; (*champ*) segar; (*fig*) recolectar.

**moissonneuse** [mwasɔnøz] *nf* segadora.

**moite** [mwat] *adj* (*peau*) sudoroso(-a); (*atmosphère*) húmedo(-a).

**moitié** [mwatje] *nf* mitad *f*; **sa ~** (*épouse*) su media naranja; **la ~** la mitad; **la ~ du temps/des gens** la mitad del tiempo/de la gente; **à la ~ de** a mitad de; **~ moins grand** la mitad de grande; **~ plus long** la mitad más largo; **à ~** a medias; **à ~ prix** a mitad de precio; **de ~** en la mitad; **~ ~** mitad y mitad.

**moka** [mɔka] *nm* moka; (*gâteau*) tarta de moka.

**molaire** [mɔlɛʀ] *nf* molar *m*.

**molester** [mɔlɛste] *vt* maltratar.

**molle** [mɔl] *adj f voir* **mou**.

**mollement** [mɔlmɑ̃] *adv* débilmente; (*péj*) desganadamente.

**mollet** [mɔlɛ] *nm* pantorrilla ♦ *adj m*: **œuf ~** huevo pasado por agua.

**molletonné, e** [mɔltɔne] *adj* forrado(-a) de muletón.

**mollir** [mɔliʀ] *vi* flaquear; (*NAUT: vent*) amainar.

**mollusque** [mɔlysk] *nm* (*ZOOL*) molusco; (*fig: personne*) blandengue *m/f*.

**môme** [mom] (*fam*) *nm/f* chiquillo(-a); (*fille*) chavala.

**moment** [mɔmɑ̃] *nm* momento; **les grands ~s de l'histoire** los grandes momentos de la historia; **~ de gêne/de bonheur** momento violento/de felicidad; **profiter du ~** aprovechar el momento; **ce n'est pas le ~** no es el mejor momento; **à un certain ~** en cierto momento; **à un ~ donné** en un momento dado; **à quel ~?** ¿en qué momento?; **au même ~** en el mismo momento; **pour un bon ~** un buen rato; **en avoir pour un bon ~** tener para rato; **pour le ~** por el momento; **au ~ de** en el momento de; **au ~ où** en el momento en que; **à tout ~** a cada momento *ou* rato; (*continuellement*) constantemente; **en ce ~** en este momento; (*aujourd'hui*) en los momentos actuales; **sur le ~** al principio; **par ~s** por momentos; **d'un ~ à l'autre** de un momento a otro; **du ~ où** *ou* **que** (*dès lors que*) puesto que; (*à condition que*) siempre que; **n'avoir pas un ~ à soi** no tener ni un momento libre para sí; **derniers ~s** últimos momentos *mpl*.

**momentané, e** [mɔmɑ̃tane] *adj* momentáneo(-a).

**momentanément** [mɔmɑ̃tanemɑ̃] *adv* momentáneamente.

**momie** [mɔmi] *nf* momia.

**mon, ma** [mɔ̃, ma] (*pl* **mes**) *dét* mi; (*pl*) mis.

**Monaco** [mɔnako] *nm*: **(la principauté de) ~** (el principado de) Mónaco.

**monarchie** [mɔnaʀʃi] *nf* monarquía; **monarchie absolue/parlementaire** monarquía absoluta/parlamentaria.

**monastère** [mɔnastɛʀ] *nm* monasterio.

**mondain, e** [mɔ̃dɛ̃, ɛn] *adj* mundano(-a) ♦ *nm/f* hombre *m* mundano/mujer *f* mundana; **carnet ~** agenda.

**monde** [mɔ̃d] *nm* mundo; **le ~ capitaliste/végétal/du spectacle** el mundo capitalista/vegetal/del espectáculo; **être/ne pas être du même ~** ser/no ser del mismo mundo; **il y a du ~** (*beaucoup de gens*) hay mucha gente; (*quelques personnes*) hay gente; **y a-t-il du ~ dans le salon?** ¿hay gente en el salón?; **beaucoup/peu de ~** mucha/poca gente; **meilleur du**

~ mejor del mundo; **mettre au ~** dar a luz; **l'autre ~** el otro mundo; **tout le ~** todo el mundo; **pas le moins du ~** de ninguna manera; **se faire un ~ de qch** hacerse un mundo de algo; **tour du ~** vuelta al mundo; **homme/femme du ~** hombre *m*/mujer *f* de mundo.

**mondial, e, -aux** [mɔ̃djal, jo] *adj* mundial.

**mondialement** [mɔ̃djalmɑ̃] *adv* mundialmente.

**monégasque** [mɔnegask] *adj* monegasco(-a) ♦ *nm/f:* **M~** monegasco(-a).

**monétaire** [mɔnetɛʀ] *adj* monetario(-a).

**moniteur, -trice** [mɔnitœʀ, tʀis] *nm/f* monitor(a) ♦ *nm* (*INFORM*) monitor *m*; **~ cardiaque** (*MÉD*) monitor cardíaco ou de electrocardiografía; **moniteur d'auto-école** monitor de auto-escuela.

**monnaie** [mɔnɛ] *nf* moneda; **avoir de la ~** (*petites pièces*) tener cambio; **avoir/faire la ~ de 20 F** tener cambio de/cambiar 20 francos; **donner/faire à qn la ~ de 20 F** dar el cambio de/cambiar 20 francos a algn; **rendre à qn la ~ (sur 20 F)** darle la vuelta a algn (de 20 francos); **servir de ~ d'échange** servir de moneda de cambio; **payer en ~ de singe** pagar con promesas vanas; **c'est ~ courante** es moneda corriente; **monnaie légale** moneda legal.

**monologue** [mɔnɔlɔg] *nm* monólogo; **monologue intérieur** monólogo interior.

**monologuer** [mɔnɔlɔge] *vi* monologar.

**monopole** [mɔnɔpɔl] *nm* monopolio.

**monospace** [mɔnɔspas] *nm* monovolumen *m*.

**monotone, e** [mɔnɔtɔn] *adj* monótono (-a).

**Monsieur** [məsjø] (*pl* **Messieurs**) *nm* (*titre*) señor, don; **un/le m~** un/el señor; *voir aussi* **Madame**.

**monstre** [mɔ̃stʀ] *nm* monstruo ♦ *adj* (*fam*) monstruo *inv*; **un travail ~** un trabajo monstruo; **monstre sacré** (*THÉÂTRE, CINÉ*) monstruo sagrado.

**monstrueux, -euse** [mɔ̃stʀyø, øz] *adj* monstruoso(-a).

**mont** [mɔ̃] *nm*: **par ~s et par vaux** por todas partes; **le ~ de Vénus** el monte de Venus; **le M~ Blanc** el Mont Blanc.

**montage** [mɔ̃taʒ] *nm* montaje *m*; **montage sonore** montaje sonoro.

**montagnard, e** [mɔ̃taɲaʀ, aʀd] *adj, nm/f* montañés(-esa).

**montagne** [mɔ̃taɲ] *nf* montaña; (*fig*): **une ~ de** una montaña de; **la haute ~** la alta montaña; **la moyenne ~** la montaña media; **les ~s Rocheuses** las Montañas Rocosas; **montagnes russes** montaña *fsg* rusa.

**montagneux, -euse** [mɔ̃taɲø, øz] *adj* montañoso(-a).

**montant, e** [mɔ̃tɑ̃, ɑ̃t] *adj* ascendente; (*chemin*) ascendente, cuesta arriba; (*robe, corsage*) cerrado(-a) ♦ *nm* importe *m*; (*d'une fenêtre*) jamba; (*d'un lit, d'une échelle*) larguero.

**monte-charge** [mɔ̃tʃaʀʒ] *nm inv* montacargas *m inv*.

**montée** [mɔ̃te] *nf* subida; (*côte*) cuesta; **au milieu de la ~** en medio de la cuesta *ou* de la subida.

**monter** [mɔ̃te] *vi* subir; (*CARTES*) echar una carta de más valor; (*à cheval*): **~ bien/mal** montar bien/mal ♦ *vt* (*escalier, valise etc*) subir; (*tente, échafaudage, machine*) armar; **se monter** *vpr* proveerse; **~ dans un train/avion/taxi** subir en un tren/avión/taxi; **~ sur/à un arbre/une échelle** subir a un árbol/una escalera; **~ à cheval/bicyclette** montar a caballo/en bicicleta; **~ à pied/en voiture** subir a pie/en coche; **~ à bord** subir a bordo; **~ à la tête de qn** subírsele a la cabeza de algn; **~ son ménage** montar la casa; **~ son trousseau** preparar el ajuar; **~ sur les planches** subir a un escenario; **~ en grade** ascender; **~ à la tête à qn** fastidiar a algn; **~ la tête à qn** calentarle la cabeza a algn; **~ qch en épingle** destacar algo; **~ la garde** montar la guardia; **~ à l'assaut** lanzarse al asalto; **se ~ à** ascender a.

**montre** [mɔ̃tʀ] *nf* reloj *m*; **~ en main** reloj en mano; **faire ~ de** hacer alarde de; (*faire preuve de*) dar muestras de; **contre la ~** contra reloj; **montre de plongée** reloj sumergible.

**montrer** [mɔ̃tʀe] *vt* mostrar, enseñar; (*suj: panneau*) señalar; (: *vêtement*) descubrir; **se montrer** *vpr* mostrarse; **~ qch à qn** mostrar algo a algn; **~ qch du doigt** señalar algo con el dedo; **~ à qn qu'il a tort** demostrar a algn que está equivocado; **~ à qn son affection/amitié** demostrar su afecto/amistad a algn; **se ~ habile/à la**

hauteur/intelligent mostrarse hábil/a la altura/inteligente.

**monture** [mɔ̃tyʀ] nf (bête) montura.

**monument** [mɔnymɑ̃] nm monumento; **monument aux morts** monumento a los caídos.

**monumental, e, -aux** [mɔnymɑ̃tal, o] adj monumental.

**moquer** [mɔke]: **se ~ de** vt burlarse de; (mépriser) importarle a algn muy poco; **se ~ de qn** (tromper) burlarse de algn.

**moquette** [mɔkɛt] nf moqueta.

**moqueur, -euse** [mɔkœʀ, øz] adj burlón(-ona).

**moral, e, -aux** [mɔʀal, o] adj, nm moral f; **au ~, sur le plan ~** moralmente; **avoir le ~ à zéro** tener la moral por los suelos.

**morale** [mɔʀal] nf moral f; (d'une fable etc) moraleja; **faire la ~ à qn** echarle un sermón a algn.

**moralité** [mɔʀalite] nf moralidad f; (conclusion) moraleja.

**morceau, x** [mɔʀso] nm trozo, pedazo; (MUS, œuvre littéraire) fragmento; (CULIN: de viande) tajada; **couper en/déchirer en ~x** cortar en/rasgar en trozos; **mettre en ~x** hacer pedazos.

**morceler** [mɔʀsəle] vt parcelar.

**mordant, e** [mɔʀdɑ̃, ɑ̃t] adj (ironie) mordaz; (froid) cortante ♦ nm (dynamisme) ímpetu m, bríos mpl; (CHIM) mordiente m; (d'un article) mordacidad f.

**mordiller** [mɔʀdije] vt mordisquear.

**mordre** [mɔʀdʀ] vt morder; (suj: insecte, froid) picar; (: ancre, vis) penetrar en ♦ vi (poisson) picar; **~ dans** morder en; **~ sur** (fig) sobrepasar; **~ à qch** cogerle gusto a algo; **~ à l'hameçon** morder el anzuelo.

**mordu, e** [mɔʀdy] pp de **mordre** ♦ adj (amoureux) loco(-a) ♦ nm/f: **un ~ de voile/de jazz** un loco de la vela/del jazz.

**morfondre** [mɔʀfɔ̃dʀ]: **se ~** vpr aburrirse esperando.

**morgue** [mɔʀg] nf (arrogance) altivez f; (endroit) depósito de cadáveres.

**morne** [mɔʀn] adj (personne, regard) apagado(-a); (temps) desapacible; (vie, conversation) monótono(-a).

**morose** [mɔʀoz] adj taciturno(-a); (ÉCON) moroso(-a).

**mors** [mɔʀ] nm bocado.

**morse** [mɔʀs] nm (ZOOL) morsa; (TÉL) morse m.

**morsure** [mɔʀsyʀ] nf picadura; (plaie) mordedura.

**mort, e** [mɔʀ, mɔʀt] pp de **mourir** ♦ adj, nm/f muerto(-a) ♦ nf muerte f; (fig) fin m ♦ nm (CARTES) muerto; **il y a eu plusieurs ~s** hubo varios muertos; **de ~** de muerte; **à ~** (blessé etc) de muerte; **à la ~ de qn** a la muerte de algn; **à la vie, à la ~** de por vida; **~ ou vif** vivo o muerto; **~ de peur/fatigue** muerto(-a) de miedo/cansancio; **~s et blessés** muertos y heridos; **faire le ~** hacer el muerto; (fig) callarse como un muerto; **se donner la ~** darse muerte; **mort clinique** muerte clínica.

**mortalité** [mɔʀtalite] nf mortalidad f; **mortalité infantile** mortalidad infantil.

**mortel, le** [mɔʀtɛl] adj, nm/f mortal m/f.

**mort-né, e** [mɔʀne] (pl ~-~s, es) adj nacido(-a) muerto(-a); (fig) fracasado(-a).

**mortuaire** [mɔʀtɥeʀ] adj: **cérémonie ~** ceremonia fúnebre; **avis ~s** esquelas fpl; **chapelle ~** capilla ardiente; **couronne ~** corona mortuoria; **domicile ~** domicilio del difunto; **drap ~** mortaja.

**morue** [mɔʀy] nf bacalao.

**mosaïque** [mɔzaik] nf mosaico; (fig): **une ~ de** un mosaico de; **parquet ~** parquet m mosaico.

**Moscou** [mɔsku] n Moscú.

**mosquée** [mɔske] nf mezquita.

**mot** [mo] nm palabra; (bon mot etc) ocurrencia, gracia; **mettre/écrire/recevoir un ~** (message) poner/escribir/recibir unas líneas; **le ~ de la fin** la conclusión; **~ à ~** adj, adv palabra por palabra ♦ nm traducción f literal; **sur/à ces ~s** después de/con estas palabras; **en un ~** en una palabra; **~ pour ~** palabra por palabra; **à ~s couverts** con medias palabras; **avoir le dernier ~** tener la última palabra; **prendre qn au ~** coger ou tomar la palabra a algn; **se donner le ~** ponerse de acuerdo; **avoir son ~ à dire** tener algo que decir; **avoir des ~s avec qn** tener unas palabras con algn; **mot d'ordre** contraseña; **mot de passe** contraseña, santo y seña; **mots croisés** crucigrama msg.

**motard** [mɔtaʀ] nm motociclista m; (de la police) motorista m.

**motel** [mɔtɛl] nm motel m.

**moteur, -trice** [mɔtœʀ, tʀis] adj (ANAT) motor(a); (TECH) motor(motriz); (AUTO): **à 4 roues motrices** con 4 ruedas motrices

♦ *nm* motor *m*; (*mobile*) causa; à ~ a motor; **moteur à deux/à quatre temps** motor de dos/de cuatro tiempos; **moteur à explosion/à réaction** motor de explosión/de reacción; **moteur thermique** motor térmico.

**motif** [mɔtif] *nm* motivo; ~**s** *nmpl* (*JUR*) alegato; **sans** ~ sin motivo.

**motivation** [mɔtivasjɔ̃] *nf* motivación *f*.

**motiver** [mɔtive] *vt* motivar.

**moto** [moto] *nf* moto *f*; **moto de trial** moto de trial; **moto verte** motocross *m*.

**motocycliste** [mɔtɔsiklist] *nm/f* motociclista *m/f*.

**motorisé, e** [mɔtɔrize] *adj* motorizado(-a).

**motrice** [mɔtris] *nf* (*RAIL*) locomotora ♦ *adj f voir* **moteur**.

**motte** [mɔt] *nf*: ~ **de terre** terrón *m*; **motte de beurre** pella de mantequilla; **motte de gazon** montón *m* de césped.

**mou (mol), molle** [mu, mɔl] *adj* blando(-a); (*péj: visage*) insulso(-a); (: *résistance*) débil ♦ *nm* débil *m*; (*ghats*) bofe *m*; **avoir du mou** estar flojo(-a); **j'ai les jambes molles** me flaquean las piernas; **donner du mou** aflojar.

**mouche** [muʃ] *nf* mosca; (*ESCRIME*) zapatilla; (*de taffetas*) lunar *m* postizo; (*sur une cible*) diana; **prendre la** ~ picarse; **faire** ~ dar en el blanco; **bateau** ~ lancha del Sena; **mouche tsé-tsé** mosca tsetsé.

**moucher** [muʃe] *vt* (*enfant*) sonar; (*chandelle, lampe*) despabilar; (*fig*) dar una lección a; **se moucher** *vpr* sonarse.

**moucheron** [muʃRɔ̃] *nm* mosca pequeña.

**mouchoir** [muʃwaR] *nm* pañuelo; **mouchoir en papier** pañuelo de papel.

**moudre** [mudʀ] *vt* moler.

**moue** [mu] *nf* mueca; **faire la** ~ poner cara de asco.

**mouette** [mwɛt] *nf* gaviota.

**moufle** [mufl] *nf* manopla; (*TECH*) aparejo.

**mouillé, e** [muje] *adj* mojado(-a).

**mouiller** [muje] *vt* mojar; (*CULIN*) añadir agua a; (*diluer*) aguar; (*NAUT*) fondear ♦ *vi* (*NAUT*) fondear; **se mouiller** *vpr* (*aussi fam*) mojarse; ~ **l'ancre** fondear, echar el ancla.

**moulant, e** [mulɑ̃, ɑ̃t] *adj* ceñido(-a).

**moule** [mul] *nf voir* **moudre** ♦ *nm* mejillón *m* ♦ *nm* molde *m*; (*modèle plein*) modelo; **moule à gâteaux** molde para pasteles; **moule à gaufre/à tarte** molde para

barquillos/para tartas.

**mouler** [mule] *vt* moldear, vaciar; (*lettre*) escribir cuidadosamente; (*suj: vêtement, bas*) ceñir, ajustar; ~ **qch sur** (*fig*) adaptar algo a.

**moulin** [mulɛ̃] *nm* molino; (*fam: moteur*) motor *m*; **moulin à café/à poivre** molinillo de café/de pimienta; **moulin à eau/à vent** molino de agua/de viento; **moulin à légumes** pasapurés *m inv*; **moulin à paroles** cotorra; **moulin à prières** cilindro de oraciones.

**moulinet** [mulinɛ] *nm* (*d'un treuil*) torniquete *m*; (*d'une canne à pêche*) carrete *m*; **faire des** ~**s avec un bâton/les bras** hacer molinetes con un palo/los brazos.

**moulinette** ® [mulinɛt] *nf* pequeño pasapurés *m*.

**moulu, e** [muly] *pp de* **moudre** ♦ *adj* molido(-a).

**mourant, e** [muʀɑ̃, ɑ̃t] *vb voir* **mourir** ♦ *adj* moribundo(-a); (*son*) mortecino(-a); (*regard*) lánguido(-a) ♦ *nm/f* moribundo (-a); **raviver le feu** ~ reavivar las ascuas.

**mourir** [muʀiʀ] *vi* morir(se); (*civilisation*) desaparecer; (*flamme*) apagarse; ~ **de faim/de froid/d'ennui** morir(se) de hambre/de frío/de aburrimiento; ~ **de rire/de vieillesse** morirse de risa/de viejo; ~ **assassiné** morir asesinado; ~ **d'envie de faire** morirse de ganas de hacer; **à** ~: **s'ennuyer à** ~ morirse de aburrimiento.

**mousse** [mus] *nf* (*BOT*) musgo; (*écume*) espuma; (*CULIN*) mousse *f*; (*en caoutchouc etc*) gomaespuma ♦ *nm* grumete *m*; **bain de** ~ baño de espuma; **bas** ~ media de espuma; **balle** ~ pelota de esponja; **mousse à raser** espuma de afeitar; **mousse carbonique** espuma de gas carbónico; **mousse de foie gras** mousse de foie gras; **mousse de nylon** espuma de nylon; (*tissu*) tejido en espuma de nylon.

**mousseline** [muslin] *nf* (*TEXTILE*) muselina; **pommes** ~ (*CULIN*) puré *m* de patatas.

**mousser** [muse] *vi* espumar, hacer espuma.

**mousseux, -euse** [musø, øz] *adj* (*chocolat*) cremoso(-a) ♦ *nm*: (**vin**) ~ (vino) espumoso.

**mousson** [musɔ̃] *nf* monzón *m*.

**moustache** [mustaʃ] *nf* bigote *m*; ~**s** *nfpl* (*d'animal*) bigotes *mpl*.

**moustachu, e** [mustaʃy] *adj* bigotudo(-a).

**moustiquaire** [mustikɛR] *nf* mosquitero.

**moustique** [mustik] *nm* mosquito.

**moutarde** [mutaʀd] *nf, adj inv* mostaza; **moutarde extra-forte** mostaza extra fuerte.

**mouton** [mutɔ̃] *nm* (*ZOOL*) carnero; (*peau*) piel *f* de carnero; (*fourrure*) mutón *m*; (*CU-LIN, péj: personne*) cordero; **~s** *nmpl* (*fig: nuages*) nubecillas *fpl*; (*poussière*) pelusa *fsg*.

**mouvement** [muvmɑ̃] *nm* movimiento; (*geste*) gesto; (*d'une phrase*) expresividad *f*; (*d'un terrain, sol*) accidentes *mpl*; (*de montre*) mecanismo; **en ~** en movimiento; **mettre qch en ~** poner algo en funcionamiento; **mouvement de colère/ d'humeur** arrebato de cólera/de mal humor; **mouvement d'opinion** cambio de opinión; **le mouvement perpétuel** el movimiento continuo; **mouvement révolutionnaire/syndical** movimiento revolucionario/sindical.

**mouvementé, e** [muvmɑ̃te] *adj* accidentado(-a); (*récit*) animado(-a); (*agité*) agitado(-a).

**mouvoir** [muvwaʀ] *vt* mover; (*machine*) accionar; (*fig: personne*) animar; **se mouvoir** *vpr* moverse.

**moyen, ne** [mwajɛ̃, jɛn] *adj* medio(-a); (*élève, résultat*) regular ♦ *nm* medio; **~s** *nmpl* (*capacités*) medios *mpl*; **au ~ de** por medio de; **y a-t-il ~ de ...?** ¿hay modo de ...?; **par quel ~?** ¿de qué manera?, ¿cómo?; **avec les ~s du bord** (*fig*) con todos los medios disponibles; **par tous les ~s** por todos los medios; **employer les grands ~s** emplear medios más persuasivos; **par ses propres ~s** por sus propios medios; **moyen âge** edad *f* media; **moyen d'expression** forma de expresión; **moyen de locomotion/de transport** medio de locomoción/de transporte; **moyen terme** término medio.

**moyennant** [mwajɛnɑ̃] *prép* (*somme d'argent: contre une acquisition*) al precio de; (*: contre un service*) a cambio de; **~ quoi** mediante lo cual.

**moyenne** [mwajɛn] *nf* media, promedio; (*MATH, STATISTIQUE*) media; (*SCOL*) nota media; (*AUTO*) promedio; **en ~** por término medio; **faire la ~** hacer la media; **moyenne d'âge** edad *f* media; **moyenne entreprise** (*COMM*) mediana empresa.

**Moyen-Orient** [mwajɛnɔʀjɑ̃] *nm* Medio Oriente *m*.

**moyeu, x** [mwajø] *nm* cubo.

**MST** [ɛmɛste] *sigle f* = *maladie sexuellement transmissible*.

**mû, mue** [my] *pp de* **mouvoir**.

**muer** [mɥe] *vi* mudar; (*jeune garçon*): **il mue** está mudando la voz; **se muer** *vpr*: **se ~ en** convertirse en.

**muet, te** [mɥɛ, mɥɛt] *adj, nm/f* mudo(-a); (*protestation, joie, douleur*) silencioso(-a) ♦ *nm*: **le ~** (*CINÉ*) el cine mudo; (*fig*): **~ d'admiration/d'étonnement** mudo(-a) de admiración/de extrañeza.

**mufle** [myfl] *nm* hocico; (*goujat*) patán *m* ♦ *adj* patán.

**mugir** [myʒiʀ] *vi* mugir; (*sirène*) sonar.

**muguet** [mygɛ] *nm* muguete *m*, lirio del valle; (*MÉD*) muguete.

**mule** [myl] *nf* mula; **~s** *nfpl* (*pantoufles*) chinelas *fpl*.

**mulet** [mylɛ] *nm* mulo; (*poisson*) mújol *m*.

**multimillionnaire** [myltimiljɔnɛʀ] *adj, nm/f* multimillonario(-a).

**multinationale** [myltinasjɔnal] *nf* multinacional *f*.

**multiple** [myltipl] *adj* múltiple ♦ *nm* múltiplo.

**multiplication** [myltiplikasjɔ̃] *nf* multiplicación *f*.

**multiplier** [myltiplije] *vt* multiplicar; **se multiplier** *vpr* multiplicarse.

**municipal, e, -aux** [mynisipal, o] *adj* municipal.

**municipalité** [mynisipalite] *nf* municipalidad *f*, ayuntamiento; (*commune*) municipio.

**munir** [myniʀ] *vt*: **~ qn de** proveer a algn de; **~ qch de** dotar algo de; **se munir** *vpr*: **se ~ de** proveerse de.

**munitions** [mynisjɔ̃] *nfpl* municiones *fpl*.

**mur** [myʀ] *nm* muro; (*cloison*) pared *f*; (*de terre*) tapia; (*de rondins*) cercado; **~ d'incompréhension/de haine** (*obstacle*) muro de incomprensión/de odio; **faire le ~** salir sin permiso; **mur pare-feu** (*INTER-NET*) muro cortafuegos; **mur du son** barrera del sonido.

**mûr, e** [myʀ] *adj* maduro(-a); (*fig*) a punto.

**muraille** [myʀaj] *nf* muralla.

**mural, e, -aux** [myʀal, o] *adj* mural; (*plante*) trepador(a) ♦ *nm* mural *m*.

**mûre** [myʀ] *nf* (*du mûrier*) mora; (*de la ronce*) zarzamora.

**muret** [myʀɛ] *nm* muro bajo.
**mûrir** [myʀiʀ] *vt, vi* madurar.
**murmure** [myʀmyʀ] *nm* murmullo; ~ d'approbation/d'admiration/de protestation murmullo de aprobación/de admiración/de protesta; **~s** *nmpl* (*plaintes*) murmullo *msg*, protesta *fsg*.
**murmurer** [myʀmyʀe] *vi* murmurar; ~ que murmurar que.
**muscade** [myskad] *nf*: **noix de ~** nuez *f* moscada.
**muscat** [myska] *nm* uva moscatel; (*vin*) moscatel *m*.
**muscle** [myskl] *nm* músculo.
**musclé, e** [myskle] *adj* musculoso(-a); (*fig: politique, régime*) duro(-a).
**musculaire** [myskylɛʀ] *adj* muscular.
**musculation** [myskylasjɔ̃] *nf*: **travail/exercice de ~** trabajo/ejercicio de musculación.
**museau, x** [myzo] *nm* hocico.
**musée** [myze] *nm* museo.
**museler** [myz(ə)le] *vt* poner un bozal a; (*opposition, presse*) amordazar.
**muselière** [myzəljɛʀ] *nf* bozal *m*.
**musette** [myzɛt] *nf* morral *m* ♦ *adj inv*: **orchestre/valse ~** orquesta/vals *msg* popular.
**musical, e, -aux** [myzikal, o] *adj* musical.
**music-hall** [myzikol] (*pl* **~-~s**) *nm* music-hall *m*.
**musicien, ne** [myzisjɛ̃, jɛn] *adj* músico (-a).
**musique** [myzik] *nf* música; (*d'un vers, d'une phrase*) musicalidad *f*; **faire de la ~** componer música; (*jouer d'un instrument*) tocar música; **musique de chambre/de fond** música de cámara/de fondo; **musique militaire/de film** música militar/de banda sonora.
**musulman, e** [myzylmɑ̃, an] *adj, nm/f* musulmán(-ana).
**mutation** [mytasjɔ̃] *nf* (*ADMIN*) traslado; (*BIOL*) mutación *f*.
**muter** [myte] *vt* (*ADMIN*) trasladar.
**mutilé, e** [mytile] *nm/f* mutilado(-a); **grand ~** gravemente mutilado; **mutilé du travail/de guerre** mutilado(-a) laboral/de guerra.
**mutiler** [mytile] *vt* mutilar; (*endroit*) deteriorar, degradar.
**mutin, e** [mytɛ̃, in] *adj* (*enfant*) travieso(-a); (*air, ton*) pícaro(-a) ♦ *nm/f* (*MIL*) amoti-

nado(-a).
**mutinerie** [mytinʀi] *nf* motín *m*.
**mutisme** [mytism] *nm* mutismo.
**mutuel, le** [mytɥɛl] *adj* mutuo(-a); (*établissement*) mutualista.
**mutuelle** [mytɥɛl] *nf* mutualidad *f*, mutua.
**myope** [mjɔp] *adj, nm/f* miope *m/f*.
**myosotis** [mjɔzɔtis] *nm* nomeolvides *m inv*.
**myrtille** [miʀtij] *nf* arándano.
**mystère** [mistɛʀ] *nm* misterio; ~ **de la Trinité/de la foi** (*REL*) misterio de la Santísima Trinidad/de la fe.
**mystérieux, -euse** [misteʀjø, jøz] *adj* misterioso(-a).
**mystifier** [mistifje] *vt* mistificar; (*tromper*) engañar.
**mythe** [mit] *nm* mito; **le ~ de la galanterie française** el mito de la galantería francesa.
**mythique** [mitik] *adj* mítico(-a).
**mythologie** [mitɔlɔʒi] *nf* mitología.

### — N n —

**n'** [n] *adv voir* ne.
**nacre** [nakʀ] *nf* nácar *m*.
**nage** [naʒ] *nf* natación *f*; (*style*) estilo; **traverser/s'éloigner à la ~** atravesar/alejarse a nado; **en ~** bañado(-a) en sudor; **100 m ~ libre** 100m libres; **nage indienne** natación *f* de costado; **nage libre** estilo libre; **nage papillon** estilo mariposa.
**nageoire** [naʒwaʀ] *nf* aleta.
**nager** [naʒe] *vi* nadar; (*fig*) estar pez ♦ *vt* nadar (a); ~ **dans des vêtements** flotar en la ropa; ~ **dans le bonheur** rebosar de alegría.
**nageur, euse** [naʒœʀ, øz] *nm/f* nadador (-a).
**naïf, -ïve** [naif, naiv] *adj* ingenuo(-a); (*air*) inocente.
**nain, e** [nɛ̃, nɛn] *adj, nm/f* enano(-a).
**naissance** [nesɑ̃s] *nf* nacimiento; **donner ~ à** (*enfant*) dar a luz a; (*fig*) originar; **prendre ~** nacer; **aveugle/Français de ~** ciego/francés de nacimiento; **à la ~ des cheveux** en la raíz del cabello; **lieu de ~** lugar de nacimiento.
**naître** [nɛtʀ] *vi* nacer; (*résulter*): ~ **(de)** na-

cer (de); **il est né en 1960** ha nacido en 1960; **il naît plus de filles que de garçons** nacen más niñas que niños; **faire ~** (*fig*) originar.

**naïve** [naiv] *adj voir* **naïf**.

**naïveté** [naivte] *nf* ingenuidad *f*.

**nana** [nana] (*fam*) *nf* chica.

**nappe** [nap] *nf* mantel *m*; (*fig*): **~ d'eau** capa de agua; **nappe de brouillard** capa de niebla; **nappe de gaz/mazout** capa de gas/fuel-oil.

**napperon** [napʀ5] *nm* tapete *m*; **napperon individuel** mantel *m* individual.

**naquit** *etc* [naki] *vb voir* **naître**.

**narguer** [naʀge] *vt* provocar.

**narine** [naʀin] *nf* ventana (de la nariz).

**natal, e** [natal] *adj* natal.

**natalité** [natalite] *nf* natalidad *f*.

**natation** [natasj5] *nf* natación *f*; **faire de la ~** hacer natación, nadar.

**natif, -ive** [natif, iv] *adj* nativo(-a); (*inné*) natural; (*originaire*): **~ de** natural de.

**nation** [nasj5] *nf* nación *f*; **les Nations Unies** las Naciones Unidas.

**national, e, -aux** [nasjɔnal, o] *adj* nacional; **nationaux** *nmpl* nacionales *mpl*; **obsèques ~es** exequias *fpl* nacionales.

**nationale** [nasjɔnal] *nf*: **(route) ~** (carretera) nacional *f*.

**nationaliser** [nasjɔnalize] *vt* nacionalizar.

**nationalisme** [nasjɔnalism] *nm* nacionalismo.

**nationaliste** [nasjɔnalist] *nm/f* nacionalista *m/f*.

**nationalité** [nasjɔnalite] *nf* nacionalidad *f*; **il est de ~ française** es de nacionalidad francesa.

**natte** [nat] *nf* (*tapis*) estera; (*cheveux*) coleta.

**naturaliser** [natyʀalize] *vt* naturalizar.

**nature** [natyʀ] *nf* naturaleza; (*tempérament*) temperamento ♦ *adj* natural; (*café*) solo (-a); (*CULIN*) al natural; **payer en ~** pagar en especie; **peint d'après ~** pintado del natural; **~ morte** naturaleza muerta, bodegón *m*; **être de ~ à faire qch** (*propre à*) ser adecuado(-a) para hacer algo; **il n'est pas de ~ à accepter** está claro que no va a aceptar.

**naturel, le** [natyʀel] *adj* natural ♦ *nm* (*caractère*) natural *m*; (*aisance*) naturalidad *f*; **au ~** (*CULIN*) al natural.

**naturellement** [natyʀelmã] *adv* natural-

mente.

**naufrage** [nofʀaʒ] *nm* naufragio; (*fig*) ruina; **faire ~** naufragar.

**nausée** [noze] *nf* náusea, asco; **avoir la ~ ou des ~s** tener náuseas.

**nautique** [notik] *adj* náutico(-a); **sports ~s** deportes náuticos.

**naval, e** [naval] *adj* naval.

**navet** [nave] *nm* nabo; (*péj: film*) tostón *m*.

**navette** [navet] *nf* lanzadera; (*en car etc*) recorrido; **faire la ~ (entre)** ir y venir (entre); **navette spatiale** nave *f* espacial.

**navigateur** [navigatœʀ] *nm* navegante *m/f*; (*INFORM*) navegador *m*.

**navigation** [navigasj5] *nf* navegación *f*; **compagnie de ~** compañía de navegación.

**naviguer** [navige] *vi* navegar.

**navire** [naviʀ] *nm* buque *m*; **navire marchand/de guerre** buque mercante/de guerra.

**navrer** [navʀe] *vt* afligir; **je suis navré** lo siento en el alma; **je suis navré que** siento muchísimo que.

**ne** [n(ə)] *adv* no; (*explétif*) *non traduit*; **je ~ le veux pas** no lo quiero; **je crains qu'il ~ vienne** temo que venga; **je ~ veux que ton bonheur** sólo quiero tu felicidad; *voir* **pas; plus; jamais**.

**né, e** [n] *pp de* **naître** ♦ *adj*: **un comédien ~** un comediante nato; **~ en 1960** nacido(-a) en 1960; **~e Dupont** de soltera Dupont; **bien n~(e)** de buena cuna; **~ de ... et de ...** (*sur acte de naissance etc*) hijo(-a) de ... y de ...; **~ d'une mère française** hijo de madre francesa.

**néanmoins** [neãmwɛ] *adv* no obstante.

**néant** [neã] *nm* nada; **réduire à ~** reducir a la nada; (*espoir*) quitar.

**nécessaire** [neseseʀ] *adj* necesario(-a) ♦ *nm*: **faire le ~** hacer lo necesario; **est-il ~ que je m'en aille?** ¿es preciso que me vaya?; **il est ~ de ...** es necesario ...; **n'emporter que le strict ~** llevar sólo lo estrictamente necesario; **nécessaire de couture** costurero; **nécessaire de toilette/de voyage** neceser *m* de aseo/de viaje.

**nécessité** [nesesite] *nf* necesidad *f*; **se trouver dans la ~ de faire qch** encontrarse en la necesidad de hacer algo; **par ~** por necesidad.

**nécessiter** [nesesite] *vt* necesitar.

**nectar** [nɛktaʀ] *nm* néctar *m*.

**néerlandais, e** [neɛʀlɑ̃dɛ, ɛz] *adj* neerlandés(-esa) ♦ *nm* (*LING*) neerlandés *m* ♦ *nm/f*: N~, e neerlandés(-esa).

**nef** [nɛf] *nf* nave *f*.

**néfaste** [nefast] *adj* nefasto(-a).

**négatif, -ive** [negatif, iv] *adj* negativo(-a) ♦ *nm* (*PHOTO*) negativo.

**négligé, e** [negliʒe] *adj* descuidado(-a) ♦ *nm* salto de cama.

**négligeable** [negliʒabl] *adj* despreciable; **non** ~ no *ou* nada despreciable.

**négligent, e** [negliʒɑ̃, ɑ̃t] *adj* (*personne*) descuidado(-a); (*geste, attitude*) negligente.

**négliger** [negliʒe] *vt* descuidar; (*avis, précautions*) ignorar, no hacer caso; **se négliger** *vpr* descuidarse; ~ **de faire qch** olvidarse de hacer algo.

**négociant, e** [negɔsjɑ̃, jɑ̃t] *nm/f* negociante *m/f*.

**négociation** [negɔsjasjɔ̃] *nf* negociación *f*; **négociations collectives** negociaciones *fpl* colectivas.

**négocier** [negɔsje] *vt* negociar; (*virage, obstacle*) sortear ♦ *vi* (*POL*) negociar.

**nègre** [nɛgʀ] (*péj*) *nm* (*aussi écrivain*) negro ♦ *adj* negro(-a).

**neige** [nɛʒ] *nf* nieve *f*; **battre les œufs en** ~ (*CULIN*) batir los huevos a punto de nieve; **neige carbonique** nieve carbónica; **neige fondue** aguanieve *f*; **neige poudreuse** nieve fresca.

**neiger** [neʒe] *vi* nevar.

**nénuphar** [nenyfaʀ] *nm* nenúfar *m*.

**néon** [neɔ̃] *nm* neón *m*.

**néo-zélandais, e** [neozelɑ̃dɛ, ɛz] (*pl* ~-~, es) *adj* neocelandés(-esa) ♦ *nm/f*: N~-~, e neocelandés(-esa).

**nerf** [nɛʀ] *nm* nervio; ~s *nmpl* nervios *mpl*; **être** *ou* **vivre sur les** ~s estar *ou* vivir en tensión; **être à bout de** ~s estar al borde de un ataque de nervios; **passer ses** ~s **sur qn** pagarlas con algn.

**nerveux, -euse** [nɛʀvø, øz] *adj* nervioso(-a); (*cheval*) vigoroso(-a); (*tendineux*) con nervios; **une voiture nerveuse** un coche que tiene una buena aceleración.

**nervosité** [nɛʀvozite] *nf* nerviosismo; (*passagère*) alteración *f*.

**n'est-ce pas** [nɛspɑ] *adv*: "**c'est bon, ~-~ ~?**" "está bueno, ¿verdad?"; "**il a peur, ~-~ ~?**" "tiene miedo, ¿verdad?"; "**~-~ ~**

**que c'est bon?**" "¿verdad que está bueno?"; **lui, ~-~ ~, il peut se le permettre** él puede permitírselo, ¿no es así?

**net, nette** [nɛt] *adj* (*évident, sans équivoque*) evidente; (*distinct, propre, sans tache*) limpio(-a); (*photo, film*) nítido(-a); (*COMM*) neto(-a) ♦ *adv* (*refuser*) rotundamente ♦ *nm*: **mettre au** ~ poner en limpio; **s'arrêter** ~ pararse en seco; **la lame a cassé** ~ la hoja se rompió de un golpe; **faire place ~te** despejar; ~ **d'impôt** exento de impuesto.

**nettement** [nɛtmɑ̃] *adv* claramente; ~ **mieux/meilleur** mucho mejor.

**netteté** [nɛtte] *nf* (*v adj*) limpieza; nitidez *f*.

**nettoyage** [netwajaʒ] *nm* limpieza; **nettoyage à sec** limpieza en seco.

**nettoyer** [netwaje] *vt* limpiar.

**neuf¹** [nœf] *adj inv, nm inv* nueve *m inv*; *voir aussi* **cinq**.

**neuf², neuve** [nœf, nœv] *adj* nuevo(-a) ♦ *nm*: **repeindre à** ~ pintar de nuevo; **remettre à** ~ dejar como nuevo; **n'acheter que du** ~ comprar sólo cosas nuevas; **quoi de** ~? ¿qué hay de nuevo?

**neutre** [nøtʀ] *adj* neutro(-a); (*POL*) neutral ♦ *nm* neutro.

**neuve** [nœv] *adj voir* **neuf²**.

**neuvième** [nœvjɛm] *adj, nm/f* noveno(-a) ♦ *nm* (*partitif*) noveno; *voir aussi* **cinquième**.

**neveu, x** [n(ə)vø] *nm* sobrino.

**nez** [ne] *nm* nariz *f*; (*d'avion etc*) morro; **rire au** ~ **de qn** reírse en las barbas *ou* narices de algn; **avoir du** ~ tener olfato; **avoir le** ~ **fin** tener buen olfato; ~ **à** ~ **avec** cara a cara con; **à vue de** ~ a ojo de buen cubero.

**ni** [ni] *conj*: ~ **l'un** ~ **l'autre ne sont ...** ni uno ni otro son ...; **il n'a rien vu** ~ **entendu** no ha visto ni oído nada.

**niche** [niʃ] *nf* (*du chien*) perrera; (*de mur*) hornacina, nicho; (*farce*) diablura.

**nicher** [niʃe] *vi* anidar; **se** ~ **dans** (*oiseau*) anidar en; (*se cacher: enfant*) esconderse; (*se blottir*) acurrucarse.

**nid** [ni] *nm* nido; **nid d'abeilles** (*COUTURE*) nido de abeja; **nid de poule** bache *m*.

**nièce** [njɛs] *nf* sobrina.

**nier** [nje] *vt* negar.

**Nil** [nil] *nm*: **le** ~ el Nilo.

**n'importe** [nɛ̃pɔʀt] *adv*: "**~!**" "¡no tiene importancia!"; ~ **qui** cualquiera; ~ **quoi**

cualquier cosa; **~ où** a *ou* en cualquier sitio; **~ quoi!** (*fam*) ¡pamplinas!; **~ lequel/laquelle d'entre nous** cualquiera de nosotros(-as); **~ quel/quelle** cualquier/cualquiera; **à ~ quel prix** a cualquier precio; **~ quand** en cualquier momento; **~ comment, il part ce soir** se va esta noche, sea como sea; **~ comment** (*sans soin*) de cualquier manera.

**niveau, x** [nivo] *nm* nivel *m*; **au ~ de** a nivel de; (*à côté de*) a la altura de; (*fig*) en cuanto a; **de ~ (avec)** a nivel (con); **le ~ de la mer** el nivel del mar; **niveau (à bulle)** nivel (de aire); **niveau (d'eau)** nivel (de agua); **niveau de vie** (*ÉCON*) nivel de vida; **niveau social** (*ÉCON*) nivel social.

**niveler** [niv(ə)le] *vt* nivelar.

**noble** [nɔbl] *adj, nm/f* noble *m/f*.

**noblesse** [nɔbles] *nf* nobleza.

**noce** [nɔs] *nf* boda; **il l'a épousée en secondes ~s** se ha casado con ella en segundas nupcias; **faire la ~** (*fam*) ir de juerga; **noces d'argent/d'or/de diamant** bodas de plata/de oro/de diamante.

**nocif, -ive** [nɔsif, iv] *adj* nocivo(-a).

**nocturne** [nɔktyʀn] *adj* nocturno(-a) ♦ *nf* (*SPORT*) nocturno; (*d'un magasin*): "**~ le mercredi**" "abrimos hasta tarde el miércoles".

**Noël** [nɔel] *nm* Navidad *f*.

**nœud** [nø] *nm* nudo; (*ruban*) lazo; (*fig, liens*) vínculo; **nœud coulant** nudo corredizo; **nœud de vipères** (*fig*) nido de víboras; **nœud gordien** nudo gordiano; **nœud papillon** pajarita.

**noir, e** [nwaʀ] *adj* negro(-a); (*obscur, sombre*) oscuro(-a); (*roman*) policíaco(-a); (*travail*) sumergido(-a) ♦ *nm/f* (*personne*) negro(-a) ♦ *nm* negro; (*obscurité*): **dans le ~** en la oscuridad ♦ *adv*: **au ~** ilegalmente; **il fait ~** está oscuro.

**noircir** [nwaʀsiʀ] *vi* ennegrecer ♦ *vt* ensombrecer; (*réputation*) manchar; (*personne*) difamar.

**noire** [nwaʀ] *nf* (*MUS*) negra.

**noisette** [nwazɛt] *nf* avellana; (*CULIN: de beurre etc*) nuececilla ♦ *adj* (*yeux*) color avellana.

**noix** [nwa] *nf* nuez *f*; (*CULIN*): **une ~ de beurre** una nuez de mantequilla; **à la ~** (*fam*) de tres al cuarto; **noix de cajou** nuez de acajú; **noix de coco** coco; **noix de veau** babilla de ternera; **noix**

**muscade** nuez moscada.

**nom** [nɔ̃] *nm* nombre *m*; **connaître qn de ~** conocer a algn de nombre; **au ~ de** en nombre de; **~ d'une pipe** *ou* **d'un chien!** (*fam*) ¡caramba!; **nom commun/propre** nombre común/propio; **nom composé** (*LING*) nombre compuesto; **nom de Dieu!** (*fam!*) ¡maldito sea!; **nom d'emprunt** apodo; **nom de famille** apellido; **nom de fichier** nombre de fichero; **nom de jeune fille** apellido de soltera; **nom déposé** nombre registrado.

**nomade** [nɔmad] *adj, nm/f* nómada *m/f*.

**nombre** [nɔ̃bʀ] *nm* número; **venir en ~** venir muchos; **depuis ~ d'années** desde hace muchos años; **ils sont au ~ de 3** son 3; **au ~ de mes amis** entre mis amigos; **sans ~** innumerable; **(bon) ~ de** numerosos(-as); **nombre entier/premier** número entero/primo.

**nombreux, -euse** [nɔ̃bʀø, øz] *adj* (*avec nom pl*) numerosos(-as); **la foule nombreuse** la gran muchedumbre; **un public ~** mucho público; **peu ~** poco numeroso(-a); **de ~ cas** numerosos casos.

**nombril** [nɔ̃bʀi(l)] *nm* ombligo.

**nommer** [nɔme] *vt* nombrar; (*baptiser*) llamar; **se nommer** *vpr*: **il se nomme Jean** se llama Jean; (*se présenter*) presentarse; **un nommé Leduc** un tal Leduc.

**non** [nɔ̃] *adv* no; **Paul est venu, ~?** ha venido Paul, ¿verdad *ou* no?; **répondre** *ou* **dire que ~** responder *ou* decir que no; **~ (pas) que ...** no porque ...; **~ plus: moi ~ plus** yo tampoco; **je préférerais que ~** preferiría que no; **il se trouve que ~** resulta que no; **mais ~, ce n'est pas mal** no, que no está mal; **~ mais ...!** ¡pero bueno ...!; **~ mais des fois!** ¡qué te *etc* has *etc* creído!; **~ loin** no muy lejos; **~ seulement** no sólo; **~ sans** no sin antes.

**non...** [nɔ̃] *préf* no.

**non alcoolisé, e** [nɔ̃alkɔɔlize] *adj* sin alcohol.

**nonante** [nɔnɑ̃t] *adj, nm* (*Belgique, Suisse*) noventa.

**nonchalant, e** [nɔ̃ʃalɑ̃, ɑ̃t] *adj* indolente.

**non-fumeur, -euse** [nɔ̃fymœʀ, øz] (*pl ~-~s, euses*) *nm/f* no fumador(a).

**non-sens** [nɔ̃sɑ̃s] *nm* disparate *m*.

**nord** [nɔʀ] *nm* norte *m*; (*région*): **le N~** el Norte ♦ *adj inv* norte; **au ~** (*situation*) al norte; (*direction*) hacia el norte; **au ~ de**

norte de; **perdre le ~** perder el norte; *voir aussi* **pôle; sud.**

**nord-est** [nɔʀɛst] *nm inv* nordeste *m.*

**nordique** [nɔʀdik] *adj* nórdico(-a).

**nord-ouest** [nɔʀwɛst] *nm inv* noroeste *m.*

**normal, e, -aux** [nɔʀmal, o] *adj* normal.

**normale** [nɔʀmal] *nf:* **la ~** la normalidad.

**normalement** [nɔʀmalmɑ̃] *adv* normalmente.

**normand, e** [nɔʀmɑ̃, ɑ̃d] *adj* normando(-a) ♦ *nm/f:* **N~, e** normando(-a).

**Normandie** [nɔʀmɑ̃di] *nf* Normandía.

**norme** [nɔʀm] *nf* norma.

**Norvège** [nɔʀvɛʒ] *nf* Noruega.

**norvégien, ne** [nɔʀveʒjɛ̃, jɛn] *adj* noruego(-a) ♦ *nm* (*LING*) noruego ♦ *nm/f:* **N~, ne** noruego(-a).

**nos** [no] *dét voir* **notre.**

**nostalgie** [nɔstalʒi] *nf* nostalgia.

**nostalgique** [nɔstalʒik] *adj* nostálgico(-a).

**notable** [nɔtabl] *adj, nm/f* notable *m/f.*

**notaire** [nɔtɛʀ] *nm* notario.

**notamment** [nɔtamɑ̃] *adv* particularmente, especialmente.

**note** [nɔt] *nf* nota; (*facture*) cuenta; (*annotation*) nota, anotación *f;* **prendre des ~s** tomar notas *ou* apuntes; **prendre ~ de** tomar nota de; **forcer la ~** pasarse de la raya; **une ~ de tristesse/de gaieté** una nota de tristeza/de alegría; **note de service** nota de servicio.

**noter** [nɔte] *vt* (*écrire*) anotar, apuntar; (*remarquer*) señalar, notar; (*SCOL*) calificar; (*ADMIN*) evaluar; **notez bien que ...** fíjense bien que ...

**notice** [nɔtis] *nf* nota; (*brochure*): **~ explicative** folleto explicativo.

**notifier** [nɔtifje] *vt:* **~ qch à qn** notificar algo a algn.

**notion** [nɔsjɔ̃] *nf* noción *f;* **~s** *nfpl* nociones *fpl.*

**notoire** [nɔtwaʀ] *adj* notorio(-a); **le fait est ~** el hecho es notorio.

**notre** [nɔtʀ] *dét* nuestro(-a).

**nôtre, nos** [notʀ, nos] *adj* nuestro(-a) ♦ *pron:* **le ~** el *ou* lo nuestro; **la ~** la nuestra; **les ~s** los(las) nuestros(-as); **soyez des ~s** únase a nosotros.

**nouer** [nwe] *vt* anudar, atar; (*fig: amitié*) trabar; (*: alliance*) formar; **se nouer** *vpr* (*pièce de théâtre*): **c'est là où l'intrigue se noue** es ahí donde se urde la intriga; **~ la conversation** entablar conversación;

**avoir la gorge nouée** tener un nudo en la garganta.

**noueux, -euse** [nwø, øz] *adj* nudoso(-a); (*main*) huesudo(-a); (*vieillard*) enjuto(-a).

**nourrice** [nuʀis] *nf* nodriza; **mettre en ~** dar a criar.

**nourrir** [nuʀiʀ] *vt* alimentar; (*fig: espoir*) mantener; (*: haine*) guardar; **logé, nourri** alojamiento y comida; **bien/mal nourri** bien/mal alimentado(-a); **~ au sein** amamantar; **se ~ de légumes** alimentarse de verduras; **se ~ de rêves** vivir de fantasías.

**nourrissant, e** [nuʀisɑ̃, ɑ̃t] *adj* alimenticio(-a).

**nourriture** [nuʀityʀ] *nf* alimento, comida; (*fig*) alimento.

**nous** [nu] *pron* nosotros(-as); (*objet direct, indirect*) nos; **c'est ~ qui l'avons fait** lo hicimos nosotros; **~ les Marseillais** nosotros los marselleses; **il ~ le dit** nos lo dice; **il ~ en a parlé** nos habló de eso; **à ~** (*possession*) nuestro(-a), nuestros(-as); **ce livre est à ~** ese libro es nuestro; **avec/sans ~** con/sin nosotros; **un poème de ~** un poema nuestro; **plus riche que ~** más rico que nosotros; **~ mêmes** nosotros(-as) mismos(-as).

**nouveau (nouvel), -elle, -aux** [nuvo, nuvɛl] *adj* nuevo(-a); (*original*) novedoso(-a) ♦ *nm/f* nuevo(-a), novato(-a) ♦ *nm:* **il y a du nouveau** hay novedades; **de nouveau, à nouveau** de nuevo, otra vez; **Nouvel An** año nuevo; **nouveaux mariés** recién casados; **nouveau riche** *adj* nuevo(-a) rico(-a); **nouvelle vague** *adj* (*gén*) nueva ola; (*CINÉ*) nouvelle vague *f;* **nouveau venu** recién llegado; **nouvelle venue** recién llegada.

**nouveau-né, e** [nuvone] (*pl* ~-~s, es) *adj, nm/f* recién nacido(-a).

**nouveauté** [nuvote] *nf* (*aussi COMM*) novedad *f.*

**nouvel** [nuvɛl] *adj m voir* **nouveau.**

**nouvelle** [nuvɛl] *adj f voir* **nouveau** ♦ *nf* noticia; (*LITT*) cuento; **~s** *nfpl* noticias *fpl;* **je suis sans ~s de lui** no tengo noticias de él.

**Nouvelle-Calédonie** [nuvɛlkaledɔni] *nf* Nueva Caledonia.

**nouvellement** [nuvɛlmɑ̃] *adv* (*arrivé etc*) recién.

**Nouvelle-Zélande** [nuvɛlzelɑ̃d] *nf* Nueva Zelanda, Nueva Zelandia (*AM*).

**novembre** [nɔvɑ̃bʀ] *nm* noviembre *m*; *voir aussi* **juillet**.

---

### 11 novembre

*En Francia, el **11 novembre** es el día festivo en que se conmemora la firma, en las cercanías de Compiègne, del armisticio que puso punto final a la primera guerra mundial.*

---

**noyade** [nwajad] *nf* ahogamiento.

**noyau, x** [nwajo] *nm* núcleo; (*de fruit*) hueso.

**noyer** [nwaje] *nm* nogal *m* ♦ *vt* ahogar; (*fig: submerger*) sumergir; (: *délayer*) desleír; **se noyer** *vpr* ahogarse; **se ~ dans** (*fig*) perderse en; **~ son chagrin** ahogar su pena; **~ son moteur** (*AUTO*) inundar el motor; **~ le poisson** dar largas al asunto.

**NU** *abr* (= *Nations unies*) NN.UU. *fpl*.

**nu, e** [ny] *adj* desnudo(-a) ♦ *nm* (*ART*) desnudo; **(les) pieds ~s** descalzo(-a); **(la) tête ~e** con la cabeza descubierta; **à mains ~es** sólo con las manos, con las manos desnudas; **se mettre ~** desnudarse; **mettre à ~** desnudar.

**nuage** [nɥaʒ] *nm* nube *f*; (*fig*): **sans ~s** (*bonheur etc*) completo(-a); **être dans les ~s** estar en las nubes; **un ~ de lait** una gota de leche.

**nuageux, -euse** [nɥaʒø, øz] *adj* nuboso (-a), nublado(-a).

**nuance** [nɥɑ̃s] *nf* matiz *m*; **il y a une ~ (entre ...)** hay una leve diferencia (entre ...); **une ~ de tristesse** un algo de tristeza.

**nuancer** [nɥɑ̃se] *vt* matizar.

**nucléaire** [nykleɛʀ] *adj* nuclear ♦ *nm*: **le ~** (*secteur*) la industria nuclear; (*énergie*) la energía nuclear.

**nudiste** [nydist] *nm/f* nudista *m/f*.

**nuée** [nɥe] *nf*: **une ~ de** una nube de.

**nuire** [nɥiʀ] *vi* perjudicar; **~ à qn/qch** ser perjudicial para algn/algo.

**nuisible** [nɥizibl] *adj* perjudicial; **animal ~** animal dañino.

**nuit** [nɥi] *nf* noche *f*; **5 ~s de suite** 5 noches seguidas; **payer sa ~** pagar la noche; **il fait ~** es de noche; **cette ~** esta noche; **de ~** por la noche; **nuit blanche** noche en blanco *ou* en vela; **nuit de noces** no-che de bodas; **nuit de Noël** Nochebuena; **nuit des temps**: **la ~ des temps** la noche de los tiempos.

**nul, nulle** [nyl] *adj* (*aucun*) ninguno(-a); (*minime, non valable, péj*) nulo(-a) ♦ *pron* nadie; **résultat ~, match ~** (*SPORT*) empate *m*; **~le part** en ningún sitio; (*aller etc*) a ningún sitio.

**nullement** [nylmɑ̃] *adv* de ningún modo.

**numérique** [nymeʀik] *adj* numérico(-a).

**numéro** [nymeʀo] *nm* número; (*fig*): **un (drôle de) ~** un elemento gracioso; **faire** *ou* **composer un ~** marcar un número; **numéro de téléphone** número de teléfono; **numéro d'identification personnel** número personal de identificación; **numéro d'immatriculation** *ou* **minéralogique** número de matrícula; **numéro vert** número verde.

**numéroter** [nymeʀɔte] *vt* numerar.

**nuque** [nyk] *nf* nuca.

**nu-tête** [nytɛt] *adj inv* cabeza descubierta.

**nutritif, -ive** [nytʀitif, iv] *adj* nutritivo(-a).

**nylon** [nilɔ̃] *nm* nylon *m*.

O o

**oasis** [ɔazis] *nf ou m* oasis *m inv*.

**obéir** [ɔbeiʀ] *vi* obedecer; **~ à** obedecer a; (*loi*) acatar; (*suj: moteur, véhicule*) responder a.

**obéissance** [ɔbeisɑ̃s] *nf* obediencia.

**obéissant, e** [ɔbeisɑ̃, ɑ̃t] *adj* obediente.

**obèse** [ɔbɛz] *adj* obeso(-a).

**obésité** [ɔbezite] *nf* obesidad *f*.

**objecter** [ɔbʒɛkte] *vt* (*prétexter*) pretextar; **~ qch à** objetar algo a; **~ (à qn) que** objetar (a algn) que.

**objecteur** [ɔbʒɛktœʀ] *nm*: **~ de conscience** objetor *m* de conciencia.

**objectif, -ive** [ɔbʒɛktif, iv] *adj* objetivo(-a) ♦ *nm* objetivo; **objectif à focale variable** objetivo de distancia focal variable; **objectif grand angulaire** objetivo gran angular.

**objection** [ɔbʒɛksjɔ̃] *nf* objeción *f*; **objection de conscience** objeción de conciencia.

**objectivité** [ɔbʒɛktivite] *nf* objetividad *f*.

**objet** [ɔbʒɛ] *nm* objeto; (*but*) objetivo; (*su-*

jet) tema *m*; **être** *ou* **faire l'~ de** ser objeto de; **sans ~** sin objeto; **(bureau des) ~s trouvés** (oficina de) objetos perdidos; **objet d'art** objeto de arte; **objets de toilette** artículos *mpl* de tocador; **objets personnels** objetos personales.

**obligation** [ɔbligasjɔ̃] *nf* obligación *f*; *(gén pl: devoir)* compromisos *mpl*; **sans ~ d'achat/de votre part** sin compromiso de compra/por su parte; **être dans l'~ de faire qch** estar obligado(-a) a hacer algo; **avoir l'~ de faire qch** tener la obligación de hacer algo; **obligations familiales** obligaciones *fpl* familiares; **obligations militaires** obligaciones militares; **obligations mondaines** compromisos *mpl* sociales.

**obligatoire** [ɔbligatwaʀ] *adj* obligatorio (-a).

**obligatoirement** [ɔbligatwaʀmɑ̃] *adv* (*nécessairement*) obligatoriamente; (*fatalement*) a la fuerza.

**obligé, e** [ɔbliʒe] *adj* obligado(-a); **être très ~ à qn** estar muy agradecido a algn; **je suis ~ de le faire** estoy obligado a hacerlo.

**obliger** [ɔbliʒe] *vt* obligar; *(aider, rendre service à)*: **votre offre m'oblige beaucoup** le agradezco mucho que se haya ofrecido.

**oblique** [ɔblik] *adj* oblicuo(-a); **regard ~** mirada torcida; **en ~** en diagonal.

**oblitérer** [ɔblitere] *vt* matar; *(MÉD)* obliterar; *(effacer peu à peu)* borrar.

**obnubiler** [ɔbnybile] *vt* obsesionar.

**obscène** [ɔpsɛn] *adj* obsceno(-a).

**obscur, e** [ɔpskyʀ] *adj* oscuro(-a); *(exposé)* confuso(-a); *(vague)* ligero(-a); *(inconnu)* desconocido(-a).

**obscurcir** [ɔpskyʀsiʀ] *vt* oscurecer; *(rendre peu intelligible)* confundir; **s'obscurcir** *vpr* (*ciel, jour*) oscurecerse.

**obscurité** [ɔpskyʀite] *nf* oscuridad *f*; **dans l'~** en la oscuridad.

**obsédé, e** [ɔpsede] *nm/f*: **un ~ de** un obseso de; **obsédé sexuel** obseso sexual.

**obséder** [ɔpsede] *vt* obsesionar; **être obsédé par** estar obsesionado por.

**obsèques** [ɔpsɛk] *nfpl* exequias *fpl*.

**observateur, -trice** [ɔpsɛʀvatœʀ, tʀis] *adj, nm/f* observador(a).

**observation** [ɔpsɛʀvasjɔ̃] *nf* observación *f*; *(d'un règlement etc)* cumplimiento; **faire une ~ à qn** *(reproche)* criticarle a algn; **en**

**~** *(MÉD)* en observación; **avoir l'esprit d'~** tener un espíritu observador.

**observatoire** [ɔpsɛʀvatwaʀ] *nm* observatorio; *(lieu élevé)* puesto de observación.

**observer** [ɔpsɛʀve] *vt* observar; *(remarquer)* notar; **s'observer** *vpr* controlarse; **faire ~ qch à qn** hacer ver algo a algn.

**obsession** [ɔpsesjɔ̃] *nf* obsesión *f*; **avoir l'~ de** estar obsesionado(-a) por.

**obstacle** [ɔpstakl] *nm* obstáculo; **faire ~ à** obstaculizar.

**obstiné, e** [ɔpstine] *adj* *(caractère)* obstinado(-a); *(effort)* tenaz.

**obstiner** [ɔpstine]: **s'~** *vpr* obstinarse; **s'~ à faire qch** empeñarse en hacer algo; **s'~ sur qch** obcecarse con algo.

**obstruer** [ɔpstʀye] *vt* obstruir; **s'obstruer** *vpr* obstruirse.

**obtenir** [ɔptəniʀ] *vt* conseguir, obtener; *(diplôme)* obtener; **~ de pouvoir faire qch** conseguir poder hacer algo; **~ qch à qn** conseguir algo a algn; **~ de qn qu'il fasse** conseguir que algn haga; **ils ont obtenu satisfaction** se ha accedido a sus demandas.

**obturateur** [ɔptyʀatœʀ] *nm* *(PHOTO)* obturador *m*; **obturateur à rideau** obturador de cortina.

**obus** [ɔby] *nm* obús *msg*.

**occasion** [ɔkazjɔ̃] *nf* ocasión *f*, oportunidad *f*, chance *m ou f* (*AM*); *(acquisition avantageuse)* ganga; *(circonstance)* ocasión; **à plusieurs ~s** en varias ocasiones; **à cette/la première ~** en esta/la primera ocasión; **avoir l'~ de faire** tener la oportunidad *ou* la ocasión de hacer; **être l'~ de** ser el momento para; **à l'~** si llega el caso; *(un jour)* en alguna ocasión; **à l'~ de** con motivo de; **d'~** de segunda mano, de ocasión.

**occasionnel, le** [ɔkazjɔnɛl] *adj* *(fortuit)* ocasional; *(non régulier)* eventual.

**occasionner** [ɔkazjɔne] *vt* ocasionar, causar; **~ qch à qn** causar algo a algn.

**occident** [ɔksidɑ̃] *nm* *(GÉO)* occidente *m*; *(POL)*: **l'O~** Occidente *m*.

**occidental, e** [ɔksidɑ̃tal, o] *adj* occidental ♦ *nm/f* occidental *m/f*.

**occupation** [ɔkypasjɔ̃] *nf* ocupación *f*; **l'O~** *(1941-44)* la Ocupación.

**occupé, e** [ɔkype] *adj* ocupado(-a); *(ligne téléphonique)* comunicando; **j'ai l'esprit ~** estoy preocupado(-a).

**occuper** [ɔkype] vt ocupar; (*surface, période*) cubrir; (*main d'œuvre, personnel*) emplear; **s'occuper** vpr ocuparse; **s'~ de** (*être responsable de*) encargarse de; (*clients etc*) ocuparse de; (*s'intéresser à*) dedicarse a; **ça occupe trop de place** esto ocupa demasiado sitio.

**occurrence** [ɔkyʀɑ̃s] nf: **en l'~** en este caso.

**océan** [ɔseɑ̃] nm océano; **océan Indien** Océano Índico.

**octet** [ɔktɛ] nm (*INFORM*) byte m, octeto.

**octobre** [ɔktɔbʀ] nm octubre m; *voir aussi* juillet.

**oculiste** [ɔkylist] nm/f oculista m/f.

**odeur** [ɔdœʀ] nf olor m; **mauvaise ~** mal olor.

**odieux, -euse** [ɔdjø, jøz] adj abominable; (*enfant*) odioso(-a).

**odorant, e** [ɔdɔʀɑ̃, ɑ̃t] adj oloroso(-a).

**odorat** [ɔdɔʀa] nm olfato; **avoir l'~ fin** tener un olfato muy fino.

**œil** [œj] (*pl* yeux) nm ojo; **avoir un ~ au beurre noir** *ou* **poché** tener un ojo a la funerala; **à l'~** (*fam*) por la cara; **à l'~ nu** a simple vista; **avoir l'~** estar ojo avizor; **avoir l'~ sur qn** no quitar ojo a algn; **faire de l'~ à qn** guiñar el ojo a algn; **voir qch d'un bon/mauvais ~** ver algo con buenos/malos ojos; **à l'~ vif** de mirada expresiva; **tenir qn à ~** no quitar los ojos de encima a algn; **à mes/ses yeux** para mí/él; **de ses propres yeux** con sus propios ojos; **fermer les yeux (sur)** (*fig*) hacer la vista gorda (a); **ne pas pouvoir fermer l'~** no pegar ojo; **~ pour ~, dent pour dent** ojo por ojo, diente por diente; **les yeux fermés** a ciegas; **pour ses beaux yeux** (*fig*) por su cara bonita; **œil de verre** ojo de cristal.

**œil-de-bœuf** [œjdəbœf] (*pl* ~s-~-~) nm claraboya.

**œillères** [œjɛʀ] nfpl anteojeras fpl; **avoir des ~** (*fig: péj*) ser de miras muy estrechas.

**œillet** [œjɛ] nm (*BOT*) clavel m; (*trou, bordure rigide*) ojete m.

**œuf** [œf] nm huevo, blanquillo (*MEX*); **étouffer qch dans l'~** cortar algo de raíz; **œuf à la coque/au plat/dur** huevo cocido/al plato/duro; **œuf à repriser** huevo de zurzir; **œuf de Pâques** huevo de Pascua; **œuf mollet** huevo pasado por agua; **œuf poché** huevo escalfado; **œufs brouillés** huevos mpl revueltos.

**œuvre** [œvʀ] nf trabajo; (*art*) obra; (*organisation charitable*) obra benéfica ♦ nm (*d'un artiste*) obra; (*CONSTR*): **le gros ~** el armazón; **~s** nfpl (*REL*) obras fpl; **être/se mettre à l'~** estar/ponerse manos a la obra; **mettre en ~** poner en práctica; **bonnes ~s, ~s de bienfaisance** obras de caridad; **œuvre d'art** obra de arte.

**offense** [ɔfɑ̃s] nf ofensa, agravio; (*REL*) ofensa.

**offenser** [ɔfɑ̃se] vt ofender; (*bon sens, bon goût, principes*) ir contra; **s'~ de qch** ofenderse por algo.

**offert, e** [ɔfɛʀ, ɛʀt] pp de offrir.

**office** [ɔfis] nm (*charge*) cargo; (*bureau, agence*) oficina; (*messe*) oficio ♦ nm *ou* f (*pièce*) antecocina; **faire ~ de** hacer las veces de; **d'~** automáticamente; **bons ~s** (*POL*) buenos oficios mpl; **office du tourisme** oficina de turismo.

**officiel, le** [ɔfisjɛl] adj oficial ♦ nm/f personalidad f; (*SPORT*) juez m.

**officier** [ɔfisje] nm oficial m/f ♦ vi (*REL*) oficiar; **officier de l'état-civil** teniente m (alcalde); **officier de police** oficial de policía; **officier ministériel** funcionario(-a) ministerial.

**officieux, -euse** [ɔfisjø, jøz] adj oficioso (-a).

**offrande** [ɔfʀɑ̃d] nf regalo; (*REL*) ofrenda.

**offre** [ɔfʀ] vb *voir* offrir ♦ nf oferta; (*ADMIN: soumission*) licitación f; **"~s d'emploi"** "ofertas fpl de empleo"; **offre d'emploi** oferta de empleo; **offre publique d'achat** oferta pública de compra; **offres de service** ofertas de servicio.

**offrir** [ɔfʀiʀ] vt regalar, ofrecer; (*proposer*) ofrecer; (*COMM*) ofertar; (*présenter*) presentar; **s'offrir** vpr (*se présenter*) presentarse; (*vacances*) tomarse; (*voiture*) regalarse; **~ (à qn) de faire qch** proponer (a algn) hacer algo; **~ à boire à qn** ofrecer de beber a algn; **~ ses services à qn** ofrecer sus servicios a algn; **~ le bras à qn** ofrecer el brazo a algn; **s'~ à faire qch** ofrecerse para hacer algo; **s'~ comme guide/en otage** ofrecerse como guía/como rehén; **s'~ aux regards** exponerse a las miradas.

**OGM** sigle m (= *organisme génétiquement modifié*) OMG m (= *organismo modificado genéticamente*).

**oie** [wa] nf ganso, oca; **oie blanche** (*fi...*

*péj)* pava.

**oignon** [ɔɲɔ̃] *nm* cebolla; *(de tulipe etc)* bulbo; *(MÉD)* juanete *m*; **ce ne sont pas tes ~s** *(fam)* no es asunto tuyo; **petits ~s** cebolletas *fpl*.

**oiseau, x** [wazo] *nm* ave *f*, pájaro; **oiseau de nuit** ave nocturna; **oiseau de proie** ave de rapiña.

**oisif, -ive** [wazif, iv] *adj* ocioso(-a) ♦ *nm/f* *(péj)* holgazán(-ana).

**ola** [ɔla] *nf (SPORT)* ola.

**oléoduc** [ɔleɔdyk] *nm* oleoducto.

**olive** [ɔliv] *nf* aceituna, oliva; *(type d'interrupteur)* oliveta ♦ *adj inv* verde oliva *inv*.

**olivier** [ɔlivje] *nm* olivo.

**OLP** [ɔɛlpe] *sigle f* (= *Organisation de libération de la Palestine*) OLP *f* (= *Organización para la Liberación de Palestina*).

**olympique** [ɔlɛ̃pik] *adj* olímpico(-a); **piscine ~** piscina olímpica.

**ombragé, e** [ɔ̃bʀaʒe] *adj (coin)* con sombra; *(colline)* umbrío(-a); *(avenue)*: **être ~** tener sombra.

**ombre** [ɔ̃bʀ] *nf* sombra; **il n'y a pas l'~ d'un doute** no hay la menor sombra de duda; **à l'~** *(aussi fam)* a la sombra; **à l'~ de** a la sombra de; *(fig)* al amparo de; **donner/faire de l'~** dar/hacer sombra; **dans l'~** en la sombra; **vivre dans l'~** *(fig)* vivir en la sombra; **laisser qch dans l'~** *(fig)* dejar algo en la sombra; **ombre à paupières** sombra de ojos; **ombre portée** sombra proyectada; **ombres chinoises** sombras *fpl* chinescas.

**omelette** [ɔmlɛt] *nf* tortilla; **omelette au fromage/aux herbes** tortilla de queso/a las hierbas; **omelette baveuse/flambée** tortilla poco hecha/flambeada; **omelette norvégienne** soufflé *m* helado.

**omettre** [ɔmɛtʀ] *vt* omitir; **~ de faire qch** omitir hacer algo.

**omoplate** [ɔmɔplat] *nf* omóplato, omoplato.

---
| MOT-CLÉ |
---

**on** [ɔ̃] *pron* **1** *(indéterminé)*: **on peut le faire ainsi** se puede hacer así; **on frappe à la porte** llaman a la puerta

**2** *(quelqu'un)*: **on les a attaqués** les atacaron; **on vous demande au téléphone** le llaman por teléfono

**3** *(nous)* nosotros(-as); **on va y aller de-**

**main** vamos a ir *(allí)* mañana

**4** *(les gens)*: **autrefois, on croyait ...** antes, se creía ...; **on dit que ...** dicen que ..., se dice que ...

**5**: **on ne peut plus** *adv*: **il est on ne peut plus stupide** no puede ser más estúpido.

---

**oncle** [ɔ̃kl] *nm* tío.

**onctueux, -euse** [ɔ̃ktɥø, øz] *adj* cremoso(-a).

**onde** [ɔ̃d] *nf* onda; **sur l'~** *(eau)* en el agua; **sur les ~s** en antena; **mettre en ~s** difundir por radio; **grandes/petites ~s** onda *fsg* larga/media; **onde de choc** onda expansiva; **onde porteuse** onda hertziana; **ondes courtes** onda *fsg* corta; **ondes moyennes** onda *fsg* media; **ondes sonores** ondas *fpl* acústicas.

**ondée** [ɔ̃de] *nf* chaparrón *m*.

**on-dit** [ɔ̃di] *nm inv* rumor *m*.

**onduler** [ɔ̃dyle] *vi* ondular; *(route)* serpentear.

**onéreux, -euse** [ɔneʀø, øz] *adj* oneroso(-a); **à titre ~** *(JUR)* a título oneroso.

**ongle** [ɔ̃gl] *nm* uña; **manger ses ~s** comerse las uñas; **se ronger les ~s** morderse las uñas; **se faire les ~s** arreglarse las uñas.

**ont** [ɔ̃] *vb voir* **avoir**.

**ONU** [ɔny] *sigle f* (= *Organisation des Nations unies*) ONU *f* (= *Organización de las Naciones Unidas*).

**onze** ['ɔ̃z] *adj inv, nm inv* once *m inv* ♦ *nm* *(FOOTBALL)*: **le ~ tricolore** la selección francesa de fútbol; *voir aussi* **cinq**.

**onzième** ['ɔ̃zjɛm] *adj, nm/f* undécimo(-a) ♦ *nm (partitif)* onceavo; *voir aussi* **cinquième**.

**OPA** [ɔpea] *sigle f* (= *offre publique d'achat*) OPA *f* (= *Oferta Pública de Adquisición*).

**opaque** [ɔpak] *adj* opaco(-a); *(brouillard)* denso(-a); *(nuit)* oscuro(-a); **~ à** opaco(-a) a.

**opéra** [ɔpeʀa] *nm* ópera.

**opérateur, -trice** [ɔpeʀatœʀ, tʀis] *nm/f* operador(a); **opérateur (de prise de vues)** operador(a) (de cámara).

**opération** [ɔpeʀasjɔ̃] *nf* operación *f*; **salle d'~** quirófano; **table d'~** mesa de operaciones; **opération à cœur ouvert** *(MÉD)* operación a corazón abierto; **opération de sauvetage** maniobra de salvamento; **opération publicitaire** campaña publicitaria.

**opératoire** [ɔpeʀatwaʀ] *adj* operatorio(-a); (*choc etc*) postoperatorio(-a); **bloc** ~ zona quirúrgica.

**opérer** [ɔpeʀe] *vt* operar; (*faire, exécuter*) realizar ♦ *vi* (*agir*) hacer efecto; (*MÉD*) operar; **s'opérer** *vpr* realizarse; ~ **qn des amygdales/du cœur** operar a algn de las anginas/del corazón; **se faire** ~ operarse.

**opérette** [ɔpeʀɛt] *nf* opereta.

**opiner** [ɔpine] *vi*: ~ **de la tête** asentir con la cabeza; ~ **à** asentir a.

**opinion** [ɔpinjɔ̃] *nf* opinión *f*; (*point de vue*) posición *f*; ~**s** *nfpl* convicciones *fpl*, ideas *fpl*; **avoir (une) bonne/mauvaise** ~ **de** tener buena/mala opinión de; **l'opinion américaine/ouvrière** la posición americana/obrera; **opinion (publique):** **l'~ (publique)** la opinión pública.

**opportun, e** [ɔpɔʀtœ̃, yn] *adj* oportuno (-a); **en temps** ~ en el momento oportuno.

**opportuniste** [ɔpɔʀtynist] *adj, nm/f* oportunista *m/f*.

**opposant, e** [ɔpozɑ̃, ɑ̃t] *adj* opositor(a); ~**s** *nmpl* opositores *mpl*; (*membres de l'opposition*) oposición *f*.

**opposé, e** [ɔpoze] *adj* opuesto(-a) ♦ *nm*: **l'~** (*contraire*) lo opuesto; **il est tout l'~ de son frère** es todo lo contrario de su hermano; **être** ~ **à** ser opuesto a; **à l'~** (*direction*) en dirección contraria; (*fig*) al contrario; **à l'~ de** al otro lado de; (*fig*) totalmente opuesto(-a) a; (*contrairement à*) al contrario de.

**opposer** [ɔpoze] *vt* (*meubles, objets*) colocar enfrente; (*personnes etc*) enfrentar; (*couleurs*) contrastar; (*rapprocher, comparer*) contrastar; (*suj: conflit*) dividir; (*résistance*) oponer; **s'opposer** *vpr* oponerse; ~ **qch à** (*comme obstacle, défense*) interponer algo en; (*comme objection*) objetar algo contra; (*en contraste*) poner algo frente a; **s'~ à** oponerse a; (*tenir tête*) enfrentarse a; **sa religion s'y oppose** su religión se lo impide; **s'~ à ce que qn fasse** oponerse a que algn haga.

**opposition** [ɔpozisjɔ̃] *nf* oposición *f*; (*entre deux personnes etc*) enfrentamiento; (*contraste*) contraste *m*; **par** ~ por oposición; **par** ~ **à** a diferencia de; **entrer en** ~ **avec qn** entrar en conflicto con algn; **être en** ~ **avec** estar en contra de; **faire** ~ **à un**

**chèque** bloquear un cheque.

**oppressant, e** [ɔpʀesɑ̃, ɑ̃t] *adj* agobiante.

**oppresser** [ɔpʀese] *vt* oprimir; (*chaleur*) agobiar; **se sentir oppressé** sentirse oprimido.

**oppression** [ɔpʀesjɔ̃] *nf* opresión *f*; (*chaleur*) agobio.

**opprimer** [ɔpʀime] *vt* oprimir; (*la liberté etc*) reprimir.

**opter** [ɔpte] *vi*: ~ **pour/entre** optar por/ entre.

**opticien, ne** [ɔptisjɛ̃, jɛn] *nm/f* óptico(-a).

**optimisme** [ɔptimism] *nm* optimismo.

**optimiste** [ɔptimist] *adj, nm/f* optimista *m/f*.

**option** [ɔpsjɔ̃] *nf* (*aussi COMM, AUTO, JUR*) opción *f*; (*SCOL*) optativa; **matière/texte à** ~ (*SCOL*) asignatura optativa/texto optativo; **prendre une** ~ **sur** (*JUR*) tomar opción por; **option par défaut** (*INFORM*) opción por defecto.

**optique** [ɔptik] *adj* óptico(-a) ♦ *nf* óptica; (*fig*) enfoque *m*.

**or** [ɔʀ] *nm* oro ♦ *conj* ahora bien; **d'~** (*fig*) de oro; **en** ~ (*aussi fig*) de oro; **un mari/ enfant en** ~ un marido/hijo de oro; **affaire en** ~ negocio magnífico; (*objet*) ganga; **plaqué** ~ chapado en oro; **or blanc/ jaune** oro blanco/amarillo; **or noir** oro negro.

**orage** [ɔʀaʒ] *nm* (*aussi fig*) tormenta.

**orageux, -euse** [ɔʀaʒø, øz] *adj* (*aussi fig*) tormentoso(-a); (*chaleur*) bochornoso(-a).

**oral, e, -aux** [ɔʀal, o] *adj* oral ♦ *nm* (*SCOL*) oral *m*; **par voie** ~**e** (*MÉD*) por vía oral.

**orange** [ɔʀɑ̃ʒ] *nf* naranja ♦ *adj inv* naranja *inv* ♦ *nm* (*couleur*) naranja *m*; **orange amère** naranja amarga; **orange pressée** zumo de naranja natural; **orange sanguine** naranja sanguina *ou* agria.

**orangé, e** [ɔʀɑ̃ʒe] *adj* anaranjado(-a), naranja *inv*.

**orangeade** [ɔʀɑ̃ʒad] *nf* naranjada.

**oranger** [ɔʀɑ̃ʒe] *nm* naranjo.

**orateur** [ɔʀatœʀ] *nm* orador(a).

**orbite** [ɔʀbit] *nf* (*ANAT, PHYS*) órbita; **placer/ mettre un satellite sur** *ou* **en** ~ poner/ situar un satélite en órbita; **dans l'~ de** (*fig*) en la órbita de; **mettre sur** ~ (*fig*) poner en órbita.

**orchestre** [ɔʀkɛstʀ] *nm* orquesta; (*de jazz, danse*) orquesta, grupo; (*THÉÂTRE, CINÉ: places*) patio de butacas; (: *spectateurs*) platea.

**orchidée** [ɔʀkide] nf orquídea.
**ordi** [ɔʀdi] (fam) nm ordenata m.
**ordinaire** [ɔʀdinɛʀ] adj ordinario(-a); (coutumier, de tous les jours) corriente ♦ nm (menus): l'~ lo corriente ♦ nf (essence) normal f; **intelligence au-dessous de l'~** inteligencia por debajo de lo normal ou la media; **d'~** por lo general, corrientemente; **à l'~** de costumbre.
**ordinateur** [ɔʀdinatœʀ] nm ordenador m; **mettre sur ~** meter en ordenador; **ordinateur domestique** ordenador de uso doméstico; **ordinateur individuel** ou **personnel** ordenador personal.
**ordonnance** [ɔʀdɔnɑ̃s] nf disposición f, ordenación f; (groupement) disposición; (MÉD) receta, prescripción f; (décret) mandamiento judicial, mandato; (MIL) ordenanza, reglamento; **~** auto de sobreseimiento; **d'~: officier d'~** ayudante m de campo.
**ordonné, e** [ɔʀdɔne] adj ordenado(-a).
**ordonner** [ɔʀdɔne] vt ordenar, arreglar; (REL, MATH) ordenar; (MÉD) recetar, prescribir; **s'ordonner** vpr ordenarse; **~ à qn de faire** ordenar ou mandar a algn que haga; **~ le huis clos** (JUR) ordenar que la audiencia sea a puerta cerrada.
**ordre** [ɔʀdʀ] nm orden m; (directive, REL) orden f; (association professionnelle) colegio; **~s** nmpl (REL): **être/entrer dans les ~s** pertenecer/entrar en las órdenes; **mettre en ~** poner en orden; **avoir de l'~** tener orden, ser ordenado(-a); **procéder par ~** proceder ordenadamente ou por orden; **par ~ d'entrée en scène** por orden de aparición; **mettre bon ~ à** poner orden en; **rentrer dans l'~** volver a la normalidad; **je n'ai pas d'~ à recevoir de vous** usted no tiene que darme ninguna orden; **être aux ~s de qn/sous les ~s de qn** estar a las órdenes de algn; **jusqu'à nouvel ~** hasta nuevo aviso; **rappeler qn à l'~** llamar a algn al orden; **donner (à qn) l'~ de** dar (a algn) la orden de; **payer à l'~ de** (COMM) pagar a la orden de; **dans le même ~/un autre ~ d'idées** en el mismo orden/en otro orden de cosas; **d'~ pratique** de orden ou tipo práctico; **de premier/second ~** de primer/segundo orden; **ordre de grandeur** orden de tamaño; **ordre de grève** orden convocatoria de huelga; **ordre de mission** (MIL) orden

de misión; **ordre de route** orden de destino; **ordre du jour** orden del día; **à l'~ du jour** (fig) al orden del día; **ordre public** orden público.
**ordure** [ɔʀdyʀ] nf basura; (propos) grosería, indecencia; **~s** nfpl (balayures) basura fsg, desechos mpl, restos mpl; **ordures ménagères** basura.
**oreille** [ɔʀɛj] nf oreja; (ouïe) oído; (de marmite, tasse) asa; **avoir de l'~** tener oído; **avoir l'~ fine** tener buen oído; **l'~ basse** con las orejas gachas; **se faire tirer l'~** hacerse de rogar; **parler/dire qch à l'~ de qn** hablar/decir algo al oído de algn.
**oreiller** [ɔʀeje] nm almohada.
**oreillons** [ɔʀejɔ̃] nmpl paperas fpl.
**ores** [ɔʀ]: **d'~ et déjà** adv desde ahora, de aquí en adelante.
**orfèvrerie** [ɔʀfɛvʀəʀi] nf orfebrería.
**organe** [ɔʀgan] nm órgano; (véhicule, instrument) vehículo; (voix) voz f; (représentant) órgano, portavoz m; **organes de transmission** (TECH) órganos de transmisión.
**organigramme** [ɔʀganigʀam] nm organigrama m.
**organique** [ɔʀganik] adj orgánico(-a).
**organisateur, -trice** [ɔʀganizatœʀ, tʀis] nm/f organizador(a).
**organisation** [ɔʀganizasjɔ̃] nf organización f; **Organisation des Nations unies** Organización de Naciones Unidas; **Organisation du traité de l'Atlantique Nord** Organización del tratado del Atlántico Norte; **Organisation mondiale de la santé** Organización mundial de la salud; **Organisation scientifique du travail** Organización científica del trabajo.
**organiser** [ɔʀganize] vt organizar; (mettre sur pied) organizar, preparar; **s'organiser** vpr (personne) organizarse; (choses) arreglarse, ordenarse.
**organisme** [ɔʀganism] nm organismo; (association) organismo, organización f.
**organiste** [ɔʀganist] nm/f organista m/f.
**orgasme** [ɔʀgasm] nm orgasmo.
**orge** [ɔʀʒ] nf cebada.
**orgue** [ɔʀg] nm (MUS) órgano; **~s** nfpl (GÉO) basaltos mpl prismáticos; **orgue de Barbarie** organillo; **orgue électrique** ou **électronique** órgano electrónico.
**orgueil** [ɔʀgœj] nm orgullo, soberbia; **~ de** (fierté, gloire, vanité) orgullo de.

**orgueilleux, -euse** [ɔʀgøjø, øz] *adj* orgulloso(-a), vanidoso(-a).

**oriental, e, -aux** [ɔʀjãtal, o] *adj* oriental ♦ *nm/f*: **O~** oriental *m/f*.

**orientation** [ɔʀjãtasjɔ̃] *nf* orientación *f*; **avoir le sens de l'~** tener sentido de la orientación; **orientation professionnelle** orientación profesional.

**orienté, e** [ɔʀjãte] *adj* (*article, journal*) orientado(-a); **bien/mal ~** (*appartement*) bien/mal orientado(-a); **~ au sud** orientado(-a) al sur.

**orienter** [ɔʀjãte] *vt* (*situer*) orientar, situar; (*placer: pièce mobile*) colocar, poner; (*tourner*) dirigir; (*voyageur*) orientar, dirigir; **s'orienter** *vpr* orientarse; (*s'*)~ **vers** (*recherches*) orientar(se) *ou* dirigir(se) hacia.

**origan** [ɔʀigã] *nm* orégano *m*.

**originaire** [ɔʀiʒinɛʀ] *adj* originario(-a); (*défaut*) de origen; **être ~ de** ser originario (-a) *ou* natural de.

**original, e, -aux** [ɔʀiʒinal, o] *adj* original; (*bizarre, curieux*) original, extravagante ♦ *nm/f* (*fam: excentrique*) excéntrico(-a), extravagante *m/f*; (: *fantaisiste*) extravagante ♦ *nm* (*document*) original *m*.

**origine** [ɔʀiʒin] *nf* origen *m*; (*d'une idée*) origen, procedencia; **~s** *nfpl* (*d'une personne*) orígenes *mpl* (*commencements*): **les ~s de la vie** los orígenes de la vida; **d'~** (*nationalité*) de origen, natural de; (*pneus etc*) de origen; (*bureau postal*) de procedencia; **dès l'~** desde el principio; **à l'~ (de)** al principio (de); **avoir son ~ dans qch** tener su origen en algo.

**originel, le** [ɔʀiʒinɛl] *adj* original.

**orme** [ɔʀm] *nm* olmo *m*.

**ornement** [ɔʀnəmã] *nm* adorno; (*garniture*) ornamento; (*fig*) ornato, ornamento; **~s** *nmpl*: **~s sacerdotaux** ornamentos *mpl* sacerdotales.

**orner** [ɔʀne] *vt* adornar; **~ qch de** adornar algo con.

**ornière** [ɔʀnjɛʀ] *nf* carril *m*; (*impasse*) atolladero; **sortir de l'~** (*fig*) salir del camino trillado.

**orphelin, e** [ɔʀfəlɛ̃, in] *adj, nm/f* huérfano(-a); **orphelin de mère/de père** huérfano de madre/de padre.

**orphelinat** [ɔʀfəlina] *nm* orfanato *m*.

**orteil** [ɔʀtej] *nm* dedo del pie; **gros ~** dedo gordo del pie.

**orthographe** [ɔʀtɔgʀaf] *nf* ortografía.

**orthopédique** [ɔʀtɔpedik] *adj* ortopédico(-a).

**ortie** [ɔʀti] *nf* ortiga.

**OS** [oɛs] *sigle m* (= *ouvrier spécialisé*) *voir* **ouvrier**.

**os** [ɔs] *nm* hueso; **sans ~** (BOUCHERIE) deshuesado(-a); **os à moelle** hueso de caña; **os de seiche** jibión *m*.

**osciller** [ɔsile] *vi* oscilar; (*au vent etc*) oscilar, balancearse; **~ entre** (*hésiter*) vacilar *ou* dudar entre.

**osé, e** [oze] *adj* (*tentative*) osado(-a); (*plaisanterie*) atrevido(-a).

**oseille** [ozɛj] *nf* (BOT) acedera; (*fam: argent*) pasta, parné *m*.

**oser** [oze] *vt, vi* osar, atreverse; **~ faire qch** atreverse a hacer algo; **je n'ose pas** no me atrevo.

**osier** [ozje] *nm* mimbre *m*; **d'~, en ~** de mimbre.

**osseux, -euse** [ɔsø, øz] *adj* óseo(-a); (*charpente, carapace*) de hueso, huesoso(-a); (*main, visage*) huesudo(-a).

**otage** [ɔtaʒ] *nm* rehén *m*; **prendre qn comme** *ou* **en ~** tomar *ou* coger a algn *ou* como rehén.

**OTAN** [ɔtã] *sigle f* (= *Organisation du traité de l'Atlantique Nord*) OTAN *f* (= *Organización del Tratado del Atlántico Norte*).

**otarie** [ɔtaʀi] *nf* león *m* marino, otaria.

**ôter** [ote] *vt* quitar; (*soustraire*) quitar, restar; **~ qch de** quitar algo de; **~ qch à qn** quitar algo a algn; **6 ôté de 10 égale 4** 10 menos 6 igual a 4.

**otite** [ɔtit] *nf* otitis *f inv*.

**ou** [u] *conj* o, u; **l'un ~ l'autre** una u otra; **~ ... ~ o** ... o; **~ bien** o bien.

MOT-CLÉ

**où** [u] *pron relatif* **1** (*lieu*) donde, en que; **la chambre où il était** la habitación en que *ou* donde estaba; **le village d'où je viens** el pueblo de donde vengo; **les villes par où il est passé** las ciudades por donde pasó

**2** (*direction*) adonde; **la ville où je me rends** la ciudad adonde me dirijo

**3** (*temps, état*) (en) que; **le jour où il est parti** el día (en) que se marchó; **au prix où c'est** al precio que está

♦ *adv* **1** (*interrogatif*) ¿dónde?; **où est-il?** ¿dónde está?; **par où?** ¿por dónde?; **d'où vient que ...?** ¿cómo es que ...?

**2** (direction) (a)dónde; **où va-t-il?** ¿(a)dónde va?
**3** (relatif) donde; **je sais où il est** sé donde está; **où que l'on aille** vayamos donde vayamos, dondequiera que vayamos.

**ouate** ['wat] nf (bourre) algodón m, guata; (coton): **tampon d'~** tapón m de algodón; **ouate hydrophile/de cellulose** algodón hidrófilo/de celulosa.

**oubli** [ubli] nm olvido; **l'~** (absence de souvenirs) el olvido; **tomber dans l'~** caer en el olvido.

**oublier** [ublije] vt olvidar; (ne pas mettre) olvidar, omitir; (famille) descuidar; (responsabilités) descuidar, olvidar; **s'oublier** vpr olvidarse; (euph) orinarse, mearse; **~ que/ de faire qch** olvidar que/olvidar hacer algo; **~ l'heure** olvidar la hora.

**ouest** [wɛst] nm oeste m ♦ adj inv oeste; **l'O~** (région, POL) el Oeste; **à l'~ (de)** al oeste (de); **vent d'~** viento del oeste.

**ouf** ['uf] excl uf.

**oui** ['wi] adv sí; **repondre ~** responder que sí; **mais ~, bien sûr** pues claro que sí, naturalmente; **je suis sûr que ~** estoy seguro que sí; **je pense que ~** creo que sí; **pour un ~ ou pour un non** por un quítame allá esas pajas.

**ouï-dire** ['widir] nm inv: **par ~-~** de oídas.

**ouïe** [wi] nf oído; **~s** nfpl (de poisson) agallas fpl; (d'un violon) eses fpl.

**ouragan** [uragɑ̃] nm huracán m.

**ourlet** [urlɛ] nm (COUTURE) dobladillo; (de l'oreille) repliegue m; **faire un ~ à** hacer un dobladillo a; **faux ~** (COUTURE) falso dobladillo.

**ours** [urs] nm inv oso; (homme insociable) oso, cardo; **ours blanc/brun** oso blanco/pardo; **ours (en peluche)** oso de peluche; **ours mal léché** oso, hurón m; **ours marin** oso marino.

**oursin** [ursɛ̃] nm erizo de mar.

**ourson** [ursɔ̃] nm osezno(-a).

**ouste** [ust] excl ¡fuera!, ¡largo de aquí!

**outil** [uti] nm herramienta, instrumento; **outil de travail** herramienta.

**outiller** [utije] vt equipar de herramienta ou de maquinaria.

**outrage** [utraʒ] nm ultraje m; **faire subir les derniers ~s à** (femme) someter a los peores ultrajes a; **outrage à la pudeur** (JUR) ultraje al pudor; **outrage à magis-**

**trat** (JUR) ultraje ou injurias fpl a un magistrado; **outrage aux bonnes mœurs** (JUR) ultraje a las buenas costumbres.

**outrance** [utrɑ̃s] nf exageración f, exceso; **à ~** a ultranza.

**outre** [utr] nf odre m ♦ prép además de ♦ adv: **passer ~** hacer caso omiso; **passer ~ à** hacer caso omiso a; **en ~** además, por añadidura; **~ que** además de que; **~ mesure** sin medida, desmesuradamente.

**outre-Atlantique** [utratlɑ̃tik] adv al otro lado del Atlántico.

**outremer** [utrəmer] adj: **bleu ~** azul/cielo de ultramar.

**outre-mer** [utrəmer] adv ultramar; **d'~-~** de ultramar ultramarino(-a).

**ouvert** e [uver, ɛrt] pp de **ouvrir** ♦ adj (aussi fig) abierto(-a); (accueillant: milieu) abierto(-a), acogedor(-a), hospitalario(-a); **à bras ~s** con los brazos abiertos; **à livre ~** como un libro abierto; (traduire) de corrido; **à cœur ~** (fig) con el corazón en la mano.

**ouvertement** [uvertəmɑ̃] adv (agir) abiertamente; (dire) abiertamente, francamente.

**ouverture** [uvertyr] nf apertura; (orifice, MUS) obertura; **~s** nfpl (offres) propuestas fpl; **l'~** (POL) la apertura; **~ diaphragme** (PHOTO) abertura (del diafragma); **heures/jours** (COMM) horas fpl/días mpl de apertura; **ouverture d'esprit** amplitud de ideas, amplitud f de ideas.

**ouvrable** [uvrabl] adj: **jour ~** día m laborable; **heures ~s** horas fpl laborables.

**ouvrage** [uvraʒ] nm obra; (MIL) elemento autónomo de una línea fortificada; **panier ou corbeille à ~** cesta de costura; **ouvrage à l'aiguille** labor f de aguja; **ouvrage d'art** (GÉNIE CIVIL) obra de ingeniería.

**ouvre-boîte(s)** [uvrəbwat] nm inv abrelatas m inv.

**ouvre-bouteille(s)** [uvrəbutɛj] nm inv abrebotellas m inv.

**ouvreuse** [uvrøz] nf acomodadora.

**ouvrier, -ière** [uvrije, ijɛr] nm/f obrero(-a) ♦ nf (ZOOL) obrera ♦ adj obrero(-a); (conflits) laboral; (revendications) obrero(-a); **classe ouvrière** clase f obrera; **ouvrier agricole** trabajador m agrario; **ouvrier qualifié** obrero calificado; **ouvrier spécialisé** obrero especialista.

**ouvrir** [uvrir] vt abrir; (fonder) abrir, fundar; (*commencer, mettre en train*) abrir, empezar ♦ *vi* abrir; (*commencer*) abrir, empezar; **s'ouvrir** *vpr* abrirse; **~** ou **s'~ sur** comenzar con; **s'~ à** abrirse a; **s'~ à qn** confiarse a algn; **s'~ les veines** abrirse las venas; **~ l'œil** (*fig*) abrir los ojos, enterarse; **~ l'appétit à qn** abrir el apetito a algn; **~ des horizons/perspectives** abrir horizontes/perspectivas; **~ l'esprit** ampliar ou abrir las ideas; **~ une session** (*INFORM*) abrir una sesión; **~ à cœur/trèfle** (*CARTES*) abrir ou salir con corazones/trébol.

**ovaire** [ɔvɛʀ] *nm* ovario.

**ovale** [ɔval] *adj* oval, ovalado(-a).

**OVNI** [ɔvni] *sigle m* (= *objet volant non identifié*) OVNI *m* (= *objeto volante no identificado*).

**oxyder** [ɔkside]: **s'~** *vpr* oxidarse.

**oxygène** [ɔksiʒɛn] *nm* oxígeno; **cure d'~** (*fig*) cura de oxígeno.

**oxygéné, e** [ɔksiʒene] *adj*: **cheveux ~s** cabellos *mpl* oxigenados; **eau ~e** agua oxigenada.

**ozone** [ozon] *nm* ozono.

──── **P p** ────

**pacifique** [pasifik] *adj* pacífico(-a) ♦ *nm*: **le P~, l'océan P~** el (Océano) Pacífico.

**pack** [pak] *nm* pack *m*.

**pacotille** [pakɔtij] (*péj*) *nf* pacotilla; **de ~** de pacotilla.

**PACS** [paks] *nm* (= *pacte civil de solidarité*) pacto civil de solidaridad.

**pacte** [pakt] *nm* pacto; **pacte d'alliance/ de non-agression** pacto de alianza/de no agresión.

**pagaille** [pagaj] *nf* (*désordre*) follón *m*, desbarajuste *m*; **en ~** (*en grande quantité*) a porrillo; (*en désordre*) a barullo.

**page** [paʒ] *nf* página; (*passage: d'un roman*) pasaje *m* ♦ *nm* paje *m*; **mettre en ~s** compaginar; **mise en ~** compaginación *f*; **être à la ~** (*fig*) estar al día; **page blanche** página en blanco; **page d'accueil** (*INTERNET*) página de inicio; **page de garde** guarda.

**paiement** [pɛmɑ̃] *nm* = **payement**.

**païen, ne** [pajɛ̃, pajɛn] *adj, nm/f* pagano (-a).

**paillasson** [pajasɔ̃] *nm* felpudo.

**paille** [paj] *nf* paja; (*défaut*) defecto; **être sur la ~** (*être ruiné*) estar a dos velas; **paille de fer** estropajo metálico.

**paillettes** [pajɛt] *nfpl* lentejuelas *fpl*.

**pain** [pɛ̃] *nm* pan *m*; (*CULIN: de poisson, légumes*) pastel *m*; **petit ~** panecillo; **pain complet** pan integral; **pain d'épice(s)** alfajor *m*; **pain de campagne/de seigle** pan de pueblo/de centeno; **pain de cire** librillo de cera; **pain de mie** pan de molde; **pain de sucre** pan de azúcar; **pain fantaisie/viennois** pan de lujo/de Viena; **pain grillé** pan tostado; **pain perdu** torrija.

**pair, e** [pɛʀ] *adj* par ♦ *nm* par *m*; **aller** ou **marcher de ~** (**avec**) correr ou ir parejo (-a) (con); **au ~** (*FIN*) a la par; **valeur au ~** valor *m* a la par; **jeune fille au ~** chica au pair.

**paire** [pɛʀ] *nf* par *m*; **une ~ de lunettes/ tenailles** un par de gafas/tenazas; **les deux font la ~** son tal para cual.

**paisible** [pezibl] *adj* apacible; (*ville, lac*) tranquilo(-a).

**paix** [pɛ] *nf* paz *f*; (*fig: tranquillité*) paz, sosiego; **faire la ~ avec** hacer las paces con; **vivre en ~ avec** vivir en paz con; **avoir la ~** tener paz.

**Pakistan** [pakistɑ̃] *nm* Paquistán *m*.

**palais** [palɛ] *nm* palacio; (*ANAT*) paladar *m*; **le Palais Bourbon** El Palacio Borbón (*sede de la asamblea nacional*); **le Palais de Justice** Palacio de Justicia, la audiencia nacional; **le Palais de l'Elysée** El Palacio del Elíseo (*residencia oficial del Presidente de la República francesa*); **palais des expositions** palacio de exposiciones.

**pâle** [pal] *adj* pálido(-a); **une ~ imitation** (*fig*) una pálida imitación; **~ de colère/ d'indignation** pálido(-a) de rabia/de indignación; **bleu/vert ~** azul/verde pálido.

**Palestine** [palɛstin] *nf* Palestina.

**palette** [palɛt] *nf* paleta; (*plateau de chargement*) plataforma; **~ riche/pauvre/ brillante** (*ensemble de couleurs*) paleta rica/pobre/brillante.

**pâleur** [palœʀ] *nf* palidez *f*.

**palier** [palje] *nm* (*d'escalier*) rellano; (*d'une machine*) cojinete *m*; (*d'un graphique*) nivel *m*; (*phase stable*) nivel estable; **en ~** a altura constante; **par ~s** (*progresser*) gradualmente.

**pâlir** [pɑliʀ] vi (personne) palidecer; (couleur) decolorar; **faire ~ qn** hacer palidecer a algn.

**pallier** [palje] vt: **~ à** paliar.

**palme** [palm] nf palma; (de plongeur) aleta; **palmes (académiques)** galardón al mérito académico.

**palmé, e** [palme] adj palmeado(-a).

**palmier** [palmje] nm palmera.

**pâlot, e** [pɑlo, ɔt] adj paliducho(-a).

**palourde** [paluʀd] nf almeja.

**palper** [palpe] vt palpar.

**palpitant, e** [palpitɑ̃, ɑ̃t] adj palpitante.

**palpiter** [palpite] vi palpitar; (plus fort) latir.

**paludisme** [palydism] nm paludismo.

**pamphlet** [pɑ̃flɛ] nm panfleto.

**pamplemousse** [pɑ̃pləmus] nm pomelo.

**pan** [pɑ̃] nm (d'un manteau, rideau) faldón m; (côté) lado; (d'affiche etc) lado ♦ excl ¡pum!; **pan de chemise** pañal m; **pan de mur** lienzo de pared.

**panache** [panaʃ] nm (de plumes) penacho; **avoir du/aimer le ~** (fig) tener caballerosidad/gustarle a algn la caballerosidad.

**panaché, e** [panaʃe] adj: **œillet ~** clavel m matizado ♦ nm (bière) clara, cerveza con gaseosa; **glace ~e** helado de varios gustos; **salade ~e** ensalada mixta; **bière ~e** cerveza con gaseosa.

**pancarte** [pɑ̃kaʀt] nf (affiche, écriteau) cartel m; (dans un défilé) pancarta.

**pancréas** [pɑ̃kʀeas] nm páncreas m inv.

**pané, e** [pane] adj empanado(-a).

**panier** [panje] nm cesta; (à diapositives) carro; **mettre au ~** tirar a la basura; **panier à provisions** cesta de la compra; **panier à salade** (CULIN) escurridor m; (POLICE) coche m celular; **panier de crabes** (fig) nido de víboras; **panier percé** (fig) manirroto(-a).

**panier-repas** [panjeʀ(ə)pa] (pl **~s-~**) nm almuerzo.

**panique** [panik] nf pánico ♦ adj: **peur ~** miedo cerval; **terreur ~** terror f pánico.

**paniquer** [panike] vt aterrorizar ♦ vi aterrorizarse, espantarse.

**panne** [pan] nf (d'un mécanisme, moteur) avería; (THÉÂTRE) papel m de poca importancia; **mettre en ~** (NAUT) ponerse al pairo, pairar; **être/tomber en ~** tener una avería, descomponerse/estar descompuesto (esp MEX); **tomber en ~ d'essence** ou **sèche** quedarse sin gasolina; **panne**

d'électricité ou de courant corte m eléctrico.

**panneau, x** [pano] nm (écriteau) letrero; (de boiserie, de tapisserie) panel m; (ARCHIT) tablero; (COUTURE) paño; **donner/tomber dans le ~** caer en la trampa; **panneau d'affichage** tablón m de anuncios; **panneau de signalisation** señal f de tráfico; **panneau électoral** panel electoral; **panneau indicateur** panel indicador; **panneau publicitaire** valla publicitaria.

**panoplie** [panɔpli] nf (d'armes) panoplia; (fig) arsenal m; **panoplie de pompier/d'infirmière** disfraz m de bombero/de enfermera.

**panse** [pɑ̃s] nf panza.

**pansement** [pɑ̃smɑ̃] nm venda, apósito; **pansement adhésif** tirita, curita (AM).

**pantalon** [pɑ̃talɔ̃] nm (aussi: **~s, paire de ~s**) pantalón m; **pantalon de golf/de pyjama** pantalón de golf/de pijama.

**panthère** [pɑ̃tɛʀ] nf pantera; (fourrure) piel f de pantera.

**pantin** [pɑ̃tɛ̃] nm (marionnette) pelele m, monigote m; (péj: personne) pelele.

**pantoufle** [pɑ̃tufl] nf zapatilla.

**paon** [pɑ̃] nm pavo real.

**papa** [papa] nm papá m.

**pape** [pap] nm papa m.

**paperasse** [papʀas] (péj) nf: **des ~s** ou **de la ~** papelotes mpl; (administrative) papeles mpl.

**paperasserie** [papʀasʀi] (péj) nf papelorio, (administrative) papeleo.

**papeterie** [papɛtʀi] nf (fabrication du papier) fabricación f de papel; (usine) papelera; (magasin) papelería; (articles) artículos mpl de papelería.

**papi** [papi] (fam) nm abuelito.

**papier** [papje] nm papel m; (article) artículo; (écrit officiel) documento; **~s** nmpl (aussi: **~s d'identité**) documentación f, papeles mpl; **sur le ~** (théoriquement) en teoría; **jeter une phrase sur le ~** poner una frase sobre el papel; **noircir du ~** emborronar papel; **papier à dessin** papel de dibujo; **papier à lettres** papel de cartas; **papier à pliage accordéon** papel plisado de acordeón; **papier bible/pelure** papel biblia/cebolla; **papier bulle/calque** papel de estraza/de calcar; **papier buvard/carbone** papel secante/carbón; **papier collant** papel de goma; **papier couché/**

glacé papel cuché/glaseado; **papier (d')aluminium** papel de aluminio; **papier d'Arménie** papel de Armenia; **papier d'emballage** papel de envolver; **papier de brouillon** papel de borrador; **papier de soie/de tournesol** papel de seda/de tornasol; **papier de verre** papel de lija; **papier en continu** papel continuo; **papier gommé/thermique** papel engomado/térmico; **papier hygiénique** papel higiénico; **papier journal** papel de periódico; (*pour emballer*) papel de envolver; **papier kraft/mâché** papel kraft/maché; **papier machine** papel de máquina de escribir; **papier peint** papel pintado.

**papillon** [papijɔ̃] *nm* mariposa; (*fam: contravention*) multa; (*écrou*) tuerca de mariposa; **papillon de nuit** mariposa nocturna.

**papillote** [papijɔt] *nf* papillote *m*.

**papoter** [papɔte] *vi* parlotear.

**paprika** [paprika] *nm* paprika *m*.

**paquebot** [pak(ə)bo] *nm* paquebote *m*.

**pâquerette** [pɑkrɛt] *nf* margarita.

**Pâques** [pɑk] *nfpl* (*fête*) Pascua *fsg* ♦ *nm* (*période*) Semana Santa; **faire ses ~** comulgar por Pascua Florida; **l'île de ~** la isla de Pascua.

**paquet** [pakɛ] *nm* paquete *m*; (*de linge, vêtements*) bulto; (*tas*): **un ~ de** un manojo de; **~s** *nmpl* (*bagages*) bultos *mpl*; **mettre le ~** (*fam*) poner toda la carne en el asador; **paquet de mer** golpe *m* de mar.

**paquet-cadeau** [pakɛkado] (*pl ~s-~x*) *nm* paquete *m* regalo *inv*.

┌─────────── MOT-CLÉ ───────────┐

**par** [par] *prép* **1** (*agent, cause*) por; **par amour** por amor; **peint par un grand artiste** pintado por un gran artista
**2** (*lieu, direction*) por; **passer par Lyon/la côte** pasar por Lyon/la costa; **par la fenêtre** (*jeter, regarder*) por la ventana; **par le haut/bas** por arriba/abajo; **par ici** por aquí; **par où?** ¿por dónde?; **par là** por allí; **par-ci, par-là** aquí y allá; **être/jeter par terre** estar en el/tirar al suelo
**3** (*fréquence, distribution*) por; **3 fois par semaine** 3 veces por *ou* a la semana; **3 par jour/par personne** 3 al día/por persona; **par centaines** a cientos, a centenares; **2 par 2** (*marcher, entrer, prendre etc*)

de 2 en 2
**4** (*moyen*) por; **par la poste** por correo
**5** (*manière*): **prendre par la main** coger *ou* agarrar de la mano; **prendre par la poignée** coger *ou* agarrar por el asa; **finir** *etc* **par** terminar *etc* por; **le film se termine par une scène d'amour** la película termina con una escena de amor; **Pau commence par la lettre "p"** Pau empieza por "p".

└────────────────────────────┘

**parabolique** [parabɔlik] *adj* parabólico(-a).

**parachute** [paraʃyt] *nm* paracaídas *m inv*; **parachute ventral** paracaídas de delantal.

**parachutiste** [paraʃytist] *nm/f* paracaidista *m/f*; (*soldat*) paracaidista *m*.

**parade** [parad] *nf* (*MIL*) desfile *m*; (*de cirque, bateleurs*) cabalgata; (*ESCRIME, BOXE*) parada; **trouver la ~ à une attaque/mesure** hallar la contrapartida a un ataque/medida; **faire ~ de qch** lucir algo; **de ~** (*habit, épée*) de gala; (*superficiel*) superficial.

**paradis** [paradi] *nm* paraíso; **Paradis terrestre** paraíso terrenal.

**paradoxe** [paradɔks] *nm* paradoja.

**paraffine** [parafin] *nf* parafina.

**parages** [paraʒ] *nmpl* (*NAUT*) aguas *fpl*; **dans les ~ (de)** en los alrededores (de).

**paragraphe** [paragraf] *nm* párrafo.

**paraître** [parɛtr] *vb +attribut* parecer, verse (*AM*) ♦ *vi* (*apparaître*) aparecer; (*PRESSE, ÉDITION*) publicarse; (*se montrer, venir*) mostrarse; (*sembler*) parecer; (*un certain âge*) aparentar, representar; **aimer/vouloir ~** (*personne*) gustarle a algn/querer aparentar; **il paraît que** parece que; **il me paraît que** me parece que; **il paraît absurde de/préférable que** parece absurdo/preferible que; **laisser ~ qch** dejar ver algo; **~ en justice** comparecer ante la justicia; **~ en scène/en public/à l'écran** aparecer en escena/en público/en la pantalla; **il ne paraît pas son âge** no representa su edad.

**parallèle** [paralɛl] *adj* paralelo(-a) ♦ *nm* paralelo ♦ *nf* (*droite, ligne*) paralela; **faire un ~ entre** establecer un paralelo entre; **en ~** en paralelo; **mettre en ~** (*choses opposées*) confrontar; (*choses semblables*) cotejar.

**paralyser** [paralize] *vt* paralizar.

**paralysie** [paralizi] *nf* parálisis *f inv*.

**paramédical, e, -aux** [paʀamedikal, o] *adj*: personnel ~ personal *m* paramédico.

**paraphrase** [paʀafʀɑz] *nf* paráfrasis *f inv*.

**parapluie** [paʀaplɥi] *nm* paraguas *m inv*; **parapluie à manche télescopique** paraguas con mango telescópico; **parapluie atomique/nucléaire** paraguas atómico/ nuclear; **parapluie pliant** paraguas plegable.

**parasite** [paʀazit] *nm* parásito ♦ *adj* parásito(-a); **~s** *nmpl* (TÉL) parásitos *mpl*.

**parasol** [paʀasɔl] *nm* quitasol *m*.

**paratonnerre** [paʀatɔnɛʀ] *nm* pararrayos *m inv*.

**parc** [paʀk] *nm* parque *m*; (*pour le bétail*) aprisco; (*de voitures*) aparcamiento; **parc à huîtres** criadero de ostras; **parc automobile** (*d'un pays*) parque automovilístico; (*d'une société*) parque móvil; **parc d'attractions** parque de atracciones; **parc national/naturel** parque nacional/ natural; **parc de stationnement** aparcamiento; **parc zoologique** parque zoológico.

**parcelle** [paʀsɛl] *nf* (*d'or, de vérité*) partícula; (*de terrain*) parcela.

**parce que** [paʀs(ə)kə] *conj* porque.

**parchemin** [paʀʃəmɛ̃] *nm* pergamino.

**parc(o)mètre** [paʀk(ɔ)mɛtʀ] *nm* parquímetro.

**parcourir** [paʀkuʀiʀ] *vt* recorrer; (*journal, article*) echar un vistazo a; ~ **qch des yeux** *ou* **du regard** recorrer algo con la vista.

**parcours** [paʀkuʀ] *vb voir* **parcourir** ♦ *nm* (*trajet, itinéraire*) trayecto; (SPORT) recorrido; **sur le** ~ en el trayecto; **parcours du combattant** (MIL) pista americana.

**par-dessous** [paʀd(ə)su] *prép* por debajo de ♦ *adv* por debajo.

**pardessus** [paʀdəsy] *nm* abrigo.

**par-dessus** [paʀd(ə)sy] *prép* por encima de ♦ *adv* por encima; **~-~ le marché** para colmo.

**par-devant** [paʀd(ə)vɑ̃] *prép* ante ♦ *adv* por delante.

**pardon** [paʀdɔ̃] *nm* perdón *m* ♦ *excl* ¡perdón!; (*se reprendre*) ¡disculpe!; **demander** ~ **à qn** (**de** ...) pedir perdón a algn (por ...); **je vous demande** ~ le pido perdón; (*contradiction*) discúlpeme.

**pardonner** [paʀdɔne] *vt* perdonar; ~ **qch à qn** perdonar algo a algn; ~ **à qn** perdonar a algn; **qui ne pardonne pas** (*maladie,*

*erreur*) que no perdona.

**pare-brise** [paʀbʀiz] *nm inv* parabrisas *m inv*.

**pare-chocs** [paʀʃɔk] *nm inv* parachoques *m inv*.

**pareil, le** [paʀɛj] *adj* igual; (*similaire*) parecido(-a) ♦ *adv*: **habillés** ~ vestidos de la misma manera; **faire** ~ hacer lo mismo; **un courage** ~ tal valor; **de ~s livres** tales libros; **j'en veux un** ~ quiero uno igual; **rien de** ~ nada parecido; **ses ~s** sus semejantes; **ne pas avoir son (sa) pareil(le)** no tener igual; ~ **à** parecido(-a) a; **sans** ~ sin igual; **c'est du** ~ **au même** es lo mismo; **en** ~ **cas** en un caso parecido; **rendre la ~le à qn** pagar a algn con la misma moneda.

**parent, e** [paʀɑ̃, ɑ̃t] *nm/f* pariente(-a) ♦ *adj*: **être ~(s) de qn** ser pariente(s) de algn; **~s** *nmpl* (*père et mère*) padres *mpl*; (*famille, proches*) parientes *mpl*; **parents adoptifs** padres adoptivos; **parents en ligne directe** parientes por línea directa; **parents par alliance** parientes políticos.

**parenté** [paʀɑ̃te] *nf* (*rapport, lien*) parentesco; (*personnes*) parentela; (*ressemblance, affinité*) afinidad *f*; (*entre caractères*) similitud *f*.

**parenthèse** [paʀɑ̃tɛz] *nf* paréntesis *m inv*; **ouvrir/fermer la** ~ abrir/cerrar el paréntesis; **entre ~s** (*aussi fig*) entre paréntesis; **mettre entre ~s** dejar de lado.

**paresse** [paʀɛs] *nf* pereza, holgazanería.

**paresseux, -euse** [paʀesø, øz] *adj* perezoso(-a), flojo(-a) (AM); (*démarche, attitude*) indolente; (*estomac*) atónico(-a) ♦ *nm* (ZOOL) perezoso.

**parfait, e** [paʀfɛ, ɛt] *pp de* **parfaire** ♦ *adj* perfecto(-a) ♦ *nm* (LING) pretérito perfecto; (CULIN) helado ♦ *excl* ¡perfecto!, ¡muy bien!

**parfaitement** [paʀfɛtmɑ̃] *adv* perfectamente ♦ *excl* ¡seguro!, ¡desde luego!; **cela lui est** ~ **égal** le da completamente igual.

**parfois** [paʀfwa] *adv* a veces.

**parfum** [paʀfœ̃] *nm* perfume *m*; (*de tabac, vin*) aroma *m*; (*de glace etc*) sabor *m*.

**parfumé, e** [paʀfyme] *adj* perfumado(-a); ~ **au café** aromatizado(-a) con café, con sabor a café.

**parfumer** [paʀfyme] *vt* perfumar; (*crème, gâteau*) aromatizar; **se parfumer** *vpr* perfumarse.

**parfumerie** [paʀfymʀi] *nf* perfumería;

rayon ~ sección f de perfumería.

**pari** [paʀi] *nm* apuesta; **Pari Mutuel Urbain** *apuestas mutuas en las carreras de caballos*.

**parier** [paʀje] *vt* apostar; **j'aurais parié que si/non** hubiera apostado que sí/no.

**Paris** [paʀi] *n* París.

**parisien, ne** [paʀizjɛ̃, jɛn] *adj* (*personne, vie*) parisino(-a); (*GÉO, ADMIN*) parisiense ♦ *nm/f*: **P~, ne** parisiense *m/f*.

**parjure** [paʀʒyʀ] *nm* (*faux serment*) perjurio ♦ *nm/f* (*personne*) perjuro(-a).

**parking** [paʀkiŋ] *nm* aparcamiento.

**parlant, e** [paʀlɑ̃, ɑ̃t] *adj* (*portrait, image*) vivo(-a), elocuente; (*comparaison, preuve*) concluyente; (*CINÉ*) sonoro(-a) ♦ *adv*: **généralement/humainement ~** en términos generales/a nivel humano; **techniquement ~** técnicamente hablando.

**parlement** [paʀləmɑ̃] *nm* parlamento.

**parlementaire** [paʀləmɑ̃tɛʀ] *adj* parlamentario(-a) ♦ *nm/f* (*député*) parlamentario(-a); (*négociateur*) delegado(-a).

**parler** [paʀle] *nm* habla ♦ *vi* hablar; (*malfaiteur, complice*) hablar, cantar; **~ de qch/qn** hablar de algo/algn; **~ (à qn) de** hablar (a algn) de; **~ de faire qch** hablar de hacer algo; **~ pour qn** (*intercéder, plaider*) hablar en favor de algn; **~ le/en français** hablar el/en francés; **~ affaires/politique** hablar de negocios/de política; **~ en dormant** hablar en sueños; **~ du nez** hablar gangoso; **~ par gestes** hablar por señas; **~ en l'air** hablar a la ligera; **sans ~ de** (*fig*) sin hablar de; **tu parles!** ¡ya ves!; **les faits parlent d'eux-mêmes** los hechos hablan por sí mismos; **n'en parlons plus** no se hable más.

**parloir** [paʀlwaʀ] *nm* locutorio; (*d'un hôpital*) sala de visitas.

**parmi** [paʀmi] *prép* entre, en medio de.

**paroi** [paʀwa] *nf* pared *f*; **~ (rocheuse)** pared (rocosa).

**paroisse** [paʀwas] *nf* parroquia.

**parole** [paʀɔl] *nf* palabra; **~s** *nfpl* (*d'une chanson*) letra *fsg*; **la bonne ~** la palabra de Dios; **tenir ~** cumplir con su palabra; **n'avoir qu'une ~** no tener más que una palabra; **avoir/prendre la ~** tener/tomar la palabra; **demander/obtenir la ~** pedir/conseguir la palabra; **donner la ~ à qn** conceder la palabra a algn; **perdre la ~** (*fig*) perder la palabra; **sur ~**: **croire**

**qn sur ~** confiar en la palabra de algn; **prisonnier sur ~** preso bajo palabra; **temps de ~** tiempo asignado para hablar; **histoire sans ~s** historieta muda; **ma ~!** (*surprise*) ¡pero bueno!, ¡por Dios!; **parole d'honneur** palabra de honor.

**parquet** [paʀkɛ] *nm* (*plancher*) parqué *m*; **le ~** (*JUR*) el tribunal de justicia *m*.

**parrain** [paʀɛ̃] *nm* padrino.

**parrainer** [paʀene] *vt* apadrinar; (*suj: entreprise*) patrocinar.

**pars** [paʀ] *vb voir* **partir**.

**parsemer** [paʀsəme] *vt* cubrir; **~ qch de** sembrar algo de.

**part** [paʀ] *vb voir* **partir** ♦ *nf* parte *f*; (*de gâteau, fromage*) trozo, pedazo; (*titre*) acción *f*; **prendre ~ à** (*débat etc*) tomar parte en; (*soucis, douleur*) compartir; **faire ~ de qch à qn** comunicar algo a algn; **pour ma ~** por mi parte; **à ~ entière** de pleno derecho; **de la ~ de** de parte de; **c'est de la ~ de qui?** (*au téléphone*) ¿de parte de quién?; **de toute(s) part(s)** de todas partes; **de ~ et d'autre** a *ou* en ambos lados; **de ~ en ~** de parte a parte; **d'une ~ ... d'autre ~** por una parte ... por otra; **nulle/autre/quelque ~** en ninguna/otra/en alguna parte; **à ~** *adv* aparte ♦ *adj* (*personne, place*) aparte ♦ *prép*: **à ~ cela** a parte de eso, excepto eso; **pour une large/bonne ~** en una larga/buena medida; **prendre qch en bonne/mauvaise ~** tomar algo en buen/mal sentido; **faire la ~ des choses** tener en cuenta las circunstancias, sopesar los pros y los contras; **faire la ~ du feu** (*fig*) cortar por lo sano; **faire la ~ trop belle à qn** darle todo en bandeja a algn.

**part.** *abr* = **particulier**.

**partage** [paʀtaʒ] *nm* reparto; **en ~**: **donner/recevoir qch en ~** dar/recibir algo en herencia; **sans ~** (*régner*) sin compartir el poder.

**partager** [paʀtaʒe] *vt* repartir; **se partager** *vpr* repartirse; **~ un gâteau en quatre/une ville en deux** dividir un pastel en cuatro/una ciudad en dos; **~ qch avec qn** compartir algo con algn; **~ la joie de qn/la responsabilité d'un acte** compartir la alegría de algn/la responsabilidad de un acto.

**partenaire** [paʀtənɛʀ] *nm/f* compañero

(-a); **partenaires sociaux** agentes *mpl* sociales.

**parterre** [paʁtɛʁ] *nm* (*de fleurs*) parterre *m*, arriate *m*; (*THÉÂTRE*) patio de butacas.

**parti** [paʁti] *nm* (*POL, décision*) partido; (*groupe*) bando; (*personne à marier*): **un beau/riche ~** un buen partido; **tirer ~ de** sacar partido de; **prendre le ~ de faire qch** tomar la decisión de hacer algo; **prendre le ~ de qn** ponerse a favor de algn; **prendre ~ (pour/contre qn)** tomar partido (por/contra algn); **prendre son ~ de qch** resignarse a algo; **parti pris** prejuicio.

**partial, e, -aux** [paʁsjal, jo] *adj* parcial.

**participant, e** [paʁtisipɑ̃, ɑ̃t] *nm/f* participante *m/f*; (*à un concours*) concursante *m/f*; (*d'une société*) miembro, accionista *m/f*.

**participation** [paʁtisipasjɔ̃] *nf* participación *f*; **la ~ aux frais** la contribución a los gastos; **la ~ aux bénéfices** la participación en los beneficios; **la ~ ouvrière** la participación obrera; **"avec la ~ de"** "con la participación de".

**participer** [paʁtisipe]: **~ à** *vt* participar en; (*chagrin*) compartir; **~ de** (*tenir de la nature de*) participar de.

**particulier, -ière** [paʁtikylje, jɛʁ] *adj* particular; (*intérêt, style*) propio(-a); (*entretien, conversation*) privado(-a); (*spécifique*) propio(-a), individual ♦ *nm* (*individu*) particular *m*; **"~ vend ..."** (*COMM*) "particular vende ..."; **avec un soin ~** con un cuidado especial; **avec une attention particulière** con una atención especial; **~ à** propio(-a) de; **en ~** (*précisément*) en concreto; (*en privé*) en privado; (*surtout*) especialmente.

**particulièrement** [paʁtikyljɛʁmɑ̃] *adv* (*notamment*) principalmente; (*spécialement*) especialmente.

**partie** [paʁti] *nf* parte *f*; (*profession, spécialité*) rama; (*JUR, fig: adversaire*) parte contraria; (*de cartes, tennis etc*) partida; **~ de campagne/de pêche** salida al campo/de pesca; **en ~** en parte; **faire ~ de qch** formar parte de algo; **prendre qn à ~** habérselas con algn; (*malmener*) atacar a algn, meterse con algn; **en grande/majeure ~** en gran/la mayor parte; **ce n'est que ~ remise** es sólo cosa diferida, otra vez será; **avoir ~ liée avec qn** estar aliado(-a) con

algn; **partie civile** (*JUR*) parte civil; **partie publique** (*JUR*) ministerio público.

**partiel, le** [paʁsjɛl] *adj, nm* parcial *m*.

**partir** [paʁtiʁ] *vi* (*gén*) partir; (*train, bus etc*) salir; (*s'éloigner*) marcharse; (*pétard, fusil*) disparar se; (*bouchon*) saltar; (*cris*) surgir; (*se détacher*) desprenderse; (*tache*) desaparecer; (*affaire, moteur*) arrancar; **~ de** (*lieu*) salir de; (*suj: personne, route*) partir de; (*date*) comenzar en; (*suj: abonnement*) comenzar a partir de; (: *proposition*) nacer de, manar de; **~ pour/à** (*lieu, pays*) salir para/hacia; **~ de rien** comenzar de la nada; **à ~ de a** partir de.

**partisan, e** [paʁtizɑ̃, an] *nm/f* seguidor(a), partidario(-a) ♦ *adj* partidario(-a); **être ~ de qch/de faire qch** ser partidario(-a) de algo/de hacer algo.

**partition** [paʁtisjɔ̃] *nf* (*MUS*) partitura.

**partout** [paʁtu] *adv* por todas partes; **~ où il allait** por dondequiera que iba; **de ~** de todas partes; **trente/quarante ~** (*TENNIS*) iguales a treinta/a cuarenta, empate *m* a treinta/a cuarenta.

**paru, e** [paʁy] *pp de* **paraître**.

**parution** [paʁysjɔ̃] *nf* aparición *f*, publicación *f*.

**parvenir** [paʁvəniʁ]: **~ à** *vt* llegar a, arribar a (*AM*); **~ à ses fins/à la fortune/à un âge avancé** alcanzar sus fines/la fortuna/una edad avanzada; **~ à faire qch** (*réussir*) conseguir hacer algo; **faire ~ qch à qn** hacer llegar algo a algn.

**pas¹** [pa] *nm* paso; **~ à ~** paso a paso; **de ce ~** al momento; **marcher à grands ~** andar dando zancadas; **mettre qn au ~** meter a algn en vereda; **rouler au ~** (*AUTO*) ir a paso lento; **au ~ de gymnastique/de course** a paso ligero/a la carrera; **à ~ de loup** con paso sigiloso; **faire les cent ~** ir y venir, ir de un lado para otro; **faire les premiers ~** dar los primeros pasos; **retourner** *ou* **revenir sur ses ~** volver sobre sus pasos; **se tirer d'un mauvais ~** salir del atolladero; **sur le ~ de la porte** en el umbral (de la puerta); **le ~ de Calais** (*détroit*) el paso *ou* estrecho de Calais; **~ de porte** (*COMM*) entrada.

MOT-CLÉ

**pas²** [pa] *adv* **1** (*avec ne, non etc*): **ne ... pas** no; **je ne vais pas à l'école** no voy a la escuela; **je ne mange pas de pain** no como pan; **il ne ment pas** no miente; **ils n'ont pas de voiture/d'enfants** no tienen coche/niños; **il m'a dit de ne pas le faire** me ha dicho que no lo haga; **non pas que ...** no es que ...; **je n'en sais pas plus** no sé más; **il n'y avait pas plus de 200 personnes** no había más de 200 personas; **je ne reviendrai pas de sitôt** tardaré en volver

**2** (*sans ne etc*): **pas moi** yo no; (*renforçant l'opposition*): **elle travaille, (mais) lui pas** *ou* **pas lui** ella trabaja, (pero) él no; (*dans des réponses négatives*): **pas de sucre, merci!** ¡sin azúcar, gracias!; **une pomme pas mûre** una manzana que no está madura; **je suis très content - moi pas** *ou* **pas moi** yo estoy muy contento - yo no; **pas plus tard qu'hier** ayer mismo; **pas du tout** (*réponse*) en absoluto; **ça ne me plaît pas du tout** no me gusta nada; **ils sont 4 et non (pas) 3** son 4 y no 3; **pas encore** todavía no; **ceci est à vous ou pas?** ¿eso es suyo o no?

**3**: **pas mal** *adv* no está mal; **ça va? - pas mal** ¿qué tal? - bien; **pas mal de** (*beaucoup de*): **ils ont pas mal d'argent** no andan mal de dinero.

**passage** [pɑsaʒ] *nm* paso; (*traversée*) travesía; (*extrait*) pasaje *m*; **sur le ~ du cortège** en el recorrido del cortejo; **"laissez/n'obstruez pas le ~"** "dejen/no impidan el paso"; **de ~** (*touristes*) de paso; (*amants etc*) de paso, de un día; **au ~** (*en passant*) al paso, de paso; **passage à niveau** paso a nivel; **passage à tabac** paliza; **passage à vide** (*fig*) mal momento; **passage clouté** paso de peatones; **passage interdit** prohibido el paso; **passage protégé/souterrain** paso protegido/subterráneo.

**passager, -ère** [pɑsaʒe, ɛʀ] *adj* pasajero (-a); (*rue etc*) concurrido(-a) ♦ *nm/f* pasajero(-a); **~ clandestin** polizón *m*.

**passant, e** [pɑsɑ̃, ɑ̃t] *adj* transitado(-a) ♦ *nm/f* transeúnte *m/f* ♦ *nm* (*d'une ceinture, courroie*) trabilla; *voir aussi* **passer**.

**passe** [pɑs] *nf* pase *m*; (*chenal*) pase, pasaje *m* ♦ *nm* (*passe-partout*) llave *f* maestra; (*de cambrioleur*) ganzúa; **être en ~ de faire** estar a punto de hacer; **être dans une bonne/mauvaise ~** (*fig*) tener buena/mala racha; **passe d'armes** (*fig*) inter-

cambio de réplicas.

**passé, e** [pɑse] *adj* pasado(-a); (*couleur, tapisserie*) pasado(-a), descolorido(-a) ♦ *prép*: **~ 10 heures/7 ans/ce poids** después de las 10/de 7 años/a partir de ese peso ♦ *nm* pasado; (*LING*) pretérito; **dimanche ~** el domingo pasado; **les vacances ~es** las vacaciones pasadas; **il est ~ midi** *ou* **midi ~** ya es pasado mediodía *ou* mediodía pasado; **par le ~** hace tiempo, en otro tiempo; **~ de mode** pasado(-a) de moda; **~ simple/composé** perfecto simple/pretérito perfecto.

**passe-partout** [pɑspaʀtu] *nm inv* llave *f* maestra ♦ *adj inv*: **tenue/phrase ~-~** vestimenta/frase *f* válida para todo momento.

**passeport** [pɑspɔʀ] *nm* pasaporte *m*.

**passer** [pɑse] *vi* pasar; (*air*) correr; (*liquide, café*) filtrarse, colarse; (*couleur, papier*) decolorarse ♦ *vt* pasar; (*obstacle*) pasar, superar; (*doubler*) adelantar, pasar; (*frontière, rivière etc*) cruzar; (*examen: se présenter*) hacer; (: *réussir*) aprobar; (*réplique, plaisanterie*) dejar pasar; (*film, émission, disque*) poner; (*vêtement*) ponerse; (*café*) filtrar; **se passer** *vpr* (*scène, action*) transcurrir; (*s'écouler*) pasar; (*arriver*): **que s'est-il passé?** ¿qué ha pasado?; **~ par** pasar por; **~ chez qn** (*ami etc*) pasar por la casa de algn; **~ sur** (*fig*) pasar por alto; **~ qch (à qn)** (*faute, bêtise*) pasar por alto algo (a algn), aguantar algo (a algn); **~ qch à qn** (*grippe*) pasar algo a algn; **~ dans les mœurs/la langue** pasar a las costumbres/a la lengua; **~ devant/derrière qn/qch** pasar delante/detrás de algn/algo; **~ avant qch/qn** (*être plus important que*) estar antes de algo/de algn; **~ devant** (*accusé*) comparecer ante; (*projet de loi*) ser presentado(-a) a; **laisser ~** dejar pasar; **~ dans la classe supérieure** pasar al curso superior; **~ directeur/président** ascender a director/a presidente; **~ en seconde/troisième** (*AUTO*) meter segunda/tercera; **~ à la radio/télévision** salir en la radio/televisión; **~ à l'action** pasar a la acción; **~ aux aveux** decidirse a confesar; **~ inaperçu** pasar desapercibido; **~ outre (à qch)** hacer caso omiso (de algo); **~ pour riche/un imbécile/avoir fait qch** pasar por rico/un imbécil/haber hecho algo; **~ à table** sentarse a la mesa; **~ au**

salon/à côté pasar al salón/a la habitación del lado; ~ à l'étranger/à l'opposition/à l'ennemi pasarse al extranjero/a la oposición/al enemigo; ne faire que ~ pasar solamente; passe encore de todavía pase que; en passant: dire/remarquer qch en passant decir/señalar algo de pasada; venir voir qn/faire en passant venir a ver a algn/hacer de paso; faire ~ à qn le goût/l'envie de qch quitarle a algn el gusto/las ganas de algo; faire ~ qch/qn pour hacer pasar algo/a algn por; (faire) ~ qch dans/par meter algo en/por; passons pasemos de eso; ce film passe au cinéma/à la télé ponen esa película en el cine/en la tele; ~ une radio/la visite médicale hacerse una radiografía/un reconocimiento; ~ son chemin pasar de largo; je passe mon tour paso; ~ qch en fraude pasar algo de contrabando; ~ la tête/la main par la portière sacar la cabeza/la mano por la ventanilla; ~ l'aspirateur pasar la aspiradora; je vous passe M. X (au téléphone) le pongo ou comunico (AM) con el Sr. X; (je lui passe l'appareil) le paso a ou con el Sr. X; ~ la parole à qn cederle la palabra a algn; ~ qn par les armes pasar a algn por las armas; ~ commande hacer un pedido; ~ un marché/accord concertar un negocio/acuerdo; se ~ les mains sous l'eau lavarse las manos; se ~ de l'eau sur le visage echarse agua por la cara; cela se passe de commentaires habla por sí solo; se ~ de qch (s'en priver) pasarse sin algo.

**passerelle** [pɑsʀɛl] *nf* pasarela; ~ (de commandement) puente *m* (de mando).

**passe-temps** [pɑstɑ̃] *nm inv* pasatiempo.

**passif, -ive** [pasif, iv] *adj* pasivo(-a) ♦ *nm* (*LING*) pasiva; (*COMM*) pasivo.

**passion** [pasjɔ̃] *nf* pasión *f*; (*fanatisme*) fanatismo; avoir la ~ de tener pasión por; la ~ du jeu/de l'argent la pasión por el juego/por el dinero; fruit de la ~ (*BOT*) fruta de la pasión.

**passionnant, e** [pasjɔnɑ̃, ɑ̃t] *adj* apasionante.

**passionné, e** [pasjɔne] *adj* apasionado(-a) ♦ *nm/f*: ~ de entusiasta *m/f* ou apasionado(-a) de; être ~ de ser un(a) apasionado(-a) de.

**passionnément** [pasjɔnemɑ̃] *adv* apasionadamente.

**passionner** [pasjɔne] *vt* apasionar; se ~ pour qch apasionarse por algo.

**passoire** [pɑswaʀ] *nf* colador *m*; (à légumes) pasapurés *m inv*.

**pastèque** [pastɛk] *nf* sandía.

**pasteur** [pastœʀ] *nm* pastor *m*.

**pasteuriser** [pastœʀize] *vt* pasteurizar.

**pastille** [pastij] *nf* pastilla; ~s pour la toux pastillas de la tos.

**patate** [patat] *nf* patata, papa (AM); **patate douce** batata, camote *m* (AM).

**patauger** [patoʒe] *vi* (*pour s'amuser*) chapotear; (*avec effort*) atascarse; ~ dans (*en marchant*) tropezar en; (*exposé etc*) encasquillarse en, atascarse en.

**pâte** [pɑt] *nf* pasta; (à frire) albardilla; ~s *nfpl* (*macaroni etc*) pastas *fpl*; fromage à ~ dure/molle queso seco/cremoso; pâte à choux crema de petisús; pâte à modeler plastilina; pâte à papier pasta de papel; pâte brisée pasta quebrada; pâte d'amandes pasta de almendra; pâte de fruits fruta escarchada; pâte feuilletée masa de hojaldre.

**pâté** [pate] *nm* (*CULIN*) paté *m*; (*tache d'encre*) borrón *m*; pâté de foie/de lapin paté de hígado/de liebre; pâté de maisons manzana de casas; pâté (de sable) flan *m* (de arena); pâté en croûte paté empanado.

**pâtée** [pate] *nf* cebo.

**paternel, le** [patɛʀnɛl] *adj* paterno(-a).

**pâteux, -euse** [patø, øz] *adj* pastoso(-a); avoir la bouche/langue pâteuse tener la boca/lengua pastosa.

**pathétique** [patetik] *adj* patético(-a).

**patience** [pasjɑ̃s] *nf* paciencia; (*CARTES*) solitario; être à bout de ~ estar a punto de perder la paciencia; perdre ~ perder la paciencia; prendre ~ tomárselo con calma.

**patient, e** [pasjɑ̃, jɑ̃t] *adj, nm/f* paciente *m/f*.

**patienter** [pasjɑ̃te] *vi* esperar.

**patin** [patɛ̃] *nm* patín *m*; **patin (de frein)** (*TECH*) zapata; **patins (à glace)** patines *mpl* (de cuchilla); **patins à roulettes** patines de ruedas.

**patinage** [patinaʒ] *nm* patinaje *m*; **patinage artistique/de vitesse** patinaje artístico/de velocidad.

**patiner** [patine] *vi* patinar; se patiner *vpr* cubrirse de pátina.

**patineur, -euse** [patinœʀ, øz] *nm/f* patinador(a).

**patinoire** [patinwaʀ] *nf* pista de patinaje.

**pâtir** [patiʀ]: **~ de** *vt* padecer de.

**pâtisserie** [patisʀi] *nf* pastelería; *(à la maison)* repostería; **~s** *nfpl (gâteaux)* pasteles *mpl.*

**pâtissier, -ière** [patisje, jɛʀ] *nm/f* pastelero(-a).

**patois** [patwa] *nm* dialecto.

**patrie** [patʀi] *nf* patria.

**patrimoine** [patʀimwan] *nm* patrimonio; **patrimoine génétique** herencia genética.

**patriotique** [patʀijɔtik] *adj* patriótico(-a).

**patron, ne** [patʀɔ̃, ɔn] *nm/f (chef)* jefe(-a), patrón(-ona); *(propriétaire)* dueño(-a); *(MÉD)* médico(-a) jefe; *(REL)* patrono(-a) ♦ *nm (COUTURE)* patrón *m;* **~s et employés** patronos *mpl* y empleados; **patron de thèse** director *m* de tesis.

**patronat** [patʀɔna] *nm* empresariado.

**patronner** [patʀɔne] *vt (personne, entreprise)* patrocinar; *(candidature)* apoyar.

**patrouille** [patʀuj] *nf* patrulla; **patrouille de chasse** *(AVIAT)* escuadrilla de caza; **patrouille de reconnaissance** patrulla de reconocimiento.

**patte** [pat] *nf (jambe)* pierna; *(d'animal)* pata; *(languette de cuir, d'étoffe)* lengüeta; *(de poche)* solapa; **~s (de lapin)** *(favoris)* patillas *fpl;* **à ~s d'éléphant** *(pantalon)* de pata de elefante; **~s d'oie** *(rides)* patas *fpl* de gallo; **pattes de mouche** *(fig)* letra *fsg.*

**pâturage** [patyʀaʒ] *nm* pasto.

**paume** [pom] *nf* palma (de la mano).

**paumé, e** [pome] *(fam) adj* marginado(-a).

**paupière** [popjɛʀ] *nf* párpado.

**pause** [poz] *nf (arrêt, halte)* parada; *(en parlant)* pausa; *(MUS)* silencio.

**pauvre** [povʀ] *adj, nm/f* pobre *m/f;* **~s** *nmpl:* **les ~s** los pobres; **~ en calcium** pobre en calcio.

**pauvreté** [povʀəte] *nf* pobreza.

**pavé, e** [pave] *adj* pavimentado(-a) ♦ *nm (bloc de pierre)* adoquín *m; (pavage, pavement)* pavimento; *(de viande)* trozo grueso; *(fam: article, livre)* tocho; **être sur le ~** estar en la calle; **pavé numérique** *(INFORM)* teclado numérico; **pavé publicitaire** panel *m* publicitario.

**pavillon** [pavijɔ̃] *nm* pabellón *m; (maison-*

*nette, villa)* chalet *m;* **pavillon de complaisance** pabellón de conveniencia.

**payant, e** [pejɑ̃, ɑ̃t] *adj (hôte, spectateur)* que paga; *(entreprise, coup)* rentable; **c'est ~ hay que pagar; c'est un spectacle ~** es un espectáculo en el que hay que pagar.

**paye** [pɛj] *nf* paga.

**payement** [pɛjmɑ̃] *nm* pago.

**payer** [peje] *vt* pagar ♦ *vi (métier)* dar dinero; *(effort, tactique)* dar fruto; **il me l'a fait ~ 10 F** me ha cobrado 10 francos; **~ qn de** *(ses efforts, peines)* recompensar a algn por; **~ qch à qn** pagar algo a algn; **ils nous ont payé le voyage** nos han pagado el viaje; **~ par chèque/en espèces** pagar con cheque/en metálico; **~ cher qch** pagar caro algo; *(fig)* costar caro algo; **~ de sa personne** darse por entero; **~ d'audace** dar prueba de audacia; **cela ne paie pas de mine** eso tiene mal aspecto, eso no tiene buena cara; **se ~ qch** comprarse algo; **se ~ de mots** contentarse con palabras; **se ~ la tête de qn** burlarse de algn, tomar el pelo a algn; *(duper)* tomar el pelo a algn.

**pays** [pei] *nm* país *msg; (région)* región *f; (village)* pueblo; **du ~** del país; **le ~ de Galles** el país de Gales.

**paysage** [peizaʒ] *nm* paisaje *m.*

**paysan, ne** [peizɑ̃, an] *nm/f* campesino(-a); *(aussi péj)* pueblerino(-a), paleto(-a) ♦ *adj* rústico(-a).

**Pays-Bas** [peiba] *nmpl:* **les ~-~** los Países Bajos.

**PC** [pese] *sigle m (= Parti communiste)* partido comunista; *(= personal computer)* OP *(= ordenador personal).*

**PDG** [pedeʒe] *sigle m (= président directeur général)* voir **président.**

**péage** [peaʒ] *nm* peaje *m; (endroit)* paso de peaje; **autoroute/pont à ~** carretera/ puente *m* de peaje.

**peau, x** [po] *nf* piel *f; (de la peinture)* película; *(du lait)* nata; **une ~** *(morceau de peau)* un pellejo; **gants de ~** guantes *mpl* de piel; **être bien/mal dans sa ~** encontrarse/no encontrarse bien consigo mismo; **se mettre dans la ~ de qn** ponerse en el pellejo de algn; **faire ~ neuve** cambiar; **peau d'orange** piel de naranja; **peau de chamois** gamuza.

**péché** [peʃe] *nm* pecado; **péché mignon** punto flaco, debilidad *f.*

**pêche** [pɛʃ] *nf* pesca; (*endroit*) coto de pesca; (*fruit*) melocotón *m*, durazno (*AM*); **aller à la ~** ir de pesca; **avoir la ~** (*fam*) estar en buena forma; **~ à la ligne** pesca con caña; **~ sous-marine** pesca submarina.

**pécher** [peʃe] *vi* pecar; (*être insuffisant*) ser incompleto(-a); **~ contre la bienséance/les bonnes mœurs** pecar contra la decencia/las buenas costumbres.

**pêcher** [peʃe] *nm* melocotonero ♦ *vi* ir de pesca ♦ *vt* pescar; (*chercher*) sacar; **~ au chalut** pescar con red.

**pécheur, -eresse** [peʃœʀ, peʃʀɛs] *nm/f* pecador(a).

**pêcheur** [peʃœʀ] *nm* pescador *m*; **pêcheur de perles** pescador de perlas.

**pédagogue** [pedagɔʒi] *nf* pedagogía.

**pédagogique** [pedagɔʒik] *adj* pedagógico(-a); **formation ~** formación *f* pedagógica.

**pédale** [pedal] *nf* pedal *m*; **mettre la ~ douce** atenuar la expresión, bajar el tono.

**pédalo** [pedalo] *nm* barca a pedal.

**pédant, e** [pedɑ̃, ɑ̃t] (*péj*) *adj, nm/f* pedante *m/f*.

**pédestre** [pedɛstʀ] *adj*: **tourisme ~** turismo pedestre; **randonnée ~** excursión *f* a pie.

**pédiatre** [pedjatʀ] *nm/f* pediatra *m/f*.

**pédicure** [pedikyʀ] *nm/f* pedicuro(-a).

**pègre** [pɛgʀ] *nf* hampa.

**peigne** [pɛɲ] *vb voir* **peindre; peigner** ♦ *nm* peine *m*.

**peigner** [peɲe] *vt* peinar; **se peigner** *vpr* peinarse.

**peignoir** [peɲwaʀ] *nm* (*chez le coiffeur*) peinador *m*; (*de sportif*) albornoz *m*; (*déshabillé*) salto de cama; **peignoir de bain** *ou* **de plage** albornoz.

**peindre** [pɛ̃dʀ] *vt* pintar.

**peine** [pɛn] *nf* pena; (*effort, difficulté*) trabajo; (*JUR*) condena; **faire de la ~ à qn** hacer sufrir a algn; **prendre la ~ de faire** tomarse la molestia de hacer; **se donner de la ~** esforzarse; **ce n'est pas la ~ de faire/que vous fassiez** no vale la pena hacer/que haga; **avoir de la ~ à faire** costarle trabajo a algn hacer; **donnez-vous/veuillez vous donner la ~ d'entrer** sírvase usted entrar; **pour la ~** en compensación; **c'est ~ perdue** es perder el tiempo; **à ~** apenas, recién (*AM*); **à ~ était-elle sortie qu'il se**

mit à pleuvoir apenas salió se puso a llover; **c'est à ~ si ...** apenas si ...; **sous ~:** **sous ~ d'être puni** so pena de ser castigado; **défense d'afficher sous ~ d'amende** prohibido fijar carteles bajo multa; **peine capitale** *ou* **de mort** pena capital *ou* de muerte.

**peiner** [pene] *vi* cansarse ♦ *vt* apenar.

**peintre** [pɛ̃tʀ] *nm* pintor(a); **~ en bâtiment** pintor (de brocha gorda).

**peinture** [pɛ̃tyʀ] *nf* pintura; **ne pas pouvoir voir qn en ~** no poder ver a algn ni en pintura; **"~ fraîche"** "recién pintado"; **peinture brillante/mate** pintura brillante/mate; **peinture laquée** laca.

**péjoratif, -ive** [peʒɔʀatif, iv] *adj* peyorativo(-a), despectivo(-a).

**pêle-mêle** [pɛlmɛl] *adv* en desorden.

**peler** [pəle] *vt* pelar ♦ *vi* pelarse.

**pèlerin** [pɛlʀɛ̃] *nm* peregrino.

**pèlerinage** [pɛlʀinaʒ] *nm* peregrinación *f*; (*lieu*) centro de peregrinación.

**pelle** [pɛl] *nf* pala; **pelle à gâteau** *ou* **à tarte** paleta; **pelle mécanique** excavadora.

**pellicule** [pelikyl] *nf* (*couche fine*) película; (*PHOTO*) rollo, carrete *m*; (*CINÉ*) cinta; **~s** *nfpl* (*MÉD*) caspa *fsg*.

**pelote** [p(ə)lɔt] *nf* (*de fil, laine*) ovillo; (*d'épingles, d'aiguilles*) acerico; (*balle, jeu*): **~ (basque)** pelota (vasca).

**peloton** [p(ə)lɔtɔ̃] *nm* pelotón *m*; **~ d'exécution** pelotón de ejecución.

**pelotonner** [p(ə)lɔtɔne]: **se ~** *vpr* acurrucarse.

**pelouse** [p(ə)luz] *nf* césped *m*; (*COURSES*) pista.

**peluche** [p(ə)lyʃ] *nf* (*flocon de poussière, poil*) pelusa; **animal en ~** muñeco de peluche.

**pelure** [p(ə)lyʀ] *nf* piel *f*; **pelure d'oignon** capa; (*couleur*) violáceo.

**pénal, e, -aux** [penal, o] *adj* penal.

**pénalité** [penalite] *nf* penalidad *f*; (*SPORT*) sanción *f*.

**penchant** [pɑ̃ʃɑ̃] *nm* inclinación *f*; **avoir un ~ pour qch** tener una inclinación hacia algo.

**pencher** [pɑ̃ʃe] *vi* inclinarse ♦ *vt* inclinar; **se pencher** *vpr* inclinarse; (*se baisser*) agacharse; **se ~ sur** inclinarse sobre; (*fig*) examinar; **se ~ au dehors** asomarse; **~ pour** (*fig*) inclinarse por.

**pendant, e** [pɑ̃dɑ̃, ɑ̃t] *adj (jambes, langue etc)* colgante; *(ADMIN, JUR)* pendiente ♦ *nm:* **être le ~ de** ser el compañero de; *(fig)* ser equiparable con ♦ *prép* durante; **faire ~ à** hacer pareja con; **~ que** mientras; **pendants d'oreilles** pendientes *mpl.*

**pendentif** [pɑ̃dɑ̃tif] *nm* colgante *m.*

**penderie** [pɑ̃dʀi] *nf* ropero.

**pendre** [pɑ̃dʀ] *vt* colgar; *(personne)* ahorcar ♦ *vi* colgar; **se ~ (à)** *(se suicider)* ahorcarse (de); **se ~ à** colgarse de; **~ à** colgar de; **~ qch à** colgar algo de.

**pendule** [pɑ̃dyl] *nf (horloge)* reloj *m* péndulo ♦ *nm* péndulo.

**pénétrer** [penetʀe] *vi* penetrar ♦ *vt* entrar; *(suj: projectile, mystère, secret)* penetrar; **~ dans/à l'intérieur de** penetrar en/en el interior de; *(suj: air, eau)* entrar en; **se ~ de qch** llenarse de algo.

**pénible** [penibl] *adj* penoso(-a); **il m'est ~ de ...** me resulta penoso ...

**péniblement** [peniblɑmɑ̃] *adv* penosamente; *(tout juste)* a duras penas.

**péniche** [peniʃ] *nf* chalana; *(MIL):* **~ de débarquement** lanchón *m* de desembarco.

**pénicilline** [penisilin] *nf* penicilina.

**péninsule** [penɛ̃syl] *nf* península.

**pénis** [penis] *nm* pene *m.*

**pénitence** [penitɑ̃s] *nf* penitencia; **être/mettre en ~** *(enfant)* estar castigado(-a)/castigar; **faire ~** hacer penitencia.

**pénitencier** [penitɑ̃sje] *nm (prison)* penitenciaría.

**pénombre** [penɔ̃bʀ] *nf* penumbra.

**pensée** [pɑ̃se] *nf (aussi BOT)* pensamiento; *(maxime, sentence)* aforismo; *(démarche):* **~ claire/obscure/organisée** ideas *fpl* claras/oscuras/organizadas; **en ~** con el pensamiento; **representer qch par la** *ou* **en ~** imaginarse algo con el pensamiento.

**penser** [pɑ̃se] *vi* pensar; *(avoir une opinion):* **je ne pense pas comme vous** no pienso como usted ♦ *vt* pensar; *(concevoir: problème, machine)* pensar, idear; **~ à** pensar en; **~ que** pensar que, creer que; **~ (à) faire qch** pensar (en) hacer algo; **~ du bien/du mal de qn/qch** pensar bien/mal de algn/algo; **faire ~ à** hacer pensar en, recordar; **n'y pensons plus** *(pour excuser, pardonner)* olvidémoslo; **qu'en pensez-vous?** ¿qué opina usted?; **je le pense aussi** yo también lo creo; **je ne le pense pas** no lo creo; **j'aurais pensé que si/**

**non** habría creído que sí/no; **je pense que oui/non** creo que sí/no; **vous n'y pensez pas!** ¡ni lo sueñe!; **sans ~ à mal** sin mala intención.

**pensif, -ive** [pɑ̃sif, iv] *adj* pensativo(-a).

**pension** [pɑ̃sjɔ̃] *nf* pensión *f* de jubilación; *(prix du logement, hôtel)* pensión; *(école)* internado; **prendre ~ chez qn/dans un hôtel** alojarse en casa de algn/en un hotel; **prendre qn en ~** coger a algn en pensión; **mettre en ~** *(enfant)* meter interno; **pension alimentaire** *(d'étudiant)* pensión alimenticia; *(de divorcée)* pensión alimenticia; **pension complète** pensión completa; **pension d'invalidité** subsidio de invalidez; **pension de famille** casa de huéspedes; **pension de guerre** pensión de mutilado.

**pensionnaire** [pɑ̃sjɔnɛʀ] *nm/f (d'un hôtel)* huésped *m;* *(d'école)* interno(-a).

**pensionnat** [pɑ̃sjɔna] *nm* pensionado; *(élèves)* internado.

**pente** [pɑ̃t] *nf* pendiente *f;* *(descente)* cuesta; **en ~** en pendiente, en cuesta.

**Pentecôte** [pɑ̃tkot] *nf:* **la ~** Pentecostés *msg;* **lundi de ~** lunes *m inv* de Pentecostés.

**pénurie** [penyʀi] *nf* penuria, escasez *f;* **pénurie de main d'œuvre** escasez de mano de obra.

**pépé** [pepe] *(fam) nm* abuelo.

**pépin** [pepɛ̃] *nm (BOT)* pepita; *(fam: ennui)* lío; *(: parapluie)* paraguas *m inv.*

**pépinière** [pepinjɛʀ] *nf* vivero; *(fig)* cantera.

**perçant, e** [pɛʀsɑ̃, ɑ̃t] *adj (vue, regard, yeux)* perspicaz; *(cri, voix)* agudo(-a).

**percepteur** [pɛʀsɛptœʀ] *nm (ADMIN)* recaudador(a) de impuestos.

**perception** [pɛʀsɛpsjɔ̃] *nf* percepción *f;* *(d'impôts etc)* recaudación *f;* *(bureau)* oficina de recaudación.

**percer** [pɛʀse] *vt (métal etc)* perforar; *(coffre-fort)* abrir; *(pneu)* pinchar; *(abcès)* reventar; *(trou etc)* abrir; *(suj: lumière: obscurité)* atravesar; *(mystère, énigme)* penetrar; *(suj: bruit: oreilles, tympan)* traspasar ♦ *vi (aube, dent etc)* salir; *(artiste)* abrirse camino.

**perceuse** [pɛʀsøz] *nf* taladradora, perforadora; **perceuse à percussion** perforadora neumática.

**percevoir** [pɛʀsəvwaʀ] *vt* percibir; *(taxe,*

*impôt*) recaudar.

**perche** [pɛRʃ] *nf* (*ZOOL*) perca; (*pièce de bois, métal*) vara; (*SPORT*) pértiga; (*TV, RADIO, CINÉ*): ~ **à son** jirafa del micrófono.

**percher** [pɛRʃe] *vt*: ~ **qch sur** colocar algo sobre; **se** ~ *vpr* (*oiseau*) encaramarse.

**perchoir** [pɛRʃwaR] *nm* percha; (*POL*) sede *f.*

**perçois** *etc* [pɛRswa] *vb voir* **percevoir**.

**perçu, e** [pɛRsy] *pp de* **percevoir**.

**percussion** [pɛRkysjɔ̃] *nf* percusión *f.*

**percuter** [pɛRkyte] *vt* percutir; (*suj: véhicule*) chocar ♦ *vi*: ~ **contre** chocar contra.

**perdant, e** [pɛRdã, ãt] *nm/f* perdedor(a) ♦ *adj* (*numéro*) no agraciado(-a).

**perdre** [pɛRdR] *vt* perder; (*argent*) gastar ♦ *vi* perder; **se perdre** *vpr* perderse; **il ne perd rien pour attendre** a ése le espero yo.

**perdrix** [pɛRdRi] *nf* perdiz *f.*

**perdu, e** [pɛRdy] *pp de* **perdre** ♦ *adj* perdido(-a); (*malade, blessé*): **il est** ~ está desahuciado; **à vos moments** ~s en sus ratos libres.

**père** [pɛR] *nm* padre *m*; ~**s** *nmpl* padres *mpl*; **de** ~ **en fils** de padre a hijo; ~ **de famille** padre de familia; **mon** ~ (*REL*) padre; **le** ~ **Noël** el papá Noel.

**perfection** [pɛRfɛksjɔ̃] *nf* perfección *f*; **à la** ~ a la perfección.

**perfectionné, e** [pɛRfɛksjɔne] *adj* perfeccionado(-a).

**perfectionner** [pɛRfɛksjɔne] *vt* perfeccionar.

**perforatrice** [pɛRfɔRatRis] *nf* perforadora, taladradora.

**perforer** [pɛRfɔRe] *vt* perforar.

**performant, e** [pɛRfɔRmã, ãt] *adj* (*ÉCON*) competitivo(-a); (*TECH*) en buen rendimiento.

**perfusion** [pɛRfyzjɔ̃] *nf* perfusión *f*; **être sous** ~ tener puesto el gotero.

**péril** [peRil] *nm* peligro; **au** ~ **de sa vie** con riesgo de su vida; **à ses risques et** ~**s** por su cuenta y riesgo.

**périmé, e** [peRime] *adj* (*conception, idéologie*) pasado(-a) de moda; (*passeport, billet*) caducado(-a).

**périmètre** [peRimɛtR] *nm* perímetro; (*zone*) superficie *f.*

**période** [peRjɔd] *nf* periodo; ~ **de l'ovulation/d'incubation** periodo de ovulación/de incubación.

**périodique** [peRjɔdik] *adj* periódico(-a) ♦ *nm* periódico; **garniture** *ou* **serviette** ~ compresa.

**périphérique** [peRifeRik] *adj* periférico(-a) ♦ *nm* (*INFORM*) periférico; (*AUTO*): (**boulevard**) ~ carretera de circunvalación.

**périr** [peRiR] *vi* (*personne*) perecer; (*navire*) naufragar.

**périssable** [peRisabl] *adj* perecedero(-a).

**perle** [pɛRl] *nf* (*aussi personne, chose*) perla; (*de verre etc*) cuenta; (*de rosée, sang, sueur*) gota; (*erreur*) gazapo.

**permanence** [pɛRmanãs] *nf* permanencia; (*local*) guardia; (*SCOL*) permanencia; **assurer une** ~ (*service public, bureaux*) estar abierto(-a); **être de** ~ estar de guardia; **en** ~ permanentemente.

**permanent, e** [pɛRmanã, ãt] *adj* permanente; (*spectacle*) continuo(-a) ♦ *nm* (*d'un syndicat*) representante *m*; (*d'un parti*) miembro permanente.

**permanente** [pɛRmanãt] *nf* permanente *f.*

**perméable** [pɛRmeabl] *adj* permeable; ~ **à** (*fig*) influenciable por.

**permettre** [pɛRmɛtR] *vt* permitir; **rien ne permet de penser que ...** nada permite pensar que ...; ~ **à qn de faire qch** permitir a algn hacer algo; **se** ~ (**de faire**) **qch** permitirse (hacer) algo; **permettez!** ¡perdone!

**permis, e** [pɛRmi, iz] *pp de* **permettre** ♦ *nm* permiso; **permis d'inhumer** permiso de inhumación; **permis de chasse/ pêche/construction** licencia de caza/ pesca/construcción; **permis de conduire** carnet *m* de conducir; **permis de séjour/de travail** permiso de residencia/ de trabajo; **permis poids lourds** carnet de primera.

**permission** [pɛRmisjɔ̃] *nf* permiso; **en** ~ (*MIL*) de permiso; **avoir la** ~ **de faire qch** tener permiso para hacer algo.

**Pérou** [peRu] *nm* Perú *m.*

**perpétuel, le** [pɛRpetɥɛl] *adj* perpetuo(-a); (*ADMIN etc*) vitalicio(-a); (*jérémiades*) continuo(-a).

**perpétuité** [pɛRpetɥite] *nf*: **à** ~ ♦ *adj* a perpetuidad ♦ *adv* perpetuamente; **être condamné à** ~ estar condenado a cadena perpetua.

**perplexe** [pɛRplɛks] *adj* perplejo(-a).

**perquisitionner** [pɛRkizisjɔne] *vi* registrar.

**perron** [pɛRɔ̃] *nm* escalinata.

**perroquet** [peʀɔkɛ] *nm* loro.
**perruche** [peʀyʃ] *nf* cotorra.
**perruque** [peʀyk] *nf* peluca.
**persécuter** [peʀsekyte] *vt* perseguir.
**persévérer** [peʀseveʀe] *vi* perseverar; ~ **à croire que** obstinarse en creer que; ~ **dans qch** perseverar en algo.
**persil** [peʀsi] *nm* perejil *m*.
**Persique** [peʀsik] *adj*: **le golfe** ~ el Golfo pérsico.
**persistant, e** [peʀsistã, ãt] *adj* persistente; *(feuilles, feuillage)* perenne; **arbre à feuillage** ~ árbol de hoja perenne.
**persister** [peʀsiste] *vi* persistir; ~ **dans qch** persistir en algo; ~ **à faire qch** empeñarse en hacer algo.
**personnage** [peʀsɔnaʒ] *nm* personaje *m*.
**personnalité** [peʀsɔnalite] *nf* personalidad *f*.
**personne** [peʀsɔn] *nf* persona; *(LING)*: **première/troisième** ~ primera/tercera persona ♦ *pron* nadie; ~**s** *nfpl* personas *fpl*; **il n'y a** ~ no hay nadie; **10 F par** ~ 10 francos por persona; **en** ~ en persona; **personne à charge** *(JUR)* persona a su cargo; **personne âgée** persona mayor; **personne civile/morale** *(JUR)* persona civil/moral.
**personnel, le** [peʀsɔnɛl] *adj* personal; *(égoïste)* suyo(-a); *(taxe, contribution)* individual ♦ *nm (domestiques)* servidumbre *f*; *(employés)* plantilla; **il a des idées très** ~**les sur le sujet** tiene sus propias ideas sobre el tema; **service du** ~ servicio de personal.
**personnellement** [peʀsɔnɛlmã] *adv* personalmente.
**perspective** [peʀspɛktiv] *nf* perspectiva; ~**s** *nfpl (d'avenir)* perspectivas *fpl*; **en** ~ en perspectiva.
**perspicace** [peʀspikas] *adj* perspicaz.
**perspicacité** [peʀspikasite] *nf* perspicacia.
**persuader** [peʀsɥade] *vt*: ~ **qn (de qch/de faire qch)** persuadir a algn (de algo/de hacer algo); **j'en suis persuadé** estoy convencido.
**persuasif, -ive** [peʀsɥazif, iv] *adj* persuasivo(-a).
**perte** [peʀt] *nf* pérdida; *(morale)* perdición *f*; ~**s** *nfpl (personnes tuées)* bajas *fpl*; *(COMM)* déficit *m*; **vendre à** ~ hacer dumping; **à** ~ **de vue** hasta perderse de vista; *(discourir, raisonner)* hasta nunca acabar;

**en pure** ~ sin ganancia alguna; **courir à sa** ~ arriesgar mucho; **être en** ~ **de vitesse** *(fig)* estar de capa caída; **avec** ~ **et fracas** sin contemplaciones; ~ **de chaleur/ d'énergie** pérdida de calor/de energía; ~ **sèche** pérdida total; **pertes blanches** flujo *msg*.
**pertinent, e** [peʀtinã, ãt] *adj* pertinente.
**perturbation** [peʀtyʀbasjɔ̃] *nf* perturbación *f*; **perturbation (atmosphérique)** perturbación (atmosférica).
**perturber** [peʀtyʀbe] *vt* perturbar.
**pervenche** [peʀvãʃ] *nf (BOT)* rincapervinca ♦ *adj*: **bleu** ~ azul intenso.
**pervers, e** [peʀvɛʀ, ɛʀs] *adj*, *nm/f* perverso(-a); **effet** ~ efecto perverso.
**pervertir** [peʀvɛʀtiʀ] *vt* pervertir; *(altérer, dénaturer)* desnaturalizar.
**pesant, e** [pəzã, ãt] *adj* pesado(-a) ♦ *nm*: **valoir son** ~ **de** valer su peso en.
**pèse-personne** [pɛzpɛʀsɔn] *(pl* **pèse-personne(s))** *nm* báscula.
**peser** [pəze] *vt* pesar; *(considérer, comparer)* ponderar ♦ *vi* pesar; *(fig)* tener peso; ~ **sur** *(levier, bouton)* apretar sobre; *(fig)* abrumar; *(suj: aliment, fardeau, impôt)* pesar; *(influencer: décision)* influir en; ~ **à qn** molestar a algn; ~ **cent kilos/peu** pesar cien kilos/poco.
**pessimiste** [pesimist] *adj*, *nm/f* pesimista *m/f*.
**peste** [pɛst] *nf (MÉD)* peste *f*; *(femme, fillette)*: **quelle** ~! ¡es más mala que la peste!
**pet** [pɛ] *(fam!) nm* pedo.
**pétale** [petal] *nm* pétalo.
**pétanque** [petãk] *nf* petanca.
**pétard** [petaʀ] *nm (feu d'artifice)* petardo, cohete *m*; *(de cotillon)* petardo.
**péter** [pete] *(fam) vi (sauter)* estallar; *(casser)* romperse; *(fam!)* tirarse pedos.
**pétillant, e** [petijã, ãt] *adj (eau)* con gas; *(vin)* espumoso(-a); *(regard)* chispeante.
**pétiller** [petije] *vi (flamme, bois)* chisporrotear; *(mousse, champagne)* burbujear; *(joie, yeux)* chispear; *(fig)*: ~ **d'intelligence** chispear de ingenio.
**petit, e** [p(ə)ti, it] *adj* pequeño(-a), chico (-a) *(esp AM)*; *(personne, cri)* bajo(-a); *(mince)* fino(-a); *(court)* corto(-a) ♦ *nm/f (petit enfant)* pequeño(-a) ♦ *nm (d'un animal)* cachorro(-a); ~**s** *nmpl*: **la classe des** ~**s** la clase de párvulos; **faire des** ~**s** *(animal)* tener cachorros; **en** ~ en pequeño; **mon** ~

mi niño; **ma ~e** mi niña; **pauvre ~** pobre
crío; **pour ~s et grands** para pequeños y
mayores; **les tout-~s** los pequeñitos; **~ à ~**
poco a poco; **petit(e) ami(e)** novio(-a);
**petit déjeuner** desayuno; **petit doigt**
dedo meñique; **petit écran** televisión f;
**petit four** pastelillo; **petit pain** panecillo; **petite monnaie** calderilla; **petite vérole** viruela; **petits pois** guisantes mpl,
arvejas fpl (AM), chícharos mpl (MEX); **les
petites annonces** anuncios mpl por palabras; **petites gens** gente f humilde.

**petite-fille** [pətitfij] (pl ~s-~s) nf nieta.

**petit-fils** [pətifis] (pl ~s-~) nm nieto.

**pétition** [petisjɔ̃] nf petición f; **faire signer
une ~** recoger firmas.

**petits-enfants** [pətizɑ̃fɑ̃] nmpl nietos mpl.

**pétrin** [petʀɛ̃] nm artesa; (fig): **être dans le
~** estar en un apuro.

**pétrir** [petʀiʀ] vt (argile, cire) moldear;
(pâte) amasar; (palper fortement) manosear.

**pétrole** [petʀɔl] nm petróleo; **lampe à ~**
lámpara de petróleo; **pétrole lampant**
petróleo lampante.

**pétrolier, -ière** [petʀɔlje, jɛʀ] adj
petrolero(-a) ♦ nm petrolero; (technicien)
técnico de petróleo.

┌─────────── MOT-CLÉ ───────────

**peu** [pø] adv 1 poco; **il boit peu** bebe
poco; **il est peu bavard** es poco hablador; **elle est un peu grande** es un poco
grande; **peu avant/après** poco antes/
después; **depuis peu** desde hace poco
2 (modifiant nom): **peu de** poco(-a),
pocos(-as); (quantité): **il a peu d'espoir**
tiene pocas esperanzas; **il y a peu d'arbres** hay pocos árboles; **avoir peu de
pain** tener poco pan; **pour peu de
temps** por poco tiempo; **c'est (si) peu
de chose** eso es (muy) poca cosa
3: **peu à peu** poco a poco; **à peu près**
adv más o menos; **à peu près 10 kg/10F**
unos 10 kg/10 francos, como 10 kg/10
francos (AM); **à peu de frais** con poco gasto
♦ nm 1: **le peu de gens qui** los pocos
que; **le peu de sable qui** la poca arena
que; **le peu de courage qui nous restait**
el poco valor que nos quedaba
2: **un peu** un poco; **un petit peu** un poquito; **un peu d'espoir** cierta esperanza;

**essayez un peu!** ¡mire a ver!; **un peu
plus/moins de** un poco más/menos de;
**un peu plus et il ratait son train** un
poco más y pierde el tren; **pour peu qu'il
travaille, il réussira** a poco que trabaje,
aprobará
♦ pron: **peu le savent** pocos lo saben;
**avant** ou **sous peu** dentro de poco; **de
peu: il a gagné de peu** ganó por poco; **il
s'en est fallu de peu (qu'il ne le blesse)**
faltó muy poco (para que lo hiriese); **éviter qch de peu** evitar algo por poco; **il
est de peu mon cadet** es un poco más
pequeño que yo.

└─────────────────────────────

**peuple** [pœpl] nm pueblo; (péj): **le ~** el
pueblo; (masse indifférenciée): **un ~ de vacanciers** una masa de veraneantes; **il y a
du ~** hay un gentío.

**peupler** [pœple] vt poblar; **se peupler** vpr
(aussi fig) poblarse.

**peuplier** [pøplije] nm álamo.

**peur** [pœʀ] nf miedo; **avoir ~ (de qn/
qch/de faire qch)** tener miedo (de ou a
algn/algo/de hacer algo); **avoir ~ que** temer que; **prendre ~** asustarse; **la ~ de
qn/qch/faire qch** el temor de algn/algo/
hacer algo; **faire ~ à qn** asustar a algn; **de
~ de/que** por miedo a/a que.

**peureux, -euse** [pøʀø, øz] adj (personne)
miedoso(-a); (regard) atemorizado(-a).

**peut** [pø] vb voir **pouvoir**.

**peut-être** [pøtɛtʀ] adv quizá(s), a lo mejor;
**~-~ bien (qu'il fera/est)** puede (que
haga/sea); **~-~ que** quizá(s), a lo mejor;
**~-~ fera-t-il beau dimanche** quizás haga
bueno el domingo, a lo mejor hace bueno
el domingo.

**phallocrate** [falɔkʀat] nm falócrata m.

**phare** [faʀ] nm faro ♦ adj: **produit ~** producto estrella; **se mettre en ~s**, mettre
**ses ~s** poner la luz larga; **phares de recul** faros de marcha atrás.

**pharmacie** [faʀmasi] nf farmacia; (produits,
armoire) botiquín m.

**pharmacien, ne** [faʀmasjɛ̃, jɛn] nm/f
farmacéutico(-a).

**phénomène** [fenɔmɛn] nm fenómeno;
(personne) bicho raro; (monstre) monstruo.

**philanthrope** [filɑ̃tʀɔp] nm/f filántropo.

**philosophe** [filɔzɔf] adj, nm/f filósofo(-a).

**philosophie** [filɔzɔfi] nf filosofía.

**phobie** [fɔbi] nf fobia.

**phoque** [fɔk] nm foca; (fourrure) piel f de foca.

**phosphorescent, e** [fɔsfɔresɑ̃, ɑ̃t] adj fosforescente.

**photo** [foto] nf (abr de photographie) foto f ♦ adj (abr de photographique): **appareil/pellicule** ~ máquina/carrete m de fotos; **en ~**: **être mieux en ~ qu'au naturel** salir mejor en foto que al natural; **prendre (qn) en ~** hacer una foto (a algn); **il aime la ~** le gusta la fotografía; **faire de la ~** hacer fotografía; **photo d'identité** foto de carnet; **photo en couleurs** foto en color.

**photo...** [foto] préfixe foto...

**photocopie** [fotokɔpi] nf fotocopia.

**photocopier** [fotokɔpje] vt fotocopiar.

**photocopieuse** nf fotocopiadora.

**photographe** [fotɔgraf] nm/f fotógrafo (-a).

**photographie** [fotɔgrafi] nf fotografía.

**photographier** [fotɔgrafje] vt fotografiar.

**phrase** [frɑz] nf (LING, propos) frase f; **~s** nfpl (péj) palabras fpl.

**physicien, ne** [fizisjɛ̃, jɛn] nm/f físico(-a).

**physique** [fizik] adj físico(-a) ♦ nm físico ♦ nf física; **au ~** físicamente.

**physiquement** [fizikmɑ̃] adv físicamente.

**pianiste** [pjanist] nm/f pianista m/f.

**piano** [pjano] nm piano; **piano à queue** piano de cola; **piano mécanique** organillo.

**pianoter** [pjanɔte] vi tocar el piano, teclear; (tapoter) tamborilear.

**pic** [pik] nm pico; (ZOOL) pájaro carpintero; **à ~** escarpado(-a); (fig): **arriver/tomber à ~** venir/caer de perilla; **couler à ~** (bateau) irse a pique; **~ à glace** pico.

**pichet** [piʃɛ] nm jarro.

**picorer** [pikɔre] vt picotear.

**pie** [pi] nf (ZOOL) urraca; (fig: femme) cotorra ♦ adj inv: **cheval ~** caballo pío.

**pièce** [pjɛs] nf pieza; (d'un logement) habitación f; (THÉÂTRE) obra; (de monnaie) moneda; (COUTURE) parche m; (document) documento; (de bétail) cabeza de ganado; **mettre en ~s** hacer pedazos; **en ~s** roto(-a) en pedazos; **dix francs ~** diez francos la unidad; **vendre à la ~** vender por unidades; **travailler/payer à la ~** trabajar/cobrar a destajo; **créer/inventer de toutes ~s** crear/inventar completamente; **maillot une ~** bañador m; **un deux-~s cuisine** apartamento con dos habitaciones y cocina; **un trois-~s** (costume) un tres piezas m inv; (appartement) apartamento con tres habitaciones; **tout d'une ~** de una pieza; (personne: franc) cabal franco(-a); (: sans souplesse) rígido(-a); **~ d'identité**: **avez-vous une ~ d'identité?** ¿tiene usted algún documento de identidad?; **pièce à conviction** prueba de convicción; **pièce d'eau** estanque m; **pièce de rechange** pieza de recambio; **pièce de résistance** (plat) plato fuerte; **pièce montée** tarta nupcial; **pièces détachées** piezas fpl de repuesto; **en ~s détachées** (à monter) en piezas montables; **pièces justificatives** comprobante msg.

**pied** [pje] nm pie m; (ZOOL, d'un meuble, d'une échelle) pata; (d'une falaise) base f; **~s nus** ou **nu-~s** descalzo(-a); **à ~ à pie**; **à ~ sec** a pie enjuto; **à ~ d'œuvre** al pie del cañón; **au ~ de la lettre** al pie de la letra; **au ~ levé** de repente; **de ~ en cap** de los pies a la cabeza; **en ~** (portrait, photo) de cuerpo entero; **avoir ~** hacer pie; **avoir le ~ marin** no marearse; **perdre ~** (fig) perder pie; **sur ~** (AGR) antes de recoger; (rétabli) restablecido(-a); **être sur ~ dès cinq heures** estar en pie desde las cinco; **mettre sur ~** (entreprise) poner en pie; **mettre à ~** echar a la calle; **sur le ~ de guerre** en pie de guerra; **sur un ~ d'égalité** sobre una base de igualdad; **sur ~ d'intervention** en alerta; **faire du ~ à qn** dar con el pie a algn; **mettre les ~s quelque part** poner los pies en algún sitio; **faire des ~s et des mains** revolver Roma con Santiago; **mettre qn au ~ du mur** poner a algn entre la espada y la pared; **quel ~!** ¡fantástico!; **c'est le ~!** (fam) ¡es fenomenal!; **se lever du bon ~** levantarse con buen pie; **il s'est levé du ~ gauche** se ha levantado con el pie izquierdo; **~ de nez** palmo de narices; **pied de lit** pata de la cama; **pied de salade** planta de ensalada; **pied de vigne** cepa.

**pied-noir** [pjenwar] (pl ~s-~s) nm/f francés nacido en Argelia.

**piège** [pjɛʒ] nm trampa; **prendre au ~** coger en la trampa; **tomber dans un ~** caer en la trampa.

**piéger** [pjeʒe] vt (animal) coger en la trampa; (avec une bombe, mine) colocar un explosivo en; (fig) hacer caer en una trampa;

**lettre/voiture piégée** carta/coche *m* bomba *inv*.

**pierre** [pjɛʀ] *nf* piedra; **poser la première ~** poner la primera piedra; **mur de ~s sèches** muro de piedras secas; **faire d'une ~ deux coups** matar dos pájaros de un tiro; **pierre à briquet** piedra de mechero; **pierre de taille/de touche** piedra tallada/de toque; **pierre fine/ponce** piedra fina/pómez; **pierre tombale** lápida sepulcral.

**pierreries** [pjɛʀʀi] *nfpl* pedrería.

**piétiner** [pjetine] *vi* patalear; *(marquer le pas)* marcar el paso; *(fig)* estancarse, atascarse ♦ *vt (aussi fig)* pisotear.

**piéton, ne** [pjetɔ̃, ɔn] *nm/f* peatón *m/f* ♦ *adj* peatonal.

**piétonnier, -ière** [pjetɔnje, jɛʀ] *adj* peatonal.

**pieu, x** [pjø] *nm* estaca; *(fam: lit)* catre *m*.

**pieuvre** [pjœvʀ] *nf* pulpo.

**pieux, -euse** [pjø, pjøz] *adj* piadoso(-a).

**pigeon** [piʒɔ̃] *nm* palomo; **pigeon voyageur** paloma mensajera.

**piger** [piʒe] *(fam) vt, vi* pillar.

**pigiste** [piʒist] *nm/f (typographe)* tipógrafo(-a) que trabaja a destajo; *(journaliste)* periodista *m/f* que trabaja por líneas.

**pignon** [piɲɔ̃] *nm* piñón *m*; *(d'un mur)* aguilón *m*; **avoir ~ sur rue** *(fig)* estar bien establecido.

**pile** [pil] *nf* pila; *(pilier)* pilar *m* ♦ *adj*: **le côté ~** cruz *f* ♦ *adv (net, brusquement)* en seco; *(à temps, à point nommé)* justo a tiempo; **à deux heures ~** a las dos en punto; **jouer à ~ ou face** jugar a cara o cruz; **~ ou face?** ¿cara o cruz?

**piler** [pile] *vt* machacar.

**pilier** [pilje] *nm (colonne, support, RUGBY)* pilar *m*; *(personne)* apoyo; **pilier de bar** asiduo de un bar.

**piller** [pije] *vt* saquear.

**pilote** [pilɔt] *nm* piloto ♦ *adj*: **appartement-~** piso-piloto; **pilote d'essai/de chasse/de course/de ligne** piloto de pruebas/de caza/de carreras/civil.

**piloter** [pilɔte] *vt* pilotar; *(automobile)* conducir; *(fig)*: **~ qn** guiar a algn; **piloté par menu** *(INFORM)* guiado por menú.

**pilule** [pilyl] *nf* píldora; **prendre la ~** tomar la píldora.

**piment** [pimɑ̃] *nm* pimiento, ají *m (AM)*; *(fig)* sal y pimienta; **piment rouge** guin-

dilla.

**pimenté, e** [pimɑ̃te] *adj* salpimentado(-a).

**pin** [pɛ̃] *nm* pino; **pin maritime/parasol** pino marítimo/piñonero.

**pinard** [pinaʀ] *(fam) nm* vino.

**pince** [pɛ̃s] *nf* pinza; *(outil)* pinzas *fpl*; **pince à épiler** pinza de depilar; **pince à linge** pinza de la ropa; **pince à sucre** tenacillas *fpl* para el azúcar; **pince universelle** alicates *mpl*; **pinces de cycliste** pinzas para bicicleta.

**pincé, e** [pɛ̃se] *adj (air)* forzado(-a); *(nez, bouche)* fino(-a).

**pinceau, x** [pɛ̃so] *nm* pincel *m*.

**pincée** [pɛ̃se] *nf*: **une ~ de sel/poivre** una pizca de sal/pimienta.

**pincer** [pɛ̃se] *vt (personne)* pellizcar; *(MUS: cordes)* puntear; *(suj: vêtement: aussi COUTURE)* entallar; *(fam: malfaiteur)* pescar; **se ~ le doigt** pillarse el dedo; **se ~ le nez** taparse la nariz.

**pinède** [pinɛd] *nf* pinar *m*.

**pingouin** [pɛ̃gwɛ̃] *nm* pingüino.

**ping-pong** [piŋpɔ̃g] *(pl ~-~s) nm* pingpong *m*.

**pinson** [pɛ̃sɔ̃] *nm* pinzón *m*.

**pintade** [pɛ̃tad] *nf* pintada.

**pion, ne** [pjɔ̃, ɔn] *nm/f (SCOL, péj)* vigilante *m/f* ♦ *nm (ÉCHECS)* peón *m*; *(DAMES)* ficha.

**pionnier** [pjɔnje] *nm* pionero(-a); *(fig)* precursor *m*.

**pipe** [pip] *nf* pipa; **fumer la ~** fumar en pipa; **pipe de bruyère** pipa (de raíz) de brezo.

**pipi** [pipi] *(fam) nm*: **faire ~** hacer pis.

**piquant, e** [pikɑ̃, ɑ̃t] *adj* punzante; *(saveur)* picante; *(description, style)* penetrante; *(caustique)* mordaz ♦ *nm (épine)* espina; *(de hérisson)* púa; *(fig)*: **le ~** lo picante.

**pique** [pik] *nf* pica; *(parole blessante)*: **envoyer** *ou* **lancer des ~s à qn** tirar *ou* lanzar indirectas a algn ♦ *nm (CARTES)* picas *fpl*, ≈ espadas *fpl*.

**pique-nique** [piknik] *(pl ~-~s) nm* picnic *m*.

**pique-niquer** [piknike] *vi* ir de picnic.

**piquer** [pike] *vt* picar; *(percer)* pinchar; *(MÉD)* poner una inyección a; *(: animal blessé)* poner una inyección para matar; *(suj: vers)* apolillar; *(COUTURE)* pespuntear; *(fam: prendre)* coger; *(: voler)* birlar; *(: arrêter)* pillar; *(planter)*: **~ qch dans** clavar algo en; *(fixer)*: **~ qch à/sur** colocar algo en ♦ *vi* (*oiseau, avion*) bajar en picado; (*saveur*) picar; **se piquer** *vpr* (*avec une aiguille*) pincharse; (*se faire une piqûre*) ponerse una inyección; (*se vexer*) picarse; **se ~ de faire** alardear de hacer; **~ sur** bajar en picado sobre; **~ du nez** caerse de narices; (*dormir*) dar una cabezada; **~ une tête** meterse en el agua; **~ un galop/un cent mètres** ir al galope/correr cien metros; **~ une crise** coger una rabieta; **~ au vif** (*fig*) herir en carne viva.

**piquet** [pikɛ] *nm* estaca; **mettre un élève au ~** castigar a un alumno contra la pared; **~ de grève** piquete *m* de huelga; **~ d'incendie** cuerpo permanente de bomberos.

**piqûre** [pikyʀ] *nf* (*gén*) picadura; (*MÉD*) inyección *f*; (*COUTURE*) pespunte *m*; (*tache*) mancha; **faire une ~ à qn** poner una inyección a algn.

**pirate** [piʀat] *nm* (*aussi fig*) pirata *m/f* ♦ *adj*: **émetteur ~** emisora pirata; **pirate de l'air** pirata del aire.

**pire** [piʀ] *adj* (*comparatif*) peor; (*superlatif*): **le (la) ~** el/lo (la) peor ♦ *nm*: **le ~ (de)** lo peor (de); **au ~** en el peor de los casos.

**pirouette** [piʀwɛt] *nf* (*demi-tour*) pirueta; (*DANSE*) vuelta; (*fig*): **répondre par une ~** salirse por peteneras.

**pis** [pi] *nm* (*de vache*) ubre *f*; (*pire*): **le ~** lo peor ♦ *adj, adv* peor; **on aurait pu faire ~** podría haber sido peor; **de mal en ~** de mal en peor; **qui ~ est** y lo que es peor; **au ~ aller** en el peor de los casos.

**piscine** [pisin] *nf* piscina; **piscine couverte/en plein air/olympique** piscina cubierta/al aire libre/olímpica.

**pissenlit** [pisɑ̃li] *nm* cardillo.

**pisser** [pise] *vi* mear (*fam!*).

**pistache** [pistaʃ] *nf* pistacho.

**piste** [pist] *nf* pista, rastro; (*sentier*) camino; (*d'un magnétophone*) banda; **être sur la ~ de qn** estar tras la pista de algn; **piste cavalière** camino de herradura; **piste cyclable** pista para ciclistas; **piste sonore** banda sonora.

**pistolet** [pistolɛ] *nm* pistola; **pistolet à air comprimé/à bouchon/à eau** pistola de aire comprimido/con tapón/de agua.

**pistolet-mitrailleur** [pistolɛmitʀajœʀ] (*pl* **~s-~s**) *nm* pistola ametralladora.

**piston** [pistɔ̃] *nm* (*TECH*) pistón *m*; (*fig*) enchufe *m*; (*MUS*): **cornet/trombone à ~s** corneta/trombón *m* de pistones.

**pistonner** [pistone] *vt* enchufar.

**piteux, -euse** [pitø, øz] *adj* (*résultat*) deplorable; (*air*) lastimoso(-a); **en ~ état** en estado lamentable.

**pitié** [pitje] *nf* piedad *f*; **sans ~** sin piedad; **faire ~** dar pena *ou* lástima; **par ~, ...** por piedad, ...; **il me fait ~** me da lástima; **avoir ~ de qn** (*épargner*) compadecerse de algn.

**pitoyable** [pitwajabl] *adj* lamentable; (*réponse, acteur*) penoso(-a).

**pittoresque** [pitɔʀɛsk] *adj* pintoresco(-a).

**PJ** [peʒi] *sigle f* (= *police judiciaire*) *voir* **police** ♦ *sigle fpl* (= *pièces jointes*) documentos adjuntos.

**placard** [plakaʀ] *nm* (*armoire*) armario (empotrado); (*affiche*) anuncio; (*TYPO*) prueba; **placard publicitaire** anuncio publicitario.

**place** [plas] *nf* plaza; (*emplacement*) lugar *m*; (*espace libre*) sitio; (*siège*) asiento; (*prix: au cinéma etc*) entrada; (: *dans un bus*) billete *m*; (*situation: d'une personne*) situación *f*; (*UNIV, emploi*) puesto; **en ~** en su sitio; **de ~ en ~** de un sitio a otro; **sur ~** en el sitio; (*sur les lieux*): **faire une enquête/se rendre sur ~** hacer una encuesta/presentarse in situ; **faire de la ~** hacer sitio; **faire ~ à qch** dar paso a algo; **prendre ~** tomar asiento; **ça prend de la ~** ocupa sitio; **à votre ~ ...** en su lugar ...; **remettre qn à sa ~** poner a algn en su sitio; **ne pas rester *ou* tenir en ~** no estarse quieto(-a); **à la ~** (*en échange*) en su lugar; **à la ~ de** en lugar de; **une quatre ~s** (*AUTO*) un cuatro plazas *m inv*; **il y a 20 ~s assises/debout** hay 20 plazas de asiento/de pie; **place d'honneur** lugar de honor; **place forte** plaza fuerte; **places arrière/avant** asientos *mpl* traseros/delanteros.

**placé, e** [plase] *adj* (*HIPPISME*) clasificado(-a); **haut ~** (*fig*) bien situado(-a); **être bien/mal ~** (*objet*) estar bien/mal colocado(-a); (*spectateur*) estar bien/mal situado(-a); (*concurrent*) tener buena/mala posición; **être bien/mal ~ pour** estar en una buena/mala posición para.

**placement** [plasmɑ̃] *nm* (*emploi*) colocación *f*; (*FIN*) inversión *f*; **agence/bureau de ~** oficina de empleo.

**placer** [plase] *vt* (*convive, spectateur*) acomodar; (*chose*) colocar; (*élève, employé*) dar empleo a; (*marchandises, valeurs*) vender; (*capital*) invertir; (*événement, pays*) situar; **se placer** *vpr* (*COURSES*) clasificarse; **se ~ au premier rang/devant qch** (*chose, pays*) encontrarse en primera fila/delante de algo; **~ qn chez qn/sous les ordres de qn** colocar a algn en casa de algn/bajo las órdenes de algn; **~ qn dans un emploi de** colocar a algn de.

**plafond** [plafɔ̃] *nm* techo; (*AVIAT*) altura máxima; (*fig*) tope *m*.

**plage** [plaʒ] *nf* playa; (*station*) balneario; (*de disque*) banda sonora; (*fig*): **~ horaire/musicale/de prix** banda horaria/musical/de precios; **plage arrière** (*AUTO*) maletero.

**plaider** [plede] *vi* (*avocat*) pleitear; (*plaignant*) litigar ♦ *vt* (*cause*) defender; **~ l'irresponsabilité/la légitime défense** alegar irresponsabilidad/legítima defensa; **~ coupable/non coupable** declararse culpable/inocente; **~ pour** *ou* **en faveur de qn** (*fig*) declarar a favor de algn.

**plaidoyer** [pledwaje] *nm* (*JUR, fig*) alegato.

**plaie** [plɛ] *nf* herida.

**plaignant, e** [plɛɲɑ̃, ɑ̃t] *vb voir* **plaindre** ♦ *adj, nm/f* demandante *m/f*.

**plaindre** [plɛ̃dʀ] *vt* compadecer; **se plaindre** *vpr* quejarse; **se ~ que** quejarse de que.

**plaine** [plɛn] *nf* llanura.

**plain-pied** [plɛ̃pje]: **de ~-~** *adv* al mismo nivel; (*fig*) sin dificultad; **de ~-~ avec** al mismo nivel que.

**plainte** [plɛ̃t] *nf* queja; (*gémissement*) lamento; (*JUR*): **porter ~** poner una denuncia.

**plaire** [plɛʀ] *vi* gustar; **se plaire** *vpr* (*quelque part*) estar a gusto; **~ à: cela me plaît** eso me gusta; **essayer de ~ à qn** tratar de agradar a algn; **se ~ à** complacerse en; **elle plaît aux hommes** gusta a los hombres; **ce qu'il vous plaira** lo que usted quiera; **s'il vous plaît** por favor.

**plaisance** [plɛzɑ̃s] *nf* (*aussi:* **navigation de ~**) navegación *f* de recreo.

**plaisant, e** [plɛzɑ̃, ɑ̃t] *adj* agradable; (*personne*) grato(-a); (*histoire, anecdote*) divertido(-a).

**plaisanter** [plɛzɑ̃te] *vi* bromear ♦ *vt* (*personne*) gastar una broma a; **pour ~** en broma; **on ne plaisante pas avec cela** con eso no se bromea; **tu plaisantes!** ¡no

hablas en serio!

**plaisanterie** [plɛzɑ̃tʀi] *nf* broma.

**plaisir** [pleziʀ] *nm*: **le ~** el placer; **~s** *nmpl*: **chaque âge a ses ~s** cada edad tiene su encanto; **boire/manger avec ~** beber/comer con ganas; **faire ~ à qn** complacer a algn; (*suj: cadeau, nouvelle*) agradar a algn; **prendre ~ à qch/à faire qch** complacerse en algo/en hacer algo; **j'ai le ~ de ...** tengo el gusto de ...; **M et Mme X ont le ~ de vous faire part de ...** el señor y la señora X se complacen en hacerles partícipes de ...; **se faire un ~ de faire qch** tener mucho gusto en hacer algo; **faites-moi le ~ de ...** hágame usted el favor de ...; **à ~** a placer; (*sans raison*) sin motivo; **au ~ (de vous revoir)** hasta que nos veamos; **pour le** *ou* **par** *ou* **pour son ~** por gusto.

**plaît** [plɛ] *vb voir* **plaire**.

**plan, e** [plɑ̃, an] *adj* plano(-a) ♦ *nm* plano; (*projet, ÉCON*) plan *m*; **au premier/second ~** en primer/segundo plano; **sur tous les ~s** (*aspect*) en todos los aspectos; **à l'arrière ~** en segundo plano; **laisser/rester en ~** dejar/quedar en suspenso; **sur le même ~** al mismo nivel; **de premier/second ~** (*personnage*) de primera/segunda plana; **sur le ~ sexuel** en el terreno de la sexualidad; **plan d'action** plan de acción; **plan d'eau** estanque *m*; **plan de cuisson** rejilla de cocina; **plan de sustentation** plano de sustentación; **plan de travail** (*dans une cuisine*) encimera; **plan de vol** plan de vuelo; **plan directeur** (*MIL*) plano de campaña; (*ÉCON*) plan rector.

**planche** [plɑ̃ʃ] *nf* tabla; (*de dessins*) lámina; (*de salades etc*) hilera; (*d'un plongeoir*) tablón *m*; **~s** *nfpl*: **les ~s** (*THÉÂTRE*) las tablas; **en ~s** de tablas; **faire la ~** (*dans l'eau*) hacer el muerto; **avoir du pain sur la ~** tener tela que cortar; **planche à découper** tabla de cortar; **planche à dessin** tablero de dibujo; **planche à pain** tabla; **planche à repasser** tabla de planchar; **planche (à roulettes)** monopatín *m*; **planche à voile** (*objet*) tabla de windsurfing; (*SPORT*) windsurfing *m*; **planche de salut** (*fig*) tabla de salvación.

**plancher** [plɑ̃ʃe] *nm* suelo; (*d'une maison*) piso; (*fig*): **~ des salaires/cotisations** nivel *m* mínimo salarial/de las cotizaciones

♦ *vi* trabajar duro.

**planer** [plane] *vi* (*oiseau*) cernerse; (*avion*) planear; (*odeur etc*) flotar; (*fam: être euphorique*) estar ciego(-a); ~ **sur** cernerse sobre.

**planète** [planɛt] *nf* planeta *m*.

**planeur** [planœʀ] *nm* planeador *m*.

**planifier** [planifje] *vt* planificar.

**planning** [planiŋ] *nm* programación *f*; **planning familial** planificación *f* familiar.

**plant** [plɑ̃] *nm* planta joven.

**plante** [plɑ̃t] *nf* planta; (*ANAT*): ~ **du pied** planta del pie; **plante d'appartement** planta de interior; **plante verte** planta verde.

**planter** [plɑ̃te] *vt* plantar; (*pieu*) clavar; (*drapeau*) plantar, poner; (*tente*) montar; (*décors*) instalar; (*fam: mettre*) plantar; (: *abandonner*): ~ **là** dejar plantado(-a); **se planter** *vpr* (*fam: se tromper*) meter la pata; ~ **de/en vignes** plantar de/con viñas; **se** ~ **devant** qn/qch plantarse delante de algn/algo.

**plaque** [plak] *nf* placa; (*d'ardoise, de verre*) hoja; **plaque chauffante** placa calientaplatos; **plaque d'identité** placa (de identidad); **plaque minéralogique/d'immatriculation** placa mineralógica/de matrícula; **plaque de beurre** cucharada de mantequilla; **plaque de chocolat** tableta de chocolate; **plaque de cuisson** quemador *m*; **plaque de four** placa de horno; **plaque de police** placa (de identidad); **plaque de propreté** placa protectora; **plaque sensible** (*PHOTO*) placa sensible; **plaque tournante** (*fig*) centro.

**plaqué, e** [plake] *nm* (*métal*): ~ **or/argent** chapado en oro/plata; (*bois*): ~ **acajou** enchapado en caoba ♦ *adj*: ~ **or/argent** chapado(-a) en oro/plata.

**plaquer** [plake] *vt* (*bijou*) chapar; (*bois*) enchapar; (*RUGBY*) hacer un placaje a; (*fam: laisser tomber*) dejar plantado(-a); (*aplatir*): ~ **qch sur/contre** aplastar algo sobre/contra; **se** ~ **contre** pegarse a; ~ **qn contre** sujetar a algn con fuerza contra.

**plaquette** [plakɛt] *nf* (*de chocolat*) tableta; (*beurre*) cucharada; (*livre*) folleto; (*de pilules*) tableta; (*INFORM*) tarjeta de circuitos impresos; **plaquette de frein** (*AUTO*) almohadilla de freno.

**plastique** [plastik] *adj* plástico(-a) ♦ *nm* plástico ♦ *nf* plástica; **bouteille en** ~ botella de plástico; **chirurgie** ~ cirugía plástica.

**plastiquer** [plastike] *vt* volar con goma dos.

**plat, e** [pla, at] *adj* llano(-a); (*chapeau, bateau*) chato(-a); (*ventre, poitrine*) plano(-a); (*cheveux*) lacio(-a); (*vin*) insípido(-a); (*banal*) anodino(-a) ♦ *nm* (*CULIN: mets*) plato; (: *récipient*) fuente *f*; (*partie plate*): **le** ~ **de la main** la palma de la mano; (*d'une route*): **rouler sur du** ~ conducir en lo llano; **à** ~ *adv* a lo largo ♦ *adj* (*neumático*) desinflado(-a); (*personne*) rendido(-a); **à** ~ **ventre** boca abajo; **batterie à** ~ batería descargada; **talons** ~**s** zapatos *mpl* planos; **plat cuisiné** plato precocinado; **plat de résistance** plato fuerte; **plat du jour** plato del día; **plats préparés** platos preparados.

**platane** [platan] *nm* plátano.

**plateau, x** [plato] *nm* bandeja; (*d'une table*) superficie *f*; (*d'une balance, de tournedisque*) plato; (*GÉO*) meseta; (*d'un graphique*) nivel *m*; (*CINÉ, TV*) plató; **plateau à fromage** tabla de quesos.

**plate-bande** [platbɑ̃d] (*pl* ~**s**-~**s**) *nf* arriate *m*.

**plate-forme** [platfɔrm] (*pl* ~**s**-~**s**) *nf* plataforma; **plate-forme de forage/pétrolière** plataforma de perforación/petrolera.

**platine** [platin] *nm* platino ♦ *nf* platina ♦ *adj inv*: **cheveux/blond** ~ cabello/rubio platino *inv*; **platine cassette/laser/disque** platina de casete/de compactdisc/de tocadiscos; **platine laser** platina láser.

**plâtre** [plɑtʀ] *nm* yeso; (*MÉD, statue*) escayola; ~**s** *nmpl* (*revêtements*) revestimientos *mpl* de escayola; **avoir un bras dans le** ~ tener un brazo escayolado.

**plein, e** [plɛ̃, plɛn] *adj* lleno(-a); (*journée*) ocupado(-a); (*porte, roue*) macizo(-a); (*joues, formes*) relleno(-a); (*mer*) alto(-a); (*chienne, jument*) preñada ♦ *prép*: **avoir de l'argent** ~ **les poches** tener los bolsillos llenos de dinero ♦ *nm*: **faire le** ~ **(d'essence)** llenar el depósito (de gasolina); **faire le** ~ **de spectateurs/voix** llenar la sala/conseguir la mayoría de los votos; **les** ~**s** (*écriture*) el trazo grueso; **avoir les mains** ~**es** tener las manos llenas; **à** ~**es mains** a manos llenas; **à** ~, **en** ~ de lleno; **à** ~ **régime** al máximo; **à** ~ **temps, à**

temps ~ a tiempo completo; **en ~ air** al aire libre; **jeux de ~ air** juegos de aire libre; **en ~ vent/soleil** a pleno viento/sol; **en ~e mer** en altamar; **en ~e rue** en medio de la calle; **en ~ milieu** en medio; **en ~ jour/pleine nuit** en pleno día/plena noche; **en ~e croissance** en pleno crecimiento; **en ~ sur** de lleno sobre; **en avoir ~ le dos** (*fam*) estar hasta la coronilla; **pleins pouvoirs** plenos poderes *mpl*.

**pleurer** [plœʀe] *vt, vi* llorar; ~ **sur** llorar por; ~ **de rire** llorar de risa.

**pleurnicher** [plœʀniʃe] *vi* lloriquear.

**pleurs** [plœʀ] *nmpl*: **en ~** deshecho(-a) en lágrimas.

**pleut** [plø] *vb voir* **pleuvoir**.

**pleuvoir** [pløvwaʀ] *vb impers*: **il pleut** llueve ♦ *vi (fig)* llover; **il pleut des cordes** *ou* **à verse/à torrents** llueve a cántaros/torrencialmente.

**pli** [pli] *nm* pliegue *m*; (*d'un drapé, rideau*) doblez *f*; (*d'une jupe*) tabla; (*d'un pantalon*) raya; (*aussi*: **faux ~**) arruga; (*ride*) arruga; (*enveloppe*) sobre *m*; (*ADMIN*) carta; (*CARTES*) baza; **prendre le ~ de faire qch** adquirir el hábito de hacer algo; **ça ne va pas faire un ~** no cabe duda; **pli d'aisance** tabla.

**pliant, e** [plijɑ̃, plijɑ̃t] *adj* plegable ♦ *nm* silla de tijera.

**plier** [plije] *vt* doblar; (*tente etc*) plegar; (*pour ranger*) recoger; (*genou, bras*) flexionar ♦ *vi* curvarse; (*céder*) ceder; **se plier à** *vpr* doblegarse a; ~ **bagage** (*fig*) tomar las de Villadiego.

**plisser** [plise] *vt* arrugar; (*jupe*) hacerle tablas a, plisar; **se plisser** *vpr* arrugarse.

**plomb** [plɔ̃] *nm* plomo; (*d'une cartouche*) perdigón *m*; (*sceau*) precinto; (*ÉLEC*) fusible *m*; **sommeil de ~** sueño pesado; **soleil de ~** sol abrasador.

**plomberie** [plɔ̃bʀi] *nf* fontanería, plomería (*AM*); (*installation*) cañería.

**plombier** [plɔ̃bje] *nm* fontanero, plomero (*AM*), gasfiter *m* (*CHI*), gasfitero (*CHI*).

**plonge** [plɔ̃ʒ] *nf*: **faire la ~** fregar los platos.

**plongeant, e** [plɔ̃ʒɑ̃, ɑ̃t] *adj* (*vue*) desde arriba; (*tir*) oblicuo(-a); (*décolleté*) pronunciado(-a).

**plongée** [plɔ̃ʒe] *nf* inmersión *f*; (*SPORT: sans bouteilles*) buceo; (*CINÉ, TV*) plano tomado desde arriba, plano picado; ~ (**sous-marine**) submarinismo; **sous-marin en ~** submarino sumergido.

**plongeoir** [plɔ̃ʒwaʀ] *nm* trampolín *m*.

**plongeon** [plɔ̃ʒɔ̃] *nm* zambullida; (*FOOTBALL*) estirada.

**plonger** [plɔ̃ʒe] *vi* (*personne*) zambullirse; (*sous-marin*) sumergirse; (*oiseau, avion*) lanzarse en picado; (*FOOTBALL*) hacer una estirada; (*regard*) dirigir; (*personne*): ~ **dans un sommeil profond** sumirse en un sueño profundo ♦ *vt* sumergir; (*arme, racine*) clavar; ~ **dans l'obscurité** sumir en la oscuridad; ~ **qn dans l'embarras/la découragement** sumir a algn en la confusión/el desánimo.

**plongeur, -euse** [plɔ̃ʒœʀ, øz] *nm/f* buceador(a); (*avec bouteilles*) submarinista *m/f*; (*de restaurant*): **travailler comme ~** fregar los platos.

**plu** [ply] *pp de* **plaire; pleuvoir**.

**pluie** [plɥi] *nf* lluvia; (*averse*) chaparrón *m*; **une ~ de** (*fig*) una lluvia de; **retomber en ~** caer en forma de lluvia; **sous la ~** bajo la lluvia.

**plume** [plym] *nf* pluma; **dessin à la ~** dibujo en plumilla.

**plumer** [plyme] *vt* desplumar.

**plupart** [plypaʀ]: **la ~** *pron* la mayor parte; **la ~ du temps** la mayoría de las veces; **dans la ~ des cas** en la mayoría de los casos; **pour la ~** en su mayoría.

**pluriel** [plyʀjɛl] *nm* plural *m*; **au ~** en plural.

| | MOT-CLÉ |
|---|---|

**plus** *adv* [ply] **1** (*forme négative*): **ne ... plus** ya no; **je n'ai plus d'argent** ya no tengo dinero; **il ne travaille plus** ya no trabaja

**2** [plys] (*comparatif*) más; **plus intelligent (que)** más inteligente (que); **plus d'intelligence/de possibilités (que)** más inteligencia/posibilidades (que); (*superlatif*): **le plus** el más; **c'est lui qui travaille le plus** es él quien más trabaja; **le plus grand** el más grande; (**tout**) **au plus** a lo sumo, a lo más

**3** (*davantage*) más; **il travaille plus (que)** trabaja más (que); **plus il travaille, plus il est heureux** cuanto más trabaja, más feliz es; **il était plus de minuit** era más de medianoche; **plus de 3 heures/4 kilos** más de 3 horas/4 kilos; **3 heures/kilos de plus que** 3 horas/kilos más que; **il a 3 ans de**

**plus que moi** tiene 3 años más que yo; **de plus** (*en supplément*) de más; (*en outre*) además; **de plus en plus** cada vez más; **plus de pain** más pan; **sans plus** sin más; **3 kilos en plus** 3 kilos de más; **en plus de cela ...** además de eso ...; **d'autant plus que** tanto más cuando, más aún cuando; **qui plus est** y lo que es más; **plus ou moins** más o menos; **ni plus ni moins** ni más ni menos
♦ *prép:* **4 plus 2** 4 más 2.

**plusieurs** [plyzjœʀ] *dét, pron* varios(-as); **ils sont ~** son varios.

**plus-que-parfait** [plyskəpaʀfɛ] *nm* (*LING*) pluscuamperfecto.

**plus-value** [plyvaly] (*pl ~-~s*) *nf* (*ÉCON*) plusvalía; (*bénéfice*) beneficio; (*budgétaire*) excedente *m*.

**plutôt** [plyto] *adv* más bien; **je ferais ~ ceci** haría más bien esto; **fais ~ comme ça** haz mejor así; **~ que (de) faire qch** en lugar de hacer algo; **~ grand/rouge** más bien grande/rojo.

**pluvieux, -euse** [plyvjø, jøz] *adj* lluvioso(-a).

**PME** [peɛmə] *sigle fpl* (= *petites et moyennes entreprises*) ≈ PYME *fsg* (= *pequeña y mediana empresa*).

**PMU** [peɛmy] *sigle m* (= *pari mutuel urbain*) *voir* **pari**.

---

**PMU**

*PMU, siglas de "pari mutuel urbain", es una red de ventanillas de apuestas regulada por el gobierno que se encuentran en los bares que muestran el signo PMU. Para apostar se compran boletos, que tienen un precio fijo y se hacen predicciones sobre quiénes van a ganar u ocupar las primeras posiciones en las carreras de caballos. La apuesta tradicional es la "tiercé", que es una triple apuesta, aunque hay otras apuestas múltiples, como "quarté" etc, que se están haciendo cada vez más populares.*

---

**PNB** [peɛnbe] *sigle m* (= *produit national brut*) PNB *m* (= *producto nacional bruto*).

**pneu, x** [pnø] *nm* neumático, llanta (*AM*); (*message*) misiva tubular.

**pneumonie** [pnømɔni] *nf* neumonía.

**poche** [pɔʃ] *nf* bolsillo; (*ZOOL*) buche *m* ♦ *nm* libro de bolsillo; **de ~** de bolsillo; **en être de sa ~** pagarlo de su bolsillo; **c'est dans la ~** es cosa hecha.

**pochette** [pɔʃɛt] *nf* (*de timbres*) sobre *m*; (*d'aiguilles etc*) estuche *m*; (*sac: de femme*) bolso de mano; (: *d'homme*) bolso; (*sur veste*) pañuelo; **pochette d'allumettes** canterilla de cerillas; **pochette de disque** funda de discos; **pochette surprise** sobre sorpresa.

**poêle** [pwal] *nm* estufa ♦ *nf:* **~ (à frire)** sartén *f (m en AM)*.

**poème** [pɔɛm] *nm* poema *m*.

**poésie** [pɔezi] *nf* poesía.

**poète** [pɔɛt] *nm* poeta *m* ♦ *adj* poeta.

**poétique** [pɔetik] *adj* poético(-a).

**poids** [pwa] *nm* peso; (*pour peser*) pesa; (*SPORT*) pesas *fpl*; **vendre qch au ~** vender algo al peso; **prendre/perdre du ~** coger/perder peso; **faire le ~** (*fig*) dar la talla; **argument de ~** argumento de peso; **poids et haltères** *nmpl* pesas y halterofilia; **poids lourd** peso pesado; (*camion: aussi: PL*) camión *m* de carga pesada; **poids mort** (*TECH*) peso muerto; (*fig: péj*) lastre *m*; **poids mouche/plume/coq/moyen** (*BOXE*) peso mosca/pluma/gallo/medio; **poids utile** carga.

**poignant, e** [pwaɲɑ̃, ɑ̃t] *adj* conmovedor(a).

**poignard** [pwaɲaʀ] *nm* puñal *m*.

**poignarder** [pwaɲaʀde] *vt* apuñalar.

**poigne** [pwaɲ] *nf* fuerza; (*main, poing*) mano *f*; (*fig*) firmeza; **à ~** con firmeza.

**poignée** [pwaɲe] *nf* puñado; (*de couvercle, valise*) asa; (*tiroir*) tirador *m*; (*porte*) picaporte *m*; (*de cuisine*) manopla *f*; **poignée de main** apretón *m* de manos.

**poignet** [pwaɲɛ] *nm* muñeca; (*d'une chemise*) puño.

**poil** [pwal] *nm* pelo; (*de pinceau, brosse*) cerda; **à ~** (*fam: tout nu*) en pelota; **au ~** (*parfait*) estupendo; **de tout ~** de toda calaña; **être de bon/mauvais ~** (*fam*) estar de buenas/malas; **poil à gratter** picapica.

**poilu, e** [pwaly] *adj* peludo(-a).

**poinçonner** [pwɛ̃sɔne] *vt* (*billet, ticket*) picar; (*marchandise, bijou*) contrastar.

**poing** [pwɛ̃] *nm* puño; **dormir à ~s fermés** dormir a pierna suelta.

**point** [pwɛ̃] *vb voir* **poindre** ♦ *nm* punto; (*COUTURE, TAPISSERIE*) puntada ♦ *adv voir* **pas**;

il n'est ~ **bête** no es ningún tonto; **faire le ~** (NAUT) determinar la posición; (fig) recapitular; **faire le ~ sur** analizar la situación de; **en tout ~** de todo punto; **sur le ~ de faire qch** a punto de hacer algo; **au ~ que** hasta el punto que; **mettre au ~** poner a punto; (appareil de photo) enfocar; (affaire) precisar; **à ~** (CULIN) en su punto; **à ~ nommé** en el momento oportuno; **au ~ de vue scientifique** desde el punto de vista científico; **point chaud** (MIL, POL) punto álgido; **point culminant** punto culminante; **point d'eau** punto de agua; **point d'exclamation/d'interrogation** signo de exclamación/de interrogación; **point de chaînette/de croix/de tige** punto de cadeneta/de cruz/de tallu; **point de chute** (fig) lugar m de parada; **point de côté** punzada en el costado; **point de départ/d'arrivée/d'arrêt/de chute** punto de partida/de llegada/de parada/de caída; **point de jersey** (TRICOT) punto liso ou de jersey; **point de non-retour** punto sin retorno; **point de repère** punto de referencia; **point de vente** punto de venta; **point de vue** (paysage) vista; (fig) punto de vista; **point faible** punto débil; **point final** punto final; **point mort** punto muerto; **point mousse** (TRICOT) punto de malla; **point noir** punto negro; **points cardinaux** puntos cardinales; **points de suspension** puntos suspensivos.

**pointe** [pwɛt] nf punta; (d'un clocher) remate m; (fig): **une ~ d'ail/d'accent** una pizca de ajo/de acento; **~s** nfpl (DANSE) zapatillas fpl de puntas; **être à la ~ de qch** estar en la vanguardia de algo; **faire ou pousser une ~ jusqu'à ...** llegar hasta ...; **sur la ~ des pieds** de puntillas; **en ~** adv, adj en punta; **de ~** (industries etc) de vanguardia; (vitesse) punta; **heures/jours de ~** horas fpl/días mpl punta; **faire du 180 en ~** (AUTO) llevar una velocidad tope de 180; **faire des ~s** (DANSE) bailar de puntillas; **pointe d'asperge** punta de espárrago; **pointe de courant** sobretensión f; **pointe de tension** (INFORM) punto de tensión; **pointe de vitesse** escapada.

**pointer** [pwɛte] vt puntear; (employés, ouvriers) fichar; (canon, doigt) apuntar ♦ vi (ouvrier, employé) fichar; (pousses) brotar; (jour) despuntar; **~ les oreilles** aguzar las orejas.

**pointillé** [pwɛtije] nm línea de puntos; (ART) punteado.

**pointilleux, -euse** [pwɛtijø, øz] adj puntilloso(-a).

**pointu, e** [pwɛty] adj puntiagudo(-a); (son, voix, fig) agudo(-a).

**pointure** [pwɛtyʀ] nf número.

**point-virgule** [pwɛviʀgyl] (pl ~s-~s) nm punto y coma m.

**poire** [pwaʀ] nf pera; (fam: péj) memo(-a); **poire à injections** jeringa de inyecciones; **poire électrique/à lavement** pera eléctrica/de lavativa.

**poireau, x** [pwaʀo] nm puerro.

**poirier** [pwaʀje] nm peral m; **faire le ~** hacer el pino.

**pois** [pwa] nm guisante m; (sur une étoffe) lunar m; **à ~** de lunares; **pois cassés** guisantes mpl secos; **pois chiche** garbanzo; **pois de senteur** guisante de olor.

**poison** [pwazɔ̃] nm veneno.

**poisseux, -euse** [pwasø, øz] adj pegajoso(-a).

**poisson** [pwasɔ̃] nm pez m; (CULIN) pescado; (ASTROL): **P~s** Piscis msg; **être (des) P~s** ser Piscis; **prendre du ~** pescar; **"~ d'avril!"** "¡inocente!"; **poisson d'avril** inocentada; **poisson volant/rouge** pez volador/de colores.

**poissonnerie** [pwasɔnʀi] nf pescadería.

**poissonnier, -ière** [pwasɔnje, jɛʀ] nm/f pescadero(-a) ♦ nf besuguera.

**poitrine** [pwatʀin] nf pecho.

**poivre** [pwavʀ] nm pimienta; **poivre blanc/gris** pimienta blanca/negra; **poivre de cayenne** cayena; **poivre moulu/en grains** pimienta molida/en grano; **poivre et sel** adj inv (cheveux) entrecano(-a); **poivre vert** pimienta verde.

**poivron** [pwavʀɔ̃] nm pimiento morrón; **poivron rouge/vert** pimiento rojo/verde.

**polaire** [pɔlɛʀ] adj polar.

**polar** [pɔlaʀ] (fam) nm novela policial ou policíaca.

**pôle** [pol] nm (GÉO, ÉLEC) polo; (chose en opposition) polo opuesto; **pôle d'attraction** polo de atracción; **pôle de développement** (ÉCON) polo de desarrollo; **le pôle Nord/Sud** el polo Norte/Sur.

**poli, e** [pɔli] adj (personne) educado(-a),

elegante; (*surface*) liso(-a).

**police** [pɔlis] *nf*: **la ~** la policía; (*discipline*): **assurer la ~ de** *ou* **dans** mantener el orden en; (*ASSURANCE*): **~ d'assurance** póliza de seguros; **être dans la ~** estar en la policía; **peine de simple ~** pena leve; **police de caractère** (*TYPO, INFORM*) tipo de letra; **police des mœurs** *policía encargada del control de la prostitución;* **police judiciaire** policía judicial; **police secours** servicio urgente de policía; **police secrète** policía secreta.

**policier, -ière** [pɔlisje, jɛʀ] *adj* policial, policíaco(-a) ♦ *nm* policía *m/f*, agente *m* (*AM*); (*aussi*: **roman ~**) novela policíaca.

**polio(myélite)** [pɔljo(mjelit)] *nf* poliomielitis *f inv*.

**polir** [pɔliʀ] *vt* pulir.

**politesse** [pɔlitɛs] *nf* cortesía; (*civilité*): **la ~** la urbanidad; **~s** *nfpl* (*actes*) cumplidos *mpl*; **devoir/rendre une ~ à qn** deber/devolver un cumplido a algn.

**politicien, ne** [pɔlitisjɛ̃, jɛn] *nm/f* político(-a); (*péj*) politicastro(-a) ♦ *adj* político(-a).

**politique** [pɔlitik] *adj, nm/f* político(-a) ♦ *nf* política; **politique étrangère/intérieure** política exterior/interior.

**pollen** [pɔlɛn] *nm* polen *m*.

**polluant, e** [pɔlɥɑ̃, ɑ̃t] *adj* contaminante; **produit ~** producto contaminante.

**polluer** [pɔlɥe] *vt* contaminar; **air pollué/eaux polluées** aire *m* contaminado/aguas *fpl* contaminadas.

**pollution** [pɔlysjɔ̃] *nf* polución *f*.

**polo** [pɔlo] *nm* polo.

**Pologne** [pɔlɔɲ] *nf* Polonia.

**polonais, e** [pɔlɔnɛ, ɛz] *adj* polaco(-a) ♦ *nm* (*LING*) polaco ♦ *nm/f*: **P~, e** polaco (-a).

**poltron, ne** [pɔltʀɔ̃, ɔn] *adj* cobarde.

**polycopier** [pɔlikɔpje] *vt* multicopiar.

**Polynésie** [pɔlinezi] *nf* Polinesia; **la Polynésie française** la Polinesia francesa.

**polyvalent, e** [pɔlivalɑ̃, ɑ̃t] *adj* polivalente ♦ *nm* tasador *m* de impuestos.

**pommade** [pɔmad] *nf* pomada.

**pomme** [pɔm] *nf* manzana; (*boule décorative*) pomo; (*pomme de terre*): **un steak (~s) frites** un filete con patatas (fritas); **tomber dans les ~s** (*fam*) darle a algn un patatús; **pomme d'Adam** nuez *f* de Adán; **pomme d'arrosoir** alcachofa; **pomme de pin** piña; **pomme de terre** patata, papa (*AM*); **pommes allumettes/vapeur** patatas paja/al vapor.

**pommette** [pɔmɛt] *nf* pómulo.

**pommier** [pɔmje] *nm* manzano.

**pompe** [pɔ̃p] *nf* (*appareil*) bomba; (*faste*) pompa; **en grande ~** con gran pompa; **pompe à eau** bomba de agua; **pompe (à essence)** surtidor *m* (de gasolina); **pompe à huile** bomba de aceite; **pompe à incendie** bomba de incendios; **pompe de bicyclette** bomba de bicicleta; **pompes funèbres** pompas *fpl* fúnebres.

**pomper** [pɔ̃pe] *vt* bombear; (*aspirer*) aspirar; (*absorber*) empapar ♦ *vi* bombear.

**pompeux, -euse** [pɔ̃pø, øz] (*péj*) *adj* pomposo(-a).

**pompier** [pɔ̃pje] *nm* bombero ♦ *adj m* (*style*) vulgar.

**pompiste** [pɔ̃pist] *nm/f* encargado(-a) de una gasolinera.

**poncer** [pɔ̃se] *vt* alisar con piedra pómez.

**ponctuation** [pɔ̃ktɥasjɔ̃] *nf* puntuación *f*.

**ponctuel, le** [pɔ̃ktɥɛl] *adj* puntual.

**pondéré, e** [pɔ̃deʀe] *adj* ponderado(-a).

**pondre** [pɔ̃dʀ] *vt* (*œufs*) poner; (*fig: fam*) parir ♦ *vi* poner.

**poney** [pɔnɛ] *nm* poney *m*, poni *m*.

**pont** [pɔ̃] *nm* (*aussi AUTO*) puente *m*; (*NAUT*) cubierta; **faire le ~** hacer puente; **faire un ~ d'or à qn** tender un puente de plata a algn; **pont à péage** puente de peaje; **pont aérien** puente aéreo; **pont basculant** puente basculante; **pont d'envol** (*sur un porte-avions*) cubierta de despegue; **pont élévateur** puente elevador; **pont roulant** puente grúa; **pont suspendu/tournant** puente colgante/giratorio; **Ponts et Chaussées** (*UNIV*) Caminos, Canales y Puertos.

**pont-levis** [pɔ̃lvi] (*pl* **~s-~**) *nm* puente *m* levadizo.

**pop** [pɔp] *adj inv* pop *inv* ♦ *nf*: **la ~** la música pop.

**pop-corn** [pɔpkɔʀn] *nm inv* palomitas *fpl* de maíz.

**populaire** [pɔpylɛʀ] *adj* popular.

**popularité** [pɔpylaʀite] *nf* popularidad *f*.

**population** [pɔpylasjɔ̃] *nf* población *f*; **population active/agricole** población activa/agrícola; **population civile** población civil; **population ouvrière** población obrera.

**populeux, -euse** [pɔpylø, øz] *adj* populoso(-a).

**porc** [pɔʀ] *nm* (*ZOOL*) cerdo, chancho (*AM*); (*CULIN*) carne *f* de cerdo; (*peau*) cuero de cerdo.

**porcelaine** [pɔʀsəlɛn] *nf* porcelana.

**porc-épic** [pɔʀkepik] (*pl* ~s-~s) *nm* puerco espín.

**porche** [pɔʀʃ] *nm* porche *m*.

**porcherie** [pɔʀʃəʀi] *nf* porqueriza; (*fig*) pocilga.

**pore** [pɔʀ] *nm* poro.

**porno** [pɔʀno] *adj* (*abr de pornographique*) porno *inv* ♦ *nm* película porno.

**port** [pɔʀ] *nm* porte *m*; (*NAUT*) puerto; **arriver à bon ~** llegar a buen puerto; **le ~ de l'uniforme est interdit dans ...** está prohibido llevar el uniforme en ...; **port d'arme** (*JUR*) tenencia de armas; **port d'attache** (*NAUT*) puerto de amarre; (*fig*) refugio; **port de commerce/de pêche** puerto comercial/pesquero; **port d'escale** puerto de escala; **port de tête** porte de cabeza; **port dû/payé** (*COMM*) porte debido/pagado; **port franc** puerto franco; **port pétrolier** puerto petrolero.

**portable** [pɔʀtabl] *adj* (*vêtement*) ponedero(-a); (*ordinateur etc*) portátil.

**portail** [pɔʀtaj] *nm* portal *m*; (*d'une cathédrale*) pórtico.

**portant, e** [pɔʀtɑ̃, ɑ̃t] *adj* sustentador(a); (*roues*) de apoyo; **être bien/mal ~** (*personne*) tener buena/mala salud.

**portatif, -ive** [pɔʀtatif, iv] *adj* portátil.

**porte** [pɔʀt] *nf* puerta; **mettre qn à la ~** poner a algn en la calle; **prendre la ~** coger la puerta; **à ma/sa ~** a la puerta de mi/su casa; **faire du ~ à ~** (*COMM*) vender de puerta en puerta, vender a domicilio; **journée ~s ouvertes** jornada de puertas abiertas; **porte** (*d'embarquement*) (*AVIAT*) puerta de embarque; **porte d'entrée** puerta de entrada; **porte de secours** salida de emergencia; **porte de service** puerta de servicio.

**porté, e** [pɔʀte] *adj*: **être ~ à faire qch** estar dispuesto(-a) a hacer algo; **être ~ sur qch** darle a algo.

**porte-avions** [pɔʀtavjɔ̃] *nm inv* portaaviones *m inv*.

**porte-bagages** [pɔʀtbagaʒ] *nm inv* portaequipajes *m inv*.

**porte-bonheur** [pɔʀtbɔnœʀ] *nm inv* amuleto.

**porte-clefs** [pɔʀtəkle] *nm inv* llavero.

**porte-documents** [pɔʀtdɔkymɑ̃] *nm inv* cartera de mano, portafolio(s) *m* (*AM*).

**portée** [pɔʀte] *nf* alcance *m*; (*capacités*) capacidad *f*; (*d'une chienne etc*) camada; (*MUS*) pentagrama *m*; (*fig*) aptitud *f* intelectual; **à (la) ~ (de)** al alcance de; **hors de ~ (de)** fuera del alcance (de); **à ~ de la main** al alcance de la mano; **à ~ de voix** a poca distancia; **à la ~ de toutes les bourses** al alcance de todos los bolsillos; **ce n'est pas à sa ~** (*fig*) eso no está a su alcance.

**porte-fenêtre** [pɔʀtfənɛtʀ] (*pl* ~s-~s) *nf* puerta vidriera.

**portefeuille** [pɔʀtəfœj] *nm* cartera; (*POL*) cartera (ministerial); **faire un lit en ~** hacer la petaca.

**portemanteau, x** [pɔʀt(ə)mɑ̃to] *nm* perchero.

**porte-monnaie** [pɔʀtmɔnɛ] *nm inv* monedero.

**porte-parole** [pɔʀtpaʀɔl] *nm inv* portavoz *m*, vocero(-a) (*AM*).

**porter** [pɔʀte] *vt* llevar; (*fig*: *poids d'une affaire*) soportar; (: *responsabilité*) cargar con; (*suj*: *jambes*) sostener; (: *arbre*) dar, producir ♦ *vi* llegar; (*fig*) surtir efecto; **se porter** *vpr*: **se ~ bien/mal** encontrarse bien/mal; (*aller*): **se ~ vers** dirigirse hacia; **se ~ garant** avalar; **~ sur** (*suj*: *édifice*) apoyarse sobre; (: *accent*) caer en; (: *bras*, *tête*) dar contra; (: *conférence*) tratar de; **elle portait le nom de Rosalie** llevaba el nombre de Rosalie; **~ qn au pouvoir** conducir a algn al poder; **~ secours/assistance à qn** prestar socorro/asistencia a algn; **~ bonheur à qn** traer buena suerte a algn; **~ son âge** representar su edad; **~ un toast** brindar; **~ de l'argent au crédit d'un compte** ingresar dinero en una cuenta; **~ une somme sur un registre** asentar una cantidad en un registro; **~ atteinte à** (l'honneur/la réputation de qn) atentar contra (el honor/la reputación de algn); **se faire ~ malade** declararse enfermo(-a); **se ~ partie civile** constituirse parte civil; **se ~ candidat à la députation** presentarse como candidato a la diputación; **~ un jugement sur qn/qch** emitir un juicio sobre algn/algo; **~ un livre/récit**

à l'écran llevar un libro/relato a la pantalla; ~ **la main à son chapeau/une cuillère à sa bouche** llevarse la mano al sombrero/una cuchara a la boca; ~ **son attention/regard/effort sur** fijar su atención/mirada/esfuerzo sobre; ~ **un fait à la connaissance de qn** llevar un hecho al conocimiento de algn; ~ **à croire** llevar a pensar.

**porteur, -euse** [pɔʀtœʀ, øz] *nm/f (de messages)* mensajero(-a); (*MÉD*) portador(a) ♦ *nm (de bagages)* mozo de equipaje; (*COMM: d'un chèque*) portador *m*; (: *d'une action*) tenedor *m* ♦ *adj:* **être ~ de** ser portador de; **gros ~** (*avion*) avión *m* de gran capacidad; **au ~** (*billet, chèque*) al portador.

**porte-voix** [pɔʀtəvwa] *nm inv* megáfono.

**portier** [pɔʀtje] *nm* portero.

**portière** [pɔʀtjɛʀ] *nf* puerta.

**portion** [pɔʀsjɔ̃] *nf (part)* ración *f*; (*partie*) parte *f*.

**porto** [pɔʀto] *nm* oporto.

**portrait** [pɔʀtʀɛ] *nm* retrato; **elle est le ~ de sa mère** (*fig*) es el vivo retrato de su madre.

**portrait-robot** [pɔʀtʀeʀobo] (*pl* ~s-~s) *nm* retrato robot.

**portuaire** [pɔʀtɥɛʀ] *adj* portuario(-a).

**portugais, e** [pɔʀtygɛ, ɛz] *adj* portugués (-esa) ♦ *nm* (*LING*) portugués *m* ♦ *nm/f:* **P~, e** portugués(-esa).

**Portugal** [pɔʀtygal] *nm* Portugal *m*.

**pose** [poz] *nf (de moquette)* instalación *f*; (*de rideau, papier peint*) colocación *f*; (*position*) postura; (**temps de**) ~ (*PHOTO*) (tiempo de) exposición *f*.

**posé, e** [poze] *adj* comedido(-a).

**poser** [poze] *vt* poner; (*moquette, carrelage*) instalar; (*rideaux, papier peint*) colocar; (*question*) hacer; (*principe*) establecer; (*problème*) plantear; (*personne: mettre en valeur*) dar notoriedad a; (*déposer*): ~ **qch (sur)** dejar algo (sobre) ♦ *vi (modèle)* posar; **se poser** *vpr (oiseau, avion)* posarse; (*question*) plantearse; **se ~ en** erigirse en; ~ **son** *ou* **un regard sur qn/qch** poner sus ojos sobre *ou* en algn/algo; ~ **sa candidature** (*à un emploi*) presentarse; (*POL*) presentar su candidatura.

**positif, -ive** [pozitif, iv] *adj* positivo(-a); (*PHILOS*) positivista.

**position** [pozisjɔ̃] *nf* posición *f*; (*posture*) postura; (*métier*) cargo; (*d'un compte en banque*) situación *f*; **être dans une ~ difficile/délicate** estar en una situación difícil/delicada; **prendre ~** tomar posiciones.

**posologie** [pozɔlɔʒi] *nf* posología.

**posséder** [pɔsede] *vt* poseer; (*qualité*) estar dotado(-a) de; (*métier, langue*) dominar, conocer a fondo; (*suj: jalousie, colère*) dominar; (*fam: duper*) engañar.

**possession** [pɔsesjɔ̃] *nf* posesión *f*; **être/ entrer en ~ de qch** estar/entrar en posesión de algo; **en sa/ma ~** en su/mi posesión; **prendre ~ de qch** tomar posesión de algo; **être en ~ de toutes ses facultés** tener pleno dominio de sus facultades.

**possibilité** [pɔsibilite] *nf* posibilidad *f*; ~**s** *nfpl (moyens)* medios *mpl*; (*potentiel*) posibilidades *fpl*; **avoir la ~ de faire qch** tener la posibilidad de hacer algo.

**possible** [pɔsibl] *adj* posible; (*projet*) realizable ♦ *nm:* **faire (tout) son ~** hacer (todo) lo (que sea) posible; **il est ~ que** es posible que; **autant que ~** en la medida de lo posible; **si (c'est) ~** si es posible; (**ce n'est**) **pas ~!** ¡no puede ser!; **comme c'est pas ~** a más no poder; **le plus/ moins de livres** ~ el mayor/menor número de libros posible; **le plus/moins d'eau** ~ la mayor/menor cantidad de agua posible; **aussitôt** *ou* **dès que** ~ en cuanto sea posible; **gentil au ~** amable al máximo.

**postal, e, -aux** [pɔstal, o] *adj* postal; **sac ~** correspondencia.

**poste** [pɔst] *nf (service)* correo; (*administration*) correos *mpl*; (*bureau*) oficina de correos ♦ *nm* (*MIL*) puesto; (*charge*) cargo; (*de radio, télévision*) aparato; (*TÉL*) extensión *f*; (*de budget*) partida, asiento; (*IND*): ~ **de nuit** turno de noche; ~**s** *nfpl:* **agent/ employé des** ~**s** agente *m*/empleado de correos; **mettre à la** ~ echar al correo; **poste de commandement** *nm* (*MIL etc*) puesto de mando; **poste de contrôle** *nm* puesto de control; **poste de douane** *nm* puesto aduanero; **poste d'essence** *nm* punto de repuesto; **poste d'incendie** *nm* boca de incendio; **poste de péage** *nm* puesto de peaje; **poste de pilotage** *nm* puesto de pilotaje; **poste (de police)** *nm* puesto (de policía); **poste de secours** *nm* puesto de socorro; **poste de travail** *nm* puesto de trabajo; **poste émetteur**

*nm* (*RADIO*) emisora; **poste restante** *nf* lista de correos; **Postes et Télécommunications** *nm* Correos y Telecomunicaciones.

**poster¹** [pɔste] *vt* (*lettre*) echar al correo; (*personne*) apostar; **se poster** *vpr* apostarse.

**poster²** [pɔstɛr] *nm* póster *m*.

**postérieur, e** [pɔsterjœr] *adj* posterior ♦ *nm* (*fam*) trasero.

**postuler** [pɔstyle] *vt* solicitar.

**pot** [po] *nm* (*récipient*) cacharro; (*en métal*) bote *m*; (*fam: chance*): **avoir du ~** tener potra; **boire** *ou* **prendre un ~** (*fam*) tomar una copa; **découvrir le ~ aux roses** descubrir el pastel; **pot à tabac** tabaquera; **pot d'échappement** (*AUTO*) silenciador *m*; **pot (de chambre)** orinal *m*; **pot de fleurs** tiesto, maceta.

**potable** [pɔtabl] *adj* potable; (*travail*) aceptable; (*fig*) pasable.

**potage** [pɔtaʒ] *nm* sopa.

**potager, ère** [pɔtaʒe, ɛr] *adj* hortícola; (*jardin*) ~ huerto.

**pot-au-feu** [pɔtofø] *nm inv* cocido; (*viande*) carne *f* para el cocido ♦ *adj inv* (*fam*) casero(-a).

**pot-de-vin** [podvɛ̃] (*pl* ~s-~-~) *nm* gratificación *f*.

**pote** [pɔt] (*fam*) *nm* amigo, compadre *m* (*AM*), manito (*MEX*).

**poteau, x** [pɔto] *nm* poste *m*; **poteau de départ/d'arrivée** línea de salida/meta; **poteau (d'exécution)** paredón *m*; **poteau indicateur** poste indicador; **poteau télégraphique** poste telegráfico; **poteaux (de but)** postes de portería.

**potelé, e** [pɔt(ə)le] *adj* rollizo(-a).

**potentiel, le** [pɔtɑ̃sjel] *adj, nm* potencial *m*.

**poterie** [pɔtri] *nf* (*fabrication*) alfarería; (*objet*) objeto de barro, cerámica.

**potier** [pɔtje] *nm* alfarero.

**potiron** [pɔtirɔ̃] *nm* calabaza.

**pou, x** [pu] *nm* piojo.

**poubelle** [pubɛl] *nf* cubo *ou* bote *m* (*AM*) de la basura.

**pouce** [pus] *nm* pulgar *m*; **se tourner** *ou* **se rouler les ~s** (*fig*) estar mano sobre mano; **manger sur le ~** comer de pie y deprisa.

**poudre** [pudr] *nf* polvo; (*fard*) polvos *mpl*; (*explosif*) pólvora; **en ~: café/savon/lait en ~** café *m* molido/detergente *m*/leche *f* en polvo; **poudre à canon** pólvora de cañón; **poudre à éternuer** polvos estornudatorios; **poudre à priser** polvo de rapé; **poudre à récurer** polvos de blanqueo; **poudre de riz** polvos de arroz.

**poudreuse** [pudrøz] *nf* nieve *f* en polvo.

**poudrier** [pudrije] *nm* polvera.

**pouffer** [pufe] *vi*: ~ **(de rire)** partirse de risa.

**poulailler** [pulaje] *nm* (*aussi THÉÂTRE*) gallinero.

**poulain** [pulɛ̃] *nm* potro; (*fig*) pupilo.

**poule** [pul] *nf* gallina; (*SPORT*) campeonato; (*RUGBY*) llya; (*fam: fille de mœurs légères*) golfa; (: *maîtresse*) amante *f*; **poule d'eau** polla de agua; **poule mouillée** cobarde *m/f*, gallina *m/f*; **poule pondeuse** gallina ponedora.

**poulet** [pulɛ] *nm* pollo; (*fam*) poli *m*.

**poulie** [puli] *nf* polea.

**pouls** [pu] *nm* pulso; **prendre le ~ de qn** tomar el pulso a algn.

**poumon** [pumɔ̃] *nm* pulmón *m*; **poumon artificiel/d'acier** pulmón artificial/de acero.

**poupée** [pupe] *nf* muñeca; **jouer à la ~** jugar a las muñecas; **de ~** (*très petit*): **jardin/maison de ~** jardín *m*/casa de muñecas.

---

MOT-CLÉ

**pour** [pur] *prép* **1** (*destination, temps*): **elle est partie pour Paris** se ha ido a París; **le train pour Séville** el tren para *ou* a Sevilla; **j'en ai pour une heure** tengo para una hora; **il faut le faire pour après les vacances** hay que hacerlo para después de vacaciones; **pour toujours** para siempre

**2** (*au prix de, en échange de*) por; **il l'a acheté pour 5 F** lo compró por 5 francos; **donnez-moi pour 200 F d'essence** deme 200 francos de gasolina; **je te l'échange pour ta montre** te lo cambio por tu reloj

**3** (*en vue de, intention, en faveur de*): **pour le plaisir** por gusto; **pour ton anniversaire** para tu cumpleaños; **je le fais pour toi** lo hago por ti; **pastilles pour la toux** pastillas para la tos; **pour que** para que; **pour faire** para hacer; **pour quoi faire?** ¿para qué?; **je suis pour la démocratie**

estoy por la democracia
**4** (*à cause de*): **fermé pour (cause de) travaux** cerrado por obras; **c'est pour cela que je le fais** por eso lo hago; **être pour beaucoup dans qch** influir mucho en algo; **ce n'est pas pour dire, mais ...** (*fam*) no es por nada pero ...; **pour avoir fait** por haber hecho
**5** (*à la place de*): **il a parlé pour moi** habló por mí
**6** (*rapport, comparaison*): **mot pour mot** palabra por palabra; **ça fait un an jour pour jour** hoy hace justamente un año; **10 pour cent** diez por ciento; **pour un Français, il parle bien suédois** para ser francés, habla bien el sueco; **pour riche qu'il soit** por rico que sea
**7** (*comme*): **la femme qu'il a eue pour mère** la mujer que tuvo por madre
**8** (*point de vue*): **pour moi, il a tort** para mí que se equivoca; **pour ce qui est de ...** por lo que se refiere a ...; **pour autant que je sache** que yo sepa
♦ *nm*: **le pour et le contre** los pros y los contras.

**pourboire** [puʀbwaʀ] *nm* propina.
**pourcentage** [puʀsɑ̃taʒ] *nm* porcentaje *m*; **travailler au ~** trabajar al tanto por ciento.
**pourchasser** [puʀʃase] *vt* perseguir.
**pourparlers** [puʀpaʀle] *nmpl* negociaciones *fpl*; **être en ~ avec** estar en tratos con.
**pourpre** [puʀpʀ] *adj* púrpura.
**pourquoi** [puʀkwa] *adv, conj* por qué ♦ *nm*: **le ~ (de)** el porqué (de); **~ dis-tu cela?** ¿por qué dices eso?; **~ se taire/faire cela?** ¿por qué ou para qué callarse/hacer eso?; **~ ne pas faire ...?** ¿por qué no hacer ...?; **~ pas?** ¿por qué no?; **je voudrais savoir/ne comprends pas ~ ...** quisiera saber/no entiendo por qué ...; **dire/ expliquer ~** decir/explicar por qué; **c'est ~ ...** por eso ...
**pourrai** *etc* [puʀe] *vb voir* **pouvoir**.
**pourri, e** [puʀi] *adj* podrido(-a); (*roche, câble*) fragmentado(-a); (*temps, climat*) horrible; (*fig*) corrompido(-a) ♦ *nm*: **sentir le ~** oler a podrido.
**pourrir** [puʀiʀ] *vi* podrirse; (*cadavre*) descomponerse; (*fig: situation*) degradarse ♦ *vt* pudrir; (*fig: corrompre: personne*) corromper; (: *gâter: enfant*) echar a perder.

**pourriture** [puʀityʀ] *nf* podredumbre *f*.
**poursuite** [puʀsɥit] *nf* persecución *f*; (*fig: de la fortune*) búsqueda; **~s** *nfpl* (*JUR*) diligencias *fpl*; (**course**) **~** (*CYCLISME*) persecución.
**poursuivre** [puʀsɥivʀ] *vt* perseguir; (*mauvais payeur*) acosar, perseguir; (*femme*) pretender a; (*obséder*) obsesionar, perseguir; (*fortune, gloire*) perseguir, buscar; (*continuer: voyage, études*) proseguir ♦ *vi* proseguir; **se poursuivre** *vpr* seguirse; **~ qn en justice** demandar a *ou* querellarse contra algn; **~ qn au pénal/au civil** querellarse contra algn por vía penal/por vía civil.
**pourtant** [puʀtɑ̃] *adv* sin embargo; **et/ mais ~** y/pero sin embargo; **c'est ~ facile** sin embargo es fácil.
**pourtour** [puʀtuʀ] *nm* (*d'un quadrilatère*) perímetro; (*d'un lieu*) contorno.
**pourvoir** [puʀvwaʀ] *vt* (*COMM*): **~ qn en** proveer a algn de, suministrar a algn ♦ *vi*: **~ à** ocuparse de; (*emploi*) atender a; **se pourvoir** *vpr* (*JUR*): **se ~ en cassation** *etc* interponer un recurso de casación *etc*; **~ qn de qch** (*recommandation, emploi*) proporcionar algo a algn; (*qualités*) dotar a algn de algo; **~ qch de** equipar algo con.
**pourvu, e** [puʀvy] *pp de* **pourvoir** ♦ *adj*: **~ de** provisto(-a) de; **~ que** (*à condition que*) con tal que; **pourvu qu'il soit là!** (*espérons que*) ¡ojalá que esté!
**pousse** [pus] *nf* brote *m*; (*bourgeon*) botón *m*, yema; **pousses de bambou** brotes *mpl* de bambú.
**poussée** [puse] *nf* (*pression, attaque*) empuje *m*; (*coup*) empujón *m*; (*MÉD*) acceso; (*fig: des prix*) aumento; (: *révolutionnaire*) ola; (: *d'un parti politique*) crecimiento.
**pousser** [puse] *vt* empujar; (*acculer*): **~ qn à qch/à faire qch** arrastrar *ou* empujar a algn a algo/a algn a hacer algo; (*cri*) lanzar, exhalar; (*élève*) hacer trabajar, estimular; (*études*) seguir, continuar; (*moteur, voiture*) forzar ♦ *vi* crecer; (*aller*): **~ jusqu'à un endroit/plus loin** seguir hasta un lugar/hasta más lejos; **se pousser** *vpr* echarse a un lado; **faire ~** (*plante*) sembrar, plantar; **~ qn à bout** sacar a algn de sus casillas; **il a poussé la gentillesse jusqu'à ...** ha extremado su amabilidad hasta ...
**poussette** [puset] *nf* cochecito de niño.
**poussière** [pusjɛʀ] *nf* (*la poussière*) polvo; (*une poussière*) mota; **et des ~s** (*fig*) y pico; **poussière de charbon** carbonilla.

**poussiéreux, -euse** [pusjɛʀø, øz] adj sucio(-a) de polvo; (route) polvoriento(-a).

**poussin** [pusɛ̃] nm pollito.

**poutre** [putʀ] nf viga; **poutres apparentes** vigas fpl aparentes.

**pouvoir** [puvwaʀ] nm (aussi JUR) poder m; (POL: dirigeants): **le ~** el poder ♦ vt, vb semi-aux, vb impers poder ♦ vi: **il se peut que** puede ser que; **les ~s public** los poderes públicos; **je me porte on ne peut mieux** me encuentro perfectamente; **je ne peux pas le réparer** no puedo arreglarlo; **déçu de ne pas ~ le faire** decepcionado por no poder hacerlo; **tu ne peux pas savoir!** ¡no puedes imaginarte!; **je n'en peux plus** no puedo más; **je ne peux pas dire le contraire** no puedo decir lo contrario; **j'ai fait tout ce que j'ai pu** hice todo lo que pude; **qu'est-ce que je pouvais bien faire?** ¿qué iba a ou podía hacer yo?; **tu peux le dire!** ¡ya lo creo!; **il aurait pu le dire!** ¡podría haberlo dicho!; **vous pouvez aller au cinéma** podéis ir al cine; **il a pu avoir un accident** pudo haber un accidente; **il peut arriver que ...** puede suceder que ...; **il pourrait pleuvoir** puede que llueva; **pouvoir absorbant** poder de absorción; **pouvoir calorifique** poder calorífico; **pouvoir d'achat** poder adquisitivo.

**prairie** [pʀeʀi] nf pradera.

**praline** [pʀalin] nf (bonbon) garapiñado; (au chocolat) bombón m.

**praticable** [pʀatikabl] adj (chemin) transitable; (projet) practicable, factible.

**pratiquant, e** [pʀatikɑ̃, ɑ̃t] adj practicante.

**pratique** [pʀatik] nf práctica; (coutume) usos mpl; (conduite) actuación f, prácticas fpl ♦ adj (intelligence) práctico(-a), positivo(-a); (personne) práctico(-a); (instrument) práctico(-a), útil; (horaire) adaptado(-a), adecuado(-a); **dans la ~** en la práctica; **mettre en ~** poner en práctica, llevar a la práctica.

**pratiquement** [pʀatikmɑ̃] adv (dans la pratique) de una manera práctica; (à peu près) prácticamente.

**pratiquer** [pʀatike] vt practicar; (méthode, théorie) poner en práctica; (métier) ejercer; (intervention) efectuar, realizar; (abri) instalar ♦ vi (REL) practicar.

**pré** [pʀe] nm prado.

**préalable** [pʀealabl] adj previo(-a) ♦ nm

(condition) condición f previa; **condition ~ (de)** condición previa (a); **sans avis ~** sin previo aviso; **au ~** de antemano.

**préambule** [pʀeɑ̃byl] nm preámbulo; (fig) preludio; **sans ~** sin preámbulos.

**préau, x** [pʀeo] nm (d'une cour d'école) cobertizo; (d'un hôpital, d'une prison) patio; (d'un monastère) claustro.

**préavis** [pʀeavi] nm: **~ (de licenciement)** notificación f (de despido); **communication avec ~** (TÉL) llamada con aviso; **préavis de congé** aviso de desahucio.

**précaution** [pʀekosjɔ̃] nf precaución f; (prudence) atención f; **avec/sans ~** con/sin precaución; **prendre des ~s/ses ~s** tomar precauciones/sus precauciones; **par ~** por precaución; **pour plus de ~** para mayor garantía; **précautions oratoires** retórica fsg cuidadosa.

**précédemment** [pʀesedamɑ̃] adv anteriormente.

**précédent, e** [pʀesedɑ̃, ɑ̃t] adj precedente, anterior ♦ nm precedente m; **sans ~** sin precedentes; **le jour ~** el día antes.

**précéder** [pʀesede] vt preceder; **elle m'a précédé de quelques minutes** llegó unos minutos antes que yo.

**prêcher** [pʀeʃe] vt (REL): **~ l'Evangile** predicar el Evangelio; (conseiller) aconsejar ♦ vi predicar; (fig) sermonear.

**précieux, -euse** [pʀesjø, jøz] adj precioso(-a); (temps, qualités) valioso(-a), importante; (ami, conseils) valioso(-a); (littérature, style) preciosista.

**précipice** [pʀesipis] nm precipicio; (fig) abismo, perdición f; **au bord du ~** (fig) al borde del abismo ou de la perdición.

**précipitamment** [pʀesipitamɑ̃] adv precipitadamente.

**précipitation** [pʀesipitasjɔ̃] nf (hâte) precipitación f; (CHIM) precipitado; **~s** nfpl (MÉTÉO): **~s (atmosphériques)** precipitaciones fpl.

**précipité, e** [pʀesipite] adj (respiration) jadeante; (pas) apresurado(-a); (démarche, entreprise) precipitado(-a).

**précipiter** [pʀesipite] vt (faire tomber) arrojar, tirar; (pas) apresurar; (événements) precipitar; **se précipiter** vpr (respiration) acelerarse; (événements) precipitarse; **se ~ sur/vers** lanzarse sobre/hacia; **se ~ au devant de qn** abalanzarse hacia algn.

**précis, e** [pʀesi, iz] adj conciso(-a); (voca-

*bulaire)* conciso(-a), preciso(-a); *(bruit, point)* preciso(-a), determinado(-a); *(dessin, esprit)* seguro(-a), preciso(-a); *(heure)* preciso(-a), exacto(-a); *(tir, mesures)* exacto(-a) ♦ *nm* compendio.

**précisément** [pʀesizemɑ̃] *adv (avec précision)* de manera precisa; *(dans une réponse)* exactamente; *(dans négation)* precisamente; *(justement)* justamente.

**préciser** [pʀesize] *vt* precisar; **se préciser** *vpr* precisarse, concretarse.

**précision** [pʀesizjɔ̃] *nf* precisión *f*; *(détail)* exactitud *f*; **~s** *nfpl (plus amples détails)* precisiones *fpl.*

**précoce** [pʀekɔs] *adj* precoz.

**préconçu, e** [pʀekɔ̃sy] *(péj) adj* preconcebido(-a).

**préconiser** [pʀekɔnize] *vt* preconizar.

**prédécesseur** [pʀedesesœʀ] *nm* predecesor *m*; **~s** *nmpl (ancêtres, précurseurs)* predecesores *mpl.*

**prédilection** [pʀedilɛksjɔ̃] *nf*: **avoir une ~ pour qn/qch** tener predilección por algn/algo; **de ~** favorito(-a), preferido(-a).

**prédire** [pʀediʀ] *vt (événement improbable)* predecir, vaticinar; *(événement probable)* augurar.

**prédominer** [pʀedɔmine] *vi* predominar.

**préface** [pʀefas] *nf* prólogo; *(fig)* preliminar *m.*

**préfecture** [pʀefɛktyʀ] *nf* prefectura, ≈ gobierno civil; *(ville)* capital *f* de departamento; **préfecture de police** dirección *f* general de policía de París.

---

**préfecture**

*La **préfecture** es la oficina central del "département". El "préfet", que es un alto cargo del funcionariado designado por el gobierno, se encarga de poner en práctica la política gubernamental. Las 22 regiones francesas, cada una de las cuales comprende una serie de "départements", cuentan también con un "préfet de région".*

---

**préférable** [pʀefeʀabl] *adj* preferible; **il est ~ de faire qch** es preferible hacer algo; **être ~ à** ser preferible a.

**préféré, e** [pʀefeʀe] *adj* preferido(-a) ♦ *nm/f* favorito(-a).

**préférence** [pʀefeʀɑ̃s] *nf* preferencia; **de ~** preferentemente; **de ~ à/par ~ à** antes que/en lugar de; **avoir une ~ pour qn/qch** tener predilección por algn/algo; **n'avoir pas de ~** no tener predilección; **donner la ~ à qn** dar preferencia a algn; **par ordre de ~** por orden de preferencia; **obtenir la ~ (sur qn)** pasar delante (de algn).

**préférer** [pʀefeʀe] *vt*: **~ qch/qn (à)** preferir algo/a algn (a); **~ faire qch** preferir hacer algo; **je préférerais du thé** preferiría té.

**préfet** [pʀefɛ] *nm* prefecto, ≈ gobernador *m* civil; **préfet de police** director *m* general de policía de París.

**préhistorique** [pʀeistɔʀik] *adj* prehistórico(-a).

**préjudice** [pʀeʒydis] *nm* perjuicio; **porter ~ à qch/à qn** perjudicar algo/a algn; **au ~ de qn/de qch** en perjuicio de algn/de algo.

**préjugé** [pʀeʒyʒe] *nm* prejuicio; **avoir un ~ contre qn/qch** tener prejuicios contra algn/algo; **bénéficier d'un ~ favorable** beneficiarse de un prejuicio favorable.

**prélasser** [pʀelɑse]: **se ~** *vpr* relajarse.

**prélèvement** [pʀelɛvmɑ̃] *nm* extracción *f*, toma; **faire un ~ de sang** hacer una extracción de sangre.

**prélever** [pʀel(ə)ve] *vt (échantillon)* tomar, sacar; *(organe)* extraer; **~ (sur)** *(retirer)* sacar (de); *(déduire)* descontar (de), deducir (de).

**prématuré, e** [pʀematyʀe] *adj* prematuro(-a); *(retraite, nouvelle)* anticipado(-a) ♦ *nm/f* prematuro(-a).

**premier, -ière** [pʀəmje, jɛʀ] *adj* primero(-a); *(avant un nom masculin)* primer; *(après le nom: cause, principe)* primordial; *(: objectif)* principal ♦ *adj m (MATH)* primo ♦ *nm/f* primero(-a) ♦ *nm (premier étage)* primero ♦ *nf (vitesse, classe)* primera; *(SCOL)* sexto año de educación secundaria en el sistema francés; *(THÉÂTRE, CINÉ)* estreno; **au ~ abord** en un primer momento; **au ou du ~ coup** al instante; **de ~ ordre** de primer orden; **à la première occasion** en la primera ocasión; **de première qualité** de primera calidad; **de ~ choix** de primera; **de première importance** de capital importancia; **de première nécessité** de primera necesidad; **le ~ venu** el primero que venga; **jeune ~** joven *m* promesa; *(c*

_NÉ_) galán _m_; **première classe** primera clase _f_; **le ~ de l'an** el primero de año, el día de año nuevo; **première communion** primera comunión _f_; **enfant du ~ lit** hijo de primer matrimonio; **en ~ lieu** en primer lugar; **premier âge** infancia, primera edad _f_; **Premier Ministre** primer(-a) ministro(-a).

**premièrement** [pʀəmjɛʀmɑ̃] _adv_ primeramente; (_en premier lieu_) en primer lugar; (_introduisant une objection_) primero.

**prémonition** [pʀemɔnisjɔ̃] _nf_ premonición _f_.

**prenant, e** [pʀənɑ̃, ɑ̃t] _vb voir_ **prendre**
♦ _adj_ (_film, livre_) cautivador(a); (_activité_) acaparador(a).

**prénatal, e** [pʀenatal] _adj_ prenatal.

**prendre** [pʀɑ̃dʀ] _vt_ coger, agarrar (_AM_); (_aller chercher_) recoger; (_emporter avec soi_) llevar; (_poisson_) pescar; (_place_) ocupar; (_CARTES_) levantar; (_ÉCHECS, aliment_) comer; (_boisson_) beber; (_médicament, notes, mesures_) tomar; (_bain, douche_) darse; (_moyen de transport, route_) tomar, coger; (_essence_) echar; (_commande_) tomar nota de; (_passager, personnel, élève_) coger, tomar (_AM_); (_exemple_) poner; (_photographie_) sacar; (_renseignements, ordres_) recibir; (_avis_) pedir; (_engagement, critique_) aceptar; (_attitude_) adoptar; (_du poids_) ganar; (_de la valeur_) adquirir, ganar; (_vacances, repos_) tomar(se); (_coûter: temps_) requerir, llevar; (: _efforts, argent_) requerir; (_prélever: pourcentage, argent, cotisation_) quedarse con; (_traiter: enfant_) tratar; (: _problème_) tratar, llevar ♦ _vi_ (_pâte, peinture_) espesar; (_ciment_) fraguar; (_semis, vaccin_) agarrar; (_plaisanterie_) encajar; (_mensonge_) ser creído(-a); (_feu, incendie_) comenzar; (_bois, allumette_) prender; **~ qn par la main** coger a algn de la mano; **~ qn dans ses bras** abrazar a algn; **~ au piège** coger _ou_ pillar en la trampa; **~ la relève** relevar, tomar el relevo; **~ la défense de qn** salir en defensa de algn, defender a algn; **~ des risques** arriesgarse; **~ l'air** tomar el aire; **~ son temps** tomarse el tiempo necesario, no precipitarse; **~ le deuil** ponerse de luto; **~ feu** prender fuego; **~ l'eau** entrarle agua a; **~ de l'âge** envejecer; **~ sa retraite** jubilarse; **~ la parole** tomar la palabra; **~ la fuite** emprender la huida; **~ la porte** coger _ou_ agarrar la puerta; **~ son origine** (_mot_) tomar su ori-

gen; **~ sa source** (_rivière_) nacer; **~ congé de qn** despedirse de algn; **~ un virage** tomar una curva; **~ le lit** guardar cama; **~ le voile** (_REL_) tomar los hábitos, profesar; **~ qn comme** _ou_ **pour** coger _ou_ tomar a algn como _ou_ de; **~ sur soi** responsabilizarse de; **~ sur soi de faire qch** responsabilizarse de hacer algo; **~ du plaisir à qch** cogerle _ou_ tomarle gusto a algo; **~ de l'intérêt à qch** tomar interés por algo; **~ qch au sérieux** tomar(se) algo en serio; **~ qn en faute** coger _ou_ pillar a algn in fraganti; **~ qn en sympathie/horreur** coger _ou_ agarrar simpatía/odio a algn; **~ qn pour qn/qch** tomar a algn por algn/algo; **~ qch pour prétexte** tomar algo como pretexto; **~ qn à témoin** poner a algn por testigo; **à tout ~** bien mirado; **~ (un) rendez-vous avec qn** concertar una entrevista con algn; **~ à gauche** coger _ou_ tomar a la izquierda; **s'en ~ à** emprenderla con; **se ~ pour** creerse; **se ~ d'amitié pour qn** hacer amistad con algn; **se ~ d'affection pour qn** cobrar afecto a algn; **s'y ~ bien/mal** (_procéder_) hacerlo bien/mal; **il faudra s'y ~ à l'avance** habrá que hacerlo con antelación; **s'y ~ à deux fois** intentarlo dos veces; **se ~ par le cou/la taille** agarrarse del cuello/de la cintura; **se ~ par la main** (_gén_) agarrarse de la mano; (_fig_) armarse de valor; **se ~ les doigts** pillarse los dedos.

**preneur** [pʀənœʀ] _nm_: **je suis ~** estoy dispuesto a comprar; **trouver ~** encontrar comprador.

**prénom** [pʀenɔ̃] _nm_ nombre _m_ (de pila).

**préoccupation** [pʀeɔkypasjɔ̃] _nf_ preocupación _f_.

**préoccuper** [pʀeɔkype] _vt_ (_personne_) preocupar, inquietar; **se ~ de qch/de faire qch** preocuparse por algo/de hacer algo.

**préparatifs** [pʀepaʀatif] _nmpl_ preparativos _mpl_.

**préparation** [pʀepaʀasjɔ̃] _nf_ preparación _f_; (_CHIM_) preparado.

**préparer** [pʀepaʀe] _vt_ preparar; **se préparer** _vpr_ prepararse; **~ qn à** (_nouvelle etc_) preparar a algn para; **se ~ (à qch/à faire qch)** prepararse (para algo/para hacer algo).

**prépondérant, e** [pʀepɔ̃deʀɑ̃, ɑ̃t] _adj_ preponderante.

**préposé, e** [pʀepoze] _adj_: **~ (à qch)**

encargado(-a) (de algo) ♦ *nm/f*
encargado(-a); (ADMIN: *facteur*) cartero *m/f*;
**préposé des douanes** agente *m/f* de
aduanas.

**préposition** [pʀepozisjɔ̃] *nf* preposición *f*.

**préretraite** [pʀeʀ(ə)tʀɛt] *nf* prejubilación *f*.

**près** [pʀɛ] *adv* cerca; ~ **de** (*lieu*) cerca de;
(*la retraite*) próximo a; (*mourir*) a punto
de; (*temps, quantité*) alrededor de; **de ~
de** cerca; **à 5 m/5 kg** ~ 5 m/5 kg más o
menos; **à cela ~ que** salvo que, excepto
que; **je ne suis pas ~ de lui pardonner/
d'oublier** estoy lejos de perdonarle/de olvidar; **on n'est pas à un jour ~** un día
más o menos da igual.

**présage** [pʀezaʒ] *nm* presagio; (*d'un événement*) presentimiento.

**presbyte** [pʀɛsbit] *adj* présbita, hipermétrope.

**presbytère** [pʀɛsbitɛʀ] *nm* casa parroquial.

**prescription** [pʀɛskʀipsjɔ̃] *nf* (JUR) mandato, orden *f*; (*instruction*) disposición *f*;
(MÉD) prescripción *f* facultativa, receta.

**prescrire** [pʀɛskʀiʀ] *vt* (JUR) dictar; (*ordonner*) prescribir; (*remède*) recetar; (*suj: circonstances*) recomendar; **se prescrire** *vpr*
(JUR) prescribir, anularse.

**présence** [pʀezɑ̃s] *nf* presencia; (*au bureau
etc*) presencia, asistencia; **en ~ de** (*personne*) en presencia de; (*incidents etc*) en medio de; **en ~** presentes; **sentir une ~** sentir una presencia; **faire acte de ~** hacer
acto de presencia; **présence d'esprit**
presencia de ánimo.

**présent, e** [pʀezɑ̃, ɑ̃t] *adj, nm* presente *m*;
**~s** *nmpl*: **les ~s** (*personnes*) los presentes;
**"~!"** (*à un contrôle*) "¡presente!"; **la ~e
lettre/loi** (ADMIN, COMM) la presente carta/
ley; **à ~** en la actualidad, ahora; **dès à/
jusqu'à ~** desde/hasta ahora; **à ~ que**
ahora que.

**présentation** [pʀezɑ̃tasjɔ̃] *nf* presentación
*f*; **faire les ~s** hacer las presentaciones.

**présenter** [pʀezɑ̃te] *vt* presentar; (*billet,
pièce d'identité*) enseñar; (*fig: spectacle*)
ofrecer; (*thèse*) defender; (*remettre: note*)
entregar; (*matière: à un examen*) hacer, exponer; (*condoléances, félicitations, remerciements*) dar ♦ *vi*: ~ **mal/bien** tener buena/
mala presencia; **se présenter** *vpr* presentarse; (*solution, doute*) surgir; ~ **qch à qn**
(*fauteuil etc*) enseñar *ou* mostrar algo a
algn; (*plat*) presentar algo a algn; **se ~**

**bien/mal** (*affaire*) presentarse bien/mal;
**se ~ à l'esprit** venir a la cabeza.

**préservatif** [pʀezɛʀvatif] *nm* preservativo.

**préserver** [pʀezɛʀve] *vt*: ~ **qch/qn de**
(*protéger*) preservar *ou* proteger algo/a
algn de.

**président** [pʀezidɑ̃] *nm* presidente *m*; **président du jury** (JUR) presidente del jurado;
**président d'un jury d'examen/de
concours** presidente del tribunal; **président de la République** presidente de la
República; **président directeur général**
director *m* gerente.

**présidentielles** *nfpl* (*élections*) elecciones
*fpl* presidenciales.

**présider** [pʀezide] *vt* presidir; ~ **à qch** presidir algo.

**presque** [pʀɛsk] *adv* casi; ~ **toujours/
autant** casi siempre/tanto; ~ **tous/rien**
casi todos/nada; **il n'a ~ pas d'argent**
casi no tiene dinero, apenas tiene dinero;
**il n'y avait ~ personne** no había casi nadie; **la voiture s'est ~ arrêtée** el coche
casi se para, por poco se para el coche; **il
n'y avait personne, ou ~** no había nadie,
o casi nadie; **on pourrait ~ dire que** casi
podría decirse que; ~ **à chaque pas** casi a
cada paso; **la ~ totalité (de)** la casi totalidad (de).

**presqu'île** [pʀɛskil] *nf* península.

**pressant, e** [pʀesɑ̃, ɑ̃t] *adj* apremiante;
(*personne*) atosigante; (*besoin*) acuciante;
**se faire ~** volverse atosigante.

**presse** [pʀɛs] *nf* prensa; **mettre un ouvrage sous ~** meter una obra en prensa;
**avoir bonne/mauvaise ~** (*fig*) tener
buena/mala prensa; **presse d'informa-
tion/d'opinion** prensa de información/
de opinión; **presse du cœur** prensa del
corazón; **presse féminine** prensa femenina.

**pressé, e** [pʀese] *adj* (*personne*) apresu-
rado(-a), apurado(-a) (AM); (*lettre, besogne*)
urgente ♦ *nm*: **aller/courir au plus ~**
acudir/atender a lo más urgente; **être ~
de faire qch** tener prisa por hacer algo;
**orange ~e** zumo de naranja.

**presse-citron** [pʀɛsitʀɔ̃] *nm inv* exprime-
limones *m inv*.

**pressentiment** [pʀesɑ̃timɑ̃] *nm* presentimiento.

**pressentir** [pʀesɑ̃tiʀ] *vt* presentir; (*prendre
contact avec, sonder*) sondear.

**presse-papiers** [pʀɛspapje] *nm inv* pisapapeles *m inv*.

**presser** [pʀese] *vt* (*fruit*) exprimir; (*éponge*) escurrir; (*interrupteur, bouton*) pulsar; (*brusquer*) acosar ♦ *vi* (*être urgent*) urgir, correr prisa; **se presser** *vpr* (*se hâter*) darse prisa, apurarse (AM); (*se grouper*) apiñarse; **le temps presse** el tiempo apremia; **rien ne presse** no hay prisa; **~ le pas** *ou* **l'allure** aligerar (el paso); **~ qn de faire qch** (*inciter*) inducir *ou* presionar a algn a hacer algo; **~ qn de questions** acosar a algn a preguntas; **~ ses débiteurs** apremiar a sus deudores; **~ qn entre** *ou* **dans ses bras** estrechar a algn entre *ou* en sus brazos; **se ~ contre qn** apretujarse contra algn.

**pressing** [pʀesiŋ] *nm* (*repassage*) planchado; (*magasin*) tintorería.

**pression** [pʀesjɔ̃] *nf* presión *f*; (*bouton*) automático; **faire ~ sur qn/qch** ejercer presión sobre algn/algo; **sous ~** a presión; (*fig*) presionado(-a); **pression artérielle** tensión *f* arterial; **pression atmosphérique** presión atmosférica.

**prestataire** [pʀɛstatɛʀ] *nm/f* beneficiario (-a); **~ de services** (COMM) prestador *m* de servicios.

**prestation** [pʀɛstasjɔ̃] *nf* (*allocation*) prestación *f*, ayuda; (*d'une assurance*) prestación, indemnización *f*; (*d'une entreprise*) contribución *f*; (*d'un joueur, artiste, homme politique*) actuación *f*; **prestation de serment** jura; **prestation de service** prestación de servicios; **prestations familiales** prestaciones *fpl* familiares (de la Seguridad Social).

**prestidigitateur, -trice** [pʀɛstidiʒitatœʀ, tʀis] *nm/f* [pʀezyme] *vt*: **~ que** presumir que; **~ de qn/qch** sobreestimar algn/a algo; **présumé coupable/innocent** presunto culpable/inocente.

**prêt, e** [pʀɛ, pʀɛt] *adj* listo(-a), presto(-a); (*cérémonie, repas*) listo(-a), preparado(-a) ♦ *nm* préstamo; **~ à faire qch** (*préparé à*) listo(-a) para hacer algo; (*disposé à*) dispuesto(-a) a hacer algo; **~ à toute éventualité** preparado(-a) para lo que venga; **~ à tout** dispuesto(-a) a todo; **à vos marques, ~s? partez!** ¡preparados, listos, ya!; **~ sur gages** préstamo bajo fianza.

**prêt-à-porter** [pʀɛtapɔʀte] (*pl* **~s-~-~**) *nm*

prêt-à-porter *f*.

**prétendre** [pʀetɑ̃dʀ] *vt* (*avoir la ferme intention de*) pretender; (*affirmer*): **~ que** mantener que; **~ à** aspirar a.

**prétendu, e** [pʀetɑ̃dy] *adj* supuesto(-a).

**prétentieux, -euse** [pʀetɑ̃sjø, jøz] *adj* presuntuoso(-a); (*maison, villa*) pretencioso(-a).

**prétention** [pʀetɑ̃sjɔ̃] *nf* pretensión *f*; **sans ~** sin pretensiones.

**prêter** [pʀete] *vt* (*livres, argent*): **~ qch (à)** prestar algo (a); (*propos etc*): **~ à qn** achacar a algn ♦ *vi* (*aussi*: **se ~**: *tissu, cuir*) dar de sí; **~ à**: **~ aux commentaires/à équivoque/à rire** prestarse a comentarios/a equívoco/a risa; **se ~ à qch** prestarse a algo; **~ assistance à** prestar socorro a; **~ attention/serment** prestar atención/juramento; **~ l'oreille** aguzar el oído; **~ sur gages** prestar bajo fianza; **~ de l'importance à** prestar importancia a.

**prétexte** [pʀetɛkst] *nm* pretexto; **sous aucun ~** bajo ningún pretexto; **sous ~ de** con el pretexto de.

**prétexter** [pʀetɛkste] *vt* poner el pretexto de; **~ que** poner el pretexto de que.

**prêtre** [pʀɛtʀ] *nm* sacerdote *m*.

**preuve** [pʀœv] *nf* prueba; **jusqu'à ~ du contraire** hasta que se demuestre lo contrario; **faire ~ de** dar pruebas de; **faire ses ~s** dar prueba de sus aptitudes; **preuve matérielle** (JUR) prueba material; **preuve par neuf** prueba del nueve.

**prévaloir** [pʀevalwaʀ] *vi* prevalecer; **se prévaloir de qch** *vpr* contar con la ventaja de algo; (*tirer vanité de*) enorgullecerse de algo.

**prévenant, e** [pʀev(ə)nɑ̃, ɑ̃t] *adj* atento (-a).

**prévenir** [pʀev(ə)niʀ] *vt* prevenir; (*besoins, etc*) anticiparse a; **~ qn (de qch)** (*avertir*) prevenir a algn (de algo); **~ qn contre** (*influencer*) predisponer a algn contra.

**préventif, -ive** [pʀevɑ̃tif, iv] *adj* preventivo(-a); **détention/prison/arrestation préventive** detención *f* preventiva/prisión *f* preventiva/arresto preventivo.

**prévention** [pʀevɑ̃sjɔ̃] *nf* prevención *f*; **faire six mois de ~** pasar seis meses en prisión preventiva; **prévention routière** seguridad *f* vial.

**prévenu, e** [pʀev(ə)ny] *pp de* **prévenir** ♦ *nm/f* preso(-a) ♦ *adj*: **être ~ contre qn**

estar prevenido(-a) contra algn; **j'ai été ~ en votre faveur** me han dado buenas referencias sobre usted.

**prévision** [previzjɔ̃] *nf*: **~s** previsión *f*; **en ~ de l'orage** en caso de que haya tormenta; **prévisions météorologiques** previsión meteorológica.

**prévoir** [prevwaʀ] *vt* prever; **prévu pour 4 personnes** con cabida para 4 personas; **prévu pour 10 h** previsto para las 10.

**prévoyant, e** [prevwajɑ̃, ɑ̃t] *vb voir* **prévoir ♦** *adj* prevenido(-a), precavido(-a).

**prévu** [prevy] *pp de* **prévoir**.

**prier** [prije] *vi* rezar **♦** *vt* rogar; (*REL*) rezar; (*demander avec fermeté*) mandar; **~ qn à dîner** invitar a algn a cenar; **se faire ~** hacerse rogar; **je vous en prie** (*allez-y*) pase por favor; (*de rien*) de nada.

**prière** [prijeʀ] *nf* oración *f*; (*demande*) ruego; **dire une/des/sa ~(s)** rezar una/algunas/su(s) oración(oraciones); "**~ de faire/ne pas faire ...**" "se ruega hacer/no hacer ...".

**primaire** [primeʀ] *adj* primario(-a); (*péj*) primitivo(-a); (: *explication*) superficial **♦** *nm* (*SCOL: aussi:* **enseignement ~**): **le ~ ≈** primera etapa de la educación primaria.

**prime** [prim] *nf* (*bonification, ASSURANCE, BOURSE*) prima; (*subside*) ayuda; (*COMM: cadeau*) bonificación *f* **♦** *adj*: **de ~ abord** de entrada; **prime de risque/de transport** prima de riesgo/gastos *mpl* de transporte.

**primer** [prime] *vt* (*l'emporter sur*): **~ sur qch** primar sobre algo; (*récompenser*) premiar **♦** *vi* primar.

**primeurs** [primœʀ] *nfpl* (*fruits, légumes*) frutos *mpl* tempranos.

**primevère** [primveʀ] *nf* primavera.

**primitif, -ive** [primitif, iv] *adj* primitivo (-a); (*texte etc*) antiguo(-a) **♦** *nm/f* primitivo(-a).

**primordial, e, -aux** [primɔrdjal, jo] *adj* primordial.

**prince** [prɛ̃s] *nm* príncipe *m*; **prince charmant** príncipe azul; **prince de Galles** (*TEXTILE*) príncipe de Gales; **prince héritier** príncipe heredero.

**princesse** [prɛ̃sɛs] *nf* princesa.

**principal, e, -aux** [prɛ̃sipal, o] *adj* principal **♦** *nm* (*SCOL*) director *m*; (*FIN*) principal *m*; (*essentiel*): **le ~** lo importante.

**principe** [prɛ̃sip] *nm* principio; **~s** *nmpl* (*moraux etc*) principios *mpl*; **partir du ~** que partir del principio de que; **pour le ~** por principios; **de/en/par ~** de/en/por principio.

**printemps** [prɛ̃tɑ̃] *nm* primavera.

**priorité** [prijɔrite] *nf* prioridad *f*; **en ~** con prioridad; **priorité à droite** prioridad a la derecha.

**pris, e** [pri, priz] *pp de* **prendre ♦** *adj* (*place, journée*) ocupado(-a); (*billets*) sacado (-a); (*crème, glace*) en su punto; (*ciment*) fraguado(-a); **avoir le nez ~/la gorge ~e** (*MÉD*) tener la nariz/la garganta irritada; **être ~ de peur/de fatigue** entrarle a algn miedo/cansancio.

**prise** [priz] *nf* (*d'une ville*) toma; (*de judo, catch*) llave *f*; (*PÊCHE, CHASSE*) presa; (*ÉLEC*) conexión *f*; (*fiche*) enchufe *m*; **ne pas avoir de/avoir ~** (*AUTO*) en directa; **être aux ~s avec qn** enfrentarse con algn; **lâcher ~** soltarse; **donner ~ à** (*fig*) dar pie a; **avoir ~ sur qn** tener influencia sobre algn; **prise d'eau** toma de agua; **prise d'otages** captura de rehenes; **prise de contact** toma de contacto; **prise de courant** conexión *f*; **prise de sang** toma de sangre; **prise de son** toma de sonido; **prise de tabac** toma de rapé; **prise de terre** toma de tierra; **prise de vue** (*PHOTO*) toma de vista; **prise de vue(s)** toma de planos; **prise en charge** (*par un taxi*) bajada de bandera; (*par la sécurité sociale*) cobertura; **prise multiple** ladrón *m*; **prise péritel** euroconector *m*.

**priser** [prize] *vt* (*tabac*) inhalar; (*estimer*) apreciar.

**prison** [prizɔ̃] *nf* cárcel *f*, prisión *f*; (*MIL*) prisión militar; (*fig*) cárcel; **faire de/risquer la ~** estar en/correr el riesgo de ir a la cárcel; **être condamné à cinq ans de ~** ser condenado a cinco años de cárcel.

**prisonnier, -ière** [prizɔnje, jeʀ] *nm/f* preso(-a); (*soldat, otage*) prisionero(-a) **♦** *adj* preso(-a); **faire qn ~** hacer prisionero(-a) a algn.

**privé, e** [prive] *adj* privado(-a); **~ de** privado(-a) de; **en ~** en privado; **dans le ~** (*ÉCON*) en el sector privado.

**priver** [prive] *vt* privar; **se priver** *vpr*: (*ne pas*) **se ~ (de)** (no) privarse (de).

**privilège** [privilɛʒ] *nm* privilegio.

**prix** [pri] *nm* precio; (*récompense*) premio; **grand ~ automobile** gran premio automovilístico; **mettre à ~** sacar a la venta; **au ~ fort** al precio más alto; **acheter qch à ~ d'or** comprar algo a precio de oro; **hors de ~** carísimo(-a); **à aucun ~** por nada del mundo; **à tout ~** cueste lo que cueste; **prix conseillé** precio de venta al público, PVP *m*; **prix d'achat/de revient/de vente** precio de compra/de coste/de venta.

**probable** [pʀɔbabl] *adj* probable.

**probablement** [pʀɔbabləmɑ̃] *adv* probablemente.

**problème** [pʀɔblɛm] *nm* problema *m*.

**procédé** [pʀɔsede] *nm* proceso; *(comportement)* proceder *m*.

**procéder** [pʀɔsede] *vi* proceder; **~ à** *(JUR)* proceder a, pasar a.

**procès** [pʀɔsɛ] *nm* *(JUR)* juicio; *(: poursuites)* proceso; **être en ~ avec qn** estar en pleito con algn; **faire le ~ de qch/qn** *(fig)* criticar algo/a algn; **sans autre forme de ~** sin más ni más.

**processeur** [pʀɔsesœʀ] *nm* procesador *m*.

**processus** [pʀɔsesys] *nm* proceso.

**procès-verbal** [pʀɔsɛvɛʀbal] *(pl* **procès-verbaux)** *nm* *(constat)* atestado; *(aussi:* **P.V.)** multa; *(d'une réunion)* acta.

**prochain, e** [pʀɔʃɛ̃, ɛn] *adj* próximo(-a) ♦ *nm* prójimo; **la ~e fois** la próxima vez; **la semaine ~e** la semana que viene; **à la ~e!** *(fam)* ¡hasta otra!; **un jour ~** cualquier día.

**prochainement** [pʀɔʃɛnmɑ̃] *adv* pronto; *(au cinéma)* próximamente.

**proche** [pʀɔʃ] *adj* *(ami)* cercano(-a), próximo(-a); **~s** *nmpl* *(parents)* familiares *mpl*; *(amis)*: **l'un de ses ~s** una de sus amistades; **être ~ (de)** estar cerca (de); *(fig: parent)* estar unido(-a) a; **de ~ en ~** progresivamente.

**proclamer** [pʀɔklame] *vt* declarar; *(la république, son innocence)* proclamar; *(résultat d'un examen)* publicar.

**procuration** [pʀɔkyʀasjɔ̃] *nf* poder *m*; **donner ~ à qn** hacer un poder a algn; **voter/acheter par ~** votar/comprar por poder.

**procurer** [pʀɔkyʀe] *vt* *(fournir)* proporcionar; *(causer)* dar; **se procurer** *vpr* conseguir.

**procureur** [pʀɔkyʀœʀ] *nm*: **~ (de la République)** ≈ fiscal *m*; **procureur général** ≈ fiscal del tribunal supremo.

**prodige** [pʀɔdiʒ] *nm* prodigio; **un ~ d'in-** géniosité un prodigio de ingenio.

**prodiguer** [pʀɔdige] *vt* prodigar.

**producteur, -trice** [pʀɔdyktœʀ, tʀis] *adj, nm/f* productor(a); **société productrice** productora.

**productif, -ive** [pʀɔdyktif, iv] *adj* productivo(-a); *(personnel)* eficiente.

**production** [pʀɔdyksjɔ̃] *nf* producción *f*.

**productivité** [pʀɔdyktivite] *nf* productividad *f*.

**produire** [pʀɔdɥiʀ] *vt* producir; *(ADMIN, JUR: documents, témoins)* presentar ♦ *vi* producir; **se produire** *vpr* producirse; *(acteur)* actuar.

**produit, e** [pʀɔdɥi, it] *pp de* **produire** ♦ *nm* producto; *(profit)* rendimiento; **produit d'entretien** producto de limpieza; **produit des ventes** producto de la venta; **produit national brut** producto nacional bruto; **produit net** beneficio neto; **produit pour la vaisselle** lavavajillas *m inv*; **produits agricoles** productos *mpl* agrícolas; **produits alimentaires** productos alimenticios; **produits de beauté** productos de belleza.

**prof** [pʀɔf] *abr* (= *professeur*) prof. (= *profesor*).

**proférer** [pʀɔfeʀe] *vt* proferir.

**professeur** [pʀɔfesœʀ] *nm* profesor(a); *(titulaire d'une chaire)* catedrático(-a); **professeur (de faculté)** profesor(a) (de universidad).

**profession** [pʀɔfesjɔ̃] *nf* profesión *f*; **faire ~ de** hacer profesión de; **de ~**: **ballerine de ~** bailarina de profesión; "**sans ~**" "sin profesión"; *(femme mariée)* "sus labores".

**professionnel, le** [pʀɔfesjɔnɛl] *adj* profesional ♦ *nm/f* profesional *m/f*; *(ouvrier qualifié)* obrero(-a) cualificado(-a).

**profil** [pʀɔfil] *nm* perfil *m*; *(d'une voiture)* línea; *(section)* sección *f*; **de ~** de perfil; **profil des ventes** perfil de ventas; **profil psychologique** perfil psicológico.

**profit** [pʀɔfi] *nm* *(avantage)* provecho; *(COMM, FIN)* beneficio; **au ~ de qn/qch** en beneficio de algn/algo; **tirer** *ou* **retirer ~ de qch** sacar provecho de algo; **mettre à ~ qch** sacar partido de algo; **profits et pertes** *(COMM)* pérdidas *fpl* y beneficios.

**profitable** [pʀɔfitabl] *adj* provechoso(-a).

**profiter** [pʀɔfite]: **~ de** *vt* aprovecharse de; *(lecture)* sacar provecho de; *(occasion)* aprovechar; **~ de ce que ...** aprovecharse de que ...; ~ **à qch/à qn** beneficiar algo/a algn.

**profond, e** [pʀɔfɔ̃, ɔ̃d] *adj* profundo(-a); (*trou, eaux*) hondo(-a); **au plus ~ de** desde lo más hondo ou profundo de; **la France ~e** la Francia profunda.

**profondément** [pʀɔfɔ̃demɑ̃] *adv* profundamente; **~ endormi** profundamente dormido.

**profondeur** [pʀɔfɔ̃dœʀ] *nf* profundidad *f*; **en ~** en profundidad; **profondeur de champ** (*PHOTO*) profundidad de campo.

**programme** [pʀɔɡʀam] *nm* programa *m*; **au ~ de ce soir** (*TV*) en la programación de esta noche.

**programmer** [pʀɔɡʀame] *vt* programar.

**programmeur, -euse** [pʀɔɡʀamœʀ, øz] *nm/f* (*INFORM*) programador(a).

**progrès** [pʀɔɡʀɛ] *nm* progreso, avance *m*; (*gén pl: d'un incendie, d'une épidémie etc*) avance *m*; **faire des/être en ~** hacer progresos.

**progresser** [pʀɔɡʀese] *vi* (*mal etc*) avanzar; (*élève, recherche*) progresar.

**progressif, -ive** [pʀɔɡʀesif, iv] *adj* progresivo(-a).

**progression** [pʀɔɡʀesjɔ̃] *nf* (*d'un mal etc*) avance *m*; (*MATH*) progresión *f*.

**proie** [pʀwa] *nf* presa *f*; (*fig*) víctima *f*; **être la ~ de** ser presa de; **être en ~ à** ser presa de.

**projecteur** [pʀɔʒɛktœʀ] *nm* (*de théâtre, cirque*) foco; (*de films, photos*) proyector *m*.

**projectile** [pʀɔʒɛktil] *nm* proyectil *m*.

**projection** [pʀɔʒɛksjɔ̃] *nf* proyección *f*; **les ~s du camion** lo que el camión lanzó al pasar.

**projet** [pʀɔʒɛ] *nm* proyecto; **faire des ~s** hacer planes; **projet de loi** proyecto de ley.

**projeter** [pʀɔʒ(ə)te] *vt* proyectar; (*jeter*) lanzar; (*envisager*) planear.

**prolétaire** [pʀɔletɛʀ] *nm* proletario(-a).

**prolongement** [pʀɔlɔ̃ʒmɑ̃] *nm* prolongación *f*; **~s** *nmpl* (*fig*) repercusiones *fpl*; **être dans le ~ de** ser una prolongación de.

**prolonger** [pʀɔlɔ̃ʒe] *vt* prolongar; (*délai*) prorrogar; **se prolonger** *vpr* prolongarse.

**promenade** [pʀɔm(ə)nad] *nf* paseo; **faire une ~** dar un paseo; **partir en ~** salir de paseo; **promenade à pied/à vélo/en voiture** paseo andando/en bici/en coche.

**promener** [pʀɔm(ə)ne] *vt* dar un paseo a; (*fig: qch*) llevar consigo; (*doigts, main*) recorrer; **se promener** *vpr* pasearse; **se ~ sur** (*fig*) recorrer; **son regard se promena sur** ... recorrió con la mirada ...

**promesse** [pʀɔmɛs] *nf* promesa *f*; **promesse d'achat/de vente** compromiso de compra/de venta.

**promettre** [pʀɔmɛtʀ] *vt, vi* prometer; **se ~ de faire qch** comprometerse a hacer algo; **~ à qn de faire qch** prometer a algn hacer algo.

**promiscuité** [pʀɔmiskɥite] *nf* promiscuidad *f*.

**promontoire** [pʀɔmɔ̃twaʀ] *nm* promontorio.

**promoteur, -trice** [pʀɔmɔtœʀ, tʀis] *nm/f* propulsor(a); **promoteur (immobilier)** promotor (inmobiliario).

**promotion** [pʀɔmosjɔ̃] *nf* promoción *f*; (*avancement*) ascenso; **article en ~** artículo en oferta; **promotion des ventes** promoción de ventas.

**promouvoir** [pʀɔmuvwaʀ] *vt* (*à un grade, poste*) ascender a; (*recherche etc*) promover; (*COMM: produit*) promocionar.

**prompt, e** [pʀɔ̃(pt), pʀɔ̃(p)t] *adj* rápido(-a); **~ à qch/à faire qch** dado(-a) a algo/a hacer algo.

**prôner** [pʀone] *vt* (*louer*) ensalzar; (*préconiser*) preconizar.

**pronom** [pʀɔnɔ̃] *nm* pronombre *m*.

**prononcer** [pʀɔnɔ̃se] *vt* pronunciar; (*souhait, vœu*) formular; **se prononcer** *vpr* pronunciarse; **se ~ sur qch** pronunciarse sobre algo; **ça se prononce comment?** ¿cómo se pronuncia eso?

**prononciation** [pʀɔnɔ̃sjasjɔ̃] *nf* pronunciación *f*.

**pronostic** [pʀɔnɔstik] *nm* pronóstico.

**propagande** [pʀɔpaɡɑ̃d] *nf* propaganda; **faire de la ~ pour qch** hacer propaganda de algo.

**propager** [pʀɔpaʒe] *vt* propagar; **se propager** *vpr* propagarse; (*espèce*) multiplicarse.

**prophète, prophétesse** [pʀɔfɛt, pʀɔfetɛs] *nm/f* profeta(profetisa).

**prophétie** [pʀɔfesi] *nf* (*d'un prophète*) profecía; (*d'une cartomancienne*) predicción *f*.

**propice** [pʀɔpis] *adj* propicio(-a).

**proportion** [pʀɔpɔʀsjɔ̃] *nf* proporción *f*; (*relation, pourcentage*) relación *f*; **à ~ de**

en proporción directa a; **en ~ de** (*selon*) en proporción a; (*en comparaison de*) en comparación a; **hors de ~** desproporcionado(-a); **toute(s) ~(s) gardée(s)** manteniendo las proporciones.

**propos** [pʀɔpo] *nm* (*paroles*) palabras *fpl*; (*intention*) propósito; **à ~ de** a propósito de; **à tout ~** a cada momento; **à ce ~** a ese respecto; **à ~** a propósito; **hors de ~, mal à ~** fuera de lugar.

**proposer** [pʀɔpoze] *vt* proponer; (*loi, motion*) presentar; **se ~ (pour faire qch)** ofrecerse (para hacer algo); **se ~ de faire qch** proponerse hacer algo.

**proposition** [pʀɔpozisjɔ̃] *nf* propuesta; (*offre*) oferta; (*LING*) proposición *f*; **sur la ~ de** a propuesta de; **proposition de loi** propuesta de ley.

**propre** [pʀɔpʀ] *adj* limpio(-a); (*net*) pulcro(-a); (*fig: honnête*) intachable; (*intensif possessif, sens*) propio(-a) ♦ *nm*: **le ~ de** lo propio de; **~ à** (*particulier*) propio(-a) de; (*convenable*) apropiado(-a) para; **au ~** (*LING*) en sentido propio; **mettre ou recopier au ~** pasar a limpio; **avoir qch/appartenir à qn en ~** tener algo/pertenecer a algn en propiedad; **propre à rien** *nm/f* (*péj*) inútil *m/f*.

**proprement** [pʀɔpʀəmɑ̃] *adv* (*manger etc*) correctamente; (*rangé, habillé*) con esmero; (*avec décence*) honradamente; (*exclusivement*) propiamente; (*littéralement*) verdaderamente; **à ~ parler** a decir verdad; **le village ~ dit** el pueblo propiamente dicho.

**propreté** [pʀɔpʀəte] *nf* limpieza; (*d'une personne: pour s'habiller etc*) pulcritud *f*.

**propriétaire** [pʀɔpʀijetɛʀ] *nm/f* propietario(-a); (*d'un chien etc*) dueño(-a); (*pour le locataire*) casero(-a); **propriétaire (immobilier)** propietario; **propriétaire récoltant** labrador; **propriétaire terrien** terrateniente *m/f*.

**propriété** [pʀɔpʀijete] *nf* propiedad *f*; (*villa, terres*) casa de campo; (*exploitations agricoles*) granja; **propriété artistique et littéraire/industrielle** propiedad intelectual/industrial.

**propulser** [pʀɔpylse] *vt* (*missile, engin*) propulsar; (*projeter*) lanzar.

**prose** [pʀoz] *nf* prosa.

**prospecter** [pʀɔspɛkte] *vt* prospectar; (*COMM*) estudiar el mercado de.

**prospectus** [pʀɔspɛktys] *nm* prospecto.

**prospère** [pʀɔspɛʀ] *adj* próspero(-a); **il a la santé ~** está rebosante de salud.

**prospérer** [pʀɔspeʀe] *vi* prosperar.

**prosterner** [pʀɔstɛʀne]: **se ~** *vpr* prosternarse.

**prostituée** [pʀɔstitɥe] *nf* prostituta.

**prostitution** [pʀɔstitysjɔ̃] *nf* prostitución *f*.

**protecteur, -trice** [pʀɔtɛktœʀ, tʀis] *adj* protector(a); (*ÉCON*) proteccionista; (*péj: air, ton*) paternalista ♦ *nm/f* protector(a); **protecteur des arts** mecenas *m*.

**protection** [pʀɔtɛksjɔ̃] *nf* protección *f*; **écran/enveloppe de ~** pantalla protectora/sobre *m* protector; **protection civile/judiciaire** protección civil/judicial; **protection maternelle et infantile** protección materna y de la infancia.

**protéger** [pʀɔteʒe] *vt* proteger; (*moralement*) amparar; (*carrière*) apoyar; (*ÉCON*) patrocinar; **se ~ de/contre qch** protegerse de/contra algo.

**protéine** [pʀɔtein] *nf* proteína.

**protestant, e** [pʀɔtɛstɑ̃, ɑ̃t] *adj, nm/f* protestante *m/f*.

**protestation** [pʀɔtɛstasjɔ̃] *nf* protesta.

**protester** [pʀɔtɛste] *vi* protestar.

**prothèse** [pʀɔtɛz] *nf* prótesis *f inv*; (*pour remplacer un organe*) implante *m*; **prothèse dentaire** prótesis dental; (*science*) fabricación *f* de prótesis dentales.

**protocole** [pʀɔtɔkɔl] *nm* protocolo; (*procès-verbal*) acta de protocolo; **chef du ~** jefe *m* de protocolo; **protocole d'accord** proposición *f* de acuerdo; **protocole opératoire** (*MÉD*) parte *m* médico.

**proue** [pʀu] *nf* proa.

**prouesse** [pʀuɛs] *nf* proeza.

**prouver** [pʀuve] *vt* probar; (*montrer*) demostrar.

**provenance** [pʀɔv(ə)nɑ̃s] *nf* procedencia; (*d'un mot, d'une coutume*) origen *m*; **en ~ de** procedente de.

**provenir** [pʀɔv(ə)niʀ]: **~ de** *vt* proceder de; (*tirer son origine de*) provenir de; (*résulter de*) derivarse de.

**proverbe** [pʀɔvɛʀb] *nm* proverbio.

**province** [pʀɔvɛ̃s] *nf* provincia.

**proviseur** [pʀɔvizœʀ] *nm* director(a) de instituto.

**provision** [pʀɔvizjɔ̃] *nf* provisión *f*; (*acompte, avance*) anticipo; (*COMM*) provisión *f* de fondos; **~s** *nfpl* (*vivres*) provisiones *fpl*; **fai-**

re ~ de qch abastecerse de algo; **placard** *ou* **armoire à ~s** despensa.

**provisoire** [pʀɔvizwaʀ] *adj* provisional, provisorio(-a) (*AM*); (*personne*) interino(-a); **mise en liberté ~** puesta en libertad provisional.

**provisoirement** [pʀɔvizwaʀmɑ̃] *adv* provisionalmente.

**provocant, e** [pʀɔvɔkɑ̃, ɑ̃t] *adj* (*agressif*) provocante; (*excitant*) provocativo(-a).

**provoquer** [pʀɔvɔke] *vt* provocar; (*curiosité*) despertar.

**proxénète** [pʀɔksenɛt] *nm* proxeneta *m*.

**proximité** [pʀɔksimite] *nf* (*dans l'espace*) cercanía; (*dans le temps*) proximidad *f*; **à ~ (de)** cerca (de).

**prudemment** [pʀydamɑ̃] *adv* con prudencia.

**prudence** [pʀydɑ̃s] *nf* prudencia; **avec ~** con prudencia; **par (mesure de) ~** como medida de precaución.

**prudent, e** [pʀydɑ̃, ɑ̃t] *adj* prudente; (*sage, conseillé*) sensato(-a); **ce n'est pas ~** no es sensato; **soyez ~!** ¡tened cuidado!

**prune** [pʀyn] *nf* ciruela.

**pruneau, x** [pʀyno] *nm* ciruela pasa.

**prunier** [pʀynje] *nm* ciruelo.

**PS** [pɛɛs] *sigle m* = Parti socialiste; (= *post-scriptum* PD (= *postdata*).

**pseudonyme** [psødɔnim] *nm* seudónimo; (*de comédien*) nombre *m* artístico.

**psychanalyse** [psikanaliz] *nf* (p)sicoanálisis *m inv*.

**psychiatre** [psikjatʀ] *nm/f* (p)siquiatra *m/f*.

**psychiatrique** [psikjatʀik] *adj* (p)siquiátrico(-a).

**psychique** [psiʃik] *adj* (p)síquico(-a).

**psychologie** [psikɔlɔʒi] *nf* (p)sicología.

**psychologique** [psikɔlɔʒik] *adj* (p)sicológico(-a).

**psychologue** [psikɔlɔg] *nm/f* (p)sicólogo (-a); **être ~** (*fig*) ser (p)sicólogo(-a).

**pu** [py] *pp de* **pouvoir**.

**puanteur** [pɥɑ̃tœʀ] *nf* pestilencia.

**pub** [pyb] *nf* (*fam: publicité*) publicidad *f*.

**public, -ique** [pyblik] *adj* público(-a) ♦ *nm* público; **en ~** en público; **interdit au ~** prohibido al público; **le grand ~** el público en general.

**publicitaire** [pyblisitɛʀ] *adj* publicitario(-a) ♦ *nm/f* publicista *m/f*; **rédacteur/ dessinateur ~** redactor *m*/dibujante *m* publicitario.

**publicité** [pyblisite] *nf* publicidad *f*; **une ~** un anuncio; **faire trop de ~ autour de qch/qn** dar demasiada publicidad a algo/ algn.

**publier** [pyblije] *vt* publicar; (*décret, loi*) promulgar.

**publique** [pyblik] *adj f voir* **public**.

**puce** [pys] *nf* pulga; (*INFORM*) pulgada; **marché aux ~s** mercadillo; **mettre la ~ à l'oreille de qn** intrigar a algn, poner la mosca detrás de la oreja a algn.

**pudeur** [pydœʀ] *nf* pudor *m*.

**pudique** [pydik] *adj* (*chaste*) pudoroso(-a); (*discret*) recatado(-a).

**puer** [pɥe] (*péj*) *vi, vt* apestar (a).

**puéricultrice** [pɥeʀikyltʀis] *nf* puericultora.

**puéril, e** [pɥeʀil] *adj* pueril.

**puis** [pɥi] *vb voir* **pouvoir** ♦ *adv* (*ensuite*) después, luego; (*dans une énumération*) luego; (*en outre*): **et ~** y además, y encima; **et ~ après!** ¡y qué!; **et ~ quoi encore?** ¡y qué más!

**puiser** [pɥize] *vt*: **~ (dans)** sacar (de).

**puisque** [pɥisk] *conj* ya que, como; **~ je te le dis!** (*valeur intensive*) ¡que te lo digo yo!

**puissance** [pɥisɑ̃s] *nf* potencia; (*pouvoir*) poder *m*; **deux (à la) ~ cinq** (*MATH*) dos (elevado) a la quinta; **les ~s occultes** los poderes ocultos.

**puissant, e** [pɥisɑ̃, ɑ̃t] *adj* poderoso(-a); (*homme, voix*) fuerte; (*raisonnement*) consistente; (*moteur*) potente; (*éclairage, drogue, vent*) fuerte.

**puits** [pɥi] *nm* pozo; **puits artésien/de mine** pozo artesano/minero; **puits de science** pozo de sabiduría.

**pull** [pyl], **pull-over** [pylovɛʀ] (*pl ~-overs*) *nm* jersey *m*.

**pulluler** [pylyle] *vi* pulular; (*fig*) abundar.

**pulpe** [pylp] *nf* pulpa.

**pulvériser** [pylveʀize] *vt* pulverizar; (*fig: adversaire*) machacar.

**punaise** [pynɛz] *nf* (*ZOOL*) chinche *f*; (*clou*) chincheta.

**punch** [pœnʃ] *nm* (*boisson*) ponche *m*; (*BOXE*) puñetazo; (*fig*) vitalidad *f*.

**punir** [pyniʀ] *vt* castigar; (*faute, infraction*) sancionar; (*crime*) condenar; **~ qn de qch** castigar a algn por algo.

**punition** [pynisjɔ̃] *nf* castigo.

**pupille** [pypij] *nf* (*ANAT*) pupila ♦ *nm/f* (*enfant*) pupilo(-a); **pupille de l'État**

hospiciano(-a); **pupille de la Nation** huérfano(-a) de guerra.

**pupitre** [pypitʀ] *nm* (SCOL) pupitre *m*; (RFL, MUS) atril *m*; (INFORM) consola; **pupitre de commande** consola de mandos.

**pur, e** [pyʀ] *adj* puro(-a); (*intentions*) bueno(-a) ♦ *nm* duro; **~ et simple** mero (-a); **en ~e perte** en balde; **~e laine** pura lana.

**purée** [pyʀe] *nf* puré *m*; **purée de pois** (*fig*) niebla muy espesa; **purée de tomates** tomate *m* triturado.

**purement** [pyʀmɑ̃] *adv* puramente.

**purgatoire** [pyʀgatwaʀ] *nm* purgatorio.

**purger** [pyʀʒe] *vt* purgar; (*vidanger*) limpiar.

**pur-sang** [pyʀsɑ̃] *nm inv* pura sangre *m*.

**pus** [py] *vb voir* **pouvoir** ♦ *nm* pus *m*.

**putain** [pytɛ̃] (*fam!*) *nf* puta; **~!** ¡joder!; **ce/ cette ~ de ...** este(-a) puto(-a) ...

**puzzle** [pœzl] *nm* rompecabezas *m inv*.

**PV** [peve] *sigle m* (= *procès-verbal*) multa.

**pyjama** [piʒama] *nm* pijama *m*, piyama *m ou f* (AM).

**pyramide** [piʀamid] *nf* pirámide *f*; **pyramide humaine** pirámide humana.

**Pyrénées** [piʀene] *nfpl*: **les ~** los Pirineos.

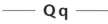

**QI** [kyi] *sigle m* (= *quotient intellectuel*) C.I. *m* (= *coeficiente intelectual*).

**quadragénaire** [k(w)adʀaʒenɛʀ] *nm/f* (*de quarante ans*) cuadragenario(-a); (*de quarante à cinquante ans*) cuarentón(-ona); **les ~s** los mayores de cuarenta años.

**quadruple** [k(w)adʀypl] *adj* cuádruple ♦ *nm*: **le ~ de** el cuádruplo de.

**quadruplés, -ées** [k(w)adʀyple] *nm/fpl* cuatrillizos(-as).

**quai** [ke] *nm* (*d'un port*) muelle *m*; (*d'une gare*) andén *m*; (*d'un cours d'eau, canal*) orilla; **être à ~** (*navire*) estar atracado; (*train*) estar en el andén; **le Quai d'Orsay** Ministerio de Asuntos Exteriores; **le Quai des Orfèvres** la sede de la Policía Judicial.

**qualification** [kalifikasjɔ̃] *nf* calificación *f*; (*désignation*) designación *f*, nombramiento; (*aptitude*) capacitación *f*; **qualification professionnelle** cualificación *f* profesional.

**qualifier** [kalifje] *vt* calificar; **se qualifier** *vpr* (SPORT) calificarse; **~ qch de crime** calificar algo de crimen; **~ qn d'artiste** calificar a algn de artista; **être qualifié pour** estar cualificado *ou* capacitado para.

**qualité** [kalite] *nf* calidad *f*; (*valeur, aptitude*) cualidad *f*; **en ~ de** en calidad de; **ès ~s** como tal; **avoir ~ pour** tener autoridad para; **de ~** *adj* de calidad; **rapport ~-prix** relación *f* calidad-precio.

**quand** [kɑ̃] *conj* cuando; (*chaque fois que*) cada vez que; (*alors que*) cuando, mientras ♦ *adv*: **~ arrivera-t-il?** ¿cuándo llegará?; **~ je serai riche, j'aurai une belle maison** cuando yo sea rico, tendré una casa bonita; **~ même** (*cependant, pourtant*) sin embargo; (*tout de même*): **tu exagères ~ même** desde luego te pasas; **~ bien même** aun cuando, así +subjun (AM).

**quant** [kɑ̃]: **~ à** *prép* en cuanto a; (*au sujet de*): **il n'a rien dit ~ à ses projets** no dijo nada sobre sus planes; **~ à moi, ...** en cuanto a mí ..., por lo que se refiere a mí ...

**quantité** [kɑ̃tite] *nf* cantidad *f*; (*grand nombre*): **une** *ou* **des ~(s) de** una cantidad *ou* cantidades de; **~ négligeable** (SCIENCE) cantidad insignificante; **en grande ~** en gran cantidad; **en ~s industrielles** en cantidades industriales; **du travail en ~** cantidad de trabajo.

**quarantaine** [kaʀɑ̃tɛn] *nf* (*isolement*) cuarentena; (*nombre*): **une ~ (de)** unos cuarenta; (*âge*): **avoir la ~** estar en la cuarentena; **mettre en ~** poner en cuarentena; (*fig*) hacer el vacío.

**quarante** [kaʀɑ̃t] *adj inv*, *nm inv* cuarenta *m inv*; *voir aussi* **cinq**.

**quarantième** [kaʀɑ̃tjɛm] *adj*, *nm/f* cuadragésimo(-a) ♦ *nm* (*partitif*) cuarentavo; *voir aussi* **cinquantième**.

**quart** [kaʀ] *nm* cuarto ♦ *nm* (NAUT, surveillance) guardia; **le ~ de** la cuarta parte de; **un ~ de l'héritage** un cuarto de la herencia; **un ~ de fromage** un cuarto (de kilo) de queso; **un kilo un** *ou* **et ~** un kilo y cuarto; **2h et** *ou* **un ~** las dos y cuarto; **1h moins le ~** la una menos cuarto; **il est moins le ~** son menos cuarto; **être de/ prendre le ~** estar de/entrar de guardia; **au ~ de tour** (*fig*) a la primera; **quarts de finale** (SPORT) cuartos *mpl* de final; **quart**

d'heure cuarto de hora; **quart de tour** cuarto de vuelta.

**quartier** [kaʀtje] *nm* cuarto; *(d'une ville)* barrio; *(d'orange)* gajo; **~s** *nmpl* (MIL) cuarteles *mpl*; (BLASON) cuartel *m*; **cinéma de ~** cine *m* de barrio; **avoir ~ libre** estar libre; (MIL) tener permiso; **ne pas faire de ~** no dar cuartel; **quartier commerçant** zona *ou* barrio comercial; **quartier général** cuartel general; **quartier résidentiel** barrio residencial.

**quartz** [kwaʀts] *nm* cuarzo.

**quasi** [kazi] *adv* casi ♦ *préf*: **~-certitude/totalité** cuasicerteza/cuasitotalidad *f*.

**quasiment** [kazimɑ̃] *adv* casi.

**quatorze** [katɔʀz] *adj inv, nm inv* catorce *m inv*; *voir aussi* **cinq**.

**quatorzième** [katɔʀzjɛm] *adj, nm/f* decimocuarto(-a) ♦ *nm* (*partitif*) catorceavo; *voir aussi* **cinquantième**.

**quatre** [katʀ] *adj inv, nm inv* cuatro *m inv*; **à ~ pattes** a cuatro patas; **être tiré à ~ épingles** estar hecho un maniquí; **faire les ~ cents coups** armar las mil y una; **se mettre en ~ pour qn** desvivirse por algn; **monter/descendre (l'escalier) ~ à ~** subir/bajar (los escalones) de cuatro en cuatro; **à ~ mains** *adj* (*morceau*) a cuatro manos; *voir aussi* **cinq**.

**quatre-vingt-dix** [katʀəvɛ̃dis] *adj inv, nm inv* noventa *m inv*; *voir aussi* **cinq**.

**quatre-vingt-dixième** [katʀ(ə)vɛ̃dizjɛm] *adj, nm/f* nonagésimo(-a) ♦ *nm* (*partitif*) noventavo; *voir aussi* **cinquantième**.

**quatre-vingtième** [katʀəvɛ̃tjɛm] *adj, nm/f* octogésimo(-a) ♦ *nm* (*partitif*) ochentavo; *voir aussi* **cinquantième**.

**quatre-vingts** [katʀəvɛ̃] *adj inv, nm inv* ochenta *m inv*; *voir aussi* **cinq**.

**quatrième** [katʀijɛm] *adj, nm/f* cuarto(-a) ♦ *nf* (AUTO) cuarta; (SCOL) tercer año de educación secundaria en el sistema francés; *voir aussi* **cinquième**.

**quatuor** [kwatɥɔʀ] *nm* cuarteto.

---
MOT-CLÉ
---

**que** [kə] *conj* **1** (*introduisant complétive*) que; **il sait que tu es là** sabe que estás allí; **je veux que tu acceptes** quiero que aceptes; **il a dit que oui** dijo que sí
**2** (*reprise d'autres conjonctions*): **quand il rentrera et qu'il aura mangé** cuando vuelva y haya comido; **si vous y allez ou**

que vous lui téléphonez si usted va (allí) o le llama por teléfono
**3** (*en tête de phrase: hypothèse, souhait etc*): **qu'il le veuille ou non** quiera o no quiera; **qu'il fasse ce qu'il voudra!** ¡que haga lo que quiera!
**4** (*après comparatif*): **aussi grand que** tan grande como; **plus grand que** más grande que; *voir aussi* **plus**
**5** (*temps*): **elle venait à peine de sortir qu'il se mit à pleuvoir** acababa justo de salir cuando se puso a llover; **il y a 4 ans qu'il est parti** hace 4 años que se marchó
**6** (*attribut*): **c'est une erreur que de croire ...** es un error creer ...
**7** (*but*): **tenez-le qu'il ne tombe pas** sujételo (para) que no se caiga
**8** (*seulement*): **ne ... que** sólo, no más que; **il ne boit que de l'eau** sólo bebe agua, no bebe más que agua
♦ *adv* (*exclamation*): **qu'est-ce qu'il est bête!** ¡qué tonto es!; **qu'est-ce qu'il court vite!** ¡cómo corre!; **que de livres!** ¡cuántos libros!
♦ *pron* **1** (*relatif*): **l'homme que je vois** el hombre que veo; (*temps*): **un jour que j'étais ...** un día en que yo estaba ...; **le livre que tu lis** el libro que lees
**2** (*interrogatif*): **que fais-tu?, qu'est-ce que tu fais?** ¿qué haces?; **que préfères-tu, celui-ci ou celui-là?** ¿cuál prefieres, éste o ése?; **que fait-il dans la vie?** ¿a qué se dedica?; **qu'est-ce que c'est?** ¿qué es?; **que faire?** ¿qué se puede hacer?; *voir aussi* **aussi; autant** *etc*.

---

**Québec** [kebɛk] *nm* Quebec *m*.

---
MOT-CLÉ
---

**quel, quelle** [kɛl] *adj* **1** (*interrogatif: avant un nom*) qué; (*avant un verbe: personne*) quién; (: *chose*) cuál; **sur quel auteur va-t-il parler?** ¿sobre qué autor va a hablar?; **quels acteurs préférez-vous?** ¿(a) qué actores prefiere?; **quel est cet homme?** ¿quién es este hombre?; **quel livre veux-tu?** ¿qué libro quieres?; **quel est son nom?** ¿cuál es su nombre?
**2** (*exclamatif*): **quelle surprise/coïncidence!** ¡qué sorpresa/coincidencia!; **quel dommage qu'il soit parti!** ¡qué pena que se haya marchado!
**3**: **quel que soit** (*personne*) sea quien sea,

quienquiera que sea; (*chose*) sea cual sea, cualquiera que sea; **quel que soit le coupable** sea quien sea el culpable; **quel que soit votre avis** sea cual sea su opinión

♦ *pron interrogatif:* **de tous ces enfants, quel est le plus intelligent?** de todos esos niños, ¿cuál es el más inteligente?

**quelconque** [kɛlkɔ̃k] *adj* cualquier(a); (*sans valeur*) mediocre; **pour une raison ~** por cualquier razón.

**quelque** [kɛlk] *adj* **1** (*suivi du singulier*) algún(-una); (*suivi du pluriel*) algunos(-as); **cela fait quelque temps que je ne l'ai (pas) vu** hace algún tiempo que no lo he visto; **il a dit quelques mots de remerciement** dijo algunas palabras de agradecimiento; **les quelques enfants qui ...** los pocos niños que ...; **il habite à quelque distance d'ici** vive a cierta distancia de aquí; **a-t-il quelques amis?** ¿tiene amigos?; **20 kg et quelque(s)** 20 kg y pico **2:** **quelque ... que: quelque livre qu'il choisisse** cualquier libro que elija; **par quelque temps qu'il fasse** haga el tiempo que haga **3: quelque chose** algo; **quelque chose d'autre** otra cosa; **y être pour quelque chose** tener algo que ver; **ça m'a fait quelque chose!** (*fig*) ¡sentí una cosa!; **puis-je faire quelque chose pour vous?** ¿puedo hacer algo por usted?; **c'est déjà quelque chose** algo es algo; **quelque part** (*position*) en alguna parte; (*direction*) a alguna parte; **quelque sorte: en quelque sorte** (*pour ainsi dire*) en cierto modo; (*bref*) o sea

♦ *adv* **1** (*environ, à peu près*): **une route de quelque 100 km** una carretera de unos 100 km **2: quelque peu** algo; **il est quelque peu vulgaire** es algo vulgar.

**quelquefois** [kɛlkəfwa] *adv* a veces.

**quelques-uns, -unes** [kɛlkəzœ̃, yn] *pron* algunos(-as); **~-~ des lecteurs** unos cuantos lectores.

**quelqu'un, e** [kɛlkœ̃] *pron* alguien; (*entre plusieurs*) alguno(-a); **~ d'autre** otro(-a); **être ~** (*de valeur*) ser algn.

**qu'en dira-t-on** [kɑ̃diʀatɔ̃] *nm inv:* **le ~ ~-~-~** el qué dirán.

**querelle** [kəʀɛl] *nf* pelea; **chercher ~ à qn** buscar pelea con algn.

**quereller** [kəʀele]: **se ~** *vpr* pelearse.

**qu'est-ce que** [kɛskə] *voir* que; qui.

**qu'est-ce qui** [kɛski] *voir* que; qui.

**question** [kɛstjɔ̃] *nf* (*gén*) pregunta; (*problème*) cuestión *f*, problema *m*; **il a été ~ de** se trató de; **il est ~ de les emprisonner** se trata de encarcelarlos; **c'est une ~ de temps/d'habitude** es cuestión de tiempo/de costumbre; **de quoi est-il ~?** ¿de qué se trata?; **il n'en est pas ~** ni hablar, ni mucho menos; **en ~** en cuestión; **hors de ~** fuera de lugar; **je ne me suis jamais posé la ~** nunca me he planteado el problema; **(re)mettre en ~** poner en tela de juicio; **poser la ~ de confiance** (*POL*) pedir un voto de confianza; **question d'actualité** (*PRESSE*) tema *m* de actualidad; **question piège** pregunta capciosa; **questions économiques/sociales** cuestiones económicas/sociales; **question subsidiaire** cuestión subsidiaria.

**questionnaire** [kɛstjɔnɛʀ] *nm* cuestionario.

**questionner** [kɛstjɔne] *vt* preguntar; **~ qn sur qch** preguntar a algn acerca de algo.

**quête** [kɛt] *nf* (*collecte*) colecta; (*recherche*) búsqueda; **faire la ~** (*à l'église*) pasar la bandeja; (*artiste*) pasar la gorra; **se mettre en ~ de qch** ir en busca de algo.

**quetsche** [kwɛtʃ] *nf* ciruela damascena.

**queue** [kø] *nf* cola; (*de lettre, note*) rabo; (*d'une casserole*) asa; (*poêle*) mango; (*d'un fruit, d'une feuille*) rabillo; (*cheveux*) coleta; (*BILLARD*) taco; **en ~ (de train)** en cola; **faire la ~** hacer cola; **se mettre à la ~** ponerse a la cola; **histoire sans ~ ni tête** historia sin pies ni cabeza; **à la ~ leu leu** uno tras otro; (*fig*) en fila india; **faire une ~ de poisson à qn** (*AUTO*) ponerse bruscamente delante de algn al adelantar; **finir en ~ de poisson** (*projets*) terminar en agua de borrajas; **queue de cheval** cola de caballo.

MOT-CLÉ

**qui** [ki] *pron* **1** (*interrogatif*) quién; (: *plural*) quiénes; (*objet*): **qui (est-ce que) j'emmène?** ¿a quién llevo?; **je ne sais pas qui**

c'est no sé quién es; **à qui est ce sac?** ¿de quién es este bolso?; **à qui parlais-tu?** ¿con quién hablabas?

**2** (*relatif*) que; (: *après prép*) quien, el(la) que; (: *plural*) quienes, los(las) que; **l'ami de qui je vous ai parlé** el amigo de quien *ou* del que le hablé; **la personne avec qui je l'ai vu** la persona con quien lo vi

**3** (*sans antécédent*): **amenez qui vous voulez** traiga a quien quiera; **qui que ce soit** quienquiera que sea.

**quiconque** [kikɔ̃k] *pron* quienquiera que; (*n'importe qui*) cualquiera.

**quille** [kij] *nf* bolo; (*d'un bateau*) quilla; (MIL: *fam*) licencia; **(jeu de) ~s** juego de bolos.

**quincaillerie** [kɛ̃kɑjʀi] *nf* (*ustensiles, métier*) quincallería; (*magasin*) ferretería.

**quinquagénaire** [kɛ̃kaʒenɛʀ] *nm/f* (*de cinquante ans*) quincuagenario(-a); (*de cinquante à soixante ans*) cincuentón(-ona); **les ~s** los mayores de cincuenta años.

**quinte** [kɛ̃t] *nf*: **~ (de toux)** golpe *m* de tos.

**quintuple** [kɛ̃typl] *adj* quíntuplo ♦ *nm*: **le ~ de** el quíntuplo de.

**quintuplés, -ées** [kɛ̃typle] *nm/fpl* quintillizos.

**quinzaine** [kɛ̃zɛn] *nf* quincena; **une ~ (de jours)** una quincena (de días).

**quinze** [kɛ̃z] *adj inv, nm inv* quince *m inv*; **demain en ~** desde mañana en quince días; **lundi en ~** desde lunes en quince días; **dans ~ jours** dentro de quince días; **le ~ de France** (RUGBY) el equipo internacional francés de rugby; *voir aussi* **cinq**.

**quinzième** [kɛ̃zjɛm] *adj, nm/f* decimoquinto(-a) ♦ *nm* (*partitif*) quinceavo; *voir aussi* **cinquantième**.

**quiproquo** [kipʀɔko] *nm* malentendido; (THÉÂTRE) quid pro quo *m*.

**quittance** [kitɑ̃s] *nf* (*reçu*) recibo; (*facture*) recibo, factura.

**quitte** [kit] *adj*: **être ~ envers qn** estar en paz con algn; **être ~ de** haberse librado de; **en être ~ à bon compte** escaparse por los pelos; **~ à être renvoyé** aunque me echen; **je resterai ~ à attendre pendant 3 heures** me quedaré aunque tenga que esperar 3 horas; **~ ou double** doble o nada; (*fig*): **c'est du ~ ou double** es el todo por el todo.

**quitter** [kite] *vt* dejar; (*fig: espoir, illusion*) perder; (*vêtement*) quitarse; **se quitter** *vpr* (*couples, interlocuteurs*) separarse; **~ la route** (*véhicule*) salir de la carretera; **ne quittez pas** (*au téléphone*) no se retire; **ne pas ~ qn d'une semelle** pisarle los talones a algn.

**qui-vive** [kiviv] *nm inv*: **être sur le ~-~** estar alerta.

┌─────────── MOT-CLÉ ───────────

**quoi** [kwa] *pron interrog* **1** (*interrogation directe*) qué; **~ de plus beau que ...?** ¿hay algo más hermoso que ...?; **~ de neuf?** ¿qué hay de nuevo?; **~ encore?** ¿y ahora, qué?; **et puis ~ encore!** ¡y qué más!; **~?** (*qu'est-ce que tu dis?*) ¿qué?

**2** (*interrogation directe avec prép*) qué; **à ~ penses-tu?** ¿en qué piensas?; **de ~ parlez-vous?** ¿de qué habláis?; **en ~ puis-je vous aider?** ¿en qué puedo ayudarle?; **à ~ bon?** ¿para qué?

**3** (*interrogation indirecte*) qué; **dis-moi à ~ ça sert** dime para qué sirve; **je ne sais pas à ~ il pense** no sé en qué piensa ♦ *pron rel* **1** que; **ce à ~ tu penses** lo que piensas; **de ~ écrire** algo para escribir; **il n'a pas de ~ se l'acheter** no tiene con qué comprarlo; **il y a de ~ être fier** es para estar orgulloso; **merci - il n'y a pas de ~** gracias - no hay de qué

**2** (*locutions*): **après ~** después de lo cual; **sur ~** sobre qué; **sans ~, faute de ~** si no; **comme ~** (*déduction*) así que; **un message comme ~ il est arrivé** un mensaje en el que dice que ha llegado

**3**: **~ qu'il arrive** pase lo que pase; **~ qu'il en soit** sea lo que sea; **~ qu'elle fasse** haga lo que haga; **si vous avez besoin de ~ que ce soit** si necesita cualquier cosa

♦ *excl* qué.

└───────────────────────────

**quoique** [kwak(ə)] *conj* aunque.

**quotidien, ne** [kɔtidjɛ̃, jɛn] *adj* cotidiano(-a) ♦ *nm* (*journal*) diario; (*vie quotidienne*) vida diaria; **les grands ~s** los grandes diarios.

**quotidiennement** [kɔtidjɛnmɑ̃] *adv* diariamente.

**quotient** [kɔsjɑ̃] *nm* (MATH) cociente *m*; **quotient intellectuel** coeficiente *m* intelectual.

## —— R r ——

**R** [ɛʀ] *abr* (= *route*) ctra. (= *carretera*); (= *rue*) C (= *calle*).

**rabais** [ʀabɛ] *nm* rebaja; **au ~** rebajado.

**rabaisser** [ʀabese] *vt* (*prétentions, autorité*) bajar, reducir; (*influence*) disminuir; (*personne, mérites*) rebajar.

**rabattre** [ʀabatʀ] *vt* (*couvercle, siège*) bajar; (*fam*) volver; (*couture*) dobladillar; (*balle*) rechazar; (*gibier*) ojear; (*somme d'un prix*) rebajar; (*orgueil, prétentions*) bajar; (*TRICOT*) cerrar; **se rabattre** *vpr* bajarse; **se ~ devant qn** (*véhicule, coureur*) colocarse delante de algn; **se ~ sur** (*accepter*) conformarse con.

**rabbin** [ʀabɛ̃] *nm* rabino.

**rabougri, e** [ʀabugʀi] *adj* (*végétal*) mustio(-a); (*personne*) canijo(-a).

**raccommoder** [ʀakɔmɔde] *vt* (*vêtement, linge*) remendar; (*chaussette*) zurcir; (*fam*) reconciliar; **se raccommoder avec** *vpr* (*fam*) reconciliarse con.

**raccompagner** [ʀakɔ̃paɲe] *vt* acompañar.

**raccord** [ʀakɔʀ] *nm* (*TECH*) racor *m*, empalme *m*; (*CINÉ*) ajuste *m*; **raccord de maçonnerie/de peinture** retoque *m* de albañilería/de pintura.

**raccorder** [ʀakɔʀde] *vt* (*tuyaux, fils électriques*) empalmar; (*bâtiments, routes*) reparar; (*suj: pont, passerelle*) enlazar; **se raccorder à** *vpr* empalmarse con; (*fig*) relacionarse con; **~ qn au réseau du téléphone** conectar a algn a la red telefónica.

**raccourci** [ʀakuʀsi] *nm* atajo; (*fig*) resumen *m*; **en ~** en resumen.

**raccourcir** [ʀakuʀsiʀ] *vt* acortar ♦ *vi* (*vêtement*) encoger; (*jours*) acortarse.

**raccrocher** [ʀakʀɔʃe] *vt* (*tableau, vêtement*) volver a colgar; (*récepteur*) colgar; (*fig*) recuperar ♦ *vi* (*TÉL*) colgar; **se raccrocher à** *vpr* (*branche*) agarrarse a; (*fig*) aferrarse a; **ne raccrochez pas** (*TÉL*) no cuelgue.

**race** [ʀas] *nf* raza; (*ascendance, origine*) casta; (*espèce*) calaña; **de ~** de raza.

**rachat** [ʀaʃa] *nm* (*v vt*) compra; repesca; rescate *m*; redención *f*.

**racheter** [ʀaʃ(ə)te] *vt* volver a comprar; (*part, firme: aussi d'occasion*) comprar;

(*pension, rente*) liquidar; (*REL*) redimir; (*mauvaise conduite, oubli, défaut*) compensar; (*candidat*) repescar; (*prisonnier*) rescatar; **se racheter** *vpr* (*REL*) redimirse; (*gén*) rehabilitarse; **~ du lait/des œufs** comprar más leche/huevos.

**racial, e, -aux** [ʀasjal, jo] *adj* racial.

**racine** [ʀasin] *nf* (*aussi fig*) raíz *f*; **~ carrée/ cubique** raíz cuadrada/cúbica; **prendre ~** (*fig: s'attacher*) arraigar; (*: s'établir*) echar raíces.

**raciste** [ʀasist] *adj, nm/f* racista *m/f*.

**racket** [ʀakɛt] *nm* chantaje *m*.

**raclée** [ʀɑkle] (*fam*) *nf* paliza, golpiza (*AM*).

**racler** [ʀɑkle] *vt* (*os, casserole*) raspar; (*tache, boue*) frotar; (*suj: chose: frotter contre*) rascar; **se ~ la gorge** carraspear.

**racontars** [ʀakɔ̃taʀ] *nmpl* habladurías *fpl*.

**raconter** [ʀakɔ̃te] *vt*: **~ (à qn)** contar (a algn).

**radar** [ʀadaʀ] *nm* radar *m*.

**rade** [ʀad] *nf* rada; **en ~ de Toulon** en la rada de Toulon; **laisser/rester en ~** (*fig*) dejar/quedarse plantado(-a).

**radeau, x** [ʀado] *nm* balsa; **radeau de sauvetage** balsa salvavidas.

**radiateur** [ʀadjatœʀ] *nm* radiador *m*; **radiateur à gaz** radiador de gas; **radiateur électrique** radiador eléctrico.

**radiation** [ʀadjasjɔ̃] *nf* radiación *f*.

**radical, e, -aux** [ʀadikal, o] *adj* radical; (*moyen, remède*) infalible ♦ *nm* radical *m*.

**radieux, -euse** [ʀadjø, jøz] *adj* (*aussi fig*) radiante.

**radin, e** [ʀadɛ̃, in] (*fam*) *adj* tacaño(-a).

**radio** [ʀadjo] *nf* radio *f* (*m en AM*); (*radioscopie*) radioscopia; (*radiographie*) radiografía ♦ *nm* (*personne*) radiotelegrafista *m/f ou* radiotelefonista *m/f*; **à la ~** en la radio; **avoir la ~** tener radio; **passer à la ~** (*personne*) salir por la radio; (*programme*) poner por la radio; **passer une ~** hacerse una radiografía; **radio libre** radio libre.

**radio...** [ʀadjo] *préf* radio...

**radioactif, -ive** [ʀadjoaktif, iv] *adj* radioactivo(-a).

**radiocassette** [ʀadjokasɛt] *nf* radiocasete *m*.

**radiographie** [ʀadjɔgʀafi] *nf* radiografía.

**radiophonique** [ʀadjɔfɔnik] *adj*: **programme/jeu ~** programa *m*/juego radiofónico; **émission ~** emisión *f* radiofónica.

**radio-réveil** [ʀadjoʀevɛj] (*pl* **~s-~s**) *nm*

radio-despertador *m*.

**radis** [Radi] *nm* rábano; **radis noir** rábano picante.

**radoter** [Radɔte] *vi* chochear.

**radoucir** [Radusiʀ] *vt* mejorar; **se radoucir** *vpr* (*température, temps*) suavizarse; (*se calmer*) calmarse.

**rafale** [Rafal] *nf* ráfaga; **souffler en ~s** soplar viento racheado; **tir en ~** disparo a ráfaga; **rafale de mitrailleuse** ráfaga de ametralladora.

**raffermir** [RafɛRmiR] *vt* (*tissus, muscle*) fortalecer; (*fig*) afianzar; **se raffermir** *vpr* (*v vt*) fortalecerse; afianzarse.

**raffinement** [Rafinmã] *nm* refinamiento.

**raffiner** [Rafine] *vt* refinar.

**raffinerie** [RafinRi] *nf* refinería.

**raffoler** [Rafɔle]: **~ de** *vt* volverse loco(-a) por.

**rafle** [Rafl] *nf* redada, allanamiento (*esp AM*).

**rafler** [Rafle] (*fam*) *vt* arrasar.

**rafraîchir** [RafReʃiR] *vt* refrescar; (*atmosphère, température*) enfriar; (*fig*) renovar ♦ *vi*: **mettre une boisson à ~** poner una bebida a enfriar; **se rafraîchir** *vpr* refrescarse; **~ la mémoire** *ou* **les idées à qn** refrescarle a algn la memoria *ou* las ideas.

**rafraîchissant, e** [RafReʃisã, ãt] *adj* refrescante.

**rafraîchissement** [RafReʃismã] *nm* (*de la température*) enfriamiento; (*boisson*) refresco; **~s** *nmpl* refrescos *mpl*.

**rage** [Raʒ] *nf* rabia; **faire ~** (*tempête*) bramar; **l'incendie faisait ~** el incendio se propagaba con todo vigor; **rage de dents** tremendo dolor *m* de muelas.

**ragot** [Rago] (*fam*) *nm* chisme *m*.

**ragoût** [Ragu] *nm* guiso.

**raide** [Rɛd] *adj* (*cheveux*) liso(-a); (*ankylosé*) entumecido(-a); (*peu souple: câble, personne*) tenso(-a); (*escarpé*) empinado(-a); (*étoffe etc*) tieso(-a); (*fam: surprenant*) inaudito(-a); (*: sans argent*) pelado(-a); (*: alcool, spectacle, paroles*) fuerte ♦ *adv*: **le sentier monte ~** el camino sube muy empinado; **tomber ~ mort** quedarse en el sitio.

**raideur** [RɛdœR] *nf* rigidez *f*; (*d'un câble*) tirantez *f*; (*des cheveux*) lisura; (*d'une côte*) pendiente *f*; (*des meubles*) entumecimiento; **avec ~** (*marcher, danser*) con envaramiento.

**raidir** [RediR] *vt* (*muscles, membres*) contraer; (*câble, fil de fer*) tensar; **se raidir** *vpr* (*personne, muscles*) contraerse; (*câble*) ponerse tenso(-a); (*se crisper*) ponerse tieso(-a); (*intransigeant*) mantenerse firme; **la discipline s'est raidie** la disciplina se ha vuelto severa.

**raie** [Rɛ] *nf* raya.

**raifort** [RefɔR] *nm* rábano picante.

**rail** [Raj] *nm* (*barre d'acier*) riel *m*; **le ~** el ferrocarril; **les ~s** (*la voie ferrée*) las vías *fpl*; **par ~** por ferrocarril.

**railler** [Raje] *vt* burlarse de.

**rainure** [RenyR] *nf* ranura.

**raisin** [Rezɛ̃] *nm* uva; **~ blanc/noir** (*variété*) uva blanca/negra; **raisin muscat** uva moscatel; **raisins secs** (uvas) pasas.

**raison** [Rezɔ̃] *nf* razón *f*; **avoir ~** tener razón; **donner ~ à qn** dar la razón a algn; **avoir ~ de qn/qch** vencer a algn/algo; **se faire une ~** conformarse; **perdre/ recouvrer la ~** perder/recobrar el juicio; **ramener qn à la ~** hacer entrar en razón a algn; **demander ~ à qn de** (*affront etc*) pedir satisfacción a algn por; **entendre ~** atenerse a razones; **plus que de ~** más de lo debido; **~ de plus** razón de más; **à plus forte ~** con mayor motivo; **en ~ de** (*à cause de*) a causa de; **à ~ de** a razón de; **sans ~** sin razón; **pour la simple ~ que** por la sencilla razón de que; **pour quelle ~ dit-il ceci?** ¿por qué razón dice esto?; **il y a plusieurs ~s à cela** existen varias razones para esto; **raison d'État** razón de estado; **raison d'être** razón de ser; **raison sociale** razón social.

**raisonnable** [Rezɔnabl] *adj* razonable; (*doué de raison*) racional.

**raisonnement** [Rezɔnmã] *nm* raciocinio; (*argumentation*) razonamiento; **~s** *nmpl* objeciones *fpl*.

**raisonner** [Rezɔne] *vi* razonar; (*péj*) argumentar ♦ *vt* (*personne*) hacer entrar en razón a; **se raisonner** *vpr* reflexionar.

**rajeunir** [RaʒœniR] *vt* rejuvenecer; (*attribuer un âge moins avancé à*) hacer más joven a; (*fig*) remozar ♦ *vi* rejuvenecer; (*entreprise, quartier*) renovarse.

**rajouter** [Raʒute] *vt* (*commentaire*) añadir; **~ que ...** añadir que ...; **en ~** cargar las tintas; **~ du sel/un œuf** añadir sal/un huevo.

**rajuster** [Raʒyste] *vt* (*cravate, coiffure*) arr•

glar; (*salaires, prix*) reajustar; (*machine, tir etc*) ajustar; **se rajuster** *vpr* (*arranger ses vêtements*) arreglarse.

**ralenti** [ʀalɑ̃ti] *nm*: **au ~** (*aussi fig*) a ralentí; (*CINÉ*) a cámara lenta; **tourner au ~** (*AUTO*) rodar a ralentí.

**ralentir** [ʀalɑ̃tiʀ] *vt* (*marche, allure*) aminorar; (*production, expansion*) disminuir ♦ *vi* (*véhicule, coureur*) disminuir la velocidad; **se ralentir** *vpr* (*processus, effort etc*) verse reducido.

**râler** [ʀɑle] *vi* producir estertores; (*fam: protester*) gruñir.

**rallier** [ʀalje] *vt* (*rassembler*) reunir; (*rejoindre*) incorporarse a; (*gagner à sa cause*) captar; **se rallier à** *vpr* (*avis, opinion*) adherirse a.

**rallonge** [ʀalɔ̃ʒ] *nf* (*de table*) larguero; (*argent*) gratificación *f*; (*ÉLEC*) alargador *m*; (*fig: ÉCON*) ampliación *f*.

**rallonger** [ʀalɔ̃ʒe] *vt* alargar ♦ *vi* alargarse.

**rallye** [ʀali] *nm* rally *m*.

**ramassage** [ʀamɑsaʒ] *nm* recogida; **ramassage scolaire** transporte *m* escolar.

**ramasser** [ʀamɑse] *vt* recoger; (*fam: arrêter*) pescar; **se ramasser** *vpr* (*se pelotonner*) encogerse.

**ramassis** [ʀamɑsi] (*péj*) *nm* revoltijo.

**rambarde** [ʀɑ̃baʀd] *nf* barandilla.

**rame** [ʀam] *nf* (*aviron*) remo; (*de métro*) tren *m*; (*de papier*) resma; **faire force de ~s** remar con fuerza; **rame de haricots** *ramo que sirve para que se enrosquen las judías.*

**rameau, x** [ʀamo] *nm* (*aussi fig*) rama; **les R~x** Domingo de Ramos.

**ramener** [ʀam(ə)ne] *vt* volver a traer; (*reconduire*) llevar; (*rapporter, revenir avec*) traer consigo; (*rendre*) devolver; (*faire revenir*) hacer volver; (*rétablir*) restablecer; **se ramener** *vpr* (*fam*) llegar; **~ qch sur** (*couverture, visière*) echar algo hacia; **~ qch à** (*faire revenir*) devolver algo a; (*MATH, réduire*) reducir algo a; **~ qn à la vie** volver a algn a la vida; **se ~ à** reducirse a.

**ramer** [ʀame] *vi* remar.

**ramollir** [ʀamɔliʀ] *vt* (*amollir*) ablandar; **se ramollir** *vpr* reblandecerse.

**rampe** [ʀɑ̃p] *nf* (*d'escalier*) barandilla; (*dans un garage*) rampa; (*d'un terrain, d'une route*) declive *m*; (*THÉÂTRE*): **la ~** candilejas *fpl*; **passer la ~** llegar al público; **rampe de lancement** plataforma de lanzamiento.

**ramper** [ʀɑ̃pe] *vi* (*reptile, animal*) reptar; (*plante, personne, aussi péj*) arrastrarse.

**rancard** [ʀɑ̃kaʀ] (*fam*) *nm* (*rendez-vous*) cita; (*renseignement*) soplo.

**rancart** [ʀɑ̃kaʀ] (*fam*) *nm*: **mettre au ~** (*objet, projet*) arrinconar; (*personne*) arrumbar.

**rance** [ʀɑ̃s] *adj* rancio(-a).

**rancœur** [ʀɑ̃kœʀ] *nf* rencor *m*.

**rançon** [ʀɑ̃sɔ̃] *nf* rescate *m*; **la ~ du succès etc** (*fig*) el precio del éxito *etc*.

**rancune** [ʀɑ̃kyn] *nf* rencor *m*; **garder ~ à qn (de qch)** guardar rencor a algn (por algo); **sans ~!** ¡olvidémoslo!

**rancunier, -ière** [ʀɑ̃kynje, jɛʀ] *adj* rencoroso(-a).

**randonnée** [ʀɑ̃dɔne] *nf* (*excursion*) excursión *f*; (*à pied*) caminata; (*activité*) caminata, excursión.

**rang** [ʀɑ̃] *nm* (*rangée*) fila; (*d'un cortège, groupe de soldats*) hilera; (*de perles, de tricot*) vuelta; (*grade*) grado; (*condition sociale*) rango; (*position dans un classement*) posición *f*; **~s** *nmpl* (*MIL*) filas *fpl*; **se mettre en ~s/sur un ~** ponerse en filas/en una fila; **sur 3 ~s** en 3 filas; **se mettre en ~s par 4** ponerse en fila de 4; **se mettre sur les ~s** (*fig*) ponerse entre los candidatos; **au premier/dernier ~** en el primer/último puesto; (*rangée de sièges*) en primera/última fila; **rentrer dans le ~** volverse más comedido; **au ~ de** en la categoría de; **avoir ~ de** tener rango de.

**rangé, e** [ʀɑ̃ʒe] *adj* ordenado(-a); (*vie*) asentado(-a), reposado(-a).

**rangée** [ʀɑ̃ʒe] *nf* fila.

**ranger** [ʀɑ̃ʒe] *vt* ordenar; (*voiture dans la rue*) aparcar; (*en cercle etc*) disponer; **se ranger** *vpr* (*se placer/disposer*) colocarse; (*véhicule, conducteur*) hacerse a un lado; (: *s'arrêter*) parar; (*piéton*) apartarse; (*s'assagir*) sosegarse; **se ~ à** ponerse del lado de; **~ qch/qn parmi** (*fig*) situar algo/algn entre.

**ranimer** [ʀanime] *vt* (*personne, courage*) reanimar; (*réconforter, attiser*) avivar; (*colère, douleur*) despertar.

**rapace** [ʀapas] *nm* rapaz *f* ♦ *adj* (*péj*) rapaz; **rapace diurne/nocturne** rapaz diurna/nocturna.

**râpe** [ʀɑp] *nf* (*CULIN*) rallador *m*; (*à bois*) escofina.

**râper** [ʀɑpe] *vt* (*CULIN*) rallar; (*gratter, râcler*)

raspar.

**rapide** [ʀapid] *adj* rápido(-a) ♦ *nm* rápido.

**rapidement** [ʀapidmā] *adv* rápidamente.

**rapiécer** [ʀapjese] *vt* remendar.

**rappel** [ʀapɛl] *nm* (MIL, *d'un exilé, d'un ambassadeur*) llamamiento; (MÉD) vacuna de refuerzo; (THÉÂTRE *etc*) llamada a escena; (*de salaire*) atrasos *mpl*; (*d'une aventure, d'un nom, d'un titre*) recuerdo; (*de limitation de vitesse*) señal recordatoria de limitación de velocidad; (TECH) retroceso; (NAUT) hecho de colgarse la tripulación al exterior de un velero para equilibrarlo; (ALPINISME: *aussi*: ~ **de corde**) descenso con cuerda, rappel *m*; **rappel à l'ordre** llamada al orden.

**rappeler** [ʀap(ə)le] *vt* (*retéléphoner à*) volver a llamar; (*pour faire revenir*) llamar nuevamente; (*ambassadeur*) retirar; (*acteur*) llamar a escena; (MIL) llamar a filas; (*suj: événement, affaires*) recordar; **se rappeler** *vpr* acordarse de; **se ~ que ...** acordarse de que ...; **~ qn à la vie** volver a algn a la vida; **~ qn à la décence** llamar a algn a la decencia; **~ qch à qn** (*faire se souvenir*) recordar algo a algn; (*évoquer, faire penser à*) traer algo a la memoria de algn; **ça rappelle la Provence** eso me recuerda a Provenza; **~ à qn de faire qch** recordarle a algn hacer algo.

**rapport** [ʀapɔʀ] *nm* (*compte rendu*) informe *m*; (*d'expert*) dictamen *m*; (*profit*) rendimiento; (*lien, analogie*) relación *f*; (*proportion*) razón *f*; **~s** *nmpl* (*entre personnes, groupes, pays*) relaciones *fpl*; **avoir ~ à** tener relación con; **être en ~ avec** estar relacionado(-a) con; **être/se mettre en ~ avec qn** estar/ponerse en contacto con algn; **par ~ à** (*comparé à*) en comparación con; (*à propos de*) respecto a; **sous le ~ de** desde el punto de vista de; **sous tous (les) ~s** desde cualquier punto de vista; **rapport qualité-prix** relación calidad-precio; **rapports (sexuels)** contactos *mpl* (sexuales).

**rapporter** [ʀapɔʀte] *vt* (*remettre à sa place, rendre*) devolver; (*apporter de nouveau*) volver a traer; (*revenir avec, ramener*) traer; (COUTURE) añadir; (*suj: investissement, entreprise*) rendir; (: *activité*) producir; (*relater*) referir; (JUR) revocar ♦ *vi* (*investissement, propriété*) rentar; (*activité*) dar beneficio; (*péj: moucharder*) chivarse; **se rapporter** *vpr*: **se ~ à** relacionarse con; **s'en ~ à qn/**

**au jugement de qn** fiarse de algn/de la opinión de algn; **~ qch à** (*rendre*) devolver algo a; (*relater*) relatar algo a; (*fig*) atribuir algo a.

**rapprochement** [ʀapʀɔʃmā] *nm* (*réconciliation*) acercamiento; (*analogie, rapport*) cotejo.

**rapprocher** [ʀapʀɔʃe] *vt* (*faire paraître plus proche*) acercar; (*deux objets*) juntar, arrimar; (*réunions, visites*) aumentar el número de; (*réunir*) unir; (*associer, comparer*) cotejar; **se rapprocher** *vpr* acercarse; **~ qch (de)** (*chaise d'une table*) arrimar algo (a); **se ~ de** (*lieu, personne*) acercarse a, aproximarse a; (*présenter une analogie avec*) asemejarse a.

**raquette** [ʀakɛt] *nf* raqueta; (*de ping-pong*) pala.

**rare** [ʀɑʀ] *adj* raro(-a); (*sentiment*) extraño(-a); (*main-d'œuvre, denrées*) escaso (-a); (*beaux jours*) raro(-a), poco(-a); (*cheveux, herbe*) ralo(-a); **il est ~ que** es extraño que; **se faire ~** escasear; (*personne*) dejarse ver poco.

**rarement** [ʀɑʀmā] *adv* raramente.

**RAS** [ɛʀaɛs] *abr* (= *rien à signaler*) sin novedad.

**ras, e** [ʀɑ, ʀɑz] *adj* (*tête, cheveux*) rapado (-a); (*poil*) corto(-a); (*herbe, mesure, cuillère*) raso(-a) ♦ *adv* (*couper*) al rape; **faire table ~e** hacer tabla rasa; **en ~e campagne** en pleno campo; **à ~ bords** colmado(-a); **au ~ de** a(l) ras de; **en avoir ~ le bol** (*fam*) estar hasta el moño; **~ du cou** (*pull, robe*) (de) cuello redondo.

**raser** [ʀaze] *vt* (*barbe, cheveux*) rasurar; (*menton, personne*) afeitar; (*fam: ennuyer*) dar la lata a; (*quartier*) derribar; (*frôler*) rozar; **se raser** *vpr* afeitarse; (*fam*) aburrirse.

**rasoir** [ʀazwaʀ] *nm* navaja de afeitar; **rasoir électrique** maquinilla eléctrica; **rasoir mécanique** *ou* **de sûreté** maquinilla de afeitar.

**rassasier** [ʀasazje] *vt* saciar; **être rassasié** estar saciado.

**rassemblement** [ʀasābləmā] *nm* reunión *f*; (POL) concentración *f*; (MIL) formación *f*.

**rassembler** [ʀasāble] *vt* (*réunir*) reunir; (*regrouper*) agrupar; (*accumuler, amasser*) acumular; **se rassembler** *vpr* reunirse; **~ ses idées** poner en orden sus ideas; **~ son courage** armarse de valor.

**rasseoir** [ʀaswaʀ]: **se ~** *vpr* volver a sentarse.

**rassurer** [RasyRe] vt tranquilizar; **se rassu-rer** vpr tranquilizarse; **rassure-toi** tranqui-lízate.

**rat** [Ra] nm rata; (danseuse) joven bailarina; **rat musqué** ratón m almizclero.

**rate** [Rat] nf (ANAT) bazo.

**raté, e** [Rate] adj (tentative, opération) frustrado(-a); (vacances, spectacle) malo-grado(-a) ♦ nm/f fracasado(-a) ♦ nm (AUTO) detonación f; (d'arme à feu) fallo.

**râteau, x** [Rato] nm rastrillo.

**rater** [Rate] vi (coup de feu) fallar; (échouer) fracasar ♦ vt (cible, balle, train) perder; (oc-casion etc) dejar escapar; (démonstration, plat) estropear; (examen) suspender; ~ **son coup** fallar.

**ration** [Rasjɔ̃] nf (aussi fig) ración f; **ration alimentaire** ración alimenticia.

**RATP** [ɛRatep] sigle f (= Régie autonome des transports parisiens) administración de transportes parisinos.

**rattacher** [Ratafe] vt atar de nuevo; **se rattacher** vpr: **se ~ à** (avoir un lien avec) asemejarse a; ~ **qch à** (incorporer) incorpo-rar algo a; ~ **qch à** (relier) relacionar algo con; ~ **qn à** (lier) vincular a algn con.

**rattraper** [RatRape] vt (fugitif, animal échappé) volver a coger; (retenir, empêcher de tomber) coger; (atteindre, rejoindre) al-canzar; (imprudence, erreur) reparar, subsa-nar; **se rattraper** vpr (compenser une per-te de temps) ponerse al día; (regagner ce qu'on a perdu) recuperarse; (se dédomma-ger d'une privation) explayarse; (réparer une gaffe etc) justificarse; (éviter une erreur, bévue) enmendarse; **se ~ (à)** (se raccro-cher) agarrarse (a); ~ **son retard/le temps perdu** recuperar el retraso/el tiem-po perdido.

**rature** [RatyR] nf tachadura.

**rauque** [Rok] adj ronco(-a).

**ravages** [Ravaʒ] nmpl (de la guerre, de l'alcoolisme) estragos mpl; (d'un incendie, orage) devastación f; **faire des ~** (aussi fig) hacer estragos.

**ravi, e** [Ravi] adj encantado(-a); **être ~ de/que ...** estar encantado(-a) de/de que ...

**ravin** [Ravɛ̃] nm hondonada.

**ravir** [RaviR] vt (enchanter) encantar; ~ **qch à qn** arrebatar algo a algn; **à ~** de maravi-lla; **être beau à ~** ser guapo a más no po-

der; **chanter à ~** cantar que es un primor.

**raviser** [Ravize]: **se ~** vpr cambiar de opi-nión.

**ravissant, e** [Ravisɑ̃, ɑ̃t] adj encantador(a).

**ravisseur, -euse** [RavisœR, øz] nm/f se-cuestrador(a).

**ravitailler** [Ravitaje] vt abastecer; (véhicule) echar gasolina a; **se ravitailler** vpr abaste-cerse.

**raviver** [Ravive] vt avivar; (flamme, douleur) reavivar.

**rayé, e** [Reje] adj (à rayures) a ou de rayas; (éraflé) rayado(-a).

**rayer** [Reje] vt rayar; (d'une liste) tachar.

**rayon** [Rɛjɔ̃] nm rayo; (GÉOM, d'une roue) ra-dio; (étagère) estante m; (de grand maga-sin) departamento, sección f; (fig: domai-ne) asunto; (d'une ruche) panal m; ~**s** nmpl (radiothérapie) rayos mpl; **dans un ~ de ...** (périmètre) en un radio de ...; **rayon d'ac-tion** radio de acción; **rayon de braqua-ge** (AUTO) radio de giro; **rayon de soleil** rayo de sol; **rayon laser/vert** rayo láser/ verde; **rayons cosmiques/infra-rouges/ultraviolets** rayos cósmicos/ infrarrojos/ultravioletas; **rayons X** rayos X.

**rayonnement** [Rɛjɔnmɑ̃] nm (solaire) ra-diación f; (fig) influencia; (d'une doctrine) difusión f.

**rayonner** [Rɛjɔne] vi irradiar; (fig) ejercer su influencia; (avenues, axes) divergir; (tou-ristes: excursionner) recorrer.

**rayure** [RejyR] nf (motif) raya; (éraflure) ra-yado; (rainure, d'un fusil) estría; **à ~s** a ou de rayas.

**raz-de-marée** [Radmare] nm inv maremo-to; (fig) conmoción f.

**ré** [Re] nm inv (MUS) re m.

**réaction** [Reaksjɔ̃] nf reacción f; **par ~** por reacción; **avion/moteur à ~** avión m/ motor m de reacción; **réaction en chaîne** reacción en cadena.

**réactionnaire** [ReaksjɔnɛR] adj reaccio-nario(-a).

**réadapter** [Readapte] vt readaptar; **se ~ (à)** readaptarse (a).

**réagir** [ReaʒiR] vi reaccionar; ~ **à** reaccionar ante; ~ **contre** reaccionar contra; ~ **sur** re-percutir sobre.

**réalisateur, -trice** [RealizatœR, tRis] nm/f realizador(a).

**réalisation** [Realizasjɔ̃] nf realización f.

**réaliser** [Realize] vt realizar; (rêve, souhait)

cumplir; (*exploit*) llevar a cabo; (*comprendre, se rendre compte de*) darse cuenta de; **se réaliser** *vpr* (*projet, prévision*) realizarse; **~ que** darse cuenta de que.

**réaliste** [realist] *adj, nm/f* realista *m/f*.

**réalité** [realite] *nf* realidad *f*; **en ~** en realidad; **dans la ~** en la realidad.

**réanimation** [reanimasjɔ̃] *nf* reanimación *f*; **service de ~** servicio de reanimación.

**réapparaître** [reaparɛtr] *vi* reaparecer.

**rébarbatif, -ive** [rebarbatif, iv] *adj* (*mine*) repelente; (*travail*) fastidioso(-a); (*style*) árido(-a).

**rebattu, e** [r(ə)baty] *adj* trillado(-a).

**rebelle** [rəbɛl] *adj, nm/f* rebelde *m/f*; **~ à** (*la patrie*) rebelado(-a) contra; (*fermé à qch, contre qch*) negado(-a) para.

**rebeller** [r(ə)bele]: **se ~** *vpr* rebelarse; **se ~ contre** rebelarse contra.

**rebondi, e** [r(ə)bɔ̃di] *adj* (*ventre*) panzudo(-a); (*joues*) relleno(-a).

**rebondir** [r(ə)bɔ̃dir] *vi* rebotar; (*fig*) reanudarse.

**rebord** [r(ə)bɔr] *nm* (*d'une table etc*) reborde *m*; (*d'un fossé*) borde *m*.

**rebours** [r(ə)bur]: **à ~** *adv* (*brosser*) a contrapelo; (*comprendre*) al revés; (*tourner: pages*) a la inversa; **compter à ~** contar hacia atrás.

**rebrousser** [r(ə)bruse] *vt* (*cheveux, poils*) levantar hacia atrás; **~ chemin** dar marcha atrás.

**rebuter** [r(ə)byte] *vt* (*suj: travail, matière*) repeler; (: *attitude, manières*) disgustar.

**récalcitrant, e** [rekalsitrɑ̃, ɑ̃t] *adj* (*cheval*) indómito(-a); (*caractère, personne*) recalcitrante.

**recapitaliser** [rəkapitalize] *vt* (*entreprise*) recapitalizar.

**récapituler** [rekapityle] *vt* recapitular.

**receler** [r(ə)səle] *vt* (*produit d'un vol*) ocultar; (*malfaiteur, déserteur*) encubrir; (*fig*) encerrar.

**receleur, -euse** [r(ə)səlœr, øz] *nm/f* encubridor(a).

**récemment** [resamɑ̃] *adv* recientemente, recién (AM).

**recensement** [r(ə)sɑ̃smɑ̃] *nm* (*de la population*) censo; (*des ressources, possibilités*) inventario, recuento.

**recenser** [r(ə)sɑ̃se] *vt* (*population*) censar; (*inventorier*) hacer el recuento *ou* el inventario de; (*dénombrer*) computar.

**récent, e** [resɑ̃, ɑ̃t] *adj* reciente.

**récépissé** [resepise] *nm* recibo.

**récepteur, -trice** [reseptœr, tris] *adj* receptor(a) ♦ *nm* (*de téléphone*) auricular *m*; **récepteur (de papier)** (INFORM) introductor *m* de hoja; **récepteur (de radio)** receptor *m*.

**réception** [resɛpsjɔ̃] *nf* recepción *f*; (*accueil*) acogida *f*; (*pièces*) salas *fpl* de recepción; (*SPORT*) caída; **jour/heures de ~** día *m*/horas *fpl* de recepción.

**réceptionniste** [resɛpsjɔnist] *nm/f* recepcionista *m/f*.

**recette** [r(ə)sɛt] *nf* (CULIN, *fig*) receta; (COMM) ingreso; (ADMIN: *bureau des impôts*) oficina de recaudación; **~s** *nfpl* (COMM: *rentrées d'argent*) entradas *fpl*; **faire ~** (*spectacle, exposition*) ser taquillero(-a); **recette postale** ingresos *mpl* postales.

**recevoir** [r(ə)səvwar] *vt* recibir; (*prime, salaire*) cobrar; (*visiteurs, ambassadeur*) acoger; (*candidat, plainte*) admitir ♦ *vi* (*donner des réceptions, audiences etc*) recibir visitas; **se recevoir** *vpr* (*athlète*) caer; **il reçoit de 8 à 10** sus horas de visita son de 8 a 10; (*docteur, dentiste*) pasa consulta de 8 a 10; **il m'a reçu à 2h** me recibió a las 2; **~ qn à dîner** recibir a algn a cenar; **être reçu** (*à un examen*) aprobar; **être bien/mal reçu** ser bien/mal recibido.

**rechange** [r(ə)ʃɑ̃ʒ]: **de ~** *adj* (*pièces, roue*) de repuesto; (*fig*) de recambio; **des vêtements de ~** vestidos *mpl* para cambiarse.

**recharge** [r(ə)ʃarʒ] *nf* recambio.

**rechargeable** [r(ə)ʃarʒabl] *adj* recargable.

**recharger** [r(ə)ʃarʒe] *vt* (*camion*) volver a cargar; (*fusil, batterie*) recargar; (*appareil de photo, briquet, stylo*) cargar.

**réchaud** [reʃo] *nm* (*portable*) hornillo; (*chauffe-plat*) calientaplatos *m inv*.

**réchauffer** [reʃofe] *vt* (*plat*) recalentar; (*mains, doigts, personne*) calentar; **se réchauffer** *vpr* calentarse; (*température*) subir.

**rêche** [rɛʃ] *adj* áspero(-a).

**recherche** [r(ə)ʃɛrʃ] *nf* (*action*) búsqueda; (*raffinement*) afectación *f*; (*scientifique etc*) investigación *f*; **~s** *nfpl* (*de la police*) indagaciones *fpl*; (*scientifiques*) investigaciones *fpl*; **être/se mettre à la ~ de** estar investigando/ponerse a la búsqueda de.

**recherché, e** [r(ə)ʃɛrʃe] *adj* (*rare*)

codiciado(-a); (*entouré*) solicitado(-a); (*style, allure*) rebuscado(-a).

**rechercher** [ʀ(ə)ʃɛʀʃe] *vt* buscar; (*objet égaré, lettre*) rebuscar; (*cause d'un phénomène, nouveau procédé*) investigar; (*la perfection, le bonheur etc*) perseguir; **"~ et remplacer"** (*INFORM*) "buscar y sustituir".

**rechute** [ʀ(ə)ʃyt] *nf* recaída; **faire** *ou* **avoir une ~** (*MÉD*) recaer *ou* tener una recaída.

**récidiver** [ʀesidive] *vi* reincidir; (*fig*) reiterar; (*MÉD: malade*) recaer; (*: maladie*) reproducirse.

**récif** [ʀesif] *nm* arrecife *m*.

**récipient** [ʀesipjã] *nm* recipiente *m*.

**réciproque** [ʀesipʀɔk] *adj* (*mutuel*) recíproco(-a); (*partagé: confiance, amitié*) mutuo(-a) ♦ *nf*: **la ~** (*l'inverse*) la inversa.

**récit** [ʀesi] *nm* relato.

**récital** [ʀesital] *nm* recital *m*.

**réciter** [ʀesite] *vt* recitar.

**réclamation** [ʀeklamasjɔ̃] *nf* reclamación *f*; **service des ~s** servicio de reclamaciones.

**réclame** [ʀeklɑm] *nf*: **la ~** la publicidad; **une ~** (*annonce, prospectus*) un anuncio; **faire de la ~ (pour qch/qn)** hacer publicidad (de algo/algn); **article en ~** artículo de oferta.

**réclamer** [ʀeklɑme] *vt* (*aide, nourriture*) pedir; (*exiger*) reclamar; (*nécessiter*) requerir ♦ *vi* (*protester*) reclamar; **se ~ de qn** (*se recommander de*) apelar a algn.

**réclusion** [ʀeklyzjɔ̃] *nf* reclusión *f*; **réclusion à perpétuité** cadena perpetua.

**recoiffer** [ʀ(ə)kwafe] *vt* volver a peinar; **se recoiffer** *vpr* volverse a peinar.

**recoin** [ʀəkwɛ̃] *nm* (*aussi fig*) rincón *m*.

**reçois** *etc* [ʀəswa] *vb voir* **recevoir**.

**recoller** [ʀ(ə)kɔle] *vt* volver a pegar.

**récolte** [ʀekɔlt] *nf* cosecha; (*fig*) acopio.

**récolter** [ʀekɔlte] *vt* cosechar; (*fam: ennuis, coups*) ganarse, cobrar.

**recommandé, e** [ʀ(ə)kɔmɑ̃de] *adj* recomendado(-a) ♦ *nm* (*POSTES*): **en ~** certificado(-a).

**recommander** [ʀ(ə)kɔmɑ̃de] *vt* recomendar; (*POSTES*) certificar; **~ qch à qn** recomendar algo a algn; **~ à qn de faire ...** recomendar a algn hacer ...; **~ qn auprès de qn/à qn** recomendar algn a algn; **il est recommandé de faire** se recomienda hacer; **se ~ à qn** encomendarse a algn; **se ~ de qn** apoyarse en algn.

**recommencer** [ʀ(ə)kɔmɑ̃se] *vt* (*reprendre*) seguir con; (*refaire*) repetir; (*erreur*) reincidir ♦ *vi* volver a empezar; (*récidiver*) volver a las andadas; **~ à faire** volver a hacer; **ne recommence pas!** ¡no empieces!

**récompense** [ʀekɔ̃pɑ̃s] *nf* recompensa; **recevoir qch en ~** recibir algo como recompensa.

**récompenser** [ʀekɔ̃pɑ̃se] *vt* recompensar; **~ qn de** *ou* **pour qch** recompensar a algn por algo.

**réconcilier** [ʀekɔ̃silje] *vt* reconciliar; **se réconcilier** *vpr* reconciliarse; **~ qn avec qn** reconciliar a algn con algn; **~ qn avec qch** reconciliar a algn con algo.

**reconduire** [ʀ(ə)kɔ̃dɥiʀ] *vt* (*à la porte*) acompañar hasta la salida; (*à son domicile*) acompañar; (*JUR, POL*) reconducir.

**réconfort** [ʀekɔ̃fɔʀ] *nm* consuelo.

**réconforter** [ʀekɔ̃fɔʀte] *vt* reconfortar.

**reconnaissance** [ʀ(ə)kɔnesɑ̃s] *nf* reconocimiento; (*gratitude*) agradecimiento; **en ~** (*MIL*) de reconocimiento; **reconnaissance de dette** reconocimiento de deuda.

**reconnaissant, e** [ʀ(ə)kɔnesɑ̃, ɑ̃t] *vb voir* **reconnaître** ♦ *adj* agradecido(-a); **je vous serais ~ de bien vouloir ...** le estaría muy agradecido si quisiera ...

**reconnaître** [ʀ(ə)kɔnɛtʀ] *vt* reconocer; (*distinguer*) distinguir; **~ que** reconocer que; **~ qch/qn à** reconocer algo/a algn por; **~ à qn: je lui reconnais certaines qualités/une grande franchise** le reconozco ciertas cualidades/una gran franqueza; **se ~ quelque part** (*s'y retrouver*) orientarse en un lugar.

**reconnu, e** [ʀ(ə)kɔny] *pp de* **reconnaître** ♦ *adj* indiscutible.

**reconstituer** [ʀ(ə)kɔ̃stitɥe] *vt* reconstituir; (*fresque, vase brisé*) recomponer; (*fortune, patrimoine*) rehacer.

**reconstruire** [ʀ(ə)kɔ̃stʀɥiʀ] *vt* (*aussi fig*) reconstruir.

**recontacter** [ʀ(ə)kɔ̃takte] *vt*: **~ qn** volver a contactar con algn.

**reconvertir** [ʀ(ə)kɔ̃vɛʀtiʀ] *vt* reconvertir; **se ~ dans** reconvertirse en.

**record** [ʀ(ə)kɔʀ] *adj, nm* récord *m*; **battre tous les ~s** (*fig*) batir todos los récords; **en un temps/à une vitesse ~** en un tiempo/a una velocidad récord; **record du monde** récord del mundo.

**recoucher** [ʀ(ə)kuʃe] *vt* (*enfant*) volver a

acostar; **se recoucher** *vpr* volverse a acostar.

**recoupement** [R(ə)kupmɑ̃] *nm*: **par ~** atando cabos; **faire un ~/des ~s** verificar un hecho/hechos.

**recouper** [R(ə)kupe] *vt* (*tranche*) volver a cortar; (*vêtement*) retocar ♦ *vi* (*CARTES*) volver a cortar; **se recouper** *vpr* (*témoignages*) coincidir.

**recourbé, e** [R(ə)kuRbe] *adj* (*nez, tige de métal*) encorvado(-a); (*bec*) corvo(-a).

**recourber** [R(ə)kuRbe] *vt* (*branche, tige de métal*) doblar.

**recourir** [R(ə)kuRiR] *vi* (*courir de nouveau*) correr de nuevo; (*refaire une course*) volver a correr; **~ à** recurrir a.

**recours** [R(ə)kuR] *vb voir* **recourir** ♦ *nm*: **le ~ à la ruse/violence** el recurso de la astucia/violencia; **avoir ~ à** recurrir a; **en dernier ~** como último recurso; **c'est sans ~** no tiene remedio; **recours en grâce** petición *f* de indulto.

**recouvrer** [R(ə)kuvRe] *vt* (*la vue, santé, raison*) recobrar; (*impôts, créance*) recaudar.

**recouvrir** [R(ə)kuvRiR] *vt* (*récipient*) volver a cubrir; (*livre*) volver a forrar; (*couvrir entièrement*) recubrir; (*fig*) encubrir; (*embrasser*) abarcar; **se recouvrir** *vpr* (*idées, concepts*) superponerse.

**récréation** [RekReasjɔ̃] *nf* recreo.

**recroqueviller** [R(ə)kRɔk(ə)vije]: **se ~** *vpr* (*plantes, feuilles*) marchitarse; (*personne*) acurrucarse.

**recrudescence** [R(ə)kRydesɑ̃s] *nf* recrudecimiento.

**recruter** [R(ə)kRyte] *vt* (*MIL, clients, adeptes*) reclutar; (*personnel*) contratar.

**rectangle** [RɛktɑɡI] *nm* rectángulo; **rectangle blanc** (*TV*) ≈ rombo.

**rectangulaire** [RɛktɑɡylɛR] *adj* rectangular.

**rectificatif, -ive** [Rɛktifikatif, iv] *adj* rectificativo(-a) ♦ *nm* rectificativo.

**rectifier** [Rɛktifje] *vt* (*tracé*) enderezar; (*calcul*) rectificar; (*erreur*) corregir.

**rectiligne** [Rɛktiliɲ] *adj* rectilíneo(-a).

**recto** [Rɛkto] *nm* anverso.

**reçu, e** [R(ə)sy] *pp de* **recevoir** ♦ *adj* (*admis, consacré*) admitido(-a) ♦ *nm* (*récépissé*) recibo.

**recueil** [Rəkœj] *nm* selección *f*.

**recueillir** [R(ə)kœjiR] *vt* recoger; (*matériaux, voix, suffrages*) conseguir; (*fonds*) conse-

guir, recolectar; (*renseignements, dépositions*) reunir; (*réfugiés*) acoger; **se recueillir** *vpr* recogerse.

**recul** [R(ə)kyl] *nm* retroceso; **avoir un mouvement de ~** hacer un movimiento de retroceso; **prendre du ~** retroceder; (*fig*) considerar con detenimiento; **avec le ~** con perspectiva.

**reculé, e** [R(ə)kyle] *adj* (*isolé*) apartado(-a); (*lointain*) lejano(-a).

**reculer** [R(ə)kyle] *vi* (*aussi fig*) retroceder; (*véhicule, conducteur*) dar marcha atrás; (*se dérober, hésiter*) echarse atrás ♦ *vt* (*meuble, véhicule*) retirar; (*mur, frontières*) alejar; (*fig: possibilités, limites*) ampliar; (: *date, livraison, décision*) aplazar, postergar (*AM*); **~ devant** (*danger, difficulté*) echarse atrás ante; **~ pour mieux sauter** retrasar el asunto.

**reculons** [R(ə)kylɔ̃]: **à ~** *adv* hacia atrás.

**récupérer** [RekypeRe] *vt* recuperar; (*forces*) recobrar ♦ *vi* (*après un effort etc*) recuperarse.

**récurer** [RekyRe] *vt* fregar; **poudre à ~** detergente *m* de fregar.

**reçut** [Rəsy] *vb voir* **recevoir**.

**recycler** [R(ə)sikle] *vt* reciclar; (*SCOL*) adaptar; (*employés*) reciclar, reconvertir; **se recycler** *vpr* reciclarse.

**rédacteur, -trice** [RedaktœR, tRis] *nm/f* redactor(a); **rédacteur en chef** redactor(a) jefe; **rédacteur publicitaire** redactor(a) publicitario(a).

**rédaction** [Redaksjɔ̃] *nf* redacción *f*.

**redescendre** [R(ə)desɑ̃dR] *vi* volver a bajar ♦ *vt* bajar.

**redessiner** [R(ə)desine] *vt* (*paysage, jardin*) rediseñar; (*frontière*) volver a trazar.

**rédiger** [Rediʒe] *vt* redactar.

**redire** [R(ə)diR] *vt* repetir; **avoir/trouver qch à ~** (*critiquer*) tener/encontrar algo que criticar.

**redoubler** [R(ə)duble] *vt* (*classe*) repetir; (*lettre*) duplicar ♦ *vi* (*tempête, violence*) arreciar; (*SCOL*) repetir; **~ de** (*amabilité, efforts*) redoblar; **le vent redouble de violence** el viento arrecia con violencia.

**redoutable** [R(ə)dutabl] *adj* temible.

**redouter** [R(ə)dute] *vt* temer; **~ que** temer que; **je redoute de faire sa connaissance** temo conocerlo.

**redressement** [R(ə)dRɛsmɑ̃] *nm* (*de l'économie etc*) restablecimiento; **maison**

de ~ reformatorio; **redressement fiscal**
recuperación f fiscal.

**redresser** [R(ə)dRese] vt enderezar; (situation, économie) restablecer; **se redresser**
vpr (objet penché) enderezarse; (personne)
erguirse; (se tenir très droit) ponerse derecho; (fig: pays, situation) restablecerse; ~
**(les roues)** enderezarse.

**réduction** [Redyksjɔ̃] nf reducción f; (rabais, remise) rebaja; **en ~** (en plus petit)
reducido(-a).

**réduire** [Reduir] vt reducir; (jus, sauce) consumir; **se réduire à** vpr reducirse a; **se ~
en** (se transformer en) convertirse en; **~ qn
au silence/à l'inaction/à la misère** reducir a algn al silencio/a la inactividad/a la
miseria; **~ qch à** (fig) reducir algo a; **~ qch
en** transformar algo en; **en être réduit à**
no tener otro remedio que.

**réduit, e** [Redɥi, it] pp de **réduire** ♦ adj
reducido(-a) ♦ nm cuchitril m.

**redynamiser** [R(ə)dinamize] vt (économie,
secteur, tourisme) redinamizar.

**rééducation** [Reedykasjɔ̃] nf rehabilitación
f; **centre de ~** centro de rehabilitación;
**rééducation de la parole** logopedia.

**réel, le** [Reɛl] adj real; (intensif: avant le
nom) verdadero(-a) ♦ nm: **le ~** lo real.

**réellement** [Reelmɑ̃] adv realmente.

**réexpédier** [Reekspedje] vt (à l'envoyeur)
devolver; (au destinataire) remitir.

**refaire** [R(ə)fɛR] vt hacer de nuevo; (recommencer, faire tout autrement) rehacer; (réparer, restaurer) restaurar; **se refaire** vpr
(en santé, argent etc) reponerse; **se ~ une
santé** mejorarse, recuperarse; **se ~ à qch**
acostumbrarse de nuevo a algo; **être refait** (fam) ser engañado ou timado; **il faut
~ les peintures** tenemos que repintar.

**réfectoire** [RefɛktwaR] nm refectorio, comedor m.

**référence** [Referɑ̃s] nf referencia; **~s** nfpl
(garanties, recommandations) referencias
fpl; **faire ~ à** hacer referencia a; **ouvrage
de ~** manual m de consulta; **ce n'est pas
une ~** (fig) menuda referencia; **~s exigées**
con informes.

**référer** [Refere]: **se ~ à** vpr remitirse a; (se
rapporter à) referirse a; **en ~ à qn** remitir a
algn.

**refermer** [R(ə)fɛRme] vt volver a cerrar; **se
refermer** vpr cerrarse.

**refiler** [R(ə)file] (fam) vt: **~ qch à qn** enca-

jar algo a algn.

**réfléchi, e** [Refleʃi] adj reflexivo(-a); (action, décision) pensado(-a).

**réfléchir** [RefleʃiR] vt reflejar ♦ vi reflexionar; **~ à** ou **sur** reflexionar acerca de; **c'est
tout réfléchi** está todo pensado.

**reflet** [R(ə)flɛ] nm reflejo; **~s** nmpl (du soleil,
des cheveux) reflejos mpl; (d'une étoffe,
d'un métal) destellos mpl.

**refléter** [R(ə)flete] vt reflejar; **se refléter**
vpr reflejarse.

**réflexe** [Reflɛks] nm reflejo ♦ adj: **acte/
mouvement ~** acto/movimiento reflejo;
**avoir de bons ~s** tener buenos reflejos;
**réflexe conditionné** reflejo condicionado.

**réflexion** [Reflɛksjɔ̃] nf reflexión f; (remarque désobligeante) reproche m; **~s** nfpl
(méditations) reflexiones fpl; **sans ~** sin
pensar; **après ~, ~ faite, à la ~** pensándolo bien; **cela demande ~** eso exige reflexión; **délai de ~** tiempo para reflexionar;
**groupe de ~** gabinete m de estrategia.

**réforme** [RefɔRm] nf reforma; (MIL) baja; **la
R~** (REL) la Reforma; **conseil de ~** (MIL) tribunal m médico.

**réformer** [RefɔRme] vt reformar; (recrue)
declarar inútil; (soldat) dar de baja.

**refouler** [R(ə)fule] vt (envahisseurs) rechazar; (liquide) impeler; (fig: larmes) contener; (PSYCH, colère) reprimir.

**refrain** [R(ə)fRɛ̃] nm estribillo; (air) canción
f; (leitmotiv) cantinela.

**refréner** [RəfRene] vt refrenar.

**réfrigérateur** [RefRiʒeRatœR] nm frigorífico, nevera, heladera (AM), refrigeradora
(AM).

**refroidir** [R(ə)fRwadiR] vt enfriar ♦ vi (plat,
moteur) enfriar; **se refroidir** vpr (personne) enfriarse, coger frío; (temps) refrescar;
(fig) enfriarse.

**refroidissement** [R(ə)fRwadismɑ̃] nm enfriamiento.

**refuge** [R(ə)fyʒ] nm refugio; (pour piétons)
abrigo; **chercher/trouver ~ auprès de
qn** buscar/encontrar refugio en algn; **demander ~ à qn** pedir asilo a algn.

**réfugié, e** [Refyʒje] adj, nm/f refugiado
(-a).

**réfugier** [Refyʒje]: **se ~** vpr refugiarse.

**refus** [R(ə)fy] nm rechazo; **ce n'est pas de
~** (fam) se agradece.

**refuser** [R(ə)fyze] vt (ne pas accorder) denegar; (*ne pas accepter*) rechazar; (*candidat*) suspender ♦ *vi* (*cheval*) rehusar; ~ **que/de faire** negarse a que/a hacer; ~ **qch à qn** negar algo a algn; ~ **du monde** cerrar las puertas a la gente; **se ~ à qch/faire qch** negarse a algo/hacer algo; **se ~ à qn** no entregarse a algn; **il ne se refuse rien** no se priva de nada.

**regagner** [ʀ(ə)gaɲe] *vt* (*argent*) volver a ganar; (*affection, amitié*) recuperar; (*lieu, place*) regresar a; ~ **le temps perdu** recuperar el tiempo perdido; ~ **du terrain** recuperar terreno.

**régal** [ʀegal] *nm* (*mets, fig*) placer *m*; **c'est un (vrai) ~** es un (verdadero) placer, es una (verdadera) delicia; **un ~ pour les yeux** una delicia para la vista.

**régaler** [ʀegale] *vt*: ~ **qn** obsequiar a algn; **se régaler** *vpr* (*faire un bon repas*) regalarse; (*fig*) disfrutar; ~ **qn de** obsequiar a algn con.

**regard** [ʀ(ə)gaʀ] *nm* mirada; **parcourir/ menacer du ~** recorrer/amenazar con la mirada; **au ~ de** (*loi, morale*) a la luz de; **en ~** (*en face, vis à vis*) en frente; **en ~ de** en comparación con.

**regardant, e** [ʀ(ə)gaʀdɑ̃, ɑ̃t] *adj* (*économe*) ahorrativo(-a); (*péj*) tacaño(-a); **très/peu ~ sur** (*qualité, propreté*) muy/poco mirado (-a) con.

**regarder** [ʀ(ə)gaʀde] *vt* mirar; (*situation, avenir*) ver; (*son intérêt etc*) mirar, preocuparse por; (*concerner*) concernir ♦ *vi* ver, mirar; ~ **la télévision** ver *ou* mirar la televisión; ~ **qn/qch comme** (*juger*) considerar a algn/algo como; ~ **(qch) dans le dictionnaire/l'annuaire** mirar (algo) en el diccionario/en la guía telefónica; ~ **par la fenêtre** mirar por la ventana; ~ **à** (*dépense*) reparar en; (*qualité, détails*) mirar; ~ **(vers)** (*être orienté vers*) mirar (hacia); **ne pas ~ à la dépense** no mirar por el dinero; **cela me regarde** eso me atañe, eso es cosa mía; **cela te regarde?** ¿a ti qué te importa?

**régénérant, e** [ʀeʒeneʀɑ̃, ɑ̃t] *adj* (*lait, crème*) regenerador(a), revitalizante; **soin du visage ~** crema facial revitalizante.

**régie** [ʀeʒi] *nf* (ADMIN) administración *f* (*del estado o de una institución pública*); (COMM, INDUSTRIE) corporación *f* pública; (CINÉ, THÉÂTRE) departamento de producción; (RADIO, TV) sala de control; **la régie de l'État** la administración del Estado.

**régime** [ʀeʒim] *nm* régimen *m*; (*fig: allure*) paso; (*de bananes, dattes*) racimo; **se mettre au/suivre un ~** ponerse a/estar a régimen; ~ **sans sel** régimen sin sal; **à bas/ haut ~** (AUTO) a pocas/muchas revoluciones; **à plein ~** a toda velocidad; **régime matrimonial** régimen matrimonial.

**régiment** [ʀeʒimɑ̃] *nm* regimiento; **un ~ de** (*fig: fam*) un regimiento de; **un copain de ~** un compañero de la mili.

**région** [ʀeʒjɔ̃] *nf* región *f*; **la ~ parisienne** la región de París.

**régional, e, -aux** [ʀeʒjɔnal, o] *adj* regional.

**régir** [ʀeʒiʀ] *vt* regir.

**régisseur** [ʀeʒisœʀ] *nm* (*d'un domaine, d'une propriété*) administrador(a); (THÉÂTRE, CINÉ) regidor(a).

**registre** [ʀəʒistʀ] *nm* registro; **registre de comptabilité** libro de cuentas; **registre de l'état civil** registro civil.

**réglable** [ʀeglabl] *adj* (*siège, flamme etc*) regulable; (*achat*) pagadero(-a).

**réglage** [ʀeglaʒ] *nm* ajuste *m*, regulación *f*; (*d'un moteur*) reglaje *m*.

**réglé, e** [ʀegle] *adj* (*affaire*) zanjado(-a); (*vie, personne*) ordenado(-a); (*papier*) rayado(-a); (*arrangé*) arreglado(-a); (*femme*): **bien ~e** de período regular.

**règle** [ʀegl] *nf* regla; **~s** *nfpl* (PHYSIOL) reglas *fpl*; **avoir pour ~ de ...** tener por norma ...; **en ~** (*papiers d'identité*) en regla; **être/se mettre en ~** estar/ponerse en regla; **dans** *ou* **selon les ~s** en *ou* según las normas; **être la ~** ser la norma; **être de ~** ser (la) norma; **en ~ générale** por regla general; **règle à calcul** regla de cálculo; **règle de trois** regla de tres.

**règlement** [ʀɛgləmɑ̃] *nm* (*règles*) reglamento; (*paiement*) pago; (*d'un conflit, d'une affaire*) arreglo, solución *f*; **règlement à la commande** pago al hacer el pedido; ~ **en espèces/par chèque** pago en metálico/por cheque; **règlement de compte(s)** ajuste *m* de cuentas; **règlement intérieur** reglamento de régimen interno; **règlement judiciaire** pago de costas.

**réglementaire** [ʀɛgləmɑ̃tɛʀ] *adj* reglamentario(-a).

**réglementation** [ʀɛgləmɑ̃tasjɔ̃] *nf* reglamentación *f*.

**réglementer** [ʀɛɡləmɑ̃te] vt reglamentar.

**régler** [ʀeɡle] vt (mécanisme, machine) ajustar; (moteur, thermostat) regular; (modalités) determinar; (emploi du temps etc) organizar; (question, problème) arreglar; (facture, fournisseur) pagar; (papier) rayar; ~ **qch sur** acoplar algo a, adaptar algo a; ~ **son compte à qn** ajustarle la cuenta a algn; ~ **un compte avec qn** ajustar las cuentas con algn.

**réglisse** [ʀeɡlis] nf ou m regaliz m; **pâte/bâton de** ~ pasta/barra de regaliz.

**règne** [ʀɛɲ] nm reinado; (fig) reino; **le** ~ **végétal/animal** el reino vegetal/animal.

**régner** [ʀeɲe] vi (aussi fig) reinar.

**regorger** [ʀ(ə)ɡɔʀʒe] vi: ~ **de** rebosar de.

**regret** [ʀ(ə)ɡʀɛ] nm (nostalgie) nostalgia; (d'un acte commis) arrepentimiento; (d'un projet non réalisé) pesar m; à **mon** ~ **avec** ~ con pesar; à **mon grand** ~ con mi mayor pesar; **être au** ~ **de devoir/ne pas pouvoir faire** ... lamentar mucho tener que/no poder hacer ...; **j'ai le** ~ **de vous informer que** ... siento comunicarle que ...

**regrettable** [ʀ(ə)ɡʀetabl] adj lamentable; **il est** ~ **que** es lamentable que.

**regretter** [ʀ(ə)ɡʀete] vt lamentar; (jeunesse, personne, passé) echar de menos; ~ **d'avoir fait** lamentar haber hecho; ~ **de** sentir; ~ **que** lamentar que; **je regrette** lo siento; **non, je regrette** no, lo siento.

**regrouper** [ʀ(ə)ɡʀupe] vt reagrupar; (contenir) reunir; **se regrouper** vpr reagruparse.

**régulier, -ière** [ʀeɡylje, jɛʀ] adj regular; (employé) puntual; (fam: correct, loyal) formal; **clergé** ~ (REL) clero regular; **armées/troupes régulières** (MIL) ejércitos mpl/tropas fpl regulares.

**régulièrement** [ʀeɡyljɛʀmɑ̃] adv con regularidad; (légalement, normalement) regularmente; (normalement) normalmente.

**rehausser** [ʀɔose] vt (mur, plafond) levantar; (fig) realzar.

**rein** [ʀɛ̃] nm riñón m; ~s nmpl (ANAT: dos, muscles du dos) riñones mpl; **avoir mal aux** ~s tener dolor de riñones; **rein artificiel** riñón artificial.

**réincarnation** [ʀeɛ̃kaʀnasjɔ̃] nf reencarnación f.

**reine** [ʀɛn] nf reina; **reine mère** reina madre.

**reine-claude** [ʀɛnklod] (pl ~s-~s) nf ciruela claudia.

**réinsertion** [ʀeɛ̃sɛʀsjɔ̃] nf reinserción f.

**réintégrer** [ʀeɛ̃teɡʀe] vt (lieu) volver a; (fonctionnaire) reintegrar.

**rejaillir** [ʀ(ə)ʒajiʀ] vi (liquide) salpicar; ~ **sur** salpicar en; (fig) repercutir sobre.

**rejet** [ʀəʒɛ] nm rechazo; (POÉSIE) encabalgamiento m; (BOT) retoño; **phénomène de** ~ (MÉD) fenómeno de rechazo.

**rejeter** [ʀəʒ(ə)te] vt rechazar; (renvoyer) lanzar de nuevo; (aliments) rechazar, vomitar; (déverser) vertir; ~ **un mot à la fin d'une phrase** dejar una palabra al final de la frase; ~ **la tête/les épaules en arrière** echar la cabeza/los hombros hacia atrás; ~ **la responsabilité de qch sur qn** echar la responsabilidad de algo sobre algn.

**rejoindre** [ʀ(ə)ʒwɛ̃dʀ] vt (famille, régiment) reunirse con; (lieu) retornar a; (concurrent) alcanzar; (suj: route etc) llegar a; **se rejoindre** vpr (personnes) reunirse; (routes) juntarse; (fig: observations, arguments) asemejarse; **je te rejoins au café** te veo en el café.

**réjouir** [ʀeʒwiʀ] vt alegrar; **se réjouir** vpr regocijarse, alegrarse; **se** ~ **de qch/de faire qch** alegrarse de algo/de hacer algo; **se** ~ **que** alegrarse de que.

**réjouissances** [ʀeʒwisɑ̃s] nfpl (joie collective) regocijos mpl; (fête) festejos mpl.

**relâche** [ʀəlɑʃ] nf: **faire** ~ (navire) hacer escala; (CINÉ) no haber función; **jour de** ~ día m de descanso; **sans** ~ sin descanso.

**relâché, e** [ʀ(ə)lɑʃe] adj relajado(-a).

**relâcher** [ʀ(ə)lɑʃe] vt (ressort, étreinte, cordes) aflojar; (animal, prisonnier) soltar; (discipline) relajar ♦ vi (NAUT) hacer escala; **se relâcher** vpr (cordes) aflojarse; (discipline) relajarse; (élève) aflojar.

**relais** [ʀ(ə)lɛ] nm: **(course de)** ~ (carrera de) relevos mpl; (RADIO, TV) repetidor m; **satellite de** ~ satélite m repetidor; **servir de** ~ (intermédiaire) servir de relevo; **équipe de** ~ equipo de relevo; **travail par** ~ trabajo por turnos; **prendre le** ~ **(de qn)** tomar el relevo (de algn); **relais de poste** (pour diligences) posta f; **relais routier** restaurante m de carretera.

**relancer** [ʀ(ə)lɑ̃se] vt (balle) lanzar de nuevo; (moteur) poner en marcha de nuevo; (fig: économie, agriculture) reactivar; ~ **qn** (harceler) hostigar a algn.

**relatif, -ive** [ʀ(ə)latif, iv] adj relativo(-a); ~ **à** relativo(-a) a.

**relation** [ʀ(ə)lasjɔ̃] *nf* (*récit*) relato; (*rapport*) relación *f*; **~s** *nfpl* relaciones *fpl*; **avoir des ~s** tener relaciones; **être/entrer en ~(s) avec** estar/entrar en relación(relaciones) con; **mettre qn en ~(s) avec** poner a algn en relación con; **avoir** *ou* **entretenir des ~s avec** tener *ou* mantener relaciones con; **relations internationales** relaciones internacionales; **relations publiques** relaciones públicas; **relations (sexuelles)** relaciones (sexuales).

**relativement** [ʀ(ə)lativmɑ̃] *adv* relativamente; **~ à** en relación con.

**relaxer** [ʀəlakse] *vt* (*détendre*) relajar; (*JUR*) poner en libertad; **se relaxer** *vpr* relajarse.

**relayer** [ʀ(ə)leje] *vt* (*collaborateur, coureur*) relevar; (*RADIO, TV*) retransmitir; **se relayer** *vpr* (*dans une activité, course*) relevarse.

**reléguer** [ʀ(ə)lege] *vt* relegar; **~ au second plan** relegar a un segundo plano; **se sentir relégué** sentirse relegado.

**relevé, e** [ʀəl(ə)ve] *adj* (*bord de chapeau*) alzado(-a); (*manches*) arremangado(-a); (*virage*) peraltado(-a); (*conversation, style*) elevado(-a); (*sauce, plat*) sazonado(-a) ♦ *nm* (*liste*) relación *f*; (*de cotes*) alzado; (*facture*) extracto; (*d'un compteur*) lectura; **relevé de compte** saldo; **relevé d'identité bancaire** número de cuenta.

**relève** [ʀəlɛv] *nf* relevo; **prendre la ~** (*aussi fig*) tomar el relevo.

**relever** [ʀəl(ə)ve] *vt* levantar; (*niveau de vie, salaire*) aumentar; (*col*) subir; (*style, conversation*) animar; (*plat, sauce*) sazonar; (*sentinelle, équipe*) relevar; (*fautes, points*) señalar; (*traces, anomalies*) constatar; (*remarque*) contestar a; (*défi*) hacer frente a; (*noter*) tomar nota de, anotar; (*compteur*) leer; (*copies*) recoger; (*TRICOT*) coger ♦ *vi* (*jupe, bord*) levantar, arremangar; **se relever** *vpr* levantarse; **se ~ (de)** (*fig*) recuperarse (de); **~ de** (*maladie*) salir de; (*être du ressort, du domaine de*) ser de la competencia de; (*ADMIN*) depender de; **~ qn de** (*fonctions*) eximir a algn de; (*REL: vœux*) liberar a algn de; **~ la tête** levantar la cabeza; (*fig*) levantar cabeza.

**relief** [ʀəljɛf] *nm* relieve *m*; (*de pneu*) dibujo; **~s** *nmpl* (*restes*) restos *mpl*; **en ~** en relieve; **mettre en ~** (*fig*) poner de relieve; **donner du ~ à** (*fig*) dar relieve a.

**relier** [ʀəlje] *vt* (*routes, bâtiments*) unir; (*fig: idées etc*) relacionar; (*livre*) encuadernar; **~**

**qch à** unir algo con; **livre relié cuir** libro encuadernado en piel.

**religieux, -euse** [ʀ(ə)liʒjø, jøz] *adj* religioso(-a) ♦ *nm* religioso ♦ *nf* religiosa; (*gâteau*) pastelillo de crema.

**religion** [ʀ(ə)liʒjɔ̃] *nf* religión *f*; (*piété, dévotion*) fe *f*; **entrer en ~** hacer los votos.

**relire** [ʀ(ə)liʀ] *vt* releer; **se relire** *vpr* releerse.

**reluire** [ʀ(ə)lɥiʀ] *vi* relucir.

**remanier** [ʀ(ə)manje] *vt* (*roman, pièce*) modificar; (*ministère*) reorganizar.

**remarquable** [ʀ(ə)maʀkabl] *adj* notable.

**remarque** [ʀ(ə)maʀk] *nf* comentario.

**remarquer** [ʀ(ə)maʀke] *vt* notar; **se remarquer** *vpr* notarse; **se faire ~** (*péj*) hacerse notar; **faire ~ (à qn) que** hacer notar (a algn) que; **faire ~ qch (à qn)** hacer notar algo (a algn); **~ que** (*dire*) observar que; **remarquez que ...** observe que ...

**rembourrer** [ʀɑ̃buʀe] *vt* rellenar.

**remboursement** [ʀɑ̃buʀsəmɑ̃] *nm* reembolso; **envoi contre ~** envío contra reembolso.

**rembourser** [ʀɑ̃buʀse] *vt* reembolsar.

**remède** [ʀ(ə)mɛd] *nm* (*médicament*) medicamento; (*traitement, fig*) remedio; **trouver un ~ à** encontrar una solución a.

**remémorer** [ʀ(ə)memɔʀe] : **se ~** *vpr* acordarse de.

**remerciements** [ʀ(ə)mɛʀsimɑ̃] *nmpl* gracias *fpl*; **(avec) tous mes ~** (con) todo mi agradecimiento.

**remercier** [ʀ(ə)mɛʀsje] *vt* (*donateur, bienfaiteur*) dar las gracias a; (*congédier: employé*) despedir; **~ qn de qch** agradecerle algo a algn; **je vous remercie d'être venu** le agradezco que haya venido; **non, je vous remercie** no, muchas gracias.

**remettre** [ʀ(ə)mɛtʀ] *vt* (*vêtement*) volver a ponerse; (*rétablir*): **~ qn** restablecer a algn; (*reconnaître*) recordar a algn; (*restituer*): **~ qch à qn** devolver algo a algn; (*paquet, argent, récompense*) entregar algo a algn; (*ajourner, reporter*): **~ qch (à)** aplazar algo (hasta *ou* para); **se remettre** *vpr* (*malade*) reponerse; (*temps*) mejorar; **~ qch quelque part** colocar de nuevo algo en algún sitio; **~ du sel/un sucre** añadir sal/un azucarillo; **se ~ de** (*maladie, chagrin*) recuperarse de; **s'en ~ à** remitirse a; **se ~ à faire/qch** ponerse de nuevo a hacer/algo; **~ qch en place** colocar algo en su sitio; **~**

une pendule à l'heure poner un reloj en hora; ~ **un moteur/une machine en marche** poner un motor/una máquina en marcha; ~ **en état** reparar; ~ **en ordre/en usage** volver a poner en orden/al uso; ~ **en cause** ou **question** poner en tela de juicio; ~ **sa démission** presentar su dimisión; ~ **qch à plus tard** dejar algo para más tarde; ~ **qch à neuf** dejar algo como nuevo; ~ **qn à sa place** (fig) poner a algn en su sitio.

**remise** [R(ə)miz] nf (d'un colis, d'une récompense) entrega; (rabais, réduction) descuento; (lieu, local) trastero, galpón m (CSUR); **remise à neuf** renovación f; **remise de fonds** remesa de fondos; **remise de peine** remisión f de pena; **remise en cause** replanteamiento; **remise en jeu** (FOOTBALL) saque m; **remise en marche/en ordre** puesta en marcha/en orden; **remise en question** replanteamiento.

**remontant** [R(ə)mɔ̃tɑ̃] nm estimulante.

**remonte-pente** [R(ə)mɔ̃tpɑ̃t] (pl ~-~s) nm remonte m.

**remonter** [R(ə)mɔ̃te] vi volver a subir; (sur un cheval) volver a montar; (dans une voiture) volver a montarse; (jupe) subir ♦ vt volver a subir; (fleuve) remontar; (hausser) subir; (fig: personne, moral) animar; (moteur, meuble, mécanisme) montar de nuevo; (garde-robe, collection) reponer; (montre) dar cuerda; ~ **à** (dater de) remontarse a; ~ **en voiture** volver a montarse en coche; ~ **le moral à qn** levantar la moral a algn.

**remontrer** [R(ə)mɔ̃tre] vt: ~ **qch (à qn)** (montrer de nouveau) volver a enseñar algo (a algn); **en** ~ **à qn** (fig) dar lecciones a algn.

**remords** [R(ə)mɔr] nm remordimiento; **avoir des** ~ tener remordimiento.

**remorque** [R(ə)mɔrk] nf remolque m; **prendre en** ~ llevar en remolque; **être en** ~ ir remolcado(-a); **être à la** ~ (fig) estar a remolque.

**remorquer** [R(ə)mɔrke] vt remolcar.

**remorqueur** [R(ə)mɔrkœr] nm remolcador m.

**remous** [Rəmu] nm remolino ♦ nmpl (fig) alboroto msg.

**remparts** [Rɑ̃par] nmpl murallas fpl.

**remplaçant, e** [Rɑ̃plasɑ̃, ɑ̃t] nm/f sustituto(-a); (THÉÂTRE) suplente m/f.

**remplacement** [Rɑ̃plasmɑ̃] nm sustitución f; **assurer le** ~ **de qn** sustituir a algn; **faire des** ~s hacer sustituciones.

**remplacer** [Rɑ̃plase] vt (mettre qn/qch à la place de) sustituir; (ami, époux etc) cambiar de; (temporairement) reemplazar; (pneu, ampoule) cambiar; (tenir lieu de) sustituir (a); ~ **qch par qch d'autre/qn par qn d'autre** cambiar una cosa por otra/a algn por otro(-a).

**rempli, e** [Rɑ̃pli] adj (journée) cargado(-a); (forme, visage) relleno(-a); ~ **de** lleno(-a) de.

**remplir** [Rɑ̃plir] vt llenar; (questionnaire) rellenar; (obligations, conditions, rôle) cumplir (con); **se remplir** vpr llenarse; ~ **qch de** llenar algo de; ~ **qn de** (joie, admiration) llenar a algn de.

**remporter** [Rɑ̃pɔrte] vt (livre, marchandise) devolver; (fig: victoire, succès) lograr.

**remuant, e** [Rəmɥɑ̃, ɑ̃t] adj (enfant etc) revoltoso(-a).

**remue-ménage** [R(ə)mymenaʒ] nm inv zafarrancho.

**remuer** [Rəmɥe] vt (meuble, objet) mudar; (partie du corps) mover; (café, salade, sauce) remover; (émouvoir) conmover ♦ vi moverse; (fig: opposants) agitarse; **se remuer** vpr (aussi fam) moverse; (fig) desvivirse.

**rémunérer** [Remynere] vt remunerar, pagar.

**renard** [R(ə)nar] nm zorro.

**renchérir** [Rɑ̃ʃerir] vi encarecerse; ~ **(sur)** ir más allá (de).

**rencontre** [Rɑ̃kɔ̃tr] nf (SPORT, congrès, gén) encuentro; (de cours d'eau) confluencia; (véhicules) choque m; (idées) coincidencia; (entrevue) entrevista; **faire la** ~ **de qn** conocer a algn; **aller à la** ~ **de qn** ir al encuentro de algn; **amis/amours de** ~ amigos/amores de paso.

**rencontrer** [Rɑ̃kɔ̃tre] vt encontrar (a); (avoir une entrevue avec) entrevistarse con; (SPORT: équipe) enfrentarse con; (mot, opposition) encontrar; (regard, yeux) encontrarse con; **se rencontrer** vpr (fleuves) confluir; (personnes, regards) encontrarse; (véhicules) chocar.

**rendement** [Rɑ̃dmɑ̃] nm rendimiento; (d'une culture) producto; **à plein** ~ a pleno rendimiento.

**rendez-vous** [Rɑ̃devu] nm inv cita; **rece-**

voir sur ~-~ recibir previa cita; **donner ~-~ à qn** dar una cita a algn; **fixer un ~-~ à qn** fijar una cita con algn; **avoir ~-~ (avec qn)** tener una cita (con algn); **prendre ~-~ (avec qn)** pedir cita (con algn); **prendre ~-~ chez le médecin** pedir hora con el médico; **rendez-vous orbital** acoplamiento de satélites; **rendez-vous spatial** cita en el espacio.

**rendre** [Rɑ̃dʀ] vt devolver; (*honneurs*) rendir; (*sons*) producir; (*pensée, tournure*) traducir, expresar; (JUR: *verdict*) fallar; (: *jugement, arrêt*) dictar ♦ vi (*suj: terre, pêche etc*) ser productivo(-a); **se rendre** vpr rendirse; ~ **qn célèbre/qch possible** hacer a algn célebre/algo posible; **se ~ quelque part** irse a algún sitio; **se ~ compte de qch** darse cuenta de algo; ~ **la vue/ l'espoir/la santé à qn** devolver la vista/la esperanza/la salud a algn; ~ **la liberté** devolver la libertad; ~ **la monnaie** dar las vueltas; **se ~ à** (*arguments etc*) rendirse a; (*ordres*) someterse; **se ~ insupportable/ malade** volverse insoportable/enfermo (-a).

**rênes** [Rɛn] nfpl riendas.

**renfermé, e** [Rɑ̃fɛRme] adj (*fig*) reservado(-a) ♦ nm: **sentir le ~** oler a cerrado.

**renfermer** [Rɑ̃fɛRme] vt contener; **se ~ (sur soi-même)** encerrarse (en sí mismo).

**renforcer** [Rɑ̃fɔRse] vt reforzar; (*soupçons*) aumentar; ~ **qn dans ses opinions** confirmar a algn en sus opiniones.

**renforts** nmpl (MIL, *gén*) refuerzo msg; **à grand renfort de** con gran acompañamiento de.

**renfrogné, e** [Rɑ̃fRɔɲe] adj sombrío(-a).

**renier** [Rənje] vt renegar de.

**renifler** [R(ə)nifle] vi resoplar ♦ vt aspirar.

**renne** [Rɛn] nm reno.

**renom** [Rənɔ̃] nm renombre m; **vin de grand ~** vino de gran fama.

**renommé, e** [R(ə)nɔme] adj renombrado (-a), famoso(-a).

**renommée** [R(ə)nɔme] nf fama; **la ~** el renombre.

**renoncer** [R(ə)nɔ̃se]: ~ **à** vt renunciar a; (*opinion, croyance*) renegar de; ~ **à faire qch** renunciar a hacer algo; **j'y renonce** renuncio.

**renouer** [Rənwe] vt (*cravate, lacets*) atar de nuevo; (*fig*) reanudar; ~ **avec** volver a; ~

avec qn reconciliarse con algn.

**renouvelable** [R(ə)nuv(ə)labl] adj (*contrat, bail*) renovable; (*expérience*) repetible.

**renouveler** [R(ə)nuv(ə)le] vt renovar; (*eau d'une piscine, pansement*) cambiar; (*demande, remerciements*) reiterar; (*exploit, méfait*) repetir; **se renouveler** vpr (*incident*) repetirse; (*cellules etc*) reproducirse; (*artiste, écrivain*) renovarse.

**renouvellement** [R(ə)nuvɛlmɑ̃] nm renovación f; (*pansement*) cambio; (*demande*) reiteración f; (*exploit, incident*) repetición f; (*cellules etc*) reproducción f.

**rénover** [Renɔve] vt (*immeuble, enseignement*) renovar; (*meuble*) restaurar; (*quartier*) remozar.

**renseignement** [Rɑ̃sɛɲmɑ̃] nm información f; **prendre des ~s sur** pedir referencia sobre; **(guichet des) ~s** (ventanilla de) información; **(service des) ~s** (TÉL) (servicio de) información; **service/agent de ~s** (MIL) servicio/agente m de información; **les renseignements généraux** dirección f general de seguridad.

**renseigner** [Rɑ̃sɛɲe] vt (*suj: expérience*) mostrar; (: *document*) informar; **se renseigner** vpr informarse; ~ **qn (sur)** informar a algn (sobre).

**rentabilité** [Rɑ̃tabilite] nf rentabilidad f; **seuil de ~** mínimo de rentabilidad.

**rentable** [Rɑ̃tabl] adj rentable.

**rente** [Rɑ̃t] nf renta; **rente viagère** renta vitalicia.

**rentrée** [Rɑ̃tRe] nf: ~ **(d'argent)** ingreso; **la ~ (des classes)** el comienzo (del curso); **la ~ (parlementaire)** ≈ la reapertura (de las Cortes); **réussir/faire sa ~** (*artiste, acteur*) tener éxito en/hacer su reaparición.

**rentrer** [Rɑ̃tRe] vi entrar; (*entrer de nouveau*) volver a entrar; (*revenir chez soi*) irse a casa; (*revenu, argent*) ingresar ♦ vt meter; (*foins*) recoger; (*griffes*) guardar; (*fig: larmes, colère etc*) tragarse; ~ **le ventre** (*effacer*) meter la tripa; ~ **dans** (*famille, patrie*) volver a; (*arbre, mur*) chocar contra; (*catégorie etc*) entrar en; ~ **dans l'ordre** volver al orden; ~ **dans ses frais** cubrir sus gastos.

**renverse** [Rɑ̃vɛRs]: **à la ~** adv (*tomber*) de espaldas.

**renverser** [Rɑ̃vɛRse] vt (*chaise, verre*) dejar caer; (*piéton*) atropellar; (: *tuer*) matar; (*liquide*) derramar; (: *volontairement*) verter (*retourner*) poner boca abajo; (*ordre des mots etc*) invertir; (*tradition etc*) echar abajo; (*gouvernement etc*) derrochar; (*stupéfier*) asombrar; **se renverser** *vpr* (*pile d'objets, récipient*) caerse; (*véhicule*) volcarse; (*liquide*) derramarse; **~ la tête/le corps (en arrière)** echar la cabeza/el cuerpo hacia atrás; **se ~ (en arrière)** echarse hacia atrás; **~ la vapeur** dar marcha atrás.

**renvoi** [ʀɑ̃vwa] *nm* reenvío, devolución *f*; (*d'un élève*) expulsión *f*; (*d'un employé*) despido; (*de la lumière*) reflejo; (*référence*) llamada, nota; (*éructation*) eructo.

**renvoyer** [ʀɑ̃vwaje] *vt* devolver; (*élève*) expulsar; (*domestique, employé*) despedir; (*lumière*) reflejar; **~ qn quelque part** volver a enviar a algn a algún sitio; **~ qch (à)** (*ajourner, différer*) aplazar algo (para); **~ qch à qn** devolver algo a algn; **~ qn à** (*référer*) remitir a algn a.

**repaire** [ʀ(ə)pɛʀ] *nm* (*aussi fig*) guarida.

**répandre** [ʀepɑ̃dʀ] *vt* derramar; (*gravillons, sable etc*) echar; (*lumière, chaleur, odeur*) despedir; (*nouvelle, usage*) propagar; (*terreur, joie*) sembrar; **se répandre** *vpr* (*liquide*) derramarse; (*odeur, fumée*) propagarse; (*foule*) desparramarse; (*épidémie, mode*) difundirse; **se ~ en** (*injures, compliments*) deshacerse en.

**répandu, e** [ʀepɑ̃dy] *pp de* **répandre ♦** *adj* (*courant*) extendido(-a); **papiers ~s par terre/sur un bureau** papeles esparcidos por el suelo/sobre la mesa.

**réparation** [ʀepaʀasjɔ̃] *nf* arreglo; **~s** *nfpl* reparaciones *fpl*; **en ~** en reparación; **demander à qn ~ de** (*offense etc*) demandar a algn la reparación de.

**réparer** [ʀepaʀe] *vt* arreglar; (*déchirure, avarie, aussi fig*) reparar.

**repartie** [ʀepaʀti] *nf* réplica; **avoir de la ~** tener una respuesta fácil; **esprit de ~** espíritu *m* de réplica.

**repartir** [ʀəpaʀtiʀ] *vi* (*retourner*) regresar; (*partir de nouveau*) volver a marcharse; (*affaire*) comenzar de nuevo; **~ à zéro** recomenzar de cero.

**répartir** [ʀepaʀtiʀ] *vt* repartir; **se répartir** *vpr* (*travail, rôles*) repartirse; **~ sur** repartir en; **~ en** dividir en.

**répartition** [ʀepaʀtisjɔ̃] *nf* reparto.

**repas** [ʀ(ə)pɑ] *nm* comida; **à l'heure des ~** a la hora de comer.

**repassage** [ʀ(ə)pɑsaʒ] *nm* planchado.

**repasser** [ʀ(ə)pɑse] *vi* (*passer de nouveau*) volver a pasar **♦** *vt* (*vêtement, tissu*) planchar; (*examen, film*) repetir; (*leçon, rôle*) repasar; **~ qch à qn** (*plat, pain*) volver a pasar algo a algn.

**repentir** [ʀəpɑ̃tiʀ] *nm* arrepentimiento; **se repentir** *vpr* arrepentirse; **se ~ de qch/d'avoir fait qch** arrepentirse de algo/de haber hecho algo.

**répercussions** [ʀepɛʀkysjɔ̃] *nfpl* (*fig*) repercusiones *fpl*.

**répercuter** [ʀepɛʀkyte] *vt* repercutir; (*consignes, charges etc*) transmitir; **se répercuter** *vpr* repercutir; **se ~ sur** (*fig*) repercutir en.

**repère** [ʀ(ə)pɛʀ] *nm* referencia; (*TECH*) marca; (*monument etc*) lugar *m* de referencia; **point de ~** punto de referencia.

**repérer** [ʀ(ə)peʀe] *vt* (*erreur, connaissance*) ver; (*abri, ennemi*) localizar; **se repérer** *vpr* orientarse; **se faire ~** hacerse notar.

**répertoire** [ʀepɛʀtwaʀ] *nm* repertorio; (*carnet*) agenda; (*INFORM, de carnet*) directorio; (*indicateur*) índice *m*.

**répéter** [ʀepete] *vt* repetir; (*nouvelle, secret*) volver a contar; (*leçon, rôle*) repasar; (*THÉÂTRE*) ensayar **♦** *vi* (*THÉÂTRE etc*) ensayar; **se répéter** *vpr* repetirse; **je te répète que ...** te repito que ...

**répétitif, -ive** [ʀepetitif, iv] *adj* repetitivo(-a).

**répétition** [ʀepetisjɔ̃] *nf* repetición *f*; (*THÉÂTRE*) ensayo; **~s** *nfpl* clases *fpl* particulares; **armes à ~** armas de repetición; **répétition générale** (*THÉÂTRE*) ensayo general.

**répit** [ʀepi] *nm* descanso; (*fig*) respiro; **sans ~** sin tregua.

**replier** [ʀ(ə)plije] *vt* doblar; **se replier** *vpr* replegarse; **se ~ sur soi-même** ensimismarse.

**réplique** [ʀeplik] *nf* réplica; **donner la ~ à** contestar a; **sans ~** tajante.

**répliquer** [ʀeplike] *vt* contestar; (*avec impertinence*) replicar; **~ à** (*critique, personne*) rebatir (a); **~ que ...** contestar que ...

**répondeur** [ʀepɔ̃dœʀ] *nm*: **~ automatique** (*TÉL*) contestador *m* automático.

**répondre** [ʀepɔ̃dʀ] *vi* contestar, responder; (*freins, mécanisme*) responder; **~ à** responder a *ou* contestar a; (*affection*) corresponder a; (*salut, provocation, description*) responder a; **~ que** responder que; **~ de** responder de.

**réponse** [Repɔ̃s] *nf* respuesta; **avec ~ payée** (*POSTES*) a cobro revertido; **avoir ~ à tout** tener respuesta para todo; **en ~ à** en respuesta a; **carte-~** carta de respuesta; **bulletin-~** cupón *m* de concurso.

**reportage** [R(ə)pɔRtaʒ] *nm* reportaje *m*.

**reporter¹** [R(ə)pɔRtɛR] *nm* reportero.

**reporter²** [Rəpɔrte] *vt* (*total, notes*): **~ qch sur** pasar algo a; (*ajourner, renvoyer*): **~ qch (à)** aplazar algo (hasta); **se ~ à** (*époque*) remontarse a; (*document, texte*) remitirse a.

**repos** [R(ə)po] *nm* descanso; (*après maladie*) reposo; (*fig*) sosiego; (*MIL*): **~!** ¡descansen!; **en ~** en reposo; **au ~** en reposo; (*soldat*) en descanso; **de tout ~** seguro(-a).

**reposant, e** [R(ə)pozɑ̃, ɑ̃t] *adj* descansado(-a).

**reposer** [R(ə)poze] *vt* (*verre, livre*) volver a poner; (*rideaux, carreaux*) volver a colocar; (*question, problème*) replantear; (*délasser*) descansar ♦ *vi* (*liquide, pâte*) reposar; (*personne*): **ici repose ...** aquí descansa ...; **se reposer** *vpr* descansar; **~ sur** (*suj: bâtiment*) descansar sobre; (*fig: affirmation*) basarse en; **se ~ sur qn** apoyarse en algn.

**repoussant, e** [R(ə)pusɑ̃, ɑ̃t] *adj* repulsivo(-a).

**repousser** [R(ə)puse] *vi* volver a crecer ♦ *vt* rechazar; (*rendez-vous, entrevue*) aplazar; (*répugner*) repeler; (*tiroir, table*) empujar.

**reprendre** [R(ə)prɑ̃dR] *vt* (*prisonnier*) volver a coger; (*MIL: ville*) volver a tomar; (*objet posé etc*) recoger; (*objet prêté, donné*) recuperar; (*se resservir de*) volver a tomar; (*racheter*) comprar; (*travail, promenade, études*) reanudar; (*explication, histoire*) volver a; (*emprunter: argument, idée*) tomar; (*article etc*) rehacer; (*jupe, pantalon*) arreglar; (*émission, pièce*) repetir; (*personne*) corregir ♦ *vi* (*cours, classes*) reanudarse; (*froid, pluie etc*) volver, llegar de nuevo; (*affaires, industrie*) reactivarse; **se reprendre** *vpr* (*se corriger*) corregirse; (*se ressaisir*) reponerse; **je reprends** (*poursuivre*) prosigo; **je viendrai te ~ à 4h** (*chercher*) pasaré a recogerte a las cuatro; **reprit-il** (*dire*) contestó; **s'y ~** recomenzar; **~ courage/des forces** recobrar valor/fuerzas; **~ ses habitudes/sa liberté** recuperar sus costumbres/su libertad; **~ la route** volver a ponerse en mar-

cha; **~ connaissance** recobrar el conocimiento; **~ haleine** *ou* **son souffle** recobrar el aliento; **~ la parole** retomar la palabra.

**représentant, e** [R(ə)prezɑ̃tɑ̃, ɑ̃t] *nm/f* representante *m/f*.

**représentation** [R(ə)prezɑ̃tasjɔ̃] *nf* representación *f*; **faire de la ~** (*COMM*) trabajar como representante; **frais de ~** (*d'un diplomate*) gastos *mpl* de representación.

**représenter** [R(ə)prezɑ̃te] *vt* representar; **se représenter** *vpr* (*occasion*) volver a presentarse; (*s'imaginer, se figurer*) figurarse; **se ~ à** (*examen, élections*) volver a presentarse a.

**répression** [RepRɛsjɔ̃] *nf* represión *f*; **mesures de ~** medidas *fpl* represivas.

**réprimer** [RepRime] *vt* reprimir.

**repris, e** [R(ə)pRi] *pp de* **reprendre** ♦ *nm*: **~ de justice** individuo con antecedentes penales.

**reprise** [R(ə)pRiz] *nf* (*d'une ville*) toma; (*entreprise*) compra; (*article*) reestructuración *f*; (*jupe, pantalon*) arreglo; (*recommencement*) reanudación *f*; (*de la parole*) proseguimiento; (*THÉÂTRE, TV, CINÉ*) reposición *f*; (*BOXE etc*) repetición *f*; (*AUTO: en accélérant*) reprise *m*; (*COMM*) compra; (*de location*) traspaso; (*raccommodage*) zurcido; **la ~ des hostilités** la reanudación de las hostilidades; **à plusieurs ~s** repetidas veces.

**repriser** [R(ə)pRize] *vt* zurcir; **aiguille/ coton à ~** aguja/hilo de zurcir.

**reproche** [R(ə)pRɔʃ] *nm* reproche *m*; **ton/ air de ~** tono/aire *m* de reproche; **faire des ~s à qn** hacer reproches a algn; **faire ~ à qn de qch** reprochar algo a algn; **sans ~(s)** sin reproche.

**reprocher** [R(ə)pRɔʃe] *vt* **~ qch à (qn)** reprochar algo a (algn); **se ~ qch/d'avoir fait qch** reprocharse algo/haber hecho algo.

**reproduction** [R(ə)pRɔdyksjɔ̃] *nf* (*aussi BIOL*) reproducción *f*; **droits de ~** derechos *mpl* de reproducción; **"~ interdite"** "prohibida su reproducción".

**reproduire** [R(ə)pRɔdɥiR] *vt* reproducir; **se reproduire** *vpr* (*BIOL, fig*) reproducirse.

**reptile** [Rɛptil] *nm* reptil *m*.

**république** [Repyblik] *nf* república; **République arabe du Yémen** República árabe del Yemen; **République Centrafricaine** República Centroafricana; **République**

**de Corée** República de Corea; **République démocratique allemande** República democrática alemana; **République d'Irlande** República de Irlanda; **République dominicaine** República Dominicana; **République fédérale d'Allemagne** República federal de Alemania; **République populaire de Chine** República popular de China; **République populaire démocratique de Corée** República popular democrática de Corea; **République populaire du Yémen** República popular del Yemen.

**répugnant, e** [Repyɲɑ̃, ɑ̃t] *adj* repugnante.

**répugner** [Repyɲe] *vt* repugnar; **je répugne à le faire** me repugna hacerlo.

**réputation** [Repytasjɔ̃] *nf* reputación *f*; (*d'une maison*) fama; **avoir la ~ d'être ...** tener fama de ser ...; **connaître qn/qch de ~** conocer a algn/algo por la fama; **de ~ mondiale** de fama mundial.

**réputé, e** [Repyte] *adj* famoso(-a); **être ~ pour** ser famoso(-a) por.

**requérir** [RəkeRiR] *vt* requerir; (*demander au nom de la loi*) demandar, requerir; (*JUR: peine*) pedir.

**requête** [Rəkɛt] *nf* (*prière*) petición *f*; (*JUR*) demanda, requerimiento.

**requin** [Rəkɛ̃] *nm* tiburón *m*; (*fam: fig*) buitre *m*.

**requis, e** [Rəki, iz] *pp de* **requérir** ♦ *adj* (*conditions, âge*) requerido(-a).

**RER** [ɛRœR] *sigle m* (= *Réseau express régional*) red de trenes rápidos de París y de la periferia; (*train*) uno de esos trenes.

**rescapé, e** [Rɛskape] *nm/f* superviviente *m/f*.

**rescousse** [Rɛskus] *nf*: **aller/venir à la ~ de** ir/venir en socorro de; **appeler qn à la ~** pedir la ayuda de algn.

**réseau, x** [Rezo] *nm* red *f*.

**réservation** [RezɛRvasjɔ̃] *nf* reserva.

**réserve** [RezɛRv] *nf* reserva; (*d'un magasin*) depósito; (*de pêche, chasse*) coto; **~s** *nfpl* reservas *fpl*; **la ~** (*MIL*) la reserva; **officier de ~** oficial en la reserva; **sous toutes ~s** con muchas reservas; **sous ~ de** a reserva de; **sans ~** sin reservas; **avoir/mettre/tenir qch en ~** tener/poner/guardar algo en reserva; **de ~** de reserva; **réserve naturelle** reserva natural.

**réservé, e** [RezɛRve] *adj* reservado(-a);

(*chasse, pêche*) vedado(-a); **~ à/pour** reservado(-a) a/para.

**réserver** [RezɛRve] *vt* reservar; (*réponse, assentiment etc*) reservarse; **~ qch pour/à** (*mettre de côté, garder*) reservar algo para/a; **~ qch à qn** reservar algo a algn; **se ~ qch** reservarse algo; **se ~ de faire qch** reservarse el hacer algo; **se ~ le droit de faire qch** reservarse el derecho de hacer algo.

**réservoir** [RezɛRvwaR] *nm* depósito.

**résidence** [Rezidɑ̃s] *nf* (*ADMIN*) sede *f*; (*habitation luxueuse*) residencia; (*groupe d'immeubles*) conjunto residencial; **(en) ~ surveillée** (*JUR*) (en) arresto domiciliario; **résidence principale/secondaire** residencia principal/secundaria; **résidence universitaire** residencia universitaria.

**résidentiel, le** [Rezidɑ̃sjɛl] *adj* residencial.

**résider** [Rezide] *vi*: **~ à/dans/en** residir en; **~ dans/en** (*fig*) radicar en.

**résidu** [Rezidy] *nm* (*péj*) deshecho; (*CHIM, PHYS*) residuo.

**résigner** [Reziɲe] *vt* resignar; **se résigner** *vpr* resignarse; **se ~ à qch/faire qch** resignarse a algo/hacer algo.

**résilier** [Rezilje] *vt* rescindir.

**résistance** [Rezistɑ̃s] *nf* resistencia; **la R~** (*POL*) la Resistencia.

**résistant, e** [Rezistɑ̃, ɑ̃t] *adj* resistente ♦ *nm/f* militante *m/f* de la Resistencia.

**résister** [Reziste] *vi* resistir; **~ à** resistir a; (*personne*) oponerse a.

**résolu, e** [Rezɔly] *pp de* **résoudre** ♦ *adj* decidido(-a); **être ~ à qch/faire qch** estar decidido(-a) a algo/hacer algo.

**résolution** [Rezɔlysjɔ̃] *nf* resolución *f*; (*fermeté*) decisión *f*; (*INFORM*) definición *f*; **prendre la ~ de** tomar la resolución de; **bonnes ~s** determinaciones *fpl*.

**résolve** *etc* [Rezɔlv] *vb voir* **résoudre**.

**résonner** [Rezɔne] *vi* resonar; **~ de** resonar con.

**résorber** [RezɔRbe]: **se ~** *vpr* (*MÉD*) reabsorberse; (*déficit, chômage*) reducirse.

**résoudre** [RezudR] *vt* resolver; **~ qn à faire qch** inducir a que algn haga algo; **~ de faire qch** decidir hacer algo; **se ~ à qch/faire qch** decidirse por algo/a *ou* por hacer algo.

**respect** [Rɛspɛ] *nm* respeto; **~s** *nmpl*: **présenter ses ~s à qn** presentar sus respetos a algn; **tenir qn en ~** mantener a algn a distancia; (*fig*) tener a algn a raya.

**respecter** [ʀɛspɛkte] *vt* respetar; **faire ~** hacer respetar; **le lexicographe qui se respecte** (*fig*) el lexicógrafo que se precie.

**respectueux, -euse** [ʀɛspɛktɥø, øz] *adj* respetuoso(-a); **à une distance respectueuse** a una distancia respetuosa; **~ de** respetuoso(-a) con.

**respiration** [ʀɛspiʀasjɔ̃] *nf* respiración *f*; **retenir sa ~** contener su respiración; **respiration artificielle** respiración artificial.

**respirer** [ʀɛspiʀe] *vi* respirar ♦ *vt* (*odeur, parfum, grand air*) aspirar; (*santé, calme, paix*) respirar.

**resplendir** [ʀɛsplɑ̃diʀ] *vi* resplandecer; **~ (de)** resplandecer (de).

**responsabilité** [ʀɛspɔ̃sabilite] *nf* responsabilidad *f*; **accepter/refuser la ~ de** aceptar/declinar la responsabilidad de; **prendre ses ~s** asumir su responsabilidad; **décliner toute ~** declinar cualquier responsabilidad; **responsabilité civile/collective/morale/pénale** responsabilidad civil/colectiva/moral/penal.

**responsable** [ʀɛspɔ̃sabl] *adj, nm/f* responsable *m/f*.

**ressaisir** [ʀ(ə)seziʀ]: **se ~** *vpr* (*se maîtriser*) serenarse; (*équipe sportive, concurrent*) recuperarse.

**ressasser** [ʀ(ə)sase] *vt* rumiar; (*histoires, critiques*) repetir.

**ressemblance** [ʀ(ə)sɑ̃blɑ̃s] *nf* semejanza; (*ART*) parecido; (*analogie, trait commun*) similitud *f*.

**ressemblant, e** [ʀ(ə)sɑ̃blɑ̃, ɑ̃t] *adj* parecido(-a).

**ressembler** [ʀ(ə)sɑ̃ble]: **~ à** *vt* parecerse a; **se ressembler** *vpr* parecerse.

**ressentiment** [ʀ(ə)sɑ̃timɑ̃] *nm* resentimiento.

**ressentir** [ʀ(ə)sɑ̃tiʀ] *vt* sentir; **se ~ de** resentirse de.

**resserrer** [ʀ(ə)seʀe] *vt* apretar; (*liens d'amitié*) estrechar; **se resserrer** *vpr* (*route, vallée*) estrecharse; (*liens, nœuds*) apretarse; **se ~ (autour de)** (*fig*) acercarse (a).

**resservir** [ʀ(ə)seʀviʀ] *vt*: **~ de qch (à qn)** volver a servir algo (a algn) ♦ *vi* (*être réutilisé*) servir de nuevo; **~ qn (d'un plat)** volver a servir a algn (un plato); **se ~ de** (*plat*) volver a servirse.

**ressort** [ʀəsɔʀ] *vb voir* **ressortir** ♦ *nm* muelle *m*; **avoir du/manquer de ~** tener/

carecer de coraje; **en dernier ~** en última instancia; **être du ~ de** ser de la competencia de.

**ressortir** [ʀəsɔʀtiʀ] *vi* (*sortir à nouveau*) salir de nuevo; (*projectile etc*) salir; (*couleur, broderie, détail*) resaltar ♦ *vt* sacar de nuevo; **~ de: il ressort de ceci que ...** resulta de eso que ...; **~ à** (*ADMIN, JUR*) ser de la jurisdicción de; **faire ~ qch** (*fig*) hacer resaltar algo.

**ressortissant, e** [ʀ(ə)sɔʀtisɑ̃, ɑ̃t] *nm/f* súbdito(-a).

**ressources** [ʀ(ə)suʀs] *nfpl* recursos *mpl*.

**ressusciter** [ʀesysite] *vt* (*personne*) resucitar; (*art, mode*) resurgir ♦ *vi* (*Christ, aussi fig*) resucitar.

**restant, e** [ʀɛstɑ̃, ɑ̃t] *adj* restante ♦ *nm* (*d'une somme, quantité*): **le ~ (de)** el resto (de); **un ~ de** unas sobras de; (*vestige*) un resto de.

**restaurant** [ʀɛstɔʀɑ̃] *nm* restaurante *m*; **manger au ~** comer en un restaurante; **restaurant d'entreprise/universitaire** comedor *m* de una empresa/universitario.

**restauration** [ʀɛstɔʀasjɔ̃] *nf* restauración *f*; **restauration rapide** comida rápida.

**restaurer** [ʀɛstɔʀe] *vt* restaurar; **se restaurer** *vpr* comer.

**reste** [ʀɛst] *nm* resto; (*MATH*) residuo; **~s** *nmpl* (*CULIN*) sobras *fpl*; (*d'une cité, dépouille mortelle*) restos *mpl*; **utiliser un ~ de poulet/soupe/tissu** utilizar un resto de pollo/sopa/tejido; **faites ceci, je me charge du ~** haced esto, del resto me encargo yo; **pour le ~, quant au ~** por lo demás, en cuanto a lo demás; **le ~ du temps/des gens** el resto del tiempo/de la gente; **avoir du temps/de l'argent de ~** tener tiempo/dinero de sobra; **et tout le ~** y todo lo demás; **ne voulant pas être** *ou* **demeurer en ~** no queriendo ser menos; **partir sans attendre** *ou* **demander son ~** (*fig*) marcharse sin esperar respuesta; **du ~, au ~** (*au surplus, d'ailleurs*) además.

**rester** [ʀɛste] *vi* (*dans un lieu*) quedarse; (*dans un état, une position*) quedar; (*être encore là, subsister*) permanecer; (*durer*) persistir ♦ *vb impers*: **il me reste du pain** me queda pan; **il (me) reste 2 œufs** (me) quedan 2 huevos; **il (me) reste 10 minutes** (me) quedan 10 minutos; **voilà tout ce qui (me) reste** esto es todo lo que (me) queda; **ce qui (me) reste à faire** lo que (me) falta por hacer; (**il**) **reste à savoir/établir si ...** queda por saber/establecer si ...; **il reste que ...**, **il n'en reste pas moins que ...** sin embargo ..., con todo y con eso ...; **en ~ à** (*stade, menaces*) quedarse en; **restons-en là** dejémoslo aquí; **~ immobile/assis/habillé** quedarse inmóvil/sentado/vestido; **~ sur sa faim/une impression** quedarse con las ganas/una impresión; **y ~** (*fam*): **il a failli y ~** por poco estira la pata.

**restituer** [ʀɛstitɥe] *vt*: **~ qch (à qn)** (*objet, somme*) restituir algo (a algn); (*texte, inscription*) reconstruir; (*TECH: énergie, son*) reproducir.

**restreindre** [ʀɛstʀɛ̃dʀ] *vt* restringir; **se restreindre** *vpr* restringirse.

**restriction** [ʀɛstʀiksjɔ̃] *nf* restricción *f*; **~s** *nfpl* (*rationnement*) restricciones *fpl*; **faire des ~s** (*critiquer*) tener reservas; (*mentales*) hacer restricción mental; **sans ~** sin reservas.

**résultat** [ʀezylta] *nm* resultado; **~s** *nmpl* resultados *mpl*; **exiger/obtenir des ~s** exigir/obtener resultados; **résultats sportifs** resultados deportivos.

**résulter** [ʀezylte] *vt*: **~ de** *vt* resultar de; **il résulte de ceci que ...** de ello resulta que ...

**résumé** [ʀezyme] *nm* resumen *m*; (*ouvrage succinct*) compendio *m*; **faire le ~ de** hacer el resumen de; **en ~** en resumen.

**résumer** [ʀezyme] *vt* resumir; **se résumer** *vpr* (*personne*) sintetizar; **se ~ à** (*se réduire à*) resumirse a.

**résurrection** [ʀezyʀɛksjɔ̃] *nf* (*REL*) resurrección *f*; (*fig*) reaparición *f*.

**rétablir** [ʀetabliʀ] *vt* restablecer; **se rétablir** *vpr* restablecerse; (*GYMNASTIQUE etc*): **se ~ (sur)** elevarse (sobre); **~ qn** restablecer a algn; **~ qn dans son emploi/ses droits** (*ADMIN*) restablecer a algn en su empleo/en sus derechos.

**rétablissement** [ʀetablismɑ̃] *nm* restablecimiento; (*GYMNASTIQUE etc*) elevación *f*; **faire un ~** (*GYMNASTIQUE etc*) hacer una elevación.

**retaper** [ʀ(ə)tape] *vt* arreglar; (*fig: fam*) restablecer; (*redactylographier*) pasar de nuevo a máquina, mecanografiar de nuevo.

**retard** [ʀ(ə)taʀ] *nm* retraso; **arriver en ~** llegar con retraso; **être en ~** (*personne*) llegar tarde; (*train*) traer retraso; (*dans paiement, travail*) retrasarse; (*pays*) estar retrasado(-a); **être en ~ (de 2 heures)** retrasarse (2 horas); **avoir un ~ de 2 heures/2 km** (*SPORT*) llevar un retraso de 2 horas/2 km; **rattraper son ~** recuperarse de un retraso; **avoir du ~** estar retrasado(-a); (*sur un programme*) estar atrasado(-a); **prendre du ~** (*train, avion*) retrasarse; (*montre*) atrasarse; **sans ~** sin retraso; **~ à l'allumage** (*AUTO*) retardo en la chispa; **retard scolaire** retraso escolar.

**retardataire** [ʀ(ə)taʀdatɛʀ] *adj* (*enfant*) retrasado(-a); (*idées*) atrasado(-a) ♦ *nm/f* rezagado(-a).

**retardement** [ʀ(ə)taʀdəmɑ̃]: **à ~** *adj* de efecto retardado; (*aussi PHOTO, mécanisme*) de mecanismo retardado; **bombe à ~** (*aussi fig*) bomba de relojería.

**retarder** [ʀ(ə)taʀde] *vt*: **~ qn (d'une heure)** retrasar a algn (una hora); (*montre*) atrasar; (*travail, études*) retrasar ♦ *vi* (*horloge, montre*) atrasar; (: *d'habitude*) estar atrasado(-a); (*fig: personne*) no estar al tanto; **je retarde (d'une heure)** mi reloj va una hora atrasada.

**retenir** [ʀət(ə)niʀ] *vt* retener; (*objet qui glisse*) agarrar; (*objet suspendu*) sujetar; (*odeur, chaleur, lumière etc*) conservar; (*colère, larmes*) contener; (*chanson, date*) recordar; (*suggestion, proposition*) aceptar; (*place, chambre*) reservar; (*MATH*) llevarse; **se retenir** *vpr* (*euphémisme*) aguantarse; (*se raccrocher*): **se ~ (à)** agarrarse (a); **~ qn (de faire)** impedir a algn (hacer); **se ~ (de faire qch)** contenerse (de hacer algo); **je pose 3 et je retiens 2** pongo 3 y me llevo 2; **~ un rire/sourire** contener la risa/sonrisa; **~ son souffle** *ou* **haleine** contener su respiración *ou* aliento; **il m'a retenu à dîner** me ha hecho quedarme a cenar.

**retentir** [ʀ(ə)tɑ̃tiʀ] *vi* resonar; (*fig*) repercutir; **~ de** retumbar con; **~ sur** (*fig*) repercutir sobre.

**retentissant, e** [ʀ(ə)tɑ̃tisɑ̃, ɑ̃t] *adj* (*voix, choc*) ruidoso(-a); (*succès etc*) clamoroso (-a).

**retenue** [ʀət(ə)ny] *nf* (*somme prélevée*) deducción *f*; (*MATH*) lo que se lleva; (*SCOL*) castigo; (*modération*) moderación *f*; (*réserve*) reserva; (*AUTO*) cola.

**réticence** [ʀetisɑ̃s] *nf* reticencia; **sans ~** sin reticencia.

**réticent, e** [ʀetisɑ̃, ɑ̃t] *adj* reticente.

**rétine** [ʀetin] *nf* retina.

**retiré, e** [ʀ(ə)tiʀe] *adj* (*personne, vie*) solitario(-a); (*quartier*) alejado(-a).

**retirer** [ʀ(ə)tiʀe] *vt* retirar; (*vêtement, lunettes*) quitarse; ~ **qch à qn** quitarle algo a algn; ~ **qch/qn de** sacar algo/a algn de; **se retirer** *vpr* retirarse; ~ **un bénéfice/ des avantages de** sacar beneficio de/ ventajas de.

**retomber** [ʀ(ə)tɔ̃be] *vi* caer; (*tomber de nouveau*) caer de nuevo; ~ **malade/dans l'erreur** volver a caer enfermo/en el error; ~ **sur qn** recaer sobre algn.

**rétorquer** [ʀetɔʀke] *vt*: ~ (**à qn**) **que** replicar (a algn) que.

**retouche** [ʀ(ə)tuʃ] *nf* retoque *m*; **faire une** *ou* **des ~(s) à** dar un *ou* unos retoque(s) a.

**retoucher** [ʀ(ə)tuʃe] *vt* retocar.

**retour** [ʀ(ə)tuʀ] *nm* vuelta; (*d'un lieu, vers un lieu*) regreso; **au ~** a la vuelta; **pendant le ~** durante el regreso; **à mon/ton ~** a mi/tu regreso; **au ~ de** a la vuelta de; **être de ~ (de)** estar de vuelta (de); **de ~ à Lyons** de vuelta en Lyons; **de ~ chez moi** de vuelta en casa; "**de ~ dans 10 minutes**" "vuelvo en 10 minutos"; **en ~** en cambio; **par ~ du courrier** a vuelta de correo; **un juste ~ des choses** un castigo merecido; **un de ces jours, il y aura un ~ de manivelle** un día se le virará la tortilla; **match ~** partido de vuelta; **retour à l'envoyeur** (*POSTES*) devuelto a su procedencia; **retour (automatique) à la ligne** (*INFORM*) salto de línea automático; **retour aux sources** (*fig*) vuelta a las raíces; **retour de bâton** contragolpe *m*; **retour de chariot** vuelta de carretilla; **retour de flamme** retorno de llama; (*fig*) contragolpe *m*; **retour en arrière** (*CINÉ, LITT, fig*) vuelta atrás; (*mesure*) paso atrás; **retour offensif** vuelta ofensiva.

**retourner** [ʀ(ə)tuʀne] *vt* (*dans l'autre sens*) dar la vuelta a, voltear (*AM*); (*caisse*) poner boca abajo; (*arme*) volver; (*renvoyer, restituer, argument*) devolver; (*sac, vêtement*) volver del revés; (*terre, sol, foin, émouvoir*) revolver ♦ *vi* volver; (*aller de nouveau*): ~ **quelque part/vers/chez** volver de nuevo a algún sitio/hacia/a casa de; **se retourner** *vpr* volverse, voltearse (*AM*); (*voiture*) dar vuelta de campana; (*tourner la tête*) volverse; ~ **à** volver a; **s'en ~** regresar; **se**

~ **contre qn/qch** (*fig*) volverse contra algn/algo; **savoir de quoi il retourne** saber de qué se trata; ~ **sa veste** *ou* **se** ~ (*fig: fam*) cambiar de bando; ~ **en arrière** *ou* **sur ses pas** volver atrás *ou* sobre sus pasos; ~ **aux sources** volver a las raíces.

**retrait** [ʀ(ə)tʀɛ] *nm* retiro; (*d'un tissu au lavage*) encogimiento; **en ~** apartado(-a); **écrire en ~** escribir dejando un margen; **retrait du permis (de conduire)** retirada de carnet (de conducir).

**retraite** [ʀ(ə)tʀɛt] *nf* retiro; (*d'une armée*) retirada; (*d'un employé, fonctionnaire*) jubilación *f*; **être à la ~** estar jubilado(-a); **mettre à la ~** jubilar (a); **prendre sa ~** jubilarse; **retraite anticipée** jubilación anticipada; **retraite aux flambeaux** desfile *m* con antorchas.

**retraité, e** [ʀ(ə)tʀete] *adj* retirado(-a), jubilado(-a) ♦ *nm/f* jubilado(-a).

**retrancher** [ʀ(ə)tʀɑ̃ʃe] *vt* suprimir; (*couper, aussi fig*) mutilar; ~ **qch de** (*nombre, somme*) sustraer algo de; **se** ~ **derrière/dans** (*MIL*) parapetarse detrás de/en; (*fig*) refugiarse en.

**rétrécir** [ʀetʀesiʀ] *vt, vi* (*vêtement*) encoger; **se rétrécir** *vpr* estrecharse.

**rétro** [ʀetʀo] *adj inv*: **mode/style ~** moda/ estilo retro *inv* ♦ *nm* (*fam*) = **rétroviseur.**

**rétroprojecteur** [ʀetʀopʀɔʒektœʀ] *nm* retroproyector *m*.

**rétrospective** [ʀetʀɔspɛktiv] *nf* retrospectiva.

**rétrospectivement** [ʀetʀɔspɛktivmɑ̃] *adv* retrospectivamente.

**retrousser** [ʀ(ə)tʀuse] *vt* (*pantalon etc*) arremangar; (*fig: nez*) arrugar; (*lèvres*) fruncir.

**retrouvailles** [ʀ(ə)tʀuvaj] *nfpl* reencuentro.

**retrouver** [ʀ(ə)tʀuve] *vt* encontrar; (*sommeil, calme, santé*) recobrar; (*expression, style*) reconocer; (*rejoindre*) encontrarse con; **se retrouver** *vpr* encontrarse; (*s'orienter*) orientarse; **se** ~ **dans** (*calculs, dossiers, désordre*) desenvolverse en; **s'y** ~ (*rentrer dans ses frais*) salir ganando.

**rétroviseur** [ʀetʀovizœʀ] *nm* retrovisor *m*.

**Réunion** [ʀeynjɔ̃] *nf*: **la ~, l'île de la ~** la (isla de la) Reunión.

**réunion** [ʀeynjɔ̃] *nf* reunión *f*; (*séance, congrès*) encuentro; **réunion électorale** mitin *m* electoral; **réunion sportive** tertulia deportiva.

**réunir** [ʀeyniʀ] vt reunir; (rapprocher) juntar; (rattacher) unir; **se réunir** vpr reunirse; (s'allier) unirse; (chemins, cours d'eau etc) juntarse; ~ **qch à** sumar algo a.

**réussi, e** [ʀeysi] adj (robe, photographie) logrado(-a); (réception) exitoso(-a).

**réussir** [ʀeysiʀ] vi (tentative, projet) ser un éxito; (plante, culture) darse bien; (personne) tener éxito; (: à un examen) salir bien de ♦ vt (examen, plat) salir bien; ~ **à faire qch** lograr hacer algo; ~ **à qn** (aliment) sentar bien a algn; **le travail/le mariage lui réussit** el trabajo/el matrimonio le sienta bien.

**réussite** [ʀeysit] nf éxito; (de qn: aussi pl) éxitos mpl, triunfos mpl; (CARTES) solitario.

**revaloir** [ʀ(ə)valwaʀ] vt: **je vous revaudrai cela** se lo pagaré con la misma moneda.

**revanche** [ʀ(ə)vɑ̃ʃ] nf revancha; **prendre sa ~ (sur)** tomar la revancha (contra); **en ~** en cambio; (en compensation) en compensación.

**rêve** [ʀɛv] nm sueño; **paysage/silence de ~** paisaje/silencio de ensueño; **la voiture/ maison de ses ~s** el coche/la casa de sus sueños; **rêve éveillé** ensueño.

**réveil** [ʀevɛj] nm despertar m; (pendule) despertador m; **au ~, je ...** al despertar, yo ...; **sonner le ~** (MIL) tocar a diana.

**réveiller** [ʀeveje] vt despertar; **se réveiller** vpr despertarse; (fig: se secouer) espabilarse.

**réveillon** [ʀevɛjɔ̃] nm cena de Nochebuena; (de la Saint-Sylvestre) cena de Nochevieja; (dîner, soirée) cotillón m.

**réveillonner** [ʀevɛjɔne] vi celebrar la cena de Nochebuena ou la cena de Nochevieja.

**révélateur, -trice** [ʀevelatœʀ, tʀis] adj revelador(a) ♦ nm (PHOTO) revelador m.

**révéler** [ʀevele] vt revelar; **se révéler** vpr revelarse; ~ **qn/qch** dar algn/algo a conocer; **se ~ facile/faux** resultar fácil/falso; **se ~ cruel** mostrarse cruel; **se ~ un allié sûr** resultar ser un aliado seguro.

**revenant, e** [ʀ(ə)vənɑ̃, ɑ̃t] nm/f fantasma m.

**revendeur, -euse** [ʀ(ə)vɑ̃dœʀ, øz] nm/f revendedor(a).

**revendication** [ʀ(ə)vɑ̃dikasjɔ̃] nf reivindicación f; (gén pl: POL etc) reivindicaciones fpl; **journée de ~** (POL) día de reivindicación.

**revendiquer** [ʀ(ə)vɑ̃dike] vt reivindicar; (responsabilité) asumir ♦ vi (POL) reivindicar.

**revendre** [ʀ(ə)vɑ̃dʀ] vt revender; ~ **du sucre** (vendre davantage de) volver a vender azúcar; **à ~** de sobra; **avoir du talent/de l'énergie à ~** tener talento/energía para dar y tomar.

**revenir** [ʀəv(ə)niʀ] vi (venir de nouveau) venir de nuevo; (rentrer) regresar, volver; (saison, mode, calme) volver; ~ **(à qn)** volverle (a algn); **faire ~ de la viande/des légumes** rehogar la carne/las verduras; ~ **cher/à 100F (à qn)** resultar caro/a 100F (a algn); ~ **à** (études, conversation, projet) volver a; (équivaloir à) venir a ser; ~ **à qn** (rumeur, nouvelle) llegar a los oídos de algn; (part, honneur, responsabilité) corresponder a algn; (souvenir, nom) venirle a algn ou a la mente; ~ **de** (fig) salir de; ~ **sur** (question) volver sobre; (promesse) retractarse de; ~ **à la charge** volver a la carga; ~ **à soi** volver en sí; **n'en pas ~: je n'en reviens pas** no vuelvo de mi asombro; ~ **sur ses pas** dar marcha atrás; **cela revient au même/à dire que** eso equivale a lo mismo/a decir que; **je reviens de loin** (fig) me escapé de una buena.

**revenu, e** [ʀəv(ə)ny] pp de **revenir** ♦ nm renta; (d'une terre) rendimiento; ~**s** nmpl ingresos mpl.

**rêver** [ʀeve] vi soñar ♦ vt soñar con; ~ **de** ou **à** soñar con; ~ **que** soñar que.

**réverbère** [ʀevɛʀbɛʀ] nm farola.

**réverbérer** [ʀevɛʀbeʀe] vt reverberar.

**revers** [ʀ(ə)vɛʀ] nm revés msg; (d'une feuille) envés msg; (de la main) dorso; (d'une pièce, médaille) reverso; **d'un ~ de main** de un revés; **le ~ de la médaille** (fig) el lado malo; **prendre à ~** (MIL) coger por la espalda; **revers de fortune** revés de fortuna.

**revêtement** [ʀ(ə)vɛtmɑ̃] nm revestimiento; (d'une chaussée) firme m; (d'un tuyau etc) capa.

**revêtir** [ʀ(ə)vetiʀ] vt revestir; (vêtement) ponerse; ~ **qn de** vestir a algn con; ~ **qch de** revestir algo de; (signature, visa) estampar algo con.

**rêveur, -euse** [ʀɛvœʀ, øz] adj soñador(a) ♦ nm/f soñador(a); (péj: utopiste) quijote m.

**revient** [ʀəvjɛ̃] vb voir **revenir** ♦ nm: **prix de ~** (COMM) precio de coste.

**revigorer** [ʀ(ə)vigɔʀe] vt vigorizar.

**revirement** [ʀ(ə)viʀmã] nm (d'une personne) cambio de opinión; (d'une situation, de l'opinion) cambio brusco.

**réviser** [ʀevize] vt revisar; (SCOL, comptes) repasar.

**révision** [ʀevizjɔ̃] nf revisión f; **conseil de ~** (MIL) junta de clasificación y revisión; **faire ses ~s** (SCOL) repasar; **la ~ des 10000 km** (AUTO) la revisión de los 10.000 km.

**revivre** [ʀ(ə)vivʀ] vi recuperar fuerzas; (traditions, coutumes) recuperarse ♦ vt revivir; **faire ~** (mode, institution, usage) resucitar; (personnage, époque) hacer revivir.

**revoir** [ʀ(ə)vwaʀ] vt volver a ver; (par la mémoire) recordar; (texte, édition) revisar; (matière, programme) repasar ♦ nm: **au ~** adiós msg; **se revoir** vpr (amis) volverse a ver; **au ~ Monsieur/Madame** adiós señor/señora; **dire au ~ à qn** decir adiós a algn.

**révoltant, e** [ʀevɔltã, ãt] adj indignante.

**révolte** [ʀevɔlt] nf rebelión f; (indignation) indignación f.

**révolter** [ʀevɔlte] vt indignar; **se révolter** vpr: **se ~ (contre)** rebelarse (contra); (s'indigner) indignarse (con).

**révolu, e** [ʀevɔly] adj (de jadis) pasado(-a); (fini: période, époque) terminado(-a); (ADMIN: complété: année etc): **âgé de 18 ans ~s** con 18 años cumplidos; **après 3 ans ~s** después de pasados 3 años.

**révolution** [ʀevɔlysjɔ̃] nf revolución f; **être en ~** (pays etc) estar en revolución; **la révolution industrielle** la revolución industrial; **la Révolution française** la Revolución Francesa.

**révolutionnaire** [ʀevɔlysjɔnɛʀ] adj, nm/f revolucionario(-a).

**revolver** [ʀevɔlvɛʀ] nm pistola; (à barillet) revólver m.

**révoquer** [ʀevɔke] vt revocar; (fonctionnaire) destituir.

**revue** [ʀ(ə)vy] nf revista; **passer en ~** (MIL) pasar revista (a); (fig: problèmes, possibilités) estudiar; **revue de (la) presse** revista de prensa.

**rez-de-chaussée** [ʀed(ə)ʃose] nm inv planta baja.

**RF** [ɛʀɛf] sigle f = République française.

**Rhin** [ʀɛ̃] nm: **le ~** el Rin.

**rhinocéros** [ʀinɔseʀɔs] nm (ZOOL) rinoceronte m.

**Rhône** [ʀon] nm: **le ~** el Ródano.

**rhubarbe** [ʀybaʀb] nf ruibarbo.

**rhum** [ʀɔm] nm ron m.

**rhumatisme** [ʀymatism] nm reumatismo, reúma; **avoir des ~s** tener reúma.

**rhume** [ʀym] nm catarro; **rhume de cerveau** catarro de nariz; **le rhume des foins** la fiebre del heno.

**ricaner** [ʀikane] vi (avec méchanceté) reírse burlonamente; (bêtement) reírse con risa tonta; (avec gêne) reírse con sofocación.

**riche** [ʀiʃ] adj (aussi fig) rico(-a); **~s** nmpl: **les ~s** los ricos; **~ en/de** rico(-a) en/de.

**richesse** [ʀiʃɛs] nf riqueza; **~s** nfpl riquezas fpl; **la ~ en vitamines d'un aliment** la riqueza vitamínica de un alimento.

**ricochet** [ʀikɔʃɛ] nm rebote m; **faire ~** rebotar; (fig) tener repercusión; **faire des ~s** hacer cabrillas; **par ~** de rebote.

**ride** [ʀid] nf arruga; (sur l'eau, le sable) onda.

**rideau, x** [ʀido] nm (de fenêtre) visillo; (THÉÂTRE) telón m; (d'arbres etc) hilera; **tirer/ouvrir les ~x** correr/descorrer las cortinas; **le ~ de fer** (POL) el Telón de Acero; **rideau de fer** cierre m metálico.

**rider** [ʀide] vt arrugar; (eau, sable etc) ondear; **se rider** vpr arrugarse.

**ridicule** [ʀidikyl] adj ridículo(-a); (dérisoire) risible ♦ nm ridículo; (travers: gén pl) defectos mpl; **tourner qn en ~** poner a algn en ridículo.

**ridiculiser** [ʀidikylize] vt ridiculizar; **se ridiculiser** vpr ridiculizarse.

**rien** [ʀjɛ̃] pron: **(ne) ... ~** (no) ... nada ♦ nm: **un petit ~** (cadeau) un detalle (de nada); **des ~s** naderías fpl; **qu'est-ce que vous avez? - ~** ¿qué le pasa? - nada; **il n'a ~ dit/fait** no dijo/hizo nada; **il n'a ~** (n'est pas blessé) no tiene nada; **de ~!** ¡de nada!; **n'avoir peur de ~** no tener miedo de nada; **a-t-il jamais ~ fait pour nous?** ¿ha hecho alguna vez algo por nosotros?; **~ d'intéressant** nada interesante; **~ d'autre** nada más; **~ du tout** nada en absoluto; **~ que** nada más que; **~ que pour lui faire plaisir** nada más que por agradarle; **~ que la vérité** nada más que la verdad; **~ que cela** nada más que eso; **un ~ de** una pizca de; **en un ~ de temps** en nada de tiempo.

**rieur, -euse** [ʀ(i)jœʀ, ʀ(i)jøz] adj reidor(a); (yeux, expression) risueño(-a).

**rigide** [ʀiʒid] *adj* rígido(-a).

**rigoler** [ʀiɡɔle] *vi* reírse; (*s'amuser*) pasarlo bien; (*ne pas parler sérieusement, plaisanter*) estar de broma.

**rigolo, -ote** [ʀiɡɔlo, ɔt] (*fam*) *adj* gracioso(-a); (*curieux, étrange*) raro(-a) ♦ *nm/f* gracioso(-a); (*péj: fumiste*) cantamañanas *m inv*.

**rigoureusement** [ʀiɡuʀøzmɑ̃] *adv* rigurosamente; **~ vrai/interdit** totalmente cierto/prohibido.

**rigoureux, -euse** [ʀiɡuʀø, øz] *adj* riguroso(-a); (*morale*) rígido(-a); (*interdiction*) total.

**rigueur** [ʀiɡœʀ] *nf* rigor *m*; (*de la morale*) rigidez *f*; (*d'une interdiction*) rigurosidad *f*; **de ~** de rigor; **être de ~** ser de rigor; **à la ~** en último extremo; **tenir ~ à qn de qch** guardar rencor a algn por algo.

**rillettes** [ʀijɛt] *nfpl* especie de paté de cerdo u oca.

**rime** [ʀim] *nf* rima; **n'avoir ni ~ ni raison** no tener pies ni cabeza.

**rinçage** [ʀɛ̃saʒ] *nm* aclarado.

**rincer** [ʀɛ̃se] *vt* enjuagar; (*linge*) aclarar; **se ~ la bouche** (*chez le dentiste etc*) enjuagarse la boca.

**ringard, e** [ʀɛ̃ɡaʀ, aʀd] (*péj*) *adj* anticuado(-a).

**riposter** [ʀipɔste] *vi* replicar ♦ *vt:* **~ que** responder que; **~ à** responder a.

**rire** [ʀiʀ] *vi* reír; (*se divertir*) reírse; (*plaisanter*) bromear ♦ *nm* risa; **se ~ de** reírse de; **tu veux ~!** (*désapprobation*) ¡estás de broma!; **~ aux éclats/aux larmes** reírse a carcajadas/hasta llorar; **~ jaune** reírse sin ganas; **~ sous cape** reírse para sus adentros; **~ au nez de qn** reírse en las narices de algn; **pour ~** en broma.

**risible** [ʀizibl] *adj* risible.

**risque** [ʀisk] *nm* riesgo; **aimer le ~** amar el riesgo; **l'attrait du ~** la emoción del riesgo; **prendre un ~/des ~s** correr un riesgo/riesgos; **à ses ~s et périls** por su cuenta y riesgo; **au ~ de** a riesgo de; **risque d'incendie** riesgo de incendio.

**risqué, e** [ʀiske] *adj* arriesgado(-a); (*plaisanterie, histoire*) escabroso(-a).

**risquer** [ʀiske] *vt* arriesgar; (*allusion, comparaison, question*) aventurar; (*MIL, gén*) arriesgarse a; **tu risques qu'on te renvoie** te arriesgas a que te despidan; **ça ne risque rien** no hay riesgo alguno; **il ris-**

**que de se tuer** puede matarse; **il a risqué de se tuer** por poco si se mata; **ce qui risque de se produire** lo que puede producirse; **il ne risque pas de recommencer** no hay peligro de que vuelva a empezar; **se ~ dans** aventurarse en; **se ~ à qch/faire qch** arriesgarse a algo/hacer algo; **~ le tout pour le tout** arriesgar el todo por el todo.

**rissoler** [ʀisɔle] *vi, vt:* **(faire) ~ de la viande/des légumes** dorar la carne/las verduras.

**ristourne** [ʀistuʀn] *nf* rebaja, descuento.

**rite** [ʀit] *nm* rito; (*fig*) ritual *m*; **rites d'initiation** ritos iniciáticos.

**rivage** [ʀivaʒ] *nm* (*côte, littoral*) costa; (*grève, plage*) orilla.

**rival, e, -aux** [ʀival, o] *adj* rival ♦ *nm/f* (*adversaire*) rival *m/f*; **sans ~** sin rival.

**rivaliser** [ʀivalize] *vi:* **~ avec** rivalizar con; **~ d'élégance/de générosité avec qn** rivalizar en elegancia/en generosidad con algn.

**rivalité** [ʀivalite] *nf* rivalidad *f*.

**rive** [ʀiv] *nf* orilla.

**riverain, e** [ʀiv(ə)ʀɛ̃, ɛn] *adj, nm/f* (*d'une rivière*) ribereño(-a); (*d'une route*) vecino (-a).

**rivière** [ʀivjɛʀ] *nf* río; **rivière de diamants** collar *m* de diamantes.

**riz** [ʀi] *nm* arroz *m*; **riz au lait** arroz con leche.

**rizière** [ʀizjɛʀ] *nf* arrozal *m*.

**RMI** [ɛʀɛmi] *sigle m* (= *revenu minimum d'insertion*) ayuda compensatoria.

**RN** [ɛʀɛn] *sigle f* (= *route nationale*) N. (= *carretera nacional*).

**robe** [ʀɔb] *nf* vestido; (*de juge, d'avocat*) toga; (*d'ecclésiastique*) hábito; (*d'un animal*) pelo; **robe de baptême** traje *m* de bautismo; **robe de chambre** bata; **robe de grossesse** vestido premamá; **robe de mariée** vestido de novia; **robe de soirée** traje de noche.

**robinet** [ʀɔbinɛ] *nm* grifo, canilla (*AM*); **robinet du gaz** llave *f* del gas; **robinet mélangeur** grifo mezclador.

**robot** [ʀɔbo] *nm* robot *m*; **robot de cuisine** robot de cocina.

**robuste** [ʀɔbyst] *adj* robusto(-a); (*moteur, voiture*) resistente.

**robustesse** [ʀɔbystɛs] *nf* robustez *f*.

**roc** [ʀɔk] *nm* roca.

**rocade** [ʀɔkad] *nf* (*AUTO*) circunvalación *f*.

**rocaille** [ʀɔkɑj] *nf* rocalla ♦ *adj*: **style** ~ estilo rococó.

**roche** [ʀɔʃ] *nf* roca; **une** ~ un peñasco; **~s éruptives/calcaires** rocas volcánicas/calizas.

**rocher** [ʀɔʃe] *nm*: **un** ~ un peñasco; **le** ~ (*matière*) la roca; (*ANAT*) temporal *m*.

**rocheux, -euse** [ʀɔʃø, øz] *adj* rocoso(-a); **les (montagnes) Rocheuses** (*GÉO*) las (montañas) Rocosas.

**rock (and roll)** [ʀɔk(ɛnʀɔl)] *nm* rock (and roll) *m*.

**rodage** [ʀɔdaʒ] *nm* (*voiture*) rodaje *m*; (*spectacle*) perfeccionamiento; **en** ~ (*AUTO*) en rodaje.

**rôder** [ʀode] *vi* rondar; (*péj*) vagabundear.

**rôdeur, -euse** [ʀodœʀ, øz] *nm/f* vagabundo(-a).

**rogne** [ʀɔɲ] *nf*: **être en** ~ estar rabiando; **mettre en** ~ hacer rabiar; **se mettre en** ~ cogerse un berrinche.

**rogner** [ʀɔɲe] *vt* recortar; (*prix etc*) rebajar ♦ *vi*: ~ **sur** (*dépenses etc*) recortar.

**rognons** [ʀɔɲɔ̃] *nmpl* riñones *mpl*.

**roi** [ʀwa] *nm* rey *m*; **le jour** *ou* **la fête des R~s, les R~s** el día de Reyes, los Reyes; **les Rois mages** los Reyes magos.

**rôle** [ʀol] *nm* (*CINÉ, THÉÂTRE, aussi fig*) papel *m*; (*fonction*) función *f*; **jouer un** ~ **important dans ...** desempeñar un papel importante en ...

**romain, e** [ʀɔmɛ̃, ɛn] *adj* romano(-a) ♦ *nm/f*: **R~, e** romano(-a).

**roman, e** [ʀɔmɑ̃, an] *adj* románico(-a) ♦ *nm* novela; **roman d'espionnage** novela de espionaje; **roman noir/policier** novela negra/policíaca.

**romancer** [ʀɔmɑ̃se] *vt* novelar.

**romancier, -ière** [ʀɔmɑ̃sje, jɛʀ] *nm/f* novelista *m/f*.

**romand, e** [ʀɔmɑ̃, ɑ̃d] *adj* de lengua francesa ♦ *nm/f*: **R~, e** suizo(-a) de lengua francesa.

**romanesque** [ʀɔmanɛsk] *adj* (*incroyable, fantastique*) fabuloso(-a); (*sentimental, rêveur*) romántico(-a); (*LITT*) novelesco(-a).

**roman-feuilleton** [ʀɔmɑ̃fœjtɔ̃] (*pl* **~s-~s**) *nm* folletín *m*.

**romanichel, le** [ʀɔmaniʃɛl] *nm/f* gitano (-a).

**romantique** [ʀɔmɑ̃tik] *adj* romántico(-a).

**romarin** [ʀɔmaʀɛ̃] *nm* romero *m*.

**rompre** [ʀɔ̃pʀ] *vt* romper ♦ *vi* (*fiancés*) romper; **se rompre** *vpr* romperse; ~ **avec** romper con; **applaudir à tout** ~ aplaudir a rabiar; ~ **la glace** (*fig*) romper el hielo; **rompez!** (*MIL*) ¡rompan filas!; **se** ~ **les os** *ou* **le cou** romperse los huesos *ou* la crisma.

**rompu, e** [ʀɔ̃py] *pp de* **rompre** ♦ *adj* (*fourbu*) deshecho(-a); ~ **à** avezado(-a) en.

**ronces** [ʀɔ̃s] *nfpl* zarzas *fpl*.

**ronchonner** [ʀɔ̃ʃɔne] (*fam*) *vi* refunfuñar.

**rond, e** [ʀɔ̃, ʀɔ̃d] *adj* redondo(-a); (*fam*: *ivre*) alegre; (*sincère, décidé*): **être** ~ **en affaires** ser serio(-a) en los negocios ♦ *nm* redondo ♦ *adv*: **tourner** ~ (*moteur*) marchar bien; **je n'ai plus un** ~ (*fam*: *sou*) no me queda ni una perra; **ça ne tourne pas** ~ (*fig*) eso no marcha bien; **pour faire un compte** ~ para redondear la cuenta; **avoir le dos** ~ ser cargado(-a) de hombros; **en** ~ (*s'asseoir, danser*) en corro; **faire des ~s de jambe** hacer zalamerías; **rond de serviette** servilletero.

**ronde** [ʀɔ̃d] *nf* ronda; (*danse*) corro; (*MUS*: *note*) redonda; **à 10 km à la** ~ a 10 km a la redonda; **passer qch à la** ~ pasar algo en corro.

**rondelet, te** [ʀɔ̃dlɛ, ɛt] *adj* regordete(-a); (*fig*: *somme*) suculento(-a); (: *bourse*) lleno(-a).

**rondelle** [ʀɔ̃dɛl] *nf* (*TECH*) arandela; (*tranche*) loncha.

**rond-point** [ʀɔ̃pwɛ̃] (*pl* **~s-~s**) *nm* rotonda.

**ronflement** [ʀɔ̃fləmɑ̃] *nm* (*d'une personne*) ronquido; (*d'un moteur*) zumbido.

**ronfler** [ʀɔ̃fle] *vi* (*personne*) roncar; (*moteur, poêle*) zumbar.

**ronger** [ʀɔ̃ʒe] *vt* (*suj*: *souris, chien etc*) roer; (: *vers*) carcomer; (: *insectes*) picar; (: *rouille*) corroer; (*fig*: *suj*: *mal, pensée*) carcomer, atormentar; ~ **son frein** morder el freno; **se** ~ **d'inquiétude/de souci** reconcomerse de inquietud/de preocupación; **se** ~ **les ongles** comerse las uñas; **se** ~ **les sangs** quemarse la sangre.

**rongeur** [ʀɔ̃ʒœʀ] *nm* roedor *m*.

**ronronner** [ʀɔ̃ʀɔne] *vi* ronronear.

**rosbif** [ʀɔsbif] *nm* rosbif *m*.

**rose** [ʀoz] *nf* rosa; (*vitrail*) rosetón *m* ♦ *adj* rosa *inv* ♦ *nm* (*couleur*) rosa *m*; ~ **bonbon** (*couleur*) rosa caramelo; **rose des sables/des vents** *nf* rosa de las arenas/

de los vientos.

**rosé, e** [ʀoze] *adj* rosa *inv*; (**vin**) ~ (vino) rosado.

**roseau, x** [ʀozo] *nm* caña.

**rosée** [ʀoze] *adj f voir* **rosé ♦** *nf* rocío; **une goutte de** ~ una gota de rocío.

**rosier** [ʀozje] *nm* rosal *m*.

**rossignol** [ʀɔsiɲɔl] *nm* (ZOOL) ruiseñor *m*; (*crochet*) ganzúa.

**rotation** [ʀɔtasjɔ̃] *nf* rotación *f*; (*fig*) movimiento; (*renouvellement*) renovación *f*; **par** ~ por rotación; **rotation des cultures** alternancia de cultivos; **rotations des stocks** (COMM) renovación de existencia.

**roter** [ʀɔte] (*fam*) *vi* eructar.

**rôti** [ʀoti] *nm* carne *f* de asar; (*cuit*) asado de carne.

**rotin** [ʀɔtɛ̃] *nm* mimbre *m ou f*; **fauteuil en** ~ sillón *m* de mimbre.

**rôtir** [ʀotiʀ] *vt* asar **♦** *vi* asarse; **se** ~ **au soleil** tostarse al sol.

**rôtisserie** [ʀotisʀi] *nf* (*restaurant*) restaurante-parrilla *m*; (*comptoir, magasin*) establecimiento de precocinados.

**rôtissoire** [ʀotiswaʀ] *nf* asador *m*.

**rotule** [ʀɔtyl] *nf* rótula.

**rouage** [ʀwaʒ] *nm* (*d'un mécanisme*) engranaje *m*; (*de montre*) maquinaria; (*fig*) mecanismo; ~**s** *nmpl* (*fig*) máquina *fsg*.

**roue** [ʀu] *nf* rueda; **faire la** ~ (*paon*) pavonearse; (GYMNASTIQUE) dar la vuelta pineta; **descendre en** ~ **libre** (AUTO) bajar en punto muerto; **pousser à la** ~ alentar; **grande** ~ (*à la foire*) noria; **roue à aubes** rueda de álabes; **roue de secours** rueda de repuesto; **roue dentée** rueda dentada; **roues avant/arrière** ruedas delanteras/traseras.

**rouer** [ʀwe] *vt*: ~ **qn de coups** moler a algn a palos.

**rouge** [ʀuʒ] *adj* rojo(-a) **♦** *nm/f* (POL) rojo (-a) **♦** *nm* (*couleur*) rojo; (*fard*) carmín *m*; (**vin**) ~ (vino) tinto; **passer au** ~ (*signal*) ponerse el disco rojo; (*automobiliste*) pasar en rojo; **porter au** ~ (*métal*) poner al rojo; **être sur la liste** ~ (TÉL) no constar en la guía; ~ **de honte/colère** rojo(-a) de vergüenza/de cólera; **se fâcher tout** ~, **voir** ~ ponerse hecho una furia; **rouge (à lèvres)** barra de labios.

**rouge-gorge** [ʀuʒgɔʀʒ] (*pl* ~**s**-~**s**) *nm* petirrojo.

**rougeole** [ʀuʒɔl] *nf* sarampión *m*.

**rougeoyer** [ʀuʒwaje] *vi* ponerse rojo.

**rouget** [ʀuʒɛ] *nm* salmonete *m*.

**rougeur** [ʀuʒœʀ] *nf* rojez *f*; (*honte*) rubor *m*; (*échauffement*) colores *mpl*; ~**s** *nfpl* (MÉD) enrojecimiento.

**rougir** [ʀuʒiʀ] *vi* enrojecer; (*fraise, tomate*) ponerse rojo; (*ciel*) arrebolarse.

**rouille** [ʀuj] *nf* moho; (CULIN) alioli con pimiento rojo que acompaña la sopa de pescado **♦** *adj inv* (*couleur*) óxido *inv*.

**rouillé, e** [ʀuje] *adj* oxidado(-a); (*personne, mémoire*) embotado(-a).

**rouiller** [ʀuje] *vt* oxidar; (*corps, esprit*) embotar **♦** *vi* oxidarse; **se rouiller** *vpr* oxidarse; (*mentalement*) embotarse; (*physiquement*) debilitarse.

**roulant, e** [ʀulɑ̃, ɑ̃t] *adj* rodante; (*surface, trottoir*) transportador(a); **matériel/personnel** ~ (RAIL) material/personal móvil.

**rouleau, x** [ʀulo] *nm* rollo; (*de pièces de monnaie*) cartucho; (*de machine à écrire, à peinture*) rodillo; (*à mise en plis*) rulo; (SPORT) balanceo; (*vague*) rompiente *m*; **être au bout du** ~ (*fig*) estar en las últimas; **rouleau à pâtisserie** rodillo; **rouleau compresseur** apisonadora; **rouleau de pellicule** rollo de película, carrete *m* de fotos.

**roulement** [ʀulmɑ̃] *nm* rodamiento; (*voiture etc*) circulación *f*; (*bruit: de véhicule*) ruido; (: *de tonnerre*) fragor *m*; (*d'ouvriers*) turno; (*de capitaux*) circulación; **par** ~ por turno; **roulement (à billes)** rodamiento (de bolas); **roulement d'yeux** movimiento de ojos; **roulement de tambour** redoble *m* de tambor.

**rouler** [ʀule] *vt* hacer rodar; (CULIN, tissu, papier) enrollar; (*cigarette, aussi fam*) liar **♦** *vi* rodar; (*voiture, train*) circular, estar en marcha; (*automobiliste*) circular; (*bateau*) balancearse; (*tonnerre*) retumbar; ~ **en bas de** (*dégringoler*) caer rodando por; ~ **sur** (*suj: conversation*) tratar sobre; **se** ~ **dans** (*boue*) revolcarse en; (*couverture*) envolverse en; ~ **dans la farine** (*fam*) timar; ~ **les épaules/hanches** contonearse; ~ **les "r"** marcar las "r"; ~ **sur l'or** ser riquísimo(-a); ~ **(sa bosse)** rodar, viajar.

**roulette** [ʀulɛt] *nf* rueda; (*pâtissier*) carretilla; **la** ~ la ruleta; **table/fauteuil à** ~**s** mesa/silla de ruedas; **la roulette russe** la ruleta rusa.

**roulis** [ʀuli] *nm* balanceo.

**roulotte** [ʀulɔt] *nf* carro, carromato.

**roumain, e** [ʀumɛ̃, ɛn] *adj* rumano(-a)
♦ *nm* (*LING*) rumano ♦ *nm/f*: **R~, e** rumano
(-a).

**Roumanie** [ʀumani] *nf* Rumania.

**roupiller** [ʀupije] (*fam*) *vi* echar una cabezada.

**rouquin, e** [ʀukɛ̃, in] (*péj*) *nm/f* pelirrojo
(-a).

**rouspéter** [ʀuspete] (*fam*) *vi* refunfuñar.

**rousse** [ʀus] *adj voir* **roux**.

**roussir** [ʀusiʀ] *vt* (*herbe, linge*) quemar ♦ *vi*
(*feuilles*) amarillear; (*CULIN*): **faire ~ la
viande/les oignons** dorar la carne/las ce-
bollas.

**route** [ʀut] *nf* carretera; (*itinéraire, parcours*)
ruta; (*fig*) camino; **par (la) ~** por (la) carretera; **il y a 3 heures de ~** hay 3 horas
de camino; **en ~** por el camino; **en ~!** ¡en
marcha!; **en cours de ~** en *ou* por el camino; **mettre en ~** poner en marcha; **se
mettre en ~** ponerse en camino; **faire ~
vers** dirigirse hacia; **faire fausse ~** (*fig*) ir
por mal camino; **route nationale** ≈ carretera nacional.

**routier, -ière** [ʀutje, jɛʀ] *adj* (*réseau, carte*) de carreteras; (*circulation*) de carretera
♦ *nm* (*camionneur*) camionero; (*restaurant*)
restaurante *m* de carretera; (*scout*) guía *m*;
(*cycliste*) corredor *m*; **vieux ~** perro viejo.

**routine** [ʀutin] *nf* rutina; **visite/contrôle
de ~** visita/control *m* rutinario(-a) *ou* de
rutina.

**routinier, -ière** [ʀutinje, jɛʀ] *adj* (*aussi
péj*) rutinario(-a).

**rouvrir** [ʀuvʀiʀ] *vt* (*porte, valise*) volver a
abrir ♦ *vi* (*suj: école, piscine*) volver a abrirse; **se rouvrir** *vpr* (*porte, blessure*) volver a
abrirse.

**roux, rousse** [ʀu, ʀus] *adj, nm/f*
pelirrojo(-a) ♦ *nm* (*CULIN*) salsa rubia.

**royal, e, -aux** [ʀwajal, o] *adj* real; (*festin,
cadeau*) regio(-a); (*indifférence*) soberano
(-a); (*paix*) completo(-a).

**royaume** [ʀwajom] *nm* reino; (*fig*) domi-
nios *mpl*; **le royaume des cieux** el reino
de los cielos.

**royauté** [ʀwajote] *nf* (*dignité*) realeza; (*régime*) monarquía.

**RTT** [ɛʀtete] *nf* (= *réduction du temps de
travail*) reducción de las horas de trabajo.

**ruban** [ʀybɑ̃] *nm* cinta; (*de velours, de soie*)
lazo; (*pour ourlet, couture*) galón *m*; (*déco-*

*ration*) condecoración *f*; **ruban adhésif**
cinta adhesiva; **ruban encreur** cinta me-
canográfica.

**rubéole** [ʀybeɔl] *nf* rubeola.

**rubis** [ʀybi] *nm* rubí *m*; **payer ~ sur l'ongle** pagar a toca teja.

**rubrique** [ʀybʀik] *nf* (*titre, catégorie*) rúbrica; (*PRESSE: article*) sección *f*.

**ruche** [ʀyʃ] *nf* colmena.

**rude** [ʀyd] *adj* (*barbe, toile, voix*) áspero(-a);
(*métier, épreuve, climat*) duro(-a); (*bourru*)
rudo(-a); **un ~ paysan/montagnard**
(*fruste*) un rudo campesino/montañés;
**un(e) ~ appétit/peur** (*fam*) un gran
apetito/miedo; **être mis à ~ épreuve** ser
sometido a severa prueba.

**rudement** [ʀydmɑ̃] *adv* (*tomber, frapper*)
bruscamente; (*traiter, reprocher*) durame-
te; **elle est ~ belle/riche** (*fam: très*) es
super bonita/rica; **j'ai ~ faim** (*fam*) tengo
un montón de hambre; **tu as ~ de la
chance/du courage** (*fam: beaucoup*) tienes un montón de suerte/de ánimo.

**rudimentaire** [ʀydimɑ̃tɛʀ] *adj* rudimen-
tario(-a).

**rudiments** [ʀydimɑ̃] *nmpl* rudimentos *mpl*.

**rue** [ʀy] *nf* calle *f*; **être à la ~** estar en la calle; **jeter qn à la ~** echar a algn a la calle.

**ruée** [ʀɥe] *nf* riada; **la ruée vers l'or** la fiebre del oro.

**ruelle** [ʀɥɛl] *nf* callejuela.

**ruer** [ʀɥe] *vi* cocear; **se ruer** *vpr*: **se ~ sur**
(*provisions, adversaire*) arrojarse sobre; **se ~
vers/dans/hors de** precipitarse hacia/en/
fuera de; **~ dans les brancards** plantar
cara.

**rugby** [ʀygbi] *nm* rugby *m*; **rugby à quinze** rugby; **rugby à treize** rugby de trece.

**rugir** [ʀyʒiʀ] *vi* rugir; (*personne*) bramar ♦
*vt* (*menaces, injures*) lanzar a voz en grito.

**rugueux, -euse** [ʀygø, øz] *adj* rugoso(-a).

**ruine** [ʀɥin] *nf* ruina; **tomber en ~** caerse,
venirse abajo; **être au bord de la ~** (*fig*)
estar al borde de la ruina.

**ruiner** [ʀɥine] *vt* arruinar; **se ruiner** *vpr*
arruinarse.

**ruineux, -euse** [ʀɥinø, øz] *adj* ruinoso(-a).

**ruisseau, x** [ʀɥiso] *nm* (*cours d'eau*) arroyo;
(*caniveau*) cuneta; **~x de larmes/sang**
(*fig*) ríos *mpl* de lágrimas/sangre.

**ruisseler** [ʀɥis(ə)le] *vi* (*eau, pluie, larmes*)
correr; (*mur, visage*) chorrear; **~ d'eau, ~
de pluie** chorrear agua; **~ de sueur** ch

rrear de sudor; ~ **de lumière** centellear luz; **son visage ruisselait de larmes** las lágrimas le corrían por las mejillas.

**rumeur** [ʀymœʀ] *nf* rumor *m*.

**ruminer** [ʀymine] *vi, vt (aussi fig)* rumiar.

**rupture** [ʀyptyʀ] *nf* rotura; *(des négociations, d'un couple)* ruptura; *(d'un contrat)* incumplimiento; **en ~ de ban** *(fig)* libre de obligaciones; **être en ~ de stock** estar agotado.

**rural, e, -aux** [ʀyʀal, o] *adj* rural; **ruraux** *nmpl*: **les ruraux** los campesinos.

**ruse** [ʀyz] *nf* astucia; **une ~** un ardid; **par ~** con astucia.

**rusé, e** [ʀyze] *adj* astuto(-a).

**russe** [ʀys] *adj* ruso(-a) ♦ *nm* (LING) ruso ♦ *nm/f*: **R~** ruso(-a).

**Russie** [ʀysi] *nf* Rusia; **la Russie blanche/ Soviétique** la Rusia blanca/Soviética.

**rustine** [ʀystin] *nf* parche *m*.

**rustique** [ʀystik] *adj (aussi péj)* rústico(-a); *(plante)* resistente.

**rythme** [ʀitm] *nm* ritmo; *(des saisons)* paso; **au ~ de 10 par jour** a razón de 10 al día.

**rythmé, e** [ʀitme] *adj* rítmico(-a).

──── **S s** ────

**s'** [s] *pron voir* **se**.

**s/** *abr* (= *sur*) sobre.

**SA** [ɛsa] *sigle f* (= *société anonyme*) S.A. (= *Sociedad Anónima*); (= *Son Altesse*) S.A. (= *Su Alteza*).

**sa** [se] *dét voir* **son**.

**sable** [sabl] *nm* arena; **sables mouvants** arenas *fpl* movedizas.

**sablé, e** [sable] *adj* enarenado(-a) ♦ *nm* galleta; **pâte ~e** masa de galleta.

**sabler** [sable] *vt* enarenar; **~ le champagne** *(fig)* celebrar algo con champán.

**sabot** [sabo] *nm (chaussure)* zueco; *(de cheval, bœuf)* casco; *(TECH)* zapata; **sabot (de Denver)** cepo; **sabot de frein** zapata de freno.

**saboter** [sabɔte] *vt* sabotear.

**sac** [sak] *nm* saco; *(pillage)* saqueo; **mettre à ~** saquear; **sac à dos** mochila; **sac à main** bolso de mano, cartera (AM); **sac à provisions** bolsa de la compra; **sac de couchage** saco de dormir; **sac de voya-**

ge bolsa de viaje; **sac de plage** bolsa playera.

**saccadé, e** [sakade] *adj (gestes, voix)* brusco(-a); *(voix)* entrecortado(-a).

**saccager** [sakaʒe] *vt (piller)* saquear; *(dévaster)* devastar.

**saccharine** [sakaʀin] *nf* sacarina.

**sachet** [saʃɛ] *nm* bolsita; *(de poudre, lavande)* saquito; **thé en ~s** té *m* en bolsitas.

**sacoche** [sakɔʃ] *nf* bolso, talego; *(de bicyclette, motocyclette)* talego; *(du facteur)* cartera; *(d'outils)* bolsa.

**sacré, e** [sakʀe] *adj* sagrado(-a); *(fam: satané)* maldito(-a); *(ANAT)* sacro(-a); **il a une ~e chance/un ~ culot** *(fam)* tiene una suerte/cara increíble.

**sacrement** [sakʀəmã] *nm* sacramento; **administrer les derniers ~s à qn** administrar los últimos sacramentos a algn.

**sacrifice** [sakʀifis] *nm* sacrificio; **faire le ~ de** sacrificar.

**sacrifier** [sakʀifje] *vt* sacrificar; **se sacrifier** *vpr* sacrificarse; **~ à** *(mode, tradition)* seguir; **articles sacrifiés** artículos *mpl* a precio de saldo, gangas *fpl*.

**sacristie** [sakʀisti] *nf* sacristía.

**sadique** [sadik] *adj, nm/f* sádico(-a).

**safran** [safʀã] *nm* azafrán *m*.

**sage** [saʒ] *adj (avisé, prudent)* sensato(-a); *(enfant)* bueno(-a); *(jeune fille, vie)* casto (-a) ♦ *nm* sabio; *(POL)* consejero.

**sage-femme** [saʒfam] *(pl ~s-~s) nf* comadrona.

**sagesse** [saʒɛs] *nf (bon sens, prudence)* sensatez *f*; *(philosophie du sage)* sabiduría; *(d'un enfant)* buena conducta.

**Sagittaire** [saʒiteʀ] *nm (ASTROL)* Sagitario; **être (du) ~** ser Sagitario.

**Sahara** [saaʀa] *nm* Sáhara *m*.

**saignant, e** [sɛɲã, ãt] *adj (viande)* poco hecho(-a); *(blessure)* sangrante.

**saigner** [seɲe] *vi* sangrar ♦ *vt (MÉD, fig)* sangrar a; *(animal)* desangrar; **~ qn à blanc** *(fig)* esquilmar a algn; **~ du nez** sangrar por la nariz.

**saillir** [sajiʀ] *vi* sobresalir ♦ *vt (ÉLEVAGE)* cubrir; **faire ~** *(muscles etc)* hacer sobresalir.

**sain, e** [sɛ̃, sɛn] *adj* sano(-a); *(habitation)* salubre; *(affaire, entreprise)* saneado(-a); **~ et sauf** sano y salvo; **~ d'esprit** sano(-a) de espíritu.

**saindoux** [sɛ̃du] *nm* manteca de cerdo.

**saint, e** [sɛ̃, sɛ̃t] *adj, nm/f* santo(-a) ♦ *nm*

(*statue*) santo; **la Sainte Vierge** la Virgen Santísima.

**sainteté** [sɛ̃tte] *nf* santidad *f*; **sa S~ le pape** su Santidad el Papa.

**sais** *etc* [sɛ] *vb voir* **savoir**.

**saisie** [sezi] *nf* (*JUR*) embargo; **saisie (de données)** (*INFORM*) recogida de datos.

**saisir** [seziʀ] *vt* (*personne, chose*: *prendre*) agarrar; (*fig*: *occasion, prétexte*) aprovechar; (*comprendre*) comprender; (*entendre*) captar; (*suj*: *sensations, émotions*) sobrecoger; (*INFORM*) procesar; (*CULIN*) soasar; (*JUR*: *biens, personne*) embargar; (: *publication interdite*) secuestrar; **se saisir de** *vpr* (*personne*) apoderarse de; **~ un tribunal d'une affaire** someter un caso a un tribunal; **elle fut saisie de douleur/crainte** le embargó el dolor/fue presa del pánico.

**saisissant, e** [sezisɑ̃, ɑ̃t] *adj* (*spectacle, contraste*) sobrecogedor(a); (*froid*) penetrante.

**saison** [sɛzɔ̃] *nf* temporada, época; (*du calendrier*) estación *f*; **la ~** (*touristique*) la temporada; **la belle/mauvaise ~** la buena/mala temporada; **être de ~** ser de la temporada; **en/hors ~** en/fuera de temporada; **haute/basse/morte ~** temporada alta/media/baja; **la ~ des pluies/des amours** la época de las lluvias/de los amores.

**saisonnier, -ière** [sɛzɔnje, jɛʀ] *adj* (*produits, culture*) estacional; (*travail*) temporal ♦ *nm* (*travailleur*) temporero; (*vacancier*) turista *m* estacional.

**salade** [salad] *nf* ensalada; (*fam*: *confusion*) embrollo; **~s** *nfpl* (*fam*): **raconter des ~s** contar cuentos; **haricots en ~** judías *fpl* en ensalada; **salade composée** ensalada mixta; **salade de concombres/ d'endives** ensalada de pepinos/de endibias; **salade de fruits** macedonia de frutas; **salade de laitues/de tomates** ensalada de lechuga/de tomate; **salade niçoise** *ensalada con aceitunas, anchoas, tomates;* **salade russe** ensaladilla rusa.

**saladier** [saladje] *nm* ensaladera.

**salaire** [salɛʀ] *nm* salario; (*journalier*) jornal *m*; (*fig*) recompensa; **un ~ de misère** un salario de miseria; **salaire brut/net** salario bruto/neto; **salaire de base** sueldo base; **salaire minimum interprofessionnel de croissance** ≈ salario mínimo interprofesional.

**salarié, e** [salaʀje] *adj, nm/f* asalariado(-a).

**salaud** [salo] (*fam!*) *nm* cabrón *m* (*!*), hijo de la chingada (*!*: *MEX*).

**sale** [sal] *adj* sucio(-a); (*avant le nom*: *fam*) malo(-a).

**salé, e** [sale] *adj* salado(-a); (*fig*: *histoire, plaisanterie*) picante; (*fam*: *note, facture*) desorbitado(-a) ♦ *nm* (*porc salé*) carne *f* de cerdo salada; **bien ~** muy salado(-a); **petit ~** saladillo.

**saler** [sale] *vt* (*plat*) echar sal; (*pour conserver*) salar.

**saleté** [salte] *nf* suciedad *f*; (*action vile*) cochinada; (*chose sans valeur*) porquería; (*obscénité*) guarrada; **j'ai attrapé une ~** (*microbe etc*) se me ha pegado una enfermedad; **vivre dans la ~** vivir en la inmundicia.

**salière** [saljɛʀ] *nf* salero.

**salir** [saliʀ] *vt* manchar; (*fig*) mancillar; **se salir** *vpr* (*aussi fig*) ensuciarse.

**salissant, e** [salisɑ̃, ɑ̃t] *adj* sucio(-a).

**salle** [sal] *nf* sala; (*pièce*) sala, habitación *f*; (*de restaurant*) salón *m*; **faire ~ comble** tener un llenazo; **salle à manger** comedor *m*; **salle commune** sala común; **salle d'armes** (*pour l'escrime*) sala de esgrima; **salle d'attente** sala de espera; **salle d'eau** aseo; **salle de bain(s)** cuarto de baño; **salle de bal** salón de baile; **salle de cinéma** sala de cine; **salle de classe** aula; **salle de concert** sala de conciertos; **salle de consultation** sala de consulta; **salle de douches** cuarto de duchas; **salle de jeux** sala de juegos; **salle d'embarquement** sala de embarque; **salle de projection** sala de proyección; **salle de séjour** cuarto de estar; **salle des machines** sala de máquinas; **salle de spectacle** sala de espectáculos; **salle des ventes** salón de ventas; **salle d'exposition** sala de exposiciones; **salle d'opération** sala de operaciones; **salle obscure** sala oscura.

**salon** [salɔ̃] *nm* salón *m*, living *m* (*AM*); (*mondain, littéraire*) salón, tertulia; **salon de coiffure** salón de peluquería; **salon de thé** salón de té.

**salope** [salɔp] (*fam!*) *nf* marrana.

**saloperie** [salɔpʀi] (*fam!*) *nf* (*obscénité, publication obscène*) guarradas *fpl*; (*action vile*) marranada; (*chose sans valeur, de mauvaise qualité*) porquería.

**salopette** [salɔpɛt] *nf* pantalón *m* de peto; (*de travail*) mono, overol *m* (*AM*).

**salsifis** [salsifi] *nm* salsifí *m*.

**salubre** [salybʀ] *adj* salubre.

**saluer** [salɥe] *vt* saludar; (*fig: acclamer*) aclamar, saludar.

**salut** [saly] *nm* (REL, *sauvegarde*) salvación *f*; (MIL, *parole d'accueil*) saludo ♦ *excl* (*fam: bonjour*) ¡hola!; (: *au revoir*) ¡hasta luego!, ¡chao! *ou* ¡chau! (*esp* AM); (*style relevé*) ¡salve!; **salut public** salud *f* pública.

**salutations** [salytasjɔ̃] *nfpl* saludos *mpl*; **recevez mes ~ distinguées** *ou* **respectueuses** (*dans une lettre*) reciba mis cordiales *ou* respetuosos saludos.

**samedi** [samdi] *nm* sábado; *voir aussi* **lundi**.

**SAMU** [samy] *sigle m* (= *service d'assistance médicale d'urgence*) ≈ servicio médico de urgencia.

**sanction** [sɑ̃ksjɔ̃] *nf* sanción *f*; **prendre des ~s contre** tomar medidas sancionadoras contra.

**sanctionner** [sɑ̃ksjɔne] *vt* sancionar.

**sandale** [sɑ̃dal] *nf* sandalia.

**sandwich** [sɑ̃dwi(t)ʃ] *nm* sandwich *m*, bocadillo, emparedado (*esp* AM); **être pris en ~ (entre)** estar aprisionado (entre).

**sang** [sɑ̃] *nm* sangre *f*; **être en ~** estar cubierto de sangre; **jusqu'au ~** hasta hacer(le) sangrar; **se faire du mauvais ~** preocuparse; **sang bleu** sangre azul.

**sang-froid** [sɑ̃fʀwa] *nm inv* sangre *f* fría; **garder/perdre/reprendre son ~-~** conservar/perder/recobrar la sangre fría; **faire qch de ~-~** hacer algo a sangre fría.

**sanglant, e** [sɑ̃glɑ̃, ɑ̃t] *adj* (*visage, arme*) ensangrentado(-a); (*combat, fig*) sangriento(-a).

**sangle** [sɑ̃gl] *nf* correa; **~s** *nfpl* (*pour lit etc*) cinchas *fpl*; **fauteuil/lit de sangle(s)** sillón *m*/catre *m* de tijera.

**sanglier** [sɑ̃glije] *nm* jabalí *m*.

**sanglot** [sɑ̃glo] *nm* sollozo.

**sangloter** [sɑ̃glɔte] *vi* sollozar.

**sangsue** [sɑ̃sy] *nf* sanguijuela.

**sanguin, e** [sɑ̃gɛ̃, in] *adj* sanguíneo(-a).

**sanitaire** [sanitɛʀ] *adj* sanitario(-a); **~s** *nmpl* sanitarios *mpl*; **installation/appareil ~** instalación *f*/aparato sanitario(-a).

**sans** [sɑ̃] *prép* sin; **~ qu'il s'en aperçoive** sin que se dé cuenta; **~ scrupules** sin escrúpulos; **~ manches** sin mangas.

**sans-abri** [sɑ̃zabʀi] *nm/f inv* persona sin hogar.

**sans-emploi** [sɑ̃zɑ̃plwa] *nm/f inv* desempleado(-a).

**sans-gêne** [sɑ̃ʒɛn] *adj inv* desenfadado(-a) ♦ *nm inv* desenfado.

**santé** [sɑ̃te] *nf* salud *f*; **avoir une ~ de fer** tener una salud de hierro; **avoir une ~ délicate** tener una salud delicada; **être en bonne ~** estar bien de salud; **boire à la ~ de qn** beber a la salud de algn; **"à la ~ de ..."** "a la salud de ..."; **"à votre/ta ~!"** "¡a su/tu salud!"; **service de ~** servicio sanitario; **la santé publique** la salud pública.

**saoudien, ne** [saudjɛ̃, jɛn] *adj* saudí, saudita ♦ *nm/f*: **S~, ne** saudí *m/f*, saudita *m/f*.

**saoul, e** [su, sul] *adj* = **soûl**.

**saper** [sape] *vt* socavar; **se saper** *vpr* (*fam*) vestirse.

**sapeur-pompier** [sapœʀpɔ̃pje] (*pl* **~s-~s**) *nm* bombero.

**saphir** [safiʀ] *nm* zafiro; (*d'électrophone*) aguja.

**sapin** [sapɛ̃] *nm* (BOT) abeto; (*bois*) pino; **sapin de Noël** pino de Navidad.

**sarcastique** [saʀkastik] *adj* sarcástico(-a).

**Sardaigne** [saʀdɛɲ] *nf* Cerdeña.

**sardine** [saʀdin] *nf* sardina; **sardines à l'huile** sardinas en aceite.

**SARL** [esaɛʀɛl] *sigle f* (= *société à responsabilité limitée*) ≈ SL; (= *sociedad limitada*).

**sarrasin** [saʀazɛ̃] *nm* (BOT) alforfón *m*, trigo sarraceno; (*farine*) harina de alforfón, harina de trigo sarraceno.

**satané, e** [satane] *adj* (*maudit*) maldito(-a).

**satellite** [satelit] *nm* satélite *msg*; **pays ~** país *msg* satélite *inv*; **retransmis par ~** retransmitido vía satélite; **~ (artificiel)** satélite (artificial).

**satin** [satɛ̃] *nm* satén *m*.

**satire** [satiʀ] *nf* sátira; **faire la ~ de** satirizar.

**satirique** [satiʀik] *adj* satírico(-a).

**satisfaction** [satisfaksjɔ̃] *nf* satisfacción *f*; **à ma grande ~** para gran satisfacción mía; **donner ~ (à)** satisfacer; **ils ont obtenu ~** se ha accedido a sus demandas.

**satisfaire** [satisfɛʀ] *vt* satisfacer; **se satisfaire de** *vpr* contentarse con; **~ à** cumplir con; (*conditions*) responder a.

**satisfaisant, e** [satisfəzɑ̃, ɑ̃t] *adj* satisfactorio(-a).

**satisfait, e** [satisfɛ, ɛt] *pp de* **satisfaire** ♦ *adj* (*personne, air*) satisfecho(-a); (*curiosi-*

té, désir) complacido(-a); ~ **de** satisfecho (-a) de.

**saturer** [satyʀe] vt saturar; ~ **qn/qch de** saturar a algn/algo de; **être saturé de qch** (publicité) estar harto de algo; **je suis saturé de travail** estoy saturado de trabajo.

**sauce** [sos] nf salsa; **en ~** en salsa; **sauce à salade** salsa de ensalada; **sauce aux câpres** salsa de alcaparras; **sauce blanche** salsa blanca; **sauce chasseur** salsa chasseur (con chalotes, vino blanco, champiñones y hierbas); **sauce mayonnaise/ piquante** salsa mayonesa/picante; **sauce suprême/vinaigrette** salsa suprema/ vinagreta; **sauce tomate** salsa de tomate.

**saucière** [sosjɛʀ] nf salsera.

**saucisse** [sosis] nf salchicha.

**saucisson** [sosisɔ̃] nm salchichón m; **saucisson à l'ail** salchichón al ajo; **saucisson sec** salchichón curado.

**sauf¹** [sof] prép salvo; ~ **que** ... salvo que ...; ~ **si** ... salvo que ...; ~ **avis contraire** salvo aviso contrario; ~ **empêchement** salvo impedimento; ~ **erreur/imprévu** salvo error/imprevisto.

**sauf², sauve** [sof, sov] adj (personne) ileso(-a); (fig: honneur) a salvo; **laisser la vie sauve à qn** perdonar la vida a algn.

**sauge** [soʒ] nf salvia.

**saugrenu, e** [soɡʀəny] adj (accoutrement) estrafalario(-a); (idée, question) ridículo(-a).

**saule** [sol] nm sauce m; **saule pleureur** sauce llorón.

**saumon** [somɔ̃] nm salmón m ♦ adj inv (couleur) color salmón inv.

**saupoudrer** [supudʀe] vt: ~ **qch de** (de sel, sucre) espolvorear algo de; (fig) salpicar algo de.

**saur** [sɔʀ] adj m: **hareng ~** arenque m ahumado.

**saut** [so] nm salto; **faire un ~** dar un salto; **faire un ~ chez qn** dar un salto a casa de algn; **au ~ du lit** al levantarse; ~ **en hauteur/longueur/à la perche** salto de altura/longitud/con pértiga; **saut à la corde** salto a la comba; **saut de page** (INFORM) avance m de página; **saut en parachute** salto en paracaídas; **saut périlleux** salto mortal.

**sauter** [sote] vi saltar; (exploser) estallar; (se rompre) romperse; (se détacher) soltarse ♦ vt (obstacle) franquear; (fig: omettre) saltarse; **faire ~** (avec explosifs) volar; (CULIN) saltear; ~ **à pieds joints/à cloche-pied** saltar con los pies juntos/a pata coja; ~ **dans/sur/vers** (se précipiter) echarse en/ sobre/hacia; ~ **en parachute** saltar en paracaídas; ~ **à la corde** saltar a la cuerda; ~ **à bas du lit** saltar de la cama; ~ **de joie/ de colère** saltar de alegría/de rabia; ~ **au cou de qn** echarse al cuello de algn; ~ **d'un sujet à l'autre** pasar de un tema a otro; ~ **aux yeux** saltar a la vista; ~ **au plafond** (fig) subirse por las paredes.

**sauterelle** [sotʀɛl] nf (ZOOL) saltamontes m inv.

**sautiller** [sotije] vi dar saltitos.

**sauvage** [sovaʒ] adj (animal, peuplade) salvaje; (plante) silvestre; (lieu) agreste; (insociable) huraño(-a); (non officiel) no autorizado(-a) ♦ nm/f (primitif) salvaje m/f; (brute) bárbaro(-a).

**sauve** [sov] adj f voir **sauf²**.

**sauvegarde** [sovɡaʀd] nf salvaguardia; **sous la ~ de** bajo el amparo de; **disquette/fichier de ~** disquete m/ fichero de seguridad.

**sauvegarder** [sovɡaʀde] vt salvaguardar; (INFORM) grabar; (: copier) hacer una copia de seguridad de.

**sauve-qui-peut** [sovkipø] nm inv desbandada ♦ excl ¡sálvese quien pueda!

**sauver** [sove] vt salvar; **se sauver** vpr (s'enfuir) largarse; (fam: partir) irse; ~ **qn de** salvar a algn de; ~ **la vie à qn** salvar la vida a algn; ~ **les apparences** guardar las apariencias.

**sauvetage** [sov(ə)taʒ] nm salvamento; **ceinture** ou **brassière** ou **gilet de ~** cinturón m ou camisa ou chaleco salvavidas inv; **sauvetage en montagne** rescate m de montaña.

**sauveteur** [sov(ə)tœʀ] nm salvador m.

**sauvette** [sovɛt] : **à la ~** adj, adv (vendre, aussi: se marier etc) precipitadamente; **vente à la ~** venta ambulante no autorizada.

**sauveur** [sovœʀ] nm salvador m; **le S~** (REL) el Salvador.

**savant, e** [savã, ãt] adj (érudit, instruit, habile) sabio(-a); (souvent ironique: compétent, calé) erudito(-a); (compliqué, difficile) complejo(-a) ♦ nm/f sabio(-a); **animal ~** animal amaestrado.

**saveur** [savœʀ] nf sabor m.

**savoir** [savwaʀ] vt saber; (*connaître: date, fait etc*) conocer ♦ nm saber m; **se savoir** vpr (*chose: être connu*) saberse; **se ~ malade/incurable** saberse enfermo/ incurable; **~ nager/se montrer ferme** saber nadar/mostrarse firme; **~ que** saber que; **~ si/comment/combien ...** saber si/cómo/cuánto ...; **il faut ~ que ...** es preciso saber que ...; **il est petit: tu ne peux pas ~ ...** no creerías lo pequeño que es ...; **vous n'êtes pas sans ~ que** usted no ignora que ...; **je crois ~ que ...** creo saber que ...; **je n'en sais rien** yo no sé nada de eso; **à ~ que ... a** saber que ...; **faire ~ qch à qn** hacer saber algo a algn; **ne rien vouloir ~** no querer saber nada; **pas que je sache** que yo sepa, no; **sans le ~** sin saberlo; **en ~ long** saber un rato largo.

**savon** [savɔ̃] nm jabón m; **un ~** (*morceau*) una pastilla de jabón; **passer un ~ à qn** (*fam*) echarle un rapapolvo a algn.

**savonner** [savɔne] vt enjabonar; **se savonner** vpr enjabonarse; **se ~ les mains/ pieds** enjabonarse las manos/los pies.

**savonnette** [savɔnɛt] nf jaboncillo.

**savourer** [savuʀe] vt saborear.

**savoureux, -euse** [savuʀø, øz] adj sabroso(-a).

**saxo(phone)** [saksɔ(fɔn)] nm saxo(fón) m.

**scabreux, -euse** [skabʀø, øz] adj escabroso(-a).

**scandale** [skɑ̃dal] nm escándalo; **au grand ~ de ...** (*indignation*) con gran indignación de ...; **faire du ~** (*tapage*) armar un escándalo; **faire ~** causar escándalo.

**scandaleux, -euse** [skɑ̃dalø, øz] adj escandaloso(-a).

**scandinave** [skɑ̃dinav] adj escandinavo(-a) ♦ nm/f: **S~** escandinavo(-a).

**Scandinavie** [skɑ̃dinavi] nf Escandinavia.

**scarabée** [skaʀabe] nm escarabajo.

**scarlatine** [skaʀlatin] nf escarlatina.

**scarole** [skaʀɔl] nf escarola.

**sceau, x** [so] nm sello; **sous le ~ du secret** bajo secreto.

**sceller** [sele] vt sellar; (*barreau, chaîne etc*) fijar.

**scénario** [senaʀjo] nm (CINÉ) guión m; (*fig, idée*) plan m.

**scène** [sɛn] nf escena; (*lieu, décors*) escena, escenario; (*dispute bruyante*) altercado; **la ~ politique/internationale** la escena política/internacional; **sur le devant de la ~** (*fig*) de plena actualidad; **entrer en ~** entrar en escena; **par ordre d'entrée en ~** por orden de aparición; **mettre en ~** (THÉÂTRE, *fig*) poner en escena; ((CINÉ) dirigir; **porter à/adapter pour la ~** llevar al/ adaptar para el teatro; **faire une ~ (à qn)** hacerle una escena (a algn); **scène de ménage** riña conyugal.

**sceptique** [sɛptik] adj, nm/f escéptico(-a).

**schéma** [ʃema] nm esquema m.

**schématique** [ʃematik] adj esquemático (-a).

**sciatique** [sjatik] adj: **nerf ~** nervio ciático ♦ nf ciática.

**scie** [si] nf sierra; (*fam: péj: rengaine*) cantinela; (: *personne*) pesadez f; **scie à bois** sierra para madera; **scie à découper** segueta; **scie à métaux** sierra para metales; **scie circulaire/sauteuse** sierra circular/ de vaivén.

**sciemment** [sjamɑ̃] adv conscientemente.

**science** [sjɑ̃s] nf ciencia; (*savoir*) saber m; (*savoir-faire*) saber hacer m; **les ~s** (SCOL) las ciencias; **sciences appliquées/ expérimentales** ciencias aplicadas/ experimentales; **sciences humaines** ciencias humanas/naturales; **sciences occultes** ciencias ocultas; **sciences politiques/sociales** ciencias políticas/sociales.

**science-fiction** [sjɑ̃sfiksjɔ̃] (*pl ~s-~s*) nf ciencia ficción.

**scientifique** [sjɑ̃tifik] adj, nm/f científico (-a).

**scier** [sje] vt serrar; (*partie en trop*) aserrar.

**scierie** [siʀi] nf aserradero.

**scintiller** [sɛ̃tije] vi centellear.

**sciure** [sjyʀ] nf: **~ (de bois)** serrín m (de madera).

**sclérose** [skleʀoz] nf esclerosis f inv; **sclérose artérielle** esclerosis arterial, arteriosclerosis f inv; **sclérose en plaques** esclerosis en placas.

**scolaire** [skɔlɛʀ] adj escolar; **l'année ~** el curso escolar; (*à l'université*) el curso académico; **en âge ~** en edad escolar.

**scolariser** [skɔlaʀize] vt escolarizar.

**scolarité** [skɔlaʀite] nf escolaridad f; **frais de ~** gastos mpl de escolaridad; **la scolarité obligatoire** la escolaridad obligatoria.

**scooter** [skutœʀ] nm escúter m.

**score** [skɔʀ] *nm* (*SPORT*) tanteo; (*dans un test*) puntuación *f*; (*électoral etc*) resultado.

**scorpion** [skɔʀpjɔ̃] *nm* escorpión *m*; **le S~** (*ASTROL*) escorpio; **être (du) S~** ser escorpio.

**scotch** [skɔtʃ] *nm* (*whisky*) whisky *m* escocés; (**®**: *adhésif*) celo, cinta adhesiva.

**scout, e** [skut] *adj* de scout ♦ *nm/f* scout *m/f*, explorador(a).

**script** [skʀipt] *nm* (*écriture*) letra cursiva; (*CI-NÉ*) guión *m*.

**scrupule** [skʀypyl] *nm* escrúpulo; **être sans ~s** no tener escrúpulos; **il se fait un ~ de lui mentir** le da reparo mentirle.

**scruter** [skʀyte] *vt* (*objet, visage*) escrutar; (*horizon, alentours*) otear.

**scrutin** [skʀytɛ̃] *nm* (*vote*) escrutinio; (*ensemble des opérations*) votación *f*; **ouverture/clôture d'un ~** apertura/cierre *m* de la votación; **scrutin à deux tours** votación a doble vuelta; **scrutin de liste** sistema *m* de lista cerrada; **scrutin majoritaire/proportionnel** sistema mayoritario/proporcional; **scrutin uninominal** elección *f* uninominal.

**sculpter** [skylte] *vt* esculpir.

**sculpteur** [skyltœʀ] *nm* escultor *m*.

**sculpture** [skyltyʀ] *nf* escultura; **sculpture sur bois** escultura en madera.

**SDF** *sigle m* (= *sans domicile fixe*) persona sin hogar; **les SDF** los sin techo.

**SE** *abr* (= *Son Excellence*) S. Exc. (= *Su Excelencia*).

**se (s')** [sə] *pron* se; **se voir comme on est** verse como uno es; **ils s'aiment** se quieren; **cela se répare facilement** eso se arregla fácilmente; **se casser la jambe/laver les mains** romperse una pierna/lavarse las manos.

**séance** [seɑ̃s] *nf* sesión *f*; **ouvrir/lever la ~** abrir/levantar la sesión; **~ tenante: obéir/régler une affaire ~ tenante** obedecer/arreglar un asunto en el acto.

**seau, x** [so] *nm* cubo, balde *m* (*esp AM*); **seau à glace** cubitera.

**sec, sèche** [sɛk, sɛʃ] *adj* seco(-a); (*maigre, décharné*) enjuto(-a); (*style, graphisme*) árido(-a); (*départ, démarrage*) brusco(-a) ♦ *nm*: **tenir au ~** mantener en sitio seco ♦ *adv* (*démarrer*) bruscamente; **je le prends** *ou* **bois ~** lo tomo *ou* bebo puro; **à pied ~** a pie enjuto; **à ~** (*cours d'eau*) agotado(-a); (*à court d'idées*) vacío(-a); (*à

court d'argent*) pelado(-a); **une toux sèche** una tos seca; **avoir la gorge sèche** tener la garganta seca; **boire ~** (*beaucoup*) ser un gran bebedor; **raisins ~s** pasas *fpl*.

**sécateur** [sekatœʀ] *nm* podadera.

**sèche** [sɛʃ] *adj f voir* **sec** ♦ *nf* (*fam*) pitillo.

**sèche-cheveux** [sɛʃʃəvø] *nm inv* secador *m* de pelo.

**sèche-linge** [sɛʃlɛ̃ʒ] *nm inv* secadora *f*.

**sèchement** [sɛʃmɑ̃] *adv* (*frapper etc*) bruscamente; (*répliquer etc*) secamente.

**sécher** [seʃe] *vt* secar; (*fam: SCOL: classe*) pirarse ♦ *vi* secarse; (*fam: candidat*) estar pez; **se sécher** *vpr* secarse.

**sécheresse** [seʃʀɛs] *nf* (*du climat, sol*) sequedad *f*; (*fig: du style*) aridez *f*; (*absence de pluie*) sequía.

**séchoir** [seʃwaʀ] *nm* (*à linge*) tendedero; (*tabac, fruits*) secadero.

**second, e** [s(ə)gɔ̃, ɔ̃d] *adj* segundo(-a) ♦ *nm* (*adjoint*) ayudante *m*; (*étage*) segundo; (*NAUT*) segundo de a bordo; **doué de ~e vue** dotado de un sexto sentido; **en ~** en segunda; **trouver son ~ souffle** (*SPORT, fig*) recobrar fuerzas; **être dans un état ~** estar enajenado(-a); **de ~e main** de segunda mano.

**secondaire** [s(ə)gɔ̃dɛʀ] *adj* secundario(-a); (*SCOL*) medio(-a), secundario(-a).

**seconde** [s(ə)gɔ̃d] *nf* segundo; (*SCOL*) quinto año de educación secundaria en el sistema francés; (*AUTO*) segunda; **voyager en ~** (*TRANSPORT*) viajar en segunda.

**seconder** [s(ə)gɔ̃de] *vt* (*assister*) ayudar; (*favoriser*) secundar.

**secouer** [s(ə)kwe] *vt* sacudir; (*passagers*) zarandear; (*fam: faire se démener*) pinchar; **se secouer** *vpr* (*chiens*) sacudirse; (*fam: se démener*) menearse, moverse; **~ la poussière d'un tapis/manteau** sacudir el polvo de una alfombra/de un abrigo; **~ la tête** (*pour dire oui*) asentir con la cabeza; (*pour dire non*) negar con la cabeza.

**secourir** [s(ə)kuʀiʀ] *vt* socorrer; (*prodiguer des soins à*) auxiliar.

**secourisme** [s(ə)kuʀism] *nm* socorrismo.

**secouriste** [s(ə)kuʀist] *nm/f* socorrista *m/f*.

**secours¹** [s(ə)kuʀ] *vb voir* **secourir**.

**secours²** [s(ə)kuʀ] *nm* socorro ♦ *nmpl* (*aide financière, matérielle*) ayuda *fsg*; (*soins à un malade, blessé*) auxilio *msg*; (*équipes de secours*) servicios *mpl* de socorro; **au ~!** ¡socorro!; **appeler au ~** pedir socorro; **ap-**

**peler qn à son ~** pedir socorro a algn; **aller au ~ de qn** acudir en ayuda de algn; **porter ~ à qn** prestar socorro a algn; **les premiers ~** los primeros auxilios; **sa mémoire/cet outil lui a été d'un grand ~** su memoria/esta herramienta le ha sido de gran ayuda; **le secours en montagne** el servicio de rescate de montaña.

**secousse** [s(ə)kus] *nf* sacudida; (*électrique*) descarga; (*fig: psychologique*) conmoción *f*; **secousse sismique/tellurique** sacudida sísmica/telúrica.

**secret, -ète** [səkrɛ, ɛt] *adj* secreto(-a); (*renfermé: personne*) reservado(-a) ♦ *nm* secreto; **le ~ de qch** (*raison cachée, recette*) el secreto de algo; **en ~** (*sans témoins*) en secreto; **au ~** (*prisonnier*) incomunicado(-a); **secret d'État/de fabrication** secreto de Estado/de fabricación; **secret professionnel** secreto profesional.

**secrétaire** [s(ə)krɛtɛr] *nm/f* secretario(-a) ♦ *nm* (*meuble*) secreter *m*; **secrétaire d'ambassade** secretario de embajada; **secrétaire d'État** secretario de Estado; **secrétaire de direction** secretario de dirección; **secrétaire de mairie** secretario municipal; **secrétaire de rédaction** secretario de redacción; **secrétaire général** secretario general; **secrétaire médicale** auxiliar médico.

**secrétariat** [s(ə)krɛtarja] *nm* (*profession*) secretariado; (*bureau, fonction*) secretaría; **secrétariat d'État** secretaría de Estado; **secrétariat général** secretaría general.

**secteur** [sɛktœr] *nm* sector *m*; **branché sur le ~** conectado a la red; **fonctionne sur pile et ~** funciona con pilas y con electricidad; **le secteur privé/public** el sector privado/público; **le secteur primaire/secondaire/tertiaire** el sector primario/secundario/terciario.

**section** [sɛksjɔ̃] *nf* sección *f*; (*d'une route, d'un parcours*) tramo; (*d'un chapitre, d'une œuvre*) parte *f*; **la ~ rythmique/des cuivres** la sección rítmica/los cobres; **tube de ~ 6,5 mm** tubo de 6,5 mm de sección.

**sectionner** [sɛksjɔne] *vt* (*membre, tige*) seccionar; **se sectionner** *vpr* (*câble*) romperse.

**sécu** [seky] (*fam*) *nf* (= *Sécurité sociale*) voir **sécurité.**

**sécurité** [sekyrite] *nf* seguridad *f*; **être en ~** estar seguro(-a); **dispositif/système de ~**

dispositivo/sistema *m* de seguridad; **mesures de ~** medidas *fpl* de seguridad; **la sécurité de l'emploi** la garantía de trabajo; **la sécurité internationale/nationale** la seguridad internacional/nacional; **la sécurité routière** la seguridad vial; **la Sécurité sociale** la Seguridad Social.

**sédentaire** [sedɑ̃tɛr] *adj* sedentario(-a).

**séduction** [sedyksjɔ̃] *nf* seducción *f*.

**séduire** [sedɥir] *vt* seducir.

**séduisant, e** [sedɥizɑ̃, ɑ̃t] *vb voir* **séduire** ♦ *adj* seductor(a).

**ségrégation** [segregasjɔ̃] *nf* segregación *f*; **ségrégation raciale** segregación racial.

**seigle** [sɛgl] *nm* (*BOT*) centeno; (*farine*) harina de centeno.

**seigneur** [sɛɲœr] *nm* señor *m*; **le S~** (*REL*) el Señor.

**sein** [sɛ̃] *nm* (*ANAT*) seno; (*fig: poitrine*) pecho; **au ~ de** en el seno de; **donner le ~ à** dar el pecho a; **nourrir au ~** amamantar.

**séisme** [seism] *nm* seísmo.

**seize** [sɛz] *adj inv, nm inv* dieciséis *m inv*; *voir aussi* **cinq.**

**seizième** [sɛzjɛm] *adj, nm/f* decimosexto (-a) ♦ *nm* (*partitif*) dieciseisavo; *voir aussi* **cinquantième.**

**séjour** [seʒur] *nm* (*villégiature*) estancia; (*pièce*) cuarto de estar.

**séjourner** [seʒurne] *vi* permanecer.

**sel** [sɛl] *nm* sal *f*; **sel de cuisine/de table** sal de cocina/de mesa; **sel fin/gemme** sal fina/gema; **sels de bain** sales de baño.

**sélection** [selɛksjɔ̃] *nf* selección *f*; **faire/opérer une ~ parmi** hacer/realizar una selección entre; **épreuve de ~** (*SPORT*) prueba de selección; **sélection naturelle/professionnelle** selección natural/profesional.

**sélectionner** [selɛksjɔne] *vt* seleccionar.

**self-service** [sɛlfsɛrvis] (*pl* ~-~**s**) *adj* autoservicio ♦ *nm* self-service *m*, restaurante *m* autoservicio.

**selle** [sɛl] *nf* (*de cheval*) silla de montar; (*de bicyclette*) sillín *m*; (*CULIN*) paletilla; **~s** *nfpl* (*MÉD*) deposiciones *fpl*; **aller à la ~** (*MÉD*) hacer sus necesidades; **se mettre en ~** montar.

**seller** [sele] *vt* ensillar.

**selon** [s(ə)lɔ̃] *prép* según; **~ que** según que; **~ moi** a mi modo de ver.

**semaine** [s(ə)mɛn] *nf* semana; **en ~** duran-

te la semana; **la ~ de quarante heures** la
semana de cuarenta horas; **la ~ du
blanc/du livre** la semana de la ropa
blanca/del libro; **à la petite ~** (*vivre etc*) al
día; **une organisation à la petite ~** una
organización de miras cortas; **la semaine
sainte** la Semana Santa.

**semblable** [sãblabl] *adj* semejante ♦ *nm*
(*prochain*) semejante *m*; **~ à** parecido(-a)
a; **de ~s mésaventures/calomnies** (*de ce
genre*) semejantes desgracias/calumnias.

**semblant** [sãblã] *nm*: **un ~ d'intérêt/de
vérité** una apariencia de interés/de verdad; **faire ~ (de faire qch)** fingir (hacer
algo).

**sembler** [sãble] *vi* parecer ♦ *vb impers*: **il
semble inutile/bon de ...** parece inútil/
bien ...; **il semble (bien) que/ne semble
pas que** parece (bien) que/no parece que;
**il me semble (bien) que** me parece
(bien) que; **il me semble le connaître**
me parece que lo conozco; **cela leur sem-
blait cher/pratique** eso les parecía caro/
práctico; **~ être** parecer ser; **comme/
quand bon lui semble** como/cuando le
parece bien; **me semble-t-il, à ce qu'il
me semble** me parece, en mi opinión.

**semelle** [s(ə)mɛl] *nf* (*de chaussure*) suela;
(: *intérieure*) plantilla; (*de bas, chaussette*)
planta; (*d'un ski*) plancha; **battre la ~** golpear el suelo con los pies para calentarlos;
(*fig*) recorrer; **semelles compensées** sue-
las *fpl* de plataforma.

**semer** [s(ə)me] *vt* (*AGR*) sembrar; (*fig*: *éparpiller*) esparcir; (: *poursuivants*) despistar; **~
la confusion** sembrar la confusión; **~ la
discorde/terreur parmi ...** sembrar la
discordia/el terror entre ...; **semé de
difficultés/d'erreurs** sembrado de
dificultades/de errores.

**semestre** [s(ə)mɛstʀ] *nm* semestre *m*.

**séminaire** [seminɛʀ] *nm* seminario.

**semi-remorque** [səmiʀəmɔʀk] (*pl ~-~s*) *nf*
(*remorque*) semirremolque *m* ♦ *nm* (*camion*) semirremolque.

**semoule** [s(ə)mul] *nf* sémola; **semoule de
maïs/de riz** harina de maíz/de arroz.

**sénat** [sena] *nm*: **le S~** el Senado.

---

**Sénat**

*El **Sénat** es la cámara alta del parlamento francés, que se reúne en el Palais du
Luxembourg de París. A una tercera parte
de sus miembros, los "sénateurs", los elige cada tres años, por un periodo de nueve, un colegio electoral formado por los
"députés" y otros representantes electos.
El **Sénat** posee una amplia gama de poderes, pero en caso de controversia, éstos
pueden ser revocados por la cámara baja,
la "Assemblée nationale".*

---

**sénateur** [senatœʀ] *nm* senador(a).

**sens**[1] [sãs] *vb voir* **sentir**.

**sens**[2] [sãs] *nm* sentido ♦ *nmpl* (*sensualité*)
sentidos *mpl*; **avoir le ~ des affaires/de
la mesure** tener el don de los negocios/de
la medida; **en dépit du bon ~** sin sentido
común; **tomber sous le ~** caer por su
propio peso; **ça n'a pas de ~** eso no tiene
sentido; **en ce ~ que** (*dans la mesure où*)
en la medida en que; (*c'est-à-dire que*) en
el sentido de que; **en un ~, dans un ~** en
cierto sentido; **à mon ~** en mi opinión;
**dans le ~ des aiguilles d'une montre** en
el sentido de las agujas del reloj; **dans le ~
de la longueur/largeur** a lo largo/ancho;
**dans le mauvais ~** en mal sentido; **bon ~**
sensatez *f*; **reprendre ses ~** volver en sí;
**sens commun** sentido común; **sens
dessus dessous** desordenado, patas arriba; **sens figuré** sentido figurado; **sens
interdit** dirección *f* prohibida; **sens propre** sentido propio; **sens unique** dirección *f* única.

**sensation** [sãsasjõ] *nf* sensación *f*; **faire ~**
causar sensación; **à ~** (*péj*) sensacionalista.

**sensationnel, le** [sãsasjɔnɛl] *adj* sensacional.

**sensé, e** [sãse] *adj* sensato(-a).

**sensibiliser** [sãsibilize] *vt* (*PHOTO*) sensibilizar; **~ qn (à)** sensibilizar a algn (para).

**sensibilité** [sãsibilite] *nf* sensibilidad *f*.

**sensible** [sãsibl] *adj* sensible; (*différence,
progrès*) apreciable; **~ à** sensible a.

**sensiblement** [sãsibləmã] *adv* sensible-
mente; **ils ont ~ le même poids** (*à peu
près*) tienen casi el mismo peso.

**sensiblerie** [sãsibləʀi] *nf* sensiblería.

**sensuel, le** [sãsɥɛl] *adj* sensual.

**sentence** [sãtãs] *nf* sentencia.

**sentier** [sãtje] *nm* sendero.

**sentiment** [sãtimã] *nm* sentimiento; (*avis,
opinion*) opinión *f*; **~s** *nmpl*: **les ~s** los sentimientos; **avoir le ~ de/que** tener la im-

presión de/que; **recevez mes ~s respectueux/dévoués** (dans une lettre) reciba usted mis más sinceros respetos; **veuillez agréer l'expression de mes ~s distingués** (dans une lettre) reciba usted mis más atentos saludos; **faire du ~** (péj) apelar a la sensiblería; **si vous me prenez par les ~s** si usted apela a mis sentimientos.

**sentimental, e, -aux** [sãtimãtal, o] adj sentimental.

**sentinelle** [sãtinɛl] nf centinela; **en ~ de** guardia.

**sentir** [sãtiʀ] vt sentir; (goût) notar; (apprécier) apreciar; (par l'odorat) oler; (avoir le goût de) saber a; (au toucher) sentir; (avoir une odeur de, aussi fig) oler a ♦ vi oler mal; **~ bon/mauvais** oler bien/mal; **se ~ à l'aise/mal à l'aise** sentirse a gusto ou cómodo/incómodo; **se ~ mal** encontrarse mal; **se ~ le courage/la force de faire qch** sentirse con ánimo/fuerza para hacer algo; **se ~ coupable de faire qch** sentirse culpable por haber hecho algo; **ne plus se ~ de joie** rebosar de alegría; **ne pas pouvoir ~ qn** (fam) no poder tragar a algn.

**séparation** [sepaʀasjɔ̃] nf separación f; (mur, cloison) división f; **séparation de biens/de corps** separación de bienes/de cuerpos; **séparation des pouvoirs** separación de (los) poderes.

**séparatiste** [sepaʀatist] nm/f, adj separatista m/f.

**séparé, e** [sepaʀe] adj separado(-a); **~ de** separado(-a) de.

**séparément** [sepaʀemã] adv separadamente.

**séparer** [sepaʀe] vt separar; **se séparer** vpr separarse; (amis etc) despedirse; (route, tige) bifurcarse; (éléments, parties) desmontarse; (écorce) desprenderse; **se ~ de** (époux) separarse de; (employé, objet personnel) deshacerse de; **~ qn de** (ami, allié) separar a algn de; **~ une pièce/un jardin en deux** dividir una habitación/un jardín en dos.

**sept** [sɛt] adj inv, nm inv siete m inv; voir aussi **cinq**.

**septante** [sɛptãt] adj inv, nm inv (Belgique, Suisse) setenta m inv.

**septembre** [sɛptãbʀ] nm se(p)tiembre m; voir aussi **juillet**.

**septicémie** [sɛptisemi] nf septicemia.

**septième** [sɛtjɛm] adj, nm/f sé(p)timo(-a) ♦ nm (partitif) sé(p)timo; **être au ~ ciel** estar en el sé(p)timo cielo; voir aussi **cinquième**.

**septique** [sɛptik] adj: **fosse ~** foso séptico.

**séquelles** [sekɛl] nfpl secuelas fpl.

**serein, e** [sɔʀɛ̃, ɛn] adj sereno(-a); (visage, regard, personne) apacible.

**sergent** [sɛʀʒã] nm sargento.

**série** [seʀi] nf serie f; (de clefs, outils) juego; (SPORT) fase f; **en/de/hors ~** en/de/fuera de serie; **imprimante ~** impresora en serie; **soldes de fin de ~s** saldos mpl de fin de serie; **série noire** (roman policier) policiaca; (suite de malheurs) serie de desgracias; **série (télévisée)** serie (televisiva).

**sérieusement** [seʀjøzmã] adv con seriedad; **il parle ~** habla en serio; **~?** ¿en serio?

**sérieux, -euse** [seʀjø, jøz] adj serio(-a); (client) serio(-a), formal; (moral, rangé) formal ♦ nm seriedad f; **garder son ~** mantener su seriedad; **manquer de ~** no tener fundamento; **prendre qch/qn au ~** tomarse algo/a algn en serio; **se prendre au ~** tomarse en serio; **tu es ~?** ¿lo dices en serio?; **c'est ~?** ¿en serio?; **ce n'est pas ~** (critique) eso no es serio; **une sérieuse différence/augmentation** una considerable diferencia/aumento.

**serin** [s(ə)ʀɛ̃] nm canario.

**seringue** [s(ə)ʀɛ̃g] nf jeringa.

**serment** [sɛʀmã] nm (juré) juramento; (promesse) promesa solemne; **prêter ~** prestar juramento; **faire le ~ de** prestar juramento de; **témoigner sous ~** atestiguar bajo juramento.

**sermon** [sɛʀmɔ̃] nm sermón m.

**séropositif, -ive** [seʀopozitif, iv] adj (MÉD) seropositivo(-a).

**sérotonine** [seʀɔtɔnin] nf serotonina.

**serpent** [sɛʀpã] nm serpiente f; **serpent à lunettes/à sonnettes** serpiente de anteojos/de cascabel; **serpent monétaire (européen)** sistema m monetario (europeo).

**serpenter** [sɛʀpãte] vi serpentear.

**serpillière** [sɛʀpijɛʀ] nf bayeta.

**serre** [sɛʀ] nf (construction) invernadero; **~s** nfpl (griffes) garras fpl; **serre chaude/froide** invernadero templado/frío.

**serré, e** [seʀe] adj apretado(-a); (habits) ajustado(-a); (lutte, match) reñido(-a); (ca-

*fé)* fuerte ♦ *adv:* **jouer ~** jugar sobre seguro; **écrire ~** escribir con letra apretada; **avoir le cœur serré** tener el corazón en un puño; **avoir la gorge ~e** tener un nudo en la garganta.

**serrer** [seʀe] *vt* apretar; *(tenir: chose)* asir; (: *personne)* abrazar; *(rapprocher)* apretujar; *(frein, robinet)* apretar; *(automobiliste, cycliste)* arrimarse a ♦ *vi:* **~ à droite/gauche** echar a la derecha/a la izquierda; **se serrer** *vpr (se rapprocher)* apretujarse; **~ la main à qn** estrechar la mano a algn; **~ qn dans ses bras/contre son cœur** estrechar a algn entre sus brazos/contra su pecho; **~ la gorge/le cœur à qn** oprimir la garganta/el pecho a algn; **~ les dents** apretar los dientes; **~ qn de près** seguir de cerca a algn; **~ le trottoir** pegarse a la acera; **~ sa droite/gauche** pegarse a su derecha/izquierda; **se ~ contre qn** estrecharse contra algn; **se ~ les coudes** prestarse ayuda; **se ~ la ceinture** *(fig)* apretarse el cinturón; **~ la vis à qn** *(fig)* apretar las clavijas a algn; **~ les rangs** cerrar filas.

**serrure** [seʀyʀ] *nf* cerradura, chapa *(AM).*

**serrurier** [seʀyʀje] *nm* cerrajero.

**sert** *etc* [seʀ] *vb voir* **servir.**

**servante** [seʀvɑ̃t] *nf* sirvienta, mucama *(CSUR),* recamarera *(MEX).*

**serveur, -euse** [seʀvœʀ, øz] *nm/f (de restaurant)* camarero(-a); *(TENNIS)* jugador que tiene el servicio; *(CARTES)* mano *m/f* ♦ *nm:* **~ de données** *(INFORM)* base *f* de datos ♦ *adj:* **centre ~** *(INFORM)* banco de datos.

**serviable** [seʀvjabl] *adj* servicial.

**service** [seʀvis] *nm* servicio; *(aide, faveur)* favor *m;* (*REL)* oficio; *(SPORT)* servicio, saque *m;* **~s** *nmpl (travail, prestations)* servicios *mpl;* (*ÉCON)* sector *m* servicios; **~ compris/non compris** servicio incluido/no incluido; **faire le ~** servir; **être en ~ chez qn** *(domestique)* estar de servicio en casa de algn; **être au ~ de (qn)** estar al servicio de (algn); **pendant le ~** de servicio; **porte de ~** puerta de servicio; **premier/second ~** primer/segundo turno; **rendre ~ (à qn)** ayudar (a algn), echar una mano (a algn); *(suj: objet)* ser de utilidad (a algn); **il aime rendre ~** le gusta hacer favores; **rendre un ~ à qn** hacer un favor a algn; **reprendre du ~** volver al servicio activo; **heures de ~** horas de servicio; **être de ~** estar de servicio; **avoir 25 ans de ~** tener 25 años de servicio; **être/mettre en ~** estar/poner en servicio; **hors ~** fuera de servicio; **en ~ commandé** en comisión de servicio; **service à café/à glaces** servicio de café/de helado; **service après vente** servicio pos(t)-venta; **service à thé** servicio de té; **service d'ordre** servicio de orden; **service funèbre** servicio funerario; **service militaire/public** servicio militar/público; **services secrets/sociaux** servicios secretos/sociales.

**serviette** [seʀvjɛt] *nf (de table)* servilleta; *(de toilette)* toalla; *(porte-documents)* cartera, portafolio(s) *m (AM);* **serviette éponge** toalla de felpa; **serviette hygiénique** compresa.

**servir** [seʀviʀ] *vt* servir; *(client: au magasin)* atender; *(rente, pension)* pagar ♦ *vi* servir; **se servir** *vpr* servirse; **se ~ chez qn** servirse en casa de algn; **se ~ de** *(plat)* servirse de; *(voiture, outil)* utilizar; *(relations, amis)* valerse de; **~ à qn** *(suj: diplôme, livre)* servir a algn; **ça m'a servi pour faire ...** eso me ha servido para hacer ...; **~ à qch/faire qch** *(outil)* servir para algo/hacer algo; **~ qn** *(aider)* ayudar a algn; **qu'est-ce que je vous sers?** ¿qué le sirvo?; **est-ce que je peux vous ~ quelque chose?** ¿le sirvo a usted algo?; **vous êtes servi?** ¿le atienden a usted?; **ça peut ~** eso puede servir; **ça peut encore ~** todavía puede servir eso; **à quoi cela sert-il (de faire)?** ¿de qué sirve (hacer)?; **cela ne sert à rien** eso no sirve para nada; **~ (à qn) de** hacer (a algn) de; **~ dans l'infanterie** *(être militaire)* servir en infantería; **~ la messe** ayudar a misa; **~ une cause** servir a una causa; **~ les intérêts de qn** servir a los intereses de algn; **~ à dîner/déjeuner à qn** servir de cenar/almorzar a algn; **~ le dîner à 18 h** servir la cena a las 6 de la tarde.

**serviteur** [seʀvitœʀ] *nm* servidor *m.*

**ses** [se] *dét voir* **son.**

**seuil** [sœj] *nm* umbral *m;* **recevoir qn sur le ~ (de sa maison)** recibir a algn en la puerta (de su casa); **au ~ de** *(fig)* en el umbral de; **seuil de rentabilité** *(COMM)* punto de equilibrio.

**seul, e** [sœl] *adj (sans compagnie)* solo(-a); *(avec nuance affective: isolé)* solitario(-a); *(objet, mot etc)* aislado(-a) ♦ *adv:* **vivre ~** vivir solo(-a) ♦ *nm/f:* **j'en veux un(e**

**seul(e)** quiero sólo uno(-a); **le ~ livre/ homme** el único libro/hombre; **lui ~ peut ...** sólo él puede ...; **à lui (tout) ~** sólo a él; **d'un ~ coup** adv (subitement) de pronto; (à la fois) de una vez; **~ ce livre** sólo ese libro; **parler tout ~** hablar solo; **faire qch (tout) ~** hacer algo (completamente) solo; **~ à ~** a solas; **il en reste un(e) ~(e)** queda sólo uno(-a); **pas un(e) ~(e)** ni siquiera uno(-a).

**seulement** [sœlmɑ̃] adv: **~ 5, 5 ~** solamente 5; **~ eux** (exclusivement) únicamente ellos; **~ hier/à 10 h** (pas avant) sólo ayer/ a las 10; **il consent, ~ il demande des garanties** (toutefois) consiente, pero pide garantías; **non ~ ... mais aussi** ou **encore** no solamente ... pero también ou además.

**sève** [sɛv] nf savia.

**sévère** [sevɛʀ] adj severo(-a); (style, tenue) austero(-a); (pertes) serio(-a), grave.

**sexe** [sɛks] nm sexo; **le ~ fort/faible** el sexo fuerte/débil.

**sexiste** [sɛksist] nm/f, adj sexista m/f.

**sexuel, le** [sɛksɥɛl] adj sexual; **acte ~** acto sexual.

**shampooing** [ʃɑ̃pwɛ̃] nm (lavage) lavado; (produit) champú m; **se faire un ~** hacerse un lavado con champú; **shampooing colorant/traitant** champú colorante/ tratante.

**short** [ʃɔʀt] nm pantalón m corto, short m.

**SI** [esi] abr (= syndicat d'initiative) oficina de turismo.

---
MOT-CLÉ
---

**si** [si] adv **1** (oui) sí; **Paul n'est pas venu? - si!** ¿no ha venido Pablo? - ¡sí!; **mais si!** ¡que sí!; **je suis sûr que si** estoy seguro (de) que sí; **je vous assure que si** le aseguro que sí; **il m'a répondu que si** me contestó que sí; **j'admets que si** reconozco que sí

**2** (tellement): **si gentil/rapidement** tan amable/rápidamente; **si rapide qu'il soit** por muy rápido que sea

♦ conj **si tu veux** si quieres; **je me demande si ...** me pregunto si ...; **si seulement** si sólo; **si ce n'est ...** (sinon) sino ...; **si ce n'est que ...** excepto que ...; **si tant est que ...** siempre y cuando ...; **(tant et) si bien que** tanto que; **s'il pouvait (seulement) venir!** ¡si (al menos) pudiera venir!; **s'il le fait, c'est que ...** si lo hace, es

que ...; **s'il est aimable, eux par contre ...** él es amable, pero en cambio ellos ...; **si j'étais toi ...** yo que tú ...

♦ nm inv (MUS) si m.

---

**Sicile** [sisil] nf Sicilia.

**SIDA** [sida] sigle m (= syndrome immuno-déficitaire acquis) SIDA m (= Síndrome de Inmunodeficiencia Adquirida).

**sidéré, e** [sideʀe] adj atónito(-a).

**sidérurgie** [sideʀyʀʒi] nf siderurgia.

**siècle** [sjɛkl] nm siglo m; **le ~ des lumières/de l'atome** el siglo de las luces/del átomo.

**siège** [sjɛʒ] nm asiento; (dans une assemblée) puesto; (député) escaño; (tribunal, assemblée, organisation) sede f; (d'une entreprise) oficina central; (d'une douleur, maladie) foco; (MIL) sitio; **lever le ~** levantar el sitio; **mettre le ~ devant une ville** sitiar una ciudad; **se présenter par le ~** (nouveau-né) nacer de nalgas; **siège arrière/avant** asiento trasero/delantero; **siège baquet** asiento ajustable de los coches de carreras; **siège social** sede social.

**siéger** [sjeʒe] vi (député) ocupar un escaño; (assemblée, tribunal) celebrar sesión; (résider, se trouver) residir.

**sien, ne** [sjɛ̃, sjɛn] pron: **le ~, la ~ne** el suyo, la suya; **les ~s, les ~nes** los suyos, las suyas; **y mettre du ~** poner de su parte; **faire des ~nes** (fam) hacer de las suyas; **les ~s** (sa famille) los suyos.

**sieste** [sjɛst] nf siesta; **faire la ~** dormir la siesta.

**sifflement** [siflǝmɑ̃] nm silbido.

**siffler** [sifle] vi silbar; (train, avec un sifflet) pitar ♦ vt silbar; (orateur, faute, départ) pitar; (fam: verre, bouteille) soplarse.

**sifflet** [siflɛ] nm (instrument) silbato; (sifflement) silbido; **~s** nmpl (de mécontentement) pitidos mpl; **coup de ~** pitido.

**siffloter** [siflɔte] vi, vt silbar ligeramente.

**sigle** [sigl] nm sigla.

**signal, -aux** [siɲal, o] nm señal f; **donner le ~ de** dar la señal de; **signal d'alarme/d'alerte** señal de alarma/de alerta; **signal de détresse** señal de socorro; **signal horaire/optique/sonore** señal horaria/óptica/sonora; **signaux (lumineux)** (AUTO) semáforo msg; **signaux routiers** señales de circulación.

**signalement** [siɲalmɑ̃] nm descripción f.

**signaler** [siɲale] *vt* señalar; ~ **qch à qn/(à qn) que** señalar algo a algn/(a algn) que; ~ **qn à la police** advertir a la policía sobre algn; **se signaler (par)** *vpr* distinguirse (por); **se ~ à l'attention de qn** llamar la atención de algn.

**signature** [siɲatyʀ] *nf* firma.

**signe** [siɲ] *nm* signo; (*mouvement, geste*) seña; **ne pas donner ~ de vie** no dar señales de vida; **c'est bon/mauvais ~** es buena/mala señal; **c'est ~ que** es señal de que; **faire un ~ de la tête/main** hacer una seña con la cabeza/la mano; **faire ~ à qn** (*fig*) hacer saber algo a algn; **faire ~ à qn d'entrer** hacer señas a algn para que entre; **en ~ de** en señal de; **~s extérieurs de richesse** signos externos de riqueza; **signe de la croix** señal *f* de la cruz; **signe de ponctuation** signo de puntuación; **signe du zodiaque** signo del Zodíaco; **signes particuliers** señas individuales.

**signer** [siɲe] *vt* firmar; **se signer** *vpr* santiguarse.

**significatif, -ive** [siɲifikatif, iv] *adj* significativo(-a).

**signification** [siɲifikasjɔ̃] *nf* significado.

**signifier** [siɲifje] *vt* significar; ~ **qch (à qn)** (*faire connaître*) comunicar algo (a algn); ~ **qch à qn** (*JUR*) notificar algo a algn.

**silence** [silɑ̃s] *nm* silencio; (*MUS*) pausa; **garder le ~ sur qch** guardar silencio sobre algo; **passer sous ~** silenciar; **réduire au ~** hacer callar; "~!" "¡silencio!"

**silencieux, -euse** [silɑ̃sjø, jøz] *adj* silencioso(-a) ♦ *nm* silenciador *m*.

**silhouette** [silwɛt] *nf* silueta.

**sillage** [sijaʒ] *nm* estela; **dans le ~ de** (*fig*) tras los pasos de.

**sillon** [sijɔ̃] *nm* surco.

**sillonner** [sijɔne] *vt* (*suj: rides, crevasses*) formar surcos en; (*parcourir en tous sens*) surcar; (*suj: routes, voyageurs*) atravesar.

**simagrées** [simagʀe] *nfpl* melindres *mpl*.

**similaire** [similɛʀ] *adj* similar.

**similicuir** [similikɥiʀ] *nm* cuero artificial.

**similitude** [similityd] *nf* semejanza.

**simple** [sɛ̃pl] *adj* (*aussi péj*) simple; (*peu complexe*) sencillo(-a), simple; (*repas, vie*) sencillo(-a) ♦ *nm* (*TENNIS*): ~ **messieurs/dames** individual *m* masculino/femenino; **~s** *nfpl* (*plantes médicinales*) simples *mpl*; **une ~ objection/formalité** una mera objeción/formalidad; **un ~ employé/particulier** un(a) simple empleado/persona; **cela varie du ~ au double** se duplica; **dans le plus ~ appareil** como Dios lo trajo al mundo; **réduit à sa plus ~ expression** reducido a su mínima expresión; ~ **course** *adj* (*TRANSPORT*) trayecto de ida; **simple d'esprit** *nm/f* simplón(-ona); **simple soldat** soldado raso.

**simplicité** [sɛ̃plisite] *nf* sencillez *f*; (*candeur*) candidez *f*; **en toute ~** con toda sencillez.

**simplifier** [sɛ̃plifje] *vt* simplificar.

**simplissime** [sɛ̃plisim] *adj* sencillísimo(-a).

**simuler** [simyle] *vt* fingir; (*suj: substance, revêtement*) simular, imitar; (*vente, contrat*) simular.

**simultané, e** [simyltane] *adj* simultáneo (-a).

**sincère** [sɛ̃sɛʀ] *adj* sincero(-a); **mes ~s condoléances** mi más sentido pésame.

**sincèrement** [sɛ̃sɛʀmɑ̃] *adv* sinceramente; (*franchement*) francamente.

**sincérité** [sɛ̃seʀite] *nf* sinceridad *f*; **en toute ~** con toda franqueza.

**singe** [sɛ̃ʒ] *nm* mono.

**singer** [sɛ̃ʒe] *vt* imitar.

**singeries** [sɛ̃ʒʀi] *nfpl* (*simagrées*) remilgos *mpl*; (*grimaces*) monerías *fpl*.

**singulariser** [sɛ̃gylaʀize] *vt* singularizar; **se singulariser** *vpr* caracterizarse.

**singularité** [sɛ̃gylaʀite] *nf* singularidad *f*.

**singulier, -ière** [sɛ̃gylje, jɛʀ] *adj* singular ♦ *nm* (*LING*) singular *m*.

**sinistre** [sinistʀ] *adj* siniestro(-a) ♦ *nm* siniestro; **un ~ imbécile/crétin** (*intensif*) un imbécil/cretino redomado.

**sinistré, e** [sinistʀe] *adj* siniestrado(-a) ♦ *nm/f* damnificado(-a).

**sinon** [sinɔ̃] *conj* (*autrement, sans quoi*) de lo contrario; (*sauf*) salvo; (*si ce n'est*) si no.

**sinueux, -euse** [sinɥø, øz] *adj* (*ruelles*) sinuoso(-a); (*fig: raisonnement*) retorcido (-a).

**sinus** [sinys] *nm* seno.

**sinusite** [sinyzit] *nf* sinusitis *f inv*.

**sirène** [siʀɛn] *nf* sirena; **sirène d'alarme** sirena de alarma.

**sirop** [siʀo] *nm* (*de fruit etc*) concentrado; (*boisson*) sirope *m*, zumo; (*pharmaceutique*) jarabe *m*; **sirop contre la toux** jarabe contra la tos; **sirop de framboise/d**

**menthe** concentrado de frambuesa/de menta; (*boisson*) sirope *ou* zumo de frambuesa/de menta.

**siroter** [siʀɔte] *vt* beber a sorbos.

**sismique** [sismik] *adj* sísmico(-a).

**site** [sit] *nm* (*paysage, environnement*) paraje *m*; (*d'une ville etc*) emplazamiento; **site (pittoresque)** paisaje *m* (pintoresco); **sites historiques/naturels/touristiques** parajes históricos/naturales/turísticos; **site Web** sitio (Web).

**sitôt** [sito] *adv*: ~ **parti** nada más marcharse (*etc*); ~ **après** inmediatamente después; **pas de** ~ no tan pronto; ~ **(après) que** tan pronto como.

**situation** [sitɥasjɔ̃] *nf* situación *f*; (*emploi, place*) puesto; **être en** ~ **de faire qch** estar en situación de hacer algo; **situation de famille** estado civil.

**situé, e** [sitɥe] *adj* situado(-a).

**situer** [sitɥe] *vt* situar; (*en pensée*) localizar; **se situer** *vpr*: **se** ~ **à** *ou* **dans/près de** situarse en/cerca de.

**six** [sis] *adj inv, nm inv* seis *m inv*; *voir aussi* **cinq**.

**sixième** [sizjɛm] *adj*, *nm/f* sexto(-a) ♦ *nm* (*partitif*) sexto ♦ *nf* (SCOL) primer año de educación secundaria en el sistema francés; *voir aussi* **cinquième**.

**skaï** [skaj] *nm* skay *m*.

**skate(board)** [skɛt(bɔʀd)] *nm* (*sport*) skate(board) *m*; (*planche*) monopatín *m*.

**sketch** [skɛtʃ] *nm* sketch *m*.

**ski** [ski] *nm* esquí *m*; **une paire de ~s, des ~s** un par de esquís, esquís *mpl*; **faire du** ~ esquiar; **aller faire du** ~ ir a esquiar; **ski alpin** esquí alpino; **ski de fond/de piste/de randonnée** esquí de fondo/de pista/de paseo; **ski évolutif** método intensivo de esquí; **ski nautique** esquí náutico.

**skier** [skje] *vi* esquiar.

**skieur, -euse** [skjœʀ, skjøz] *nm/f* esquiador(a).

**slip** [slip] *nm* (*d'homme*) calzoncillo, slip *m*, calzones *mpl* (AM); (*de femme*) braga, calzones *mpl* (AM); (*de bain: d'homme*) bañador *m*; (: *de femme*) braga (del bikini).

**slogan** [slɔgã] *nm* eslogan *m*.

**SMIC** [smik] *sigle m* (= *salaire minimum interprofessionnel de croissance*) salario mínimo interprofesional.

**smoking** [smɔkiŋ] *nm* esmoquin *m*.

**SNCF** [ɛsɛnseef] *sigle f* (= *Société nationale des chemins de fer français*) red nacional de ferrocarriles franceses.

**snob** [snɔb] *adj*, *nm/f* esnob *m/f*.

**snobisme** [snɔbism] *nm* esnobismo.

**snowboardeur, -euse** [snobɔʀdœʀ, øz] *nm/f* aficionado(-a) al snowboard.

**sobre** [sɔbʀ] *adj* sobrio(-a); ~ **de (gestes/ compliments)** parco(-a) de (gestos/ cumplidos).

**sobriquet** [sɔbʀikɛ] *nm* mote *m*.

**sociable** [sɔsjabl] *adj* sociable.

**social, e, -aux** [sɔsjal, jo] *adj* social.

**socialisme** [sɔsjalism] *nm* socialismo.

**socialiste** [sɔsjalist] *adj*, *nm/f* socialista *m/f*.

**société** [sɔsjete] *nf* sociedad *f*; (*d'abeilles, de fourmis*) comunidad *f*; **rechercher/se plaire dans la** ~ **de** (*compagnie*) buscar/ estar a gusto en la compañía de; **société anonyme/à responsabilité limitée** sociedad anónima/de responsabilidad limitada; **la société d'abondance** la sociedad de la abundancia; **société de capitaux** sociedad de capitales; **la société de consommation** la sociedad de consumo; **société de services** sociedad de servicios; **société d'investissement à capital variable** sociedad inversora de capital variable; **société par actions** sociedad por acciones; **société savante** sociedad cultural.

**sociologie** [sɔsjɔlɔʒi] *nf* sociología.

**socle** [sɔkl] *nm* (*de colonne, statue*) pedestal *m*; (*de lampe*) pie *m*.

**socquette** [sɔkɛt] *nf* calcetín *m* corto.

**sœur** [sœʀ] *nf* hermana; (*religieuse*) hermana, sor *f*; ~ **Elisabeth** (REL) sor Elisabeth; **sœur aînée/cadette/de lait** hermana mayor/menor/de leche.

**soi** [swa] *pron* sí mismo(-a); **cela va de** ~ ni que decir tiene.

**soi-disant** [swadizã] *adj inv* supuesto(-a) ♦ *adv* presuntamente.

**soie** [swa] *nf* seda; (*de porc, sanglier*) cerda; **soie sauvage** seda salvaje.

**soierie** [swaʀi] *nf* sedería.

**soif** [swaf] *nf* sed *f*; ~ **du pouvoir** sed de poder; **avoir** ~ tener sed; **donner** ~ **(à qn)** dar sed (a algn).

**soigné, e** [swaɲe] *adj* (*personne*) cuidado (-a); (*travail*) esmerado(-a); (*fam: rhume, facture etc*) señor(a).

**soigner** [swaɲe] *vt* cuidar (a); (*maladie*) curar; (*clientèle, invités*) atender (a).

**soigneux, -euse** [swaɲø, øz] *adj*
cuidadoso(-a); ~ **de** cuidadoso(-a) con.

**soi-même** [swamɛm] *pron* sí mismo(-a).

**soin** [swɛ̃] *nm* cuidado; ~**s** *nmpl* (*à un malade, aussi hygiène*) cuidados *mpl*; (*attentions, prévenance*) detalles *mpl*; **avoir** *ou*
**prendre** ~ **de** qch/qn ocuparse de algo/
algn; **laisser à** qn **le** ~ **de faire** qch dejar
a algn al cargo de hacer algo; **sans** ~ *adj*
descuidado(-a) ♦ *adv* descuidadamente; ~**s**
**de la chevelure/de beauté/du corps**
cuidados del cabello/de belleza/
corporales; **les** ~**s du ménage** los quehaceres domésticos; **les premiers** ~**s** primeros auxilios *mpl*; **aux bons** ~**s de** a la
atención *ou* al cuidado de; **être aux petits** ~**s pour** qn tener mil detalles con
algn; **confier** qn **aux** ~**s de** qn confiar a
algn a los cuidados de algn.

**soir** [swaʀ] *nm* tarde *f*, noche *f* ♦ *adv:* **dimanche** ~ el domingo por la tarde; **il fait
frais/il travaille le** ~ hace fresco/trabaja
por la tarde; **ce** ~ esta tarde; **"à ce** ~**!"**
"¡hasta la tarde!"; **la veille au** ~ la víspera
por la noche; **sept heures du** ~ las siete
de la tarde; **dix heures du** ~ las diez de la
noche; **le repas du** ~ la cena; **le journal
du** ~ el diario de la tarde; **hier** ~ ayer por
la noche; **demain** ~ mañana por la noche.

**soirée** [swaʀe] *nf* (*moment de la journée*)
tarde *f*; (*tard*) noche *f*; (*réception*) velada;
**donner un film/une pièce en** ~ dar una
película/una obra de teatro en función de
noche.

**soit** [swa] *vb voir* **être** ♦ *conj* es decir ♦ *adv*
(*assentiment*) sea, de acuerdo; ~ ..., ~ ...
sea ... sea ...; ~ **un triangle ABC** tenemos
un triángulo ABC; ~ **que** ..., ~ **que** ... *ou*
**ou que** ... ya sea ... ya sea ...

**soixantaine** [swasɑ̃tɛn] *nf* (*nombre*): **la** ~
los sesenta; **avoir la** ~ rondar los sesenta;
**une** ~ **de** ... unos sesenta ...

**soixante** [swasɑ̃t] *adj inv, nm inv* sesenta
*m inv*; *voir aussi* **cinq**.

**soixante-dix** [swasɑ̃tdis] *adj inv, nm inv*
setenta *m inv*; *voir aussi* **cinq**.

**soixante-dixième** [swasɑ̃tdizjɛm] *adj,
nm/f* septuagésimo(-a) ♦ *nm* (*partitif*) se-
tentavo; *voir aussi* **cinquantième**.

**soixantième** [swasɑ̃tjɛm] *adj, nm/f*
sexagésimo(-a) ♦ *nm* (*partitif*) sesentavo;
*voir aussi* **cinquantième**.

**soja** [sɔʒa] *nm* soja; **germes de** ~ brotes
*mpl* de soja.

**sol** [sɔl] *nm* suelo; (*revêtement*) suelo, piso
♦ *nm inv* (MUS) sol *m*.

**solaire** [sɔlɛʀ] *adj* solar; (*huile, filtre*) bron-
ceador(a); **cadran** ~ reloj *m* de sol.

**soldat** [sɔlda] *nm* soldado; **soldat de
plomb** soldadito de plomo; **Soldat inconnu** soldado desconocido.

**solde** [sɔld] *nf* (MIL) sueldo ♦ *nm* (COMM) saldo; ~**s** *nm ou fpl* (COMM) saldos *mpl*; **à la** ~
**de** qn (*péj*) a sueldo de algn; **en** ~ rebajado; **aux** ~**s** en las rebajas; **solde
créditeur/débiteur** *ou* **à payer** saldo
acreedor/deudor.

**solder** [sɔlde] *vt* (*compte: en acquittant le
solde*) saldar; (: *en l'arrêtant*) liquidar;
(*marchandise*) rebajar; **se solder par** *vpr*
resultar en; **article soldé (à) 10F** artículo
rebajado a 10 francos.

**sole** [sɔl] *nf* lenguado.

**soleil** [sɔlɛj] *nm* sol *m*; (*feu d'artifice*) rueda;
(*acrobatie*) vuelta de campana; (BOT) gira-
sol *m*; **il y a** *ou* **il fait du** ~ hace sol; **au** ~
al sol; **en plein** ~ a pleno sol; **le soleil
couchant** la puesta del sol; **le soleil de
minuit** el sol de medianoche; **le soleil levant** la salida del sol.

**solennel, le** [sɔlanɛl] *adj* solemne.

**solfège** [sɔlfɛʒ] *nm* solfeo.

**solidaire** [sɔlidɛʀ] *adj* solidario(-a); (*choses,
pièces mécaniques*) interdependiente; **être**
~ **de** (*compatriotes, collègues*) ser
solidario(-a) con; (*mécanisme*) ser interdependiente de.

**solidarité** [sɔlidaʀite] *nf* solidaridad *f*; (*de
mécanismes, phénomènes*) interdependen-
cia; **par** ~ **(avec)** (*cesser le travail*) por solidaridad (con); **contrat de** ~ acuerdo de
cooperación.

**solide** [sɔlid] *adj* sólido(-a); (*personne, estomac*) fuerte ♦ *nm* (PHYS, GÉOM) sólido; **un** ~
**coup de poing** (*fam*) un buen puñetazo;
**une** ~ **engueulade** una buena bronca;
**avoir les reins** ~**s** (*fig*) tener los nervios de
acero; ~ **au poste** (*fig*) inquebrantable en
el trabajo.

**soliste** [sɔlist] *nm/f* solista *m/f*.

**solitaire** [sɔlitɛʀ] *adj* solitario(-a); (*endroit,
maison*) desierto(-a) ♦ *nm/f* solitario(-a)
♦ *nm* (*diamant, jeu*) solitario.

**solitude** [sɔlityd] *nf* soledad *f*.

**solliciter** [sɔlisite] *vt* solicitar; (*moteur*) acti

var; (*suj: attractions etc*) tentar; (: *occupations*) absorber; ~ **qn** tentar a algn; ~ **qch de qn** solicitar algo de algn.

**sollicitude** [sɔlisityd] *nf* solicitud *f*.

**soluble** [sɔlybl] *adj* soluble.

**solution** [sɔlysjɔ̃] *nf* solución *f*; (*d'une situation, crise*) desenlace *m*; **solution de continuité** solución de continuidad; **solution de facilité** solución fácil.

**solvable** [sɔlvabl] *adj* solvente.

**sombre** [sɔ̃bʀ] *adj* oscuro(-a); (*fig*) taciturno(-a); (: *avenir*) sombrío(-a); **une ~ brute** un bestia.

**sombrer** [sɔ̃bʀe] *vi* (*bateau*) zozobrar; ~ **corps et biens** desaparecer personas y bienes; **dans la misère** caer en la miseria.

**sommaire** [sɔmɛʀ] *adj* somero(-a) ♦ *nm* sumario; (*en fin ou début de chapitre*) resumen *m*; **faire le ~ de** hacer el resumen de; **exécution ~** ejecución *f* sumaria.

**somme** [sɔm] *nf* (*MATH, d'argent*) suma; (*fig*) cantidad *f* ♦ *nm*: **faire un ~** echar un sueño; **faire la ~ de** hacer la suma de; **en ~** en resumidas cuentas; ~ **toute** en resumen.

**sommeil** [sɔmɛj] *nm* sueño; **avoir ~** tener sueño; **avoir le ~ léger** tener el sueño ligero; **en ~** (*fig*) en suspenso.

**sommeiller** [sɔmeje] *vi* dormitar; (*fig*) estar en suspenso.

**sommet** [sɔmɛ] *nm* cima; (*fig*) cúspide *f*; (*de la perfection, gloire, conférence*) cumbre *f*, (*GÉOM*) vértice *m*; **l'air pur des ~s** el aire puro de las montañas.

**sommier** [sɔmje] *nm* somier *m*, **sommier à lattes/à ressorts** somier de láminas/de muelles, **sommier métallique** somier de malla metálica.

**somnambule** [sɔmnɑ̃byl] *nm/f* sonámbulo(-a).

**somnifère** [sɔmnifɛʀ] *nm* somnífero.

**somnoler** [sɔmnɔle] *vi* dormitar.

**somptueux, -euse** [sɔ̃ptɥø, øz] *adj* suntuoso(-a).

**son¹, sa** [sɔ̃] (*pl* **ses**) *dét* su.

**son²** [sɔ̃] *nm* sonido; (*résidu de mouture*) salvado; (*sciure*) serrín *m*; **régler le ~** (*RADIO, TV*) regular el volumen; **son et lumière** luz y sonido.

**sondage** [sɔ̃daʒ] *nm* sondeo; **sondage (d'opinion)** sondeo (de opinión).

**sonde** [sɔ̃d] *nf* sonda; (*TECH*) barrena; **son-**

**de à avalanche** sonda para las avalanchas; **sonde spatiale** sonda espacial.

**sonder** [sɔ̃de] *vt* sondear; (*plaie, malade*) sondar; (*fig: conscience etc*) indagar (en); (: *personne*) tantear; ~ **le terrain** (*fig*) tantear el terreno.

**songe** [sɔ̃ʒ] *nm* sueño.

**songer** [sɔ̃ʒe] **à** *vt* (*rêver à*) soñar con; (*penser à*) pensar en; (*envisager*) considerar; **~ que** considerar que.

**songeur, -euse** [sɔ̃ʒœʀ, øz] *adj* pensativo; **ça me laisse ~** eso me deja pensativo(-a).

**sonnant, e** [sɔnɑ̃, ɑ̃t] *adj*: **espèces ~es et trébuchantes** dinero contante y sonante; **à huit heures ~es** a las ocho en punto.

**sonné, e** [sɔne] *adj* (*fam: fou*) sonado(-a); **il est midi ~** son las doce dadas; **il a quarante ans bien ~s** tiene cuarenta años bien cumplidos.

**sonner** [sɔne] *vi* (*cloche*) tañer; (*réveil, téléphone*) sonar; (*à la porte*) llamar ♦ *vt* (*cloche*) tañer; (*domestique, portier, infirmière*) llamar a; (*messe, réveil, tocsin*) tocar a; (*fam: suj: choc, coup*) dejar sonado(-a); ~ **du clairon** tocar la corneta; ~ **bien/mal** sonar bien/mal; ~ **creux** sonar a hueco; (*résonner*) retumbar; ~ **faux** (*instrument*) desafinar; (*rire*) sonar a falso; ~ **les heures** dar las horas; **minuit vient de ~** acaban de dar la medianoche; ~ **chez qn** llamar a casa de algn.

**sonnerie** [sɔnʀi] *nf* timbre *m*; (*d'horloge*) campanadas *fpl*; (*mécanisme d'horloge*) mecanismo del reloj; **sonnerie d'alarme** alarma; **sonnerie de clairon** toque *m* de corneta.

**sonnette** [sɔnɛt] *nf* (*clochette*) campanilla; (*de porte, électrique*) timbre *m*; (*son produit*) tilín *m*; **sonnette d'alarme** timbre de alarma; **sonnette de nuit** timbre nocturno.

**sonore** [sɔnɔʀ] *adj* sonoro(-a); **effets ~s** efectos *mpl* sonoros.

**sonorisation** [sɔnɔʀizasjɔ̃] *nf* sonorización *f*.

**sonorité** [sɔnɔʀite] *nf* sonoridad *f*; **~s** *nfpl* timbre *msg*.

**sophistiqué, e** [sɔfistike] *adj* sofisticado (-a).

**sorbet** [sɔʀbɛ] *nm* sorbete *m*.

**sorcier, -ière** [sɔʀsje, jɛʀ] *nm/f* brujo(-a) ♦ *adj*: **ce n'est pas ~** (*fam*) no es nada del otro mundo.

**sordide** [sɔʀdid] *adj* sórdido(-a); *(avarice, gains, affaire)* mísero(-a).

**sort** [sɔʀ] *vb voir* **sortir** ♦ *nm (fortune, destin)* suerte *f*; *(destinée)* destino; *(condition, situation)* fortuna *f*; **jeter un ~** hechizar; **un coup du ~** un golpe de suerte; **c'est une ironie du ~** es una ironía del destino; **le ~ en est jeté** la suerte está echada; **tirer au ~** sortear; **tirer qch au ~** sortear algo.

**sorte** [sɔʀt] *vb voir* **sortir** ♦ *nf* clase *f*, especie *f*; **une ~ de** una especie de; **de la ~ de** este modo; **en quelque ~** en cierto modo; **de ~ à** de modo que; **de (telle) ~ que**, **en ~ que** de (tal) modo que; *(si bien que)* de tal modo que; **faire en ~ que** procurar que.

**sortie** [sɔʀti] *nf* salida; *(parole incongrue)* disparate *m*; *(d'un gaz, de l'eau)* escape *m*; **~s** gastos *mpl*; *(INFORM)* salida, output *m*; **faire une ~** *(fig)* hacer una crítica; **à sa ~ ...** a su salida ...; **à la ~ de l'école/l'usine** a la salida del colegio/de la fábrica; **à la ~ de ce nouveau modèle** a la salida al mercado de ese nuevo modelo; **"~ de camions"** "salida de camiones"; **sortie de bain** albornoz *m*; **sortie de secours** salida de emergencia; **sortie papier** copia impresa.

**sortilège** [sɔʀtileʒ] *nm* sortilegio.

**sortir** [sɔʀtiʀ] *nm*: **au ~ de l'hiver/de l'enfance** al final del invierno/de la infancia ♦ *vi* salir; *(bourgeon, plante)* brotar; *(eau, fumée)* desprenderse ♦ *vt* llevar; *(mener dehors, promener: personne, chien)* sacar; *(produit etc)* salir al mercado; *(fam: expulser: personne)* echar; *(: débiter: boniments, incongruités)* echar; *(INFORM: sur papier)* sacar; **~ de** salir de; *(rails etc, aussi fig)* salirse de; *(famille, université)* proceder de; **se ~ de** *(affaire, situation)* salir de; **~ qch de** sacar algo de; **~ de ses gonds** *(fig)* salirse de sus casillas; **~ qn d'affaire/d'embarras** sacar a algn de un asunto/de un apuro; **~ du système** *(INFORM)* finalizar la sesión; **~ de table** levantarse de la mesa; **s'en ~** *(malade)* reponerse; *(d'une difficulté etc)* salir de apuros.

**sosie** [sɔzi] *nm* doble *m/f*.

**sot, sotte** [so, sɔt] *adj, nm/f* necio(-a).

**sottise** [sɔtiz] *nf*: **la ~** la necedad; **une ~** una tontería.

**sou** [su] *nm*: **être près de ses ~s** ser un(a)

agarrado(-a); **être sans le ~** estar sin blanca; **économiser ~ à ~** ahorrar peseta a peseta; **n'avoir pas un ~ de bon sens** no tener ni una pizca de sentido común; **de quatre ~s** de tres al cuarto.

**soubresaut** [subʀəso] *nm (de peur etc)* sobresalto; *(d'un cheval)* corcovo; *(d'un véhicule)* barquinazo.

**souche** [suʃ] *nf (d'un arbre)* cepa; *(d'un registre, carnet)* matriz *f*; **dormir comme une ~** dormir como un tronco; **de vieille ~** de rancio abolengo; **carnet ou chéquier à ~(s)** talonario de cheques con resguardo.

**souci** [susi] *nm* preocupación *f*, inquietud *f*; *(BOT)* caléndula; **se faire du ~** inquietarse; **avoir (le) ~ de** preocuparse por; **soucis financiers** problemas *mpl* financieros.

**soucier** [susje]: **se ~ de** *vpr* preocuparse por.

**soucieux, -euse** [susjø, jøz] *adj* preocupado(-a); **~ de son apparence/que le travail soit bien fait** preocupado por su apariencia/por que el trabajo esté bien hecho; **peu ~ de/que ...** poco cuidadoso de/de que ...

**soucoupe** [sukup] *nf* platillo; **soucoupe volante** platillo volante.

**soudain, e** [sudɛ̃, ɛn] *adj* repentino(-a) ♦ *adv* de repente.

**soude** [sud] *nf* sosa; **soude caustique** sosa cáustica.

**souder** [sude] *vt* soldar; *(fig: amis, organismes)* unir (a); **se souder** *vpr* (os) soldarse.

**soudure** [sudyʀ] *nf* soldadura; *(alliage)* aleación *f*; **faire la ~** *(COMM)* hacer durar; *(fig)* empalmar.

**souffle** [sufl] *nm* soplo; *(respiration)* respiración *f*; *(d'une explosion)* onda expansiva; *(d'un ventilateur)* aire *m*; **retenir son ~** contener la respiración; **avoir du/manquer de ~** tener/faltarle el resuello; **être à bout de ~** estar sin aliento; **avoir le ~ court** faltarle la respiración enseguida; **second ~** *(fig)* fuerzas recobradas; **souffle au cœur** *(MÉD)* soplo en el corazón.

**soufflé, e** [sufle] *adj (CULIN)* inflado(-a); *(fam: ahuri)* alucinado(-a) ♦ *nm (CULIN)* suflé *m*.

**souffler** [sufle] *vi* soplar; *(haleter)* resoplar; *(pour éteindre etc)*: **~ sur** soplar ♦ *vt* soplar; *(suj: explosion)* volar; **~ qch à qn** *(dire* apuntar algo a algn; (*fam: voler*) birlar algo a algn; **~ son rôle à qn** apuntar su papel a algn; **laisser ~** (*fig*) dejar respirar; **ne pas ~ mot** no decir ni pío.

**souffrance** [sufʀɑ̃s] *nf* sufrimiento; **en ~** (*marchandise*) detenido(-a); (*affaire*) en suspenso.

**souffrant, e** [sufʀɑ̃, ɑ̃t] *adj* (*personne*) indispuesto(-a); (*air*) doliente.

**souffre-douleur** [sufʀədulœʀ] *nm inv* chivo expiatorio.

**souffrir** [sufʀiʀ] *vi* sufrir ♦ *vt* (*faim, soif, torture*) padecer; (*supporter: gén négatif*) sufrir; (*exception, retard*) admitir; **~ de** padecer de; **~ des dents** padecer de los dientes; **ne pas pouvoir ~ qch/que** ... no poder soportar algo/que ...; **faire ~ qn** (*suj: personne*) hacer sufrir a algn; (*: dents, blessure etc*) hacer padecer a algn.

**soufre** [sufʀ] *nm* azufre *m*.

**souhait** [swɛ] *nm* deseo; **tous nos ~s pour la nouvelle année** nuestros mejores deseos para el año nuevo; **tous nos ~s de prompt rétablissement** nuestros mejores deseos de un pronto restablecimiento; **riche etc à ~** rico *etc* a pedir a boca; **"à vos ~s!"** "¡Jesús!"

**souhaitable** [swɛtabl] *adj* aconsejable.

**souhaiter** [swete] *vt* desear; **~ le bonjour à qn** dar los buenos días a algn; **~ la bonne année à qn** desearle un feliz año nuevo a algn; **~ bon voyage** *ou* **bonne route à qn** desear buen viaje a algn; **il est à ~ que** es de desear que.

**soûl, e** [su, sul] *adj* (*aussi fig*) borracho(-a) ♦ *nm*: **boire/manger tout son ~** beber/comer hasta hartarse.

**soulagement** [sulaʒmɑ̃] *nm* alivio.

**soulager** [sulaʒe] *vt* aliviar; (*de remords*) aplacar; **~ qn de** (*fardeau*) aligerar a algn de; **~ qn de son portefeuille** (*hum*) afanar la cartera a algn.

**soûler** [sule] *vt* emborrachar; (*boisson, fig*) embriagar; **se soûler** *vpr* emborracharse; **se ~ de** (*vitesse etc*) emborracharse de.

**soulever** [sul(ə)ve] *vt* levantar; (*peuple, province*) sublevar; (*l'opinion*) indignar; (*difficultés*) provocar; (*question, problème, débat*) plantear; **se soulever** *vpr* levantarse; (*peuple, province*) sublevarse; **cela (me) soulève le cœur** eso me revuelve el estómago.

**soulier** [sulje] *nm* zapato; **une paire de ~s, des ~s** un par de zapatos, unos zapatos; **soulier bas** zapato plano; **souliers plats/à talons** zapatos sin tacón/de tacón.

**souligner** [suliɲe] *vt* subrayar; (*fig*) destacar; (*détail, l'importance de qch*) remarcar.

**soumettre** [sumɛtʀ] *vt* someter; **se soumettre** *vpr*: **se ~ (à)** someterse (a).

**soumis, e** [sumi, iz] *pp de* **soumettre** ♦ *adj* (*personne, air*) sumiso(-a); (*peuples*) sometido(-a); **revenus ~ à l'impôt** ganancias sujetas a impuesto.

**soumission** [sumisjɔ̃] *nf* sumisión *f*; (*COMM*) licitación *f*.

**soupçon** [supsɔ̃] *nm* sospecha; **un ~ de** una pizca de; **avoir ~ de** tener sospecha de; **au dessus de tout ~** por encima de toda sospecha.

**soupçonner** [supsɔne] *vt* sospechar; **~ que** sospechar que; **je le soupçonne d'être l'assassin** sospecho que es el asesino.

**soupçonneux, -euse** [supsɔnø, øz] *adj* desconfiado(-a).

**soupe** [sup] *nf* sopa; **être ~ au lait** tener genio *ou* prontos; **soupe à l'oignon/de poisson** sopa de cebolla/de pescado; **soupe populaire** sopa de pobres.

**souper** [supe] *vi* cenar ♦ *nm* cena; **avoir soupé de qch** (*fam*) estar hasta la coronilla de algo.

**soupeser** [supəze] *vt* sopesar.

**soupière** [supjɛʀ] *nf* sopera.

**soupir** [supiʀ] *nm* suspiro; (*MUS*) silencio de negra; **~ d'aise/de soulagement** suspiro de gozo/de alivio; **rendre le dernier ~** exhalar el último suspiro.

**soupirer** [supiʀe] *vi* suspirar; **~ après qch** suspirar por algo.

**souple** [supl] *adj* flexible; (*fig: caractère*) dócil; (*: démarche, taille*) desenvuelto(-a); **disque(tte) ~** (*INFORM*) disco flexible.

**souplesse** [suplɛs] *nf* flexibilidad *f*; (*du caractère*) docilidad *f*; (*de la démarche*) desenvoltura; **en ~, avec ~** con suavidad.

**source** [suʀs] *nf* fuente *f*; (*point d'eau*) manantial *m*; (*fig: cause, point de départ*) origen *m*; (*: d'une information*) fuente *f*; **~s** *nfpl* (*fig*) fuentes *fpl*; **prendre sa ~ à/dans** (*cours d'eau*) tener su origen/nacer en; **tenir qch de bonne ~/de ~ sûre** saber algo de buena fuente/de buena tinta; **source d'eau minérale** manantial *ou* fuente de agua mineral; **source de chaleur/lumineuse** fuente de calor/de luz; **source thermale** manantial *ou* fuente termal.

**sourcil** [suʀsi] *nm* ceja.

**sourciller** [suʀsije] *vi*: **sans ~** sin pestañear.

**sourd, e** [suʀ, suʀd] *adj* sordo(-a); (*couleur*) mate ♦ *nm/f* sordo(-a); **être ~ à** hacerse el sordo(-a) ante.

**sourdine** [suʀdin] *nf* (*MUS*) sordina; **en ~** por lo bajo; **mettre une ~ à** (*fig*) contener.

**sourd-muet, sourde-muette** [suʀmyɛ, suʀdmyɛt] (*pl* **~s-~s, sourdes-muettes**) *adj, nm/f* sordomudo(-a).

**souriant, e** [suʀjɑ̃, jɑ̃t] *vb voir* **sourire** ♦ *adj* sonriente.

**sourire** [suʀiʀ] *nm* sonrisa ♦ *vi* sonreír; **~ à qn** (*aussi fig*) sonreír a algn; **faire un ~ à qn** hacer una sonrisa a algn; **garder le ~** mantener la sonrisa.

**souris** [suʀi] *vb voir* **sourire** ♦ *nf* (*ZOOL, IN-FORM*) ratón *m*.

**sournois, e** [suʀnwa, waz] *adj* disimulado(-a), solapado(-a).

**sous** [su] *prép* debajo de, bajo; **~ la pluie/le soleil** bajo la lluvia/el sol; **~ mes yeux** ante mis ojos; **~ terre** *adj* bajo tierra ♦ *adv* debajo de la tierra; **~ vide** *adj* al vacío ♦ *adv* en vacío; **~ les coups de** por los golpes de; **~ les critiques** ante las críticas; **~ le choc** bajo los efectos del choque; **~ l'influence/l'action de** bajo la influencia/ la acción de; **~ les ordres/la protection de** bajo las órdenes/la protección de; **~ telle rubrique/lettre** en tal sección/letra; **être ~ antibiotiques** estar tomando antibióticos; **~ Louis XIV** bajo el reinado de Luis XIV; **~ cet angle** desde este ángulo; **~ ce rapport** bajo esta perspectiva; **~ peu** dentro de poco.

**sous...** [su] *préf* sub...

**sous-bois** [subwa] *nm inv* maleza.

**souscrire** [suskʀiʀ]: **~ à** *vt* (*une publication*) suscribir a; (*fig: approuver*) suscribir a.

**sous-directeur, -trice** [sudiʀɛktœʀ, tʀis] (*pl* **~-~s, trices**) *nm/f* subdirector(a).

**sous-entendre** [suzɑ̃tɑ̃dʀ] *vt* sobrentender; **~-~ que** sobrentender que.

**sous-entendu, e** [suzɑ̃tɑ̃dy] (*pl* **~-~s, es**) *adj* (*idée, message*) implícito(-a); (*LING*) elíptico(-a) ♦ *nm* insinuación *f*.

**sous-estimer** [suzɛstime] *vt* subestimar.

**sous-jacent, e** [suʒasɑ̃, ɑ̃t] (*pl* **~-~s, es**) *adj* (*couche, matériau*) subyacente; (*fig: idée*) latente; (: *difficulté*) de fondo.

**sous-louer** [sulwe] *vt* subarrendar.

**sous-marin, e** [sumaʀɛ̃, in] (*pl* **~-~s, es**) *adj* submarino(-a) ♦ *nm* submarino.

**soussigné, e** [susiɲe] *adj*: **je ~ ...** yo, el que suscribe ... ♦ *nm/f*: **le/les soussigné(s)** el(los) abajo firmante(s).

**sous-sol** [susɔl] (*pl* **~-~s**) *nm* sótano; (*GÉO*) subsuelo; **en ~-~** en el sótano.

**sous-tasse** [sutas] (*pl* **~-~s**) *nf* platillo.

**sous-titre** [sutitʀ] (*pl* **~-~s**) *nm* subtítulo.

**soustraction** [sustʀaksjɔ̃] *nf* sustracción *f*.

**soustraire** [sustʀɛʀ] *vt* sustraer; **~ qch (à qn)** (*dérober*) sustraer algo (a algn); **~ qn à** alejar a algn de; **se ~ à** sustraerse a.

**sous-traitant** [sutʀɛtɑ̃] (*pl* **~-~s**) *nm* subcontratista *m*.

**sous-traiter** [sutʀete] *vt* (*COMM: affaire*) ceder en subcontrato ♦ *vi* (*devenir sous-traitant*) trabajar como subcontratista; (*faire appel à un sous-traitant*) subcontratar.

**sous-vêtements** *nmpl* ropa interior.

**soutane** [sutan] *nf* sotana.

**soute** [sut] *nf* (*aussi*: **~ à bagages**) bodega.

**soutenir** [sut(ə)niʀ] *vt* sostener; (*consolider*) reforzar; (*fortifier, remonter*) dar fuerza a; (*réconforter, aider*) apoyar; (*assaut, choc*) resistir; (*intérêt, effort*) mantener; (*thèse*) defender; **se soutenir** *vpr* (*s'aider mutuellement*) apoyarse; (*point de vue*) defenderse; (*dans l'eau, sur ses jambes*) mantenerse, sostenerse; **~ que** (*assurer*) mantener que; **~ la comparaison avec** ser comparable con; **~ le regard de qn** sostener la mirada de algn.

**soutenu, e** [sut(ə)ny] *pp de* **soutenir** ♦ *adj* (*attention, efforts*) constante; (*style*) elevado(-a); (*couleur*) vivo(-a).

**souterrain, e** [suteʀɛ̃, ɛn] *adj* subterráneo(-a); (*fig*) oculto(-a) ♦ *nm* subterráneo.

**soutien** [sutjɛ̃] *nm* apoyo; **apporter son ~ à** prestar su apoyo a; **soutien de famille** hijo varón exento del servicio militar por mantener a su familia.

**soutien-gorge** [sutjɛ̃gɔʀʒ] (*pl* **~s-~**) *nm* sujetador *m*, corpiño (*AM*).

**soutirer** [sutiʀe] *vt*: **~ qch à qn** sonsacar algo a algn.

**souvenir** [suv(ə)niʀ] *nm* recuerdo; (*réminiscence*) memoria ♦ *vpr*: **se ~ de** recordar, acordarse de; **se ~ que** recordar que, acordarse de que; **garder le ~ de** conservar el recuerdo de; **en ~ de** como recuerdo de; **avec mes affectueux ~s, ... con**

mis más afectuosos saludos, ...; **avec mes meilleurs ~s**, ... con mis mejores recuerdos, ...

**souvent** [suvɑ̃] *adv* a menudo, con frecuencia, seguido (*AM*); **peu ~** pocas veces, con poca frecuencia; **le plus ~** la mayoría de las veces.

**souverain, e** [suv(ə)Rɛ̃, ɛn] *adj* (*aussi fig*) soberano(-a) ♦ *nm/f* soberano(-a); **le souverain pontife** el sumo pontífice.

**soyeux, -euse** [swajø, øz] *adj* sedoso(-a).

**spacieux, -euse** [spasjø, jøz] *adj* espacioso(-a).

**spaghettis** [spageti] *nmpl* espaguetis *mpl*.

**sparadrap** [spaRadRa] *nm* esparadrapo, curita (*AM*).

**spatial, e, -aux** [spasjal, jo] *adj* espacial.

**speaker, ine** [spikœR, kRin] *nm/f* locutor(a).

**spécial, e, -aux** [spesjal, jo] *adj* especial.

**spécialement** [spesjalmɑ̃] *adv* especialmente; **pas ~** no demasiado.

**spécialiser** [spesjalize] *vt*: **se ~** especializarse.

**spécialiste** [spesjalist] *nm/f* especialista *m/f*.

**spécialité** [spesjalite] *nf* especialidad *f*; **spécialité médicale/pharmaceutique** especialidad médica/farmacéutica.

**spécifier** [spesifje] *vt* especificar; **~ que** especificar que.

**spécimen** [spesimɛn] *nm* (*exemple représentatif*) espécimen *m*; (*revue etc*) ejemplar *m* gratuito ♦ *adj* modelo(-a).

**spectacle** [spɛktakl] *nm* espectáculo; **se donner en ~** (*péj*) dar un espectáculo; **pièce/revue à grand ~** obra/revista espectacular; **au ~ de ...** a la vista de ...

**spectaculaire** [spɛktakylɛR] *adj* espectacular.

**spectateur, -trice** [spɛktatœR, tRis] *nm/f* espectador(a).

**spéculer** [spekyle] *vi* especular; **~ sur** (*FIN, COMM*) especular con; (*réfléchir*) especular sobre; (*fig: compter sur*) contar con.

**spéléologie** [speleɔlɔʒi] *nf* espeleología.

**sperme** [spɛRm] *nm* esperma *m*.

**sphère** [sfɛR] *nf* esfera; **sphère d'activité/d'influence** esfera de acción/de influencia.

**spirale** [spiRal] *nf* espiral *f*; **en ~** en espiral.

**spirituel, le** [spiRitɥɛl] *adj* espiritual; (*fin, amusant*) ingenioso(-a); **musique ~le** música sacra; **concert ~** concierto de música sacra.

**splendide** [splɑ̃did] *adj* espléndido(-a); (*effort, réalisation*) extraordinario(-a).

**spontané, e** [spɔ̃tane] *adj* espontáneo(-a).

**spontanéité** [spɔ̃taneite] *nf* espontaneidad *f*.

**sport** [spɔR] *nm* deporte *m* ♦ *adj inv* (*vêtement, ensemble*) de sport; (*fair-play*) deportivo(-a); **faire du ~** hacer deporte; **sport de combat** deporte de combate; **sport d'équipe** deporte de equipo; **sport d'hiver** deporte de invierno; **sport individuel** deporte individual.

**sportif, -ive** [spɔRtif, iv] *adj* deportivo(-a) ♦ *nm/f* deportista *m/f*; **les résultats ~s** los resultados deportivos.

**spot** [spɔt] *nm* (*lampe*) foco; **~ (publicitaire)** anuncio *ou* spot *m* (publicitario).

**square** [skwaR] *nm* plazoleta.

**squelette** [skəlɛt] *nm* esqueleto.

**squelettique** [skəletik] *adj* (*maigreur*) esquelético(-a); (*arbre*) seco(-a); (*fig: exposé*) pobre; (*effectifs*) mermado(-a).

**stabiliser** [stabilize] *vt* estabilizar.

**stable** [stabl] *adj* estable.

**stade** [stad] *nm* estadio.

**stage** [staʒ] *nm* (*d'études pratiques*) práctica; (*de perfectionnement*) cursillo; (*d'avocat* stagiaire) pasantía.

**stagiaire** [staʒjɛR] *nm/f* persona en periodo de práctica; (*de perfectionnement*) cursillista *m/f* ♦ *adj*: **avocat ~** pasante *m*.

**stagner** [stagne] *vi* estancarse.

**stand** [stɑ̃d] *nm* (*d'exposition*) stand *m*; (*de foire*) puesto; **stand de ravitaillement** (*AUTO, CYCLISME*) puesto de avituallamiento; **stand de tir** (*MIL, SPORT*) galería de tiro; (*à la foire*) puesto de tiro al blanco.

**standard** [stɑ̃daR] *adj inv* estándar ♦ *nm* estándar *m*; (*téléphonique*) central *f* telefónica, conmutador *m* (*AM*).

**standardiste** [stɑ̃daRdist] *nm/f* telefonista *m/f*.

**standing** [stɑ̃diŋ] *nm* nivel *m* de vida; **immeuble de grand ~** inmueble de lujo.

**starter** [staRtɛR] *nm* (*AUTO*) estárter *m*; (*SPORT*) juez *m* de salida; **mettre le ~** poner el estárter.

**station** [stasjɔ̃] *nf* estación *f*; (*de bus, métro*) parada; (*RADIO, TV*) emisora; (*posture*): **la ~ debout** la posición de pie; **station balnéaire** centro turístico en la costa; **sta-**

**tion de graissage/de lavage** estación de engrase/de lavado; **station de ski** estación de esquí; **station de sports d'hiver** estación de esquí; **station de taxis** parada de taxis; **station thermale** balneario.

**stationnement** [stasjɔnmɑ̃] *nm* (*AUTO*) aparcamiento; **zone de ~ interdit** zona de aparcamiento prohibido; **stationnement alterné** aparcamiento alterno.

**stationner** [stasjɔne] *vi* aparcar.

**station-service** [stasjɔ̃sɛʀvis] (*pl* ~s-~) *nf* gasolinera, estación *f* de servicio.

**statistique** [statistik] *nf* estadística ♦ *adj* estadístico(-a); ~**s** *nfpl* estadísticas *fpl*.

**statue** [staty] *nf* estatua.

**statu quo** [statykwo] *nm*: **maintenir le ~ ~** mantener el statu quo.

**statut** [staty] *nm* estatuto; ~**s** *nmpl* (*JUR, ADMIN*) estatutos *mpl*.

**statutaire** [statytɛʀ] *adj* estatutario(-a).

**Sté** *abr* = **société**.

**steak** [stɛk] *nm* bistec *m*, bife *m* (*ARG*).

**sténo...** [steno] *préf* esteno...

**sténo(graphe)** [steno(gʀaf)] *nm/f* taquígrafo(-a).

**sténo(graphie)** [steno(gʀafi)] *nf* taquigrafía *f*; **prendre en sténo** taquigrafiar.

**stérile** [steʀil] *adj* estéril; (*théorie, discussion*) irrelevante; (*effort*) frustrado(-a).

**stérilet** [steʀilɛ] *nm* espiral *f*.

**stériliser** [steʀilize] *vt* esterilizar.

**stimulant, e** [stimylɑ̃, ɑ̃t] *adj* estimulante ♦ *nm* (*MÉD*) estimulante *m*; (*fig*) aliciente *m*, incentivo.

**stimuler** [stimyle] *vt* (*aussi fig*) estimular.

**stipuler** [stipyle] *vt* estipular; ~ **que** estipular que.

**stock** [stɔk] *nm* (*COMM*) existencias *fpl*, stock *m*; (*d'or*) reservas *fpl*; (*fig*) reserva; **en ~** en almacén.

**stocker** [stɔke] *vt* almacenar.

**stop** [stɔp] *nm* (*AUTO*: *panneau*) stop *m*; (: *feux arrière*) luz *f* de freno; (*dans un télégramme*) stop; (*auto-stop*) auto-stop *m* ♦ *excl* ¡alto!

**stopper** [stɔpe] *vt* (*navire, machine*) detener; (*mouvement, attaque*) parar; (*COUTURE*) zurcir ♦ *vi* pararse.

**store** [stɔʀ] *nm* (*en tissu*) cortinilla; (*en bois*) persiana; (*de magasin*) toldo.

**strabisme** [stʀabism] *nm* estrabismo.

**strapontin** [stʀapɔ̃tɛ̃] *nm* asiento plegable.

**stratégie** [stʀateʒi] *nf* estrategia.

**stratégique** [stʀateʒik] *adj* estratégico(-a).

**stress** [stʀɛs] *nm* estrés *msg*.

**stressant, e** [stʀɛsɑ̃, ɑ̃t] *adj* estresante.

**stresser** [stʀese] *vt* estresar.

**strict, e** [stʀikt] *adj* estricto(-a); (*parents*) severo(-a); (*tenue*) de etiqueta; (*langage, ameublement, décor*) riguroso(-a); **c'est son droit le plus ~** es su justo derecho; **dans la plus ~e intimité** en la más estricta intimidad; **au sens ~ du mot** en sentido estricto del término; **le ~ nécessaire** *ou* **minimum** lo esencial.

**strident, e** [stʀidɑ̃, ɑ̃t] *adj* estridente.

**strophe** [stʀɔf] *nf* estrofa.

**structure** [stʀyktyʀ] *nf* estructura; **structures d'accueil** medios *mpl* de acogida; **structures touristiques** infraestructura turística.

**studieux, -euse** [stydjø, jøz] *adj* estudioso(-a); (*vacances, retraite*) de estudio.

**studio** [stydjo] *nm* estudio; (*logement*) apartamento-estudio; (*de danse*) sala (de danza).

**stupéfait, e** [stypefɛ, ɛt] *adj* estupefacto (-a).

**stupéfiant, e** [stypefjɑ̃, jɑ̃t] *adj, nm* estupefaciente *m*.

**stupéfier** [stypefje] *vt* dejar estupefacto (-a); (*étonner*) asombrar.

**stupeur** [stypœʀ] *nf* estupor *m*.

**stupide** [stypid] *adj* estúpido(-a); (*hébété*) atónito(-a).

**stupidité** [stypidite] *nf* estupidez *f*.

**style** [stil] *nm* estilo; **meuble/robe de ~** mueble *m*/vestido de estilo; **en ~ télégraphique** en forma telegráfica; **style administratif** estilo administrativo; **style de vie** estilo de vida; **style journalistique** estilo periodístico.

**stylé, e** [stile] *adj* con clase.

**styliste** [stilist] *nm/f* (*dessinateur industriel*) diseñador(a); (*écrivain*) estilista *m/f*.

**stylo** [stilo] *nm*: ~ **à encre** *ou* (**à**) **plume** estilográfica; **stylo (à) bille** bolígrafo, birome *f* (*CSUR*).

**su, e** [sy] *pp de* **savoir** ♦ *nm*: **au ~ de** a sabiendas de.

**suave** [sɥav] *adj* suave.

**subalterne** [sybaltɛʀn] *adj, nm/f* subalterno(-a).

**subconscient** [sypkɔ̃sjɑ̃] *nm* subconscie

te *m*.

**subir** [sybiʀ] *vt* padecer; (*mauvais traitements, revers, modification*) sufrir; (*influence, charme*) experimentar; (*traitement, opération, examen*) pasar; (*personne*) soportar; (*dégâts*) padecer.

**subit, e** [sybi, it] *adj* repentino(-a).

**subitement** [sybitmã] *adv* repentinamente.

**subjectif, -ive** [sybʒɛktif, iv] *adj* subjetivo(-a).

**subjonctif** [sybʒɔktif] *nm* subjuntivo.

**subjuguer** [sybʒyge] *vt* encantar.

**submerger** [sybmɛʀʒe] *vt* sumergir; (*fig: de travail*) desbordar; (: *par la douleur*) ahogar.

**subordonné, e** [sybɔʀdɔne] *adj* (LING) subordinado(-a) ♦ *nm/f* (ADMIN, MIL) subordinado(-a); ~ à (*personne*) subordinado a; (*résultats*) supeditado(-a) a.

**subrepticement** [sybʀɛptismã] *adv* con disimulo.

**subside** [sybzid] *nm* subsidio.

**subsidiaire** [sybzidjɛʀ] *adj*: **question** ~ pregunta adicional.

**subsister** [sybziste] *vi* (*monument, erreur*) perdurar; (*personne, famille*) subsistir; (*survivre*) sobrevivir.

**substance** [sypstãs] *nf* su(b)stancia; (*fig*) esencia; **en** ~ en esencia.

**substituer** [sypstitɥe] *vt*: ~ **qch/qn à** sustituir algo/a algn por; **se** ~ **à qn** reemplazar a algn.

**substitut** [sypstity] *nm* (JUR) sustituto; (*succédané*) su(b)stitutivo.

**subterfuge** [syptɛʀfyʒ] *nm* subterfugio.

**subtil, e** [syptil] *adj* sutil.

**subvenir** [sybvəniʀ] *vt*: ~ **à** atender a.

**subvention** [sybvãsjɔ̃] *nf* subvención *f*.

**subventionner** [sybvãsjɔne] *vt* subvencionar.

**suc** [syk] *nm* (BOT, *d'une viande*) jugo; (*d'un fruit*) zumo; **sucs gastriques** jugos *mpl* gástricos.

**succéder** [syksede] : ~ **à** *vt* suceder a; **se succéder** *vpr* sucederse.

**succès** [syksɛ] *nm* éxito; (*d'un produit, une mode*) auge *m*; ~ *nmpl* (*féminins etc*) conquistas *fpl*; **avec** ~ con éxito; **sans** ~ sin éxito; **avoir du** ~ tener éxito; **à** ~ de éxito; **succès de librairie** éxito de librería.

**successeur** [syksesœʀ] *nm* sucesor *m*.

**successif, -ive** [syksesif, iv] *adj* sucesivo

(-a).

**succession** [syksesjɔ̃] *nf* (*d'événements, d'incidents*) sucesión *f*, serie *f*; (*de formalités etc*) serie; (*patrimoine*) sucesión; **prendre la** ~ **de** suceder a.

**succomber** [sykɔ̃be] *vi* sucumbir; ~ **à** sucumbir a.

**succulent, e** [sykylã, ãt] *adj* suculento(-a).

**succursale** [sykyʀsal] *nf* sucursal *f*; **magasin à** ~**s multiples** almacén *m* con múltiples sucursales.

**sucer** [syse] *vt* chupar; ~ **son pouce** chuparse el dedo.

**sucette** [sysɛt] *nf* (*bonbon*) piruleta; (*de bébé*) chupete *m*.

**sucre** [sykʀ] *nm* azúcar *m* ou *f*; (*morceau de sucre*) terrón *m* de azúcar; **sucre cristallisé** azúcar en polvo; **sucre d'orge** pirulí *m*; **sucre de betterave/de canne** azúcar de remolacha/de caña; **sucre en morceaux/en poudre** azúcar de cortadillo/en polvo; **sucre glace** azúcar glasé.

**sucré, e** [sykʀe] *adj* con azúcar; (*au goût*) azucarado(-a); (*péj: ton, voix*) meloso(-a).

**sucrer** [sykʀe] *vt* poner azúcar en ou a; (*fam*) quitar; **se sucrer** (*fam*) *vpr* (*le thé etc*) echarse azúcar; (*fig*) forrarse.

**sucreries** [sykʀəʀi] *nfpl* (*bonbons*) golosinas *fpl*.

**sucrier, -ière** [sykʀije, ijɛʀ] *adj* azucarero(-a) ♦ *nm* azucarero.

**sud** [syd] *nm* sur *m* ♦ *adj inv* sur *inv*; **au** ~ al sur; **au** ~ **de** al sur de.

**sud-africain, e** [sydafʀikɛ̃, ɛn] (*pl* ~-~**s**, **es**) *adj* sudafricano(-a) ♦ *nm/f*: **S**~-**A**~, **e** sudafricano(-a).

**sud-américain, e** [sydameʀikɛ̃, ɛn] (*pl* ~-~**s**, **es**) *adj* sudamericano(-a) ♦ *nm/f*: **S**~-**A**~, **e** sudamericano(-a).

**sud-est** [sydɛst] *nm inv* sudeste *m inv* ♦ *adj inv* sudeste *inv*.

**sud-ouest** [sydwɛst] *nm inv* sudoeste *m inv* ♦ *adj inv* sudoeste *inv*.

**Suède** [sɥɛd] *nf* Suecia.

**suédois, e** [sɥedwa, waz] *adj* sueco(-a) ♦ *nm* (LING) sueco ♦ *nm/f*: **S**~, **e** sueco(-a).

**suer** [sɥe] *vi* sudar ♦ *vt* (*fig*) exhalar; ~ **à grosses gouttes** sudar la gota gorda.

**sueur** [sɥœʀ] *nf* sudor *m*; **en** ~ bañado(-a) en sudor; **donner des** ~**s froides à qn**; **avoir des** ~**s froides** dar a algn/tener sudores fríos.

**suffire** [syfiʀ] *vi* bastar; (*intensif*): **il suffit**

d'une négligence pour que ... un descuido basta para que ...; **se suffire** *vpr* ser autosuficiente; **il suffit qu'on oublie pour que ...** basta olvidarse para que ...; **cela lui suffit** eso le basta; **cela suffit pour les irriter/qu'ils se fâchent** eso basta para irritarles/para que se enfaden; **"ça suffit!"** "¡basta ya!"

**suffisamment** [syfizamɑ̃] *adv* suficientemente; **~ de** suficiente.

**suffisant, e** [syfizɑ̃, ɑ̃t] *adj* suficiente; (*air, ton*) de suficiencia.

**suffixe** [syfiks] *nm* sufijo.

**suffoquer** [syfɔke] *vt* sofocar; (*par l'émotion, la colère, les larmes*) ahogar; (*nouvelle etc*) dejar sin respiración ♦ *vi* sofocarse; **~ de colère/d'indignation** ponerse rojo(-a) de cólera/de indignación.

**suffrage** [syfʀaʒ] *nm* voto; **~s** *nmpl* (*du public etc*) votos *mpl*; **~ universel/direct/indirect** sufragio universal/directo/indirecto; **suffrages exprimés** votos efectivos.

**suggérer** [syggeʀe] *vt* sugerir; **~ (à qn) que** insinuar (a algn) que; **~ que/de faire** sugerir que/hacer.

**suggestion** [syggɛstjɔ̃] *nf* sugerencia; (*PSYCH*) sugestión *f*.

**suicide** [sɥisid] *nm* suicidio ♦ *adj*: **opération ~** operación *f* suicida.

**suicider** [sɥiside]: **se ~** *vpr* suicidarse.

**suie** [sɥi] *nf* hollín *m*.

**suisse** [sɥis] *adj* suizo(-a) ♦ *nm* (*bedeau*) pertiguero(-a) ♦ *nm/f*: **S~** suizo(-a).

**Suissesse** [sɥisɛs] *nf* suiza.

**suite** [sɥit] *nf* (*continuation*) continuación *f*; (*de maisons, rues, succès*) sucesión *f*; (*MATH, liaison logique*) serie *f*; (*conséquence, résultat*) resultado; (*MUS, appartement*) suite *f*; (*escorte*) séquito; **~s** *nfpl* (*d'une maladie, chute*) secuelas *fpl*; **prendre la ~ de** (*directeur etc*) tomar el relevo de; **donner ~ à** dar curso a; **faire ~ à** ser continuación de; **(faisant) ~ à votre lettre du ...** en respuesta a su carta del ...; **sans ~** sin pies ni cabeza; **de ~** (*d'affilée*) seguido(-a); (*immédiatement*) enseguida; **par la ~** luego; **à la ~** *adj* seguido(-a) ♦ *adv* a continuación; **à la ~ de** (*derrière*) tras; (*en conséquence de*) como consecuencia de; **par ~ de** como consecuencia de; **avoir de la ~ dans les idées** tener perseverancia en las ideas; **attendre la ~ des événements** esperar el

curso de los acontecimientos.

**suivant, e** [sɥivɑ̃, ɑ̃t] *vb voir* **suivre** ♦ *adj* siguiente ♦ *prép* según; **~ que** según que; **"au ~!"** "¡el siguiente!"

**suivi, e** [sɥivi] *pp de* **suivre** ♦ *adj* seguido (-a); (*article*) de venta permanente; (*discours etc*) coherente ♦ *nm* seguimiento; **très/peu ~** con mucho/poco éxito.

**suivre** [sɥivʀ] *vt* seguir; (*mari, ami etc*) acompañar; (*suj: remords, pensées*) perseguir; (*imagination, fantaisie, goût*) dejarse guiar por; (*cours*) asistir a; (*comprendre: programme, leçon*) comprender; (*élève, malade, affaire*) llevar el seguimiento de; (*raisonnement*) seguir el hilo de; (*article*) proveerse de ♦ *vi* (*écouter attentivement*) atender; (*assimiler le programme*) comprender; (*venir après*) seguirse; **se suivre** *vpr* sucederse; (*raisonnement*) ser coherente; **~ des yeux** seguir con la mirada; **faire ~** (*lettre*) reexpedir; **~ son cours** seguir su curso; **"à ~"** "continuará".

**sujet, te** [syʒɛ, ɛt] *adj*: **être ~ à** (*accidents, vertige etc*) ser propenso(-a) a ♦ *nm/f* (*d'un souverain etc*) súbdito(-a) ♦ *nm* tema *m*; (*d'une dispute etc*) motivo, causa; (*élève*) alumno; (*LING*) sujeto; **un ~ de dispute/discorde/mécontentement** una causa de riña/discordia/descontento; **c'est à quel ~?** ¿qué se le ofrece?; **avoir ~ de se plaindre** tener motivo para quejarse; **un mauvais ~** (*péj*) una mala persona; **au ~ de** a propósito de; **~ à caution** cuestionable; **sujet de conversation** tema de conversación; **sujet d'examen** (*SCOL*) tema de examen; **sujet d'expérience** conejillo de Indias.

**super** [sypɛʀ] *adj inv* (*fam*) súper *inv* ♦ *nm* súper *f*.

**super...** [sypɛʀ] *préf* super...

**superbe** [sypɛʀb] *adj* espléndido(-a); (*situation, performance*) magnífico(-a) ♦ *nf* soberbia.

**superficie** [sypɛʀfisi] *nf* superficie *f*; (*fig*) apariencia.

**superficiel, le** [sypɛʀfisjɛl] *adj* superficial.

**superflu, e** [sypɛʀfly] *adj* superfluo(-a) ♦ *nm*: **le ~** lo superfluo.

**supérieur, e** [sypeʀjœʀ] *adj* superior; (*air, sourire*) de superioridad ♦ *nm* superior *m* ♦ *nm/f* Superior(a); **Mère ~e** madre *f* superiora; **à l'étage ~** en el piso de arriba; **~ en nombre** superior en número.

**supériorité** [sypeRjɔRite] nf superioridad f; **supériorité numérique** superioridad numérica.

**supermarché** [sypɛRmaRʃe] nm supermercado.

**superposer** [sypɛRpoze] vt superponer; **se superposer** vpr (images, souvenirs) confundirse; **lits superposés** literas fpl.

**superpuissance** [sypɛRpɥisɑ̃s] nf superpotencia.

**superstitieux, -euse** [sypɛRstisjø, jøz] adj supersticioso(-a).

**superviser** [sypɛRvize] vt supervisar.

**supplanter** [syplɑ̃te] vt (personne) suplantar; (méthode, machine) sustituir.

**suppléant, e** [svpleɑ̃, ɑ̃t] adj (juge, fonctionnaire) suplente; (professeur) sustituto (-a) ♦ nm/f sustituto(-a); **médecin ~** médico suplente.

**suppléer** [syplee] vt suplir; (remplacer, aussi ADMIN) sustituir a; **~ à** suplir.

**supplément** [syplemɑ̃] nm suplemento; **un ~ de frites** una porción extra de patatas fritas; **en ~** (au menu etc) no incluido; **supplément d'information** suplemento de información.

**supplémentaire** [syplemɑ̃tɛR] adj suplementario(-a); (train etc) adicional; **contrôles ~s** refuerzo de controles.

**supplications** [syplikasjɔ̃] nfpl súplicas fpl.

**supplice** [syplis] nm suplicio; **être au ~** (appréhension) estar atormentado(-a); (gêne, douleur) no aguantar más.

**supplier** [syplije] vt suplicar.

**support** [sypɔR] nm soporte m; **support audio-visuel/publicitaire** soporte audiovisual/publicitario.

**supportable** [sypɔRtabl] adj soportable.

**supporter[1]** [sypɔRtœR] nm seguidor(a).

**supporter[2]** [sypɔRte] vt soportar; (choc) resistir a; (équipe) apoyar.

**supposer** [sypoze] vt suponer; **~ que** suponer que; **en supposant ou à ~ que** suponiendo que.

**suppositoire** [sypozitwaR] nm supositorio.

**suppression** [sypResjɔ̃] nf supresión f.

**supprimer** [syprime] vt suprimir; (personne, témoin gênant) quitar de en medio, suprimir; **~ qch à qn** quitarle algo a algn.

**suprême** [sypRɛm] adj (pouvoir etc) supremo(-a); (bonheur, habileté) sumo(-a); **un ~ espoir** (ultime) una última esperanza; **les honneurs ~s** los honores póstumos.

**sur[1]** [syR] prép **1** en; (par dessus, au-dessus) encima de, sobre; **pose-le sur la table** ponlo en la mesa; **je n'ai pas d'argent sur moi** no llevo dinero encima; **avoir de l'influence/un effet sur ...** tener influencia/un efecto sobre ...; **avoir accident sur accident** tener accidente tras accidente; **sur ce** tras esto

**2** (direction) hacia; **en allant sur Paris** yendo hacia París; **sur votre droite** a su derecha

**3** (à propos de) acerca de, sobre; **un livre/une conférence sur Balzac** un libro/una conferencia sobre Balzac

**4** (proportion, mesures) de entre, de cada; **un sur 10** uno de cada 10; (SCOL: note) uno sobre 10; **sur 20, 2 sont venus** de 20, han venido 2; **4m sur 2** 4m por 2.

**sur[2], e** [syR] adj agrio(-a).

**sûr, e** [syR] adj seguro(-a); (renseignement, ami, voiture) de confianza; (goût, réflexe etc) agudo(-a); **peu ~** (ami etc) no de mucha confianza; (méthode) no muy seguro(-a); (réflexe etc) no muy agudo(-a); **être ~ de qn** confiar en algn; **c'est ~ et certain** sin lugar a dudas; **~ de soi** seguro de sí mismo(-a); **le plus ~ est de ...** lo más seguro es ...

**surcharge** [syRʃaRʒ] nf sobrecarga; (correction, ajout) tachón m; **prendre des passagers en ~** coger pasajeros en exceso; **surcharge de bagages** exceso de equipaje; **surcharge de travail** exceso de trabajo.

**surcharger** [syRʃaRʒe] vt (véhicule) cargar en exceso; (personne) cargar; (texte) tachar; (timbre-poste, fig) sobrecargar; (décoration) recargar.

**surcroît** [syRkRwa] nm: **un ~ de** un aumento de; **par ou de ~** por añadidura; **en ~** en añadidura.

**surdité** [syRdite] nf sordera; **atteint de ~ totale** que padece de sordera total.

**sûrement** [syRmɑ̃] adv (fonctionner etc) con seguridad; (certainement) seguramente; **~ pas** seguro que no.

**surenchère** [syRɑ̃ʃɛR] nf (aux enchères) sobrepuja; (sur prix fixe) encarecimiento; **~ de violence** subida de violencia.

**surenchérir** [syRɑ̃ʃeRiR] vi (COMM) sobrepujar; (fig): **~ sur qn** aventajar a algn.

**surestimer** [syʀɛstime] vt sobreestimar.

**sûreté** [syʀte] nf fiabilidad f; (du goût etc) agudeza; (JUR) garantía; **être/mettre en ~** (personne) estar/poner a salvo; (objet) estar/poner en lugar seguro; **pour plus de ~** para mayor seguridad; **attentat/crime contre la ~ de l'État** atentado/crimen contra la seguridad del Estado; **la Sûreté (nationale)** brigada de investigación criminal francesa.

**surf** [sœʀf] nm surf m; **faire du ~** hacer surf.

**surface** [syʀfas] nf superficie f; **faire ~** salir a la superficie; **en ~** (nager, naviguer) en la superficie; (fig) aparentemente; **la pièce fait 100m² de ~** la habitación mide 100m² de superficie; **surface de réparation** (SPORT) área de castigo; **surface porteuse** ou **de sustentation** (AVIAT) plano de sustentación.

**surfait, e** [syʀfɛ, ɛt] adj sobreestimado(-a).

**surgelé, e** [syʀʒəle] adj congelado(-a).

**surgir** [syʀʒiʀ] vi aparecer; (de terre) salir; (fig) surgir.

**surhumain, e** [syʀymɛ̃, ɛn] adj sobrehumano(-a).

**sur-le-champ** [syʀləʃɑ̃] adv en el acto.

**surlendemain** [syʀlɑ̃d(ə)mɛ̃] nm: **le ~** a los dos días; **le ~ de** dos días después de; **le ~ soir** a los dos días por la noche.

**surmenage** [syʀmənaʒ] nm (MÉD) agotamiento; **le surmenage intellectuel** el agotamiento intelectual.

**surmener** [syʀməne] vt agotar.

**surmonter** [syʀmɔ̃te] vt vencer; (suj: coupole etc) coronar.

**surnaturel, le** [syʀnatyʀɛl] adj sobrenatural ♦ nm: **le ~** lo sobrenatural.

**surnom** [syʀnɔ̃] nm (gén) sobrenombre m; (péj) apodo.

**surnombre** [syʀnɔ̃bʀ] nm: **être en ~** estar de más.

**surpeuplé, e** [syʀpœple] adj superpoblado(-a).

**surplace** [syʀplas] nm: **faire du ~** (rester en équilibre) mantener el equilibrio; (dans un embouteillage etc) ir a paso de caracol.

**surplomber** [syʀplɔ̃be] vi sobresalir ♦ vt destacar sobre.

**surplus** [syʀply] nm (COMM) excedente m; **~ de bois** sobrante m de leña; **au ~** por lo demás; **surplus américain** (magasin) tienda de excedentes americanos.

**surprenant, e** [syʀpʀənɑ̃, ɑ̃t] vb voir **surprendre** ♦ adj sorprendente.

**surprendre** [syʀpʀɑ̃dʀ] vt sorprender; (secret, conversation) descubrir; (voisins, amis etc) sorprender con una visita; (fig) captar; **~ la vigilance/bonne foi de qn** burlar la vigilancia/buena fe de algn; **se ~ à faire qch** sorprenderse haciendo algo.

**surpris, e** [syʀpʀi, iz] pp de **surprendre** ♦ adj de sorpresa; **~ de/que** sorprendido(-a) por/de que.

**surprise** [syʀpʀiz] nf sorpresa; **faire une ~ à qn** dar una sorpresa a algn; **voyage sans ~s** viaje sin sobresaltos; **avoir la ~ de** tener la sorpresa de; **par ~** por sorpresa.

**surprise-partie** [syʀpʀizpaʀti] (pl **~s-~s**) nf guateque m.

**surréaliste** [syʀʀealist] adj surrealista.

**sursaut** [syʀso] nm sobresalto; **en ~** de un sobresalto; **sursaut d'énergie** resuello de energía; **sursaut d'indignation** pronto de indignación.

**sursauter** [syʀsote] vi sobresaltarse.

**sursis** [syʀsi] nm (JUR: d'une peine) indulto; (: à la condamnation à mort) aplazamiento; (MIL): **~ (d'appel** ou **d'incorporation)** prórroga (de llamada ou de incorporación a filas); (fig) periodo de espera; **condamné à 5 mois (de prison) avec ~** condenado a 5 meses (de prisión) con indulto; **on lui a accordé le ~** (MIL) se le concedió la prórroga; (JUR) se le indultó.

**surtout** [syʀtu] adv sobre todo; **il songe ~ à ses propres intérêts** piensa sobre todo en sus propios intereses; **il aime le sport, ~ le football** le gusta el deporte, sobre todo el fútbol; **~ pas d'histoires/ne dites rien!** ¡sobre todo nada de líos/no diga nada!; **~ pas!** ¡de ninguna manera!; **~ pas lui!** ¡él, de ninguna manera!; **~ que ...** sobre todo porque ...

**surveillance** [syʀvɛjɑ̃s] nf vigilancia; **être sous la ~ de qn** estar bajo la vigilancia de algn; **sous ~ médicale** bajo control médico; **la surveillance du territoire** ≈ servicio de inteligencia ou contraespionaje.

**surveillant, e** [syʀvɛjɑ̃, ɑ̃t] nm/f (SCOL, de prison) vigilante m/f; (de travaux) capataz m/f.

**surveiller** [syʀveje] vt (enfant etc) cuidar de; (MIL, gén) vigilar; (travaux, cuisson) atender; **se surveiller** vpr controlarse; **~ son langage/sa ligne** cuidar s vocabulario/la línea.

**survenir** [syʀvəniʀ] vi sobrevenir; (person-ne) llegar de improviso.

**survêtement** [syʀvɛtmã] nm chandal m ou chándal m.

**survie** [syʀvi] nf supervivencia; **équipement de ~** equipo de supervivencia; **une ~ de quelques mois** una supervivencia de algunos meses.

**survivant, e** [syʀvivã, ãt] vb voir **survivre** ♦ nm/f superviviente m/f; (JUR) heredero (-a).

**survivre** [syʀvivʀ] vi sobrevivir; **~ à** sobrevivir a.

**survoler** [syʀvɔle] vt (lieu) sobrevolar; (livre, écrit) leer por encima; (question, problèmes) tratar por encima.

**survolté, e** [syʀvɔlte] adj (fig: personne) superexcitado(-a); (: ambiance) acalorado(-a); **un appareil ~** un aparato con exceso de voltaje.

**sus** [sy(s)] vb voir **savoir** ♦ prép: **en ~ de** (JUR, ADMIN) además de; **en ~** además; **~ à ...! excl: ~ au tyran!** ¡a por el tirano!

**susceptible** [syseptibl] adj susceptible; **~ de** susceptible de; **~ d'amélioration** ou **d'être amélioré** susceptible de mejora ou de ser mejorado; **être ~ de faire** (capacité) estar capacitado(-a) para hacer; (probabilité): **il est ~ de devenir ...** es probable que llegue a ser ...

**susciter** [sysite] vt (ennuis etc): **~ (à qn)** originar (a algn); (admiration etc) suscitar.

**suspect, e** [syspɛ(kt), ɛkt] adj sospechoso(-a); (vin etc) de poca confianza ♦ nm/f sospechoso(-a); **être (peu) ~ de** ser (poco) sospechoso(-a) de.

**suspecter** [syspɛkte] vt sospechar; **~ qn d'être/d'avoir fait qch** sospechar que algn es/que algn ha hecho algo.

**suspendre** [syspãdʀ] vt suspender; **se suspendre** vpr: **se ~ à** aferrarse a, colgarse de; **~ qch (à)** colgar algo (de).

**suspendu, e** [syspãdy] pp de **suspendre** ♦ adj (accroché): **~ à** colgado(-a) de; (perché): **~ au-dessus de** suspendido(-a) sobre; **voiture bien/mal ~e** coche con buena/mala suspensión; **être ~ aux lèvres de qn** estar pendiente de los labios de algn.

**suspens** [syspã]: **en ~** adv suspendido(-a); **tenir en ~** (lecteurs, spectateurs) mantener en suspense.

**suspense** [syspɛns] nm suspense m.

**suspension** [syspãsjã] nf suspensión f; (lustre) lámpara de techo; **en ~** en suspensión; **suspension d'audience** suspensión de la vista.

**suture** [sytyʀ] nf: **point de ~** punto de sutura.

**svelte** [svɛlt] adj esbelto(-a).

**SVP** [ɛsvepe] abr (= s'il vous plaît) por favor.

**syllabe** [si(l)lab] nf sílaba.

**symbole** [sɛ̃bɔl] nm símbolo; **symbole graphique** (INFORM) icono.

**symbolique** [sɛ̃bɔlik] adj simbólico(-a) ♦ nf simbolismo.

**symboliser** [sɛ̃bɔlize] vt simbolizar.

**symétrique** [simetʀik] adj simétrico(-a).

**sympa** [sɛ̃pa] adj inv voir **sympathique**.

**sympathie** [sɛ̃pati] nf simpatía; (condoléances) pésame m; **accueillir avec ~** acoger con gusto; **avoir de la ~ pour qn** tener simpatía a algn; **témoignages de ~** muestras fpl de condolencia; **croyez à toute ma ~** mi más sentido pésame.

**sympathique** [sɛ̃patik] adj (personne) simpático(-a); (déjeuner etc) agradable.

**sympathisant, e** [sɛ̃patizã, ãt] nm/f simpatizante m/f.

**sympathiser** [sɛ̃patize] vi simpatizar, **~ avec qn** simpatizar con algn.

**symphonie** [sɛ̃fɔni] nf sinfonía.

**symptôme** [sɛ̃ptom] nm síntoma m.

**synagogue** [sinagɔg] nf sinagoga.

**syncope** [sɛ̃kɔp] nf (MÉD) síncope m; (MUS) síncopa; **elle est tombée en ~** le dio un síncope.

**syndic** [sɛ̃dik] nm administrador m.

**syndical, e, -aux** [sɛ̃dikal, o] adj sindical; **centrale ~e** central f sindical.

**syndicaliste** [sɛ̃dikalist] nm/f sindicalista m/f.

**syndicat** [sɛ̃dika] nm (POL) sindicato; (autre association d'intérêts) asociación f; **syndicat d'initiative** oficina de turismo; **syndicat de producteurs** unión f de productores; **syndicat de propriétaires** comunidad f de propietarios; **syndicat patronal** organización f patronal.

**syndiqué, e** [sɛ̃dike] adj sindicado(-a); **non syndiqué(e)** no sindicado(-a).

**syndiquer** [sɛ̃dike]: **se ~** vpr sindicarse.

**syndrome** [sɛ̃dʀom] nm síndrome m; **syndrome de fatigue chronique** síndrome de fatiga crónica.

**synonyme** [sinɔnim] adj sinónimo(-a) ♦ nm

sinónimo.

**syntaxe** [sɛ̃taks] *nf* sintaxis *fsg*.

**synthèse** [sɛ̃tɛz] *nf* síntesis *f inv*.

**synthétique** [sɛ̃tetik] *adj* sintético(-a); *(méthode, esprit)* de síntesis.

**Syrie** [siʀi] *nf* Siria.

**systématique** [sistematik] *adj (classement, étude)* sistemático(-a); *(exploitation, opposition)* automático(-a); *(péj)* dogmático(-a).

**système** [sistɛm] *nm* sistema *m*; **utiliser le ~ D** *(fam)* utilizar el ingenio; **système d'exploitation à disques** *(INFORM)* sistema de operación con discos; **système expert** sistema experto; **système métrique** sistema métrico; **système nerveux/ solaire** sistema nervioso/solar.

—— **T t** ——

**t'** [t] *pron voir* **te**.

**ta** [ta] *dét voir* **ton**¹.

**tabac** [taba] *nm* tabaco ♦ *adj inv*: *(couleur)* **~** (color) tabaco *inv*; **passer qn à ~** *(fam: battre)* dar una tunda a algn, zurrar a algn; **faire un ~** *(fam)* tener mucho éxito; **(débit** *ou* **bureau de) ~** estanco; **tabac à priser** tabaco en polvo, rapé *m*; **tabac blond/brun/gris** tabaco rubio/moreno/picado.

**tabagisme** [tabaʒism] *nm* tabaquismo.

**table** [tabl] *nf* mesa; *(invités)* comensales *mpl*; *(liste)* lista; *(numérique)* tabla; **à ~!** ¡a comer!; **se mettre à ~** sentarse a la mesa; *(fam)* cantar de plano; **mettre** *ou* **dresser/desservir la ~** poner/quitar la mesa; **faire ~ rase de** hacer tabla rasa con; **table à repasser** tabla de planchar; **table basse** mesa baja; **table d'écoute** tablero de interceptaciones telefónicas; **table d'harmonie** tabla de armonía; **table d'hôte** menú *m ou* plato del día; **table de cuisson** cocina (de electricidad *ou* de gas); **table de lecture** *(MUS)* tabla de lectura; **table de multiplication** tabla de multiplicar; **table de nuit** *ou* **de chevet** mesita de noche; **table de toilette** mueble *m* de lavabo; **table des matières** índice *m*; **table ronde** *(débat)* mesa redonda; **table roulante** carro, carrito; **table traçante** *(INFORM)* mesa de trazado.

**tableau, x** [tablo] *nm* cuadro; *(panneau)* tablero; *(schéma)* cuadro, gráfico; **tableau chronologique** cuadro cronológico; **tableau d'affichage** tablón *m ou* tablero de anuncios; **tableau de bord** *(AUTO)* cuadro de instrumentos; *(AVIAT)* cuadro de mandos; **tableau de chasse** caza; **tableau de contrôle** *(d'une machine)* cuadro de control; *(d'une installation)* cuadro *ou* panel *m* de control; **tableau de maître** obra de maestro; **tableau noir** encerado.

**tablette** [tablɛt] *nf (planche)* anaquel *m*, tabla; **tablette de chocolat** tableta de chocolate.

**tablier** [tablije] *nm* delantal *m*; *(du cuisinier)* mandil *m*; *(de pont)* calzada; *(: en bois)* tableado; *(de cheminée)* tapadera.

**tabou, e** [tabu] *adj*, *nm* tabú *m*.

**tabouret** [tabuʀɛ] *nm* taburete *m*.

**tac** [tak] *nm*: **répondre qch du ~ au ~** saltar con algo.

**tache** [taʃ] *nf* mancha; *(petite)* manchita; **faire ~ d'huile** extenderse como cosa buena; **tache de rousseur** *ou* **de son** peca; **tache de vin** *(sur la peau)* mancha.

**tâche** [taʃ] *nf* tarea, labor *f*; *(rôle)* papel *m*; **travailler à la ~** trabajar a destajo.

**tacher** [taʃe] *vt* manchar; *(réputation)* manchar, mancillar; **se tacher** *vpr (fruits)* picarse.

**tâcher** [taʃe] *vi*: **~ de faire** tratar de hacer, procurar hacer.

**tacheté, e** [taʃte] *adj*: **~ (de)** salpicado(-a) *ou* moteado(-a) (de).

**tact** [takt] *nm* tacto; **avoir du ~** tener tacto.

**tactique** [taktik] *adj* táctico(-a) ♦ *nf* táctica.

**taie** [tɛ] *nf*: **~ (d'oreiller)** funda (de la almohada).

**taille** [taj] *nf* tallado; poda; *(du corps, d'un vêtement)* talle *m*, cintura; *(hauteur)* estatura; *(grandeur)* tamaño; *(COMM)* talla; *(envergure)* dimensión *f*, envergadura; **de ~ à faire** capaz de hacer; **de ~** importante; **quelle ~ faites-vous?** ¿cuál es su talla?

**taille-crayon(s)** [tajkʀɛjɔ̃] *nm inv* sacapuntas *m inv*.

**tailler** [taje] *vt (pierre, diamant)* tallar; *(arbre, plante)* podar; *(vêtement)* cortar; *(crayon)* afilar; **se tailler** *vpr (ongles, barbe)* cortarse; *(victoire, réputation)* conseguir; *(fam: s'enfuir)* largarse, pirarse; **~ dans la chair/le bois** hacer un corte en la carne/

madera; ~ **grand/petit** (suj: vêtement) estar cortado grande/pequeño.

**tailleur** [tɑjœʀ] nm sastre m; (vêtement pour femmes) traje m de chaqueta; **en ~** a la turca; **tailleur de diamants** lapidario de diamantes.

**taillis** [tɑji] nm bosque m bajo.

**taire** [tɛʀ] vt ocultar ♦ vi: **faire ~ qn** (aussi fig) hacer callar a algn; **se taire** vpr (s'arrêter de parler) callarse; (ne pas parler) callar(se); (fig: bruit, voix) cesar; **tais-toi!** ¡cállate!; **taisez-vous!** ¡callaos!; (vouvoiement) ¡cállese!

**talc** [talk] nm talco.

**talent** [talɑ̃] nm talento; **~s** nmpl (personnes) talentos mpl; **avoir du ~** tener talento.

**talkie-walkie** [tɔkiwɔki] (pl **~s-~s**) nm walkie-talkie m.

**talon** [talɔ̃] nm (ANAT, de chaussette) talón m; (de chaussure) tacón m; (de jambon, pain) extremo; (de chèque, billet) matriz f; **être sur les ~s de qn** pisarle los talones a algn; **tourner/montrer les ~s** volver la espalda; **talons plats/aiguilles** tacones bajos/muy finos.

**talus** [taly] nm (GÉO) talud m; **talus de déblai** montón m de tierra (procedente de una excavación); **talus de remblai** terraplén m.

**tambour** [tɑ̃buʀ] nm tambor m; (porte) cancel m; **sans ~ ni trompette** a la chita callando.

**tambourin** [tɑ̃buʀɛ̃] nm tamboril m.

**tambouriner** [tɑ̃buʀine] vi: **~ contre** repiquetear en ou contra.

**Tamise** [tamiz] nf: **la ~** el Támesis.

**tamisé, e** [tamize] adj tamizado(-a).

**tampon** [tɑ̃pɔ̃] nm (de coton, d'ouate, bouchon) tapón m; (pour nettoyer, essuyer) muñequilla, bayeta; (pour étendre) muñequilla; (amortisseur: RAIL, fig) tope m; (IN-FORM: aussi mémoire tampon) tampón m; (cachet, timbre) matasellos m inv; (CHIM) disolución f reguladora, disolución tampón; **~ (hygiénique)** tampón (higiénico); **tampon à récurer** estropajo metálico; **tampon buvard** secante m; **tampon encreur** tampón.

**tamponner** [tɑ̃pɔne] vt (essuyer) taponar; (heurter) chocar; (document, lettre) sellar; **se tamponner** vpr (voitures) chocar.

**tamponneuse** [tɑ̃pɔnøz] adj: **autos ~s** coches mpl de choque.

**tandem** [tɑ̃dɛm] nm tándem m.

**tandis** [tɑ̃di]: **~ que** conj mientras que.

**tanguer** [tɑ̃ge] vi (NAUT) cabecear, arfar.

**tant** [tɑ̃] adv tanto; **~ de** (sg) tanto(-a); (pl) tantos(-as); **~ que** (tellement) tanto que; (comparatif) hasta que, mientras que; **~ mieux** mejor; **~ mieux pour lui** mejor para él; **~ pis** (peu importe) ¡qué más da!; (qu'à cela ne tienne) no tiene importancia; **~ pis pour lui** peor para él; **un ~ soit peu** (un peu) un poco; (même un peu) algo, por poco que; **s'il est un ~ soit peu subtil, il comprendra** si es algo sutil ou por poco sutil que sea, lo entenderá; **~ bien que mal** mal que bien; **~ s'en faut** ni mucho menos.

**tante** [tɑ̃t] nf tía.

**tantôt** [tɑ̃to] adv (cet après-midi) esta tarde, por la tarde; **~ ... ~** (parfois) unas veces ... otras veces.

**taon** [tɑ̃] nm tábano.

**tapage** [tapaʒ] nm alboroto; (fig) escándalo; **tapage nocturne** (JUR) escándalo nocturno.

**tapageur, -euse** [tapaʒœʀ, øz] adj alborotador(a); (toilette) llamativo(a), (publicité) sensacionalista.

**tape** [tap] nf cachete m; (dans le dos) palmada.

**tape-à-l'œil** [tapalœj] adj inv vistoso(-a), llamativo(-a).

**taper** [tape] vt (personne) pegar; (porte) cerrar de golpe; (dactylographier) escribir a máquina; (INFORM) teclear ♦ vi (soleil) apretar; **se taper** vpr (fam: travail) chuparse, cargarse; (: boire, manger) soplarse, zamparse; **~ qn de 10 francs** (fam) dar un sablazo de 10 francos a algn; **~ sur qn** pegar a algn; (fig) poner como un trapo a algn; **~ sur qch** golpear en algo; **~ à** (porte etc) llamar a; **~ dans** (se servir) echar mano de; **~ des mains/pieds** palmear/patalear; **~ (à la machine)** escribir a máquina.

**tapi, e** [tapi] adj: **~ dans/derrière** (blotti) acurrucado(-a) en/detrás de; (caché) agazapado(-a) en/detrás de.

**tapis** [tapi] nm alfombra; (de table) tapete m; **être/mettre sur le ~** (fig) estar/poner sobre el tapete; **aller/envoyer au ~** (BOXE) estar/enviar a la lona; **tapis de sol** tela impermeable (de tienda de campaña); **ta-**

**pis roulant** cinta transportadora, pasillo rodante.

**tapisser** [tapise] vt (avec du papier peint) empapelar; ~ **qch (de)** (recouvrir) revestir algo (con).

**tapisserie** [tapisʀi] nf tapiz m; (travail) tapizado; (papier peint) empapelado; **faire ~** (fig) quedarse cruzado(-a) de brazos.

**tapissier, -ière** [tapisje, jɛʀ] nm/f: ~(-décorateur) tapicero.

**tapoter** [tapɔte] vt dar golpecitos en, golpetear.

**taquiner** [takine] vt pinchar.

**tard** [taʀ] adv tarde ♦ nm: **sur le ~** (à une heure avancée) tarde; (vers la fin de la vie) en la madurez; **au plus ~** a más tardar; **plus ~** más tarde.

**tarder** [taʀde] vi tardar; ~ **à faire** tardar en hacer; **il me tarde d'être** estoy impaciente por estar; **sans (plus)** ~ sin (más) demora, sin (más) tardar.

**tardif, -ive** [taʀdif, iv] adj tardío(-a).

**tarif** [taʀif] nm tarifa; (liste) tarifa, lista de precios; (prix) tarifa, precio; **voyager à plein ~/à ~ réduit** viajar con tarifa completa/con tarifa reducida; **tarif douanier** arancel m aduanero.

**tarir** [taʀiʀ] vi, vt secarse, agotarse.

**tarte** [taʀt] nf tarta; **tarte à la crème/aux pommes** tarta de crema/de manzana.

**tartine** [taʀtin] nf rebanada; **tartine beurrée/de miel** rebanada con mantequilla/con miel.

**tartiner** [taʀtine] vt untar; **fromage** etc **à ~** queso etc para untar.

**tartre** [taʀtʀ] nm sarro.

**tas** [ta] nm montón m; (de bois, livres) pila, montón; **un ~ de** (beaucoup de) un montón de; **en ~** amontonado(-a); **dans le ~** (fig) a ciegas, a bulto; **formé sur le ~** formado en la práctica.

**tasse** [tas] nf taza; **boire la ~** (en se baignant) tragar agua; **tasse à café/à thé** taza de café/de té.

**tassé, e** [tase] adj: **bien ~** (café etc) bien cargado(-a).

**tasser** [tase] vt apisonar, pisar; **se tasser** vpr (sol, terrain) hundirse; (avec l'âge) encorvarse; (problème) arreglarse; ~ **qch dans** amontonar algo en.

**tata** [tata] nf tita.

**tâter** [tate] vt tantear; **se tâter** vpr (hésiter) reflexionar; ~ **de** (prison etc) probar; ~ **le**

**terrain** tantear el terreno.

**tatillon, ne** [tatijɔ̃, ɔn] adj puntilloso(-a).

**tâtonnement** [tatɔnmɑ̃] nm: **par ~s** a tientas.

**tâtonner** [tatɔne] vi andar a tientas; (fig) tantear.

**tâtons** [tatɔ̃]: **à ~** adv: **chercher/avancer à ~** buscar/avanzar a tientas.

**tatouage** [tatwaʒ] nm tatuaje m.

**tatouer** [tatwe] vt tatuar.

**taudis** [todi] nm cuchitril m.

**taule** [tol] (fam) nf chirona.

**taupe** [top] nf topo.

**taureau, x** [tɔʀo] nm (ZOOL) toro; **le T~** (ASTROL) Tauro; **être (du) T~** ser Tauro.

**tauromachie** [tɔʀɔmaʃi] nf tauromaquia.

**taux** [to] nm tasa; (proportion: d'alcool) porcentaje m; (: de participation) índice m; **taux d'escompte** porcentaje de descuento; **taux d'intérêt** tipo de interés; **taux de mortalité** índice ou tasa de mortalidad.

**taxe** [taks] nf tasa, impuesto; (douanière) arancel m; **toutes ~s comprises** impuestos incluidos; **taxe à** ou **sur la valeur ajoutée** impuesto sobre el valor añadido; **taxe de base** (TÉL) tarifa base; **taxe de séjour** suplemento en las estaciones termales o centros turísticos.

**taxer** [takse] vt (personne) gravar con impuestos; (produit) tasar; ~ **qn de** tachar ou calificar a algn de; (accuser de) acusar a algn de.

**taxi** [taksi] nm taxi m.

**Tchécoslovaquie** [tʃekɔslɔvaki] nf Checoslovaquia.

**tchèque** [tʃɛk] adj checo(-a) ♦ nm (LING) checo ♦ nm/f: **T~** checo(-a).

**te** [tə] pron te.

**technicien, ne** [tɛknisjɛ̃, jɛn] nm/f técnico m/f.

**technico-commercial, e, -aux** [tɛknikokɔmɛʀsjal, jo] adj técnico-comercial.

**technique** [tɛknik] adj técnico(-a) ♦ nf técnica.

**techniquement** [tɛknikmɑ̃] adv técnicamente.

**technologie** [tɛknɔlɔʒi] nf tecnología.

**technologique** [tɛknɔlɔʒik] adj tecnológico(-a).

**teck** [tɛk] nm teca.

**tee-shirt** [tiʃœʀt] (pl ~-~s) nm camiseta.

**teindre** [tɛ̃dʀ] vt teñir; **se teindre** vpr: se ~ **(les cheveux)** teñirse (el pelo).

**teint, e** [tɛ̃, tɛ̃t] pp de **teindre** ♦ adj teñido(-a) ♦ nm *(permanent)* tez f; *(momentané)* color m ♦ nf: **une ~e de** *(fig: d'humour etc)* un matiz de; **grand ~** adj inv *(tissu)* de color sólido; **bon ~** adj inv *(couleur)* sólido(-a); *(catholique, communiste etc)* convencido(-a).

**teinté, e** [tɛ̃te] adj *(verres, lunettes)* ahumado(-a); *(bois)* teñido(-a); **~ acajou** teñido(-a) en caoba; **~ de** teñido(-a) de.

**teinter** [tɛ̃te] vt teñir.

**teinture** [tɛ̃tyʀ] nf *(opération)* tintura, tinte m; *(substance)* tinte; **teinture d'iode/ d'arnica** tintura de yodo/de árnica.

**teinturerie** [tɛ̃tyʀʀi] nf tintorería.

**teinturier, -ière** [tɛ̃tyʀje, jɛʀ] nm/f tintorero(-a).

**tel, telle** [tɛl] adj *(pareil)* tal, semejante; *(indéfini)* tal; **~ un/des ...** tal como.../como ...; **un ~/de ~s ...** un tal/tales ...; **rien de ~** nada como; **~ quel** tal cual; **~ que** tal como.

**télé** [tele] nf tele f; **à la ~** en la tele.

**télé...** [tele] préf tele...

**télécabine** [telekabin] nf teleférico (monocable).

**télécarte** [telekaʀt] nf tarjeta de teléfono.

**télécharger** [teleʃaʀʒe] vt *(INFORM)* cargar.

**télécommande** [telekɔmɑ̃d] nf telemando.

**téléconférence** [telekɔ̃feʀɑ̃s] nf *(servicio de)* teleconferencia.

**télécopieur** [telekɔpjœʀ] nm máquina de fax.

**télédistribution** [teledistʀibysjɔ̃] nf teledistribución f.

**télégramme** [telegʀam] nm telegrama m; **télégramme téléphoné** telegrama por teléfono.

**télégraphier** [telegʀafje] vt, vi telegrafiar.

**téléguider** [telegide] vt teledirigir.

**télématique** [telematik] nf telemática ♦ adj telemático(-a).

**téléobjectif** [teleɔbʒɛktif] nm teleobjetivo.

**télépathie** [telepati] nf telepatía.

**téléphérique** [teleferik] nm teleférico.

**téléphone** [telefɔn] nm *(appareil)* teléfono; **avoir le ~** tener teléfono; **au ~** al teléfono; **téléphone arabe** *transmisión de noticias de persona a persona;* **téléphone manuel** teléfono automático; **téléphone rouge** teléfono rojo.

**téléphoner** [telefɔne] vt, vi llamar por teléfono; **~ à** llamar por teléfono a.

**téléphonique** [telefɔnik] adj telefónico (-a); **cabine/appareil ~** cabina telefónica/aparato telefónico; **conversation/ appel/liaison ~** conversación f/llamada/ comunicación f telefónica.

**télescope** [teleskɔp] nm telescopio.

**télescoper** [teleskɔpe] vt chocar de frente; **se télescoper** vpr chocarse de frente.

**téléscripteur** [teleskʀiptœʀ] nm teleimpresor m.

**télésiège** [telesjɛʒ] nm telesilla.

**téléski** [teleski] nm telesquí m; **téléski à archets/à perche** telesquí de arcos/de trole.

**téléspectateur, -trice** [telespɛktatœʀ, tʀis] nm/f telespectador(a).

**télétravail** [teletʀavaj] nm teletrabajo.

**téléviseur** [televizœʀ] nm televisor m.

**télévision** [televizjɔ̃] nf televisión f; **(poste de) ~** televisión; **avoir la ~** tener televisión; **à la ~** en la televisión; **télévision en circuit fermé** televisión en circuito cerrado; **télévision numérique** televisión digital; **télévision par câble** televisión por cable.

**télex** [telɛks] nm télex m.

**telle** [tɛl] adj voir **tel**.

**tellement** [tɛlmɑ̃] adv tan; **~ grand/cher (que)** tan grande/caro (que); **~ de** *(sg)* tanto(-a); *(pl)* tantos(-as); **il était ~ fatigué qu'il s'est endormi** estaba tan cansado que se durmió; **il s'est endormi ~ il était fatigué** se durmió de lo cansado que estaba; **je n'ai pas ~ envie d'y aller** no tengo muchas *ou* tantas ganas de ir; **pas ~ fort/lentement** no tan fuerte/ lento; **il ne mange pas ~** no come tanto.

**téméraire** [temeʀɛʀ] adj temerario(-a).

**témoignage** [temwaɲaʒ] nm testimonio; *(d'affection etc)* muestra.

**témoigner** [temwaɲe] vt *(intérêt, gratitude)* manifestar ♦ vi *(JUR)* testimoniar, atestiguar; **~ que** declarar que; *(démontrer)* demostrar que; **~ de** dar pruebas de.

**témoin** [temwɛ̃] nm testigo m; *(preuve)* prueba ♦ adj testigo inv; *(appartement)* piloto inv ♦ adv: **~ le fait que ...** prueba de ello ...; **être ~ de** ser testigo de; **prendre à ~** tomar como *ou* por testigo; **appartement ~** piso piloto; **témoin à charge** testigo de cargo; **Témoin de Jéhovah** testigo de Jehová; **témoin de moralité** testigo de moralidad; **témoin oculaire** testigo ocular.

**tempe** [tɑ̃p] *nf* sien *f*.

**tempérament** [tɑ̃peʀamɑ̃] *nm* temperamento; (*santé*) constitución *f*; **à ~** (*vente*) a plazos; **avoir du ~** tener mucho temperamento.

**température** [tɑ̃peʀatyʀ] *nf* temperatura; **prendre la ~ de** tomar la temperatura de; (*fig*) tantear; **avoir** *ou* **faire de la ~** tener fiebre; **feuille/courbe de ~** gráfica/curva de temperatura.

**tempête** [tɑ̃pɛt] *nf* (*en mer*) temporal *m*; (*à terre*) tormenta; **vent de ~** viento de tormenta; (*fig*) gran tensión *f*; **tempête d'injures/de mots** torrente *m* de injurias/de palabras; **tempête de neige/de sable** tormenta de nieve/de arena.

**temple** [tɑ̃pl] *nm* templo.

**temporaire** [tɑ̃pɔʀɛʀ] *adj* temporal.

**temps** [tɑ̃] *nm* tiempo; (*époque*) tiempo, época; **les ~ changent/sont durs** los tiempos cambian/son duros; **il fait beau/mauvais ~** hace buen/mal tiempo; **passer/employer son ~ à faire qch** pasar/emplear el tiempo en hacer algo; **avoir le ~/tout le ~/juste le ~** tener tiempo/mucho tiempo/el tiempo justo; **avoir du ~ de libre** tener tiempo libre; **avoir fait son ~** (*fig*) haber pasado a la historia; **en ~ de paix/de guerre** en tiempo de paz/de guerra; **en ~ utile** *ou* **voulu** a su debido tiempo; **de ~ en ~, de ~ à autre** de vez en cuando; **en même ~** al mismo tiempo; **à ~** a tiempo; **pendant ce ~** mientras tanto; **à plein/mi-~** (*travailler*) jornada completa/media jornada; **à ~ partiel** *adv, adj* a tiempo parcial; **dans le ~** hace tiempo, antaño; **de tout ~** de toda la vida; **du ~ que, au/du ~ où** en los tiempos en que, cuando; **temps chaud/froid** tiempo caluroso/frío; **temps d'accès** (*INFORM*) tiempo de acceso; **temps d'arrêt** parada; **temps de pose** tiempo de exposición; **temps mort** (*SPORT*) tiempo muerto; (*COMM*) tiempo de inactividad; **temps partagé/réel** (*INFORM*) tiempo compartido/verdadero *ou* real.

**tenable** [t(ə)nabl] *adj* soportable.

**tenace** [tənas] *adj* tenaz; (*infection*) persistente.

**tenant, e** [tənɑ̃, ɑ̃t] *adj voir* **séance** ♦ *nm/f* (*SPORT*): **~ du titre** poseedor(a) del título ♦ *nm*: **d'un seul ~** de una sola pieza; **les ~s et les aboutissants** los detalles nimios.

**tendance** [tɑ̃dɑ̃s] *nf* tendencia; **~ à la hausse/baisse** tendencia a la alza/baja; **avoir ~ à** tener tendencia a.

**tendeur** [tɑ̃dœʀ] *nm* tensor *m*.

**tendre** [tɑ̃dʀ] *adj* (*à manger*) tierno(-a), blando(-a); (*matière*) blando(-a); (*affectueux*) cariñoso(-a); (*lettre, regard, émotion*) tierno(-a); (*couleur, bleu*) suave ♦ *vt* (*élastique, peau*) extender, estirar; (*muscle, arc*) tensar; (*offrir*) ofrecer; (*piège*) tender; **se tendre** *vpr* tensarse; **~ à qch/à faire qch** tender a algo/a hacer algo; **~ qch à qn** alcanzar algo a algn; **~ l'oreille** aguzar el oído; **~ le bras/la main** alargar el brazo/extender la mano; **~ la perche à qn** (*fig*) echar un capote a algn; **tendu de soie** tapizado en seda.

**tendrement** [tɑ̃dʀəmɑ̃] *adv* tiernamente.

**tendresse** [tɑ̃dʀɛs] *nf* ternura; **~s** *nfpl* (*caresses*) caricias *fpl*.

**tendu, e** [tɑ̃dy] *pp de* **tendre** ♦ *adj* (*allongé*) estirado(-a); (*raidi*) tensado(-a).

**ténèbres** [tenɛbʀ] *nfpl* tinieblas *fpl*.

**teneur** [tənœʀ] *nf* proporción *f*; (*d'une lettre*) texto; **teneur en cuivre** proporción de cobre.

**tenir** [t(ə)niʀ] *vt* (*avec la main, un objet*) tener; (*qn: par la main, le cou etc*) agarrar, coger; (*garder, maintenir: position*) mantener; (*maintenir fixé*) sujetar; (*prononcer: propos, discours*) proferir; (*magasin, hôtel*) regentar; (*promesse*) cumplir; (*un rôle*) desempeñar; (*MIL: ville, région*) ocupar; (*fam: un rhume*) estar con; (*AUTO: la route*) agarrarse a ♦ *vi* (*être fixé*) aguantar; (*neige, gel*) cuajar; (*survivre*) aguantar; (*peinture, colle*) agarrar; (*capacité*) caber; **se tenir** *vpr* (*avoir lieu*) cogerse, agarrarse; (*à qch*) agarrarse; (*conférence*) celebrarse; (*personne, monument*) estar; (*récit*) ser coherente; (*se comporter*) comportarse; **~ à** (*personne, chose*) tener cariño a; (*avoir pour cause*) deberse a; **~ à faire** tener interés en hacer; **~ de** (*parent*) salir; **~ qch pour** considerar algo como; **~ qn pour** tener a algn por; **~ qch de qn** (*histoire*) saber algo por algn; **~ lieu de servir de; ~ compte de** tener en cuenta; **~ le lit** guardar cama; **~ la solution/le coupable** te...

ner la solución/el culpable; ~ **une réunion/un débat** celebrar una reunión/ un debate; ~ **la caisse/les comptes** llevar la contabilidad/las cuentas; ~ **de la place** ocupar espacio; ~ **l'alcool** aguantar el alcohol; ~ **le coup,** ~ **bon** aguantar; ~ **3 jours/2 mois** resistir *ou* aguantar 3 días/2 meses; ~ **au chaud/à l'abri** mantener caliente/protegido(-a); ~ **chaud** (*suj: vêtement*) mantener abrigado; (: *café*) mantener caliente; ~ **prêt** tener listo; ~ **parole** mantener su *etc* palabra; ~ **en respect** mantener a distancia; ~ **sa langue** mantener la boca cerrada; se ~ **debout/ droit** tenerse en pie/derecho; **bien/mal se** ~ comportarse bien/mal; **s'en** ~ **à qch** atenerse a algo; **se** ~ **prêt/sur ses gardes** estar listo/en guardia; **se** ~ **tranquille** estarse quieto; **ça ne tient qu'à lui** es cosa suya; **il tient cela de son père** en eso ha salido a su padre; **nous ne tenons pas tous à cette table** no cabemos todos en esta mesa; **ça ne tient pas debout** no tiene ni pies ni cabeza; **qu'à cela ne tienne** por eso que no quede; **je n'y tiens pas** no me apetece; **tiens/tenez, voilà le stylo!** ¡toma/tome, aquí está la pluma!; **tiens, Pierre!** ¡anda, Pierre!; **tiens?** ¡anda!; **tiens-toi bien!** ¡agárrate!

**tennis** [tenis] *nm* tenis *msg*; (*aussi:* **court de** ~) cancha (de tenis) ♦ *nm ou f pl* (*aussi:* **chaussures de** ~) playeras *fpl*; **tennis de table** tenis de mesa.

**tennisman** [tenisman] *nm* tenista *m*.

**tension** [tɑ̃sjɔ̃] *nf* tensión *f*; (*concentration, effort*) esfuerzo; **faire** *ou* **avoir de la** ~ tener tensión; **tension nerveuse/raciale** tensión nerviosa/racial.

**tentation** [tɑ̃tasjɔ̃] *nf* tentación *f*.

**tentative** [tɑ̃tativ] *nf* intento; **tentative d'évasion/de suicide** intento de fuga/de suicidio.

**tente** [tɑ̃t] *nf* tienda; **tente à oxygène** tienda de oxígeno.

**tenter** [tɑ̃te] *vt* tentar; (*attirer: suj: musique, objet*) encantar; ~ **qch/de faire qch** intentar algo/hacer algo; **être tenté de penser/croire** estar tentado a pensar/ creer; ~ **sa chance** tentar la suerte.

**tenture** [tɑ̃tyʀ] *nf* colgadura.

**tenu, e** [t(ə)ny] *pp de* **tenir** ♦ *adj:* **maison bien** ~**e** casa bien cuidada; **les comptes de cette entreprise sont mal** ~**s** llevan

mal las cuentas de esta empresa; **être** ~ **de faire/de ne pas faire/à qch** estar obligado(-a) a hacer/a no hacer/a algo.

**ter** [tɛʀ] *adj:* **16** ~ 16 C.

**terme** [tɛʀm] *nm* término; (*FIN*) vencimiento; **être en bons/mauvais** ~**s avec qn** estar en buenos/malos términos con algn; **en d'autres** ~**s** en otras palabras; **vente/ achat à** ~ (*COMM*) venta/compra a plazos; **au** ~ **de** al término de; **à court/moyen/ long** ~ *adj, adv* a corto/medio/largo plazo; **moyen** ~ término medio; **à** ~ (*MÉD*) a los nueve meses; **avant** ~ (*MÉD*) antes de tiempo; **mettre un** ~ **à** poner término a; **toucher à son** ~ estar acabándose.

**terminaison** [tɛʀminɛzɔ̃] *nf* (*LING*) terminación *f*.

**terminal, e, -aux** [tɛʀminal, o] *adj* terminal ♦ *nm* (*INFORM*) terminal *m*; (*pétrolier, gare*) terminal *f*.

**terminale** [tɛʀminal] *nf* (*SCOL*) sé(p)timo año de educación secundaria en el sistema francés.

**terminer** [tɛʀmine] *vt* terminar, acabar; **terminer** *vpr* terminar(se), acabar(se); **se** ~ **par/en** (*repas, chansons*) acabar *ou* terminar con; (*pointe, boule*) acabar *ou* terminar en.

**terne** [tɛʀn] *adj* apagado(-a); (*personne, style*) insípido(-a).

**ternir** [tɛʀniʀ] *vt* (*couleur, peinture*) desteñir; (*fig: honneur, réputation*) empañar; **se ternir** *vpr* desteñirse.

**terrain** [tɛʀɛ̃] *nm* terreno; (*à bâtir*) solar *m*, terreno; (*SPORT, fig: domaine*) campo; **sur le** ~ sobre el terreno; **gagner/perdre du** ~ ganar/perder terreno; **terrain d'atterrissage** pista de aterrizaje; **terrain d'aviation** campo de aviación; **terrain d'entente** vía de entendimiento; **terrain de camping** camping *m*; **terrain de football/de golf** *etc* campo de fútbol/de golf *etc;* **terrain de jeu** patio de juego; **terrain vague** solar *m*.

**terrasse** [tɛʀas] *nf* terraza; (*sur le toit*) azotea; **culture en** ~**s** cultivo en bancales.

**terrasser** [tɛʀase] *vt* (*adversaire*) derribar; (*suj: maladie etc*) fulminar.

**terre** [tɛʀ] *nf* tierra; (*population*) mundo; ~**s** *nfpl* (*propriété*) tierras *fpl*; **travail de la** ~ trabajo del campo; **en** ~ de barro; **mettre en** ~ enterrar; **à** ~, **par** ~ (*mettre, être*) en el suelo *ou* piso (*AM*); (*jeter, tomber*) al suelo; ~ à ~ adj inv prosaico(-a); **la T~** la Tierra; **la T~ promise/Sainte** la Tierra prometida/Santa; **Terre Adélie/de Feu** Tierra de Adelaida/de Fuego; **terre cuite** terracota, arcilla cocida; **terre de bruyère** tierra de brezo; **terre ferme** tierra firme; **terre glaise** arcilla.

**terreau** [teʀo] nm mantillo.

**terre-plein** [tɛʀplɛ̃] (pl ~-~s) nm (CONSTR) terraplén m.

**terrestre** [teʀɛstʀ] adj terrestre; (REL) terrenal; (globe) terráqueo(-a).

**terreur** [teʀœʀ] nf terror m; (POL): **régime/politique de la ~** régimen m/política del terror.

**terrible** [teʀibl] adj terrible; (fam) estupendo(-a), regio(-a).

**terrien, ne** [teʀjɛ̃, jɛn] adj campesino(-a) ♦ nm/f (non martien etc) terrícola m/f; (qui ne vit pas sur la côte) hombre m/mujer f de tierra adentro; **propriétaire ~** terrateniente m/f.

**terrier** [teʀje] nm madriguera; (chien) terrier m.

**terrifier** [teʀifje] vt aterrorizar.

**terrine** [teʀin] nf tarro; (CULIN) conserva de carnes en tarro.

**territoire** [teʀitwaʀ] nm territorio; **Territoire des Afars et des Issas** Territorio de los Afars y de los Isas.

**terroriser** [teʀɔʀize] vt aterrorizar.

**terrorisme** [teʀɔʀism] nm terrorismo.

**terroriste** [teʀɔʀist] adj, nm/f terrorista m/f.

**tertiaire** [tɛʀsjɛʀ] adj (ÉCON, GÉO) terciario (-a) ♦ nm (ÉCON) sector m servicios.

**tes** [te] dét voir **ton**[1].

**test** [tɛst] nm prueba, examen m; **test de niveau** prueba de nivel.

**testament** [tɛstamɑ̃] nm testamento; **faire son ~** hacer testamento.

**tester** [tɛste] vt testar; (personne, produit etc) someter a prueba.

**testicule** [tɛstikyl] nm testículo.

**tétanos** [tetanos] nm tétano, tétanos msg.

**têtard** [tɛtaʀ] nm renacuajo.

**tête** [tɛt] nf cabeza; (visage) cara; (FOOTBALL) cabezazo; **de ~** adj (wagon, voiture) delantero(-a); (concurrent) en cabeza ♦ adv (calculer) mentalmente; **par ~** por persona, por cabeza; **être à la ~ de qch** estar al frente de algo; **il fait une ~ de plus que moi** me lleva un palmo; **gagner d'une**

(courte) ~ ganar por (casi) una cabeza; **prendre la ~ de qch** tomar la dirección de algo; **perdre la ~** perder la cabeza; **ça ne va pas la ~?** (fam) ¿no estás bien de la cabeza?; **il s'est mis en ~ de le faire** se le ha metido en la cabeza hacerlo; **tenir ~ à qn** hacer frente a algn; **la ~ la première** de cabeza; **la ~ basse** cabizbajo(-a); **la ~ en bas** cabeza abajo; **avoir la ~ dure** (fig) ser duro(-a) de mollera; **faire une ~** (FOOTBALL) dar un cabezazo; **faire la ~** estar de morros, poner mala cara; **en ~** (SPORT) a la cabeza; (arriver, partir) primero(-a); **de la ~ aux pieds** de la cabeza a los pies; **tête brûlée** (fig) cabeza loca; **tête chercheuse/d'enregistrement/d'impression** cabeza buscadora/grabadora/impresora; **tête d'affiche** (THÉÂTRE etc) cabecera del reparto; **tête de bétail** res f; **tête de lecture** cabeza de lectura; **tête de ligne** (TRANSPORT) central f; **tête de liste** (POL) cabeza de lista; **tête de mort** calavera; **tête de pont** (MIL, fig) cabeza de puente; **tête de série** (TENNIS) cabeza de serie; **tête de Turc** cabeza de turco; **tête de veau** (CULIN) cabeza de ternero.

**tête-à-queue** [tɛtakø] nm inv: **faire un ~-~-~** derrapar y quedar en sentido contrario.

**téter** [tete] vt mamar.

**tétine** [tetin] nf (de vache) ubre f; (de biberon) tetina; (sucette) chupete m.

**têtu, e** [tety] adj terco(-a), testarudo(-a).

**teuf** [tœf] (fam) nf fiesta; **faire la ~** estar de fiesta.

**texte** [tɛkst] nm texto; (passage): **~s choisis** textos mpl escogidos; **apprendre son ~** (THÉÂTRE, CINÉ) aprender el papel; **un ~ de loi** un texto de ley.

**textile** [tɛkstil] adj textil ♦ nm tejido; (industrie): **le ~** la industria textil.

**texture** [tɛkstyʀ] nf textura.

**TGV** [teʒeve] sigle m (= train à grande vitesse) ≈ AVE (= Alta Velocidad Española).

**thaïlandais, e** [tajlɑ̃dɛ, ɛz] adj tailandés (-esa) ♦ nm/f: **T~, e** tailandés(-esa).

**Thaïlande** [tajlɑ̃d] nf Tailandia.

**thé** [te] nm té m; **prendre le ~** tomar el té; **faire le ~** hacer un té; **thé au citron/au lait** té con limón/con leche.

**théâtral, e, -aux** [teatʀal, o] adj (aussi péj) teatral.

**théâtre** [teatʀ] nm teatro; (fig: lieu): **le**

de el escenario de; **faire du ~** hacer teatro; **théâtre filmé** teatro grabado.

**théière** [tejɛʀ] *nf* tetera.

**thème** [tɛm] *nm* tema; *(traduction)* traducción *f* inversa; **thème astral** carta astral.

**théologie** [teɔlɔʒi] *nf* teología.

**théorie** [teɔʀi] *nf* teoría; **en ~** en teoría; **théorie musicale** teoría de la música.

**théorique** [teɔʀik] *adj* teórico(-a).

**thérapie** [teʀapi] *nf* terapia.

**thermal, e, -aux** [tɛʀmal, o] *adj* termal; **station/cure ~e** estación *f*/cura termal.

**thermique** [tɛʀmik] *adj* térmico(-a); **ascendance ~** ascendencia térmica.

**thermomètre** [tɛʀmɔmɛtʀ] *nm* termómetro.

**thermos** ® [tɛʀmos] *nm ou f*: **(bouteille) ~** termo.

**thermostat** [tɛʀmɔsta] *nm* termostato.

**thèse** [tɛz] *nf* tesis *f inv*; *(opinion)* teoría; **pièce/roman à ~** obra/novela de tesis.

**thon** [tɔ̃] *nm* atún *m*.

**thym** [tɛ̃] *nm* tomillo.

**tic** [tik] *nm (nerveux)* tic *m*; *(de langage etc)* muletilla.

**ticket** [tikɛ] *nm* billete *m*, boleto *(AM)*; *(de cinéma, théâtre)* entrada; **ticket de caisse** ticket *m ou* tique(t) de compra; **ticket de quai** ticket *ou* tique(t) de andén; **ticket de rationnement** cupón *m* de racionamiento; **ticket modérateur** porcentaje correspondiente al asegurado en los gastos de la Seguridad social; **ticket repas** vale *m* (para la comida).

**tiède** [tjɛd] *adj* tibio(-a), templado(-a); *(bière)* caliente; *(thé, café)* tibio(-a); *(air)* templado(-a) ♦ *adv*: **boire ~** beber cosas templadas; **recevoir un accueil ~** tener una acogida tibia.

**tiédir** [tjediʀ] *vi* templarse.

**tien, ne** [tjɛ̃, tjɛn] *adj* tuyo(-a) ♦ *pron*: **le(la) tien(ne)** el/la tuyo(-a); **les ~s/les tiennes** los tuyos/las tuyas; **les ~s** *(ta famille)* los tuyos.

**tiens** [tjɛ̃] *vb, excl voir* **tenir**.

**tiercé** [tjɛʀse] *nm* apuesta triple.

**tiers, tierce** [tjɛʀ, tjɛʀs] *adj* tercero(-a) ♦ *nm (JUR)* tercero; *(fraction)* tercio; **assurance au ~** seguro contra terceros; **une tierce personne** una tercera persona; **le ~ monde** el tercer mundo; **tiers payant** *(MÉD, PHARMACIE)* sistema en que la compañía de seguros paga directamente por la asisten-

cia médica del paciente; **tiers provisionnel** *(FIN)* pago fraccionado del impuesto sobre la renta.

**tige** [tiʒ] *nf (de fleur, plante)* tallo; *(branche d'arbre)* rama; *(baguette)* varilla.

**tignasse** [tiɲas] *(péj) nf* greñas *fpl*.

**tigre** [tigʀ] *nm* tigre *m*.

**tigré, e** [tigʀe] *adj (tacheté)* picado(-a); *(rayé)* atigrado(-a).

**tilleul** [tijœl] *nm (arbre)* tilo; *(boisson)* tila.

**timbre** [tɛ̃bʀ] *nm* timbre *m*; *(aussi: ~poste)* sello, estampilla *(AM)*; *(cachet de la poste)* sello; **timbre dateur** fechador *m*; **timbre fiscal** timbre fiscal; **timbre tuberculinique** *(MÉD)* pegatina vendida en la lucha contra la tuberculosis.

**timbré, e** [tɛ̃bʀe] *adj (enveloppe)* timbrado(-a), sellado(-a); *(voix)* timbrado (-a); *(fam)* tocado(-a) de la cabeza; **papier ~** papel *m* timbrado.

**timide** [timid] *adj* tímido(-a); **le soleil est ~** el sol no se atreve a salir.

**timidité** [timidite] *nf* timidez *f*.

**tintamarre** [tɛ̃tamaʀ] *nm* escandalera.

**tinter** [tɛ̃te] *vi* tintinar.

**tique** [tik] *nf* garrapata.

**TIR** [tiʀ] *sigle mpl (= transports internationaux routiers)* TIR *m*, transporte internacional por carretera.

**tir** [tiʀ] *nm* tiro; *(stand)* tiro al blanco; **tir à l'arc** tiro con arco; **tir au fusil** tiro con fusil; **tir au pigeon** tiro de pichón; **tir de barrage/de mitraillette/d'obus** fuego de barrera/disparo de ametralladora/tiro de obús.

**tirage** [tiʀaʒ] *nm (PHOTO)* revelado; *(TYPO, INFORM)* impresión *f*; *(d'un journal, de livre)* tirada; *(: édition)* edición *f*; *(d'un poêle etc)* tiro; *(de loterie)* sorteo; *(désaccord)* fricción *f*; **tirage au sort** sorteo.

**tire** [tiʀ] *nf*: **voleur à la ~** ratero; **vol à la ~** tirón *m*.

**tiré, e** [tiʀe] *adj (visage)* cansado(-a) ♦ *nm (COMM)* librado; **~ par les cheveux** difícil de creer; **tiré à part** separata.

**tire-bouchon** [tiʀbuʃɔ̃] *(pl ~-~s) nm* sacacorchos *m inv*.

**tirelire** [tiʀliʀ] *nf* hucha.

**tirer** [tiʀe] *vt (sonnette etc)* tirar de, jalar *(AM)*; *(remorque)* arrastrar, jalar *(AM)*; *(trait)* trazar; *(porte)* cerrar; *(rideau, panneau)* correr; *(extraire: carte, numéro, conclusion)* sacar; *(COMM: chèque)* extender; *(loterie)* sor-

tear; (en faisant feu) tirar, disparar; (: animal) disparar (à); (journal, livre) imprimir;
(PHOTO) revelar; (FOOTBALL) sacar, tirar ♦ vi
(faire feu) disparar; (cheminée, SPORT) tirar;
se tirer vpr (fam) largarse; ~ qch de sacar
algo de; (le jus d'un citron) extraer algo de;
(un son d'un instrument) obtener algo de;
~ une substance d'une matière première obtener una sustancia de una materia prima; ~ 6 mètres (NAUT) tener 6 metros de calado; s'en ~ salir bien; ~ sur tirar
de; (faire feu sur) disparar a; (pipe) fumar
en; (avoisiner) acercarse a; ~ la langue sacar la lengua; ~ avantage/parti de sacar
provecho/partido de; ~ son nom/origine
de recibir su nombre/origen de; ~ qn de
(embarras etc) sacar a algn de; ~ à l'arc/à
la carabine tirar con arco/con carabina; ~
en longueur no tener fin; ~ à sa fin tocar
a su fin; ~ les cartes echar las cartas.
**tiret** [tiʀɛ] nm guión m.
**tireur, -euse** [tiʀœʀ, øz] nm/f (MIL) tira-
dor(a); (COMM) librador(a); **bon ~** buen tirador; **tireur d'élite** tirador de primera;
**tireuse de cartes** echadora de cartas.
**tiroir** [tiʀwaʀ] nm cajón m.
**tiroir-caisse** [tiʀwaʀkɛs] (pl ~s-~s) nm caja.
**tisane** [tizan] nf tisana, infusión f.
**tisser** [tise] vt tejer; (réseau) establecer.
**tissu**[1] [tisy] nm tejido; (fig) sarta; **tissu de
mensonges** sarta de mentiras.
**tissu**[2], **e** [tisy] adj: **~ de** tejido(-a) de.
**tissu-éponge** [tisyepɔ̃ʒ] (pl ~s-~s) nm felpa.
**titre** [titʀ] nm título; (de journal, aussi télévisé) titular m; (CHIM: d'alliage) ley f; (: de solution) título; (: d'alcool) graduación f; **en
~** titular; **à juste ~** con toda razón; **à quel
~?** ¿a título de qué?; **à aucun ~** bajo ninguna razón; **au même ~ (que)** al igual
(que); **au ~ de la coopération etc** en
nombre de la cooperación etc; **à ~
d'exemple** como ejemplo; **à ~ d'exercice**
como ejercicio; **à ~ exceptionnel** excepcionalmente; **à ~ amical** amistosamente; **à
~ d'information** a modo de información;
**à ~ gracieux** gratis; **à ~ provisoire/
d'essai** de forma provisional/a modo de
ensayo; **à ~ privé/consultatif** a título
privado/consultativo; **titre courant** tituli-
llo; **titre de propriété** título de propiedad; **titre de transport** billete m.
**tituber** [titybe] vi titubear.

**titulaire** [titylɛʀ] adj titular ♦ nm titular m;
**être ~ de** ser titular de.
**toast** [tost] nm tostada; (de bienvenue) brindis
m inv; **porter un ~ à qn** brindar por algn.
**toboggan** [tɔbɔɡɑ̃] nm tobogán m; (AUTO)
paso a desnivel.
**toc** [tɔk] nm: **en ~ de** imitación.
**tocsin** [tɔksɛ̃] nm rebato, toque m de alarma.
**tohu-bohu** [tɔybɔy] nm inv (désordre) revoltijo; (tumulte) barullo.
**toi** [twa] pron tú; **~, tu n'y vas pas** tú no
vas; **c'est ~?** ¿eres tú?; **je veux aller avec
~** quiero ir contigo; **pour/sans ~** para/sin
ti; **des livres à ~** libros tuyos.
**toile** [twal] nf tela; (bâche) lona; (tableau)
tela, lienzo; **grosse ~** tela basta; **tisser sa
~** tejer su tela; **toile cirée** hule m; **toile
d'araignée** telaraña; **toile de fond** telón
m de fondo; **toile de jute** tela de saco;
**toile de lin** lienzo; **toile de tente** lona;
**toile émeri** tela de esmeril.
**toilette** [twalɛt] nf aseo; (s'habiller et se
préparer) arreglo; (habillement) vestimenta;
**~s** nfpl servicios mpl; **les ~s des dames/
messieurs** los servicios de señoras/
caballeros; **faire sa ~** asearse; **faire la ~
de** (animal) lavar y arreglar a; (texte) preparar; **articles de ~** artículos mpl de aseo;
**toilette intime** aseo íntimo.
**toi-même** [twamɛm] pron tú mismo.
**toit** [twa] nm techo; (de bâtiment) tejado;
**toit ouvrant** techo solar.
**toiture** [twatyʀ] nf tejado, techumbre f.
**tôle** [tol] nf chapa; **tôle d'acier** chapa de
acero; **tôle ondulée** chapa ondulada.
**tolérable** [tɔleʀabl] adj tolerable.
**tolérant, e** [tɔleʀɑ̃, ɑ̃t] adj tolerante.
**tolérer** [tɔleʀe] vt tolerar; (ADMIN: hors taxe)
autorizar.
**tollé** [tɔ(l)le] nm: **un ~ (d'injures/de protestations)** una sarta (de insultos/de protestas).
**tomate** [tɔmat] nf tomate m.
**tombe** [tɔ̃b] nf tumba.
**tombeau, x** [tɔ̃bo] nm tumba; **à ~ ouvert**
a toda velocidad.
**tombée** [tɔ̃be] nf: **à la ~ du jour** ou **de la
nuit** al atardecer, al anochecer.
**tomber** [tɔ̃be] vi caer; (accidentellement)
caerse; (prix, température) bajar ♦ vt: **~ la
veste** (fam) quitarse la chaqueta; **laisser ~**
abandonar; **~ sur** encontrarse con; (atta-

*quer*) echarse sobre; (*critiquer*) echarse encima de; ~ **de fatigue/de sommeil** caerse de cansancio/de sueño; ~ **à l'eau** (*fig*) irse al garete; ~ **juste** salir bien; ~ **en panne** tener una avería; ~ **en ruine** caerse en ruinas; **le 15 tombe un mardi** el 15 cae en martes; ~ **bien/mal** (*vêtement*) quedar bien/mal; **ça tombe bien/mal** (*fig*) viene bien/mal; **il est bien/mal tombé** (*fig*) le ha ido bien/mal.

**tombola** [tɔ̃bɔla] *nf* tómbola.

**tome** [tɔm] *nm* tomo.

**ton¹, ta** [tɔ̃, ta] (*pl* **tes**) *dét* tu.

**ton²** [tɔ̃] *nm* tono; **élever** *ou* **hausser le** ~ levantar la voz; **donner le** ~ llevar la voz cantante; **si vous le prenez sur ce** ~ si lo toma usted así; **de bon** ~ de buen tono; ~ **sur** ~ en la misma gama de color.

**tonalité** [tɔnalite] *nf* tonalidad *f*; (*au téléphone*) señal *f*.

**tondeuse** [tɔ̃døz] *nf* (*à gazon*) cortadora de césped; (*de coiffeur*) maquinilla (de cortar el pelo); (*pour la tonte*) esquiladora.

**tondre** [tɔ̃dʀ] *vt* (*pelouse*) cortar; (*haie*) podar; (*mouton*) esquilar; (*cheveux*) rapar.

**tonifier** [tɔnifje] *vi* (*air*) vivificar; (*eau*) tonificar ♦ *vt* (*organisme*) entonar; (*peau*) tonificar.

**tonique** [tɔnik] *adj* (*lotion*) tónico(-a); (*médicament, personne*) estimulante; (*froid*) tonificante; (*air*) vivificador(a) ♦ *nm* (*médicament*) estimulante m; (*lotion*) tónico; (*boisson*) tónica ♦ *nf* (*MUS*) tónica.

**tonne** [tɔn] *nf* tonelada.

**tonneau, x** [tɔno] *nm* tonel m; (*NAUT*): **jauger 2.000 ~x** tener una capacidad de 2.000 toneladas; **faire des ~x** (*voiture*) dar vueltas de campana; (*avion*) hacer rizos.

**tonnelle** [tɔnɛl] *nf* glorieta.

**tonner** [tɔne] *vi* tronar; (*parler avec véhémence*): ~ **contre qn/qch** despotricar contra algn/algo; **il tonne** truena.

**tonnerre** [tɔnɛʀ] *nm* trueno; **du** ~ (*fam*) bárbaro(-a); **coup de** ~ infortunio; **tonnerre d'applaudissements** salva de aplausos.

**tonton** [tɔ̃tɔ̃] *nm* tito.

**tonus** [tɔnys] *nm*: **avoir du** ~ estar entonado(-a); **donner du** ~ entonar.

**top** [tɔp] *nm*: **au 3ème** ~ a la tercera señal ♦ *adj*: ~ **secret** top secret ♦ *excl* ¡ya!; **le** ~ **50** ≈ los 40 principales.

**topinambour** [tɔpinãbuʀ] *nm* batata.

**torche** [tɔʀʃ] *nf* antorcha.

**torchon** [tɔʀʃɔ̃] *nm* trapo; (*à vaisselle*) paño de cocina.

**tordre** [tɔʀdʀ] *vt* (*chiffon*) estrujar; (*barre*) torcer; (*visage*) retorcer; **se tordre** *vpr* torcerse; (*ver, serpent*) retorcerse; **se** ~ **le pied/bras** torcerse el pie/brazo; **se** ~ **de douleur/de rire** retorcerse de dolor/ desternillarse de risa.

**tordu, e** [tɔʀdy] *pp de* **tordre** ♦ *adj* idiota.

**tornade** [tɔʀnad] *nf* tornado.

**torrent** [tɔʀã] *nm* torrente m; (*fig*): **un** ~ **de** un torrente de; **il pleut à ~s** llueve a mares.

**torsade** [tɔʀsad] *nf* retorcido; (*ARCHIT*) espiral *f*.

**torse** [tɔʀs] *nm* torso; (*poitrine*) pecho ♦ *adj f voir* **tors**.

**tort** [tɔʀ] *nm* (*défaut*) defecto; (*préjudice*) perjuicio; ~**s** *nmpl* (*JUR*) daños y perjuicios *mpl*; **avoir** ~ estar equivocado(-a); **être dans son** ~ tener la culpa; **donner** ~ **à qn** echar la culpa a algn; (*fig: suj: chose*) perjudicar a algn; **causer du** ~ **à** perjudicar a; **être en** ~ tener la culpa; **à** ~ sin razón; **à** ~ **ou à raison** con razón o sin ella; **à** ~ **et à travers** a tontas y a locas.

**torticolis** [tɔʀtikɔli] *nm* tortícolis *f inv*.

**tortiller** [tɔʀtije] *vt* retorcer; **se tortiller** *vpr* retorcerse.

**tortionnaire** [tɔʀsjɔnɛʀ] *nm* verdugo.

**tortue** [tɔʀty] *nf* tortuga.

**tortueux, -euse** [tɔʀtɥø, øz] *adj* tortuoso(-a).

**torture** [tɔʀtyʀ] *nf* tortura.

**torturer** [tɔʀtyʀe] *vt* torturar.

**tôt** [to] *adv* (*au début d'une portion de temps*) temprano; (*au bout de peu de temps*) pronto; ~ **ou tard** tarde o temprano; **si** ~ tan pronto; **au plus** ~ cuanto antes; **plus** ~ antes; **il eut** ~ **fait de faire ...** muy pronto hizo ...

**total, e, -aux** [tɔtal, o] *adj* total ♦ *nm* total m; **au** ~ en total; (*fig*) en resumidas cuentas; **faire le** ~ hacer el total.

**totalement** [tɔtalmã] *adv* totalmente.

**totaliser** [tɔtalize] *vt* totalizar.

**totalitaire** [tɔtalitɛʀ] *adj* totalitario(-a).

**totalité** [tɔtalite] *nf* totalidad *f*; **revoir qch en** ~ revisar algo en totalidad.

**toubib** [tubib] (*fam*) *nm* médico.

**touchant, e** [tuʃã, ãt] *adj* conmovedor(a).

**touche** [tuʃ] *nf* (*de piano, de machine à écri-*

*re*) tecla; (*de violon*) diapasón *m*; (*de télé-commande*) botón *m*; (PEINTURE, *fig*) toque *m*; (RUGBY) línea lateral; (FOOTBALL: *aussi*: **remise en ~**) saque *m* de banda; (: *ligne de touche*) línea de banda; (ESCRIME) tocado; **en ~** fuera de banda; **avoir une drôle de ~** (*fam*) tener una pinta extraña; **touche sensitive** *ou* **à effleurement** control *m* sensible al tacto; **touche de commande/de fonction/de retour** (INFORM) tecla de mando/de función/de retorno.

**toucher** [tuʃe] *nm* tacto; (MUS) modo de tocar ♦ *vt* tocar; (*mur, pays*) lindar con; (*atteindre*) alcanzar; (*émouvoir*: *suj*: *amour, fleurs*) conmover; (: *catastrophe, malheur, crise*) afectar; (*concerner*) atañer; (*contacter*) contactar con; (*prix, récompense*) recibir; (*salaire, chèque*) cobrar; (*problème, sujet*) abordar; **se toucher** *vpr* tocarse; **au ~** al tacto; **~ à qch** tocar algo; (*concerner*) atañer a algo; **~ au but** llegar a la meta; **je vais lui en ~ un mot** le diré dos palabras sobre ello; **~ à sa fin** *ou* **son terme** tocar a su fin.

**touffe** [tuf] *nf* (*d'herbe*) mata; (*de poils*) mechón *m*.

**touffu, e** [tufy] *adj* (*haie, forêt*) frondoso (-a); (*cheveux*) tupido(-a); (*style, texte*) denso(-a).

**toujours** [tuʒuʀ] *adv* siempre; (*encore*) todavía; **~ plus** cada vez más; **pour ~** para siempre; **depuis ~** desde siempre; **~ est-il que** lo cierto es que; **essaie ~** prueba a intentarlo; **il vit ~ ici** sigue viviendo aquí.

**toupie** [tupi] *nf* peonza.

**tour** [tuʀ] *nf* torre *f*; (*appartements*) bloque *m* (de pisos) ♦ *nm* (*promenade*) paseo, vuelta; (*excursion*) excursión *f*; (SPORT, POL, *de vis, de roue*) vuelta; (*d'être servi ou de jouer etc*) turno; (*de la conversation*) giro; (*ruse*) ardid *m*; (*de prestidigitation etc*) número; (*de cartes*) truco; (*de potier, à bois*) torno; **de 3 m de ~** (*circonférence*) de 3 m de perímetro; **faire le ~ de** dar la vuelta a; (*questions, possibilités*) dar vueltas a; **faire un ~** dar una vuelta; **faire le ~ de l'Europe** dar la vuelta a Europa; **faire 2/3 ~s** dar 2 o 3 vueltas; **fermer à double ~** cerrar bajo siete llaves; **c'est mon/son ~** es mi/su turno; **c'est au ~ de Philippe** le toca a Philippe; **à ~ de rôle**, **~ à ~** por turnos, en orden; **à ~ de bras** con todas las fuerzas; **en un ~ de main** en un santiamén, en un

abrir y cerrar de ojos; **tour d'horizon** *nm* (*fig*) panorama; **tour de chant** *nm* recital *m* de canto; **tour de contrôle** *nf* torre de control; **tour de force** *nm* hazaña; **tour de garde** *nm* recorrido de guardia; **tour de lancement** *nf* plataforma de lanzamiento; **tour de lit** *nm* cubrecama *m*; **tour de main** *nm* habilidad *f*; **tour de passe-passe** *nm* juego de manos; **tour de poitrine/de tête** *nm* contorno de pecho/de cabeza; **tour de reins** *nm* lumbago; **tour de taille** *nm* contorno de cintura.

**tourbe** [tuʀb] *nf* turba.

**tourbillon** [tuʀbijɔ̃] *nm* (*d'eau, de poussière*) remolino; (*de vent, fig*) torbellino.

**tourbillonner** [tuʀbijɔne] *vi* arremolinarse; (*objet, personne*) dar vueltas.

**tourelle** [tuʀɛl] *nf* torrecilla; (*de véhicule*) torreta.

**tourisme** [tuʀism] *nm* turismo; **office du ~** oficina de turismo; **avion de ~** avión *m* de turismo; **voiture de ~** turismo; **faire du ~** hacer turismo.

**touriste** [tuʀist] *nm/f* turista *m/f*.

**touristique** [tuʀistik] *adj* turístico(-a).

**tourment** [tuʀmɑ̃] *nm* tormento.

**tourmenter** [tuʀmɑ̃te] *vt*: **se ~** ♦ *vpr* atormentarse.

**tournage** [tuʀnaʒ] *nm* rodaje *m*.

**tournant, e** [tuʀnɑ̃, ɑ̃t] *adj* (*feu, scène*) giratorio(-a); (*chemin*) sinuoso(-a); (*escalier*) de caracol; (*mouvement*) envolvente ♦ *nm* (*de route*) curva; (*fig*) giro; *voir aussi* **grève**; **plaque**.

**tournée** [tuʀne] *nf* (*du facteur*) ronda; (*d'artiste, de politicien*) gira; **payer une ~** pagar una ronda; **faire la ~ de** hacer un recorrido por; **tournée électorale/musicale** gira electoral/musical.

**tourner** [tuʀne] *vt* girar, voltear (AM); (*sauce, mélange*) revolver; (NAUT: *cap*) rodear; (*difficulté etc*) esquivar; (*scène, film*) rodar; (: *produire*) producir; (*jouer dans*) actuar en ♦ *vi* girar, voltear (AM); (*vent*) cambiar de dirección; (*moteur*) estar en marcha; (*compteur*) estar andando; (*lait etc*) agriarse; (*chance, vie*) cambiar; (*fonctionner: société etc*) marchar; **se tourner** *vpr* volverse; **se ~ vers** volverse hacia; (*personne: pour demander: aide, conseil*) dirigirse a; (*profession*) inclinarse por; (*question*) detenerse en; **bien/mal ~** salir bien/mal; **~ autou**

**de** dar vueltas alrededor de; (*soleil*: *suj*: *terre*) girar alrededor de; (*péj*: *personne*: *importuner*) andar rondando a; ~ **autour du pot** (*fig*) andarse con rodeos; ~ **à/en volverse**, convertirse en; ~ **à la pluie/au rouge** volverse lluvioso/ponerse rojo; ~ **en ridicule** ridiculizar; ~ **le dos à** dar la espalda a; ~ **court** desviarse; **se** ~ **les pouces** (*fig*) estar con los brazos cruzados; ~ **la tête** girar la cabeza; ~ **la tête à qn** volver loco(-a) a algn; ~ **de l'œil** (*fam*) desmayarse; ~ **la page** (*fig*) hacer borrón y cuenta nueva.

**tournesol** [tuʀnəsɔl] *nm* girasol *m*.

**tournevis** [tuʀnəvis] *nm* destornillador *m*.

**tournoi** [tuʀnwa] *nm* (*HIST*) torneo; **tournoi de bridge/tennis** torneo de bridge/tenis; **tournoi des 5 nations** (*RUGBY*) campeonato de las 5 naciones.

**tournure** [tuʀnyʀ] *nf* (*LING*) giro; (*d'une pièce, d'un texte*) carácter *m*, aspecto; **prendre** ~ tomar forma; **tournure d'esprit** manera de enfocar las cosas.

**tourte** [tuʀt] *nf* (*CULIN*): ~ **à la viande** pastel *m* de carne.

**tourterelle** [tuʀtəʀɛl] *nf* tórtola.

**tous** [tu] *dét, pron voir* **tout**.

**Toussaint** [tusɛ̃] *nf*: **la** ~ el día de Todos los Santos.

**tousser** [tuse] *vi* toser.

---
MOT-CLÉ
---

**tout, e** [tu, tut] (*pl* **tous**, *f* **toutes**) *adj* **1** (*avec article*) todo(-a); **tout le lait/l'argent** toda la leche/todo el dinero; **toute la nuit** toda la noche; **tout le livre** todo el libro; **toutes les trois/dos semaines** cada tres/dos semanas; **tout le temps** *adv* todo el tiempo; **tout le monde** *pron* todo el mundo; **c'est tout le contraire** es todo lo contrario; **tout un pain/un livre** un pan/un libro entero; **c'est tout une affaire/une histoire** es todo un caso/una historia; **toutes les nuits** todas las noches; **toutes les fois que ...** todas las veces que ...; **tous les deux** los dos, ambos; **toutes les trois** las tres

**2** (*sans article*): **à tout âge/à toute heure** a cualquier edad/hora; **pour toute nourriture, il avait ...** por todo alimento, tenía ...; **à toute vitesse** a toda velocidad; **de tous côtés** *ou* **de toutes parts** de todos

(los) lados *ou* de todas partes; **à tout hasard** por si acaso

♦ *pron* todo(-a); **il a tout fait** lo hizo todo; **je les vois toutes** las veo a todas; **nous y sommes tous allés** fuimos todos; **en tout** en total; **tout ce qu'il sait** todo lo que sabe; **en tout et pour tout, ...** en total ...; **tout ou rien** todo o nada; **c'est tout** eso es todo, nada más; **tout ce qu'il y a de plus aimable** el(la) más amable del mundo

♦ *nm* todo; **du tout au tout** del todo; **le tout est de ...** lo importante es ...; **pas du tout** en absoluto

♦ *adv* **1** (**toute** *avant adj f commençant par consonne ou h aspiré*) (*très, complètement*): **elle était tout émue** estaba muy emocionada; **elle était toute petite** era muy pequeñita; **tout à côté** al lado; **tout près** muy cerca; **le tout premier** el primero de todos; **tout seul** solo; **le livre tout entier** el libro entero; **tout en haut/bas** arriba/abajo del todo; **tout droit** todo recto; **tout ouvert** completamente abierto; **tout rouge** todo rojo; **parler tout bas** hablar muy bajo; **tout simplement** sencillamente; **fais-le tout doucement** hazlo despacio

**2**: **tout en** mientras; **tout en travaillant il ...** mientras trabaja, ...

**3**: **tout d'abord** en primer lugar; **tout à coup** de repente; **tout à fait** (*complètement*: *fini, prêt*) del todo; (*exactement*: *vrai, juste, identique*) perfectamente; **"tout à fait!"** (*oui*) "¡desde luego!"; **tout à l'heure** (*passé*) hace un rato; (*futur*) luego; **à tout à l'heure!** ¡hasta luego!; **tout de même** sin embargo; **tout de suite** enseguida; **tout terrain** *ou* **tous terrains** *adj inv* todo terreno *inv*.

---

**toutefois** [tutfwa] *adv* sin embargo, no obstante.

**toutes** [tut] *dét, pron voir* **tout**.

**toux** [tu] *nf* tos *f inv*.

**toxicomane** [tɔksikɔman] *adj* toxicómano(-a).

**toxique** [tɔksik] *adj* tóxico(-a).

**trac** [tʀak] *nm* nerviosismo; **avoir le** ~ estar nervioso(-a), estar como un flan.

**tracasser** [tʀakase] *vt* (*suj*: *problème, idée*) preocupar; (*harceler*) molestar; **se tracasser** *vpr* preocuparse; **il n'a pas été tra-**

cassé par la police no le molestó la policía.

**trace** [tʀas] *nf* huella; (*de pneu, de brûlure etc*) marca; (*d'encre, indice, quantité minime*) rastro; (*de blessure, de maladie*) secuela; (*d'une civilisation etc*) restos *mpl*; **avoir une ~ d'accent étranger** tener un ligero acento extranjero; **suivre qn à la ~** seguir la pista *ou* el rastro de algn; **traces de freinage/de pneus** marcas de frenada/ de neumáticos; **traces de pas** huellas *fpl* de pasos.

**tracer** [tʀase] *vt* trazar.

**tract** [tʀakt] *nm* panfleto.

**tracteur** [tʀaktœʀ] *nm* tractor *m*.

**traction** [tʀaksjɔ̃] *nf* tracción *f*; **traction avant/arrière** tracción delantera/trasera; **traction électrique/mécanique** tracción eléctrica/mecánica.

**tradition** [tʀadisjɔ̃] *nf* tradición *f*.

**traditionnel, le** [tʀadisjɔnɛl] *adj* tradicional.

**traducteur, -trice** [tʀadyktœʀ, tʀis] *nm/f* traductor(a) ♦ *nm* (*INFORM*) traductor *m*; **traducteur interprète** traductor(a) intérprete.

**traduction** [tʀadyksjɔ̃] *nf* traducción *f*; **traduction simultanée** traducción simultánea.

**traduire** [tʀadɥiʀ] *vt* traducir; **se traduire** *vpr*: **se ~ par** traducirse por; **~ en/du français** traducir al/del francés; **~ qn en justice** hacer comparecer a algn ante la justicia.

**trafic** [tʀafik] *nm* tráfico; **trafic d'armes** tráfico de armas; **trafic de drogue** narcotráfico.

**trafiquant, e** [tʀafikɑ̃, ɑ̃t] *nm/f* traficante *m/f*.

**trafiquer** [tʀafike] *vt* (*péj*) amañar ♦ *vi* traficar.

**tragédie** [tʀaʒedi] *nf* tragedia.

**tragique** [tʀaʒik] *adj* trágico(-a) ♦ *nm*: **prendre qch au ~** tomar algo por lo trágico.

**trahir** [tʀaiʀ] *vt* (*aussi fig*) traicionar; (*suj: objet*): **~ qn** descubrir a algn; **~ un manque** revelar una ausencia; **se trahir** *vpr* traicionarse.

**trahison** [tʀaizɔ̃] *nf* traición *f*.

**train** [tʀɛ̃] *nm* tren *m*; (*allure*) paso; (*ensemble*) serie *f*; **être en ~ de faire qch** estar haciendo algo; **mettre qch en ~** empezar

a hacer algo; **mettre qn en ~** animar a algn; **se mettre en ~** (*commencer*) ponerse manos a la obra; (*faire de la gymnastique*) ponerse en forma; **se sentir en ~** sentirse en forma; **aller bon ~** ir a buen paso; **train à grande vitesse/spécial** tren de alta velocidad/especial; **train arrière/avant** tren trasero/delantero; **train autos-couchettes** tren cochecama; **train d'atterrissage** tren de aterrizaje; **train de pneus** juego de neumáticos; **train de vie** tren de vida; **train électrique** (*jouet*) tren eléctrico.

**traîne** [tʀɛn] *nf* cola; **être à la ~** (*en arrière*) ir rezagado(-a); (*en désordre*) estar de cualquier manera.

**traîneau, x** [tʀɛno] *nm* trineo.

**traîner** [tʀene] *vt* tirar de; (*maladie*): **il traîne un rhume depuis l'hiver** lleva arrastrando un resfriado desde el invierno ♦ *vi* rezagarse; (*être en désordre*) estar tirado(-a); (*vagabonder*) callejear; (*durer*) alargarse; **se traîner** *vpr* arrastrarse; (*marcher avec difficulté*) andar con dificultad; (*durer*) alargarse; **se ~ par terre** (*enfant*) arrastrarse por el suelo; **~ qn au cinéma** (*emmener*) arrastrar a algn al cine; **~ les pieds** arrastrar los pies; **~ par terre** (*balayer le sol*) arrastrar por el suelo; **~ qch par terre** arrastrar algo por el suelo; **~ en longueur** ir para largo.

**train-train** [tʀɛ̃tʀɛ̃] *nm inv* rutina.

**traire** [tʀɛʀ] *vt* ordeñar.

**trait, e** [tʀɛ, ɛt] *pp de* **traire** ♦ *nm* trazo; (*caractéristique*) rasgo; (*flèche*) punta; **~s** *nmpl* (*du visage*) rasgos *mpl*; **d'un ~** de un tirón; **boire à longs ~s** beber a grandes tragos; **de ~** (*animal*) de tiro; **avoir ~ à** referirse a; **~ pour ~** punto por punto; **trait d'esprit** agudeza; **trait d'union** guión *m*; (*fig*) lazo; **trait de caractère** rasgo de carácter; **trait de génie** idea luminosa.

**traitant** [tʀetɑ̃] *adj m*: **votre médecin ~** su médico de cabecera; **shampooing ~** champú *m* tratante; **crème ~e** crema tratante.

**traite** [tʀɛt] *nf* (*COMM*) letra de cambio; (*AGR*) ordeño; (*trajet*) trecho; **d'une (seule) ~** de un (solo) tirón; **traite des blanches/noirs** trata de blancas/negros.

**traité** [tʀete] *nm* tratado.

**traitement** [tʀetmɑ̃] *nm* tratamiento; (s

*laire)* sueldo; **suivre un ~** seguir un tratamiento; **mauvais ~s** malos tratos *mpl;* **traitement de données/de l'information/par lots** (*INFORM*) procesamiento de datos/de la información/por paquetes; **traitement de texte** (*INFORM*) procesamiento *ou* tratamiento de textos.

**traiter** [tʀete] *vt, vi* tratar; **~ qn d'idiot** llamar idiota a algn; **~ de qch** tratar de algo; **bien/mal ~** tratar bien/mal.

**traiteur** [tʀetœʀ] *nm* negocio de comidas por encargo *ou* de catering.

**traître, -esse** [tʀetʀ, tʀetʀes] *adj* traicionero(-a) ♦ *nm/f* traidor(a); **prendre qn en ~** actuar a traición contra algn.

**trajectoire** [tʀaʒektwaʀ] *nf* trayectoria, recorrido.

**trajet** [tʀaʒe] *nm* trayecto; (*ANAT, fig*) recorrido; (*d'un projectile*) trayectoria.

**trampoline** [tʀɑ̃pɔlin], **trampolino** [tʀɑ̃pɔlino] *nm* trampolín *m.*

**tramway** [tʀamwe] *nm* tranvía *m.*

**tranchant, e** [tʀɑ̃ʃɑ̃, ɑ̃t] *adj* (*lame*) afilado(-a); (*personne*) resuelto(-a); (*couleurs*) contrastado(-a) ♦ *nm* (*d'un couteau*) filo; (*de la main*) borde *m;* **à double ~** de doble filo.

**tranche** [tʀɑ̃ʃ] *nf* (*de pain*) rebanada; (*de jambon, fromage*) loncha; (*de saucisson*) rodaja; (*de gâteau*) porción *f;* (*d'un couteau, livre etc*) canto; (*de travaux*) etapa; (*de temps*) rato; (*COMM*) serie *f;* (*ADMIN: de revenues, d'impôts*) zona; **~ d'âge/de salaires** tramo de edad/de salarios; **~ (d'émission)** (*LOTERIE*) fase *f* (de emisión); **tranche de vie** periodo de la vida cotidiana; **tranche de silicium** capa de silicio.

**tranché, e** [tʀɑ̃ʃe] *adj* (*couleurs*) contrastado(-a); (*opinions*) tajante.

**trancher** [tʀɑ̃ʃe] *vt* cortar; (*question*) zanjar ♦ *vi:* **~ avec** *ou* **sur** contrastar con.

**tranquille** [tʀɑ̃kil] *adj* tranquilo(-a); (*mer*) sereno(-a); **se tenir ~** estarse quieto(-a); **avoir la conscience ~** tener la conciencia tranquila; **laisse-moi/laisse-ça ~!** ¡déjame/deja eso en paz!

**tranquillisant, e** [tʀɑ̃kiliza, ɑ̃t] *adj* tranquilizador(a) ♦ *nm* (*MÉD*) tranquilizante *m.*

**tranquillité** [tʀɑ̃kilite] *nf* tranquilidad *f;* **en toute ~** con toda tranquilidad; **tranquillité d'esprit** tranquilidad de espíritu.

**transférer** [tʀɑ̃sfeʀe] *vt* transferir; (*prisonnier, bureaux*) trasladar; (*titre*) transmitir.

**transfert** [tʀɑ̃sfɛʀ] *nm* transferencia; (*d'un prisonnier, de bureaux*) traslado; (*d'un titre*) transmisión *f;* **transfert de fonds** transferencia de fondos.

**transformation** [tʀɑ̃sfɔʀmasjɔ̃] *nf* transformación *f;* **~s** *nfpl* (*travaux*) reformas *fpl;* **industries de ~** industrias *fpl* de transformación.

**transformer** [tʀɑ̃sfɔʀme] *vt* transformar; (*maison, magasin, vêtement*) reformar; **se transformer** *vpr* transformarse; **~ en: ~ la houille en énergie** transformar la hulla en energía.

**transfusion** [tʀɑ̃sfyzjɔ̃] *nf:* **~ sanguine** transfusión *f* sanguínea.

**transgresser** [tʀɑ̃sgʀese] *vt* transgredir.

**transi, e** [tʀɑ̃zi] *adj* helado(-a).

**transiger** [tʀɑ̃ziʒe] *vi* transigir; **~ sur** *ou* **avec qch** transigir sobre *ou* con algo.

**transit** [tʀɑ̃zit] *nm* tránsito; **de/en ~** de/en tránsito.

**transiter** [tʀɑ̃zite] *vt* hacer circular.

**transition** [tʀɑ̃zisjɔ̃] *nf* transición *f.*

**transitoire** [tʀɑ̃zitwaʀ] *adj* transitorio(-a); (*fugitif*) pasajero(-a).

**transmettre** [tʀɑ̃smetʀ] *vt* transmitir; (*secret*) revelar; (*recette*) pasar, dar.

**transmission** [tʀɑ̃smisjɔ̃] *nf* transmisión *f;* **~s** *nfpl* (*MIL*) (cuerpo de) transmisiones; **transmission de données** (*INFORM*) transmisión de datos; **transmission de pensée** transmisión del pensamiento.

**transparent, e** [tʀɑ̃spaʀɑ̃, ɑ̃t] *adj* transparente; (*intention*) evidente.

**transpercer** [tʀɑ̃spɛʀse] *vt* (*suj: arme*) traspasar; (*fig*) penetrar; **~ un vêtement/mur** traspasar un vestido/muro.

**transpiration** [tʀɑ̃spiʀasjɔ̃] *nf* transpiración *f.*

**transpirer** [tʀɑ̃spiʀe] *vi* transpirar; (*information, nouvelle*) trascender.

**transplanter** [tʀɑ̃splɑ̃te] *vt* (*BOT, MÉD*) trasplantar; (*personne*) desplazar.

**transport** [tʀɑ̃spɔʀ] *nm* transporte *m;* **~ de colère/joie** arrebato de ira/alegría; **voiture/avion de ~** coche *m*/avión *m* de transporte; **transport aérien** transporte aéreo; **transport de marchandises/de voyageurs** transporte de mercancías/de viajeros; **transports en commun** transportes públicos; **transports routiers** transportes por carretera.

**transporter** [tʀɑ̃spɔʀte] *vt* llevar; (*voya-*

*geurs, marchandises)* transportar; (*TECH:*
*énergie, son)* conducir; **se transporter**
*vpr:* **se ~ quelque part** trasladarse a algún
sitio; **~ qn à l'hôpital** llevar a algn al hospital; **~ qn de bonheur/joie** colmar a
algn de felicidad/alegría.

**transporteur** [tʀɑ̃spɔʀtœʀ] *nm* transportista *m*.

**transvaser** [tʀɑ̃svɑze] *vt* transvasar.

**transversal, e, -aux** [tʀɑ̃sversal, o] *adj*
transversal; **axe ~** (*AUTO*) eje *m* transversal.

**trapèze** [tʀapɛz] *nm* trapecio.

**trappe** [tʀap] *nf* (*de cave, grenier)* trampa,
trampilla; (*piège)* trampa.

**trapu, e** [tʀapy] *adj* bajo(-a) y fortachón
(-ona).

**traquenard** [tʀaknaʀ] *nm* cepo.

**traquer** [tʀake] *vt* acorralar; (*harceler)* acosar.

**traumatiser** [tʀomatize] *vt* traumatizar.

**travail, -aux** [tʀavaj, o] *nm* trabajo; (*MÉD*)
parto; **travaux** *nmpl* (*de réparation, agricoles)* trabajos *mpl*; (*de construction, sur route)* obras *fpl*; **être/entrer en ~** (*MÉD)* estar
de parto/tener las primeras contracciones;
**être sans ~** estar sin trabajo; **travail (au)**
**noir** trabajo clandestino; **travail d'inté-**
**rêt général** trabajo de servicio a la comunidad; **travail de forçat = travaux for-**
**cés**; **travail posté** trabajo a turnos; **tra-**
**vaux des champs** faenas *fpl* del campo;
**travaux dirigés** (*SCOL)* ejercicios *mpl* diri-
gidos; **travaux forcés** trabajos forzados;
**travaux manuels** (*SCOL)* trabajos manua-
les; **travaux ménagers** tareas *fpl* domésticas; **travaux pratiques** prácticas *fpl*;
**travaux publics** obras públicas.

**travailler** [tʀavaje] *vi* trabajar; (*bois)* ala-
bearse; (*argent)* producir ♦ *vt* trabajar;
(*discipline)* estudiar; (*influencer)* ejercer influencia sobre; **cela le travaille** eso le preocupa; **ton imagination travaille de**
**trop** eso son cosas de tu imaginación; **~ la**
**terre** trabajar la tierra; **~ son piano** ejercitarse en el piano; **~ à** trabajar en; (*contri-*
*buer à)* contribuir a; **~ à faire** esforzarse en
hacer.

**travailleur, -euse** [tʀavajœʀ, øz] *adj, nm/f*
trabajador(a); **travailleur intellectuel** intelectual *m*; **travailleur manuel** *ou* **de**
**force** obrero; **travailleur social** trabajador *m* social; **travailleuse familiale** empleada del servicio doméstico.

**travailliste** [tʀavajist] *adj, nm/f* laborista.

**travers** [tʀavɛʀ] *nm* (*défaut)* imperfección
*f*; **en ~ (de)** atravesado(-a) (en); **au ~**
**(de)** a través (de); **de ~** *adj* de través
♦ *adv* oblicuamente; (*fig)* al revés; **à ~** a
través; **regarder de ~** (*fig)* mirar de reojo.

**traverse** [tʀavɛʀs] *nf* (*RAIL)* traviesa; **chemin**
**de ~** atajo.

**traversée** [tʀavɛʀse] *nf* travesía.

**traverser** [tʀavɛʀse] *vt* atravesar; (*rue)* cruzar; (*percer: suj: pluie, froid)* traspasar.

**traversin** [tʀavɛʀsɛ̃] *nm* cabezal *m*.

**travesti** [tʀavɛsti] *nm* (*artiste de cabaret)*
travestido; (*homosexuel)* travesti *m*.

**trébucher** [tʀebyʃe] *vi:* **~ (sur)** tropezar
(con).

**trèfle** [tʀɛfl] *nm* trébol *m*; **trèfle à quatre**
**feuilles** trébol de cuatro hojas.

**treize** [tʀɛz] *adj inv, nm inv* trece *m inv*;
*voir aussi* **cinq**.

**treizième** [tʀɛzjɛm] *adj, nm/f* decimoter-
cero(-a) ♦ *nm* (*partitif)* treceavo; *voir aussi*
**cinquantième**.

**tréma** [tʀema] *nm* diéresis *f inv*.

**tremblement** [tʀɑ̃bləmɑ̃] *nm* temblor *m*;
**tremblement de terre** temblor de tierra, terremoto.

**trembler** [tʀɑ̃ble] *vi* temblar; **~ de** (*froid,*
*fièvre)* tiritar de, temblar de; (*peur)* temblar
de; **~ pour qn** temer por algn.

**trémousser** [tʀemuse]: **se ~** *vpr* menearse.

**trempé, e** [tʀɑ̃pe] *adj* empapado(-a); **acier**
**~** acero templado.

**tremper** [tʀɑ̃pe] *vt* empapar; (*pain, chemi-*
*se)* mojar ♦ *vi* estar en remojo; **se trem-**
**per** *vpr* zambullirse; **~ dans** (*fig, péj)* estar
metido(-a) *ou* implicado(-a) en; **se faire ~**
quedarse empapado(-a); **faire ~, mettre à**
**~** poner en remojo; **~ qch dans** remojar
algo en, poner algo en remojo en.

**tremplin** [tʀɑ̃plɛ̃] *nm* trampolín *m*.

**trentaine** [tʀɑ̃tɛn] *nf* treintena; **avoir la ~**
tener unos treinta años; **une ~ (de)**
unos(-as) treinta.

**trente** [tʀɑ̃t] *adj inv, nm inv* treinta *m inv*;
*voir aussi* **cinq**; **voir ~-six chandelles** ver
las estrellas; **être/se mettre sur son ~ et**
**un** estar/ir vestido de punta en blanco;
**trente-trois tours** *nm* disco de 33 revoluciones.

**trentième** [tʀɑ̃tjɛm] *adj, nm/f* trigésimo
(-a) ♦ *nm* (*partitif)* treintavo; *voir aussi* **cin-**
**quantième**.

**trépidant, e** [tʀepidɑ̃, ɑ̃t] *adj* trepidante.

**trépigner** [tʀepiɲe] *vi*: ~ **(d'enthousiasme/d'impatience)** patalear (de entusiasmo/de impaciencia).

**très** [tʀɛ] *adv* muy; ~ **beau/bien** muy bonito/bien; ~ **critiqué/industrialisé** muy criticado/industrializado; **j'ai ~ envie de** tengo muchas ganas de; **j'ai ~ faim** tengo mucha hambre.

**trésor** [tʀezɔʀ] *nm* tesoro; *(vertu précieuse)* joya; *(gén pl: richesses)* riquezas *fpl*; **Trésor (public)** Tesoro (público).

**trésorerie** [tʀezɔʀʀi] *nf* tesorería; **difficultés de ~** problemas *mpl* de financieros; **trésorerie générale** tesorería general.

**trésorier, -ière** [tʀezɔʀje, jɛʀ] *nm/f* tesorero(-a).

**tressaillir** [tʀesajiʀ] *vi (de peur)* estremecerse; *(de joie, d'émotion)* vibrar; *(s'agiter)* temblar.

**tressauter** [tʀesote] *vi* sobresaltar.

**tresse** [tʀɛs] *nf* trenza.

**tresser** [tʀese] *vt* trenzar.

**tréteau, x** [tʀeto] *nm* caballete *m*; **les ~x** *(THÉÂTRE)* las tablas.

**treuil** [tʀœj] *nm* torno.

**trêve** [tʀɛv] *nf* tregua; ~ **de ...** basta de ...; **sans ~** sin tregua; **les États de la T~** los Estados de la Tregua.

**tri** [tʀi] *nm* selección *f*; *(INFORM)* clasificación *f*, ordenación *f*; **le ~** *(POSTES: action)* la clasificación; *(: bureau)* la sala de batalla.

**triangle** [tʀijɑ̃gl] *nm* triángulo; **triangle équilatéral/isocèle/rectangle** triángulo equilátero/isósceles/rectángulo.

**triangulaire** [tʀijɑ̃gylɛʀ] *adj* triangular.

**tribord** [tʀibɔʀ] *nm*: **à ~** a estribor.

**tribu** [tʀiby] *nf* tribu *f*.

**tribunal, -aux** [tʀibynal, o] *nm* tribunal *m*; *(bâtiment)* juzgado *m*; **tribunal d'instance/de grande instance** juzgado de paz/de primera instancia; **tribunal de commerce** tribunal de comercio; **tribunal de police/pour enfants** tribunal correccional/de menores.

**tribune** [tʀibyn] *nf* tribuna; *(d'église, de tribunal)* púlpito; *(de stade)* tribuna, grada; **tribune libre** *(PRESSE)* tribuna libre.

**tribut** [tʀiby] *nm* tributo; **payer un lourd ~ à** pagar un tributo muy caro a.

**tributaire** [tʀibytɛʀ] *adj*: **être ~ de** ser tributario(-a) de, ser deudor(a) de.

**tricher** [tʀiʃe] *vi (à un examen)* copiar; *(aux cartes, courses)* hacer trampas.

**tricheur, -euse** [tʀiʃœʀ, øz] *nm/f* tramposo(-a).

**tricolore** [tʀikɔlɔʀ] *adj* tricolor; *(français: drapeau, équipe)* francés(-esa).

**tricot** [tʀiko] *nm* punto; *(ouvrage)* prenda de punto; **tricot de corps** camiseta.

**tricoter** [tʀikɔte] *vt* tricotar; **machine/aiguille à ~** máquina/aguja de hacer punto *ou* de tricotar.

**tricycle** [tʀisikl] *nm* triciclo.

**trier** [tʀije] *vt (classer)* clasificar; *(choisir)* seleccionar; *(fruits, grains)* seleccionar, escoger.

**trimestre** [tʀimɛstʀ] *nm* trimestre *m*.

**trimestriel, le** [tʀimɛstʀijel] *adj* trimestral.

**trinquer** [tʀɛ̃ke] *vi* chocar los vasos; *(porter un toast)* brindar; *(fam)* pagar el pato; ~ **à qch/la santé de qn** brindar por algo/a la salud de algn.

**triomphe** [tʀijɔ̃f] *nm* triunfo; *(réussite: exposition)* éxito; **être reçu/porté en ~** ser recibido con aclamaciones/ser llevado a hombros.

**triompher** [tʀijɔ̃fe] *vi* triunfar; *(jubiler)* no caber en sí de gozo; *(exceller)* sobresalir; ~ **de qch/qn** triunfar sobre algo/algn.

**tripes** [tʀip] *nfpl (CULIN)* callos *mpl*; *(fam)* tripas *fpl*.

**triple** [tʀipl] *adj* triple ♦ *nm*: **le ~ (de)** el triple (de); **en ~ exemplaire** por triplicado.

**tripler** [tʀiple] *vi, vt* triplicar.

**triplés, -ées** [tʀiple] *nm/fpl (bébés)* trillizos *mpl*.

**tripoter** [tʀipɔte] *vt (objet)* manosear; *(fam)* sobar ♦ *vi (fam)* revolver.

**triste** [tʀist] *adj* triste; **un ~ personnage/une ~ affaire** *(péj)* un personaje mediocre/un asunto turbio; **c'est pas ~!** *(fam)* ¡qué cachondeo!

**tristesse** [tʀistɛs] *nf* tristeza.

**trivial, e, -aux** [tʀivjal, jo] *adj (commun)* trivial; *(langage, plaisanteries)* ordinario(-a).

**troc** [tʀɔk] *nm* trueque *m*.

**trognon** [tʀɔɲɔ̃] *nm (de fruit)* corazón *m*; *(de légume)* troncho.

**trois** [tʀwɑ] *adj inv, nm inv* tres *m inv*; *voir aussi* **cinq**.

**troisième** [tʀwazjɛm] *adj, nm/f* tercero(-a) ♦ *nf (AUTO)* tercera; *(SCOL)* cuarto año de educación secundaria en el sistema francés; **troisième âge: le ~ âge** la tercera edad;

*voir aussi* **cinquième**.

**trombe** [tʀɔ̃b] *nf* tromba; **en ~** en tromba; **des ~s d'eau** trombas *fpl* de agua.

**trombone** [tʀɔ̃bɔn] *nm* (MUS) trombón *m*; (*de bureau*) clip *m*; **trombone à coulisse** trombón de varas.

**trompe** [tʀɔ̃p] *nf* trompa; **trompe d'Eustache** trompa de Eustaquio; **trompes utérines** trompas *fpl* de Falopio.

**tromper** [tʀɔ̃pe] *vt* engañar; (*espoir, attente*) frustrar; (*vigilance, poursuivants*) burlar; (*suj: distance, ressemblance*) confundir; **se tromper** *vpr* equivocarse; **se ~ de voiture/jour** equivocarse de coche/día; **se ~ de 3 cm/20F** equivocarse en 3 cm/20F.

**trompette** [tʀɔ̃pɛt] *nf* trompeta; **nez en ~** nariz *f* respingona.

**trompeur, -euse** [tʀɔ̃pœʀ, øz] *adj* engañoso(-a).

**tronc** [tʀɔ̃] *nm* (BOT, ANAT) tronco; (*d'église*) cepillo; **tronc commun** (SCOL) ciclo común; **tronc de cône** cono truncado.

**tronçon** [tʀɔ̃sɔ̃] *nm* tramo.

**tronçonner** [tʀɔ̃sɔne] *vt* (*arbre*) cortar en trozos; (*pierre*) partir en trozos.

**trône** [tʀon] *nm* trono; **monter sur le ~** subir al trono.

**trop** [tʀo] *adv* demasiado; (*devant adverbe*) muy, demasiado; **~ (souvent)/ (longtemps)** demasiado (a menudo)/ (tiempo); **~ de sucre/personnes** demasiado azúcar/demasiadas personas; **ils sont ~** son demasiados; **de ~, en ~: des livres en ~** libros *mpl* de sobra; **du lait en ~** leche *f* de sobra; **3 livres/5F de ~** 3 libras/5F de más.

**tropical, e, -aux** [tʀɔpikal, o] *adj* tropical.

**tropique** [tʀɔpik] *nm* trópico; **~s** *nmpl* (*régions*) trópicos *mpl*; **tropique du Cancer/du Capricorne** trópico de Cáncer/Capricornio.

**trop-plein** [tʀɔplɛ̃] (*pl* **~-~s**) *nm* (*tuyau*) desagüe *m*; (*liquide*) (lo) sobrante *m*, exceso.

**troquer** [tʀɔke] *vt*: **~ qch contre qch** trocar algo por algo; (*fig*) cambiar algo por algo.

**trot** [tʀo] *nm* trote *m*; **aller au ~** ir al trote; **partir au ~** marchar corriendo.

**trotter** [tʀɔte] *vi* trotar.

**trottinette** [tʀɔtinɛt] *nf* patinete *m*.

**trottoir** [tʀɔtwaʀ] *nm* acera, vereda (AM),

andén (AM); **faire le ~** (*péj*) hacer la calle; **trottoir roulant** cinta móvil.

**trou** [tʀu] *nm* agujero; (*moment de libre*) hueco; **trou d'aération** boca de ventilación; **trou d'air** bache *m*; **trou de la serrure** ojo de la cerradura; **trou de mémoire** fallo de la memoria; **trou noir** (AS-TRON) agujero negro.

**troublant, e** [tʀublɑ̃, ɑ̃t] *adj* (*ressemblance*) sorprendente; (*yeux, regard*) turbador(a); (*beauté*) perturbador(a).

**trouble** [tʀubl] *adj* turbio(-a); (*image, mémoire*) confuso(-a) ♦ *adv*: **voir ~** ver borroso ♦ *nm* (*désarroi*) desconcierto; (*émoi sensuel*) trastorno; (*embarras*) confusión *f*; (*zizanie*) desavenencia; **~s** *nmpl* (POL) disturbios *mpl*; (MÉD) trastornos *mpl*; **troubles de la personnalité/de la vision** trastornos de la personalidad/de la visión.

**trouble-fête** [tʀublafɛt] *nm/f inv* aguafiestas *m/f inv*.

**troubler** [tʀuble] *vt* turbar; (*impressionner, inquiéter*) perturbar; (*d'émoi amoureux*) trastornar; (*liquide*) enturbiar; (*ordre*) alterar; (*tranquillité*) turbar, alterar; **se troubler** *vpr* turbarse; **~ l'ordre public** alterar el orden público.

**trouer** [tʀue] *vt* agujerear; (*fig*) atravesar.

**trouille** [tʀuj] (*fam*) *nf*: **avoir la ~** tener mieditis.

**troupe** [tʀup] *nf* (MIL) tropa; (*d'écoliers*) grupo; **la ~** (*l'armée*) el ejército; (*les simples soldats*) la tropa; **troupe (de théâtre)** compañía (de teatro); **troupes de choc** fuerzas *fpl* de choque.

**troupeau, x** [tʀupo] *nm* (*de moutons*) rebaño; (*de vaches*) manada.

**trousse** [tʀus] *nf* (*étui*) estuche *m*; (*d'écolier*) cartera; (*de docteur*) maletín *m*; **aux ~s de** pisándole los talones a; **trousse à outils** bolsa de herramientas; **trousse de toilette** neceser *m*; **trousse de voyage** bolsa de viaje.

**trousseau, x** [tʀuso] *nm* ajuar *m*; **trousseau de clefs** manojo de llaves.

**trouvaille** [tʀuvaj] *nf* hallazgo; (*fig: idée, expression*) idea.

**trouver** [tʀuve] *vt* encontrar, hallar; **se trouver** *vpr* (*être*) encontrarse, hallarse; **aller/venir ~ qn** ir/venir a ver a algn; **~ le loyer cher/le prix excessif** parecerle a algn el alquiler caro/el precio excesivo; **je trouve que** me parece que; **~ à boire/**

**critiquer** encontrar algo de beber/algo que criticar; **~ asile/refuge** hallar asilo/refugio; **se ~ loin/à 3 km** encontrarse lejos/a 3 km; **ils se trouvent être frères** resulta que son hermanos; **elles se trouvent avoir le même manteau** resulta que tienen el mismo abrigo; **il se trouve que** resulta que; **se ~ bien/mal** sentirse *ou* encontrarse bien/mal.

**truand** [tʀyɑ̃] *nm* truhán *m*, timador *m*.

**truander** [tʀyɑ̃de] *(fam) vt* timar.

**truc** [tʀyk] *nm (astuce)* maña, artificio; *(de cinéma, magie)* truco; *(fam: machin, chose)* cosa, chisme *m*; **demande à ~** *(fam: personne)* pregunta a ése *ou* ésa; **avoir le ~** coger el tranquillo *ou* truco; **c'est pas son** *(ou mon etc)* **~** *(fam)* no es lo suyo *(ou lo mío etc)*.

**truffe** [tʀyf] *nf (BOT)* trufa; *(fam: nez)* napias *fpl*.

**truffer** [tʀyfe] *vt (CULIN)* trufar; **truffé de** *(fig: erreurs)* repleto de; *(: pièges)* lleno de.

**truie** [tʀɥi] *nf* cerda, marrana.

**truite** [tʀɥit] *nf* trucha.

**truquer** [tʀyke] *vt* trucar; *(élections)* amañar.

**TSVP** [teɛsvepe] *abr (= tournez s'il vous plaît)* sigue.

**TTC** [tetese] *abr (= toutes taxes comprises)* todo incluido.

**tu¹** [ty] *pron* tú ♦ *nm*: **employer le ~** tratar de tú.

**tu²**, **e** [ty] *pp de* **taire**.

**tuba** [tyba] *nm* tuba; *(SPORT)* tubo de respiración.

**tube** [tyb] *nm* tubo; *(chanson, disque)* éxito; **tube à essai** tubo de ensayo; **tube de peinture** tubo de pintura; **tube digestif** tubo digestivo.

**tuberculose** [tybɛʀkyloz] *nf* tuberculosis *f*.

**tuer** [tɥe] *vt* matar; *(vie, activité)* acabar con, destruir; *(commerce)* arruinar; *(inspiration, amour)* destruir; **se tuer** *vpr (se suicider)* suicidarse; *(dans un accident)* matarse; **se ~ au travail** *(fig)* matarse trabajando.

**tuerie** [tɥʀi] *nf* matanza.

**tue-tête** [tytɛt]: **à ~-~** *adv* a voz en grito, a grito pelado.

**ᵗueur** [tɥœʀ] *nm* asesino; **tueur à gages** asesino a sueldo.

**tuile** [tɥil] *nf* teja; *(fam)* contratiempo, problema *m*.

**tulipe** [tylip] *nf* tulipán *m*.

**tuméfié, e** [tymefje] *adj* tumefacto(-a).

**tumeur** [tymœʀ] *nf* tumor *m*.

**tumulte** [tymylt] *nm* tumulto.

**tumultueux, -euse** [tymyltɥø, øz] *adj* tumultuoso(-a); *(passionné)* apasionado (-a).

**tunique** [tynik] *nf* túnica.

**Tunisie** [tynizi] *nf* Túnez *m*.

**tunisien, ne** [tynizjɛ̃, jɛn] *adj* tunecino(-a) ♦ *nm/f*: **T~, ne** tunecino(-a).

**tunnel** [tynɛl] *nm* túnel *m*.

**turbulent, e** [tyʀbylɑ̃, ɑ̃t] *adj* revoltoso (-a).

**turc, turque** [tyʀk] *adj* turco(-a) ♦ *nm* *(LING)* turco ♦ *nm/f*: **T~, Turque** turco(-a); **à la turque** *adv (assis)* a la turca ♦ *adj (w.c.)* sin asiento.

**turf** [tyʀf] *nm* deporte *m* hípico.

**turfiste** [tyʀfist] *nm/f* aficionado(-a) a las carreras de caballos.

**Turquie** [tyʀki] *nf* Turquía.

**turquoise** [tyʀkwaz] *adj inv* turquesa *inv* ♦ *nf* turquesa.

**tutelle** [tytɛl] *nf* tutela; **être/mettre sous la ~ de** estar/poner bajo la tutela de.

**tuteur, -trice** [tytœʀ, tʀis] *nm/f (JUR)* tutor(a) ♦ *nm (de plante)* tutor *m*, rodrigón *m*.

**tutoyer** [tytwaje] *vt*: **~ qn** tutear a algn.

**tuyau, x** [tɥijo] *nm* tubo; *(fam: conseil)* consejo; **tuyau d'arrosage** manguera de riego; **tuyau d'échappement** tubo de escape; **tuyau d'incendie** manga de incendios.

**tuyauterie** [tɥijotʀi] *nf* cañería, tubería.

**TVA** [tevea] *sigle f (= taxe à la valeur ajoutée)* ≈ IVA; *(= impuesto sobre el valor añadido)*.

**tympan** [tɛ̃pɑ̃] *nm* tímpano.

**type** [tip] *nm* tipo; *(fam: homme)* tío ♦ *adj* tipo; **avoir le ~ nordique** tener el tipo nórdico; **le ~ standard** *(modèle)* el tipo *ou* modelo standard; **le ~ travailleur** *(représentant)* el típico trabajador.

**typé, e** [tipe] *adj* típico(-a).

**typique** [tipik] *adj* típico(-a).

**tyran** [tiʀɑ̃] *nm* tirano.

**tyrannique** [tiʀanik] *adj* tiránico(-a).

**tzigane** [dzigan] *adj* cíngaro(-a), zíngaro (-a) ♦ *nm/f*: **T~** cíngaro(-a), zíngaro(-a).

—— **U u** ——

**UE** *sigle f* (= *Union européenne*) UE *f*.
**ulcère** [ylsɛʀ] *nm* úlcera; **~ à l'estomac** úlcera de estómago.
**ultérieur, e** [ylteʀjœʀ] *adj* ulterior, posterior; **reporté à une date ~e** aplazado hasta nuevo aviso.
**ultérieurement** [ylteʀjœʀmɑ̃] *adv* posteriormente.
**ultime** [yltim] *adj* último(-a).

**un, une** [œ̃, yn] *art indéf* un(a); **un garçon/vieillard** un chico/viejo; **une fille** una niña
♦ *pron* uno(-a); **l'un des meilleurs** uno de los mejores; **l'un ..., l'autre ...** uno ..., el otro ...; **les uns ..., les autres ...** (los) unos ..., (los) otros ...; **l'un et l'autre** uno y otro; **l'un ou l'autre** uno u otro; **pas un seul** ni uno; **un par un** uno a uno
♦ *num* uno(-a); **une pomme seulement** una manzana solamente
♦ *nf*: **la une** (*PRESSE*) la primera página; (*chaîne de télévision*) la primera (cadena).

**unanime** [ynanim] *adj* unánime; **ils sont ~s à penser que ...** piensan de forma unánime que ...
**unanimité** [ynanimite] *nf* unanimidad *f*; **à l'~** por unanimidad; **faire l'~** obtener la unanimidad.
**uni, e** [yni] *adj* (*tissu*) uniforme; (*surface, couleur*) liso(-a); (*groupe, pays*) unido(-a)
♦ *nm* tejido liso.
**unifier** [ynifje] *vt* unificar; **s'unifier** *vpr* unificarse.
**uniforme** [ynifɔʀm] *adj* (*aussi fig*) uniforme
♦ *nm* uniforme *m*; **être sous l'~** (*MIL*) estar haciendo la mili.
**uniformiser** [ynifɔʀmize] *vt* uniformizar, uniformar.
**union** [ynjɔ̃] *nf* unión *f*; mezcla; **l'U~ des républiques socialistes soviétiques** (*HIST*) la Unión de repúblicas socialistas soviéticas; **l'U~ soviétique** (*HIST*) la Unión soviética; **union conjugale** unión conyugal; **union de consommateurs** unión de consumidores; **union douanière** unión aduanera; **union libre** unión libre.
**unique** [ynik] *adj* único(-a); **ménage à salaire ~** matrimonio con un solo sueldo; **route à voie ~** carretera de una sola dirección; **fils/fille ~** hijo único/hija única; **~ en France** único en Francia.
**uniquement** [ynikmɑ̃] *adv* únicamente.
**unir** [yniʀ] *vt* unir; (*couleurs*) mezclar; **s'unir** *vpr* unirse; **~ qch à** unir algo a; **s'~ à** *ou* **avec** unirse a *ou* con.
**unisson** [ynisɔ̃]: **à l'~** *adv* al unísono.
**unitaire** [ynitɛʀ] *adj* unitario(-a).
**unité** [ynite] *nf* unidad *f*; **unité centrale (de traitement)** (*INFORM*) unidad central (de proceso); **unité d'action** unidad de acción; **unité de valeur** (*SCOL*) ≈ asignatura; **unité de vues** acuerdo de puntos de vista.
**univers** [ynivɛʀ] *nm* (*aussi fig*) universo.
**universel, le** [ynivɛʀsɛl] *adj* universal.
**universitaire** [ynivɛʀsitɛʀ] *adj*, *nm/f* universitario(-a).
**université** [ynivɛʀsite] *nf* universidad *f*.
**urbain, e** [yʀbɛ̃, ɛn] *adj* urbano(-a).
**urbanisme** [yʀbanism] *nm* urbanismo.
**urgence** [yʀʒɑ̃s] *nf* urgencia ♦ *adv*: **d'~** urgentemente; **en cas d'~** en caso de urgencia; **service des ~s** servicio de urgencias.
**urgent, e** [yʀʒɑ̃, ɑ̃t] *adj* urgente.
**urine** [yʀin] *nf* orina.
**urinoir** [yʀinwaʀ] *nm* urinario.
**urne** [yʀn] *nf* urna; **aller aux ~s** ir a las urnas; **urne funéraire** urna funeraria.
**urticaire** [yʀtikɛʀ] *nf* urticaria.
**us** [ys] *nmpl*: **~ et coutumes** usos *mpl* y costumbres.
**US(A)** [yɛs(a)] *sigle mpl* (= *United States (of America)*) EE. UU. *mpl* (= *Estados Unidos*).
**usage** [yzaʒ] *nm* (*aussi LING*) uso; (*coutume, bonnes manières*) costumbre *f*; **l'~** (*la coutume*) la costumbre; **c'est l'~** es costumbre; **faire ~ de** (*pouvoir, droit*) hacer uso de; **avoir l'~ de** tener uso de; **à l'~** con el uso; **à l'~ de** para uso de; **en ~** en uso; **hors d'~** fuera de uso, en desuso; **à ~ interne/externe** (*MÉD*) de uso interno/externo; **usage de faux** (*JUR*) uso de dinero falso *ou* documentos falsos.
**usagé, e** [yzaʒe] *adj* usado(-a).
**usager, -ère** [yzaʒe, ɛʀ] *nm/f* usuario(-a).
**usé, e** [yze] *adj* usado(-a); (*santé, personn...*

desgastado(-a); (*banal, rebattu*) manido (-a); **eaux ~es** aguas *fpl* sucias.

**user** [yze] *vt* usar; (*consommer*) gastar; (*fig: santé, personne*) desgastar; **s'user** *vpr* (*outil, vêtement*) gastarse; (*fig: facultés, santé*) desgastarse; **il s'use à la tâche** *ou* **au travail** el trabajo le está consumiendo; **~ de** (*moyen, droit, procédé*) servirse de.

**usine** [yzin] *nf* fábrica; **usine à gaz** planta de gas; **usine atomique/marémotrice** central *f* nuclear/maremotriz.

**usité, e** [yzite] *adj* empleado(-a); **peu ~** poco empleado(-a).

**ustensile** [ystãsil] *nm* utensilio; **ustensile de cuisine** utensilio de cocina.

**usuel, le** [yzɥɛl] *adj* usual.

**usure** [yzyʀ] *nf* desgaste *m*; (*de l'usurier*) usura; **avoir qn à l'~** acabar convenciendo a algn; **usure normale** desgaste normal.

**utérus** [yteʀys] *nm* útero.

**utile** [ytil] *adj* útil; **~ à qn/qch** útil a algn/ para algo; **si cela peut vous être ~,** ... si eso puede serle útil, ...

**utilisation** [ytilizasjɔ̃] *nf* utilización *f*.

**utiliser** [ytilize] *vt* (*aussi péj*) utilizar; (*CULIN: restes*) aprovechar; (*consommer*) gastar.

**utilitaire** [ytilitɛʀ] *adj* (*objet, véhicule*) utilitario(-a); (*préoccupations, but*) interesado(-a) ♦ *nm* (*INFORM*) utilidad *f*.

**utilité** [ytilite] *nf* utilidad *f*; **jouer les ~s** (*THÉÂTRE*) actuar de figurante; **reconnu d'~ publique** (*ADMIN*) reconocido de utilidad pública; **ce n'est d'aucune/c'est d'une grande ~** no es de ninguna/es de gran utilidad.

**utopie** [ytɔpi] *nf* utopía.

---

 **V v**

---

**va** [va] *vb voir* **aller.**

**vacance** [vakãs] *nf* (*ADMIN*) vacante *f*; **~s** *nfpl* vacaciones *fpl*; **les grandes ~s** las vacaciones de verano; **prendre des/ses ~s (en juin)** coger las vacaciones (en junio); **aller en ~s** ir de vacaciones; **vacances de Noël/de Pâques** vacaciones de Navidad/de Semana Santa.

**vacancier, -ière** [vakãsje, jɛʀ] *nm/f* veraneante *m/f*.

**vacant, e** [vakã, ãt] *adj* vacante; (*apparte-*

*ment*) desocupado(-a).

**vacarme** [vakaʀm] *nm* alboroto.

**vaccin** [vaksɛ̃] *nm* vacuna; **vaccin antidiphtérique/antivariolique** vacuna contra la difteria/contra la viruela.

**vaccination** [vaksinasjɔ̃] *nf* vacunación *f*.

**vacciner** [vaksine] *vt* vacunar; **~ qn contre** vacunar a algn contra; **être vacciné** (*fig: fam*) estar vacunado(-a).

**vache** [vaʃ] *nf* vaca; (*cuir*) piel *f* ♦ *adj* (*fam*) duro(-a); **manger de la ~ enragée** pasar las de Caín; **période des ~s maigres** época de vacas flacas; **vache à eau** bolsa de agua; **vache à lait** (*fam: pej*) persona de la que se abusa, **vache laitière** vaca lechera.

**vachement** [vaʃmã] (*fam*) *adv* super.

**vacherie** [vaʃʀi] (*fam*) *nf* faena.

**vaciller** [vasije] *vi* vacilar; (*mémoire, raison*) fallar; **~ dans ses réponses/ses résolutions** vacilar en las respuestas/las soluciones.

**va-et-vient** [vaevjɛ̃] *nm inv* vaivén *m*; (*ÉLEC*) conmutador *m*.

**vagabond, e** [vagabɔ̃, ɔ̃d] *adj* vagabundo(-a); (*pensées*) errabundo(-a) ♦ *nm* vagabundo; (*voyageur*) trotamundos *m inv*.

**vagabonder** [vagabɔ̃de] *vi* vagabundear; (*suj: pensées*) vagar.

**vagin** [vaʒɛ̃] *nm* vagina.

**vague** [vag] *nf* ola; (*d'une chevelure etc*) onda ♦ *adj* (*indications*) poco claro(-a); (*silhouette, souvenir*) vago(-a); (*angoisse*) indefinido(-a); (*manteau, robe*) suelto(-a) ♦ *nm*: **rester dans le ~** hablar con vaguedad; **être dans le ~** estar en el aire; **un ~ cousin** un primo cualquiera; **regarder dans le ~** mirar al vacío; **vague à l'âme** *nm* nostalgia; **vague d'assaut** *nf* (*MIL*) ola de ataques; **vague de chaleur** *nf* ola de calor; **vague de fond** *nf* mar de fondo; **vague de froid** *nf* ola de frío.

**vaillant, e** [vajã, ãt] *adj* (*courageux*) valeroso(-a), valiente; (*vigoureux*) saludable; **n'avoir plus** *ou* **pas un sou ~** no tener ni un cuarto.

**vain, e** [vɛ̃, vɛn] *adj* vano(-a); **en ~** en vano.

**vaincre** [vɛ̃kʀ] *vt* vencer, derrotar.

**vaincu, e** [vɛ̃ky] *pp de* **vaincre** ♦ *nm/f* vencido(-a), derrotado(-a).

**vainqueur** [vɛ̃kœʀ] *adj m, nm* ganador *m*.

**vaisseau, x** [vɛso] *nm* (*ANAT*) vaso; (*NAUT*) navío; **enseigne/capitaine de ~** alférez *m*/capitán *m* de navío; **vaisseau spatial** nave *f* espacial.

**vaisselier** [vɛsəlje] *nm* aparador *m*.

**vaisselle** [vesɛl] *nf* vajilla; *(lavage)* fregado; **faire la ~** fregar los platos.

**valable** [valabl] *adj* válido(-a); *(motif, solution)* admisible; *(interlocuteur, écrivain)* aceptable.

**valet** [valɛ] *nm* criado; *(péj)* lacayo; *(cintre)* colgador *m* de ropa; *(CARTES)* sota; **valet de chambre** ayuda *m* de cámara; **valet de ferme** mozo de labranza; **valet de pied** lacayo.

**valeur** [valœʀ] *nf* valor *m*; *(prix)* precio; **~s** *nfpl (morales)* valores *mpl* morales; **mettre en ~** valorizar; *(fig)* destacar; **avoir/prendre de la ~** tener/adquirir valor; **sans ~** sin valor; **valeur absolue** valor absoluto; **valeur d'échange** valor de cambio; **valeurs mobilières/nominales** valores mobiliarios/nominales.

**valide** [valid] *adj (personne)* sano(-a); *(passeport, billet)* válido(-a).

**valider** [valide] *vt* validar.

**valise** [valiz] *nf* maleta, valija *(AM)*; **faire sa ~** hacer la maleta; **la ~ (diplomatique)** la valija (diplomática).

**vallée** [vale] *nf* valle *m*.

**vallon** [valɔ̃] *nm* pequeño valle *m*.

**valoir** [valwaʀ] *vi* valer ♦ *vt (prix, valeur)* valer; *(un effort, détour)* merecer; *(causer, procurer: suj: chose)*: **~ qch à qn** valer algo a algn; *(négatif)* costar algo a algn; **se valoir** *vpr* ser equivalente; *(péj)* ser tal para cual; **faire ~** *(ses droits)* hacer valer; *(domaine, capitaux)* valorizar; **faire ~ que** insistir en que; **se faire ~** alardear; **à ~ sur** a cuenta de; **vaille que vaille** mal que bien; **cela ne me dit rien qui vaille** eso me da mala espina; **ce climat** *etc* **ne me vaut rien** este clima *etc* no me sienta nada bien; **~ la peine** merecer la pena; **~ mieux: il vaut mieux se taire/que je fasse comme ceci** más vale callarse/que lo haga así; **ça ne vaut rien** eso no vale nada; **~ cher** costar mucho dinero; **il faut faire ~ que tu as de l'expérience** tienes que conseguir que valoren tu experiencia; **que vaut ce candidat/cette méthode?** ¿qué valor tiene ese candidato/ese método?

**valse** [vals] *nf* vals *m*; **la ~ des prix** el baile de precios.

**vandalisme** [vɑ̃dalism] *nm* vandalismo.

**vandale** [vanij] *nf* vainilla; **glace/crème à la ~** helado/crema de vainilla.

**vanité** [vanite] *nf* vanidad *f*; **tirer ~ de** vanagloriarse de.

**vaniteux, -euse** [vanitø, øz] *adj* vanidoso(-a).

**vanne** [van] *nf* compuerta; *(fam)* pulla; **lancer une ~ à qn** tirar pullas a algn.

**vannerie** [vanʀi] *nf* cestería.

**vantard, e** [vɑ̃taʀ, aʀd] *adj* jactancioso(-a).

**vanter** [vɑ̃te] *vt* alabar; **se vanter** *vpr* jactarse; **se ~ de qch** jactarse *ou* presumir de algo; **se ~ d'avoir fait/de pouvoir faire** jactarse *ou* presumir de haber hecho/de poder hacer.

**vapeur** [vapœʀ] *nf* vapor *m*; *(brouillard, buée)* vaho; **~s** *nfpl (bouffées de chaleur)*: **j'ai des ~s** tengo sofocos; **les ~s du vin** *(émanation)* los vapores del vino; **machine/locomotive à ~** máquina/locomotora de vapor; **à toute ~** a toda máquina; **renverser la ~** *(TECH, fig)* cambiar de marcha; **cuit à la ~** *(CULIN)* cocinado al vapor.

**vaporeux, -euse** [vapɔʀø, øz] *adj* vaporoso(-a).

**vaporisateur** [vapɔʀizatœʀ] *nm* vaporizador *m*.

**vaporiser** [vapɔʀize] *vt* vaporizar.

**varappe** [vaʀap] *nf* escalada de rocas.

**vareuse** [vaʀøz] *nf (blouson)* marinera; *(d'uniforme)* guerrera.

**variable** [vaʀjabl] *adj* variable; *(TECH)* adaptable; *(résultats)* diverso(-a) ♦ *nf (MATH)* variable *f*.

**varice** [vaʀis] *nf* variz *f*.

**varicelle** [vaʀisɛl] *nf* varicela.

**varié, e** [vaʀje] *adj* variado(-a); *(goûts, résultats)* diverso(-a); **hors d'œuvre ~s** entremeses *mpl* variados.

**varier** [vaʀje] *vi* variar, cambiar; *(différer)* variar ♦ *vt* cambiar; **~ sur** *(différer d'opinion)* discrepar en.

**variété** [vaʀjete] *nf* variedad *f*; **~s** *nfpl*: **spectacle/émission de ~s** espectáculo/programa de variedades; **une (grande) ~ de** (gran) variedad de.

**variole** [vaʀjɔl] *nf* viruela.

**vas** [va] *vb voir* **aller**; **~-y!** ¡venga!; *(quelque part)* ¡ve!

**vase** [vaz] *nm* vaso ♦ *nf* fango; **en ~ clos** aislado(-a); **vase de nuit** orinal *m*; **vases**

**communicants** vasos comunicantes.

**vaseux, -euse** [vazø, øz] *adj* fangoso(-a); (*fam: confus, étourdi*) confuso(-a); (: *fatigué*) hecho(-a) polvo.

**vasistas** [vazistas] *nm* tragaluz *m*.

**vaste** [vast] *adj* amplio(-a).

**vautour** [votur] *nm* buitre *m*.

**vautrer** [votre]: **se ~** *vpr* revolcarse; **se ~ dans/sur** revolcarse en; (*vice*) hundirse en.

**va-vite** [vavit]: **à la ~-~** *adv* de prisa y corriendo.

---

**VDQS**

*VDQS, siglas de "vin délimité de qualité supérieure", es la segunda categoría más alta de los vinos franceses, tras AOC, e indica que se trata de un vino de gran calidad procedente de viñedos con denominación de origen. A ésta le sigue el vin de pays. Vin de table o vin ordinaire es vino de mesa de origen indeterminado y a menudo se trata de una mezcla.*

---

**veau, x** [vo] *nm* ternero; (*CULIN*) ternera; (*peau*) becerro; **tuer le ~ gras** echar la casa por la ventana.

**vécu, e** [veky] *pp de vivre* ♦ *adj* vivido(-a).

**vedette** [vədɛt] *nf* estrella; (*personnalité*) figura; (*canot*) lancha motora; **mettre qn en ~** (*CINÉ etc*) poner a algn en primer plano; **avoir la ~** estar en primera plana.

**végétal, e, -aux** [veʒetal, o] *adj, nm* vegetal *m*.

**végétalien, ne** [veʒetaljɛ̃, jɛn] *adj, nm/f* vegetariano(-a) estricto(-a).

**végétarien, ne** [veʒetarjɛ̃, jɛn] *adj, nm/f* vegetariano(-a).

**végétation** [veʒetasjɔ̃] *nf* vegetación *f*; **~s** *nfpl* (*MÉD*) vegetaciones *fpl*; **opérer qn des ~s** operar a algn de vegetaciones; **végétation arctique/tropicale** vegetación ártica/tropical.

**véhicule** [veikyl] *nm* vehículo; **véhicule utilitaire** vehículo utilitario.

**veille** [vɛj] *nf* vigilancia; (*PSYCH*) vigilia; (*jour*): **la ~ de** el día anterior a; **la ~ au soir** la noche anterior; **à la ~ de** en vísperas de; **l'état de ~** el estado de vigilia.

**veillée** [veje] *nf* velada; **veillée d'armes** vela de armas; **veillée (mortuaire)** velatorio.

**veiller** [veje] *vi* velar; (*être vigilant*) vigilar

♦ *vt* velar; **~ à** (*s'occuper de*) velar por; (*faire attention à*) procurar; (*prendre soin de*) cuidar de; **~ à faire/à ce que** ocuparse de hacer/de que; **~ sur** cuidar de.

**veilleur** [vɛjœr] *nm*: **~ de nuit** sereno.

**veilleuse** [vɛjøz] *nf* (*lampe*) lamparilla de noche; (*AUTO, flamme*) piloto; **en ~** a media luz; (*affaire*) a la espera.

**veinard, e** [vɛnar, ard] (*fam*) *nm/f* suertudo(-a).

**veine** [vɛn] *nf* vena; (*du bois, marbre etc*) veta; **avoir de la ~** (*fam*) tener chiripa.

**véliplanchiste** [veliplãʃist] *nm/f* windsurfista *m/f*.

**vélo** [velo] *nm* bici *f*; **faire du/aimer le ~** hacer ciclismo/gustarle a uno el ciclismo.

**vélomoteur** [velomotœr] *nm* velomotor *m*.

**velours** [v(ə)lur] *nm* terciopelo; **velours côtelé** pana; **velours de coton/de laine** veludillo/fieltro; **velours de soie** terciopelo de seda.

**velouté, e** [vəlute] *adj* (*peau*) aterciopelado(-a); (*lumière, couleurs*) suave; (*au goût*) cremoso(-a); (: *vin*) suave ♦ *nm* (*CULIN*): **~ d'asperges/de tomates** crema de espárragos/sopa de tomate.

**velu, e** [vəly] *adj* velloso(-a).

**vendange** [vãdãʒ] *nf* vendimia; (*raisins récoltés*) cosecha (de uvas).

**vendanger** [vãdãʒe] *vi, vt* vendimiar.

**vendeur, -euse** [vãdœr, øz] *nm/f* (*de magasin*) vendedor(a), dependiente(-a); (*COMM*) vendedor(a) ♦ *nm* (*JUR*) vendedor *m*; **vendeur de journaux** vendedor *ou* voceador *m* (*AM*) de periódicos, canillita *m* (*CSUR*).

**vendre** [vãdr] *vt* vender; **~ qch à qn** vender algo a algn; **cela se vend à la douzaine** se vende por docenas; **cela se vend bien** esto se vende bien; **"à ~"** "en venta".

**vendredi** [vãdrədi] *nm* viernes *m inv*; **Vendredi saint** Viernes Santo; *voir aussi* **lundi**.

**vénéneux, -euse** [venenø, øz] *adj* venenoso(-a).

**vénérien, ne** [venerjɛ̃, jɛn] *adj* venéreo (-a).

**vengeance** [vãʒãs] *nf* venganza.

**venger** [vãʒe] *vt* vengar; **se venger** *vpr* vengarse; **se ~ de/sur qch/qn** vengarse de/en algo/algn.

**venimeux, -euse** [vənimø, øz] *adj*

venenoso(-a).

**venin** [vənɛ̃] *nm* veneno.

**venir** [v(ə)niʀ] *vi* venir, llegar; ~ **de** (*lieu*) venir de; (*cause*) proceder de; ~ **de faire: je viens d'y aller/de le voir** acabo de ir/ de verle; **s'il vient à pleuvoir** si llegara a llover; **en ~ à faire: j'en viens à croire que** llego a pensar que; **il en est venu à mendier** ha llegado a mendigar; **en ~ aux mains** llegar a las manos; **les années/générations à ~** los años/ generaciones venideros(-as); **où veux-tu en ~?** ¿hasta dónde quieres llegar?; **je te vois ~** te veo venir; **il me vient une idée** se me ocurre una idea; **il me vient des soupçons** empiezo a sospechar; **laisser ~** esperar antes de actuar; **faire ~** llamar; **d'où vient que ...?** ¿cómo es posible que ...?; ~ **au monde** venir al mundo.

**vent** [vɑ̃] *nm* viento; **il y a du ~** hace viento; **c'est du ~** (*fig*) son palabras al aire; **au ~** a barlovento; **sous le ~** a sotavento; **avoir le ~ debout** *ou* **en face/arrière** *ou* **en poupe** tener viento en contra *ou* de cara/a favor *ou* en popa; **(être) dans le ~** (*fam*) (estar) a la moda; **prendre le ~** (*fig*) tantear el terreno; **avoir ~ de** enterarse de; **contre ~s et marées** contra viento y marea.

**vente** [vɑ̃t] *nf* venta; **mettre en ~** poner en venta; **vente aux enchères** subasta; **vente de charité** venta de beneficiencia; **vente par correspondance** venta por correspondencia.

**venteux, -euse** [vɑ̃tø, øz] *adj* ventoso(-a).

**ventilateur** [vɑ̃tilatœʀ] *nm* ventilador *m*.

**ventiler** [vɑ̃tile] *vt* ventilar; (*total, statistiques*) repartir.

**ventouse** [vɑ̃tuz] *nf* ventosa.

**ventre** [vɑ̃tʀ] *nm* vientre *m*; (*fig*) panza; **avoir/prendre du ~** tener/echar barriga; **j'ai mal au ~** me duele la barriga.

**venu, e** [v(ə)ny] *pp de* **venir** ♦ *adj*: **être mal ~ à** *ou* **de faire** ser poco oportuno hacer; **mal/bien ~** poco/muy oportuno (-a).

**ver** [vɛʀ] *nm* gusano; (*intestinal*) lombriz *f*; (*du bois*) polilla; **ver à soie** gusano de seda; **ver blanc** larva de abejorro; **ver de terre** lombriz *f*; **ver luisant** luciérnaga; **ver solitaire** tenia; *voir aussi* **vers**.

**verbe** [vɛʀb] *nm* verbo; **avoir le ~ sonore** (*voix*) hablar alto; **la magie du ~** (*expression*) la magia del verbo; **le V~** (*REL*) el Verbo.

**verdâtre** [vɛʀdɑtʀ] *adj* verdusco(-a).

**verdict** [vɛʀdik(t)] *nm* veredicto.

**verdir** [vɛʀdiʀ] *vi* verdear, verdecer ♦ *vt* pintar de verde.

**verdure** [vɛʀdyʀ] *nf* (*arbres, feuillages*) verde *m*, verdor *m*; (*légumes verts*) verdura.

**véreux, -euse** [veʀø, øz] *adj* agusanado (-a); (*malhonnête*) corrompido(-a).

**verge** [vɛʀʒ] *nf* (*ANAT*) verga; (*baguette*) vara.

**verger** [vɛʀʒe] *nm* huerto.

**verglacé, e** [vɛʀglase] *adj* helado(-a).

**verglas** [vɛʀglɑ] *nm* hielo.

**véridique** [veʀidik] *adj* verídico(-a).

**vérification** [veʀifikasjɔ̃] *nf* (*des comptes etc*) revisión *f*; (*d'une chose par une autre*) verificación *f*; **vérification d'identité** (*POLICE*) identificación *f*.

**vérifier** [veʀifje] *vt* (*mécanisme, comptes*) revisar; (*hypothèse*) comprobar; (*suj: chose: prouver*) corroborar; (*INFORM*) verificar; **se vérifier** *vpr* verificarse.

**véritable** [veʀitabl] *adj* verdadero(-a); (*ami, amour*) auténtico(-a); (*or, argent*) de ley; **un ~ désastre/miracle** un auténtico desastre/milagro.

**vérité** [veʀite] *nf* verdad *f*; (*d'un fait, d'un portrait*) autenticidad *f*; (*sincérité*) sinceridad *f*; **à la** *ou* **en ~** en realidad.

---

**verlan**

*Verlan es un tipo de argot que se hizo popular en los años cincuenta. Consiste en invertir el orden de las sílabas de las palabras, el término* **verlan** *mismo proviene de "l'envers" ("à l'envers" = al revés). Son ejemplos típicos, "féca" ("café"), "ripou" ("pourri"), "meuf" ("femme"), y "beur" ("Arabe").*

---

**vermeil, le** [vɛʀmɛj] *adj* bermejo(-a) ♦ *nm* corladura.

**vermine** [vɛʀmin] *nf* parásitos *mpl*; (*fig*) chusma.

**vermoulu, e** [vɛʀmuly] *adj* carcomido(-a).

**verni, e** [vɛʀni] *adj* barnizado(-a); (*fam*) suertudo(-a); **cuir ~** cuero charolado; **souliers ~s** zapatos *mpl* de charol.

**vernir** [vɛʀniʀ] *vt* barnizar; (*poteries, ongles*) esmaltar.

**vernis** [vɛʀni] *nm* barniz *m*; *(fig)* capa; **vernis à ongles** esmalte *m* de uñas.

**vernissage** [vɛʀnisaʒ] *nm* barnizado; *(d'une exposition)* inauguración *f*.

**vérole** [veʀɔl] *nf* (*aussi*: **petite ~**) viruela; *(fam: syphilis)* sífilis *fsg*.

**verre** [vɛʀ] *nm* vidrio, cristal *m*; *(récipient, contenu)* vaso, copa; *(de lunettes)* cristal *m*; **~s** *nmpl* (*lunettes*) gafas *fpl*; **boire** *ou* **prendre un ~** beber *ou* tomar una copa; **verre à dents** vaso de aseo; **verre à liqueur/à vin** copa de *ou* para licor/vino; **verre à pied** copa; **verre armé** cristal reforzado; **verre de lampe** cristal de lámpara; **verre de montre** cristal del reloj; **verre dépoli/trempé/feuilleté** cristal esmerilado/templado/laminado; **verres de contact** lentes *mpl* de contacto, lentillas *fpl*; **verres fumés** cristales *mpl* ahumados.

**verrière** [vɛʀjɛʀ] *nf* cristalera.

**verrou** [veʀu] *nm* cerrojo; *(GÉO, MIL)* bloqueo; **mettre le ~** poner el cerrojo; **mettre qn/être sous les ~s** *(fig)* meter a algn/estar en chirona.

**verrouillage** [veʀujaʒ] *nm* cierre *m*; **verrouillage central** *(AUTO)* cierre automático.

**verrouiller** [veʀuje] *vt* *(porte)* cerrar con cerrojo; *(MIL: brèche)* bloquear.

**verrue** [veʀy] *nf* verruga.

**vers** [vɛʀ] *nm* verso ♦ *prép* hacia; *(dans les environs de)* hacia, cerca de; *(temporel)* alrededor de, sobre ♦ *nmpl* *(poésie)* versos *mpl*.

**versant** [vɛʀsã] *nm* ladera.

**versatile** [vɛʀsatil] *adj* versátil.

**verse** [vɛʀs]: **à ~** *adv* a cántaros; **il pleut à ~** llueve a cántaros.

**Verseau** [vɛʀso] *nm* *(ASTROL)* Acuario; **être (du) ~** ser (de) Acuario.

**versement** [vɛʀsəmã] *nm* pago; *(sur un compte)* ingreso; **en 3 ~s** en 3 plazos.

**verser** [vɛʀse] *vt* verter, derramar; *(dans une tasse etc)* echar; *(argent: à qn)* pagar; *(: sur un compte)* ingresar; *(véhicule)* volcar; *(soldat: affecter)*: **~ qn dans** destinar a algn a; **~ dans** *(fig)* versar sobre; **~ à un compte** ingresar *ou* abonar en una cuenta.

**version** [vɛʀsjɔ̃] *nf* *(SCOL: traduction)* versión *f*; **film en ~ originale** película en versión original.

**verso** [vɛʀso] *nm* dorso, reverso; **voir au ~** ver al dorso.

**vert, e** [vɛʀ, vɛʀt] *adj* verde; *(vin)* agraz; *(personne: vigoureux)* lozano(-a); *(langage, propos)* fuerte ♦ *nm* verde *m*; **en voir des ~es (et des pas mûres)** *(fam)* pasarlas negras; **en dire des ~es (et des pas mûres)** *(fam)* hablar a las claras; **se mettre au ~** irse a descansar al campo; **vert bouteille/d'eau/pomme** *adj inv* verde botella/agua/manzana *inv*.

**vertèbre** [vɛʀtɛbʀ] *nf* vértebra.

**vertement** [vɛʀtəmã] *adv* severamente.

**vertical, e, -aux** [vɛʀtikal, o] *adj* vertical.

**verticale** [vɛʀtikal] *nf* vertical *f*; **à la ~** en vertical.

**verticalement** [vɛʀtikalmã] *adv* verticalmente.

**vertige** [vɛʀtiʒ] *nm* vértigo; *(étourdissement)* mareo; *(égarement)* escalofríos *mpl*; **ça me donne le ~** me da vértigo; *(m'impressionne)* me alucina; *(m'égare)* me da escalofríos.

**vertigineux, -euse** [vɛʀtiʒinø, øz] *adj* vertiginoso(-a).

**vertu** [vɛʀty] *nf* virtud *f*; **en ~ de** en virtud de.

**vertueux, -euse** [vɛʀtɥø, øz] *adj* virtuoso(-a); *(femme)* decente; *(conduite)* meritorio(-a).

**verve** [vɛʀv] *nf* inspiración *f*; **être en ~** estar en vena.

**verveine** [vɛʀvɛn] *nf* verbena.

**vésicule** [vezikyl] *nf* vesícula; **vésicule biliaire** vesícula biliar.

**vessie** [vesi] *nf* vejiga.

**veste** [vɛst] *nf* chaqueta, americana, saco *(AM)*; **retourner sa ~** *(fig: fam)* cambiar de chaqueta; **veste croisée/droite** chaqueta cruzada/recta *ou* sin cruzar.

**vestiaire** [vɛstjɛʀ] *nm* *(au théâtre etc)* guardarropa; *(de stade etc)* vestuario; **(armoire) ~** taquilla.

**vestibule** [vɛstibyl] *nm* vestíbulo.

**vestige** [vɛstiʒ] *nm* vestigio; **~s** *nmpl* *(de ville, civilisation)* vestigios *mpl*.

**vestimentaire** [vɛstimãtɛʀ] *adj* *(dépenses)* en vestimenta; *(détail)* de la vestimenta; *(élégance)* en el vestir.

**veston** [vɛstɔ̃] *nm* americana.

**vêtement** [vɛtmã] *nm* vestido; *(COMM)*: **le ~** la confección; **~s** *nmpl* ropa; **vêtements de sport** ropa de sport.

**vétérinaire** [veteʀinɛʀ] *adj*, *nm/f* veterinario(-a).

**vêtir** [vetiʀ] *vt* vestir; **se vêtir** *vpr* vestirse.

**vêtu, e** [vety] *pp de* **vêtir** ♦ *adj*: ~ **de** vestido(-a) de; **chaudement** ~ abrigado (-a).

**vétuste** [vetyst] *adj* vetusto(-a).

**veuf, veuve** [vœf, vœv] *adj*, *nm/f* viudo (-a).

**veuve** [vœv] *adj f voir* **veuf**.

**vexant, e** [vɛksɑ̃, ɑ̃t] *adj* (*contrariant*) molesto(-a); (*blessant*) humillante.

**vexations** [vɛksasjɔ̃] *nfpl* (*insultes*) humillaciones *fpl*; (*brimades*) molestias *fpl*.

**vexer** [vɛkse] *vt* ofender, humillar; **se vexer** *vpr* ofenderse.

**viable** [vjabl] *adj* viable.

**Viagra** ® [vjagʀa] *nm* Viagra ®.

**viande** [vjɑ̃d] *nf* carne *f*; **viande blanche/rouge** carne blanca/roja.

**vibrer** [vibʀe] *vi* vibrar ♦ *vt* (*TECH*) someter a vibraciones; **faire** ~ hacer vibrar.

**vice** [vis] *nm* vicio; ~ **de fabrication/ construction** defecto de fabricación/ construcción; **vice caché** (*COMM*) vicio oculto; **vice de forme** (*JUR*) defecto de forma.

**vice...** [vis] *préf* vice...

**vicié, e** [visje] *adj* viciado(-a); (*goût*) estropeado(-a).

**vicieux, -euse** [visjø, jøz] *adj* vicioso(-a); (*prononciation*) erróneo(-a).

**vicinal, e, -aux** [visinal, o] *adj* vecinal; **chemin** ~ camino vecinal.

**victime** [viktim] *nf* víctima; **être (la)** ~ **de** ser (la) víctima de; **être** ~ **d'une attaque/d'un accident** ser víctima de un ataque/de un accidente.

**victoire** [viktwaʀ] *nf* victoria, triunfo.

**victuailles** [viktɥaj] *nfpl* vitualla.

**vidange** [vidɑ̃ʒ] *nf* (*d'un fossé, réservoir*) vaciado; (*AUTO*) cambio de aceite; (*de lavabo*) desagüe *m*; ~**s** *nfpl* (*matières*) aguas *fpl* fecales; **faire la** ~ (*AUTO*) cambiar el aceite; **tuyau de** ~ tubo de desagüe.

**vidanger** [vidɑ̃ʒe] *vt* vaciar; **faire** ~ **la voiture** cambiar el aceite del coche.

**vide** [vid] *adj* vacío(-a) ♦ *nm* vacío; (*futilité, néant*) nada; ~ **de** desprovisto(-a) de; **sous** ~ al vacío; **emballé sous** ~ envasado al vacío; **regarder dans le** ~ mirar al vacío; **avoir peur du** ~ tener miedo del vacío; **parler dans le** ~ hablar en el aire; **faire le** ~ hacer el vacío; **faire le** ~ **autour de qn** hacer el vacío a algn; **à** ~ (*sans occupants*) desocupado(-a); (*sans charge*) vacante; (*TECH*) en falso.

**vidéo** [video] *nf* vídeo ♦ *adj inv* vídeo; **vidéo inverse** (*INFORM*) vídeo inverso.

**vide-ordures** [vidɔʀdyʀ] *nm inv* vertedero de basuras.

**vider** [vide] *vt* vaciar; (*lieu*) desalojar; (*bouteille, verre*) beber; (*volaille, poisson*) limpiar; (*querelle*) liquidar; (*fatiguer*) agotar; (*fam*) echar; **se vider** *vpr* vaciarse; ~ **les lieux** desalojar el local.

**videur** [vidœʀ] *nm* matón *m*.

**vie** [vi] *nf* vida; (*animation*) vitalidad *f*; **être en** ~ estar vivo(-a); **sans** ~ sin vida; **à** ~ para toda la vida, vitalicio(-a); **élu/ membre à** ~ elegido/miembro vitalicio; **dans la** ~ **courante** en la vida real; **avoir la** ~ **dure** tener siete vidas; **mener la** ~ **dure à qn** hacerle la vida imposible a algn.

**vieil** [vjɛj] *adj m voir* **vieux**; **vieil or** *adj inv* oro viejo *inv*.

**vieillard** [vjɛjaʀ] *nm* anciano; **les** ~**s** los ancianos.

**vieille** [vjɛj] *adj f voir* **vieux**; **vieille fille** solterona.

**vieilleries** [vjɛjʀi] *nfpl* antiguallas *fpl*.

**vieillesse** [vjɛjɛs] *nf* vejez *f*; **la** ~ (*vieillards*) los ancianos.

**vieillir** [vjɛjiʀ] *vi* envejecer; (*se flétrir*) avejentarse; (*institutions, doctrine*) anticuarse; (*vin*) hacerse añejo(-a) ♦ *vt* avejentar; (*attribuer un âge plus avancé*) envejecer; **se vieillir** *vpr* avejentarse; **il a beaucoup vieilli** ha envejecido mucho.

**vierge** [vjɛʀʒ] *adj* virgen; (*page*) en blanco ♦ *nf* virgen *f*; (*ASTROL*): **la V~** Virgo; **être (de la) V~** ser Virgo; ~ **de** sin.

**vietnamien, ne** [vjɛtnamjɛ̃, jɛn] *adj* vietnamita ♦ *nm* (*LING*) vietnamita *m* ♦ *nm/f*: **V~, ne** vietnamita *m/f*.

**vieux (vieil), vieille** [vjø, vjɛj] *adj* viejo (-a); (*ancien*) antiguo(-a) ♦ *nm*: **le vieux et le neuf** lo antiguo y lo nuevo ♦ *nm/f* viejo(-a), anciano(-a) ♦ *nmpl*: **les vieux** los viejos; **un petit vieux** un viejecito; **mon vieux/ma vieille** (*fam*) hombre/mujer; **mon pauvre vieux** pobrecito; **prendre un coup de vieux** envejecer de repente; **se faire vieux** hacerse viejo(-a); **un vieux de la vieille** (*fam*) un viejo experimentado; **vieux garçon** solterón; **vieux jeu** adj inv chapado(-a) a la antigua; **vieux rose** adj inv rosa asalmonado inv.

**vif, vive** [vif, viv] adj vivo(-a); (alerte) espabilado(-a); (emporté) impulsivo(-a); (air) tonificante; (vent, froid) cortante; (émotion) fuerte; (déception, intérêt) profundo(-a); **brûlé ~** quemado vivo; **eau vive** agua viva; **source vive** manantial m; **de vive voix** de viva voz; **toucher** ou **piquer qn au ~** dar a algn en el punto débil; **tailler** ou **couper dans le ~** cortar por lo sano; **à ~** en carne viva; **avoir les nerfs à ~** tener los nervios de punta; **sur le ~** (ART) del natural; **entrer dans le ~ du sujet** entrar en el meollo de la cuestión.

**vigne** [viɲ] nf (plante) vid f; (plantation) viña; **vigne vierge** viña loca.

**vigneron** [viɲ(ə)ʀɔ̃] nm viñador m.

**vignette** [viɲɛt] nf viñeta; (AUTO) pegatina; (sur médicament) resguardo de precio.

**vignoble** [viɲɔbl] nm viñedo; (vignes d'une région) viñedos mpl.

**vigoureux, -euse** [viguʀø, øz] adj vigoroso(-a).

**vigueur** [vigœʀ] nf vigor m; (JUR): **être/entrer en ~** estar/entrar en vigor; **en ~** vigente.

**vilain, e** [vilɛ̃, ɛn] adj (laid) feo(-a); (affaire, blessure) malo(-a); (enfant) malo(-a) ♦ nm (paysan) villano; **ça va faire du/tourner au ~** esto va a ponerse feo; **vilain mot** palabrota.

**villa** [villa] nf villa, chalet m.

**village** [vilaʒ] nm pueblo; (aussi: **petit ~**) aldea; **village de toile** campamento; **village de vacances** lugar m de vacaciones.

**villageois, e** [vilaʒwa, waz] adj, nm/f lugareño(-a); (d'un petit village) aldeano (-a).

**ville** [vil] nf ciudad f, villa, municipio; **habiter en ~** vivir en la ciudad; **aller en ~** ir a la ciudad; **ville nouvelle** ciudad nueva.

**vin** [vɛ̃] nm vino; (liqueur) licor m; **il a le ~ gai/triste** la bebida le pone alegre/triste; **vin blanc/rosé/rouge** vino blanco/rosado/tinto; **vin d'honneur** vino de honor; **vin de messe** vino de misa; **vin de pays/de table** vino del país/de mesa; **vin nouveau/ordinaire** vino nuevo/corrien-

te.

**vinaigre** [vinɛgʀ] nm vinagre m; **tourner au ~** (fig) aguarse; **vinaigre d'alcool/de vin** vinagre de alcohol/de vino.

**vinaigrette** [vinɛgʀɛt] nf vinagreta.

**vindicatif, -ive** [vɛ̃dikatif, iv] adj vindicativo(-a).

**vingt** [vɛ̃] adj inv, nm inv veinte m inv; **~-quatre heures sur ~-quatre** las veinticuatro horas del día; voir aussi **cinq**.

**vingtaine** [vɛ̃tɛn] nf: **une ~ (de)** unos veinte.

**vingtième** [vɛ̃tjɛm] adj, nm/f vigésimo(-a) ♦ nm (partitif) veinteavo; **le ~ siècle** el siglo veinte; voir aussi **cinquantième**.

**vinicole** [vinikɔl] adj vinícola.

**vinyle** [vinil] nm vinilo.

**viol** [vjɔl] nm violación f.

**violacé, e** [vjɔlase] adj violáceo(-a).

**violemment** [vjɔlamã] adv violentamente.

**violence** [vjɔlɑ̃s] nf violencia; **~s** nfpl (actes) agresiones fpl; **la ~** la violencia; **faire ~ à qn** violentar a algn; **se faire ~** contenerse.

**violent, e** [vjɔlɑ̃, ɑ̃t] adj violento(-a); (besoin, désir) imperante.

**violer** [vjɔle] vt violar.

**violet, te** [vjɔlɛ, ɛt] adj, nm violeta m.

**violette** [vjɔlɛt] nf violeta.

**violon** [vjɔlɔ̃] nm violín m; (fam: prison) chirona; **premier ~** (MUS) primer violín; **violon d'Ingres** pasatiempo favorito.

**violoncelle** [vjɔlɔ̃sɛl] nm violoncelo, violonchelo.

**violoniste** [vjɔlɔnist] nm/f violinista m/f.

**vipère** [vipɛʀ] nf víbora.

**virage** [viʀaʒ] nm (d'un véhicule) giro; (d'une route, piste) curva; (CHIM, PHOTO) virado; (de cuti-réaction) momento en que la reacción cutánea pasa de negativa a positiva; **prendre un ~** tomar una curva; **virage sans visibilité** (AUTO) curva sin visibilidad; **virage sur l'aile** (AVIAT) viraje m sobre el ala.

**virée** [viʀe] nf vuelta.

**virement** [viʀmɑ̃] nm (COMM) transferencia; **virement bancaire/postal** giro bancario/postal.

**virer** [viʀe] vt: **~ qch (sur)** (COMM: somme) hacer una transferencia (a); (PHOTO) virar algo (en); (fam) echar ♦ vi virar; (PHOTO: cuti-réaction) volverse positivo(-a); **~ au bleu/rouge** pasar al azul/rojo; **~ de bord**

(NAUT) virar de bordo; **~ sur l'aile** (AVIAT) virar sobre el ala.

**virevolter** [viʀvɔlte] vi dar vueltas; (aller en tous sens) ir de aquí para allá.

**virgule** [viʀgyl] nf coma; **4 ~ 2** (MATH) 4 coma 2; **virgule flottante** decimal f flotante.

**viril, e** [viʀil] adj viril; (énergique, courageux) viril, varonil.

**virtuel, le** [viʀtɥɛl] adj virtual.

**virtuose** [viʀtɥoz] adj, nm/f virtuoso(-a).

**virus** [viʀys] nm virus m inv.

**vis** [vi] vb voir **voir**; **vivre** ♦ nf [vis] tornillo; **vis à tête plate/ronde** tornillo de cabeza chata/redonda; **vis platinées** (AUTO) platinos mpl; **vis sans fin** tornillo sin fin.

**visa** [viza] nm visa, visado; **visa de censure** (CINÉ) visado de censura.

**visage** [vizaʒ] nm cara, rostro; (fig: aspect) cara; **à ~ découvert** a cara descubierta.

**vis-à-vis** [vizavi] adv enfrente de, frente a ♦ nm inv (personne) persona de enfrente; (chose): **nous avons la poste pour ~-~-~** nuestra casa está enfrente de Correos; **~-~-~ de** frente a, enfrente de; (à l'égard de) con respecto a; (en comparaison de) en comparación con; **en ~-~-~** frente a frente, cara a cara; **sans ~-~-~** (immeuble) sin vecinos.

**visée** [vize] nf (avec une arme) puntería; (ARPENTAGE) mira; **~s** nfpl (intentions) objetivos mpl; **avoir des ~s sur** qch/qn hacer proyectos sobre algo/algn.

**viser** [vize] vi apuntar ♦ vt apuntar; (carrière etc) aspirar a; (concerner) atañer a; (apposer un visa sur) visar; **~ à** qch/**faire qch** pretender algo/hacer algo.

**visibilité** [vizibilite] nf visibilidad f; **bonne/mauvaise ~** buena/mala visibilidad; **sans ~** sin visibilidad.

**visible** [vizibl] adj visible; (évident) evidente; (disponible): **est-il ~?** ¿está para recibir?

**visière** [vizjɛʀ] nf visera; **mettre sa main en ~** hacer visera con la mano.

**vision** [vizjɔ̃] nf visión f; (conception) idea; **en première ~** (CINÉ) en estreno.

**visionneuse** [vizjɔnøz] nf visionador m.

**visite** [vizit] nf visita; (expertise, d'inspection) inspección f; (MÉD) la consulta; (MIL) la revisión; **faire une ~ à qn** hacer una visita a algn; **rendre ~ à qn** visitar a algn; **être**

en **~** (chez qn) estar de visita (en casa de algn); **heures de ~** horas fpl de visita; **le droit de ~** (JUR) el derecho de visita; **visite de douane** inspección de aduana; **visite domiciliaire** visita domiciliaria; **visite médicale** revisión médica.

**visiter** [vizite] vt visitar.

**visiteur, -euse** [vizitœʀ, øz] nm/f (touriste) visitante m/f; (chez qn): **avoir un ~** tener visita; **visiteur de prison** (ADMIN) inspector m de prisiones; **visiteur des douanes** inspector de aduanas; **visiteur médical** visitador médico.

**vison** [vizɔ̃] nm visón m.

**visser** [vise] vt atornillar; (serrer: couvercle) enroscar.

**visuel, le** [vizɥɛl] adj visual ♦ nm (INFORM) unidad f de despliegue visual.

**vital, e, -aux** [vital, o] adj vital.

**vitamine** [vitamin] nf vitamina.

**vite** [vit] adv rápidamente, de prisa; (sans délai) pronto; **faire ~** darse prisa; **ce sera ~ fini** pronto estará terminado; **viens ~!** ¡corre!

**vitesse** [vites] nf rapidez f; (d'un véhicule, corps, fluide) velocidad f; (AUTO): **les ~s** las marchas; **prendre qn de ~** ganar a algn por la mano; **faire de la ~** ir a mucha velocidad; **prendre de la ~** coger velocidad; **à toute ~** a toda marcha; **en perte de ~** (avion) perdiendo velocidad; (fig) perdiendo fuerza; **changer de ~** (AUTO) cambiar de marcha; **en première/deuxième ~** (AUTO) en primera/en segunda; **vitesse acquise** velocidad adquirida; **vitesse de croisière** velocidad de crucero; **vitesse de pointe** máximo de velocidad; **vitesse du son** velocidad del sonido.

**viticulteur** [vitikyltœʀ] nm viticultor m.

**vitrail, -aux** [vitʀaj, o] nm vidriera; (technique) fabricación f de vidrieras.

**vitre** [vitʀ] nf vidrio, cristal m; (d'une portière, voiture) cristal.

**vitré, e** [vitʀe] adj con cristales; **porte ~e** puerta vidriera.

**vitrine** [vitʀin] nf escaparate m, vidriera (AM); (petite armoire) vitrina; **mettre un produit en ~** poner un producto en el escaparate; **vitrine publicitaire** panel m publicitario.

**vivable** [vivabl] adj soportable.

**vivace** [vivatʃe] adj (arbre, plante) resistente; (haine) tenaz ♦ adv (MUS) vivace.

**vivacité** [vivasite] *nf* vivacidad *f.*

**vivant, e** [vivã, ãt] *vb voir* vivre ♦ *adj* viviente; (*animé*) vivo(-a) ♦ *nm:* **du ~ de qn** en vida de algn; **les ~s et les morts** los vivos y los muertos.

**vive** [viv] *adj f voir* **vif** ♦ *vb voir* vivre ♦ *excl:* **~ le roi/la république!** ¡viva el rey/la república!; **~ les vacances!** ¡vivan las vacaciones!; **~ la liberté!** ¡viva la libertad!

**vivement** [vivmã] *adv* vivamente ♦ *excl:* **~ qu'il s'en aille!** ¡que se vaya pronto!; **~ les vacances!** ¡que lleguen ya las vacaciones!

**vivier** [vivje] *nm* vivero; (*étang*) criadero.

**vivifiant, e** [vivifjã, jãt] *adj* vivificante.

**vivoter** [vivɔte] *vi* ir tirando.

**vivre** [vivʀ] *vi* vivir; (*souvenir: demeurer*) subsistir ♦ *vt* vivir ♦ *nm:* **le ~ et le logement** comida y alojamiento; **~s** *nmpl* (*provisions*) víveres *mpl*; **la victime vit encore** la víctima sigue viva; **savoir ~** saber vivir; **se laisser ~** dejarse estar; **ne plus ~** no poder vivir; **apprendre à ~ à qn** meter a algn en cintura; **il a vécu** ha vivido mucho; **cette mode/ce régime a vécu** esta moda/este régimen ha muerto; **il est facile/difficile à ~** tiene buen/mal carácter; **faire ~ qn** mantener a algn; **~ bien/mal** vivir bien/mal; **~ de** vivir de.

**vlan** [vlã] *excl* ¡pum!

**VO** [veo] *sigle f* (= *version originale*) V.O. (= *versión original*).

**vocabulaire** [vɔkabylɛʀ] *nm* vocabulario.

**vocation** [vɔkasjɔ̃] *nf* vocación *f;* **avoir la ~** tener vocación.

**vœu, x** [vø] *nm* deseo; (*à Dieu*) voto; **faire ~ de** hacer voto de; **avec tous nos meilleurs ~x** muchas felicidades; **vœux de bonheur/de bonne année** deseos *mpl* de felicidad/felicitaciones *fpl* de año nuevo.

**vogue** [vɔg] *nf* moda; **en ~** en boga.

**voici** [vwasi] *prép* aquí está; **et ~ que ...** y entonces ...; **il est parti ~ 3 ans** se fue hace tres años; **~ une semaine que je l'ai vue** hace una semana que la vi; **me ~** aquí estoy; *voir aussi* **voilà.**

**voie¹** [vwa] *vb voir* **voir.**

**voie²** [vwa] *nf* vía; (*AUTO*) carril *m;* **par ~ buccale** *ou* **orale/rectale** por vía oral/rectal; **suivre la ~ hiérarchique** (*ADMIN*) seguir los medios oficiales; **ouvrir/montrer la ~** abrir/mostrar el camino;

**être en bonne ~** estar en el buen camino; **mettre qn sur la ~** encaminar a algn; **être en ~ d'achèvement/de rénovation** estar en vías de acabar/de renovar; **route à 2/3 ~s** carretera de dos/tres carriles; **par la ~ aérienne/maritime** por vía aérea/marítima; **par ~ ferrée** por vía férrea, por ferrocarril; **voie à sens unique** vía de dirección única; **voie d'eau** vía navegable; (*entrée d'eau*) vía de agua; **voie de fait** (*JUR*) vía de hecho; **voie de garage** (*aussi fig*) vía muerta; **voie express** vía urgente; **voie ferrée/navigable** vía férrea/navegable; **voie lactée** vía láctea; **voie prioritaire** (*AUTO*) carril prioritario; **voie privée** camino privado; **voie publique** vía pública.

**voilà** [vwala] *prép* he ahí, ahí está; **les ~** *ou* **voici** ahí *ou* aquí están; **en ~** *ou* **voici un** ahí *ou* aquí hay *ou* está uno; **~** *ou* **voici deux ans** hace dos años; **~** *ou* **voici deux ans que ...** hace dos años que ...; **et ~!** ¡eso es todo!, ¡ya está!; **~ tout** eso es todo; **"~" ou "voici"** (*en offrant qch*) "aquí tiene".

**voile** [vwal] *nm* velo; (*qui dissimule une ouverture etc*) cortina; (*PHOTO*) veladura ♦ *nf* vela; **la ~** (*SPORT*) vela; **prendre le ~** (*REL*) tomar el velo; **mettre à la ~** (*NAUT*) hacerse a la vela; **voile au poumon** *nm* (*MÉD*) mancha en el pulmón; **voile du palais** *nm* (*ANAT*) velo del paladar.

**voiler** [vwale] *vt* poner las velas a; (*fig*) velar, ocultar; (*PHOTO*) velar; (*fausser: roue*) alabear; (: *bois*) combar; **se voiler** *vpr* (*lune*) ocultarse; (*regard*) apagarse; (*ciel*) cubrirse; (*TECH*) combarse; **sa voix se voila** se le ahogó la voz; **se ~ la face** cubrirse la cara.

**voilier** [vwalje] *nm* velero.

**voilure** [vwalyʀ] *nf* (*d'un voilier*) velamen *m;* (*d'un avion*) planos *mpl* sustentadores; (*d'un parachute*) tela de paracaídas.

**voir** [vwaʀ] *vi* ver; (*comprendre*): **je vois** comprendo ♦ *vt* ver; (*considérer*) considerar; (*constater*): **~ que/comme** ver que/como; **se voir** *vpr:* **se ~ critiquer** verse criticado(-a); **cela se voit** (*cela arrive*) eso sucede; (*c'est évident*) es evidente; **~ à faire qch** (*veiller à*) asegurarse de hacer algo; **~ loin/venir** ver lejos/venir; **faire ~ qch à qn** enseñar algo a algn; **vois comme il est beau!** ¡mira lo bonito que es!; **en faire**

~ **à qn** (*fam*) enseñar a algn lo que es bueno; **ne pas pouvoir ~ qn** no poder ver a algn; **regardez-~** mire; **montrez-~** déjeme ver; **dites-~** diga, explíquese; **voyons!** ¡vamos!; **c'est à ~!** ¡habrá que verlo!; **c'est à vous de ~** usted verá; **c'est ce qu'on va ~** eso habrá que verlo; **avoir quelque chose à ~ avec** tener algo que ver con; **cela n'a rien à ~ avec lui** esto no tiene nada que ver con él.

**voire** [vwaʀ] *adv* incluso.

**voisin, e** [vwazɛ̃, in] *adj* cercano(-a), próximo(-a); (*contigu*) vecino(-a), próximo(-a); (*ressemblant*) parecido(-a), vecino(-a) ♦ *nm/f* vecino(-a); (*de table etc*) compañero(-a); **nos ~s les Anglais** nuestros vecinos ingleses; **voisin de palier** vecino(-a) de enfrente.

**voisinage** [vwazinaʒ] *nm* vecindad *f*, proximidad *f*; (*environs*) vecindad, cercanía; (*quartier, voisins*) vecindad; **relations de bon ~** relaciones *fpl* de buena vecindad.

**voiture** [vwatyʀ] *nf* coche *m*, auto (*esp AM*), carro (*AM*); **en ~!** (*RAIL*) ¡al tren!; **voiture à bras** carro con varales; **voiture d'enfant** cochecito de niño; **voiture d'infirme** coche de inválido; **voiture de sport** coche deportivo.

**voix** [vwa] *nf* voz *f*; (*POL*) voto; **~ passive/active** (*LING*) voz pasiva/activa; **la ~ de la conscience/raison** la voz de la conciencia/razón; **à haute ~** en voz alta; **à ~ basse** en voz baja; **faire la grosse ~** sacar el vozarrón; **avoir de la ~** tener voz; **rester sans ~** quedarse sin voz; **à 2/4 ~** (*MUS*) a 2/4 voces; **avoir/ne pas avoir ~ au chapitre** tener/no tener voz ni voto; **mettre aux ~** poner a votación; **voix de basse/de ténor** voz de bajo/de tenor.

**vol** [vɔl] *nm* vuelo; (*mode d'appropriation*) robo; (*larcin*) hurto; **un ~ de perdrix** una bandada de perdices; **à ~ d'oiseau** a vuelo de pájaro; **au ~: attraper qch au ~** coger algo al vuelo; **saisir une remarque au ~** coger una advertencia al vuelo; **prendre son ~** levantar el vuelo; **de haut ~** de altos vuelos; **en ~** en vuelo; **vol à l'étalage** hurto en las tiendas; **vol à la tire** tirón *m* (de bolsa); **vol à main armée** robo *ou* atraco a mano armada; **vol à voile** vuelo a vela; **vol avec effraction** robo con infracción; **vol de nuit** vuelo nocturno; **vol en palier** (*AVIAT*) vuelo horizontal; **vol libre/sur aile delta** (*SPORT*) vuelo libre/en ala delta; **vol plané** (*AVIAT*) vuelo planeado; **vol qualifié/simple** (*JUR*) hurto agravado/simple.

**vol.** *abr* (= *volume*) vol. (= *volumen*).

**volage** [vɔlaʒ] *adj* voluble.

**volaille** [vɔlaj] *nf* (*oiseaux*) aves *fpl* de corral; (*viande, oiseau*) ave *f*.

**volant, e** [vɔlɑ̃, ɑ̃t] *adj* volante, volador(a) ♦ *nm* volante *m*; (*feuillet détachable*) talón *m*; **le personnel ~, les ~s** (*AVIAT*) la tripulación; **volant de sécurité** margen *m* de seguridad.

**volcan** [vɔlkɑ̃] *nm* volcán *m*.

**volée** [vɔle] *nf* (*d'oiseaux*) bandada; (*TENNIS*) voleo; **rattraper qch à la ~** coger algo al vuelo; **lancer/semer à la ~** lanzar/sembrar al voleo; **à toute ~** (*sonner les cloches*) al vuelo; (*lancer un projectile*) al voleo; **de haute ~** (*de haut rang*) de alto rango; (*de grande envergure*) de altos vuelos; **volée (de coups)** paliza; **volée de flèches** lluvia de flechas; **volée d'obus** descarga de obuses.

**voler** [vɔle] *vi* volar; (*voleur*) robar, hurtar ♦ *vt* (*objet*) robar; (*idée*) apropiarse de; **~ en éclats** volar en mil pedazos; **~ de ses propres ailes** volar con sus propias alas; (*fig*) valerse por sí mismo(-a); **~ au vent** flotar al viento; **~ qch à qn** robar algo a algn.

**volet** [vɔle] *nm* (*de fenêtre*) postigo; (*AVIAT*) flap *m*; (*de feuillet*) hoja; (*d'un plan*) aspecto; **trié sur le ~** muy escogido(-a); **volet de freinage** (*AVIAT*) tren *m* de frenado.

**voleur, -euse** [vɔlœʀ, øz] *adj, nm/f* ladrón(-ona).

**volontaire** [vɔlɔ̃tɛʀ] *adj* voluntario(-a); (*délibéré*) deliberado(-a); (*caractère*) decidido(-a) ♦ *nm/f* voluntario(-a); (*engagé*) ~ (*MIL*) voluntario.

**volonté** [vɔlɔ̃te] *nf* voluntad *f*; **se servir/boire à ~** servirse/beber a voluntad; **bonne/mauvaise ~** buena/mala voluntad; **les dernières ~s de qn** la última voluntad de algn.

**volontiers** [vɔlɔ̃tje] *adv* con gusto; (*habituellement*) habitualmente; **"~"** "con mucho gusto".

**volt** [vɔlt] *nm* voltio.

**volte-face** [vɔltafas] *nf inv* media vuelta; (*fig*) cambio; **faire ~-~** dar media vuel-

ta.
**voltige** [vɔltiʒ] nf (au cirque) acrobacia (en
el aire); (ÉQUITATION) acrobacia ecuestre;
(AVIAT) acrobacia aérea; **(numéro de haute)** ~ número de acrobacia; (fig) ejercicio
mental.
**voltiger** [vɔltiʒe] vi revolotear.
**volubile** [vɔlybil] adj locuaz.
**volume** [vɔlym] nm volumen m.
**volumineux, -euse** [vɔlyminø, øz] adj
voluminoso(-a).
**volupté** [vɔlypte] nf voluptuosidad f; (esthétique etc) gozo.
**vomi** [vɔmi] nm vómito.
**vomir** [vɔmiʁ] vi vomitar ♦ vt vomitar; (exé-
crer) abominar.
**vomissements** nmpl: **être pris de vomissements** comenzar a devolver ou vomitar
de pronto.
**vorace** [vɔʁas] adj voraz.
**vos** [vo] dét voir **votre**.
**vote** [vɔt] nm voto; (suffrage) voto, votación f; (consultation) votación; **vote secret** ou **à bulletins secrets** votación secreta; **vote à main levée** voto a mano alzada; **vote par correspondance/
procuration** voto por correspondencia/
poder.
**voter** [vɔte] vi, vt votar.
**votre** [vɔtʁ] (pl vos) dét vuestro(-a), su.
**vôtre** [votʁ] dét: **le/la ~** el(la) vuestro(-a);
**les ~s** los(las) vuestros/-as; (forme de
politesse) los(las) suyos/-as; **à la ~**
¡salud!
**vouer** [vwe] vt: ~ **qch à Dieu/un saint**
consagrar algo a Dios/un santo; **se vouer**
vpr: **se ~ à** dedicarse a; ~ **sa vie/son
temps à** consagrar la vida/el tiempo a; ~
**une haine/amitié éternelle à qn** profesar odio/amistad eterna a algn.

───── MOT-CLÉ ─────

**vouloir** [vulwaʁ] vt **1** querer; **voulez-vous
du thé?** ¿quiere té?; **que me veut-il?**
¿qué quiere de mí?; **sans le vouloir** sin
querer; **je voudrais qch/faire** quería ou
quisiera algo/hacer; **le hasard a voulu
que ...** el azar quiso que ...; **la tradition
veut que ...** la tradición es que ...; **vouloir
faire/que qn fasse qch** querer hacer/que
algn haga algo; **que veux-tu que je te
dise?** ¿qué quieres que te diga?
**2** (consentir): **tu veux venir? - oui, je**

**veux bien** (bonne volonté) ¿quieres venir?
- sí, me parece bien; **allez, tu viens? -
oui, je veux bien** (concession) venga, ¿vienes? - ¡bueno!; **oui, si on veut** (en quelque
sorte) sí, en cierto modo; **si vous voulez** si
quiere; **veuillez attendre** tenga la amabilidad de esperar; **veuillez agréer ...** le saluda atentamente ...; **comme vous voudrez** como quiera
**3**: **en vouloir à**: **en vouloir à qn** estar resentido con algn; **je lui en veux d'avoir
fait ça** me sienta muy mal que haya hecho eso; **s'en vouloir d'avoir fait qch** estar arrepentido de haber hecho algo; **il en
veut à mon argent** se interesa por mi dinero; **je ne veux pas de mal** no le deseo
nada malo
**4**: **vouloir de qch/qn: l'entreprise ne
veut plus de lui** la empresa ya no le quiere; **elle ne veut pas de son aide** ella no
quiere su ayuda
**5**: **vouloir dire (que)** (signifier) querer decir (que)
♦ nm: **le bon vouloir de qn** la buena voluntad de algn.

**voulu, e** [vuly] pp de **vouloir** ♦ adj (requis)
requerido(-a); (délibéré) deliberado(-a).
**vous** [vu] pron (sujet: pl: familier) vosotros
(-as), ustedes (AM); (: forme de politesse) ustedes; (: singulier) usted; (objet direct: pl)
os, les (AM); (: singulier) le(la) ou lo; (objet
indirect: pl) os, les (AM); (: forme de politesse)
los; (: singulier) le(la) ou lo; (objet indirect:
pl) os, les (AM); (: forme de politesse) les;
(: singulier) le; (réfléchi, réciproque: direct,
indirect) os; (: forme de politesse) se ♦ nm:
**employer le ~** emplear el usted; **je ~ le
jure** se lo juro; (politesse) se lo juro; **je ~
prie de ...** os pido que ...; (politesse: pluriel) les pido que ...; (: singulier) le pido
que ...; ~ **pouvez ~ asseoir** podéis senta-
ros; (politesse: pluriel) pueden sentarse;
(: singulier) puede usted sentarse; **à ~**
vuestro(-a), vuestros/-as); (formule de politesse) suyo(-a), suyos/-as); **ce livre est à ~**
ese libro es vuestro; (politesse) ese libro es
suyo; **avec/sans ~** con/sin vosotros; (politesse: pluriel) con/sin ustedes; (: singulier)
con/sin usted; **je vais chez ~** voy a vuestra casa; (politesse) voy a su casa; **~-même**
(sujet) usted mismo(-a); (après prép) sí
mismo(-a); (emphatique): **~-même**, ~ **...**
usted, ...; **~-mêmes** (sujet) vosotros(-as)

*ou* (*AM*) ustedes mismos(-as); (*forme de politesse*) ustedes mismos(-as); (*après prép*) sí mismos(-as); (*emphatique*): **~- mêmes**, **~ ... vosotros ...**, ustedes ... (*AM*); (*forme de politesse*) ustedes, ...

**vouvoyer** [vuvwaje] *vt*: **~ qn** tratar de usted a algn.

**voyage** [vwajaʒ] *nm* viaje *m*; **être/partir en ~** estar/ir *ou* salir de viaje; **faire un ~** hacer un viaje; **faire bon ~** hacer un buen viaje; **aimer le ~** gustarle a algn los viajes *ou* viajar; **les gens du ~** los saltimbanquis *mpl*; **voyage d'affaires** viaje de negocios; **voyage d'agrément** viaje de placer; **voyage de noces** viaje de novios; **voyage organisé** viaje organizado.

**voyager** [vwajaʒe] *vi* viajar.

**voyageur, -euse** [vwajaʒœr, øz] *adj, nm/f* viajero(-a); **un grand ~** un gran viajero; **voyageur (de commerce)** viajante *m/f* (de comercio).

**voyant, e** [vwajɑ̃, ɑ̃t] *adj* llamativo(-a) ♦ *nm/f* vidente *m/f* ♦ *nm* indicador *m* luminoso.

**voyelle** [vwajɛl] *nf* vocal *f*.

**voyou** [vwaju] *adj, nm* (*enfant*) granuja *m*.

**vrac** [vʀak]: **en ~** *adj, adv* en desorden; (*COMM*) a granel.

**vrai, e** [vʀɛ] *adj* verdadero(-a), cierto(-a); (*or, cheveux*) auténtico(-a) ♦ *nm*: **le ~** lo verdadero, lo verídico; **son ~ nom** su auténtico nombre; **un ~ comédien/sportif** un auténtico comediante/deportista; **à dire ~**, **à ~ dire** a decir verdad; **il est ~ que** cierto que; **être dans le ~** estar en lo cierto.

**vraiment** [vʀɛmɑ̃] *adv* verdaderamente; **"~?"** "¿de verdad?", "¿es cierto?"; **il est ~ rapide** es realmente rápido.

**vraisemblable** [vʀɛsɑ̃blabl] *adj* (*plausible*) verosímil; (*probable*) probable.

**vraisemblablement** [vʀɛsɑ̃blabləmɑ̃] *adv* probablemente.

**vraisemblance** [vʀɛsɑ̃blɑ̃s] *nf* verosimilitud *f*; (*probabilité*) probabilidad *f*; (*romanesque*) realismo; **selon toute ~** con toda seguridad.

**vrombir** [vʀɔ̃biʀ] *vi* zumbar.

**VRP** [veɛʀpe] *sigle m* (= *voyageur, représentant, placier*) representante.

**VTT** [vetete] *sigle m* (= *vélo tout terrain*) bicicleta todo terreno.

**vu¹** [vy] *prép* visto; **~ que** visto que.

**vu², e** [vy] *pp de* **voir** ♦ *adj*: **bien/mal ~** bien/mal visto(-a) ♦ *nm*: **au ~ et au su de tous** a cara descubierta; **ni ~ ni connu** ni visto ni oído; **c'est tout ~** está claro.

**vue** [vy] *nf* vista; (*spectacle*) visión *f*; **~s** *nfpl* (*idées*) opiniones *fpl*; (*dessein*) proyectos *mpl*; **perdre la ~** perder la vista; **perdre de ~** perder de vista; (*principes, objectifs*) olvidar; **à la ~ de tous** a la vista de todos; **hors de ~** fuera de la vista; **à première ~** a primera vista; **connaître qn de ~** conocer a algn de vista; **à ~** (*COMM*) a vista; **tirer à ~** disparar sin dar la voz de alto; **à ~ d'œil** a ojos vistas; **avoir ~ sur** tener vistas a; **en ~** a la vista; (*COMM*) en vistas; **avoir qch en ~** tener algo en vistas; **arriver/être en ~ d'un endroit** llegar/estar a la vista de un lugar; **en ~ de faire qch** con intención de hacer algo; **vue d'ensemble** vista de conjunto; **vue de l'esprit** teoría pura.

**vulgaire** [vylgɛʀ] *adj* vulgar; **de ~s touristes/chaises de cuisine** simples turistas/sillas de cocina; **nom ~** (*BOT, ZOOL*) nombre *m* común.

**vulgariser** [vylgaʀize] *vt* (*connaissances*) divulgar; (*rendre vulgaire*) vulgarizar.

**vulnérable** [vylneʀabl] *adj* vulnerable; (*stratégiquement*) atacable.

## — W w —

**wagon** [vagɔ̃] *nm* vagón *m*.

**wagon-lit** [vagɔ̃li] (*pl* **~s-~s**) *nm* cochecama *m*.

**wagon-restaurant** [vagɔ̃ʀɛstoʀɑ̃] (*pl* **~s-~s**) *nm* coche-restaurante *m*.

**wallon, ne** [walɔ̃, ɔn] *adj* valón(-ona) ♦ *nm* (*LING*) valón *m* ♦ *nm/f*: **W~, ne** valón(-ona).

**watt** [wat] *nm* vatio.

**w-c** [vese] *nmpl* W-C *mpl*.

**Web** [wɛb] *nm inv*: **le Web** la Red, la Web.

**week-end** [wikɛnd] (*pl* **~-~s**) *nm* fin *m* de semana.

**western** [wɛstɛʀn] *nm* película del oeste, western *m*.

**whisky** [wiski] (*pl* **whiskies**) *nm* whisky *m*.

## X x

**xénophobe** [gzenɔfɔb] *nm/f* xenófobo (-a).
**xérès** [gzeʀɛs] *nm* jerez *m*.
**xylophone** [gzilɔfɔn] *nm* xilófono.

## Y y

**y** [i] *adv* allí; (*plus près*) ahí; (*ici*) aquí ♦ *pron* (*la préposition espagnole dépend du verbe employé*) a *ou* de *ou* en él, ella, ello; **nous ~ sommes enfin** ya estamos aquí; **à l'hôtel? j'~ reste 3 semaines** ¿en el hotel? me voy a quedar 3 semanas; **j'~ pense** (*je n'ai pas oublié*) lo tengo en mente; (*décision à prendre*) me lo estoy pensando; **j'~ suis!** ¡ya caigo!; **je n'~ suis pour rien** no he tenido nada que ver (en esto); **s'~ entendre (en qch)** entender de (algo); *voir aussi* **aller; avoir.**
**yacht** ['jɔt] *nm* yate *m*.
**yaourt** ['jauʀt] *nm* yogur *m*.
**yeux** ['jø] *nmpl de* œil.
**yoga** ['jɔga] *nm* yoga *m*.
**yoghourt** ['jɔguʀt] *nm* = **yaourt**.
**yougoslave** ['jugɔslav] *adj* yugoslavo (-a) ♦ *nm/f*: **Y~** yugoslavo(-a).
**Yougoslavie** ['jugɔslavi] *nf* Yugoslavia.

## Z z

**zapping** [zapiŋ] *nm*: **faire du ~** hacer zapping, zapear.
**zèbre** [zɛbʀ(ə)] *nm* cebra.
**zébré, e** [zebʀe] *adj* rayado(-a).
**zèle** [zɛl] *nm* celo; **faire du ~** (*péj*) pasarse en el celo.
**zélé, e** [zele] *adj* (*fonctionnaire*) diligente; (*défenseur*) celoso(-a).
**zéro** [zeʀo] *adj* cero ♦ *nm* (*SCOL*) cero; **au-dessus/au-dessous de ~** sobre/bajo cero; **réduire à ~** reducir a cero; **partir de ~** partir de cero; **trois (buts) à ~** tres (goles) a cero.
**zeste** [zɛst] *nm* cáscara; **un ~ de citron** un trocito de limón.
**zézayer** [zezeje] *vi* cecear.
**zigouiller** [ziguje] (*fam*) *vt* cepillarse a, cargarse a.
**zigzag** [zigzag] *nm* zigzag *m*.
**zigzaguer** [zigzage] *vi* zigzaguear.
**zinc** [zɛ̃g] *nm* (*CHIM*) cinc *m*; (*comptoir*) barra.
**zizi** [zizi] (*fam*) *nm* pito.
**zodiaque** [zɔdjak] *nm* zodíaco.
**zona** [zona] *nm* zona.
**zone** [zon] *nf* zona; (*INFORM*) campo; **la ~** (*quartiers*) las barriadas marginales; **de seconde ~** (*fig*) de segunda; **zone bleue** zona azul; **zone d'action** (*MIL*) radio de acción; **zone d'extension** *ou* **d'urbanisation** zona urbanizable; **zone franche** zona franca; **zone industrielle** polígono industrial; **zone résidentielle** zona residencial; **zones monétaires** zonas *fpl* monetarias.
**zoo** [zo(o)] *nm* zoo.
**zoologie** [zɔɔlɔʒi] *nf* zoología.
**zoologique** [zɔɔlɔʒik] *adj* zoológico(-a).
**zut** [zyt] *excl* ¡mecachis!

# Español–Francés
# Espagnol–Français

## ── A a ──

**a** [a] (*a + el = al*) *prep* **1** (*dirección*) à; **fueron a Madrid/Grecia** ils sont allés à Madrid/ en Grèce; **caerse al río** tomber dans la rivière; **subirse a la mesa** monter sur la table; **bajarse a la calle** descendre dans la rue; **llegó a la oficina** il est arrivé au bureau; **me voy a casa** je rentre à la maison o chez moi; **mira a la izquierda** regarde à gauche
**2** (*distancia*): **está a 15 km de aquí** c'est à 15 km d'ici
**3** (*posición*): **estar a la mesa** être à table; **escríbelo al margen** écris-le dans la marge; **al lado de** à côté de
**4** (*tiempo*): **a las 10/a medianoche** à 10 heures/à minuit; **a la mañana siguiente** le lendemain matin; **a los pocos días** peu de jours après; **estamos a 9 de julio** nous sommes le 9 juillet; **a los 24 años** à (l'âge de) 24 ans; **una vez a la semana** une fois par semaine
**5** (*manera*): **a la francesa** à la française; **a caballo** à cheval; **a cuadros** à carreaux; **a oscuras** à tâtons; **a la plancha** (*CULIN*) grillé; **a toda prisa** en toute hâte
**6** (*medio, instrumento*): **a lápiz** au crayon; **a mano** à la main; **escrito a máquina** tapé à la machine; **le echaron a patadas** ils l'ont flanqué dehors à coups de pied aux fesses
**7** (*razón*): **a 30 ptas el kilo** à 30 ptas le kilo; **más de 50 km/h** à plus de 50 km/h; **se vende lana a peso** laine vendue au poids
**8** (*complemento directo: no se traduce*): **vi a Juan/a tu padre** j'ai vu Jean/ton père
**9** (*dativo*): **se lo di a Pedro** je l'ai donné à Pierre
**10** (*verbo + a + infin*): **empezó a trabajar** il a commencé à travailler; (*no se traduce*): **voy a verle** je vais le voir; **vengo a decírtelo** je viens te le dire
**11** (*percepción, sentimientos*): **huele a rosas** ça sent la rose; **miedo a la verdad** peur *f* de la vérité
**12** (*simultaneidad*): **al verle, le reconocí inmediatamente** quand je l'ai vu, je l'ai tout de suite reconnu
**13** (*n + a + infin*): **el camino a recorrer** le chemin à parcourir; **asuntos a tratar** ordre *m* du jour
**14** (*imperativo*): **¡a callar!** taisez-vous!; **¡a comer!** on mange!
**15** (*frases adverbiales*): **a no ser que** sauf si; **a lo mejor** peut-être
**16** (*desafío*): **¡a que no!** je parie que non!

---

**abad, esa** [a'βað, 'ðesa] *nm/f* abbé (abbesse).
**abadía** [aβa'ðia] *nf* abbaye *f*.

**abajo** [a'βaxo] *adv* **1** (*posición*) en bas; **allí abajo** là-bas; **el piso de abajo** l'appartement du dessous; **la parte de abajo** le bas; **más abajo** plus bas; (*en texto*) ci-dessous; **desde abajo** d'en bas; **abajo del todo** tout en bas; **Pedro está abajo** Pedro est en bas; **el abajo firmante** le soussigné; **de mil ptas para abajo** au-dessous de mille pesetas
**2** (*dirección*): **ir calle abajo** descendre la rue; **río abajo** en descendant le courant, en aval
♦ *prep*: **abajo de** (*AM*) sous; **abajo de la mesa** sous la table
♦ *excl*: **¡abajo!** descends!; **¡abajo el gobierno!** à bas le gouvernement!

---

**abalanzarse** [aβalan'θarse] *vpr*: **~ sobre/ contra** se jeter sur/contre.
**abandonado, -a** [aβando'naðo, a] *adj* abandonné(e).
**abandonar** [aβando'nar] *vt* abandonner; (*salir de, tb INFORM*) quitter; **abandonarse** *vpr* (*descuidarse*) se laisser aller; **~se a** (*des-*

*esperación, dolor*) s'abandonner à; **~se a la bebida** s'adonner à la boisson.

**abandono** [aβan'dono] *nm* abandon *m*; **por ~** (*DEPORTE*) par abandon.

**abanicar** [aβani'kar] *vt* éventer.

**abanico** [aβa'niko] *nm* éventail *m*.

**abaratarse** *vpr* (*artículo*) coûter moins cher; (*precio*) baisser.

**abarcar** [aβar'kar] *vt* (*temas, período*) comprendre; (*rodear con los brazos*) embrasser; (*AM: acaparar*) accaparer; **quien mucho abarca poco aprieta** qui trop embrasse mal étreint.

**abarrotado, -a** [aβarro'taðo, a] *adj*: **~ (de)** plein(e) à craquer (de).

**abarrotar** [aβarro'tar] *vt* bourrer.

**abarrotero, -a** [aβarro'tero, a] (*AM*) *nm/f* (*tendero*) épicier(-ière).

**abarrotes** [aβa'rrotes] (*AM*) *nmpl* (*ultramarinos*) épicerie *fsg*.

**abastecer** [aβaste'θer] *vt*: **~ (de)** fournir, approvisionner (en); **abastecerse** *vpr*: **~se (de)** s'approvisionner (en).

**abastecimiento** [aβasteθi'mjento] *nm* approvisionnement *m*.

**abasto** [a'βasto] *nm*: **no dar ~** être débordé(e); **~s** *nmpl* provisions *fpl*; **no dar ~ a algo** ne pas arriver à qch; **no dar ~ o para hacer** ne pas arriver à faire.

**abatible** [aβa'tiβle] *adj*: **asiento ~** siège *m* rabattable.

**abatido, -a** [aβa'tiðo, a] *adj* (*deprimido*) abattu(e).

**abatir** [aβa'tir] *vt* abattre; (*asiento*) rabattre; **abatirse** *vpr* se laisser abattre; **~se sobre** (*águila, avión*) s'abattre sur.

**abdicar** [aβði'kar] *vi*: **~ (en algn)** abdiquer (en faveur de qn).

**abdomen** [aβ'ðomen] *nm* abdomen *m*.

**abdominal** [aβðomi'nal] *adj* abdominal(e); **~es** *nmpl* (*tb*: **ejercicios ~es**) abdominaux *mpl*.

**abecedario** [aβeθe'ðarjo] *nm* abécédaire *m*.

**abedul** [aβe'ðul] *nm* bouleau *m*.

**abeja** [a'βexa] *nf* abeille *f*.

**abejorro** [aβe'xorro] *nm* bourdon *m*.

**abertura** [aβer'tura] *nf* ouverture *f*; (*en falda, camisa*) échancrure *f*.

**abeto** [a'βeto] *nm* sapin *m*.

**abierto, -a** [a'βjerto, a] *pp de* **abrir** ♦ *adj* ouvert(e); **a campo ~** en rase campagne; **emitir en ~** (*TV*) diffuser en clair.

**abigarrado, -a** [aβiɣa'rraðo, a] *adj* bigarré(e).

**abismal** [aβis'mal] *adj* (*diferencia*) colossal(e).

**abismar** [aβis'mar] *vt* (*en dolor, desesperación*) plonger; **abismarse** *vpr*: **~se en** plonger dans; (*lectura*) se plonger dans; (*AM: asombrarse*) s'étonner de.

**abismo** [a'βismo] *nm* abîme *m*; **de sus ideas a las mías hay un ~** entre ses idées et les miennes, il y a un abîme.

**abjurar** [aβxu'rar] *vt* abjurer ♦ *vi*: **~ de** abjurer.

**ablandar** [aβlan'dar] *vt* ramollir; (*persona*) adoucir; (*carne*) attendrir; **ablandarse** *vpr* se ramollir; s'adoucir.

**abnegación** [aβneɣa'θjon] *nf* abnégation *f*.

**abnegado, -a** [aβne'ɣaðo, a] *adj* (*persona*) qui fait preuve d'abnégation.

**abochornar** [aβotʃor'nar] *vt* faire rougir (de honte); **abochornarse** *vpr* rougir (de honte).

**abofetear** [aβofete'ar] *vt* gifler.

**abogado, -a** [aβo'ɣaðo, a] *nm/f* avocat(e); **abogado defensor** avocat de la défense; **abogado del diablo** avocat du diable; **abogado del Estado** ≈ procureur *m* général; **abogado de oficio** avocat commis d'office.

**abogar** [aβo'ɣar] *vi*: **~ por** plaider pour.

**abolengo** [aβo'lengo] *nm* lignage *m*; **de ~** (*familia, persona*) de vieille souche.

**abolición** [aβoli'θjon] *nf* abolition *f*.

**abolir** [aβo'lir] *vt* abolir.

**abolladura** [aβoʎa'ðura] *nf* bosse *f*.

**abollar** [aβo'ʎar] *vt* (*metal*) bosseler; (*coche*) cabosser; **abollarse** *vpr* se bosseler; se cabosser.

**abominable** [aβomi'naβle] *adj* abominable.

**abonado, -a** [aβo'naðo, a] *adj* (*deuda etc*) acquitté(e) ♦ *nm/f* abonné(e).

**abonar** [aβo'nar] *vt* (*deuda etc*) acquitter; (*terreno*) fumer; **abonarse** *vpr*: **~se a** s'abonner à; **~ a algn a** abonner qn à; **~ dinero en una cuenta** verser de l'argent sur un compte.

**abono** [a'βono] *nm* (*fertilizante*) engrais *msg*; (*suscripción*) abonnement *m*.

**abordar** [aβor'ðar] *vt* aborder.

**aborigen** [aβo'rixen] *nm/f* aborigène *m/f*.

**aborrecer** [aβorre'θer] *vt* abhorrer.

**abortar** [aβor'tar] *vi* (*espontáneamente*) faire une fausse couche; (*de manera provoca-*

*da)* avorter ♦ *vt (huelga, golpe de estado)* faire avorter; *(INFORM)* abandonner.

**aborto** [a'βorto] *nm (espontáneo)* fausse couche *f; (provocado)* avortement *m.*

**abotonar** [aβoto'nar] *vt* boutonner.

**abrasar** [aβra'sar] *vt* brûler ♦ *vi* être très chaud; **abrasarse** *vpr:* ~**se de calor** étouffer (de chaleur); ~**se vivo** griller vif.

**abrazar** [aβra'θar] *vt (tb fig)* embrasser; **abrazarse** *vpr* s'embrasser.

**abrazo** [a'βraθo] *nm* accolade *f;* **dar un ~ a algn** serrer qn dans ses bras; "**un ~**" *(en carta)* "amitiés".

**abrebotellas** [aβreβo'teʎas] *nm inv* ouvre-bouteille *m.*

**abrecartas** [aβre'kartas] *nm inv* coupe-papier *m inv.*

**abrelatas** [aβre'latas] *nm inv* ouvre-boîte *m.*

**abreviar** [aβre'βjar] *vt* abréger ♦ *vi (apresurarse)* s'empresser; **bueno, para ~** bon, pour abréger.

**abreviatura** [aβreβja'tura] *nf* abréviation *f.*

**abridor** [aβri'ðor] *nm (de botellas)* ouvre-bouteille *m; (de latas)* ouvre-boîte *m.*

**abrigar** [aβri'ɣar] *vt* abriter; *(suj: ropa)* couvrir; *(fig: sospechas, dudas)* nourrir ♦ *vi (ropa)* tenir chaud; **abrigarse** *vpr* se couvrir.

**abrigo** [a'βriɣo] *nm (prenda)* manteau *m; (lugar)* abri *m;* **al ~ de** à l'abri de; **abrigo de pieles** manteau de fourrure.

**abril** [a'βril] *nm* avril *m; V tb* **julio.**

**abrillantar** [aβriʎan'tar] *vt* faire reluire.

**abrir** [a'βrir] *vt, vi* ouvrir; **abrirse** *vpr* s'ouvrir; **en un ~ y cerrar de ojos** en un clin d'œil; ~ **la mano** *(en examen, oposición)* être indulgent(e); ~**se a** *(puerta, ventana)* donner sur; ~**se paso** se frayer un chemin.

**abrochar** [aβro'tʃar] *vt (con botones)* boutonner; *(con hebilla)* boucler; **abrocharse** *vpr (zapatos)* se lacer; *(abrigo)* se boutonner; ~**se el cinturón** attacher sa ceinture.

**abrumar** [aβru'mar] *vt (agobiar)* accabler; *(apabullar)* écraser.

**abrupto, -a** [a'βrupto, a] *adj* abrupt(e).

**absceso** [aβs'θeso] *nm* abcès *msg.*

**absolución** [aβsolu'θjon] *nf (REL)* absolution *f; (JUR)* non-lieu *m.*

**absoluto, -a** [aβso'luto, a] *adj* absolu(e); **en ~** *(para nada)* en aucun cas; *(en respuesta)* pas du tout.

**absolver** [aβsol'βer] *vt (REL, JUR)* absoudre.

**absorbente** [aβsor'βente] *adj* absorbant(e); *(película, libro)* prenant(e).

**absorber** [aβsor'βer] *vt* absorber; **absorberse** *vpr:* ~**se en algo** s'absorber dans qch.

**absorto, -a** [aβ'sorto, a] *pp de* **absorber** ♦ *adj:* ~ **en** absorbé(e) par o dans.

**abstemio, -a** [aβs'temjo, a] *adj* abstinent(e).

**abstención** [aβsten'θjon] *nf* abstention *f.*

**abstenerse** [aβste'nerse] *vpr* s'abstenir; ~ **de algo** se priver de qch; ~ **de hacer** s'abstenir de faire.

**abstinencia** [aβsti'nenθja] *nf* abstinence *f.*

**abstracción** [aβstrak'θjon] *nf* abstraction *f;* ~ **hecha de** abstraction faite de.

**abstracto, -a** [aβ'strakto, a] *adj* abstrait(e); **en ~** dans l'abstrait.

**abstraer** [aβstra'er] *vt (problemas, cuestión)* isoler; **abstraerse** *vpr:* ~**se (de)** s'abstraire (de).

**abstraído, -a** [aβstra'iðo, a] *adj* abstrait(e).

**absuelto** [aβ'swelto] *pp de* **absolver.**

**absurdo, -a** [aβ'surðo] *adj* absurde ♦ *nm* absurdité *f;* **lo ~ es que ...** l'absurde, c'est que ...

**abuchear** [aβutʃe'ar] *vt* huer.

**abuela** [a'βwela] *nf* grand-mère *f; (pey)* mémère *f;* **¡cuéntaselo a tu ~!** *(fam)* avec moi ça ne prend pas!; **no tener** o **necesitar ~** *(fam)* s'envoyer des fleurs.

**abuelo** [a'βwelo] *nm* grand-père *m; (pey)* pépère *m;* ~**s** *nmpl* grands-parents *mpl; (antepasados)* ancêtres *mpl.*

**abultado, -a** [aβul'taðo, a] *adj (mejillas)* bouffi(e); *(facciones)* saillant(e); *(paquete)* volumineux(-euse).

**abultar** [aβul'tar] *vt (importancia, consecuencias)* exagérer ♦ *vi* prendre de la place.

**abundancia** [aβun'danθja] *nf* abondance *f;* **en ~** en abondance.

**abundante** [aβun'dante] *adj* abondant(e).

**abundar** [aβun'dar] *vi* abonder; ~ **en** abonder en; ~ **en una opinión** abonder dans un sens.

**aburrido, -a** [aβu'rriðo, a] *adj (hastiado)* saturé(e); *(que aburre)* ennuyeux(-euse).

**aburrimiento** [aβurri'mjento] *nm* ennui *m.*

**aburrir** [aβu'rrir] *vt* ennuyer; **aburrirse** *vpr* s'ennuyer; ~**se como una almeja** u **ostra** s'ennuyer comme un rat mort.

**abusar** [aβu'sar] *vi:* ~ **de** abuser de.

**abusivo, -a** [aβu'siβo, a] *adj* abusif(-ive).

**abuso** [a'βuso] *nm* abus *msg*; **abuso de autoridad** abus d'autorité; **abuso de confianza** abus de confiance.

**a/c** *abr* (= *al cuidado de*) abs (= *aux bons soins de*); (= *a cuenta*) a/o (= *un acompte de*).

**acá** [a'ka] *adv* (*esp AM*: *lugar*) ici; **pasearse de ~ para allá** faire les cent pas; **¡vente para ~!** approche un peu!; **de junio ~** depuis juin; **más ~** en deçà.

**acabado, -a** [aka'βaðo, a] *adj* (*mueble, obra*) achevé(e), fini(e); (*persona*) usé(e) ♦ *nm* finition *f*.

**acabar** [aka'βar] *vt* achever, finir; (*comida, bebida*) terminer, finir; (*retocar*) parachever ♦ *vi* finir; **acabarse** *vpr* finir, se terminer; (*gasolina, pan, agua*) être épuisé(e); **~ con** en finir avec; (*destruir*) liquider; **~ en** se terminer en; **~ mal** finir mal; **¡acabáramos!** c'est pas trop tôt!; **esto ~á conmigo** cela va mal finir; **~ de hacer** venir de faire; **~ haciendo** o **por hacer** finir par faire; **no acaba de gustarme** cela ne me plaît pas vraiment; **¡se acabó!** terminé!; (*¡basta!*) ça suffit!; **se me acabó el tabaco** je n'ai plus de cigarettes.

**acabóse** [aka'βose] *nm*: **esto es el ~** c'est le bouquet.

**academia** [aka'ðemja] *nf* académie *f*; (*de enseñanza*) école *f* privée; **la Real A~** l'Académie royale d'Espagne; **academia militar** école militaire.

**académico, -a** [aka'ðemiko, a] *adj* académique ♦ *nm/f* académicien(ne).

**acallar** [aka'ʎar] *vt* faire taire.

**acalorado, -a** [akalo'raðo, a] *adj* échauffé(e).

**acalorarse** [akalo'rarse] *vpr* (*fig*) s'échauffer.

**acampada** [akam'paða] *nf*: **ir de ~** partir camper.

**acampar** [akam'par] *vi* camper.

**acantilado** [akanti'laðo] *nm* falaise *f*.

**acaparar** [akapa'rar] *vt* (*alimentos, gasolina*) accumuler; (*atención*) accaparer.

**acariciar** [akari'θjar] *vt* caresser; (*esperanza*) nourrir.

**acarrear** [akarre'ar] *vt* transporter; (*fig*) entraîner.

**acaso** [a'kaso] *adv* peut-être; **por si ~** au cas où; **si ~** à la rigueur; **¿~?** (*AM*: *fam*) alors ...?; **¿~ es mi culpa?** alors, c'est ma faute?

**acatamiento** [akata'mjento] *nm* respect *m*.

**acatar** [aka'tar] *vt* respecter.

**acatarrarse** [akata'rrarse] *vpr* s'enrhumer.

**acaudalado, -a** [akauða'laðo, a] *adj* nanti(e).

**acaudillar** [akauði'ʎar] *vt* (*motín, revolución*) diriger; (*tropas*) commander.

**acceder** [akθe'ðer] *vi*: **~ a** accéder à; (*INFORM*) avoir accès à.

**accesible** [akθe'siβle] *adj* accessible; **~ a algn** (*comprensible*) accessible à qn.

**acceso** [ak'θeso] *nm* (*tb MED, INFORM*) accès *msg*; **tener ~** à avoir accès à; **de ~ múltiple** à accès multiples; **acceso aleatorio/ directo/secuencial** (*INFORM*) accès aléatoire/direct/séquentiel.

**accesorio, -a** [akθe'sorjo, a] *adj* accessoire ♦ *nm* accessoire *m*; **~s** *nmpl* (*prendas de vestir, AUTO*) accessoires *mpl*; (*de cocina*) ustensiles *mpl*.

**accidentado, -a** [akθiðen'taðo, a] *adj* (*terreno*) accidenté(e); (*viaje, día*) agité(e) ♦ *nm/f* accidenté(e).

**accidental** [akθiðen'tal] *adj* accidentel(le).

**accidentarse** [akθiðen'tarse] *vpr* avoir un accident.

**accidente** [akθi'ðente] *nm* accident *m*; **~s** *nmpl* (*tb*: **~s geográficos**) accidents *mpl* de terrain; **por ~** accidentellement; **tener** o **sufrir un ~** avoir un accident; **accidente laboral** o **de trabajo/de tráfico** accident du travail/de la circulation.

**acción** [ak'θjon] *nf* action *f*; **acción liberada** action entièrement libérée; **acción ordinaria/preferente** action ordinaire/ de priorité.

**accionar** [akθjo'nar] *vt* actionner; (*INFORM*) commander.

**accionista** [akθjo'nista] *nm/f* actionnaire *m/f*.

**acebo** [a'θeβo] *nm* houx *msg*.

**acechar** [aθe'tʃar] *vt* guetter.

**acecho** [a'θetʃo] *nm*: **estar al ~ (de)** être à l'affût (de).

**aceitar** [aθei'tar] *vt* huiler.

**aceite** [a'θeite] *nm* huile *f*; **aceite de colza/de girasol/de hígado de bacalao/de oliva/de ricino/de soja** huile de colza/de tournesol/de foie de morue/d'olive/de ricin/de soja.

**aceitera** [aθei'tera] *nf* huilier *m*.

**aceitoso, -a** [aθei'toso, a] *adj* (*comida*) gras(se); (*consistencia, líquido*) huileux (-euse).

**aceituna** [aθei'tuna] *nf* olive *f*; **aceituna rellena** olive fourrée.

**acelerador** [aθelera'ðor] *nm* accélérateur *m*.

**acelerar** [aθele'rar] *vt, vi* accélérer; **~ el paso/la marcha** presser le pas/l'allure.

**acelga** [a'θelɣa] *nf* blette *f*.

**acento** [a'θento] *nm* accent *m*; **~ cerrado** fort accent.

**acentuar** [aθen'twar] *vt* accentuer; **acentuarse** *vpr* s'accentuer.

**acepción** [aθep'θjon] *nf* acception *f*.

**aceptable** [aθep'taβle] *adj* acceptable.

**aceptación** [aθepta'θjon] *nf* acceptation *f*; **tener gran ~** être très populaire.

**aceptar** [aθep'tar] *vt* accepter; **~ hacer algo** accepter de faire qch.

**acequia** [a'θekja] *nf* canal *m* d'irrigation.

**acera** [a'θera] *nf* trottoir *m*.

**acerca** [a'θerka]: **~ de** *prep* de, sur, à propos de.

**acercar** [aθer'kar] *vt* approcher; **acercarse** *vpr* approcher; **~se a** s'approcher de.

**acerico** [aθe'riko] *nm* pelote *f* à épingles.

**acero** [a'θero] *nm* acier *m*; **acero inoxidable** acier inoxydable.

**acérrimo, -a** [a'θerrimo, a] *adj* acharné(e).

**acertado, -a** [aθer'taðo, a] *adj* (*respuesta, medida*) pertinent(e); (*color, decoración*) heureux(-euse).

**acertar** [aθer'tar] *vt* (*blanco*) atteindre; (*solución, adivinanza*) trouver ♦ *vi* réussir; **~ a hacer algo** réussir à faire qch; **~ con** (*camino, calle*) trouver.

**acertijo** [aθer'tixo] *nm* devinette *f*.

**achacar** [atʃa'kar] *vt*: **~ algo a** imputer qch à.

**achacoso, -a** [atʃa'koso, a] *adj* souffreteux(-euse).

**achantar** [atʃan'tar] (*fam*) *vt* (*acobardar*) démonter; **achantarse** (*fam*) *vpr* se dégonfler.

**achaque** [a'tʃake] *vb V* achacar ♦ *nm* ennui *m* de santé.

**achicar** [atʃi'kar] *vt* rétrécir; (*humillar*) abaisser; (*NÁUT*) écoper; **achicarse** *vpr* se rétrécir; (*fig*) s'humilier.

**achicharrar** [atʃitʃa'rrar] *vt* (*comida*) brûler; **achicharrarse** *vpr* (*comida*) attacher; (*planta*) griller; (*persona*) se consumer.

**achicoria** [atʃi'korja] *nf* chicorée *f*.

**aciago, -a** [a'θjaɣo, a] *adj* funeste.

**acicalarse** *vpr* se faire beau(belle).

**acicate** [aθi'kate] *nm* stimulant *m*.

**acidez** [aθi'ðeθ] *nf* acidité *f*.

**ácido, -a** ['aθiðo, a] *adj* acide ♦ *nm* (*tb fam: droga*) acide *m*.

**acierto** [a'θjerto] *vb V* acertar ♦ *nm* (*al adivinar*) découverte *f*; (*éxito, logro*) réussite *f*, idée *f* judicieuse; (*habilidad*) adresse *f*; **fue un ~ suyo** ce fut judicieux de sa part.

**aclamación** [aklama'θjon] *nf* acclamation *f*; **por ~** par acclamation.

**aclamar** [akla'mar] *vt* (*aplaudir*) acclamer; (*proclamar*) proclamer.

**aclaración** [aklara'θjon] *nf* éclaircissement *m*.

**aclarar** [akla'rar] *vt* éclaircir; (*ropa*) rincer ♦ *vi* (*tiempo*) s'éclaircir; **aclararse** *vpr* (*persona*) s'expliquer; (*asunto*) s'éclaircir; **~se la garganta** s'éclaircir la gorge.

**aclaratorio, -a** [uklara'torjo, a] *adj* explicatif(-ive).

**aclimatación** [aklimata'θjon] *nf* acclimatation *f*.

**aclimatar** [aklima'tar] *vt* acclimater; **aclimatarse** *vpr* s'acclimater; **~se a algo** s'acclimater à qch, se faire à qch.

**acné** [ak'ne] *nm o f* acné *f*.

**acobardar** [akoβar'ðar] *vt* intimider; **acobardarse** *vpr* se laisser intimider; **~se (ante)** reculer (devant).

**acogedor, a** [akoxe'ðor, a] *adj* accueillant(e).

**acoger** [ako'xer] *vt* accueillir; **acogerse** *vpr*: **~se a** (*ley, norma etc*) se référer à.

**acogida** [ako'xiða] *nf* accueil *m*.

**acometer** [akome'ter] *vt* (*empresa, tarea*) entreprendre ♦ *vi*: **~ (contra)** s'attaquer (à).

**acometida** [akome'tiða] *nf* attaque *f*; (*de gas, agua*) branchement *m*.

**acomodado, -a** [akomo'ðaðo, a] *adj* huppé(e).

**acomodador, a** [akomoða'ðor, a] *nm/f* placeur(ouvreuse).

**acomodar** [akomo'ðar] *vt* (*paquetes, maletas*) disposer; (*personas*) placer; **acomodarse** *vpr* s'installer; **~se a** s'accommoder à; **¡acomódese a su gusto!** mettez-vous à l'aise!

**acompañar** [akompa'ɲar] *vt* accompagner;

**¿quieres que te acompañe?** veux-tu que je t'accompagne?; ~ **a algn a la puerta** raccompagner qn à la porte; **le acompaño en el sentimiento** veuillez accepter mes condoléances.

**acondicionar** [akondiθjo'nar] vt: ~ **(para)** aménager (pour).

**acongojar** [akongo'xar] vt angoisser.

**aconsejar** [akonse'xar] vt conseiller; **aconsejarse** vpr: ~**se con** o **de** prendre conseil auprès de; ~ **a algn hacer** o **que haga/ que no haga algo** conseiller à qn de faire/de ne pas faire qch.

**acontecer** [akonte'θer] vi arriver.

**acontecimiento** [akonteθi'mjento] nm événement m.

**acopio** [a'kopjo] nm: **hacer** ~ faire provision de.

**acoplar** [ako'plar] vt: ~ **(a)** accoupler (à).

**acordar** [akor'ðar] vt décider; (precio, condiciones) convenir de; **acordarse** vpr: ~**se de (hacer)** se souvenir de (faire); ~ **hacer algo** (resolver) décider de faire qch.

**acorde** [a'korðe] adj (MÚS) accordé(e); (conforme) du même avis ♦ nm (MÚS) accord m; ~ **(con)** conforme (à).

**acordeón** [akorðe'on] nm accordéon m.

**acorralar** [akorra'lar] vt acculer; (fig) intimider.

**acortar** [akor'tar] vt raccourcir; (cantidad) réduire; **acortarse** vpr raccourcir.

**acosar** [ako'sar] vt traquer; (fig) harceler; ~ **a algn a preguntas** harceler qn de questions.

**acoso** nm harcèlement m; ~ **sexual** harcèlement m sexuel.

**acostar** [akos'tar] vt (en cama) coucher; (en suelo) allonger; (barco) accoster; **acostarse** vpr (para descansar) s'allonger; (para dormir) se coucher; ~**se con algn** coucher avec qn.

**acostumbrar** [akostum'brar] vt: ~ **a algn a hacer algo** habituer qn à faire qch; **acostumbrarse** vpr: ~**se a** prendre l'habitude de; (ciudad) se faire à; ~ **(a) hacer algo** prendre l'habitude de faire qch.

**ácrata** ['akrata] adj, nm/f anarchiste m/f.

**acre** ['akre] adj âcre; (crítica, humor, tono) mordant(e) ♦ nm acre m.

**acrecentar** [akreθen'tar] vt accroître; **acrecentarse** vpr s'accroître.

**acreditar** [akreði'tar] vt accréditer; (COM) créditer; **acreditarse** vpr: ~**se como** (pro-

pietario) établir sa qualité de; (buen médico) se faire une réputation de; ~ **como** reconnaître comme; ~ **para** accréditer pour.

**acreedor, a** [akree'ðor, a] adj: ~ **a** (respeto) digne de ♦ nm/f créancier(-ière); **acreedor común** (COM) créancier; **acreedor diferido** (COM) créancier à terme; **acreedor con garantía** (COM) créancier-gagiste.

**acribillar** [akriβi'ʎar] vt: ~ **a balazos** cribler de balles; ~ **a preguntas** harceler de questions.

**acróbata** [a'kroβata] nm/f acrobate m/f.

**acta** ['akta] nf (de reunión) procès-verbal m; (certificado) certificat m; **levantar** ~ (JUR) dresser procès-verbal; **acta notarial** acte m notarié.

**actitud** [akti'tuð] nf attitude f; **adoptar una** ~ **firme** adopter une attitude ferme.

**activar** [akti'βar] vt (mecanismo) actionner; (acelerar) activer; (economía, comercio) relancer.

**actividad** [aktiβi'ðað] nf activité f.

**activo, -a** [ak'tiβo, a] adj actif(-ive) ♦ nm (COM) actif m; **el** ~ **y el pasivo** l'actif et le passif; **estar en** ~ (MIL) être en activité; **activo circulante/fijo/inmaterial/invisible/realizable** actif circulant/immobilisé/incorporel/invisible/réalisable; **activos bloqueados/congelados** actifs mpl gelés.

**acto** ['akto] nm (tb TEATRO) acte m; (ceremonia) cérémonie f; **en el** ~ sur-le-champ; ~ **seguido** immédiatement; **hacer** ~ **de presencia** faire acte de présence.

**actor** [ak'tor] nm acteur m; (JUR) plaignant(e).

**actriz** [ak'triθ] nf actrice f.

**actuación** [aktwa'θjon] nf (acción) action f; (comportamiento) comportement m; (JUR) procédure f; (TEATRO) jeu m.

**actual** [ak'twal] adj actuel(le); **el 6 del** ~ le 6 courant.

**actualidad** [aktwali'ðað] nf actualité f; **la** ~ l'actualité; **en la** ~ actuellement; **ser de gran** ~ être d'actualité.

**actualizar** [aktwali'θar] vt actualiser, mettre à jour.

**actualmente** [ak'twalmente] adv à l'heure actuelle, actuellement.

**actuar** [ak'twar] vi (comportarse) agir; (actor) jouer; (JUR) entamer une procédure; ~ **de** tenir le rôle de.

**acuarela** [akwa'rela] *nf* aquarelle *f*.

**acuario** [a'kwarjo] *nm* aquarium *m*; **A~** (*ASTROL*) Verseau *m*; **ser A~** être (du) Verseau.

**acuartelar** [akwarte'lar] *vt* (*retener en cuartel*) consigner; (*alojar*) caserner.

**acuático, -a** [a'kwatiko, a] *adj* aquatique.

**acuchillar** [akutʃi'ʎar] *vt* poignarder; (*TEC*) raboter.

**acuciante** [aku'θjante] *adj* pressant(e).

**acuciar** [aku'θjar] *vt* presser.

**acudir** [aku'ðir] *vi* aller; **~ a** (*amistades etc*) avoir recours à; **~ en ayuda de** venir en aide à; **~ a una cita** aller à un rendez-vous; **~ a una llamada** répondre à un appel; **no tener a quién ~** n'avoir personne à qui faire appel.

**acuerdo** [a'kwerðo] *vb* V **acordar** ♦ *nm* accord *m*; (*decisión*) décision *f*; **¡de ~!** d'accord!; **de ~ con** en accord avec; (*acción, documento*) conformément à; **de común ~** d'un commun accord; **estar de ~** être d'accord; **llegar a un ~** parvenir à un accord; **tomar un ~** adopter une résolution; **acuerdo de pago respectivo** (*COM*) convention entre compagnies d'assurances par laquelle chacune s'engage à dédommager son propre client; **acuerdo general sobre aranceles aduaneros y comercio** (*COM*) accord général sur les tarifs douaniers et le commerce.

**acumular** [akumu'lar] *vt* accumuler.

**acuñar** [aku'ɲar] *vt* (*moneda*) frapper; (*palabra, frase*) consacrer.

**acupuntura** [akupun'tura] *nf* acupuncture *f*.

**acurrucarse** [akurru'karse] *vpr* se blottir.

**acusación** [akusa'θjon] *nf* accusation *f*.

**acusado, -a** [aku'saðo, a] *adj* (*JUR*) accusé(e); (*acento*) prononcé(e) ♦ *nm/f* (*JUR*) accusé(e).

**acusar** [aku'sar] *vt* accuser; (*revelar*) manifester; (*suj: aparato*) indiquer; **acusarse** *vpr*: **~se de algo** s'accuser de qch; (*REL*) confesser qch; **~ recibo de** accuser réception de.

**acuse** [a'kuse] *nm*: **~ de recibo** accusé *m* de réception.

**acústico, -a** [a'kustiko, a] *adj* acoustique ♦ *nf* acoustique *f*.

**adaptación** [aðapta'θjon] *nf* adaptation *f*.

**adaptador** [aðapta'ðor] *nm* adaptateur *m*.

**adaptar** [aðap'tar] *vt*: **~ (a)** adapter (à).

**adecuado, -a** [aðe'kwaðo, a] *adj* adéquat(e); **el hombre ~ para el puesto**

l'homme tout désigné pour le poste.

**adecuar** [aðe'kwar] *vt*: **~ a** adapter à.

**a. de J.C.** *abr* (= *antes de Jesucristo*) av. J.-C. (= *avant Jésus-Christ*).

**adelantado, -a** [aðelan'taðo, a] *adj* avancé(e); (*reloj*) en avance; **pagar por ~** payer d'avance.

**adelantamiento** [aðelanta'mjento] *nm* (*AUTO*) dépassement *m*.

**adelantar** [aðelan'tar] *vt*, *vi* avancer; (*AUTO*) doubler, dépasser; **adelantarse** *vpr* (*tomar la delantera*) prendre les devants; (*anticiparse*) être en avance; **~se a algn** devancer qn; **~ a algn en algo** devancer qn en qch; **así no adelantas nada** cela ne t'avance à rien.

**adelante** [aðe'lante] *adv* devant ♦ *excl* (*incitando a seguir*) en avant!; (*autorizando a entrar*) entrez!; **en ~** désormais; **de hoy en ~** à l'avenir; **más ~** (*después*) plus tard; (*más allá*) plus loin.

**adelanto** [aðe'lanto] *nm* progrès *msg*; (*de dinero, hora*) avance *f*; **los ~s de la ciencia** les progrès de la science.

**adelgazar** [aðelɣa'θar] *vt* (*persona*) faire maigrir ♦ *vi* maigrir.

**ademán** [aðe'man] *nm* geste *m*; **ademanes** *nmpl* gestes *mpl*; **en ~ de hacer** en faisant mine de faire; **hacer ~ de hacer** faire mine de faire.

**además** [aðe'mas] *adv* de plus; **~ de** en plus de.

**adentrarse** [aðen'trarse] *vpr*: **~ en** pénétrer dans.

**adentro** [a'ðentro] *adv* dedans; **mar ~** au large; **tierra ~** à l'intérieur des terres; **para sus ~s** dans son for intérieur; **~ de** (*AM: dentro de*) dans.

**adepto, -a** [a'ðepto, a] *nm/f* adepte *m/f*.

**aderezar** [aðere'θar] *vt* assaisonner.

**adeudar** [aðeu'ðar] *vt* (*dinero*) devoir; **adeudarse** *vpr* (*persona*) s'endetter; **~ una suma en una cuenta** débiter une somme sur un compte.

**adherir** [aðe'rir] *vt*: **~ algo a algo** faire adhérer une chose à une autre; **adherirse** *vpr* (*a propuesta*) adhérer.

**adhesión** [aðe'sjon] *nf* adhésion *f*.

**adhesivo, -a** [aðe'siβo, a] *adj* adhésif(-ive) ♦ *nm* adhésif *m*.

**adicción** [aðik'θjon] *nf* (*a drogas etc*) dépendance *f*.

**adición** [aði'θjon] *nf* addition *f*; (*cosa*

*añadida)* ajout *m.*

**adicto, -a** [a'ðikto, a] *adj* (*MED*) drogué(e); (*a ideología*) acquis(e); (*persona*) dépendant(e) ♦ *nm/f* (*MED*) drogué(e); (*partidario*) fanatique *m/f.*

**adiestrar** [aðjes'trar] *vt* entraîner; **adiestrarse** *vpr:* ~**se (en)** s'entraîner (à).

**adinerado, -a** [aðine'raðo, a] *adj* fortuné(e).

**adiós** [a'ðjos] *excl* (*despedida*) au revoir!; (*al pasar*) salut!; (*¡ay!*) aïe!

**aditivo** [aði'tiβo] *nm* additif *m.*

**adivinanza** [aðiβi'nanθa] *nf* devinette *f.*

**adivinar** [aðiβi'nar] *vt* (*pensamientos*) deviner; (*el futuro*) lire.

**adivino, -a** [aði'βino, a] *nm/f* devin(eresse).

**adj** *abr* = **adjunto**.

**adjetivo** [aðxe'tiβo] *nm* adjectif *m.*

**adjudicar** [aðxuði'kar] *vt* adjuger; **adjudicarse** *vpr:* ~**se algo** s'adjuger qch.

**adjuntar** [aðxun'tar] *vt* joindre.

**adjunto, -a** [að'xunto, a] *adj* (*documento*) joint(e); (*médico, director etc*) adjoint(e) ♦ *nm/f* (*profesor*) assistant(e) ♦ *adv* ci-joint.

**administración** [aðministra'θjon] *nf* administration *f*; **A~ pública** fonction *f* publique; **Administración de Correos** Postes et Télécommunications *fpl*; **Administración de Justicia** justice *f.*

**administrador, a** [aðministra'ðor, a] *nm/f* administrateur(-trice), gérant(e).

**administrar** [aðminis'trar] *vt* administrer, gérer; (*medicamento, sacramento*) administrer.

**administrativo, -a** [aðministra'tiβo, a] *adj* administratif(-ive) ♦ *nm/f* (*de oficina*) préposé(e).

**admirable** [aðmi'raβle] *adj* admirable.

**admiración** [aðmira'θjon] *nf* (*estimación*) admiration *f*; (*asombro*) étonnement *m*; (*LING*) exclamation *f*; **no salgo de mi ~** je n'en reviens pas.

**admirar** [aðmi'rar] *vt* (*estimar*) admirer; (*asombrar*) étonner; **admirarse** *vpr:* ~**se de** s'étonner de; **se admiró de que ...** il s'est étonné que ...; **no es de ~ que ...** rien d'étonnant à ce que ...

**admisible** [aðmi'siβle] *adj* acceptable.

**admisión** [aðmi'sjon] *nf* admission *f*; (*de razones etc*) acceptation *f.*

**admitir** [aðmi'tir] *vt* (*razonamiento etc*) admettre; (*local*) contenir; (*regalos*) accepter; **esto no admite demora** cela ne peut at-

tendre; **la cuestión no admite dudas** cela ne fait aucun doute.

**adobar** [aðo'βar] *vt* (*CULIN*) préparer.

**adobe** [a'ðoβe] *nm* torchis *msg.*

**adoctrinar** [aðoktri'nar] *vt* endoctriner.

**adolecer** [aðole'θer] *vi:* ~ **de** souffrir de.

**adolescente** [aðoles'θente] *adj, nm/f* adolescent(e).

**adonde** [a'ðonðe] (*esp AM*) *conj* où.

**adónde** [a'ðonde] *adv* où.

**adopción** [aðop'θjon] *nf* adoption *f.*

**adoptar** [aðop'tar] *vt* adopter.

**adoptivo, -a** [aðop'tiβo, a] *adj* adoptif (-ive); (*lengua, país*) d'adoption.

**adoquín** [aðo'kin] *nm* pavé *m.*

**adorar** [aðo'rar] *vt* adorer.

**adormecer** [aðorme'θer] *vt* endormir; **adormecerse** *vpr* somnoler; (*miembro*) s'endormir.

**adornar** [aðor'nar] *vt* orner; (*habitación, mesa*) décorer.

**adorno** [a'ðorno] *nm* ornement *m*; **de ~** d'ornement.

**adosado, -a** [aðo'saðo, a] *adj:* **chalet ~** maison *f* jumelle.

**adquiera** *etc* [að'kjera] *vb* V **adquirir**.

**adquirir** [aðki'rir] *vt* acquérir.

**adquisición** [aðkisi'θjon] *nf* acquisition *f.*

**adrede** [a'ðreðe] *adv* exprès, à dessein.

**adscribir** [aðskri'βir] *vt:* ~ **a** (*trabajo, puesto*) assigner à; **le adscribieron al cuerpo diplomático** il a été attaché au corps diplomatique.

**adscrito** [að'skrito] *pp de* **adscribir**.

**aduana** [a'ðwana] *nf* douane *f.*

**aduanero, -a** [aðwa'nero, a] *adj, nm/f* douanier(-ière).

**aducir** [aðu'θir] *vt* alléguer.

**adueñarse** [aðwe'ɲarse] *vpr:* ~ **de** s'approprier.

**adular** [aðu'lar] *vt* aduler.

**adulterar** [aðulte'rar] *vt* (*alimentos, vino*) frelater.

**adulterio** [aðul'terjo] *nm* adultère *m.*

**adúltero, -a** [a'ðultero, a] *adj, nm/f* adultère *m/f.*

**adulto, -a** [a'ðulto, a] *adj, nm/f* adulte *m/f.*

**adusto, -a** [a'ðusto, a] *adj* (*expresión, carácter*) sévère; (*paisaje, región*) austère.

**advenedizo, -a** [aðβene'ðiθo, a] *nm/f* intrus(e).

**advenimiento** [aðβeni'mjento] *nm* avènement *m*; ~ **al trono** avènement au trône.

**adverbio** [aðˈβerβjo] *nm* adverbe *m*.

**adversario, -a** [aðβerˈsarjo, a] *nm/f* adversaire *m/f*.

**adversidad** [aðβersiˈðað] *nf* adversité *f*.

**adverso, -a** [aðˈβerso, a] *adj* adverse.

**advertencia** [aðβerˈtenθja] *nf* avertissement *m*.

**advertir** [aðβerˈtir] *vt* (*observar*) observer; ~ a algn de algo avertir qn de qch; ~ a algn que ... avertir qn que ...

**advierta** *etc* [aðˈβjerta] *vb* V **advertir**.

**adyacente** [aðjaˈθente] *adj* adjacent(e).

**aéreo, -a** [aˈereo, a] *adj* aérien(ne); **por vía aérea** par avion.

**aerobic** [aeˈroβik] *nm inv* aérobic *f*.

**aerodeslizador** [aeroðesliˈθeante], **aerodeslizante** [aeroðesliˈθaðor] *nm* aéroglisseur *m*.

**aerodinámico, -a** [aeroðiˈnamiko, a] *adj* aérodynamique.

**aeromozo, -a** [aeroˈmoθo, a] (*AM*) *nm/f* (*AVIAT*) steward(hôtesse de l'air).

**aeronave** [aeroˈnaβe] *nf* aéronef *m*.

**aeroplano** [aeroˈplano] *nm* aéroplane *m*.

**aeropuerto** [aeroˈpwerto] *nm* aéroport *m*.

**aerosol** [aeroˈsol] *nm* aérosol *m*.

**a/f** *abr* (= a favor) à l'attention de.

**afabilidad** [afaβiliˈðað] *nf* affabilité *f*.

**afable** [aˈfaβle] *adj* affable.

**afán** [aˈfan] *nm* (*ahínco*) ardeur *f*; (*deseo*) soif *f*; **con ~** avec ardeur.

**afanar** [afaˈnar] (*fam*) *vt* (*robar*) rafler; **afanarse** *vpr* (*atarearse*) s'affairer; **~se por hacer** s'évertuer à faire.

**afear** [afeˈar] *vt* enlaidir.

**afección** [afekˈθjon] *nf* infection *f*.

**afectación** [afektaˈθjon] *nf* affectation *f*.

**afectado, -a** [afekˈtaðo, a] *adj* affecté(e); **~s** *nmpl* (*epidemias*) victimes *fpl*; (*catástrofes*) sinistrés *mpl*.

**afectar** [afekˈtar] *vt* affecter; **por lo que afecta a esto** quant à cela.

**afectísimo, -a** [afekˈtisimo, a] *adj*: **suyo ~** respectueusement vôtre.

**afectivo, -a** [afekˈtiβo, a] *adj* (*problema*) affectif(-ive); (*persona*) affectueux(-euse).

**afecto, -a** [aˈfekto, a] *adj*: ~ a (*ideología*) acquis(e) à; (*JUR*) soumis(e) à ♦ *nm* (*cariño*) affection *f*; **tenerle ~ a algn** avoir de l'affection pour qn.

**afectuoso, -a** [afekˈtwoso, a] *adj* affectueux(-euse); "un saludo ~" (*en carta*) "affectueusement".

**afeitar** [afeiˈtar] *vt* raser; **afeitarse** *vpr* se raser; **~se la barba/el bigote** se raser la barbe/la moustache.

**afeminado, -a** [afemiˈnaðo, a] *adj* efféminé(e).

**Afganistán** [afxanisˈtan] *nm* Afghanistan *m*.

**afianzamiento** [afjanθaˈmjento] *nm* consolidation *f*; (*salud*) amélioration *f*.

**afianzar** [afjanˈθar] *vt* (*objeto, conocimientos*) consolider; (*salud*) assurer; **afianzarse** *vpr* se cramponner; (*establecerse*) s'établir; **~se en** (*idea, opinión*) se cramponner à.

**afiche** [aˈfitʃe] (*AM*) *nm* (*cartel*) affiche *f*.

**afición** [afiˈθjon] *nf* goût *m*, penchant *m*; **la ~** les supporters *mpl*; **~ a** goût pour o de; **por ~** par goût; **músico de ~** musicien(ne) amateur.

**aficionado, -a** [afiθjoˈnaðo, a] *adj, nm/f* amateur *m*; **ser ~ a algo** être amateur de qch.

**aficionar** [afiθjoˈnar] *vt*: **~ a algn a algo** donner à qn le goût de qch; **aficionarse** *vpr*: **~se a algo** prendre goût à qch.

**afilado, -a** [afiˈlaðo, a] *adj* (*cuchillo*) aiguisé(e); (*lápiz*) bien taillé(e).

**afilar** [afiˈlar] *vt* (*cuchillo*) aiguiser; (*lápiz*) tailler; **afilarse** *vpr* (*cara*) s'affiner.

**afiliarse** [afiˈljarse] *vpr*: **~ (a)** s'affilier (à).

**afín** [aˈfin] *adj* (*carácter*) semblable; (*ideas, opiniones*) voisin(e).

**afinar** [afiˈnar] *vt* (*MÚS*) accorder; (*puntería, TEC*) ajuster; (*motor*) régler ♦ *vi* (*MÚS*) être accordé(e).

**afincarse** [afinˈkarse] *vpr*: **~ en** s'établir à.

**afinidad** [afiniˈðað] *nf* affinité *f*; **por ~** par affinité.

**afirmación** [afirmaˈθjon] *nf* affirmation *f*.

**afirmar** [afirˈmar] *vt* affirmer; (*objeto*) consolider ♦ *vi* acquiescer; **afirmarse** *vpr* (*recuperar el equilibrio*) se rétablir; **~ haber hecho/que** affirmer avoir fait/que; **~se en lo dicho** affirmer ce qui a été dit.

**afirmativo, -a** [afirmaˈtiβo, a] *adj* affirmatif(-ive).

**aflicción** [aflikˈθjon] *nf* affliction *f*.

**afligir** [afliˈxir] *vt* affliger; **afligirse** *vpr* s'affliger; **~se (por o con o de)** s'affliger (de); **no te aflijas tanto** ne te laisse pas abattre.

**aflojar** [afloˈxar] *vt* desserrer; (*cuerda*) détendre ♦ *vi* (*tormenta, viento*) se calmer; **aflojarse** *vpr* (*pieza*) prendre du jeu.

**aflorar** [aflo'rar] *vi* affleurer.

**afluente** [aflu'ente] *adj*, *nm* affluent *m*.

**afluir** [aflu'ir] *vi*: ~ **a** (*gente*, *sangre*) affluer à; (*río*) se jeter dans.

**afmo., -a.** *abr* = **afectísimo, a**.

**afónico, -a** [a'foniko, a] *adj*: **estar** ~ être aphone.

**aforo** [a'foro] *nm* (TEC) jaugeage *m*; (*de teatro*) capacité *f*; **el teatro tiene un ~ de 2.000** ce théâtre a 2 000 places.

**afortunado, -a** [afortu'naðo, a] *adj* (*persona*) chanceux(-euse); (*coincidencia*, *hallazgo*) heureux(-euse).

**afrancesado, -a** [afranθe'saðo, a] (*pey*) *adj* partisan des Français (*lors de la guerre d'Indépendance, et aux XVIII*ᵉ *et XIX*ᵉ *siècles*).

**afrenta** [a'frenta] *nf* affront *m*.

**África** ['afrika] *nf* Afrique *f*; **África del Sur** Afrique du Sud.

**africano, -a** [afri'kano, a] *adj* africain(e) ♦ *nm/f* Africain(e).

**afrontar** [afron'tar] *vt* affronter; (*dos personas*) confronter.

**afuera** [a'fwera] *adv* (*esp* AM) dehors; ~**s** *nfpl* banlieue *fsg*.

**agachar** [aɣa'tʃar] *vt* incliner; **agacharse** *vpr* s'incliner.

**agalla** [a'ɣaʎa] *nf* (ZOOL) ouïe *f*; **tener** ~**s** (*fam*) ne pas avoir froid aux yeux.

**agarradera** [aɣarra'ðera] (AM) *nf* (*asa*) anse *f*; ~**s** *nfpl* (*fam*): **tener (buenas)** ~**s** être pistonné(e).

**agarrado, -a** [aɣa'rraðo, a] *adj* radin(e).

**agarrar** [aɣa'rrar] *vt* saisir; (*esp* AM: *recoger*) prendre; (*fam*: *enfermedad*) attraper ♦ *vi* (*planta*) prendre; **agarrarse** *vpr* (*comida*) coller; (*dos personas*) s'accrocher; **agarró y se fue** (AM) sans faire ni une ni deux il a fichu le camp; ~**se (a)** s'accrocher (à); **agarrársela con algn** (AM: *tenerla tomada con algn*) avoir qn dans le nez.

**agarrotar** [aɣarro'tar] *vt* (*reo*) faire subir le supplice du garrot à; (*fardo*) ficeler; (*persona*) garrotter; **agarrotarse** *vpr* (MED) avoir des crampes; (*motor*) se gripper.

**agasajar** [aɣasa'xar] *vt* accueillir chaleureusement.

**agazapar** [aɣaθa'par] *vt* saisir; **agazaparse** *vpr* (*persona*, *animal*) se tapir.

**agencia** [a'xenθja] *nf* agence *f*; **agencia de créditos/inmobiliaria** établissement *m* de crédit/agence immobilière; **agencia matrimonial/de publicidad/de viajes** agence matrimoniale/de publicité/de voyages.

**agenciarse** [axen'θjarse] *vpr* se procurer; **agenciárselas para hacer algo** se débrouiller pour faire qch.

**agenda** [a'xenda] *nf* agenda *m*; (*orden del día*) ordre *m* du jour.

**agente** [a'xente] *nm* agent *m*; **agente acreditado/de bolsa/de negocios/de seguros** agent accrédité/de change/d'affaires/d'assurances; **agente femenino** auxiliaire *f* de police; **agente (de policía)** agent (de police).

**ágil** ['axil] *adj* agile.

**agilidad** [axili'ðað] *nf* agilité *f*.

**agilizar** [axili'θar] *vt* activer.

**agitación** [axita'θjon] *nf* agitation *f*.

**agitado, -a** [axi'taðo, a] *adj* (*día*, *viaje*, *vida*) agité(e).

**agitar** [axi'tar] *vt* agiter; (*fig*) troubler, inquiéter; **agitarse** *vpr* s'agiter; (*inquietarse*) se troubler, s'inquiéter.

**aglomeración** [aɣlomera'θjon] *nf*: ~ **de gente** rassemblement *m*; ~ **de tráfico** embouteillage *m*.

**agnóstico, -a** [aɣ'nostiko, a] *adj*, *nm/f* agnostique *m/f*.

**agobiar** [aɣo'βjar] *vt* (*suj*: *trabajo*) accabler; (: *calor*) accabler, étouffer; **agobiarse** *vpr*: ~**se por** *o* **con** crouler sous; **sentirse agobiado por** être accablé(e) de *o* par.

**agolparse** [aɣol'parse] *vpr* (*acontecimientos*) se précipiter; (*problemas*) affluer; (*personas*) se presser, se bousculer.

**agonía** [aɣo'nia] *nf* agonie *f*.

**agonizante** [aɣoni'θante] *adj* agonisant(e).

**agonizar** [aɣoni'θar] *vi* agoniser, être à l'agonie.

**agosto** [a'ɣosto] *nm* août *m*; **hacer el** *o* **su** ~ faire son beurre; *V tb* **julio**.

**agotado, -a** [aɣo'taðo, a] *adj* épuisé(e); (*pila*) à plat.

**agotador, a** [aɣota'ðor, a] *adj* épuisant(e).

**agotamiento** [aɣota'mjento] *nm* épuisement *m*.

**agotar** [aɣo'tar] *vt* épuiser; **agotarse** *vpr* s'épuiser; (*libro*) être épuisé(e).

**agraciado, -a** [aɣra'θjaðo, a] *adj* qui a du charme ♦ *nm/f* (*en sorteo*, *lotería*) gagnant(e); **el número** ~ (*en sorteo*) le numéro gagnant.

**agradable** [aɣra'ðaβle] *adj* agréable.

**agradar** [aɣra'ðar] *vi* plaire; **esto no me**

**agrada** cela ne me plaît pas; **le agrada estar en su compañía** votre compagnie lui est agréable.

**agradecer** [aɣraðe'θer] vt remercier; **¡se agradece!** mille fois merci!; **le ~ía me enviara ...** je vous serais reconnaissant de m'envoyer ...; **te agradezco que hayas venido** je te remercie d'être venu.

**agradecido, -a** [aɣraðe'θiðo, a] adj: ~ **(por/a)** reconnaissant(e) (de/envers); **¡muy ~!** merci beaucoup!, merci bien!

**agradecimiento** [aɣraðeθi'mjento] nm remerciement m.

**agradezca** etc [aɣra'ðeθka] vb V **agradecer**.

**agrado** [a'ɣraðo] nm agrément m, plaisir m; (amabilidad) amabilité f; **ser de tu** etc ~ être à ton etc goût.

**agrandar** [aɣran'dar] vt agrandir; (exagerar) amplifier, grossir; **agrandarse** vpr s'agrandir.

**agrario, -a** [a'ɣrarjo, a] adj agraire.

**agravante** [aɣra'βante] adj (circunstancia) aggravant(e) ♦ nm o f: **con el** o **la ~ de que ...** le problème étant que ...

**agravar** [aɣra'βar] vt aggraver; **agravarse** vpr s'aggraver.

**agraviar** [aɣra'βjar] vt offenser; (perjudicar) faire du tort à; **agraviarse** vpr s'offenser.

**agravio** [a'ɣraβjo] nm offense f; (JUR) appel m.

**agredir** [aɣre'ðir] vt agresser; (verbalmente) injurier.

**agregado** [aɣre'xaðo] nm agrégat m; (profesor) maître m de conférences (à l'université), professeur certifié(e) (dans l'enseignement secondaire); **agregado comercial/cultural/diplomático/militar** attaché commercial/culturel/diplomatique/militaire.

**agregar** [aɣre'xar] vt: ~ **(al)** ajouter à; (unir) associer (à); **agregarse** vpr: **~se a** se joindre à.

**agresión** [aɣre'sjon] nf agression f.

**agresivo, -a** [aɣre'siβo, a] adj agressif(-ive).

**agriar** [a'ɣrjar] vt aigrir; (leche) faire tourner; **agriarse** vpr s'aigrir; (leche) tourner.

**agrícola** [a'ɣrikola] adj agricole.

**agricultor,  a** [aɣrikul'tor, a] nm/f agriculteur(-trice).

**agricultura** [aɣrikul'tura] nf agriculture f.

**agridulce** [aɣri'ðulθe] adj aigre-doux (-douce).

**agrietarse** [aɣrje'tarse] vpr se crevasser;

(piel) se gercer.

**agrimensor,  a** [aɣrimen'sor, a] nm/f arpenteur m.

**agrio, -a** [a'ɣrjo, a] adj aigre; (carácter) aigri(e), revêche ♦ nmpl: ~**s** agrumes mpl.

**agroturismo** [aɣrotu'rismo] nm agritourisme m.

**agrupación** [aɣrupa'θjon] nf groupement m, regroupement m.

**agrupar** [aɣru'par] vt (personas) grouper; (libros, datos) regrouper; (INFORM) grouper, regrouper; **agruparse** vpr se regrouper.

**agua** ['aɣwa] nf eau f; (lluvia) pluie f, eau de pluie; ~**s** nfpl (de joya) eau fsg; (mar) eau fsg, eaux fpl; **a dos ~s** (tejado) à deux pentes; **hacer ~** (embarcación) faire eau; **se me hace la boca agua** ça me met l'eau à la bouche; ~**s abajo** en aval; ~**s arriba** en amont; **nunca digas, "de esta ~ no beberé"** il ne faut pas dire, "Fontaine, je ne boirai pas de ton eau"; **estar con el ~ al cuello** avoir la corde au cou; **estar como pez en el ~** être comme un poisson dans l'eau; **quedar algo en ~ de borrajas** s'en aller en eau de boudin; **romper ~s** (MED) perdre les eaux; **tomar las ~s** prendre les eaux; **venir como ~ de mayo** tomber à pic, arriver comme mars en carême; **agua bendita/caliente/corriente/destilada/dulce/oxigenada/potable/salada** eau bénite/chaude/courante/distillée/douce/oxygénée/potable/salée; **agua de colonia** eau de Cologne; **agua mineral (con/sin gas)** eau minérale (gazeuse/non gazeuse); **aguas jurisdiccionales/residuales/termales** eaux territoriales/résiduaires/thermales; **aguas mayores/menores** (MED) selles fpl/urine fsg.

**aguacate** [aɣwa'kate] nm avocat m; (árbol) avocatier m.

**aguacero** [aɣwa'θero] nm averse f.

**aguafiestas** [aɣwa'fjestas] nm/f inv trouble-fête m/f inv, rabat-joie m/f inv.

**aguanieve** [aɣwa'njeβe] nf neige f fondue.

**aguantar** [aɣwan'tar] vt supporter, endurer; (risa, ganas) réprimer ♦ vi (ropa) résister; **aguantarse** vpr (persona) se dominer; **no sé cómo aguanta** je ne sais pas comment il tient le coup.

**aguante** [a'ɣwante] nm (paciencia) patience f; (resistencia) résistance f.

**aguar** [a'ɣwar] vt (leche, vino) baptiser, couper; ~ **la fiesta a algn** gâcher son plaisir à qn.

**aguardar** [aɣwar'ðar] vt attendre ♦ vi: ~ **(a que)** attendre (que).

**aguardiente** [aɣwar'ðjente] nm eau-de-vie f.

**aguarrás** [aɣwa'rras] nm essence f de térébenthine.

**agudeza** [aɣu'ðeθa] nf (oído, olfato) finesse f; (vista) acuité f; (de sonido) aigu m; (fig: ingenio) vivacité f, finesse f; (ocurrencia) mot m d'esprit.

**agudizar** [aɣuði'θar] vt aiguiser; (crisis) intensifier; **agudizarse** vpr s'aiguiser; (crisis) s'intensifier.

**agudo, -a** [a'ɣuðo, a] adj (afilado) tranchant(e), coupant(e); (vista) perçant(e); (oído, olfato) fin(e); (sonido, dolor) aigu(ë); (ingenioso) subtil(e).

**agüero** [a'ɣwero] nm: **ser de buen/mal ~** être de bon/mauvais augure; **pájaro de mal ~** oiseau m de mauvais augure.

**aguijón** [aɣi'xon] nm (de insecto) dard m; (fig: estímulo) aiguillon m.

**águila** ['aɣila] nf aigle m; **ser un ~** (fig) être un as.

**aguileño, -a** [aɣi'leɲo, a] adj (nariz) aquilin(e); (rostro) allongé(e), long(longue).

**aguinaldo** [aɣi'naldo] nm étrennes fpl.

**aguja** [a'ɣuxa] nf aiguille f; (para hacer punto) aiguille à tricoter; (para hacer ganchillo) crochet m; (ARQ) aiguille, flèche f; (TEC) percuteur m; (INFORM) tête f; ~**s** nfpl (FERRO) aiguillage m; **carne de ~** côtes fpl; **buscar una ~ en un pajar** chercher une aiguille dans une botte de foin; **aguja de tejer** (AM) aiguille à tricoter.

**agujerear** [aɣuxere'ar] vt (perforar: ropa, cristal, madera) trouer.

**agujero** [aɣu'xero] nm trou m.

**agujetas** [aɣu'xetas] nfpl courbatures fpl.

**aguzar** [aɣu'θar] vt (herramientas) aiguiser, affiler; (ingenio, entendimiento) aiguillonner, stimuler; ~ **el oído/la vista** aiguiser l'ouïe/la vue.

**ahí** [a'i] adv (lugar) là; **de ~ que** donc, d'où il s'ensuit que; ~ **está el problema** tout le problème est là; ~ **llega** le voilà; **por ~** par là; (lugar indeterminado) là-bas; **¡hasta ~ hemos llegado!** dire qu'on en est arrivé là!; **¡~ va!** le voilà!; ~ **donde le ve** tel que vous le voyez; **¡~ es nada!** incroyable!; **200 o por ~** environ 200.

**ahijado, -a** [ai'xaðo, a] nm/f filleul(e).

**ahogar** [ao'ɣar] vt étouffer; (en el agua) noyer; (grito, sollozo) contenir, étouffer; (fig: angustiar) angoisser; **ahogarse** vpr (en el agua) se noyer; (por asfixia) s'asphyxier.

**ahondar** [aon'dar] vt creuser ♦ vi: ~ **en** (problema) approfondir, creuser.

**ahora** [a'ora] adv maintenant; (hace poco) tout à l'heure; ~ **bien** o **que** cependant, remarquez (que); ~ **mismo** à l'instant (même); ~ **voy** j'arrive; **¡hasta ~!** à tout de suite!, à bientôt!; **por ~** pour le moment; **de ~ en adelante** désormais, dorénavant.

**ahorcar** [aor'kar] vt pendre; **ahorcarse** vpr se pendre.

**ahorita** [ao'rita] (esp AM: fam) adv tout de suite.

**ahorrar** [ao'rrar] vt économiser, épargner; **ahorrarse** vpr: ~**se molestias** s'éviter des ennuis; ~ **a algn algo** épargner qch à qn; **no** ~ **esfuerzos/sacrificios** ne pas ménager ses efforts/être avare de sacrifices.

**ahorro** [a'orro] nm économie f, épargne f; ~**s** nmpl économies fpl.

**ahuecar** [awe'kar] vt (madera, tronco) évider; (voz) enfler ♦ vi: **¡ahueca!** (fam) fous le camp!; **ahuecarse** vpr (fig) être bouffi(e) d'orgueil.

**ahumar** [au'mar] vt fumer; (llenar de humo) enfumer; **ahumarse** vpr (habitación) se remplir de fumée; (comida) prendre un goût de fumé.

**ahuyentar** [aujen'tar] vt (ladrón, fiera) mettre en fuite; (fig) chasser.

**airado, -a** [ai'raðo, a] adj furieux(-euse).

**airar** [ai'rar] vt (persona) irriter, fâcher; **airarse** vpr (irritarse) s'irriter, se fâcher.

**aire** ['aire] nm (tb MÚS) air m; ~**s** nmpl: **darse** ~**s** se donner des airs; **al** ~ **libre** en plein air; **cambiar de** ~**s** changer d'air; **dejar en el** ~ laisser sans réponse; **tener** ~ **de** avoir l'air de; **estar en el** ~ (RADIO) être sur les ondes; (fig) être en suspens; **tener un** ~ **con** o **darse un** ~ **a** ressembler à; **tomar el** ~ prendre l'air; **aire acondicionado** air conditionné; **aire popular** (MÚS) air populaire.

**airearse** [aire'arse] vpr prendre l'air.

**airoso, -a** [ai'roso, a] adj: **salir** ~ **de algo** bien s'en tirer.

**aislar** [ais'lar] vt isoler; **aislarse** vpr: ~**se (de)** s'isoler (de).

**ajardinado, -a** [axarði'naðo, a] adj amér

gé(e).

**ajedrez** [axe'ðreθ] *nm* échecs *mpl*.

**ajeno, -a** [a'xeno, a] *adj* d'autrui; **ser ~ a** (*impropio de*) contraire à; **estar ~ a algo** être étranger à qch; **por razones ajenas a nuestra voluntad** pour des raisons indépendantes de notre volonté.

**ajetreado, -a** [axetre'aðo, a] *adj* (*día*) mouvementé(e).

**ajetreo** [axe'treo] *nm* agitation *f*.

**ají** [a'xi] (*AM*) *nm* piment *m* rouge; (*salsa*) sauce *f* au piment.

**ajo** ['axo] *nm* ail *m*; **estar en el ~** (*fam*) être dans le coup; **ajo blanco** sauce *f* à l'ail.

**ajuar** [a'xwar] *nm* (*de casa*) mobilier *m*; (*de novia*) trousseau *m*.

**ajustado, -a** [axus'taðo, a] *adj* (*ropa*) ajusté(e); (*precio*) raisonnable; (*resultado*) serré(e); (*cálculo*) exact(e).

**ajustar** [axus'tar] *vt* ajuster; (*reloj, cuenta*) régler; (*concertar*) convenir de; (*TEC*) ajuster, régler; (*IMPRENTA*) mettre en pages; (*diferencias*) aplanir ♦ *vi* (*ventana, puerta*) cadrer; **ajustarse** *vpr*: **~se a** se conformer à; **~ algo a algo** ajuster qch à qch; (*fig*) adapter qch à qch; **~ cuentas con algn** régler ses comptes avec qn.

**ajuste** [a'xuste] *nm* (*de reloj*) réglage *m*; (*FIN*) fixation *f* (des prix); (*acuerdo*) accord *m*; (*INFORM*) correction *f*; **ajuste de cuentas** (*fig*) règlement *m* de comptes.

**al** [al] (= *a* + *el*) **V a**.

**ala** ['ala] *nf* aile *f*; (*de sombrero*) bord *m* ♦ *nm/f* (*baloncestista*) ailier *m*; **cortar las ~s a algn** mettre des bâtons dans les roues à qn; **dar ~s a algn** donner à qn l'occasion d'être insolent; **ala delta** deltaplane *m*.

**alabanza** [ala'βanθa] *nf* éloge *m*, louange *f*.

**alabar** [ala'βar] *vt* (*persona*) louer, faire l'éloge de; (*obra etc*) louer, vanter.

**alacena** [ala'θena] *nf* garde-manger *m inv*.

**alacrán** [ala'kran] *nm* scorpion *m*.

**alambrada** [alam'braða] *nf*, **alambrado** [alam'braðo] *nm* grillage *m*.

**alambre** [a'lambre] *nm* fil *m* de fer; **~ de púas** fil de fer barbelé.

**alameda** [ala'meða] *nf* peupleraie *f*; (*lugar de paseo*) promenade *f* (*bordée d'arbres*).

**álamo** ['alamo] *nm* peuplier *m*; **álamo temblón** tremble *m*.

**alarde** [a'larðe] *nm*: **hacer ~ de** se vanter de, faire étalage de.

**alargador** [alarxa'ðor] *nm* (*ELEC*) rallonge *f*.

**alargar** [alar'xar] *vt* rallonger; (*estancia, vacaciones*) prolonger; (*brazo*) allonger, tendre; (*paso*) presser; **alargarse** *vpr* (*días*) rallonger; (*discurso, reunión*) se prolonger; **~ algo a algn** tendre qch à qn; **~se a** o **hasta** (*persona*) aller jusqu'à; **~se en** (*explicación*) se perdre en.

**alarido** [ala'riðo] *nm* hurlement *m*.

**alarma** [a'larma] *nf* (*señal de peligro*) alarme *f*, alerte *f*; **voz de ~** ton *m* alarmé; **dar/ sonar la ~** donner/sonner l'alarme; **alarma de incendios** avertisseur *m* d'incendie.

**alarmante** [alar'mante] *adj* alarmant(e).

**alarmar** [alar'mar] *vt* alarmer; **alarmarse** *vpr* s'alarmer.

**alba** ['alβa] *nf* aube *f*.

**albacea** [alβa'θea] *nm/f* exécuteur *m* testamentaire.

**albahaca** [al'βaka] *nf* basilic *m*.

**Albania** [al'βanja] *nf* Albanie *f*.

**albañil** [alβa'ɲil] *nm* maçon *m*.

**albarán** [alβa'ran] *nm* bordereau *m*.

**albaricoque** [alβari'koke] *nm* abricot *m*.

**albedrío** [alβe'ðrio] *nm*: **libre ~** libre arbitre *m*.

**alberca** [al'βerka] *nf* réservoir *m* d'eau; (*AM*) piscine *f*.

**albergar** [alβer'xar] *vt* héberger; (*esperanza*) nourrir; **albergarse** *vpr* s'abriter; (*alojarse*) se faire héberger.

**albergue** [al'βerxe] *vb* **V albergar** ♦ *nm* abri *m*; **albergue juvenil** o **de juventud** auberge *f* de jeunesse.

**albóndigas** [al'βondixas] *nfpl* boulettes *fpl* de viande.

**albornoz** [alβor'noθ] *nm* (*para el baño*) sortie *f* de bain; (*de los árabes*) burnous *msg*.

**alborotar** [alβoro'tar] *vt* agiter; (*amotinar*) ameuter ♦ *vi* faire du tapage; **alborotarse** *vpr* s'agiter.

**alboroto** [alβo'roto] *nm* tapage *m*.

**alborozar** [alβoro'θar] *vt* réjouir; **alborozarse** *vpr* se réjouir.

**alborozo** [alβo'roθo] *nm* réjouissance *f*.

**álbum** ['alβum] (*pl* **~s** o **~es**) *nm* album *m*; **álbum de recortes** recueil *m* de coupures de journaux.

**alcachofa** [alka'tʃofa] *nf* artichaut *m*; **alcachofa de ducha/de regadera** pomme *f* de douche/d'arrosoir.

**alcalde, -esa** [al'kalde, alkal'desa] *nm/f* maire *m*.

**alcaldía** [alkal'dia] nf mairie f.

**alcance** [al'kanθe] vb V **alcanzar** ♦ nm portée f; (COM) solde m débiteur; **al ~ de la mano** à portée de main; **estar a mi** etc/ **fuera de mi** etc ~ être/ne pas être à ma etc portée; **de gran ~** (MIL) longue portée; (fig) de grande importance.

**alcantarilla** [alkanta'riʎa] nf (subterránea) égout m; (en la calle) caniveau m.

**alcanzar** [alkan'θar] vt atteindre; (persona) rattraper; (autobús) attraper; (AM: entregar) passer ♦ vi être suffisant(e); (para todos) suffire; ~ **a hacer** arriver à faire.

**alcaparra** [alka'parra] nf câpre f.

**alcayata** [alka'jata] nf (clavo) piton m.

**alcázar** [al'kaθar] nm citadelle f; (NÁUT) dunette f.

**alcoba** [al'koβa] nf alcôve f.

**alcohol** [al'kol] nm alcool m; (tb: ~ **metílico**) alcool à brûler; **no bebe ~** il ne prend pas d'alcool.

**alcohólico, -a** [al'koliko, a] adj, nm/f alcoolique m/f; **~s anónimos** ligue fsg des alcooliques anonymes.

**alcoholímetro** [alko'limetro] nm alcoomètre m.

**alcoholismo** [alko'lismo] nm alcoolisme m.

**alcornoque** [alkor'noke] nm chêne-liège m; (fam) andouille f.

**alcurnia** [al'kurnja] nf noble lignée f.

**aldaba** [al'daβa] nf heurtoir m.

**aldea** [al'dea] nf hameau m.

**aldeano, -a** [alde'ano, a] adj, nm/f villageois(e).

**aleación** [alea'θjon] nf alliage m.

**aleatorio, -a** [alea'torjo, a] adj aléatoire; **acceso ~** (INFORM) accès msg aléatoire.

**aleccionar** [alekθjo'nar] vt instruire; (regañar) faire la leçon à.

**alegación** [aleɣa'θjon] nf allégation f.

**alegar** [ale'ɣar] vt alléguer ♦ vi (AM) discuter; ~ **que ...** alléguer que ...

**alegato** [ale'ɣato] nm plaidoyer m; (AM) discussion f.

**alegoría** [aleɣo'ria] nf allégorie f.

**alegrar** [ale'ɣrar] vt réjouir; (casa) égayer; (fiesta) animer; (fuego) attiser; **alegrarse** vpr (fam) se griser; **~se de** être heureux (-euse) de.

**alegre** [a'leɣre] adj gai(e), joyeux(-euse); (fam: con vino) éméché(e).

**alegría** [ale'ɣria] nf joie f, gaîté f; **alegría vital** joie de vivre.

**alejamiento** [alexa'mjento] nm éloignement m.

**alejar** [ale'xar] vt éloigner; (ideas) repousser; **alejarse** vpr s'éloigner.

**alemán, -ana** [ale'man, ana] adj allemand(e) ♦ nm/f Allemand(e) ♦ nm (LING) allemand m.

**Alemania** [ale'manja] nf Allemagne f; **Alemania Occidental/Oriental** (HIST) Allemagne de l'Ouest/de l'Est.

**alentador, a** [alenta'ðor, a] adj encourageant(e).

**alentar** [alen'tar] vt encourager.

**alergia** [a'lerxja] nf allergie f.

**alero** [a'lero] nm auvent m; (DEPORTE) ailier m; (AUTO) garde-boue m inv.

**alerta** [a'lerta] adj inv vigilant(e) ♦ nf alerte f ♦ adv: **estar** o **mantenerse ~** être sur ses gardes.

**aleta** [a'leta] nf (pez) nageoire f; (foca) aileron m; (nariz) aile f; (DEPORTE) palme f; (AUTO) garde-boue m inv.

**aletargar** [aletar'ɣar] vt endormir; **aletargarse** vpr s'assoupir.

**aletear** [alete'ar] vi (ave) battre des ailes; (pez) battre des nageoires; (individuo) agiter les bras.

**alevín** [ale'βin] nm alevin m.

**alfabeto** [alfa'βeto] nm alphabet m.

**alfalfa** [al'falfa] nf luzerne f.

**alfarería** [alfare'ria] nf poterie f; (tienda) magasin m de poterie.

**alfarero, -a** [alfa'rero, a] nm/f potier m.

**alféizar** [al'feiθar] nm embrasure f.

**alférez** [al'fereθ] nm (MIL) sergent m.

**alfil** [al'fil] nm (AJEDREZ) fou m.

**alfiler** [alfi'ler] nm épingle f; (broche) broche f; **prendido con ~es** précaire; **alfiler de corbata** épingle de cravate; **alfiler de gancho** (AM: imperdible grande) (grande) épingle de nourrice.

**alfiletero** [alfile'tero] nm porte-aiguilles m inv.

**alfombra** [al'fombra] nf tapis msg.

**alfombrar** [alfom'brar] vt recouvrir d'un tapis.

**alfombrilla** [alfom'briʎa] nf carpette f; (IN-FORM) tapis m de souris.

**alforja** [al'forxa] nf sacoche f.

**algarabía** [alɣara'βia] (fam) nf brouhaha m.

**algas** ['alɣas] nfpl algues fpl.

**álgebra** ['alxeβra] nf algèbre f.

**álgido, -a** ['alxiðo, a] adj crucial(e).

**algo** [ˈalɣo] *pron* quelque chose; (*una cantidad pequeña*) un peu ♦ *adv* un peu, assez; ~ **así (como)** quelque chose comme; ~ **es** ~ c'est toujours quelque chose; ¿~ **más?** c'est tout?; (*en tienda*) et avec ceci?; **por** ~ **será** il y a bien une raison; **es** ~ **difícil** c'est un peu difficile.

**algodón** [alɣoˈðon] *nm* coton *m*; **algodón de azúcar** barbe *f* à papa; **algodón hidrófilo** coton hydrophile.

**algodonero, -a** [alɣoðoˈnero, a] *adj* cotonnier(-ière) ♦ *nm* (*BOT*) cotonnier *m*.

**alguacil** [alɣwaˈθil] *nm* (*de juzgado*) huissier *m*; (*de ayuntamiento*) employé *m* municipal; (*TAUR*) officiel *m* à cheval.

**alguien** [ˈalɣjen] *pron* quelqu'un.

**alguno, -a** [alˈɣuno, a] *adj* (*delante de nm: algún*) quelque, un(une); (*después de n*): **no tiene talento** ~ il n'a aucun talent ♦ *pron* quelqu'un; ~ **de ellos** l'un d'eux; **algún que otro libro** quelques livres; **algún día iré** j'irai un jour; **sin interés** ~ sans aucun intérêt; ~ **que otro** quelque; ~**s piensan** certains pensent.

**alhaja** [aˈlaxa] *nf* joyau *m*; (*persona*) perle *f*; (*niño*) bijou *m*.

**alhelí** [aleˈli] *nm* giroflée *f*.

**aliado, -a** [aˈljaðo, a] *adj*, *nm/f* allié(e) ♦ *nm* (*CHI: CULIN*) sandwich *m* mixte; (*bebida*) mélange *m*.

**alianza** [aˈljanθa] *nf* alliance *f*.

**aliarse** [aljˈarse] *vpr*: ~ **(con/a)** s'allier (à).

**alias** [ˈaljas] *adv* alias.

**alicates** [aliˈkates] *nmpl* pince *fsg*; **alicates de uñas** coupe-ongles *m inv*.

**aliciente** [aliˈθjente] *nm* stimulant *m*; (*atractivo*) attrait *m*, charme *m*.

**alienación** [aljenaˈθjon] *nf* aliénation *f*.

**aliento** [aˈljento] *vb* V **alentar** ♦ *nm* haleine *f*; (*fig*) courage *m*; **sin** ~ hors d'haleine.

**aligerar** [alixeˈrar] *vt* alléger; (*dolor*) soulager; **aligerarse** *vpr*: ~**se de** (*ropa*) enlever; (*prejuicios*) se débarrasser de; ~ **el paso** presser le pas.

**alijo** [aˈlixo] *nm* saisie *f*.

**alimaña** [aliˈmaɲa] *nf* animal *m* nuisible.

**alimentación** [alimentaˈθjon] *nf* alimentation *f*; **tienda de** ~ magasin *m* d'alimentation; **alimentación continua** alimentation en continu.

**alimentar** [alimenˈtar] *vt* nourrir, alimenter; (*suj: alimento*) nourrir; **alimentarse** *vpr*: ~**se de** o **con** s'alimenter de.

**alimenticio, -a** [alimenˈtiθjo, a] *adj* (*sustancia*) alimentaire; (*nutritivo*) nourrissant(e).

**alimento** [aliˈmento] *nm* aliment *m*; ~**s** *nmpl* (*JUR*) aliments *mpl*.

**alineación** [alineaˈθjon] *nf* alignement *m*; (*DEPORTE*) formation *f*.

**alinear** [alineˈar] *vt* aligner; (*DEPORTE*) faire jouer; **alinearse** *vpr* s'aligner; (*DEPORTE*) rentrer.

**aliñar** [aliˈɲar] *vt* assaisonner.

**aliño** [aˈliɲo] *nm* assaisonnement *m*.

**alisar** [aliˈsar] *vt* lisser; (*madera*) polir.

**alistarse** [alisˈtarse] *vpr* s'inscrire; (*MIL*) s'enrôler; (*AM: prepararse*) se préparer.

**alivlar** [aliˈβjar] *vt* (*carga*) alléger; (*persona*) soulager.

**alivio** [aˈliβjo] *nm* soulagement *m*.

**aljibe** [alˈxiβe] *nm* citerne *f*.

**allá** [aˈʎa] *adv* là-bas; (*por ahí*) par là; ~ **abajo/arriba** tout en bas/en haut; **hacia** ~ par là-bas; **más** ~ plus loin; **más** ~ **de** au-delà de; ~ **por** vers; ¡~ **tú!** tant pis pour toi!; **el más** ~ l'au-delà *m*.

**allanamiento** [aʎanaˈmjento] *nm*: ~ **de morada** violation *f* de domicile.

**allanar** [aʎaˈnar] *vt* aplanir; (*muro*) raser; (*obstáculos*) surmonter; (*entrar a la fuerza en*) forcer; (*JUR*) rentrer par effraction; **allanarse** *vpr*: ~**se a** se soumettre à.

**allegado, -a** [aʎeˈɣaðo, a] *adj* partisan(e) ♦ *nm/f* proche parent(e).

**allí** [aˈʎi] *adv* (*lugar*) là; ~ **mismo** là précisément; **por** ~ par là.

**alma** [ˈalma] *nf* (*tb TEC*) âme *f*; (*de negocio*) nœud *m*; (*de fiesta*) clou *m*; (*de reunión*) objet *m* principal; **se le cayó el** ~ **a los pies** les bras lui en sont tombés; **entregar el** ~ rendre l'âme; **estar con el** ~ **en la boca** être à l'agonie; **tener el** ~ **en un hilo** être mort(e) d'inquiétude; **estar como** ~ **en pena** être comme une âme en peine; **ir como** ~ **que lleva el diablo** courir comme un(e) dératé(e); **lo agradezco/lo siento en el** ~ je vous remercie/je le regrette infiniment; **no puedo con mi** ~ je n'en peux plus (de fatigue); **con toda el** ~ du fond du cœur.

**almacén** [almaˈθen] *nm* (*tb MIL*) magasin *m*; (*al por mayor*) magasin de gros; (*AM*) épicerie *f*; (**grandes**) **almacenes** grands magasins *mpl*; **almacén depositario** (*COM*) dépôt *m*.

**almacenaje** [almaθe'naxe] *nm* emmagasinage *m*, stockage *m*; **almacenaje secundario** (*INFORM*) mémoire *f* auxiliaire.

**almacenar** [almaθe'nar] *vt* emmagasiner, stocker; (*INFORM*) mémoriser.

**almacenero, -a** [almaθe'nero, a] (*AM*) *nm/f* épicier(-ière).

**almanaque** [alma'nake] *nm* almanach *m*.

**almeja** [al'mexa] *nf* (*ZOOL*) clovisse *f*; (*CULIN*) palourde *f*.

**almendra** [al'mendra] *nf* amande *f*; **almendras garrapiñadas** pralines *fpl*.

**almendro** [al'mendro] *nm* amandier *m*.

**almíbar** [al'miβar] *nm* sirop *m*; **en ~** au sirop.

**almidón** [almi'ðon] *nm* amidon *m*.

**almirante** [almi'rante] *nm* amiral *m*.

**almirez** [almi'reθ] *nm* mortier *m*.

**almizcle** [al'miθkle] *nm* musc *m*.

**almohada** [almo'aða] *nf* oreiller *m*; (*funda*) taie *f* d'oreiller; **lo consultaré** *etc* **con la ~** la nuit porte conseil.

**almohadilla** [almoa'ðiʎa] *nf* (*para sentarse*) coussinet *m*; (*para planchar*) pattemouille *f*; (*para sellar*) tampon *m* encreur; (*en los arreos*) tapis *msg* de selle; (*AM*) pelote *f* à épingles.

**almohadón** [almoa'ðon] *nm* coussin *m*; (*funda de almohada*) taie *f* d'oreiller.

**almorranas** [almo'rranas] *nfpl* hémorroïdes *fpl*.

**almorzar** [almor'θar] *vt*: **~ una tortilla** déjeuner d'une omelette ♦ *vi* déjeuner.

**almuerzo** [al'mwerθo] *vb* V **almorzar** ♦ *nm* déjeuner *m*.

**alocado, -a** [alo'kaðo, a] *adj* écervelé(e); (*acción*) irréfléchi(e).

**alojamiento** [aloxa'mjento] *nm* logement *m*; (*de visitante*) hébergement *m*.

**alojar** [alo'xar] *vt* loger; **alojarse** *vpr*: **~se en** (*persona*) loger à; (*bala, proyectil*) se loger dans.

**alondra** [a'londra] *nf* alouette *f*.

**alpargata** [alpar'xata] *nf* espadrille *f*.

**Alpes** ['alpes] *nmpl*: **los ~** les Alpes *fpl*.

**alpinismo** [alpi'nismo] *nm* alpinisme *m*.

**alpinista** [alpi'nista] *nm/f* alpiniste *m/f*.

**alpiste** [al'piste] *nm* alpiste *m*; (*AM*: *fam*: *dinero*) fric *m*.

**alquilar** [alki'lar] *vt* louer; "**se alquila casa**" "maison à louer".

**alquiler** [alki'ler] *nm* location *f*; (*precio*) loyer *m*; **de ~** à louer; **alquiler de coches/automóviles** location de voitures.

**alquimia** [al'kimja] *nf* alchimie *f*.

**alquitrán** [alki'tran] *nm* goudron *m*.

**alrededor** [alreðe'ðor] *adv* autour; **~es** *nmpl* environs *mpl*; **~ de** autour de; (*aproximadamente*) environ; **a su ~** autour de lui; **mirar a su ~** regarder autour de soi.

**alta** ['alta] *nf*: **dar a algn de ~** (*MED*) déclarer qn guéri; (*en empleo*) autoriser qn à reprendre son travail (*après un congé de maladie*); **darse de ~** (*MED*) se déclarer guéri(e); (*en club, asociación*) devenir membre.

**altanería** [altane'ria] *nf* arrogance *f*; (*de aves*) haut vol *m*.

**altanero, -a** [altanero, a] *adj* hautain(e).

**altar** [al'tar] *nm* autel *m*; **altar mayor** maître-autel *m*.

**altavoz** [alta'βoθ] *nm* haut-parleur *m*.

**alteración** [altera'θjon] *nf* altération *f*; (*alboroto*) altercation *f*; (*agitación*) agitation *f*; **alteración del orden público** trouble *m* de l'ordre public.

**alterar** [alte'rar] *vt* modifier; (*persona*) perturber; (*alimentos, medicinas*) altérer; **alterarse** *vpr* (*persona*) se troubler; (*enfadarse*) se fâcher; **~ el orden público** troubler l'ordre public.

**altercado** [alter'kaðo] *nm* altercation *f*.

**alternar** [alter'nar] *vt*: **~ algo con o y algo** alterner une chose et une autre ♦ *vi* fréquenter des gens; **alternarse** *vpr* se relayer; **~ con** fréquenter.

**alternativa** [alterna'tiβa] *nf* alternative *f*; **no tener otra ~** ne pas avoir le choix; **tomar la ~** (*TAUR*) recevoir l'alternative.

**alternativo, -a** [alterna'tiβo, a] *adj* alternatif(-ive); (*hojas, ángulo*) alterne.

**alterno, -a** [al'terno, a] *adj* (*días*) tous les deux; (*ELEC*) alternatif(-ive); (*BOT, MAT*) alterne.

**alteza** [al'teθa] *nf* altesse *f*; **su A~ Real** Son Altesse Royale.

**altibajos** [alti'βaxos] *nmpl* (*del terreno*) inégalités *fpl*; (*fig*) des hauts et des bas *mpl*.

**altiplanicie** [altipla'niθje] *nf* haut plateau *m*.

**altiplano** [alti'plano] *nm* = **altiplanicie**.

**altisonante** [altiso'nante] *adj* ronflant(e).

**altitud** [alti'tuð] *nf* altitude *f*; **a una ~ de** à une altitude de.

**altivez** [alti'βeθ] *nf* hauteur *f*, morgue *f*.

**altivo, -a** [al'tiβo, a] *adj* hautain(e), altier (-ière).

**alto, -a** ['alto, a] *adj* haut(e); (*persona*) grand(e); (*sonido*) aigu(ë); (*precio, ideal, clase*) élevé(e) ♦ *nm* haut *m*; (*AM*) tas *msg*; (*MÚS*) alto *m* ♦ *adv* haut; (*río*) en crue ♦ *excl* halte!; **la pared tiene 2 metros de ~** le mur fait 2 mètres de haut; **alta costura** haute couture; **alta fidelidad/frecuencia** haute fidélité/fréquence; **en alta mar** en haute mer; **alta tensión** haute tension; **en voz alta** à voix haute; **a altas horas de la noche** à une heure avancée de la nuit; **en lo ~ de** en haut de, tout en haut de; **hacer un ~** faire une halte; **pasar por ~** passer outre; **por todo lo ~** sur un grand pied; **poner la radio más ~** mettre la radio plus fort; **¡más ~, por favor!** plus fort, s'il vous plaît!; **declarar/respetar el ~ el fuego** déclarer/observer le cessez-le-feu; **dar el ~** crier "Halte-là!"

**altoparlante** [altopar'lante] (*AM*) *nm* haut-parleur *m*.

**altruismo** [al'truismo] *nm* altruisme *m*.

**altura** [al'tura] *nf* hauteur *f*; (*de persona*) taille *f*; (*altitud*) altitude *f*; **~s** *nfpl* hauteurs *fpl*; **la pared tiene 1.80 de ~** le mur fait 1 mètre 80 de hauteur *o* de haut; **a estas ~s del año** à cette époque de l'année; **estar a la ~ de las circunstancias** être à la hauteur des circonstances; **ha sido un partido de gran ~** cela a été un grand match; **a estas ~s** à l'heure qu'il est.

**alubias** [a'luβjas] *nfpl* haricots *mpl*.

**alucinación** [aluθina'θjon] *nf* hallucination *f*.

**alucinar** [aluθi'nar] *vi* avoir des hallucinations ♦ *vt* halluciner.

**alud** [a'luð] *nm* avalanche *f*.

**aludir** [alu'ðir] *vi*: **~ a** faire allusion à; **darse por aludido** se sentir visé.

**alumbrado** [alum'braðo] *nm* éclairage *m*.

**alumbramiento** [alumbra'mjento] *nm* accouchement *m*.

**alumbrar** [alum'brar] *vt* éclairer; (*MED*) accoucher de ♦ *vi* éclairer.

**aluminio** [alu'minjo] *nm* aluminium *m*.

**alumno, -a** [a'lumno, a] *nm/f* élève *m/f*.

**alunizar** [aluni'θar] *vi* alunir.

**alusión** [alu'sjon] *nf* allusion *f*; **hacer ~ a** faire allusion à.

**aluvión** [alu'βjon] *nm* (*de agua*) inondation *f*; (*de gente, noticias*) déluge *m*; **~ de improperios** torrent *m* d'injures.

**alverja** [al'verxa] (*AM*) *nf* pois *msg* de senteur.

**alza** ['alθa] *nf* hausse *f*; **estar en ~** (*precio*) être en hausse; (*estimación*) être bien coté(e); **jugar al ~** jouer à la hausse; **cotizarse en ~** être coté(e) à la hausse; **alza telescópica** hausse télescopique; **alzas fijas/graduables** hausses fixes/graduées.

**alzada** [al'θaða] *nf* (*de caballos*) hauteur *f* au garrot; **recurso de ~** (*JUR*) recours *msg* hiérarchique.

**alzamiento** [alθa'mjento] *nm* (*rebelión*) soulèvement *m*; (*de precios*) relèvement *m*; (*de muro*) élévation *f*; (*en subasta*) surenchère *f*.

**alzar** [al'θar] *vt* (*tb castigo*) lever; (*precio, muro, monumento*) élever; (*cuello de abrigo*) relever; (*poner derecho*) redresser; (*AGR*) rentrer; (*TIP*) assembler; **alzarse** *vpr* s'élever; (*rebelarse*) se soulever; (*COM*) faire banqueroute; (*JUR*) interjeter appel; **~ la voz** élever la voix; **~se con el premio** remporter le gros lot; **~se en armas** prendre les armes.

**ama** ['ama] *nf* maîtresse *f* (de maison), propriétaire *f*; (*criada*) gouvernante *f*; (*madre adoptiva*) mère *f* adoptive; **ama de casa** ménagère *f*; **ama de cría** *o* **leche** nourrice *f*; **ama de llaves** gouvernante.

**amabilidad** [amaβili'ðað] *nf* amabilité *f*.

**amable** [a'maβle] *adj* aimable; **es Ud muy ~** c'est très aimable à vous.

**amaestrado, -a** [amaes'traðo, a] *adj* dressé(e).

**amaestrar** [amaes'trar] *vt* dresser.

**amago** [a'maɣo] *nm* menace *f*; (*gesto*) ébauche *f*, commencement *m*; (*MED*) symptôme *m*; **hizo un ~ de levantarse** il commença à se lever.

**amainar** [amai'nar] *vt* (*NÁUT*) amener ♦ *vi* tomber.

**amalgama** [amal'ɣama] *nf* amalgame *m*.

**amalgamar** [amalɣa'mar] *vt* amalgamer.

**amamantar** [amaman'tar] *vt* allaiter, donner le sein à.

**amanecer** [amane'θer] *vi*: **amanece** le jour se lève ♦ *nm* lever *m* du jour; **el niño amaneció con fiebre** l'enfant s'est réveillé avec de la fièvre; **amanecimos en Lugo** à l'aube nous sommes arrivés à Lugo.

**amanerado, -a** [amane'raðo, a] *adj* maniéré(e); (*lenguaje*) affecté(e).

**amansar** [aman'sar] *vt* apprivoiser; (*persona*) amadouer; **amansarse** *vpr* (*persona*) s'amadouer; (*aguas, olas*) s'apaiser.

**amante** [a'mante] *adj*: ~ **de** amoureux (-euse) de ♦ *nm/f* amant(maîtresse).

**amapola** [ama'pola] *nf* coquelicot *m*.

**amar** [a'mar] *vt* aimer.

**amargado, -a** [amar'xaðo, a] *adj* amer (-ère), aigri(e).

**amargar** [amar'xar] *vt* (*comida*) rendre amer(-ère); (*fig: estropear*) gâcher ♦ *vi* (*naranja*) se gâter; **amargarse** *vpr* s'aigrir; ~ **la vida a algn** empoisonner la vie de qn.

**amargo, -a** [a'marxo, a] *adj* amer(-ère).

**amargura** [amar'xura] *nf* (*tristeza*) chagrin *m*; (*amargor*) amertume *f*.

**amarillento, -a** [amari'ʎento, a] *adj* jaunâtre; (*tez*) jaune.

**amarillo, -a** [ama'riʎo, a] *adj* (*color*) jaune ♦ *nm* jaune *m*; **la prensa amarilla** la presse à sensation.

**amarra** [a'marra] *nf* amarre *f*; **~s** *nfpl* piston *msg*; **tener buenas ~s** être pistonné(e); **soltar ~s** larguer les amarres.

**amarrar** [ama'rrar] *vt* (*NÁUT*) amarrer; (*atar*) ficeler, ligoter.

**amasar** [ama'sar] *vt* (*masa*) pétrir; (*yeso, mortero*) gâcher; (*fig*) tramer; ~ **una fortuna** amasser une fortune.

**amasijo** [ama'sixo] *nm* (*fig*) ramassis *msg*; (*CULIN*) pétrissage *m*.

**amateur** ['amatur] *nm/f* amateur *m*.

**amazona** [ama'θona] *nf* amazone *f*, cavalière *f*.

**Amazonas** [ama'θonas] *nm*: **el (Río) ~** l'Amazone *f*.

**ambages** [am'baxes] *nmpl*: **sin ~** sans ambages.

**ámbar** ['ambar] *nm* ambre *m* (jaune).

**ambición** [ambi'θjon] *nf* ambition *f*.

**ambicionar** [ambiθjo'nar] *vt* ambitionner; ~ **hacer** ambitionner de faire.

**ambicioso, -a** [ambi'θjoso, a] *adj* ambitieux(-ieuse).

**ambidextro, -a** [ambi'ðekstro, a] *adj* ambidextre.

**ambientación** [ambjenta'θjon] *nf* (*CINE, TEATRO, TV*) cadre *m*.

**ambiente** [am'bjente] *nm* (*atmósfera, tb fig*) atmosphère *f*; (*entorno*) air *m* ambiant, milieu *m*.

**ambigüedad** [ambixwe'ðað] *nf* ambiguïté *f*.

**ambiguo, -a** [am'bixwo, a] *adj* ambigu(ë).

**ámbito** ['ambito] *nm* domaine *m*; (*fig*) cercle *m*.

**ambos, -as** ['ambos, as] *adj pl* les deux ♦ *pron pl* tous(toutes) les deux.

**ambulancia** [ambu'lanθja] *nf* ambulance *f*.

**ambulante** [ambu'lante] *adj* ambulant(e).

**ambulatorio** [ambula'torjo] *nm* dispensaire *m*.

**amedrentar** [ameðren'tar] *vt* effrayer; **amedrentarse** *vpr* s'effrayer.

**amén** [a'men] *excl* amen!; ~ **de** outre; **en un decir ~** en un clin d'œil; **decir ~ a todo** dire amen à tout.

**amenaza** [ame'naθa] *nf* menace *f*.

**amenazar** [amena'θar] *vt* menacer; ~ **con (hacer)** menacer de (faire); ~ **de muerte** menacer de mort.

**amenidad** [ameni'ðað] *nf* aménité *f*.

**ameno, -a** [a'meno, a] *adj* amène.

**América** [a'merika] *nf* Amérique *f*; **América Central/Latina** Amérique centrale/latine; **América del Norte/del Sur** Amérique du Nord/du Sud.

**americana** [ameri'kana] *nf* veste *f*.

**americano, -a** [ameri'kano, a] *adj* américain(e) ♦ *nm/f* Américain(e).

**ametralladora** [ametraʎa'ðora] *nf* mitrailleuse *f*.

**amianto** [a'mjanto] *nm* amiante *m*.

**amigable** [ami'xaβle] *adj* amical(e).

**amígdala** [a'mixðala] *nf* amygdale *f*.

**amigdalitis** [amixða'litis] *nf* amygdalite *f*.

**amigo, -a** [a'mixo, a] *adj* ami(e) ♦ *nm/f* (*gen*) ami(e); (*amante*) petit(e) ami(e); **hacerse ~s** devenir amis; **ser ~ de algo** être un ami de qch; **ser muy ~s** être très amis; **amigo corresponsal** correspondant *m*; **amigo íntimo** o **de confianza** ami intime.

**amilanar** [amila'nar] *vt* effrayer; **amilanarse** *vpr* s'effrayer.

**aminorar** [amino'rar] *vt* (*velocidad etc*) ralentir ♦ *vi* (*calor, odio*) diminuer.

**amistad** [amis'tað] *nf* amitié *f*; **~es** *nfpl* (*amigos*) amis *mpl*; **romper las ~es** se brouiller; **trabar ~ con** se lier d'amitié avec.

**amistoso, -a** [ami'stoso, a] *adj* amical(e).

**amnesia** [am'nesja] *nf* amnésie *f*.

**amnistía** [amnis'tia] *nf* amnistie *f*.

**amo** ['amo] *nm* (*dueño*) maître *m* (de maison), propriétaire *m*; (*jefe*) patron *m*; **ha-**

**cerse el ~ (de algo)** prendre la direction (de qch).

**amodorrarse** [amoðo'rrarse] *vpr* s'assoupir.

**amoldar** [amol'dar] *vt*: **~ a** adapter à; **amoldarse** *vpr*: **~se (a)** (*prenda, zapatos*) prendre la forme (de); **~se a** s'adapter à.

**amonestación** [amonesta'θjon] *nf* admonestation *f*; **amonestaciones** *nfpl* (REL) bans *mpl*.

**amonestar** [amone'star] *vt* admonester; (REL) publier les bans de.

**amontonar** [amonto'nar] *vt* entasser, amonceler; (*riquezas etc*) accumuler, amasser; **amontonarse** *vpr* (*gente*) se masser; (*hojas, nieve etc*) s'entasser; (*trabajo*) s'accumuler.

**amor** [a'mor] *nm* amour *m*; **de mil ~es** très volontiers; **hacer el ~** faire l'amour; (*cortejar*) faire la cour; **tener ~es con algn** avoir une liaison avec qn; **hacer algo por ~ al arte** faire qch pour l'amour de l'art; **¡por (el) ~ de Dios!** pour l'amour de Dieu!; **estar al ~ de la lumbre** être au coin du feu; **amor interesado/libre/platónico** amour intéressé/libre/platonique; **amor a primera vista** coup *m* de foudre; **amor propio** amour-propre *m*.

**amoratado, -a** [amora'taðo, a] *adj* (*por frío*) violacé(e); (*por golpes*) couvert(e) de bleus; **ojo ~** œil *m* au beurre noir.

**amordazar** [amorða'θar] *vt* bâillonner; (*fig*) faire taire.

**amorfo, -a** [a'morfo, a] *adj* amorphe.

**amoroso, -a** [amo'roso, a] *adj* amoureux (-euse); (*carta*) d'amour.

**amortiguador** [amortixwa'ðor] *nm* (*dispositivo*) amortisseur *m*; (*parachoques*) parechocs *m inv*; (*silenciador*) silencieux *msg*; **~es** *nmpl* (AUTO) suspension *fsg*.

**amortiguar** [amorti'ɣwar] *vt* amortir; (*dolor*) atténuer; (*color*) neutraliser; (*luz*) baisser.

**amortización** [amortiθa'θjon] *nf* amortissement *m*.

**amotinar** [amoti'nar] *vt* ameuter; **amotinarse** *vpr* se mutiner.

**amparar** [ampa'rar] *vt* secourir; (*suj: ley*) protéger; **ampararse** *vpr* se mettre à l'abri; **~se en** (*ley, costumbre*) se prévaloir de.

**amparo** [am'paro] *nm* protection *f*; **al ~ de** grâce à.

**amperio** [am'perjo] *nm* ampère *m*.

**ampliación** [amplja'θjon] *nf* agrandissement *m*; (*de capital*) augmentation *f*; (*de estudios*) approfondissement *m*; (*cosa añadida*) extension *f*.

**ampliar** [am'pljar] *vt* agrandir; (*estudios*) approfondir; (*sonido*) amplifier.

**amplificación** [amplifika'θjon] *nf* amplification *f*.

**amplificador** [amplifika'ðor] *nm* amplificateur *m*.

**amplificar** [amplifi'kar] *vt* amplifier.

**amplio, -a** ['ampljo, a] *adj* (*habitación*) vaste; (*ropa, consecuencias*) ample; (*calle*) large.

**amplitud** [ampli'tuð] *nf* étendue *f*; (FÍS) amplitude *f*; **de gran ~** de grande envergure; **amplitud de miras** largeur *f* d'esprit.

**ampolla** [am'poʎa] *nf* ampoule *f*.

**ampuloso, -a** [ampu'loso, a] *adj* ampoulé(e).

**amputar** [ampu'tar] *vt* amputer.

**amueblar** [amwe'βlar] *vt* meubler.

**amuleto** [amu'leto] *nm* amulette *f*.

**anacronismo** [anakro'nismo] *nm* anachronisme *m*.

**anales** [a'nales] *nmpl* annales *fpl*.

**analfabetismo** [analfaβe'tismo] *nm* analphabétisme *m*.

**analfabeto, -a** [analfa'βeto, a] *adj, nm/f* analphabète *m/f*.

**analgésico** [anal'xesiko] *nm* analgésique *m*.

**análisis** [a'nalisis] *nm inv* analyse *f*; **análisis clínico** analyse médicale; **análisis de costos-beneficios** analyse coûts-avantages; **análisis de mercados** étude *f* de marché; **análisis de sangre** analyse de sang.

**analista** [ana'lista] *nm/f* analyste *m/f*; **analista de sistemas** (INFORM) analyste-programmeur *m*.

**analizar** [anali'θar] *vt* analyser.

**analogía** [analo'xia] *nf* analogie *f*; **por ~ con** par analogie avec.

**analógico, -a** [ana'loxico, a] *adj* analogique.

**análogo, -a** [a'naloɣo, a] *adj* analogue; **~ a** analogue à.

**anaquel** [ana'kel] *nm* rayon *m*.

**anaranjado, -a** [anaran'xaðo, a] *adj* orangé(e).

**anarquía** [anar'kia] *nf* anarchie *f*.

**anarquismo** [anar'kismo] *nm* anarchisme *m*.

**anarquista** [anar'kista] *nm/f* anarchiste *m/f*.

**anatomía** [anato'mia] *nf* anatomie *f*.

**anca** ['anka] *nf* (*de animal*) croupe *f*; ~s *nfpl* (*fam*) cuisses *fpl*; **ancas de rana** (*CULIN*) cuisses de grenouille.

**ancho, -a** ['antʃo, a] *adj* large ♦ *nm* largeur *f*; (*FERRO*) écartement *m*; ~ **de miras** large d'esprit; **a lo ~** sur toute la largeur; **me está/queda ~ el vestido** je nage dans cette robe; **estar a sus anchas** être à l'aise; **ir muy ~s** prendre de grands airs; **ponerse ~** prendre un air de supériorité; **quedarse tan ~** ne pas se décontenancer; **le viene muy ~ el cargo** il n'est pas à la hauteur pour ce poste.

**anchoa** [an'tʃoa] *nf* anchois *msg*.

**anchura** [an'tʃura] *nf* largeur *f*.

**anciano, -a** [an'θjano, a] *adj* vieux(vieille) ♦ *nm/f* personne *f* âgée.

**ancla** ['ankla] *nf* ancre *f*; **echar/levar ~s** jeter/lever l'ancre.

**anclar** [an'klar] *vi* mouiller l'ancre.

**Andalucía** [andalu'θia] *nf* Andalousie *f*.

**andaluz, a** [anda'luθ, a] *adj* andalou(se) ♦ *nm/f* Andalou(se).

**andamiaje** [anda'mjaxw] *nm* échafaudage *m*.

**andamio** [an'damjo] *nm* échafaudage *m*.

---
PALABRA CLAVE
---

**andar** [an'dar] *vt* parcourir
♦ *vi* **1** (*persona, animal*) marcher; (*coche*) rouler; **andar a caballo/en bicicleta** aller à cheval/à vélo
**2** (*funcionar: máquina, reloj*) marcher
**3** (*estar*) être; **¿qué tal andas?** comment vas-tu?; **andar mal de dinero/de tiempo** être à court d'argent/de temps; **andar haciendo algo** être en train de faire qch; **anda (metido) en asuntos sucios** il est impliqué dans des affaires louches; **siempre andan a gritos** ils sont tout le temps en train de crier; **anda por los cuarenta** il a environ quarante ans; **no sé por dónde anda** je ne sais pas où il est; **anda tras un empleo** il cherche du travail
**4** (*revolver*): **no andes ahí/en mi cajón** ne touche pas à ça/à mon tiroir
**5** (*obrar*): **andar con cuidado** o **con pies de plomo** faire bien attention, regarder

où l'on met les pieds

**andarse** *vpr*: **no te andes en la herida** ne retourne pas le couteau dans la plaie; **andarse con rodeos** o **por las ramas** tourner autour du pot; **andarse con historias** raconter des histoires; **todo se andará** chaque chose en son temps

♦ *excl*: **¡anda!** (*sorpresa*) eh bien!; (*para animar*) allez!; **¡anda (ya)!** (*incredulidad*) allons donc!

♦ *nm*: ~**es** démarche *f*.

---

**andén** [an'den] *nm* quai *m*; (*AM*) trottoir *m*.

**Andes** ['andes] *nmpl*: **los ~** les Andes *fpl*.

**Andorra** [an'dorra] *nf* Andorre *f*.

**andrajo** [an'draxo] *nm* loque *f*, haillon *m*; (*prenda*) guenilles *fpl*; (*persona*) loque *f*.

**andrajoso, -a** [andra'xoso, a] *adj* déguenillé(e), loqueteux(-euse).

**anduve** *etc* [an'duβe] *vb* V **andar**.

**anduviera** *etc* [andu'βjera] *vb* V **andar**.

**anécdota** [a'nekδota] *nf* anecdote *f*.

**anegar** [ane'ɣar] *vt* (*lugar*) inonder; (*ahogar*) noyer; (*fig*): ~ **de** écraser de; **anegarse** *vpr* être inondé(e); ~**se en llanto** fondre en larmes.

**anejo, -a** [a'nexo, a] *adj*, *nm* = **anexo**.

**anemia** [a'nemja] *nf* anémie *f*.

**anestesia** [anes'tesja] *nf* anesthésie *f*; **anestesia general/local** anesthésie générale/locale.

**anexar** [anek'sar] *vt* annexer; ~ **algo a algo** (*POL*) annexer qch à qch.

**anexión** [anek'sjon] *nf* annexion *f*.

**anexionamiento** [aneksjona'mjento] *nm* = **anexión**.

**anexo, -a** [a'nekso, a] *adj* annexe ♦ *nm* annexe *f*; **llevar ~** comprendre.

**anfibio, -a** [an'fiβjo, a] *adj* amphibie ♦ *nm* amphibien *m*.

**anfiteatro** [anfite'atro] *nm* amphithéâtre *m*.

**anfitrión, -ona** [anfi'trjon, ona] *nm/f* amphitryon *m*, hôte(sse); **el equipo ~** (*DEPORTE*) l'équipe qui reçoit.

**ángel** ['anxel] *nm* ange *m*; **tener ~** avoir du charme; **ángel de la guarda** ange gardien.

**angelical** [anxeli'kal] *adj* angélique.

**angélico, -a** [an'xeliko, a] *adj* = **angelical**.

**angina** [an'xina] *nf*: **tener ~s** avoir une angine; **angina de pecho** angine *f* de poitrine.

**anglicano, -a** [angli'kano, a] *adj*, *nm/f* anglican(e).

**anglosajón, -ona** [anglosa'xon, ona] *adj* anglo-saxon(ne) ♦ *nm/f* Anglo-Saxon(ne).

**angosto, -a** [an'gosto, a] *adj* étroit(e), resserré(e).

**anguila** [an'gila] *nf* anguille *f*; **~s** *nfpl* (NÁUT) savates *fpl*.

**angulas** [an'gulas] *nfpl* civelles *fpl*.

**ángulo** ['angulo] *nm* (*tb fig*) angle *m*; (*rincón*) coin *m*; **ángulo agudo/obtuso/ recto** angle aigu/obtus/droit.

**angustia** [an'gustja] *nf* angoisse *f*; (*agobio*) anxiété *f*.

**angustiar** [angus'tjar] *vt* angoisser; **angustiarse** *vpr* s'angoisser.

**anhelar** [ane'lar] *vt* être avide de; **~ hacer** mourir d'envie de faire.

**anhelo** [a'nelo] *nm* désir *m* ardent.

**anhídrido** [an'iðriðo] *nm*: **~ carbónico** dioxyde *m* de carbone.

**anidar** [ani'ðar] *vt* (*fig*) loger ♦ *vi* nicher.

**anillo** [a'niʎo] *nm* bague *f*; **venir como ~ al dedo** venir à point nommé; **anillo de boda** alliance *f*; **anillo de compromiso** bague de fiançailles.

**animación** [anima'θjon] *nf* animation *f*.

**animado, -a** [ani'maðo, a] *adj* (*vivaz*) plein(e) de vie o d'entrain; (*fiesta, conversación*) animé(e); (*alegre*) joyeux(-euse); **dibujos ~s** dessins *mpl* animés.

**animador, a** [anima'ðor, a] *nm/f* (TV, DEPORTE) animateur(-trice); (*persona alegre*) boute-en-train *m inv*; **animador cultural** animateur culturel.

**animadversión** [animaðβer'sjon] *nf* animadversion *f*.

**animal** [ani'mal] *adj* animal(e) ♦ *nm* animal *m*; **ser un ~** (*fig*) être un animal.

**animar** [ani'mar] *vt* animer; (*dar ánimo a*) encourager; (*habitación, vestido*) égayer; (*fuego*) ranimer; **animarse** *vpr* s'égayer; **~ a algn a hacer/para que haga** encourager qn à faire; **~se a hacer** se décider à faire.

**ánimo** ['animo] *nm* courage *m*; (*mente*) esprit *m* ♦ *excl* courage!; **cobrar ~** reprendre courage; **apaciguar los ~s** calmer les esprits; **dar ~(s) a algn** encourager qn; **tener ~(s) (para)** être d'humeur (à); **con/ sin ~ de hacer** avec l'intention/sans intention de faire.

**animoso, -a** [ani'moso, a] *adj* courageux

(-euse).

**aniquilar** [aniki'lar] *vt* anéantir; (*salud*) ruiner.

**anís** [a'nis] *nm* anis *msg*.

**aniversario** [aniβer'sarjo] *nm* anniversaire *m*.

**anoche** [a'notʃe] *adv* hier soir, la nuit dernière; **antes de ~** avant-hier soir.

**anochecer** [anotʃe'θer] *vi* commencer à faire nuit ♦ *nm* crépuscule *m*; **al ~** à la tombée de la nuit.

**anodino, -a** [ano'ðino, a] *adj* (*película, novela*) insipide; (*persona*) insignifiant(e).

**anomalía** [anoma'lia] *nf* anomalie *f*.

**anonadado, -a** [ano'naðaðo, a] *adj* abattu(e).

**anonimato** [anoni'mato] *nm* anonymat *m*.

**anónimo, -a** [a'nonimo, a] *adj* anonyme ♦ *nm* lettre *f* anonyme.

**anorexia** [ano'reksja] *nf* anorexie *f*.

**anormal** [anor'mal] *adj* anormal(e) ♦ *nm/f* débile *m/f* mental(e).

**anotar** [ano'tar] *vt* annoter.

**anquilosarse** [ankilo'sarse] *vpr* s'ankyloser; (*fig*) vieillir.

**ansia** ['ansja] *nf* (*deseo*) avidité *f*; (*ansiedad*) angoisse *f*.

**ansiar** [an'sjar] *vt* être avide de; **~ hacer** brûler de faire.

**ansiedad** [ansje'ðað] *nf* angoisse *f*.

**ansioso, -a** [an'sjoso, a] *adj* (*codicioso*) avide; (*preocupado*) anxieux(-euse); **~ de** o **por (hacer)** avide de (faire).

**antagónico, -a** [anta'voniko, a] *adj* antagonique.

**antagonista** [antavo'nista] *nm/f* adversaire *m/f*.

**antaño** [an'taɲo] *adv* jadis, autrefois.

**Antártico** [an'tartiko] *nm*: **el ~** l'Antarctique *m*.

**ante** ['ante] *prep* devant; (*enemigo, peligro, en comparación con*) face à; (*datos, cifras*) en présence de ♦ *nm* daim *m*; **~ todo** avant tout.

**anteanoche** [antea'notʃe] *adv* avant-hier soir.

**anteayer** [antea'jer] *adv* avant-hier.

**antebrazo** [ante'βraθo] *nm* avant-bras *m inv*.

**antecedente** [anteθe'ðente] *adj* antérieur(e) ♦ *nm* antécédent *m*; **~s** *nmpl* antécédents *mpl*; **no tener ~s** avoir un casier judiciaire vierge; **estar en ~s** être au cou rant; **poner a algn en ~s** mettre o tenir qn au courant; **antecedentes penales** casier *msg* judiciaire.

**anteceder** [anteθe'ðer] *vt:* **~ a** précéder.

**antecesor, a** [anteθe'sor, a] *nm/f* prédécesseur *m*.

**antedicho, -a** [ante'ðitʃo, a] *adj* susdit(e).

**antelación** [antela'θjon] *nf:* **con ~** à l'avance.

**antemano** [ante'mano]: **de ~** *adv* d'avance.

**antena** [an'tena] *nf* antenne *f;* **antena parabólica** antenne parabolique.

**anteojo** [ante'oxo] *nm* lunette *f;* **~s** *nmpl* (*esp* AM) lunettes *fpl*.

**antepasados** [antepa'saðos] *nmpl* ancêtres *mpl*.

**anteponer** [antepo'ner] *vt:* **~ algo a algo** faire passer une chose avant une autre.

**anteproyecto** [antepro'jekto] *nm* avant-projet *m;* (*anteproyecto de ley*) avant-projet de loi.

**anterior** [ante'rjor] *adj:* **~ (a)** (*en orden*) qui précède; (*en el tiempo*) antérieur(e) (à).

**anterioridad** [anterjori'ðað] *nf:* **con ~ a** préalablement à, avant.

**antes** ['antes] *adv* avant; (*primero*) d'abord; (*con prioridad*) avant tout; (*hace tiempo*) autrefois ♦ *prep:* **~ de** (*antiguamente*) avant ♦ *conj:* **~ de ir/de que te vayas** avant d'aller/que tu ne partes; **~ bien** plutôt; **~ de nada** avant tout; **dos días ~** deux jours plus tôt; **la tarde de ~** la veille au soir; **no quiso venir ~** il n'a pas voulu venir plus tôt; **mucho ~** longtemps auparavant; **poco ~** peu avant; **~ muerto que esclavo** plutôt la mort que l'esclavage; **tomo el avión ~ que el barco** je préfère l'avion au bateau; **~ que yo** avant moi; **lo ~ posible** au plus tôt; **cuanto ~ mejor** le plus tôt sera le mieux.

**antiaéreo, -a** [antia'ereo, a] *adj* antiaérien(ne).

**antibalas** [anti'βalas] *adj inv:* **chaleco ~** gilet *m* pare-balles.

**antibiótico** [anti'βjotiko] *nm* antibiotique *m*.

**anticiclón** [antiθi'klon] *nm* anticyclone *m*.

**anticipación** [antiθipa'θjon] *nf:* **con 10 minutos de ~** avec 10 minutes d'avance; **hacer algo con ~** faire qch à l'avance.

**anticipado, -a** [antiθi'paðo, a] *adj* anticipé(e); **por ~** d'avance, par anticipation.

**anticipar** [antiθi'par] *vt* anticiper; **anticiparse** *vpr* (*estación*) être en avance; **~se (a)** (*adelantarse*) devancer; (*prever*) prévenir; **~se a su época** être en avance sur son temps.

**anticipo** [anti'θipo] *nm* avance *f;* **ser un ~ de** être un avant-goût de.

**anticonceptivo, -a** [antikonθep'tiβo, a] *adj* contraceptif(-ive) ♦ *nm* contraceptif *m;* **métodos ~s** méthodes *fpl* contraceptives.

**anticongelante** [antikonxe'lante] *nm* (AUTO) antigel *m*.

**anticuado, -a** [anti'kwaðo, a] *adj* (*ropa, estilo*) démodé(e); (*modelo, máquina, término*) vieillot(te), vieux(vieille).

**anticuario** [anti'kwarjo] *nm* antiquaire *m/f*.

**anticuerpo** [anti'kwerpo] *nm* anticorps *msg*.

**antidepresivo** [antiðpre'siβo] *nm* antidépresseur *m*.

**antídoto** [an'tiðoto] *nm* antidote *m;* (*fig*): **ser el ~ de** o **contra** être l'antidote contre.

**antiestético, -a** [anties'tetiko, a] *adj* inesthétique.

**antifaz** [anti'faθ] *nm* masque *m*.

**antigualla** [anti'ɣwaʎa] *nf* (*pey: objeto*) antiquité *f;* **~s** *nfpl* vieilleries *fpl*.

**antiguamente** [an'tiɣwamente] *adv* autrefois, jadis.

**antigüedad** [antiɣwe'ðað] *nf* antiquité *f;* (*en empleo*) ancienneté *f;* **~es** *nfpl* antiquités *fpl*.

**antiguo, -a** [an'tiɣwo, a] *adj* ancien(ne), vieux(vieille) ♦ *nm:* **los ~s** les Anciens *mpl;* **a la antigua** à l'ancienne.

**Antillas** [an'tiʎas] *nfpl:* **las ~** les Antilles *fpl;* **el mar de las ~** la mer des Antilles.

**antílope** [an'tilope] *nm* antilope *f*.

**antinatural** [antinatu'ral] *adj* anormal(e); (*perverso*) contre nature; (*afectado*) forcé(e).

**antipatía** [antipa'tia] *nf* antipathie *f;* (*a cosa*) répugnance *f*.

**antipático, -a** [anti'patiko, a] *adj* antipathique; (*gesto etc*) déplaisant(e).

**antirrobo** [anti'rroβo] *adj inv* antivol.

**antisemita** [antise'mita] *adj, nm/f* antisémite *m/f*.

**antiséptico, -a** [anti'septiko, a] *adj* antiseptique ♦ *nm* antiseptique *m*.

**antítesis** [an'titesis] *nf inv:* **ser la ~ de** être l'antithèse de.

**antojadizo, -a** [antoxa'ðiθo, a] *adj* capricieux(-ieuse).

**antojarse** [anto'xarse] *vpr*: **se me antoja comprarlo** j'ai envie de me l'acheter; **se me antoja que** j'imagine que.

**antojo** [an'toxo] *nm* caprice *m*, lubie *f*; (*ANAT, de embarazada, lunar*) envie *f*; **hacer algo a su ~** faire qch à sa guise.

**antología** [antolo'xia] *nf* anthologie *f*.

**antorcha** [an'tortʃa] *nf* torche *f*.

**antro** ['antro] *nm* (*fig*) antre *m*; **~ de perdición** (*fig*) lieu *m* de perdition.

**antropófago, -a** [antro'pofaxo, a] *adj, nm/f* anthropophage *m/f*.

**antropología** [antropolo'xia] *nf* anthropologie *f*.

**anual** [a'nwal] *adj* annuel(le).

**anuario** [a'nwarjo] *nm* annuaire *m*.

**anudar** [anu'ðar] *vt* nouer; **anudarse** *vpr* s'emmêler; **se me anudó la voz/la garganta** j'eus la gorge serrée.

**anulación** [anula'θjon] *nf* annulation *f*; (*ley*) abrogation *f*; (*persona*) annihilation *f*.

**anular** [anu'lar] *vt* annuler; (*ley*) abroger; (*persona*) annihiler ♦ *nm* (*tb*: **dedo ~**) annulaire *m*; **anularse** *vpr* (*MAT*) s'annuler.

**anunciación** [anunθja'θjon] *nf* (*REL*): **la A~** l'Annonciation *f*.

**anunciante** [anun'θjante] *nm/f* (*COM*) annonceur *m* (publicitaire) ♦ *adj*: **empresa ~** annonceur.

**anunciar** [anun'θjar] *vt* annoncer; (*COM*) faire de la publicité pour.

**anuncio** [a'nunθjo] *nm* annonce *f*; (*pronóstico*) signe *m*; (*COM*) publicité *f*; (*cartel*) panneau *m* publicitaire; (*TEATRO, CINE*) affiche *f*; (*señal*) pancarte *f*; **anuncios por palabras** petites annonces *fpl*.

**anzuelo** [an'θwelo] *nm* hameçon *m*; (*fig*) appât *m*; **caer en el ~** tomber dans le piège; **tragarse el ~** mordre à l'hameçon.

**añadidura** [aɲaði'ðura] *nf* ajout *m*; (*vestido*) rallonge *f*; **por ~** par surcroît.

**añadir** [aɲa'ðir] *vt* ajouter; (*prenda*) rallonger.

**añejo, -a** [a'ɲexo, a] *adj* (*vino*) vieux (vieille); (*pey*: *tocino, jamón*) rance.

**añicos** [a'ɲikos] *nmpl* morceaux *mpl*; **hacer ~** (*cosa*) mettre en morceaux; **hacerse ~** briser en mille morceaux; (*cristal*) voler en éclats.

**añil** [a'ɲil] *nm* indigo *m*.

**año** ['aɲo] *nm* an *m*; (*duración*) année *f*; **el ~ que viene** l'année prochaine, l'an prochain; **los ~s 80** les années 80; **¡Feliz A~ Nuevo!** Bonne et heureuse année!; **en el ~ de la nana** il y a des siècles; **entrado en ~s** d'un certain âge; **estar de buen ~** être en pleine forme; **hace ~s** il y a des années; **tener 15 ~s** avoir 15 ans; **año académico** o **escolar/bisiesto/sabático** année scolaire o universitaire/bissextile/ sabbatique; **año económico** o **fiscal** exercice *m* financier; **año entrante** année qui commence.

**año-luz** [aɲo'luθ] (*pl* **años-luz**) année-lumière *f*.

**añoranza** [aɲo'ranθa] *nf* nostalgie *f*.

**apabullar** [apaβu'ʎar] *vt* sidérer.

**apacentar** [apaθen'tar] *vt* faire paître.

**apacible** [apa'θiβle] *adj* paisible; (*clima*) doux(douce); (*lluvia*) fin(e).

**apaciguar** [apaθi'ɣwar] *vt* apaiser, calmer; **apaciguarse** *vpr* s'apaiser, se calmer.

**apadrinar** [apaðri'nar] *vt* (*REL*) être le parrain de; (*fig*) parrainer.

**apagado, -a** [apa'ɣaðo, a] *adj* éteint(e); (*color*) terne; (*sonido*) étouffé(e); (*tímido*) effacé(e); **estar ~** être éteint.

**apagar** [apa'ɣar] *vt* éteindre; (*sonido*) étouffer; (*sed*) étancher; (*INFORM*) débrancher; **apagarse** *vpr* s'éteindre; (*sonido*) se perdre; **~ el sistema** (*INFORM*) sortir du système.

**apagón** [apa'ɣon] *nm* panne *f*.

**apalabrar** [apala'βrar] *vt* (*persona*) engager; (*piso*) convenir (verbalement) de.

**apalear** [apale'ar] *vt* rosser; (*fruta*) gauler; (*grano*) éventer.

**apañar** [apa'ɲar] *vt* (*arreglar*) rafistoler; (*vestido*) raccommoder; (*robar*) piquer; **apañarse** *vpr*: **~se (con)** se débrouiller (avec); **~se** o **apañárselas (para hacer)** se débrouiller (pour faire); **apañárselas por su cuenta** se débrouiller tout(e) seul(e).

**aparador** [apara'ðor] *nm* buffet *m*; (*escaparate*) vitrine *f*.

**aparato** [apa'rato] *nm* appareil *m*; (*RADIO, TV*) poste *m*; (*boato*) apparat *m*; **~s** *nmpl* (*gimnasia*) agrès *mpl*; **aparato circulatorio/digestivo/respiratorio** appareil circulatoire/digestif/respiratoire; **aparato de facsímil** télécopieur *m*; **aparatos de mando** (*AVIAT etc*) commandes *fpl*.

**aparatoso, -a** [apara'toso, a] *adj* spectaculaire.

**aparcamiento** [aparka'mjento] *nm* (*lugar*) parking *m*; (*maniobra*) stationnement *m*.

**aparcar** [apar'kar] *vt* garer ♦ *vi* se garer.

**aparearse** [apare'arse] *vpr* s'apparier.

**aparecer** [apare'θer] *vi* apparaître; (*publicarse*) paraître; (*ser encontrado*) être trouvé(e); **aparecerse** *vpr* apparaître; **apareció borracho** il est revenu soûl.

**aparejado, -a** [apare'xaðo, a] *adj*: **llevar** o **traer ~** entraîner; **ir ~ con** aller de pair avec.

**aparejador, a** [aparexa'ðor, a] *nm/f* (ARQ) aide-architecte.

**aparejo** [apa'rexo] *nm* (*de pesca*) matériel *m* (de pêche); (*de caballería*) harnachement *m*; (NÁUT) gréement *m*; (*de poleas*) moufle *f*; **~s** *nmpl* matériel *msg*.

**aparentar** [aparen'tar] *vt* (*edad*) faire ♦ *vi* se faire remarquer; **~ hacer** faire semblant de faire; **~ tristeza** faire semblant d'être triste.

**aparente** [apa'rente] *adj* apparent(e); (*fam: atractivo*) attrayant(e).

**aparezca** *etc* [apa'reθka] *vb* V **aparecer**.

**aparición** [apari'θjon] *nf* apparition *f*; (*de libro*) parution *f*.

**apariencia** [apa'rjenθja] *nf* apparence *f*; **~s** *nfpl* (*aspecto*) apparences *fpl*; **en ~** en apparence; **tener (la) ~ de** avoir l'apparence de; **guardar las ~s** sauver les apparences.

**apartado, -a** [apar'taðo, a] *adj* (*lugar*) éloigné(e); (*aislado: persona*) à l'écart ♦ *nm* paragraphe *m*, alinéa *m*; **apartado (de correos)** boîte *f* postale.

**apartamento** [aparta'mento] *nm* studio *m*.

**apartar** [apar'tar] *vt* écarter; (*quitar*) retirer; (*comida, dinero*) mettre de côté; **apartarse** *vpr* s'écarter; **~ a algn** écarter qn de; (*de estudios, vicio*) détourner qn de; **~se de** s'éloigner de, se retirer de; (*de creencia, partido*) prendre ses distances vis-à-vis de; **¡aparta!** ôte-toi de là!

**aparte** [a'parte] *adv* (*en otro sitio*) de côté; (*en sitio retirado*) à l'écart; (*además*) en outre ♦ *prep*: **~ de** à part ♦ *nm* aparté *m*; (*tipográfico*) paragraphe *m* ♦ *adj* à part; **~ de que** sans compter que, en plus du fait que; **"punto y ~"** "point à la ligne"; **dejar ~** laisser de côté.

**aparthotel** [aparto'tel] *nm* résidence *f* hôtelière.

**apasionado, -a** [apasjo'naðo, a] *adj* pas-

sionné(e); (*pey: persona*) partial(e); **~ de/ por** passionné(e) de/par.

**apasionar** [apasjo'nar] *vt*: **le apasiona el fútbol** c'est un passionné de football; **apasionarse** *vpr* se passionner; **~se por** se passionner pour; (*persona*) être passionnément amoureux(-euse) de; (*deporte, política*) être mordu(e) de.

**apatía** [apa'tia] *nf* indolence *f*.

**apático, -a** [a'patiko, a] *adj* apathique.

**Apdo.** *abr* (= *Apartado (de Correos)*) B.P. (= *boîte postale*)

**apeadero** [apea'ðero] *nm* (FERRO) halte *f*; (*alojamiento*) pied-à-terre *m inv*.

**apearse** [ape'arse] *vpr*: **~se (de)** descendre (de).

**apechugar** [apetʃu'ɣar] *vi*: **~ con algo** se coltiner qch.

**apedrear** [apeðre'ar] *vt* lapider.

**apegarse** [ape'ɣarse] *vpr*: **~ a** (*a persona*) s'attacher à; (*a cargo*) prendre à cœur.

**apego** [a'peɣo] *nm*: **~ a/por** (*persona*) attachement *m* à/pour; (*cargo*) intérêt *m* pour; (*objeto*) attachement à.

**apelación** [apela'θjon] *nf* appel *m*; **interponer/presentar ~** faire/interjeter appel.

**apelar** [ape'lar] *vi*: **~ (contra)** (JUR) faire appel (de); **~ a** faire appel à; (*justicia*) avoir recours à.

**apellidarse** [apeʎi'ðarse] *vpr*: **se apellida Pérez** il s'appelle Pérez.

**apellido** [ape'ʎiðo] *nm* nom *m* de famille.

---

**apellido**

*Dans les pays de langue espagnole, on porte le plus souvent deux **apellidos** : le premier correspond au premier nom de famille du père, et le second au premier nom de famille de la mère. Ainsi, les enfants de Juan García López et Carmen Pérez Rodríguez s'appelleraient García Pérez. Les femmes mariées conservent leur(s) propre(s) nom(s) de famille et ajoutent parfois au leur le premier nom de leur mari. Dans notre exemple, la mère pourrait s'appeler Carmen Pérez de García, ou encore (la) Señora de García. En Amérique latine, la coutume veut que, dans la correspondance, le second nom de famille soit réduit à une initiale (p.ex. Juan García L.).*

**apelmazarse** [apelma'θarse] *vpr* (*masa*) se tasser; (*arroz*) se coller; (*prenda*) rétrécir.

**apenar** [ape'nar] *vt* peiner, faire de la peine à; (*AM*: *avergonzar*) faire honte à; **apenarse** *vpr* avoir de la peine; (*AM*) avoir honte.

**apenas** [a'penas] *adv* à peine, presque pas ♦ *conj* dès que; ~ **si podía levantarse** c'est à peine s'il pouvait se lever.

**apéndice** [a'pendiθe] *nm* appendice *m*.

**apendicitis** [apendi'θitis] *nf* appendicite *f*.

**aperitivo** [aperi'tiβo] *nm* apéritif *m*.

**aperos** [a'peros] *nmpl* (*utensilios*) matériel *msg*; (*AGR*) matériel agricole.

**apertura** [aper'tura] *nf* ouverture *f*; (*de curso*) rentrée *f* (*des classes*); (*de parlamento*) rentrée parlementaire; ~ **de un juicio hipotecario** (*COM*) ouverture d'un jugement hypothécaire; **apertura centralizada** (*AUTO*) verrouillage *m* centralisé (*des portières*).

**apesadumbrar** [apesaðum'brar] *vt* attrister; **apesadumbrarse** *vpr*: ~**se (con** o **por)** s'affliger (de).

**apestar** [apes'tar] *vt* empester ♦ *vi*: ~ **(a)** empester; **estar apestado de** être infesté de.

**apetecer** [apete'θer] *vt*: ¿**te apetece una tortilla?** as-tu envie d'une omelette?

**apetecible** [apete'θiβle] *adj* appétissant(e); (*olor*) agréable; (*objeto*) séduisant(e).

**apetito** [ape'tito] *nm* (*tb fig*) appétit *m*; **despertar** o **abrir el ~** réveiller o ouvrir l'appétit, mettre en appétit.

**apetitoso, -a** [apeti'toso, a] *adj* alléchant(e).

**apiadarse** [apja'ðarse] *vpr*: ~ **de** s'apitoyer sur.

**ápice** ['apiθe] *nm* (*fig*) summum *m*; **ni un ~** pas le moins du monde; **no ceder un ~** ne pas céder d'un pouce.

**apilar** [api'lar] *vt* empiler; **apilarse** *vpr* s'empiler.

**apiñarse** [api'ɲarse] *vpr* se presser.

**apio** ['apjo] *nm* céleri *m*.

**apisonadora** [apisona'ðora] *nf* rouleau *m* compresseur.

**aplacar** [apla'kar] *vt* apaiser; (*sed*) étancher; (*entusiasmo*) refroidir; **aplacarse** *vpr* s'apaiser; (*entusiasmo*) se refroidir.

**aplanar** [apla'nar] *vt* aplanir; **aplanarse** *vpr* s'effondrer.

**aplastante** [aplas'tante] *adj* écrasant(e).

**aplastar** [aplas'tar] *vt* écraser.

**aplatanarse** [aplata'narse] (*fam*) *vpr* se ramollir.

**aplaudir** [aplau'ðir] *vt, vi* applaudir.

**aplauso** [a'plauso] *nm* applaudissement *m*; (*fig*) éloge *m*.

**aplazamiento** [aplaθa'mjento] *nm* ajournement *m*.

**aplazar** [apla'θar] *vt* (*reunión*) ajourner.

**aplicación** [aplika'θjon] *nf* application *f*; **aplicaciones** *nfpl* applications *fpl*; **aplicaciones de gestión** gestion *f*.

**aplicado, -a** [apli'kaðo, a] *adj* appliqué(e), studieux(-euse).

**aplicar** [apli'kar] *vt* mettre en pratique; (*ley, norma*) appliquer; **aplicarse** *vpr* s'appliquer; ~ **(a)** appliquer (à); ~ **el oído a una puerta** écouter à une porte.

**aplique** [a'plike] *vb V* aplicar ♦ *nm* applique *f*.

**aplomo** [a'plomo] *nm* aplomb *m*.

**apocado, -a** [apo'kaðo, a] *adj* timoré(e).

**apoderado** [apoðe'raðo] *nm* (*JUR, COM*) mandataire *m*, fondé *m* de pouvoir.

**apoderarse** [apoðe'rarse] *vpr*: ~ **de** s'emparer de, s'approprier.

**apodo** [a'poðo] *nm* surnom *m*.

**apogeo** [apo'xeo] *nm* apogée *m*.

**apolillarse** [apoli'ʎarse] *vpr* (*ropa*) être mangé(e) par les mites; (*madera*) être vermoulu(e); (*fig*) se rouiller.

**apoltronarse** [apoltro'narse] *vpr* se prélasser.

**apoplejía** [apople'xia] *nf* apoplexie *f*.

**aporrear** [aporre'ar] *vt* cogner sur.

**aportar** [apor'tar] *vt* (*datos*) fournir; (*dinero*) apporter ♦ *vi* (*NÁUT*) aborder; **aportarse** *vpr* (*AM*) arriver.

**aposento** [apo'sento] *nm* appartement *m*.

**aposta** [a'posta] *adv* à dessein, exprès.

**apostar** [apos'tar] *vt* (*dinero*) parier; (*tropas*) poster ♦ *vi* parier; **apostarse** *vpr* se poster; ¿**qué te apuestas a que ...?** on parie combien que ...?

**apóstol** [a'postol] *nm* apôtre *m*.

**apóstrofo** [a'postrofo] *nm* apostrophe *f*.

**apoyar** [apo'jar] *vt* (*tb fig*) appuyer; **apoyarse** *vpr*: ~**se en** (*tb fig*) s'appuyer o reposer sur; ~ **algo en/contra** appuyer qch sur/contre.

**apoyo** [a'pojo] *nm* appui *m*; (*fundamento*) fondement *m*.

**apreciable** [apre'θjaβle] *adj* appréciable.

**apreciar** [apre'θjar] *vt* apprécier.

**aprecio** [a'preθjo] *nm* estime *f*; (*COM*) estimation *f*; **tener ~ a/sentir ~ por** avoir/ressentir de l'estime pour.

**aprehender** [apreen'der] *vt* (*armas, drogas*) saisir; (*persona*) appréhender.

**apremiante** [apre'mjante] *adj* pressant(e).

**apremiar** [apre'mjar] *vt, vi* presser; **apremiaba conseguirlo** il était urgent d'y parvenir; **~ a algn a hacer/para que haga** presser qn de faire.

**aprender** [apren'der] *vt, vi* apprendre; **aprenderse** *vpr*: **~se algo** apprendre qch; **~ a conducir** apprendre à conduire; **~ de memoria/de carretilla** apprendre par cœur; **para que aprendas** ça t'apprendra.

**aprendiz, a** [apren'diθ, a] *nm/f* apprenti(e); (*recadero*) galopin *m*.

**aprendizaje** [aprendi'θaxe] *nm* apprentissage *m*.

**aprensión** [apren'sjon] *nm* appréhension *f*; **aprensiones** *nfpl* appréhensions *fpl*; **dar ~ (hacer)** avoir des scrupules (à faire).

**aprensivo, -a** [apren'siβo, a] *adj* appréhensif(-ive), méfiant(e).

**apresar** [apre'sar] *vt* (*delincuente*) incarcérer; (*contrabando*) saisir; (*soldado*) mettre aux arrêts.

**apresurado, -a** [apresu'raðo, a] *adj* (*decisión*) hâtif(-ive); (*persona*) pressé(e).

**apresurar** [apresu'rar] *vt* hâter, presser; **apresurarse** *vpr* se presser; **~se (a hacer)** se hâter (de faire); **me apresuré a sugerir que ...** je me suis empressé de suggérer que ...

**apretado, -a** [apre'taðo, a] *adj* serré(e); (*estrecho de espacio*) à l'étroit; (*programa*) chargé(e); **íbamos muy ~s en el autobús** nous étions à l'étroit dans l'autobus; **vivir ~** vivre à l'étroit.

**apretar** [apre'tar] *vt* serrer; (*labios*) pincer; (*gatillo, botón*) appuyer sur ♦ *vi* (*calor etc*) redoubler; (*zapatos, ropa*) serrer, être trop juste; **apretarse** *vpr* se serrer; **~ la mano a algn** serrer la main à qn; **~ el paso** presser le pas; **la apretó contra su pecho** il la serra contre lui; **~se el cinturón** (*fig*) se serrer la ceinture.

**apretón** [apre'ton] *nm*: **~ de manos** poignée *f* de main; **apretones** *nmpl* cohue *fsg*.

**aprieto** [a'prjeto] *vb V* **apretar** ♦ *nm* gêne *f*, embarras *msg*; **estar en un ~** être dans

l'embarras; **estar en ~s** traverser des moments difficiles; **ayudar a algn a salir de un ~** aider qn à se tirer d'embarras.

**aprisa** [a'prisa] *adv* vite.

**aprisionar** [aprisjo'nar] *vt* (*poner en prisión*) emprisonner; (*sujetar*) serrer.

**aprobación** [aproβa'θjon] *nf* approbation *f*; **dar su ~** donner son approbation.

**aprobar** [apro'βar] *vt* (*decisión*) approuver; (*examen, materia*) être reçu(e) à ♦ *vi* (*en examen*) réussir; **~ por mayoría/por unanimidad** approuver à la majorité/à l'unanimité; **~ por los pelos** réussir de justesse.

**apropiación** [apropja'θjon] *nf* appropriation *f*.

**apropiado, -a** [apro'pjaðo, a] *adj* approprié(e).

**apropiarse** [apro'pjarse] *vpr*: **~ de** s'approprier, s'emparer de.

**aprovechado, -a** [aproβe't∫aðo, a] *adj* (*estudiante*) appliqué(e); (*económico*) économe; (*día, viaje*) bien employé(e) ♦ *nm/f* (*pey: persona*) profiteur(-euse).

**aprovechamiento** [aproβet∫a'mjento] *nm* exploitation *f*, utilisation *f*; (*académico*) progrès *mpl*.

**aprovechar** [aproβe't∫ar] *vt* profiter de; (*tela, comida, ventaja*) tirer profit de ♦ *vi* progresser; **aprovecharse** *vpr*: **~se de** (*pey*) profiter de; **¡que aproveche!** bon appétit!; **~ la ocasión para hacer** profiter de l'occasion pour faire.

**aproximación** [aproksima'θjon] *nf* rapprochement *m*; (*de lotería*) lot *m* de consolation; **con ~** par approximation.

**aproximado, -a** [aproksi'maðo, a] *adj* approximatif(-ive).

**aproximarse** [aproksi'marse] *vpr* (s')approcher.

**apruebe** *etc* [a'prweβe] *vb V* **aprobar**.

**aptitud** [apti'tuð] *nf*: **~ (para)** aptitude *f* (pour), dispositions *fpl* (pour); **~ para los negocios** dispositions pour les affaires.

**apto, -a** ['apto, a] *adj*: **~ (para)** apte (à), capable (de); (*apropiado*) qui convient (à) ♦ *nm* (*ESCOL*) mention *f* "passable"; **~/no apto para menores** (*CINE*) convient/interdit aux moins de 18 ans.

**apuesta** [a'pwesta] *nf* pari *m*.

**apuntador** [apunta'ðor] *nm* (*TEATRO*) souffleur *m*.

**apuntalar** [apunta'lar] *vt* étayer.

**apuntar** [apun'tar] *vt* (*con arma*) viser; (*con*

*dedo)* montrer o désigner du doigt; *(datos)* noter; *(TEATRO)* souffler; *(posibilidad)* émettre; *(persona: en examen)* noter; **apuntarse** *vpr (tanto, victoria)* remporter; *(en lista, registro)* s'inscrire; ~ **una cantidad en la cuenta de algn** mettre o verser une somme sur le compte de qn; **~se en un curso** s'inscrire à un cours; **¡yo me apunto!** je marche!

**apunte** [a'punte] *nm* croquis *msg; (TEATRO: voz)* voix *fsg* du souffleur; (: *texto)* texte *m* du souffleur; **~s** *nmpl (ESCOL)* notes *fpl;* **tomar ~s** prendre des notes.

**apuñalar** [apuɲa'lar] *vt* poignarder.

**apurado, -a** [apu'raðo, a] *adj (necesitado)* dans la gêne; *(situación)* difficile, délicat(e); *(AM: con prisa)* pressé(e); **estar en una situación apurada** traverser un moment difficile, être dans une situation critique; **estar ~** *(avergonzado)* être embarrassé(e); *(en peligro)* être en mauvaise posture.

**apurar** [apu'rar] *vt (bebida, cigarrillo)* finir; *(recursos)* épuiser; *(persona: agobiar)* mettre à bout; (: *causar vergüenza a)* mettre dans l'embarras; (: *apresurar)* presser; **apurarse** *vpr* s'inquiéter; *(esp AM: darse prisa)* se dépêcher; **no se apure Ud** ne vous inquiétez pas.

**apuro** [a'puro] *nm (aprieto, vergüenza)* gêne *f,* embarras *msg; (penalidad)* affliction *f; (AM: prisa)* hâte *f;* **estar en ~s** *(dificultades)* avoir des ennuis; *(falta de dinero)* être dans la gêne; **poner a algn en un ~** mettre qn dans l'embarras.

**aquejado, -a** [ake'xaðo, a] *adj:* ~ **de** *(MED)* atteint(e) de.

**aquel, aquella** [a'kel, a'keʎa] *(mpl* **aquellos,** *fpl* **aquellas)** [a'keʎos, as] *adj* ce(cette); *(pl)* ces.

**aquél, aquélla** [a'kel, a'keʎa] *(mpl* **aquéllos,** *fpl* **aquéllas)** [a'keʎos, as] *pron* celui-là(celle-là); *(pl)* ceux-là(celles-là).

**aquello** [a'keʎo] *pron* cela; ~ **que hay allí** ce qu'il y a là-bas.

**aquí** [a'ki] *adv* ici; *(entonces)* alors; ~ **abajo/arriba** en bas/là-haut; ~ **mismo** ici même; ~ **yace** ci-gît; **de ~ en adelante** désormais; **de ~ a poco** d'ici peu; **de ~ a siete días** d'ici sept jours; **de ~ que ...** de là que ...; **hasta ~** jusqu'ici; **por ~** par ici.

**aquietar** [akje'tar] *vt* apaiser.

**ara** ['ara] *nf* autel *m;* **~s** *nfpl (beneficio):* **en ~s de** au nom de.

**árabe** ['araβe] *adj* arabe ♦ *nm/f* Arabe *m/f* ♦ *nm (LING)* arabe *m.*

**Arabia** [a'raβja] *nf* Arabie *f;* ~ **Saudí** o **Saudita** Arabie saoudite.

**arado** [a'raðo] *nm* charrue *f.*

**Aragón** [ara'xon] *nm* Aragon *m.*

**aragonés, -esa** [araxo'nes, esa] *adj* aragonais(e) ♦ *nm/f* Aragonais(e) ♦ *nm (LING)* aragonais *msg.*

**arancel** [aran'θel] *nm (tb:* ~ **de aduanas)** tarif *m* douanier.

**arandela** [aran'dela] *nf* rondelle *f; (de vela)* bobèche *f; (adorno de vestido)* ruche *f; (AM: volante)* volant *m.*

**araña** [a'raɲa] *nf* araignée *f; (lámpara)* lustre *m.*

**arañar** [ara'ɲar] *vt (herir)* griffer; *(raspar)* érafler; **arañarse** *vpr* s'égratigner.

**arañazo** [ara'ɲaθo] *nm* égratignure *f.*

**arar** [a'rar] *vt* labourer.

**arbitraje** [arβi'traxe] *nm* arbitrage *m.*

**arbitrar** [arβi'trar] *vt* arbitrer; *(recursos)* concevoir ♦ *vi* arbitrer.

**arbitrariedad** [arβitrarje'ðað] *nf* arbitraire *m.*

**arbitrario, -a** [arβi'trarjo, a] *adj* arbitraire.

**arbitrio** [ar'βitrjo] *nm* volonté *f; (JUR)* arbitrage *m;* **quedar al ~ de algn** dépendre de la volonté de qn.

**árbitro, -a** ['arβitro, a] *nm/f* arbitre *m.*

**árbol** ['arβol] *nm (BOT, TEC)* arbre *m; (NÁUT)* mât *m;* **árbol de Navidad** arbre de Noël; **árbol frutal** arbre fruitier; **árbol genealógico** arbre généalogique.

**arbolado, -a** [arβo'laðo, a] *adj* boisé(e); *(camino)* bordé(e) d'arbres ♦ *nm* bois *msg.*

**arboleda** [arβo'leða] *nf* bois *msg,* bosquet *m.*

**arbusto** [ar'βusto] *nm* arbuste *m.*

**arca** ['arka] *nf* coffre *m;* ~**s** *nfpl (públicas)* caisses *fpl* de l'État, trésor *msg* public; **A~ de la Alianza** arche *f* d'alliance; **A~ de Noé** Arche de Noé.

**arcada** [ar'kaða] *nf* arcade *f; (de puente)* arche *f;* ~**s** *nfpl (MED)* nausées *fpl;* **me dieron ~s, me dio una** ~ j'ai été pris(e) de nausées.

**arcaico, -a** [ar'kaiko, a] *adj* archaïque.

**arce** ['arθe] *nm* érable *m.*

**arcén** [ar'θen] *nm (de autopista)* accotement *m; (de carretera)* bas-côté *m.*

**archipiélago** [artʃi'pjelaxo] *nm* archipel *m.*

**archivador** [artʃiβa'ðor] *nm* classeur *m.*

**archivar** [artʃi'βar] *vt* (*tb INFORM*) archiver.

**archivo** [ar'tʃiβo] *nm* archives *fpl*; (*INFORM*) fichier *m*; **A~ Nacional** Archives nationales; **nombre de ~** (*INFORM*) nom *m* de fichier; **archivo de transacciones** (*INFORM*) fichier mouvements; **archivo maestro** (*INFORM*) fichier maître; **archivos policíacos** archives de la police.

**arcilla** [ar'θiʎa] *nf* argile *f*.

**arco** ['arko] *nm* arc *m*; (*MÚS*) archet *m*; (*AM: DEPORTE*) but *m*; **arco iris** arc-en-ciel *m*.

**arder** [ar'ðer] *vi* brûler; **~ en deseos de hacer** mourir d'envie de faire; **~ sin llama** se consumer; **estar que arde** (*fam*) bouillir de rage; **esto está que arde** (*fig*) ça sent le brûlé.

**ardid** [ar'ðið] *nm* ruse *f*.

**ardiente** [ar'ðjente] *adj* ardent(e); **ser un ~ defensor/partidario de** être un ardent défenseur/partisan de.

**ardilla** [ar'ðiʎa] *nf* écureuil *m*.

**ardor** [ar'ðor] *nm* ardeur *f*; **con ~** (*fig*) avec ardeur; **ardor de estómago** brûlures *fpl* d'estomac.

**arduo, -a** ['arðwo, a] *adj* ardu(e).

**área** ['area] *nf* (*zona*) surface *f*; (*medida*) are *m*; (*DEPORTE*) zone *f*; **área de excedentes** (*INFORM*) zone de débordement; **área de servicios** (*AUTO*) aire *f* de service.

**ARENA** [a'rena] (*ELS*) *sigla f* (= *Alianza Republicana Nacionalista*) parti politique.

**arena** [a'rena] *nf* sable *m*; (*de una lucha*) arène *f*; (*TAUR*) arènes *fpl*; **arenas movedizas** sables mouvants.

**arenal** [are'nal] *nm* étendue *f* de sable; (*arena movediza*) sables *mpl* mouvants.

**arengar** [aren'gar] *vt* haranguer.

**arenisca** [are'niska] *nf* grès *msg*.

**arenoso, -a** [are'noso, a] *adj* sablonneux (-euse).

**arenque** [a'renke] *nm* hareng *m*.

**argamasa** [arɣa'masa] *nf* mortier *m*.

**Argel** [ar'xel] *n* Alger *m*.

**Argelia** [ar'xelja] *nf* Algérie *f*.

**argelino, -a** [arxe'lino, a] *adj* algérien(ne) ♦ *nm/f* Algérien(ne).

**Argentina** [arxen'tina] *nf* Argentine *f*.

**argentino, -a** [arxen'tino, a] *adj* argentin(e) ♦ *nm/f* Argentin(e).

**argolla** [ar'ɣoʎa] *nf* anneau *m*; (*AM: anillo de matrimonio*) alliance *f*.

**argot** [ar'ɣo] (*pl* **~s**) *nm* argot *m*.

**argucia** [ar'ɣuθja] *nf* argutie *f*.

**argüir** [ar'ɣwir] *vt* arguer; (*argumentar*) arguer (de); (*indicar*) sous-entendre ♦ *vi* argumenter; **~ a favor/en contra de** argumenter en faveur de/contre; **~ que** (*alegar*) arguer que; (*deducir*) déduire que.

**argumentación** [arɣumenta'θjon] *nf* argumentation *f*.

**argumentar** [arɣumen'tar] *vt* argumenter; (*deducir*) déduire ♦ *vi* discuter; **~ que** (*alegar*) avancer que; **~ a favor/en contra de** avancer des arguments en faveur de/contre.

**argumento** [arɣu'mento] *nm* argument *m*; (*CINE, TV*) scénario *m*.

**aria** ['arja] *nf* aria *f*.

**aridez** [ari'ðeθ] *nf* aridité *f*.

**árido, -a** ['ariðo, a] *adj* aride.

**áridos** ['ariðos] *nmpl* (*AGR*) grains *mpl*.

**Aries** ['arjes] *nm* (*ASTROL*) Bélier *m*; **ser ~** être (du) Bélier.

**arisco, -a** [a'risko, a] *adj* (*persona*) bourru(e); (*animal*) farouche.

**aristocracia** [aristo'kraθja] *nf* aristocratie *f*.

**aristócrata** [aris'tokrata] *nm/f* aristocrate *m/f*.

**aritmética** [arit'metika] *nf* arithmétique *f*.

**arma** ['arma] *nf* arme *f*; **~s** *nfpl* (*MIL*) armes *fpl*; **rendir las ~s** rendre les armes; **ser de ~s tomar** ne pas être commode; **arma blanca** (*cuchillo*) arme blanche; (*espada*) épée *f*; **arma de doble filo** (*fig*) arme à double tranchant; **arma de fuego** arme à feu; **armas cortas** armes légères.

**armada** [ar'maða] *nf* marine *f* de guerre; (*flota*) flotte *f*.

**armadillo** [arma'ðiʎo] *nm* tatou *m*.

**armado, -a** [ar'maðo, a] *adj* armé(e).

**armador** [arma'ðor] *nm* (*NÁUT: dueño*) armateur *m*; (*TEC*) monteur *m*.

**armadura** [arma'ðura] *nf* (*MIL*) armure *f*; (*TEC, FÍS*) armature *f*; (*tejado*) charpente *f*; (*de gafas*) monture *f*; (*ZOOL*) ossature *f*.

**armamento** [arma'mento] *nm* armement *m*.

**armar** [ar'mar] *vt* armer; (*MEC, TEC*) monter; (*ruido, escándalo*) faire, provoquer; **armarse** *vpr*: **~se** (**con/de**) s'armer (de); **~ la gorda** (*fam*) faire du barouf; **~la** faire un esclandre; **~se un lío** s'arracher les cheveux; **~se de valor/paciencia** s'armer de courage/patience.

**armario** [ar'marjo] *nm* armoire *f*; **armario de cocina** garde-manger *m inv*; **armario**

**de luna** armoire à glace; **armario empotrado** placard *m*.

**armatoste** [arma'toste] *nm* (*fam*) monument *m*.

**armazón** [arma'θon] *nf, nm* armature *f*; (*ARQ*) échafaudage *m*; (*AUTO*) châssis *msg*.

**armería** [arme'ria] *nf* musée *m* de l'armée; (*tienda*) armurerie *f*.

**armiño** [ar'miɲo] *nm* hermine *f*; **de ~** d'hermine.

**armisticio** [armis'tiθjo] *nm* armistice *m*.

**armonía** [armo'nia] *nf* harmonie *f*.

**armónica** [ar'monika] *nf* harmonica *m*.

**armonioso, -a** [armo'njoso, a] *adj* harmonieux(-euse).

**armonizar** [armoni'θar] *vt* harmoniser ♦ *vi*: **~ con** (*fig*) être en harmonie avec.

**arneses** [ar'neses] *nmpl* (*para caballerías*) harnais *mpl*.

**aro** ['aro] *nm* cercle *m*, anneau *m*; (*juguete*) cerceau *m*; (*AM*: *pendiente*) anneau; **entrar o pasar por el ~** mettre les pouces.

**aroma** [a'roma] *nm* arôme *m*, parfum *m*.

**aromaterapia** [aromatera'pia] *nf* aromathérapie *f*.

**aromático, -a** [aro'matiko, a] *adj* aromatique.

**arpa** ['arpa] *nf* harpe *f*.

**arpía** [ar'pia] *nf* (*fig*) harpie *f*, mégère *f*.

**arpillera** [arpi'ʎera] *nf* serpillière *f*.

**arpón** [ar'pon] *nm* harpon *m*.

**arquear** [arke'ar] *vt*, **arquearse** *vpr* fléchir.

**arqueología** [arkeolo'xia] *nf* archéologie *f*.

**arqueólogo, -a** [arke'oloɣo, a] *nm/f* archéologue *m/f*.

**arquetipo** [arke'tipo] *nm* archétype *m*.

**arquitecto, -a** [arki'tekto, a] *nm/f* architecte *m/f*; **arquitecto paisajista** *o* **de jardines** paysagiste *m/f*.

**arquitectura** [arkitek'tura] *nf* architecture *f*.

**arrabal** [arra'βal] *nm* faubourg *m*; (*barrio bajo*) bas quartiers *mpl*; **~es** *nmpl* (*afueras*) faubourgs *mpl*.

**arraigado, -a** [arrai'ɣaðo, a] *adj* (*tb fig*) enraciné(e).

**arraigar** [arrai'ɣar] *vi* prendre racine; (*ideas, costumbres*) s'enraciner, prendre racine; (*persona*) s'installer, s'établir; **arraigarse** *vpr* (*costumbre*) s'enraciner, prendre racine; (*persona*) s'installer, s'établir.

**arrancar** [arran'kar] *vt* arracher; (*árbol*) déraciner; (*carteles, colgaduras*) retirer; (*espa-*

*radrapo*) enlever; (*suspiro*) pousser; (*AUTO, máquina*) mettre en marche; (*INFORM*) démarrer ♦ *vi* (*AUTO, máquina*) démarrer; (*persona*) s'en aller; **~ información a algn** soutirer un renseignement à qn; **~ de** (*fig*) provenir de; **~ de raíz** déraciner.

**arranque** [a'rranke] *vb V* **arrancar** ♦ *nm* (*AUTO*) démarrage *m*; (*de enfermedad*) début *m*; (*de tradición*) origine *f*; (*fig: arrebato*) élan *m*.

**arrasar** [arra'sar] *vt* aplanir; (*derribar*) raser ♦ *vi* (*fig*) faire un triomphe o tabac (*fam*).

**arrastrado, -a** [arras'traðo, a] *adj* misérable; (*AM*: *servil*) servile ♦ *nm/f* (*fam*: *bribón*) coquin(-ine).

**arrastrar** [arras'trar] *vt* traîner; (*suj: agua, viento, tb fig*) entraîner ♦ *vi* traîner; **arrastrarse** *vpr* se traîner; (*fig*) s'abaisser; **llevar algo arrastrando** traîner qch depuis longtemps.

**arrastre** [a'rrastre] *nm* remorquage *m*; (*PESCA*) chalutage *m*; **estar para el ~** (*fam*) être foutu(e); **~ de papel por fricción/ por tracción** (*en impresora*) entraînement *m* par friction/par ergots.

**arre** ['arre] *excl* hue!

**arrear** [arre'ar] *vt* exciter; (*fam*) flanquer ♦ *vi* (*fam*) se grouiller.

**arrebatado, -a** [arreβa'taðo, a] *adj* emporté(e), impétueux(-euse); (*cara*) congestionné(e); (*color*) vif(vive).

**arrebatar** [arreβa'tar] *vt* arracher; (*fig*) transporter; **arrebatarse** *vpr* s'emporter.

**arrebato** [arre'βato] *nm* emportement *m*; (*éxtasis*) transport *m*; **~ de cólera/ entusiasmo** élan *m* o mouvement *m* de colère/d'enthousiasme.

**arrecife** [arre'θife] *nm* récif *m*; (*tb: ~ de coral*) récif de corail.

**arredrarse** [arre'drarse] *vpr*: **~ (por o ante algo)** s'effrayer (de qch).

**arreglado, -a** [arre'ɣlaðo, a] *adj* (*persona*) soigné(e); (*vestido*) impeccable; (*habitación*) ordonné(e), en ordre; (*conducta*) réglé(e); **¡estamos ~s!** nous voilà bien avancés!

**arreglar** [arre'ɣlar] *vt* ranger, mettre en ordre; (*persona*) préparer; (*algo roto*) réparer, arranger; (*problema*) régler; (*entrevista*) fixer; **arreglarse** *vpr* s'arranger, se régler; (*acicalarse*) se pomponner; **~se (para hacer)** se préparer (à faire); **arreglárselas** (*fam*) se débrouiller, s'en sortir; **~se el**

pelo/las uñas s'arranger les cheveux/se faire les ongles.

**arreglo** [aˈrrexlo] *nm* rangement *m*, ordre *m*; (*acuerdo*) arrangement *m*, accord *m*; (*MÚS*) arrangement *m*; (*INFORM*) tableau *m*; (*de algo roto*) réparation *f*; (*de persona*) toilette *f*, soin *m*; **con ~ a** conformément à; **llegar a un ~** parvenir à un accord; **~ de cuentas** (*fig*) règlement *m* de comptes.

**arrellanarse** [arreʎaˈnarse] *vpr*: **~ en** (*sillón*) se carrer o se prélasser dans.

**arremangar** [arremanˈgar] *vt* relever, retrousser; **arremangarse** *vpr* retrousser ses manches.

**arremeter** [arremeˈter] *vi*: **~ contra** se jeter à l'assaut de, fondre sur; (*fig*) s'en prendre à, s'attaquer à.

**arrendamiento** [arrendaˈmjento] *nm* location *f*; (*contrato*) bail *m*; (*precio*) loyer *m*.

**arrendar** [arrenˈdar] *vt* louer.

**arrendatario, -a** [arrendaˈtarjo, a] *nm/f* locataire *m/f*.

**arreos** [aˈrreos] *nmpl* harnais *msg*; (*fig*) attirail *m*.

**arrepentimiento** [arrepentiˈmjento] *nm* repentir *m*; **sentir/tener ~** éprouver du repentir.

**arrepentirse** [arrepenˈtirse] *vpr*: **~ (de)** se repentir (de); **~ de haber hecho algo** se repentir d'avoir fait qch; **mostrarse arrepentido** regretter, être navré(e).

**arrestar** [arresˈtar] *vt* arrêter; (*MIL*) mettre aux arrêts.

**arresto** [aˈrresto] *nm* arrestation *f*; (*MIL*) arrêts *mpl*; **~s** *nmpl* (*audacia*) audace *fsg*; **arresto domiciliario** assignation *f* à domicile; **arresto menor** détention d'une durée d'un à trente jours; **arresto mayor** détention d'une durée d'un à six mois.

**arriar** [aˈrrjar] *vt* amener; (*un cable*) mollir.

─────── PALABRA CLAVE ───────

**arriba** [aˈrriβa] *adv* **1** (*posición*) en haut; **allí arriba** là-haut; **el piso de arriba** l'appartement du dessus; **la parte de arriba** le haut; **la orden vino de arriba** (*fig*) l'ordre est venu d'en haut; **más arriba** plus haut; **desde arriba** d'en haut; **arriba del todo** tout en haut; **Juan está arriba** Juan est en haut; **lo arriba mencionado** ce qui est mentionné ci-dessus; **de cien pesetas para arriba** au-dessus de cent pesetas; **peseta arriba, peseta abajo** à quelques

pesetas près

**2** (*dirección*): **ir calle arriba** remonter la rue; **río arriba** en amont

**3**: **mirar a algn de arriba abajo** regarder qn de haut en bas

♦ *prep*: **arriba de** (*AM*) sur, au-dessus de; **arriba de 200 pesetas** plus de 200 pesetas

♦ *excl*: **¡arriba!** (*¡levanta!*) debout!; (*ánimo*) courage!; **¡manos arriba!** haut les mains!; **¡arriba España!** vive l'Espagne!

**arribar** [arriˈβar] *vi* arriver.

**arribista** [arriˈβista] *nm/f* arriviste *m/f*.

**arriendo** [aˈrrjendo] *vb V* **arrendar** ♦ *nm* = **arrendamiento**.

**arriero** [aˈrrjero] *nm* muletier *m*.

**arriesgado, -a** [arrjesˈxaðo, a] *adj* (*peligroso*) risqué(e), hasardeux(-euse); (*audaz: persona*) audacieux(-euse).

**arriesgar** [arrjesˈxar] *vt*, **arriesgarse** *vpr* risquer; **~ el pellejo** risquer sa peau; **~se a hacer algo** se risquer à faire qch.

**arrimar** [arriˈmar] *vt* (*acercar*): **~ a** approcher de; (*dejar de lado*) abandonner, laisser tomber; **arrimarse** *vpr*: **~se a** (*acercarse*) s'approcher de; (*apoyarse*) s'appuyer sur; (*fig*) se rapprocher de, se placer sous la protection de; **~ el hombro** (*ayudar*) donner un coup de main; (*trabajar*) travailler dur; **~se al sol que más calienta** se ranger du côté du plus fort; **arrímate a mí** approche-toi de moi.

**arrinconar** [arrinkoˈnar] *vt* (*algo viejo*) mettre dans un coin, mettre au rebut; (*enemigo*) acculer; (*fig: persona*) laisser tomber, délaisser.

**arrodillarse** [arroðiˈʎarse] *vpr* s'agenouiller.

**arrogancia** [arroˈxanθja] *nf* arrogance *f*.

**arrogante** [arroˈxante] *adj* arrogant(e).

**arrojar** [arroˈxar] *vt* (*piedras*) jeter; (*pelota*) lancer; (*basura*) jeter, déverser; (*humo*) cracher; (*persona*) chasser, mettre dehors; (*COM*) totaliser; **arrojarse** *vpr* se jeter.

**arrojo** [aˈrroxo] *nm* hardiesse *f*.

**arrollador, a** [arroʎaˈðor, a] *adj* (*éxito*) retentissant(e); (*fuerza*) irrésistible; (*mayoría*) écrasant(e).

**arrollar** [arroˈʎar] *vt* (*suj: vehículo*) renverser; (*: agua*) emporter, rouler; (*DEPORTE*) écraser ♦ *vi* (*tener éxito electoral*) avoir une majorité écrasante.

**arropar** [arroˈpar] *vt* couvrir; **arroparse** *vpr*

se couvrir.

**arroyo** [a'rrojo] *nm* ruisseau *m*; (*de la calle*) caniveau *m*; **recoger a algn del ~** tirer qn du ruisseau.

**arroz** [a'rroθ] *nm* riz *m*; **arroz blanco** (*cu-LIN*) riz blanc; **arroz con leche** riz au lait.

**arruga** [a'rruɣa] *nf* ride *f*; (*en ropa*) pli *m*.

**arrugar** [arru'ɣar] *vt* (*piel*) rider; (*ropa, papel*) froisser; (*ceño, frente*) froncer; **arrugarse** *vpr* se rider; (*ropa*) se froisser; (*persona*) se froisser.

**arruinar** [arrwi'nar] *vt* ruiner; **arruinarse** *vpr* se ruiner.

**arrullar** [arru'ʎar] *vt* bercer ♦ *vi* roucouler.

**arsenal** [arse'nal] *nm* (*MIL*) arsenal *m*; (*NÁUT*) chantier *m* naval.

**arsénico** [ar'seniko] *nm* arsenic *m*.

**arte** ['arte] *nm* (*gen m en sg y siempre f en pl*) art *m*; (*maña*) don *m*; **~s** *nfpl* arts *mpl*; **~s y oficios** arts et métiers; **por amor al ~** pour l'amour de l'art; **por ~ de magia** comme par enchantement; **Bellas A~s** Beaux-Arts *mpl*; **con malas ~s** par des moyens peu orthodoxes; **no tener ~ ni parte en algo** n'être pour rien dans qch, n'avoir rien à voir avec qch; **arte abstracto** art abstrait; **artes plásticas** arts plastiques.

**artefacto** [arte'fakto] *nm* engin *m*, machine *f*; (*ARQUEOLOGÍA*) objet *m* (fabriqué); (*explosivo*) engin explosif.

**arteria** [ar'terja] *nf* artère *f*.

**artesanía** [artesa'nia] *nf* artisanat *m*; **de ~** artisanal(e).

**artesano, -a** [arte'sano, a] *nm/f* artisan(e).

**ártico, -a** ['artiko, a] *adj* arctique ♦ *nm* **el Á~** l'Arctique *m*.

**articulación** [artikula'θjon] *nf* articulation *f*.

**articulado, -a** [artiku'laðo, a] *adj* articulé(e).

**articular** [artiku'lar] *vt* articuler.

**artículo** [ar'tikulo] *nm* article *m*; **~s** *nmpl* (*COM*) articles *mpl*; **artículo de fondo** article de fond; **artículos de escritorio/tocador** articles de bureau/toilette; **artículos de lujo/marca/primera necesidad** articles de luxe/marque/première nécessité.

**artífice** [ar'tifiθe] *nm/f* artisan(e); (*fig*) auteur *m*.

**artificial** [artifi'θjal] *adj* artificiel(le); (*fig*) artificiel(le), forcé(e).

**artificio** [arti'fiθjo] *nm* appareil *m*, engin *m*; (*artesanía*) art *m*; (*truco*) artifice *m*.

**artillería** [artiʎe'ria] *nf* artillerie *f*.

**artilugio** [arti'luxjo] *nm* engin *m*; (*ardid*) subterfuge *m*.

**artimaña** [arti'maɲa] *nf* (*ardid*) stratagème *m*; (*astucia*) astuce *f*, ruse *f*.

**artista** [ar'tista] *nm/f* artiste *m/f*; **artista de cine** artiste de cinéma; **artista de teatro** comédien(ne).

**artístico, -a** [ar'tistiko, a] *adj* artistique.

**artritis** [ar'tritis] *nf* arthrite *f*.

**arveja** [ar'βexa] (*AM: guisante*) *nf* pois *msg*.

**arzobispo** [arθo'βispo] *nm* archevêque *m*.

**as** [as] *nm* as *m*; **ser un ~ (de)** (*fig*) être un as (de); **~ del fútbol** as du football.

**asa** ['asa] *nf* anse *f*.

**asado** [a'saðo] *nm* (*carne*) rôti *m*; (*CSUR: barbacoa*) barbecue *m*.

**asaduras** [asa'ðuras] *nfpl* (*CULIN*) abats *mpl*.

**asalariado, -a** [asala'rjaðo, a] *adj, nm/f* salarié(e).

**asaltador, a** [asalta'ðor, a], **asaltante** [asal'tante] *nm/f* assaillant(e).

**asaltar** [asal'tar] *vt* (*banco etc*) attaquer; (*persona, fig*) assaillir; (*MIL*) prendre d'assaut.

**asalto** [a'salto] *nm* (*a banco*) hold-up *m inv*; (*a persona*) agression *f*; (*MIL*) assaut *m*; (*BOXEO*) round *m*; **tomar por ~** prendre d'assaut.

**asamblea** [asam'blea] *nf* (*corporación*) assemblée *f*, rassemblement *m*; (*reunión*) assemblée.

**asar** [a'sar] *vt* rôtir (*au four*), griller (*au feu de bois, au grill*); **asarse** *vpr* (*fig*) cuire; **~ a preguntas** harceler de questions; **me aso de calor** (*fig*) j'étouffe de chaleur; **~ al horno/a la parrilla** rôtir au four/sur le gril; **aquí se asa uno vivo** on cuit ici!

**asbesto** [as'βesto] *nm* asbeste *m*.

**ascendencia** [asθen'denθja] *nf* ascendance *f*; **de ~ francesa** d'origine française; **tener ~ sobre algn** avoir de l'ascendant sur qn.

**ascender** [asθen'der] *vi* monter; (*DEPORTE*) monter, passer; (*en puesto de trabajo*) monter en grade ♦ *vt* faire monter; **~ a** s'élever à; **ascendió a general** il a accédé au grade de général, il est passé général.

**ascendiente** [asθen'djente] *nm* ascendant *m*; **~s** *nmpl* ascendants *mpl*.

**ascensión** [asθen'sjon] *nf* ascension *f*; **la A~** (*REL*) l'Ascension.

**ascenso** [as'θenso] *nm* promotion *f*.

**ascensor** [asθen'sor] *nm* ascenseur *m*.

**ascético, -a** [as'θetiko, a] *adj* ascétique.

**asco** ['asko] *nm*: **¡qué ~!** (que) c'est dégoûtant!; **el ajo me da ~** j'ai horreur de l'ail; **hacer ~s a algo** faire la fine bouche devant qch; **estar hecho un ~** être dégoûtant(e); **poner a algn de ~** (AM) abreuver qn d'injures; **ser un ~** (*clase, libro*) être nul(le); (*película*) être un navet; **morirse de ~** s'ennuyer à mourir.

**ascua** ['askwa] *nf* braise *f*; **arrimar el ~ a su sardina** tirer la couverture à soi; **estar en** o **sobre ~s** être sur des charbons ardents.

**aseado, -a** [ase'aðo, a] *adj* (*persona*) impeccable, bien mis(e); (*casa*) impeccable.

**asear** [ase'ar] *vt* (*casa*) arranger; (*persona*) arranger, faire la toilette de; **asearse** *vpr* (*persona*) s'arranger, faire sa toilette.

**asediar** [ase'ðjar] *vt* assiéger; (*fig*) assaillir.

**asedio** [a'seðjo] *nm* siège *m*; (COM) forte demande *f*.

**asegurado, -a** [aseɣu'raðo, a] *adj, nm/f* assuré(e).

**asegurar** [aseɣu'rar] *vt* assurer; (*cuerda, clavo*) fixer; (*maleta*) bien fermer; (*afirmar*) assurer, certifier; (*garantizar*) garantir; **asegurarse** *vpr*: **~se (de)** s'assurer (de); **~se (contra)** (COM) s'assurer (contre), prendre une assurance (contre); **se lo aseguro** je vous assure.

**asemejarse** [aseme'xarse] *vpr*: **~ a** ressembler à.

**asentado, -a** [asen'taðo, a] *adj* sensé(e); **estar ~ en** être situé(e) dans o sur; (*persona*) être établi(e) à.

**asentar** [asen'tar] *vt* (*sentar*) asseoir; (*poner*) placer; (*alisar*) aplatir; (*golpe*) assener; (*instalar*) installer; (*asegurar*) assurer; (COM) inscrire; **asentarse** *vpr* (*persona*) s'établir; (*líquido, polvo*) se déposer.

**asentir** [asen'tir] *vi* acquiescer; **~ con la cabeza** acquiescer d'un signe de tête.

**aseo** [a'seo] *nm* hygiène *f*, toilette *f*; (*orden*) soin *m*; **~s** *nmpl* (*servicios*) toilettes *fpl*; **cuarto de ~** cabinet *m* de toilette; **aseo personal** hygiène personnelle.

**aséptico, -a** [a'septiko, a] *adj* aseptique.

**asequible** [ase'kiβle] *adj* (*precio*) abordable; (*meta*) accessible; (*persona*) accessible, abordable; **~ a** (*comprensible*) accessible à, à la portée de.

**aserrar** [ase'rrar] *vt* scier.

**asesinar** [asesi'nar] *vt* assassiner.

**asesinato** [asesi'nato] *nm* assassinat *m*.

**asesino** [ase'sino] *nm* assassin *m*.

**asesor, a** [ase'sor, a] *nm/f* conseiller(-ère), consultant(e); (COM) consultant(e); **asesor administrativo** conseiller en gestion; **asesor de imagen** conseiller en relations publiques.

**asesorar** [aseso'rar] *vt* (JUR, COM) conseiller; **asesorarse** *vpr*: **~se con** o **de** prendre conseil de.

**asesoría** [aseso'ria] *nf* (*cargo*) conseil *m*; (*oficina*) cabinet *m* d'expert-conseil.

**asestar** [ases'tar] *vt* (*golpe*) assener; (*tiro*) envoyer.

**asfalto** [as'falto] *nm* bitume *m*.

**asfixia** [as'fiksja] *nf* asphyxie *f*.

**asfixiar** [asfik'sjar] *vt* (*suj: persona*) asphyxier; (: *calor*) étouffer; **asfixiarse** *vpr* être asphyxié(e), être étouffé(e); **~se de calor** étouffer de chaleur.

**asgo** *etc* ['asɣo] *vb* V **asir**.

**así** [a'si] *adv* (*de esta manera*) ainsi; (*aunque*) même si; (*tan pronto como*) dès que ♦ *conj* (+ *subj*) même si; **~, ~** comme ci comme ça, couci-couça; **~ de grande** grand(e) comme ça; **~ llamado** soi-disant, prétendu; **~ es la vida** c'est la vie; **¡~ sea!** ainsi soit-il!; **y ~ sucesivamente** et ainsi de suite; **~ y todo** malgré tout; **¿no es ~?** n'est-ce pas (vrai)?; **mil pesetas o ~** à peu près mille pesetas; **~ como** (*también*) ainsi que, de même que; (*en cuanto*) dès que; **~ pues** ainsi donc; **~ que** (*en cuanto*) dès que; (*por consiguiente*) donc.

**Asia** ['asja] *nf* Asie *f*.

**asiático, -a** [a'sjatiko, a] *adj* asiatique ♦ *nm/f* Asiatique *m/f*.

**asidero** [asi'ðero] *nm* anse *f*.

**asiduidad** [asiðwi'ðað] *nf* assiduité *f*.

**asiduo, -a** [a'siðwo, a] *adj* assidu(e) ♦ *nm/f* habitué(e).

**asiento** [a'sjento] *vb* V **asentar**; **asentir** ♦ *nm* siège *m*; (*de silla etc*) assise *f*; (*de cine, tren*) place *f*; (COM) inscription *f*; **tomar ~** prendre place; **asiento delantero/trasero** siège avant/arrière.

**asignación** [asiɣna'θjon] *nf* attribution *f*; (*reparto*) assignation *f*; (*paga*) traitement *m*; (COM) allocation *f*; **asignación de presupuesto** crédit *m* budgétaire; **asignación (semanal)** salaire *m* (hebdomadaire); (*a un hijo*) argent *m* de poche.

**asignar** [asiɣ'nar] *vt* assigner; (*cantidad*) allouer, attribuer.

**asignatura** [asiɣna'tura] *nf* matière *f*, discipline *f*; **asignatura pendiente** épreuve *f* à repasser; (*fig*) partie *f* remise.

**asilado, -a** [asi'laðo, a] *nm/f* (*POL*) réfugié(e) politique; (*en asilo de ancianos*) pensionnaire *m/f*.

**asilo** [a'silo] *nm* asile *m*; **derecho de ~** droit *m* d'asile; **pedir/dar ~ a algn** demander/donner asile à qn; **asilo de ancianos** asile de vieillards, hospice *m*; **asilo de pobres** hospice des pauvres; **asilo político** asile politique.

**asimilación** [asimila'θjon] *nf* assimilation *f*.

**asimilar** [asimi'lar] *vt* assimiler; **asimilarse** *vpr*: **~se a** s'assimiler à.

**asimismo** [asi'mismo] *adv* tout autant, pareillement.

**asir** [a'sir] *vt* saisir; **asirse** *vpr*: **~se a** *o* **de** se saisir de, s'accrocher à.

**asistencia** [asis'tenθja] *nf* assistance *f*; (*tb*: **~ médica**) soins *mpl* médicaux; **asistencia social/técnica** assistance sociale/technique.

**asistenta** [asis'tenta] *nf* femme *f* de ménage.

**asistente** [asis'tente] *nm/f* assistant(e) ♦ *nm* (*MIL*) ordonnance *f*; **los ~s** les assistants; **asistente social** employé(e) des services sociaux; (*mujer*) assistante sociale.

**asistido, -a** [asis'tiðo, a] *adj* (*AUTO*: *dirección*) assisté(e); **~ por ordenador** assisté par ordinateur.

**asistir** [asis'tir] *vt* (*MED*) assister, soigner; (*ayudar*) assister, secourir; (*acompañar*) assister ♦ *vi*: **~ (a)** assister (à).

**asma** ['asma] *nf* asthme *m*.

**asno** ['asno] *nm* (*tb fig*) âne *m*.

**asociación** [asoθja'θjon] *nf* association *f*; **asociación de ideas** association d'idées.

**asociado, -a** [aso'θjaðo, a] *adj*, *nm/f* associé(e).

**asociar** [aso'θjar] *vt* associer; **asociarse** *vpr*: **~se (a)** s'associer (à).

**asolar** [aso'lar] *vt* dévaster, ravager.

**asomar** [aso'mar] *vt* sortir, mettre dehors ♦ *vi* (*sol*) poindre, se montrer; (*barco*) apparaître; **asomarse** *vpr*: **~se a** *o* **por** se montrer à, se mettre à; **~ la cabeza por la ventana** se mettre à la fenêtre, mettre la tête à la fenêtre.

**asombrar** [asom'brar] *vt* (*causar asombro*) étonner; (*causar admiración*) stupéfier; **asombrarse** *vpr*: **~se (de)** (*sorprenderse*) s'étonner (de); (*asustarse*) s'effrayer (de).

**asombro** [a'sombro] *nm* (*sorpresa*) étonnement *m*, stupéfaction *f*; (*susto*) frayeur *f*; **no salir de su ~** ne pas en revenir.

**asombroso, -a** [asom'broso, a] *adj* étonnant(e), stupéfiant(e).

**asomo** [a'somo] *nm* signe *m*, ombre *f*; **ni por ~** pas le moins du monde, en aucune manière.

**aspa** ['aspa] *nf* croix *fsg* de Saint André; (*de molino*) aile *f*; **en ~** en forme de X.

**aspaviento** [aspa'βjento] *nm* gestes *mpl* outranciers; **hacer ~s** faire des simagrées.

**aspecto** [as'pekto] *nm* aspect *m*, air *m*; (*de salud*) mine *f*; (*fig*) aspect; **bajo este ~** vu(e) sous cet angle; **tener buen/mal ~** (*persona*) avoir bonne/mauvaise mine; **en todos los ~s** sous tous les rapports.

**aspereza** [aspe'reθa] *nf* rugosité *f*; (*de sabor*) âpreté *f*; (*de terreno, carácter*) aspérité *f*.

**áspero, -a** ['aspero, a] *adj* rugueux(-euse); (*sabor*) âpre.

**aspersión** [asper'sjon] *nf* aspersion *f*; **riego por ~** arrosage *m* par aspersion.

**aspiración** [aspira'θjon] *nf* aspiration *f*; **aspiraciones** *nfpl* (*ambiciones*) aspirations *fpl*.

**aspirador** [aspira'ðor] *nm*, **aspiradora** [aspira'ðora] *nf* aspirateur *m*.

**aspirante** [aspi'rante] *nm/f* candidat(e).

**aspirar** [aspi'rar] *vt* aspirer ♦ *vi*: **~ a (hacer)** aspirer à (faire).

**aspirina** [aspi'rina] *nf* aspirine *f*.

**asquear** [aske'ar] *vt* écœurer; **asquearse** *vpr*: **~se (de)** être dégoûté(e) (de).

**asqueroso, -a** [aske'roso, a] *adj*, *nm/f* dégoûtant(e).

**asta** ['asta] *nf* hampe *f*; **~s** *nfpl* (*ZOOL*) bois *mpl*; **a media ~** en berne.

**asterisco** [aste'risko] *nm* astérisque *m*.

**astigmatismo** [astiɣma'tismo] *nm* astigmatisme *m*.

**astilla** [as'tiʎa] *nf* éclat *m*; (*de leña*) écharde *f*; (*de hueso*) esquille *f*; **~s** *nfpl* (*para fuego*) petit bois *m*; **hacer ~s** briser; **de tal palo tal ~** tel père, tel fils.

**astilleros** [asti'ʎeros] *nmpl* chantier *m* naval; (*de la Armada*) arsenal *m*.

**astringente** [astrin'xente] *adj* astringent(e)

◆ *nm* astringent *m*.
**astro** ['astro] *nm* astre *m*.
**astrología** [astrolo'xia] *nf* astrologie *f*.
**astronauta** [astro'nauta] *nm/f* astronaute *m/f*.
**astronave** [astro'naβe] *nf* astronef *m*.
**astronomía** [astrono'mia] *nf* astronomie *f*.
**astrónomo, -a** [as'tronomo, a] *nm/f* astronome *m/f*.
**astucia** [as'tuθja] *nf* astuce *f*.
**astuto, -a** [as'tuto, a] *adj* astucieux(-euse); (*taimado*) rusé(e).
**asumir** [asu'mir] *vt* assumer.
**asunción** [asun'θjon] *nf* prise *f* de possession; **la A~** l'Assomption *f*.
**asunto** [a'sunto] *nm* (*tema*) sujet *m*; (*negocio*) affaire *f*; (*argumento*) thème *m*; **¡eso es ~ mío!** cela me regarde!; **~s a tratar** affaires à régler; **ir al ~** en venir aux choses sérieuses; **Asuntos Exteriores** Affaires étrangères.
**asustar** [asus'tar] *vt* faire peur à; (*ahuyentar*) mettre en fuite; **asustarse** *vpr*: **~se (de o por)** avoir peur (de).
**atacar** [ata'kar] *vt* attaquer; (*teoría*) s'attaquer à.
**atadura** [ata'ðura] *nf* attache *f*, lien *m*; (*impedimento*) entrave *f*, lien.
**atajar** [ata'xar] *vt* (*interrumpir*) couper court à, interrompre; (*cortar el paso a*) barrer la route à; (*enfermedad*) enrayer; (*riada, sublevación*) endiguer; (*incendio*) maîtriser; (*discurso*) interrompre; (*DEPORTE*) plaquer ◆ *vi* prendre un raccourci.
**atajo** [a'taxo] *nm* raccourci *m*; (*DEPORTE*) plaquage *m*; **son un ~ de cobardes/ladrones** c'est une bande de lâches/voleurs; **soltar un ~ de mentiras** débiter un tissu de mensonges.
**atañer** [ata'ɲer] *vi*: **~ a** (*persona*) concerner; (*gobierno*) incomber à; **en lo que atañe a eso** en ce qui concerne cela.
**ataque** [a'take] *vb V* **atacar** ◆ *nm* (*MIL*) attaque *f*, raid *m*; (*MED*) attaque *f*; (*de ira, nervios, risa*) crise *f*; **¡al ~!** à l'attaque!; **ataque cardíaco** crise cardiaque.
**atar** [a'tar] *vt* attacher, ligoter; **atarse** *vpr* (*zapatos*) attacher; (*corbata*) nouer; **~ la lengua a algn** (*fig*) réduire qn au silence; **~ cabos** déduire par recoupements; **~ corto a algn** tenir la bride haute à qn.
**atardecer** [atarðe'θer] *vi*: **atardece a las 8** la nuit tombe à 8 h ◆ *nm* tombée *f* du

jour; **al ~** à la tombée du jour.
**atareado, -a** [atare'aðo, a] *adj* affairé(e).
**atascar** [atas'kar] *vt* boucher; **atascarse** *vpr* se boucher; (*coche*) s'embourber; (*motor*) se gripper; (*fig: al hablar*) bafouiller; (*en problema*) s'enliser.
**atasco** [a'tasko] *nm* obstruction *f*; (*AUTO*) bouchon *m*.
**ataúd** [ata'uð] *nm* cercueil *m*, bière *f*.
**ataviar** [ata'βjar] *vt* parer; **ataviarse** *vpr* se parer.
**atavío** [ata'βio] *nm* toilette *f*; **~s** *nmpl* (*adornos*) toilette, atours *mpl*.
**atemorizar** [atemori'θar] *vt* faire peur à; **atemorizarse** *vpr*: **~se (de o por)** s'effrayer de.
**Atenas** [a'tenas] *n* Athènes.
**atención** [aten'θjon] *nf* attention *f* ◆ *excl* attention!; **atenciones** *nfpl* (*amabilidad*) attentions *fpl*, égards *mpl*; **en ~ a esto** eu égard à cela; **llamar la ~ a algn** (*despertar curiosidad*) attirer l'attention de qn; (*reprender*) rappeler qn à l'ordre; **prestar ~** prêter attention; **"a la ~ de ..."** (*en carta*) "à l'attention de ..."
**atender** [aten'der] *vt* (*consejos*) tenir compte de; (*TEC*) entretenir; (*enfermo, niño*) s'occuper de, soigner; (*petición*) accéder à ◆ *vi*: **~ a** se soucier de; (*detalles*) s'arrêter sur; **~ al teléfono** répondre au téléphone; **~ a la puerta** aller ouvrir la porte.
**atenerse** [ate'nerse] *vpr*: **~ a** s'en tenir à; **~ a las consecuencias** penser aux conséquences.
**atentado** [aten'taðo] *nm* attentat *m*; (*delito*) atteinte *f*, attentat; **~ contra la vida de algn** attentat à la vie de qn; **atentado contra el pudor** attentat à la pudeur; **atentado contra la salud pública** atteinte à la santé publique; **atentado golpista** coup *m* d'État.
**atentamente** [a'tentamente] *adv* attentivement; **le saluda ~** (*en carta*) recevez mes salutations distinguées.
**atentar** [aten'tar] *vi*: **~ a o contra** (*seguridad*) attenter à; (*moral, derechos*) porter atteinte à; **~ contra** (*POL*) attenter à la vie de, commettre un attentat contre.
**atento, -a** [a'tento, a] *adj* attentif(-ive); (*cortés*) attentionné(e); **~ a** attentif(-ive) à; **su atenta (carta)** (*COM*) votre courrier.
**atenuar** [ate'nwar] *vt* atténuer; **atenuarse** *vpr* s'atténuer.

**ateo, -a** [a'teo, a] *adj, nm/f* athée *m/f*.

**aterido, -a** [ate'riðo, a] *adj*: ~ **de frío** transi(e).

**aterrador, a** [aterra'ðor, a] *adj* épouvantable, effroyable.

**aterrar** [ate'rrar] *vt* effrayer; *(aterrorizar)* terrifier; **aterrarse** *vpr*: ~**se de** o **por** être terrifié(e) par.

**aterrizaje** [aterri'θaxe] *nm* (AVIAT) atterrissage *m*; **aterrizaje forzoso** atterrissage forcé.

**aterrizar** [aterri'θar] *vi* atterrir.

**aterrorizar** [aterrori'θar] *vt* terroriser; **aterrorizarse** *vpr*: ~**se (de** o **por)** être terrorisé(e) (par).

**atesorar** [ateso'rar] *vt* amasser; *(fig)* accumuler.

**atestado, -a** [ates'taðo, a] *adj (testarudo)* entêté(e) ♦ *nm (JUR)* procès-verbal *m*; ~ **de plein(e)** à craquer de.

**atestar** [ates'tar] *vt* envahir; *(JUR)* attester.

**atestiguar** [atesti'ɣwar] *vt (JUR)* témoigner; *(fig: dar prueba de)* témoigner de.

**atiborrar** [atiβo'rrar] *vt* envahir; **atiborrarse** *vpr*: ~**se (de)** se gaver (de).

**ático** ['atiko] *nm* attique *m*; **ático de lujo** *appartement de grand standing construit sur le toit d'un immeuble.*

**atinado, -a** [ati'naðo, a] *adj* approprié(e); *(sensato)* sensé(e).

**atinar** [ati'nar] *vi* viser juste; *(fig)* deviner juste; ~ **con** o **en** *(solución)* trouver; ~ **a hacer** réussir à faire.

**atisbar** [atis'βar] *vt* épier; *(vislumbrar)* percevoir.

**atizar** [ati'θar] *vt (fuego, fig)* attiser; *(horno etc)* alimenter; *(DEPORTE)* battre à plate couture; *(fam: golpe)* flanquer.

**atlántico, -a** [at'lantiko, a] *adj* atlantique ♦ *nm*: **el (Océano) A~** l'(océan *m*) Atlantique *m*.

**atlas** ['atlas] *nm* atlas *m*.

**atleta** [at'leta] *nm/f* athlète *m/f*.

**atlético, -a** [at'letiko, a] *adj (competición)* d'athlétisme; *(persona)* athlétique.

**atletismo** [atle'tismo] *nm* athlétisme *m*.

**atmósfera** [at'mosfera] *nf* atmosphère *f*.

**atolladero** [atoʎa'ðero] *nm (fig)* impasse *f*; **estar en un** ~ être dans une impasse; **sacar a algn de un** ~ tirer qn d'embarras.

**atómico, -a** [a'tomiko, a] *adj* atomique.

**atomizador** [atomiθa'ðor] *nm* atomiseur *m*.

**átomo** ['atomo] *nm* atome *m*.

**atónito, -a** [a'tonito, a] *adj* pantois(e).

**atontado, -a** [aton'taðo, a] *adj* étourdi(e); *(bobo)* stupide ♦ *nm/f* abruti(e).

**atontar** [aton'tar] *vt* abrutir; **atontarse** *vpr* s'abêtir.

**atormentar** [atormen'tar] *vt* tourmenter, torturer; **atormentarse** *vpr* se tourmenter.

**atornillar** [atorni'ʎar] *vt* visser.

**atosigar** [atosi'ɣar] *vt* empoisonner; **atosigarse** *vpr* être obsédé(e).

**atracador, a** [atraka'ðor, a] *nm/f* malfaiteur *m*.

**atracar** [atra'kar] *vt (NÁUT)* amarrer; *(atacar)* attaquer à main armée ♦ *vi* amarrer; **atracarse** *vpr*: ~**se (de)** se bourrer (de).

**atracción** [atrak'θjon] *nf* attirance *f*; **atracciones** *nfpl (diversiones)* attractions *fpl*; **sentir** ~ **por** éprouver de l'attirance pour; **centro/punto de** ~ centre *m*/point *m* d'attraction.

**atraco** [a'trako] *nm* agression *f*; *(en banco)* hold-up *m inv*; **atraco a mano armada** attaque *f* à main armée.

**atracón** [atra'kon] *nm*: **darse** o **pegarse un** ~ **(de)** *(fam)* s'empiffrer (de), se bourrer (de).

**atractivo, -a** [atrak'tiβo, a] *adj* attirant(e) ♦ *nm* attrait *m*.

**atraer** [atra'er] *vt* attirer; **atraerse** *vpr* s'attirer; **dejarse** ~ **por** se laisser attirer par; ~**se a algn** conquérir qn.

**atragantarse** [atraɣan'tarse] *vpr*: ~ **(con)** s'étrangler (avec); **se me ha atragantado el chico ése** je ne peux pas le voir, celui-là; **se me ha atragantado el inglés** l'anglais et moi, ça fait deux.

**atrancar** [atran'kar] *vt (puerta)* barricader; *(desagüe)* boucher; **atrancarse** *vpr (desagüe)* se boucher; *(mecanismo)* se gripper; *(fig: al hablar)* bafouiller.

**atrapar** [atra'par] *vt* attraper.

**atrás** [a'tras] *adv (posición)* derrière, en arrière; *(dirección)* derrière; ~ **de** *prep (AM: detrás de)* derrière; **años/meses** ~ des années/mois auparavant; **días** ~ cela fait des jours et des jours; **asiento/parte de** ~ siège *m*/partie *f* arrière; **cuenta** ~ compte *m* à rebours; **marcha** ~ marche *f* arrière; **echarse para** ~ se rejeter en arrière; **ir hacia** ~ *(movimiento)* aller en arrière; *(dirección)* aller derrière; **estar** ~ être o se trou-

ver derrière o en arrière; **está más ~** c'est
plus loin derrière; **volverse ~** revenir en
arrière, reculer; (*desdecirse*) se dédire.

**atrasado, -a** [atra'saðo, a] *adj* (*pago*) arrié-
ré(e); (*país*) sous-développé(e); (*trabajo*)
en retard; (*costumbre*) passé(e); (*moda*) dé-
passé(e); **el reloj está o va ~** la pendule
retarde; **ir ~** (*ESCOL*) être en retard; **poner
fecha atrasada a** antidater.

**atrasar** [atra'sar] *vi, vt* retarder; **atrasarse**
*vpr* (*persona*) s'attarder; (*tren*) avoir du retard; (*reloj*) retarder.

**atraso** [a'traso] *nm* retard *m*; **~s** *nmpl* (*COM*)
arriérés *mpl*.

**atravesar** [atraβe'sar] *vt* traverser; (*poner al
través*) barrer; **atravesarse** *vpr* se mettre
en travers de; **ese tipo se me ha atrave-
sado** je ne peux pas souffrir ce type.

**atraviese** *etc* [atra'βjese] *vb* V **atravesar**.

**atrayente** [atra'jente] *adj* alléchant(e).

**atreverse** [atre'βerse] *vpr:* **~ a (hacer)** oser
(faire).

**atrevido, -a** [atre'βiðo, a] *adj* (*audaz*)
audacieux(-euse); (*descarado*) insolent(e);
(*moda, escote*) osé(e) ♦ *nm/f* audacieux
(-euse), insolent(e).

**atrevimiento** [atreβi'mjento] *nm* (*audacia*)
audace *f*; (*descaro*) insolence *f*.

**atribuciones** [atribu'θjones] *nfpl* (*POL, AD-
MIN*) attributions *fpl*.

**atribuirse** [atribu'irse] *vpr* s'attribuer.

**atribular** [atriβu'lar] *vt* affliger; **atribularse**
*vpr* être affligé(e).

**atributo** [atri'βuto] *nm* attribut *m*, apanage
*m*; (*emblema*) attributs *mpl*.

**atril** [a'tril] *nm* pupitre *m*; (*MÚS*) lutrin *m*.

**atrocidad** [atroθi'ðað] *nf* atrocité *f*; **~es**
*nfpl* (*disparates*) énormités *fpl*.

**atropellar** [atrope'ʎar] *vt* écraser; (*derribar*)
renverser; (*empujar*) bousculer; (*agraviar*)
malmener; **atropellarse** *vpr* s'embrouiller.

**atropello** [atro'peʎo] *nm* (*AUTO*) collision *f*;
(*contra propiedad, derechos*) violation *f*;
(*empujón*) bousculade *f*; (*agravio*) insulte *f*;
(*atrocidad*) atrocité *f*.

**atroz** [a'troθ] *adj* atroce; (*frío*) terrible;
(*hambre*) de loup; (*sueño*) irrésistible; (*película, comida*) épouvantable.

**A.T.S.** *sigla m/f* (= *Ayudante Técnico Sanitario*) infirmier(-ère).

**atto., -a.** *abr* (= *atento, a*) dévoué(e).

**atuendo** [a'twendo] *nm* tenue *f*.

**atún** [a'tun] *nm* thon *m*.

**aturdir** [atur'ðir] *vt* assommer; (*suj: ruido*)
assourdir; (: *vino*) étourdir; (: *droga*) abrutir; (: *noticia*) laisser sans voix; **aturdirse**
*vpr* être assourdi(e); (*por órdenes contradic-
torias*) être décontenancé(e).

**atusarse** [atu'sarse] *vpr* se pomponner.

**audacia** [au'ðaθja] *nf* audace *f*.

**audaz** [au'ðaθ] *adj* audacieux(-euse).

**audible** [au'ðiβle] *adj* audible.

**audición** [auði'θjon] *nf* audition *f*; **audición radiofónica** audition radiophonique.

**audiencia** [au'ðjenθja] *nf* audience *f*; **audiencia pública** (*POL*) audience publique.

**audífono** [au'ðifono] *nm* audiophone *m*.

**audiolibro** [auðjo'liβro] *nm* livre-cassette
*m*.

**audiovisual** [auðjoβi'swal] *adj* audio-
visuel(le).

**auditor** [auði'tor] *nm* (*JUR*) assesseur *m*;
(*COM*) commissaire *m* aux comptes.

**auditorio** [auði'torjo] *nm* auditoire *m*;
(*sala*) auditorium *m*.

**auge** ['auxe] *nm* apogée *m*; (*COM, ECON*) essor *m*; **estar en ~** être en plein essor.

**augurar** [auɣu'rar] *vt* (*suj: hecho*) laisser
présager; (: *persona*) prédire.

**augurio** [au'ɣurjo] *nm* présage *m*.

**aula** ['aula] *nf* (*en colegio*) salle *f* de classe,
classe *f*; (*en universidad*) salle de cours;
**aula magna** amphithéâtre *m*.

**aullar** [au'ʎar] *vi* grogner; (*fig: viento*) hurler.

**aullido** [au'ʎiðo] *nm* hurlement *m*.

**aumentar** [aumen'tar] *vt* augmenter; (*vigilancia*) redoubler de; (*FOTO*) agrandir; (*con
microscopio*) grossir ♦ *vi* augmenter; (*vigilancia*) redoubler de.

**aumento** [au'mento] *nm* augmentation *f*;
(*vigilancia*) redoublement *m*; **en ~** (*precios*)
en hausse.

**aun** [a'un] *adv* même; **~ así** même ainsi; **~
cuando** même si.

**aún** [a'un] *adv* (*todavía*) encore, toujours; **~
no** pas encore, toujours pas; **~ más** encore plus; **¿no ha venido ~?** il n'est pas encore arrivé?, il n'est toujours pas arrivé?

**aunque** [a'unke] *conj* bien que, même si.

**aúpa** [a'upa] *adj:* **de ~** (*fam: catarro*) carabi-
né(e); (: *chica*) bien roulé(e); (: *espectáculo*) sensass.

**auricular** [auriku'lar] *nm* (*TELEC*) écouteur *m*;
**~es** *nmpl* écouteurs *mpl*.

**aurora** [au'rora] *nf* aurore *f;* **aurora boreal(is)** aurore boréale.

**auscultar** [auskul'tar] *vt* ausculter.

**ausencia** [au'senθja] *nf* absence *f;* **brillar por su ~** briller par son absence.

**ausentarse** [ausen'tarse] *vpr:* ~ **(de)** s'absenter (de).

**ausente** [au'sente] *adj* absent(e) ♦ *nm/f (ESCOL)* absent(e); *(JUR)* personne *f* portée disparue.

**auspicio** [aus'piθjo] *nm:* **buen/mal ~** bons/mauvais auspices *mpl;* **~s** *nmpl:* **bajo los ~s de** sous les auspices de.

**austeridad** [austeri'ðað] *nf (de vida)* austérité *f; (de mirada)* sévérité *f.*

**austero, -a** [aus'tero, a] *adj* austère; *(lenguaje)* dépouillé(e).

**austral** [aus'tral] *adj* austral(e) ♦ *nm (AM: 1985-1991)* austral *m.*

**Australia** [aus'tralja] *nf* Australie *f.*

**australiano, -a** [austra'ljano, a] *adj* australien(ne) ♦ *nm/f* Australien(ne).

**Austria** ['austrja] *nf* Autriche *f.*

**austriaco, -a** [aus'trjako, a], **austríaco, -a** [aus'triako, a] *adj* autrichien(ne) ♦ *nm/f* Autrichien(ne).

**auténtico, -a** [au'tentiko, a] *adj* authentique; *(cuero)* véritable; **es un ~ campeón** c'est un vrai champion.

**auto** ['auto] *nm (coche)* auto *f; (JUR)* arrêté *m;* **~s** *nmpl (JUR)* pièces *fpl* d'un dossier; *(: acta)* procédure *f* judiciaire; **auto de comparecencia** assignation *f;* **auto de ejecución** titre *m* exécutoire; **auto sacramental** *drame religieux espagnol des XVIᵉ et XVIIᵉ siècles, comparable aux mystères français du Moyen Âge.*

**autoadhesivo, -a** [autoaðe'siβo, a] *adj* autocollant(e).

**autobiografía** [autoβjoɣra'fia] *nf* autobiographie *f.*

**autobronceador** [autoβronθea'ðor] *nm* autobronzant *m.*

**autobús** [auto'βus] *nm* autobus *m;* **autobús de línea** car *m.*

**autocar** [auto'kar] *nm* autocar *m;* **autocar de línea** car *m.*

**autóctono, -a** [au'toktono, a] *adj* autochtone.

**autodefensa** [autoðe'fensa] *nf* autodéfense *f.*

**autodeterminación** [autoðetermina'θjon] *nf* autodétermination *f.*

**autodidacta** [autoði'ðakta] *adj, nm/f* autodidacte *m/f.*

**autoescuela** [autoes'kwela] *nf* auto-école *f.*

**autógrafo** [au'toɣrafo] *nm* autographe *m.*

**autómata** [au'tomata] *nm (persona)* automate *m.*

**automático, -a** [auto'matiko, a] *adj* automatique; *(reacción)* machinal(e) ♦ *nm* bouton-pression *m.*

**automotor, -triz** [automo'tor, 'triz] *adj* automoteur(-trice) ♦ *nm* automotrice *f.*

**automóvil** [auto'moβil] *nm* automobile *f.*

**automovilismo** [automoβi'lismo] *nm* automobilisme *m.*

**automovilista** [automoβi'lista] *nm/f (conductor)* automobiliste *m/f.*

**automovilístico, -a** [automoβi'listiko, a] *adj (industria)* automobile.

**autonomía** [autono'mia] *nf* autonomie *f; (territorio)* région *f* autonome; **Estatuto de A~** *(ESP)* statut *m* d'autonomie.

**autonómico, -a** [auto'nomiko, a] *(ESP) adj (elecciones)* des communautés autonomes; *(política)* d'autonomie des régions; **gobierno ~** gouvernement *m* régional autonome.

**autónomo, -a** [au'tonomo, a] *adj (POL, INFORM)* autonome; *(trabajador)* indépendant(e).

**autopista** [auto'pista] *nf* autoroute *f;* **autopista de peaje** autoroute à péage.

**autopsia** [au'topsja] *nf* autopsie *f.*

**autor, a** [au'tor, a] *nm/f* auteur *m;* **los ~es del atentado** les auteurs de l'attentat.

**autoridad** [autori'ðað] *nf* autorité *f;* **~es** *nfpl (POL)* autorités *fpl;* **la ~ política/judicial** les autorités politiques/judiciaires; **ser una ~ en física/matemáticas** faire autorité en matière de physique/de mathématiques; **tener ~ sobre algn** avoir autorité sur qn; **autoridad local** autorité local.

**autoritario, -a** [autori'tarjo, a] *adj* autoritaire.

**autorización** [autoriθa'θjon] *nf* autorisation *f.*

**autorizado, -a** [autori'θaðo, a] *adj* autorisé(e).

**autorizar** [autori'θar] *vt* autoriser; ~ **a hacer** autoriser à faire.

**autoservicio** [autoser'βiθjo] *nm (tienda)* libre-service *m; (restaurante)* self-service *m.*

**autostop** [auto'stop] *nm* auto-stop *m;* **hacer ~** faire de l'auto-stop.

**autostopista** [autosto'pista] *nm/f* autostoppeur(-euse).

**autovía** [auto'βia] *nf* route *f* à quatre voies.

**auxiliar** [auksi'ljar] *vt* secourir, venir en aide à ♦ *adj* auxiliaire; (*profesor*) suppléant(e) ♦ *nm/f* auxiliaire *m/f*.

**auxilio** [auk'siljo] *nm* aide *f*, secours *msg* ♦ *excl* au secours!; **primeros ~s** premiers secours *mpl*; **prestar ~ a algn** venir en aide à qn, porter secours à qn; **auxilio en carretera** secours *mpl* d'urgence.

**Av.** *abr* (= *Avenida*) av. (= *avenue*).

**a/v** *abr* (= *a la vista*) V **vista**.

**aval** [a'βal] *nm* aval *m*; (*garantía*) garantie *f*; **aval bancario** garantie bancaire.

**avalancha** [aβa'lantʃa] *nf* avalanche *f*.

**avance** [a'βanθe] *vb* V **avanzar** ♦ *nm* (*de tropas*) avance *f*, progression *f*; (*de la ciencia*) progrès *msg*; (*pago*) avance; (*TV: de noticias*) flash *m* (d'information); (*del tiempo*) prévisions *fpl* météorologiques; (*CINE*) bande-annonce *f*.

**avanzar** [aβan'θar] *vt* avancer ♦ *vi* avancer, progresser; (*proyecto*) avancer; (*alumno*) avancer, faire des progrès.

**avaricia** [aβa'riθja] *nf* avarice *f*.

**avaricioso, -a** [aβari'θjoso, a] *adj* avaricieux(-euse).

**avaro, -a** [a'βaro, a] *adj, nm/f* avare *m/f*.

**Avda.** *abr* (= *Avenida*) av. (= *avenue*).

**AVE** ['aβe] *sigla m* (= *Alta Velocidad Española*) ≈ TGV *m*; (= *train à grande vitesse*).

**ave** ['aβe] *nf* oiseau *m*; **ave de rapiña** oiseau de proie; **aves de corral** oiseaux *mpl* de basse-cour, volaille *f*.

**avecinarse** [aβeθi'narse] *vpr* approcher.

**avellana** [aβe'ʎana] *nf* noisette *f*.

**avellano** [aβe'ʎano] *nm* noisetier *m*, coudrier *m*.

**avemaría** [aβema'ria] *nm* Ave (Maria) *m*.

**avena** [a'βena] *nf* avoine *f*.

**avenida** [aβe'niða] *nf* avenue *f*; (*de río*) crue *f*.

**avenir** [aβe'nir] *vt* mettre d'accord; **avenirse** *vpr* (*personas*) s'entendre; **~se a hacer** consentir à faire; **~se a razones** se rendre à la raison.

**aventajado, -a** [aβenta'xaðo, a] *adj* remarquable.

**aventajar** [aβenta'xar] *vt*: **~ a algn (en algo)** surpasser qn (en qch).

**aventura** [aβen'tura] *nf* aventure *f*.

**aventurado, -a** [aβentu'raðo, a] *adj* aventureux(-euse).

**aventurero, -a** [aβentu'rero, a] *adj, nm/f* aventurier(-ère).

**avergonzar** [aβerɣon'θar] *vt* faire honte à; **avergonzarse** *vpr*: **~se de (hacer)** avoir honte de (faire).

**avería** [aβe'ria] *nf* (*TEC*) panne *f*, avarie *f*; (*AUTO*) panne.

**averiguación** [aβeriɣwa'θjon] *nf* enquête *f*; (*descubrimiento*) découverte *f*.

**averiguar** [aβeri'ɣwar] *vt* enquêter sur; (*descubrir*) découvrir.

**aversión** [aβer'sjon] *nf* aversion *f*; **cobrar ~ a** prendre en aversion.

**avestruz** [aβes'truθ] *nm* autruche *f*.

**aviación** [aβja'θjon] *nf* aviation *f*.

**aviador, a** [aβja'ðor, a] *nm/f* aviateur (-trice).

**avidez** [aβi'ðeθ] *nf*: **~ de** o **por** empressement *m* à; (*pey*) avidité *f* de; **con ~** avec avidité.

**ávido, -a** ['aβiðo, a] *adj*: **~ de** o **por** avide de.

**avinagrado, -a** [aβina'ɣraðo, a] *adj* aigri(e), revêche; (*voz*) aigre.

**avión** [a'βjon] *nm* avion *m*; (*ave*) martinet *m*; **por ~** (*CORREOS*) par avion; **avión de caza** avion de chasse, chasseur *m*; **avión de combate/de hélice/de reacción** avion de combat/à hélice/à réaction.

**avioneta** [aβjo'neta] *nf* avion *m* léger.

**avisar** [aβi'sar] *vt* (*ambulancia, fontanero*) appeler; (*médico*) prévenir; **~ (de)** (*advertir*) avertir (de); (*informar*) avertir (de), faire part (de); **~ a algn con antelación** prévenir qn.

**aviso** [a'βiso] *nm* avis *msg*; (*COM*) commande *f*; (*INFORM*) message *m* d'incitation; **estar/poner sobre ~** être sur ses gardes/ mettre en garde; **hasta nuevo ~** jusqu'à nouvel ordre; **sin previo ~** sans préavis; **aviso escrito** notification *f* par écrit.

**avispa** [a'βispa] *nf* guêpe *f*.

**avispado, -a** [aβis'paðo, a] *adj* éveillé(e).

**avispero** [aβis'pero] *nm* guêpier *m*; **meterse en un ~** se fourrer dans un guêpier.

**avituallar** [aβitwa'ʎar] *vt* ravitailler.

**avivar** [aβi'βar] *vt* aviver; (*paso*) presser; **avivarse** *vpr* se raviver; (*discusión*) s'animer.

**axila** [ak'sila] *nf* aisselle *f*.

**axioma** [ak'sjoma] *nm* axiome *m*.

**ay** [ai] *excl* aïe!; (*aflicción*) hélas!; **¡~ de mí!** pauvre de moi!

**aya** ['aja] *nf* (*institutriz*) gouvernante *f*; (*ni-*

ñera) nurse f.

**ayer** [a'jer] adv, nm hier (m); **antes de ~** avant-hier; **~ por la tarde** hier après-midi.

**ayote** [a'jote] (MÉX: calabaza) nm courge f.

**ayuda** [a'juða] nf aide f; (MED) lavement m ♦ nm: **~ de cámara** valet m de chambre.

**ayudante, -a** [aju'ðante, a] nm/f adjoint(e); (ESCOL) assistant(e); (MIL) adjudant m.

**ayudar** [aju'ðar] vt aider; **~ a algn a hacer algo** aider qn à faire qch.

**ayunar** [aju'nar] vi jeûner.

**ayunas** [a'junas] nfpl: **estar en ~** être à jeun; (fig) ne rien savoir.

**ayuno** [a'juno] nm jeûne m.

**ayuntamiento** [ajunta'mjento] nm (concejo) municipalité f; (edificio) mairie f, hôtel m de ville; (cópula) copulation f.

**azabache** [aθa'βatʃe] nm jais msg.

**azada** [a'θaða] nf houe f.

**azafata** [aθa'fata] nf hôtesse f de l'air; (de congreso) hôtesse d'accueil.

**azafrán** [aθa'fran] nm safran m.

**azahar** [aθa'ar] nm fleur f d'oranger.

**azar** [a'θar] nm (casualidad) hasard m; (desgracia) malheur m; **al/por ~** au/par hasard; **juegos de ~** jeux mpl de hasard.

**azoramiento** [aθora'mjento] nm trouble m.

**azorar** [aθo'rar] vt faire honte; **azorarse** vpr se troubler.

**Azores** [a'θores] nfpl: **las (Islas) ~** les Açores fpl.

**azotar** [aθo'tar] vt fouetter; (suj: lluvia) fouetter, cingler; (fig) sévir.

**azote** [a'θote] nm coup m de fouet; (a niño) fessée f; (fig) fléau m; (látigo) fouet m.

**azotea** [aθo'tea] nf terrasse f; **andar o estar mal de la ~** travailler du chapeau.

**azteca** [aθ'teka] adj aztèque ♦ nm/f Aztèque m/f.

**azúcar** [a'θukar] nm o f sucre m; **azúcar glaseado** sucre glace.

**azucarado, -a** [aθuka'raðo, a] adj sucré(e).

**azucarero, -a** [aθuka'rero, a] adj (industria) sucrier(-ère); (comercio) du sucre ♦ nm sucrier m.

**azucena** [aθu'θena] nf lis m, lys m.

**azufre** [a'θufre] nm soufre m.

**azul** [a'θul] adj bleu(e) ♦ nm bleu m; **azul celeste/marino** bleu ciel/marine.

**azulejo** [aθu'lexo] nm carreau m (au mur).

**azuzar** [aθu'θar] vt exciter.

## ── B b ──

**B.A.** abr = **Buenos Aires**.

**baba** ['baβa] nf bave f; **caérsele la ~ a algn** (fig) baver d'admiration.

**babero** [ba'βero] nm bavoir m.

**babor** [ba'βor] nm: **a o por ~** à bâbord.

**baboso, -a** [ba'βoso, a] (AM: fam) adj, nm/f idiot(e), imbécile m/f.

**baca** ['baka] nf (AUTO) galerie f.

**bacalao** [baka'lao] nm morue f; **cortar el ~** (fig) être le grand manitou.

**bache** ['batʃe] nm nid m de poule; (fig) crise f passagère; **bache de aire** trou m d'air.

**bachillerato** [batʃiʎe'rato] nm baccalauréat m; **B~ Unificado Polivalente** classes de troisième, seconde, première.

**bacteria** [bak'terja] nf bactérie f.

**báculo** ['bakulo] nm (bastón) canne f; (fig) soutien m.

**bádminton** ['baðminton] nm badminton m.

**bagaje** [ba'vaxe] nm (de ejército) barda m; (fig) bagage m; **~ cultural** bagage m culturel.

**Bahama** [ba'ama] nfpl: **las (Islas) ~s** les (îles) Bahamas fpl.

**bahía** [ba'ia] nf baie f.

**bailar** [bai'lar] vt danser; (peonza, trompo) faire tourner ♦ vi danser; (peonza, trompo) tourner; **te bailan los pies en esos zapatos** tu nages dans ces souliers.

**bailarín, -ina** [baila'rin, ina] nm/f danseur(-euse).

**baile** ['baile] nm danse f; (fiesta) bal m; **baile de disfraces** bal masqué; **baile de salón** danse de salon; **baile flamenco** flamenco m; **baile regional** danse folklorique.

**baja** ['baxa] nf baisse f; (MIL) perte f; **dar de ~ a algn** (soldado) réformer qn; (empleado) congédier qn; (miembro de club) exclure qn; **darse de ~** (de trabajo) démissionner; (por enfermedad) se faire porter malade; (de club) se retirer; **estar de ~** (enfermo) être en congé de maladie; **jugar a la ~** (BOLSA) jouer à la baisse.

**bajada** [ba'xaða] nf baisse f; (declive, cami-

*no*) pente *f*; **bajada de aguas** gouttière *f*; **bajada de bandera** (*en taxi*) prise *f* en charge.

**bajar** [ba'xar] *vi* descendre; (*temperatura, precios, calidad*) baisser ♦ *vt* baisser; (*escalera, maletas*) descendre; (*persiana*) abaisser; (*INTERNET*) télécharger; **bajarse** *vpr*: **~se de** descendre de; **~ de** (*de coche, autobús*) descendre de; **los coches han bajado de precio** le prix des voitures a baissé; **~le los humos a algn** rabattre son caquet à qn.

**bajeza** [ba'xeθa] *nf* bassesse *f*.

**bajío** [ba'xio] (*AM*) *nm* banc *m* de sable.

**bajo, -a** ['baxo, a] *adj* (*piso*) inférieur(e); (*empleo*) médiocre; (*persona, animal*) petit(e); (*ojos*) baissé(e); (*sonido*) faible; **~ en** (*metal*) à faible teneur en; *adv* bas ♦ *prep* sous ♦ *nm* (*MÚS*) basse *f*; (*en edificio*) rez-de-chaussée *m inv*; **~s** *nmpl* (*de falda, de pantalón*) bas *msg*; **hablar en voz baja** parler à voix basse; **caer ~** (*fig*) tomber bas; **de clase baja** (*pey*) de bas étage; **~ la lluvia** sous la pluie; **~ su punto de vista** de son point de vue.

**bajón** [ba'xon] *nm* chute *f*; (*de salud*) aggravation *f*; **dar** *o* **pegar un ~** (*fam*) chuter.

**bakalao** [baka'lao] *nm* (*fam*) techno *f*.

**bala** ['bala] *nf* (*proyectil*) balle *f*; **como una ~** comme l'éclair.

**balance** [ba'lanθe] *nm* (*COM*) bilan *m*; (: *libro*) livre *m* de comptes; **hacer ~ de** faire le point de; **balance consolidado** bilan consolidé; **balance de comprobación** balance *f* de vérification.

**balancear** [balanθe'ar] *vt* (*suj: viento, olas*) balancer; **balancearse** *vpr* se balancer.

**balanceo** [balan'θeo] *nm* balancement *m*.

**balanza** [ba'lanθa] *nf* balance *f*; (*ASTROL*): **B~** Balance; **balanza comercial** balance commerciale; **balanza de pagos** balance des paiements; **balanza de poder(es)** équilibre *m* des pouvoirs.

**balar** [ba'lar] *vi* bêler.

**balaustrada** [balaus'traða] *nf* balustrade *f*; (*en escalera*) rampe *f*.

**balazo** [ba'laθo] *nm* (*disparo*) coup *m* de feu; (*herida*) blessure *f* par balle.

**balbucear** [balβuθe'ar] *vi, vt* balbutier.

**balbuceo** [balβu'θeo] *nm* balbutiement *m*.

**balbucir** [balβu'θir] = **balbucear**.

**balcón** [bal'kon] *nm* balcon *m*.

**balde** ['balde] *nm* (*esp AM*) seau *m*; **de ~**

gratis; **en ~** en vain.

**baldío, -a** [bal'dio, a] *adj* en friche; (*esfuerzo, ruego*) vain(e).

**baldosa** [bal'dosa] *nf* (*para suelos*) carreau *m*; (*azulejo*) petit carreau en faïence.

**baldosín** [baldo'sin] *nm* (*de pared*) petit carreau *m* en faïence.

**Baleares** [bale'ares] *nfpl*: **las (Islas) ~** les (îles) Baléares *fpl*.

**balido** [ba'liðo] *nm* bêlement *m*.

**baliza** [ba'liθa] *nf* (*AVIAT, NÁUT*) balise *f*.

**ballena** [ba'ʎena] *nf* baleine *f*.

**ballet** [ba'le] (*pl* **~s**) *nm* ballet *m*.

**balneario, -a** [balne'arjo, a] *adj* thermal(e); (*AM*) balnéaire ♦ *nm* station *f* thermale/balnéaire.

**balón** [ba'lon] *nm* ballon *m*.

**baloncesto** [balon'θesto] *nm* basket-ball *m*.

**balonmano** [balon'mano] *nm* hand-ball *m*.

**balonvolea** [balombo'lea] *nm* volley-ball *m*.

**balsa** ['balsa] *nf* (*NÁUT*) radeau *m*; (*charca*) mare *f*; **estar como ~ de aceite** (*mar*) être d'huile; **ser una ~ de aceite** (*fig*) être de tout repos.

**bálsamo** ['balsamo] *nm* baume *m*.

**baluarte** [ba'lwarte] *nm* (*de muralla*) rempart *m*; (*fig*) bastion *m*.

**bambolearse** [bambole'arse] *vpr* osciller; (*silla*) branler; (*persona*) tituber.

**bambú** [bam'bu] *nm* bambou *m*.

**banana** [ba'nana] (*AM*) *nf* banane *f*.

**banano** [ba'nano] (*AM*) *nm* bananier *m*.

**banca** ['banka] *nf* (*AM: asiento*) banc *m*; (*COM*) banque *f*; **la gran ~** la grande banque.

**bancario, -a** [ban'karjo, a] *adj* bancaire; **giro ~** virement *m* bancaire.

**bancarrota** [banka'rrota] *nf* faillite *f*; (*fraudulenta*) banqueroute *f*; **hacer** *o* **declararse en ~** faire faillite.

**banco** ['banko] *nm* banc *m*; (*de carpintero*) établi *m*; (*COM*) banque *f*; **banco comercial** banque *f* commerciale; **banco de arena** banc de sable; **banco de crédito** établissement *m* de crédit; **banco de datos** (*INFORM*) banque de données; **banco de hielo** banquise *f*; **banco de sangre** banque du sang; **banco mercantil** banque d'affaires; **Banco Mundial** Banque mondiale; **banco por acciones** banque de dépôt.

**banda** ['banda] *nf* bande *f*; (*honorífica*) écharpe *f*; (*MÚS*) fanfare *f*; (*para el pelo*) ru ban *m*; (*bandada*) volée *f*, bande; **la B~ Oriental** (*esp UR*) l'Uruguay *m*; **cerrarse en ~** ne rien vouloir entendre; **fuera de ~** (*DEPORTE*) en touche; **banda de sonido** bande sonore; **banda sonora** (*CINE*) bande de son; **banda transportadora** tapis *m* roulant.

**bandada** [ban'daða] *nf* (*de pájaros*) volée *f*; (*de peces*) banc *m*.

**bandazo** [ban'daθo] *nm*: **dar ~s** (*coche*) faire des embardées.

**bandeja** [ban'dexa] *nf* plateau *m*; **servir algo en ~** (*fig*) servir qch sur un plateau d'argent; **bandeja de entrada/salida** corbeille *f* arrivée/départ.

**bandera** [ban'dera] *nf* (*tb INFORM*) drapeau *m*; **izar (la) ~** hisser les couleurs; **arriar la ~** amener les couleurs; **jurar ~** prêter serment au drapeau; **bandera blanca** drapeau blanc.

**banderilla** [bande'riʎa] *nf* (*TAUR*) banderille *f*; (*tapa*) apéritif *m*.

**banderín** [bande'rin] *nm* (*para la pared*) fanion *m*.

**bandido** [ban'diðo] *nm* bandit *m*.

**bando** ['bando] *nm* arrêt *m*; (*facción*) faction *f*; **los ~s** *nmpl* (*REL*) les bans *mpl*; **pasar al otro ~** passer à l'ennemi.

**bandolera** [bando'lera] *nf* (*bolso*) cartouchière *f*; **llevar en ~** porter en bandoulière.

**bandolero** [bando'lero] *nm* brigand *m*.

**banquero** [ban'kero] *nm* banquier *m*.

**banqueta** [ban'keta] *nf* banquette *f*; (*AM*) trottoir *m*.

**banquete** [ban'kete] *nm* banquet *m*; **banquete de bodas** repas *msg* de noces.

**banquillo** [ban'kiʎo] *nm* (*JUR*) banc *m* des accusés; (*DEPORTE*) gradin *m*, banquette *f*.

**bañador** [baɲa'ðor] *nm* maillot *m* de bain.

**bañar** [ba'ɲar] *vt* baigner; (*objeto*) tremper; **bañarse** *vpr* se baigner; (*en la bañera*) prendre un bain; **bañado en** baigné(e) de; **~ en** o **de** (*de pintura*) enduire de; (*chocolate*) enrober de.

**bañera** [ba'ɲera] *nf* baignoire *f*.

**bañero** [ba'ɲero] *nm* maître-nageur *m*.

**bañista** [ba'ɲista] *nm/f* baigneur(-euse).

**baño** ['baɲo] *nm* bain *m*; (*en río, mar, piscina*) baignade *f*; (*cuarto*) salle *f* de bains; (*bañera*) baignoire *f*; (*capa*) couche *f*; **tomar ~s de sol** prendre des bains de soleil; **baño (de) María** bain-marie *m*; **baño**

**de vapor** bain de vapeur; **baño turco** bain turc.

**bar** [bar] *nm* bar *m*; **ir de ~es** faire la tournée des bars.

**barahúnda** [bara'unda] *nf* tapage *m*.

**baraja** [ba'raxa] *nf* jeu *m* de cartes.

---

**baraja española**

La **baraja española**, ou jeu de cartes traditionnel espagnol, est différente du jeu de cartes français. Les quatre "palos" (couleurs) sont "oros" (pièces d'or), "copas" (coupes), "espadas" (épées) et "bastos" (gourdins). Chaque couleur se compose de neuf cartes numérotées de 1 à 9 (bien que, dans certains jeux, on n'en utilise que sept), et de trois figures: la "sota" (valet), le "caballo" (équivalent à la reine) et le "rey" (roi).

---

**barajar** [bara'xar] *vt* battre; (*fig*) envisager; (*datos*) brasser.

**baranda** [ba'randa], **barandilla** [baran'diʎa] *nf* (*en escalera*) rampe *f*; (*en balcón*) balustrade *f*.

**baratija** [bara'tixa] *nf* babiole *f*; **~s** *nfpl* (*COM*) camelote *f*.

**baratillo** [bara'tiʎo] *nm* friperie *f*.

**barato, -a** [ba'rato, a] *adj* bon marché *inv* ♦ *adv* bon marché; **lo ~ sale caro** ce qui est bon marché revient cher.

**baraúnda** [bara'unda] *nf* = **barahúnda**.

**barba** ['barβa] *nf* barbe *f*; (*mentón*) menton *m*; **tener ~** avoir de la barbe; **reírse en las ~s de algn** rire au nez de qn; **salir algo a 500 ptas por ~** (*fam*) revenir à 500 pesetas par tête de pipe; **con ~ de tres días** avec une barbe de trois jours; **subirse a las ~s de algn** prendre des libertés avec qn; **se rió en mis propias ~s** il m'a ri au nez.

**barbacoa** [barβa'koa] *nf* barbecue *m*.

**barbaridad** [barβari'ðað] *nf* atrocité *f*; (*imprudencia, temeridad*) témérité *f*; (*disparate*) énormité *f*; **come una ~** (*fam*) il mange énormément; **¡qué ~!** (*fam*) quelle horreur!; **cuesta una ~** (*fam*) cela coûte les yeux de la tête; **decir ~es** dire des énormités.

**barbarie** [bar'βarje] *nf* barbarie *f*.

**bárbaro, -a** ['barβaro, a] *adj* barbare; (*osado*) audacieux(-euse); (*fam: estupendo*) sensass; (*éxito*) monstre ♦ *nm/f* (*pey: salvaje*) barbare *m/f* ♦ *adv*: **lo pasamos ~** (*fam*) ça a été génial; **¡qué ~!** c'est formidable!; **es un tipo ~** (*fam*) c'est un type sensass.

**barbero** [bar'βero] *nm* barbier *m*, coiffeur *m*.

**barbilla** [bar'βiʎa] *nf* collier *m* (de barbe).

**barbo** ['barβo] *nm* barbeau *m*; **barbo de mar** rouget *m*.

**barbotar** [barβo'tar], **barbotear** [barβote'ar] *vt, vi* bredouiller.

**barbudo, -a** [bar'βuðo, a] *adj* barbu(e).

**barca** ['barka] *nf* barque *f*; **barca de pasaje** bac *m*; **barca pesquera** barque de pêche.

**barcaza** [bar'kaθa] *nf* péniche *f*; **barcaza de desembarco** péniche de débarquement.

**Barcelona** [barθe'lona] *n* Barcelone.

**barcelonés, -esa** [barθelo'nes, esa] *adj* barcelonais(e) ♦ *nm/f* Barcelonais(e), natif(-ive) o habitant(e) de Barcelone.

**barco** ['barko] *nm* bateau *m*; (*buque*) bâtiment *m*; **ir en ~** aller en bateau; **barco de carga** cargo *m*; **barco de guerra** bateau de guerre; **barco de vela** bateau à voiles; **barco mercante** navire *m* marchand.

**baremo** [ba'remo] *nm* barème *m*.

**barítono** [ba'ritono] *nm* baryton *m*.

**barman** ['barman] *nm inv* barman *m*.

**barniz** [bar'niθ] *nm* (*tb fig*) vernis *msg*; **barniz de uñas** vernis à ongles.

**barnizar** [barni'θar] *vt* vernir.

**barómetro** [ba'rometro] *nm* baromètre *m*.

**barquero** [bar'kero] *nm* barreur *m*.

**barquillo** [bar'kiʎo] *nm* (*dulce*) cornet *m*.

**barra** ['barra] *nf* (*tb JUR*) barre *f*; (*de un bar, café*) comptoir *m*; (*de pan*) pain *m* long; (*palanca*) levier *m*; **no pararse en ~s** ne reculer devant rien; **barra americana** bar *m* américain; **barra de espaciado** (*INFORM*) barre d'espacement; **barra de labios** bâton *m* de rouge à lèvres; **barra libre** (*en bar*) boissons *fpl* à volonté; **barras paralelas** barres *fpl* parallèles.

**barraca** [ba'rraka] *nf* baraque *f*; (*en feria*) stand *m*; (*en Valencia*) sorte de chaumière des rizières de la région de Valence.

**barranco** [ba'rranko] *nm* précipice *m*; (*rambla*) fossé *m*.

**barrenar** [barre'nar] *vt* forer.

**barreno** [ba'rreno] *nm* mine *f*.

**barrer** [ba'rrer] *vt* balayer; (*niebla, nubes*) dissiper; (*fig*) balayer ♦ *vi* balayer; (*fig*) tout rafler; **~ para dentro** tirer la couverture à soi.

**barrera** [ba'rrera] *nf* barrière *f*; (*MIL*) barrage *m*; (*obstáculo*) obstacle *m*; **poner ~s a** faire obstacle à; **barrera arancelaria** (*COM*) barrière douanière; **barrera del sonido** mur *m* du son; **barrera generacional** conflit *m* des générations.

**barriada** [ba'rrjaða] *nf* quartier *m*.

**barricada** [barri'kaða] *nf* barricade *f*.

**barrida** [ba'rriða] *nf*, **barrido** [ba'rriðo] *nm* balayage *m*; **dar un barrido rápido** passer un coup de balai.

**barriga** [ba'rrixa] *nf* panse *f*, ventre *m*; **rascarse** o **tocarse la ~** (*fam*) se tourner les pouces; **echar ~** prendre du ventre.

**barrigón, -ona** [barri'xon, ona], **barrigudo, -a** [barri'xuðo, a] *adj* bedonnant(e).

**barril** [ba'rril] *nm* baril *m*; **cerveza de ~** bière *f* pression.

**barrio** [ba'rrjo] *nm* quartier *m*; (*en las afueras*) faubourg *m*; (*VEN: de chabolas*) bidonville *m*; **irse al otro ~** (*fam*) passer l'arme à gauche (*fam*); **de ~** (*cine, tienda*) de quartier; **barrio chino** quartier des prostituées; **barrios bajos** bas quartiers *mpl*.

**barro** ['barro] *nm* boue *f*; (*arcilla*) terre *f* (glaise).

**barroco, -a** [ba'rroko, a] *adj* (*tb fig*) baroque ♦ *nm* baroque *m*.

**barrote** [ba'rrote] *nm* (*de ventana etc*) barreau *m*.

**barruntar** [barrun'tar] *vt* (*conjeturar*) deviner; (*presentir*) pressentir.

**bártola** [bar'tola]: **a la ~** *adv*: **tirarse** o **tumbarse a la ~** prendre ses aises.

**bártulos** ['bartulos] *nmpl* attirail *m*.

**barullo** [ba'ruʎo] *nm* tohu-bohu *m inv*; (*desorden*) pagaille *f*; **¡qué ~!** quelle pagaille!; **a ~** (*fam*) en pagaille.

**basar** [ba'sar] *vt*: **~ algo en** (*fig*) fonder qch sur; **basarse** *vpr*: **~se en** se fonder sur.

**báscula** ['baskula] *nf* bascule *f*; **báscula biestable** (*INFORM*) bascule.

**base** ['base] *nf* base *f* ♦ *adj* (*color, salario*) de base; **~s** *nfpl* (*de concurso, juego*) règlement *msg*; **a ~ de** (*mediante*) grâce à; **a ~ de bien** on ne peut mieux; **de ~** (*militante, asamblea*) de base; **carecer de ~** être dénué(e) de fondement; **partir de la**

**~ de que ...** partir du principe que ...; **base aérea/espacial/militar/naval** base aérienne/spatiale/militaire/navale; **base de datos** (*INFORM*) base de données; **base de operaciones** base d'opérations; **base imponible** (*FIN*) assiette *f* de l'impôt.

**básico, -a** ['basiko, a] *adj* (*elemento, norma, condición*) de base.

**basílica** [ba'silika] *nf* basilique *f*.

---
PALABRA CLAVE
---

**bastante** [bas'tante] *adj* **1** (*suficiente*) assez de; **bastante dinero** assez d'argent; **bastantes libros** assez de livres

**2** (*valor intensivo*): **bastante gente** pas mal de gens; **hace bastante tiempo que ocurrió** cela fait assez longtemps que c'est arrivé

♦ *adv* **1** (*suficiente*) assez; **¿hay bastante?** il y en a assez?; (*lo*) **bastante inteligente (como) para hacer algo** assez intelligent pour faire qch

**2** (*valor intensivo*) assez; **bastante rico** assez riche; **voy a tardar bastante** je serai assez long.

---

**bastar** [bas'tar] *vi* suffire; **bastarse** *vpr*: **~se (por sí mismo)** se suffire (à soi-même); **~ para hacer** suffire pour faire; **¡basta!** ça suffit!; **me basta con 5** 5 me suffisent; **me basta con ir** il me suffit d'aller; **basta (ya) de ...** arrêtez de ...

**bastardilla** [bastar'ðiʎa] *nf* (*TIP*) italique *m*.

**bastardo, -a** [bas'tarðo, a] *adj, nm/f* bâtard(e).

**bastidor** [basti'ðor] *nm* (*de costura*) métier *m* à broder; (*de coche, ARTE*) châssis *msg*; **entre ~es** en coulisse.

**basto, -a** ['basto, a] *adj* rustre; (*tela*) grossier(-ière); **~s** *nmpl* (*NAIPES*) l'une des quatre couleurs du jeu de cartes espagnol.

**bastón** [bas'ton] *nm* (*cayado*) canne *f*; (*vara*) bâton *m*; (*tb*: **~ de esquí**) bâton de ski; **bastón de mando** bâton de commandement.

**bastoncillo** [baston'θiʎo] *nm* (*de algodón*) bâtonnet *m*.

**basura** [ba'sura] *nf* ordures *fpl*; (*tb*: **cubo de la ~**) boîte *f* à ordures.

**basurero** [basu'rero] *nm* (*persona*) éboueur *m*; (*lugar*) décharge *f*; (*cubo*) poubelle *f*.

**bata** ['bata] *nf* robe *f* de chambre; (*MED, TEC, ESCOL*) blouse *f*.

**batalla** [ba'taʎa] *nf* bataille *f*; **de ~** de tous les jours; **batalla campal** bataille rangée.

**batallar** [bata'ʎar] *vi* batailler; **~ por algo/algn** se battre pour qch/qn.

**batallón** [bata'ʎon] *nm* bataillon *m*; **un ~ de gente** une multitude de gens.

**batata** [ba'tata] *nf* (*AM: BOT, CULIN*) patate *f* douce.

**batería** [bate'ria] *nf* batterie *f* ♦ *nm/f* (*persona*) batteur *m*; **aparcar/estacionar en ~** se garer/stationner en épi; **batería de cocina** batterie de cuisine.

**batido, -a** [ba'tiðo, a] *adj* (*camino*) battu(e); (*mar*) agité(e) ♦ *nm* (*de chocolate, frutas*) milk-shake *m*.

**batidora** [bati'ðora] *nf* mixeur *m*; **batidora eléctrica** batteur *m* électrique.

**batir** [ba'tir] *vt* battre ♦ *vi*: **~ (contra)** battre (contre); **batirse** *vpr*: **~se en duelo** se battre en duel; **~se en retirada** battre en retraite; **~ palmas** battre des mains.

**batuta** [ba'tuta] *nf* (*MÚS*) baguette *f*; **llevar la ~** mener la danse.

**baúl** [ba'ul] *nm* malle *f*; (*AM: AUTO*) coffre *m*.

**bautismo** [bau'tismo] *nm* (*REL*) baptême *m*; **bautismo de fuego** baptême du feu.

**bautizar** [bauti'θar] *vt* baptiser.

**bautizo** [bau'tiθo] *nm* baptême *m*.

**bayeta** [ba'jeta] *nf* (*para limpiar*) chiffon *m* à poussière; (*AM: pañal*) lange *m*.

**bayoneta** [bajo'neta] *nf* baïonnette *f*.

**baza** ['baθa] *nf* (*NAIPES*) pli *m*; (*fig*) atout *m*; **meter ~** mettre son grain de sel.

**bazar** [ba'θar] *nm* (*comercio*) bazar *m*.

**bazofia** [ba'θofja] *nf*: **es una ~** c'est infect; **esa novela es una ~** ce roman est nul.

**beato, -a** [be'ato, a] *adj, nm/f* (*pey*) bigot(e); (*REL*) bienheureux(-euse).

**bebé** [be'βe] (*pl* **~s**) *nm* bébé *m*.

**bebedor, a** [beβe'ðor, a] *adj, nm/f* buveur(-euse).

**beber** [be'βer] *vt, vi* boire; **~ por** (*brindar*) boire à; **~ a sorbos** boire à petites gorgées; **se lo bebió todo** il a tout bu; **~ como un cosaco** boire comme un trou; *V* **agua**.

**bebida** [be'βiða] *nf* boisson *f*.

**bebido, -a** [be'βiðo, a] *adj* ivre.

**beca** ['beka] *nf* bourse *f*.

**becario, -a** [be'karjo, a] *nm/f* boursier(-ière).

**bedel** [be'ðel] *nm* (*ESCOL, UNIV*) appariteur *m*.

**béisbol** ['beisβol] *nm* base-ball *m*.

**Belén** [be'len] *n* Bethléem.

**belén** [be'len] *nm* crèche *f*.

**belga** ['belɣa] *adj* belge ♦ *nm/f* Belge *m/f*.

**Bélgica** ['belxika] *nf* Belgique *f*.

**bélico, -a** ['beliko, a] *adj* (*armamento, preparativos*) de guerre; (*conflicto*) armé(e); (*actitud*) belliqueux(-euse).

**beligerante** [belixe'rante] *adj* belligérant(e).

**belleza** [be'ʎeθa] *nf* beauté *f*.

**bello, -a** ['beʎo, a] *adj* beau(belle); **Bellas Artes** beaux-arts *mpl*.

**bellota** [be'ʎota] *nf* gland *m*.

**bemol** [be'mol] *nm* bémol *m*; **esto tiene ~es** (*fam*) c'est pas de la tarte.

**bencina** [ben'θina] (*CHI*) *nf* (*gasolina*) essence *f*.

**bendecir** [bende'θir] *vt*: **~ la mesa** bénir la table.

**bendición** [bendi'θjon] *nf* bénédiction *f*; **ser una ~** être une bénédiction; **dar** *o* **echar la ~** donner sa bénédiction.

**bendito, -a** [ben'dito, a] *pp de* **bendecir** ♦ *adj* bénit(e); (*feliz*) bienheureux(-euse) ♦ *nm/f* brave homme/femme; (*ingenuo*) benêt *m*; **¡~ sea Dios!** Dieu soit loué!; **dormir como un ~** dormir à poings fermés.

**beneficencia** [benefi'θenθja] *nf* (*tb*: **~ pública**) assistance *f* publique.

**beneficiar** [benefi'θjar] *vt* profiter à; **beneficiarse** *vpr*: **~se (de** *o* **con)** bénéficier (de).

**beneficiario, -a** [benefi'θjarjo, a] *nm/f* bénéficiaire *m/f*.

**beneficio** [bene'fiθjo] *nm* (*bien*) bienfait *m*; (*ganancia*) bénéfice *m*; **a/en ~ de** au bénéfice de; **sacar ~ de** tirer profit de; **en ~ propio** dans son propre intérêt; **beneficio bruto/neto/por acción** bénéfice brut/net/(net) par action.

**beneficioso, -a** [benefi'θjoso, a] *adj* salutaire; (*ECON*) rentable.

**benéfico, -a** [be'nefiko, a] *adj* (*organización, festival*) de bienfaisance; **sociedad benéfica** œuvre *f* de bienfaisance.

**benevolencia** [beneβo'lenθja] *nf* bienveillance *f*.

**benévolo, -a** [be'neβolo, a] *adj* bienveillant(e).

**benigno, -a** [be'niɣno, a] *adj* bienveillant(e); (*clima*) clément(e); (*resfriado*, *MED*) bénin(bénigne).

**berberecho** [berβe'retʃo] *nm* coque *f*.

**berenjena** [beren'xena] *nf* aubergine *f*.

**Berlín** [ber'lin] *n* Berlin.

**Bermudas** [ber'mudas] *nfpl*: **las (Islas) ~** les (îles) Bermudes *fpl*.

**bermudas** [ber'muðas] *nfpl* o *nmpl* bermuda *msg*.

**berrear** [berre'ar] *vi* mugir; (*niño*) brailler.

**berrido** [be'rrido] *nm* mugissement *m*; (*niño*) braillement *m*.

**berrinche** [be'rrintʃe] (*fam*) *nm* petite colère *f*; (*disgusto*) rogne *f*; **llevarse un ~** se mettre en rogne.

**berro** ['berro] *nm* cresson *m*.

**berza** ['berθa] *nf* chou *m*; **berza lombarda** chou rouge.

**besamel** [besa'mel] *nf* béchamel *f*.

**besar** [be'sar] *vt* embrasser; (*fig: tocar*) effleurer; **besarse** *vpr* s'embrasser.

**beso** ['beso] *nm* baiser *m*.

**bestia** ['bestja] *nf* bête *f*; (*fig*) brute *f*; **¡no seas ~!** ne sois pas si vache!; (*idiota*) ne sois pas si bête!; **a lo ~** comme une brute; **mala ~** peau de vache; **bestia de carga** bête de somme.

**bestial** [bes'tjal] *adj* (*inhumano*) bestial(e); (*fam: calor*) accablant(e); (*error*) aberrant(e).

**bestialidad** [bestjali'ðað] *nf* bestialité *f*; (*fam*) énormité *f*.

**besugo** [be'suɣo] *nm* daurade *f*; (*fam*) bourrique *f*.

**betún** [be'tun] *nm* cirage *m*; (*QUÍM*) bitume *m*; **quedar a la altura del ~** (*fam*) passer pour un(e) minable.

**biberón** [biβe'ron] *nm* biberon *m*.

**Biblia** ['biβlja] *nf* Bible *f*.

**bibliografía** [biβljoɣra'fia] *nf* bibliographie *f*.

**biblioteca** [biβljo'teka] *nf* bibliothèque *f*; **biblioteca de consulta** bibliothèque de consultation.

**bibliotecario, -a** [biβljote'karjo, a] *nm/f* bibliothécaire *m/f*.

**bicarbonato** [bikarβo'nato] *nm* bicarbonate *m*.

**bicho** ['bitʃo] *nm* bestiole *f*; (*fam*) bête *f*; (*TAUR*) taureau *m*; **~ raro** (*fam*) drôle d'oiseau *m*; **mal ~** (*fam*) chameau *m*.

**bici** ['biθi] (*fam*) *nf* vélo *m*.

**bicicleta** [biθi'kleta] *nf* bicyclette *f*.

**bidé** [bi'ðe] *nm* bidet *m*.

**bidón** [bi'ðon] *nm* bidon *m*.

**bien** [bjen] *nm* bien *m;* **te lo digo por tu bien** je te le dis pour ton bien; **el bien y el mal** (*moral*) le bien et le mal; **hacer el bien** faire le bien; **~es** (*posesiones*) *nmpl* biens *mpl;* **bienes de consumo** biens de consommation; **bienes de equipo** biens d'équipement; **bienes gananciales** biens communs; **bienes inmuebles/muebles** biens immeubles/meubles; **bienes raíces** biens-fonds *mpl*

♦ *adv* **1** (*de manera satisfactoria, correcta*) bien; **trabaja/come bien** il travaille/ mange bien; **huele bien** cela sent bon; **sabe bien** cela a bon goût; **contestó bien** il a bien répondu; **lo pasamos muy bien** nous nous sommes bien amusés; **hiciste bien en llamarme** tu as bien fait de m'appeler; **el paseo te sentará bien** la promenade te fera du bien; **no me siento bien** je ne me sens pas bien; **viven bien** (*económicamente*) ils vivent bien

**2** (*valor intensivo*) bien; **un café bien caliente** un café bien chaud; **¡es bien caro!** c'est bien cher!; **¡tienes bien de regalos!** tu en as des cadeaux!

**3**: **estar bien: estoy muy bien aquí** je suis très bien ici; **¿estás bien?** ça va (bien)?; **ese chico está muy bien** il est très beau, ce garçon; **ese libro está muy bien** ce livre est très bien, c'est un très bon livre; **está bien que vengan** c'est bien qu'ils viennent; **¡eso no está bien!** ce n'est pas bien!; **se está bien aquí** on est bien ici; **el traje me está bien** le costume me va bien; **¡ya está bien!** là, ça va!; **¡pues sí que estamos bien!** qu'est-ce qu'on est bien!; **¡está bien! lo haré** c'est bon! je le ferai

**4** (*de buena gana*): **yo bien que iría pero ...** moi, j'irais bien, mais ...

**5** (*ya*): **bien se ve que ...** on voit bien que ...; **¡bien podías habérmelo dicho!** tu aurais pu me le dire!

**6**: **no quiso o bien no pudo venir** il n'a pas voulu venir, ou plutôt il n'a pas pu

♦ *excl*: **¡bien!** (*aprobación*) bien!; **¡muy bien!** très bien!; **¡qué bien!** comme c'est bien!

♦ *adj inv* (*matiz despectivo*): **niño bien** fils *msg* de bonne famille; **gente bien** gens *mpl* bien

♦ *conj* **1**: **bien ... bien: bien en coche bien en tren** soit en voiture soit en train

**2**: **ahora bien** mais, cependant

**3**: **no bien** (*esp AM*): **no bien llegue te llamaré** dès que j'arrive, je t'appelle

**4**: **si bien** si; *V tb* **más**.

**bienal** [bje'nal] *adj* biennal(e).

**bienestar** [bjenes'tar] *nm* bien-être *m;* (*económico*) confort *m;* **el Estado del B~** l'État-providence *m*.

**bienhechor, a** [bjene't∫or, a] *adj, nm/f* bienfaiteur(-trice).

**bienvenida** [bjembe'niða] *nf* bienvenue *f;* **dar la ~ a algn** souhaiter la bienvenue à qn.

**bienvenido, -a** [bjembe'niðo, a] *adj*: **~ (a)** bienvenu(e) (à) ♦ *excl* bienvenue!

**bife** ['bife] (*AM*) *nm* bifteck *m*.

**bifocal** [bifo'kal] *adj* (*gafas, lentes*) à double foyer.

**bifurcación** [bifurka'θjon] *nf* bifurcation *f*.

**bifurcarse** [bifur'karse] *vpr* bifurquer.

**bigamia** [bi'yamja] *nf* bigamie *f*.

**bigote** [bi'yote] *nm* (*tb:* **~s**) moustache *f*.

**bigotudo, -a** [biyo'tuðo, a] *adj* moustachu(e).

**bikini** [bi'kini] *nm* bikini *m;* (*CULIN*) sandwich au jambon et au fromage passé au four.

**bilateral** [bilate'ral] *adj* bilatéral(e).

**bilbaíno, -a** [bilβa'ino, a] *adj* de Bilbao ♦ *nm/f* natif(-ive) o habitant(e) de Bilbao.

**bilingüe** [bi'lingwe] *adj* bilingue.

**billar** [bi'ʎar] *nm* billard *m;* **billar americano** billard américain.

**billete** [bi'ʎete] *nm* billet *m;* (*en autobús, metro*) ticket *m;* **sacar (un) ~** prendre un billet; **un ~ de 5 libras** un billet de 5 livres; **medio ~** billet demi-tarif; **billete de ida** aller *m* simple; **billete de ida y vuelta** aller-retour *m*.

**billetera** [biʎe'tera] *nf,* **billetero** [biʎe- 'tero] *nm* portefeuille *m*.

**billón** [bi'ʎon] *nm* billion *m*.

**bimensual** [bimen'swal] *adj* bimensuel(le).

**bimotor** [bimo'tor] *adj, nm* bimoteur *m*.

**bingo** ['bingo] *nm* bingo *m*.

**biodegradable** [bioðeyra'ðaβle] *adj* biodégradable.

**biodiversidad** [bioðiβersi'ðað] *nf* biodiversité *f*.

**biografía** [bioyra'fia] *nf* biographie *f*.

**biología** [biolo'xia] *nf* biologie *f*.

**biológico, -a** [bio'loxiko, a] *adj* biologique; (*cultivo, producto*) bio(logique); **guerra biológica** guerre *f* biologique.

**biólogo, -a** [bi'oloʝo, a] *nm/f* biologiste *m/f*.

**biombo** ['bjombo] *nm* paravent *m*.

**biopsia** [bi'opsja] *nf* biopsie *f*.

**biquini** [bi'kini] *nm* = **bikini**.

**Birmania** [bir'manja] *nf* Birmanie *f*.

**birria** ['birrja] *nf*: **ser una ~** être un(e) rien du tout; (*película*) être un navet; (*libro*) être un torchon.

**bis** [bis] *adv* bis; **viven en el 27 ~** ils habitent au 27 bis; **artículo 47 ~** article 47 bis.

**bisabuelo, -a** [bisa'βwelo, a] *nm/f* arrière-grand-père(arrière-grand-mère); **~s** *nmpl* arrière-grands-parents *mpl*.

**bisagra** [bi'saɣra] *nf* charnière *f*.

**bisiesto, -a** [bi'sjesto, a] *adj* V **año**.

**bisnieto, -a** [bis'njeto, a] *nm/f* arrière-petit-fils(arrière-petite-fille); **~s** *nmpl* arrière-petits-enfants *mpl*.

**bisonte** [bi'sonte] *nm* (*ZOOL*) bison *m*.

**bisté** [bis'te], **bistec** [bis'tek] (*pl* **~s**) *nm* bifteck *m*.

**bisturí** [bistu'ri] (*pl* **~es**) *nm* bistouri *m*.

**bisutería** [bisute'ria] *nf* bijoux *mpl* en toc; **pendientes/collar de ~** boucles *fpl* d'oreille/collier *m* en toc.

**bit** [bit] *nm* (*INFORM*) bit *m*; **bit de parada/de paridad** bit d'arrêt/de parité.

**bizco, -a** ['biθko, a] *adj* qui louche ♦ *nm/f* personne *f* qui louche; **dejar a algn ~** (*fam*) en boucher un coin à qn.

**bizcocho** [biθ'kotʃo] *nm* biscuit *m*.

**bizquear** [biθke'ar] *vi* loucher.

**blanca** [blan'ka] *nf* (*MÚS*) blanche *f*; **estar sin ~** être fauché(e).

**blanco, -a** ['blanko, a] *adj* blanc(blanche) ♦ *nm/f* (*individuo*) Blanc(Blanche) ♦ *nm* blanc *m*; (*MIL*) cible *f*; **cheque en ~** chèque *m* en blanc; **noche en ~** nuit *f* blanche; **dejar algo en ~** laisser qch en blanc; **dar en el ~** faire mouche; **hacer ~ (en)** frapper (sur); **poner los ojos en ~** rouler les yeux; **quedarse en ~** (*mentalmente*) avoir un trou; **ser el ~ de las burlas** être l'objet des railleries; **votar en ~** voter blanc; **blanco del ojo** blanc *m* de l'œil.

**blancura** [blan'kura] *nf* blancheur *f*.

**blandir** [blan'dir] *vt* brandir.

**blando, -a** ['blando, a] *adj* mou(molle);

(*padre, profesor*) indulgent(e); (*carne, fruta*) tendre ♦ *nm/f* poule *f* mouillée; **~ de corazón** au cœur tendre.

**blandura** [blan'dura] *nf* mollesse *f*; (*de padre, profesor*) indulgence *f*.

**blanquear** [blanke'ar] *vt* blanchir ♦ *vi* pâlir.

**blanquecino, -a** [blanke'θino, a] *adj* blanchâtre; (*luz*) blafard(e).

**blasfemar** [blasfe'mar] *vi*: **~ (contra)** blasphémer (contre).

**blasfemia** [blas'femja] *nf* blasphème *m*.

**blasón** [bla'son] *nm* blason *m*; (*fig*) gloire *f*.

**bledo** ['bleðo] *nm*: **(no) me importa un ~** ça ne me fait ni chaud ni froid.

**blindado, -a** [blin'daðo, a] *adj* blindé(e) ♦ *nm* (*MIL*) blindé *m*; **coche** (*ESP*) o **carro** (*AM*) **~** véhicule *m* blindé.

**blindaje** [blin'daxe] *nm* blindage *m*.

**bloc** [blok] (*pl* **~s**) *nm* bloc-notes *msg*; (*cuaderno*) bloc *m*; **bloc de dibujo** bloc à dessin.

**bloque** ['bloke] *nm* (*tb INFORM*) bloc *m*; (*de noticias*) rubrique *f*; (*de expedición*) gros *m*; **en ~** en bloc; **bloque de cilindros** bloc-cylindres *msg*.

**bloquear** [bloke'ar] *vt* bloquer; (*MIL*) faire le blocus de; **fondos bloqueados** fonds *mpl* bloqués.

**bloqueo** [blo'keo] *nm* blocage *m*; (*MIL*) blocus *msg*; **bloqueo informativo** black-out *m inv*; **bloqueo mental** blocage.

**blusa** ['blusa] *nf* blouse *f*; (*de mujer*) chemisier *m*.

**boa** ['boa] *nf* boa *m*.

**boato** [bo'ato] *nm* faste *m*.

**bobada** [bo'βaða] *nf* sottise *f*; **decir ~s** dire des bêtises.

**bobina** [bo'βina] *nf* bobine *f*.

**bobo, -a** ['boβo, a] *adj* (*tonto*) sot(sotte); (*cándido*) naïf(naïve) ♦ *nm/f* sot(sotte) ♦ *nm* (*TEATRO*) bouffon *m*; **hacer el ~** faire le pitre.

**boca** ['boka] *nf* bouche *f*; (*de animal carnívoro, horno*) gueule *f*; (*de crustáceo*) pince *f*; (*de vasija*) bec *m*; (*INFORM*) fente *f*; (*de puerto, túnel, cueva*) entrée *f*; **~ abajo** sur le ventre; **~ arriba** sur le dos; **hacerle a algn el ~ a ~** faire du bouche à bouche à qn; **se me hace la ~ agua** j'en ai l'eau à la bouche; **todo salió a pedir de ~** tout s'est parfaitement déroulé; **en ~ de todos** sur toutes les lèvres; **andar de ~ en ~** circuler de bouche en bouche; **¡cállate la ~**

(*fam*) la ferme!; **meterse en la ~ del lobo** se jeter dans la gueule du loup; **partirle la ~ a algn** (*fam*) casser la gueule à qn; **quedarse con la ~ abierta** en rester bouche bée; **no abrir la ~** ne pas piper mot; **boca de dragón** (*BOT*) gueule-de-loup *f*; **boca de incendios** bouche d'incendie; **boca de metro** bouche de métro; **boca de riego** prise *f* d'eau; **boca del estómago** creux *msg* de l'estomac.

**bocacalle** [boka'kaʎe] *nf*: **una ~ de la avenida** une rue qui donne dans l'avenue; **la primera ~ a la derecha** la première à droite.

**bocadillo** [boka'ðiʎo] *nm* sandwich *m*.

**bocado** [bo'kaðo] *nm* bouchée *f*; (*para caballo*) mors *msg*; (*mordisco*) coup *m* de dent; **no probar ~** ne rien manger; **bocado de Adán** pomme *f* d'Adam.

**bocajarro** [boka'xarro]: **a ~** *adv* à brûle-pourpoint; **decir algo a ~** dire qch sans mâcher ses mots.

**bocanada** [boka'naða] *nf* bouffée *f*; (*de líquido*) gorgée *f*; **a ~s** (*salir, llegar, entrar*) par à-coups.

**bocata** [bo'kata] (*fam*) *nm* casse-croûte *m* *inv*.

**bocatería** [bokate'ria] *nf* sandwicherie *f*.

**boceto** [bo'θeto] *nm* esquisse *f*; (*plano*) ébauche *f*.

**bochorno** [bo't∫orno] *nm* (*vergüenza*) honte *f*; (*calor*): **hace ~** il fait lourd.

**bochornoso, -a** [bot∫or'noso, a] *adj* (*día*) lourd(e); (*situación*) orageux(-euse).

**bocina** [bo'θina] *nf* (*MÚS*) corne *f*; (*AUTO*) klaxon *m*; (*megáfono*) porte-voix *m* *inv*; **tocar la ~** klaxonner.

**boda** [ˈboða] *nf* (*tb*: **~s**) noce *f*, mariage *m*; (*fiesta*) noce *f*; **bodas de oro** noces *fpl* d'or; **bodas de plata** noces d'argent.

**bodega** [bo'ðeɣa] *nf* (*de vino*) cave *f*; (*esp AM*) bistrot *m*; (*granero*) grenier *m*; (*establecimiento*) marchand *m* de vin; (*de barco*) cale *f*.

**bodegón** [boðe'ɣon] *nm* taverne *f*; (*ARTE*) nature morte *f*.

**bofe** [ˈbofe] *nm* (*tb*: **~s**: *de res*) mou *m*; **echar los ~s** (*fam*) trimer.

**bofetada** [bofe'taða] *nf* gifle *f*; **dar de ~s a algn** bourrer qn de coups.

**bofetón** [bofe'ton] *nm* = **bofetada**.

**boga** [ˈboɣa] *nf*: **en ~** en vogue.

**bogar** [bo'ɣar] *vi* ramer.

**Bogotá** [boɣo'ta] *n* Bogota.

**bohemio, -a** [bo'emjo, a] *adj*, *nm/f* bohémien(ne).

**boicot** [boi'ko(t)] (*pl* **~s**) *nm* boycott *m*; **hacer el ~ a** boycotter.

**boicotear** [boikote'ar] *vt* boycotter.

**boicoteo** [boiko'teo] *nm* boycottage *m*.

**boina** [ˈboina] *nf* béret *m*.

**bola** [ˈbola] *nf* boule *f*; (*canica*) bille *f*; (*pelota*) balle *f*, ballon *m*; (*NAIPES*) chelem *m*; (*betún*) cirage *m*; (*fam*) bobard *m*; (*AM*: *rumor*) rumeur *f*; **~s** *nfpl* (*AM*: *CAZA*) bolas *fpl*; **no dar pie con ~** faire tout de travers; **bola de billar** boule de billard; **bola de naftalina** boule de naphtaline; **bola de nieve** boule de neige; **bola del mundo** globe *m* terrestre.

**bolchevique** [boltʃe'βike] *adj* bolchevique
♦ *nm/f* bolchevik *m/f*.

**boleadoras** [bolea'ðoras] (*AM*) *nfpl* bolas *fpl*.

**bolera** [bo'lera] *nf* bowling *m*.

**boleta** [bo'leta] (*AM*) *nf* (*billete*) laissez-passer *m* *inv*; (*permiso*) bon *m*; (*cédula para votar*) bulletin *m* de vote.

**boletería** [bolete'ria] (*AM*) *nf* (*taquilla*) guichet *m*.

**boletín** [bole'tin] *nm* bulletin *m*; **boletín informativo** *o* **de noticias** informations *fpl*; **boletín de pedido** bulletin de commande; **boletín de precios** tarifs *mpl*; **boletín de prensa** communiqué *m* de presse; **boletín escolar** (*ESP*) bulletin scolaire.

---

### Boletín Oficial del Estado

*Le **Boletín Oficial del Estado**, ou BOE, est le journal officiel où sont consignées toutes les lois et résolutions adoptées par "las Cortes" (le parlement espagnol). C'est un ouvrage très consulté, notamment parce que l'on y trouve les avis d'"oposiciones" (concours publics).*

---

**boleto** [bo'leto] *nm* billet *m*; **boleto de apuestas** coupon *m* de pari.

**boli** [ˈboli] (*fam*) *nm* stylo *m*.

**bolígrafo** [bo'liɣrafo] *nm* stylo bille *m*, stylo *m* à bille.

**bolívar** [bo'liβar] *nm* bolivar *m*.

**Bolivia** [bo'liβja] *nf* Bolivie *f*.

**boliviano, -a** [boli'βjano, a] *adj* bolivien(ne) ♦ *nm/f* Bolivien(ne).

**bollería** [boʎe'ria] *nf* viennoiserie *f*.

**bollo** ['boʎo] *nm* petit pain *m*; (*de bizcocho*) brioche *f*; (*abolladura*) bosse *f*; ~s *nmpl* (*AM: apuros*) ennuis *mpl*; (*fam*) gnon *m*; **no está el horno para ~s** ce n'est vraiment pas le moment.

**bolo** ['bolo] *nm* quille *f* ♦ *adj* (*CAM, CU, MÉX*) ivre, soûl(e); **(juego de) ~s** (jeu *m* de) quilles *fpl*.

**bolsa** ['bolsa] *nf* sac *m*, poche *f*; (*tela*) sacoche *f*; (*AM: bolsillo*) poche; (*ESCOL*) bourse *f*; (*ANAT, MINERÍA*) poche; **La B~** la Bourse; **hacer ~** faire de faux plis; **jugar a la B~** jouer à la Bourse; **bolsa de agua caliente** bouillotte *f*; **bolsa de aire** poche d'air; **bolsa de deportes** sac de sport; **bolsa de dormir** (*AM*) sac de couchage; **bolsa de estudios** bourse d'études; **bolsa de la compra** panier *m* de la ménagère; **"Bolsa de la propiedad"** "Marché *m* immobilier"; **bolsa de papel/plástico** sac en papier/plastique; **Bolsa de trabajo** Bourse du travail; **bolsa de viaje** sac de voyage.

**bolsillo** [bol'siʎo] *nm* poche *f*; (*cartera*) porte-monnaie *m inv*; **de ~** de poche; **meterse a algn en el ~** mettre qn dans sa poche; **lo pagó de su ~** il l'a payé de sa poche.

**bolsista** [bol'sista] *nm/f* (*FIN*) agent *m* de change.

**bolso** ['bolso] *nm* sac *m*; (*de mujer*) sac à main.

**bomba** ['bomba] *nf* (*MIL*) bombe *f*; (*TEC*) pompe *f* ♦ *adj* (*fam*): **noticia ~** nouvelle *f* sensationnelle ♦ *adv* (*fam*): **pasarlo ~** s'amuser comme un fou o des petits fous; **a prueba de ~** à l'épreuve des bombes; **caer algo como una ~** faire l'effet d'une bombe; **bomba atómica** bombe atomique; **bomba de agua/de gasolina/de incendios** pompe à eau/à essence/à incendie; **bomba de efecto retardado/de neutrones** bombe à retardement/à neutrons; **bomba de humo** fumigène *m*; **bomba lacrimógena** bombe lacrymogène.

**bombardear** [bombarðe'ar] *vt* bombarder; **~ a preguntas** bombarder de questions.

**bombardeo** [bombar'ðeo] *nm* bombardement *m*.

**bombardero** [bombar'ðero] *nm* bombar-

dier *m*.

**bombear** [bombe'ar] *vt* (*agua*) pomper; (*MIL*) bombarder; (*DEPORTE*) lober; **bombearse** *vpr* (se) gondoler.

**bombero** [bom'bero] *nm* pompier *m*; **(cuerpo de) ~s** (corps *msg* des sapeurs-) pompiers *mpl*.

**bombilla** [bom'biʎa] *nf* (*ESP: ELEC*) ampoule *f*; (*ARG*) tube en métal qui sert à boire le maté.

**bombín** [bom'bin] *nm* pompe *f* à vélo.

**bombo** ['bombo] *nm* (*MÚS*) grosse caisse *f*; (*TEC*) tambour *m*; **hacer algo a ~ y platillo** faire qch en grande pompe; **tengo la cabeza hecha un ~** j'en ai la tête grosse comme ça; **dar ~ a** (*a persona*) ne pas tarir d'éloges sur; (*asunto*) faire du tam-tam autour de.

**bombón** [bom'bon] *nm* (*CULIN*) crotte *f* de chocolat, chocolat *m*; **ser un ~** (*fam*) être un canon.

**bombona** [bom'bona] *nf* bouteille *f*.

**bonachón, -ona** [bona'tʃon, ona] *adj* bon enfant *inv* ♦ *nm/f* bonne pâte *f*.

**bonanza** [bo'nanθa] *nf* (*NÁUT*) bonace *f*; (*fig*) prospérité *f*; (*MINERÍA*) riche filon *m*.

**bondad** [bon'dað] *nf* bonté *f*; **tenga la ~ de** veuillez avoir l'amabilité de.

**bondadoso, -a** [bonda'ðoso, a] *adj* bon(bonne).

**bonificación** [bonifika'θjon] *nf* bonification *f*.

**bonito, -a** [bo'nito, a] *adj* joli(e) ♦ *adv* (*AM: fam*) gentiment ♦ *nm* (*atún*) thon *m*; **un ~ sueldo/una bonita cantidad** un beau salaire/une coquette somme.

**bono** ['bono] *nm* bon *m*; **bonos del Estado** obligations *fpl* de l'État; **bono del Tesoro** bon du Trésor.

**bonobús** [bono'βus] *nm* (*ESP*) carte de transport (*en autobus urbain*).

**boquerón** [boke'ron] *nm* anchois *msg*; (*agujero*) large brèche *f*.

**boquete** [bo'kete] *nm* brèche *f*.

**boquiabierto, -a** [bokia'βjerto, a] *adj*: **quedarse ~** en rester bouche bée; **nos dejó ~s** nous sommes restés bouche bée.

**boquilla** [bo'kiʎa] *nf* (*de manguera*) prise *f* d'eau; (*mechero*) bec *m*; (*calentador*) brûleur *m*; (*para cigarro*) fume-cigarette *m*; (*MÚS*) bec; **de ~** en l'air.

**borbotón** [borβo'ton] *nm*: **salir a borbo-**

**tones** jaillir à gros bouillons.

**borda** ['borða] nf (NÁUT) bord m; **echar o tirar algo por la ~** jeter o lancer qch par-dessus bord.

**bordado** [bor'ðaðo] nm broderie f ♦ adj: **el cuadro le quedó o salió ~** il a réussi ce tableau à la perfection.

**bordar** [bor'ðar] vt broder.

**borde** ['borðe] nm bord m; **al ~ de** (fig) au bord de; **ser ~** (ESP: fam) ne pas se prendre pour n'importe qui.

**bordear** [borðe'ar] vt longer.

**bordillo** [bor'ðiʎo] nm (en acera) bord m; (en carretera) accotement m.

**borla** ['borla] nf gland m; (para polvos) houppette f.

**borracho, -a** [bo'rratʃo, a] adj (persona) soûl(e), saoul(e); (: por costumbre) ivrogne ♦ nm/f (temporalmente) soûlard(e); (habitualmente) ivrogne m/f; **bizcocho ~** baba m au rhum.

**borrador** [borra'ðor] nm (de escrito, carta) brouillon m; (cuaderno) cahier m de brouillon; (goma) gomme f; (COM) main f courante; (para pizarra) chiffon m à effacer.

**borrar** [bo'rrar] vt gommer; (de lista) barrer; (tachar) raturer; (cinta, INFORM) effacer; (POL etc) éliminer; **borrarse** vpr (de club, asociación) quitter; (recuerdo, imagen) s'effacer.

**borrasca** [bo'rraska] nf tempête f.

**borrico, -a** [bo'rriko, a] nm/f âne(ânesse); (fig) bourrique f.

**borrón** [bo'rron] nm tache f d'encre; **hacer ~ y cuenta nueva** tourner la page.

**borroso, -a** [bo'rroso, a] adj flou(e); (escritura) indécis(e).

**bosque** ['boske] nm bois msg, forêt f.

**bosquejo** [bos'kexo] nm ébauche f, esquisse f.

**bostezar** [boste'θar] vi bâiller.

**bostezo** [bos'teθo] nm bâillement m.

**bota** ['bota] nf botte f; (de vino) gourde f; **ponerse las ~s** (fam) s'en mettre plein les poches; (comer mucho y bien) s'en mettre plein la panse; **botas de esquí** chaussures fpl de ski; **botas de agua** o **goma** bottes fpl en caoutchouc; **botas de montar** bottes d'équitation.

**botánica** [bo'tanika] nf botanique f.

**botánico, -a** [bo'taniko, a] adj botanique ♦ nm/f botaniste m/f.

**botar** [bo'tar] vt (balón) faire rebondir;

(NÁUT) lancer, mettre à la mer; (fam) mettre à la porte; (esp AM: fam) jeter, balancer ♦ vi (persona) bondir; (balón) rebondir.

**bote** ['bote] nm bond m; (tarro) pot m; (lata) boîte f de conserve; (en bar) pourboire m; (embarcación) canot m; (en juego) cagnotte f; **de ~ en ~** plein à craquer; **dar un ~** laisser un pourboire; **dar ~s** (AUTO etc) cahoter; **tener a algn en el ~** avoir qn dans sa poche; **un ~ de tomate** des tomates en conserve; **bote de la basura** (AM) poubelle f; **bote salvavidas** canot de sauvetage.

**botella** [bo'teʎa] nf bouteille f; **botella de oxígeno** bouteille d'oxygène; **botella de vino** bouteille de vin.

**botellín** [bote'ʎin] nm petite bouteille f.

**botica** [bo'tika] nf pharmacie f.

**boticario, -a** [boti'karjo, a] nm/f pharmacien(ne).

**botijo** [bo'tixo] nm cruche f.

**botín** [bo'tin] nm (calzado) bottine f; (polaina) guêtre f; (MIL, de atraco, robo) butin m.

**botiquín** [boti'kin] nm armoire f à pharmacie; (portátil) trousse f à pharmacie; (enfermería) infirmerie f.

**botón** [bo'ton] nm bouton m; **pulsar el ~** appuyer sur le bouton; **botón de arranque** (AUTO) démarreur m; **botón de oro** bouton m d'or.

**botones** [bo'tones] nm inv groom m.

**bóveda** ['boβeða] nf (ARQ) voûte f; **bóveda celeste** voûte céleste.

**boxeador, a** [boksea'ðor, a] nm/f boxeur m.

**boxear** [bokse'ar] vi boxer.

**boxeo** [bok'seo] nm boxe f.

**boya** ['boja] nf (NÁUT) bouée f; (en red) flotteur m.

**boyante** [bo'jante] adj (NÁUT) lège; (feliz) débordant(e) de joie; (negocio) prospère.

**bozal** [bo'θal] nm (de perro) muselière f; (de caballo) licou m.

**bracear** [braθe'ar] vi agiter les bras; (nadar) nager la brasse.

**bracero, -a** [bra'θero, a] nm/f journalier (-ière).

**bragas** ['braɣas] nfpl culotte f.

**bragueta** [bra'ɣeta] nf braguette f.

**braille** [breil] nm braille m.

**bramar** [bra'mar] vi (toro, viento, mar) mugir; (venado) bramer; (elefante) barrir.

**bramido** [bra'miðo] nm (de toro, viento, llu-

*via*) mugissement *m*; (*del venado*) brame-ment *m*; (*del elefante*) barrissement *m*; (*de persona*) hurlement *m*.

**brasa** ['brasa] *nf* braise *f*; **a la ~** (*carne, pescado*) braisé(e).

**brasero** [bra'sero] *nm* (*para los pies*) brasero *m*; (*AM: chimenea*) cheminée *f*.

**Brasil** [bra'sil] *nm* Brésil *m*.

**brasileño, -a** [brasi'leɲo, a] *adj* brésilien(ne) ♦ *nm/f* Brésilien(ne).

**braveza** [bra'βeθa] *nf* férocité *f*; (*valor*) bravoure *f*; (*de viento, mar, lluvia*) violence *f*.

**bravío, -a** [bra'βio, a] *adj* féroce.

**bravo, -a** ['braβo, a] *adj* (*soldado*) vaillant(e); (*animal: feroz*) féroce; (: *salvaje*) sauvage; (*toro*) de combat; (*mar*) déchaîné(e); (*terreno*) accidenté(e); (*AM: fam*) en colère ♦ *excl* bravo!; **patatas bravas** (*CULIN*) pommes de terre frites accommodées avec une sauce relevée.

**bravura** [bra'βura] *nf* (*de persona*) bravoure *f*; (*de animal*) férocité *f*.

**braza** ['braθa] *nf*: **nadar a (la) ~** nager la brasse.

**brazada** [bra'θaða] *nf* brasse *f*; (*de hierba, leña*) brassée *f*.

**brazalete** [braθa'lete] *nm* bracelet *m*; (*banda*) brassard *m*.

**brazo** ['braθo] *nm* bras *msg*; (*ZOOL*) patte *f* de devant, antérieur *m*; (*BOT, POL*) branche *f*; **~s** *nmpl* journaliers *mpl*; **cogidos del ~** bras dessus, bras dessous; **cruzarse de ~s** rester les bras croisés; **no dar su ~ a torcer** ne pas en démordre; **ir del ~** se donner le bras; **luchar a ~ partido** combattre corps à corps; **ser el ~ derecho de algn** (*fig*) être le bras droit de qn; **tener/llevar en ~s a algn** tenir/prendre qn dans ses bras; **huelga de ~s caídos** grève *f* sur le tas; **brazo de gitano** roulé *m*.

**brea** ['brea] *nf* brai *m*.

**brebaje** [bre'βaxe] *nm* breuvage *m*.

**brecha** ['bretʃa] *nf* brèche *f*; (*en la cabeza*) blessure *f*; (*MIL*) percée *f*; **hacer** o **abrir ~ en** faire impression sur.

**breva** ['breβa] *nf* figue *f* fraîche; (*puro*) cigare *m* aplati; **¡no caerá esa ~!** ce serait trop beau!

**breve** ['breβe] *adj* (*pausa, encuentro, discurso*) bref(brève) ♦ *nf* (*MÚS*) brève *f*; **en ~** d'ici peu; (*en pocas palabras*) en bref.

**brevedad** [breβe'ðað] *nf* brièveté *f*; **a la mayor ~ posible** dans les meilleurs délais;

**con la mayor ~** au plus tôt.

**brezal** [bre'θal], **brezo** ['breθo] *nm* bruyère *f*.

**bribón, -ona** [bri'βon, ona] *nm/f* fripouille *f*; (*pillo*) coquin(e).

**bricolaje** [briko'laxe] *nm* bricolage *m*.

**brida** ['briða] *nf* (*tb TEC*) bride *f*; **a toda ~** à bride abattue.

**bridge** [britʃ] *nm* (*NAIPES*) bridge *m*.

**brigada** [bri'ɣaða] *nf* brigade *f* ♦ *nm* (*MIL*) brigadier *m*; **Brigada de Estupefacientes** brigade des stupéfiants; **Brigada de Investigación Criminal** police *f* judiciaire.

**brillante** [bri'ʎante] *adj* brillant(e) ♦ *nm* (*joya*) brillant *m*.

**brillar** [bri'ʎar] *vi* briller; **~ por su ausencia** briller par son absence.

**brillo** ['briʎo] *nm* éclat *m*; **dar** o **sacar ~ a** faire reluire.

**brincar** [brin'kar] *vi* (*persona, animal*) bondir; **~ de** (*de alegría etc*) bondir de; **está que brinca** il(elle) est fou(folle) de rage.

**brinco** ['brinko] *nm* (*salto*) bond *m*; **de un ~** en moins de deux; **dar** o **pegar un ~** faire un bond; **dar** o **pegar ~s de alegría** bondir de joie.

**brindar** [brin'dar] *vi*: **~ a** o **por** porter un toast à ♦ *vt* (*oportunidad, amistad*) offrir; **brindarse** *vpr*: **~se a hacer algo** s'offrir pour faire qch; **lo cual brinda la ocasión de ...** ceci me permet de ...

**brindis** ['brindis] *nm inv* (*al beber, frase*) toast *m*; (*TAUR*) hommage *m*.

**brío** ['brio] *nm* (*tb*: **~s**) énergie *f*, brio *m*; **con ~** avec brio.

**brisa** ['brisa] *nf* brise *f*.

**británico, -a** [bri'taniko, a] *adj* britannique ♦ *nm/f* Britannique *m/f*.

**brizna** ['briθna] *nf* brin *m*; (*paja*) fétu *m*; **no tener ni ~ de sentido común** ne pas avoir un grain de bon sens.

**broca** ['broka] *nf* (*COSTURA*) broche *f*; (*TEC*) foret *m*; (*clavo*) broquette *f*.

**brocal** [bro'kal] *nm* margelle *f*.

**brocha** ['brotʃa] *nf* (*de pintar*) brosse *f*; (*de afeitar*) blaireau *m*; **pintor de ~ gorda** (*de paredes*) peintre *m* en bâtiment; (*fig*) barbouilleur *m*.

**broche** ['brotʃe] *nm* (*en vestido*) agrafe *f*; (*joya*) broche *f*.

**broma** ['broma] *nf* plaisanterie *f*; **de** o **en ~** pour rire; **gastar una ~ a algn** faire une blague à qn; **ni en** ~ en aucun cas; **tomar algo a** ~ ne pas prendre qch au sérieux; **broma pesada** plaisanterie *f* de mauvais goût.

**bromear** [brome'ar] *vi* plaisanter.

**bromista** [bro'mista] *adj, nm/f* farceur (-euse).

**bronca** ['bronka] *nf* dispute *f*; (*regañina*) réprimande *f*; **armar una** ~ faire une scène; **buscar** ~ chercher querelle; **echar una** ~ **a algn** passer un savon à qn.

**bronce** ['bronθe] *nm* bronze *m*.

**bronceado, -a** [bronθe'aðo, a] *adj* bronzé(e) ♦ *nm* (*de piel*) basané(e); (*TEC*) bronzage *m*.

**bronceador, a** [bronθea'ðor] *adj* solaire ♦ *nm* produit *m* solaire.

**broncearse** [bronθe'arse] *vpr* se faire bronzer.

**bronco, -a** ['bronko, a] *adj* (*modales*) bourru(e); (*voz*) rauque.

**bronquio** ['bronkjo] *nm* bronche *f*.

**bronquitis** [bron'kitis] *nf inv* bronchite *f*.

**brotar** [bro'tar] *vi* (*BOT*) pousser; (*aguas, lágrimas*) jaillir; (*MED*) se déclarer.

**brote** ['brote] *nm* (*BOT*) pousse *f*; (*MED*) accès *msg*; (*de insurrección, huelga*) vague *f*; **brotes de soja** germes *mpl* de soja.

**bruces** ['bruθes]: **de** ~ *adv* sur le ventre, à plat ventre; **acostarse de** ~ se coucher sur le ventre; **estar de** ~ être sur le ventre, être à plat ventre; **caer de** ~ s'étaler de tout son long; **darse de** ~ **con algn** tomber nez à nez avec qn.

**brujería** [bruxe'ria] *nf* sorcellerie *f*.

**brujo, -a** ['bruxo, a] *nm/f* sorcier(ière) ♦ *nf* (*pey*) sorcière *f*.

**brújula** ['bruxula] *nf* boussole *f*.

**bruma** ['bruma] *nf* brume *f*.

**brumoso, -a** [bru'moso, a] *adj* brumeux (-euse).

**bruñir** [bru'ɲir] *vt* polir.

**brusco, -a** ['brusko, a] *adj* brusque.

**Bruselas** [bru'selas] *n* Bruxelles.

**brutal** [bru'tal] *adj* brutal(e); (*fam: tremendo*) énorme.

**brutalidad** [brutali'ðað] *nf* brutalité *f*.

**bruto, -a** ['bruto, a] *adj* (*persona*) brutal(e); (*estúpido*) imbécile; (*metal, piedra, peso*) brut(e) ♦ *nm* brute *f*; **a la bruta, a lo** ~ à la va-vite; **en** ~ brut(e).

**Bs.As.** *abr* = **Buenos Aires**.

**bucal** [bu'kal] *adj* buccal(e); **por vía** ~ par voie orale.

**bucear** [buθe'ar] *vi* plonger; ~ **en** (*documentos, pasado*) fouiller dans.

**buceo** [bu'θeo] *nm* plongée *f*, plongeon *m*; **buceo de altura** plongée en haute mer.

**bucle** ['bukle] *nm* boucle *f*; (*de carretera*) tournant *m*; (*INFORM*) boucle *f*, cycle *m*.

**buen** [bwen] *adj V* **bueno**.

**buenamente** ['bwenamente] *adv* tout bonnement; (*de buena gana*) volontiers.

**buenaventura** [bwenaβen'tura] *nf* chance *f*; (*adivinación*) bonne aventure *f*; **decir** o **echar la** ~ **a algn** dire la bonne aventure à qn.

┌─────────────────────┐
│  PALABRA CLAVE  │
└─────────────────────┘

**bueno, -a** ['bweno, a] *adj* (*antes de nmsg:* **buen**) **1** (*excelente etc*) bon(ne); **es un libro bueno** o **es un buen libro** c'est un bon livre; **tiene buena voz** il(elle) a une belle voix; **hace bueno/buen tiempo** il fait beau/beau temps; **ya está bueno** (*de salud*) il va bien maintenant; **lo bueno fue que** le meilleur c'est que

**2** (*bondadoso*): **es buena persona** c'est quelqu'un de bien; **el bueno de Paco** ce bon Paco; **fue muy bueno conmigo** il a été très gentil avec moi

**3** (*apropiado*): **ser bueno para** être bien pour; **es un buen momento (para)** c'est le moment (de); **creo que vamos por buen camino** je crois que nous sommes sur la bonne voie

**4** (*grande*): **un buen trozo** un bon bout; **un buen número de** bon nombre de; **le di un buen rapapolvo** je lui ai passé un savon

**5** (*irónico*): **¡buen conductor estás hecho!** comme tu conduis bien!; **¡estaría bueno que ...!** il ne manquerait plus que...!; **una pelea de las buenas** une sacrée bagarre

**6** (*sabroso*): **está bueno este bizcocho** ce gâteau est très bon

**7** (*atractivo: fam*): **Carmen está muy buena** Carmen est vachement mignonne

**8** (*saludos*): **¡buenos días!** bonjour!; **¡buenas tardes!** bonjour!; (*más tarde*) bonsoir!; **¡buenas noches!** bonne nuit!; **¡buenas!** salut!

**9** (*otras locuciones*): **un buen día** un beau jour; **estar de buenas** être de bonne humeur; **por las buenas o por las malas** de

gré ou de force; **de buenas a primeras**
tout d'un coup; **¡la ha liado buena ...!**
il(elle) a mis une belle pagaille!
♦ *excl:* **¡bueno!** bon!; **bueno, ¿y qué?**
bon, et alors?

**Buenos Aires** [bweno'saires] *n* Buenos Aires.

**buey** [bwei] *nm* bœuf *m*.

**búfalo** ['bufalo] *nm* buffle *m*.

**bufanda** [bu'fanda] *nf* cache-nez *m inv*.

**bufar** [bu'far] *vi* (*caballo*) souffler; (*gato*) cracher; **~ de rabia** pester.

**bufete** [bu'fete] *nm* étude *f*, cabinet *m*.

**buffer** ['bufer] *nm* (*INFORM*) mémoire *f* tampon.

**buhardilla** [buar'ðiʎa] *nf* mansarde *f*; (*ventana*) lucarne *f*.

**búho** ['buo] *nm* hibou *m inv*; (*fig: persona*) ours *msg*.

**buhonero** [buo'nero] *nm* colporteur *m*.

**buitre** ['bwitre] *nm* vautour *m*.

**bujía** [bu'xia] *nf* (*vela, ELEC, AUTO*) bougie *f*.

**bula** ['bula] *nf* bulle *f*.

**bulbo** ['bulβo] *nm* (*BOT*) bulbe *m*; **bulbo raquídeo** bulbe rachidien.

**bulevar** [bule'βar] *nm* boulevard *m*.

**Bulgaria** [bul'varja] *nf* Bulgarie *f*.

**búlgaro, -a** ['bulvaro, a] *adj* bulgare ♦ *nm/f* Bulgare *m/f*.

**bulla** ['buʎa] *nf* raffut *m*; (*follón*) pagaille *f*; **armar** o **meter ~** faire du raffut.

**bullicio** [bu'ʎiθjo] *nm* brouhaha *m*; (*movimiento*) bousculade *f*.

**bullir** [bu'ʎir] *vi* (*líquido*) bouillonner; **~ (de)** (*muchedumbre, público*) bouillir (de); (*insectos*) grouiller (de).

**bulto** ['bulto] *nm* paquet *m*; (*en superficie, MED*) grosseur *f*; (*silueta*) masse *f*; **hacer ~** prendre de la place; **escurrir el ~** se dérober; **a ~** au jugé; **de ~** (*error*) de taille; (*argumento*) de poids.

**buñuelo** [bu'ɲwelo] *nm* beignet *m*; (*fig*) travail *m* d'amateur.

**BUP** [bup] (*ESP*) *sigla m* (*ESCOL* = *Bachillerato Unificado y Polivalente*) troisième, seconde, première.

**buque** ['buke] *nm* navire *m*; **buque cisterna/escuela/insignia/mercante** bateau-citerne *m*/navire-école *m*/vaisseau *m* amiral/bateau *m*; **buque de guerra** navire de guerre.

**burbuja** [bur'βuxa] *nf* bulle *f*; **hacer ~s** pé-

tiller.

**burbujear** [burβuxe'ar] *vi* pétiller.

**burdel** [bur'ðel] *nm* bordel *m*.

**burdo, -a** ['burðo, a] *adj* grossier(-ière).

**burgués, -esa** [bur'ves, esa] *adj* (*tb pey*) bourgeois(e) ♦ *nm/f* bourgeois(e); **pequeño ~** petit(e)-bourgeois(e); (*POL, pey*) bourgeois(e).

**burguesía** [burve'sia] *nf* bourgeoisie *f*.

**burla** ['burla] *nf* moquerie *f*; (*broma*) blague *f*; **hacer ~ a algn/de algo** se moquer de qn/de qch; **hacer ~ a algn** faire la nique à qn.

**burladero** [burla'ðero] *nm* (*TAUR*) palissade *f*.

**burlar** [bur'lar] *vt* (*persona*) tromper; (*vigilancia*) déjouer; (*seducir*) séduire; **burlarse** *vpr:* **~se (de)** se moquer (de).

**burlón, -ona** [bur'lon, ona] *adj* moqueur (-euse).

**burocracia** [buro'kraθja] *nf* (*tb pey*) bureaucratie *f*.

**burócrata** [bu'rokrata] *nm/f* (*tb pey*) bureaucrate *m*.

**burrada** [bu'rraða] (*fam*) *nf*: **decir/hacer/soltar ~s** dire/faire/lâcher des âneries; **una ~** (*mucho*) une flopée.

**burro, -a** ['burro, a] *nm/f* âne(ânesse); (*fig: ignorante*) âne *m*; (: *bruto*) abruti *m* ♦ *adj* crétin(e); **caerse del ~** reconnaître ses erreurs; **hacer el ~** faire l'âne; **no ver tres en un ~** être myope comme une taupe; **burro de carga** (*fig*) bourreau *m* de travail.

**bursátil** [bur'satil] *adj* boursier(-ière).

**bus** [bus] *nm* bus *msg*.

**busca** ['buska] *nf*: **en ~ de** à la recherche de ♦ *nm* (*TELEC*) bip-(bip) *m*.

**buscador, a** [buska'ðor, a] *nm/f*: **~ (de)** chercheur(-euse) (de) ♦ *nm* (*INFORM*) moteur *m* de recherche.

**buscar** [bus'kar] *vt* (*tb INFORM*) chercher; (*beneficio*) rechercher ♦ *vi* chercher; **ven a ~me a la oficina** viens me chercher au bureau; **~ una aguja en un pajar** chercher une aiguille dans une botte de foin; **~le 3 pies al gato** chercher midi à quatorze heures; **"~ y reemplazar"** (*INFORM*) "recherche-remplacement"; **se busca secretaria** on demande une secrétaire; **se la buscó** c'est bien fait pour lui; **~ camorra** chercher noise.

**busque** *etc* ['buske] *vb* V **buscar**.

**búsqueda** ['buskeða] *nf* recherche *f*.

**busto** ['busto] *nm* (ANAT, ARTE) buste *m*.

**butaca** [bu'taka] *nf* fauteuil *m*; **butaca de patio** fauteuil d'orchestre.

**butano** [bu'tano] *nm* butane *m*; **bombona de ~** bouteille *f* de butane; **color ~** orangé(e).

**buzo** ['buθo] *nm* (*mono*) bleu *m* (de travail); (AM: *chándal*) survêtement *m* ♦ *nm/f* (*persona*) plongeur(-euse), homme *m* grenouille.

**buzón** [bu'θon] *nm* boîte *f* aux lettres; **echar al ~** mettre dans la boîte aux lettres; **buzón de voz** messagerie *f* vocale.

—————— **C c** ——————

**C.** *abr* (= centígrado) C (= Celsius).

**C/** *abr* = calle.

**c.** *abr* (= capítulo) chap. (= chapitre).

**c/** *abr* (COM) = cuenta.

**ca** [ka] *excl* pas question!

**c.a.** *abr* = corriente alterna.

**cabal** [ka'βal] *adj* (peso, precio) juste; (definición) exact(e); (honrado) bien.

**cábala** ['kaβala] *nf* cabale *f*; **~s** *nfpl* (suposiciones): **hacer ~s** faire des suppositions.

**cabalgar** [kaβal'ɣar] *vt* monter ♦ *vi* chevaucher.

**cabalgata** [kaβal'ɣata] *nf* défilé *m*; **la ~ de los Reyes Magos** le défilé des Rois Mages.

**caballa** [ka'βaʎa] *nf* maquereau *m*.

**caballeresco, -a** [kaβaʎe'resko, a] *adj* chevaleresque.

**caballería** [kaβaʎe'ria] *nf* monture *f*; (MIL) cavalerie *f*; **caballería andante** chevalerie *f* errante.

**caballeriza** [kaβaʎe'riθa] *nf* écurie *f*.

**caballero** [kaβa'ʎero] *nm* gentleman *m*; (de la orden de caballería) chevalier *m*; (en trato directo) monsieur *m*; **de ~** d'homme, pour homme; **"C~s"** "Messieurs"; **caballero andante** chevalier errant.

**caballerosidad** [kaβaʎerosi'ðað] *nf* courtoisie *f*.

**caballete** [kaβa'ʎete] *nm* (de pintor) chevalet *m*; (de pizarra) support *m*; (de mesa) tréteau *m*; (de tejado) faîte *m*.

**caballito** [kaβa'ʎito] *nm* cheval *m* à bascule; **~s** *nmpl* chevaux *mpl* de bois; **mon-**

tar a los **~s** faire un tour de manège; **caballito del diablo** demoiselle *f*; **caballito de mar** hippocampe *m*.

**caballo** [ka'βaʎo] *nm* cheval *m*; (AJEDREZ, NAIPES) cavalier *m*; **a ~** à cheval; **a ~ entre** à cheval sur; **es su ~ de batalla** c'est son cheval de bataille; **caballo blanco** bailleur *m* de fonds; **caballo de carreras** cheval de course; **caballo de vapor** cheval-vapeur *m*.

**cabaña** [ka'βaɲa] *nf* cabane *f*.

**cabaré, cabaret** (*pl* **~s**) [kaβa're] *nm* cabaret *m*.

**cabecear** [kaβeθe'ar] *vt*: **~ el balón** faire une tête ♦ *vi* (caballo) encenser; (dormitar) piquer du nez.

**cabecera** [kaβe'θera] *nf* (de mesa, tribunal) bout *m*; (de cama) tête *f*; (en libro) frontispice *m*; (periódico) manchette *f*, gros titre *m*; (de río) source *f*; **médico de ~** médecin *m* traitant.

**cabecilla** [kaβe'θiʎa] *nm* chef *m* de file, meneur(-euse).

**cabellera** [kaβe'ʎera] *nf* chevelure *f*; (de cometa) queue *f*.

**cabello** [ka'βeʎo] *nm* cheveu *m*; **cabello de ángel** cheveux *mpl* d'ange.

**caber** [ka'βer] *vi* tenir, rentrer; (MAT) faire; **caben 3 más** on peut encore en mettre 3; **no cabe duda** cela ne fait pas de doute; **dentro de lo que cabe** autant que possible; **cabe la posibilidad de que** il est possible que; **me cupo el honor de** il m'est revenu l'honneur de; **no cabe en sí de alegría** il ne se tient plus de joie.

**cabestrillo** [kaβes'triʎo] *nm*: **en ~** écharpe *f*.

**cabeza** [ka'βeθa] *nf* tête *f*; (POL) chef *m*; **caer de ~** tomber la tête la première; **~ abajo/arriba** tête en bas/en haut; **a la ~ de** (de pelotón) en tête de; (de empresa) à la tête de; **tirarse de ~** plonger; **tocamos a 3 por ~** ça fait 3 par tête; **romperse la ~** se creuser la tête; **sentar la ~** se ranger; **se me va la ~** je perds la tête; **cabeza atómica/nuclear** tête atomique/ogive *f* nucléaire; **cabeza cuadrada** tête de mule; **cabeza de ajo** tête d'ail; **cabeza de escritura** tête d'écriture; **cabeza de familia** chef de famille; **cabeza de ganado** tête de bétail; **cabeza de impresión/de lectura** tête d'impression/de lecture; **cabeza de partido**

chef-lieu *m* d'arrondissement; **cabeza de turco** tête de turc; **cabeza impresora** tête imprimante; **cabeza loca** *o* **de chorlito** tête de linotte.

**cabezada** [kaβe'θaða] *nf* coup *m* de tête; **dar ~s** piquer du nez; **echar una ~** faire un somme.

**cabezón, -ona** [kaβe'θon, ona] *adj* qui a une grosse tête; (*vino*) capiteux(-euse); (*terco*) entêté(e).

**cabida** [ka'βiða] *nf* capacité *f*; (*depósito*) contenance *f*; **dar ~ a** admettre; **tener ~ para** avoir une capacité de.

**cabildo** [ka'βildo] *nm* (*de iglesia*) chapitre *m*; (*POL*) conseil *m* municipal.

**cabina** [ka'βina] *nf* cabine *f*; **cabina de mandos** cabine de pilotage; **cabina telefónica** cabine téléphonique.

**cabizbajo, -a** [kaβiθ'βaxo, a] *adj* tête basse *inv*.

**cable** ['kaβle] *nm* câble *m*; (*de electrodoméstico*) fil *m*; **conectar con ~** connecter par câble.

**cabo** ['kaβo] *nm* bout *m*; (*MIL*) caporal *m*; (*de policía*) brigadier *m*; (*NÁUT*) cordage *m*; (*GEO*) cap *m*; **al ~ de 3 días** au bout de 3 jours; **al fin y al ~** en fin de compte; **de ~ a rabo** (*contar, saber*) de bout en bout; (*leer*) d'un bout à l'autre; **llevar a ~** mener à bien; **atar ~s** faire des rapprochements; **no dejar ~s sueltos** ne rien laisser en suspens; **las Islas de C~ Verde** les îles *fpl* du Cap-Vert; **Cabo de Buena Esperanza** cap de Bonne Espérance; **Cabo de Hornos** cap Horn.

**cabra** ['kaβra] *nf* chèvre *f*; **estar como una ~** être timbré(e); **cabra montés** chèvre sauvage.

**cabré** *etc* [ka'βre] *vb* V **caber**.

**cabrear** [kaβre'ar] (*fam*) *vt* énerver; **cabrearse** (*fam*) *vpr* s'emporter; **estar cabreado** être en colère.

**cabrío, -a** [ka'βrio, a] *adj*: **macho ~** bouc *m*; V **ganado**.

**cabriola** [ka'βrjola] *nf* cabriole *f*; **hacer ~s** faire des cabrioles.

**cabritilla** [kaβri'tiʎa] *nf*: **de ~** en chevreau.

**cabrito** [ka'βrito] *nm* chevreau *m*; (*fam!*) vache *f* (*fam!*).

**cabrón** [ka'βron] (*fam!*) *nm* salaud *m* (*fam!*).

**caca** ['kaka] (*fam*) *nf* caca *m* ♦ *excl*: **no toques, ¡~!** ne touche pas à ça, c'est caca!

**cacahuete** [kaka'wete] (*ESP*) *nm* cacahuète *f*.

**cacao** [ka'kao] *nm* cacao *m*, chocolat *m*; (*BOT*) cacaoyer *m*; (*tb*: **crema de ~**) beurre *m* de cacao; (*follón*) boucan *m*.

**cacarear** [kakare'ar] *vt* s'enorgueillir de ♦ *vi* caqueter.

**cacería** [kaθe'ria] *nf* partie *f* de chasse.

**cacerola** [kaθe'rola] *nf* casserole *f*, marmite *f*.

**cachalote** [katʃa'lote] *nm* cachalot *m*.

**cacharro** [ka'tʃarro] *nm* ustensile *m*; (*trasto*) machin *m*, truc *m*; (*de cerámica*) poterie *f*; (*AM: fam*) taule *f*.

**cachear** [katʃe'ar] *vt* fouiller.

**cachemir** [katʃe'mir] *nm*, **cachemira** [katʃe'mira] *nf* cachemire *m*; **de ~** en cachemire.

**cachete** [ka'tʃete] *nm* claque *f*.

**cachiporra** [katʃi'porra] *nf* massue *f*.

**cachivache** [katʃi'βatʃe] *nm* truc *m*, machin *m*.

**cacho, -a** ['katʃo, a] *nm* morceau *m*; (*AM*) corne *f*.

**cachondeo** [katʃon'deo] (*fam*) *nm* rigolade *f*; **estar de ~** plaisanter, blaguer; **tomarse algo a ~** prendre qch à la rigolade.

**cachondo, -a** [ka'tʃondo, a] (*fam*) *adj* marrant(e), rigolo(te); **estar ~** être excité(e).

**cachorro, -a** [ka'tʃorro, a] *nm/f* chiot *m*; (*de león*) lionceau *m*; (*de lobo*) louveteau *m*.

**cacique** [ka'θike] *nm* (*AM*) cacique *m*; (*POL*) personnage *m* influent; (*fig*) petit chef *m*.

**caciquismo** [kaθi'kismo] *nm* caciquisme *m*.

**caco** ['kako] *nm* filou *m*.

**cacto** ['kakto] *nm*, **cactus** ['kaktus] *nm inv* cactus *m inv*.

**cada** ['kaða] *adj inv* chaque; (*antes de número*) tous les; **~ día** tous les jours; **~ dos días** tous les deux jours; **~ cual/uno** chacun; **~ vez más/menos** de plus en plus/de moins en moins; **~ vez que** chaque fois que; **uno de ~ diez** un sur dix; **¿~ cuánto?** tous les combien?; **¡tienes ~ idea!** tu as de ces idées!

**cadalso** [ka'ðalso] *nm* échafaud *m*.

**cadáver** [ka'ðaβer] *nm* cadavre *m*.

**cadena** [ka'ðena] *nf* chaîne *f*; **~s** *nfpl* (*AUTO*) chaînes *fpl*; **reacción en ~** réaction *f* en chaîne; **trabajo en ~** travail *m* à la chaîne; **tirar de la ~ del wáter** tirer la chasse d'eau; **cadena de caracteres** chaîne d caractères; **cadena de montaje** chaîne de montage; **cadena montañosa** chaîne de montagnes; **cadena perpetua** (*JUR*) emprisonnement *m* à perpétuité.

**cadera** [ka'ðera] *nf* hanche *f*.

**cadete** [ka'ðete] *nm* cadet *m*.

**caducar** [kaðu'kar] *vi* expirer.

**caduco, -a** [ka'ðuko, a] *adj* dépassé(e); **de hoja caduca** à feuilles caduques.

**caer** [ka'er] *vi* tomber; (*precios*) baisser; (*sol*) se coucher; **caerse** *vpr* tomber; **dejar ~** laisser tomber; **dejarse ~** s'écrouler, se laisser tomber; **dejarse ~ por** passer; **estar al ~** être sur le point d'arriver; **¡no caigo!** je ne vois pas; **¡ya caigo!** j'y suis!; **me cae bien/mal** (*persona*) je le trouve sympathique/antipathique; (*vestido*) ça me va bien/ça ne me va pas, (*alimento*) ça me réussit/ça ne me réussit pas; **~ en desgracia** tomber en disgrâce; **~ en la cuenta** saisir, se rendre compte; **~ en la trampa** tomber dans le panneau; **~ enfermo** tomber malade; **su cumpleaños cae en viernes** son anniversaire tombe un vendredi; **mi casa cae por aquí/a la derecha** ma maison se trouve par ici/à droite; **se me cayó el libro** j'ai fait tomber le livre.

**café** [ka'fe] (*pl* **~s**) *nm* café *m*; **café con leche** café crème, café au lait; **café solo** o **negro** café (noir).

**cafeína** [kafe'ina] *nf* caféine *f*.

**cafetera** [kafe'tera] *nf* cafetière *f*.

**cafetería** [kafete'ria] *nf* cafétéria *f*.

**cagar** [ka'ɣar] (*fam!*) *vi* chier (*fam!*); **cagarse** *vpr* se dégonfler; **¡la hemos cagado!** on a fait une gaffe!; **~se de miedo** avoir la trouille; **¡me cago en diez/la mar!** Bon Dieu!

**caída** ['kaiða] *nf* chute *f*; (*declive*) pente *f*; (*de tela*) tombée *f*; (*de precios, moneda*) baisse *f*; **a la ~ del sol/de la tarde** à la tombée du jour/de la nuit; **sufrir una ~** faire une chute; **caída libre** chute libre.

**caído, -a** [ka'iðo, a] *adj* tombant(e) ♦ *nm/f*: **los ~s** les morts *mpl*; **~ del cielo** tombé(e) du ciel.

**caiga** *etc* ['kaiɣa] *vb* V **caer**.

**caimán** [kai'man] *nm* caïman *m*.

**caja** ['kaxa] *nf* boîte *f*, caisse *f*; (*para reloj*) boîtier *m*; (*TIP*) casse *f*; **ingresar en ~** encaisser; **caja de ahorros** caisse d'épargne; **caja de cambios** boîte de vitesses; **caja de caudales** coffre *m* fort; **caja de fusibles** boîte à fusibles; **caja de música** boîte à musique; **caja de resonancia** caisse de résonance; **caja fuerte** coffre fort; **caja negra** (*AVIAT*) boîte noire.

**cajero, -a** [ka'xero, a] *nm/f* caissier(-ière); **cajero automático** distributeur *m* automatique.

**cajetilla** [kaxe'tiʎa] *nf* paquet *m*.

**cajón** [ka'xon] *nm* caisse *f*; (*de mueble*) tiroir *m*; **¡es de ~!** ça va de soi!; **cajón de embalaje** caisse d'emballage.

**cal** [kal] *nf* chaux *fsg*; **cerrar algo a ~ y canto** fermer qch à double tour; **cal viva** chaux vive.

**cal.** *abr* (= *calibre(s)*) cal. (= *calorie(s)*).

**cala** ['kala] *nf* crique *f*; (*de barco*) cale *f*.

**calabacín** [kalaβa'θin] *nm*, **calabacita** [kalaβa'θita] *nf* (*AM*) courgette *f*.

**calabaza** [kala'βaθa] *nf* courge *f*, citrouille *f*; **dar ~s a** (*en examen*) recaler; (*novio*) envoyer promener.

**calabozo** [kala'βoθo] *nm* taule *f*; (*celda*) cachot *m*.

**calada** [ka'laða] *nf* bouffée *f*.

**calado, -a** [ka'laðo, a] *adj* ajouré(e) ♦ *nm* broderie *f* ajourée; (*de barco*) tirant *m* d'eau; (*de las aguas*) profondeur *f*; **estoy ~ (hasta los huesos)** je suis trempé(e) (jusqu'aux os).

**calamar** [kala'mar] *nm* calmar *m*; **~es a la romana** calmars *mpl* à la Romaine.

**calambre** [ka'lambre] *nm* crampe *f*; **dar ~** envoyer une décharge.

**calamidad** [kalami'ðað] *nf* calamité *f*; **es una ~** (*persona*) c'est un(e) bon(ne) à rien.

**calar** [ka'lar] *vt* transpercer; (*AUTO*) caler; (*melón, sandía*) couper pour goûter; (*ideas, palabras*) saisir, comprendre; **~se** *vpr* (*motor*) caler; (*mojarse*) se tremper; (*gafas*) chausser; (*sombrero*) enfoncer; **¡le tengo calado!** (*fam*) je te connais sur le bout des doigts.

**calavera** [kala'βera] *nf* tête *f* de mort ♦ *nm* (*pey*) noceur *m*.

**calcar** [kal'kar] *vt* décalquer; (*imitar*) calquer; **es calcado a su abuelo** c'est tout le portrait de son grand-père.

**calcetín** [kalθe'tin] *nm* chaussette *f*.

**calcinar** [kalθi'nar] *vt* calciner.

**calcio** ['kalθjo] *nm* calcium *m*.

**calcomanía** [kalkoma'nia] *nf* décalcomanie *f*.

**calculador, a** [kalkula'ðor, a] *adj* calculateur(-trice).

**calculadora** [kalkula'ðora] nf calculatrice f.

**calcular** [kalku'lar] vt calculer; (gastos, pérdidas) évaluer, calculer; **calculo que ...** je pense que ...

**cálculo** ['kalkulo] nm (tb MED) calcul m; **según mis ~s** d'après mes calculs; **obrar con mucho ~** agir avec beaucoup de prudence; **cálculo de costo** calcul du prix; **cálculo diferencial** calcul différentiel.

**caldear** [kalde'ar] vt chauffer; (ánimos) réchauffer.

**caldera** [kal'dera] nf chaudière f.

**calderilla** [kalde'riʎa] nf ferraille f.

**caldero** [kal'dero] nm chaudron m.

**caldo** ['kaldo] nm bouillon m; (vino) cru m; **poner a ~ a algn** passer un savon à qn; **caldo de cultivo** bouillon de culture.

**calefacción** [kalefak'θjon] nf chauffage m; **calefacción central** chauffage central.

**calendario** [kalen'darjo] nm calendrier m.

**calentador** [kalenta'ðor] nm calorifère m; **calentador de agua** chauffe-eau m inv.

**calentamiento** [kalenta'mjento] nm échauffement m.

**calentar** [kalen'tar] vt faire chauffer; (habitación) réchauffer; (motor) faire tourner; (ánimos) échauffer; (sexualmente) exciter; (pegar) flanquer une calotte à; (AM: enfurecer) échauffer ♦ vi chauffer; **calentarse** vpr se chauffer, se réchauffer; (motor) chauffer; (discusión, ánimos) s'échauffer.

**calentura** [kalen'tura] nf fièvre f; (de boca) bouton m de fièvre.

**calibrar** [kali'βrar] vt (TEC) calibrer; (consecuencias) évaluer; (importancia) jauger.

**calibre** [ka'liβre] nm calibre m; (fig) calibre, envergure f.

**calidad** [kali'ðað] nf qualité f; **de ~** de qualité; **en ~ de** en qualité de; **ser de primera ~** être de premier choix; **calidad de carta** o **de correspondencia** qualité courrier; **calidad texto** (INFORM) qualité de texte.

**cálido, -a** ['kaliðo, a] adj chaud(e); (palabras, aplausos) chaleureux(-euse).

**caliente** [ka'ljente] vb V **calentar** ♦ adj chaud(e); **estar/ponerse ~** (fam) être excité(e)/s'exciter; **en ~** à chaud.

**calificación** [kalifika'θjon] nf qualification f; (en examen) note f; **calificación de sobresaliente** mention f très bien.

**calificar** [kalifi'kar] vt noter; **~ como/de**

traiter de.

**calima** [ka'lima], **calina** [ka'lina] nf (neblina) brume f de chaleur; (calor) chaleur f caniculaire.

**cáliz** ['kaliθ] nm calice m.

**caliza** [ka'liθa] nf pierre f à chaux.

**callado, -a** [ka'ʎaðo, a] adj: **estar ~** être silencieux(-euse); **ser ~** être peu bavard(e).

**callar** [ka'ʎar] vt taire; (persona, oposición) faire taire ♦ vi se taire; **callarse** vpr se taire; **¡calla!** silence!; **¡cállate!** tais-toi!; **¡cállate la boca!** la ferme!

**calle** ['kaʎe] nf rue f; (DEPORTE) couloir m; **la ~** (en conjunto) la rue; **salir** o **irse a la ~** sortir; **poner a algn (de patitas) en la ~** mettre qn à la porte, flanquer qn dehors; **ir ~ abajo/arriba** descendre/remonter la rue; **calle de sentido único** rue à sens unique; **calle mayor** grand-rue f; **calle peatonal** rue piétonne.

**calleja** [ka'ʎexa] nf = **callejuela**.

**callejear** [kaʎexe'ar] vi flâner.

**callejero, -a** [kaʎe'xero, a] adj ambulant(e); (verbena) en plein air; (riña) de rue; (persona) flâneur(-euse); (perro) errant(e) ♦ nm plan m.

**callejón** [kaʎe'xon] nm passage m, couloir m; **~ sin salida** impasse f, voie f sans issue; (fig) impasse.

**callejuela** [kaʎe'xwela] nf ruelle f, venelle f.

**callista** [ka'ʎista] nm/f pédicure m/f.

**callo** ['kaʎo] nm (en pies) cor m; (en manos) durillon m; **~s** nmpl (CULIN) tripes fpl.

**calma** ['kalma] nf calme m; **hacer algo con ~** faire qch calmement; **~ chicha** calme plat; **perder la ~** perdre son calme; **¡~!**, **¡con ~!** du calme!

**calmante** [kal'mante] adj calmant(e) ♦ nm calmant m, tranquillisant m.

**calmar** [kal'mar] vt calmer ♦ vi (tempestad, viento) se calmer; **calmarse** vpr se calmer.

**calor** [ka'lor] nm chaleur f; **entrar en ~** se réchauffer; (DEPORTE) s'échauffer; **hace ~** il fait chaud; **tener ~** avoir chaud.

**caloría** [kalo'ria] nf calorie f.

**calumnia** [ka'lumnja] nf calomnie f.

**caluroso, -a** [kalu'roso, a] adj chaud(e); (acogida, aplausos) chaleureux(-euse).

**calvario** [kal'βarjo] nm calvaire m.

**calvicie** [kal'βiθje] nf calvitie f.

**calvo, -a** ['kalβo, a] adj, nm/f chauve m/f.

**calzada** [kal'θaða] nf chaussée f.

**calzado, -a** [kal'θaðo, a] adj chaussé(e

♦ *nm* chaussure *f*.

**calzador** [kalθa'ðor] *nm* chausse-pied *m*.

**calzar** [kal'θar] *vt* chausser; (*TEC*) caler; **calzarse** *vpr*: **~se los zapatos** se chausser; **¿qué (número) calza?** quelle est votre pointure?

**calzón** [kal'θon] *nm* (*tb*: **calzones**) caleçon *m*; (*AM*: *de hombre*) slip *m*; (: *de mujer*) culotte *f*.

**calzoncillos** [kalθon'θiʎos] *nmpl* slip *msg*.

**cama** ['kama] *nf* lit; **estar en ~** être alité(e); **guardar ~** garder le lit; **hacer la ~** faire le lit; **hacer la ~ a algn** jouer un tour de cochon à qn; **cama en petaca** lit en portefeuille; **cama individual/de matrimonio** lit simple/double; **cama nido** lit gigogne.

**camafeo** [kama'feo] *nm* camée *m*.

**camaleón** [kamale'on] *nm* caméléon *m*.

**cámara** ['kamara] *nf* chambre *f*; (*CINE, TV*) caméra *f*; (*fotográfica*) appareil-photo *m*; (*de vídeo*) caméscope *m* ♦ *nm/f* (*CINE, TV*) caméraman *m*; **a ~ lenta** au ralenti; **música de ~** musique *f* de chambre; **cámara alta/baja** Chambre haute/basse; **cámara de aire** chambre à air; **cámara de comercio** chambre de commerce; **cámara de gas** chambre à gaz; **cámara de vídeo** caméscope *m*; **cámara frigorífica** chambre froide; **cámara nupcial/oscura** chambre nuptiale/noire.

**camarada** [kama'raða] *nm/f* camarade *m/f*; (*de trabajo*) collègue *m/f*.

**camarera** [kama'rera] *nf* (*en hotel*) femme *f* de chambre; (*AM*) hôtesse *f* de l'air; *V tb* **camarero**.

**camarero, -a** [kama'rero, a] *nm/f* (*en restaurante*) serveur(-euse); (*en bar*) garçon *m* de café(serveuse); **¡camarera, por favor!** mademoiselle, s'il vous plaît!

**camarilla** [kama'riʎa] *nf* clique *f*; (*POL*) groupe *m* de pression, lobby *m*.

**camarón** [kama'ron] *nm* crevette *f* grise.

**camarote** [kama'rote] *nm* cabine *f*.

**cambiante** [kam'bjante] *adj* variable; (*humor*) changeant(e).

**cambiar** [kam'bjar] *vt, vi* changer; (*fig*) échanger; **cambiarse** *vpr* (*de casa*) changer; (*de ropa*) se changer; **~ algo por algo** changer qch pour o contre qch; **~ de coche/de idea/de trabajo** changer de voiture/d'idée/de travail; **~ de marcha** changer de vitesse; **~(se) de sitio** changer de place.

**cambio** ['kambjo] *nm* changement *m*; (*de dinero, impresiones*) échange *m*; (*COM*: *tipo de cambio*) change *m*; (*dinero menudo*) monnaie *f*; **a ~ de** en échange de; **en ~** (*por otro lado*) en revanche, par contre; (*en lugar de eso*) à la place; **cambio a término** change à terme; **cambio de divisas** change de devises; **cambio de domicilio** changement de domicile; **cambio de la guardia** relève *f* de la garde; **cambio de línea/de página** (*INFORM*) changement de ligne/de page; **cambio de marchas** o **de velocidades** changement de vitesses; **cambio de vía** aiguillage *m*.

**camelar** [kame'lar] (*fam*) *vt* baratiner; **camelarse** *vpr* entortiller, embobeliner.

**camello** [ka'meʎo] *nm* chameau *m*; (*fam*) dealer *m*.

**camerino** [kame'rino] *nm* loge *f*.

**camilla** [ka'miʎa] *nf* civière *f*, brancard *m*; (*mesa*) guéridon *m*.

**caminante** [kami'nante] *nm/f* marcheur (-euse).

**caminar** [kami'nar] *vi* marcher, cheminer ♦ *vt* faire à pied.

**caminata** [kami'nata] *nf* trotte *f* (*fam*).

**camino** [ka'mino] *nm* (*tb INFORM*) chemin *m*; **a medio ~** à mi-chemin; **en el ~** en chemin, chemin faisant; **~ de** vers; **estar/ponerse en ~** être/se mettre en route; **C~s, Canales y Puertos** (*UNIV*) Ponts *mpl* et Chaussées; **ir por buen/mal ~** (*fig*) être sur la bonne/mauvaise voie; **camino de cabras** sentier *m* de chèvres; **Camino de Santiago** chemin de Saint-Jacques; **camino particular** voie *f* privée; **camino vecinal** chemin vicinal.

---

**Camino de Santiago**

*Le Camino de Santiago est un pèlerinage célèbre depuis le Moyen-Âge. Il a pour point de départ les Pyrénées et se termine à Saint-Jacques-de-Compostelle, au nord-ouest de l'Espagne, où serait enterré l'apôtre saint Jacques. De nos jours, ce pèlerinage attire toujours un grand nombre de croyants et de touristes.*

---

**camión** [ka'mjon] *nm* camion *m*, poids *msg* lourd; **estar como un ~** (*fam*: *mujer*) être bien roulée; **camión cisterna** camion citerne; **camión de la basura** camion des éboueurs; **camión de mudanzas** camion de déménagement.

**camionero** [kamjo'nero] *nm* camionneur *m*, routier *m*.

**camioneta** [kamjo'neta] *nf* camionnette *f*.

**camisa** [ka'misa] *nf* (*tb TEC*) chemise *f*; **camisa de fuerza** camisole *f* de force.

**camiseta** [kami'seta] *nf* tee-shirt *m*; (*ropa interior*) maillot *m* de corps; (*de deportista*) maillot.

**camisón** [kami'son] *nm* chemise *f* de nuit.

**camorra** [ka'morra] *nf*: **armar ~** faire un scandale; **buscar ~** chercher querelle.

**campamento** [kampa'mento] *nm* colonie *f* de vacances; (*MIL*) camp *m*.

**campana** [kam'pana] *nf* cloche *f*; (*CSUR*) campagne *f*; **campana de cristal** cloche de verre.

**campanario** [kampa'narjo] *nm* clocher *m*.

**campanilla** [kampa'niʎa] *nf* clochette *f*; (*BOT*) campanule *f*.

**campaña** [kam'paɲa] *nf* campagne *f*; **hacer ~ (en pro de/contra)** faire campagne (en faveur de o pour/contre); **campaña de venta** campagne commerciale; **campaña electoral/publicitaria** campagne électorale/publicitaire.

**campechano, -a** [kampe'tʃano, a] *adj* sans façon; **es muy ~** il est très nature.

**campeón, -ona** [kampe'on, ona] *nm/f* champion(ne).

**campeonato** [kampeo'nato] *nm* championnat *m*; **de ~** (*fam*) du tonnerre, formidable.

**campesino, -a** [kampe'sino, a] *adj* champêtre; (*gente*) de la campagne ♦ *nm/f* paysan(ne).

**campestre** [kam'pestre] *adj* champêtre.

**camping** ['kampin] (*pl* **~s**) *nm* camping *m*; **ir de** o **hacer ~** aller en camping, faire du camping.

**campo** ['kampo] *nm* campagne *f*; (*AGR, ELEC, FÍS*) champ *m*; (*INFORM*) champ, zone *f*; (*MIL, de fútbol, rugby*) terrain *m*; (*ámbito*) domaine *m*; **a ~ traviesa** o **través** à travers champs; **dormir a ~ raso** dormir à la belle étoile; **trabajo de ~** travaux *mpl* pratiques (sur le terrain); **campo de batalla** champ de bataille; **campo de concentración** camp *m* de concentration; **campo de deportes/de golf** terrain de sports/de golf; **campo de minas** champ de mines;

**campo de trabajo** champ de travail; **campo magnético** champ magnétique; **campo petrolífero** champ pétrolifère, gisement *m* de pétrole; **campo raso** rase campagne *f*; **campo visual** champ visuel.

**camposanto** [kampo'santo] *nm* cimetière *m*.

**camuflaje** [kamu'flaxe] *nm* camouflage *m*.

**cana** ['kana] *nf* cheveu *m* blanc; **tener ~s** avoir des cheveux blancs; **echar una ~ al aire** se payer une partie de plaisir; *V tb* **cano**.

**Canadá** [kana'ða] *nm* Canada *m*.

**canadiense** [kana'ðjense] *adj* canadien(ne) ♦ *nm/f* Canadien(ne).

**canal** [ka'nal] *nm* canal *m*; (*de televisión*) chaîne *f*; (*de tejado*) chéneau *m*, gouttière *f*; **abrir algo en ~** ouvrir qch de haut en bas; **canal de distribución** réseau *m* de distribution; **Canal de la Mancha** la Manche *f*; **Canal de Panamá** canal de Panama.

**canalizar** [kanali'θar] *vt* canaliser.

**canalla** [ka'naʎa] *nm* canaille *f*.

**canalón** [kana'lon] *nm* tuyau *m* de descente; (*del tejado*) chéneau *m*; **canalones** *nmpl* (*CULIN*) cannelloni *mpl*.

**canapé** [kana'pe] (*pl* **~s**) *nm* (*tb CULIN*) canapé *m*.

**Canarias** [ka'narjas] *nfpl*: **las (Islas) ~** les (îles) Canaries *fpl*.

**canario, -a** [ka'narjo, a] *adj* des (îles) Canaries ♦ *nm/f* natif(-ive) o habitant(e) des (îles) Canaries ♦ *nm* (*ZOOL*) canari *m*, serin *m*; **amarillo ~** jaune canari *inv*, jaune serin *inv*.

**canasta** [ka'nasta] *nf* corbeille *f*; (*en baloncesto*) panier *m*; (*NAIPES*) canasta *f*; **hacer ~** réussir un panier.

**canastilla** [kanas'tiʎa] *nf* trousse *f* à couture; (*de niño*) layette *f*.

**canasto** [ka'nasto] *nm* corbeille *f*.

**cancela** [kan'θela] *nf* portillon *m*.

**cancelación** [kanθela'θjon] *nf* (*ver vt*) annulation *f*; résiliation *f*; suppression *f*; acquittement *m*.

**cancelar** [kanθe'lar] *vt* (*visita, vuelo*) annuler; (*contrato*) résilier; (*permiso*) supprimer; (*deuda*) s'acquitter de; (*cuenta corriente*) fermer.

**cáncer** ['kanθer] *nm* cancer *m*; **C~** (*ASTROL*) Cancer; **ser C~** être (du) Cancer.

**cancha** ['kantʃa] *nf* terrain *m*; (*de tenis*

court *m* ♦ *excl* (*CSUR*) dégagez!, faites place!

**canciller** [kanθi'ʎer] *nm* chancelier *m*; (*AM*) ministre *m* des Affaires étrangères.

**canción** [kan'θjon] *nf* chanson *f*; **canción de cuna** berceuse *f*; **canción infantil** comptine *f*; **canción popular** chanson populaire.

**candado** [kan'daðo] *nm* cadenas *msg*.

**candente** [kan'dente] *adj* chauffé(e) au rouge; (*tema, problema*) brûlant(e).

**candidato, -a** [kandi'ðato, a] *nm/f* candidat(e); (*para puesto*) candidat(e), postulant(e).

**candidez** [kandi'ðeθ] *nf* candeur *f*; (*falta de malicia*) innocence *f*.

**cándido, -a** ['kandiðo, a] *adj* candide, innocent(e).

**candil** [kan'dil] *nm* lampe *f* à huile.

**candor** [kan'dor] *nm* candeur *f*.

**canela** [ka'nela] *nf* cannelle *f*; **canela en rama** cannelle en branche.

**cangrejo** [kan'greʌo] *nm* crabe *m*; (*de río*) écrevisse *f*.

**canguro** [kan'guro] *nm* kangourou *m*; (*de niños*) baby-sitter *m/f*; **hacer de ~** garder des enfants.

**caníbal** [ka'niβal] *adj, nm/f* cannibale *m/f*.

**canica** [ka'nika] *nf* bille *f*.

**canijo, -a** [ka'nixo, a] *adj* chétif(-ive).

**canino, -a** [ka'nino, a] *adj* canin(e) ♦ *nm* canine *f*; **tener un hambre canina** avoir une faim de loup.

**canjear** [kanxe'ar] *vt*: **~ (por)** échanger (pour); (*COM*) changer (pour).

**cano, -a** ['kano, a] *adj* (*pelo, cabeza*) blanc(blanche).

**canoa** [ka'noa] *nf* canoë *m*.

**canon** ['kanon] *nm* canon *m*; (*COM*) taxe *f*, impôt *m*.

**canónigo** [ka'noniɣo] *nm* chanoine *m*.

**canonizar** [kanoni'θar] *vt* canoniser.

**canoso, -a** [ka'noso, a] *adj* grisonnant(e), aux cheveux blancs; (*pelo*) grisonnant(e).

**cansado, -a** [kan'saðo, a] *adj* fatigué(e); (*viaje, trabajo*) fatigant(e); **estoy ~ de hacerlo** j'en ai assez de faire ça.

**cansancio** [kan'sanθjo] *nm* fatigue *f*; **hasta el ~** à satiété.

**cansar** [kan'sar] *vt* fatiguer; (*aburrir*) ennuyer; (*hartar*) lasser; **cansarse** *vpr*: **~se (de hacer)** se lasser (de faire).

**antábrico, -a** [kan'taβriko, a] *adj* cantabrique; **Mar C~** golfe *m* de Gascogne.

**cántabro, -a** ['kantaβro, a] *adj* de la province de Santander ♦ *nm/f* natif(-ive) o habitant(e) de la province de Santander.

**cantante** [kan'tante] *nm/f* chanteur(-euse).

**cantar** [kan'tar] *vt* chanter ♦ *vi* chanter; (*fam: criminal*) se mettre à table; (: *oler mal*) puer, cocoter ♦ *nm* chanson *f*; **estaba cantado** c'était à prévoir; **~ de plano** passer aux aveux; **en menos que canta un gallo** en un rien de temps; **~le a algn las cuarenta** dire à qn ses quatre vérités; **~ a dos voces** chanter en duo.

**cántara** ['kantara] *nf* bidon *m*.

**cántaro** ['kantaro] *nm* cruche *f*.

**cante** ['kante] *nm*: **~ jondo** chant *m* flamenco.

**cantera** [kan'tera] *nf* (*lugar*) carrière *f*; (*fig: de profesionales, futbolistas*) mine *f*.

**cantidad** [kanti'ðað] *nf* quantité *f* ♦ *adv* (*fam*) plein; **el café me gusta ~** j'adore le café, je raffole du café; **~ alzada** forfait *m*; **gran ~ de** une grande quantité de, bon nombre de; **en ~** en quantité.

**cantimplora** [kantim'plora] *nf* gourde *f*.

**cantina** [kan'tina] *nf* cantine *f*; (*de estación*) buffet *m*; (*esp AM: taberna*) café *m*.

**canto** ['kanto] *nm* chant *m*; (*de moneda*) bord *m*; (*de libro*) tranche *f*; (*de cuchillo*) dos *msg*; **faltó el ~ de un duro** il s'en est fallu d'un cheveu; **de ~** de côté, sur le côté; **~ rodado** galet *m*.

**canturrear** [kanturre'ar] *vi* chantonner.

**canuto** [ka'nuto] *nm* petit tube *m*; (*fam: droga*) joint *m*.

**caña** ['kaɲa] *nf* (*BOT*) tige *f*; (: *especie*) roseau *m*; (*de hueso*) os *msg* long; (*vaso*) verre *m*; (*de cerveza*) demi *m*; (*AM*) alcool *m* de canne à sucre; **dar** o **meter ~** (*fam: a un coche*) appuyer sur le champignon; (: *a algn*) secouer; **caña de azúcar/de pescar** canne *f* à sucre/à pêche.

**cañada** [ka'ɲaða] *nf* vallon *m*; (*de ganado*) chemin *m* de transhumance.

**cáñamo** ['kaɲamo] *nm* chanvre *m*.

**cañería** [kaɲe'ria] *nf* tuyauterie *f*.

**caño** ['kaɲo] *nm* (*tubo*) tuyau *m*; (*de fuente*) jet *m*.

**cañón** [ka'ɲon] *nm* canon *m*; (*GEO*) canyon *m*.

**caoba** [ka'oβa] *nf* acajou *m*.

**caos** ['kaos] *nm* chaos *msg*.

**C.A.P.** *sigla m* (= *Certificado de Aptitud Pe-*

dagógica) certificat d'aptitude à l'enseignement.

**cap.** *abr* (= *capítulo*) chap. (= *chapitre*).

**capa** ['kapa] *nf* (*prenda*) cape *f*; (CULIN, GEO)
couche *f*; (*de polvo*) pellicule *f*; **defender
a ~ y espada** défendre avec acharnement;
**capa de ozono** couche d'ozone; **capas
sociales** couches *fpl* sociales.

**capacidad** [kapaθi'ðað] *nf* contenance *f*,
capacité *f*; **este teatro tiene una ~ de
mil espectadores** ce théâtre peut contenir mille spectateurs; **tener ~ para los
idiomas/las matemáticas** être doué(e)
pour les langues/les mathématiques; **tener ~ de adaptación/de trabajo** avoir
une capacité d'adaptation/de travail; **capacidad adquisitiva** pouvoir *m* d'achat.

**capacitar** [kapaθi'tar] *vt*: **~ a algn para**
préparer qn à.

**capar** [ka'par] *vt* castrer.

**caparazón** [kapara'θon] *nm* (*de ave*) car-
casse *f*; (*de tortuga*) carapace *f*.

**capataz** [kapa'taθ] *nm* contremaître *m*.

**capaz** [ka'paθ] *adj* capable; **ser ~ de** (*hacer*) être capable de (faire); **es ~ que venga mañana** (AM) il viendra probablement
demain.

**capcioso, -a** [kap'θjoso, a] *adj*: **pregunta
capciosa** question *f* captieuse.

**capellán** [kape'ʎan] *nm* aumônier *m*; (*sacerdote*) chapelain *m*.

**caperuza** [kape'ruθa] *nf* capuche *f*; (*de bolígrafo*) capuchon *m*.

**capicúa** [kapi'kua] *adj inv* palindrome ♦ *nf*
nombre *m* palindrome.

**capilla** [ka'piʎa] *nf* chapelle *f*; **capilla ardiente** chapelle ardente.

**capital** [kapi'tal] *adj* (*tb* JUR) capital(e) ♦ *nm*
capital *m* ♦ *nf* capitale *f*; **inversión de ~es**
investissement *m* de capitaux; **capital activo** capital circulant o d'exploitation; **capital arriesgado** o **riesgo** capital-risques
*msg*; **capital autorizado** o **social** capital
social; **capital emitido** capital émis; **capital en acciones** capital en actions; **capital improductivo/pagado** capital
improductif/versé; **capital invertido** o
**utilizado** capital investi, mise *f* de fonds.

**capitalismo** [kapita'lismo] *nm* capitalisme
*m*.

**capitalista** [kapita'lista] *adj, nm/f* capitaliste *m/f*.

**capitán** [kapi'tan] *nm* capitaine *m*; **capitán**

**general** ≈ général *m* de corps d'armée.

**capitanear** [kapitane'ar] *vt* commander;
(*equipo*) être le capitaine de; (*pandilla, expedición*) être à la tête de.

**capitulación** [kapitula'θjon] *nf* capitu-
lation *f*; **capitulaciones matrimoniales**
contrat *msg* de mariage.

**capitular** [kapitu'lar] *vi* capituler.

**capítulo** [ka'pitulo] *nm* chapitre *m*.

**capó** [ka'po] *nm* capot *m*.

**capón** [ka'pon] *nm* (*pollo*) chapon *m*; (*golpe*) tape *f* sur la tête.

**capota** [ka'pota] *nf* (*de coche*) capote *f*.

**capote** [ka'pote] *nm* (*de militar*) capote *f*;
(*de torero*) cape *f*; **echar un ~ a algn**
prêter main forte à qn.

**capricho** [ka'pritʃo] *nm* caprice *m*; **darse
un ~** s'offrir un caprice.

**caprichoso, -a** [kapri'tʃoso, a] *adj* ca-
pricieux(-euse).

**Capricornio** [kapri'kornjo] *nm* (ASTROL) Capricorne *m*; **ser ~** être (du) Capricorne.

**cápsula** ['kapsula] *nf* capsule *f*; **cápsula espacial** capsule spatiale.

**captar** [kap'tar] *vt* (*indirecta, sentido*) saisir;
(RADIO) capter; (*atención, apoyo*) attirer.

**captura** [kap'tura] *nf* capture *f*.

**capturar** [kaptu'rar] *vt* capturer.

**capucha** [ka'putʃa] *nf*, **capuchón**
[kapu'tʃon] *nm* capuche *f*; (*de bolígrafo*)
capuchon *m*.

**capullo** [ka'puʎo] *nm* (ZOOL) cocon *m*; (BOT)
bouton *m*; (*fam!*) corniaud *m*; **capullo de
rosa** bouton de rose.

**caqui** ['kaki] *adj inv* kaki *inv* ♦ *nm* (*fruta*)
kaki *m*.

**cara** ['kara] *nf* visage *m*, face *f*; (*expresión*)
mine *f*; (*de disco, papel*) face; (*fam: descaro*) culot *m*, toupet *m* ♦ *adv*: **(de) ~ a** vis à
vis de, face à; **de ~** de face; **decir algo ~
a ~** dire qch en face; **mirar ~ a ~** regarder
bien en face; **dar la ~** ne pas se dérober;
**echar algo en ~ a algn** reprocher qch à
qn; **¿~ o cruz?** pile ou face?; **poner/tener
~ de** prendre/avoir un air de; **¡qué ~ más
dura!** quel culot!, en voilà du toupet!; **tener buena/mala ~** avoir bonne/mauvaise
mine; (*herida, asunto, guiso*) avoir bon/
mauvais aspect; **tener mucha ~** avoir un
culot monstre; **de una ~** (*disquete*) d'une
seule face.

**carabina** [kara'βina] *nf* carabine *f*; (*persona*) chaperon *m*.

**Caracas** [ka'rakas] *n* Caracas.

**caracol** [kara'kol] *nm* escargot *m*; *(concha)* coquille *f* d'escargot; *(rizo)* boucle *f*; *(esp AM)* coquillage *m*; **escalera de ~** escalier *m* en colimaçon.

**carácter** [ka'rakter] *(pl* **caracteres)** *nm* caractère *m*; **tener buen/mal ~** avoir bon/mauvais caractère; **carácter alfanumérico** caractère alphanumérique; **carácter de cambio de página** *(INFORM)* caractère de changement de page; **caracteres de imprenta** caractères *mpl* d'imprimerie.

**característica** [karakte'ristika] *nf* caractéristique *f*.

**característico, -a** [karakte'ristiko, a] *adj* caractéristique.

**caracterizar** [karakteri'θar] *vt* caractériser; *(TEATRO)* bien interpréter; **caracterizarse** *vpr (TEATRO)* se mettre en costume; **~se por** se caractériser par.

**caradura** [kara'ðura] *nm/f*: **es un ~** c'est un malotru.

**carajillo** [kara'xiʎo] *nm* café *m* mêlé de cognac.

**carajo** [ka'raxo] *(fam!)* *nm*: **¡~!** merde! *(fam!)*; **¡qué ~!** et quoi encore!, mon œil!; **me importa un ~** je m'en fous pas mal!; **¡vete al ~!** va te faire voir!

**caramba** [ka'ramba] *excl* dis donc!, mince alors!

**carámbano** [ka'rambano] *nm* glaçon *m*.

**caramelo** [kara'melo] *nm* bonbon *m*; *(azúcar fundido)* caramel *m*.

**carátula** [ka'ratula] *nf* masque *m*; *(de libro)* titre *m*; **la ~** le théâtre.

**caravana** [kara'βana] *nf* caravane *f*; *(de vehículos, gente)* file *f*; *(AUTO)* bouchon *m*.

**carbón** [kar'βon] *nm* charbon *m*; **papel ~** carbone *m*; **al ~** au charbon; **carbón de leña** o **vegetal** charbon de bois.

**carboncillo** [karβon'θiʎo] *nm* fusain *m*.

**carbonilla** [karβo'niʎa] *nf* poussière *f* de charbon.

**carbonizar** [karβoni'θar] *vt* carboniser; **quedar carbonizado** être réduit en cendres.

**carbono** [kar'βono] *nm* carbone *m*.

**carburador** [karβura'ðor] *nm* carburateur *m*.

**carburante** [karβu'rante] *nm* carburant *m*.

**carcajada** [karka'xaða] *nf* éclat *m* de rire; **reír(se) a ~s** éclater de rire.

**cárcel** ['karθel] *nf* prison *f*, maison *f* d'arrêt.

**carcelero, -a** [karθe'lero, a] *nm/f* gardien(ne) de prison.

**carcoma** [kar'koma] *nf* termite *m*.

**carcomer** [karko'mer] *vt* manger, ronger; *(salud, confianza)* miner; **carcomerse** *vpr*: **~se de** être rongé(e) par.

**cardar** [kar'ðar] *vt* carder.

**cardenal** [karðe'nal] *nm* cardinal *m*; *(MED)* bleu *m*.

**cardiaco, -a** [kar'ðjako, a], **cardíaco, -a** [kar'ðiako, a] *adj* cardiaque; **estar ~** *(fam)* être énervé(e).

**cardinal** [karði'nal] *adj* *(GRAMÁTICA)* cardinal(e); **puntos ~es** points *mpl* cardinaux.

**cardo** ['karðo] *nm (comestible)* cardon *m*; *(espinoso)* chardon *m*; **ser un ~** *(fam)* être laid(e) comme un pou; *(arisco)* être grincheux(-euse).

**carecer** [kare'θer] *vi*: **~ de** manquer de.

**carencia** [ka'renθja] *nf* manque *m*; *(escasez)* carence *f*.

**carente** [ka'rente] *adj*: **~ de** dépourvu(e) de.

**carestía** [kares'tia] *nf* *(COM)* cherté *f*; *(escasez)* pénurie *f*; **época de ~** période *f* de pénurie.

**careta** [ka'reta] *nf* masque *m*; **quitarle a algn la ~** démasquer qn; **careta antigás** masque à gaz.

**carga** ['karɣa] *nf* charge *f*; *(de barco, camión)* chargement *m*, cargaison *f*; *(de bolígrafo, pluma)* cartouche *f*, recharge *f*; *(INFORM)* chargement; **de ~** *(animal)* de charge; **buque de ~** cargo *m*; **la ~ fiscal** la charge fiscale; **zona de ~ y descarga** zone *f* de livraisons; **carga aérea** fret *m* aérien; **carga afectiva** charge affective; **carga explosiva** charge explosive; **carga útil** charge utile.

**cargado, -a** [kar'ɣaðo, a] *adj* chargé(e); *(café, té)* serré(e), fort(e); *(ambiente)* raréfié(e), vicié(e); **~ de hombros/espalda** les épaules voûtées/le dos voûté.

**cargamento** [karɣa'mento] *nm* chargement *m*, cargaison *f*.

**cargar** [kar'ɣar] *vt* charger; *(impuesto)* imposer, taxer; *(COM)* débiter ♦ *vi* charger; **cargarse** *vpr (fam: estropear)* bousiller; *(: matar)* liquider; *(: ley, proyecto)* supprimer; *(: suspender)* recaler, coller; *(ELEC)* se charger; *(cielo, nubes)* se couvrir; **te la vas a ~** *(fam)* cela va te coûter cher; **~ las tintas** forcer la note; **~ (contra)** charger (contre); ~ **con** porter; (*responsabilidad*) assumer; **los indecisos me cargan** les gens indécis me portent sur les nerfs; ~ **a o en la espalda** prendre sur son dos; ~**se de** (*de dinero*) se munir de; (*de paquetes*) se charger de; (*de obligaciones*) assumer.

**cargo** ['karʁo] *nm* (*COM etc*) débit *m*; (*puesto*) charge *f*; ~**s** *nmpl* (*JUR*) accusations *fpl*; **altos ~s** (*COM*) cadres *mpl* supérieurs; (*POL*) autorités *fpl*; **una cantidad en ~ a algn** une somme portée au compte de qn; **estar a(l) ~ de** être à (la) charge de; **hacerse ~ de** (*de deudas, poder*) assumer; (*darse cuenta de*) se rendre compte de; **me da ~ de conciencia** cela me donne de remords.

**carguero** [kar'ʁero] *nm* cargo *m*; (*avión*) avion-cargo *m*.

**Caribe** [ka'riβe] *nm*: **el ~** les Caraïbes *fpl*.

**caribeño, -a** [kari'βeɲo, a] *adj* des Caraïbes.

**caricatura** [karika'tura] *nf* caricature *f*.

**caricia** [ka'riθja] *nf* caresse *f*.

**caridad** [kari'ðað] *nf* charité *f*; **obras de ~** œuvres *fpl* de charité; **vivir de la ~** vivre de la charité.

**caries** ['karjes] *nf inv* carie *f*.

**cariño** [ka'riɲo] *nm* affection *f*; **sí, ~** oui, chéri; **sentir ~ por/tener ~ a** ressentir/avoir de l'affection pour; **tomar ~ a algn** s'attacher à qn; **hacer algo con ~** prendre plaisir à faire qch.

**cariñoso, -a** [kari'ɲoso, a] *adj* affectueux (-euse); "**saludos ~s**" "affectueusement".

**carisma** [ka'risma] *nm* charisme *m*.

**caritativo, -a** [karita'tiβo, a] *adj* charitable.

**cariz** [ka'riθ] *nm* (*de los acontecimientos*) tournure *f*.

**carmesí** [karme'si] *adj* cramoisi(e) ♦ *nm* cramoisi *m*.

**carmín** [kar'min] *nm* carmin *m*; **carmín (de labios)** rouge *m* (à lèvres).

**carnal** [kar'nal] *adj* charnel(le); **primo ~** cousin *m* germain.

**carnaval** [karna'βal] *nm* carnaval *m*.

---

**Carnaval**

*Les réjouissances du **Carnaval** se déroulent pendant les trois jours qui précèdent le début du carême ("Cuaresma"). En déclin sous le régime franquiste, le carnaval connaît aujourd'hui un regain de popula-*

---

*rité dans toute l'Espagne. Le carnaval de Cadix et celui de Tenerife sont particulièrement renommés pour leur animation : défilés, feux d'artifice et déguisements souvent somptueux.*

---

**carne** ['karne] *nf* chair *f*; (*CULIN*) viande *f*; ~**s** *nfpl* (*fam*) graisse *fsg*; **en ~ viva** à vif; **en ~ y hueso** en chair et en os; **carne de cañón** chair à canon; **carne de cerdo/de cordero** viande de porc/d'agneau; **carne de gallina** chair de poule; **carne de membrillo** gelée *f* de coing; **carne de ternera/de vaca** viande de veau/de bœuf; **carne picada** viande hachée.

**carné** [kar'ne] *nm* = **carnet**.

**carnero** [kar'nero] *nm* veau *m*.

**carnet** [kar'ne] (*pl* ~**s**) *nm*: ~ **de conducir** permis *msg* de conduire; **carnet de identidad** carte *f* d'identité; **carnet de socio** carte de membre.

**carnicería** [karniθe'ria] *nf* boucherie *f*.

**carnicero, -a** [karni'θero, a] *adj* carnassier(-ière); (*pájaro, ave*) de proie ♦ *nm/f* boucher(-ère).

**carnívoro, -a** [kar'niβoro, a] *adj* carnivore ♦ *nm* carnivore *m*.

**carnoso, -a** [kar'noso, a] *adj* charnu(e).

**caro, -a** ['karo, a] *adj* cher(chère) ♦ *adv* cher; **te costará/lo pagarás ~** (*fig*) cela te coûtera/tu le paieras cher.

**carpa** ['karpa] *nf* carpe *f*; (*de circo*) chapiteau *m*; (*AM*) tente *f*.

**carpeta** [kar'peta] *nf* dossier *m*, chemise *f*; ~ **(de anillas)** classeur *m*.

**carpintería** [karpinte'ria] *nf* menuiserie *f*.

**carpintero** [karpin'tero] *nm* menuisier *m*; **pájaro ~** pic *m*.

**carraspear** [karraspe'ar] *vi* (*toser*) se racler la gorge, s'éclaircir la gorge.

**carrera** [ka'rrera] *nf* course *f*; (*UNIV*) études *fpl*; (*profesión*) carrière *f*; **tienes una ~ en las medias** tes bas sont filés; **aquí se te cogen ~s a las medias** ici on reprise les bas; **a la ~** à toute vitesse; **darse o echar o pegar una ~** filer à toute allure o à toutes jambes; **de ~s** de course; **en una ~** d'une traite; **carrera de armamentos/ de obstáculos** course aux armements/ d'obstacles.

**carreta** [ka'rreta] *nf* charrette *f*.

**carrete** [ka'rrete] *nm* pellicule *f*; (*TEC*) bobine *f*.

**carretera** [karre'tera] *nf* route *f;* **carretera de circunvalación** boulevard *m* périphérique; **carretera nacional/secundaria** route nationale/secondaire.

**carretilla** [karre'tiʎa] *nf* brouette *f.*

**carril** [ka'rril] *nm* chemin *m;* (*de autopista*) file *f,* voie *f;* (*FERRO*) voie.

**carril-bici** [karril'βiθi] (*pl* ~es~) *nm* piste *f* cyclable.

**carrillo** [ka'rriʎo] *nm* joue *f.*

**carrito** [ka'rrito] *nm* chariot *m,* caddie *m.*

**carro** ['karro] *nm* chariot *m;* (*con dos ruedas*) charrette *f;* (*AM*) voiture *f;* ¡para el ~! arrête là!, c'est bon, ça suffit!; **carro blindado/de combate** char *m* d'assaut/ de combat.

**carrocería** [karroθe'ria] *nf* carrosserie *f.*

**carroña** [ka'rroɲa] *nf* charogne *f.*

**carroza** [ka'rroθa] *nf* carrosse *m;* (*en desfile*) char *m* ♦ *nm/f* croulant(e), vieux schnock(vieille taupe).

**carta** ['karta] *nf* lettre *f;* (*NAIPES*) carte *f;* (*JUR*) charte *f;* **a la ~** à la carte; **dar ~ blanca a algn** donner carte blanche à qn; **echar una ~ (al correo)** mettre une lettre (à la poste); **echar las ~s a algn** tirer les cartes à qn; **tomar ~s en el asunto** intervenir dans l'affaire; **carta certificada** lettre recommandée; **carta de ajuste** (*TV*) mire *f;* **carta de crédito documentaria** lettre de crédit; **carta de crédito irrevocable** (*COM*) lettre de crédit irrévocable; **carta de pedido** bon *m* de commande; **carta de vinos** carte des vins; **carta marítima** carte marine; **carta urgente** lettre urgente; **carta verde** carte verte.

**cartabón** [karta'βon] *nm* équerre *f.*

**cartel** [kar'tel] *nm* affiche *f;* (*COM*) cartel *m,* trust *m;* **en ~** à l'affiche.

**cartelera** [karte'lera] *nf* rubrique *f;* (*en la calle*) panneau *m* d'affichage; (*en París*) colonne *f* Morris; **lleva mucho/poco tiempo en ~** il est à l'affiche depuis longtemps/peu.

**cartera** [kar'tera] *nf* (*tb:* ~ **de bolsillo**) portefeuille *m;* (*de cobrador*) serviette *f;* (*de colegial*) cartable *m;* (*AM*) sac à main *m;* **ministro sin ~** (*POL*) ministre *m* sans portefeuille; **ocupa la ~ de Agricultura** il occupe le portefeuille de l'Agriculture; **tener algo en ~** avoir qch de prévu; **efectos en ~** (*ECON*) avoirs *mpl* fonciers; **cartera de mano** serviette, porte-documents *m inv;*

**cartera de pedidos** carnet *m* de commandes; *V tb* **cartero.**

**carterista** [karte'rista] *nm/f* pickpocket *m,* voleur(-euse) à la tire.

**cartero, -a** [kar'tero] *nm/f* facteur(-trice).

**cartilla** [kar'tiʎa] *nf* livret *m* scolaire; **cartilla de ahorros** livret de caisse d'épargne; **cartilla de racionamiento** carte *f* de rationnement.

**cartón** [kar'ton] *nm* carton *m;* (*de tabaco*) cartouche *f;* **de ~** en carton; **cartón piedra** papier *m* mâché.

**cartucho** [kar'tutʃo] *nm* cartouche *f;* (*cucurucho*) cornet *m;* **cartucho de datos** (*INFORM*) chargeur *m.*

**cartulina** [kartu'lina] *nf* bristol *m.*

**CASA** ['kasa] (*ESP*) *sigla f* (*AVIAT*) = Construcciones Aeronáuticas S.A.

**casa** ['kasa] *nf* maison *f;* **sentirse como en su ~** se sentir comme chez soi; **ir a ~** rentrer chez soi; **salir de ~** sortir de chez soi; **irse de ~** faire sa malle; **él es como de la ~** c'est comme s'il était de la famille; **llevar la ~** tenir sa maison; **echar la ~ por la ventana** (*gastar*) jeter l'argent par les fenêtres; (*recibir a lo grande*) mettre les petits plats dans les grands; **casa consistorial** hôtel *m* de ville, mairie *f;* **casa de campo** maison de campagne; **casa de citas/de discos** maison de rendez-vous/ de disques; **casa de fieras** ménagerie *f;* **casa de huéspedes** pension *f* de famille; **casa de la moneda** hôtel des monnaies; **casa de socorro** dispensaire *m.*

**casado, -a** [ka'saðo, a] *adj, nm/f* marié(e).

**casamiento** [kasa'mjento] *nm* mariage *m.*

**casar** [ka'sar] *vt* marier ♦ *vi:* ~ **(con)** aller bien (avec); **casarse** *vpr:* ~se **(con)** se marier (avec); ~se **por lo civil/por la Iglesia** se marier civilement/religieusement.

**cascabel** [kaska'βel] *nm* grelot *m;* (*ZOOL*) serpent *m* à sonnettes.

**cascada** [kas'kaða] *nf* cascade *f;* **en ~** en cascade.

**cascanueces** [kaska'nweθes] *nm inv* casse-noisettes *msg.*

**cascar** [kas'kar] *vt* casser; (*fam: golpear*) tabasser ♦ *vi* (*fam*) papoter; (: *morir*) clamser; **cascarse** *vpr* se casser; (*voz*) s'érailler.

**cáscara** ['kaskara] *nf* coquille *f;* (*de fruta*) pelure *f;* (*de patata*) épluchure *f;* (*de limón, naranja*) écorce *f.*

**casco** ['kasko] *nm* casque *m;* (NÁUT) coque *f;* (ZOOL) sabot *m;* (*pedazo roto*) tesson *m;* **~s** *nmpl* (*fam: cabeza*) cervelle *fsg;* (*: auriculares*) écouteurs *mpl;* **el ~ antiguo** la vieille ville; **el ~ urbano** le centre ville.

**caserío** [kase'rio] *nm* hameau *m;* (*casa*) manoir *m.*

**casero, -a** [ka'sero, a] *adj* (*cocina*) maison; (*remedio*) de bonne femme; (*trabajos*) domestique ♦ *nm/f* propriétaire *m/f;* (COM) syndic *m;* **"comida casera"** "cuisine maison"; **pan ~** pain *m* de ménage; **ser muy ~** être très casanier(-ière).

**caseta** [ka'seta] *nf* baraque *f;* (*de perro*) niche *f;* (*para bañista*) cabine *f;* (*de feria*) stand *m.*

**casete** [ka'sete] *nm* magnétophone *m* ♦ *nf* cassette *f.*

**casi** ['kasi] *adv* presque; **~ nunca/nada** presque jamais/rien; **~ te caes** tu as manqué (de) *o* failli tomber.

**casilla** [ka'siʎa] *nf* casier *m;* (AJEDREZ, *en crucigrama*) case *f;* **sacar a algn de sus ~s** faire sortir qn de ses gonds; **Casilla de Correo(s)** (AM) boîte *f* postale.

**casillero** [kasi'ʎero] *nm* casier *m;* (*marcador*) tableau *m*, marqueur *m.*

**casino** [ka'sino] *nm* casino *m;* (*asociación*) cercle *m*, club *m.*

**caso** ['kaso] *nm* cas *msg;* **en ~ de ...** en cas de ...; **en ~ (de) que venga** au cas où il viendrait; **el ~ es que** le fait est que; **en el mejor/peor de los ~s** dans le meilleur/pire des cas; **en ese ~** dans ce cas; **en todo ~** en tout cas; **en último ~** en dernier recours; **¡eres un ~!** tu es un cas!; **(no) hacer ~ a** *o* **de algo/algn** (ne pas) faire cas de qch/qn; **hacer ~ omiso de** faire fi de; **hacer** *o* **venir al ~** venir à propos; **yo en tu ~ ...** moi, à ta place ..., moi, si j'étais à ta place ...

**caspa** ['kaspa] *nf* (*en pelo*) pellicule *f.*

**cassette** [ka'set] *nm, nf* = **casete**.

**casta** ['kasta] *nf* race *f;* (*clase social*) caste *f;* (*de persona*) lignée *f.*

**castaña** [kas'taɲa] *nf* châtaigne *f*, marron *m;* (*fam: tb:* **~zo**) gnon *m*, marron; (*:* AUT) gnon; (*: puñetazo*) châtaigne, coup *m* de poing; **castaña pilonga** châtaigne sèche.

**castañetear** [kastaɲete'ar] *vi:* **le castañetean los dientes** il claque des dents.

**castaño, -a** [kas'taɲo, a] *adj* marron; (*pelo*) brun(e) ♦ *nm* châtaignier *m*, marronnier *m;* **castaño de Indias** marronnier des Indes.

**castañuelas** [kasta'ɲwelas] *nfpl* castagnettes *fpl.*

**castellano, -a** [kaste'ʎano, a] *adj* castillan(e) ♦ *nm/f* (*persona*) Castillan(e) ♦ *nm* (LING) castillan *m.*

> **castellano**
>
> *Le terme* ***castellano*** *est aujourd'hui le mot plus couramment utilisé en Espagne et en Amérique hispanophone pour désigner la langue espagnole. Le mot "espagnol" est en effet trop étroitement lié en concept d'Espagne en tant que nation. Certains continuent toutefois à penser que* ***castellano*** *devrait être réservé à la variété d'espagnol parlée en Castille.*

**castidad** [kasti'ðað] *nf* chasteté *f.*

**castigar** [kasti'ɣar] *vt* punir, châtier; (*cuerpo, campos*) affecter; (DEPORTE) pénaliser.

**castigo** [kas'tiɣo] *nm* punition *f;* (DEPORTE) pénalisation *f;* (*fig*) enfer *m.*

**Castilla** [kas'tiʎa] *nf* Castille *f.*

**castillo** [kas'tiʎo] *nm* château *m;* **hacer ~s en el aire** bâtir des châteaux en Espagne; **castillo de popa** dunette *f.*

**castizo, -a** [kas'tiθo, a] *adj* (LING) pur(e); (*auténtico*) de pure souche.

**casto, -a** ['kasto, a] *adj* chaste.

**castor** [kas'tor] *nm* castor *m.*

**castrar** [kas'trar] *vt* châtrer.

**castrense** [kas'trense] *adj* militaire.

**casual** [ka'swal] *adj* fortuit(e).

**casualidad** [kaswali'ðað] *nf* hasard *m;* **dar la ~ (de) que** se trouver que; **se da la ~ que ...** il se trouve que ...; **por ~** par hasard; **¡qué ~!** quel hasard!

**cataclismo** [kata'klismo] *nm* cataclysme *m.*

**catalán, -ana** [kata'lan, ana] *adj* catalan(e) ♦ *nm/f* Catalan(e) ♦ *nm* (LING) catalan *m.*

**catalizador** [kataliθa'ðor] *nm* catalyseur *m.*

**catalogar** [katalo'ɣar] *vt* cataloguer; **~ a algn de** cataloguer qn comme.

**catálogo** [ka'taloɣo] *nm* catalogue *m.*

**Cataluña** [kata'luɲa] *nf* Catalogne *f.*

**catar** [ka'tar] *vt* goûter.

**catarata** [kata'rata] *nf* cataracte *f.*

**catarro** [ka'tarro] *nm* rhume *m.*

**catástrofe** [ka'tastrofe] *nf* catastrophe *f.*

**catastrófico, -a** [katas'trofiko, a] *adj* catastrophique.

**catear** [kate'ar] (*fam*) *vt* recaler, coller.

**cátedra** ['kateðra] *nf* chaire *f*; **sentar ~ sobre un argumento** argumenter comme un expert; (*pey*) étaler sa science.

**catedral** [kate'ðral] *nf* cathédrale *f*.

**catedrático, -a** [kate'ðratiko, a] *nm/f* professeur *m*.

**categoría** [kateɣo'ria] *nf* catégorie *f*; **de ~ de classe; de segunda ~** de seconde catégorie; **un empleo de baja ~** un emploi subalterne; **no tiene ~** il n'a aucune classe.

**categórico, -a** [kate'ɣoriko, a] *adj* catégorique.

**cateto, -a** [ka'teto, a] *nm/f* (*pey*) rustre *m*, péquenaud(e) (*fam*) ♦ *nm* (*GEOM*) côté *m*.

**catolicismo** [katoli'θismo] *nm* catholicisme *m*.

**católico, -a** [ka'toliko, a] *adj, nm/f* catholique *m/f*.

**catorce** [ka'torθe] *adj inv, nm inv* quatorze *m inv*; *V tb* **seis**.

**cauce** ['kauθe] *nm* (*de río*) lit *m*; (*fig*) voie *f*.

**caucho** ['kautʃo] *nm* caoutchouc *m*; (*AM*) pneu *m*; **de ~** en caoutchouc.

**caución** [kau'θjon] *nf* caution *f*.

**caudal** [kau'ðal] *nm* débit *m*; (*fortuna*) fortune *f*, capital *m*; (*abundancia*) abondance *f*.

**caudaloso, -a** [kauða'loso, a] *adj* à fort débit.

**caudillo** [kau'ðiʎo] *nm* chef *m*; **el C~** le Caudillo, *le général Franco*.

**causa** ['kausa] *nf* cause *f*; **a/por ~ de** à/pour cause de.

**causar** [kau'sar] *vt* causer.

**cautela** [kau'tela] *nf* précaution *f*, prudence *f*.

**cauteloso, -a** [kaute'loso, a] *adj* prudent(e).

**cautivar** [kauti'βar] *vt* captiver.

**cautiverio** [kauti'βerjo] *nm*, **cautividad** [kautiβi'ðað] *nf* captivité *f*.

**cautivo, -a** [kau'tiβo, a] *adj, nm/f* captif (-ive).

**cauto, -a** ['kauto, a] *adj* prudent(e), avisé(e).

**cava** ['kaβa] *nm* cava *m*, *équivalent du "champagne" français* ♦ *nf* cave *f*.

**cavar** [ka'βar] *vt, vi* creuser.

**caverna** [ka'βerna] *nf* caverne *f*.

**cavidad** [kaβi'ðað] *nf* cavité *f*.

**cavilar** [kaβi'lar] *vi*: **~ (sobre)** méditer (sur).

**cayado** [ka'jaðo] *nm* (*de pastor*) houlette *f*; (*de obispo*) houlette, crosse *f*.

**cayendo** *etc* [ka'jendo] *vb V* **caer.**

**caza** ['kaθa] *nf* chasse *f* ♦ *nm* (*AVIAT*) chasseur *m*; **dar ~ a** faire la chasse à; **ir de ~** aller à la chasse; **andar a la ~ de algo/algn** être à l'affût de qch/qn; **caza furtiva** braconnage *m*; **caza mayor/menor** gros/menu gibier *m*.

**cazador, a** [kaθa'ðor, a] *adj, nm/f* chasseur(-euse); **cazador furtivo** braconnier *m*.

**cazadora** [kaθa'ðora] *nf* blouson *m*.

**cazar** [ka'θar] *vt* (*buscar*) chasser; (*perseguir*) pourchasser; (*coger*) attraper; (*indirecta, intención*) saisir; (*marido*) dénicher; **~las al vuelo** ne rien laisser passer.

**cazo** ['kaθo] *nm* (*cacerola*) poêlon *m*; (*cucharón*) louche *f*.

**cazuela** [ka'θwela] *nf* (*vasija*) marmite *f*; (*guisado*) ragoût *m*.

**c/c.** *abr* (*COM* = *cuenta corriente*) CC (= *compte courant*).

**CD** *sigla m* (= *compact disc*) CD *m* (= *compact disc*); (*POL* = *Cuerpo Diplomático*) CD *m* (= *corps diplomatique*).

**c/d** (= *en casa de*) chez, aux bons soins de; (= *con descuento*) avec remise.

**CD-Rom** *sigla m* CD-Rom *m*.

**CE** *sigla m* (= *Consejo de Europa*) CE *m* (= *Conseil de l'Europe*) ♦ *sigla f* (= *Comunidad Europea*) CE *f* (= *Communauté européenne*).

**cebada** [θe'βaða] *nf* orge *f*.

**cebar** [θe'βar] *vt* (*animal*) gaver, engraisser; (*persona*) gaver; (*anzuelo*) amorcer; (*MIL, TEC*) charger; **cebarse** *vpr* se gaver; **~se en/con** s'acharner sur/à; **estar cebado** être gros comme une barrique.

**cebo** ['θeβo] *nm* appât *m*, amorce *f*; (*fig*) appât, leurre *m*.

**cebolla** [θe'βoʎa] *nf* oignon *m*.

**cebolleta** [θeβo'ʎeta] *nf* oignon *m* nouveau; (*en vinagre*) petit oignon blanc.

**cebra** ['θeβra] *nf* zèbre *m*; **paso de ~** passage *m* pour piétons.

**cecear** [θeθe'ar] *vi* zézayer.

**ceceo** [θe'θeo] *nm* zézaiement *m*.

**ceder** [θe'ðer] *vt* céder ♦ *vi* céder; (*disminuir*) diminuer; (*fiebre*) tomber; (*dolor*) s'apaiser; "**ceda el paso**" "cédez le passage".

**cedro** [ˈθeðɾo] nm cèdre m.

**cédula** [ˈθeðula] nf cédule f; **cédula de identidad** (AM) carte f d'identité; **cédula en blanco** billet m en blanc; **cédula hipotecaria** cédule hypothécaire.

**cegar** [θeˈɣar] vt aveugler; (tubería, ventana) boucher; **cegarse** vpr (fig) s'aveugler; **~se de ira** se fâcher tout rouge.

**ceguera** [θeˈɣera] nf cécité f.

**ceja** [ˈθexa] nf sourcil m; **~s pobladas** sourcils mpl fournis; **arquear las ~s** écarquiller les yeux; **fruncir las ~s** froncer les sourcils.

**cejar** [θeˈxar] vi: **(no) ~ en su empeño/propósito** (ne pas) renoncer à son engagement/dessein.

**celador, a** [θelaˈðor, a] nm/f (de hospital) gardien(ne); (de cárcel) gardien(ne) de prison.

**celda** [ˈθelda] nf cellule f; (de abejas) cellule, alvéole m o f.

**celebración** [θeleβraˈθjon] nf célébration f.

**celebrar** [θeleˈβrar] vt célébrer ♦ vi (REL) officier; **celebrarse** vpr se célébrer; **celebro que sigas bien** je suis ravi(e) que tu ailles bien.

**célebre** [ˈθeleβre] adj célèbre.

**celebridad** [θeleβriˈðað] nf célébrité f.

**celeste** [θeˈleste] adj (tb: **azul ~**) bleu ciel inv; (cuerpo, bóveda) céleste ♦ nm bleu m ciel.

**celestial** [θelesˈtjal] adj céleste.

**celibato** [θeliˈβato] nm célibat m.

**célibe** [ˈθeliβe] adj, nm/f célibataire m/f.

**celo** [ˈθelo] nm zèle m; (®: tb: **papel ~**) papier m collant, scotch m ®; **~s** nmpl (de niño, amante) jalousie fsg; **dar ~s a algn** rendre qn jaloux(-ouse); **tener ~s de algn** être jaloux(-ouse) de qn; **estar en ~** être en chaleur.

**celofán** [θeloˈfan] nm cellophane f.

**celoso, -a** [θeˈloso, a] adj jaloux(-ouse); **~ en** (el trabajo, cumplimiento) zélé(e) dans.

**célula** [ˈθelula] nf cellule f; **célula fotoeléctrica** cellule photoélectrique.

**celulitis** [θeluˈlitis] nf cellulite f.

**celulosa** [θeluˈlosa] nf cellulose f.

**cementerio** [θemenˈterjo] nm cimetière m; **cementerio de coches** cimetière de voitures, casse f.

**cemento** [θeˈmento] nm (argamasa) mortier m; (para construcción) ciment m; (AM: cola) colle f; **cemento armado** ciment armé.

**cena** [ˈθena] nf dîner m, souper m.

**cenagal** [θenaˈɣal] nm bourbier m.

**cenar** [θeˈnar] vt: **~ algo** manger qch pour le dîner ♦ vi souper, dîner.

**cenicero** [θeniˈθero] nm cendrier m.

**cenit** [θeˈnit] nm zénith m; (de carrera) sommet m, faîte m.

**ceniza** [θeˈniθa] nf cendre f; **~s** nfpl (de persona) cendres fpl.

**censo** [ˈθenso] nm recensement m; **censo electoral** recensement électoral.

**censura** [θenˈsura] nf censure f.

**censurar** [θensuˈrar] vt censurer.

**centella** [θenˈteʎa] nf étincelle f; (rayo) foudre f; **como una ~** comme la foudre.

**centellear** [θenteʎeˈar] vi étinceler; (estrella) scintiller.

**centenar** [θenteˈnar] nm centaine f.

**centenario, -a** [θenteˈnarjo, a] adj, nm centenaire m.

**centeno** [θenˈteno] nm seigle m.

**centésimo, -a** [θenˈtesimo, a] adj, nm/f centième m.

**centígrado** [θenˈtiɣraðo] adj centigrade.

**centímetro** [θenˈtimetro] nm centimètre m; **centímetro cuadrado/cúbico** centimètre carré/cube.

**céntimo** [ˈθentimo] nm centime m.

**centinela** [θentiˈnela] nm sentinelle f; **estar de ~** être de garde; **hacer de ~** monter la garde.

**centollo** [θenˈtoʎo] nm araignée f de mer.

**central** [θenˈtral] adj central(e) ♦ nf centrale f; **central eléctrica/nuclear** centrale électrique/nucléaire; **central sindical** centrale syndicale; **central térmica** centrale thermique.

**centralita** [θentraˈlita] nf standard m.

**centralizar** [θentraliˈθar] vt centraliser.

**centrar** [θenˈtrar] vt centrer; (interés, atención) attirer; (esfuerzo, trabajo) concentrer ♦ vi (DEPORTE) centrer; **centrarse** vpr s'adapter.

**céntrico, -a** [ˈθentriko, a] adj central(e); **zona céntrica** zone f centrale, quartier m central.

**centrifugar** [θentrifuˈɣar] vt essorer.

**centrista** [θenˈtrista] adj centriste.

**centro** [ˈθentro] nm centre m; **ser del ~** (POL) être au centre; **ser el ~ de las miradas** être le point de mire; **centro comercial** centre commercial; **centro de b**

neficios (COM) centre de profit; **centro de computación** centre de calcul; **centro (de determinación) de costes** centre (de détermination) des coûts; **centro de gravedad** centre de gravité; **centro de mesa** surtout *m* de table; **centro de salud** centre de santé; **centro docente** centre d'enseignement; **centro social** foyer *m* socio-éducatif; **centro turístico** centre touristique.

**centroamericano, -a** [θentroameri'kano, a] *adj* d'Amérique centrale ♦ *nm/f* natif (-ive) *o* habitant(e) d'Amérique centrale.

**ceñido, -a** [θe'ɲiðo, a] *adj* cintré(e).

**ceñir** [θe'ɲir] *vt* serrer; **ceñirse** *vpr* (*vestido*) coller; **~se a algo/a hacer algo** s'en tenir à qch/à faire qch.

**ceño** ['θeɲo] *nm* froncement *m*; **fruncir el ~** froncer les sourcils.

**CEOE** *sigla f* (= *Confederación Española de Organizaciones Empresariales*) ≈ CNPF *m*; (= *Conseil national du patronat français*).

**cepillar** [θepi'ʎar] *vt* brosser; (*madera*) raboter; **cepillarse** *vpr* (*fam*) liquider; (: *acostarse con algn*) se faire.

**cepillo** [θe'piʎo] *nm* brosse *f*; (*para madera*) rabot *m*; (REL) tronc *m*; **cepillo de dientes** brosse à dents.

**cera** ['θera] *nf* cire *f*; (*del oído*) cérumen *m*; **cera de abejas** cire d'abeilles.

**cerámica** [θe'ramika] *nf* céramique *f*; **de ~** en céramique.

**cerca** ['θerka] *nf* haie *f* ♦ *adv* (*en el espacio*) près; (*en el tiempo*) bientôt ♦ *prep*: **~ de** (*cantidad*) près de, environ; (*distancia*) près de; **de ~** de près; **por aquí ~** tout près d'ici.

**cercanía** [θerka'nia] *nf* proximité *f*; **~s** *nfpl* (*de ciudad*) alentours *mpl*; **tren de ~s** train *m* de banlieue.

**cercano, -a** [θer'kano, a] *adj* proche; (*pueblo etc*) voisin(e); **~ a** proche de; **C~ Oriente** Proche-Orient *m*.

**cercar** [θer'kar] *vt* clôturer; (*manifestantes*) encercler; (MIL) assiéger.

**cerciorar** [θerθjo'rar] *vt* (*asegurar*) assurer; **cerciorarse** *vpr*: **~se (de)** s'assurer (de).

**cerco** ['θerko] *nm* cercle *m*; (*de ventana, puerta*) cadre *m*; (AM) clôture *f*; (MIL) siège *m*.

**Cerdeña** [θer'ðeɲa] *nf* Sardaigne *f*.

**cerdo, -a** ['θerðo, a] *nm/f* cochon(truie); (*fam: persona sucia*) cochon(ne); (: *sin es-*

crúpulos) salaud *m*, salope *f*; **(carne de) ~** (viande *f* de) porc *m*.

**cereal** [θere'al] *nm* céréale *f*; **~es** *nmpl* (CULIN) céréales *fpl*.

**cerebral** [θere'βral] *adj* cérébral(e).

**cerebro** [θe'reβro] *nm* cerveau *m*; **ser un ~** être un cerveau; **es el ~ de la banda** c'est le cerveau de la bande.

**ceremonia** [θere'monja] *nf* cérémonie *f*; **hablar sin ~s** parler sans cérémonies.

**ceremonial** [θeremo'njal] *adj* (*traje*) de cérémonie; (*danza*) cérémoniel(le) ♦ *nm* cérémonial *m*.

**ceremonioso, -a** [θeremo'njoso, a] *adj* cérémonieux(-euse).

**cereza** [θe'reθa] *nf* cerise *f*.

**cerilla** [θe'riʎa] *nf*, **cerillo** [θe'riʎo] (AM) *nm* allumette *f*.

**cernerse** [θer'nerse] *vpr*: **~ sobre** (*tempestad*) menacer; (*desgracia*) planer sur.

**cero** ['θero] *nm* zéro *m*; **8 grados bajo ~** 8 degrés au dessous de zéro; **15 a ~** 15 à zéro; **a partir de ~** à zéro; **ser un ~ a la izquierda** être un zéro.

**cerrado, -a** [θe'rraðo, a] *adj* fermé(e); (*cielo*) couvert(e); (*curva*) en épingle à cheveux; (*poco sociable*) renfermé(e); (*bruto*) borné(e); (*acento*) marqué(e), prononcé(e); (*noche*) obscur(e); (*barba*) dru(e), fourni(e); **a puerta cerrada** à huis-clos.

**cerradura** [θerra'ðura] *nf* serrure *f*.

**cerrajero, -a** [θerra'xero, a] *nm/f* serrurier *m*.

**cerrar** [θe'rrar] *vt* fermer; (*paso, entrada*) barrer; (*sobre*) cacheter, fermer; (*debate, plazo*) clore, clôturer; (*cuenta*) clore, fermer ♦ *vi* fermer; **cerrarse** *vpr* se fermer; (*herida*) se refermer; **~ con llave** fermer à clef; **~ la marcha** fermer la marche; **~ el sistema** (INFORM) fermer *o* boucler le système; **~ un trato** conclure un marché; **¡cierra la boca!** la ferme!; **~se a algo** se refuser à qch, s'opposer à qch.

**cerro** ['θerro] *nm* tertre *m*; **irse por los ~s de Úbeda** divaguer, s'éloigner du sujet.

**cerrojo** [θe'rroxo] *nm* verrou *m*; **echar o correr el ~** verrouiller.

**certamen** [θer'tamen] *nm* concours *msg*.

**certero, -a** [θer'tero, a] *adj* adroit(e).

**certeza** [θer'teθa], **certidumbre** [θerti'ðumbre] *nf* certitude *f*; **tener la ~ de que** avoir la certitude que.

**certificado, -a** [θertifi'kaðo, a] *adj* re-

commandé(e) ♦ *nm* certificat *m*; **certificado médico** certificat médical.

**certificar** [θertifi'kar] *vt* certifier; (*CORREOS*)
envoyer en recommandé.

**cervatillo** [θerβa'tiʎo] *nm* faon *m*.

**cervecería** [θerβeθe'ria] *nf* brasserie *f*.

**cerveza** [θer'βeθa] *nf* bière *f*.

**cesante** [θe'sante] *adj* en disponibilité; (*AM*)
au chômage.

**cesar** [θe'sar] *vi* cesser; (*empleado*) se démettre de ses fonctions ♦ *vt* (*funcionario,
ministro*) démettre de ses fonctions; ~ **de
hacer** arrêter de faire; **sin** ~ sans cesse.

**cesárea** [θe'sarea] *nf* césarienne *f*.

**cese** ['θese] *nm* fin *f*; (*despido*) révocation *f*.

**césped** ['θespeð] *nm* gazon *m*, pelouse *f*;
(*DEPORTE*) gazon *m*.

**cesta** ['θesta] *nf* panier *m*; **cesta de la
compra** panier à provisions.

**cesto** ['θesto] *nm* panier *m*, corbeille *f*.

**cetro** ['θetro] *nm* sceptre *m*.

**chabacano, -a** [tʃaβa'kano, a] *adj* vulgaire
♦ *nm* (*MÉX*) abricot *m*.

**chabola** [tʃa'βola] *nf* cabane *f*; ~s *nfpl*
(*zona*) bidonville *m*.

**chacal** [tʃa'kal] *nm* chacal *m*.

**chacha** ['tʃatʃa] (*fam*) *nf* bonne *f*.

**cháchara** ['tʃatʃara] *nf*: **estar de** ~ parler à
bâtons rompus.

**chacra** ['tʃakra] (*AND, CSUR*) *nf* ferme *f*.

**chafar** [tʃa'far] *vt* (*pelo*) aplatir; (*hierba*)
coucher; (*ropa*) chiffonner; (*fig: planes*)
bouleverser.

**chal** [tʃal] *nm* châle *m*.

**chalado, -a** [tʃa'laðo, a] (*fam*) *adj* taré(e);
**estar** ~ **por algn** en pincer pour qn.

**chalé** [tʃa'le] (*pl* ~**s**) *nm* villa *f*; (*en la montaña*) chalet *m*.

**chaleco** [tʃa'leko] *nm* gilet *m*; **chaleco
antibala** gilet pare-balles; **chaleco salvavidas** gilet de sauvetage.

**chalet** [tʃa'le] (*pl* ~**s**) *nm* = **chalé**.

**champán** [tʃam'pan], **champaña** [tʃam-
'paɲa] *nm* champagne *m*.

**champú** [tʃam'pu] (*pl* ~**es**, ~**s**) *nm* shampooing *m*.

**chamuscar** [tʃamus'kar] *vt* roussir.

**chance** ['tʃanθe] (*AM*) *nm o f* occasion *f*.

**chancho, -a** ['tʃantʃo, a] (*AM*) *nm/f* porc *m*.

**chanchullo** [tʃan'tʃuʎo] (*fam*) *nm* magouille *f*.

**chandal** [tʃan'dal] *nm* survêtement *m*.

**chantaje** [tʃan'taxe] *nm* chantage *m*; **ha-**

**cer** ~ **a algn** faire chanter qn.

**chapa** ['tʃapa] *nf* (*de metal, insignia*) plaque
*f*; (*de madera*) planche *f*; (*de botella*) capsule *f*; (*AM*) serrure *f*; **de 3** ~**s** (*madera*) en
3 épaisseurs; **chapa (de matrícula)**
(*CSUR*) plaque d'immatriculation.

**chaparrón** [tʃapa'rron] *nm* averse *f*.

**chapotear** [tʃapote'ar] *vi* patauger.

**chapucero, -a** [tʃapu'θero, a] (*pey*) *adj*
(*trabajo*) bâclé(e) ♦ *nm/f*: **ser (un)** ~
bâcler son travail.

**chapurr(e)ar** [tʃapurr(e)'ar] *vt* (*idioma*) ba-
ragouiner.

**chapuza** [tʃa'puθa] *nf* bricole *f*; (*pey*) travail
*m* bâclé; (*trabajo extra*) travail supplémentaire.

**chapuzón** [tʃapu'θon] *nm*: **darse un** ~ faire trempette.

**chaqueta** [tʃa'keta] *nf* (*de lana*) gilet *m*;
(*de traje*) veste *f*; **cambiar de** ~ (*fig*) retourner sa veste.

**chaquetón** [tʃake'ton] *nm* veste *f*.

**charca** ['tʃarka] *nf* mare *f*.

**charco** ['tʃarko] *nm* flaque *f*.

**charcutería** [tʃarkute'ria] *nf* charcuterie *f*.

**charla** ['tʃarla] *nf* bavardage *m*; (*conferencia*) petit discours *msg*.

**charlar** [tʃar'lar] *vi* bavarder.

**charlatán, -ana** [tʃarla'tan, ana] *adj* ba-
vard(e) ♦ *nm/f* bavard(e); (*estafador*) char-
latan *m*.

**charol** [tʃa'rol] *nm* cuir *m* verni; (*AM*) plateau *m*; **de** ~ verni(e).

**chárter** ['tʃarter] *adj inv*: **vuelo** ~ vol *m*
charter.

**chascarrillo** [tʃaska'rriʎo] *nm* histoire *f*
drôle.

**chasco** ['tʃasko] *nm* (*desengaño*) déception
*f*; (*broma*) tour *m*; **me llevé un** ~ ça m'a
fait l'effet d'une douche froide.

**chasis** ['tʃasis] *nm inv* châssis *msg*.

**chasquear** [tʃaske'ar] *vt* faire claquer.

**chasquido** [tʃas'kiðo] *nm* claquement *m*;
(*de madera*) craquement *m*.

**chatarra** [tʃa'tarra] *nf* ferraille *f*; **estar hecho** *o* **ser una** ~ ne plus être qu'un vieux
tas de ferraille.

**chato, -a** ['tʃato, a] *adj* (*persona*) au nez
épaté; (*nariz*) épaté(e); (*PE, CHI: bajito*) pe-
tit(e) ♦ *nm* petit verre *m* (de vin); **hola,** ~
salut, vieux; **beber unos** ~**s** boire un pot.

**chaval, a** [tʃa'βal, a] *nm/f* gars *msg*, fille *f*;
**estás hecho un** ~ tu ne fais pas ton âge.

**checo(e)slovaco, -a** [tʃeko(e)sloˈβako, a] *adj* tchécoslovaque ♦ *nm/f* Tchécoslovaque *m/f*.

**Checo(e)slovaquia** [tʃeko(e)sloˈβakja] *nf* Tchécoslovaquie *f*.

**chepa** [ˈtʃepa] *nf* bosse *f*.

**cheque** [ˈtʃeke] *nm* chèque *m*; **cheque abierto/cruzado/en blanco** chèque non barré/à ordre/en blanc; **cheque al portador** chèque au porteur; **cheque de viaje** chèque de voyage; **cheque sin fondos** chèque sans provision.

**chequeo** [tʃeˈkeo] *nm* (MED) bilan *m* de santé; (AUTO) vérification *f*.

**chequera** [tʃeˈkera] (AM) *nf* chéquier *m*.

**chica** [ˈtʃika] *nf* fille *f*; **¿qué tal, ~?** alors, comment tu vas?; *V tb* **chico**.

**chicano, -a** [tʃiˈkano, a] *adj, nm/f* Chicano *m*.

**chícharo** [ˈtʃitʃaro] (MÉX) *nm* (guisante) petit pois *msg*.

**chichón** [tʃiˈtʃon] *nm* bosse *f* (à la tête).

**chicle** [ˈtʃikle] *nm* chewing-gum *m*.

**chico, -a** [ˈtʃiko, a] *adj* (esp AM) petit(e) ♦ *nm* (niño) petit garçon *m*; (muchacho) garçon.

**chiflado, -a** [tʃiˈflaðo, a] (fam) *adj* givré(e) ♦ *nm/f* taré(e); **estar ~ por algn** être fou/folle) de qn.

**chiflar** [tʃiˈflar] *vi* siffler; **le chiflan los helados** il raffole des glaces; **nos chifla montar en moto** on adore faire de la moto.

**Chile** [ˈtʃile] *nm* Chili *m*.

**chile** [ˈtʃile] *nm* piment *m* fort.

**chileno, -a** [tʃiˈleno, a] *adj* chilien(ne) ♦ *nm/f* Chilien(ne).

**chillar** [tʃiˈʎar] *vi* (persona) pousser des cris aigus; (animal) glapir.

**chillido** [tʃiˈʎiðo] *nm* (de persona) cri *m* aigu; (de animal) glapissement *m*.

**chillón, -ona** [tʃiˈʎon, ona] *adj* (niño) brailleur(-euse); (voz, color) criard(e).

**chimenea** [tʃimeˈnea] *nf* cheminée *f*; **~ de ventilación** bouche *f* d'aération.

**chimpancé** [tʃimpanˈθe] (pl **~s**) *nm* chimpanzé *m*.

**China** [ˈtʃina] *nf*: **la ~** la Chine.

**china** [ˈtʃina] *nf* caillou *m*; (porcelana) porcelaine *f*; (CSUR: india) indienne *f*; (: criada) domestique *f*; **te tocó la ~** tu as gagné le gros lot (iron); *V tb* **chino**.

**chinche** [ˈtʃintʃe] *nm/f* punaise *f*; **morirse como ~s** tomber comme des mouches.

**chincheta** [tʃinˈtʃeta] *nf* punaise *f*.

**chino, -a** [ˈtʃino, a] *adj* chinois(e) ♦ *nm/f* Chinois(e) ♦ *nm* (LING) chinois *msg*; (AND, CSUR: indio) indien *m*; (: criado) domestique *m*; (MÉX) boucle *f*; **trabajar como un ~** trimer.

**chipirón** [tʃipiˈron] *nm* petit calmar *m*.

**Chipre** [ˈtʃipre] *nf* Chypre *f*.

**chipriota** [tʃiˈprjota] *adj* chypriote ♦ *nm/f* Chypriote *m/f*.

**chiquillo, -a** [tʃiˈkiʎo, a] (fam) *nm/f* môme *m/f*.

**chirimoya** [tʃiriˈmoja] *nf* (BOT) anone *f*.

**chiringuito** [tʃirinˈgito] *nm* kiosque *m*.

**chiripa** [tʃiˈripa] *nf*: **por** o **de ~** sur un coup de pot.

**chirriar** [tʃiˈrrjar] *vi* (goznes) grincer; (pájaros) piailler.

**chirrido** [tʃiˈrriðo] *nm* grincement *m*.

**chis** [tʃis] *excl* chut.

**chisme** [ˈtʃisme] *nm* ragot *m*; (fam) truc *m*.

**chismoso, -a** [tʃisˈmoso, a] *adj* cancanier(-ère) ♦ *nm/f* commère *f*.

**chispa** [ˈtʃispa] *nf* étincelle *f*; (de lluvia) petite goutte *f*; **una ~** (fam) un tout petit peu; **estar que echa ~s** être énervé(e); **no tiene ni ~ de gracia** il n'a pas le moindre sens de l'humour.

**chispear** [tʃispeˈar] *vi* étinceler; (lloviznar) pleuvoter.

**chisporrotear** [tʃisporroteˈar] *vi* crépiter; (aceite) grésiller.

**chiste** [ˈtʃiste] *nm* histoire *f* drôle; **chiste verde** histoire cochonne.

**chistoso, -a** [tʃisˈtoso, a] *adj* (situación) comique; (persona) spirituel(le).

**chivo, -a** [ˈtʃiβo, a] *nm/f* chevreau(-vrette); **chivo expiatorio** tête *f* de turc.

**chocante** [tʃoˈkante] *adj* (sorprendente) choquant(e); (gracioso) drôle; **es ~ que sea así** c'est choquant que ce soit comme ça.

**chocar** [tʃoˈkar] *vi* (coches etc) cogner; (MIL, fig) s'affronter ♦ *vt* (copas) s'entrechoquer; (sorprender) choquer; **~ con** rentrer dans; (fig) s'accrocher avec; **¡chócala!** (fam) tope là!

**chochear** [tʃotʃeˈar] *vi* devenir gâteux(-euse).

**chocho, -a** [ˈtʃotʃo, a] *adj* gâteux(-euse); **estar ~ por algn/algo** raffoler de qn/qch.

**chocolate** [tʃokoˈlate] *adj* (AM) chocolat *inv* ♦ *nm* chocolat *m*; (fam: hachís) hasch *m*.

**...a** [tʃokola'tina] nf chocolat m.

**...er], chófer** [tʃo'fer] nm chauf-

**...** (fam) nm bon plan m.

**...** vb V **chocar** ♦ nm choc m; (impacto) impact m; (fig: disputa) heurt m.

**chorizo** [tʃo'riθo] nm chorizo m; (fam) voyou m.

**chorrear** [tʃorre'ar] vt dégouliner ♦ vi dégouliner; (gotear) goutter; **estar chorreando** être trempé(e).

**chorro** ['tʃorro] nm (de líquido) jet m; (de luz) filet m; (fig) flot m; **a ~s** à flots; **llover a ~s** pleuvoir des cordes; **salir a ~s** couler à flots; **propulsión a ~** propulsion f par réaction.

**choza** ['tʃoθa] nf hutte f.

**chubasco** [tʃu'βasko] nm bourrasque f.

**chubasquero** [tʃuβas'kero] nm ciré m.

**chuchería** [tʃutʃe'ria] nf babiole f; (para comer) amuse-gueule m inv.

**chuleta** [tʃu'leta] nf côte f; (ESCOL etc: fam) pompe f.

**chulo, -a** ['tʃulo, a] adj (fam: bonito) classe; (MÉX) beau(belle); (pey) effronté(e) ♦ nm effronté m; (matón) frimeur m; (madrileño) type des bas-fonds de Madrid; (tb: **~ de putas**) maquereau m; (AND) vautour m; **ponerse ~ (con algn)** faire l'insolent(e) (avec qn).

**chupar** [tʃu'par] vt (líquido) aspirer; (caramelo) sucer; (absorber) absorber; **chuparse** vpr (dedo) sucer; (mano) se lécher; (MED) s'émacier; **para ~se los dedos** à s'en lécher les babines.

**chupete** [tʃu'pete] nm sucette f.

**chupito** [tʃu'pito] nm (fam) petit verre m; **un ~ de whisky por favor** un baby s'il vous plaît.

**churro** ['tʃurro] nm ≈ beignet m; (fam) bricolage m; (AND, CSUR: fam) beau mec (belle fille).

---

churro

Les **churros**, ces longs beignets à base de farine et d'eau, sont très appréciés dans toute l'Espagne. On les déguste généralement au petit-déjeuner ou au goûter, en buvant du chocolat chaud épais. À Madrid, il en existe une variété plus grosse appelée "porra".

---

**chusma** ['tʃusma] (pey) nf foule f.

**chutar** [tʃu'tar] vi (DEPORTE) shooter; **esto va que chuta** (fam) ça marche comme sur des roulettes; **con 3.000 vas que chutas** (fam) tu auras assez avec 3 000 pesetas.

**Cía** abr (= compañía) Cie (= compagnie).

**cianuro** [θja'nuro] nm (QUÍM) cyanure m.

**cibercafé** [θiβerka'fe] nm cybercafé m.

**cibernauta** [θiβer'nauta] nm/f cybernaute m/f.

**cicatriz** [θika'triθ] nf cicatrice f.

**cicatrizar** [θikatri'θar] vt, vi cicatriser; **cicatrizarse** vpr se cicatriser.

**ciclismo** [θi'klismo] nm cyclisme m.

**ciclista** [θi'klista] adj, nm/f cycliste m/f; **vuelta ~** course f cycliste.

**ciclo** ['θiklo] nm cycle m.

**ciclomotor** [θiklomo'tor] nm cyclomoteur m.

**ciclón** [θi'klon] nm cyclone m.

**cicloturismo** [θiklotu'rismo] nm cyclotourisme m.

**ciego, -a** ['θjeʝo, a] vb V **cegar** ♦ adj aveugle; (CONSTR) bouché(e) ♦ nm/f aveugle m/f; **a ciegas** à l'aveuglette; **quedarse ~** devenir aveugle; **~ de ira** aveuglé(e) par la colère.

**cielo** ['θjelo] nm ciel m; (ARQ: tb: **~ raso**) faux-plafond m; **sí, ~** oui, mon ange; **¡~s!** Mon Dieu!, juste ciel!; **vimos el ~ abierto** la solution nous est apparue; **cielo de la boca** voûte f palatine.

**ciempiés** [θjem'pjes] nm inv mille-pattes m inv.

**cien** [θjen] adj inv, nm inv cent m; **al ~ por ~** à cent pour cent.

**ciénaga** ['θjenaʝa] nf marécage m.

**ciencia** ['θjenθja] nf science f; **saber algo a ~ cierta** être sûr(e) et certain(e) de qch; **ciencias empresariales** études fpl de commerce; **ciencias exactas** sciences fpl exactes, mathématiques fpl; **ciencias ocultas** sciences occultes.

**ciencia-ficción** ['θjenθjafik'θjon] nf science-fiction f.

**cieno** ['θjeno] nm vase f.

**científico, -a** [θjen'tifiko, a] adj, nm/f scientifique m/f.

**ciento** ['θjento] adj, nm cent m; **~ cuarenta** cent quarante; **el 10 por ~** dix pour cent.

**cierre** ['θjerre] vb V **cerrar** ♦ nm fermetur... f; (pulsera) fermoir m; (de emisión) fin...

**precio de** ~ cours *msg* de clôture; ~ **del sistema** (*INFORM*) clôture *f* du système; **cierre de cremallera** fermeture éclair; **cierre relámpago** (*AND, CSUR*) fermeture éclair.

**cierto, -a** ['θjerto, a] *adj* certain(e); ~ **hombre/día** un certain homme/jour; **ciertas personas** certaines personnes; **sí, es** ~ oui, c'est certain; **por** ~ à propos; **lo** ~ **es que ...** ce qui est sûr c'est que ...; **estar en lo** ~ avoir raison.

**ciervo** ['θjerβo] *nm* cerf *m*.

**cifra** ['θifra] *nf* chiffre *m*; **en** ~ codé(e); **cifra de negocios/de venta** chiffre d'affaires/de ventes; **cifra de referencia** prix *msg* de base; **cifra global** chiffre global.

**cifrar** [θi'frar] *vt* coder; (*esperanzas, felicidad*) placer; **cifrarse** *vpr*: ~**se en** s'élever à.

**cigala** [θi'xala] *nf* langoustine *f*.

**cigarra** [θi'xarra] *nf* cigale *f*.

**cigarrillo** [θixa'rriʎo] *nm* cigarette *f*.

**cigarro** [θi'xarro] *nm* cigarette *f*; (*puro*) cigare *m*.

**cigüeña** [θi'xweɲa] *nf* cigogne *f*.

**cilíndrico, -a** [θi'lindriko, a] *adj* cylindrique.

**cilindro** [θi'lindro] *nm* cylindre *m*.

**cima** ['θima] *nf* sommet *m*, cime *f*; (*de árbol*) cime; (*apogeo*) sommet.

**cimbrearse** [θimbre'arse] *vpr* se délhancher; (*ramas, tallos*) ployer.

**cimentar** [θimen'tar] *vt* (*edificio*) jeter les fondations de; (*consolidar*) cimenter; **cimentarse** *vpr*: ~**se en** se fonder sur.

**cimientos** [θi'mjentos] *nmpl* fondations *fpl*; (*fig*) fondements *mpl*.

**cinc** [θink] *nm* zinc *m*.

**cincel** [θin'θel] *nm* ciseau *m*.

**cincelar** [θinθe'lar] *vt* ciseler.

**cinco** ['θinko] *adj inv, nm inv* cinq *m inv*; *V tb* **seis**.

**cincuenta** [θin'kwenta] *adj inv, nm inv* cinquante *m inv*; *V tb* **sesenta**.

**cine** ['θine] *nm* cinéma *m*; **hacer** ~ faire du cinéma; **cine de estreno** cinéma d'exclusivité; **el cine mudo** le cinéma muet.

**cineasta** [θine'asta] *nm/f* cinéaste *m/f*.

**cinematográfico, -a** [θinemato'xrafiko, a] *adj* cinématographique.

**cínico, -a** ['θiniko, a] *adj, nm/f* cynique *m/f*; (*desvergonzado*) effronté(e).

**cinismo** [θi'nismo] *nm* (*ver adj*) cynisme *m*; effronterie *f*.

**cinta** ['θinta] *nf* ruban *m*, bande *f*; **cinta adhesiva/aislante** ruban adhésif/isolant; **cinta de carbón** ruban carbone; **cinta de múltiples impactos** bande d'impacts multiple; **cinta de vídeo** cassette *f* vidéo; **cinta magnética** (*INFORM*) bande magnétique; **cinta métrica** mètre *m* à ruban; **cinta transportadora** convoyeur *m*, stéréoduc *m*; **cinta virgen** cassette vierge.

**cintura** [θin'tura] *nf* taille *f*; **meter a algn en** ~ faire entendre raison à qn.

**cinturón** [θintu'ron] *nm* ceinture *f*; **cinturón de miseria** (*MÉX*) bidonville *m*; **cinturón de seguridad** ceinture de sécurité; **cinturón industrial** zone *f* industrielle; **cinturón salvavidas** ceinture de sauvetage.

**ciprés** [θi'pres] *nm* cyprès *m*.

**circo** ['θirko] *nm* cirque *m*.

**circuito** [θir'kwito] *nm* circuit *m*; **TV por** ~ **cerrado** télévision *f* en circuit fermé; **circuito impreso** circuit imprimé; **circuito lógico** (*INFORM*) porte *f*, circuit logique.

**circulación** [θirkula'θjon] *nf* circulation *f*; **"cerrado a la** ~ **rodada"** "fermé au trafic routier"; **poner algo en** ~ mettre qch en circulation.

**circular** [θirku'lar] *adj, nf* circulaire *f* ♦ *vt* (*orden*) faire circuler ♦ *vi* circuler; **¡circulen!** circulez!

**círculo** ['θirkulo] *nm* cercle *m*; **en** ~ en cercle, en rond; **en** ~**s políticos** dans les cercles politiques; **círculo vicioso** cercle vicieux.

**circundar** [θirkun'dar] *vt* entourer.

**circunferencia** [θirkunfe'renθja] *nf* circonférence *f*.

**circunscribir** [θirkunskri'βir] *vt* (*actuación, discurso*) circonscrire; **circunscribirse** *vpr* se circonscrire; ~**se a (hacer)** se limiter o s'en tenir à (faire).

**circunscripción** [θirkunskrip'θjon] *nf* circonscription *f*.

**circunspecto, -a** [θirkuns'pekto, a] *adj* circonspect(e).

**circunstancia** [θirkuns'tanθja] *nf* circonstance *f*; ~**s agravantes/atenuantes** circonstances *fpl* aggravantes/atténuantes; **estar a la altura de las** ~**s** être à la hauteur des circonstances; **poner cara de** ~**s** faire une figure de circonstance.

**circunvalación** [θirkumbala'θjon] *nf* V **carretera**.

**cirio** ['θirjo] *nm* cierge *m*.

**ciruela** [θi'rwela] *nf* prune *f*; **ciruela claudia** reine *f* claude; **ciruela pasa** pruneau *m*.

**cirugía** [θiru'xia] *nf* chirurgie *f*; **cirugía estética/plástica** chirurgie esthétique/ plastique.

**cirujano, -a** [θiru'xano, a] *nm/f* chirurgien(ne).

**cisne** ['θisne] *nm* cygne *m*; **canto de ~** chant *m* du cygne.

**cisterna** [θis'terna] *nf* chasse *f* d'eau; (*depósito*) citerne *f*.

**cita** ['θita] *nf* rendez-vous *m inv*; (*referencia*) citation *f*; **acudir/faltar a una ~** se rendre à/manquer un rendez-vous.

**citación** [θita'θjon] *nf* citation *f*.

**citar** [θi'tar] *vt* donner rendez-vous à; (*JUR*) citer; **citarse** *vpr*: **~se (con)** prendre rendez-vous (avec).

**cítrico, -a** ['θitriko, a] *adj* citrique ♦ *nm*: **~s** agrumes *mpl*.

**ciudad** [θju'ðað] *nf* ville *f*; **~ universitaria** cité *f* universitaire; **la Ciudad Condal** Barcelone; **Ciudad del Cabo** le Cap; **ciudad dormitorio** cité-dortoir *f*; **ciudad perdida** (*MÉX*) bidonville *m*; **ciudad satélite** ville satellite.

**ciudadanía** [θjuðaða'nia] *nf* citoyenneté *f*.

**ciudadano, -a** [θjuða'ðano, a] *adj*, *nm/f* citadin(e).

**cívico, -a** ['θiβiko, a] *adj* civique; (*persona*) civil(e).

**civil** [θi'βil] *adj* civil(e) ♦ *nm* civil *m*; **casarse por lo ~** se marier civilement.

**civilización** [θiβiliθa'θjon] *nf* civilisation *f*.

**civilizar** [θiβili'θar] *vt* civiliser.

**civismo** [θi'βismo] *nm* civisme *m*.

**cizaña** [θi'θaɲa] *nf*: **meter/sembrar ~** mettre/semer la zizanie.

**cl.** *abr* (= *centilitro(s)*) cl (= *centilitre(s)*).

**clamar** [kla'mar] *vt* clamer ♦ *vi* crier; **~ venganza** crier vengeance.

**clamor** [kla'mor] *nm* clameur *f*.

**clandestino, -a** [klandes'tino, a] *adj* clandestin(e).

**clara** ['klara] *nf* (*de huevo*) blanc *m*.

**claraboya** [klara'βoja] *nf* lucarne *f*.

**clarear** [klare'ar] *vi* (*el día*) se lever; (*el cielo*) s'éclaircir.

**clarete** [kla'rete] *nm* rosé *m*.

**claridad** [klari'ðað] *nf* clarté *f*.

**clarificar** [klarifi'kar] *vt* éclaircir.

**clarinete** [klari'nete] *nm* clarinette *f*.

**clarividencia** [klariβi'ðenθja] *nf* clairvoyance *f*.

**claro, -a** ['klaro, a] *adj* clair(e) ♦ *nm* éclaircie *f*; (*entre asientos*) place *f* libre ♦ *adv* clairement ♦ *excl* bien sûr!; **estar ~** être clair(e); **lo tengo muy ~** pour moi c'est clair; **no lo tengo muy ~** je ne sais pas vraiment; **hablar ~** parler haut et clair, parler franchement; **a las claras** clairement; **no sacamos nada en ~** nous n'avons rien tiré au clair; **~ que sí/no** bien sûr que oui/non.

**clase** ['klase] *nf* genre *m*, classe *f*; (*lección*) cours *msg*; **la ~ dirigente** la classe dirigeante; **dar ~(s)** (*profesor*) faire cours, donner des cours; (*alumno*) avoir cours; **tener ~** avoir de la classe; **de toda(s) ~(s)** de toute(s) sorte(s); **clase alta/media/obrera/social** classe dominante/moyenne/ouvrière/sociale; **clases particulares** cours particuliers.

**clásico, -a** ['klasiko, a] *adj* classique.

**clasificación** [klasifika'θjon] *nf* classement *m*; (*de cartas, líneas*) tri *m*.

**clasificar** [klasifi'kar] *vt* classer; (*cartas*) trier; (*INFORM*) classifier, trier; **clasificarse** *vpr* se qualifier.

**claudicar** [klauði'kar] *vi* céder.

**claustro** ['klaustro] *nm* cloître *m*; (*UNIV, ESCOL*) conseil *m*; (: *junta*) assemblée *f*, réunion *f*.

**cláusula** ['klausula] *nf* clause *f*; **~ de exclusión** clause d'exclusion.

**clausura** [klau'sura] *nf* clôture *f*; **de ~** (*REL*) claustral; (: *monja*) cloîtré(e).

**clausurar** [klausu'rar] *vt* clore; (*local*) fermer.

**clavar** [kla'βar] *vt* enfoncer; (*clavo*) clouer; (*alfiler*) épingler; (*mirada*) fixer; (*fam: cobrar caro*) arnaquer; **clavarse** *vpr* s'enfoncer.

**clave** ['klaβe] *nf* clef *f* ♦ *adj inv* clé; **en ~** (*mensaje*) codé(e); **clave de búsqueda/de clarificación** clef de recherche/de classement.

**clavel** [kla'βel] *nm* œillet *m*.

**clavícula** [kla'βikula] *nf* clavicule *f*.

**clavija** [kla'βixa] *nf* cheville *f*; (*ELEC*) fiche *f*.

**clavo** ['klaβo] *nm* clou *m*; (*BOT, CULIN*) clou de girofle; **dar en el ~** mettre dans le mille, faire mouche.

**claxon** ['klakson] (*pl* ~s) *nm* klaxon *m*; **tocar el** ~ klaxonner.

**clemencia** [kle'menθja] *nf* clémence *f*.

**cleptómano, -a** [klep'tomano, a] *nm/f* cleptomane *m/f*.

**clérigo** ['kleriɣo] *nm* ecclésiastique *m*.

**clero** ['klero] *nm* clergé *m*.

**clic** [klik] *nm* (INFORM) clic *m*; **hacer** ~ **en** cliquer sur.

**cliché** [kli'tʃe] *nm* cliché *m*.

**cliente, -a** ['kljente, a] *nm/f* client(e).

**clientela** [kljen'tela] *nf* clientèle *f*.

**clima** ['klima] *nm* climat *m*.

**climatizado, -a** [klimati'θaðo, a] *adj* climatisé(e).

**clímax** ['klimaks] *nm inv* apogée *m*, point *m* culminant; (*sexual*) orgasme *m*.

**clínica** ['klinika] *nf* clinique *f*.

**clínico, -a** ['kliniko, a] *adj* clinique.

**clip** [klip] (*pl* ~s) *nm* trombone *m*; (*de pelo*) barrette *f*.

**clítoris** ['klitoris] *nm inv* clitoris *m inv*.

**cloaca** [klo'aka] *nf* égout *m*.

**cloro** ['kloro] *nm* chlore *m*.

**club** [klub] (*pl* ~s o ~es) *nm* club *m*.

**cm.** *abr* (= *centímetro(s)*) cm *m* (= *centimètre(s)*).

**C.N.T.** *sigla f* (ESP: = *Confederación Nacional de Trabajo*) *syndicat*; (AM: = *Confederación Nacional de Trabajadores*) *syndicat*.

**coacción** [koak'θjon] *nf* contrainte *f*.

**coaccionar** [koakθjo'nar] *vt* contraindre.

**coagular** [koaɣu'lar] *vt* coaguler; **coagularse** *vpr* se coaguler.

**coágulo** [ko'aɣulo] *nm* caillot *m*.

**coalición** [koali'θjon] *nf* coalition *f*.

**coartada** [koar'taða] *nf* alibi *m*.

**coba** ['koβa] *nf*: **dar** ~ **a algn** passer de la pommade à qn.

**cobarde** [ko'βarðe] *adj* lâche ♦ *nm/f* lâche *m/f*, peureux(-euse).

**cobardía** [koβar'ðia] *nf* lâcheté *f*.

**cobaya** [ko'βaja] *nm o f* cobaye *m*.

**cobertizo** [koβer'tiθo] *nm* hangar *m*, remise *f*; (*de animal*) abri *m*.

**cobertura** [koβer'tura] *nf* couverture *f*; ~ **de dividendo** rapport *m* dividendes-résultat.

**cobija** [ko'βixa] (AM) *nf* couverture *f*.

**cobijar** [koβi'xar] *vt* héberger, loger; **cobijarse** *vpr*: ~**se (de)** se protéger (de); ~ **(de)** protéger (de).

**cobijo** [ko'βixo] *nm* abri *m*; **dar** ~ **a algn** héberger qn.

**cobra** ['koβra] *nf* cobra *m*.

**cobrador, a** [koβra'ðor, a] *nm/f* receveur (-euse).

**cobrar** [ko'βrar] *vt* (*cheque*) toucher, encaisser; (*sueldo*) toucher; (*precio*) faire payer; (*deuda, alquiler, gas*) encaisser; (*caza*) rapporter; (*fama, importancia*) acquérir; (*cariño*) prendre en; (*fuerza, valor*) reprendre ♦ *vi* toucher son salaire; **cóbrese** payez-vous; **cóbrese al entregar** paiement *m* à la livraison; **¡vas a** ~**!** qu'est-ce que tu vas prendre!; **a** ~ à encaisser; **cantidades por** ~ sommes *fpl* dues.

**cobre** ['koβre] *nm* cuivre *m*; ~**s** *nmpl* (MÚS) cuivres *mpl*; **sin un** ~ (AM: *fam*) sans un sou.

**cobro** ['koβro] *nm* (*de cheque*) encaissement *m*; (*pago*) paiement *m*; **presentar al** ~ encaisser; V *tb* **llamada**.

**cocaína** [koka'ina] *nf* cocaïne *f*.

**cocción** [kok'θjon] *nf* cuisson *f*.

**cocear** [koθe'ar] *vi* ruer.

**cocer** [ko'θer] *vt* (faire) cuire ♦ *vi* cuire; (*agua*) bouillir; **cocerse** *vpr* cuire; (*tramarse*) mijoter.

**coche** ['kotʃe] *nm* voiture *f*; (*para niños*) poussette *f*; **coche blindado** voiture blindée; **coche celular** fourgon *m* cellulaire; **coche comedor** wagon-restaurant *m*; **coche de bomberos** voiture des pompiers; **coche de carreras** voiture de course; **coches de choque** autos *fpl* tamponneuses; **coche de línea** autocar *m*; **coche fúnebre** corbillard *m*.

**coche-cama** ['kotʃe'kama] (*pl* ~s-~) *nm* wagon *m* lit.

**cochera** [ko'tʃera] *nf* garage *m*; (*de autobuses*) dépôt *m*.

**cochino, -a** [ko'tʃino, a] *adj* dégoûtant(e) ♦ *nm/f* cochon(truie); (*persona*) cochon(ne).

**cocido, -a** [ko'θiðo, a] *adj* (*patatas*) bouilli(e); (*huevos*) dur(e) ♦ *nm* pot-au-feu *m inv*.

**cocina** [ko'θina] *nf* cuisine *f*; (*aparato*) cuisinière *f*; ~ **casera** cuisine maison; ~ **eléctrica/de gas** cuisinière électrique/à gaz; ~ **francesa** cuisine française.

**cocinar** [koθi'nar] *vt, vi* cuisiner.

**cocinero, -a** [koθi'nero, a] *nm/f* cuisinier (-ière).

**coco** ['koko] *nm* noix *fsg* de coco; (*fam*) citrouille *f*; **el ~ le** grand méchant loup.

**cocodrilo** [koko'ðrilo] *nm* crocodile *m*.

**cocotero** [koko'tero] *nm* cocotier *m*.

**cóctel** ['koktel] *nm* cocktail *m*; **cóctel molotov** cocktail Molotov.

**codazo** [ko'ðaθo] *nm*: **dar un ~ a algn** donner un coup de coude à qn; **abrirse paso a ~s** jouer des coudes.

**codicia** [ko'ðiθja] *nf* convoitise *f*.

**codiciar** [koði'θjar] *vt* convoiter.

**codicioso, -a** [koði'θjoso, a] *adj* avide; (*expresión*) de convoitise.

**código** ['koðiɣo] *nm* (*tb* JUR) code *m*; **código binario** code binaire; **código civil/ postal** code civil/postal; **código de barras** code (à) barres; **código de caracteres/de control** code à caractères/de contrôle; **código de (la) circulación** code de la route; **código máquina/de operación** code machine *inv*/d'opération; **código militar/penal** code militaire/pénal.

**codillo** [ko'ðiʎo] *nm* (ZOOL) coude *m*, épaule *f*; (CULIN) épaule; (TEC) coude.

**codo** ['koðo] *nm* coude *m*; **hablar por los ~s** bavarder comme une pie; **~ a ~** coude à coude.

**codorniz** [koðor'niθ] *nf* caille *f*.

**coerción** [koer'θjon] *nf* coercition *f*.

**coetáneo, -a** [koe'taneo, a] *nm/f* contemporain(e).

**coexistir** [koeksis'tir] *vi*: **~ (con)** coexister (avec).

**cofradía** [kofra'ðia] *nf* confrérie *f*.

**cofre** ['kofre] *nm* coffre *m*; (*de joyas*) coffret *m*; (MÉX) voiture *f*.

**coger** [ko'xer] *vt* prendre; (*objeto caído*) ramasser; (*pelota*) attraper; (*frutas*) cueillir; (*sentido, indirecta*) comprendre, saisir; (*tomar prestado*) emprunter; (AM: *fam!*) baiser (*fam!*); **cogerse** *vpr* se prendre; **~ a algn desprevenido** prendre qn au dépourvu; **~ cariño a algn** prendre qn en affection; **~ celos de algn** être jaloux(-ouse) de qn; **~ manía a algn** prendre qn en grippe; **~se a** s'accrocher à, s'agripper à; **iban cogidos de la mano** ils se tenaient par la main.

**cogollo** [ko'ɣoʎo] *nm* cœur *m*.

**cogote** [ko'ɣote] *nm* nuque *f*.

**cohecho** [ko'etʃo] *nm* subornation *f*.

**coherente** [koe'rente] *adj* cohérent(e); **ser**

**~ con** être en accord avec.

**cohesión** [koe'sjon] *nf* cohésion *f*.

**cohete** [ko'ete] *nm* fusée *f*, pétard *m*; (*tb*: **~ espacial**) fusée.

**cohibido, -a** [koi'βiðo, a] *adj*: **estar/ sentirse ~** être/se sentir gêné(e); (*tímido*) être/se sentir intimidé(e).

**cohibir** [koi'βir] *vt* intimider; (*reprimir*) réprimer; **cohibirse** *vpr* se retenir.

**coincidencia** [koinθi'ðenθja] *nf* coïncidence *f*.

**coincidir** [koinθi'ðir] *vi* (*en lugar*) se rencontrer; **coincidimos en ideas** nous partageons les mêmes idées; **~ con** coïncider avec.

**coito** ['koito] *nm* coït *m*.

**cojear** [koxe'ar] *vi* boiter; (*mueble*) être bancal(e).

**cojera** [ko'xera] *nf* claudication *f*.

**cojín** [ko'xin] *nm* coussin *m*.

**cojinete** [koxi'nete] *nm* palier *m*.

**cojo, -a** ['koxo, a] *vb* V **coger** ♦ *adj* boiteux(-euse); (*mueble*) bancal(e) ♦ *nm/f* (*persona*) boiteux(-euse); **ir a la pata coja** aller à cloche-pied.

**cojón** [ko'xon] (*fam!*) *nm* couille *f* (*fam!*); **¡cojones!** putain! (*fam!*); **lo hizo por cojones** il a fallu qu'il le fasse.

**cojonudo, -a** [koxo'nuðo, a] (ESP: *fam!*) *adj* super.

**col** [kol] *nf* chou *m*; **coles de Bruselas** choux *mpl* de Bruxelles.

**col.** *abr* (= *columna*) col (= *colonne*).

**col.ᵃ** *abr* (= *columna*) col (= *colonne*).

**cola** ['kola] *nf* queue *f*; (*para pegar*) colle *f*; (*de vestido*) traine *f*; **estar/ponerse a la ~** être/se mettre à la queue; **hacer ~** faire la queue; **traer ~** avoir des suites.

**colaborador, a** [kolaβora'ðor, a] *nm/f* collaborateur(-trice).

**colaborar** [kolaβo'rar] *vi*: **~ con** collaborer avec.

**colada** [ko'laða] *nf*: **hacer la ~** faire la lessive.

**colador** [kola'ðor] *nm* (*de té*) passoire *f*; (*para verduras*) écumoire *f*.

**colapso** [ko'lapso] *nm* collapsus *msg*; (*de circulación*) embouteillage *m*; (*en producción*) effondrement *m*; **colapso cardíaco** collapsus cardiovasculaire.

**colar** [ko'lar] *vt* filtrer ♦ *vi* (*mentira*) prendre, passer; **colarse** *vpr* (*en cola*) se glisser, se faufiler; (*viento, lluvia*) s'engouffrer;

(fam: *equivocarse*) se gourer; **~se en** (*concierto, cine*) se faufiler dans.
**colcha** [ˈkoltʃa] *nf* couvre-lit *m.*
**colchón** [kolˈtʃon] *nm* matelas *m;* **colchón inflable/neumático** matelas gonflable/pneumatique.
**colchoneta** [koltʃoˈneta] *nf* tapis *msg.*
**colección** [kolekˈθjon] *nf* collection *f.*
**coleccionar** [kolekθjoˈnar] *vt* collectionner.
**coleccionista** [kolekθjoˈnista] *nm/f* collectionneur(-euse).
**colecta** [koˈlekta] *nf* collecte *f.*
**colectivo, -a** [kolekˈtiβo, a] *adj* collectif (-ive) ♦ *nm* collectif *m;* (AM) autobus *msg;* (: *taxi*) taxi *m.*
**colega** [koˈleɣa] *nm/f* collègue *m/f;* (POL) homologue *m;* (*amigo*) copain(copine).
**colegial, a** [koleˈxjal, a] *adj, nm/f* collégien(ne).
**colegio** [koˈlexjo] *nm* collège *m;* (*de abogados, médicos*) ordre *m;* **ir al ~** aller à l'école o au collège; **colegio electoral** collège électoral; **colegio mayor** résidence *f* universitaire.

---

**colegio**

*Le mot **colegio** désigne le plus souvent une école privée, qu'elle soit primaire ou secondaire. Il peut également s'appliquer à une école primaire publique, bien qu'il existe aussi, dans ce cas, le terme "escuela". Les établissements publics du secondaire s'appellent "institutos". Enfin, certains écoles privées sont appelées "academias"; on y propose des activités extrascolaires telles que l'informatique ou les langues étrangères.*

---

**colegir** [koleˈxir] *vt* déduire.
**cólera** [ˈkolera] *nf* colère *f* ♦ *nm* choléra *m;* **montar en ~** se mettre en colère, s'emporter.
**colérico, -a** [koˈleriko, a] *adj* colérique; (*persona*) coléreux(-euse).
**colesterol** [kolesteˈrol] *nm* cholestérol *m.*
**coleta** [koˈleta] *nf* queue *f,* couette *f;* **cortarse la ~** abandonner l'arène.
**colgante** [kolˈɣante] *adj* pendant(e), suspendu(e) ♦ *nm* pendentif *m;* V *tb* **puente.**
**colgar** [kolˈɣar] *vt* accrocher; (*teléfono*) raccrocher; (*ropa*) étendre; (*ahorcar*) pendre ♦ *vi* raccrocher; **~ de** pendre à, être sus-

pendu(e) à; **no cuelgue** ne raccrochez pas.
**cólico** [ˈkoliko] *nm* colique *f.*
**coliflor** [koliˈflor] *nf* chou *m* fleur.
**colilla** [koˈliʎa] *nf* mégot *m.*
**colina** [koˈlina] *nf* colline *f.*
**colirio** [koˈlirjo] *nm* collyre *m.*
**colisión** [koliˈsjon] *nf* collision *f;* (*de intereses, ideas*) conflit *m.*
**collar** [koˈʎar] *nm* collier *m.*
**colmar** [kolˈmar] *vt* remplir à ras bord; (*ansias, exigencias*) satisfaire; **~ a algn de regalos/de atenciones** combler qn de cadeaux/d'attentions.
**colmena** [kolˈmena] *nf* ruche *f.*
**colmillo** [kolˈmiʎo] *nm* canine *f;* (*de elefante*) défense *f;* (*de perro*) croc *m.*
**colmo** [ˈkolmo] *nm:* **ser el ~ de la locura/frescura/insolencia** être le comble de la folie/du toupet/de l'insolence; **para ~ (de desgracias)** pour comble (de malheurs); **¡eso es ya el ~!** ça c'est le comble!
**colocación** [kolokaˈθjon] *nf* (*de piedra*) pose *f;* (*de persona*) placement *m;* (*empleo*) emploi *m,* travail *m;* (*disposición*) emplacement *m.*
**colocar** [koloˈkar] *vt* (*piedra*) poser; (*cuadro*) accrocher; (*poner en empleo*) placer; **colocarse** *vpr* se placer; (DEPORTE) se classer; (fam: *drogarse*) se défoncer; (*conseguir trabajo*): **~se (de)** trouver du travail (comme).
**Colombia** [koˈlombja] *nf* Colombie *f.*
**colombiano, -a** [koˈlombjano, a] *adj* colombien(ne) ♦ *nm/f* Colombien(ne).
**Colonia** [koˈlonja] *nf* Cologne *f.*
**colonia** [koˈlonja] *nf* colonie *f;* (*tb:* **agua de ~**) eau *f* de cologne; (MÉX) quartier *m;* **colonia de verano** colonie de vacances; **colonia proletaria** (MÉX) bidonville *m.*
**colonización** [koloniθaˈθjon] *nf* colonisation *f.*
**colonizador, a** [koloniθaˈðor, a] *adj, nm/f* colonisateur(-trice).
**colonizar** [koloniˈθar] *vt* coloniser.
**coloquial** [koloˈkjal] *adj* familier(-ière), parlé(e).
**coloquio** [koˈlokjo] *nm* colloque *m.*
**color** [koˈlor] *nm* couleur *f;* **de ~** de couleur; **de ~ amarillo/azul/naranja** de couleur jaune/bleue/orange; **de ~es** (*lápices*) de couleurs; **en ~** en couleur; **a todo ~** tout en couleur; **le salieron los ~es** il s'est

mis à rougir; **dar ~ a** donner du relief à.

**colorado, -a** [kolo'raðo, a] *adj* rouge; (*AM:* *chiste*) grivois(e); **ponerse ~** rougir.

**colorante** [kolo'rante] *nm* colorant *m*.

**colorar** [kolo'rar], **colorear** [kolore'ar] *vt* colorer.

**colorete** [kolo'rete] *nm* fard *m*.

**columna** [ko'lumna] *nf* colonne *f;* **columna blindada** colonne blindée; **columna vertebral** colonne vertébrale.

**columpiar** [kolum'pjar] *vt* balancer; **columpiarse** *vpr* se balancer.

**columpio** [ko'lumpjo] *nm* balançoire *f*.

**coma** ['koma] *nf* virgule *f* ♦ *nm* (*MED*) coma *m*.

**comadrona** [koma'ðrona] *nf* sage-femme *f*.

**comandancia** [koman'danθja] *nf* (*mando*) commandement *m*; (*edificio*) commandement, commanderie *f*.

**comandante** [koman'dante] *nm* commandant *m*.

**comarca** [ko'marka] *nf* contrée *f*.

**comba** ['komba] *nf* courbure *f*, corde *f;* **saltar a la ~** sauter à la corde; **no pierde ~** il n'en perd pas une.

**combar** [kom'bar] *vt* courber; **combarse** *vpr* se courber.

**combate** [kom'bate] *nm* combat *m;* **fuera de ~** hors de combat; (*BOXEO*) knock-out; (*fam*) groggy.

**combatiente** [komba'tjente] *nm* combattant *m*.

**combatir** [komba'tir] *vt*, *vi* combattre; **~ por** combattre pour.

**combinación** [kombina'θjon] *nf* combinaison *f*.

**combinar** [kombi'nar] *vt* combiner; (*esfuerzos*) unir.

**combustible** [kombus'tiβle] *adj*, *nm* combustible *m*.

**combustión** [kombus'tjon] *nf* combustion *f*.

**comedia** [ko'meðja] *nf* comédie *f;* **hacer ~** faire la comédie.

**comediante** [kome'ðjante] *nm/f* comédien(ne).

**comedido, -a** [kome'ðiðo, a] *adj* modéré(e).

**comedor** [kome'ðor] *nm* salle *f* à manger; (*de colegio, hotel*) réfectoire *m*.

**comensal** [komen'sal] *nm/f* invité(e), convive *m/f*.

**comentar** [komen'tar] *vt* commenter;

**comentó que ...** il a observé o remarqué que ...

**comentario** [komen'tarjo] *nm* commentaire *m;* **~s** *nmpl* (*chismes*) commentaires *mpl;* **dar lugar a ~s** donner lieu à des commentaires, prêter à commentaires; **comentario de texto** commentaire de texte.

**comentarista** [komenta'rista] *nm/f* commentateur(-trice).

**comenzar** [komen'θar] *vt*, *vi* commencer; **~ a/por hacer** commencer à/par faire.

**comer** [ko'mer] *vt* manger; (*DAMAS, AJEDREZ*) souffler; (*metal, madera*) manger, ronger ♦ *vi* manger; (*almorzar*) manger, déjeuner; **comerse** *vpr* manger; **le come la envidia** l'envie le ronge; **dar de ~ a algn** donner à manger à qn; **está para comérsela** elle est belle à croquer; **~ el coco a algn** (*fam*) bourrer le crâne à qn; **~se el coco** (*fam*) se faire du mouron.

**comercial** [komer'θjal] *adj* commercial(e).

**comercializar** [komerθjali'θar] *vt* commercialiser.

**comerciar** [komer'θjar] *vi*: **~ en** faire le commerce de; **~ con** avoir des relations commerciales avec; (*pey*) faire commerce de.

**comercio** [ko'merθjo] *nm* commerce *m;* **comercio autorizado** commerce autorisé; **comercio electrónico** commerce électronique; **comercio exterior/interior** commerce extérieur/intérieur.

**comestible** [komes'tiβle] *adj* comestible ♦ *nm:* **~s** aliments *mpl;* **tienda de ~s** épicerie *f*, alimentation *f*.

**cometa** [ko'meta] *nm* comète *f* ♦ *nf* cerf-volant *m*.

**cometer** [kome'ter] *vt* commettre.

**cometido** [kome'tiðo] *nm* rôle *m;* (*deber*) devoir *m*.

**comezón** [kome'θon] *nf* démangeaison *f*.

**cómic** ['komik] *nm* bande *f* dessinée.

**comicios** [ko'miθjos] *nmpl* comices *mpl*.

**cómico, -a** ['komiko, a] *adj* comique ♦ *nm/f* (*de TV, cabaret*) comique *m/f;* (*de teatro*) comédien(ne).

**comida** [ko'miða] *vb*, *nf* nourriture *f;* (*almuerzo*) repas *msg;* (*esp AM*) dîner *m*.

**comidilla** [komi'ðiʎa] *nf:* **ser la ~ del barrio** être sur toutes les lèvres.

**comienzo** [ko'mjenθo] *vb* V **comenzar** ♦ *nm* commencement *m;* **dar ~ a un acto**

commencer une cérémonie; **~ del archivo** (*INFORM*) tête *f* du fichier.

**comillas** [koˈmiʎas] *nfpl* guillemets *mpl*; **entre ~** entre guillemets.

**comilona** [komiˈlona] (*fam*) *nf* gueuleton *m*.

**comino** [koˈmino] *nm* cumin *m*; **(no) me importa un ~** je m'en balance.

**comisaría** [komisaˈria] *nf* (*tb*: **~ de Policía**) commissariat *m*.

**comisario** [komiˈsarjo] *nm* commissaire *m*.

**comisión** [komiˈsjon] *nf* commission *f*; **comisión mixta/permanente** commission paritaire/permanente; **comisiones bancarias** commissions bancaires; **Comisiones Obreras** (*ESP*) syndicat ouvrier.

**comité** [komiˈte] (*pl* **~s**) *nm* comité *m*; **~ de empresa** comité d'entreprise.

**comitiva** [komiˈtiβa] *nf* suite *f*, cortège *m*.

**como** [ˈkomo] *adv* comme; (*en calidad de*) en ♦ *conj* (*condición*) si; (*causa*) comme; **lo hace ~ yo** il le fait comme moi; **tan grande ~** aussi grand que; **¡tanto ~ eso ...!** pas tant que ça!; **eran ~ diez** ils devaient être 10; **llegó ~ a las cuatro** il est arrivé vers les 4 heures; **sabe ~ a cebolla** ça a comme un goût d'oignon; **~ testigo** en tant que témoin; **~ ser** (*AM*: *tal como*) comme; **a ~ dé/diera lugar** (*CAM*, *MÉX*) à tout prix; **~ quieras** comme tu voudras; **~ llueva no salimos** s'il pleut on reste à la maison; **~ ella no llegaba me fui** comme elle n'arrivait pas, je suis parti; **¡~ no quieras cien pesetas ...!** à moins que tu ne veuilles cent pesetas!; **así fue ~ ocurrió** c'est ainsi que ça s'est passé; **es ~ para echarse a llorar** ça donne envie de pleurer; **¡~ que lo voy a permitir!** et vous croyez que je vais permettre cela?; **~ si estuviese ciego** comme s'il était aveugle; **~ si lo viera** comme si je le voyais; **~ si nada** o **tal cosa** comme si de rien n'était.

**cómo** [ˈkomo] *adv* comment ♦ *excl* comment! ♦ *nm*: **el ~ y el porqué** le pourquoi et le comment; **¿~ (ha dicho)?** comment?, vous avez dit?; **¿~ está Ud?** comment allez-vous?; **¿~ son?** comment sont-ils?; **¿a ~ están?** combien coûtent-ils?; **¡~ no!** bien sûr!; (*esp AM*: *¡claro!*) pardi!; **¡~ corre!** comme il cavale!

**cómoda** [ˈkomoða] *nf* commode *f*.

**comodidad** [komoðiˈðað] *nf* confort *m*; (*conveniencia*) avantage *m*; **~es** *nfpl* aises

*fpl*.

**comodín** [komoˈðin] *nm* (*NAIPES*) joker *m*; (*INFORM*) caractère *m* de remplacement.

**cómodo, -a** [ˈkomoðo, a] *adj* confortable; (*máquina*, *herramienta*) pratique; **estar/ponerse/sentirse ~** être/se mettre/se sentir à l'aise.

**compact disc** [kompaktˈdisk] *nm* C.D. *m*.

**compacto, -a** [komˈpakto, a] *adj* compact(e).

**compadecer** [kompaðeˈθer] *vt* plaindre; **compadecerse** *vpr*: **~se de** se plaindre de.

**compadre** [komˈpaðre] *nm* parrain *m*; (*en oración directa*) (mon) vieux *m*; (*esp AM*: *fam*) copain *m*.

**compañero, -a** [kompaˈɲero, a] *nm/f* collègue *m/f*; (*en juego*) partenaire *m/f*; (*en estudios*) camarade *m/f*; (*novio*) compagnon(compagne); **compañero de clase** camarade de classe; **compañero de equipo** coéquipier(-ère); **compañero de trabajo** collègue de travail.

**compañía** [kompaˈɲia] *nf* compagnie *f*; **en ~ de** en compagnie de; **malas ~s** mauvaises fréquentations *fpl*; **hacer ~ a algn** tenir compagnie à qn; **compañía afiliada** filiale *f*; **compañía concesionaria/inversionista** compagnie concessionnaire/actionnaire; **compañía (no) cotizable** compagnie (non) cotée en Bourse; **compañía de seguros** compagnie d'assurance.

**comparación** [komparaˈθjon] *nf* comparaison *f*; **en ~ con** par comparaison à.

**comparar** [kompaˈrar] *vt*: **~ a/con** comparer à/avec.

**comparecer** [kompareˈθer] *vi* (*tb* *JUR*) comparaître.

**comparsa** [komˈparsa] *nm/f* (*TEATRO*, *CINE*) figurant(e) ♦ *nf* (*de carnaval etc*) mascarade *f*.

**compartimento** [kompartiˈmento], **compartimiento** [kompartiˈmjento] *nm* compartiment *m*; **compartimiento estanco** compartiment étanche.

**compartir** [komparˈtir] *vt* partager.

**compás** [komˈpas] *nm* (*MÚS*) rythme *m*; (*para dibujo*) compas *msg*; **al ~** au même rythme; **llevar el ~** battre la mesure; **compás de espera** (*fig*) attente *f*.

**compasión** [kompaˈsjon] *nf* compassion *f*; **sin ~** sans pitié.

**compasivo, -a** [kompa'siβo, a] *adj* compatissant(e).

**compatibilidad** [kompatiβili'ðað] *nf* compatibilité *f*.

**compatible** [kompa'tiβle] *adj:* ~ **(con)** compatible (avec).

**compatriota** [kompa'trjota] *nm/f* compatriote *m/f*.

**compendiar** [kompen'djar] *vt* résumer.

**compendio** [kom'pendjo] *nm* abrégé *m*.

**compenetrarse** [kompene'trarse] *vpr* (*personas*) s'entendre sur tout; **estamos muy compenetrados** nous nous entendons à merveille.

**compensación** [kompensa'θjon] *nf* compensation *f*, dédommagement *m*; (*JUR, COM*) compensation; **en** ~ en compensation, à titre de dédommagement.

**compensar** [kompen'sar] *vt* (*persona*) compenser; (*contrarrestar: pérdidas*) compenser, contrebalancer; (: *peso, balanza*) compenser, équilibrer; (*indemnizar*) dédommager ♦ *vi* (*esfuerzos, trabajo*) récompenser.

**competencia** [kompe'tenθja] *nf* compétition *f*, concurrence *f*; (*JUR, habilidad*) compétence *f*; ~**s** *nfpl* (*POL*) compétences *fpl*; **la** ~ (*COM*) la compétition o concurrence; **hacer la** ~ **a** faire concurrence à; **ser de la** ~ **de algn** être de la compétence de qn.

**competente** [kompe'tente] *adj* compétent(e).

**competición** [kompeti'θjon] *nf* compétition *f*.

**competir** [kompe'tir] *vi* concourir; ~ **en** (*fig*) rivaliser en; ~ **por** rivaliser pour; (*DEPORTE*) être en compétition pour, concourir pour.

**compilar** [kompi'lar] *vt* compiler.

**complacencia** [kompla'θenθja] *nf* complaisance *f*.

**complacer** [kompla'θer] *vt* faire plaisir à; **complacerse** *vpr:* ~**se en (hacer)** se complaire à (faire).

**complaciente** [kompla'θjente] *adj* complaisant(e); **ser** ~ **con** o **para con** montrer de la complaisance envers.

**complejo, -a** [kom'plexo, a] *adj* complexe ♦ *nm* (*PSICO*) complexe *m*; **complejo deportivo** cité *f* des sports; **complejo industrial** complexe industriel.

**complemento** [komple'mento] *nm* complément *m*.

**completar** [komple'tar] *vt* compléter.

**completo, -a** [kom'pleto, a] *adj* complet (-ète); (*persona*) accompli(e), parfait(e); (*éxito, fracaso*) total(e) ♦ *nm* salle *f* comble; **al** ~ au complet; **por** ~ complètement; (*CHI: CULIN*) hot-dog *m*.

**complicado, -a** [kompli'kaðo, a] *adj* compliqué(e); **estar** ~ **en** être impliqué(e) dans.

**complicar** [kompli'kar] *vt* compliquer; **complicarse** *vpr* se compliquer; ~ **a algn en** impliquer qn dans; ~**se la vida (con)** se compliquer la vie o l'existence (avec).

**cómplice** ['kompliθe] *nm/f* complice *m/f*.

**complot** [kom'plo(t)] (*pl* ~**s**) *nm* complot *m*.

**componer** [kompo'ner] *vt* (*tb MÚS, LIT*) composer; (*algo roto*) réparer; **componerse** *vpr* (*MÉX*) se remettre; ~**se de** se composer de; **componérselas para hacer algo** s'arranger pour faire qch.

**comportamiento** [komporta'mjento] *nm* comportement *m*.

**comportar** [kompor'tar] *vt* comporter; **comportarse** *vpr* se comporter.

**composición** [komposi'θjon] *nf* composition *f*.

**compositor, a** [komposi'tor, a] *nm/f* (*MÚS*) compositeur(-trice).

**compostura** [kompos'tura] *nf* tenue *f*, maintien *m*; **perder la** ~ perdre contenance.

**compra** ['kompra] *nf* achat *m*; **hacer/ir a la** ~ faire/aller faire les courses; **ir de** ~**s** faire les magasins; ~ **a granel** (*COM*) achat en vrac; ~ **proteccionista** (*COM*) achat de soutien; **compra a plazos** achat à crédit.

**comprador, a** [kompra'ðor, a] *nm/f* acheteur(-euse).

**comprar** [kom'prar] *vt* acheter; **comprarse** *vpr* s'acheter.

**compraventa** [kompra'βenta] *nf* (*negocio*) commerce *m*; **(contrato de)** ~ contrat *m* d'achat et de vente.

**comprender** [kompren'der] *vt* comprendre; **hacerse** ~ se faire comprendre.

**comprensión** [kompren'sjon] *nf* compréhension *f*.

**comprensivo, -a** [kompren'siβo, a] *adj* compréhensif(-ive).

**compresa** [kom'presa] *nf* (*tb:* ~ **higiénica**) serviette *f* hygiénique; (*MED*) compresse *f*.

**comprimido, -a** [kompri'miðo] *adj* comprimé(e) ♦ *nm* (MED) comprimé *m*, cachet *m*.

**comprimir** [kompri'mir] *vt* comprimer; (INFORM) compresser, comprimer.

**comprobante** [kompro'βante] *nm* (COM) reçu *m*, récépissé *m*; (JUR) pièce *f* justificative o à l'appui.

**comprobar** [kompro'βar] *vt* vérifier; (INFORM) vérifier, contrôler.

**comprometer** [komprome'ter] *vt* comprometter; **comprometerse** *vpr* se compromettre; **~ a algn a hacer** mettre qn dans l'obligation de faire; **~se a hacer** s'engager à faire.

**compromiso** [kompro'miso] *nm* (acuerdo) compromis *msg*; (obligación) engagement *m*; (situación difícil) embarras *msg*; **libre de ~** (COM) sans engagement; **poner a algn en un ~** mettre qn dans l'embarras.

**compuesto, -a** [kom'pwesto, a] *pp de* **componer** ♦ *adj* composé(e) ♦ *nm* composé *m*; **~ de** composé(e) de.

**computador** [komputa'ðor] *nm*, **computadora** [komputa'ðora] *nf* ordinateur *m*; **~ central** ordinateur central; **~ especializado** ordinateur spécialisé.

**cómputo** ['komputo] *nm* calcul *m*.

**comulgar** [komul'ɣar] *vi* (REL) communier; **~ con** (con ideas, valores) partager.

**común** [ko'mun] *adj* commun(e) ♦ *nm*: **el ~ de las gentes** le commun des mortels; **por lo ~** généralement; **en ~** en commun; **hacer/poner algo en ~** faire/mettre qch en commun.

**comunicación** [komunika'θjon] *nf* communication *f*; **comunicaciones** *nfpl* (transportes, TELEC) communications *fpl*; **vía de ~** voie *f* de communication.

**comunicado** [komuni'kaðo] *nm* communiqué *m*; **comunicado de prensa** communiqué de presse.

**comunicar** [komuni'kar] *vt* communiquer ♦ *vi* (teléfono) être occupé; **comunicarse** *vpr* communiquer; **~ con** communiquer avec; **está comunicando** (TELEC) c'est occupé.

**comunidad** [komuni'ðað] *nf* communauté *f*; **en ~** en communauté; **comunidad autónoma** (POL) communauté autonome; **comunidad de vecinos** copropriétaires *mpl*, association *f* de copropriétaires; **Comunidad (Económica) Europea** Communauté (économique) européenne.

---

### Comunidad autónoma

*La Constitution espagnole de 1978 prévoit l'établissement de 19 régions dotées d'une certaine liberté de gestion. Il s'agit des comunidades autónomas ou autonomías. Dans certaines d'elles, telles que la Catalogne ou le Pays basque, qui ont une langue, une histoire et une culture propres, le sentiment d'appartenance à l'Espagne est affaibli depuis longtemps. C'est pourquoi, dans tous les domaines à l'exception des affaires étrangères et de la défense nationale, certains autonomías ont des pouvoirs plus étendus que d'autres. Les 19 régions sont les suivantes: Andalucía, Aragón, Asturias, Islas Baleares, Canarias, Cantabria, Castilla y León, Castilla-La Mancha, Cataluña, Extremadura, Galicia, Madrid, Murcia, Navarra, País Vasco, La Rioja, Comunidad Valenciana, Ceuta, Melilla.*

---

**comunión** [komu'njon] *nf* communion *f*; **primera ~** première communion.

**comunismo** [komu'nismo] *nm* communisme *m*.

**comunista** [komu'nista] *adj*, *nm/f* communiste *m/f*.

PALABRA CLAVE

**con** [kon] *prep* **1** (medio, compañía, modo) avec; **comer con cuchara** manger avec une cuillère; **café con leche** café au lait; **con habilidad** avec habileté; **pasear con algn** se promener avec qn

**2** (actitud, situación): **piensa con los ojos cerrados** il pense les yeux fermés; **estoy con un catarro** j'ai un rhume

**3** (contenido): **una libreta con direcciones** un carnet d'adresses; **una maleta con ropa** une valise contenant des vêtements

**4** (a pesar de): **con todo, merece nuestros respetos** malgré tout, il mérite notre respect

**5** (relación, trato): **es muy bueno (para) con los niños** il sait s'y prendre avec les enfants

**6** (+ infin): **con llegar tan tarde se quedó sin comer** comme il est arrivé très tard, il n'a pas pu manger; **con estudiar**

**un poco apruebas** en étudiant un peu tu y arriveras
**7** (*queja*): **¡con las ganas que tenía de hacerlo!** moi qui avais tellement envie de le faire!
♦ *conj* **1: con que: será suficiente con que le escribas** il suffit que tu lui écrives **2: con tal (de) que** du moment que.

**conato** [ko'nato] *nm* tentative *f*; (*de incendio*) début *m*.

**concebir** [konθe'βir] *vt, vi* concevoir; **¡no lo concibo!** je n'arrive pas à le comprendre!

**conceder** [konθe'ðer] *vt* accorder; (*premio*) décerner.

**concejal, -a** [konθe'xal, a] *nm/f* conseiller(-ère) *m/f* municipal.

**concentración** [konθentra'θjon] *nf* concentration *f*.

**concentrar** [konθen'trar] *vt* concentrer; (*personas*) rassembler; **concentrarse** *vpr* se concentrer; **~se (en)** se concentrer (sur).

**concepción** [konθep'θjon] *nf* conception *f*.

**concepto** [kon'θepto] *nm* (*idea*) concept *m*; **en ~ de** (*COM*) à ou au titre de; **tener buen/mal ~ de algn** avoir bonne/mauvaise opinion de qn; **bajo ningún ~** en aucun cas.

**concernir** [konθer'nir] *vi* concerner; **en lo que concierne a** en ce qui concerne.

**concertar** [konθer'tar] *vt* (*precio*) se mettre d'accord sur; (*entrevista*) fixer; (*tratado, paz*) conclure; (*esfuerzos*) associer; (*MÚS*) accorder ♦ *vi* (*MÚS*) être en harmonie; (*concordar*): **~ con** concorder avec.

**concesión** [konθe'sjon] *nf* (*COM: adjudicación*) concession *f*; **hacer concesiones** faire des concessions; **sin concesiones** sans concessions.

**concesionario, -a** [konθesjo'narjo, a] *nm/f* (*COM*) concessionnaire *m/f*.

**concha** ['kontʃa] *nf* (*de molusco*) coquille *f*; (*de tortuga*) carapace *f*; (*AM*: *fam!*: *coño*) moule *f* (*fam!*).

**conciencia** [kon'θjenθja] *nf* conscience *f*; **libertad de ~** liberté *f* de conscience; **hacer algo a ~** faire qch consciencieusement; **tener/tomar ~ de** avoir/prendre conscience de; **tener la ~ limpia** o **tranquila** avoir la conscience tranquille; **tener plena ~ de** avoir pleine conscience de.

**concienciar** [konθjen'θjar] *vt* faire prendre conscience à; **concienciarse** *vpr* prendre

conscience.

**concienzudo, -a** [konθjen'θuðo, a] *adj* consciencieux(-euse).

**concierto** [kon'θjerto] *nm* (*MÚS: acto*) concert *m*; (*: obra*) concerto *m*; (*convenio*) accord *m*.

**conciliar** [konθi'ljar] *vt* concilier ♦ *adj* (*REL*) conciliaire; **~ el sueño** trouver le sommeil.

**concilio** [kon'θiljo] *nm* concile *m*.

**conciso, -a** [kon'θiso, a] *adj* concis(e).

**concluir** [konklu'ir] *vt* conclure ♦ *vi* (se) terminer; **concluirse** *vpr* prendre fin, se terminer; **todo ha concluido** c'est terminé.

**conclusión** [konklu'sjon] *nf* conclusion *f*; **llegar a la ~ de que ...** en arriver à la conclusion que ...

**concluyente** [konklu'jente] *adj* concluant(e).

**concordia** [kon'korðja] *nf* concorde *f*.

**concretar** [konkre'tar] *vt* concrétiser; (*fecha, día*) fixer; **concretarse** *vpr*: **~se a (hacer)** s'en tenir à (faire).

**concreto, -a** [kon'kreto, a] *adj* concret (-ète); (*determinado*) précis(e) ♦ *nm* (*AM*: *hormigón*) béton *m*; **en ~** en somme; (*específicamente*) en particulier; **un día ~** un jour précis; **no hay nada en ~** il n'y a rien de concret.

**concurrencia** [konku'rrenθja] *nf* assistance *f*; (*de sucesos, factores*) concours *m*.

**concurrido, -a** [konku'rriðo, a] *adj* fréquenté(e).

**concurrir** [konku'rrir] *vi* (*sucesos*) coïncider; (*factores*) concourir; (*ríos*) confluer; (*avenidas*) converger; (*público*) assister.

**concursante** [konkur'sante] *nm/f* concurrent(e); (*para proyecto, trabajo*) candidat(e).

**concurso** [kon'kurso] *nm* concours *m*.

**conde** ['konde] *nm* comte *m*.

**condecoración** [kondekora'θjon] *nf* décoration *f*.

**condecorar** [kondeko'rar] *vt* décorer.

**condena** [kon'dena] *nf* condamnation *f*; **cumplir una ~** purger une peine.

**condenar** [konde'nar] *vt* condamner; **condenarse** *vpr* (*JUR*) se reconnaître coupable; (*REL*) se damner; **~ (a)** condamner (à); **~ a algn a hacer** condamner qn à faire qch.

**condensar** [konden'sar] *vt* condenser.

**condesa** [kon'desa] *nf* comtesse *f*.

**condición** [kondi'θjon] *nf* condition *f*; (*modo de ser*) caractère *m*; (*estado*) état

**condiciones** *nfpl* capacités *fpl*, aptitudes *fpl*; **a ~ de que ...** à condition que ...; **no estar en condiciones de hacer** ne pas être en état de faire; **las condiciones del contrato** les conditions du contrat; **condiciones de trabajo/venta/vida** conditions de travail/vente/vie.

**condicional** [kondiθjo'nal] *adj* conditionnel(le); V **libertad**.

**condicionar** [kondiθjo'nar] *vt* conditionner; **estar condicionado a** dépendre de.

**condimento** [kondi'mento] *nm* condiment *m*.

**condolerse** [kondo'lerse] *vpr* compatir.

**condón** [kon'don] *nm* préservatif *m*.

**conducir** [kondu'θir] *vt* conduire; (*suj: camino, escalera, negocio*) conduire, mener ♦ *vi* conduire, **conducirse** *vpr* se conduire; **esto no conduce a nada/ninguna parte** cela ne mène à rien/nulle part.

**conducta** [kon'dukta] *nf* conduite *f*.

**conducto** [kon'dukto] *nm* conduit *m*; **por ~ oficial** par voie officielle.

**conductor, a** [konduk'tor, a] *adj* (*FÍS, ELEC*) conducteur(-trice) ♦ *nm* conducteur *m* ♦ *nm/f* conducteur(-trice).

**conduje** *etc* [kon'duxe] *vb* V **conducir**.

**conduzca** *etc* [kon'duθka] *vb* V **conducir**.

**conectar** [konek'tar] *vt* relier; (*tubos*) raccorder; (*TELEC*) brancher; (*enchufar*) connecter, brancher; (*INFORM*) connecter ♦ *vi*: **~ (con)** (*TV, RADIO*) donner l'antenne (à); (*fam: personas*) être sur la même longueur d'ondes que.

**conejillo** [kone'xiʎo] *nm*: **~ de Indias** cochon *m* d'Inde; (*fig*) cobaye *m*.

**conejo** [ko'nexo] *nm* lapin *m*.

**conexión** [konek'sjon] *nf* connexion *f*; **conexiones** *nfpl* (*amistades*) contacts *mpl*.

**confección** [konfek'θjon] *nf* confection *f*; **ropa de ~** prêt-à-porter *m*; **~ de caballero/señora** prêt-à-porter pour hommes/femmes.

**confeccionar** [konfe(k)θjo'nar] *vt* confectionner.

**confederación** [konfeðera'θjon] *nf* confédération *f*.

**conferencia** [konfe'renθja] *nf* conférence *f*; (*TELEC*) communication *f* interurbaine; **conferencia a cobro revertido** (*TELEC*) appel *m* en PCV; **conferencia de prensa** conférence de presse.

**conferir** [konfe'rir] *vt* conférer; (*fig*) conférer.

**confesar** [konfe'sar] *vt* confesser, avouer ♦ *vi* (*REL*) confesser; (*JUR*) avouer; **confesarse** *vpr* se confesser; **he de ~ que** je dois avouer que.

**confesión** [konfe'sjon] *nf* confession *f*, aveu *m*; (*REL*) confession.

**confesionario** [konfesjo'narjo] *nm* (*REL*) confessionnal *m*.

**confeti** [kon'feti] *nm* confetti *m*.

**confiado, -a** [kon'fjaðo, a] *adj* confiant(e); **está ~ en que aprobará** il est confiant de son succès.

**confianza** [kon'fjanθa] *nf* confiance *f*; (*familiaridad*) familiarité *f*; **de ~** (*persona*) de confiance, (*alimento*) de qualité; **en ~** en (toute) confiance; **margen de ~** marge *f* de confiance; **tener ~ con algn** être intime avec qn; **tomarse ~s con algn** (*pey*) se permettre des familiarités avec qn; **hablar con ~** parler en toute confiance.

**confiar** [kon'fjar] *vt* confier ♦ *vi* avoir confiance; **confiarse** *vpr* être confiant(e); **~ en** avoir confiance en; **~ en hacer/que** compter faire/que.

**confidencia** [konfi'ðenθja] *nf* confidence *f*.

**confidencial** [konfiðen'θjal] *adj* confidentiel(le); **"~"** (*en sobre*) "confidentiel".

**confidente** [konfi'ðente] *nm/f* (*amigo*) confident(e); (*policial*) informateur(-trice), indicateur(-trice).

**configurar** [konfiɣu'rar] *vt* façonner.

**confín** [kon'fin] *nm*: **el ~ del mundo** le bout du monde; **confines** *nmpl* (*límites*): **en los confines de** aux confins de.

**confinar** [konfi'nar] *vt* (*desterrar*) confiner.

**confirmar** [konfir'mar] *vt* confirmer; **confirmarse** *vpr* se confirmer; (*REL*) faire sa confirmation; **la excepción confirma la regla** l'exception confirme la règle.

**confiscar** [konfis'kar] *vt* confisquer.

**confitería** [konfite'ria] *nf* (*tienda*) confiserie *f*; (*CSUR: café*) café *m*.

**confitura** [konfi'tura] *nf* confiture *f*.

**conflictivo, -a** [konflik'tiβo, a] *adj* conflictuel(le); (*época*) de conflit.

**conflicto** [kon'flikto] *nm* conflit *m*; (*fig: problema*) problème *m*; **estar en un ~** être dans l'embarras; **~ laboral** conflit social o du travail.

**confluir** [konflu'ir] *vi* (*ríos, personas*) confluer; (*carreteras*) se rejoindre.

**conformar** [konfor'mar] *vt* (*carácter, paisaje*) façonner; (*persona*) contenter, satisfaire

♦ vi: ~ **con** être conforme à; **conformarse** vpr: ~**se con** se contenter de; (resignarse) se résigner à; ~ **algo a** o **con** adapter qch à; ~**se con hacer** se contenter de faire.

**conforme** [kon'forme] adj conforme; (de acuerdo) d'accord; (satisfecho) content(e), satisfait(e) ♦ conj (tal como) tel que, comme; (a medida que) à mesure que ♦ excl d'accord ♦ prep: ~ **a** conformément à; ~ **con** content(e) o satisfait(e) de.

**conformidad** [konformi'ðað] nf conformité f; (aprobación) accord m, approbation f; (resignación) résignation f; **en** ~ **con** conformément à; **dar su** ~ donner son accord.

**conformista** [konfor'mista] adj, nm/f conformiste m/f.

**confortable** [konfor'taβle] adj confortable.

**confortar** [konfor'tar] vt réconforter.

**confrontar** [konfron'tar] vt confronter; (situación, peligro) affronter; **confrontarse** vpr s'affronter; ~**se con** affronter.

**confundir** [konfun'dir] vt confondre; (persona: embrollar) embrouiller; (: desconcertar) confondre; **confundirse** vpr (equivocarse) se tromper; (hacerse borroso) se confondre; (turbarse) être confondu(e); (mezclarse) se confondre; ~ **algo/algn con** confondre qch/qn avec; ~**se de** se tromper de.

**confusión** [konfu'sjon] nf confusion f.

**confuso, -a** [kon'fuso, a] adj confus(e).

**congelado, -a** [konxe'laðo, a] adj (carne, pescado) congelé(e) ♦ nm: ~**s** (CULIN) surgelés mpl.

**congelador** [konxela'ðor] nm congélateur m.

**congelar** [konxe'lar] vt congeler; (COM, FIN) geler; **congelarse** vpr se congeler; (fam: persona) se geler; (sangre, grasa) se figer.

**congeniar** [konxe'njar] vi: ~ **(con)** s'entendre (avec).

**congestión** [konxes'tjon] nf (de tráfico) encombrement m; (MED) congestion f.

**congestionar** [konxestjo'nar] vt congestionner; **congestionarse** vpr se congestionner.

**conglomerado** [konglome'raðo] nm (CONSTR, TEC) aggloméré m; (de factores, intereses) conglomérat m.

**congoja** [kon'goxa] nf chagrin m.

**congraciarse** [kongra'θjarse] vpr: ~ **con** s'attirer les bonnes grâces de.

**congratular** [kongratu'lar] vt féliciter; **congratularse** vpr: ~**se de** o **por** se féliciter de.

**congregación** [kongreɣa'θjon] nf congrégation f.

**congregar** [kongre'ɣar] vt réunir, rassembler; **congregarse** vpr se réunir, se rassembler.

**congreso** [kon'greso] nm congrès m; **Congreso de los Diputados** (ESP: POL) ≈ Assemblée nationale.

**conjetura** [konxe'tura] nf conjecture f; **sólo podemos hacer** ~**s** nous sommes réduits aux conjectures.

**conjugar** [konxu'ɣar] vt conjuguer.

**conjunción** [konxun'θjon] nf (LING) conjonction f; (de esfuerzos, cualidades) conjugaison f.

**conjunto, -a** [kon'xunto, a] adj commun(e) ♦ nm ensemble m; (de circunstancias) concours msg; (de música pop) groupe m; **de** ~ (visión, estudio) d'ensemble; **en** ~ dans l'ensemble.

**conjurar** [konxu'rar] vt, vi conjurer; **conjurarse** vpr se conjurer.

**conmemoración** [konmemora'θjon] nf commémoration f.

**conmemorar** [konmemo'rar] vt commémorer.

**conmigo** [kon'miɣo] pron avec moi.

**conmoción** [konmo'θjon] nf commotion f; (en sociedad, costumbres) bouleversement m; ~ **cerebral** (MED) commotion cérébrale.

**conmovedor, a** [konmoβe'ðor, a] adj émouvant(e).

**conmover** [konmo'βer] vt émouvoir; (suj: terremoto, estrépito) ébranler; **conmoverse** vpr s'émouvoir.

**conmutador** [konmuta'ðor] nm (AM: TELEC) central m téléphonique.

**cono** ['kono] nm (GEOM) cône m; **Cono Sur** (GEO) Chili, Argentine, Uruguay.

**conocedor, -a** [konoθe'ðor, a] adj, nm/f connaisseur(-euse).

**conocer** [kono'θer] vt connaître; (reconocer) reconnaître; **conocerse** vpr se connaître; **dar a** ~ faire connaître o savoir; **darse a** ~ se faire connaître; **se conoce que** ... il semble o paraît que ...

**conocido, -a** [kono'θiðo, a] adj connu(e) ♦ nm/f (persona) connaissance f.

**conocimiento** [konoθi'mjento] nm connaissance f; (de la madurez) jugeote f;

(NÁUT: tb: ~ **de embarque**) connaissement m; **~s** nmpl (saber) connaissances fpl; **hablar con ~ de causa** parler en connaissance de cause; **perder/recobrar el ~** perdre/reprendre connaissance; **poner en ~ de algn** faire savoir à qn; **tener ~ de** avoir connaissance de; **conocimiento (de embarque) aéreo** (COM) lettre f de transport aérien.

**conozca** etc [ko'noθka] vb V **conocer**.

**conque** ['konke] conj ainsi donc, alors.

**conquista** [kon'kista] nf conquête f.

**conquistador, a** [konkista'ðor, a] adj, nm/f conquérant(e) ♦ nm (de América) conquistador m; (seductor) séducteur m.

**conquistar** [konkis'tar] vt conquérir; (puesto) obtenir; (simpatía, fama) conquérir; (enamorar) conquérir, faire la conquête de.

**consagrar** [konsa'xrar] vt consacrer; **consagrarse** vpr: **~se a** se consacrer à; **~ como** (acreditar) sacrer; **~se como** se confirmer comme.

**consciente** [kons'θjente] adj conscient(e); **estar ~** être conscient(e); **ser ~ de** être conscient(e) de.

**consecuencia** [konse'kwenθja] nf conséquence f; **a ~ de** par suite de; **en ~** en conséquence.

**consecuente** [konse'kwente] adj: **~ (con)** conséquent(e) (avec).

**consecutivo, -a** [konseku'tiβo, a] adj consécutif(-ive).

**conseguir** [konse'xir] vt obtenir; (sus fines) parvenir à; **~ hacer** arriver à faire.

**consejero, -a** [konse'xero, a] nm/f (persona) conseiller(-ère); (POL) ministre dans une communauté autonome.

**consejo** [kon'sexo] nm conseil m; **dar un ~** donner un conseil; **consejo de administración** (COM) conseil d'administration; **Consejo de Europa** Conseil de l'Europe; **consejo de guerra/de ministros** conseil de guerre/des ministres.

**consenso** [kon'senso] nm consensus m.

**consentimiento** [konsenti'mjento] nm consentement m; **dar su ~** donner son consentement.

**consentir** [konsen'tir] vt consentir; (mimar) gâter ♦ vi: **~ en hacer** consentir à faire; **~ a algn hacer algo/que algn haga algo** permettre à qn de faire qch/que qn fasse qch.

**conserje** [kon'serxe] nm concierge m.

**conserva** [kon'serβa] nf conserve f; **~s** nfpl conserves fpl; **en ~** en conserve.

**conservación** [konserβa'θjon] nf (de paisaje, naturaleza) conservation f; (de especie) protection f.

**conservador, a** [konserβa'ðor, a] adj, nm/f conservateur(-trice).

**conservante** [konser'βante] nm conservateur m.

**conservar** [konser'βar] vt (gen) conserver; (costumbre, figura) garder; **conservarse** vpr: **~se bien** (comida etc) bien se conserver; **~se joven** être bien conservé.

**conservatorio** [konserβa'torjo] nm (MÚS) conservatoire m; (AM) serre f.

**considerable** [konsiðe'raβle] adj (importante) important(e); (grande) considérable.

**consideración** [konsiðera'θjon] nf considération f; **de ~** (herida, daño) grave; **tomar en ~** prendre en considération; **¡qué falta de ~!** quel manque de considération!; **de mi/nuestra (mayor) ~ ...** (AM: ADMIN) Madame, Monsieur, ...

**considerado, -a** [konsiðe'raðo, a] adj (atento) attentionné(e); (respetado) respecté(e); **estar bien/mal ~** être bien/mal vu(e).

**considerar** [konsiðe'rar] vt considérer.

**consigna** [kon'sixna] nf consigne f.

**consigo** [kon'sixo] vb V **conseguir** ♦ pron (m) avec lui; (f) avec elle; (usted(es)) avec vous; **~ mismo** avec soi-même.

**consiguiendo** etc [konsi'xjendo] vb V **conseguir**.

**consiguiente** [konsi'xjente] adj: **el ~ susto/nerviosismo** la peur/nervosité qui en résulte; **por ~** par conséquent.

**consistente** [konsis'tente] adj consistant(e); (material, pared, teoría) solide; **~ en** qui consiste en.

**consistir** [konsis'tir] vi: **~ en** consister en.

**consola** [kon'sola] nf (de videojuegos) console f.

**consolación** [konsola'θjon] nf V **premio**.

**consolar** [konso'lar] vt consoler; **consolarse** vpr: **~se (con)** se consoler (avec); **~se haciendo** se consoler en faisant.

**consolidar** [konsoli'ðar] vt consolider.

**consomé** [konso'me] (pl **~s**) nm (CULIN) consommé m.

**consonante** [konso'nante] nf consonne f ♦ adj consonantique.

**consorcio** [kon'sorθjo] nm (COM) consortium *m*.

**conspiración** [konspira'θjon] *nf* conspiration *f*.

**conspirador, a** [konspira'ðor, a] *nm/f* conspirateur(-trice).

**conspirar** [konspi'rar] *vi* conspirer.

**constancia** [kons'tanθja] *nf* constance *f*; (*testimonio*) témoignage *m*; **dejar ~ de algo** faire état de qch.

**constante** [kons'tante] *adj* constant(e) ♦ *nf* (*MAT, fig*) constante *f*.

**constar** [kons'tar] *vi*: **~ (en)** figurer (dans); **~ de** se composer de; **hacer ~** manifester; **me consta que ...** je suis conscient que ...; **(que) conste que lo hice por ti** n'oublie pas que c'est pour toi que je l'ai fait.

**constatar** [konsta'tar] *vt* constater.

**consternación** [konsterna'θjon] *nf* consternation *f*.

**constipado, -a** [konsti'paðo, a] *adj*: **estar ~** être enrhumé(e) ♦ *nm* rhume *m*.

**constitución** [konstitu'θjon] *nf* constitution *f*; (*de tribunal, equipo etc*) composition *f*.

**constitucional** [konstituθjo'nal] *adj* constitutionnel(le).

**constituir** [konstitu'ir] *vt* constituer; **constituirse** *vpr* se constituer.

**constituyente** [konstitu'jente] *adj* constituant(e); **cortes ~s** assemblée *f* constituante.

**constreñir** [konstre'ɲir] *vt* (*limitar*) restreindre; (*obligar*) contraindre.

**construcción** [konstruk'θjon] *nf* construction *f*.

**constructor, a** [konstruk'tor, a] *nm/f* constructeur(-trice) ♦ *nf* entrepreneur *m*.

**construir** [konstru'ir] *vt* construire.

**construyendo** *etc* [konstru'jendo] *vb* V **construir**.

**consuelo** [kon'swelo] *vb* V **consolar** ♦ *nm* consolation *f*; **sin ~** inconsolable.

**cónsul** ['konsul] *nm* consul *m*.

**consulado** [konsu'laðo] *nm* consulat *m*.

**consulta** [kon'sulta] *nf* consultation *f*; (*MED: consultorio*) cabinet *m*; **horas de ~** heures *fpl* de consultation; **obra de ~** ouvrage *m* de référence.

**consultar** [konsul'tar] *vt* consulter; **~ algo con algn** consulter qn au sujet de qch; **~ un archivo** (*INFORM*) consulter un fichier.

**consultorio** [konsul'torjo] *nm* (*MED*) cabinet *m*; (*en periódico etc*) courrier *m* du

cœur.

**consumar** [konsu'mar] *vt* consommer; (*sentencia*) exécuter.

**consumición** [konsumi'θjon] *nf* consommation *f*; **~ mínima** prix *m* minimum de la consommation.

**consumidor, a** [konsumi'ðor, a] *nm/f* consommateur(-trice).

**consumir** [konsu'mir] *vt* consommer; **consumirse** *vpr* se consumer; (*caldo*) réduire; (*persona*) dépérir; **~se (de celos/de envidia/de rabia)** se consumer (de jalousie/d'envie/de rage).

**consumismo** [konsu'mismo] *nm* (*COM*) surconsommation *f*.

**consumo** [kon'sumo] *nm* consommation *f*; **bienes/sociedad de ~** biens *mpl*/société *f* de consommation.

**contabilidad** [kontaβili'ðað] *nf* comptabilité *f*; **contabilidad de costes** o **analítica** comptabilité analytique; **contabilidad de doble partida/por partida simple** comptabilité en partie double/en partie simple; **contabilidad de gestión** comptabilité de gestion.

**contable** [kon'taβle] *nm/f* comptable *m/f*; **contable de costos** analyste *m/f* des coûts.

**contacto** [kon'takto] *nm* contact *m*; **estar/ponerse en ~ con algn** être/se mettre en contact avec qn; **perder ~** (*amigos*) se perdre de vue.

**contado, -a** [kon'taðo, a] *adj*: **en casos ~s** dans de rares cas ♦ *nm*: **al ~** au comptant; **pagar al ~** payer comptant.

**contador, a** [konta'ðor, a] *nm/f* (*AM: contable*) comptable *m/f* ♦ *nm* (*aparato*) compteur *m*.

**contagiar** [konta'xjar] *vt* (*enfermedad*) passer; (*persona*) contaminer; (*fig: entusiasmo*) transmettre; **contagiarse** *vpr* (*sentimiento*) se transmettre; **~se de la gripe** attraper la grippe.

**contagio** [kon'taxjo] *nm* contagion *f*.

**contagioso, -a** [konta'xjoso, a] *adj* (*tb fig*) contagieux(-euse).

**contaminación** [kontamina'θjon] *nf* (*de alimentos*) contamination *f*; (*del agua, ambiente*) pollution *f*.

**contaminar** [kontami'nar] *vt* (*aire, agua*) polluer; (*fig*) contaminer.

**contante** [kon'tante] *adj*: **dinero ~** argent *m* comptant; **dinero ~ y sonante** espèces *fpl* sonnantes et trébuchantes.

**contar** [kon'tar] *vt* (*dinero etc*) compter; (*historia etc*) conter ♦ *vi* compter; **contarse** *vpr* (*calcularse*) se compter; (*incluirse*) compter; **~ con** (*persona*) compter avec; (*disponer de: plazo etc*) disposer de; (: *habitantes*) compter; **sin ~** sans compter; **le cuento entre mis amigos** il est de mes amis; **¿qué (te) cuentas?** comment tu vas?

**contemplación** [kontempla'θjon] *nf* contemplation *f*; **contemplaciones** *nfpl* (*miramientos*) égards *mpl*; **no andarse con contemplaciones** ne pas faire de façons.

**contemplar** [kontem'plar] *vt* contempler; (*considerar*) envisager; (*mimar*) être aux petits soins pour.

**contemporáneo, -a** [kontempo'raneo, a] *adj*, *nm/f* contemporain(e).

**contendiente** [konten'djente] *adj*, *nm/f* (*persona, país*) rival(e); (*DEPORTE*) adversaire *m/f*.

**contenedor** [kontene'ðor] *nm* conteneur *m*.

**contener** [konte'ner] *vt* contenir; (*risa, caballo etc*) retenir; **contenerse** *vpr* se retenir.

**contenido, -a** [konte'niðo, a] *adj* contenu(e) ♦ *nm* contenu *m*.

**contentar** [konten'tar] *vt* faire plaisir à; **contentarse** *vpr*. **~se (con)** se contenter (de); **~se con hacer** se contenter de faire.

**contento, -a** [kon'tento, a] *adj*: **~ (con/de)** content(e) (de).

**contestación** [kontesta'θjon] *nf* réponse *f*; **~ a la demanda** (*JUR*) plaidoyer *m*.

**contestador** [kontesta'ðor] *nm*: **~ automático** répondeur *m*.

**contestar** [kontes'tar] *vt* répondre; (*JUR*) plaider ♦ *vi* répondre; **~ a una pregunta/a un saludo** répondre à une question/à un salut.

**contexto** [kon'teksto] *nm* contexte *m*.

**contienda** [kon'tjenda] *nf* dispute *f*.

**contigo** [kon'tiγo] *pron* avec toi.

**contiguo, -a** [kon'tiγwo, a] *adj*: **~ (a)** contigu(ë) (à).

**continente** [konti'nente] *nm* continent *m*.

**contingencia** [kontin'xenθja] *nf* (*posibilidad*) éventualité *f*; (*riesgo*) risque *m*.

**contingente** [kontin'xente] *adj* contingent(e); (*posible*) possible ♦ *nm* (*MIL, COM*)

contingent *m*.

**continuación** [kontinwa'θjon] *nf* (*de trabajo, estancia, obras*) poursuite *f*; (*de novela, película, calle*) suite *f*; **a ~** juste après.

**continuar** [konti'nwar] *vt* continuer, poursuivre; (*reanudar*) reprendre ♦ *vi* (*permanecer*) rester; (*mantenerse, prolongarse*) continuer; (*telenovela etc*) reprendre; **~ haciendo** continuer de o à faire; **~ siendo** être toujours.

**continuo, -a** [kon'tinwo, a] *adj* continu(e); (*llamadas, quejas*) continuel(le).

**contorno** [kon'torno] *nm* (*silueta*) contours *mpl*; (*en dibujo*) contour *m*; **~s** *nmpl* (*alrededores*) environs *mpl*.

**contorsión** [kontor'sjon] *nf* contorsion *f*.

**contra** ['kontra] *prep* contre ♦ *adj* (*NIC*) contra ♦ *adv*: **en ~ (de)** contre ♦ *nm/f* contra *m/f* ♦ *nf*: **la C~ (nicaragüense)** les Contras *mpl* ♦ *nm* **V pro.**

**contraataque** [kontraa'take] *nm* contre-attaque *f*.

**contrabajo** [kontra'βaxo] *nm* contrebasse *f*.

**contrabandista** [kontraβan'dista] *nm/f* contrebandier(-ière).

**contrabando** [kontra'βando] *nm* contrebande *f*; **de ~** de contrebande; **llevar/pasar algo de ~** passer qch en contrebande; **contrabando de armas** contrebande d'armes.

**contracción** [kontrak'θjon] *nf* contraction *f*.

**contracorriente** [kontrako'rrjente]: **a ~** *adv* à contre-courant.

**contradecir** [kontraðe'θir] *vt* contredire; **contradecirse** *vpr* se contredire; **esto se contradice con ...** ceci est en contradiction avec ...

**contradicción** [kontraðik'θjon] *nf* contradiction *f*; **el espíritu de la ~** l'esprit de contradiction; **en ~ con** en contradiction avec.

**contradictorio, -a** [kontraðik'torjo, a] *adj* contradictoire.

**contraer** [kontra'er] *vt* contracter; **contraerse** *vpr* se contracter; **~ matrimonio con** épouser.

**contraluz** [kontra'luθ] *nm* (*FOTO*) contre-jour *m*; **a ~** à contre-jour.

**contrapelo** [kontra'pelo]: **a ~** *adv* (*tb fig*) à rebrousse-poil.

**contrapesar** [kontrape'sar] *vt* contrebalancer.

**contrapeso** [kontra'peso] *nm* (*tb fig*) contrepoids *msg*; (COM) contrepartie *f*.

**contraportada** [kontrapor'taða] *nf* page *f* de garde.

**contraproducente** [kontraproðu'θente] *adj* qui n'a pas l'effet escompté.

**contrariar** [kontra'rjar] *vt* contrarier.

**contrariedad** [kontrarje'ðað] *nf* contretemps *msg*; (*disgusto*) contrariété *f*.

**contrario, -a** [kon'trarjo, a] *adj*: ~ **(a)** opposé(e) (à); (*equipo etc*) adverse ♦ *nm/f* adversaire *m/f*; **al** ~ au contraire; **por el** ~ tout au contraire; **ser** ~ **a** être opposé(e) à; (*a intereses, opinión*) être contraire à; **llevar la contraria** contredire; **de lo** ~ sinon; **salvo indicación contraria** sauf indication contraire; **todo lo** ~ tout le contraire.

**contrarrestar** [kontrarres'tar] *vt* compenser.

**contraseña** [kontra'seɲa] *nf* mot *m* de passe.

**contrastar** [kontras'tar] *vi*: ~ **(con)** trancher (avec) ♦ *vt* (*comprobar*) vérifier.

**contraste** [kon'traste] *nm* contraste *m*.

**contratar** [kontra'tar] *vt* engager, recruter; (*servicios*) faire appel à.

**contratiempo** [kontra'tjempo] *nm* contretemps *msg*; **a** ~ (*fig*) à contretemps.

**contratista** [kontra'tista] *nm/f* entrepreneur(-euse).

**contrato** [kon'trato] *nm* contrat *m*; **contrato a precio fijo** forfait *m*; **contrato a término/de compraventa/de trabajo** contrat à terme/de vente/de travail.

**contravenir** [kontraβe'nir] *vt* contrevenir.

**contraventana** [kontraβen'tana] *nf* volet *m*.

**contribución** [kontriβu'θjon] *nf* contribution *f*; **exento de contribuciones** exonéré d'impôts; **contribución territorial** impôt *m* foncier; **contribución urbana** impôts *mpl* locaux.

**contribuir** [kontriβu'ir] *vi*: ~ **(a)** contribuer (à); ~ **con** participer à raison de.

**contribuyente** [kontriβu'jente] *nm/f* contribuable *m/f*.

**contrincante** [kontrin'kante] *nm* concurrent(e).

**control** [kon'trol] *nm* contrôle *m*; (*dominio: de nervios, impulsos*) maîtrise *f*; (*tb*: ~ **de policía**) contrôle; **llevar el** ~ (*de situación*) maîtriser; (*en asunto*) diriger; **perder el** ~

perdre le contrôle; **control de calidad/de cambios/de costos/de existencia/de precios** (COM) contrôle de qualité/des changes/des coûts/du stock/des prix; **control de créditos** encadrement *m* du crédit; **control de (la) natalidad** contrôle des naissances; **control de pasaportes** contrôle des passeports.

**controlador, a** [kontrola'ðor, a] *nm/f*: ~ **aéreo** contrôleur *m* aérien.

**controlar** [kontro'lar] *vt* contrôler; (*nervios, impulsos*) maîtriser; **controlarse** *vpr* se maîtriser.

**controversia** [kontro'βersja] *nf* controverse *f*.

**contundente** [kontun'dente] *adj* (*prueba*) indiscutable; (*fig: argumento etc*) radical(e); (*arma*) contendant(e).

**contusión** [kontu'sjon] *nf* contusion *f*.

**convalecencia** [kombale'θenθja] *nf* convalescence *f*.

**convaleciente** [kombale'θjente] *adj*, *nm/f* convalescent(e).

**convalidar** [kombali'ðar] *vt* valider.

**convencer** [komben'θer] *vt* convaincre; **convencerse** *vpr*: ~**se (de)** se persuader (de); ~ **a algn de (que haga) algo** convaincre qn de (faire) qch; ~ **a algn para que haga** convaincre qn de faire; **esto no me convence (nada)** cela ne me convainc pas (du tout).

**convencimiento** [kombenθi'mjento] *nm* certitude *f*; **llegar al/tener el** ~ **de que** ... arriver à/avoir la certitude que ...

**convención** [komben'θjon] *nf* convention *f*.

**conveniencia** [kombe'njenθja] *nf* (*oportunidad*) opportunité *f*; (*provecho*) intérêt *m*; (*utilidad*) avantage *m*; ~**s** *nfpl* (*tb*: ~**s sociales**) convenances *fpl*; **ser de la** ~ **de algn** être à la convenance de qn.

**conveniente** [kombe'njente] *adj* opportun(e); (*útil*) pratique; **(no) es** ~ **(hacer)** il (n')est (pas) bon (de faire).

**convenio** [kom'benjo] *nm* accord *m*; **convenio colectivo/salarial** accord collectif/salarial.

**convenir** [kombe'nir] *vt* convenir de ♦ *vi* convenir; ~ **(en) hacer** convenir de faire; "**sueldo a** ~" "salaire négociable"; **conviene recordar que** ... il convient de rappeler que ...; **no te conviene salir** tu ne devrais pas sortir.

**convento** [kom'bento] *nm* couvent *m*.

**convenza** *etc* [kom'benθa] *vb* V **convencer**.

**converger** [komber'xer], **convergir** [komber'xir] *vi* converger.

**conversación** [kombersa'θjon] *nf* conversation *f*; **conversaciones** *nfpl* (POL) pourparlers *mpl*.

**conversar** [komber'sar] *vi* discuter.

**conversión** [komber'sjon] *nf* transformation *f*; (REL) conversion *f*.

**convertir** [komber'tir] *vt* transformer; (REL): ~ **a** convertir à; (COM): ~ **(en)** changer (en); **convertirse** *vpr* (REL): ~se **(a)** se convertir (à).

**convicción** [kombik'θjon] *nf* conviction *f*; **convicciones** *nfpl* (ideas) convictions *fpl*.

**convicto, -a** [kom'bikto, a] *adj* condamné(e).

**convidado, -a** [kombi'ðaðo, a] *nm/f* convive *m/f*.

**convidar** [kombi'ðar] *vt*: ~ **(a)** convier (à); ~ **a algn a hacer** inviter qn à faire.

**convincente** [kombin'θente] *adj* convaincant(e).

**convite** [kom'bite] *nm* (banquete) banquet *m*; (invitación) invitation *f*.

**convivencia** [kombi'βenθja] *nf* cohabitation *f*.

**convivir** [kombi'βir] *vi* cohabiter.

**convocar** [kombo'kar] *vt* convoquer; ~ **(a)** (personas) convoquer (à); (huelga) appeler à.

**convocatoria** [komboka'torja] *nf* convocation *f*; (huelga) appel *m*.

**convulsión** [kombul'sjon] *nf* (MED) convulsion *f*; (política) bouleversement *m*.

**conyugal** [konju'ɣal] *adj* conjugal(e); **vida** ~ **al** vie *f* conjugale.

**cónyuge** ['konjuxe] *nm/f* conjoint(e).

**coñac** [ko'ɲak] (*pl* ~**s**) *nm* cognac *m*.

**coño** ['koɲo] (fam!) *nm* con *m* (fam!) ♦ *excl* merde! (fam!); **¡qué** ~**!** merde! (fam!).

**cooperación** [koopera'θjon] *nf* coopération *f*.

**cooperar** [koope'rar] *vi* coopérer.

**cooperativa** [koopera'tiβa] *nf* coopérative *f*; **cooperativa agrícola** coopérative agricole.

**coordinador, a** [koorðina'ðor, a] *nm/f* coordinateur(-trice) ♦ *nf* bureau *m* de coordination.

**coordinar** [koorði'nar] *vt* coordonner.

**copa** ['kopa] *nf* (recipiente) verre *m* à pied; (de champán, DEPORTE) coupe *f*; (de árbol) cime *f*; (de sombrero) calotte *f*; ~**s** *nfpl* (NAIPES) l'une des quatre couleurs du jeu de cartes espagnol; **tomar una** ~ prendre un verre o un pot; **ir de** ~**s** aller prendre un pot; **sombrero de** ~ haut-de-forme *m*; **huevo a la** ~ (CHI) œuf *m* à la coque.

**copia** ['kopja] *nf* copie *f*; (llave) double *m*; **hacer** ~ **de seguridad** (INFORM) faire une sauvegarde; **copia de respaldo** o **de seguridad** (INFORM) sauvegarde *f*; **copia de trabajo** (INFORM) fichier *m* de travail; **copia impresa** (INFORM) tirage *m* papier; **copia vaciada** (INFORM) vidage *m*.

**copiar** [ko'pjar] *vt* copier; (INFORM) faire une copie de; ~ **al pie de la letra** copier mot pour mot.

**copioso, -a** [ko'pjoso, a] *adj* abondant(e); (comida) copieux(-euse).

**copla** ['kopla] *nf* (canción) couplet *m*; (LIT) strophe *f*.

**copo** ['kopo] *nm*: ~ **de nieve** flocon *m* de neige; ~**s de avena** flocons *mpl* d'avoine.

**coqueta** [ko'keta] *nf* (mujer) coquette *f*; (mueble) coiffeuse *f*.

**coquetear** [kokete'ar] *vi* flirter.

**coraje** [ko'raxe] *nm* courage *m*; (esp AM) colère *f*; **le da** ~ **hacer ...** ça l'énerve de faire ...

**coral** [ko'ral] *adj* (MÚS) de chœur ♦ *nf* (MÚS) chorale *f* ♦ *nm* (ZOOL) corail *m*; **de** ~ en corail.

**coraza** [ko'raθa] *nf* cuirasse *f*; (ZOOL) carapace *f*.

**corazón** [kora'θon] *nm* cœur *m*; (BOT) noyau *m*; **corazones** *nmpl* (NAIPES) cœur *msg*; **ser de buen** ~ avoir bon cœur; **de (todo)** ~ de tout cœur; **estar mal del** ~ être malade du cœur.

**corazonada** [koraθo'naða] *nf* pressentiment *m*.

**corbata** [kor'βata] *nf* cravate *f*.

**Córcega** ['korθeɣa] *nf* Corse *f*.

**corchete** [kor'tʃete] *nm* agrafe *f*; ~**s** *nmpl* (TIP) crochets *mpl*.

**corcho** ['kortʃo] *nm* liège *m*; (PESCA, tapón) bouchon *m*; **de** ~ en liège.

**cordel** [kor'ðel] *nm* corde *f*.

**cordero** [kor'ðero] *nm* agneau *m*; **cordero lechal** agneau de lait.

**cordial** [kor'ðjal] *adj* cordial(e) ♦ *nm* cordial *m*.

**cordialidad** [korðjali'ðað] *nf* cordialité *f*.

**cordillera** [korði'ʎera] *nf* cordillère *f*.

**Córdoba** ['korðoβa] *n* Cordoue.

**córdoba** ['korðoβa] *nm* (*NIC*) monnaie du Nicaragua.

**cordón** [kor'ðon] *nm* (*cuerda*) ficelle *f*; (*de zapatos*) lacet *m*; (*ELEC, policial*) cordon *m*; (*CSUR*) bord *m* du trottoir; **cordón umbilical** cordon ombilical.

**cordura** [kor'ðura] *nf* sagesse *f*; (*MED*) santé *f* mentale; **con ~** avec sagesse.

**córner** ['korner] (*pl ~s*) *nm* (*DEPORTE*) corner *m*.

**corneta** [kor'neta] *nf* (*MÚS*) cornet *m*; (*MIL*) clairon *m*.

**cornisa** [kor'nisa] *nf* corniche *f*.

**coro** ['koro] *nm* chœur *m*; **a ~** (*responder etc*) en chœur.

**corona** [ko'rona] *nf* couronne *f*; (*de santo*) auréole *f*; **la ~** (*POL*) la Couronne; **corona de laurel** couronne de laurier.

**coronación** [korona'θjon] *nf* (*tb fig*) couronnement *m*.

**coronar** [koro'nar] *vt* couronner.

**coronel** [koro'nel] *nm* colonel *m*.

**coronilla** [koro'niʎa] *nf* sommet *m* du crâne; **estar hasta la ~ (de)** en avoir jusque-là (de).

**corporación** [korpora'θjon] *nf* corporation *f*.

**corporal** [korpo'ral] *adj* (*ejercicio*) physique; (*castigo, higiene*) corporel(le).

**corpulento, -a** [korpu'lento a] *adj* (*persona*) corpulent(e); (*árbol, tronco*) énorme.

**corral** [ko'rral] *nm* (*patio*) cour *f*; (*de animales*) basse-cour *f*; (*de niño*) parc *m*.

**correa** [ko'rrea] *nf* courroie *f*; (*cinturón*) ceinture *f*; (*de perro*) laisse *f*; **correa del ventilador** (*AUTO*) courroie du ventilateur.

**corrección** [korrek'θjon] *nf* correction *f*; **corrección (de pruebas)** (*TIP*) correction (d'épreuves); **corrección en pantalla** correction sur écran.

**correccional** [korrekθjo'nal] *nm* pénitencier *m*; **correccional de menores** maison *f* de correction.

**correcto, -a** [ko'rrekto a] *adj* correct(e).

**corredor, a** [korre'ðor, a] *nm/f* coureur (-euse) ♦ *nm* (*pasillo*) corridor *m*; (*balcón corrido*) galerie *f*; (*COM*) courtier *m*; **corredor de apuestas** bookmaker *m*; **corredor de bolsa/de fincas** agent *m* de change/immobilier.

**corregir** [korre'xir] *vt* corriger; **corregirse**

*vpr* se corriger; **se le ha corregido la miopía** on lui a corrigé sa myopie.

**correo** [ko'rreo] *nm* courrier *m*; (*servicio*) poste *f*; **C~s** *nmpl* (*servicio*) la Poste, les PTT *fpl*; (*edificio*) la Poste; **a vuelta de ~** par retour de courrier; **echar al ~** mettre à la poste; **correo aéreo** courrier par avion; **correo electrónico/urgente/certificado** courrier électronique/"urgent"/recommandé.

**correr** [ko'rrer] *vt* (*mueble etc*) déplacer; (*riesgo*) courir; (*suerte*) risquer; (*aventura*) vivre; (*cortinas: cerrar*) fermer; (: *abrir*) ouvrir; (*cerrojo*) tourner ♦ *vi* (*persona, rumor*) courir; (*coche, agua, viento*) aller vite; (*tiempo*) passer; (*apresurarse*) se presser; **correrse** *vpr* (*persona, terreno*) se déplacer; (*colores*) couler; (*fam: tener orgasmo*) jouir; **echar a ~** se mettre à courir; **~ con los gastos** payer; **~ mundo** parcourir le monde; **eso corre de mi cuenta** je m'en occupe; **nos corrimos una juerga** (*fam*) on s'est bien éclaté; **a todo ~** à toute vitesse.

**correspondencia** [korrespon'denθja] *nf* correspondance *f*; **~ directa** (*COM*) correspondance directe.

**corresponder** [korrespon'der] *vi* (*dinero, tarea*) revenir; (*en amor*) aimer en retour; **corresponderse** *vpr* (*amarse*) bien s'entendre; **~ a** (*invitación*) répondre à; (*a favor, cariño*) rendre; (*convenir, ajustarse, pertenecer*) correspondre à; **al gobierno le corresponde ...** le gouvernement a pour tâche de ...; **~se con** correspondre à; "**a quien corresponda**" "à qui de droit".

**correspondiente** [korrespon'djente] *adj* (*respectivo*) correspondant(e); **~ (a)** (*adecuado*) qui correspond (à).

**corresponsal** [korrespon'sal] *nm/f* correspondant(e); (*COM*) agent *m*.

**corrida** [ko'rriða] *nf* corrida *f*; (*carrera corta*) sprint *m*; (*CHI*) file *f*.

**corrido, -a** [ko'rriðo, a] *adj* (*avergonzado*) contrit(e); (*balcón etc*) extérieur(e) ♦ *nm* (*MÉX*) ballade *f*; **de ~** couramment; **un kilo ~** un bon kilo.

**corriente** [ko'rrjente] *adj* courant(e); (*suceso, costumbre*) habituel(le); (*común*) commun(e) ♦ *nf* courant *m*; (*tb: ~ de aire*) courant d'air ♦ *nm*: **el 16 del ~** le 16 courant; **las ~s artísticas** les courants artistiques; **estar al ~ de** être au courant de seguir la ~ a algn ne pas contrarier qn; **poner/tener al** ~ mettre/tenir au courant; **corriente alterna/continua** courant alternatif/continu; **corriente sanguínea** flux *msg* sanguin.

**corrija** *etc* [ko'rrixa] *vb* V **corregir**.

**corrillo** [ko'rriʎo] *nm* petit groupe *m*.

**corro** ['korro] *nm* cercle *m*; **hacer ~ aparte** faire bande à part; **jugar al ~** faire la ronde.

**corroborar** [korroβo'rar] *vt* corroborer.

**corroer** [korro'er] *vt* corroder; (*suj: envidia*) ronger; **corroerse** *vpr* se désagréger.

**corromper** [korrom'per] *vt* pourrir; (*aguas*) polluer; (*fig: costumbres, moral*) corrompre; (: *juez etc*) corrompre, soudoyer; **corromperse** *vpr* pourrir; (*costumbres*) se corrompre; (*persona, justicia*) se laisser soudoyer.

**corrosivo, -a** [korro'siβo, a] *adj* corrosif (-ive).

**corrupción** [korrup'θjon] *nf* putréfaction *f*; (*fig*) corruption *f*.

**corsé** [kor'se] *nm* corset *m*.

**cortacésped** [korta'θespeð] *nm* tondeuse *f* (à gazon).

**cortado, -a** [kor'taðo, a] *adj* (*leche*) tourné(e); (*con cuchillo*) coupé(e); (*piel, labios*) craquelé(e); (*tímido*) coincé(e) ♦ *nm* café *m* avec un nuage de lait; **estar ~** être coincé(e); **quedarse ~** rester sans voix.

**cortar** [kor'tar] *vt* couper; (*discusión*) interrompre; (*piel, labios*) fendre ♦ *vi* couper; (*viento*) être glacial(e); (*AM: TELEC*) raccrocher; **cortarse** *vpr* se couper; (*turbarse*) se troubler; (*TELEC*) s'interrompre; (*leche*) tourner; **~ el paso (a algn)** barrer le passage (à qn); **~ por lo sano** trancher dans le vif; **~ de raíz** tuer dans l'œuf; **~se el pelo** se (faire) couper les cheveux; **~se el dedo** se couper le doigt; **se le cortan los labios** ses lèvres se gercent.

**cortaúñas** [korta'uɲas] *nm inv* coupe-ongles *m inv*.

**corte** ['korte] *nm* coupure *f*; (*de pelo, vestido*) coupe *f*; (*de tela*) pièce *f*; (*de helado*) tranche *f* napolitaine ♦ *nf* (*real*) cour *f*; **me da ~ pedírselo** cela m'embête de le lui demander; **¡qué ~ le di!** je lui ai rabattu son caquet!; **las C~s** le parlement espagnol; **hacer la ~ a algn** faire la cour à qn; **corte de corriente/de luz** coupure de courant/d'électricité; **corte de mangas** bras *m* d'honneur; **Corte Internacional**

**de Justicia** Cour internationale de justice; **corte y confección** confection *f*.

---

**Las Cortes**

*Le Parlement espagnol, ou Cortes (Españolas), se compose d'une chambre basse ("Congreso de los Diputados") et d'une chambre haute ("Senado"). Les membres du Parlement, ou "diputados", sont élus au suffrage universel et à la proportionnelle. Quant aux membres du "Senado", ou "senadores", certains d'entre eux sont élus au suffrage universel et d'autres sont nommés par les Parlements régionaux.*

---

**cortejar** [korte'xar] *vt* courtiser.

**cortejo** [kor'texo] *nm* cortège *m*; **cortejo fúnebre** cortège funèbre.

**cortés** [kor'tes] *adj* courtois(e), poli(e).

**cortesía** [korte'sia] *nf* courtoisie *f*, politesse *f*; **de ~** (*visita, carta*) de courtoisie.

**corteza** [kor'teθa] *nf* (*de árbol*) écorce *f*; (*de pan, queso*) croûte *f*; (*de fruta*) peau *f*; **corteza terrestre** écorce o croûte terrestre.

**cortina** [kor'tina] *nf* rideau *m*; **cortina de humo** rideau de fumée.

**corto, -a** ['korto, a] *adj* court(e); (*tímido*) timide, timoré(e); (*tonto*) bouché(e) ♦ *nm* (*CINE*) court-métrage *m*; **~ de luces** bête; **~ de oído** dur(e) d'oreille; **~ de vista** myope; **quedarse ~** ne pas être à la hauteur.

**cortocircuito** [kortoθir'kwito] *nm* court-circuit *m*.

**cortometraje** [kortome'traxe] *nm* court-métrage *m*.

**cosa** ['kosa] *nf* chose *f*; (*asunto*) affaire *f*; **es ~ de una hora** c'est l'affaire d'une heure; **como si tal ~** comme si de rien n'était; **eso es ~ mía** c'est mon affaire; **llévate tus ~s** prends tes affaires; **es poca ~** ce n'est pas grand-chose; **¡qué ~ más rara!** comme c'est drôle!; **eso son ~s de la edad** c'est de son o leur âge; **tal como están las ~s** vu l'état actuel des choses; **lo que son las ~s** c'est drôle, la vie; **las ~s como son** les choses étant ce qu'elles sont.

**coscorrón** [kosko'rron] *nm* coup *m* sur la tête; **darse un ~** se cogner la tête.

**cosecha** [ko'setʃa] *nf* récolte *f*; (*de vino*) cru *m*.

**cosechar** [kose'tʃar] *vt* récolter ♦ *vi* faire la

récolte.

**coser** [ko'ser] *vt* coudre; ~ **algo a algo** coudre qch à qch.

**cosmético, -a** [kos'metiko, a] *adj, nm* cosmétique *m*.

**cosquillas** [kos'kiʎas] *nfpl*: **hacer** ~ chatouiller; **tener** ~ être chatouilleux(-euse).

**costa** ['kosta] *nf* (*GEO*) côte *f*; ~**s** *nfpl* (*JUR*) dépens *mpl*; **a** ~ (*COM*) au coût; **a** ~ **de** aux dépens de; (*trabajo*) à force de; (*grandes esfuerzos*) au prix de; (*su vida*) au péril de; **a toda** ~ coûte que coûte, à tout prix; **Costa Brava/del Sol** Costa Brava/del Sol; **Costa Azul/Cantábrica/de Marfil** Côte d'Azur/cantabrique/d'Ivoire.

**costado** [kos'taðo] *nm* côté *m*; **de** ~ (*dormir etc*) sur le côté; **español por los 4** ~**s** espagnol jusqu'au bout des ongles; **rodeado por los 4** ~**s** encerclé de tous côtés.

**costar** [kos'tar] *vt, vi* coûter; **me cuesta hablarle** j'ai du mal à lui parler; **¿cuánto cuesta?** combien ça coûte?; **te** ~**á caro** (*fig*) cela va ta coûter cher.

**costarricense** [kostarri'θense], **costarriqueño, -a** [kostarri'keɲo, a] *adj* costaricien(ne), de Costa Rica ♦ *nm/f* Costaricien(ne).

**costear** [koste'ar] *vt* payer; (*COM*) financer; (*NÁUT*) longer la côte de; **costearse** *vpr* rentrer dans ses frais, couvrir ses frais.

**costero, -a** [kos'tero, a] *adj* côtier(-ière).

**costilla** [kos'tiʎa] *nf* (*ANAT*) côte *f*; (*CULIN*) côtelette *f*.

**costo** ['kosto] *nm* coût *m*, prix *msg*; (*esp AM*) *V* **coste**; **costo directo/de expedición/de sustitución** coût direct/d'expédition/de remplacement; **costo unitario** prix unitaire.

**costoso, -a** [kos'toso, a] *adj* coûteux (-euse); (*difícil*) difficile.

**costra** ['kostra] *nf* (*de suciedad*) couche *f*; (*MED, de cal etc*) croûte *f*.

**costumbre** [kos'tumbre] *nf* coutume *f*, habitude *f*; (*tradición*) coutume; **como de** ~ comme d'habitude.

**costura** [kos'tura] *nf* couture *f*.

**costurera** [kostu'rera] *nf* couturière *f*.

**costurero** [kostu'rero] *nm* boîte *f* à couture.

**cotejar** [kote'xar] *vt*: ~ (**con**) comparer (à *o* avec).

**cotidiano, -a** [koti'ðjano, a] *adj* quotidien(ne).

**cotilla** [ko'tiʎa] *nm/f* commère *f*.

**cotillear** [kotiʎe'ar] *vi* faire des commérages.

**cotización** [kotiθa'θjon] *nf* (*COM*) cours *m*; (*de club, del trabajador*) cotisation *f*.

**cotizar** [koti'θar] *vt* (*COM*) coter; (*pagar*) cotiser ♦ *vi* (*trabajador*) cotiser; **cotizarse** *vpr* (*fig*) être bien coté(e); ~**se a** (*COM*) être coté(e) à.

**coto** ['koto] *nm* (*tb*: ~ **de caza**) réserve *f*; (*CHI*) goitre *m*; **poner** ~ **a** mettre fin à.

**cotorra** [ko'torra] *nf* (*loro*) perruche *f*; (*fam: persona*) pie *f*.

**COU** [kou] (*ESP*) *sigla m* (= *Curso de Orientación Universitaria*) Terminale.

**coyote** [ko'jote] *nm* coyote *m*; (*MÉX: fam*) guide *m*.

**coyuntura** [kojun'tura] *nf* articulation *f*, jointure *f*; (*fig*) conjoncture *f*, occasion *f*; **esperar una** ~ **favorable** attendre une conjoncture favorable, attendre l'occasion favorable.

**coz** [koθ] *nf* ruade *f*.

**cráneo** ['kraneo] *nm* crâne *m*; **ir de** ~ aller droit au désastre.

**cráter** ['krater] *nm* cratère *m*.

**creación** [krea'θjon] *nf* création *f*.

**creador, a** [krea'ðor, a] *adj, nm/f* créateur(-trice).

**crear** [kre'ar] *vt* créer; **crearse** *vpr* se créer.

**creativo, -a** [krea'tiβo, a] *adj* créatif(-ive).

**crecer** [kre'θer] *vi* grandir; (*pelo*) pousser; (*ciudad*) s'agrandir; (*río*) grossir; (*riqueza, odio*) augmenter; (*cólera*) monter; **crecerse** *vpr* s'enorgueillir.

**creces** ['kreθes]: **con** ~ *adv* (*pagar*) au centuple.

**crecido, -a** [kre'θiðo, a] *adj*: **estar** ~ avoir grandi; (*planta*) avoir poussé.

**creciente** [kre'θjente] *adj* croissant(e); **cuarto** ~ premier quartier *m*.

**crecimiento** [kreθi'mjento] *nm* croissance *f*; (*de planta*) pousse *f*; (*de ciudad*) agrandissement *m*.

**credenciales** [kreðen'θjales] *nfpl* lettres *fpl* de créance.

**crédito** ['kreðito] *nm* crédit *m*; **a** ~ à crédit; **dar** ~ **a** accorder crédit à, croire; ~ **al consumido** crédit à la consommation; **ser digno de** ~ être digne de confiance; ~ **rotativo** *o* **renovable** crédit à renouvellement automatique.

**credo** ['kreðo] *nm* credo *m*.

**crédulo, -a** ['kreðulo, a] *adj* crédule.

**creencia** [kre'enθja] *nf* croyance *f*.

**creer** [kre'er] *vt, vi* croire; **creerse** *vpr* (*considerarse*) se croire; (*aceptar*) croire; **~ en** croire en; **¡ya lo creo!** je crois *o* pense bien; **creo que no/sí** je crois que non/oui; **no se lo cree** il n'y croit pas; **se cree alguien** il a une bonne opinion de lui.

**creíble** [kre'iβle] *adj* croyable.

**creído, -a** [kre'iðo, a] *adj* présomptueux (-euse).

**crema** ['krema] *adj inv* (*color*) crème *inv* ♦ *nf* crème *f*; (*para zapatos*) cirage *m*; **la ~ de la sociedad** la crème de la société; **crema de afeitar** crème à raser; **crema de cacao** beurre *m* de cacao; **crema de champiñones/de espárragos** velouté *m* de champignons/d'asperges; **crema hidratante** crème hydratante; **crema pastelera** crème pâtissière.

**cremallera** [krema'ʎera] *nf* fermeture *f* éclair ®.

**crematorio** [krema'torjo] *nm* (*tb:* **horno ~**) four *m* crématoire.

**crepitar** [krepi'tar] *vi* crépiter.

**crepúsculo** [kre'puskulo] *nm* crépuscule *m*.

**cresta** ['kresta] *nf* crête *f*.

**creyendo** *etc* [kre'jendo] *vb* V **creer**.

**creyente** [kre'jente] *nm/f* croyant(e).

**creyó** *etc* [kre'jo] *vb* V **creer**.

**crezca** *etc* ['kreθka] *vb* V **crecer**.

**cría** ['kria] *vb* V **criar** ♦ *nf* (*de animales*) élevage *m*; (*cachorro*) petit *m*; V *tb* **crío**.

**criada** [kri'aða] *nf* bonne *f*; V *tb* **criado**.

**criadero** [kria'ðero] *nm* élevage *m*.

**criado, -a** [kri'aðo, a] *nm/f* domestique *m/f*.

**crianza** [kri'anθa] *nf* allaitement *m*; (*formación*) éducation *f*; (*de animales*) élevage *m*; **vino de ~** grand cru *m*.

**criar** [kri'ar] *vt* allaiter, nourrir; (*educar*) éduquer, élever; (*parásitos*) produire; (*animales*) élever ♦ *vi* avoir des petits; **criarse** *vpr* être élevé; (*formarse*) se former.

**criatura** [kria'tura] *nf* créature *f*; (*niño*) gosse *m*.

**criba** ['kriβa] *nf* crible *m*; (*fig*) crible, tamis *m*.

**cribar** [kri'βar] *vt* cribler, tamiser.

**crimen** ['krimen] *nm* crime *m*; **crimen pasional** crime passionnel.

**criminal** [krimi'nal] *adj* criminel(le); (*tiem-*

*po, viaje etc*) horrible ♦ *nm/f* criminel(le).

**crin** [krin] *nf* (*tb:* **~es**) crinière *f*.

**crío, -a** ['krio, a] (*fam*) *nm/f* bébé *m*; (*más mayor*) marmot *m*.

**crisis** ['krisis] *nf inv* crise *f*; **crisis nerviosa** dépression *f* nerveuse.

**crispar** [kris'par] *vt* crisper; **crisparse** *vpr* se crisper; **ese ruido me crispa los nervios** ce bruit me porte sur les nerfs.

**cristal** [kris'tal] *nm* verre *m*; (*QUÍM*) cristal *m*; (*de ventana*) vitre *f*; **~es** *nmpl* (*trozos rotos*) bouts *mpl* de verre; **de ~** en verre; **cristal ahumado** verre fumé; **cristal de roca** cristal de roche.

**cristalino, -a** [krista'lino, a] *adj* cristallin(e) ♦ *nm* cristallin *m*.

**cristalizar** [kristali'θar] *vi* cristalliser; (*fig*) se cristalliser; **cristalizarse** *vpr* se cristalliser.

**cristiandad** [kristjan'dað] *nf* chrétienté *f*.

**cristianismo** [kristja'nismo] *nm* christianisme *m*.

**cristiano, -a** [kris'tjano, a] *adj, nm/f* chrétien(ne); **hablar en ~** parler espagnol; (*fig*) parler clairement.

**Cristo** ['kristo] *nm* le Christ; (*crucifijo*) crucifix *m*; **armar un ~** faire du chahut.

**criterio** [kri'terjo] *nm* critère *m*; (*opinión*) avis *m*; (*discernimiento*) discernement *m*, jugement *m*; (*enfoque*) attitude *f*, démarche *f*; **lo dejo a su ~** la décision vous appartient.

**crítica** ['kritika] *nf* critique *f*; **la ~** (*TEATRO etc*) la critique; V *tb* **crítico**.

**criticar** [kriti'kar] *vt* (*censurar*) critiquer; (*novela, película*) faire la critique de ♦ *vi* critiquer.

**crítico, -a** ['kritiko, a] *adj, nm/f* critique *m/f*.

**Croacia** [kro'aθja] *n* Croatie *f*.

**croar** [kro'ar] *vi* coasser.

**cromo** ['kromo] *nm* chrome *m*; (*para niños*) vignette *f*.

**crónica** [kro'nika] *nf* chronique *f*; **crónica deportiva/de sociedad** rubrique sportive/mondaine.

**crónico, -a** ['kroniko, a] *adj* (*tb fig*) chronique.

**cronómetro** [kro'nometro] *nm* chronomètre *m*.

**croqueta** [kro'keta] *nf* croquette *f*.

**cruce** ['kruθe] *vb* V **cruzar** ♦ *nm* croisement *m*; (*miradas*) rencontre *f*; (*de carreteras*) carrefour *m*; (*TELEC etc*) interférence *f*; **luces**

de ~ feux *mpl* de croisement; **cruce de peatones** passage *m* clouté.

**crucificar** [kruθifi'kar] *vt* (*tb fig*) crucifier.

**crucifijo** [kruθi'fixo] *nm* crucifix *msg*.

**crucigrama** [kruθi'ɣrama] *nm* mots *mpl* croisés.

**crudo, -a** ['kruðo, a] *adj* cru(e); (*invierno etc*) rigoureux(-euse) ♦ *nm* pétrole *m* brut; (*PE*) serpillière *f*.

**cruel** [krwel] *adj* cruel(le).

**crueldad** [krwel'ðað] *nf* cruauté *f*.

**crujido** [kru'xiðo] *nm* craquement *m*.

**crujiente** [kru'xjente] *adj* (*galleta*) croquant(e); (*pan*) croustillant(e).

**crujir** [kru'xir] *vi* craquer; (*dientes*) grincer; (*nieve, arena*) crisser.

**cruz** [kruθ] *nf* croix *fsg*; (*de moneda*) pile *f*; **con los brazos en ~** les bras en croix; **cruz gamada** croix gammée; **Cruz Roja** Croix-Rouge *f*.

**cruzado, -a** [kru'θaðo, a] *adj* croisé(e); (*en calle, carretera*) de travers ♦ *nm* croisé *m*.

**cruzar** [kru'θar] *vt* croiser; (*calle, desierto*) traverser; (*palabras*) échanger; **cruzarse** *vpr* se croiser; **~le la cara a algn** donner une gifle à qn; **~se con algn** croiser qn; **~se de brazos** (*tb fig*) se croiser les bras.

**cta., c.^{ta}** *abr* = **cuenta**.

**c/u** *abr* (= *cada uno*) V **cada**.

**cuaderno** [kwa'ðerno] *nm* bloc *m* notes; (*de escuela*) cahier *m*; **cuaderno de bitácora** (*NÁUT*) livre *m* de bord.

**cuadra** ['kwaðra] *nf* écurie *f*; (*AM: ARQ*) pâté *m* de maisons.

**cuadrado, -a** [kwa'ðraðo, a] *adj* (*tb fam*) carré(e) ♦ *nm* (*MAT*) carré *m*; **metro/kilómetro ~** mètre *m*/kilomètre *m* carré.

**cuadrar** [kwa'ðrar] *vt* (*MAT*) élever au carré; (*PE*) garer ♦ *vi* (*TIP*) justifier; **cuadrarse** *vpr* (*soldado*) se mettre au garde-à-vous; **~ (con)** (*informaciones*) correspondre (à); (*cuentas*) s'accorder (avec); **~ por la derecha** (*TIP*) justifier à droite.

**cuadrilátero** [kwaðri'latero] *nm* (*DEPORTE*) ring *m*; (*GEOM*) quadrilatère *m*.

**cuadrilla** [kwa'ðriʎa] *nf* (*de obreros etc*) équipe *f*; (*de ladrones, amigos*) bande *f*.

**cuadro** ['kwaðro] *nm* tableau *m*; (*cuadrado*) carré *m*; (*DEPORTE, MED*) équipe *f*; (*POL, MIL, tb de bicicleta*) cadre *m*; **a/de ~s** à carreaux; **cuadro de mandos** tableau de bord.

**cuádruple** ['kwaðruple] *adj* quadruple.

**cuajar** [kwa'xar] *vt* (*leche*) cailler; (*sangre*)

coaguler; (*huevo*) faire durcir ♦ *vi* (*CULIN, nieve*) prendre; (*fig: planes*) aboutir; (: *acuerdo*) marcher; (: *idea*) se réaliser; **cuajarse** *vpr* (*leche*) se cailler; **~ algo de** remplir qch de.

**cuajo** ['kwaxo] *nm*: **de ~** (*arrancar etc*) à la racine.

**cual** [kwal] *adv* comme, tel que, tel un ♦ *pron*: **el/la ~** lequel(laquelle), qui; **los/las ~es** lesquels(lesquelles), qui; **lo ~** ce qui, ce que; **allá cada ~** chacun ses goûts; **son a ~ más gandul** ils sont tous plus fainéants les uns que les autres; **cada ~** chacun; **con** o **por lo ~** c'est pourquoi; **del ~** duquel, dont; **tal ~** tel quel.

**cuál** [kwal] *pron* (*interrogativo*) lequel, laquelle, lesquels, lesquelles ♦ *adj* (*esp AM: fam*): **¿~es primos?** quels cousins?

**cualesquier(a)** [kwales'kjer(a)] *pl de* **cualquier(a)**.

**cualidad** [kwali'ðað] *nf* qualité *f*.

**cualquier(a)** [kwal'kjer(a)] (*pl* **cualesquiera**) *adj* (*indefinido*) n'importe quel(le); (*tras sustantivo*) quelconque ♦ *pron*: **~a** quiconque, n'importe qui; (*a la hora de escoger*) n'importe lequel(laquelle); **~ día de estos** un de ces jours; **no es un hombre ~a** ce n'est pas n'importe qui; **en ~ momento** à n'importe quel moment; **en ~ parte** n'importe où; **eso ~a lo sabe hacer** ça, n'importe qui peut le faire; **es un ~a** c'est un pas-grand-chose; **~a que sea** (*objeto*) quel(le) que ce soit; (*persona*) qui que ce soit.

**cuando** ['kwando] *adv* quand ♦ *conj* quand, lorsque; (*puesto que*) puisque, du moment que; (*si*) si ♦ *prep*: **yo, ~ niño ...** moi, quand j'étais petit ...; **aun ~** même si, même quand; **aun ~ no sea así** même si ce n'est pas le cas; **~ más/menos** tout au plus/au moins; **de ~ en ~** de temps en temps, de temps à autre; **ven ~ quieras** viens quand tu voudras.

**cuándo** ['kwando] *adv* quand, lorsque; **¿desde ~?, ¿de ~ acá?** depuis quand?

**cuantioso, -a** [kwan'tjoso, a] *adj* considérable.

┌─── PALABRA CLAVE

**cuanto, -a** ['kwanto, a] *adj* **1** (*todo*): **tiene todo cuanto desea** il a tout ce qu'il veut; **le daremos cuantos ejemplares necesite** nous vous donnerons autant d'exem~

plaires qu'il vous en faudra; **cuantos hombres la ven la admiran** tous les hommes qui la voient l'admirent
**2**: **unos cuantos: había unos cuantos periodistas** il y avait quelques journalistes
**3** (+ *más*): **cuanto más vino bebas peor te sentirás** plus tu boiras de vin plus tu te sentiras mal; **cuanto más tiempo estemos mejor** plus on reste mieux c'est
♦ *pron* **1**: **tome cuanto/cuantos quiera** prends-en autant que tu voudras
**2**: **unos cuantos** quelques-uns
♦ *adv*: **en cuanto: en cuanto profesor es excelente** comme professeur, il est excellent; **en cuanto a mí** quant à moi; *V tb* **antes**
♦ *conj* **1**: **cuanto más lo pienso menos me gusta** plus j'y pense moins ça ne me plaît
**2**: **en cuanto: en cuanto llegue/llegué** dès qu'il arrive/arriva.

**cuánto, -a** ['kwanto, a] *adj* (*exclamativo*) que de, quel(le); (*interrogativo*) combien de ♦ *pron, adv* combien; **¡cuánta gente!** que de gens!; **¿~ tiempo?** combien de temps?; **¿~ cuesta?** combien ça coûte?; **¿a ~s estamos?** le combien sommes-nous?; **¿~ hay de aquí a Bilbao?** combien y a-t-il d'ici à Bilbao?; **¡~ me alegro!** comme je suis content!; **Señor no sé ~s** Monsieur Untel.

**cuarenta** [kwa'renta] *adj inv, nm inv* quarante *m inv*; *V tb* **sesenta**.

**cuarentena** [kwaren'tena] *nf* quarantaine *f*.

**cuaresma** [kwa'resma] *nf* carême *m*.

**cuarta** ['kwarta] *nf* empan *m*; (*MÚS*) quarte *f*; *V tb* **cuarto**.

**cuartel** [kwar'tel] *nm* caserne *f*; **no dar ~** ne pas faire de quartier; **cuartel general** quartier *m* général.

**cuarteto** [kwar'teto] *nm* quatuor *m*.

**cuarto, -a** ['kwarto, a] *adj* quatrième ♦ *nm* (*MAT*) quart *m*; (*habitación*) chambre *f*, pièce *f*; (*ZOOL*) quartier *m*; **no tener un ~** ne pas avoir un sou; **cuarto creciente/menguante** premier/dernier quartier; **cuarto de baño/de estar** salle *f* de bains/de séjour; **cuartos de final** (*DEPORTE*) quarts *mpl* de finale; **cuarto de hora** quart d'heure; **cuarto de huéspedes** chambre d'amis; **cuarto de kilo** une

demi-livre; **cuarto delantero/trasero** avant-/arrière-train *m*; *V tb* **sexto**.

**cuarzo** ['kwarθo] *nm* quartz *m*.

**cuatro** ['kwatro] *adj inv, nm inv* quatre *m inv*; *V tb* **seis**.

**cuatrocientos, -as** [kwatro'θjentos, as] *adj* quatre cents; *V tb* **seiscientos**.

**Cuba** ['kuβa] *nf* Cuba *m*.

**cuba** ['kuβa] *nf* cuve *f*, tonneau *m*; (*tina*) cuve; **estar como una ~** (*fam*) être rond(e).

**cubano, -a** [ku'βano, a] *adj* cubain(e)
♦ *nm/f* Cubain(e).

**cúbico, -a** ['kuβiko, a] *adj* cubique.

**cubierta** [ku'βjerta] *nf* couverture *f*; (*neumático*) pneu *m*; (*NÁUT*) pont *m*.

**cubierto, -a** [ku'βjerto, a] *pp de* **cubrir**
♦ *adj* couvert(e); (*vacante*) pourvu(e)
♦ *nm* couvert *m*; **~ de** couvert(e) de, recouvert(e) de; **a o bajo ~** à l'abri; **precio del ~** prix *msg* par personne.

**cubilete** [kuβi'lete] *nm* gobelet *m*, cornet *m*.

**cubito** [ku'βito] *nm*: **~ de hielo** glaçon *m*.

**cubo** ['kuβo] *nm* (*MAT, GEOM*) cube *m*; (*recipiente*) seau *m*; (*TEC*) tambour *m*; **cubo de la basura** poubelle *f*.

**cubrecama** [kuβre'kama] *nm* couvre-lit *m*, dessus *msg* de lit.

**cubrir** [ku'βrir] *vt* couvrir; (*esconder*) cacher; (*polvo, nieve*) recouvrir, couvrir; (*vacante*) pourvoir à; **cubrirse** *vpr* se couvrir; **lo cubrieron las aguas** les eaux l'ont englouti; **el agua casi me cubría** je n'avais presque pas pied; **~ de** couvrir de; **~se de** se couvrir de, se recouvrir de; **~se de gloria** se couvrir de gloire.

**cucaracha** [kuka'ratʃa] *nf* cafard *m*.

**cuchara** [ku'tʃara] *nf* cuiller *f* o cuillère *f*; (*TEC*) benne *f* preneuse.

**cucharada** [kutʃa'raða] *nf* cuillerée *f*; **cucharada colmada/rasa** cuiller *f* o cuillère *f* pleine à  ras bord/rase.

**cucharadita** [kutʃara'ðita] *nf* cuillerée *f* à café.

**cucharilla** [kutʃa'riʎa] *nf* petite cuiller *f* o cuillère *f*.

**cucharón** [kutʃa'ron] *nm* louche *f*.

**cuchichear** [kutʃitʃe'ar] *vi* chuchoter.

**cuchilla** [ku'tʃiʎa] *nf* lame *f*.

**cuchillo** [ku'tʃiʎo] *nm* couteau *m*.

**cuchitril** [kutʃi'tril] (*pey*) *nm* taudis *msg*,

bouge *m*.

**cuclillas** [ku'kliʎas] *nfpl*: **en ~** accroupi(e).

**cuco, -a** ['kuko, a] *adj* (*mono*) joli(e); (*astuto*) malin(-igne) ♦ *nm* coucou *m*.

**cucurucho** [kuku'rutʃo] *nm* cornet *m*; **helado de ~** cornet de glace.

**cuello** ['kweʎo] *nm* cou *m*; (*de ropa*) col *m*; (*de botella*) goulot *m*; **cuello a la caja/alto/de pico** col rond/roulé/en V; **cuello uterino** col de l'utérus.

**cuenca** ['kwenka] *nf* (*tb*: **~ del ojo**) orbite *f*; (GEO: *valle*) vallée *f*; (: *fluvial*) bassin *m*.

**cuenco** ['kwenko] *nm* bol *m*.

**cuenta** ['kwenta] *vb* V **contar** ♦ *nf* compte *m*; (*en restaurante*) addition *f*; (*de collar*) grain *m*; **a fin de ~s** au bout du compte; **en resumidas ~s** en bref; **ajustar las ~s a algn** régler son compte à qn; **caer en la ~** y être; **llevar la ~ de algo** faire le compte de qch; **eso corre de mi ~** c'est moi qui m'en charge o occupe; (*yo pago*) c'est moi qui paie; **dar ~ de** rendre compte de; **darse ~ de algo** se rendre compte de qch; **echar ~s** faire le point; **perder la ~ de** ne pas se rappeler; **tener en ~** tenir compte de; **por la ~ que me** *etc* **trae** j'ai *etc* intérêt; **trabajar por su ~** travailler à son compte; **abonar una cantidad en ~ a algn** créditer le compte de qn d'une somme; **liquidar una ~** régler un compte; **más de la ~** (*fam*) plus que de raison; **cuenta a plazo (fijo)** compte de dépôt; **cuenta atrás** compte à rebours; **cuenta común** compte joint; **cuenta corriente** compte courant; **cuenta de ahorros** compte épargne; **cuenta de asignación** compte d'affectation; **cuenta de caja/capital** compte caisse/capital; **cuenta de correo** compte de courrier électronique; **cuenta de crédito** (INFORM) compte client; **cuenta de gastos e ingresos** compte de dépenses et de recettes; **cuenta por cobrar/por pagar** somme *f* à percevoir/à payer.

**cuentakilómetros** [kwentaki'lometros] *nm inv* compteur *m* kilométrique; (*velocímetro*) compteur de vitesse.

**cuento** ['kwento] *vb* V **contar** ♦ *nm* conte *m*; (*patraña*) histoire *f*; **es el ~ de nunca acabar** c'est une histoire à n'en plus finir; **eso no viene a ~** ceci n'a rien à voir; **tener mucho ~** être très comédien; **vivir**

**del ~** vivre de l'air du temps; **cuento chino** histoire à dormir debout; (*fam*) bobard *m*; **cuento de hadas** conte de fées.

**cuerda** ['kwerða] *nf* corde *f*; (*de reloj*) ressort *m*; **dar ~ a un reloj** remonter une montre; **cuerda floja** corde raide; **cuerdas vocales** cordes vocales; V *tb* **cuerdo**.

**cuerdo, -a** ['kwerðo, a] *adj* sensé(e); (*prudente*) sage, prudent(e).

**cuerno** ['kwerno] *nm* corne *f*; (MÚS) cor *m*; **mandar a algn al ~** envoyer qn paître; **¡y un ~!** mon œil!; **poner los ~s a** (*fam*) faire porter des cornes à; **cuerno de caza** corne de chasse.

**cuero** ['kwero] *nm* cuir *m*; (CARIB: *fam!*) pute *f* (*fam!*); **en ~s** tout(e) nu(e); **cuero cabelludo** cuir chevelu.

**cuerpo** ['kwerpo] *nm* corps *msg*; (GEOM) solide *m*; (*fig*) partie *f* principale; **a ~** sans manteau; **luchar ~ a ~** lutter corps à corps; **tomar ~** (*plan etc*) prendre corps; **cuerpo de bomberos** régiment *m* de sapeurs-pompiers; **cuerpo diplomático** corps diplomatique.

**cuervo** ['kwerβo] *nm* corbeau *m*; (CSUR) vautour *m*.

**cuesta** ['kwesta] *vb* V **costar** ♦ *nf* pente *f*; (*en camino etc*) côte *f*; **ir ~ arriba/abajo** monter/descendre; **este trabajo se me hace muy ~ arriba** (*fig*) j'ai du mal à faire ce travail; **a ~s** sur le dos.

**cuestión** [kwes'tjon] *nf* question *f*; (*riña*) dispute *f*, querelle *f*; **en ~ de** en matière de; **eso es otra ~** ça c'est une autre histoire; **es ~ de** c'est une question de.

**cueva** ['kweβa] *nf* grotte *f*, caverne *f*; **~ de ladrones** caverne de voleurs.

**cuidado, -a** [kwi'ðaðo] *adj* soigné(e) ♦ *nm* précaution *f*; (*preocupación*) souci *m*; (*de los niños etc*) soin *m* ♦ *excl* attention!; **eso me trae sin ~** ça je m'en fiche; **estar al ~ de** s'occuper de; **tener ~** faire attention; **~ con el perro** attention au chien; **cuidados intensivos** soins *mpl* intensifs.

**cuidadoso, -a** [kwiða'ðoso, a] *adj* soigneux(-euse); (*prudente*) prudent(e).

**cuidar** [kwi'ðar] *vt* soigner; (*niños, casa*) s'occuper de ♦ *vi*: **~ de** prendre soin de; **cuidarse** *vpr* prendre soin de soi; **~se de hacer** prendre soin de faire; **¡cuídate!** prends soin de toi!, fais attention à toi!

**culata** [ku'lata] *nf* crosse *f*; **le salió el tiro por la ~** ça a été l'arroseur arrosé.

**culebra** [ku'leβra] *nf* couleuvre *f*.

**culebrón** [kule'βron] *nm* (*fam*) série *f* télévisée.

**culinario, -a** [kuli'narjo, a] *adj* culinaire.

**culminación** [kulmina'θjon] *nf* point *m* culminant.

**culo** ['kulo] *nm* (*fam*!) cul *m* (*fam*!); (*en botella: final*) fond *m*; **¡vamos de ~!** (*fam*) nous voilà bien!; **¡vete a tomar por ~!** (*fam*!) va te faire enculer! (*fam*!).

**culpa** ['kulpa] *nf* faute *f*; (*JUR*) culpabilité *f*; **~s** *nfpl* (*REL*) fautes *fpl*; **echar la ~ a algn** accuser qn; **por ~ de** à cause de; **tengo la ~** c'est de ma faute.

**culpabilidad** [kulpaβili'ðað] *nf* culpabilité *f*.

**culpable** [kul'paβle] *adj*, *nm/f* coupable *m/f*; **ser ~ (de)** être coupable (de); **confesarse ~** plaider coupable; **declarar ~ a algn** déclarer qn coupable.

**culpar** [kul'par] *vt* accuser.

**cultivar** [kulti'βar] *vt* cultiver; (*amistad*) entretenir.

**cultivo** [kul'tiβo] *nm* culture *f*; (*cosecha*) récolte *f*.

**culto, -a** ['kulto, a] *adj* cultivé(e); (*lenguaje*) choisi(e); (*palabra*) savant(e) ♦ *nm* culte *m*; **rendir ~ a** (*REL, fig*) rendre un culte à.

**cultura** [kul'tura] *nf* culture *f*; **la ~** la culture.

**culturismo** [kultu'rismo] *nm* culturisme *m*.

**cumbre** ['kumbre] *nf* (*tb fig*) sommet *m*.

**cumpleaños** [kumple'aɲos] *nm inv* anniversaire *m*; **¡feliz ~!** joyeux anniversaire!

**cumplido, -a** [kum'pliðo, a] *adj* (*cortés*) poli(e); (*plazo*) échu(e); (*información*) complet; (*tamaño*) grand(e) ♦ *nm* compliment *m*; **~s** *nmpl* (*amabilidades*) politesses *fpl*; **con el servicio militar ~** dégagé des obligations militaires; **visita de ~** visite *f* de politesse.

**cumplimentar** [kumplimen'tar] *vt* complimenter, adresser ses compliments à; (*orden*) exécuter.

**cumplimiento** [kumpli'mjento] *nm* accomplissement *m*; (*de norma*) respect *m*.

**cumplir** [kum'plir] *vt* accomplir; (*ley*) respecter; (*promesa*) tenir; (*años*) avoir ♦ *vi* (*pago*) arriver à échéance; (*plazo*) expirer; **cumplirse** *vpr* (*plazo*) expirer; (*plan, pro-*

*nósticos*) se réaliser, s'accomplir; **~ con** (*deber*) faire, remplir; (*persona*) ne pas manquer à; **hoy cumple dieciocho años** aujourd'hui il a dix-huit ans; **hacer algo por ~** faire qch pour la forme, faire qch par politesse; **hoy se cumplen dos años/tres meses de** ça fait aujourd'hui deux ans/trois mois que.

**cúmulo** ['kumulo] *nm* tas *msg*; (*nube*) cumulus *msg*.

**cuna** ['kuna] *nf* berceau *m*; **canción de ~** berceuse *f*.

**cundir** [kun'dir] *vi* (*rumor, pánico*) se répandre, se propager; (*trabajo*) avancer, progresser; (*aceite, hilo*) durer.

**cuneta** [ku'neta] *nf* fossé *m*.

**cuña** ['kuɲa] *nf* (*TEC*) coin *m*; (*MED*) bassin *m*; **tener ~s** (*AM*) avoir du piston; **cuña publicitaria** message *m* publicitaire.

**cuñado, -a** [ku'ɲaðo, a] *nm/f* beau-frère(belle-sœur).

**cuota** ['kwota] *nf* quota *m*; (*parte proporcional*) quote-part *f*; (*de club etc*) cotisation *f*; **de ~** (*AM: carretera*) à péage.

**cupo** ['kupo] *vb V* **caber** ♦ *nm* quote-part *f*; (*MIL*) contingent *m*; **cupo de importación** (*COM*) contingent d'importation; **cupo de ventas** quota *m* de ventes; *V* **excedente**.

**cupón** [ku'pon] *nm* billet *m*; (*de resguardo*) bon *m*; (*COM*) coupon *m*.

**cúpula** ['kupula] *nf* coupole *f*.

**cura** ['kura] *nf* guérison *f*; (*tratamiento*) soin *m* ♦ *nm* curé *m*; **cura de desintoxicación** cure *f* de désintoxication; **cura de urgencia** soins *mpl* d'urgence.

**curación** [kura'θjon] *nf* guérison *f*; (*tratamiento*) traitement *m*.

**curandero, -a** [kuran'dero, a] *nm/f* guérisseur(-euse).

**curar** [ku'rar] *vt* (*enfermo, enfermedad: herida*) guérir; (: *con apósitos*) panser; (*CULIN*) faire sécher; (*cuero*) tanner; **curarse** *vpr* (*persona*) se rétablir; (*herida*) se guérir.

**curiosear** [kurjose'ar] *vt* fouiner dans ♦ *vi* fouiner.

**curiosidad** [kurjosi'ðað] *nf* curiosité *f*; **sentir o tener ~ por o de (hacer)** être curieux(-euse) de (faire).

**curioso, -a** [ku'rjoso, a] *adj* curieux(-euse); (*aseado*) propre, soigné(e) ♦ *nm/f* (*pey*) curieux(-euse); **¡qué ~!** comme c'est étrange!

**currante** [ku'rrante] *nm/f (fam)* bosseur (-euse).

**currar** [ku'rrar], **currelar** [kurre'lar] *vi (fam)* bosser, trimer.

**currículo** [ku'rrikulo], **currículum** [ku'rrikulum] *nm (tb: ~ vitae)* curriculum *m* (vitae).

**curro** ['kurro] *nm (fam)* job *m*.

**cursi** ['kursi] *adj* de mauvais goût; *(afectado)* maniéré(e).

**cursillo** [kur'siʎo] *nm* cours *msg; (de reciclaje etc)* stage *m; (de conferencias)* cycle *m*.

**cursiva** [kur'siβa] *nf* italiques *mpl*.

**curso** ['kurso] *nm* cours *msg; (ESCOL, UNIV)* année *f;* **en ~** *(año, proceso)* en cours; **dar ~ a** donner suite à; **moneda de ~ legal** monnaie *f* à cours légal; **en el ~ de** au cours de; **curso acelerado/por correspondencia** cours accéléré/par correspondance.

**cursor** [kur'sor] *nm (INFORM)* curseur *m; (TEC)* curseur, coulisseau *m*.

**curtido, -a** [kur'tiðo, a] *adj (cara, cuero)* tanné(e); *(fig: persona)* expérimenté(e), chevronné(e).

**curtir** [kur'tir] *vt (pieles)* tanner, corroyer; *(suj: sol, viento)* tanner; *(fig)* endurcir, aguerrir; **curtirse** *vpr (fig)* s'endurcir, s'aguerrir.

**curva** ['kurβa] *nf* virage *m*, tournant *m; (MAT)* courbe *f;* **curva de rentabilidad** *(COM)* courbe de rentabilité.

**cúspide** ['kuspiðe] *nf* sommet *m; (fig)* faîte *m*, comble *m*.

**custodia** [kus'toðja] *nf* surveillance *f; (de hijos)* garde *f; (JUR)* détention *f;* **estar bajo la ~ policial** être en garde à vue.

**custodiar** [kusto'ðjar] *vt* surveiller.

**cutis** ['kutis] *nm inv* peau *f*.

**cutre** ['kutre] *(fam) adj* minable.

**cuyo, -a** ['kujo, a] *pron (complemento de sujeto)* dont le, dont la; *(: plural)* dont les; *(complemento de objeto)* dont; *(tras preposición)* de qui, duquel, de laquelle; *(: plural)* desquels, desquelles; **la señora en cuya casa me hospedé** la dame chez qui j'étais logé; **el asunto ~s detalles conoces** l'affaire dont tu connais les détails; **por ~ motivo** c'est pourquoi; **en ~ caso** auquel cas.

**C.V.** *abr (= caballos de vapor)* CV *(= cheval vapeur); (= curriculum vitae)* CV *m (= curriculum vitae).*

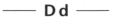

# D d

**D.** *abr (= Don) (con apellido)* Monsieur *m; (sólo con nombre)* Don *m*.

**Da.** *abr (= Doña) (con apellido)* Madame *f; (sólo con nombre)* Doña *f,* ≈ Madame.

**dádiva** ['daðiβa] *nf (donación)* don *m; (regalo)* présent *m*.

**dado, -a** ['daðo, a] *pp de* **dar** ♦ *adj:* **en un momento ~** à un moment donné ♦ *nm (para juego)* dé *m;* **~s** *nmpl (juego)* dés *mpl;* **ser ~ a hacer algo** être enclin(e) à faire qch; **~ que** étant donné que.

**daltónico, -a** [dal'toniko, a] *adj, nm/f* daltonien(ne).

**dama** ['dama] *nf* dame *f;* **~s** *nfpl (juego)* dames *fpl;* **primera ~** *(TEATRO)* premier rôle *m* féminin; *(POL)* première dame; **dama de honor** *(de novia)* demoiselle *f* d'honneur; *(de reina)* dame d'honneur; *(en concurso)* dauphine *f*.

**danés, -esa** [da'nes, esa] *adj* danois(e) ♦ *nm/f* Danois(e) ♦ *nm (LING)* danois *m*.

**danza** ['danθa] *nf* danse *f*.

**danzar** [dan'θar] *vt* danser ♦ *vi* danser; *(fig: moverse)* s'agiter.

**dañar** [da'ɲar] *vt (mueble, cuadro, motor)* abîmer; *(cosecha)* endommager; *(salud, reputación)* nuire à; **dañarse** *vpr (cosecha)* se gâter.

**dañino, -a** [da'ɲino, a] *adj (sustancia)* nocif(-ive); *(animal)* nuisible.

**daño** ['daɲo] *nm (a mueble, máquina)* dommage *m; (a cosecha, región)* dégât *m; (a persona, animal)* mal *m;* **~s y perjuicios** *(JUR)* dommages *mpl* et intérêts *mpl;* **hacer ~** *(alimento)* ne pas réussir; **hacer ~ a algn** *(producir dolor)* faire mal à qn; *(fig: ofender)* blesser qn; **eso me hace ~** ça ne me réussit pas; **hacerse ~** se faire mal.

PALABRA CLAVE

**dar** [dar] *vt* **1** donner; **dar algo a algn** donner qch à qn; **dar un golpe/una patada** donner un coup/un coup de pied; **dar clase** faire la classe; **dar la luz** allumer (la lumière); **dar las gracias** remercier; **dar olor** répandre une odeur; **dar de beber a algn** donner à boire à qn; *V tb* **pa-**

seo y otros sustantivos
**2** (causar: alegría) donner; (: problemas) causer; (: susto) faire
**3** (+ n = perífrasis de verbo): **me da pena/asco** cela me désole/dégoûte; **da gusto escucharle** c'est bien agréable de l'écouter; **me da no sé qué** (reparo) cela m'embête un peu
**4** (considerar): **dar algo por descontado** considérer qch comme chose faite; **lo doy por hecho/terminado** je considère que c'est fait/terminé
**5** (hora): **el reloj dio las 6** la pendule sonna 6 heures; V tb **más**
**6** (dar a + infin): **dar a conocer** connaître
♦ vi **1**: **dar a** (ventana, habitación) donner sur; (botón etc) appuyer sur
**2**: **dar con: dimos con él dos horas más tarde** nous l'avons rencontré deux heures plus tard; **al final di con la solución** finalement j'ai trouvé la solution
**3**: **dar en** (blanco) atteindre; **dar en el suelo** tomber par terre; **el sol me da en la cara** j'ai le soleil dans la figure
**4**: **dar de sí** (zapatos, ropa) s'élargir
**5**: **dar para: el sueldo no da para más** ce salaire est très juste
**6**: **le dio por comprarse ...** il s'est mis en tête de s'acheter ...
**7**: **dar que** (+ infin): **dar que pensar** donner à penser; **el niño da mucho que hacer** cet enfant donne beaucoup de travail
**8**: **me da igual** o **lo mismo** ça m'est égal; **¿qué más te da?** qu'est-ce que ça peut te faire?
**darse** vpr **1** se donner; **darse un baño** prendre un bain; **darse un golpe** se cogner
**2** (ocurrir): **se han dado muchos casos** il y a eu de nombreux cas
**3**: **darse a: darse a la bebida** s'adonner à la boisson
**4**: **darse por: darse por vencido** se déclarer vaincu; **darse por satisfecho** s'estimer satisfait
**5**: **se me dan bien/mal las ciencias** je suis bon/mauvais en sciences
**6**: **dárselas de: se las da de experto** il joue les experts.

**dardo** ['darðo] nm dard m.

**datar** [da'tar] vi: ~ **de** dater de.
**dátil** ['datil] nm datte f.
**dato** ['dato] nm (detalle) fait m; (MAT) donnée f; **~s** nmpl (información, INFORM) données fpl; **~s de entrada/de salida** données en entrée/en sortie; **~s personales** identité fsg.
**dcha.** abr (= derecha) dr. (= droite).

─────────── PALABRA CLAVE

**de** [de] (de + el = **del**) prep **1** (gen: complemento de n) de, d'; **la casa de Isabel/de mis padres/de los Alvarez** la maison d'Isabelle/de mes parents/des Alvarez; **una copa de vino** un verre de vin; **clases de inglés** cours mpl d'anglais
**2** (posesión: con ser) **es de ellos** c'est à eux
**3** (origen, distancia) de; **soy de Gijón** je suis de Gijón; **salir del cine/de la casa** sortir du cinéma/de la maison; **de lado** de côté; **de atrás/delante** de derrière/devant
**4** (materia) en; **un abrigo de lana** un manteau en laine; **de madera** en bois
**5** (uso) à; **una máquina de coser/escribir** une machine à coudre/écrire
**6** (traje, aspecto): **ir vestido de gris** être habillé en gris, être vêtu de gris; **la niña del vestido azul** la fille en robe bleue; **la del pelo negro** celle qui a les cheveux noirs
**7** (profesión): **trabaja de profesora** elle travaille comme professeur
**8** (hora, tiempo): **a las 8 de la mañana** à 8 heures du matin; **de día/de noche** le jour/la nuit; **de hoy en ocho días** aujourd'hui en huit; **de niño era gordo** quand il était petit, il était gros
**9** (medida, distribución): **5 metros de largo/ancho** 5 mètres de long/large; **de 2 en 2** de 2 en 2; **uno de cada tres** un sur trois
**10** (comparaciones): **más/menos de cien personas** plus/moins de 100 personnes; **el más caro de la tienda** le plus cher du magasin; **menos/más de lo pensado** moins/plus qu'on ne pensait
**11** (adj + de + inf): **es difícil de creer** c'est difficile à croire; **eso es difícil de hacer** il est difficile de faire cela
**12** (causa, modo): **no puedo dormir del calor que hace** je ne peux pas dormir à cause de la chaleur; **de puro tonto se le**

olvidó coger dinero il est si bête qu'il a oublié de prendre de l'argent; **temblar de miedo/de frío** trembler de peur/de froid; **de un trago** d'un coup; **de un solo golpe** d'un seul coup
**13** (condicional + infin): **de no ser así** si ce n'était pas comme ça; **de ser posible** si c'est possible; **de no terminarlo hoy** si ce n'est pas fini aujourd'hui
**14: el pobre de Juan** le pauvre Juan; **el tonto de Carlos** cet idiot de Carlos
**15: de no** (AM: si no) sinon; **hazlo, de no ...!** fais-le sinon ...!

**dé** [de] vb V dar.
**deambular** [deambu'lar] vi (persona) déambuler; (animal) vagabonder.
**debajo** [de'βaxo] adv dessous; ~ **de** sous; **por ~ de** en dessous de.
**debate** [de'βate] nm débat m.
**debatir** [deβa'tir] vt débattre (de) ♦ vi débattre; **debatirse** vpr (forcejear) se débattre.
**deber** [de'βer] nm (obligación) devoir m; **~es** nmpl (ESCOL) devoirs mpl ♦ vt devoir; **deberse** vpr: **~se a** être dû(due) à; **debo hacerlo** je dois le faire; **~ía dejar de fumar** il devrait arrêter de fumer; **debe (de) ser canadiense** il doit être canadien; **¿qué/cuánto le debo?** qu'est ce que/combien est-ce que je vous dois?; **queda a ~ 500 pesetas** il reste à payer 500 pesetas; **como debe ser** comme il se doit.
**debido, -a** [de'βiðo, a] adj (cuidado, respeto) dû(due); ~ **a** en raison de; **a su ~ tiempo** en temps voulu; **como es ~** comme il convient.
**débil** ['deβil] adj faible.
**debilidad** [deβili'ðað] nf faiblesse f; **tener ~ por algn/algo** avoir un faible pour qn/qch.
**debilitar** [deβili'tar] vt (persona, resistencia) affaiblir; (cimientos) ébranler; **debilitarse** vpr s'affaiblir.
**debutar** [deβu'tar] vi débuter.
**década** ['dekaða] nf décennie f.
**decadencia** [deka'ðenθja] nf (de edificio) délabrement m; (de persona) déchéance f; (de sociedad) décadence f.
**decaer** [deka'er] vi (espectáculo) perdre de son attrait; (negocio) dépérir; (civilización, imperio) devenir décadent(e); (costumbres) tomber en désuétude; (éxito, afición, interés) retomber; (salud) décliner.

**decaído, -a** [deka'iðo, a] adj: **estar ~** (desanimado) être abattu(e).
**decano, -a** [de'kano, a] nm/f doyen(ne).
**decapitar** [dekapi'tar] vt décapiter.
**decena** [de'θena] nf: **una ~** une dizaine.
**decencia** [de'θenθja] nf décence f.
**decente** [de'θente] adj décent(e); (honesto) convenable.
**decepción** [deθep'θjon] nf déception f.
**decepcionar** [deθepθjo'nar] vt décevoir.
**decidir** [deθi'ðir] vt décider (de) ♦ vi décider; **decidirse** vpr: **~se (a hacer algo)** se décider (à faire qch); **¡decídete!** décide-toi!; **~se por** se décider pour.
**décima** ['deθima] nf (MAT) dixième m; **~s** nfpl (MED) dixièmes mpl (de degré).
**decimal** [deθi'mal] adj décimal(e).
**decímetro** [de'θimetro] nm décimètre m.
**décimo, -a** ['deθimo, a] adj, nm dixième m; V tb **sexto**.
**decir** [de'θir] vt dire; (fam: llamar) appeler ♦ nm: **es un ~** disons; **decirse** vpr: **se dice que ...** on dit que ...; **¡no me digas!** (sorpresa) non!; ~ **para sí** se dire; ~ **(de)** (revelar) en dire long (sur); ~ **por ~** dire comme ça; **querer ~** vouloir dire; **es ~** c'est-à-dire; **ni que ~ tiene que ...** il va sans dire que ...; **como quien dice, como si dijéramos** comme qui dirait; **que digamos, que se diga** vraiment; **¡quién lo diría!** qui l'eût cru!; **por así ~lo** pour ainsi dire; **el qué dirán** le qu'en dira-t-on; **¡diga!, ¡dígame!** (TELEC) allô!; **le dije que fuera más tarde** je lui ai dit d'y aller plus tard; **dicho sea de paso** soit dit en passant; **que ya es ~** ce n'est pas peu dire; **por no ~** pour ne pas dire; **¿cómo se dice "cursi" en francés?** comment dit-on "cursi" en français?
**decisión** [deθi'sjon] nf décision f; **tomar una ~** prendre une décision.
**decisivo, -a** [deθi'siβo, a] adj décisif(-ive).
**declaración** [deklara'θjon] nf déclaration f; (JUR) déposition f; **falsa ~** (JUR) faux témoignage m; **prestar ~** (JUR) faire une déposition; **tomar ~ a algn** (JUR) prendre la déposition de qn; **declaración de derechos** (POL) déclaration des droits; **declaración de la renta** declaration de revenus; **declaración fiscal** déclaration d'impôts; **declaración jurada** déposition.
**declarar** [dekla'rar] vt déclarer ♦ vi (para la prensa, en público) faire une déclaration

(_JUR_) faire une déposition; **declararse** _vpr_ (_a una chica_) déclarer son amour; (_guerra, incendio_) se déclarer; **~ culpable/ inocente a algn** déclarer qn coupable/ innocent; **~se culpable/inocente** se déclarer coupable/innocent.

**declinar** [dekli'nar] _vt_ décliner ♦ _vi_ (_poder_) décliner; (_fiebre_) baisser.

**declive** [de'kliβe] _nm_ pente _f_; (_fig_) déclin _m_; **en ~** en pente; (_fig: imperio, economía_) en déclin.

**decoración** [dekora'θjon] _nf_ décoration _f_; (_TEATRO_) décor _m_; **decoración de escaparates/de interiores** décoration de vitrines/d'intérieur.

**decorado** [deko'raðo] _nm_ décor _m_.

**decorar** [deko'rar] _vt_ décorer.

**decorativo, -a** [dekora'tiβo, a] _adj_ décoratif(-ive).

**decoro** [de'koro] _nm_ (_en comportamiento etc_) correction _f_.

**decoroso, -a** [deko'roso, a] _adj_ correct(e); (_digno_) respectable.

**decrecer** [dekre'θer] _vi_ diminuer; (_nivel de agua_) baisser; (_días_) raccourcir.

**decrépito, -a** [de'krepito, a] _adj_ décrépit(e); (_sociedad_) en décrépitude.

**decretar** [dekre'tar] _vt_ décréter.

**decreto** [de'kreto] _nm_ décret _m_.

**dedal** [de'ðal] _nm_ (_para costura_) dé _m_; (_fig: medida_) doigt _m_.

**dedicación** [deðika'θjon] _nf_ (_a trabajo etc_) engagement _m_; (_de persona_) dévouement _m_; **con ~ exclusiva** _o_ **plena** à plein temps.

**dedicar** [deði'kar] _vt_ dédicacer; (_tiempo, dinero, esfuerzo_) consacrer; **dedicarse** _vpr_: **~se a** se consacrer à; **¿a qué se dedica usted?** qu'est-ce que vous faites dans la vie?

**dedicatoria** [deðika'torja] _nf_ dédicace _f_.

**dedo** ['deðo] _nm_ doigt _m_; **~ (del pie)** orteil _m_; **contar con los ~s** compter sur les doigts; **chuparse los ~s** se régaler; **a ~** (_entrar, nombrar_) avec du piston; **hacer ~** (_fam_) faire du stop; **poner el ~ en la llaga** toucher le point sensible; **no tiene dos ~s de frente** il n'est pas très futé; **estar a dos ~s de** être à deux doigts de; **dedo anular** annulaire _m_; **dedo corazón** majeur _m_; **dedo gordo** pouce _m_; (_en pie_) gros orteil; **dedo índice** index _msg_; **dedo meñique** auriculaire _m_.

**deducción** [deðuk'θjon] _nf_ déduction _f_.

**deducir** [deðu'θir] _vt_ déduire.

**defecto** [de'fekto] _nm_ défaut _m_; **por ~** (_INFORM_) par défaut.

**defectuoso, -a** [defek'twoso, a] _adj_ défectueux(-euse).

**defender** [defen'der] _vt_ défendre; **defenderse** _vpr_: **~se de algo** se défendre de qch; **~se contra algo/algn** se défendre contre qch/qn; **~se bien** (_en profesión etc_) bien se défendre; **me defiendo en inglés** (_fig_) je ne me défends pas mal en anglais.

**defensa** [de'fensa] _nf_ (_tb JUR_) défense _f_; (_de tesis, ideas_) soutien _m_ ♦ _nm_ (_DEPORTE_) défense _f_; **~s** _nfpl_ (_MED_) défenses _fpl_; **en ~ propia** en légitime défense.

**defensivo, -a** [defen'siβo, a] _adj_ (_movimiento, actitud_) de défense.

**defensor, a** [defen'sor, a] _adj_ (_persona_) qui défend ♦ _nm/f_ (_tb:_ **abogado ~**) avocat(e) de la défense; (_protector_) défenseur _m_; **defensor del pueblo** (_ESP_) défenseur du peuple.

**deficiente** [defi'θjente] _adj_ (_trabajo_) insuffisant(e); (_salud_) déficient(e) ♦ _nm/f_: **ser un ~ mental/físico** être handicapé mental/ physique ♦ _nm_ (_ESCOL_) mauvaise note _f_; **~ en** insuffisant(e) en.

**déficit** ['defiθit] (_pl_ **~s**) _nm_ déficit _m_; **déficit presupuestario** déficit budgétaire.

**definición** [defini'θjon] _nf_ définition _f_.

**definir** [defi'nir] _vt_ définir.

**definitivo, -a** [defini'tiβo, a] _adj_ définitif (-ive); **en definitiva** définitivement; (_en conclusión, resumen_) en définitive.

**deformación** [deforma'θjon] _nf_ déformation _f_; **deformación profesional** déformation professionnelle.

**deformar** [defor'mar] _vt_ déformer; **deformarse** _vpr_ se déformer.

**deforme** [de'forme] _adj_ difforme.

**defraudar** [defrau'ðar] _vt_ (_a personas_) tromper; (_a Hacienda_) frauder.

**defunción** [defun'θjon] _nf_ décès _m_; **cerrado por ~** fermé pour cause de décès.

**degeneración** [dexenera'θjon] _nf_ dégradation _f_.

**degenerar** [dexene'rar] _vi_ dégénérer; **~ en** dégénérer en.

**degollar** [deɣo'ʎar] _vt_ égorger.

**degradar** [deɣra'ðar] _vt_ (_tb MIL_) dégrader; (_INFORM: datos_) altérer; **degradarse** _vpr_ se dégrader.

**degustación** [deɣusta'θjon] nf dégustation f.

**dejadez** [dexa'ðeθ] nf laisser-aller m.

**dejar** [de'xar] vt laisser; (persona, empleo, pueblo) quitter ♦ vi: ~ **de** arrêter de; **dejarse** vpr se laisser aller; ~ **a algn (hacer algo)** laisser qn (faire qch); ~ **de fumar** arrêter de fumer; **no dejes de visitarles** continue à leur rendre visite; **le dejó su novia** sa fiancée l'a quitté; **no dejes de comprar un billete** n'oublie pas d'acheter un billet; **¡déjame en paz!** laisse-moi tranquille!; ~ **a un lado** laisser de côté; ~ **caer** (objeto) laisser tomber; (fig: insinuar) glisser; ~ **atrás a algn** dépasser qn; ~ **entrar/salir** laisser entrer/sortir; ~ **pasar** laisser passer; **¡déjalo!** laisse tomber!; **te dejo en tu casa** je te laisse chez toi; (a un pasajero) je te dépose chez toi; ~ **a algn sin algo** laisser qn sans qch; **deja mucho que desear** cela laisse beaucoup à désirer; ~**se persuadir** se laisser convaincre; ~**se llevar por algn/algo** se laisser entraîner par qn/qch; **¡déjate de tonterías!** arrête de dire des bêtises!

**deje** ['dexe], **dejo** ['dexo] nm accent m; (sabor) arrière-goût m.

**del** [del] = **de** + **el**.

**del.** abr (ADMIN) = **delegación**.

**delantal** [delan'tal] nm tablier m.

**delante** [de'lante] adv devant ♦ prep: ~ **de** devant; **la parte de** ~ la partie avant; **estando otros** ~ devant d'autres personnes; **por** ~ **(de)** par devant; ~ **mío/nuestro** (esp CSUR: fam) devant moi/nous.

**delantera** [delan'tera] nf (de vestido) devant m; (coche) avant m; (TEATRO) fauteuil m d'orchestre; (DEPORTE) avance f; **llevar la** ~ **(a algn)** mener (devant qn); **coger** o **tomar la** ~ **(a algn)** devancer (qn).

**delantero, -a** [delan'tero, a] adj (asiento, balcón) avant; (vagón) de tête; (patas de animal) de devant ♦ nm (DEPORTE) avant m; **delantero centro** avant-centre m.

**delatar** [dela'tar] vt dénoncer; (sonrisa, gesto, ropas) trahir; **los delató a la policía** il les a dénoncés à la police.

**delator, a** [dela'tor, a] adj (gesto, sonrisa) révélateur(-trice) ♦ nm/f dénonciateur (-trice).

**delegación** [deleɣa'θjon] nf délégation f; (MÉX: comisaría) commissariat m; (: ayuntamiento) mairie f; ~ **de poderes** (POL) délégation de pouvoirs; **Delegación de Educación/de Hacienda/de Trabajo** ≈ ministère m de l'Éducation/des Finances/du Travail.

**delegado, -a** [dele'ɣaðo, a] nm/f délégué(e).

**delegar** [dele'ɣar] vt: ~ **algo en algn** déléguer qch à qn.

**deletrear** [deletre'ar] vt épeler ♦ vi articuler.

**delfín** [del'fin] nm dauphin m.

**delgadez** [delɣa'ðeθ] nf maigreur f; (fineza) minceur f.

**delgado, -a** [del'ɣaðo, a] adj maigre; (fino) mince.

**deliberación** [deliβera'θjon] nf délibération f.

**deliberar** [deliβe'rar] vi: ~ **(sobre)** délibérer (sur).

**delicadeza** [delika'ðeθa] nf délicatesse f; **tener la** ~ **de hacer** avoir la délicatesse de faire.

**delicado, -a** [deli'kaðo, a] adj délicat(e).

**delicia** [de'liθja] nf délice m.

**delicioso, -a** [deli'θjoso, a] adj délicieux (-euse).

**delimitar** [delimi'tar] vt délimiter.

**delincuencia** [delin'kwenθja] nf délinquance f; **delincuencia juvenil** délinquance juvénile.

**delincuente** [delin'kwente] nm/f délinquant(e); **delincuente habitual** délinquant(e) récidiviste; **delincuente juvenil** jeune délinquant(e).

**delineante** [deline'ante] nm/f dessinateur(-trice).

**delirar** [deli'rar] vi délirer.

**delirio** [de'lirjo] nm délire m; **con** ~ (fam) à la folie; **sentir/tener** ~ **por algo/algn** aimer qch/qn à la folie; **delirios de grandeza** folie f des grandeurs.

**delito** [de'lito] nm délit m; **en flagrante** ~ en flagrant délit.

**delta** ['delta] nm delta m.

**demacrado, -a** [dema'kraðo, a] adj émacié(e).

**demanda** [de'manda] nf (tb COM, JUR) demande f; (reivindicación) requête f; **hay poca/mucha** ~ **de este producto** la demande pour ce produit est faible/forte; **en** ~ **de** pour demander; **entablar** ~ (JUR) intenter une action en justice; **presentar** ~ **de divorcio** demander le divorce; **de**

manda de mercado (COM) demande du marché; **demanda de pago** avertissement m; **demanda final** (COM) dernier rappel m; **demanda indirecta** (COM) demande induite.

**demandante** [deman'dante] nm/f (JUR) demandeur(-deresse).

**demandar** [deman'dar] vt demander; (JUR) poursuivre; ~ **a algn por calumnia/por daños y perjuicios** poursuivre qn en diffamation/en dommages-intérêts.

**demarcación** [demarka'θjon] nf démarcation f; (zona) zone f; (jurisdicción) circonscription f.

**demás** [de'mas] adj: **los ~ niños** les autres enfants mpl ♦ pron: **los/las ~** les autres; **lo ~** le reste; **por lo ~** à part cela; **por ~** en vain; **y ~** et cetera.

**demasiado, -a** [dema'sjaðo, a] adj: ~ **vino** trop de vin ♦ adv trop; ~**s libros** trop de livres; **¡es ~!** c'est trop!; **es ~ pesado para levantarlo** c'est trop lourd pour être soulevé; ~ **lo sé** je ne le sais que trop bien; **hace ~ calor** il fait trop chaud.

**demencia** [de'menθja] nf démence f; **demencia senil** démence sénile.

**demente** [de'mente] adj, nm/f dément(e).

**democracia** [demo'kraθja] nf démocratie f.

**demócrata** [de'mokrata] adj, nm/f démocrate m/f.

**democrático, -a** [demo'kratiko, a] adj démocratique.

**demolición** [demoli'θjon] nf démolition f.

**demonio** [de'monjo] nm (tb fig) démon m; **¡~s!** mince!; **¿cómo ~s?** comment diable?; **¿qué ~s será?** (fam) qu'est-ce que ça peut bien être?; **¿dónde ~ lo habré dejado?** où diable l'ai-je laissé?

**demora** [de'mora] nf retard m.

**demorar** [demo'rar] vt retarder ♦ vi: ~ **en** (AM) mettre du temps à; **demorarse** vpr s'attarder; ~**se al o en hacer algo** prendre du retard en faisant qch.

**demos** ['demos] vb V **dar**.

**demostración** [demostra'θjon] nf démonstration f; (de sinceridad) preuve f.

**demostrar** [demos'trar] vt (sinceridad) prouver; (afecto, fuerza) montrer; (funcionamiento, aplicación) démontrer.

**demostrativo, -a** [demostra'tiβo, a] adj démonstratif(-ive).

**demudado, -a** [demu'ðaðo, a] adj: **tener el rostro ~** avoir le visage pâle.

**den** [den] vb V **dar**.

**denegar** [dene'ɣar] vt refuser; (demanda, recurso) rejeter.

**denigrar** [deni'ɣrar] vt dénigrer; (humillar) humilier.

---

| denominación de origen |
|---|

*La **denominación de origen** ou "D.O." est l'équivalent espagnol de l'appellation d'origine contrôlée. Ce label est attribué à des produits agricoles (vins, fromages, charcuterie) dont il garantit la qualité et la conformité aux caractéristiques d'une région donnée.*

---

**denotar** [deno'tar] vt dénoter.

**densidad** [densi'ðað] nf densité f; **densidad de caracteres** (INFORM) espacement m des caractères; **densidad de población** densité de population.

**denso, -a** ['denso, a] adj dense; (humo, niebla) épais(se); (novela, discurso) complexe.

**dentadura** [denta'ðura] nf denture f; **dentadura postiza** dentier m.

**dentera** [den'tera] nf frisson m; **me da ~** ça me fait frémir.

**dentífrico, -a** [den'tifriko, a] adj: **crema o pasta dentífrica** pâte f dentifrice ♦ nm dentifrice m.

**dentista** [den'tista] nm/f dentiste m/f.

**dentro** ['dentro] adv dedans ♦ prep: ~ **de** dans; **allí ~** à l'intérieur; **mirar por ~** regarder à l'intérieur; ~ **de lo posible** dans la mesure du possible; ~ **de lo que cabe** relativement; ~ **de tres meses** dans trois mois; ~ **de poco** sous peu.

**denuncia** [de'nunθja] nf plainte f; **hacer o poner una ~** déposer une plainte.

**denunciar** [denun'θjar] vt (en comisaría) déposer une plainte contre; (en prensa etc) dénoncer.

**departamento** [departa'mento] nm département m; (AM) appartement m; (en mueble) compartiment m; ~ **de envíos** (COM) service m des expéditions.

**dependencia** [depen'denθja] nf dépendance f; (POL) bureau m; (COM) succursale f; ~**s** nfpl dépendances fpl.

**depender** [depen'der] vi: ~ **de** dépendre de; **todo depende** tout dépend; **no depende de mí** cela ne dépend pas de moi; **depende de lo que haga él** cela dépend de ce qu'il fait.

**dependienta** [depen'djenta] *nf* vendeuse *f*.

**dependiente** [depen'djente] *adj*: ~ (de) dépendant(e) (de) ♦ *nm* vendeur *m*.

**depilar** [depi'lar] *vt* épiler; **depilarse** *vpr* s'épiler.

**depilatorio, -a** [depila'torjo, a] *adj, nm* dépilatoire *m*.

**deplorable** [deplo'raβle] *adj* déplorable.

**deplorar** [deplo'rar] *vt* déplorer.

**deponer** [depo'ner] *vt* (*rey, gobernante*) déposer; (*actitud*) laisser libre cours à; ~ **las armas** déposer les armes.

**deportar** [depor'tar] *vt* déporter.

**deporte** [de'porte] *nm* sport *m*; **hacer** ~ faire du sport.

**deportista** [depor'tista] *adj, nm/f* sportif (-ive); **ser muy** ~ être très sportif(-ive); **ser poco** ~ ne pas être très sportif(-ive).

**deportivo, -a** [depor'tiβo, a] *adj* sportif (-ive) ♦ *nm* voiture *f* de sport.

**depositar** [deposi'tar] *vt* déposer; **depositarse** *vpr* se déposer; ~ **la confianza en algn** accorder sa confiance à qn.

**depositario, -a** [deposi'tarjo, a] *nm/f*: ~ **de** dépositaire *m/f* de; **depositario judicial** administrateur(-trice) judiciaire.

**depósito** [de'posito] *nm* dépôt *m*; (*de agua, gasolina etc*) réserve *f*; **dejar dinero en** ~ laisser de l'argent en dépôt; **depósito de cadáveres** morgue *f*.

**depreciar** [depre'θjar] *vt* déprécier; **depreciarse** *vpr* se déprécier.

**depredador, a** [depreða'ðor, a] *adj* prédateur(-trice) ♦ *nm* prédateur *m*.

**depresión** [depre'sjon] *nf* dépression *f*; **depresión nerviosa** dépression nerveuse.

**deprimido, -a** [depri'miðo, a] *adj* déprimé(e).

**deprimir** [depri'mir] *vt*, **deprimirse** *vpr* déprimer.

**deprisa** [de'prisa] *adv* vite; ¡~! vite!; ~ **y corriendo** vite fait bien fait.

**depuración** [depura'θjon] *nf* (*tb POL*) épuration *f*; (*INFORM*) décontamination *f*.

**depurar** [depu'rar] *vt* épurer; (*INFORM*) décontaminer.

**derecha** [de'retʃa] *nf* main *f* droite; (*POL*) droite *f*; **a la** ~ à droite; **a ~s** (*hacer*) bien; **de ~s** (*POL*) de droite.

**derecho, -a** [de'retʃo, a] *adj* droit(e) ♦ *nm* droit *m*; (*lado*) côté *m* droit ♦ *adv* droit; ~**s** *nmpl* droits *mpl*; **a mano derecha** à droi-

te; **Facultad de D~** Faculté *f* de Droit; **estudiante de D~** étudiant(e) en Droit; **"reservados todos los ~s"** "tous droits réservés"; **¡no hay ~!** il n'y a pas de justice!; **tener ~ a algo** avoir droit à qch; **tener ~ a hacer algo** avoir le droit de faire qch; **estar en su** ~ être dans son droit; **derecho a voto** droit de vote; **derechos civiles** droits civiques; **derechos de patente** propriété *f* industrielle; **derecho de propiedad literaria** copyright *m*; **derecho de timbre** (*COM*) droit de timbre; **derechos humanos/de autor** droits de l'homme/d'auteur; **derecho mercantil/penal/de retención** droit commercial/pénal/de rétention; **derechos portuarios/de muelle** (*COM*) droit de mouillage/de bassin.

**deriva** [de'riβa] *nf*: **ir/estar a la** ~ (*tb fig*) aller/être à la dérive.

**derivado, -a** [deri'βaðo, a] *adj* dérivé(e) ♦ *nm* dérivé *m*.

**derivar** [deri'βar] *vt* (*conclusión*) arriver à; (*conversación*) dévier ♦ *vi* dévier; **derivarse** *vpr*: ~**se de** dériver de.

**derramamiento** [derrama'mjento] *nm*: ~ **de sangre** épanchement *m* de sang.

**derramar** [derra'mar] *vt* (*verter*) verser; (*esparcir*) renverser; **derramarse** *vpr* se répandre; ~ **lágrimas** verser o répandre des larmes.

**derrame** [de'rrame] *nm* écoulement *m*; (*MED*) épanchement *m*; **derrame cerebral** hémorragie *f* cérébrale.

**derretido, -a** [derre'tiðo, a] *adj* fondu(e); **estar** ~ **por algn** se mourir d'amour pour qn.

**derretir** [derre'tir] *vt* fondre; **derretirse** *vpr* fondre; (*fig*) se mourir d'amour; ~**se de calor** être en nage.

**derribar** [derri'βar] *vt* faire tomber; (*construcción*) abattre; (*gobierno, político*) renverser.

**derrocar** [derro'kar] *vt* (*gobierno*) renverser; (*ministro*) destituer.

**derrochar** [derro'tʃar] *vt* dilapider; (*energía, salud*) déborder de.

**derroche** [de'rrotʃe] *nm* gaspillage *m*; (*de salud, alegría*) débordement *m*.

**derrota** [de'rrota] *nf* déroute *f*; (*DEPORTE, POL*) défaite *f*; **sufrir una grave** ~ subir un échec grave.

**derrotar** [derro'tar] *vt* vaincre; (*enemigo*)

mettre en déroute; (DEPORTE, POL) battre.

**derrotero** [derro'tero] nm cap m; **tomar otros ~s** prendre une autre voie.

**derruir** [derru'ir] vt démolir.

**derrumbar** [derrum'bar] vt démolir; **derrumbarse** vpr s'écrouler; (esperanzas) s'effondrer; (persona) se laisser aller.

**derruyendo** etc [derru'jendo] vb V **derruir**.

**des** [des] vb V **dar**.

**desabotonar** [desaβoto'nar] vt déboutonner; **desabotonarse** vpr se déboutonner.

**desabrido, -a** [desa'βriðo, a] adj (comida) insipide; (persona) désagréable; (tiempo) mauvais(e).

**desabrochar** [desaβro'tʃar] vt défaire; **desabrocharse** vpr (cinturón) défaire.

**desacato** [desa'kato] nm manque m de respect; (JUR) outrage m; **desacato a la autoridad** outrage à agent de la force publique.

**desacertado, -a** [desaθer'taðo, a] adj erroné(e); (inoportuno) mal à propos.

**desacierto** [desa'θjerto] nm erreur f.

**desaconsejado, -a** [desakonse'xaðo, a] adj: **estar ~** être déconseillé(e).

**desaconsejar** [desakonse'xar] vt: **~ algo a algn** déconseiller qch à qn.

**desacreditar** [desakreði'tar] vt discréditer.

**desacuerdo** [desa'kwerðo] nm désaccord m; (disconformidad) contradiction f; **en ~** en désaccord.

**desafiar** [desa'fjar] vt affronter; **~ a algn a hacer** mettre qn au défi de faire.

**desafilado, -a** [desafi'laðo, a] adj émoussé(e).

**desafinado, -a** [desafi'naðo, a] adj: **estar ~** être désaccordé(e).

**desafinar** [desafi'nar] vi détonner; **desafinarse** vpr se désaccorder.

**desafío** [desa'fio] nm défi m.

**desaforado, -a** [desafo'raðo, a] adj (grito) terrible; (ambición) démesuré(e).

**desafortunadamente** [desafortu'naðamente] adv malheureusement.

**desafortunado, -a** [desafortu'naðo, a] adj malheureux(-euse); (inoportuno) inopportun(e).

**desagradable** [desaɣra'ðaβle] adj désagréable; **ser ~ con algn** être désagréable avec qn; **es ~ tener que hacerlo** il est désagréable d'avoir à le faire.

**desagradecido, -a** [desaɣraðe'θiðo, a] adj ingrat(e).

**desagrado** [desa'ɣraðo] nm mécontentement m; **con ~** de mauvaise grâce.

**desagraviar** [desaɣra'βjar] vt se racheter.

**desagüe** [de'saɣwe] nm écoulement m; (de lavadora) vidange f; **tubo de desagüe** tuyau m d'écoulement.

**desaguisado** [desaɣi'saðo] nm dommage m.

**desahogado, -a** [desao'ɣaðo, a] adj aisé(e); (espacioso) spacieux(-euse).

**desahogar** [desao'xar] vt laisser libre cours à; **desahogarse** vpr se soulager; **se desahogó conmigo** il s'est défoulé sur moi.

**desahogo** [desa'oxo] nm soulagement m; (comodidad) commodité f; **vivir con ~** vivre dans l'aisance.

**desahuciar** [desau'θjar] vt (enfermo) condamner; (inquilino) expulser.

**desahucio** [de'sauθjo] nm expulsion f.

**desaire** [des'aire] nm mépris m; **hacer un ~ a algn** faire un affront à qn; **¿me va usted a hacer ese ~?** vous n'allez pas me faire cet affront?

**desajustar** [desaxus'tar] vt desserrer; (planes) déranger; **desajustarse** vpr se desserrer.

**desajuste** [desa'xuste] nm (de situación) dérèglement m; (de piezas) desserrage m; (desacuerdo) désaccord m; **desajuste económico/de horarios** décalage m économique/horaire.

**desalentador, a** [desalenta'ðor, a] adj décourageant(e).

**desalentar** [desalen'tar] vt décourager; **desalentarse** vpr se décourager.

**desaliento** [desa'ljento] vb V **desalentar**
♦ nm découragement m.

**desaliño** [desa'liɲo] nm négligence f.

**desalmado, -a** [desal'maðo, a] adj méchant(e), cruel(le).

**desalojar** [desalo'xar] vt (salir de) quitter; (expulsar) déloger; (líquido, aire) déplacer; **la policía desalojó el local** la police a évacué les locaux.

**desamparado, -a** [desampa'raðo, a] adj (persona) désemparé(e); (lugar: expuesto) exposé(e); (: desierto) déserté(e).

**desamparar** [desampa'rar] vt abandonner.

**desandar** [desan'dar] vt: **~ lo andado** o **el camino** revenir sur ses pas.

**desangrar** [desan'grar] vt saigner; **desangrarse** vpr se vider de son sang; (morir) rendre l'âme.

**desanimado, -a** [desani'maðo, a] *adj* déprimé(e); (*espectáculo, fiesta*) boudé(e).

**desanimar** [desani'mar] *vt* décourager; (*deprimir*) déprimer; **desanimarse** *vpr* se décourager.

**desapacible** [desapa'θiβle] *adj* orageux (-euse); (*carácter*) désagréable.

**desaparecer** [desapare'θer] *vi* disparaître ♦ *vt* (AM: POL) faire disparaître; ~ **de vista** (*fig*) disparaître de la circulation.

**desaparecido, -a** [desapare'θiðo, a] *adj* disparu(e) ♦ *nm/f* (AM: POL) disparu(e); ~**s** *nmpl* disparus *mpl*.

**desaparición** [desapari'θjon] *nf* disparition *f*.

**desapasionado, -a** [desapasjo'naðo, a] *adj* impartial(e).

**desapego** [desa'peɣo] *nm* indifférence *f*; (*a dinero*) désintéressement *m*.

**desapercibido, -a** [desaperθi'βiðo, a] *adj*: **pasar** ~ passer inaperçu(e); **me cogió** ~ il m'a pris au dépourvu.

**desaprensivo, -a** [desapren'siβo, a] *adj* sans scrupules ♦ *nm/f* personne *f* sans scrupules.

**desaprobar** [desapro'βar] *vt* désapprouver.

**desaprovechar** [desaproβe'tʃar] *vt* (*oportunidad, tiempo*) perdre; (*comida, tela*) ne pas apprécier; (*talento*) gâcher.

**desarmar** [desar'mar] *vt* désarmer; (*mueble, máquina*) démonter; **desarmarse** *vpr* (*romperse*) se casser; (*ser desarmable*) se démonter.

**desarme** [de'sarme] *nm* désarmement *m*; ~ **nuclear** désarmement nucléaire.

**desarraigo** [desa'rraiɣo] *nm* déracinement *m*.

**desarreglo** [desa'rreɣlo] *nm* désordre *m*; (*en horarios*) irrégularité *f*; ~**s** *nmpl* (MED) troubles *mpl*.

**desarrollar** [desarro'ʎar] *vt* développer; (*planta, semilla*) faire pousser; (*plan etc*) mettre au point; **desarrollarse** *vpr* se développer; (*hechos, reunión*) se dérouler; **la acción se desarrolla en Roma** l'action *f* se déroule à Rome.

**desarrollo** [desa'rroʎo] *nm* développement *m*; (*de acontecimientos*) déroulement *m*; **país en vías de** ~ pays *msg* en voie de développement; **la industria está en pleno** ~ l'industrie *f* est en plein essor.

**desarticular** [desartiku'lar] *vt* (*huesos*) disloquer; (*mecanismo, bomba*) désamorcer;

(*grupo terrorista*) démanteler.

**desasir** [desa'sir] *vt* (*soltar*) lâcher; **desasirse** *vpr*: ~**se (de)** se défaire (de).

**desasosegar** [desasose'ɣar] *vt* inquiéter; **desasosegarse** *vpr* s'inquiéter.

**desasosiego** [desaso'sjeɣo] *vb* V **desasosegar** ♦ *nm* inquiétude *f*; (POL) agitation *f*.

**desastrado, -a** [desas'traðo, a] *adj* (*desaliñado*) négligé(e); (*descuidado*) négligent(e).

**desastre** [de'sastre] *nm* désastre *m*; (*fam: persona*) catastrophe *f*; **¡qué** ~**!** quel désastre!; **la función fue un** ~ le spectacle a été un désastre; **ir hecho un** ~ être négligé.

**desastroso, -a** [desas'troso, a] *adj* désastreux(-euse); **ser** ~ **para (hacer)** être nul quand il s'agit de (faire).

**desatado, -a** [desa'taðo, a] *adj* furieux (-euse).

**desatar** [desa'tar] *vt* (*nudo*) défaire; (*cordones, cuerda*) dénouer; (*perro, prisionero*) détacher; (*protesta, odio*) déchaîner; **desatarse** *vpr* se défaire; (*perro, prisionero*) se détacher; (*tormenta*) se déchaîner; ~**se en injurias** se répandre en injures; **se le desató la lengua** ça lui a délié la langue.

**desatascar** [desatas'kar] *vt* (*cañería*) déboucher; (*carro, ruedas*) libérer; **desatascarse** *vpr* (*cañería*) se déboucher; (*tráfico*) se fluidifier.

**desatender** [desaten'der] *vt* (*consejos, súplicas*) ignorer; (*trabajo, hijo*) négliger.

**desatento, -a** [desa'tento, a] *adj* impoli(e); **estar** ~ être distrait(e).

**desatinado, -a** [desati'naðo, a] *adj* immodéré(e).

**desatino** [desa'tino] *nm* folie *f*; (*falta de juicio*) manque *m* de jugement; **decir** ~**s** raconter des bêtises.

**desatornillar** [desatorni'ʎar] *vt* (*tornillo*) dévisser; (*estructura*) démonter; **desatornillarse** *vpr* (*ver vt*) se dévisser; se démonter.

**desatrancar** [desatran'kar] *vt* (*puerta*) débarrer; (*cañería*) déboucher.

**desautorizar** [desautori'θar] *vt* (*oficial*) désavouer; (*informe, declaraciones*) désapprouver; (*huelga, manifestación*) interdire.

**desavenencia** [desaβe'nenθja] *nf* désaccord *m*; (*discordia*) conflit *m*.

**desayunar** [desaju'nar] *vt*: ~ **algo** prendre qch au petit déjeuner ♦ *vi* prendre le petit déjeuner; **desayunarse** *vpr* prendre le petit déjeuner; **~ con café** prendre du café au petit déjeuner.

**desayuno** [desa'juno] *nm* petit déjeuner *m*.

**desazón** [desa'θon] *nf* malaise *m*; (*fig*) contrariété *f*.

**desazonarse** [desaθo'narse] *vpr* se faire du souci.

**desbandarse** [desβan'darse] *vpr* se débander.

**desbarajuste** [desβara'xuste] *nm* pagaille *f*; **¡qué ~!** quelle pagaille!

**desbaratar** [desβara'tar] *vt* déranger; (*plan*) bouleverser; **desbaratarse** *vpr* (*máquina*) se dérégler; (*peinado*) se défaire.

**desbloquear** [desβloke'ar] *vt* (*COM, negociaciones*) débloquer; (*tráfico*) rétablir.

**desbocado, -a** [desβo'kaðo, a] *adj* (*caballo*) emballé(e); (*cuello*) détendu(e); (*herramienta*) émoussé(e); (*fig*) galopant(e).

**desbordar** [desβor'ðar] *vt* déborder; (*fig: paciencia, tolerancia*) pousser à bout; (*: previsiones, expectativas*) dépasser ♦ *vi* déborder; **desbordarse** *vpr*: **~se (de)** déborder (de); **estar desbordado de trabajo** être débordé de travail; **~se de alegría** déborder de joie.

**descabalgar** [deskaβal'var] *vi*: **~ (de)** descendre (de).

**descabellado, -a** [deskaβe'ʎaðo, a] *adj* fantaisiste.

**descafeinado, -a** [deskafei'naðo, a] *adj* décaféiné(e); (*fam: obra, proyecto*) qui manque de corps ♦ *nm* décaféiné *m*.

**descalabro** [deska'laβro] *nm* revers *msg*; (*daño*) coup *m*.

**descalificar** [deskalifi'kar] *vt* (*DEPORTE*) disqualifier; (*desacreditar*) discréditer.

**descalzar** [deskal'θar] *vt* déchausser; (*zapato*) ôter; **descalzarse** *vpr* se déchausser.

**descalzo, -a** [des'kalθo, a] *adj* (*persona*) pieds nus; (*fig*) sans un sou; **estar/ir (con los pies) ~(s)** être/aller pieds nus.

**descambiar** [deskam'bjar] *vt* (*COM*) échanger.

**descaminado, -a** [deskami'naðo, a] *adj*: **estar** *o* **ir ~** se leurrer; **en eso no anda usted muy ~** sur ce point vous ne vous trompez pas tout à fait.

**descampado** [deskam'paðo] *nm* terrain *m* vague; **comer al ~** pique-niquer.

**descansado, -a** [deskan'saðo, a] *adj* reposant(e); (*oficio, actividad*) facile; **estar/**

**sentirse ~** être/se sentir reposé(e).

**descansar** [deskan'sar] *vt* reposer ♦ *vi* (*reposar*) se reposer; (*no trabajar*) faire une pause; (*dormir*) se coucher; (*cadáver, restos*) reposer; **~ (sobre** *o* **en)** (*mueble, muro*) reposer (contre *o* sur); **¡que descanse!** reposez-vous bien!; **¡descansen!** (*MIL*) repos!; **descanse en paz** qu'il repose en paix.

**descansillo** [deskan'siʎo] *nm* palier *m*.

**descanso** [des'kanso] *nm* repos *msg*; (*en el trabajo*) pause *f*; (*alivio*) soulagement *m*; (*TEATRO, CINE*) entracte *m*; (*DEPORTE*) mi-temps *fsg*; **día de ~** jour *m* de congé; **~ por enfermedad/maternidad** congé *m* maladie/de maternité; **tomarse unos días de ~** prendre quelques jours de congé.

**descapotable** [deskapo'taβle] *nm* (*tb: coche ~*) décapotable *f*.

**descarado, -a** [deska'raðo, a] *adj* éhonté(e); (*insolente*) effronté(e).

**descarga** [des'karɣa] *nf* déchargement *m*; (*MIL*) décharge *f*.

**descargar** [deskar'var] *vt* décharger; (*golpe*) envoyer; (*nube, tormenta*) déverser; (*cólera*) faire passer; (*de una obligación*) libérer de; (*de culpa*) déclarer innocent ♦ *vi* décharger; (*tormenta*) éclater; (*nube*) crever; **~ en** (*río*) se jeter dans; **descargarse** *vpr* se décharger; **~se de** (*penas*) se soulager de; (*responsabilidades*) se décharger de.

**descargo** [des'karɣo] *nm* (*de obligación*) libération *f*; (*COM*) crédit *m*; (*de conciencia*) soulagement *m*; (*JUR*) décharge *f*; **~ de una acusación** réfutation *f* d'une accusation.

**descaro** [des'karo] *nm* effronterie *f*; (*insolencia*) impudence *f*; **¡qué ~!** quel toupet!

**descarriar** [deska'rrjar] *vt* (*fig*) dévergonder; **descarriarse** *vpr* se dévergonder.

**descarrilamiento** [deskarrila'mjento] *nm* déraillement *m*.

**descarrilar** [deskarri'lar] *vi* dérailler.

**descartar** [deskar'tar] *vt* rejeter; **descartarse** *vpr* (*NAIPES*) se défausser.

**descascarillado, -a** [deskaskari'ʎaðo, a] *adj* écaillé(e).

**descendencia** [desθen'denθja] *nf* (*estirpe*) lignée *f*; (*hijos*) descendance *f*; **morir sin dejar ~** mourir sans laisser d'enfants.

**descender** [desθen'der] *vt* descendre ♦ *vi* descendre; (*temperatura, nivel*) baisser;

(*agua, lava*) couler; ~ **de** descendre de; ~ **de categoría** se déclasser.

**descendiente** [desθen'djente] *nm/f* descendant(e).

**descenso** [des'θenso] *nm* descente *f*; (*de temperatura, fiebre*) baisse *f*; (DEPORTE) déclassement *m*; (*en un trabajo*) rétrogradation *f*.

**descifrar** [desθi'frar] *vt* déchiffrer; (*motivo, actitud*) comprendre; (*problema*) cerner; (*misterio*) élucider.

**descolgar** [deskol'ɣar] *vt* décrocher; (*con cuerdas*) descendre à l'aide de cordes; **descolgarse** *vpr* se laisser glisser; (*lámpara, cortina*) se décrocher; **~se por** descendre de; **~se de** (*esp* DEPORTE) se détacher de; **dejó el teléfono descolgado** il a décroché le téléphone.

**descolorido, -a** [deskolo'riðo, a] *adj* (*tela, cuadro*) passé(e); (*persona*) pâlot(te).

**descomponer** [deskompo'ner] *vt* décomposer; (*desordenar*) déranger; (*estropear*) casser; (*facciones*) altérer; (*estómago*) détraquer; (*persona: molestar*) énerver; (: *irritar*) exaspérer; **descomponerse** *vpr* se décomposer; (*estómago*) se détraquer; (*encolerizarse*) se mettre en colère; (MÉX) se casser.

**descomposición** [deskomposi'θjon] *nf* décomposition *f*; **descomposición de vientre** diarrhée *f*.

**descompuesto, -a** [deskom'pwesto, a] *pp de* **descomponer** ♦ *adj* (*alimento*) pourri(e); (*vino*) frelaté(e); (MÉX: *máquina*) en panne; (*persona, rostro*) décomposé(e); (*con diarrea*) dérangé(e).

**descomunal** [deskomu'nal] *adj* énorme.

**desconcertado, -a** [deskonθer'taðo, a] *adj* déconcerté(e).

**desconcertar** [deskonθer'tar] *vt* déconcerter; **desconcertarse** *vpr* se déconcerter.

**desconcierto** [deskon'θjerto] *vb* V **desconcertar** ♦ *nm* désorientation *f*; (*confusión*) discorde *f*; **sembrar el ~** semer la discorde.

**desconectar** [deskonek'tar] *vt* déconnecter; (*desenchufar*) débrancher; (*apagar*) éteindre; (INFORM) désélectionner ♦ *vi* (*perder atención*) déconnecter.

**desconfianza** [deskon'fjanθa] *nf* méfiance *f*.

**desconfiar** [deskon'fjar] *vi*: **~ de algn/ algo** se méfier de qn/qch; **~ de que**

**algn/algo haga algo** (*dudar*) craindre que qn/qch (ne) fasse qch; **"desconfíe de las imitaciones"** (COM) "méfiez-vous des imitations".

**descongelar** [deskonxe'lar] *vt* décongeler; (POL, COM) dégeler; **descongelarse** *vpr* se décongeler; se dégeler.

**descongestionar** [desconxestjo'nar] *vt* décongestionner.

**desconocer** [deskono'θer] *vt* (*dato*) ignorer; (*persona*) ne pas connaître.

**desconocido, -a** [deskono'θiðo, a] *adj, nm/f* inconnu(e); **está ~** (*persona*) il est transformé; (*lugar*) c'est transformé; **el soldado ~** le soldat inconnu.

**desconsiderado, -a** [deskonsiðe'raðo, a] *adj* irrespectueux(-euse); (*insensible*) ingrat(e).

**desconsolar** [deskonso'lar] *vt* affliger; **desconsolarse** *vpr* s'affliger.

**desconsuelo** [deskon'swelo] *vb* V **desconsolar** ♦ *nm* affliction *f*, chagrin *m*.

**descontado, -a** [deskon'taðo, a] *adj*: **por ~** c'est certain; **dar por ~ (que)** escompter (que).

**descontar** [deskon'tar] *vt* (*deducir*) déduire; (*rebajar*) faire une remise de.

**descontento, -a** [deskon'tento, a] *adj* mécontent(e) ♦ *nm* mécontentement *m*.

**descorazonar** [deskoraθo'nar] *vt* décourager; **descorazonarse** *vpr* perdre courage.

**descorchar** [deskor'tʃar] *vt* déboucher.

**descorrer** [desko'rrer] *vt* (*cortina, cerrojo*) tirer.

**descortés** [deskor'tes] *adj* discourtois(e); (*grosero*) grossier(-ière).

**descoser** [desko'ser] *vt* découdre; **descoserse** *vpr* se découdre.

**descosido, -a** [desko'siðo, a] *adj* décousu(e) ♦ *nm* (*en prenda*) trou *m*; **como un ~** (*beber*) comme un trou; (*comer*) comme quatre; (*trabajar*) comme un forcené.

**descrédito** [des'kreðito] *nm* discrédit *m*; **caer en ~** se discréditer; **ir en ~ de** discréditer.

**descremado, -a** [deskre'maðo, a] *adj* écrémé(e).

**describir** [deskri'βir] *vt* décrire.

**descripción** [deskrip'θjon] *nf* description *f*.

**descuartizar** [deskwarti'θar] *vt* (CULIN: *cerdo*) équarrir; (: *pollo*) dépecer; (*cuerpo, persona*) écorcher.

**descubierto, -a** [desku'βjerto, a] *pp de*

**descubrir** ♦ adj découvert(e); (coche) décapoté(e); (campo) nu(e) ♦ nm (COM: en el presupuesto) déficit m; (: bancario) découvert m; **al ~** en plein air; **poner al ~** révéler; **quedar al ~** rester à découvert; **estar en ~** (COM) être à découvert.

**descubrimiento** [deskuβri'mjento] nm découverte f; (de secreto) divulgation f; (de estatua) inauguration f.

**descubrir** [desku'βrir] vt découvrir; (placa, estatua) inaugurer; (poner al descubierto) révéler; (delatar) dénoncer; **descubrirse** vpr se découvrir; (fig) éclater; **~se ante** tirer son chapeau à.

**descuento** [des'kwento] vb V **descontar** ♦ nm remise f; **hacer un ~** del 3% faire une remise de 3%; **con ~** avec remise; **~ por pago al contado/par volumen de compras** (COM) remise pour paiement comptant/sur la quantité.

**descuidado, -a** [deskwi'ðaðo, a] adj négligé(e); (desordenado) négligent(e); (jardín, casa) à l'abandon; **estar ~** être pris(e) au dépourvu; **coger o pillar a algn ~** prendre qn au dépourvu.

**descuidar** [deskwi'ðar] vt négliger ♦ vi ne plus y penser; **descuidarse** vpr (despistarse) ne pas faire attention; (abandonarse) s'oublier; **¡descuida!** n'y pense plus!

**descuido** [des'kwiðo] nm négligence f; **al menor ~** à la moindre négligence; **con ~** sans faire attention; **en un ~** dans un moment d'inattention; **por ~** par inadvertance.

┌─────── PALABRA CLAVE

**desde** ['desðe] prep **1** (lugar, posición) depuis; **desde Burgos hasta mi casa hay 30 km** de Burgos à chez moi il y a 30 km; **hablaba desde el balcón** il parlait du balcon

**2** (tiempo) depuis; **desde ahora** à partir de maintenant; **desde entonces** depuis ce temps-là; **desde niño** depuis qu'il est tout petit; **desde 3 años atrás** depuis 3 ans; **nos conocemos desde 1987/desde hace 20 años** nous nous connaissons depuis 1987/depuis 20 ans; **no le veo desde 1992/desde hace 5 años** je ne le vois plus depuis 1992/depuis 5 ans; **¿desde cuándo vives aquí?** depuis quand est-ce que tu habites ici?

(gama): **desde los más lujosos hasta los más económicos** des plus luxueux aux plus avantageux

**4**: **desde luego (que no/sí)** bien sûr (que non/si); **desde luego, no hay quien te entienda!** qu'est-ce que tu peux être compliqué!

♦ conj: **desde que: desde que recuerdo** aussi loin que je m'en souvienne; **desde que llegó no ha salido** depuis qu'il est rentré il n'est pas sorti.

└───────

**desdecirse** [desde'θirse] vpr: **~ de** se dédire de.

**desdén** [des'ðen] nm dédain m.

**desdeñar** [desðe'ɲar] vt dédaigner.

**desdicha** [des'ðitʃa] nf malheur m.

**desdichado, -a** [desði'tʃaðo, a] adj (sin suerte) infortuné(e); (infeliz) malheureux (-euse) ♦ nm/f miséreux(-euse).

**desdoblar** [desðo'βlar] vt (extender) déplier; (convertir en dos) dédoubler.

**desear** [dese'ar] vt désirer; **¿qué desea?** (en tienda) que désirez-vous?; **te deseo mucha suerte** je te souhaite bonne chance; **dejar mucho que ~** laisser beaucoup à désirer; **estoy deseando que esto termine** je souhaite que ça se termine.

**desecar** [dese'kar] vt assécher; **desecarse** vpr se dessécher.

**desechar** [dese'tʃar] vt jeter; (oferta) rejeter.

**desecho** [de'setʃo] nm déchet m; **~s** nmpl ordures fpl; **de ~** (materiales) de rebut; (ropa) à jeter.

**desembalar** [desemba'lar] vt déballer.

**desembarazar** [desembara'θar] vt débarrasser; **desembarazarse** vpr: **~se de** se débarrasser de.

**desembarcar** [desembar'kar] vt débarquer.

**desembocadura** [desemboka'ðura] nf (de río) embouchure f; (de calle) bout m.

**desembocar** [desembo'kar] vi: **~ en** (río) se jeter dans; (fig) déboucher sur.

**desembragar** [desembra'ɣar] vt, vi débrayer.

**desembrollar** [desembro'ʎar] vt débrouiller.

**desemejanza** [deseme'xanθa] nf dissemblance f.

**desempaquetar** [desempake'tar] vt déballer.

**desempatar** [desempa'tar] vi: **volvieron a jugar para ~** ils ont joué à nouveau pour se départager.

**desempate** [desem'pate] *nm* (*FÚTBOL*) belle *f*; (*TENIS*) tie-break *m*; **partido de ~** belle; **gol de ~** but *m* de la victoire.

**desempeñar** [desempe'ɲar] *vt* (*cargo, función*) occuper; (*papel*) jouer; (*deber*) accomplir; (*lo empeñado*) dégager; **desempeñarse** *vpr* (*de deudas*) s'acquitter; **~ un papel** (*fig*) jouer un rôle.

**desempeño** [desem'peɲo] *nm* (*de cargo*) accomplissement *m*; (*de lo empeñado*) dégagement *m*.

**desempleado, -a** [desemple'aðo, a] *adj* au chômage ♦ *nm/f* chômeur(-euse).

**desempleo** [desem'pleo] *nm* chômage *m*.

**desempolvar** [desempol'βar] *vt* dépoussiérer; (*recuerdos*) rassembler; (*volver a usar*) ressortir.

**desencadenar** [desenkaðe'nar] *vt* (*preso, perro*) désenchaîner; (*ira, conflicto*) déchaîner; (*guerra*) déclencher; **desencadenarse** *vpr* (*conflicto, tormenta*) se déchaîner; (*guerra*) se déclencher.

**desencajar** [desenka'xar] *vt* (*mandíbula*) décrocher; (*hueso, pieza*) déboîter; **desencajarse** *vpr* se déboîter.

**desencanto** [desen'kanto] *nm* désenchantement *m*.

**desenchufar** [desentʃu'far] *vt* débrancher.

**desenfadado, -a** [desenfa'ðaðo, a] *adj* décontracté(e).

**desenfado** [desen'faðo] *nm* décontraction *f*.

**desenfocado, -a** [desenfo'kaðo, a] *adj* (*FOTO*) flou(e).

**desenfrenado, -a** [desenfre'naðo, a] *adj* (*pasión*) sans bornes; (*lenguaje, conducta*) débridé(e); (*multitud*) déchaîné(e).

**desenfreno** [desen'freno] *nm* (*libertinaje*) libertinage *m*; (*falta de control*) déchaînement *m*.

**desenganchar** [desengan'tʃar] *vt* décrocher; (*caballerías*) dételer; (*TEC*) déclencher; **desengancharse** *vpr* (*fam: de drogas*) décrocher.

**desengañar** [desenga'ɲar] *vt* désillusionner; (*abrir los ojos a*) détromper; **desengañarse** *vpr*: **~se (de)** perdre ses illusions (sur); **¡desengáñate!** détrompe-toi!

**desengaño** [desen'gaɲo] *nm* désillusion *f*; **llevarse un ~ (con algn)** être déçu(e) (par qn); **sufrir un ~ amoroso** avoir une déception amoureuse.

**desenlace** [desen'laθe] *nm* dénouement *m*.

**desenmarañar** [desenmara'ɲar] *vt* (*fig*) débrouiller.

**desenmascarar** [desenmaska'rar] *vt* (*fig*) démasquer.

**desenredar** [desenre'ðar] *vt* débrouiller.

**desenroscar** [desenros'kar] *vt* dévisser; **desenroscarse** *vpr* se dévisser.

**desenterrar** [desente'rrar] *vt* déterrer.

**desentonar** [desento'nar] *vi* détonner.

**desentrañar** [desentra'ɲar] *vt* (*misterio*) percer; (*sentido*) éclaircir.

**desentumecer** [desentume'θer] *vt* (*pierna*) dégourdir; (*DEPORTE*) échauffer; **desentumecerse** *vpr* se dégourdir.

**desenvoltura** [desembol'tura] *nf* désinvolture *f*.

**desenvolver** [desembol'βer] *vt* défaire; **desenvolverse** *vpr* se dérouler; **~se bien/mal** bien/mal se débrouiller; **~se en la vida** se débrouiller dans la vie.

**deseo** [de'seo] *nm* désir *m*; **~ de (hacer)** désir de (faire); **arder en ~s de hacer algo** désirer ardemment faire qch.

**deseoso, -a** [dese'oso, a] *adj*: **estar ~ de (hacer)** être désireux(-euse) de (faire).

**desequilibrado, -a** [desekili'βraðo, a] *adj, nm/f* déséquilibré(e).

**desertar** [deser'tar] *vi* (*soldado*) déserter; **~ de** (*sus deberes*) manquer à; (*una organización*) déserter.

**desértico, -a** [de'sertiko, a] *adj* désertique.

**desesperación** [desespera'θjon] *nf* désespoir *m*; (*irritación*) exaspération *f*; **es una ~ tener que ...** c'est malheureux de devoir ...

**desesperar** [desespe'rar] *vt* désespérer; (*exasperar*) exaspérer ♦ *vi*: **~ (de)** désespérer (de); **desesperarse** *vpr* perdre espoir; (*impacientarse*) s'impatienter; **~ de hacer** désespérer de faire.

**desestabilizar** [desestaβili'θar] *vt* déstabiliser.

**desestimar** [desesti'mar] *vt* (*menospreciar*) mésestimer; (*rechazar*) rejeter.

**desfachatez** [desfatʃa'teθ] *nf* aplomb *m*; **¡qué ~!** quel culot!; **tener la ~ de hacer** avoir l'aplomb de faire.

**desfalco** [des'falko] *nm* détournement *m* de fonds.

**desfallecer** [desfaʎe'θer] *vi* défaillir; **~ de agotamiento** défaillir de fatigue; **~ de hambre/sed** mourir de faim/soif.

**desfasado, -a** [desfa'saðo, a] *adj* déphasé(e); (*costumbres*) vieux jeu *inv*.

**desfase** [des'fase] *nm* (*en mecanismo*) déphasage *m*; (*entre ideas, circunstancias*) décalage *m*; **desfase horario** décalage horaire.

**desfavorable** [desfaβo'raβle] *adj* défavorable.

**desfigurar** [desfixu'rar] *vt* défigurer.

**desfiladero** [desfila'ðero] *nm* défilé *m*.

**desfilar** [desfi'lar] *vi* défiler; **~on ante el general** ils ont défilé devant le général.

**desfile** [des'file] *nm* défilé *m*; **~ de modelos** défilé de mode.

**desfogarse** [desfo'xarse] *vpr* (*fig*) se défouler.

**desgajar** [desxa'xar] *vt* arracher; (*naranja*) cueillir; **desgajarse** *vpr* (*rama*) s'arracher.

**desgana** [des'xana] *nf* (*falta de apetito*) manque *m* d'appétit; (*falta de entusiasmo*) manque d'entrain; **hacer algo a** o **con ~** faire qch à contrecœur.

**desganado, -a** [desxa'naðo, a] *adj*: **estar ~** (*sin apetito*) ne pas avoir d'appétit; (*sin entusiasmo*) manquer d'entrain.

**desgarrador, a** [desxarra'ðor, a] *adj* déchirant(e).

**desgarrar** [desxa'rrar] *vt* (*tb fig*) déchirer; (*carne*) déchiqueter; **desgarrarse** *vpr* (*prenda*) se déchirer; (*carne*) partir en lambeaux.

**desgastar** [desxas'tar] *vt* user; **desgastarse** *vpr* s'user.

**desgaste** [des'xaste] *nm* usure *f*; **~ físico** déchéance *f* physique.

**desglosar** [desxlo'sar] *vt* disjoindre; (*tema, escrito*) décomposer.

**desgracia** [des'xraθja] *nf* malheur *m*; **por ~** malheureusement; **no hubo que lamentar ~s personales** il n'y a pas eu de victimes à déplorer; **caer en ~** tomber en disgrâce; **tener la ~ de** avoir le malheur de.

**desgraciado, -a** [desxra'θjaðo, a] *adj* malheureux(-euse); (*miserable*) infortuné(e); (*AM: fam*) infâme ♦ *nm/f* (*miserable*) infortuné(e); (*infeliz*) malheureux(-euse); **¡~!** (*insulto*) malheureux(-euse)!; **es un pobre ~** c'est un pauvre malheureux.

**desgravación** [desxraβa'θjon] *nf* (*COM*): **~ fiscal** dégrèvement *m* fiscal.

**desgravar** [desxra'βar] *vt* dégrever ♦ *vi* (*FIN*) détaxer; **acciones/operaciones que**

**desgravan** actions *fpl*/opérations *fpl* qui donnent droit à un dégrèvement.

**deshabitado, -a** [desaβi'taðo, a] *adj* (*edificio*) inhabité(e); (*zona*) déserté(e).

**deshacer** [desa'θer] *vt* défaire; (*proyectos*) ruiner; (*TEC*) démonter; (*familia, grupo*) désunir; (*enemigo*) détruire; (*disolver*) dissoudre; (*derretir*) fondre; (*contrato*) annuler; (*intriga*) dénouer; **deshacerse** *vpr* se défaire; (*planes*) s'écrouler; (*familia, grupo*) se désunir; (*disolverse*) se dissoudre; (*derretirse*) fondre; **~se de** se défaire de; (*COM: existencias*) liquider; **~se en cumplidos/ atenciones/lágrimas** se répandre en compliments/être plein d'attentions/ fondre en larmes; **~se por algo** se démener pour qch.

**desharrapado, -a** [desarra'paðo, a] *adj* en haillons.

**deshecho, -a** [de'setʃo, a] *pp de* **deshacer** ♦ *adj* défait(e); (*roto*) cassé(e); (*helado, pastel*) fondu(e); **estoy ~** (*cansado*) je suis mort(e) de fatigue; (*deprimido*) je suis abattu(e).

**desheredar** [desere'ðar] *vt* déshériter.

**deshidratar** [desiðra'tar] *vt* déshydrater; **deshidratarse** *vpr* se déshydrater.

**deshielo** [des'jelo] *nm* dégel *m*.

**deshonesto, -a** [deso'nesto, a] *adj* malhonnête.

**deshonor** [deso'nor] *nm*, **deshonra** [de'sonra] *nf* déshonneur *m*.

**deshora** [de'sora]: **a ~(s)** *adv* (*llegar*) au mauvais moment; (*hablar*) quand il ne faut pas; (*acostarse, comer*) à des heures impossibles.

**deshuesar** [deswe'sar] *vt* (*carne*) désosser; (*fruta*) dénoyauter.

**desierto, -a** [de'sjerto, a] *adj* déserté(e) ♦ *nm* désert *m*; **declarar ~ un premio** ne pas décerner un prix (*à cause du niveau insuffisant des candidats*).

**designar** [desix'nar] *vt* désigner; **~ (para)** (*nombrar*) désigner (pour).

**designio** [de'sixnjo] *nm* dessein *m*; **designios divinos** volonté *f* divine.

**desigual** [desi'xwal] *adj* inégal(e); (*tamaño, escritura*) irrégulier(-ière).

**desilusión** [desilu'sjon] *nf* désillusion *f*.

**desilusionar** [desilusjo'nar] *vt* désillusionner; (*decepcionar*) décevoir; **desilusionarse** *vpr* perdre ses illusions.

**desinfectar** [desinfek'tar] *vt* désinfecter.

**desinflar** [desin'flar] vt dégonfler; **desinflarse** vpr se dégonfler.

**desintegración** [desinteɣra'θjon] nf désintégration f.

**desinterés** [desinte'res] nm (altruismo) désintéressement m; ~ **por** (familia, actividad) désintérêt m pour.

**desintoxicarse** [desintoksi'karse] vpr se désintoxiquer.

**desistir** [desis'tir] vi renoncer; ~ **de** (hacer) renoncer à (faire).

**desleal** [desle'al] adj déloyal(e).

**deslealtad** [desleal'tað] nf déloyauté f.

**desleír** [desle'ir] vt diluer.

**deslenguado, -a** [deslen'gwaðo, a] adj (grosero) fort(e) en gueule.

**desligar** [desli'ɣar] vt (separar) séparer; (desatar) délier; **desligarse** vpr se détacher.

**desliz** [des'liθ] nm (fig) impair m; **cometer un ~** commettre un impair.

**deslizar** [desli'θar] vt glisser; **deslizarse** vpr glisser; (aguas mansas, lágrimas) couler; (horas) passer; (con disimulo: entrar, salir) se glisser.

**deslucido, -a** [deslu'θiðo, a] adj terne; **quedar ~** être fâché(e).

**deslumbrar** [deslum'brar] vt éblouir.

**desmadrarse** [desma'ðrarse] (fam) vpr se défouler.

**desmán** [des'man] nm abus msg.

**desmandarse** [desman'darse] vpr (descontrolarse) se rebeller.

**desmantelar** [desmante'lar] vt démanteler; (casa, fábrica) vider; (NÁUT) démâter.

**desmayarse** [desma'jarse] vpr perdre connaissance.

**desmayo** [des'majo] nm (MED) évanouissement m; (desaliento) découragement m; **sufrir un ~** perdre connaissance; **sin ~** sans relâche.

**desmedido, -a** [desme'ðiðo, a] adj démesuré(e).

**desmejorar** [desmexo'rar] vi (MED) s'affaiblir.

**desmembrar** [desmem'brar] vt démembrer; **desmembrarse** vpr (imperio) se morceler.

**desmemoriado, -a** [desmemo'rjaðo, a] adj distrait(e).

**desmentir** [desmen'tir] vt démentir; **desmentirse** vpr se dédire.

**desmenuzar** [desmenu'θar] vt (pan) émietter; (roca) effriter; (carne) couper en morceaux; (asunto, teoría) examiner en détail; **desmenuzarse** vpr (pan) s'émietter; (roca) s'effriter.

**desmerecer** [desmere'θer] vi (marca) baisser; (belleza) se flétrir; ~ **de** (cosa) ne pas être à la hauteur de; (persona) ne pas être digne de.

**desmesurado, -a** [desmesu'raðo, a] adj (ambición, egoísmo) démesuré(e); (habitación, gafas) énorme.

**desmontable** [desmon'taβle] adj (que se quita) démontable; (que se puede plegar) pliable.

**desmontar** [desmon'tar] vt démonter; (escopeta) désarmer; (tierra) aplatir; (quitar los árboles a) déboiser; (jinete) descendre de cheval ♦ vi (de caballería) mettre pied à terre.

**desmoralizar** [desmorali'θar] vt démoraliser; **desmoralizarse** vpr se démoraliser; **estar desmoralizado** être démoralisé.

**desmoronar** [desmoro'nar] vt saper; **desmoronarse** vpr s'écrouler; (convicción, ilusión) s'ébranler.

**desnatado, -a** [desna'taðo, a] adj écrémé(e).

**desnivel** [desni'βel] nm (de terreno) dénivellation f; (económico, cultural) différence f; (de fuerzas) déséquilibre m.

**desnudar** [desnu'ðar] vt dénuder; **desnudarse** vpr se dénuder; ~ **(de)** (despojarse) se dépouiller (de).

**desnudo, -a** [des'nuðo, a] adj nu(e); (árbol) dépouillé(e); (paisaje) dénudé(e) ♦ nm (ARTE) nu m; ~ **de** dénué(e) de; **poner al ~** mettre à nu; **ir medio ~** se balader à moitié nu(e).

**desnutrición** [desnutri'θjon] nf malnutrition f.

**desnutrido, -a** [desnu'triðo, a] adj mal nourri(e).

**desobedecer** [desoβeðe'θer] vt, vi désobéir.

**desobediente** [desoβe'ðjente] adj désobéissant(e).

**desocupado, -a** [desoku'paðo, a] adj (persona: ocioso) désœuvré(e); (: desempleado) sans emploi; (casa) inoccupé(e); (asiento, servicios) libre.

**desocupar** [desoku'par] vt (vivienda) libérer; (local) vider; **desocuparse** vpr se libérer.

**desodorante** [desoðo'rante] *nm* déodorant *m*.

**desolación** [desola'θjon] *nf* désolation *f*.

**desorbitado, -a** [desorβi'taðo, a] *adj* (*deseos*) démesuré(e); (*precio*) exorbitant(e); **con los ojos ~s** les yeux exorbités.

**desorden** [de'sorðen] *nm* désordre *m*; (*en escrito*) confusion *f*; (*en horarios*) irrégularité *f*; **desórdenes** *nmpl* (*POL*) troubles *mpl*; (*excesos*) excès *mpl*; **ir en ~** (*gente*) marcher dans le plus grand désordre; **estar en ~** (*cabellos, habitación*) être en désordre.

**desordenado, -a** [desorðe'naðo, a] *adj* (*habitación, objetos*) en désordre; (*persona*) désordonné(e).

**desorganización** [desorɣaniθa'θjon] *nf* désorganisation *f*.

**desorganizar** [desorɣani'θar] *vt* bouleverser.

**desorientado, -a** [desorjen'taðo, a] *adj* (*extraviado*) égaré(e); (*confundido*) confus(e).

**desorientar** [desorjen'tar] *vt* (*extraviar*) égarer; (*desconcertar*) désorienter; (*al electorado*) confondre; **desorientarse** *vpr* s'égarer.

**despabilado, -a** [despaβi'laðo, a] *adj* (*despierto*) réveillé(e); (*fig*) éveillé(e).

**despabilar** [despaβi'lar] *vt* réveiller; (*fig*) secouer ♦ *vi* se réveiller; (*fig*) s'éveiller; **despabilarse** *vpr* se réveiller; **¡despabílate!** (*date prisa*) réveille-toi!

**despachar** [despa'tʃar] *vt* (*negocio*) expédier; (*trabajo*) terminer; (*correspondencia*) s'occuper de; (*fam: comida*) se taper; (: *bebida*) descendre; (*mensaje, carta*) envoyer; (*en tienda: cliente*) servir; (*entradas*) distribuer; (*empleado*) se débarrasser de; (*visitas*) décliner; (*matar*) descendre; (*ARG: maletas*) enregistrer ♦ *vi* (*en tienda*) servir; **despacharse** *vpr* se dépêcher; **está despachando con el jefe** il discute avec le chef; **~se de algo** se débarrasser de qch; **~se a su gusto con algn** soulager sa conscience auprès de qn.

**despacho** [des'patʃo] *nm* bureau *m*; (*envío*) dépêche *f*; (*COM: venta*) envoi *m*; (*comunicación oficial*) dépêche; (: *a distancia*) ordre *m*; **~ de billetes** o **boletos** (*AM*) bureau de tabac; **~ de localidades** guichet *m*; **mesa de ~** bureau; **muebles de ~** mobilier *m* de bureau.

**despacio** [des'paθjo] *adv* lentement; (*cuidadosamente, AM: en voz baja*) doucement; **¡~!** doucement!; **ya hablaremos más ~** on parlera plus longuement.

**desparpajo** [despar'paxo] *nm* (*desenvoltura*) aisance *f*; (*pey*) insolence *f*.

**desparramar** [desparra'mar] *vt* répandre.

**despavorido, -a** [despaβo'riðo, a] *adj* terrorisé(e).

**despecho** [des'petʃo] *nm* dépit *m*; **a ~ de** en dépit de; **por ~** par dépit.

**despectivo, -a** [despek'tiβo, a] *adj* (*tono, modo*) condescendant(e); (*LING*) péjoratif (-ive).

**despedazar** [despeða'θar] *vt* réduire en miettes; **despedazarse** *vpr* tomber en miettes.

**despedida** [despe'ðiða] *nf* (*adiós*) congé *m*; (*antes de viaje*) adieux *mpl*; (*en carta*) formule *f* de politesse; **regalo/cena de ~** cadeau *m*/dîner *m* d'adieu; **hacer una ~ a algn** fêter le départ de qn; **hacer su ~ de soltero/soltera** enterrer sa vie de garçon/jeune fille.

**despedir** [despe'ðir] *vt* (*decir adiós a*) dire au revoir à; (*empleado*) renvoyer; (*arrojar*) lancer, jeter; (*olor, calor*) dégager; **despedirse** *vpr* quitter son emploi; **~se de algn** dire au revoir à qn; **se despidieron** ils se sont dit au revoir; **salir despedido** être lancé(e); **ir a ~ a algn** aller prendre congé de qn.

**despegar** [despe'ɣar] *vt, vi* décoller; **despegarse** *vpr* se décoller; **sin ~ los labios** sans piper mot.

**despego** [des'peɣo] *nm* = **desapego**.

**despegue** [des'peɣe] *vb* V **despegar** ♦ *nm* décollage *m*.

**despejado, -a** [despe'xaðo, a] *adj* dégagé(e); (*persona*) réveillé(e).

**despejar** [despe'xar] *vt* dégager; (*desalojar*) vider; (*misterio*) éclaircir; (*MAT: incógnita*) isoler; (*mente*) rafraîchir ♦ *vi* s'éclaircir; **despejarse** *vpr* s'éclaircir; (*persona*) émerger; **¡despejen!** évacuez les lieux!; **salir a ~se** sortir pour se changer les idées.

**despellejar** [despeʎe'xar] *vt* (*animal*) écorcher; (*fig*) ne pas ménager.

**despensa** [des'pensa] *nf* armoire *f* à provisions.

**despeñadero** [despeɲa'ðero] *nm* précipice *m*.

**despeñarse** [despe'ɲarse] *vpr* basculer.

**desperdiciar** [desperði'θjar] *vt* gaspiller;

(*oportunidad*) manquer.

**desperdicio** [desper'ðiθjo] *nm* gaspillage *m*; (*residuo*) déchet *m*; ~**s** *nmpl* (*basura*) ordures *fpl*; (*residuos*) déchets *mpl*; (*de comida*) restes *mpl*; **el libro no tiene ~** le livre est excellent du début à la fin.

**desperdigarse** [desperði'xarse] *vpr* se disperser; (*semillas etc*) s'éparpiller.

**desperezarse** [despere'θarse] *vpr* s'étirer.

**desperfecto** [desper'fekto] *nm* (*deterioro*) dommage *m*; (*defecto*) imperfection *f*.

**despertador** [desperta'ðor] *nm* réveil *m*.

**despertar** [desper'tar] *vt* réveiller; (*sospechas, admiración*) éveiller; (*apetito*) aiguiser ♦ *vi* se réveiller ♦ *nm* (*de persona*) réveil *m*; (*día, era*) aube *f*; **despertarse** *vpr* se réveiller.

**despiadado, -a** [despja'ðaðo, a] *adj* impitoyable.

**despido** [des'piðo] *vb V* **despedir** ♦ *nm* (*de trabajador*) licenciement *m*; **despido improcedente** licenciement abusif; **despido injustificado** renvoi *m* injustifié; **despido libre** faculté *f* de licencier arbitrairement; **despido voluntario** chômage *m* volontaire.

**despierto, -a** [des'pjerto, a] *vb V* **despertar** ♦ *adj* réveillé(e); (*fig*) éveillé(e).

**despilfarro** [despil'farro] *nm* gaspillage *m*.

**despistado, -a** [despis'taðo, a] *adj* (*distraído*) distrait(e); (*desorientado*) dérouté(e) ♦ *nm/f* distrait(e).

**despistar** [despis'tar] *vt* (*perseguidor*) semer; (*desorientar*) dérouter; **despistarse** *vpr* (*distraerse*) être distrait(e).

**despiste** [des'piste] *nm* distraction *f*; (*confusión*) confusion *f*; **tiene un terrible ~** il est terriblement distrait.

**desplazamiento** [desplaθa'mjento] *nm* déplacement *m*; (*INFORM*) défilement *m*; ~ **hacia arriba/abajo** (*INFORM*) déplacement vers le haut/bas; **gastos de ~** frais *mpl* de déplacement.

**desplazar** [despla'θar] *vt* déplacer; (*tropas*) transférer; (*fig*) supplanter; (*INFORM*) faire défiler; **desplazarse** *vpr* se déplacer.

**desplegar** [desple'xar] *vt* déployer; (*tela, papel*) déplier; **desplegarse** *vpr* (*MIL*) se déployer.

**despliegue** [des'pljexe] *vb V* **desplegar** ♦ *nm* déploiement *m*.

**desplomarse** [desplo'marse] *vpr* s'écrouler; **se ha desplomado el techo** le toit s'est

effondré.

**desplumar** [desplu'mar] *vt* (*ave*) déplumer; (*fam*) plumer.

**despoblado, -a** [despo'βlaðo, a] *adj* (*sin habitantes*) vide; (*con pocos habitantes*) dépeuplé(e) ♦ *nm* terrain *m* vague.

**despojar** [despo'xar] *vt* (*casa*) dépouiller; ~ **de** (*persona: de sus bienes*) dépouiller de; (: *de título, derechos*) retirer; (: *de su cargo*) relever; **despojarse** *vpr*: ~**se de** (*ropa*) enlever; (*posesiones*) se dépouiller de.

**despojo** [des'poxo] *nm* (*usurpación*) spoliation *f*; (*botín*) butin *m*; ~**s** *nmpl* (*CULIN*) abats *mpl*; (*de banquete*) reliefs *mpl*; (*cadáver*) dépouille *fsg*.

**desposado, -a** [despo'saðo, a] *adj* tout juste marié(e) ♦ *nm/f* jeune marié(e).

**desposar** [despo'sar] *vt* (*suj: sacerdote*) marier; **desposarse** *vpr* se marier.

**desposeer** [despose'er] *vt*: ~ (**de**) déposséder (de); ~ **a algn de su autoridad** priver qn de son autorité.

**déspota** ['despota] *nm/f* despote *m*.

**despreciar** [despre'θjar] *vt* mépriser; (*oferta, regalo*) dédaigner.

**desprecio** [des'preθjo] *nm* dédain *m*; **un ~** un affront; **le hicieron el ~ de no acudir** ils lui ont fait l'affront de ne pas venir.

**desprender** [despren'der] *vt* ôter; (*olor, calor*) dégager; (*chispas*) jeter; **desprenderse** *vpr* se détacher; (*olor, perfume*) se dégager; ~ (**de**) (*separar*) ôter (de); ~**se de algo** se défaire de qch; **de ahí se desprende que** il en découle que.

**desprendimiento** [desprendi'mjento] *nm* générosité *f*; **desprendimiento de retina** décollement *m* de la rétine; **desprendimiento de tierras** éboulement *m* de terrain.

**despreocupado, -a** [despreoku'paðo, a] *adj*: **estar ~** (*sin preocupación*) ne pas s'inquiéter; **ser ~** être insouciant(e).

**despreocuparse** [despreoku'parse] *vpr*: ~ (**de**) (*dejar de inquietarse*) ne plus s'occuper (de); (*desentenderse*) se désintéresser (de).

**desprestigiar** [despresti'xjar] *vt* discréditer; **desprestigiarse** *vpr* se discréditer.

**desprevenido, -a** [despreβe'niðo, a] *adj* dépourvu(e); **coger** (*ESP*) o **agarrar** (*AM*) **a algn ~** prendre qn au dépourvu.

**desproporcionado, -a** [desproporθjo'naðo, a] *adj* disproportionné(e).

**desprovisto, -a** [despro'βisto, a] *adj*: ~ **de**
dépourvu(e) de; **estar** ~ **de** être dépour-
vu(e) de.

**después** [des'pwes] *adv* après; *(desde entonces)* dès lors; *(entonces)* alors ♦ *prep*: ~
**de** après ♦ *conj*: ~ **(de) que** après que;
**poco** ~ peu après; **un año** ~ un an après;
~ **se debatió el tema** puis on a discuté
de l'affaire; ~ **de comer** après manger; ~
**de corregir el texto** après avoir corrigé le
texte; ~ **de esa fecha** *(pasado)* après cette
date; *(futuro)* passée cette date; ~ **de todo**
après tout; ~ **de verlo** après l'avoir vu; **mi
nombre está** ~ **del tuyo** mon nom vient
après le tien; ~ **(de) que lo escribí** après
que je l'eus écrit.

**desquiciar** [deski'θjar] *vt (puerta)* sortir de
ses gonds; *(planes)* bouleverser; *(persona)*
rendre fou(folle); **el pobre está desqui-
ciado** le pauvre est ébranlé.

**desquite** [des'kite] *nm*: **tomarse el** ~ **(de)**
prendre sa revanche (sur).

**destacar** [desta'kar] *vt (ARTE)* mettre en relief; *(fig)* souligner; *(MIL)* détacher ♦ *vi (sobresalir. montaña, figura)* ressortir; *(: obra,
persona)* se démarquer; **destacarse** *vpr* se
démarquer; **quiero** ~ **que ...** je veux souligner que ...; ~ **en/por algo** briller en/par
qch; ~**(se) de** o **entre los demás** se démarquer des autres.

**destajo** [des'taxo] *nm*: **trabajar a** ~ *(por
pieza)* travailler à la pièce; *(mucho)* travailler d'arrache-pied.

**destapar** [desta'par] *vt* découvrir; *(botella)*
déboucher; *(cacerola)* ôter le couvercle de;
**destaparse** *vpr (botella)* se déboucher;
*(en la cama)* se découvrir.

**destartalado, -a** [destarta'laðo, a] *adj
(casa)* délabré(e); *(coche)* démantibulé(e).

**destello** [des'teʎo] *nm (de diamante, metal)*
scintillement *m*; *(de estrella)* scintillation *f*;
*(de faro)* lueur *f*; **un** ~ **de lucidez/genio**
un éclair de lucidité/génie.

**destemplado, -a** [destem'plaðo, a] *adj
(MÚS)* désaccordé(e); *(voz)* discordant(e);
*(METEOROLOGÍA)* mauvais(e); **estar/sentirse**
~ *(MED)* être/se sentir indisposé(e).

**desteñir** [deste'ɲir] *vt (sol, lejía)* passer ♦ *vi
(tejido)* déteindre; **desteñirse** *vpr* déteindre; **esta tela no destiñe** cette toile ne
déteint pas.

**desternillarse** [desterni'ʎarse] *vpr*: ~ **de
risa** se tordre de rire.

**desterrar** [deste'rrar] *vt* exiler; *(pensamiento, tristeza)* chasser; *(sospechas)* bannir.

**destiempo** [des'tjempo]: **a** ~ *adv* mal à
propos.

**destierro** [des'tjerro] *vb V* **desterrar** ♦ *nm
(expulsión)* interdiction *f* de séjour; *(exilio)*
exil *m*; **vivir en el** ~ vivre en exil.

**destilar** [desti'lar] *vt, vi* distiller.

**destilería** [destile'ria] *nf* distillerie *f*.

**destinar** [desti'nar] *vt (funcionario, militar)*
affecter; *(habitación, tarea)* assigner; ~ **a** o
**para** *(fondos)* destiner à; **es un libro destinado a los niños** c'est un livre pour enfants; **una carta que viene destinada a
usted** une lettre qui vous est adressée.

**destinatario, -a** [destina'tarjo, a] *nm/f*
destinataire *m/f*.

**destino** [des'tino] *nm (suerte)* destin *m*; *(de
viajero)* destination *f*; *(función)* fonction *f*;
*(de funcionario, militar)* poste *m*; **con** ~ **a** à
destination de; **salir con** ~ **a** partir pour.

**destituir** [destitu'ir] *vt*: ~ **(de)** destituer
(de).

**destornillador** [destorniʎa'ðor] *nm* tournevis *msg*.

**destornillar** [destorni'ʎar] *vt* = **desatornillar**.

**destreza** [des'treθa] *nf* dextérité *m*; *(maña)*
adresse *f*.

**destrozar** [destro'θar] *vt (romper)* casser;
*(planes, campaña, persona)* anéantir; *(nervios)* mettre à vif; **está destrozado por la
noticia** il est anéanti par la nouvelle.

**destrozo** [des'troθo] *nm* destruction *f*; ~**s**
*nmpl (daños)* dégâts *mpl*.

**destrucción** [destruk'θjon] *nf* destruction
*f*.

**destructivo, -a** [destruk'tiβo, a] *adj*
destructeur(-trice).

**destruir** [destru'ir] *vt* détruire; *(persona:
moralmente)* briser; *(negocio, comarca)* ruiner; *(político, competidor, ilusiones)* anéantir; *(argumento)* démolir.

**desuso** [de'suso] *nm* non utilisation *f*; **caer
en** ~ tomber en désuétude; **estar en** ~
être inusité(e); **una expresión (caída) en**
~ une expression tombée en désuétude.

**desvalido, -a** [desβa'liðo, a] *adj* déshéri-
té(e); **niños** ~**s** enfants *mpl* déshérités.

**desvalijar** [desβali'xar] *vt* dévaliser; *(coche)*
cambrioler.

**desván** [des'βan] *nm* grenier *m*.

**desvanecerse** [desβane'θerse] *vpr (MED)*

s'évanouir; (*fig*) se dissiper; (*borrarse*) s'effacer.

**desvanecimiento** [desβaneθi'mjento] *nm* (*de contornos, colores*) effacement *m*; (*de dudas*) dissipation *f*; (*MED*) évanouissement *m*.

**desvariar** [desβa'rjar] *vi* délirer.

**desvarío** [desβa'rio] *nm* délire *m*; ~s *nmpl* (*disparates*) absurdités *fpl*.

**desvelar** [desβe'lar] *vt* (*suj: café, preocupación*) tenir éveillé(e); **desvelarse** *vpr* rester éveillé(e); ~**se por algo** se démener pour qch; ~**se por los demás** se donner du mal pour autrui.

**desvelos** [des'βelos] *nmpl* (*preocupación*) soucis *mpl*.

**desvencijado, -a** [desβenθi'xaðo, a] *adj* (*silla*) branlant(e); (*máquina*) détraqué(e).

**desventaja** [desβen'taxa] *nf* inconvénient *m*; **estar en** o **llevar** ~ être désavantagé(e).

**desventura** [desβen'tura] *nf* malheur *m*.

**desvergonzado, -a** [desβerɣon'θaðo, a] *adj, nm/f* dévergondé(e); (*descarado*) effronté(e).

**desvergüenza** [desβer'ɣwenθa] *nf* dévergondage *m*; (*descaro*) toupet *m*; ¡**qué** ~! quel toupet!; **tener la** ~ **de hacer** avoir le toupet de faire.

**desvestir** [desβes'tir] *vt* déshabiller; **desvestirse** *vpr* se déshabiller.

**desviación** [desβja'θjon] *nf* (*de río*) détournement *m*; (*AUTO*) déviation *f*; (*de la conducta*) écart *m*; **desviación de la columna** (*MED*) scoliose *f*.

**desviar** [des'βjar] *vt* dévier; (*de objetivo*) écarter; (*río, mirada*) détourner; **desviarse** *vpr* (*apartarse del camino*) s'égarer; (*rumbo*) faire un détour; (*AUTO*) faire une embardée; ~**se de un tema** s'éloigner du sujet.

**desvío** [des'βio] *vb V* **desviar** ♦ *nm* (*AUTO*) détour *m*.

**desvirtuar** [desβir'twar] *vt* (*actuación, labor*) nuire à; (*argumento*) démolir; (*sentido*) affaiblir; **desvirtuarse** *vpr* perdre sa signification première.

**desvivirse** [desβi'βirse] *vpr*: ~ **por algo/algn** se mettre en quatre pour qch/qn; ~ **por hacer** se tuer à faire.

**detalle** [de'taλe] *nm* détail *m*; (*delicadeza*) attention *f*; **narrar con (todo)** ~ raconter en détail; **no pierde** ~ il n'en perd pas

une miette; **tener un** ~ **con algn** avoir une attention pour qn; ¡**qué** ~! comme c'est gentil!; **al** ~ (*COM*) au détail; **comercio al** ~ commerce *m* de détail; **vender al** ~ vendre au détail; **detalle de cuenta** détail d'un compte.

**detallista** [deta'λista] *adj* méticuleux(-euse) ♦ *nm/f* (*COM*) détaillant(e).

**detective** [detek'tiβe] *nm/f* détective *m*; **detective privado** détective privé.

**detener** [dete'ner] *vt* arrêter; (*retrasar*) ralentir; **detenerse** *vpr* s'arrêter; (*demorarse*) s'attarder; ¡**deténgase!** arrêtez-vous!; ~**se a hacer algo** s'attarder à faire qch.

**detenido, -a** [dete'niðo, a] *adj* arrêté(e); (*minucioso*) minutieux(-euse); (*preso*) détenu(e) ♦ *nm/f* détenu(e).

**detenimiento** [deteni'mjento] *nm*: **con** ~ avec soin.

**detergente** [deter'xente] *nm* détergent *m*.

**deteriorar** [deterjo'rar] *vt* détériorer; **deteriorarse** *vpr* se détériorer.

**determinación** [determina'θjon] *nf* détermination *f*; (*decisión*) décision *f*.

**determinado, -a** [determi'naðo, a] *adj* déterminé(e); **a una hora determinada** à une heure précise; **no hay ningún tema** ~ aucun sujet n'a été déterminé.

**determinar** [determi'nar] *vt* déterminer; **determinarse** *vpr*: ~**se a hacer** se déterminer à faire; **el reglamento determina que ...** le règlement prévoit que ...; **aquello determinó la caída del gobierno** cela a déterminé la chute du gouvernement.

**detestar** [detes'tar] *vt* détester.

**detrás** [de'tras] *adv* derrière; (*en sucesión*) après ♦ *prep*: ~ **de** derrière; **hacer algo por** ~ **de algn** faire qch dans le dos de qn; **ir** ~ **de algn/algo** être derrière qn/qch; **por** ~ par derrière; ~ **mío/nuestro** (*esp CSUR*) derrière moi/nous.

**detrimento** [detri'mento] *nm*: **en** ~ **de** au détriment de.

**deuda** [de'uða] *nf* dette *f*; **estar en** ~ **con algn** (*fig*) avoir une dette envers qn; **contraer** ~**s** contracter des dettes; **deuda a largo plazo** dette à long terme; **deuda exterior/pública** dette extérieure/publique.

**devaluación** [deβalwa'θjon] *nf* dévaluation *f*.

**devaluar** [deβalu'ar] *vt* dévaluer.

**devastar** [deβas'tar] vt dévaster.

**devoción** [deβo'θjon] nf dévotion f; **sentir ~ por algn/algo** avoir de la dévotion pour qn/qch.

**devolución** [deβolu'θjon] nf restitution f; (de carta) retour m; (de dinero) remboursement m; **no se admiten devoluciones** (COM) ni repris ni échangé.

**devolver** [deβol'βer] vt rendre; (a su sitio) remettre; (producto, carta, favor) retourner; (regalo, factura) renvoyer; (fam: vomitar) rendre ♦ vi (fam) rendre; **devolverse** vpr (AM) revenir; **~ la pelota a algn** (fig) renvoyer la balle à qn.

**devorar** [deβo'rar] vt dévorer; (fig: fortuna) manger; **~ a algn con los ojos** dévorer qn des yeux; **todo lo devoró el fuego** il fut dévoré par les flammes; **le devoran los celos** il est dévoré de jalousie.

**devoto, -a** [de'βoto, a] adj (REL) dévot(e); (amigo) dévoué(e) ♦ nm/f dévot(e); (adepto) adepte m/f; **~ de** (REL) dévot(e) à; (muy aficionado a) adepte de; **su ~ servidor** votre dévoué serviteur.

**devuelto** [de'βwelto] pp de devolver.

**devuelva** etc [de'βwelβa] vb V devolver.

**di** [di] vb V dar; decir.

**día** ['dia] nm (24 horas) journée f; (lo que no es noche) jour m; **¿qué ~ es?** quel jour est-on?; **estar/poner al ~** (cuentas) être/mettre à jour; (persona) être/mettre au courant; **el ~ de mañana** demain; **el ~ menos pensado te haremos una visita** quand tu t'y attendras le moins, nous te rendrons visite; **hoy (en) ~** aujourd'hui; **al ~ siguiente** le jour suivant; **tener un mal ~** passer une mauvaise journée; **~ a ~** jour après jour; **¡cualquier ~ se mata!** il va finir par se tuer!; **todos los ~s** tous les jours; **un ~ de estos** un de ces jours; **un ~ sí y otro no** tous les deux jours; **vivir al ~** vivre au jour le jour; **es de ~** il fait jour; **del ~** (estilos) au goût du jour; (pan) frais(fraîche); (menú) du jour; **de un ~ para otro** d'un jour à l'autre; **en pleno ~** en plein jour; **en su ~** en son temps; **¡hasta otro ~!** à un autre jour!; **¡buenos ~s!** bonjour!; **~ domingo/lunes** etc (AM) dimanche/lundi etc; **día de los (santos) inocentes** (28 diciembre) jour des Saints Innocents, ≈ le premier avril; **día de precepto** jour du Seigneur; **Día de Reyes** Epiphanie f, **día festivo** o **feriado** (AM) o de

fiesta, jour férié; **día hábil/inhábil** jour ouvrable/chômé; **día laborable** jour de travail; **día lectivo/libre** jour de classe/de congé.

**diabetes** [dja'βetes] nf diabète m.

**diabético, -a** [dja'βetiko, a] nm/f diabétique m/f.

**diablo** ['djaβlo] nm diable m; **¿cómo/qué ~s ...?** comment/que diable ...?; **pobre ~** pauvre diable; **hace un frío de mil ~s** o **de todos los ~s** il fait un froid de tous les diables; **mandar algo/a algn al ~** envoyer qch/qn au diable; **¡al ~ con ...!** au diable ...!

**diablura** [dja'βlura] nf diablerie f.

**diadema** [dja'ðema] nf diadème m.

**diafragma** [dja'fraɣma] nm diaphragme m.

**diagnosis** [djaɣ'nosis] nf inv diagnostic m.

**diagnóstico** [djaɣ'nostiko] nm diagnostic m.

**diagonal** [djaɣo'nal] adj oblique ♦ nf diagonale f; **en ~** en diagonale.

**diagrama** [dja'ɣrama] nm diagramme m; **~ de barras** diagramme en bâtons; **~ de flujo** (INFORM) organigramme m.

**dial** [di'al] nm (de radio) bande f de fréquence.

**dialecto** [dja'lekto] nm dialecte m.

**dialogar** [djalo'ɣar] vi dialoguer; **~ con** (POL) s'entretenir avec.

**diálogo** ['djaloɣo] nm dialogue m.

**diamante** [dja'mante] nm diamant m; **~s** nmpl (NAIPES) carreau msg; **diamante (en) bruto** diamant brut; (fig) perle f rare.

**diámetro** [di'ametro] nm diamètre m; **3 m de ~** 3 m de diamètre.

**diana** ['djana] nf (MIL) réveil m; (de blanco) mouche f; **hacer ~** faire mouche.

**diapositiva** [djaposi'tiβa] nf (FOTO) diapositive f.

**diario, -a** ['djarjo, a] adj quotidien(ne) ♦ nm quotidien m; (para memorias) journal m; (COM) livre m journal; **a ~** tous les jours; **de** o **para ~** de tous les jours; **diario de navegación** (NÁUT) journal de bord; **diario de sesiones** compte rendu d'une session du Parlement; **diario hablado** (RADIO) journal.

**diarrea** [dja'rrea] nf diarrhée f.

**dibujar** [diβu'xar] vt, vi dessiner; **dibujarse** vpr (emoción) se peindre; **~se en el horizonte/a lo lejos** se dessiner à l'horizon/au loin.

**dibujo** [di'βuxo] *nm* dessin *m;* **dibujos animados** dessins *mpl* animés; **dibujo artístico** dessin d'art; **dibujo lineal/ técnico** dessin industriel.

**diccionario** [dikθjo'narjo] *nm* dictionnaire *m;* **diccionario enciclopédico** dictionnaire encyclopédique.

**dicho, -a** ['ditʃo, a] *pp de* **decir** ♦ *adj:* **en ~s países** dans ces pays ♦ *nm* proverbe *m;* **mejor ~** plutôt; **propiamente ~** proprement dit; **~ y hecho** aussitôt dit, aussitôt fait; **~ sea de paso** soit dit en passant.

**dichoso, -a** [di'tʃoso, a] *adj* heureux (-euse); **¡aquel ~ coche!** *(fam)* cette sacrée voiture!

**diciembre** [di'θjembre] *nm* décembre *m;* V *tb* **julio**.

**dictado** [dik'taðo] *nm* dictée *f;* **escribir al ~** écrire sous la dictée; **los ~s de la conciencia** ce que dicte la conscience.

**dictador** [dikta'ðor] *nm* dictateur *m*.

**dictadura** [dikta'ðura] *nf* dictature *f.*

**dictamen** [dik'tamen] *nm* expertise *f;* **dictamen contable** rapport *m* comptable; **dictamen facultativo** *(MED)* diagnostic *m.*

**dictar** [dik'tar] *vt* dicter; *(decreto)* prendre; *(ley)* édicter; *(AM: clase)* faire; *(: conferencia)* donner.

**didáctico, -a** [di'ðaktiko, a] *adj* didactique; *(educativo)* éducatif(-ive).

**diecinueve** [djeθinu'eβe] *adj inv, nm inv* dix-neuf *m inv;* **el siglo ~** le dix-neuvième siècle; V *tb* **seis**.

**dieciocho** [djeθi'otʃo] *adj inv, nm inv* dix-huit *m inv;* V *tb* **seis**.

**dieciséis** [djeθi'seis] *adj inv, nm inv* seize *m inv;* V *tb* **seis**.

**diecisiete** [djeθi'sjete] *adj inv, nm inv* dix-sept *m inv;* V *tb* **seis**.

**diente** ['djente] *nm* dent *f;* **enseñar los ~s** *(fig)* grincer des dents; **hablar entre ~s** parler entre ses dents; **hincarle el ~ a** *(comida)* mordre à belles dents dans; *(fig: asunto)* s'attaquer à; **diente de ajo** gousse *f* d'ail; **diente de leche** dent de lait; **diente de león** pissenlit *m;* **dientes postizos** fausses dents.

**diera** *etc* ['djera] *vb* V **dar**.

**diesel** ['disel] *adj:* **motor ~** (moteur *m*) diesel *m.*

**diestro, -a** ['djestro, a] *adj* droit(e); *(hábil)*

adroit(e) ♦ *nm* *(TAUR)* matador *m;* **a ~ y siniestro** au hasard.

**dieta** ['djeta] *nf* régime *m;* **~s** *nfpl (de viaje, hotel)* frais *mpl;* **la ~ mediterránea** la cuisine méditerranéenne; **estar a ~** être au régime.

**dietética** [dje'tetika] *nf* diététique *f.*

**dietético, -a** [dje'tetiko, a] *adj* diététique ♦ *nm/f* diététicien(ne).

**diez** [djeθ] *adj inv, nm inv* dix *m inv;* V *tb* **seis**.

**diezmar** [djeθ'mar] *vt* décimer.

**difamar** [difa'mar] *vt* diffamer.

**diferencia** [dife'renθja] *nf* différence *f;* **~s** *nfpl (desacuerdos)* différend *msg;* **a ~ de** à la différence de; **hacer ~ entre** faire la différence entre; **diferencia salarial** inégalité *f* de salaire.

**diferenciar** [diferen'θjar] *vt:* **~ (de)** distinguer (de); *(hacer diferente)* différencier ♦ *vi:* **~ enter A y B** distinguer A de B; **diferenciarse** *vpr:* **~se (de)** se distinguer (de); **¿en qué se diferencian?** en quoi sont-ils différents?

**diferente** [dife'rente] *adj* différent(e) ♦ *adv* différemment.

**diferido** [dife'riðo] *nm:* **en ~** *(TV)* en différé.

**difícil** [di'fiθil] *adj* difficile; **es un hombre ~ (de tratar)** c'est quelqu'un de difficile; **ser ~ de hacer/entender/explicar** être difficile à faire/comprendre/expliquer.

**dificultad** [difikul'taδ] *nf* difficulté *f;* **~es** *nfpl (problemas)* difficultés *fpl;* **poner ~es (a algn)** faire des difficultés (à qn).

**dificultar** [difikul'tar] *vt (explicación, labor)* rendre difficile; *(visibilidad)* brouiller.

**difteria** [dif'terja] *nf* diphtérie *f.*

**difundir** [difun'dir] *vt (calor, noticia)* diffuser; *(doctrina, rumores)* répandre; **difundirse** *vpr* se diffuser; *(doctrina)* se répandre.

**difunto, -a** [di'funto, a] *adj, nm/f* défunt(e).

**difusión** [difu'sjon] *nf* diffusion *f;* *(de teoría)* généralisation *f;* **un programa de gran ~** une émission à grande diffusion.

**diga** *etc* ['diγa] *vb* V **decir**.

**digerir** [dixe'rir] *vt* digérer.

**digestión** [dixes'tjon] *nf* digestion *f;* **corte de ~** crampe *f* d'estomac.

**digestivo, -a** [dixes'tiβo, a] *adj* digestif (-ive) ♦ *nm* digestif *m.*

**digital** [dixi'tal] *adj* digital(e).

**dignarse** [diɣ'narse] *vpr:* ~ **(a) hacer** daignerfaire.

**dignatario, -a** [diɣna'tarjo, a] *nm/f* dignitaire *m/f*.

**dignidad** [diɣni'ðað] *nf* dignité *f*; **hacer algo con ~** faire qch avec dignité.

**digno, -a** ['diɣno, a] *adj (sueldo, nivel de vida)* décent(e); *(comportamiento, actitud)* digne; **~ de** digne de; **es ~ de mención** ça mérite d'être mentionné; **es ~ de verse** ça mérite d'être vu; **poco ~** peu digne.

**dije** ['dixe] *vb* V **decir** ♦ *adj (CHI: fam)* sympa.

**dilapidar** [dilapi'ðar] *vt* dilapider.

**dilatar** [dila'tar] *vt* dilater; *(prolongar, aplazar)* prolonger; **dilatarse** *vpr* se dilater.

**dilema** [di'lema] *nm* dilemme *m*.

**diligencia** [dili'xenθja] *nf* diligence *f*; *(trámite)* acte *m* de procédure; **~s** *nfpl (JUR)* formalités *fpl*; **diligencias judiciales/previas** enquête *fsg* judiciaire/préliminaire.

**diligente** [dili'xente] *adj* diligent(e); **poco ~** pas très sérieux(-euse).

**diluir** [dilu'ir] *vt* diluer.

**diluvio** [di'luβjo] *nm* déluge *m*; **un ~ de cartas** *(fig)* un déluge de lettres.

**dimensión** [dimen'sjon] *nf* dimension *f*; *(de catástrofe)* proportions *fpl*; **dimensiones** *nfpl (tamaño)* dimensions *fpl*; **tomar las dimensiones de** prendre les dimensions de.

**diminuto, -a** [dimi'nuto, a] *adj* tout(e) petit(e).

**dimitir** [dimi'tir] *vi:* ~ **(de)** démissionner (de).

**dimos** ['dimos] *vb* V **dar**.

**Dinamarca** [dina'marka] *nf* Danemark *m*.

**dinámico, -a** [di'namiko, a] *adj* dynamique.

**dinamita** [dina'mita] *nf* dynamite *f*.

**dinamo** [di'namo], **dínamo** ['dinamo] *nf*, *nm en AM* dynamo *f*.

**dineral** [dine'ral] *nm* fortune *f*.

**dinero** [di'nero] *nm* argent *m*; **es hombre de ~** c'est un homme riche; **andar mal de ~** être sans le sou; **dinero caro** *(COM)* argent cher; **dinero contante (y sonante)** espèces *fpl*; **dinero efectivo** *o* **en metálico** liquide *m*; **dinero suelto** menue monnaie *f*.

**dinosaurio** [dino'saurjo] *nm* dinosaure *m*.

**dio** [djo] *vb* V **dar**.

**diócesis** ['djoθesis] *nf inv* diocèse *m*.

**Dios** [djos] *nm* Dieu *m*; **~ mediante** si Dieu le veut; **¡gracias a ~!** grâce à Dieu!; **a la buena de ~** au petit bonheur la chance; **armar** *o* **armarse la de ~ (es Cristo)** *(fam)* foutre la pagaille; **como ~ manda** comme il faut; **¡~ mío!** mon Dieu!; **¡por ~!** grand Dieu!; **estar dejado de la mano de ~** être abandonné de Dieu; **¡sabe ~!** Dieu seul le sait!; **¡que sea lo que ~ quiera!** advienne que pourra!; **si ~ quiere** si Dieu le veut; **~ te lo pague** Dieu te le rendra; **ni ~** *(fam)* pas un chat; **¡válgame ~!** que Dieu me protège!; **¡vaya por ~!** grand Dieu!

**dios** [djos] *nm* dieu *m*.

**diosa** ['djosa] *nf* déesse *f*.

**diploma** [di'ploma] *nm* diplôme *m*.

**diplomacia** [diplo'maθja] *nf* diplomatie *f*.

**diplomado, -a** [diplo'maðo, a] *adj, nm/f* diplômé(e).

**diplomático, -a** [diplo'matiko, a] *adj* diplomatique ♦ *nm/f* diplomate *m/f*.

**diptongo** [diβ'tongo] *nm* diphtongue *f*.

**diputación** [diputa'θjon] *nf* ≈ conseil *m* général.

**diputado, -a** [dipu'taðo, a] *nm/f* député *m*.

**dique** ['dike] *nm* digue *f*; **dique de contención** barrage *m*.

**diré** *etc* [di're] *vb* V **decir**.

**dirección** [direk'θjon] *nf* direction *f*; *(fig: tendencia)* tendance *f*; *(señas)* adresse *f*; *(CINE, TEATRO)* mise *f* en scène; **ir/salir con ~ a** aller/sortir en direction de; **cambio de ~** déviation *f*; **dirección absoluta/relativa** *(INFORM)* adresse absolue/relative; **dirección administrativa** administration *f*; **dirección asistida** *(AUTO)* direction assistée; **Dirección General de Seguridad/de Turismo** ≈ ministère *m* de la Sécurité et des Transports/du Tourisme; **dirección prohibida/única** sens *m* interdit/unique.

**directa** [di'rekta] *nf (AUTO)* quatrième *f*, cinquième *f*.

**directiva** [direk'tiβa] *nf* comité *m* directeur.

**directo, -a** [di'rekto, a] *adj* direct(e); *(traducción)* exact(e); **transmitir en ~** *(TV)* diffuser en direct.

**director, a** [direk'tor, a] *adj* directeur (-trice) ♦ *nm/f* directeur(-trice); *(CINE, TV)* metteur *m* en scène; *(de orquesta)* chef *m*; **director adjunto** directeur adjoint; **di-**

**rector comercial** directeur commercial; **director de sucursal** directeur de succursale; **director ejecutivo** directeur exécutif; **director general** o **gerente** directeur général.

**directorio** [direk'torjo] *nm* (*INFORM*) répertoire *m*; (*COM*) programme *m*.

**dirigente** [diri'xente] *adj*, *nm/f* dirigeant(e).

**dirigir** [diri'xir] *vt* diriger; (*carta, pregunta*) adresser; (*obra de teatro, film*) mettre en scène; (*sublevación*) prendre la tête de; (*esfuerzos*) concentrer; **dirigirse** *vpr*: ~se a s'adresser à; ~ a o hacia diriger vers; **no ~ la palabra a algn** ne pas adresser la parole à qn; **~se a algn solicitando algo** s'adresser à qn pour solliciter qch; "diríjase a ..." "s'adresser à ..."

**dirija** *etc* [di'rixa] *vb* V **dirigir**.

**discapacitado, -a** [diskapaθi'taðo, a] *adj*, *nm/f* handicapé(e); ~ **psíquico** handicapé mental.

**discernir** [disθer'nir] *vt* discerner ♦ *vi*: ~ **entre ... y ...** discerner ... de ...

**disciplina** [disθi'plina] *nf* discipline *f*.

**discípulo, -a** [dis'θipulo, a] *nm/f* disciple *m*.

**disco** ['disko] *nm* disque *m*; (*AUTO*) feu *m*; **disco compacto** disque compact; **disco de arranque** disquette *f* d'initialisation; **disco de densidad doble/sencilla** disquette double densité/densité simple; **disco de una cara/dos caras** disquette simple face/double face; **disco de freno** disque (de frein); **disco de larga duración** 33 tours *m inv*; **disco de reserva** disquette de sauvegarde; **disco de sistema** disque système; **disco duro** o **rígido/flexible** o **floppy** disque dur/disquette; **disco maestro** disque d'exploitation; **disco sencillo** 45 tours *m inv*; **disco virtual** zone *f* disque en mémoire.

**disconforme** [diskon'forme] *adj* non conforme; **estar ~ (con)** ne pas être conforme (à).

**discordia** [dis'korðja] *nf* désaccord *m*.

**discoteca** [disko'teka] *nf* discothèque *f*.

**discreción** [diskre'θjon] *nf* discrétion *f*; (*prudencia*) prudence *f*; **añadir azúcar a ~** (*CULIN*) rajouter du sucre à volonté; **comer/beber a ~** manger/boire à volonté.

**discrecional** [diskreθjo'nal] *adj* (*uso, poder*) discrétionnaire; (*servicio*) optionnel(le).

**discrepancia** [diskre'panθja] *nf* différence *f*; (*desacuerdo*) différend *m*.

**discreto, -a** [dis'kreto, a] *adj* discret(-ète); (*sensato*) judicieux(-euse); (*mediano*) décent(e).

**discriminación** [diskrimina'θjon] *nf* discrimination *f*.

**disculpa** [dis'kulpa] *nf* excuse *f*; **pedir ~s a/por** demander pardon à/pour.

**disculpar** [diskul'par] *vt* pardonner; **disculparse** *vpr*: ~**se (de/por)** s'excuser (de/pour).

**discurrir** [disku'rrir] *vt* échafauder ♦ *vi* réfléchir; (*el tiempo*) s'écouler; ~ **(por)** (*gente, río*) passer (par).

**discurso** [dis'kurso] *nm* discours *msg*; **pronunciar un ~** prononcer un discours; **discurso de clausura** discours de clôture.

**discusión** [disku'sjon] *nf* discussion *f*; **tener una ~** avoir une discussion.

**discutir** [disku'tir] *vt* discuter ♦ *vi* discuter; (*disputar*): ~ **(con)** se disputer (avec); ~ **de política** discuter politique; **¡no discutas!** ne discute pas!

**disecar** [dise'kar] *vt* (*animal*) empailler; (*planta*) sécher.

**diseminar** [disemi'nar] *vt* éparpiller; (*fig*) répandre.

**diseñar** [dise'ɲar] *vt* créer.

**diseño** [di'seɲo] *nm* (*TEC*) conception *f*; (*boceto*) ébauche *f*; (*COSTURA*) dessin *m*; **de ~ italiano** de création italienne; **traje/objetos de ~** costume *m*/objets *mpl* de créateur; ~ **asistido por ordenador** conception assistée par ordinateur; **diseño de modas** dessin de mode; **diseño gráfico/industrial** conception graphique/industrielle.

**disfraz** [dis'fraθ] *nm* déguisement *m*; (*fig*) prétexte *m*; **bajo el ~ de** sous le prétexte de.

**disfrazar** [disfra'θar] *vt* déguiser; **disfrazarse** *vpr* se déguiser; ~**se de** se déguiser en.

**disfrutar** [disfru'tar] *vt* jouir de ♦ *vi* prendre beaucoup de plaisir; **¡que disfrutes!** profites-en!; ~ **de buena salud** jouir d'une bonne santé; ~ **de la vida** profiter de la vie.

**disgregar** [disɣre'ɣar] *vt* (*manifestantes*) disperser; (*familia, imperio*) diviser; **disgregarse** *vpr* (*muchedumbre*) se disperser;

*(imperio, país)* se diviser.

**disgustar** [disɣus'tar] *vt* déplaire à; **disgustarse** *vpr* être contrarié(e); *(dos personas)* s'accrocher; **estaba muy disgustado con ella/con el asunto** elle/l'affaire l'avait beaucoup contrarié.

**disgusto** [dis'ɣusto] *nm* désagrément *m*; *(pesadumbre)* contrariété *f*; *(desgracia)* malheur *m*; *(riña)* accrochage *m*; **dar un ~ a algn** donner un choc à qn; **hacer algo a ~** faire qch à contre-cœur; **sentirse/estar a ~** se sentir/être mal à l'aise; **matar a algn a ~s** faire mourir qn de chagrin; **llevarse un ~** avoir un choc.

**disidente** [disi'ðente] *adj, nm/f* dissident(e).

**disimular** [disimu'lar] *vt* dissimuler ♦ *vi* faire comme si de rien n'était.

**disipar** [disi'par] *vt* dissiper; *(fortuna)* dilapider; **disiparse** *vpr* se dissiper.

**dislocar** [dislo'kar] *vt* *(articulación)* déboîter; *(hechos)* déformer; **dislocarse** *vpr* se déboîter.

**disminución** [disminu'θjon] *nf* diminution *f*; **ir en ~** aller en diminuant.

**disminuido, -a** [disminu'iðo, a] *nm/f*: **~ mental/físico** handicapé(e) mental(e)/physique.

**disminuir** [disminu'ir] *vt* *(gastos, cantidad, dolor)* diminuer; *(temperatura, velocidad, población)* réduire ♦ *vi* *(días, población, número)* diminuer; *(precios, temperatura, memoria)* baisser; *(velocidad)* décroître.

**disociarse** [diso'θjarse] *vpr*: **~ (de)** se dissocier (de).

**disolver** [disol'βer] *vt* dissoudre; *(manifestación)* disperser; *(contrato)* dénoncer; **disolverse** *vpr* se dissoudre; *(manifestantes)* se disperser.

**dispar** [dis'par] *adj* *(distinto)* distinct(e); *(irregular)* inégal(e).

**disparar** [dispa'rar] *vt, vi* tirer; **dispararse** *vpr* *(precios)* monter en flèche; *(persona: al hablar o actuar)* s'emporter; **se disparó el arma** le coup de feu est parti tout seul.

**disparate** [dispa'rate] *nm* bêtise *f*; *(error)* absurdité *f*; **decir ~s** dire des bêtises; **¡qué ~!** quelle imprudence!

**disparo** [dis'paro] *nm* tir *m*; **~s** *nmpl* *(tiroteo)* coups *mpl* de feu.

**dispensar** [dispen'sar] *vt* dispenser; *(bienvenida)* souhaiter; **¡usted dispense!** je vous prie de m'excuser!; **~ a algn de hacer algo** dispenser qn de faire qch.

**dispersar** [disper'sar] *vt* éparpiller; *(manifestación, fig)* disperser; *(MIL: enemigo)* mettre en déroute; **dispersarse** *vpr* se disperser; *(luz)* se répandre.

**disponer** [dispo'ner] *vt* disposer; *(mandar)* ordonner ♦ *vi*: **~ de** disposer de; **disponerse** *vpr*: **~se a o para hacer** se disposer à faire; **la ley dispone que ...** la loi stipule que ...; **no puede ~ de esos bienes** il ne peut disposer librement de ces biens; **puede ~ de mí** vous pouvez disposer de moi.

**disponible** [dispo'niβle] *adj* disponible; **no estar ~** ne pas être disponible.

**disposición** [disposi'θjon] *nf* disposition *f*; **última ~** dernières volontés *fpl*; **~ para** *(aptitud)* dispositions *fpl* pour; **a (la) ~ de** à (la) disposition de; **a su ~** à votre disposition; **no estar en ~ de hacer** ne pas être en état de faire; **disposición de ánimo** disposition d'esprit.

**dispositivo** [disposi'tiβo] *nm* dispositif *m*; **dispositivo de alimentación** silo *m*; **dispositivo de almacenaje** *(INFORM)* unité *f* de stockage; **dispositivo de seguridad** dispositif de sécurité; **dispositivo intrauterino** dispositif intra-utérin; **dispositivo periférico** *(INFORM)* périphérique *m*; **dispositivo policial** dispositif policier.

**dispuesto, -a** [dis'pwesto, a] *pp de* **disponer** ♦ *adj* *(preparado)* préparé(e); *(capaz)* capable; **estar ~/poco ~ a hacer** être disposé(e)/peu disposé(e) à faire.

**disputar** [dispu'tar] *vt* *(DEPORTE, premio, derecho)* disputer ♦ *vi* discuter; **disputarse** *vpr* se disputer; **~ por** disputer.

**disquetera** [diske'tera] *nf* *(INFORM)* lecteur *m* de disquette.

**distancia** [dis'tanθja] *nf* distance *f*; *(en el tiempo)* écart *m*; *(entre opiniones)* différence *f*; **a ~** à distance; **a gran o a larga ~** à grande distance; **¿a qué ~ está?** c'est à quelle distance?; **a 20 m de ~** à 20 m de distance; **guardar las ~s** garder ses distances; **distancia de seguridad** *(AUTO)* distance de sécurité; **distancia focal** distance focale.

**distanciar** [distan'θjar] *vt* distancer; *(amigos, hermanos)* éloigner; **distanciarse** *vpr* *(enemistarse)* se distancier; **~se (de)** *(alejarse)* s'éloigner (de).

**distante** [dis'tante] *adj* distant(e).

**distar** [dis'tar] *vi*: **dista 5 kms de aquí**

c'est à 5 km d'ici; **no dista mucho de aquí** ce n'est pas très loin d'ici; **dista mucho de la verdad** c'est loin d'être vrai.

**diste** ['diste], **disteis** ['disteis] *vb* V **dar**.

**distensión** [disten'sjon] *nf* détente *f*.

**distinción** [distin'θjon] *nf* distinction *f*; **a ~ de** à la différence de; **sin ~ de** sans distinction de; **no hacer distinciones** ne pas faire de distinction.

**distinguido, -a** [distin'giðo, a] *adj* distingué(e).

**distinguir** [distin'gir] *vt* distinguer ♦ *vi*: **~ (entre)** distinguer (entre); **distinguirse** *vpr* se distinguer; **~ X de Y** distinguer X de Y; **a lo lejos no se distingue** de loin cela ne se voit pas.

**distintivo, -a** [distin'tiβo, a] *adj* distinctif (-ive) ♦ *nm* (*insignia*) insigne *m*; (*fig*) point *m* fort.

**distinto, -a** [dis'tinto, a] *adj*: **~ (a o de)** distinct(e) (de); **~s** (*varios*) plusieurs *mpl*.

**distracción** [distrak'θjon] *nf* distraction *f*.

**distraer** [distra'er] *vt* distraire; (*fondos*) détourner ♦ *vi* distraire; **distraerse** *vpr* (*entretenerse*) se distraire; (*perder la concentración*) être distrait(e); **~ a algn de su pensamiento** tirer qn de ses pensées.

**distraído, -a** [distra'iðo, a] *adj* distrait(e); (*entretenido*) amusé(e); (*que entretiene*) amusant(e) ♦ *nm*: **hacerse el ~** faire la sourde oreille; **con aire ~** d'un air distrait; **me miró distraída** elle m'a regardé distraitement.

**distribuidor, a** [distriβui'ðor, a] *nm/f* (*persona*) distributeur(-trice) ♦ *nf* (*COM*) concessionnaire *m*; (*CINE*) distributeur *m*; **su ~ habitual** votre concessionnaire habituel.

**distribuir** [distriβu'ir] *vt* (*riqueza, beneficio*) répartir; (*cartas, trabajo*) distribuer; (*ARQ*) concevoir.

**distrito** [dis'trito] *nm* district *m*; **distrito electoral** circonscription *f* électorale; **distrito judicial** district; **distrito postal** secteur *m* postal; **distrito universitario** ≈ académie *f*.

**disturbio** [dis'turβjo] *nm* troubles *mpl*; **disturbios callejeros** agitations *fpl* de rue; **disturbio de orden público** trouble *m* de l'ordre public.

**disuadir** [diswa'ðir] *vt*: **~ (de)** dissuader (de); **~ a algn de hacer** dissuader qn de faire.

**disuelto** [di'swelto] *pp de* **disolver**.

**disyuntiva** [disjun'tiβa] *nf* alternative *f*.

**DIU** ['diu] *sigla m* (= *dispositivo intrauterino*) stérilet *m*.

**diurno, -a** ['djurno, a] *adj* de jour; (*ZOOL*) diurne.

**divagar** [diβa'ɣar] *vi* divaguer.

**diván** [di'βan] *nm* divan *m*.

**divergencia** [diβer'xenθja] *nf* divergence *f*.

**diversidad** [diβersi'ðað] *nf* diversité *f*.

**diversificar** [diβersifi'kar] *vt* diversifier; **diversificarse** *vpr* se diversifier.

**diversión** [diβer'sjon] *nf* distraction *f*.

**diverso, -a** [di'βerso, a] *adj* (*variado*) varié(e); (*diferente*) distinct(e) ♦ *nm*: **~s** (*COM*) articles *mpl* divers; **~s libros** plusieurs livres; **~s colores** couleurs *fpl* variées.

**divertido, -a** [diβer'tiðo, a] *adj* amusant(e); (*fiesta*) réussi(e); (*película, libro*) divertissant(e).

**divertir** [diβer'tir] *vt* amuser; **divertirse** *vpr* s'amuser.

**dividendo** [diβi'ðendo] *nm* (*COM*): **~s** dividendes *mpl*; **dividendo definitivo** superdividende *m*; **dividendos por acción** taux *mpl* de rendement d'une action.

**dividir** [diβi'ðir] *vt* partager; (*separar*) séparer; (*partido, opinión pública*) diviser; (*MAT*): **~ (por o entre)** diviser (par) ♦ *vi* (*MAT*) diviser; **dividirse** *vpr* se diviser.

**divierta** *etc* [di'βjerta] *vb* V **divertir**.

**divino, -a** [di'βino, a] *adj* (*REL, fam*) divin(e).

**divirtiendo** *etc* [diβir'tjendo] *vb* V **divertir**.

**divisa** [di'βisa] *nf* devise *f*; **~s** *nfpl* (*COM*) devises *fpl*; **control/mercado de ~s** contrôle *m*/marché *m* des changes.

**divisar** [diβi'sar] *vt* deviner.

**división** [diβi'sjon] *nf* division *f*; (*de herencia*) partage *m*.

**divorciar** [diβor'θjar] *vt* prononcer le divorce de; **divorciarse** *vpr*: **~se (de)** divorcer (de).

**divorcio** [di'βorθjo] *nm* divorce *m*.

**divulgar** [diβul'xar] *vt* divulguer; (*popularizar*) vulgariser.

**DNI** (*ESP*) *sigla m* (= *Documento Nacional de Identidad*) V **documento**.

**Dña.** *abr* (= *Doña*) Mme (= *Madame*).

**do** [do] *nm* (*MÚS*) do *m*.

**dobladillo** [doβla'ðiʎo] *nm* ourlet *m*.

**doblar** [do'βlar] *vt* plier; (*cantidad, CINE*) doubler ♦ *vi* (*campana*) sonner le glas; **doblarse** *vpr* se plier; **~ la esquina** tourner au coin de la rue; **~ a la derecha/**

**izquierda** tourner à droite/gauche; **~le en edad a algn** avoir le double de l'âge de qn.

**doble** ['doβle] *adj* double ♦ *nm*: **el ~ le double** ♦ *nm/f* (*TEATRO, CINE*) double *m*; **~s** *nmpl* (*DEPORTE*): **partido de ~s** double *msg*; **~ o nada** quitte ou double; **a ~ página** à double page; **con ~ sentido** à double sens; **es tu ~** c'est ton sosie; **su sueldo es el ~ del mío** il gagne deux fois plus que moi; **trabaja el ~ que tú** il travaille deux fois plus que toi; **~ cara/densidad** (*IN-FORM*) double face *f*/densité *f*; **~ espacio** espace *m* double.

**doblegar** [doβle'ɣar] *vt* obliger; **doblegarse** *vpr* (*ceder*) se plier.

**doblez** [do'βleθ] *nm* (*pliegue*) pli *m* ♦ *nf* (*falsedad*) fausseté *f*.

**doce** ['doθe] *adj inv, nm inv* douze *m inv*; **las ~** midi, minuit; *V tb* **seis**.

**docena** [do'θena] *nf* douzaine *f*; **por ~s** (*fig*) par douzaines.

**docente** [do'θente] *adj*: **centro/personal ~** centre *m*/personnel *m* d'enseignement; **cuerpo ~** corps *msg* enseignant.

**dócil** ['doθil] *adj* docile.

**doctor, a** [dok'tor, a] *nm/f* (*médico*) médecin *m*; (*UNIV*) docteur *m*; **~ en filosofía** docteur en philosophie.

**doctorado** [dokto'raðo] *nm* doctorat *m*.

**doctrina** [dok'trina] *nf* doctrine *f*.

**documentación** [dokumenta'θjon] *nf* documentation *f*.

**documental** [dokumen'tal] *adj, nm* documentaire *m*.

**documento** [doku'mento] *nm* (*certificado*) justificatif *m*; (*histórico*) document *m*; (*fig: testimonio*) témoignage *m*; **~s** *nmpl* (*de identidad*) papiers *mpl*; **documento justificativo** justificatif; **Documento Nacional de Identidad** carte *f* d'identité.

---

**Documento Nacional de Identidad**

*Le **Documento Nacional de Identidad**, appelé également **DNI** ou "carnet de identidad" est la carte d'identité nationale espagnole, comportant la photographie, l'état civil et les empreintes digitales du titulaire. Comme en France, il faut toujours en être muni et le présenter à la police en cas de contrôle.*

---

**dólar** ['dolar] *nm* dollar *m*.

**doler** [do'ler] *vi* faire mal; (*fig*) peiner; **dolerse** *vpr* se plaindre; (*de las desgracias ajenas*) compatir; **me duele el brazo** mon bras me fait mal; **esta inyección no duele** cette piqûre ne fait pas mal; **no me duele el dinero** ce n'est pas l'argent qui compte; **¡ahí le duele!** (*fig*) c'est donc ça!

**dolor** [do'lor] *nm* douleur *f*; **dolor agudo/sordo** douleur aiguë/sourde; **dolor de cabeza** mal *m* de tête, **dolor de estómago** maux *mpl* d'estomac; **dolor de muelas** mal de dents; **dolor de oídos** maux d'oreilles.

**domar** [do'mar] *vt* dompter.

**domesticar** [domesti'kar] *vt* domestiquer.

**doméstico, -a** [do'mestiko, a] *adj, nm/f* domestique *m/f*; **economía doméstica** économie *f* domestique.

**domiciliación** [domiθilja'θjon] *nf*: **~ de pagos** virement *m* automatique.

**domicilio** [domi'θiljo] *nm* domicile *m*; **servicio a ~** service *m* à domicile; **sin ~ fijo** sans domicile fixe; **domicilio particular** domicile particulier; **domicilio social** (*COM*) siège *m* social.

**dominante** [domi'nante] *adj* dominant(e); (*persona*) dominateur(-trice).

**dominar** [domi'nar] *vt* dominer; (*adversario, caballo, idioma*) maîtriser; (*epidemia*) enrayer ♦ *vi* dominer; **dominarse** *vpr* se dominer; **tener dominado a algn** tenir qn à sa merci.

**domingo** [do'mingo] *nm* dimanche *m*; **D~ de Ramos/de Resurrección** dimanche des Rameaux/de Pâques; *V tb* **sábado**.

**dominicano, -a** [domini'kano, a] *adj* dominicain(e) ♦ *nm/f* Dominicain(e).

**dominio** [do'minjo] *nm* domination *f*; (*territorio*) dominion *m*; (*de las pasiones, de idioma*) maîtrise *f*; **~s** *nmpl* (*tierras*) domaine *msg*; **ser del ~ público** relever du domaine public.

**dominó** [domi'no] *nm* domino *m*; (*juego*) dominos *mpl*.

**don** [don] *nm* don *m*; (*tratamiento: con apellido*) Monsieur *m*; (: *sólo con nombre*) Don *m*, ≈ Monsieur; **D~ Juan Gómez** Monsieur Juan Gómez; **tener ~ de gentes** savoir s'y prendre avec les gens; **un ~ de la naturaleza** un don de la nature; **tener ~ de mando** être organisateur(-trice) dans l'âme; **tener un ~ para el dibujo/la música** être doué(e) pour le dessin/la musique.

---

don

*Le titre **don/doña**, souvent abrégé en D./Dña. s'utilise en signe de respect lorsque l'on s'adresse à une personne plus âgée que soi ou à un supérieur hiérarchique. Il se place devant le prénom, par exemple Don Diego, Doña Inés. Cet usage, de plus en plus rare en Espagne, est maintenant surtout réservé à la correspondance et aux documents officiels. Dans ce cas, le titre précède les prénoms et noms de famille: Sr. D. Pedro Rodríguez Hernández, Sra. Dña. Inés Rodríguez Hernández.*

---

**donar** [do'nar] *vt* faire un don de; (*sangre*) donner.

**donativo** [dona'tiβo] *nm* don *m*.

**doncella** [don'θeʎa] *nf* (*criada*) bonne *f*.

**donde** ['donde] *adv* où ♦ *prep*: **el coche está allí ~ el farol** la voiture est là-bas, près du réverbère; (*fam*): **se fue ~ sus tíos** il est allé chez ses vieux; **por ~** par où; **a/en ~** où; **~ sea** où que ce soit; **está ~ el médico** il est chez le médecin.

**dónde** ['donde] *adv* où; **¿a ~ vas?** où vas-tu?; **¿de ~ vienes?** d'où viens-tu?; **¿en ~?** où?; **¿por ~?** par où?; **¿hasta ~?** jusqu'où?

**dondequiera** [donde'kjera] *adv* n'importe où ♦ *conj*: **~ que** où que.

**doña** ['doɲa] *nf* (*tratamiento: con apellido*) Madame *f*; (*: sólo con nombre*) Doña *f*, ≈ Madame.

**dorado, -a** [do'raðo, a] *adj* doré(e) ♦ *nm* dorure *f*.

**dormir** [dor'mir] *vt* endormir ♦ *vi* dormir; **dormirse** *vpr* s'endormir; **~ la siesta** faire la sieste; **se me ha dormido el brazo/la pierna** j'ai eu des fourmis dans le bras/la jambe; **~la** *o* **~ la mona** (*fam*) cuver son vin; **~ como un lirón/tronco** dormir comme un loir/une souche; **~ a pierna suelta** avoir un sommeil de plomb; **~ con algn** (*eufemismo*) coucher avec qn; **~se en los laureles** s'endormir sur ses lauriers; **quedarse dormido** être endormi(e); **estar medio dormido** être à moitié endor-

mi(e).

**dormitar** [dormi'tar] *vi* somnoler.

**dormitorio** [dormi'torjo] *nm* chambre *f*; (*en una residencia*) dortoir *m*.

**dorsal** [dor'sal] *adj* dorsal(e) ♦ *nm* (*DEPORTE*) dossard *m*.

**dorso** ['dorso] *nm* dos *m*; **escribir algo al ~** écrire qch au dos; **"véase al ~"** "voir au dos".

**DOS** [dos] *sigla m* (= *sistema operativo de disco*) DOS *msg* (= *Disc-Operating System*).

**dos** [dos] *adj inv, nm inv* deux *inv*; **los ~** les deux; **cada ~ por tres** toutes les trente secondes; **de ~ en ~** deux par deux; **~ piezas** *m inv*; **estar a ~** (*TENIS*) faire un double; *V tb* **seis**.

**doscientos, -as** [dos'θjentos, as] *adj* deux cents; *V tb* **seiscientos**.

**dosis** ['dosis] *nf inv* dose *f*.

**dotado, -a** [do'taðo, a] *adj* doué(e); **~ de** doté(e) de.

**dotar** [do'tar] *vt* équiper; **~ de** *o* **con** (*proveer: de inteligencia, simpatía*) douer de; (*: de dinero*) allouer; (*: de personal, maquinaria*) doter de.

**dote** ['dote] *nf* dot *f*; **~s** *nfpl* (*aptitudes*) dons *mpl*.

**doy** [doj] *vb V* **dar**.

**dragar** [dra'ɣar] *vt* draguer.

**drama** ['drama] *nm* drame *m*.

**dramático, -a** [dra'matiko, a] *adj* dramatique; **obra dramática** œuvre *f* dramatique.

**dramaturgo, -a** [drama'turɣo, a] *nm/f* dramaturge *m/f*.

**drástico, -a** ['drastiko, a] *adj* drastique.

**drenaje** [dre'naxe] *nm* drainage *m*.

**droga** ['droɣa] *nf* drogue *f*; **~ dura/blanda** drogue dure/douce; **el problema de la ~** le problème de la drogue.

**drogadicto, -a** [droɣa'ðikto, a] *nm/f* drogué(e).

**droguería** [droɣe'ria] *nf* droguerie *f*.

**ducha** ['dutʃa] *nf* douche *f*; **darse una ~** prendre une douche.

**ducharse** [du'tʃarse] *vpr* se doucher.

**duda** ['duða] *nf* doute *m*; **sin ~** sans aucun doute; **¡sin ~!** sûrement!; **no cabe ~** il n'y a pas de doute; **no le quepa ~** cela va de soi; **poner algo en ~** mettre qch en doute; **para salir de ~s** pour en avoir le cœur net; **¿alguna ~?** des questions? **tengo mis ~s** je n'en suis pas si sûr(e).

**dudar** [du'ðar] *vt*, *vi* douter; ~ **(de)** douter (de); **dudó entre ...** il a hésité entre ...; **dudó si comprarlo o no** il a hésité à l'acheter; **dudo que sea cierto** je crains que ce ne soit pas vrai.

**dudoso, -a** [du'ðoso, a] *adj* douteux (-euse).

**duelo** ['dwelo] *vb* V **doler** ♦ *nm* duel *m*; (*ceremonia*) deuil *m*; **batirse en ~** se battre en duel.

**duende** ['dwende] *nm* lutin *m*; **tiene ~** (*en flamenco*) elle a de la classe.

**dueño, -a** ['dweɲo, a] *nm/f* (*propietario*) propriétaire *m/f*; (*empresario*) patron(ne); **ser ~ de sí mismo** être maître de soi; **eres (muy) ~ de hacer como te parezca** tu es libre de faire comme bon te semblera; **hacerse ~ de una situación** se rendre maître de la situation.

**duerma** *etc* ['dwerma] *vb* V **dormir**.

**dulce** ['dulθe] *adj* doux(douce) ♦ *nm* gourmandise *f*; (*pastel*) douceur *f*; **dulce de almíbar** fruit *m* confit.

**dulzura** [dul'θura] *nf* douceur *f*; **con ~** avec douceur.

**duna** ['duna] *nf* dune *f*.

**duplicar** [dupli'kar] *vt* (*llave, documento*) faire un double de; (*cantidad*) doubler; **duplicarse** *vpr* se multiplier par deux.

**duque** ['duke] *nm* duc *m*.

**duquesa** [du'kesa] *nf* duchesse *f*.

**duración** [dura'θjon] *nf* durée *f*; (*de máquina*) durée de vie; **de larga ~** (*enfermedad*) de longue durée; (*pila, disco*) longue durée; **de corta ~** de courte durée.

**duradero, -a** [dura'ðero, a] *adj* (*material*) résistant(e); (*fe, paz*) durable.

**durante** [du'rante] *adv* pendant; ~ **toda la noche** pendant toute la nuit; **habló ~ una hora** il a parlé pendant une heure.

**durar** [du'rar] *vi* durer; (*persona: en cargo*) rester.

**durazno** [du'raθno] (AM) *nm* pêche *f*; (*árbol*) pêcher *m*.

**durex** ® ['dureks] (AM) *nm* scotch ® *m*.

**dureza** [du'reθa] *nf* dureté *f*; (*de clima*) rigueur *f*; (*callosidad*) callosité *f*.

**duro, -a** ['duro, a] *adj* dur(e) ♦ *adv* dur ♦ *nm* pièce de cinq pesetas; **a duras penas** à grand-peine; **estar ~** être dur(e); **un tipo ~** un dur; **el sector ~ del partido** la faction dure du parti; **ser ~ con algn** être dur(e) avec qn; ~ **de mollera** (*torpe*)

dur(e) à la détente; ~ **de oído** dur(e) d'oreille; **es ~ de pelar** il faut se le farcir; **trabajar ~** travailler dur; **estar sin un ~** être sans le sou.

**DVD** [deβ'de] *sigla m* (= *disco de vídeo digital*) DVD *m* (= *digital versatile disc*).

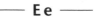

## E e

**E** *abr* (= *este*) E (= *est*).

**e** [e] *conj* (*delante de i- e hi-, pero no hie-*) et; V *tb* **y**.

**e/** *abr* (COM) = **envío**.

**ebanista** [eβa'nista] *nm/f* ébéniste *m/f*.

**ébano** ['eβano] *nm* ébène *m*.

**ebrio, -a** ['eβrjo, a] *adj* ivre.

**ebullición** [eβuʎi'θjon] *nf* ébullition *f*; **punto de ~** point *m* d'ébullition.

**eccema** [ek'θema] *nm* eczéma *m*.

**echar** [e'tʃar] *vt* (*lanzar*) jeter; (*verter*) verser; (*gasolina, carta, freno*) mettre; (*sal, especias*) ajouter; (*comida*) servir; (*dientes*) pousser; (*expulsar*) mettre dehors; (*empleado*) renvoyer; (*hojas*) pousser; (*despedir: humo*) rejeter; (: *agua*) cracher; (*reprimenda*) faire; (*cerrojo*) fermer; (*película*) passer ♦ *vi*: ~ **a andar/volar/correr** se mettre à marcher/voler/courir; **echarse** *vpr* s'allonger; ~ **a cara o cruz algo** jouer qch à pile ou face; ~ **abajo** (*gobierno*) renverser; (*edificio*) abattre; ~ **una carrera/una siesta** faire une course/une sieste; ~ **un trago** avaler une gorgée; ~ **la buenaventura a algn** dire la bonne aventure à qn; (*echar las cartas a algn*) tirer les cartes à qn; ~ **cuentas** faire ses comptes; ~ **la culpa a** accuser; ~ **chispas** jeter des éclairs; ~ **por tierra** s'écrouler; ~ **de menos** regretter; **la echo de menos** elle me manque; ~ **mano a** mettre la main sur; ~ **a suertes** décider à pile ou face; ~**se atrás** se pencher en arrière; (*fig*) se dédire; ~**se a llorar/reír/temblar** se mettre à pleurer/rire/trembler; ~**se novia/novio** se fiancer; ~**se a perder** (*alimento*) se gâter; (*persona*) dégénérer.

**eclesiástico, -a** [ekle'sjastiko, a] *adj* ecclésiastique ♦ *nm* ecclésiastique *m*.

**eclipse** [e'klipse] *nm* éclipse *f*.

**eco** ['eko] *nm* écho *m*; **encontrar un ~ en**

trouver un écho dans; **hacerse ~ de una opinión** se faire l'écho d'une opinion; **tener ~** faire écho.

**ecología** [ekolo'xia] *nf* écologie *f*.

**ecológico, -a** [eko'loxiko, a] *adj* écologique.

**ecologista** [ekolo'xista] *adj, nm/f* écologiste *m/f*.

**economato** [ekono'mato] *nm* économat *m*.

**economía** [ekono'mia] *nf* économie *f*; (*de empresa*) situation *f* économique; **hacer ~s** faire des économies; **economías de escala** économies d'échelle; **economía de mercado** économie de marché; **economía dirigida/doméstica/mixta/sumergida** économie dirigée/nationale/mixte/souterraine.

**económico, -a** [eko'nomiko, a] *adj* économique; (*persona*) économe.

**economista** [ekono'mista] *nm/f* économiste *m/f*.

**ecotasa** [eko'tasa] *nf* éco-taxe *f*.

**ecu** ['eku] *nm* écu *m*.

**ecuación** [ekwa'θjon] *nf* équation *f*.

**ecuador** [ekwa'ðor] *nm* équateur *m*; **(el) E~** (l')Équateur.

**ecuánime** [e'kwanime] *adj* (*carácter*) juste; (*juicio*) impartial(e).

**ecuatoriano, -a** [ekwato'rjano, a] *adj* équatorien(ne) ♦ *nm/f* Équatorien(ne).

**ecuestre** [e'kwestre] *adj* équestre.

**eczema** [ek'θema] *nm* = **eccema**.

**edad** [e'ðað] *nf* âge *m*; **¿qué ~ tienes?** quel âge as-tu?; **tiene ocho años de ~** il a huit ans; **de corta ~** en culottes courtes; **ser de mediana ~** être d'âge mûr; **ser de ~ avanzada** être âgé(e); **ser mayor/menor de ~** être majeur/mineur; **(no) estar en ~ de algo** (ne pas) être en âge de faire qch; **la E~ Media** le Moyen Âge; **tercera ~** troisième âge; **la ~ del pavo** l'âge ingrat; **Edad de Hierro/Piedra** âge de fer/de pierre.

**edición** [eði'θjon] *nf* édition *f*; **"al cerrar la ~"** (*TIP*) "nouvelles de dernière heure"; **última ~** dernière édition.

**edificar** [eðifi'kar] *vt* édifier.

**edificio** [eði'fiθjo] *nm* édifice *m*, bâtiment *m*; **edificio público** bâtiment public.

**editar** [eði'tar] *vt* éditer; (*preparar textos*) mettre en page.

**editor, a** [eði'tor, a] *nm/f* éditeur(-trice);

(*redactor*) rédacteur(-trice) ♦ *adj*: **casa ~a** maison d'édition.

**editorial** [eðito'rjal] *adj* éditorial(e) ♦ *nm* éditorial *m* ♦ *nf* (*tb*: **casa ~**) maison *f* d'édition.

**edredón** [eðre'ðon] *nm* couette *f*.

**educación** [eðuka'θjon] *nf* éducation *f*; **ser de buena/mala ~** être bien/mal élevé(e); **sin ~** sans aucune éducation; **¡qué falta de ~!** quel manque d'éducation!

**educar** [eðu'kar] *vt* éduquer.

**EE.UU.** *sigla mpl* (= *Estados Unidos*) EU *mpl* (= *États-Unis*), US(A) *mpl* (= *United States (of America)*).

**efectista** [efek'tista] *adj* spectaculaire.

**efectivamente** [efek'tiβamente] *adv* effectivement.

**efectivo, -a** [efek'tiβo, a] *adj* effectif(-ive) ♦ *nm*: **en ~** (*COM*) en espèces; **~s** *nmpl* (*de policía, ejército*) effectifs *mpl*; **hacer ~ un cheque** encaisser un chèque.

**efecto** [e'fekto] *nm* (*tb* DEPORTE) effet *m*; **~s** *nmpl* (**~s personales**) effets *mpl*; (*COM*) actif *m*; (*ECON*) valeurs *fpl*; **hacer** *o* **surtir ~** (*medida*) avoir de l'effet; (*medicamento*) faire de l'effet; **hacer** *o* **causar ~** faire de l'effet; **al** *o* **a tal ~** à cet effet; **a ~s de** à des fins de; **en ~** en effet; **tener ~** avoir lieu; **efectos a cobrar** effets à recevoir; **efectos especiales** effets spéciaux; **efectos secundarios** (*MED*) effets secondaires; (*COM*) retombées *fpl*; **efectos sonoros** effets de son.

**efectuar** [efek'twar] *vt* effectuer; **efectuarse** *vpr* avoir lieu.

**eficacia** [efi'kaθja] *nf* efficacité *f*.

**eficaz** [efi'kaθ] *adj* efficace.

**eficiente** [efi'θjente] *adj* efficace.

**efusivo, -a** [efu'siβo, a] *adj* expansif(-ive); **mis más efusivas gracias** mes plus vifs remerciements.

**EGB** *sigla f* (*ESP*: = *Educación General Básica*) enseignement primaire et premier cycle de l'enseignement secondaire.

**egipcio, -a** [e'xipθjo, a] *adj* égyptien(ne) ♦ *nm/f* Égyptien(ne).

**Egipto** [e'xipto] *nm* Egypte *f*.

**egoísmo** [exo'ismo] *nm* égoïsme *m*.

**egoísta** [exo'ista] *adj, nm/f* égoïste *m/f*.

**Eire** ['eire] *nm* Eire *f*.

**ej.** *abr* (= *ejemplo*) ex. (= *exemple*).

**eje** ['exe] *nm* axe *m*.

**ejecución** [exeku'θjon] *nf* exécution *f*; (*JUR*

saisie *f*; **poner en ~** (*plan*) mettre à exécution.

**ejecutar** [eku'tar] *vt* exécuter; (*JUR*) saisir.

**ejecutivo, -a** [exeku'tiβo, a] *adj* exécutif (-ive) ♦ *nm/f* exécutif *m*; **el ~** l'exécutif; **el poder ~** le pouvoir exécutif.

**ejemplar** [exem'plar] *adj* exemplaire ♦ *nm* (*ZOOL etc*) spécimen *m*; (*de libro, periódico*) exemplaire *m*; **ejemplar de regalo** exemplaire offert à titre gracieux.

**ejemplo** [e'xemplo] *nm* exemple *m*; **por ~** par exemple; **dar ~** donner l'exemple.

**ejercer** [exer'θer] *vt* exercer ♦ *vi*: **~ de** exercer le métier de.

**ejercicio** [exer'θiθjo] *nm* exercice *m*; **hacer ~** prendre l'exercice; **ejercicio acrobático** (*AVIAT*) exercice acrobatique; **ejercicio comercial** exercice; **ejercicios espirituales** retraite *fsg*.

**ejército** [e'xerθito] *nm* armée *f*; **entrar en el ~** entrer dans l'armée; **ejército de ocupación** troupes *fpl* d'occupation; **Ejército de Tierra/del Aire** armée de terre/de l'air.

**ejote** [e'xote] (*AM*) *nm* haricot *m* vert.

---

PALABRA CLAVE

**el** [el] (*f* **la**, *pl* **los** o **las**) *art def* **1** le, la, les; **el libro/la mesa/los estudiantes/las flores** le livre/la table/les étudiants/les fleurs; **el amor/la juventud** l'amour/la jeunesse; **me gusta el fútbol** j'aime le football; **está en la cama** il est au lit

**2**: **romperse el brazo** se casser le bras; **levantó la mano** il leva la main; **se puso el sombrero** il mit son chapeau

**3** (*en descripción*): **tener la boca grande/los ojos azules** avoir une grande bouche/les yeux bleus

**4** (*con días*): **me iré el viernes** je m'en irai vendredi; **los domingos suelo ir a nadar** le dimanche je vais nager

**5** (*en exclamación*): **¡el susto que me diste!** tu m'as fait une de ces peurs!

♦ *pron demos*: **mi libro y el de usted** mon livre et le vôtre; **las de Pepe son mejores** celles de Pepe sont mieux; **no la(s) blanca(s) sino la(s) gris(es)** pas la(les) blanche(s), la(les) grise(s)

♦ *pron rel* **1**: **el/la/los/las que** (*sujeto*) celui/celle/ceux/celles qui; (: *objeto*) celui/celle/ceux/celles que; **el/la que quiera que se vaya** que celui/celle qui le veut

s'en aille; **el que sea** n'importe qui; **llévese el que más le guste** emportez celui que vous préférez; **el que compré ayer** celui que j'ai acheté hier; **la que está debajo** celle qui est dessous

**2**: **el/la/los/las que** (*con preposición*) lequel/laquelle/lesquels/lesquelles; **la persona con la que hablé** la personne avec laquelle j'ai parlé

♦ *conj*: **el que sea tan vago me molesta** ça m'ennuie qu'il soit si paresseux.

---

**él** [el] *pron pers* (*sujeto*) il; (*con preposición*) lui; **para ~** pour lui; **es ~** c'est lui.

**elaborar** [elaβo'rar] *vt* élaborer; (*madera etc*) travailler.

**elasticidad** [elastiθi'ðað] *nf* élasticité *f*.

**elástico, -a** [e'lastiko, a] *adj*, *nm* élastique *m*.

**elección** [elek'θjon] *nf* élection *f*; (*selección*) choix *m*; (*alternativa*) alternative *f*; **elecciones** *nfpl* élections *fpl*; **elecciones generales** élections.

**electorado** [elekto'raðo] *nm* électorat *m*.

**electricidad** [elektriθi'ðað] *nf* électricité *f*.

**electricista** [elektri'θista] *nm/f* électricien(ne).

**eléctrico, -a** [e'lektriko, a] *adj* électrique.

**electro...** [elektro] *pref* électro...

**electrocardiograma** [elektrocarðjo'xrama] *nm* électrocardiogramme *m*.

**electrocutar** [elektroku'tar] *vt* électrocuter; **electrocutarse** *vpr* s'électrocuter.

**electrodo** [elek'troðo] *nm* électrode *f*.

**electrodoméstico** [elektroðo'mestiko] *nm* électroménager *m*.

**electromagnético, -a** [elektromaɣ'netiko, a] *adj* électromagnétique.

**electrónica** [elek'tronika] *nf* électronique *f*.

**electrónico, -a** [elek'troniko, a] *adj* électronique; **proceso ~ de datos** (*INFORM*) traitement *m* électronique des données.

**elefante** [ele'fante] *nm* éléphant *m*.

**elegancia** [ele'ɣanθja] *nf* élégance *f*.

**elegante** [ele'ɣante] *adj* (*de buen gusto*) élégant(e); (*fino*) raffiné(e); **estar** o **ir ~** être élégant(e).

**elegir** [ele'xir] *vt* choisir; (*por votación*) élire.

**elemental** [elemen'tal] *adj* élémentaire.

**elemento** [ele'mento] *nm* élément *m*; (*AM: fam*) type *m*; **~s** *nmpl* (*de una ciencia*) rudiments *mpl*; (*de la naturaleza*) éléments *mpl*; **estar en su ~** être dans son élément;

**~s de juicio** éléments de jugement; **¡menudo ~!** bon à rien!

**elepé** [ele'pe] (*pl* **~s**) *nm* 33 tours *m inv.*

**elevación** [eleβa'θjon] *nf* élévation *f.*

**elevar** [ele'βar] *vt* élever; (*producción*) augmenter; **elevarse** *vpr* s'élever; **~se a** s'élever à.

**eligiendo** *etc* [eli'xjenðo] *vb* V **elegir.**

**elija** *etc* [e'lixa] *vb* V **elegir.**

**eliminar** [elimi'nar] *vt* éliminer; (MED) enlever; (INFORM) supprimer.

**eliminatoria** [elimina'torja] *nf* épreuve *f* éliminatoire; (DEPORTE) éliminatoires *mpl.*

**élite** ['elite] *nf* élite *f.*

**ella** ['eʎa] *pron* elle; **de ~** à elle.

**ellas** ['eʎas] *pron* V **ellos.**

**ello** ['eʎo] *pron* cela; **es por ~ que ...** c'est pour cela que ...

**ellos, -as** ['eʎos, as] *pron* ils(elles); (*después de prep*) eux(elles); **de ~** à eux(elles).

**elocuencia** [elo'kwenθja] *nf* éloquence *f.*

**elogiar** [elo'xjar] *vt* louer.

**elogio** [e'loxjo] *nm* éloge *m;* **hacer ~s a** o **de** faire l'éloge de; **deshacerse en ~s** ne pas tarir d'éloges.

**elote** [e'lote] (AM) *nm* épi *m* de maïs.

**eludir** [elu'ðir] *vt* (*deber*) faillir à; (*responsabilidad*) rejeter; (*justicia*) se soustraire à; (*respuesta*) éluder.

**emanar** [ema'nar] *vi:* **~ de** émaner de; (*situación*) découler de.

**emancipar** [emanθi'par] *vt* affranchir; **emanciparse** *vpr* s'émanciper; (*siervo*) s'affranchir.

**embadurnar** [embaður'nar] *vt:* **~ (de)** badigeonner (de); **embadurnarse** *vpr:* **~se (de)** se badigeonner (de).

**embajada** [emba'xaða] *nf* ambassade *f;* (*mensaje*) dépêche *f.*

**embajador, a** [embaxa'ðor, a] *nm/f* ambassadeur(-drice).

**embaladura** [embala'ðura] (AM) *nf,* **embalaje** [emba'laxe] *nm* emballage *m.*

**embalar** [emba'lar] *vt* emballer; **embalarse** *vpr* s'emballer.

**embalsamar** [embalsa'mar] *vt* embaumer.

**embalse** [em'balse] *nm* réservoir *m.*

**embarazada** [embara'θaða] *adj f* enceinte ♦ *nf* femme *f* enceinte.

**embarazo** [emba'raθo] *nm* (*de mujer*) grossesse *f;* (*estorbo, vergüenza*) embarras *m.*

**embarazoso, -a** [embara'θoso, a] *adj* embarrassant(e).

**embarcación** [embarka'θjon] *nf* embarcation *f;* **~ de arrastre** chalutier *m.*

**embarcadero** [embarka'ðero] *nm* embarcadère *m.*

**embarcar** [embar'kar] *vt* embarquer; **embarcarse** *vpr* s'embarquer; **~ a algn en una empresa** (*fig*) embarquer qn dans une affaire; **~(se) en** (AM: *tren, avión*) monter dans.

**embargar** [embar'xar] *vt* (JUR) saisir; **me embargaba la emoción** l'émotion m'envahissait.

**embargo** [em'barxo] *nm* (JUR) saisie *f;* (COM, POL) embargo *m;* **sin ~** cependant.

**embargue** *etc* [em'barxe] *vb* V **embargar.**

**embarque** [em'barke] *vb* V **embarcar** ♦ *nm* embarquement *m;* **tarjeta/sala de ~** carte *f*/salle *f* d'embarquement.

**embaucar** [embau'kar] *vt* enjôler.

**embeber** [embe'βer] *vt* boire ♦ *vi* (*tela*) rétrécir; **embeberse** *vpr:* **~se en** (*en libro, etc*) se plonger dans.

**embellecer** [embeʎe'θer] *vt* embellir; **embellecerse** *vpr* embellir.

**embestida** [embes'tiða] *nf* charge *f.*

**embestir** [embes'tir] *vt* charger ♦ *vi* charger; (*olas*) rugir.

**emblema** [em'blema] *nm* emblème *m.*

**embobado, -a** [embo'βaðo, a] *adj* bouche bée.

**embolia** [em'bolja] *nf* embolie *f;* **embolia cerebral** embolie cérébrale.

**émbolo** ['embolo] *nm* piston *m.*

**embolsarse** [embol'sarse] *vpr* empocher.

**emborrachar** [emborra'tʃar] *vt* soûler; **emborracharse** *vpr* se soûler.

**emboscada** [embos'kaða] *nf* embuscade *f.*

**embotar** [embo'tar] *vt* (*sentidos*) émousser; (*facultades*) diminuer.

**embotellamiento** [emboteʎa'mjento] *nm* embouteillage *m.*

**embotellar** [embote'ʎar] *vt* mettre en bouteille; (*tráfico*) embouteiller; **embotellarse** *vpr* être embouteillé(e).

**embrague** [em'braxe] *vb, nm* embrayage *m.*

**embriagar** [embrja'xar] *vt* soûler; (*fig*) griser; **embriagarse** *vpr* se soûler.

**embrión** [em'brjon] *nm* embryon *m;* **en ~** (*proyecto*) à l'état embryonnaire.

**embrollar** [embro'ʎar] *vt* embrouiller; **embrollarse** *vpr* s'embrouiller.

**embrollo** [em'broʎo] *nm* enchevêtrement

*m*; (*fig*: *lío*) beaux draps *mpl*.

**embrujado, -a** [embruˈxaðo, a] *adj* ensorcelé(e).

**embrutecer** [embruteˈθer] *vt* abrutir; **embrutecerse** *vpr* s'abrutir.

**embudo** [emˈbuðo] *nm* entonnoir *m*.

**embuste** [emˈbuste] *nm* mensonge *m*.

**embustero, -a** [embusˈtero, a] *adj, nm/f* menteur(-euse).

**embutido** [embuˈtiðo] *nm* (*CULIN*) charcuterie *f*; (*TEC*) emboutissage *m*.

**emergencia** [emerˈxenθja] *nf* urgence *f*; (*surgimiento*) émergence *f*.

**emerger** [emerˈxer] *vi* émerger.

**emigración** [emiɣraˈθjon] *nf* (*de personas*) émigration *f*; (*de pájaros*) migration *f*; **la ~** (*emigrantes*) l'émigration.

**emigrante** [emiˈɣrante] *adj* qui émigre ♦ *nm/f* émigrant(e).

**emigrar** [emiˈɣrar] *vi* (*personas*) émigrer; (*pájaros*) migrer.

**eminencia** [emiˈnenθja] *nf*: **ser una ~ (en algo)** être un génie (en qch); (*en títulos*): **Su/Vuestra E~** (*REL*) Son/Votre Eminence.

**eminente** [emiˈnente] *adj* éminent(e).

**emisario** [emiˈsarjo] *nm* émissaire *m*.

**emisión** [emiˈsjon] *nf* émission *f*; **emisión de acciones/de valores** (*COM*) émission d'actions/de titres; **emisión gratuita de acciones** (*COM*) émission prioritaire.

**emisor, a** [emiˈsor, a] *nm* émetteur *m* ♦ *nf* station *f* d'émission.

**emitir** [emiˈtir] *vt* émettre; (*voto*) exprimer; **~ una señal sonora** émettre un signal sonore.

**emoción** [emoˈθjon] *nf* (*excitación*) excitation *f*; (*sentimiento*) émotion *f*; **¡qué ~!** quelle émotion!

**emocionante** [emoθjoˈnante] *adj* excitant(e); (*conmovedor*) émouvant(e).

**emocionar** [emoθjoˈnar] *vt* exciter; (*conmover, impresionar*) émouvoir; **emocionarse** *vpr* s'émouvoir.

**emotivo, -a** [emoˈtiβo, a] *adj* (*escena*) émouvant(e); (*persona*) émotif(-ive).

**empadronarse** [empaðroˈnarse] *vpr* se faire recenser.

**empalagoso, -a** [empalaˈɣoso, a] *adj* (*alimento*) écœurant(e); (*fig*: *persona*) mielleux(-euse); (: *estilo*) à l'eau de rose.

**empalmar** [empalˈmar] *vt* (*cable*) rallonger; (*carretera*) rejoindre; (*sesión*) prolonger ♦ *vi* (*dos caminos*) se rejoindre; **~ con**

(*tren*) assurer la correspondance avec.

**empalme** [emˈpalme] *nm* (*TEC*) jointure *f*; (*de carreteras*) croisement *m*; (*de trenes*) correspondance *f*.

**empanada** [empaˈnaða] *nf* sorte de chausson salé fourré de tomates, viande etc.

**empantanarse** [empantaˈnarse] *vpr* être inondé(e); (*fig*) être dans une impasse.

**empañar** [empaˈɲar] *vt* embuer; **empañarse** *vpr* s'embuer.

**empapar** [empaˈpar] *vt* mouiller; (*suj*: *toalla, esponja etc*) absorber; **empaparse** *vpr*: **~se (de)** (*persona*) être trempé(e) (par); (*esponja, comida*) absorber.

**empapelar** [empapeˈlar] *vt* tapisser.

**empaquetar** [empakeˈtar] *vt* empaqueter.

**empastar** [empasˈtar] *vt* plomber.

**empaste** [emˈpaste] *nm* plombage *m*.

**empatar** [empaˈtar] *vi* faire match nul ♦ *vt* (*VEN*) assembler; **~on a 1** il y a eu 1 partout; **estar empatados** (*dos equipos*) être à égalité.

**empate** [emˈpate] *nm* match *m* nul; **un ~ a cero** zéro partout.

**empecé** *etc* [empeˈθe], **empecemos** *etc* [empeˈθemos] *vb* V **empezar**.

**empedernido, -a** [empeðerˈniðo, a] *adj* invétéré(e).

**empedrado, -a** [empeˈðraðo, a] *adj* pavé(e) ♦ *nm* (*pavimento*) pavement *m*.

**empeine** [emˈpeine] *nm* (*de pie*) cou-depied *m*; (*de zapato*) empeigne *m*.

**empellón** [empeˈʎon] *nm* coup *m*; **dar empellones a algn** rouer qn de coups; **abrirse paso a empellones** se frayer un chemin à coups de coude.

**empeñado, -a** [empeˈɲaðo, a] *adj* (*persona*) endetté(e); (*objeto*) mis(e) en gage; **~ en** (*obstinado*) déterminé(e) à.

**empeñar** [empeˈɲar] *vt* mettre en gage; **empeñarse** *vpr* s'endetter; **~se en hacer** s'acharner à faire.

**empeño** [emˈpeɲo] *nm* acharnement *m*; (*cosa prendada*) gage *m*; **casa de ~s** établissement *m* de prêts sur gages, montde-piété *m*; **con ~** avec acharnement; **poner ~ en hacer algo** mettre de l'acharnement à faire qch; **tener ~ en hacer algo** être determiné(e) à faire qch.

**empeorar** [empeoˈrar] *vt, vi* empirer.

**empequeñecer** [empekeɲeˈθer] *vt* rapetisser; (*fig*) banaliser.

**emperador** [emperaˈðor] *nm* empereur *m*.

**emperatriz** [empera'triθ] *nf* impératrice *f*.

**empezar** [empe'θar] *vt* commencer ♦ *vi* commencer; **empezó a llover** il a commencé à pleuvoir; **bueno, para ~** voyons, pour commencer; **~ a hacer** commencer à faire; **~ por (hacer)** commencer par (faire).

**empiece** *etc* [em'pjeθe] *vb* V **empezar**.

**empiezo** *etc* [em'pjeθo] *vb* V **empezar**.

**empinar** [empi'nar] *vt* redresser; **empinar-se** *vpr* (*persona*) se mettre sur la pointe des pieds; (*animal*) se mettre sur ses pattes de derrière; (*camino*) grimper; **~ el codo** (*fam*) lever le coude.

**empírico, -a** [em'piriko, a] *adj* empirique.

**emplazamiento** [emplaθa'mjento] *nm* emplacement *m*; (*JUR*) citation *f*.

**emplazar** [empla'θar] *vt* construire; (*JUR*) citer à comparaître; (*citar*) citer.

**empleado, -a** [emple'aðo, a] *adj, nm/f* employé(e); **le está bien ~** c'est bien fait pour lui; **empleada del hogar** employée de maison; **empleado público** fonctionnaire *m*.

**emplear** [emple'ar] *vt* employer; **emplear-se** *vpr*: **~se de** o **como** trouver un emploi de, se faire embaucher comme; **~ mal el tiempo** mal gérer son temps.

**empleo** [em'pleo] *nm* emploi *m*; **"modo de ~"** "mode d'emploi".

**empobrecer** [empoβre'θer] *vt* appauvrir; **empobrecerse** *vpr* s'appauvrir.

**empollar** [empo'ʎar] *vt, vi* (*ZOOL*) couver; (*ESCOL: fam*) bûcher.

**empollón, -ona** [empo'ʎon, ona] (*fam*) *nm/f* (*ESCOL*) bûcheur(-euse).

**emporio** [em'porjo] *nm* centre *m* commercial; (*AM*) grand magasin *m*.

**empotrado, -a** [empo'traðo, a] *adj* V **armario**.

**emprender** [empren'der] *vt* entreprendre; **~la con algn** (*fam*) s'en prendre à qn; **~la a bofetadas/golpes (con algn)** commencer à gifler/taper (qn).

**empresa** [em'presa] *nf* entreprise *f*; (*esp TEATRO*) direction *f*; **la libre ~** la libre entreprise; **~ filial/matriz** filiale *f*/société *f* mère.

**empresario, -a** [empre'sarjo, a] *nm/f* (*COM*) chef *m* d'entreprise; (*TEATRO, MÚS*) impresario *m*; **~ de pompas fúnebres** entrepreneur *m* de pompes funèbres.

**empréstito** [em'prestito] *nm* emprunt *m*; (*COM*) capital *m* d'emprunt.

**empujar** [empu'xar] *vt* pousser; **~ a algn a hacer** pousser qn à faire.

**empuje** [em'puxe] *nm* poussée *f*; (*fig*) brio *m*.

**empujón** [empu'xon] *nm* coup *m*; **abrirse paso a empujones** se frayer un chemin à coups de coude.

**empuñar** [empu'ɲar] *vt* empoigner; **~ las armas** (*fig*) prendre les armes.

**emular** [emu'lar] *vt* imiter.

---

┌─────────────── PALABRA CLAVE

**en** [en] *prep* **1** (*posición*) dans; (: *sobre*): **en la mesa** sur la table; (: *dentro*): **está en el cajón** c'est dans le tiroir; **en el periódico** dans le journal; **en el suelo** par terre; **en Argentina/Francia/España** en Argentine/France/Espagne; **en La Paz/París/Londres** à La Paz/Paris/Londres; **en casa** à la maison; **en la oficina/el colegio** au bureau/à l'école; **en el quinto piso** au cinquième étage

**2** (*dirección*) dans; **entró en el aula** il est entré dans la salle de classe; **la pelota cayó en el tejado** le ballon est tombé sur le toit

**3** (*tiempo*) en; **en 1605/invierno** en 1605/hiver; **en el mes de enero** au mois de janvier; **caer en martes** tomber un mardi; **en aquella ocasión/época** à cette occasion/époque; **en ese momento** à ce moment; **en tres semanas** dans trois semaines; **en la mañana** (*AM*) le matin

**4** (*manera*) dans; **en avión/autobús** en avion/autobus; **viajar en tren** voyager en train; **escrito en inglés** écrit en anglais; **en broma** pour rire; **en un susurro** dans un murmure

**5** (*forma*): **en espiral** en spirale; **en punta** pointu

**6** (*tema, ocupación*): **experto en la materia** expert en la matière; **trabaja en la construcción** il travaille dans la construction

**7** (*precio*) pour; **lo vendió en 20 dólares** il l'a vendu pour 20 dollars

**8** (*diferencia*) de; **reducir/aumentar en una tercera parte/en un 20 por ciento** diminuer/augmenter d'un tiers/de 20 pour cent

**9** (*después de vb que indica gastar etc*) en; **se le va la mitad del sueldo en comida** il dépense la moitié de son salaire en nour

riture
**10** (*adj + en + infin*): **lento en reaccionar**
lent à réagir
**11**: **¡en marcha!** en route!

**enaguas** [e'naɣwas] (*AM*) *nfpl* combinaison
*f*.

**enajenación** [enaxena'θjon] *nf* aliénation *f*;
(*tb*: ~ **mental**) aliénation (mentale).

**enajenar** [enaxe'nar] *vt* aliéner; (*fig*) déranger.

**enamorado, -a** [enamo'raðo, a] *adj, nm/f*
amoureux(-euse); **estar** ~ **(de)** être
amoureux(-euse) (de); **ser un** ~ **de** (*fig*)
être un amoureux de.

**enamorar** [enamo'rar] *vt* rendre
amoureux(-euse); **enamorarse** *vpr*: ~**se**
**(de)** tomber amoureux(-euse) (de).

**enano, -a** [e'nano, a] *adj* nain(e); (*fam*:
*muy pequeño*) de poupée ♦ *nm/f* nain(e).

**enardecer** [enarðe'θer] *vt* (*incitar*) inciter;
(*entusiasmar*) enflammer; **enardecerse**
*vpr* (*excitarse*) s'enhardir; (*exaltarse*) s'enflammer.

**encabezamiento** [enkaβeθa'mjento] *nm*
en-tête *m*; (*de periódico*) titre *m*; ~ **normal**
(*TIP etc*) titre courant.

**encabezar** [enkaβe'θar] *vt* (*movimiento*)
prendre la tête de; (*lista*) être en tête de;
(*carta, libro*) commencer.

**encadenar** [enkaðe'nar] *vt* enchaîner; (*bicicleta*) attacher; **encadenarse** *vpr* s'enchaîner; (*fig*) s'assujettir.

**encajar** [enka'xar] *vt* encastrer, emboîter;
(*fam*: *golpe*) envoyer; (: *broma, mala noticia*) encaisser ♦ *vi* s'encastrer, s'emboîter;
**encajarse** *vpr* (*mecanismo*) se coincer; (*un
sombrero*) mettre; ~ **con** (*fig*) cadrer avec.

**encaje** [en'kaxe] *nm* encastrement *m*.

**encalar** [enka'lar] *vt* blanchir à la chaux.

**encallar** [enka'ʎar] *vi* (*NÁUT*) échouer.

**encaminar** [enkami'nar] *vt*: ~ **(a)** diriger
(vers); **encaminarse** *vpr*: ~**se a** o **hacia** se
diriger vers.

**encantado, -a** [enkan'taðo, a] *adj* enchan-
té(e); **¡~!** enchanté(e)!; **estar** ~ **con algn/
algo** être charmé(e) par qn/qch.

**encantador, a** [enkanta'ðor, a] *adj, nm/f*
charmeur(-euse); **encantador de ser-
pientes** charmeur de serpents.

**encantar** [enkan'tar] *vt* enchanter; **me en-
cantan los animales** j'adore les animaux;
**le encanta esquiar** il adore skier.

**encanto** [en'kanto] *nm* (*atractivo*) charme
*m*; (*magia*) enchantement *m*; (*expresión de
ternura*) ravissement *m*; **como por** ~
comme par enchantement.

**encarcelar** [enkarθe'lar] *vt* emprisonner.

**encarecer** [enkare'θer] *vt* augmenter le
prix de; (*importancia*) souligner ♦ *vi* augmenter; **encarecerse** *vpr* augmenter; **le
encareció que hiciera** il a insisté pour
qu'il fasse.

**encarecimiento** [enkareθi'mjento] *nm*
renchérissement *m*.

**encargado, -a** [enkar'ɣaðo, a] *adj* char-
gé(e) ♦ *nm/f* (*gerente*) gérant(e); (*responsable*) responsable *m/f*; **encargado de
negocios** responsable commercial(e).

**encargar** [enkar'ɣar] *vt* charger; (*COM*)
commander; **encargarse** *vpr*: ~**se de** se
charger de; ~ **a algn que haga algo** charger qn de faire qch.

**encargo** [en'karɣo] *nm* requête *f*; (*COM*)
commande *f*; **hecho de** ~ fait sur mesure.

**encariñarse** [enkari'narse] *vpr*: ~ **con** se
prendre d'affection pour.

**encarnizado, -a** [enkarni'θaðo, a] *adj* (*lucha*) sanglant(e).

**encasillar** [enkasi'ʎar] *vt* (*TEATRO*) attribuer
une place à; (*pey*) caser.

**encauzar** [enkau'θar] *vt* diriger; (*fig*) orienter.

**encendedor** [enθende'ðor] (*esp AM*) *nm* briquet *m*.

**encender** [enθen'der] *vt* allumer; (*entusiasmo, cólera*) déclencher; **encenderse** *vpr*
s'allumer; (*de cólera*) s'enflammer.

**encendido, -a** [enθen'diðo, a] *adj* allu-
mé(e); (*mejillas*) en feu; (*mirada*) enflam-
mé(e) ♦ *nm* allumage *m*.

**encerado, -a** [enθe'raðo, a] *adj* (*suelo*) ci-
ré(e) ♦ *nm* (*ESCOL*) tableau *m*.

**encerar** [enθe'rar] *vt* (*suelo*) cirer.

**encerrar** [enθe'rrar] *vt* (*persona, animal*)
enfermer; (*libros, documentos*) serrer; (*fig*)
renfermer; **encerrarse** *vpr* s'enfermer;
(*fig*) se réfugier; ~ **en** (*POL*) occuper.

**encharcar** [entʃar'kar] *vt* détremper; **en-
charcarse** *vpr* être inondé(e).

**enchufado, -a** [entʃu'faðo, a] (*fam*) *nm/f*
pistonné(e).

**enchufar** [entʃu'far] *vt* (*ELEC*) brancher; (*TEC*)
assembler; (*fam*: *persona*) pistonner.

**enchufe** [en'tʃufe] *nm* (*ELEC*: *clavija*) prise *f*
mâle; (: *toma*) prise femelle; (*TEC*) jointure

*f;* (*fam: recomendación*) piston *m;* (: *puesto*) *poste obtenu par piston;* **tiene un ~ en el ministerio** il est pistonné par quelqu'un au ministère.

**encía** [en'θia] *nf* gencive *f.*

**enciclopedia** [enθiklo'peðja] *nf* encyclopédie *f.*

**encienda** *etc* [en'θjenda] *vb V* **encender.**

**encierro** [en'θjerro] *vb V* **encerrar** ♦ *nm* retraite *f;* (*TAUR*) *lâchage des taureaux dans les rues avant une corrida;* **el ~ en la fábrica** (*POL*) l'occupation de l'usine.

**encima** [en'θima] *adv* (*en la parte de arriba*) en-haut; (*además*) en plus; **~ de** (*sobre*) sur; (*además de*) en plus de; **por ~ de** haut que; (*fig*) plus haut placé(e) que; **por ~ de todo** par-dessus tout; **leer/mirar algo por ~** lire/regarder qch distraitement; **¿llevas dinero ~?** as-tu de l'argent sur toi?; **se me vino ~** il est venu me voir à l'improviste; **~ mío/nuestro** *etc* (*esp csur: fam*) au-dessus de moi/nous *etc.*

**encina** [en'θina] *nf* chêne *m* vert.

**encinta** [en'θinta] *adj f* enceinte.

**enclenque** [en'klenke] *adj* malingre.

**encoger** [enko'xer] *vt* (*ropa*) rétrécir; (*piernas*) étendre; (*músculos*) bander; (*fig*) intimider ♦ *vi* rétrécir; **encogerse** *vpr* rétrécir; (*fig*) être intimidé(e); **~se de hombros** hausser les épaules.

**encolar** [enko'lar] *vt* recoller.

**encolerizar** [enkoleri'θar] *vt* mettre en colère; **encolerizarse** *vpr* se mettre en colère.

**encomendar** [enkomen'dar] *vt* remettre; **encomendarse** *vpr:* **~se a** s'en remettre à.

**encomiar** [enko'mjar] *vt* faire l'éloge de.

**encomienda** [enko'mjenda] *vb V* **encomendar** ♦ *nf* (*AM*) colis *m;* **~ postal** colis postal.

**encontrado, -a** [enkon'traðo, a] *adj* opposé(e).

**encontrar** [enkon'trar] *vt* trouver; **encontrarse** *vpr* (*reunirse*) se retrouver; (*estar*) se trouver; (*sentirse*) se sentir; (*entrar en conflicto*) s'opposer; **~ a algn bien/cambiado** trouver qn bien/changé; **~se con algn/algo** tomber sur qn/qch; **~se bien (de salud)** aller bien.

**encrespar** [enkres'par] *vt* faire moutonner; **encresparse** *vpr* moutonner.

**encrucijada** [enkruθi'xaða] *nf* croisement

*m;* **encontrarse** *o* **estar en una ~** (*fig*) ne plus savoir sur quel pied danser.

**encuadernación** [enkwaðerna'θjon] *nf* reliure *f;* (*taller*) atelier *m* de relieur.

**encuadrar** [enkwa'ðrar] *vt* encadrer; (*FOTO*) cadrer.

**encubrir** [enku'βrir] *vt* cacher; (*JUR*) couvrir.

**encuentro** [en'kwentro] *vb V* **encontrar** ♦ *nm* rencontre *f;* (*MIL*) choc *m;* (*discusión*) discussion *f;* **ir/salir al ~ de algn** aller/sortir à la rencontre de qn.

**encuesta** [en'kwesta] *nf* sondage *m;* (*investigación*) enquête *f;* **encuesta de opinión** sondage d'opinion; **encuesta judicial** enquête judiciaire.

**endeble** [en'deβle] *adj* (*argumento*) mauvais(e); (*persona*) faible.

**endémico, -a** [en'demiko, a] *adj* endémique.

**endemoniado, -a** [endemo'njaðo, a] *adj* démoniaque; (*fig: travieso*) vicieux(-euse); (: *tiempo*) de chien; (*sabor*) infect(e).

**enderezar** [endere'θar] *vt* (*tb fig*) redresser; (*enmendar*) corriger; **enderezarse** *vpr* se redresser.

**endeudarse** [endeu'ðarse] *vpr* s'endetter.

**endiablado, -a** [endja'βlaðo, a] *adj* (*hum: genio, carácter*) espiègle; (: *problema*) diabolique; (: *tiempo*) de chien.

**endiñar** [endi'ɲar] (*fam*) *vt* refiler.

**endosar** [endo'sar] *vt* endosser; **~ algo a algn** (*fam*) refiler qch à qn.

**endulzar** [endul'θar] *vt* (*café*) sucrer; (*salsa, fig*) adoucir; **endulzarse** *vpr* (*ver vt*) sucrer; adoucir, s'adoucir.

**endurecer** [endure'θer] *vt* durcir; (*fig: persona*) endurcir; **endurecerse** *vpr* (*ver vt*) se durcir; s'endurcir.

**enema** [e'nema] *nm* lavement *m.*

**enemigo, -a** [ene'mixo, a] *adj, nm/f* ennemi(e); **ser ~ de** être l'ennemi(e) de.

**enemistad** [enemis'tað] *nf* aversion *f.*

**enemistar** [enemis'tar] *vt* séparer; **enemistarse** *vpr:* **~se (con)** se fâcher (avec).

**energía** [ener'xia] *nf* énergie *f;* **energía atómica/nuclear/solar** énergie atomique/nucléaire/solaire.

**enérgico, -a** [e'nerxiko, a] *adj* énergique.

**energúmeno, -a** [ener'ɣumeno, a] *nm/f* énergumène *m/f;* **ponerse como un ~ con algo** se mettre dans une colère noire pour qch.

**enero** [e'nero] *nm* janvier *m; V tb* **julio.**

**enfadado, -a** [enfa'ðaðo, a] *adj* en colère.

**enfadar** [enfa'ðar] *vt* fâcher; **enfadarse** *vpr* se fâcher.

**enfado** [en'faðo] *nm* colère *f*.

**énfasis** ['enfasis] *nm* emphase *f*; **con ~** avec emphase; **poner ~ en** mettre l'accent sur.

**enfático, -a** [en'fatiko, a] *adj* emphatique.

**enfermar** [enfer'mar] *vt* rendre malade ♦ *vi* tomber malade; **enfermarse** *vpr* (*esp AM*) tomber malade; **su actitud me enferma** (*fam*) son attitude me rend malade; **~ del corazón** souffrir d'une maladie de cœur.

**enfermedad** [enferme'ðað] *nf* maladie *f*.

**enfermería** [enferme'ria] *nf* infirmerie *f*.

**enfermero, -a** [enfer'mero, a] *nm/f* infirmier(-ère); **enfermera jefa** infirmière en chef.

**enfermizo, -a** [enfer'miθo, a] *adj* maladif(-ive).

**enfermo, -a** [en'fermo, a] *adj* malade ♦ *nm/f* malade *m/f*; (*en hospital*) patient(e); **~ del corazón/hígado** malade du cœur/foie; **caer** *o* **ponerse ~** tomber malade; **¡me pone ~!** (*fam*) il me rend malade!

**enflaquecer** [enflake'θer] *vt* faire maigrir ♦ *vi* maigrir; (*fuerzas, ánimo*) faiblir.

**enfocar** [enfo'kar] *vt* (*luz, foco*) diriger; (*persona, objeto*) diriger le projecteur sur; (*FOTO*) faire la mise au point sur; (*fig: problema*) envisager.

**enfoque** [en'foke] *vb* V **enfocar** ♦ *nm* (*FOTO*) objectif *m*; (*fig*) point de vue.

**enfrentar** [enfren'tar] *vt* (*peligro*) affronter; (*contendientes*) confronter; **enfrentarse** *vpr* s'affronter; (*dos equipos*) se rencontrer; **~se a** *o* **con** (*problema*) se trouver face à; (*enemigo*) faire face à.

**enfrente** [en'frente] *adv* en face; **~ de** devant; **la casa de ~** la maison d'en face; **~ mío/nuestro** *etc* (*esp CSUR: fam*) devant moi/nous *etc*.

**enfriamiento** [enfria'mjento] *nm* rafraîchissement *m*; (*MED*) refroidissement *m*.

**enfriar** [enfri'ar] *vt* (*algo caliente, amistad*) refroidir; (*habitación*) rafraîchir; **enfriarse** *vpr* se refroidir; (*habitación*) se rafraîchir; (*MED*) prendre froid.

**enfurecer** [enfure'θer] *vt* rendre furieux (-euse); **enfurecerse** *vpr* devenir furieux (-euse); (*mar*) se déchaîner.

**engalanar** [engala'nar] *vt* (*persona*) habiller; (*ciudad, calle*) décorer; **engalanarse**

*vpr* bien s'habiller.

**enganchar** [engan'tʃar] *vt* (*persona, dos vagones*) accrocher; (*caballos*) atteler; (*teléfono, electricidad*) mettre; (*fam: persona*) mettre le grappin sur; (*pez*) ferrer; (*TAUR*) encorner; **engancharse** *vpr* (*MIL*) s'engager; **~se (en)** (*ropa*) s'accrocher (à); **~se (a)** (*fam: drogas*) devenir accro (à); **se le enganchó la falda en el clavo** elle a accroché sa jupe au clou.

**enganche** [en'gantʃe] *nm* (*TEC*) crochet *m*; (*FERRO*) accrochage *m*; (*MIL*) recrutement *m*; (*MÉX: COM*) dépôt *m*.

**engañar** [enga'nar] *vt* tromper; (*estafar*) escroquer ♦ *vi* tromper; **engañarse** *vpr* se tromper; **~ el hambre** tromper la faim; **las apariencias engañan** les apparences sont trompeuses.

**engaño** [en'gano] *nm* (*mentira*) mensonge *m*; (*trampa*) piège *m*; (*estafa*) escroquerie *f*; **estar en** *o* **padecer un ~** être trompé(e); **inducir** *o* **llevar a ~** prêter à confusion.

**engañoso, -a** [enga'noso, a] *adj* trompeur(-euse).

**engarzar** [engar'θar] *vt* (*joya*) sertir; (*cuentas*) enfiler; (*fig*) associer.

**engatusar** [engatu'sar] (*fam*) *vt* enjôler.

**engendrar** [enxen'drar] *vt* procréer; (*fig*) engendrer.

**engendro** [en'xendro] (*pey*) *nm* monstre *m*; (*novela, cuadro etc*) monstruosité *f*.

**englobar** [englo'βar] *vt* englober.

**engordar** [engor'ðar] *vt* faire grossir ♦ *vi* grossir; **~ un kilo** prendre un kilo; **los dulces engordan** les sucreries, ça fait grossir.

**engorroso, -a** [engo'rroso, a] *adj* empoisonnant(e).

**engranaje** [engra'naxe] *nm* engrenage *m*.

**engrandecer** [engrande'θer] *vt* (*hacer más grande*) agrandir; (*ennoblecer*) ennoblir.

**engrasar** [engra'sar] *vt* graisser.

**engreído, -a** [engre'iðo, a] *adj* suffisant(e).

**engrosar** [engro'sar] *vt* (*manuscrito*) grossir; (*muro*) épaissir; (*capital, filas*) augmenter ♦ *vi* grossir.

**enhebrar** [ene'βrar] *vt* enfiler.

**enhorabuena** [enora'βwena] *nf*: **dar la ~ a algn** féliciter qn; **¡~!** félicitations!

**enigma** [e'nixma] *nm* énigme *f*.

**enjabonar** [enxaβo'nar] *vt* savonner; **enjabonarse** *vpr* se savonner; **~se la barba/ las manos** se savonner la barbe/les mains.

**enjambre** [en'xamβre] *nm* essaim *m*; (*fig*) meute *f*.

**enjaular** [enxau'lar] *vt* mettre en taule; (*fam: persona*) mettre en tôle.

**enjuagar** [enxwa'ɣar] *vt* rincer; **enjuagarse** *vpr* se rincer.

**enjuague** [en'xwaɣe] *vb* V **enjuagar** ♦ *nm* rinçage *m*; (*fig*) magouille *f*.

**enjugar** [enxu'ɣar] *vt* éponger; (*lágrimas*) essuyer; **enjugarse** *vpr*: **~se el sudor** s'éponger; **~se las lágrimas** essuyer ses larmes.

**enjuiciar** [enxwi'θjar] *vt* (*JUR*) instruire; (*opinar sobre*) juger.

**enjuto, -a** [en'xuto, a] *adj* décharné(e).

**enlace** [en'laθe] *vb* V **enlazar** ♦ *nm* (*relación*) lien *m*; (*tb:* **~ matrimonial**) union *f*; (*de trenes*) liaison *f*; **enlace de datos** enchaînement *m* des faits; **enlace policial** contact *m*; **enlace sindical** délégué(e) syndical(e); **enlace telefónico** liaison téléphonique.

**enlatado, -a** [enla'taðo, a] *adj* (*comida*) en conserve; (*fam, pey: música*) en conserve.

**enlazar** [enla'θar] *vt* attacher; (*conceptos, organizaciones*) faire le lien entre; (*AM*) prendre au lasso ♦ *vi:* **~ con** faire le lien avec.

**enlodar** [enlo'ðar] *vt* tacher de boue; (*fama*) entacher.

**enloquecer** [enloke'θer] *vt* rendre fou(folle) ♦ *vi* devenir fou(folle); **me enloquece** (*fig*) je raffole du chocolat; **~ de** (*fig*) devenir fou(folle) de.

**enlutado, -a** [enlu'taðo, a] *adj* en deuil.

**enmarañar** [enmara'ɲar] *vt* emmêler; (*fig*) embrouiller; **enmarañarse** *vpr* s'embrouiller.

**enmarcar** [enmar'kar] *vt* encadrer; (*fig*) constituer le cadre de.

**enmascarar** [enmaska'rar] *vt* masquer; **enmascararse** *vpr* se mettre un masque.

**enmendar** [enmen'dar] *vt* (*escrito*) modifier; (*constitución, ley*) amender; (*comportamiento*) améliorer; **enmendarse** *vpr* (*persona*) s'améliorer.

**enmienda** [en'mjenda] *vb* V **enmendar** ♦ *nf* amendement *m*; (*de carácter*) amélioration *f*; **no tener ~** être incorrigible.

**enmohecerse** [enmoe'θerse] *vpr* (*metal*) s'oxyder; (*muro, plantas, alimentos*) moisir.

**enmudecer** [enmuðe'θer] *vi* rester muet(te); (*perder el habla*) devenir muet(te).

**ennegrecer** [enneɣre'θer] *vt* noircir; **ennegrecerse** *vpr* (se) noircir.

**ennoblecer** [ennoβle'θer] *vt* faire honneur à.

**en.º** *abr* = **enero**.

**enojar** [eno'xar] *vt* mettre en colère; (*disgustar*) contrarier; **enojarse** *vpr* (*ver vt*) se mettre en colère; être contrarié(e).

**enojoso, -a** [eno'xoso, a] *adj* ennuyeux (-euse).

**enorgullecer** [enorɣuʎe'θer] *vt* enorgueillir; **enorgullecerse** *vpr* s'enorgueillir.

**enorme** [e'norme] *adj* énorme.

**enormidad** [enormi'ðað] *nf* énormité *f*.

**enrarecido, -a** [enrare'θiðo, a] *adj* raréfié(e).

**enredadera** [enreða'ðera] *nf* plante *f* grimpante.

**enredar** [enre'ðar] *vt* emmêler; (*fig: asunto*) embrouiller ♦ *vi* (*molestar*) faire des bêtises; (*trastear*) tripoter; **enredarse** *vpr* s'emmêler; (*fig*) s'embrouiller; **~ a algn en** (*fig: implicar*) mêler qn à; **~se en** se prendre dans; (*fig*) se mêler à; **~se con algn** (*fam*) s'amouracher de qn.

**enredo** [en'reðo] *nm* nœud *m*; (*fig: lío*) pétrin *m*; (: *amorío*) amourette *f*.

**enrejado** [enre'xaðo] *nm* grille *f*; (*en jardín*) treillis *m*.

**enrevesado, -a** [enreβe'saðo, a] *adj* épineux(-euse).

**enriquecer** [enrike'θer] *vt* enrichir ♦ *vi* s'enrichir; **enriquecerse** *vpr* s'enrichir.

**enrojecer** [enroxe'θer] *vt, vi* rougir; **enrojecerse** *vpr* rougir.

**enrolar** [enro'lar] *vt* enrôler; **enrolarse** *vpr* s'enrôler.

**enrollar** [enro'ʎar] *vt* enrouler; **enrollarse** *vpr* (*fam: al hablar*) s'éterniser; **~se con algn** (*fam*) sortir avec qn; **~se bien/mal** (*fam*) être très/peu causant(e).

**enroscar** [enros'kar] *vt* (*tornillo, tuerca*) visser; (*cable, cuerda*) lover; **enroscarse** *vpr* (*serpiente*) se lover; (*planta*) se vriller.

**ensaimada** [ensai'maða] *nf* grande brioche ronde, spécialité des îles Baléares.

**ensalada** [ensa'laða] *nf* salade *f*; **ensalada mixta/rusa** salade mixte/russe.

**ensaladilla** [ensala'ðiʎa] *nf* (*tb:* **~ rusa**) salade *f* russe.

**ensalzar** [ensal'θar] *vt* encenser.

**ensambladura** [ensambla'ðura] *nf* (*TEC:*

*acoplamiento*) assemblage *m*; (: *pieza*) joint *m*.

**ensamblaje** [ensam'blaxe] *nm*.

**ensanchar** [ensan'tʃar] *vt* élargir; **ensancharse** *vpr* s'élargir; (*fig*: *persona*) se rengorger.

**ensanche** [en'santʃe] *nm* élargissement *m*; (*zona*) terrain *m* à lotir.

**ensangrentar** [ensangren'tar] *vt* ensanglanter.

**ensañarse** [ensa'ɲarse] *vpr*: ~ **con** tourmenter.

**ensartar** [ensar'tar] *vt* enfiler; ~ **(con)** (*atravesar*) transpercer (de).

**ensayar** [ensa'jar] *vt* essayer; (*TEATRO*) répéter ♦ *vi* répéter.

**ensayo** [en'sajo] *nm* essai *m*; (*TEATRO, MÚS*) répétition *f*; (*ESCOL*) dissertation *f*; **pedido de ~** (*COM*) commande *f* d'essai; ~ **general** répétition générale.

**enseguida** [ense'xuiða] *adv* = **en seguida**
en.

**ensenada** [ense'naða] *nf* crique *f*.

**enseñanza** [ense'ɲanθa] *nf* enseignement *m*; **enseñanza primaria/media/superior** enseignement primaire/secondaire/supérieur.

**enseñar** [ense'ɲar] *vt* enseigner; (*mostrar*) montrer; (*señalar*) signaler; ~ **a algn a hacer** montrer à qn comment faire.

**enseres** [en'seres] *nmpl* effets *mpl*; (*útiles*) matériel *msg*.

**ensillar** [ensi'ʎar] *vt* seller.

**ensimismarse** [ensimis'marse] *vpr* s'absorber; (*AM*) se vanter; ~ **en** s'absorber dans.

**ensombrecer** [ensombre'θer] *vt* assombrir; **ensombrecerse** *vpr* (*fig*: *rostro*) s'assombrir.

**ensortijado, -a** [ensorti'xaðo, a] *adj* (*pelo*) frisé(e).

**ensuciar** [ensu'θjar] *vt* salir; **ensuciarse** *vpr* se salir.

**ensueño** [en'sweɲo] *nm* rêve *m*; (*fantasía*) illusion *f*; **de ~** de rêve.

**entablar** [enta'βlar] *vt* (*suelo, hueco*) planchéier; (*AJEDREZ, DAMAS*) disposer; (*conversación, lucha*) engager; (*pleito, negociaciones*) entamer.

**entablillar** [entaβli'ʎar] *vt* mettre une attelle à.

**entallar** [enta'ʎar] *vt* (*traje*) ajuster.

**ente** ['ente] *nm* entité *f*; (*ser*) être *m*; (*fam*) phénomène *m*; **ente público** (*ESP*) télévi-

sion *f* espagnole.

**entender** [enten'der] *vt, vi* comprendre ♦ *nm*: **a mi ~** d'après moi; **entenderse** *vpr* (*a sí mismo*) se comprendre; (*2 personas*) s'entendre; ~ **de** s'y entendre en; ~ **algo de** avoir quelques notions de; ~ **por** entendre par; **dar a ~ que ...** donner à entendre que ...; **~se bien/mal (con algn)** s'entendre bien/mal (avec qn); **¿entiendes?** tu comprends?; **yo me entiendo** (*fam*) je me comprends.

**entendido, -a** [enten'diðo, a] *adj* (*experto*) compétent(e); (*informado*) informé(e) ♦ *nm/f* connaisseur( euse) ♦ *excl* entendu!

**entendimiento** [entendi'mjento] *nm* entente *f*; (*inteligencia*) entendement *m*.

**enterado, -a** [ente'raðo, a] *adj* informé(e); **estar ~ de** être au courant de; **no darse por ~** jouer les ignorants.

**enteramente** [en'teramente] *adv* entièrement.

**enterarse** [ente'rarse] *vpr*: ~ **(de)** apprendre; **no se entera de nada** (*fam*) il ne se rend compte de rien; **para que te enteres ...** (*fam*) je te ferais remarquer ...

**entereza** [ente'reθa] *nf* droiture *f*; (*fortaleza*) courage *m*; (*integridad*) intégrité *f*; (*firmeza*) fermeté *f*.

**enternecer** [enterne'θer] *vt* attendrir; **enternecerse** *vpr* s'attendrir.

**entero, -a** [en'tero, a] *adj* (*íntegro*) au complet; (*no roto, fig*) entier(-ère) ♦ *nm* (*MAT*) entier *m*; (*COM*) point *m*; (*AM*) versement *m*; (*ARG*) bleu *m* de travail; **las acciones han subido dos ~s** les actions ont augmenté de deux points; **por ~** entièrement.

**enterrador** [enterra'ðor] *nm* fossoyeur *m*.

**enterrar** [ente'rrar] *vt* enterrer.

**entibiar** [enti'βjar] *vt* tiédir; **entibiarse** *vpr* tiédir.

**entidad** [enti'ðað] *nf* (*empresa*) entreprise *f*; (*organismo, FILOS*) entité *f*; (*sociedad*) société *f*; **de menor/poca ~** de moindre importance/de peu d'importance.

**entienda** etc [en'tjenda] *vb* V **entender**.

**entierro** [en'tjerro] *vb* V **enterrar** ♦ *nm* enterrement *m*.

**entonación** [entona'θjon] *nf* intonation *f*.

**entonar** [ento'nar] *vt* entonner; (*colores*) harmoniser; (*MED*) fortifier ♦ *vi* (*al cantar*) donner le ton; **entonarse** *vpr* (*MED*) se fortifier; ~ **con** (*colores*) se marier bien avec.

**entonces** [en'tonθes] *adv* alors; **desde ~** depuis; **en aquel ~** en ce temps-là; **(pues) ~ (et)** alors; **¡(pues) ~!** et alors!

**entornar** [entor'nar] *vt* (*puerta, ventana*) entrebâiller; (*los ojos*) garder mi-clos.

**entorno** [en'torno] *nm* environnement *m*; **~ de redes** (INFORM) environnement de réseaux.

**entorpecer** [entorpe'θer] *vt* (*tb fig*) gêner; (*mente, persona*) abrutir.

**entrada** [en'traða] *nf* entrée *f*; (*de año, libro*) début *m*; (*ingreso, COM*) recette *f*; **~s** *nfpl* (COM) recettes *fpl*; **~s brutas** recettes brutes; **~s y salidas** (COM) recettes et dépenses; **~ de aire** (TEC) entrée d'air; **de ~** d'entrée; **"~ gratis"** "entrée gratuite"; **dar ~ a algn** admettre qn; **tener ~s** avoir le front dégarni.

**entrado, -a** [en'traðo, a] *adj*: **~ en años** d'un âge avancé; **(una vez) ~ el verano** l'été venu.

**entramparse** [entram'parse] *vpr* s'endetter.

**entrante** [en'trante] *adj* prochain(e) ♦ *nm* encaissement *m*; (CULIN) entrée *f*.

**entrañable** [entra'ɲaβle] *adj* (*amigo*) cher(-ère); (*trato*) cordial(e).

**entrañas** [en'traɲas] *nfpl* entrailles *fpl*; **sin ~** (*fig*) sans merci.

**entrar** [en'trar] *vt* mettre; (INFORM) entrer ♦ *vi* entrer; (*caber: anillo, zapato*) aller; (: *tornillo, personas*) rentrer; (*año, temporada*) commencer; (*en profesión etc*) entrer; (*en categoría, planes*) rentrer; **le ~on ganas de reír** il eut envie de rire; **me entró sueño/frío** j'ai eu sommeil/froid; **~ en acción** entrer en action; (*entrar en funcionamiento*) commencer à fonctionner; **no me entra** je ne saisis pas; **~ a** (AM) entrer dans.

**entre** ['entre] *prep* (*dos cosas*) entre; (*más de dos cosas*) parmi; **se abrieron paso ~ la multitud** ils se frayèrent un passage à travers la foule; **~ otras cosas** entre autres; **lo haremos ~ todos** nous le ferons tous ensemble; **~ más estudia, más aprende** (*esp AM: fam*) plus il étudie, plus il apprend.

**entreabrir** [entrea'βrir] *vt* entrouvrir.

**entrecejo** [entre'θexo] *nm*: **fruncir el ~** froncer les sourcils.

**entrecortado, -a** [entrekor'taðo, a] *adj* entrecoupé(e).

**entrega** [en'treɣa] *nf* (*de mercancías*) livrai-

son *f*; (*de premios*) remise *f*; (*de novela, serial*) épisode *m*; (*dedicación*) ardeur *f*; **"~ a domicilio"** "livraison à domicile"; **novela por ~s** roman-feuilleton *m*.

**entregar** [entre'ɣar] *vt* livrer; (*dar*) remettre; **entregarse** *vpr* se livrer; **a ~** (COM) à livrer; **~se a** (*al trabajo*) se consacrer à; (*al vicio*) se livrer à.

**entrelazar** [entrela'θar] *vt* entrelacer.

**entremeses** [entre'meses] *nmpl* entrées *fpl*.

**entremeterse** [entreme'terse] *vpr* = **entrometerse**.

**entremetido, -a** [entreme'tiðo, a] *adj* = **entrometido**.

**entremezclar** [entremeθ'klar] *vt* mélanger; **entremezclarse** *vpr* se mélanger.

**entrenador, a** [entrena'ðor, a] *nm/f* entraîneur(-euse).

**entrenar** [entre'nar] *vt* entraîner ♦ *vi* (DEPORTE) s'entraîner; **entrenarse** *vpr* s'entraîner.

**entrepierna** [entre'pjerna] *nf* entrejambes *msg*.

**entresacar** [entresa'kar] *vt* (*árboles*) déboiser; (*pelo*) désépaissir; (*frases, páginas*) sélectionner.

**entresuelo** [entre'swelo] *nm* entresol *m*.

**entretanto** [entre'tanto] *adv* entre-temps.

**entretener** [entrete'ner] *vt* amuser; (*retrasar*) retenir; (*distraer*) distraire; (*fig*) entretenir; **entretenerse** *vpr* s'amuser; (*retrasarse*) s'attarder; (*distraerse*) se distraire; **no le entretengo más** je ne vous retiendrai pas plus longtemps.

**entretenido, -a** [entrete'niðo, a] *adj* amusant(e); (*tarea*) prenant(e).

**entretenimiento** [entreteni'mjento] *nm* distraction *f*.

**entrever** [entre'βer] *vt* entrevoir.

**entrevista** [entre'βista] *nf* entrevue *f*; (*para periódico, TV*) interview *f*.

**entrevistar** [entreβis'tar] *vt* interviewer; **entrevistarse** *vpr*: **~se (con)** avoir une entrevue (avec).

**entristecer** [entriste'θer] *vt* attrister; **entristecerse** *vpr* s'attrister.

**entrometerse** [entrome'terse] *vpr*: **~ (en)** se mêler de.

**entrometido, -a** [entrome'tiðo, a] *adj, nm/f* indiscret(-ète).

**entumecer** [entume'θer] *vt* engourdir; **entumecerse** *vpr* s'engourdir.

**entumecido, -a** [entume'θiðo, a] *adj* engourdi(e).

**enturbiar** [entur'βjar] *vt* (*agua*) troubler; (*alegría*) gâter; **enturbiarse** *vpr* (*ver vt*) se troubler; retomber.

**entusiasmar** [entusjas'mar] *vt* enthousiasmer; **entusiasmarse** *vpr*: ~**se** (**con** *o* **por**) s'enthousiasmer (pour).

**entusiasmo** [entu'sjasmo] *nm*: ~ (**por**) enthousiasme *m* (pour); **con** ~ avec enthousiasme.

**entusiasta** [entu'sjasta] *adj*, *nm/f* enthousiaste *m/f*; ~ **de** enthousiaste de.

**enumerar** [enume'rar] *vt* énumérer.

**enunciación** [enunθja'θjon] *nf* énonciation *f*.

**enunciado** [enun'θja'ðo] *nm* énoncé *m*.

**envainar** [embai'nar] *vt* rengainer.

**envalentonar** [embalento'nar] (*pey*) *vt* stimuler; **envalentonarse** *vpr* se vanter.

**envanecer** [embane'θer] *vt* monter à la tête; **envanecerse** *vpr*: ~**se de hacer/de haber hecho** se vanter de faire/d'avoir fait.

**envasar** [emba'sar] *vt* conditionner; **envasado al vacío** conditionné sous vide.

**envase** [em'base] *nm* (*recipiente*) récipient *m*; (*botella*) bouteille *f*; (*lata*) boîte *f* de conserve; (*bolsa*) poche *f*; (*acción*) conditionnement *m*.

**envejecer** [embexe'θer] *vt*, *vi* vieillir.

**envenenar** [embene'nar] *vt* empoisonner; (*fig*: *relaciones*) envenimer.

**envergadura** [emberɣa'ðura] *nf* envergure *f*; **de gran** ~ de grande envergure.

**envés** [em'bes] *nm* envers *m*.

**enviar** [em'bjar] *vt* envoyer; ~ **a algn a hacer** envoyer qn faire.

**enviciarse** [embi'θjarse] *vpr*: ~ (**con**) s'intoxiquer (avec).

**envidia** [em'biðja] *nf* envie *f*; (*celos*) jalousie *f*; **tiene** ~ **de nuestro coche** notre voiture lui fait envie.

**envidiar** [embi'ðjar] *vt* envier; (*tener celos de*) jalouser.

**envío** [em'bio] *nm* envoi *m*; (*en barco*) expédition *f*; **gastos de** ~ frais *mpl* d'envoi; ~ **contra reembolso** envoi contre remboursement.

**enviudar** [embju'ðar] *vi* devenir veuf(veuve).

**envoltorio** [embol'torjo] *nm* paquet *m*.

**envolver** [embol'βer] *vt* envelopper; (*ene-*

*migo*) encercler; **envolverse** *vpr*: ~**se en** s'envelopper dans; ~ **a algn en** (*implicar*) impliquer qn dans.

**envuelto** *etc* [em'bwelto], **envuelva** *etc* [em'bwelβa] *vb V* **envolver**.

**enyesar** [enje'sar] *vt* plâtrer.

**enzarzarse** [enθar'θarse] *vpr*: ~ **en** se mêler à.

**épica** ['epika] *nf* poésie *f* épique.

**épico, -a** ['epiko, a] *adj* épique.

**epidemia** [epi'ðemja] *nf* épidémie *f*.

**epilepsia** [epi'lepsja] *nf* épilepsie *f*.

**epílogo** [e'piloɣo] *nm* épilogue *m*.

**episodio** [epi'so'ðjo] *nm* épisode *m*.

**epístola** [e'pistola] *nf* lettre *f*.

**época** ['epoka] *nf* époque *f*; **de** ~ d'époque; **hacer** ~ faire époque.

**equilibrar** [ekili'βrar] *vt* équilibrer.

**equilibrio** [eki'liβrjo] *nm* équilibre *m*; **mantener/perder el** ~ garder/perdre l'équilibre; **equilibrio político** équilibre politique.

**equilibrista** [ekili'βrista] *nm/f* équilibriste *m/f*.

**equipaje** [eki'paxe] *nm* bagages *mpl*; **hacer el** ~ faire ses bagages; **equipaje de mano** bagages à main.

**equipar** [eki'par] *vt*: ~ (**con** *o* **de**) équiper (de).

**equiparar** [ekipa'rar] *vt*: ~ **algo/a algn a** *o* **con** (*igualar*) mettre qch/qn sur un pied d'égalité avec; (*comparar*) comparer qch/qn à; **equipararse** *vpr*: ~**se con** se comparer à.

**equipo** [e'kipo] *nm* (*grupo*, DEPORTE) équipe *f*; (*instrumentos*) matériel *m*, équipement *m*; **trabajo en** ~ travail *m* d'équipe; **equipo de alta fidelidad** matériel haut fidélité; **equipo de música** chaîne *f* stéréo; **equipo de rescate** équipe de sauvetage.

**equis** ['ekis] *nf* (*letra*) X, *x m inv*; (*fam*: *cantidad indeterminada*) x *m*.

**equitación** [ekita'θjon] *nf* équitation *f*.

**equitativo, -a** [ekita'tiβo, a] *adj* équitable.

**equivalente** [ekiβa'lente] *adj* équivalent(e) ♦ *nm* équivalent *m*.

**equivaler** [ekiβa'ler] *vi*: ~ **a** (**hacer**) équivaloir à (faire).

**equivocación** [ekiβoka'θjon] *nf* erreur *f*.

**equivocado, -a** [ekiβo'kaðo, a] *adj* (*decisión*, *camino*) mauvais(e); **estás (muy)** ~ tu te trompes (sur toute la ligne).

**equivocarse** [ekiβo'karse] *vpr* se tromper;

~ **de camino/número** se tromper de chemin/numéro.

**equívoco, -a** [e'kiβoko, a] *adj* équivoque ♦ *nm* (*ambigüedad*) ambiguïté *f*; (*malentendido*) quiproquo *m*.

**era** ['era] *vb* V **ser** ♦ *nf* ère *f*; (AGR) aire *f*.

**erais** ['erais] *vb* V **ser**.

**éramos** ['eramos] *vb* V **ser**.

**eran** ['eran] *vb* V **ser**.

**erario** [e'rarjo] *nm* biens *mpl*.

**eras** ['eres] *vb* V **ser**.

**erección** [erek'θjon] *nf* érection *f*.

**eres** ['eres] *vb* V **ser**.

**erguir** [er'xir] *vt* (*alzar*) lever; (*poner derecho*) redresser; **erguirse** *vpr* se redresser.

**erigir** [eri'xir] *vt* ériger; **erigirse** *vpr*: ~**se en** s'ériger en.

**erizarse** [eri'θarse] *vpr* se hérisser.

**erizo** [e'riθo] *nm* hérisson *m*; (*tb*: ~ **de mar**) oursin *m*.

**ermita** [er'mita] *nf* ermitage *m*.

**ermitaño, -a** [ermi'taɲo, a] *nm/f* ermite *m/f*.

**erosión** [ero'sjon] *nf* érosion *f*.

**erosionar** [erosjo'nar] *vt* éroder.

**erótico, -a** [e'rotiko, a] *adj* érotique.

**erotismo** [ero'tismo] *nm* érotisme *m*.

**erradicar** [erraði'kar] *vt* éradiquer.

**errar** [e'rrar] *vi* errer; (*equivocarse*) se tromper ♦ *vt*: ~ **el camino** s'égarer; ~ **el tiro** manquer son coup.

**errata** [e'rrata] *nf* errata *m inv*.

**erróneo, -a** [e'rroneo, a] *adj* erroné(e).

**error** [e'rror] *nm* erreur *f*; **estar en un** ~ être dans l'erreur; **error de escritura/de lectura** (INFORM) erreur d'écriture/de lecture; **error de imprenta** erreur d'impression; **error judicial** erreur judiciaire.

**eructar** [eruk'tar] *vi* roter.

**erudito, -a** [eru'ðito, a] *adj, nm/f* érudit(e); **los ~s en esta materia** les experts en la matière.

**erupción** [erup'θjon] *nf* éruption *f*; (*de violencia*) explosion *f*.

**es** [es] *vb* V **ser**.

**E/S** *abr* (INFORM = *entrada/salida*) E/S (= *entrée/sortie*).

**ESA** *sigla f* (= *Administración o Agencia Espacial Europea*) ASE *f* (= *Agence spatiale européenne*).

**esa** ['esa] *adj* demos V **ese**.

**ésa** ['esa] *pron* V **ése**.

**esbelto, -a** [es'βelto, a] *adj* svelte.

**esbozo** [es'βoθo] *nm* ébauche *f*.

**escabeche** [eska'βetʃe] *nm* escabèche *f*; **en** ~ à l'escabèche.

**escabroso, -a** [eska'βroso, a] *adj* (*accidentado*) accidenté(e); (*fig: complicado*) épineux(-euse); (: *atrevido*) scabreux (-euse).

**escabullirse** [eskaβu'ʎirse] *vpr* s'esquiver; (*de entre los dedos*) filer.

**escafandra** [eska'fandra] *nf* (*tb*: ~ **autónoma**) scaphandre *m* (autonome); **escafandra espacial** scaphandre spatial.

**escala** [es'kala] *nf* échelle *f*; (*tb*: ~ **de cuerda**) échelle de corde; (AVIAT, NÁUT) escale *f*; **en gran/pequeña** ~ à grande/petite échelle; **una investigación a** ~ **nacional** une enquête à l'échelon national; **reproducir a** ~ reproduire à l'échelle; **hacer** ~ en faire escale à; **escala móvil** échelle mobile; **escala salarial** échelle des salaires.

**escalafón** [eskala'fon] *nm* (*en empresa*) échelle *f* des salaires; (*en organismo público*) échelons *mpl* de solde; **subir en el** ~ monter en grade.

**escalar** [eska'lar] *vt* escalader; (*fig*) monter ♦ *vi* faire de l'escalade; (*fig*) monter en grade.

**escalera** [eska'lera] *nf* escalier *m*; (*tb*: ~ **de mano**) marchepied *m*; (NAIPES) suite *f*; **escalera de caracol/de incendios** escalier en colimaçon/de secours; **escalera de tijera** escabeau *m*; **escalera mecánica** escalier roulant.

**escalfar** [eskal'far] *vt* pocher.

**escalinata** [eskali'nata] *nf* perron *m*.

**escalofriante** [eskalo'frjante] *adj* d'horreur.

**escalofrío** [eskalo'frio] *nm* frisson *m*; ~**s** *nmpl* (*fig*): **dar** o **producir** ~**s a algn** donner des frissons à qn.

**escalón** [eska'lon] *nm* marche *f*; (*de escalera de mano, fig*) échelon *m*.

**escalope** [eska'lope] *nm* escalope *f*.

**escama** [es'kama] *nf* écaille *f*; (*de jabón*) paillette *f*.

**escamar** [eska'mar] *vt* (*pez*) écailler; (*producir recelo*) rendre soupçonneux(-euse).

**escamotear** [eskamote'ar] *vt* (*sueldo*) subtiliser; (*verdad*) cacher.

**escampar** [eskam'par] *vi* se dégager.

**escandalizar** [eskandali'θar] *vt* scandaliser; **escandalizarse** *vpr* se scandaliser.

**escándalo** [es'kandalo] *nm* scandale *m*; **armar un ~** faire un scandale; **¡es un ~!** c'est un scandale!

**escandaloso, -a** [eskanda'loso, a] *adj* scandaleux(-euse); (*niño*) turbulent(e).

**escanear** [eskane'ar] *vt* scanner.

**escáner** [es'kaner] *nm* (*aparato*) scanner *m*; (*imagen*) examen *m* au scanner.

**escandinavo, -a** [eskandi'naβo, a] *adj* scandinave ♦ *nm/f* Scandinave *m/f*.

**escaño** [es'kaɲo] *nm* siège *m*.

**escapar** [eska'par] *vi:* **~ (de)** (*de encierro*) s'échapper (de); (*de peligro*) échapper à; (*DEPORTE*) faire une échappée; **escaparse** *vpr:* **~se (de)** s'échapper (de); (*agua, gas*) fuir; **dejar ~ una oportunidad** laisser échapper une occasion; **se le escapó el secreto** il a vendu la mèche; **se le escapó la risa** un rire lui a échappé; **no se le escapa un detalle** pas un détail ne lui échappe.

**escaparate** [eskapa'rate] *nm* vitrine *f*.

**escape** [es'kape] *nm* (*de agua, gas*) fuite *f*; (*tb:* **tubo de ~**) pot *m* d'échappement; **salir a ~** sortir à toute vitesse; **tecla de ~** touche *f* d'échappement.

**escarabajo** [eskara'βaxo] *nm* scarabée *m*.

**escaramuza** [eskara'muθa] *nf* escarmouche *f*.

**escarbar** [eskar'βar] *vt* ratisser ♦ *vi* fouiller; **escarbarse** *vpr:* **~se los dientes** se curer les dents; **~ en** (*cn asunto*) démêler.

**escarceos** [eskar'θeos] *nmpl* (*fig*) écarts *mpl*; **~ amorosos** ébats *mpl* amoureux.

**escarcha** [es'kartʃa] *nf* rosée *f*.

**escarchado, -a** [eskar'tʃaðo, a] *adj* glacé(e).

**escarlata** [eskar'lata] *adj* écarlate.

**escarlatina** [eskarla'tina] *nf* scarlatine *f*.

**escarmentar** [eskarmen'tar] *vt* punir ♦ *vi* comprendre la leçon; **¡para que escarmientes!** ça t'apprendra!

**escarmiento** [eskar'mjento] *vb V* **escarmentar** ♦ *nm* punition *f*; (*aviso*) leçon *f*.

**escarnio** [es'karnjo] *nm* raillerie *f*; (*insulto*) quolibet *m*.

**escarola** [eska'rola] *nf* scarole *f*.

**escarpado, -a** [eskar'paðo, a] *adj* escarpé(e).

**escasear** [eskase'ar] *vi* être rare.

**escasez** [eska'seθ] *nf* (*falta*) manque *m*; (*pobreza*) misère *f*; **vivir con ~** vivre pauvrement.

**escaso, -a** [es'kaso, a] *adj* faible; (*posibilidades*) compté(e); (*recursos*) insuffisant(e); (*público*) peu nombreux(-euse); **estar ~ de algo** être à court de qch; **duró una hora escasa** cela a duré une heure à peine.

**escatimar** [eskati'mar] *vt* (*sueldo, tela*) lésiner sur; (*elogios, esfuerzos*) ménager; **no ~ esfuerzos (para)** ne pas ménager ses efforts (pour).

**escayola** [eska'jola] *nf* plâtre *m*.

**escena** [es'θena] *nf* scène *f*; **poner en ~** mettre en scène; **hacer una ~** (*fam*) faire une scène.

**escenario** [esθe'narjo] *nm* scène *f*; **el ~ del crimen** les lieux du crime.

**escenografía** [esθenoɣra'fia] *nf* scénographie *f*.

**escepticismo** [esθepti'θismo] *nm* scepticisme *m*.

**escéptico, -a** [es'θeptiko, a] *adj, nm/f* sceptique *m/f*.

**escisión** [esθi'sjon] *nf* (*BIO*) excision *f*; (*de partido*) scission *f*; **~ nuclear** fission nucléaire.

**esclarecer** [esklare'θer] *vt* éclaircir.

**esclavitud** [esklaβi'tuð] *nf* esclavage *m*.

**esclavizar** [esklaβi'θar] *vt* asservir.

**esclavo, -a** [es'klaβo, a] *adj, nm/f* esclave *m/f*.

**esclusa** [es'klusa] *nf* écluse *f*.

**escoba** [es'koβa] *nf* balai *m*; **pasar la ~** passer le balai.

**escobilla** [esko'βiʎa] *nf* (*del wáter*) balayette *f*; (*esp AM*) brosse *f*.

**escocer** [esko'θer] *vi* brûler; **escocerse** *vpr* s'irriter; **me escuece mucho la herida** ma blessure me brûle.

**escocés, -esa** [esko'θes, esa] *adj* écossais(e) ♦ *nm/f* Écossais(e); **falda escocesa** kilt *m*; **tela escocesa** tissu *m* écossais.

**Escocia** [es'koθja] *nf* Écosse *f*.

**escoger** [esko'xer] *vt* choisir.

**escogido, -a** [esko'xiðo, a] *adj* choisi(e).

**escolar** [esko'lar] *adj, nm/f* scolaire *m/f*.

**escollo** [es'koʎo] *nm* (*tb fig*) écueil *m*.

**escolta** [es'kolta] *nf* escorte *f*.

**escoltar** [eskol'tar] *vt* escorter.

**escombros** [es'kombros] *nmpl* décombres *mpl*.

**esconder** [eskon'der] *vt* cacher; **esconderse** *vpr* se cacher.

**escondidas** [eskon'diðas] *nfpl* (*AM*) cache-cache *m inv*; **a ~ en** cachette; **hacer algo**

a ~ **de algn** faire qch en cachette de qn.
**escondite** [eskon'dite] nm cachette f; (juego) cache-cache m inv.
**escondrijo** [eskon'drixo] nm cachette f.
**escopeta** [esko'peta] nf fusil m; **escopeta de aire comprimido** fusil à air comprimé.
**escoria** [es'korja] nf (mineral) scorie f; (fig) lie f.
**Escorpio** [es'korpjo] nm (ASTROL) Scorpion m; **ser** ~ être (du) Scorpion.
**escorpión** [eskor'pjon] nm scorpion m.
**escotado, -a** [esko'taðo, a] adj décolleté(e); **ir muy** ~ porter des vêtements très décolletés.
**escote** [es'kote] nm décolleté m; **pagar a** ~ payer son écot.
**escotilla** [esko'tiʎa] nf (NÁUT) écoutille f.
**escozor** [esko'θor] nm cuisson f.
**escribir** [eskri'βir] vt, vi écrire; **escribirse** vpr s'écrire; ~ **a máquina** taper à la machine; **¿cómo se escribe?** comment ça s'écrit?
**escrito, -a** [es'krito, a] pp de **escribir** ♦ adj écrit(e) ♦ nm (documento) écrit m; (manifiesto) manifeste m; **por** ~ par écrit.
**escritor, a** [eskri'tor, a] nm/f écrivain m/f.
**escritorio** [eskri'torjo] nm (mueble) secrétaire m; (oficina) bureau m.
**escritura** [eskri'tura] nf écriture f; (JUR) écrit m; ~ **de propiedad** titre m de propriété; **Sagrada(s) E~(s)** les (Saintes) Écritures, l'Écriture (Sainte).
**escrúpulo** [es'krupulo] nm: **me da** ~ (hacer) j'ai des scrupules (à faire); ~**s** nmpl (dudas) scrupules mpl.
**escrupuloso, -a** [eskrupu'loso, a] adj scrupuleux(-euse); (aprensivo) maniaque.
**escrutar** [eskru'tar] vt scruter; (votos) dépouiller le scrutin.
**escrutinio** [eskru'tinjo] nm examen m attentif; (de votos) scrutin m.
**escuadra** [es'kwaðra] nf équerre f; (MIL) escouade f; (NÁUT) escadre f.
**escuadrilla** [eskwa'ðriʎa] nf escadrille f.
**escuadrón** [eskwa'ðron] nm escadron m.
**escuálido, -a** [es'kwaliðo, a] adj efflanqué(e).
**escuchar** [esku'tʃar] vt écouter; (esp AM: oír) entendre ♦ vi écouter; **escucharse** vpr (AM: TELEC): ~**se muy mal** entendre très mal.
**escudo** [es'kuðo] nm bouclier m; (insignia)

écusson m; (moneda) écu m; **escudo de armas** armes fpl.
**escudriñar** [eskuðri'ɲar] vt scruter.
**escuela** [es'kwela] nf école f; ~ **de arquitectura/Bellas Artes/idiomas** école d'architecture/des Beaux Arts/de langues; **escuela normal** école normale.
**escueto, -a** [es'kweto, a] adj (estilo) dépouillé(e); (explicación) concis(e).
**escuincle** [es'kwinkle] (MÉX: fam) nm gosse m.
**esculpir** [eskul'pir] vt sculpter.
**escultor, a** [eskul'tor, a] nm/f sculpteur m.
**escultura** [eskul'tura] nf sculpture f.
**escupidera** [eskupi'ðera] nf crachoir m; (orinal) pot m de chambre.
**escupir** [esku'pir] vt, vi cracher; ~ **(a la cara) a algn** (fig) abreuver qn d'injures.
**escurreplatos** [eskurre'platos] nm inv égouttoir m.
**escurridizo, -a** [eskurri'ðiθo, a] adj glissant(e); (fig: persona) fuyant(e).
**escurridor** [eskurri'ðor] nm essoreuse f.
**escurrir** [esku'rrir] vt (ropa) essorer; (verduras) égoutter; (platos) laisser s'égoutter; (líquidos) verser la dernière goutte de ♦ vi (ropa, botella) goutter; (líquidos) couler; **escurrirse** vpr (líquido) s'écouler; (ropa, platos) s'égoutter; (resbalarse) glisser; (escaparse) s'esquiver; ~ **el bulto** (fig) se dérober.
**ese¹** ['ese] nf (letra) S, s m; **hacer** ~**s** (en carretera) faire des zigzags; (borracho) avancer en zigzags.
**ese², esa** ['esa], **esos** ['esos], **esas** ['esas] adj (demostrativo: sg) ce(cette); (: pl) ces.
**ése** ['ese], **ésa** ['esa], **ésos** ['esos], **ésas** ['esas] pron (sg) celui-là(celle-là); (pl) ceux-là(celles-là); ~ ... **éste** ... celui-ci ... celui-là ...; **¡no me vengas con ésas!** tu ne vas pas revenir là-dessus.
**esencia** [e'senθja] nf essence f; (de doctrina) essentiel m; **en** ~ par essence.
**esencial** [esen'θjal] adj essentiel(le); **lo** ~ l'essentiel m.
**esfera** [es'fera] nf sphère f; (de reloj) cadran m; **esfera impresora** boule f d'impression; **esfera profesional/social** sphère professionnelle/sociale; **esfera terrestre** globe m terrestre.
**esférico, -a** [es'feriko, a] adj sphérique.
**esforzarse** [esfor'θarse] vpr s'efforcer; ~

**por hacer** s'efforcer de faire.

**esfuerzo** [es'fwerθo] *vb* V **esforzarse ♦** *nm* effort *m*; **hacer un ~ (para hacer)** faire un effort (pour faire); **con/sin ~** avec/sans effort.

**esfumarse** [esfu'marse] *vpr* (*persona*) s'évanouir dans la nature; (*esperanzas*) partir en fumée.

**esgrima** [es'ɣrima] *nf* escrime *f*.

**esgrimir** [esɣri'mir] *vt* (*arma*) manier; (*argumento*) déployer.

**esguince** [es'ɣinθe] *nm* entorse *f*.

**eslabón** [esla'βon] *nm* maillon *m*; **el ~ perdido** (*BIO, fig*) le chaînon manquant.

**eslavo, -a** [es'laβo, a] *adj* slave **♦** *nm/f* Slave *m/f* **♦** *nm* (*LING*) langue *f* slave.

**eslip** [es'lip] *nm* slip *m*.

**eslovaco, -a** [eslo'βako, a] *adj* slovaque **♦** *nm/f* Slovaque *m/f* **♦** *nm* (*LING*) slovaque *m*.

**Eslovaquia** [eslo'βakja] *nf* Slovaquie *f*.

**esmaltar** [esmal'tar] *vt* émailler.

**esmalte** [es'malte] *nm* émail *m*; **esmalte de uñas** vernis *m* à ongles.

**esmerado, -a** [esme'raðo, a] *adj* soigné(e).

**esmeralda** [esme'ralda] *nf* émeraude *f* **♦** *adj* émeraude.

**esmerarse** [esme'rarse] *vpr*: **~ (en)** se donner du mal (pour).

**esmero** [es'mero] *nm* soin *m*; **con ~** avec soin.

**esnob** [es'nob] *adj inv, nm/f* snob *m/f*.

**esnobismo** [esno'βismo] *nm* snobisme *m*.

**eso** ['eso] *pron* ce, cela; **~ de su coche** cette histoire avec sa voiture; **~ de ir al cine** cette histoire d'aller au cinéma; **a ~ de las cinco** vers cinq heures; **en ~** sur ce; **por ~** c'est pour ça; **~ es** c'est cela; **~ mismo** cela-même; **nada de ~** rien de tout ça; **no es ~** ce n'est pas cela; **¡~ sí que es vida!** ça, c'est la vie!; **por ~ te lo dije** c'est pour cela que je te l'ai dit; **y ~ que llovía** pourtant il pleuvait!

**esos** ['esos] *adj demos* V **ese**.

**ésos** ['esos] *pron* V **ése**.

**espabilar** [espaβi'lar] *vt* = **despabilar**.

**espacial** [espa'θjal] *adj* spatial(e).

**espaciar** [espa'θjar] *vt* espacer.

**espacio** [es'paθjo] *nm* espace *m*; (*MÚS*) interligne *m*; **el ~** l'espace; **ocupar mucho ~** prendre beaucoup de place; **a dos ~s, a doble ~** (*TIP*) à double interligne; **en el ~ de una hora/de 3 días** en l'espace d'une

heure/de 3 jours; **por ~ de** durant; **espacio aéreo/exterior** espace aérien/extérieur.

**espacioso, -a** [espa'θjoso, a] *adj* spacieux(-euse).

**espada** [es'paða] *nf* épée *f* **♦** *nm* (*TAUR*) épée; **~s** *nfpl* (*NAIPES*) l'une des quatre couleurs du jeu de cartes espagnol; **estar entre la ~ y la pared** être entre le marteau et l'enclume.

**espaguetis** [espa'ɣetis] *nmpl* spaghettis *mpl*.

**espalda** [es'palda] *nf* dos *msg*; (*NATACIÓN*) dos crawlé; **a ~s de algn** dans le dos de qn; **a (las) ~s de** (*de edificio*) derrière; **dar la ~ a algn** tourner le dos à qn; **estar de ~s** être de dos; **por la ~** (*atacar*) par derrière; (*disparar*) dans le dos; **ser cargado de ~s** être voûté; **tenderse de ~s** s'allonger sur le dos; **volver la ~ a algn** tourner le dos à qn.

**espantajo** [espan'taxo] *nm*, **espantapájaros** [espanta'paxaros] *nm inv* épouvantail *m*.

**espantar** [espan'tar] *vt* (*persona*) effrayer; (*animal*) faire fuir; (*fig*) chasser; **espantarse** *vpr* s'effrayer; (*ahuyentar*) déguerpir; (*fig*) se dissiper.

**espanto** [es'panto] *nm* frayeur *f*; (*terror*) panique *f*; **de ~** (*frío*) de canard; (*ruido*) assourdissant(e); **¡qué ~!** quelle horreur!

**espantoso, -a** [espan'toso, a] *adj* effrayant(e); (*fam: desmesurado*) terrible; (: *feísimo*) repoussant(e).

**España** [es'paɲa] *nf* Espagne *f*.

**español, a** [espa'ɲol, a] *adj* espagnol(e) **♦** *nm/f* Espagnol(e) **♦** *nm* (*LING*) espagnol *m*.

**esparadrapo** [espara'ðrapo] *nm* sparadrap *m*.

**esparcimiento** [esparθi'mjento] *nm* éparpillement *m*; (*fig*) divertissement *m*.

**esparcir** [espar'θir] *vt* (*objetos*) éparpiller; (*semillas*) semer; (*líquido, noticia*) répandre; **esparcirse** *vpr* s'éparpiller; (*noticia*) se répandre; (*divertirse*) se divertir.

**espárrago** [es'parrayo] *nm* asperge *f*; **¡vete a freír ~s!** (*fam*) va te faire cuire un œuf!; **espárrago triguero** asperge sauvage.

**esparto** [es'parto] *nm* alfa *m*.

**espasmo** [es'pasmo] *nm* spasme *m*.

**espátula** [es'patula] *nf* spatule *f*.

**especia** [es'peθja] *nf* condiment *m*.

**especial** [espe'θjal] *adj* spécial(e); **en ~** spécialement.

**especialidad** [espeθjali'ðað] *nf* spécialité *f*; (*ESCOL*) spécialisation *f*.

**especialista** [espeθja'lista] *nm/f* spécialiste *m/f*; (*CINE*) cascadeur(-euse).

**especialmente** [espe'θjalmente] *adv* spécialement.

**especie** [es'peθje] *nf* espèce *f*; **una ~ de** une espèce de; **pagar en ~** payer en espèces.

**especificar** [espeθifi'kar] *vt* spécifier.

**específico, -a** [espe'θifiko, a] *adj* spécifique.

**espécimen** [es'peθimen] (*pl* **especímenes**) *nm* spécimen *m*; (*muestra*) échantillon *m*.

**espectáculo** [espek'takulo] *nm* spectacle *m*; **dar un ~** se donner en spectacle.

**espectador, a** [espekta'ðor, a] *nm/f* spectateur(-trice); (*de incidente*) badaud *m*; **los ~es** (*TEATRO*) les spectateurs.

**espectro** [es'pektro] *nm* spectre *m*; (*fig: gama*) gamme *f*.

**especular** [espeku'lar] *vi* (*meditar*): **~ sobre** spéculer sur; **~ (en)** (*COM*) spéculer (en).

**espejismo** [espe'xismo] *nm* mirage *m*.

**espejo** [es'pexo] *nm* miroir *m*; **mirarse al ~** se regarder dans la glace; **espejo retrovisor** rétroviseur *m*.

**espeluznante** [espeluθ'nante] *adj* à faire dresser les cheveux sur la tête.

**espera** [es'pera] *nf* attente *f*; (*JUR*) délai *m* de grâce; **a la o en ~ de** dans l'attente de; **en ~ de su contestación/carta** dans l'attente de votre réponse/lettre.

**esperanza** [espe'ranθa] *nf* espoir *m*; **hay pocas ~s de que venga** il y a peu de chances pour qu'il vienne; **dar ~s a algn** donner de l'espoir à qn; **esperanza de vida** espérance *f* de vie.

**esperar** [espe'rar] *vt* attendre; (*desear, confiar*) espérer ♦ *vi* attendre; **esperarse** *vpr*: **como podía ~se** comme on pouvait s'y attendre; **hacer ~ a algn** faire attendre qn; **ir a ~ a algn** aller attendre qn; **espero que venga** j'espère qu'il va venir; **~ un bebé** attendre un enfant; **es de ~ que** il faut espérer que.

**esperma** [es'perma] *nm* sperme *m* ♦ *nf* (*CARIB, COL*) bougie *f*.

**espesar** [espe'sar] *vt* épaissir; **espesarse** *vpr* s'épaissir.

**espeso, -a** [es'peso, a] *adj* épais(se).

**espesor** [espe'sor] *nm* épaisseur *f*; (*densidad*) densité *f*.

**espía** [es'pia] *nm/f* espion(ne).

**espiar** [espi'ar] *vt* espionner ♦ *vi*: **~ para** être un espion à la solde de.

**espiga** [es'piχa] *nf* épi *m*.

**espigón** [espi'χon] *nm* (*BOT*) piquant *m*; (*NÁUT*) digue *f*.

**espina** [es'pina] *nf* (*BOT*) épine *f*; (*de pez*) arête *f*; **me da mala ~** ça ne me dit rien qui vaille; **espina dorsal** épine dorsale.

**espinaca** [espi'naka] *nf* (*BOT*) épinard *m*; **~s** (*CULIN*) épinards *mpl*.

**espinazo** [espi'naθo] *nm* épine *f* dorsale.

**espinilla** [espi'niʎa] *nf* (*ANAT*) tibia *m*; (*MED*) point *m* noir.

**espinoso, -a** [espi'noso, a] *adj* épineux(euse).

**espionaje** [espjo'naxe] *nm* espionnage *m*.

**espiral** [espi'ral] *adj* en spirale ♦ *nf* spirale *f*; (*anticonceptivo*) stérilet *m*; **la ~ inflacionista** la spirale inflationniste; **en ~** en spirale.

**espirar** [espi'rar] *vt, vi* expirer.

**espíritu** [es'piritu] *nm* esprit *m*; **espíritu de cuerpo/de equipo** esprit de corps/ d'équipe; **espíritu de lucha** naturel *m* bagarreur; **Espíritu Santo** Saint-Esprit *m*.

**espiritual** [espiri'twal] *adj* spirituel(le).

**espita** [es'pita] *nf* robinet *m*.

**espléndido, -a** [es'plendiðo, a] *adj* (*magnífico*) splendide; (*generoso*) généreux (-euse).

**esplendor** [esplen'dor] *nm* splendeur *f*; (*apogeo*) apogée *m*.

**espolear** [espole'ar] *vt* éperonner; (*fig: persona*) tanner.

**espoleta** [espo'leta] *nf* goupille *f*.

**espolón** [espo'lon] *nm* (*de ave*) ergot *m*; (*malecón*) jetée *f*.

**espolvorear** [espolβore'ar] *vt* saupoudrer.

**esponja** [es'ponxa] *nf* éponge *f*; **beber como o ser una ~** boire comme un trou; **esponja de baño** éponge de toilette.

**esponjoso, -a** [espon'xoso, a] *adj* spongieux(-euse); (*bizcocho*) imbibé(e).

**espontaneidad** [espontanei'ðað] *nf* spontanéité *f*.

**espontáneo, -a** [espon'taneo, a] *adj* spontané(e) ♦ *nm/f* (*esp TAUR*) spectateur qui s'élance dans l'arène pour participer à la corrida.

**esposar** [espo'sar] *vt* passer les menottes à.

**esposo, -a** [es'poso, a] *nm/f* époux(-ouse);

**esposas** *nfpl* (*para detenidos*) menottes *fpl*.

**espray** [es'prai] *nm* aérosol *m*.

**espuela** [es'pwela] *nf* éperon *m*.

**espuma** [es'puma] *nf* mousse *f*; (*sobre olas*) écume *f*; **echar ~ por la boca** (*perro*) baver; (*fig: persona*) écumer de rage; **espuma de afeitar** mousse à raser.

**espumadera** [espuma'ðera] *nf* écumoire *f*.

**espumoso, -a** [espu'moso, a] *adj* moussant(e).

**esqueleto** [eske'leto] *nm* squelette *m*.

**esquema** [es'kema] *nm* schéma *m*; (*guión*) plan *m*; **en ~** schématiquement.

**esquí** [es'ki] (*pl* **~s**) *nm* ski *m*; **esquí acuático** ski nautique.

**esquiar** [es'kjar] *vi* skier.

**esquilar** [eski'lar] *vt* tondre.

**esquimal** [eski'mal] *adj* esquimau(de) ♦ *nm/f* Esquimau(de).

**esquina** [es'kina] *nf* coin *m*; **doblar la ~** tourner au coin de la rue; **hacer ~ con** faire le coin avec.

**esquinazo** [eski'naθo] *nm*: **dar ~ a algn** planter là qn.

**esquirol** [eski'rol] *nm* briseur *m* de grève.

**esquivar** [eski'βar] *vt* esquiver.

**esquivo, -a** [es'kiβo, a] *adj* (*huraño*) asocial(e); (*desdeñoso*) dédaigneux(-euse).

**esta** ['esta] *adj* V **este²**.

**está** [es'ta] *vb* V **estar**.

**ésta** ['esta] *pron* V **éste**.

**estabilidad** [estaβili'ðað] *nf* stabilité *f*.

**estable** [es'taβle] *adj* stable.

**establecer** [estaβle'θer] *vt* établir; **establecerse** *vpr* s'établir; **~se de** o **como médico** s'établir comme médecin.

**establecimiento** [estaβleθi'mjento] *nm* établissement *m*.

**establo** [es'taβlo] *nm* étable *f*; (*granero*) grange *f*.

**estaca** [es'taka] *nf* (*palo*) piquet *m*; (*con punta*) pieu *m*.

**estación** [esta'θjon] *nf* gare *f*; (*del año*) saison *f*; (REL) station *f*; **estación de autobuses/de ferrocarril** gare routière/de chemin de fer; **estación de esquí** station de sports d'hiver; **estación de metro** station de métro; **estación de radio** station d'émission; **estación de servicio** station-service *f*; **estación de trabajo** station de travail; **estación de visualización** visuel *m*; **estación meteorológica**

station météorologique.

**estacionamiento** [estaθjona'mjento] *nm* stationnement *m*.

**estacionar** [estaθjo'nar] *vt* (AUT) garer; **estacionarse** *vpr* (AUT) se garer; (MED) se stabiliser.

**estacionario, -a** [estaθjo'narjo, a] *adj* (*estado*) stationnaire; (*mercado*) calme.

**estadio** [es'taðjo] *nm* stade *m*.

**estadista** [esta'ðista] *nm* (POL) homme *m* d'Etat; (ESTADÍSTICA) statisticien(ne).

**estadística** [esta'ðistika] *nf* statistique *f*.

**estado** [es'taðo] *nm* état *m*; **el E~** l'Etat; **estar en ~ (de buena esperanza)** attendre un heureux événement; **estado civil** état civil; **estado de ánimo** état d'âme; **estado de cuenta(s)** relevé *m* de compte; **estado de emergencia** o **excepción** état d'urgence; **estado de pérdidas y ganancias** compte *m* de profits et pertes; **estado de sitio** état de siège; **estado financiero** bilan *m* financier; **estado mayor** (MIL) état-major *m*; **Estados Unidos** Etats-Unis.

**estadounidense** [estaðouni'ðense] *adj* américain(e) ♦ *nm/f* Américain(e).

**estafa** [es'tafa] *nf* escroquerie *f*.

**estafar** [esta'far] *vt* escroquer; **les ~on 8 millones** ils les ont escroqués de 8 millions.

**estafeta** [esta'feta] *nf* bureau *m* de poste.

**estáis** [es'tais] *vb* V **estar**.

**estallar** [esta'ʎar] *vi* (*bomba*) exploser; (*volcán*) entrer en éruption; (*vidrio*) voler en éclats; (*bolsa, fig*) éclater; **~ (de)** (*de ira*) exploser de; (*de curiosidad*) être pris(e) de; **~ en llanto** fondre en larmes.

**estallido** [esta'ʎiðo] *nm* explosion *f*; (*fig: de guerra*) déclenchement *m*.

**estampa** [es'tampa] *nf* estampe *f*; (*porte*) allure *f*; **ser la viva ~ de** être l'image même de.

**estampado, -a** [estam'paðo, a] *adj* imprimé(e) ♦ *nm* (*dibujo*) imprimé *m*.

**estampar** [estam'par] *vt* imprimer; (*metal*) estamper; (*fam: beso*) plaquer; (: *bofetada*) envoyer; **~ algo contra la pared** (*fam*) écraser qch contre le mur.

**estampida** [estam'piða] (*esp* AM) *nf* débandade *f*.

**estampido** [estam'piðo] *nm* détonation *f*.

**están** [es'tan] *vb* V **estar**.

**estancado, -a** [estan'kaðo, a] *adj* stagnant(e).

**estancar** [estan'kar] vt stagner; (asunto, negociación) paralyser; **estancarse** vpr stagner; (fig: progreso) piétiner; (persona): **~se en** s'enliser dans.

**estancia** [es'tanθja] nf séjour m; (sala) salle f; (AM) ferme f d'élevage.

**estanciero** [estan'θjero] (AM) nm (AGR) éleveur m.

**estanco, -a** [es'tanko, a] adj: **compartimento ~** compartiment m étanche ♦ nm bureau m de tabac.

**estándar** [es'tandar] adj normal(e); (medio) standard ♦ nm standard m.

**estandarizar** [estandari'θar] vt standardiser; **estandarizarse** vpr se standardiser.

**estandarte** [estan'darte] nm étendard m.

**estanque** [es'tanke] vb V **estancar** ♦ nm bassin m; (CHI) réservoir m.

**estanquero, -a** [estan'kero, a] nm/f buraliste m/f.

**estante** [es'tante] nm (de mueble) rayonnage m; (adosado) étagère f; (AM: soporte) étai m.

**estantería** [estante'ria] nf rayonnage m.

**estaño** [es'taɲo] nm étain m.

---

PALABRA CLAVE

---

**estar** [es'tar] vi **1** (posición) être; **está en la Plaza Mayor** il est sur la Plaza Mayor; **¿está Juan?** (est-ce que) Juan est là?; **estamos a 30 km de Junín** nous sommes à 30 km de Junín

**2** (+ adj o adv: estado) être; **estar enfermo** être malade; **estar lejos** être loin; **está roto** c'est cassé; **está muy elegante** il est très élégant; **¿cómo estás?** comment vas-tu?; V tb **bien**

**3** (+ gerundio) être en train de; **estoy leyendo** je suis en train de lire

**4** (uso pasivo): **está condenado a muerte** il est condamné à mort; **está envasado en ...** c'est enveloppé dans ...

**5** (tiempo): **estamos en octubre/1994** nous sommes en octobre/1994

**6** (estar listo): **¿está la comida?** le repas est prêt?; **¿estará para mañana?** ce sera prêt pour demain?; **ya está** ça y est; **en seguida está** tout de suite

**7** (sentar) aller; **el traje le está bien** le costume lui va bien

**8**: **estar a** (con fechas): **¿a cuántos estamos?** nous sommes le combien?; **estamos a 5 de mayo** nous sommes le 5 mai; (con precios): **las manzanas están a cien** les pommes sont à cent pesetas; (con grados): **estamos a 25°** il fait 25°; **está a régimen** il est au régime

**9**: **estar con**: **está con gripe** il a la grippe; (apoyar): **estoy con él** je suis (d'accord) avec lui

**10**: **estar de** (ocupación): **estar de vacaciones/viaje** être en vacances/voyage; (trabajo): **está de camarero** il travaille comme garçon de café; (actitud): **está de mal humor** il est de mauvaise humeur

**11**: **estar en** (consistir) résider dans

**12**: **estar para** (a punto de): **está para salir** il est prêt à sortir; (disponible): **no estoy para nadie** je n'y suis pour personne; (con humor de): **no estoy para bromas** je ne suis pas d'humeur à plaisanter

**13**: **estar por** (a favor de) être pour; **estoy por dejarlo** je suis pour le laisser tomber; (sin hacer): **está por limpiar** ça reste à nettoyer

**14**: **estar que**: **¡está que trina!** il en est fumasse!; **estoy que me caigo de sueño** c'est que je tombe de sommeil

**15**: **estar sin**: **estar sin dinero** ne pas avoir d'argent; **la casa está sin terminar** la maison n'est pas finie

**16** (locuciones): **¡ya estuvo!** (AM: fam) ça suffit!; **¿estamos?** (¿de acuerdo?) d'accord?; **¡ya está bien!** bon, ça va!

**estarse** vpr: **se estuvo en la cama toda la tarde** il est resté au lit tout l'après-midi; **¡estáte quieto!** reste tranquille!

---

**estas** ['estas] adj demos V **este²**.

**éstas** ['estas] pron V **éste**.

**estatal** [esta'tal] adj (política) gouvernemental(e); (enseñanza) public(-ique).

**estático, -a** [es'tatiko, a] adj statique.

**estatua** [es'tatwa] nf statue f.

**estatura** [esta'tura] nf stature f.

**estatuto** [esta'tuto] nm statut m; **estatutos sociales** (COM) statuts.

**este¹** ['este] adj est; (viento) d'est ♦ nm est m; **los países del E~** les pays mpl de l'Est.

**este²** ['este], **esta** ['esta], **estos** ['estos], **estas** ['estas] adj (demostrativo: sg) ce(cette); (: pl) ces ♦ excl (AM: fam: esto) euh!

**esté** [es'te] vb V **estar**.

**éste** ['este], **ésta** ['esta], **éstos** ['estos], **éstas** ['estas] *pron* (*sg*) celui-ci(celle-ci); (*pl*) ceux-ci(celles-ci); **ése** ... ~ ... celui-ci ... celui-là ...

**estelar** [este'lar] *adj* (*ASTRON*) stellaire; (*actuación*) de star; (*reparto*) prestigieux (-euse).

**estén** [es'ten] *vb V* **estar**.

**estepa** [es'tepa] *nf* steppe *f*.

**estera** [es'tera] *nf* sparterie *f*.

**estéreo** [es'tereo] *adj inv, nm* stéréo *f*; **en ~** en stéréo.

**estereotipo** [estereo'tipo] (*pey*) *nm* stéréotype *m*.

**estéril** [es'teril] *adj* stérile.

**esterilizar** [esterili'θar] *vt* stériliser.

**esterlina** [ester'lina] *adj*: **libra ~** livre *f* sterling.

**estés** [es'tes] *vb V* **estar**.

**estética** [es'tetika] *nf* esthétique *f*.

**estético, -a** [es'tetiko, a] *adj* esthétique.

**estibador** [estiβa'ðor] *nm* docker *m*.

**estiércol** [es'tjerkol] *nm* fumier *m*.

**estilarse** [esti'larse] *vpr* être en vogue.

**estilo** [es'tilo] *nm* style *m*; (*NATACIÓN*) nage *f*; **~ de vida** style de vie; **al ~ de** à la mode de; **por el ~ de** ce genre; **tener ~** avoir du style.

**estima** [es'tima] *nf* estime *f*; **le tiene en mucha ~** il a beaucoup d'estime pour lui.

**estimación** [estima'θjon] *nf* (*valoración*) estimation *f*; (*estima*) estime *f*.

**estimar** [esti'mar] *vt* estimer; **~ algo en** (*valorar*) estimer qch à.

**estimulante** [estimu'lante] *adj* stimulant(e) ♦ *nm* stimulant *m*.

**estimular** [estimu'lar] *vt* stimuler.

**estímulo** [es'timulo] *nm* stimulation *f*.

**estipulación** [estipula'θjon] *nf* stipulation *f*.

**estipular** [estipu'lar] *vt* stipuler.

**estirado, -a** [esti'raðo, a] *adj* tendu(e); (*engreído*) infatué(e).

**estirar** [esti'rar] *vt* étirer; (*brazo, pierna*) tendre; (*fig: dinero*) faire durer ♦ *vi* tirer; **estirarse** *vpr* s'étirer; **~ la pata** (*fam*) partir les pieds devant; **~ las piernas** (*fig*) se dégourdir les jambes.

**estirón** [esti'ron] *nm* étirement *m*; **dar o pegar un ~** pousser comme une asperge.

**estirpe** [es'tirpe] *nf* souche *f*.

**estival** [esti'βal] *adj* estival(e).

**esto** ['esto] *pron* cela, ça, c' ♦ *excl* (*fam*) euh!; **~ de la boda** cette affaire de la noce; **~ es, ...** c'est-à-dire, ...; **en ~** sur ce; **por ~** c'est pour ça.

**Estocolmo** [esto'kolmo] *n* Stockolm.

**estofado, -a** [esto'faðo, a] *adj* cuit(e) à l'étouffée ♦ *nm* estouffade *f*.

**estofar** [esto'far] *vt* cuire à l'étouffée.

**estómago** [es'tomaxo] *nm* estomac *m*; **tener ~** (*fig*) avoir de l'estomac; **revolverle el ~ a algn** (*fam*) retourner les sangs à qn.

**estorbar** [estor'βar] *vt* gêner; (*planes*) paralyser ♦ *vi* gêner.

**estorbo** [es'torβo] *nm* gêne *f*.

**estornudar** [estornu'ðar] *vi* éternuer.

**estos** ['estos] *adj V* **este²**.

**éstos** ['estos] *pron V* **éste**.

**estoy** [es'toi] *vb V* **estar**.

**estrado** [es'traðo] *nm* estrade *f*; **~s** *nmpl* (*JUR*) salles *fpl* d'audience.

**estrafalario, -a** [estrafa'larjo, a] *adj* extravagant(e).

**estrago** [es'traxo] *nm*: **hacer o causar ~s en** faire des ravages parmi.

**estragón** [estra'xon] *nm* estragon *m*.

**estrambótico, -a** [estram'botiko, a] *adj* extravagant(e).

**estrangular** [estraŋgu'lar] *vt* étrangler; (*MED*) obstruer.

**Estrasburgo** [estras'βurxo] *n* Strasbourg.

**estratagema** [estrata'xema] *nf* stratagème *m*.

**estrategia** [estra'texja] *nf* stratégie *f*.

**estratégico, -a** [estra'texiko, a] *adj* stratégique.

**estrato** [es'trato] *nm* strate *f*; **estrato social** couche *f* sociale.

**estrechamente** [estretʃa'mente] *adv* (*íntimamente*) étroitement; (*pobremente*) à l'étroit.

**estrechar** [estre'tʃar] *vt* rétrécir; (*persona*) serrer; (*lazos de amistad*) resserrer; **estrecharse** *vpr* se rétrécir; (*dos personas*) se rapprocher; (*fam: en asiento*) se serrer; **~ la mano** serrer la main.

**estrechez** [estre'tʃeθ] *nf* étroitesse *f*; **estrecheces** *nfpl* (*apuros*) difficultés *fpl* financières.

**estrecho, -a** [es'tretʃo, a] *adj* étroit(e); (*amistad*) intime ♦ *nm* détroit *m*; **~ de miras** borné(e); **estar/ir muy ~s** être très serrés; **E~ de Gibraltar** détroit de Gibraltar.

**estrella** [es'treʎa] *nf* étoile *f*; (*CINE etc*) star *f*;

**tener (buena)/mala ~** être né(e) sous une (bonne)/mauvaise étoile; **ver las ~s** (fam) voir trente-six chandelles; **estrella de mar** étoile de mer; **estrella fugaz** étoile filante; **Estrella Polar** étoile polaire.

**estrellado, -a** [estre'ʎaðo, a] adj en forme d'étoile; (cielo) étoilé(e); (huevos) sur le plat.

**estrellar** [estre'ʎar] vt briser en mille morceaux; (huevos) faire cuire sur le plat; **estrellarse** vpr se briser en mille morceaux; (coche) s'écraser; (fracasar) échouer; **se ~on en la carretera** ils sont morts dans un accident de voiture.

**estremecer** [estreme'θer] vt bouleverser; (suj: miedo, frío) faire frissonner; **estremecerse** vpr frissonner; (edificio) trembler; **~se de** frissonner de.

**estremecimiento** [estremeθi'mjento] nm frisson m.

**estrenar** [estre'nar] vt (vestido) étrenner; (casa) pendre la crémaillère; (película, obra de teatro) donner la première de; **estrenarse** vpr: **~se como** (persona) faire ses débuts de.

**estreno** [es'treno] nm inauguration f; (CINE, TEATRO) première f.

**estreñido, -a** [estre'ɲiðo, a] adj constipé(e).

**estreñimiento** [estreɲi'mjento] nm constipation f.

**estrépito** [es'trepito] nm fracas msg.

**estrepitoso, -a** [estrepi'toso, a] adj (caída) spectaculaire; (gritos) perçant(e); (fracaso, victoria) fracassant(e); **aplausos ~s** un tonnerre d'applaudissements.

**estrés** [es'tres] nm stress m.

**estría** [es'tria] nf (en tronco) strie f; (columna) striure f; **~s** (en la piel) vergetures fpl.

**estribación** [estriβa'θjon] nf (GEO, frec pl) contrefort m.

**estribar** [estri'βar] vi: **~ en** reposer sur; **la dificultad estriba en el texto** la difficulté se situe dans le texte.

**estribillo** [estri'βiʎo] nm refrain m.

**estribo** [es'triβo] nm (de jinete) étrier m; (de tren) marchepied m; (de oído) osselet m; (de puente, cordillera) contrefort m; **perder los ~s** (fig) monter sur ses grands chevaux.

**estribor** [estri'βor] nm (NÁUT) tribord m.

**estricto, -a** [es'trikto, a] adj strict(e).

**estridente** [estri'ðente] adj (color)

criard(e); (voz) strident(e).

**estropajo** [estro'paxo] nm lavette f.

**estropear** [estrope'ar] vt (material) abîmer; (máquina, coche) casser; (planes) détruire; (cosecha) gâter; (persona) ravager; **estropearse** vpr tomber en panne; (envejecer) vieillir.

**estructura** [estruk'tura] nf structure f.

**estruendo** [es'trwendo] nm vacarme m.

**estrujar** [estru'xar] vt (limón) presser; (bayeta, papel) tordre; (persona) serrer; **estrujarse** vpr (personas) se serrer; **~se la cabeza o los sesos** se ronger les sangs.

**estuario** [es'twarjo] nm estuaire m.

**estuche** [es'tutʃe] nm trousse f.

**estudiante** [estu'ðjante] nm/f étudiant(e).

**estudiantil** [estuðjan'til] adj estudiantin(e).

**estudiar** [estu'ðjar] vt étudier; (carrera) faire des études de ♦ vi étudier; **~ para abogado** faire des études pour devenir avocat.

**estudio** [es'tuðjo] nm étude f; (proyecto) projet m; (piso) atelier m; (RADIO, TV etc: local) studio m; **~s** nmpl études fpl; **cursar o hacer ~s** faire des études; **~ de desplazamientos y tiempos/de motivación** étude des cadences/enquête f sur la motivation; **~ del trabajo/de viabilidad** étude du travail/de faisabilité.

**estudioso, -a** [estu'ðjoso, a] adj studieux(-euse) ♦ nm/f: **~ de** spécialiste m/f de.

**estufa** [es'tufa] nf radiateur m.

**estupefaciente** [estupefa'θjente] adj stupéfiant(e) ♦ nm stupéfiant m.

**estupefacto, -a** [estupe'fakto, a] adj: **quedarse ~** être stupéfait(e); **me dejó ~** il m'a laissé stupéfait; **me miró ~** il m'a regardé avec stupéfaction.

**estupendo, -a** [estu'pendo, a] adj formidable; **¡~!** super!

**estupidez** [estupi'ðeθ] nf stupidité f.

**estúpido, -a** [es'tupiðo, a] adj stupide.

**estupor** [estu'por] nm stupeur f.

**estuve** etc [es'tuβe] vb V **estar**.

**esvástica** [es'βastika] nf croix f gammée.

**ETA** ['eta] sigla f (POL = Euskadi Ta Askatasuna) ETA m.

**etapa** [e'tapa] nf étape f; **por ~s** par étapes; **quemar ~s** brûler les étapes.

**etarra** [e'tarra] adj, nm/f membre m/f de l'ETA.

**etc.** abr (= etcétera) etc. (= et c(a)etera).

**etcétera** [et'θetera] *adv* et cetera.

**eternidad** [eterni'ðað] *nf* éternité *f*; **una ~** *(fam)* une éternité.

**eterno, -a** [e'terno, a] *adj* éternel(le); *(fam: larguísimo)* à n'en plus finir.

**ética** ['etika] *nf* éthique *f*; **ética profesional** éthique professionnelle.

**ético, -a** ['etiko, a] *adj* éthique.

**Etiopía** [etio'pia] *nf* Ethiopie *f*.

**etiqueta** [eti'keta] *nf (tb INFORM)* étiquette *f*; **traje de ~** tenue *f* de soirée.

**étnico, -a** ['etniko, a] *adj* ethnique.

**ETT** [ete'te] *sigla f* (= *Empresa de Trabajo Temporal*) agence *f* d'intérim.

**Eucaristía** [eukaris'tia] *nf* Eucharistie *f*.

**eufemismo** [eufe'mismo] *nm* euphémisme *m*.

**euforia** [eu'forja] *nf* euphorie *f*.

**euro** ['euro] *nm* euro *m*.

**Eurocheque** [euro'tʃeke] *nm* Eurochèque *m*.

**eurodiputado, -a** [euroðipu'taðo, a] *nm/f* député(e) européen(ne).

**Europa** [eu'ropa] *nf* Europe *f*.

**europeo, -a** [euro'peo, a] *adj* européen(ne) ♦ *nm/f* Européen(ne).

**Euskadi** [eus'kaði] *nm* pays *m* basque.

**euskera** [eus'kera], **eusquera** [eus'kera] *nm* basque *m*.

**eutanasia** [euta'nasja] *nf* euthanasie *f*.

**evacuación** [eβakwa'θjon] *nf* évacuation *f*.

**evadir** [eβa'ðir] *vt* éviter; *(impuesto)* frauder; **evadirse** *vpr* s'évader.

**evaluar** [eβa'lwar] *vt (valorar)* évaluer; *(calificar)* noter.

**evangelio** [eβan'xeljo] *nm* Évangile *m*.

**evaporar** [eβapo'rar] *vt* faire évaporer; **evaporarse** *vpr* s'évaporer; *(fam: persona)* se volatiliser.

**evasión** [eβa'sjon] *nf* évasion *f*; **de ~** *(novela, película)* d'évasion; **evasión de capitales** évasion des capitaux; **evasión fiscal** *o* **de impuestos** évasion fiscale.

**evasiva** [eβa'siβa] *nf* réponse *f* évasive; **contestar con ~s** faire des réponses évasives.

**evasivo, -a** [eβa'siβo, a] *adj* évasif(-ive).

**evento** [e'βento] *nm* événement *m*.

**eventual** [eβen'twal] *adj (circunstancias)* éventuel(le); *(trabajo)* temporaire.

**evidencia** [eβi'ðenθja] *nf* évidence *f*; **poner en ~** *(a algn)* tourner en ridicule; *(algo)* mettre en évidence; **ponerse en ~** se

montrer sous son vrai jour.

**evidenciar** [eβiðen'θjar] *vt* rendre évident(e); **evidenciarse** *vpr* être manifeste.

**evidente** [eβi'ðente] *adj* évident(e).

**evitar** [eβi'tar] *vt* éviter; *(molestia)* épargner; *(tentación)* résister à; **~ hacer** éviter de faire; **si puedo ~lo** si je peux faire autrement.

**evocar** [eβo'kar] *vt* évoquer.

**evolución** [eβolu'θjon] *nf* évolution *f*; **evoluciones** *nfpl (giros)* évolutions *fpl*.

**evolucionar** [eβoluθjo'nar] *vi* évoluer.

**ex** [eks] *prep* ex; **el ~ ministro** l'ex-ministre.

**exacerbar** [eksaθer'βar] *vt* exacerber; *(persona)* exaspérer.

**exactamente** [ek'saktamente] *adv* exactement.

**exactitud** [eksakti'tuð] *nf* exactitude *f*; *(fidelidad)* fidélité *f*.

**exacto, -a** [ek'sakto, a] *adj* exact(e); **¡~!** exactement!; **eso no es del todo ~** ce n'est pas tout à fait exact; **para ser ~** pour être exact.

**exageración** [eksaxera'θjon] *nf* exagération *f*.

**exagerar** [eksaxe'rar] *vt, vi* exagérer.

**exaltado, -a** [eksal'taðo, a] *adj, nm/f* exalté(e).

**exaltar** [eksal'tar] *vt* exalter; **exaltarse** *vpr* s'exalter.

**examen** [ek'samen] *nm* examen *m*; **examen de conciencia** examen de conscience; **examen de conducir** épreuve *f* de conduite; **examen de ingreso** examen d'entrée; **examen eliminatorio** épreuve éliminatoire; **examen final** examen final.

**examinar** [eksami'nar] *vt* examiner; *(ESCOL)* faire passer un examen à; **examinarse** *vpr*: **~se (de)** passer un examen (de).

**exasperar** [eksaspe'rar] *vt* exaspérer; **exasperarse** *vpr* s'irriter.

**Exc.ª** *abr* = **Excelencia**.

**excavador, a** [ekskaβa'ðor, a] *nm/f (persona)* mineur *m* ♦ *nf (TEC)* excavateur *m*, excavatrice *f*.

**excavar** [ekska'βar] *vt, vi* excaver.

**excedencia** [eksθe'ðenθja] *nf*: **estar en ~** être en congé sabbatique; **pedir** *o* **solicitar la ~** demander *o* solliciter un congé sabbatique.

**excedente** [eksθe'ðente] *adj (producto, dinero)* excédentaire; *(funcionario)* en disponibilité ♦ *nm* excédent *m;* **excedente de cupo** exempté *m* de service militaire.

**exceder** [eksθe'ðer] *vt* surpasser; **excederse** *vpr* dépasser; **~se en gastos** faire trop de dépenses; **~se en sus funciones** outrepasser ses pouvoirs.

**excelencia** [eksθe'lenθja] *nf* excellence *f;* **E~** (*tratamiento*) Excellence; **por ~** par excellence.

**excelente** [eksθe'lente] *adj* excellent(e).

**excentricidad** [eksθentriθi'ðað] *nf* excentricité *f.*

**excéntrico, -a** [eks'θentriko, a] *adj, nm/f* excentrique *m/f.*

**excepción** [eksθep'θjon] *nf:* **ser/hacer una ~** être/faire une exception; **a o con ~ de** à l'exception de; **sin ~** sans exception; **de ~** d'exception.

**excepcional** [eksθepθjo'nal] *adj* exceptionnel(le).

**excepto** [eks'θepto] *adv* excepté.

**exceptuar** [eksθep'twar] *vt* excepter.

**excesivo, -a** [eksθe'siβo, a] *adj* excessif (-ive).

**exceso** [eks'θeso] *nm* excès *msg;* (*COM*) excédent *m;* **~s** *nmpl* (*desórdenes*) excès *mpl;* **con o en ~** à l'excès; **exceso de equipaje/peso** excédent de bagages/poids; **exceso de velocidad** excès de vitesse.

**excitación** [eksθita'θjon] *nf* excitation *f.*

**excitar** [eksθi'tar] *vt* exciter; **excitarse** *vpr* s'exciter; **me excita los nervios** il me porte sur les nerfs.

**exclamación** [eksklama'θjon] *nf* exclamation *f.*

**exclamar** [ekskla'mar] *vt, vi* s'exclamer.

**excluir** [eksklu'ir] *vt* (*descartar*) exclure; (*no incluir*): **~ (de)** exclure (de).

**exclusión** [eksklu'sjon] *nf* exclusion *f;* **con ~ de** à l'exclusion de.

**exclusiva** [eksklu'siβa] *nf* exclusivité *f;* **modelo en ~** modèle *m* exclusif.

**exclusivo, -a** [eksklu'siβo, a] *adj* exclusif (-ive); **trabajar con dedicación exclusiva por** travailler exclusivement pour; **derecho ~** droit *m* exclusif.

**Excmo.** *abr* (= *Excelentísimo*) titre de courtoisie.

**excomulgar** [ekskomul'var] *vt* excommunier.

**excomunión** [ekskomu'njon] *nf* excommunion *f.*

**excursión** [ekskur'sjon] *nf* (*por el campo*) randonnée *f;* (*viaje*) excursion *f;* **ir de ~** faire une excursion.

**excursionista** [ekskursjo'nista] *nm/f* (*por campo*) randonneur(-euse); (*en excursión de un día*) excursionniste *m/f.*

**excusa** [eks'kusa] *nf* excuse *f;* **presentar sus ~s** présenter ses excuses.

**excusar** [eksku'sar] *vt* excuser; **excusarse** *vpr* s'excuser; **~ (de hacer)** (*eximir*) excuser (de faire).

**exhalar** [eksa'lar] *vt* exhaler.

**exhaustivo, -a** [eksaus'tiβo, a] *adj* exhaustif(-ive).

**exhausto, -a** [ek'sausto, a] *adj* épuisé(e).

**exhibición** [eksiβi'θjon] *nf* exhibition *f;* (*de película*) projection *f.*

**exhibir** [eksi'βir] *vt* exhiber; (*película*) projeter; **exhibirse** *vpr* s'exhiber.

**exhortar** [eksor'tar] *vt:* **~ a** exhorter à.

**exigencia** [eksi'xenθja] *nf* exigence *f;* **~s del trabajo/de la situación** exigences du travail/de la situation.

**exigente** [eksi'xente] *adj* exigeant(e); **ser ~ con algn** être exigeant(e) avec qn.

**exigir** [eksi'xir] *vt* (*reclamar*) exiger; (*necesitar*) demander ♦ *vi* être exigeant(e).

**exiliado, -a** [eksi'ljaðo, a] *adj, nm/f* exilé(e).

**exilio** [ek'siljo] *nm* exil *m.*

**eximir** [eksi'mir] *vt:* **~ a algn (de)** exempter qn (de).

**existencia** [eksis'tenθja] *nf* existence *f;* **~s** *nfpl* (*artículos*) stock *m;* **~ de mercancías** (*COM*) stock de marchandises; **en ~** (*COM*) en stock; **amargar la ~ a algn** (*fam*) empoisonner la vie de qn.

**existir** [eksis'tir] *vi* exister; (*vivir*) vivre.

**éxito** ['eksito] *nm* succès *m;* **tener ~** avoir du succès; **éxito editorial** best-seller *m.*

**exonerar** [eksone'rar] *vt:* **~ de** (*de cargo*) destituer de; (*de obligación*) dispenser de.

**exorbitante** [eksorβi'tante] *adj* exorbitant(e).

**exorcizar** [eksorθi'θar] *vt* exorciser.

**exótico, -a** [ek'sotiko, a] *adj* exotique.

**expandirse** [ekspan'dirse] *vpr* se dilater; se répandre.

**expansión** [ekspan'sjon] *nf* expansion *f;* (*diversión*) distraction *f;* **economía en ~** économie *f* en expansion; **expansión económica** expansion économique.

**expansivo, -a** [ekspan'siβo, a] *adj* (*onda*)

de propagation; (*carácter*) expansif(-ive).

**expatriarse** [ekspa'trjarse] *vpr* s'expatrier.

**expectativa** [ekspekta'tiβa] *nf* expectative *f*; (*perspectiva*) perspective *f*; **estar a la ~** être dans l'expectative.

**expedición** [ekspeði'θjon] *nf* expédition *f*; **gastos de ~** frais *mpl* d'expédition.

**expediente** [ekspe'ðjente] *nm* (*JUR: procedimiento*) procédure *f*; (: *papeles*) démarches *fpl*; (*ESCOL: tb:* **~ académico**) dossier *m* scolaire; **abrir/formar ~ a algn** ouvrir un dossier au nom de qn/instruire le dossier de qn; **cubrir el ~** (*fam*) pratiquer la politique du moindre effort.

**expedir** [ekspe'ðir] *vt* (*carta, mercancías*) expédier; (*documento*) délivrer; (*cheque*) établir.

**expendedor, a** [ekspende'ðor, a] *nm/f* vendeur(-euse); (*TEATRO*) ouvreur(-euse) ♦ *nm* (*tb:* **~ automático**) guichet *m* automatique; **expendedor de cigarrillos** distributeur *m* de cigarettes.

**expensas** [eks'pensas] *nfpl* (*JUR*) frais *mpl*; **a ~ de** aux frais de.

**experiencia** [ekspe'rjenθja] *nf* expérience *f*.

**experimentado, -a** [eksperimen'taðo, a] *adj* expérimenté(e).

**experimentar** [eksperimen'tar] *vt* (*en laboratorio*) expérimenter; (*probar*) tester; (*deterioro, aumento*) connaître; (*sensación*) ressentir.

**experimento** [eksperi'mento] *nm* expérience *f*.

**experto, -a** [eks'perto, a] *adj, nm/f* expert(e).

**expiar** [ekspi'ar] *vt* expier.

**expirar** [ekspi'rar] *vi* expirer.

**explanada** [ekspla'naða] *nf* esplanade *f*.

**explayarse** [ekspla'jarse] *vpr* s'étendre; (*fam: divertirse*) se changer les idées; (*desahogarse*) se soulager; **~ con algn** se confier à qn.

**explicación** [eksplika'θjon] *nf* explication *f*.

**explicar** [ekspli'kar] *vt* expliquer; **explicarse** *vpr* s'expliquer; **~se algo** s'expliquer qch; **no me lo explico** je ne me l'explique pas.

**explícito, -a** [eks'pliθito, a] *adj* explicite.

**explique** *etc* [eks'plike] *vb V* **explicar**.

**explorador, a** [eksplora'ðor, a] *nm/f* explorateur(-trice); (*MIL*) éclaireur(-euse) ♦ *nm* (*MED*) explorateur *m*; (*radar*) détecteur *m* de radar.

**explorar** [eksplo'rar] *vt* explorer; **~ el terreno** (*fig*) tâter le terrain.

**explosión** [eksplo'sjon] *nf* explosion *f*; **~ atómica/nuclear** explosion atomique/nucléaire.

**explosivo, -a** [eksplo'siβo, a] *adj* explosif(-ive) ♦ *nm* explosif *m*.

**explotación** [eksplota'θjon] *nf* exploitation *f*; **~ agrícola/minera/petrolífera** exploitation agricole/minière/pétrolifère.

**explotar** [eksplo'tar] *vt* exploiter ♦ *vi* exploser.

**exponer** [ekspo'ner] *vt* exposer; **exponerse** *vpr*: **~se a (hacer) algo** s'exposer à (faire) qch.

**exportación** [eksporta'θjon] *nf* exportation *f*.

**exportar** [ekspor'tar] *vt* exporter.

**exposición** [eksposi'θjon] *nf* exposition *f*; **Exposición Universal** exposition universelle.

**exprés** [eks'pres] *adj inv* (*café*) express ♦ *nm* express *msg*.

**expresamente** [eks'presamente] *adv* (*decir*) expressément; (*ir*) exprès.

**expresar** [ekspre'sar] *vt* exprimer; **expresarse** *vpr* s'exprimer.

**expresión** [ekspre'sjon] *nf* expression *f*; **expresión corporal** expression corporelle.

**expresivo, -a** [ekspre'siβo, a] *adj* (*vivo*) expressif(-ive); (*cariñoso*) expansif(-ive).

**expreso, -a** [eks'preso, a] *adj* (*explícito*) exprès(-esse); (*claro*) explicite; (*tren*) express ♦ *nm* (*FERRO*) express *msg*.

**exprimidor** [eksprimi'ðor] *nm* presse-citrons *msg*.

**exprimir** [ekspri'mir] *vt* presser; (*fig: explotar*) sucer jusqu'à la moëlle; **exprimirse** *vpr*: **~se el cerebro** o **los sesos** se ronger les sangs.

**expropiar** [ekspro'pjar] *vt* exproprier.

**expuesto, -a** [eks'pwesto, a] *pp de* **exponer** ♦ *adj* exposé(e); **estar ~ a** être exposé(e) à; **según lo ~ arriba** d'après ce qui a été dit plus haut.

**expulsar** [ekspul'sar] *vt* expulser; (*humo*) cracher.

**expulsión** [ekspul'sjon] *nf* expulsion *f*; (*de humo*) émission *f*.

**exquisito, -a** [ekski'sito, a] *adj* exquis(e).

**éxtasis** ['ekstasis] *nm* extase *f*.

**extender** [eksten'der] *vt* étendre; (*mante-

*quilla, pintura*) étaler; (*certificado, documento*) délivrer; (*cheque, recibo*) établir; **extenderse** *vpr* s'étendre; (*en el tiempo*) se prolonger; (*costumbre, rumor*) se répandre.

**extendido, -a** [eksten'diðo, a] *adj* étendu(e); (*costumbre, creencia*) répandu(e).

**extensión** [eksten'sjon] *nf* étendue *f*; (*TELEC*) poste *m*; (*COM: de plazo*) prolongation *f*; **en toda la ~ de la palabra** dans tous les sens du terme; **por ~** par extension.

**extenso, -a** [eks'tenso, a] *adj* étendu(e).

**extenuar** [ekste'nwar] *vt* exténuer.

**exterior** [ekste'rjor] *adj* extérieur(e) ♦ *nm* extérieur *m*; (*aspecto*) aspect *m*; (*países extranjeros*) étranger *m*; **~es** *nmpl* (*CINE*) extérieurs *mpl*; **Asuntos E~es** Affaires *fpl* étrangères; **al ~** à l'extérieur; **en el ~** en extérieur.

**exterminar** [ekstermi'nar] *vt* exterminer.

**exterminio** [ekster'minjo] *nm* extermination *f*.

**externo, -a** [eks'terno, a] *adj* externe; (*culto*) extérieur(e) ♦ *nm/f* externe *m/f*; **de uso ~** (*MED*) à usage externe.

**extinguir** [ekstin'gir] *vt* (*fuego*) éteindre; (*raza*) provoquer l'extinction de; **extinguirse** *vpr* s'éteindre.

**extinto, -a** [eks'tinto, a] *adj* disparu(e).

**extintor** [ekstin'tor] *nm* (*tb: ~ de incendios*) extincteur *m*.

**extirpar** [ekstir'par] *vt* (*mal*) déraciner; (*MED*) extirper.

**extorsión** [ekstor'sjon] *nf* extorsion *f*; (*molestia*) gêne *f*.

**extra** ['ekstra] *adj inv* (*tiempo, paga*) supplémentaire; (*chocolate*) extra; (*calidad*) super ♦ *nm/f* (*CINE*) figurant(e) ♦ *nm* (*bono*) bonus *m inv*; (*de menú, cuenta*) supplément *m*; (*periódico*) édition *f* spéciale.

**extra...** ['ekstra] *pref* extra...

**extracción** [ekstrak'θjon] *nf* extraction *f*; (*en lotería*) tirage *m*.

**extracto** [eks'trakto] *nm* résumé *m*; (*de café, hierbas*) extrait *m*.

**extradición** [ekstraði'θjon] *nf* extradition *f*.

**extraer** [ekstra'er] *vt* extraire.

**extraescolar** [ekstraesko'lar] *adj*: **actividad ~** activité *f* extrascolaire.

**extralimitarse** [ekstralimi'tarse] *vpr*: **~ (en)** dépasser les limites (de).

**extranjero, -a** [ekstran'xero, a] *adj, nm/f* étranger(-ère) ♦ *nm* étranger *m*; **en el ~** à l'étranger.

**extrañar** [ekstra'ɲar] *vt* étonner; (*AM: echar de menos*) regretter; (*algo nuevo*) ne pas reconnaître; **extrañarse** *vpr*: **~se (de)** s'étonner (de); **me extraña** ça m'étonne; **te extraño mucho** tu me manques beaucoup.

**extrañeza** [ekstra'ɲeθa] *nf* (*rareza*) singularité *f*; (*asombro*) étonnement *m*.

**extraño, -a** [eks'traɲo, a] *adj* étranger (-ère); (*raro*) bizarre ♦ *nm/f* étranger (-ère); **... lo que por ~ que parezca ...** ce qui, aussi bizarre que cela puisse paraître.

**extraordinario, a** [ekstraorði'narjo, a] *adj* extraordinaire; (*edition*) spécial(e) ♦ *nm* (*de periódico*) numéro *m* spécial; **horas extraordinarias** heures *fpl* supplémentaires.

**extrarradio** [ekstra'rraðjo] *nm* banlieue *f*.

**extravagancia** [ekstraβa'ɤanθja] *nf* extravagance *f*.

**extravagante** [ekstraβa'ɤante] *adj* extravagant(e).

**extraviar** [ekstra'βjar] *vt* (*objeto*) égarer; **extraviarse** *vpr* s'égarer.

**extravío** [ekstra'βio] *nm* objet *m* perdu; (*fig*) égarement *m*.

**extremar** [ekstre'mar] *vt* pousser à l'extrême; **extremarse** *vpr*: **~se en** se surpasser dans.

**extremaunción** [ekstremaun'θjon] *nf* extrême-onction *f*.

**extremeño, -a** [ekstre'meɲo, a] *adj* d'Estrémadure ♦ *nm/f* natif(-ive) o habitant(e) d'Estrémadure.

**extremidad** [ekstremi'ðað] *nf* extrémité *f*; **~es** *nfpl* (*ANAT*) extrémités *fpl*.

**extremo, -a** [eks'tremo, a] *adj* extrême ♦ *nm* (*punta*) extrémité *f*; (*fig*) extrême *m*; **en último ~** en dernière extrémité; **pasar de un ~ a otro** (*fig*) passer d'un extrême à l'autre; **con o por ~** extrêmement; **la extrema derecha/izquierda** (*POL*) l'extrême droite/gauche; **extremo derecho/izquierdo** (*DEPORTE*) aile *f* droite/gauche; **Extremo Oriente** Extrême-Orient *m*.

**extrovertido, -a** [ekstroβer'tiðo, a] *adj, nm/f* extraverti(e).

**exuberancia** [eksuβe'ranθja] *nf* exubérance *f*.

**exuberante** [eksuβe'rante] *adj* exubérant(e).

**eyacular** [ejaku'lar] *vi* éjaculer.

## ―― F f ――

**fa** [fa] *nm* fa *m*.

**fábrica** ['faβrika] *nf* usine *f*; (*fabricación*) fabrique *f*; **de ~** (*ARQ*) en brique; **marca/precio de ~** marque *f*/prix *m* de fabrique; **fábrica de cerveza** brasserie *f*; **fábrica de textil** manufacture *f* textile; **Fábrica de Moneda y Timbre** ≈ Hôtel *m* de la Monnaie.

**fabricación** [faβrika'θjon] *nf* fabrication *f*; **de ~ casera** fait(e) maison; **de ~ nacional** de fabrication nationale; **fabricación en serie** fabrication en série.

**fabricante** [faβri'kante] *nm/f* fabricant(e).

**fabricar** [faβri'kar] *vt* fabriquer; (*fig: cuento*) monter; **~ en serie** fabriquer en série.

**fábula** ['faβula] *nf* (*tb chisme, mentira*) fable *f*.

**fabuloso, -a** [faβu'loso, a] *adj* fabuleux (-euse).

**facción** [fak'θjon] *nf* (*POL*) faction *f*; **facciones** *nfpl* (*del rostro*) traits *mpl*.

**faceta** [fa'θeta] *nf* facette *f*.

**facha** ['fatʃa] (*fam*) *adj, nm/f* (*pey*) facho *m/f* ♦ *nf* (*aspecto*) aspect *m*; **estar hecho una ~** ressembler à un épouvantail; **¡qué ~ tienes!** tu es grotesque!

**fachada** [fa'tʃaða] *nf* façade *f*.

**fácil** ['faθil] *adj* facile; **es ~ que venga** il est probable qu'il vienne; **~ de hacer** facile à faire; **~ de usar** (*INFORM*) convivial(e).

**facilidad** [faθili'ðað] *nf* facilité *f*; **~es** *nfpl* (*condiciones favorables*) facilités *fpl*; **tener ~ para las matemáticas** avoir des facilités en mathématiques; **"~es de pago"** (*COM*) "facilités de paiement"; **facilidad de palabra** facilité d'élocution.

**facilitar** [faθili'tar] *vt* faciliter; (*proporcionar*) fournir; **le agradecería me ~a ...** je vous serais reconnaissant de bien vouloir me fournir ...

**fácilmente** [faθil'mente] *adv* facilement.

**facsímil** [fak'simil] *nm* fac-similé *m*.

**factible** [fak'tiβle] *adj* faisable.

**factor** [fak'tor] *nm* (*tb MAT*) facteur *m*; (*COM*) agent *m*; (*FERRO*) préposé *m* au fret; **factor sorpresa** facteur surprise.

**factoría** [fakto'ria] *nf* (*fábrica*) fabrique *f*; (*agencia*) succursale *f*.

**factura** [fak'tura] *nf* facture *f*; **presentar ~ a** présenter sa facture à.

**facturación** [faktura'θjon] *nf* (*COM*) facturation *f*; (: *ventas*) chiffre *m* d'affaires; **facturación de equipajes** enregistrement *m* des bagages.

**facturar** [faktu'rar] *vt* (*COM*) facturer; (*equipaje*) enregistrer.

**facultad** [fakul'tað] *nf* faculté *f*; **tener/no tener ~ para hacer algo** avoir/ne pas avoir la faculté de faire qch; **facultades mentales** facultés *fpl* mentales.

**faena** [fa'ena] *nf* tâche *f*; (*CHI*) équipe *f* d'ouvriers; **~s domésticas** tâches *fpl* domestiques; **hacerle una ~ a algn** (*fam*) ficher la frousse à qn.

**faisán** [fai'san] *nm* faisan *m*.

**faja** ['faxa] *nf* (*para la cintura*) ceinture *f*; (*de mujer*) gaine *f*; (*de tierra, libro etc*) bande *f*.

**fajo** ['faxo] *nm* liasse *f*.

**falacia** [fa'laθja] *nf* fausseté *f*.

**falda** ['falda] *nf* jupe *f*; (*GEO*) versant *m*; (*de mesa, camilla*) couverture *f*; (*regazo*) genoux *mpl*; **~s** *nfpl* (*fam: mujeres*) bonnes femmes *fpl*; **falda escocesa** kilt *m*; **falda pantalón** jupe-culotte *f*.

**falla** ['faʎa] *nf* (*GEO*) faille *f*; (*defecto*) défaillance *f*.

**fallar** [fa'ʎar] *vt* (*JUR*) prononcer; (*blanco*) manquer ♦ *vi* échouer; (*cuerda, rama*) céder; (*motor*) tomber en panne; (*frenos*) lâcher; **~ a algn** décevoir qn; **le falló la memoria** il a eu un trou de mémoire; **le ~on las piernas** les jambes lui ont manqué; **sin ~** sans faute; **~ en favor/en contra** (*JUR*) se prononcer en faveur/contre.

---

### Fallas

*Les **Fallas** ou fêtes de la Saint-Joseph, en l'honneur du saint patron de la ville, ont lieu chaque année à Valence, la semaine du 19 mars. Le terme **fallas** désigne les grandes figures en papier mâché et en bois, à l'effigie d'hommes politiques et de personnalités connues, qui sont réalisées pendant l'année par les différentes équipes en compétition. Ces figures sont ensuite examinées par un jury et brûlées dans des feux de joie. Seules les meilleures échappent aux flammes.*

---

**fallecer** [faʎe'θer] *vi* décéder.

**fallecimiento** [faʎeθi'mjento] *nm* décès *m*.

**fallido, -a** [fa'ʎiðo, a] *adj* avorté(e).

**fallo** ['faʎo] *nm* (*JUR*) jugement *m*; (*defecto, INFORM*) défaut *m*; (*error*) erreur *f*; (*de motor*) défaillance *f*; (*DEPORTE*) faute *f*; **fallo cardíaco** crise *f* cardiaque.

**falsedad** [false'ðað] *nf* fausseté *f*; (*mentira*) mensonge *m*.

**falsificar** [falsifi'kar] *vt* falsifier.

**falso, -a** ['falso, a] *adj* faux(fausse); (*puerta*) dérobé(e); **declarar en ~** faire une fausse déclaration; **dar un paso en ~** (*tb fig*) faire un faux pas.

**falta** ['falta] *nf* (*carencia*) manque *m*; (*defecto, en comportamiento*) défaut *m*; (*ausencia*) absence *f*; (*en examen, ejercicio, DEPORTE*) faute *f*; (*JUR*) erreur *f*; **echar en ~** (*persona, clima*) regretter; **echo en ~ mis gafas** j'aurais bien besoin de mes lunettes; **hace ~ hacerlo** il faut le faire; **no hace ~ que vengas** il n'est pas nécessaire que tu viennes; **me hace ~ un lápiz** j'ai besoin d'un crayon; **sin ~** sans faute; **a/por ~ de** faute de; **falta de asistencia** non-assistance *f*; **falta de educación** manque d'éducation; **falta de ortografía** faute d'orthographe; **falta de respeto** manque de respect.

**faltar** [fal'tar] *vi* manquer; (*escasear*) se faire rare; **le falta algo** il lui manque qch; **¿falta algo?** il manque qch?; **falta mucho todavía** il reste encore beaucoup de temps; **¿falta mucho?** c'est encore loin?; **faltan 2 horas para llegar** il reste encore 2 heures avant que l'on arrive; **falta poco para que termine** c'est presque fini; **~ al respeto a algn** manquer de respect à qn; **~ a una cita/a clase** manquer un rendez-vous/la classe; **~ al trabajo** ne pas aller à son travail; **faltó a su palabra/promesa** il a manqué à sa parole/promesse; **~ por hacer** rester à faire; **~ a la verdad** faire une entorse à la vérité; **¡no faltaba o ~ía más!** (*naturalmente*) mais comment donc!; (*¡ni hablar!*) pas question!; **¡lo que faltaba!** c'est le bouquet!

**falto, -a** ['falto, a] *adj*: **está ~ de** il(elle) manque de.

**fama** ['fama] *nf* (*celebridad*) célébrité *f*; (*reputación*) réputation *f*; **tener ~ de** avoir la réputation de; **tener mala ~** avoir mauvaise réputation.

**famélico, -a** [fa'meliko, a] *adj* famélique.

**familia** [fa'milja] *nf* famille *f*; **de buena ~** de bonne famille; **estamos (como) en ~** on est en famille; **familia numerosa** famille nombreuse; **familia política** famille politique.

**familiar** [fami'ljar] *adj* familial(e); (*conocido, informal*) familier(-ère) ♦ *nm/f* parent(e).

**familiaridad** [familjari'ðað] *nf* familiarité *f*; **~es** *nfpl* (*pey*) familiarités *fpl*.

**familiarizarse** [familjari'θarse] *vpr*: **~ con** se familiariser avec.

**famoso, -a** [fa'moso, a] *adj* célèbre.

**fanático, -a** [fa'natiko, a] *adj*, *nm/f* fanatique *m/f*; **ser un ~ de** être un fanatique de.

**fanatismo** [fana'tismo] *nm* fanatisme *m*.

**fanfarrón, -ona** [fanfa'rron, ona] *adj*, *nm/f* fanfaron(ne).

**fango** ['fango] *nm* fange *f*.

**fangoso, -a** [fan'goso, a] *adj* fangeux (-euse); (*consistencia*) visqueux(-euse).

**fantasía** [fanta'sia] *nf* fantaisie *f*; **~s** *nfpl* (*ilusiones*) illusions *fpl*; **joyas de ~** bijoux *mpl* fantaisie.

**fantasma** [fan'tasma] *nm* fantôme *m*; (*pey: presuntuoso*) frimeur *m*; **compañía ~** société *f* fantôme.

**fantástico, -a** [fan'tastiko, a] *adj* fantastique.

**farmacéutico, -a** [farma'θeutiko, a] *adj* pharmaceutique ♦ *nm/f* pharmacien(ne).

**farmacia** [far'maθja] *nf* pharmacie *f*; **farmacia de guardia** pharmacie de garde.

**fármaco** ['farmako] *nm* médicament *m*.

**faro** ['faro] *nm* (*NÁUT, AUTO*) phare *m*; (*señal*) feu *m*; **faros antiniebla/delanteros/ traseros** feux *mpl* antibrouillard/avant/ arrière.

**farol** [fa'rol] *nm* lanterne *f*; (*FERRO*) feu *m*; (*poste*) réverbère *m*; **echarse o tirarse un ~** (*fam*) frimer.

**farola** [fa'rola] *nf* réverbère *m*.

**farsa** ['farsa] *nf* farce *f*; **¡es una ~!** (*fig*) quelle farce!

**farsante** [far'sante] *nm/f* farceur(-euse).

**fascículo** [fas'θikulo] *nm* fascicule *m*.

**fascinar** [fasθi'nar] *vt* fasciner.

**fascismo** [fas'θismo] *nm* fascisme *m*.

**fascista** [fas'θista] *adj*, *nm/f* fasciste *m/f*.

**fase** ['fase] *nf* phase *f*.

**fastidiar** [fasti'ðjar] *vt* (*molestar*) ennuyer; (*estropear*) gâcher; **fastidiarse** *vpr* prendre sur soi; ¡no fastidies! tu n'y penses pas!; ¡no te fastidia! tu imagines!; **ando fastidiado del estómago** mon estomac me fait souffrir.

**fastidio** [fas'tiðjo] *nm* ennui *m*; ¡qué ~! c'est trop bête!

**fastidioso, -a** [fasti'ðjoso, a] *adj* fastidieux(-euse).

**fastuoso, -a** [fas'twoso, a] *adj* fastueux (-euse).

**fatal** [fa'tal] *adj* fatal(e); (*fam: malo*) dur(e) ♦ *adv* très mal; **lo pasó ~** il l'a très mal vécu.

**fatalidad** [fatali'ðað] *nf* fatalité *f*.

**fatiga** [fa'tiɣa] *nf* fatigue *f*; **~s** *nfpl* (*penalidades*) tracas *mpl*.

**fatigar** [fati'ɣar] *vt* fatiguer; (*molestar*) ennuyer; **fatigarse** *vpr* se fatiguer.

**fatigoso, -a** [fati'ɣoso, a] *adj* (*tarea*) pénible; (*respiración*) difficile.

**favor** [fa'βor] *nm* faveur *f*; **haga el ~ de ...** faites-moi le plaisir de ...; **por ~** s'il vous plaît; **a ~ pour**; **a ~ de** en faveur de; (*COM*) à l'ordre de; **en ~ de** en faveur de; **gozar del ~ de algn** jouir de l'estime de qn.

**favorable** [faβo'raβle] *adj* favorable; **ser ~ a algo** être favorable à qch.

**favorecer** [faβore'θer] *vt* favoriser; (*suj: vestido, peinado*) avantager.

**favorito, -a** [faβo'rito, a] *adj, nm/f* favori(te).

**fax** [faks] *nm* fax *m*.

**fe** [fe] *nf* foi *f*; **de buena/mala ~** de bonne/mauvaise foi; **dar ~ de** faire foi de; **tener ~ en algo/algn** avoir foi en qch/qn; **fe de bautismo/de vida** certificat *m* de baptême/de vie; **fe de erratas** errata *m*.

**fealdad** [feal'dað] *nf* laideur *f*.

**febrero** [fe'βrero] *nm* février *m*; V tb **julio**.

**febril** [fe'βril] *adj* fiévreux(-euse); (*fig*) fébrile.

**fecha** ['fetʃa] *nf* date *f*; **en ~ próxima** prochainement; **hasta la ~** jusqu'à aujourd'hui; **por estas ~s** aux alentours de cette date; **fecha de caducidad** (*de alimentos*) date limite de consommation; (*de contrato*) terme *m*; **fecha de vencimiento** (*COM*) date d'échéance; **fecha límite** o **tope** date limite.

**fechar** [fe'tʃar] *vt* dater.

**fecundar** [fekun'dar] *vt* féconder.

**fecundo, -a** [fe'kundo, a] *adj* (*mujer, fig*)

fécond(e); (*tierra*) fertile.

**federación** [feðera'θjon] *nf* fédération *f*.

**federal** [feðe'ral] *adj* fédéral(e).

**felicidad** [feliθi'ðað] *nf* bonheur *m*; (*dicha*) félicité *f*; **~es** tous mes etc vœux.

**felicitación** [feliθita'θjon] *nf* (*enhorabuena*) vœux *mpl*; (*tarjeta*) carte *f* de vœux; **~ navideña o de Navidad** carte de Noël.

**felicitar** [feliθi'tar] *vt*: **~ (por)** féliciter (pour); **me felicitó por mi cumpleaños** il me souhaita un bon anniversaire; **~ las Pascuas** souhaiter un joyeux Noël; ¡**te felicito!** je te félicite!, tous mes vœux!

**feligrés, -esa** [feli'ɣres, esa] *nm/f* fidèle *m/f*.

**feliz** [fe'liθ] *adj* heureux(-euse); ¡**~ cumpleaños!** bon anniversaire!; ¡**felices Pascuas!/Navidades!** joyeux Noël!

**felpudo** [fel'puðo] *nm* paillasson *m*.

**femenino, -a** [feme'nino, a] *adj* féminin(e); (*ZOOL, BIO*) femelle ♦ *nm* (*LING*) féminin *m*.

**feminista** [femi'nista] *adj, nm/f* féministe *m/f*.

**fenomenal** [fenome'nal] *adj* (*fam: enorme*) phénoménal(e); (: *estupendo*) sensationnel(le) ♦ *adv* vachement bien.

**fenómeno** [fe'nomeno] *nm* phénomène *m* ♦ *adv*: **lo pasamos ~** on s'est vachement bien amusé ♦ *excl* super!

**feo, -a** ['feo, a] *adj* laid(e) ♦ *nm*: **hacer un ~ a algn** faire un sale coup à qn; **esto se está poniendo ~** ça va mal tourner; **más ~ que Picio** laid comme un pou.

**féretro** ['feretro] *nm* cercueil *m*.

**feria** ['ferja] *nf* foire *f*; (*AM: mercado de pueblo*) marché *m*; (*MÉX: cambio*) monnaie *f*; **~s** *nfpl* (*fiestas*) fêtes *fpl*; **feria comercial/de muestras** marché *m*/salon *m*.

**fermentar** [fermen'tar] *vi* fermenter.

**ferocidad** [feroθi'ðað] *nf* férocité *f*.

**feroz** [fe'roθ] *adj* féroce; (*fam: hambre*) de loup; (*ganas*) dingue.

**férreo, -a** ['ferreo, a] *adj* ferreux(-euse); (*fig*) de fer; **vía férrea** voie *f* ferrée.

**ferretería** [ferrete'ria] *nf* ferronnerie *f*.

**ferrocarril** [ferroka'rril] *nm* chemin *m* de fer; **ferrocarril de vía estrecha/única** chemin de fer à voie étroite/unique.

**ferroviario, -a** [ferrovja'rjo, a] *adj* ferroviaire ♦ *nm/f* employé(e) des chemins de fer.

**fértil** ['fertil] *adj* (*tierra, fig*) fertile; (*persona*) fécond(e).

**ferviente** [fer'βjente] *adj* fervent(e).

**fervor** [fer'βor] *nm* ferveur *f*.

**fervoroso, -a** [ferβo'roso, a] *adj* = **ferviente**.

**festejar** [feste'xar] *vt* fêter.

**festejo** [fes'texo] *nm* fête *f*; **~s** *nmpl* (*fiestas*) festivités *fpl*.

**festín** [fes'tin] *nm* festin *m*.

**festival** [festi'βal] *nm* festival *m*.

**festividad** [festiβi'ðað] *nf* festivité *f*.

**festivo, -a** [fes'tiβo, a] *adj* festif(-ive); (*alegre*) joyeux(-euse); **día ~** jour *m* de fête.

**fétido, -a** ['fetiðo, a] *adj* fétide.

**feto** ['feto] *nm* fœtus *msg*.

**fiable** [fi'aβle] *adj* (*persona*) digne de confiance; (*máquina*) fiable; (*criterio, versión*) valable.

**fiador, a** [fja'ðor, a] *nm/f* garant(e); **salir ~ por algn** se porter garant de qn.

**fiambre** ['fjambre] *adj* (CULIN) froid(e) ♦ *nm* (CULIN) charcuterie *f*; (*fam*) macchabée *m*.

**fianza** [fi'janθa] *nf* caution *f*; **libertad bajo ~** (JUR) liberté *f* sous caution.

**fiar** [fi'ar] *vt* vendre à crédit; (*salir garante de*) se porter garant de ♦ *vi* vendre à crédit; **fiarse** *vpr*: **~se de algn/algo** avoir confiance en qn/qch; **es de ~** on peut se fier à lui.

**fibra** ['fiβra] *nf* fibre *f*; (*fig*) punch *m*; **fibra de vidrio** fibre de verre; **fibra óptica** (INFORM) fibre optique.

**ficción** [fik'θjon] *nf* fiction *f*; **literatura/obra de ~** littérature *f*/œuvre *f* de fiction.

**ficha** ['fitʃa] *nf* fiche *f*; (*en juegos, casino*) jeton *m*; **ficha policial** fiche de police; **ficha técnica** (CINE) fiche technique.

**fichar** [fi'tʃar] *vt* ficher; (DEPORTE) recruter; (*fig*) classer ♦ *vi* (*deportista*) se faire recruter; (*trabajador*) pointer; **estar fichado** être fiché.

**fichero** [fi'tʃero] *nm* fichier *m*; **nombre de ~** (INFORM) nom *m* de fichier; **fichero activo/archivado/indexado** (INFORM) fichier actif/archivé/indexé; **fichero de reserva** (INFORM) fichier de sauvegarde.

**ficticio, -a** [fik'tiθjo, a] *adj* (*imaginario*) fictif(-ive); (*falso*) simulé(e).

**fidelidad** [fiðeli'ðað] *nf* fidélité *f*; **alta ~** haute fidélité.

**fideos** [fi'ðeos] *nmpl* vermicelles *mpl*.

**fiebre** ['fjeβre] *nf* fièvre *f*; **tener ~** avoir de la fièvre; **fiebre amarilla** fièvre jaune; **fie-**

**bre del heno** rhume *m* des foins; **fiebre palúdica** paludisme *m*.

**fiel** [fjel] *adj* fidèle ♦ *nm* aiguille *f*; **los ~es** (REL) les fidèles *mpl*.

**fieltro** ['fjeltro] *nm* feutre *m*.

**fiera** ['fjera] *nf* bête *f* féroce; **ponerse hecho una ~** devenir féroce; **ser un(a) ~ en** o **para algo** être un crack de qch.

**fiero, -a** ['fjero, a] *adj* féroce.

**fiesta** ['fjesta] *nf* fête *f*; (*vacaciones*: tb: **~s**) fêtes *fpl*; **hoy/mañana es ~** aujourd'hui/demain c'est fête; **estar de ~** faire la fête; **fiesta de guardar** (REL) Fête d'obligation; **fiesta nacional** fête nationale.

---

### fiesta

*Les Fiestas correspondent à des fêtes légales ou à des jours fériés institués par chaque région autonome. Elles coïncident souvent avec des fêtes religieuses. De nombreuses fiestas sont également organisées dans toute l'Espagne en l'honneur de la Sainte Vierge ou du saint patron de la ville ou du village. Les festivités, qui durent généralement plusieurs jours, peuvent comporter des processions, des défilés de carnaval, des courses de taureaux et des bals.*

---

**figura** [fi'ɣura] *nf* figure *f*; (*forma, imagen*) silhouette *f*; (*de porcelana, cristal*) figurine *f*; **figura retórica** figure de rhétorique.

**figurar** [fiɣu'rar] *vt, vi* figurer; **figurarse** *vpr* se figurer; **¡figúrate!** figure-toi!; **ya me lo figuraba** je l'avais bien dit.

**fijador** [fixa'ðor] *nm* fixateur *m*.

**fijar** [fi'xar] *vt* fixer; (*sellos*) coller; (*cartel*) afficher; (*residencia*) établir; **fijarse** *vpr*: **~se (en)** observer; **~ algo a** attacher qch à; **¡fíjate!** figure-toi!

**fijo, -a** ['fixo, a] *adj* fixe; (*sujeto*): **~ (a)** fixé(e) (à) ♦ *adv*: **mirar ~** regarder fixement; **de ~** assurément.

**fila** ['fila] *nf* file *f*; (DEPORTE, TEATRO) rang *m*; (*fig*: *facción*) faction *f*; **~s** *nfpl* (MIL) service *m* militaire; **ponerse en ~** se mettre en file; **en primera ~** au premier rang; **alistarse** o **incorporarse a ~s** être incorporé dans l'armée; **fila india** file indienne.

**filántropo, -a** [fi'lantropo, a] *nm/f* philanthrope *m/f*.

**filatelia** [fila'telja] *nf* philatélie *f*.

**filete** [fi'lete] *nm* filet *m*.

**filial** [fi'ljal] *adj* filial(e) ♦ *nf* filiale *f*.

**Filipinas** [fili'pinas] *nfpl*: **las (Islas) ~** les (îles) Philippines *fpl*.

**filipino, -a** [fili'pino, a] *adj* philippin(e) ♦ *nm/f* Philippin(e).

**filmar** [fil'mar] *vt* filmer.

**filo** ['filo] *nm* fil *m*; **sacar ~ a** aiguiser; **al ~ de la medianoche** à minuit sonnante; **arma de doble ~** (*fig*) arme *f* à double tranchant.

**filón** [fi'lon] *nm* filon *m*.

**filosofía** [filoso'fia] *nf* philosophie *f*; **tomarse algo con mucha ~** prendre qch avec philosophie.

**filósofo, -a** [fi'losofo, a] *nm/f* philosophe *m/f*.

**filtrar** [fil'trar] *vt* filtrer ♦ *vi* s'infiltrer; **filtrarse** *vpr* (*líquido*) s'infiltrer; (*luz, noticia*) filtrer; (*fig: dinero*) s'envoler.

**filtro** ['filtro] *nm* filtre *m*; (*papel*) buvard *m*; **filtro de aceite** (*AUTO*) filtre à huile.

**fin** [fin] *nm* fin *f*; **a ~ de cuentas** en fin de compte; **al ~** à la fin; **al ~ y al cabo** finalement; **a ~ de (que)** afin que; **a ~es de** à la fin de; **por/en ~** enfin; **dar** *o* **poner ~ a algo** mettre fin à qch; **con el ~ de** dans le but de; **sin ~** tant qu'on en veut; **llegar a ~ de mes** (*fig*) boucler ses fins de mois; **fin de año** fin d'année; **fin de archivo** (*INFORM*) fin de fichier; **fin de registro** (*INFORM*) fin de sauvegarde; **fin de semana** fin de semaine.

**final** [fi'nal] *adj* final(e) ♦ *nm* (*de partido, tarde*) fin *f*; (*de calle, novela*) bout *m* ♦ *nf* (*DEPORTE*) finale *f*; **al ~** à la fin; **a ~es de mayo** fin mai.

**finalidad** [finali'ðað] *nf* finalité *f*.

**finalista** [fina'lista] *nm/f* finaliste *m/f*.

**finalizar** [finali'θar] *vt* terminer ♦ *vi* toucher à sa fin; **~ la sesión** (*INFORM*) clore la session.

**financiar** [finan'θjar] *vt* financer.

**financiero, -a** [finan'θjero, a] *adj* financier(-ère) ♦ *nm/f* financier *m*.

**finca** ['finka] *nf* (*rústica*) ferme *f*; (*urbana*) propriété *f*.

**fingir** [fin'xir] *vt* feindre ♦ *vi* mentir; **fingirse** *vpr*: **~se dormido** faire semblant de dormir; **~se un sabio** se donner des airs de savant.

**finlandés, -esa** [finlan'des, esa] *adj* finlandais(e) ♦ *nm/f* Finlandais(e) ♦ *nm* (*LING*) finnois *m*.

**Finlandia** [fin'landja] *nf* Finlande *f*.

**fino, -a** ['fino, a] *adj* fin(e); (*tipo*) mince; (*de buenas maneras*) délicat(e) ♦ *nm* (*jerez*) xérès *m*.

**firma** ['firma] *nf* signature *f*; (*COM*) firme *f*.

**firmamento** [firma'mento] *nm* firmament *m*.

**firmar** [fir'mar] *vt, vi* signer; **~ un contrato** signer un contrat; **firmado y sellado** signé et scellé.

**firme** ['firme] *adj* solide; (*fig*) ferme ♦ *nm* chaussée *f*; **mantenerse ~** (*fig*) tenir ferme; **de ~** avec acharnement; **¡~s!** (*MIL*) garde-à-vous!; **oferta en ~** (*COM*) offre *f* ferme.

**firmemente** ['firmemente] *adv* fermement.

**firmeza** [fir'meθa] *nf* fermeté *f*; (*solidez*) solidité *f*; (*perseverancia*) persévérance *f*.

**fiscal** [fis'kal] *adj* fiscal(e) ♦ *nm* (*JUR*) avocat *m* général.

**fisco** ['fisko] *nm* fisc *m*; **declarar algo al ~** déclarer qch au fisc.

**fisgar** [fis'ɣar] *vt* fouiner dans ♦ *vi* fouiner.

**fisgonear** [fisɣone'ar] *vt* fureter dans ♦ *vi* fureter.

**física** ['fisika] *nf* physique *f*; *V tb* **físico**.

**físico, -a** ['fisiko, a] *adj* physique ♦ *nm* physique *m* ♦ *nm/f* physicien(ne).

**fisura** [fi'sura] *nf* fissure *f*; (*MED*) fracture *f*.

**flác(c)ido, -a** ['fla(k)θiðo, a] *adj* flasque.

**flaco, -a** ['flako, a] *adj* (*delgado*) maigre; (*débil*) faible; **punto ~** point *m* faible.

**flagrante** [fla'ɣrante] *adj* flagrant(e); **en ~ delito** en flagrant délit.

**flamante** [fla'mante] (*fam*) *adj* (*vistoso*) voyant(e); (*nuevo*) flambant neuf(neuve).

**flamenco, -a** [fla'menko, a] *adj* (*de Flandes*) flamand(e); (*baile, música*) flamenco ♦ *nm/f* Flamand(e) ♦ *nm* flamenco *m*; (*LING*) flamand *m*; (*ZOOL*) flamant *m*; **los ~s** les Flamands; **ponerse ~** frimer.

**flan** [flan] *nm* flan *m* au caramel; **flan de arroz/verduras** boule *f* de riz/légumes.

**flaqueza** [fla'keθa] *nf* faiblesse *f*.

**flash** [flas] (*pl* ~**es**) *nm* (*FOTO*) flash *m*.

**flauta** ['flauta] *nf* flûte *f* ♦ *nm/f* flûtiste *m/f*; **¡la gran ~!** (*AM: fam*) flûte!; **de la gran ~** (: *bárbaro*) du tonnerre; **hijo de la gran ~** (*AM: fam!*) fils *m* de pute (*fam!*); **flauta dulce** flûte à bec; **flauta travesera** flûte traversière.

**flecha** ['fletʃa] *nf* flèche *f*.

**flechazo** [fle'tʃaθo] nm (enamoramiento) coup m de foudre; (disparo) tir m de flèche.

**fleco** ['fleko] nm frange f.

**flema** ['flema] nm flegme m.

**flequillo** [fle'kiʎo] nm frange f.

**flexible** [flek'siβle] adj (material) souple; (fig) flexible.

**flexión** [flek'sjon] nf flexion f.

**flexo** ['flekso] nm lampe f de bureau.

**flojera** [flo'xera] nf défaillance f; (AM) paresse f; **me da ~ (hacer)** j'ai la flemme de (faire).

**flojo, -a** ['floxo, a] adj (cuerda, nudo) lâche; (persona, COM: sin fuerzas) faible; (perezoso: esp AM) paresseux(-euse); (viento, vino, trabajo) léger(-ère); (estudiante) faible; (conferencia) ennuyeux(-euse); **está ~ en matemáticas** il est faible en mathématiques.

**flor** [flor] nf fleur f; **en ~** en fleur; **la ~ y nata de la sociedad** (fig) la crème de la société; **en la ~ de la vida** dans la fleur de l'âge; **a ~ de piel** (fig) à fleur de peau; **es ~ de amigo** (AND, CSUR) c'est un super ami.

**florecer** [flore'θer] vi fleurir.

**floreciente** [flore'θjente] adj fleurissant(e).

**florero** [flo'rero] nm pot m de fleurs.

**floristería** [floriste'ria] nf fleuriste m.

**flota** ['flota] nf flotte f.

**flotador** [flota'ðor] nm flotteur m; (para nadar) bouée f.

**flotar** [flo'tar] vi flotter.

**flote** ['flote] nm: **a ~** à flot; **salir a ~** (fig) être remis(e) à flot.

**fluctuar** [fluk'twar] vi fluctuer.

**fluidez** [flui'ðeθ] nf fluidité f; **con ~** avec fluidité.

**fluido, -a** [flu'iðo, a] adj, nm fluide m.

**fluir** [flu'ir] vi couler; (fig: ideas) venir.

**flujo** ['fluxo] nm flux m; (MED) écoulement m; **~ y reflujo** flux et reflux; **~ de efectivo** (COM) marge f brute d'autofinancement.

**fluvial** [fluβi'al] adj fluvial(e); **vía ~** voie f fluviale.

**foca** ['foka] nf phoque m; (fam: persona gorda) gros tas m.

**foco** ['foko] nm foyer m; (AM: bombilla) ampoule f; (: farola) réverbère m; **foco de infección** (MED) foyer d'infection.

**fofo, -a** ['fofo, a] adj (esponjoso) mou(molle); (carnes) flasque.

**fogata** [fo'xata] nf feu m de bois.

**fogón** [fo'xon] nm (de cocina) plaque f.

**fogoso, -a** [fo'xoso, a] adj fougueux(-euse).

**folio** ['foljo] nm feuille f de papier; (IMPRENTA) folio m; **de tamaño ~** en feuillet.

**folklore** [fol'klore] nm folklore m.

**follaje** [fo'ʎaxe] nm feuillage m.

**folletín** [foʎe'tin] nm feuilleton m; (fig) mélodrame m.

**folleto** [fo'ʎeto] nm (de propaganda) prospectus msg; (informativo) dépliant m; (con instrucciones) livret m.

**follón** [fo'ʎon] (fam) nm bordel m; **armar un ~** faire du bordel; **se armó un ~** ça a été la panique.

**fomentar** [fomen'tar] vt promouvoir; (odio, envidia) fomenter.

**fomento** [fo'mento] nm promotion f.

**fonda** ['fonda] nf auberge f.

**fondo** ['fondo] nm fond m; (profundidad) profondeur f; (AM: prenda) combinaison f; **~s** nmpl (COM, de museo, biblioteca) fonds msg; **a/de ~** à/de fond; **a ~ perdido** à fonds perdu; **al ~ de la calle/del pasillo** au bout de la rue/au fond du couloir; **en el ~** au fond; **tener buen ~** avoir un bon fond; **los bajos ~s** les bas-fonds mpl; **fondo común** fonds msg commun; **fondo de amortización** (COM) fonds mpl d'amortissement; **fondo del mar** fond de la mer; **Fondo Monetario Internacional** Fonds msg monétaire international.

**fontanería** [fontane'ria] nf plomberie f.

**fontanero** [fonta'nero] nm plombier m.

**footing** ['futin] nm footing m; **hacer ~** faire du footing.

**forastero, -a** [foras'tero, a] nm/f étranger(-ère).

**forcejear** [forθexe'ar] vi lutter.

**forense** [fo'rense] nm/f (tb: **médico ~**) médecin m légiste.

**forjar** [for'xar] vt forger; (imperio, fortuna) bâtir; **forjarse** vpr (porvenir) s'assurer; (ilusiones) se faire; **hierro forjado** fer m forgé.

**forma** ['forma] nf forme f; (manera) façon f, manière f; **~s** nfpl (del cuerpo) formes fpl; **en (plena) ~** en (pleine) forme; **en baja ~ (física)** pas en bonne forme; **en ~ de** en forme de; **~ de pago** (COM) mode de paiement; **guardar las ~s** se tenir convenablement; **de ~ que ...** de sort que de todas ~s de toute façon.

**formación** [forma'θjon] *nf* formation *f*; ~ **a cargo de la empresa** formation continue; **formación profesional** formation professionnelle.

**formal** [for'mal] *adj* (*defecto*) de forme; (*requisito, promesa*) formel(le); (*persona*: *de fiar*) sérieux(-euse).

**formalidad** [formali'ðað] *nf* sérieux *m*; (*trámite*) formalité *f*.

**formalizar** [formali'θar] *vt* officialiser; **formalizarse** *vpr* se ranger.

**formar** [for'mar] *vt* former; (*hacer*) faire ♦ *vi* (MIL) se mettre en formation; (DEPORTE) se placer; **formarse** *vpr* se former; (*jaleo, lío*) se produire; ~ **parte de** faire partie de.

**formatear** [forma'tear] *vt* (INFORM) formater.

**formativo, -a** [forma'tiβo, a] *adj* formateur(-trice).

**formato** [for'mato] *nm* format *m*; **sin ~** (*disco, texto*) non formaté(e); **formato de registro** format d'enregistrement.

**formidable** [formi'ðaβle] *adj* formidable.

**fórmula** ['formula] *nf* formule *f*; (*fig*: *método*) solution *f*; **hacer algo por (pura) ~** faire qch pour la forme; **fórmula de cortesía** formule de courtoisie; **fórmula uno** (AUTO) formule un.

**formular** [formu'lar] *vt* formuler; (*idea*) émettre.

**formulario** [formu'larjo] *nm* formulaire *m*; **rellenar un ~** remplir un formulaire; **formulario de pedido** (COM) bon *m* de commande; **formulario de solicitud** (COM) formulaire de demande.

**fornido, -a** [for'niðo, a] *adj* corpulent(e).

**forrar** [fo'rrar] *vt* (*abrigo*) doubler; (*libro, sofá*) recouvrir; (*puerta*) blinder; **forrarse** *vpr* (*fam*) amasser une petite fortune.

**forro** ['forro] *nm* (*de abrigo*) doublure *f*; (*de libro*) couverture *f*; (*de sofá*) tissu *m*.

**fortalecer** [fortale'θer] *vt* fortifier; (*músculos*) endurcir; **fortalecerse** *vpr* se fortifier; (*músculos*) s'endurcir.

**fortaleza** [forta'leθa] *nf* (MIL) forteresse *f*; (*fuerza*) force *f*.

**fortuito, -a** [for'twito, a] *adj* fortuit(e).

**fortuna** [for'tuna] *nf* fortune *f*; **por ~** par hasard; **probar ~** tenter sa chance.

**forzar** [for'θar] *vt* forcer; (*proceso*) accélérer; (*violar*) violer; (*vista*) aiguiser; ~ **a algn**

**a hacer algo** forcer qn à faire qch.

**forzoso, -a** [for'θoso, a] *adj* forcé(e).

**fosa** ['fosa] *nf* fosse *f*; **fosas nasales** fosses *fpl* nasales.

**fósforo** ['fosforo] *nm* phosphore *m*; (AM: *cerilla*) allumette *f*.

**fósil** ['fosil] *adj, nm* fossile *m*.

**foso** ['foso] *nm* (*hoyo*, AUTO) fosse *f*; (TEATRO) fosse d'orchestre; (*de castillo*) douves *fpl*.

**foto** ['foto] *nf* photo *f*; **sacar** o **hacer una ~** faire une photo.

**fotocopia** [foto'kopja] *nf* photocopie *f*.

**fotocopiadora** [fotokopja'ðora] *nf* photocopieuse *f*.

**fotocopiar** [fotoko'pjar] *vt* photocopier.

**fotografía** [fotoɣra'fia] *nf* photographie *f*.

**fotógrafo, -a** [fo'toɣrafo, a] *nm/f* photographe *m/f*.

**fracasar** [fraka'sar] *vi* échouer.

**fracaso** [fra'kaso] *nm* échec *m*; (*desastre*) catastrophe *f*; (*revés*) revers *msg*.

**fracción** [frak'θjon] *nf* fraction *f*; (POL) scission *f*.

**fraccionamiento** [frakθjona'mjento] (AM) *nm* lotissement *m*.

**fractura** [frak'tura] *nf* fracture *f*; (*grieta*) cassure *f*.

**fragancia** [fra'ɣanθja] *nf* parfum *m*.

**frágil** ['fraxil] *adj* fragile.

**fragmento** [fraɣ'mento] *nm* fragment *m*; (MÚS) morceau *m* choisi.

**fragua** ['fraɣwa] *nf* forge *f*.

**fraguar** [fra'ɣwar] *vt* forger ♦ *vi* prendre.

**fraile** ['fraile] *nm* moine *m*.

**frambuesa** [fram'bwesa] *nf* framboise *f*.

**francamente** [franka'mente] *adv* franchement.

**francés, -esa** [fran'θes, esa] *adj* français(e) ♦ *nm/f* Français(e) ♦ *nm* (LING) français *m*.

**Francia** ['franθja] *nf* France *f*.

**franco, -a** ['franko, a] *adj* franc(he); (COM: *exento*: *entrada, puerto*) franco ♦ *nm* franc *m*; ~ **de derechos** (COM) hors taxe; ~ **al costado del buque** (COM) franco long du bord; ~ **puesto sobre vagón** (COM) franco wagon; ~ **a bordo** (COM) franco à bord; ~ **en fábrica** (COM) départ usine; **de ~** (CSUR) en permission.

**francotirador, a** [frankotira'ðor, a] *nm/f*

franc-tireur *m*.

**franela** [fra'nela] *nf* flanelle *f*.

**franja** ['franxa] *nf* (*en vestido, bandera*) frange *f*; (*de tierra, luz*) bande *f*.

**franquear** [franke'ar] *vt* (*paso, entrada*) débarrasser; (*carta etc*) affranchir; (*obstáculo*) franchir; **franquearse** *vpr*: ~**se con algn** parler à coeur ouvert avec qn.

**franqueo** [fran'keo] *nm* affranchissement *m*.

**franqueza** [fran'keθa] *nf* franchise *f*; **con ~** avec franchise.

---

### franquismo

*Le régime politique qui fut celui de Francisco Franco de la fin de la guerre civile espagnole, en 1939, jusqu'à sa mort en 1975, est connu sous le nom de **franquismo**. Franco était un dictateur autoritaire aux idées de droite pour qui l'Espagne devait être un pays traditionnel, catholique et autosuffisant. Dans les années 60, l'Espagne commença à s'ouvrir au reste du monde et connut une augmentation de la croissance économique et de l'opposition politique intérieure. À la mort de Franco, elle devint une monarchie démocratique et constitutionnelle.*

---

**frasco** ['frasko] *nm* flacon *m*.

**frase** ['frase] *nf* phrase *f*; (*locución*) expression *f*; **frase hecha** expression *f* figée; (*despectivo*) cliché *m*.

**fraterno, -a** [fra'terno, a] *adj* fraternel(le).

**fraude** ['frauðe] *nm* fraude *f*.

**fraudulento, -a** [frauðu'lento, a] *adj* frauduleux(-euse).

**frazada** [fra'θaða] (*AM*) *nf* couvre-lit *m*.

**frecuencia** [fre'kwenθja] *nf* fréquence *f*; **con ~** fréquemment; **frecuencia de red/del reloj** (*INFORM*) fréquence d'alimentation/d'horloge.

**frecuentar** [frekwen'tar] *vt* fréquenter.

**frecuente** [fre'kwente] *adj* fréquent(e); (*habitual*) habituel(le).

**fregadero** [freɣa'ðero] *nm* lave-vaisselle *m*.

**fregado, -a** [fre'ɣaðo, a] (*fam*) *adj* (*AM: molesto*) embêtant(e) ♦ *nm* dispute *f*.

**fregar** [fre'ɣar] *vt* laver; (*AM: fam*) énerver.

**fregona** [fre'ɣona] *nf* serpillière *f*; (*pey: sirvienta*) boniche *f*.

**freír** [fre'ir] *vt* frire; **freírse** *vpr* frire; ~ **a**

**preguntas a algn** assommer qn de questions.

**frenar** [fre'nar] *vt, vi* freiner; ~ **en seco** freiner brusquement.

**frenazo** [fre'naθo] *nm* coup *m* de frein.

**frenético, -a** [fre'netiko, a] *adj* frénétique; (*persona*) hors de soi; **ponerse ~** se mettre en colère.

**freno** ['freno] *nm* frein *m*; (*de cabalgadura*) mors *m*; **poner ~ a algo** (*fig*) réfréner qch; **freno de mano** frein à main.

**frente** ['frente] *nm* front *m*; (*ARQ, de objeto*) devant *m* ♦ *nf* front ♦ *adv* (*esp CSUR: fam*): ~ **mío/nuestro** *etc* en face de moi/nous *etc*; **hacer ~ común con algn** faire cause commune avec qn; ~ **a** en face de; (*en comparación con*) par rapport à; ~ **a ~** face à face; **chocar de ~** se heurter de front; **hacer ~ a** faire face à; **ir/ponerse al ~ de** être/se mettre à la tête de; **frente de batalla** front de bataille; **frente único** front commun.

**fresa** ['fresa] *nf* (*ESP*) fraise *f*; (*de dentista*) roulette *f*.

**fresco, -a** ['fresko, a] *adj* frais(fraîche); (*ropa*) léger(-ère); (*descarado*) insolent(e); (*descansado*) frais(fraîche) et dispos(e) ♦ *nm* (*aire*) frais *m*; (*ARTE*) fresque *f*; (*AM*) boisson *f* fraîche ♦ *nm/f* (*fam: descarado*) insolent(e); (: *desvergonzado*) effronté(e); **al ~** au frais; **hace ~** il fait frais; **estar/quedarse tan ~** demeurer imperturbable; **tomar el ~** prendre le frais; **¡qué ~!** quelle insolence!

**frescura** [fres'kura] *nf* fraîcheur *f*; (*descaro*) insolence *f*.

**frialdad** [frjal'dað] *nf* froideur *f*; (*indiferencia*) froideur glaciale.

**fricción** [frik'θjon] *nf* friction *f*.

**frigidez** [frixi'ðeθ] *nf* frigidité *f*.

**frigorífico, -a** [friɣo'rifiko, a] *adj* frigorifique ♦ *nm* réfrigérateur *m*; **camión ~** camion *m* frigorifique.

**frijol** [fri'xol] (*AM*) *nm* haricot *m* sec; (*verde*) haricot vert.

**frío, -a** ['frio, a] *adj* froid(e); (*fig: poco entusiasta*) pas très chaud(e); (*relaciones*) tendu(e) ♦ *nm* froid *m*; **coger ~** prendre froid; **tener ~** avoir froid; **hace ~** il fait froid; **¡qué ~!** il fait un de ces froids!; **quedarse ~** commencer à avoir froid.

**frito, -a** ['frito, a] *pp de* **freír** ♦ *adj* (*CULIN*) frit(e) ♦ *nm*: ~**s** (*CULIN*) friture *f*; **me tiene** o

**trae ~ ese hombre** (*fam*) ce type est barbant; **quedarse ~** (*fam*) s'endormir.

**frívolo, -a** ['friβolo, a] *adj* frivole

**frontal** [fron'tal] *adj* frontal(e); (*choque*) de front.

**frontera** [fron'tera] *nf* frontière *f*; **sin ~s** sans limite.

**fronterizo, -a** [fronte'riθo, a] *adj* (*pueblo, paso*) frontalier(-ère); (*países*) limitrophe.

**frontón** [fron'ton] *nm* (*cancha*) fronton *m*; (*juego*) pelote *f* basque.

**frotar** [fro'tar] *vt, vi* frotter; **frotarse** *vpr*: **~se las manos** se frotter les mains.

**fructífero, -a** [fruk'tifero, a] *adj* fructueux(-euse).

**fruncir** [frun'θir] *vt* froncer; (*labios*) plisser.

**frustrar** [frus'trar] *vt* frustrer; **frustrarse** *vpr* (*plan etc*) échouer.

**fruta** ['fruta] *nf* fruit *m*; **fruta del tiempo** fruit de saison; **fruta escarchada** fruit confit.

**frutería** [frute'ria] *nf* boutique *f* de fruits et légumes.

**frutero, -a** [fru'tero, a] *adj* fruitier(-ère) ♦ *nm/f* marchand(e) de fruits et légumes ♦ *nm* compotier *m*.

**frutilla** [fru'tiʎa] (*AND, CSUR*) *nf* fraise *f*.

**fruto** ['fruto] *nm* fruit *m*; **dar** o **producir ~** porter ses fruits; **frutos secos** fruits *mpl* secs.

**fue** [fwe] *vb V* **ser**; **ir**.

**fuego** ['fweɣo] *nm* feu *m*; **prender ~ a** mettre le feu à; **a ~ lento** à petit feu; **¡alto el ~!** cessez le feu!; **estar entre dos ~s** être pris(e) entre deux feux; **¿tienes ~?** t'as du feu?; **fuegos artificiales** o **de artificio** feux *mpl* d'artifice.

**fuente** ['fwente] *nf* fontaine *f*; (*bandeja*) plateau *m*; (*fig*) source *f*; **de buena ~** de source sûre; **de ~s fidedignas** de sources bien informées; **fuente de alimentación** (*INFORM*) source d'alimentation; **fuente de soda** (*AM*) buvette *f*.

**fuera** ['fwera] *vb V* **ser**; **ir** ♦ *adv* dehors; (*de viaje*) en voyage ♦ *prep*: **~ de** hors de; (*fig*) sauf; **¡~!** dehors!; **~ de alcance** hors de portée; **~ de combate** hors de combat; (*BOXEO*) K.O.; (*FÚTBOL*) hors jeu; **~ de la ley** hors-la-loi; **estar ~ de lugar** ne pas être à sa place; **~ de serie/servicio/temporada** hors série/service/saison; **~ de sí** hors de soi; **~ de (toda) duda/sospecha** au-dessus de tout soupçon; **por ~** au dehors;

**los de ~** les étrangers *mpl*.

**fuera-borda** [fwera'βorða] *nm inv* horsbord *m*.

**fuerte** ['fwerte] *adj* fort(e); (*resistente*) solide; (*chocante*) choquant(e) ♦ *adv* (*sujetar*) solidement; (*golpear*) violemment; (*llover*) à verse; (*gritar*) fort ♦ *nm* (*MIL*) fort *m*; (*fig*): **el canto no es mi ~** le chant, ce n'est pas mon fort.

**fuerza** ['fwerθa] *vb V* **forzar** ♦ *nf* force *f*; (*MIL*: *tb*: **~s**) forces *fpl*; **a ~ de** à force de; **cobrar ~s** prendre des forces; **empujar/tirar con ~/con todas sus ~s** pousser/tirer avec force/de toutes ses forces; **tener ~** avoir de la force; **tener ~s para hacer** avoir la force de faire; **a** o **por la ~ de** force; **con ~ legal** (*COM*) à force de loi; **por ~** forcément; **fuerzas aéreas/armadas** forces aériennes/armées; **fuerza bruta** force brute; **fuerza de arrastre** (*TEC*) effort *m* de traction; **fuerzas de Orden Público** forces de l'ordre; **fuerza de voluntad** volonté *f*; **fuerza mayor** force majeure; **fuerza vital** énergie *f* vitale.

**fuga** ['fuɣa] *nf* fugue *f*; (*de gas, agua*) fuite *f*; **fuga de capitales** (*ECON*) fuite des capitaux; **fuga de cerebros** (*fig*) fuite des cerveaux.

**fugarse** [fu'ɣarse] *vpr* s'enfuir; (*amantes*) faire une fugue.

**fugaz** [fu'ɣaθ] *adj* fugitif(-ive).

**fugitivo, -a** [fuxi'tiβo, a] *adj* en fuite ♦ *nm/f* fugitif(-ive).

**fui** *etc* [fwi] *vb V* **ser**; **ir**.

**fulano, -a** [fu'lano, a] *nm/f* un(e) tel(le).

**fulminante** [fulmi'nante] *adj* explosif(-ive); (*MED, fig*) foudroyant(e); (*fam: éxito*) fulgurant(e).

**fumador, a** [fuma'ðor, a] *nm/f* fumeur (-euse); **no ~** non fumeur(-euse).

**fumar** [fu'mar] *vt, vi* fumer; **fumarse** *vpr* fumer; (*fam: herencia*) manger; (: *clases, trabajo*) manquer; **~ en pipa** fumer la pipe.

**función** [fun'θjon] *nf* fonction *f*; (*TEATRO etc*) représentation *f*; **entrar en funciones** entrer en fonction; **~ de tarde/de noche** matinée *f*/soirée *f*; **en ~ de** en fonction de; **presidente/director en funciones** président/directeur par intérim.

**funcional** [funθjo'nal] *adj* fonctionnel(le).

**funcionar** [funθjo'nar] *vi* fonctionner; **"no funciona"** "en panne".

**funcionario, -a** [funθjo'narjo, a] *nm/f* fonctionnaire *m/f*.

**funda** ['funda] *nf* étui *m*; (*de almohada*) taie *f*; (*de disco*) pochette *f*.

**fundación** [funda'θjon] *nf* fondation *f*.

**fundamental** [fundamen'tal] *adj* fondamental(e).

**fundamentar** [fundamen'tar] *vt* (*fig*): ~ **(en)** fonder (sur).

**fundamento** [funda'mento] *nm* fondement *m*; **~s** *nmpl* (*de ciencia, arte*) fondements *mpl*; **eso carece de ~** ça ne tient pas debout.

**fundar** [fun'dar] *vt* fonder; (*fig: basar*): ~ **en** fonder sur; **fundarse** *vpr*: **~se en** se fonder sur.

**fundición** [fundi'θjon] *nf* (*fábrica*) fonderie *f*; (*de metal*, TIP) fonte *f*.

**fundir** [fun'dir] *vt* fondre; (COM, *fig*) fusionner; **fundirse** *vpr* (*colores etc*) se fondre; (ELEC, *nieve, mantequilla*) fondre; (*fig*) fusionner.

**fúnebre** ['funeβre] *adj* funèbre; (*fig*) sombre.

**funeral** [fune'ral] *nm* funérailles *fpl*.

**funeraria** [fune'rarja] *nf* pompes *fpl* funèbres.

**funesto, -a** [fu'nesto, a] *adj* funeste.

**furgón** [fur'xon] *nm* (*camión*) camion *m*; (FERRO) wagon *m*.

**furgoneta** [furxo'neta] *nf* fourgonnette *f*.

**furia** ['furja] *nf* furie *f*; **hecho una ~** comme une furie.

**furibundo, -a** [furi'βundo, a] *adj* furibond(e).

**furioso, -a** [fu'rjoso, a] *adj* furieux(-euse); (*violento*) violent(e).

**furor** [fu'ror] *nm* fureur *f*; **hacer ~** faire fureur.

**furtivo, -a** [fur'tiβo, a] *adj* furtif(-ive); (*cazador*) braconnier *m*.

**fusible** [fu'siβle] *nm* fusible *m*.

**fusil** [fu'sil] *nm* fusil *m*.

**fusilar** [fusi'lar] *vt* fusiller.

**fusión** [fu'sjon] *nf* fusion *f*.

**fútbol** ['futβol] *nm* football *m*.

**futbolín** [futβo'lin] *nm* baby-foot *m*.

**futbolista** [futβo'lista] *nm/f* footballeur (-euse).

**futuro, -a** [fu'turo, a] *adj* futur(e) ♦ *nm* avenir *m*; (LING) futur *m*; **~s** *nmpl* (COM) opérations *fpl* à terme; **futura madre** future maman *f*.

## — G g —

**gabardina** [gaβar'ðina] *nf* imperméable *m*; (*tela*) gabardine *f*.

**gabinete** [gaβi'nete] *nm* cabinet *m*; (*de abogados*) étude *f*; **gabinete de consulta/de lectura** salle *f* de consultation/ de lecture.

**gaceta** [ga'θeta] *nf* gazette *f*.

**gachas** ['gatʃas] *nfpl* polenta *f*.

**gafas** ['gafas] *nfpl* lunettes *fpl*; **gafas de sol** lunettes de soleil.

**gafe** ['gafe] *adj*: **ser ~** porter la poisse.

**gaita** ['gaita] *nf* cornemuse *f*; (*cosa engorrosa*) fardeau *m*.

**gajes** ['gaxes] *nmpl*: **~ del oficio** aléas *mpl* du métier.

**gajo** ['gaxo] *nm* (*de naranja*) quartier *m*; (*racimo*) grappe *f*.

**gala** ['gala] *nf* gala *m*; **~s** *nfpl* (*atuendo*) atours *mpl*; **de ~** de gala; **vestir de ~** mettre sa tenue de gala; (MIL) être en grand uniforme; **hacer ~ de** se targuer de; **tener algo a ~** mettre un point d'honneur à faire qch; **con sus mejores ~s** de ses plus beaux atours.

**galante** [ga'lante] *adj* galant(e).

**galantería** [galante'ria] *nf* galanterie *f*; (*cumplido*) courtoisie *f*.

**galápago** [ga'lapaxo] *nm* tortue *f* marine.

**galaxia** [ga'laksja] *nf* galaxie *f*.

**galera** [ga'lera] *nf* (*nave*) galère *f*; (TIP) galée *f*; **~s** *nfpl* (*castigo*) galères *fpl*.

**galería** [gale'ria] *nf* galerie *f*; (*para cortina*) tringle *f*; **hacer algo para la ~** faire qch pour sauver les apparences; **galería comercial** galerie commerciale; **galería secreta** passage *m* secret.

**Gales** ['gales] *nm*: **(el País de) ~** le pays de Galles.

**galés, -esa** [ga'les, esa] *adj* gallois(e) ♦ *nm/f* Gallois(e) ♦ *nm* gallois *msg*.

**galgo, -a** ['galxo, a] *nm/f* lévrier(levrette).

**Galicia** [ga'liθja] *nf* Galice *f*, Galicie *f*.

**galimatías** [galima'tias] *nm inv* galimatias *msg*.

**gallardía** [gaʎar'ðia] *nf* (*en aspecto*) grâce *f*; (*al actuar*) vaillance *f*.

**gallego, -a** [ga'ʎexo, a] *adj* galicien(ne);

(AM: pey) espagnol(e) ♦ nm/f Galicien(ne); (AM: pey) Espingouin m ♦ nm (LING) galicien m.

**galleta** [ga'ʎeta] nf galette f; (fam: bofetada) baffe f.

**gallina** [ga'ʎina] nf poule f ♦ nm (fam) poule mouillée; **carne de ~** chair f de poule; **gallina ciega** colin-maillard m; **gallina clueca** poule pondeuse.

**gallinero** [gaʎi'nero] nm poulailler m; (donde se vocea) volière f.

**gallo** ['gaʎo] nm coq m; (pescado) raie f; (MÚS) couac m; **en menos que canta un ~** en un clin d'œil; **otro ~ nos cantara** ça serait tout autre chose.

**galón** [ga'lon] nm galon m.

**galopar** [galo'par] vi galoper.

**gama** ['gama] nf gamme f; (ZOOL) femelle f du daim.

**gamba** ['gamba] nf crevette f.

**gamberro, -a** [gam'berro, a] nm/f vandale m/f, voyou m.

**gamuza** [ga'muθa] nf chamois msg; (bayeta) peau f de chamois.

**gana** ['gana] nf (deseo) envie f; (apetito) faim f; **de buena/mala ~** volontiers/à contrecœur; **me dan ~s de hacer** ça me donne envie de faire; **tener ~s de (hacer)** avoir envie de (faire); **me quedé con las ~s de ir** j'y serais bien allé; **no me da la (real) ~** je n'en ai pas (vraiment) envie; **son ~s de molestar** c'est vraiment pour le plaisir d'embêter le monde; **hacer algo con/sin ~s** faire qch volontiers/à contrecœur.

**ganadería** [ganaðe'ria] nf bétail m; (cría) élevage m; (comercio) commerce m du bétail.

**ganado** [ga'naðo] nm bétail m; **ganado bovino** o **vacuno** bovins mpl; **ganado caballar/cabrío** cheveaux mpl/chèvres fpl; **ganado lanar/porcino** moutons mpl/porcs mpl.

**ganador, a** [gana'ðor, a] adj, nm/f gagnant(e).

**ganancia** [ga'nanθja] nf gain m; **~s** nfpl (ingresos) revenus mpl; (beneficios) gains mpl; **pérdidas y ~s** profits et pertes; **sacar ~ de** tirer profit de; **ganancia bruta/líquida** bénéfice m brut/net; **ganancias de capital** plus-values fpl (de capital).

**ganar** [ga'nar] vt gagner; (fama, experiencia) acquérir; (premio) remporter; (peso) prendre; (apoyo) s'assurer ♦ vi (DEPORTE) gagner; (mejorar) améliorer; **ganarse** vpr: **~se la vida** gagner sa vie; **le gana en simpatía** il est plus sympathique; **~ a algn para una causa** rallier qn à une cause; **se lo ha ganado** il l'a bien gagné; **~ tiempo** gagner du temps; **salir ganando** sortir gagnant.

**ganchillo** [gan'tʃiʎo] nm crochet m; **hacer ~** faire du crochet; **aguja de ~** crochet.

**gancho** ['gantʃo] nm crochet m; (fam: atractivo) charme m; **usar algo/a algn como ~** utiliser qch/qn comme appât.

**gandul, a** [gan'dul, a] adj, nm/f feignant(e).

**ganga** ['ganga] nf (COM) affaire f.

**gangrena** [gan'grena] nf gangrène f.

**gángster** ['ganster] (pl **~s**) nm gangster m.

**ganso, -a** ['ganso, a] nm/f jars(oie); (fam) tarte f; **hacer el ~** faire l'imbécile.

**ganzúa** [gan'θua] nf crochet m.

**garabatear** [garaβate'ar] vt griffonner ♦ vi avoir une écriture de chat.

**garabato** [gara'βato] nm gribouillage m; **~s** nmpl (escritura) pattes fpl de mouche.

**garaje** [ga'raxe] nm garage m; **plaza de ~** place f de parking.

**garante** [ga'rante] adj, nm/f garant(e).

**garantía** [garan'tia] nf garantie f; **de máxima ~** garanti(e) à cent pour cent.

**garantizar** [garanti'θar] vt garantir; **te garantizo que no vendrá** je te garantis qu'il ne viendra pas.

**garbanzo** [gar'βanθo] nm pois msg chiche; **garbanzo negro** (fig) brebis fsg galeuse.

**garbo** ['garβo] nm allure f; (gracia) grâce f; **andar con ~** avoir une démarche élégante.

**garfio** ['garfjo] nm (TEC) crochet m; (ALPINISMO) piton m.

**garganta** [gar'ɣanta] nf gorge f; **se me hizo un nudo en la ~** j'ai eu la gorge nouée.

**gargantilla** [garɣan'tiʎa] nf collier m.

**gárgara** ['garɣara] nf gargarisme m; **hacer ~s** faire des gargarismes; **¡vete a hacer ~s!** (fam) va te faire voir!

**garita** [ga'rita] nf guérite f.

**garra** ['garra] nf griffe f; (de ave) serre f; **caer en las ~s de algn** tomber entre les griffes de qn.

**garrafa** [ga'rrafa] nf carafe f.

**garrapata** [garra'pata] nf puce f.

**garrote** [ga'rrote] *nm* (*palo*) gourdin *m*; (*porra*) massue *f*; (*ejecución*) garrot *m*.

**garza** ['garθa] *nf* héron *m*.

**gas** [gas] *nm* gaz *m*; **~es** *nmpl* (MED) gaz *mpl*; **a todo ~** plein gaz; **gases lacrimógenos** gaz *mpl* lacrymogènes; **gas natural** gaz *m* naturel.

**gasa** ['gasa] *nf* gaze *f*; (*de pañal*) couche *f*.

**gaseosa** [gase'osa] *nf* limonade *f*.

**gaseoso, -a** [gase'oso, a] *adj* gazeux (-euse).

**gasoil** [ga'soil], **gasóleo** [ga'soleo] *nm* gas oil *m*.

**gasolina** [gaso'lina] *nf* essence *f*.

**gasolinera** [gasoli'nera] *nf* station-service *f*.

**gastado, -a** [gas'taðo, a] *adj* (*ropa*) usé(e); (*mechero*) fini(e); (*bolígrafo*) qui n'a plus d'encre; (*fig: político*) dépassé(e).

**gastar** [gas'tar] *vt* dépenser; (*malgastar*) perdre; (*desgastar*) user; (*usar*) porter; (*fig: persona*) user; **gastarse** *vpr* s'user; **~ bromas** faire des blagues; **¿qué número gastas?** quelle est ta pointure?

**gasto** ['gasto] *nm* dépense *f*; **~s** *nmpl* (*desembolsos*) dépenses *fpl*; (*costes*) frais *mpl*; **cubrir ~s** couvrir les frais; **meterse en ~s** faire des frais inutiles; **gasto corriente/fijo** (COM) dépenses courantes/frais fixes; **gastos de desplazamiento** frais de déplacement; **gastos de distribución/representación** (COM) frais de distribution/représentation; **gastos de mantenimiento** frais de maintenance; **gastos de tramitación** (COM) frais de dossier; **gastos generales** frais généraux; **gastos vencidos** (COM) frais à payer.

**gastritis** [gas'tritis] *nf* gastrite *f*.

**gastronomía** [gastrono'mia] *nf* gastronomie *f*.

**gata** ['gata] *nf* V **gato**.

**gatear** [gate'ar] *vi* marcher à quatre pattes.

**gatillo** [ga'tiλo] *nm* gâchette *f*.

**gato, -a** ['gato] *nm/f* chat(te) ♦ *nm* (TEC) cric *m*; **andar a gatas** marcher à quatre pattes; **dar a algn ~ por liebre** rouler qn; **aquí hay ~ encerrado** il y a anguille sous roche; **gato de Angora** chat Angora; **gato montés/siamés** chat sauvage/siamois.

**gaviota** [ga'βjota] *nf* mouette *f*.

**gay** [ge] *adj, nm* homo *m*.

**gazpacho** [gaθ'patʃo] *nm* gaspacho *m* (*soupe froide espagnole*).

**gel** [xel] *nm* (*de ducha*) gel *m*; (*de baño*) bain *m* moussant.

**gelatina** [xela'tina] *nf* gélatine *f*.

**gema** ['xema] *nf* gemme *f*.

**gemelo, -a** [xe'melo, a] *adj, nm/f* jumeau(-elle); **~s** *nmpl* (*de camisa*) boutons *mpl* de manchette; (*anteojos*) jumelles *fpl*; **gemelos de campo/de teatro** jumelles de campagne/de spectacle.

**gemido** [xe'miðo] *nm* gémissement *m*.

**Géminis** ['xeminis] *nm* (ASTROL) Gémeaux *mpl*; **ser ~** être (des) Gémeaux.

**gemir** [xe'mir] *vi* gémir; (*animal*) geindre.

**gen** [xen] *nm* gène *m*.

**gen.** *abr* (LING) = **género**.

**generación** [xenera'θjon] *nf* génération *f*; **primera/segunda** *etc* **~** (INFORM) première/deuxième *etc* génération.

**general** [xene'ral] *adj* général(e) ♦ *nm* général *m*; **en o por lo ~** en général; **general de brigada/de división** général de brigade/de division.

**Generalitat** [xenerali'tat] *nf* gouvernement catalan.

**generalizar** [xenerali'θar] *vt, vi* généraliser; **generalizarse** *vpr* se généraliser.

**generalmente** [xene'ralmente] *adv* généralement.

**generar** [xene'rar] *vt* (*energía*) générer; (*interés*) provoquer.

**género** ['xenero] *nm* genre *m*; (COM) article *m*; **~s** *nmpl* (*productos*) articles *mpl*; **género chico** (*zarzuela*) comédie musicale espagnole; **géneros de punto** tricots *mpl*; **género humano** genre humain; **género literario** genre littéraire.

**generosidad** [xenerosi'ðað] *nf* générosité *f*.

**generoso, -a** [xene'roso, a] *adj* généreux(-euse).

**genética** [xe'netika] *nf* génétique *f*.

**genial** [xe'njal] *adj* (*artista, obra*) de génie; (*fam: idea*) génial(e); (: *persona*) spirituel(le).

**genio** ['xenjo] *nm* tempérament *m*; (*mal carácter*) mauvais caractère *m*; (*persona, en cuentos*) génie; **tener mal ~** être soupe au lait *inv*, être emporté(e); **tener un ~ vivo** être un peu vif(vive), être soupe au lait *inv*.

**genital** [xeni'tal] *adj* génital(e) ♦ *nm*: **~es** organes *mpl* génitaux.

**genoma** [xe'noma] *nm* génome *m*.

**gente** ['xente] *nf* gens *mpl*; (*fam: familia*) petite famille *f*; (AM: *fam*): **una ~ como usted** quelqu'un comme vous; **es buena ~** (*fam*) c'est un bon gars; **gente baja/bien** petits gens/gens bien; **gente de la calle** gens comme vous et moi; **gente gorda** (*fig*) les grosses légumes *fpl*; **gente menuda** les tout petits.

**gentileza** [xenti'leθa] *nf*: **tener la ~ de hacer** avoir la gentillesse de faire; **por ~ de** avec l'aimable autorisation de.

**gentío** [xen'tio] *nm* foule *f*; **¡qué ~!** quel peuple!

**genuino, -a** [xe'nwino, a] *adj* authentique.

**geografía** [xeoɣra'fia] *nf* géographie *f*.

**geología** [xeolo'xia] *nf* géologie *f*.

**geometría** [xeome'tria] *nf* géométrie *f*.

**geranio** [xe'ranjo] *nm* géranium *m*.

**gerencia** [xe'renθja] *nf* direction *f*; (*cargo*) gérance *f*.

**gerente** [xe'rente] *nm/f* (*supervisor*) gérant(e); (*jefe*) directeur(-trice).

**geriatría** [xerja'tria] *nf* gériatrie *f*.

**germen** ['xermen] *nm* germe *m*.

**germinar** [xermi'nar] *vi* germer.

**gesticular** [xestiku'lar] *vi* gesticuler; (*hacer muecas*) faire des grimaces.

**gestión** [xes'tjon] *nf* gestion *f*; (*trámite*) démarche *f*; **hacer las gestiones preliminares** faire les démarches préliminaires; **gestión de cartera/de riesgos** (COM) gestion de portefeuille/des risques; **gestión de personal** gestion du personnel; **gestión financiera** (COM) gestion financière; **gestión interna** (INFORM) gestion des disques.

**gestionar** [xestjo'nar] *vt* s'occuper de.

**gesto** ['xesto] *nm* geste *m*; (*mueca*) grimace *f*; **hacer ~s** faire des gestes; **hacer ~s a algn** faire de grands gestes à qn.

**Gibraltar** [xiβral'tar] *nm* Gibraltar *m*.

**gibraltareño, -a** [xiβralta'reɲo, a] *adj* de Gibraltar ♦ *nm/f* natif(-ive) o habitant(e) de Gibraltar.

**gigante** [xi'ɣante] *adj* géant(e) ♦ *nm/f* géant(e); (*fig*) génie *m*.

**gigantesco, -a** [xiɣan'tesko, a] *adj* gigantesque.

**gilipollas** [xili'poʎas] (*fam!*) *adj inv, nm/f inv* con(ne) (*fam!*).

**gimnasia** [xim'nasja] *nf* gymnastique *f*; **hacer ~** faire de la gymnastique.

**gimnasio** [xim'nasjo] *nm* gymnase *m*.

**gimnasta** [xim'nasta] *nm/f* gymnaste *m/f*.

**gimotear** [ximote'ar] *vi* pleurnicher.

**Ginebra** [xi'neβra] *n* Genève.

**ginebra** [xi'neβra] *nf* genièvre *m*.

**ginecólogo, -a** [xine'koloɣo, a] *nm/f* gynécologue *m/f*.

**gira** ['xira] *nf* excursion *f*; (*de grupo*) tournée *f*.

**girar** [xi'rar] *vt* (*hacer girar*) faire tourner; (*dar la vuelta*) tourner; (*giro postal, letra de cambio*) virer ♦ *vi* tourner; **~ (a/hacia)** (*torcer*) virer (à); **~ en torno a** (*conversación*) s'orienter vers; **~ alrededor de algo** tourner autour de qch; **~ en descubierto** être à découvert.

**girasol** [xira'sol] *nm* tournesol *m*.

**giratorio, -a** [xira'torjo, a] *adj* tournant(e).

**giro** ['xiro] *nm* tour *m*; (COM) virement *m*; (*tb*: **~ postal**) mandat *m* (postal); **dar un ~** tourner; **dar un ~ de 180 grados** (*fig*) faire un demi-tour; **giro a la vista** (COM) virement à vue; **giro bancario** virement bancaire.

**gis** [xis] (MÉX) *nm* craie *f*.

**gitano, -a** [xi'tano, a] *adj* gitan(e) ♦ *nm/f* Gitan(e).

**glacial** [gla'θjal] *adj* (*zona*) glaciaire; (*frío, fig*) glacial(e).

**glaciar** [gla'θjar] *nm* glacier *m*.

**glándula** ['glandula] *nf* glande *f*.

**global** [glo'βal] *adj* global(e).

**globo** ['gloβo] *nm* globe *m*; (*para volar, juguete*) ballon *m*; **globo ocular** globe oculaire; **globo terráqueo** o **terrestre** globe terrestre.

**glóbulo** ['gloβulo] *nm*: **~ blanco/rojo** globule *m* blanc/rouge.

**gloria** ['glorja] *nf* gloire *f*; (REL) paradis *m*; **estar en la ~** être aux anges; **es una ~** (*fam*) quel délice; **saber a ~** être délicieux(-euse).

**glorieta** [glo'rjeta] *nf* (*de jardín*) tonnelle *f*; (AUTO, *plaza*) rond-point *m*.

**glorificar** [glorifi'kar] *vt* glorifier.

**glorioso, -a** [glo'rjoso, a] *adj* glorieux (-euse).

**glosario** [glo'sarjo] *nm* glossaire *m*.

**glotón, -ona** [glo'ton, ona] *adj, nm/f* glouton(ne).

**glucosa** [glu'kosa] *nf* glucose *m*.

**gobernador, a** [goβerna'ðor, a] *nm/f* gouverneur *m*; **Gobernador civil** *représentant du gouvernement au niveau local*; **Go-**

**bernador militar** gouverneur militaire.

**gobernante** [goβer'nante] *adj* gouvernant(e) ♦ *nm* gouvernant *m*.

**gobernar** [goβer'nar] *vt* gouverner; (*nave*) piloter; (*fam*) dominer ♦ *vi* gouverner; (*NÁUT*) piloter; ~ **mal** mal gouverner.

**gobierno** [go'βjerno] *vb* V **gobernar** ♦ *nm* gouvernement *m*; (*NÁUT*) pilotage *m*; **G~ Vasco/de Aragón** gouvernement basque/d'Aragon; **Gobierno Civil** *institution représentant le gouvernement au niveau local*.

**goce** ['goθe] *vb* V **gozar** ♦ *nm* jouissance *f*.

**gol** [gol] *nm* but *m*; **meter un** ~ marquer un but.

**golf** [golf] *nm* golf *m*.

**golfa** ['golfa] (*fam*) *nf* pute *f*.

**golfo¹** ['golfo] *nm* voyou *m*; (*gamberro*) casse-pieds *m inv*; (*hum: pillo*) radin.

**golfo²** ['golfo] *nm* golfe *m*.

**golondrina** [golon'drina] *nf* hirondelle *f*.

**golosina** [golo'sina] *nf* gourmandise *f*.

**goloso, -a** [go'loso, a] *adj* gourmand(e); (*empleo*) de rêve.

**golpe** ['golpe] *nm* coup *m*; **no dar** ~ ne pas en ficher une rame; **dar el** ~ faire sensation; **darse un** ~ se cogner; **de un** ~ en un clin d'œil; **de** ~ **y porrazo** tout d'un coup; **cerrar una puerta de** ~ claquer la porte; **golpe bajo** coup bas; **golpe de fortuna/de maestro** coup du destin/de maître; **golpe de gracia** coup de grâce; **golpe de tos** quinte *f* de toux.

**golpear** [golpe'ar] *vt* frapper, heurter ♦ *vi* cogner; (*lluvia*) tomber dru; (*puerta*) battre; **golpearse** *vpr* se cogner.

**goma** ['goma] *nf* gomme *f*; (*gomita, COSTURA*) élastique *m*; **goma de mascar** chewing-gum *m*; **goma de pegar** colle *f*; **goma dos** (*explosivo*) plastic *m*.

**gordo, -a** ['gorðo, a] *adj* (*MÚS*) gros(se); (*libro, árbol, tela*) épais(se); (*fam: problema*) de taille; (*accidente*) catastrophique ♦ *nm/f* gros homme(grosse femme) ♦ *nm* (*tb*: **premio** ~) gros lot *m*; (*de la carne*) gras *msg*; **¡~!** (*CHI: fam*) chéri(e)!; **ese tipo me cae** ~ ce type ne me revient pas.

---

**El Gordo**

*El Gordo désigne le gros lot attribué au tirage de la loterie nationale espagnole "Lotería Nacional", en particulier à Noël.*

---

*Le tirage au sort exceptionnel "Sorteo Extraordinario de Navidad" du 22 décembre atteint une valeur de plusieurs millions de francs. Étant donné le coût élevé des billets, les Espagnols jouent souvent en groupe et se partagent ensuite les gains.*

---

**gordura** [gor'ðura] *nf* obésité *f*; (*grasa*) graisse *f*.

**gorila** [go'rila] *nm* gorille *m*; (*CSUR: fam: jefe militar*) chef *m*.

**gorjear** [gorxe'ar] *vi* triller.

**gorra** ['gorra] *nf* casquette *f*, béret *m*; (*de niño*) bonnet *m*; **de** ~ (*sin pagar*) à l'œil; **gorra de montar** bombe *f*; **gorra de paño** béret de laine; **gorra de visera** casquette à visière.

**gorrión** [go'rrjon] *nm* moineau *m*.

**gorro** ['gorro] *nm* bonnet *m*; **estoy hasta el** ~ j'en ai par-dessus la tête; **gorro de baño** bonnet de bain; **gorro de punto** bonnet tricoté.

**gorrón, -ona** [go'rron, ona] *nm/f* parasite *m/f*.

**gota** ['gota] *nf* goutte *f*; ~s *nfpl* (*de medicamento*) gouttes *fpl*; **una** ~, **unas** ~s (*un poco*) une goutte; ~ **a** ~ *adv* (*caer*) goutte à goutte ♦ *nm inv* (*MED*) goutte-à-goutte *m inv*; **ni** ~ pas une miette; **la** ~ **que colma el vaso** la goutte d'eau qui fait déborder le vase; **como dos** ~s **de agua** comme deux gouttes d'eau; **caer unas** *o* **cuatro** ~s tomber deux ou trois gouttes.

**gotear** [gote'ar] *vi* goutter; (*lloviznar*) pleuvoter.

**gotera** [go'tera] *nf* gouttière *f*; (*mancha*) tache *f* d'humidité.

**gozar** [go'θar] *vi* jouir; ~ **de** jouir de; ~ **con algo** jouir de qch; ~ **haciendo algo** éprouver un immense plaisir à faire qch.

**gozne** ['goθne] *nm* gond *m*.

**gozo** ['goθo] *nm* (*alegría*) plaisir *m*; (*placer*) jouissance *f*; **¡mi** ~ **en un pozo!** adieu veau, vache, cochon, couvée!

**gr.** *abr* (= *gramo(s)*) g (= *gramme(s)*).

**grabación** [graβa'θjon] *nf* enregistrement *m*.

**grabado, -a** [gra'βaðo, a] *adj* (*MÚS*) enregistré(e) ♦ *nm* gravure *f*; **grabado al agua fuerte** gravure à l'eau-forte; **grabado en cobre/madera** gravure sur cuivre/bois.

**grabadora** [graβa'ðora] *nf* magnétophone

*m.*

**grabar** [gra'βar] *vt* (*en piedra, ARTE*) graver; (*discos, en video, INFORM*) enregistrer; **lo tengo grabado en la memoria** ça reste gravé dans ma mémoire.

**gracia** ['graθja] *nf* grâce *f;* (*chiste*) plaisanterie *f;* (: *irónico*) plaisanterie lourde; (*humor*) humour *m;* **¡muchas ~s!** merci beaucoup!; **~s a** grâce à; **¡~s a Dios!** grâce à Dieu!; **caerle en ~ a algn** être dans les bonnes grâces de qn; **tener ~** (*chiste etc*) être amusant(e); (*irónico*) être très amusant(e); **¡qué ~!** (*gracioso*) comme c'est drôle!; (*irónico*) très drôle!; **no me hace ~** **(hacer)** ça ne m'amuse pas (de faire); **dar las ~s a algn por algo** remercier qn de o pour qch.

**gracioso, -a** [gra'θjoso, a] *adj* amusant(e) ♦ *nm/f* (*TEATRO*) bouffon(ne); **su graciosa Majestad** sa gracieuse Majesté; **¡qué ~!** (*irónico*) très amusant!; **es ~ que ...** c'est curieux que ...

**grada** ['graða] *nf* marche *f;* **~s** *nfpl* (*de estadio*) gradins *mpl.*

**gradería** [graðe'ria] *nf* gradins *mpl;* **gradería cubierta** stade *m* couvert.

**grado** ['graðo] *nm* degré *m;* (*ESCOL*) classe *f;* (*UNIV*) titre *m;* (*MIL*) grade *m;* **de buen ~** de bon gré; **quemaduras de primer/ segundo ~** brûlures *fpl* au premier/second degré; **en sumo ~** au plus haut degré; **grado centígrado/Fahrenheit** degré centigrade/Fahrenheit.

**graduación** [graðwa'θjon] *nf* (*medición en grados*) gradation *f;* (*escala*) échelle *f;* (*del alcohol*) degré *m;* (*UNIV*) remise *f* du diplôme *f;* (*MIL*) grade *m;* **de alta ~** de haut rang.

**graduado, -a** [gra'ðwaðo, a] *adj* gradué(e) ♦ *nm/f* (*UNIV*) diplômé(e) ♦ *nm:* **~ escolar** ≈ brevet *m* des collèges; **graduado social** ≈ B.T.S. *m* d'assistance sociale.

**gradual** [gra'ðwal] *adj* progressif(-ive).

**graduar** [gra'ðwar] *vt* graduer; (*volumen*) mesurer; (*MIL*): **~ a algn de** conférer à qn le grade de; **graduarse** *vpr* (*UNIV*) être diplômé(e); (*MIL*): **~se (de)** obtenir son grade (de); **~se la vista** se faire vérifier la vue.

**gráfica** ['grafika] *nf* courbe *f;* **gráfica de temperatura** (*MED*) courbe de température.

**gráfico, -a** ['grafiko, a] *adj* graphique; (*revista*) d'art; (*expresivo*) vivant(e) ♦ *nm* gra-

phique *m;* **~s** *nmpl* (*tb INFORM*) graphiques *mpl;* **gráfico de barras** (*COM*) graphique à barres; **gráfico de sectores o de tarta** (*COM*) camembert *m;* **gráficos empresariales** (*COM*) graphiques de l'entreprise.

**gragea** [gra'xea] *nf* (*MED*) pilule *f;* (*caramelo*) dragée *f.*

**grajo** ['graxo] *nm* corbeau *m.*

**Gral.** *abr* (*MIL* = *General*) G^al (= *Général*).

**gramática** [gra'matika] *nf* grammaire *f; V tb* **gramático.**

**gramatical** [gramati'kal] *adj* grammatical(e).

**gramático, a** [gra'matiko, a] *nm/f* grammairien(ne).

**gramo** ['gramo] *nm* gramme *m.*

**gran** [gran] *adj* V **grande.**

**granada** [gra'naða] *nf* grenade *f;* **granada de mano** grenade à main.

**granate** [gra'nate] *adj* grenat *adj inv* ♦ *nm* grenat *m.*

**Gran Bretaña** [grambre'taɲa] *nf* Grande-Bretagne *f.*

**grande** ['grande] *adj* grand(e); (*ARG: fam: gracioso*) rigolo(te) ♦ *nm* grand *m;* **gran miedo** grand peur; **¿cómo es de ~?** c'est grand comment?; **a lo ~** dans le faste; **pasarlo en ~** faire une fête grandiose; **los zapatos le están o quedan ~s** ces chaussures sont trop grandes pour lui.

**grandeza** [gran'deθa] *nf* grandeur *f.*

**grandioso, -a** [gran'djoso, a] *adj* grandiose.

**granel** [gra'nel] *nm:* **a ~** (*COM*) en vrac.

**granero** [gra'nero] *nm* grenier *m.*

**granito** [gra'nito] *nm* granit *m;* **poner/ aportar su ~ de arena** apporter sa modeste contribution.

**granizado** [grani'θaðo] *nm* jus *m* de fruit glacé; **~ de café** café *m* frappé.

**granizar** [grani'θar] *vi* grêler.

**granizo** [gra'niθo] *nm* grêlon *m.*

**granja** ['granxa] *nf* ferme *f;* **granja avícola** ferme avicole.

**granjear** [granxe'ar] *vt* (*amistad, simpatía*) gagner; **granjearse** *vpr* gagner.

**granjero, -a** [gran'xero, a] *nm/f* fermier (-ère).

**grano** ['grano] *nm* grain *m;* (*MED*) bouton *m;* **ir al ~** aller droit au but.

**granuja** [gra'nuxa] *nm* (*bribón*) fripouille *f;* (*golfillo*) filou *m.*

**grapa** ['grapa] nf agrafe f; (CSUR: aguardiente barato) tord-boyaux m inv.

**grapadora** [grapa'ðora] nf agrafeuse f.

**grasa** ['grasa] nf graisse f; (sebo) gras m; ~s nfpl (de persona) graisse; **grasa de ballena/de pescado** graisse de baleine/ de poisson.

**grasiento, -a** [gra'sjento, a] adj gras(se); (sucio) graisseux(-euse).

**graso, -a** ['graso, a] adj gras(se).

**gratificación** [gratifika'θjon] nf gratification f.

**gratificar** [gratifi'kar] vt (recompensar) gratifier; "se ~á" "récompense".

**gratis** ['gratis] adj inv, adv gratis inv.

**gratitud** [grati'tuð] nf gratitude f.

**grato, -a** ['grato, a] adj agréable; **ser ~ de hacer** être heureux(-euse) de faire; **nos es ~ informarle que ...** nous sommes heureux de vous informer que ...; **persona non-grata** persona f non grata.

**gratuito, -a** [gra'twito, a] adj gratuit(e).

**gravamen** [gra'βamen] nm (carga) poids msg; (impuesto) servitude f, hypothèque f; **libre de ~** (ECON) non grevé(e) d'hypothèque.

**gravar** [gra'βar] vt (JUR: propiedad) grever; ~ **(con impuesto)** (producto) imposer.

**grave** ['graβe] adj grave; **estar ~** être grave; **herida ~** blessure f grave.

**gravedad** [graβe'ðað] nf gravité f.

**gravilla** [gra'βiʎa] nf gravillon m.

**gravitar** [graβi'tar] vi graviter; ~ **sobre algn** peser sur qn.

**graznar** [graθ'nar] vi (cuervo) croasser; (pato) cancaner.

**Grecia** ['greθja] nf Grèce f.

**gremio** ['gremjo] nm corporation f.

**greña** ['greɲa] nf (tb: ~s) tignasse f; **andar a la ~** se disputer.

**gresca** ['greska] nf altercation f.

**griego, -a** ['grjeɣo, a] adj grec(que) ♦ nm/f Grec(que) ♦ nm (LING) grec m.

**grieta** ['grjeta] nf (en pared, madera) fente f; (en terreno, MED) crevasse f.

**grifo** ['grifo] nm robinet m; (AND) stationservice f.

**grilletes** [gri'ʎetes] nmpl fers mpl.

**grillo** ['griʎo] nm grillon m; ~s nmpl (de preso) fers mpl.

**gripe** ['gripe] nf grippe f.

**gris** [gris] adj gris(e); (vida) triste; (personaje) terne; (estudiante) médiocre ♦ nm gris msg; **gris marengo/perla** gris anthracite/perle.

**gritar** [gri'tar] vt, vi crier; **¡no (me) grites!** ne crie pas (après moi)!

**grito** ['grito] nm cri m; **a ~ pelado** en hurlant; **a ~s** en criant; **dar ~s** pousser des cris; **poner el ~ en el cielo** pousser des hauts cris; **es el último ~** (de moda) c'est le dernier cri.

**grosella** [gro'seʎa] nf groseille f; **grosella negra** cassis msg.

**grosería** [grose'ria] nf grossièreté f.

**grosero, -a** [gro'sero, a] adj grossier(-ère).

**grosor** [gro'sor] nm grosseur f.

**grotesco, -a** [gro'tesko, a] adj grotesque.

**grúa** ['grua] nf grue f; **grúa corrediza o móvil** pont m roulant; **grúa de pescante** grue à flèche; **grúa de torre** grue de chantier; **grúa puente** grue à chevalet.

**grueso, -a** ['grweso, a] adj épais(se); (persona) corpulent(e); (mar) fort(e) ♦ nm grosseur f; **el ~ de** le gros de.

**grulla** ['gruʎa] nf grue f.

**grumo** ['grumo] nm grumeau m.

**gruñido** [gru'ɲiðo] nm grognement m.

**grupa** ['grupa] nf (ZOOL) croupe f.

**grupo** ['grupo] nm groupe m; **grupo de presión** groupe de pression; **grupo sanguíneo** groupe sanguin.

**gruta** ['gruta] nf grotte f.

**guadaña** [gwa'ðaɲa] nf serpe f.

**guagua** ['gwaɣwa] nf (ANT, CANARIAS) autobus msg; (AND, CSUR) bébé m.

**guante** ['gwante] nm gant m; **se ajusta como un ~** il te/lui etc va comme un gant; **más suave que un ~** doux(douce) comme un agneau; **arrojar el ~ a algn** jeter le gant à qn; **echar el ~ a algn** prendre qn au collet; **con ~ blanco** (fig) en prenant des gants; **guantes de goma** gants de caoutchouc.

**guantera** [gwan'tera] nf (AUTO) boîte f à gants.

**guapo, -a** ['gwapo, a] adj beau(belle) ♦ nm (AND: fam) beau gosse m; **estar ~** être beau; **¡ven, ~!** (a niños) viens, mon mignon!; **¿quién será el ~ que se atreva?** alors, qui est chiche d'y aller?

**guarda** ['gwarða] nm/f gardien(ne) ♦ nf garde f; **guarda forestal** garde m forestier; **guarda jurado** vigile m.

**guardabosques** [gwarda'βoskes] nm/f inv garde m forestier.

**guardacostas** [gwarda'kostas] *nm inv* garde *m* côte.

**guardaespaldas** [gwardaes'paldas] *nm/f inv* garde *m/f* du corps.

**guardameta** [gwarða'meta] *nm* gardien *m* de but.

**guardar** [gwar'ðar] *vt* garder; (*poner: en su sitio*) mettre; (*: en sitio seguro*) ranger; (*ley*) observer; **guardarse** *vpr* garder; (*ocultar*) garder (pour soi); ~ **de** garder de; ~ **cama/silencio** garder le lit/le silence; ~ **el sitio** (*en cola*) garder la place; ~ **las apariencias** sauver les apparences; ~**se de** (*evitar*) garder de; ~**se de hacer** (*abstenerse*) se garder de faire; **se la tengo guardada** il me le paiera.

**guardarropa** [gwarða'rropa] *nm* (*armario*) armoire *f*; (*en establecimiento público*) vestiaire *m*; (*ropas*) garde-robe *f*.

**guardería** [gwarðe'ria] *nf* garderie *f*.

**guardia** ['gwarðja] *nf* garde *f* ♦ *nm/f* (*de tráfico, municipal etc*) agent *m*; (*policía*) policier(femme policier); **estar de** ~ être de garde; **estar/ponerse en** ~ être sur ses gardes/se mettre en garde; **montar** ~ monter la garde; **la Guardia Civil** *la Garde de Civile espagnole*; **un guardia civil** ≈ un gendarme; **guardia de tráfico** agent de la circulation; **guardia municipal** o **urbana** agent de police; **Guardia Nacional** (*NIC, PAN*) ≈ gendarmerie *f* nationale.

---

**Guardia Civil**

*La **Guardia Civil** est une division de l'"Ejército de Tierra" (armée de terre) responsable du maintien de l'ordre en dehors des grandes agglomérations. Elle opère dans un esprit militaire, sous la responsabilité conjointe du ministère espagnol de la Défense et du ministère de l'Intérieur. Elle est également connue sous le nom de "La Benemérita".*

---

**guardián, -ana** [gwar'ðjan, ana] *nm/f* gardien(ne).

**guarecer** [gware'θer] *vt* héberger; **guarecerse** *vpr*: ~**se (de)** s'abriter (de).

**guarida** [gwa'riða] *nf* abri *m*; (*fig: de delincuentes*) repaire *m*.

**guarnecer** [gwarne'θer] *vt* garnir; (*TEC*) revêtir; (*MIL*) doter d'une garnison.

**guarnición** [gwarni'θjon] *nf* (*de vestimenta*) ornement *m*; (*de piedra preciosa*) chaton *m*; (*CULIN*) garniture *f*; (*arneses*) harnachement *m*; (*MIL*) garnison *f*.

**guarro, -a** ['gwarro, a] *adj* (*fam*) sale ♦ *nm/f* cochon(truie); (*fam: persona*) cochon(ne).

**guasa** ['gwasa] *nf* blague *f*; **con** o **de** ~ pour rire.

**guasón, -ona** [gwa'son, ona] *adj, nm/f* blagueur(-euse).

**Guatemala** [gwate'mala] *nf* Guatemala *m*.

**gubernativo, -a** [guβerna'tiβo, a] *adj* du gouvernement.

**guerra** ['gerra] *nf* guerre *f*; ~ **a muerte** guerre à mort; **Primera/Segunda G~ Mundial** Première/Deuxième Guerre mondiale; **estar en** ~ être en guerre; **dar** ~ donner du fil à retordre; **guerra atómica / bacteriológica / nuclear/psicológica** guerre atomique/bactériologique/nucléaire/psychologique; **guerra civil/fría** guerre civile/froide; **guerra de guerrillas** guérilla *f*, guerre de partisans; **guerra de precios** (*COM*) guerre des prix.

**guerrear** [gerre'ar] *vi* guerroyer.

**guerrero, -a** [ge'rrero, a] *adj* de guerre; (*carácter*) guerrier(-ère) ♦ *nm/f* guerrier(-ère).

**guerrilla** [ge'rriʎa] *nf* guérilla *f*.

**guerrillero, -a** [gerri'ʎero, a] *nm/f* guérillero *m*.

**guía** ['gia] *vb* V **guiar** ♦ *nm/f* (*persona*) guide *m/f* ♦ *nf* (*libro*) guide *m*; (*BOT*) élagage *m*; (*INFORM*) message *m*; **guía de ferrocarriles** horaire *m* des trains; **guía telefónica** annuaire *m*; **guía turística** (*libro*) guide *m* touristique; **guía turístico** (*persona*) guide *m/f*.

**guiar** [gi'ar] *vt* guider; (*AUTO*) diriger; **guiarse** *vpr*: ~**se por** suivre.

**guijarro** [gi'xarro] *nm* caillou *m*.

**guillotina** [giʎo'tina] *nf* guillotine *f*; (*para papel*) coupe-papier *m inv*.

**guinda** ['ginda] *nf* griotte *f*.

**guindilla** [gin'diʎa] *nf* piment *m*.

**guiñapo** [gi'ɲapo] *nm* (*harapo*) haillon *m*; (*persona*) chiffe *f* molle; **estar hecho un** ~ être lessivé.

**guiñar** [gi'ɲar] *vt* cligner de.

**guión** [gi'on] *nm* (*LING*) tiret *m*; (*esquema*) plan *m*; (*CINE*) scénario *m*.

**guionista** [gjo'nista] *nm/f* scénariste *m/f*.

**guiri** ['giri] (*fam*) *nm/f* étranger(-ère).

**guirnalda** [gir'nalda] *nf* guirlande *f*.
**guisado** [gi'saðo] *nm* ragoût *m*.
**guisante** [gi'sante] *nm* petit pois *msg*.
**guisar** [gi'sar] *vt, vi* faire cuire; (*fig*) tramer.
**guiso** ['giso] *nm* plat *m*.
**guitarra** [gi'tarra] *nf* guitare *f*.
**gula** ['gula] *nf* gloutonnerie *f*.
**gusano** [gu'sano] *nm* ver *m*; (*de mariposa, pey*) larve *f*; (*CU: pey*) réfugié cubain; **gusano de seda** ver à soie.
**gustar** [gus'tar] *vt* goûter ♦ *vi* plaire; **~ de hacer** prendre plaisir à faire; **me gustan las uvas** j'aime le raisin; **le gusta nadar** il aime nager; **me gusta ese chico/esa chica** j'aime bien ce garçon/cette fille; **¿usted gusta?** vous en prendrez bien?; **como usted guste** comme il vous plaira.
**gusto** ['gusto] *nm* goût *m*; (*agrado, placer*) plaisir *m*; (*afición*) intérêt *m*; **a su** *etc* **~** à votre *etc* aise; **hacer algo con ~** faire qch avec plaisir; **dar ~ a algn** faire plaisir à qn; **que da ~** bien agréable; **tiene un ~ amargo** ça a un goût amer; **tener buen/mal ~** avoir bon/mauvais goût; **sobre ~s no hay nada escrito** chacun ses goûts; **de buen/mal ~** de bon/mauvais goût; **darse el ~ de hacer algo** se faire le plaisir de faire qch; **estar/sentirse a ~** être/se sentir à l'aise; **¡mucho o tanto ~ (en conocerle)!** enchanté(e) o ravi(e) de faire votre connaissance; **el ~ es mío** tout le plaisir est pour moi; **coger o tomar ~ a algo** prendre goût à qch.
**gustoso, -a** [gus'toso, a] *adj* savoureux (-euse); **aceptar ~** accepter avec joie.

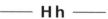

## —— H h ——

**ha** [a] *vb V* haber.
**Ha.** *abr* (= *Hectárea(s)*) ha (= *hectare(s)*).
**haba** ['aßa] *nf* fève *f*; **en todas partes cuecen ~s** ça peut arriver à tout le monde.
**Habana** [a'ßana] *nf*: **la ~** la Havane.
**habano** [a'ßano] *nm* havane *m*.
**habéis** [a'beis] *vb V* haber.

**haber** [a'ßer] *vb aux* **1** (*tiempos compuestos*) avoir; (*con verbos pronominales y de movimiento*) être; **he/había comido** j'ai/j'avais mangé; **antes/después de haberlo visto** avant/après l'avoir vu; **si lo hubiera sabido, habría ido** si j'avais su, j'y serais allé; **se ha sentado** il s'est assis; **ella había salido** elle était sortie; **¡haberlo dicho antes!** il fallait le dire plus tôt!
**2**: **haber de** (+ *infin*): **he de hacerlo** je dois le faire; **ha de llegar mañana** il doit arriver demain; **no ha de tardar** (*AM*) il arrivera bientôt; **has de estar loco** (*AM*) tu dois être tombé sur la tête
♦ *vb impers* **1** (*existencia*) avoir; **hay un hermano/dos hermanos** il y a un frère/deux frères; **¿cuánto hay de aquí a Sucre?** il y a combien d'ici à Sucre?; **habrá unos 4° (de temperatura)** il doit faire 4°; **no hay cintas blancas, pero sí las hay rojas** il n'y a pas de rubans blancs, mais il y en a des rouges; **¡no hay quien le entienda!** personne n'arrive à le comprendre!; **no hay nada como un buen filete** il n'y a rien de tel qu'un bon filet
**2** (*tener lugar*): **hubo mucha sequía/una guerra** il y a eu une grande sécheresse/une guerre; **¿hay partido mañana?** il y a un match demain?
**3**: **¡no hay de** o **por** (*AM*) **qué!** il n'y a pas de quoi!
**4**: **¿qué hay?** (*¿qué pasa?*) qu'est-ce qu'il y a?; (*¿qué tal?*) ça va?; **¡qué hubo! ¡qué húbole!** (*esp MÉX, CHI: fam*) salut!
**5** (*haber que* + *infin*): **hay que apuntarlo para acordarse** il faut le marquer pour s'en souvenir; **¡habrá que decírselo!** il faudra le lui dire!
**6**: **¡hay que ver!** il faut voir!
**7**: **he aquí las pruebas** voici les preuves
**8**: **¡habráse visto!** (*fam*) eh bien dis o dites donc!; **¡hubiera visto ...!** (*MÉX: si hubiera visto*) si vous aviez vu ...!
**haberse** *vpr*: **voy a habérmelas con él** je vais m'expliquer avec lui
♦ *nm* **1** (*COM*) crédit *m*; **¿cuánto tengo en el haber?** j'ai combien sur mon compte?; **tiene varias novelas en su haber** il a plusieurs romans à son actif
**2**: **~es** *nmpl* avoirs *mpl*.

**habichuela** [aβi'tʃwela] *nf* haricot *m*.

**hábil** ['aβil] *adj* habile; **día ~** jour *m* ouvrable.

**habilidad** [aβili'ðað] *nf* habileté *f*; **~es** *nfpl* (*aptitudes*) aptitudes *fpl*; **tener ~ manual** être habile de ses mains.

**habilitar** [aβili'tar] *vt* (*autorizar, JUR*) habiliter; (*financiar*) financer; **~ (para)** (*casa, local*) aménager (pour); **~ a algn para hacer** habiliter qn à faire.

**hábilmente** ['aβilmente] *adv* habilement.

**habitación** [aβita'θjon] *nf* pièce *f*; (*dormitorio*) chambre *f*; **habitación doble o de matrimonio** chambre double; **habitación sencilla o individual** chambre simple.

**habitante** [aβi'tante] *nm/f* habitant(e).

**habitar** [aβi'tar] *vt, vi* habiter.

**hábito** ['aβito] *nm* (*costumbre*) habitude *f*; (*traje*) habit *m*; **tener el ~ de hacer algo** avoir l'habitude de faire qch.

**habitual** [aβi'twal] *adj* habituel(le).

**habituar** [aβi'twar] *vt*: **~ a algn a (hacer)** habituer qn à (faire); **habituarse** *vpr*: **~se a (hacer)** s'habituer à (faire).

**habla** ['aβla] *nf* (*capacidad de hablar*) parole *f*; (*forma de hablar*) langage *m*; (*dialecto*) parler *m*; **perder el ~** perdre l'usage de la parole; **de ~ francesa/española** de langue française/espagnole; **estar/ponerse al ~** être en train de parler/se mettre à parler; **estar al ~** (*TELEC*) être à l'appareil; **¡González al ~!** (*TELEC*) González à l'appareil!

**hablador, a** [aβla'ðor, a] *adj, nm/f* bavard(e).

**habladuría** [aβlaðu'ria] *nf* commérage *m*; **~s** *nfpl* (*chismes*) commérages *mpl*.

**hablante** [a'βlante] *nm/f* (*LING*) locuteur (-trice); **los ~s de catalán** les personnes parlant catalan.

**hablar** [a'βlar] *vt, vi* parler; **hablarse** *vpr* se parler; **~lo (con algn)** en parler (avec qn); **~ con** parler avec; **¡ya puede ~!** (*TELEC*) à vous!; **¡ni ~!** pas question!; **~ alto/claro** parler fort/clairement; **dar que ~** faire jaser; **~ por los codos** bavarder comme une pie; **~ entre dientes** marmonner; **~ de** parler de; **~ mal/bien de algn** dire du mal/du bien de qn; **~ de tú/de usted** tutoyer/vouvoyer; **"se habla francés"** "on parle français"; **no se hablan** ils ne se parlent plus; **no me hablo con mi her-**

mana je ne parle plus à ma sœur.

**habré** *etc* [a'βre] *vb* V **haber**.

**hacendoso, -a** [aθen'doso, a] *adj* travailleur(-euse).

┌─────────────────────────────┐
│ PALABRA CLAVE │
└─────────────────────────────┘

**hacer** [a'θer] *vt* **1** (*producir, ejecutar*) faire; **hacer una película/un ruido** faire un film/un bruit; **hacer la compra** faire les courses; **hacer la comida** faire à manger; **hacer la cama** faire le lit

**2** (*obrar*) faire; **¿qué haces?** qu'est-ce que tu fais?; **eso no se hace** ça ne se fait pas; **¡así se hace!** c'est comme ça que l'on fait!; **¡bien hecho!** bravo!; **¿cómo has hecho para llegar tan rápido?** comment as-tu fait pour arriver si vite?; **no hace más que criticar** il ne fait que critiquer; **¡eso está hecho!** tout de suite!; **hacer el papel del malo** (*TEATRO*) avoir le rôle du méchant; **hacer el tonto/el ridículo** faire l'idiot/le pitre

**3** (*dedicarse a*) faire de; **hacer teatro** faire du théâtre; **hacer español/económicas** faire de l'espagnol/de l'économie; **hacer yoga/gimnasia/deporte** faire du yoga/de la gym/du sport

**4** (*causar*): **hacer ilusión** faire plaisir; **hacer gracia** faire rire

**5** (*conseguir*): **hacer amigos** se faire des amis; **hacer una fortuna** faire une fortune

**6** (*dar aspecto de*): **ese peinado te hace más joven** cette coiffure te rajeunit

**7** (*cálculo*): **esto hace 100** et voilà 100

**8** (*como sustituto de vb*) faire; **él bebió y yo hice lo mismo** il a bu et j'ai fait la même chose

**9** (+ *inf*, + *que*): **les hice venir** je les ai fait venir; **hacer trabajar a los demás** faire travailler les autres; **aquello me hizo comprender** cela m'a fait comprendre; **hacer reparar algo** faire réparer qch; **esto nos hará ganar tiempo** ça nous fera gagner du temps; **harás que no quiera venir** tu vas lui ôter l'envie de venir

**10** (+ *adj*) rendre; **~ feliz a algn** rendre qn heureux

♦ *vi* **1**: **hiciste bien en decírmelo** tu as bien fait de me le dire

**2** (*convenir*): **si os hace** si ça vous dit; **¿hace?** ça vous dit?

**3**: **no le hace** (*AM*: *no importa*) ça ne fait

rien
**4**: **haz como que no lo sabes** fais comme si tu ne savais rien
**5**: **hacer de** (*objeto*) servir de; **la tabla hace de mesa** la planche sert de table; **hacer de madre** jouer le rôle de mère; (*pey*) jouer les mères poules; (*TEATRO*): **hacer de Otelo** jouer Othello
♦ *vb impers* **1**: **hace calor/frío** il fait chaud/froid; V tb **bueno; sol; tiempo**
**2** (*tiempo*): **hace 3 años** il y a 3 ans; **hace un mes que voy/no voy** cela fait un mois que j'y vais/je n'y vais plus; **desde hace mucho** depuis longtemps; **no lo veo desde hace mucho** cela fait longtemps que je ne l'ai pas vu
**hacerse** *vpr* **1** (*volverse*) se faire; **hacerse viejo** se faire vieux; **se hicieron amigos** ils sont devenus amis
**2** (*resultar*): **se me hizo muy duro el viaje** j'ai trouvé le voyage très pénible
**3** (*acostumbrarse*): **hacerse a** se faire à; **hacerse a una idea** se faire à une idée
**4** (*obtener*): **hacerse de** o **con algo** obtenir qch
**5** (*fingir*): **hacerse el sordo** o **el sueco** faire la sourde oreille
**6**: **hacerse idea de algo** se faire une idée de qch; **hacerse ilusiones** se faire des illusions
**7**: **se me hace que** (*AM: me parece que*) il me semble que.

**hacha** [ˈatʃa] *nf* hache *f*; (*antorcha*) mèche *f*; **ser un ~** (*fig*) être un as.
**hachís** [aˈtʃis] *nm* haschich *m*.
**hacia** [ˈaθja] *prep* vers; (*actitud*) envers; **~ adelante/atrás/dentro/fuera** devant/derrière/dedans/dehors; **~ abajo/arriba** en bas/haut; **mira ~ acá** regarde par ici; **~ mediodía/finales de mayo** vers midi/la fin mai.
**hacienda** [aˈθjenda] *nf* (*propiedad*) propriété *f*; (*finca*) ferme *f*; (*AM*) hacienda *f*; (**Ministerio de**) **H~** (ministère *m* des) Finances *fpl*; **hacienda pública** trésor *m* public.
**hada** [ˈaða] *nf* fée *f*; **hada madrina** fée marraine.
**haga** *etc* [ˈaɣa] *vb* V **hacer**.
**Haití** [aiˈti] *nm* Haïti *f*.
**halagar** [alaˈɣar] *vt* flatter; (*agradar*) réjouir.
**halago** [aˈlaɣo] *nm* flatterie *f*.

**halagüeño, -a** [alaˈɣweɲo, a] *adj* réjouissant(e); (*lisonjero*) flatteur(-euse).
**halcón** [alˈkon] *nm* faucon *m*.
**hallar** [aˈʎar] *vt* trouver; **hallarse** *vpr* se trouver; **se halla fuera** il est dehors.
**hallazgo** [aˈʎaθɣo] *nm* trouvaille *f*.
**halterofilia** [alteroˈfilja] *nf* haltérophilie *f*.
**hamaca** [aˈmaka] *nf* hamac *m*; (*asiento*) chaise *f* longue.
**hambre** [ˈambre] *nf* faim *f*; **~ de** (*fig*) faim de; **tener ~** avoir faim; **pasar ~** souffrir de la faim.
**hambriento, -a** [amˈbrjento, a] *adj, nm/f* affamé(e); **~ de** (*fig*) affamé(e) de.
**hamburguesa** [amburˈɣesa] *nf* hamburger *m*.
**hamburguesería** [amburɣeseˈria] *nf* sandwicherie *f*.
**han** [an] *vb* V **haber**.
**harapiento, -a** [araˈpjento, a] *adj* en haillons.
**harapos** [aˈrapos] *nmpl* haillons *mpl*.
**haré** *etc* [aˈre] *vb* V **hacer**.
**harina** [aˈrina] *nf* farine *f*; **eso es ~ de otro costal** c'est une autre paire de manches; **harina de maíz/de trigo** farine de maïs/de blé.
**hartar** [arˈtar] *vt* (*de comida*) gaver; (*saturar*) saturer; (*fastidiar*) fatiguer; **hartarse** *vpr* (*cansarse*) se lasser; (*de comida*): **~se (de)** se gaver (de); **~se de leer/reír** se lasser de lire/rire; **¡me estás hartando!** tu m'ennuies!
**hartazgo** [arˈtaθɣo] *nm*: **darse un ~ (de)** avoir son content (de).
**harto, -a** [ˈarto, a] *adj*: **~ (de)** rassasié(e) (de); (*cansado*) fatigué(e) (de) ♦ *adv* (*bastante*) assez; (*muy*) bien assez; **estar ~ de hacer/algn** en avoir marre de faire/qn; **¡estoy ~ de decírtelo!** je te l'ai assez dit!; **¡me tienes ~!** tu me fatigues!
**has** [as] *vb* V **haber**.
**Has.** *abr* (= *Hectáreas*) ha (= *hectares*).
**hasta** [ˈasta] *adv* même, voire ♦ *prep* jusqu'à ♦ *conj*: **~ que** jusqu'à ce que; (*CAM, COL, MÉX: no ... hasta*): **viene ~ las cuatro** il ne vient pas avant quatre heures; **~ luego** o **ahora** (*fam*), **~ siempre** (*ARG*) salut!; **~ mañana/el sábado** à demain/samedi; **~ la fecha/ahora** jusqu'à aujourd'hui/maintenant; **~ nueva orden** jusqu'à nouvel ordre; **¿~ qué punto?** à quel point?; **~ tal punto que ...** à tel point que ...; **¿~**

**cuándo/dónde?** on se voit quand/où?; ~ **ayer empezó** (*AM*) cela n'a commencé qu'hier.

**hastiar** [as'tjar] *vt* fatiguer; **hastiarse** *vpr*: ~**se de** (hacer) se lasser de (faire).

**hastío** [as'tio] *nm* ennui *m*.

**hatillo** [a'tiʎo] *nm* affaires *fpl*.

**hay** [ai] *vb* V **haber**.

**Haya** ['aja] *nf*: **la ~** La Haye.

**haya** ['aja] *vb* V **haber** ♦ *nf* hêtre *m*.

**haz** [aθ] *vb* V **hacer** ♦ *nm* botte *f*; (*de luz*) faisceau *m* ♦ *nf* (*de tela*) endroit *m*.

**hazaña** [a'θaɲa] *nf* exploit *m*.

**hazmerreír** [aθmɛrre'ir] *nm inv*: **ser/convertirse en el ~ de** être/devenir la risée *d*.

**he** [e] *vb* V **haber** ♦ *adv*: ~ **aquí** voici; ~ **aquí por qué** ... voici pourquoi ...

**hebilla** [e'βiʎa] *nf* boucle *f*.

**hebra** ['eβra] *nf* fil *m*; (*de carne*) nerf *m*; (*de tabaco*) fibre *f*; **pegar la ~** tailler une bavette.

**hebreo, -a** [e'βreo, a] *adj* hébreu (*sólo m*), hébraïque ♦ *nm/f* Hébreu *m* ♦ *nm* (*LING*) hébreu *m*.

**hechizar** [etʃi'θar] *vt* ensorceler.

**hechizo** [e'tʃiθo] *nm* sorcellerie *f*; (*encantamiento*) enchantement *m*; (*fig*) fascination *f*.

**hecho, -a** ['etʃo, a] *pp de* **hacer** ♦ *adj* fait(e); (*hombre, mujer*) mûr(e); (*vino*) arrivé(e) à maturation; (*ropa*) de prêt-à-porter ♦ *nm* fait *m*; (*factor*) facteur *m* ♦ *excl* c'est fait!; **¡bien ~!** bravo!, bien joué!; **muy/poco ~** (*CULIN*) très/peu cuit(e); **estaba ~ una fiera/un mar de lágrimas** il était dans une colère noire/en larmes; **bien/mal ~** bien/mal fait(e); **estar ~ a algo** s'être fait(e) à qch; ~ **a la medida** fait(e) sur mesure; **de ~** de fait; **el ~ es que** ... le fait est que ...; **el ~ de que** ... le fait que ...

**hechura** [e'tʃura] *nf* (*confección*) confection *f*; (*corte, forma*) coupe *f*; (*TEC*) fabrication *f*.

**hectárea** [ek'tarea] *nf* hectare *m*.

**heder** [e'ðer] *vi* puer.

**hediondo, -a** [e'ðjondo, a] *adj* puant(e); (*fig*) dégoûtant(e).

**hedor** [e'ðor] *nm* puanteur *f*.

**helada** [e'laða] *nf* gelée *f*; **caer una ~** geler.

**heladera** [ela'ðera] (*CSUR*) *nf* réfrigérateur *m*.

**helado, -a** [e'laðo, a] *adj* congelé(e); (*muy frío*) gelé(e); (*fig*) de glace ♦ *nm* glace *f*; **¡estoy ~ (de frío)!** je gèle!; **dejar ~ a algn** épater qn; **quedarse ~** être abasourdi(e).

**helar** [e'lar] *vt* congeler; (*BOT*) geler; (*dejar atónito*) abasourdir ♦ *vi* geler; **helarse** *vpr* geler; ~**se de frío** mourir de froid; **ha helado esta noche** il a gelé cette nuit.

**helecho** [e'letʃo] *nm* fougère *f*.

**hélice** ['eliθe] *nf* hélice *f*.

**helicóptero** [eli'koptero] *nm* hélicoptère *m*.

**hembra** ['embra] *nf* femelle *f*; (*mujer*) femme *f*; **un elefante ~** un éléphant femelle.

**hemorragia** [emo'rraxja] *nf* hémorragie *f*; **hemorragia nasal** saignement *m* de nez.

**hemorroides** [emo'rroiðes] *nfpl* hémorroïdes *fpl*.

**hemos** ['emos] *vb* V **haber**.

**hendidura** [endi'ðura] *nf* fente *f*; (*GEO*) faille *f*.

**heno** ['eno] *nm* foin *m*.

**herbicida** [erβi'θiða] *nm* herbicide *m*.

**heredad** [ere'ðað] *nf* domaine *m*.

**heredar** [ere'ðar] *vt* hériter.

**heredero, -a** [ere'ðero, a] *nm/f* héritier (-ère); **príncipe ~** prince *m* héritier; **heredero del trono** héritier du trône.

**hereje** [e'rexe] *nm/f* hérésiarque *m/f*.

**herencia** [e'renθja] *nf* héritage *m*; (*BIO*) hérédité *f*.

**herida** [e'riða] *nf* blessure *f*; V *tb* **herido**.

**herido, -a** [e'riðo, a] *adj, nm/f* blessé(e); **resultar ~** être blessé(e); **sentirse ~** (*fig*) se sentir blessé(e).

**herir** [e'rir] *vt* blesser; (*vista, oídos*) irriter; **herirse** *vpr* se blesser.

**hermana** [er'mana] *nf* sœur *f*; **hermana gemela** sœur jumelle; **hermana política** belle-sœur.

**hermanastro, -a** [erma'nastro, a] *nm/f* demi-frère(demi-sœur).

**hermandad** [erman'dað] *nf* congrégation *f*; (*fraternidad*) fraternité *f*.

**hermano, -a** [er'mano, a] *adj* (*ciudad*) jumeau(jumelle) ♦ *nm* frère *m*; **él y ella son ~s** ils sont frère et sœur; **hermano gemelo** frère jumeau; **hermano político** beau-frère.

**hermético, -a** [er'metiko, a] *adj* hermétique.

**hermoso, -a** [er'moso, a] *adj* beau(belle);

(*espacioso*) spacieux(-euse).

**hermosura** [ermo'sura] *nf* beauté *f;* **ese niño es una ~** c'est un beau bébé.

**hernia** ['ernja] *nf* hernie *f;* **hernia discal** hernie discale.

**héroe** ['eroe] *nm* héros *msg.*

**heroína** [ero'ina] *nf* (*mujer, droga*) héroïne *f.*

**heroísmo** [ero'ismo] *nm* héroïsme *m.*

**herradura** [erra'ðura] *nf* fer *m* à cheval.

**herramienta** [erra'mjenta] *nf* outil *m.*

**herrero** [e'rrero] *nm* forgeron *m.*

**herrumbre** [e'rrumbre] *nf* rouille *f.*

**hervidero** [erβi'ðero] *nm* (*fig: de personas*) foule *f;* (: *de animales*) troupeau *m;* (: *de pasiones*) déchaînement *m.*

**hervir** [er'βir] *vt* (faire) bouillir ♦ *vi* bouillir; (*fig*): **~ de** bouillir de; **~ en deseos de** brûler du désir de.

**hervor** [er'βor] *nm*: **dar un ~ a** faire bouillir.

**hice** *etc* ['iθe] *vb* V **hacer**.

**hidratante** [iðra'tante] *adj*: **crema ~** crème *f* hydratante.

**hidratar** [iðra'tar] *vt* hydrater.

**hidrato** [i'ðrato] *nm*: **~s de carbono** hydrates *mpl* de carbone.

**hidráulica** [i'ðraulika] *nf* hydraulique *f.*

**hidráulico, -a** [i'ðrauliko, a] *adj* hydraulique.

**hidroeléctrico, -a** [iðroe'lektriko, a] *adj* hydroélectrique.

**hidrofobia** [iðro'foβja] *nf* hydrophobie *f.*

**hidrógeno** [i'ðroxeno] *nm* hydrogène *m.*

**hiedra** ['jeðra] *nf* lierre *m.*

**hiel** [jel] *nf* bile *f;* (*fig*) fiel *m.*

**hielo** ['jelo] *vb* V **helar** ♦ *nm* glace *f;* (*fig*) froideur *f;* **~s** *nmpl* (*escarcha*) gelées *fpl;* **romper el ~** (*fig*) rompre la glace.

**hiena** ['jena] *nf* hyène *f.*

**hierba** ['jerβa] *nf* herbe *f;* **mala ~** mauvaise herbe; (*fig*) mauvaise graine *f.*

**hierbabuena** [jerβa'βwena] *nf* menthe *f.*

**hierro** ['jerro] *nm* fer *m;* (*trozo, pieza*) bout *m* de fer; **de ~** en fer; (*fig: persona*) fort(e) comme un bœuf; (: *voluntad, salud*) de fer; **hierro colado/forjado/fundido** fer coulé/forgé/fondu.

**hígado** ['iɣaðo] *nm* foie *m;* **echar los ~s** se décarcasser.

**higiene** [i'xjene] *nf* hygiène *f.*

**higiénico, -a** [i'xjeniko, a] *adj* hygiénique.

**higo** ['iɣo] *nm* figue *f;* **de ~s a brevas** tous les 36 du mois; **estar hecho un ~** (*fam*) être tout chiffonné; **higo chumbo** figue de Barbarie; **higo seco** figue sèche.

**higuera** [i'ɣera] *nf* figuier *m.*

**hija** ['ixa] *nf* fille *f;* (*uso vocativo*) ma fille; **hija política** belle-fille.

**hijastro, -a** [i'xastro, a] *nm/f* beau-fils(belle-fille); **~s** beaux-enfants *mpl.*

**hijo** ['ixo] *nm* (*retoño*) fils *msg;* (*uso vocativo*) fiston *m*, mon garçon; **~s** *nmpl* (*hijos e hijas*) enfants *mpl;* (*descendientes*) enfants et petits-enfants *mpl;* **sin ~s** sans enfants; **cada ~ de vecino** tout un chacun; **hijo adoptivo** fils adoptif; **hijo de mamá/papá** fils à maman/papa; **hijo de puta** (*fam!*) fils de pute (*fam!*); **hijo ilegítimo** fils illégitime; **hijo político** gendre *m;* **hijo pródigo** fils prodigue.

**hilar** [i'lar] *vt* filer; **~ delgado** o **fino** (*fig*) jouer finement.

**hilera** [i'lera] *nf* rangée *f.*

**hilo** ['ilo] *nm* fil *m;* (*de metal*) filon *m;* (*de agua, luz, voz*) filet *m;* (*fig*) ne tenir qu'à un fil; **perder/seguir el ~** (*de relato, pensamientos*) perdre/suivre le fil; **traje de ~** costume *m* de toile.

**hilvanar** [ilβa'nar] *vt* (*COSTURA*) ourler; (*bosquejar*) esquisser; (*precipitadamente*) ébaucher.

**himno** ['imno] *nm* hymne *m;* **himno nacional** hymne national.

**hincapié** [inka'pje] *nm*: **hacer ~ en** mettre l'accent sur.

**hincar** [in'kar] *vt* planter; **hincarse** *vpr* s'enfoncer; **~le el diente a** (*comida*) mordre à belles dents dans; (*fig: asunto*) s'attaquer à; **~se de rodillas** s'agenouiller.

**hincha** ['intʃa] *nm/f* (*fam: DEPORTE*) fan *m/f* ♦ *nf*: **tenerle ~ a algn** avoir une dent contre qn.

**hinchado, -a** [in'tʃaðo, a] *adj* (*MED*) enflammé(e); (*inflado*) enflé(e); (*estilo*) ronflant(e).

**hinchar** [in'tʃar] *vt* gonfler; (*fig*) exagérer; **hincharse** *vpr* (*MED*) s'enflammer; (*fig: engreírse*) se rengorger; **~se de** (*hacer*) en avoir marre de (faire).

**hinchazón** [intʃa'θon] *nf* inflammation *f.*

**hinojo** [i'noxo] *nm* fenouil *m;* **de ~s** sur les genoux.

**hipermercado** [ipermer'kaðo] *nm* hypermarché *m.*

**hipertexto** [iper'teksto] *sm* hypertexte *m.*

**hípica** ['ipika] *nf* équitation *f*; (*local*) hippodrome *m*.

**hípico, -a** ['ipiko, a] *adj* (*concurso*) hippique; (*carrera*) de chevaux; **club ~** club *m* d'équitation.

**hipnotismo** [ipno'tismo] *nm* hypnotisme *m*.

**hipnotizar** [ipnoti'θar] *vt* hypnotiser.

**hipo** [ipo] *nm* hoquet *m*; **me ha entrado ~** j'ai le hoquet; **tener ~** avoir le hoquet; **quitar el ~ a** algn (*fig*) couper le sifflet à qn.

**hipo...** ['ipo] *pref* hypo...

**hipocresía** [ipokre'sia] *nf* hypocrisie *f*.

**hipócrita** [i'pokrita] *adj*, *nm/f* hypocrite *m/f*.

**hipódromo** [i'poðromo] *nm* hippodrome *m*.

**hipopótamo** [ipo'potamo] *nm* hippopotame *m*.

**hipoteca** [ipo'teka] *nf* hypothèque *f*; **pagar la ~** rembourser l'hypothèque.

**hipotenusa** [ipote'nusa] *nf* hypoténuse *f*.

**hipótesis** [i'potesis] *nf inv* hypothèse *f*.

**hiriente** [i'rjente] *adj* blessant(e).

**hispánico, -a** [is'paniko, a] *adj* hispanique.

**hispano, -a** [is'pano, a] *adj* espagnol(e); (*en EEUU*) hispano-américain(e) ♦ *nm/f* Espagnol(e); (*en EEUU*) Hispano-Américain(e).

**Hispanoamérica** [ispanoa'merika] *nf* Amérique *f* latine.

**hispanoamericano, -a** [ispanoameri'kano, a] *adj* hispano-américain(e) ♦ *nm/f* Hispano-Américain(e).

**histeria** [is'terja] *nf* hystérie *f*; **~ colectiva** hystérie collective.

**historia** [is'torja] *nf* histoire *f*; **~s** *nfpl* (*chismes*) histoires *fpl* drôles; **¡la ~ de siempre!, ¡la misma ~!** c'est toujours la même histoire!; **déjate de ~s** ne me raconte pas d'histoires; **pasar a la ~** passer à la postérité; **historia antigua/contemporánea** histoire ancienne/contemporaine; **historia natural** histoire naturelle.

**historiador, a** [istorja'ðor, a] *nm/f* historien(ne).

**historial** [isto'rjal] *nm* (*profesional*) curriculum vitae *m inv*; (*MED*) antécédents *mpl*.

**histórico, -a** [is'toriko, a] *adj* historique; (*estudios*) d'histoire.

**historieta** [isto'rjeta] *nf* bande *f* dessinée.

**hito** ['ito] *nm* (*fig*) fait *m* historique; **mirar a**

**algn de ~ en ~** regarder fixement qn.

**hizo** ['iθo] *vb* V **hacer**.

**Hno(s).** *abr* (= *Hermano(s)*) Fre(s) (= *frère(s)*).

**hocico** [o'θiko] *nm* museau *m*; **estar de ~s** faire la tête; **torcer el ~** faire la moue; **meter el ~ en algo** mettre son nez dans qch.

**hockey** ['xoki] *nm* hockey *m*; **hockey sobre hielo/patines** hockey sur glace/patins.

**hogar** [o'xar] *nm* foyer *m*; **labores del ~** tâches *fpl* domestiques; **crear/formar un ~** créer/fonder une famille.

**hogareño, -a** [oxa'reno, a] *adj* (*ambiente*) familial(e); (*escena*) de famille; (*persona*) casanier(-ère).

**hoguera** [o'xera] *nf* feu *m* de bois; (*para herejes*) bûcher *m*.

**hoja** ['oxa] *nf* feuille *f*; (*de flor*) pétale *m*; (*de cuchillo*) lame *f*; (*de puerta, ventana*) battant *m*; **de ~ caduca/perenne** à feuille caduque/persistante; **hoja de afeitar** lame de rasoir; **hoja electrónica o de cálculo** feuille de calcul (électronique); **hoja de pedido** bon *m* de commande; **hoja de servicios** états *mpl* de service; **hoja de trabajo** (*INFORM*) feuille de programmation; **hoja informativa** circulaire *f*.

**hojalata** [oxa'lata] *nf* fer *m* blanc.

**hojaldre** [o'xaldre] *nm* pâte *f* feuilletée.

**hojear** [oxe'ar] *vt* feuilleter.

**hola** ['ola] *excl* salut!

**Holanda** [o'landa] *nf* Hollande *f*.

**holandés, -esa** [olan'des, esa] *adj* hollandais(e) ♦ *nm/f* Hollandais(e) ♦ *nm* (*LING*) hollandais *msg*.

**holgado, -a** [ol'xaðo, a] *adj* (*prenda*) ample; (*situación*) aisé(e); **iban muy ~s en el coche** ils étaient au large dans la voiture.

**holgar** [ol'xar] *vi*: **huelga decir que** inutile de dire que.

**holgazán, -ana** [olxa'θan, ana] *adj*, *nm/f* paresseux(-euse).

**holgura** [ol'xura] *nf* ampleur *f*; (*TEC*) jeu *m*; **vivir con ~** vivre dans l'aisance; **cabemos con ~** on a largement la place.

**hollín** [o'ʎin] *nm* suie *f*.

**hombre** ['ombre] *nm* homme *m*; (*raza humana*): **el ~** l'homme ♦ *excl* dis donc!; **hacerse ~** devenir un homme; **buen ~** bon gars *msg*; **pobre ~** pauvre homme; **¡sí, ~!**

mais si!; **de ~ a ~** d'homme à homme; **ser muy ~** être un homme, un vrai; **hombre de bien** homme de bien; **hombre de confianza** homme de confiance; **hombre de estado** homme d'Etat; **hombre de la calle** homme de la rue; **hombre de letras** homme de lettres; **hombre de mundo** homme du monde; **hombre de negocios** homme d'affaires; **hombre de palabra** homme de parole.

**hombrera** [om'brera] *nf* épaulette *f*.

**hombre-rana** [ombre'rana] *nm* (*pl* ~s-~) homme-grenouille *m*.

**hombro** ['ombro] *nm* épaule *f*; **al ~** sur l'épaule; **arrimar el ~** se mettre au travail; **encogerse de ~s** hausser les épaules; **llevar/traer a ~s** porter sur les épaules; **mirar a algn por encima del ~** regarder qn de haut.

**hombruno, -a** [om'bruno, a] *adj* hommasse.

**homenaje** [ome'naxe] *nm* hommage *m*; **un partido (de) ~** un match d'adieu.

**homicida** [omi'θiða] *adj* (*arma*) du crime; (*carácter*) meurtrier(-ère) ♦ *nm/f* meurtrier(-ère).

**homicidio** [omi'θiðjo] *nm* homicide *m*.

**homologar** [omolo'xar] *vt* homologuer.

**homólogo, -a** [o'moloxo, a] *nm/f*: **su** *etc* **~** son *etc* homologue.

**homosexual** [omosek'swal] *adj, nm/f* homosexuel(le).

**hondo, -a** ['ondo, a] *adj* profond(e); **en lo ~ de** au fin fond de.

**hondonada** [ondo'naða] *nf* creux *msg*.

**Honduras** [on'duras] *nf* Honduras *m*.

**hondureño, -a** [ondu'reɲo, a] *adj* du Honduras ♦ *nm/f* natif(-ive) o habitant(e) du Honduras.

**honestidad** [onesti'ðað] *nf* honnêteté *f*.

**honesto, -a** [o'nesto, a] *adj* honnête; (*decente*) vertueux(-euse).

**hongo** ['ongo] *nm* champignon *m*; (*sombrero*) couvre-chef *m*; **~s** *nmpl* (MED) champignons *mpl*, mycose *f*; **hongos del pie** mycose au pied.

**honor** [o'nor] *nm* honneur *m*; **en ~ a la verdad ...** la vérité est que ...; **hacer ~ a algo/algn** faire honneur à qch/qn; **en ~ de algn** en l'honneur de qn; **es un ~ para mí ...** c'est un honneur pour moi ...; **rendir los ~es a algn** rendre les honneurs à qn; **hacer los ~es** (*suj: anfitrión*) faire les

honneurs de la maison; **honor profesional** honneur professionnel.

**honorable** [ono'raβle] *adj* honorable.

**honorario, -a** [ono'rarjo, a] *adj* honoraire ♦ *nm*: **~s** honoraires *mpl*.

**honra** ['onra] *nf* honneur *m*; (*renombre*) prestige *m*; **tener algo a mucha ~** s'enorgueillir de qch; **honras fúnebres** honneurs funèbres.

**honradez** [onra'ðeθ] *nf* honnêteté *f*; (*de mujer*) vertu *f*.

**honrado, -a** [on'raðo, a] *adj* honnête; (*mujer*) vertueux(-euse).

**honrar** [on'rar] *vt* honorer; **honrarse** *vpr*: **~se con algo/de hacer algo** s'enorgueillir de qch/de faire qch; **nos honró con su presencia/amistad** il nous a honorés de sa présence/son amitié.

**honroso, -a** [on'roso, a] *adj* (*que da honra*) tout à l'honneur de qn; (*decoroso*) pour sauver l'honneur.

**hora** ['ora] *nf* heure *f*; **¿qué ~ es?** quelle heure est-il?; **¿tienes ~?** tu as l'heure?; **¿a qué ~?** à quelle heure?; **media ~** une demi-heure; **a la ~ de comer/del recreo** à l'heure du repas/de la récréation; **a primera/última ~** à la première/dernière heure; **a última ~** à la fin; **~ tras ~** heure après heure; **"última ~"** "dernière heure"; **¡es la ~!** c'est l'heure!; **noticias de última ~** nouvelles *fpl* de dernière heure; **a altas ~s (de la noche)** à des heures tardives; **a estas ~s** à l'heure qu'il est; **a la ~ en punto** à l'heure pile; **entre ~s** (*comer*) entre les repas; **por ~s** à l'heure; **¡a buena(s) ~(s) me lo dices!** c'est maintenant que tu me le dis!; **a todas ~s** à toute heure; **en mala ~** par malchance; **me han dado ~ para mañana** ils m'ont fixé rendez-vous pour demain; **dar la ~** donner l'heure; **pasarse las ~s muertas haciendo algo** passer son temps à faire qch; **pedir ~** demander un rendez-vous; **poner el reloj en ~** mettre sa montre à l'heure; **no ver la ~ de** avoir hâte de; **¡ya era ~!** il était temps!; **horas de oficina/de trabajo/de visita** heures de bureau/de travail/de visite; **horas extra** heures sup; **horas extraordinarias** heures supplémentaires; **hora punta** o **pico** (MÉX) heure de pointe.

**horadar** [ora'ðar] *vt* forer.

**horario, -a** [o'rarjo, a] *adj, nm* horaire *m*;

**horario comercial** heures *fpl* ouvrables.
**horca** ['orka] *nf* potence *f*; (*AGR*) fourche *f*.
**horcajadas** [orka'xaðas]: **a ~** *adv* à califourchon.
**horchata** [or't∫ata] *nf* ≈ sirop *m* d'orgeat.
**horizontal** [oriθon'tal] *adj* horizontal(e).
**horizonte** [ori'θonte] *nm* horizon *m*.
**horma** ['orma] *nf* forme *f*; **de ~ estrecha/ancha** (*zapatos*) large/étroit(e).
**hormiga** [or'miɣa] *nf* fourmi *f*.
**hormigón** [ormi'ɣon] *nm* béton *m*; **~ armado** béton armé.
**hormigueo** [ormi'ɣeo] *nm* fourmis *fpl*; (*fig*) agitation *f*.
**hormona** [or'mona] *nf* hormone *f*.
**hornada** [or'naða] *nf* fournée *f*.
**hornillo** [or'niλo] *nm* réchaud *m*; **hornillo de gas** réchaud à gaz.
**horno** ['orno] *nm* four *m*; (*CULIN*) four, fourneau *m*; **alto(s) ~(s)** haut(s) fourneau(x); **al ~** (*CULIN*) au four; **no estar el ~ para bollos** ne pas être d'humeur à plaisanter; **¡este lugar es un ~!** c'est pire que dans un four!; **horno crematorio** four crématoire; **horno microondas** four à microondes.
**horóscopo** [o'roskopo] *nm* horoscope *m*.
**horquilla** [or'kiλa] *nf* peigne *m*; (*AGR*) fourche *f*.
**horrendo, -a** [o'rrendo, a] *adj* affreux (-euse).
**horrible** [o'rriβle] *adj* horrible.
**horripilante** [orripi'lante] *adj* horripilant(e).
**horror** [o'rror] *nm* horreur *f*; **~es** *nmpl* (*atrocidades*) horreurs *fpl*; **¡qué ~!** (*fam*) quelle horreur!; **me da ~** cela me fait horreur; **tener ~ a (hacer)** avoir horreur de (faire); **me gusta ~es** j'en raffole.
**horrorizar** [orrori'θar] *vt* horrifier; **horrorizarse** *vpr*: **se horrorizó de pensarlo** il a été horrifié à cette idée; **estar horrorizado** être horrifié.
**horroroso, -a** [orro'roso, a] *adj* affreux (-euse); (*hambre, sueño*) terrible.
**hortaliza** [orta'liθa] *nf* légume *m*.
**hortelano, -a** [orte'lano, a] *nm/f* maraîcher(-ère).
**hortera** [or'tera] (*fam*) *adj, nm/f* plouc *m/f*.
**hosco, -a** ['osko, a] *adj* (*persona*) antipathique; (*lugar*) exécrable.
**hospedar** [ospe'ðar] *vt* loger; **hospedarse** *vpr* se loger.

**hospital** [ospi'tal] *nm* hôpital *m*; **hospital clínico** clinique *f*.
**hospitalario, -a** [ospita'larjo, a] *adj* hospitalier(-ère).
**hospitalidad** [ospitali'ðað] *nf* hospitalité *f*.
**hostal** [os'tal] *nm* pension *f*.
**hostelería** [ostele'ria] *nf* hôtellerie *f*.
**hostia** ['ostja] *nf* (*REL*) ostie *f*; (*fam!*) beigne *f* (*fam!*) ♦ *excl*: **¡~(s)!** (*fam!*) putain! (*fam!*); **¡es la ~!** (*fam!: como crítica*) c'est null!; (: *apreciativo*) c'est d'enfer!; **está (de) la ~** (*fam!*) il est vachement mignon; **está de mala ~** (*fam!: mal humor*) il fait la gueule (*fam!*); **tiene mala ~** (*fam!: mala intención*) c'est un salaud (*fam!*); **a toda ~** (*fam!*) à toute berzingue (*fam!*).
**hostigar** [osti'ɣar] *vt* (*MIL, fig*) harceler; (*caballería*) cravacher.
**hostil** [os'til] *adj* hostile.
**hostilidad** [ostili'ðað] *nf* hostilité *f*; **~es** *nfpl*: **iniciar/romper las ~es** engager/cesser les hostilités.
**hotel** [o'tel] *nm* hôtel *m*.

---

### Hotel

*Il existe en Espagne différents types d'hébergement dont le prix est fonction des services offerts aux voyageurs. Ce sont, par ordre décroissant de prix : l'hôtel (du 5 étoiles au 1 étoile), l'hostal, la pensión, la casa de huéspedes et la fonda. L'État gère également un réseau d'hôtels de luxe, appelés "paradores", généralement situés dans des lieux à caractère historique ou installés dans des monuments historiques.*

---

**hotelero, -a** [ote'lero, a] *adj, nm/f* hôtelier(-ère).
**hoy** [oi] *adv* aujourd'hui; **~ mismo** aujourd'hui même; **~ (en) día, el día de ~** (*AM*) aujourd'hui; **~ por ~** aujourd'hui; **por ~** pour aujourd'hui; **de ~ en ocho días** aujourd'hui en huit; **de ~ en adelante** dorénavant.
**hoyo** ['ojo] *nm* fosse *f*; (*GOLF*) trou *m*.
**hoyuelo** [oj'welo] *nm* fossette *f*.
**hoz** [oθ] *nf* faux *fsg*; (*GEO*) gorge *f*.
**hube** *etc* ['uβe] *vb* V **haber**.
**hucha** ['ut∫a] *nf* tirelire *f*.
**hueco, -a** ['weko, a] *adj* creux(-euse); (*persona, estilo*) vain(e) ♦ *nm* creux *msg*; (*espa-*

*cio*) place *f*; **hacerle (un) ~ a algn** faire une place à qn; **tener un ~** avoir un trou; **hueco de la escalera/del ascensor** cage *f* d'escalier/d'ascenseur; **hueco de la mano** creux de la main.

**huela** *etc* ['wela] *vb* V **oler**.

**huelga** ['welɣa] *vb* V **holgar** ♦ *nf* grève *f*; **declararse/estar en ~** se mettre/être en grève; **huelga de brazos caídos** grève sur le tas; **huelga de celo** grève du zèle; **huelga de hambre** grève de la faim; **huelga general** grève générale.

**huelguista** [wel'ɣista] *nm/f* gréviste *m/f*.

**huella** ['weʎa] *nf* trace *f*; **sin dejar ~** sans laisser de traces; **perder las ~s** perdre la trace; **seguir las ~s de algn** (*fig*) marcher sur les traces de qn; **huella dactilar** trace de doigt; **huella digital** empreinte *f* digitale.

**huérfano, -a** ['werfano, a] *adj*: **~ (de)** orphelin(e) (de) ♦ *nm/f* orphelin(e); **quedar(se) ~** devenir orphelin(e).

**huerta** ['werta] *nf* verger *m*; (*en Murcia, Valencia*) huerta *f*.

**huerto** ['werto] *nm* (*de verduras*) jardin *m* potager; (*de árboles frutales*) verger *m*.

**hueso** ['weso] *nm* os *msg*; (*de fruta*) noyau *m*; (*MÉX: fam*) sinécure *f*; **estar en los ~s** être sur les genoux; **estar calado** o **mojado hasta los ~s** être trempé jusqu'aux os; **ser un ~** (*profesor*) être un tyran; **un ~ duro de roer** (*persona*) un(e) dur(e) à cuire; **de color ~** blanc cassé.

**huésped, -a** ['wespeð, a] *nm/f* hôte *m/f*; (*en hotel*) client(e).

**huesudo, -a** [we'suðo, a] *adj* osseux (-euse).

**huevas** ['weβas] *nfpl* œufs *mpl* de poisson; (*CHI: fam!*) couilles *fpl* (*fam!*).

**huevera** [we'βera] *nf* (*para servir*) coquetier *m*; (*para transportar*) boîte *f* à œufs.

**huevo** ['weβo] *nm* œuf *m*; (*fam!*) couille *f* (*fam!*); **me costó un ~** (*fam!: caro*) ça m'a coûté la peau des fesses (*fam!*); (: *difícil*) ça a été coton; **tener ~s** (*fam!*) avoir des couilles (*fam!*); **huevo duro/escalfado/frito** œuf dur/poché/au plat; **huevo estrellado** œuf sur le plat; **huevos revueltos** œufs *mpl* brouillés; **huevo pasado por agua** o (*AM*) **tibio** o (*AND, CSUR*) **a la copa** œuf à la coque.

**huida** [u'iða] *nf* fuite *f*; **~ de capitales** (*COM*) fuite des capitaux.

**huidizo, -a** [ui'ðiθo, a] *adj* (*tímido*) farouche; (*mirada, frente*) fuyant(e); (*tiempo*) passager(-ère).

**huir** [u'ir] *vt, vi* fuir; **~ de** fuir.

**hule** ['ule] *nm* toile *f* cirée.

**humanidad** [umani'ðað] *nf* humanité *f*; **~es** *nfpl* (*UNIV, ESCOL*) lettres *fpl*.

**humanitario, -a** [umani'tarjo, a] *adj* humanitaire.

**humano, -a** [u'mano, a] *adj* humain(e) ♦ *nm* humain *m*; **ser ~** être humain.

**humareda** [uma'reða] *nf* nuage *m* de fumée.

**humedad** [ume'ðað] *nf* humidité *f*; **a prueba de ~** résiste à l'humidité.

**humedecer** [umeðe'θer] *vt* humidifier; **humedecerse** *vpr* s'humidifier.

**húmedo, -a** ['umeðo, a] *adj* humide.

**humildad** [umil'dað] *nf* humilité *f*.

**humilde** [u'milde] *adj* humble.

**humillación** [umiʎa'θjon] *nf* humiliation *f*.

**humillar** [umi'ʎar] *vt* humilier; **humillarse** *vpr*: **~se (ante)** s'humilier (devant); **sentirse humillado** se sentir humilié.

**humo** ['umo] *nm* fumée *f*; **~s** *nmpl* (*fig: altivez*) air *m* hautain; **echar ~** fumer; **bajar los ~s a algn** rabattre son caquet à qn; **hacerse ~** (*AND, CSUR: fam*) s'évanouir dans la nature.

**humor** [u'mor] *nm* humeur *f*; **de buen/mal ~** de bonne/mauvaise humeur; **(no) estar de ~ para (hacer) algo** (ne pas) être d'humeur à (faire) qch.

**humorista** [umo'rista] *nm/f* humoriste *m/f*.

**humorístico, -a** [umo'ristiko, a] *adj* humoristique.

**hundimiento** [undi'mjento] *nm* (*de barco*) naufrage *m*; (*de edificio*) écroulement *m*; (*de tierra*) éboulement *m*; (*del terreno*) creux *msg*.

**hundir** [un'dir] *vt* (*barco, negocio*) couler; (*edificio*) raser; (*pavimento*) enfoncer; (*fig: persona*) abattre; **hundirse** *vpr* (*barco, negocio*) couler; (*edificio*) s'écrouler; (*terreno, cama*) s'affaisser; (*economía, precios*) s'effondrer; **~se en la miseria** sombrer dans la misère.

**húngaro, -a** ['ungaro, a] *adj* hongrois(e) ♦ *nm/f* Hongrois(e) ♦ *nm* (*LING*) hongrois *m*.

**Hungría** [un'gria] *nf* Hongrie *f*.

**huracán** [ura'kan] *nm* ouragan *m*; **pasar/entrar como un ~** passer/entrer en trombe.

**huraño, -a** [u'raɲo, a] *adj* désagréable; (*poco sociable*) peu sociable.

**hurgar** [ur'ɣar] *vt* remuer ♦ *vi*: ~ **(en)** fouiner (dans); **hurgarse** *vpr*: ~**se (las narices)** se curer (le nez); ~ **en la herida** (*fig*) remuer le couteau dans la plaie.

**hurón** [u'ron] *nm* furet *m*.

**hurtadillas** [urta'ðiʎas]: **a** ~ *adv* à la dérobée.

**hurtar** [ur'tar] *vt* dérober; **hurtarse** *vpr*: ~**se a** se dérober.

**hurto** ['urto] *nm* vol *m*.

**husmear** [usme'ar] *vt* humer ♦ *vi* fouiner; ~ **en** (*fam*) se mêler de.

**huyendo** *etc* [u'jendo] *vb* V **huir**.

———— **I i** ————

**iba** *etc* ['iβa] *vb* V **ir**.

**ibérico, -a** [i'βeriko, a] *adj* ibérique; **la Península Ibérica** la Péninsule Ibérique.

**iberoamericano, -a** [iβeroameri'kano, a] *adj* latino-américain(e) ♦ *nm/f* Latino-américain(e).

**Ibiza** [i'βiθa] *nf* Ibiza *f*.

**iceberg** [iθe'ber] (*pl* ~**s**) *nm* iceberg *m*.

**icono** [i'kono] *nm* (*tb INFORM*) icône *f*.

**iconoclasta** [ikono'klasta] *adj, nm/f* (*tb fig*) iconoclaste *m/f*.

**ictericia** [ikte'riθja] *nf* jaunisse *f*.

**I+D** *abr* (= *Investigación y Desarrollo*) R-D *f* (= *recherche-développement*).

**ida** ['iða] *nf* aller *m*; ~ **y vuelta** aller et retour; ~**s y venidas** allées *fpl* et venues.

**idea** [i'ðea] *nf* idée *f*; (*propósito*) intention *f*; ~**s** *nfpl* (*manera de pensar*) idées *fpl*; **a mala** ~ dans l'intention de nuire; **no tengo la menor** ~ je n'en ai pas la moindre idée; **hacerse a la** ~ **(de que)** se faire à l'idée (que); **cambiar de** ~ changer d'idée; **¡ni** ~**!** aucune idée!; **tener** ~ **de (hacer) algo** avoir l'intention de (faire) qch; **tener mala** ~ être malintentionné(e); **idea genial** idée géniale.

**ideal** [iðe'al] *adj* idéal(e) ♦ *nm* idéal *m*.

**idealista** [iðea'lista] *adj, nm/f* idéaliste *m/f*.

**idealizar** [iðeali'θar] *vt* idéaliser.

**idear** [iðe'ar] *vt* concevoir.

**ídem** ['iðem] *pron* idem.

**idéntico, -a** [i'ðentiko, a] *adj*: ~ **(a)** identi-

que (à).

**identidad** [iðenti'ðað] *nf* identité *f*; ~ **corporativa** image *f* de l'entreprise.

**identificación** [iðentifika'θjon] *nf* identification *f*.

**identificar** [iðentifi'kar] *vt* identifier; **identificarse** *vpr*: ~**se (con)** s'identifier (à).

**ideología** [iðeolo'xia] *nf* idéologie *f*.

**idilio** [i'ðiljo] *nm* idylle *f*.

**idioma** [i'ðjoma] *nm* langue *f*.

**idiota** [i'ðjota] *adj, nm/f* idiot(e).

**idiotez** [iðjo'teθ] *nf* idiotie *f*.

**ídolo** ['iðolo] *nm* (*tb fig*) idole *f*.

**idóneo, -a** [i'ðoneo, a] *adj* idéal(e); ~ **para (hacer)** idéal(e) pour (faire).

**iglesia** [i'ɣlesja] *nf* église *f*; **la I~ católica** l'église catholique; **iglesia parroquial** église paroissiale.

**ignorancia** [iɣno'ranθja] *nf* ignorance *f*.

**ignorante** [iɣno'rante] *adj, nm/f* ignorant(e).

**ignorar** [iɣno'rar] *vt* ignorer; **ignoramos su paradero** nous ignorons où il se trouve.

┌─── PALABRA CLAVE ───

**igual** [i'ɣwal] *adj* **1** (*idéntico*) pareil(le); **Pedro es igual que tú** Pedro est comme toi; **X es igual a Y** (*MAT*) X est égal à Y; **son iguales** ils sont pareils; **van iguales** (*en carrera, competición*) ils sont à égalité; **él, igual que tú, está convencido de que ...** comme toi, il est convaincu que ...; **¡es igual!** (*no importa*) ça ne fait rien!; **me da igual** ça m'est égal

**2** (*liso: terreno, superficie*) égal(e)

**3** (*constante: velocidad, ritmo*) égal(e)

**4: al igual que** comme

♦ *nm/f* (*persona*) égal(e); **no tener igual** ne pas avoir d'égal; **sin igual** sans égal; **de igual a igual** d'égal à égal

♦ *adv* **1** (*de la misma manera*) de la même façon, pareil (*fam*); **visten igual** ils s'habillent de la même façon

**2** (*fam: a lo mejor*) peut-être que; **igual no lo saben todavía** peut-être qu'ils ne le savent pas encore

**3** (*esp CSUR: fam: a pesar de todo*) quand même; **era inocente pero me expulsaron igual** j'étais innocent mais ils m'ont renvoyé quand même

└───

**igualar** [iɣwa'lar] *vt* égaliser; **igualarse** *vpr*

(*diferencias*) s'aplanir; **~se (con)** (*compararse*) se comparer (avec).

**igualdad** [iɣwal'daθ] *nf* (*tb* MAT) égalité *f*; **en ~ de condiciones** dans les mêmes conditions.

**igualmente** [i'ɣwalmente] *adv* également; (*en comparación*) aussi; **¡felices vacaciones! - ~** bonnes vacances! - à toi aussi.

**ilegal** [ile'ɣal] *adj* illégal(e).

**ilegible** [ile'xiβle] *adj* illisible.

**ilegítimo, -a** [ile'xitimo, a] *adj* illégitime.

**ileso, -a** [i'leso, a] *adj*: **resultar** *o* **salir ~ (de)** sortir indemne (de), sortir sain(e) et sauf(sauve) (de).

**ilícito, -a** [i'liθito, a] *adj* illicite.

**ilimitado, -a** [ilimi'taðo, a] *adj* illimité(e).

**ilógico, -a** [i'loxiko, a] *adj* illogique.

**iluminación** [ilumina'θjon] *nf* illumination *f*, éclairage *m*; (*de local, habitación*) éclairage.

**iluminar** [ilumi'nar] *vt* illuminer, éclairer; (*adornar con luces*) illuminer; (*colorear: ilustración*) enluminer; (*fig: inspirar*) éclairer; **iluminarse** *vpr*: **se le iluminó la cara** son visage s'est illuminé.

**ilusión** [ilu'sjon] *nf* illusion *f*; (*alegría*) joie *f*; (*esperanza*) espoir *m*; (*emoción*) émotion *f*; **hacerle ~ a algn** faire plaisir à qn; **hacerse ilusiones** se faire des illusions; **no te hagas ilusiones** ne te fais pas d'illusions; **tener ~ por (hacer)** se réjouir de (faire).

**ilusionado, -a** [ilusjo'naðo, a] *adj*: **estar ~ (con)** se réjouir (de).

**ilusionar** [ilusjo'nar] *vt* réjouir; **ilusionarse** *vpr*: **~se (con)** se réjouir (de).

**ilusionista** [ilusjo'nista] *nm/f* illusionniste *m/f*.

**iluso, -a** [i'luso, a] *adj* naïf(-ïve) ♦ *nm/f* rêveur(-euse).

**ilusorio, -a** [ilu'sorjo, a] *adj* illusoire.

**ilustración** [ilustra'θjon] *nf* illustration *f*; (*cultura*) instruction *f*, culture *f*; **servir como** *o* **de ~** servir d'exemple; **la I~** le Siècle des lumières.

**ilustrado, -a** [ilus'traðo, a] *adj* illustré(e); (*persona*) cultivé(e), instruit(e).

**ilustrar** [ilus'trar] *vt* illustrer; (*instruir*) instruire, cultiver; **ilustrarse** *vpr* s'instruire, se cultiver.

**ilustre** [i'lustre] *adj* illustre, célèbre.

**imagen** [i'maxen] *nf* image *f*; **ser la viva ~ de** être le portrait tout craché de; **a su ~** à son image.

**imaginación** [imaxina'θjon] *nf* imagination *f*; **imaginaciones** *nfpl* (*suposiciones*) idées *fpl*; **no se me pasó por la ~ que ...** je n'aurais jamais imaginé que ...

**imaginar** [imaxi'nar] *vt* imaginer; (*idear*) imaginer, concevoir; **imaginarse** *vpr* s'imaginer; **~ que ...** (*suponer*) imaginer que ...; **¡imagínate!** tu te rends compte!; **imagínese que ...** figurez-vous que ...; **me imagino que sí** j'imagine que oui.

**imaginario, -a** [imaxi'narjo, a] *adj* imaginaire.

**imaginativo, -a** [imaxina'tiβo, a] *adj* imaginatif(-ive).

**imán** [i'man] *nm* aimant *m*.

**imbécil** [im'beθil] *adj, nm/f* imbécile *m/f*.

**imitación** [imita'θjon] *nf* imitation *f*; (*parodia*) imitation, pastiche *m*; (COM) contrefaçon *f*; **a ~ de** sur le modèle de; **de ~** en imitation; **desconfíe de las imitaciones** (COM) méfiez-vous des contrefaçons.

**imitar** [imi'tar] *vt* imiter; (*parodiar*) imiter, pasticher.

**impaciencia** [impa'θjenθja] *nf* impatience *f*.

**impaciente** [impa'θjente] *adj* impatient(e); **estar ~** se tracasser; (*deseoso*) être impatient; **estar ~ (por hacer)** être impatient (de faire), avoir hâte (de faire).

**impacto** [im'pakto] *nm* impact *m*; (*esp* AM: *fig*) impression *f*.

**impar** [im'par] *adj* impair(e) ♦ *nm* impair *m*.

**imparcial** [impar'θjal] *adj* impartial(e).

**impartir** [impar'tir] *vt* (*clases*) donner; (*orden*) intimer.

**impasible** [impa'siβle] *adj* impassible.

**impecable** [impe'kaβle] *adj* impeccable.

**impedimento** [impeði'mento] *nm* empêchement *m*, obstacle *m*.

**impedir** [impe'ðir] *vt* (*imposibilitar*) empêcher; (*estorbar*) gêner; **~ a algn hacer** *o* **que haga algo** empêcher qn de faire qch; **~ el tráfico** bloquer la circulation.

**impenetrable** [impene'traβle] *adj* impénétrable.

**imperar** [impe'rar] *vi* régner; (*fig*) dominer, prévaloir.

**imperativo, -a** [impera'tiβo, a] *adj* impératif(-ive) ♦ *nm* (LING) impératif *m*; **~s** *nmpl* (*exigencias*) impératifs *mpl*.

**imperceptible** [imperθep'tiβle] *adj* imperceptible.

**imperdible** [imper'ðiβle] *nm* épingle *f* à nourrice.

**imperdonable** [imperðo'naβle] *adj* impardonnable.

**imperfección** [imperfek'θjon] *nf* (*en prenda, joya, vasija*) défaut *m*; (*de persona*) imperfection *f*.

**imperfecto, -a** [imper'fekto, a] *adj* défectueux(-euse); (*tarea, LING*) imparfait(e) ♦ *nm* (*LING*) imparfait *m*.

**imperial** [impe'rjal] *adj* impérial(e).

**imperialismo** [imperja'lismo] *nm* impérialisme *m*.

**imperio** [im'perjo] *nm* empire *m*; **el ~ de la ley/justicia** le règne de la loi/justice; **vale un ~** (*fig*) cela vaut son pesant d'or.

**imperioso, -a** [impe'rjoso, a] *adj* impérieux(-euse).

**impermeable** [imperme'aβle] *adj, nm* imperméable *m*.

**impersonal** [imperso'nal] *adj* impersonnel(le).

**impertinencia** [imperti'nenθja] *nf* impertinence *f*.

**impertinente** [imperti'nente] *adj* impertinent(e).

**imperturbable** [impertur'βaβle] *adj* imperturbable.

**ímpetu** ['impetu] *nm* (*violencia*) violence *f*; (*energía*) énergie *f*; (*impetuosidad*) fougue *f*.

**impetuoso, -a** [impe'twoso, a] *adj* impétueux(-euse); (*paso, ritmo*) soutenu(e).

**impío, -a** [im'pio, a] *adj* (*sin fe*) impie; (*irreverente*) irrévérencieux(-euse); (*cruel*) impitoyable.

**implacable** [impla'kaβle] *adj* implacable.

**implantar** [implan'tar] *vt* implanter; **implantarse** *vpr* s'implanter.

**implicar** [impli'kar] *vt* impliquer; **~ a algn en algo** impliquer qn dans qch; **eso no implica que ...** cela n'implique pas que ...

**implícito, -a** [im'pliθito, a] *adj* (*tácito*) tacite; (*sobreentendido*) implicite; **llevar ~** comporter implicitement.

**implorar** [implo'rar] *vt* implorer.

**imponente** [impo'nente] *adj* imposant(e); (*fam*) sensationnel(le) ♦ *nm/f* (*COM*) déposant(e).

**imponer** [impo'ner] *vt* imposer; (*respeto*) inspirer; (*COM*) placer, déposer ♦ *vi* en imposer; **imponerse** *vpr* (*moda, costumbre*) s'imposer; (*razón, equipo*) l'emporter; **~se (a)** s'imposer (à); **~se (hacer)** s'imposer (de faire); **~se un deber** s'imposer un devoir.

**imponible** [impo'niβle] *adj* (*COM*) imposable; (*importación*) soumis(e) aux droits de douane; **no ~** non imposable.

**impopular** [impopu'lar] *adj* impopulaire.

**importación** [importa'θjon] *nf* importation *f*.

**importancia** [impor'tanθja] *nf* importance *f*; **no dar ~ a** ne pas attacher d'importance à; **darse ~** faire l'important; **sin ~** sans importance; **no tiene ~** ce n'est pas important.

**importante** [impor'tante] *adj* important(e); **lo ~ es hacer .../que haga ...** l'important c'est de faire .../qu'il fasse ...

**importar** [impor'tar] *vt* importer; (*ascender a: cantidad*) se monter à, coûter ♦ *vi* importer; **me importa un bledo o rabano** je m'en fiche pas mal; **¿le importa que fume?** ça vous ennuie si je fume?; **¿te importa prestármelo?** ça ne te dérange pas de me le prêter?; **¿y a ti qué te importa?** qu'est-ce que ça peut (bien) te faire?; **¿qué importa?** qu'est-ce que ça peut faire?; **no importa** ce n'est pas grave, ça ne fait rien; **no le importa** ça ne le regarde pas; **"no importa precio"** "prix indifférent".

**importe** [im'porte] *nm* (*coste*) coût *m*; (*total*) montant *m*.

**importunar** [importu'nar] *vt* importuner.

**imposibilidad** [imposiβili'ðað] *nf* impossibilité *f*.

**imposibilitar** [imposiβili'tar] *vt* rendre impossible; (*impedir*) empêcher.

**imposible** [impo'siβle] *adj, nm* impossible *m*; **es ~** c'est impossible; **es ~ de predecir** c'est impossible à prévoir; **hacer lo ~ por** faire l'impossible pour.

**imposición** [imposi'θjon] *nf* (*de moda*) introduction *f*; (*sanción, condena*) application *f*; (*mandato*) ordre *m*; (*COM: impuesto*) imposition *f*; (*: depósito*) dépôt *m*; **efectuar una ~** faire un dépôt.

**impostor, a** [impos'tor, a] *nm/f* imposteur *m*.

**impotencia** [impo'tenθja] *nf* impuissance *f*.

**impotente** [impo'tente] *adj* impuissant(e) ♦ *nm* impuissant *m*.

**impracticable** [imprakti'kaβle] *adj* (*cami-*

*no*) impraticable.

**impreciso, -a** [impre'θiso, a] *adj* imprécis(e).

**impregnar** [impreɣ'nar] *vt* imprégner; **impregnarse** *vpr* s'imprégner.

**imprenta** [im'prenta] *nf* imprimerie *f*; (*aparato*) presse *f*; **letra de ~** caractère *m* d'imprimerie.

**imprescindible** [impresθin'diβle] *adj* indispensable; **es ~ hacer/que haga ...** il est indispensable de faire/qu'il fasse ...

**impresión** [impre'sjon] *nf* impression *f*; (*marca*) empreinte *f*; **tengo o me da la ~ de que no va a venir** j'ai (bien) l'impression qu'il ne viendra pas; **cambio de impresiones** échange *m* de vues; **impresión digital** empreinte digitale.

**impresionable** [impresjo'naβle] *adj* impressionnable.

**impresionante** [impresjo'nante] *adj* impressionnant(e); (*conmovedor*) bouleversant(e).

**impresionar** [impresjo'nar] *vt* impressionner; (*conmover*) bouleverser, toucher; **impresionarse** *vpr* être impressionné(e); **se impresiona con facilidad** il ne faut pas grand-chose pour l'impressionner.

**impreso, -a** [im'preso, a] *pp de* **imprimir** ♦ *adj* imprimé(e) ♦ *nm* (*solicitud*) imprimé *m*, formulaire *m* ♦ **~s** *nmpl* (*material impreso*) imprimés *mpl*; **impreso de solicitud** formulaire de demande.

**impresora** [impre'sora] *nf* (*INFORM*) imprimante *f*; **impresora de chorro de tinta** imprimante à jet d'encre; **impresora de línea** imprimante ligne par ligne; **impresora de margarita** imprimante à marguerite; **impresora de matriz (de agujas)** imprimante matricielle; **impresora de rueda** imprimante à marguerite; **impresora (por) láser** imprimante laser.

**imprevisto, -a** [impre'βisto, a] *adj* imprévu(e) ♦ *nm* imprévu *m*.

**imprimir** [impri'mir] *vt* imprimer.

**improbable** [impro'βaβle] *adj* improbable.

**improcedente** [improθe'ðente] *adj* inopportun(e); (*JUR*) irrégulier(-ère).

**improductivo, -a** [improðuk'tiβo, a] *adj* improductif(-ive).

**improperio** [impro'perjo] *nm* insulte *f*, injure *f*.

**impropio, -a** [im'propjo, a] *adj* impropre; **~ de** o **para** peu approprié(e) à.

**improvisado, -a** [improβi'saðo, a] *adj* improvisé(e).

**improvisar** [improβi'sar] *vt, vi* improviser.

**improviso** [impro'βiso] *adv*: **de ~** à l'improviste.

**imprudencia** [impru'ðenθja] *nf* imprudence *f*; (*indiscreción*) indiscrétion *f*; **imprudencia temeraria** (*JUR*) imprudence.

**imprudente** [impru'ðente] *adj* imprudent(e); (*indiscreto*) indiscret(-ète).

**impúdico, -a** [im'puðiko, a] *adj* impudique, indécent(e).

**impuesto, -a** [im'pwesto, a] *pp de* **imponer** ♦ *adj*: **estar ~ en** s'y connaître en ♦ *nm* impôt *m*; (*derecho*) droit *m*, taxe *f*; **anterior al ~** avant impôt; **libre de ~s** exonéré(e) d'impôt; **sujeto a ~** soumis(e) à l'impôt; **impuesto de lujo** taxe de luxe; **impuesto de plusvalía** impôt sur les plus-values; **impuesto de transferencia de capital** droit de mutation; **impuesto de venta** taxe à l'achat; **impuesto directo/indirecto** impôt direct/indirect; **impuesto sobre el valor añadido** o (*AM*) **agregado** taxe à la valeur ajoutée; **impuesto sobre la propiedad** impôt foncier; **impuesto sobre la renta/sobre la renta de las personas físicas** impôt sur le revenu/sur le revenu des personnes physiques; **impuesto sobre la riqueza** impôt sur la fortune.

**impugnar** [impuɣ'nar] *vt* contester; (*refutar*) réfuter.

**impulsar** [impul'sar] *vt* propulser; (*economía*) stimuler; **él me impulsó a hacerlo** o **a que lo hiciera** il m'a poussé à le faire.

**impulsivo, -a** [impul'siβo, a] *adj* impulsif(-ive).

**impulso** [im'pulso] *nm* impulsion *f*; (*fuerza*) élan *m*; **a ~s del miedo** poussé(e) par la peur; **dar ~ a** donner une impulsion à.

**impune** [im'pune] *adj* impuni(e).

**impureza** [impu'reθa] *nf* impureté *f*; **~s** *nfpl* (*de agua, aire*) impuretés *fpl*.

**impuro, -a** [im'puro, a] *adj* impur(e).

**imputar** [impu'tar] *vt* imputer.

**inacabable** [inaka'βaβle] *adj* interminable.

**inaccesible** [inakθe'siβle] *adj* inaccessible; (*fig: precio*) inabordable.

**inacción** [inak'θjon] *nf* inaction *f*.

**inaceptable** [inaθep'taβle] *adj* inacceptable.

**inactividad** [inaktiβi'ðað] *nf* inactivité *f*;

(COM) inutilisation f.

**inactivo, -a** [inak'tiβo, a] adj inactif(-ive); (período) d'inaction; (COM) inutilisé(e); **la población ~a** les inactifs.

**inadecuado, -a** [inaðe'kwaðo, a] adj inadéquat(e).

**inadmisible** [inaðmi'siβle] adj inadmissible.

**inadvertido, -a** [inaðβer'tiðo, a] adj: **pasar ~** passer inaperçu(e).

**inagotable** [inaɣo'taβle] adj inépuisable, intarissable.

**inaguantable** [inaɣwan'taβle] adj insupportable.

**inalterable** [inalte'raβle] adj inaltérable; (persona) entier(-ère).

**inanición** [inani'θjon] nf inanition f.

**inanimado, -a** [inani'maðo, a] adj inanimé(e).

**inapreciable** [inapre'θjaβle] adj (poco importante) insignifiant(e); (de gran valor) inestimable; (invisible: objeto) invisible.

**inaudito, -a** [inau'ðito, a] adj inouï(e).

**inauguración** [inauɣura'θjon] nf inauguration f.

**inaugurar** [inauɣu'rar] vt inaugurer.

**inca** ['inka] adj inca inv ♦ nm/f Inca m/f.

**incalculable** [inkalku'laβle] adj incalculable.

**incandescente** [inkandes'θente] adj incandescent(e).

**incansable** [inkan'saβle] adj infatigable.

**incapacidad** [inkapaθi'ðað] nf incapacité f; **~ para hacer** incapacité à faire; **incapacidad física** incapacité physique; **incapacidad laboral** incapacité de travail; **incapacidad mental** incapacité mentale.

**incapacitar** [inkapaθi'tar] vt: **~ (para)** (inhabilitar) rendre inapte (à); (descalificar) déclarer inapte (à).

**incapaz** [inka'paθ] adj incapable; **~ de hacer algo** incapable de faire qch.

**incautación** [inkauta'θjon] nf saisie f.

**incautarse** [inkau'tarse] vpr: **~ de** s'emparer de.

**incauto, -a** [in'kauto, a] adj (imprudente) imprudent(e); (crédulo) crédule.

**incendiar** [inθen'djar] vt incendier; **incendiarse** vpr prendre feu, brûler.

**incendiario, -a** [inθen'djarjo, a] adj, nm/f incendiaire m/f.

**incendio** [in'θendjo] nm incendie m.

**incentivo** [inθen'tiβo] nm stimulation f, aiguillon m.

**incertidumbre** [inθerti'ðumbre] nf incertitude f.

**incesante** [inθe'sante] adj incessant(e).

**incesto** [in'θesto] nm inceste m.

**incidencia** [inθi'ðenθja] nf (repercusión) incidence f; (suceso) incident m.

**incidente** [inθi'ðente] nm incident m.

**incidir** [inθi'ðir] vi: **~ en** affecter; **~ en un error** tomber dans l'erreur.

**incienso** [in'θjenso] nm encens msg.

**incineración** [inθinera'θjon] nf incinération f.

**incinerar** [inθine'rar] vt incinérer.

**incipiente** [inθi'pjente] adj naissant(e).

**incisión** [inθi'sjon] nf incision f.

**incisivo, -a** [inθi'siβo, a] adj (instrumento) tranchant(e); (fig) incisif(-ive) ♦ nm incisive f.

**incitar** [inθi'tar] vt inciter; **~ a algn a hacer** inciter qn à faire, pousser qn à faire.

**inclemencia** [inkle'menθja] nf sévérité f; **~s** nfpl (del tiempo) rigueurs fpl.

**inclinación** [inklina'θjon] nf inclinaison f; (fig) inclination f, penchant m; **tener ~ por algn/algo** avoir un penchant pour qn/qch.

**inclinar** [inkli'nar] vt incliner; (cabeza, cuerpo) incliner, pencher; **inclinarse** vpr pencher; (persona) se pencher; **~se ante** s'incliner devant; **me inclino a pensar que ...** j'incline à penser que ...

**incluir** [inklu'ir] vt (abarcar) comprendre; (meter) inclure; **todo incluido** (COM) tout compris.

**inclusive** [inklu'siβe] adv (incluido) inclus, y compris; (incluso) même.

**incluso, -a** [in'kluso, a] adv, prep même.

**incógnito** [in'koɣnito]: **de ~** adv incognito.

**incoherente** [inkoe'rente] adj incohérent(e).

**incomodar** [inkomo'ðar] vt incommoder; **incomodarse** vpr se fâcher.

**incomodidad** [inkomoði'ðað] nf ennui m; (de vivienda, asiento) manque m de confort.

**incómodo, -a** [in'komoðo, a] adj (vivienda) inconfortable; (asiento) peu confortable; (molesto) incommodant(e); **sentirse ~** se sentir mal à l'aise.

**incomparable** [inkompa'raβle] adj incomparable.

**incompatible** [inkompa'tiβle] adj: **~ (con)** incompatible (avec).

**incompetencia** [inkompe'tenθja] *nf* incompétence *f*.

**incompetente** [inkompe'tente] *adj* incompétent(e).

**incompleto, -a** [inkom'pleto, a] *adj* incomplet(-ète).

**incomprensible** [inkompren'siβle] *adj* incompréhensible.

**incomunicado, -a** [inkomuni'kaðo, a] *adj* (*aislado: persona*) isolé(e); (*: pueblo*) coupé(e) de tout; (*preso*) mis(e) au régime cellulaire.

**inconcebible** [inkonθe'βiβle] *adj* inconcevable.

**incondicional** [inkondiθjo'nal] *adj* inconditionnel(le).

**inconexo, -a** [inko'nekso, a] *adj* décousu(e).

**inconfundible** [inkonfun'diβle] *adj* caractéristique.

**incongruente** [inkon'grwente] *adj* incongru(e); ~ (**con**) (*actitud*) en désaccord (avec).

**inconsciencia** [inkons'θjenθja] *nf* inconscience *f*.

**inconsciente** [inkons'θjente] *adj* inconscient(e); ~ **de** inconscient(e) de.

**inconsecuente** [inkonse'kwente] *adj*: ~ (**con**) inconséquent(e) (avec).

**inconsiderado, -a** [inkonsiðe'raðo, a] *adj* inconsidéré(e).

**inconsistente** [inkonsis'tente] *adj* inconsistant(e).

**inconstancia** [inkons'tanθja] *nf* inconstance *f*.

**inconstante** [inkons'tante] *adj* inconstant(e).

**incontable** [inkon'taβle] *adj* innombrable, incalculable.

**incontestable** [inkontes'taβle] *adj* incontestable.

**incontinencia** [inkonti'nenθja] *nf* incontinence *f*.

**inconveniencia** [inkombe'njenθja] *nf* inconvenance *f*.

**inconveniente** [inkombe'njente] *adj* déplacé(e) ♦ *nm* inconvénient *m*; **el ~ es que ...** l'inconvénient, c'est que ...; **no hay ~ en** *o* **para hacer eso** il n'y a pas d'inconvénient à faire cela; **no tengo ~** je n'y vois pas d'inconvénients.

**incordiar** [inkor'ðjar] (*fam*) *vt* emmerder (*fam!*).

**incorporación** [inkorpora'θjon] *nf* incorporation *f*.

**incorporar** [inkorpo'rar] *vt* incorporer; (*enderezar*) lever; **incorporarse** *vpr* se lever; **~se a** (*puesto*) se présenter à; (*grupo, manifestación*) s'incorporer à.

**incorrección** [inkorrek'θjon] *nf* incorrection *f*.

**incorrecto, -a** [inko'rrekto, a] *adj* incorrect(e).

**incorregible** [inkorre'xiβle] *adj* incorrigible.

**incredulidad** [inkreðuli'ðað] *nf* incrédulité *f*.

**incrédulo, -a** [in'kreðulo, a] *adj* incrédule.

**increíble** [inkre'iβle] *adj* incroyable.

**incremento** [inkre'mento] *nm* augmentation *f*.

**increpar** [inkre'par] *vt* admonester.

**incubar** [inku'βar] *vt* couver.

**inculcar** [inkul'kar] *vt* inculquer.

**inculpar** [inkul'par] *vt* inculper.

**inculto, -a** [in'kulto, a] *adj* inculte ♦ *nm/f* ignorant(e).

**incumplimiento** [inkumpli'mjento] *nm* (*de promesa*) manquement *m*; (*COM*) rupture *f*; **por ~** par défaut; **incumplimiento de contrato** rupture de contrat.

**incurrir** [inku'rrir] *vi*: ~ **en** (*error*) tomber dans; (*crimen*) en arriver à; (*enfado*) risquer de.

**indagación** [indaɣa'θjon] *nf* recherche *f*.

**indagar** [inda'ɣar] *vt* rechercher; (*policía*) enquêter sur.

**indecente** [inde'θente] *adj* indécent(e); (*indigno*) peu convenable; (*ruin: comportamiento*) incorrect(e).

**indecible** [inde'θiβle] *adj* indicible; **sufrir lo ~** souffrir atrocement.

**indeciso, -a** [inde'θiso, a] *adj* indécis(e).

**indefenso, -a** [inde'fenso, a] *adj* (*animal, persona*) sans défense; (*ciudad*) indéfendable.

**indefinido, -a** [indefi'niðo, a] *adj* (*indeterminado*) indéfini(e); (*ilimitado*) indéterminé(e).

**indeleble** [inde'leβle] *adj* indélébile.

**indemne** [in'demne] *adj*: **salir ~ de** sortir indemne de.

**indemnizar** [indemni'θar] *vt*: ~ (**de**) indemniser (de).

**independencia** [indepen'denθja] *nf* indépendance *f*; **con ~ de** indépendamment de.

**independiente** [indepen'djente] *adj* indépendant(e); (*INFORM*) autonome.

**indeterminado, -a** [indetermi'naðo, a] *adj* indéterminé(e).

**India** ['indja] *nf*: **la ~ l'**Inde *f*.

**indicación** [indika'θjon] *nf* indication *f*; (*señal: de persona*) signe *m*; **indicaciones** *nfpl* (*instrucciones*) indications *fpl*.

**indicador** [indika'ðor] *nm* indicateur *m*; (*AUTO*) panneau *m* de signalisation; **~ de encendido** (*INFORM*) voyant *m* "sous tension".

**indicar** [indi'kar] *vt* indiquer.

**índice** ['indiθe] *nm* index *m*; **índice de materias** table *f* des matières; **índice de natalidad** taux *msg* de natalité; **índice de precios al por menor** (*COM*) indice *m* des prix de détail; **índice del coste de (la) vida** indice du coût de la vie.

**indicio** [in'diθjo] *nm* indice *m*; (*INFORM*) repère *m*.

**indiferencia** [indife'renθja] *nf* indifférence *f*.

**indiferente** [indife'rente] *adj*: **~ (a)** indifférent(e) (à); **es ~ que viva en Madrid o Valencia** peu importe qu'il habite à Madrid ou à Valence; **me es ~ hacerlo hoy o mañana** cela m'est égal de le faire aujourd'hui ou demain; **a Alfonso le era ~ Carmen** Carmen laissait Alfonso indifférent.

**indígena** [in'dixena] *adj, nm/f* indigène *m/f*.

**indigencia** [indi'xenθja] *nf* indigence *f*.

**indigestión** [indixes'tjon] *nf* indigestion *f*.

**indigesto, -a** [indi'xesto, a] *adj* indigeste; (*persona*) insupportable.

**indignación** [indixna'θjon] *nf* indignation *f*.

**indignar** [indix'nar] *vt* indigner; **indignarse** *vpr*: **~se (por)** s'indigner (de).

**indigno, -a** [in'dixno, a] *adj*: **~ (de)** indigne (de).

**indio, -a** ['indjo, a] *adj* indien(ne) ♦ *nm/f* Indien(ne); **hacer el ~** faire l'imbécile; **subírsele** o **asomarle el ~** (*CSUR: fam*) s'exciter.

**indirecta** [indi'rekta] *nf* allusion *f*; **soltar una ~** faire une allusion.

**indirecto, -a** [indi'rekto, a] *adj* indirect(e).

**indiscreción** [indiskre'θjon] *nf* indiscrétion *f*; **..., si no es ~ ...,** si ce n'est pas indis-

cret.

**indiscreto, -a** [indis'kreto, a] *adj* indiscret(-ète).

**indiscriminado, -a** [indiskrimi'naðo, a] *adj* (*golpes*) distribué(e) au hasard; **de un modo ~** sans discriminisation.

**indiscutible** [indisku'tiβle] *adj* indiscutable.

**indispensable** [indispen'saβle] *adj* indispensable.

**indisponer** [indispo'ner] *vt* indisposer; **indisponerse** *vpr* (*MED*) se sentir indisposé(e); **~se con** o **contra algn** se brouiller avec qn.

**indisposición** [indisposi'θjon] *nf* indisposition *f*.

**indistinto, -a** [indis'tinto, a] *adj* indistinct(e); **es ~ que hables tú o ella** peu importe que ce soit toi ou elle qui parle.

**individual** [indiβi'ðwal] *adj* individuel(le); (*habitación, cama*) simple ♦ *nm* (*DEPORTE*) simple *m*.

**individuo** [indi'βiðwo, a] *nm* individu *m*.

**índole** ['indole] *nf* (*naturaleza*) nature *f*; (*clase*) caractère *m*.

**indómito, -a** [in'domito, a] *adj* indomptable.

**inducir** [indu'θir] *vt* induire; **~ a algn a hacer** inciter qn à faire; **~ a algn a error** induire qn en erreur.

**indudable** [indu'ðaβle] *adj* indubitable; **es ~ que ...** il n'y a aucun doute que ...

**indulgencia** [indul'xenθja] *nf* indulgence *f*; **proceder sin ~ contra** se montrer implacable envers.

**indultar** [indul'tar] *vt* gracier; **~ (de)** (*JUR*) dispenser (de).

**indulto** [in'dulto] *nm* grâce *f*.

**industria** [in'dustrja] *nf* industrie *f*; (*habilidad*) adresse *f*; **industria agropecuaria** industrie agricole et de la pêche; **industria pesada** industrie lourde; **industria petrolífera** industrie du pétrole.

**industrial** [indus'trjal] *adj* industriel(le) ♦ *nm* industriel *m*.

**inédito, -a** [i'neðito, a] *adj* inédit(e).

**inefable** [ine'faβle] *adj* ineffable.

**ineficaz** [inefi'kaθ] *adj* (*medida, medicamento*) inefficace; (*persona*) peu efficace.

**inepto, -a** [i'nepto, a] *adj* inepte ♦ *nm/f* incapable *m/f*.

**inequívoco, -a** [ine'kiβoko, a] *adj* clair(e).

**inercia** [i'nerθja] *nf* inertie *f*; **por ~** (*fig*) par habitude.

**inerme** [i'nerme] *adj* (*sin armas*) désarmé(e); (*indefenso*) sans défense.

**inerte** [i'nerte] *adj* inerte.

**inesperado, -a** [inespe'raðo, a] *adj* inattendu(e).

**inestable** [ines'taβle] *adj* instable.

**inevitable** [ineβi'taβle] *adj* inévitable.

**inexactitud** [ineksakti'tuð] *nf* inexactitude *f*.

**inexacto, -a** [inek'sakto, a] *adj* inexact(e).

**inexperto, -a** [ineks'perto, a] *adj* inexpérimenté(e).

**infalible** [infa'liβle] *adj* infaillible.

**infame** [in'fame] *adj* infâme.

**infancia** [in'fanθja] *nf* enfance *f*; **jardín de** **~** jardin *m* d'enfants.

**infantería** [infante'ria] *nf* infanterie *f*; **infantería de marina** infanterie de marine.

**infantil** [infan'til] *adj* (*programa, juego*) pour les enfants; (*población*) enfantin(e); (*pey*) puéril(e).

**infarto** [in'farto] *nm* (*tb*: **~ de miocardio**) infarctus *msg*.

**infatigable** [infati'xaβle] *adj* infatigable.

**infección** [infek'θjon] *nf* infection *f*.

**infeccioso, -a** [infek'θjoso, a] *adj* (*MED*) infectieux(-euse); (*fig*) contagieux(-euse).

**infectar** [infek'tar] *vt* infecter; **infectarse** *vpr* s'infecter.

**infeliz** [infe'liθ] *adj*, *nm/f* malheureux(-euse).

**inferior** [infe'rjor] *adj*, *nm/f* inférieur(e); **~** **(a)** inférieur(e) (à); **un número ~ a 9** un chiffre inférieur à 9; **una cantidad ~** une quantité moindre.

**inferir** [infe'rir] *vt* inférer; (*herida*) infliger.

**infestar** [infes'tar] *vt* infester.

**infidelidad** [infiðeli'ðað] *nf* infidélité *f*; **~es** *nfpl* (*adulterios*) infidélités *fpl*; **infidelidad conyugal** infidélité conjugale.

**infiel** [in'fjel] *adj*, *nm/f* infidèle *m/f*.

**infierno** [in'fjerno] *nm* (*REL*) enfer *m*; **ser un** **~** (*fig*) être un enfer; **¡vete al ~!** va-t'en au diable!; **está en el quinto ~** il est à l'autre bout du monde.

**infiltrarse** [infil'trarse] *vpr* s'infiltrer.

**ínfimo, -a** [in'fimo, a] *adj* infime.

**infinidad** [infini'ðað] *nf*: **una ~ de** une infinité de; **una ~ de veces** un nombre incalculable de fois.

**infinito, -a** [infi'nito, a] *adj* infini(e) ♦ *adv* infiniment ♦ *nm* (*tb MAT*) infini *m*; **hasta lo ~** jusqu'à l'infini.

**inflación** [infla'θjon] *nf* (*ECON*) inflation *f*.

**inflacionario, -a** [inflaθjo'narjo, a] *adj* inflationniste.

**inflamar** [infla'mar] *vt* enflammer; **inflamarse** *vpr* s'enflammer; (*hincharse*) s'enfler.

**inflar** [in'flar] *vt* gonfler; (*fig*) exagérer; **inflarse** *vpr* s'enfler; **~se de** (*chocolate etc*) se bourrer de.

**inflexible** [inflek'siβle] *adj* (*material*) indéformable; (*persona*) inflexible.

**infligir** [infli'xir] *vt* infliger.

**influencia** [in'flwenθja] *nf* influence *f*.

**influenciar** [inflwen'θjar] *vt* influencer.

**influir** [influ'ir] *vt* influencer ♦ *vi* agir; **~ en** o **sobre** influer sur, influencer.

**influjo** [in'fluxo] *nm* influence *f*; **influjo de capitales** afflux *msg* de capitaux.

**influyendo** *etc* [influ'jendo] *vb V* **influir**.

**influyente** [influ'jente] *adj* influent(e).

**información** [informa'θjon] *nf* (*sobre un asunto, INFORM*) information *f*; (*noticias, informe*) informations *fpl*; (*JUR*) enquête *f*; **I~** (*oficina, TELEC*) Renseignements *mpl*; (*mostrador*) Information; **abrir una ~** (*JUR*) ouvrir une enquête; **información deportiva** nouvelles *fpl* sportives.

**informal** [infor'mal] *adj* (*persona*) peu sérieux(-euse); (*estilo, lenguaje*) informel(le).

**informar** [infor'mar] *vt* informer; (*dar forma a*) donner forme à ♦ *vi* (*dar cuenta de*): **~ de/sobre** informer de/sur; **informarse** *vpr*: **~se (de)** s'informer (de); **~** **(contra)** (*JUR*) plaider (contre); **(les) informó que ...** il (les) a informé(s) que ...

**informática** [infor'matika] *nf* informatique *f*; **informática de gestión** informatique de gestion.

**informe** [in'forme] *adj* informe ♦ *nm* rapport *m*; (*JUR*) plaidoyer *m*; **~s** *nmpl* (*referencias*) références *fpl*; **informe anual** rapport annuel.

**infortunio** [infor'tunjo] *nm* infortune *f*.

**infracción** [infrak'θjon] *nf* infraction *f*.

**infranqueable** [infranke'aβle] *adj* infranchissable.

**infravalorar** [infrabalo'rar] *vt* sous-estimer.

**infringir** [infrin'xir] *vt* transgresser.

**infructuoso, -a** [infruk'twoso, a] *adj* infructueux(-euse).

**infundado, -a** [infun'daðo, a] *adj* peu fondé(e).

**infundir** [infun'dir] vt: ~ **ánimo** o **valor** insuffler du courage; ~ **respeto** inspirer le respect; ~ **miedo** inspirer de la crainte.

**infusión** [infu'sjon] nf infusion f; **infusión de manzanilla** infusion de camomille.

**ingeniar** [inxe'njar] vt inventer; **ingeniarse** vpr: ~**se** o **ingeniárselas para hacer** se débrouiller pour faire.

**ingeniería** [inxenje'ria] nf ingénierie f; **ingeniería de sistemas** (INFORM) développement m de systèmes.

**ingeniero, -a** [inxe'njero, a] nm/f ingénieur m; (esp MÉX: título de cortesía: tb: I~) Monsieur(Madame); **ingeniero agrónomo** ingénieur agronome; **ingeniero de caminos** ingénieur des travaux publics; **ingeniero de montes** ingénieur des Eaux et Forêts; **ingeniero de sonido** ingénieur du son; **ingeniero naval** ingénieur des constructions navales.

**ingenio** [in'xenjo] nm génie m; (TEC) engin m; **aguzar el** ~ faire travailler sa matière grise; **ingenio azucarero** raffinerie f de sucre.

**ingenioso, -a** [inxe'njoso, a] adj (hábil) ingénieux(-euse); (divertido) spirituel(le).

**ingenuidad** [inxenwi'ðað] nf ingénuité f.

**ingenuo, -a** [in'xenwo, a] adj ingénu(e).

**ingerir** [inxe'rir] vt ingérer.

**Inglaterra** [ingla'terra] nf Angleterre f.

**ingle** ['ingle] nf aine f.

**inglés, -esa** [in'gles, esa] adj anglais(e) ♦ nm/f Anglais(e) ♦ nm (LING) anglais msg.

**ingratitud** [ingrati'tuð] nf ingratitude f.

**ingrato, -a** [in'grato, a] adj ingrat(e).

**ingrediente** [ingre'ðjente] nm ingrédient m; ~**s** nmpl (AM) tapas fpl.

**ingresar** [ingre'sar] vt (dinero) déposer; (enfermo) faire entrer ♦ vi: ~ **(en)** (en facultad, escuela) être admis(e) (à); (en club etc) s'inscrire (à); (en ejército) entrer (dans); (en hospital) entrer à; ~ **a** (esp AM) rentrer dans.

**ingreso** [in'greso] nm admission f; (en ejército) entrée f; ~**s** nmpl (dinero) revenus mpl; (: COM) recettes fpl; ~ **gravable** revenu imposable; ~**s accesorios** avantages mpl en nature; ~**s brutos** revenus bruts; ~**s devengados** revenus salariaux; ~**s exentos de impuestos** revenus non imposables; ~**s personales disponibles** revenus disponibles.

**inhabitable** [inaβi'taβle] adj inhabitable.

**inhalar** [ina'lar] vt inhaler.

**inherente** [ine'rente] adj: ~ **a** inhérent(e) à.

**inhibir** [ini'βir] vt (MED) inhiber; **inhibirse** vpr: ~**se (de hacer)** s'abstenir (de faire).

**inhóspito, -a** [i'nospito, a] adj inhospitalier(-ère).

**inhumano, -a** [inu'mano, a] adj inhumain(e).

**inicial** [ini'θjal] adj initial(e); (letra) premier(-ère) ♦ nf initiale f.

**iniciar** [ini'θjar] vt commencer; ~ **(en)** (persona) initier (à); ~ **a algn en un secreto** mettre qn dans le secret; ~ **la sesión** (INFORM) ouvrir la session.

**iniciativa** [iniθja'tiβa] nf initiative f; **la ~ privada** l'initiative privée; **por ~ propia** de sa etc propre initiative; **tomar la ~** prendre l'initiative.

**inicio** [i'niθjo] nm début m.

**ininterrumpido, -a** [ininterrum'piðo, a] adj ininterrompu(e).

**injerencia** [inxe'renθja] nf ingérence f.

**injertar** [inxer'tar] vt greffer.

**injuria** [in'xurja] nf injure f.

**injuriar** [inxu'rjar] vt injurier.

**injurioso, -a** [inxu'rjoso, a] adj injurieux (-euse).

**injusticia** [inxus'tiθja] nf injustice f; **con ~** injustement.

**injusto, -a** [in'xusto, a] adj injuste.

**inmadurez** [inmaðu'reθ] nf immaturité f.

**inmediaciones** [inmeðja'θjones] nfpl environs mpl.

**inmediato, -a** [inme'ðjato, a] adj immédiat(e); (contiguo) contigu(ë); ~ **a** contigu(ë) à; **de ~** (esp AM) tout de suite.

**inmejorable** [inmexo'raβle] adj excellent(e).

**inmenso, -a** [in'menso, a] adj immense.

**inmerecido, -a** [inmere'θiðo, a] adj (críticas) injustifié(e); (premio) immérité(e).

**inmigración** [inmiɣra'θjon] nf immigration f.

**inmigrante** [inmi'ɣrante] adj, nm/f immigrant(e).

**inmiscuirse** [inmisku'irse] vpr: ~ **(en)** s'immiscer (dans).

**inmobiliaria** [inmoβi'ljarja] nf (tb: **agencia ~**) agence f immobilière.

**inmobiliario, -a** [inmoβi'ljarjo, a] adj immobilier(-ère).

**inmoral** [inmo'ral] adj immoral(e).

**inmortal** [inmor'tal] *adj* immortel(le).

**inmortalizar** [inmortali'θar] *vt* immortaliser.

**inmóvil** [in'moβil] *adj* immobile.

**inmueble** [in'mweβle] *adj*: **bienes ~s** biens *mpl* immeubles ♦ *nm* immeuble *m*.

**inmundicia** [inmun'diθja] *nf* saleté *f*.

**inmundo, -a** [in'mundo, a] *adj* (*lugar*) immonde; (*lenguaje*) vulgaire.

**inmune** [in'mune] *adj*: **~ (a)** immunisé(e) (contre).

**inmunidad** [inmuni'ðað] *nf* immunité *f*; **inmunidad diplomática/parlamentaria** immunité diplomatique/parlementaire.

**inmutarse** [inmu'tarse] *vpr* se troubler; **siguió sin ~** il poursuivit sans se troubler le moins du monde.

**innato, -a** [in'nato, a] *adj* inné(e).

**innecesario, -a** [inneθe'sarjo, a] *adj* pas nécessaire.

**innoble** [in'noβle] *adj* ignoble.

**innovación** [innoβa'θjon] *nf* innovation *f*.

**inocencia** [ino'θenθja] *nf* innocence *f*.

**inocentada** [inoθen'taða] *nf* (*broma*) ≈ poisson *m* d'avril; **gastar una ~ a algn** ≈ faire un poisson d'avril à qn.

**inocente** [ino'θente] *adj, nm/f* innocent(e); **día de los (Santos) I~s** jour *m* des (saints) Innocents.

---

### Día de los Santos Inocentes

*Le 28 décembre, jour des saints Innocents, l'Église commémore le massacre des enfants de Judée ordonné par Hérode. Cette journée est l'occasion pour les Espagnols de se faire des plaisanteries et de se jouer des tours appelés **inocentadas**, un peu comme lors du premier avril en France.*

---

**inocuo, -a** [i'nokwo, a] *adj* inoffensif(-ive).

**inodoro, -a** [ino'ðoro, a] *adj* inodore ♦ *nm* cabinet *m*.

**inofensivo, -a** [inofen'siβo, a] *adj* inoffensif(-ive).

**inolvidable** [inolβi'ðaβle] *adj* inoubliable.

**inopinado, -a** [inopi'naðo, a] *adj* inopiné(e).

**inoportuno, -a** [inopor'tuno, a] *adj* inopportun(e).

**inoxidable** [inoksi'ðaβle] *adj* inoxydable; **acero ~** acier *m* inoxydable.

**inquebrantable** [inkeβran'taβle] *adj* (*fe*) inébranlable; (*promesa*) solennel(le).

**inquietar** [inkje'tar] *vt* inquiéter; **inquietarse** *vpr* s'inquiéter.

**inquieto, -a** [in'kjeto, a] *adj* inquiet(-ète); (*niño*) turbulent(e); **estar ~ por** être inquiet(-ète) de.

**inquietud** [inkje'tuð] *nf* inquiétude *f*; (*agitación*) dissipation *f*.

**inquilino, -a** [inki'lino, a] *nm/f* locataire *m/f*; (*COM*) preneur(-euse) à bail.

**inquirir** [inki'rir] *vt* s'enquérir de.

**insalubre** [insa'luβre] *adj* insalubre.

**inscribir** [inskri'βir] *vt* inscrire; **inscribirse** *vpr* (*ESCOL etc*) s'inscrire.

**inscripción** [inskrip'θjon] *nf* inscription *f*.

**insecticida** [insekti'θiða] *nm* insecticide *m*.

**insecto** [in'sekto] *nm* insecte *m*.

**inseguridad** [inseɣuri'ðað] *nf* insécurité *f*; (*inestabilidad*) instabilité *f*; (*de carácter*) manque *m* de confiance; (*indecisión*) indécision *f*; **inseguridad ciudadana** insécurité urbaine.

**inseguro, -a** [inse'ɣuro, a] *adj* incertain(e); (*persona*) pas sûr(e) de soi; (*lugar*) peu sûr(e); (*terreno*) instable; (*escalera*) branlant(e); **sentirse ~** ne pas se sentir en sécurité.

**insensato, -a** [insen'sato, a] *adj* insensé(e).

**insensibilidad** [insensiβili'ðað] *nf* insensibilité *f*.

**insensible** [insen'siβle] *adj* insensible.

**insertar** [inser'tar] *vt* insérer; **insertarse** *vpr*: **~se en** s'insérer dans.

**inservible** [inser'βiβle] *adj* inutilisable.

**insidioso, -a** [insi'ðjoso, a] *adj* insidieux (-euse); (*persona*) fourbe.

**insignia** [in'siɣnja] *nf* (*emblema*) insigne *m*; (*estandarte*) enseigne *f*; **buque ~** vaisseau *m* amiral.

**insignificante** [insiɣnifi'kante] *adj* insignifiant(e).

**insinuar** [insi'nwar] *vt* insinuer; **insinuarse** *vpr*: **él se me insinuó** il me fit des avances.

**insípido, -a** [in'sipiðo, a] *adj* insipide.

**insistencia** [insis'tenθja] *nf* insistance *f*; **con ~** avec insistance.

**insistir** [insis'tir] *vi*: **~ (en)** insister (sur).

**insolación** [insola'θjon] *nf* insolation *f*.

**insolencia** [inso'lenθja] *nf* insolence *f*.

**insolente** [inso'lente] *adj* insolent(e).

**insólito, -a** [in'solito, a] *adj* insolite.

**insoluble** [inso'luβle] *adj* (*problema*) insoluble; ~ **(en)** (*sustancia*) insoluble (dans).
**insolvencia** [insol'βenθja] *nf* (COM) insolvabilité *f*.
**insomnio** [in'somnjo] *nm* insomnie *f*.
**insondable** [inson'daβle] *adj* insondable.
**insonorizar** [insonori'θar] *vt* insonoriser.
**insoportable** [insopor'taβle] *adj* insupportable.
**insospechado, -a** [insospe'tʃaðo, a] *adj* insoupçonné(e).
**inspección** [inspek'θjon] *nf* inspection *f*; **I~** inspection.
**inspeccionar** [inspekθjo'nar] *vt* inspecter; (INFORM) contrôler.
**inspector, a** [inspek'tor, a] *nm/f* inspecteur(-trice).
**inspiración** [inspira'θjon] *nf* inspiration *f*; **de ~ clásica/romántica** d'inspiration classique/romantique.
**inspirar** [inspi'rar] *vt* inspirer; **inspirarse** *vpr*: ~**se en** s'inspirer de.
**instalación** [instala'θjon] *nf* installation *f*; **instalaciones** *nfpl* (*de centro deportivo, hotel*) installations *fpl*; **instalación eléctrica** installation électrique.
**instalar** [insta'lar] *vt* installer; **instalarse** *vpr* s'installer.
**instancia** [ins'tanθja] *nf* instance *f*; **a ~s de** à la requête de; **en última ~** en dernier ressort.
**instantánea** [instan'tanea] *nf* instantané *m*.
**instantáneo, -a** [instan'taneo, a] *adj* instantané(e); **café ~** café *m* instantané.
**instante** [ins'tante] *nm* instant *m*; **a cada ~** à tout instant; **al ~** à l'instant; **en un ~** en un instant.
**instar** [ins'tar] *vt*: ~ **a algn a hacer** o **para que haga** prier instamment qn de faire.
**instaurar** [insta̯u'rar] *vt* instaurer.
**instigar** [insti'γar] *vt*: ~ **a algn a (hacer)** inciter qn à (faire).
**instinto** [ins'tinto] *nm* instinct *m*; **por ~** d'instinct; **instinto de conservación** instinct de conservation; **instinto maternal/sexual** instinct maternel/sexuel.
**institución** [institu'θjon] *nf* institution *f*; **instituciones** *nfpl* (*de un país*) institutions *fpl*; ~ **benéfica** société *f* de bienfaisance.
**instituir** [institu'ir] *vt* instituer.
**instituto** [insti'tuto] *nm* (ESCOL) lycée *m*; (*de investigación, cultural etc*) institut *m*; **I~ de Bachillerato** (ESP) lycée.
**institutriz** [institu'triθ] *nf* préceptrice *f*.
**instrucción** [instruk'θjon] *nf* instruction *f*; (DEPORTE) entraînement *m*; (INFORM) instruction; **instrucciones** *nfpl* (*normas de uso, órdenes*) instructions *fpl*; **instrucciones de funcionamiento** (INFORM) guide *m* de l'utilisateur; **instrucción del sumario** (JUR) instruction.
**instructivo, -a** [instruk'tiβo, a] *adj* instructif(-ive).
**instruir** [instru'ir] *vt* (*tb*: JUR) instruire.
**instrumento** [instru'mento] *nm* instrument *m*; (COM) effet *m*; **instrumento de cuerda/de percusión/de viento** instrument à cordes/à percussion/à vent.
**insubordinarse** [insuβorði'narse] *vpr*: ~ **(contra)** se rebeller (contre).
**insuficiencia** [insufi'θjenθja] *nf* insuffisance *f*; **insuficiencia cardíaca/renal** insuffisance cardiaque/rénale.
**insuficiente** [insufi'θjente] *adj* insuffisant(e) ♦ *nm* (ESCOL) note *f* inférieure à la moyenne.
**insufrible** [insu'friβle] *adj* = **insoportable**.
**insular** [insu'lar] *adj* insulaire.
**insultar** [insul'tar] *vt* insulter.
**insulto** [in'sulto] *nm* insulte *f*.
**insumiso** [insu'miso] (ESP) *nm* (MIL) réfractaire au service militaire et au service civil.
**insuperable** [insupe'raβle] *adj* (*excelente*) incomparable; (*invencible*) insurmontable.
**insurgente** [insur'xente] *adj, nm/f* insurgé(e).
**insurrección** [insurrek'θjon] *nf* insurrection *f*.
**intachable** [inta'tʃaβle] *adj* irréprochable.
**intacto, -a** [in'takto, a] *adj* intact(e).
**integral** [inte'γral] *adj* intégral(e); (*idiota*) parfait(e); **pan ~** pain *m* complet.
**integrar** [inte'γrar] *vt* composer; (MAT) intégrer; **integrarse** *vpr* s'intégrer.
**integridad** [inteγri'ðað] *nf* intégrité *f*; **en su ~** dans son intégralité.
**íntegro, -a** ['inteγro, a] *adj* intègre; (*texto*) intégral(e).
**intelectual** [intelek'twal] *adj, nm/f* intellectuel(le).
**inteligencia** [inteli'xenθja] *nf* intelligence *f*; **inteligencia artificial** intelligence artificielle.
**inteligente** [inteli'xente] *adj* intelligent(e).

**inteligible** [inteli'xiβle] *adj* intelligible.

**intemperie** [intem'perje] *nf* intempérie *f*; **a la ~** sans abri.

**intempestivo, -a** [intempes'tiβo, a] *adj* intempestif(-ive).

**intención** [inten'θjon] *nf* intention *f*; **con segundas intenciones** avec des intentions cachées; **con ~** à dessein, intentionnellement; **buena/mala ~** bonne/ mauvaise intention; **de buena/mala ~** bien/mal intentionné(e).

**intencionado, -a** [intenθjo'naðo, a] *adj* intentionnel(le); **bien/mal ~** bien/mal intentionné(e).

**intensidad** [intensi'ðað] *nf* intensité *f*; **llover con ~** pleuvoir dru.

**intenso, -a** [in'tenso, a] *adj* intense.

**intentar** [inten'tar] *vt*: **~ (hacer)** essayer *o* tenter de (faire).

**intento** [in'tento] *nm* essai *m*, tentative *f*; (*propósito*) intention *f*; **al primer/segundo ~** à la première/seconde tentative.

**intercalar** [interka'lar] *vt* intercaler.

**intercambio** [inter'kambjo] *nm* échange *m*.

**interceder** [interθe'ðer] *vi*: **~ (por)** intercéder (en faveur de).

**interceptar** [interθep'tar] *vt* intercepter; (*tráfico*) entraver.

**intercesión** [interθe'sjon] *nf* intercession *f*.

**interés** [inte'res] *nm* intérêt *m*; **intereses** *nmpl* (*dividendos, aspiraciones*) intérêts *mpl*; (*patrimonio*) biens *mpl*; **con un ~ de 9 por ciento** à 9 pour cent d'intérêt; **dar a ~** prêter à *o* avec intérêt; **devengar ~** rapporter un intérêt; **sentir/tener ~ en** éprouver/avoir de l'intérêt pour; **tipo de ~** (*COM*) taux *msg* d'intérêt; **intereses acumulados** intérêts cumulés; **interés compuesto/simple** intérêt composé/ simple; **intereses creados** coalition *f* d'intérêts; **intereses por cobrar/por pagar** intérêts à percevoir/à verser; **interés propio** intérêt personnel.

**interesado, -a** [intere'saðo, a] *adj, nm/f* intéressé(e); **~ en/por** intéressé(e) par.

**interesante** [intere'sante] *adj* intéressant(e); **hacerse el/la ~** faire l'intéressant(e).

**interesar** [intere'sar] *vt* intéresser; (*MED*) affecter ♦ *vi* être intéressant(e); **interesarse** *vpr*: **~se en** *o* **por** s'intéresser à; **no me interesan los toros** les courses de taureaux

ne m'intéressent pas.

**interferencia** [interfe'renθja] *nf* (*RADIO, TV, TELEC*) interférence *f*; **~ (en)** (*injerencia*) ingérence *f* (dans).

**interferir** [interfe'rir] *vt* (*TELEC*) brouiller ♦ *vi* (*persona*): **~ (en)** s'immiscer (dans).

**interfono** [inter'fono] *nm* interphone *m*.

**interino, -a** [inte'rino, a] *adj* intérimaire ♦ *nm/f* intérimaire *m/f*; (*MED*) remplaçant(e).

**interior** [inte'rjor] *adj* intérieur(e) ♦ *nm* intérieur *m*; (*DEPORTE*) inter *m*; (*COL, VEN: tb:* **~es**) caleçon *m*; **Ministerio del I~** ministère *m* de l'Intérieur; **dije para mí ~** je me suis dit en mon for intérieur; **habitación ~** chambre *f* de derrière; **ropa ~** linge *m* de corps; **vida ~** vie *f* intérieure.

**interjección** [interxek'θjon] *nf* interjection *f*.

**interlocutor, a** [interloku'tor, a] *nm/f* interlocuteur(-trice); **mi ~** mon interlocuteur.

**intermediario, -a** [interme'ðjarjo, a] *adj, nm/f* intermédiaire *m/f*.

**intermedio, -a** [inter'meðjo, a] *adj* intermédiaire ♦ *nm* (*TEATRO, CINE*) intervalle *m*.

**interminable** [intermi'naβle] *adj* interminable.

**intermitente** [intermi'tente] *adj* intermittent(e) ♦ *nm* (*AUTO*) clignotant *m*.

**internacional** [internaθjo'nal] *adj* international(e).

**internado** [inter'naðo] *nm* internat *m*.

**internar** [inter'nar] *vt* interner; **internarse** *vpr* (*penetrar*): **~se en** pénétrer dans.

**internauta** [inter'nauta] *nm/f* internaute *m/f*.

**Internet** [inter'net] *nm* Internet *m*; **navegar por ~** naviguer sur l'Internet.

**interno, -a** [in'terno, a] *adj* interne; (*POL etc*) intérieur(e) ♦ *nm/f* (*alumno*) interne *m/f*; (*médico*) généraliste *m/f*; **medicina interna** médecine *f* générale.

**interponer** [interpo'ner] *vt* interposer; (*JUR: apelación*) interjeter; **interponerse** *vpr* s'interposer; **~ (entre)** interposer (entre); **~ recurso (contra)** interjeter appel (contre).

**interpretación** [interpreta'θjon] *nf* interprétation *f*; **mala ~** mauvaise *o* fausse interprétation.

**interpretar** [interpre'tar] *vt* interpréter; **~ mal** mal interpréter.

**intérprete** [in'terprete] *nm/f* interprète *m/f*.

**interrogación** [interroɣa'θjon] *nf* interrogation *f*; (*tb*: **signo de ~**) point *m* d'interrogation.

**interrogar** [interro'ɣar] *vt* interroger.

**interrumpir** [interrum'pir] *vt* interrompre.

**interrupción** [interrup'θjon] *nf* interruption *f*.

**interruptor** [interrup'tor] *nm* (*ELEC*) interrupteur *m*.

**intersección** [intersek'θjon] *nf* intersection *f*.

**interurbano, -a** [interur'βano, a] *adj* interurbain(e); **llamada/conferencia interurbana** appel *m* interurbain/communication *f* interurbaine.

**intervalo** [inter'βalo] *nm* intervalle *m*; **a ~s** à intervalles.

**intervención** [interβen'θjon] *nf* intervention *f*; (*TELEC*) écoute *f* téléphonique; **la política de no ~** la politique de non-intervention; **intervención quirúrgica** intervention chirurgicale.

**intervenir** [interβe'nir] *vt* (*MED*) pratiquer une intervention sur; (*suj: policía*) saisir; (*teléfono*) placer sous écoute téléphonique; (*cuenta bancaria*) bloquer ♦ *vi* intervenir.

**interventor, a** [interβen'tor, a] *nm/f* (*en elecciones*) inspecteur(-trice); (*COM*) audit *m/f*.

**interviú** [inter'βju] *nf* interview *f*.

**intestino** [intes'tino] *nm* intestin *m*; **intestino delgado/grueso** intestin grêle/gros intestin.

**intimar** [inti'mar] *vt*: **~ a algn a que ...** intimer à qn de ... ♦ *vi* se lier d'amitié.

**intimidad** [intimi'ðað] *nf* intimité *f*; (*amistad*) amitié *f*; **en la ~** dans l'intimité.

**íntimo, -a** ['intimo, a] *adj* intime.

**intolerable** [intole'raβle] *adj* intolérable.

**intoxicación** [intoksika'θjon] *nf* intoxication *f*.

**Intranet** [intra'net] *nm* Intranet *m*.

**intranquilizarse** [intrankili'θarse] *vpr* s'inquiéter.

**intranquilo, -a** [intran'kilo, a] *adj* inquiet(-ète).

**intransigente** [intransi'xente] *adj* intransigeant(e).

**intransitable** [intransi'taβle] *adj* impraticable.

**intrépido, -a** [in'trepiðo, a] *adj* intrépide.

**intriga** [in'triɣa] *nf* intrigue *f*.

**intrigar** [intri'ɣar] *vt, vi* intriguer.

**intrincado, -a** [intrin'kaðo, a] *adj* (*camino*) embrouillé(e); (*bosque*) impénétrable; (*problema, asunto*) inextricable.

**intrínseco, -a** [in'trinseko, a] *adj* intrinsèque.

**introducción** [introðuk'θjon] *nf* introduction *f*.

**introducir** [introðu'θir] *vt* introduire; **introducirse** *vpr* s'introduire.

**intromisión** [intromi'sjon] *nf* intromission *f*.

**introvertido, -a** [introβer'tiðo, a] *adj, nm/f* introverti(e).

**intruso, -a** [in'truso, a] *nm/f* intrus(e).

**intuición** [intwi'θjon] *nf* intuition *f*; **por ~** par intuition; **tener una gran ~** avoir beaucoup d'intuition.

**inundación** [inunda'θjon] *nf* inondation *f*.

**inundar** [inun'dar] *vt* inonder; **inundarse** *vpr* s'inonder.

**inusitado, -a** [inusi'taðo, a] *adj* (*espectáculo*) insolite; (*hora, calor*) inhabituel(le).

**inútil** [i'nutil] *adj* (*herramienta*) inutilisable; (*esfuerzo*) inutile; (*persona: minusválido*) handicapé(e); (: *pey*) bon(ne) à rien, inepte; **declarar ~ a algn** (*MIL*) réformer qn.

**inutilidad** [inutili'ðað] *nf* inutilité *f*; (*ineptitud*) ineptie *f*.

**inutilizar** [inutili'θar] *vt* rendre inutilisable.

**invadir** [imba'ðir] *vt* envahir.

**inválido, -a** [im'baliðo, a] *adj* invalide ♦ *nm/f* handicapé(e).

**invariable** [imba'rjaβle] *adj* invariable.

**invasión** [imba'sjon] *nf* invasion *f*.

**invasor, a** [imba'sor, a] *adj* envahissant(e) ♦ *nm/f* envahisseur *m*.

**invención** [imben'θjon] *nf* invention *f*.

**inventar** [imben'tar] *vt* inventer.

**inventario** [imben'tarjo] *nm* inventaire *m*; **hacer ~ de** faire l'inventaire de.

**inventiva** [imben'tiβa] *nf* inventivité *f*.

**invento** [im'bento] *nm* invention *f*.

**inventor, a** [imben'tor, a] *nm/f* inventeur (-trice).

**invernadero** [imberna'ðero] *nm* serre *f*.

**inverosímil** [imbero'simil] *adj* invraisemblable.

**inversión** [imber'sjon] *nf* (*COM*) investissement *m*; **inversión de capitales** investissement de capitaux; **inversiones extranjeras** investissements étrangers.

**inverso, -a** [im'berso, a] *adj* inverse; **en orden ~** dans l'ordre inverse; **a la inversa** à l'inverse; **traducción inversa** thème *m*.

**inversor, a** [imber'sor, a] *nm/f* (COM) investisseur *m*.

**invertir** [imber'tir] *vt* (COM) investir; (*poner del revés*) intervertir; (*tiempo*) consacrer.

**investigación** [imbestixa'θjon] *nf* recherche *f*; **investigación de los medios de publicidad** recherche sur les supports publicitaires; **investigación del mercado** étude *f* de marché; **investigación y desarrollo** (COM) recherche et développement.

**investigar** [imbesti'ɣar] *vt* (*indagar*) chercher; (*estudiar*) faire des recherches en.

**invierno** [im'bjerno] *nm* hiver *m*.

**invisible** [imbi'siβle] *adj* invisible; **exportaciones/importaciones ~s** exportations *fpl*/importations *fpl* invisibles.

**invitación** [imbita'θjon] *nf* invitation *f*.

**invitado, -a** [imbi'taðo, a] *nm/f* invité(e).

**invitar** [imbi'tar] *vt* inviter; **~ a algn a hacer algo** inviter qn à faire qch; **~ a algn** inviter à qch; **te invito a un café** je te paie un café; **invito yo** c'est moi qui invite o paie.

**invocar** [imbo'kar] *vt* (*tb* INFORM) invoquer.

**involucrar** [imbolu'krar] *vt*: **~ a algn en** impliquer qn dans; **involucrarse** *vpr*: **~se en** s'impliquer dans.

**involuntario, -a** [imbolun'tarjo, a] *adj* involontaire.

**inyección** [injek'θjon] *nf* piqûre *f*, injection *f*; **poner una ~ a algn** faire une piqûre à qn; **ponerse una ~** se faire une piqûre; **inyección intramuscular** injection intramusculaire; **inyección intravenosa** injection intraveineuse, intraveineuse *f*.

**inyectar** [injek'tar] *vt* (MED) injecter; **~ (en)** (*introducir*) injecter (dans).

---
PALABRA CLAVE
---

**ir** [ir] *vi* **1** aller; **ir andando** marcher; **fui en tren** j'y suis allé en train; **voy a la calle** je sors; **¡(ahora) voy!** j'y vais!; **ir desde X a Y** (*extenderse*) aller de X à Y; **ir de pesca/de vacaciones** aller à la pêche/en vacances

**2**: **ir (a) por**: **ir (a) por el médico** aller chercher le docteur

**3** (*progresar*) aller; **el trabajo va muy bien** le travail marche très bien; **¿cómo te va?** tu t'y fais?; **¿cómo te va en el trabajo?** comment ça va au travail?; **me va muy bien** ça va très bien; **le fue fatal** ça n'a pas du tout été

**4** (*funcionar*): **el coche no va muy bien** la voiture ne marche pas très bien

**5** (*sentar*): **me va estupendamente** (*ropa, color*) cela me va à merveille; (*medicamento*) c'est exactement ce qu'il me fallait

**6** (*aspecto*): **ir con zapatos negros** porter des chaussures noires; **iba muy bien vestido** il était très bien habillé

**7** (*combinar*): **ir con algo** aller avec qch

**8** (*excl*): **¡que va!** (*no*) mais non!; **¿qué tal?** - **¡vaya!** ça va? - à peu près!; **vamos, no llores** allons, ne pleure pas; **vamos a ver** voyons voir; **¡vaya coche!** (*admiración*) quelle super voiture!; (*desprecio*) quelle voiture minable!; **que le vaya bien** (*esp AM: despedida*) salut!; **¡vete a saber!** allez savoir!

**9**: **ir a mejor/peor** aller mieux/mal; **ir de mal en peor** aller de mal en pis; **va para largo** ça va prendre du temps; **en esta casa cada uno va a lo suyo** dans cette maison c'est chacun pour soi; **¡a eso voy!** j'y viens!; **eso no va por ti** ça ne s'applique pas à toi; **ni me va ni me viene** ça ne me regarde pas

**10**: **no vaya a ser**: **tienes que correr, no vaya a ser que pierdas el tren** il faut que tu te dépêches, sinon tu vas rater ton train

♦ *vb aux* **1**: **ir a**: **voy/iba a hacerlo hoy** je vais/j'allais le faire aujourd'hui

**2** (+ *gerundio*): **iba anocheciendo** il commençait à faire nuit; **todo se me iba aclarando** tout devenait clair pour moi

**3** (+ *pp* = *pasivo*): **van vendidos 300 ejemplares** 300 exemplaires ont déjà été vendus

**irse** *vpr* **1**: **¿por dónde se va al parque?** comment va-t-on au parc?

**2**: **irse (de)** (*marcharse*) s'en aller (de); **ya se habrán ido** ils doivent être déjà partis; **¡vete!** vas-y!; (*con enfado*) va-t-en!; **¡vámonos!** allons-y!, on y va!; **¡nos fuimos!** (*AM: vámonos*) on y va!

**IRA** *sigla m* (= *Ejército Republicano Irlandés*) IRA *f* (= *Armée Républicaine Irlandaise*).

**ira** ['ira] *nf* colère *f*.

**Irak** [i'rak] *nm* = **Iraq**.

**Irán** [i'ran] *nm* Iran *m*.

**iraní** [ira'ni] *adj* iranien(ne) ♦ *nm/f* Iranien(ne).

**Iraq** [i'rak] *nm* Irak *m*.

**iraquí** [ira'ki] *adj* irakien(ne), iraquien(ne) ♦ *nm/f* Irakien(ne), Iraquien(ne).

**iris** ['iris] *nm inv* (*arco iris*) arc-en-ciel *m*; (*ANAT*) iris *msg*.

**Irlanda** [ir'landa] *nf* Irlande *f*; ~ **del Norte** Irlande du Nord.

**irlandés, -esa** [irlan'des, esa] *adj* irlandais(e) ♦ *nm/f* Irlandais(e) ♦ *nm* (*LING*) irlandais *msg*.

**ironía** [iro'nia] *nf* ironie *f*.

**irónico, -a** [i'roniko, a] *adj* ironique.

**IRPF** (*ESP*) *sigla m* (= *Impuesto sobre la Renta de las Personas Físicas*) ≈ IRPP *m*; (= *impôt sur le revenu des personnes physiques*).

**irracional** [irraθjo'nal] *adj* irrationnel(le).

**irreal** [irre'al] *adj* irréel(le).

**irrecuperable** [irrekupe'raβle] *adj* irrécupérable.

**irreflexión** [irreflek'sjon] *nf* irréflexion *f*.

**irregular** [irreʋu'lar] *adj* irrégulier(-ère).

**irremediable** [irreme'ðjaβle] *adj* irrémédiable.

**irreparable** [irrepa'raβle] *adj* irréparable.

**irresoluto, -a** [irreso'luto, a] *adj* irrésolu(e).

**irrespetuoso, -a** [irrespe'twoso, a] *adj* irrespectueux(-euse).

**irresponsable** [irrespon'saβle] *adj* irresponsable.

**irreversible** [irreβer'siβle] *adj* irréversible.

**irrigar** [irri'ʋar] *vt* irriguer.

**irrisorio, -a** [irri'sorjo, a] *adj* dérisoire.

**irritación** [irrita'θjon] *nf* irritation *f*.

**irritar** [irri'tar] *vt* irriter; **irritarse** *vpr* s'irriter.

**irrupción** [irrup'θjon] *nf* irruption *f*.

**isla** ['isla] *nf* île *f*; **las I~s Filipinas/Malvinas/Canarias** les îles Philippines/Malouines/Canaries.

**Islam** [is'lam] *nm* Islam *m*.

**islandés, -esa** [islan'des, esa] *adj* islandais(e) ♦ *nm/f* Islandais(e) ♦ *nm* (*LING*) islandais *msg*.

**Islandia** [is'landja] *nf* Islande *f*.

**isleño, -a** [is'leɲo, a] *adj, nm/f* insulaire *m/f*.

**Israel** [isra'el] *nm* Israël *m*.

**israelí** [israe'li] *adj* israélien(ne) ♦ *nm/f* Israélite *m/f*.

**istmo** ['istmo] *nm* isthme *m*; **el I~ de Panamá** l'Isthme de Panama.

**Italia** [i'talja] *nf* Italie *f*.

**italiano, -a** [ita'ljano, a] *adj* italien(ne) ♦ *nm/f* Italien(ne) ♦ *nm* (*LING*) italien *m*.

**itinerario** [itine'rarjo] *nm* itinéraire *m*.

**IVA** ['iβa] (*ESP*) *sigla m* (*COM* = *Impuesto sobre el Valor Añadido*) TVA *f* (= *taxe à la valeur ajoutée*).

**izar** [i'θar] *vt* hisser.

**izdo.** *abr* (= *izquierdo*) g (= *gauche*).

**izquierda** [iθ'kjerða] *nf* gauche *f*; (*lado izquierdo*) côté *m* gauche; **a la ~** à gauche; **a la ~ del edificio** à gauche de l'immeuble; **el camino de la ~** le chemin de gauche; **es un cero a la ~** (*fam*) c'est un nullard; **conducción por la ~** conduite *f* à gauche; **ser de ~s** être de gauche.

**izquierdista** [iθkjer'ðista] *adj* (*POL*) de gauche ♦ *nm/f* gauchiste *m/f*.

**izquierdo, -a** [iθ'kjerðo, a] *adj* gauche.

## — J j —

**jabalí** [xaβa'li] *nm* sanglier *m*.

**jabalina** [xaβa'lina] *nf* javelot *m*.

**jabón** [xa'βon] *nm* savon *m*; **dar ~ a algn** passer de la pommade à qn; **jabón de afeitar** savon à barbe; **jabón de baño** savon liquide; **jabón de tocador** savon de toilette; **jabón en polvo** savon en poudre.

**jabonar** [xaβo'nar] *vt* savonner.

**jaca** ['xaka] *nf* bidet *m*; (*yegua*) petite jument *f*.

**jacinto** [xa'θinto] *nm* jacinthe *f*.

**jactarse** [xak'tarse] *vpr*: ~ (**de**) se vanter (de).

**jadear** [xaðe'ar] *vi* haleter.

**jadeo** [xa'ðeo] *nm* halètement *m*.

**jaguar** [xa'ʋwar] *nm* jaguar *m*.

**jalea** [xa'lea] *nf* gelée *f*.

**jaleo** [xa'leo] *nm* (*barullo*) tapage *m*; (*riña*) grabuge *m*; **armar un ~** faire (toute) une histoire; **me armé un ~ con las fechas** je me suis embrouillé dans ces dates; **¡qué ~!** quelle pagaille!

**jalón** [xa'lon] *nm* (*AM*: *estirón*) coup *m*; (*estaca, fig*) jalon *m*.

**jamás** [xa'mas] *adv* jamais; **¿se vio ~ tal**

cosa? a-t-on jamais vu cela?

**jamón** [xa'mon] *nm* jambon *m*; **¡y un ~!** (*fam*) mon œil!; **jamón de York/serrano** jambon cuit/cru.

**Japón** [xa'pon] *nm* Japon *m*.

**japonés, -esa** [xapo'nes, esa] *adj* japonais(e) ♦ *nm/f* Japonais(e) ♦ *nm* (*LING*) japonais *msg*.

**jaque** ['xake] *nm* (*AJEDREZ*) échec *m*; **dar ~** mettre en échec; **tener en ~ a algn** tracasser qn; **jaque mate** échec et mat.

**jaqueca** [xa'keka] *nf* migraine *f*.

**jarabe** [xa'raβe] *nm* sirop *m*; **~ para la tos** sirop contre la toux.

**jarcia** ['xarθja] *nf* (*NÁUT*) cordage *m*.

**jardín** [xar'ðin] *nm* jardin *m*; **~ botánico** jardin botanique; **~ de (la) infancia** *o* **de infantes** (*AM*) jardin d'enfants.

**jardinería** [xarðine'ria] *nf* jardinage *m*.

**jardinero, -a** [xarði'nero, a] *nm/f* jardinier(-ère).

**jarra** ['xarra] *nf* jarre *f*; (*de leche*) cruchon *m*; (*de cerveza*) chope *f*; **de** *o* **en ~s** les poings sur les hanches.

**jarro** ['xarro] *nm* broc *m*; **ser un ~ de agua fría** faire l'effet d'une douche froide.

**jaula** ['xaula] *nf* cage *f*; (*embalaje*) cageot *m*.

**jauría** [xau'ria] *nf* meute *f*.

**jazmín** [xaθ'min] *nm* jasmin *m*.

**jefa** ['xefa] *nf V* **jefe**.

**jefatura** [xefa'tura] *nf* (*liderato*) commandement *m*; (*sede*) direction *f*; **J~ de la aviación civil** Direction de l'aviation civile; **jefatura de policía** préfecture *f* de police.

**jefe, -a** ['xefe, a] *nm/f* chef *m*; **ser el ~** (*fig*) être le chef; **comandante en ~** commandant *m* en chef; **~ ejecutivo** (*COM*) directeur *m* des ventes; **jefe de estación** chef de gare; **jefe de estado** chef d'état; **jefe de estado mayor** chef d'état major; **jefe de estudios** surveillant *m* général; **jefe de gobierno** chef de gouvernement; **jefe de negociado** chef de service; **jefe de oficina/de producción** (*COM*) chef de bureau/de production; **jefe de redacción** rédacteur *m* en chef.

**jeque** ['xeke] *nm* cheik *m*.

**jerarquía** [xerar'kia] *nf* hiérarchie *f*; (*persona*) supérieur *m*.

**jerárquico, -a** [xe'rarkiko, a] *adj* hiérarchique.

**jerez** [xe'reθ] *nm* xérès *msg*, jerez *msg*; **J~ de la Frontera** Jerez.

**jerga** ['xerɣa] *nf* jargon *m*; **jerga informática** jargon informatique.

**jeringa** [xe'ringa] *nf* seringue *f*; (*esp AM*: *fam*) ennui *m*; **jeringa de engrase** graisseur *m*.

**jeringuilla** [xerin'guiʎa] *nf* seringue *f*.

**jeroglífico** [xero'ɣlifiko] *nm* hiéroglyphe *m*; (*pasatiempo*) rébus *m*.

**jersey** [xer'sei] (*pl* **~s** *o* **jerséis**) *nm* pullover *m*.

**Jerusalén** [xerusa'len] *n* Jérusalem.

**Jesucristo** [xesu'kristo] *nm* Jésus-Christ *m*.

**jesuita** [xe'swita] *adj, nm* jésuite *m*.

**Jesús** [xe'sus] *nm* Jésus *m*; **¡~!** mon Dieu!; (*al estornudar*) à tes *o* vos souhaits!

**jinete** [xi'nete] *nm* cavalier *m*; **ser buen/mal ~** être un bon/mauvais cavalier.

**jipijapa** [xipi'xapa] (*AM*) *nm* panama *m*.

**jirafa** [xi'rafa] *nf* girafe *f*.

**jirón** [xi'ron] *nm* lambeau *m*; (*PE*: *calle*) rue *f*.

**jocoso, -a** [xo'koso, a] *adj* cocasse.

**jofaina** [xo'faina] *nf* cuvette *f*.

**jornada** [xor'naða] *nf* journée *f*; (*DEPORTE*) étape *f*; **~ de 8 horas** journée de 8 heures; **(trabajar a) ~ intensiva/partida** (faire la) journée continue/discontinue.

**jornal** [xor'nal] *nm* journée *f*.

**jornalero** [xorna'lero] *nm* journalier *m*.

**joroba** [xo'roβa] *nf* bosse *f*.

**jorobado, -a** [xoro'βaðo, a] *adj, nm/f* bossu(e).

**jota** ['xota] *nf* (*letra*) j *m inv*; (*danza*) jota *f*; **no entiendo ni ~** je n'y pige rien; **no sabe ni ~** il n'en sait rien; **no veo ni ~** je n'y vois rien.

**joven** ['xoβen] *adj* jeune ♦ *nm* jeune homme *m*; (*MÉX*: *señor*) monsieur *m* ♦ *nf* jeune fille *f*; **¡oiga, ~!** eh, jeune homme!

**jovial** [xo'βjal] *adj* jovial(e).

**joya** ['xoja] *nf* bijou *m*; (*persona*) perle *f*; **joyas de fantasía** bijoux *mpl* fantaisie.

**joyería** [xoje'ria] *nf* bijouterie *f*.

**joyero** [xo'jero] *nm* bijoutier *m*; (*caja*) coffret *m* à bijoux.

**juanete** [xwa'nete] *nm* (*del pie*) oignon *m*.

**jubilación** [xuβila'θjon] *nf* retraite *f*.

**jubilado, -a** [xuβi'laðo, a] *adj, nm/f* retraité(e).

**jubilar** [xuβi'lar] *vt* mettre à la retraite; (*fam*: *algo viejo*) mettre au rancart; **jub**

**larse** vpr prendre sa retraite.

**júbilo** ['xuβilo] nm joie f.

**judía** [xu'ðia] nf haricot m; **judía verde** haricot vert; **judía blanca** flageolet m; V tb **judío**.

**judicial** [xuði'θjal] adj judiciaire.

**judío, -a** [xu'ðio, a] adj, nm/f juif(-ive).

**judo** ['juðo] nm judo m.

**juego** ['xweɣo] vb V **jugar** ♦ nm jeu m; (vajilla) service m; (herramientas) assortiment m; **estar en ~** être en jeu; **fuera de ~** hors-jeu; **hacer ~ con** aller avec, faire pendant à; **hacerle el ~ a algn** faire le jeu de qn; **por ~** par jeu, pour jouer; **juego de azar** jeu de hasard; **juego de café** service à café; **juego de caracteres** (INFORM) jeu de caractères; **juego de cartas o de naipes** jeu de cartes; **juego de palabras** jeu de mots; **juego de programas** (INFORM) jeu de programmes; **juego limpio** jeu franc, fair-play m; **juegos malabares** jongleries fpl; **Juegos Olímpicos** Jeux olympiques; **juego sucio** jeu déloyal.

**juerga** ['xwerɣa] nf fête f; **ir de ~** faire la fête; **tomar a ~ algo** ne pas prendre qch au sérieux.

**jueves** ['xweβes] nm inv jeudi m; **la fiesta no fue nada del otro ~** la fête n'était pas géniale; V tb **sábado**.

**juez** [xweθ] nm/f (f tb: **jueza**) juge m; **juez de instrucción** juge d'instruction; **juez de línea** juge de touche; **juez de paz** juge de paix; **juez de salida** starter m.

**jugada** [xu'ɣaða] nf (en juego) coup m; (fig) mauvais tour m; **buena/mala ~** bon/ mauvais tour.

**jugador, a** [xuɣa'ðor, a] nm/f joueur (-euse).

**jugar** [xu'ɣar] vt, vi jouer; **jugarse** vpr (partido) se jouer; (lotería) être tiré(e); (vida, puesto, futuro) jouer; **~ a** jouer à; **~(se) algo a cara o cruz** jouer qch à pile ou face; **~ sucio** ne pas jouer franc jeu; **¿quién juega?** à qui le tour?; **¡me la han jugado!** (fam) on m'a eu!, on m'a refait!; **~se el todo por el todo** jouer le tout pour le tout.

**jugo** ['xuɣo] nm jus msg; (fig: de artículo etc) suc m; **sacarle ~ a algo** (fig) profiter au maximum de qch; **jugo de naranja/de piña** jus d'orange/d'ananas.

**jugoso, -a** [xu'ɣoso, a] adj juteux(-euse); (fig) savoureux(-euse).

**juguete** [xu'ɣete] nm jouet m.

**juguetear** [xuɣete'ar] vi jouer.

**juguetería** [xuɣete'ria] nf magasin m de jouets.

**juguetón, -ona** [xuɣe'ton, ona] adj joueur(-euse).

**juicio** ['xwiθjo] nm jugement m; (sensatez) esprit m; (opinión) avis msg; (JUR) procès msg; **a mi etc ~** à mon etc avis; **estar fuera de ~** avoir perdu l'esprit; **estar algn en su (sano) ~** avoir tous ses esprits; **perder el ~** perdre la tête; **poner algo en tela de ~** remettre qch en question; **Juicio Final** jugement dernier.

**juicioso, -a** [xwi'θjoso, a] adj sage.

**julio** ['xuljo] nm juillet m; **el uno de ~** le premier juillet; **el dos/once de ~** le deux/ onze juillet; **a primeros/finales de ~** début/fin juillet.

**junco** ['xunko] nm jonc m; (NÁUT) jonque f.

**jungla** ['xungla] nf jungle f.

**junio** ['xunjo] nm juin m; V tb **julio**.

**junta** ['xunta] nf comité m; (organismo) assemblée f, conseil m; (TEC: punto de unión) joint m; (: arandela) joint, rondelle f; **junta constitutiva** (COM) comité constitutif; **junta de culata** (AUTO) joint de culasse; **junta directiva** équipe f de direction; **junta general extraordinaria** assemblée générale extraordinaire; **junta militar** junte f militaire.

**juntar** [xun'tar] vt (grupo, dinero) rassembler; (rodillas, pies) joindre; **juntarse** vpr (ríos, carreteras) se rejoindre; (personas) se rassembler; (: citarse) se voir; (: acercarse) se rapprocher; (: vivir juntos) vivre à la colle; **~se a o con algn** rejoindre qn.

**junto, -a** ['xunto, a] adj ensemble ♦ adv: **todo ~** tout ensemble; **~ a** (cerca de) à côté de; (además de) avec; **~ con** ci-joint; **~s** ensemble; (próximos) rapprochés; (en contacto) joints.

**jurado** [xu'raðo] nm jury m; (individuo: JUR) juré m; (: de concurso) membre m du jury.

**juramento** [xura'mento] nm serment m; (maldición) juron m; **bajo ~** sous la foi du serment; **prestar ~** prêter serment; **tomar ~ a** faire prêter serment de.

**jurar** [xu'rar] vt, vi jurer; **~ en falso** se parjurer; **jurársela(s) a algn** garder un chien de sa chienne à qn.

**jurídico, -a** [xu'riðiko, a] adj juridique.

**jurisdicción** [xurisðik'θjon] nf juridiction f.

**jurisprudencia** [xurispru'ðenθja] *nf* jurisprudence *f*.

**jurista** [xu'rista] *nm/f* juriste *m/f*.

**justamente** ['xustamente] *adv* justement.

**justicia** [xus'tiθja] *nf* justice *f*; **en ~** en toute justice; **hacer ~** rendre la justice; **ser de ~** être juste; **su físico hacía ~ a su imagen** son physique correspondait à l'image qu'on se faisait de lui.

**justiciero, -a** [xusti'θjero, a] *adj* justicier (-ère).

**justificación** [xustifika'θjon] *nf* justification *f*; **justificación automática** (*INFORM*) justification automatique.

**justificar** [xustifi'kar] *vt* justifier; **justificarse** *vpr* se justifier.

**justo, -a** ['xusto, a] *adj* juste; (*exacto*) exact(e); (*preciso*) précis(e) ♦ *adv* précisément; **¡~!** juste!; **llegaste muy ~** tu es arrivé juste à temps; **venir muy ~** (*dinero, comida*) être (tout) juste suffisant; **me viene o está muy justa esta falda** cette jupe est un peu juste pour moi; **vivir muy ~** parvenir tout juste à joindre les deux bouts.

**juvenil** [xuβe'nil] *adj* juvénile; (*equipo*) junior; (*moda, club*) de jeunes; (*aspecto*) jeune.

**juventud** [xuβen'tuð] *nf* jeunesse *f*; (*jóvenes*) jeunes *mpl*.

**juzgado** [xuθ'γaðo] *nm* tribunal *m*; **juzgado de instrucción/de primera instancia** tribunal *m* de police/de première instance.

**juzgar** [xuθ'γar] *vt* juger; (*opinar*) penser; **a ~ por ...** à en juger par ...; **~ mal** se méprendre (sur); **júzguelo usted mismo** jugez-en vous-même; **la juzgo muy capaz de hacerlo** j'estime qu'elle est très capable de le faire; **lo juzgo mi deber** j'estime que c'est mon devoir.

## K k

**karate** [ka'rate], **kárate** ['karate] *nm* karaté *m*.

**Kg., kg.** *abr* (= *kilogramo(s)*) kg, K (= *kilogramme(s)*).

**kilo** ['kilo] *nm* kilo *m*; (*fam*) million *m* de pesetas.

**kilocaloría** [kilokalo'ria] *nf* kilocalorie *f*.

**kilogramo** [kilo'γramo] *nm* kilogramme *m*.

**kilometraje** [kilome'traxe] *nm* kilométrage *m*.

**kilómetro** [ki'lometro] *nm* kilomètre *m*; **kilómetro cuadrado** kilomètre carré.

**kilovatio** [kilo'βatjo] *nm* kilowatt *m*; **kilovatio hora** kilowatt-heure *m*.

**kiosco** ['kjosko] *nm* = **quiosco**.

**km** *abr* (= *kilómetro(s)*) km (= *kilomètre(s)*).

**km/h** *abr* (= *kilómetros por hora*) km/h (= *kilomètres/heure*).

**kosovar** [koso'bar] *adj* kosovar ♦ *nm/f* Kosovar *m/f*.

**kv** *abr* (= *kilovatio(s)*) kW (= *kilowatt*).

**kv/h** *abr* (= *kilovatios-hora*) kWh (= *kilowattheure*).

## L l

**l.** *abr* (= *litro(s)*) l (= *litre(s)*); (*JUR*) = **ley**.

**L/** *abr* (*COM*) = **letra**.

**la** [la] *art def* la ♦ *pron* (*a ella*) la, l'; (*usted*) vous; (*cosa*) la ♦ *nm* (*MÚS*) la *m inv*; **está en ~ cárcel** il est en prison; **~ del sombrero rojo** celle qui porte un chapeau rouge.

**laberinto** [laβe'rinto] *nm* labyrinthe *m*.

**labia** ['laβja] *nf* (*locuacidad*) volubilité *f*; (*pey*) bagout *m*; **tener mucha ~** avoir du bagout.

**labio** ['laβjo] *nm* lèvre *f*; (*de vasija etc*) bord *m*; **labio inferior/superior** lèvre inférieure/supérieure.

**labor** [la'βor] *nf* travail *m*, labeur *m*; (*AGR*) labour *m*; (*obra*) travail; (*COSTURA, de punto*) ouvrage *m*; **labor de equipo** travail d'équipe; **labor de ganchillo** ouvrage au crochet; **labores domésticas** o **del hogar** tâches *fpl* domestiques.

**laborable** [laβoˈraβle] *adj* (AGR) labourable; **día ~** jour *m* ouvrable.

**laboral** [laβoˈral] *adj* du travail.

**laboratorio** [laβoraˈtorjo] *nm* laboratoire *m*.

**laborioso, -a** [laβoˈrjoso, a] *adj* (*persona*) travailleur(-euse); (*negociaciones, trabajo*) laborieux(-euse).

**labrado, -a** [laˈβraðo, a] *adj* (*campo*) labouré(e); (*madera*) travaillé(e); (*metal, cristal*) ciselé(e) ♦ *nm* (*de madera etc*) travail *m*.

**Labrador** [laβraˈðor] *nm* Labrador *m*.

**labrador, a** [laβraˈðor, a] *nm/f* cultivateur(-trice).

**labrar** [laˈβrar] *vt* (*tierra*) labourer, (*madera, cuero*) travailler, (*metal, cristal*) ciseler; (*porvenir, ruina*) courir à.

**labriego, -a** [laˈβrjeɣo, a] *nm/f* paysan(ne).

**laca** [ˈlaka] *nf* laque *f*; **laca de uñas** vernis *msg* à ongles.

**lacayo** [laˈkajo] *nm* laquais *msg*.

**lacio, -a** [ˈlaθjo, a] *adj* raide.

**lacónico, -a** [laˈkoniko, a] *adj* laconique.

**lacra** [ˈlakra] *nf* cicatrice *f*; (*fig*) fléau *m*; **lacra social** plaie *f* de la société.

**lacrar** [laˈkrar] *vt* cacheter.

**lacre** [ˈlakre] *nm* cire *f* (à cacheter).

**lactancia** [lakˈtanθja] *nf* allaitement *m*.

**lácteo, -a** [ˈlakteo, a] *adj*: **productos ~s** produits *mpl* laitiers.

**ladear** [laðeˈar] *vt* pencher; **ladearse** *vpr* se pencher; (*AVIAT*) virer sur l'aile.

**ladera** [laˈðera] *nf* versant *m*.

**lado** [ˈlaðo] *nm* côté *m*; (*de cuerpo, MIL*) flanc *m*; **~ izquierdo/derecho** côté gauche/droit; **al ~ (de)** à côté (de); **estar/ponerse del ~ de algn** être/se mettre du côté de qn; **hacerse a un ~** se mettre sur le côté; **poner de ~** mettre o placer de côté; **poner a un ~** mettre à côté; **me da de ~** je m'en fiche; **por un ~ ..., por otro ~ ...** d'un côté ..., d'un autre côté ...; **por todos ~s** de tous les côtés.

**ladrar** [laˈðrar] *vi* aboyer.

**ladrido** [laˈðriðo] *nm* aboiement *m*.

**ladrillo** [laˈðriʎo] *nm* brique *f*; **este libro es un ~** (*fig*) ce livre est un pavé.

**ladrón, -ona** [laˈðron, ona] *nm/f* voleur (-euse) ♦ *nm* (-ELEC) prise *f* multiple.

**lagartija** [laɣarˈtixa] *nf* lézard *m*.

**lagarto** [laˈɣarto] *nm* lézard *m*; (AM: caimán) caïman *m*.

**lago** [ˈlaɣo] *nm* lac *m*.

**lágrima** [ˈlaɣrima] *nf* larme *f*; **lágrimas de cocodrilo** larmes de crocodile.

**laguna** [laˈɣuna] *nf* lagune *f*; (*en escrito, conocimientos*) lacune *f*.

**laico, -a** [ˈlaiko, a] *adj, nm/f* laïque *m/f*.

**lamentable** [lamenˈtaβle] *adj* (*desastroso*) déplorable; (*lastimoso*) lamentable.

**lamentar** [lamenˈtar] *vt* (*desgracia, pérdida*) pleurer; **lamentarse** *vpr*: **~se (de)** se lamenter (sur); **lamento tener que decirle ...** je regrette d'avoir à vous dire ...; **lamento que no haya venido** je regrette qu'il ne soit pas venu; **lo lamento mucho** je regrette beaucoup.

**lamento** [laˈmento] *nm* plainte *f*.

**lamer** [laˈmer] *vt* lécher.

**lámina** [ˈlamina] *nf* (*de metal, papel*) feuille *f*; (*ilustración, de madera*) planche *f*.

**lámpara** [ˈlampara] *nf* lampe *f*; (*mancha*) tache *f*; **lámpara de alcohol/de gas** lampe à alcool/à gaz; **lámpara de pie** lampe de chevet.

**lana** [ˈlana] *nf* laine *f*; (AM: fam: dinero) fric *m*; **de ~** en laine.

**lancha** [ˈlantʃa] *nf* canot *m*, vedette *f*; **lancha de socorro** canot de sauvetage; **lancha motora** canot à moteur; **lancha neumática** canot pneumatique; **lancha torpedera** vedette lance-torpilles.

**langosta** [lanˈɡosta] *nf* (*insecto*) sauterelle *f*; (*crustáceo*) langouste *f*.

**langostino** [lanɡosˈtino] *nm* langoustine *f*.

**languidecer** [lanɡiðeˈθer] *vi* languir.

**languidez** [lanɡiˈðeθ] *nf* langueur *f*.

**lánguido, -a** [ˈlanɡiðo, a] *adj* languissant(e).

**lanza** [ˈlanθa] *nf* lance *f*.

**lanzamiento** [lanθaˈmjento] *nm* lancer *m*; (*de cohete, COM*) lancement *m*; **lanzamiento de pesos** lancer du poids.

**lanzar** [lanˈθar] *vt* lancer; **lanzarse** *vpr*: **~se a** se jeter à; (*al vacío*) se jeter dans; (*fig*) se lancer à; **~se contra algn/algo** se lancer contre qn/qch.

**lapa** [ˈlapa] *nf* bernicle *f*, bernique *f*; **pegarse como** o **ser una ~** (*fam*) être pot de colle.

**lapicero** [lapiˈθero] *nm* crayon *m*; (AM: bolígrafo) stylo *m*.

**lápida** [ˈlapiða] *nf* pierre *f* tombale; **lápida conmemorativa** plaque *f* commémorative.

**lapidario, -a** [lapi'ðarjo, a] *adj, nm* lapidaire *m*.

**lápiz** ['lapiθ] *nm* crayon *m* (à papier); **a ~** au crayon; **lápiz de color** crayon de couleur; **lápiz de labios/de ojos** rouge *m* à lèvres/crayon pour les yeux; **lápiz óptico** o **luminoso** crayon optique.

**lapón, -ona** [la'pon, ona] *adj* lapon(e) ♦ *nm/f* Lapon(e) ♦ *nm* (*LING*) lapon *m*.

**lapso** ['lapso] *nm* (*tb*: **~ de tiempo**) laps *msg* de temps; (*error*) lapsus *msg*.

**lapsus** ['lapsus] *nm inv* lapsus *msg*.

**largar** [lar'ɣar] *vt* (*NÁUT: cable*) larguer; (*fam: dinero, bofetada*) allonger; (: *discurso*) infliger; (*AM*) lancer ♦ *vi* (*fam: hablar*) causer; **largarse** *vpr* (*fam*) se casser; **~se a** (*AM*) se mettre à.

**largo, -a** ['larɣo, a] *adj* long(longue); (*persona: alta*) grand(e); (: *generosa*) large ♦ *nm* longueur *f*; (*MÚS*) largo *m*; **dos horas largas** deux bonnes heures; **a ~ plazo** à long terme; **tiene 9 metros de ~** il fait 9 mètres de long; **¡~ (de aquí)!** (*fam*) fous le camp!; **~ y tendido** (*hablar*) en long et en large; **a lo ~** (*posición*) en long; **a lo ~ de** (*espacio*) le long de; (*tiempo*) pendant; **hacerse muy ~** traîner en longueur; **a la larga** à la fin; **me dio largas con la promesa de que ...** il s'est débarrassé de moi en promettant que ...

**largometraje** [larɣome'traxe] *nm* long métrage *m*.

**laringe** [la'rinxe] *nf* larynx *msg*.

**laringitis** [larin'xitis] *nf* laryngite *f*.

**larva** ['larβa] *nf* larve *f*.

**las** [las] *art def, pron* les; **~ que cantan** celles qui chantent.

**lascivo, -a** [las'θiβo, a] *adj* lascif(-ive).

**láser** ['laser] *nm* laser *m*; **rayo ~** rayon *m* laser.

**lástima** ['lastima] *nf* pitié *f*; **dar ~** faire pitié; **es una ~ que** quel dommage que; **¡qué ~!** quel dommage!; **estar hecho una ~** faire pitié à voir.

**lastimar** [lasti'mar] *vt* (*herir*) blesser; (*ofender*) peiner; **lastimarse** *vpr* se blesser.

**lastimero, -a** [lasti'mero, a] *adj* navrant(e).

**lastre** ['lastre] *nm* (*TEC, NÁUT*) leste *m*; (*fig*) poids *msg* mort.

**lata** ['lata] *nf* (*metal*) fer *m* blanc; (*envase*) boîte *f* de conserve; (*fam*) plaie *f*; **en ~** en conserve; **dar la ~** enquiquiner; **¡qué ~!**

quelle plaie!

**latente** [la'tente] *adj* latent(e).

**lateral** [late'ral] *adj* latéral(e) ♦ *nm* (*de iglesia, camino*) côté *m*; (*DEPORTE*) aile *f*.

**latido** [la'tiðo] *nm* (*del corazón*) battement *m*.

**latifundio** [lati'fundjo] *nm* latifundio *m*, latifundium *m*.

**latifundista** [latifun'dista] *nm/f* propriétaire *m/f* d'un latifundio.

**latigazo** [lati'ɣaθo] *nm* coup *m* de fouet; (*fig: dolor*) douleur *f* vive.

**látigo** ['latiɣo] *nm* fouet *m*.

**latín** [la'tin] *nm* (*LING*) latin *m*; **saber (mucho) ~** (*fam*) ne pas être né(e) de la dernière pluie.

**latino, -a** [la'tino, a] *adj* latin(e).

**Latinoamérica** [latinoa'merika] *nf* Amérique *f* latine.

**latinoamericano, -a** [latinoameri'kano, a] *adj* latino-américain(e) ♦ *nm/f* Latino-américain(e).

**latir** [la'tir] *vi* battre.

**latitud** [lati'tuð] *nf* latitude *f*; **~es** *nfpl* (*región*) latitudes *fpl*.

**latón** [la'ton] *nm* laiton *m*.

**latoso, -a** [la'toso, a] *adj* enquiquinant(e).

**laúd** [la'uð] *nm* (*MÚS*) luth *m*.

**laurel** [lau'rel] *nm* laurier *m*; **dormirse en los ~es** s'endormir sur ses lauriers.

**lava** ['laβa] *nf* lave *f*.

**lavabo** [la'βaβo] *nm* lavabo *m*; (*servicio*) toilettes *fpl*.

**lavado** [la'βaðo] *nm* nettoyage *m*; (*de cuerpo*) toilette *f*; **lavado de cerebro** lavage *m* de cerveau; **lavado de estómago** lavage *m* d'estomac.

**lavadora** [laβa'ðora] *nf* machine *f* à laver.

**lavanda** [la'βanda] *nf* lavande *f*.

**lavandería** [laβande'ria] *nf* blanchisserie *f*; **lavandería automática** laverie *f* automatique.

**lavaplatos** [laβa'platos] *nm inv* lave-vaisselle *m inv*.

**lavar** [la'βar] *vt* laver; **lavarse** *vpr* se laver; **~ y marcar** (*pelo*) faire un shampooing et une mise en plis; **~ en seco** nettoyer *m* à sec; **~se las manos** se laver les mains; (*fig*) s'en laver les mains.

**lavavajillas** [laβaβa'xiʎas] *nm inv* = **lavaplatos**.

**laxante** [lak'sante] *nm* laxatif *m*.

**lazada** [la'θaða] *nf* nœud *m*.

**lazarillo** [laθa'riʎo] *nm* guide *m/f* d'aveugle; **perro ~** chien *m* d'aveugle.

**lazo** ['laθo] *nm* nœud *m*; (*para animales*) lasso *m*; (*trampa*) piège *m*; (*vínculo*) lien *m*; **lazo corredizo** nœud coulant; **lazos de amistad/de parentesco** liens *mpl* d'amitié/de parenté.

**L/C** *abr* (= *Letra de Crédito*) L/C (= *lettre de crédit*).

**le** [le] *pron* (*directo*) le; (: *usted*) vous; (*indirecto*) lui; (: *usted*) vous.

**leal** [le'al] *adj* loyal(e).

**lealtad** [leal'tað] *nf* loyauté *f*.

**lección** [lek'θjon] *nf* leçon *f*; **dar lecciones de** donner des leçons de; **dar una ~ a algn** (*fig*) donner une bonne leçon à qn; **lección práctica** leçon de choses.

**leche** ['letʃe] *nf* lait *m*; **dar una ~ a algn** (*fam*) filer un gnon à qn; **darse una ~** (*fam*) se filer un gnon; **¡~!** (*fam*) putain! (*fam!*); **tener** o **estar de mala ~** (*fam*) être de mauvais poil; **leche condensada/descremada** o **desnatada** lait condensé/écrémé; **leche en polvo** lait en poudre.

**lechera** [le'tʃera] *nf* (*recipiente*) pot *m* à lait; *V tb* **lechero**.

**lechero, -a** [le'tʃero, a] *adj, nm/f* laitier (-ère).

**lecho** ['letʃo] *nm* lit *m*, couche *f*; **lecho de muerte** lit de mort; **lecho de río** lit de la rivière.

**lechón** [le'tʃon] *nm* cochon *m* de lait.

**lechoso, -a** [le'tʃoso, a] *adj* laiteux(-euse).

**lechuga** [le'tʃuɣa] *nf* laitue *f*.

**lechuza** [le'tʃuθa] *nf* chouette *f*.

**lector, a** [lek'tor, a] *nm/f* lecteur(-trice) ♦ *nm* (*INFORM*) lecteur *m* ♦ *nf*: **~a de fichas** (*INFORM*) lecteur de cartes; **lector de discos compactos** lecteur *m* de CD; **lector óptico de caracteres** (*INFORM*) lecteur optique de caractères.

**lectura** [lek'tura] *nf* lecture *f*.

**leer** [le'er] *vt* lire; **~ algo en los ojos/la cara de algn** lire qch dans les yeux/sur le visage de qn; **~ entre líneas** lire entre les lignes.

**legado** [le'ɣaðo] *nm* (*JUR, fig*) legs *msg*; (*enviado*) légat *m*.

**legajo** [le'ɣaxo] *nm* dossier *m*.

**legal** [le'ɣal] *adj* légal(e); (*fam: persona*) réglo *adj inv*.

**legalidad** [leɣali'ðað] *nf* légalité *f*; (*normas*) législation *f*.

**legalizar** [leɣali'θar] *vt* légaliser.

**legaña** [le'ɣaɲa] *nf* chassie *f*.

**legar** [le'ɣar] *vt* (*JUR, fig*) léguer.

**legendario, -a** [lexen'darjo, a] *adj* légendaire.

**legión** [le'xjon] *nf* (*MIL, fig*) légion *f*; **L~ Extranjera** Légion étrangère.

**legionario** [lexjo'narjo, a] *nm* légionnaire *m*.

**legislación** [lexisla'θjon] *nf* législation *f*; **legislación antimonopolio** lois *fpl* antitrust.

**legislar** [lexis'lar] *vi* légiférer.

**legislatura** [lexisla'tura] *nf* législature *f*.

**legitimar** [lexiti'mar] *vt* légitimer.

**legítimo, -a** [le'xitimo, a] *adj* (*genuino*) véritable; (*legal*) légitime; **en legítima defensa** en légitime défense.

**lego, -a** [le'ɣo, a] *adj* (*REL*) séculaire; (*ignorante*) profane ♦ *nm/f* profane *m/f*.

**legua** ['leɣwa] *nf* lieue *f*; **se ve** o **se nota a la ~** ça se voit comme le nez au milieu de la figure.

**legumbres** [le'ɣumbres] *nfpl* légumes *mpl*.

**leído, -a** [le'iðo, a] *adj* instruit(e).

**lejanía** [lexa'nia] *nf* éloignement *m*.

**lejano, -a** [le'xano, a] *adj* éloigné(e); **Lejano Oriente** Extrême-Orient *m*.

**lejía** [le'xia] *nf* lessive *f*.

**lejos** ['lexos] *adv* loin; **a lo ~** au loin; **de** o **desde ~** de loin; **está muy ~** c'est très loin; **¿está ~?** c'est loin?; **ir demasiado ~** (*fig*) aller trop loin; **sin ir más ~** sans aller plus loin; **llegar ~** (*fig*) aller loin; **~ de** loin de.

**lelo, -a** ['lelo, a] *adj* bébête ♦ *nm/f* sot(te).

**lema** ['lema] *nm* devise *f*; (*POL*) slogan *m*.

**lencería** [lenθe'ria] *nf* linge *m*; (*ropa interior*) lingerie *f*.

**lengua** ['lengwa] *nf* langue *f*; **dar a la ~** causer; **irse de la ~** avoir la langue bien pendue; **morderse la ~** (*fig*) se mordre les doigts; **lenguas clásicas** langues mortes; **lengua de tierra** (*GEO*) langue de terre; **lengua materna** langue maternelle.

---

### lenguas cooficiales

*En vertu de la Constitution espagnole, les "lenguas cooficiales" ou "oficiales" jouissent du même statut que le "castellano" dans les régions où subsiste une langue indigène. C'est le cas du "gallego" en Galice, de l'"euskera" au Pays basque et du "catalan" en Catalogne et aux Baléares. Les gouvernements régionaux encouragent l'utilisation de ces langues par le biais des médias et du système scolaire. Des trois régions qui possèdent leur propre langue, c'est en Catalogne que la "lengua cooficial" est la plus parlée.*

**lenguado** [len'gwaðo] *nm* sole *f.*

**lenguaje** [len'gwaxe] *nm* langage *m;* **en ~ llano** simplement; **lenguaje comercial** langage commercial; **lenguaje de programación** (*INFORM*) langage de programmation; **lenguaje ensamblador** o **de bajo nivel** (*INFORM*) assembleur *m;* **lenguaje máquina** (*INFORM*) langage machine; **lenguaje periodístico** langage journalistique.

**lengüeta** [len'gweta] *nf* (*de zapatos*, *MÚS*) languette *f.*

**lente** ['lente] *nf* lentille *f;* (*lupa*) loupe *f;* **~s** *nmpl* (*gafas*) lorgnon *m;* **lentes de contacto** lentilles de contact.

**lenteja** [len'texa] *nf* lentille *f.*

**lentejuela** [lente'xwela] *nf* paillette *f.*

**lentilla** [len'tiʎa] *nf* lentille *f.*

**lentitud** [lenti'tuð] *nf* lenteur *f;* **con ~** avec lenteur.

**lento, -a** ['lento, a] *adj* lent(e).

**leña** ['leɲa] *nf* (*para el fuego*) bois *msg;* **dar** o **repartir ~ a** distribuer des coups à; **echar ~ al fuego** (*fig*) mettre de l'huile sur le feu.

**leñador, a** [leɲa'ðor, a] *nm/f* bûcheron(ne).

**leño** ['leɲo] *nm* tronc *m;* (*fig*) crétin *m.*

**Leo** ['leo] *nm* (*ASTROL*) Lion *m;* **ser ~** être (du) Lion.

**león** [le'on] *nm* lion *m;* **león marino** otarie *f.*

**leopardo** [leo'parðo] *nm* léopard *m.*

**leotardos** [leo'tarðos] *nmpl* collants *mpl.*

**lepra** ['lepra] *nf* lèpre *f.*

**leproso, -a** [le'proso, a] *nm/f* lépreux (-euse).

**lerdo, -a** ['lerðo, a] *adj* lent(e).

**les** [les] *pron* (*directo*) les; (: *ustedes*) vous; (*indirecto*) leur; (: *ustedes*) vous.

**lesbiana** [les'βjana] *nf* lesbienne *f.*

**lesión** [le'sjon] *nf* lésion *f.*

**lesionado, -a** [lesjo'naðo, a] *adj* blessé(e).

**letal** [le'tal] *adj* létal(e).

**letanía** [leta'nia] *nf* (*REL*) litanie *f;* (*retahíla*) chapelet *m.*

**letargo** [le'tarɣo] *nm* léthargie *f.*

**letra** ['letra] *nf* lettre *f;* (*escritura*) écriture *f;* (*COM*) traite *f;* (*MÚS: de canción*) paroles *fpl;* **L~s** *nfpl* (*UNIV, ESCOL*) Lettres *fpl;* **escribir 4 ~s a algn** écrire un petit mot à qn; **letra bancaria** traite bancaire; **letra bastardilla/negrita** (*TIP*) italique *m/* caractères *mpl* gras; **letra de cambio** (*COM*) lettre de change; **letra de imprenta** o **de molde** caractère *m* d'imprimerie; **letra de patente** (*COM*) brevet *m* d'invention; **letra inicial** initiale *f;* **letra mayúscula/minúscula** lettre majuscule/minuscule.

**letrado, -a** [le'traðo, a] *adj* instruit(e) ♦ *nm/f* avocat(e).

**letrero** [le'trero] *nm* panneau *m;* (*anuncio*) écriteau *m.*

**letrina** [le'trina] *nf* latrines *fpl.*

**leucemia** [leu'θemja] *nf* leucémie *f.*

**levadizo, -a** [leβa'ðiθo, a] *adj:* **puente ~** pont *m* basculant; (*HIST*) pont-levis *m.*

**levadura** [leβa'ðura] *nf* levure *f;* **levadura de cerveza** levure de bière; **levadura en polvo** (*CULIN*) levure en poudre.

**levantamiento** [leβanta'mjento] *nm* soulèvement *m;* (*de castigo, orden*) levée *f;* **levantamiento de pesos** haltérophilie *f.*

**levantar** [leβan'tar] *vt* lever; (*velo, telón*) relever; (*paquete, niño*) soulever; (*voz*) élever; (*mesa*) débarrasser; (*polvo*) soulever; (*construir*) élever; **levantarse** *vpr* se lever; (*desprenderse*) s'enlever; (*sesión*) être levé(e); **~ el ánimo** ranimer les esprits; **no levanto cabeza** tout va de travers.

**levante** [le'βante] *nm* (*GEO*) levant *m;* (*viento*) vent *m* d'Est; **el L~** le Levant.

**levar** [le'βar] *vt:* **~ anclas** lever l'ancre.

**leve** ['leβe] *adj* léger(-ère).

**levedad** [leβe'ðað] *nf* légèreté *f;* (*de herida*) caractère *m* bénin.

**levita** [le'βita] *nf* redingote *f.*

**léxico, -a** ['leksiko, a] *adj* lexical(e) ♦ *nm* lexique *m.*

**ley** [lei] *nf* loi *f;* (*de sociedad*) règlement *m;* **de ~** (*oro, plata*) au titre; **vivir fuera de la ~** vivre en dehors des lois; **según la ~** d'après la loi; **aplicar la ~ del embudo** faire deux poids, deux mesures; **ley de la gravedad** loi de la pesanteur.

**leyenda** [le'jenda] *nf* légende *f*.

**leyendo** *etc* [le'jendo] *vb* V **leer**.

**liar** [li'ar] *vt* (*atar*) lier; (*enredar*) embrouiller; (*cigarrillo*) rouler; (*envolver*) enrouler; **liarse** *vpr* (*fam*) s'embrouiller; **~ a algn en algo** (*fam*) embarquer qn dans qch; **~se a palos** se taper dessus; **~se a hacer algo** se mettre à faire qch; **~se haciendo algo** se plonger dans qch; **~se con algn** (*fam*) avoir une liaison avec qn; **¡la que has liado!** tu te rends compte de ce que tu as fait?

**Líbano** ['liβano] *nm*: **el ~** le Liban.

**libelo** [li'βelo] *nm* libelle *m*.

**libélula** [li'βelula] *nf* libellule *f*.

**liberación** [liβera'θjon] *nf* libération *f*.

**liberal** [liβe'ral] *adj*, *nm/f* (*POL*, *ECON*) libéral(e); **profesiones ~es** professions *fpl* libérales.

**liberalidad** [liβerali'ðað] *nf* libéralité *f*.

**liberar** [liβe'rar] *vt* libérer; **liberarse** *vpr* se libérer.

**libertad** [liβer'tað] *nf* liberté *f*; **~es** *nfpl* (*pey*) libertés *fpl*; **estar en ~** être en liberté; **poner a algn en ~** remettre qn en liberté; **libertad bajo fianza/bajo palabra** liberté sous caution/sur parole; **libertad condicional** liberté conditionnelle; **libertad de comercio** libre-échange *m*; **libertad de culto/de expresión/de prensa** liberté du culte/d'expression/de presse; **libertad provisional** liberté provisoire.

**libertar** [liβer'tar] *vt* (*preso*) délivrer.

**libertino, -a** [liβer'tino, a] *adj*, *nm/f* libertin(e).

**libra** ['liβra] *nf* livre *f*; **L~** (*ASTROL*) Balance *f*; **ser L~** être (de la) Balance; **libra esterlina** livre sterling.

**librar** [li'βrar] *vt* (*de castigo, obligación*) soustraire; (*de peligro*) sauver; (*batalla*) livrer; (*cheque*) virer; (*JUR*) exempter ♦ *vi* avoir un jour de congé; **librarse** *vpr*: **~se de algn/algo** échapper à qn/qch; **libro los domingos** je ne travaille pas le dimanche; **de buena nos hemos librado** nous l'avons échappé belle.

**libre** ['liβre] *adj* libre; **~ a bordo** (*COM*) franco à bord; **~ de impuestos** exonéré(e) d'impôts; **~ de preocupaciones** libre de toute préoccupation; **tiro ~** coup *m* franc; **los 100 metros ~s** le 100 mètres nage libre; **al aire ~** à l'air libre; **entrada ~** entrée *f* libre; **día ~** jour *m* de congé; **¿estás ~?** tu es libre?

**librería** [liβre'ria] *nf* librairie *f*; (*estante*) bibliothèque *f*; **librería de ocasión** librairie de livres d'occasion.

**librero, -a** [li'βrero, a] *nm/f* libraire *m/f* ♦ *nm* (*MÉX*) librairie *f*.

**libreta** [li'βreta] *nf* cahier *m*; **libreta de ahorros** livret *m* de caisse d'épargne.

**libro** ['liβro] *nm* livre *m*; **libro azul/blanco** (*POL*) livre bleu/blanc; **libro de actas** minutes *fpl*; **libro de bolsillo** livre de poche; **libro de caja/de caja auxiliar** (*COM*) livre de caisse/de petite caisse; **libro de cocina** livre de cuisine; **libro de consulta** ouvrage *m* de référence; **libro de cuentas** livre de comptes; **libro de cuentos** livre de contes; **libro de entradas y salidas** (*COM*) main *f* courante; **libro de familia** (*JUR*) livret *m* de famille; **libro de honor** livre d'or; **libro de reclamaciones** registre des réclamations; **libro de texto** manuel *m*; **libro mayor** (*COM*) grand livre.

**licencia** [li'θenθja] *nf* (*ADMIN*, *JUR*) licence *f*, autorisation *f*; **licencia de apertura** licence; **licencia de armas/de caza** permis *msg* de port d'arme/de chasse; **licencia de exportación** (*COM*) licence d'exportation; **licencia de obras** permis de construire; **licencia fiscal** patente *f*; **licencia poética** licence poétique.

**licenciado, -a** [liθen'θjaðo, a] *adj* (*soldado*) libéré(e); (*UNIV*) titulaire d'une maîtrise ♦ *nm/f* titulaire *m/f* d'une maîtrise; **L~** (*abogado*) Maître; **L~ en Filosofía y Letras** titulaire d'une maîtrise de Lettres.

---

**licenciado**

*Au terme de cinq ans d'études universitaires en moyenne, les étudiants espagnols se voient décerner le titre **licenciado**. Si, comme c'est le cas pour les infirmières, les études ne durent que trois ans, ou bien si l'on choisit de ne pas effectuer les deux années de spécialisation, on reçoit le titre de **diplomado**. Les "cursos de posgrado", ou diplômes de troisième cycle, sont de plus en plus répandus en Espagne ; c'est notamment le cas des "masters", qui s'effectuent en un an.*

**licenciar** [liθen'θjar] vt (*soldado*) libérer; **licenciarse** vpr terminer son service militaire; (*UNIV*) passer sa maîtrise; **~se en letras** obtenir une maîtrise de lettres.

**licencioso, -a** [liθen'θjoso, a] adj licencieux(-euse).

**licitar** [liθi'tar] vt faire une enchère sur ♦ vi faire monter les enchères.

**lícito, -a** [li'θito, a] adj (*legal*) licite; (*justo*) juste; (*permisible*) permis(e).

**licor** [li'kor] nm liqueur f.

**licuadora** [likwa'ðora] nf mixeur m.

**licuar** [li'kwar] vt passer au mixeur.

**lid** [lið] nf lutte f; **~es** nfpl matière f.

**líder** ['liðer] nm/f leader m.

**liderazgo** [liðe'raθɣo] nm leadership m.

**lidia** ['liðja] nf (*TAUR*) combat m; (: *una lidia*) corrida f; **toros de ~** taureaux mpl de combat.

**lidiar** [li'ðjar] vt combattre ♦ vi: **~ con** (*dificultades, enemigos*) batailler avec.

**liebre** ['ljeβre] nf lièvre m; (*CHI: microbús*) minibus msg; **dar gato por ~** rouler.

**lienzo** ['ljenθo] nm toile f; (*ARQ*) mur m.

**liga** ['liɣa] nf (*de medias*) porte-jarretelles m inv; (*DEPORTE*) compétition f; (*POL*) ligue f.

**ligadura** [liɣa'ðura] nf ligature f; **ligadura de trompas** (*MED*) ligature des trompes.

**ligamento** [liɣa'mento] nm ligament m.

**ligar** [li'ɣar] vt lier; (*MED*) ligaturer ♦ vi (*fam: persona*) draguer; (: *2 personas*) se faire du gringue; **ligarse** vpr (*fig*) se lier; **~ con** (*fam*) draguer; **estar muy ligado a algn/algo** être très attaché à qn/qch; **~se a algn** (*fam*) draguer qn.

**ligereza** [lixe'reθa] nf légèreté f.

**ligero, -a** [li'xero, a] adj léger(-ère) ♦ adv (*andar*) d'un pas léger; (*moverse*) avec légèreté; **a la ligera** à la légère.

**light** ['lait] adj inv (*cigarrillo*) léger(-ère); (*comida*) allégé(e).

**liguero** [li'ɣero] nm porte-jarretelles m inv.

**lija** ['lixa] nf (*pez*) roussette f; (*tb: papel de ~*) papier m de verre.

**lila** ['lila] adj inv lilas adj inv ♦ nf (*BOT*) lilas msg ♦ nm (*color*) lilas msg; (*fam: tonto*) crétin.

**lima** ['lima] nf (*herramienta, BOT*) lime f; **comer como una ~** manger comme quatre; **lima de uñas** lime à ongles.

**limar** [li'mar] vt limer; **~ asperezas** (*fig*) passer l'éponge.

**limitación** [limita'θjon] nf limitation f; **limi-taciones** nfpl (*carencias*) limites fpl; **limitación de velocidad** limitation de vitesse.

**limitar** [limi'tar] vt limiter; (*terreno, tiempo*) délimiter ♦ vi: **~ con** (*GEO*) faire frontière avec; **limitarse** vpr: **~se a (hacer)** se limiter à (faire).

**límite** ['limite] nm limite f; **~s** nmpl (*de finca, país*) limites fpl; **fecha ~** date f limite; **situación ~** situation f limite; **no tener ~s** être sans limite; **límite de crédito** découvert m autorisé; **límite de página** fin f de page; **límite de velocidad** limitation f de vitesse.

**limítrofe** [li'mitrofe] adj limitrophe.

**limón** [li'mon] nm citron m ♦ adj: **amarillo ~** jaune citron inv.

**limonada** [limo'naða] nf limonade f.

**limosna** [li'mosna] nf aumône f; **pedir ~** demander l'aumône, mendier; **vivir de la ~** vivre de mendicité.

**limpiaparabrisas** [limpjapara'βrisas] nm inv essuie-glace m.

**limpiar** [lim'pjar] vt nettoyer; (*fam: robar*) soulager (de); **limpiarse** vpr: **~se la cara/los pies** se laver la figure/les pieds; **~ en seco** nettoyer à sec.

**limpieza** [lim'pjeθa] nf propreté f; (*acto, POLICÍA*) nettoyage m; (*habilidad*) adresse f; **operación de ~** (*MIL*) opération f de nettoyage; **limpieza en seco** nettoyage à sec; **limpieza étnica** purification f ethnique.

**limpio, -a** ['limpjo, a] adj propre; (*conducta, negocio*) net(te); (*cielo, pared*) dégagé(e); (*aire*) pur(e); (*agua*) clair(e); (*conciencia*) tranquille ♦ adv: **jugar ~** (*fig*) jouer franc jeu; **pasar a ~** mettre au propre; **gana 200.000 ptas limpias** il gagne 200 000 pesetas net; **sacar algo en ~** tirer qch au clair; **~ de libre de; a grito/puñetazo ~** avec force cris/coups de poing.

**linaje** [li'naxe] nm lignée f.

**lince** ['linθe] nm lynx msg; **ser un ~** (*observador*) ne pas avoir les yeux dans sa poche; (*astuto*) être rusé(e) comme un renard.

**linchar** [lin't∫ar] vt lyncher.

**lindar** [lin'dar] vi: **~ con** border; (*fig*) friser.

**linde** ['linde] nm o f (*de bosque, terreno*) limite f.

**lindero** [lin'dero, a] nm = **linde**.

**lindo, -a** ['lindo, a] *adj* joli(e) ♦ *adv* (*AM*) bien; **canta muy ~** (*AM*) il chante très bien; **de lo ~** (*fam: muy bien*) vachement; **disfrutar/divertirse de lo ~** vachement bien s'amuser.

**línea** ['linea] *nf* ligne *f*; **en ~** (*INFORM*) en ligne; **de primera ~** en première ligne; **en ~s generales** globalement; **guardar la ~** garder la ligne; **fuera de ~** (*INFORM*) déconnecté(e); **línea aérea** ligne aérienne; **línea de fuego** (*MIL*) ligne de tir; **línea de meta** (*DEPORTE*) ligne de touche; (: *de carrera*) ligne d'arrivée; **línea discontinua** (*AUTO*) ligne discontinue; **línea dura** (*POL*) noyau *m* dur; **líneas enemigas** (*MIL*) lignes ennemies; **línea recta** ligne droite.

**lingote** [lin'gote] *nm* lingot *m*.

**lingüística** [lin'gwistika] *nf* linguistique *f*.

**lino** ['lino] *nm* lin *m*.

**linóleo** [li'noleo] *nm* linoléum *m*.

**linterna** [lin'terna] *nf* lampe *f* de poche.

**lío** ['lio] *nm* paquet *m*; (*desorden*) fatras *msg*; (*fam: follón*) bordel *m*; (: *relación amorosa*) liaison *f*; **armar un ~** foutre le bordel; **hacerse un ~** s'emmêler les pédales; **meterse en un ~** se fourrer dans un drôle de pétrin; **tener un ~ con algn** avoir une liaison avec qn.

**liquen** ['liken] *nm* lichen *m*.

**liquidación** [likiða'θjon] *nf* (*de empresa*) dépôt *m* de bilan; (*de salario*) prime *f*; (*de existencias, cuenta, deuda*) liquidation *f*.

**liquidar** [liki'ðar] *vt* liquider.

**líquido, -a** ['likiðo, a] *adj* liquide; (*ganancia*) net(te) ♦ *nm* liquide *m*; (*COM: ganancia*) bénéfice *m* net; **líquido de frenos** liquide de frein.

**lira** ['lira] *nf* (*MÚS*) lyre *f*; (*moneda*) lire *f*.

**lírico, -a** ['liriko, a] *adj* lyrique.

**lirio** ['lirjo] *nm* iris *msg*.

**lirón** [li'ron] *nm* loir *m*; **dormir como un ~** dormir comme une loir.

**Lisboa** [lis'βoa] *n* Lisbonne.

**lisiado, -a** [li'sjaðo, a] *adj, nm/f* estropié(e).

**lisiar** [li'sjar] *vt* estropier; **lisiarse** *vpr* se blesser.

**liso, -a** ['liso, a] *adj* (*superficie, cabello*) lisse; (*tela, color*) uni(e); (*AND, CSUR: grosero*) grossier(-ère); **lisa y llanamente** purement et simplement.

**lisonja** [li'sonxa] *nf* flatterie *f*.

**lista** ['lista] *nf* liste *f*; (*franja*) rayure *f*; **pasar ~** faire la liste; **tela a ~s** tissu *m* rayé; **lista de correos** poste *f* restante; **lista de direcciones** fichier *m* d'adresses; **lista de espera** liste d'attente; **lista de platos** carte *f*; **lista de precios** tarif *m*; **lista electoral** liste électorale.

**listo, -a** ['listo, a] *adj* intelligent(e); (*preparado*) prêt(e); **~ para empezar** prêt(e) à commencer; **¿estás ~?** tu es prêt(e)?; **pasarse de ~** se tromper lourdement.

**listón** [lis'ton] *nm* planche *f*.

**litera** [li'tera] *nf* (*en barco, tren*) couchette *f*; (*en dormitorio*) lit *m* superposé.

**literal** [lite'ral] *adj* littéral(e).

**literario, -a** [lite'rarjo, a] *adj* littéraire.

**literatura** [litera'tura] *nf* littérature *f*.

**litigar** [liti'ɣar] *vi* (*JUR*) plaider; (*fig*) être en conflit.

**litigio** [li'tixjo] *nm* (*JUR, fig*) litige *m*; **en ~ con** en litige avec.

**litografía** [litoɣra'fia] *nf* lithographie *f*.

**litoral** [lito'ral] *adj* littoral(e) ♦ *nm* littoral *m*.

**litro** ['litro] *nm* litre *m*.

**lívido, -a** ['liβiðo, a] *adj* livide.

**llaga** ['ʎaɣa] *nf* plaie *f*.

**llama** ['ʎama] *nf* flamme *f*; (*ZOOL*) lama *m*; **en ~s** en flammes.

**llamada** [ʎa'maða] *nf* (*telefónica*) appel *m*; (*a la puerta*) coup *m*; (: *timbre*) coup de sonnette; (*en un escrito*) renvoi *m*; **llamada a cobro revertido** appel en PCV; **llamada al orden** o **de atención** rappel *m* à l'ordre; **llamada interurbana** appel interurbain.

**llamado** [ʎa'maðo] (*AM*), **llamamiento** [ʎama'mjento] *nm* appel *m*.

**llamar** [ʎa'mar] *vt* appeler; (*convocar*) convoquer ♦ *vi* (*a la puerta*) frapper; (*al timbre*) sonner; **llamarse** *vpr* s'appeler; **¿cómo te llamas?** comment t'appelles-tu?; **~ la atención** attirer l'attention; **~ por teléfono** appeler, téléphoner; **me han llamado payaso/cobarde** ils m'ont traité de clown/lâche; **¿quién llama?** (*TELEC*) qui est à l'appareil?; **~ al orden** rappeler à l'ordre.

**llamarada** [ʎama'raða] *nf* flambée *f*; (*rubor*) rougeur *f* passagère.

**llamativo, -a** [ʎama'tiβo, a] *adj* voyant(e); (*color*) criard(e).

**llano, -a** ['ʎano, a] *adj* (*superficie*) plat(e); (*persona, estilo*) simple ♦ *nm* plaine *f*; **Los L~s** (*VEN*) les Plaines.

**llanta** [ˈʎanta] *nf* jante *f*; (AM: *cámara*) chambre *f* à air.

**llanto** [ˈʎanto] *nm* pleurs *mpl*, larmes *fpl*.

**llanura** [ʎaˈnura] *nf* plaine *f*.

**llave** [ˈʎaβe] *nf* clé *f*, clef *f*; (*de gas, agua*) robinet *m*; (MEC) clé; (*de la luz*) interrupteur *m*; (TIP) crochet *m*; **cerrar con ~** o **echar la ~** fermer à clé; **llave de contacto** (AUTO) clé de contact; **llave de judo** prise *f* de judo; **llave de paso** robinet d'arrêt; **llave inglesa** clé anglaise; **llave maestra** passe-partout *m inv*.

**llavero** [ʎaˈβero] *nm* porte-clefs *msg*.

**llegada** [ʎeˈɣaða] *nf* arrivée *f*.

**llegar** [ʎeˈɣar] *vi* arriver; (*ruido*) parvenir; (*bastar*) suffire; **llegarse** *vpr*: **~se a** aller à; **~ a** arriver à; **llegó a pegarme** il est allé jusqu'à me frapper; **~ a saber** finir par savoir; **~ a (ser) famoso/jefe** devenir célèbre/le patron; **~ a las manos** en venir aux mains; **~ a las manos de algn** tomber entre les mains de qn; **no llegues tarde** ne rentre pas trop tard; **esta cuerda no llega** cette corde n'est pas assez longue.

**llenar** [ʎeˈnar] *vt* remplir; (*superficie*) couvrir; (*tiempo*) faire passer; (*satisfacer*) combler ♦ *vi* rassasier; **llenarse** *vpr*: **~se (de)** se remplir (de); (*al comer*) se rassasier (de).

**lleno, -a** [ˈʎeno, a] *adj* plein(e), rempli(e); (*persona: de comida*) rassasié(e) ♦ *nm* (TEATRO) salle *f* comble; **~ de polvo/de gente/de errores** rempli(e) de poussière/de gens/d'erreurs; **dar de ~ contra algo** heurter qch de plein fouet.

**llevar** [ʎeˈβar] *vt* porter; (*en coche*) emmener; (*transportar*) transporter; (*ruta*) suivre; (*dinero*) avoir sur soi; (*coche, moto*) conduire; (*soportar*) supporter; (*negocio*) diriger; (*ritmo, compás*) mener; (MAT) retenir; **llevarse** *vpr* (*estar de moda*) se porter beaucoup; **me llevó una hora hacerlo** j'ai mis une heure à le faire; **llevamos dos días aquí** nous sommes ici depuis deux jours; **llevo un año estudiando** cela fait un an que j'étudie; **~ hecho/vendido/estudiado** avoir fait/vendu/étudié; **él me lleva 2 años** il a 2 ans de plus que moi; **~ a** (*suj: camino*) mener à; **~ adelante** (*fig*) faire avancer; **~ la contraria/la corriente a algn** contredire/suivre qn; **~ ventaja** avoir l'avantage; **~ los libros** (COM) tenir les registres; **~ una vida tranquila** mener une vie paisible; **nos llevó a cenar fuera** il nous a emmenés dîner; **~ de paseo** emmener faire un tour; **~se el dinero/coche** prendre l'argent/la voiture; **~se algo/a algn por delante** (*atropellar*) percuter qch/qn; **~se un susto/disgusto/sorpresa** être effrayé(e)/mécontent(e)/surpris(e); **~se bien/mal (con algn)** bien/ne pas s'entendre (avec qn); **dejarse ~ por algo/algn** qn se laisser emporter par qch/se laisser faire par qn.

**llorar** [ʎoˈrar] *vt, vi* pleurer; **~ a moco tendido** (*fam*) pleurer toutes les larmes de son corps; **~ de risa** pleurer de rire.

**lloriquear** [ʎorikeˈar] *vi* pleurnicher.

**lloro** [ˈʎoro] *nm* pleur *m*.

**llorón, -ona** [ʎoˈron, ona] *adj, nm/f* pleurnichard(e).

**lloroso, -a** [ʎoˈroso, a] *adj* (*ojos*) gonflé(e) par les larmes; (*persona*) qui a pleuré.

**llover** [ʎoˈβer] *vi* pleuvoir; **~ a cántaros** o **a cubos** o **a mares** pleuvoir à seaux o des cordes; **como llovido del cielo** tombé(e) du ciel; **llueve sobre mojado** les catastrophes se succèdent.

**llovizna** [ʎoˈβiθna] *nf* bruine *f*.

**lloviznar** [ʎoβiθˈnar] *vi* pleuvoter.

**llueve** *etc* [ˈʎweβe] *vb* V **llover**.

**lluvia** [ˈʎuβja] *nf* pluie *f*; **día de ~** jour *m* pluvieux o de pluie; **lluvia radioactiva** pluie radioactive.

**lluvioso, -a** [ʎuˈβjoso, a] *adj* pluvieux (-euse).

---

PALABRA CLAVE

**lo** [lo] *art def* **1**: **lo bueno/caro** ce qui est bon/cher; **lo mejor/peor** le mieux/pire; **lo gracioso fue que ...** ce qui est drôle, c'est que ...; **lo mío** ce qui est à moi; **olvidaste lo esencial** tu as oublié l'essentiel; **¡no sabes lo aburrido que es!** tu ne peux pas savoir comme c'est ennuyeux!; **con lo poco que gana** avec le peu d'argent qu'il gagne
**2**: **lo de** (*pron dem*): **¿sabes lo del presidente?** tu es au courant pour le président?; **olvida lo de ayer** oublie ce qui s'est passé hier; **(a) lo de** (CSUR: *a casa de*) chez; (+ *inf*): **¿a quién se le ocurrió lo de esperar aquí?** qui a eu l'idée d'attendre ici?
**3**: **lo que** (*pron rel*): **lo que yo pienso** d

que je pense; **lo que más me gusta** ce que j'aime le plus; **lo que pasa es que ...** ce qu'il y a, c'est que ...; **más de lo que crees** plus que tu ne crois; **en lo que se refiere a** pour ce qui est de; **lo que quieras** ce que tu veux o voudras; **lo que sea** quoi que ce soit; **(a) lo que** (AM: en cuanto) dès que

**4: lo cual: lo cual es lógico** ce qui est logique

♦ *pron pers* **1** (a él) le, l'; **lo han despedido** ils l'ont renvoyé; **no lo conozco** je ne le connais pas

**2** (a usted) vous; **lo escucho señor** je vous écoute, monsieur

**3** (cosa, animal) le, l'; **te lo doy** je te le donne; **no lo veo** je ne le vois pas

**4** (concepto) le, l'; **no lo sabía** je ne le savais pas; **voy a pensarlo** je vais y réfléchir; **es fácil, pero no lo parece** c'est facile, mais ça n'en a pas l'aire

**loable** [lo'aβle] *adj* louable.

**loar** [lo'ar] *vt* louer.

**lobo** ['loβo] *nm* loup *m*; **lobo de mar** (fig) loup de mer; **lobo marino** phoque *m*.

**lóbrego, -a** ['loβreɣo, a] *adj* sombre.

**lóbulo** ['loβulo] *nm* lobe *m*.

**local** [lo'kal] *adj* local(e) ♦ *nm* local *m*; (bar) bar *m*.

**localidad** [lokali'ðað] *nf* localité *f*; (TEATRO) place *f*.

**localizar** [lokali'θar] *vt* localiser; **localizarse** *vpr* (dolor) être localisé(e).

**loción** [lo'θjon] *nf* lotion *f*; **loción capilar** lotion capilaire.

**loco, -a** ['loko, a] *adj, nm/f* (MED) fou(folle); **~ de atar** o **remate, ~ rematado** fou(folle) à lier; **a lo ~** à la va-vite; **ando con el examen** l'examen me rend malade; **estar ~ de alegría** être fou(folle) de joie; **estar ~ con algo/por algn** être fou(folle) de qch/de qn; **como un ~** comme un fou; **me vuelve ~** (me gusta mucho) j'en suis fou(folle); (me marea) il me rend fou(folle).

**locomotora** [lokomo'tora] *nf* locomotive *f*.

**locuaz** [lo'kwaθ] *adj* loquace.

**locución** [loku'θjon] *nf* (LING) locution *f*.

**locura** [lo'kura] *nf* folie *f*; **con ~** follement.

**locutor, a** [loku'tor, a] *nm/f* (RADIO, TV) speaker(ine).

**locutorio** [loku'torjo] *nm* cabine *f* télépho-

nique.

**lodo** ['lodo] *nm* boue *f*.

**lógica** ['loxika] *nf* logique *f*.

**lógico, -a** ['loxiko, a] *adj* logique.

**logística** [lo'xistika] *nf* logistique *f*.

**logotipo** [loɣo'tipo] *nm* logo *m*.

**logrado, -a** [lo'xraðo, a] *adj* réussi(e).

**lograr** [lo'xrar] *vt* réussir; (victoria) remporter; **~ hacer algo** réussir à faire qch, **~ que algn venga** réussir à faire venir qn.

**logro** ['loxro] *nm* réussite *f*.

**loma** ['loma] *nf* colline *f*.

**lombriz** [lom'briθ] *nf* (ZOOL) ver *m* de terre; (MED) ver.

**lomo** ['lomo] *nm* (de animal) dos *msg*, échine *f*; (CULIN de cerdo) épaule *f*; (: de vaca) entrecôte *f*; (de libro) dos; **a ~s de** (caballo) à dos de; **lomo de burro** (ARG: fam) ralentisseur *m*.

**lona** ['lona] *nf* toile *f* cirée.

**loncha** ['lontʃa] *nf* tranche *f*.

**lonche** ['lontʃe] (AM) *nm* petit-déjeuner *m*.

**lonchería** [lontʃe'ria] (AM) *nf* cafétéria *f*.

**Londres** ['londres] *n* Londres.

**longaniza** [longa'niθa] *nf* sorte de merguez.

**longitud** [lonxi'tuð] *nf* longueur *f*; (GEO) longitude *f*; **tener 3 metros de ~** faire 3 mètres de long; **salto de ~** (DEPORTE) saut *m* en longueur; **longitud de onda** (FÍS) longueur d'onde.

**lonja** ['lonxa] *nf* (edificio) halle *f*; (de jamón, embutido) tranche *f*; **lonja de pescado** halle *f* au poisson.

**loro** ['loro] *nm* perroquet *m*.

**los** [los] *art def* les ♦ *pron* les; (ustedes) vous; **mis libros y ~ de usted** mes livres et les vôtres; **~ de Ana son verdes** ceux d'Ana sont verts.

**losa** ['losa] *nf* dalle *f*; **losa sepulcral** pierre *f* tombale.

**lote** ['lote] *nm* (de libros, COM, INFORM) lot *m*; (de comida) portion *f*.

**lotería** [lote'ria] *nf* loterie *f*; **le tocó la ~** il a gagné le gros lot; **lotería nacional** loterie nationale; **lotería primitiva** (ESP) ≈ Loto *m*.

---

**lotería**

*D'importantes sommes d'argent sont dépensées chaque année en Espagne à ce jeu de hasard. L'État a institué deux loteries, dont il perçoit directement les gains :*

*la **Lotería Primitiva** et la **Lotería Na-cional**. Une des loteries les plus célèbres est organisée par l'influente et prospère association d'aide aux aveugles, "la ONCE".*

**loza** ['loθa] *nf* (*material*) faïence *f*; (*vajilla*) vaisselle *f*.

**lozano, -a** [lo'θano, a] *adj* vigoureux (-euse).

**lubricante** [luβri'kante] *adj* lubrifiant(e) ♦ *nm* lubrifiant *m*.

**lubricar** [luβri'kar] *vt* lubrifier.

**luces** ['luθes] *nfpl* de **luz**.

**lucha** ['lutʃa] *nf* lutte *f*; ~ **contra/por** lutte contre/pour; **lucha de clases** lutte des classes; **lucha libre** lutte libre.

**luchar** [lu'tʃar] *vi* lutter; ~ **contra/por** (*problema*) lutter contre/pour.

**lucidez** [luθi'ðeθ] *nf* lucidité *f*.

**lúcido, -a** ['luθiðo, a] *adj* lucide.

**luciérnaga** [lu'θjernaɣa] *nf* ver *m* luisant.

**lucir** [lu'θir] *vt* (*vestido, coche*) étrenner; (*conocimientos*) étaler; (*habilidades*) exhiber ♦ *vi* briller; (*AM: parecer*) sembler; **lucirse** *vpr* (*presumir*) se montrer; **¡te has lucido!** (*irónico*) bien joué!; **no me luce lo que trabajo** mon travail n'est pas productif; **la casa luce limpia** (*AM*) la maison a l'air très propre.

**lucro** ['lukro] (*pey*) *nm* lucre *m*; **el afán** o **ánimo de** ~ le goût du lucre; **organización sin ánimo de** ~ organisation *f* à but non lucratif.

**lúdico, -a** ['luðiko, a] *adj* ludique.

**ludópata** [lu'ðopata] *adj, nm/f* ludopathe *m/f*.

**luego** ['lweɣo] *adv* (*después*) après; (*más tarde*) puis; (*AM: fam: en seguida*) tout de suite ♦ *conj* (*consecuencia*) donc; **desde** ~ évidemment; **¡hasta** ~! à plus tard!, salut!; **¿y** ~? et maintenant?; ~ **lo sabía** donc, il le savait; ~ **luego** (*esp MÉX*) dare-dare.

**lugar** [lu'ɣar] *nm* lieu *m*, endroit *m*; (*en lista*) place *f*; **en** ~ **de** au lieu de; **en primer** ~ en premier lieu; **dar** ~ **a** donner lieu à; **hacer** ~ faire de la place; **fuera de** ~ (*comentario, comportamiento*) déplacé(e); **tener** ~ avoir lieu; **yo en su** ~ moi, à sa place; **sin** ~ **a dudas** sans aucun doute; **lugar común** lieu commun.

**lugareño, -a** [luɣa'reɲo, a] *nm/f* villageois(e).

**lugarteniente** [luɣarte'njente] *nm* remplaçant *m*.

**lúgubre** ['luɣuβre] *adj* lugubre.

**lujo** ['luxo] *nm* luxe *m*; **de** ~ de luxe; **permitirse el** ~ **de hacer** se permettre le luxe de faire; **con todo** ~ **de detalles** avec force détails.

**lujoso, -a** [lu'xoso, a] *adj* luxueux(-euse).

**lujuria** [lu'xurja] *nf* luxure *f*.

**lumbre** ['lumbre] *nf* feu *m* (de bois); **a la** ~ près du feu.

**lumbrera** [lum'brera] *nf* (*genio*) lumière *f*.

**luminoso, -a** [lumi'noso, a] *adj* lumineux (-euse).

**luna** ['luna] *nf* lune *f*; (*vidrio*) glace *f*; **media** ~ demi-lune; **estar en la** ~ être dans la lune; **pedir la** ~ demander la lune; **luna creciente/menguante** lune croissante/décroissante; **luna de miel** lune de miel; **luna llena/nueva** pleine/nouvelle lune.

**lunar** [lu'nar] *adj* lunaire ♦ *nm* grain *m* de beauté; (*diseño*) pois *msg*; **tela de ~es** tissu *m* à pois.

**lunes** ['lunes] *nm inv* lundi *m*; *V tb* **sábado**.

**lupa** ['lupa] *nf* loupe *f*.

**lustrar** [lus'trar] *vt* lustrer; (*AM: zapatos*) cirer.

**lustre** ['lustre] *nm* lustre *m*; (*fig*) éclat *m*; **dar** ~ **a algo** faire briller qch.

**lustroso, -a** [lus'troso, a] *adj* brillant(e).

**luto** ['luto] *nm* deuil *m*; **ir** o **vestirse de** ~ porter des habits de deuil; **luto oficial** deuil national.

**Luxemburgo** [luksem'burɣo] *nm* Luxembourg *m*.

**luz** [luθ] (*pl* **luces**) *nf* lumière *f*; **dar a** ~ **un niño** mettre un enfant au monde; **dar la** ~ donner de la lumière; **encender** (*ESP*) o **prender** (*esp AM*)**/apagar la** ~ allumer/éteindre la lumière; **les cortaron la** ~ ils leur ont coupé l'électricité; **a la** ~ **de** (*tb fig*) à la lumière de; **a todas luces** de toute évidence; **a media** ~ dans la pénombre; **se hizo la** ~ **sobre ...** la lumière se fit sur ...; **sacar a la** ~ tirer au clair; **el Siglo de las Luces** le Siècle des Lumières; **tener pocas luces** ne pas être une lumière; **luz de cruce** feu *m* de croisement; **luz de la luna** clair *m* de lune; **luz eléctrica** lumière électrique; **luz intermitente** lumière intermittente; (*AUTO*) clignotant *m*; **luz roja/verde** (*AUTO*) feu rouge/vert; **luz solar** o **del sol** lumière du jour; **lu**

**trasera/de freno** feu arrière/de stop.

—— **M m** ——

**M.** *abr* (= *mujer*) F (= *féminin*); (= *Metro*) M(o) (= *métro*).

**m.** *abr* (= *metro(s)*) m (= *mètre(s)*); (= *minuto(s)*) min. (= *minute(s)*); (= *masculino*) m (= *masculin*).

**M.ª** *abr* = *María*.

**macarrones** [maka'rrones] *nmpl* (*CULIN*) macarons *mpl*.

**macedonia** [maθe'ðonja] *nf*: ~ **de frutas** macédoine *f* de fruits.

**macerar** [maθe'rar] *vt* macérer.

**maceta** [ma'θeta] *nf* pot *m* de fleurs.

**machacar** [matʃa'kar] *vt* (*ajos*) réduire en purée; (*asignatura*) rabâcher; (*enemigo*) écraser ♦ *vi* insister.

**machete** [ma'tʃete] *nm* machette *f*.

**machismo** [ma'tʃismo] *nm* machisme *m*.

**machista** [ma'tʃista] *adj, nm/f* machiste *m/f*.

**macho** ['matʃo] *adj* (*BOT, ZOOL*) mâle; (*fam*) macho ♦ *nm* mâle *m*; (*fig*) macho *m*; (*fam: apelativo*) mec *m*; (*TEC*) cheville *f*; (*ELEC*) prise *f* mâle; (*COSTURA*) crochet *m*.

**macizo, -a** [ma'θiθo, a] *adj* massif(-ive) ♦ *nm* (*GEO, de flores*) massif *m*; **¡qué chica más maciza!** (*fam*) quelle belle plante!

**madeja** [ma'ðexa] *nf* (*de lana*) écheveau *m*.

**madera** [ma'ðera] *nf* bois *msg*; **una ~** un morceau de bois; **~ contrachapada** o **laminada** contre-plaqué *m*; **de ~** en bois; **tiene buena ~** il a de bonnes dispositions; **tiene ~ de profesor** il a l'étoffe d'un professeur.

**madero** [ma'ðero] *nm* madrier *m*.

**madrastra** [ma'ðrastra] *nf* belle-mère *f*.

**madre** ['maðre] *adj* (*lengua*) maternel(le); (*acequia*) maîtresse ♦ *nf* mère *f*; (*de vino etc*) lie *f*; **¡~ mía!** mon Dieu!; **¡tu ~!** (*fam!*) va te faire foutre! (*fam!*); **salirse de ~** (*río*) sortir de son lit; (*persona*) dépasser les bornes; **madre adoptiva/de alquiler/soltera** mère adoptive/porteuse/célibataire; **madre patria** mère patrie; **madre política** belle-mère *f*.

**Madrid** [ma'ðrið] *n* Madrid.

**madriguera** [maðri'ɣera] *nf* terrier *m*.

**madrileño, -a** [maðri'leɲo, a] *adj* madrilène ♦ *nm/f* Madrilène *m/f*.

**madrina** [ma'ðrina] *nf* marraine *f*; ~ **de boda** demoiselle *f* d'honneur.

**madrugada** [maðru'ɣaða] *nf* aube *f*; **de ~** de bon matin; **a las 4 de la ~** à 4 heures du matin.

**madrugador, a** [maðruɣa'ðor, a] *adj* lève-tôt *inv*.

**madrugar** [maðru'ɣar] *vi* se lever tôt; (*anticiparse*) s'avancer.

**madurar** [maðu'rar] *vt, vi* mûrir.

**madurez** [maðu'reθ] *nf* maturité *f*.

**maduro, -a** [ma'ðuro, a] *adj* mûr(e); (*hombre, mujer*) d'âge mûr; **poco ~** immature.

**maestra** [ma'estra] *nf V* maestro.

**maestría** [maes'tria] *nf* maestria *f*; (*ESCOL: grado*) maîtrise *f*.

**maestro, -a** [ma'estro, a] *adj* maître(sse) ♦ *nm/f* (*de escuela*) maître(sse) (d'école), instituteur(-trice); (*en la vida*) maître *m* ♦ *nm* maître *m*; (*MÚS*) maestro *m*; ~ **albañil** maître maçon *m*; ~ **de obras** maître d'ouvrage.

**magdalena** [maɣða'lena] *nf* madeleine *f*.

**magia** ['maxja] *nf* magie *f*; **magia negra** magie noire.

**mágico, -a** ['maxiko, a] *adj* magique.

**magisterio** [maxis'terjo] *nm* (*enseñanza*) études *fpl* d'instituteur(-trice); (*profesión*) métier *m* d'instituteur(-trice); (*maestros*) corps *msg* des instituteurs.

**magistrado** [maxis'traðo] *nm* (*JUR*) magistrat *m*; **primer M~** (*AM*) président *m*.

**magnánimo, -a** [maɣ'nanimo, a] *adj* magnanime.

**magnate** [maɣ'nate] *nm* magnat *m*; ~ **de la prensa** magnat de la presse.

**magnético, -a** [maɣ'netiko, a] *adj* magnétique.

**magnetizar** [maɣneti'θar] *vt* (*tb fig*) magnétiser.

**magnetofón** [maɣneto'fon] *nm* magnétophone *m*.

**magnetofónico, -a** [maɣneto'foniko, a] *adj*: **cinta magnetofónica** bande *f* magnétique.

**magnetófono** [maɣne'tofono] *nm* = **magnetofón**.

**magnífico, -a** [maɣ'nifiko, a] *adj* magnifique; (*carácter*) exceptionnel(le); (*tratamiento: rector*) titre honorifique du recteur; **¡~!** magnifique!

**magnitud** [maɣni'tuð] nf (física) grandeur f; (de problema etc) ampleur f.

**mago, -a** ['maɣo, a] nm/f mage m; **los Reyes M~s** les Rois mpl Mages.

**magrebí** [maɣre'βi] adj maghrébin(e) ♦ nm/f Maghrébin(e).

**magro, -a** ['maɣro, a] adj, nm maigre m.

**maguey** [ma'ɣei] nm (BOT) agave m.

**magullar** [maɣu'ʎar] vt contusionner; (lastimar) abîmer; **magullarse** vpr se faire une o des contusion(s).

**mahometano, -a** [maome'tano, a] adj mahométan(e) ♦ nm/f Mahométan(e).

**mahonesa** [mao'nesa] nf = **mayonesa**.

**maillot** [ma'jot] nm maillot m.

**maíz** [ma'iθ] nm maïs msg.

**majadero, -a** [maxa'ðero, a] adj imbécile.

**majestad** [maxes'taθ] nf majesté f; **Su M~** Sa Majesté; **(Vuestra) M~** (Votre) Majesté.

**majestuoso, -a** [maxes'twoso, a] adj majestueux(-euse).

**majo, -a** ['maxo, a] adj beau(belle); (persona, apelativo) mignon(ne); (: elegante) classe inv; (apelativo cariñoso) mignon(ne).

**mal** [mal] adv mal; (oler, saber) mauvais ♦ adj = **malo** ♦ nm: **el ~** le mal; (desgracia) le malheur ♦ conj: **~ que le pese** qu'il le veuille ou non; **me entendió ~** il m'a mal compris; **haces ~ en callarte** tu as tort de te taire; **hablar ~ de algn** dire du mal de qn; **ir de ~ en peor** aller de mal en pis; **si ~ no recuerdo** si mes souvenirs sont exacts; **¡menos ~!** heureusement!; **menos ~ que** heureusement que; **~ que bien** tant bien que mal; **mal de ojo** mauvais œil m.

**malabarismo** [malaβa'rismo] nm jonglerie f; **hacer ~s** (fig) louvoyer.

**malabarista** [malaβa'rista] nm/f jongleur (-euse).

**malaria** [ma'larja] nf malaria f.

**malcriado, -a** [mal'krjaðo, a] adj mal élevé(e).

**maldad** [mal'daθ] nf méchanceté f.

**maldecir** [malde'θir] vt, vi maudire; **~ de** maudire.

**maldición** [maldi'θjon] nf malédiction f; **¡~!** malédiction!

**maldito, -a** [mal'dito, a] adj maudit(e); **¡~ sea!** (fam) maudit(e) soit ...!; **¡malditas las ganas que tengo de verle!** (fam) comme si j'avais envie de le voir!

**maleante** [male'ante] nm/f malfaiteur m, criminel(le).

**maledicencia** [maleði'θenθja] nf médisance f.

**maleducado, -a** [maleðu'kaðo, a] adj mal élevé(e).

**malentendido** [malenten'diðo] nm malentendu m.

**malestar** [males'tar] nm malaise m.

**maleta** [ma'leta] nf valise f; **hacer la ~** faire sa valise.

**maletera** [male'tera] (AM) nf, **maletero** [male'tero] nm (AUTO) coffre m.

**maletín** [male'tin] nm (de uso profesional) serviette f; (de viaje) mallette f.

**maleza** [ma'leθa] nf (hierbas malas) mauvaises herbes fpl; (arbustos) fourré m.

**malgastar** [malɣas'tar] vt gaspiller; (oportunidades) laisser passer; (salud) abîmer.

**malhechor, a** [male'tʃor, a] nm/f malfaiteur m.

**malhumorado, -a** [malumo'raðo, a] adj de mauvaise humeur.

**malicia** [ma'liθja] nf méchanceté f; (de niño) malice f.

**malicioso, -a** [mali'θjoso, a] adj malicieux(-euse); (con mala intención) méchant(e); (de malpensado) mauvais(e).

**maligno, -a** [ma'liɣno, a] adj (MED) malin(maligne); (ser) méchant(e).

**malla** ['maʎa] nf maille f; (esp AM) maillot m de bain; (tb: ~s) collants mpl.

**Mallorca** [ma'ʎorka] nf Majorque f.

**malo, -a** ['malo, a] adj (antes de nmsg: **mal**) mauvais(e); (niño) méchant(e) ♦ nm/f (en cuentos, cine) méchant(e); **estar ~** (persona) être malade; (comida) être mauvais(e); **ser ~ de** (entender, hacer) être difficile à; **ser ~ haciendo/en algo** ne pas savoir faire qch/être mauvais(e) en qch; **estar de malas** être fâché(e); **lo ~ es que ...** le problème, c'est que ...; **por las malas** de force.

**malograrse** [malo'ɣrarse] vpr (plan) tomber à l'eau; (cosecha) être gâché(e); (carrera profesional) se briser; (PE: fam) s'abîmer; **el malogrado actor** l'acteur mort prématurément.

**malparado, -a** [malpa'raðo, a] adj: **salir ~** s'en tirer mal.

**malpensado, -a** [malpen'saðo, a] adj malveillant(e).

**malsano, -a** [mal'sano, a] adj malsain(e).

**maltratar** [maltra'tar] vt maltraiter; **niños maltratados** enfants mpl maltraités.

**maltrecho, -a** [mal'tretʃo, a] adj en mauvais état.

**malvado, -a** [mal'βaðo, a] adj méchant(e).

**malversar** [malβer'sar] vt détourner.

**Malvinas** [mal'βinas] nfpl: **las (Islas) ~** les (îles) Malouines fpl.

**malvivir** [malβi'βir] vi vivre à l'étroit.

**mama** ['mama] nf mamelle f.

**mamá** [ma'ma] nf (fam) maman f; (CAM, CARIB, MÉX: cortesía) mère f; **mamá grande** (COL) grand-maman f.

**mamar** [ma'mar] vt (pecho) téter; (ideas) se nourrir de ♦ vi téter; **dar de ~** allaiter.

**mamarracho** [mama'rratʃo] nm (persona despreciable) rien-du-tout m/f inv; (por su apariencia física) original(e).

**mamífero, -a** [ma'mifero, a] adj, nm mammifère m.

**mampara** [mam'para] nf (entre habitaciones) cloison f; (biombo) écran m.

**mampostería** [mamposte'ria] nf maçonnerie f.

**manada** [ma'naða] nf (de leones, lobos) horde f; (de búfalos, elefantes) troupeau m; **llegaron en ~** (fam) ils sont arrivés en bande.

**manantial** [manan'tjal] nm source f.

**manar** [ma'nar] vt laisser couler ♦ vi jaillir.

**mancha** ['mantʃa] nf tache f; **la M~** la Manche.

**manchar** [man'tʃar] vt, vi tacher; **mancharse** vpr se tacher.

**manchego, -a** [man'tʃeɣo, a] adj de la Manche ♦ nm/f natif(-ive) o habitant(e) de la Manche.

**manco, -a** ['manko, a] adj manchot(e); (incompleto) incomplet(-ète); **no ser ~** (fig) être dégourdi(e).

**mancomunar** [mankomu'nar] vt mettre en commun; (JUR) rendre solidaires.

**mancomunidad** [mankomuni'ðað] nf (de bienes) copropriété f; (de personas, JUR) association f; (de municipios) syndicat m.

**mandamiento** [manda'mjento] nm (REL) commandement m; **mandamiento judicial** mandat m d'arrêt.

**mandar** [man'dar] vt ordonner; (MIL) commander; (enviar) envoyer ♦ vi commander; (en un país) diriger; **mandarse** vpr: **~se mudar** (AM: fam) se casser; **¿mande?** je vous demande pardon?;

**¿manda usted algo más?** désirez-vous autre chose?; **se lo ~emos por correo** nous vous l'enverrons par courrier; **~ hacer un traje** se faire faire un costume; **~ a algn a hacer algo** ordonner à qn de faire qch; **~ a algn a paseo** o **a la porra** envoyer qn au diable.

**mandarina** [manda'rina] nf mandarine f.

**mandato** [man'dato] nm (orden) ordre m; (POL) mandat m; (INFORM) commande f; **mandato judicial** mandat d'arrêt.

**mandíbula** [man'diβula] nf mandibule f.

**mandil** [man'dil] nm tablier m.

**mando** ['mando] nm (MIL) commandement m; (de organización, país) direction f; (TEC) commande f; **los (altos) ~s** les chefs mpl; **el alto ~** le haut commandement; **al ~ (de)** sous la responsabilité (de); **tomar el ~** prendre le commandement; **mando a distancia** télécommande f.

**manejable** [mane'xaβle] adj maniable; (libro) peu encombrant(e); (persona) facile.

**manejar** [mane'xar] vt manier; (máquina) manœuvrer; (caballo) mener; (pey: a personas) manœuvrer; (casa, negocio) mener; (dinero, números) brasser; (idioma) maîtriser; (AM: AUTO) conduire ♦ vi (AM: AUTO) conduire; **manejarse** vpr se débrouiller; **"~ con cuidado"** "manipuler avec précaution".

**manejo** [ma'nexo] nm maniement m; (de máquinas) manœuvre f; (AM: de negocio) conduite f; (soltura) aisance f; **~s** nmpl (pey) manœuvres fpl.

**manera** [ma'nera] nf manière f, façon f; **~s** nfpl (modales) manières fpl; **~ de pensar/ de ser** façon de penser/d'être; **a mi ~** à ma façon; **de cualquier ~** de toute manière; (pey) n'importe comment; **de mala ~** (fam) brutalement; **¡de ninguna ~!** en aucun cas!; **de otra ~** autrement; **de todas ~s** de toute manière; **en gran ~** largement; **sobre ~** énormément; **a mi ~ de ver** d'après moi; **no hay ~ de persuadirle** il n'y a pas moyen de le persuader; **de ~ que** de sorte que.

**manga** ['manga] nf manche f; (GEO) tuyau m; **de ~ corta/larga** à manches courtes/ longues; **en ~s de camisa** en bras de chemise; **andar ~ por hombro** être débraillé(e); **tener ~ ancha** être très ouvert(e); **manga de pastelero** douille f (de pâtissier); **manga de riego** tuyau d'irrigation; **manga de viento** manche f à air.

**mangar** [man'gar] (*fam*) vt piquer.

**mango** ['mango] nm manche m; (*BOT*) mangue f; ~ **de escoba** manche à balai.

**mangonear** [mangone'ar] (*pey*) vt commander ♦ vi se mêler de tout.

**manguera** [man'gera] nf lance f d'arrosage; ~ **de incendios** lance d'incendie.

**manía** [ma'nia] nf manie f; **tiene sus ~s** il a ses petites manies; **tener ~ a algn/algo** avoir de l'antipathie pour qn/qch.

**maníaco, -a** [ma'niako, a] adj, nm/f maniaque m/f.

**maniatar** [manja'tar] vt ligoter.

**maniático, -a** [ma'njatiko, a] adj, nm/f maniaque m/f.

**manicomio** [mani'komjo] nm asile m (de fous).

**manifestación** [manifesta'θjon] nf manifestation f; (*declaración*) déclaration f.

**manifestar** [manifes'tar] vt manifester; (*declarar*) déclarer; **manifestarse** vpr (*POL*) manifester; (*interés, dolor*) se manifester.

**manifiesto, -a** [mani'fjesto, a] pp de **manifestar** ♦ adj manifeste ♦ nm (*ARTE, POL*) manifeste m; **poner (algo) de ~** mettre (qch) en évidence.

**manillar** [mani'ʎar] nm guidon m.

**maniobra** [ma'njoβra] nf manœuvre f; ~**s** nfpl (*MIL, pey*) manœuvres fpl.

**maniobrar** [manio'βrar] vi manœuvrer; (*MIL*) faire des manœuvres.

**manipulación** [manipula'θjon] nf manipulation f.

**manipular** [manipu'lar] vt manipuler.

**maniquí** [mani'ki] nm/f mannequin m/f ♦ nm (*de escaparate*) mannequin m.

**manirroto, -a** [mani'rroto, a] adj, nm/f dépensier(-ère).

**manivela** [mani'βela] nf manivelle f.

**manjar** [man'xar] nm mets msg.

**mano** ['mano] nf main f; (*ZOOL*) patte f, griffe f; (*CULIN*) pied m; (*de pintura*) couche f ♦ nm (*MÉX: fam*) copain m; **a ~** à la main; **estar/tener algo a ~** être/avoir qch à portée de la main; **a ~ derecha/izquierda** à (main) droite/gauche; **hecho a ~** fait à la main; **a ~s llenas** à pleines mains; **de primera ~** de première main; **de segunda ~** d'occasion; **robo a ~ armada** vol m à main armée; **Pedro es mi ~ derecha** Pedro est mon bras droit; **darse la(s) ~(s)** se donner la main; **echar**

**una ~** donner un coup de main; **hacer algo a ~** faire qch en tête à tête; **echar ~ a algn** mettre la main sur qn; **echar ~ de algo** (*para usarlo*) recourir à qch; **estrechar la ~ a algn** serrer la main à qn; **dar algo en ~** donner qch en mains propres; **ir de la ~** échapper à; **tener buena/mala ~ para algo** être doué(e)/peu doué(e) pour qch; **meter ~** (*fam*) peloter; **traer o llevar algo entre ~s** avoir qch entre les mains; **estar en ~s de algn** être entre les mains de qn; **estar en buenas ~s** être en de bonnes mains; **se le fue la ~** il n'y est pas allé de main morte; (*con ingredientes*) il a eu la main un peu lourde; **haré lo que esté en mi ~** je ferai mon possible; **¡~s a la obra!** au travail!; **pillar/coger/sorprender a algn con las ~s en la masa** prendre qn la main dans le sac; **mano de obra** main-d'œuvre f; **mano dura** sévérité f.

**manojo** [ma'noxo] nm (*de hierbas*) brassée f; (*de llaves*) trousseau m; **ser un ~ de nervios** être un paquet de nerfs.

**manopla** [ma'nopla] nf moufle f; **manopla de cocina** poignée f.

**manoseado, -a** [manose'aðo, a] adj (*tema*) rebattu(e); (*papel*) manipulé(e).

**manosear** [manose'ar] vt (*libro*) manipuler; (*flores*) écraser; (*tema, asunto*) rebattre; (*fam: una persona*) tripoter.

**manotazo** [mano'taθo] nm gifle f.

**mansalva** [man'salβa]: **a ~** adv sans risque.

**mansedumbre** [manse'ðumbre] nf (*de persona*) douceur f; (*de animal*) docilité f.

**mansión** [man'sjon] nf demeure f.

**manso, -a** ['manso, a] adj (*persona*) doux(douce); (*animal*) apprivoisé(e); (*aguas*) tranquille; (*CHI: fam*) énorme.

**manta** ['manta] nf couvre-lit m; (*AM*) poncho m; **una ~ de azotes/palos** une volée de coups de fouet/de bâton; **a ~** (*llover*) des cordes; (*reírse*) aux larmes.

**manteca** [man'teka] nf (*de cerdo*) saindoux m; (*de cacao: AM*) beurre m; (*de leche*) crème f.

**mantel** [man'tel] nm nappe f.

**mantendré** etc [manten'dre] vb V **mantener**.

**mantener** [mante'ner] vt maintenir; (*familia*) subvenir aux besoins de; (*TEC*) assurer la maintenance (de); (*actividad*) conserver; (*edificio*) soutenir; **mantenerse** vpr (*edifi-*

*cio*) être soutenu(e); (*no ceder*) se maintenir; ~ **la línea** garder la ligne; ~ **el equilibrio** garder l'équilibre; ~ **algo encendido/caliente** laisser qch allumé(e)/garder qch au chaud; ~ **a algn informado** tenir qn au courant; ~ **a algn con vida** maintenir qn en vie; **~se a distancia** garder ses distances; **~se (de/con)** vivre (de); **~se en forma** garder la forme; **~se en pie** rester debout; **~se firme** rester ferme.

**mantenimiento** [manteni'mjento] *nm* (*TEC*) maintenance *f*; (*de orden, relaciones*) maintien *m*; (*sustento*) subsistance *f*; **ejercicios de** ~ exercices *mpl* de gymnastique.

**mantequilla** [mante'kiʎa] *nf* beurre *m*.

**manto** ['manto] *nm* cape *f*.

**mantuve** *etc* [man'tuβe] *vb* V **mantener**.

**manual** [ma'nwal] *adj* manuel(le) ♦ *nm* manuel *m*.

**manufactura** [manufak'tura] *nf* manufacture *f*.

**manufacturado, -a** [manufaktu'raðo, a] *adj* manufacturé(e).

**manuscrito, -a** [manus'krito, a] *adj* manuscrit(e) ♦ *nm* manuscrit *m*.

**manutención** [manuten'θjon] *nf* (*de persona*) subsistance *f*; (*de alimentos, dinero*) conservation *f*.

**manzana** [man'θana] *nf* pomme *f*; (*de edificios*) pâté *m*; ~ **de la discordia** (*fig*) pomme de discorde.

**manzanilla** [manθa'niʎa] *nf* camomille *f*; (*vino*) manzanilla *m*.

**manzano** [man'θano] *nm* pommier *m*.

**maña** ['maɲa] *nf* adresse *f*; **~s** *nfpl* (*artimañas*) ruses *fpl*; **con** ~ avec adresse; **darse (buena)** ~ **para hacer algo** être doué(e) pour faire qch.

**mañana** [ma'ɲana] *adv* demain ♦ *nm*: **(el)** ~ (le) lendemain ♦ *nf* matin *m*; **de o por la** ~ le matin; **¡hasta ~!** à demain!; **pasado** ~ après-demain; **por la** ~ demain matin; **a las 3 de la** ~ à 3 heures du matin; **a media** ~ tard dans la matinée.

**mañoso, -a** [ma'ɲoso, a] *adj* adroit(e).

**mapa** ['mapa] *nm* carte *f*.

**maqueta** [ma'keta] *nf* maquette *f*.

**maquillaje** [maki'ʎaxe] *nm* maquillage *m*.

**maquillar** [maki'ʎar] *vt* maquiller; **maquillarse** *vpr* se maquiller.

**máquina** ['makina] *nf* machine *f*; (*de tren*) locomotive *f*; (*CAM, CU*) voiture *f*; **a toda** ~ à toute allure; **escrito a** ~ tapé à la machine; **máquina de coser/de escribir/de vapor** machine à coudre/à écrire/à vapeur; **máquina fotográfica** appareil *m* photographique; **máquina herramienta** machine-outil *f*; **máquina tragaperras** machine à sous.

**maquinación** [makina'θjon] *nf* machination *f*.

**maquinal** [maki'nal] *adj* machinal(e).

**maquinaria** [maki'narja] *nf* machinerie *f*.

**maquinilla** [maki'niʎa] *nf* (*tb*: ~ **de afeitar**) rasoir *m*; **maquinilla eléctrica** rasoir électrique.

**maquinista** [maki'nista] *nm* mécanicien *m*.

**mar** [mar] *nm o f* mer *f*; ~ **de fondo** lame *f* de fond; (*fig*) malaise *m*; ~ **gruesa** mer forte; ~ **adentro** au large; **en alta** ~ en haute mer; **por** ~ par mer; **hacerse a la** ~ partir en mer; **a** ~**es** (*llover*) à verse; (*llorar*) comme une madeleine; **estar hecho un** ~ **de lágrimas** pleurer comme une fontaine; **es la** ~ **de guapa** elle est très jolie; **la** ~ **de bien** très bien; **el M~ Negro/Báltico** la Mer Noire/Baltique; **el M~ Muerto/ Rojo** la Mer Morte/Rouge; **el M~ del Norte** la Mer du Nord.

**mar.** *abr* = **marzo**.

**maraña** [ma'raɲa] *nf* enchevêtrement *m*.

**maratón** [mara'ton] *nm* marathon *m*.

**maravilla** [mara'βiʎa] *nf* merveille *f*; (*BOT*) souci *m*; **¡qué ~!** quelle merveille!; **hacer ~s** faire des merveilles; **a (las mil) ~s** à merveille.

**maravillar** [maraβi'ʎar] *vt* émerveiller; **maravillarse** *vpr*: **~se (de)** s'émerveiller (de).

**maravilloso, -a** [maraβi'ʎoso, a] *adj* merveilleux(-euse); **¡es ~!** c'est merveilleux!

**marca** ['marka] *nf* marque *f*; (*acto*) marquage *m*; (*DEPORTE*) record *m*; **de** ~ (*COM*) de marque; **marca de fábrica** marque; **marca propia/registrada** marque propre/déposée.

**marcador** [marka'ðor] *nm* (*DEPORTE*) tableau *m*.

**marcapasos** [marka'pasos] *nm inv* stimulateur *m* cardiaque.

**marcar** [mar'kar] *vt* marquer; (*número de teléfono*) composer; (*COM*) étiqueter ♦ *vi* (*DEPORTE*) marquer; (*TELEC*) composer le numéro; (*en peluquería*) faire une mise en plis; **mi reloj marca las 2** à ma montre il est 2 heures; **~ el compás** (*MÚS*) battre la mesure; **~ el paso** marquer le pas; **lavar y ~** faire un shampooing et une mise en plis.

**marcha** ['martʃa] *nf* marche *f*; (*AUTO*) vitesse *f*; (*dirección*) tournure *f*; (*fam: animación*) fête *f*; **dar ~ atrás** (*AUTO, fig*) faire marche arrière; **estar en ~** être en marche; (*negocio*) marcher; **hacer algo sobre la ~** faire qch au fur et à mesure; **poner en ~** faire démarrer; **ponerse en ~** se mettre en marche; **a ~s forzadas** (*fig*) en quatrième vitesse; **¡en ~!** (*MIL*) en avant, marche!; (*fig*) allons-y!; **una persona/una ciudad/un bar con (mucha) ~** une personne (très) dynamique/une ville/un bar (très).

**marchar** [mar'tʃar] *vi* marcher; (*ir*) partir; **marcharse** *vpr* s'en aller; **todo marcha bien** tout va bien.

**marchitarse** [martʃi'tarse] *vpr* se faner.

**marcial** [mar'θjal] *adj* martial(e).

**marco** ['marko] *nm* cadre *m*; (*moneda*) mark *m*.

**marea** [ma'rea] *nf* marée *f*; **~ alta/baja** marée haute/basse; **una ~ de gente** une marée humaine; **marea negra** marée noire.

**marear** [mare'ar] *vt* (*MED*) donner mal au cœur à; (*fam*) harceler; **marearse** *vpr* avoir le mal de mer; (*desmayarse*) s'évanouir; (*estar aturdido*) être abruti(e); (*emborracharse*) se soûler; *V tb* **mareo**.

**maremoto** [mare'moto] *nm* raz-de-marée *m inv*.

**mareo** [ma'reo] *nm* mal *m* au cœur; (*en barco*) mal de mer; (*en avión*) mal de l'air; (*en coche*) mal des transports; (*desmayo*) évanouissement *m*; (*aturdimiento*) abrutissement *m*; (*fam: lata*) ennui *m*.

**marfil** [mar'fil] *nm* ivoire *m*.

**margarina** [marɣa'rina] *nf* margarine *f*.

**margarita** [marɣa'rita] *nf* marguerite *f*.

**margen** ['marxen] *nm o f* (*de río, camino*) bord *m*; (*de página*) marge *f* ♦ *nm* marge; **~ de beneficio** *o* **de ganancia** marge bénéficiaire; **~ de confianza** marge de confiance; **dar ~ para** donner l'occasion de; **dejar a algn al ~** laisser qn en plan; **mantenerse al ~** rester en marge; **al ~ de lo que digas** quoi que tu dises.

**marginar** [marxi'nar] *vt* (*socialmente*) marginaliser.

**marica** [ma'rika] *nm* (*fam!: homosexual*) pédé *m* (*fam!*); (*: cobarde*) poule *f* mouillée.

**maricón** [mari'kon] *nm* (*fam!: homosexual*)

pédé *m* (*fam!*); (*: insulto*) connard *m* (*fam!*).

**marido** [ma'riðo] *nm* mari *m*.

**marihuana** [mari'wana] *nf* marijuana *f*.

**marina** [ma'rina] *nf* (*MIL*) marine *f*; **~ mercante** marine marchande.

**marinero, -a** [mari'nero, a] *adj* marin(e) ♦ *nm* marin *m*.

**marino, -a** [ma'rino, a] *adj* marin(e) ♦ *nm* marin *m*.

**marioneta** [marjo'neta] *nf* marionnette *f*.

**mariposa** [mari'posa] *nf* papillon *m*; (*TEC*) veilleuse *f*; (*en natación*) brasse *f* papillon.

**mariquita** [mari'kita] *nm* (*fam!*) pédé *m* (*fam!*) ♦ *nf* coccinelle *f*.

**marisco** [ma'risko] *nm* fruit *m* de mer.

**marítimo, -a** [ma'ritimo, a] *adj* maritime.

**mármol** ['marmol] *nm* marbre *m*.

**marqués, -esa** [mar'kes, esa] *nm/f* marquis(e).

**marrón** [ma'rron] *adj* marron.

**marroquí** [marro'ki] *adj* marocain(e) ♦ *nm/f* Marocain(e) ♦ *nm* (*cuero*) maroquin *m*.

**Marruecos** [ma'rrwekos] *nm* Maroc *m*.

**martes** ['martes] *nm inv* mardi *m*; **martes de carnaval** Mardi-Gras *msg*; *V tb* **sábado**.

---

**Martes y Trece**

*En Espagne, selon une superstition, le mardi, et en particulier le mardi 13, est un jour qui porte malheur.*

---

**martillo** [mar'tiʎo] *nm* marteau *m*; **martillo neumático** marteau piqueur *m*.

**mártir** ['martir] *nm/f* martyr(e).

**martirio** [mar'tirjo] *nm* martyre *m*.

**marxismo** [mark'sismo] *nm* marxisme *m*.

**marxista** [mark'sista] *adj, nm/f* marxiste *m/f*.

**marzo** ['marθo] *nm* mars *msg*; *V tb* **julio**.

**mas** [mas] *conj* mais.

---

PALABRA CLAVE

**más** [mas] *adv* **1** (*compar*) plus; **más grande/inteligente** plus grand/intelligent; **trabaja más (que yo)** il travaille plus (que moi); **más de mil** plus de mille; **más de lo que yo creía** plus que je ne croyais

**2** (+ *sustantivo*) plus de; **más libros** plu·

de livres; **más tiempo** plus longtemps
**3** (*tras sustantivo*) en plus, de plus; **3 personas más (que ayer)** 3 personnes de plus (qu'hier)
**4** (*superl*): **el más ...** le plus ...; **el más inteligente (de)** le plus intelligent (de); **el coche más grande** la voiture la plus grande; **el que más corre** le plus rapide; **puedo hacerlo como el que más** je peux le faire comme personne
**5** (*adicional*): **deme una más** donnez m'en encore une; **un poco más** encore un peu; **¿qué más?** quoi d'autre?, quoi encore?; **¿quién más?** qui d'autre?; **¿quieres más?** en veux-tu plus o davantage?
**6** (*negativo*): **no tengo más dinero** je n'ai plus d'argent; **no viene más por aquí** il ne vient plus par ici; **no sé más** je n'en sais pas plus o davantage; **nunca más** plus jamais; **no hace más que hablar** il ne fait que parler; **no lo sabe nadie más que él** il n'y a que lui qui le sache
**7** (+ *adj: valor intensivo*): **¡qué perro más sucio!** comme ce chien est sale!; **¡es más tonto!** qu'est-ce qu'il est bête!
**8** (*locuciones*): **más o menos** plus ou moins; **ni más ni menos** ni plus ni moins; **los más** la plupart; **es más, acabamos pegándonos** on a même fini par se battre; **más aún** mieux encore; **más bien** plutôt; **¡más te vale!** ça vaut mieux pour toi!; **más vale tarde que nunca** mieux vaut tard que jamais; **a más tardar** au plus tard; **a más y mejor** à qui mieux mieux; **¡qué más da!** qu'est-ce que cela fait!; V *tb* **cada**
**9**: **de más: veo que aquí estoy de más** je vois que je suis de trop ici; **tenemos uno de más** nous en avons un de trop
**10** (*AM*): **no más** seulement; **así no más** comme ça; **ayer no más** pas plus tard qu'hier
**11**: **por más: por más que lo intento** j'ai beau essayer; **por más que quisiera ...** j'ai beau vouloir ...
**12** (*MAT*): **2 más 2 son 4** 2 plus 2 font 4 ♦ *nm* (*MAT: signo*) signe *m* plus; **este trabajo tiene sus más y sus menos** ce travail a de bons et de mauvais côtés.

**masa** ['masa] *nf* masse *f*; (*CSUR*) gâteau *m*; **las ~s** *nmpl* (*POL*) les masses *fpl*; **en ~** en

masse.
**masacre** [ma'sakre] *nf* massacre *m*.
**masaje** [ma'saxe] *nm* massage *m*.
**máscara** ['maskara] *nf* (*tb* INFORM) masque *m* ♦ *nm/f* personne *f* masquée; **máscara antigás/de oxígeno** masque à gaz/à oxygène.
**mascarilla** [maska'riʎa] *nf* (MED, *en cosmética*) masque *m*.
**masculino, -a** [masku'lino, a] *adj* masculin(e); (BIO) masculin(e), mâle ♦ *nm* (LING) masculin *m*.
**masificación** [masifika'θjon] *nf* encombrement *m*.
**masivo, -a** [ma'siβo, a] *adj* massif(-ive).
**masón** [ma'son] *nm* franc-maçon *m*.
**masoquista** [maso'kista] *adj, nm/f* masochiste *m/f*.
**máster** ['master] *nm* (ESCOL) mastère *m*.
**masticar** [masti'kar] *vt, vi* mastiquer.
**mástil** ['mastil] *nm* mât *m*; (*de guitarra*) manche *m*.
**mastín** [mas'tin] *nm* mâtin *m*.
**masturbación** [masturβa'θjon] *nf* masturbation *f*.
**masturbarse** [mastur'βarse] *vpr* se masturber.
**mata** ['mata] *nf* (*esp AM*) arbuste *m*; (*de espinas*) brassée *f*; (*de perejil*) bouquet *m*; **~s** *nfpl* (*matorral*) fourrés *mpl*; **mata de pelo** touffe *f* de cheveux.
**matadero** [mata'ðero] *nm* abattoir *m*.
**matador, a** [mata'ðor, a] *adj* laid(e) à faire peur ♦ *nm* (TAUR) matador *m*.
**matamoscas** [mata'moskas] *nm inv* tue-mouches *m inv*.
**matanza** [ma'tanθa] *nf* (*de gente*) massacre *m*; (*de cerdo: acción*) abattage *m* du cochon; (: *época*) saison de l'abattage du cochon; (: *carne*) viande du cochon abattu.
**matar** [ma'tar] *vt* tuer; (*hambre, sed*) apaiser ♦ *vi* tuer; **matarse** *vpr* se tuer; **~ a algn a disgustos** faire mourir qn d'inquiétude; **~las callando** agir en douce; **~se trabajando** o **a trabajar** se tuer au travail; **~se por hacer algo** se tuer à faire qch.
**matasellos** [mata'seʎos] *nm inv* cachet *m* de la poste.
**mate** ['mate] *adj* mat(e) ♦ *nm* (*en ajedrez*) mat *m*; (AND, CSUR: *hierba, infusión*) maté *m*, thé *m* des Jésuites; (: *vasija*) récipient *m* pour le maté; **mate de coca/de menta** thé à la coca/à la menthe.

**matemáticas** [mate'matikas] *nfpl* mathématiques *fpl*, maths *fpl*; *V tb* **matemático**.

**matemático, -a** [mate'matiko, a] *adj* mathématique ♦ *nm/f* mathématicien(ne); **¡es ~!** c'est mathématique!

**materia** [ma'terja] *nf* matière *f*; **en ~ de** en matière de; **entrar en ~** entrer en matière; **materia prima** matière première.

**material** [mate'rjal] *adj* matériel(le); *(autor)* corporel(le) ♦ *nm* matière *f*, matériau *m*; *(dotación)* matériel *m*; *(cuero)* peau *f*; **~ de construcción** matériau de construction; **~es de derribo** décombres *mpl*; **no tener tiempo ~ para algo** ne pas avoir le temps matériel de faire qch.

**materialista** [materja'lista] *adj* matérialiste.

**materialmente** [mate'rjalmente] *adv*: **es ~ imposible** c'est matériellement impossible.

**maternal** [mater'nal] *adj* maternel(le).

**maternidad** [materni'ðað] *nf* maternité *f*.

**materno, -a** [ma'terno, a] *adj* maternel(le).

**matinal** [mati'nal] *adj* matinal(e).

**matiz** [ma'tiθ] *nm* nuance *f*; **un (cierto) ~ irónico** une (légère) nuance d'ironie.

**matizar** [mati'θar] *vt, vi* préciser.

**matón** [ma'ton] *nm* dur *m*.

**matorral** [mato'rral] *nm* buisson *m*.

**matraca** [ma'traka] *nf* matraque *f*; *(fam: lata)* plaie *f*.

**matrícula** [ma'trikula] *nf* (ESCOL) inscription *f*; (AUTO) immatriculation *f*; (: placa) plaque *f* d'immatriculation; **matrícula de honor** ≈ mention *f* très bien.

**matricular** [matriku'lar] *vt (coche)* immatriculer; *(alumno)* inscrire; **matricularse** *vpr* s'inscrire.

**matrimonial** [matrimo'njal] *adj (contrato)* de mariage; *(vida)* conjugal(e).

**matrimonio** [matri'monjo] *nm (pareja)* couple *m*; *(boda)* mariage *m*; **~ civil/clandestino** mariage civil/clandestin; **contraer ~ (con)** se marier (avec).

**matriz** [ma'triθ] *nf* (ANAT) utérus *msg*; (TEC, MAT) matrice *f*; **casa ~** (COM) maison *f* mère.

**maullar** [mau'ʎar] *vi* miauler.

**máxime** ['maksime] *adv* particulièrement.

**máximo, -a** ['maksimo, a] *adj* maximal(e), maximum; *(longitud, altitud)* maximal(e); *(galardón)* supérieur(e) ♦ *nm* maximum *m*; **como ~** au plus; **al ~** au maximum; **lo ~** le

maximum; **~ líder** o **jefe, líder ~** (esp AM) président *m*.

**mayo** ['majo] *nm* mai *m*; *V tb* **julio**.

**mayonesa** [majo'nesa] *nf* mayonnaise *f*.

**mayor** [ma'jor] *adj (adulto)* adulte; *(de edad avanzada)* âgé(e); *(MÚS, fig)* majeur(e); *(compar: de tamaño)* plus grand(e); *(: de edad)* plus âgé(e); *(superl: ver compar)* très grand(e); très âgé(e); *(calle, plaza)* grand(e) ♦ *nm* (AM: MIL) major *m*; **~es** *nmpl* adultes *mpl*; **al por ~** en gros; **mayor de edad** majeur(e).

**mayordomo** [major'ðomo] *nm* majordome *m*.

**mayoría** [majo'ria] *nf* majorité *f*; **en la ~ de los casos** dans la majorité des cas; **en su ~** en majorité; **~ absoluta/relativa** majorité absolue/relative; **mayoría de edad** majorité.

**mayorista** [majo'rista] *nm/f* grossiste *m/f*.

**mayúscula** [ma'juskula] *nf* (tb: **letra ~**) majuscule *f*.

**mayúsculo, -a** [ma'juskulo, a] *adj (susto)* terrible; *(error)* magistral(e).

**mazapán** [maθa'pan] *nm* pâte *f* d'amande.

**mazo** ['maθo] *nm* maillet *m*; *(de mortero)* pilon *m*; *(naipes)* paquet *m*; *(billetes)* liasse *f*.

**me** [me] *pron* me; *(en imperativo)* moi; **~ lo compró** il me l'a acheté; **¡dámelo!** donne-le-moi!

**mear** [me'ar] *(fam)* *vt, vi* pisser; **mearse** *vpr* pisser; **~se de risa** pisser de rire.

**mecánica** [me'kanika] *nf* mécanique *f*.

**mecánico, -a** [me'kaniko, a] *adj* mécanique ♦ *nm/f* mécanicien(ne).

**mecanismo** [meka'nismo] *nm* mécanisme *m*.

**mecanografía** [mekanoɣra'fia] *nf* dactylographie *f*.

**mecanógrafo, -a** [meka'noɣrafo, a] *nm/f* dactylo(graphe) *m/f*.

**mecate** [me'kate] *(AM)* *nm* corde *f*.

**mecedor** [meθe'ðor] *(AM)* *nm*, **mecedora** [meθe'ðora] *nf* fauteuil *m* à bascule.

**mecer** [me'θer] *vt* balancer; **mecerse** *vpr* se balancer.

**mecha** ['metʃa] *nf* mèche *f*; **~s** *nfpl (en el pelo)* mèches *fpl*; **a toda ~** à toute allure.

**mechero** [me'tʃero] *nm* briquet *m*.

**mechón** [me'tʃon] *nm (de pelo)* mèche *f*; *(de lana)* brins *mpl*.

**medalla** [me'ðaʎa] *nf* médaille *f*.

**media** ['meðja] *nf* moyenne *f*; (*prenda de vestir*) bas *msg*; (*AM*) chaussette *f*.

**mediano, -a** [me'ðjano, a] *adj* moyen(ne); **de tamaño ~** de taille moyenne; **el ~** celui du milieu.

**medianoche** [meðja'notʃe] *nf* minuit *m*.

**mediante** [me'ðjante] *adv* grâce à.

**mediar** [me'ðjar] *vi* servir d'intermédiaire; (*tiempo*) s'écouler; (*distancia*) séparer; (*problema: interponerse*) s'interposer; **media el hecho de que …** il y a le fait que …; **~ por algn** intercéder en faveur de qn; **entre ambos media un abismo** un abîme les sépare.

**mediático, -a** [me'ðjatiko, a] *adj* des médias.

**medicación** [meðika'θjon] *nf* (*acción*) prise *f* de médicaments; (*medicamentos*) médicaments *mpl*.

**medicamento** [meðika'mento] *nm* médicament *m*.

**medicina** [meði'θina] *nf* (*ciencia*) médecine *f*; (*medicamento*) médicament *m*; **estudiante de ~** étudiant(e) en médecine; **medicina general** médecine générale.

**medición** [meði'θjon] *nf* mesure *f*.

**médico, -a** ['meðiko, a] *adj* médical(e) ♦ *nm/f* médecin *m/f*; **médico de cabecera** médecin de famille; **médico forense** médecin légiste; **médico residente** interne *m/f*.

**medida** [me'ðiða] *nf* mesure *f*; (*de camisa etc*) taille *f*; **~s** *nfpl* (*de persona*) mesures *fpl*; **en cierta ~** dans une certaine mesure; **en gran ~** en grande partie; **un traje a la ~** un costume sur mesure; **~ de cuello** encolure *f*; **a ~ de mi** *etc* **capacidad/ necesidad** dans la mesure de mes *etc* possibilités/besoins; **con ~** avec mesure; **sin ~** sans aucune mesure; **a ~ que …** à mesure que …; **en la ~ de lo posible** dans la mesure du possible; **tomar ~s** prendre des mesures.

**medio, -a** ['meðjo, a] *adj* moyen(ne) ♦ *adv* à moitié ♦ *nm* milieu *m*; (*método*) moyen *m*; **~s** *nmpl* moyens *mpl*; **a medias** à moitié; **pagar a medias** partager les frais; **~ litro** un demi-litre; **media hora/docena/ manzana** une demi-heure/douzaine/ pomme; **las tres y media** trois heures et demie; **a ~ camino** à mi-chemin; **a media luz** dans la pénombre; **~ dormido/ enojado** à moitié endormi/fâché; **a ~ ter-**minar à moitié fait; **en ~**, **entre medias** au milieu; **por ~ de** au moyen de; **(de) por ~** au milieu; **en los ~s financieros** dans les milieux financiers; **medio ambiente** environnement *m*; **medios de comunicación/transporte** moyens de communication/transport; **Medio Oriente** Moyen-Orient *m*.

**medioambiental** [meðjoambjen'tal] *adj* (*efectos*) sur l'environnement; (*política*) écologique.

**mediocre** [me'ðjokre] (*pey*) *adj* médiocre.

**mediodía** [meðjo'ðia] *nm* midi *m*; **a ~** à midi.

**medir** [me'ðir] *vt* mesurer; **medirse** *vpr* se mesurer; **~ mal sus fuerzas** trop présumer de ses forces; **~ las palabras/ acciones** (*fig*) mesurer ses paroles/actes; **¿cuánto mides? - mido 1.50 m** tu mesures combien? - je mesure 1 m 50; **~se con algn** se mesurer à qn.

**meditar** [meði'tar] *vt* méditer ♦ *vi*: **~ (sobre)** méditer (sur).

**mediterráneo, -a** [meðite'rraneo, a] *adj* méditerranéen(ne) ♦ *nm*: **el (mar) M~** la (Mer) Méditerranée.

**médula** ['meðula] *nf* moelle *f*; **hasta la ~** (*fig*) jusqu'à la moelle; **médula espinal** moelle épinière.

**medusa** [me'ðusa] (*ESP*) *nf* méduse *f*.

**megafonía** [meɣafo'nia] *nf* sono *f*; (*técnica*) sonorisation *f*.

**megáfono** [me'ɣafono] *nm* porte-voix *m inv*.

**megalómano, -a** [meɣa'lomano, a] *nm/f* mégalomane *m/f*.

**mejicano, -a** [mexi'kano, a] (*ESP*) *adj* mexicain(e) ♦ *nm/f* Mexicain(e).

**Méjico** ['mexiko] (*ESP*) *nm* Mexique *m*.

**mejilla** [me'xiʎa] *nf* joue *f*.

**mejillón** [mexi'ʎon] *nm* moule *f*.

**mejor** [me'xor] *adj* meilleur(e) ♦ *adv* mieux; **lo ~** le mieux; **en lo ~ de la vida** dans la fleur de l'âge; **será ~ que vayas** il vaut mieux que tu t'en ailles; **a lo ~** peut-être; **~ dicho** plutôt; **¡(tanto) ~!** tant mieux!; **es el ~ de todos** c'est le meilleur de tous; **~ vámonos** (*esp AM: fam*) allons-y; **tu, ~ te callas** (*esp AM: fam*) toi, tu ferais mieux de te taire.

**mejora** [me'xora] *nf* amélioration *f*.

**mejorar** [mexo'rar] *vt* améliorer ♦ *vi* s'améliorer; (*enfermo*) se rétablir; **mejorarse** *vpr* s'améliorer; (*paciente*) se rétablir; **mejorando lo presente** à l'exception des personnes ici-présentes; **¡que se mejore!** je vous souhaite un prompt rétablissement!

**mejoría** [mexo'ria] *nf* (*de enfermo*) rétablissement *m*; (*del tiempo*) amélioration *f*.

**melancólico, -a** [melan'koliko, a] *adj* mélancolique.

**melena** [me'lena] *nf* (*de persona*) chevelure *f*; (*de león*) crinière *f*; **~s** *nfpl* (*pey*) tignasse *fsg*.

**mellizo, -a** [me'ʎiθo, a] *adj, nm/f* jumeau (-elle); **~s** *nmpl* (*AM*) jumelles *fpl*; (*de ropa*) boutons *mpl* de manchette.

**melocotón** [meloko'ton] (*ESP*) *nm* pêche *f*.

**melodía** [melo'ðia] *nf* mélodie *f*.

**melodrama** [melo'ðrama] *nm* mélodrame *m*.

**melón** [me'lon] *nm* melon *m*.

**membrete** [mem'brete] *nm* en-tête *m*.

**membrillo** [mem'briʎo] *nm* (*fruto*) coing *m*; (*árbol*) cognassier *m*; (*tb*: **carne de ~**) confiture *f* de coings.

**memorable** [memo'raβle] *adj* mémorable.

**memoria** [me'morja] *nf* mémoire *f*; (*informe*) rapport *m*; **~s** *nfpl* (*de autor*) mémoires *fpl*; **tener buena/mala ~** avoir une bonne/mauvaise mémoire; **~ anual** rapport annuel; **aprender/saber/recitar algo de ~** apprendre/savoir/réciter qch par cœur; **a la ~ de** à la mémoire de; **en ~ de** en mémoire de; **ahora que me viene a la ~** ça me revient; **memoria auxiliar/fija/fija programable** (*INFORM*) mémoire auxiliaire/morte/morte programmable; **memoria de acceso aleatorio** (*INFORM*) mémoire vive; **memoria del teclado** (*INFORM*) mémoire du clavier.

**memorizar** [memori'θar] *vt* mémoriser.

**menaje** [me'naxe] *nm* (*de cocina*) ustensiles *mpl* de cuisine; (*del hogar*) ustensiles de ménage.

**mencionar** [menθjo'nar] *vt* mentionner; **sin ~ ...** sans parler de ...

**mendigar** [mendi'ɣar] *vt, vi* mendier.

**mendigo, -a** [men'diɣo, a] *nm/f* mendiant(e).

**mendrugo** [men'druɣo] *nm* quignon *m*.

**menear** [mene'ar] *vt* remuer; (*cadera*) balancer; **menearse** *vpr* remuer; (*al andar*) se déhancher; (*fam*) se manier.

**menester** [menes'ter] *nm*: **es ~ hacer algo** il faut faire qch; **~es** *nmpl* devoirs *mpl*.

**menestra** [me'nestra] *nf*: **~ de verduras** macédoine *f* de légumes (*parfois avec des morceaux de viande*).

**menguante** [men'gwante] *adj* décroissant(e).

**menguar** [men'gwar] *vt* diminuer ♦ *vi* décroître; (*número*) réduire; (*días*) diminuer; (*marea*) descendre.

**meningitis** [menin'xitis] *nf* méningite *f*.

**menopausia** [meno'pausja] *nf* ménopause *f*.

**menor** [me'nor] *adj* (*más pequeño*: *compar*) plus petit(e); (*número*: *superl*) moindre; (*más joven*: *superl*) plus jeune; (*MÚS*) mineur(e) ♦ *nm/f* (*tb*: **~ de edad**) mineur(e); **Juanito es ~ que Pepe** Juanito est plus jeune que Pepe; **ella es la ~ de todas** c'est la plus jeune de toutes; **no tengo la ~ idea** je n'en ai pas la moindre idée; **al por ~** au détail.

**Menorca** [me'norka] *nf* Minorque *f*.

---
PALABRA CLAVE
---

**menos** ['menos] *adv* **1** (*compar*) moins; **me gusta menos (que el otro)** je l'aime moins (que l'autre); **menos de 50** moins de 50; **menos de lo que esperaba** moins que je n'en attendais; **hay 7 de menos** il y en a 7 de moins

**2** (+ *sustantivo*) moins de; **menos gente** moins de gens; **menos coches** moins de voitures

**3** (*tras sustantivo*) de moins; **3 libros menos (que ayer)** 3 livres de moins (qu'hier)

**4** (*superl*): **es la menos lista (de su clase)** c'est la moins intelligente (de sa classe); **el libro menos vendido** le livre le moins vendu; **de todas ellas es la que menos me agrada** c'est celle qui me plaît le moins parmi elles; **es el que menos culpa tiene** c'est celui qui est le moins coupable; **lo menos que ...** le moins que ...

**5** (*locuciones*): **no quiero verle y menos visitarle** je ne veux pas le voir, encore moins lui rendre visite; **menos aun cuando ...** d'autant moins que ...; **¡menos mal (que ...)!** heureusement (que ...)!; **al** o **por lo menos** (tout) au moins; **si al menos ...** si seulement ...; **qué menos que entres y tomes un café** tu peux bien entrer prendre un café; **¡eso es lo de menos!** ça, c'est le moins important!

**6** (*MAT*): **5 menos 2** 5 moins 2

♦ *prep (excepto)* sauf; **todos menos él** tous sauf lui

♦ *conj:* **a menos que: a menos que venga mañana** à moins qu'il ne vienne demain

♦ *nm (MAT: signo)* signe *m* moins.

**menospreciar** [menospre'θjar] *vt* sousestimer; *(despreciar)* mépriser.

**mensaje** [men'saxe] *nm* message *m*; **~ de error** *(INFORM)* message *m* d'erreur.

**mensajero, -a** [mensa'xero, a] *nm/f* messager(-ère).

**menstruación** [menstrwa'θjon] *nf* menstruation *f*.

**mensual** [men'swal] *adj* mensuel(elle); **100 ptas ~es** 100 pesetas par mois.

**mensualidad** [mɛnswali'ðað] *nf* mensualité *f*.

**menta** ['menta] *nf* menthe *f*.

**mental** [men'tal] *adj* mental(e).

**mentalidad** [mentali'ðað] *nf* mentalité *f*.

**mentalizar** [mentali'θar] *vt* faire prendre conscience à; **mentalizarse** *vpr:* **~se (de/de que)** se faire à l'idée (de/que).

**mentar** [men'tar] *vt* mentionner; **~le la madre a algn** *(fam)* mettre qn plus bas que terre.

**mente** ['mente] *nf* esprit *m*; **tener en ~ (hacer)** avoir dans l'idée (de faire); **tener la ~ en blanco** avoir la tête vide.

**mentir** [men'tir] *vi* mentir; **¡miento!** que dis-je!

**mentira** [men'tira] *nf* mensonge *m*; **eso es ~** ce n'est pas vrai; **una ~ como una casa** *(fam)* un mensonge gros comme une maison; **parece ~ que ...** on ne dirait vraiment pas que ...; *(como reproche)* cela paraît incroyable que ...; **de ~** *(pistola)* pour rire; *(historia)* pour blaguer; **mentira piadosa** pieux mensonge.

**mentiroso, -a** [menti'roso, a] *adj, nm/f* menteur(-euse).

**menú** [me'nu] *nm (tb INFORM)* menu *m*; **guiado por ~** *(INFORM)* contrôlé par menu.

**menudo, -a** [me'nuðo, a] *adj (muy pequeño)* menu(e); *(sin importancia)* insignifiant(e); **¡~ negocio!** drôle d'affaire!; **¡~ chaparrón/lío!** quelle engueulade/histoire!; **¡~ sitio/actor!** *(pey)* drôle d'endroit/d'acteur!; **a ~** souvent.

**meñique** [me'ɲike] *nm (tb:* **dedo ~)** auriculaire *m*.

**meollo** [me'oʎo] *nm:* **el ~ del asunto** le fond du problème.

**mercado** [mer'kaðo] *nm* marché *m*; **Mercado Común** marché commun; **mercado de valores** marché des valeurs; **mercado exterior/interior** marché extérieur/ intérieur; **mercado laboral** marché du travail; **mercado negro** marché noir.

**mercancía** [merkan'θia] *nf* marchandise *f*; **~s en depósito** marchandises en stock.

**mercantil** [merkan'til] *adj* commercial(e).

**mercenario, -a** [merθe'narjo, a] *adj, nm* mercenaire *m*.

**mercería** [merθe'ria] *nf* mercerie *f*; **artículos/sección de ~** mercerie.

**mercurio** [mer'kurjo] *nm* mercure *m*.

**merecer** [mere'θer] *vt* mériter; **merece la pena** ça vaut la peine.

**merecido, -a** [mere'θiðo, a] *adj* mérité(e); **recibir su ~** en prendre pour son grade.

**merendar** [meren'dar] *vt* prendre pour son goûter ♦ *vi* prendre son goûter; *(en el campo)* pique-niquer.

**merengue** [me'renge] *nm* meringue *f*.

**meridiano, -a** [meri'ðjano, a] *adj:* **la explicación es de una claridad meridiana** l'explication est on ne peut plus claire ♦ *nm* méridien *m*.

**merienda** [me'rjenda] *vb V* **merendar** ♦ *nf* goûter *m*; *(en el campo)* pique-nique *m*; **~ de negros** foire *f* d'empoigne.

**mérito** ['merito] *nm* mérite *m*; **hacer ~s** se faire remarquer par son zèle; **restar ~ a** ôter tout mérite à.

**merluza** [mer'luθa] *nf* colin *m*; **coger una ~** *(fam)* prendre une cuite.

**merma** ['merma] *nf* perte *f*.

**mermar** [mer'mar] *vt* diminuer ♦ *vi (comida)* réduire; *(fortuna)* diminuer.

**mermelada** [merme'laða] *nf* confiture *f*.

**mero, -a** ['mero, a] *adj* simple; *(CAM, MÉX: fam: verdadero)* vrai(e); *(: principal)* principal(e); *(: exacto)* précis(e) ♦ *nm (ZOOL)* mérou *m* ♦ *adv (CAM, MÉX: fam)* précisément; **allí ~** là-bas précisément; **el ~ mero** *(MÉX: fam)* le grand manitou.

**merodear** [meroðe'ar] *vi:* **~ por (un lugar)** rôder dans (un endroit).

**mes** [mes] *nm* mois *msg*; **el ~ corriente** ce mois-ci; **llegar a fin de ~** joindre les deux bouts.

**mesa** ['mesa] *nf* table *f*; **poner/quitar la ~**

mettre/débarrasser la table; **mesa de billar** table de billard; **mesa electoral** bureau *m* de vote; **mesa redonda** table ronde.

**mesero, -a** [me'sero] (*esp MÉX*) *nm/f* garçon(serveuse).

**meseta** [me'seta] *nf* plateau *m*.

**mesilla** [me'siʎa] *nf* (*tb*: ~ **de noche**) table *f* de nuit.

**mesón** [me'son] *nm* restaurant *m*.

**mestizo, -a** [mes'tiθo, a] *adj, nm/f* métis (-isse).

**mesura** [me'sura] *nf* (*moderación*) mesure *f*; (*en trato con gente*) réserve *f*.

**meta** ['meta] *nf* (*tb FÚTBOL*) but *m*.

**metabolismo** [metaβo'lismo] *nm* métabolisme *m*.

**metáfora** [me'tafora] *nf* métaphore *f*.

**metal** [me'tal] *nm* métal *m*; (*MÚS*) cuivres *mpl*.

**metálico, -a** [me'taliko, a] *adj* métallique ♦ *nm*: **en ~** en espèces.

**metalurgia** [meta'lurxja] *nf* métallurgie *f*.

**meteoro** [mete'oro] *nm* météore *m*; **como un ~** comme un éclair.

**meteorología** [meteorolo'xia] *nf* météorologie *f*.

**meter** [me'ter] *vt* mettre; (*involucrar*) mêler; (*COSTURA*) raccourcir; (*miedo*) faire; (*paliza*) flanquer; (*marchas*: *AUTO*) mettre, passer; **meterse** *vpr*: **~se en** (*un lugar*) entrer dans; (*negocios, política*) se lancer dans; (*entrometerse*) se mêler de; **~ algo en** o (*esp AM*) **a** mettre qch dans; **~ ruido** faire du bruit; **~ una mentira** glisser un mensonge; **~ prisa a algn** bousculer qn; **~se a hacer algo** se mettre à faire qch; **~se a escritor** se lancer dans la littérature; **~se con algn** s'en prendre à qn; (*en broma*) taquiner qn; **~se en todo/donde no le llaman** se mêler de tout/de ce qui ne le regarde pas.

**meticuloso, -a** [metiku'loso, a] *adj* méticuleux(-euse).

**metódico, -a** [me'toðiko, a] *adj* méthodique.

**método** ['metoðo] *nm* méthode *f*; **con ~** avec méthode.

**metodología** [metoðolo'xia] *nf* méthodologie *f*.

**metralleta** [metra'ʎeta] *nf* mitraillette *f*.

**metro** ['metro] *nm* mètre *m*; (*tren*: *tb*: **metropolitano**) métro *m*; **~ cuadrado/**cúbico mètre carré/cube.

**mexicano, -a** [mexi'kano, a] (*AM*) *adj* mexicain(e) ♦ *nm/f* Mexicain(e).

**México** ['mexiko] (*AM*) *nm* Mexique *m*; **Ciudad de ~** Mexico.

**mezcla** ['meθkla] *nf* mélange *m*.

**mezclar** [meθ'klar] *vt* mélanger; (*cosas, ideas dispares*) mêler; **mezclarse** *vpr* se mélanger; **~ a algn en** (*pey*) mêler qn à; **~se en algo** (*pey*) se mêler de qch; **~se con algn** (*pey*) fréquenter qn.

**mezquino, -a** [meθ'kino, a] *adj* mesquin(e).

**mezquita** [meθ'kita] *nf* mosquée *f*.

**mg.** *abr* (= *miligramo(s)*) mg (= *milligramme(s)*).

**mi** [mi] *adj* mon(ma) ♦ *nm* (*MÚS*) mi *m*; **~ hijo** mon fils; **mis hijos** mes enfants.

**mí** [mi] *pron* moi; **¿y a ~ qué?** qu'est-ce que ça peut bien me faire à moi?; **para ~ que ... à** mon avis ...; **por ~ no hay problema** pour ma part il n'y a pas de problème; **por ~ mismo** de moi-même.

**michelín** [mitʃe'lin] *nm* bourrelet *m*.

**micro** ['mikro] *nm* micro *m*; (*AM*: *microordenador*) micro-ordinateur *m*; (: *microbús*) minibus *msg*; (*ARG*) autocar *m* ♦ *nf* (*a veces nm*: *CHI*) minibus.

**microbio** [mi'kroβjo] *nm* microbe *m*.

**micrófono** [mi'krofono] *nm* microphone *m*.

**microondas** [mikro'ondas] *nm inv* (*tb*: **horno ~**) four *m* à micro-ondes.

**microscopio** [mikros'kopjo] *nm* microscope *m*.

**miedo** ['mjeðo] *nm* peur *f*; **meter ~ a** faire peur à; **tener ~** avoir peur; **tener ~ de que** avoir peur que; **de ~** (*fam*) terrible; **ese chica está de ~** cette fille est sublime; **pasarlo de ~** s'en donner à cœur joie; **me da ~** cela me fait peur; **me da ~ pensarlo/perderlo** je tremble à cette idée/à l'idée de le perdre; **hace un frío de ~** (*fam*) il fait un froid de loup.

**miedoso, -a** [mje'ðoso, a] *adj* peureux (-euse).

**miel** [mjel] *nf* miel *m*.

**miembro** ['mjembro] *nm* membre *m*; **miembro viril** membre viril.

**mientras** ['mjentras] *conj* pendant que ♦ *adv* en attendant; **~ viva/pueda** tant que je vivrai/pourrai; **~ que** tandis que; **~ tanto** entre-temps; **~ más tiene, más quiere** (*esp*

_AM_) plus on en a, plus on en veut.

**miércoles** ['mjerkoles] _nm inv_ mercredi _m_; ~ **de ceniza** mercredi des Cendres; _V tb_ **sábado**.

**mierda** ['mjerða] (_fam!_) _nf_ merde _f_ (_fam!_); **ser una** ~ (_pey_) être de la merde; **¡vete a la ~!** va te faire voir!; **¡~!** merde!; **de** ~ de merde, merdique.

**miga** ['miɣa] _nf_ mie _f_; (_una miga_) miette _f_; **hacer buenas ~s** (_fam_) faire bon ménage; **estar hecho ~s** (_fam_) être lessivé; **esto tiene** ~ ce n'est pas rien.

**migración** [miɣra'θjon] _nf_ migration _f_.

**mil** [mil] _adj, nm_ mille _m_; **dos ~ libras** deux milles livres; **~es de veces** des milliers de fois.

**milagro** [mi'laɣro] _nm_ miracle _m_; **de ~** par miracle; **hacer ~s** faire des miracles.

**milagroso, -a** [mila'ɣroso, a] _adj_ miraculeux(-euse).

**milésimo, -a** [mi'lesimo, a] _adj, nm/f_ millième _m_.

**mili** ['mili] _nf_: **la** ~ (_fam_) le service (militaire); **hacer la** ~ faire son service.

**milicia** [mi'liθja] _nf_ milice _f_.

**milímetro** [mi'limetro] _nm_ millimètre _m_.

**militante** [mili'tante] _adj, nm/f_ militant(e).

**militar** [mili'tar] _adj, nm/f_ militaire _m_ ♦ _vi_: ~ **en** (_POL_) militer dans; **los ~es** les militaires _mpl_, l'armée _f_.

**millar** [mi'ʎar] _nm_ millier _m_; **a ~es** par milliers.

**millón** [mi'ʎon] _nm_ million _m_.

**millonario, -a** [miʎo'narjo, a] _adj, nm/f_ millionnaire _m/f_.

**mimar** [mi'mar] _vt_ gâter.

**mimbre** ['mimbre] _nm o f_ osier _m_; **de** ~ en osier.

**mímica** ['mimika] _nf_ mimique _f_.

**mimo** ['mimo] _nm_ (_gesto cariñoso_) mamours _mpl_; (_en trato con niños: pey_) indulgence _f_; (_TEATRO_) mime _m_; **un trabajo hecho con** ~ un travail fait avec amour.

**mina** ['mina] _nf_ mine _f_; **ese negocio es una** ~ c'est une affaire en or; **ese actor es una** ~ cet acteur vaut de l'or.

**minar** [mi'nar] _vt_ miner.

**mineral** [mine'ral] _adj_ minéral(e) ♦ _nm_ minéral _m_.

**minero, -a** [mi'nero, a] _adj_ minier(-ière) ♦ _nm/f_ mineur _m_.

**miniatura** [minja'tura] _nf_ miniature _f_; **en** ~ en miniature.

**minifalda** [mini'falda] _nf_ mini-jupe _f_.

**mínimo, -a** ['minimo, a] _adj_ (_temperatura, salario_) minimal(e); (_detalle, esfuerzo_) minime ♦ _nm_ minimum _m_; **lo ~ que puede hacer** le moins qu'il puisse faire; **como** ~ au minimum; **en lo más** ~ le moins du monde.

**ministerio** [minis'terjo] _nm_ ministère _m_; **M~ de Asuntos Exteriores/de Comercio e Industria** ministère des Affaires étrangères/du Commerce et de l'Industrie; **M~ del Interior/de Hacienda** ministère de l'Intérieur/des Finances.

**ministro, -a** [mi'nistro, a] _nm/f_ ministre _m_; **M~ de Hacienda/del Interior** ministre des Finances/de l'Intérieur.

**minoría** [mino'ria] _nf_ minorité _f_.

**minucioso, -a** [minu'θjoso, a] _adj_ minutieux(-euse).

**minúscula** [mi'nuskula] _nf_ minuscule _f_; **con ~(s)** (_TIP_) en minuscule(s).

**minusválido, -a** [minus'βaliðo, a] _adj, nm/f_ handicapé(e).

**minuta** [mi'nuta] _nf_ (_de comida_) menu _m_; (_de abogado etc_) minute _f_.

**minutero** [minu'tero] _nm_ aiguille _f_ des minutes.

**minuto** [mi'nuto] _nm_ minute _f_.

**mío, -a** ['mio, a] _adj_ mien(-enne) ♦ _pron_ le mien(la mienne); **un amigo** ~ un de mes amis; **lo** ~ ce qui m'appartient; **los ~s** les miens.

**miope** ['mjope] _adj_ myope.

**mira** ['mira] _nf_ (_de arma_) viseur _m_; **con la** ~ **de (hacer)** dans le but de (faire); **con ~s a (hacer)** en vue de (faire); **de amplias/estrechas ~s** large/étroit(e) d'esprit.

**mirada** [mi'raða] _nf_ regard _m_; (_momentánea_) coup _m_ d'œil; **echar una** ~ **a** jeter un coup d'œil à; **levantar/bajar la** ~ lever/baisser les yeux; **resistir la** ~ **de algn** soutenir le regard de qn; **mirada de soslayo** regard de travers; **mirada fija** regard fixe; **mirada perdida** regard dans le vague.

**mirado, -a** [mi'raðo, a] _adj_ réservé(e); **estar bien/mal** ~ être bien/mal vu(e).

**mirador** [mira'ðor] _nm_ mirador _m_.

**mirar** [mi'rar] _vt_ regarder; (_considerar_) penser à ♦ _vi_ regarder; (_suj: ventana etc_) donner sur; **mirarse** _vpr_ se regarder; ~ **algo/a algn de reojo** regarder qch/qn du coin de l'œil; ~ **algo por encima** survoler qch; ~ **algo/a algn por encima del hombro**

regarder qch/qn de haut; ~ **(hacia/por)** regarder (vers/par); ~ **(en/por)** veiller (à); ~ **fijamente** regarder fixement; ~ **por la ventana** regarder par la fenêtre; **mira a ver si está ahí** regarde s'il y est; ~ **bien/ mal a algn** apprécier/ne pas apprécier qn; **mirándolo bien, ...** réflexion faite, ...; ~ **por algn/algo** veiller sur qn/qch; ~**se al espejo** se regarder dans le miroir; ~**se a los ojos** se regarder dans les yeux.

**mirilla** [miˈriʎa] *nf* judas *msg*.

**mirlo** [ˈmirlo] *nm* merle *m*.

**misa** [ˈmisa] *nf* messe *f*; **lo que él dice va a ~** ce qu'il dit est parole d'évangile; **misa de difuntos/del gallo** messe des morts/ de minuit.

**miserable** [miseˈraβle] *adj, nm/f* misérable *m/f*.

**miseria** [miˈserja] *nf* misère *f*; (*tacañería*) mesquinerie *f*; **una ~** (*muy poco*) une misère; **hundir(se) en la ~** être au trente-sixième dessous.

**misericordia** [miseriˈkorðja] *nf* miséricorde *f*.

**misil** [miˈsil] *nm* missile *m*.

**misión** [miˈsjon] *nf* mission *f*; **misiones** *nfpl* (*REL*) missions *fpl*.

**misionero, -a** [misjoˈnero, a] *nm/f* missionnaire *m/f*.

**mismo, -a** [ˈmismo, a] *adj*: **el ~ libro/ apellido** le même livre/nom de famille; (*con pron personal*): **mi** *etc* ~ moi *etc* même ♦ *adv*: **aquí/hoy ~** (*dando énfasis*) ici/aujourd'hui même; (*por ejemplo*) par exemple ici/aujourd'hui; **ayer ~** pas plus tard qu'hier; **lo ~ que** de même que; **el ~ color** la même couleur; **ahora ~** à l'instant; **por lo ~** du coup; **lo hizo por sí ~** il l'a fait de lui-même; **en ese ~ momento** à ce moment-là; **vino el ~ Ministro** le ministre en personne est venu; **yo ~ lo vi** je l'ai vu de mes propres yeux; **quiero lo ~** je veux la même chose; **es/da lo ~** peu importe; **lo ~ viene** rien ne dit qu'il ne viendra pas, il peut très bien venir; **quedamos en las mismas** nous en sommes au même point; **volver a las mismas** en revenir où on en était; ~ **que** (*MÉX: esp en prensa*) qui; **detuvieron al ladrón, ~ que fue trasladado a la cárcel** ils ont arrêté le voleur qui a été conduit en prison.

**misterio** [misˈterjo] *nm* mystère *m*; **hacer algo con (mucho) ~** faire qch en (grand) secret.

**misterioso, -a** [misteˈrjoso, a] *adj* mystérieux(-euse).

**mitad** [miˈtað] *nf* moitié *f*; (*centro*) milieu *m*; ~ **y ~** moitié moitié; **a ~ de precio** à moitié prix; **en** *o* **a ~ del camino** à mi-chemin; **cortar por la ~** partager en deux.

**mitigar** [mitiˈɣar] *vt* atténuer.

**mitin** [ˈmitin] *nm* (*esp POL*) meeting *m*.

**mito** [ˈmito] *nm* mythe *m*.

**mixto, -a** [ˈmiksto, a] *adj* mixte; (*ensalada*) composé(e).

**m/n** *abr* (*ECON*) = **moneda nacional.**

**M.º** *abr* = **Ministerio.**

**m/o** *abr* (*COM* = *mi orden*) notre réf.

**mobiliario** [moβiˈljarjo] *nm* mobilier *m*.

**mochila** [moˈtʃila] *nf* sac *m* à dos.

**moción** [moˈθjon] *nf* motion *f*.

**moco** [ˈmoko] *nm* morve *f*; **limpiarse los ~s** se moucher; **no es ~ de pavo** ce n'est pas rien.

**moda** [ˈmoða] *nf* mode *f*; **estar de ~** être à la mode; **pasado de ~** démodé(e); **ir a la ~** suivre la mode; **a la última ~** à la dernière mode.

**modales** [moˈðales] *nmpl* manières *fpl*; **buenos ~** bonnes manières.

**modalidad** [moðaliˈðað] *nf* modalité *f*.

**modelar** [moðeˈlar] *vt* modeler.

**modelo** [moˈðelo] *adj inv* modèle ♦ *nm/f* modèle *m*; (*en moda, publicitario*) mannequin *m* ♦ *nm* (*a imitar*) modèle.

**moderado, -a** [moðeˈraðo, a] *adj* modéré(e).

**moderar** [moðeˈrar] *vt* modérer; **moderarse** *vpr*: ~**se (en)** se modérer (dans).

**modernizar** [moðerniˈθar] *vt* moderniser.

**moderno, -a** [moˈðerno, a] *adj* moderne.

**modestia** [moˈðestja] *nf* modestie *f*.

**modesto, -a** [moˈðesto, a] *adj* modeste.

**módico, -a** [ˈmoðiko, a] *adj* modique.

**modificar** [moðifiˈkar] *vt* modifier.

**modisto, -a** [moˈðisto, a] *nm/f* couturier (-ère).

**modo** [ˈmoðo] *nm* (*manera*) manière *f*; (*IN-FORM, MÚS, LING*) mode *f*; ~**s** *nmpl* (*modales*): **buenos/malos ~s** bonnes/mauvaises manières; "~ **de empleo**" "mode d'emploi"; **a ~ de** en guise de; **de cualquier ~** de n'importe quelle manière; **de este ~** de cette façon; **de ningún ~** en aucune façon; **de todos ~s** de toute manière; **de un ~ u otro** d'une façon ou de l'autre; **en**

**cierto** ~ d'une certaine manière; **de ~ que** de sorte que.

**modorra** [mo'ðorra] *nf* léthargie *f*.

**mofa** ['mofa] *nf*: **hacer ~ de algn** se moquer de qn.

**mofarse** [mo'farse] *vpr*: ~ **de** se moquer de.

**moho** ['moo] *nm* (*en pan etc*) moisi *m*; (*en metal*) rouille *f*.

**mojar** [mo'xar] *vt* mouiller; **mojarse** *vpr* se mouiller; ~ **el pan en el café/en salsa** tremper son pain dans le café/dans la sauce.

**mojón** [mo'xon] *nm* borne *f*.

**molde** ['molde] *nm* moule *m*; (*TIP*) forme *f*; **romper ~s** rompre les schémas traditionnels.

**mole** ['mole] *nf* masse *f* ♦ *nm* (*MÉX*) (sorte *f* de viande en) daube *f*.

**moler** [mo'ler] *vt* moudre; (*cansar*) crever; ~ **a algn a palos** rouer qn de coups.

**molestar** [moles'tar] *vt* (*suj: olor, ruido*) gêner; (: *visitas, niño*) déranger; (: *zapato, herida*) faire mal à; (: *comentario, actitud*) vexer ♦ *vi* (*visitas, niño*) déranger; **molestarse** *vpr* se déranger; (*ofenderse*) se vexer; **¿le molesta el humo?** la fumée vous dérange?; **me molesta tener que hacerlo** cela m'ennuie de devoir faire cela; **siento ~le** je regrette de vous déranger; **~se (en)** prendre la peine (de).

**molestia** [mo'lestja] *nf* gêne *f*, (*MED*) douleur *f*; **tomarse la ~ de** prendre la peine de; **no es ninguna ~** cela ne me dérange pas du tout, je vous en prie; **"perdonen las ~s"** "veuillez nous excuser pour le désagrément".

**molesto, -a** [mo'lesto, a] *adj* gênant(e), désagréable; **estar ~** (*MED*) se sentir mal; (*enfadado*) être fâché(e); **estar ~ con algn** ne pas être à l'aise avec qn.

**molido, -a** [mo'liðo, a] *adj*: **estar ~** être crevé(e).

**molinillo** [moli'niʎo] *nm*: ~ **de café** moulin *m* à café.

**molino** [mo'lino] *nm* moulin *m*.

**momentáneo, -a** [momen'taneo, a] *adj* momentané(e).

**momento** [mo'mento] *nm* moment *m*; **es el/no es el ~ de (hacer)** c'est/ce n'est pas le moment de (faire); **en estos ~s** en ce moment; **un buen/mal ~** un bon/mauvais moment; **al ~** sur le champ; **a**

**cada ~** à tout moment; **en un ~** en un instant; **de ~** pour le moment; **del ~ (actual)** du moment; **por el ~** pour le moment; **de un ~ a otro** d'un moment à l'autre; **por ~s** par moments.

**momia** ['momja] *nf* momie *f*.

**monarca** [mo'narka] *nm* monarque *m*; **los ~s** le roi et la reine.

**monarquía** [monar'kia] *nf* monarchie *f*.

**monárquico, -a** [mo'narkiko, a] *adj* monarchique ♦ *nm/f* monarchiste *m/f*.

**monasterio** [monas'terjo] *nm* monastère *m*.

---

**La Moncloa**

*Le palais de la Moncloa à Madrid est la résidence officielle du chef du gouvernement espagnol. Par extension, l'expression "la Moncloa" désigne souvent le chef du gouvernement et ses collaborateurs.*

---

**mondar** [mon'dar] *vt* éplucher; **mondarse** *vpr*: **~se de risa** (*fam*) se tordre de rire.

**moneda** [mo'neða] *nf* (*unidad monetaria*) monnaie *f*; (*pieza*) pièce *f* de monnaie; **una ~ de 5 pesetas** une pièce de 5 pesetas; **es ~ corriente** c'est monnaie courante; **moneda de curso legal** monnaie au cours légal; **moneda extranjera** monnaie étrangère.

**monedero** [mone'ðero] *nm* porte-monnaie *m inv*.

**monetario, -a** [mone'tarjo, a] *adj* monétaire.

**monitor, a** [moni'tor] *nm/f* moniteur (-trice) ♦ *nm* (*TV, INFORM*) moniteur *m*; ~ **en color** écran *m* couleur.

**monja** ['monxa] *nf* religieuse *f*.

**monje** ['monxe] *nm* moine *m*.

**mono, -a** ['mono, a] *adj* beau(belle); (*COL*) blond(e) ♦ *nm/f* singe(guenon) ♦ *nm* (*prenda: entera*) bleu *m* de travail; (: *con peto*) salopette *f*.

**monólogo** [mo'noloxo] *nm* monologue *m*.

**monopolio** [mono'poljo] *nm* monopole *m*; ~ **estatal** monopole d'État.

**monopolizar** [monopoli'θar] *vt* monopoliser.

**monotonía** [monoto'nia] *nf* monotonie *f*.

**monótono, -a** [mo'notono, a] *adj* monotone.

**monovolumen** [monoβo'lumen] *nm* monospace *m*.

**monstruo** ['monstrwo] *nm* monstre *m*; **~ de la música** monstre sacré de la musique.

**monstruoso, -a** [mons'trwoso, a] *adj* monstrueux(-euse).

**montaje** [mon'taxe] *nm* montage *m*; (*pey: historia falsa*) mise *f* en scène.

**montaña** [mon'taɲa] *nf* montagne *f*; (*AM*) forêt *f*; (*de ropa, problemas*) tas *msg*; **montaña rusa** montagne russe.

**montar** [mon'tar] *vt, vi* monter; **montarse** *vpr* (*en vehículo*) monter; **~ un número** *o* **numerito** faire son numéro; **~ a caballo** monter à cheval; **botas de ~** bottes *fpl* d'équitation; **~ en cólera** se mettre en colère; **ir montado en autobús/bicicleta** être en autobus/bicyclette.

**monte** ['monte] *nm* mont *m*; (*área sin cultivar*) bois *msg*; **monte alto** futaie *f*; **monte bajo** maquis *msg*; **monte de piedad** mont de piété.

**montón** [mon'ton] *nm* tas *msg*; (*de gente, dinero*) flopée *f*; **a montones** en masse; **del ~** de la masse.

**monumento** [monu'mento] *nm* monument *m*.

**moño** ['moɲo] *nm* chignon *m*; **estar hasta el ~** (*fam*) en avoir plein le dos.

**moqueta** [mo'keta] *nf* moquette *f*.

**mora** ['mora] *nf* (*BOT*) mûre *f*; **en ~** (*COM*) en retard.

**morada** [mo'raða] *nf* demeure *f*.

**morado, -a** [mo'raðo, a] *adj* violet(-ette) ♦ *nm* violet *m*; **pasarlas moradas** en voir de toutes les couleurs; **ponerse ~ (a algo)** se gaver (de qch).

**moral** [mo'ral] *adj* moral(e) ♦ *nf* morale *f*; (*ánimo*) moral *m* ♦ *nm* (*BOT*) mûrier *m*; **tener baja la ~** ne pas avoir le moral.

**moraleja** [mora'lexa] *nf* morale *f*.

**moralidad** [morali'ðað] *nf* moralité *f*.

**morboso, -a** [mor'βoso, a] *adj* morbide.

**morcilla** [mor'θiʎa] *nf* (*CULIN*) ≈ boudin *m* noir; **¡que le den ~!** qu'il aille se faire voir!

**mordaz** [mor'ðaθ] *adj* (*crítica*) sévère.

**mordaza** [mor'ðaθa] *nf* bâillon *m*.

**morder** [mor'ðer] *vt, vi* mordre; **morderse** *vpr* se mordre; **está que muerde** il n'est pas à prendre avec des pincettes; **~se las uñas** se ronger les ongles; **~se la lengua** se mordre la langue.

**mordisco** [mor'ðisko] *nm* petite morsure *f*.

**moreno, -a** [mo'reno, a] *adj* brun(e); (*de pelo*) mat(e); (*negro*) noir(e) ♦ *nm/f* brun(e); (*negro*) noir(e); **estar ~** être bronzé(e); **ponerse ~** se bronzer.

**morfina** [mor'fina] *nf* morphine *f*.

**moribundo, -a** [mori'βundo, a] *adj, nm/f* moribond(e).

**morir** [mo'rir] *vi* mourir; (*olas, día*) se mourir; (*camino, río*) finir; **morirse** *vpr* mourir; **fue muerto a tiros/en un accidente** il a été tué par balles/dans un accident; **~ de frío/hambre** mourir de froid/faim; **¡me muero de hambre!** je meurs de faim!; **~se de envidia/de ganas/de vergüenza** mourir de jalousie/d'envie/de honte; **se muere por ella** il est fou d'elle; **se muere por comprar una moto** il meurt d'envie d'acheter une moto.

**moro, -a** ['moro, a] *adj* maure(mauresque) ♦ *nm/f* Maure(Mauresque); **¡hay ~s en la costa!** faites gaffe!, vingt-deux!

**moroso, -a** [mo'roso, a] *adj* retardataire ♦ *nm* (*COM*) mauvais payeur *m*.

**morral** [mo'rral] *nm* musette *f*.

**morro** ['morro] *nm* museau *m*; (*AUTO, AVIAT*) devant *m*; **beber a ~** boire au goulot; **estar de ~s (con algn)** faire la gueule (à qn); **tener mucho ~** (*fam*) avoir du toupet.

**mortadela** [morta'ðela] *nf* mortadelle *f*.

**mortaja** [mor'taxa] *nf* linceul *m*; (*TEC*) mortaise *f*; (*AM*) papier *m* à cigarettes.

**mortal** [mor'tal] *adj, nm/f* mortel(-elle).

**mortalidad** [mortali'ðað] *nf* mortalité *f*.

**mortero** [mor'tero] *nm* mortier *m*.

**mortífero, -a** [mor'tifero, a] *adj* meurtrier(-ère).

**mortificar** [mortifi'kar] *vt* mortifier; **mortificarse** *vpr* se mortifier.

**mosca** ['moska] *nf* mouche *f*; **por si las ~s** au cas où; **estar ~** être sur le qui-vive; **tener la ~ en** *o* **detrás de la oreja** avoir la puce à l'oreille.

**Moscú** [mos'ku] *n* Moscou.

**mosquear** [moske'ar] (*fam*) *vt* (*hacer sospechar*) faire soupçonner; (*fastidiar*) agacer; **mosquearse** (*fam*) *vpr* se vexer.

**mosquitero** [moski'tero] *nm* moustiquaire *f*.

**mosquito** [mos'kito] *nm* moustique *m*.

**mostaza** [mos'taθa] *nf* moutarde *f*.

**mostrador** [mostra'ðor] *nm* comptoir *m*.

**mostrar** [mos'trar] *vt* montrer; (*el camino*) montrer, indiquer; (*explicar*) expliquer; **mostrarse** *vpr*: **~se amable** se montrer aimable; **~ en pantalla** (*INFORM*) visualiser.

**mota** ['mota] *nf* poussière *f*; (*en tela*: *dibujo*) nœud *m*.

**mote** ['mote] *nm* surnom *m*; (*AND, CHI*) maïs *msg* cuit.

**motín** [mo'tin] *nm* mutinerie *f*; (*del pueblo*) émeute *f*.

**motivar** [moti'βar] *vt* motiver, encourager, stimuler; **(no) estar/sentirse motivado (para hacer)** (ne pas) avoir le cœur (de faire).

**motivo** [mo'tiβo] *nm* motif *m*; **con ~ de** en raison de; **sin ~** sans raison; **no tener ~s para (hacer/estar)** ne pas avoir de raison de (faire/être).

**moto** ['moto], **motocicleta** [motoθi'kleta] *nf* moto *f*.

**motor, a** [mo'tor, a] *adj* moteur(-trice) ♦ *nm* moteur *m*; **~ a o de reacción/de explosión** moteur à réaction/à explosion.

**motora** [mo'tora] *nf* canot *m*.

**movedizo, -a** [moβe'ðiθo, a] *adj*: **arenas movedizas** sables *mpl* mouvants.

**mover** [mo'βer] *vt* bouger; (*máquina*) mettre en marche; (*asunto*) activer; **moverse** *vpr* se déplacer; (*tierra*) glisser; (*con impaciencia*) gigoter; (*para conseguir algo*) se remuer; **~ a algn a hacer** (*inducir*) pousser qn à faire; **~ a compasión/risa** faire pitié/rire; **¡muévete!** magne-toi!, grouille-toi!; **~ la cabeza** (*para negar*) hocher la tête de droite à gauche; (*para asentir*) hocher la tête de haut en bas.

**móvil** ['moβil] *adj* mobile; (*pieza de máquina*) roulant(e) ♦ *nm* (*de crimen*) mobile *m*; (*teléfono*) (téléphone *m*) mobile *m*, (téléphone *m*) portable *m*.

**movilidad** [moβili'ðað] *nf* mobilité *f*.

**movilizar** [moβili'θar] *vt* mobiliser.

**movimiento** [moβi'mjento] *nm* mouvement *m*; **el M~** (*POL*) le Mouvement, soulèvement du Général Franco en 1936 en Espagne; **poner/estar en ~** mettre/être en mouvement; **movimiento de bloques** (*INFORM*) transfert *m* de blocs; **movimiento de capital** mouvement de capitaux; **movimiento de divisas** mouvement de devises; **movimiento de mercancías** (*COM*) mouvement des marchandises; **movimiento obrero/político/sindical** mouvement

ouvrier/politique/syndical; **movimiento sísmico** mouvement sismique.

**moza** ['moθa] *nf* jeune fille *f*; **una buena ~** une belle femme, un beau brin de fille.

**mozo** ['moθo, a] *nm* jeune homme *m*; (*en hotel*) groom *m*; (*camarero*) garçon *m*; (*MIL*) conscrit *m*; **un buen ~** un beau garçon; **mozo de estación** porteur *m*.

**muchacha** [mu'tʃatʃa] *nf* fille *f*; (*criada*) domestique *f*.

**muchacho** [mu'tʃatʃo, a] *nm* garçon *m*.

**muchedumbre** [mutʃe'ðumbre] *nf* foule *f*.

---

PALABRA CLAVE

**mucho, -a** ['mutʃo, a] *adj* **1** (*cantidad, número*) beaucoup de; **mucha gente** beaucoup de monde; **mucho dinero** beaucoup d'argent; **hace mucho calor** il fait très chaud; **muchas amigas** beaucoup d'amies

**2** (*sg: fam: grande*): **ésta es mucha casa para él** cette maison est bien trop grande pour lui

**3** (*sg: demasiados*): **hay mucho gamberro aquí** il y a beaucoup de voyous par ici ♦ *pron*: **tengo mucho que hacer** j'ai beaucoup (de choses) à faire; **muchos dicen que ...** beaucoup de gens disent que ...; *V tb* **tener**

♦ *adv* **1**: **te quiero mucho** je t'aime beaucoup; **lo siento mucho** je regrette beaucoup, je suis vraiment désolé; **mucho más/menos** beaucoup plus/moins; **mucho antes/mejor** bien avant/meilleur; **come mucho** il mange beaucoup; **viene mucho** il vient souvent; **¿te vas a quedar mucho?** tu vas rester longtemps?

**2** (*respuesta*) très; **¿estás cansado? - ¡mucho!** tu es fatigué? - très!

**3** (*locuciones*): **leo como mucho un libro al mes** je lis au maximum un livre par mois; **el mejor con mucho** de loin le meilleur; **ese ni con mucho llega a sargento** il ne réussira même pas à être sergent; **¡ni mucho menos!** loin de là!; **él no es ni mucho menos trabajador** il est loin d'être travailleur; **¡mucho la quieres tú!** (*irón*) tu parles que tu l'aimes bien!

**4**: **por mucho que: por mucho que le quieras** tu as beau l'aimer.

---

**muda** ['muða] *nf* (*de ropa*) linge *m* de rechange; (ZOOL, de voz) mue f.

**mudanza** [mu'ðanθa] nf déménagement m; **estar de ~** déménager; **camión/casa de ~s** camion m/entreprise f de déménagement.

**mudar** [mu'ðar] vt changer; (ZOOL) muer; **mudarse** vpr: **~se (de ropa)** se changer; **~ de** (opinión, color) changer de; **~se (de casa)** déménager; **la voz le está mudando** il est en train de muer.

**mudo, -a** ['muðo, a] adj muet(te); (callado) silencieux(-euse); **quedarse ~ de asombro** rester bouche bée.

**mueble** ['mweβle] nm meuble m.

**mueca** ['mweka] nf grimace f; **hacer ~s a** faire des grimaces à.

**muela** ['mwela] vb V **moler** ♦ nf (diente de atrás) molaire f; (de molino) meule f; (de afilar) meule, affiloir m; **muela del juicio** dent f de sagesse.

**muelle** ['mweʎe] adj (vida) doux(douce) ♦ nm ressort m; (NÁUT) quai m.

**muera** etc ['mwera] vb V **morir**.

**muerte** ['mwerte] nf mort f; **dar ~ a** donner la mort à; **de mala ~** (fam) minable; **es la ~** (fam) c'est la galère!

**muerto, -a** ['mwerto, a] pp de **morir** ♦ adj mort(e); (color) terne; (manos) ballant(e) ♦ nm/f mort(e); **cargar con el ~** (fam) payer les pots cassés; **echar el ~ a algn** mettre tout sur le dos de qn; **hacer el ~** (nadando) faire la planche; **estar ~ de cansancio/frío/hambre/sed** être mort(e) de fatigue/froid/faim/soif.

**muestra** ['mwestra] vb V **mostrar** ♦ nf (COM, COSTURA) échantillon m; (de sangre) prélèvement m; (en estadística) échantillonnage m; (señal) preuve f; (exposición) foire f; (demostración explicativa) démonstration f; **dar ~s de** donner signe de; **muestra al azar** (COM) échantillon m prélevé au hasard.

**muestreo** [mwes'treo] nm (estadístico) échantillonnage m.

**mueva** etc ['mweβa] vb V **mover**.

**mugir** [mu'xir] vi mugir.

**mugre** ['muxre] nf (suciedad) crasse f; (: grasienta) cambouis msg.

**mugriento, -a** [mu'xrjento, a] adj crasseux(-euse).

**mujer** [mu'xer] nf femme f.

**mujeriego** [muxe'rjeɣo] adj, nm coureur m.

**mula** ['mula] nf mule f.

**muleta** [mu'leta] nf (para andar) béquille f; (TAUR) muleta f.

**mullido, -a** [mu'ʎiðo, a] adj moelleux (-euse).

**multa** ['multa] nf amende f; (AUT) amende, contravention f; **me han puesto una ~** ils m'ont mis une amende.

**multar** [mul'tar] vt condamner à une amende.

**multicine** [multi'θine] nm cinema m multisalle.

**multinacional** [multinaθjo'nal] adj multinational(e) ♦ nf multinationale f.

**múltiple** ['multiple] adj multiple; **de tarea ~** (INFORM) multitâche; **de usuario ~** (INFORM) à utilisateurs multiples.

**multiplicar** [multipli'kar] vt multiplier; **multiplicarse** vpr se multiplier; (para hacer algo) se démener, se mettre en quatre.

**multitud** [multi'tuð] nf foule f; **~ de** multitude de.

**mundano, -a** [mun'dano, a] adj mondain(e).

**mundial** [mun'djal] adj mondial(e) ♦ nm (FÚTBOL) coupe f du monde.

**mundo** ['mundo] nm monde m; **el otro ~** l'autre monde; **el ~ del espectáculo** le monde du spectacle; **todo el ~** tout le monde; **tiene mundo** il sait comment se comporter en société; **un hombre de ~** un homme du monde; **hacer de algo un ~** faire tout un monde de qch; **el ~ es un pañuelo** le monde est petit; **por nada del ~** pour rien au monde; **no es nada del otro ~** ce n'est pas la mer à boire; **se le cayó el ~ (encima)** il est accablé par ce coup du sort; **el Tercer M~** le Tiers-Monde.

**munición** [muni'θjon] nf munition f.

**municipal** [muniθi'pal] adj municipal(e) ♦ nm/f (tb: **policía ~**) agent m de police.

**municipio** [muni'θipjo] nm municipalité f.

**muñeca** [mu'ɲeka] nf (ANAT) poignet m; (juguete, mujer) poupée f; (AND, CSUR: fam) prise f de courant.

**muñeco** [mu'ɲeko] nm (juguete) baigneur m; (dibujo) dessin m; (marioneta, fig) pantin m; **muñeco de nieve** bonhomme m de neige.

**mural** [mu'ral] adj mural(e) ♦ nm peinture murale.

**muralla** [mu'raʎa] nf muraille f.

**murciélago** [mur'θjelaɣo] *nm* chauve-
souris *fsg*.

**murmullo** [mur'muʎo] *nm* murmure *m*.

**murmuración** [murmura'θjon] *nf* médisance *f*.

**murmurar** [murmu'rar] *vt, vi* murmurer; ~
**(de)** (*criticar*) dire du mal (de).

**muro** ['muro] *nm* mur *m*; **muro de contención** mur de soutènement.

**muscular** [musku'lar] *adj* musculaire.

**músculo** ['muskulo] *nm* muscle *m*.

**museo** [mu'seo] *nm* musée *m*; **museo de
arte o de pintura** musée d'art; **museo
de cera** musée de cire.

**musgo** ['musɣo] *nm* mousse *f*.

**música** ['musika] *nf* musique *f*; **irse con la
~ a otra parte** plier bagage; *V tb* **músico**.

**musical** [musi'kal] *adj* musical(e) ♦ *nm* comédie *f* musicale.

**músico, -a** ['musiko, a] *nm/f* musicien(ne).

**muslo** ['muslo] *nm* cuisse *f*.

**mustio, -a** ['mustjo, a] *adj* (*planta*) flétri(e);
(*persona*) triste.

**musulmán, -ana** [musul'man, ana] *adj,
nm/f* musulman(e).

**mutación** [muta'θjon] *nf* mutation *f*.

**mutilar** [muti'lar] *vt* mutiler.

**mutismo** [mu'tismo] *nm* mutisme *m*.

**mutuo, -a** ['mutwo, a] *adj* mutuel( elle).

**muy** [mwi] *adv* très; (*demasiado*) trop; **M~
Señor mío/Señora mía** cher Monsieur/
chère Madame; ~ **bien** très bien; ~ **de noche** tard dans la nuit; **eso es ~ de él** c'est
bien de lui; **eso es ~ español** c'est très espagnol; **por ~ tarde que sea** si tard soit-
il.

—— **N n** ——

**N** *abr* (= *norte*) N (= *nord*).

**N.** *sigla f* (= *carretera nacional*) RN *f* (=
*route nationale*).

**n.** *abr* (LING: = *nombre*) n (= *nom*); (= *nacido, a*) né(e).

**n/** *abr* = **nuestro, a**.

**nabo** ['naβo] *nm* navet *m*.

**nácar** ['nakar] *nm* nacre *f*.

**nacer** [na'θer] *vi* naître; (*vegetal, barba, vello*) pousser; (*río*) prendre sa source; (*columna, calle*) commencer; ~ **de** naître de;

**ha nacido para poeta** c'est un poète né;
**no ha nacido para trabajar** le travail et
lui, ça fait deux.

**nacido, -a** [na'θiðo, a] *adj*: ~ **en** né(e) en.

**naciente** [na'θjente] *adj* naissant(e); **el sol
~** le soleil levant.

**nacimiento** [naθi'mjento] *nm* naissance *f*;
(*de Navidad*) crèche *f*; (*de río*) source *f*;
**ciego de ~** aveugle de naissance.

**nación** [na'θjon] *nf* nation *f*; **Naciones
Unidas** Nations unies.

**nacional** [naθjo'nal] *adj* national(e).

**nacionalidad** [naθjonali'ðað] *nf* nationalité
*f*; (ESP: POL: *nación*) communauté *f* autonome.

**nacionalismo** [naθjona'lismo] *nm* nationalisme *m*.

**nacionalista** [naθjona'lista] *adj, nm/f* nationaliste *m/f*.

**nacionalizar** [naθjonali'θar] *vt* nationaliser;
**nacionalizarse** *vpr* se faire naturaliser.

**nada** ['naða] *pron, adv* rien ♦ *nf*: **la ~** le
néant; **no decir ~** ne rien dire; **de ~** de
rien; **¡~ de eso!** pas question!; **antes de ~**
avant tout; **como si ~** comme si de rien
n'était; **no ha sido ~** ce n'est pas bien
grave; **~ menos que** ni plus ni moins que;
**~ de ~** rien de rien; **para ~** (*inútilmente*)
pour rien; (*claro que no*) pas du tout; **por
~** pour rien; **por ~ del mundo** pour rien
au monde.

**nadador, a** [naða'ðor, a] *nm/f* nageur
(-euse).

**nadar** [na'ðar] *vi* nager; ~ **en la abundancia** nager dans l'opulence; ~ **contra corriente** nager à contre-courant.

**nadie** ['naðje] *pron* personne; ~ **habló** personne n'a parlé; **no había ~** il n'y avait
personne; **no soy ~ para ...** ce n'est pas
moi qui peut ...; **es un don ~** c'est un
rien-du-tout.

**nado** ['naðo] *adv*: **a ~** à la nage.

**nafta** ['nafta] (CSUR) *nf* (*gasolina*) essence *f*.

**naipe** ['naipe] *nm* carte *f*.

**nalgas** ['nalɣas] *nfpl* fesses *fpl*.

**nana** ['nana] *nf* berceuse *f*; (CAM, MÉX: *fam*)
nourrice *f*.

**naranja** [na'ranxa] *adj inv* orange ♦ *nm* (*color*) orange *m* ♦ *nf* (*fruta*) orange *f*; **media
~** (*fam*) moitié *f*.

**naranjada** [naran'xaða] *nf* orangeade *f*.

**naranjo** [na'ranxo] *nm* oranger *m*.

**narciso** [nar'θiso] *nm* narcisse *m*.

**narcótico, -a** [narˈkotiko, a] *adj, nm* narcotique *m*.

**narcotizar** [narkotiˈθar] *vt* administrer des narcotiques à.

**nardo** [ˈnarðo] *nm* nard *m*.

**narigón, -ona** [nariˈɣon, a], **narigudo, -a** [nariˈɣuðo, a] *adj*: **un tipo ~** un type au grand nez.

**nariz** [naˈriθ] *nf* nez *m*; **narices** *nfpl* narines *fpl*; **¡narices!** (*fam*) flûte alors!; **me dio con la puerta en las narices** il m'a fermé la porte au nez; **darse de narices contra algo/con algn** se trouver nez à nez avec qch/qn; **¡se me están hinchando las narices!** la moutarde me monte au nez!; **delante de las narices de algn** au nez de qn; **estar hasta las narices (de algo/algn)** (*fam*) en avoir ras le bol (de qch/qn); **meter las narices en algo** (*fam*) mettre son nez dans qch; **hacer algo por narices** (*fam*) faire qch coûte que coûte; **nariz chata/respingona** nez épaté/en trompette.

**narración** [narraˈθjon] *nf* narration *f*.

**narrador, a** [narraˈðor, a] *nm/f* narrateur (-trice).

**narrar** [naˈrrar] *vt* raconter.

**narrativa** [narraˈtiβa] *nf* genre *m* narratif.

**nata** [ˈnata] *nf* crème *f*; (*en leche cocida*) peau *f*; **~ montada** crème fouettée.

**natación** [nataˈθjon] *nf* natation *f*.

**natal** [naˈtal] *adj* natal(e).

**natalidad** [nataliˈðað] *nf* natalité *f*; **control de ~** contrôle *m* des naissances; **índice o tasa de ~** taux *msg* de natalité.

**natillas** [naˈtiʎas] *nfpl* crème *f* renversée.

**nativo, -a** [naˈtiβo, a] *adj* (*costumbres*) local(e), du pays; (*lengua*) maternel(le); (*país*) natal(e) ♦ *nm/f* natif(-ive).

**nato, -a** [ˈnato, a] *adj*: **un actor/pintor/ músico ~** un acteur/peintre/musicien né.

**natural** [natuˈral] *adj* naturel(le); (*luz*) du jour; (*flor, fruta*) vrai(e); (*café*) non traité(e) ♦ *nm* naturel *m*; **~ de** natif(-ive) de; **ser ~ en algn** être naturel chez qn; **es ~ que** il est naturel que; **al ~** au naturel.

**naturaleza** [naturaˈleθa] *nf* nature *f*; **por ~** par nature; **naturaleza humana** nature humaine; **naturaleza muerta** nature morte.

**naturalidad** [naturaliˈðað] *nf* naturel *m*; **con ~** avec naturel.

**naturalmente** [naturalˈmente] *adv* naturel-lement; **¡~!** naturellement!

**naufragar** [naufraˈɣar] *vi* faire naufrage; (*negocio*) faire faillite; (*proyecto*) tomber à l'eau.

**naufragio** [nauˈfraxjo] *nm* naufrage *m*.

**náufrago, -a** [ˈnaufraxo, a] *nm/f* naufra-gé(e).

**náuseas** [ˈnauseas] *nfpl* nausées *fpl*; **sentir ~** avoir des nausées; **me da ~** ça me donne la nausée.

**náutico, -a** [ˈnautiko, a] *adj* nautique.

**navaja** [naˈβaxa] *nf* couteau *m* (de poche); **~ (de afeitar)** rasoir *m* à main.

**naval** [naˈβal] *adj* naval(e).

**Navarra** [naˈβarra] *nf* Navarre *f*.

**nave** [ˈnaβe] *nf* (*barco*) navire *m*; (ARQ) nef *f*; (*almacén*) entrepôt *m*; **quemar las ~s** couper les ponts; **nave espacial** vaisseau *m* spatial; **nave industrial** atelier *m*.

**navegación** [naβexaˈθjon] *nf* navigation *f*; (*viaje*) voyage *m* en mer; **navega-ción aérea/costera/fluvial** navigation aérienne/côtière/fluviale.

**navegador** [naβexaˈðor] *nm* (INFORM) navi-gateur *m*, logiciel *m* de navigation.

**navegante** [naβeˈxante] *nm/f* navigateur (-trice).

**navegar** [naβeˈxar] *vi* naviguer.

**navidad** [naβiˈðað] *nf* (*tb*: **~es**) fêtes *fpl* de Noël; (*tb*: **día de ~**) la Noël; (REL) Noël *m*; **por ~es** à Noël; **¡felices ~es!** joyeux Noël!

**navideño, -a** [naβiˈðeɲo, a] *adj* de Noël.

**navío** [naˈβio] *nm* navire *m*.

**nazca** *etc* [ˈnaθka] *vb* V **nacer**.

**nazi** [ˈnaθi] *adj* nazi(e) ♦ *nm/f* Nazi(e).

**n/cta** *abr* (COM = *nuestra cuenta*) *notre compte*.

**NE** *abr* (= *nor(d)este*) N.-E. (= *nord-est*).

**neblina** [neˈβlina] *nf* brume *f*.

**nebulosa** [neβuˈlosa] *nf* nébuleuse *f*.

**necesario, -a** [neθeˈsarjo, a] *adj*: **~ (para)** nécessaire (pour); **(no) es ~ que** il (n')est (pas) nécessaire que; **si es ~ ...** si nécessai-re ...

**neceser** [neθeˈser] *nm* nécessaire *m*.

**necesidad** [neθesiˈðað] *nf* besoin *m*; (*cosa necesaria*) nécessité *f*; (*miseria*) pauvreté *f*; **~es** *nfpl* (*penurias*) privations *fpl*; **en caso de ~** en cas de besoin; **de primera ~** de première nécessité; **no hay ~ de/de que** il n'est pas nécessaire de/que; **hacer sus ~es** faire ses besoins.

**necesitado, -a** [neθesiˈtaðo, a] *adj*

nécessiteux(-euse); **estar ~ de** avoir grand besoin de.

**necesitar** [neθesi'tar] *vt*: ~ **(hacer)** avoir besoin de (faire) ♦ *vi*: ~ **de** avoir besoin de; **¿qué se necesita?** que faut-il?; **"se necesita camarero"** "on demande un garçon de café".

**necio, -a** ['neθjo, a] *adj, nm/f* idiot(e).

**néctar** ['nektar] *nm* nectar *m*.

**nectarina** [nekta'rina] *nf* nectarine *f*.

**nefasto, -a** [ne'fasto, a] *adj* néfaste.

**negación** [neɣa'θjon] *nf* négation *f*.

**negar** [ne'ɣar] *vt* (*hechos*) nier; (*permiso, acceso*) refuser; **negarse** *vpr*: **~se a** hacer algo se refuser à faire qch; ~ **que** nier que; ~ **con la cabeza** faire non de la tête; ~ **el saludo a algn** ignorer qn; **¡me niego!** je refuse!

**negativa** [neɣa'tiβa] *nf* négative *f*; (*rechazo*) refus *msg*.

**negativo, -a** [neɣa'tiβo, a] *adj* négatif(-ive) ♦ *nm* (*FOTO*) négatif *m*.

**negligencia** [neɣli'xenθja] *nf* négligence *f*.

**negligente** [neɣli'xente] *adj* négligent(e).

**negociado** [neɣo'θjaðo] *nm* bureau *m*.

**negociante** [neɣo'θjante] *nm/f* (*COM*) négociant(e); (*pey*) trafiquant(e).

**negociar** [neɣo'θjar] *vt* négocier ♦ *vi*: ~ **en** o **con** (*COM*) faire le commerce de o du commerce avec.

**negocio** [ne'ɣoθjo] *nm* affaire *f*; (*tienda*) commerce *m*; **los ~s** les affaires *fpl*; **hacer** ~ faire des affaires; **hacer (un) buen/mal** ~ faire une bonne/mauvaise affaire; **¡eso es un ~!** ça rapporte!; ~ **sucio** affaire *f* louche; **¡mal ~!** (*fam*) ça va mal!

**negra** ['neɣra] *nf* (*MÚS*) noire *f*; **tener la ~** avoir la poisse; *V tb* **negro**.

**negro, -a** ['neɣro, a] *adj* noir(e); (*futuro*) sombre; (*tabaco*) brun(e) ♦ *nm* (*color*) noir *m* ♦ *nf*: **la negra** la poisse ♦ *nm/f* (*persona*) noir(e); (*AM: fam*) chéri(e); **¡estoy ~!** je suis furax!; **¡me pone ~!** ça o il me porte sur les nerfs!; **verse ~ para hacer algo** avoir beaucoup de mal à faire qch; **trabajar como un ~** travailler comme un forçat.

**nene, -a** ['nene, a] *nm/f* petit(e).

**nenúfar** [ne'nufar] *nm* nénuphar *m*.

**neón** [ne'on] *nm*: **luz** o **lámpara de ~** néon *m*.

**neoyorquino, -a** [neojor'kino, a] *adj* new yorkais(e) ♦ *nm/f* New Yorkais(e).

**nervio** ['nerβjo] *nm* nerf *m*; (*BOT, ARQ*) nervu-

re *f*; **ser puro ~** être un paquet de nerfs; **alterarle** o **crisparle los ~s a algn** taper sur les nerfs de qn; **estar de los ~s** (*fam: MED*) avoir les nerfs; **tener los ~s destrozados** avoir les nerfs en pelote; **me pone los ~s de punta** ça o il me tape sur le système.

**nerviosismo** [nerβjo'sismo] *nm* état *m* d'agitation, nervosité *f*.

**nervioso, -a** [ner'βjoso, a] *adj* nerveux (-euse); **¡me pone ~!** ça m'énerve!

**neto, -a** ['neto, a] *adj* net(nette).

**neumático, -a** [neu'matiko, a] *adj* (*cámara*) à air; (*martillo*) pneumatique ♦ *nm* pneu *m*; **neumático de recambio** roue *f* de secours.

**neurona** [neu'rona] *nf* neurone *m*.

**neutral** [neu'tral] *adj* neutre.

**neutralizar** [neutrali'θar] *vt* neutraliser.

**neutro, -a** ['neutro, a] *adj* (*tb LING*) neutre; (*BIO*) asexué(e).

**neutrón** [neu'tron] *nm* neutron *m*.

**nevada** [ne'βaða] *nf* chute *f* de neige.

**nevar** [ne'βar] *vi* neiger.

**nevera** [ne'βera] (*ESP*) *nf* réfrigérateur *m*.

**nexo** ['nekso] *nm* lien *m*.

**n/f** *abr* (*COM* = *nuestro favor*) notre crédit.

**ni** [ni] *conj* ni; (*tb*: ~ **siquiera**) même pas; ~ **aunque** même si; ~ **blanco** ~ **negro** ni blanc ni noir; ~ **(el) uno** ~ **(el) otro** ni l'un ni l'autre; **¡~ que fuese un dios!** comme si c'était un dieu!; **¡~ hablar!** pas question!

**Nicaragua** [nika'raɣwa] *nf* Nicaragua *m*.

**nicaragüense** [nikara'ɣwense] *adj* nicaraguayen(ne) ♦ *nm/f* Nicaraguayen(ne).

**nicho** ['nitʃo] *nm* niche *f*.

**nicotina** [niko'tina] *nf* nicotine *f*.

**nido** ['niðo] *nm* nid *m*; ~ **de amor** nid d'amour; ~ **de ladrones** repaire *m* de voleurs; ~ **de víboras** nid de vipères.

**niebla** ['njeβla] *nf* brouillard *m*; **hay ~** il y a du brouillard.

**niego** *etc* ['njeɣo], **niegue** *etc* ['njeɣe] *vb V* **negar**.

**nieto, -a** ['njeto, a] *nm/f* petit-fils(petite-fille); **los ~s** *nmpl* les petits-enfants.

**nieve** ['njeβe] *vb V* **nevar** ♦ *nf* neige *f*; (*AM: helado*) glace *f*; **copo de ~** flocon *m* de neige.

**Nilo** ['nilo] *nm*: **el (Río) ~** le Nil.

**nimiedad** [nimje'ðað] *nf* bagatelle *f*; (*de problema, detalle*) petitesse *f*.

**nimio, -a** ['nimjo, a] *adj* insignifiant(e), sans importance.

**ninfa** ['ninfa] *nf* nymphe *f*.

**ningún** [nin'gun] *adj* V **ninguno**.

**ninguno, -a** [nin'guno, a] *adj* aucun(e)
♦ *pron* personne; **no es ninguna belleza** c'est loin d'être une beauté; **de ninguna manera** en aucune manière; **en ningún sitio** nulle part; **no voy a ninguna parte** je ne vais nulle part; ~ **de ellos** aucun d'entre eux.

**niña** ['nina] *nf* (petite) fille *f*; (*del ojo*) pupille *f*; **ser la ~ de los ojos de algn** (*fig*) tenir à qn comme à la prunelle de ses yeux; V *tb* **niño**.

**niñera** [ni'nera] *nf* nourrice *f*.

**niñería** [nine'ria] (*pey*) *nf* enfantillage *m*.

**niñez** [ni'neθ] *nf* enfance *f*.

**niño, -a** ['nino, a] *adj* jeune; (*pey*) puéril(e)
♦ *nm* enfant *m*; (*chico*) (petit) garçon *m*; (*bebé*) petit enfant *m*; **los ~s** *nmpl* les enfants; **de ~** quand j'étais *etc* petit; **ser el ~ mimado de algn** être le chouchou de qn; **niño bien** o **de papá** (*pey*) fils *msg* à papa; **niño de pecho** nourrisson *m*; **niño prodigio** enfant prodige.

**nipón, -ona** [ni'pon, ona] *adj* nippon(e *o* ne) ♦ *nm/f* Nippon(e *o* ne).

**níquel** ['nikel] *nm* nickel *m*.

**niquelar** [nike'lar] *vt* nickeler.

**níspero** ['nispero] *nm* néflier *m*.

**nitidez** [niti'ðeθ] *nf* (*de imagen*) netteté *f*; (*de atmósfera*) pureté *f*; **ver algo con ~** voir qch très nettement.

**nítido, -a** ['nitiðo, a] *adj* (*imagen*) net(te); (*cielo*) dégagé(e); (*atmósfera*) pur(e); (*gestión, conducta*) clair(e).

**nitrato** [ni'trato] *nm* nitrate *m*; **nitrato de Chile** salpêtre *m* du Chili.

**nitrógeno** [ni'troxeno] *nm* azote *m*.

**nivel** [ni'βel] *nm* niveau *m*; **al mismo ~** au même niveau; **de alto ~** de haut niveau; **a 900m sobre el ~ del mar** à 900 m au-dessus du niveau de la mer; **nivel de aire** (*TEC*) niveau à bulle (d'air); **nivel del aceite** niveau d'huile; **nivel de vida** niveau de vie.

**nivelar** [niβe'lar] *vt* niveler; (*ingresos, categorías*) égaliser; (*balanza de pagos*) équilibrer.

**n/l.** *abr* (*COM = nuestra letra*) notre lettre.

**NN. UU.** *abr* (= *Naciones Unidas*) NU (= *Nations unies*).

**NO** *abr* (= *noroeste*) N.-O. (= *nord-ouest*).

**no** [no] *adv* **1**: **¡no!** (*en respuesta*) non!; **ahora no** pas maintenant; **no mucho** pas tellement, pas beaucoup; **¡cómo no!** bien sûr!; **¡que no!** non!

**2** (*con verbo*) ne ... pas; **no viene** il ne vient pas; **no es el mío** ce n'est pas le mien; **creo que no** je crois que non; **decir que no** dire non; **no quiero nada** je ne veux rien; **no es que no quiera** ce n'est pas que je ne veuille pas; **no dormir** ne pas dormir; "**No Fumar**" "Défense de fumer"

**3** (*no + sustantivo*): **pacto de no agresión** pacte *m* de non-agression; **los paises no alineados** les pays non-alignés; **la no intervención** la non-intervention; **el no va más** le nec plus ultra

**4** (*en comparación*): **mejor ir ahora que no luego** mieux vaut partir maintenant

**5**: **no sea que haga frío** au cas où il ferait froid

**6**: **no bien hubo terminado se marchó** à peine eut-il terminé qu'il s'en alla

**7**: **¡a que no lo sabes!** je parie que tu ne le sais pas!

♦ *nm*: **un no rotundo** un non catégorique.

**N.º, n°** *abr* (= *número*) n° (= *numéro*).

**n/o** *abr* (*COM = nuestra orden*) notre ordre.

**noble** ['noβle] *adj, nm/f* noble *m/f*.

**nobleza** [no'βleθa] *nf* noblesse *f*; **la ~** la noblesse.

**noche** ['notʃe] *nf* nuit *f*; (*la tarde*) soir *m*; **de ~, por la ~** le soir; (*de madrugada*) la nuit; **se hace de ~** la nuit tombe; **es de ~** il fait nuit; **ayer por la ~** hier soir; **esta ~** ce soir; (*de madrugada*) cette nuit; **de la ~ a la mañana** du jour au lendemain; **hacer ~ en un sitio** passer la nuit quelque part; **¡buenas ~s!** (*saludo*) bonsoir!; (*despedida*) bonsoir!, bonne nuit!; **noche cerrada** nuit noire; **noche de bodas** nuit de noces.

┌─────────────────────────┐
│ **Noche de San Juan** │
└─────────────────────────┘

*La fête de la **Noche de San Juan** a lieu le 24 juin. Cette fête, qui coïncide avec le solstice d'été, a remplacé d'anciennes* *fêtes païennes. Durant les festivités, où selon la tradition le feu joue un rôle important, on danse autour de feux de joie dans les villes et les villages.*

**Nochebuena** [notʃe'βwena] *nf* nuit *f* de Noël.

**Nochevieja** [notʃe'βjexa] *nf* nuit *f* de la Saint Sylvestre.

---

**Nochevieja**

*En Espagne, "las campanadas", les douze coups de l'horloge de la "Puerta del Sol" à Madrid, qui sont retransmis en direct pour marquer le début de chaque nouvelle année, représentent le temps fort du réveillon de la Saint-Sylvestre **Nochevieja**. Lorsque minuit sonne, la tradition connue sous le nom de "las uvas de la suerte" ou "las doce uvas", veut que l'on mange douze grains de raisin, un pour chaque coup.*

---

**noción** [no'θjon] *nf* notion *f*; **nociones** *nfpl* (*rudimentos*) notions *fpl*.

**nocivo, -a** [no'θiβo, a] *adj* nocif(-ive).

**noctámbulo, -a** [nok'tambulo, a] *adj, nm/f* noctambule *m/f*.

**nocturno, -a** [nok'turno, a] *adj* nocturne; (*club*) de nuit; (*clases*) du soir ♦ *nm* (*MÚS*) nocturne *m*.

**nodriza** [no'δriθa] *nf* nourrice *f*; **buque/nave ~** bateau *m*/navire *m* de ravitaillement.

**nogal** [no'val] *nm* noyer *m*.

**nómada** ['nomaδa] *adj, nm/f* nomade *m/f*.

**nombramiento** [nombra'mjento] *nm* nomination *f*.

**nombrar** [nom'brar] *vt* nommer; **~ a algn gobernador** nommer qn gouverneur; **~ a algn heredero** faire de qn son héritier.

**nombre** ['nombre] *nm* nom *m*; (*tb*: **~ completo**) nom (et prénoms); **abogado de ~** avocat *m* de renom; **~ y apellidos** nom et prénoms; (**estar/poner algo**) **a ~ de** (être/mettre qch) au nom de; **en ~ de** au nom de; **sin ~** sans nom; **su conducta no tiene ~** sa conduite dépasse les bornes; **nombre común** nom commun; **nombre de fichero** (*INFORM*) nom de fichier; **nombre de pila** prénom *m*; **nombre de soltera** nom de jeune fille; **nombre pro-**

**pio** nom propre.

**nómina** ['nomina] *nf* (*de personal*) liste *f*; (*hoja de sueldo*) feuille *f* de paie; **estar en ~** faire partie du personnel.

**nominal** [nomi'nal] *adj* nominal(e).

**nominar** [nomi'nar] *vt* nommer.

**nominativo, -a** [nomina'tiβo, a] *adj* (*LING*) nominatif(-ive); **un cheque ~ a X** un chèque à l'ordre de X.

**nordeste** [nor'δeste] *adj* nord-est ♦ *nm* nord-est *m*; (*viento*) nordet *m*.

**nórdico, -a** ['norδiko, a] *adj* (*zona*) nord; (*escandinavo*) nordique ♦ *nm/f* Nordique *m/f*.

**noreste** [no'reste] *adj, nm* = **nordeste**.

**noria** ['norja] *nf* (*AGR*) noria *f*; (*de feria*) grande roue *f*.

**normal** [nor'mal] *adj* normal(e); **¡es ~ que ...!** c'est normal que ...!; **Escuela N~** ≈ École *f* normale; **gasolina ~** essence *f* ordinaire.

**normalidad** [normali'δaδ] *nf* normalité *f*; **restablecer la ~** rétablir l'ordre.

**normalizar** [normali'θar] *vt* normaliser; (*gastos*) régulariser; **normalizarse** *vpr* se normaliser.

**normando, -a** [nor'mando, a] *adj* normand(e) ♦ *nm/f* Normand(e).

**normativa** [norma'tiβa] *nf* réglementation *f*.

**noroeste** [noro'este] *adj* nord-ouest ♦ *nm* nord-ouest *m*; (*viento*) noroît *m*.

**norte** ['norte] *adj* nord ♦ *nm* nord *m*; (*tb*: **viento (del) ~**) vent *m* du nord; (*fig*) objectif *m*; **país/gentes del ~** pays *msg*/peuples *mpl* du Nord; **al ~ de** au nord de.

**Norteamérica** [nortea'merika] *nf* Amérique *f* du Nord.

**norteamericano, -a** [norteameri'kano, a] *adj* américain(e) ♦ *nm/f* Américain(e).

**Noruega** [no'rweva] *nf* Norvège *f*.

**noruego, -a** [no'rwevo, a] *adj* norvégien(ne) ♦ *nm/f* Norvégien(ne) ♦ *nm* (*LING*) norvégien *m*.

**nos** [nos] *pron* nous; **~ levantamos a las 7** nous nous levons à 7 heures.

**nosotros, -as** [no'sotros, as] *pron* nous; **~ (mismos)** nous(-mêmes).

**nostalgia** [nos'talxja] *nf* nostalgie *f*.

**nota** ['nota] *nf* note *f*; **~s** *nfpl* (*apuntes*) notes *fpl*; (*ESCOL*) résultats *mpl*; **tomar (buena) ~ de algo** prendre (bonne) note de qch; **de mala ~** mal famé(e); **dar la ~**

*(fam)* se faire remarquer; **la ~ dominante** la note dominante; **tomar ~s** prendre des notes; **nota a pie de página** note de bas de page; **notas de sociedad** chronique *fsg* mondaine.

**notar** [no'tar] *vt (darse cuenta de)* remarquer; *(percibir)* noter; *(frío, calor)* sentir; **notarse** *vpr (efectos, cambio)* se faire sentir; *(mancha)* se voir; **se nota que ...** on voit que ...; **te noto cambiado** je te trouve changé; **me noto cansado** je me sens fatigué; **hacerse ~** se faire remarquer.

**notarial** [nota'rjal] *adj* notarial(e); **acta ~** acte *m* notarié.

**notario** [no'tarjo] *nm* notaire *m*.

**noticia** [no'tiθja] *nf* nouvelle *f*; *(TV, RADIO)* information *f*; **las ~s** *(TV)* les informations; **según nuestras ~s** d'après nos informations; **tener ~s de algn** avoir des nouvelles de qn; **noticia(s) de última hora** nouvelle(s) de dernière minute.

**noticiero** [noti'θjero] *nm* journal *m*.

**notificación** [notifika'θjon] *nf* notification *f*.

**notificar** [notifi'kar] *vt* notifier.

**notoriedad** [notorje'ðað] *nf* notoriété *f*.

**notorio, -a** [no'torjo, a] *adj* notoire.

**novato, -a** [no'βato, a] *adj, nm/f* nouveau(-velle).

**novecientos, -as** [noβe'θjentos, as] *adj* neuf cents; *V tb* **seiscientos**.

**novedad** [noβe'ðað] *nf* nouveauté *f*; *(noticia)* nouvelle *f*; **~es** *nfpl (noticia)* nouvelles *fpl*; *(COM)* nouveautés *fpl*; **sin ~** rien de neuf.

**novel** [no'βel] *adj* débutant(e).

**novela** [no'βela] *nf* roman *m*; **novela policíaca** roman policier.

**noveno, -a** [no'βeno, a] *adj, nm/f* neuvième *m/f*; *V tb* **sexto**.

**noventa** [no'βenta] *adj inv, nm inv* quatre-vingt-dix *m inv*; *V tb* **sesenta**.

**novia** ['noβja] *nf V* **novio**.

**noviazgo** [no'βjaθɣo] *nm* fiançailles *fpl*.

**novicio, -a** [no'βiθjo, a] *adj (REL)* novice; *(novato)* nouveau(-velle) ♦ *nm/f (REL)* novice *m/f*.

**noviembre** [no'βjembre] *nm* novembre *m*; *V tb* **julio**.

**novillada** [noβi'ʎaða] *nf* course de jeunes taureaux.

**novillero** [noβi'ʎero] *nm* torero combattant de jeunes taureaux.

**novillo** [no'βiʎo] *nm* jeune taureau *m*; **hacer ~s** *(fam)* faire l'école buissonnière.

**novio, -a** ['noβjo, a] *nm/f (amigo íntimo)* petit(e) ami(e); *(prometido)* fiancé(e); *(en boda)* marié(e); **los ~s** les fiancés *mpl*; *(en boda)* les mariés *mpl*.

**nubarrón** [nuβa'rron] *nm* gros nuage *m*.

**nube** ['nuβe] *nf* nuage *m*; *(de mosquitos)* nuée *f*; *(MED: ocular)* taie *f*; **una ~ de polvo** un nuage de poussière; **los precios están por las ~s** les prix sont astronomiques; **estar en las ~s** être dans les nuages; **vivir en las ~s** ne pas avoir les pieds sur terre; **poner algo/a algn por las ~s** porter qch/qn aux nues.

**nublado, -a** [nu'βlaðo, a] *adj* nuageux(-euse); *(día)* gris(e) ♦ *nm* nuages *mpl* lourds.

**nubosidad** [nuβosi'ðað] *nf* nuages *mpl*; **había mucha ~** il y avait beaucoup de nuages.

**nuca** ['nuka] *nf* nuque *f*.

**nuclear** [nukle'ar] *adj* nucléaire.

**núcleo** ['nukleo] *nm* noyau *m*; **núcleo de población** agglomération *f*; **núcleos de resistencia** noyaux *mpl* de résistance; **núcleo urbano** centre *m* urbain.

**nudillo** [nu'ðiʎo] *nm* jointure *f*.

**nudista** [nu'dista] *adj, nm/f* nudiste *m/f*.

**nudo** ['nuðo] *nm* nœud *m*; **se le hizo un ~ en la garganta** il avait la gorge nouée; **nudo corredizo** nœud coulant; **nudo de carreteras** nœud routier; **nudo de comunicaciones** nœud de communications.

**nudoso, -a** [nu'ðoso, a] *adj* noueux(-euse).

**nuera** ['nwera] *nf* belle-fille *f*.

**nuestro, -a** ['nwestro, a] *adj* à nous ♦ *pron* notre; **~ padre** notre père; **un amigo ~** un de nos amis; **es el ~** c'est le nôtre; **los ~s** les nôtres; *(DEPORTE)* notre équipe.

**nueva** ['nweβa] *nf* nouvelle *f*; **hacerse de ~s** feindre l'étonnement; *V tb* **nuevo**.

**Nueva York** [-'jork] *n* New York.

**Nueva Zelanda** [-θe'landa] *nf* Nouvelle-Zélande *f*.

**Nueva Zelandia** [-θe'landja] *(AM) nf =* **Nueva Zelanda**.

**nuevamente** ['nweβamente] *adv* à nouveau.

**nueve** ['nweβe] *adj inv, nm inv* neuf *m inv*; *V tb* **seis**.

**nuevo, -a** ['nweβo, a] *adj* nouveau(-velle);

(*no usado*) neuf(neuve) ♦ *nm/f* nouveau
(-velle); **ese abrigo está ~** ce manteau est
neuf; **¿qué hay de ~?** (*fam*) quoi de
neuf?; **soy ~ aquí** je suis nouveau ici; **de ~**
de nouveau.

**nuez** [nweθ] (*pl* **nueces**) *nf* noix *fsg*; **nuez
(de Adán)** pomme *f* d'Adam; **nuez
moscada** noix muscade.

**nulidad** [nuli'ðað] *nf* nullité *f*; **es una ~**
(*pey*) il est nul.

**nulo, -a** ['nulo, a] *adj* nul(le); **soy ~ para la
música** je suis nul(le) en musique.

**núm.** *abr* (= *número*) nº (= *numéro*).

**numeración** [numera'θjon] *nf* (*de calle, páginas*) numérotation *f*; (*sistema*) chiffres
*mpl*; **numeración arábiga/romana**
chiffres arabes/romains; **numeración de
línea** (*INFORM*) numérotation des lignes.

**numeral** [nume'ral] *adj* (*LING*) numéral(e)
♦ *nm* numéral *m*.

**numerar** [nume'rar] *vt* numéroter; **nume-
rarse** *vpr* se numéroter.

**número** ['numero] *nm* nombre *m*; (*de zapato*) pointure *f*; (*TEATRO, de publicación, de
lotería*) numéro *m*; **sin ~** sans nombre; **en
~s redondos** en chiffres ronds; **hacer** o
**montar un ~** (*fam*) faire un numéro; **hacer ~s** faire les comptes; **ser el ~ uno** être
le numéro un; **estar en ~s rojos** être à découvert; **número atrasado** vieux numéro; **número binario** (*INFORM*) nombre binaire; **número de matrícula/de teléfono** numéro d'immatriculation/de téléphone; **número de serie** numéro de série;
**número decimal/impar/par** nombre
décimal/impair/pair; **número personal
de identificación** (*INFORM etc*) numéro
personnel d'identification; **número romano** chiffre romain.

**numeroso, -a** [nume'roso, a] *adj* nom-
breux(-euse); *V tb* **familia**.

**nunca** ['nunka] *adv* jamais; **~ me escribes**
tu ne m'écris jamais; **no estudia ~** il
n'étudie jamais; **¿~ lo has pensado?** tu
n'y as jamais pensé?; **~ más** jamais plus.

**nupcias** ['nupθjas] *nfpl*: **en segundas ~** en
secondes noces.

**nutria** ['nutrja] *nf* loutre *f*.

**nutrición** [nutri'θjon] *nf* nutrition *f*.

**nutrido, -a** [nu'triðo, a] *adj* nourri(e); (*grupo, representación*) dense; **bien/mal ~**
bien/mal nourri(e); **~ de** truffé(e) de.

**nutrir** [nu'trir] *vt* nourrir; **nutrirse** *vpr*: **~se**

de se nourrir de.

**nutritivo, -a** [nutri'tiβo, a] *adj* nutritif(-ive).

**nylon** [ni'lon] *nm* nylon *m*.

—— **Ñ ñ** ——

**ñato, -a** ['ɲato, a] *adj* (*CSUR*) (*de nariz cha-
ta*) camus(e).

**ñoñería** [ɲoɲe'ria] *nf* (*de persona sosa*) fa-
deur *f*; (*de persona melindrosa*) pudibonde-
rie *f*; (*una ñoñería*) niaiserie *f*.

**ñoño, -a** ['ɲoɲo, a] *adj* (*soso*) fadasse
(*fam*); (*melindroso*) pudibond(e).

—— **O o** ——

**O** *abr* (= *oeste*) O (= *ouest*).

**o** [o] *conj* ou; **~ ... ~ ...** soit ... soit ...; **~ sea**
c'est-à-dire.

**o/** *nm* (= *orden*) commande *f*.

**oasis** [o'asis] *nm inv* oasis *msg* o *fsg*.

**obedecer** [oβeðe'θer] *vt* obéir à ♦ *vi* obéir;
**~ a** (*MED, fig*) succomber à; **~ al hecho de**
provenir du fait que.

**obediencia** [oβe'ðjenθja] *nf* obéissance *f*.

**obediente** [oβe'ðjente] *adj* obéissant(e).

**obertura** [oβer'tura] *nf* (*MÚS*) ouverture *f*.

**obesidad** [oβesi'ðað] *nf* obésité *f*.

**obeso, -a** [o'βeso, a] *adj* obèse.

**obispo** [o'βispo] *nm* évêque *m*.

**objeción** [oβxe'θjon] *nf* objection *f*; **hacer
una ~, poner objeciones** faire une objection, soulever des objections; **objeción
de conciencia** objection de conscience.

**objetar** [oβxe'tar] *vt*: **~ que** objecter que
♦ *vi* être objecteur de conscience; **¿algo
que ~?** des objections?

**objetivo, -a** [oβxe'tiβo, a] *adj* objectif(-ive)
♦ *nm* objectif *m*.

**objeto** [oβ'xeto] *nm* objet *m*; (*finalidad*) objet, but *m*; **ser ~ de algo** être l'objet de
qch; **con ~ de** dans le but de.

**objetor** [oβxe'tor] *nm* (*tb:* **~ de conciencia**) objecteur *m* de conscience.

**oblicuo, -a** [o'βlikwo, a] *adj* oblique.

**obligación** [oβliɣa'θjon] *nf* (*tb COM*) obligation *f*; **obligaciones** *nfpl* obligations *fpl*;

cumplir con mi *etc* ~ remplir mon *etc* devoir.

**obligar** [oβli'ɣar] *vt* obliger; **obligarse** *vpr*: ~**se a hacer** s'obliger à faire.

**obligatorio, -a** [oβliɣa'torjo, a] *adj* obligatoire.

**oboe** [o'βoe] *nm* hautbois *msg*; (*músico*) hautboïste *m/f*.

**obra** ['oβra] *nf* œuvre *f*; (*libro*) œuvre, ouvrage *m*; (*tb*: ~ **dramática o de teatro**) pièce *f*; ~**s** *nfpl* travaux *mpl*; **ser ~ de algn** être l'œuvre de qn; **por ~ de** à cause de; **estar de o en ~s** être en travaux; **obras benéficas/de caridad** œuvres *fpl* de bienfaisance/de charité; **obras completas** œuvres complètes; **obra de arte** œuvre d'art; **obra de consulta** ouvrage de référence; **obra maestra** chef-d'œuvre *m*; **obras públicas** travaux publics.

**obrar** [o'βrar] *vt*: ~ **milagros** (*fig*) faire des miracles ◊ *vi* agir; **la carta obra en su poder** la lettre est en votre possession.

**obrero, -a** [o'βrero, a] *adj* ouvrier(-ère) ◊ *nm/f* ouvrier(-ère); (*del campo*) ouvrier (-ère) (*agrícola*); **clase obrera** classe *f* ouvrière.

**obscenidad** [oβsθeni'ðað] *nf* obscénité *f*.

**obsceno, -a** [oβs'θeno, a] *adj* obscène.

**obscu...** [oβsku] = **oscu...**

**obsequiar** [oβse'kjar] *vt*: ~ **a algn con algo** faire cadeau de qch à qn; (*con una atención*) offrir qch à qn.

**obsequio** [oβ'sekjo] *nm* (*regalo*) présent *m*; (*cortesía*) attention *f*.

**observación** [oβserβa'θjon] *nf* observation *f*; **capacidad de ~** esprit *m* d'observation.

**observador, a** [oβserβa'ðor, a] *adj* observateur(-trice) ◊ *nm/f* observateur *m*.

**observar** [oβser'βar] *vt* observer.

**obsesión** [oβse'sjon] *nf* obsession *f*.

**obsesivo, -a** [oβse'siβo, a] *adj* obsessionnel(le).

**obsoleto, -a** [oβso'leto, a] *adj* (*máquina*) obsolète; (*ideas*) désuet(-ète).

**obstáculo** [oβs'takulo] *nm* obstacle *m*.

**obstante** [oβs'tante] *adv*: **no ~** cependant.

**obstinado, -a** [oβsti'naðo, a] *adj* obstiné(e).

**obstinarse** [oβsti'narse] *vpr* s'obstiner; ~ **en** s'obstiner à.

**obstrucción** [oβstruk'θjon] *nf* obstruction *f*.

**obstruir** [oβstru'ir] *vt* obstruer; (*plan, labor,*

*proceso*) faire obstacle à.

**obtener** [oβte'ner] *vt* obtenir.

**obturador** [oβtura'ðor] *nm* obturateur *m*.

**obvio, -a** [o'βjo, a] *adj* évident(e).

**ocasión** [oka'sjon] *nf* occasion *f*; **¡~!** (*COM*) offre spéciale; **de ~** (*libro*) d'occasion; **con ~ de** à l'occasion de; **dar ~ de** donner l'occasion de; **en (algunas) ocasiones** parfois; **aprovechar la ~** profiter de l'occasion.

**ocasionar** [okasjo'nar] *vt* occasionner.

**ocaso** [o'kaso] *nm* (*puesta de sol*) coucher *m* du soleil; (*decadencia*) déclin *m*.

**occidente** [okθi'ðente] *nm* occident *m*; **el O~** l'Occident *m*.

**O.C.D.E.** *sigla f* (= *Organización para la Cooperación y el Desarrollo Económico*) OCDE *f* (= *Organisation de coopération et de développement économique*).

**océano** [o'θeano] *nm* océan *m*; **el ~ Atlántico** l'océan *m* Atlantique.

**ochenta** [o't͡ʃenta] *adj inv, nm inv* quatre-vingts *m inv*; *V tb* **sesenta**.

**ocho** ['ot͡ʃo] *adj inv, nm inv* huit *m inv*; ~ **días** huit jours *mpl*; *V tb* **seis**.

**ochocientos, -as** [ot͡ʃo'θjentos, as] *adj* huit cents *mpl*; *V tb* **seiscientos**.

**ocio** ['oθjo] *nm* (*tiempo*) loisir *m*; (*pey*) oisiveté *f*; **"guía del ~"** "guide *m* art et spectacles".

**ocioso, -a** [o'θjoso, a] *adj*: **estar ~** être oisif(-ive); **ser ~** être oiseux(-euse).

**octavilla** [okta'βiʎa] *nf* (*esp POL*) tract *m*.

**octavo, -a** [ok'taβo, a] *adj, nm/f* huitième *m/f*; *V tb* **sexto**.

**octubre** [ok'tuβre] *nm* octobre *m*; *V tb* **julio**.

**ocular** [oku'lar] *adj* (*inspección*) des yeux; **testigo ~** témoin *m* oculaire.

**oculista** [oku'lista] *nm/f* oculiste *m/f*.

**ocultar** [okul'tar] *vt* cacher; **ocultarse** *vpr*: ~**se (tras/de)** se cacher (derrière/de).

**oculto, -a** [o'kulto, a] *adj* (*puerta, persona*) dissimulé(e); (*razón*) caché(e).

**ocupación** [okupa'θjon] *nf* occupation *f*.

**ocupado, -a** [oku'paðo, a] *adj* occupé(e); **¿está ocupada la silla?** la place est prise?

**ocupar** [oku'par] *vt* occuper; **ocuparse** *vpr*: ~**se de** s'occuper de; ~**se de lo suyo** s'occuper de ses affaires.

**ocurrencia** [oku'rrenθja] *nf* (*idea*) idée *f*; (: *graciosa*) trait *m* d'esprit; **¡qué ~!** (*pey*) quelle drôle d'idée!

**ocurrir** [oku'rrir] *vi (suceso)* se produire, se passer; **ocurrirse** *vpr*: **se me ha ocurrido que ...** il m'est venu à l'esprit que ...; **¿qué te ocurre?** qu'est-ce que tu as?; **¿qué ocurre?** qu'est-ce qui se passe?; **lo que ocurre es que ...** ce qui se passe, c'est que ...; **¡ni se te ocurra!** pas question!; **¡qué cosas se te ocurren!** tu as de ces idées!; **¿se te ocurre algo?** tu as une idée?

**odiar** [o'ðjar] *vt (a algn)* haïr; *(comida, trabajo)* détester.

**odio** ['oðjo] *nm* haine *f*; **tener ~ a algn** détester qn, haïr qn.

**odioso, -a** [o'ðjoso, a] *adj (persona)* odieux(-euse); *(tiempo)* exécrable; *(trabajo, tema)* insupportable.

**odontólogo, -a** [oðon'toloɣo, a] *nm/f* odontologiste *m/f*.

**OEA** *sigla f* (= *Organización de Estados Americanos*) OEA *f* (= *Organisation des États américains*).

**oeste** [o'este] *nm* ouest *m*; **película del ~** western *m; V tb* **norte**.

**ofender** [ofen'der] *vt* offenser; **ofenderse** *vpr* s'offenser; **~ a la vista** blesser la vue; **~ a los oídos** écorcher les oreilles; **sentirse ofendido(e)** se froisser.

**ofensa** [o'fensa] *nf* offense *f*; *(JUR)* délit *m*.

**ofensiva** [ofen'siβa] *nf* offensive *f*.

**ofensivo, -a** [ofen'siβo, a] *adj (palabra etc)* offensant(e); *(MIL)* offensif(-ive).

**oferta** [o'ferta] *nf* offre *f*; *(COM: de bajo precio)* promotion *f*; **la ~ y la demanda** l'offre et la demande; **artículos de o en ~** articles *mpl* en promotion; **ofertas de trabajo** offres *fpl* d'emploi; **oferta monetaria** offre monétaire; **oferta pública de compra** *(COM)* offre publique d'achat.

**oficial** [ofi'θjal] *adj* officiel(le) ♦ *nm/f (MIL)* officier *m*; *(en un trabajo)* ouvrier(-ère) qualifié(e).

**oficina** [ofi'θina] *nf* bureau *m*; **oficina de empleo** agence *f* pour l'emploi; **oficina de información** bureau d'information; **oficina de objetos perdidos** bureau des objets trouvés; **oficina de turismo** office *m* du tourisme.

**oficinista** [ofiθi'nista] *nm/f* employé(e) de bureau.

**oficio** [o'fiθjo] *nm* travail *m*; *(REL)* office *m*; *(función)* fonction *f*; *(comunicado)* communiqué *m*; **ser del ~** être du métier; **sin ~**

**ni beneficio** sans profession; **buenos ~s (de algn)** bons offices (de qn); **oficio de difuntos** office des morts.

**oficioso, -a** [ofi'θjoso, a] *adj* officieux (-euse).

**ofrecer** [ofre'θer] *vt* offrir; *(fiesta)* donner; **ofrecerse** *vpr*: **~se a o para hacer algo** s'offrir pour faire qch; **~ la posibilidad de** donner la possibilité de; **¿qué se le ofrece?, ¿se le ofrece algo?** puis-je vous aider?; **~se de** s'offrir comme.

**ofrecimiento** [ofreθi'mjento] *nm* offre *f*.

**oftalmólogo, -a** [oftal'moloɣo, a] *nm/f* ophtalmologue *m/f*.

**ofuscar** [ofus'kar] *vt* aveugler; **ofuscarse** *vpr* se troubler; **estar ofuscado por o con algo** être aveuglé par qch.

**oída** [o'iða] *nf*: **de ~s** par ouï-dire.

**oído** [o'iðo] *nm (ANAT)* oreille *f*; *(sentido)* ouïe *f*; **al ~** à l'oreille; **de ~** d'oreille; **tener ~** avoir de l'oreille; **tener buen ~** avoir une bonne oreille; **ser todo ~s** être tout ouïe; **ser duro de ~** être dur d'oreille; **no doy crédito a mis ~s** je n'en crois pas mes oreilles; **hacer ~s sordos** a faire la sourde oreille à; **oído interno** oreille interne.

**oiga** *etc* ['oiɣa] *vb V* **oír**.

**oír** [o'ir] *vt* entendre; *(atender a, esp AM)* écouter ♦ *vi* entendre; **¡oye!, ¡oiga!** écoutez!, écoutez!; **¿oiga?** *(TELEC)* allo?; **~ misa** entendre la messe; **¡lo que hay que ~!** ce qu'il ne faut pas entendre!; **como quien oye llover** autant parler à un mur; **~ hablar de algn/algo** entendre parler de qn/qch.

**OIT** *sigla f* (= *Organización Internacional del Trabajo*) OIT *f* (= *Organisation internationale du travail*).

**ojal** [o'xal] *nm* boutonnière *f*.

**ojalá** [oxa'la] *excl* si seulement!, espérons! ♦ *conj (tb:* **~ que**) si seulement, espérons que; **~ (que) venga hoy** espérons qu'il viendra aujourd'hui; **¡~ pudiera!** si seulement il pouvait!

**ojeada** [oxe'aða] *nf* coup *m* d'œil; **echar una ~ a** jeter un coup d'œil à.

**ojera** [o'xera] *nf* cerne *m*; **tener ~s** avoir les yeux cernés.

**ojeriza** [oxe'riθa] *nf*: **tener ~ a** prendre en grippe.

**ojeroso, -a** [oxe'roso, a] *adj (cara, aspecto)* fatigué(e); *(ojos)* cerné(e).

**ojo** ['oxo] *nm* œil *m*; (*de puente*) arche *f*; (*de cerradura*) trou *m*; (*de aguja*) chas *msg* ♦ *excl* attention!; **tener ~ para** avoir l'œil pour; **~s saltones** yeux *mpl* globuleux; **ir/andar con ~** faire attention; **no pegar ~** ne pas fermer l'œil; **~ por ~** œil pour œil; **tener ~ clínico** avoir l'œil infaillible; **tener echado el ~ a algo/algn** avoir l'œil sur qch/qn; **en un abrir y cerrar de ~s** en un clin d'œil; **mirar o ver con buenos/malos ~s** voir d'un bon/mauvais œil; **a ~s vistas** à vue d'œil; **¡dichosos los ~s (que te ven)!** quelle bonne surprise!; **a ~ (de buen cubero)** à vue de nez; **ten mucho ~ con ése** fais bien attention avec ce type-là; **ser el ~ derecho de algn** (*fig*) être le chouchou de qn; **ojo de buey** œil-de-bœuf *m*.

**okupa** *nm/f* (*fam*) squatteur(-euse) *mf*.

**ola** ['ola] *nf* vague *f*; **~ de calor/frío** vague *f* de chaleur/froid; **la nueva ~** la nouvelle vague.

**olé** [o'le] *excl* olé!

**oleada** [ole'aða] *nf* (*tb fig*) vague *f*.

**oleaje** [ole'axe] *nm* vagues *fpl*.

**óleo** ['oleo] *nm*: **un ~** une peinture à l'huile; **al ~** à l'huile.

**oleoducto** [oleo'ðukto] *nm* oléoduc *m*.

**oler** [o'ler] *vt* (*tb sospechar*) sentir; (*curiosear*) mettre le nez (dans) ♦ *vi* (*despedir olor*) sentir; **huele a tabaco** ça sent le tabac; **huele a corrupción** ça sent la corruption; **huele mal** ça sent mauvais; (*fig*) ça sent le brûlé; **huele que apesta** ça pue.

**olfatear** [olfate'ar] *vt* renifler; (*con el hocico*) flairer; (*sospechar*) flairer; (*curiosear*) mettre le nez (dans).

**olfato** [ol'fato] *nm* odorat *m*; **tener (buen) ~ para algo** avoir du flair pour qch.

**oligarquía** [olixar'kia] *nf* oligarchie *f*.

**olimpíada** [olim'pjaða] *nf* olympiade *f*; **~s** *nfpl* jeux *mpl* olympiques.

**oliva** [o'liβa] *nf* olive *f*; **aceite de ~** huile *f* d'olive.

**olivo** [o'liβo] *nm* olivier *m*.

**olla** ['oʎa] *nf* marmite *f*; (*comida*) ragoût *m*; **~ a presión** cocotte-minute *f*.

**olmo** ['olmo] *nm* orme *m*.

**olor** [o'lor] *nm* odeur *f*; **mal ~** mauvaise odeur; **~ a** odeur de.

**oloroso, -a** [olo'roso, a] *adj* odorant(e).

**olvidar** [olβi'ðar] *vt* oublier; **olvidarse** *vpr*:

**~se (de)** oublier (de); **~ hacer algo** oublier de faire qch; **se me olvidó (hacerlo)** j'ai oublié (de le faire); **¡se me olvidaba!** j'allais l'oublier!

**olvido** [ol'βiðo] *nm* oubli *m*; **por ~** par inadvertance; **echar algo en el ~** tirer un trait sur qch; **caer en el ~** tomber dans l'oubli.

**ombligo** [om'blixo] *nm* nombril *m*.

**OMG** *nm* (= *organismo modificado genéticamente*) OGM *m* (= *organisme génétiquement modifié*).

**omiso, -a** [o'miso, a] *adj*: **hacer caso ~ de** passer outre à.

**omitir** [omi'tir] *vt* omettre.

**omnipotente** [omnipo'tente] *adj* omnipotent(e).

**omoplato** [omo'plato] *nm* omoplate *f*.

**OMS** ['oms] *sigla f* (= *Organización Mundial de la Salud*) OMS *f* (= *Organisation mondiale de la santé*).

**ONCE** ['onθe] *sigla f* (= *Organización Nacional de Ciegos Españoles*) entreprise et organisme d'aide aux aveugles.

**once** ['onθe] *adj inv, nm inv* onze *m inv* ♦ *nf* (*AM: refrigerio, merienda*): **la ~, las ~s** le goûter, le thé; *V tb* **seis**.

**onda** ['onda] *nf* (*Fís*) onde *f*; (*del pelo*) ondulation *f*; **ondas acústicas/hertzianas** ondes acoustiques/hertziennes; **onda corta/larga/media** onde courte/grande/moyenne; **la onda expansiva** l'onde de choc porteuse; **onda sonora** onde sonore.

**ondear** [onde'ar] *vi* onduler.

**ondular** [ondu'lar] *vt, vi* onduler; **ondularse** *vpr* onduler.

**ONG** *sigla f* (= *Organización no gubernamental*) ONG *f* (= *organisation non gouvernementale*).

**ONU** ['onu] *sigla f* (= *Organización de las Naciones Unidas*) ONU *f* (= *Organisation des Nations unies*).

**OPA** ['opa] *sigla f* (= *oferta pública de adquisición*) OPA *f* (= *offre publique d'achat*).

**opaco, -a** [o'pako, a] *adj* opaque.

**opción** [op'θjon] *nf* (*elección*) choix *m*; (*una opción*) option *f*; (*derecho*): **~ a** choix entre; **no hay otra ~** il n'y a pas d'autre solution.

**opcional** [opθjo'nal] *adj* facultatif(-ive).

**OPEP** [o'pep] *sigla f* (= *Organización de Países Exportadores del Petróleo*) OPEP *f* (= *Or-*

*ganisation des pays exportateurs de pétrole).*

**ópera** ['opera] nf opéra m; **ópera bufa/cómica** opéra bouffe/comique.

**operación** [opera'θjon] nf opération f; **~ a plazo** (COM) transaction f à terme; **operaciones accesorias** (INFORM) gestion f des disques; **operaciones a término** (COM) marché m à terme.

**operar** [ope'rar] vt opérer ♦ vi opérer; (COM) faire des transactions; (MAT) faire une opération; **operarse** vpr (cambio) s'opérer; **~ a algn de algo** opérer qn de qch; **se han operado grandes cambios** il s'est opéré de grands changements; **~se (de)** être opéré(e) (de).

**opereta** [ope'reta] nf opérette f.

**opinar** [opi'nar] vt penser ♦ vi: **~ o sobre)** donner son avis (sur); **~ bien/mal de** penser du bien/mal de.

**opinión** [opi'njon] nf opinion f, avis msg; **cambiar de ~** changer d'avis; **tener mala/buena ~ de algo/algn** avoir mauvaise/bonne opinion de qch/qn; **la opinión pública** l'opinion publique.

**opio** ['opjo] nm opium m.

**oponente** [opo'nente] nm/f adversaire m/f.

**oponer** [opo'ner] vt opposer; **oponerse** vpr: **~se (a)** s'opposer (à); **~ A a B** opposer A à B; **¡me opongo!** je m'y oppose!

**oportunidad** [oportuni'ðað] nf (ocasión) occasion f; (posibilidad) opportunité f; **~es** nfpl (COM) promotions fpl; (en trabajo, educación) possibilités fpl; **dar a algn otra ~** redonner une chance à qn.

**oportuno, -a** [opor'tuno, a] adj opportun(e); (persona) judicieux(-euse); **en el momento ~** au moment opportun; **¡qué ~!** (irónico) c'est bien le moment!

**oposición** [oposi'θjon] nf opposition f; **oposiciones** nfpl (ESP) concours msg; **la ~** (POL) l'opposition; **hacer oposiciones (a), presentarse a unas oposiciones (a)** se présenter au concours (de).

---

oposición

*Les **oposiciones** sont les examens qui, chaque année, permettent d'accéder, au niveau national ou régional, aux postes de la fonction publique, de l'enseignement, du système judiciaire, etc. Ces postes étant permanents, le nombre de candidats ("opositores") et le niveau des*

*épreuves sont très élevés. Les candidats doivent étudier un grand nombre de sujets relevant de leur spécialité, mais aussi le fonctionnement de la Constitution. Il n'est pas rare de repasser les épreuves plusieurs années en suivant.*

---

**opresivo, -a** [opre'siβo, a] adj (régimen) oppressif(-ive); (medidas) de répression.

**opresor, a** [opre'sor, a] nm/f oppresseur m.

**oprimir** [opri'mir] vt (botón) presser; (suj: cinturón, ropa) serrer; (fig: corazón) oppresser; (obrero, campesino) opprimer.

**optar** [op'tar] vi: **~ por** opter pour; **~ a** aspirer à.

**optativo, -a** [opta'tiβo, a] adj (asignatura) facultatif(-ive).

**óptica** ['optika] nf (tienda) opticien m; (FÍS, TEC) optique f; V tb **óptico**.

**óptico, -a** ['optiko, a] adj optique ♦ nm/f opticien(ne).

**optimismo** [opti'mismo] nm optimisme m.

**optimista** [opti'mista] adj, nm/f optimiste m/f.

**óptimo, -a** ['optimo, a] adj optimal(e).

**opuesto, -a** [o'pwesto, a] pp de **oponer** ♦ adj opposé(e).

**opulencia** [opu'lenθja] nf opulence f.

**opulento, -a** [opu'lento, a] adj opulent(e).

**oración** [ora'θjon] nf (REL) prière f; (LING) énoncé m.

**orador, a** [ora'ðor, a] nm/f orateur(-trice).

**oral** [o'ral] adj oral(e); **por vía ~** par voie orale.

**orangután** [orangu'tan] nm orang-outang m.

**orar** [o'rar] vi prier.

**oratoria** [ora'torja] nf éloquence f, bagou m.

**órbita** ['orβita] nf orbite f; (ámbito) champ m.

**orden** ['orðen] nm ordre m ♦ nf (mandato, REL) ordre m; **por ~** par ordre; **por ~ alfabético/de aparición** par ordre alphabétique/d'apparition; **estar/poner en ~** être/mettre en ordre; **del ~ de** de l'ordre de; **de primer ~** de premier ordre; **estar a la ~ del día** être à l'ordre du jour; **¡a sus órdenes!** à vos ordres!; **dar la ~ de hacer algo** donner l'ordre de faire qch; **orden bancaria** virement m bancaire; **orden de comparencia** assignation f à comparaître; **orden de compra** (COM) ordre d'achat; **orden del día** ordre du jour; **orden público** ordre public.

**ordenado, -a** [orðe'naðo, a] *adj* ordonné(e).

**ordenador** [orðena'ðor] *nm* (INFORM) ordinateur *m*; ~ **central/de gestión/personal/de sobremesa** ordinateur central/de gestion/personnel/de bureau.

**ordenanza** [orðe'nanθa] *nf* (*militar, municipal*) ordonnance *f* ♦ *nm* (*en oficinas*) employé *m* de bureau; (MIL) ordonnance *f*.

**ordenar** [orðe'nar] *vt* (*mandar*) ordonner; (*papeles, juguetes*) ranger; (*habitación, ideas*) mettre de l'ordre (dans); (REL) ordonner; **ordenarse** *vpr* (REL) être ordonné(e).

**ordeñar** [orðe'ɲar] *vt* traire.

**ordinario, -a** [orði'narjo, a] *adj* ordinaire; (*pey*) grossier(-ère); **de ~** d'ordinaire.

**orégano** [o'reɣano] *nm* origan *m*.

**oreja** [o'rexa] *nf* oreille *f*; **sonrisa de ~ a ~** sourire *m* jusqu'aux oreilles; **ver las ~s al lobo** sentir le vent tourner.

**orfanato** [orfa'nato] *nm* orphelinat *m*.

**orfandad** [orfan'dað] *nf* fait d'être orphelin.

**orfebrería** [orfeβre'ria] *nf* orfèvrerie *f*.

**orgánico, -a** [or'ɣaniko, a] *adj* (*tb ley*) organique; (*todo*) organisé(e).

**organigrama** [orɣani'ɣrama] *nm* organigramme *m*.

**organismo** [orɣa'nismo] *nm* organisme *m*; ~ **internacional** organisation *f* internationale.

**organización** [orɣaniθa'θjon] *nf* organisation *f*; **buena/mala ~** bonne/mauvaise organisation; **O~ de las Naciones Unidas** Organisation des Nations unies; **O~ del Tratado del Atlantico Norte** Organisation du traité de l'Atlantique Nord.

**organizar** [orɣani'θar] *vt* organiser; (*crear*) fonder; **organizarse** *vpr* s'organiser; (*escándalo*) se produire.

**órgano** ['orɣano] *nm* organe *m*; (MÚS) orgue *m*.

**orgasmo** [or'ɣasmo] *nm* orgasme *m*.

**orgía** [or'xia] *nf* orgie *f*.

**orgullo** [or'ɣuʎo] *nm* orgueil *m*.

**orgulloso, -a** [orɣu'ʎoso, a] *adj* orgueilleux(-euse).

**orientación** [orjenta'θjon] *nf* orientation *f*; ~ **profesional/universitaria** orientation professionnelle/des études; **tener sentido de la ~** avoir le sens de l'orientation.

**orientar** [orjen'tar] *vt* orienter; (*esfuerzos*) diriger; **~se** *vpr* s'orienter; **~se (en/sobre)** s'orienter (vers/d'après).

**oriente** [o'rjente] *nm* orient *m*; **el O~** l'Orient *m*; **O~ Medio/Próximo** Moyen-/Proche-Orient; **Lejano O~** Extrême-Orient.

**origen** [o'rixen] *nm* origine *f*; **de ~ español** d'origine espagnole; **de ~ humilde** d'origine modeste; **dar ~ a** donner lieu à; **país/lugar de ~** pays *msg*/lieu *m* d'origine; **idioma de ~** langue *f* maternelle.

**original** [orixi'nal] *adj* original(e); (*relativo al origen*) originel(le) ♦ *nm* original *m*; **el pecado ~** le péché originel.

**originalidad** [orixinali'ðað] *nf* originalité *f*.

**originar** [orixi'nar] *vt* causer, provoquer; **originarse** *vpr*: **~se (en)** trouver son origine (dans).

**originario, -a** [orixi'narjo, a] *adj* originaire; (*motivo, razón*) premier(-ère); **~ de** originaire de; **país ~** pays *msg* d'origine.

**orilla** [o'riʎa] *nf* bord *m*; **a ~s del mar/río** au bord de la mer/rivière.

**orina** [o'rina] *nf* urine *f*.

**orinal** [ori'nal] *nm* pot *m* de chambre.

**orinar** [ori'nar] *vi* uriner; **orinarse** *vpr* faire pipi.

**orines** [o'rines] *nmpl* urines *fpl*.

**oriundo, -a** [o'rjundo, a] *adj*: **~ de** originaire de.

**ornitología** [ornitolo'xia] *nf* ornithologie *f*.

**oro** ['oro] *nm* or *m*; ~ **de ley** or au titre; **de ~** en or; **ofrecer/prometer el ~ y el moro** promettre monts et merveilles; **no es ~ todo lo que reluce** tout ce qui brille n'est pas or; **hacerse de ~** rouler sur l'or; *V tb* oros.

**oropel** [oro'pel] *nm* oripeau *m*.

**oros** ['oros] *nmpl* (NAIPES) l'une des quatre couleurs d'un jeu de cartes espagnol.

**orquesta** [or'kesta] *nf* orchestre *m*; ~ **de cámara/de jazz** orchestre de chambre/de jazz.

**orquídea** [or'kiðea] *nf* orchidée *f*.

**ortiga** [or'tiɣa] *nf* ortie *f*.

**ortodoxo, -a** [orto'ðokso, a] *adj* orthodoxe.

**ortografía** [ortoɣra'fia] *nf* orthographe *f*.

**ortopedia** [orto'peðja] *nf* orthopédie *f*.

**ortopédico, -a** [orto'peðiko, a] *adj* orthopédique.

**oruga** [o'ruɣa] *nf* chenille *f*.

**orzuelo** [or'θwelo] *nm* orgelet *m*.

**os** [os] *pron* vous; **vosotros ~ laváis** vous vous lavez; **¡callaros!** (*fam*) taisez-vous!

**osa** ['osa] *nf* ourse *f*; **O~ Mayor/Menor** Grande/Petite Ourse.

**osadía** [osa'ðia] *nf* audace *f*.

**osar** [o'sar] *vi* oser.

**oscilación** [osθila'θjon] *nf* oscillation *f*; (*de precios, temperaturas*) fluctuation *f*.

**oscilar** [osθi'lar] *vi* osciller; (*precio, temperatura*) fluctuer; (*titubear*) vaciller.

**oscurecer** [oskure'θer] *vt* obscurcir ♦ *vi* commencer à faire nuit; **oscurecerse** *vpr* s'obscurcir.

**oscuridad** [oskuri'ðað] *nf* obscurité *f*; (*cualidad: de color*) foncé *m*.

**oscuro, -a** [os'kuro, a] *adj* obscur(e); (*color etc*) foncé(e); (*día, cielo*) sombre; (*futuro*) sombre; **a oscuras** dans l'obscurité.

**óseo, -a** ['oseo, a] *adj* osseux(-euse).

**oso** ['oso] *nm* ours *msg*; **~ blanco/pardo** ours blanc/brun; **hacer el ~** faire le clown; **oso de peluche** ours en peluche; **oso hormiguero** tamanoir *m*.

**ostentación** [ostenta'θjon] *nf* ostentation *f*; **hacer ~ de algo** (*pey*) faire étalage de qch.

**ostentar** [osten'tar] *vt* arborer; (*cargo, título, récord*) posséder.

**ostra** ['ostra] *nf* huître *f* ♦ *excl*: **¡~s!** (*fam*) mince!

**OTAN** ['otan] *sigla f* (= *Organización del Tratado del Atlántico Norte*) OTAN *f* (= Organisation du traité de l'Atlantique Nord).

**otear** [ote'ar] *vt* scruter.

**otitis** [o'titis] *nf* otite *f*.

**otoñal** [oto'ɲal] *adj* automnal(e); (*amor*) mûr(e).

**otoño** [o'toɲo] *nm* automne *m*.

**otorgar** [otor'xar] *vt* octroyer, concéder; (*perdón*) accorder; (*poderes*) attribuer; (*premio*) décerner.

**otorrinolaringólogo, -a** [otorrinolarin-'goloxo, a] *nm/f* (*tb*: **otorrino**) oto-rhino(-laryngologiste) *m/f*.

┌─────── PALABRA CLAVE ───────┐

**otro, -a** ['otro, a] *adj* **1** (*distinto: sg*) un(e) autre; (: *pl*) d'autres; **otra persona** une autre personne; **con otros amigos** avec d'autres amis

**2** (*adicional*): **tráigame otro café (más), por favor** apportez-moi un autre café, s'il vous plaît; **otros 10 días más** encore 10 jours; **otros 3** 3 autres; **otra vez** encore une fois

**3** (*un nuevo*): **es otro Mozart** c'est un nouveau Mozart; **¡otra!** (*en concierto*) encore!; **¡a otra cosa!** passons à autre chose!

**4**: **otro tanto**: **comer otro tanto** manger autant; **recibió una decena de telegramas y otras tantas llamadas** il a reçu une dizaine de télégrammes et autant de coups de téléphone

♦ *pron* **1**: **el otro/la otra** l'autre; **otros/ otras** d'autres; **los otros/las otras** les autres; **no cojas esa gabardina, que es de otro** ne prends pas cet imperméable, il est à quelqu'un d'autre; **que lo haga otro** que quelqu'un d'autre le fasse

**2** (*recíproco*): **se odian (la) una a (la) otra** elles se détestent l'une l'autre; **unos y otros** les uns et les autres.

└──────────────────────────────┘

**ovación** [oβa'θjon] *nf* ovation *f*.

**ovalado, -a** [oβa'laðo, a] *adj* oval(e).

**óvalo** ['oβalo] *nm* ovale *m*.

**ovario** [o'βarjo] *nm* ovaire *m*.

**oveja** [o'βexa] *nf* brebis *fsg*; **~ negra** (*de familia*) brebis galeuse.

**overol** [oβe'rol] (*AM*) *nm* salopette *f*.

**ovillo** [o'βiʎo] *nm* pelote *f*; **hacerse un ~** se pelotonner.

**OVNI** ['oβni] *sigla m* (= *objeto volante (o volador) no identificado*) OVNI *m* (= objet volant non identifié).

**ovulación** [oβula'θjon] *nf* ovulation *f*.

**óvulo** ['oβulo] *nm* ovule *m*.

**oxidar** [oksi'ðar] *vt* oxyder, rouiller; **oxidarse** *vpr* s'oxyder, se rouiller; (*TEC*) s'oxyder.

**óxido** ['oksiðo] *nm* oxyde *m*; (*sobre metal*) rouille *f*.

**oxigenado, -a** [oksixe'naðo, a] *adj* (*agua*) oxygéné(e); (*pelo*) blond(e) oxygéné(e).

**oxígeno** [ok'sixeno] *nm* oxygène *m*.

**oyendo** *etc* [o'jendo] *vb* V **oír**.

**oyente** [o'jente] *nm/f* auditeur(-trice).

—— **P p** ——

**P** *abr* (REL = *Padre*) P (= *Père*); = *Papa*; (= *pregunta*) Q. (= *question*).

**p.** *abr* (TIP = *página*) p (= *page*); (COSTURA) = punto.

**pabellón** [paβe'ʎon] *nm* pavillon *m*; **pabellón de conveniencia** (COM) pavillon de complaisance; **pabellón de la oreja** pavillon de l'oreille.

**pacer** [pa'θer] *vi* paître.

**paciencia** [pa'θjenθja] *nf* patience *f*; ¡~! patience!; **armarse de ~** s'armer de patience; **perder la ~** perdre patience.

**paciente** [pa'θjente] *adj, nm/f* patient(e).

**pacificar** [paθifi'kar] *vt* pacifier.

**pacífico, -a** [pa'θifiko, a] *adj* pacifique; **el (Océano) P~** le (o l'océan) Pacifique.

**pacifismo** [paθi'fismo] *nm* pacifisme *m*.

**pacifista** [paθi'fista] *nm/f* pacifiste *m/f*.

**pacotilla** [pako'tiʎa] *nf*: **de ~** de pacotille.

**pactar** [pak'tar] *vt, vi* pactiser.

**pacto** ['pakto] *nm* pacte *m*.

**padecer** [paðe'θer] *vt* (*dolor, enfermedad*) souffrir de; (*injusticia*) pâtir de; (*consecuencias, sequía*) subir ♦ *vi*: **~ de** souffrir de.

**padecimiento** [paðeθi'mjento] *nm* souffrance *f*.

**padrastro** [pa'ðrastro] *nm* beau-père *m*; (*en las uñas*) envie *f*.

**padre** ['paðre] *nm* père *m*; **~s** *nmpl* (*padre y madre*) parents *mpl* ♦ *adj* (*fam*): **una juerga ~** une bringue à tout casser; **un susto ~** une peur bleue; **García ~** Garcia père; **¡tu ~!** (*fam!*) mon œil!; **padre adoptivo** père adoptif; **padre de familia** père de famille; **padre espiritual** père spirituel; **Padre Nuestro** Notre Père; **padre político** beau-père *m*.

**padrino** [pa'ðrino] *nm* parrain *m*; **~s** *nmpl* le parrain et la marraine; **~ de boda** témoin *m* de mariage.

**padrón** [pa'ðron] *nm* recensement *m*.

**paella** [pa'eʎa] *nf* paella *f*.

**paga** ['paɣa] *nf* paie *f*, paye *f*; **paga extra(ordinaria)** treizième mois *m*.

**pagano, -a** [pa'ɣano, a] *adj, nm/f* païen(ne).

**pagar** [pa'ɣar] *vt, vi* payer; **¡me las ~ás!** tu

me le payeras!; **~ al contado** payer au comptant; **~ algo caro** (*fig*) payer cher qch.

**pagaré** [paɣa're] *nm* billet *m* à ordre.

**página** ['paxina] *nf* page *f*; **~ web** page *f* Web.

**pago** ['paɣo] *nm* paiement *m*; **~(s)** (*esp AND, CSUR*) région *fsg*; **en ~ de** en paiement de; **pago a cuenta** acompte *m*; **pago a la entrega/anticipado/en especie** paiement à la livraison/anticipé/en espèces; **pago inicial** versement *m* initial.

**pág(s).** *abr* (= *página(s)*) pp (= *page(s)*).

**pague** *etc* ['paxe] *vb V* pagar.

**país** [pa'is] *nm* pays *msg*; **los Países Bajos** les Pays Bas; **el P~ Vasco** le Pays Basque.

**paisaje** [pai'saxe] *nm* paysage *m*.

**paisano, -a** [pai'sano, a] *nm/f* compatriote *m/f*; (*esp CSUR*) paysan(ne) ♦ *adj* (*esp CSUR*) paysan(ne); **vestir de ~** être en civil.

**paja** ['paxa] *nf* paille *f*; (*fig*) remplissage *m*.

**pajarita** [paxa'rita] *nf* nœud *m* papillon.

**pájaro** ['paxaro] *nm* oiseau *m*; (*fam*) oiseau, loustic *m*; **tener la cabeza llena de ~s** avoir la tête ailleurs o en l'air; **pájaro carpintero** pic *m*.

**pajita** [pa'xita] *nf* paille *f*.

**pala** ['pala] *nf* pelle *f*; (*de pingpong, frontón*) raquette *f*; (*de hélice, remo*) pale *f*; **pala mecánica** pelle mécanique.

**palabra** [pa'laβra] *nf* mot *m*; (*promesa, facultad, en asamblea*) parole *f*; **faltar a su ~** manquer à sa parole; **dejar a algn con la ~ en la boca** ne pas laisser qn terminer sa phrase; **pedir/tener/tomar la ~** demander/avoir/prendre la parole; **no encuentro ~s para expresar ...** je ne trouve pas les mots pour exprimer ...; **palabra de honor** parole d'honneur.

**palabrota** [pala'βrota] *nf* gros mot *m*.

**palacio** [pa'laθjo] *nm* palais *msg*; **palacio de justicia** palais de justice.

**paladar** [pala'ðar] *nm* (*tb fig*) palais *msg*.

**paladear** [palaðe'ar] *vt* savourer.

**palanca** [pa'lanka] *nf* levier *m*; (*fig*) piston *m*; **palanca de cambio/mando** levier de changement de vitesse/de commande.

**palangana** [palan'gana] *nf* cuvette *f*.

**palco** ['palko] *nm* (TEATRO) loge *f*; **palco de autoridades/de honor** tribune *f* officielle/d'honneur.

**Palestina** [pales'tina] *nf* Palestine *f*.

**palestino, -a** [pales'tino, a] *adj* palestinien(ne) ♦ *nm/f* Palestinien(ne).

**paleta** [pa'leta] *nf* (*de albañil*) truelle *f*; (*ARTE*) palette *f*; (*de hélice*) pale *f*; (*AM*) esquimau *m*; *V tb* **paleto**.

**paleto, -a** [pa'leto, a] *adj, nm/f* péquenaud(e).

**paliar** [pa'ljar] *vt* pallier.

**paliativo** [palja'tiβo] *nm* palliatif *m*.

**palidecer** [paliðe'θer] *vi* pâlir.

**palidez** [pali'ðeθ] *nf* pâleur *f*.

**pálido, -a** ['paliðo, a] *adj* pâle.

**palillo** [pa'liʎo] *nm* cure-dents *msg*; (*MÚS*) baguette *f*; **~s** *nmpl* (*para comer: tb:* **~s chinos**) baguettes *fpl*; **estar hecho un ~** être maigre comme un clou.

**paliza** [pa'liθa] *nf* raclée *f*; **dar la ~ a algn** (*fam*) assommer qn; **dar una ~ a algn** flanquer une raclée à qn; **darse una ~ haciendo algo** s'esquinter à faire qch.

**palma** ['palma] *nf* (*de mano*) paume *f*; (*árbol*) palmier *m*; **batir o dar ~s** battre des mains; **llevarse la ~** remporter la palme, l'emporter.

**palmada** [pal'maða] *nf* tape *f*; **~s** *nfpl* (*aplauso*) applaudissements *mpl*; (*en música*) battements *mpl* de mains.

**palmar** [pal'mar] (*fam*) *vi* (*tb:* **~la**) clamser.

**palmear** [palme'ar] *vi* applaudir; (*en flamenco*) battre des mains.

**palmera** [pal'mera] *nf* palmier *m*.

**palmo** ['palmo] *nm* empan *m*; (*fig*) pied *m*; **~ a ~** (*recorrer*) d'un bout à l'autre; (*registrar*) de fond en comble; **dejar a algn con un ~ de narices** couper le souffle à qn.

**palo** ['palo] *nm* (*de madera*) bâton *m*; (*poste*) piquet *m*; (*mango*) manche *m*; (*golpe*) coup *m*; (*de golf*) club *m*; (*NÁUT*) mât *m*; (*NAIPES*) couleur *f*; **vermut a ~ seco** vermouth *m* sec; **dar (de) ~s a algn** rouer qn de coups; **¡qué ~!** (*fam*) quelle tuile!

**paloma** [pa'loma] *nf* pigeon *m*; **la ~ de la paz** la colombe de la paix; **paloma mensajera** pigeon voyageur.

**palomitas** [palo'mitas] *nfpl* (*tb:* **~ de maíz**) pop-corn *msg*.

**palpar** [pal'par] *vt* palper; (*al andar a ciegas*) tâter; **se palpaba la tensión** la tension était palpable.

**palpitación** [palpita'θjon] *nf* palpitation *f*.

**palpitante** [palpi'tante] *adj* palpitant(e); (*fig*) brûlant(e).

**palpitar** [palpi'tar] *vi* palpiter.

**palta** ['palta] (*AND, CSUR*) *nf* avocat *m*.

**paludismo** [palu'ðismo] *nm* paludisme *m*.

**pamela** [pa'mela] *nf* capeline *f*.

**pampa** ['pampa] (*AM*) *nf* pampa *f*.

**pan** [pan] *nm* pain *m*; **un ~** un pain; **barra de ~** baguette *f*, flûte *f*; **eso es ~ comido** c'est du gâteau, c'est du tout cuit; **llamar al ~ pan y al vino vino** appeler un chat un chat; **ganarse el ~** gagner son pain; **pan de molde** pain de mie; **pan integral** pain complet; **pan rallado** chapelure *f*.

**pana** ['pana] *nf* velours *msg* côtelé; (*CHI: avería*) panne *f*.

**panadería** [panaðe'ria] *nf* boulangerie *f*.

**Panamá** [pana'ma] *nm* Panama *m*.

**panameño, -a** [pana'meɲo, a] *adj* panaméen(ne) ♦ *nm/f* Panaméen(ne).

**pancarta** [pan'karta] *nf* pancarte *f*.

**panda** ['panda] *nm* panda *m* ♦ *nf* (*fam*) bande *f*.

**pandereta** [pande'reta] *nf* tambourin *m*.

**pandilla** [pan'diʎa] *nf* bande *f*.

**panel** [pa'nel] *nm* panneau *m*; **panel acústico** isolant *m* acoustique; **panel de control/de mandos** tableau *m* de contrôle/de commande; **panel de invitados** (*RADIO, TV*) plateau *m* d'invités; **panel solar** panneau solaire.

**panfleto** [pan'fleto] *nm* pamphlet *m*.

**pánico** ['paniko] *nm* panique *f*.

**panorama** [pano'rama] *nm* panorama *m*.

**pantalla** [pan'taʎa] *nf* écran *m*; (*de lámpara*) abat-jour *m*; **servir de ~ a** servir de couverture à; **pantalla de ayuda** aide *f* (en ligne); **pantalla de cristal líquido** écran à cristaux liquides; **pantalla plana** écran plat; **pantalla táctil** écran tactile.

**pantalón** [panta'lon] *nm*, **pantalones** [panta'lones] *nmpl* pantalon *msg*; **pantalones vaqueros** blue-jean *msg*.

**pantano** [pan'tano] *nm* (*ciénaga*) marécage *m*; (*embalse*) barrage *m*; (*fig: atolladero*) bourbier *m*.

**panteón** [pante'on] *nm*: **~ familiar** caveau *m* de famille.

**pantera** [pan'tera] *nf* panthère *f*.

**pantis** ['pantis] *nmpl* collant *msg*.

**pantomima** [panto'mima] *nf* pantomime *f*.

**pantorrilla** [panto'rriʎa] *nf* mollet *m*.

**panty(s)** *nm(pl)* collant *msg*.

**panza** ['panθa] *nf* panse *f*.

**pañal** [pa'ɲal] *nm* lange *m*; **estar todavía en ~es** (*proyecto*) en être à ses débuts;

(*persona*) être novice.

**paño** ['paɲo] *nm* (*tela*) étoffe *f*; (*trapo*) torchon *m*; **en ~s menores** en petite tenue; **paños calientes** (*fig*) palliatifs *mpl*, baume *msg*; **paño de cocina** torchon; **paño de lágrimas** (*fig*) réconfort *m*.

**pañuelo** [pa'ɲwelo] *nm* (*para la nariz*) mouchoir *m*; (*para la cabeza*) foulard *m*; **pañuelo de papel** mouchoir en papier.

**Papa** ['papa] *nm* Pape *m*.

**papa** ['papa] (*AM*) *nf* pomme de terre *f*.

**papá** [pa'pa] (*fam*) *nm* papa *m*; **~s** *nmpl* (*padre y madre*) parents *mpl*; **hijo de ~** fils *msg* à papa; **Papá Noel** père Noël *m*.

**papada** [pa'paða] *nf* double menton *m*.

**papagayo** [papa'ɣajo] *nm* perroquet *m*.

**paparrucha** [papa'rrutʃa] *nf* (*tontería*) bourde *f*; (*rumor falso*) bobard *m*.

**papaya** [pa'paja] *nf* papaye *f*.

**papel** [pa'pel] *nm* papier *m*; (*TEATRO, fig*) rôle *m*; **~es** *nmpl* (*documentos*) papiers *mpl*; **papel carbón** papier carbone; **papel continuo** papier en continu; **papel de aluminio** papier aluminium; **papel de calco/de lija** papier calque/de verre; **papel de carta(s)/de fumar** papier à lettres/à cigarettes; **papel de envolver** papier d'emballage; **papel timbrado** o **del Estado** papier timbré; **papel de estaño** o **plata** papier aluminium; **papel higiénico** o (*MÉX*) **sanitario/secante** papier hygiénique/buvard; **papel madera** (*CSUR*) carton *m*; **papel moneda** papier-monnaie *m*; **papel térmico** papier thermique.

**papeleo** [pape'leo] *nm* paperasserie *f*.

**papelera** [pape'lera] *nf* corbeille *f* à papiers; (*en la calle*) poubelle *f*; (*industria*) papeterie *f*.

**papelería** [papele'ria] *nf* papeterie *f*.

**papeleta** [pape'leta] *nf* (*de rifa*) billet *m*; (*POL*) bulletin *m*; (*ESCOL: calificación*) relevé *m* de notes; **¡vaya ~!** quelle histoire!, quelle affaire!

**paperas** [pa'peras] *nfpl* oreillons *mpl*.

**papilla** [pa'piʎa] *nf* bouillie *f*; **dejar hecho** o **hacer ~** réduire o mettre en bouillie.

**paquete** [pa'kete] *nm* paquet *m*; (*esp AM: fam*) ennui *m*; (*INFORM*) progiciel *m*; **paquete de aplicaciones** lot *m* de logiciels; **paquete de gestión integrado** progiciel de gestion; **paquete integrado**

progiciel; **paquetes postales** colis *mpl* postaux; **paquete-bomba** colis *msg* piégé.

**par** [par] *adj* pair(e) ♦ *nm* (*de guantes, calcetines*) paire *f*; (*de veces, días*) deux; (*pocos*) deux ou trois; (*título*) pair *m*; (*GOLF*) par *m* ♦ *nf* (*COM*) pair; **~es o nones** pairs ou impairs; **a ~es** par paires; **abrir de ~ en ~** ouvrir tout grand; **a la ~** à la fois; **sobre/bajo la ~** (*ECON*) au dessus/au dessous du pair; **sin ~** unique.

**para** ['para] *prep* pour; **decir ~ sí** se dire; **~ ti** pour toi; **¿~ qué?** pourquoi faire?; **¿~ qué lo quieres?** que veux-tu en faire?; **~ que te sientes** pour que tu t'assoies; **~ entonces** à ce moment-là; **estará listo ~ mañana** ça sera prêt demain; **ir ~ casa** aller chez soi; **~ ser tan mayor, está ágil** il est agile pour son âge; **¿quién es usted ~ gritar así?** vous vous prenez pour qui pour crier comme ça?; **tengo bastante ~ vivir** j'ai de quoi vivre; **~ el caso que me haces** vu l'intérêt que tu me portes; **~ eso no vengas** si c'est pour ça, ne viens pas; **~ colmo** pour comble.

**parábola** [pa'raβola] *nf* parabole *f*.

**parabólica** [para'βolika] *nf* (*tb*: **antena ~**) antenne *f* parabolique.

**parabrisas** [para'βrisas] *nm inv* pare-brise *m inv*.

**paracaídas** [paraka'iðas] *nm inv* parachute *m*.

**paracaidista** [parakai'ðista] *nm/f* parachutiste *m/f*; (*MÉX: fam*) squatter *m*.

**parachoques** [para'tʃokes] *nm inv* pare-chocs *m inv*.

**parada** [pa'raða] *nf* arrêt *m*; **parada de autobús/de taxis** arrêt d'autobus/station *f* de taxis; **parada discrecional** arrêt facultatif; **parada en seco** arrêt net; **parada militar** parade *f*; *V tb* **parado**.

**paradero** [para'ðero] *nm* endroit *m*; (*AND, CSUR*) halte *f*; **en ~ desconocido** parti sans laisser d'adresse.

**parado, -a** [pa'raðo, a] *adj* arrêté(e); (*tímido*) timide; (*sin empleo*) au chômage; (*confuso*) confondu(e); (*AM*) debout ♦ *nm/f* chômeur(-euse); **salir bien ~** bien s'en tirer.

**paradoja** [para'ðoxa] *nf* paradoxe *m*.

**parador** [para'ðor] *nm* (*tb*: **~ de turismo**) parador *m* (*hôtel de première catégorie géré par l'état*).

---

**Parador Nacional**

*Le réseau des **paradores** a été mis en place par le gouvernement dans les années 50, au début de l'essor du tourisme en Espagne. Il s'agit d'hôtels de première catégorie, dans des sites uniques ou des lieux à caractère historique, souvent établis dans d'anciens châteaux et monastères. Il existe actuellement plus de 80 paradores, tous classés trois-étoiles ou plus, offrant des prestations de qualité ainsi qu'un large éventail de spécialités locales.*

---

**paráfrasis** [pa'rafrasis] *nf inv* paraphrase *f*.

**paraguas** [pa'raɣwas] *nm inv* parapluie *m*.

**Paraguay** [paraɣ'wai] *nm* Paraguay *m*.

**paraguayo, -a** [para'ɣwajo, a] *adj* paraguayen(ne) ♦ *nm/f* Paraguayen(ne).

**paraíso** [para'iso] *nm* paradis *msg*; **paraíso fiscal** paradis fiscal.

**paraje** [pa'raxe] *nm* parage *m*.

**paralelo, -a** [para'lelo, a] *adj, nm* parallèle *m*; **en ~** en parallèle.

**parálisis** [pa'ralisis] *nf inv* paralysie *f*; **parálisis cerebral/infantil/progresiva** paralysie cérébrale/infantile/progressive.

**paralítico, -a** [para'litiko, a] *adj, nm/f* paralytique *m/f*.

**paralizar** [parali'θar] *vt* paralyser; **paralizarse** *vpr* être paralysé(e); **estar/quedarse paralizado de miedo** être paralysé par la peur.

**paramilitar** [paramili'tar] *adj* paramilitaire.

**páramo** ['paramo] *nm* plateau *m* nu.

**parangón** [paran'gon] *nm*: **sin ~** sans égal(e).

**paranoico, -a** [para'noiko, a] *adj* paranoïaque ♦ *nm/f* paranoïaque *m/f*; (*fig*) maniaque, obsédé(e).

**parapente** [para'pente] *nm* (*deporte, aparato*) parapente *m*.

**parar** [pa'rar] *vt* arrêter ♦ *vi* s'arrêter; **pararse** *vpr* s'arrêter; (*AM*) se lever; **sin ~** sans arrêt; **no ~** ne pas arrêter; **no ~ de hacer algo** ne pas arrêter de faire qch; **ha parado de llover** il ne pleut plus; **fue a ~ a la comisaría** il a atterri au commissariat; **no sé en qué va a ~ todo esto** je ne sais pas comment tout cela va finir; **¡dónde va a ~!** ce n'est pas comparable!; **~se a hacer algo** s'arrêter pour faire qch.

**pararrayos** [para'rrajos] *nm inv* paratonnerre *m*.

**parásito, -a** [pa'rasito, a] *adj, nm* parasite *m*; **un ~ de la sociedad** un parasite de la société.

**parcela** [par'θela] *nf* parcelle *f*.

**parche** ['partʃe] *nm* (*de rueda*) rustine *f*; (*de ropa*) pièce *f*; (*fig: de problema*) pis-aller *m inv*; **sólo estamos poniendo ~s** (*fig*) nous ne faisons que du rafistolage.

**parcial** [par'θjal] *adj* (*pago, eclipse*) partiel(le); (*juicio*) partial(e).

**parcialidad** [parθjali'ðað] *nf* partialité *f*.

**pardillo, -a** [par'ðiʎo, a] *adj, nm/f* péquenaud(e) (*fam*); (*inocente*) naïf(naïve) ♦ *nm* (*ZOOL*) bouvreuil *m*.

**parecer** [pare'θer] *nm* opinion *f*; (*aspecto*) allure *f* ♦ *vi* sembler; (*asemejarse a*) ressembler à; **parecerse** *vpr* se ressembler; **~se** a ressembler à; **parece mentira** cela semble incroyable; **al ~** à ce qu'il paraît; **parece que va a llover** on dirait qu'il va pleuvoir; **me parece bien/importante que ...** je trouve que c'est bien/qu'il est important que ...; **¿qué te pareció la película?** comment as-tu trouvé le film?; **me parece bien** ça me va; **me parece que** il me semble que.

**parecido, -a** [pare'θiðo, a] *adj* semblable ♦ *nm* ressemblance *f*; **~ a algo** semblable à qch; **un hombre bien ~** un bel homme.

**pared** [pa'reð] *nf* mur *m*; (*de montaña*) paroi *f*; **subirse por las ~es** (*fam*) monter sur ses grands chevaux; **pared medianera/divisoria** mur mitoyen/de refend.

**pareja** [pa'rexa] *nf* paire *f*; (*hombre y mujer*) couple *m*; (*persona*) partenaire *m/f*; **una ~ de guardias** deux gendarmes; **la ~** (*de un par*) l'autre.

**parentela** [paren'tela] *nf* parenté *f*.

**parentesco** [paren'tesko] *nm* parenté *f*.

**paréntesis** [pa'rentesis] *nm inv* parenthèse *f*; **entre ~** entre parenthèses.

**parezca** *etc* [pa'reθka] *vb* V **parecer**.

**pariente, -a** [pa'rjente, a] *nm/f* parent(e).

**parir** [pa'rir] *vt* (*hijo*) accoucher de; (*animal*) mettre bas ♦ *vi* (*mujer*) accoucher; (*animal*) mettre bas; (*yegua*) mettre bas, pouliner; (*vaca*) mettre bas, vêler.

**París** [pa'ris] *n* Paris.

**parisiense** [pari'sjense], **parisino, -a** [pari'sino] *adj* parisien(ne) ♦ *nm/f* Parisien(ne).

**parking** [ˈparkin] *nm* parking *m*.

**parlamentario, -a** [parlamenˈtarjo, a] *adj*, *nm/f* parlementaire *m/f*.

**parlamento** [parlaˈmento] *nm* parlement *m*; (*discurso*) discours *msg*; **Parlamento Europeo** Parlement européen.

**parlanchín, -ina** [parlanˈtʃin, ina] *adj*, *nm/f* bavard(e).

**paro** [ˈparo] *nm* (*huelga*) arrêt *m*; (*desempleo, subsidio*) chômage *m*; **estar en ~** être au chômage; **~ del sistema** (*INFORM*) arrêt du système; **paro cardíaco** arrêt cardiaque.

**parodia** [paˈroðja] *nf* parodie *f*.

**parodiar** [paroˈðjar] *vt* parodier.

**parpadear** [parpaðeˈar] *vi* clignoter.

**párpado** [ˈparpaðo] *nm* paupière *f*.

**parque** [ˈparke] *nm* parc *m*; **parque de atracciones** parc d'attractions; **parque de bomberos** caserne *f* de pompiers; **parque móvil** parc automobile; **parque nacional/zoológico** parc national/zoologique.

**parquímetro** [parˈkimetro] *nm* parcmètre *m*, parcomètre *m*.

**parra** [ˈparra] *nf* treille *f*.

**párrafo** [ˈparrafo] *nm* paragraphe *m*.

**parrilla** [paˈrriʎa] *nf* grill *m*; (*AM*) portebagages *m inv*; **carne a la ~** viande *f* grillée.

**parrillada** [parriˈʎaða] *nf* grillade *f*.

**párroco** [ˈparroko] *nm* curé *m*.

**parroquia** [paˈrrokja] *nf* paroisse *f*; (*COM*) clientèle *f*.

**parsimonia** [parsiˈmonja] *nf* parcimonie *f*; **con ~** avec parcimonie.

**parte** [ˈparte] *nm* rapport *m* ♦ *nf* partie *f*; (*lado*) côté *m*; (*lugar, de reparto*) part *f*; **en alguna ~ de Europa** quelque part en Europe; **por todas ~s** partout; **en cualquier ~** partout, n'importe où; **en (gran) ~** en (grande) partie; **la mayor ~ de los españoles** la plupart des Espagnols; **de algún tiempo a esta ~** depuis quelque temps; **de ~ de algn** de la part de qn; **¿de ~ de quién?** (*TELEC*) de la part de qui?; **por ~ de** de la part de; **yo por mi ~** en ce qui me concerne, quant à moi; **por una ~ ... por otra ~** d'une part ... d'autre part; **dar ~ a algn** communiquer à qn; **formar ~ de** faire partie de; **ponerse de ~ de algn** prendre fait et cause pour qn; **tomar ~ (en)** prendre part (à); **parte de guerra**

communiqué *m* de guerre; **parte meteorológico** bulletin *m* météorologique.

**partición** [partiˈθjon] *nf* partage *m*.

**participación** [partiθipaˈθjon] *nf* participation *f*; (*de lotería*) tranche *f*; **~ en los beneficios** participation aux bénéfices; **~ minoritaria** participation minoritaire.

**participante** [partiθiˈpante] *nm/f* participant(e).

**participar** [partiθiˈpar] *vt* communiquer ♦ *vi*: **~ (en)** participer (à); **~ de algo** partager qch; **~ en una empresa** (*COM*) investir dans une entreprise; **le participo que ...** je vous informe que ...

**partícipe** [parˈtiθipe] *nm/f*: **hacer ~ a algn de algo** faire part à qn de qch.

**particular** [partikuˈlar] *adj* particulier(-ière) ♦ *nm* (*punto, asunto*) sujet *m*, chapitre *m*; (*individuo*) particulier *m*; **clases ~es** cours *mpl* particuliers; **en ~** en particulier; **no dijo mucho sobre el ~** il n'en a pas dit long sur ce sujet.

**partida** [parˈtiða] *nf* départ *m*; (*COM*: *de mercancía*) lot *m*; (: *de cuenta, factura*) entrée *f*; (: *de presupuesto*) chapitre *m*; (*juego*) partie *f*; (*grupo, bando*) bande *f*; **mala ~** mauvais tour *m*; **echar una ~** faire une partie; **partida de caza** partie de chasse; **partida de defunción/de matrimonio** extrait *m* d'acte de décès/de mariage; **partida de nacimiento** extrait de naissance.

**partidario, -a** [partiˈðarjo, a] *adj*: **ser ~ de** être partisan(e) de ♦ *nm/f* (*seguidor*) partisan(e).

**partido** [parˈtiðo] *nm* parti *m*; (*DEPORTE*) match *m*; **sacar ~ de** tirer parti de; **tomar ~** prendre parti; **partido amistoso** match amical; **partido de baloncesto** match de basket; **partido de fútbol** match de football; **partido de tenis** match de tennis; **partido judicial** arrondissement *m*.

**partir** [parˈtir] *vt* (*dividir*) partager; (*romper*) casser; (*rebanada, trozo*) couper ♦ *vi* partir; **partirse** *vpr* se casser; **a ~ de** à partir de, à compter de; **~ de** partir de; **~se de risa** se tordre de rire.

**partitura** [partiˈtura] *nf* partition *f*.

**parto** [ˈparto] *nm* (*de una mujer*) accouchement *m*; (*de un animal*) mise bas *f*; (*fig*) enfantement *m*; **estar de ~** être en couches.

**pasa** [ˈpasa] *nf* raisin *m* sec; **pasa de corin-**

**to** raisin de Corinthe.

**pasada** [pa'saða] nf passage m; (con trapo, escoba) coup m; **de ~** (leer, decir) au passage; **mala ~** mauvais tour m.

**pasadizo** [pasa'ðiθo] nm passage m.

**pasado, -a** [pa'saðo, a] adj passé(e); (muy hecho) trop cuit(e); (anticuado) dépassé(e), démodé(e) ♦ nm passé m; **~ mañana** après-demain; **el mes ~** le mois dernier; **~s dos días** deux jours plus tard; **lo ~, ~** tout ça, c'est du passé; **~ de moda** démodé(e); **~ por agua** (huevo) à la coque.

**pasador** [pasa'ðor] nm verrou m; (de pelo) barrette f; (de corbata) épingle f; (AM) lacet m.

**pasaje** [pa'saxe] nm passage m; (de barco, avión) billet m; (los pasajeros) passagers mpl.

**pasajero, -a** [pasa'xero, a] adj, nm/f passager(-ère).

**pasamontañas** [pasamon'taɲas] nm inv passe-montagne m.

**pasaporte** [pasa'porte] nm passeport m.

**pasar** [pa'sar] vt passer; (barrera, meta) franchir; (frío, calor, hambre) avoir; (: con énfasis) souffrir de; (rebasar) dépasser ♦ vi passer; (ocurrir) se passer; (entrar) entrer; **pasarse** vpr se passer; (flores) se faner; (comida) se gâter; (excederse) exagérer; **hacer ~ a algn** faire entrer qn; **~ a (hacer)** en venir à (faire); **~ de** dépasser de; **~ de largo** ne pas s'en faire; **~ de (hacer) algo** (fam) se ficher de (faire) qch; **~ de todo** (fam) se ficher de tout; **¡pase!** entrez!; **~ por un sitio/una calle** passer par un endroit/une rue; **~ por alto** faire fi de, passer sous silence; **~ por una crisis** traverser une crise; **~ sin algo** se passer de qch; **~lo bien** s'amuser; **¿qué pasa?** que se passe-t-il?; **¿qué te pasa?** que t'arrive-t-il?; **¡cómo pasa el tiempo!** comme le temps passe vite!; **pase lo que pase** quoi qu'il en soit, advienne que pourra; **se hace ~ por médico** il se fait passer pour médecin; **pásate por casa/la oficina** passe chez moi/par mon bureau; **~se al enemigo** passer à l'ennemi; **~se de moda** passer de mode; **~se de la raya** dépasser les bornes; **¡no te pases!** n'exagère pas!; **me lo pasé bien/mal** cela s'est bien/mal passé; **se me pasó** j'ai complètement oublié; **se me pasó el turno** j'ai laissé passer mon tour; **no se le pasa nada** rien ne lui

échappe; **ya se te ~á** ça te passera.

**pasarela** [pasa'rela] nf passerelle f; (de modas) podium m.

**pasatiempo** [pasa'tjempo] nm passe-temps msg; **~s** nmpl (en revista) jeux mpl.

**Pascua** ['paskwa], **pascua** ['paskwa] nf (tb: **~ de Resurrección**) Pâques fpl; **~s** nfpl Noël msg; **¡felices ~s!** joyeux Noël!; **de ~s a Ramos** tous les trente-six du mois; **hacer la ~ a algn** (fam) mettre qn dans le pétrin.

**pase** ['pase] nm passe m; (COM) passavant m; (CINE) projection f; **pase de modelos** défilé m de mannequins.

**pasear** [pase'ar] vt, vi promener; **pasearse** vpr se promener.

**paseo** [pa'seo] nm promenade f; (distancia corta) pas msg; **dar un ~** faire une promenade; **mandar a algn a ~** envoyer qn promener; **¡vete a ~!** va te faire voir!; **paseo marítimo** front m de mer.

**pasillo** [pa'siʎo] nm couloir m; **pasillo aéreo** couloir aérien.

**pasión** [pa'sjon] nf passion f.

**pasivo, -a** [pa'siβo, a] adj passif(-ive) ♦ nm (COM) passif m; **pasivo circulante** passif exigible.

**pasmar** [pas'mar] vt ébahir; **pasmarse** vpr être ébahi(e), ne pas en revenir.

**pasmo** ['pasmo] nm stupéfaction f.

**paso, -a** ['paso, a] adj (ciruela) sec(sèche) ♦ nm passage m; (pisada, de baile) pas msg; (modo de andar) pas, allure f; (de montaña) col m; (TELEC) unité f; **~s** nmpl (gestiones) démarches fpl; (huellas) pas mpl; **~ a ~** pas à pas; **a cada ~** à tout bout de champ; **a un ~ o dos ~s** à deux pas; **a ese ~** à cette allure; **a ~ lento** à pas comptés; **a ~ ligero** d'un pas léger; **abrirse ~** se frayer un chemin; **salir al ~ de** répliquer à; **salir al ~** passer à la contre-offensive; **salir del ~** se tirer d'affaire; **dar un ~ en falso** faire un faux pas, trébucher; (fig) faire un faux pas, commettre une faute; **de ~, ...** au passage, ...; **estar de ~** être de passage; **un ~ atrás** un pas en arrière; **un mal ~** (fig) une mauvaise passe; **prohibido el ~** passage interdit; **ceda el ~** céder le passage, priorité; **paso a nivel** passage à niveau; **paso de peatones/de cebra** passage pour piétons/clouté; **paso elevado** saut-de-mouton m; **paso subterráneo** passage souterrain.

**pasota** [pa'sota] (fam) adj, nm/f je-m'en-foutiste m/f.

**pasta** ['pasta] nf pâte f; (tb: ~ **de té**) petit four m; (fam: dinero) fric m; (encuadernación) reliure f; **pasta dentífrica** o **de dientes** dentifrice m; **pasta de papel** pâte à papier.

**pastar** [pas'tar] vi paître.

**pastel** [pas'tel] nm gâteau m; (de carne) friand m; (ARTE) pastel m; **se descubrió el ~** on a découvert le pot aux roses.

**pastelería** [pastele'ria] nf pâtisserie f.

**pasteurizado, -a** [pasteuri'θaðo, a] adj pasteurisé(e).

**pastilla** [pas'tiʎa] nf (de jabón) savonnette f; (de chocolate) tablette f; (MED) comprimé m, cachet m.

**pastillero, a** [pasti'ʎero, a] nm/f (fam) accro m/f aux petites pilules.

**pasto** ['pasto] nm pâture f; (lugar) pâturage m; **fue ~ de las llamas** il a été la proie des flammes.

**pastor, a** [pas'tor, a] nm/f berger(-ère) ♦ nm (REL) pasteur m; **perro ~** chien m (de) berger; **pastor alemán** berger allemand.

**pata** ['pata] nf patte f; (pie) pied m; **~s arriba** (caer) les quatre fers en l'air; (revuelto) sens dessus dessous; **a cuatro ~s** à quatre pattes; **a la ~ coja** à cloche-pied; **meter la ~** mettre les pieds dans le plat; **tener mala ~** ne pas avoir de chance; **pata de cabra** (TEC) pince f à levier; **pata de gallo** pied-de-poule.

**patada** [pa'taða] nf coup m de pied; **dar una ~ a algn/a algo** donner un coup de pied à qn/à qch; **a ~s** (fam: en abundancia) à foison; **echar a algn a ~s** éjecter qn à coup de pieds; **tratar a algn a ~s** recevoir qn comme un chien dans un jeu de quilles.

**patalear** [patale'ar] vi trépigner.

**patata** [pa'tata] nf pomme f de terre; **~s fritas** frites fpl; (en rebanadas) chips fpl; **no entender/no saber ni ~** (fam) ne comprendre/ne savoir que dalle.

**paté** [pa'te] nm pâté m.

**patear** [pate'ar] vt piétiner; (fig: humillar) houspiller; (fam: ciudad, museo) parcourir de long en large o en tous sens ♦ vi trépigner.

**patentar** [paten'tar] vt breveter.

**patente** [pa'tente] adj manifeste ♦ nf pa-

tente f, brevet m; (CSUR) immatriculation f; **hacer ~** manifester.

**patera** [pa'tera] (ESP) nf bateau m (utilisé notamment par les immigrés clandestins venus d'Afrique du nord).

**paternal** [pater'nal] adj paternel(le).

**paterno, -a** [pa'terno, a] adj paternel(le).

**patético, -a** [pa'tetiko, a] adj pathétique.

**patilla** [pa'tiʎa] nf (de gafas) branche f; **~s** nfpl (de la barba) favoris mpl.

**patín** [pa'tin] nm patin m; (de mar) pédalo m; **patín de hielo/de ruedas** patin à glace/à roulettes.

**patinaje** [pati'naxe] nm patinage m; **patinaje artístico** patinage artistique; **patinaje sobre hielo/sobre ruedas** patinage (sur glace)/à roulettes.

**patinar** [pati'nar] vi patiner; (fam: equivocarse) se gourer.

**patio** ['patjo] nm cour f; **patio de butacas** (CINE, TEATRO) orchestre m; **patio de recreo** cour de récréation.

**pato** ['pato] nm canard m; **pagar el ~** (fam) payer les pots cassés.

**patológico, -a** [pato'loxiko, a] adj pathologique.

**patoso, -a** [pa'toso, a] adj lourdaud(e).

**patraña** [pa'traɲa] nf mensonge m.

**patria** ['patrja] nf patrie f; **patria chica** terroir m.

**patrimonio** [patri'monjo] nm patrimoine m.

**patriota** [pa'trjota] nm/f patriote m/f.

**patriotismo** [patrjo'tismo] nm patriotisme m.

**patrocinar** [patroθi'nar] vt (sufragar) sponsoriser, parrainer; (apoyar) appuyer, parrainer.

**patrocinio** [patro'θinjo] nm parrainage m.

**patrón, -ona** [pa'tron, ona] nm/f patron(ne); (de pensión) hôte(hôtesse); (de barco) patron m ♦ nm patron m; **patrón oro** étalon-or m.

**patronal** [patro'nal] adj: **la clase ~** la classe patronale ♦ nf patronat m; **cierre ~** lock-out m.

**patrulla** [pa'truʎa] nf patrouille f.

**pausa** ['pausa] nf pause f; **con ~** posément, tranquillement.

**pausado, -a** [pau'saðo, a] adj posé(e).

**pauta** ['pauta] nf modèle m.

**pavimento** [paβi'mento] nm pavement m.

**pavo** ['paβo] nm dindon m; **¡no seas ~!** ne

fais pas le mariolle!; **estar en la edad del ~** être en plein âge bête; **pavo real** paon *m*.

**pavor** [pa'βor] *nm* frayeur *f*.

**payaso, -a** [pa'jaso, a] *nm/f* clown *m*.

**payo, -a** ['pajo, a] *nm/f* gadjo *m/f*.

**paz** [paθ] *nf* (*pl* **paces**) paix *f*; (*tranquilidad*) calme *m*; **dejar algo/a algn en ~** laisser qch/qn en paix; **hacer las paces** faire la paix; **que en ~ descanse** qu'il repose en paix.

**P.D.** *abr* (= *posdata*) P.S. (= *post-scriptum*).

**peaje** [pe'axe] *nm* péage *m*; **autopista de ~** autoroute *f* à péage.

**peatón** [pea'ton] *nm* piéton *m*.

**peca** ['peka] *nf* tache *f* de rousseur.

**pecado** [pe'kaðo] *nm* péché *m*; **pecado mortal/venial** péché mortel/véniel.

**pecador, a** [peka'ðor, a] *adj, nm/f* pécheur(-eresse).

**pecar** [pe'kar] *vi* pécher; **~ de generoso** pécher par excès de générosité.

**pecho** ['petʃo] *nm* poitrine *f*; (*fig*) cœur *m*; **dar el ~ a** donner le sein à; **tomar algo a ~** prendre qch à cœur; **la alegría no le cabía en el ~** il ne se sentait plus de joie.

**pechuga** [pe'tʃuɣa] *nf* (*de ave*) blanc *m*.

**peculiar** [peku'ljar] *adj* caractéristique; (*particular*) particulier(-ère).

**peculiaridad** [pekuljari'ðað] *nf* particularité *f*.

**pedal** [pe'ðal] *nm* pédale *f*; **pedal de embrague/de freno** pédale d'embrayage/de frein.

**pedalear** [peðale'ar] *vi* pédaler.

**pedante** [pe'ðante] *adj, nm/f* pédant(e).

**pedantería** [peðante'ria] *nf* pédanterie *f*.

**pedazo** [pe'ðaθo] *nm* morceau *m*; **hacer algo ~s** réduire qch en mille morceaux; **hacer ~s a algn** mettre qn en bouillie; **caerse algo a ~s** tomber en ruine; **ser un ~ de pan** (*fig*) avoir un cœur d'or.

**pediatra** [pe'ðjatra] *nm/f* pédiatre *m/f*.

**pedido** [pe'ðiðo] *nm* commande *f*; **~s en cartera** commandes *fpl* en souffrance.

**pedir** [pe'ðir] *vt* demander; (*COM*) commander ♦ *vi* mendier; **~ limosna** demander l'aumône; **~ la mano de** demander la main de; **~ disculpas** demander des excuses; **~ prestado** emprunter; **me pidió que cerrara la puerta** il m'a demandé de fermer la porte; **¿cuánto piden por el coche?** combien demande-t-on pour cette voiture?

**pedo** ['peðo] (*fam!*) *adj inv*: **estar ~** être rond(e) ♦ *nm* (*ventosidad*) pet *m*; (*borrachera*) cuite *f*.

**pega** ['peɣa] *nf* (*obstáculo*) problème *m*; (*fam: pregunta*) colle *f*; **de ~** à la gomme, de pacotille; **nadie me** *etc* **puso ~s** personne n'a trouvé à redire.

**pegadizo, -a** [peɣa'ðiθo, a] *adj* (*canción*) entraînant(e).

**pegajoso, -a** [peɣa'xoso, a] *adj* collant(e).

**pegamento** [peɣa'mento] *nm* colle *f*.

**pegar** [pe'ɣar] *vt* coller; (*enfermedad, costumbre*) passer; (*golpear*) frapper; (*COSTURA*) coudre ♦ *vi* (*adherirse*) se coller; (*armonizar*) aller bien; (*el sol*) taper; **pegarse** *vpr* se coller; (*costumbre, enfermedad*) s'attraper; (*dos personas*) se frapper; **~ un grito** pousser un cri; **~ un salto** faire un saut; **~ un susto a algn** faire peur à qn; **~ fuego** mettre le feu; **~ la mesa a la pared** mettre la table contre le mur; **~ en** toucher; **ese sombrero no pega con el abrigo** ce chapeau ne va pas avec ce manteau; **~se un tiro** se tirer une balle dans la tête; **~se un golpe** se donner un coup; **me pega que ...** j'ai comme l'impression que ...; **~se a algn** se coller à qn; **pegársela a algn** (*fam*) tromper qn; **se me ha pegado la costumbre/el acento** j'ai pris l'habitude/l'accent.

**pegatina** [peɣa'tina] *nf* adhésif *m*.

**pegote** [pe'ɣote] (*fam*) *nm* emplâtre *m*; **tirarse un ~** (*fam*) s'envoyer des fleurs.

**peinado** [pei'naðo] *nm* coupe *f*.

**peinar** [pei'nar] *vt* peigner; (*rastrear*) passer au peigne fin; **peinarse** *vpr* se peigner.

**peine** ['peine] *nm* peigne *m*.

**peineta** [pei'neta] *nf* grand peigne *m*.

**p.ej.** *abr* (= *por ejemplo*) p. ex. (= *par exemple*).

**Pekín** [pe'kin] *n* Pékin.

**pelado, -a** [pe'laðo, a] *adj* pelé(e); (*cabeza*) tondu(e); (*sueldo*) simple, seul(e); (*fam*) fauché(e).

**pelaje** [pe'laxe] *nm* pelage *m*; (*fig*) dégaine *f*.

**pelar** [pe'lar] *vt* (*fruta, animal*) peler; (*patatas, marisco*) éplucher; (*habas*) écosser; (*nueces*) écaler; (*cortar el pelo*) couper; (*ave*) plumer; **pelarse** *vpr* (*la piel*) peler; (*cortarse el pelo*) se faire couper les cheveux; **hace un frío que pela** il fait un

froid de canard; **corre que se las pela**
(*fam*) il court à toutes jambes.

**peldaño** [pel'daɲo] *nm* marche *f*; (*de escalera de mano*) échelon *m*.

**pelea** [pe'lea] *nf* (*lucha*) lutte *f*; (*discusión*) discussion *f*.

**peleado, -a** [pele'aðo, a] *adj*: **estar ~ (con algn)** être brouillé(e) (avec qn).

**pelear** [pele'ar] *vi* se battre; (*discutir*) se disputer; **pelearse** *vpr* se battre; se disputer; (*enemistarse*) se brouiller.

**peletería** [pelete'ria] *nf* pelleterie *f*.

**pelícano** [pe'likano] *nm* pélican *m*.

**película** [pe'likula] *nf* film *m*; (*capa fina, FOTO*) pellicule *f*; **de ~** (*fam*) sensass; **película de dibujos (animados)** dessin *m* animé; **película del oeste** western *m*; **película muda** film muet.

**peligro** [pe'liɣro] *nm* danger *m*; **"~ de muerte"** "danger de mort"; **correr ~ de** courir le risque de; **fuera de ~** hors de danger; **poner algo/a algn en ~** exposer qch/qn à un danger.

**peligroso, -a** [peli'ɣroso, a] *adj* dangereux(-euse).

**pelirrojo, -a** [peli'rroxo, a] *adj* roux (rousse), rouquin(e) ♦ *nm/f* rouquin(e).

**pellejo** [pe'ʎexo] *nm* peau *f*; **salvar el ~** sauver sa peau.

**pellizcar** [peʎiθ'kar] *vt* pincer; (*comida*) grignoter; **pellizcarse** *vpr* se pincer.

**pellizco** [pe'ʎiθko] *nm* pincement *m*; (*pizca*) pincée *f*.

**pelma** ['pelma], **pelmazo, -a** [pel'maθo, a] (*fam*) *nm/f* casse-pieds *m/fsg*.

**pelo** ['pelo] *nm* cheveux *mpl*; (*un pelo*) cheveu *m*; (: *en el cuerpo*) poil *m*; (*de sierra*) lame *f*; **a ~** (*sin abrigo*) peu couvert(e); (*sin ayuda*) tout(e) seul(e); **venir al ~** tomber à pic; **por los ~s** de justesse; **faltó un ~ para que ...** il s'en est fallu d'un poil que ...; **se me pusieron los ~s de punta** mes cheveux se sont dressés sur ma tête; **con ~s y señales** en long et en large; **no tener ~s en la lengua** ne pas mâcher ses mots; **tomar el ~ a algn** se payer la tête de qn; **¡y yo con estos ~s!** (*fam*) et moi qui ne suis même pas prêt(e)!

**pelota** [pe'lota] *nf* pelote *f*; (*tb*: **~ vasca**) pelote; (*fam: cabeza*) bouille *f* ♦ *nm/f* (*fam*) lèche-bottes *m inv* (*fam*); **en ~(s)** (*fam*) à poil; **devolver la ~ a algn** (*fig*) renvoyer la balle à qn; **hacer la ~ (a algn)**
lécher les bottes (à qn).

**pelotón** [pelo'ton] *nm* peloton *m*; **pelotón de ejecución** peloton d'exécution.

**peluca** [pe'luka] *nf* perruque *f*.

**peluche** [pe'lutʃe] *nm*: **muñeco de ~** peluche *f*.

**peludo, -a** [pe'luðo, a] *adj* (*cabeza*) chevelu(e); (*persona, perro*) poilu(e).

**peluquería** [peluke'ria] *nf* salon *m* de coiffure.

**peluquero, -a** [pelu'kero, a] *nm/f* coiffeur(-euse).

**pelusa** [pe'lusa] *nf* (*BOT*) duvet *m*; (*de tela*) peluche *f*; (*de polvo*) mouton *m*; (*celos*) jalousie *f*.

**pelvis** ['pelβis] *nf* bassin *m*.

**pena** ['pena] *nf* peine *f*; (*AM*) honte *f*; **~s** *nfpl* pénalités *fpl*; **merecer/valer la ~** valoir la peine; **a duras ~s** à grand-peine; **sin ~ ni gloria** sans se faire remarquer, en passant inaperçu; **bajo o so ~ de** sous peine de; **me da ~** cela me fait de la peine; **es una ~** c'est vraiment dommage; **¡qué ~!** quel dommage!; **pena capital** peine capitale; **pena de muerte** peine de mort.

**penal** [pe'nal] *adj* pénal; **antecedentes ~es** casier *msg* judiciaire.

**penalidades** [penali'ðaðes] *nfpl* souffrances *fpl*.

**penalti** [pe'nalti], **penalty** [pe'nalti] *nm* penalty *m*.

**pendiente** [pen'djente] *adj* (*asunto*) en suspens; (*asignatura*) à repasser; (*terreno*) en pente ♦ *nm* boucle *f* d'oreille ♦ *nf* pente *f*; **~ de confirmación** en instance de confirmation; **estar ~ de algo/algn** (*vigilar*) garder un œil sur qch/qn; **estar ~ de los labios/de las palabras de algn** être pendu(e) aux lèvres de qn/boire les paroles de qn.

**pene** ['pene] *nm* pénis *msg*.

**penetración** [penetra'θjon] *nf* pénétration *f*.

**penetrante** [pene'trante] *adj* pénétrant(e).

**penetrar** [pene'trar] *vt, vi* pénétrer.

**penicilina** [peniθi'lina] *nf* pénicilline *f*.

**península** [pe'ninsula] *nf* péninsule *f*; **Península Ibérica** péninsule ibérique.

**peninsular** [peninsu'lar] *adj* péninsulaire.

**penique** [pe'nike] *nm* penny *m*.

**penitencia** [peni'tenθja] *nf* pénitence *f*; **en ~** en pénitence.

**penoso, -a** [pe'noso, a] *adj* pénible.

**pensador, -a** [pensa'ðor, a] *nm/f* penseur(-euse).

**pensamiento** [pensa'mjento] *nm* pensée *f*; **no le pasó por el ~** cela ne lui a pas traversé l'esprit.

**pensar** [pen'sar] *vt, vi* penser; **~ (hacer)** penser (faire); **~ en** penser à; **he pensado que** j'ai pensé que; **¡ni ~lo!** (il n'en est pas question!; **pensándolo bien** tout bien réfléchi; **~ mal de algn** avoir une mauvaise opinion de qn; **tras pensárselo mucho** après y avoir bien réfléchi.

**pensativo, -a** [pensa'tiβo, a] *adj* pensif (-ive).

**pensión** [pen'sjon] *nf* pension *f*; **media ~** (en hotel) demi-pension *f*; **~ completa** pension complète; **pensión de jubilación** pension de retraite.

**pensionista** [pensjo'nista] *nm/f* (jubilado) pensionné(e); (ESCOL) pensionnaire *m/f*.

**penúltimo, -a** [pe'nultimo, a] *adj, nm/f* avant-dernier(-ière).

**penumbra** [pe'numbra] *nf* pénombre *f*.

**penuria** [pe'nurja] *nf* pénurie *f*.

**peña** ['peɲa] *nf* rocher *m*; (grupo) amicale *f*; (DEPORTE) club *m*.

**peñasco** [pe'ɲasko] *nm* rocher *m*.

**peñón** [pe'ɲon] *nm* piton *m*; **el P~** Gibraltar.

**peón** [pe'on] *nm* manœuvre *m*, ouvrier *m*; (esp AM) ouvrier agricole; (AJEDREZ) pion *m*; **peón de albañil** aide-maçon *m*.

**peor** [pe'or] *adj* (compar) moins bon, pire; (superl) pire ♦ *adv* (compar) moins bien, pire; (superl) moins bien; **de mal en ~** de mal en pis; **A es ~ que B** A est pire que B, A est moins bien que B; **Z es el ~ de todos** Z est le pire de tous; **y lo que es ~** et le pire c'est que; **¡~ para ti!** tant pis pour toi!

**pepinillo** [pepi'niʎo] *nm* cornichon *m*.

**pepino** [pe'pino] *nm* concombre *m*; **(no) me importa un ~** je m'en fiche complètement.

**pepita** [pe'pita] *nf* pépin *m*; (de mineral) pépite *f*.

**pequeñez** [peke'ɲeθ] *nf* petitesse *f*.

**pequeño, -a** [pe'keɲo, a] *adj, nm/f* petit(e); **pequeño burgués** petit bourgeois.

**pera** ['pera] *adj inv* (fam) ≈ BCBG *inv* ♦ *nf* poire *f*; **niño ~** petit snob; **eso es pedir ~s al olmo** c'est demander l'impossible.

**percance** [per'kanθe] *nm* contretemps *msg*.

**percatarse** [perka'tarse] *vpr*: **~ de** se rendre compte de.

**percepción** [perθep'θjon] *nf* perception *f*.

**percha** ['pertʃa] *nf* cintre *m*; (en la pared) portemanteau *m*; (de ave) perchoir *m*.

**percibir** [perθi'βir] *vt* percevoir.

**percusión** [perku'sjon] *nf* percussion *f*.

**perdedor, a** [perðe'ðor, a] *adj, nm/f* perdant(e).

**perder** [per'ðer] *vt* perdre; (tren) rater ♦ *vi* perdre; **perderse** *vpr* se perdre; **echar a ~** (comida) gâcher, gâter; (oportunidad) laisser passer; **~ el conocimiento** perdre connaissance; **~ el juicio/la calma** perdre la tête/son calme; **tener algo/no tener nada que ~** avoir qch/ne rien avoir à perdre; **he perdido la costumbre** j'ai perdu l'habitude; **~se en detalles** se perdre dans des détails; **¡no te lo pierdas!** ne rate pas ça!

**perdición** [perði'θjon] *nf* perdition *f*.

**pérdida** ['perðiða] *nf* perte *f*; (COM) perte, manque *m* à gagner; **~s** *nfpl* (COM) pertes *fpl*; **una ~ de tiempo** une perte de temps; **¡no tiene ~!** vous ne pouvez pas vous tromper!; **pérdida contable** (COM) perte comptable.

**perdido, -a** [per'ðiðo, a] *adj* perdu(e); **estar ~ por** être épris(e) de; **es un caso ~** c'est un cas désespéré; **tonto ~** (fam) bête à manger du foin, bête comme ses pieds.

**perdiz** [per'ðiθ] *nf* perdrix *f*.

**perdón** [per'ðon] *nm* pardon *m*; **¡~!** pardon!; **con ~** avec votre permission.

**perdonar** [perðo'nar] *vt* pardonner; (la vida) gracier; (eximir) dispenser, exempter ♦ *vi* pardonner; **¡perdone (usted)!** pardon!; **perdone, pero me parece que ...** excusez-moi, mais il me semble que ...

**perdurar** [perðu'rar] *vi* perdurer; (continuar) durer.

**perecedero, -a** [pereθe'ðero, a] *adj* périssable.

**perecer** [pere'θer] *vi* périr.

**peregrino, -a** [pere'xrino, a] *adj* (idea) curieux(-euse), bizarre ♦ *nm/f* pèlerin(e).

**perejil** [pere'xil] *nm* persil *m*.

**perenne** [pe'renne] *adj* permanent(e); **hoja ~** feuille persistante.

**pereza** [pe'reθa] *nf* paresse *f*; **me da ~ hacerlo** cela ne me dit rien de le faire.

**perezoso, -a** [pere'θoso, a] *adj* paresseux(-euse).

**perfección** [perfek'θjon] *nf* perfection *f*; **a la ~** à la perfection.

**perfeccionar** [perfekθjo'nar] *vt* perfectionner.

**perfectamente** [per'fektamente] *adv* parfaitement; **¡~!** parfaitement!, certainement!

**perfecto, -a** [per'fekto, a] *adj* parfait(e).

**perfil** [per'fil] *nm* profil *m*; **~es** *nmpl* (*de figura*) contours *mpl*; **de ~** de profil; **perfil del cliente** profil du client.

**perfilar** [perfi'lar] *vt* profiler; **perfilarse** *vpr* se profiler; **el proyecto se va perfilando** peu à peu ce projet prend corps.

**perforación** [perfora'θjon] *nf* perforation *f*.

**perforar** [perfo'rar] *vt* perforer.

**perfume** [per'fume] *nm* parfum *m*.

**pericia** [pe'riθja] *nf* adresse *f*.

**periferia** [peri'ferja] *nf* périphérie *f*.

**periférico, -a** [peri'feriko, a] *adj* périphérique ♦ *nm* (*INFORM*) périphérique *m*; (*AM: AUTO*) (boulevard *m*) périphérique *m*.

**perímetro** [pe'rimetro] *nm* périmètre *m*.

**periódico, -a** [pe'rjoðiko, a] *adj* périodique ♦ *nm* journal *m*; **periódico dominical** journal du dimanche.

**periodismo** [perjo'ðismo] *nm* journalisme *m*.

**periodista** [perjo'ðista] *nm/f* journaliste *m/f*.

**periodo** [pe'rjoðo], **período** [pe'rioðo] *nm* période *f*; (*menstruación*) règles *fpl*; **periodo contable** (*COM*) période comptable.

**perito, -a** [pe'rito, a] *nm/f* expert(e); (*técnico*) technicien(ne); **perito agrónomo** agronome *m/f*; **perito industrial** technicien.

**perjudicar** [perxuði'kar] *vt* nuire à, porter préjudice à.

**perjudicial** [perxuði'θjal] *adj* néfaste, préjudiciable.

**perjuicio** [per'xwiθjo] *nm* préjudice *m*; **en/sin ~ de** au/sans préjudice de.

**perla** ['perla] *nf* perle *f*; **me viene de ~s** ça tombe à pic.

**permanecer** [permane'θer] *vi* séjourner, rester; (*seguir*) rester.

**permanencia** [perma'nenθja] *nf* durée *f*; (*estancia*) séjour *m*.

**permanente** [perma'nente] *adj* permanent(e) ♦ *nf* permanente *f*; **hacerse una ~** se faire faire une permanente.

**permiso** [per'miso] *nm* permission *f*; (*licencia*) licence *f*, permis *msg*; **con ~** avec votre permission; **estar de ~** être en permission; **permiso de conducir** permis de conduire; **permiso de exportación/de importación** licence d'exportation/d'importation; **permiso de residencia** permis de séjour.

**permitir** [permi'tir] *vt* permettre; **permitirse** *vpr*: **~se algo** se permettre qch; **no me puedo ~ ese lujo** je ne puis m'offrir ce luxe; **¿me permite?** vous permettez?

**pernicioso, -a** [perni'θjoso, a] *adj* pernicieux(-euse).

**pero** ['pero] *conj* mais ♦ *nm* objection *m*; **~ ¿qué haces?** mais qu'est-ce que tu fais?; **¡~ si yo no he sido!** ce n'est pas moi!; **¡~ bueno!** mais (enfin) bon!

**perpendicular** [perpendiku'lar] *adj* perpendiculaire.

**perpetrar** [perpe'trar] *vt* perpétrer.

**perpetuar** [perpe'twar] *vt* perpétuer.

**perpetuo, -a** [per'petwo, a] *adj* perpétuel(le); **cadena perpetua** réclusion *f* à perpétuité; **nieves perpetuas** neiges *fpl* éternelles.

**perplejo, -a** [per'plexo, a] *adj* perplexe.

**perra** ['perra] *nf* chienne *f*; (*fam: dinero*) tune *f*; (: *manía*) manie *f*; (: *rabieta*) colère *f*; **estoy sin una ~** je n'ai plus un rond.

**perrera** [pe'rrera] *nf* chenil *m*.

**perrito** [pe'rrito] *nm*: **~ caliente** hot-dog *m*.

**perro, -a** ['perro, a] *adj*: **qué vida más perra** chienne de vie! ♦ *nm* chien *m*; **ser ~ viejo** être un vieux renard; **de ~s** (*tiempo*) de chien; (*noche*) épouvantable; **perro callejero/guardián/guía** chien errant/ de garde/d'aveugle.

**persa** ['persa] *adj* persan(e) ♦ *nm/f* Persan(e) ♦ *nm* (*LING*) persan *m*.

**persecución** [perseku'θjon] *nf* poursuite *f*; (*REL, POL*) persécution *f*.

**perseguir** [perse'xir] *vt* poursuivre; (*atosigar, REL, POL*) persécuter.

**perseverante** [perseβe'rante] *adj* persévérant(e).

**perseverar** [perseve'rar] *vi* persévérer; **~ en** persévérer dans.

**persiana** [per'sjana] *nf* persienne *f*.

**persignarse** [persix'narse] *vpr* se signer.

**persistente** [persis'tente] *adj* persistant(e).

**persistir** [persis'tir] *vi*: **~ (en)** persister (dans).

**persona** [per'sona] *nf* personne *f*; **por ~**

par personne; **es buena ~** c'est quelqu'un de bien; **persona jurídica** personne morale; **persona mayor** adulte *m/f*.

**personaje** [perso'naxe] *nm* personnage *m*.

**personal** [perso'nal] *adj* personnel(le); *(aseo)* intime ♦ *nm* personnel *m*; *(fam)* gens *mpl*.

**personalidad** [personali'ðað] *nf* personnalité *f*.

**personarse** [perso'narse] *vpr*: **~ (en)** se présenter (à).

**personificar** [personifi'kar] *vt* personnifier.

**perspectiva** [perspek'tiβa] *nf* perspective *f*; **~s** *nfpl (de futuro)* perspectives *fpl*; **tener algo en ~** avoir qch en perspective.

**perspicacia** [perspi'kaθja] *nf* perspicacité *f*.

**perspicaz** [perspi'kaθ] *adj* perspicace.

**persuadir** [perswa'ðir] *vt* persuader; **persuadirse** *vpr* se persuader.

**persuasión** [perswa'sjon] *nf* persuasion *f*.

**persuasivo, -a** [perwa'siβo, a] *adj* persuasif(-ive).

**pertenecer** [pertene'θer] *vi*: **~ a** appartenir à.

**perteneciente** [pertene'θjente] *adj*: **ser ~ a** appartenir à.

**pertenencia** [perte'nenθja] *nf* possession *f*; *(a organización, club)* affiliation *f*; **~s** *nfpl (posesiones)* biens *mpl*.

**pertenezca** *etc* [perte'neθka] *vb* V **pertenecer**.

**pértiga** ['pertixa] *nf* perche *f*; **salto de ~** saut *m* à la perche.

**pertinente** [perti'nente] *adj* pertinent(e); *(momento etc)* approprié(e); **~ a** relatif (-ive) à.

**perturbado, -a** [pertur'βaðo, a] *adj* troublé(e) ♦ *nm/f (tb: **~ mental**)* malade *m/f* mental(e).

**perturbar** [pertur'βar] *vt* perturber, troubler; *(MED)* troubler.

**Perú** [pe'ru] *nm* Pérou *m*.

**peruano, -a** [pe'rwano, a] *adj* péruvien(ne) ♦ *nm/f* Péruvien(ne).

**perversión** [perβer'sjon] *nf* perversion *f*.

**perverso, -a** [perβerso, a] *adj* pervers(e).

**pervertido, -a** [perβer'tiðo, a] *adj, nm/f* pervers(e).

**pervertir** [perβer'tir] *vt* pervertir; **pervertirse** *vpr* se pervertir.

**pesa** ['pesa] *nf* poids *msg*; *(DEPORTE)* haltère *m*; **hacer ~s** faire des haltères.

**pesadez** [pesa'ðeθ] *nf* lourdeur *f*; *(lentitud)*

lenteur *f*; *(fastidio)* ennui *m*; **es una ~ tener que ...** quel ennui que d'avoir à ...; **~ de estómago** lourdeurs *fpl* d'estomac; **tener ~ en los párpados** avoir les paupières lourdes.

**pesadilla** [pesa'ðiʎa] *nf* cauchemar *m*.

**pesado, -a** [pe'saðo, a] *adj* lourd(e); *(lento)* lent(e); *(difícil, duro)* pénible; *(aburrido)* ennuyeux(-euse) ♦ *nm/f* enquiquineur (-euse); **tener el estómago ~** avoir l'estomac lourd; **¡no seas ~!** ne commence pas!

**pésame** ['pesame] *nm* condoléances *fpl*; **dar el ~** présenter ses condoléances.

**pesar** [pe'sar] *vt* peser ♦ *vi* peser; *(fig: opinión)* compter; *(arrepentirse de)* regretter ♦ *nm (remordimiento)* remords *msg*; *(pena)* chagrin *m*; **peso 50 kg** je pèse 50 kg; **a ~ de** en dépit de; **a ~ de que** bien que; **pese a que** en dépit du fait que; **(no) me pesa haberlo hecho** je (ne) regrette (pas) de l'avoir fait; **lo haré mal que me pese** je le ferai coûte que coûte.

**pesca** ['peska] *nf* pêche *f*; **ir de ~** aller à la pêche; **pesca de altura/de bajura** pêche hauturière/côtière.

**pescadería** [peskaðe'ria] *nf* poissonnerie *f*.

**pescadilla** [peska'ðiʎa] *nf* merlan *m*.

**pescado** [pes'kaðo] *nm* poisson *m*.

**pescador, a** [peska'ðor, a] *nm/f* pêcheur (-euse).

**pescar** [pes'kar] *vt* pêcher; *(fam)* choper; *(novio)* se dénicher; *(delincuente)* cueillir ♦ *vi* pêcher; **¡te pesqué!** *(fam)* je t'ai vu!

**pescuezo** [pes'kweθo] *nm* cou *m*.

**peseta** [pe'seta] *nf* peseta *f*.

**pesimista** [pesi'mista] *adj, nm/f* pessimiste *m/f*.

**pésimo, -a** ['pesimo, a] *adj* lamentable.

**peso** ['peso] *nm* poids *msg*; *(balanza)* balance *f*; *(AM: moneda)* peso *m*; **de poco ~** léger(-ère); **levantamiento de ~s** haltérophilie *f*; **vender a ~** vendre au poids; **argumento de ~** argument *m* de poids; **eso cae por su propio ~** cela tombe sous le sens; **peso bruto** poids brut; **peso específico** masse *f* spécifique; **peso neto** poids net; **peso pesado/pluma** *(BOXEO)* poids lourd/plume.

**pesquero, -a** [pes'kero, a] *adj (industria)* de la pêche; *(barco)* de pêche.

**pesquisa** [pes'kisa] *nf* recherche *f*.

**pestaña** [pes'taɲa] *nf* cil *m*; *(borde)* bord *m*.

**pestañear** [pesta'near] *vi* cligner des yeux; **sin ~** sans sourciller.

**peste** ['peste] *nf* peste *f*; *(fig)* plaie *f*; *(mal olor)* puanteur *f*; **echar ~s** pester; **peste negra** peste noire.

**pesticida** [pesti'θiða] *nm* pesticide *m*.

**pestillo** [pes'tiʎo] *nm* verrou *m*; *(picaporte)* poignée *f*.

**petaca** [pe'taka] *nf* *(para cigarros)* porte-cigarettes *m inv*; *(para tabaco)* tabatière *f*; *(para beber)* flasque *f*; *(AM)* valise *f*.

**pétalo** ['petalo] *nm* pétale *m*.

**petardo** [pe'tarðo] *nm* pétard *m*; **¡que ~ de película!** *(fam)* quelle barbe ce film!

**petición** [peti'θjon] *nf* demande *f*; *(JUR)* requête *f*; **a ~ de** à la demande de; **firmar una ~** signer une pétition.

**petrificar** [petrifi'kar] *vt* pétrifier.

**petróleo** [pe'troleo] *nm* pétrole *m*.

**petrolero, -a** [petro'lero, a] *adj* pétrolier (-ère) ♦ *nm* pétrolier *m*.

**peyorativo, -a** [pejora'tiβo, a] *adj* péjoratif(-ive).

**pez** [peθ] *nm* poisson *m* ♦ *nf* poix *f sg*; **estar como el ~ en el agua** être comme un poisson dans l'eau; **estar ~ en algo** être nul(le) en qch; **pez de colores** poisson rouge; **pez espada** poisson-épée *m*; **pez gordo** *(fig)* grosse légume *f*.

**pezón** [pe'θon] *nm* mamelon *m*.

**pezuña** [pe'θuna] *nf* *(de animal)* sabot *m*.

**piadoso, -a** [pja'ðoso, a] *adj* pieux(-euse).

**pianista** [pja'nista] *nm/f* pianiste *m/f*.

**piano** ['pjano] *nm* piano *m*; **piano de cola** piano à queue.

**piar** [pjar] *vi* piailler.

**pibe, -a** ['piβe, a] *(AM)* *nm/f* gosse *m/f*.

**picadillo** [pika'ðiʎo] *nm* hachis *m sg*.

**picado, -a** [pi'kaðo, a] *adj* haché(e); *(hielo)* pilé(e); *(vino)* piqué(e); *(tela, ropa)* mangé(e); *(mar)* agité(e); *(diente)* gâté(e); *(tabaco)* découpé(e); *(enfadado)* piqué(e) ♦ *nm*: **en ~** en piqué; **~ de viruelas** ravagé(e) par la petite vérole.

**picador** [pika'ðor] *nm* *(TAUR)* picador *m*; *(minero)* piqueur *m*.

**picadura** [pika'ðura] *nf* piqûre *f*; *(tabaco picado)* tabac *m* gris.

**picante** [pi'kante] *adj* épicé(e); *(comentario, chiste)* piquant(e).

**picaporte** [pika'porte] *nm* poignée *f*.

**picar** [pi'kar] *vt* piquer; *(ave)* picoter; *(anzuelo)* mordre (à); *(CULIN)* hacher; *(billete,*

*papel)* poinçonner; *(comer)* grignoter ♦ *vi* piquer; *(el sol)* brûler; *(pez)* mordre; **picarse** *vpr* *(vino)* se piquer; *(mar)* s'agiter; *(muela)* se gâter; *(ofenderse)* prendre la mouche; *(fam: con droga)* se shooter; **me pica el brazo** mon bras me démange; **me pica la curiosidad** ça pique ma curiosité; **¡picaste!** je t'ai eu!; **~se con algn** se fâcher avec qn.

**picardía** [pikar'ðia] *nf* sournoiserie *f*; *(astucia)* astuce *f*; *(travesura)* espièglerie *f*.

**pícaro, -a** ['pikaro, a] *adj* astucieux(-euse); *(travieso)* espiègle ♦ *nm* canaille *f*; *(LIT)* picaro *m*.

**pichón, -ona** [pi'tʃon, ona] *nm/f* pigeon *m*; *(apelativo)* mon(ma) chéri(e).

**pico** ['piko] *nm* bec *m*; *(de mesa, ventana)* coin *m*; *(GEO, herramienta)* pic *m*; *(fam: labia)* tchatche *f*; *(: de drogas)* shoot *m*; **no abrir el ~** ne pas ouvrir le bec; **son las 3 y ~** il est 3 heures et quelque; **peso 50 kilos y ~** je pèse 50 kg et quelque; **me costó un ~** ça m'a coûté une jolie somme.

**picotear** [pikote'ar] *vt, vi* *(fam)* grignoter ♦ *vi* *(ave)* picorer.

**picudo, -a** [pi'kuðo, a] *adj* au bec pointu; *(zapato, tejado)* pointu(e).

**pidiendo** *etc* [pi'ðjendo] *vb* V **pedir**.

**pie** [pje] *nm* pied *m*; *(de página)* bas *m sg*; **ir a ~** aller à pied; **a ~s juntillas** sur parole; **al ~ de** au pied de; **estar de ~** être debout; **de a ~** moyen(ne); **ponerse de ~** se mettre debout; **al ~ de la letra** au pied de la lettre; **con ~s de plomo** avec précaution; **con buen/mal ~** avec/sans succès; **de ~s a cabeza** des pieds à la tête; **en ~ de guerra** sur le pied de guerre; **en ~ de igualdad** sur un pied d'égalité; **sin ~s ni cabeza** sans queue ni tête; **dar ~ a** donner prise à; **no dar ~ con bola** ne pas savoir où on en est; **hacer ~** *(en el agua)* avoir pied; **saber de qué ~ cojea algn** connaître les faiblesses de qn; **seguir en ~** *(propuesta, pregunta)* demeurer ouvert(e).

**piedad** [pje'ðað] *nf* pitié *f*; **tener ~ de algn** avoir pitié de qn.

**piedra** ['pjeðra] *nf* pierre *f*; *(MED)* calcul *m*; *(METEOROLOGÍA)* grêlon *m*; **quedarse/dejar de ~** rester/laisser de glace; **piedra angular** pierre angulaire; **piedra de afilar** pierre à aiguiser; **piedra preciosa** pierre précieuse.

**piel** [pjel] *nf* peau *f*; *(de animal, abrigo)*

fourrure f ♦ nm/f: ~ **roja** Peau-Rouge m/f; **abrigo de ~** manteau m de fourrure.

**pienso** ['pjenso] vb V **pensar** ♦ nm (AGR) tourteau m.

**piercing** ['pirsin] nm piercing m.

**pierda** etc ['pjerða] vb V **perder**.

**pierna** ['pjerna] nf jambe f; (de cordero) gigot m.

**pieza** ['pjeθa] nf pièce f; **quedarse de una ~** rester sans voix; **un dos/tres ~s** (traje) un costume deux-/trois-pièces; **pieza de recambio** o **de repuesto** pièce de rechange.

**pigmeo, -a** [piɣ'meo, a] adj pygmée ♦ nm/f Pygmée m/f.

**pijama** [pi'xama] nm pyjama m.

**pila** ['pila] nf pile f; (fregadero) évier m; (lavabo) lavabo m; (fuente) fontaine f; **nombre de ~** prénom m; **tengo una ~ de cosas que hacer** (fam) j'ai une montagne de choses à faire; **pila bautismal** fonts mpl baptismaux.

**píldora** ['pildora] nf pilule f; **la ~ (anticonceptiva)** la pilule (contraceptive); **tragarse la ~** (creerse) avaler la pilule.

**pileta** [pi'leta] (esp CSUR) nf évier m; (piscina) piscine f.

**pillaje** [pi'ʎaxe] nm pillage m.

**pillar** [pi'ʎar] vt coincer; (fam: coger, sorprender) pincer; (: conseguir) se dégotter; (: atropellar) faucher; (: alcanzar) attraper; (: entender indirecta) piger; **le pillé en casa/comiendo** je l'ai trouvé chez lui/en train de manger; **me pilla cerca/lejos** c'est près/loin de chez moi; **~ una borrachera** (fam) prendre une cuite; **~ un resfriado** (fam) choper un rhume.

**pillo, -a** ['piʎo, a] adj malin(-igne), coquin(e) ♦ nm/f fripouille f.

**piloto** [pi'loto] nm/f pilote m ♦ nm (ARG) imperméable m ♦ adj inv: **programa/piso ~** programme m/appartement m pilote; **piloto automático** pilote automatique.

**pimentón** [pimen'ton] nm piment m doux.

**pimienta** [pi'mjenta] nf poivre m.

**pimiento** [pi'mjento] nm poivron m.

**pin** [pin] nm (chapa) pin's m.

**pinacoteca** [pinako'teka] nf galerie f de peintures.

**pinar** [pi'nar] nm pinède f.

**pincel** [pin'θel] nm pinceau m.

**pinchar** [pin'tʃar] vt piquer; (neumático) crever; (teléfono) mettre sur (table

d')écoute ♦ vi (AUTO) crever; **pincharse** vpr se piquer; (neumático) crever; **ni pincha ni corta en esto** (fam) il n'a rien à voir là-dedans; (no tiene influencia) il compte pour du beurre là-dedans; **tener un neumático pinchado** avoir un pneu crevé.

**pinchazo** [pin'tʃaθo] nm piqûre f; (de dolor) élancement m; (de llanta) crevaison f; **pinchazo telefónico** écoute f téléphonique.

**pincho** ['pintʃo] nm pointe f; (de planta) épine f; (CULIN) amuse-gueule m inv; **pincho de tortilla** fine tranche f d'omelette; **pincho moruno** (chiche-)kebab m.

**pingüino** [pin'gwino] nm pingouin m.

**pino** ['pino] nm pin m; **en el quinto ~** dans un coin perdu.

**pinta** ['pinta] nf (mota) tache f; (aspecto) mine f; **tener buena ~** avoir bonne mine; **por la ~** d'aspect.

**pintar** [pin'tar] vt peindre; (con lápices de colores) colorier; (fig) dépeindre ♦ vi peindre; (fam) compter; **pintarse** vpr se maquiller; (uñas) se faire; **pintárselas solo para hacer algo** être passé maître dans l'art de faire qch; **no pinta nada** (fam) il compte pour du beurre; **¿qué pinta aquí esto?** qu'est-ce que ça vient faire ici?

**pintor, a** [pin'tor, a] nm/f peintre m/f; **pintor de brocha gorda** peintre en bâtiment.

**pintoresco, -a** [pinto'resko, a] adj pittoresque.

**pintura** [pin'tura] nf peinture f; (lápiz de color) crayon m de couleur; **pintura a la acuarela** aquarelle f; **pintura al óleo** peinture à l'huile; **pintura rupestre** peinture rupestre.

**pinza** ['pinθa] nf pince f; (para colgar ropa) pince à linge; **~s** nfpl pinces fpl; (para depilar) pince à épiler.

**piña** ['piɲa] nf (fruto del pino) pomme f de pin; (fruta) ananas msg; (fig: conjunto) bande f.

**piñón** [pi'ɲon] nm pignon m.

**piojo** ['pjoxo] nm pou m.

**pionero, -a** [pjo'nero, a] adj, nm/f pionnier(-ère).

**pipa** ['pipa] nf pipe f; (BOT) pépin m; **~s** nfpl (de girasol) graines fpl (de tournesol); **pasarlo ~** (fam) bien s'amuser.

**pique** ['pike] vb V **picar** ♦ nm brouille f; (ri-

*validad*) compétition *f*; **irse a ~** couler à pic; (*familia, negocio*) aller à la dérive; **tener un ~ con algn** avoir une dent contre qn.

**piquete** [pi'kete] *nm* piquet *m*.

**piragua** [pi'raɣwa] *nf* pirogue *f*; (*DEPORTE*) canoë *m*.

**piragüismo** [pira'ɣwismo] *nm* canoë-kayak *m*.

**pirámide** [pi'ramiðe] *nf* pyramide *f*.

**pirata** [pi'rata] *adj*: **edición/disco ~** édition *f*/disque *m* pirate ♦ *nm* pirate *m*; **pirata informático** pirate informatique.

**Pirineo(s)** [piri'neo(s)] *nm(pl)* Pyrénées *fpl*.

**pirómano, -a** [pi'romano, a] *nm/f* pyromane *m/f*.

**piropo** [pi'ropo] *nm* compliment *m*; **echar ~s a algn** faire des compliments à qn.

**pis** [pis] (*fam*) *nm* pipi *m*, pisse *f*; **hacer ~** pisser.

**pisada** [pi'saða] *nf* pas *msg*.

**pisar** [pi'sar] *vt* fouler, marcher sur; (*apretar con el pie, fig*) écraser; (*idea, puesto*) piquer ♦ *vi* marcher; **me has pisado** tu m'as marché dessus; **no ~ (por) un sitio** (*fig*) ne pas mettre les pieds quelque part; **~ fuerte** (*fig*) ne pas y aller par quatre chemins.

**piscina** [pis'θina] *nf* piscine *f*.

**Piscis** [pis'θis] *nm* (*ASTROL*) Poissons *mpl*; **ser ~** être Poissons.

**piso** ['piso] *nm* (*planta*) étage *m*; (*apartamento*) appartement *m*; (*suelo*) sol *m*; **primer ~** premier étage; (*AM: de edificio*) rez-de-chaussée *m inv*.

**pista** ['pista] *nf* piste *f*; **estar sobre la ~ de algn** être sur la piste de qn; **pista de aterrizaje** piste d'atterrissage; **pista de auditoría** (*COM*) piste de vérification; **pista de baile** piste de danse; **pista de carreras** champ *m* de courses; **pista de hielo** patinoire *f*; **pista de tenis** court *m* de tennis.

**pistola** [pis'tola] *nf* pistolet *m*.

**pistolero, -a** [pisto'lero, a] *nm/f* gangster *m*.

**pistón** [pis'ton] *nm* piston *m*.

**pitar** [pi'tar] *vt* siffler; (*AUTO*) klaxonner ♦ *vi* siffler; (*AUTO*) klaxonner; (*fam*) gazer; (*AM*) fumer; **salir pitando** se tirer.

**pitillo** [pi'tiʎo] *nm* (*fam*) sèche *f*; (*COL: pajita*) paille *f*.

**pito** ['pito] *nm* sifflement *m*; (*silbato*) sifflet *m*; (*de coche*) klaxon *m*; (*fam: cigarrillo*) clope *f*; (*fam!: pene*) bite *f* (*fam!*); **me importa un ~** je m'en fous.

**pitón** [pi'ton] *nm* python *m*.

**pitorreo** [pito'rreo] *nm* moquerie *f*; **estar de ~** se payer la tête des gens.

**pizarra** [pi'θarra] *nf* ardoise *f*; (*encerado*) tableau *m* (noir).

**pizca** ['piθka] *nf* pincée *f*; (*de pan*) miette *f*; (*fig*) petit morceau *m*; **ni ~** pas une miette.

**pizza** ['pitsa] *nf* pizza *f*.

**placa** ['plaka] *nf* plaque *f*; (*INFORM*) panneau *m*; **placa conmemorativa** plaque commémorative; **placa de matrícula** plaque d'immatriculation; **placa dental** plaque dentaire; **placa madre** (*INFORM*) carte-mère *f*.

**placentero, -a** [plaθen'tero, a] *adj* agréable.

**placer** [pla'θer] *nm* plaisir *m*; **a ~** à loisir.

**plácido, -a** ['plaθiðo, a] *adj* placide; (*día, mar*) calme.

**plaga** ['plaɣa] *nf* fléau *m*; (*fig*) horde *f*.

**plagar** [pla'ɣar] *vt* infester; **plagado de moscas/turistas** infesté de mouches/touristes.

**plagio** ['plaxjo] *nm* plagiat *m*; (*AM*) kidnapping *m*.

**plan** [plan] *nm* plan *m*, projet *m*; (*idea*) idée *f*; **¡menudo ~!** quelle idée géniale!; **tener ~** (*fam*) voir qn; **en ~ de cachondeo** (*fam*) pour rigoler; **en ~ económico** (*fam*) pour pas cher; **vamos en ~ de turismo** on y va en touristes; **si te pones en ese ~ ...** si tu le vois comme ça ...; **plan cotizable de jubilación** ≈ plan d'épargne-retraite; **plan de estudios** programme *m*; **plan de incentivos** (*COM*) système *m* de primes.

**plana** ['plana] *nf* page *f*; **a toda ~** sur toute une page; **la primera ~** la une; **plana mayor** (*MIL*) état-major *m*.

**plancha** ['plantʃa] *nf* (*para planchar*) fer *m* (à repasser); (*ropa*) repassage *m*; (*de metal, madera, TIP*) planche *f*; (*CULIN*) grill *m*; **pescado a la ~** poisson *m* grillé.

**planchado, -a** [plan'tʃaðo, a] *adj* repassé(e) ♦ *nm* repassage *m*.

**planchar** [plan'tʃar] *vt, vi* repasser.

**planeador** [planea'ðor] *nm* planeur *m*.

**planear** [plane'ar] *vt* planifier ♦ *vi* planer.

**planeta** [pla'neta] *nm* planète *f*.

**planicie** [pla'niθje] *nf* plaine *f*.

**planificación** [planifika'θjon] *nf* planification *f*; **diagrama de** ~ (*COM*) planning *m*; **planificación corporativa** (*COM*) planning de l'entreprise; **planificación familiar** planning familial.

**plano, -a** ['plano, a] *adj* plat(e) ♦ *nm* plan *m*; **primer** ~ (*CINE*) premier plan; **en primer/segundo** ~ au premier/second plan; **caer de** ~ tomber de tout son long; **rechazar algo de** ~ rejeter entièrement qch; **me da el sol de** ~ le soleil m'arrive en plein dessus (*fam*).

**planta** ['planta] *nf* plante *f*; (*TEC*) usine *f*; (*piso*) étage *m*; **tener buena** ~ avoir de l'allure; **planta baja** rez-de-chaussée *m inv*.

**plantación** [planta'θjon] *nf* plantation *f*.

**plantar** [plan'tar] *vt* planter; (*novio, trabajo*) laisser tomber; **plantarse** *vpr* se planter; ~ **a algn en la calle** mettre qn à la rue; **~se (en)** arriver (à).

**plantear** [plante'ar] *vt* exposer; (*problema*) poser; (*proponer*) proposer; **plantearse** *vpr* envisager; **se lo ~é** je le lui expliquerai.

**plantilla** [plan'tiʎa] *nf* (*de zapato*) semelle *f*; (*personal*) personnel *m*; **estar en** ~ faire partie du personnel.

**plasmar** [plas'mar] *vt* (*dar forma*) modeler; (*representar*) reproduire; **plasmarse** *vpr*: **~se en** se concrétiser.

**plástico, -a** ['plastiko, a] *adj* plastique ♦ *nm* plastique *m*; **artes plásticas** arts *mpl* plastiques.

**plastilina** ® [plasti'θina] *nf* pâte *f* à modeler.

**plata** ['plata] *nf* (*metal, dinero*) argent *m*; (*cosas de plata*) argenterie *f*; **hablar en** ~ aller droit au but.

**plataforma** [plata'forma] *nf* plate-forme *f*; (*tribuna*) estrade *f*; (*de zapatos*) semelle *f* compensée; **plataforma de lanzamiento** rampe *f* de lancement; **plataforma digital** plate-forme numérique; **plataforma petrolera/de perforación** plate-forme pétrolière/de forage; **plataforma reivindicativa** plate-forme de revendications.

**plátano** ['platano] *nm* banane *f*; (*árbol*) bananier *m*.

**platea** [pla'tea] *nf* orchestre *m*.

**plateado, -a** [plate'aðo, a] *adj* argenté(e); (*TEC*) plaqué(e) argent.

**platillo** [pla'tiʎo] *nm* soucoupe *f*; (*de balanza*) plateau *m*; (*de limosnas*) timbale *f*; **~s** *nmpl* (*MÚS*) cymbales *fpl*; **platillo volante** soucoupe volante.

**platino** [pla'tino] *nm* platine *m*; **~s** *nmpl* (*AUTO*) vis *fpl* platinées.

**plato** ['plato] *nm* assiette *f*; (*guiso*) plat *m*; (*de tocadiscos*) platine *f*; **pagar los** ~**s rotos** (*fam*) payer les pots cassés; **primer/segundo** ~ entrée *f*/plat principal; **plato combinado** menu *m* express; **plato hondo/llano** o **pando** assiette creuse/plate.

**playa** ['plaja] *nf* plage *f*; ~ **de estacionamiento** (*AM*) place *f* de stationnement.

**playera** [pla'jera] *nf* (*AM*) T-shirt *m*; **~s** *nfpl* chaussures *fpl* en toile.

**plaza** ['plaθa] *nf* place *f*; (*mercado*) place du marché; **plaza de abastos** marché *m*; **plaza de toros** arène *f*; **plaza mayor** grand'place *f*.

**plazo** ['plaθo] *nm* délai *m*; (*pago parcial*) terme *m*; **a corto/largo** ~ à court/long terme; **comprar a ~s** acheter à tempérament; **nos dan un** ~ **de 8 días** ils nous donnent un délai de 8 jours.

**pleamar** [plea'mar] *nf* pleine mer *f*.

**plebe** ['pleβe] (*pey*) *nf* plèbe *f*.

**plebiscito** [pleβis'θito] *nm* plébiscite *m*.

**plegable** [ple'ɣaβle] *adj* pliable.

**plegar** [ple'ɣar] *vt* plier; **plegarse** *vpr* se plier.

**pleito** ['pleito] *nm* procès *msg*; (*fig*) conflit *m*; **entablar** ~ entamer un procès; **poner (un)** ~ **a** poursuivre.

**pleno, -a** ['pleno, a] *adj* plein(e) ♦ *nm* plenum *m*; **en** ~ (*reunirse*) au complet; (*elegir*) à l'unanimité; **en** ~ **día/verano** en plein jour/été; **en plena cara** en plein visage.

**pliego** ['pljeɣo] *vb* V **plegar** ♦ *nm* (*hoja*) feuille *f* (de papier); (*carta*) pli *m*; **pliego de cargos** charges *fpl* produites contre l'accusé; **pliego de condiciones** cahier *m* des charges; **pliego de descargo** témoignages *mpl* à la décharge de l'accusé.

**pliegue** ['pljeɣe] *vb* V **plegar** ♦ *nm* pli *m*.

**plomero** [plo'mero] (*AM*) *nm* plombier *m*.

**plomo** ['plomo] *nm* plomb *m*; **~s** *nmpl* (*ELEC*) plombs *mpl*; **caer a** ~ tomber de tout son long; **ser un** ~ (*fam*) être une peste; (*libro*) être un torchon; (**gasolina**) **sin** ~ (essence) sans plomb.

**pluma** ['pluma] *nf* plume *f*; **de ~s** en plumes; **pluma (estilográfica)**, **pluma fuente** (*AM*) stylo-plume *m*.

**plumón** [plu'mon] *nm* (*AM*) stylo-feutre *m*; (*para saco de dormir*) duvet *m*; (*anorak*) doudoune *f*.

**plural** [plu'ral] *adj* pluriel(le) ♦ *nm* pluriel *m*.

**pluralidad** [plurali'ðað] *nf* pluralité *f*.

**pluriempleo** [pluriem'pleo] *nm* cumul *m* d'emplois.

**plusvalía** [plusβa'lia] *nf* (*COM*) plus-value *f*.

**P.º** *abr* = **paseo**.

**población** [poβla'θjon] *nf* population *f*; (*pueblo, ciudad*) peuplement *m*; (*CHI*) bidonville *m*; **población activa/pasiva** population active/non active; **población callampa** (*CSUR*) bidonville.

**poblado, -a** [po'βlaðo, a] *adj* peuplé(e); (*barba, cejas*) fourni(e) ♦ *nm* hameau *m*; ~ **de** peuplé(e) de; **densamente** ~ densément peuplé(e).

**poblar** [po'βlar] *vt* peupler; **poblarse** *vpr* (*árbol*) reverdir; **~se de** se peupler de.

**pobre** ['poβre] *adj*, *nm/f* pauvre *m/f*; ~ **en recursos/proteínas** pauvre en ressources/protéines; **los ~s** les pauvres *mpl*; **¡~ hombre!** pauvre homme!; **¡el ~!** le pauvre!; ~ **diablo** (*fig*) pauvre diable *m*.

**pobreza** [po'βreθa] *nf* pauvreté *f*.

**pocilga** [po'θilɣa] *nf* porcherie *f*.

---

PALABRA CLAVE

**poco, -a** ['poko, a] *adj* **1** (*sg*) peu de; **poco tiempo** peu de temps; **de poco interés** peu intéressant; **poca cosa** peu de chose
**2** (*pl*) peu de; **pocas personas lo saben** peu de gens le savent; **unos pocos libros** quelques livres
♦ *adv* (*comer, trabajar*) peu; **poco amable/inteligente** peu aimable/intelligent; **es poco** c'est peu; **cuesta poco** cela ne coûte pas cher; **poco más o menos** à peu près; **a poco que se interese** ... pour peu qu'il montre de l'intérêt ...
♦ *pron* **1**: **unos/as pocos/as** quelquesuns/unes
**2** (*casi*): **por poco me caigo** j'ai failli tomber
**3** (*locuciones de tiempo*): **a poco de haberse casado** peu après s'être marié; **poco después** peu après; **dentro de poco** sous peu, bientôt; **hace poco** il n'y a pas longtemps
**4**: **poco a poco** peu à peu
♦ *nm*: **un poco** un peu; **un poco triste** un peu triste; **un poco de dinero** un peu d'argent.

---

**podar** [po'ðar] *vt* élaguer.

---

PALABRA CLAVE

**poder** [po'ðer] *vb aux* (*capacidad, posibilidad, permiso*) pouvoir; **no puedo hacerlo** je ne peux pas le faire; **puede llegar mañana** il peut arriver demain; **pudiste haberte hecho daño** tu aurais pu te faire mal; **no se puede fumar en este hospital** on n'a pas le droit de fumer dans cet hôpital; **podías habérmelo dicho** tu aurais pu me le dire
♦ *vi* **1** pouvoir; **tanto como puedas** autant que tu peux; **¿se puede?** on peut entrer?; **¡no puedo más!** je n'en peux plus!; **¡quién pudiera!** si seulement!; **no pude menos que dejarlo** je n'ai pas pu m'empêcher de le laisser; **a** o **hasta más no poder** jusqu'à n'en plus pouvoir; **¡es tonto a más no poder!** il est on ne peut plus idiot!
**2**: **¿puedes con eso?** tu peux y arriver?; **no puedo con este crío** je n'arrive pas à venir à bout de cet enfant
**3**: **A le puede a B** (*fam*) A est plus fort que B
♦ *vb impers*: **¡puede (ser)!** cela se peut!; **¡no puede ser!** ce n'est pas possible!; **puede que llueva** il pourrait pleuvoir
♦ *nm* pouvoir *m*; **ocupar el poder** détenir le pouvoir; **detentar el poder** s'emparer du pouvoir; **estar en el poder** être au pouvoir; **en mi/tu** *etc* **poder** (*posesión*) en ma/ta *etc* possession; **en poder de** entre les mains de; **por poderes** (*JUR*) par procuration; **poder adquisitivo** pouvoir d'achat; **poder ejecutivo/legislativo/judicial** (*POL*) pouvoir exécutif/législatif/judiciaire.

---

**poderoso, -a** [poðe'roso, a] *adj* puissant(e).

**podio** ['poðjo], **podium** ['poðjum] *nm* podium *m*.

**podrido, -a** [po'ðriðo, a] *adj* pourri(e); (*fig*) corrompu(e).

**podrir** [po'ðrir] *vt* = **pudrir**.

**poema** [po'ema] *nm* poème *m*.

**poesía** [poe'sia] *nf* poésie *f*.

**poeta** [po'eta] *nm/f* poète *m*.

**póker** ['poker] *nm* poker *m*.

**polaco, -a** [po'lako, a] *adj* polonais(e)
♦ *nm/f* Polonais(e) ♦ *nm* (*LING*) polonais
*msg*.

**polar** [po'lar] *adj* polaire.

**polaridad** [polari'ðað] *nf* polarité *f*.

**polarizar** [polari'θar] *vt* polariser; **polari-zarse** *vpr* se polariser.

**polea** [po'lea] *nf* poulie *f*.

**polémica** [po'lemika] *nf* polémique *f*.

**polémico, -a** [po'lemiko, a] *adj* controver-sé(e).

**polen** ['polen] *nm* pollen *m*.

**policía** [poli'θia] *nm/f* policier, femme-policier, agent(e) (de police) ♦ *nf* police *f*;
**policía secreta** services *mpl* secrets.

---

| policía |
|---|
| *Lu police espagnole se divise en deux branches, toutes deux armées : la "policía nacional", chargée de la sécurité nationale et du maintien de l'ordre en général, et la "policía municipal", qui s'occupe de la circulation et du maintien de l'ordre au niveau municipal. La Catalogne et le Pays basque ont leurs propres forces de police : les Mossos d'Esquadra dans la première et l'Ertzaintza dans le second.* |

---

**policíaco, -a** [poli'θiako, a], **policial**
[poli'θjal] *adj* policier(-ière).

**polideportivo** [poliðepor'tiβo] *nm* com-plexe *m* omnisports.

**poligamia** [poli'xamja] *nf* polygamie *f*.

**polilla** [po'liʎa] *nf* mite *f*.

**polio** ['poljo] *nf* polio *f*.

**política** [po'litika] *nf* politique *f*; **política agraria** politique agricole; **política de ingresos y precios** politique des revenus et des prix; **política económica** politique économique; **política exterior** politique extérieure; *V tb* **político**.

**político, -a** [po'litiko, a] *adj* politique
♦ *nm/f* homme/femme politique; **padre/hermano ~** beau-père/-frère *m*; **madre política** belle-mère *f*.

**póliza** ['poliθa] *nf* police *f*; (*sello*) timbre *m* fiscal; **póliza de seguro(s)** police d'assu-rance.

**polizón** [poli'θon] *nm* passager(-ère) clan-destin(e).

**pollera** [po'ʎera] (*AM*) *nf* jupe *f*.

**pollería** *nf* marchand *m* de volailles.

**pollo** ['poʎo] *nm* poulet *m*; (*joven*) jeune homme *m*; (*MÉX: fam*) immigré *m* clandes-tin; **pollo asado** poulet rôti.

**polo** ['polo] *nm* pôle *m*; (*helado*) glace *f*;
(*DEPORTE, suéter*) polo *m*; **es el ~ opuesto de su hermano** c'est tout le contraire de son frère; **Polo Norte/Sur** Pôle Nord/Sud.

**Polonia** [po'lonja] *nf* Pologne *f*.

**poltrona** [pol'trona] (*esp AM*) *nf* fauteuil *m*.

**polvo** ['polβo] *nm* poussière *f*; (*fam!*) baise *f* (*fam!*); **~s** *nmpl* (*en cosmética etc*) poudre *fsg*; **en ~** en poudre; **estar hecho ~** (*fam*) être fichu, (: *persona*) être crevé; (: *deprimi-do*) ne pas aller fort; **dejar hecho ~ a algn** (*fam*) épuiser qn; (*suj: noticia*) abattre qn; **polvos de talco** talc *m*.

**pólvora** ['polβora] *nf* poudre *f*; (*fuegos ar-tificiales*) feux *mpl* d'artifice; **propagarse como la ~** se répandre comme une traînée de poudre.

**polvoriento, -a** [polβo'rjento, a] *adj* poussiéreux(-euse).

**pomada** [po'maða] *nf* pommade *f*.

**pomelo** [po'melo] *nm* pomélo *m*.

**pomo** ['pomo] *nm* poignée *f*.

**pompa** ['pompa] *nf* bulle *f*; (*ostentación*) pompe *f*; **pompas fúnebres** pompes *fpl* funèbres.

**pomposo, -a** [pom'poso, a] (*pey*) *adj* prétentieux(-euse); (*lenguaje, estilo*) pom-peux(-euse).

**pómulo** ['pomulo] *nm* pommette *f*.

**pon** *vb V* **poner**.

**ponche** ['pontʃe] *nm* punch *m*.

**poncho** ['pontʃo] (*AM*) *nm* poncho *m*.

**ponderar** [ponde'rar] *vt* soupeser; (*elogiar*) porter aux nues.

**pondré** *etc* [pon'dre] *vb V* **poner**.

---

PALABRA CLAVE

**poner** [po'ner] *vt* **1** (*colocar*) mettre, poser;
(*ropa, mesa*) mettre; **poner algo a hervir/a secar** mettre qch à bouillir/à sé-cher; (*TELEC*): **póngame con el Sr. López** passez-moi M. López; **poner a algn a la cabeza de una empresa** placer qn à la tête d'une entreprise

**2** (*fig: emoción, énfasis*) mettre; (*condicio-nes*) poser; **poner interés** porter de l'inté-rêt; **poner en claro/duda** mettre au clair/en doute; **poner al corriente** mettre au courant

**3** (*imponer. tarea*) donner; (*multa*) condamner à

**4** (*obra de teatro, película*) passer; **¿qué ponen en el Excelsior?** qu'est-ce qui passe à l'Excelsior?

**5** (*tienda*) monter; (*casa*) arranger; (*instalar. gas etc*) (faire) mettre

**6** (*radio, TV*) mettre; **ponlo más alto** mets-le plus fort

**7** (*mandar. telegrama*) envoyer

**8** (*suponer*): **pongamos que ...** mettons que ...

**9** (*contribuir*): **el gobierno ha puesto un millón** le gouvernement a mis un million

**10** (+ *adj*) rendre; **me estás poniendo nerviosa** tu commences à m'énerver

**11** (*dar nombre*): **al hijo le pusieron Diego** ils ont appelé leur fils Diego

**12** (*decir por escrito*) dire; **¿qué pone el periódico?** que dit le journal?

**13** (*huevos*) pondre

♦ *vi* (*gallina*) pondre

**ponerse** *vpr* **1** (*colocarse*): **se puso a mi lado** il s'est mis à côté de moi; **ponte en esa silla** mets-toi sur cette chaise

**2** (*vestido, cosméticos*) mettre; **¿por qué no te pones el vestido nuevo?** pourquoi ne mets-tu pas ta nouvelle robe?

**3** (*sol*) se coucher

**4** (+ *adj*) devenir; **ponerse bueno** aller mieux; **ponerse malo** tomber malade; **ponerse rojo** devenir tout rouge; **se puso muy serio** il a pris un air très sérieux; **¡no te pongas así!** ne te mets pas dans cet état!

**5**: **ponerse a**: **se puso a llorar** il s'est mis à pleurer; **tienes que ponerte a estudiar** il faut que tu te mettes à étudier

**6**: **ponerse a bien con algn** se réconcilier avec qn; **ponerse a mal con algn** se mettre mal avec qn

**7** (*AM: parecer*): **se me pone que ...** j'ai l'impression que ...

**poniente** [po'njente] *nm* couchant *m*.

**pontífice** [pon'tifiθe] *nm* pontife *m*; **el Sumo P~** le souverain pontife.

**popa** ['popa] *nf* poupe *f*; **a ~** en poupe; **de ~ a proa** d'un bout à l'autre.

**popular** [popu'lar] *adj* populaire.

**popularidad** [populari'ðað] *nf* popularité *f*.

**popularizar** [populari'θar] *vt* populariser; **popularizarse** *vpr* se populariser.

─────── PALABRA CLAVE

**por** [por] *prep* **1** (*objetivo, en favor de*) pour; **luchar por la patria** combattre pour la patrie; **hazlo por mí** fais-le pour moi

**2** (+ *infin*) pour; **por no llegar tarde** pour ne pas arriver tard; **por citar unos ejemplos** pour citer quelques exemples

**3** (*causa, agente*) par; **por escasez de fondos** par manque de fonds; **le castigaron por desobedecer** il a été puni pour avoir désobéi; **por eso** c'est pourquoi; **escrito por él** écrit par lui

**4** (*tiempo*): **por la mañana/Navidad** le matin/vers Noël

**5** (*duración*): **se queda por una semana** il reste une semaine; **se fue por 3 días** il est parti pour 3 jours

**6** (*lugar*): **pasar por Madrid** passer par Madrid; **ir a Guayaquil por Quito** aller à Guayaquil via Quito; **caminar por la calle/por las Ramblas** déambuler dans la rue/sur les Rambles; **por fuera/dentro** par dehors/dedans; **anda por la izquierda** marche à gauche; **vive por aquí** il habite par ici; **pasear por el jardín** se promener dans le jardin; *V tb* **todo**

**7** (*cambio, precio*): **te doy uno nuevo por el que tienes** je t'en donne un neuf contre le tien; **lo vendo por 1.000 pesetas** je le vends pour 1 000 pesetas

**8** (*valor distributivo*): **550 pesetas por hora/cabeza** 550 pesetas de l'heure/par tête; **100km por hora** 100 km à l'heure; **veinte por ciento** vingt pour cent; **tres horas por semana** trois heures par semaine; **por centenares** par centaines

**9** (*modo, medio*) par; **por avión/correo** par avion/la poste; **por orden** par ordre; **caso por caso** cas par cas; **por tamaños** par ordre de taille

**10**: **25 por 4 son 100** 4 fois 25 font 100

**11**: **ir/venir por algo/algn** aller/venir chercher qch/qn; **estar/quedar por hacer** être/rester à faire

**12** (*evidencia*): **por lo que dicen** d'après ce qu'ils disent

**13**: **por bonito que sea** cela a beau être très joli; **por más que lo intento** j'ai beau essayer

**14**: **por si (acaso)** au cas où; **lo hice por**

**si acaso** je l'ai fait au cas où; **por si acaso venía/viniera** au cas où il serait venu/viendrait; **por si fuera poco** si ça n'était pas assez
**15**: **¿por qué?** pourquoi?; **¿por qué no?** pourquoi pas?

---

**porcelana** [porθe'lana] *nf* porcelaine *f*.
**porcentaje** [porθen'taxe] *nm* pourcentage *m*; **~ de actividad** (*INFORM*) taux *msg* d'activité.
**porción** [por'θjon] *nf* portion *f*.
**pordiosero, -a** [porðjo'sero, a] *nm/f* mendiant(e).
**pormenor** [porme'nor] *nm* détail *m*.
**pornografía** [pornoɣra'fia] *nf* pornographie *f*.
**poro** ['poro] *nm* pore *m*.
**poroso, -a** [po'roso, a] *adj* poreux(-euse).
**porque** ['porke] *conj* parce que; **~ sí** parce que.
**porqué** [por'ke] *nm* pourquoi *m*.
**porquería** [porke'ria] *nf* cochonnerie *f*, saleté *f*; (*algo sin valor*) cochonnerie; (*jugarreta*) tour *m* de cochon; **~s** *nfpl* (*comida*) cochonneries *fpl*; **hacer ~s** faire des cochonneries; **de ~** (*AM: fam*) à la noix.
**porra** ['porra] *nf* matraque *f*; **¡~s!** flûte!; **¡vete a la ~!** va te faire voir!
**porrazo** [po'rraθo] *nm* coup *m*; **darse un ~ con** *o* **contra algo** se cogner contre qch.
**porrón** [po'rron] *nm* gourde *f*.
**portada** [por'taða] *nf* couverture *f*.
**portador, -a** [porta'ðor, a] *nm/f* porteur(-euse); (*COM*) porteur *m*; **cheque al ~** chèque *m* au porteur.
**portaequipajes** [portaeki'paxes] *nm inv* (*maletero*) coffre *m*; (*baca*) porte-bagages *m inv*.
**portal** [por'tal] *nm* (*entrada*) vestibule *m*; (*puerta*) porte *f*; (*INFORM*) portail *m*; **portal de Belén** crèche *f*.
**portamaletas** [portama'letas] *nm inv* = **portaequipajes**.
**portarse** [por'tarse] *vpr* se comporter; **~ bien/mal** bien/mal se comporter; **se portó muy bien conmigo** il s'est très bien comporté avec moi.
**portátil** [por'tatil] *adj* portatif(-ive); (*ordenador*) portable.
**portavoz** [porta'βoθ] *nm/f* porte-parole *m inv*.
**portazo** [por'taθo] *nm*: **dar un ~** claquer la porte.

**porte** ['porte] *nm* (*COM*) port *m*; (*aspecto*) allure *f*; **porte debido/pagado** (*COM*) port dû/payé.
**portento** [por'tento] *nm* prodige *m*.
**porteño, -a** [por'teɲo, a] *adj* de Buenos Aires ♦ *nm/f* natif(-ive) *o* habitant(e) de Buenos Aires.
**portería** [porte'ria] *nf* loge *f* (de concierge); (*DEPORTE*) but *m*.
**portero, -a** [por'tero, a] *nm/f* concierge *m/f*; (*de club*) portier *m*; (*DEPORTE*) gardien(ne) de but; **portero automático** interphone *m*.
**pórtico** ['portiko] *nm* portique *m*.
**portorriqueño, -a** [portorri'keɲo, a] *adj* portoricain(e) ♦ *nm/f* Portoricain(e).
**Portugal** [portu'ɣal] *nm* Portugal *m*.
**portugués, -esa** [portu'ɣes, esa] *adj* portugais(e) ♦ *nm/f* Portugais(e) ♦ *nm* (*LING*) portugais *msg*.
**porvenir** [porβe'nir] *nm* avenir *m*.
**pos** [pos]: **en ~ de** *prep* après, en quête de.
**posada** [po'saða] *nf* auberge *f*; **dar ~ a** héberger.
**posar** [po'sar] *vt*, *vi* poser; **posarse** *vpr* se poser; (*polvo*) se déposer.
**posavasos** *nm inv* sous-verre *m*.
**posdata** [pos'ðata] *nf* post-scriptum *m inv*.
**pose** ['pose] *nf* pose *f*.
**poseedor, a** [posee'ðor, a] *nm/f* possesseur *m*; (*de récord, título*) détenteur(-trice).
**poseer** [pose'er] *vt* posséder; (*conocimientos, belleza*) avoir; (*récord, título*) détenir.
**posesión** [pose'sjon] *nf* possession *f*; **estar en ~ de** être en possession de, détenir; **tomar ~ (de)** prendre possession (de).
**posesivo, -a** [pose'siβo, a] *adj* possessif(-ive).
**posgrado** [pos'ɣraðo] *nm* = **postgrado**.
**posibilidad** [posiβili'ðað] *nf* possibilité *f*.
**posible** [po'siβle] *adj* possible; **de ser ~** si possible; **en *o* dentro de lo ~** dans la mesure du possible; **es ~ que** il est possible que; **hacer todo lo ~** faire tout son *etc* possible; **lo antes ~** le plus tôt possible; **lo menos/más ~** le moins/plus possible; **estudiar lo más ~** étudier le plus possible; **lo más pronto ~** le plus vite possible; **ser/no ser ~ (hacer)** être/ne pas être possible (de faire).
**posición** [posi'θjon] *nf* position *f*.
**positivo, -a** [posi'tiβo, a] *adj* positif(-ive)

♦ nf (FOTO) cliché m; **el test dio ~ les ré-**
sultats du test sont positifs.

**poso** ['poso] nm (de café) marc m; (de vino)
lie f.

**posponer** [pospo'ner] vt subordonner;
(aplazar) ajourner.

**posta** ['posta] nf: **a ~** exprès.

**postal** [pos'tal] adj postal(e) ♦ nf carte f
postale.

**poste** ['poste] nm poteau m; (DEPORTE) pilier
m.

**póster** ['poster] nm poster m.

**postergar** [poster'xar] vt reléguer; (esp AM:
aplazar) retarder.

**posteridad** [posteri'ðað] nf postérité f.

**posterior** [poste'rjor] adj de derrière; (parte) postérieur(e); (en el tiempo) ultérieur(e);
**ser ~ a** être ultérieur(e) à.

**posterioridad** [posterjori'ðað] nf: **con ~**
par la suite.

**postgrado** [post'xraðo] nm troisième cycle
m.

**postizo, -a** [pos'tiθo, a] adj faux(fausse),
postiche ♦ nm postiche m.

**postor, a** [pos'tor, a] nm/f offrant m; **al
mejor ~** au plus offrant.

**postre** ['postre] nm dessert m ♦ nf: **a la ~**
finalement; **para ~** (fig) pour finir.

**postrero, -a** [pos'trero, a] adj dernier
(-ière); (momentos, obra) ultime.

**postulado** [postu'laðo] nm postulat m.

**póstumo, -a** ['postumo, a] adj posthume.

**postura** [pos'tura] nf position f, posture f;
(ante hecho, idea) position.

**potable** [po'taβle] adj potable.

**potaje** [po'taxe] nm potage m.

**pote** ['pote] nm pot m.

**potencia** [po'tenθja] nf puissance f; **en ~**
en puissance.

**potencial** [poten'θjal] adj potentiel(le)
♦ nm potentiel m; **potencial eléctrico**
potentiel électrique.

**potenciar** [poten'θjar] vt promouvoir.

**potente** [po'tente] adj puissant(e).

**potro** ['potro] nm poulain m; (DEPORTE) cheval m d'arçon.

**pozo** ['poθo] nm puits msg; (de río) endroit
le plus profond; **ser un ~ de sabiduría** être
un puits de science.

**PP** sigla m (= Partido Popular) parti de droite.

**P.P.** abr = **porte**.

**pp.** abr (= páginas) pp (= pages).

**p.p.** abr (= por poderes) p.p. (= par procuration).

**práctica** ['praktika] nf pratique f; **~s** nfpl
(ESCOL) travaux mpl pratiques; (MIL) entraînement m; **en la ~** dans la pratique;
**llevar a la o poner en ~** mettre en pratique.

**practicante** [prakti'kante] adj (REL) prati-
quant(e) ♦ nm/f (MED) aide-soignant(e).

**practicar** [prakti'kar] vt, vi pratiquer.

**práctico, -a** ['praktiko, a] adj pratique.

**practique** etc [prak'tike] vb V **practicar**.

**pradera** [pra'ðera] nf prairie f.

**prado** ['praðo] nm pré m; (AM) gazon m.

**Praga** ['praxa] n Prague.

**pragmático, -a** [prax'matiko, a] adj prag-
matique.

**preámbulo** [pre'ambulo] nm préambule m;
**sin ~s** sans préambule.

**precario, -a** [pre'karjo, a] adj précaire.

**precaución** [prekau'θjon] nf précaution f.

**precaverse** [preka'βerse] vpr: **~ de o contra algo** se prémunir contre qch.

**precavido, -a** [preka'βiðo, a] adj pré-
voyant(e).

**precedente** [preθe'ðente] adj précédent(e)
♦ nm précédent m; **sin ~(s)** sans précédent; **establecer o sentar un ~** créer un
précédent.

**preceder** [preθe'ðer] vt précéder.

**precepto** [pre'θepto] nm précepte m.

**preciado, -a** [pre'θjaðo, a] adj précieux
(-euse).

**preciarse** [pre'θjarse] vpr se vanter; **~ de** se
vanter de.

**precinto** [pre'θinto] nm (COM: tb: **~ de garantía**) cachet m.

**precio** ['preθjo] nm prix msg; **a cualquier ~**
(fig) à tout prix; **no tener ~** (fig) ne pas
avoir de prix; **"no importa ~"** "prix indifférent"; **a ~ de saldo** en réclame; **precio
al contado** prix au comptant; **precio al
detalle** prix de détail; **precio al detallista** prix de gros; **precio al por menor**
prix de détail; **precio de compra/de
coste/de entrega inmediata** prix
d'achat/de revient/de livraison immédiate;
**precio de ocasión** prix avantageux; **precio de oferta** prix promotionnel; **precio
de salida** prix initial, mise f à prix; **precio
de venta al público** prix de vente
conseillé; **precio por unidad** prix à l'unité, prix unitaire; **precio tope** prix pla-

fond; **precio unitario** prix à l'unité.
**preciosidad** [preθjosi'ðað] *nf* (*valor*) beauté *f*; (*cosa bonita*) merveille *f*; **es una ~** c'est une merveille.
**precioso, -a** [pre'θjoso, a] *adj* (*hermoso*) beau(belle); (*de mucho valor*) précieux(-euse).
**precipicio** [preθi'piθjo] *nm* (*tb fig*) précipice *m*.
**precipitación** [preθipita'θjon] *nf* précipitation *f*.
**precipitado, -a** [preθipi'taðo, a] *adj* précipité(e) ♦ *nm* (*QUÍM*) précipité *m*.
**precipitar** [preθipi'tar] *vt* précipiter; **precipitarse** *vpr* se précipiter.
**precisamente** [pre'θisamente] *adv* précisément; **~ por eso** pour cette raison précisément; **~ fue él quien lo dijo** c'est précisément lui qui l'a dit; **no es ~ bueno** il n'est pas vraiment bon.
**precisar** [preθi'sar] *vt* (*necesitar*) avoir besoin de; (*determinar, especificar*) préciser.
**precisión** [preθi'sjon] *nf* précision *f*; **de ~** de précision.
**preciso, -a** [pre'θiso, a] *adj* précis(e); (*necesario*) nécessaire; **en ese ~ momento** à ce moment précis; **es ~ que lo hagas** il faut que tu le fasses.
**preconcebido, -a** [prekonθe'βiðo, a] *adj* préconçu(e).
**precoz** [pre'koθ] *adj* précoce.
**precursor, a** [prekur'sor, a] *nm/f* précurseur *m*.
**predecir** [preðe'θir] *vt* prédire.
**predestinado, -a** [preðesti'naðo, a] *adj* prédestiné(e).
**predicar** [preði'kar] *vt, vi* prêcher.
**predicción** [preðik'θjon] *nf* prédiction *f*; **~ del tiempo** prévisions *fpl* météorologiques.
**predilecto, -a** [preði'lekto, a] *adj* préféré(e).
**predisponer** [preðispo'ner] *vt* prédisposer.
**predisposición** [preðisposi'θjon] *nf* prédisposition *f*.
**predominante** [preðomi'nante] *adj* prédominant(e).
**predominar** [preðomi'nar] *vi* prédominer.
**predominio** [preðo'minjo] *nm* prédominance *f*.
**preescolar** [preesko'lar] *adj* préscolaire.
**prefabricado, -a** [prefaβri'kaðo, a] *adj* préfabriqué(e).

**prefacio** [pre'faθjo] *nm* préface *f*.
**preferencia** [prefe'renθja] *nf* (*predilección*) préférence *f*; (*AUTO, ventaja*) priorité *f*; **de ~** de préférence; **localidad de ~** place *f* de choix.
**preferible** [prefe'riβle] *adj* préférable.
**preferir** [prefe'rir] *vt* préférer; **~ hacer/que** préférer faire/que.
**prefiera** *etc* [pre'fjera] *vb* V **preferir**.
**prefijo** [pre'fixo] *nm* (*TELEC*) indicatif *m*; (*LING*) préfixe *m*.
**pregonar** [preɣo'nar] *vt* crier; (*edicto*) annoncer.
**pregunta** [pre'ɣunta] *nf* question *f*; **hacer una ~** poser une question; **pregunta capciosa** question piège.
**preguntar** [preɣun'tar] *vt, vi* demander; **preguntarse** *vpr* se demander; **~ por algn** demander qn; **~ por la salud de algn** s'enquérir de la santé de qn.
**prehistórico, -a** [preis'toriko, a] *adj* préhistorique.
**prejubilar** [prexubi'lar] *vt* mettre en préretraite.
**prejuicio** [pre'xwiθjo] *nm* préjugé *m*; **tener ~s** avoir des préjugés.
**preliminar** [prelimi'nar] *adj, nm* préliminaire *m*.
**preludio** [pre'luðjo] *nm* prélude *m*.
**premeditación** [premeðita'θjon] *nf* préméditation *f*.
**premiar** [pre'mjar] *vt* récompenser; (*en un concurso*) décerner un prix à.
**premio** [premjo] *nm* récompense *f*; (*de concurso etc*) prix *msg*; (*COM*) prime *f*; **premio gordo** gros lot *m*.
**premonición** [premoni'θjon] *nf* prémonition *f*.
**prenatal** [prena'tal] *adj* prénatal(e).
**prenda** ['prenda] *nf* (*ropa*) vêtement *m*; (*garantía*) gage *m*; (*fam: apelativo*) mon chou; **~s** *nfpl* (*juego*) gages *mpl*; **dejar algo en ~** laisser qch en gage; **no soltar ~** (*fig*) ne pas dire un mot.
**prendedor** [prende'ðor] *nm* broche *f*.
**prender** [pren'der] *vt* (*sujetar*) attacher; (*delincuente*) arrêter; (*esp AM: encender*) allumer ♦ *vi* (*idea, miedo*) s'enraciner; (*planta, fuego*) prendre; **prenderse** *vpr* prendre feu; (*esp AM: encenderse*) s'allumer; **~ fuego a algo** mettre le feu à qch.
**prendido, -a** [pren'diðo, a] (*AM*) *adj* (*luz etc*) allumé(e).

**prensa** ['prensa] *nf* presse *f*; **tener mala ~** avoir mauvaise presse; **agencia/conferencia de ~** agence *f*/conférence *f* de presse.

**prensar** [pren'sar] *vt* (*papel, uva*) presser.

**preñado, -a** [pre'naðo, a] *adj* (*mujer*) enceinte; **~ de** chargé(e) de.

**preocupación** [preokupa'θjon] *nf* souci *m*.

**preocupado, -a** [preoku'paðo, a] *adj* soucieux(-euse).

**preocupar** [preoku'par] *vt* préoccuper; **preocuparse** *vpr* (*inquietarse*) se soucier; **~se de algo** (*hacerse cargo*) s'occuper de qch; **~se por algo** se soucier de qch; **¡no te preocupes!** ne t'en fais pas!

**preparación** [prepara'θjon] *nf* préparation *f*.

**preparado, -a** [prepa'raðo, a] *adj* (*dispuesto*) prêt(e); (*platos, estudiante etc*) préparé(e) ♦ *nm* (*MED*) préparation *f*; **¡~s, listos, ya!** à vos marques ... prêts? ... partez!

**preparar** [prepa'rar] *vt* préparer; **prepararse** *vpr* se préparer; **~se para hacer algo** se préparer à faire qch.

**preparativos** [prepara'tiβos] *nmpl* préparatifs *mpl*.

**preparatoria** [prepara'torja] (*AM*) *nf* terminale *f*.

**prerrogativa** [prerroɣa'tiβa] *nf* prérogative *f*.

**presa** ['presa] *nf* (*de animal*) proie *f*; (*de agua*) barrage *m*; **hacer ~ en** avoir prise sur; **ser ~ de** (*fig: remordimientos*) être en proie à; (*llamas*) être la proie de.

**presagio** [pre'saxjo] *nm* présage *m*.

**prescindir** [presθin'dir] *vi*: **~ de** (*privarse de*) se passer de; (*descartar*) faire abstraction de; **no podemos ~ de él** nous ne pouvons nous passer de lui.

**prescribir** [preskri'βir] *vt* prescrire.

**prescripción** [preskrip'θjon] *nf* prescription *f*; **prescripción facultativa** prescription médicale.

**presencia** [pre'senθja] *nf* présence *f*; **en ~ de** en présence de; **tener buena ~** avoir une bonne présentation; **presencia de ánimo** présence d'esprit.

**presencial** [presen'θjal] *adj*: **testigo ~** témoin *m* oculaire.

**presenciar** [presen'θjar] *vt* (*accidente, discusión*) être témoin de; (*ceremonia etc*) assister à.

**presentación** [presenta'θjon] *nf* présenta-

tion *f*; (*JUR: de pruebas, documentos*) production *f*.

**presentador, a** [presenta'ðor, a] *nm/f* présentateur(-trice).

**presentar** [presen'tar] *vt* présenter; (*JUR: pruebas, documentos*) produire; **presentarse** *vpr* se présenter; **~ al cobro** (*COM*) présenter au recouvrement; **~se a la policía** se présenter à la police.

**presente** [pre'sente] *adj* présent(e) ♦ *nm* présent *m*; **los ~s** les personnes *fpl* présentes; **¡~!** présent!; **hacer ~** faire savoir; **tener ~** se souvenir de; **la ~ (carta)** la présente.

**presentimiento** [presenti'mjento] *nm* pressentiment *m*.

**presentir** [presen'tir] *vt* pressentir; **~ que** pressentir que.

**preservativo** [preserβa'tiβo] *nm* préservatif *m*.

**presidencia** [presi'ðenθja] *nf* présidence *f*; **ocupar la ~** occuper la présidence.

**presidente** [presi'ðente] *nm/f* président(e).

**presidiario** [presi'ðjarjo] *nm* forçat *m*.

**presidio** [pre'siðjo] *nm* prison *f*.

**presidir** [presi'ðir] *vt* (*reunión*) présider; (*suj: sentimiento*) présider à.

**presión** [pre'sjon] *nf* (*tb fig*) pression *f*; **a ~** à pression; **cerrar a ~** fermer avec des pressions; **grupo de ~** (*POL*) groupe *m* de pression; **presión arterial** tension *f* artérielle; **presión atmosférica** pression atmosphérique; **presión sanguínea** tension veineuse.

**presionar** [presjo'nar] *vt* (*coaccionar*) faire pression sur; (*botón*) presser ♦ *vi*: **~ para** o **por** faire pression pour.

**preso, -a** ['preso, a] *adj*: **~ de terror/pánico** pris(e) de terreur/panique ♦ *nm/f* (*en la cárcel*) prisonnier(-ière); **tomar** o **llevar ~ a algn** faire prisonnier qn.

**prestación** [presta'θjon] *nf* (*ADMIN*) prestation *f*; **prestaciones** *nfpl* (*TEC, AUTO*) performances *fpl*; **prestación social sustitutoria** service *m* des objecteurs de conscience.

**prestado, -a** [pres'taðo, a] *adj* emprunté(e); **dar algo ~** prêter qch; **pedir ~** emprunter.

**préstamo** ['prestamo] *nm* prêt *m*; **préstamo con garantía** prêt sur gages; **préstamo hipotecario** prêt hypothécaire.

**prestar** [pres'tar] *vt* prêter; (*servicio*) rendre;

**prestarse** *vpr*: ~**se a hacer** s'offrir à faire; ~**se a malentendidos** prêter à confusion.

**presteza** [pres'teθa] *nf* promptitude *f*.

**prestigio** [pres'tixjo] *nm* prestige *m*.

**presumido, -a** [presu'miðo, a] *adj*, *nm/f* prétentieux(-euse); (*preocupado de su aspecto*) coquet(te).

**presumir** [presu'mir] *vt* présumer ♦ *vi* (*tener aires*) s'afficher; **según cabe** ~ selon toute vraisemblance, à ce que l'on suppose; ~ **de listo** se croire fin.

**presunción** [presun'θjon] *nf* présomption *f*.

**presunto, -a** [pre'sunto, a] *adj* présumé(e); (*heredero*) présomptif(-ive).

**presuntuoso, -a** [presun'twoso, a] *adj* présomptueux(-euse).

**presuponer** [presupo'ner] *vt* présupposer.

**presupuesto** [presu'pwesto] *pp de* **presuponer** ♦ *nm* (*FIN*) budget *m*; (*de costo, obra*) devis *msg*; **asignación de** ~ (*COM*) dotation *f* budgétaire.

**pretencioso, -a** [preten'θjoso, a] *adj* prétentieux(-euse).

**pretender** [preten'der] *vt* prétendre; ~ **que** prétendre que; **¿qué pretende usted?** que prétendez-vous?

**pretendiente, -a** [preten'djente] *nm/f* prétendant(e).

**pretensión** [preten'sjon] *nf* prétention *f*; **pretensiones** *nfpl* (*pey*) prétentions *fpl*; **tener muchas/pocas pretensiones** avoir des prétentions élevées/de faibles prétensions.

**pretexto** [pre'teksto] *nm* (*excusa*) prétexte *m*; **so** *o* **con el** ~ **de** sous prétexte de.

**prevalecer** [preβale'θer] *vi* prévaloir.

**prevención** [preβen'θjon] *nf* prévention *f*.

**prevenido, -a** [preβe'niðo, a] *adj*: (**estar**) ~ (*preparado*) (être) prévenu(e); (**ser**) ~ (*cuidadoso*) (être) averti(e); **hombre** ~ **vale por dos** un homme averti en vaut deux.

**prevenir** [preβe'nir] *vt* prévenir; (*preparar*) préparer; **prevenirse** *vpr* se préparer; ~ (**en**) **contra (de)/a favor de** prévenir contre/en faveur de; ~**se contra** se prémunir contre.

**preventivo, -a** [preβen'tiβo, a] *adj* préventif(-ive).

**prever** [pre'βer] *vt* prévoir.

**previo, -a** ['preβjo, a] *adj* (*anterior*) préalable; ~ **pago de los derechos** moyennant

l'acquittement préalable des droits.

**previsión** [preβi'sjon] *nf* prévision *f*; **en** ~ **de** en prévision de; **previsión del tiempo** prévision météorologique; **previsión de ventas** prévision des ventes.

**prima** ['prima] *nf* prime *f*; *V tb* **primo**; **prima única** prime unique.

**primacía** [prima'θia] *nf* primauté *f*.

**primario, -a** [pri'marjo, a] *adj* primaire.

**primavera** [prima'βera] *nf* printemps *m*.

**primera** [pri'mera] *nf* première *f*; **a la** ~ du premier coup; **de** ~ (*fam*) de première.

**primero, -a** [pri'mero, a] *adj* (*delante de nmsg*: **primer**) premier(-ière) ♦ *adv* (*en primer lugar*) d'abord; (*más bien*) plutôt ♦ *nm*: **ser/llegar el** ~ être/arriver le premier; **a** ~**s (de mes)** en début de mois; **primer ministro** Premier ministre *m*.

**primicia** [pri'miθja] *nf* primeur *f*.

**primitivo, -a** [primi'tiβo, a] *adj* primitif(-ive).

**primo, -a** ['primo, a] *adj* (*MAT*) premier(-ière) ♦ *nm/f* cousin(e); (*fam*) idiot(e); **materias primas** matières *fpl* premières; **hacer el** ~ faire l'idiot; **primo hermano** cousin *m* germain.

**primogénito, -a** [primo'xenito, a] *adj* aîné(e).

**primordial** [primor'ðjal] *adj* primordial(e).

**princesa** [prin'θesa] *nf* princesse *f*.

**principal** [prinθi'pal] *adj* principal(e); (*piso*) premier(-ière) ♦ *nm* principal *m*.

**príncipe** ['prinθipe] *nm* prince *m*; **príncipe de Gales** (*tela*) prince de Galles; **príncipe heredero** prince héritier.

**principiante** [prinθi'pjante] *nm/f* débutant(e).

**principio** [prin'θipjo] *nm* (*comienzo*) début *m*; (*origen*) commencement *m*; (*fundamento, moral*: *tb QUÍM*) principe *m*; **a** ~**s de** au début de; **al** ~ au début; **en** ~ en principe.

**pringoso, -a** [prin'goso, a] *adj* gras(se).

**pringue** ['pringe] *vb*, *nm* (*grasa*) graisse *f*; (*suciedad*) saleté *f*.

**prioridad** [priori'ðað] *nf* priorité *f*.

**prisa** ['prisa] *nf* hâte *f*; (*rapidez*) rapidité *f*; **correr** ~ être urgent(e); **darse** ~ se presser; **tener** ~ être pressé(e).

**prisión** [pri'sjon] *nf* prison *f*.

**prisionero, -a** [prisjo'nero, a] *nm/f* prisonnier(-ière).

**prismáticos** [pris'matikos] *nmpl* jumelles *fpl*.

**privación** [priβa'θjon] *nf* privation *f*; **priva-ciones** *nfpl* (*necesidades*) privations *fpl*.

**privado, -a** [pri'βaðo, a] *adj* privé(e); **en ~** en privé; "**~ y confidencial**" "personnel".

**privar** [pri'βar] *vt* (*despojar*) priver; (*fam: gustar*) raffoler de; **privarse** *vpr*: **~se de** (*abstenerse*) se priver de; **~ a algn de hacer** empêcher qn de faire; **me privan las motos** la moto c'est mon dada.

**privilegiado, -a** [priβile'xjaðo, a] *adj*, *nm/f* privilégié(e).

**privilegio** [priβi'lexjo] *nm* privilège *m*.

**pro** [pro] *nm* profit *m* ♦ *prep*: **asociación ~ ciegos** association *f* au profit des aveugles ♦ *pref*: **~ soviético/americano** pro-soviétique/américain; **en ~ de** en faveur de; **los ~s y los contras** le pour et le contre; **ciudadano de ~** honorable citoyen *m*; **hombre de ~** homme *m* de bien.

**proa** ['proa] *nf* (*NÁUT*) proue *f*.

**probabilidad** [proβaβili'ðað] *nf* probabilité *f*; **~es** *nfpl* (*perspectivas*) chances *fpl*.

**probable** [pro'βaβle] *adj* probable; **es ~ que + *subjonctif*** il est probable que + *subjun*; **es ~ que no venga** il est probable qu'il ne viendra pas.

**probador** [proβa'ðor] *nm* cabine *f* d'essayage.

**probar** [pro'βar] *vt* essayer; (*demostrar*) prouver; (*comida*) goûter ♦ *vi* essayer; **probarse** *vpr*: **~se un traje** essayer un costume.

**probeta** [pro'βeta] *nf* éprouvette *f*; **bebé-~** bébé *m* éprouvette.

**problema** [pro'βlema] *nm* problème *m*; **el ~ del paro** le problème du chômage.

**proceder** [proθe'ðer] *vi* (*actuar*) procéder; (*ser correcto*) convenir ♦ *nm* (*comportamiento*) procédé *m*; **~ a** procéder à; **~ de** provenir de; **no procede obrar así** il n'y a pas lieu d'agir ainsi.

**procedimiento** [proθeði'mjento] *nm* (*JUR, ADMIN*) procédure *f*; (*proceso*) processus *msg*; (*método*) procédé *m*.

**procesado, -a** [proθe'saðo, a] *nm/f* (*JUR*) prévenu(e).

**procesador** [proθesa'ðor] *nm*: **~ de textos** (*INFORM*) machine *f* de traitement de texte.

**procesar** [proθe'sar] *vt* (*JUR*) accuser; (*INFORM*) traiter.

**procesión** [proθe'sjon] *nf* procession *f*; **la ~ va por dentro** il *etc* souffre en silence.

**proceso** [pro'θeso] *nm* (*desarrollo, procedimiento*) processus *msg*; (*JUR*) procès *msg*; (*lapso*) cours *msg*; (*INFORM*): **~ (automático) de datos** traitement *m* (automatique) de données; **~ de textos** traitement de textes; **~ no prioritario** traitement non prioritaire; **~ por pasadas** traitement séquentiel; **~ en tiempo real** traitement en temps réel.

**proclamar** [prokla'mar] *vt* proclamer.

**procreación** [prokrea'θjon] *nf* procréation *f*.

**procrear** [prokre'ar] *vt*, *vi* procréer.

**procurador, a** [prokura'ðor, a] *nm/f* (*JUR*) avoué *m*; (*POL*) député *m*.

**procurar** [proku'rar] *vt* (*intentar*) essayer de; (*proporcionar*) procurer; **procurarse** *vpr* se procurer.

**prodigio** [pro'ðixjo] *nm* prodige *m*; **niño ~** enfant *m* prodige.

**prodigioso, -a** [proði'xjoso, a] *adj* prodigieux(-euse).

**producción** [proðuk'θjon] *nf* production *f*; **~ en serie** production en série.

**producir** [proðu'θir] *vt* produire; (*impresión, heridas, tristeza*) causer; **producirse** *vpr* se produire.

**productividad** [proðuktiβi'ðað] *nf* productivité *f*.

**productivo, -a** [proðuk'tiβo, a] *adj* productif(-ive).

**producto** [pro'ðukto] *nm* produit *m*; **producto alimenticio** produit alimentaire; **producto interior bruto** produit intérieur brut; **productos lácteos** produits laitiers; **producto nacional bruto** produit national brut.

**productor, a** [proðuk'tor, a] *adj*, *nm/f* producteur(-trice).

**proeza** [pro'eθa] *nf* prouesse *f*.

**profanar** [profa'nar] *vt* profaner.

**profano, -a** [pro'fano, a] *adj*, *nm/f* profane *m/f*; **soy ~ en la materia** je suis profane en la matière.

**profecía** [profe'θia] *nf* prophétie *f*.

**proferir** [profe'rir] *vt* proférer.

**profesión** [profe'sjon] *nf* profession *f*; **abogado de ~, de ~ abogado** avocat *m* de profession.

**profesional** [profesjo'nal] *adj*, *nm/f* professionnel(le).

**profesor, a** [profe'sor, a] *nm/f* professeur *m*; **profesor adjunto** professeur assistant.

**profeta** [pro'feta] *nm* prophète *m*.

**profetizar** [profeti'θar] *vt, vi* prophétiser.

**prófugo, -a** ['profuɣo, a] *nm/f* fugitif(-ive) ♦ *nm* (MIL) insoumis *msg*.

**profundidad** [profundi'ðað] *nf* profondeur *f*; ~**es** *nfpl* (*de océano etc*) profondeurs *fpl*; **tener una ~ de 30 cm** avoir une profondeur de 30 cm.

**profundizar** [profundi'θar] *vi*: ~ **en** (*fig*) approfondir.

**profundo, -a** [pro'fundo, a] *adj* profond(e); **poco ~** peu profond.

**programa** [pro'ɣrama] *nm* programme *m*; **programa de estudios** programme; **programa verificador de ortografía** (*INFORM*) vérificateur *m* d'orthographe.

**programación** [proɣrama'θjon] *nf* programmation *f*; **programación estructurada** programmation structurée.

**programador, a** [proɣrama'ðor, a] *nm/f* programmeur(-euse) ♦ *nm* programmateur *m*; **programador de aplicaciones** programmateur d'applications.

**programar** [proɣra'mar] *vt* programmer.

**progresar** [proɣre'sar] *vi* progresser.

**progresista** [proɣre'sista] *adj, nm/f* progressiste *m/f*.

**progresivo, -a** [proɣre'siβo, a] *adj* progressif(-ive).

**progreso** [pro'ɣreso] *nm* (*avance*) progrès *msg*; **el ~** le progrès; **hacer ~s** faire des progrès.

**prohibición** [proiβi'θjon] *nf* interdiction *f*; (*ADMIN, JUR*) prohibition *f*; **levantar la ~ de** lever l'interdiction de.

**prohibir** [proi'βir] *vt* interdire; (*ADMIN, JUR*) prohiber; **"prohibido fumar"** "défense de fumer"; **"prohibida la entrada"** "entrée interdite"; **dirección prohibida** (*AUTO*) sens *m* interdit.

**prójimo** ['proximo, a] *nm* prochain *m*.

**proletariado** [proleta'rjaðo] *nm* prolétariat *m*.

**proletario, -a** [prole'tarjo, a] *adj, nm/f* prolétaire *m/f*.

**proliferación** [prolifera'θjon] *nf* prolifération *f*; ~ **de armas nucleares** prolifération des armes nucléaires.

**proliferar** [prolife'rar] *vi* proliférer.

**prolífico, -a** [pro'lifiko, a] *adj* prolifique.

**prólogo** ['proloɣo] *nm* prologue *m*.

**prolongación** [prolonga'θjon] *nf* prolonga-

tion *f*.

**prolongado, -a** [prolon'gaðo, a] *adj* (*largo*) prolongé(e); (*alargado*) allongé(e).

**prolongar** [prolon'gar] *vt* prolonger; **prolongarse** *vpr* se prolonger.

**promedio** [pro'meðjo] *nm* moyenne *f*.

**promesa** [pro'mesa] *nf* promesse *f* ♦ *adj*: **jóvenes ~s** jeunes espoirs *mpl*; **faltar a una ~** ne pas tenir une promesse.

**prometer** [prome'ter] *vt*: ~ **hacer algo** promettre de faire qch ♦ *vi* promettre; **prometerse** *vpr* (*dos personas*) se fiancer.

**prometido, -a** [prome'tiðo, a] *adj* promis(e) ♦ *nm/f* promis(e), fiancé(e).

**prominente** [promi'nente] *adj* proéminent(e); (*artista*) en vue; (*político*) important(e).

**promiscuo, -a** [pro'miskwo, a] *adj* (*pey*) (*persona*) de mœurs légères.

**promoción** [promo'θjon] *nf* promotion *f*; ~ **por correspondencia directa** (*COM*) publipostage *m*; **promoción de ventas** promotion des ventes.

**promotor, a** [promo'tor, a] *nm/f* promoteur(-trice).

**promover** [promo'βer] *vt* promouvoir; (*escándalo, juicio*) provoquer.

**promulgar** [promul'ɣar] *vt* promulguer.

**pronombre** [pro'nombre] *nm* pronom *m*.

**pronosticar** [pronosti'kar] *vt* pronostiquer.

**pronóstico** [pro'nostiko] *nm* pronostic *m*; **de ~ leve** au pronostic dénué de toute gravité; **de ~ reservado** au pronostic réservé; **pronóstico del tiempo** prévisions *fpl* météorologiques.

**pronto, -a** ['pronto, a] *adj* (*rápido*) rapide; (*preparado*) prêt(e) ♦ *adv* rapidement; (*dentro de poco*) bientôt; (*temprano*) tôt ♦ *nm* (*impulso*) élan *m*; (: *de ira*) accès *msg*; **al ~** au début; **de ~** tout à coup; **¡hasta ~!** à bientôt; **lo más ~ posible** le plus tôt possible; **por lo ~** pour l'instant; **tan ~ como** dès que.

**pronunciación** [pronunθja'θjon] *nf* (*LING*) prononciation *f*; (*JUR*) prononcé *m*.

**pronunciar** [pronun'θjar] *vt* prononcer; **pronunciarse** *vpr* (*MIL*) se soulever; (*declararse*) se prononcer; ~**se sobre** se prononcer sur.

**propaganda** [propa'ɣanda] *nf* propagande *f*; **hacer ~ de** (*COM*) faire de la propagande pour.

**propagar** [propa'ɣar] *vt* propager; **propa-**

**garse** *vpr* se propager.

**propenso, -a** [pro'penso, a] *adj*: ~ a en-clin(e) à; **ser ~ a hacer algo** être enclin(e) à faire qch.

**propicio, -a** [pro'piθjo, a] *adj* propice.

**propiedad** [propje'ðað] *nf* propriété *f*; **ce-der algo a algn en ~** céder la propriété de qch à qn; **ser ~ de** être propriété de; **con ~** (*hablar*) correctement; **propiedad intelectual** propriété intellectuelle; **pro-piedad particular** propriété privée; **pro-piedad pública** (*COM*) propriété publique.

**propietario, -a** [propje'tarjo, a] *nm/f* pro-priétaire *m*.

**propina** [pro'pina] *nf* pourboire *m*; **dar algo de ~** donner qch en pourboire.

**propio, -a** ['propjo, a] *adj* propre; (*mismo*) en personne; **el ~ ministro** le ministre en personne; **¿tienes casa propia?** as-tu une maison à toi?; **eso es muy ~ de él** c'est bien de lui; **nombre ~** nom *m* propre.

**proponer** [propo'ner] *vt* proposer; **propo-nerse** *vpr*: **~se hacer** se proposer de faire.

**proporción** [propor'θjon] *nf* proportion *f*; **proporciones** *nfpl* (*dimensiones, tb fig*) proportions *fpl*; **en ~ con** en proportion de.

**proporcionado, -a** [proporθjo'naðo, a] *adj* proportionné(e); **bien ~** bien propor-tionné(e).

**proporcionar** [proporθjo'nar] *vt* offrir; (*COM*) fournir; **esto le proporciona una renta anual de ...** cela lui rapporte un re-venu annuel de ...

**proposición** [proposi'θjon] *nf* proposition *f*; **proposiciones deshonestas** proposi-tions malhonnêtes.

**propósito** [pro'posito] *nm* intention *f* ♦ *adv*: **a ~** à propos; **a ~ de** à propos de; **hacer algo a ~** faire qch exprès.

**propuesta** [pro'pwesta] *nf* proposition *f*.

**propulsar** [propul'sar] *vt* (*impulsar*) propul-ser; (*fig*) développer.

**propulsión** [propul'sjon] *nf* propulsion *f*; **~ a chorro** o **por reacción** propulsion par réaction.

**prórroga** ['prorroɣa] *nf* (*de plazo*) proroga-tion *f*; (*DEPORTE*) prolongations *fpl*; (*MIL*) sur-sis *msg*.

**prorrogar** [prorro'ɣar] *vt* (*plazo*) proroger; (*decisión*) différer.

**prorrumpir** [prorrum'pir] *vi*: **~ en lágrimas/carcajadas** éclater en sanglots/

de rire; **el público prorrumpió en aplau-sos** les applaudissements ont fusé dans le public.

**prosa** ['prosa] *nf* (*LIT*) prose *f*.

**proscrito, -a** [pros'krito, a] *pp, adj, nm/f* proscrit(e).

**proseguir** [prose'ɣir] *vt* poursuivre ♦ *vi* poursuivre; (*discusiones etc*) se poursuivre; **~ con algo** poursuivre qch.

**prospección** [prospek'θjon] *nf* prospection *f*.

**prospecto** [pros'pekto] *nm* (*MED*) notice *f*; (*publicidad*) prospectus *msg*.

**prosperar** [prospe'rar] *vi* prospérer.

**prosperidad** [prosperi'ðað] *nf* prospérité *f*.

**próspero, -a** ['prospero, a] *adj* prospère; **~ año nuevo** bonne année!

**prostíbulo** [pros'tiβulo] *nm* bordel *m*.

**prostitución** [prostitu'θjon] *nf* prostitution *f*.

**prostituir** [prosti'twir] *vt* prostituer; **pros-tituirse** *vpr* se prostituer.

**prostituta** [prosti'tuta] *nf* prostituée *f*.

**protagonista** [protaɣo'nista] *nm/f* prota-goniste *m/f*.

**protagonizar** [protaɣoni'θar] *vt* (*película, suceso*) être le/la protagoniste de.

**protección** [protek'θjon] *nf* protection *f*.

**protector, a** [protek'tor, a] *adj* (*barrera, gafas, crema*) de protection; (*tono*) protecteur(-trice) ♦ *nm/f* protecteur(-trice).

**proteger** [prote'xer] *vt* protéger; **prote-gerse** *vpr*: **~se (de)** se protéger (de); **~ contra grabación** o **contra escritura** (*IN-FORM*) protéger contre l'écriture.

**proteína** [prote'ina] *nf* protéine *f*.

**protesta** [pro'testa] *nf* protestation *f*.

**protestante** [protes'tante] *adj* protes-tant(e).

**protestar** [protes'tar] *vt* (*cheque*) protester ♦ *vi* protester; **¡protesto!** je proteste!

**protocolo** [proto'kolo] *nm* protocole *m*; **sin ~s** sans protocole.

**prototipo** [proto'tipo] *nm* prototype *m*.

**prov.** *abr* = **provincia**.

**provecho** [pro'βetʃo] *nm* profit *m*; **¡buen ~!** bon appétit!; **en ~ de** au profit de; **sa-car ~ de** tirer profit de.

**proveer** [proβe'er] *vt* (*suministrar*) fournir; (*preparar*) préparer ♦ *vi*: **~ a** pourvoir à; **proveerse** *vpr*: **~se de** se pourvoir de.

**provenir** [proβe'nir] *vi* provenir.

**proverbio** [pro'βerβjo] *nm* proverbe *m*.

**providencia** [proβi'ðenθja] *nf* providence *f*; **~s** *nfpl* (*disposiciones*) mesures *fpl*.

**provincia** [pro'βinθja] *nf* province *f*; (ADMIN) ≈ département *m*; **un pueblo de ~s** un village de province.

---

provincia

*L'Espagne se compose de 55 divisions administratives, ou provincias, qui couvrent la péninsule ainsi que les îles et les territoires de l'Afrique du nord. Chacune possède une capitale ("capital de provincia"), qui porte en général le même nom que la province. Les provincias sont regroupées en "comunidades autónomas" selon des critères géographiques, historiques et culturels. Il faut préciser que le terme "comarca", qui normalement n'a qu'une signification géographique en espagnol, désigne en Catalogne une division administrative bien précise.*

---

**provinciano, -a** [proβin'θjano, a] (*pey*) *adj* provincial(e).

**provisión** [proβi'sjon] *nf* (*abastecimiento*) provision *f*; (*precaución*) mesure *f*; **provisiones** *nfpl* (*víveres*) provisions *fpl*.

**provisional** [proβisjo'nal] *adj* provisoire.

**provocación** [proβoka'θjon] *nf* provocation *f*.

**provocar** [proβo'kar] *vt* provoquer; (AM): **¿te provoca un café?** ça te dit, un café?

**provocativo, -a** [proβoka'tiβo, a] *adj* provocant(e).

**próximamente** ['proksimamente] *adv* prochainement.

**proximidad** [proksimi'ðað] *nf* proximité *f*; **~es** *nfpl* (*cercanías*) proximité *fsg*.

**próximo, -a** ['proksimo, a] *adj* (*cercano*) proche; (*parada, año*) prochain(e); **en fecha próxima** sous peu.

**proyectar** [projek'tar] *vt* projeter; **proyectarse** *vpr* se projeter.

**proyectil** [projek'til] *nm* projectile *m*; **proyectil teledirigido** projectile télécommandé.

**proyecto** [pro'jekto] *nm* projet *m*; **tener algo en ~** avoir qch en projet; **proyecto de ley** projet de loi.

**proyector** [projek'tor] *nm* projecteur *m*.

**prudencia** [pru'ðenθja] *nf* prudence *f*.

**prudente** [pru'ðente] *adj* prudent(e).

**prueba** ['prweβa] *vb* V **probar** ♦ *nf* (*gen*) épreuve *f*; (*testimonio*) témoignage *m*; (JUR) preuve *f*; (*de ropa*) essayage *m*; **a ~** à l'épreuve; (COM) à l'essai; **a ~ de** à l'épreuve de; **a ~ de agua/fuego** étanche/à l'épreuve du feu; **en ~ de** en témoignage de; **período/fase de ~** période *f*/phase *f* d'essai; **poner/someter a ~** mettre/soumettre à l'épreuve; **¿tiene usted ~ de ello?** en avez-vous la preuve?; **prueba de capacitación** (COM) preuve d'aptitudes; **prueba de fuego** (*fig*) épreuve du feu.

**prurito** [pru'rito] *nm* (*tb fig*) démangeaison *f*.

**psico...** [siko] *pref* psycho...

**psicoanálisis** [sikoa'nalisis] *nm* psychanalyse *f*.

**psicología** [sikolo'xia] *nf* psychologie *f*.

**psicológico, -a** [siko'loxiko, a] *adj* psychologique.

**psicópata** [si'kopata] *nm/f* psychopathe *m/f*.

**psicosis** [si'kosis] *nf inv* psychose *f*.

**psiquiatra** [si'kjatra] *nm/f* psychiatre *m/f*.

**psiquiátrico, -a** [si'kjatriko, a] *adj* psychiatrique.

**psíquico, -a** ['sikiko, a] *adj* psychique.

**PSOE** [pe'soe] *sigla m* = *Partido Socialista Obrero Español*.

**Pta.** *abr* (GEO = *Punta*) pte (= *pointe*).

**pta(s).** *abr* = *peseta(s)*.

**pts.** *abr* = *pesetas*.

**púa** ['pua] *nf* (*de planta*) piquant *m*; (*de peine*) dent *f*; (*para guitarra*) médiator *m*; **alambre de ~s** fil *m* de fer barbelé.

**pubertad** [puβer'tað] *nf* puberté *f*.

**publicación** [puβlika'θjon] *nf* publication *f*.

**publicar** [puβli'kar] *vt* publier.

**publicidad** [puβliθi'ðað] *nf* publicité *f*; **dar ~ a** rendre public(-ique); **publicidad en el punto de venta** publicité sur le point de vente.

**publicitario, -a** [puβliθi'tarjo, a] *adj* publicitaire.

**público, -a** ['puβliko, a] *adj* public(-ique) ♦ *nm* public *m*; **el gran ~** le grand public; **en ~** en public; **hacer ~** (*difundir*) rendre public; **~ objetivo** (COM) public ciblé.

**puchero** [pu'tʃero] *nm* (CULIN: *olla*) marmite *f*; (: *guiso*) pot-au-feu *m*; **hacer ~s** bouder.

**púdico, -a** ['puðiko, a] *adj* pudique.

**pudiendo** *etc* [pu'ðjendo] *vb* V **poder**.

**pudor** [pu'ðor] *nm* pudeur *f*.

**pudrir** [pu'ðrir] *vt* pourrir; **pudrirse** *vpr* pourrir.

**pueblo** ['pweβlo] *vb* V **poblar** ♦ *nm* peuple *m*; (*población pequeña*) village *m*; **pueblo joven** ~ quartier *m* de bidonvilles.

**pueda** *etc* ['pweða] *vb* V **poder**.

**puente** ['pwente] *nm* (*gen*) pont *m*; (*de gafas*) arcade *f*; (*de dientes*) bridge *m*; (NÁUT: *tb*: ~ **de mando**) passerelle *f*; **curso** ~ (ESCOL) cours *msg* d'adaptation; **hacer** ~ (*fam*) faire le pont; **puente aéreo/ colgante** pont aérien/suspendu; **puente levadizo** pont-levis *m*.

**puerco, -a** ['pwerko, a] *adj* cochon(ne) ♦ *nm/f* (ZOOL) porc(truie); (*fam*) porc (cochonne); **puerco espín** porc-épic *m*.

**pueril** [pwe'ril] *adj* puéril.

**puerro** ['pwerro] *nm* poireau *m*.

**puerta** ['pwerta] *nf* porte *f*; (*de coche*) portière *f*; (*de jardín*) portail *m*, porte *f*; (*portería*: DEPORTE) but *m*; (INFORM) port *m*; **a** ~ **cerrada** à huis clos; **puerta batiente/ blindada/corredera** porte battante/ blindée/coulissante; **puerta de servicio** porte de service; **puerta (de transmisión) en paralelo/en serie** (INFORM) port parallèle/série; **puerta giratoria** tourniquet *m*, porte à tambour; **puerta principal/trasera** porte d'entrée/de derrière.

**puerto** ['pwerto] *nm* (*tb* INFORM) port *m*; (*de montaña*) col *m*; **llegar a** ~ (*fig*) arriver à bon port; **puerto franco** port franc.

**puertorriqueño, -a** [pwertorri'keɲo, a] *adj* portoricain(e) ♦ *nm/f* Portoricain(e).

**pues** [pwes] *conj* (*en tal caso*) donc; (*puesto que*) car ♦ *adv* (*así que*) donc; ¡~ **claro!** bien sûr!; ~ ... **no sé** eh bien ... je ne sais pas; ~ **sí** eh bien, oui!

**puesta** ['pwesta] *nf*: ~ **a cero** (INFORM) reinitialisation *f*; **puesta al día/a punto** mise *f* à jour/au point; **puesta del sol** coucher *m* du soleil; **puesta en escena** mise en scène; **puesta en marcha** mise en marche.

**puesto, -a** ['pwesto, a] *pp de* **poner** ♦ *adj*: **ir bien/muy** ~ être bien habillé/tiré à quatre épingles ♦ *nm* (*tb* MIL) poste *m*; (: *en clasificación*) rang *m*; (*tb*: ~ **de trabajo**) poste *m*; (COM: *en mercado*) étal *m*, éventaire *m*; (: *de flores, periódicos*) kiosque *m* ♦ *conj*: ~ **que** puisque; **puesto de mando/policía/socorro** poste de commandement/police/secours.

**pugna** ['puɣna] *nf* lutte *f*.

**pugnar** [puɣ'nar] *vi*: ~ **por** lutter pour.

**pujar** [pu'xar] *vi* (*en subasta*) surenchérir; (*fig*) faire un effort.

**pulcro, -a** ['pulkro, a] *adj* propre.

**pulga** ['pulɣa] *nf* puce *f*; **tener malas ~s** avoir mauvais caractère.

**pulgada** [pul'ɣaða] *nf* (*medida*) pouce *m*.

**pulgar** [pul'ɣar] *nm* pouce *m*.

**pulir** [pu'lir] *vt* (*tb fig*) polir.

**pulla** ['puʎa] *nf* (*broma*) pique *f*.

**pulmón** [pul'mon] *nm* poumon *m*; **a pleno** ~ à pleins poumons; **pulmón artificial/ de acero** poumon artificiel/d'acier.

**pulmonía** [pulmo'nia] *nf* pneumonie *f*.

**pulpa** ['pulpa] *nf* pulpe *f*.

**pulpería** [pulpe'ria] (AM) *nf* épicerie *f*.

**púlpito** ['pulpito] *nm* (REL) chaire *f*.

**pulpo** ['pulpo] *nm* poulpe *m*.

**pulsación** [pulsa'θjon] *nf* pulsation *f*; **pulsaciones por minuto** (*del teclado*) caractères *mpl* par minute.

**pulsar** [pul'sar] *vt* (*tecla*) frapper; (*botón*) appuyer sur ♦ *vi* (*latir*) battre.

**pulsera** [pul'sera] *nf* bracelet *m*; **reloj de** ~ montre-bracelet *f*.

**pulso** ['pulso] *nm* (MED) pouls *msg*; (COL: *pulsera*) bracelet *m*; (: *reloj de pulsera*) montre-bracelet *m*; **a** ~ (*tb fig*) à la force du poignet; **con** ~ **firme** de propos délibéré; **echar un** ~ faire un bras de fer.

**pulverizador** [pulβeriθa'ðor] *nm* pulvérisateur *m*.

**pulverizar** [pulβeri'θar] *vt* pulvériser.

**puna** ['puna] (AND, CSUR) *nf* (MED) puna *f*.

**punitivo, -a** [puni'tiβo, a] *adj* punitif(-ive).

**punta** ['punta] *nf* pointe *f*; (*de lengua, dedo*) bout *m*; (*fig: toque*) brin *m*; **horas** ~ heures *fpl* de pointe; **tecnología** ~ technologie *f* de pointe; **de** ~ debout; **de** ~ **a** ~ d'un bout à l'autre; **estar de** ~ être à bout; **ir de** ~ **en blanco** être tiré à quatre épingles; **sacar** ~ **a** (*lápiz*) tailler; **sacarle** ~ **a todo** chercher la petite bête; **tener algo en la** ~ **de la lengua** avoir qch sur le bout de la langue; **se me pusieron los pelos de** ~ j'en ai eu les cheveux qui se sont dressés sur la tête; **punta del iceberg** (*fig*) pointe de l'iceberg.

**puntada** [pun'taða] *nf* (COSTURA) point *m*.

**puntal** [pun'tal] *nm* étai *m*.

**puntapié** [punta'pje] (*pl* ~**s**) *nm* coup *m* de

pied; **echar a algn a ~s** éjecter qn à coups de pied aux fesses.

**puntear** [punte'ar] vt (*dibujar*) pointiller; (*MÚS*) pincer.

**puntería** [punte'ria] nf (*de arma*) visée f; (*destreza*) précision f.

**puntero, -a** [pun'tero, a] adj (*industria, país*) de pointe ♦ nm (*vara*) baguette f.

**puntiagudo, -a** [puntja'ɣuðo, a] adj pointu(e).

**puntilla** [pun'tiʎa] nf (*COSTURA*) dentelle f fine; **(andar) de ~s** (marcher) sur la pointe des pieds.

**punto** ['punto] nm point m; **a ~** (*listo*) au point; **estar a ~ de** être sur le point de; **llegar a ~** arriver à point; **al ~** immédiatement; **dos ~s** (*TIP*) deux points; **de ~** tricoté(e); **en ~** (*horas*) pile; **estar en su ~** (*CULIN*) être à point; **hasta cierto ~** jusqu'à un certain point; **hasta tal ~ que** à tel point que; **hacer ~** tricoter; **poner un motor a ~** mettre un moteur au point; **~s a tratar** points à traiter; **punto acápite** (*AM*), à la ligne; **punto culminante** point culminant; **punto de apoyo** point d'appui; **punto débil** point faible; **punto de congelación** point de congélation; **punto de equilibrio** (*COM*) seuil m de rentabilité; **punto de fusión** point de fusion; **punto de partida** point de départ; **punto de pedido** (*COM*) seuil de réapprovisionnement; **punto de referencia** (*COM*) point de référence; **punto de salida** (*INFORM*) point de départ; **punto de venta** (*COM*) point de vente; **punto de vista** point de vue; **punto final** point final; **punto muerto** point mort; **punto negro** (*AUTO*) point noir; **puntos suspensivos** points de suspension; **punto y coma** point-virgule m.

**puntuación** [puntwa'θjon] nf (*signos*) ponctuation f; (*puntos*) points mpl.

**puntual** [pun'twal] adj ponctuel(le).

**puntualidad** [puntwali'ðað] nf ponctualité f.

**puntualizar** [puntwali'θar] vt préciser.

**puntuar** [pun'twar] vt (*LING, TIP*) ponctuer; (*examen*) noter ♦ vi (*DEPORTE*) compter.

**punzada** [pun'θaða] nf (*puntura*) piqûre f; (*dolor*) élancement m.

**punzante** [pun'θante] adj (*dolor*) aigu(ë), lancinant(e); (*herramienta*) pointu(e); (*comentario*) piquant(e).

**punzar** [pun'θar] vt (*pinchar*) piquer ♦ vi (*doler*) élancer.

**puñado** [pu'ɲaðo] nm poignée f; **a ~s** à foison.

**puñal** [pu'ɲal] nm poignard m.

**puñalada** [puɲa'laða] nf coup m de poignard; **una ~ trapera** (*fig*) un coup de Jarnac.

**puñetazo** [puɲe'taθo] nm coup m de poing.

**puño** ['puɲo] nm (*ANAT*) poing m; (*de ropa*) poignet m; (*de herramienta*) manche m; **como un ~** (*verdad*) flagrant(e); **de su ~ y letra** de sa main; **tener el corazón en un ~** avoir le cœur gros.

**pupila** [pu'pila] nf (*ANAT*) pupille f.

**pupitre** [pu'pitre] nm pupitre m.

**puré** [pu're] nm (*CULIN*) purée f; **estar hecho ~** (*fig*) être à bout de forces; **puré de patatas/de verduras** purée de pommes de terre/de légumes.

**pureza** [pu'reθa] nf pureté f.

**purga** ['purɣa] nf purge f.

**purgante** [pur'ɣante] adj purgatif(-ive) ♦ nm purgatif m.

**purgar** [pur'ɣar] vt purger; **purgarse** vpr se purger.

**purgatorio** [purɣa'torjo] nm purgatoire m.

**purificar** [purifi'kar] vt purifier.

**puritano, -a** [puri'tano, a] adj, nm/f puritain(e).

**puro, -a** ['puro, a] adj pur(e); (*esp MÉX*) même ♦ nm (*tabaco*) cigare m ♦ adv (*esp MÉX*) uniquement; **de ~ cansado** à force de fatigue; **por pura casualidad/curiosidad** par pur hasard/pure curiosité.

**púrpura** ['purpura] nf pourpre f.

**purpúreo, -a** [pur'pureo, a] adj pourpré(e).

**pus** [pus] nm pus msg.

**puse** etc ['puse] vb V **poner**.

**pústula** ['pustula] nf pustule f.

**puta** ['puta] (*fam!*) nf putain f, pute f (*fam!*); **de ~ madre** du tonnerre.

**putrefacción** [putrefak'θjon] nf putréfaction f.

**PVC** sigla m (= *polyvinyl-chloride*) PVC m.

**PVP** (*ESP*) sigla m = *Precio de Venta al Público*.

**pyme** ['pime] sigla f (= *Pequeña y Mediana Empresa*) PME f (= *petites et moyennes entreprises*).

# Q q

PALABRA CLAVE

**que** [ke] *pron rel* **1** *(sujeto)* qui; **el hombre que vino ayer** l'homme qui est venu hier **2** *(objeto)* que; **el sombrero que te compraste** le chapeau que tu t'es acheté; **la chica que invité** la fille que j'ai invitée **3** *(circunstancial, con prep)*: **el día que yo llegué** le jour où je suis arrivé; **el piano con que toca** le piano sur lequel il joue; **el libro del que te hablé** le livre dont je t'ai parlé; **la cama en que dormí** le lit dans lequel j'ai dormi; *V tb* **el**

♦ *conj* **1** *(con oración subordinada)* que; **dijo que vendría** il a dit qu'il viendrait; **espero que lo encuentres** j'espère que tu le retrouveras; *V tb* **el**

**2** *(con verbo de mandato)*: **dile que me llame** dis-lui de m'appeler

**3** *(en oración independiente)*: **¡que entre!** qu'il(elle) entre!; **¡que se mejore tu padre!** j'espère que ton père ira mieux!; **que lo haga él** qu'il le fasse, lui; **que yo sepa** que je sache

**4** *(enfático)*: **¿me quieres? - ¡que sí!** tu m'aimes? - oh oui!

**5** *(repetición)*: **¿cómo has dicho? - ¿que si ...?** qu'est-ce que tu disais? - que si ...?

**6** *(consecutivo)* que; **es tan grande que no lo puedo levantar** c'est si gros que je ne peux pas le soulever

**7** *(en comparaciones)* que; **es más alto que tú** il est plus grand que toi; **ese libro es igual que el otro** ce livre est pareil que l'autre; *V tb* **más**; **menos**; **mismo**

**8** *(valor disyuntivo)*: **que venga o que no venga** qu'il vienne ou qu'il ne vienne pas

**9** *(porque)*: **no puedo, que tengo que quedarme en casa** je ne peux pas, je dois rester à la maison

**10** *(valor condicional)*: **que no puedes, no lo haces** si tu ne peux pas, ne le fais pas

**11** *(valor final)*: **sal a que te vea** sors pour que je te voie

**12**: **todo el día toca que toca** il joue toute la sainte journée; **y él dale que dale** *(hablando)* et lui qui n'arrêtait pas

**13**: **yo que tú ...** si j'étais toi ...

**qué** [ke] *adj* quel(le) ♦ *pron* que, quoi; **¿~ edad tienes?** quel âge as-tu?; **¿a ~ velocidad?** à quelle vitesse?; **¡~ divertido/ asco!** comme c'est drôle/dégoûtant!; **¡~ día más espléndido!** quelle journée splendide!; **¿~?** quoi?; **¿~ quieres?** qu'est-ce que tu veux?; **¿de ~ me hablas?** de quoi me parles-tu?; **¿~ tal?** *(comment)* ça va?; **¿~ hay de nuevo?** quoi de neuf?; **¿~ más?** autre chose?; **no sé ~ quiere hacer** je ne sais pas ce qu'il veut faire; **¡y ~!** et alors!

**quebradizo, -a** [keβra'ðiθo, a] *adj* cassant(e); *(persona, salud)* fragile.

**quebrado, -a** [ke'βraðo, a] *adj (roto)* cassé(e); *(línea)* brisé(e); *(terreno)* accidenté(e) ♦ *nm/f (COM)* failli(e) ♦ *nm (MAT)* fraction *f*; **~ rehabilitado** failli réhabilité.

**quebrantar** [keβran'tar] *vt (moral)* casser; *(ley, secreto, promesa)* violer; *(salud)* affaiblir; **quebrantarse** *vpr (persona, fuerzas)* s'affaiblir.

**quebranto** [ke'βranto] *nm (en salud)* affaiblissement *m*; *(en fortuna)* perte *f*; *(fig: pena)* affliction *f*.

**quebrar** [ke'βrar] *vt* casser ♦ *vi* faire faillite; **quebrarse** *vpr* se casser; *(línea, cordillera)* se briser; *(MED: herniarse)* se faire une hernie; **se le quebró la voz** sa voix s'est brisée.

**quedar** [ke'ðar] *vi* rester; *(encontrarse)* se donner rendez-vous; **quedarse** *vpr* rester; **~ en** convenir de; **~ en nada** ne pas aboutir; **~ por hacer** rester à faire; **no te queda bien ese vestido** cette robe ne te va pas bien; **quedamos aquí** on se retrouve là; **quedamos a las seis** *(en pasado)* on a dit 6 heures; *(en presente)* on se voit à 6 heures; **eso queda muy lejos** c'est très loin; **nos quedan 12 kms para llegar al pueblo** il nous reste encore 12 km avant d'arriver au village; **quedan dos horas** il reste deux heures; **eso queda por/hacia allí** c'est par là; **ahí quedó la cosa** la chose en est restée là; **no queda otra** il n'y en a plus; **~se ciego/mudo** devenir aveugle/muet; **~se (con) algo** garder qch; **~se con algn** *(fam)* taquiner qn; **~se sin** ne plus avoir de.

**quedo, -a** ['keðo, a] *adj (voz)* bas(basse); *(pasos)* feutré(e) ♦ *adv (hablar)* doucement; (andar) à pas feutrés.

**quehacer** [kea'θer] nm tâche f; ~es (domésticos) tâches fpl (domestiques).

**queja** ['kexa] nf plainte f.

**quejarse** [ke'xarse] vpr se plaindre; ~ de que ... se plaindre que ...

**quejido** [ke'xiðo] nm gémissement m, plainte f.

**quemado, -a** [ke'maðo, a] adj brûlé(e) ♦ nm: oler a ~ sentir le brûlé; estar ~ (fam: irritado) être en pétard; (: político, actor) être fini.

**quemadura** [kema'ðura] nf brûlure f; (de sol) coup m de soleil.

**quemar** [ke'mar] vt brûler; (fig: malgastar) gâcher; (: deteriorar: imagen, persona) détruire; (fastidiar) agacer ♦ vi brûler; **quemarse** vpr (consumirse) brûler; (del sol) attraper un coup o des coups de soleil.

**quemarropa** [kema'rropa]: **a ~** adv (disparar) à bout portant; (preguntar) à brûlepourpoint.

**quepo** etc ['kepo] vb V **caber**.

**querella** [ke'reʎa] nf (JUR) plainte f; (disputa) querelle f.

**querellarse** [kere'ʎarse] vpr porter plainte.

─────────────────
│ PALABRA CLAVE
─────────────────

**querer** [ke'rer] vt 1 (desear) vouloir; **quiero más dinero** je veux plus d'argent; **quisiera o querría un té** je voudrais un thé; **sin querer** sans le vouloir; **quiera o no quiera** qu'il le veuille ou non; **¡no quiero!** je ne veux pas!; **como Ud quiera** comme vous voudrez; **como quien no quiere la cosa** mine de rien; **¡qué más quisiera yo!** si seulement je pouvais!

**2** (+ vb dependiente): **quiero ayudar/que vayas** je veux aider/que tu t'en ailles; **¿qué quieres decir?** que veux-tu dire?

**3** (para pedir algo): **¿quiere abrir la ventana?** vous voulez bien ouvrir la fenêtre?

**4** (amar): (amigo, perro) aimer bien; **quiere mucho a sus hijos** elle aime beaucoup ses enfants; **te quiero bien** je ne veux que ton bien; **¡por lo que más quieras!** je t'en prie!

**5** (requerir): **esta planta quiere más luz** cette plante a besoin de plus de lumière

**6** (impersonal): **quiere llover** il va pleuvoir

**7**: **como quiera que ...** (dado que) puisque ..., comme ...

**querido, -a** [ke'riðo, a] adj (mujer, hijo) chéri(e); (tierra, amigo, en carta) cher (chère) ♦ nm/f amant(e); **nuestra querida patria** notre chère patrie; **¡sí, ~!** oui, chéri!

**queso** ['keso] nm fromage m; **dárselas con ~ a algn** (fam) mener qn en bateau; **queso cremoso** fromage crémeux; **queso rallado** fromage râpé.

**quicio** ['kiθjo] nm gond m; **estar fuera de ~** aller de travers; **sacar a algn de ~** mettre qn hors de soi.

**quiebra** ['kjeβra] nf effondrement m; (COM) faillite f.

**quiebro** ['kjeβro] vb V **quebrar** ♦ nm (del cuerpo) déhanchement m; (del torero) écart m.

**quien** [kjen] pron (relativo: sujeto) qui; (: complemento) qui, que; **la persona a ~ quiero** la personne que j'aime; **~ dice eso es tonto** (indefinido) celui qui dit cela est un idiot; **hay ~ piensa que** il y a des gens qui pensent que; **no hay ~ lo haga** il n'y a personne qui le fasse; **~ más, ~ menos tiene sus problemas** tout le monde a des problèmes.

**quién** [kjen] pron (interrogativo) qui; **¿~ es?** qui est-ce?; (TELEC) qui est à l'appareil?; **¡~ pudiera!** si seulement je pouvais!

**quienquiera** [kjen'kjera] (pl **quienesquiera**) pron quiconque.

**quiera** etc ['kjera] vb V **querer**.

**quieto, -a** ['kjeto, a] adj (manos, cuerpo) immobile; (carácter) tranquille; **¡estate ~!** reste tranquille!

**quietud** [kje'tuð] nf (inmovilidad) immobilité f; (tranquilidad) tranquillité f, quiétude f.

**quilate** [ki'late] nm carat m.

**quilla** ['kiʎa] nf quille f.

**quimera** [ki'mera] nf chimère f.

**química** ['kimika] nf chimie f.

**químico, -a** ['kimiko, a] adj chimique ♦ nm/f chimiste m/f.

**quince** ['kinθe] adj inv, nm inv quinze m inv; **~ días** quinze jours; V tb **seis**.

**quinceañero, -a** [kinθea'ɲero, a] adj adolescent(e) ♦ nm/f garçon(fille) de quinze ans, adolescent(e).

**quincena** [kin'θena] nf quinzaine f.

**quincenal** [kinθe'nal] adj (pago, reunión) bimensuel(le).

**quiniela** [ki'njela] nf (impreso) grille f o

feuille f de paris; **~s** ≈ Loto *msg* sportif; **quiniela hípica** ≈ tiercé *m*.

**quinientos, -as** [ki'njentos, as] *adj* cinq cents; *V tb* **seiscientos**.

**quinina** [ki'nina] *nf* quinine f.

**quinto, -a** ['kinto, a] *adj* cinquième ♦ *nm* (MIL) recrue f; (*ordinal*) cinquième *m*; *V tb* **sexto**.

**quiosco** ['kjosko] *nm* kiosque *m*.

**quirófano** [ki'rofano] *nm* salle f d'opération.

**quirúrgico, -a** [ki'rurxiko, a] *adj* chirurgical.

**quise** *etc* ['kise] *vb V* **querer**.

**quisquilloso, -a** [kiski'ʎoso, a] *adj* (*susceptible*) chatouilleux(-euse); (*meticuloso*) pointilleux(-euse).

**quiste** ['kiste] *nm* kyste *m*.

**quitaesmalte** [kitaes'malte] *nm* dissolvant *m*.

**quitamanchas** [kita'mantʃas] *nm inv* détachant *m*.

**quitanieves** [kita'njeβes] *nm inv* chasseneige *m inv*.

**quitar** [ki'tar] *vt* enlever; (*ropa*) enlever, ôter; (*dolor*) éliminer; (*vida*) donner la mort à ♦ *vi*: ¡**quita de ahí!** hors d'ici!; **quitarse** *vpr* (*mancha*) partir; (*ropa*) ôter; (*vida*) se donner la mort; **de quita y pon** amovible; **quítalo di ahí** enlève ça de là; **me quita mucho tiempo** cela me prend beaucoup de temps; **~ la televisión/radio** éteindre la télévision/radio; **~ la mesa** débarrasser la table; **el café me quita el sueño** le café m'empêche de dormir; **~ de en medio a algn** se débarrasser de qn; **eso no quita para que venga** cela ne l'empêche pas de venir; **~se algo de encima** se débarrasser de qch; **~se del tabaco/de fumar** arrêter de fumer; **se quitó el sombrero** il ôta son chapeau; **~se de** renoncer à.

**quite** ['kite] *nm* (*esgrima*) parade f; (TAUR) action de détourner l'attention du taureau; **estar al ~** être prêt à aider qn.

**Quito** ['kito] *n* Quito.

**quizá(s)** [ki'θa(s)] *adv* peut-être.

**rábano** ['raβano] *nm* radis *msg*; **me importa un ~** je m'en moque comme de l'an quarante.

**rabia** ['raβja] *nf* rage f; ¡**qué ~!** c'est trop bête!; **me da ~** cela me fait rager; **tener ~ a algn** avoir une dent contre qn; **me da ~ marcharme** je dois partir, c'est trop bête!

**rabiar** [ra'βjar] *vi* (MED) avoir la rage; **~ por hacer algo** mourir d'envie de faire qch.

**rabieta** [ra'βjeta] *nf* crise f de colère.

**rabino** [ra'βino] *nm* rabbin *m*.

**rabioso, a** [ra'βjoso, a] *adj* (*perro*) enragé(e); (*dolor, ganas*) fou(folle); **estar ~** (*fig*) être enragé(e).

**rabo** ['raβo] *nm* queue f.

**racha** ['ratʃa] *nf* (*de viento*) rafale f; (*serie*) suite f; **buena/mala ~** bonne/mauvaise passe f; **~ de mala suerte** série f de malchances.

**racial** [ra'θjal] *adj* racial(e).

**racimo** [ra'θimo] *nm* grappe f.

**raciocinio** [raθjo'θinjo] *nm* raisonnement *m*.

**ración** [ra'θjon] *nf* ration f; (*en bar*) portion f.

**racional** [raθjo'nal] *adj* rationnel(le); **animal ~** être *m* doué de raison.

**racionalizar** [raθjonali'θar] *vt* rationaliser.

**racionar** [raθjo'nar] *vt* rationner.

**racismo** [ra'θismo] *nm* racisme *m*.

**racista** [ra'θista] *adj*, *nm/f* raciste *m/f*.

**radar** [ra'ðar], **rádar** ['raðar] *nm* radar *m*.

**radiactivo, -a** *adj* = **radioactivo**.

**radiador** [raðja'ðor] *nm* radiateur *m*.

**radiante** [ra'ðjante] *adj* radieux(-euse).

**radical** [raði'kal] *adj* radical(e) ♦ *nm* (LING, MAT) radical *m*.

**radicar** [raði'kar] *vi*: **~ en** (*consistir*) résider en; (*estar situado*) être basé à; **radicarse** *vpr* s'établir.

**radio** ['raðjo] *nf* (AM: *a veces nm*) radio f ♦ *nm* rayon *m*; **por ~** à la radio; **radio de acción** rayon d'action.

**radioactividad** [raðjoaktiβi'ðað] *nf* radioactivité f.

**radioactivo, -a** [raðjoak'tiβo, a] *adj* radioactif(-ive).

**radiocasete** [raðjoca'sete] *nm* radiocassette *m*.

**radiodifusión** [raðjodifu'sjon] *nf* radiodiffusion *f*.

**radioemisora** [raðjoemi'sora] *nf* station *f* (de radio).

**radiografía** [raðjoɣra'fia] *nf* radiographie *f*.

**radiotaxi** [raðjo'taksi] *nm* radio-taxi *m*.

**radioterapia** [raðjote'rapja] *nf* radiothérapie *f*.

**radioyente** [raðjo'jente] *nm/f* auditeur (-trice).

**ráfaga** ['rafaɣa] *nf* rafale *f*; (*de luz*) jet *m*.

**raído, -a** [ra'iðo, a] *adj* (*ropa*) râpé(e).

**raigambre** [rai'ɣambre] *nf* racines *fpl*.

**raíz** [ra'iθ] (*pl* **raíces**) *nf* racine *f*; ~ **cuadrada** racine carrée; **a** ~ **de** (*como consecuencia de*) à la suite de; (*después de*) après; **echar raíces** (*fig*) prendre racine.

**raja** ['raxa] *nf* (*de melón, limón*) tranche *f*; (*en tela, plástico*) coupure *f*; (*en muro, madera*) fissure *f*.

**rajar** [ra'xar] *vt* (*tela*) couper; (*madera*) fendre; (*fam: herir*) entailler ♦ *vi* (*fam*) jacasser; **rajarse** *vpr* se fendre; (*fam*) se dégonfler.

**rajatabla** [raxa'taβla]: **a** ~ *adv* à la lettre.

**rallador** [raʎa'ðor] *nm* râpe *f*.

**rallar** [ra'ʎar] *vt* râper.

**rama** ['rama] *nf* branche *f*; **andarse** *o* **irse por las** ~**s** (*fig, fam*) tourner autour du pot.

**ramaje** [ra'maje] *nm* ramage *m*.

**ramal** [ra'mal] *nm* (*de cuerda*) brin *m*; (*FERRO*) embranchement *m*; (*AUTO*) bretelle *f*.

**rambla** ['rambla] *nf* rambla *f*.

**ramificación** [ramifika'θjon] *nf* ramification *f*.

**ramificarse** [ramifi'karse] *vpr* se ramifier.

**ramillete** [rami'ʎete] *nm* bouquet *m*.

**ramo** ['ramo] *nm* bouquet *m*; (*de industria*) branche *f*.

**rampa** ['rampa] *nf* rampe *f*; **rampa de acceso** rampe d'accès; **rampa de lanzamiento** rampe de lancement.

**ramplón, -ona** [ram'plon, ona] *adj* vulgaire.

**rana** ['rana] *nf* grenouille *f*; **salir** ~ (*fam*) échouer; **cuando las** ~**s críen pelo** quand les poules auront des dents.

**ranchero** [ran'tʃero] *nm* (*AM*) fermier *m*; (*MÉX*) paysan *m*.

**rancho** ['rantʃo] *nm* (*comida*) popote *f*; (*AM*) ranch *m*; (*: pequeño*) petite ferme *f*; (*choza*) cabane *f*; ~**s** *nmpl* (*VEN: barrio de chabolas*) bidonvilles *mpl*.

**rancio, -a** ['ranθjo, a] *adj* rance; (*vino, fig*) vieux(vieille).

**rango** ['rango] *nm* rang *m*.

**ranura** [ra'nura] *nf* rainure *f*; (*de teléfono*) fente *f*; **ranura de expansión** (*INFORM*) emplacement *m*.

**rapar** [ra'par] *vt* raser.

**rapaz** [ra'paθ] *adj* (*ave*) de proie ♦ *nf* (*tb fig*) rapace *m* ♦ *nm* gamin *m*.

**rape** ['rape] *nm* (*pez*) baudroie *f*; **al** ~ ras *inv*.

**rapé** [ra'pe] *nm* chique *f*.

**rapero, -a** [ra'pero, a] *adj* rap ♦ *nm/f* rappeur(-euse).

**rapidez** [rapi'ðeθ] *nf* rapidité *f*.

**rápido, -a** ['rapiðo, a] *adj* rapide ♦ *adv* rapidement ♦ *nm* (*FERRO*) rapide *m*; ~**s** *nmpl* (*de río*) rapides *mpl*.

**rapiña** [ra'piɲa] *nm* rapine *f*; **ave de** ~ oiseau *m* de proie.

**raptar** [rap'tar] *vt* enlever.

**rapto** ['rapto] *nm* rapt *m*, enlèvement *m*; (*impulso*) accès *msg*; (*éxtasis*) transport *m*, ravissement *m*.

**raqueta** [ra'keta] *nf* raquette *f*.

**raquítico, -a** [ra'kitiko, a] *adj* rachitique.

**raquitismo** [raki'tismo] *nm* rachitisme *m*.

**rareza** [ra'reθa] *nf* rareté *f*; (*fig*) manie *f*.

**raro, -a** ['raro, a] *adj* rare; (*extraño*) curieux(-euse); **¡qué** ~**!** que c'est curieux!; **¡qué cosa más rara!** comme c'est bizarre!

**ras** [ras] *nm*: **a** ~ **de tierra/del suelo** à ras de terre/au ras du sol.

**rascacielos** [raska'θjelos] *nm inv* gratte-ciel *m inv*.

**rascar** [ras'kar] *vt* gratter; (*raspar*) racler; **rascarse** *vpr* se gratter.

**rasgar** [ras'ɣar] *vt* déchirer.

**rasgo** ['rasɣo] *nm* trait *m*; ~**s** *nmpl* (*de rostro*) traits *mpl*; **a grandes** ~**s** à grands traits.

**rasguñar** [rasɣu'ɲar] *vt* égratigner; **rasguñarse** *vpr* s'égratigner.

**rasguño** [ras'ɣuɲo] *nm* égratignure *f*.

**raso, -a** ['raso, a] *adj* ras(e) ♦ *nm* satin *m*; **cielo** ~ ciel *m* dégagé; **al** ~ à la belle étoile.

**raspadura** [raspa'ðura] *nf* (*de pintura*) grattage *m*; (*marca*) rayure *f*; ~**s** *nfpl* (*restos*) restes *mpl*.

**raspar** [ras'par] *vt* gratter; (*arañar*) rayer; (*limar*) râper ♦ *vi* être rugueux(-euse); (*vino*) être râpeux(-euse).

**rastra** ['rastra] *nf*: **a ~s** en traînant; (*fig*) à contrecœur.

**rastreador, a** [rastrea'ðor, a] *adj*: **perro ~** chien *m* d'arrêt ♦ *nm* (*de huellas, pistas*) pisteur *m*; **rastreador de minas** dragueur *m* de mines.

**rastrear** [rastre'ar] *vt* (*pista*) suivre; (*minas*) draguer.

**rastrero, -a** [ras'trero, a] *adj* (*BOT*) grimpant(e); (*ZOOL, fig*) rampant(e).

**rastro** ['rastro] *nm* trace *f*; (*AGR*) râteau *m*; (*mercado*) marché *m* aux puces; **el R~** le *marché aux puces de Madrid*; **perder el ~** perdre la trace; **desaparecer sin dejar ~** disparaître sans laisser de traces; **¡ni ~!** pas la moindre trace!

**rastrojo** [ras'troxo] *nm* chaume *m*.

**rasurarse** [rasu'rarse] (*AM*) *vpr* se raser.

**rata** ['rata] *nf* rat *m*.

**ratear** [rate'ar] *vt* voler.

**ratero, -a** [ra'tero, a] *nm/f* voleur(-euse); (*AM: de casas*) cambrioleur(-euse).

**ratificar** [ratifi'kar] *vt* ratifier; **ratificarse** *vpr*: **~se en algo** réaffirmer qch.

**rato** ['rato] *nm* moment *m*; **a ~s** par moments; **de a ~s** (*ARG*) de temps en temps; **al poco ~** peu après; **~s libres** o **de ocio** moments de loisir; **¡hasta otro ~!** à la prochaine!; **hay para ~** en a pour un bon bout de temps; **pasar el ~** passer le temps; **pasar un buen/mal ~** passer un bon/mauvais moment.

**ratón** [ra'ton] *nm* (*tb INFORM*) souris *fsg*.

**ratonera** [rato'nera] *nf* souricière *f*.

**raudal** [rau'ðal] *nm* torrent *m*; **a ~es** à flots; **entrar a ~es** entrer à flots.

**raya** ['raja] *nf* raie *f*; (*en tela*) rayure *f*; (*TIP*) tiret *m*; (*de droga*) ligne *f*; **a ~s** à rayures; **pasarse de la ~** dépasser les bornes; **tener a ~** tenir en respect.

**rayar** [ra'jar] *vt* rayer ♦ *vi*: **~ en** o **con** confiner à o avec; (*parecerse a*) friser; **raya en la cincuentena** il frise la cinquantaine; **al ~ el alba** au point du jour.

**rayo** ['rajo] *nm* rayon *m*; (*en una tormenta*) foudre *f*; **ser un ~** (*fig*) être très vif(vive); **como un ~** comme un éclair; **la noticia cayó como un ~** la nouvelle a fait l'effet d'une bombe; **pasar como un ~** passer

comme un éclair; **rayo de luna** rayon de lune; **rayo solar** o **de sol** rayon de soleil; **rayos infrarrojos** rayons *mpl* infrarouges; **rayos X** rayons X.

**raza** ['raθa] *nf* race *f*; **de pura ~** (*animal*) de race; **raza humana** race humaine.

**razón** [ra'θon] *nf* raison *f*; (*MAT*) relation *f*; **a ~ de 10 cada día** à raison de 10 par jour; **"~: aquí"** "s'adresser ici"; **en ~ de** en raison de; **en ~ directa con** en relation directe avec; **perder la ~** perdre la raison; **entrar en ~** entendre raison; **dar la ~ a algn** donner raison à qn; **dar ~ de** renseigner sur; **¡y con ~!** et pour cause!; **tener/ no tener ~** avoir/ne pas avoir raison; **~ directa/inversa** relation directe/indirecte; **~ de ser** raison d'être.

**razonable** [raθo'naβle] *adj* raisonnable.

**razonamiento** [raθona'mjento] *nm* raisonnement *m*.

**razonar** [raθo'nar] *vt* raisonner; (*COM: cuenta*) détailler ♦ *vi* raisonner.

**reacción** [reak'θjon] *nf* réaction *f*; **avión a ~** avion *m* à réaction; **reacción en cadena** réaction en chaîne.

**reaccionar** [reakθjo'nar] *vi* réagir.

**reaccionario, -a** [reakθjo'narjo, a] *adj, nm/f* réactionnaire *m/f*.

**reacio, -a** [re'aθjo, a] *adj* réticent(e); **ser/ estar ~ a hacer algo** être/se montrer réticent(e) à faire qch.

**reactivar** [reakti'βar] *vt* (*economía, negociaciones*) relancer; **reactivarse** *vpr* reprendre.

**reactor** [reak'tor] *nm* réacteur *m*; (*avión*) avion *m* à réaction; **reactor nuclear** réacteur nucléaire.

**readaptación** [reaðapta'θjon] *nf*: **~ profesional** réadaptation *f* professionnelle.

**reajuste** [rea'xuste] *nm* réajustement *m*; **reajuste de plantilla** compression *f* de personnel; **reajuste ministerial** remaniement *m* ministériel; **reajuste salarial** réajustement des salaires.

**real** [re'al] *adj* (*verdadero*) réel(le); (*del rey, fig*) royal(e).

---

### Real Academia Española

*La **Real Academia Española**, ou **RAE**, a été créée en 1713 et approuvée par le roi Philippe V en 1714 sous la devise "limpia, fija y da esplendor" dans le but* *de protéger la pureté de la langue espagnole. Les 46 membres de cette institution, nommés à vie, comptent parmi les plus grands écrivains et linguistes d'Espagne. Le premier dictionnaire, "Diccionario de Autoridades" en six volumes, a été publié entre 1726 et 1739. Depuis la version condensée en un volume parue en 1780, plus d'une vingtaine de nouvelles éditions ont été publiées.*

**realce** [re'alθe] *vb* V **realzar** ♦ *nm* relief *m*; **poner de ~** mettre en relief; **dar ~ a algo** (*fig*) mettre qch en relief.

**realidad** [reali'ðað] *nf* réalité *f*; **en ~** en réalité.

**realista** [rea'lista] *adj* réaliste; (*POL*) royaliste ♦ *nm/f* réaliste *m/f*; (*POL*) royaliste *m/f*.

**realización** [realiθa'θjon] *nf* réalisation *f*; **~ de plusvalías** réalisation de plus-values.

**realizador, -a** [realiθa'ðor, a] *nm/f* (*TV, CINE*) réalisateur(-trice).

**realizar** [reali'θar] *vt* réaliser; **realizarse** *vpr* se réaliser; **~se** (*como persona*) se réaliser.

**realmente** [re'almente] *adv* réellement; (*con adjetivo*) vraiment; **es ~ apasionante** c'est vraiment passion.

**realquilar** [realki'lar] *vt* (*subarrendar*) sous-louer; (*alquilar de nuevo*) relouer.

**realzar** [real'θar] *vt* (*TEC*) surélever; (*belleza*) rehausser, mettre en valeur; (*importancia*) augmenter.

**reanimar** [reani'mar] *vt* ranimer; **reanimarse** *vpr* se ranimer.

**reanudar** [reanu'ðar] *vt* renouer; (*historia, viaje*) reprendre.

**reaparición** [reapari'θjon] *nf* réapparition *f*.

**rearme** [re'arme] *nm* réarmement *m*.

**rebaja** [re'βaxa] *nf* solde *m*; **"grandes ~s"** "soldes".

**rebajar** [reβa'xar] *vt* rabaisser; (*reducir: artículo*) solder; **rebajarse** *vpr*: **~se a hacer algo** s'abaisser à faire qch.

**rebanada** [reβa'naða] *nf* tranche *f*.

**rebañar** [reβa'par] *vt* racler.

**rebaño** [re'βapo] *nm* troupeau *m*.

**rebasar** [reβa'sar] *vt* dépasser; (*AUTO*) doubler.

**rebatir** [reβa'tir] *vt* réfuter.

**rebeca** [re'βeka] *nf* cardigan *m*.

**rebelarse** [reβe'larse] *vpr* se rebeller.

**rebelde** [re'βelde] *adj* rebelle ♦ *nm/f* (*POL*)

rebelle *m/f*; (*JUR*) accusé(e) défaillant(e).

**rebeldía** [reβel'dia] *nf* rébellion *f*; (*JUR*) contumace *f*; **en ~** par contumace.

**rebelión** [reβe'ljon] *nf* rébellion *f*.

**reblandecer** [reβlande'θer] *vt* ramollir.

**rebobinar** [reβoβi'nar] *vt* rembobiner.

**rebosante** [reβo'sante] *adj*: **~ de** (*fig*) débordant(e) de.

**rebosar** [reβo'sar] *vt, vi* déborder; **~ de salud** respirer la santé.

**rebotar** [reβo'tar] *vi* rebondir.

**rebote** [re'βote] *nm* rebondissement *m*; **de ~** (*fig*) par ricochet.

**rebozado, -a** [reβo'θaðo, a] *adj* enrobé(e) de pâte à frire.

**rebozar** [reβo'θar] *vt* enrober de pâte à frire.

**rebuscado, -a** [reβus'kaðo, a] *adj* recherché(e).

**rebuscar** [reβus'kar] *vt* rechercher ♦ *vi*: **~ (en o por)** chercher (dans).

**rebuznar** [reβuθ'nar] *vi* braire.

**recado** [re'kaðo] *nm* course *f*; (*mensaje*) message *m*; (*AM: montura*) selle *f*; **~s** *nmpl* (*compras*) courses *fpl*, commissions *fpl*; **dejar/tomar un ~** (*TELEC*) laisser/prendre un message; **fui a hacer unos ~s** je suis allé faire des courses.

**recaer** [reka'er] *vi* rechuter; **~ en** (*responsabilidad*) retomber sur; (*premio*) échoir à; (*criminal*) retomber dans.

**recalcar** [rekal'kar] *vt* (*fig*) souligner.

**recalcitrante** [rekalθi'trante] *adj* récalcitrant(e).

**recámara** [re'kamara] *nf* (*habitación*) dressing-room *m*; (*de arma*) magasin *m*; (*AM*) chambre *f*.

**recambio** [re'kambjo] *nm* (*de pieza*) pièce *f* détachée; (*de pluma*) recharge *f*; **piezas de ~** pièces *fpl* détachées.

**recapacitar** [rekapaθi'tar] *vi* réfléchir.

**recargado, -a** [rekar'xaðo, a] *adj* surchargé(e).

**recargar** [rekar'xar] *vt* recharger; (*pago*) alourdir.

**recargo** [re'karxo] *nm* majoration *f* de prix; (*aumento*) augmentation *f*.

**recatado, -a** [reka'taðo, a] *adj* réservé(e).

**recato** [re'kato] *nm* réserve *f*.

**recaudación** [rekauða'θjon] *nf* recette *f*; (*acción*) perception *f*.

**recaudador, a** [rekauða'ðor, a] *nm/f* (*tb: ~ de impuestos*) percepteur(-trice).

**recelar** [reθe'lar] vt: ~ **que** (sospechar) soupçonner que; (temer) craindre que ♦ vi se méfier; **recelarse** vpr se méfier.

**recelo** [re'θelo] nm (desconfianza) méfiance f; (temor) crainte f.

**receloso, -a** [reθe'loso, a] adj (suspicaz) méfiant(e); (temeroso) craintif(-ive).

**recepción** [reθep'θjon] nf réception f.

**recepcionista** [reθepθjo'nista] nm/f réceptionniste m/f.

**receptáculo** [reθep'takulo] nm réceptacle m.

**receptivo, -a** [reθep'tiβo, a] adj réceptif(-ive).

**receptor, a** [reθep'tor, a] nm/f réceptionnaire m/f ♦ nm (TELEC, radio) récepteur m; **descolgar el ~** décrocher le récepteur.

**recesión** [reθe'sjon] nf récession f.

**receta** [re'θeta] nf (CULIN) recette f; (MED) ordonnance f.

**rechazar** [retʃa'θar] vt (ataque, oferta) repousser; (idea, acusación) rejeter.

**rechazo** [re'tʃaθo] nm rejet m; (sentimiento) refoulement m; **de ~** par ricochet.

**rechinar** [retʃi'nar] vi grincer.

**rechistar** [retʃis'tar] vi: **sin ~** sans rechigner.

**rechoncho, -a** [re'tʃontʃo, a] (fam) adj trapu(e).

**rechupete** [retʃu'pete]: **de ~** adj à s'en lécher les babines o doigts.

**recibidor** [reθiβi'ðor] nm vestibule m.

**recibimiento** [reθiβi'mjento] nm accueil m.

**recibir** [reθi'βir] vt, vi recevoir; **recibirse** vpr (AM: ESCOL): **~se de** obtenir le diplôme de.

**recibo** [re'θiβo] nm reçu m; **acusar ~ de** accuser réception de.

**reciclaje** [reθi'klaxe] nm recyclage m; **curso de ~** stage m de recyclage.

**reciclar** [reθi'klar] vt recycler.

**recién** [re'θjen] adv récemment; (AM: sólo) seulement; **~ casado** jeune marié; **el ~ llegado/nacido** le nouveau venu/-né; **~ a las seis me enteré** (AM) je ne l'ai appris qu'à six heures.

**reciente** [re'θjente] adj récent(e); (pan, herida) frais(fraîche).

**recientemente** [re'θjentemente] adv récemment.

**recinto** [re'θinto] nm enceinte f; **recinto ferial** parc m des expositions.

**recio, -a** ['reθjo, a] adj résistant(e); (voz) fort(e) ♦ adv fortement.

**recipiente** [reθi'pjente] nm (objeto) récipient m; (persona) récipiendaire m/f.

**reciprocidad** [reθiproθi'ðað] nf réciprocité f.

**recíproco, -a** [re'θiproko, a] adj réciproque.

**recital** [reθi'tal] nm récital m.

**recitar** [reθi'tar] vt réciter.

**reclamación** [reklama'θjon] nf réclamation f; **reclamación salarial** revendication f salariale.

**reclamar** [rekla'mar] vt, vi réclamer; **~ a algn en justicia** assigner qn en justice.

**reclamo** [re'klamo] nm (en caza) appeau m; (incentivo) appât m; (AND, CSUR: queja) plainte f; **reclamo publicitario** réclame f.

**reclinar** [rekli'nar] vt incliner; **reclinarse** vpr s'incliner.

**recluir** [reklu'ir] vt enfermer; **recluirse** vpr vivre en reclus; **~ en su casa** s'enfermer chez soi.

**reclusión** [reklu'sjon] nf réclusion f; (voluntario) retraite f; **reclusión perpetua** réclusion à perpétuité.

**recluta** [re'kluta] nm/f recrue f ♦ nf recrutement m.

**reclutar** [reklu'tar] vt recruter.

**recobrar** [reko'βrar] vt récupérer; (ciudad) reprendre; **recobrarse** vpr: **~se (de)** se remettre (de); **~ el sentido** reprendre connaissance.

**recodo** [re'koðo] nm coude m.

**recoger** [reko'xer] vt (firmas, dinero) recueillir; (fruta) cueillir; (del suelo) ramasser; (ordenar) ranger; (juntar) rassembler; (pasar a buscar) prendre; (dar asilo) recueillir; (plegar) plier; (faldas, mangas) retrousser; (polvo) prendre; **recogerse** vpr se retirer; (pelo) se ramasser; **me recogieron en la estación** ils sont venus me chercher à la gare.

**recogida** [reko'xiða] nf (AGR) cueillette f; (de basura) ramassage m; (de cartas) levée f; **horas de ~** heures fpl de levée; **recogida de datos** (INFORM) saisie f de données; **recogida de equipajes** livraison f des bagages.

**recogido, -a** [reko'xiðo, a] adj (lugar) retiré(e); (pequeño) petit(e).

**recolección** [rekolek'θjon] nf (AGR) récolte

f; (de datos, dinero) collecte f.

**recomendación** [rekomenda'θjon] nf recommandation f; **carta de ~** lettre f de recommandation.

**recomendar** [rekomen'dar] vt recommander.

**recompensa** [rekom'pensa] nf récompense f; **como** o **en ~ por** en récompense de.

**recompensar** [rekompen'sar] vt récompenser.

**recomponer** [rekompo'ner] vt réparer.

**reconciliación** [rekonθilja'θjon] nf réconciliation f.

**reconciliar** [rekonθi'ljar] vt réconcilier; **reconciliarse** vpr se réconcilier.

**recóndito, -a** [re'kondito, a] adj (lugar) retiré(e); **en lo más ~ de ...** au plus profond de ...

**reconfortar** [rekonfor'tar] vt réconforter.

**reconocer** [rekono'θer] vt reconnaître; **reconocerse** vpr: **se le reconoce por el habla** on le reconnaît à sa voix; **~ los hechos** reconnaître les faits.

**reconocido, -a** [rekono'θiðo, a] adj reconnu(e).

**reconocimiento** [rekonoθi'mjento] nm reconnaissance f; **reconocimiento de la voz** (INFORM) reconnaissance de la parole; **reconocimiento óptico de caracteres** (INFORM) reconnaissance optique de caractères.

**reconquista** [rekon'kista] nf reconquête f.

**reconstituyente** [rekonstitu'jente] nm reconstituant m.

**reconstruir** [rekonstru'ir] vt reconstruire; (suceso) reconstituer.

**reconversión** [rekomber'sjon] nf reconversion f.

**recopilación** [rekopila'θjon] nf (resumen) résumé m; (colección) recueil m, compilation f.

**recopilar** [rekopi'lar] vt compiler.

**récord** ['rekorð] (pl **records** o **~s**) adj inv record ♦ nm record m; **cifras ~** chiffres mpl records; **batir el ~** battre le record.

**recordar** [rekor'ðar] vt se rappeler; (traer a la memoria) rappeler ♦ vi (acordarse de) se rappeler; **~ algo a algn** rappeler qch à qn; **recuérdale que me debe 5 dólares** rappelle-lui qu'il me doit 5 dollars; **que yo recuerde** pour autant que je me souvienne; **creo ~** je crois me rappeler; **si mal no recuerdo** si je me souviens bien; **me re-**

**cuerda a su madre** elle me rappelle sa mère.

**recorrer** [reko'rrer] vt parcourir; (registrar) fouiller.

**recorrido** [reko'rriðo] nm parcours msg; **tren de largo ~** train m de grandes lignes.

**recortado, -a** [rekor'taðo, a] adj découpé(e); (barba) taillé(e).

**recortar** [rekor'tar] vt découper; (pelo) rafraîchir; (presupuesto, gasto) réduire; **recortarse** vpr (marcarse) se détacher.

**recorte** [re'korte] nm (de telas, chapas: acto) coupe f; (: fragmento) découpure f; (de prensa) coupure f; (de presupuestos, gastos) compression f; **recorte salarial** réduction f de salaire.

**recostado, -a** [rekos'taðo, a] adj penché(e); **estar ~** être allongé(e).

**recostar** [rekos'tar] vt appuyer; **recostarse** vpr s'appuyer.

**recoveco** [reko'βeko] nm (de camino, río) coude m; (en casa) coin m.

**recreación** [rekrea'θjon] nf récréation f.

**recrear** [rekre'ar] vt recréer; **recrearse** vpr: **~se con/en** prendre plaisir à.

**recreativo, -a** [rekrea'tiβo, a] adj récréatif(-ive); **sala ~a** salle f de jeux.

**recreo** [re'kreo] nm récréation f.

**recriminar** [rekrimi'nar] vt reprocher ♦ vi récriminer.

**recrudecer** [rekruðe'θer] vi redoubler d'intensité; **recrudecerse** vpr redoubler d'intensité.

**recrudecimiento** [rekruðeθi'mjento] nm recrudescence f.

**recta** ['rekta] nf ligne f droite; **recta final** dernière ligne droite.

**rectángulo, -a** [rek'tangulo, a] adj, nm rectangle m.

**rectificar** [rektifi'kar] vt rectifier ♦ vi se corriger.

**rectitud** [rekti'tuð] nf rectitude f.

**recto, -a** ['rekto, a] adj droit(e); (juicio) sain(e) ♦ nm (ANAT) rectum m; **en el sentido ~ de la palabra** au sens strict du terme.

**rector, a** [rek'tor, a] adj, nm/f recteur (-trice).

**recuadro** [re'kwaðro] nm case f; (TIP) entrefilet m.

**recubrir** [reku'βrir] vt: **~ (con)** recouvrir (de).

**recuento** [re'kwento] *nm* décompte *m*; **hacer el ~ de** faire le décompte de.

**recuerdo** [re'kwerðo] *vb* V **recordar** ♦ *nm* souvenir *m*; **~s** *nmpl* (*saludos*) amitiés *fpl*; **¡~s a tu madre!** amitiés à ta mère!; **"R~ de Mallorca"** "Souvenir de Majorque".

**recuperable** [rekupe'raβle] *adj* récupérable.

**recuperación** [rekupera'θjon] *nf* récupération *f*; (*de enfermo*) rétablissement *m*; (*ESCOL*) rattrapage *m*; **recuperación de datos** (*INFORM*) extraction *f* de données.

**recuperar** [rekupe'rar] *vt* récupérer; (*INFORM: archivo*) extraire, aller chercher; **recuperarse** *vpr* se récupérer; **~ fuerzas** reprendre ses forces.

**recurrir** [reku'rrir] *vi* (*JUR*) faire appel; **~ a algo/a algn** recourir à qch/à qn.

**recurso** [re'kurso] *nm* recours *msg*; **como último ~** en dernier recours; **recursos económicos/naturales** ressources *fpl* économiques/naturelles.

**recusar** [reku'sar] *vt* récuser.

**red** [reð] *nf* (*tejido, trampa*) filet *m*; (*organización*) réseau *m*; **la R~** (*INFORM*) le Net; **estar conectado con la ~** être connecté au réseau; **red local** (*INFORM*) réseau local.

**redacción** [reðak'θjon] *nf* rédaction *f*.

**redactar** [reðak'tar] *vt* rédiger.

**redactor, a** [reðak'tor, a] *nm/f* rédacteur (-trice); **redactor jefe** rédacteur en chef.

**redada** [re'ðaða] *nf* (*tb: ~ policial*) descente *f*.

**redicho, -a** [re'ðitʃo, a] *adj* maniéré(e).

**redil** [re'ðil] *nm* bercail *m*.

**redimir** [reði'mir] *vt* racheter.

**rédito** ['reðito] *nm* (*ECON*) intérêt *m*.

**redoblar** [reðo'βlar] *vt* redoubler ♦ *vi* battre le tambour.

**redomado, -a** [reðo'maðo, a] *adj* (*astuto*) rusé(e); **sinvergüenza ~** fieffée canaille.

**redonda** [re'ðonda] *nf* (*MÚS*) ronde *f*; **a la ~** à la ronde; **en varios kilómetros a la ~** à plusieurs kilomètres à la ronde.

**redondear** [reðonde'ar] *vt* (*negocio, velada*) conclure; (*cifra, objeto*) arrondir.

**redondel** [reðon'del] *nm* cercle *m*; (*TAUR*) arène *f*.

**redondo, -a** [re'ðondo, a] *adj* rond(e); (*completo*) bon(ne) ♦ *nm*: **~ de carne** (*CULIN*) romsteck *m*; **rehusar en ~** refuser en bloc; **en números ~s** en chiffres ronds.

**reducción** [reðuk'θjon] *nf* réduction *f*.

**reducido, -a** [reðu'θiðo, a] *adj* réduit(e); **quedar ~ a** en être réduit(e) à.

**reducir** [reðu'θir] *vt* réduire; **reducirse** *vpr* se réduire; **el terremoto redujo la ciudad a escombros** le tremblement de terre a réduit la ville à l'état de ruines; **~ las millas a kilómetros** convertir les milles en kilomètres; **~se a** (*fig*) se réduire à.

**redundancia** [reðun'danθja] *nf* redondance *f*.

**reembolsar** [re(e)mbol'sar] *vt* rembourser.

**reembolso** [re(e)m'bolso] *nm* remboursement *m*; **enviar algo contra ~** envoyer qch contre remboursement; **contra ~ del flete** port dû.

**reemplazar** [re(e)mpla'θar] *vt* (*tb INFORM*) remplacer.

**reemplazo** [re(e)m'plaθo] *nm* remplacement *m*; **de ~** (*MIL*) du contingent.

**reencuentro** [re(e)n'kwentro] *nm* rencontre *f*.

**referencia** [refe'renθja] *nf* référence *f*; **~s** *nfpl* (*de trabajo*) références *fpl*; **con ~ a** en ce qui concerne; **hacer ~ a** faire référence à; **referencia comercial** (*COM*) référence commerciale.

**referéndum** [refe'rendum] (*pl* **~s**) *nm* référendum *m*.

**referente** [refe'rente] *adj*: **~ a** relatif(-ive) à.

**referir** [refe'rir] *vt* rapporter; **referirse** *vpr*: **~se a** se référer à; **~ al lector a un apéndice** renvoyer le lecteur à un appendice; **~ a** (*COM*) convertir en; **por lo que se refiere a eso** en ce qui concerne cela.

**refilón** [refi'lon]: **de ~** *adv* en passant; **mirar a algn de ~** jeter un regard oblique à qn.

**refinado, -a** [refi'naðo, a] *adj* raffiné(e).

**refinamiento** [refina'mjento] *nm* raffinement *m*; **refinamiento por pasos** (*INFORM*) approximations *fpl* successives.

**refinar** [refi'nar] *vt* (*petróleo, azúcar*) raffiner; (*modales*) affiner.

**refinería** [refine'ria] *nf* raffinerie *f*.

**reflejar** [refle'xar] *vt* refléter; **reflejarse** *vpr* se refléter.

**reflejo, -a** [re'flexo, a] *adj* réflexe ♦ *nm* reflet *m*; (*ANAT*) réflexe *m*; **~s** *nmpl* (*en el pelo*) reflets *mpl*; **pelo castaño con ~s rubios** cheveux châtains à reflets blonds.

**reflexión** [reflek'sjon] *nf* réflexion *f*.

**reflexionar** [refleksjo'nar] *vi* réfléchir; **~**

sobre réfléchir sur; **¡reflexione!** réfléchissez!

**reflexivo, -a** [reflek'siβo, a] *adj* (*carácter*) réflexif(-ive); (*LING*) réfléchi(e).

**reflujo** [re'fluxo] *nm* reflux *m*.

**reforma** [re'forma] *nf* réforme *f*; **~s** *nfpl* (*obras*) transformations *fpl*; **reforma agraria/económica/educativa** réforme agraire/économique/éducative.

**reformar** [refor'mar] *vt* réformer; (*texto*) refondre; (*ARQ*) transformer; **reformarse** *vpr* se réformer.

**reformatorio** [reforma'torjo] *nm* (*tb*: ~ **de menores**) maison *f* de redressement *o* correction.

**reforzar** [refor'θar] *vt* renforcer.

**refractario, -a** [refrak'tarjo, a] *adj* réfractaire; **ser ~ a** être réfractaire à.

**refrán** [re'fran] *nm* proverbe *m*.

**refregar** [refre'ɣar] *vt* frotter.

**refrenar** [refre'nar] *vt* (*deseos*) refréner; (*marcha*) freiner; (*caballo*) brider.

**refrendar** [refren'dar] *vt* ratifier.

**refrescante** [refres'kante] *adj* rafraîchissant(e).

**refrescar** [refres'kar] *vt* rafraîchir ♦ *vi* se rafraîchir; **refrescarse** *vpr* se rafraîchir.

**refresco** [re'fresko] *nm* rafraîchissement *m*; **de ~** (*jugador, tropas*) de renfort.

**refriega** [re'frjeɣa] *vb V* **refregar** ♦ *nf* bagarre *f*.

**refrigeración** [refrixera'θjon] *nf* réfrigération *f*; **sistema de ~** système *m* de réfrigération.

**refrigerador** [refrixera'ðor] (*esp AM*) *nm*, **refrigeradora** [refrixera'ðora] (*AM*) *nf* réfrigérateur *m*.

**refrigerar** [refrixe'rar] *vt* réfrigérer.

**refuerce** [re'fwerθe] *vb V* **reforzar**.

**refuerzo** [re'fwerθo] *vb V* **reforzar** ♦ *nm* renfort *m*; **~s** *nmpl* (*MIL*) renforts *mpl*.

**refugiado, -a** [refu'xjaðo, a] *nm/f* réfugié(e).

**refugiarse** [refu'xjarse] *vpr* se réfugier.

**refugio** [re'fuxjo] *nm* refuge *m*; **refugio de montaña** refuge; **refugio atómico/subterráneo** abri *m* antiatomique/souterrain.

**refunfuñar** [refunfu'ɲar] *vi* ronchonner.

**refutar** [refu'tar] *vt* réfuter.

**regadera** [reɣa'ðera] *nf* arrosoir *m*; (*MÉX: ducha*) douche *f*; **estar como una ~** (*fam*) travailler du chapeau.

**regadío** [reɣa'ðio] *nm* irrigation *f*; **tierras de ~** terres irriguées.

**regalado, -a** [reɣa'laðo, a] *adj* (*gratis*) gratis; (*vida*) de château; **lo tuvo ~** on le lui a apporté sur un plateau; **a precios ~s** à un prix dérisoire.

**regalar** [reɣa'lar] *vt* offrir; (*mimar*) cajoler; **regalarse** *vpr*: **~se (con)** se régaler (de).

**regaliz** [reɣa'liθ] *nm* réglisse *m o f*.

**regalo** [re'ɣalo] *nm* cadeau *m*; (*gusto*) régal *m*; (*comodidad*) aisance *f*.

**regañadientes** [reɣaɲa'ðjentes]: **a ~** *adv* en rechignant.

**regañar** [reɣa'ɲar] *vt* gronder ♦ *vi* se fâcher; (*dos personas*) se disputer.

**regar** [re'ɣar] *vt* arroser; (*fig*) semer.

**regatear** [reɣate'ar] *vt* marchander ♦ *vi* (*COM*) marchander; (*DEPORTE*) feinter; **no ~ esfuerzo** ne pas ménager ses efforts.

**regateo** [reɣa'teo] *nm* (*COM*) marchandage *m*.

**regazo** [re'ɣaθo] *nm* giron *m*.

**regeneración** [rexenera'θjon] *nf* régénération *f*.

**regenerar** [rexene'rar] *vt* régénérer.

**regentar** [rexen'tar] *vt* (*empresa, negocio*) régenter; (*local, bar*) tenir; (*puesto*) être à la tête de.

**regente, -a** [re'xente, a] *adj* (*príncipe*) régent(e) ♦ *nm/f* (*COM*) gérant(e); (*POL*) régent(e); (*MÉX: alcalde*) maire *m*.

**régimen** ['reximen] (*pl* **regímenes**) *nm* régime *m*; **estar/ponerse a ~** être/se mettre au régime.

**regimiento** [rexi'mjento] *nm* régiment *m*.

**regio, -a** ['rexjo, a] *adj* royal(e); (*AM: fam*) formidable.

**región** [re'xjon] *nf* région *f*.

**regir** [re'xir] *vt* (*ECON, JUR, LING*) régir ♦ *vi* (*ley*) être en vigueur; **mi abuela ya no rige** ma grand-mère perd la tête.

**registrar** [rexis'trar] *vt* fouiller; (*anotar*) enregistrer; **registrarse** *vpr* (*inscribirse*) s'inscrire; (*ocurrir*) avoir lieu.

**registro** [re'xistro] *nm* registre *m*; (*inspección*) fouille *f*; (*de datos*) enregistrement *m*; (*oficina*) bureau *m* d'enregistrement; **registro civil** état *m* civil; **registro de la propiedad** bureau des hypothèques; **registro electoral** registre électoral.

**regla** ['reɣla] *nf* règle *f*; **en ~** en règle; **por ~ general** en règle générale; **las ~s del**

**juego** les règles du jeu.

**reglamentar** [reɣlamen'tar] vt réglementer.

**reglamentario, -a** [reɣlamen'tarjo, a] adj réglementaire; **en la forma reglamentaria** en bonne et due forme.

**reglamento** [reɣla'mento] nm règlement m; **reglamento del tráfico** code m de la route.

**regocijarse** [reɣoθi'xarse] vpr: ~ **de** o **por** se réjouir de.

**regocijo** [reɣo'θixo] nm réjouissance f.

**regodearse** [reɣoðe'arse] vpr: ~ **con** o **en algo** se délecter de qch; (pey) se réjouir de qch.

**regodeo** [reɣo'ðeo] nm délectation f.

**regresar** [reɣre'sar] vi retourner ♦ vt (MÉX: devolver) rendre; **regresarse** vpr (AM) retourner.

**regresivo, -a** [reɣre'siβo, a] adj régressif (-ive).

**regreso** [re'ɣreso] nm retour m; **estar de ~** être de retour.

**reguero** [re'ɣero] nm traînée f; **como un ~ de pólvora** comme une traînée de poudre.

**regulador, a** [reɣula'ðor, a] adj régulateur(-trice) ♦ nm régulateur m; **regulador cardíaco** stimulateur m cardiaque.

**regular** [reɣu'lar] adj régulier(-ière); (mediano) moyen; (fam: no bueno) médiocre ♦ adv comme ci, comme ça ♦ vt régler; (normas, salarios) contrôler; **por lo ~ en** général; **línea ~** (AVIAT) ligne f régulière.

**regularidad** [reɣulari'ðað] nf régularité f; **con ~** régulièrement.

**regularizar** [reɣulari'θar] vt régulariser.

**regusto** [re'ɣusto] nm arrière-goût m.

**rehabilitación** [reaβilita'θjon] nf (de drogadicto) rééducation f; (ARQ, de memoria) réhabilitation f.

**rehabilitar** [reaβili'tar] vt (drogadicto) rééduquer; (ARQ, memoria) réhabiliter.

**rehacer** [rea'θer] vt refaire; **rehacerse** vpr se rétablir; **va a ~ su vida** il va refaire sa vie.

**rehén** [re'en] nm otage m.

**rehuir** [reu'ir] vt fuir.

**rehusar** [reu'sar] vt, vi refuser.

**reina** ['reina] nf reine f; ~ **de (la) belleza/ de las fiestas** reine de beauté/de la fête; **prueba ~** épreuve f phare.

**reinado** [rei'naðo] nm règne m.

**reinante** [rei'nante] adj régnant(e).

**reinar** [rei'nar] vi régner.

**reincidir** [reinθi'ðir] vi (JUR) récidiver; ~ **(en)** (recaer) retomber (dans).

**reincorporarse** [reinkorpo'rarse] vpr: ~ **a** réintégrer; (MIL) être réincorporé dans.

**reino** ['reino] nm royaume m; **reino animal/vegetal** règne m animal/végétal; **el Reino Unido** le Royaume-Uni.

**reintegrar** [reinte'ɣrar] vt réintégrer; **reintegrarse** vpr: ~**se a** réintégrer.

**reír** [re'ir] vi rire; **reírse** vpr rire; ~ **entre dientes** rire sous cape; ~**se de** rire de.

**reiterar** [reite'rar] vt réitérer; **reiterarse** vpr: ~**se en algo** réaffirmer qch.

**reivindicación** [reiβindika'θjon] nf revendication f.

**reivindicar** [reiβindi'kar] vt revendiquer.

**reja** ['rexa] nf grille f.

**rejilla** [re'xiʎa] nf grillage m; (en muebles) cannage m; (en hornillo, de ventilación) grille f; (para equipaje) filet m.

**rejuvenecer** [rexuβene'θer] vt, vi rajeunir.

**relación** [rela'θjon] nf relation f; (lista) liste f; (narración) récit m; **relaciones** nfpl (enchufes) relations fpl; **con ~ a, en ~ con** par rapport à; **estar en** o **tener buenas relaciones con** être en bons termes avec; **relación calidad-precio** rapport m qualité-prix; **relación costo-efectivo** o **costo rendimiento** (COM) rapport coût-efficacité; **relaciones carnales/sexuales** relations charnelles/sexuelles; **relaciones comerciales** relations commerciales; **relaciones humanas/laborales** relations humaines/industrielles; **relaciones públicas** relations publiques.

**relacionar** [relaθjo'nar] vt mettre en rapport; **relacionarse** vpr fréquenter.

**relajación** [relaxa'θjon] nf relaxation f.

**relajado, -a** [rela'xaðo, a] adj (costumbres, moral) relâché(e); (persona) détendu(e).

**relajar** [rela'xar] vt (mente, cuerpo) décontracter; (disciplina, moral) relâcher; **relajarse** vpr (distraerse) se détendre; (corromperse) se relâcher.

**relamerse** [rela'merse] vpr se pourlécher.

**relamido, -a** [rela'miðo, a] (pey) adj (pulcro) bichonné(e); (afectado) collet-monté inv.

**relámpago** [re'lampaɣo] adj inv: **visita/ huelga ~** visite f/grève f éclair ♦ nm éclair

*m*; **como un ~** comme un éclair.
**relatar** [rela'tar] *vt* relater.
**relativo, -a** [rela'tiβo, a] *adj* relatif(-ive); **en lo ~ a** en ce qui concerne.
**relato** [re'lato] *nm* récit *m*.
**relax** [re'las] *nm* relax *m*.
**relegar** [rele'ɣar] *vt* reléguer; **~ algo al olvido** jeter qch aux oubliettes.
**relevante** [rele'βante] *adj* remarquable.
**relevar** [rele'βar] *vt* relever; **relevarse** *vpr* se relayer; **~ a algn de su cargo** relever qn de ses fonctions.
**relevo** [re'leβo] *nm* relève *f*; **carrera de ~s** course *f* de relais; **coger** o **tomar el ~** prendre le relais.
**relieve** [re'ljeβe] *nm* relief *m*; **bajo ~** bas relief *m*; **un personaje de ~** un haut personnage; **dar ~ a** mettre en valeur; **poner de ~** mettre en relief.
**religión** [reli'xjon] *nf* religion *f*.
**religioso, -a** [reli'xjoso, a] *adj, nm/f* religieux(-euse).
**relinchar** [relin'tʃar] *vi* hennir.
**relincho** [re'lintʃo] *nm* hennissement *m*.
**reliquia** [re'likja] *nf* relique *f*; **~s del pasado** vestiges *mpl* du passé.
**rellano** [re'ʎano] *nm* (ARQ) palier *m*.
**rellenar** [reʎe'nar] *vt* remplir; (CULIN) farcir; (COSTURA) rembourrer.
**relleno, -a** [re'ʎeno, a] *adj* plein(e); (CULIN) farci(e) ♦ *nm* (CULIN) farce *f*; (de cojín) rembourrage *m*; (fig) remplissage *m*.
**reloj** [re'lo(x)] *nm* montre *f*; **como un ~** comme du papier à musique; **contra ~** contre la montre; **reloj de pie** horloge *f* de parquet; **reloj (de pulsera)** montre; **reloj de sol** cadran *m* solaire; **reloj despertador** réveille-matin *m inv*; **reloj digital** montre à affichage numérique.
**relojero, -a** [relo'xero, a] *nm/f* horloger (-ère).
**reluciente** [relu'θjente] *adj* reluisant(e).
**relucir** [relu'θir] *vi* reluire; (fig) briller; **sacar algo a ~** remettre qch sur le tapis.
**relumbrar** [relum'brar] *vi* reluire.
**remachar** [rema'tʃar] *vt* river; (fig) insister sur.
**remache** [re'matʃe] *nm* rivet *m*.
**remanente** [rema'nente] *nm* (resto) reste *m*; (COM) surplus *msg*; (de producto) excédent *m*.
**remangarse** [reman'garse] *vpr* retrousser ses manches.

**remanso** [re'manso] *nm* (de río) bras *msg* mort.
**remar** [re'mar] *vi* ramer.
**rematar** [rema'tar] *vt* achever; (trabajo) parfaire; (COM) liquider; (COSTURA) arrêter ♦ *vi* (en fútbol) tirer; **~ de cabeza** faire une tête.
**remate** [re'mate] *nm* fin *f*; (extremo) couronnement *m*; (DEPORTE) tir *m*; (ARQ) sommet *m*; (COM) liquidation *f*; **de ~** (tonto) complètement; **para ~** pour couronner le tout.
**remediar** [reme'ðjar] *vt* remédier à; (evitar) éviter; **sin poder ~lo** sans pouvoir y remédier.
**remedio** [re'meðjo] *nm* remède *m*; (JUR) secours *msg*; **poner ~ a** remédier à; **no tener más ~** ne pas avoir le choix; **¡qué ~!** c'est comme ça!, qu'y faire!; **como último ~** en dernier ressort; **sin ~** sans rémission.
**remendar** [remen'dar] *vt* raccommoder; (con parche) rapiécer.
**remesa** [re'mesa] *nf* (tb COM) envoi *m*.
**remiendo** [re'mjendo] *vb* V **remendar** ♦ *nm* raccommodage *m*; (con parche) rapiéçage *m*; (fig) arrangement *m*.
**remilgado, -a** [remil'ɣaðo, a] *adj* (melindroso) minaudier(-ière); (afectado) maniéré(e).
**remilgo** [re'milɣo] *nm* (melindre) minauderie *f*; (afectación) manière *f*.
**reminiscencia** [reminis'θenθja] *nf* réminiscence *f*.
**remite** [re'mite] *nm* expéditeur *m*.
**remitente** [remi'tente] *nm/f* expéditeur (-trice).
**remitir** [remi'tir] *vt* envoyer ♦ *vi* (tempestad) se calmer; (fiebre) baisser; **remitirse** *vpr*: **~se a** s'en remettre à.
**remo** ['remo] *nm* rame *f*; **cruzar un río a ~** traverser un fleuve à la rame.
**remojar** [remo'xar] *vt* laisser tremper; (fam: celebrar) arroser.
**remojo** [re'moxo] *nm*: **dejar la ropa en ~** laisser tremper le linge.
**remolacha** [remo'latʃa] *nf* betterave *f*.
**remolcador** [remolka'ðor] *nm* remorqueur *m*.
**remolcar** [remol'kar] *vt* remorquer.
**remolino** [remo'lino] *nm* remous *msg*; (de pelo) épi *m*.
**remolque** [re'molke] *vb* V **remolcar** ♦ *nm* remorque *f*; (cuerda) câble *m* de remor-

quage; **llevar a ~** prendre en remorque.
**remontar** [remon'tar] *vt* remonter; *(obstáculo)* surmonter; **remontarse** *vpr* s'élever; **~se a** *(COM)* s'élever à; *(en tiempo)* remonter à; **~ el vuelo** monter en flèche.
**remorder** [remor'ðer] *vt* causer du remords à; **me remuerde la conciencia** j'ai des remords.
**remordimiento** [remorði'mjento] *nm* remords *msg*.
**remoto, -a** [re'moto, a] *adj* éloigné(e).
**remover** [remo'ßer] *vt* remuer.
**remozar** [remo'θar] *vt* *(ARQ)* rafraîchir.
**remuneración** [remunera'θjon] *nf* rémunération *f*.
**remunerar** [remune'rar] *vt* rémunérer.
**renacer** [rena'θer] *vi* renaître.
**renacimiento** [renaθi'mjento] *nm* renaissance *f*; **el R~** la Renaissance.
**renacuajo** [rena'kwaxo] *nm* têtard *m*.
**renal** [re'nal] *adj* rénal(e).
**rencilla** [ren'θiʎa] *nf* querelle *f*.
**rencor** [ren'kor] *nm* *(resentimiento)* rancœur *f*; **guardar ~ a** garder rancune à.
**rencoroso, -a** [renko'roso, a] *adj* rancunier(-ière).
**rendición** [rendi'θjon] *nf* reddition *f*.
**rendido, -a** [ren'diðo, a] *adj* épuisé(e); **~ a sus encantos/a su belleza** fasciné(e) par son charme/sa beauté; **su ~ admirador** votre admirateur passionné.
**rendija** [ren'dixa] *nf* fente *f*.
**rendimiento** [rendi'mjento] *nm* rendement *m*; **sacar ~ a algo** tirer parti de qch; **alto/bajo ~** haut/bas rendement; **rendimiento de capital** *(COM)* rémunération *f* du capital; **rendimiento de trabajo** revenu *m* du travail.
**rendir** [ren'dir] *vt* rapporter; *(agotar)* épuiser; *(entregar)* livrer ♦ *vi* *(COM)* rapporter; **rendirse** *vpr* *(tb: cansarse)* se rendre; **~ homenaje/culto a** rendre hommage/un culte à; **~ cuentas a algn** rendre des comptes à qn; **el negocio no rinde** les affaires ne rapportent rien.
**renegar** [rene'xar] *vi* renier; *(quejarse)* grommeler; *(con imprecaciones)* blasphémer.
**RENFE, Renfe** ['renfe] *sigla f* *(FERRO = Red Nacional de los Ferrocarriles Españoles)* société nationale des chemins de fer espagnols.
**renglón** [ren'glon] *nm* ligne *f*; *(COM)* chapitre *m*; **a ~ seguido** à la ligne.

**renombrado, -a** [renom'braðo, a] *adj* renommé(e).
**renombre** [re'nombre] *nm* renom *m*; **de ~** de renom.
**renovación** [renoßa'θjon] *nf* *(de contrato, sistema)* renouvellement *m*; *(ARQ)* rénovation *f*.
**renovar** [reno'ßar] *vt* renouveler; *(ARQ)* rénover.
**renta** ['renta] *nf* revenu *m*; *(esp AM: alquiler)* loyer *m*; **política de ~s** politique *f* salariale; **vivir de las ~s** vivre de ses rentes; **renta disponible** revenu (individuel) disponible; **renta gravable** *o* **imponible** revenu imposable; **renta nacional (bruta)** revenu national (brut); **renta no salarial** rente *f*; **renta sobre el terreno** *(COM)* revenu foncier; **renta vitalicia** rente viagère.
**rentable** [ren'taßle] *adj* rentable; **no ~** non rentable.
**rentar** [ren'tar] *vt* rapporter; *(AM: alquilar)* louer.
**renuncia** [re'nunθja] *nf* renonciation *f*.
**renunciar** [renun'θjar] *vi* renoncer; **~ a hacer algo** renoncer à faire qch.
**reñido, -a** [re'ɲiðo, a] *adj* *(batalla, debate, votación)* serré(e); **estar ~ con algn** être brouillé(e) avec qn; **estar ~ con algo** *(conceptos etc)* être incompatible avec qch; **está ~ con su familia** il est brouillé avec sa famille.
**reñir** [re'ɲir] *vt* gronder ♦ *vi* *(pareja, amigos)* se disputer; *(físicamente)* se battre.
**reo** ['reo] *nm/f* *(JUR)* accusé(e); **~ de muerto** condamné à mort.
**reojo** [re'oxo]: **de ~** *adv* *(mirar)* à la dérobée.
**reparación** [repara'θjon] *nf* réparation *f*; **"reparaciones en el acto"** *(calzado)* "talon minute".
**reparar** [repa'rar] *vt* réparer ♦ *vi*: **~ en** *(darse cuenta de)* s'apercevoir de; *(poner atención en)* remarquer; **sin ~ en los gastos** sans lésiner.
**reparo** [re'paro] *nm* *(duda)* doute *m*; *(inconveniente)* obstacle *m*; *(escrúpulo)* scrupule *m*; **poner ~s** formuler des objections; **poner ~s a algo** contester qch; **no tuvo ~ en hacerlo** il n'a eu aucun scrupule à le faire.
**repartición** [reparti'θjon] *nf* répartition *f*; *(CSUR: ADMIN)* département *m*.
**repartidor, a** [reparti'ðor, a] *nm/f* livreur

(-euse).

**repartir** [repar'tir] vt distribuer; (COM) livrer; (riquezas) répartir.

**reparto** [re'parto] nm (de dinero, poder) répartition f; (COM) livraison f; (CINE, CORREOS) distribution f; (AM: urbanización) lotissement m; "~ a domicilio" "livraison à domicile".

**repasar** [repa'sar] vt réviser.

**repaso** [re'paso] nm révision f; **curso de ~** cours m de rattrapage; **repaso general** révision générale.

**repatriar** [repa'trjar] vt rapatrier; **repatriarse** vpr être rapatrié(e).

**repelente** [repe'lente] adj repoussant(e); (resabido) écœurant(e).

**repensar** [repen'sar] vt reconsidérer.

**repente** [re'pente] nm accès msg; **de ~** soudain; **repente de ira** accès de colère.

**repentino, -a** [repen'tino, a] adj (súbito) subit(e); (inesperado) inopiné(e).

**repercusión** [reperku'sjon] nf répercussion f; **de amplia ~** d'une grande portée.

**repercutir** [reperku'tir] vi répercuter; **~ en** (fig) répercuter sur.

**repertorio** [reper'torjo] nm répertoire m.

**repetición** [repeti'θjon] nf répétition f; **escopeta/fusil de ~** fusil m de chasse/fusil à répétition.

**repetir** [repe'tir] vt répéter; (ESCOL) redoubler; (plato, TEATRO) reprendre ♦ vi (ESCOL) redoubler; (sabor) revenir; (en comida) en reprendre; **repetirse** vpr se répéter.

**repicar** [repi'kar] vi (campanas) sonner, carillonner.

**repique** [re'pike] vb V **repicar** ♦ nm (de campanas) volée f.

**repiqueteo** [repike'teo] nm (de campanas) volée f.

**repisa** [re'pisa] nf étagère f; (ARQ) console f; (de chimenea) dessus msg; (de ventana) rebord m.

**repitiendo** etc [repi'tjendo] vb V **repetir**.

**replantear** [replante'ar] vt reconsidérer.

**replegarse** [reple'varse] vpr se replier.

**repleto, -a** [re'pleto, a] adj plein(e); **~ de** plein(e) de; **estoy ~** je suis repu(e).

**réplica** ['replika] nf réplique f; **derecho de ~** droit m de réponse.

**replicar** [repli'kar] vt, vi répliquer; **¡no repliques!** et pas de discussion!

**repliegue** [re'pljexe] vb V **replegarse** ♦ nm (MIL) repli m.

**repoblación** [repoβla'θjon] nf repeuplement m; **repoblación forestal** reboisement m.

**repoblar** [repo'βlar] vt repeupler; (bosque) reboiser.

**repollo** [re'poʎo] nm chou m.

**reponer** [repo'ner] vt (volver a poner) réinstaller; (reemplazar) remplacer; (TEATRO) reprendre; **reponerse** vpr se remettre; **~ que** répondre que.

**reportaje** [repor'taxe] nm reportage m; **reportaje gráfico** reportage photographique.

**reportero, -a** [repor'tero, a] nm/f reporter m; **reportero gráfico** reporter photographe.

**reposacabezas** [reposaka'βeθas] nm inv appui-tête m.

**reposado, -a** [repo'saðo, a] adj reposé(e); (tranquilo) calme.

**reposar** [repo'sar] vi reposer.

**reposición** [reposi'θjon] nf (de dinero) réinvestissement m; (maquinaria) remplacement m; (CINE, TEATRO) reprise f.

**reposo** [re'poso] nm repos msg; **en ~** en repos.

**repostar** [repos'tar] vt se ravitailler en ♦ vi se ravitailler; (AUTO) se ravitailler en carburant.

**repostería** [reposte'ria] nf pâtisserie f.

**repostero, -a** [repos'tero, a] nm/f pâtissier(-ière) ♦ nm (AND, CHI) gardemanger m inv.

**reprender** [repren'der] vt (persona) réprimander; (comportamiento) blâmer.

**represa** [re'presa] nf barrage m.

**represalia** [repre'salja] nf représailles fpl; **tomar ~s** exercer des représailles.

**representación** [representa'θjon] nf représentation f; **en ~ de** en représentation de; **por ~** par représentation; **representación visual** (INFORM) représentation visuelle.

**representante** [represen'tante] nm/f (POL, COM) représentant(e); (de artista) agent m; **representante diplomático** (POL) représentant diplomatique.

**representar** [represen'tar] vt représenter; (significar) signifier; **representarse** vpr se représenter; **tal acto ~ía la guerra** une telle action entraînerait la guerre.

**representativo, -a** [representa'tiβo, a] adj représentatif(-ive); **cargo ~** fonction f représentative.

**represión** [repre'sjon] *nf* répression *f*.

**reprimenda** [repri'menda] *nf* réprimande *f*.

**reprimir** [repri'mir] *vt* réprimer; **reprimirse** *vpr*: **~se de hacer algo** se retenir de faire qch.

**reprobar** [repro'ßar] *vt* réprouver; (*AM: ESCOL*) ajourner.

**reprochar** [repro't ʃar] *vt* reprocher.

**reproche** [re'protʃe] *nm* reproche *m*.

**reproducción** [reproðuk'θjon] *nf* reproduction *f*.

**reproducir** [reproðu'θir] *vt* reproduire; **reproducirse** *vpr* se reproduire.

**reproductor, a** [reproðuk'tor, a] *adj* reproducteur(-trice).

**reptil** [rep'til] *nm* reptile *m*.

**república** [re'puβlika] *nf* république *f*; **República Árabe Unida** République arabe unie; **República Democrática/Federal Alemana** République démocratique/fédérale d'Allemagne; **República Dominicana** République dominicaine.

**republicano, -a** [repuβli'kano, a] *adj, nm/f* républicain(e).

**repudiar** [repu'ðjar] *vt* répudier.

**repuesto** [re'pwesto] *pp de* **reponer** ♦ *nm* (*pieza de recambio*) pièce *f* de rechange; (*abastecimiento*) ravitaillement *m*; **rueda de ~** roue *f* de secours; **llevamos otro de ~** nous en avons un de rechange.

**repugnancia** [repux'nanθja] *nf* répugnance *f*.

**repugnante** [repux'nante] *adj* répugnant(e).

**repugnar** [repux'nar] *vt, vi* répugner; **repugnarse** *vpr* s'opposer.

**repulsa** [re'pulsa] *nf* condamnation *f*.

**repulsión** [repul'sjon] *nf* répulsion *f*.

**repulsivo, -a** [repul'siβo, a] *adj* répulsif(-ive).

**reputación** [reputa'θjon] *nf* réputation *f*.

**requemado, -a** [reke'maðo, a] *adj* brûlé(e); (*bronceado*) hâlé(e).

**requerimiento** [rekeri'mjento] *nm* requête *f*; (*JUR*) mise *f* en demeure.

**requerir** [reke'rir] *vt* requérir; **~ a algn para que haga algo** (*ordenar*) requérir qn de faire qch.

**requesón** [reke'son] *nm* fromage *m* blanc.

**requete...** [rekete] *pref* très.

**réquiem** ['rekjem] *nm* requiem *m*.

**requisito** [reki'sito] *nm* condition *f* requise;

~ **previo** condition préalable; **tener los ~s para un cargo** remplir les conditions requises pour un poste.

**res** [res] *nf* bête *f*.

**resaca** [re'saka] *nf* (*en el mar*) ressac *m*; (*de alcohol*) gueule *f* de bois.

**resaltar** [resal'tar] *vt* détacher ♦ *vi* se détacher.

**resarcir** [resar'θir] *vt* (*reparar*) dédommager; (*pagar*) indemniser; **resarcirse** *vpr* se rattraper; **~ a algn de algo** dédommager qn de qch.

**resbaladizo, -a** [resßala'ðiθo, a] *adj* glissant(e).

**resbalar** [resßa'lar] *vi* glisser; (*gotas*) couler; **resbalarse** *vpr* glisser; **le resbalaban las lágrimas por las mejillas** les larmes coulaient sur ses joues; **me resbala lo que piense de mí** je me moque de ce qu'il peut bien penser de moi.

**resbalón** [resßa'lon] *nm* glissade *f*; (*fig*) faux-pas *msg*.

**rescatar** [reska'tar] *vt* sauver; (*pagando rescate*) payer la rançon de; (*objeto*) récupérer.

**rescate** [res'kate] *nm* sauvetage *m*; (*dinero*) rançon *f*; (*de objeto*) récupération *f*; **pagar un ~** payer une rançon.

**rescindir** [resθin'dir] *vt* résilier.

**rescisión** [resθi'sjon] *nf* résiliation *f*.

**rescoldo** [res'koldo] *nm* braises *fpl*.

**resecar** [rese'kar] *vt* dessécher; (*MED*) disséquer; **resecarse** *vpr* se dessécher.

**reseco, -a** [re'seko, a] *adj* desséché(e).

**resentido, -a** [resen'tiðo, a] *adj* (*envidioso*) jaloux(-ouse); (*dolido*) aigri(e) ♦ *nm/f* mauvais(e) coucheur(-euse).

**resentimiento** [resenti'mjento] *nm* ressentiment *m*.

**resentirse** [resen'tirse] *vpr*: ~ **de** *o* **con** se ressentir de; **su salud se resiente** sa santé s'en ressent.

**reseña** [re'seɲa] *nf* (*descripción*) description *f*; (*informe, LIT*) compte *m* rendu.

**reseñar** [rese'ɲar] *vt* décrire; (*LIT*) faire le compte rendu de.

**reserva** [re'serßa] *nf* réserve *f*; (*de entradas*) réservation *f*, location *f*; **a ~ de que ...** (*AM*) sous réserve que ...; **con ~** (*con cautela*) sous toutes réserves; (*con condiciones*) sous réserve; **de ~** en réserve; **tener algo de ~** avoir qch en réserve; **gran ~** (*vino*) grand cru *m*; **reserva de caja** fond *m* de caisse; **reserva de indios** réserve indienne; **reservas del Estado** réserves de l'État; **reserva en efectivo** réserve en argent liquide; **reservas en oro** réserves d'or.

**reservado, -a** [reser'βaðo, a] *adj* réservé(e) ♦ *nm* cabinet *m* particulier; (*FERRO*) compartiment *m* réservé.

**reservar** [reser'βar] *vt* réserver; (*TEATRO*) réserver, louer; **reservarse** *vpr* se réserver.

**resfriado** [res'friaðo] *nm* rhume *m*.

**resfriarse** [res'friarse] *vpr* s'enrhumer.

**resfrío** [res'frio] (*esp AM*) *nm* rhume *m*.

**resguardar** [resɣwar'ðar] *vt* protéger; **resguardarse** *vpr*: **~se de** se protéger de.

**resguardo** [res'ɣwarðo] *nm* abri *m*; (*justificante, recibo*) reçu *m*.

**residencia** [resi'ðenθja] *nf* résidence *f*; **residencia de ancianos** maison *f* de retraite.

**residencial** [resiðen'θjal] *adj* résidentiel(le) ♦ *nf* (*esp AM: urbanización*) lotissement *m*; (*AND, CHI*) hôtel *m* modeste.

**residente** [resi'ðente] *adj, nm/f* résident(e).

**residir** [resi'ðir] *vi* résider; **~ en** (*habitar en: cuidad*) résider à; (: *país*) résider en *o* à; (*consistir en*) résider dans.

**residuo** [re'siðwo] *nm* (*sobrante*) résidu *m*; (*desperdicios*) résidus *mpl*; **residuos radiactivos** déchets *mpl* radioactifs.

**resignación** [resiɣna'θjon] *nf* résignation *f*.

**resignarse** [resiɣ'narse] *vpr*: **~ a** se résigner à.

**resina** [re'sina] *nf* résine *f*.

**resistencia** [resis'tenθja] *nf* résistance *f*; **no ofrece ~** il n'offre pas de résistance; **la R~** (*MIL*) la Résistance; **resistencia pasiva** résistance passive.

**resistente** [resis'tente] *adj* résistant(e); **~ al calor** résistant à la chaleur.

**resistir** [resis'tir] *vt* résister à; (*peso, calor, persona*) supporter ♦ *vi* résister; **resistirse** *vpr* résister; **~se a** (*decir, salir*) refuser de; (*cambio, ataque*) résister à; **no puedo ~ este frío** je ne peux pas supporter ce froid; **me resisto a creerlo** je me refuse à le croire; **se le resiste la química** la chimie lui donne du mal; **el detenido se resistió** le détenu a refusé d'obtempérer.

**resolución** [resolu'θjon] *nf* résolution *f*; (*arrojo*) détermination *f*; **con ~** avec vigueur, avec fermeté; **tomar una ~** prendre une résolution; **resolución judicial** décision *f* de justice.

**resolver** [resol'βer] *vt* résoudre; **resolverse** *vpr* se résoudre.

**resonancia** [reso'nanθja] *nf* résonance *f*; (*fig*) retentissement *m*.

**resonar** [reso'nar] *vi* résonner.

**resoplar** [reso'plar] *vi* haleter.

**resoplido** [reso'pliðo] *nm* halètement *m*.

**resorte** [re'sorte] *nm* (*TEC, fig*) ressort *m*.

**respaldar** [respal'dar] *vt* appuyer; (*INFORM*) sauvegarder; **respaldarse** *vpr* (*en asiento*) s'adosser; **~se en** (*fig*) s'appuyer sur.

**respaldo** [res'paldo] *nm* (*de sillón*) dossier *m*; (*fig*) appui *m*.

**respectivamente** [respektiβa'mente] *adv* respectivement.

**respectivo, -a** [respek'tiβo, a] *adj* respectif(-ive); **en lo ~ a** en ce qui concerne.

**respecto** [res'pekto] *nm*: **al ~** à ce sujet; **con ~ a** en ce qui concerne; **~ de** par rapport à.

**respetable** [respe'taβle] *adj* respectable ♦ *nm* public *m*.

**respetar** [respe'tar] *vt* respecter.

**respeto** [res'peto] *nm* respect *m*; **~s** *nmpl* respects *mpl*; **por ~** par respect pour *o* envers; **presentar sus ~s a** présenter ses respects à; **faltar al ~ a algn** manquer de respect à qn.

**respetuoso, -a** [respe'twoso, a] *adj* respectueux(-euse).

**respingo** [res'pingo] *nm*: **dar** *o* **pegar un ~** sursauter.

**respiración** [respira'θjon] *nf* respiration *f*; **respiración artificial** respiration artificielle; **respiración asistida** respiration assistée; **respiración boca a boca** bouche à bouche *m*.

**respirar** [respi'rar] *vt, vi* respirer; **no dejar ~ a algn** ne pas laisser respirer qn; **estuvo escuchándole sin ~** il l'a écouté sans broncher *o* dire un mot; **por fin pude ~** (*de alivio*) j'ai enfin pu respirer.

**respiratorio, -a** [respira'torjo, a] *adj* respiratoire.

**respiro** [res'piro] *nm* répit *m*; (*COM*) délai *m*.

**resplandecer** [resplande'θer] *vi* resplendir; (*belleza*) resplendir, rayonner.

**resplandeciente** [resplande'θjente] *adj* resplendissant(e).

**resplandor** [resplan'dor] *nm* éclat *m*.

**responder** [respon'der] *vt* répondre ♦ *vi* répondre; (*corresponder*) payer de retour; ~ **a** (*situación*) répondre à; (*guardar relación*) avoir trait à; ~ **a una pregunta** répondre à une question; ~ **a una descripción** répondre à un signalement; ~ **de** o **por** répondre de o pour.

**respondón, -ona** [respon'don, ona] *adj* effronté(e); ¡**no seas~!** ne réponds pas!

**responsabilidad** [responsaβili'ðað] *nf* responsabilité *f*; **bajo mi** ~ sous ma responsabilité; **responsabilidad ilimitada** (*COM*) responsabilité illimitée.

**responsabilizar** [responsaβili'θar] *vt* responsabiliser, rendre responsable; **responsabilizarse** *vpr*: **~se de** (*atentado*) revendiquer; (*crisis, accidente*) assumer la responsabilité de.

**responsable** [respon'sable] *adj, nm/f* responsable *m/f*; **la persona** ~ la personne responsable; **hacerse** ~ **de algo** assumer la responsabilité de qch.

**respuesta** [res'pwesta] *nf* réponse *f*.

**resquebrajar** [reskeβra'xar] *vt* fendiller, fissurer; **resquebrajarse** *vpr* s'écailler.

**resquicio** [res'kiθjo] *nm* fente *f*; (*fig*) possibilité *f*, rayon *m*.

**resta** ['resta] *nf* soustraction *f*.

**restablecer** [restaβle'θer] *vt* rétablir; **restablecerse** *vpr* se rétablir.

**restallar** [resta'ʎar] *vi* claquer.

**restante** [res'tante] *adj* restant(e); **lo** ~ le reste, ce qui reste; **los ~s** les autres; (*cosas*) le reste.

**restar** [res'tar] *vt* (*MAT*) soustraire; (*fig*) ôter ♦ *vi* rester.

**restauración** [restaura'θjon] *nf* restauration *f*.

**restaurante** [restau'rante] *nm* restaurant *m*.

**restaurar** [restau'rar] *vt* restaurer.

**restitución** [restitu'θjon] *nf* restitution *f*.

**restituir** [restitu'ir] *vt* restituer.

**resto** ['resto] *nm* reste *m*; **~s** *nmpl* (*CULIN, de civilización etc*) restes *mpl*; **echar el** ~ jouer le tout pour le tout; **restos mortales** dépouille *fsg* (mortelle).

**restregar** [restre'xar] *vt* frotter.

**restricción** [restrik'θjon] *nf* restriction *f*; **sin** ~ **de** sans restriction de.

**restrictivo, -a** [restrik'tiβo, a] *adj* restrictif(-ive).

**restringir** [restrin'xir] *vt* restreindre.

**resucitar** [resuθi'tar] *vt, vi* ressusciter.

**resuello** [re'sweʎo] *vb, nm* (*aliento*) souffle *m*.

**resuelto, -a** [re'swelto, a] *pp de* **resolver** ♦ *adj* résolu(e); **estar** ~ **a hacer algo** être résolu(e) à faire qch.

**resultado** [resul'taðo] *nm* résultat *m*; **~s** *nmpl* (*INFORM*) résultats *mpl*; **dar** ~ réussir.

**resultante** [resul'tante] *adj* résultant(e).

**resultar** [resul'tar] *vi* (*ser*) être; (*llegar a ser*) finir par être; (*salir bien*) réussir; (*ser consecuencia*) résulter; ~ **a** (*COM*) revenir à; ~ **de** résulter de; **resulta que ...** il se trouve que ...; **el conductor resultó muerto** le chauffeur est mort; **no resultó** cela n'a pas réussi; **me resulta difícil hacerlo** il m'est difficile de le faire.

**resumen** [re'sumen] *nm* résumé *m*; **en** ~ en résumé; **hacer un** ~ faire un résumé.

**resumir** [resu'mir] *vt* résumer; **resumirse** *vpr* se résumer; **en resumidas cuentas** en résumé o en bref.

**resurgir** [resur'xir] *vi* ressurgir.

**resurrección** [resurrek'θjon] *nf* résurrection *f*.

**retablo** [re'taβlo] *nm* retable *m*.

**retaguardia** [reta'xwarðja] *nf* arrière-garde *f*.

**retahíla** [reta'ila] *nf* chapelet *m*.

**retal** [re'tal] *nm* coupon *m*.

**retar** [re'tar] *vt* défier.

**retardar** [retar'ðar] *vt* (*demorar*) retarder; (*hacer más lento*) ralentir.

**retazo** [re'taθo] *nm* coupon *m*; **a ~s** (*contar*) par fragments.

**retención** [reten'θjon] *nf* retenue *f*; (*MED*) rétention *f*; (*de prisionero*) détention *f*, garde *f* à vue; **retención de llamadas** (*TELEC*) mémoire *f*; **retención de tráfico** embouteillage *m*, bouchon *m*; **retención fiscal** prélèvement *m* fiscal.

**retener** [rete'ner] *vt* retenir; (*suj: policía*) garder à vue; (*impuestos, sueldo*) prélever.

**retina** [re'tina] *nf* rétine *f*.

**retintín** [retin'tin] *nm* tintement *m*; **decir algo con** ~ dire qch d'un ton malicieux.

**retirada** [reti'raða] *nf* (*MIL*) retraite *f*; (*de dinero*) retrait *m*; (*de embajador*) rappel *m*; **batirse en** ~ battre en retraite; *V tb* **retirado**.

**retirado, -a** [reti'raðo, a] *adj* (*lugar*) retiré(e); (*vida*) calme; (*jubilado*) retraité(e) ♦ *nm/f* retraité(e).

**retirar** [reti'rar] *vt* retirer; (*jubilar*) mettre à

la retraite; **retirarse** *vpr* se retirer; (*jubilarse*) prendre sa retraite; ~ **la acusación** retirer la plainte.

**retiro** [re'tiro] *nm* retraite *f*; (DEPORTE) abandon *m*.

**reto** ['reto] *nm* défi *m*.

**retocar** [reto'kar] *vt* retoucher.

**retoño** [re'toɲo] *nm* rejeton *m*.

**retoque** [re'toke] *vb* V **retocar** ♦ *nm* retouche *f*.

**retorcer** [retor'θer] *vt* (*tela*) essorer; (*brazo*) tordre; (*argumento*) déformer; **retorcerse** *vpr* se tortiller; (*persona*) se contorsionner; **~se de dolor** se tordre de douleur.

**retorcido, -a** [retor'θiðo, a] *adj* (*tronco*) tordu(e); (*columna*) tors(e); (*personalidad*) retors(e); (*mente*) mal tourné(e).

**retórica** [re'torika] *nf* rhétorique *f*.

**retórico, -a** [re'toriko, a] *adj* rhétorique.

**retornar** [retor'nar] *vt* (*cartas*) renvoyer; (*dinero*) rendre ♦ *vi*: ~ **(a)** retourner (à).

**retorno** [re'torno] *nm* retour *m*; **retorno del carro** (TIP) retour du chariot; **retorno del carro automático** (TIP) retour automatique du chariot.

**retortijón** [retorti'xon] *nm* (*tb*: ~ **de tripas**) crampe *f* (d'estomac).

**retozar** [reto'θar] *vi* folâtrer.

**retozón, -ona** [reto'θon, ona] *adj* folâtre.

**retracción** [retrak'θjon] *nf* rétraction *f*.

**retractarse** [retrak'tarse] *vpr* se rétracter; **me retracto** je me rétracte.

**retraer** [retra'er] *vt* (*antena*) rentrer; (*órgano*) rétracter; **retraerse** *vpr*: ~**se (de)** se retirer (de).

**retraído, -a** [retra'iðo, a] *adj* renfermé(e).

**retraimiento** [retrai'mjento] *nm* (*aislamiento*) retraite *f*; (*timidez*) réserve *f*.

**retransmisión** [retransmi'sjon] *nf* retransmission *f*.

**retransmitir** [retransmi'tir] *vt* retransmettre.

**retrasado, -a** [retra'saðo, a] *adj* en retard; (MED: *tb*: ~ **mental**) attardé(e); **estar** ~ (*reloj*) être en retard, retarder; (*persona, país*) être en retard.

**retrasar** [retra'sar] *vt, vi* retarder; **retrasarse** *vpr* (*persona, tren*) être en retard; (*reloj*) retarder; (*quedarse atrás*) s'attarder; (*producción*) prendre du retard.

**retraso** [re'traso] *nm* retard *m*; ~**s** *nmpl* (COM) arriérés *mpl*; **llegar con** ~ arriver en retard; **llegar con 25 minutos de** ~ arri-

ver avec 25 minutes de retard; **llevamos un** ~ **de 6 semanas** nous sommes en retard de 6 semaines; **retraso mental** déficience *f* mentale.

**retratar** [retra'tar] *vt* (ARTE) faire le portrait de; (FOTO) photographier; (*fig*) décrire; **retratarse** *vpr* se faire faire son portrait; (*fig*) se révéler.

**retrato** [re'trato] *nm* portrait *m*; **ser el vivo** ~ **de** être tout le portrait de.

**retrato-robot** [re'tratoro'βo(t)] (*pl* ~**s-~**) *nm* portrait-robot *m*.

**retreta** [re'treta] *nf* (MIL) retraite *f*.

**retrete** [re'trete] *nm* toilettes *fpl*.

**retribución** [retriβu'θjon] *nf* rétribution *f*.

**retribuir** [retriβu'ir] *vt* rétribuer.

**retro...** [retro] *pref* rétro...

**retroactivo, -a** [retroak'tiβo, a] *adj* rétroactif(-ive); **con efecto** ~ avec effet rétroactif.

**retroceder** [retroθe'ðer] *vi* reculer; **la policía hizo** ~ **a la multitud** la police a fait reculer la foule.

**retroceso** [retro'θeso] *nm* recul *m*.

**retrógrado, -a** [re'troɣraðo, a] *adj* rétrograde.

**retrospectivo, -a** [retrospek'tiβo, a] *adj* rétrospectif(-ive); **mirada retrospectiva** regard *m* rétrospectif.

**retrovisor** [retroβi'sor] *nm* rétroviseur *m*.

**retumbar** [retum'bar] *vi* retentir.

**reuma** [re'uma] *nm* rhumatisme *m*.

**reumatismo** [reuma'tismo] *nm* rhumatisme *m*.

**reunificar** [reunifi'kar] *vt* réunifier.

**reunión** [reu'njon] *nf* réunion *f*; **reunión de ventas** (COM) meeting *m* commercial; **reunión en la cumbre** réunion au sommet; **reunión extraordinaria** réunion extraordinaire.

**reunir** [reu'nir] *vt* réunir; (*recoger*) rassembler, réunir; (*personas*) réunir; **reunirse** *vpr* se réunir; **reunió a sus amigos para discutirlo** il a réuni ses amis pour en débattre.

**revalidar** [reβali'ðar] *vt* (*título*) confirmer.

**revancha** [re'βantʃa] *nf* revanche *f*.

**revelación** [reβela'θjon] *nf* révélation *f*.

**revelado** [reβe'laðo] *nm* développement *m*.

**revelar** [reβe'lar] *vt* révéler; (FOTO) développer.

**reventa** [re'βenta] *nf* revente *f*.

**reventar** [reβen'tar] *vt* (*globo*) faire éclater;

(*presa*) céder; (*molestar*) agacer ♦ *vi* éclater; **reventarse** *vpr* éclater; **me revienta tener que ponérmelo** ça m'agace de devoir le mettre; **~ de** (*alegría*) sauter de; (*ganas*) mourir de; **~ por** brûler de; **estar a ~** (*lleno*) être plein à craquer; **~se trabajando** se ruiner la santé au travail.

**reventón** [reβen'ton] *nm* crevaison *f*.

**reverencia** [reβe'renθja] *nf* révérence *f*.

**reverenciar** [reβeren'θjar] *vt* révérer.

**reverendo, -a** [reβe'rendo, a] *adj* révérend(e).

**reverente** [reβe'rente] *adj* révérencieux (-euse).

**reversible** [reβer'siβle] *adj* réversible.

**reverso** [re'βerso] *nm* revers *msg*.

**revertir** [reβer'tir] *vi* revenir; **~ en beneficio/en perjuicio de** tourner à l'avantage/au désavantage de.

**revés** [re'βes] *nm* envers *msg*; (*fig*, TENIS) revers *msg*; **al ~** à l'envers; **y al ~** et inversement; **volver algo al** *o* **del ~** retourner qch; **los reveses de la fortuna** les revers de fortune.

**revestir** [reβes'tir] *vt* revêtir; **revestirse** *vpr* (REL) se revêtir; **el acto revestía gran solemnidad** la cérémonie revêtait une grande solennité; **~se con** *o* **de** s'armer de.

**revisar** [reβi'sar] *vt* réviser.

**revisión** [reβi'sjon] *nf* révision *f*; **revisión de cuentas** contrôle des comptes; **revisión salarial** révision des salaires.

**revisor, a** [reβi'sor, a] *nm/f* contrôleur (-euse); **revisor de cuentas** contrôleur (-euse) des comptes.

**revista** [re'βista] *vb V* **revestir** ♦ *nf* revue *f*, magazine *m*; **pasar ~ a** passer en revue; **revista de libros** chronique *f* littéraire; **revista literaria** revue littéraire; **revistas del corazón** presse *f* du cœur.

**revivir** [reβi'βir] *vt*, *vi* revivre.

**revocación** [reβoka'θjon] *nf* révocation *f*.

**revocar** [reβo'kar] *vt* révoquer.

**revolcarse** *vpr* se vautrer.

**revolotear** [reβolote'ar] *vi* voltiger.

**revoltijo** [reβol'tixo] *nm* embrouillamini *m*.

**revoltoso, -a** [reβol'toso, a] *adj* turbulent(e).

**revolución** [reβolu'θjon] *nf* révolution *f*; (TEC) tour *m*.

**revolucionar** [reβoluθjo'nar] *vt* révolutionner.

**revolucionario, -a** [reβoluθjo'narjo, a]

*adj*, *nm/f* révolutionnaire *m/f*.

**revolver** [reβol'βer] *vt* remuer; (*casa*) mettre sens dessus dessous; (*mezclar*) remuer, agiter; (POL) soulever ♦ *vi*: **~ en** fouiller dans; **revolverse** *vpr* (*en cama*) s'agiter; (*de dolor*) s'agiter, se tordre; (METEOROLOGÍA) se gâter; **~se contra** se retourner contre; **han revuelto toda la casa** ils ont mis la maison sens dessus dessous; **la injusticia me revuelve las tripas** l'injustice me révolte.

**revólver** [re'βolβer] *nm* révolver *m*.

**revuelo** [re'βwelo] *nm* vol *m*; (*fig*) trouble *m*; **armar** *o* **levantar un gran ~** jeter le trouble.

**revuelta** [re'βwelta] *nf* révolte *f*; (*pelea*) bagarre *f*.

**revuelto, -a** [re'βwelto, a] *pp de* **revolver** ♦ *adj* (*desordenado*) sens dessus dessous; (*mar*) agité(e), houleux(-euse); (*pueblo*) agité(e); (*tiempo*) orageux(-euse); (*estómago*) barbouillé(e); **todo estaba ~** tout était sens dessus dessous.

**rey** [rei] *nm* roi *m*; **los R~es** le Roi et la Reine, les Souverains; **el deporte ~** le sport roi.

---

**Reyes Magos**

*Selon la tradition espagnole, les Rois mages apportent des cadeaux aux enfants pendant la nuit qui précède l'Épiphanie. Le lendemain soir, le 6 janvier, les Rois mages arrivent dans la ville par mer ou par terre, et participent à une procession connue sous le nom de* **cabalgatas**, *à la plus grande joie des enfants.*

---

**reyerta** [re'jerta] *nf* rixe *f*.

**rezagado, -a** [reθa'ɣaðo, a] *adj*: **quedar ~** être en retard; (*fig*) être à la traîne.

**rezagar** [reθa'ɣar] *vt* retarder; **rezagarse** *vpr* traîner.

**rezar** [re'θar] *vi* prier; **~ con** (*fam*) aller avec.

**rezo** ['reθo] *nm* prière *f*.

**rezongar** [reθon'ɣar] *vi* ronchonner.

**rezumar** [reθu'mar] *vt* laisser couler ♦ *vi* suinter; **rezumarse** *vpr* transpirer.

**ría** ['ria] *nf* ria *f*.

**riada** [ri'aða] *nf* crue *f*, inondation *f*.

**ribera** [ri'βera] *nf* rive *f*, berge *f*; (*área*) rivage *m*, littoral *m*.

**ribete** [ri'βete] *nm* (*de vestido*) liseré *m*; **~s**
*nmpl* (*atisbos*) côtés *mpl*; **muestra ~s de**
**filósofo** il a un côté philosophe.

**ricino** [ri'θino] *nm*: **aceite de ~** huile *f* de
ricin.

**rico, -a** ['riko, a] *adj* riche; (*comida*)
délicieux(-euse); (*niño*) gentil(le) ♦ *nm/f* riche *m/f*; **nuevo ~** nouveau riche; **~ en** riche en.

**rictus** ['riktus] *nm* rictus *msg*; **rictus de**
**amargura** grimace *f* d'amertume.

**ridiculez** [riðiku'leθ] *nf* ridicule *m*; (*nimiedad*) insignifiance *f*.

**ridiculizar** [riðikuli'θar] *vt* ridiculiser.

**ridículo, -a** [ri'ðikulo, a] *adj* ridicule; **hacer**
**el ~** se couvrir de ridicule; **poner a algn**
**en ~** tourner qn en ridicule; **ponerse en ~**
s'exposer au ridicule.

**riego** ['rjeɣo] *vb* V **regar** ♦ *nm* arrosage *m*;
**riego sanguíneo** irrigation *f*.

**riel** [rjel] *nm* (*FERRO*) rail *m*; (*de cortina*) tringle *f*.

**rienda** ['rjenda] *nf* rêne *f*; **dar ~ suelta a**
donner libre cours à; **llevar las ~s** (*fig*) tenir les rênes.

**riesgo** ['rjesɣo] *nm* risque *m*; **seguro a** *o*
**contra todo ~** assurance *f* tous risques; **~**
**para la salud** risque pour la santé; **correr**
**el ~ de** courir le risque de.

**rifa** ['rifa] *nf* tombola *f*.

**rifar** [ri'far] *vt* tirer au sort; **rifarse** *vpr* se
disputer.

**rifle** ['rifle] *nm* rifle *m*.

**rigidez** [rixi'ðeθ] *nf* rigidité *f*.

**rígido, -a** ['rixiðo, a] *adj* rigide; (*cara*) sévère.

**rigor** [ri'ɣor] *nm* rigueur *f*; **el ~ del invierno** la rigueur de l'hiver; **con todo el ~**
**científico** avec la plus grande rigueur
scientifique; **de ~** de rigueur; **después de**
**los saludos de ~** après les salutations de
rigueur.

**riguroso, -a** [riɣu'roso, a] *adj* rigoureux
(-euse); **de rigurosa actualidad** d'une actualité brûlante.

**rima** ['rima] *nf* rime *f*; **~s** *nfpl* (*composición*)
rimes *fpl*; **rima asonante/consonante**
rime pauvre/riche.

**rimbombante** [rimbom'bante] *adj* (*fig*)
ronflant(e).

**rím(m)el** ['rimel] *nm* rimmel *m*.

**rincón** [rin'kon] *nm* coin *m*; **buscar por los**
**rincones** chercher dans tous les coins.

**rinoceronte** [rinoθe'ronte] *nm* rhinocéros
*msg*.

**riña** ['riɲa] *nf* (*disputa*) dispute *f*; (*pelea*) bagarre *f*.

**riñón** [ri'ɲon] *nm* (*ANAT*) rein *m*; (*CULIN*) ro-
gnon *m*; **me costó un ~** (*fam*) cela m'a
coûté les yeux de la tête; **tener dolor de**
**riñones** avoir mal aux reins; **tener riñones** (*fig*) avoir du cran.

**río** ['rio] *vb* V **reír** ♦ *nm* (*que desemboca en*
*otro río*) rivière *f*; (*que desemboca en el*
*mar*) fleuve *m*; (*fig*) flot *m*; **~ abajo/arriba**
en aval/amont; **cuando el ~ suena, agua**
**lleva** il n'y a pas de fumée sans feu; **a ~**
**revuelto, ganancia de pescadores** à
quelque chose malheur est bon.

**Río de la Plata** ['rioðela'plata] *n* Rio de la
Plata.

**Rioja** [ri'oxa] *nf*: **La ~** La Rioja.

**rioja** [ri'oxa] *nf* rioja *m*.

**rioplatense** [riopla'tense] *adj* de Rio de la
Plata ♦ *nm/f* natif(-ive) *o* habitant(e) de Rio
de la Plata.

**riqueza** [ri'keθa] *nf* richesse *f*.

**risa** ['risa] *nf* rire *m*; **¡qué ~!** que c'est
drôle!; **caerse/morirse de ~** se tordre/
mourir de rire; **tomar algo a ~** (*a la ligera*) prendre qch à la rigolade; (*con buen*
*humor*) prendre qch avec bonne humeur;
**el libro es una ~** (*es divertido*) ce livre est
à se tordre de rire; (*no vale nada*) ce livre
ne vaut rien; **tener la ~ fácil** rire facilement; **risa de conejo** rire jaune.

**risco** ['risko] *nm* rocher *m* escarpé.

**risotada** [riso'taða] *nf* éclat *m* de rire.

**ristra** ['ristra] *nf* chapelet *m*; **ristra de ajos**
chapelet d'ails.

**risueño, -a** [ri'sweɲo, a] *adj* souriant(e).

**ritmo** ['ritmo] *nm* rythme *m*; **a ~ lento** au
ralenti; **trabajar a ~ lento** travailler au ralenti; **ritmo de vida** rythme de vie.

**rito** ['rito] *nm* rite *m*.

**ritual** [ri'twal] *adj* rituel(le) ♦ *nm* rituel *m*.

**rival** [ri'βal] *adj*, *nm/f* rival(e).

**rivalidad** [riβali'ðað] *nf* rivalité *f*.

**rivalizar** [riβali'θar] *vi* rivaliser.

**rizado, -a** [ri'θaðo, a] *adj* (*pelo*) frisé(e);
(*mar*) moutonneux(-euse) ♦ *nm* frisure *f*.

**rizar** [ri'θar] *vt* friser; **rizarse** *vpr* (*el pelo*) se
friser; (*agua, mar*) moutonner.

**rizo** ['riθo] *nm* boucle *f*.

**RNE** *abr* = Radio Nacional de España.

**robar** [ro'βar] *vt* voler; (*NAIPES*) piocher;

(*atención*) dérober.

**roble** ['roβle] *nm* chêne *m*.

**robo** ['roβo] *nm* vol *m*; **¡esto es un ~!** c'est du vol!; **robo a mano armada** vol à main armée.

**robot** [ro'βo(t)] (*pl* **~s**) *adj, nm* robot *m*; **robot de cocina** robot de cuisine.

**robustecer** [roβuste'θer] *vt* fortifier.

**robusto, -a** [ro'βusto, a] *adj* robuste.

**roca** ['roka] *nf* roche *f*; **la R~** Gibraltar.

**roce** ['roθe] *vb V* rozar ♦ *nm* frottement *m*; (*caricia*) frôlement *m*; (*TEC*) friction *f*; (*señal*) éraflure *f*; (: *en la piel*) égratignure *f*; (*trato*) fréquentation *f*; **tener un ~ con** s'accrocher avec, avoir une prise de bec avec.

**rociar** [ro'θjar] *vt* arroser.

**rocín** [ro'θin] *nm* rosse *f*.

**rocío** [ro'θio] *nm* rosée *f*.

**rock** [rok] *adj, nm* (*MÚS*) rock *m*.

**rocoso, -a** [ro'koso, a] *adj* rocailleux(-euse).

**rodado, -a** [ro'ðaðo, a] *adj*: **tráfico ~** circulation *f* routière; **canto ~** galet *m*; **venir ~** se présenter on ne peut mieux.

**rodaja** [ro'ðaxa] *nf* tranche *f*.

**rodaje** [ro'ðaxe] *nm* (*CINE*) tournage *m*; **en ~** (*AUTO*) en rodage.

**rodar** [ro'ðar] *vt* (*vehículo*) roder; (*bola*) faire rouler; (*película*) tourner ♦ *vi* rouler; (*CINE*) tourner; (*persona*) circuler.

**rodear** [roðe'ar] *vt* entourer; (*dar un rodeo*) contourner; **rodearse** *vpr*: **~se de amigos** s'entourer d'amis; **rodeado de misterio** entouré de mystère.

**rodeo** [ro'ðeo] *nm* détour *m*; (*AM: DEPORTE*) rodéo *m*; **dar un ~** faire un détour; **dejarse de ~s** ne pas tergiverser; **hablar sin ~s** parler sans détours.

**rodilla** [ro'ðiʎa] *nf* genou *m*; **de ~s** à genoux.

**rodillo** [ro'ðiʎo] *nm* rouleau *m*; (*en máquina de escribir, impresora*) chariot *m*.

**roedor, a** [roe'ðor, a] *adj* rongeur(-euse) ♦ *nm* rongeur *m*.

**roer** [ro'er] *vt* ronger.

**rogar** [ro'ɣar] *vt, vi* prier; **se ruega no fumar** prière de ne pas fumer; **me rogó que me quedara** il m'a prié de rester; **no se hace de ~** il ne se fait pas prier.

**rojizo, -a** [ro'xiθo, a] *adj* rougeâtre.

**rojo, -a** ['roxo, a] *adj* rouge ♦ *nm* rouge *m* ♦ *nm/f* (*POL*) rouge *m/f*; **ponerse ~** rougir; **al ~ (vivo)** (*metal*) rouge; (*fig*) chauffé(e) à

blanc.

**rol** [rol] *nm* rôle *m*.

**rollizo, -a** [ro'ʎiθo, a] *adj* rondelet(te).

**rollo, -a** ['roʎo, a] *adj* (*fam*) barbant(e) ♦ *nm* rouleau *m*; (*fam: película*) navet *m*; (*libro*) ouvrage *m* de bas étage; (: *discurso*) laïus *msg*; **¡qué ~!** quelle barbe!, quelle scie!; **la conferencia fue un ~** cette conférence a été soporifique.

**Roma** ['roma] *n* Rome.

**romance** [ro'manθe] *nm* (*LING*) roman *m*; (*LIT*) romance *f*; (*relación*) idylle *f*.

**romanticismo** [romanti'θismo] *nm* romantisme *m*.

**romántico, -a** [ro'mantiko, a] *adj* romantique.

**rombo** ['rombo] *nm* losange *m*.

**romería** [rome'ria] *nf* (*REL*) fête *f* patronale, ≈ pardon *m*; (*excursión*) pèlerinage *m*.

---

| romería |
|---|

*À l'origine un pèlerinage vers un lieu saint ou une église, en l'honneur de la Sainte Vierge ou du saint local, la romería donne également lieu de nos jours à une fête populaire. Les participants, parfois venus de loin, apportent à boire et à manger, et les festivités durent toute une journée.*

---

**romero, -a** [ro'mero, a] *nm/f* pèlerin *m* ♦ *nm* (*BOT*) romarin *m*.

**romo, -a** ['romo, a] *adj* émoussé(e).

**rompecabezas** [rompeka'βeθas] *nm inv* casse-tête *m inv*.

**rompeolas** [rompe'olas] *nm inv* brise-lames *m inv*.

**romper** [rom'per] *vt* casser; (*papel, tela*) déchirer; (*contrato*) rompre ♦ *vi* (*olas*) briser; (*diente*) casser; **romperse** *vpr* se casser; **~ filas** (*MIL*) rompre les rangs; **~ el día** commencer à faire jour; **~ a** se mettre à; **~ a llorar** éclater en sanglots; **~ con algn** rompre avec qn.

**ron** [ron] *nm* rhum *m*.

**roncar** [ron'kar] *vi* ronfler.

**ronco, -a** ['ronko, a] *adj* rauque.

**ronda** ['ronda] *nf* (*de bebidas, negociaciones*) tournée *f*; (*patrulla*) ronde *f*; (*de naipes*) main *f*, partie *f*; (*DEPORTE*) manche *f*; **ir de ~** faire sa tournée; **hacer la ~** (*MIL*) faire sa ronde; **ronda electoral** tournée électorale.

**rondar** [ron'dar] vt (vigilar) surveiller; (cortejar) faire du plat à; (importunar) tourner autour de ♦ vi faire une ronde; (fig) rôder; **la cifra ronda el millón** le chiffre frise le million.

**ronquido** [ron'kiðo] nm ronflement m.

**ronronear** [ronrone'ar] vi ronronner.

**ronroneo** [ronro'neo] nm ronronnement m.

**roña** ['roɲa] nf (VETERINARIA) gale f; (mugre) crasse f; (óxido) rouille f.

**roñoso, -a** [ro'ɲoso, a] adj (mugriento) crasseux(-euse); (tacaño) radin(e).

**ropa** ['ropa] nf vêtements mpl; **ropa blanca/de casa** linge m blanc/de maison; **ropa de cama** literie f; **ropa interior o íntima** linge de corps; **ropa sucia** linge sale; **ropa usada** vêtements usagés.

**ropaje** [ro'paxe] nm vêtements mpl.

**ropero** [ro'pero] nm (de ropa de cama) armoire f (à linge); (guardarropa) garde-robe f.

**rosa** ['rosa] adj inv rose ♦ nf (BOT) rose f ♦ nm (color) rose m; **estar como una ~** être frais(fraîche) comme une rose; **verlo todo color de ~** voir la vie en rose; **rosa de los vientos** rose f des vents.

**rosado, -a** [ro'saðo, a] adj rose ♦ nm rosé m.

**rosal** [ro'sal] nm rosier m.

**rosario** [ro'sarjo] nm chapelet m; (oraciones) rosaire m; **rezar el ~** dire son chapelet.

**rosca** ['roska] nf pas msg; (pan) couronne f; **hacer la ~ a algn** (fam) faire du plat à qn; **pasarse de ~** (fig) dépasser les bornes.

**rosetón** [rose'ton] nm (ARQ) rosace f.

**rosquilla** [ros'kiʎa] nf beignet à pâte dure en forme d'anneau; **venderse como ~s** se vendre comme des petits pains.

**rostro** ['rostro] nm visage m; **tener mucho ~** (fam) avoir un sacré culot o toupet.

**rotación** [rota'θjon] nf rotation f; **rotación de cultivos** rotation des cultures.

**rotativo** [rota'tiβo] nm journal m.

**roto, -a** ['roto, a] pp de **romper** ♦ adj cassé(e); (tela, papel) déchiré(e); (vida) brisé(e); (CHI: de clase obrera) ouvrier(-ière) ♦ nm/f (CHI) ouvrier(-ière) ♦ nm (en vestido) accroc m.

**rotonda** nf rotonde f.

**rótula** ['rotula] nf rotule f.

**rotulador** [rotula'ðor] nm crayon m feutre.

**rotular** [rotu'lar] vt (carta, documento) légender.

**rótulo** ['rotulo] nm (título) enseigne f; (letrero) écriteau m.

**rotundamente** [rotunda'mente] adv catégoriquement.

**rotundo, -a** [ro'tundo, a] adj catégorique.

**rotura** [ro'tura] nf rupture f; (MED) fracture f.

**roturar** [rotu'rar] vt défricher.

**rozadura** [roθa'ðura] nf (huella) éraflure f; (herida) écorchure f.

**rozar** [ro'θar] vt frôler; (raspar, ensuciar) érafler; (MED) écorcher; (tocar ligeramente, fig) effleurer; **rozarse** vpr se frôler; **~se (con)** (tratar) se frotter (à); **su actitud roza el fanatismo** son attitude frise le fanatisme.

**Rte.** abr (= remite, remitente) exp. (= expéditeur).

**RTVE** sigla f = Radiotelevisión Española.

**rubí** [ru'βi] nm rubis msg.

**rubio, -a** ['ruβjo, a] adj, nm/f blond(e); **tabaco ~** tabac m blond.

**rubor** [ru'βor] nm (sonrojo) rougeur f; (vergüenza) honte f.

**ruborizarse** [ruβori'θarse] vpr rougir.

**rúbrica** ['ruβrika] nf (de firma) paraphe m, parafe m; (final) couronnement m; (título) rubrique f; **bajo la ~ de** dans la rubrique de.

**rubricar** [ruβri'kar] vt (firmar) parapher o parafer; (concluir) couronner.

**rudimentario, -a** [ruðimen'tarjo, a] adj rudimentaire.

**rudimentos** [ruði'mentos] nmpl rudiments mpl.

**rudo, -a** ['ruðo, a] adj (material) rude; (modales, persona) grossier(-ière).

**rueda** ['rweða] nf roue f; (corro) ronde f; **ir sobre ~s** aller comme sur des roulettes; **rueda de prensa** conférence f de presse; **rueda de recambio o de repuesto** roue de secours; **rueda delantera/trasera** roue avant/arrière; **rueda dentada** roue dentée; **rueda impresora** (INFORM) marguerite f.

**ruedo** ['rweðo] vb V **rodar** ♦ nm (contorno) bord m; (de vestido) ourlet m; (TAUR) arène f; (corro) ronde f.

**ruego** ['rweɣo] vb V **rogar** ♦ nm prière f; **a ~s de** à la demande de; **"~s y preguntas"**

"questions et réponses".

**rufián** [ru'fjan] *nm* ruffian *m*.

**rugby** ['ruɣβi] *nm* rugby *m*.

**rugido** [ru'xiðo] *nm* rugissement *m*.

**rugir** [ru'xir] *vi* rugir; *(estómago)* gargouiller.

**rugoso, -a** [ru'ɣoso, a] *adj* rugueux(-euse).

**ruido** ['rwiðo] *nm* bruit *m*; *(alboroto)* bruit, grabuge *m*; **~ de fondo** bruit de fond; **hacer** o **meter ~** faire du bruit.

**ruidoso, -a** [rwi'ðoso, a] *adj* bruyant(e); *(fig)* tapageur(-euse).

**ruin** [rwin] *adj (vil)* vil(e); *(tacaño)* pingre.

**ruina** ['rwina] *nf* ruine *f*; **~s** *nfpl* ruines *fpl*; **estar hecho una ~** être en piteux état; **aquello le llevó a la ~** cela a entraîné sa ruine.

**ruindad** [rwin'dað] *nf* mesquinerie *f*; *(acto)* bassesse *f*.

**ruinoso, -a** [rwi'noso, a] *adj (tb COM)* ruineux(-euse).

**ruiseñor** [rwise'ɲor] *nm* rossignol *m*.

**ruleta** [ru'leta] *nf* roulette *f*.

**rulo** ['rulo] *nm* rouleau *m*.

**Rumania** [ruma'nia] *nf* Roumanie *f*.

**rumba** ['rumba] *nf* rumba *f*.

**rumbo** ['rumbo] *nm (ruta)* cap *m*; *(ángulo de dirección)* rumb *m*, rhumb *m*; *(fig)* direction *f*; **con ~ a** en direction de; **poner ~ a** mettre le cap sur; **sin ~ fijo** au hasard.

**rumboso, -a** [rum'boso, a] *(fam) adj* généreux(-euse).

**rumiante** [ru'mjante] *nm* ruminant *m*.

**rumiar** [ru'mjar] *vt, vi* ruminer.

**rumor** [ru'mor] *nm (ruido sordo)* rumeur *f*; *(chisme)* bruit *m*.

**rumorearse** [rumore'arse] *vpr*: **se rumorea que** le bruit court que.

**runrún** [run'run] *nm* rumeur *f*; *(de una máquina)* ronronnement *m*; *(fig)* rengaine *f*.

**rupestre** [ru'pestre] *adj*: **pintura ~** peinture *f* rupestre.

**ruptura** [rup'tura] *nf* rupture *f*.

**rural** [ru'ral] *adj* rural(e).

**Rusia** ['rusja] *nf* Russie *f*.

**ruso, -a** ['ruso, a] *adj* russe ♦ *nm/f* Russe *m/f* ♦ *nm (LING)* russe *m*.

**rústica** ['rustika] *nf*: **libro en ~** livre *m* broché; *V tb* **rústico**.

**rústico, -a** ['rustiko, a] *adj (del campo)* rustique; *(ordinario)* rustre.

**ruta** ['ruta] *nf* route *f*.

**rutina** [ru'tina] *nf* routine *f*; **~ diaria** routi-

ne quotidienne; **por ~** par routine.

**rutinario, -a** [ruti'narjo, a] *adj* routinier (-ière).

---

# S s

**S** *abr (= sur)* S *(= sud)*.

**S.** *abr (= san)* St *(= Saint)*.

**s.** *abr* = **siglo**; **siguiente**.

**s/** *abr (COM)* = **su**.

**S.ª** *abr* = **Sierra**.

**S.A.** *abr (COM = Sociedad Anónima)* SA *f (= société anonyme)*; *(= Su Alteza)* SA *(= Son Altesse)*.

**sábado** ['saβaðo] *nm* samedi *m*; **del ~ en ocho días** samedi en huit; **un ~ sí y otro no, cada dos ~s** un samedi sur deux.

**sábana** ['saβana] *nf* drap *m*; **se le pegan las ~s** *(fig)* il fait la grasse matinée.

**sabandija** [saβan'dixa] *nf (ZOOL)* bestiole *f*; *(fig)* fripouille *f*.

**sabañón** [saβa'ɲon] *nm* engelure *f*.

PALABRA CLAVE

**saber** [sa'βer] *vt* savoir; **a saber** à savoir; **no lo supe hasta ayer** je ne l'ai appris qu'hier; **¿sabes conducir/nadar?** sais-tu conduire/nager?; **¿sabes francés?** sais-tu parler français?; **no sé nada de coches** je n'y connais rien en voitures; **no sé nada de él** je ne sais rien de lui; **un no sé que** un je ne sais quoi; **saber de memoria** savoir o connaître par cœur; **lo sé** je (le) sais; **hacer saber** faire savoir; **¡cualquiera sabe!** allez savoir!; **que yo sepa** que je sache; **¡si lo sabré yo!** je le sais mieux que personne!; **¡vete a saber!** va savoir!; **¡yo que sé!** je n'en sais rien, moi!; **¿sabes?** tu vois?

♦ *vi*: **saber a** avoir le goût de; **sabe a fresa** ça a un goût de fraise; **saber mal/bien** *(comida, bebida)* avoir bon/mauvais goût; **le sabe mal que otro saque a bailar a su mujer** ça ne lui plaît pas que d'autres gens invitent sa femme à danser

**saberse** *vpr*: **se sabe que ...** on sait que ...; **no se sabe todavía** on ne sait toujours pas.

---

**sabiduría** [saβiðu'ria] *nf* savoir *m*; *(buen jui-*

*cio*) sagesse *f*; **sabiduría popular** sagesse populaire.

**sabiendas** [sa'βjendas]: **a ~** *adv* en connaissance de cause; **a ~ de que ...** en sachant que ...

**sabio, -a** ['saβjo,a] *adj* savant(e); (*prudente*) sage ♦ *nm/f* savant(e).

**sabor** [sa'βor] *nm* goût *m*, saveur *f*; (*fig*) saveur; **con ~ a** au goût de; **sin ~** sans aucun goût.

**saborear** [saβore'ar] *vt* savourer.

**sabotaje** [saβo'taxe] *nm* sabotage *m*.

**saboteador, a** [saβotea'ðor, a] *nm/f* saboteur(-euse).

**sabotear** [saβote'ar] *vt* saboter.

**sabré** *etc* [sa'βre] *vb* V **saber**.

**sabroso, -a** [sa'βroso, a] *adj* savoureux (-euse); (*salado*) salé(e).

**sacacorchos** [saka'kortʃos] *nm inv* tire-bouchon *m*.

**sacapuntas** [saka'puntas] *nm inv* taille-crayon *m*.

**sacar** [sa'kar] *vt* sortir; (*muela*) arracher; (*dinero, entradas*) retirer; (*beneficios*) tirer; (*premio*) remporter; (*datos*) extraire; (*conclusión*) arriver à; (*esp AM*: *ropa*) enlever; (*TENIS*) servir; (*FÚTBOL*) remettre en jeu; (*COSTURA*) rallonger; **~ adelante** (*hijos*) élever; (*negocio*) faire démarrer; **~ a algn a bailar** inviter qn à danser; **~ algo a relucir** placer qch (dans une conversation); **~ a algn de sí** mettre qn hors de lui; **~ algo en limpio** o **en claro** mettre qch au propre o au clair; **~ algo/a algn en TV/en el periódico** parler de qch/faire passer qn à la TV/ dans le journal; **~ brillo a algo** faire briller qch; **~ una foto** faire une photo; **~ la lengua** tirer la langue; **~ buenas/malas notas** avoir de bonnes/mauvaises notes.

**sacarina** [saka'rina] *nf* saccharine *f*.

**sacerdote** [saθer'ðote] *nm* prêtre *m*.

**saciar** [sa'θjar] *vt* assouvir; **saciarse** *vpr* se rassasier.

**saco** ['sako] *nm* sac *m*; (*AM*: *chaqueta*) veste *f*; **saco de dormir** sac de couchage.

**sacramento** [sakra'mento] *nm* sacrement *m*.

**sacrificar** [sakrifi'kar] *vt* sacrifier; (*reses*) abattre; (*animal doméstico*) endormir; **sacrificarse** *vpr*: **~se por** se sacrifier pour.

**sacrificio** [sakri'fiθjo] *nm* sacrifice *m*.

**sacrilegio** [sakri'lexjo] *nm* sacrilège *m*.

**sacristía** [sakris'tia] *nf* sacristie *f*.

**sacudida** [saku'ðiða] *nf* secousse *f*; **sacudida eléctrica** décharge *f* électrique.

**sacudir** [saku'ðir] *vt* secouer; (*ala*) battre de; (*fam*: *persona*) tabasser; **sacudirse** *vpr*: **~se el polvo** s'épousseter; **~se los mosquitos** chasser les moustiques.

**sádico, -a** ['saðiko, a] *adj*, *nm/f* sadique *m/f*.

**sadismo** [sa'ðismo] *nm* sadisme *m*.

**saeta** [sa'eta] *nf* flèche *f*; (*MÚS*) chant religieux de la semaine sainte.

**sagacidad** [sayaθi'ðað] *nf* sagacité *f*.

**sagaz** [sa'yaθ] *adj* sagace.

**Sagitario** [saxi'tarjo] *nm* (*ASTROL*) Sagittaire *m*; **ser ~** être (du) Sagittaire.

**sagrado, -a** [sa'yraðo, a] *adj* sacré(e).

**Sáhara** ['saxara] *nm*: **el ~** le Sahara.

**sal** [sal] *vb* V **salir** ♦ *nf* sel *m*; (*encanto*) grâce *f*; **sales de baño** sels de bain; **sal de cocina** sel de cuisine; **sal gorda** gros sel.

**sala** ['sala] *nf* salle *f*; (*sala de estar*) salle de séjour; (*JUR*) tribunal *m*; **sala de conciertos** salle de concerts; **sala de conferencias** salle de conférences; **sala de embarque** salle d'embarquement; **sala de espera** salle d'attente; **sala de fiestas** salle des fêtes; **sala de juntas** (*COM*) salle de réunion; **sala de operaciones** (*MED*) salle d'opération.

**salado, -a** [sa'laðo, a] *adj* salé(e); (*fig*) piquant(e); (*AND*: *desgraciado*) malheureux (-euse); **agua salada** eau *f* salée.

**salar** [sa'lar] *vt* saler.

**salarial** [sala'rjal] *adj* (*aumento*) de salaire; (*revisión*) salarial(e).

**salario** [sa'larjo] *nm* salaire *m*; **salario mínimo interprofesional** ≈ salaire minimum interprofessionnel de croissance.

**salchicha** [sal'tʃitʃa] *nf* saucisse *f*.

**salchichón** [saltʃi'tʃon] *nm* saucisson *m*.

**saldar** [sal'dar] *vt* solder; (*deuda, diferencias*) régler.

**saldo** ['saldo] *nm* solde *m*; (*de deuda*) règlement *m*; **a precio de ~** en solde; **saldo acreedor/deudor** o **pasivo** solde créditeur/débiteur; **saldo anterior** solde reporté; **saldo final** balance *f* après clôture.

**saldré** *etc* [sal'dre] *vb* V **salir**.

**salero** [sa'lero] *nm* (*CULIN*) salière *f*; (*ingenio*) esprit *m*; (*encanto*) charme *m*.

**salga** *etc* ['salya] *vb* V **salir**.

**salida** [sa'liða] nf sortie f; (de tren, AVIAT, DE-
PORTE) départ m; (del sol) lever m; (puerta)
sortie, issue f; (fig) issue f; (: de estudios) débouché m; (fam: ocurrencia) mot m d'esprit; **calle sin ~** voie f sans issue; **a la ~
del teatro** à la sortie du théâtre; **dar la ~**
(DEPORTE) donner le départ; **línea de ~** (DE-
PORTE) ligne f de touche; **no hay ~** il n'y a
pas d'issue; **no tenemos otra ~** nous
n'avons pas d'autre issue; **salida de
emergencia/de incendios** sortie de secours; **salida de tono** propos msg déplacé; **salida impresa** (INFORM) tirage m papier.

**saliente** [sa'ljente] adj saillant(e); (cesante)
sortant(e) ♦ nm saillie f.

------

PALABRA CLAVE

------

**salir** [sa'lir] vi **1** (ir afuera) sortir; (tren,
avión) partir; **salir de** sortir de; **Juan ha
salido** Juan est sorti; **salió de la cocina** il
est sorti de la cuisine; **salir de viaje** partir
en voyage; **salir corriendo** partir en courant; **salir bien de algo** (fig) bien se sortir
de qch
**2** (aparecer: sol) se lever; (flor, pelo, dientes) pousser; (disco, libro) sortir; **anoche
salió el reportaje en la tele** le reportage
est passé hier soir à la télé; **su foto salió
en todos los periódicos** sa photo est parue dans tous les journaux
**3** (resultar): **salir bien/mal** réussir/rater; **el
niño nos ha salido muy estudioso** notre
fils se révèle très studieux; **la comida te
ha salido exquisita** ton repas est très
réussi; **salir elegido/premiado** être
choisi/récompensé; **ha salido a su madre**
il tient de sa mère; **¡no me sale!** je n'y arrive pas!; **sale muy caro** c'est très cher;
**salís a 2.000 ptas cada uno** vous en avez
pour 2 000 pesetas chacun; **la cena nos
salió por 5.000 ptas** le dîner nous a
coûté 5 000 pesetas; **no salen las cuentas** ça ne tombe pas juste
**4** (mancha) partir; (tapón) s'enlever
**5** (en el juego) avoir la main; (DEPORTE)
commencer; (TEATRO) entrer en scène
**6**: **salir a** (desembocar) déboucher sur; **salir de** (proceder) venir de
**7**: **salir con algn** (amigos, novios) sortir
avec qn
**8**: **le salió un trabajo** il a trouvé du travail

**9**: **salir adelante** s'en sortir; **no sé como
haré para salir adelante** je ne sais pas
comment faire pour m'en sortir
**salirse** vpr (líquido) se renverser; (animal)
sortir; (de la carretera) quitter; (persona: de
asociación) quitter; **salirse del tema**
s'écarter du sujet; **salirse con la suya** n'en
faire qu'à sa tête.

------

**saliva** [sa'liβa] nf salive f.
**salmo** ['salmo] nm psaume m.
**salmón** [sal'mon] nm saumon m.
**salmuera** [sal'mwera] nf saumure f.
**salón** [sa'lon] nm salon m; (CHI: FERRO) salle f
d'attente; **salón de actos** o **de sesiones**
salle de réunion; **salón de baile** salle de
danse; **salón de belleza** institut m de
beauté; **salón de té** salon de thé.
**salpicadero** [salpika'ðero] nm (AUTO) tableau m de bord.
**salpicar** [salpi'kar] vt éclabousser; (esparcir)
parsemer.
**salsa** ['salsa] nf (CULIN) sauce f; (fig) piquant
m; (MÚS) salsa f; **está en su ~** (fam) c'est
son domaine.
**saltamontes** [salta'montes] nm inv sauterelle f.
**saltar** [sal'tar] vt sauter ♦ vi sauter; (al
agua) plonger; (quebrarse: cristal) se briser;
(explotar: persona) exploser; **saltarse** vpr
sauter; (lágrimas) jaillir; **~ a la comba** sauter à la corde; **~ a la vista** sauter aux
yeux; **~ con** (fam: decir) sortir; **~ de una
cosa a otra** sauter du coq à l'âne; **~se un
semáforo** brûler un feu; **~se todas las reglas** enfreindre toutes les règles.
**salto** ['salto] nm saut m; (al agua) plongeon
m; **a ~s** en sautant; **vivir a ~ de mata** vivre au jour le jour; **salto de agua** chute f
d'eau; **salto de altura/de longitud** saut
en hauteur/en longueur; **salto de cama**
peignoir m; **salto de línea** (automático) (INFORM) retour m à la ligne (automatique); **salto de página** alimentation f en
feuilles; **salto mortal** saut périlleux.
**saltón, -ona** [sal'ton, ona] adj (ojos)
globuleux(-euse); (dientes) en avant.
**salud** [sa'luð] nf santé f; **estar bien/mal de
~** être en bonne/mauvaise santé; **¡(a su)
~!** (à votre) santé!; **beber a la ~ de** boire
à la santé de.
**saludable** [salu'ðaβle] adj sain(e).
**saludar** [salu'ðar] vt (tb MIL) saluer; **ir a ~ a**

**algn** aller dire bonjour à qn; **salude de mi parte a X** saluez X de ma part; **le saluda atentamente** (*en carta*) salutations distinguées.

**saludo** [sa'luðo] *nm* salut *m*; **~s** *nmpl* (*en carta*) salutations *fpl*; **un ~ afectuoso** o **cordial** (*en carta*) affectueusement o cordialement o bien à vous.

**salva** ['salβa] *nf* (*MIL*) salve *f*; **una ~ de aplausos** une salve d'applaudissements.

**salvación** [salβa'θjon] *nf* sauvetage *m*; (*REL*) salut *m*; **¡fue mi ~!** c'est ce qui m'a sauvé!

**salvado** [sal'βaðo] *nm* (*AGR*) son *m*.

**salvador** [salβa'ðor] *nm* sauveur *m*; **el S~** (*REL*) le Sauveur; **El S~** (*GEO*) El Salvador; **San S~** San Salvador.

**salvaguardar** [salβaɣwar'ðar] *vt* sauvegarder.

**salvajada** [salβa'xaða] *nf* sauvagerie *f*.

**salvaje** [sal'βaxe] *adj, nm/f* sauvage *m/f*.

**salvamento** [salβa'mento] *nm* sauvetage *m*.

**salvar** [sal'βar] *vt* sauver; (*un barco*) procéder au sauvetage de; (*obstáculo, distancias*) franchir; (*exceptuar*) excepter; (*INFORM: archivo*) sauvegarder; **salvarse** *vpr*: **salvarse** se sauver (de); **~ algo/a algn de** sauver qch/qn de; **¡sálvese quien pueda!** sauve qui peut!

**salvavidas** [salβa'βiðas] *adj inv*: **bote/ chaleco/cinturón ~** canot *m*/gilet *m*/ bouée *f* de sauvetage.

**salvo, -a** ['salβo, a] *adj*: **a ~** en lieu sûr ♦ *adv* sauf; **~ error u omisión** (*COM*) sauf erreur ou omission; **~ que** sauf que.

**salvoconducto** [salβokon'dukto] *nm* sauf-conduit *m*.

**san** [san] *nm* saint *m*; **~ Juan** Saint Jean.

**sanar** [sa'nar] *vt, vi* guérir.

**sanatorio** [sana'torjo] *nm* sanatorium *m*.

**sanción** [san'θjon] *nf* sanction *f*; (*aprobación*) approbation *f*.

**sancionar** [sanθjo'nar] *vt* sanctionner; (*aprobar*) approuver.

**sandalia** [san'dalja] *nf* sandale *f*.

**sandía** [san'dia] *nf* pastèque *f*.

**sandwich** ['sandwitʃ] (*pl ~s* o *~es*) *nm* sandwich *m*.

**saneamiento** [sanea'mjento] *nm* assainissement *m*.

**sanear** [sane'ar] *vt* assainir.

**sangrar** [san'grar] *vt* saigner; (*INFORM, TIP*) commencer en retrait ♦ *vi* saigner.

**sangre** ['sangre] *nf* sang *m*; **a ~ fría** de sang-froid; **de ~ fría** (*ZOOL*) à sang-froid; **pura ~** pur sang; **sangre azul** sang bleu; **sangre fría** sang-froid *m*.

**sangría** [san'gria] *nf* (*MED*) saignée *f*; (*CULIN*) sangria *f*; (*INFORM, TIP*) retrait *m*; (*fig: gasto*) frais *msg*.

**sangriento, -a** [san'grjento, a] *adj* sanglant(e).

**sanguijuela** [sangi'xwela] *nf* sangsue *f*.

**sanguinario, -a** [sangi'narjo, a] *adj* sanguinaire.

**sanguíneo, -a** [san'gineo, a] *adj* sanguin(e).

**sanidad** [sani'ðað] *nf* (*ADMIN*) santé *f*; (*de ciudad, clima*) salubrité *f*; **sanidad pública** santé publique.

**sanitario, -a** [sani'tarjo, a] *adj* sanitaire ♦ *nm*: **~s** sanitaires *mpl* ♦ *nm/f* agent *m* de service de santé.

**sano, -a** ['sano, a] *adj* sain(e); (*sin daños*) intact(e); **~ y salvo** sain et sauf.

**Santiago** [san'tjaɣo] *n*: ~ **(de Chile)** Santiago (du Chili); ~ **(de Compostela)** Saint Jacques de Compostelle.

**santiamén** [santja'men] *nm*: **en un** ~ en un clin d'œil.

**santidad** [santi'ðað] *nf* sainteté *f*.

**santiguarse** [santi'ɣwarse] *vpr* se signer.

**santo, -a** ['santo, a] *adj* saint(e) ♦ *nm/f* (REL) Saint(e); (*fig*) saint(e) ♦ *nm* fête *f*; **hacer su santa voluntad** faire ses 4 volontés; **todo el ~ día** toute la journée; **¿a ~ de qué ...?** en quel honneur ...?; **se le fue el ~ al cielo** il a oublié ce qu'il allait dire; **~ y seña** mot *m* de passe.

**santuario** [san'twarjo] *nm* sanctuaire *m*.

**saña** ['saɲa] *nf* (*crueldad*) sauvagerie *f*; (*furor*) fureur *f*.

**sapo** ['sapo] *nm* crapaud *m*.

**saque** ['sake] *vb* V **sacar** ♦ *nm* (TENIS) service *m*; (FÚTBOL) remise *f* en jeu; **saque de esquina** corner *m*; **saque inicial** coup *m* d'envoi.

**saquear** [sake'ar] *vt* piller.

**saqueo** [sa'keo] *nm* pillage *m*.

**sarampión** [saram'pjon] *nm* rougeole *f*.

**sarcasmo** [sar'kasmo] *nm* sarcasme *m*.

**sarcástico, -a** [sar'kastiko, a] *adj* sarcastique.

**sardina** [sar'ðina] *nf* sardine *f*.

**sargento** [sar'xento] *nm* (MIL) sergent *m*; (*fig*) personne *f* autoritaire.

**sarmiento** [sar'mjento] *nm* sarment *m*.

**sarna** ['sarna] *nf* (MED, ZOOL) gale *f*.

**sarpullido** [sarpu'ʎiðo] *nm* (MED) éruption *f* (prurigineuse).

**sarro** ['saro] *nm* tartre *m*.

**sartén** [sar'ten] *nf o* (AM) *m* (CULIN) poêle *f* (à frire); **tener la ~ por el mango** tenir les rênes.

**sastre** ['sastre] *nm* tailleur *m*.

**Satanás** [sata'nas] *nm* Satan *m*.

**satélite** [sa'telite] *nm* satellite *m*; **vía ~** (TELEC) par satellite.

**sátira** ['satira] *nf* satire *f*.

**satisfacción** [satisfak'θjon] *nf* satisfaction *f*; (*para desagravio*) satisfaction, réparation *f*.

**satisfacer** [satisfa'θer] *vt* satisfaire; (*deuda*) acquitter; **satisfacerse** *vpr* se satisfaire; (*vengarse*) se venger.

**satisfecho, -a** [satis'fetʃo, a] *pp de* **satisfacer** ♦ *adj* satisfait(e).

**saturar** [satu'rar] *vt* saturer; **saturarse** *vpr* être saturé(e).

**sauce** ['sauθe] *nm* saule *m*; **sauce llorón** saule pleureur.

**sauna** ['sauna] *nf* (*nm en* CSUR) sauna *m*.

**savia** ['saβja] *nf* sève *f*.

**saxofón** [sakso'fon] *nm* saxophone *m*.

**sazonar** [saθo'nar] *vt* mûrir; (CULIN) relever ♦ *vi* être mûr(e).

**s/c** *abr* (COM = *su casa*) votre société; (: = *su cuenta*) votre compte.

**SE** *abr* (= *sudeste*) S.-E. (= *sud-est*).

**se** [se] *pron* **1** (*reflexivo*) se, s'; (: *de Ud, Uds*) vous; **se divierte** il s'amuse; **lavarse** se laver; **¡siéntese!** asseyez-vous!

**2** (*con complemento directo: sg*) lui; (*pl*) leur; (*Usted, Ustedes*) vous; **se lo dije** (*a él*) je le lui ai dit; (*a ellos*) je le leur ai dit; (*a usted(es)*) je vous l'ai dit; **se compró un sombrero** il s'est acheté un chapeau; **se rompió la pierna** il s'est cassé la jambe; **cortarse el pelo** se faire couper les cheveux

**3** (*uso recíproco*) se; (: *Ustedes*) vous; **se miraron (el uno al otro)** ils se sont regardés (l'un l'autre); **cuando (ustedes) se conocieron** quand vous vous êtes connus

**4** (*en oraciones pasivas*): **se han vendido muchos libros** beaucoup de livres ont été vendus; **se compró hace 3 años** ça a été acheté il y a 3 ans

**5** (*impersonal*): **se dice que ...** on dit que ...; **allí se come muy bien** on y mange très bien; **se habla inglés** on parle anglais; **se ruega no fumar** prière de ne pas fumer.

**sé** [se] *vb* V **saber**; **ser**.

**sea** *etc* ['sea] *vb* V **ser**.

**sebo** ['seβo] *nm* sébum *m*.

**secador** [seka'ðor] *nm* (*tb*: ~ **de pelo**) sèche-cheveux *m inv*.

**secadora** [seka'ðora] *nf* sèche-linge *m inv*; **secadora centrífuga** essoreuse *f*.

**secar** [se'kar] *vt* sécher; (*río, tierra, plantas*) assécher; **secarse** *vpr* sécher; (*persona*) se sécher; ~**se las manos** se sécher les mains.

**sección** [sek'θjon] *nf* section *f*; **sección deportiva** (*en periódico*) pages *fpl* sportives.

**seco, -a** ['seko, a] *adj* sec(sèche); **habrá pan a secas** il n'y aura que du pain; **Juan,**

a secas Juan tout court; **parar/frenar en ~** s'arrêter/freiner brusquement.

**secretaría** [sekreta'ria] *nf* secrétariat *m*.

**secretario, -a** [sekre'tarjo, a] *nm/f* secrétaire *m/f*; **secretario adjunto** (COM) secrétaire adjoint.

**secreto, -a** [se'kreto, a] *adj* secret(-ète) ♦ *nm* secret *m*; **en ~** en secret; **secreto profesional** secret professionnel.

**secta** ['sekta] *nf* secte *f*.

**sectario, -a** [sek'tarjo, a] *adj* sectaire.

**sector** [sek'tor] *nm* secteur *m*; **sector privado/público** secteur privé/public; **sector terciario** secteur tertiaire.

**secuela** [se'kwela] *nf* séquelle *f*.

**secuencia** [se'kwenθja] *nf* séquence *f*.

**secuestrar** [sekwes'trar] *vt* séquestrer; (*avión*) détourner; (*publicación*) retirer de la circulation; (*bienes: JUR*) séquestrer, mettre sous séquestre.

**secuestro** [se'kwestro] *nm* (*de persona*) séquestration *f*; (*de avión*) détournement *m*.

**secular** [seku'lar] *adj* séculaire.

**secundar** [sekun'dar] *vt* seconder.

**secundario, -a** [sekun'darjo, a] *adj* secondaire; (INFORM) d'arrière-plan.

**sed** [seð] *nf* soif *f*; **tener ~** avoir soif.

**seda** ['seða] *nf* soie *f*; **como una ~** (*sin problema*) comme sur des roulettes; (*dócil*) doux(douce) comme un agneau.

**sedal** [se'ðal] *nm* ligne *f*.

**sedante** [se'ðante] *nm* sédatif *m*.

**sede** ['seðe] *nf* siège *m*; **Santa S~** Saint Siège.

**sedentario, -a** [seðen'tarjo, a] *adj* sédentaire.

**sediento, -a** [se'ðjento, a] *adj* assoiffé(e); **~ de gloria/poder** assoiffé(e) de gloire/pouvoir.

**sedimento** [seði'mento] *nm* sédiment *m*.

**sedoso, -a** [se'ðoso, a] *adj* soyeux(-euse).

**seducción** [seðuk'θjon] *nf* séduction *f*.

**seducir** [seðu'θir] *vt* séduire.

**seductor, a** [seðuk'tor, a] *adj* séducteur (-trice); (*personalidad, idea*) séduisant(e) ♦ *nm/f* séducteur(-trice).

**segar** [se'ɣar] *vt* (*mies*) moissonner; (*hierba*) faucher; (*vidas*) briser; (*esperanzas*) réduire à néant.

**seglar** [se'ɣlar] *adj* séculier(-ière).

**segregación** [seɣreɣa'θjon] *nf* ségrégation *f*; **segregación racial** ségrégation raciale.

**segregar** [seɣre'ɣar] *vt* ségréguer; (*líquido*) sécréter.

**seguida** [se'ɣiða] *nf*: **en ~** tout de suite; **en ~ termino** j'ai presque fini.

**seguido, -a** [se'ɣiðo, a] *adj* (*semana*) continu(e); (*línea*) droit(e) ♦ *adv* (*derecho*) tout droit; (*después*) à la suite; (AM: *a menudo*) souvent; **5 días ~s** 5 jours de suite.

**seguimiento** [seɣi'mjento] *nm* suivi *m*.

**seguir** [se'ɣir] *vt* suivre ♦ *vi* (*venir después*) suivre; (*continuar*) poursuivre; **seguirse** *vpr*: **~se (de)** résulter (de); **sigo sin comprender** je ne comprends toujours pas; **sigue lloviendo** il continue de pleuvoir; **sigue (en carta)** T.S.V.P.; (*en libro, TV*) suite; **¡siga!** (AM) allez-y!

**según** [se'ɣun] *prep* d'après ♦ *adv* (*tal como*) tel(le) que; (*depende de*)) selon; (*a medida que*) à mesure que; **~ parece ...** il semblerait que ...; **~ el tiempo** selon le temps qu'il fera; **~ me consta** autant que je sache; **está ~ lo dejaste** c'est resté tel que tu l'avais laissé.

**segundo, -a** [se'ɣundo, a] *adj* deuxième, second(e); (*en discurso*) deuxièmement ♦ *nm* seconde *f*; (*piso*) deuxième *m*, second *m* ♦ *nm/f* deuxième *m/f*, second(e); **~ (de a bordo)** (NÁUT) second (à bord); **segunda (clase)** (FERRO) seconde (classe) *f*; **segunda (marcha)** (AUTO) seconde; **con segundas (intenciones)** avec une arrière-pensée; **de segunda mano** d'occasion.

**seguramente** [se'ɣuramente] *adv* sûrement; **¿lo va a comprar? - ~** va-t-il l'acheter? - sûrement.

**seguridad** [seɣuri'ðað] *nf* sécurité *f*; (*certeza*) certitude *f*; (*confianza*) confiance *f*; **cerradura/cinturón de ~** serrure *f*/ceinture *f* de sécurité; **seguridad ciudadana** sécurité en ville; **seguridad en sí mismo** confiance en soi; **seguridad social** sécurité sociale.

**seguro, -a** [se'ɣuro, a] *adj* sûr(e) ♦ *adv* sûr ♦ *nm* sécurité *f*; (*de cerradura*) gorge *f*; (*de arma*) cran *m* de sûreté; (COM) assurance *f*; (CAM, MÉX) épingle *f* à nourrice; **~ de sí mismo** sûr(e) de soi; **lo más ~ es que ...** sans doute que ...; **seguro a todo riesgo/contra terceros** assurance tous risques/au tiers; **seguro contra accidentes/contra incendios** assurance contre les accidents/contre l'incendie; **Seguro de Enfermedad** assurance maladie; **seguro de vida** assurance-vie *f*; **se-**

**guro dotal con beneficios** assurance à capital différé avec bénéfice; **seguro marítimo** assurance maritime; **seguro mixto** assurance à capital différé; **seguro temporal** assurance à terme.

**seis** [seis] *adj inv, nm inv* six *m inv*; **~ mil** six mille; **el ~ de abril** le six avril; **hoy es ~** nous sommes le six aujourd'hui; **son las ~** il est six heures; **tiene ~ años** il a six ans; **unos ~** environ six.

**seiscientos, -as** [seis'θjentos, as] *adj* six cents; **~ veinticinco** six cent vingt-cinq.

**seísmo** [se'ismo] *nm* séisme *m*.

**selección** [selek'θjon] *nf* sélection *f*; **selección nacional** (*DEPORTE*) équipe *f* nationale; **selección natural** sélection naturelle.

**seleccionar** [selekθjo'nar] *vt* sélectionner.

**selectividad** [selektiβi'ðað] *nf* (*UNIV*) sélection *f*.

---

**selectividad**

*À la fin de leurs études secondaires, les étudiants souhaitant aller à l'université doivent passer les redoutables épreuves de la selectividad, dont la deuxième session se tient en septembre. Si le nombre de candidats pour une université donnée est trop élevé, seuls les meilleurs y sont admis. Certains des candidats malheureux préfèrent alors attendre un an pour repasser l'examen plutôt que d'aller dans une université qu'ils n'ont pas choisie.*

---

**selecto, -a** [se'lekto, a] *adj* sélect(e).

**sellar** [se'ʎar] *vt* sceller; (*pasaporte*) tamponner.

**sello** ['seʎo] *nm* (*de correos*) timbre *m*; (*para estampar*) tampon *m*; (*precinto*) sceau *m*; (*tb:* **~ distintivo**) cachet *m*; **sello de prima** (*COM*) timbre-prime *m*; **sello discográfico** maison *f* de disques; **sello fiscal** timbre fiscal.

**selva** ['selβa] *nf* (*bosque*) forêt *f*; (*jungla*) jungle *f*; **la S~ Negra** la Forêt Noire.

**semáforo** [se'maforo] *nm* (*AUTO*) feu *m* rouge o de circulation; (*FERRO*) sémaphore *m*.

**semana** [se'mana] *nf* semaine *f*; **entre ~** dans la semaine; **semana inglesa** semaine de 35 heures; **semana laboral** semaine de travail; **Semana Santa** semaine sainte.

---

**Semana Santa**

*Les célébrations de la semaine sainte en Espagne sont souvent grandioses. "Viernes Santo" (le Vendredi saint), "Sábado Santo" (le Samedi saint) et "Domingo de Resurrección" (le dimanche de Pâques) sont des fêtes légales auxquelles s'ajoutent d'autres jours fériés dans chaque région. Dans tout le pays, les membres des "cofradías" (confréries), vêtus de cagoules, avancent en processions dans les rues, précédant leurs "pasos", des chars richement décorés sur lesquels se dressent des statues religieuses. Les processions de la semaine sainte à Séville sont particulièrement renommées.*

---

**semanal** [sema'nal] *adj* hebdomadaire ♦ *nm* (*PRENSA*) hebdomadaire *m*.

**semblante** [sem'blante] *nm* (traits *mpl* du) visage *m*; (*fig*) allure *f*.

**sembrar** [sem'brar] *vt* semer.

**semejante** [seme'xante] *adj, nm* semblable *m*; **son muy ~s** ils se ressemblent beaucoup; **nunca hizo cosa ~** il n'a jamais fait semblable chose.

**semejanza** [seme'xanθa] *nf* ressemblance *f*; **a ~ de** pareil(le) à.

**semen** ['semen] *nm* sperme *m*, semence *f*.

**semestral** [semes'tral] *adj* semestriel(le).

**semi...** [semi] *pref* semi...

**semicírculo** [semi'θirkulo] *nm* demi-cercle *m*.

**semidesnatado, -a** [semidesna'taðo, a] *adj* demi-écrémé(e).

**semifinal** [semifi'nal] *nf* demi-finale *f*.

**semilla** [se'miʎa] *nf* graine *f*, semence *f*.

**seminario** [semi'narjo] *nm* (*REL*) séminaire *m*; (*ESCOL*) séance *f* de T.P.

**sémola** ['semola] *nf* semoule *f*.

**Sena** ['sena] *nm*: **el ~** la Seine.

**senado** [se'naðo] *nm* sénat *m*.

**senador, a** [sena'ðor, a] *nm/f* sénateur (-trice).

**sencillez** [senθi'ʎeθ] *nf* simplicité *f*.

**sencillo, -a** [sen'θiʎo, a] *adj* simple ♦ *nm* (*AM*) chaudière *f*.

**senda** ['senda] *nf* sentier *m*.

**senderismo** [sende'rismo] *nm* randonnée *f*.

**sendero** [sen'dero] *nm* sentier *m*; **Sendero**

**Luminoso** (PE: POL) Sentier lumineux.

**senil** [se'nil] *adj* sénile.

**seno** ['seno] *nm* sein *m*; (MAT) sinus *m*; ~ **materno** sein maternel.

**sensación** [sensa'θjon] *nf* sensation *f*; **causar** o **hacer** ~ faire sensation.

**sensacional** [sensaθjo'nal] *adj* sensationnel(le).

**sensato, -a** [sen'sato, a] *adj* sensé(e).

**sensible** [sen'sible] *adj* sensible.

**sensorial** [senso'rjal] *adj* sensoriel(le).

**sensual** [sen'swal] *adj* sensuel(le).

**sentada** [sen'taða] *nf* (*protesta*) sit-in *m*; **de una** ~ d'une traite.

**sentado, -a** [sen'taðo, a] *adj*: **estar** ~ être assis(e); **dar por** ~ considérer comme réglé(e); **dejar** ~ **que** ... établir que ...

**sentar** [sen'tar] *vt* asseoir; (*noticia, hecho, palabras*) établir ♦ *vi* (*vestido, color*) aller; **sentarse** *vpr* s'asseoir; (*el tiempo*) se stabiliser; (*sedimentos*) se déposer; ~ **bien** (*ropa*) aller bien; (*comida*) faire du bien; (*vacaciones*) réussir; **me ha sentado mal** (*comida*) je ne l'ai pas digéré; (*comentario*) cela m'a blessé; **¡siéntese!** asseyez-vous!

**sentencia** [sen'tenθja] *nf* sentence *f*; (IN-FORM) instruction *f*; **sentencia de muerte** sentence de mort.

**sentenciar** [senten'θjar] *vt* (JUR) condamner.

**sentido, -a** [sen'tiðo, a] *adj* (*pérdida*) regretté(e); (*carácter*) sensible ♦ *nm* sens *msg*; **mi más** ~ **pésame** mes plus sincères condoléances; **en el buen** ~ **de la palabra** au sens propre du terme; **con** ~ **doble** à double sens; **sin** ~ qui ne veut rien dire; **tener** ~ avoir de sens; **¿qué** ~ **tiene que** ...? à quoi cela sert-il de ...?; **sentido común** bon sens; **sentido del humor** sens de l'humour; **sentido único** (AUTO) sens unique.

**sentimental** [sentimen'tal] *adj* sentimental(e); **vida** ~ vie *f* sentimentale.

**sentimiento** [senti'mjento] *nm* sentiment *m*.

**sentir** [sen'tir] *nm* opinion *f* ♦ *vt* sentir; (*lamentar*) regretter; (*esp AM*) entendre; (*música, arte*) avoir un don pour ♦ *vi* sentir; **sentirse** *vpr* se sentir; **lo siento (mucho)** je suis désolé(e); **siento molestarle** je suis désolé de vous déranger; ~**se bien/mal** se sentir bien/mal; ~**se como en su casa** se sentir chez soi.

**seña** ['seɲa] *nf* signe *m*; (MIL) mot *m* de passe; ~**s** *nfpl* (*dirección*) adresse *f*; **(y) por más** ~**s** (et) en plus de cela; **dar** ~**s de** donner des signes de; **señas personales** (*descripción*) caractéristiques *fpl* physiques.

**señal** [se'ɲal] *nf* signal *m*; (*síntoma*) signe *m*; (*marca*, INFORM) marque *f*; (COM) arrhes *fpl*; **en** ~ **de** en signe de; **dar** ~**es de** donner des signes de; **señal de auxilio/de peligro** signal de détresse/d'alarme; **señal de llamada** sonnerie *f*; **señales de tráfico** panneaux *mpl* de signalisation; **señal para marcar** tonalité *f*.

**señalar** [seɲa'lar] *vt* signaler; (*poner marcas*) marquer; (*con el dedo*) montrer du doigt; (*hora*) donner; (*fijar*) déterminer.

**señor, a** [se'ɲor, a] *adj* (*fam*) classe ♦ *nm* monsieur *m*; (*hombre*) homme *m*; (*trato*) monsieur; **los** ~**es González** M. et Mme González; **S~ Don Jacinto Benavente** (*en sobre*) Monsieur Jacinto Benavente; **S~ Director** ... (*de periódico*) Monsieur le directeur ...; ~ **juez/Presidente** Monsieur le juge/le président; **Muy** ~ **mío** cher Monsieur; **Muy** ~**es nuestros** Messieurs; **Nuestro S~** (REL) Notre Seigneur.

**señora** [se'ɲora] *nf* madame *f*; (*dama*) dame *f*; (*mujer*) femme *f*; **¿está la** ~? madame est-elle chez elle?; **la** ~ **de Pérez** Madame Pérez; **Nuestra S~** (REL) Notre-Dame.

**señorita** [seɲo'rita] *nf* (*tratamiento*) mademoiselle *f*; (*mujer joven*) demoiselle *f*, jeune fille *f*; (*maestra*) maîtresse *f*.

**señorito** [seɲo'rito] *nm* (*tratamiento*) jeune monsieur *m*; (*pey*) fils *msg* à papa.

**señuelo** [se'ɲwelo] *nm* leurre *m*.

**sepa** *etc* ['sepa] *vb* V **saber**.

**separación** [separa'θjon] *nf* séparation *f*; (*división*) partage *m*; (*distancia*) distance *f*; **separación de bienes** séparation des biens.

**separar** [sepa'rar] *vt* séparer; (TEC: *pieza*) détacher; (*persona: de un cargo*) relever; (*dividir*) diviser; **separarse** *vpr* se séparer; (*partes*) se détacher; ~**se de** (*persona: de un lugar*) s'éloigner de; (: *de asociación*) quitter.

**sepia** ['sepja] *nf* (CULIN) seiche *f* ♦ *nm* (*tb*: **color** ~) sépia *f*.

**septiembre** [sep'tjembre] *nm* septembre *m*; V *tb* **julio**.

**séptimo, -a** ['septimo, a] *adj*, *nm/f* sep-

**se** ...; v tb **sexto**.

**sepulcro** [se'pulkro] nm sépulcre m.

**sepultar** [sepul'tar] vt inhumer; (suj: escombros etc) ensevelir.

**sepultura** [sepul'tura] nf (entierro) inhumation f; (tumba) sépulture f; **dar ~ a** donner une sépulture à; **recibir ~** recevoir une sépulture.

**sequedad** [seke'ðað] nf sécheresse f.

**sequía** [se'kia] nf sécheresse f.

**séquito** ['sekito] nm (de rey) cour f; (POL) partisans mpl.

**SER** sigla f (RADIO = Sociedad Española de Radiodifusión) société privée de radiodiffusion.

--- PALABRA CLAVE ---

**ser** [ser] vi **1** (descripción, identidad) être; **es médico/muy alto** il est docteur/très grand; **soy Pepe** (TELEC) c'est Pepe (à l'appareil)

**2** (suceder): **¿qué ha sido eso?** qu'est-ce que c'était?; **la fiesta es en casa** la fête a lieu chez nous

**3** (ser + de: posesión): **es de Joaquín** c'est à Joaquín; (origen): **ella es de Cuzco** elle est de Cuzco; (sustancia): **es de piedra** c'est en pierre; **¿qué va a ser de nosotros?** qu'allons nous devenir?; **es de risa/pena** c'est ridicule/lamentable

**4** (horas, fechas, números): **es la una** il est une heure; **son las seis y media** il est six heures et demi; **es el 1 de junio** c'est le 1er juin; **somos/son seis** nous sommes/ils sont six; **2 y 2 son 4** 2 et 2 font 4

**5** (valer): **¿cuánto es?** c'est combien?

**6** (+ para): **es para pintar** c'est pour peindre; **no es para tanto** ce n'est pas si grave

**7** (en oraciones pasivas): **ya ha sido descubierto** ça a déjà été découvert; **fue construido** ça a été construit

**8** (ser + de + vb): **es de esperar que ...** il faut s'attendre à ce que ...

**9** (+ que): **es que no puedo** c'est que je ne peux pas; **¿cómo es que no lo sabes?** comment se fait-il que tu ne le saches pas?

**10** (locuciones: con subjun): **o sea** c'est-à-dire; **sea él, sea su hermana** soit lui, soit sa sœur; **tengo que irme, no sea que mis hijos estén esperándome** il faut que j'y aille, au cas où mes enfants m'attendraient

**11** (con infinitivo): **a no ser ...** si ce n'est

...; **a no ser que salga mañana** à moins qu'il ne sorte demain; **de no ser así** si ce n'était pas le cas

**12**: **"érase una vez ..."** "il était une fois ..."

♦ nm (ente) être m; **ser humano/vivo** être humain/vivant; **en lo más íntimo de su ser** au plus profond de son être.

**serenarse** [sere'narse] vpr s'apaiser; (tiempo) se calmer.

**sereno, -a** [se'reno, a] adj serein(e); (tiempo) calme ♦ nm veilleur m de nuit.

**serie** ['serje] nf série f; (TV: por capítulos) feuilleton m; **fuera de ~** (COM) hors série; (fig) hors norme; **fabricación en ~** fabrication f en série; **interface/impresora en ~** (INFORM) interface f/imprimante f série.

**seriedad** [serje'ðað] nf sérieux msg; (de crisis) gravité f.

**serio, -a** ['serjo, a] adj sérieux(-ieuse); **en ~** sérieusement.

**sermón** [ser'mon] nm sermon m.

**seropositivo, -a** adj séropositif(-ive).

**serpiente** [ser'pjente] nf serpent m; **serpiente de cascabel** serpent à sonnettes; **serpiente pitón** python m.

**serranía** [serra'nia] nf zone f montagneuse.

**serrar** [se'rrar] vt scier.

**serrín** [se'rrin] nm sciure f (de bois).

**serrucho** [se'rrutʃo] nm scie f égoïne.

**servicio** [ser'βiθjo] nm service m; **~s** nmpl (wáter) toilettes fpl; (ECON: sector) services mpl; **estar de ~** être de service; **servicio a domicilio** service de livraison a domicilio; **servicio aduanero** o **aduana** services de douane; **servicio incluido** service compris; **servicio militar** service militaire; **servicio público** (COM) service public; **servicio secreto** service secret.

**servil** [ser'βil] (pey) adj servile.

**servilleta** [serβi'ʎeta] nf serviette f.

**servir** [ser'βir] vt, vi servir; **servirse** vpr se servir; **~ (para)** servir (à); **¿en qué puedo ~le?** en quoi puis-je vous être utile?; **~ vino a algn** servir du vin à qn; **~ de guía** servir de guide; **no sirve para nada** ça ne sert à rien; **~se de algo** se servir de qch; **sírvase pasar** veuillez entrer.

**sesenta** [se'senta] adj inv, nm inv soixante m inv; **~ mil** soixante mille; **tiene ~ años** il a soixante ans; **unos ~** environ soixante.

**sesgo** ['sesxo] nm tournure f; **al ~** (COSTURA)

en biais.

**sesión** [se'sjon] *nf* séance *f*; (*TEATRO*) représentation *f*; **abrir/levantar la ~** ouvrir/ lever la séance; **sesión de tarde/de noche** (*CINE*) ≈ séance de 14h/de 20h.

**seso** ['seso] *nm* cerveau *m*; (*fig*) jugeote *f*; **~s** *nmpl* (*CULIN*) cervelle *f*; **devanarse los ~s** se creuser la cervelle.

**seta** ['seta] *nf* champignon *m*; **seta venenosa** champignon vénéneux.

**setecientos, -as** [sete'θjentos, as] *adj* sept cents; *V tb* **seiscientos**.

**setenta** [se'tenta] *adj inv, nm inv* soixante-dix *m inv*; *V tb* **sesenta**.

**seudónimo** [seu'ðonimo] *nm* pseudonyme *m*.

**severidad** [seβeri'ðað] *nf* sévérité *f*.

**severo, -a** [se'βero, a] *adj* sévère.

**Sevilla** [se'βiʎa] *n* Séville.

**sevillano, -a** [seβi'ʎano, a] *adj* sévillan(e) ♦ *nm/f* Sévillan(e).

**sexo** ['sekso] *nm* sexe *m*; **el ~ femenino/ masculino** le sexe féminin/masculin.

**sexto, -a** ['seksto, a] *adj, nm/f* sixième *m/f*; **Juan S~** Jean Six; **un ~ de la población** un sixième de la population.

**sexual** [sek'swal] *adj* sexuel(le); **vida ~** vie *f* sexuelle.

**s/f** *abr* (*COM* = *su favor*) votre crédit.

**si** [si] *conj* si ♦ *nm* (*MÚS*) si *m inv*; **~ ... o ~ ...** si ... ou si ...; **me pregunto ~ ...** je me demande si ...; **~ no** sinon; **¡~ fuera verdad!** si seulement ça pouvait être vrai!; **¡(pero) ~ no lo sabía!** (mais) je ne le savais même pas!; **por ~ (acaso)** au cas où; **¿y ~ llueve?** et s'il pleut?

**sí** [si] *adv* oui; (*tras frase negativa*) si; **¡¿~?!** (*asombro*) ah bon?; **"nos vas a llevar al cine, ¿a que ~?"** "tu nous emmènes bien au ciné, hein?"; **él no quiere pero yo ~** il ne veut pas mais moi oui; **ella ~ vendrá** elle, elle viendra; **claro que ~** bien sûr que oui/si; **creo que ~** je crois que oui/si; **porque ~** (*porque lo digo yo*) parce que; **¡~ que lo es!** bien sûr que si!; **¡eso ~ que no!** alors là, non!; *nm* (*consentimiento*) oui ♦ *m* (*uso impersonal*) soi; (*sg: m*) lui; (: *f*) elle; (: *de cosa*) lui(elle); (: *de usted, ustedes*) vous; (*pl*) eux; **por ~ solo/solos** à lui seul/eux seuls; **volver en ~** revenir à soi; **~ mismo/misma** lui/elle-même; **se ríe de ~ misma** elle rit d'elle-même; **hablaban entre ~** ils parlaient entre eux; **de**

**por ~** en soi-même *etc*.

**siamés, -esa** [sja'mes, esa] *adj, nm/f* siamois(e).

**SIDA, sida** ['siða] *sigla m* (= *síndrome de inmuno-deficiencia adquirida*) SIDA *m*, sida *m* (= *syndrome immunodéficitaire acquis*).

**siderúrgico, -a** [siðe'rurxico, a] *adj* sidérurgique.

**sidra** ['siðra] *nf* cidre *m*.

**siembra** ['sjembra] *vb V* **sembrar** ♦ *nf* (*AGR*) semence *f*.

**siempre** ['sjempre] *adv* toujours ♦ *conj*: **~ que ...** (*cada vez que*) chaque fois que ...; (*a condición de que*) seulement si; **es lo de ~** c'est tout le temps la même chose; **como ~** comme toujours; **para ~** pour toujours; **~ me voy mañana** (*AM*) de toute façon, je pars demain.

**sien** [sjen] *nf* tempe *f*.

**siento** ['sjento] *vb V* **sentar sentir**.

**sierra** ['sjerra] *vb V* **serrar** ♦ *nf* (*TEC*) scie *f*; (*GEO*) chaîne *f* de montagnes; **la ~** (*zona*) la montagne; **Sierra Leona** Sierra *f* Leone.

**siervo, -a** ['sjerβo, a] *nm/f* serf(serve).

**siesta** ['sjesta] *nf* sieste *f*; **dormir la** *o* **echarse una ~** faire une (petite) sieste.

**siete** ['sjete] *adj inv, nm inv* sept *m inv* ♦ *nm* (*en tela*) accroc *m* ♦ *excl* (*AM: fam*): **¡la gran ~!** punaise!; **se armó un follón de la gran ~** ça a fait un raffut de tous les diables; **hijo de la gran ~** (*fam!*) fils *msg* de pute; *V tb* **seis**.

**sífilis** ['sifilis] *nf* syphilis *fsg*.

**sifón** [si'fon] *nm* siphon *m*; **whisky con ~** whisky *m* soda.

**siga** *etc* ['siɣa] *vb V* **seguir**.

**sigla** ['siɣla] *nf* sigle *m*.

**siglo** ['siɣlo] *nm* siècle *m*; **hace ~s que no la veo** ça fait un bail que je ne l'ai pas vue; **Siglo de las Luces** Siècle des lumières; **Siglo de Oro** Siècle d'or.

**significación** [siɣnifika'θjon] *nf* signification *f*.

**significado** [siɣnifi'kaðo] *nm* signification *f*.

**significar** [siɣnifi'kar] *vt* signifier.

**significativo, -a** [siɣnifika'tiβo, a] *adj* significatif(-ive).

**signo** ['siɣno] *nm* signe *m*; **signo de admiración** point *m* d'exclamation; **signo de interrogación** point d'interrogation; **signo de más/de menos** signe plus/

moins; **signos de puntuación** signes de ponctuation; **signo igual** signe égal.

**siguiendo** etc [si'ɣjendo] vb V **seguir**.

**siguiente** [si'ɣjente] adj suivant(e); ¡**el ~**! au suivant!

**sílaba** ['silaβa] nf syllabe f.

**silbar** [sil'βar] vt, vi siffler.

**silbato** [sil'βato] nm sifflet m.

**silbido** [sil'βiðo], **silbo** ['silβo] nm sifflement m; (abucheo) sifflet m.

**silenciador** [silenθja'ðor] nm silencieux msg.

**silenciar** [silen'θjar] vt (AM: persona) faire taire; (ruidos, escándalo) étouffer.

**silencio** [si'lenθjo] nm silence m; **en el más absoluto ~** dans un silence absolu; **guardar ~** garder le silence.

**silencioso, -a** [silen'θjoso, a] adj silencieux(-ieuse).

**silla** ['siʎa] nf chaise f; (tb: ~ **de montar**) selle f; **silla de ruedas** chaise roulante; **silla eléctrica** chaise électrique.

**sillón** [si'ʎon] nm fauteuil m.

**silueta** [si'lweta] nf silhouette f.

**silvestre** [sil'βestre] adj (BOT) sauvage; (fig) rustique.

**simbólico, -a** [sim'boliko, a] adj symbolique.

**simbolizar** [simboli'θar] vt symboliser.

**símbolo** ['simbolo] nm symbole m; **~ gráfico** (INFORM) symbole graphique.

**simetría** [sime'tria] nf symétrie f.

**simiente** [si'mjente] nf graine f.

**similar** [simi'lar] adj similaire.

**simio** ['simjo] nm singe m.

**simpatía** [simpa'tia] nf sympathie f; **tener ~ a** avoir de la sympathie pour.

**simpático, -a** [sim'patiko, a] adj (persona) sympathique; (animal) gentil(le); **caer ~ a algn** être sympathique à qn.

**simpatizante** [simpati'θante] nm/f sympathisant(e).

**simpatizar** [simpati'θar] vi: **~ con** sympathiser avec.

**simple** ['simple] adj simple ♦ nm/f (pey) simplet(te).

**simplificar** [simplifi'kar] vt simplifier.

**simposio** [sim'posjo] nm symposium m.

**simular** [simu'lar] vt simuler.

**simultáneo, -a** [simul'taneo, a] adj simultané(e).

**sin** [sin] prep sans ♦ conj: **~ que** +subjun sans que +subjun; **~ hogar** sans domicile;

**~ decir nada** sans rien dire; **~ verlo yo** sans que je le voie; **platos ~ lavar** assiettes pas lavées; **la ropa está ~ lavar** le linge n'est pas lavé; **quedarse ~ algo** ne plus avoir de qch; **~ que lo sepa él** sans qu'il le sache; **~ embargo** cependant; **no ~ antes** non sans.

**sinagoga** [sina'ɣoɣa] nf synagogue f.

**sinceridad** [sinθeri'ðað] nf sincérité f.

**sincero, -a** [sin'θero, a] adj sincère.

**sincronizar** [sinkroni'θar] vt synchroniser.

**sindical** [sindi'kal] adj syndical(e); **central ~** centrale f syndicale.

**sindicalista** [sindika'lista] adj, nm/f syndicaliste m/f.

**sindicato** [sindi'kato] nm syndicat m.

**síndrome** ['sindrome] nm syndrome m; **síndrome de abstinencia** symptômes mpl de la privation.

**sinfín** [sin'fin] nm: **un ~ de** une infinité de.

**sinfonía** [sinfo'nia] nf symphonie f.

**singular** [singu'lar] adj singulier(-ière) ♦ nm (LING) singulier m; **en ~** au singulier.

**singularidad** [singulari'ðað] nf singularité f.

**singularizar** [singulari'θar] vt singulariser; **singularizarse** vpr se singulariser.

**siniestro, -a** [si'njestro, a] adj sinistre; (izquierdo) gauche ♦ nm sinistre m; (en carretera) accident m.

**sinnúmero** [sin'numero] nm = **sinfín**.

**sino** ['sino] nm destin m ♦ conj sinon; **no son 8 ~ 9** il n'y en a pas 8 mais 9; **no solo es lista ~ guapa** non seulement elle est intelligente mais en plus elle est belle.

**sinónimo, -a** [si'nonimo, a] adj, nm synonyme m.

**síntesis** ['sintesis] nf inv synthèse f.

**sintético, -a** [sin'tetiko, a] adj (material) synthétique; (producto) de synthèse.

**sintetizar** [sinteti'θar] vt synthétiser.

**sintiendo** etc [sin'tjendo] vb V **sentir**.

**síntoma** ['sintoma] nm symptôme m.

**sintonía** [sinto'nia] nf (RADIO) réglage m; (melodía) indicatif m (musical); **estar en ~ con algn/algo** être sur la même longueur d'onde que qn/être au fait de qch.

**sintonizar** [sintoni'θar] vt (RADIO) régler ♦ vi: **~ con** régler sur; (fig) coïncider avec.

**sinvergüenza** [simber'ɣwenθa] adj, nm/f canaille f; (descarado) effronté(e).

**siquiera** [si'kjera] conj même si ♦ adv au moins; **ni ~** pas même; **~ bebe algo** boi au moins qch.

**sirena** [si'rena] *nf* sirène *f*.

**Siria** ['sirja] *nf* Syrie *f*.

**sirviendo** *etc* [sir'βjendo] *vb* V **servir**.

**sirviente, -a** [sir'βjente, a] *nm/f* domestique *m/f*.

**sisear** [sise'ar] *vi* dire "chut".

**sistema** [sis'tema] *nm* système *m*; **el ~** (POL) le système; **por ~** systématiquement; **sistema binario** (INFORM) système binaire; **sistema de alerta inmediata** système d'alarme; **sistema de facturación** (COM) système de facturation; **sistema de fondo fijo** (COM) système de gestion de la petite caisse par avance de fonds; **sistema de lógica compartida** (INFORM) système de logique commune; **sistema educativo** système éducatif; **sistema experto** (INFORM) système expert; **sistema impositivo** o **tributario** système d'imposition; **sistema métrico** système métrique; **sistema nervioso** système nerveux; **sistema operativo** (INFORM) système d'exploitation; **sistema solar** système solaire.

---

**Sistema Educativo**

*Le système scolaire espagnol (**sistema educativo**) est composé de la "Primaria", cycle obligatoire de 6 ans, la "Secundaria", cycle obligatoire de 4 ans, et le "Bachillerato", cycle facultatif de 2 ans dans le secondaire, indispensable à la poursuite d'études supérieures.*

---

**sistemático, -a** [siste'matiko, a] *adj* systématique.

**sitiar** [si'tjar] *vt* assiéger.

**sitio** ['sitjo] *nm* endroit *m*, site *m*; (*espacio*) place *f*; (MIL) siège *m*; **~ web** site *m* Web; **en cualquier ~** n'importe où; **¿hay ~?** il y a de la place?; **hay ~ de sobra** il y a de la place en trop; **guardar el ~ a algn** garder la place à qn.

**situación** [sitwa'θjon] *nf* situation *f*.

**situado, -a** [si'twaðo, a] *adj* situé(e); **estar bien ~** (*socioeconómicamente*) réussir (dans la vie).

**situar** [si'twar] *vt* situer; (*socioeconómicamente*) placer; **situarse** *vpr* se situer; (*socioeconómicamente*) réussir (dans la vie).

**slip** [es'lip] (*pl* **~s**) *nm* slip *m*.

**SME** *sigla m* (= *Sistema Monetario Europeo*)

SME *m* (= *Système monétaire européen*).

**smoking** [(e)'smokin] (*pl* **~s**) *nm* smoking *m*.

**s/n** *abr* = *sin número*.

**snob** [es'nob] *inv* = **esnob**.

**SO** *abr* (= *suroeste*) S.-O. (= *sud-ouest*).

**so** [so] *excl* (*a animal*) ho! ◆ *prep* sous; **¡~ burro!** espèce d'idiot!

**s/o** *abr* (= *su orden*) votre ordre.

**sobaco** [so'βako] *nm* aisselle *f*.

**sobar** [so'βar] *vt* tripoter.

**soberanía** [soβera'nia] *nf* souveraineté *f*.

**soberano, -a** [soβe'rano, a] *adj* souverain(e); (*paliza*) magistral(e) ◆ *nm/f* souverain(e); **los ~s** *nmpl* (*rey y reina*) le couple royal.

**soberbia** [so'βerβja] *nf* superbe *f*, orgueil *m*.

**soberbio, -a** [so'βerβjo, a] *adj* (*persona*) orgueilleux(-euse); (*palacio, ejemplar*) superbe.

**sobornar** [soβor'nar] *vt* acheter, soudoyer.

**soborno** [so'βorno] *nm* (*un soborno*) pot-de-vin *m*; (*el soborno*) corruption *f*.

**sobra** ['soβra] *nf* excès *msg*; **~s** *nfpl* (*restos*) restes *mpl*; **de ~** en trop; **lo sé de ~** je ne le sais que trop bien; **tengo de ~** j'en ai plus qu'assez.

**sobrante** [so'βrante] *adj* restant(e) ◆ *nm* restant *m*.

**sobrar** [so'βrar] *vi* (*quedar*) rester; (*estar de más: persona*) être de trop; **sobra una silla** il y a une chaise de trop; **me sobran tres entradas** j'ai trois entrées en trop.

**sobre** ['soβre] *prep* sur; (*por encima de*) au-dessus de; (*aproximadamente*) environ ◆ *nm* enveloppe *f*; **~ todo** surtout; **3 ~ 100** 3 sur cent; **se lanzó ~ él** il s'est jeté sur lui.

**sobredosis** [soβre'ðosis] *nf inv* overdose *f*.

**sobreentender** [soβreenten'der] *vt* sous-entendre; **sobreentenderse** *vpr*: **se sobreentiende (que)** il est sous-entendu (que).

**sobrehumano, -a** [soβreu'mano, a] *adj* surhumain(e).

**sobrellevar** [soβreʎe'βar] *vt* supporter.

**sobremesa** [soβre'mesa] *nf*: **de ~** (*ordenador*) de bureau; (*programación*) de l'après-midi; **en la ~** après manger.

**sobrenatural** [soβrenatu'ral] *adj* surnaturel(le).

**sobrentender** [soβrenten'der] *vt* = **so-**

breentender.

**sobrepasar** [soβrepa'sar] *vt* dépasser.

**sobreponerse** *vpr*: ~ **a algo** surmonter qch.

**sobresaliente** [soβresa'ljente] *adj* extraordinaire ♦ *nm* (*ESCOL*) ≈ mention *f* "très bien".

**sobresalir** [soβresa'lir] *vi* (*punta*) saillir; (*cabeza*) dépasser; (*fig*) se distinguer.

**sobresaltar** [soβresal'tar] *vt* faire sursauter; **sobresaltarse** *vpr* sursauter.

**sobrevenir** [soβreβe'nir] *vi* survenir.

**sobreviviente** [soβreβi'βjente] *adj*, *nm/f* survivant(e).

**sobrevolar** [soβreβo'lar] *vt* survoler.

**sobriedad** [soβrje'ðað] *nf* sobriété *f*.

**sobrino, -a** [so'βrino, a] *nm/f* neveu(nièce).

**sobrio, -a** ['soβrjo, a] *adj* sobre.

**socarrón, -ona** [soka'rron, ona] *adj* narquois(e).

**socavar** [soka'βar] *vt* saper.

**socavón** [soka'βon] *nm* (*en calle*) trou *m*; (*excavado: en monte*) galerie *f*.

**sociable** [so'θjaβle] *adj* sociable.

**social** [so'θjal] *adj* social(e).

**socialdemócrata** [soθjalde'mokrata] *adj*, *nm/f* social-démocrate *m/f*.

**socialista** [soθja'lista] *adj*, *nm/f* socialiste *m/f*.

**sociedad** [soθje'ðað] *nf* société *f*; **en ~** en société; **sociedad anónima** société anonyme; **sociedad comanditaria** (*COM*) société en commandite; **sociedad conjunta** (*COM*) société en participation; **sociedad de cartera** société d'investissements; **sociedad de consumo** société de consommation; **sociedad inmobiliaria** société immobilière; **sociedad (de responsabilidad) limitada** (*COM*) société à responsabilité limitée.

**socio, -a** ['soθjo, a] *nm/f* membre *m/f*; (*COM*) associé(e); **socio activo** membre actif; **socio capitalista** o **comanditario** commanditaire *m*.

**sociología** [soθjolo'xia] *nf* sociologie *f*.

**sociólogo, -a** [so'θjoloγo, a] *nm/f* sociologue *m/f*.

**socorrer** [soko'rrer] *vt* secourir.

**socorrista** [soko'rrista] *nm/f* secouriste *m/f*.

**socorro** [so'korro] *nm* secours *msg*; (*MIL*) secours *mpl*; ¡~! au secours!; **puesto de ~** poste *m* de secours.

**soda** ['soða] *nf* soda *m*.

**sofá** [so'fa] *nm* canapé *m*.

**sofá-cama** [so'fakama] *nm* (*pl* ~**s-~**) canapé-lit *m*.

**sofocar** [sofo'kar] *vt* suffoquer, étouffer; (*incendio, rebelión*) étouffer; **sofocarse** *vpr* étouffer; (*fig*) suffoquer.

**sofoco** [so'foko] *nm* suffocation *f*; (*vergüenza*) embarras *msg*; ~**s** (*MED*) bouffées *fpl* de chaleur.

**soga** ['soγa] *nf* cordage *m*.

**sois** [sois] *vb* V **ser**.

**soja** ['soxa] *nf* soja *m*.

**sol** [sol] *nm* soleil *m*; (*moneda, MÚS*) sol *m inv*; **hace ~** il fait soleil; **tomar el ~** prendre le soleil; **sol naciente/poniente** soleil levant/couchant.

**solamente** ['solamente] *adv* seulement.

**solapa** [so'lapa] *nf* (*de chaqueta*) revers *msg*; (*de libro*) rabat *m*.

**solar** [so'lar] *adj* solaire ♦ *nm* terrain *m* vague.

**solaz** [so'laθ] *nm* distraction *f*.

**solazarse** [sola'θarse] *vpr* se distraire.

**soldado** [sol'daðo] *nm* soldat *m*; **soldado raso** simple soldat.

**soldador, a** [solda'ðor] *nm/f* soudeur (-euse) ♦ *nm* machine *f* à souder.

**soldar** [sol'dar] *vt* souder; **soldarse** *vpr* (*huesos*) se souder.

**soleado, -a** [sole'aðo, a] *adj* ensoleillé(e).

**soledad** [sole'ðað] *nf* solitude *f*.

**solemne** [so'lemne] *adj* solennel(le); (*tontería*) magistral(e).

**solemnidad** [solemni'ðað] *nf* solennité *f*.

**soler** [so'ler] *vi*: ~ **hacer algo** avoir l'habitude de faire qch; **suele salir a las ocho** d'ordinaire, il sort à 8 heures; **solíamos ir todos los años** nous y allions tous les ans.

**solicitar** [soliθi'tar] *vt* solliciter.

**solicitud** [soliθi'tuð] *nf* sollicitation *f*.

**solidaridad** [soliðari'ðað] *nf* solidarité *f*; **por ~ con** par solidarité avec.

**solidario, -a** [soli'ðarjo, a] *adj* solidaire; **hacerse ~ de** être solidaire de.

**solidez** [soli'ðeθ] *nf* solidité *f*.

**sólido, -a** ['soliðo, a] *adj* solide; (*color*) grand teint *inv* ♦ *nm* solide *m*.

**soliloquio** [soli'lokjo] *nm* soliloque *m*.

**solista** [so'lista] *nm/f* soliste *m/f*.

**solitario, -a** [soli'tarjo, a] *adj*, *nm/f* solitaire *m/f* ♦ *nm* (*NAIPES*) réussite *f*; **hacer algo en ~** faire qch en solitaire.

**sollozar** [soλo'θar] *vi* sangloter.

**sollozo** [so'ʎoθo] *nm* sanglot *m*.

**solo, -a** ['solo, a] *adj* (*único*) seul(e) (et unique); (*sin compañía*) seul(e); (*café*) noir(e); (*whisky etc*) sec(sèche) ♦ *nm* (*MÚS*) solo *m*; **hay una sola dificultad** il y a une seule difficulté; **a solas** tout(e) seul(e); (*dos personas*) seul à seul.

**sólo** ['solo] *adv* seulement; **no ~ ... sino** non seulement ... mais encore; **tan ~** simplement; **~ que ...** seulement, ...; **~ lo sabe él** il n'y a que lui qui le sache.

**solomillo** [solo'miʎo] *nm* aloyau *m*.

**soltar** [sol'tar] *vt* lâcher; (*preso*) relâcher; (*pelo*) détacher; (*nudo*) défaire; (*amarras*) larguer; (*estornudo, carcajada*) laisser échapper; (*taco*) lancer; (*bofetada*) donner; **soltarse** *vpr* se détacher; (*desprenderse*) se distinguer; (*adquirir destreza*) se débrouiller; (*relajarse*) se relâcher; **¡suéltame!** lâche-moi!

**soltero, -a** [sol'tero, a] *adj, nm/f* célibataire *m/f*.

**solterón, -ona** [solte'ron, ona] *nm/f* vieux garçon(vieille fille).

**soltura** [sol'tura] *nf* (*al hablar, escribir*) facilité *f*; (*agilidad*) adresse *f*.

**soluble** [so'luβle] *adj* soluble; **~ en agua** soluble dans l'eau.

**solución** [solu'θjon] *nf* solution *f*; **sin ~ de continuidad** sans solution de continuité.

**solucionar** [soluθjo'nar] *vt* résoudre.

**solventar** [solβen'tar] *vt* (*deudas*) régler; (*conflicto*) résoudre.

**solvente** [sol'βente] *adj* (*COM*) solvable; (*fuentes*) sûr(e); (*profesional*) responsable.

**sombra** ['sombra] *nf* ombre *f*; **~s** *nfpl* (*oscuridad*) ombre; **sin ~ de duda** sans l'ombre d'un doute; **tener buena/mala ~** (*suerte*) avoir de la/pas de chance; (*carácter*) être agréable/désagréable; **sombras chinescas** ombres chinoises; **sombra de ojos** ombre à paupières.

**sombrero** [som'brero] *nm* chapeau *m*; **sombrero de copa** o **de pelo** (*AM*) haut-de-forme *m*; **sombrero hongo** chapeau melon.

**sombrilla** [som'briʎa] *nf* ombrelle *f*.

**sombrío, -a** [som'brio, a] *adj* sombre.

**somero, -a** [so'mero, a] *adj* sommaire.

**someter** [some'ter] *vt* soumettre; (*alumnos, familia*) faire obéir; **someterse** *vpr* se soumettre; **~ algo/a algn a** soumettre qch/qn à; **~se a** (*mayoría, opinión*) se soumettre à; (*tratamiento*) subir.

**somnífero** [som'nifero] *nm* somnifère *m*.

**somnolencia** [somno'lenθja] *nf* somnolence *f*.

**somos** ['somos] *vb* V **ser**.

**son** [son] *vb* V **ser** ♦ *nm* son *m*; **al ~ de** au son de; **en ~ de paz** en signe de paix.

**sonajero** [sona'xero] *nm* hochet *m*.

**sonámbulo, -a** [so'nambulo, a] *nm/f* somnambule *m/f*.

**sonar** [so'nar] *vt* sonner ♦ *vi* sonner; (*música, voz*) retentir; (*LING*) être prononcé(e); (*resultar conocido*) dire qch; (*máquina*) faire du bruit; **sonarse** *vpr*: **~se (la nariz)** renifler; **suena a hueco/falso** sonner creux/faux; **es un nombre que suena** c'est un nom qui sonne bien; **me suena ese nombre/esa cara** ce nom/ce visage me dit qch.

**sonda** ['sonda] *nf* sonde *f*.

**sondear** [sonde'ar] *vt* sonder; (*MED*) examiner à la sonde.

**sondeo** [son'deo] *nm* sondage *m*; (*MED*) examen *m* à la sonde; **~ de la opinión pública** sondage de l'opinion publique.

**sonido** [so'niðo] *nm* son *m*.

**sonoro, -a** [so'noro, a] *adj* sonore; **banda sonora** bande *f* son.

**sonreír** [sonre'ir] *vi* sourire; **sonreírse** *vpr* sourire; **~ a algn** sourire à qn.

**sonriente** [son'rjente] *adj* souriant(e).

**sonrisa** [son'risa] *nf* sourire *m*.

**sonrojarse** *vpr* rougir.

**soñar** [so'ɲar] *vt, vi* rêver; **~ con algn/algo** rêver de qn/qch; **~ despierto** rêver tout éveillé.

**soñoliento, -a** [soɲo'ljento, a] *adj* somnolent(e).

**sopa** ['sopa] *nf* soupe *f*; **hasta en la ~** (*fam*) partout.

**sopesar** [sope'sar] *vt* peser.

**soplar** [so'plar] *vt* souffler; (*fam: delatar*) vendre ♦ *vi* souffler; (*fam: delatar*) moucharder; (: *beber*) descendre.

**soplo** ['soplo] *nm* souffle *m*; (*fam*) mouchardage *m*; **la semana pasó en un ~** (*fam*) la semaine a passé à toute vitesse.

**sopor** [so'por] *nm* somnolence *f*.

**soporífero, -a** [sopo'rifero, a] *adj* soporifique.

**soportar** [sopor'tar] *vt* supporter.

**soporte** [so'porte] *nm* support *m*; (*fig*) soutien *m*; **soporte de entrada/de salida**

support d'entrée/de sortie.

**soprano** [so'prano] *nm/f* soprano *m/f*.

**sorber** [sor'βer] *vt* (*sopa*) avaler; (*refresco*) siroter; (*absorber*) absorber.

**sorbo** ['sorβo] *nm* gorgée *f*; **beber a ~s** boire à petites gorgées.

**sordera** [sor'ðera] *nf* surdité *f*.

**sórdido, -a** ['sorðiðo, a] *adj* sordide.

**sordo, -a** ['sorðo, a] *adj, nm/f* sourd(e); **quedarse ~** devenir sourd(e).

**sordomudo, -a** [sorðo'muðo, a] *adj, nm/f* sourd-muet(sourde-muette).

**soroche** [so'rotʃe] (*AM*) *nm* mal *m* des montagnes.

**sorprendente** [sorpren'dente] *adj* surprenant(e).

**sorprender** [sorpren'der] *vt* surprendre; **sorprenderse** *vpr*: **~se (de)** être surpris(e) (de); **le sorprendieron robando** ils l'ont surpris en train de voler.

**sorpresa** [sor'presa] *nf* surprise *f*; **por ~** par surprise.

**sortear** [sorte'ar] *vt* tirer (au sort); (*MIL*) affecter; (*dificultad*) déjouer.

**sorteo** [sor'teo] *nm* tirage *m* (au sort).

**sortija** [sor'tixa] *nf* bague *f*; (*rizo*) boucle *f*.

**sosegado, -a** [sose'ɣaðo, a] *adj* paisible.

**sosegar** [sose'ɣar] *vt* apaiser; **sosegarse** *vpr* s'apaiser.

**sosiego** [so'sjeɣo] *vb V* **sosegar** ♦ *nm* calme *m*.

**soslayo** [sos'lajo]: **de ~** *adv* (*mirar*) de côté; (*pasar*) sans s'arrêter.

**soso, -a** ['soso, a] *adj* insipide.

**sospecha** [sos'petʃa] *nf* soupçon *m*.

**sospechar** [sospe'tʃar] *vt*: **~ (que)** soupçonner (que) ♦ *vi*: **~ de algn** soupçonner qn.

**sospechoso, -a** [sospe'tʃoso, a] *adj, nm/f* suspect(e).

**sostén** [sos'ten] *nm* soutien *m*; (*sujetador*) soutien-gorge *m*.

**sostener** [soste'ner] *vt* soutenir; (*alimentar*) faire vivre; **sostenerse** *vpr* (*en pie*) rester; (*económicamente*) survivre; (*seguir*) se maintenir.

**sotana** [so'tana] *nf* soutane *f*.

**sótano** ['sotano] *nm* sous-sol *m*.

**soviético, -a** [so'βjetiko, a] *adj* soviétique ♦ *nm/f* Soviétique *m/f*.

**soy** [soi] *vb V* **ser**.

**Sr.** *abr* (= *Señor*) M. (= *Monsieur*).

**Sra.** *abr* (= *Señora*) Mme (= *Madame*).

**S.R.C.** *abr* (= *se ruega contestación*) RSVP (= *répondez s'il vous plaît*).

**Sres.** *abr* (= *Señores*) MM (= *Messieurs*).

**Srta.** *abr* (= *Señorita*) Mlle (= *Mademoiselle*).

**Sta.** *abr* (= *Santa*) Ste (= *Sainte*).

**status** ['status, es'tatus] *nm inv* statut *m*.

**Sto.** *abr* (= *Santo*) St (= *Saint*).

**su** [su] *adj* (*de él, ella, una cosa*) son(sa); (*de ellos, ellas*) leur; (*de usted, ustedes*) votre; **sus** (*de él, ella, una cosa*) ses; (*de ellos, ellas*) leurs; (*de usted, ustedes*) vos.

**suave** ['swaβe] *adj* doux(douce).

**suavidad** [swaβi'ðað] *nf* douceur *f*.

**suavizar** [swaβi'θar] *vt* adoucir; (*pendiente*) rendre plus doux(douce); **suavizarse** *vpr* s'adoucir.

**subalimentado, -a** [suβalimen'taðo, a] *adj* sous-alimenté(e).

**subasta** [su'βasta] *nf* vente *f* aux enchères; (*de obras, servicios*) appel *m* d'offre; **poner en** *o* **sacar a pública ~** mettre aux enchères; **subasta a la baja** enchères *fpl* au rabais.

**subastar** [suβas'tar] *vt* vendre aux enchères.

**subcampeón, -ona** [suβkampe'on, ona] *nm/f* second(e).

**subconsciente** [suβkons'θjente] *adj* subconscient(e) ♦ *nm* subconscient *m*.

**subdesarrollado, -a** [suβðesarro'ʎaðo, a] *adj* sous-développé(e).

**subdesarrollo** [suβðesa'rroʎo] *nm* sous-développement *m*.

**subdirector, a** [suβðirek'tor, a] *nm/f* sous-directeur(-trice).

**súbdito, -a** ['suβðito, a] *nm/f* sujet *m*.

**subestimar** [suβesti'mar] *vt* sous-estimer.

**subida** [su'βiða] *nf* montée *f*.

**subir** [su'βir] *vt* (*mueble, niño*) soulever; (*cabeza*) lever; (*volumen*) augmenter; (*calle*) remonter; (*montaña, escalera*) monter, gravir; (*precio*) augmenter; (*producto*) augmenter le prix de; (*empleado*) faire monter en grade ♦ *vi* monter; (*precio, temperatura, calidad*) augmenter; (*en el empleo*) monter en grade; **subirse** *vpr*: **~se a** monter dans; **~se los pantalones/la falda** remonter son pantalon/sa jupe.

**súbito, -a** ['suβito, a] *adj* subit(e), soudain(e).

**subjetivo, -a** [suβxe'tiβo, a] *adj* subjectif(-ive).

**sublevación** [suβleβa'θjon] *nf* soulèvement *m*.

**sublevar** [suβle'βar] *vt* soulever; (*indignar*) répugner à; **sublevarse** *vpr* se soulever.

**sublime** [su'βlime] *adj* sublime.

**submarinismo** *nm* plongée *f* sous-marine.

**submarino, -a** [suβma'rino, a] *adj* sous-marin(e) ♦ *nm* sous-marin *m*.

**subnormal** [suβnor'mal] *adj* anormal(e) ♦ *nm/f* handicapé(e) mental(e); (*fam: insulto*) débile *m/f* mental(e).

**subordinado, -a** [suβorði'naðo, a] *adj*, *nm/f* subordonné(e).

**subrayar** [suβra'jar] *vt* souligner.

**subsanar** [suβsa'nar] *vt* pallier.

**subscribir** [suβskri'βir] *vt* = **suscribir**.

**subsidio** [suβ'siðjo] *nm* (*de enfermedad, paro, etc*) allocation *f*.

**subsistencia** [suβsis'tenθja] *nf* subsistance *f*.

**subsistir** [suβsis'tir] *vi* subsister.

**subterráneo, -a** [suβte'rraneo, a] *adj* souterrain(e) ♦ *nm* souterrain *m*; (*CSUR: metro*) métro *m*.

**subtítulo** [suβ'titulo] *nm* sous-titre *m*.

**suburbano, -a** [suβur'βano, a] *adj* de banlieue ♦ *nm* train *m* de banlieue.

**suburbio** [su'βurβjo] *nm* banlieue *f*.

**subvención** [suββen'θjon] *nf* subvention *f*; **subvención estatal** subvention de l'Etat; **subvención para la inversión** prime *f* à l'investissement.

**subvencionar** [suββenθjo'nar] *vt* subventionner.

**subversión** [suββer'sjon] *nf* subversion *f*.

**subversivo, -a** [suββer'siβo, a] *adj* subversif(-ive).

**subyugar** [suβju'ɣar] *vt* opprimer; (*fig*) subjuguer.

**sucedáneo** [suθe'ðaneo] *nm* ersatz *m*.

**suceder** [suθe'ðer] *vi* se passer; ~ **a** succéder à; **lo que sucede es que ...** ce que se passe, c'est que ...; ~ **al rey** succéder au roi.

**sucesión** [suθe'sjon] *nf* succession *f*.

**sucesivamente** [suθe'siβamente] *adv*: **y así** ~ et ainsi de suite.

**sucesivo, -a** [suθe'siβo, a] *adj* successif (-ive); **en lo** ~ à l'avenir.

**suceso** [su'θeso] *nm* événement *m*; **sección de** ~**s** (*PRENSA*) faits *mpl* divers.

**suciedad** [suθje'ðað] *nf* saleté *f*.

**sucinto, -a** [su'θinto, a] *adj* succinct(e).

**sucio, -a** ['suθjo, a] *adj* sale; (*estómago, barbouillé(e)*); (*lengua*) blanc(blanche); (*negocio*) malhonnête; (*guerra*) déshonorant(e); **juego** ~ tricherie *f*; **en** ~ au brouillon.

**suculento, -a** [suku'lento, a] *adj* succulent(e).

**sucumbir** [sukum'bir] *vi* succomber; ~ **a la tentación** succomber à la tentation.

**sucursal** [sukur'sal] *nf* succursale *f*.

**Sudáfrica** [su'ðafrika] *nf* Afrique *f* du Sud.

**Sudamérica** [suða'merika] *nf* Amérique *f* du Sud.

**sudamericano, -a** [suðameri'kano, a] *adj* sud-américain(e) ♦ *nm/f* Sud-Américain(e).

**sudar** [su'ðar] *vt* (*ropa*) tremper (de sueur); (*BOT*) exsuder ♦ *vi* suer.

**sudeste** [su'ðeste] *adj* sud-est *inv* ♦ *nm* Sud-Est *m*; (*viento*) vent *m* de sud-est.

**sudoeste** [suðo'este] *adj* sud-ouest *inv* ♦ *nm* Sud-Ouest *m*; (*viento*) vent *m* de sud-ouest.

**sudor** [su'ðor] *nm* sueur *f*.

**Suecia** ['sweθja] *nf* Suède *f*.

**sueco, -a** ['sweko, a] *adj* suédois(e) ♦ *nm/f* Suédois(e) ♦ *nm* (*LING*) suédois *msg*; **hacerse el** ~ faire la sourde oreille.

**suegro, -a** ['sweɣro, a] *nm/f* beau-père(belle-mère); **los** ~**s** les beaux-parents *mpl*.

**suela** ['swela] *nf* semelle *f*.

**sueldo** ['sweldo] *vb V* **soldar** ♦ *nm* salaire *m*.

**suelo** ['swelo] *vb V* **soler** ♦ *nm* sol *m*; **caerse al** ~ tomber par terre; **estar por los** ~**s** (*precios*) s'être effondré(e).

**suelto, -a** ['swelto, a] *vb V* **soltar** ♦ *adj* (*hojas*) volant(e); (*pelo, pieza*) détaché(e); (*preso*) libéré(e); (*por separado: ejemplar*) séparé(e); (*arroz*) qui ne colle pas; (*ropa*) ample; (*con diarrea*) qui a la colique ♦ *nm* monnaie *f*; **dinero** ~ (petite) monnaie; **está muy** ~ **en inglés** il parle anglais couramment.

**sueño** ['sweɲo] *vb V* **soñar** ♦ *nm* sommeil *m*; (*lo soñado, fig*) rêve *m*; **descabezar o echarse un** ~ faire un somme; **tener** ~ avoir sommeil; **sueño pesado** sommeil lourd; **sueño profundo** profond sommeil.

**suero** ['swero] *nm* (*MED*) sérum *m*; (*de leche*) petit-lait *m*.

**suerte** ['swerte] *nf* (*fortuna*) chance *f*;

(*azar*) hasard *m*; (*destino*) destin *m*; (*condición*) condition *f*; (*género*) sorte *f*; **lo echaron a ~s** ils ont tiré au sort; **tener ~** avoir de la chance; **tener mala ~** ne pas avoir de chance; **de ~ que** de sorte que; **por ~** par chance.

**suéter** ['sweter] (*pl* **~s**) *nm* pull *m*.

**suficiente** [sufi'θjente] *adj* suffisant(e) ♦ *nm* (*ESCOL*) moyenne *f*.

**sufragio** [su'fraxjo] *nm* suffrage *m*.

**sufrimiento** [sufri'mjento] *nm* souffrance *f*.

**sufrir** [su'frir] *vt* souffrir de; (*malos tratos, cambios*) subir; (*fam: soportar*) sentir ♦ *vi* souffrir; **~ de corazón/estómago** souffrir du cœur/de l'estomac; **hacer ~ a algn** faire souffrir qn.

**sugerencia** [suxe'renθja] *nf* suggestion *f*.

**sugerir** [suxe'rir] *vt* suggérer.

**sugestión** [suxes'tjon] *nf* suggestion *f*.

**sugestionar** [suxestjo'nar] *vt* influencer; **sugestionarse** *vpr* se faire des idées.

**sugestivo, -a** [suxes'tiβo, a] *adj* suggestif(-ive); (*idea*) séduisant(e).

**suicida** [sui'θiða] *adj* suicidaire ♦ *nm/f* (*que se mata*) suicidé(e); (*que arriesga su vida*) suicidaire *m/f*.

**suicidarse** [suiθi'ðarse] *vpr* se suicider.

**suicidio** [sui'θiðjo] *nm* suicide *m*.

**Suiza** ['swiθa] *nf* Suisse *f*.

**suizo, -a** ['swiθo, a] *adj* suisse ♦ *nm/f* Suisse *m/f* ♦ *nm* (*CULIN*) pain *m* au lait.

**sujeción** [suxe'θjon] *nf* assujettissement *m*.

**sujetador** [suxeta'ðor] *nm* soutien-gorge *m*.

**sujetar** [suxe'tar] *vt* attacher; (*someter*) avoir de l'autorité sur; **sujetarse** *vpr* s'attacher; (*someterse*) se soumettre.

**sujeto, -a** [su'xeto, a] *adj* attaché(e) ♦ *nm* sujet *m*; **~ a cambios** susceptible d'être modifié.

**suma** ['suma] *nf* somme *f*; (*operación*) addition *f*; **en ~** en somme.

**sumamente** ['sumamente] *adv*: **~ agradecido/necesario** extrêmement reconnaissant/absolument nécessaire.

**sumar** [su'mar] *vt* additionner ♦ *vi* faire une addition; **sumarse** *vpr*: **~se (a)** s'additionner (à); **suma y sigue** (*COM*) reporter.

**sumario, -a** [su'marjo, a] *adj* sommaire ♦ *nm* (*JUR*) mise *f* en accusation.

**sumergir** [sumer'xir] *vt* submerger; **sumergirse** *vpr* plonger.

**suministrar** [suminis'trar] *vt* fournir.

**suministro** [sumi'nistro] *nm* approvisionnement *m*; **~s** *nmpl* (*provisiones*) provisions *fpl*.

**sumir** [su'mir] *vt* submerger; (*fig*) plonger; **sumirse** *vpr*: **~se en** se plonger dans.

**sumisión** [sumi'sjon] *nf* soumission *f*.

**sumiso, -a** [su'miso, a] *adj* soumis(e).

**sumo, -a** ['sumo, a] *adj* (*cuidado*) extrême; (*grado*) supérieur(e); **a lo ~** au maximum.

**suntuoso, -a** [sun'twoso, a] *adj* somptueux(-euse).

**supe** *etc* ['supe] *vb* V **saber**.

**supeditar** [supeði'tar] *vt*: **~ algo a algo** faire passer qch avant qch; **supeditarse** *vpr*: **~se a** se plier à.

**super** ['super] (*fam*) *adv* hyper ♦ *adj inv* super-; **~ caro** hyper cher; **~ oferta** offre *f* exceptionnelle.

**super...** [super] *pref* super...; (*fam: +adjetivo*) hyper; (: +*adverbio*) super-.

**superar** [supe'rar] *vt* surpasser; (*crisis, prueba*) surmonter; (*récord*) battre; **superarse** *vpr* se surpasser.

**superávit** [supe'raβit] (*pl* **~s**) *nm* (*ECON*) excédent *m*.

**superficial** [superfi'θjal] *adj* superficiel(le).

**superficie** [super'fiθje] *nf* surface *f*; (*área*) superficie *f*.

**superfluo, -a** [su'perflwo, a] *adj* superflu(e).

**superior** [supe'rjor] *adj, nm/f* supérieur(e).

**superioridad** [superjori'ðað] *nf* supériorité *f*.

**supermercado** [supermer'kaðo] *nm* supermarché *m*.

**superponer** [superpo'ner] *vt* superposer; (*anteponer*) faire passer avant.

**supersónico, -a** [super'soniko, a] *adj* supersonique.

**superstición** [supersti'θjon] *nf* superstition *f*.

**supersticioso, -a** [supersti'θjoso, a] *adj* superstitieux(-ieuse).

**supervisar** [superβi'sar] *vt* superviser.

**supervivencia** [superβi'βenθja] *nf* survie *f*.

**superviviente** [superβi'βjente] *adj, nm/f* survivant(e).

**suplantar** [suplan'tar] *vt* supplanter.

**suplemento** [suple'mento] *nm* supplément *m*.

**suplente** [su'plente] *adj* remplaçant(e) ♦ *nm/f* remplaçant(e); (*actor*) doublure *f*.

**supletorio, -a** [suple'torjo, a] *adj* supplémentaire ♦ *nm* (*tb*: **teléfono ~**) second poste *m*.

**súplica** ['suplika] *nf* supplication *f*; (*REL*) supplique *f*; (*JUR*) placet *m*.

**suplicar** [supli'kar] *vt* supplier; (*JUR*) faire appel (à).

**suplicio** [su'pliθjo] *nm* supplice *m*.

**suplir** [su'plir] *vt* suppléer; (*objeto*) remplacer.

**supo** *etc* ['supo] *vb* V **saber**.

**suponer** [supo'ner] *vt* supposer; **era de ~ que ...** il fallait s'attendre à ce que ...; **supone mucho para mí** cela représente beaucoup pour moi.

**suposición** [suposi'θjon] *nf* supposition *f*.

**supremacía** [suprema'θia] *nf* suprématie *f*.

**supremo, -a** [su'premo, a] *adj* suprême.

**supresión** [supre'sjon] *nf* suppression *f*.

**suprimir** [supri'mir] *vt* supprimer.

**supuesto, -a** [su'pwesto, a] *pp de* **suponer** ♦ *adj* supposé(e) ♦ *nm* supposition *f*; **dar por ~ algo** penser que qch est évident; **¡por ~!** évidemment!

**sur** [sur] *adj* sud ♦ *nm* Sud *m*; (*viento*) vent *m* du Sud.

**surcar** [sur'kar] *vt* sillonner.

**surco** ['surko] *nm* sillon *m*; (*en agua, piel*) ride *f*.

**surgir** [sur'xir] *vi* surgir.

**surtido, -a** [sur'tiðo, a] *adj* (*galletas*) assorti(e); (*persona, tienda*) fourni(e) ♦ *nm* assortiment *m*.

**surtir** [sur'tir] *vt* fournir; (*efecto*) produire; **surtirse** *vpr*: **~se de** se fournir en.

**susceptible** [susθep'tiβle] *adj* susceptible; **~ a** sujet(te) à; **~ de** susceptible de.

**suscitar** [susθi'tar] *vt* susciter.

**suscribir** [suskri'βir] *vt* (*firmar*) souscrire; (*respaldar*) approuver; (*COM*: *acciones*) souscrire (à); **suscribirse** *vpr*: **~se (a)** souscrire (à); (*a periódico etc*) s'abonner (à); **~ a algn a una revista** abonner qn à une revue.

**suscripción** [suskrip'θjon] *nf* souscription *f*; (*a periódico etc*) abonnement *m*.

**susodicho, -a** [suso'ditʃo, a] *adj* susdit(e), susmentionné(e).

**suspender** [suspen'der] *vt* suspendre; (*ESCOL*) recaler ♦ *vi* (*ESCOL*) échouer, être recalé(e); **~ a algn de empleo y sueldo** relever qn de ses fonctions.

**suspensión** [suspen'sjon] *nf* suspension *f*;

(*de empleo, garantías*) suppression *f*; **suspensión de pagos** suspension *f* de paiements.

**suspenso, -a** [sus'penso, a] *adj* (*en el aire*) suspendu(e); (*desconcertado*) interloqué(e); (*ESCOL*: *asignatura*) pas passé(e); (: *alumno*) recalé(e) ♦ *nm* (*ESCOL*) échec *m*; **quedar** o **estar en ~** rester en suspens.

**suspicacia** [suspi'kaθja] *nf* suspicion *f*.

**suspicaz** [suspi'kaθ] *adj* suspicieux(-ieuse).

**suspirar** [suspi'rar] *vi* soupirer; **~ por algo/algn** avoir très envie de qch/se languir de qn.

**suspiro** [sus'piro] *nm* soupir *m*.

**sustancia** [sus'tanθja] *nf* substance *f*; **sin ~** sans substance; **sustancia gris** matière *f* grise.

**sustentar** [susten'tar] *vt* (*familia*) faire vivre; (*bóveda*) soutenir; (*idea, moral*) soutenir; (*esperanzas*) nourrir; **sustentarse** *vpr* se nourrir.

**sustento** [sus'tento] *nm* (*alimento*) subsistance *f*; (*apoyo moral*) soutien *m*.

**sustituir** [sustitu'ir] *vt* substituer; (*temporalmente*) remplacer; **~ A por B** substituer B à A, remplacer A par B.

**susto** ['susto] *nm* peur *f*; **dar un ~ a algn** faire peur à qn; **darse** o **pegarse un ~** avoir peur.

**sustraer** [sustra'er] *vt* subtiliser; (*MAT*) soustraire; **sustraerse** *vpr*: **~se a** se sustraire à.

**susurrar** [susu'rrar] *vi* susurrer.

**susurro** [su'surro] *nm* susurrement *m*.

**sutil** [su'til] *adj* subtil(e); (*gasa, hilo*) fin(e); (*brisa*) léger(-ère).

**sutileza** [suti'leθa] *nf* subtilité *f*; **~s** *nfpl* (*pey*) manigances *fpl*.

**suyo, -a** ['sujo, a] *adj* (*después del verbo ser*: *de él, ella*) le sien(la sienne), à lui(à elle); (: *de ellos, ellas*) le(la) leur, à eux(à elles); (: *de usted, ustedes*) le(la) vôtre, à vous; (*después de un nombre*: *de él, ella*) à lui(à elle); (: *de ellos, ellas*) à eux(à elles); (: *de usted, ustedes*) à vous ♦ *pron*: **el ~/la suya** (*de él, ella*) le sien(la sienne); (*de ellos, ellas*) le(la) leur; (*de usted, ustedes*) le(la) vôtre; **los ~s** les siens *etc*; **~ afectísimo** (*en carta*) bien affectueusement; **de ~** en soi; **eso es muy ~** c'est bien de lui; **hacer de las suyas** faire des siennes; **lo ~ sería de ...** le mieux serait de ...; **cada uno va a lo ~** chacun s'occupe de ses affaires; **salirse con la suya** avoir ce qu'on veut.

—— **T t** ——

**Tabacalera** [taβaka'lera] *nf* ≈ SEITA *f.*

**tabaco** [ta'βako] *nm* tabac *m;* **tabaco de pipa** tabac pour la pipe; **tabaco negro/ rubio** tabac brun/blond.

**taberna** [ta'βerna] *nf* taverne *f.*

**tabique** [ta'βike] *nm* cloison *f;* **tabique nasal** (*MED*) cloison nasale.

**tabla** ['taβla] *nf* (*de madera*) planche *f;* (*lista, catálogo*) table *f,* tableau *m;* (*MAT*) table; (*de falda*) pli *m;* (*ARTE*) panneau *m;* **~s** *nfpl* (*TEATRO*) planches *fpl;* **tener ~s** (*actor*) être un(une) comédien(ne) accompli(e); **quedar en/hacer ~s** faire match nul; **tabla de planchar** planche à repasser.

**tablado** [ta'βlaðo] *nm* plancher *m,* estrade *f;* (*TEATRO*) scène *f.*

**tablao** [ta'βlao] *nm* (*tb:* **~ flamenco**) *bar où l'on donne des représentations de flamenco.*

**tablero** [ta'βlero] *nm* planche *f;* (*pizarra*) tableau *m;* (*de ajedrez, damas*) damier *m;* **tablero de anuncios** panneau *m* d'affichage; **tablero de mandos** (*AUTO, AVIAT*) tableau de bord.

**tableta** [ta'βleta] *nf* (*MED*) comprimé *m;* (*de chocolate*) tablette *f.*

**tablón** [ta'βlon] *nm* (*de suelo*) planche *f;* (*de techo*) poutre *f;* **tablón de anuncios** panneau *m* d'affichage.

**tabú** [ta'βu] *nm* tabou *m.*

**tabular** [taβu'lar] *vt* (*TIP*) mettre en colonnes; (*INFORM*) disposer en tableau.

**taburete** [taβu'rete] *nm* tabouret *m.*

**tacaño, -a** [ta'kaɲo, a] *adj* radin(e).

**tacha** ['tatʃa] *nf* défaut *m;* (*TEC*) clou *m* (à grosse tête), broquette *f;* **poner ~ a** trouver à redire à; **sin ~** sans défaut.

**tachar** [ta'tʃar] *vt* rayer; (*corregir*) raturer; **le tachan de irresponsable** ils l'accusent d'être irresponsable.

**tácito, -a** ['taθito, a] *adj* tacite; (*LING*) implicite.

**taciturno, -a** [taθi'turno, a] *adj* taciturne, morose.

**taco** ['tako] *nm* (*tarugo*) cheville *f,* taquet *m;* (*libro de entradas*) carnet *m;* (*manojo de billetes*) liasse *f;* (*de bota de fútbol*) crampon *m;* (*AM: tacón*) talon *m;* (*tb:* **~ de bi-**

**llar**) queue *f;* (*de jamón, queso*) cube *m;* (*fam: lío*) pagaille *f;* (*: palabrota*) grossièreté *f,* gros mot *m;* (*CAM, MÉX*) crêpe de maïs fourrée; (*CHI: fam*) bouchon *m;* **armarse o hacerse un ~** s'embrouiller.

**tacón** [ta'kon] *nm* talon *m;* **de ~ alto** à talons hauts.

**taconeo** [tako'neo] *nm* bruit *m* des talons sur le sol.

**táctica** ['taktika] *nf* tactique *f.*

**táctico, -a** ['taktiko, a] *adj* tactique.

**tacto** ['takto] *nm* toucher *m;* (*fig*) tact *m.*

**taimado, -a** [tai'maðo, a] *adj* rusé(e), sournois(e).

**tajada** [ta'xaða] *nf* tranche *f;* (*fam: borrachera*) cuite *f;* **sacar ~** tirer profit.

**tajante** [ta'xante] *adj* catégorique; (*persona*) abrupt(e).

**Tajo** ['taxo] *nm* Tage *m.*

**tajo** ['taxo] *nm* (*corte*) coupure *f;* (*filo*) tranchant *m;* (*GEO*) gorge *f;* (*fam: trabajo*) boulot *m;* (*bloque de madera*) billot *m.*

**tal** [tal] *adj* tel(telle); (*semejante*) un(e) tel(telle), pareil(le) ♦ *pron* (*persona*) un(e) tel(telle); (*cosa*) une telle chose ♦ *adv:* **~ como** (*igual*) tel(telle) que ♦ *conj:* **con (de) que** pourvu que, du moment que; **~ día a ~ hora** tel jour à telle heure; **jamás vi ~ desvergüenza** je n'ai jamais vu une telle effronterie *o* une effronterie pareille; **~es cosas** de telles choses; **el ~ cura** le curé en question; **un ~ García** un certain García; **~es como** tels(telle) que; **son ~ para cual** les deux font la paire; **hablábamos de que si ~ que si cual** nous parlions de choses et d'autres; **fuimos al cine y ~** nous avons été au ciné et tout ça; **~ cual** (*como es*) tel(telle) quel(quelle); **~ como lo dejé** tel que je l'ai laissé; **~ el padre, cual el hijo** tel père, tel fils; **~ vez** peut-être; **¿qué ~?** ça va?; **¿qué ~ has comido?** tu as bien mangé?; **con ~ de llamar la atención** du moment qu'il *etc* attire l'attention.

**taladrar** [tala'ðrar] *vt* percer.

**taladro** [ta'laðro] *nm* perceuse *f;* (*hoyo*) trou *m* (fait à la perceuse); **taladro neumático** marteau-piqueur *m.*

**talante** [ta'lante] *nm* humeur *f;* (*voluntad*) gré *m.*

**talar** [ta'lar] *vt* abattre.

**talco** ['talko] *nm* (*tb:* **polvos de ~**) talc *m.*

**talego** [ta'leɣo] *nm* sac *m;* (*fam*) mille pesetas; **medio ~** (*fam*) cinq cents pesetas.

**talento** [ta'lento] *nm* talent *m*; (*capacidad, don*) don *m*.

**Talgo** *sigla m* (FERRO = *tren articulado ligero Goicoechea-Oriol*) train rapide.

**talismán** [talis'man] *nm* talisman *m*.

**talla** ['taʎa] *nf* taille *f*; (*fig*) envergure *f*; (*figura*) sculpture *f*; **dar la ~** (MIL) avoir la taille requise; (*fig*) être de taille.

**tallado, -a** [ta'ʎaðo, a] *adj* taillé(e), sculp-té(e) ♦ *nm* sculpture *f*.

**tallar** [ta'ʎar] *vt* tailler, sculpter; (*grabar*) graver; (*medir*) toiser.

**tallarines** [taʎa'rines] *nmpl* nouilles *fpl*.

**talle** ['taʎe] *nm* taille *f*; (*figura*) silhouette *f*; **de ~ esbelto** svelte.

**taller** [ta'ʎer] *nm* atelier *m*.

**tallo** ['taʎo] *nm* (*de planta*) tige *f*; (*de hierba*) brin *m*; (*brote*) pousse *f*.

**talón** [ta'lon] *nm* talon *m*; (COM) chèque *m*; (TEC) bord *m*; **pisar a algn los talones** être sur les talons de qn; **talón de Aquiles** talon d'Achille.

**talonario** [talo'narjo] *nm* carnet *m*; (*de cheques*) carnet de chèques.

**tamaño, -a** [ta'maɲo, a] *adj* tel(telle) ♦ *nm* taille *f*; **de ~ natural** grandeur *f* nature; **de ~ grande/pequeño** de grande/petite taille.

**tamarindo** [tama'rindo] *nm* tamarinier *m*.

**tambalearse** [tambale'arse] *vpr* chanceler; (*mueble*) branler; (*vehículo*) bringuebaler.

**también** [tam'bjen] *adv* aussi; (*además*) de plus; **estoy cansado - yo ~** je suis fatigué - moi aussi.

**tambor** [tam'bor] *nm* tambour *m*; (ANAT) tympan *m*; **tambor del freno/de lavadora** tambour de frein/de machine à laver.

**tamiz** [ta'miθ] *nm* tamis *msg*.

**tamizar** [tami'θar] *vt* tamiser.

**tampoco** [tam'poko] *adv* non plus; **yo ~ lo compré** je ne l'ai pas acheté non plus.

**tampón** [tam'pon] *nm* tampon *m*.

**tan** [tan] *adv* si; **~ ... como** aussi ... que; **~ siquiera** au moins; **es pesada, de ~ amable que es** elle est si aimable qu'elle finit par être ennuyeuse; **¡qué cosa ~ rara!** comme c'est bizarre!; **no es una idea ~ buena** ce n'est pas une si bonne idée.

**tanda** ['tanda] *nf* série *f*; (*de personas*) équipe *f*; (*turno*) tour *m*; **~ de penaltis/de inyecciones** série de penalties/de piqûres; **~**

**de golpes** volée *f* de coups.

**tangente** [tan'xente] *nf* tangente *f*; **salirse por la ~** prendre la tangente.

**tangible** [tan'xiβle] *adj* tangible.

**tanque** ['tanke] *nm* (MIL) char *m* d'assaut; (*depósito*: AUTO) citerne *f*; (: NÁUT) tanker *m*; (: *de agua*) réservoir *m*.

**tantear** [tante'ar] *vt* jauger; (*probar*) essayer ♦ *vi* (DEPORTE) compter les points.

**tanteo** [tan'teo] *nm* (*cálculo*) calcul *m* approximatif; (*prueba*) essai *m*; (DEPORTE) score *m*; (*sondeo*) sondage *m*; **al ~** par tâtonnements.

**tanto, -a** ['tanto, a] *adj* (*cantidad*) tant de, tellement de; (*en comparaciones*) autant de ♦ *adv* tant, autant; (*tiempo*) si longtemps ♦ *nm* (*suma*) quantité *f*; (*proporción*) tant *m*; (*punto*) point *m*; (*gol*) but *m* ♦ *pron*: **cada uno paga ~** chacun paie tant ♦ *suf*: **veintitantos** vingt et quelques; **tiene ~s amigos** il a tellement o tant d'amis; **~ dinero como tú** autant d'argent que toi; **~ gusto** (*al ser presentado*) enchanté(e); **~ que** tellement que; **~ como él** autant que lui; **~ como eso** pas tant que ça; **~ es así que ...** c'est si vrai que ...; **~ más cuanto que ...** d'autant plus que ...; **~ mejor/peor** tant mieux/pis; **~ quejarse para nada** tant de plaintes pour rien; **~ tú como yo** toi autant que moi; **me he vuelto ronco de o con ~ hablar** je me suis enroué à force de parler; **no quiero ~** je n'en veux pas autant; **gasta ~ que ...** il dépense tellement que ...; **~ viene ~** il vient si souvent; **ni ~ así** (*fam*) pas une miette; **ni ~ ni tan calvo** n'exagérons rien; **¡no es para ~!** ce n'est pas si grave!; **¡y ~!** je ne vous o te le fais pas dire!; **en ~ que** pendant que; **entre ~** entre-temps; **por ~, por lo ~** donc, par conséquent; **~ alzado** forfait *m*; **~ por ciento** tant pour cent; **estar al ~** être au courant; **estar al ~ de los acontecimientos** être au courant des événements; **un ~ perezoso** un rien paresseux; **uno de ~s** un parmi d'autres; **he visto ~** j'en ai tellement vu; **a ~s de agosto** tel jour o telle date en août; **cuarenta y ~s** quarante et quelques; **se quedó en el bar hasta las tantas** il est resté au café jusqu'à une heure impossible.

**tapa** ['tapa] *nf* couvercle *m*; (*de libro*) couverture *f*; (*comida*) amuse-gueule *m inv*, tapa *f*; (*de zapato*) semelle *f*; **tapa de los**

sesos boîte f crânienne.

**tapadera** [tapa'ðera] nf couvercle m; (fig) couverture f.

**tapar** [ta'par] vt couvrir; (hueco, ventana) fermer, boucher; (ocultar) dissimuler; (vista) boucher; (AM: dientes) plomber; **taparse** vpr se couvrir.

**tapete** [ta'pete] nm tapis msg; **poner sobre el ~** mettre sur le tapis.

**tapia** ['tapja] nf mur m de pisé; **estar (sordo) como una ~** être sourd comme un pot.

**tapiar** [ta'pjar] vt murer.

**tapicería** [tapiθe'ria] nf tapisserie f; (para muebles) tissu m d'ameublement; (para coches) garniture f.

**tapiz** [ta'piθ] nm tapisserie f.

**tapizar** [tapi'θar] vt (pared) tapisser; (suelo) recouvrir; (muebles) recouvrir.

**tapón** [ta'pon] nm bouchon m; (TEC) bonde f; (MED: de cera) bouchon de cire; **~ de rosca** o **de tuerca** bouchon à vis.

**taquigrafía** [takiɤra'fia] nf sténographie f.

**taquígrafo, -a** [ta'kiɤrafo, a] nm/f sténo m/f.

**taquilla** [ta'kiʎa] nf guichet m; (suma recogida) recette f; (armario) classeur m.

**taquillero, -a** [taki'ʎero, a] adj: **función taquillera** spectacle m qui fait recette ♦ nm/f guichetier(-ère).

**tara** ['tara] nf tare f.

**tarántula** [ta'rantula] nf tarentule f.

**tararear** [tarare'ar] vt fredonner.

**tardar** [tar'ðar] vi (tomar tiempo) mettre longtemps, tarder; (llegar tarde) être en retard; ¿**tarda mucho el tren?** le train arrive bientôt?; **a más ~** au plus tard; **~ en hacer algo** mettre longtemps o tarder à faire qch; **no tardes en venir** ne tarde pas en chemin.

**tarde** ['tarðe] adv tard ♦ nf (de día) après-midi m o f inv; (de noche) soir m; **~ o temprano** tôt ou tard; **de ~ en ~** de temps en temps; ¡**buenas ~s!** (de día) bonjour!; (de noche) bonsoir!; **a** o **por la ~** l'après-midi o le soir; **más ~** plus tard.

**tardío, -a** [tar'ðio, a] adj tardif(-ive).

**tarea** [ta'rea] nf travail m, tâche f; **~s** nfpl (ESCOL) devoirs mpl; **tareas domésticas** travaux mpl domestiques.

**tarifa** [ta'rifa] nf tarif m; **tarifa básica** tarif de base; **tarifa completa** plein tarif; **tarifa doble** tarif double.

**tarima** [ta'rima] nf plate-forme f; (movible) estrade f.

**tarjeta** [tar'xeta] nf carte f; (DEPORTE) carton m; **tarjeta bancaria** carte bancaire; **tarjeta comercial/de visita** carte de visite; **tarjeta de circuitos** circuit m imprimé; **tarjeta gráfica/de multifunción** (INFORM) carte graphique/multifonction; **tarjeta de crédito/de embarque/de transporte** carte de crédit/d'embarquement/de transport; **tarjeta de identificación fiscal** carte d'immatriculation fiscale; **tarjeta postal/de Navidad** carte postale/de Noël; **tarjeta sanitaria** carte d'assuré social; **tarjeta verde** (MÉX) permis m de travail.

**tarro** ['tarro] nm pot m.

**tarta** ['tarta] nf tarte f.

**tartamudear** [tartamuðe'ar] vi bégayer.

**tartamudo, -a** [tarta'muðo, a] adj, nm/f bègue.

**tártaro, -a** ['tartaro, a] adj tartare ♦ nm/f Tartare m/f ♦ nm (QUÍM) tartre m.

**tasa** ['tasa] nf (valoración) évaluation f; (precio) taxe f; (índice) taux msg; (medida) mesure f, règle f; **sin ~** sans mesure; **tasa básica** (COM) taux de base; **tasa de cambio/de interés** taux de change/d'intérêt; **tasa de crecimiento/de natalidad/de rendimiento** taux de croissance/de natalité/de rendement; **tasas académicas** droits mpl d'inscription; **tasas universitarias** droits mpl d'inscription à l'université.

**tasación** [tasa'θjon] nf taxation f.

**tasador, a** [tasa'ðor, a] nm/f taxateur m; (COM) commissaire-priseur m.

**tasar** [ta'sar] vt (fijar el precio) taxer; (valorar) évaluer; (limitar) limiter, rationner; **~ en** évaluer à.

**tasca** ['taska] (fam) nf bistro(t) m.

**tatarabuelo, -a** [tatara'βwelo, a] nm/f trisaïeul(e); **~s** nmpl trisaïeuls mpl.

**tatuaje** [ta'twaxe] nm tatouage m.

**tatuar** [ta'twar] vt tatouer.

**taurino, -a** [tau'rino, a] adj taurin(e).

**Tauro** ['tauro] nm (ASTROL) Taureau m; **ser ~** être (du) Taureau.

**tauromaquia** [tauro'makja] nf tauromachie f.

**taxi** ['taksi] nm taxi m.

**taxista** [tak'sista] nm/f chauffeur m de taxi.

**taza** ['taθa] nf tasse f; (fam: de retrete

cuvette f; ~ **de/para café** tasse de/à café.

**tazón** [ta'θon] nm bol m.

**te** [te] pron te; (delante de vocal) t'; (con imperativo) toi; ¿~ **duele mucho el brazo?** ton bras te fait très mal?, tu as très mal au bras?; ~ **equivocas** tu te trompes; **¡cálmate!** calme-toi!

**té** [te] nm thé m.

**teatral** [tea'tral] adj théâtral(e).

**teatro** [te'atro] nm théâtre m; **hacer ~** (fig) faire du cinéma; **teatro de aficionados/variedades** théâtre d'amateurs/ de variétés; **teatro de la ópera** opéra m.

**tebeo** [te'βeo] nm bande f dessinée, BD f.

**techo** ['tetʃo] nm (tb fig) plafond m; (tejado) toit m; **bajo ~** à l'abri; **tocar ~** plafonner.

**tecla** ['tekla] nf (INFORM, MÚS, TIP) touche f; **tocar muchas ~s** exercer toute son influence; **tecla de anulación/de borrar** touche d'annulation/d'effacement; **tecla de control/de edición** touche de contrôle/de correction; **tecla de control direccional del cursor** touche de déplacement du curseur; **tecla de retorno/de tabulación** touche de retour chariot/de tabulation; **tecla programable** touche programmable.

**teclado** [te'klaðo] nm clavier m; **teclado numérico** (INFORM) clavier numérique.

**teclear** [tekle'ar] vt (piano) tapoter ♦ vi (MÚS: fam) pianoter; (INFORM, TIP) taper.

**técnica** ['teknika] nf technique f; V tb **técnico**.

**técnico, -a** ['tekniko, a] adj technique ♦ nm/f technicien(ne).

**tecnología** [teknolo'xia] nf technologie f; **tecnología de la información/punta** technologie de l'information/de pointe.

**tecnológico, -a** [tekno'loxiko, a] adj technologique.

**tedio** ['teðjo] nm ennui m.

**tedioso, -a** [te'ðjoso, a] adj ennuyeux (-euse).

**teja** ['texa] nf tuile f.

**tejado** [te'xaðo] nm toit m.

**tejemaneje** [texema'nexe] nm (actividad) agitation f; (intriga) manigances fpl.

**tejer** [te'xer] vt tisser; (AM) tricoter; (fig) ourdir ♦ vi: **~ y destejer** faire et défaire.

**tejido** [te'xiðo] nm tissu m.

**tel.** abr (= teléfono) tél. (= téléphone).

**tela** ['tela] nf toile f; (en líquido) peau f;

**¡hay ~ para rato!** (fam) on en a pour un moment!; **poner en ~ de juicio** mettre en doute; **tela de araña** toile d'araignée; **tela metálica** grillage m.

**telar** [te'lar] nm (máquina) métier m à tisser; (de teatro) cintre m; **~es** nmpl (fábrica) usine f textile.

**telaraña** [tela'raɲa] nf toile f d'araignée.

**tele** ['tele] (fam) nf télé f.

**tele...** ['tele] pref télé...

**telebasura** [teleba'sura] (fam) nf télé-poubelle f.

**telecomunicación** [telekomunika'θjon] nf télécommunication f.

**telecontrol** [telekon'trol] nm télécommande f.

**telediario** [tele'ðjarjo] nm journal m télévisé.

**teledifusión** [teleðifu'sjon] nf télédiffusion f.

**teledirigido, -a** [teleðiri'xiðo, a] adj téléguidé(e).

**teléf.** abr (= teléfono) tél. (= téléphone).

**teléferico** [tele'feriko] nm téléphérique m.

**telefonear** [telefone'ar] vt, vi téléphoner.

**telefónico, -a** [tele'foniko, a] adj téléphonique.

**telefonillo** [telefo'niʎo] nm interphone m.

**telefonista** [telefo'nista] nm/f standardiste m/f.

**teléfono** [te'lefono] nm téléphone m; **está hablando por ~** il est au téléphone; **teléfono inalámbrico/móvil/rojo** téléphone sans fil/portable/rouge.

**telegrafía** [televra'fia] nf télégraphie f.

**telégrafo** [te'levrafo] nm télégraphe m.

**telegrama** [tele'vrama] nm télégramme m.

**teleimpresor** [teleimpre'sor] nm téléimprimeur m.

**telenovela** [teleno'βela] nf feuilleton m (populaire).

**telepatía** [telepa'tia] nf télépathie f.

**telescópico, -a** [tele'skopiko, a] adj télescopique.

**telescopio** [tele'skopjo] nm télescope m.

**telesilla** [tele'siʎa] nf télésiège m.

**telespectador, a** [telespekta'ðor, a] nm/f téléspectateur(-trice).

**telesquí** [teles'ki] nm téléski m.

**teletienda** [tele'tjenda] nf télé-achat m.

**teletipo** [tele'tipo] nm téléimprimeur m.

**teletrabajo** [teletra'βaxo] nm télétravail m.

**televentas** [tele'βentas] nfpl télévente f.

**televidente** [teleβi'ðente] nm/f téléspectateur(-trice).

**televisar** [teleβi'sar] vt téléviser.

**televisión** [teleβi'sjon] nf télévision f; **televisión digital** télévision f numérique; **televisión en blanco y negro/en color** télévision en noir et blanc/en couleurs; **televisión por cable/por** o **vía satélite** télévision par câble/par satellite; **televisión privada/pública** télévision privée/publique.

**televisor** [teleβi'sor] nm téléviseur m; **televisor portátil** téléviseur portable.

**télex** ['teleks] nm télex m; **máquina ~ télex; enviar por ~** télexer.

**telón** [te'lon] nm rideau m; **telón de acero** (POL) rideau de fer; **telón de boca/de seguridad** rideau de scène/de fer; **telón de fondo** toile f de fond.

**tema** ['tema] nm thème m, sujet m; (MÚS) thème; (obsesión) marotte f; **~s de actualidad** sujets mpl o thèmes d'actualité.

**temática** [te'matika] nf thématique f.

**temático, -a** [te'matiko, a] adj thématique.

**temblar** [tem'blar] vi trembler.

**temblón, -ona** [tem'blon, ona] adj tremblotant(e).

**temblor** [tem'blor] nm tremblement m; **temblor de tierra** tremblement de terre.

**tembloroso, -a** [temblo'roso, a] adj tremblant(e).

**temer** [te'mer] vt craindre, avoir peur de ♦ vi avoir peur; **temo que Juan llegue tarde** je crains que Juan n'arrive tard; **~ por** avoir peur pour.

**temerario, -a** [teme'rarjo, a] adj téméraire.

**temeridad** [temeri'ðað] nf témérité f; (una temeridad) acte m irréfléchi.

**temeroso, -a** [teme'roso, a] adj craintif (-ive), peureux(-euse); (que inspira temor) redoutable.

**temible** [te'miβle] adj redoutable.

**temor** [te'mor] nm crainte f, peur f.

**témpano** ['tempano] nm (tb: **~ de hielo**) banquise f.

**temperamento** [tempera'mento] nm tempérament m; **tener ~** avoir du tempérament.

**temperatura** [tempera'tura] nf température f.

**tempestad** [tempes'tað] nf tempête f.

**tempestuoso, -a** [tempes'twoso, a] adj orageux(-euse).

**templado, -a** [tem'plaðo, a] adj tempéré(e); (en el comer, beber) modéré(e); (agua) tiède; (nervios) solide, bien trempé(e).

**templanza** [tem'planθa] nf tempérance f; (en el beber) modération f; (del clima) douceur f.

**templar** [tem'plar] vt tempérer, modérer; (agua, brisa) tiédir; (solución) diluer; (MÚS) accorder; (acero) tremper; **templarse** vpr se modérer; (agua, aire) se réchauffer.

**temple** ['temple] nm (humor) humeur f; (serenidad, TEC) trempe f; (MÚS) accord m; (pintura) détrempe f.

**templo** ['templo] nm temple m; (iglesia) église f; **templo metodista** église méthodiste.

**temporada** [tempo'raða] nf période f; (estación, social, DEPORTE) saison f; **en plena ~** en pleine saison; **de ~** saisonnier(-ière).

**temporal** [tempo'ral] adj temporaire; (REL) temporel(le) ♦ nm tempête f.

**tempranero, -a** [tempra'nero, a] adj (BOT) précoce; (persona) matinal(e).

**temprano, -a** [tem'prano, a] adj précoce ♦ adv tôt; (demasiado pronto) trop tôt; **levantarse ~** se lever de bonne heure; **lo más ~ posible** le plus tôt possible.

**ten** [ten] vb V tener.

**tenacidad** [tenaθi'ðað] nf ténacité f.

**tenacillas** [tena'θiʎas] nfpl pincettes fpl; (para rizar) fer m à friser.

**tenaz** [te'naθ] adj résistant(e).

**tenaza(s)** [te'naθa(s)] nf(pl) pince(s) f(pl).

**tendedero** [tende'ðero] nm séchoir m à linge; (cuerda) corde f à linge.

**tendencia** [ten'denθja] nf tendance f; **~ imperante** tendance dominante; **tener ~ a** avoir tendance à; **tendencia del mercado** tendance du marché.

**tendencioso, -a** [tenden'θjoso, a] adj tendancieux(-euse).

**tender** [ten'der] vt étendre; (vía férrea, cable) poser; (cuerda, trampa) tendre ♦ vi: **~ a** tendre à; **tenderse** vpr s'étendre, s'allonger; **~ la cama** (AM) faire le lit; **~ la mesa** (AM) mettre la table; **~ la mano** tendre la main.

**tenderete** [tende'rete] nm (puesto) étalage m.

**tendero, -a** [ten'dero, a] nm/f commerçant(e).

**tendido, -a** [ten'diðo, a] *adj* étendu(e), allongé(e); (*colgado*) accroché(e), pendu(e) ♦ *nm* (*TAUR*) gradins *mpl*; **a galope ~** au triple galop; **tendido eléctrico** ligne *f* électrique.

**tendón** [ten'don] *nm* tendon *m*.

**tendré** *etc* [ten'dre] *vb* V **tener**.

**tenebroso, -a** [tene'βroso, a] *adj* sombre.

**tenedor, a** [tene'ðor, a] *nm/f* détenteur (-trice) ♦ *nm* fourchette *f*; **restaurante de 5 ~es** restaurant *m* cinq étoiles; **tenedor de acciones** actionnaire *m/f*; **tenedor de libros** comptable *m/f*; **tenedor de póliza** assuré(e), détenteur(-trice) d'une police d'assurance.

**tenencia** [te'nenθja] *nf* (*de propiedad*) possession *f*; **~ ilícita de armas/drogas** détention *f* illégale d'armes/de drogue.

┌─────────── PALABRA CLAVE ───────────┐

**tener** [te'ner] *vt* **1** avoir; (*sostener*) tenir; **¿tienes un boli?** tu as un stylo?; **¿dónde tienes el libro?** où as-tu mis le livre?; **va a tener un niño** elle va avoir un enfant; **tiene los ojos azules** il a les yeux bleus; **¡ten!, ¡aquí tienes!** tiens!, voilà!; **¡tenga!, ¡aquí tiene!** tenez!, voilà!

**2** (*edad*) avoir; (*medidas*) faire; **tiene 7 años** il a 7 ans; **tiene 15 cm de largo** cela fait 15 cm de long; *V tb* **calor**; **hambre** *etc*

**3** (*sentimiento, dolor*) avoir; **tener admiración/cariño** avoir de l'admiration/l'affection; **tener miedo** avoir peur; **¿qué tienes, estás enfermo?** qu'est-ce que tu as, tu es malade?

**4** (*considerar*): **lo tengo por brillante** je le considère comme quelqu'un de brillant; **tener en mucho/poco a algn** avoir beaucoup/peu d'estime pour qn; **ten por seguro** sois-en sûr

**5**: **tengo/tenemos que acabar este trabajo hoy** il faut que je finisse/nous finissions ce travail aujourd'hui

**6** (+ *pp* = *pretérito*): **tengo terminada ya la mitad del trabajo** j'ai déjà fait la moitié du travail

**7** (+ *adj*, + *gerundio*): **nos tiene muy contentos/hartos** nous sommes très satisfaits de lui/en avons assez de lui; **me ha tenido tres horas esperando** il m'a fait attendre pendant trois heures

**8**: **las tiene todas consigo** il a tout pour lui

**tenerse** *vpr* **1**: **tenerse en pie** se tenir debout

**2**: **tenerse por** se croire; **se tiene por muy listo** il se croit très intelligent.

└──────────────────────────────────────┘

**tenga** *etc* ['tenga] *vb* V **tener**.

**tenia** ['tenja] *nf* ténia *m*.

**teniente** [te'njente] *nm* lieutenant *m*; **teniente alcalde** adjoint *m* au maire; **teniente coronel** lieutenant colonel.

**tenis** ['tenis] *nm* tennis *msg*; **tenis de mesa** tennis de table, ping-pong *m*.

**tenista** [te'nista] *nm/f* joueur(-euse) de tennis.

**tenor** [te'nor] *nm* (*sentido*) teneur *f*; (*MÚS*) ténor *m*; **a ~ de** d'après.

**tensar** [ten'sar] *vt* tendre; (*arco*) bander.

**tensión** [ten'sjon] *nf* tension *f*; **de alta ~** (*ELEC*) haute tension; **en ~** tendu(e); **tener la ~ alta** avoir de la tension; **tensión arterial** tension artérielle.

**tenso, -a** ['tenso, a] *adj* tendu(e).

**tentación** [tenta'θjon] *nf* tentation *f*.

**tentáculo** [ten'takulo] *nm* tentacule *m*.

**tentador, a** [tenta'ðor, a] *adj* tentant(e); (*gesto*) tentateur(-trice) ♦ *nm/f* tentateur (-trice).

**tentar** [ten'tar] *vt* tenter; (*palpar, MED*) tâter; (*incitar*) inciter.

**tentativa** [tenta'tiβa] *nf* tentative *f*.

**tentempié** [tentem'pje] (*fam*) *nm* cassecroûte *m inv*.

**tenue** ['tenwe] *adj* (*hilo*) mince; (*luz*) faible; (*sonido, vínculo*) ténu(e); (*neblina*) léger (-ère).

**teñir** [te'ɲir] *vt* teindre; (*fig*) teinter; **~se el pelo** se (faire) teindre les cheveux.

**teología** [teolo'xia] *nf* théologie *f*.

**teorema** [teo'rema] *nm* théorème *m*.

**teoría** [teo'ria] *nf* théorie *f*; **en ~** en principe.

**teóricamente** [teorika'mente] *adv* théoriquement.

**teórico, -a** [te'oriko, a] *adj* théorique ♦ *nm/f* théoricien(ne).

**teorizar** [teori'θar] *vi* théoriser.

**tequila** [te'kila] *nf* tequila *f*.

**terapéutico, -a** [tera'peutiko, a] *adj* thérapeutique.

**terapia** [te'rapja] *nf* thérapie *f*; **terapia laboral** ergothérapie *f*.

**tercer** [ter'θer] *adj* V **tercero**.

**tercermundista** [terθermun'dista] *adj* tiers-mondiste.

**tercero, -a** [ter'θero, a] *adj* (*delante de nmsg:* **tercer**) troisième ♦ *nm* (*mediador*) tiers *msg*, tierce personne *f*; (*JUR*) tiers.

**terceto** [ter'θeto] *nm* (*MÚS*) trio *m*.

**terciar** [ter'θjar] *vt* (*bolsa etc*) mettre en bandoulière ♦ *vi* intervenir; **terciarse** *vpr* se présenter; **si se tercia** à l'occasion.

**terciario, -a** [ter'θjarjo, a] *adj* tertiaire.

**tercio** ['terθjo] *nm* tiers *msg*.

**terciopelo** [terθjo'pelo] *nm* velours *msg*.

**terco, -a** ['terko, a] *adj* têtu(e).

**tergal** ® [ter'ɣal] *nm* tergal ® *m*.

**tergiversar** [terxiβer'sar] *vt* déformer.

**termal** [ter'mal] *adj* thermal(e).

**termas** ['termas] *nfpl* thermes *mpl*.

**terminación** [termina'θjon] *nf* extrémité *f*; (*finalización*) achèvement *m*.

**terminal** [termi'nal] *adj* terminal(e); (*enfermo*) en phase terminale ♦ *nm* (*ELEC*) borne *f*; (*INFORM*) terminal *m* ♦ *nf* (*AVIAT*) aérogare *f*; (*FERRO*) terminus *msg*; **terminal de pantalla** écran *m* de visualisation.

**terminante** [termi'nante] *adj* catégorique; (*decisión*) final(e).

**terminantemente** [terminante'mente] *adv* catégoriquement.

**terminar** [termi'nar] *vt* finir, terminer ♦ *vi* finir; **terminarse** *vpr* finir; **~ por hacer algo** finir par faire qch; **~ en** finir en; **se ha terminado la leche** il n'y a plus de lait.

**término** ['termino] *nm* terme *m*, fin *f*; (*parada*) terminus *msg*; (*límite: de espacio*) bout *m*; **~s** *nmpl* (*COM*) termes *mpl*; **~ medio** moyenne *f*; **en otros ~s** en d'autres termes; **en último ~** en dernier recours; **estar en buenos/malos ~s (con algn)** être en bons/mauvais termes (avec qn); **en ~s de** en termes de; **en ~s claros** en clair; **según los ~s del contrato** selon les termes du contrat.

**terminología** [terminolo'xia] *nf* terminologie *f*.

**termo** ® ['termo] *nm* thermos ® *m o f*.

**termodinámico, -a** [termoði'namiko, a] *adj* thermodynamique.

**termómetro** [ter'mometro] *nm* thermomètre *m*.

**termonuclear** [termonukle'ar] *adj* thermonucléaire.

**termos** ® ['termos] *nm* thermos ® *m o f*.

**termostato** [termos'tato] *nm* thermostat *m*.

**ternero, -a** [ter'nero, a] *nm/f* veau (génisse).

**ternura** [ter'nura] *nf* tendresse *f*.

**terquedad** [terke'ðað] *nf* entêtement *m*.

**terrado** [te'rraðo] *nm* terrasse *f*.

**terraplén** [terra'plen] *nm* terre-plein *m*; (*cuesta*) renflement *m*.

**terrateniente** [terrate'njente] *nm* propriétaire *m* terrien.

**terraza** [te'rraθa] *nf* terrasse *f*.

**terremoto** [terre'moto] *nm* tremblement *m* de terre.

**terrenal** [terre'nal] *adj* terrestre.

**terreno, -a** [te'rreno, a] *adj* terrien(ne) ♦ *nm* terrain *m*; **sobre el ~** sur le terrain; **ceder/perder ~** céder du/perdre du terrain; **preparar el ~ (a)** préparer le terrain (pour); **terreno de juego** terrain de jeu.

**terrestre** [te'rrestre] *adj* terrestre; (*ruta*) intérieur(e).

**terrible** [te'rriβle] *adj* terrible.

**territorio** [terri'torjo] *nm* territoire *m*; **~ bajo mandato** territoire sous mandat.

**terrón** [te'rron] *nm* (*de azúcar*) morceau *m*; (*de tierra*) motte *f*; **terrones** *nmpl* (*AGR*) terres *fpl*.

**terror** [te'rror] *nm* terreur *f*.

**terrorífico, -a** [terro'rifiko, a] *adj* terrifiant(e).

**terrorismo** [terro'rismo] *nm* terrorisme *m*.

**terrorista** [terro'rista] *adj, nm/f* terroriste *m/f*.

**terso, -a** ['terso, a] *adj* lisse.

**tersura** [ter'sura] *nf* douceur *f*.

**tertulia** [ter'tulja] *nf* cercle *m*; (*sala*) arrière-salle *f*; **tertulia literaria** cercle littéraire.

**tesis** ['tesis] *nf inv* thèse *f*.

**tesón** [te'son] *nm* (*firmeza*) acharnement *m*; (*tenacidad*) persévérance *f*.

**tesorero, -a** [teso'rero, a] *nm/f* trésorier (-ière).

**tesoro** [te'soro] *nm* trésor *m*; **¡mi ~!** (*fam*) mon trésor!; **Tesoro público** Trésor public.

**test** [tes(t)] *nm* test *m*.

**testaferro** [testa'ferro] *nm* prête-nom *m*.

**testamentario, -a** [testamen'tarjo, a] *adj* testamentaire ♦ *nm/f* (*JUR*) exécuteur(-trice) testamentaire.

**testamento** [testa'mento] *nm* testament

*m*; **Nuevo/Antiguo T~** Nouveau/Ancien Testament.

**testar** [tes'tar] *vi* tester, faire son testament.

**testarudo, -a** [testa'ruðo, a] *adj* entêté(e).

**testículo** [tes'tikulo] *nm* testicule *m*.

**testificar** [testifi'kar] *vt, vi* témoigner.

**testigo** [tes'tixo] *nm/f* témoin *m*; **poner a algn por ~** citer qn comme témoin; **testigo de cargo/de descargo** témoin à charge/à décharge; **testigo ocular** témoin oculaire.

**testimoniar** [testimo'njar] *vt* témoigner de.

**testimonio** [testi'monjo] *nm* témoignage *m*; **en ~ de** en témoignage de; **falso ~** faux témoignage.

**teta** ['teta] *nf (fam)* téton *m*, nichon *m*; **niño de ~** nourrisson *m*.

**tétanos** ['tetanos] *nmsg* tétanos *msg*.

**tetera** [te'tera] *nf* théière *f*.

**tetrabrik** ® [tetra'brik] *nm inv* Tetra Brik ® *m*.

**tétrico, -a** ['tetriko, a] *adj* sombre.

**textil** [teks'til] *adj* textile; **~es** *nmpl* textiles *mpl*.

**texto** ['teksto] *nm* texte *m*.

**textual** [teks'twal] *adj* textuel(le); **son sus palabras ~es** c'est ce qu'il a dit textuellement.

**textura** [teks'tura] *nf (de tejido)* tissage *m*; *(estructura)* texture *f*.

**tez** [teθ] *nf (cutis)* peau *f*; *(color)* teint *m*.

**tfno.** *abr (= teléfono)* tél. *(= téléphone)*.

**ti** [ti] *pron* toi.

**tía** ['tia] *nf* tante *f*; *(fam)* bonne femme *f*, nana *f*; *(: vieja)* mère *f*.

**tibieza** [ti'βjeθa] *nf* tiédeur *f*.

**tibio, -a** ['tiβjo, a] *adj* tiède.

**tiburón** [tiβu'ron] *nm* requin *m*.

**tic** [tik] *nm* tic *m*.

**tictac** [tik'tak] *nm* tic-tac *m inv*.

**tiempo** ['tjempo] *nm* temps *msg*; **a ~ à** temps; **a un** o **al mismo ~** en même temps; **a su ~** en temps utile; **al poco ~** peu après; **andando el ~** avec le temps; **cada cierto ~** de temps à autre; **con ~ à** temps; **con el ~ à** la longue; **de ~ en ~** de temps en temps; **de todos los ~s** de tous les temps; **de un ~ a esta parte** depuis quelque temps; **en mis ~s** de mon temps; **en los buenos ~s** au bon vieux temps; **ganar ~** gagner du temps; **hace buen/mal ~** il fait beau/mauvais temps; **matar**

**el ~** tuer le temps; **hace ~** il y a quelque temps; **hacer ~** passer le temps; **perder el ~** perdre du temps; **tener ~** avoir le temps; **¿qué ~ tiene?** quel âge a-t-il?; **motor de 2 ~s** moteur *m* deux temps; **a ~ parcial** à temps partiel; **en ~ real** *(IN-FORM)* en temps réel; **tiempo compartido/de ejecución/máquina** *(INFORM)* temps partagé/d'exécution/machine; **tiempo de paro** *(COM)* temps mort; **tiempo inactivo** *(COM)* durée *f* d'immobilisation; **tiempo libre** temps libre; **tiempo muerto** *(DEPORTE, fig)* temps mort; **tiempo preferencial** *(COM)* heures *fpl* de grande écoute.

**tienda** ['tjenda] *vb V* tender ♦ *nf* magasin *m*; *(NÁUT)* taud *m*; **tienda de campaña** tente *f*.

**tiene** *etc* ['tjene] *vb V* tener.

**tienta** ['tjenta] *nf (MED)* sonde *f*; **andar a ~s** avancer à tâtons.

**tiento** ['tjento] *vb V* tentar ♦ *nm* tact *m*; *(precaución)* prudence *f*; **con ~** avec prudence.

**tierno, -a** ['tjerno, a] *adj* tendre; *(reciente)* jeune.

**tierra** ['tjerra] *nf* terre *f*; *(país)* pays *msg*; **~ adentro** à l'intérieur des terres; **echar/tirar por ~** réduire à néant; **echar ~ a un asunto** tirer le rideau sur un sujet; **no es de estas ~s** il n'est pas d'ici; **tierra firme** terre ferme; **tierra natal** pays natal; **la Tierra Santa** la Terre sainte.

**tieso, -a** ['tjeso, a] *adj (rígido)* raide; *(erguido)* droit(e); *(serio)* froid(e); *(fam: orgulloso)* fier(-ère); **dejar ~ a algn** *(fam: matar)* refroidir qn; *(: sorprender)* laisser qn pantois(e).

**tiesto** ['tjesto] *nm* pot *m* de fleurs.

**tifoidea** [tifoi'ðea] *nf* typhoïde *f*.

**tifón** [ti'fon] *nm* typhon *m*.

**tifus** ['tifus] *nm* typhus *msg*; **tifus ictericides** fièvre *f* jaune.

**tigre** ['tixre] *nm* tigre *m*; *(AM)* jaguar *m*.

**tijera** [ti'xera] *nf (tb: ~s)* ciseaux *mpl*; *(: para plantas)* sécateur *m*; **de ~** pliant(e); **unas ~s** une paire de ciseaux.

**tijeretear** [tixerete'ar] *vt* découper.

**tildar** [til'dar] *vt*: **~ de** traiter de.

**tilde** ['tilde] *nf (defecto)* défaut *m*; *(TIP)* tilde *m*.

**tilín** [ti'lin] *nm* drelin *m*; **hacer ~ a algn** *(fam)* plaire à qn.

**timar** [ti'mar] vt (*dinero*) escroquer; (*persona, fig*) rouler, escroquer.

**timbal** [tim'bal] nm (*MÚS*) timbale f.

**timbrar** [tim'brar] vt timbrer.

**timbre** ['timbre] nm (*MÚS, sello*) timbre m; (*de estampar*) cachet m; (*de puerta*) sonnette f; (*tono*) sonnerie f.

**timidez** [timi'ðeθ] nf timidité f.

**tímido, -a** ['timiðo, a] adj timide.

**timo** ['timo] nm escroquerie f; **dar un ~ a algn** escroquer qn.

**timón** [ti'mon] nm (*NÁUT*) gouvernail m; (*AM: AUTO*) volant m; **coger el ~** prendre les rênes.

**timonel** [timo'nel] nm (*NÁUT*) timonier m.

**tímpano** ['timpano] nm (*ANAT*) tympan m; (*MÚS*) tympanon m.

**tina** ['tina] nf cuve f; (*esp AM*) baignoire f.

**tinaja** [ti'naxa] nf jarre f.

**tinglado** [tin'glaðo] nm (*cobertizo*) hangar m; (*fig*) ruse f; **armar un ~** faire des histoires.

**tinieblas** [ti'njeβlas] nfpl ténèbres fpl; **estar en ~** (*fig*) être dans le brouillard.

**tino** ['tino] nm adresse f; (*juicio*) doigté m; (*moderación*) retenue f; **sin ~** maladroitement; (*sin moderación*) sans retenue.

**tinta** ['tinta] nf encre f; (*TEC*) teinture f; (*ARTE*) couleur f; **~s** nfpl (*matices*) tons mpl; **sudar ~** trimer, suer sang et eau; **medias ~s** demi-mesures fpl; **(re)cargar las ~s** en rajouter; **saber algo de buena ~** savoir qch de source sûre; **tinta china** encre de chine.

**tinte** ['tinte] nm teinture f; (*tintorería*) teinturerie f; (*matiz*) teinte f; (*apariencia*) allure f.

**tintero** [tin'tero] nm encrier m; **se le quedó en el ~** il a complètement oublié.

**tintinear** [tintine'ar] vi (*cascabel*) tintinnabuler; (*campana*) tinter.

**tinto, -a** ['tinto, a] adj (*teñido*) teint(e); (*manchado*) taché(e); (*vino*) rouge ♦ nm rouge m; (*COL*) café m noir.

**tintorería** [tintore'ria] nf teinturerie f.

**tintura** [tin'tura] nf teinture f; **tintura de iodo** teinture d'iode.

**tío** ['tio] nm oncle m; (*fam: viejo*) père m; (*: individuo*) type m, mec m.

**tiovivo** [tio'βiβo] nm manège m, chevaux mpl de bois.

**típico, -a** ['tipiko, a] adj typique; (*traje*) régional.

**tipo** ['tipo] nm type m; (*ANAT*) physique m; (*:*

de mujer) silhouette f; (*TIP*) caractère m; **jugarse el ~** risquer sa peau; **tipo a término** (*COM*) cotation f à terme; **tipo bancario/de cambio/de descuento/de interés** taux msg bancaire/de change/d'escompte/d'intérêt; **tipo base** (*COM*) taux de base; **tipo de interés vigente** (*COM*) taux d'intérêt en vigueur; **tipo de letra** police f de caractères.

**tipografía** [tipoɣra'fia] nf typographie f; (*lugar*) imprimerie f.

**tipográfico, -a** [tipo'ɣrafiko, a] adj typographique.

**tique** ['tike] nm, **tíquet** ['tike(t)] (*pl ~s*) ♦ nm ticket m; (*en tienda*) ticket m de caisse.

**tira** ['tira] nf (*cinta*) bande f ♦ nm: **~ y afloja** tiraillements mpl; **tiene la ~ de cosas** (*fam*) il a vachement de trucs; **hace la ~ de tiempo** il y a vachement longtemps; **tira cómica** bande dessinée; **tira de cuero** lanière f.

**tirabuzón** [tiraβu'θon] nm tire-bouchon m; (*rizo*) boucle f.

**tirachinas** nm inv lance-pierre m.

**tirada** [ti'raða] nf lancer m, jet m; (*distancia*) trotte f; (*serie*) tirade f; (*TIP*) tirage m; **de una ~** d'une traite.

**tirado, -a** [ti'raðo, a] adj (*fam: barato*) bon marché; (*: fácil*) facile; **está ~** c'est fastoche.

**tirador, a** [tira'ðor, a] nm/f tireur(-euse) ♦ nm (*mango*) poignée f; (*ELEC*) cordon m; **~es** nmpl (*CSUR*) bretelles fpl; **~ certero** tireur d'élite.

**tiralíneas** [tira'lineas] nm inv tire-ligne m.

**tiranía** [tira'nia] nf tyrannie f.

**tirano, -a** [ti'rano, a] nm/f tyran m.

**tirante** [ti'rante] adj tendu(e) ♦ nm (*de vestido*) bretelle f; (*ARQ*) traverse f; (*TEC*) étai m; **~s** nmpl bretelles fpl.

**tirantez** [tiran'teθ] nf tension f.

**tirar** [ti'rar] vt jeter, lancer; (*volcar*) renverser; (*derribar*) abattre, démolir; (*cohete, bomba*) lancer; (*desechar*) jeter; (*dinero*) dilapider; (*imprimir, tirador*) tirer; (*golpe*) décocher ♦ vi tirer; (*fig*) attirer; (*interesar*) plaire; (*fam: andar*) aller; (*tender*) tendre; **tirarse** vpr (*abalanzarse*) se lancer; (*tumbarse*) se jeter; (*fam!*) tirer, sauter; **~ abajo** descendre; **tira a su padre** il tient de son père; **~ a algn de la lengua** tirer la langue à qn; **~ de algo** tirer qch; **ir tirando**

aller comme ci comme ça; **~ a la derecha**
tourner à droite; **a todo ~** tout au plus; **se
tiró toda la mañana hablando** il a passé
toute la matinée à parler.

**tirita** [ti'rita] *nf* pansement *m* (adhésif).

**tiritar** [tiri'tar] *vi* grelotter.

**tiro** ['tiro] *nm* tir *m*; *(herida)* balle *f*; *(TENIS,
GOLF)* drive *m*; *(alcance)* portée *f*; *(de escalera)* marche *f*; *(de chimenea)* tirage *m*; *(de
pantalón)* entrejambes *msg*; **caballo de ~**
cheval *m* de trait; **andar de ~s largos** être
tiré(e) à quatre épingles; **al ~** *(CHI)* tout de
suite; **me sentó como un ~** *(fam)* ça m'a
fait un choc; **a ~ de piedra** à un jet de
pierre; **se pegó un ~** il s'est tiré une balle
dans la tête; **le salió el ~ por la culata** ça
s'est retourné contre lui; **de a ~** *(AM: fam)*
complètement; **tiro al arco/al blanco** tir
à l'arc/à blanc; **tiro de gracia** coup *m* de
grâce; **tiro libre** coup franc.

**tirón** [ti'ron] *nm* coup *m*; *(muscular)* crampe *f*; *(fam: de bolso)* vol *m* à la tire; **de un
~** d'un trait; **dar un ~ a** arracher.

**tiroteo** [tiro'teo] *nm (disparos)* fusillade *f*;
*(escaramuza)* échange *m* de coups de feu.

**tísico, -a** ['tisiko, a] *adj, nm/f* phtisique
*m/f*.

**tisis** ['tisis] *nf* phtisie *f*.

**títere** ['titere] *nm* marionnette *f*; **no dejar
~ con cabeza** tout mettre sens dessus-
dessous; **gobierno ~** gouvernement *m*
fantoche.

**titiritero, -a** [titiri'tero, a] *nm/f* marionnet-
tiste *m/f*; *(acróbata)* acrobate *m/f*.

**titubeante** [tituβe'ante] *adj (indeciso)* hési-
tant(e); *(inestable)* vacillant(e).

**titubear** [tituβe'ar] *vi (dudar)* hésiter; *(moverse)* vaciller.

**titubeo** [titu'βeo] *nm* hésitation *f*.

**titulado, -a** [titu'laðo, a] *pp de* **titular**
♦ *nm/f* diplômé(e).

**titular** [titu'lar] *adj* titulaire ♦ *nm/f (de cargo)* titulaire *m/f* ♦ *nm* titre *m* ♦ *vt* intituler;
**titularse** *vpr* s'intituler; *(UNIV)* obtenir son
diplôme.

**título** ['titulo] *nm* titre *m*; *(COM)* valeur *f*; *(ES-
COL)* diplôme *m*; **a ~ de** à titre de; *(en calidad de)* en qualité de; **a ~ de curiosidad**
par curiosité; **títulos convertibles de interés fijo** titres *mpl* de créances convertibles; **título de propiedad** titre de propriété.

**tiza** ['tiθa] *nf* craie *f*; **una ~** une craie.

**tiznar** [tiθ'nar] *vt* souiller.

**tizo** ['tiθo], **tizón** [ti'θon] *nm* tison *m*.

**toalla** [to'aʎa] *nf* serviette *f*; **arrojar la ~**
baisser les bras.

**tobillo** [to'βiʎo] *nm* cheville *f*.

**tobogán** [toβo'ɣan] *nm (rampa)* toboggan
*m*; *(trineo)* luge *f*.

**tocadiscos** [toka'ðiskos] *nm inv* tourne-
disques *m inv*.

**tocado, -a** [to'kaðo, a] *adj (fruta)* abîmé(e)
♦ *nm* coiffure *f*; **estar ~ de la cabeza**
*(fam)* être toqué(e).

**tocador** [toka'ðor] *nm (mueble)* coiffeuse *f*;
*(cuarto)* cabinet *m* de toilette; *(: público)*
toilettes *fpl* pour dames.

**tocante** [to'kante]: **~ a** *prep* touchant à; **en
lo ~ a** pour ce qui concerne.

**tocar** [to'kar] *vt* toucher; *(timbre)* tirer;
*(MÚS)* jouer de; *(campana)* (faire) sonner;
*(tambor)* battre; *(topar con)* heurter; *(referirse a)* aborder; *(fam: modificar)* toucher ♦
*vi (a la puerta)* frapper; *(ser de turno)*
être le tour de; *(atañer)* concerner; **tocarse** *vpr* se toucher; *(cubrirse la cabeza)* se
coiffer; **le toca a él hacerlo** c'est à lui de
le faire; **~ de cerca** toucher de près; **~ en**
*(NÁUT)* faire escale à; **le ha tocado la lotería** il a décroché le gros lot; **ahora nos
toca postre** c'est le moment de manger
le dessert; **por lo que a mí me toca** en ce
qui me concerne; **esto toca en la locura**
cela frise la folie.

**tocayo, -a** [to'kajo, a] *nm/f* homonyme
*m/f*.

**tocino** [to'θino] *nm* lard *m*; **tocino de cielo** pâtisserie à base de jaune d'œuf et de sirop.

**todavía** [toða'βia] *adv* encore; *(en frases
afirmativas o con énfasis)* toujours; **~ más**
encore plus; **~ no** pas encore; **~ en 1970**
encore en 1970; **no ha llegado ~** il n'est
pas encore arrivé; **está lloviendo ~** il
pleut toujours.

---

PALABRA CLAVE

**todo, -a** ['toðo, a] *adj* **1** *(sg)* tout(e); **toda
la noche** toute la nuit; **todo el libro** tout
le livre; **toda una botella** toute une bouteille; **todo lo contrario** tout le contraire;
**está toda sucia** elle est toute sale; **a toda
prisa** à toute vitesse; **a todo esto** *(mientras tanto)* pendant ce temps-là; *(a propósito)* à propos; **soy todo oídos** je suis tout

ouïe; **es todo un hombre** c'est un vrai homme

**2** (*pl*) tous(toutes); **todos vosotros** vous tous; **todos los libros** tous les livres; **todas las noches** toutes les nuits; **todos los que quieran salir** tous ceux qui veulent sortir

**3** (*negativo*): **en todo el día** de (toute) la journée; **no he dormido en toda la noche** je n'ai pas dormi de la nuit

♦ *pron* **1** tout; **todos(-as)**, tous(toutes); **lo sabemos todo** nous savons tout; **todo o nada** tout ou rien; **vino a buscarme con coche y todo** il est venu me chercher, et en voiture avec ça; **todos querían ir** ils voulaient tous s'en aller; **nos marchamos todos** nous partons tous; **arriba del todo** tout en haut; **no me agrada del todo** ça ne me satisfait pas entièrement

**2**: **con todo**: **con todo, él me sigue gustando** malgré tout, il me plaît toujours

♦ *adv* tout; **vaya todo seguido** allez tout droit

♦ *nm*: **como un todo** comme un tout.

**todopoderoso, -a** [toðopoðe'roso, a] *adj* tout(e)-puissant(e).

**toga** ['toɣa] *nf* robe *f*.

**Tokio** ['tokjo] *n* Tokyo.

**toldo** ['toldo] *nm* (*para el sol*) parasol *m*; (*tienda*) marquise *f*.

**tolerancia** [tole'ranθja] *nf* tolérance *f*.

**tolerar** [tole'rar] *vt* tolérer.

**toma** ['toma] *nf* prise *f*; **toma de conciencia** prise de conscience; **toma de posesión** prise de possession; **toma de tierra** (*AVIAT*) atterrissage *m*; (*ELEC*) prise de terre.

**tomar** [to'mar] *vt* prendre ♦ *vi* prendre; (*AM*) boire; **tomarse** *vpr* prendre; **¡toma!** tiens!; ~ **la temperatura** prendre la température; ~ **cariño a algn** se prendre d'affection pour qn; ~ **el sol** prendre le soleil; ~ **(buena) nota de algo** prendre (bonne) note de qch; **tome la calle de la derecha** prenez la rue de droite; **¿qué tomas?** qu'est-ce que tu prends?; **no tomó bien la broma** il a mal pris la plaisanterie; ~ **asiento** prendre place; ~ **a bien/a mal** prendre bien/mal; ~ **en serio** prendre au sérieux; ~ **el pelo a algn** taquiner qn; ~**la con algn** s'en prendre à qn; ~ **por escrito** prendre par écrit; **¿por quién me tomas?** pour qui tu me prends?; **toma y daca** un

prêté pour un rendu; **¡vete a ~ por culo!** (*fam!*) va te faire enculer! (*fam!*); ~**se por** se prendre pour.

**tomate** [to'mate] *nm* tomate *f*.

**tomavistas** [toma'βistas] *nm inv* caméra *f*.

**tomillo** [to'miʎo] *nm* thym *m*.

**tomo** ['tomo] *nm* tome *m*; **de ~ y lomo** de taille.

**ton** [ton] *abr* (= *tonelada*) t (= *tonne*).

**tonada** [to'naða] *nf* air *m*.

**tonalidad** [tonali'ðað] *nf* tonalité *f*.

**tonel** [to'nel] *nm* tonneau *m*.

**tonelada** [tone'laða] *nf* tonne *f*; **tonelada métrica** tonne.

**tonelaje** [tone'laxe] *nm* tonnage *m*.

**tónica** ['tonika] *nf* (*bebida*) tonic *m*; (*tendencia*) tendance *f*.

**tónico, -a** ['toniko, a] *adj* tonique ♦ *nm* (*MED*) remontant *m*.

**tonificar** [tonifi'kar] *vt* tonifier.

**tono** ['tono] *nm* ton *m*; **fuera de ~** hors de propos; **darse ~** se donner de grands airs; **estar a ~** être en harmonie; **tono de marcar** (*TELEC*) tonalité *f*.

**tontería** [tonte'ria] *nf* sottise *f*, bêtise *f*.

**tonto, -a** ['tonto, a] *adj* bête, idiot(e) ♦ *nm/f* idiot(e), sot(sotte); (*payaso*) idiot(e); **a tontas y a locas** à tort et à travers; **hacer el ~** faire l'idiot; **hacerse el ~** faire l'ignorant; **estar ~ con algo** être entiché(e) de qch.

**topar** [to'par] *vi*: ~ **con** tomber sur; ~ **contra** o **en** buter contre; **toparse** *vpr*: ~**se con** tomber sur.

**tope** ['tope] *adj* limite ♦ *nm* limite *f*; (*obstáculo*) difficulté *f*; (*de puerta*) butoir *m*; (*FERRO*) tampon *m*; (*de mecanismo*) butée *f*; (*MÉX: AUTO*) ralentisseur *m*; **a ~** (*fam: aprovechar, acelerar*) à fond; (: *música*) à plein volume; **a** o **hasta los ~s** plein(e) à ras bord; **fecha ~** date *f* limite; **precio/sueldo ~** prix *m*/salaire *m* maximum; **tope de tabulación** tabulateur *m*.

**tópico, -a** ['topiko, a] *adj* rebattu(e); (*MED*) externe ♦ *nm* (*pey*) cliché *m*; **de uso ~** à usage externe.

**topo** ['topo] *nm* taupe *f*.

**topografía** [topoɣra'fia] *nf* topographie *f*.

**topógrafo, -a** [to'poɣrafo, a] *nm/f* topographe *m/f*; (*agrimensor*) arpenteur *m/f*.

**toque** ['toke] *vb* V **tocar** ♦ *nm* (*de mano, pincel*) coup *m*; (*MÚS*) sonnerie *f*; (*matiz*) touche *f*; (*retoque*) retouche *f*; **dar un ~**

passer un coup de fil à; (*advertir*) donner un avertissement à; **dar el último ~ a** mettre la dernière touche à; **toque de diana** sonnerie de clairon; **toque de queda** couvre-feu *m*.

**toquetear** [tokete'ar] *vt* tripoter; (*fam!*) peloter.

**toquilla** [to'kiʎa] *nf* châle *m*.

**tórax** ['toraks] *nm* thorax *msg*.

**torbellino** [torbe'ʎino] *nm* tourbillon *m*; (*fig*) tornade *f*.

**torcedura** [torθe'ðura] *nf* torsion *f*.

**torcer** [tor'θer] *vt* tordre; (*inclinar*) pencher; (*persona*) corrompre; (*sentido*) déformer ♦ *vi* (*cambiar de dirección*) tourner; **torcerse** *vpr* se tordre; (*inclinarse*) pencher; (*desviarse*) dévier; (*fracasar*) se gâter; **~ la esquina** tourner au coin de la rue; **~ el gesto** se renfrogner; **el coche torció a la derecha** l'auto a viré à droite; **~se un pie** se tordre le pied; **se han torcido las cosas** les choses se sont gâtées.

**torcido, -a** [tor'θiðo, a] *adj* tordu(e); (*cuadro*) penché(e); (*intención, persona*) louche.

**tordo, -a** ['torðo, a] *adj* (*caballo*) pommelé(e) ♦ *nm* étourneau *m*.

**torear** [tore'ar] *vt* (*toro*) combattre; (*evitar*) esquiver ♦ *vi* toréer.

**toreo** [to'reo] *nm* tauromachie *f*.

**torero, -a** [to'rero, a] *nm/f* torero *m*.

**tormenta** [tor'menta] *nf* tempête *f*, orage *m*; (*fig*) orage; **una ~ en un vaso de agua** une tempête dans un verre d'eau.

**tormento** [tor'mento] *nm* torture *f*; (*fig*) tourment *m*.

**tornado** [tor'naðo] *nm* tornade *f*.

**tornar** [tor'nar] *vt* (*devolver*) rendre; (*transformar*) transformer ♦ *vi* revenir; **tornarse** *vpr* (*ponerse*) devenir; (*volver*) revenir; **~ a hacer** recommencer à faire.

**tornasolado, -a** [tornaso'laðo, a] *adj* (*tela*) chatoyant(e); (*mar, superficie*) irisé(e).

**torneo** [tor'neo] *nm* tournoi *m*.

**tornillo** [tor'niʎo] *nm* vis *fsg*; **apretar los ~s a algn** serrer la vis à qn; **le falta un ~** (*fam*) il lui manque une case.

**torniquete** [torni'kete] *nm* tourniquet *m*.

**torno** ['torno] *nm* (*TEC: grúa*) treuil *m*; (: *de carpintero, alfarero*) tour *m*; **en ~ a** autour de; **torno de banco** étau *m*.

**toro** ['toro] *nm* taureau *m*; (*fam*) malabar *m*; **los ~s** *nmpl* (*fiesta*) la corrida.

**toronja** [to'ronxa] *nf* pamplemousse *m*.

**torpe** ['torpe] *adj* maladroit(e); (*necio*) abruti(e); (*lento*) lent(e).

**torpedo** [tor'peðo] *nm* torpille *f*.

**torpeza** [tor'peθa] *nf* maladresse *f*; (*lentitud*) lenteur *f*.

**torre** ['torre] *nf* tour *f*; (MIL, NÁUT) tourelle *f*; **torre de conducción eléctrica** pylône *m* électrique; **torre de control** tour de contrôle; **torre de marfil** tour d'ivoire; **torre de perforación** foreuse *f*.

**torrente** [to'rrente] *nm* torrent *m*.

**tórrido, -a** ['torriðo, a] *adj* torride.

**torrija** [to'rrixa] *nf* pain *m* perdu.

**torsión** [tor'sjon] *nf* torsion *f*.

**torso** ['torso] *nm* torse *m*.

**torta** ['torta] *nf* tarte *f*; (MÉX) omelette *f*; (*fam*) baffe *f*; **ni ~** rien du tout, goutte.

**tortícolis** [tor'tikolis] *nf o nm inv* torticolis *msg*.

**tortilla** [tor'tiʎa] *nf* omelette *f*; (AM) crêpe *f* de maïs; **ha cambiado o vuelto la ~** le vent a tourné; **tortilla española/francesa** tortilla *f*/omelette *f*.

**tórtola** ['tortola] *nf* tourterelle *f*.

**tortuga** [tor'tuɣa] *nf* tortue *f*; **tortuga marina** tortue de mer.

**tortuoso, -a** [tor'twoso, a] *adj* tortueux (-ueuse).

**tortura** [tor'tura] *nf* torture *f*.

**torturar** [tortu'rar] *vt* torturer; **torturarse** *vpr* se torturer.

**tos** [tos] *nf* toux *fsg*; **tos ferina** coqueluche *f*.

**tosco, -a** ['tosko, a] *adj* (*material*) brut(e); (*artesanía*) grossier(-ière); (*sin refinar*) rustre, grossier(-ière).

**toser** [to'ser] *vi* tousser; **no hay quien le tosa** il ne se prend pas pour n'importe qui.

**tostada** [tos'taða] *nf* pain *m* grillé, toast *m*.

**tostado, -a** [tos'taðo, a] *adj* grillé(e); (*por el sol*) bronzé(e).

**tostador** [tosta'ðor] *nm* grille-pain *m inv*.

**tostar** [tos'tar] *vt* (*pan*) faire griller; (*café*) torréfier; (*al sol*) dorer; **tostarse** *vpr* (*al sol*) se dorer.

**total** [to'tal] *adj* total(e) ♦ *adv* au total ♦ *nm* total *m*; **en ~** au total; **~ que** bref, somme toute; **total debe/haber** (COM) débit *m*/actif *m* total.

**totalidad** [totali'ðað] *nf* totalité *f*.

**totalitario, -a** [totali'tarjo, a] *adj* totalitaire.

**totalmente** [to'talmente] *adv* entièrement; *(antes de adjetivo)* complètement.

**tóxico, -a** ['toksiko, a] *adj* toxique ♦ *nm* produit *m* toxique.

**toxicómano, -a** [toksi'komano, a] *nm/f* toxicomane *m/f*.

**toxina** [to'ksina] *nf* toxine *f*.

**tozudo, -a** [to'θuðo, a] *adj* têtu(e).

**traba** ['traβa] *nf* entrave *f*; *(de rueda)* rayon *m*; **poner ~s a** mettre des bâtons dans les roues à.

**trabajador, a** [traβaxa'ðor, a] *adj, nm/f* travailleur(-euse); **trabajador autónomo** *o* **por cuenta propia** travailleur indépendant, free-lance *m/f*.

**trabajar** [traβa'xar] *vt* travailler; *(mercancía)* faire; *(intentar conseguir)* s'occuper de ♦ *vi* travailler; **¡a ~!** au travail!; **~ de** travailler comme.

**trabajo** [tra'βaxo] *nm* travail *m*; *(fig)* difficultés *fpl*; **tomarse el ~ de** se donner la peine de; **~ por turnos/a destajo** travail par roulement/à la pièce; **costar ~** demander du travail; **trabajo a tiempo parcial** travail à temps partiel; **trabajo de campo** travaux *mpl* des champs; **trabajo en proceso** *(COM)* travaux en cours; **trabajos forzados** travaux forcés.

**trabajoso, -a** [traβa'xoso, a] *adj* laborieux(-ieuse).

**trabalenguas** [traβa'lengwas] *nm inv* phrase *f* difficile à prononcer.

**trabar** [tra'βar] *vt* joindre; *(puerta)* coincer; *(animal, proceso)* entraver; *(agarrar)* saisir; *(salsa)* lier; *(amistad, conversación)* nouer; **trabarse** *vpr* bafouiller; **se le traba la lengua** il bafouille.

**tracción** [trak'θjon] *nf* traction *f*; **~ delantera/trasera** traction avant/arrière.

**tractor** [trak'tor] *nm* tracteur *m*.

**tradición** [traði'θjon] *nf* tradition *f*.

**tradicional** [traðiθjo'nal] *adj* traditionnel(le).

**traducción** [traðuk'θjon] *nf* traduction *f*; **traducción asistida por ordenador** traduction assistée par ordinateur, TAO *f*; **traducción directa** traduction directe; *(ESCOL)* version *f*.

**traducir** [traðu'θir] *vt* traduire; *(interpretar)* interpréter; **traducirse** *vpr*: **~se en** *(fig)* se traduire par.

**traductor, a** [traðuk'tor, a] *nm/f* traducteur(-trice).

**traer** [tra'er] *vt* apporter; *(llevar: ropa)* porter; *(incluir)* impliquer; *(ocasionar)* apporter, causer; **traerse** *vpr*: **~se algo** tramer qch; **~ a algn frito** *o* **de cabeza** *(fam)* raser qn; **~ consigo** impliquer; **es un problema que se las trae** c'est un problème épineux; **~se algo entre manos** manigancer *o* fabriquer qch.

**traficar** [trafi'kar] *vi*: **~ con** faire du trafic de.

**tráfico** ['trafiko] *nm (AUTO)* trafic *m*, circulation *f*; *(COM)* commerce *m*; *(: pey)* trafic; **tráfico de drogas** trafic de drogue; **tráfico de influencias** trafic d'influence.

**tragaluz** [traɣa'luθ] *nm* vasistas *msg*.

**tragaperras** *nf inv* machine *f* à sous.

**tragar** [tra'xar] *vt* avaler; *(devorar)* dévorer; *(suj: mar, tierra)* engloutir; **tragarse** *vpr* avaler; *(devorar)* dévorer; *(desprecio, insulto)* ravaler; *(discurso, rollo)* se farcir; **no le puedo ~** je ne peux pas le sentir.

**tragedia** [tra'xeðja] *nf* tragédie *f*.

**trágico, -a** ['traxiko, a] *adj* tragique.

**trago** ['traxo] *nm* gorgée *f*; *(fam: bebida)* verre *m*; *(desgracia)* moment *m* difficile; **de un ~** d'un trait; **~ amargo** coup *m* dur.

**traición** [trai'θjon] *nf* trahison *f*; **alta ~** haute trahison; **a ~** en traître.

**traicionar** [traiθjo'nar] *vt* trahir.

**traicionero, -a** [traiθjo'nero, a] *adj, nm/f* traître(traîtresse).

**traidor, a** [trai'ðor, a] *adj, nm/f* traître (traîtresse).

**traiga** *etc* ['traixa] *vb* V **traer**.

**traje** ['traxe] *vb* V **traer** ♦ *nm (de hombre, de época)* costume *m*; **~ hecho a la medida** costume sur mesure; **traje de baño** maillot *m* de bain; **traje de buzo** combinaison *f* de plongée; **traje de calle** tenue *f* de ville; **traje de chaqueta** tailleur *m*; **traje de etiqueta** tenue *f* de soirée; **traje de luces** habit *m* de lumière; **traje de noche** robe *f* du soir; **traje de novia** robe de mariée; **traje típico** costume.

**trajera** *etc* [tra'xera] *vb* V **traer**.

**trajín** [tra'xin] *nm* agitation *f*; *(fam)* va-et-vient *m inv*.

**trajinar** [traxi'nar] *vt* transporter ♦ *vi* s'affairer.

**trama** ['trama] *nf* (*de tejido*) trame *f*; (*de obra*) intrigue *f*; (*intriga*) machination *f*.

**tramar** [tra'mar] *vt* tramer, ourdir; **tramarse** *vpr*: **algo se está tramando** il se trame qch.

**tramitar** [trami'tar] *vt* (*suj: departamento, comisaría*) s'occuper de; (: *individuo*) faire des démarches pour obtenir.

**trámite** ['tramite] *nm* démarche *f*; **~s** *nmpl* (*burocracia*) formalités *fpl*; (*JUR*) mesures *fpl*.

**tramo** ['tramo] *nm* (*de tierra*) bande *f*; (*de escalera*) volée *f*; (*de vía*) tronçon *m*.

**tramoya** [tra'moja] *nf* (*TEATRO*) machinerie *f*; (*fig*) machination *f*.

**tramoyista** [tramo'jista] *nm/f* machiniste *m*; (*fig*) conspirateur(-trice).

**trampa** ['trampa] *nf* piège *m*; (*en el suelo*) trappe *f*; (*en juego*) tricherie *f*; (*fam: deuda*) dette *f*; **caer en la ~** tomber dans le piège; **hacer ~s** tricher.

**trampolín** [trampo'lin] *nm* tremplin *m*.

**tramposo, -a** [tram'poso, a] *adj, nm/f* tricheur(-euse).

**tranca** ['tranka] *nf* (*palo*) trique *f*; (*de puerta, ventana*) barre *f*; (*fam: borrachera*) cuite *f*; **a ~s y barrancas** avec maintes difficultés.

**trancar** [tran'kar] *vt* barrer.

**trance** ['tranθe] *nm* (*crítico*) moment *m* critique; (*difícil*) moment difficile; (*estado hipnótico*) transe *f*; **estar en ~ de muerte** être à l'article de la mort.

**tranquilidad** [trankili'ðað] *nf* tranquillité *f*.

**tranquilizar** [trankili'θar] *vt* tranquilliser.

**tranquilo, -a** [tran'kilo, a] *adj* calme; (*apacible*) tranquille.

**Trans.** *abr* = **transferencia**.

**trans...** [trans] *pref* trans...; *V tb* **tras...**

**transacción** [transak'θjon] *nf* transaction *f*.

**transbordador** [transβorða'ðor] *nm* transbordeur *m*, bac *m*.

**transbordar** [transβor'ðar] *vt* transborder ♦ *vi* changer de train.

**transbordo** [trans'βorðo] *nm* transbordement *m*; **hacer ~** changer.

**transcurrir** [transku'rrir] *vi* (*tiempo*) passer; (*hecho, reunión*) se dérouler.

**transcurso** [trans'kurso] *nm* (*de tiempo*) cours *msg*; (*de hecho*) déroulement *m*; **en el ~ de 8 días** en l'espace de 8 jours.

**transeúnte** [transe'unte] *adj* de passage ♦ *nm/f* passant(e).

**transferencia** [transfe'renθja] *nf* transfert *m*; (*COM*) virement *m*; **transferencia bancaria** virement bancaire; **transferencia de crédito** virement; **transferencia electrónica de fondos** système *m* de virements informatisé.

**transferir** [transfe'rir] *vt* transférer; (*dinero*) virer.

**transformador** [transforma'ðor] *nm* transformateur *m*.

**transformar** [transfor'mar] *vt* transformer; **~ en** transformer en.

**tránsfuga** ['transfuɣa] *nm/f* transfuge *m*.

**transfusión** [transfu'sjon] *nf* (*tb*: **~ de sangre**) transfusion *f* (sanguine).

**transgénico, -a** [trans'xeniko, a] *adj* transgénique.

**transgredir** [transɣre'ðir] *vt* transgresser.

**transición** [transi'θjon] *nf* transition *f*; **gobierno de ~** gouvernement *m* de transition; **período de ~** période *f* de transition; **transición democrática** transition démocratique.

**transigir** [transi'xir] *vi* transiger.

**transistor** [transis'tor] *nm* transistor *m*.

**transitar** [transi'tar] *vi*: **~ (por)** circuler (sur).

**tránsito** ['transito] *nm* passage *m*; (*AUTO*) transit *m*; **horas de máximo ~** heures *fpl* de pointe; **"se prohíbe el ~"** "circulation interdite".

**transitorio, -a** [transi'torjo, a] *adj* transitoire.

**transmisión** [transmi'sjon] *nf* transmission *f*; (*RADIO, TV*) diffusion *f*; **correa/eje de ~** courroie *f*/axe *m* de transmission; **transmisión de datos (en paralelo/en serie)** (*INFORM*) transmission de données (en parallèle/en série); **transmisión en circuito duplex** *m*; **transmisión en directo** diffusion en direct; **transmisión exterior** émission tournée en extérieur.

**transmitir** [transmi'tir] *vt* transmettre; (*aburrimiento, esperanza*) communiquer; (*RADIO, TV*) diffuser.

**transparencia** [transpa'renθja] *nf* transparence *f*; (*foto*) transparent *m*.

**transparentar** [transparen'tar] *vt* (*figura*) révéler; (*alegría, tristeza*) transparaître ♦ *vi* être transparent(e); **transparentarse** *vpr* être transparent(e).

**transparente** [transpa'rente] *adj* transparent(e).

**transpirar** [transpi'rar] *vi* (*sudar*) transpirer; (*exudar*) exsuder.

**transportar** [transpor'tar] *vt* transporter.

**transporte** [trans'porte] *nm* transport *m*; **transporte en contenedores** transport par conteneurs; **transporte público** transport public.

**transversal** [transβer'sal] *adj* transversal(e) ♦ *nf* (*tb*: **calle ~**) rue *f* transversale.

**tranvía** [tram'bia] *nm* tramway *m*.

**trapecio** [tra'peθjo] *nm* trapèze *m*.

**trapecista** [trape'θista] *nm/f* trapéziste *m/f*.

**trapero, -a** [tra'pero, a] *nm/f* chiffonnier (-ière).

**trapicheos** [trapi'tʃeos] (*fam*) *nmpl* stratagèmes *mpl*, machinations *fpl*.

**trapo** ['trapo] *nm* chiffon *m*; (*de cocina*) torchon *m*; **~s** *nmpl* (*fam: de mujer*) chiffons *mpl*; **a todo ~** à toute vitesse; **poner a algo como un ~** (*fam*) descendre qn en flammes; **sacar los ~s sucios a relucir** se dire ses quatre vérités.

**tráquea** ['trakea] *nf* trachée *f*.

**traqueteo** [trake'teo] *nm* cahot *m*.

**tras** [tras] *prep* (*detrás*) derrière; (*después*) après; **~ de** en plus de; **día ~ día** jour *m* après jour; **uno ~ otro** l'un après l'autre.

**tras...** [tras] *pref* trans...; *V tb* **trans...**

**trasatlántico, -a** [trasat'lantiko, a] *adj*, *nm* transatlantique *m*.

**trascendencia** [trasθen'denθja] *nf* importance *f*; (*FILOS*) transcendance *f*.

**trascendental** [trasθenden'tal] *adj* capital(e).

**trascender** [trasθen'der] *vi* (*noticias*) filtrer, transpirer; (*olor*) embaumer; (*acontecimientos*) avoir des répercussions; **~ de** dépasser; **~ a** (*sugerir*) évoquer; (*oler a*) sentir; **en su novela todo trasciende a romanticismo** dans son roman tout évoque le romantisme.

**trasero, -a** [tra'sero, a] *adj* arrière ♦ *nm* (*ANAT*) postérieur *m*.

**trasfondo** [tras'fondo] *nm* fond *m*.

**trashumante** [trasu'mante] *adj* transhumant(e).

**trasladar** [trasla'ðar] *vt* déplacer; (*empleado, prisionero*) transférer; (*fecha*) reporter; **trasladarse** *vpr* (*mudarse*) déménager; (*desplazarse*) se déplacer; **~se a otro puesto** changer d'emploi.

**traslado** [tras'laðo] *nm* déplacement *m*; (*mudanza*) déménagement *m*; (*de emplea-*

*do, prisionero*) transfert *m*; (*copia, JUR*) notification *f*; **traslado de bloque** (*INFORM*) déplacement de bloc.

**traslucir** [traslu'θir] *vt* laisser entrevoir; **traslucirse** *vpr* (*cristal*) être translucide; (*figura, color*) se voir au travers; (*fig*) apparaître, se révéler.

**trasluz** [tras'luθ] *nm* lumière *f* tamisée; **al ~** à la lumière.

**trasnochar** [trasno'tʃar] *vi* se coucher tard; (*no dormir*) passer une nuit blanche.

**traspapelar** [traspape'lar] *vt* égarer.

**traspasar** [traspa'sar] *vt* transpercer; (*propiedad, derechos*) céder; (*empleado, jugador*) transférer; (*límites*) dépasser; (*ley*) transgresser; **"traspaso negocio"** "bail à céder".

**traspaso** [tras'paso] *nm* (*de negocio, jugador*) cession *f*, vente *f*; (*precio*) montant *m*.

**traspié** [tras'pje] *nm* faux pas *msg*; (*fig*) faux pas, gaffe *f*.

**trasplantar** [trasplan'tar] *vt* transplanter.

**trasplante** [tras'plante] *nm* transplant *m*.

**traste** ['traste] *nm* (*MÚS*) touche *f*; **dar al ~ con algo** en finir avec qch; **irse al ~** tourner court.

**trastero** [tras'tero] *nm* débarras *msg*.

**trastienda** [tras'tjenda] *nf* arrière-boutique *f*; **obtener algo por la ~** obtenir qch en sous-main.

**trasto** ['trasto] *nm* vieillerie *f*; (*pey: cosa*) saleté *f*; (: *persona*) propre *m* à rien; **~s** *nmpl* (*fam*) attirail *msg*; **tirarse los ~s a la cabeza** se battre comme des chiffonniers.

**trastornado, -a** [trastor'naðo, a] *adj* (*loco*) détraqué(e); (*agitado*) turbulent(e).

**trastornar** [trastor'nar] *vt* déranger; (*persona*) troubler; (: *enamorar*) envoûter; (: *enloquecer*) rendre fou(folle); **trastornarse** *vpr* (*plan*) échouer; (*persona*) devenir fou(folle).

**trastorno** [tras'torno] *nm* dérangement *m*; (*confusión*) désordre *m*; (*POL, MED*) trouble *m*; **trastorno estomacal** trouble gastrique; **trastorno mental** trouble mental.

**tratado** [tra'taðo] *nm* traité *m*.

**tratamiento** [trata'mjento] *nm* traitement *m*; (*título*) titre *m*; (*de problema*) manière *f* de traiter; **tratamiento de datos/de gráficos/de textos** (*INFORM*) traitement des données/des graphiques/de texte; **tratamiento de márgenes** positionnement *m* des marges; **tratamiento por lote**

(INFORM) traitement par lots.

**tratar** [tra'tar] vt traiter; (dirigirse a) adresser; (tener contacto) fréquenter ♦ vi: ~ **de** (hablar sobre) traiter de; (intentar) essayer de; **tratarse** vpr: ~**se de** s'agir de; ~ **con** traiter avec; ~ **en** (COM) être négociant en; **se trata de la nueva piscina** c'est à propos de la nouvelle piscine; ¿**de qué se trata?** de quoi s'agit-il?; ~ **a algn de tú** tutoyer qn; ~ **a algn de tonto** traiter qn d'idiot.

**trato** ['trato] nm traitement m; (relaciones) rapport m; (manera de ser) manières fpl; (COM, JUR) marché m; (pacto) traité m; (título) titre m; **de** ~ **agradable** agréable, charmant(e); **de fácil** ~ d'abord facile; ~ **equitativo** traitement égal; ¡~ **hecho!** marché conclu!; **hacer un** ~ faire un marché; **malos** ~**s** mauvais traitements.

**trauma** ['trauma] nm trauma m.

**través** [tra'βes] nm: **al** ~ en travers; **a** ~ **de** à travers, en travers de; (radio, teléfono, organismo) par, par l'intermédiaire de; **de** ~ (transversalmente) de travers; (de lado) en o de biais.

**travesaño** [traβe'saɲo] nm (ARQ) traverse f; (DEPORTE) barre f transversale.

**travesía** [traβe'sia] nf (calle) passage m; (NÁUT) traversée f.

**travesura** [traβe'sura] nf diablerie f.

**traviesa** [tra'βjesa] nf (FERRO) traverse f.

**travieso, -a** [tra'βjeso, a] adj (niño) espiègle, polisson(ne); (adulto) espiègle; (pícaro) malin(-igne); (ingenioso) astucieux (-euse); **a campo traviesa** à travers champs.

**trayecto** [tra'jekto] nm trajet m, chemin m; (tramo) section f; **final del** ~ terminus msg.

**trayectoria** [trajek'torja] nf trajectoire f; **la** ~ **actual del partido** la ligne actuelle du parti.

**traza** ['traθa] nf (ARQ) tracé m, plan m; (aspecto) allure f; (habilidad) facilité f; (INFORM) trace f; **llevar** ~**s de algo** avoir l'air de qch; **por las** ~**s** apparemment.

**trazado, -a** [tra'θaðo, a] nm (ARQ) plan m; (fig) grandes lignes fpl; (de carretera) tracé m.

**trazar** [tra'θar] vt tracer; (plan) tirer.

**trazo** ['traθo] nm (línea) trait m; (bosquejo) ébauche f; ~**s** nmpl (de cara) traits mpl.

**trébol** ['treβol] nm trèfle m; ~**es** nmpl (NAIPES) trèfles mpl.

**trece** ['treθe] adj inv, nm inv treize m inv; **seguir en sus** ~ s'obstiner; V tb **seis**.

**trecho** ['tretʃo] nm (distancia) distance f; (de tiempo) moment m; **de** ~ **en** ~ de temps en temps; **a** ~**s** çà et là.

**tregua** ['trexwa] nf trêve f; **sin** ~ sans répit.

**treinta** ['treinta] adj inv, nm inv trente m inv; V tb **sesenta**.

**tremendo, -a** [tre'mendo, a] adj (terrible) impressionnant(e); (imponente) terrible, impressionnant(e); (fam) terrible; **tomarse las cosas a la tremenda** prendre les choses au tragique.

**trémulo, -a** ['tremulo, a] adj tremblant(e); (luz) vacillant(e).

**tren** [tren] nm train m; **a todo** ~ à grands frais; **estar como un** ~ (fam) être canon; **tren de aterrizaje** train d'atterrissage; **tren directo/expreso/suplementario** train direct/(train) express m/train à supplément; **tren (de) mercancías/de pasajeros** train de marchandises/de voyageurs; **tren de vida** train de vie.

**trenza** ['trenθa] nf tresse f.

**trenzar** [tren'θar] vt tresser ♦ vi (en baile) faire des entrechats; **trenzarse** vpr (AM: fam) se mêler à une querelle.

**trepador, a** [trepa'ðor, a] adj (planta) grimpant(e) ♦ nm/f arriviste m/f ♦ nf (planta) plante f grimpante.

**trepar** [tre'par] vi grimper.

**trepidante** [trepi'ðante] adj trépidant(e); (ruido) accablant(e).

**tres** [tres] adj inv, nm inv trois m inv; V tb **seis**.

**trescientos, -as** [tres'θjentos, as] adj trois cents; V tb **seiscientos**.

**tresillo** [tre'siʎo] nm salon m (comprenant un canapé et deux fauteuils); (MÚS) triolet m.

**treta** ['treta] nf machination f.

**triángulo** [tri'angulo] nm triangle m.

**tribal** [tri'βal] adj tribal(e).

**tribu** ['triβu] nf tribu f.

**tribuna** [tri'βuna] nf tribune f; **tribuna de prensa** tribune de la presse.

**tribunal** [triβu'nal] nm (JUR) tribunal m; (ESCOL, fig) jury m; **Tribunal Constitucional** Cour constitutionnelle; **Tribunal de Cuentas** ≈ Cour f des comptes; **Tribunal de Justicia de las Comunidades Europeas** Cour de justice européenne; **Tribunal Supremo** Cour suprême; **Tribunal Tutelar**

de Menores Tribunal pour enfants.

**tributar** [triβu'tar] vt payer; (cariño, admiración) témoigner.

**tributo** [tri'βuto] nm tribut m, impôt m.

**tricotar** [triko'tar] vt, vi tricoter.

**trigal** [tri'ɣal] nm champ m de blé.

**trigo** ['triɣo] nm blé m; **no es ~ limpio** il est louche.

**trigueño, -a** [tri'ɣeɲo, a] adj (pelo) châtain-clair inv; (piel) basané(e).

**trillado, -a** [tri'ʎaðo, a] adj (AGR) battu(e); (fig) rebattu(e).

**trilladora** [triʎa'ðora] nf batteuse f.

**trillar** [tri'ʎar] vt battre.

**trimestral** [trimes'tral] adj trimestriel(le).

**trimestre** [tri'mestre] nm trimestre m.

**trinar** [tri'nar] vi (ave) gazouiller; **está que trina** (fam) il est furieux.

**trinchar** [trin'tʃar] vt découper.

**trinchera** [trin'tʃera] nf (MIL) tranchée f; (para vía) percée f; (impermeable) trench-coat m.

**trineo** [tri'neo] nm traîneau m.

**trinidad** [trini'ðað] nf: **la T~** la Trinité.

**trino** ['trino] nm gazouillement m.

**tripa** ['tripa] nf (ANAT) intestin m; (fam) tripe f; (: embarazo) ventre m; **~s** nfpl (ANAT) intestins mpl; (CULIN, fig) tripes fpl; **echar/tener ~** prendre/avoir du ventre; **me duele la ~** j'ai mal au ventre; **hacer de ~s corazón** prendre son courage à deux mains.

**triple** ['triple] adj, nm triple.

**triplicado, -a** [tripli'kaðo, a] adj: **por ~** en trois exemplaires.

**tripulación** [tripula'θjon] nf équipage m.

**tripulante** [tripu'lante] nm/f membre m de l'équipage.

**tripular** [tripu'lar] vt former l'équipage de; **nave espacial tripulada** vaisseau m spatial habité.

**tris** [tris] nm: **estar en un ~ de hacer algo** être sur le point de faire qch.

**triste** ['triste] adj triste; (paisaje) morne; (color, flores) flétri(e); **no queda ni un ~ pañuelo** il ne reste même pas un mouchoir.

**tristeza** [tris'teθa] nf tristesse f.

**triturar** [tritu'rar] vt triturer, broyer; (mascar) mâcher; (documentos) déchiqueter; (persona: golpear) pulvériser; (: humillar) anéantir.

**triunfar** [triun'far] vi triompher, gagner; **~ en la vida** réussir dans la vie.

**triunfo** [tri'unfo] nm triomphe m; (NAIPES) atout m.

**trivial** [tri'βjal] adj banal(e), sans importance.

**trivializar** [triβjali'θar] vt minimiser, banaliser.

**triza** ['triθa] nf morceau m, lambeau m; **hacer algo ~s** réduire qch en miettes; **hacer ~s a algn** (golpear) démolir qn; (humillar) écraser qn.

**trocar** [tro'kar] vt (COM) troquer; (papel, posición) changer; (palabras) échanger; **trocarse** vpr se changer; **~ (en)** changer (en); **~se (en)** se changer (en).

**trocear** [troθe'ar] vt couper en morceaux.

**trocha** ['trotʃa] nf (AM) sentier m.

**troche** ['trotʃe]: **a ~ y moche** adv à tort et à travers.

**trofeo** [tro'feo] nm trophée m; (botín) butin m; **trofeo de caza** trophée de chasse.

**tromba** ['tromba] nf trombe f; **tromba de agua** trombe d'eau.

**trombón** [trom'bon] nm trombone m.

**trombosis** [trom'bosis] nf inv thrombose f; **trombosis cerebral** thrombose cérébrale.

**trompa** ['trompa] nf (MÚS) cor m; (de elefante, insecto, fam) trompe f ♦ nm (MÚS) joueur m de cor; **estar ~** (fam) être pompette; **cogerse una ~** (fam) prendre une cuite; **trompa de Falopio** trompe de Fallope.

**trompada** [trom'paða] nf, **trompazo** [trom'paθo] nm coup m; (puñetazo) coup de poing; **darse un ~** se donner un coup.

**trompeta** [trom'peta] nf trompette f; (clarín) clairon m ♦ nm/f trompettiste m/f.

**trompicón** [trompi'kon]: **a trompicones** adv par à-coups.

**trompo** ['trompo] nm toupie f.

**tronar** [tro'nar] vt (CAM, MÉX: fam) tuer ♦ vi (METEOROLOGÍA) tonner.

**tronchar** [tron'tʃar] vt (árbol) abattre; (vida, esperanza) briser, détruire; **troncharse** vpr se fendre, tomber; **~se de risa** se tordre de rire.

**tronco** ['tronko] nm tronc m; (de familia) lignée f; **dormir/estar como un ~** dormir comme une souche.

**trono** ['trono] nm trône m.

**tropa** ['tropa] nf troupe f; (gentío) foule f.

**tropel** [tro'pel] nm (desorden) cohue f; (montón) amoncellement m; **en ~** en se bousculant.

**tropezar** [trope'θar] *vi* trébucher; **tropezarse** *vpr* se rencontrer; **~ con** (*fig*) tomber sur.

**tropezón** [trope'θon] *nm* faux pas *msg*; **tropezones** *nmpl* (*CULIN*) morceaux *mpl* de viande; **darse un ~** trébucher.

**tropical** [tropi'kal] *adj* tropical(e).

**trópico** ['tropiko] *nm* tropique *m*.

**tropiezo** [tro'pjeθo] *vb* V **tropezar** ♦ *nm* (*error*) erreur *f*, bévue *f*; (*revés*) revers *msg*; (*obstáculo*) difficulté *f*; (*desliz*) erreur.

**trotamundos** [trota'mundos] (*fam*) *nm/f inv* globe-trotter *m/f*.

**trotar** [tro'tar] *vi* trotter; (*fam: viajar*) voyager.

**trote** ['trote] *nm* trot *m*; (*fam*) activité *f*; **hacer algo al ~** faire qch à toute vitesse; **de mucho ~** solide, résistant(e); **ya no está para esos ~s** ce n'est plus pour lui.

**trozo** ['troθo] *nm* morceau *m*; **a ~s** par endroits.

**trucha** ['trutʃa] *nf* truite *f*.

**truco** ['truko] *nm* truc *m*; (*CINE*) trucage *m*; **ya le he cogido el ~** j'ai trouvé le truc; **truco publicitario** astuce *f* promotionnelle.

**trueno** ['trweno] *vb* V **tronar** ♦ *nm* tonnerre *m*; (*estampido*) détonation *f*.

**trueque** ['trweke] *vb* V **trocar** ♦ *nm* échange *m*; (*COM*) troc *m*.

**trufa** ['trufa] *nf* truffe *f*.

**truhán, -ana** [tru'an, ana] *nm/f* truand(e).

**truncar** [trun'kar] *vt* tronquer; (*vida*) abréger; (*desarrollo*) retarder; (*esperanzas*) briser.

**tu** [tu] *adj* ton(ta); **tus hijos** tes enfants.

**tú** [tu] *pron* tu.

**tubérculo** [tu'βerkulo] *nm* tubercule *m*.

**tuberculosis** [tuβerku'losis] *nf* tuberculose *f*.

**tubería** [tuβe'ria] *nf* tuyau *m*; (*sistema*) tuyauterie *f*; (*oleoducto etc*) conduite *f*.

**tubo** ['tuβo] *nm* tube *m*; (*de desagüe*) tuyau *m*; **tubo de ensayo** éprouvette *f*, tube à essai; **tubo de escape** pot *m* d'échappement; **tubo digestivo** tube digestif.

**tuerca** ['twerka] *nf* écrou *m*.

**tuerto, -a** ['twerto, a] *adj*, *nm/f* borgne *m/f*.

**tuerza** *etc* ['twerθa] *vb* V **torcer**.

**tuétano** ['twetano] *nm* moelle *f*; **hasta los ~s** jusqu'à la moelle.

**tufo** ['tufo] (*pey*) *nm* relent *m*.

**tul** [tul] *nm* tulle *m*.

**tulipán** [tuli'pan] *nm* tulipe *f*.

**tullido, -a** [tu'ʎiðo, a] *adj* estropié(e).

**tumba** ['tumba] *nf* tombe *f*; **ser (como) una ~** être muet(te) comme une tombe.

**tumbar** [tum'bar] *vt* (*extender en el suelo*) allonger; (*derribar*) renverser; (*fam: suj: olor*) empester; (*: en examen*) recaler, coller; (*: en competición*) battre ♦ *vi* tomber par terre; **tumbarse** *vpr* s'allonger; (*extenderse*) s'étendre.

**tumbo** ['tumbo] *nm* chute *f*; (*de vehículo*) cahot *m*; **ir dando ~s** avancer par à-coups.

**tumbona** [tum'bona] *nf* chaise *f* longue.

**tumor** [tu'mor] *nm* tumeur *f*.

**tumulto** [tu'multo] *nm* tumulte *m*; (*POL*) émeute *f*, troubles *mpl*.

**tuna** ['tuna] *nf* petit orchestre *m* d'étudiants; V *tb* **tuno**.

---

**tuna**

*Une **tuna** est un groupe musical constitué d'étudiants ou d'anciens étudiants qui portent les costumes de l'"Edad de Oro", l'âge d'or espagnol. Ces groupes se promènent dans les rues en jouant de la guitare, du luth et du tambourin. Ils chantent des sérénades aux étudiantes dans les résidences universitaires et font des apparitions improvisées dans les mariages et les soirées, où pour quelques pesetas, ils chantent des airs traditionnels espagnols.*

---

**tunante** [tu'nante] *adj* coquin(e) ♦ *nm/f* coquin(e), garnement *m*; **¡~!** garnement!, vilain(e)!

**tunda** ['tunda] *nf* raclée *f*.

**túnel** ['tunel] *nm* tunnel *m*.

**Túnez** ['tuneθ] *n* Tunis.

**tuno, -a** ['tuno, a] *nm/f* membre *m* d'un orchestre d'étudiants.

**tupido, -a** [tu'piðo, a] *adj* (*niebla, bosque*) épais(se); (*tela*) serré(e).

**turba** ['turβa] *nf* (*muchedumbre*) foule *f*; (*combustible*) tourbe *f*.

**turbar** [tur'βar] *vt* (*paz, sueño*) troubler; (*preocupar*) inquiéter, troubler; (*: azorar*) gêner; **turbarse** *vpr* être gêné(e).

**turbina** [tur'βina] *nf* turbine *f*.

**turbio, -a** ['turβjo, a] *adj, adv* trouble.
**turbulencia** [turβu'lenθja] *nf* agitation *f*; (*fig*) turbulence *f*, agitation.
**turbulento, -a** [turβu'lento, a] *adj* agité(e); (*fig*) agité(e), turbulent(e).
**turco, -a** ['turko, a] *adj* turc(turque) ♦ *nm/f* Turc(Turque); (AND, CSUR: *pey*) *terme péjoratif qui désigne tout immigré du Moyen-Orient* ♦ *nm* (LING) turc *m*.
**turismo** [tu'rismo] *nm* tourisme *m*; (*coche*) voiture *f* (particulière); **hacer ~** faire du tourisme; **turismo rural** tourisme rural; **casas de ~ rural** gîtes *mpl* ruraux.
**turista** [tu'rista] *nm/f* touriste *m/f*.
**turístico, -a** [tu'ristiko, a] *adj* touristique.
**turnar** [tur'nar] *vi* alterner; **turnarse** *vpr* se relever.
**turno** ['turno] *nm* tour *m*; **es su ~** c'est à son tour; **por ~s** par équipes; **turno de día/de noche** équipe *f* de jour/de nuit.
**turquesa** [tur'kesa] *adj, nf* turquoise *f*.
**Turquía** [tur'kia] *nf* Turquie *f*.
**turrón** [tu'rron] *nm* touron *m* (*sorte de nougat*).

---

**turrón**

*Le **turrón** est une sorte de nougat, d'origine orientale, fait avec du miel, des blancs d'œufs et des noisettes. On le consomme pendant la période de Noël. Il peut être dur et contenir des amandes entières (Alicante), ou tendre, à base d'amandes pilées (Jijona).*

---

**tutear** [tute'ar] *vt* tutoyer; **tutearse** *vpr* se tutoyer.
**tutela** [tu'tela] *nf* tutelle *f*; **estar bajo la ~ de** (*fig*) être sous la tutelle de.
**tutelar** [tute'lar] *adj* tutélaire ♦ *vt* avoir la tutelle de.
**tutor, a** [tu'tor, a] *nm/f* tuteur(-trice); (ES-COL) professeur *m* particulier; **tutor de curso** directeur(-trice) d'études.
**tuve** *etc* ['tuβe] *vb* V **tener**.
**tuyo, -a** ['tujo, a] *adj* ton(ta) ♦ *pron*: **el ~/ la tuya** le tien/la tienne; **es ~** c'est à toi; **los ~s** (*fam*) les tiens.
**TV** *sigla f* = *televisión*.
**TVE** *sigla f* = *Televisión Española*.

---

**U u**

**u** [u] *conj* ou.
**u.** *abr* (= *unidad*) U, u (= *unité*).
**ubicar** [uβi'kar] (*esp* AM) *vt* situer; (*encontrar*) trouver; **ubicarse** *vpr* se trouver.
**ubre** ['uβre] *nf* mamelle *f*.
**Ud(s)** *abr* (= *usted(es)*) V **usted**.
**UE** *sigla f* (= *Unión Europea*) UE *f*.
**ufano, -a** [u'fano, a] *adj* (*arrogante*) suffisant(e); (*satisfecho*) satisfait(e).
**UGT** *sigla f* (= *Unión General de Trabajadores*) syndicat.
**ujier** [u'xjer] *nm* (JUR) huissier *m*; (*portero*) portier *m*.
**úlcera** ['ulθera] *nf* ulcère *m*.
**ulcerar** [ulθe'rar] *vt* ulcérer; **ulcerarse** *vpr* s'irriter.
**últimamente** ['ultimamente] *adv* dernièrement.
**ultimar** [ulti'mar] *vt* finaliser; (*preparativos*) mettre la dernière main à; (AM: *asesinar*) abattre.
**ultimátum** [ulti'matum] (*pl* **~s**) *nm* ultimatum *m*.
**último, -a** ['ultimo, a] *adj* dernier(-ière) ♦ *adv*: **ahora ~** (CHI) récemment; **a la última** (*en moda*) à la dernière mode; (*en conocimientos*) au goût du jour; **a ~s de mes** en fin de mois; **el ~** le dernier; **en las últimas** (*enfermo*) à l'article de la mort; (*sin dinero, provisiones*) démuni(e); **este ~** ce dernier; **por ~** enfin, en dernier lieu.
**ultra** ['ultra] *adj, nm/f* (POL) ultra *m/f*.
**ultrajar** [ultra'xar] *vt* outrager.
**ultraje** [ul'traxe] *nm* outrage *m*.
**ultramar** [ultra'mar] *nm*: **de ~** d'outre-mer; **los países de ~** les pays d'outre-mer.
**ultranza** [ul'tranθa]: **a ~** *adv* à outrance.
**ultrasónico, -a** [ultra'soniko, a] *adj* hypersonique.
**ultratumba** [ultra'tumba] *nf* outre-tombe *f*.
**ultravioleta** [ultraβjo'leta] *adj inv* ultraviolet(te), ultra-violet(te).
**umbral** [um'bral] *nm* seuil *m*; **umbral de rentabilidad** seuil de rentabilité.

**un, una** [un, 'una] *art indef* **1** (*sg*) un(e); **una naranja** une orange; **un arma blanca** une arme blanche **2** (*pl*) des; **hay unos regalos para ti** il y a des cadeaux pour toi; **hay unas cervezas en la nevera** il y a des bières dans le frigo **3** (*enfático*): **¡hace un frío!** il fait un de ces froids!; **¡tiene una casa!** il a une de ces maisons!; *V tb* **uno**.

**unánime** [u'nanime] *adj* unanime.

**unanimidad** [unanimi'ðað] *nf* unanimité *f*; **por ~** à l'unanimité.

**undécimo, -a** [un'deθimo, a] *adj, nm/f* onzième *m/f*.

**ungir** [un'xir] *vt* oindre.

**ungüento** [un'gwento] *nm* onguent *m*.

**únicamente** ['unikamente] *adv* uniquement.

**único, -a** ['uniko, a] *adj* unique.

**unidad** [uni'ðað] *nf* unité *f*; **unidad central (de proceso)/de control** unité centrale (de traitement)/de commande; **unidad de cuidados intensivos** unité *f* de soins intensifs; **unidad de disco** lecteur *m* de disque; **unidad de entrada/de salida** unité périphérique d'entrée/de sortie; **unidad de información** donnée *f*; **unidad de presentación visual** *o* **de visualización** écran *m* de visualisation; **unidad monetaria** unité monétaire; **unidad móvil** (*TV*) unité mobile; **unidad periférica** unité périphérique.

**unido, -a** [u'niðo, a] *adj* uni(e).

**unificar** [unifi'kar] *vt* unifier.

**uniformar** [unifor'mar] *vt* uniformiser; (*personal*) mettre en uniforme.

**uniforme** [uni'forme] *adj* uniforme; (*color*) uni(e) ♦ *nm* uniforme *m*.

**uniformidad** [uniformi'ðað] *nf* uniformité *f*.

**unilateral** [unilate'ral] *adj* unilatéral(e).

**unión** [u'njon] *nf* union *f*; (*TEC*) jointure *f*; **en ~ de** ainsi que; **la U~ Soviética** l'Union Soviétique; **punto de ~** (*TEC*) jointure; **unión aduanera** union douanière; **Unión Europea** Union *f* européenne; **Unión General de Trabajadores** (*ESP*) syndicat; **unión monetaria** union monétaire.

**unir** [u'nir] *vt* (*piezas*) assembler; (*cuerdas*) nouer; (*tierras, habitaciones*) relier; (*esfuerzos, familia*) unir; (*empresas*) fusionner; **unirse** *vpr* (*personas*) s'unir; (*empresas*) fusionner; **~se a** se joindre à; **les une una fuerte amistad** ils éprouvent beaucoup d'amitié l'un pour l'autre; **~se en matrimonio** s'unir par les liens du mariage.

**unísono** [u'nisono] *nm*: **al ~** à l'unisson.

**universal** [uniβer'sal] *adj* universel(le).

**universidad** [uniβersi'ðað] *nf* université *f*; **universidad a distancia** enseignement *m* à distance; **universidad laboral** ≈ Institut *m* universitaire de technologie.

**universitario, -a** [uniβersi'tarjo, a] *adj* universitaire ♦ *nm/f* étudiant(e).

**universo** [uni'βerso] *nm* univers *msg*.

**uno, -a** ['uno, a] *adj* un(e); **es todo uno** ça ne fait qu'un; **unos pocos** quelques-uns; **unos cien** une centaine; **el día uno** le premier
♦ *pron* **1** un(e); **quiero uno solo** je m'en veux qu'un; **uno de ellos** l'un d'eux; **uno mismo** soi-même; **de uno en uno** un à un
**2** (*alguien*) quelqu'un; **conozco a uno que se te parece** je connais quelqu'un qui te ressemble; **unos querían quedarse** quelques-uns voulaient rester
**3**: **(los) unos ... (los) otros ...** certains *o* les uns ... les autres *o* d'autres; **se miraron el uno al otro** il se sont regardés l'un l'autre; **se pegan unos a otros** ils se battent entre eux
**4** (*impersonal*): **uno se lo imagina** on se l'imagine
**5** (*enfático*): **¡se montó una ...!** il y a eu une de ces pagailles!
♦ *nf* (*hora*): **es la una** il est une heure
♦ *nm* (*número*) un *m*; **el uno de abril** le premier avril.

**untar** [un'tar] *vt* (*con aceite, pomada*) enduire; (*en salsa, café*) tremper; (*manchar*) tacher; (*fig, fam*) graisser la patte à; **untarse** *vpr* (*mancharse*) se tacher; (*fig, fam: forrarse*) s'en mettre plein les poches; **~ el pan con mantequilla** étaler du beurre sur son pain.

**uña** ['uɲa] *nf* (*ANAT*) ongle *m*; (*de felino*) griffe *f*; (*de caballo*) sabot *m*; (*arrancaclavos*) arrache-clou *m*; **ser ~ y carne** s'entendre

...omme larrons en foire; **enseñar** o **mostrar** o **sacar las ~s** montrer o sortir ses riffes.

**uranio** [u'ranjo] *nm* uranium *m*.

**urbanidad** [urβani'ðað] *nf* courtoisie *f*.

**urbanismo** [urβa'nismo] *nm* urbanisme *m*.

**urbanización** [urβaniθa'θjon] *nf* lotissement *m*.

**urbanizar** [urβani'θar] *vt* urbaniser.

**urbano, -a** [ur'βano, a] *adj* urbain(e).

**urbe** ['urβe] *nf* grande ville *f*.

**urdimbre** [ur'ðimbre] *nf* (*de tela*) chaîne *f*.

**urdir** [ur'ðir] *vt* ourdir.

**urgencia** [ur'xenθja] *nf* urgence *f*; **~s** *nfpl* (MED) urgences *fpl*; **con ~** d'urgence; **en caso de ~** en cas d'urgence; **servicios de ~** services *mpl* d'urgence.

**urgente** [ur'xente] *adj* urgent(e).

**urgir** [ur'xir] *vi* être urgent(e); **me urge** j'en ai besoin rapidement; **me urge terminarlo** il faut que je termine le plus vite possible.

**urinario, -a** [uri'narjo, a] *adj* urinaire ♦ *nm* urinoir *m*.

**urna** ['urna] *nf* (*tb* POL) urne *f*; (*de cristal*) vitrine *f*; **acudir a las ~s** (*votantes*) aller aux urnes.

**urraca** [u'rraka] *nf* pie *f*.

**Uruguay** [uru'xwai] *nm* Uruguay *m*.

**uruguayo, -a** [uru'xwajo, a] *adj* uruguayen(ne) ♦ *nm/f* Uruguayen(ne).

**usado, -a** [u'saðo, a] *adj* usagé(e); (*ropa etc*) usé(e), usagé(e); **muy ~** usé(e) jusqu'à la trame.

**usar** [u'sar] *vt* utiliser; (*ropa*) porter; (*derecho etc*) user de ♦ *vi*: **~ de** user de; **usarse** *vpr* s'utiliser.

**USO** ['uso] (ESP) *sigla f* (= *Unión Sindical Obrera*) syndicat.

**uso** ['uso] *nm* usage *m*; (*aplicación: de objeto, herramienta*) utilisation *f*; **al ~ de la época** dans le style de l'époque; **de ~ externo** (MED) à usage externe; **(estar) en ~** (être) en usage; **hacer ~ de la palabra** faire usage de la parole; **~ y desgaste** usure *f*.

**usted** [us'teð] *pron* (*sg: abr Ud (esp AM) o Vd: formal*) vous; **~es** (*pl: abr Uds (esp AM) o Vds: formal*) vous; (AM: *formal y fam*) vous; **tratar** o **llamar de ~ a algn** vouvoyer qn.

**usual** [u'swal] *adj* habituel(le).

**usuario, -a** [us'warjo, a] *nm/f* usager *m*;

(INFORM) utilisateur(-trice); **~ final** (COM) utilisateur(-trice) final(e).

**usura** [u'sura] (*pey*) *nf* usure *f*.

**usurero, -a** [usu'rero, a] *nm/f* usurier(-ère).

**usurpar** [usur'par] *vt* usurper.

**utensilio** [uten'siljo] *nm* instrument *m*; (*de cocina*) ustensile *m*.

**útero** ['utero] *nm* utérus *msg*.

**útil** ['util] *adj* utile; **~es** *nmpl* outils *mpl*; **día ~** jour *m* ouvrable.

**utilidad** [utili'ðað] *nf* utilité *f*; (*provecho*) avantage *m*; (COM) bénéfice *m*; **utilidades líquidas** bénéfice *msg* net.

**utilizar** [utili'θar] *vt* utiliser.

**utopía** [uto'pia] *nf* utopie *f*.

**utópico, -a** [u'topiko, a] *adj* utopique.

**uva** ['uβa] *nf* raisin *m*; **estar de mala ~** être de mauvais poil; **tener mala ~** avoir un sale caractère; **uva pasa** raisin sec.

---

**uva**

*En Espagne la tradition de las uvas joue un rôle important à la Saint-Sylvestre (Nochevieja) : à minuit, chaque Espagnol, qu'il se trouve chez lui, dans un restaurant ou sur la plaza mayor, mange un grain de raisin pour chaque coup de l'horloge de la Puerta del Sol, à Madrid. Cette tradition est censée porter bonheur pour toute l'année suivante.*

---

## — V v —

**V.** *abr* = **usted**; (= *Visto*) vu.

**v.** *abr* (ELEC = *voltio*) V (= *volt*); (= *ver, véase*) v. (= *voir*); (LIT = *verso*) v° (= *verso*).

**va** [ba] *vb V* **ir**.

**V.A.** *abr* = *Vuestra Alteza*.

**vaca** ['baka] *nf* vache *f*; (*carne*) bœuf *m*; **~s flacas/gordas** (*fig*) vaches *fpl* maigres/grasses.

**vacaciones** [baka'θjones] *nfpl* vacances *fpl*; **estar/irse** o **marcharse de ~** être/partir en vacances.

**vacante** [ba'kante] *adj* vacant(e) ♦ *nf* poste *m* vacant.

**vaciar** [ba'θjar] *vt* vider; (*dejar hueco*) évider; (ARTE) mouler; **vaciarse** *vpr* se vider;

*(fig, fam)* se défouler.

**vacilante** [baθi'lante] *adj* vacillant(e); *(dudoso)* hésitant(e).

**vacilar** [baθi'lar] *vt (fam)* faire marcher ♦ *vi* hésiter; *(mueble, lámpara)* chanceler; *(luz, persona)* vaciller; *(fam: bromear)* plaisanter.

**vacío, -a** [ba'θio, a] *adj* vide; *(puesto)* libre ♦ *nm* vide *m*; **envasado al ~** emballé sous vide; **hacer el ~ a algn** mettre qn en quarantaine; **(volver) de ~** *(sin carga)* (revenir) à vide; *(sin resultados)* (revenir) les mains vides.

**vacuna** [ba'kuna] *nf* vaccin *m*.

**vacunar** [baku'nar] *vt* vacciner; **vacunarse** *vpr* se faire vacciner.

**vacuno, -a** [ba'kuno, a] *adj* bovin(e).

**vacuo, -a** ['bakwo, a] *adj* vide.

**vadear** [baðe'ar] *vt* passer à gué; *(problema)* surmonter.

**vado** ['baðo] *nm* gué *m*; **"~ permanente"** *(AUTO)* ≈ "sortie *f* de véhicules".

**vagabundo, -a** [baɣa'βundo, a] *adj* vagabond(e); *(perro)* errant(e) ♦ *nm/f* vagabond(e).

**vagamente** ['baɣamente] *adv* vaguement.

**vagancia** [ba'ɣanθja] *nf* paresse *f*.

**vagar** [ba'ɣar] *vi* errer, vagabonder.

**vagina** [ba'xina] *nf* vagin *m*.

**vago, -a** ['baɣo, a] *adj* vague; *(perezoso)* fainéant(e) ♦ *nm/f* fainéant(e).

**vagón** [ba'ɣon] *nm* wagon *m*; **vagón cama/restaurante** wagon-lit *m*/wagon-restaurant *m*.

**vaguedad** [baɣe'ðað] *nf* vague *m*, manque *m* de précision; **~es** *nfpl*: **decir ~es** rester dans le vague.

**vaho** ['bao] *nm* vapeur *f*; *(aliento)* buée *f*; **~s** *nmpl (MED)* inhalations *fpl*.

**vaina** ['baina] *nf (de espada)* fourreau *m*; *(de guisantes, judías)* cosse *f*; *(AM: fam)* embêtement *m*.

**vainilla** [bai'niʎa] *nf* vanille *f*.

**vainita** [bai'nita] *(AM) nf* haricot *m* vert.

**vais** [bais] *vb V* **ir**.

**vaivén** [bai'βen] *nm* va-et-vient *m inv*; **vaivenes** *nmpl (fig: de la vida)* vicissitudes *fpl*.

**vajilla** [ba'xiʎa] *nf* vaisselle *f*; **una ~** un service; **vajilla de porcelana** service *m* en porcelaine.

**val** *etc* [bal], **valdré** *etc* [bal'dre] *vb V* **valer**.

**vale** ['bale] *nm* bon *m*; *(recibo)* reçu *m*; *(pagaré)* billet *m* à ordre; *(VEN: fam)* co-

pain(copine); **vale de regalo** chèque-cadeau *m*.

**valedero, -a** [bale'ðero, a] *adj* valable.

**valenciano, -a** [balen'θjano, a] *adj* valencien(ne) ♦ *nm/f* Valencien(ne) ♦ *nm (LING)* valencien *m*.

**valentía** [balen'tia] *nf* bravoure *f*; *(proeza)* acte *m* de bravoure.

**valer** [ba'ler] *vt* valoir ♦ *vi* servir; *(ser válido)* être valable; *(estar permitido)* être permis(e); *(tener mérito)* avoir du mérite ♦ *nm* valeur *f*; **valerse** *vpr*: **~se de** *(hacer valer)* faire valoir; *(servirse de)* se servir de; **~ la pena** valoir la peine; **~ (para)** servir (à); **¿vale?** d'accord?, ça va?; **¡vale!** d'accord!; *(¡basta!)* ça suffit!; **más vale (hacer/que)** mieux vaut (faire/que); **¡eso no vale!** ce n'est pas permis!; **no vale nada** ça ne vaut rien; **no vale para nada** ça ne sert à rien; *(persona)* il(elle) n'est bon(ne) à rien; **me vale madre** *o* **sombrilla** *(MÉX: fam)* je m'en fous pas mal; **(poder) ~se por sí mismo** (pouvoir) se débrouiller tout seul.

**valga** *etc* ['balɣa] *vb V* **valer**.

**valía** [ba'lia] *nf* valeur *f*; **de gran ~** de grande valeur.

**validez** [bali'ðeθ] *nf* validité *f*; **dar ~ a algo** prouver la justesse de qch.

**válido, -a** ['baliðo, a] *adj* valable; *(DEPORTE)* valide.

**valiente** [ba'ljente] *adj (soldado)* brave, courageux(-euse); *(niño, decisión)* courageux(-euse); *(pey)* fanfaron(ne); *(con ironía)* vaillant(e) ♦ *nm/f* brave *m/f*.

**valioso, -a** [ba'ljoso, a] *adj* de valeur.

**valla** ['baʎa] *nf* clôture *f*; *(DEPORTE)* haie *f*; **valla publicitaria** panneau *m* publicitaire.

**vallar** [ba'ʎar] *vt* clôturer.

**valle** ['baʎe] *nm* vallée *f*; **valle de lágrimas** vallée de larmes.

**valor** [ba'lor] *nm* valeur *f*; *(valentía)* courage *m*; *(descaro)* aplomb *m*; **~es** *nmpl (ECON, COM)* valeurs *fpl*, titres *mpl*; *(morales)* valeurs; **objetos de ~** objets *mpl* de valeur; **sin ~** sans valeur; **dar/quitar ~ a** donner/ôter de la valeur à; **escala de ~es** échelle *f* de valeurs; **valor a la par** valeur au pair; **valor adquisitivo** pouvoir *m* d'achat; **valor añadido** valeur ajoutée; **valor comercial** valeur marchande; **valor contable** valeur comptable; **valor de compra** pouvoir *m* d'achat; **valor de escasez** valeur attachée à la rareté; **valor de merca-do** valeur marchande; **valor de rescate** valeur de rachat; **valor desglosado** valeur de liquidation; **valor de sustitución** valeur de remplacement; **valores habidos o en cartera** valeurs détenues en portefeuille; **valor intrínseco/neto/nominal** valeur intrinsèque/nette/nominale; **valor según balance** valeur comptable.

**valorar** [balo'rar] *vt* évaluer, estimer.

**vals** [bals] *nm* valse *f*.

**válvula** ['balβula] *nf* valve *f*.

**vamos** ['bamos] *vb* V **ir**.

**vampiro** [bam'piro] *nm* vampire *m*.

**van** [ban] *vb* V **ir**.

**vanagloriarse** [banaɣlo'rjarse] *vpr*: ~ **(de)** se glorifier (de).

**vandalismo** [banda'lismo] *nm* vandalisme *m*.

**vándalo, -a** ['bandalo, a] *nm/f* (*pey*) vandale *m/f*; (*HIST*) Vandale *m/f*.

**vanguardia** [ban'gwardja] *nf* avant-garde *f*; **de** ~ (*ARTE*) d'avant-garde; **estar en** o **ir a la** ~ **de** être à l'avant-garde de.

**vanidad** [bani'ðað] *nf* vanité *f*.

**vanidoso, -a** [bani'ðoso, a] *adj* vaniteux (-euse).

**vano, -a** ['bano, a] *adj* vain(e); (*frívolo*) futile ♦ *nm* (*ARQ*) embrasure *f*; **en** ~ en vain.

**vapor** [ba'por] *nm* vapeur *f*; (*tb*: **barco de** ~) (bateau *m* à) vapeur *m*; **al** ~ (*CULIN*) à la vapeur; **máquina de** ~ machine *f* à vapeur; **vapor de agua** vapeur d'eau.

**vaporoso, -a** [bapo'roso, a] *adj* vaporeux(-euse).

**vapulear** [bapule'ar] *vt* fustiger; (*reprender*) houspiller.

**vaquero** [ba'kero] *nm* (*CINE*) cow-boy *m*; (*AGR*) vacher *m*; ~**s** *nmpl* (*pantalones*) jeans *mpl*.

**vaquilla** [ba'kiʎa] *nf* (*AM*) génisse *f*; ~**s** *nfpl* (*TAUR*) corrida *f* de jeunes taureaux.

**vara** ['bara] *nf* perche *f*; (*de mando*) bâton *m*.

**variable** [ba'rjaβle] *adj, nf* variable *f*.

**variación** [barja'θjon] *nf* changement *m*; (*MÚS*) variation *f*; **sin** ~ inchangé(e).

**variar** [ba'rjar] *vt* (*cambiar*) changer; (*poner variedad*) varier ♦ *vi* varier; ~ **de** changer de; ~ **de opinión** changer d'avis; **para** ~ pour changer.

**varices** *nfpl* varices *fpl*.

**variedad** [barje'ðað] *nf* variété *f*; ~**es** *nfpl*

(*espectáculo*) variétés *fpl*.

**varilla** [ba'riʎa] *nf* baguette *f*; (*de paraguas, abanico*) baleine *f*.

**vario, -a** ['barjo, a] *adj* divers(e); ~**s** plusieurs; "~**s**" (*en partida, presupuesto*) "divers".

**varita** [ba'rita] *nf*: ~ **mágica** baguette *f* magique.

**varón** [ba'ron] *nm* homme *m*; **hijo** ~ enfant *m* mâle.

**varonil** [baro'nil] *adj* viril(e).

**Varsovia** [bar'soβja] *n* Varsovie.

**vas** [bas] *vb* V **ir**.

**vasco, -a** ['basko, a] *adj* basque ♦ *nm/f* Basque *m/f* ♦ *nm* (*LING*) basque *m*; **País V~** Pays *msg* basque.

**vascongadas** [baskon'gaðas] *nfpl*: **las V~** les provinces *fpl* basques.

**vaselina** [base'lina] *nf* vaseline *f*.

**vasija** [ba'sixa] *nf* pot *m*, récipient *m*.

**vaso** ['baso] *nm* verre *m*; (*jarrón*) vase *m*; (*ANAT*) vaisseau *m*; **vasos comunicantes** vases *mpl* communicants; **vaso de vino** verre de vin; (*para vino*) verre à vin.

**vástago** ['bastaɣo] *nm* (*BOT*) rejeton *m*; (*TEC*) tige *f*; (*de familia*) descendant *m*.

**vasto, -a** ['basto, a] *adj* vaste.

**Vaticano** [bati'kano] *nm* Vatican *m*; **la Ciudad del** ~ la Cité du Vatican.

**vatio** ['batjo] *nm* watt *m*.

**vaya** ['baja] *vb* V **ir** ♦ *excl* (*fastidio*) mince!, zut!; (*sorpresa*) eh bien!, tiens!; **¿qué tal?** - **¡~!** ça va? - on fait aller!; **¡~ tontería!** quelle idiotie!; **¡~ mansión!** quelle maison!

**Vd(s)** *abr* (= *usted(es)*) V **usted**.

**ve** [be] *vb* V **ir** ver.

**vecindad** [beθin'dað] *nf* voisinage *m*.

**vecindario** [beθin'darjo] *nm* voisinage *m*, quartier *m*.

**vecino, -a** [be'θino, a] *adj* voisin(e) ♦ *nm/f* voisin(e); (*residente: de pueblo*) habitant(e); **asociación de** ~**s** association *f* de quartier; **somos** ~**s** nous sommes voisins.

**veda** ['beða] *nf* (*de pesca, caza*) défense *f*, interdiction *f*; (*temporada*) fermeture *f*.

**vedar** [be'ðar] *vt* interdire, défendre; (*caza, pesca*) interdire.

**vegetación** [bexeta'θjon] *nf* végétation *f*; **vegetaciones** *nfpl* (*MED*) végétations *fpl*.

**vegetal** [bexe'tal] *adj* végétal(e) ♦ *nm* végétal *m*.

**vehemencia** [bee'menθja] *nf* impétuosité *f*; (*apasionamiento*) véhémence *f*.

**vehemente** [bee'mente] *adj* impétueux (-euse); (*apasionado*) véhément(e).

**vehículo** [be'ikulo] *nm* véhicule *m*; **vehículo espacial** vaisseau *m* spatial.

**veinte** ['beinte] *adj inv*, *nm inv* vingt *m inv*; **el siglo ~** le vingtième siècle; *V tb* **seis**.

**vejación** [bexa'θjon] *nf* brimade *f*.

**vejez** [be'xeθ] *nf* vieillesse *f*.

**vejiga** [be'xiɣa] *nf* vessie *f*.

**vela** ['bela] *nf* bougie *f*; (NÁUT) voile *f*; **a toda ~** (NÁUT) toutes voiles dehors; **barco de ~** bateau *m* à voile; **estar a dos ~s** (*fam*) être fauché(e); **en ~** éveillé(e); (*velando*) à veiller; **pasar la noche en ~** passer une nuit blanche.

**velar** [be'lar] *vt* veiller; (FOTO, *cubrir*) voiler ♦ *vi* veiller; **velarse** *vpr* (FOTO) se voiler; **~ por** veiller à.

**velatorio** [bela'torjo] *nm* veillée *f*.

**veleidad** [belei'ðað] *nf* inconstance *f*; (*capricho*) velléité *f*.

**velero** [be'lero] *nm* (NÁUT) voilier *m*; (AVIAT) planeur *m*.

**veleta** [be'leta] *nm/f* (*pey*) girouette *f* ♦ *nf* (*para el viento*) girouette.

**veliz** [be'liθ] (MÉX) *nm* valise *f*.

**vello** ['beʎo] *nm* duvet *m*.

**velo** ['belo] *nm* voile *m*; **velo del paladar** (ANAT) voile du palais.

**velocidad** [beloθi'ðað] *nf* vitesse *f*; (*rapidez*) rapidité *f*; **de alta ~** à grande vitesse; **cobrar ~** prendre de la vitesse; **meter la segunda ~** passer en seconde; **velocidad de obturación** (FOTO) vitesse d'obturation; **velocidad máxima de impresión** (INFORM) vitesse maximum d'impression.

**velocímetro** [belo'θimetro] *nm* compteur *m* de vitesse.

**veloz** [be'loθ] *adj* rapide.

**ven** [ben] *vb V* **venir**.

**vena** ['bena] *nf* veine *f*; **la ~ poética** la fibre poétique; **le ha dado la ~ por (hacer)** l'envie lui a pris de (faire); **tener ~ de actor/torero** être un acteur/torero né.

**venado** [be'naðo] *nm* grand gibier *m*; (CULIN) venaison *f*.

**vencedor, a** [benθe'ðor, a] *adj* victorieux (-euse) ♦ *nm/f* vainqueur *m*.

**vencer** [ben'θer] *vt* vaincre; (*obstáculos*) surmonter; (*por mucho peso*) briser ♦ *vi* vaincre; (*pago*) arriver à échéance; (*plazo*) expirer; **le venció el sueño/el cansancio** il a succombé au sommeil/à la fatigue.

**vencido, -a** [ben'θiðo, a] *adj* vaincu(e); (COM: *letra*) arrivé(e) à échéance ♦ *adv*: **pagar ~** payer après échéance; **pagar por o al mes ~** payer à la fin du mois; **darse por ~** s'avouer vaincu(e).

**vencimiento** [benθi'mjento] *nm* échéance *f*; **a su ~** à l'échéance.

**venda** ['benda] *nf* pansement *m*.

**vendar** [ben'dar] *vt* bander.

**vendaval** [benda'βal] *nm* vent *m* violent.

**vendedor, a** [bende'ðor, a] *nm/f* vendeur(-euse); **vendedor ambulante** marchand *m* ambulant.

**vender** [ben'der] *vt* vendre; **venderse** *vpr* se vendre; **~ al contado/al por mayor/al por menor/a plazos** vendre au comptant/en gros/au détail/à crédit; **~ al descubierto** vendre à découvert; **"se vende"** "à vendre"; **"se vende coche"** "voiture à vendre".

**vendimia** [ben'dimja] *nf* vendange *f*.

**vendré** *etc* [ben'dre] *vb V* **venir**.

**veneno** [be'neno] *nm* poison *m*.

**venenoso, -a** [bene'noso, a] *adj* (*seta*) vénéneux(-euse); (*producto*) toxique.

**venerable** [bene'raβle] *adj* vénérable.

**venerar** [bene'rar] *vt* vénérer.

**venéreo, -a** [be'nereo, a] *adj* vénérien(ne).

**venezolano, -a** [beneθo'lano, a] *adj* vénézuélien(ne) ♦ *nm/f* Vénézuélien(ne).

**Venezuela** [bene'θwela] *nf* Venezuela *m*.

**venga** *etc* ['benga] *vb V* **venir**.

**venganza** [ben'ganθa] *nf* vengeance *f*.

**vengar** [ben'gar] *vt* venger; **vengarse** *vpr* se venger.

**vengativo, -a** [benga'tiβo, a] *adj* vindicatif(-ive).

**venia** ['benja] *nf* permission *f*; **con su ~** avec votre permission.

**venial** [be'njal] *adj* véniel(le).

**venida** [be'niða] *nf* venue *f*.

**venidero, -a** [beni'ðero, a] *adj* futur(e), à venir; **en lo ~** à l'avenir.

**venir** [be'nir] *vi* venir; (*en periódico, texto*) être; (*llegar, ocurrir*) arriver; **venirse** *vpr*: **~se abajo** s'écrouler; (*persona*) s'effondrer; **~ a menos** (*persona*) déchoir; (*empresa*) être en perte de vitesse; **~ de** venir de; **~ bien/mal** convenir/ne pas convenir; **el año que viene** l'année prochaine; **y él venga a beber** et lui, vas-y que je te bois; **¡ven acá!** viens ici!; **¡venga!** (*fam*) allez!; **¿a qué viene eso?** (*fam*) qu'est-ce que ça veut dire?; **¡venga ya!** (*fam*) à d'autres!; **¡no me vengas con historias!** (*fam*) ne me raconte pas d'histoires!

**venta** ['benta] *nf* vente *f*; (*posada*) auberge *f*; **estar a la/en ~** être à la/en vente; **venta a domicilio** vente à domicile; **venta al contado** vente au comptant; **venta al detalle** vente au détail; **venta a plazos** vente à crédit; **venta al por mayor** vente en gros; **venta al por menor** vente au détail; **ventas a término** ventes *fpl* à terme; **ventas brutas** ventes brutes; **venta de liquidación** vente de liquidation; **venta por correo** vente par correspondance; **venta y arrendamiento al vendedor** cession-bail *f*.

**ventaja** [ben'taxa] *nf* avantage *m*; **llevar ~ a** (*en carrera*) mener devant.

**ventajoso, -a** [benta'xoso, a] *adj* avantageux(-euse).

**ventana** [ben'tana] *nf* fenêtre *f*; **ventana de guillotina** fenêtre à guillotine; **ventana de la nariz** narine *f*.

**ventanilla** [venta'niʎa] *nf* guichet *m*; (*de coche*) vitre *f*.

**ventilación** [bentila'θjon] *nf* ventilation *f*, aération *f*; **sin ~** sans aération.

**ventilar** [benti'lar] *vt* ventiler, aérer; (*ropa*) aérer; (*fig*) divulguer; (: *resolver*) éclaircir; **ventilarse** *vpr* s'aérer.

**ventisca** [ben'tiska] *nf*, **ventisquero** [bentiskero] *nm* bourrasque *f* de neige.

**ventrílocuo, -a** [ben'trilokwo, a] *adj, nm/f* ventriloque *m/f*.

**ventura** [ben'tura] *nf* félicité *f*; (*suerte, destino*) fortune *f*; **a la (buena) ~** à l'aventure.

**ver** [ber] *vt* voir; (*televisión, partido*) regarder; (*JUR*) entendre; (*esp AM: mirar*) regarder ♦ *vi* voir ♦ *nm* allure *f*; **verse** *vpr* se voir; (*hallarse*) se trouver; (*AM: fam*) avoir l'air; **(que) no veas** tu ne peux pas t'imaginer; **dejarse ~** se montrer; **no poder ~ a algn** (*odiar*) ne pas pouvoir voir qn; **(voy) a ~ que hay** je vais voir ce qu'il y a; **por lo que veo** à ce que je vois; **te veo muy contento** tu as l'air très content; **a ~** voyons voir; **¿a ~?** fais voir?; **a ~ si ...** je me demande si ...; **a ~, dime** allez, dis-moi; **¡hay que ~!** il faut voir!; **tiene que ~ con** ça a à voir avec, c'est en rapport avec; **no tener que ~ con** n'avoir rien à voir avec; **a mi modo de ~** à mon avis; **ya**

**~ás (cómo)** tu verras (que); **¡nos vemos!** à tout à l'heure!; **¡habráse visto!** tu te rends compte!; **¡viera(n) qué casa!** (*MÉX: fam*) tu verrais la maison!; **¡hubiera(n) visto qué casa!** (*MÉX: fam*) si tu avais vu la maison!; **(ya) se ve que ...** on voit bien que ...; **te ves divina** (*AM*) tu es divine.

**vera** ['bera] *nf*: **a la ~ de** (*del camino*) au bord de; (*de algn*) auprès de.

**veracidad** [beraθi'ðað] *nf* véracité *f*.

**veranear** [berane'ar] *vi* passer ses vacances d'été.

**veraneo** [bera'neo] *nm*: **ir de ~** partir en vacances d'été; **lugar de ~** lieu *m* de vacances.

**veraniego, -a** [bera'njexo, a] *adj* estival(e).

**verano** [be'rano] *nm* été *m*.

**veras** ['beras] *nfpl*: **de ~** vraiment; **esto va de ~** c'est sérieux.

**veraz** [be'raθ] *adj* véridique.

**verbal** [ber'βal] *adj* verbal(e).

**verbena** [ber'βena] *nf* kermesse *f*; (*BOT*) verveine *f*.

**verbo** ['berβo] *nm* verbe *m*.

**verdad** [ber'ðað] *nf* vérité *f*; **¿~?** n'est-ce pas?; **de ~** vraiment; **de ~ que no fui yo** je jure que ce n'est pas moi; **a decir ~, no quiero** à vrai dire, je ne veux pas; **¡es ~!** c'est vrai!; **la pura ~** la pure vérité; **la ~ es que ...** en fait ...

**verdadero, -a** [berða'ðero, a] *adj* véridique; (*antes del nombre*) vrai(e), véritable; **¿~ o falso?** vrai ou faux?

**verde** ['berðe] *adj* (*tb POL*) vert(e); (*plan*) prématuré(e); (*chiste*) cochon(ne) ♦ *nm* vert *m*; (*hierba*) verdure *f*; **viejo ~** vieux cochon *m*; **poner ~ a algn** (*fam*) descendre qn en flammes.

**verdear** [berðe'ar], **verdecer** [berðe'θer] *vi* verdir.

**verdor** [ber'ðor] *nm* (*color*) couleur *f* verte, vert *m*; (*lozanía*) luxuriance *f*.

**verdugo** [ber'ðuxo] *nm* bourreau *m*; (*gorro*) cagoule *f*.

**verdura(s)** [ber'ðura(s)] *nf(pl)* légumes *mpl*.

**vereda** [be'reða] *nf* sentier *m*; (*AM*) trottoir *m*; **meter a algn en ~** remettre qn dans le droit chemin.

**veredicto** [bere'ðikto] *nm* verdict *m*.

**vergonzoso, -a** [berxon'θoso, a] *adj* (*persona*) timide; (*acto, comportamiento*) honteux(-euse).

**vergüenza** [berˈxwenθa] *nf* honte *f*; **no tener ~** ne pas avoir honte; **me da ~ decírselo** j'ai honte de le lui dire; **¡qué ~!** quelle honte!; **¡es una ~!** c'est une honte!

**verídico, -a** [beˈriðiko, a] *adj* véridique.

**verificar** [berifiˈkar] *vt* vérifier; *(testamento)* homologuer; *(llevar a cabo)* effectuer; **verificarse** *vpr* avoir lieu; *(profecía)* se vérifier.

**verja** [ˈberxa] *nf* grille *f*.

**vermut** [berˈmu] *(pl ~s) nm* vermouth *m*; *(esp AND, CSUR: CINE)* matinée *f*.

**verosímil** [beroˈsimil] *adj* vraisemblable.

**verruga** [beˈrruxa] *nf* (MED) verrue *f*; *(BOT)* excroissance *f*.

**versado, -a** [berˈsaðo, a] *adj*: **~ en** versé(e) en.

**versátil** [berˈsatil] *adj (material)* polyvalent(e); *(persona)* versatile.

**versión** [berˈsjon] *nf* version *f*; **nueva ~** nouvelle version; **en ~ original** en version originale.

**verso** [ˈberso] *nm* vers *msg*; **~ blanco/libre** vers blanc/libre.

**vértebra** [ˈberteβra] *nf* vertèbre *f*.

**verter** [berˈter] *vt* verser; *(derramar)* répandre ♦ *vi*: **~ a** *(río)* se jeter dans; **verterse** *vpr* se répandre.

**vertical** [bertiˈkal] *adj* vertical(e); *(postura, piano)* droit(e) ♦ *nf* verticale *f*.

**vértice** [ˈbertiθe] *nm* sommet *m*.

**vertiente** [berˈtjente] *nf* versant *m*; *(aspecto)* aspect *m*.

**vertiginoso, -a** [bertixiˈnoso, a] *adj* vertigineux(-euse).

**vértigo** [ˈbertixo] *nm* vertige *m*; *(fig)* précipitation *f*; **me da ~** ça me donne le vertige; **de ~** *(fam: velocidad)* grand V *inv*; *(: suma)* fou(folle).

**vesícula** [beˈsikula] *nf* vésicule *f*; **vesícula biliar** vésicule biliaire.

**vestíbulo** [besˈtiβulo] *nm* vestibule *m*; *(de teatro)* foyer *m*.

**vestido, -a** [besˈtiðo, a] *adj* habillé(e) ♦ *nm* habit *m*, vêtement *m*; *(de mujer)* robe *f*; **(ir/estar) ~ de** (être) habillé(e) en; *(disfrazado)* (être) déguisé(e) en.

**vestigio** [besˈtixjo] *nm* vestige *m*.

**vestimenta** [bestiˈmenta] *nf* habillement *m*.

**vestir** [besˈtir] *vt* habiller; *(llevar puesto)* porter ♦ *vi* s'habiller; *(ser elegante)* habiller; **vestirse** *vpr* s'habiller; **ropa de ~** vêtements *mpl* habillés; **~se de s'**habiller en; **~se de princesa/marinero** se déguiser en princesse/marin.

**vestuario** [besˈtwarjo] *nm* garde-robe *f*; *(TEATRO, CINE)* costumes *mpl*; *(local: TEATRO)* loge *f*; **~s** *nmpl (DEPORTES)* vestiaires *mpl*.

**veta** [ˈbeta] *nf (de mineral)* veine *f*, filon *m*; *(en piedra, madera)* veine.

**vetar** [beˈtar] *vt* mettre son veto à.

**veterano, -a** [beteˈrano, a] *adj* ancien(ne) ♦ *nm/f* vétéran *m*.

**veterinaria** [beteriˈnarja] *nf* médecine *f* vétérinaire; **V tb** *veterinario*.

**veterinario, -a** [beteriˈnarjo, a] *nm/f* vétérinaire *m/f*.

**veto** [ˈbeto] *nm* veto *m*.

**vez** [beθ] *nf* fois *fsg*; *(turno)* tour *m*; **a la ~** en même temps; **a la ~ que** en même temps que; **a su ~** à son tour; **cada ~ más/menos** de plus en plus/de moins en moins; **hay cada ~ más/menos gente** il y a de plus en plus/de moins en moins de monde; **una ~** une fois; **de una ~** en une seule fois; **de una ~ para siempre** une bonne fois pour toutes; **en ~ de** au lieu de; **a veces/algunas veces** parfois; **otra ~** encore (une fois); **una y otra ~** à maintes reprises; **pocas veces** peu, pas souvent; **de ~ en cuando** de temps en temps; **7 veces 9** 7 fois 9; **hacer las veces de** tenir lieu de, faire office de; **tal ~** peut-être; **¿lo has visto alguna ~?** l'as-tu déjà vu?; **¿cuántas veces?** combien de fois?; **érase una ~** il était une fois.

**vía** [ˈbia] *nf* voie *f*; **dar ~ libre a** ouvrir la voie à; **por ~ aérea** par avion; **por ~ oral** *(MED)* par voie orale; **por ~ judicial** par voie de droit; **por ~ oficial** par la voie officielle; **por ~ de** par le canal de; **en ~s de** en voie de; **un país en ~s de desarrollo** un pays en voie de développement; **transmisión ~ satélite** transmission *f* par satellite; **Madrid-Berlin ~ París** Madrid-Berlin via Paris; **vías aéreas** voies *fpl* aériennes; **vía de comunicación** voie de communication; **Vía Láctea** Voie lactée; **vía pública** voie publique; **vía única** *(AUTO)* voie à sens unique.

**viable** [ˈbjaβle] *adj* viable.

**viaducto** [bjaˈðukto] *nm* viaduc *m*.

**viajar** [bjaˈxar] *vi* voyager.

**viaje** [ˈbjaxe] *nm* voyage *m*; *(carga)* cargaison *f*; **agencia de ~s** agence *f* de voyage; **bolsa/manta de ~** sac *m*/couverture *f* de voyage; **¡buen ~!** bon voyage!; **estar de ~** être en voyage; **ir de ~** partir en voyage; **viaje de ida y vuelta** voyage aller-retour; **viaje de negocios** voyage d'affaires; **viaje de novios** voyage de noces.

**viajero, -a** [bja'xero, a] *adj, nm/f* voyageur(-euse).

**vial** [bjal] *adj* (*AUTO: seguridad*) routier(-ière); (*marca*) au sol.

**víbora** ['biβora] *nf* vipère *f*.

**vibración** [biβra'θjon] *nf* vibration *f*; **hay buenas vibraciones** (*fig*) le courant passe bien.

**vibrar** [bi'βrar] *vi* vibrer.

**vicario** [bi'karjo] *nm* vicaire *m*.

**vicepresidente** [biθepresi'ðente] *nm/f* vice-président(e).

**viceversa** [biθe'βersa] *adv*: **y ~** et vice versa.

**viciado, -a** [bi'θjaðo, a] *adj* (*corrompido*) dépravé(e); (*postura*) gauchi(e); (*aire, atmósfera*) vicié(e).

**viciar** [bi'θjar] *vt* (*persona, costumbres*) pervertir; (*JUR, aire*) vicier; (*objeto, postura*) déformer; (*mecanismo, dicción*) fausser; **viciarse** *vpr* (*aire*) devenir vicié(e); (*deformarse*) se déformer; **~se con** (*persona*) devenir mordu(e) de.

**vicio** ['biθjo] *nm* vice *m*; (*mala costumbre*) mauvaise habitude *f*, défaut *m*; (*mimo*) faiblesse *f*; (*deformación*) déformation *f*; **de** *o* **por ~** par habitude; **vicio de dicción** défaut de prononciation.

**vicioso, -a** [bi'θjoso, a] *adj, nm/f* vicieux(-euse); **círculo ~** cercle *m* vicieux.

**vicisitud** [biθisi'tuð] *nf* vicissitude *f*.

**víctima** ['biktima] *nf* victime *f*; **ser ~ de** être victime de.

**victoria** [bik'torja] *nf* victoire *f*.

**victorioso, -a** [bikto'rjoso, a] *adj* victorieux(-ieuse); **salir ~ de** sortir victorieux(-ieuse) de.

**vid** [bið] *nf* vigne *f*.

**vida** ['biða] *nf* vie *f*; (*de aparato, edificio*) durée *f* de vie; **¡~!, ¡~ mía!** mon amour!; **calidad de ~** qualité *f* de la vie; **de por ~** de (toute) ma *etc* vie; **en la/mi** *etc* **~** (*nunca*) de la/ma *etc* vie; **estar con ~** être en vie; **hacer ~ social** sortir beaucoup; **ganarse la ~** gagner sa vie; **de ~ o muerte** de vie ou de mort; **¡esto es ~!** ça, c'est la belle

vie!; **le va la ~ en esto** sa vie en dépend; **vida de perros** vie de chien; **vida eterna/privada** vie éternelle/privée.

**vídeo** ['biðeo] *nm* vidéo *f*; (*aparato*) magnétoscope *m*; **cinta de ~** cassette *f* vidéo, bande *f* vidéo; **grabar en ~** enregistrer en vidéo; **vídeo compuesto/inverso** (*INFORM*) vidéo composite/inverse; **vídeo musical** vidéo musicale.

**videocámara** [biðeo'kamara] *nf* caméra *f* vidéo.

**videocas(s)et(t)e** [biðeoka'set] *nm* vidéocassette *f*.

**videoclub** [biðeo'klub] *nm* club *m* vidéo.

**videojuego** [biðeo'xweɣo] *nm* jeu *m* vidéo.

**vidrio** ['biðrjo] *nm* verre *m*; (*AM*) fenêtre *f*; **~s** *nmpl* (*objetos*) objets *mpl* en verre; **pagar los ~s rotos** payer les pots cassés; **~ inastillable/cilindrado** verre sécurit ®/très épais.

**viejo, -a** ['bjexo, a] *adj* vieux(vieille); (*tiempos*) ancien(ne) ♦ *nm/f* vieux(vieille); **hacerse** *o* **ponerse ~** se faire vieux(vieille); **mi ~/vieja** (*esp CSUR: fam: padre/madre*) mon vieux/ma vieille; (*: marido/mujer*) le vieux/la vieille; (*: mi vida*) mon amour; **mis ~s** (*esp CSUR: fam: padres*) mes vieux.

**Viena** ['bjena] *n* Vienne.

**viene** *etc* ['bjene] *vb* V **venir**.

**vienés, -esa** [bje'nes, esa] *adj* viennois(e) ♦ *nm/f* Viennois(e).

**viento** ['bjento] *nm* vent *m*; (*cuerda*) corde *f* de tente; **contra ~ y marea** contre vents et marées; **ir ~ en popa** avoir le vent en poupe; **viento de cola/de costado** vent arrière/de travers.

**vientre** ['bjentre] *nm* ventre *m*; **hacer de ~** faire ses besoins.

**viernes** ['bjernes] *nm inv* vendredi *m*; **Viernes Santo** vendredi saint; *V tb* **sábado**.

**Vietnam** [bjet'nam] *nm* Vietnam *m*.

**vietnamita** [bjetna'mita] *adj* vietnamien(ne) ♦ *nm/f* Vietnamien(ne).

**viga** ['biɣa] *nf* poutre *f*.

**vigencia** [bi'xenθja] *nf* (*de ley, contrato*) validité *f*; (*de costumbres*) actualité *f*; **estar/entrar en ~** être/entrer en vigueur.

**vigente** [bi'xente] *adj* (*ley etc*) en vigueur; (*costumbre*) actuel(le).

**vigésimo, -a** [bi'xesimo, a] *adj, nm/f* vingtième *m/f*.

**vigía** [bi'xia] *nm/f* guetteur(-euse) ♦ *nf* mirador *m*.

**vigilancia** [bixi'lanθja] *nf* surveillance *f*.

**vigilante** [bixi'lante] *adj* vigilant(e) ♦ *nm* gardien *m*; **vigilante jurado** vigile *m*; **vigilante nocturno** veilleur *m* de nuit.

**vigilar** [bixi'lar] *vt* surveiller ♦ *vi* être de garde; **~ por** (*salud*) veiller à; (*algn*) veiller sur.

**vigilia** [vi'xilja] *nf* veille *f*; (*REL*) vigile *f*.

**vigor** [bi'xor] *nm* vigueur *f*; **en ~** en vigueur; **entrar en ~** entrer en vigueur.

**vigoroso, -a** [bixo'roso, a] *adj* vigoureux (-euse).

**vil** [bil] *adj* vil(e).

**vileza** [bi'leθa] *nf* vilenie *f*.

**villa** ['biʎa] *nf* villa *f*; (*población*) ville *f*; **la V~ (de Madrid)** la Ville (de Madrid); **villa miseria** (*CSUR*) bidonville *m*.

**villancico** [biʎan'θiko] *nm* chant *m* de Noël.

**vilo** ['bilo]: **en ~** *adv* (*sostener, levantar*) en l'air; **estar en ~** (*fig*) être sur des charbons ardents.

**vinagre** [bi'naxre] *nm* vinaigre *m*.

**vinagreta** [bina'xreta] *nf* vinaigrette *f*.

**vincular** [binku'lar] *vt* rapprocher; (*por contrato, obligación*) lier; **vincularse** *vpr*: **~se (a)** se rapprocher (de).

**vínculo** ['binkulo] *nm* lien *m*.

**vinicultura** [binikul'tura] *nf* viticulture *f*.

**vino** ['bino] *vb V* **venir** ♦ *nm* vin *m*; **vino añejo** vin vieux; **vino blanco** vin blanc; **vino de cosecha** vin d'appellation contrôlée; **vino de crianza** grand cru *m*; **vino de mesa** vin de table; **vino peleón** pinard *m*; **vino tinto** vin rouge.

**viña** ['bina] *nf* vigne *f*.

**viñedo** [bi'neðo] *nm* vignoble *m*.

**violación** [bjola'θjon] *nf* (*de una persona*) viol *m*; (*de derecho, ley*) violation *f*; **violación de contrato** (*COM*) rupture *f* de contrat.

**violar** [bjo'lar] *vt* violer.

**violencia** [bjo'lenθja] *nf* violence *f*; **~ doméstica** violences infligées par le conjoint.

**violentar** [bjolen'tar] *vt* forcer; (*persona*) violenter; **violentarse** *vpr* se faire violence.

**violento, -a** [bjo'lento, a] *adj* violent(e); (*embarazoso*) embarrassant(e); (*incómodo*) mal à l'aise *inv*; **me es muy ~** cela me gêne beaucoup.

**violeta** [bjo'leta] *adj* violet(te) ♦ *nf* (*BOT*) violette *f* ♦ *nm* (*color*) violet *m*.

**violín** [bjo'lin] *nm* violon *m*.

**viraje** [bi'raxe] *nm* virage *m*; (*de ideas, procedimientos*) revirement *m*.

**virgen** ['birxen] *adj* vierge ♦ *nm* garçon *m* o homme *m* vierge ♦ *nf* vierge *f*; **la (Santísima) V~** la (Sainte) Vierge.

**Virgo** ['birxo] *nm* (*ASTROL*) la Vierge; **ser ~** être (de la) Vierge.

**viril** [bi'ril] *adj* viril(e); **miembro ~** membre *m* viril.

**virilidad** [birili'ðað] *nf* virilité *f*.

**virtud** [bir'tuð] *nf* vertu *f*; **en ~ de** en vertu de.

**virtuoso, -a** [bir'twoso, a] *adj* vertueux (-euse) ♦ *nm/f* (*MÚS*) virtuose *m/f*.

**viruela** [bi'rwela] *nf* variole *f*; **~s** *nfpl* (*pústulas*) boutons *mpl* de variole.

**virulento, -a** [biru'lento, a] *adj* virulent(e).

**virus** ['birus] *nm inv* virus *msg*.

**visa** ['bisa] (*AM*) *nf*, **visado** [bi'sado] *nm* visa *m*; **visa de permanencia** permis *m* de séjour.

**víscera** ['bisθera] *nf* viscère *m*; **~s** *nfpl* viscères *mpl*.

**visceral** [bisθe'ral] *adj* viscéral(e).

**viscoso, -a** [bis'koso, a] *adj* visqueux (-euse).

**visera** [bi'sera] *nf* visière *f*; (*gorra*) casquette *f* à visière.

**visibilidad** [bisiβili'ðað] *nf* visibilité *f*.

**visible** [bi'siβle] *adj* visible; **estar ~** être visible; **exportaciones/importaciones ~s** (*COM*) exportations *fpl*/importations *fpl* visibles.

**visillo** [bi'siʎo] *nm* rideau *m*.

**visión** [bi'sjon] *nf* vision *f*; **ver visiones** avoir des visions; **visión de conjunto** vue *f* d'ensemble; **visión global** vue globale.

**visita** [bi'sita] *nf* visite *f*; **horas/tarjeta de ~** heures *fpl*/carte *f* de visite; **hacer una ~** rendre o faire une visite; **ir de ~** aller rendre visite; **visita de cortesía** visite de courtoisie; **visita de cumplido** visite de politesse.

**visitar** [bisi'tar] *vt* (*familia etc*) rendre visite à; (*ciudad, museo*) visiter; (*inspeccionar*) faire la visite de.

**vislumbrar** [bislum'brar] *vt* apercevoir, distinguer; (*solución*) entrevoir.

**viso** ['biso] *nm* (*de metal*) éclat *m*; (*de tela*) lustre *m*; (*aspecto*) luisant *m*; **tiene ~s de ser cierto** cela a l'air d'être vrai.

**visón** [bi'son] *nm* vison *m*; **abrigo de ~** manteau *m* de vison.

**visor** [bi'sor] *nm* (FOTO) viseur *m*; (de arma) viseur *m*.

**víspera** ['bispera] *nf* veille *f*; **la ~ o en ~s de** (à) la veille de.

**vista** ['bista] *nf* vue *f*; (JUR) audience *f*; **a primera o simple ~** à première vue, au premier abord; **a ~ de pájaro** à vol d'oiseau; **fijar o clavar la ~ en algo** fixer qch; **hacer la ~ gorda** fermer les yeux; **tener ~ (para algo)** avoir du flair (pour qch); **volver la ~** détourner les yeux; **hacer algo a la ~ de todos** faire qch au vu et au su de tous; **está o salta a la ~ que** il saute aux yeux que; **a la ~** (COM) à vue; **conocer a algn de ~** connaître qn de vue; **perder algo/a algn de ~** perdre qch/qn de vue; **en ~ de ...** ; **en ~ de que** vu que; **¡hasta la ~!** à bientôt!; **con ~s a** (al mar) avec vue sur; (al futuro, a mejorar) dans le but de; **vista cansada** vue qui baisse; **vista de lince** yeux *mpl* de lynx.

**vistazo** [bis'taθo] *nm* coup *m* d'œil; **dar o echar un ~ a** donner o jeter un coup d'œil à.

**visto, -a** ['bisto, a] *vb* V **vestir** ♦ *pp de* **ver** ♦ *adj*: **estar muy ~** être très en vue ♦ *nm*: **~ bueno** autorisation *f*; **está ~ que** il est clair que; **está bien/mal ~** c'est bien/mal vu; **estaba ~** c'était à prévoir; **~ que** vu que; **por lo ~** apparemment; **dar el ~ bueno a** donner son autorisation pour.

**vistoso, -a** [bis'toso, a] *adj* voyant(e).

**visual** [bi'swal] *adj* visuel(le).

**vital** [bi'tal] *adj* vital(e); (persona) plein(e) de vitalité.

**vitalicio, -a** [bita'liθjo, a] *adj* viager(-ère); (cargo) à vie.

**vitalidad** [bitali'ðað] *nf* vitalité *f*.

**vitamina** [bita'mina] *nf* vitamine *f*.

**viticultor, a** [bitikul'tor, a] *nm/f* viticulteur(-trice).

**viticultura** [bitikul'tura] *nf* viticulture *f*.

**vitorear** [bitore'ar] *vt* acclamer.

**vitrina** [bi'trina] *nf* vitrine *f*.

**vitrocerámico, -a** [bitroθe'ramiko, a] *adj*: **placa vitrocerámica** plaque *f* vitrocéramique.

**viudez** [bju'ðeθ] *nf* veuvage *m*.

**viudo, -a** ['bjuðo, a] *adj*, *nm/f* veuf(veuve).

**viva** ['biβa] *excl* vivat! ♦ *nm* vivat *m*; **¡~ el**

**rey!** vive le roi!

**vivacidad** [biβaθi'ðað] *nf* vivacité *f*.

**vivaracho, -a** [biβa'ratʃo, a] *adj* vivant(e).

**vivaz** [bi'βaθ] *adj* vivace; (ingenio) vif(vive).

**víveres** ['biβeres] *nmpl* vivres *mpl*.

**vivero** [bi'βero] *nm* (HORTICULTURA) pépinière *f*; (criadero) vivier *m*; (fig: de delincuentes, discordia) source *f*.

**vivienda** [bi'βjenda] *nf* logement *m*, habitation *f*; **vivienda de protección oficial** ≈ H.L.M. *m*; **viviendas sociales** logements sociaux.

**viviente** [bi'βjente] *adj* vivant(e).

**vivir** [bi'βir] *vt*, *vi* vivre; **~ de** vivre de; **~ bien/mal** vivre bien/mal; **saber ~** savoir vivre.

**vivo, -a** ['biβo, a] *adj* vif(vive); (ser, recuerdo, planta) vivant(e); **al rojo ~** à blanc; **en ~** (TV, MÚS) en direct.

**vocablo** [bo'kaβlo] *nm* mot *m*.

**vocabulario** [bokaβu'larjo] *nm* vocabulaire *m*.

**vocación** [boka'θjon] *nf* vocation *f*.

**vocacional** [bokaθjo'nal] (MÉX) *nf* (ESCOL) collège *m* technique.

**vocal** [bo'kal] *adj* vocal(e) ♦ *nm/f* membre *m* ♦ *nf* (LING) voyelle *f*.

**vocalizar** [bokali'θar] *vt* prononcer ♦ *vi* vocaliser.

**vocear** [boθe'ar] *vt* (mercancía) vendre à la criée; (escándalo, noticia) crier sur les toits ♦ *vi* vociférer.

**vocerío** [boθe'rio] *nm* clameur *f*.

**vocero, -a** [bo'θero, a] (AM) *nm/f* porte-parole *m inv*.

**voces** *pl de* **voz**.

**vociferar** [boθife'rar] *vi* vociférer.

**vodka** ['boðka] *nm* vodka *f*.

**vol.** *abr* (= volumen) vol. (= volume).

**volandas** [bo'landas]: **en ~** *adv* en volant; (en un momento) en un clin d'œil.

**volante** [bo'lante] *adj* volant(e) ♦ *nm* volant *m*; (MED: de aviso) convocation *f*; **ir al ~** être au volant.

**volar** [bo'lar] *vt* faire exploser ♦ *vi* voler; (tiempo) passer; (noticias) aller bon train; (fam: desaparecer) filer; **volarse** *vpr* s'envoler; **voy volando** j'y cours.

**volátil** [bo'latil] *adj* volatile.

**volcán** [bol'kan] *nm* volcan *m*; **el país/su pasión es un ~** le pays est une poudrière/sa passion est un volcan.

**volcánico, a** [bol'kaniko, a] *adj* volcanique.

**volcar** [bol'kar] vt (recipiente) vider; (contenido) verser; (vehículo) renverser; (barco) faire chavirer ♦ vi (vehículo) capoter; (barco) chavirer; **volcarse** vpr (recipiente) se renverser; (vehículo) capoter; (barco) chavirer; (esforzarse): ~**se para hacer algo/con algn** se donner beaucoup de mal pour faire qch/avec qn.

**voleibol** [bolei'βol] nm volley-ball m.

**volqué** etc [bol'ke], **volquemos** etc [bol'kemos] vb V **volcar**.

**voltaje** [bol'taxe] nm voltage m.

**voltear** [bolte'ar] vt faire tourner; (persona: en el aire) faire sauter en l'air; (AM) tourner; (: volcar) verser; **voltearse** vpr (AM) se retourner; ~ **a hacer algo** (AM) recommencer (à faire) qch.

**voltereta** [bolte'reta] nf (rodada) culbute f; (en el aire) saut m périlleux; **voltereta lateral** roue f.

**voltio** ['boltjo] nm volt m.

**voluble** [bo'luβle] adj volubile.

**volumen** [bo'lumen] nm volume m; (COM) volume, chiffre m; **bajar el** ~ baisser le son; **poner la radio a todo** ~ mettre la radio à fond; **volumen de capital** capital m; **volumen de negocios/de ventas** chiffre d'affaire/des ventes.

**voluminoso, -a** [bolumi'noso, a] adj volumineux(-euse).

**voluntad** [bolun'tað] nf volonté f; **a** ~ à volonté; **buena** ~ bonne volonté; **dar la** ~ laisser un pourboire; **tener mucha/poca** ~ avoir beaucoup de/peu de volonté; **por causas ajenas a nuestra** ~ pour des raisons indépendantes de notre volonté.

**voluntario, -a** [bolun'tarjo, a] adj, nm/f volontaire m/f; **ofrecerse (como)** ~ se porter volontaire.

**voluntarioso, -a** [bolunta'rjoso, a] adj volontaire.

**voluptuoso, -a** [bolup'twoso, a] adj voluptueux(-euse).

**volver** [bol'βer] vt tourner; (boca abajo, de dentro fuera) retourner; (de atrás adelante) ramener; (transformar en: persona) rendre; (manga) retrousser ♦ vi (regresar) revenir; (ir de nuevo) retourner; **volverse** vpr (girar) se retourner; (convertirse en) devenir; ~ **la espalda** tourner le dos; ~ **a hacer algo** recommencer (à faire) qch; ~ **de** revenir de; ~ **en sí** revenir à soi; ~ **la vista atrás** regarder en arrière; ~ **loco a algn** rendre

qn fou(folle); ~**se loco/insociable** devenir fou/asocial; ~**se atrás** revenir en arrière; **su mentira se volvió contra él** o **en contra de él** son mensonge s'est retourné contre lui.

**vomitar** [bomi'tar] vt vomir; (sangre) cracher ♦ vi vomir.

**vómito** ['bomito] nm vomissement m; (lo vomitado) vomi m.

**voraz** [bo'raθ] adj vorace; (hambre) dévorant(e).

**vos** [bos] (AM) pron vous; (esp CSUR) tu.

**voseo** [bo'seo] (AM) nm vouvoiement m.

**vosotros, -as** [bo'sotros, as] pron vous; **entre** ~ parmi vous.

**votación** [bota'θjon] nf vote m; **por** ~ par vote; **someter algo a** ~ soumettre qch au vote; ~ **secreta/a mano alzada** vote à bulletin secret/à main levée.

**votar** [bo'tar] vt, vi voter.

**voto** ['boto] nm vote m; (REL) vœu m; **hacer** ~**s por** faire des vœux pour; **dar su** ~ voter; **voto a favor** vote pour; **voto de censura/de confianza** motion f de censure/vote de confiance; **voto en contra** vote contre.

**voy** [boi] vb V **ir**.

**voz** [boθ] nf voix fsg; (grito) cri m; (rumor) bruit m; (LING: palabra) mot m; **dar voces** pousser des cris; **llamar a algn/hablar a voces** appeler qn en criant/crier; **la** ~ **de la conciencia** la voix de la conscience; **a media** ~ à mi-voix; **a** ~ **en cuello** o **en grito** à grands cris; **de viva** ~ de vive voix; **en** ~ **alta/baja** à voix haute/basse; **llevar la** ~ **cantante** commander; **tener la** ~ **tomada** être enroué(e); **tener** ~ **y voto** avoir voix au chapitre; **voz de mando** ton m de commandement; **voz en off** voix off.

**vuelco** ['bwelko] vb V **volcar** ♦ nm culbute f, chute f; (de coche) tonneau m, capotage m; **me dio un** ~ **el corazón** ça m'a fait un coup au cœur.

**vuelo** ['bwelo] vb V **volar** ♦ nm vol m; (de falda, vestido) ampleur f; **de altos** ~**s** de haut vol; **alzar el** ~ prendre son vol; **cazar** o **coger al** ~ attraper au vol; **cazarlas** o **cogerlas al** ~ (fig) ne pas en laisser passer une; **falda de (mucho)** ~ jupe f ample; **vuelo chárter** vol charter; **vuelo en picado** descente f en piqué; **vuelo espacial** vol spatial; **vuelo libre** vol libre; **vue-**

lo regular vol régulier; **vuelo sin motor** vol sans moteur.

**vuelque** etc ['bwelke] vb V **volcar**.

**vuelta** ['bwelta] nf tour m; (regreso) retour m; (en carreras, circuito) virage m; (de camino, río) méandre m; (de papel) verso m; (de pantalón, tela, fig) revers msg; (en labor de punto) rangée f; (situación) renversement m; (dinero) monnaie f; **~ a empezar** retour à la case départ; **a la ~** (ESP) au retour; **a la ~ (de la esquina)** au coin (de la rue); **a ~ de correo** par retour du courrier; **dar(se) la ~** (coche) faire demi-tour; (persona) se retourner; **dar la ~ a algo** retourner qch; (de atrás adelante) ramener qch; **dar la ~ al mundo** faire le tour du monde; **dar ~s** tourner; **dar ~s a algo** (comida) remuer qch; (manivela) tourner qch; **dar ~s a una idea** tourner et retourner une idée dans sa tête; **dar una ~** faire un tour; **dar una ~ a algo** (llave, tuerca) donner un tour de qch; **dar media ~** (persona) faire demi-tour; **estar de ~** être de retour; **poner a algn de ~ y media** (fam) traiter qn de tous les noms; **no tiene ~ de hoja** il n'y a pas d'autre solution; **vuelta ciclista** tour f (cycliste); **vuelta de campana** tonneau m.

**vuelto** ['bwelto] pp de **volver** ♦ nm (AM) monnaie f.

**vuelva** etc ['bwelβa] vb V **volver**.

**vuestro, -a** ['bwestro, a] adj votre ♦ pron: **el ~/la vuestra** le/la vôtre; **los ~s, las vuestras** les vôtres; **lo ~** ce qui est à vous; **un amigo ~** un de vos amis; **¿son ~s?** c'est à vous?; **una idea vuestra** une de vos idées.

**vulgar** [bul'xar] adj (pey) vulgaire; (no refinado) grossier(-ière); (gustos, uso) commun(e).

**vulgaridad** [bulxari'ðað] nf vulgarité f; (de gustos, rasgos) banalité f; (grosería) grossièreté f; **~es** nfpl (trivialidades) banalités fpl.

**vulgarizar** [bulxari'θar] vt vulgariser.

**vulgo** ['bulxo] nm: **el ~** (pey) le commun des mortels.

**vulnerable** [bulne'raβle] adj vulnérable; (punto, zona) sensible; **ser ~ a** être vulnérable à.

**vulnerar** [bulne'rar] vt (ley, acuerdo) transgresser; (derechos, reputación) bafouer; (intimidad) violer.

**Ww**

**wáter** ['bater] nm waters mpl.
**whisky** ['wiski] nm whisky m.
**windsurf** ['winsurf] nm windsurf m, planche f à voile.

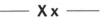

**Xx**

**xenofobia** [kseno'foβja] nf xénophobie f.
**xilófono** [ksi'lofono] nm xylophone m.

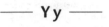

**Yy**

**y** [i] conj et; **~ bueno/claro** (esp ARG: muletilla enfática) bon/évidemment; **¿~ tu hermana?** et ta sœur?; **¡¿~ qué?!** et alors!; **¿~ si ...?** et si ...?; **¡~ yo!** moi aussi!; **estuvo llora ~ llora** (AM) il(elle) n'a pas arrêté de pleurer.

**ya** [ja] adv déjà; (con presente: ahora) maintenant; (: en seguida) tout de suite; (con futuro: pronto) bientôt ♦ excl OK!; (entiendo) oui!; (por supuesto) évidemment!; (por fin) enfin! ♦ conj déjà; **~ que** puisque; **~ no vamos** nous ne partons plus; **~ lo sé** je sais; **¡~ era hora!** il était temps!; **~ ves tu** vois bien; **~ veremos** on verra bien; **¡~ está!** ça y est!; **~, ya** (irónico) mais oui! **que ~, ya** mais oui, c'est ça; **¡~ voy!** j'arrive!, j'y vais!; **~ mismo** (esp CSUR) tout de suite; **desde ~** (CSUR) tout de suite; (: claro) évidemment; **~ que no está ...** puisqu'il n'est pas là ...; **~ vale (de hacer)**, **~ está bien** ça suffit.

**yacer** [ja'θer] vi gésir; **aquí yace** ci-gît.
**yacimiento** [jaθi'mjento] nm gisement m; **yacimiento petrolífero** gisement de pétrole.
**yanqui** ['janki] adj yankee ♦ nm/f Yankee m/f.
**yate** ['jate] nm yacht m.
**yazca** etc ['jaθka] vb V **yacer**.

**yedra** ['jeðra] nf lierre m.

**yegua** ['jeɣwa] nf jument f.

**yema** ['jema] nf (del huevo) jaune m; (BOT) bourgeon m; (CULIN) jaune d'œuf mélangé avec du sucre; **yema del dedo** bout m du doigt.

**yerga** etc ['jerɣa], **yergue** etc ['jerɣe] vb V **erguir**.

**yermo, -a** ['jermo, a] adj (no cultivado) inculte; (despoblado) désert(e) ♦ nm terre f inculte.

**yerno** ['jerno] nm gendre m.

**yerre** etc ['jerre] vb V **errar**.

**yeso** ['jeso] nm (GEO) gypse m; (ARQ) plâtre m.

**yo** ['jo] pron (personal) je; **soy ~** c'est moi; **~ que tú/usted** moi, à ta/votre place.

**yodo** ['joðo] nm iode m.

**yoga** ['joɣa] nm yoga m.

**yogur(t)** [jo'ɣur(t)] nm yaourt m, yogourt m; **yogur(t) descremado** o **desnatado** yaourt écrémé.

**yudo** ['juðo] nm judo m.

**yugo** ['juɣo] nm joug m.

**Yugoslavia** [juɣos'laβja] nf Yougoslavie f.

**yugular** [juɣu'lar] adj, nf jugulaire f.

**yunque** ['junke] nm enclume f.

**yunta** ['junta] nf attelage m; **~s** nfpl (VEN: de camisa) boutons mpl de manchette.

**yuxtaponer** [jukstapo'ner] vt juxtaposer.

**yuxtaposición** [jukstaposi'θjon] nf juxtaposition f.

—— **Z z** ——

**zafarse** [θa'farse] vpr: **~ de** se libérer de.

**zafio, -a** ['θafjo, a] adj rustre.

**zafiro** [θa'firo] nm saphir m.

**zaga** ['θaɣa] nf: **a la ~** à la traîne; **ella no le va a la ~** (fig) elle n'a rien à lui envier.

**zaguán** [θa'ɣwan] nm vestibule m.

**zaherir** [θae'rir] vt mortifier.

**zalamería** [θalame'ria] nf cajolerie f.

**zalamero, -a** [θala'mero, a] adj cajoleur (-euse).

**zamarra** [θa'marra] nf veste f en cuir.

**zambullirse** [θambu'ʎirse] vpr plonger; (fig: en trabajo) se plonger.

**zampar** [θam'par] (fam) vt engouffrer; **zamparse** vpr: **~se algo** engouffrer qch.

**zanahoria** [θana'orja] nf carotte f.

**zancada** [θan'kaða] nf enjambée f; **dar ~s** faire de grandes enjambées.

**zancadilla** [θanka'ðiʎa] nf croc-en-jambe m; **echar** o **poner la ~ a algn** barrer la route à qn; (fig) mettre des bâtons dans les roues à qn.

**zanco** ['θanko] nm échasse f.

**zancudo, -a** [θan'kuðo, a] adj: **ave ~** échassier m ♦ nm (AM) moustique m.

**zángano, -a** ['θangano] nm/f feignant(e) ♦ nm (ZOOL) faux bourdon m.

**zanja** ['θanxa] nf fossé m.

**zanjar** [θan'xar] vt trancher.

**zapata** [θa'pata] nf patin m.

**zapatear** [θapate'ar] vi taper des pieds; (bailar) danser le zapatéado.

**zapatería** [θapate'ria] nf (tienda) magasin m de chaussures; (oficio) cordonnerie f.

**zapatero, -a** [θapa'tero, a] nm/f cordonnier(-ière); (vendedor) marchand(e) de chaussures.

**zapatilla** [θapa'tiʎa] nf (para casa, ballet) chausson m; (para la calle) chaussure f légère; (TEC) joint m; **zapatilla de deporte** chaussure f de sport.

**zapato** [θa'pato] nm chaussure f; **zapato de tacón** chaussure à talon.

**zapping** nm zapping m; **hacer ~** zapper.

**zarandear** [θarande'ar] vt secouer.

**zarpa** ['θarpa] nf griffe f; **echar la ~ a** (fam) se jeter sur.

**zarpar** [θar'par] vi lever l'ancre.

**zarza** ['θarθa] nf ronce f.

**zarzal** [θar'θal] nm fourré m.

**zarzamora** [θarθa'mora] nf (fruto) mûre f; (planta) mûrier m.

**zarzuela** [θar'θwela] nf zarzuela f.

**zigzag** [θiɣ'θaɣ] nm zigzag m; **en ~** en zigzag.

**zigzaguear** [θiɣθaɣe'ar] vi zigzaguer.

**zinc** [θink] nm zinc m.

**zócalo** ['θokalo] nm soubassement m.

**zodíaco** [θo'ðiako] nm zodiaque m; **signo del ~** signe m du zodiaque.

**zona** ['θona] nf zone f; **zona de desarrollo** o **de fomento** zone de développement; **zona del dólar** (COM) zone dollar; **zona fronteriza/peatonal** zone frontalière/piétonne; **zona verde** espace m vert.

**zoo** ['θoo] nm zoo m.

**zoología** [θoolo'xia] nf zoologie f.

**zoológico, -a** [θoo'loxiko, a] *adj* zoologique ♦ *nm* (*tb:* **parque ~**) zoo *m*.

**zoólogo, -a** [θo'oloxo, a] *nm/f* zoologue *m*.

**zoom** [θum] *nm* zoom *m*.

**zopilote** [θopi'lote] (*AM*) *nm* vautour *m*.

**zoquete** [θo'kete] (*fam*) *adj, nm/f* abruti(e).

**zorro, -a** ['θorro, a] *adj* rusé(e) ♦ *nm/f* renard(e) ♦ *nm* (*hombre astuto*) renard *m*.

**zozobra** [θo'θoβra] *nf* angoisse *f*.

**zozobrar** [θoθo'βrar] *vi* (*barco*) couler; (*fig: plan*) échouer.

**zueco** ['θweko] *nm* sabot *m*.

**zumbar** [θum'bar] *vt* (*fam: pegar*) flanquer une gifle à ♦ *vi* (*abeja*) bourdonner; (*motor*) vrombir; **zumbarse** *vpr:* **~se de** se moquer de; **salir zumbando** (*fam*) sortir comme une flèche; **me zumban los oídos** j'ai les oreilles qui bourdonnent.

**zumbido** [θum'biðo] *nm* (*de abejas*) bourdonnement *m*; (*de motor*) vrombissement *m*; **zumbido de oídos** bourdonnement d'oreilles.

**zumo** ['θumo] *nm* jus *msg*; **zumo de naranja** jus d'orange.

**zurcir** [θur'θir] *vt* (*COSTURA*) raccommoder; **¡que les zurzan!** (*fam*) qu'ils aillent au diable!

**zurdo, -a** ['θurðo, a] *adj* (*persona*) gaucher(-ère); (*mano*) gauche.

**zurrar** [θu'rrar] *vt* (*fam: pegar*) tabasser; (*piel*) tanner